China International Publishing Group

新英汉汉英词典

A New Learner's English-Chinese Chinese-English Dictionary

主　编	潘熙祥		
副主编	郝黎明	马玉学	
编　委	齐晓燕	樊英波	刘　跃
	于　健	于明善	郭宝安
	何冬雨	赵贵玲	董全中
	潘熙祥	郝黎明	马玉学

中国国际出版集团
华语教学出版社

图书在版编目（CIP）数据

新英汉汉英词典/潘熙祥主编．—北京：华语教学出版社，2008
ISBN 978-7-80200-358-3

Ⅰ．新… Ⅱ．潘… Ⅲ．①英语—词典②词典—英、汉 Ⅳ．H316
中国版本图书馆 CIP 数据核字（2008）第 010812 号

新英汉汉英词典

说词解字系列工具书

出 版 人	王君校
选题策划	说词解字辞书研究中心
编　 者	潘熙祥
责任编辑	肖　华
装帧设计	赵佳阳
印刷监制	佟汉冬
出　 版	华语教学出版社
社　 址	北京百万庄大街 24 号
邮政编码	100037
电　 话	(010)68320585
传　 真	(010)68326333
读者热线	(010)86226518
网　 址	www.sinolingua.com.cn
电子邮箱	fxb@sinolingua.com.cn
印　 刷	北京中科印刷有限公司
经　 销	全国新华书店
开　 本	32 开 (850×1168)
字　 数	2718（千）
版　 次	2008 年 4 月第 1 版第 1 次印刷　2009 年 5 月第 3 次印刷
书　 号	ISBN 978-7-80200-358-3
定　 价	48.00 元

版权所有　侵权必究

Athletics
田径

Men's 100m
男子100米
Men's 200m
男子200米
Men's 400m
男子400米
Men's 800m
男子800米
Men's 1500m
男子1500米
Men's 5000m
男子5000米
Men's 10000m
男子10000米
Men's 110m Hurdles
男子110米栏
Men's 400m Hurdles
男子400米栏
Men's 3000m Steeplechase
男子3000米障碍
Men's 20km Race Walk
男子20公里竞走
Men's 50km Race Walk
男子50公里竞走
Men's 4×100m Relay
男子4×100米接力
Men's 4×400m Relay
男子4×400米接力
Men's Marathon
男子马拉松
Men's High Jump
男子跳高
Men's Long Jump
男子跳远
Men's Triple Jump
男子三级跳远
Men's Pole Vault
男子撑竿跳高

Men's Shot Put
男子铅球
Men's Discus Throw
男子铁饼
Men's Javelin Throw
男子标枪
Men's Hammer Throw
男子链球
Men's Decathlon
男子十项全能
Women's 100m
女子100米
Women's 200m
女子200米
Women's 400m
女子400米
Women's 800m
女子800米
Women's 1500m
女子1500米
Women's 5000m
女子5000米
Women's 10000m
女子10000米
Women's 100m Hurdles
女子100米栏
Women's 400m Hurdles
女子400米栏
Women's 3000m Steeplechase
女子3000米障碍
Women's 20km Race Walk
女子20公里竞走
Women's 4×100m Relay
女子4×100米接力
Women's 4×400m Relay
女子4×400米接力
Women's Marathon
女子马拉松
Women's High Jump
女子跳高

Women's Long Jump
女子跳远
Women's Triple Jump
女子三级跳远
Women's Pole Vault
女子撑竿跳高
Women's Shot Put
女子铅球
Women's Discus Throw
女子铁饼
Women's Javelin Throw
女子标枪
Women's Hammer Throw
女子链球
Women's Heptathlon
女子七项全能

Badminton
羽毛球

Men's Singles
男子单打
Men's Doubles
男子双打
Women's Singles
女子单打
Women's Doubles
女子双打
Mixed Doubles
混合双打

Baseball
棒球

Men
男子

Basketball
篮球

Men
男子
Women
女子

Boxing
拳击

Men's Light Fly Weight
男子—48公斤级
Men's Fly Weight
男子48—51公斤级
Men's Bantam Weight
男子51—54公斤级
Men's Feather Weight
男子54—57公斤级
Men's Light Weight
男子57—60公斤级
Men's Light Welter Weight
男子60—64公斤级
Men's Welter Weight
男子64—69公斤级
Men's Middle Weight
男子69—75公斤级
Men's Light Heavy Weight
男子75—81公斤级
Men's Heavy Weight
男子81—91公斤级
Men's Super Heavy Weight
男子+91公斤级

Canoe/Kayak
皮划艇

Flatwater
静水

Men's K-1 500m
男子单人皮艇500米
Men's K-1 1000m
男子单人皮艇1000米
Men's K-2 500m
男子双人皮艇500米
Men's K-2 1000m
男子双人皮艇1000米
Men's K-4 1000m
男子四人皮艇1000米
Men's C-1 500m
男子单人划艇500米
Men's C-1 1000m
男子单人划艇1000米
Men's C-2 500m
男子双人划艇500米
Men's C-2 1000m
男子双人划艇1000米
Women's K-1 500m
女子单人皮艇500米
Women's K-2 500m
女子双人皮艇500米
Women's k-4 500m
女子四人皮艇500米

Slalom
激流回旋

Men's K-1 Kayak Single
男子单人皮艇
Men's C-1 Canoe Single
男子单人划艇
Men's C-2 Canoe Double
男子双人划艇
Women's K-1 Kayak Single
女子单人皮艇

Cycling
自行车

Track
场地

Men's Sprint
男子争先赛
Men's Team Sprint
男子团体竞速赛
Men's Individual Pursuit
男子4公里个人追逐赛
Men's Team Pursuit
男子4公里团体追逐赛
Men's Points Race
男子记分赛
Men's Madison
男子麦迪逊赛
Men's Keirin
男子凯林赛
Women's Sprint
女子争先赛
Women's Individual Pursuit
女子3公里个人追逐赛
Women's Points Race
女子记分赛

Road
公路

Men's Mass Start Event
男子公路个人赛
Men's Time Trial Event
男子公路个人计时赛
Women's Mass Start Event
女子公路个人赛
Women's Time Trial Event
女子公路个人计时赛

Mountain Bike
山地车

Men's Cross-Country
男子越野赛
Women's Cross-Country
女子越野赛

BMX
BMX 小轮车

Men's Race
男子BMX个人赛
Women's Race
女子BMX个人赛

Equestrian
马术

Eventing
三项赛

Team Competition
三项赛团体
Individual Competition
三项赛个人

Dressage
盛装舞步

双语类辞书是世上翻译职业的必由之路，是从事国际交流事业的指路明灯。

黄友义

丁亥月

国际翻译家联盟副主席、中国翻译家协会副会长兼秘书长黄友义为本书题词

目 录

前言 ·· 1
体例说明 ·· 2

正文
英汉词典 ··· 1—554
汉英词典 ·· 555—1103

前 言

《新英汉汉英词典》是一部具有英汉、汉英双重功能,新颖、实用的优秀辞书。本词典编委会组织了数十位长期从事英语教学工作的专家、教授和学者在充分吸收当前英语教学优秀成果的同时,借鉴了数十部国内外优秀的同类辞书,博采众长,去粗取精,精心编写而成。本词典基本能够满足大中学生、中学英语教师、广大英语爱好者在学习和工作中的需求。以下是这部词典的特点:

一、收词广泛,选词量大。与同类词典相比,本词典收词更为丰富。英汉部分共收词语约 15,000 条,加上短语、派生词、复合词约达 40,000 余条,其中包括了大学英语 4—6 级考试、公共英语等级考试、职称英语等级考试等多种考试常考词;汉英部分共收单字词 4400 余个,多字词 38,000 余个,对所收录的汉语字词完全着眼于实用性、针对性。所选词条范围涉及电子信息、经济、金融、法律、财务、医药等不同领域。

二、广收新词新义。本词典力求与时俱进,尽可能多地收录新词新义。英汉部分如 blag(哄⋯,哄得);汉英部分如"粉丝""博客""网恋"等等。此类新词遍见于整部词典,数量不胜枚举。真正做到了资讯量大,实用性强。

三、词义精当,译文流畅。英汉部分释义力求精准、详尽,义项准确;汉英部分释义不考虑意义的引申脉络而按汉语的词类相对集中,能"译"的一般不"释",只有极少数无对应词语的才给出英语解释,用语浅显易懂。

四、搭配丰富,例句典型。搭配与例句有的是印证和深化词义的,更多的则是作为用法的佐证。针对学习的需要,本词典搭配与例句尽可能作到丰富、典型,并突出英美国家的文化特色。

五、插图优美、实用。为满足学生的全面需求,本词典精选了 16 幅插图,便于读者通过生动的画面加深对词汇的记忆与理解。

六、双色印刷,体例新颖,美观大方,适宜检索、阅读。

词典的编写工作难度极大,参编人数和花费的时间非业外人士所能想象。一部优秀的词典,要经过诸多学者、编者长期伏案、连篇累牍、字斟句酌地审阅;要通过环环相扣、一丝不苟的出版流程方能与读者见面。这部词典的编写内容,英汉部分依据了相关教学大纲的要求,汉英部分认真贯彻执行了国家有关部门颁布的有关语言文字的标准与规范。编著者虽初衷良好,但囿于水平,疏漏之处在所难免,诚望读者朋友能把使用中发现的错误和疏漏及时告诉我们,以便我们加以修正,使本词典更臻完善。

《新英汉汉英词典》编委会

体例说明

第一部分:英汉词典

一、词目

1. 词目用黑方正体排印。
2. 拼法相同,但词源、语义不同的词分立词目。
3. 一个词有不同拼法时,拼法相近的合并为一个词目,拼法相差较大者则分立词目。词义、用法等只在一处出现,另一处则加等号(=),表明等于某词。
4. 英美拼法不同者,一律以英式拼法为词目,再将美式拼法列在英式拼法之后,中间用逗号隔开,美式拼法前加〈美〉标出。如果两种拼法相差较大而排序相距较远,为了便于检索,则将美式拼法再单立词目,以等号(=)引至英式拼法处。

二、注音

5. 本词典用国际音标注音,采用宽式注音法。音标紧接词目给出,置于方括号内。重音符号(ˈ)置于重读音节前上方,次重音符号(ˌ)置于重读音节前下方,可读可不读的音素用斜体排出。
6. 本词典主要提供英式读音,每个词目一般只给一种读音,十分常用的有时也给出两种读音。两种读音之间用逗号分隔。
7. 不同拼法合并为一个词目时,读音相同者只注一个读音;读音不同者分别注出读音。

三、词性及屈折变化

8. 词性按语法范畴用缩略形式标出,用斜体印刷:名词 *n*.;形容词 *adj*.;副词 *adv*.;数词 *num*.;代词 *pron*.;动词 *vt.* & *vi.*, *vt.*, *vi.*, *aux. v.*, *link v.*;介词 *prep*.;连词 *conj*.;感叹词 *int*.;冠词 *art*.。词目的不同词性用■分开排列。
9. 本词典给出动词的不规则屈折变化(过去式和过去分词相同者只列出一个),在有需要处还给出形容词和副词的级和名词的数。其符号分别为:*3rd pers. sing. pres. t.*表示单数第三人称现在时,*pt.*表示过去式,*pp.*表示过去分词,*pres. p.*表示现在分词,*pl.*表示名词的复数形式。
10. 不规则屈折变化形式一般注在词性之后,前后加圆括号。必要时还给出读音。
11. 释义相同而词性不同时,词性可以合并,以"&"连接。

四、释义

12. 本词典只提供汉语释义。
13. 同一词语有两个或两个以上不同意义时分立义项，用❶，❷…等数码标出顺序。
14. 同一义项中有两个或两个以上意义时依其意义远近分别用分号或逗号隔开。
15. 汉语中无适当的对应词语、概念不完全或者需加以补充说明者，可酌加说明，用圆括号标出。
16. 本词典中名词的释义前均加注其可数性。ⓒ:可数名词;Ⓤ:不可数名词;ⒸⓊ:多用作可数名词，也可用作不可数名词;ⓊⒸ:多用作不可数名词，也可用作可数名词;Ⓢ:只用单数形式;Ⓟ:用复数形式或其本身是复数名词。
17. 本词典中形容词前根据需要加注Ⓐ:定语形容词;Ⓟ:表语形容词。
18. 有关语体、语域、修饰色彩、所属学科等标签置于尖括号(〈〉)内，排在所辖释义之前。

五、例证

19. 本词典词释义后以冒号(:)引出作为例证的搭配和例句。例证和例证之间以斜线号(/)分隔。

六、习语

20. 本词典在释义和例证之后收入习语。例证和习语之间用平行号(‖)分隔，习语和习语之间以斜线号(/)分隔。
21. 习语用黑体字母排印，按字母顺序排列，冠词及括号中的词计算在内。
22. 习语词条的归属按以下原则处理：
    ①动词与副词、介词、代词等组成的习语，一般收在动词词条内。
    ②动词与名词、介词与名词、形容词与名词等组成的习语，一般收在名词词条内。
    ③动词与形容词、介词与形容词等组成的习语，一般收在形容词词条内。
    ④介词与代词组成的习语，一般收在代词词条内。
    ⑤句子或从句形式的习语，一般收在作为主语的词条内。主语为代词的收在其他起关键作用的词条内。
    ⑥不属于上述情况者，一般收在除冠词外第一个词或起关键作用的词的词条内。
23. 多词性词目下所收的习语按习语中词目词所属词性排列。
24. 习语有两个或两个以上不同意义时分立义项，用①，②…标出顺序。

七、派生词和复合词

25. 本词典酌收了一些派生词与复合词，一般排在词目词内部，习语之后。

26. 习语和派生词之间、派生词和复合词之间以平行号(‖)分隔,派生词和派生词之间、复合词和复合词之间以斜线号(/)分隔。
27. 派生词和复合词均给出汉语释义。派生词和连写、半连写的复合词还给出词性。

八、其他

28. 本词典中 one 代表"本人〔自己〕",one's 代表"本人〔自己〕的",sb 代表"某人〔别人〕",sb's 代表"某人〔别人〕的",sth 代表某物〔某事〕。
29. 本词典中可替换的部分以六角括号〔〕表示,例如 about〔over〕。
30. 本词典中可省略的部分用圆括号( )表示。
31. 本词典中代字号(~)代表词目词;连字符(-)代表词目中省略的部分。
32. 本词典中中文省略号一律用"……"。

第二部分:汉英词典

一、条目

1. 本词典所收条目分单字条目和多字条目;单字条目以大号黑体排印,多字条目以小号黑体按第一个字母分别列在领头的单字条目之下。
2. 单字条目按汉语拼音字母顺序排列。同音节(以汉语拼音字母和注音符号表示)的字依阴平、阳平、上声、去声、轻声的顺序排列。同音同调的字按起笔笔形横(一)、直(丨)、撇(丿)、点(丶)、折(乙乛乚)的顺序排列。
3. 单字条目中字形相同而音或调不同者分立条目,分别排列于相应位置,并以 ➡ 指示"另见"。
4. 同一个单字条目下的多字条目不止一条时,先按字数的多少排列,少的在前,多的在后。再按第二个字的汉语拼音字母顺序和笔画多少排列。第二个字相同时,按第三个字排列,依此类推。儿化词注音中的 r 不参加排序。
5. 成语习语以多字条目形式出现,内容包括常用成语、习语、俚语、谚语、动词短语及百科性词语等。

二、注音

6. 本词典单字条目以汉语拼音字母注音,置于方括号[ ]内。
7. 本词典依据《汉语拼音方案》注音,声调符号标在音节的主要母音上,轻声不标。
8. 有异读的词和有异读的作为"语素"的字依据《普通话异读词审音表》标注读音;轻声词凡列入《普通话异读词审音表》的一律标注轻声,未列入该表的则依据《现代汉语词典》标注。

三、释义

9. 释义用白正体排印。
10. 单字条目与具有多个词类的多字条目用□标注词性,置于方框□内:

名名词	数数词	副副词	助助词
动动词	量量词	介介词	感感叹词
形形容词	代代词	连连词	象象声词

条目词的语体、语域与学科标签置于尖括号〈〉内:

〈贬〉贬义	〈诙〉诙谐语	〈昵〉亲昵用词	〈文〉文学语言
〈粗〉粗俗词语	〈敬〉敬畏语	〈谦〉谦辞	〈学〉学生用语
〈儿〉儿童用语	〈英〉英式英语	〈书〉书面语	〈谑〉戏谑词语
〈方〉方言	〈美〉美式英语	〈缩〉缩略语	〈谚〉谚语
〈反〉反语	〈口〉口语中用	〈套〉客套语	〈喻〉比喻
〈讽〉讽刺	〈俚〉俚语	〈婉〉委婉语	

适于整个条目各义项的,标在第一义项之前;只适于个别义项的,标在有关义项数码之后。

11. 释义一般用对应的英语词语,无对应的词语时用英语解释。单字条目有两个或两个以上义项时用①②③等数码标出顺序;多字条目有两个或两个以上义项时用❶❷❸等数码标出顺序。同一义项下有两个或两个以上解释时,用分号";"隔开。
12. 释义中的可替换词语放在六角括号〔〕内。
13. 释义须用英语加注补充性或限制性说明的,用白斜体排印。
14. 某些条目先用英语作字面翻译,然后释义,二者之间加破折号"—"。
15. 有些单字条目,仅带一个多音词,这个多音词外面加上'〔〕',就附列在单字注中,不另立条目。如:憔[qiáo]〔憔悴〕❶wan and sallow; thin and pallid ❷withered

四、例证

16. 例证排在释义之后,其前加冒号":"。例证与例证之间用斜线号"/"隔开。
17. 例证中可替换部分及其英译放在六角括号〔〕内。

第一部分

英汉词典

A

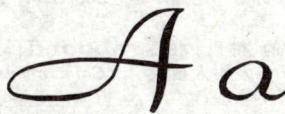

a [强 eɪ；弱 ə] *art*. ❶表示"一(个,件…)"：*Pass me an apple, please*. 请递给我一个苹果。❷(非特指的)一(个)：*He works in a factory*. 他在一家工厂工作。❸(同类事物中的)任何一(个)：*A horse is a useful animal*. 马是有用的动物。/ *A cat is similar to a tiger in many respects*. 猫和虎在很多方面相似。❹(用于表示时间、速度、价格等意义的)每一：*The boy was paid two dollars a day*. 那男孩每天挣两美元。❺(用在某些物质名词和抽象名词前)一阵、一场、一种：*A fire broke out*. 发生了一场火灾。/ *I'd like to have an ice-cream*. 我想来一份冰激凌。

aback [ə'bæk] *adv*. 意外地；吃惊地 ‖ **be taken ~** 吃了一惊

abacus ['æbəkəs] *n*. (*pl* **-cuses** [-kəsɪz]) ⒸⒸ 算盘

abaft [ə'bɑːft] *adv*. 在船尾,向船尾 ■ *prep*. 比…更近船尾

abandon [ə'bændən] *vt*. ❶ 离弃,丢弃：**~ wrecked ship** 丢弃失事的轮船 ❷ 遗弃,抛弃：**~ one's friends** 抛弃朋友 ❸ 放弃：*She abandoned her journey temporarily*. 她暂时放弃了旅行。 ‖ **~ for** 放弃〔停止〕而从事〔进行〕…/ **~ oneself to sth** 沉湎于… ■ *n*. Ⓒ 放任；纵情 ‖ **with ~** 放纵地,尽情地 ‖ **abandonment** *n*. 抛弃；遗弃；放任

abandoned [ə'bændənd] *adj*. ❶ 被抛弃的 ❷ 无约束的

abase [ə'beɪs] *vt*. ❶ 使谦卑,使感到羞耻 ❷ 使降低(地位、身份等)

abash [ə'bæʃ] *vt*. 使羞愧,使局促,使窘迫

abashed [ə'bæʃt] *adj*. ❶ 窘迫的 ❷ 不知所措的

abate [ə'beɪt] *vt*. & *vi*. ❶ 减少,减轻,减退 ❷ 消除 ‖ **~ oneself**(暴风雨等)减弱,减缓 ‖ **abatement** *n*. 减少,减轻,减退

abaxial [æb'æksɪəl] *adj*. 远轴的,离轴的(尤指树叶的下端表面)

abbatial [ə'beɪʃəl] *adj*. 修道院的；男〔女〕修道院院长的

abbey ['æbɪ] *n*. ⒸⓄ 修道院 ❷大教堂,大寺院

abbreviate [ə'briːvɪeɪt] *vt*. 缩略

abbreviation [ə,briːvɪ'eɪʃn] *n*. ⒸⒸ 缩写；缩写词

abdicate ['æbdɪkeɪt] *vt*. 放弃(职责、权力等) *vi*. 退位,逊位

abduct [æb'dʌkt] *vt*. 劫持；诱拐 ‖ **abductor** *n*. 劫持者；诱拐者/ **abduction** *n*. 劫持；诱拐

abeam [ə'biːm] *adv*. ❶正横(在与船身或机身成直角的线上) ❷与(船等的)中心相对的

abed [ə'bed] *adj*. 在床上的

aberrant [æ'berənt] *adj*. 离开正路的,脱离常规的,变形的

aberration [,æbə'reɪʃn] *n*. ❶Ⓤ 偏差；越轨 ❷Ⓒ〈医〉心理失常；一时失去记忆力 ❸Ⓒ 差错；毛病

abet [ə'bet] *vt*. (-**tt**-)教唆(犯罪) ‖ **abetment** *n*. 教唆

abhor [əb'hɔː] *vt*. (-**rr**-)憎恶,厌恶,讨厌 ‖ **abhorrer** *n*. 憎恶者,厌恶者

abhorrent [əb'hɒrənt] *adj*. 令人厌恶的

abide [ə'baɪd] *vt*. (*pt*., *pp*. **abided** or **abode**) ❶容忍,忍受：*She couldn't abide to live in poverty*. 在贫困中度日,她忍受不了。❷等候：*She'll abide her time*. 她将等待时机。*vi*. 逗留,居住：*They abide in a remote village*. 他们住在一个偏远的村子里。 ‖ **~ by** 遵守,信守；忠于(某人)

abiding [ə'baɪdɪŋ] *adj*. 持久的,永久的

ability [ə'bɪlɪtɪ] *n*. ❶Ⓤ 能力；力量：*The ability to use a language can be acquired by the act of using the language*. 运用语言的能力只能通过不断练习才能获得。❷Ⓤ Ⓒ 智慧,才智；天资：*Most schools cater for children of different abilities*. 大多数学校能够满足具有不同天资的儿童的需要。 ‖ **beyond sb's ~** 超过某人的能力/ **to the best of one's ~** 尽自己最大努力

abiotic [,eɪbaɪ'ɒtɪk] *adj*. 死气沉沉；无生命

的,非生物的

abject [ˈæbdʒekt] adj. ❶(指情况)凄惨的;绝望的 ❷(指人、动作或行为)无耻的,下贱的,卑鄙的 ‖ **abjectly** adv. 绝望地;无耻地,卑鄙地/**abjectness** n. 凄惨;绝望;无耻

ablaze [əˈbleɪz] adj. ❶着火,燃烧 ❷明亮,灿烂 ❸非常激动。His face was ablaze with anger. 他满脸怒容。

able [ˈeɪbl] adj. ❶ 能够…的,得以…的:The patient was soon able to sit up. 病人很快就能坐起来了。❷有才干的,有本事的:an ~ manager 能干的经理

able-bodied [ˈeɪblˈbɒdɪd] adj. 体格强壮的;健壮的

abled [ˈeɪbld] adj. 具有完好身体或心理素质的;身心健康的

abloom [əˈbluːm] adj. 盛开的;正在开花的

ablush [əˈblʌʃ] adj. 脸红的

ablution [əˈbluːʃn] n. Ⓟ净身礼,洗手礼

abnegate [ˈæbnɪɡeɪt] vt. ❶放弃,拒绝(享受等);克制 ❷拒绝,放弃(权利或信仰)

abnormal [æbˈnɔːml] adj. 反常的,异常的;变态的 ‖ **abnormally** adv. 反常地,异常地;变态地

aboard [əˈbɔːd] prep. 在(船、飞机、车)上,上(船、飞机、车):They were all aboard the ship last night. 昨天夜里他们都在船上。■ adv. 在船(或飞机)上,上船(或飞机、车):We mustn't take combustible goods aboard. 我们不可带易燃品上车。

abolish [əˈbɒlɪʃ] vt. 废除,废止:The Americans abolished slavery in 1863. 美国于1863年废除奴隶制度。/They abolished a department last year. 他们去年撤销了一个部门。‖ **abolishable** adj. 可废除的/**abolisher** n. 废除者/**abolishment** n. 废除,废止

abolition [ˌæbəˈlɪʃn] n. Ⓤ废除,废止:the ~ of slavery 奴隶制度的废除 ‖ **abolitionism** n. 废奴主义;废除主义

abominable [əˈbɒmɪnəbl] adj. ❶讨厌的,可恶的 ❷糟糕的,极坏的 ‖ **abominably** adv. 讨厌地,可恶地;糟糕地,极坏地

abominate [əˈbɒmɪneɪt] vt. 憎恶,厌恶,不喜欢

aboral [æbˈɔːrəl] adj. 远口的,反口的

aboriginal [ˌæbəˈrɪdʒənl] adj. (尤指人)从很早的时期就居住于某地的;土著的

aborning [əˈbɔːnɪŋ] adv. 出生或生产时 ■ adj. 出生的,生产的

abort [əˈbɔːt] vt. & vi. ❶(使)流产,(使)堕胎:~ an expectant mother 为孕妇做人工流产 ❷(使某事)中止,夭折:~ a space mission 中止一次航天任务 ‖ **aborted** adj. 未发育的,退化的

abortion [əˈbɔːʃn] n. ❶⒰Ⓒ人工流产(手术),堕胎:produce the ~ 引起流产/Abortion is illegal in many countries. 在许多国家,堕胎都是违法的。❷Ⓒ(计划等)失败,中止:His plan proved an abortion. 他的计划中途夭折。

abortive [əˈbɔːtɪv] adj. 落空的,失败的 ‖ **abortively** adv. 失败地/**abortiveness** n. 落空,失败

abound [əˈbaʊnd] vi. 大量存在;充满,富于:China abounds in prawns. 中国盛产对虾。/That region abounds with rain all the year round. 那个地区终年多雨。

about [əˈbaʊt] prep. ❶(表示位置)在…周围;在…的各处;在…的附近:Fish are abundant about the reefs. 暗礁附近鱼很多。❷(表示对象)对,对于:I am very sorry about your troubles. 对于你遇到的麻烦我非常遗憾。❸(表示原因)由于,因为:John is anxious about his exam results. 约翰为考试结果而担忧。❹(表示论及)关于;涉及;在…方面:What is the book about? 这本书是关于什么内容的? ❺(表示所属)属于,体现在…身上:His face is the worst thing about him. 他吃亏就吃在他的面孔上。❻(表示过程)忙于,从事:Henry's gone a long time. I wonder what he's about. 亨利去了很长时间了,我不知道他在干什么。❼(表示伴随)在身边:Do you happen to have his letter about you? 你是否正好带着他的信介了? ■ adv. ❶大约,差不多:She died about two years ago. 她大约在两年前就死了。❷在四周,处处:He lay asleep with his clothes scattered about. 他躺着睡了,脱下的衣服四处放着。❸在附近:Nobody seemed about, so I went in. 附近好像没人,于是我就进去了。‖ be ~ to-v 即将做…,马上做…

above [əˈbʌv] prep. ❶(表示位置)在…正上方:The chorus was seated above the orchestra. 合唱队的座位高于乐队席。❷(表示方向)在…的另一侧;在…往北:The greatest part of Europe is situated above the 45th degree of Northern Latitude. 欧洲绝大部分地区位于北纬45度以北。❸(表示比较)优于,胜于;更为,高出:Because of her beauty, she has managed to marry above her. 由于貌美,她得以嫁给一个地位比她高的人。❹(表示环境)处在…之中;逆着,透过:The captain's voice was heard above the din. 透过一片嘈杂声听到了船长的说话声。❺(表示程度)超出…的理解力;为…所不及;~ one's head 超过…的理解力 ❻(表示等级)在…之上,高于:~ the law 不受法律约束 ❼(表示否定)不受…的影响;不至于:He is above meanness and deceit. 他不至于搞卑鄙和欺骗行为。❽(表示数目)超过,超出:Above two hundred people attended the meeting. 二百多人出席了会议。‖ ~ all 尤其是,最重要的是/~ oneself 自高自大 ■ adv. ❶在上面:My room is just above. 我的房间就在楼上。❷以上: This is a military meeting for captains and above. 这是一个由上尉及上尉以上军官参加的军事会议。❸上述: As is stated above, this principle applies to all cases. 如前文所讲，这一原则适合所有案例。

abracadabra [ˌæbrəkəˈdæbrə] int. 咒语，咒符

abrade [əˈbreɪd] vt. 刮擦，磨损

abrasive [əˈbreɪsɪv] adj. ❶有磨蚀作用的 ❷使人厌烦的；粗鲁的

abreact [ˌæbrɪˈækt] vt. 使消散；发泄（情绪）

abreast [əˈbrest] adv. 并列，并排: Five cars stood abreast. 五辆汽车排成一行停靠。‖ be 〔keep〕〜 of 与…并进，了解…的最新情况

abridge [əˈbrɪdʒ] vt. 节略，缩写（一本书等）

abroad [əˈbrɔːd] adv. ❶到国外，在国外: Are you going abroad for your holidays? 你打算去国外度假吗？ ❷到处，广泛流传: The news soon spread abroad. 消息迅速传开。❸在户外，在室外: The young people were still abroad at the dead of night. 这些年轻人深更半夜还在外边。‖ be all 〜 感到莫名其妙；离题

abrogate [ˈæbrəgeɪt] vt. 取消，废除（法律等）

abrupt [əˈbrʌpt] adj. ❶突然的，意外的: an 〜 change 骤然变化 ❷唐突的，鲁莽的: an 〜 manner 无礼的态度 ❸陡峭的: an 〜 slope 陡峭的斜坡 ‖ **abruptly** adv. 突然地，猛然地/**abruptness** n. 突然，意外

abscond [əbˈskɒnd] vt. ❶潜逃（尤指逃避逮捕）❷逃跑

abseil [ˈæbseɪl] vt. 缘绳而下

absence [ˈæbsəns] n. ❶Ⓤ缺席，离开不在场: temporary 〜 暂时离开 ❷Ⓒ不在场的次数或时间: numerous 〜s 数次缺席 ❸Ⓒ缺乏，不存在 ‖ 〜 of mind 心不在焉，神不守舍/〜 without leave 擅离职守，开小差/〜 without notice 不辞而别

absent [ˈæbsənt] adj. ❶缺席的，不在场的: 〜 friends 不在场的朋友 ❷缺乏的，不存在的 ❸Ⓐ心不在焉的，恍惚的

absentee [ˌæbsənˈtiː] n. Ⓒ缺席者，缺勤者，不在者

absent-minded [ˌæbsəntˈmaɪndɪd] adj. 健忘的，心不在焉的

absolute [ˈæbsəluːt] adj. ❶绝对的，完全的 ❷不受任何限制〔约束〕的；无条件的 ❸有无上权力或权威的；专制的 ‖ **absoluteness** n. 专制/**absolutism** n. 专制主义；绝对论/**absolutist** n. 专制论者

absolutely [ˈæbsəluːtli] adv. ❶完全地 ❷绝对地 ❸正是这样，没错

absolve [əbˈzɒlv] vt. 不受责难，免除责任

〔义务〕,开脱（罪责）

absorb [əbˈsɔːb] vt. ❶吸收 ❷把…并入,同化 ❸吸引…的注意力,使全神贯注 ‖ be 〜ed in〔with〕全神贯注于,专心致志于 ‖ **absorbed** adj. 注意力集中的,专心致志的/**absorber** n. 吸收器

absorbent [əbˈsɔːbənt] adj. 能吸收（水、光、热等）的

absorbing [əbˈsɔːbɪŋ] adj. 非常吸引人的

absorption [əbˈsɔːpʃən] n. Ⓤ吸收,专注

abstain [əbˈsteɪn] vi. ❶戒（尤指酒），戒除: His doctor ordered him to abstain from beer and wine. 他的医生嘱咐他戒酒。❷弃权（不投票）: In the referendum many people abstained. 在这次公民投票中许多人弃权。‖ **abstainer** n. 戒…的人（尤指不喝酒的人）；不投票的人

abstemious [əbˈstiːmɪəs] adj. 适中的,有节制的（尤其在吃饭、饮酒方面）

abstention [æbˈstenʃən] n. ❶Ⓤ弃权（尤指不投票）❷Ⓒ弃权票

abstinence [ˈæbstɪnəns] n. Ⓤ禁绝（尤指食物或酒）

abstinent [ˈæbstɪnənt] adj.（饮食上）有节制的；禁欲的

abstract [ˈæbstrækt] adj. ❶抽象的 ❷抽象派的 ■ n. ❶Ⓒ抽象,抽象概念,抽象性 ❷抽象派艺术作品 ❸摘要,梗概 ‖ in the 〜 抽象地；在理论上 ■ [æbˈstrækt] vt. ❶提取,抽取 ❷做…的摘要: He has abstracted the speech. 他对讲话作了摘要。

abstracted [æbˈstræktɪd] adj. 心不在焉的

abstruse [æbˈstruːs] adj. 难解的,深奥的 ‖ **abstrusely** adv. 难解地,深奥地/**abstruseness** n. 深奥

absurd [əbˈsɜːd] adj. 荒谬的,荒唐的

abundance [əˈbʌndəns] n. Ⓤ Ⓢ大量,充足: There was an abundance of corn last year. 去年玉米丰收。

abundant [əˈbʌndənt] adj. 大量的,充足的: Fish are abundant in the lake. 湖里鱼很多。/China is abundant with natural resources. 中国自然资源丰富。‖ **abundantly** adv. 大量地,充足地

abuse [əˈbjuːs] n. ❶Ⓤ Ⓒ滥用,妄用,虐待 ❷Ⓒ恶语,不正之风 ❸Ⓤ恶言,辱骂: verbal 〜 口头谩骂/heap 〜 on sb 肆意谩骂某人 ■ [əˈbjuːz] vt. ❶滥用,妄用: 〜 one's authority〔power〕滥用职权〔权力〕 ❷虐待,伤害: Stop abusing the child. 住手,不要虐待这孩子。❸辱骂,毁谤

abusive [əˈbjuːsɪv] adj. 骂人的,攻击性的

abut [əˈbʌt] vt. ❶邻接,毗连 ❷接触,倚靠

abuzz [əˈbʌz] adj. 喧闹的；骚动的；闹哄哄的

abysmal [ə'bɪzməl] adj. ❶极糟的,可怕的 ❷完全的,极端的

abyssal [ə'bɪsəl] adj. ❶深海的;海底的 ❷地壳深处的;火成岩的,火成论的

academic [ˌækə'demɪk] adj. ❶学校的,学院的;~ degree〔rank〕学位 ❷学术性的;~ exchanges 学术交流 ❸纯理论的,不切实际的; That is merely an academic discussion. 那只是一个理论性的讨论。■ n. ⓒ大学教师;专业学者

academy [ə'kædəmɪ] n. ⓒ❶专科学校 ❷研究院,学会

acappella [ˌækə'pelə] adj.& adv.(合唱)无乐器伴奏的(地)

acausal [eɪ'kɔːzəl] adj. 非原因的;无因果关系的

accede [æk'siːd] vi. 答应,同意: Will you accede to her request? 你答应她的请求吗?

accelerate [æk'seləreɪt] vt. & vi. (使)加快,(使)增速

accelerative [æk'selərətɪv] adj. 趋向加速的;加快的

accent [ˈæksənt] n. ❶ⓒⓤ口音,腔调 ❷ⓒ重音,重音符号 ❸ⓢ强调,重点 ■ [æk'sent] vt. 重读

accentuate [æk'sentjueɪt] vt. 突出(某事物);强调

accept [ək'sept] vt. & vi. ❶接受,领受,收受: If you accept, please let me know. 如果你接受的话,请通知我。❷承担责任;承兑: ~ a note〔bill〕of exchange 承兑票据 vt. 承认,同意;认为,相信: The police accepted his story as true. 警察对他的话信以为真。‖ **accepted** adj. 公认的

acceptable [ək'septəbl] adj. ❶值得接受的,可接受的 ❷可容忍的 ‖ **acceptably** adv. 可接受地;可容忍地

acceptance [ək'septəns] n. ❶ⓒⓤ接受,认可 ❷ⓤ赞成,赞同 ❸ⓒ承兑,认付;承兑汇票

acceptant [ək'septənt] adj. 乐于接受的

access [ˈækses] n. ❶ⓤ通道,入口 ❷接近〔取得〕…的方法〔权利等〕: You can easily get access to her. 你很容易接近她。■ vt. 存取(计算机文件)

accessible [æk'sesəbl] adj. 容易取得的,容易达到的

accession [æk'seʃən] n. ⓤ 就职,就任,即位

accessorize [æk'sesəˌraɪz] vt. & vi. 添加,补充;(尤指给衣物)配以(装饰品)

accessory [æk'sesərɪ] n. ❶ⓟ附件,配件 ❷ⓒ同谋,帮凶,包庇犯

accident [ˈæksɪdənt] n. ❶ⓒ意外遭遇,事故 ❷ⓤ机遇,命运,造化 ‖ **by ~** 偶然地/**without ~** 安全地

accidental [ˌæksɪ'dentl] adj. 意外的;偶然(发生)的 ‖ **accidentally** adv. 意外地,偶然地

acclaim [ə'kleɪm] vt. ❶向…欢呼,向…喝彩: They acclaimed the astronauts. 他们以欢呼迎接宇航员。❷称赞…: It was acclaimed as a great discovery. 那被赞誉为伟大的发现。❸欢呼或拥戴(某人)为…: They acclaimed him their leader. 他们拥戴他为领袖。■ n. ⓤ 热烈欢迎或赞同;称赞: He was welcomed with great acclaim. 他受到十分热烈的欢迎

acclimate [ə'klaɪmət] vt. ❶使适应新环境;使服水土 ❷使适应环境

acclimatize [ə'klaɪmətaɪz] vi. 服水土,适应新气候或环境

accolade [ˈækəleɪd] n. ⓒ❶嘉奖;赞许 ❷册封爵士的仪式(用剑面在肩上轻拍一下)

accommodate [ə'kɒmədeɪt] vt. ❶容纳: ~ six beds 容纳六张床/Are there enough shelves to accommodate all our books? 有足够的书架容纳我们所有的书吗? ❷向…提供住处: ~ sb with lodging 向某人提供住宿/The hotel can accommodate 600 guests. 这家旅馆可供600位来宾住宿。❸使适应,顺应: ~ oneself to circumstances 适应环境 ‖ **accommodator** n. (帮佣的)替工

accommodating [ə'kɒmədeɪtɪŋ] adj. 乐于助人的,与人方便的

accommodation [əˌkɒmə'deɪʃən] n. ⓤ住处(尤指仅供短期使用的)

accompaniment [ə'kʌmpənɪmənt] n. ❶伴随物 ❷伴奏

accompany [ə'kʌmpənɪ] vt. ❶陪伴,陪同: ~ one's friends 陪朋友 ❷伴随…同时发生: Thunder often accompanies lightning. 雷声常伴着闪电。❸伴奏: He accompanied me at the guitar. 他用吉他给我伴奏。‖ **~ with** 伴随着,兼带着

accomplice [ə'kɒmplɪs] n. ⓒ从犯,帮凶,同谋

accomplish [ə'kɒmplɪʃ] vt. 完成,实现,做成功: They planned very carefully how they would accomplish their mission. 他们为该如何完成任务制定了周密的计划。

accomplished [ə'kɒmplɪʃt] adj. 聪明的;有才艺的,娴熟的

accord [ə'kɔːd] n. ⓒ❶一致,符合 ❷(尤指国与国之间的)谅解,协议 ‖ **in ~ with** 与…一致,融合/**of one's own ~** 主动地,自愿地/**out of ~ with** 同…不一致/**with one ~** 全体一致,一致地 ■ vt. 给予,赠予: ~ a heavy reception 隆重接待 vi. 符合,一致: Most of my classmates accord in that opinion. 我们班大多数同学都是那个意思。

accordance [ə'kɔːdəns] n. 一致,和谐,

符合 ‖ in ~ with〔to〕依照，根据，与…一致

accordant [əˈkɔːdənt] adj. 一致的，和谐的；符合的

according [əˈkɔːdɪŋ] adv. ❶按照，根据…所说，随着…的不同（而不同）❷根据…而…，取决于

accordingly [əˈkɔːdɪŋli] adv. ❶照着，相应地 ❷因此，所以，于是

according to [əˈkɔːdɪŋ tə] prep.（表示依据）根据，按照：Fill up the form according to the instructions. 按照说明将表填好。

accordion [əˈkɔːdɪən] n. ⓒ手风琴

accost [əˈkɒst] vt. 走过去跟…讲话，跟…搭讪

account [əˈkaʊnt] n. ⓒ❶账，账户 ❷记述，描述，报道：running ~ 连续的报道 ‖ by all ~s 据大家所说，人人都这么说/of no ~ 不重要的/on ~ of 为了…的缘故/on all ~s 在各方面，总之/on no ~ 绝不，决不/on one's own ~ 为自己的利益打算/on sb's ~ 由于某人的原因/take ~ of 考虑到，顾及，体谅 ■ vi. 解释；说明 vt. 认为 ‖ ~ for 说明〔解释〕…的原因/~ to 向（某人）报账

accountable [əˈkaʊntəbl] adj. ❶负有责任的，应对自己的行为做出说明的 ❷可解释的，可说明的

accountant [əˈkaʊntənt] n. ⓒ会计人员，会计师

accredit [əˈkredɪt] vt. ❶认为（某说法等）出自某人 ❷委派或任命某人（到国外政府等）任官方代表（尤指大使等）❸因（提建议、作顾问、提出主张等而）获得信赖或有影响力

accredited [əˈkredɪtɪd] adj. 公认的

accrete [əˈkriːt] vt.& vi. ❶共生；和生 ❷附着，围绕 vt. 吸引（附着物，共生物）

accrue [əˈkruː] vi. 自然增长或增加（尤指财务）；积累

accumulate [əˈkjuːmjʊleɪt] vt.& vi. 堆积，积累：~ a fortune 积蓄一笔财产/~ books 收藏书籍/~ evidence 收集证据/~ wealth 积聚财富/Snow accumulated on the ground. 地上积了一层雪。/They set to work accumulating a huge mass of data. 他们已开始积累大量的资料。

accumulative [əˈkjuːmjʊlətɪv] adj. 累积的，渐增的

accuracy [ˈækjʊrəsi] n. Ⓤ精确（性），准确（性）

accurate [ˈækjʊrɪt] adj. ❶精确的，准确的 ❷正确无误的

accursed [əˈkɜːsɪd] adj. ❶受诅咒的 ❷可恶的，讨厌的

accusatory [əˈkjuːzətəri] adj. 指责的；责难的；

accuse [əˈkjuːz] vt. 指责，谴责；控告：We accused him of taking bribes. 我们控告他受贿。 ‖ accuser n. 谴责者；起诉者/the accused 被告

accustom [əˈkʌstəm] vt. 使（自己等）习惯于某事物：You must learn to accustom yourself to hard work. 你必须学会习惯于艰苦的工作。

accustomed [əˈkʌstəmd] adj. ❶Ⓐ惯常的 ❷Ⓟ习惯于…的

ace [eɪs] n. ⓒ❶某些活动中的能手 ❷（网球比赛中，尤指发球）得分的一击 ❸幺点的纸牌 ‖ have an ~ up one's sleeve 暗中保留的王牌/play one's ~ 使出绝招

acellular [eɪˈseljʊlə] adj. ❶无细胞的；非胞组成的 ❷（尤指原生动物）只有一个细胞的，单细胞的

acephalous [eɪˈsefələs] adj. ❶无头的 ❷无首领的 ❸没明显头部的 ❹第一音步缺少音节的

acerbic [əˈsɜːbɪk] adj.（说话、办事）辛辣的，严厉的，刻薄的

acetic [əˈsiːtɪk] adj. 醋的，醋酸的

acetous [əˈsiːtəs] adj. ❶像醋的，酸的 ❷可产生醋的 ❸酸味的

ache [eɪk] n. ⓒ疼痛 ‖ ~s and pains 周身疼痛 ■ vi. ❶疼痛 ❷渴望

achieve [əˈtʃiːv] vt. ❶取得，获得 ❷实现，达到，完成

achromatic [ˌækrəʊˈmætɪk] adj. ❶不分光的 ❷无色的，非彩色的

achy [ˈeɪki] adj. 疼痛的

acid [ˈæsɪd] adj. ❶酸味的，酸的 ❷尖刻的 ■ n. ❶Ⓤⓒ〈化〉酸 ❷ⓒ致幻物质 ‖ **acidic** adj. 酸性的；酸味的 ‖ acid rain 酸雨

acidify [əˈsɪdɪfaɪ] vt.& vi.（使）酸化；（使）变成酸性物质

acidophilic [ˌæsɪdəˈfɪlɪk] adj. ❶（细胞等）易被酸性染料上色的 ❷适宜在酸性条件下生长的

acidulate [əˈsɪdjʊleɪt] vt. 酸化

acidulous [əˈsɪdjʊləs] adj. 微酸的，有讽刺意味的

acknowledge [əkˈnɒlɪdʒ] vt. ❶承认，供认 ❷告知已收到 ❸鸣谢，感谢

acorn [ˈeɪkɔːn] n. ⓒ橡子，栎实

acoustic [əˈkuːstɪk] adj. ❶声音的，听觉的 ❷传音效果的，声学的 ❸（指乐器）原声的（不是电的）

acquaint [əˈkweɪnt] vt. ❶使熟悉，使了解 ❷通知，告知：Acquaint him with your plans. 把你的计划告知他。

acquaintance [əˈkweɪntəns] n. ⓒ❶相识的人，熟人 ❷Ⓤ对…有了解，熟知，认识

acquiesce [ˌækwɪˈes] vt. 默认,默许

acquire [əˈkwaɪə] vt. 获得,得到,养成:~ fame and wealth 获得名利

acquisition [ˌækwɪˈzɪʃən] n. ❶Ⓤ获得,得到。❷Ⓒ获得者,获得物

acquisitive [əˈkwɪzɪtɪv] adj. (对钱财等)渴望得到的

acquit [əˈkwɪt] vt. (-tt-) ❶宣判…无罪:He was acquitted of a crime. 他被宣判无罪。❷使(自己)做出某种表现 ‖ be ~ of 被宣告无罪/~ oneself well 表现良好

acquittal [əˈkwɪtl] n. Ⓤ宣告无罪

acre [ˈeɪkə] n. Ⓒ❶英亩 ❷土地

acrid [ˈækrɪd] adj. 辛辣的,刺鼻的

acrimonious [ˌækrɪˈməʊnjəs] adj. (尤指争吵)尖酸刻薄的:an ~ quarrel 激烈的争吵

acrimony [ˈækrɪmənɪ] n. Ⓤ尖刻,刻薄

acronym [ˈækrənɪm] n. Ⓒ首字母缩略词

across [əˈkrɒs] prep. ❶(表示位置)在…对面〔另一边〕,横在〔披在〕…上;掠过;透过:A smile of pleasure passed across his face. 他脸上掠过一丝快乐的微笑。❷(表示方向)横越,横跨;横穿,穿越;从…的另一面〔边〕:A straight line was ruled across the map. 一条直线横划在地图上。❸(表示状态)与…交叉着;触及,波及,影响到:This policy stretches across several different departments. 这项政策影响着几个不同的部门。■ adv. ❶从这一边到另一边:He turned his head and looked across at me. 他转过头,打量着我。❷在对面,向对面:We leave Dover at ten and we should be across in France by midnight. 十点钟离开多佛的话,我们午夜时分可以到达对面的法国。❸跨度:The river is half a mile across. 江面宽半英里。❹成十字形,成交叉状:He sat there quietly, with his arms across. 他双臂交叉,静静地坐在那儿。❺传达过来:He began to talk, slipping the words across. 他开始讲话,轻声把字吐出来。 ‖ ~ from 〈美〉在…对面

acrylic [əˈkrɪlɪk] n. Ⓤ Ⓒ 丙烯酸,纤维,塑料或树脂

act [ækt] vt.&vi. ❶行动,做 ❷表演,假装 ❸起作用 ‖ ~ against 违反/~ as 起…的作用/~ for 代理/~ out 演出;实行/~ to 对待/~ up 出毛病;耍脾气/~ up to 实行,履行/~ with 对…无礼 ■ n. Ⓒ ❶行为,行动 ❷法令,条例:pass an ~ 通过法案 ❸(一)幕 ‖ ~ and deed 有约束力的契约/be ~ on 奉行,遵照行动;作用于,影响/get in on the ~ 参与某种活动/in the ~ of 正在做…的过程中/put on an ~ 装模作样 ‖ **actable** adj. 能上演的

acting [ˈæktɪŋ] adj. Ⓐ代理的:an ~ principal 代理校长 ■ n. 表演,演戏

action [ˈækʃən] n. ❶Ⓤ行动,活动 ❷Ⓒ所为之事,行为 ❸Ⓤ情节 ❹Ⓢ作用,功能 ‖ a piece 〔slice〕of the ~ 参与某事/bring into ~ 使行动起来,使开始工作/go into ~ 投入战斗/in ~ 在活动,在运转/into ~ 付诸实施/put in ~ 使行动起来/out of ~ 失去效用/take ~ ①采取行动②提出诉讼/where the ~ is 热闹的地方

actionable [ˈækʃənəbəl] adj. 可控诉的,可起诉的

activate [ˈæktɪveɪt] vt. 使活动,起动,触发 ‖ **activation** n. 激活/**activator** n. 活化剂

active [ˈæktɪv] adj. ❶活泼的,活跃的,积极的 ❷起作用的 ❸主动的 ‖ be ~ about 积极从事,积极参与… ‖ **activeness** n. 活跃,积极 / **active duty**〔**service**〕现役

activist [ˈæktɪvɪst] n. Ⓒ(政治活动的)积极分子,活动家

activity [ækˈtɪvɪtɪ] n. ❶Ⓤ活动性,活力 ❷Ⓟ活动,工作,消遣:social ~ties 社会活动

actor [ˈæktə] n. Ⓒ演员(尤指男演员):a famous ~ 著名的演员 ‖ a bad ~ 做坏事的人,不择手段的危险人物

actress [ˈæktrɪs] n. Ⓒ女演员

actual [ˈæktʃʊəl] adj. 实在的,实际的,事实上的 ‖ **actualist** n. 实际家,现实论者

actuality [ˌæktʃʊˈælɪtɪ] n. ❶Ⓤ现实,实在 ❷Ⓟ现状,实际情况

actually [ˈæktʃʊəlɪ] adv. ❶实际上,确实 ❷竟然

actuate [ˈæktʃʊeɪt] vt. 使动作,开动,促使

acumen [əˈkjuːmen] n. Ⓤ敏锐,聪明

acute [əˈkjuːt] adj. (-r, -st) ❶极大的,严重的 ❷敏锐的,深刻的,剧烈的 ❸急性的 ❹尖的,锐的 ‖ **acutely** adv. 尖锐地,剧烈地/**acuteness** n. 尖锐,敏锐;严重

ad [æd] =advertisement

adamant [ˈædəmənt] adj. 坚定的,坚强不屈的 ■ n. Ⓤ坚硬的东西

adapt [əˈdæpt] vt.&vi. (使)适应,(使)适合 vt. 改编,改写 ‖ ~ as 把…改成…/~ from 根据…改编/~ to 使适应… ‖ **adaptive** adj. 适应的,适合的

adaptable [əˈdæptəbl] adj. 可适应的,可改编的 ‖ **adaptability** n. 适应性

adaptation [ˌædæpˈteɪʃən] n. ❶Ⓤ适应,改编 ❷Ⓒ适应物,改编物

adaxial [æˈdæksɪəl] adj. (尤指叶子上端)近轴的

add [æd] vt.&vi. 加,加入;增加,添加:~ fresh blood 增加新的血液 vt. 还说,接着说:I'll add a few words when you finish. 你说完后我接着说几句。 ‖ ~ in 包括,把…加进去/~ on 包括,附加/~ to 增加,增添/~ together 加起来,总计/~ up 加起来/~ up to 总计达

added [ˈædɪd] adj. 附加的,额外的

addict [ˈædɪkt] n. Ⓒ ❶有…瘾的人 ❷入迷的

人 ■ vt. 使沉迷,使成瘾

addicted [əˈdɪktɪd] adj. 🄿上瘾的 ‖ be ~ to 沉迷于

addiction [əˈdɪkʃən] n. Ⓤ Ⓒ 吸毒成瘾;沉溺;癖好

addictive [əˈdɪktɪv] adj. 使成瘾的,上瘾的

addition [əˈdɪʃən] n. ❶Ⓤ加;加法:do ~ 做加法 ❷Ⓒ增加的人或事物: They've just had an addition to the family. 他们家里刚刚添了一口人。‖ in ~ 另外,加之/in ~ to 除…之外(还)

additional [əˈdɪʃənl] adj. 🄐 增加的,额外的,另外的 ‖ **additionally** adv. 附加地,另外

addle [ˈædl] vt. 使糊涂,使混乱

addled [ˈædld] adj. (指蛋类)变坏

address [əˈdres] n. Ⓒ ❶演说,演讲 ❷住址,地址 ‖ a form of ~ 称呼/direct ~ 呼语 ■ vt. ❶向…讲话,向…发表演说,写信给…:~ a meeting 向大会发表演说(致词) ❷称呼 ❸在(信封或包裹等)上写上收信人的姓名、地址 ‖ ~ oneself to ~ 讲话,与…通信 ‖ **addresser,-or** n. 发言人

adduce [əˈdjuːs] vt. 引证,举出(例证、理由等)

adduct [əˈdʌkt] vt. 使(尤指肢体)内收

adept [ˈædept] adj. 精于…的,擅长于…的: She is adept in music. 她擅长音乐。■ n. Ⓒ 内行,能手 ‖ **adeptly** adv. 熟练地,内行地/**adeptness** n. 擅长

adequate [ˈædɪkwɪt] adj. ❶充分的,足够的 ❷适当的,胜任的 ‖ be ~ for sth…充足的/be ~ to v-ing 胜任… ‖ **adequately** adv. 适当地,充分地/**adequateness** n. 适当,充分

adhere [ədˈhɪə] vi. ❶黏附,附着 ❷遵守,追随 ❸ 坚持,支持: He resolutely adhered to what he had said at the meeting. 他坚持他在会上所说的话。‖ ~ to 遵守,依附;坚持

adherence [ədˈhɪərəns] n. Ⓤ忠诚;坚持

adherent [ədˈhɪərənt] n. Ⓒ支持者,拥护者

adhesion [ədˈhiːʒən] n. Ⓤ ❶黏合,黏附 ❷支持,拥护

adhesive [ədˈhiːsɪv] n. Ⓒ Ⓤ黏合剂 ■ adj. 可黏着的,黏性的

adhibit [ədˈhɪbɪt] vt. ❶粘,贴,加上,附上 ❷涂或用(药)

adieu [əˈdjuː] int. 再见

adipose [ˈædɪpəʊz] adj. 动物脂肪的,肥胖的

adjacent [əˈdʒeɪsənt] adj. 邻近的

adjective [ˈædʒɪktɪv] n. Ⓒ形容词

adjoin [əˈdʒɔɪn] vt. & vi. 邻近,毗连 ‖ **adjoining** adj. 毗邻的

adjourn [əˈdʒɜːn] vt. & vi. (使)休会,(使)休庭

adjudge [əˈdʒʌdʒ] vt. ❶判决,裁决 ❷宣布

adjudicate [əˈdʒuːdɪkeɪt] vt. ❶判决,宣判 ❷裁判

adjure [əˈdʒʊə] vt. 祈求,命令

adjust [əˈdʒʌst] vt. & vi. (改变…以)适应,调整;校正 ‖ ~ (oneself) to sth 使(自己)适合,适应某事 ‖ **adjuster,-or** n. 调整者;调整器

adjustable [əˈdʒʌstəbl] adj. 可调整的

adjustment [əˈdʒʌstmənt] n. Ⓤ Ⓒ 调整,调节

adlib [ˌædˈlɪb] vt. & vi. 即席发言;临时加台词;即兴表演

admeasure [ədˈmeʒə] vt. 分配;配给

administer [ədˈmɪnɪstə] vt. ❶管理,支配 ❷给予 ❸执行,实施 ‖ ~ to 给予;有助于/~ upon 管理

administration [ədˌmɪnɪsˈtreɪʃən] n. ❶ Ⓤ实行,执行 ❷ Ⓤ管理,经营,支配: efficient ~ 高效率的管理 ❸ Ⓒ政府,内阁: colonial ~ 殖民政府

administrative [ədˈmɪnɪstrətɪv] adj. 行政的,管理的 ‖ **administratively** adv. 行政地,管理地

administrator [ədˈmɪnɪstreɪtə] n. Ⓒ管理者

admirable [ˈædmərəbl] adj. 令人称赞的;令人钦佩的: She showed admirable self-control. 她表现出令人钦佩的自我控制。‖ **admirably** adv. 令人钦佩,令人羡慕地

admiral [ˈædmərəl] n. Ⓒ 海军将领,舰队司令

admiration [ˌædməˈreɪʃən] n. ❶Ⓤ 钦佩,赞赏 ❷Ⓢ引人赞美的人或物 ‖ do sth to ~ 把某事做得极好/in ~ of 怀着对…的赞美

admire [ədˈmaɪə] vt. ❶赞赏;钦佩: We admire his working so hard. 我们钦佩他工作努力。❷称赞,夸奖: Don't forget to admire the baby. 不要忘了夸奖那孩子。❸〈美口〉想要,喜欢: We would admire to hear. 我们喜欢听。‖ ~ at 对…感到羡慕/~ for 因…而称赞…

admirer [ədˈmaɪərə] n. Ⓒ赞美者;(女子的)爱慕者

admiring [ədˈmaɪərɪŋ] adj. 钦佩的;赞赏的;羡慕的

admissible [ədˈmɪsəbl] adj. 可采纳的;可接受的

admission [ədˈmɪʃən] n. Ⓤ ❶准许进入 ❷入场费,入场券 ❸承认,供认 ‖ by(on) one's own ~ 如其自己所承认的

admit [ədˈmɪt] vt. & vi. (-tt-) ❶许可进入: This ticket admits two persons. 这张票可让两人进场。❷承认,供认: She admitted having done wrong. 她承认自己做错了。‖ ~ into 允许进入…/~ of 容许,有…的可能/~ to 承认

admittedly [əd'mɪtɪdlɪ] *adv.* 诚然；确实地,无可否认地

admix ['ædmɪks] *vt. & vi.* 混合,使混合 *vt.* 添加,加入（成分等）

admixture [əd'mɪkstʃə] *n.* ⓒ 混合物

admonish [əd'mɒnɪʃ] *vt.* 劝告,训诫 ‖ ~ sb for sth 因某事而责备某人 ‖ **admonishment** *n.* 劝告,告诫

admonition [ˌædməˈnɪʃən] *n.* ⓤⓒ 告诫,劝告

admonitory [əd'mɒnɪtərɪ] *adj.* 劝告的,训诫的

ado [ə'du:] *n.* ⓤ 无谓的忙乱,费力

adobe [ə'dəʊbɪ] *n.* ⓤ 土坯,泥砖

adolescent [ˌædəˈlesnt] *adj.* 青春期的,青少年的 ■ *n.* ⓒ 青少年 ‖ **adolescence** *n.* 青春;青春期

adopt [ə'dɒpt] *vt.* ❶ 收养 ❷ 采用,采纳,采取 ❸ 正式接受,通过 ‖ ~ as 收养/be ~ed from 选自…,取自…/be ~ed into 被…所收养 ‖ **adoptable** *adj.* 可采用的,可收养的/**adoption** *n.* 收养;采用;通过

adoptive [ə'dɒptɪv] *adj.* 收养的,有收养关系的

adorable [ə'dɔːrəbl] *adj.* 可爱的；值得崇拜的

adore [ə'dɔː] *vt.* ❶ 爱慕；崇拜 ❷ 非常喜欢 ‖ ~ for 因…而敬佩 ‖ **adoring** *adj.* 崇拜的,敬爱的/**adoringly** *adv.* 崇拜地,敬爱地

adorn [ə'dɔːn] *vt.* 装饰；佩带 ‖ **adornment** *n.* 装饰,装饰品

adrenaline [ə'drenəlɪn] *n.* ⓤ〈生化〉肾上腺素

adrift [ə'drɪft] *adj. & adv.* ⓟ 漂泊的(地),漂流的(地) ‖ be all ~ 不知所措,茫然若失/turn sb ~ 逐出某人

adroit [ə'drɔɪt] *adj.* 熟练的,机敏的 ‖ **adroitly** *adv.* 熟练地,机敏地/**adroitness** *n.* 熟练,机敏

adsorb [əd'sɔːb] *vt.* 吸附

adulate ['ædjʊleɪt] *vt.* 谄媚,奉承

adult ['ædʌlt] *adj.* ❶ 成熟的 ❷ 成年人的,适宜于成年人的 ■ *n.* ⓒ 成年的人或动物 ‖ **adulthood** *n.* 成年/**adultly** *adv.* 成熟地/**adultness** *n.* 成熟

adulterate [ə'dʌltəreɪt] *vt.*（尤指食物）掺假

adulterine [ə'dʌltəraɪn] *adj.* ❶ 非法的；没有许可证的 ❷ 伪造的,假造的 ❸ 非婚生的

adulterous [ə'dʌltərəs] *adj.* 通奸的

adultery [ə'dʌltərɪ] *n.* ⓤ 通奸,私通

adumbrate ['ædʌmbreɪt] *vt.* ❶ 约略显示,勾画出…的轮廓 ❷ 预示,预兆

advance [əd'vɑːns] *vt. & vi.* ❶（使）前进,（使）发展；促进 ❷ 提高,提升 *vt.* ❶ 提出 ❷ 提前 ❸ 预付,贷（款项等）‖ ~ against 向…发起进攻/~ on〔upon〕向…推进/~ to 推进到…；发展到…/~ towards 向…推进 ■ *n.* ❶ ⓢ 前进,发展,改进,进步 ❷ ⓒ 增长,提高 ❸ ⓒ 借款,预付款,贷款 ‖ be on the ~（物价）在上涨中/in ~ 在前面；预先/in ~ of 在…的前面,超过/make ~s 预付；拉关系 ■ *adj.* 🅐 ❶ 预先的,在前的 ❷ 预先做好的；预先供给的

advanced [əd'vɑːnst] *adj.* ❶ 超前的,先进的 ❷ 高级的,高等的

advancement [əd'vɑːnsmənt] *n.* ⓤ 进步,改进

advantage [əd'vɑːntɪdʒ] *n.* ❶ ⓒ 有利条件,有利因素,优势 ❷ ⓤ 益处,利益 ‖ gain〔win〕an ~ over 胜过,优于/have the ~ of 胜过,占优势/take ~ of sb 欺骗某人/take ~ of sth 趁机利用某事/take sb at ~ 乘某人不备/to ~ 用某种方法使优点突出/to sb's ~ 对某人有利/turn to ~ 使转化为有利

advantageous [ˌædvənˈteɪdʒəs] *adj.* 有利的 ‖ **advantageously** *adv.* 有利地/**advantageousness** *n.* 有利

advent ['ædvənt] *n.* ⓢ 出现,到来

adventitious [ˌædvenˈtɪʃəs] *adj.* 偶然的 ‖ **adventitiously** *adv.* 偶然地

adventure [əd'ventʃə] *n.* ❶ ⓒ 冒险活动；冒险经历；奇遇 ❷ ⓤ 冒险,刺激 ■ *vt. & vi.* 冒险 ‖ **adventuress** *n.* 女冒险家；女骗子 **adventurist** *n.* 冒险主义者

adventurer [əd'ventʃərə] *n.* ⓒ ❶ 探险家 ❷ 投机家

adventurous [əd'ventʃərəs] *adj.* 冒险的,大胆的 ‖ **adventurously** *adv.* 冒险地,大胆地/**adventurousness** *n.* 冒险,大胆

adverb ['ædvɜːb] *n.* ⓒ〈语〉副词

adversarial [ˌædvəˈseərɪəl] *adj.*（尤指政治或法律制度）对立的；敌对的

adversary ['ædvəsərɪ] *n.* ⓒ 对手,敌手

adversative [əd'vɜːsətɪv] *adj.*（词等）反意的,对比的

adverse ['ædvɜːs] *adj.* 🅐 ❶ 不利的,有害的 ❷ 逆的,相反的,敌对的 ‖ **adversely** *adv.* 不利地,有害地/**adverseness** *n.* 不利

adversity [əd'vɜːsɪtɪ] *n.* ⓤ 逆境,不幸

advert [əd'vɜːt] *vi.* 提及 ‖ **advertent** *adj.* 注意的,留心的/**advertence, -ency** *n.* 提及,谈到,注意,留心

advertise ['ædvətaɪz] *vt.* 公布,宣传 *vt. & vi.*（给…）做广告宣传

advertisement [əd'vɜːtɪsmənt] *n.* ❶ ⓤ 出公告,做广告 ❷ ⓒ 广告

advertiser ['ædvətaɪzə] *n.* ⓒ 登广告的人

advertising ['ædvətaɪzɪŋ] n.Ⓤ广告,广告宣传

advice [əd'vaɪs] n.Ⓤ❶劝告,忠告,意见 ❷消息,报道;(商业)通知

advisable [əd'vaɪzəbl] adj.Ⓟ明智的;可取的 ‖ **advisability** n.明智,可取/**advisableness** n.明智,可取/**advisably** adv.明智地,可取地

advise [əd'vaɪz] vt.& vi.劝告,提建议:He advised me to rest.他劝我休息. vt.(商业)通知,报告:Please advise the date of shipment as soon as possible.请尽快通知装货日期. ‖ ～ about〔on〕就…向…提出建议或忠告/～ sb against sth〔not to do sth〕劝说某人不要做某事/～ sb of sth 通知某人某事/～ with 和…商量 ‖ **advisement** n.深思熟虑

advised [əd'vaɪzd] adj.❶明智的,审慎的 ❷经过考虑的,深思熟虑的

advisedly [əd'vaɪzɪdlɪ] adv.故意地,深思熟虑地

adviser,〈美〉**advisor** [əd'vaɪzə] n.Ⓒ顾问;劝告者

advisory [əd'vaɪzərɪ] adj.劝告的,提供咨询的

advocacy ['ædvəkəsɪ] n.Ⓤ❶支持,拥护,鼓吹 ❷辩护律师的职业

advocate ['ædvəkeɪt] vt.提倡,主张 ■n.Ⓒ ❶提倡者,拥护者 ❷辩护律师,辩护人 ‖ **advocator** n.提倡者,拥护者

aerate ['eəreɪt] vt.❶使(土壤、水等)透气 ❷充二氧化碳于,充气于(液体)

aerial ['eərɪəl] adj.Ⓐ❶空气的,空中的 ❷存在或悬浮于空中的,架空的 ■n.Ⓒ天线 ‖ **aerially** adv.架空地

aerobic [eə'rəʊbɪk] adj.❶有氧健身的 ❷需氧的

aerobics [eə'rəʊbɪks] n.Ⓟ有氧健身操

aeroplane ['eərəpleɪn] n.Ⓒ飞机

aerosol ['eərəsɒl] n.❶Ⓤ喷雾剂 ❷Ⓒ喷雾器

aerospace ['eərəʊspeɪs] n.Ⓤ航空和宇宙航行空间

Aesculapian [ˌiːskjʊ'leɪpɪən] adj.医药的,医学的

aesthetic [iːs'θetɪk] adj.Ⓐ❶有关美的,美学的 ❷审美的 ❸悦目的,雅致的 ‖ **aesthetically** adv.审美地;悦目地,雅致地

aetatis [aɪ'tɑːtɪs] adj.…岁的,在…岁时的

afar [ə'fɑː] adv.从远处

affable ['æfəbl] adj.平易的,和蔼的 ‖ **affability** n.平易,和蔼/**affably** adv.平易地,和蔼地

affair [ə'feə] n.❶Ⓢ发生的事情;大事;事件 ❷Ⓟ事务,事态 ❸Ⓒ需要做的或需要思考的事情;事务 ‖ settle one's ～s 把个人事务料理妥当

affect¹ [ə'fekt] vt.❶影响 ❷感动 ‖ **affecting** adj.令人感动的,动人的/**affectingly** adv.令人感动地,动人地

affect² [ə'fekt] vt.❶假装 ❷炫耀

affectation [ˌæfek'teɪʃən] n.Ⓒ假装

affected [ə'fektɪd] adj.(人或行为)假装的;做作的

affection¹ [ə'fekʃən] n.❶Ⓤ喜爱,爱 ❷Ⓟ爱慕,钟爱之情 ❸Ⓤ〈心〉感情

affection² [ə'fekʃən] n.❶Ⓤ影响 ❷Ⓒ疾病,病情

affectionate [ə'fekʃnɪt] adj.柔情的 ‖ **affectionately** adv.充满深情地

affective [ə'fektɪv] adj.感情的

afferent ['æfərənt] adj.传入的,向心的,传导的

affiance [ə'faɪəns] vt.(与某人正式)订婚

affiliate [ə'fɪlɪeɪt] vt.使隶属于,接纳…为成员 ‖ be ～d with〔to〕...隶属(或附属)于… ■ [ə'fɪlɪɪt] n.Ⓒ附属企业 ‖ **affiliated** adj.附属的

affiliation [əˌfɪlɪ'eɪʃən] n.Ⓤ Ⓒ 联系

affined [ə'faɪnd] adj.姻亲的,联合的

affinity [ə'fɪnɪtɪ] n.❶Ⓒ喜爱 ❷Ⓤ Ⓒ相似点

affirm [ə'fɜːm] vt.& vi.断言;证实 ‖ **affirmable** adj.可断言的/**affirmance** n.断言,肯定

affirmative [ə'fɜːmətɪv] adj.肯定的 ‖ **affirmatively** adv.肯定地

affix [ə'fɪks] vt.粘贴 ‖ **affixation** n.附加/**affixture** n.粘贴,贴上

afflict [ə'flɪkt] vt.使受痛苦,折磨 ‖ be ～ed with 受…的折磨

affluence ['æflʊəns] n.Ⓤ富有,财富:There is a lot of affluence in this part of the state because it has many businesses.这个州的这一部分相当富有,因为它有很多商业.

affluent ['æflʊənt] adj.富裕的,富足的 ‖ **affluently** adv.富裕地,繁荣地

afflux ['æflʌks] n.Ⓤ Ⓢ流入,汇聚,充注

afford [ə'fɔːd] vt.❶买得起,担负得起:She cannot afford the expense.她花不起这笔钱. ❷提供,给予:Some trees afford resin.有些树产树脂.

affordable [ə'fɔːdəbl] adj.付得起的,不太昂贵的

afforest [ə'fɒrɪst] vt.❶把…变成森林 ❷种树

affront [ə'frʌnt] n.Ⓢ侮辱,冒犯 ■vt.侮辱,冒犯:I was affronted by his actions.他的行为冒犯了我.

afield [ə'fi:ld] *adv.* 偏离
afire [ə'faɪə] *adj.* 🅿 燃烧的
aflame [ə'fleɪm] *adj.* 🅿 ❶燃烧的 ❷充满激情的
afloat [ə'fləʊt] *adj.* 🅿 浮在水面的 ∎*adv.* 未处于绝境地;幸存地
afoot [ə'fʊt] *adv.* 步行 ∎*adj.* 🅿 不对劲的
aforementioned [əˌfɔ:'menʃənd] *adj.* 🅐 前面提到的
aforethought [əˌfɔ:'θɔ:t] *adj.* 预谋的,蓄意的
afraid [ə'freɪd] *adj.* 🅿 ❶害怕的,恐惧的 ❷担忧,忧虑
afresh [ə'freʃ] *adv.* 重新
African ['æfrɪkən] *adj.* 非洲的,非洲人的,非洲语言的
Afrocentric [ˌæfrəʊ'sentrɪk] *adj.* 崇尚非洲文化或美国黑人文化的;非洲文化或黑人文化中心论的
aft [ɑ:ft] *adv.* 在,近,向(船或飞行器)尾部
after ['ɑ:ftə] *prep.* ❶(表示时间)在…以后: After the play they called for the author to show himself. 剧终之后他们请求编剧和大家见面。 ❷(表示位置、顺序)在…后面: The King came in, with all his servants following after him. 国王走了进来,所有侍从跟在他的后面。 ❸(表示原因)由于,鉴于: She succeeded in solving the problem after hard work. 由于努力工作,她终于解决了那个问题。 ❹(表示条件)与…一致;符合: He was built after his father. 他的体型像父亲。 ❺(表示方式)像,仿照: This box is made after a new pattern. 这箱子是仿照新样式制作的。 ❻(表示依据)以…之名命名: The boy was named Tom after his grandfather. 这小孩按他祖父的名字被命名为汤姆。 ❼(表示论及)关于;涉及: He inquired after your health. 他询问你的健康状况。 ❽(表示目标)追求,追寻: I wonder what those children are after in that shed. 我不知道那些孩子在棚子里寻找什么。 ❾(表示让步)尽管,仍然: After all my advice, he still went his own way. 在我苦口婆心地相劝后,他仍然一意孤行。 ❿(表示比较)次于,亚于: Milton is usually placed after Shakespeare among English poets. 在英国诗人中,弥尔顿的名次通常被置于莎士比亚之后。 ⓫〈美〉(表示时间)超过: After eight it began to rain. 八点后开始下雨。 ∎*conj.* 在…以后: After he goes, we shall eat. 他走之后,我们就吃饭。 ∎*adv.* 以后,继后: They arrived soon after. 他们没多久就到达了。 ‖ **after-hours** *adj.* 业余时间的/**after-school** *adj.* 课外的,供课外活动用的/**after-tax** *adj.* 税后的
aftereffect ['ɑ:ftərɪfekt] *n.* 🅒 后果,事后影响
afterlife ['ɑ:ftəlaɪf] *n.* 🅂 再生;来生
aftermath ['ɑ:ftəmæθ] *n.* 🅂 后果
aftermost ['ɑ:ftəməʊst] *adj.* 最尾部
afternoon [ˌɑ:ftə'nu:n] *n.* 🅄🅒 下午 ‖ the ~ of life 后半生,晚年 ‖ **afternoons** *adv.* 每天下午
afterthought ['ɑ:ftəθɔ:t] *n.* 🅒 事后的考虑或想法
afterward(s) ['ɑ:ftəwəd(z)] *adv.* 以后,过后,后来: He has waited for a few minutes and left afterward. 他等了一会儿,然后离开了。
again [ə'gen, ə'geɪn] *adv.* ❶再(次),又(一次): It's good to see all my teachers and friends again. 又见到我的老师和朋友们真是好极了。 ❷此外,另一方面: And again, can you acknowledge it as true? 再者,你会认为真有此事吗? ❸反响,反应: You will be loved again. 你的爱定会得到回报。 ‖ ~ and ~ 再三地,反复不止地/as...~ 比…大一倍/back ~ 回到原地/ever and ~ 不时地/now and ~ 常常,不时地/once ~ 再次/over ~ 重新,重复/second ~ 其次/then ~ 而且,其次,还有/time and ~ 一次又一次地
against [ə'genst, ə'geɪnst] *prep.* ❶(表示方向)与…方向相反,逆着,迎着,顶着 ❷(表示方位)紧靠着…,倚靠着: The seats have no back against which to lean. 这些座位都没有靠背可倚。 ❸(表示对象)对…不利,对…有害,和…碰撞,与…撞击;预防,以…为抵御对象: to vie against one's rival. 较反,违背: The present economic climate works against the smaller companies. 当前的经济气候对小公司不利。 ❹(表示目的)为…做准备,防备…之用: She is preparing a substantial meal against his return. 她正在准备一顿丰盛的饭菜为他接风。 ❺(表示态度)对抗,反抗: He fought against the disease for a long time. 他同疾病做了长时间的斗争。 ❻(表示依据)以…为标准: I checked my watch against the steeple clock. 我根据教堂尖塔的大钟对了表。 ❼以…兑换,以…交换: Please deliver this package against payment of cost. 请把这件货物送去,把货款带回。 ❽(表示对比)和…比,和…对照,以…为背景: The mountain looked magnificent against the sky. 在蓝天的衬托下,这座山显得雄伟壮丽。 ‖ ~ a rainy day 未雨绸缪
agamic [ə'gæmɪk] *adj.* 无性的;无性生殖的
agape [ə'geɪp] *adj.* 张着嘴的,裂着口的
age [eɪdʒ] *n.* ❶🅄🅒 年龄,年纪: They married at a late age. 他们年龄很大时才结婚。 ❷🅂 老年,老: You have something to learn in youth and in age. 年轻和年老都有东西可学。 ❸🅒 时代,时期: The sage is the instructor of a hundred ages. 这位哲人是百代之师。 ‖ **at the** ~ **of** 在…岁时/**be of** ~ 成年/**come of** ~ 达到法定年龄/**over** ~ 超龄/**under** ~ 未成年 ∎*vt. & vi.* (使)长大,变老: After his wife's death,

he aged quickly. 妻子死后,他老得很快。vi. 变陈,变醇厚 ‖ **age group** 某组年龄范围

aged ['eɪdʒɪd] adj. ❶ F 年龄在…岁的 ❷ A 极老的,年老的 ‖ **agedness** n. 老年

ag(e)ing ['eɪdʒɪŋ] n. U ❶ 变老的过程 ❷ 随时间流逝而发生的变化

ageless ['eɪdʒlɪs] adj. 长生不老的,永不显老的

agency ['eɪdʒənsɪ] n. ❶ C 经销处,代理行 ❷ C 部,处 ❸ S 动力,力量,作用 ‖ **by**〔**through**〕~ **of** 经…介绍,通过…之手

agenda [əˈdʒendə] n. C 议事日程

agent ['eɪdʒənt] n. C ❶ 代理人,代理商;经纪人 ❷ 作用者,原动力,动因;作用剂 ‖ **agential** adj. 自然的;代理商的

age-old ['eɪdʒˈəʊld] adj. A 存在已久的,古老的

agglomerate [əˈɡlɒməreɪt] adj. 成团的,结块的,凝聚的 ‖ **agglomeration** n. 成团,结块/**agglomerative** adj. 成团的,结块的

agglutinate [əˈɡluːtɪneɪt] vt. 粘结

aggravate [ˈæɡrəveɪt] vt. ❶ 使恶化,使更严重 ❷ 激怒,使恼火 ‖ **aggravation** n. 激怒;加重

aggregate [ˈæɡrɪɡɪt] n. C〈正〉数,总计 ‖ **in the** ~ 总共,作为总体 / **on** ~ 整个来说,总体上 ■ [ˈæɡrɪɡeɪt] vt. 总计达… : The audiences aggregated a million people. 观众总数达 100 万人。vt. & vi. (使)聚集 : He aggregated her to a political party. 他吸收她参加一政党。‖ **aggregation** n. 聚集体/**aggregative** adj. 聚集的,聚集而成的

aggression [əˈɡreʃən] n. U C 侵略,侵犯

aggressive [əˈɡresɪv] adj. ❶ 好争斗的,挑衅的,侵略性的,有冲劲的 ‖ **aggressively** adv. 好争斗地;进取地/**aggressiveness** n. 挑衅;进取

aggressor [əˈɡresə] n. C 侵略者

aggrieved [əˈɡriːvd] adj. 受委屈的

aghast [əˈɡɑːst] adj. F 惊呆的

agile [ˈædʒaɪl] adj. 灵巧的 : She is such an agile dancer! 她跳起舞来是那么灵巧! ‖ **agilely** adv. 灵巧地/**agility** n. 灵巧

agist [əˈdʒɪst] vt. 有偿接收并饲养(畜禽)

agitate [ˈædʒɪteɪt] vt. ❶ 搅动,摇动 ❷ 使焦虑不安 ‖ **for** 鼓动,宣传

agitation [ˌædʒɪˈteɪʃən] n. U 鼓动,煽动 ‖ **agitational** adj. 鼓动性的

agitato [ˌædʒɪˈtɑːtəʊ] adv. & adj. 激动地(的),激奋地(的)

agley [əˈɡleɪ, əˈɡliː] adv. 歪斜地;背离正道地

aglow [əˈɡləʊ] adj. F 发亮的,发红的

ago [əˈɡəʊ] adv. 以前 : I realized it four weeks ago. 我在四个星期以前才明白的。‖ … today… 前的今天 / **no longer** ~ **than** 就在…

agog [əˈɡɒɡ] adj. 渴望的,期待着的

agonize [ˈæɡənaɪz] vt. 苦恼;焦虑不已

agonizing [ˈæɡənaɪzɪŋ] adj. 使人痛苦的 ‖ **agonizingly** adv. 使人痛苦地

agony [ˈæɡənɪ] n. U C 极大的痛苦

agrarian [əˈɡreərɪən] adj. A 农业的,土产的 : People are leaving an agrarian way of life to go to the city. 人们正在放弃农业生活方式而转向城市。

agree [əˈɡriː] vt. & vi. 同意,赞同 : They agreed to reserve four tickets for us. 他们答应给我们留四张票。vi. ❶ 相同,相符,一致 : The essential thing is that the two of you ought to agree. 根本的问题是你们俩应意见一致。❷ (气候,食物等)适宜,相和 : These two shades do not agree. 这两种色调不协调。‖ ~ **about** 对某事有同样看法 / ~ **in** 在…方面一致 / ~ **on**〔**upon**〕对某事有同样看法 / ~ **to** 同意,赞同 / ~ **with** 持相同意见;相同,相符,一致;(气候、食物等)相宜,相和

agreeable [əˈɡriːəbl] adj. ❶ F 欣然同意的 ❷ 令人愉快的,惬意的 ‖ **agreeably** adv. 乐意地/**agreeableness** n. 乐意;惬意

agreed [əˈɡriːd] adj. ❶ 同意的,接受的 ❷ 一致的

agreement [əˈɡriːmənt] n. ❶ C 协定,协议,契约 ❷ U 达成协议 ❸ U 同意 ‖ **in** ~ **with** 同意,一致 / **arrive at**〔**come to**〕**an** ~ **with** 达成协议

agricultural [ˌæɡrɪˈkʌltʃərəl] adj. 农业的

agriculture [ˈæɡrɪkʌltʃə] n. U ❶ 农业 ❷ 农学,农艺 ‖ **agriculturist** n. 农学家

aground [əˈɡraʊnd] adj. & adv. 搁浅的(地)

ah [ɑː] int. (用以表达惊奇,厌恶,痛苦,理解)啊

ahead [əˈhed] adv. ❶ 在(某人或某事物的)前面 : Do you know the man ahead? 你认识前面那个人吗? ❷ 比别人做得好 ‖ ~ **of** 比…提前,比…更早/**dead** ~ 就在前面

aid [eɪd] vt. 帮助,援助 ■ n. ❶ U 帮助,援助,救助 ❷ C 助手,辅助物,辅助手段 ‖ ~ **and abet** 同谋/**first** ~ 急救

aide [eɪd] n. C 助手,副官 ‖ **aide-de-camp** n. 副官

AIDS [eɪdz] n. U 艾滋病

ail [eɪl] vt. 生病,处境不好

ailing [ˈeɪlɪŋ] adj. 不舒服的,生病的

ailment [ˈeɪlmənt] n. C 疾病(尤指慢性病的),不适

aim [eɪm] vt. & vi. (以…)瞄准;针对 : She aimed the gun carefully. 她用枪仔细瞄准。vi. 以…为目标〔目的〕: You aim too low. 你志向

aimless

太低。‖ ~ **at** ①瞄准;针对②计划,打算 / ~ **for** 计划,打算 ■ n. ❶Ⓤ瞄准: *His aim was very good.* 他瞄得很准。❷Ⓒ目标,目的: *He has a high aim in life.* 他目标很高。‖ **cry** ~ 助威 / **give** ~ 报告射靶结果 / **take** ~ 瞄准 / **with the** ~ **of** 其目的是为了 / **without** ~ 无目的

aimless ['eɪmlɪs] *adj.* 无目的的

air [eə] *n.* ❶ⒸⓊ天空,大气,空气,气氛 ❷Ⓤ空中 ❸Ⓒ样子,神态,姿态 ‖ ~**s and graces** 装腔作势 / **as free as the** ~ 自由自在 / **beat the** ~ 白费气力 / **build castles in the** ~ 做白日梦 / **by** ~ 乘飞机 / **clear the** ~ 消除误会(或猜疑等) / **get the** ~ 失恋 / **give** ~ **to** 阐明 / **give oneself** ~**s** 盛气凌人 / **give the** ~ 断交 / **go up in the** ~ 十分恼火 / **hang in the** ~ 未完成 / **in the** ~ 流传中 / **off the** ~ 停播 / **on the** ~ 广播 / **out of thin** ~ 无中生有 / **put on** ~**s** 装腔作势 / **take** ~ 为众人所知 / **take the** ~ 到户外散步 / **turn the** ~ **blue** 骂声不绝 / **up in the** ~ 悬而未决的 / **walk on** ~ 喜气洋洋 ■ *vt. & vi.* ❶晾晒,烘干 ❷播送,广播 *vt.* ❶使房间通风,透气 ❷发表,倾诉,炫耀 ‖ **air bed** 空气床垫 / **air base** 空军基地 / **air boat** 汽艇 / **air force** 空军 / **air raid** 空袭 / **air traffic controller** 交通管制员,航空调度员

airborne ['eəbɔːn] *adj.* 在空中运动的

air-conditioned ['eəkənˌdɪʃənd] *adj.* 有空调的

air-conditioning ['eəkənˌdɪʃənɪŋ] *n.* Ⓤ空调设备,空调系统

aircraft ['eəkrɑːft] *n.* (*pl.* ~)Ⓒ飞机,航空器,飞行器 ‖ **aircraft carrier** 航空母舰

airfield ['eəfiːld] *n.* Ⓒ(较小的无建筑的)飞机场

airless ['eəlɪs] *adj.* ❶闷气的 ❷不通气的,无风的

airlift ['eəlɪft] *n.* Ⓒ空运

airline ['eəlaɪn] *n.* Ⓒ航空公司

airliner ['eəlaɪnə] *n.* Ⓒ客机,班机

airmail ['eəmeɪl] *n.* Ⓤ航空邮件

airman ['eəmən] *n.* (*pl.*-men)Ⓒ飞机驾驶员或乘务员

airmobile [eə'məʊbaɪl] *adj.* (部队)可空运的

airplane ['eəpleɪn] *n.* Ⓒ〈美〉飞机

airport ['eəpɔːt] *n.* Ⓒ航空站,机场,航空港

airship ['eəʃɪp] *n.* Ⓒ飞艇,飞船

airsick ['eəsɪk] *adj.* 晕机的

airstrip ['eəstrɪp] *n.* Ⓒ简易机场

airtight ['eətaɪt] *adj.* 不透气的,密封的

airwaves ['eəweɪvz] *n.* Ⓟ电波

airway ['eəweɪ] *n.* Ⓒ通气道,通风巷

airworthy ['eəwɜːθɪ] *adj.* (指飞机)适航的

airy ['eərɪ] *adj.* (-ier,-iest)通风的 ‖ **airily** *adv.* 活泼地,轻盈地

aisle [aɪl] *n.* Ⓒ过道,通道

ajar [ə'dʒɑː] *adj.* Ⓟ半开着的

akimbo [ə'kɪmbəʊ] *adv.* 双手叉腰地

akin [ə'kɪn] *adj.* Ⓟ相似的

alack [ə'læk] *int.* 哀哉,呜呼

alarm [ə'lɑːm] *vt.* ❶警告 ❷使惊慌 ■ *n.* ❶Ⓒ警钟,警报器,闹钟 ❷Ⓒ警报 ❸Ⓤ惊恐,忧虑 ‖ **alarm clock** 闹钟

alarmed [ə'lɑːmd] *adj.* Ⓟ担心的,害怕的

alarming [ə'lɑːmɪŋ] *adj.* 使人害怕的;扰乱人心的 ‖ **alarmingly** *adv.* 使人害怕地,扰乱人心地

alas [ə'læs] *int.* (表示悲痛、遗憾)哎呀: *Alas, my love, I must leave now.* 哎呀,天哪,我得走了。

alate ['eɪleɪt] *adj.* 有翼的;有翼状物的

albescent [æl'besənt] *adj.* 正在变白的

albinism ['ælbɪnɪzəm] *n.*〈医〉白化病

albino [æl'biːnəʊ] *n.* (*pl.*~s)Ⓒ患白化病的人或动物

album ['ælbəm] *n.* Ⓒ❶粘贴簿,集邮簿,相册 ❷唱片

alchemist ['ælkɪmɪst] *n.* Ⓒ炼金术士

alcohol ['ælkəhɒl] *n.* Ⓤ❶酒精;含酒精的饮料 ❷酒

alcoholic [ˌælkə'hɒlɪk] *adj.* 酒精的 ■ *n.* Ⓒ嗜酒者,酒鬼

alderman ['ɔːldəmən] *n.* (*pl.*-men)Ⓒ市政议员

ale [eɪl] *n.* Ⓤ浓啤酒

aleatoric [ˌeɪlɪə'tɒrɪk] *adj.* 掷点决定的,凭运气的

alee [ə'liː] *adv. & adj.* ❶(船)背风的,下风的 ❷朝下风,向下风

alert [ə'lɜːt] *adj.* ❶警惕的,警觉的,注意的 ❷机灵的,敏捷的 ‖ **be** ~ **to sth** 警惕… ■ *vt.* ❶使(某人)保持警觉 ❷提醒(某人)注意(某事) ■ *n.* Ⓢ警戒 ❷Ⓤ警报 ‖ **on the** ~ 警戒着,随时准备着,密切注意着

alfalfa [æl'fælfə] *n.* Ⓤ苜蓿

alfresco [æl'freskəʊ] *adj. & adv.* 在户外的(地)

algae ['ældʒiː] *n.* Ⓟ海藻

algebra ['ældʒɪbrə] *n.* Ⓤ代数学,代数 ‖ **algebraical** *adj.* 代数的 / **algebraically** *adv.* 用代数方法,在代数学上 / **algebraist** *n.* 代数学家

alias ['eɪlɪæs] *n.* Ⓒ别名,化名

alicyclic [ˌælɪ'saɪklɪk] *adj.* 脂肪的,脂环族的

alien ['eɪlɪən] *adj.* ❶外国的,外国人的 ❷陌

生的 ❸P性质不同的 ‖ be ~ from 与…相异 ■ n. C❶外国人，外侨，局外人 ❷外星人

alienable [ˈeɪliənəbəl] adj. 可让与的，可让渡的

alienate [ˈeɪljəneɪt] vt. ❶使疏远，使不友好，离间 ❷转让，让渡（财产等）‖ ~ from 使不合 ‖ **alienator** n. 〈律〉让渡人

aliform [ˈeɪlɪfɔːm] adj. 翼状的，翅状的

alight [əˈlaɪt] vi. 飞落 ■ adj. 点着的，照亮的 ‖ get ~ 点燃，着火

align [əˈlaɪn] vt. ❶将（某物）放置或排列在一条直线上 ❷将（机器的部件）安装到相互间正确的位置上 ❸ 与（某人）结盟，与（某人）一致

alignment [əˈlaɪnmənt] n. U C ❶排成直线 ❷联盟

alike [əˈlaɪk] adj. 同样的，相像的 ‖ ~ as two peas in a pod 一模一样/be ~ to 与…相像 ■ adv. 同样地

alimentary [ˌælɪˈmentəri] adj. ❶有关营养的 ❷营养的

alimony [ˈælɪməni] n. U〈律〉(经法院判决在分居或离婚以前或以后男方付给妻子或前妻的)费用

aliphatic [ˌælɪˈfætɪk] adj. 脂肪族的，脂肪质的

alive [əˈlaɪv] adj. ❶活着的，在世的，存在的 ❷有活力的，活跃的，有生气的 ‖ ~ and kicking 活蹦乱跳的/~ to 注意到…，对…敏感/any man ~ 任何人/be ~ with 充满…/come ~ 活跃起来，显得像真的似的/look ~ 赶快，快些

alkaline [ˈælkəlaɪn] adj. 〈化〉碱性的 ‖ **alkalinity** n. 碱度，碱性

all [ɔːl] adj. ❶一切的，所有的 ❷全部的，总的，整个的 ❸尽量的，极度的/at ~ pron. 全部；一切 ‖ above ~ 首先，首要/after ~ 毕竟，终究，究竟/~ but 几乎，差不多/除了…都/~ in 从各个方面说，总的说来/~ the same 尽管如此/and ~ that 诸如此类的/at ~（用于否定句）丝毫，一点/for ~ 尽管，虽然/in ~ 总共，总计 ■ adv. 完全地，很 ‖ ~ right 满意的；安全而健康的；尚可的/~ over 到处，遍及 ‖ **all-in-one** adj. 二合一的，数个合一的/**all-rounder** n. 多面手，全能运动员/**all-out** adj. 全力以赴的/**all-time** adj. 创纪录的

Allah [ˈælə] n. C安拉，真主

allay [əˈleɪ] vt. 减轻，缓和

allegation [ˌælɪˈgeɪʃən] n. C ❶陈述，宣称，辩解 ❷陈词

allege [əˈledʒ] vt. 断言，宣称，辩解

alleged [əˈledʒd] adj. A陈述的

allegedly [əˈledʒɪdli] adv. 据说，据宣称

allegiance [əˈliːdʒəns] n. U 拥护，忠诚 ‖ give ~ to the country 效忠于国家 ‖ in ~ to 忠于，献身于

allegoric [ˌælɪˈgɒrɪk] adj. 寓言的；寓意的；讽喻的

allegorical [ˌælɪˈgɒrɪkəl] adj. 寓言的；寓意的；讽喻的

allegorize [ˈælɪgəraɪz] vt. 使寓言化；以讽喻方式叙述

allergic [əˈlɜːdʒɪk] adj. ❶有变应性的，过敏性的 ❷由变态反应引起的，由过敏引起的 ❸有强烈反感的 ‖ be ~ to 对…过敏反应

allergy [ˈælədʒi] n. C（对食物、花粉、虫咬等的）过敏症 ‖ **allergist** n. 过敏症专家

alleviate [əˈliːvieɪt] vt. 减轻，缓解，缓和 ‖ **alleviation** n. 减轻，缓和/**alleviative** adj. 减轻痛苦的/**alleviator** n. 解痛药，缓和物

alley [ˈæli] n. C ❶胡同，小巷 ❷小径 ❸滚道，球道 ‖ a blind ~ 死胡同

alleyway [ˈæliweɪ] = alley

alliaceous [ˌælɪˈeɪʃəs] adj. ❶葱属植物的 ❷葱味的；大蒜味的

alliance [əˈlaɪəns] n. C ❶结盟，联盟 ❷U同盟国；结盟的社会 ‖ in ~ with 与…联盟

allied [ˈælaɪd] adj. 有联系的

alligator [ˈælɪgeɪtə] n. C短吻鳄

alliterate [əˈlɪtəreɪt] vt. & vi. （使）押头韵 ‖ **alliteration** n. 头韵，头韵法

allocate [ˈæləkeɪt] vt. ❶分配，分派 ❷把…拨给

allocation [ˌæləˈkeɪʃən] n. ❶U 配给，分配，拨出 ❷C配给量

allochthonous [əˈlɒkθənəs] adj. （指矿藏）移植的，外来的

allopatric [ˌæləˈpætrɪk] adj. 在不同地区生长的；分布区不重叠的

allot [əˈlɒt] vt. (-tt-) 分配，拨给，摊派

allotment [əˈlɒtmənt] n. ❶U 分配，分派，拨款 ❷C份额

allow [əˈlaʊ] vt. ❶允许，许可（做某事） ❷给予，让 ❸得到 ❹承认，认为 ❹〈方〉打算，计划 ‖ ~ for 考虑到，顾及，为…留出余地/~ full play to 充分发挥/~ of 容许，容许有…的可能 ‖ **allowable** adj. 可容许的/**allowableness** n. 容许/**allowably** adv. 可容许地

allowance [əˈlaʊəns] n. U C ❶津贴，补助，零用钱 ‖ at no ~ 无节制地，尽情地/make ~ for 考虑到，顾及；体谅，原谅

allowedly [əˈlaʊɪdli] adv. 公认地，为人们所承认地

alloy [ˈælɔɪ] n. U C合金 ■ [əˈlɔɪ] vt. 将…铸成合金 ‖ ~ with 与…熔为合金

all-star [ˈɔːlstɑː] adj. A明星云集的

allude [əˈluːd] vi. 提及，暗指: In your remarks you alluded to a certain sinister design.

在你的谈话中,你提到了某个阴谋。‖ ~ to 暗示

allure [ə'ljuə] n.ⓊⒸ诱惑力,魅力‖ **allurement** n.诱惑,魅力,诱惑物

alluring [ə'ljuərɪŋ] adj.诱惑的,迷人的

allusion [ə'luʒən] n.Ⓒ暗指,间接提到:*He made an allusion to a secret plan in his speech.* 在讲话中他暗示有一项秘密计划。

allusive [ə'lu:sɪv] adj.间接提到的;暗指的;影射的;含典故的

alluvial [ə'lu:vɪəl] adj.(河流、洪水)冲积的,淤积的

ally [ə'laɪ] vt.& vi.(pt.,pp. **allied**)(使)结盟,(使)联合 ■ n.Ⓒ❶同盟国,同盟者 ❷支持者

almighty [ɔ:l'maɪtɪ] adj.❶全能的,万能的:*I am not almighty.* 我并非万能。❷Ⓐ很大的,很强的‖ **almightiness** n.全能,万能

almost ['ɔ:lməust] adv.几乎,差不多,差一点;将近

alms [ɑ:mz] n.Ⓟ救济金,施舍物

aloft [ə'lɒft] adv.在空中,在头顶上

alogical [eɪ'lɒdʒɪkəl] adj.❶不合逻辑的 ❷违反逻辑的

alone [ə'ləun] adj.❶Ⓟ单独的,独一无二的 ❷仅仅,惟一,只有‖ all ~单独,孤独/leave ~不打扰,不惊动/let ~不打扰,不惊动;更别提 ■ adv.❶单独地,独自地:*He came alone.* 他独自一人来了。❷仅,只

along [ə'lɒŋ] adv.❶向前,往前:*The policeman told the crowds to move along.* 警察叫人群向前走。❷一道,一起:*Come to the party and bring some friends along.* 请来参加聚会并带些朋友来。‖ all ~始终,一直/~ with 和……一道,和……一起 ■ prep.❶(表示位置)沿着……的某个地点;在……旁的某个地方:*His room is along this passage.* 他的房间在这条通道上。❷(表示方向)沿着,循着,顺着:*I took my dog for a walk along the river.* 我带着狗沿那条河散步。❸(表示方位)靠着:*There is a striped sofa along the wall.* 有一张靠墙放着的有条纹的沙发。❹(表示依据)根据,顺着:*Here are a few suggestions along this line.* 这是根据这一路线提出的一些意见。❺(表示过程)在……过程

alongshore [əlɒŋ'ʃɔ:] adv.沿岸;在海岸边

alongside [ə'lɒŋ'saɪd] adv.靠着边,沿着边:*The two ships lay alongside of each other.* 这两艘船并排靠着。■ prep.❶(表示位置)在……旁边;沿着……的边;与……并排靠拢着:*There was a butcher's shop alongside the theatre.* 剧院旁边有一家肉店。❷(表示比较)与……放在一起比较:*Put this cloth alongside real silk, and you will at once see the difference.* 把这块料子同真丝放在一起比较,你就会立刻看出差异。

❸(表示伴随)与……一起,与……一道:*It's a pleasure to work alongside such men.* 与这样的人一起工作是一件乐事。

aloof [ə'lu:f] adj.Ⓟ冷淡的,疏远的,淡漠的:*Never stand aloof from the masses.* 千万不可脱离群众。‖ be ~ with 对……冷淡/hold ~ from 脱离,离开‖ **aloofness** n.冷淡,疏远

aloud [ə'laud] adv.❶出声地:*I was thinking aloud.* 我把想的事说出来了。❷大声地,高声地:*He called aloud for help.* 他高声喊叫救命。

alow [ə'ləu] adv.& adj.在船底;往下

alphabet ['ælfəbɪt] n.Ⓒ字母表

alphabetical [ˌælfə'betɪkl] adj.按字母(表)顺序的

alphabetize ['ælfəbətaɪz] vt.按字母顺序排列

alphanumeric [ˌælfənju:'merɪk] adj.字母与数字混合编制的

alpine ['ælpaɪn] adj.高山的,高山上的(尤指阿尔卑斯山)‖ **alpinist** n.登山运动员,登山运动家

already [ɔ:l'redɪ] adv.早已,已经‖ ~ in 早在……时候

alright [ɔ:l'raɪt] adv.〈口〉尚可

also ['ɔ:lsəu] adv.也,同样,并且‖ not only ...but ~不但……而且……

altar ['ɔ:ltə] n.Ⓒ❶圣餐桌 ❷供桌,祭坛

alter ['ɔ:ltə] vt.& vi.改变,更改:*She is trying to alter the coat.* 她正设法改那件衣服。‖ ~ to[into]改变为,更为‖ **alterable** adj.可变的

alteration [ˌɔ:ltə'reɪʃən] n.ⓊⒸ改动,更改,改变‖ make an ~ to 更改,修改

altercate ['ɔ:ltə:keɪt] vi.争辩,争吵

altercation [ˌɔ:ltɜ:'keɪʃən] n.ⓊⒸ争辩,争吵

alternate [ɔ:l'tɜ:nɪt] adj.❶Ⓐ轮流的,交替的 ❷间隔的 ❸代替的 ■ ['ɔ:ltə:neɪt] vt.& vi.(使)交替,(使)轮换‖ **alternation** n.交替,轮流‖ **alternating current** 交流电流,交流电

alternately [ɔ:l'tɜ:nɪtlɪ] adv.轮流地,交替地

alternative [ɔ:l'tɜ:nətɪv] adj.Ⓐ❶两者择一的,供替代的 ❷不寻常的,非传统性的 ❸非正统的 ■ n.Ⓒ❶取舍,抉择,可供选择的事物 ❷选择的余地,可供选择的机会‖ have no ~ but to do sth 除做……之外别无选择

alternatively [ɔ:l'tɜ:nətɪvlɪ] adv.作为一种选择

although,〈美〉**altho** [ɔ:l'ðəu] conj.❶尽管,虽然:*Although my car is very old, it still runs very well.* 我的汽车虽然很旧,但仍然跑得很快。❷但是,然而

altitude [ˈæltɪtjuːd] n. ❶ⓒ高度,海拔: The plane flew at an altitude of 20,000 feet. 这架飞机在两万英尺的高空飞行。/ What is the altitude of the top of the mountain? 这座山的顶峰海拔是多少? ❷Ⓤ高处,高地: At high altitudes it is difficult to breathe. 在海拔高的地方会感到呼吸困难。

altogether [ˌɔːltəˈɡeðə] adv. ❶全部地,完全地 ❷总共 ❸总而言之: Altogether, our achievements are very great. 总而言之,我们的成绩是很大的。

altruism [ˈæltruɪzəm] n. Ⓤ利他主义,无私

aluminium,〈美〉**aluminum** [ˌæljuˈmɪnjəm] n. Ⓤ铝

aluminize [əˈluːmɪnaɪz] vt. 用铝覆盖,镀铝

always [ˈɔːlweɪz] adv. ❶总是;永远;一直;无例外地 ❷重复地;有规律地 ‖ **as〔like〕~** 一如往常 / **for~** 永远

a.m. [ˈeɪˈem] adv. 午前,上午

amalgam [əˈmælɡəm] n. ❶Ⓤ汞合金 ❷Ⓒ混合物

amalgamate [əˈmælɡəmeɪt] vt. & vi. (使)合并,联合,结合 ‖ **amalgamation** n. 混合,合并 / **amalgamative** adj. 有混合倾向的 / **amalgamator** n. 混合者

amass [əˈmæs] vt. 积累,积聚: They have amassed a fortune in just a few years. 他们在几年的时间里就聚集了一笔财富。‖ **amasser** n. 积累者 / **amassment** n. 积聚

amateur [ˈæmətə] n. ❶业余的,非职业的 ❷外行的 ■ n. ❶Ⓒ业余爱好者 ❷外行,生手 ‖ **amateurism** n. 业余活动;业余身份;业余性质

amateurish [ˈæmətərɪʃ] adj. 外行的,不熟练的

amatory [ˈæmətərɪ] adj. 性爱的

amaze [əˈmeɪz] vt. 使大为吃惊,使惊奇 ‖ **amazing** adj. 令人惊异的 / **amazedly** adv. 惊奇地,惊愕

amazement [əˈmeɪzmənt] n. Ⓤ惊奇,惊愕 ‖ **in ~** 惊异地 / **to sb's ~** 令某人大为惊奇的是

ambassador [æmˈbæsədə] n. Ⓒ大使,使节 ‖ **ambassadorial** adj. 大使的

amber [ˈæmbə] n. ❶Ⓤ琥珀 ❷Ⓤ琥珀色 ❸Ⓒ黄色交通信号灯

ambidextrous [ˌæmbɪˈdekstrəs] adj. 左右手都灵的

ambience [ˈæmbɪəns] n. Ⓒ环境,气氛

ambient [ˈæmbɪənt] adj. Ⓐ周围的,包围着的

ambiguity [ˌæmbɪˈɡjuːɪtɪ] n. ❶Ⓤ歧义 ❷Ⓒ模棱两可的意思

ambiguous [æmˈbɪɡjuəs] adj. 引起歧义的,模棱两可的,含糊不清的 ‖ **ambiguously** adv. 模棱两可地,含糊不清地 / **ambiguousness** n. 歧义,模棱两可,含糊不清

ambit [ˈæmbɪt] n. Ⓢ范围,界限

ambition [æmˈbɪʃən] n. ❶ⓊⒸ抱负,雄心,野心 ❷Ⓒ渴望得到的东西

ambitious [æmˈbɪʃəs] adj. ❶有抱负的,雄心勃勃的 ❷有野心的 ‖ **ambitiously** adv. 雄心勃勃地

ambivalent [ˈæmbɪˈveɪlənt] adj. 对某物、某人或某状况具有或显示矛盾情感的 ‖ **ambivalence** n. 矛盾情况 / **ambivalently** adv. 有矛盾心理地

amble [ˈæmbl] vt. 慢步

ambulance [ˈæmbjuləns] n. Ⓒ救护车

ambulant [ˈæmbjulənt] adj. ❶(指病人)能四处走动的;非卧床不起的 ❷(指治疗方法)不要求病人卧床的

ambulatory [ˈæmbjulətərɪ] adj. 步行的,供步行的

ambush [ˈæmbʊʃ] n. ❶Ⓤ埋伏 ❷Ⓒ伏击 ❸Ⓒ埋伏着的人,伏兵 ❹Ⓒ设埋伏地点,伏击处 ‖ **fall into an ~** 中埋伏,落入陷阱 / **lie in ~** 埋伏着

ameliorate [əˈmiːlɪəreɪt] vt. (使)改善,改进

amen [ɑːˈmen] int. 阿门

amenable [əˈmiːnəbl] adj. ❶易控制的,顺从的 ❷(对法律等)负责的

amend [əˈmend] vt. & vi. 改良,修改,修订

amendment [əˈmendmənt] n. Ⓤ修改,改动

amends [əˈmendz] n. Ⓟ赔罪,赔偿: How can I ever make amends for ruining their party? 我把他们的聚会弄砸了,这个罪可怎么赔得起呀? ‖ **make ~ to sb for** 因…而向…赔罪

amenity [əˈmiːnɪtɪ] n. ❶Ⓟ生活福利设施,方便设施 ❷Ⓤ愉快,适意

ament [ˈeɪmənt] n. Ⓒ智力有缺陷的人,精神错乱者

America [əˈmerɪkə] n. Ⓢ美洲;美国

American [əˈmerɪkən] n. Ⓒ美洲人,美国人 ■ adj. 美国的: an ~ film 一部美国影片 / Many young men like to speak American English. 许多年轻人喜欢讲美国英语。

amiable [ˈeɪmjəbl] adj. 好脾气的,和蔼的 ‖ **amiability** n. 亲切,和蔼 / **amiably** adv. 亲切地,和蔼地

amicable [ˈæmɪkəbl] adj. 友好的 ‖ **amicability** n. 温和,友好 / **amicably** adv. 友好地

amid [əˈmɪd] prep. ❶(表示位置)在…中间,处于…之中,为…所环绕 ❷(表示环境)处于…环境中,处于…状态中;由于存在…情况,由于

处于…状态中 ❸(表示让步)尽管有…的情况,尽管存在…的状态: *This book was written amid many difficulties*. 这本书是在困难重重中写成的。

amidships [ə'mɪdʃɪps] *adv*. 在〔到〕船的中部

amidst [ə'mɪdst] = amid

amiss [ə'mɪs] *adj*. 出了差错的,有毛病的 ■ *adv*. 错误地,不恰当地

amity ['æmɪtɪ] *n*. ⓤ 友好关系

ammunition [ˌæmjʊ'nɪʃən] *n*. ⓤ 弹药,军火

amnesia [æm'niːzjə] *n*. 〈医〉遗忘(症),记忆缺失

amnesty ['æmnestɪ] *n*. ⓒ 大赦

amoeba,〈美〉**ameba** [ə'miːbə] *n*. (*pl*. ~s or ~e) ⓒ 变形虫 ‖ **amoebic** *adj*. 变形虫的

amok [ə'mɒk] *adv*. 到处胡作非为,乱杀无辜

among [ə'mʌŋ] *prep*. ❶(表示位置)在…中,为…所环绕,为…所环抱: *He was sitting among a group of children, telling them a story*. 他正坐在一群孩子中间讲故事。❷(表示方式)以…联合行动: *They earned a fortune among themselves*. 他们共同努力发了财。❸(表示比较)与…比较,突出于 ❹(表示排斥)除…之外(还有) ❺(表示范围)在…之内,为…所分享〔共有〕,在…一类之中,是…中之一,在…群中: *She is the tallest among her classmates*. 她在她同学之中是最高的。❻(表示环境)与…在一起,与…相处: *My wife was there among others*. 我妻子和其他一些人在那儿。❼(表示牵涉)经过,涉及: *Unemployment among married women reached a peak*. 在已婚女性中失业率达到了顶峰。❽(表示关系)相互间,彼此: *You must settle the matter among yourselves*. 你们必须彼此商量,自行解决这些问题。❾(表示所属)为…所特有,为…所熟悉: *This is a custom among the Germans*. 这是德国人特有的习俗。

amongst [ə'mʌŋst] = among

amoral [eɪ'mɒrəl] *adj*. ❶不属于道德范畴的 ❷没有道德原则的

amorous ['æmərəs] *adj*. 色情的,多情的,爱情的 ‖ **amorously** *adv*. 色情地,多情地 / **amorousness** *n*. 色情,多情,爱情

amorphous [ə'mɔːfəs] *adj*. ❶无固定形状的 ❷模糊的 ❸非结晶的

amortize [ə'mɔːtaɪz] *vt*. 分期偿还(债务)

amount [ə'maʊnt] *n*. ⓤⓒ ❶量,数量,数额 ❷总额,总数 ‖ ~ of 大量 / in ~ 总之,总计 / of little ~ 不重要,无足轻重 / to the ~ of 总数为 ■ *vi*. ❶合计,共计 ❷等同,接近 ‖ ~ to 总计达

ampere ['æmpeə] *n*. 〈电〉安培

amphibian [æm'fɪbɪən] *n*. ⓒ ❶两栖动物 ❷水陆两用飞行器 ❸水陆两用车

amphibious [æm'fɪbɪəs] *adj*. ❶两栖的,水陆两用的 ❷ⒶⓂ 两栖作战的

amphipathic [ˌæmfɪ'pæθɪk] *adj*. ❶(指分子)同时具有亲水和厌水部分的,两性分子的 ❷由两性分子构成的

ample ['æmpl] *adj*. ❶足够的 ❷大量的,丰富的

amplifier ['æmplɪfaɪə] *n*. ⓒ 扩音器,放大器

amplify ['æmplɪfaɪ] (*pt*., *pp*. -**fied**) *vt*. ❶放大,扩大 ❷增强 *vt*. & *vi*. 详述 ‖ ~ **on** 详述 ‖ **amplification** *n*. 详述

amputate ['æmpjʊteɪt] *vt*. (用外科手术)截(肢等)

amuse [ə'mjuːz] *vt*. ❶使人发笑,逗乐 ❷使消遣,娱乐 ‖ ~ **oneself by**〔**with**〕以…自娱 ‖ **amusable** *adj*. 好笑的,娱乐的

amused [ə'mjuːzd] *adj*. 被逗笑的

amusement [ə'mjuːzmənt] *n*. ❶ⓤ 娱乐,乐趣 ❷ⓒ 娱乐活动,文娱活动 ‖ **to sb's ~** 使某人感到好笑,令某人得意的是 ‖ **amusement arcade** 游戏机室,游戏机厅

amusing [ə'mjuːzɪŋ] *adj*. 有趣的,好玩的,逗人笑的 ‖ **amusingly** *adv*. 有趣地

anabatic [ˌænə'bætɪk] *adj*. (风)由局部热空气上升引起的

anaesthetic,〈美〉**anesthetic** [ˌænɪs'θetɪk] *n*. ⓒⓤ (使局部或全身失去知觉的)麻醉剂 ‖ **anaesthetist** *n*. 麻醉师 / **anaesthetization** *n*. 麻醉;麻木 / **anaesthetize** *vt*. 使麻醉

analgesic [ˌænæl'dʒesɪk] *n*. ⓒⓤ 止痛剂,镇痛剂: *a mild* ~ 一种温和的镇痛剂

analogize [ə'næləʤaɪz] *vt*. 以类推法表明或解释 *vi*. 类推

analogous [ə'næləgəs] *adj*. 相似的,可比拟的

analogue,〈美〉**analog** ['ænəlɒg] *n*. ⓒ 相似物,类似物: ~ *computer* 模拟计算机

analogy [ə'næləʤɪ] *n*. ❶ⓒ 类比,相似: *the ~ of A to B* 甲与乙的类似 / *an ~ between the heart and pump* 心脏与水泵的相似之处 / *Shakespeare makes an analogy between the citizens of country and the parts of a person's body*. 莎士比亚把一个国家中的国民类比为人身体的各个部分。/ *There is an analogy between the way water moves in waves and the way light travels*. 水的波动与光的运行有类似之处。❷ⓤ 类推,类推法: *It is not always reliable to argue by analogy*. 靠类推法论证并不总是可靠的。‖ **by ~** 用类推的方法 / **on the ~ of** 根据…类推

analyse,〈美〉**analyze** ['ænəlaɪz] *vt*. 分

析,分解,解释‖～ away 把…分解掉/～…into…把…分解成‖ **analysable** adj. 可分析的;可分解的;可解析的/**analyst** n. 分析员,化验员

analysis [əˈnæləsɪs] n.(pl.-yses)❶ⓊⒸ分析 ❷Ⓒ分析报告‖ **in the final**〔last〕～总之,归根结底/**under** ～在精神分析治疗中

analytic(al) [ˌænəˈlɪtɪk(əl)] adj. 分析的,分析法的

analyze [ˈænəlaɪz] vt. 见 analyse

anarchic(al) [æˈnɑːkɪk(əl)] adj. 无政府主义状态的,无秩序的,混乱的‖ **anarchist** n. 无政府主义者

anathema [əˈnæθəmə] n. ❶ⓊⓈ令人极其讨厌的事 ❷Ⓒ被基督教诅咒的人或事‖ **anathematize,-tise** vt. 诅咒

anatomical [ˌænəˈtɒmɪkəl] adj. 结构(上)的;解剖的

anatomy [əˈnætəmɪ] n. Ⓤ解剖,解剖学; human ～ 人体解剖学/They draw the nude figure with careful anatomy. 他们以仔细解剖的方法画了这幅裸体画。‖ **anatomist** n. 解剖学者;解剖者;剖析者/**anatomize,-mise** vt. & vi. 解剖;剖析

ancestor [ˈænsɪstə] n. Ⓒ❶祖先,祖宗 ❷原型,先驱‖ **ancestress** n. 女祖先;〈律〉女性被继承人/**ancestry** n. 祖先,世系

ancestral [ænˈsestrəl] adj. 祖先的,祖宗传下来的

anchor [ˈæŋkə] n. ❶Ⓒ锚 ❷Ⓒ给人安全感的物(或人)‖ **be〔lie〕at** ～抛锚 ■ vt. ❶抛锚 ❷担任(电视节目等)的主持人 vt. & vi.(把…)系住,(使)固定‖ ～ **one's hope on** 寄希望于‖ **anchorage** n. 停泊处,抛锚处;固定方法

ancient [ˈeɪnʃənt] adj. ❶古代的,古老的 ❷年老的,老式的

anciently [ˈeɪnʃəntlɪ] adv. 在古代;很久以前

ancillary [ænˈsɪlərɪ] adj. 辅助的,附属的

and [强 ænd,弱 ənd,ən] conj. ❶和,与,及 ❷那么,则;He lost his health, and therefore his difficulties increased. 他身体虚弱,因此更增加了他的困难。❸然后,接着;It came nearer and nearer. 那东西越来越近了。❹Joan was rich, beautiful and proud. 琼非常有钱,漂亮且庄重。‖ ～ **all** 全都,等等/～ **others** 以及其他人,等等/～ **so on** 等等/～ **the like** 等等,云云,…之流/～ **to spare** 用之不尽的,绰绰有余/～ **vice versa** 反之亦然/～ **what not** 此外还有/～ **which** 而且

Andean [ˈændɪən] adj.(南美洲)安第斯山的;安第斯山地区的

androgynous [ænˈdrɒdʒɪnəs] adj. 阴阳人的,雌雄同体的

anecdotal [ˌenɪkˈdəʊtəl] adj. 轶事的,趣闻

的

anecdote [ˈænɪkdəʊt] n. Ⓒ掌故,趣闻,轶事‖ **anecdotist** n. 收集轶事者;好谈轶事者

anechoic [ˌænɪˈkəʊɪk] adj. 无回声的,无反响的

anele [əˈniːl] vt.(尤指给临终的人)涂油

anemia [əˈniːmɪə] n. 〈医〉贫血(症)‖ **anemic** adj. 贫血的;无精打采的

anemophilous [ˌænɪˈmɒfɪləs] adj. 风媒(传粉)的

anesthetic [ˌænɪsˈθetɪk] n. 见 anaesthetic

anew [əˈnjuː] adv. 再,重新: begin one's life ～重新做人

angel [ˈeɪndʒəl] n. Ⓒ❶天使 ❷可爱的人

angelic(al) [ænˈdʒelɪk(əl)] adj. 天使的,天使般的;an ～ smile 天使般的微笑‖ **angelically** adv. 天使般地

anger [ˈæŋɡə] n. Ⓤ怒气,怒火 ■ vt. & vi.(使)发怒;激怒

angle [ˈæŋɡl] n. ⓊⒸ❶角,角度 ❷观点 ■ vt. ❶把…放置成一角度 ❷使(新闻、报道等)带有倾向性 ■ vi. 垂钓,钓鱼‖ ～ **for** 取得,谋取‖ **angling** n. 钓鱼(术)‖ **angle iron** 角铁

angled [ˈæŋɡld] adj. ❶成一定角度放置的 ❷以迎合某种观点而提出的 ❸有角度的

angry [ˈæŋɡrɪ] adj.(-rier,-riest)❶愤怒的,生气的 ❷(天气等)恶劣的,狂怒的 ❸(伤口)疼痛的,发炎的

angst [ɑːŋst] n. Ⓤ(因忧民忧民世而引起的)焦虑不安,烦恼

anguish [ˈæŋɡwɪʃ] n. Ⓤ(尤指心理上的)极度的痛苦

anguished [ˈæŋɡwɪʃt] adj.(身体或精神上)感到极其痛苦的

angular [ˈæŋɡjʊlə] adj. ❶有尖角的 ❷(人)瘦削的,骨瘦如柴的:～ face 消瘦的脸 ❸有角的,成角的‖ **angularity** n. 棱角;(衣着、样子等)难看;生硬/**angularly** adv. 瘦瘦地;难看地

anhydrous [ænˈhaɪdrəs] adj. 无水的(尤指结晶水)

animadvert [ˌænɪmædˈvɜːt] vi. 责备,谴责,批评‖ **animadversion** n. 责备,谴责,批评

animal [ˈænɪməl] n. ❶Ⓒ动物 ❷Ⓒ兽,牲畜 ❸Ⓤ兽性 ❹Ⓒ粗野残暴的人‖ **go the whole** 〔**entire**〕～ 彻底干,干到底 ■ adj. Ⓐ❶动物的 ❷肉体的‖ **animally** adv. 肉体上‖ **animal rights**(主张公平对待动物所提出的)兽权

animate [ˈænɪmeɪt] vt. 赋予…以生命;使有生气;激励

animated [ˈænɪmeɪtɪd] adj. 生气勃勃的;活跃的;栩栩如生的‖ **animatedly** adv. 栩栩如生地;活跃地‖ **animated cartoon** 卡通片,动画片/**animated drawing** 动画片,卡通片

animation [ˌænɪˈmeɪʃən] n. ⓤ ❶兴奋,生气,活跃 ❷卡通〔动画〕片的制作
animosity [ˌænɪˈmɒsɪtɪ] n. ⓒⓤ憎恨,仇恨,敌意
anionic [ˈænaɪɒnɪk] adj. ❶阴离子的 ❷具有活性阴离子的
ankle [ˈæŋkl] n. ⓒ踝,踝关节 ‖ **anklebone** n. 踝骨
annex [əˈneks] vt. 并吞,兼并,霸占(领土、小国等)
annihilate [əˈnaɪəleɪt] vt. (彻底)消灭,歼灭
anniversary [ˌænɪˈvɜːsərɪ] n. ⓒ周年纪念
annotate [ˈænəʊteɪt] vt. & vi. 注解,注释 ‖ **annotation** n. 注释/**annotator** n. 注释者
announce [əˈnaʊns] vt. & vi. 宣布,宣告,发表 vt. ❶通报;到达 ❷预告,预示 ❸主持,介绍 ‖ **announcement** n. 通告,布告,声明,宣布,发表
annoy [əˈnɔɪ] vt. ❶打扰,干扰 ❷使烦恼,使恼怒 ‖ be ~ed (with sb) for〔at〕对某人为…生气 ‖ **annoyance** n. 烦恼,困扰;令人烦恼的事物/**annoying** adj. 讨厌的,恼人的
annual [ˈænjʊəl] adj. Ⓐ每年的,年度的,一年一次的 ■ n. ⓒ❶一年生植物 ❷年刊,年报,年鉴 ‖ **annually** adv. 每年
annualized [ˈænjʊəlaɪzd] adj. 按年计算的
annuity [əˈnjuːɪtɪ] n. ⓒ年金(每年的)养老金;a life ~终身年金
annul [əˈnʌl] vt. ❶宣告无效 ❷取消,废除
annulate [ˈænjʊleɪt] adj. 有环纹的,由环构成的
annunciate [əˈnʌnʃɪeɪt] vt. ❶宣告,宣布 ❷表明即将到来〔就绪〕
anodyne [ˈænəʊdaɪn] adj. 不会冒犯任何人的,四平八稳的 ■ n. ⓒ❶止痛剂 ❷给人安慰的事物,缓和情绪之物
anomalistic [əˌnɒməˈlɪstɪk] adj. (星球等)近点的
anomalous [əˈnɒmələs] adj. 不规则的,反常的
anomaly [əˈnɒməlɪ] n. ❶ⓒ畸形人〔物〕;异常现象 ❷ⓤ异常,反常,不规则
anon [əˈnɒn] adv. 不久以后
anonymous [əˈnɒnɪməs] adj. ❶无名的,不具名的 ❷匿名的
another [əˈnʌðə] adj. ❶又一个,再一个 ❷另一的,其他一种 ■ pron. ❶另一个,别个 ❷再一个 ‖ like ~普通的,平常的/one after ~一个又一个,一个接一个/one ~彼此,互相/one way and ~千方百计,以种种方法/Tell me ~我才不信呢/yet ~另外一个,还有一个
answer [ˈɑːnsə] vt. & vi. ❶答复;解答;答辩;~ a letter 回信/I asked him a question but he would not answer.我问了他一个问题,但是他不作回答./I telephoned this afternoon, but nobody answered.我今天下午打过电话,但没人接./He answered that he knew nothing about it.他回答说关于此事他一无所知./He answered,"It's two o'clock."他回答说:"现在两点." ❷适应,符合,满足:~ claims 符合要求/It answers very well.这完全适用./Our work must answer the specifications laid down.我们的工作应符合所定的规范. ❸回应,响应:The workers answered by calling a strike.工人举行罢工进行回击./Three fire companies answered the alarm.听到警报后,三个消防队都来了. ‖ ~ back 顶嘴,回嘴/~ for 对…负责;(为…)担保;因…而受责备/~ to 适应,符合,有责任(向某人)(就某事)做出解释或承担责任;应答;(对…)有反应/~ up 迅速回答,清晰地讲/~ with 适用,奏效;以…方式回答或对付 ■ n. ❶ⓒ回答;回音:address ~致词答/brief ~扼要的回答/give sb an ~给某人一个答复/pleased ~满意的答复/Facts are the best answers.事实是最好的回答./We often learn foreign language through questions and answers.我们常用问答的方式学外语./Have you had an answer to your letter? 你收到回信了吗? ❷ⓒ答案:right ~正确的答案/wrong ~错误的答案/You can find the answer of all the exercises at the end of this book.在这本书后面,你可以找到所有习题的答案./It's the answer to your question.这就是你的问题的答案. ❸ⓤ反应:A nod was her only answer.点了下头是她仅有的反应./The publication comes as the answer to an acute demand.这一出版物是为满足急需而出版的. ‖ in ~ to 回答,应答;响应 ‖ **answering machine** 录音电话
answerable [ˈɑːnsərəbl] adj. ❶有责任的,应负责的 ❷可答复的
ant [ænt] n. ⓒ蚂蚁 ‖ have ~s in one's pants 坐立不安,急于做
antacid [ænˈtæsɪd] n. & adj. 解酸剂,解酸的,防酸的
antagonism [ænˈtæɡənɪzəm] n. ⓒⓤ对抗,敌对
antagonist [ænˈtæɡənɪst] n. ⓒ对立〔对抗〕者,对手,敌手
antagonistic(al) [ænˌtæɡəˈnɪstɪk(əl)] adj. 敌对的;对抗性的
antagonize, -ise [ænˈtæɡənaɪz] vt. 使成为敌人;引起…敌对〔敌意〕
antarctic [ænˈtɑːktɪk] adj. 南极的,南极地带的
Antarctica [ænˈtɑːktɪkə] n. ⓒ南极洲
ante [ˈæntɪ(ː)] n. ⓒ❶(赌纸牌下的)赌注 ❷已付的金额;分担额 ■ vt. & vi. (尤指赌账)付

账;付出,支付分担额‖ ~ **up** 分担,付账

ante-bellum [ˌæntɪ'beləm] *adj*. 发生或存在于战争(尤指美国内战)之前的

antecedent [ˌæntɪ'siːdənt] *n*. ⓒ❶ 发生在前的事,先例 ■*adj*. 在前的,在先的,先行的

antedate ['æntɪ'deɪt] *vt*. ❶ (在历史上)比…为早,先于,早于 ❷ (在信、支票等上)填写比实际日期早的日期

antediluvian [ˌæntɪdɪ'luːvɪən] *adj*. ❶《圣经》上说的)大洪水以前的 ❷ 非常古老的

antelope ['æntɪləʊp] *n*. (*pl*. ~ 或 ~**s**) ⓒ 羚羊

antenatal [ˌæntɪ'neɪtəl] *adj*. ❶ 出生前的 ❷ 怀孕期的

antenna [æn'tenə] *n*. ⓒ ❶ (*pl*. ~**e**) 触角,触须 ❷ (*pl*. ~**s**) 天线

antenuptial [ˌæntɪ'nʌpʃəl] *adj*. 结婚前(存在或发生)的

anterior [æn'tɪərɪə] *adj*. ❶ 位于前部的 ❷ 先前的

anthem ['ænθəm] *n*. ⓒ〈宗〉赞美诗;圣歌;颂歌

anthology [æn'θɒlədʒɪ] *n*. ⓒ (诗、文等的)选集

anthrax ['ænθræks] *n*. ⓒ〈医〉炭疽(病)

anthropocentric [ˌænθrəpəʊ'sentrɪk] *adj*. 人类中心说的

anthropogenic [ˌænθrəpəʊ'dʒenɪk] *adj*. ❶ 人类起源论的 ❷ 人为的,人类活动产生的

anthropology [ˌænθrəpəʊ'lɒdʒɪ] *n*. ⓊⒶ 人类学‖ **anthropologist** *n*. 人类学家

anthropomorphic [ˌænθrəpəˈmɔːfɪk] *adj*. 拟人的;赋予人性的

anthropomorphous [ˌænθrəpəˈmɔːfəs] *adj*. 人形的

antibacterial [ˌæntɪbæk'tɪərɪəl] *adj*. 抗菌的

antibiotic [ˌæntɪbaɪ'ɒtɪk] *n*. ⓒ〈微〉抗生素,抗菌素 ■*adj*. 抗菌的‖ **antibiotically** *adv*. 抗菌地

antibody ['æntɪˌbɒdɪ] *n*. ⓒ〈生〉抗体

antichristian [ˌæntɪ'kraɪstjən] *adj*. ❶ 反基督教的 ❷ 反基督者的,基督之敌的

anticipate [æn'tɪsɪpeɪt] *vt*. ❶ 先于…行动 ❷ 预感,期望‖ **anticipation** *n*. 预料,期望,抢先/**anticipator** *n*. 期望者,抢先者

anticlerical [ˌæntɪ'klerɪkəl] *adj*. 反教权的;反对神职人员涉政的

anti-colonial [ˌæntɪkə'ləʊnɪəl] *adj*. 反殖民主义的‖ **anti-colonialism** *n*. 反殖民主义

anticonstitutional [ˌæntɪˌkɒnstɪ'tjuːʃənəl] *adj*. 违反政纲的;(违)反宪法的

antimissile ['æntɪˌmɪsaɪl] *adj*. 反导弹的

antipathetic (al) [ˌænˌtɪpə'θetɪk (əl)] *adj*. 厌恶的,反感的‖ **antipathetically** *adv*. 厌恶地,反感地

antipathic [ˌæntɪ'pæθɪk] *adj*. 天性上不相容的;反感的

antipathy [æn'tɪpəθɪ] *n*. Ⓤⓒ 反感,厌恶: *feel an* ~ *against* 对…很反感/*have an* ~ *to* 厌恶…

antipersonnel [ˌæntɪpɜːsə'nel] *adj*. (炸弹)用于杀伤人的;杀伤性的

antiquary ['æntɪkwərɪ] *n*. ⓒ 研究〔收藏、出售〕古物的人

antiquated ['æntɪkweɪtɪd] *adj*. 过时的,陈旧的,老式的

antique [æn'tiːk] *adj*. ❶ 古时制造的,古董的 ❷Ⓐ 古代的 ■*n*. ⓒ 古玩,古董,古物‖ **antiquely** *adv*. / **antiqueness** *n*. 古时地

antiquity [æn'tɪkwɪtɪ] *n*. ❶Ⓤ 古老;年代久远: *of great* ~ 古老的,历史悠久的 ❷ⓒⓊ (尤指中世纪前流传下来的)古迹,古物,古代: *in remote* ~ 在遥远的古代

anti-Semitism [ˌæntɪ'semɪtɪzəm] *n*. Ⓤ 反犹太主义‖ **anti-Semitic** *adj*. 反犹太主义的

antiseptic [ˌæntɪ'septɪk] *adj*. 防腐的,杀菌的 ■*n*. ⓒⓊ 防腐剂

antisocial [ˌæntɪ'səʊʃəl] *adj*. ❶ 反社会的;危害社会安宁的;违反公益的: ~ *behaviour* 反社会的行为/*It is antisocial to leave one's litter in public place*. 在公共场所遗弃杂物是妨害公共利益的。❷ 不喜欢社交的,不合群的 ❸ 损害社会生活的

antitetanus [ˌæntɪ'tetənəs] *adj*. 抗破伤风的

antithetical [ˌæntɪ'θetɪkəl] *adj*. 正相反的;对立的

antitrust ['æntɪ'trʌst] *adj*. 反托拉斯的,反垄断的

antiviral [ˌæntɪ'vaɪərəl] *adj*. 抗病毒的

antler ['æntlə] *n*. ⓒ 鹿角

antonym ['æntənɪm] *n*. ⓒ 反义词

antsy ['æntsɪ] *adj*. 烦躁的;坐立不安的

anxiety [æŋ'zaɪətɪ] *n*. ❶Ⓤ 焦虑,担心,不安 ❷ⓒ 焦虑的原因 ❸Ⓤ 渴望,热望

anxious ['æŋkʃəs] *adj*. ❶ 焦急的,忧虑的,担心的 ❷Ⓤ 渴望的,急切的‖ **anxiously** *adv*. 焦急地/**anxiousness** *n*. 焦急,担心,不安

any ['enɪ] *pron*. 无论哪个,无论哪些 ■*adj*. ❶ 任何一个(的) ❷ 一点,一些 ❸ 普通的‖ *in* ~ *case* 无论如何;此外,还,也 ■*adv*. 丝毫,一点‖ *if* ~ 若有的话/~ (*not*) ~ (不)再/(*not*) ~ *more*(不)再;(并不)较…多些

anybody ['enɪˌbɒdɪ] *pron*. 任何人,无论谁

anyhow ['enɪhaʊ] *adv*. ❶ 不管怎样说,无论

anymore ['enɪmɔː] adv. 再,更,还,目前,现在,今后

anyone ['enɪwʌn] pron. = anybody

anything ['enɪθɪŋ] pron. ❶无论什么东西,随便什么事情 ❷任何东西,任何事情绝对不‖~ but 除…之外任何事(物)都…,根本不…/~ like 完全像…,全然/~ of 一点儿,一点…的味儿/(as ...) as ~非常,像什么似的/for ~无论如何/if ~如果有什么区别的话;很有可能;甚至于还/like ~拼命地,非常(厉害)

anytime ['enɪtaɪm] adv. 随便什么时候

anyway ['enɪweɪ] adv. ❶不管怎样说,无论如何,至少 ❷不论用何种方法,无论从什么角度

anywhere ['enɪhweə] adv. ❶什么地方,任何地方 ❷无论何处,随便哪里‖~ from 从…到…间的任何数量/~ near 大概,差不多/or ~或者去〔在〕其他地方

apace [ə'peɪs] adv. 急速地,飞快地

apart [ə'pɑːt] adv. ❶相距,相隔 ❷分离,分开‖~ from 脱离,除此之外(表示除…以外别无);除去,撇开…不说(表示除…以外尚有)

apartheid [ə'pɑːtheɪd] n. ⓤ(以往南非的)种族隔离制度

apartment [ə'pɑːtmənt] n. ❶ⓤⓒ一套房间,一户 ❷ⓟ厅堂,殿堂

apathetic [ˌæpə'θetɪk] adj. 无兴趣的;无感情的;冷淡的;无动于衷的

apathy ['æpəθɪ] n. ⓤ漠然,冷淡,无兴趣;无动于衷

ape [eɪp] n. ⓒ猿‖play the ~模仿 ■ vt. 模仿‖aper n. 模仿者

aperiodic [ˌeɪpɪərɪ'ɒdɪk] adj. ❶非周期性的;不定期的 ❷非周期的 ❸(振动等)非周期的

aperture ['æpətjʊə] n. ⓒ孔,隙缝;(照相机的)光圈,孔径

apetalous [eɪ'petələs] adj. (花朵)无花瓣的

aphid ['eɪfɪd] n. ⓒ蚜虫

aphyllous [ə'fɪləs] adj. (植物)无叶的

apian ['eɪpɪən] adj. 蜜蜂的

apical ['æpɪkəl] adj. 顶上的,顶点的

apiece [ə'piːs] adv. 每个;每件;每人;各

apish ['eɪpɪʃ] adj. ❶似猿猴的 ❷愚蠢的;做作的

apocalypse [ə'pɒkəlɪps] n. ⓒ(尤指世界末日的)启示,天启

apocalyptic [əˌpɒkə'lɪptɪk] adj. ❶预言将来的大灾难的 ❷(犹如)世界末日的

apocrine ['æpəkrɪn] adj. (乳房等)多细胞腺体)顶浆分泌的,顶泌的

apocryphal [ə'pɒkrɪfəl] adj. ❶真实性可疑的 ❷伪造的,杜撰的 ❸次经的;新约外传的

apolitical [ˌeɪpə'lɪtɪkəl] adj. 对政治不感兴趣的,与政治无关的

apologetic [əˌpɒlə'dʒetɪk] adj. 道歉的,抱歉的‖apologetically adv. 抱歉地

apologize, -ise [ə'pɒlədʒaɪz] vt.&vi. 道歉;You forgot to apologize. 你忘记道歉了。/ I must apologize that if I offended you I didn't mean to. 我必须向您道歉,如果冒犯了您,我不是有意的。/"Sorry I haven't called you yet,"Tom apologized. "对不起,我没有叫你。"汤姆道歉说道。‖~ for 为…道歉,替…道歉/~ to 向…道歉

apology [ə'pɒlədʒɪ] n. ⓒ道歉,认错,愧悔

apoplectic [ˌæpə'plektɪk] adj. ❶激动的;愤怒得脸发红的 ❷中风的

appal,〈美〉**appall** [ə'pɔːl] vt. (-ll-)使惊骇;使充满恐惧

appalling [ə'pɔːlɪŋ] adj. ❶骇人听闻的 ❷极糟的,很严重的

apparatus [ˌæpə'reɪtəs] n. (pl. ~-es)ⓤⓒ ❶运动器械,器具,仪器 ❷机构,组织 ❸器官

apparel [ə'pærəl] n. ⓒ衣服,服装;priestly ~教士的衣装

apparent [ə'pærənt] adj. ❶显然的,明白的,清晰可见的 ❷表面上的,貌似(真实)的,外表的‖**apparently** adv. 似乎,看来,显然,显而易见/**apparentness** n. 很明显的事,显然的事

appeal [ə'piːl] n. ❶ⓒ呼吁,恳求 ❷ⓤ感染力,吸引力 ■ vi. ❶呼吁 ❷有吸引力 vt.&vi. 上诉;Five times he appealed the case, always losing. 他上诉五次,都失败了。‖~ against 〔from〕不服…而上诉…/~ for 请求…,呼吁…/~ to 向…呼吁;向…请求/on ~在上诉中‖**appealing** adj. 有感染力的,吸引人的/**appealable** adj. 呼吁的,恳求的/**appealer** n. 呼吁者,恳求者

appear [ə'pɪə] vi. ❶出现,显现 ❷产生,出版 link v. 显得,似乎‖~ at 在…出现,显露/~ before(在…之前)出现;出庭/~ for 代理…出庭/~ in 在(某处)出现;出庭;出版,发表/~ on 在…出现/~ to 上诉,控诉

appearance [ə'pɪərəns] n. ❶ⓒ出现,显露,露面 ❷ⓤⓒ外观,外貌,外表‖at first ~初看起来/by all ~显然/in ~看上去,从外表上看/keep up ~撑门面,装阔气/make an ~露(一下)面/put on the ~ of 装出…的样子/to all ~看来,显然

appease [ə'piːz] vt. 使平息;使满足‖**appeasement** n. 平息

appellate [ə'pelɪt] adj. (尤指法庭)上诉的;受理上诉的

append [ə'pend] vt. 附加

appendicitis [əˌpendɪˈsaɪtɪs] n. U〈医〉阑尾炎

appendix [əˈpendɪks] n. C❶(pl. -dices [-dɪsi:z])附录 ❷(pl. ~es)阑尾

apperceive [ˌæpəˈsi:v] vt. ❶感知,认识 ❷(根据以往经验)统觉理解(新观念),统觉

appertain [ˌæpəˈteɪn] vt. 属,有关联

appetite [ˈæpɪtaɪt] n. C❶欲望 ❷胃口,食欲‖~ for…的欲望‖**appetitive** adj. 食欲的

appetizer, -iser [ˈæpɪtaɪzə] n. C开胃品

appetizing, -ising [ˈæpɪtaɪzɪŋ] adj. 促进食欲的,开胃的

applaud [əˈplɔ:d] vt. ❶鼓掌 ❷称赞,赞许

applause [əˈplɔ:z] n. U热烈鼓掌,喝彩

apple [ˈæpl] n. C苹果;苹果树‖~ of one's eyes 最珍贵的东西,最喜欢的人/ **upset sb's ~ cart** 破坏某人的计划

appliance [əˈplaɪəns] n. C器具,器械,装置

applicable [ˈæplɪkəbl] adj. 适当的;合适的‖ **to** 对…是恰如其分的,适合的‖ **applicableness** n. 应用,适用/ **applicably** adv. 能应用地,可适用地/ **applicability** n. 应用性,适用性

applicant [ˈæplɪkənt] n. C申请人,求职人‖~ **for** 为…而申请

application [ˌæplɪˈkeɪʃən] n. UC❶申请,申请表,申请书 ❷实际应用,用途 ❸施用,敷用,涂抹

applied [əˈplaɪd] adj. (尤指某种科学)应用的

apply [əˈplaɪ] vt. (pt, pp applied)❶应用;使用;敷;涂 ❷使刻苦努力;致力于 vt. & vi. 申请,请求;适用‖~ **for** 申请/~ **oneself to** 专心致志于,热心于/~ **one's mind to** 专心于/~ ...**to** 把…应用于/~ **to** 适用于

appoint [əˈpɔɪnt] vt. ❶任命,委派 ❷确定,指定;约定‖~ **for** (某事)约定(时间)‖ **appointee** n. 被任命者

appointment [əˈpɔɪntmənt] n. UC❶约会,约定; *fix*[*make*] an ~约会/ *I have an appointment with him at four o'clock*. 我和他四点钟有个约会。/ *They made an appointment for the second day of May*. 他们在五月二号有个约会。❷任命,委派; *get*[*obtain*] *a* ~ 谋获一个职位/ *public* ~ 公职/ *He secured the appointment of professor of English literature in the university*. 他被任命为该大学的英国文学教授。/ *They made the appointment of Peter as chairman of the union*. 他们任命彼得为工会主席。‖ **by** ~按照约定

apportion [əˈpɔ:ʃən] vt. 分摊,分配‖ **apportionment** n. 分配

apposite [ˈæpəzɪt] adj. 适当的,合适的

apposition [ˌæpəˈzɪʃən] n. U同位,同格

appraisal [əˈpreɪzəl] n. UC估计,估price,评价

appraise [əˈpreɪz] vt. 估价

appreciable [əˈpri:ʃəbl] adj. ❶可见的,可估计的 ❷增值的

appreciate [əˈpri:ʃieɪt] vt. ❶感激,感谢 ❷欣赏,赏识,重视 ❸意识到,体会 vt. & vi. (使)增值,涨价‖ **appreciation** n. 感谢,感激;理解,同情/ **appreciative** adj. 感谢的;同情的

apprehend [ˌæprɪˈhend] vt. ❶逮捕,拘押 ❷理解

apprehensible [ˌæprɪˈhensəbl] adj. 可理解的,可了解的

apprehensive [ˌæprɪˈhensɪv] adj. 不安的,害怕的

apprentice [əˈprentɪs] n. C学徒,徒弟‖ **apprenticeship** n. 学徒期,学徒身份

apprize [əˈpraɪz] vt. ❶尊重,敬重 ❷评价,鉴定

approach [əˈprəʊtʃ] vt. & vi. 接近,走近,靠近:~ *seventy in age* 年近古稀/~ *the enemy ships* 向敌舰逼近/ *Christmas was approaching*. 圣诞节快到了。/ *Walk softly as you approach the bed*. 当你接近床时,走路轻些。vt. 接洽,交涉;着手处理:~ *a problem* 探讨问题/ *He approached the question as a scientist*. 他以一个科学家的眼光去处理这个问题。‖~ **about** 就…提出要求/~ **to**[**toward**]接近 ■ n. ❶S靠近,接近,临近; *bar the* ~ *of* 禁止接近… ❷C通路,入口,途径: *provide an* ~ *to* 提供…的途径 ❸C方式,方法: *take an* ~ 采用某种方法

approachable [əˈprəʊtʃəbl] adj. ❶可亲近的 ❷可接近的

approbation [ˌæprəˈbeɪʃən] n. U认可,批准: *awaiting the* ~ *of the court* 等候法院批准

appropriate [əˈprəʊprɪɪt] adj. 适当的,恰当的:~ *time* 适当的时候 ■ [əˈprəʊprɪeɪt] vt. ❶挪用,占用,盗用: *The minister was found to have appropriated government money*. 部长被查出挪用了公款。❷拨出(款项): *The government has appropriated a large sum of money for building hospitals*. 政府为建造医院拨出一大笔款项。‖~ **for** 为…腾出,拨出(房舍或款项)/~ **to** 将(某物)分配给…‖ **appropriation** n. 挪用,盗用

approval [əˈpru:vəl] n. UC❶赞成,同意: *gain the* ~ *of* 得到…的承认[同意] ❷批准,认可: *obtain* ~ 得到认可[承认]‖ **on** ~(货物)不满意可以退的

approve [əˈpru:v] vt. & vi. 赞成,同意:~ *sb's conduct* 赞同某人的行为/ *She thought for a moment and then approved*. 她想了一会儿,也就同意了。/ *The firm's directors quickly*

approved the new idea. 公司的董事们很快赞同了这个想法. *vt*. 批准, 通过: ~ *the resolution* 通过决议 ‖ ~ **of** 赞成, 赞同

approximate [əˈprɒksɪmɪt] *adj*. 近似的, 大约的: ~ *estimate* 概算 ∎ *vt. & vi*. 近似, 接近: ~ *truth* 近似事实 ‖ ~ **to** 接近, 近似 ‖ **approximately** *adv*. 近似地, 大约地/**approximation** *n*. 近乎准确的量或估计, 近似值

appurtenant [əˈpɜːtɪnənt] *adj*. 附属的; 附带的; 有关的

April [ˈeɪprəl] *n*. Ⓤ Ⓒ 四月 ‖ **April Fool** 愚人节

apron [ˈeɪprən] *n*. Ⓒ 围裙 ‖ **apronful** *n*. 满满一围裙(的数量)

apropos [ˌæprəˈpəʊ] *adj*. ❶恰当的 ❷关于, 就…而言 ∎ *adv*. ❶恰当地 ❷顺便地

apt [æpt] *adj*. (-er, -est) ❶ Ⓟ 易于…的, 有…倾向的: *The words are very apt to my case*. 这些话非常切合我的情况. ❷恰当的, 适宜的: ~ *example* 适当的例子 ❸聪明的, 灵巧的: *He is the most apt of all pupils*. 他是所有学生中最聪明的一个.

aptitude [ˈæptɪtjuːd] *n*. Ⓤ Ⓒ (学习方面的)才能, 资质, 天资: *That student has an aptitude for mathematics*. 那个学生有数学方面的天赋. ‖ ~ **for** …方面的才能

aquatic [əˈkwætɪk] *adj*. 水生的, 水产的, 水栖的, 水中的: ~ *plants* 水生植物/~ *animals* 水生动物

aqueduct [ˈækwɪdʌkt] *n*. Ⓒ 高架渠, 导水管, 渡槽

aquiline [ˈækwɪlaɪn] *adj*. ❶鹰的, 似鹰的 ❷(鼻子)钩状的

Arab [ˈærəb] *n*. Ⓒ 阿拉伯人

Arabian [əˈreɪbjən] *adj*. 阿拉伯的: *the ~ desert* 阿拉伯沙漠

Arabic [ˈærəbɪk] *adj*. 阿拉伯人的

arable [ˈærəbl] *adj*. 适于耕种的

arational [eɪˈræʃənəl] *adj*. 非理性的, 没有理性的

arbiter [ˈɑːbɪtə] *n*. Ⓒ 仲裁人

arbitrary [ˈɑːbɪtrərɪ] *adj*. ❶随意的, 主观的: *an ~ serial number* 任意序号 ❷专横的, 独断专行的: ~ *power* 霸权 ‖ **arbitrarily** *adv*. 任意地/**arbitrariness** *n*. 随意, 任性

arbitrate [ˈɑːbɪtreɪt] *vt. & vi*. 仲裁, 公断: *The judge arbitrated a disagreement between workers and management*. 仲裁人对工人和管理层之间的纠纷进行了仲裁. / *He was asked to arbitrate between management and the unions*. 他被邀请在资方与工会之间做出仲裁.

arbitration [ˌɑːbɪˈtreɪʃən] *n*. Ⓤ 仲裁: *The wage disagreement is under arbitration*. 工资纠纷正在仲裁中.

arboraceous [ˌɑːbəˈreɪʃəs] *adj*. ❶似树的, 树状的 ❷多树的, 树木繁茂的

arboreal [ɑːˈbɔːrɪəl] *adj*. 树木的, 生活于树上的

arboreous [ɑːˈbɔːrɪəs] *adj*. ❶多树的, 树木繁茂的 ❷树的, 乔木的; 栖于树上的

arborescent [ˌɑːbəˈresənt] *adj*. 树木状的

arc [ɑːk] *n*. Ⓒ ❶弧, 弧线: *wide* ~ 大圆弧 ❷弧形物: ~ *lamp* 弧光灯

arcade [ɑːˈkeɪd] *n*. Ⓒ 拱形走道(两旁有商店或娱乐设施)

arcane [ɑːˈkeɪn] *adj*. 秘密的; 神秘的: ~ *rituals* 秘密的仪式/ ~ *customs* 神秘的习俗

arch [ɑːtʃ] *n*. Ⓒ ❶ 拱, 拱门 ❷拱形物: ~ *roof* 拱形屋顶 ∎ *vt. & vi*. (使)弯成拱形: ~ *the back* 拱起背/ *The trees arch overhead*. 树木在头顶上弯成拱形. / *The cat arched her back when she saw the dog*. 猫看见那只狗时拱起了背. ‖ **arched** *adj*. 拱形的

archaeology [ˌɑːkɪˈɒlədʒɪ] *n*. Ⓤ 考古学 ‖ **archaeologist** *n*. 考古学家

archaic [ɑːˈkeɪɪk] *adj*. 古时的, 陈旧的, 已不通用的

archbishop [ˈɑːtʃˈbɪʃəp] *n*. Ⓒ (基督教会的)大主教

archetype [ˈɑːkɪtaɪp] *n*. Ⓒ 典型 ‖ **archetypal** *adj*. 典型的

architect [ˈɑːkɪtekt] *n*. Ⓒ 建筑师, 设计师

architectonic [ˌɑːkɪtekˈtɒnɪk] *adj*. 建筑上的

architecture [ˈɑːkɪtektʃə] *n*. Ⓤ ❶ 建筑学, 建筑术 ❷建筑风格, 建筑式样: *design* ~ 设计建筑物风格 ‖ **architectural** *adj*. 建筑学的

archives [ˈɑːkaɪvz] *n*. Ⓟ 档案, 档案馆 ‖ **archival** *adj*. 关于档案的, 档案中的

arctic [ˈɑːktɪk] *adj*. ❶北极的, 北极区的: *the A-Circle* 北极圈 ❷极冷的: ~ *weather* 严寒的天气 ∎ *n*. 北极: *Have you been to the Arctic?* 你到过北极吗? ‖ **arctically** *adv*. 极冷地

ardent [ˈɑːdənt] *adj*. 热心的, 热情的, 热烈的: *an ~ supporter of the government* 政府的热情支持者

arduous [ˈɑːdjʊəs] *adj*. 艰苦的 ‖ **arduously** *adv*. 艰苦地, 费劲地

area [ˈeərɪə] *n*. Ⓤ Ⓒ ❶面积: *active* ~ 有效面积 ❷区域, 地区: *industrial* ~ 工业区; *special* ~ 特区 ❸ Ⓒ 领域, 方面: *fruitful* ~ 卓有成效的领域 ‖ **areal** *adj*. 地区的

arena [əˈriːnə] *n*. Ⓒ ❶表演场地, 竞技场: ~ *theatre* 表演设在观众坐席中央的剧院 ❷活动或斗争的场所或场面: *the literary* ~ 文学界

argue [ˈɑːgjuː] *vt. & vi*. 争吵, 辩论: ~ *the case* 争论案例/ *Why are they always arguing?*

为什么他们老是争吵？/ She argued that she should not go. 她争辩说她不该去. vt. ❶坚决主张,提出理由证明: Columbus argued that the world was round. 哥伦布论证地球是圆的。❷说服,劝说: Jack argued me into buying the shirt. 杰克劝说我买那件衬衫。❸表明: His accent argues him to be a foreigner. 他的腔调表明他是个外国人。‖~ about争论,辩论/~ against 不赞成,认为不该做/~ away辩解,不停地争论/~ back 反驳/~ down 辩得(某人)无话可说/~ for 为…而辩/~ into 说服(某人)做某事/~ out说清楚/~ out of 说服(某人)不做某事/~ over就…争论或辩论/~ round通过辩论转变态度/~ with 与…争辩,争论‖arguer n. 争辩者,辩论者

argument [ˈɑːɡjuːmənt] n. ❶ⓤⒸ争论,争吵,辩论: admit of no ~ 没有辩论的余地 ❷ⓒ说理,论证: build an ~ on facts 以事实为根据立论 ❸ⓒ论据,论点,理由: press an ~ 极力坚持一个论点‖ram an ~ home 反复说明论点使对方接受‖ **argumentation** n. 推论,论证;争论/**argumentative** adj. 争辩的,辩论的

arid [ˈærɪd] adj. 干旱的,贫瘠的: an ~ climate 干旱的气候

aright [əˈraɪt] adv. 正确地,恰当地

arise [əˈraɪz] vi.& link v. 呈现;出现;发生: During the night a great storm has arisen. 夜里来了一场大风暴。/ He formed a picture of his future that arose bright and colourful in his mind. 他脑海中浮现出一幅光明灿烂的未来景象. vi. 起身,起来,起立‖ ~ from〔out of〕 产生于,起因于

aristocrat [ˈærɪstəkræt] n. ⓒ贵族: an aristocrat from an old family 来自古老家族的贵族

aristocratic [ˌærɪstəˈkrætɪk] adj. 贵族的,贵族气派的,高贵的

arithmetic [əˈrɪθmətɪk] n. ⓤ❶算术: He is good at arithmetic. 他擅长算术。❷计算: mental ~ 心算

ark [ɑːk] n. ⓒ方舟,大船

arm[1] [ɑːm] n. ⓒ臂‖ **by the strong** ~ 勉强地/**chance one's** ~ 冒险一试/~ **in** ~ 挽臂,携手/**in** ~**s** 怀抱着的/**put the** ~ **on sb** 对某人要钱,抢劫某人/**talk sb's** ~ **off** 对某人说个不停/**the** ~ **of flesh** 人力,人的努力

arm[2] [ɑːm] n. 戶武器,军火: take up ~s 武装起来‖ **a call to** ~**s**战斗的号角/**appear to** ~**s** 诉诸武力/**bear** ~**s**从军,服兵役/**go to** ~**s**诉诸武力/**lay down** ~**s**放下武器/**take up** ~**s** 拿起武器/**under** ~**s** 在备战状态下‖ **arms race** 军备竞赛■ vt.& vi. (把…)武装起来: Their former enemy is arming again. 他们从前的敌人正在重整军备。/ Arm yourselves and be ready to fight. 武装起来,准备战斗。‖ ~ **against** 为对付…而武装起来;对…加以防备/

~ **for** 武装…以备/~ **with** 用…武装;向…提供

armadillo [ˌɑːməˈdɪləʊ] n. ⓒ〈动〉犰狳

armament [ˈɑːməmənt] n. 戶❶武器装备 ❷军火

armed [ɑːmd] adj. 武装的,带枪的‖ **armed forces** 军队

armistice [ˈɑːmɪstɪs] n. ⓒ停火,停战

armorial [ɑːˈmɔːriəl] adj. 盾形徽章的

armour,〈美〉**armor** [ˈɑːmə] n. ⓤ❶盔甲,铁甲 ❷装甲 ❸装甲车辆,装甲部队

armoured,〈美〉**armored** [ˈɑːməd] adj. ❶装甲的: ~ vehicles 装甲车辆 ❷配备有装甲车辆的: an ~ division 装甲师

army [ˈɑːmi] n. ⓒ❶军队,陆军 ❷大群,大批: An army of workmen was brought in to build the stadium. 一大群工人被召来建筑运动场。‖ **army group** 集团军群/**army man** 军人

aroma [əˈrəʊmə] n. ⓒ芳香,香味: the ~ of fresh coffee 新鲜咖啡的芳香‖ **aromatic** adj. 芳香的,有香味的

aromatic [ˌærəʊˈmætɪk] adj. 芳香的;有香味的

around [əˈraʊnd] adv. ❶在周围,在附近: gather ~ 围在一起/I can't see anyone around. 我看见附近一个人也没有。❷到处,四周: travel ~ 到处旅行/I hear laughter all around. 我听到四周的笑声。❸大约: I'll be back at around 5 o'clock. 五点左右我就回来。‖ **be** ~在某一领域或行业中突出■ prep. ❶(表示位置)围绕,绕在;在…各处,在…范围之内;在…附近,在…周围: They sat around the table. 他们围着桌子坐。❷(表示方向)绕过,越过;朝…的四周,往…的四周/Let's go around the town, not through it. 我们从城外绕过去,不要穿城而过。❸(表示状态)包着,裹着;在…身边,接近(某人): I bound the cloth around my head to stop the bleeding. 我将布裹在头上止血。❹(表示依据)以…为中心,根据: Their society was built around a belief in God. 他们的社会建立在信仰上帝的基础上。

arouse [əˈraʊz] vt. ❶唤醒: ~ a child 把孩子唤醒 ❷引起,激发: ~ the anger 激怒‖ ~ **from** 从…中唤醒;鼓励‖ **arousal** n. 唤起

arraign [əˈreɪn] vt. ❶告发,控告 ❷指责,责难

arrange [əˈreɪndʒ] vt.& vi. 安排;准备: arrange an examination 安排检查 vt. 整理;布置: ~ the room 布置房间‖ ~ **about**为…做准备或安排/~ **for** 为…做准备或安排/~ **with** 与…商定,谈妥

arrant [ˈærənt] adj. 彻头彻尾的,完全的

array [əˈreɪ] n. ❶ⓒ展示,陈列,一系列: an ~ of questions 一系列问题 ❷ⓤ衣服,服装:

arrears

holiday ~ 节日服装 ❸ⓒ数组,阵列;*an* ~ *of tools* 一批工具 ■ *vt*. ❶部署兵力;排列,整队: ~ *the army* 部署兵力 ❷盛装,打扮,装饰: ~ *colourfully* 打扮得艳丽

arrears [ə'rɪəz] *n*. ⓟ欠款,未付清的款项

arrest [ə'rest] *vt*. ❶逮捕;拘捕: ~ *the bandit* 逮捕匪徒 ❷制止;阻止: ~ *the progress of* 阻挡…的前进,阻拦…的进步 ❸吸引: *Her earnest manner arrested me*. 她那种热忱的态度引起了我的注意。 ‖ **sb for** ... 因…而逮捕某人/~ **sb on a charge of** ... 以…罪逮捕某人/**place sb under** ~ 逮捕某人 ‖ **arrestee** *n*. 被逮捕者/**arrester** *n*. 逮捕者;制动装置;避雷器/**arresting** *adj*. 引人注意的

arrestable [ə'restə] *adj*. 可以逮捕的;易阻断的 ❷(尤指犯罪)可无证逮捕的

arrival [ə'raɪvəl] *n*. ❶ⓤ到达,抵达: *delay the* ~ 拖延…到达的时间 ❷ⓒ到达者,到达物: *new* ~ 新来的人,新到的货物 ‖ **on**〔**upon**〕~ **at**〔**in**〕在到达…时

arrive [ə'raɪv] *vi*. ❶到达,来: ~ *home* 到家 ❷发生: *Jenny is a young writer who has not yet arrived*. 珍妮是个尚未成名的年轻作家。 ‖ ~ **at** 到达,来到/~ **for** (时间)到来/~ **in** 抵达,到达/~ **on**〔**upon**〕到达

arrogant ['ærəgənt] *adj*. 傲慢的,自大的 ‖ **arrogance** *n*. 骄傲自大,傲慢

arrogate ['ærəʊgeɪt] *vt*. 冒称,妄取: ~ *all the credit to oneself* 把一切功劳都归于自己

arrow ['ærəʊ] *n*. ⓒ ❶箭,矢,箭状物: *aim an* ~ *at* 把箭瞄准… ❷箭号,箭头

arse [ɑːs] *n*. ⓒ肛门,屁股

arson ['ɑːsn] *n*. ⓤ纵火(罪) ‖ **arsonist** *n*. 纵火犯

art [ɑːt] *n*. ❶ⓤ艺术,美术: ~ *film* 艺术影片/~ *song* 艺术歌曲/~ *of living* 生活的艺术 ❷ⓒⓤ技能,技巧: *technical* ~ 工艺 ‖ ~ **and part** 策划并参与/~ **for** ~'s **sake** 为艺术而艺术

artefact ['ɑːtɪfækt] *n*. ⓒ人工制品(尤指有考古价值的工具或武器)

arterial [ɑː'tɪərɪəl] *adj*. 动脉的,似动脉的

artery ['ɑːtərɪ] *n*. ⓒ ❶〈解〉动脉 ❷干线,要道

artful ['ɑːtfʊl] *adj*. Ⓐ❶(指人)狡猾的,诡计的 ❷(指事物或行动)巧妙做出或设计的 ‖ **artfully** *adv*. 狡猾地,诡计地/**artfulness** *n*. 狡猾,欺诈

artichoke ['ɑːtɪtʃəʊk] *n*. ⓒ洋蓟

article ['ɑːtɪkl] *n*. ⓒ ❶物品,物件: *We should buy several articles at the shop*. 我们在这家商场买点东西。 ❷文章; *clever* ~ 巧妙的文章 ❸条款 ❹冠词

articular [ɑː'tɪkjʊlə] *adj*. 关节的

articulate [ɑː'tɪkjʊlɪt] *adj*. ❶表达能力强的 ❷口齿清楚的,发音清晰的: ~ *speech* 演讲清晰 ■ [ɑː'tɪkjʊleɪt] *vt*. & *vi*. ❶清楚地表达: ~ *unmistakably* 准确无误地表达 ❷形成关节;(用关节)连接

artifice ['ɑːtɪfɪs] *n*. ⓒⓤ诡计;欺骗: *small and subtle* ~ *s* 小小的妙计/*display a great deal of* ~ 大显身手

artificial [ˌɑːtɪ'fɪʃl] *adj*. ❶人造的,人工的,假的: ~ *intelligence* 人工智能/~ *rainfall* 人工降雨/~ *respiration* 人工呼吸 ❷虚假的,不真挚的,矫揉造作的: ~ *smile* 做作的微笑 ❸人为的 ‖ **artificially** *adv*. 人工地,人造地/**artificialness** *n*. 人工,人造

artillery [ɑː'tɪlərɪ] *n*. ⓒ ❶炮,大炮 ❷炮兵部队: *an* ~ *regiment* 炮兵团 ‖ **artillerist** *n*. 炮兵,炮手 ‖ **artilleryman** *n*. 炮兵

artisan [ˌɑːtɪ'zæn] *n*. ⓒ技工;工匠

artist ['ɑːtɪst] *n*. ⓒ ❶艺术家,美术家: *accomplished* ~ 有成就的艺术家/*a great* ~ 一个伟大的艺术家 ❷能手,大师

artiste [ɑː'tiːst] *n*. ⓒ职业表演者,艺人

artistic (al) [ɑː'tɪstɪk (əl)] *adj*. ❶美术(家)的,艺术(家)的: ~ *temperament* 艺术家气质/~ *appeal* 艺术感染力/~ *attainment* 艺术造诣/*the* ~ *community* 艺术界 ❷富有艺术创造力的,艺术性强的 ‖ **artistically** *adv*. 艺术地,美术地

artless ['ɑːtlɪs] *adj*. ❶单纯的,天真的 ❷自然的 ❸拙劣的

arty ['ɑːtɪ] *adj*. 装作爱好艺术的

arty-crafty [ˌɑːtɪ'krɑːftɪ] *adj*. 手工艺品似的,非真正艺术品的

as [强 æz, 弱 əz] *adv*. 同样地,一样地: *She is as tall as her mother*. 她和她母亲一样高。 / *The dining room was twice as big as the Tom's*. 这个餐厅比汤姆的餐厅大一倍。 / *This is as difficult a problem as you are likely to meet*. 像这样的难题,你可能会碰到。 ‖ ~ **well** (~)也 ■ *prep*. ❶(表示时间)当还是…的时候: *As a schoolboy, he showed every sign of genius*. 当他还是个小学生的时候,就显示出了天资聪慧。 ❷(表示方式)以…的身份,以…资格,作为;以…形式,以作为;以…角色,扮演…角色;如同,像: ~ *whole* 作为一个整体 ❸(表示结果)成为,看作,看成: *We had better treat it as a joke*. 我们最好把它当作玩笑。 ❹(表示目的)为了,为…目的: *The dykes were built as a protection against the sea*. 建筑堤坝是为了防止海水泛滥。 ❺(表示举例)例如,诸如…之类的: *We talked about such subjects as the weather*. 我们谈论了诸如天气之类的话题。 ■ *conj*. ❶在…期间,当…时候: *I was coming in as he was going out*. 我进来的时候,他正出去。 ❷尽管,即使,虽然: *Intelligent as you are, I* suspect you will fail. 尽管你聪明,我猜想你会失败。❸像…一样;such ～像…这种的。❹由于,因为:As you weren't there I left a message. 因为你不在那里,我留了个信儿。‖ ～ and when ①到时候②急需时/～ for 至于,就…方面说/～ from 从…方面说/～ if [though]好像,似乎,仿佛/～ it were ①可以说②在某种程度上/～ of 在…时;到…时为止/～ …,so…象…那样/～ to ①至于②关于/～ yet 至今,迄今

asbestos [æz'bestɒs] n. U 石棉
ascend [ə'sɛnd] vt.& vi. 上升,攀登;～ the stairs 上楼/～ the throne 登上王位/The climbers slowly ascended the mountain. 爬山运动员慢慢地登上了这座山。‖ **ascending** adj. 上升的
ascendant [ə'sɛndənt] adj. 上升的
ascension [ə'sɛnʃən] n. U 上升;升高;A-Day 耶稣升天节 ‖ **ascensional** adj. 上升的
ascent [ə'sɛnt] n. C❶上升;升高:The final ascent took only half an hour. 最后那次登宽只花了半小时。❷上坡路;爬坡:a gentle ～ 缓坡/a rapid ～陡坡
ascertain [ˌæsə'teɪn] vt. 弄清,确定,查明:～ the true situation 查明真实情况/I ascertained that she was dead. 我断定她已经死了。‖ **ascertainable** adj. 可查用的/**ascertainment** n. 确定
ascribe [ə'skraɪb] vt. 把…归于 ‖ ～ to 把…归于…;认为…属于… ‖ **ascribable** adj. 可归于…的
aseptic [æ'sɛptɪk] adj. 无菌的;经消毒的
asexual [eɪ'sɛksjʊəl] adj. ❶无性的,无性欲的 ❷无性生殖的
ash [æʃ] n. ❶U 灰:cigarette ～ 烟灰 ❷U 灰烬,废墟:burn to ～es 把…烧为灰烬/lay in ～es化为灰烬/reduce to ～es 把…化为灰烬 ❸P骨灰:Her ashes were spread over the sea. 她的骨灰被撒到海里。‖ **ashless** adj. 无灰的 ‖ **ashcake** n. 用灰火焙的玉米饼/**ash cart** 垃圾车
ashamed [ə'ʃeɪmd] adj. P 惭愧的,羞耻的,害臊的:He felt ashamed of having done so little. 他为自己干得太少而感到羞愧。‖ **be** ～ **at** 对…感到害羞/**be** ～ **for**[**of**]因…而感到害羞
ashore [ə'ʃɔː] adv. 上岸;上陆;在岸上;在陆上:He managed to swim ashore. 他设法向岸边游过去。‖ ～ **and adrift** 陆上和海上/**come** [**go**] ～ 上岸,登陆
ashy ['æʃɪ] adj. 布满灰尘的
Asian ['eɪʒən] n. C 亚洲人 ■adj. 亚洲的
Asiatic [ˌeɪʒɪ'ætɪk] adj. 亚洲的;亚洲文化的
aside [ə'saɪd] adv. 在一边,到旁边:He stepped aside to let them pass. 他站到一旁让他们通过。‖ ～ **from** ①除…之外②既…又…/**stand** ～ 站在一边
asinine ['æsɪnaɪn] adj. 极蠢的;不讲道理的;荒谬的
ask [ɑːsk] vt.& vi. ❶问,询问:She asked how to mend the radio. 她问无线电怎么修。/We ask you ten dollars. 我们向你要价十美元。❷要求,请求:I must ask to be excused. 我必须请求原谅。/She asked that they should be allowed to leave. 她请求允许他们离开。vt. 邀请:They were asked to attend the meeting. 他们应邀出席会议。‖ ～ **about** 询问,打听/～ **after** 探问,询问/～ **for** ①要求…,要求②找…,要求见到/～ **for it** 自找麻烦,自讨苦吃/～ **for trouble** 自找麻烦/～ **in** 请某人进来/～ **of** 向…要求,要求…/～ **over** 请（某人）来自己家/～ **out** 请（某人）外出/～ **to** 邀请…参加…/～ **up** 请（某人）上楼 ‖ **asking** n. 询问,索取
askew [ə'skjuː] adv.& adj. 歪;斜
asleep [ə'sliːp] adj. P 睡着的:The army attacked at night when the enemy was asleep. 在夜间敌人熟睡时军队发起了攻击。
asparagus [əs'pærəɡəs] n. U ❶〈植〉芦笋 ❷芦笋的茎
aspect ['æspɛkt] n. ❶ C 方面:The training program covers every aspect of the job. 训练计划的范围包括了这种工作的各个方面。❷ S 方向,朝向:The house has a north-facing aspect. 这栋房子朝北。❸ S 面貌,模样,神态:assume a new ～ 面目一新,呈现新局面/general ～ 概况
asperity [æs'pɛrɪtɪ] n. ❶ U 粗暴,粗鲁:He spoke to the boy with asperity. 他严厉地对那男孩讲话。❷ P U 严寒的天气:the ～ of northern winter 北方冬季的严寒
asperse [əs'spɜːs] vt. 毁坏（名誉）;中伤,诽谤
aspersions [əs'pɜːʃənz] n. P 诽谤,诬蔑:Why did he cast aspersions upon us? 他为什么要中伤我们？‖ **cast** ～ **on** 中伤,污蔑
asphyxiate [əs'fɪksɪeɪt] vt. 使窒息
aspiration [ˌæspə'reɪʃən] n. P U 强烈的愿望,志向,抱负
aspire [əs'paɪə] vi. 渴望,追求:The fame to which he aspires was beyond his reach. 他追求的名誉乃是他所不能及的。‖ ～ **after**[**to**]渴望成就某事物;对某事物有野心 ‖ **aspirer** n. 渴望者,追求者
aspirin ['æspərɪn] n. ❶ U 阿司匹林 ❷ C 阿司匹林药片
aspiring [əs'paɪərɪŋ] adj. 有志气的,有抱负的:～ pianists 胸怀大志的钢琴家 ‖ **aspiringly** adv. 有志气地
asquint [ə'skwɪnt] adj. ❶斜着地（的）;侧目而视地（的）❷斜视地（的）

ass [æs] n. ⓒ❶驴 ❷傻瓜 ‖ an ～ in a lion's skin 说大话的胆小鬼 ‖ **ass-kisser** n. 拍马屁的无耻之徒

assai [ɑːˈsaɪ] adv. 非常，极其

assail [əˈseɪl] vt. 猛击，痛打 ‖ with 用…猛击 ‖ **assailable** adj. 易受攻击的/**assailer** n. 猛击者/**assailment** n. 猛击

assailant [əˈseɪlənt] n. ⓒ攻击者

assassin [əˈsæsɪn] n. ⓒ暗杀者，行刺者

assassinate [əˈsæsɪneɪt] vt. 暗杀，行刺

assassination [əˌsæsɪˈneɪʃən] n. ⓊⓒⒸ暗杀：attempt an ～企图暗杀

assault [əˈsɔːlt] n. ⓒⓊ攻击，猛袭，突袭 ‖ vt. 袭击，殴打；强暴 ‖ **assaultable** adj. 可攻击的，可袭击的

assemble [əˈsembl] vt.&vi. 集合，收集：～ forces 调集兵力 vt. 装配，组合：～ a machine 装配机器/～ cars 装配汽车

assembly [əˈsemblɪ] n. ❶ⓊⓒⒸ集会，集合；集合的人们：The national assembly has[have] discussed the crisis. 国民大会已对这一危机进行了讨论。 ❷ⓒ立法机构，议会 ❸Ⓤ装配，组装：Each component is carefully checked before assembly. 每个零件在装配前都经过仔细检查。 ‖ **assemblyman** n. ①议员②装配工/**assembly line** 装配线

assent [əˈsent] n. Ⓤ同意，赞同；by common ～ 经一致同意 ■ vi. 同意，赞成 ‖ to 同意，赞成 ‖ **assentation** n. 同意，迎合，随声附和/**assentor** n. 同意者

assert [əˈsɜːt] vt. ❶声称，断言：He asserted his ideas loudly and clearly. 他大声明确地说出自己的想法。/Her friends asserted that she was innocent. 她的朋友断言她是无罪的。/She asserted the charge to be incorrect. 她断言这起指控是不正确的。 ❷维护，坚持：～ national independence 维护国家独立/～ one's authority 坚持自己的权威性/～ one's independence 坚持自己的独立性/～ oneself 坚持自己的权利 ‖ **assertor,-ter** n. ①断言者②维护者

assertion [əˈsɜːʃən] n. ❶Ⓤ有力的声言或陈词；坚持 ❷ⓒ强硬陈词；断言：He made an assertion that he was not responsible for it. 他硬说，他对此事没有责任。

assertive [əˈsɜːtɪv] adj. 表现出刚毅与自信性格的；坚定而自信的：an ～ manner 果断的态度 ‖ **assertively** adv. 断言地/**assertiveness** n. 肯定

assess [əˈses] vt. ❶估价，估计：～ the situation 估计局势/～ the value 估价 ❷评定，核定：We should equitably assess historical figures. 我们应当公正地评价历史人物。 ‖ ～ at 估价为…价值为 ‖ **assessable** adj. 可估价的

assessment [əˈsesmənt] n. ❶Ⓤ确定，评定

❷ⓒ评价，看法：correct ～ 正确的评价 ❸ⓒ核定的付款额

assessor [əˈsesə] n. ⓒ❶评税员，估价员 ❷陪审法官

asset [ˈæset] n. ❶ⓒⓊ有价值的人或物；优点，长处 ❷ⓒ资产，财产：assess ～s 估价资产/The bank has assets of more than £1 billion. 该银行有十亿多英镑的资产。

asseverate [əˈsevəreɪt] vt. 郑重声明，断言

assibilate [əˈsɪbɪleɪt] vt. ❶把…发成丝擦音 ❷改变(某音节)使成为丝擦音

assiduous [əˈsɪdjuəs] adj. 专心致志的，勤勉的 ‖ **assiduously** adv. 专心致志地，勤勉地/**assiduousness** n. 努力，刻苦

assign [əˈsaɪn] vt. ❶分配；交给：～ a mission 部署一项任务/They have assigned me a small room. 他们已给我分配了一个小房间。 ❷指派，选派：The captain assigned two soldiers to guard the gate. 上尉派了两个士兵守大门。 ❸指定，订出：He assigned the students a few books to read. 他给学生指定了几本书要他们读。 ‖ ～ for 为确定…的(日期等)，找出…的(原因)/～ to 把…分配给…，鉴定…为… ‖ **assignable** adj. 可分配的，可指定的/**assigner,-or** n. 分配者

assignment [əˈsaɪnmənt] n. ❶ⓒ工作，任务：accept the ～ 接受任务/allot an ～ 分配任务 ❷Ⓤ分配，指派

assimilate [əˈsɪmɪleɪt] vt.&vi. ❶吸收，消化 ❷同化 ‖ into (使)逐渐混合于(某一更大的群体)/～ to 使与…相同[相似]/～ with 逐渐被…同化 ‖ **assimilator** n. 吸收者，同化者

assimilation [əˌsɪmɪˈleɪʃən] n. Ⓤ(被)吸收或同化的过程

assist [əˈsɪst] vt.&vi. 帮助，促进：～ a project 协助一项计划 ‖ at 作陪，在场帮忙/～ in 在…上给予协助/～ with 帮助(照料，做)，在…上给予帮助 ‖ **assistor** n. 帮助者

assistance [əˈsɪstəns] n. Ⓤ帮助，援助：offer ～ 提供援助 ‖ be of ～ 有用，有帮助

assistant [əˈsɪstənt] n. ⓒ助手，副手，助理；助教：a personal ～ 私人秘书/a teaching ～ 助教

associable [əˈsəʊʃɪəbl] adj. 可联想的，能够联想的

associate [əˈsəʊʃɪeɪt] vt.&vi. (使)发生联系，(使)联合；结交，结伙：I don't associate the two ideas. 这两个概念我联系不起来。 ‖ ～ with 与…交往，联系/～ ... with ... 把…与…联系在一起 ■ [əˈsəʊʃɪɪt] n. ⓒ伙伴，同事：employ an ～ 雇一个帮手/business ～ 生意伙伴 ‖ **associative** adj. (倾向于)联合的，引起联想的 ‖ **Associated Press** 美联社

association [əˌsəʊsɪˈeɪʃən] n. ❶ⓒ协会，社

团: *The association is〔are〕having its〔their〕annual conference next week*. 该协会在下个星期举行年度会议。❷Ⓤ联合,结合,交往: *Our long association with your company has brought great benefits*. 我方和贵公司的合作带来了巨大的利益。‖ **associational** *adj*. ①社会的,社团的 ②联想的

assort [ə'sɔːt] *vt*. 把…分类 ‖ ~ **with** ①和…相配,与…相适合 ②与…为伍

assorted [ə'sɔːtɪd] *adj*. 各种各样的;五花八门的

assortment [ə'sɔːtmənt] *n*. Ⓒ各类物品或同类各种物品的聚集;混合物 ‖ **an** ~ **of** 一组,一套

assuage [ə'sweɪdʒ] *vt*. 减轻;缓和;平息 ‖ **assuagement** *n*. 缓和,减轻/**assuager** *n*. 减轻…的人

assuasive [ə'sweɪsɪv] *adj*. 起缓和作用的,使镇静的

assume [ə'sjuːm] *vt*. ❶假设,臆断,猜想: *We can't assume anything in this case*. 在这种情况下我们不可能做出假设。❷假装: *He assumed a look of innocence*. 他装出一副天真无邪的样子。❸承担,担任,就职: ~ *a leading position* 担任领导职务/~ *office* 就职/~ *responsibility* 承担责任 ❹呈现,采取: *We assumed a new method*. 我们采取了一种新方法。‖ **assumable** *adj*. 可保证的;可确信的/**assumably** *adv*. 可保证地;可确信地/**assumed** *adj*. ①假定的 ②假装的/**assumedly** *adv*. 大概;多半

assumption [ə'sʌmpʃən] *n*. Ⓒ假定,臆断: *make an* ~ 作假定

assumptive [ə'sʌm(p)tɪv] *adj*. ❶被视为理所当然的 ❷傲慢的,自负的

assurance [ə'ʃʊərəns] *n*. ❶Ⓒ保证,担保,确信: *offer an* ~ 提供保证/*receive an* ~ 得到保证 ❷Ⓤ把握,信心 ❸Ⓤ保险: *He has a life assurance*. 他投保了人寿保险。

assure [ə'ʃʊə] *vt*. ❶使相信;使确信: *He assured me success*. 他使我相信能够成功。/ *Nothing will assure permanent happiness to me*. 没有什么能保证我永久的幸福。/ *She assured us not to worry*. 她使我们相信不用担心。❷保险 ‖ ~ **of** 对…放心 ‖ **assurer** *n*. 保证者,保险商

assured [ə'ʃʊəd] *adj*. 自信的;有把握的: *an* ~ *sound* 自信的声音/*an* ~ *income* 有保证的收入 ‖ **assuredly** *adv*. ①确定地;有保证地 ②自信地,有把握地/**assuredness** *n*. 自信,确定

astable [ə'steɪbəl] *adj*. ❶不稳定的 ❷(电路)不稳的,非稳态的

astatic [ə'stætɪk] *adj*. ❶不稳的,不稳定的 ❷无定位〔向〕的

astern [ə'stɜːn] *adv*. ❶在或向着船或飞行器的尾部 ❷(指船)向后 ‖ ~ **of** 在…后面

asteroid ['æstərɔɪd] *n*. Ⓒ(尤指火星和木星轨道间运行的)小行星

asthma ['æsmə] *n*. Ⓤ〈医〉气喘;哮喘

astonish [ə'stɒnɪʃ] *vt*. 使惊讶,使大为吃惊: ~ *the world* 使世界震惊 ‖ **astonished** *adj*. 感到吃惊的;吃惊的

astonishing [ə'stɒnɪʃɪŋ] *adj*. 使人吃惊的,惊人的: ~ *speed* 惊人的速度 ‖ **astonishingly** *adv*. 令人惊讶地,惊人地

astonishment [ə'stɒnɪʃmənt] *n*. Ⓤ惊讶,惊奇: *To our astonishment, they arrived on time*. 使我们惊奇的是,他们准时来到了。‖ **in**〔**with**〕~ 惊讶地,愕然地

astound [ə'staʊnd] *vt*. 使震惊,使大吃一惊: *This remark astounded me*. 这话使我大吃一惊。‖ **be** ~ **ed at** 因…而惊愕

astounding [ə'staʊndɪŋ] *adj*. 使人震惊的 ‖ **astoundingly** *adv*. 使人震惊地

astraddle [ə'strædl] *adj*. (两腿叉开)跨着的

astray [ə'streɪ] *adv. & adj*. 歧途,迷路 ‖ **go** ~ 走入歧途

astringent [ə'strɪndʒənt] *n*. Ⓒ收敛剂,止血药 ▪ *adj*. 收敛的;止血的 ‖ **astringently** *adv*. 收敛地;止血地

astrologer [ə'strɒlədʒə] *n*. Ⓒ占星家

astrology [ə'strɒlədʒɪ] *n*. Ⓤ占星术

astronaut ['æstrənɔːt] *n*. Ⓒ宇航员,太空人

astronomer [ə'strɒnəmə] *n*. Ⓒ天文学者;天文学家

astronomical [ˌæstrə'nɒmɪkəl] *adj*. ❶天文学的,天体的: *an* ~ *observatory* 天文台/*an* ~ *telescope* 天文望远镜 ❷极大的: *an* ~ *distance* 极远的距离

astronomy [ə'strɒnəmɪ] *n*. Ⓤ天文学

astute [ə'stjuːt] *adj*. 机敏的,精明的 ‖ **astutely** *adv*. 敏锐地,精明地/**astuteness** *n*. 敏锐,精明

asunder [ə'sʌndə] *adv*. 分开地

asynchronous [eɪ'sɪŋkrənəs] *adj*. 异步的

at [强 æt,弱 ət] *prep*. ❶(表示位置)在,于;到达,到: 经,由;在…旁,靠近;在…里;在…上;在…方位: *He was standing at the door*. 他正站在门边。❷(表示时间)在,在…时刻〔时辰、期间、阶段、时节〕;在…岁时: *The meeting will open at 15:00*. 会议在下午三点钟开始。❸(表示状态)处于…状态,在…情况下: *The soldiers are standing at attention*. 士兵们立正站着。❹(表示方式)以…的方式;通过一次…的动作: *I was there at a bound*. 我纵身一跃就到了那里。❺(表示原因)因

为,由于;由于有,由于应…:We were frightened at the terrible sight.看到这可怕的景象,我们被吓哭了。❻(表示距离)从,在距离…处:I saw it at a distance.我从远处看见了它。❼(表示目标)朝,向,对着:He threw the key at me.他把钥匙丢给我。❽(表示环境)出席,参加:I remember him at a banquet on that night.我记得那天晚上他参加了一个宴会。❾(表示方向)在…方面:She is good at describing things or expressing ideas.她善于描述事物或表达思想。❿(表示比率)以…价格;以…速度;以…比率:The ship was going at full speed when it hit the rock.该船正在全速行驶时触礁。

athirst [əˈθɜːst] adj.❶渴望的 ❷口渴的
athlete [ˈæθliːt] n.©运动员,体育家
athletic [æθˈletɪk] adj.Ⓐ运动员的;运动的 ‖ **athletically** adv.运动地/**athleticism** n.运动练习
athletics [æθˈletɪks] n.Ⓐ体育运动:an ~ meeting 运动会
atilt [əˈtɪlt] adv.倾斜地;几乎要倒地
Atlantic [ətˈlæntɪk] adj.在大西洋里的;近大西洋的
atlas [ˈætləs] n.©地图集
atmosphere [ˈætməsfɪə] n.❶Ⓢ大气,大气层 ❷Ⓤ空气 ❸Ⓢ气氛,环境
atmospheric [ˌætməsˈferɪk] adj.❶大气的;大气层的:~ pressure 气压,大气压 ❷制造气氛的
atom [ˈætəm] n.❶©原子:split the ~ 分裂原子 ❷Ⓢ原子能 ❸©微粒,微量 ‖ **atom bomb** 原子弹/**atom-bomb** vt.用原子弹轰炸/**atom-bomber** n.原子弹轰炸机/**atom-powered** adj.原子动力的
atomic [əˈtɒmɪk] adj.Ⓐ(关于)原子的:~ value 原子价/~ weight 原子量 ‖ **atomic-bearing** adj.携带原子弹的/**atomic clock** 原子钟/**atomic energy** 原子能/**atomic number** 原子序数/**atomic pile** 核反应堆/**atomic-tipped** adj.装有原子弹头的
atonal [eɪˈtəʊn(ə)l] adj.无调性的
atone [əˈtəʊn] vt.补偿
atonic [æˈtɒnɪk] adj.❶无口音〔无重音〕的 ❷(身体)无张力的,松弛的
atop [əˈtɒp] prep.在…顶上:There is a seagull perched atop the mast.有一只海鸥停歇在桅杆上。
atrabilious [ˌætrəˈbɪlɪəs] adj.抑郁的;暴躁的
atrocious [əˈtrəʊʃəs] adj.恶毒的;残忍的:~ weather 很坏的天气/**atrociously** adv.凶恶地/**atrociousness** n.恶毒,残忍
attach [əˈtætʃ] vt.& vi.贴,系;附:The

worker attached a cable.工人连接电缆。/He attached a cheque to the order form.他在定货单上附了一张支票。‖ ~ to ①(使)贴〔系,粘〕在…上②(使)相关;(使)牵连;(使)依附 ‖ **attachable** adj.可结上的;可附上的;可拘留的
attached [əˈtætʃt] adj.Ⓑ爱慕的,关心的
attachment [əˈtætʃmənt] n.❶Ⓤ附着,附属 ❷©附属物,附件 ❸Ⓤ依恋旧感情
attack [əˈtæk] vt.& vi.攻击,进攻;抨击:~ the enemy 攻击敌人/~ problem 解决问题/They knew when to attack and when to retreat.他们知道什么时候进攻和什么时候撤退。‖ ~ against(on)(向…)攻击,袭击;抨击 ■ n.❶©U攻击,袭击:repulse an ~ 击退进攻 ❷©抨击,辱骂 ❸©(疾病)侵袭,发作:a heart ~ 心脏病突发 ‖ under ~ 遭受袭击;遭到抨击
attacker [əˈtækə] n.©攻击者,进攻者;抨击者
attain [əˈteɪn] vt.& vi.实现,达到,得到:~ one's aim 达到目的 ‖ ~ to 达到,获得 ‖ **attainable** adj.可获得的,可达到的,可实现的
attaint [əˈteɪnt] vt.❶遭受剥夺财产权的处罚 ❷(疾病等)发作;侵袭 ❸污辱;玷污
attempt [əˈtempt] vt.试图;尝试:~ a difficult task 试图完成一项艰难的工作 ■ n.©尝试,试图,企图:make a further ~ 作进一步尝试 ‖ ~ at 在…方面的试图/~ on 试图做 ‖ **attemptable** adj.可以尝试的
attend [əˈtend] vt.& vi.❶参加:~ a wedding 参加婚礼/~ school 上学 ❷注意;听:You're not attending.你没有注意听讲。vt.照顾,照料 ‖ ~ at 参加/~ on(upon) ①照顾,服侍,陪伴 ❷(危险、风险等)伴随/~ to ①处理②注意,听取,致力于③照料,照顾/~ with 带来,遇到
attendance [əˈtendəns] n.❶©Ⓤ出席,参加,出席次数:He missed three attendances this year.他今年缺席三次。❷©出席人数:The attendance of this class never dropped off.这个班的出席人数从未下降。‖ dance ~ on 奉承,小心侍候/in ~ ①当值,出席②侍候,照料
attendant [əˈtendənt] n.©❶服务人员,侍者,随从 ❷伴随物 ■ adj.①伴随的,随之而产生的:We met the officer attendant on the general.我们见到了随从将军的副官。❷护理的
attention [əˈtenʃən] n.❶Ⓤ注意,专心,留心:attract sb's ~ 引起某人的注意 ❷©殷勤,厚待 ‖ pay ~ to 注意
attentive [əˈtentɪv] adj.对某人〔物〕注意的;留心的;警惕的 ‖ **attentively** adv.注意地,当心地/**attentiveness** n.注意,当心
attenuate [əˈtenjʊeɪt] vt.❶使变细 ❷减弱,贬值

attest [ə'test] vt.& vi. 作为或提供某事物的证明：~ the truth of a file 证实一个文件的真实性/Several witnesses can attest to her good character. 好几位证人证实她品行端正. vt. 声称…属实,作为…的见证 ‖ ~ to 证实,证明了‖ **attested** adj.(家畜等)经验证明无病的/**attestor** n. 证明人,证人

attic ['ætɪk] n. ⓒ阁楼

attired [ə'taɪəd] adj. 穿着整齐的

attitude ['ætɪtjuːd] n. ⓒ❶态度,看法 ❷姿态,姿势 ‖ **strike an** ~ 装腔作势

attitudinize [ˌætɪ'tjuːdɪnaɪz] vi. 装腔作势

attorney [ə'tɜːnɪ] n. ⓒ代理人,律师 ‖ **attorneyship** n. 代理人职务

attract [ə'trækt] vt. 吸引,引起…的注意：~ large crowds〔overseas investors〕吸引大批的民众〔海外投资者〕/The panda attracted many children. 那只熊猫吸引了不少孩子. vi. 具有吸引力：Her flirtatious manners are intended to attract. 她的轻浮举止是想引人注意. ‖ ~ away 吸引走/~ to 吸引至 ‖ **attractable** adj. 可被吸引的/**attractor** n. 有吸引力的人,引力

attraction [ə'trækʃən] n. ❶Ⓤⓒ吸引,吸引力,诱惑力：feel an ~ to 感到…有诱惑力/have〔hold〕an ~ for〔toward〕对…有吸引力 ❷ⓒ具有吸引力的事物

attractive [ə'træktɪv] adj. 吸引人的,有魅力的,诱人的,引起注意的：Bright colours are attractive to children. 鲜艳的颜色对儿童有吸引力. ‖ ~ to 对…具有吸引力的 ‖ **attractively** adv. 吸引地,有吸引力地,诱人地,引起注意地/**attractiveness** n. 吸引,有吸引力,诱人,引起注意

attribute [ə'trɪbjuːt] vt. ❶认为…是；归因于…：She attributes her success to working hard. 她认为她的成功是艰苦工作的结果. ❷认为某作品出自某人之手：We attributed this saying to Shakespeare. 我们认为这句格言出自莎士比亚之手. ❸认为某事〔物〕属于某人〔物〕：Some scientists attribute intelligence to ants. 有些科学家认为蚂蚁有智力. ‖ ~ to 把…归因于 ■ ['ætrɪbjuːt] n. ⓒ属性,特征：~ of human beings 人类的一种特征 ‖ **be an** ~ **of** 是…的本性〔象征〕‖ **attributable** adj. 可归因的,可归属的/**attribution** n. 归因,归属

attributive [ə'trɪbjʊtɪv] adj. ❶属性的 ❷(指形容词或名词)用作定语的

attrition [ə'trɪʃən] n. Ⓤ消耗；消磨,磨损

attune [ə'tjuːn] vt. ❶协调 ❷调音

auction ['ɔːkʃən] n. ⓒⓊ拍卖,拍卖方式 ‖ vt. 拍卖：He auctioned all his old furniture. 他把所有的旧家具都拍卖掉了. ‖ ~ off 把(财产)拍卖掉

audacious [ɔː'deɪʃəs] adj. ❶大胆的,有冒险精神的：an ~ plan 冒险的计划 ❷有勇无谋的,冒失的,厚颜无耻的 ‖ **audaciously** adv. 大胆地；冒失地/**audaciousness** n. 大胆,冒失

audible ['ɔːdəbl] adj. 听得见的：in a scarcely ~ voice 以几乎听不见的声音

audience ['ɔːdjəns] n. ⓒ观众,听众；读者：The audience has expressed its approval. 观众已认可。/The audiences are requested to be their seats by 7:25. 要求观众于 7:25 入座. ‖ **give** ~ **to** 倾听

audile ['ɔːdaɪl] adj. 听觉的；有关听觉的

audio ['ɔːdjəʊ] adj. 听觉的,声音的

audio-visual ['ɔːdɪəʊ'vɪzjʊəl] adj. 视听的

audit ['ɔːdɪt] vt. 审计,查账 ■ n. ⓒ审计,查账

audition [ɔː'dɪʃən] n. ⓒ(对拟做演员、歌手、乐师等人的)试听,试音 ■ vi. 试音：Which part are you auditioning for? 你扮什么角色试音? vt. 试听：None of the actresses we have auditioned is suitable. 我们试听的这些女演员都不合适.

auditive ['ɔːdɪtɪv] adj. 听的；听觉的

auditor ['ɔːdɪtə] n. ⓒ审计员,稽核员

auditorium [ˌɔːdɪ'tɔːrɪəm] n. ⓒ❶观众席,听众席 ❷礼堂,会堂

auditory ['ɔːdɪtərɪ] adj. 听觉的,听觉器官的

augment [ɔːg'ment] vt. 增加,提高,扩大：He augments his income by teaching in the evening. 他通过晚上教书来增加收入. ■ ['ɔːgmənt] n. Ⓤ增加,提高,扩大 ‖ **augmentation** n. 增加,提高,扩大

augmentative [ɔːg'mentətɪv] adj. ❶有扩大(增长、增加、提高)作用的 ❷(指词缀或派生词)增强词义的

augur ['ɔːgə] vt. 预兆 vi. 成为预兆

August ['ɔːgəst] n. ⓊⓒⓅ八月

auld [ɔːld] adj. 老的；古老的；旧的

aunt [ɑːnt] n. ⓒⓅ姑母,姨母；伯母,婶母,舅母 ❷阿姨,大妈,大娘 ‖ **My** ~.〔**My sainted** ~.〕哎呀！〔天哪！好家伙！真要命！〕

aura ['ɔːrə] n. ⓒ特殊气氛；氛围

aural ['ɔːrəl] adj. 耳的,听觉的,关于听觉的

auricular [ɔː'rɪkjʊlə] adj. 耳的

auriculate [ɔː'rɪkjʊlət] adj. 有耳的；有耳状物的

auriferous [ɔː'rɪfərəs] adj. 产金的

auspices ['ɔːspɪsɪz] n. Ⓟ保护,赞助 ‖ **under the** ~ **of** 在…的帮助或支持下；有…赞助的

auspicious [ɔː'spɪʃəs] adj. ❶有前途的,有希望的,吉祥的,吉兆的 ❷有利的,吉利的,有帮助的

austere [ɒsˈtɪə] *adj.* ❶朴素的，无装饰的 ❷严格的；严峻的，一丝不苟的 ❸(指人或行为)十分简朴的，苦行的 ‖ **austerely** *adv.* 简朴地/**austereness** *n.* 简朴

austerity [ɒsˈterɪtɪ] *n.* ❶ⓤ简朴，朴素 ❷ⓒ节衣缩食，艰苦朴素

Australian [ɒˈstreɪlɪən] *adj.* 澳大利亚(人)的 ■*n.* 澳大利亚人

authentic [ɔːˈθentɪk] *adj.* ❶真的，真正的 ❷可靠的，可信的 ‖ **authentically** *adv.* 真地，真正地；可靠地，可信地

authenticate [ɔːˈθentɪkeɪt] *vt.* 证明是真实的、可靠的或有效的

author [ˈɔːθə] *n.* ⓒ❶著作家，作者 ❷创造者，创始人；发起人 ‖ **authoress** *n.* 女作家/**authorial** *adj.* 著名的

authoritative [ɔːˈθɒrɪtətɪv] *adj.* ❶有权力的；有权威的；可相信的，可靠的：*an ~ person* 权威人士/*an ~ report* 可靠的报告 ❷权威的，官方的，当局的：*~ information* 官方消息 ❸显示权力的；好像显示权威的 ‖ **authoritatively** *adv.* 可靠地；权威地/**authoritativeness** *n.* 可靠，权威

authority [ɔːˈθɒrɪtɪ] *n.* ❶ⓤ权力，职权 ❷ⓒ官方，当局 ❸ⓒ权威，专家

authorize, -ise [ˈɔːθəraɪz] *vt.* 授权，批准；委托：*~ a payment* 批准付款/*The government authorized an irrigation project.* 政府批准了一项灌溉工程。/*We are authorized to receive contributions for the Red Cross.* 我们受托接受给红十字会的捐助。

auto [ˈɔːtəʊ] *n.* (*pl.* *~s*) ⓒ〈美〉汽车 ‖ **autofleet** *n.* 汽车队/**automaker** *n.* 汽车制造商/**auto plant** 汽车工厂

autobiography [ˌɔːtəbaɪˈɒɡrəfɪ] *n.* ❶ⓒ自传 ❷ⓤ自传文学 ‖ **autobiographical** *adj.* 自传的，自传体的/**autobiographically** *adv.* 自传地，自传体地

autocephalous [ˌɔːtəʊˈsefələs] *adj.* ❶(尤指东正教会)自己任命主教的 ❷(指主教、教会等)独立的，自主的

autochthonous [ɔːˈtɒkθənəs] *adj.* ❶土生的，土著的 ❷独立的；当地的；地方性的 ❸(指沉积物)原地生成的

autocrat [ˈɔːtəkræt] *n.* ⓒ❶独裁统治者 ❷独断专行的人 ‖ **autocratic** *adj.* 独裁的，专治的/**autocratically** *adv.* 独裁地，专治地

autogenous [ɔːˈtɒdʒɪnəs] *adj.* 自生的

autograph [ˈɔːtəɡrɑːf] *n.* 亲笔签名 ■*vt.* 在…上亲笔签名

autoimmune [ˌɔːtəʊɪˈmjuːn] *adj.* 自身免疫的；自体免疫的

automat [ˈɔːtəmæt] *n.* ⓒ〈美〉自助餐馆

automate [ˈɔːtəmeɪt] *vt. & vi.* (使)自动化

‖ **automated** *adj.* 自动化的

automatic [ˌɔːtəˈmætɪk] *adj.* ❶自动的 ❷不假思索的，无意识的 ❸必然发生的 ■*n.* ⓒ能自动运转的机器或器械 ‖ **automatically** *adv.* 自动地；不假思索地/**automaticity** *n.* 自动化；机械性

automation [ˌɔːtəˈmeɪʃən] *n.* ⓤ自动化(技术)，自动操作

automobile [ˈɔːtəməbiːl] ⓒ〈美〉汽车

automotive [ˌɔːtəˈməʊtɪv] *adj.* 自动的，机动的

autonomic [ˌɔːtəˈnɒmɪk] *adj.* 自主的；不受意志支配的

autonomous [ɔːˈtɒnəməs] *adj.* 自治的：*~ region* 自治区/*~ states* 自治州

autonomy [ɔːˈtɒnəmɪ] *n.* ⓤ自治，自治权

autopsy [ˈɔːtɒpsɪ] *n.* ⓒ尸体解剖，验尸：*an ~ report* 尸检报告/*carry out an ~ on the victim* 给受害者验尸

autumn [ˈɔːtəm] *n.* ❶ⓒⓤ秋，秋天，秋季 ❷ⓤ成熟期，渐衰期 ‖ **autumnal** *adj.* 秋色的，秋熟的

auxiliary [ɔːɡˈzɪljərɪ] *adj.* 辅助的，补充的；备用的

avail [əˈveɪl] *n.* ⓤ效用，利益：*little*〔*no*〕*~* 无用处/*much ~* 大有用处/*without ~* 没有什么成果 ■*vt. & vi.* 有用于，有益于，有助于：*All his efforts did not avail.* 他做的所有的这些努力都是没有用的。‖ *~ against* 克服…而成功

available [əˈveɪləbl] *adj.* ❶可用的或可得到的 ❷可会见的，可与之交谈的 ‖ **availability** *n.* 可用性，效力；可得性/**availableness** *n.* 可用性，效力；可得性

avalanche [ˈævəlɑːnʃ] *n.* ⓒ雪崩

avast [əˈvɑːst] *int.* 停住，停下

avenge [əˈvendʒ] *vt.* ❶为…复仇，报…之仇 ❷为…报复 ‖ *~ oneself on* 向…报复

avenue [ˈævɪnjuː] *n.* ⓒ❶林阴道，大街 ❷途径，手段：*Books are avenues to knowledge.* 书籍是获得知识的渠道。

aver [əˈvɜː] *vt.* 断言，证实

average [ˈævərɪdʒ] *adj.* ❶平均的：*~ age* 〔*income*, *price*〕平均年龄〔收入，价格〕❷平常的，普通的 ■*n.* ⓒ平均；平均数：*An average of 1500 persons pass here every day.* 每天平均有1500个人经过此地。/*He spends on the average two hours a day on reading.* 他平均每天用两小时读书。■*vt.* 求…的平均数：*If you average 4,5 and 9, you get 6.* 如果你求4，5和9的平均数，得6。/*We average eight hours' work a day.* 我们每天工作八小时。■*link v.* 平均为，平均达：*The rainfall averages 1000mm a year.* 年平均降雨量为1000毫米。‖ *~ out* 达到…的平均数；以…的平均数为结

averagely *adv.* 平均地;平常地,普通地
果;求出…的平均数/～ up 把…提高到平均水平 ‖ **averagely** *adv.* 平均地;平常地,普通地
averse [ə'vɜːs] *adj.* 不喜欢的,讨厌的,反对的 ‖ **aversely** *adv.* 不喜欢地,讨厌地,反对地/**averseness** *n.* 不喜欢,讨厌,反对
aversion [ə'vɜːʃən] *n.* ❶[C][U]厌恶,讨厌,反感 ❷[C]讨厌的人或东西
avert [ə'vɜːt] *vt.* ❶防止,避免:～ accident 〔failure,threat〕避免事故〔失败,威胁〕/He managed to avert suspicion.他设法避嫌。❷转移:He averted his eyes from the terrible sight.他把目光转开,不敢去看那可怕的景象。‖ **a-vertible** *adj.* 可避免的
avian ['eɪvɪən] *adj.* 鸟的,鸟类的
aviary ['eɪvɪərɪ] *n.* [C]大鸟笼,鸟舍 ‖ **aviarist** *n.* 鸟类饲养者
aviate ['eɪvɪeɪt] *vi.* 驾驶飞机;乘坐飞机 *vt.* 驾驶(飞机)
aviation [ˌeɪvɪ'eɪʃən] *n.* [U]❶航空,航空学 ❷航空工业
avid ['ævɪd] *adj.* 渴望的,热心的:an ～ reader 热心的读者 ‖ **avidly** *adv.* 渴望地,热心地
avoid [ə'vɔɪd] *vt.* 避开,避免,预防:Try to avoid accidents.尽量防止事故。/He avoided answering my questions.他避而不答我的问题。
avoidance [ə'vɔɪdəns] *n.* [U]回避,避开,避免:～ of danger 避免危险
avouch [ə'vautʃ] *vt.*&*vi.* 保证;断言;承认
avow [ə'vau] *vt.* 公开声明,承认:～ one's guilt 承认罪行 ‖ **avowable** *adj.* 可明言的/**a-vowal** *n.* 公开宣布/**avowed** *adj.* 公开声明的,承认的
avuncular [ə'vʌŋkjulə] *adj.* 像伯伯〔叔叔〕似的;谆谆长辈风范的;慈爱的
aw [ɔː] *int.* 呀(用于表示同情或失望)
await [ə'weɪt] *vt.* ❶等候:～ an opportunity 〔answer〕等候机会〔答复〕 ❷期待:A warm welcome awaits all our customers.所有的顾客将受到热烈的欢迎。
awake [ə'weɪk] *adj.* [P]❶醒着的:This thought kept me awake all night.这种顾虑使我通宵未能合眼。❷觉醒的,洞察的:The explorer was ever awake for the dangers that surrounded him.这个探险家时刻提防着周围的危险。‖ **be** ～ **to** 认〔意〕识到;对…警觉 *vt.*&*vi.* ❶醒,唤醒:A great noise awoke her.嘈杂的吵闹声把她吵醒了。❷觉悟到,使觉悟 ‖ ～ **from** 从…醒来,把…从…中唤醒/～ **to** 醒来时看〔听〕到;意识到,明白
awaken [ə'weɪkən] *vt.*&*vi.* (使)醒,弄醒:I was awakened by their shouts.我被他们的叫喊声吵醒。

award [ə'wɔːd] *vt.* 授予,奖给;判给:～ sb a scholarship 给某人奖学金 ■ *n.* [C]奖品,奖金 ‖ **awardee** *n.* 受奖者
aware [ə'weə] *adj.* [P]意识到的,知道的:He doesn't seem to be aware of the problems.他好像没有意识到这个问题。/Are you aware that there is a difficulty? 你知道有困难吗? ‖ **awareness** *n.* 意识,知道
awash [ə'wɒʃ] *adj.* ❶与水面齐平的,刚被水覆盖的 ❷很多的
away [ə'weɪ] *adv.* 远处,离开:The boy hasn't been away from home before.这男孩子以前还没离开过家。‖ **far and** ～ 很,极/**far** ～ 遥远/**right** ～ 立刻,马上
awe [ɔː] *n.* [U]敬畏,惊惧 ‖ **be**〔**stand**〕**in** ～ **of** 敬畏 ■ *vt.* 使敬畏,使惊怖 ‖ **aweless** *adj.* 无可畏惧的 ‖ **awestricken** ? **awestruck** *adj.* 畏惧的,敬畏的;肃然起敬的
aweary [ə'wɪərɪ] *adj.* 厌倦的
aweigh [ə'weɪ] *adj.* (指锚)刚离开水面的
awe-inspiring [ˈɔːɪnˌspaɪərɪŋ] *adj.* 令人惊叹的,使人敬佩的;令人敬慕的
awesome ['ɔːsəm] *adj.* ❶令人敬畏的,使人畏惧的,可怕的 ❷棒极了
awful ['ɔːfʊl] *adj.* ❶糟糕的,可怕的,惊人的 ❷非常的,极大的 ‖ **awfulness** *n.* 糟糕,可怕
awfully ['ɔːfʊlɪ] *adv.* ❶恶劣地 ❷很,非常
awhile [ə'hwaɪl] *adv.* 暂时,片刻
awkward ['ɔːkwəd] *adj.* ❶笨拙的,不灵活的 ❷难操纵的,使用不便的 ❸尴尬的,棘手的 ‖ **awkwardly** *adv.* 笨拙地;难操纵地;尴尬地,棘手地
awry [ə'raɪ] *adv.* ❶曲;斜;歪 ❷出错;失误 ■ *adj.* [P]扭曲;斜;歪
axe,〈美〉**ax** [æks] *n.* [C]斧头
axial ['æksɪəl] *adj.* 轴的,成轴的,绕轴放的
axiom ['æksɪəm] *n.* [C]公理
axiomatic [ˌæksɪə'mætɪk] *adj.* 公理的;不证自明
axis ['æksɪs] *n.* (*pl.* **axes**)[C]❶轴 ❷轴线,中心线 ❸坐标轴,基准线
axle ['æksl] *n.* [C]轮轴,车轴
aye[1] [eɪ] *adv.* 永恒地,永远地,永久地
aye[2] [aɪ] *int.* (在表决时或海员中使用)是! 赞成! 对!
aye[3] [aɪ] *n.* [C]赞成票,投票赞成者
azoic [ə'zəʊɪk] *adj.* ❶无生命迹象的 ❷(指时代)无生的,无有机物遗骸的
azure ['æʒə] *adj.*&*n.* 天蓝色(的)

Bb

babble [ˈbæbl] *vt.& vi.* 胡言乱语,含糊不清地说 *vi.* 作潺潺声(如流水) ∎ *n.* ⓢ❶听不清的声音,乱哄哄的说话声 ❷潺潺声

babe [beɪb] *n.* ⓒ❶婴儿 ❷⟨美⟩姑娘,宝贝,小妞儿

baboon [bəˈbuːn] *n.* ⓒ狒狒

baby [ˈbeɪbɪ] *n.* ⓒ婴儿‖**be sb's ~** 由某人造成的事物;归某人管的事物/**cry ~** 爱哭的人;爱发牢骚的人 ∎ *vt.* 把…当作婴孩看待,娇养‖**babyish** *adj.* 孩子气的‖**baby farm** 育婴院

baby-blue [ˌbeɪbɪˈbluː] *adj.* 淡蓝色的

babyish [ˈbeɪbɪɪʃ] *adj.* 婴儿般的;稚气的

babysit [ˈbeɪbɪsɪt] *vi.* 临时受雇为外出的父母照料小孩‖**babysitter** *n.* 照看婴儿者

bachelor [ˈbætʃələ] *n.* ⓒ❶单身男子,单身汉 ❷学士;学士学位:*B- of Arts* 文学士/*B- of Science* 理学士‖**bachelorism** *n.* 独身/**bachelorship** *n.* ①独身②学士学位

bacillary [bəˈsɪlərɪ] *adj.* 有关杆菌的;杆菌引起的

back [bæk] *n.* ❶ⓒ背,背部 ❷ⓢ后部,后面 ❸ⓢ背面,反面‖**at the ~ of** 在…后方(背后);支持;在内心中/**~ of beyond** 与外界隔绝的地方;远离闹市的地方/**~ to ~** 背靠背/**~ to front** 前后颠倒/**be on sb's ~** 依靠某人;取笑⟨烦扰⟩某人/**break the ~ of** 解决了最艰难的部分/**in the ~ of** 在…后面(只在某一范围内)/**get on sb's ~** 找某人的麻烦/**get sb's ~ up** 使某人生气/**give sb one's ~** 不理睬某人/**like the ~ of a bus** 难看的,丑陋的/**like the ~ of one's hand** 熟悉/**pat on the ~** 对…表示赞扬/**put one's ~ into** 竭尽全力/**see the ~ of** 赶走,撵走/**turn one's ~ on** 不理睬;背弃 ∎ *vt.& vi.* (使)后退,(使)倒退:*The horse backed suddenly.* 马突然向后倒退。 *vt.* ❶作…的衬里:*You could back the dress with silk.* 你可以给这件衣服加绸缎衬里。 ❷支持:*Can you back your story with facts?* 你能举出事实来证明你的话吗?‖**~ away** 为了让出地方而后退,由于害怕而后退;不愿考虑/**~ down** 退让,退回去,撤销(要求等)/**~ into** (使)倒进…/**~ onto** 后面是,背靠着/**~ out** 不遵守(诺言、合约等)/**~ up** 支持;堵塞;复制 ∎ *adj.* Ⓐ❶后边的,背后的 ❷以前的,过去的 ∎ *adv.* ❶还,回,往后退:*Stand back! This dog bites.* 往后站! 这狗会咬人。 ❷向后面,后仰着:*Don't bend the book back, and you'll damage it.* 别向后卷书,会弄坏的。 ❸回原处,恢复原状:*I am not ready to go back to work yet.* 我还不准备回去工作。 ❹从前,回到(从前):*That smell of freshly baked bread carries me back!* 新烤面包的气味使我回忆起往事!‖**~ and forth** 来回地/**there and ~** 往返,来回‖**backless** *adj.* 无(靠)背的‖**backache** *n.* 背痛,腰痛

backbencher [ˌbækˈbentʃə] *n.* ⓒ后座议员

backbone [ˈbækbəʊn] *n.* ❶ⓒ脊骨,脊柱 ❷ⓢ骨干,支柱,主力,中坚 ❸ⓤ骨气;毅力

backbreaking [ˈbækˌbreɪkɪŋ] *adj.* (体力劳动)艰苦繁重的;累死人的

backcomb [ˈbækkəʊm] *vt.* 倒梳(头发)(使之蓬松)

backdate [ˌbækˈdeɪt] *vt.* ❶倒填日期 ❷使(付款等)在较早的日期开始生效

backdrop [ˈbækdrɒp] *n.* ❶ⓒ背景幕布 ❷背景

backer [ˈbækə] *n.* ⓒ支持者,赞助者

backfill [ˈbækfɪl] *vt.* 回填(挖掘的洞穴)

backfire [ˌbækˈfaɪə] *vi.* ❶逆火,回火 ❷发生意外,产生事与愿违的后果

background [ˈbækɡraʊnd] *n.* ❶ⓒ(画等的)背景,底色 ❷ⓒⓤ背景情况:*You'll have to give me a bit more background before I can help you.* 你必须提供我更多的背景情况我才能帮助你。 ❸ⓒ个人背景资料:*He has a background in child psychology.* 他受过儿童心理学的教育。‖**in the ~** 甘居幕后

backhanded [ˌbæk'hændɪd] adj. ❶（恭维话）讽刺挖苦的,假惺惺的 ❷（网球等运动）反手击球的,用反手的

backing ['bækɪŋ] n. ❶⒰支持,帮助,资助 ❷⒞⒰背衬,衬垫物 ❸⒞（音乐）伴奏

backlash ['bæklæʃ] n. ⒮❶强烈反应,对抗性反应 ❷后冲,反撞;后坐力

backlit ['bæklɪt] adj. 从背后照亮的

backlog ['bæklɒɡ] n. ⒮❶积压未办之事,积压的工作

backmost ['bækməʊst] adj. 最后面的

backpedal ['bækˌpedl] vi. 改变主意;变卦;背弃诺言

backroom ['bækˌruːm] adj.（工作）秘密的,在幕后进行的;（人）幕后的

backside ['bæksaɪd] n. ⒞臀部,屁股

backslide ['bækslaɪd] vi. 滑坡,倒退,退步;故态复萌

backstage ['bæk'steɪdʒ] adv. ❶后台 ❷秘密地,背地里,在幕后

back-to-back [ˌbæktʊ'bæk] adj. 背靠背的

back-to-nature [ˌbæktʊ'neɪtʃə] adj. 回归自然的

backtrack ['bæktræk] vi. ❶走原路,由原路返回 ❷改变主意,取消诺言,变卦,出尔反尔

backup ['bækʌp] n. ⒞⒰替代物;备用品;支援人员,后备,后补,助手

backward(s) ['bækwəd(z)] adj. ❶向后的,倒行的 ❷返回的,落后的 ■ adv. ❶向后,往后 ❷倒,退 ❸逆 ‖ **lean[bend] over ~** 做到全力（以至有点过分） **/know ... ~** 对……了如指掌,熟知…

backwater ['bækwɔːtə] n. ⒞❶死水,滞水,回水 ❷闭塞的地方,不受外界事件或新思想影响的地方

backyard [ˌbæk'jɑːd] n. ⒞后院;后花园

bacon ['beɪkən] n. ⒰咸猪肉

bacteria [bæk'tɪərɪə] n. ⒫细菌 ‖ **bacterial** adj. 细菌的

bad [bæd] adj.（worse,worst）❶坏的,劣质的;不合格的,有错的,有缺陷的 ❷差的,有缺憾的 ❸不道德的,邪恶的 ❹严重的,厉害的 ❺腐烂的,腐败的 ‖ **go from ~ to worse** 越来越坏 **/be not ~** 不错 ‖ **bad debt** 坏账

badge [bædʒ] n. ⒞❶徽章,证章 ❷标记,标志 ❷象征

badger¹ ['bædʒə] n. ⒞❶獾,穴熊 ❷⒰獾皮,獾毛

badger² ['bædʒə] vt. 纠缠不休,烦扰,吵着要

badly ['bædlɪ] adv.（worse,worst）❶坏,差,拙劣地 ❷非常,在很大程度上 ❸不利地,有害地 ‖ **~ off** 贫困的,境况不好的 **/~ off for** 需要,供应不足

badminton ['bædmɪntən] n. ⒰羽毛球运动

bad-tempered [ˌbæd'tempəd] adj. ❶（人）脾气坏的,易怒的 ❷耍脾气的（用来指人的行为）❸心境很糟的;充满气话的;火药味十足的

baffle ['bæfl] vt. 使困难,使为难: The question baffled me completely and I couldn't answer it. 这个问题把我彻底难倒了,我答不出来。 ‖ **~ out** 挫败

bag [bæɡ] n. ⒞袋,包 ‖ **a ~ of** 许多聚在一起的人 **/~ and baggage** 全部财物 **/~ of bones** 骨瘦如柴的人（动物）**/~ of tricks** 所有需要的东西 **/in the ~** 确实无疑 **/pack one's ~s** 打点行装 ■(-gg-) vt. 装袋; **~ a rabbit** 捕获一只兔子 vi. 宽松地下垂,鼓胀 ‖ **~ up** 装袋

baggage ['bæɡɪdʒ] n. ⒰行李

baggy ['bæɡɪ] adj.(-ier,-iest)宽松下垂的

bah [bɑː] int. 呸

bail [beɪl] n. ⒰（法庭命令缴付的）保释金 ■ vt. 保释,帮助脱离困境: I asked for a rise of salary so I could bail out. 我要求加薪以便渡过困难。 ‖ **~ out** 保释 **/give[take] leg ~** 逃走 ‖ **bailable** adj. 可保释的 ‖ **bail bond** 保释保证书

bailiff ['beɪlɪf] n. ⒞法警,法院执行官

bait [beɪt] n. ⒰（钓鱼等用的）饵,诱饵;■ vt. ❶装饵于: **a hook with a worm** 把蚯蚓装在鱼钩上做诱饵 ❷故意激怒: A soldier baited a captured enemy by laughing at him. 一位士兵嘲笑一个俘虏来惹怒他。 ‖ **fish or cut ~** 要么全力以赴,要么索性放弃 **/jump at the ~** 轻易上当 **/rise to a ~** （鱼）上钩;（人）入圈套,上当 **/swallow the ~** 吞饵而上圈套,入圈套

baize [beɪz] n. ⒰台面呢（一种厚毛呢,通常为绿色,用作台球桌、牌桌、门等的衬垫）

bake [beɪk] vt. & vi. 烤,烘焙 ‖ **bakehouse** n. 面包房**/bakeshop** n. 面包店

baker ['beɪkə] n. ⒞面包师 ‖ **~'s dozen** 十三

bakery ['beɪkərɪ] n. ⒞面包房,面包店

balance ['bæləns] n. ❶⒰平衡,均衡: disturb the ~ 扰乱平衡 **/~ of power** 力量平衡,势均力敌 ❷⒞天平,秤 ❸⒞结存,结余,余额 ‖ **in the ~** 悬而未决 **/on ~** 全面考虑之后,总的说来 **/redress the ~** 作公平的处理 **/strike a ~** 结账 **/throw sb off his ~** 使某人摔倒;使某人心慌 **/tremble in the ~** 到达紧要关头;处于极度危险中 ■ vt. & vi. ❶(使)平衡（使）均衡: When you learn to ride a bicycle you must learn to balance. 你学骑脚踏车时必须学会保持平衡。 ❷(使)相抵,(使)相等 ❸权衡,比较 ‖ **~ against** 对……权衡 ‖ **balance beam** 平衡木**/balance of payment** 国际收支

balcony

(表)/**balance sheet** 资金平衡表,决算表;资产负债表

balcony ['bælkənɪ] n. ⓒ❶阳台 ❷(电影院等的)楼厅,楼座 ‖ **balconied** adj. 有阳台的

bald [bɔːld] adj.❶秃头的,秃的 ❷明显的,不加掩饰的: the ~ truth 直率的实话 ‖ **baldly** adv. 不加修饰地/**baldness** n. 光秃 ‖ **bald-faced** adj. ①(动物)脸上有白斑的 ②厚颜无耻的/**baldpate** n. 秃头的人

balding ['bɔːldɪŋ] adj. 渐渐变秃的

bale [beɪl] n. ⓒ(货物)包,捆; a ~ of cotton 一包棉花 ■ vt. 将某物打成包或包装成捆

baleful ['beɪlfəl] adj. 凶恶的;有害的;险恶的 ‖ **balefully** adv. 凶恶地;有害地

balk [bɔːk] vt.& vi.❶阻止,挫折,故意妨害: ~ in sb's plan 有意阻挠某人的计划/~ a person of his purpose 故意阻挠某人使不能达到目的 ❷(指马)不肯跑

Balkanize ['bɔːlkənaɪz] vt. 使(某地区)分成若干敌对的小国,使巴尔干化

ball[1] [bɔːl] n. ⓒ❶球,球状物 ‖ a ~ of fortune 受命运摆弄的人/be on the ~ 知情;内行/carry the ~ 负起责任/play ~ with 与…合作/take up the ~ 接着讲话,值班,接替/keep [set, start] the ~ rolling 使…运行/on the ~ 机警,高明/open the ~ 开球,开始行动 ❷球类运动 ②形势,情况,局面/ball game ❹球类运动 ②形势,情况,局面/ball pen 圆珠笔 /**ballproof** adj. 防弹的

ball[2] [bɔːl] n. ⓒ舞会: a birthday ~ 生日舞会/have a ~ 尽情享乐

ballad ['bæləd] n. ⓒ民歌,民谣,特别指叙述故事的歌

ballast ['bæləst] n. Ⓤ(保持船身稳定的)压舱物 ■ vt. 给某物装上压舱物 ‖ put ~ in 装上压舱物 ‖ **ballasting** n. ①压舱材料 ②道碴材料

ballerina [ˌbæləˈriːnə] n. ⓒ(-nae) (意大利语)芭蕾舞女演员(尤指演主角的)

ballet ['bæleɪ] n. ❶Ⓤ芭蕾舞 ❷ⓒ芭蕾舞剧 ❸ⓒ芭蕾舞团 ‖ **ballet-dancer** n. 芭蕾舞演员,舞剧演员

ballistic [bəˈlɪstɪk] adj.发射的

ballistics [bəˈlɪstɪks] n. Ⓟ(有关炮弹发射)弹道学

balloon [bəˈluːn] n. ⓒ气球 ‖ go down like a lead ~ (讲话、建议等)未达到预期的效果,毫无作用/when the ~ goes up 当意料中的麻烦到来时 ‖ **ballooning** n. 气球的操纵(或乘坐,升空)/**balloonist** n. 驾驶(操纵)气球的人 ‖ **balloonfish** n. 海豚

ballot ['bælət] n. ❶Ⓤ Ⓢ 投票表决,选举 ❷ⓒ选票: cast a ~ 投一票 ■ vt.& vi.(使)投票表决: Most of us balloted for the decision. 我们大部分人都投票赞成那项决定。 ‖ ~ against 投票反对/~ for 投票赞成 ‖ ballot box 投票

箱/**ballot paper** 投票用纸

ballroom ['bɔːlrʊm] n. ⓒ舞厅

ballyrag ['bælɪræg] vt.开玩笑,辱骂,扰扰

balm [bɑːm] n. Ⓤⓒ❶(治愈或镇痛用的)香脂;香膏,镇痛软膏 ❷安慰(物);慰藉(物) ‖ **balm cricket** 蝉

balmy ['bɑːmɪ] adj. (-ier, -iest)❶(指空气)暖和的;温暖的 ❷芳香的;能止痛的;如香脂的

bamboo [bæm'buː] n. ⓒⓊ竹,竹竿

bamboozle [bæm'buːzl] vt.❶欺骗 ❷使迷惑

ban [bæn] vt. (-nn-) 取缔, 查封, 禁止: The new military government has banned strikes and demonstrations. 新的军人政府禁止罢工和示威活动。■ n. ⓒ禁止, 禁令: The union has imposed a ban on overtime. 工会制定了超时加班的禁令。

banal [bəˈnɑːl] adj. 陈旧的;平庸的;乏味的 ‖ **banality** n. 平常,乏味

banana [bəˈnɑːnə] n. ⓒ香蕉: peel a ~ 剥香蕉/a hand of ~s 一串香蕉 ‖ **banana oil**〈化〉香蕉油

banausic [bəˈnɔːsɪk] adj.❶未开化的,没有教养的 ❷功利的 ❸只适于工匠的

band[1] [bænd] n. ⓒ❶带,箍 ❷条纹 ❸价值、数量等的范围;无线电的波段,频带 ■ vt.带绑扎: The boy banded the dog's neck with a yellow string. 男孩把一条黄绳绑在狗脖子上。 vt.& vi. 结合起来;伙同: Some families have banded together. 一些家庭已经联合了起来。 ‖ ~ against (使)联合反对/~ into (使)结成…团体/~ together (使)联合起来 /~ with 用…绑扎;与某人联合

band[2] [bænd] n. ⓒ❶一群,一伙 ❷乐队,乐团 ‖ **bandsman** n. (管)乐队队员

bandage ['bændɪdʒ] n. ⓒ绷带: change ~ 换绷带 ■ vt. 用绷带绑扎: After the doctor treated the wound, it was carefully bandaged. 医生治疗过后,伤口被仔细包扎起来。

bandit ['bændɪt] n. ⓒ土匪,强盗: a ~ gang 匪帮

bandy ['bændɪ] vt. (pt., pp. bandied) ❶吵嘴,顶嘴 ❷传播(谣言、消息等)(常为漫不经心地)

bang [bæŋ] n. ⓒ❶猛击,猛撞 ❷巨响,爆炸声 ‖ go off with a ~ 极为成功,大受欢迎 ■ vt.猛击,猛撞 vi.发出砰的一声,砰砰作响,砰砰地[撞,扔]: ~ on a door 砰地打门/~ against a wall 砰地撞在墙上 ‖ ~ about [around]发出响声地动来动去/~ away 不断射击/~ into 猛撞/~ up 砰地摔上

bangle ['bæŋgl] n. ⓒ手镯;脚镯

bangup [ˌbæŋˈʌp] adj.极好的

banish ['bænɪʃ] vt.放逐,驱逐 ‖ ~ from 从

…驱逐出去‖ **banishment** n. 流放

banjo ['bændʒəʊ] n. (pl. ~s) ⓒ 班卓琴

bank¹ [bæŋk] n. ⓒ ❶(河的)岸,堤 ❷(条形的)堆 ■ vt.& vi. ❶堆积: The farmers banked snowbreak in winter. 农民们冬季堆积防雪林。❷筑(堤) vi. 倾斜飞行: The plane banked steeply to the left. 飞机陡然向左侧斜飞行。‖ ~ **up** 堆积成平顶状

bank² [bæŋk] n. ⓒ 银行: central ~ 中央银行/construction ~ 建设银行 ■ vt.& vi. 将(钱)存入银行:~ one's saving〔taking〕把钱〔收入〕存入银行/~ with (把数)存入银行/Where do you bank? 你的钱存在哪家银行? ‖ ~ on 寄希望于 ‖ **bank account** 银行账户/**bankbook** n. 银行存折/**bank clearing** 银行票据交换/**bank credit** 银行信贷/**bank discount** 银行贴现/**bank draft** 银行汇票/ **bank holiday** 公共假期;银行假日

bankable ['bæŋkəbl] adj. (演员等)卖座的;富有号召力的

banking ['bæŋkɪŋ] n. Ⓤ 银行业务,银行业‖ **banking house** 银行

bankrupt ['bæŋkrʌpt] adj. ❶破产的,倒闭的 ❷完全缺乏的 ■ n. ⓒ破产者 ■ vt. 使破产,使枯竭,使极端贫困: The cost of defending the libel action almost bankrupted the small magazine. 为诽谤罪辩护的诉讼费几乎使这家小杂志社破产。

bankruptcy ['bæŋkrʌpsɪ] n. Ⓤⓒ破产

banner ['bænə] n. ⓒ❶横幅 ❷旗,旗帜‖ **under the ~ of** 在…旗帜下,在…名义下 ‖ **banneret** n. 小旗

banns [bænz] n. Ⓟ (教堂里的)结婚预告

banquet ['bæŋkwɪt] n. ⓒ 宴会,盛宴 ‖ **banqueter** n. 赴宴的客人

banter ['bæntə] n. Ⓤ 玩笑;逗乐 ■ vi. 开玩笑;说笑,逗乐

banzai [bɑːnˈzaɪ] int. ❶(日本人在打仗时的呐喊)冲呀 ❷万岁(对天皇的欢呼)

baptism ['bæptɪzəm] n. Ⓤ (基督教的)洗礼‖ **baptist** n. 施洗礼者

baptize [bæp'taɪz] vt. ❶给…施洗礼 ❷给…取名

bar [bɑː] vt. (-rr-) ❶闩(门等) ❷阻止,阻拦,封锁‖ ~ **from** 禁止〔接近〕做…) / ~ **in** 把…关在里面/ ~ **out** 把…关在外面/ ~ **up** 把…关上〔拦住〕■ n. ⓒ 酒吧间,售酒的(饮食)柜台 ❷条,块 ❸(门、窗等的)闩,栅栏‖ **barkeeper** n.〈美〉酒吧间老板(或招待员)/ **barroom** n. 酒吧间/ **bartender** n. 酒吧间招待员

barbarian [bɑːˈbeərɪən] n. ⓒ 野蛮人,未开化的人

barbaric [bɑːˈbærɪk] adj. ❶野蛮的 ❷残忍的 ❸原始的

barbarize ['bɑːbəraɪz] vt.& vi. 使(变)野蛮,使(变)粗俗

barbarous ['bɑːbərəs] adj. ❶野蛮的 ❷残忍的

barbecue ['bɑːbɪkjuː] n. ⓒ❶(常用于室外的)金属烤架 ❷烧烤野餐 ■ vt. (通常在户外)在烤架上烧烤

barbed [bɑːbd] adj. 装有倒钩的;带刺的 ‖ ~ **wire** 带刺的铁丝网

barber ['bɑːbə] n. ⓒ 理发师‖ **barber's shop**〈英〉理发店

bard [bɑːd] n. ⓒ 诗人

bare [beə] adj. (-r, -st) ❶光秃秃的,无遮蔽的 ❷赤裸的 ❸刚好够的,勉强的 ■ vt. 使赤裸,使暴露: ~ one's head 脱帽/ ~ one's heart 流露真情/ He bared the tree of its bark. 他剥光树皮。‖ **bare-handed** adj. ①不带手套的 ②赤手空拳的

bareback ['beəbæk] adj.& adv. (骑马)不用马鞍的‖ **barebacked** adj. 裸背的;无马鞍的

barefaced ['beəfeɪst] adj. 厚颜无耻的;露骨的‖ **barefacedly** adv. 露骨地,无耻地/ **barefacedness** n. 厚颜,无耻

barefoot ['beəfʊt] adj.& adv. 赤脚的〔地〕

bareheaded ['beə'hedɪd] adj.& adv. 头上不戴东西的;光着头的

bare-knuckle ['beə'nʌkl] adj. ❶(拳击运动等)不戴手套的 ❷严厉的;不留情的

barely ['beəlɪ] adv. ❶仅仅,只不过,几乎不 ❷赤裸裸地;光秃秃地,空空地

bargain [bɑːgɪn] vt.& vi. 讨价还价;商谈: In some shops you have to bargain. 在一些商店中买东西要讲价。vt. 提出条件,要求得到: We bargained a new wage increase. 我们达成了增加工资的新协议。‖ ~ **about〔over〕**议(某物)之价;就(某物)讨价还价/ ~ **away** 不停地讨价还价;将(某物)廉价出售或交换出去/ ~ **for** 为购买(某物)讨价还价;料到,考虑到(某情况)/ ~ **on** 依靠,信赖,指望;料到,考虑到(某情况)/ ~ **with** 与(某人)讨价还价 ■ n. ⓒ ❶协议,交易: discuss a ~ 洽谈生意/ keep ~ 遵守协议 ❷特价商品; shop for ~s 到商店去买廉价物品‖ **close〔make, strike〕a ~** 达成协议,成交/ **drive a ~** 讲价钱,谈条件 / **into the ~** 此外,而且 ‖ **bargainee** n. 买主/ **bargainer** n. 议价者,讨价还价者/ **bargainor** n.〈律〉卖主 ‖ **bargain basement** 廉价部/ **bargain counter**〈美〉廉价货品柜

barge [bɑːdʒ] n. ⓒ 驳船 ■ vi. (鲁莽而笨拙地)猛撞,冲,闯‖ ~ **in** 闯入,干预

baritone ['bærɪtəʊn] n. ⓒ 男中音

bark¹ [bɑːk] vi. 吠叫: The dog barks at strangers. 这只狗对陌生人吠叫。vt. 大声喊出: ~ the orders 吼着发布命令‖ ~ **at the moon**

(狂犬)吠月;空嚷,徒劳 ■ n. ⓒ犬吠声,狐狸的嗥叫声

bark² [bɑːk] n. ⓤⓒ树皮
barmy [ˈbɑːmɪ] adj. 疯疯癫癫的
barn [bɑːn] n. ⓒ❶仓房 ❷牲口棚
barnstorm [ˈbɑːnstɔːm] vt. 作巡回政治演说[宣传、游说等]
barometer [bəˈrɒmɪtə] n. ⓒ气压计,晴雨表
baron [ˈbærən] n. ⓒ❶男爵 ❷巨头;大王;大亨
baronial [bəˈrəʊnɪəl] adj. ❶(建筑物或房间)富丽堂皇的,宏伟豪华的,古色古香的 ❷男爵的
baroque [bəˈrɒk] adj. 巴罗克风格的
barrack [ˈbærək] vt. 大叫,喝倒彩起哄
barracks [ˈbærəks] n. ⓟ兵营,营房;简陋或难看的房屋
barrage¹ [ˈbærɑːʒ] n. ⓒ河上的堰坝
barrage² [ˈbærɑːʒ] n. ⓒ猛烈炮火,枪林弹雨
barrel [ˈbærəl] n. ⓒ❶桶 ❷枪[炮]管 ‖ **over a** ～〈非正〉处于不利地位
barren [ˈbærən] adj. ❶贫瘠的 ❷不孕的,不生育的;不结果的 ❸无用的,空洞的,无结果的
barricade [ˌbærɪˈkeɪd] n. ⓒ路障,障碍物 ■ vt. ❶设路障于;以障碍物阻塞:～ the windows 把窗户堵上 ❷设路障[防御工事]保卫或固守:～ the street 在街道上设路障
barrier [ˈbærɪə] n. ⓒ❶栅栏,关卡 ❷障碍,隔阂
barring [ˈbɑːrɪŋ] prep. 除…之外,除非: Barring the boss, we all went out for drinks on Friday. 除了老板,我们星期五都出去喝酒了。
barrister [ˈbærɪstə] n. ⓒ(可在高等法院出庭的)大律师
barter [ˈbɑːtə] vt. & vi. 作物物交换,以货换货:～ with sb for sth 跟某人通过物物交换得到某物 ■ n. 物物交换,易货 ‖ **barterer** n. 进行易货贸易者
basal [ˈbeɪsəl] adj. 基底的,在底部的,基础的
base [beɪs] n. ⓒ❶基础,底座 ❷基地,根据地 ‖ **base rate** 基本利率 ■ vt. 把…建立在,以…为基础: One should always base one's opinion on facts. 我们应总是把自己的观点建立在事实的基础上。
baseball [ˈbeɪsbɔːl] n. ❶ⓤ棒球运动 ❷ⓒ棒球
baseless [ˈbeɪslɪs] adj. 无根据的
basement [ˈbeɪsmənt] n. ⓒ地下室,地下层
bash [bæʃ] vt. 痛击,猛击:～ the lid of a box in 把盒盖砸得凹下去
bashful [ˈbæʃfʊl] adj. ❶羞怯的 ❷缺乏自信的

basic [ˈbeɪsɪk] adj. 基本的,基础的;根本的
basically [ˈbeɪsɪkəlɪ] adv. 基本上,根本上,本质上
basics [ˈbeɪsɪks] n. ⓟ基本要素;基本原理
basilar [ˈbæsɪlə] adj. (尤指颅骨)基部的,底部的
basilica [bəˈzɪlɪkə] n. ⓒ长方形廊柱大厅式基督教堂;长方形廊柱大厅
basin [ˈbeɪsn] n. ⓒ❶盆,碗:a ～ of 一盆… ❷流域: the Yellow River ～ 黄河流域 ‖ **basinful** n. 一满盆
basipetal [beɪˈsɪpɪtl] adj. (新生出的部分)向基的,向基部生长的
basis [ˈbeɪsɪs] n. (pl. **bases** [ˈbeɪsiːz]) ⓒ基础,根据
bask [bɑːsk] vt. ❶晒太阳,取暖 ❷对…感到乐趣
basket [ˈbɑːskɪt] n. ⓒ篮,筐 ‖ **have all one's eggs in one** ～ 孤注一掷 ‖ **basketful** n. 一满篮;一满篓;一满筐 ‖ **basket case** 无法照顾自己的废人
basketball [ˈbɑːskɪtbɔːl] n. ❶ⓤ篮球(运动) ❷ⓒ篮球
basophilic [ˌbeɪsəˈfɪlɪk] adj. (细胞等)嗜碱性的
bass [beɪs] n. ⓢ低音歌唱家,低音乐器 ‖ **bassist** n. 低音提琴手
basset [ˈbæsɪt] n. ⓒ矮腿猎犬
bassoon [bəˈsuːn] n. ⓒ(一种низ奏乐器)巴松管,低音管 ‖ **bassoonist** n. 巴松管吹奏者
bastard [ˈbæstəd] n. ⓒ❶私生子 ❷坏蛋,混蛋
bastardize [ˈbɑːstədaɪz] vt. ❶腐败,败坏 ❷宣布…为私生
baste [beɪst] vt. ❶(烤肉等时)往上抹[浇]油 ❷打,抽打 ❸粗缝,用长针脚疏缝
bastion [ˈbæstɪən] n. ⓒ❶棱堡(要塞之凸处部分) ❷堡垒,防御工事 ❸〈喻〉堡垒
bat¹ [bæt] n. ⓒ❶球棒,球拍 ❷击球员 ‖ **at full** ～ 很快 / **off the** ～ 〈非正〉立即,立刻
bat² [bæt] n. ⓒ蝙蝠 ‖ **bat-blind** adj. (像蝙蝠一样)半瞎的
batch [bætʃ] n. ⓒ❶一炉 ❷一批,一组,一群: the ～ number 产品批号
bated [ˈbeɪtɪd] adj. 焦虑地
bath [bɑːθ] n. ⓒ沐浴,洗澡;浴缸 ■ vt. & vi. (给…)洗澡:～ the baby 给婴儿洗澡 ‖ **bath-mat** n. 浴室防滑垫
bathe [beɪð] vt. & vi. 给…洗澡,游泳: Don't bathe too soon after eating. 刚吃完饭不要马上去洗澡。/ Has the patient been bathed? 给病人洗过澡吗? vt. 冲洗;浸:～ a wound 清洗伤

口: The nurse bathed the wound with disinfectant water. 护士用消毒水冲洗伤口。‖ ~ in 在(水)里洗澡或游泳;使…浸泡〔沐浴〕在(水、光等)中 ■ n. ⑤游泳,洗海水澡:go for a ~去游泳/I went for a bathe this morning. 今天上午我洗海水浴去了。

bathing [ˈbeɪðɪŋ] n. Ⓤ (在海里)等游泳‖ bathing cap 女子游泳帽/bathing costume 游泳衣/bathing suit 游泳衣/bathing machine (海滨浴场用的)更衣车/bathing place 海滨浴场

bathroom [ˈbɑːθrʊm] n. Ⓒ❶浴室 ❷盥洗室

baton [ˈbætən] n. Ⓒ❶(警察武器)警棍 ❷(乐队指挥用的)指挥棒

batsman [ˈbætsmən] n. (pl. batsmen) Ⓒ (板球)击球手

battalion [bəˈtæljən] n. Ⓒ (陆军之)一营 (大约有一千兵士)

batter [ˈbætə] vt.&vi. 连续猛击 ‖ ~ at〔on〕猛烈地击有…/~ away 接连不断地打〔砸〕/~ down 不断打击使…倒下/~ to 把…打成…/~ up 毁坏,摧毁

battered [ˈbætəd] adj. (通常是被家庭成员虐待殴打而)身体受伤的

battery [ˈbætəri] n. Ⓒ❶(蓄)电池(组); change a ~ 换电池 ❷排炮,炮组 ❸一系列,一套:a ~ of television cameras 一大排电视摄像机

battle [ˈbætl] n. Ⓒ Ⓤ 战斗,战役;交战 ■ vt.&vi. 与〔对〕…作战,争斗 ‖ ~ against 与…作战/~ for 为赢得(某物)而战斗,拼搏/~ it out 决一胜负/~ on 持续战斗,斗争/~ over 因…而战斗/~ with 与(敌人)作战 ‖ battle bowler 钢盔/battle cry 战斗口号/battlefront n. 前线/battleground n. 战场/battle sky 作战空域

batty [ˈbæti] adj. 疯狂的

batwing [ˈbætwɪŋ] adj. (尤指袖子或火焰)蝙蝠式的

bauble [ˈbɔːbl] n. Ⓒ华而不实的装饰品

bauxite [ˈbɔːksaɪt] n. Ⓤ铝土矿,铝矾土

bawl [bɔːl] vt.&vi. 大叫,大喊

bay¹ [beɪ] n. Ⓒ❶湾 ❷分隔间

bay² [beɪ] vi. (尤指猎犬等)低沉地吠叫 ■ n. Ⓒ低沉的吠声 ‖ be〔stand〕at ~ 陷入困境/bring〔drive〕to ~ 使陷入绝境/keep〔hold, have〕~ 不使…迫近;牵制/turn〔come〕to ~ 陷入绝境

bay³ [beɪ] n. Ⓒ月桂树 ‖ bay-leaf n. 月桂树的干树叶(可作调味品)

bayonet [ˈbeɪənɪt] n. Ⓒ刺刀 ■ vt. 用刺刀刺

bazaar [bəˈzɑː] n. Ⓒ❶(东方国家的)市场,集市 ❷义卖

bazooka [bəˈzuːkə] n. Ⓒ反坦克火箭筒

be [强 biː,弱 bɪ] aux. v. ❶(be v-ing)构成进行式: They are〔were〕dancing. 他们正在跳舞。❷(be v-ed)构成被动语态: The thief was caught. 窃贼被捉住了。❸(be to-v)表示必要、打算、可能性、假设等或用来表示将来安排: You are to report to the police. 你应该报警。■ link v. 用来表示某人或某物即主语本身;用来表示某人或某物属于某一群体或有某种性质: ~ at 从事于,做/~ from 来自,生长在,出身于/~ off 离开/Today is Friday. 今天星期五。/There is nobody to direct the workers. 没有人指挥工人们。/Her work is to take care of the children. 她的工作是照料好孩子。■ vi. ❶在,存在: Whatever is, is right. 存在就是合理。❷不受干扰: If the baby's sleeping, let her be. 婴儿如果睡着了,就让她睡吧。‖ ~ it that… 即使…/~ it true or not 不管是否如此/let it ~ 不理会

beach [biːtʃ] n. Ⓒ海滩,海滨 ‖ on the ~ ①在海滩上②失业,处于困境 /take the ~ 上岸休息

beachfront [ˈbiːtʃfrʌnt] adj. (建筑物)面向海滩的,海滨的,湖边

beachside [ˈbiːtʃsaɪd] adj. 海滩边的

beacon [ˈbiːkən] n. Ⓒ❶烽火 ❷灯塔,灯标 ❸(灯塔之类的)信号站 ❹无线电台或发射台

bead [biːd] n. Ⓒ❶(空心)小珠子: tell one's ~s (数念珠)祷告 ❷Ⓒ水珠: ~s of sorrow 泪珠 ❸ⓟ珠子项链 ‖ draw a ~ 瞄准 ‖ beadroll n. ①名单,名册②一串念珠

beady [ˈbiːdi] adj. (指眼睛)小而圆,晶亮如珠子的

beady-eyed [ˈbiːdɪaɪd] adj. ❶杏眼的 ❷机警的,目光锐利的

beak [biːk] n. Ⓒ鸟嘴

beam [biːm] n. Ⓒ❶梁,横梁 ❷束,柱 ‖ on the ~ 正确 ■ vi. ❶发出光与热 ❷面露喜色: ~ on sb 朝某人微笑/Her face beamed with joy. 她面露喜色。■ vt. 播送

beamy [ˈbiːmi] adj. (船)船身宽的

bean [biːn] n. Ⓒ❶豆,豆科植物 ❷full of ~ 精神饱满 /spill the ~s〈俚〉泄漏秘密 ‖ bean cake 豆饼/bean curd 豆腐/beanpod n. 豆荚/beanpole n. 豆架

bear¹ [beə] vt. (pt. bore, pp. borne, born)具有,怀有(感情): ~ a grudge 怀恨在心 vt.&vi. ❶承担,负担 ❷忍受,容忍 ❸生(孩子);结(果实) ‖ ~ down ①竭尽全力②压倒,击败/~ down on 冲向,袭击/~ on〔upon〕对…有影响,和…有关/~ out 证实/~ up 支撑,支持住/~ with 忍受

bear² [beə] n. Ⓒ熊

bearable [ˈbeərəbl] adj. 可忍受的,可容忍的

beard [bɪəd] n. ⓤⓒ胡须 ■ vt.公然反对;勇敢地对抗 ‖ **beardless** adj. 无胡须的;年幼无知的

bearded [ˈbɪədɪd] adj.(男子)有胡须的,蓄须的

bearer [ˈbeərə] n. ⓒ送信人,捎信人

bearing [ˈbeərɪŋ] n. ❶ⓢ举止,风度 ❷ⓟ方向 ❸ⓒ轴承

bearish [ˈbeərɪʃ] adj. ❶(尤指脾气)像熊一样的,粗暴的 ❷行情下跌的,引起跌风的

beast [biːst] n. ⓒ❶兽 ❷讨厌的人,粗野凶残的人

beastly [ˈbiːstlɪ] adj. ❶野兽般的;凶残的 ❷〈口〉使人不愉快的;恶劣的

beat [biːt] (pt. **beat**, pp. **beaten**) vi.(心脏等)跳动 vt.& vi. 接连地打击 vt.打败:At last they beat their enemy.最终,他们打败了敌人。‖ ~ **down** 击败,摧毁/~ **in** 强行灌输(知识等)/~ **off** 打退/~ **out** 筋疲力尽/~ **up** ①搅匀②痛打一顿 ■ n. ⓒ❶敲打,敲打声 ❷节拍,拍子:each ~每一节拍 ‖ **in** ~合拍

beaten [ˈbiːtn] adj. ❶打成的: ~ **gold** 金箔 ❷打败的,击跨的 ‖ **beaten-up** adj. 破旧的

beater [ˈbiːtə] n. ⓒ❶打东西的器具 ❷助猎者

beatific [ˌbiːəˈtɪfɪk] adj.〈文〉快乐而安详的;有福的

beatify [bɪˈætɪfaɪ] vt. ❶宣布…已升入"真福品位" ❷赐福

beatup [ˈbiːtʌp] adj. 破旧的,破烂的

beauteous [ˈbjuːtɪəs] adj. 美丽的

beautician [bjuːˈtɪʃən] n. ⓒ美容师

beautiful [ˈbjuːtəfʊl] adj. ❶美丽的,悦目的 ❷极好的,很好的: ~ **weather** 好天气 ‖ **beautifully** adv. 美妙地/**beautifulness** n. 美,丽

beautify [ˈbjuːtɪfaɪ] vt.美化,装饰

beauty [ˈbjuːtɪ] n. ❶ⓤ美,漂亮:natural ~ 自然美/real ~ 真正的美 ❷ⓒ美人,美的东西: a society ~ 交际花/She was a great beauty in her youth. 她年轻时是个大美人。‖ **beauty culture** 美容业,美容术/**beauty shop** 美容院/**beauty sleep** 〈口〉午夜前的酣睡/**beauty spot** ①痣;小瑕疵②风景区

beaver [ˈbiːvə] n. ⓒ海狸

becalm [bɪˈkɑːm] vt. 使(船等)停住

becalmed [bɪˈkɑːmd] adj.(帆船)因无风而不能前进的

because [bɪˈkɒz] conj. 因为:I study because I want to learn. 我学习是因为我想学到知识。

beck [bek] n. ⓒ山涧;溪流

beckon [ˈbekən] vt.& vi.(用头或手的动作)示意,召唤

become [bɪˈkʌm] link v. (pt. **became**, pp. **become**)变为,成为 vt. 适合:That hat becomes you.你戴那顶帽子很合适。

bed [bed] n. ❶ⓒⓤ床,床位 ❷ⓒ河床,(湖或海)底部:~ **of a river** 河床 ❸ⓒ苗圃,花坛 ‖ **go to** ~去睡觉 ‖ **bedfast** adj.(年老、病弱等)卧床不起的/**bedgown** n.(妇女的)睡衣

bedabble [bɪˈdæbəl] vt.(以污液、血等)弄脏;泼溅

bedad [bɪˈdæd] int.上帝!老天爷!

bedaub [bɪˈdɔːb] vt.用(涂料等)涂抹;花哨地装饰

bedazzle [bɪˈdæzl] vt. ❶使目眩,使眼花缭乱 ❷把(人)弄糊涂,使(人)迷惑

beddable [ˈbedəbəl] adj.诱人的;有魅力的;性感的

bedeck [bɪˈdek] vt.装饰,打扮

bedecked [bɪˈdekt] adj.用(旗子或花等)装饰的

bedevil [bɪˈdevəl] vt. ❶折磨 ❷使迷惑 ❸困扰

bed-hop [ˈbedhɒp] vi.乱上床(不停地随意性行为)

bedight [bɪˈdaɪt] adj.装扮好的;装饰好的

bedim [bɪˈdɪm] vt.使(视力、思想等)模糊不清

bedizen [bɪˈdaɪzn] vt.华丽而俗气地打扮(装扮)

bedraggled [bɪˈdrægld] adj.乱的,不整齐的

bedridden [ˈbedˌrɪdn] adj.(因生病或年老)卧床不起的

bee [biː] n. ⓒ蜜蜂 ‖ **as busy as a** ~忙于… ‖ **beehouse** n. 养蜂场/**beekeeper** n. 养蜂人/**beeline** n. ①(两点之间的)直线②(两地之间的)直路

beech [biːtʃ] n. ⓒ山毛榉

beef [biːf] n. ⓤ牛肉 ‖ **beefsteak** n. 牛排

beefy [ˈbiːfɪ] adj. ❶牛肉似的 ❷结实的,肌肉发达的

beer [bɪə] n. ⓤ啤酒 ‖ **beer belly** 大肚子,大腹便便的人/**beer-money** n. 酒钱,小账

beet [biːt] n. ⓤⓒ甜菜

beetle [ˈbiːtl] n. ⓒ甲虫

beetle-browed [ˈbiːtlbraʊd] adj. 眉毛浓而突出的;皱眉的

befall [bɪˈfɔːl] vt.& vi.(pt. **befell**, pp. **befallen**)降临到(某人)头上;发生

befit [bɪˈfɪt] vt.(-tt-)适合于(某人);合适

before [bɪˈfɔː] prep. ❶(表示位置)在…前面:~ **one's eyes** 当着某人的面 ❷(表示时间)先于,在…以前:We got up before sunrise. 我们在太阳升起之前起床。❸(表示比较)优于,

先于: come ～ 在…之上, 比…重要 ❹(表示顺序)在…之前: My name comes before his on the list. 在名单上我的名字排在他的名字前面。❺(表示目的)供～研究, 由…审判: complain ～ 控诉 ■conj. 在…之前: It will be some time before we know the full results. 还要过一些时间我们才能知道全部结果。■adv. 先前; 从前; 以前: We saw that film before. 那部电影我们以前看过。

beforehand [bɪˈfɔːhænd] adv. 预先, 事先 ‖ be ～ with 事先做好…

befoul [bɪˈfaʊl] vt. ❶弄臭, 弄脏 ❷使堕落, 败坏

befriend [bɪˈfrend] vt. 以朋友的方式对待; 照顾

befuddle [bɪˈfʌdl] vt. ❶使烂醉 ❷使迷惑不解

beg [beg] vt. & vi. (-gg-) ❶乞讨, 乞求: He begged money in the streets. 他沿街乞讨钱。❷请求, 恳求: He begged and begged until I said yes. 他一再恳求, 直到我同意。‖ for 乞讨(食物、钱等)/～ from 向…乞求, 乞讨/～ of (正)恳求, 请求

beget [bɪˈget] vt. ❶为…之生父 ❷产生, 引起

begin [bɪˈgɪn] vt. & vi. (-nn-; pt. began, pp. begun) 开始; 着手: They began to do the experiment last Monday. 他们上星期一开始做这项实验。/ Computers have also begun serving agriculture. 计算机也开始为农业服务了。‖ ～ as 以(某职业)开始自己的生涯/～ at 从…开始/～ on 着手, 开始从事(某事)/～ with 从…开始, 从…开始

beginning [bɪˈgɪnɪŋ] n. Ⓒ开始, 起点; 根源 ‖ at the ～ of 在…之初/have one's ～ in 起源于

begrudge [bɪˈgrʌdʒ] vt. 对(某事物)感到不快或不满

beguile [bɪˈgaɪl] vt. ❶着迷, 消遣 ❷欺骗

beguiling [bɪˈgaɪlɪŋ] adj. 欺骗的; 诱人的

behalf [bɪˈhɑːf] n. Ⓤ方面, 利益, 赞同 ‖ in (on) ～ of 为了…的利益; 代表…

behave [bɪˈheɪv] vi. ❶(行为或举止)表现 ❷工作 vt. & vi. (使)守规矩

behaviour, (美) **behavior** [bɪˈheɪvjə] n. Ⓤ行为, 举止, 表现

behind [bɪˈhaɪnd] prep. ❶(表示位置)在…的后面: burn one's bridges ～ one 过河拆桥 ❷(表示时间)迟于, 比…晚: ～ schedule 在预定时间之后 ❸(表示比较)落后于, 不如: fall ～ 落后/～ the time 落后于时代; 不合时宜 ❹(表示顺序)在身后; 留下 ❺(表示状态)作…后盾, 支持, 是…的指导原则 ❺(表示状态)被…遮挡; 隐藏在…后面: ～ closed doors 秘密地/～ the scenes 在幕后, 秘密地 ■adv.

❶在后面; 向后: walk ～ 走在后面 ❷(落)在后面, (留)在原处: temporarily ～ 暂时落后 ‖ fall ～ 落后/leave ～ 留下, 忘掉/be ～ with 落后

behindhand [bɪˈhaɪndhænd] adv. (较正式)迟; 慢; 过期; 拖欠

behold [bɪˈhəʊld] vt. (pt., pp. **beheld**) 看, 注视

beholden [bɪˈhəʊldən] adj. 有责任的, 有义务的

being [ˈbiːɪŋ] n. ❶Ⓒ生物, 人: human ～s 人类 ❷Ⓤ存在, 生存: owe one's ～ to 将其存在归因于/social ～ 社会存在 ‖ bring into ～ 开始存在/come into ～ 开始存在/for the time ～ 暂时, 眼下/in ～ 现有的, 现存的, 活着的

belated [bɪˈleɪtɪd] adj. 来得很迟的, 来得很晚的

belch [beltʃ] vi. 打嗝

beleaguer [bɪˈliːgə] vt. ❶围攻 ❷困扰 ❸骚扰

beleaguered [bɪˈliːgəd] adj. ❶饱受批评的; 处于困境的 ❷受到围困(围攻)的

Belgic [ˈbeldʒɪk] adj. ❶(有关)比利时人的 ❷低地国家的

belie [bɪˈlaɪ] vt. ❶给人以…假象, 使被误解 ❷不足以证明; 未能实现

belief [bɪˈliːf] n. ❶Ⓤ相信, 信任: in the ～ 相信 ❷Ⓒ信念, 信仰 ‖ beyond ～ 难以置信/to the best of my ～ 在我看来

believe [bɪˈliːv] vt. & vi. 相信 vt. 认为, 想: We believe him an excellent student. 我们认为他是个优秀学生。 vi. 信仰: They believe in Christianity. 他们信仰基督教。‖ ～ in 相信/～ of 认为某事是某人所为/make ～ 假装 ‖ **believable** adj. 可相信的

belittle [bɪˈlɪtl] vt. 使显得微小, 轻视, 贬低

bell [bel] n. ❶Ⓒ钟, 铃, 电铃 ❷Ⓢ钟声, 铃声 ‖ **bell button** 铃的按钮/**bellman** n. ①敲钟者②在街上敲钟向公众报事的人

bellicose [ˈbelɪkəʊs] adj. 好战的; 好斗的

belligerent [bɪˈlɪdʒərənt] adj. ❶交战的; 卷入冲突的 ❷好战的, 挑起战争的

bellow [ˈbeləʊ] vi. 发出吼叫声; 咆哮(尤指因痛苦) vt. & vi. (愤怒地)说出(某事); 大叫 ‖ ～ out 大声吼叫/～ with 因…而吼叫

belly [ˈbeli] n. Ⓒ肚子, 腹部 ‖ **bellyache** n. 腹痛

belong [bɪˈlɒŋ] vi. ❶属于; 是…的成员 ❷应被放在, 应归入 ❸适应, 合得来

beloved [bɪˈlʌvɪd, bɪˈlʌvd] adj. ❶Ⓟ为…所深爱的 ❷Ⓐ亲爱的; 敬爱的

below [bɪˈləʊ] prep. ❶(表示位置)在…下面, 低于: ～ stairs 在地下室, 在仆人住的地方 ❷

belt

(表示状态)在…掩饰之下,在…背后;~ the moon 月下的 ❸(表示比较)不及,劣于;低于; ~ the mark 未达标准 ■adv.在下面,到下面; I looked down at the hall below.我瞧了瞧下面的大厅。

belt [belt] n. ⓒ❶腰带,带子 ❷区域,地带‖ **belted** adj. 束了腰带的

bemire [bɪˈmaɪə] vt. ❶被泥弄脏,使沾上污泥 ❷陷入泥中

bemoan [bɪˈməʊn] vt. 为(某人或某事)抱怨,不满于

bemuse [bɪˈmjuːz] vt. 使困惑

bemused [bɪˈmjuːzd] adj. 困惑的;茫然的;不知所措的

bench [bentʃ] n. ⓒ长凳,长椅‖ warm the ~ 替补,坐冷板凳‖ **benchboard** n. 操纵台,控制盘/**benchmark** n. 基准点;样板

bend [bend] vt.& vi.(pt., pp. bent)(使)弯曲;屈身‖ ~ back(使)向后弯、翻或屈/~ down 俯身,屈身/~ from 使改变,使背离/~ into 使改变,使背离/~ on 专心致志于/~ to ①屈腰,屈身②(使)屈从,(使)屈服 ■n. ⓒ弯曲

beneath [bɪˈniːθ] prep. ❶在…的下方,在…的底下;~ the sun 世界上 ❷(表示状态)在…掩饰之下,在…背面 ❸(表示比较)不及,次于; Richard is far beneath Henry in intelligence.理查的智力远不及亨利。❹(表示环境)在…影响之下,由于 ❺(表示等级)低于,不如,在…之下 ■adv.在下面; Her careful make-up hid the signs of age beneath.她的精心化妆掩饰了岁月留下的痕迹。

benefaction [ˌbenɪˈfækʃən] n. ❶Ⓤ善行,善举 ❷ⓒ赠品,捐赠

benefactor [ˈbenɪfæktə] n. ⓒ捐助者,施主

beneficent [bɪˈnefɪsənt] adj. ❶行善的 ❷仁慈的,慈爱的

beneficial [ˌbenɪˈfɪʃəl] adj.有益的,有利的

beneficiary [ˌbenɪˈfɪʃərɪ] n. ⓒ受益者;受惠者

benefit [ˈbenɪfɪt] vt.& vi.有益于,得益 ■n. ❶ⓒ益处,好处 ❷ⓒⓊ救济金,保险金

benevolent [bɪˈnevələnt] adj. ❶好心肠的;与人为善的 ❷行善的,慈善的‖ **benevolently** adv. 仁慈地

Bengali [beŋˈɡɔːlɪ] n.孟加拉人,孟加拉国民,孟加拉语 ■adj.孟加拉人的,孟加拉语的

benighted [bɪˈnaɪtɪd] adj.无知的,蒙昧的

benign [bɪˈnaɪn] adj. ❶善良的,温和的 ❷有利的 ❸有益的 ❹不严重的,良性的

bent [bent] adj.弯的;~ pipe 弯管 ■n. Ⓢ倾向,爱好

benumb [bɪˈnʌm] vt. ❶使麻木 ❷使迟钝

❸使瘫痪

bequeath [bɪˈkwiːð] vt. ❶将…遗赠给 ❷将(知识等)传给(后人)‖ **bequeathal** n. ①遗产,遗物②遗赠

berate [bɪˈreɪt] vt. 严厉责备,痛斥

bereave [bɪˈriːv] vt. (尤指死亡)使丧失(亲人、朋友等)

bereaved [bɪˈriːvd] adj.刚刚丧失亲人的

bereavement [bɪˈriːvmənt] n. ❶Ⓤ丧失亲人,丧亲之痛 ❷ⓒ亲人丧亡

bereft [bɪˈreft] adj. ℙ失去(某种能力或性质)

beret [ˈbereɪ] n. ⓒ贝雷帽

berry [ˈberɪ] n. ⓒ浆果

berserk [ˈbɜːsɜːk] adj. ℙ狂怒

berth [bɜːθ] n. ⓒ❶(船、列车等的)卧铺 ❷(船舶的)停泊位或锚位

beseech [bɪˈsiːtʃ] vt. ❶恳求 ❷乞求(某事物)

beset [bɪˈset] vt.(-tt-; pt., pp. beset)困扰;不断围攻

beside [bɪˈsaɪd] prep. ❶(表示位置)在…旁边;Here! There's room beside me.嘿!我旁边有空间。❷(表示比较)与…相比;set ~ 使…与…相比 ❸(表示排斥)除…之外;Thomas was the only blond in the family, beside the mother.在这一家人中除了母亲之外,只有托马斯是金发。❹(表示关系)与…无关,与…不相干甚远;~ the mark〔question〕不切题,不相关‖ **beside oneself** 极度兴奋,对自己的感情失去控制

besides [bɪˈsaɪdz] adv. 而且,还有;I don't want to go; besides, I'm too tired.我不想去,再说我也太累了。■prep.(表示排斥)除…之外(还有);He had other people to take care of besides me.除了我以外,他还需要照料其他人。

besiege [bɪˈsiːdʒ] vt. 包围;围困,围攻‖ ~ with 因…所困‖ **besiegement** n.(被)围攻;(被)围困/**besieger** n. 围攻者

besmirch [bɪˈsmɜːtʃ] vt. 弄脏,玷污

bespeak [bɪˈspiːk] vt. ❶预定 ❷订(货) ❸是…的证据

bespectacled [bɪˈspektəkld] adj.戴眼镜的

best [best] adj.最好的 ■adv. ❶最好地 ❷最,最大程度地 ■n. Ⓢ❶最好的东西;最好的人 ❷最重要的优越性,最重要的方面‖ at ~ 至多,充其量/at one's ~ 处于最佳状态/~ of all 最/had ~ 最好/do〔try〕one's ~ 尽力而为/get〔have〕the ~ of 从…中得到最大好处/make the ~ of 充分利用‖ **best man** 男傧相/**best-selling** adj. 畅销的

bestial [ˈbestɪəl] adj. ❶野蛮的 ❷野兽的,似野兽的

best-known [ˈbestˈnəʊn] *adj.* 众所周知的;著名的

bestow [bɪˈstəʊ] *vt.* 赠给;授予

bestrew [bɪˈstruː] *vt.* ❶撒在面上 ❷遍布,散布在

bestride [bɪˈstraɪd] *vt.* ❶骑 ❷高踞…之上,横跨

bet [bet] *n.* ❶©打赌 ❷©赌金,赌注 ■ *vt. & vi.* (*pt.*, *pp.* **bet** or **betted**) ❶打赌 ❷肯定,确信:*I bet you can't do this puzzle.* 我敢说,你解决不了这个难题。‖ **betting shop** 赌注登记处

betake [bɪˈteɪk] *vt.* 去,往,到(某处、某人处)

bethel [ˈbeθəl] *n.* ©〈宗〉圣地

bethink [bɪˈθɪŋk] *vt.* ❶考虑,开始想 ❷(被)想起,提醒

betide [bɪˈtaɪd] *vi.* 发生

betimes [bɪˈtaɪmz] *adv.* 及时,早

betoken [bɪˈtəʊkən] *vt.* 预示

betray [bɪˈtreɪ] *vt.* ❶对…不忠,背叛:~ *one's organization* 背叛了组织 ❷出卖:*He betrayed his own brother.* 他出卖了他的亲兄弟。❸泄露,暴露,表明 ‖ ~ **into** 诱入/~ **to** 将…出卖〔泄露〕给

betroth [bɪˈtrəʊð] *vt.* 将某人许配给,订婚:*She is betrothed to John.* 她同约翰订了婚。

better [ˈbetə] *adj.* ❶卩有好转的 ❷更好的 ‖ **all the** ~ 更加好/~ **than** 比…更好/~ **than one's word** 做得比答应得还要好/**no** ~ **than** 几乎等于/**not** ~ **than** 顶多不过是/**so much the** ~ 甚至更好 ■ *adv.* ❶更好地 ❷更 ‖ **had** ~ 应该,最好还是 ■ *vt.* 改善;提高 ‖ ~ **oneself** 改善自己地位 ■ *n.* ❶⑤更好者;较优越者 ❷⑤前辈;长者;上级 ‖ **for** ~ **or for worse** ~ 不管是好是坏,不管结果如何/**get〔have〕the** ~ **of** 打败,智胜/**for the** ~ 转好,向好的方面发展 ‖ **better-off** *adj.* 境况较好的

betterment [ˈbetəmənt] *n.* Ⓤ改好;改良;改进

between [bɪˈtwiːn] *prep.* ❶(表示位置)在…之间;在…之中:*stand* ~ 位于…中央 ❷(表示时间)在…与…的一段时间内,在…的间隔中:~ *the cup and the lip* 在将成未成之际 ❸(表示数目)介乎…之间:*We must have walked between ten and twelve miles.* 我们一定已步行了10至12英里。❹(表示距离)在…到…的一段距离内,来往于…与…之间:*It is about thirty miles between Nottingham and Sheffield.* 从诺丁汉到谢菲尔德大约30英里。❺(表示范围)在…之间,为…所分享;*read* ~ *the lines* 从字里行间体会含意 ❻(表示等级)介乎于…之间:*An army major ranks between a captain and a colonel.* 陆军少校的军阶在上尉与中校之间。❼(表示关系)在…之间;…与…的关系 ❽(表示对比)从…中选择,就…比较而言:*There's nothing to choose between them.* 它们之间无可挑选。

bevel [ˈbevəl] *n.* ©❶斜边和斜面 ❷斜角规 ■ *vt.* (-ll-;〈美〉-l-)把(某物)切成或磨成斜边或斜角

beverage [ˈbevərɪdʒ] *n.* ©饮料

bevy [ˈbevɪ] *n.* ©❶(尤指少女或妇女的)一群;*a* ~ *of beauties* 一群美女 ❷(鸟类的)一群

bewail [bɪˈweɪl] *vt.* 因(某事物)而悲愁,悲哀:~ *one's fate* 哀叹自己命苦

beware [bɪˈweə] *vi.* 谨防,当心:*Beware of pickpockets.* 提防扒手。‖ ~ **of** 当心

bewilder [bɪˈwɪldə] *vt.* 使迷惑,使难住 ‖ **bewildered** *adj.* 感到困惑的

bewildering [bɪˈwɪldərɪŋ] *adj.* ❶(情况)让人困惑的,令人费解的 ❷(大量东西)使人眼花缭乱的

bewitch [bɪˈwɪtʃ] *vt.* ❶对(某人)施魔法 ❷令(某人)心醉,入迷 ‖ **bewitching** *adj.* 令人心醉的,入迷的/**bewitchment** *n.* 妖术,魔力

beyond [bɪˈjɒnd] *prep.* ❶(表示位置)在或往…另一边;在或往…那一边;在或往…的更远处 ❷(表示时间)迟于,晚于:*The new law extends this ban beyond 2002.* 新法令将此项禁令延期到2002年以后。❸(表示排斥)除…以外:*They had no money beyond his salary.* 除了他的薪水,他们一无所有。❹(表示范围)超出;非…所能及 ❺(表示结果)不容;超然于…之上:*Those results were beyond dispute.* 那些结果不容争辩。/*His conduct has been beyond reproach.* 他的行为无可指责。❻(表示程度)超出…的范围;超过;对…来说太难:*The switch on the wall was beyond the baby's reach.* 墙上的开关小孩子是够不到的。/*That's going beyond a joke.* 那样开玩笑太过分了。/*It's beyond me why Zoe married him.* 我无法理解佐伊为什么嫁给他。❼(表示数目)多于,超过:*There weren't beyond twenty people present.* 出席的人不超过20名。❽(表示累加)一个接一个:*We saw peak beyond peak.* 我们看到山峰迭起。■ *adv.* 在更远处,往更远处,再往后:*We must look beyond for signs of change.* 我们应该把目光放远,看到变化的迹象。

biannual [baɪˈænjʊəl] *adj.* 一年两次的

bias [ˈbaɪəs] *n.* ©偏见,偏心,偏袒 ‖ **on the** ~ 偏斜地 ■ *vt.* (-s- or -ss-)使倾向于 ‖ **bias(s)ed** *adj.* 有偏见的

bib [bɪb] *n.* ©❶(小儿用的)围嘴 ❷围裙的上部

bible [ˈbaɪbl] *n.* ❶⑤圣经:*read B-* 读圣经/*study the B-* 研读《圣经》❷©有权威的书:*the Holy* ~ 圣经 ‖ **biblical** *adj.* 圣经的

bibliography [ˌbɪblɪˈɒgrəfɪ] n. ❶ⓒ(有关某一专题或某一作者的著作的)书目 ❷ⓤ书志学,文献学 ‖ **bibliographical** adj. 书目的

bibulous [ˈbɪbjʊləs] adj. 嗜酒的

bicameral [baɪˈkæmərəl] adj. 有两个议会的 ‖ **bicameralist** n. 主张两院制的人

bicker [ˈbɪkə] vi. 争吵,口角

bicycle [ˈbaɪsɪkl] n. ⓒ自行车,脚踏车 ‖ **get off one's ~** 生气,慌乱 ‖ **bicyclist** n. 骑自行车的人

bid[1] [bɪd] n. ⓒ❶企图,努力 ❷喊价,出价,投标 ■vt.&vi.(-dd-;pt., pp. bid)出价,投标 ‖ **~ for**(在拍卖中)出(某价)竞买(某物);争取达到(某目标) / **~ in**在拍卖中出价竞买(自己的拍卖物) / **~ on** 投标承包(某项工程) / **~ up** 在拍卖中哄抬物价 ‖ **bidder** n. 出价者,投标人

bid[2] [bɪd] vt.(-dd-;pt. bade, pp. bidden) ❶命令,吩咐 ❷说(问候话);致意

biennial [baɪˈenɪəl] adj.(事件)两年一次的 ‖ **biennially** adv. 两年一次地

bifurcate [ˈbaɪfɜːkeɪt] vi.(指道路、河流、树枝等)分岔,分成两支

big [bɪg] adj.(-gger,-ggest)❶大的,硕大的,高大的 ❷重要的,重大的 ❸年龄较大的,长大了的 ❹成功的;大受欢迎的 ‖ **as ~ as life** 和原物一样大小 / **~ on** 热衷于 / **~ or small** 不论大小 / **~ with** 充满…的;快要生育 ‖ **bigness** n. 大,巨大 ‖ **big-bellied** adj. 大肚皮的,怀孕的 / **bighead** n. 大名自大/**big-name** adj. 大名鼎鼎的/**big name** 名士/**big time** 头号地位,最高成就/**big wig** 要人

bigamy [ˈbɪgəmɪ] n. ⓤ重婚

bight [baɪt] n. ⓒ海湾

bigot [ˈbɪgət] n. ⓒ抱偏见的人,执拗的人 ‖ **bigoted** adj. 抱有偏见的,顽固的

bigoted [ˈbɪgətɪd] adj. 偏执的,顽固的

bigotry [ˈbɪgətrɪ] n. ⓤ偏执的行为

bike [baɪk] n. ⓒ自行车 ‖ **biker** n. 骑自行车的人

bikini [bɪˈkiːnɪ] n. ⓒ比基尼式游泳衣,三点式泳装

bilateral [baɪˈlætərəl] adj. Ⓐ双边的,双方的 ‖ **bilateralism** n. 两国贸易的互惠主义 / **bilaterally** adv. 两边地,双方地

bile [baɪl] n. ⓤ❶胆汁 ❷坏脾气

bilge [bɪldʒ] n. ⓒ❶舱底 ❷ⓤ无聊的想法,废话

bilingual [baɪˈlɪŋgwəl] adj. ❶Ⓟ两种语言的; a ~ dictionary 双语词典 ❷能说两种语言的; a ~ waiter 能说两种语言的侍者 ■ n. ⓒ能说两种语言的人 ‖ **bilingualism** n. 使用两种语言

bilious [ˈbɪlɪəs] adj.❶胆汁(过多而致)病的

❷脾气坏的

bilk [bɪlk] vt. 蒙骗

bill [bɪl] n. ⓒ❶账单 ❷广告,招贴,节目单 ❸议案 ❹钞票 ‖ **fill [fit] the ~** 符合要求 / **foot [meet] the ~** 付账/**head [top] the ~** 挂头牌,领衔主演/**kill the ~** 拒绝议案 ■ vt. ❶送交某人账单 ❷宣告,贴广告,列节目单 ‖ **billboard** n. 广告牌/**bill broker** 证券经纪人/**billfold** n. 钱夹/**billhead** n. 空白单据

billiards [ˈbɪljədz] n. ⓤ台球,桌球戏

billion [ˈbɪljən] n.(pl. ~ or ~s)ⓤⓒ十亿;2.5 billion cubic metres of earth were / was moved.共搬运土方 25 亿立方米。‖ **billionaire** n. 亿万富翁

billow [ˈbɪləʊ] n. ⓤⓒ巨浪,如波涛滚滚而来之物 ■ vi.❶在波涛中翻滚 ❷扬起,鼓起 ‖ **billowy** adj. 波涛汹涌般的 ‖ **billow cloud** 波状云

billy [ˈbɪlɪ] n. ⓒ铁皮罐 ‖ **billyboy** n.〈英〉进行内河贸易的平底船/**billycock** n.〈英〉宽边低顶的毡帽/**billy goat** 公山羊

bimbo [ˈbɪmbəʊ] n.(pl. ~(e)s)ⓒ〈美俚〉头脑简单的漂亮妞(尤指妓女、荡妇)

bimonthly [ˈbaɪmʌnθlɪ] adj.&adv. 两月一次的(地)

bin [bɪn] n. ⓒ❶大储藏箱 ❷宽口箱(如面包箱,垃圾箱等)

binary [ˈbaɪnərɪ] adj. 由两种东西组成的;双重的,双的

binate [ˈbaɪneɪt] adj.❶成对生长的 ❷成对的,双生的

binaural [baɪˈnɔːrəl] adj.❶两耳的,用两耳的 ❷(声音通常分别传到两耳)双声道的,立体声的

bind [baɪnd] vt.(pt., pp. bound)❶捆绑,捆扎 ❷约束 ❸装订 vt.&vi.(使)结合 ‖ **~ down** 捆绑,束缚/**~ fast** 系紧,绑紧/**~ out** 安排拜师学艺/**~ over** 在法庭发誓/**~ to** 把…捆绑在…上;安排/**~ together** 把…结合在一起,(使)结合在一起/**~ up** 系,扎,或包扎,把(文章等)合订成书/**~ up in** 专心于或忙于(某事)/**~ up with** 与(某事)有密切关系/**~ with** 用…包扎(某物)

binge [bɪndʒ] n. ⓒ饮酒作乐 ‖ **binger** n. 饮酒作乐的人

bingo [ˈbɪŋgəʊ] n. ⓤ宾戈游戏

binocular [baɪˈnɒkjʊlə] adj. 双目并用的

binoculars [baɪˈnɒkjʊləz] n. Ⓟ双筒望远镜

biochemistry [ˌbaɪəʊˈkemɪstrɪ] n. ⓤ生物化学 ‖ **biochemical** adj. 生物化学的

biographer [baɪˈɒgrəfə] n. ⓒ传记作者

biographical [ˌbaɪəˈgræfɪkəl] adj. 关于(某人)生平的,传记的

biography [baɪˈɒɡrəfɪ] n. ⓒ 传记
biological [ˌbaɪəˈlɒdʒɪkəl] adj. ❶生物学的 ❷生物的
biology [baɪˈɒlədʒɪ] n. Ⓤ 生物学
biomedical [ˌbaɪəʊˈmedɪkəl] adj.(有关)生物医学的
biosphere [ˈbaɪəsfɪə] n. ⓒ 生物圈
biotechology [ˌbaɪəʊtekˈnɒlədʒɪ] n. Ⓤ 应用生物学,生物技术
bipartisan [ˌbaɪpɑːtɪˈzæn] adj. 两党的;代表两党的 ‖ **bipartisanship** n. 两党关系
biped [ˈbaɪped] n. ⓒ 两足动物
bipolar [baɪˈpəʊlə] adj. 有两极的,双极的
birch [bɜːtʃ] n. ❶ⓤⓒ桦树,桦木 ❷ⓒ桦条 ■ vt.(用桦条)抽打,鞭挞 ‖ **birchen** adj. 桦木的
bird [bɜːd] n. ⓒ鸟,禽 ‖ **birdbrain** n. 笨蛋/**birdcage** n. 鸟笼/**birdcall** n. 鸟语/**bird colonel** 陆军上校
birdie [ˈbɜːdɪ] n. ⓒ小鸟儿
birth [bɜːθ] n. ❶ⓤⓒ出生,分娩 ❷ⓒ起源 ❸ⓤ出身,门第 ‖ **give ～ to** 引起,产生 ‖ **birth control** 节制生育,避孕/**birthmark** n. 胎记/**birth rate** 人口出生率
birthday [ˈbɜːθdeɪ] n. ⓒ生日 ‖ **in one's ～ suit**〈口〉裸体
biscuit [ˈbɪskɪt] n. ⓒ❶〈英〉饼干 ❷〈美〉软烤饼 ‖ **take the ～** 极其可笑,讨厌
bisect [baɪˈsekt] vt. 把…一分为二
bisexual [ˈbaɪˈseksjʊəl] adj. ❶两性的 ❷对男女两性都有性欲的
bishop [ˈbɪʃəp] n. ⓒ❶(基督教某些教派管辖大教区的)主教 ❷ⓒ(国际象棋的)象
bison [ˈbaɪsn] n. (pl. ～)ⓒ野牛
bit [bɪt] n. ❶ⓒ少量,少许 ❷ⓟ小片,小块 ‖ **a ～** 稍微,有一点儿;短时间;短距离/**～ by ～** 逐渐地/**do one's ～** 做自己分内的事,做有益的贡献/**every ～ as** 同样,相等/**not a ～** 一点也没〔不〕
bitch [bɪtʃ] n. ⓒ❶母狗 ❷坏女人,泼妇 ■ vi. 埋怨,发牢骚 ‖ **bitchy** adj. 发牢骚的
bite [baɪt] vt.& vi.(pt. bit, pp. bitten)咬,叮 ‖ **～ at** 向…咬去;向…叫骂;上当/**～ back** 咬还,回咬;强忍不说出来/**～ off〔away〕**咬掉,啃去,中断 ■ n. ❶ⓒ咬 ❷咬伤,叮伤 ‖ **get two ～s at a cherry** 作第二次尝试/**put the ～ on** 向…借钱,敲人的竹杠 ‖ **biter** n. 咬人的动物;骗子
biting [ˈbaɪtɪŋ] adj. 刺痛的;尖刻的
bitter [ˈbɪtə] adj. ❶有苦味的:～ **taste** 苦味 ❷严寒的,刺骨的:～ **cold** 刺骨的寒冷 ❸辛酸的,引起痛苦的;难以接受的:**She feels very bitter**.她感到十分心酸。❹充满仇恨的:**He is still bitter that he was once cold-shouldered**.曾经受过冷遇,对此他至今怀恨在心。‖ **～ about** 因…而痛苦/**～ against** 强烈反对 ‖ **bitterish** adj. 带苦味的/**bitterness** n. 苦味;苦头,痛苦
bitterly [ˈbɪtəlɪ] adv. ❶伤心地;愤怒地 ❷(形容不快或伤痛)极其;非常
bitumen [ˈbɪtjʊmɪn] n. Ⓤ 沥青,柏油
biweekly [baɪˈwiːklɪ] adv.& adj. 两周一次地(的)
bizarre [bɪˈzɑː] adj. 奇形怪状的,怪诞的:a ～ **story** 怪诞的故事
blab [blæb] vi.(-bb-)泄露秘密
black [blæk] adj. ❶黑色的,黑暗的 ❷(关于)黑人的:**He is a black scientist**.他是一位黑人科学家。❸暗淡的,毫无希望的:**He is a black villain**.他是一个无可救药的恶棍。‖ **～ and blue** 青一块紫一块/**go ～** 变成一片昏黑 ■ n. ❶ⓤ黑色:**in ～** 穿黑色的衣服/**Black is not my favourite colour**.黑色不是我最喜爱的颜色。❷ⓒ黑人:**against** ～ 歧视黑人 ‖ **be in the ～** 有盈余,有存款 ‖ **blackly** adv. 黑暗地/**blackness** n. 黑色 ‖ **blackberry** n. 黑莓/**blackbird** n. 黑鹂/**black book** 黑名册/**black box**(记录飞行资料和驾驶员对话的)黑匣子/**blackcurrant** n. 黑加仑子/**black economy** 黑色经济,地下经济/**Black-hand** 黑手党/**black and white** 黑白图像;绝对化/**black hole** 黑洞/**black market** 黑市/**black pepper** 黑胡椒/**black tea** 红茶
blackboard [ˈblækbɔːd] n. ⓒ黑板
blacken [ˈblækən] vt.& vi.(使)变黑,把…弄黑 ‖ **blackening** n. 致黑;发黑度
blackmail [ˈblækmeɪl] n. Ⓤ敲诈,勒索
blacksmith [ˈblæksmɪθ] n. ⓒ铁匠,锻工
bladder [ˈblædə] n. ⓒ❶〈解〉膀胱 ❷囊,袋
blade [bleɪd] n. ⓒ❶刀口,刀刃 ❷叶片,草叶 ‖ **bladed** adj. 刀身的/**bladesmith** n. 刀匠
blag [blæɡ] vt. 哄…,哄骗
blah [blɑː] n. Ⓤ〈美俚〉空谈,废话
blame [bleɪm] vt. 指责,责怪,归咎于 ‖ **be to ～** 对某事应负责任的;应受责备的/**～ for** 因…怪罪,责怪(某人)/**～ on** 把责任推给… ■ n. Ⓤ责任 ‖ **lay〔put〕the ～ on〔upon〕**把某事归咎于某人
blameful [ˈbleɪmfʊl] adj. 该受责备的,有过错的
blameless [ˈbleɪmlɪs] adj. 无罪的;无可指责的,清白的
blameworthy [ˈbleɪmˌwɜːðɪ] adj. 该受指责的;(对坏事)负有责任的
blanch [blɑːntʃ] vt. 使变白 vi. 变得(脸色)苍白:～ **from fear** 吓得脸色发白 ‖ **blanching** adj. 漂白的

bland [blænd] *adj.*(-er,-est) ❶(食物)淡而无味的 ❷平和的,温和的,无动于衷的 ‖ **blandly** *adv.* 温和地,无特色地/**blandness** *n.* 无特色,温和,柔和

blandish [ˈblændɪʃ] *vt.*奉承,哄骗,勾引

blandishment [ˈblændɪʃmənt] *n.* ⒞奉承,讨好

blank [blæŋk] *adj.*(-er,-est)❶空白的,空着的 ❷茫然的,无表情的 ‖ **blankly** *adv.* 空白地,空着地/**blankness** *n.* 空白 ‖ **blankbook** *n.* 空白簿

blanket [ˈblæŋkɪt] *n.* ⒞毛毯,毯子 ‖ **blanket roll** 背包

blare [bleə] *vt.&vi.*(喇叭或其他高音器具)刺耳地大声鸣响

blaspheme [blæsˈfiːm] *vt.&vi.* 亵渎;辱骂,中伤

blasphemous [ˈblæsfɪməs] *adj.*亵渎上帝的,亵渎宗教信仰的

blasphemy [ˈblæsfɪmɪ] *n.* ⒰⒞对上帝的亵渎,亵渎的言词(或行为)

blast [blɑːst] *n.* ❶⒞⒰爆炸 ❷⒞一阵(疾风等),一股(强烈的气流) ‖ (at) **full blast** 全力地;全速地 ■*vt.&vi.*炸,炸掉 ‖ ~ **away** 炸掉或炸毁某物/~ **off** 炸掉或炸毁某物;离地升空;发射 ‖ **blasted** *adj.* 被摧毁的,枯萎的;该死的/**blast furnace** 鼓风炉,高炉/**blast-off** *n.* (火箭)发射,离地升空时刻/**blast pipe** 风管

blatant [ˈbleɪtənt] *adj.*无耻的,露骨的: a ~ *lie* 无耻的谎言 ‖ **blatantly** *adv.* 无耻地,露骨地

blaze [bleɪz] *n.* ❶⒞火焰,烈火 ❷⒮光辉,闪耀 ❸⒮迸发,爆发 ■*vi.* ❶猛烈地燃烧 ❷发光,照耀 ‖ ~ **away** 继续燃烧/~ **off** 继续燃烧/~ **out** 猛烧起来,突然发怒/~ **up** 发出火焰;燃烧起来;突然发怒

blazer [ˈbleɪzə] *n.* ⒞宽松运动外衣

blazing [ˈbleɪzɪŋ] *adj.* ❶酷热的;炽热的 ❷极其愤怒的;感情强烈的

bleach [bliːtʃ] *vt.&vi.*使(颜色)变淡,变白;漂白 ■*n.* ⒰漂白剂

bleached [bliːtʃt] *adj.*漂白的,晒白的,颜色变浅的

bleak [bliːk] *adj.*(-er,-est) ❶阴冷的;阴郁的,凄凉的 ❷没有希望的,暗淡的 ‖ **bleakly** *adv.* 阴冷地;阴郁地,凄凉地/**bleakness** *n.* 苍白,惨淡

bleary [ˈblɪərɪ] *adj.*视线模糊的,朦胧的

blearyeyed [ˌblɪərɪˈaɪd] *adj.*因困倦而视线模糊的

bleat [bliːt] *vi.* ❶(羊,小牛)叫,咩咩的叫 ❷轻声诉说 ■*n.* ⒞(小羊)咩咩地叫声

bleed [bliːd] *vi.*(*pt.,pp.* **bled**)流血 *vt.*勒索;敲诈 ‖ ~ **for** 为…感到悲伤;为…牺牲;从…身上榨取

bleeding [ˈbliːdɪŋ] *adj.* Ⓐ(用于加强语气,尤表示非常厌烦)该死的,讨厌的

bleep [bliːp] *n.* ⒞哔哔声 ■*vi.*发出哔哔声 *vt.*召唤(某人)

blemish [ˈblemɪʃ] *vt.*有损…的完美,玷污 ■*n.* ⒞瑕疵,污点

blench [blentʃ] *vi.*(因惊吓而)退缩;惊悸

blend [blend] *vt.&vi.*(使)混合,(使)混杂 ‖ ~ **in**(使)(与…)和谐或协调/~ (**in**) **with** 与…协调(和谐)/~ **into** 融为(一体)/**blend together** 和谐;协调 ■*n.* ⒞混合物: a ~ *of* …的混合 ‖ **blender** *n.* 掺和者

bless [bles] *vt.*求神赐福于 ‖ ~ **in** 有幸拥有…而感到幸福/~ **with** 施惠或赐福于;有幸拥有 ‖ **blessed** *adj.* 神圣的,有福的;给人愉快的/**blessing** *n.* 赐福,祝福;感恩祷告;同意

blessed [ˈblesɪd] *adj.* ❶神圣的 ❷享受天国之福的,进了天国的

blight [blaɪt] *n.* ❶⒰凋萎病,虫害 ❷⒞坏因素,阴影 ■*vt.* 使凋萎,摧残

blind [blaɪnd] *adj.* ❶失明的,瞎眼的 ❷视而不见的,盲目的 ‖ ~ **drunk** 烂醉如泥/**the** ~ **leading the** ~ 瞎子给瞎子引路,外行指导外行/**swear** ~ 一口咬定 ■*vt.* ❶使看不见 ❷使失去判断力或理解力/~ **to** 使无视,不理会 ■*n.* ⒫窗帘,百叶窗 ‖ **blindly** *adv.* 失明地;视而不见地/**blindness** *n.* 失明;愚昧

blindfold [ˈblaɪndfəʊld] *vt.* ❶(尤指用布)挡住(某人)的视线,蒙住(某人)的眼睛 ❷使不理解,使迟钝;蒙骗 ■*adj.&adv.* ❶被蒙住眼睛的(地),盲目的(地) ❷不谨慎的(地),鲁莽的(地),轻率的(地)

blindside [ˈblaɪndsaɪd] *vt.* ❶攻其不备;出其不意地袭击 ❷使遭受意外打击

blink [blɪŋk] *vt.&vi.*眨眼睛 *vi.*闪亮,闪烁 ‖ ~ **away** 眨掉/~ **up** 眨眼 ■*n.* ⒞❶眨眼,一瞬间 ❷闪亮,闪烁 ‖ **on the** ~ 故障/**without a** ~ **or qualm** 很镇静,不在乎 ‖ **blinker** *n.* 眨眼睛的人;眼罩/**blinking** *adj.* ⟨英俚⟩可恶的,该死的

blip [blɪp] *n.* ⒞(电机发出的)尖锐而短促的声音;(雷达等屏幕上显示目的物的)光点

bliss [blɪs] *n.* ⒰❶极乐,福气: *a life of* ~ 幸福的一生 ❷天堂之乐,狂喜

blissful [ˈblɪsfʊl] *adj.*极快乐的,极幸福的

blister [ˈblɪstə] *n.* ⒞❶水疱,水肿,疱 ❷气泡 ■*vt.&vi.* (使)起水泡

blithe [blaɪð] *adj.* ❶欢乐的,愉快的: ~ *Sunday* 快乐的星期天 ❷漫不经心的,无忧无虑的: ~ *remarks* 漫不经心的话 ‖ **blithesome** *adj.* 欢乐的,愉快的

blitz [blɪts] *n.* ⒞❶闪电战,大规模空袭 ❷广

告战
blitzed [blɪtst] *adj.* 极累的；烂醉如泥的
blizzard [ˈblɪzəd] *n.* ⓒ暴风雪
bloated [ˈbləʊtɪd] *adj.* ❶膨胀的，肿胀的 ❷得意忘形的
blob [blɒb] *n.* ⓒ一滴，一团
bloc [blɒk] *n.* ⓒ集团
block [blɒk] *n.* ⓒ❶街区，街段 ❷大块（木料、石料、金属、冰等）❸障碍（物），阻塞（物）‖ on the ~ 出售中的 ■ *vt.* ❶堵塞，阻塞 ❷阻碍，妨碍 ‖ ~ in 塞满／使…受限制或受阻；画略图〔草样〕／~ off 关闭；封闭或切断／~ out 遮住，挡住，遮挡／使…不被印出来；画出…的略图；打草样；计划／~ up 封闭，堵塞，垫高；**blockhouse** *n.* 碉堡，地堡
blockade [blɒˈkeɪd] *n.* ⓒ封锁 ■ *vt.* 实行封锁 ‖ **blockader** *n.* 封锁者；执行封锁的船 ‖ **blockade-runner** *n.* 偷越封锁的人或船
blockage [ˈblɒkɪdʒ] *n.* ⓒ堵塞物
blockbuster [ˈblɒkˌbʌstə] *n.* ⓒ重磅炸弹，了不起的人或事
blockhead [ˈblɒkhed] *n.* ⓒ傻瓜，笨蛋
bloke [bləʊk] *n.* ⓒ人，家伙
blond [blɒnd] *adj.* 淡黄色的，亚麻色的 ■ *n.* ⓒ肤色白皙的金发女人
blonde [blɒnd] *n.* ⓒ白肤金发碧眼女人
blood [blʌd] *n.* ⓤ❶血，血液 ❷血统，家族 ‖ bad ~ 厌恶感／in cold ~ 冷静地，残酷地 ‖ **bloodbank** *n.* 血库／**bloodbath** *n.* 大屠杀，血洗／**blood brother** 亲兄弟／**blood group〔type〕** 血型／**blood pressure** 血压／**blood test** 验血／**blood vessel** 血管
bloodily [ˈblʌdɪlɪ] *adv.* ❶出血地，血淋淋地 ❷残忍地，野蛮地
bloodiness [ˈblʌdɪnɪs] *n.* ⓤ❶血染，血污 ❷残忍，野蛮
bloodless [ˈblʌdlɪs] *adj.* 无血的，不流血的
bloodshed [ˈblʌdʃed] *n.* ⓤ流血，虐杀：*stop* ~ 制止流血
bloodstream [ˈblʌdstriːm] *n.* ⓢ流血，体内循环的血液
bloody [ˈblʌdɪ] *adj.* (-ier, -iest) ❶血污的，流血的 ❷屠杀的，残忍的 ■ *adv.* 非常，很 ‖ well 当然，的确／not ~ likely 不行
bloom [bluːm] *n.* ❶ⓒ花 ❷ⓤ最佳时期，茂盛时期 ‖ in (full) ~ (盛)开着花；正在(充分)发挥中／past one's ~ 开始走下坡路／take the ~ off 把…弄得不美〔新鲜〕 ■ *vi.* 开花：*These plants bloom in spring.* 这些植物在春天开花。
blooming [ˈbluːmɪŋ] *adj.* ❶开着花的 ❷旺盛的 ❸〈俚〉十足的，非常的
blossom [ˈblɒsəm] *n.* ❶ⓒ(尤指果树的)花 ❷ⓤ花丛，花簇 ‖ in (full) ~ 正开着花 ■ *vi.* ❶(植物)开花 ❷长成，发展 ‖ ~ into 发展成，

长成／~ out 开花；成长，发展；活跃欢快起来
blot [blɒt] *n.* ⓒ❶污渍，墨水渍 ❷错事，污点 ■ *vt.* (-tt-) ❶涂污 ❷(用吸墨纸)吸干‖ ~ out (用墨点)覆盖或遮住(字迹) ‖ **blotting paper** 吸墨水纸
blotchy [ˈblɒtʃɪ] *adj.* 有斑点的，有污渍的
blotto [ˈblɒtəʊ] *adj.* 烂醉的
blouse [blaʊz] *n.* ⓒ(妇女穿的)短上衣，女衬衫
blow¹ [bləʊ] *n.* ⓒ一击，打击 ‖ **at a single** ~ 一下子／**come to** ~ 动手打起来，开始互殴／**strike a** ~ **against** 反对，企图阻止／**strike a** ~ **for** 为…而战斗；拥护／**without striking a** ~ 不费一兵一卒；毫不费力
blow² [bləʊ] *vt. & vi.* (*pt.* blew, *pp.* blown) ❶吹，吹气；刮风 ❷吹响，吹奏；(使)鸣响 ❸(使)爆炸 ‖ ~ **about** 使吹走，被吹散／~ **around** 讨论，议论／~ **away** (使)吹掉／~ **back** 吹回，漏气／~ **down** 吹倒，吹掉／~ **in** 吹进；突然来访／~ **into** (使)吹进／~ **off** 吹掉，吹走；炸掉／~ **out** 吹出；吹干净，吹熄；吹灭／~ **up** 爆炸；充气，给打气；大发脾气，大怒 ‖ **blowoff** *n.* 喷出，喷出器；大言不惭的人；高潮，结局；争吵／**blowout** *n.* 漏气，喷气；车胎爆裂；保险丝烧断／**blowup** *n.* 爆炸，爆发
blubber [ˈblʌbə] *n.* ⓤ鲸脂，鲸油，海兽脂
bludgeon [ˈblʌdʒən] *n.* ⓒ大头短棒 ■ *vt. & vi.* 用大头棒打，重击
blue [bluː] *n.* ⓒⓤ蓝色，蔚蓝；青色 ‖ **out of the** ~ 意外地，突然 ■ *adj.* ❶蓝色的，蓝的 ❷沮丧的，忧郁的 ‖ **blue blood** 贵族／**blue book** ①名人录②(B- B-)蓝皮书／**blue chip** 第一流的，最获利的；最热门的股票／**blue-collar** *adj.* 做体力劳动的，穿蓝领工作服的／**blue-eyed** *adj.* 蓝眼睛的／**blue water** 大海
bluebell [ˈbluːbel] *n.* ⓒ圆叶风铃草
blueprint [ˈbluːprɪnt] *n.* ⓒ蓝图，设计图
bluff¹ [blʌf] *vi.* 以假象欺骗，吹牛 *vt.* 以虚张声势找出或达成 ■ *n.* ⓤⓒ欺骗，恐吓 ‖ **bluffer** *n.* 吓唬人的人
bluff² [blʌf] *n.* ⓒ悬崖，峭壁 ■ *adj.* 直率的，爽快的，粗率的 ‖ **bluffly** *adv.* 陡峭地；直率地，爽快地／**bluffness** *n.* 陡；坦率，爽快
bluish [ˈbluːɪʃ] *adj.* 接近蓝色的，浅蓝的
blunder [ˈblʌndə] *n.* ⓒ(因无知、粗心等造成)的错误 ■ *vi.* ❶犯错误 ❷跟跟跄跄地走 ‖ ~ **away** 愚蠢地抛弃／~ **on**〔**upon**〕偶然发现 ‖ **blunderer** *n.* 犯大错的人／**blundering** *adj.* 大错的，容易犯的／**blunderhead** *n.* 傻瓜，笨蛋
blunt [blʌnt] *adj.* (-er, -est) ❶率直的，直言不讳的 ❷钝的 ■ *vt.* 把…弄钝，减弱；~ *sb's enthusiasm* 减弱某人的热情 ‖ **bluntly** *adv.* 率直地，不转弯抹角地／**bluntness** *n.* 生硬，率直；钝；挫折

blur [blɜː] n. ⓒ模糊,模糊之物: the foggy ~ 雾气一片模糊 ∎vt.& vi.(-rr-)(使)变模糊: ~ the eyes 使眼睛看不清

blurt [blɜːt] vt. 突然说出,脱口而出: He blurted out the truth, that he committed the crime. 他不慎说出了真相,说是他犯了罪。‖ ~ out 脱口而出

blush [blʌʃ] vi. 脸红 ∎n. ⓒ脸红‖ at (the) first ~ 猛一看,乍一看/put sb to the ~ 使人受窘脸红‖ blushful adj. 脸红的,使某人脸红的/blushing adj. 脸红的,羞愧的 ∎n. 脸红

bluster ['blʌstə] vi. ❶外强中干的威吓; 咆哮 ❷(风)呼啸,狂吹 ∎n. ⓒ❶大声的威吓 ❷狂风声,巨浪声‖ blusterer n. 咆哮的人,吓唬人的人/blustering adj. 狂风大作的,起风暴的;狂暴的,恐吓的

boar [bɔː] n. (pl. ~ or ~s) ⓒ (未阉的)公猪

board [bɔːd] n. ⓒ❶板,牌子,黑板 ❷纸板,木板 ❸委员会,董事会 ❹(包饭的)伙食‖ above ~ 摆到桌面上的,光明正大/across the ~ 全体人员都包括在内/go by the ~ 未成功/on ~ 在船(火车,飞机,车上)‖ vt. ❶用木板覆盖或封闭; ~ the floor 铺地板 ❷上(船,车或飞机): ~ a ship 上船 vt.& vi. 搭伙(并寄宿),收费供膳食(及住宿)‖ ~ in 用木板围住或封住/ ~ out 不在住处吃饭, (把某人)寄在别处膳宿‖ boarder n. 寄宿生,包伙的房客/boardroom n. (董事会的)会议室

boarding ['bɔːdɪŋ] n. 木板(建造之物)‖ boarding card 登机卡/boarding pass 登机证/boarding school 寄宿学校

boast [bəʊst] n. 自吹自擂,自夸的话 ∎vt.& vi. 自夸: ~ of one's success 夸耀自己的成就 vt. 有(引以为荣的事物): ~ a good school 以有一所好学校而自豪‖ about〔of〕夸耀,吹嘘‖ boaster n. 自夸的人,大言不惭的人

boastful ['bəʊstfʊl] adj. (人)好自夸的; (言辞)自吹自擂的

boat [bəʊt] n. ⓒ小船,小艇‖ be (all) in the same ~ 命运相同,同舟共济/burn one's ~s 破釜沉舟,自断退路/push the ~ out 庆祝; 想方设法玩得痛快 ∎vi. 乘船,划船: They are boating on the lake. 他们在湖上划船。vt. 用船载运: He boated some bags of rice across the river. 他将几袋稻米载送过河。‖ ~ down 乘船沿…直下/ ~ with 和(某人)乘船一起游玩‖ boater n. 船工/boating n. 划船(游戏)/boat drill 救生演习/boatman n. 船工,出租小艇的人/boat people 船(难)民/boat race 划船竞赛,赛船

bob[1] [bɒb] vt.& vi. (-bb-)(使)上下跳动,急动,上下浮动: The little boat bobbed on the waves. 小船随着波浪上下起伏。

bob[2] [bɒb] n. (pl. ~) ⓒ(旧时英国钱币)一先令

bode [bəʊd] vt.& vi. 预示: ~ well〔ill〕预示吉〔凶〕兆‖ bodeful adj. 预兆的,凶兆的/bodement n. 预兆,凶兆;预示,预言

bodily ['bɒdɪlɪ] adj. 人体的,身体的;肉体的: ~ exercise 身体训练 ∎adv. 整体地,全部地

body ['bɒdɪ] n. ⓒ❶身体,躯体 ❷尸体,遗体 ❸物体;天体 ❹团体,机构,群体 ❺主要〔最大〕部分‖ in a ~ 全体,一块儿/keep ~ and soul together 仅够维持生活‖ bodied adj. 有躯体的,有形体的/bodiless adj. 无形体的,脱离形体的‖ body language 身体语言

bodyguard ['bɒdɪɡɑːd] n. ⓒ保镖,卫士,警卫员

bog [bɒɡ] n. ⓒⓤ沼泽,泥塘 ∎vt.& vi. (-gg-)(使)陷入泥沼, (使)陷入困境: The tractor is bogged down in the mud. 拖拉机陷入了泥沼。

boggle ['bɒɡl] vt.& vi. 忧郁,发怵,吃惊: ~ the mind 使人脑袋发怵

bogus ['bəʊɡəs] adj. 假的,假冒的,伪造的

bohemian [bəʊ'hiːmjən] n. ⓒ放荡不羁的文化人 ∎adj. 放荡不羁的

boil [bɔɪl] n. ⓒ煮沸‖ at〔on〕 the ~ 沸腾着; 激动 ∎vt.& vi. (使)沸腾: ~ a kettle 烧开一壶水 vt. 用开水煮,在沸水中煮: Mother is boiling rice. 母亲正在煮饭。‖ ~ away 煮干/ ~ down (把…)煮浓/ ~ down to 意味着,归结为/ ~ out (使)被煮掉,烫掉/ ~ over 沸溢; 激动,发怒/ ~ up (把…)煮至沸点,(使)沸腾而出;加剧‖ boiled adj. 煮沸的,烧滚的;喝醉的

boiler ['bɔɪlə] n. ⓒ锅炉,烧水器,水壶‖ boiler iron〔plate〕锅炉钢板/boilermaker n. 锅炉制造工/boiler room 锅炉房/boiler scale 锅炉垢/boiler suit 连衫裤工作服/boiler tube 锅炉管

boiling ['bɔɪlɪŋ] adj. 沸腾的,炎热的,酷热的‖ boiling point ①沸点②极度兴奋,激昂

bold [bəʊld] adj. (-er, -est) ❶勇敢的,无畏的 ❷冒失的,鲁莽的 ❸明显的,醒目的 ❹粗体的,黑体的‖ boldly adv. 大胆地; 冒失地/boldness n. 大胆; 冒失

boll [bəʊl] n. ⓒ(植)圆荚,铃

bollock ['bɒlək] vt. 臭骂

bolster ['bəʊlstə] vt. 给予必要的支持,鼓励: ~ sb's courage 增强某人的勇气 ∎n. ⓒ长枕,垫枕

bolt [bəʊlt] n. ⓒ❶螺栓 ❷(门或窗)插销,闩‖ a ~ from〔out of〕 the blue 晴天霹雳,意外事件 ∎vt.& vi. 闩上: ~ door〔window〕闩门〔窗〕vi. 冲出去; 逃跑: ~ from 从…逃跑‖ ~ down 用螺栓旋紧; 狼吞虎咽吃(食物)/ ~ out 把…关在外面; 急跑

bomb [bɒm] n. ⓒ炸弹‖ go like a ~ 疾驶; 非常成功 ∎vt.& vi. 轰炸,投弹于 vi. ❶失败,不及格 ❷快速前进‖ ~ out 由于轰炸使(某

人)无家可归/~ up(给飞机)装载炸弹‖ bombing n. 轰炸,投弹‖ bombproof adj. 防炸的,防弹的/bomb release 投弹器,投弹/bomb shelter 防空洞/bomb thrower 投弹手

bombard [bɒm'bɑːd] vt. 炮击,轰炸,攻击;连珠炮般地提问

bombardment [bɒm'bɑːdmənt] n. ⒸⓊ 轰炸

bombastic ['bɒmbæstɪk] adj. 夸夸其谈的,空洞的

bomber ['bɒmə] n. Ⓒ轰炸机

bombshell ['bɒmʃel] n. Ⓒ❶爆炸性事件,令人吃惊的事 ❷性感美女

bonanza [bəʊ'nænzə] n. Ⓒ(突然的)财源

bond [bɒnd] n. ❶Ⓒ联系,关系 ❷Ⓢ连接,接合,结合 ❸Ⓒ有息债券 ❹Ⓒ合同,契约,票据‖ burst one's ~赢得自由/in ~在关税中,尚未完税/in ~s在拘留中;被奴役 ■ vt. 使粘结,使结合‖ bonder n. 连接器,接合器/bonding n. 结合,搭接‖ bondholder n. 债券持有者/bondman n. 农奴,奴隶/bond servant 奴隶/bondslave n. 奴隶/bondsman n. ①奴隶②〈律〉保证人

bondage ['bɒndɪdʒ] n. Ⓤ❶奴役,束缚 ❷身体受束缚

bonded ['bɒndɪd] adj. ❶(货物)存放关栈待完税的 ❷(材料)黏合的,接合的 ❸(债务)以债券作保证的,抵押的 ❹(旅游公司等)通过保险单(游客)受保护的

bone [bəʊn] n. ❶Ⓒ骨头 ❷Ⓤ骨质物 ❸Ⓟ尸骨: Her bones were laid to rest. 她的尸骨已下葬.‖ have a ~ to pick with 与……争辩/make no ~ about 对……毫不犹豫,对……直言不讳/work one's fingers to the ~ 拼命地做‖ boning n. 去骨‖ bone ash 骨灰/bone black 骨炭/bone-deep adj. 刻骨的/bone-dry adj. 极干的,干透的/bone-idle adj. 极懒的/bone marrow 骨髓

boneless ['bəʊnlɪs] adj. 去骨的

bonfire ['bɒnfaɪə] n. Ⓒ营火,篝火

bonhomous ['bɒnəməs] adj. 和蔼的,愉快的

bonnet ['bɒnɪt] n. Ⓒ❶童帽,女帽 ❷汽车的引擎罩

bonny ['bɒnɪ] adj. ❶健康的,漂亮的,吸引人的

bonus ['bəʊnəs] n. Ⓒ❶Ⓒ奖金,红利 ❷Ⓢ额外令人高兴的事情

bony ['bəʊnɪ] adj. (-ier,-iest) ❶骨瘦如柴的,瘦的 ❷多骨的

bonzer ['bɒnzə] adj. 卓越的,极好的,第一流的

boo [buː] n. (pl. ~s) Ⓒ❶嘘声 ❷用以吓人的声音 ■ vt. & vi. 发出嘘声

boogie ['buːgɪ] n. Ⓤ摇滚乐

book [bʊk] n. ❶Ⓒ书,书籍 ❷Ⓟ账簿 ❸Ⓒ卷,篇,部 ❹Ⓒ歌剧的歌词‖ an open ~一目了然的事/be at one's ~s用功地学习/bring to ~审查;盘问;惩罚某人/by the ~按规则,依照惯例/read like a ~清楚地了解(某人的)动机〔思想等〕/suit sb's ~s合某人心意/without ~无根据;凭记忆 ■ vt. & vi. 预订:~ tickets 订票 vt. ❶登记,记账 ❷订立演出契约 ‖ ~ down 记账登记/~ in 为…预订,为…办理登记手续/~ into 签到,登记/~ out 办理离开旅馆的手续;结账 登记 离开,退出,开除/~ up 预订,预订座位‖ booked adj. 记载入册的,登记了的‖ book account 往来账户/book concern 出版社/book debt 账面负债/bookend n. 书立,书挡/bookhunter n. 珍本书收购者/book-learned adj. 书本知识的/bookman n. 文人,学者;书商/book-mark n. 书签/book-phrase n. 只言片语/book post 书籍邮寄/bookseller n. 书商/bookshelf n. 书架/bookshop n. 书店/book-stand n. 书柜,书摊,书架/bookworm n. 蛀书虫;书呆子;极爱读书者

bookcase ['bʊkkeɪs] n. Ⓒ书橱,书架

booking ['bʊkɪŋ] n. ⒸⓊ预约,预定

booklet ['bʊklɪt] n. Ⓒ小册子

bookmaker ['bʊkˌmeɪkə] n. Ⓒ图书编纂者;书商

bookstore ['bʊkstɔː] n. Ⓒ书店

boom [buːm] vi. ❶激增,猛涨,兴隆 ❷发出隆隆声‖ ~ out 低沉地发出;用低沉的声音说话 ■ n. Ⓒ❶(营业等)的激增,(经济等)的繁荣,迅速发展 ❷隆隆声‖ boomer n. 赶往新兴地区安家的人;往来无定的临时工

boon [buːn] n. Ⓒ❶恩惠,福利,裨益,方便

boost [buːst] vt. ❶向上推起,提升 ❷增加,提高 ❸促进,改善,激励 ❹吹捧,大肆宣传‖ ~ up 托起;支援(某人),增强(某人)的力量 ■ n. Ⓒ❶推起 ❷增加,改进 ❸促进,激励

booster ['buːstə] n. Ⓒ❶提高(或推进)的人;升降压机;(火箭的)助推器;多级火箭的第一级 ❷辅助药剂,增强药效的辅助剂

boot [buːt] n. Ⓒ❶长统靴,高统鞋 ❷Ⓒ行李箱 ❸Ⓢ踢 ■ vt. 踢: She booted the ball across the field. 她把球踢到场地的另一头.‖ ~ out 赶走,开除‖ booted adj. 穿着靴的;被踢的;被解雇的‖ boot-jack n. 脱靴器/boot-licker n. 拍马者,奉承者/bootmaker n. 制靴工人

booth [buːð] n. Ⓒ❶售货棚,摊位 ❷小房间

bootleg ['buːtleg] vt. (-gg-)非法制造或贩卖 ■ adj. 非法制造或贩卖的

booze [buːz] n. Ⓤ酒,烈性酒 ■ vt. & vi. 喝酒,痛饮‖ boozy adj. 好喝酒的,酒量大的;喝醉的

bop¹ [bɒp] n. Ⓤ博普爵士乐 ■ vi. (-pp-)跳舞

bop² [bɒp] n. ⓒ一击,打 ■vt. (-pp-)击,打
border ['bɔːdə] n. ⓒ❶边,边缘 ❷边界,边境 ■vt. & vi. 与…接界,在…的边上：~ the city on the south 靠近城市的南边／India borders on Pakistan. 印度和巴基斯坦接壤。‖ ~ on〔upon〕邻近,接界；近乎
borderline ['bɔːdəlaɪn] n. ⓢ分界线,国界线
bore¹ [bɔː] vt. 令人厌烦 ■n. ⓒ令人讨厌的人或事物,麻烦 ‖ ~ to death〔tear〕令人极度厌烦 ‖ **bored** adj. 令人厌烦的,令人厌倦的
bore² [bɔː] vt. & vi. 挖,掘,钻,开凿(洞、井、隧道等)
boreal ['bɔːrɪəl] adj. ❶北的,北方的,北方地区的 ❷北风的
boric ['bɔːrɪk] adj. 硼的,含硼的
boring ['bɔːrɪŋ] adj. 无趣的,单调的,乏味的
born [bɔːn] adj. ❶出生的,问世的,诞生的 ❷Ⓐ天生的,命中注定的 ‖ a Chinese-~ American scientist 美籍华裔科学家／be ~ before one's time 思想比同时代的人先进／~ of 源于 ‖ **born-again** adj. 再生的
boron ['bɔːrɒn] n. Ⓤ〈化〉硼
borrow ['bɒrəʊ] vt. & vi. 借,借用,借进 ‖ ~ trouble 自找麻烦 ‖ **borrower** n. 借东西的人／**borrowing** n. 借用的东西
bosom ['bʊzəm] n. ⓒ❶胸部,乳房 ❷胸怀,内心 ‖ **bosomy** adj. 乳房丰满的
boss [bɒs] n. ⓒ老板,经理,上司,工头,领班 ‖ a straw ~ 领班助手
bossy ['bɒsɪ] adj. 好发号施令的,专横的
botanical [bə'tænɪkəl] adj. 植物学的
botanist ['bɒtənɪst] n. ⓒ植物学家,研究植物的人
botany ['bɒtənɪ] n. Ⓤ植物学
both [bəʊθ] adj. Ⓐ二者,两者都 ‖ have it ~ ways 二者兼得 ■pron. 二者 ■adv. 二者,二者都 ‖ ~ ...and... 不仅…而且…,…和…(两者)都
bother ['bɒðə] vt. & vi. ❶打扰,烦扰,搅扰,使恼怒：Thank you, but please don't bother. 谢谢,但请你不要费事了。❷迷惑,把…弄糊涂；(使)不安,(使)紧张：The complexities of life bothered him. 生活的复杂使他困惑。 ‖ ~ about 担心,麻烦／~ with 打扰,烦扰 ■n. ❶Ⓤ麻烦,不便,忧虑：look for ~ 找麻烦 ❷ⓢ令人烦恼的人或事物；引起麻烦的人或事物：What a bother! We've missed the bus. 真恼人！我们错过了公交车。
bothersome ['bɒðəsəm] adj. 引起麻烦的,困扰人的
bottle ['bɒtl] n. ⓒ瓶子 ‖ hit the ~ 酗酒／keep to the ~ 嗜酒／over a ~ 一面喝酒(一面…) ■vt. ❶把…装入瓶中 ❷抑制；控制：He was about to speak. Again he bottled himself up. 他想说话又忍住了。 ‖ **bottled** adj. 瓶装的／**bottling** n. 装瓶 ‖ **bottlebrush** n. 洗瓶刷
bottom ['bɒtəm] n. ❶ⓢ底部,基部,下端,末尾；水底 ❷ⓢ尽头,末端 ❸ⓒ臀部,屁股 ‖ be at the ~ of 是…的起因／from the ~ of one's heart 衷心地,真诚地／get to the ~ of 弄清…的真相／go to the ~ 沉没／touch ~ 达到最低点 ‖ **bottomless** adj. 无底的 ‖ **bottom line** 决定性因素
boulevard ['buːlɪvɑːd] n. ⓒ大街,林荫大道
bounce [baʊns] vt. & vi. 弹跳 ■n. ❶ⓒ弹跳 ❷Ⓤ活力,生气 ‖ **bouncy** adj. 有弹性的；活跃的
bouncing ['baʊnsɪŋ] adj. 健壮的,强健的
bound¹ [baʊnd] vi. 跳；弹回 ‖ ~ about 到处跳／~ away 跳跃着离开／~ back 弹回／~ from 从…跳／~ off 跳开／~ on 扑向 ■n. ⓒ跳,跳跃,跃进
bound² [baʊnd] vt. 给…划界,限制 ■n. Ⓟ界限,范围 ‖ break ~s 超出界限
bound³ [baʊnd] adj. ❶被捆绑的,被束缚的：She is bound to her family. 她被家庭束缚住了。❷Ⓟ一定的,必定的：He is bound to succeed in his enterprise. 他在事业上一定会成功。 ‖ be ~ up in 热衷于,忙于／be ~ up with 与…有密切关系
bound⁴ [baʊnd] adj. Ⓟ去,准备去：This train is bound from Shanghai to Nanjing. 这列火车是从上海开往南京的。
boundary ['baʊndərɪ] n. ⓒ❶分界线 ❷界线,范围
bounden ['baʊndən] adj. 本分的
boundless ['baʊndlɪs] adj. 无限的
bounteous ['baʊntɪəs] adj. 大方的,充足的
bountiful ['baʊntɪful] adj. ❶慷慨给予的 ❷丰富的,充裕的
bounty ['baʊntɪ] n. ❶ⓒ(由政府提供的)奖金,赏金 ❷Ⓤ慷慨,大方
bouquet ['bʊkeɪ] n. ⓒ❶花束 ❷(酒的)芳香
bourbon ['bɜːbən] n. ❶Ⓤ波旁威士忌 ❷ⓒ一杯波旁威士忌酒
bourgeois ['bʊəʒwɑː] adj. 资产阶级的 ■n. (pl. ~)ⓒ资产阶级分子
bourgeoisie [ˌbʊəʒwɑː'ziː] n. Ⓤ❶中产阶级 ❷居于统治地位的资产阶级
bourse [bʊəs] n. ⓒ欧洲证券交易所
bout [baʊt] n. ⓒ❶比赛,较量,回合 ❷一段(工作),一次(训练),一场(疾病)
boutique [buː'tiːk] n. ⓒ时装用品小商店
bovine ['bəʊvaɪn] adj. ❶牛的,关于牛的 ❷迟钝的,笨拙的

bow¹ [bəʊ] n.ⓒ弓,弓形物 ‖ draw the long ~ 吹牛/have two strings to one's ~ 以防万一

bow² [baʊ] n.ⓒ鞠躬,低头 ■vi.(向…)弯腰; 鞠躬: He bowed his thanks. 他鞠躬致谢。 vt. 低头,俯首: The congregation bowed their heads in prayer. 会众在一起低头祷告。 ‖ ~ out 退出,辞职

bowdlerize,-ise [ˈbaʊdləraɪz] vt. 删除(书刊、剧本等中)有伤风化的词语或场面

bowel [ˈbaʊəl] n.ⓟ❶肠 ❷内部,最深处 ‖ loose ~ 腹泻

bower [ˈbaʊə] n.ⓒ❶阴凉处,凉棚 ❷(女子的)卧室,闺房

bowl [bəʊl] n.ⓒ❶碗,钵,盆 ❷一碗之量

bowling [ˈbəʊlɪŋ] n.Ⓤ保龄球运动 ‖ bowling-alley n. 保龄球道

bowwow [ˌbaʊˈwaʊ] int.(狗叫声)汪汪

box¹ [bɒks] n.ⓒ盒,匣,箱 ‖ in the same ~ 处在同样的困境/in the wrong ~ 处于窘境 ■ vt. 把…装入盒〔箱,匣〕中: They boxed the furniture. 他们把家具装入箱中。 ‖ boxcar n. 载货车箱/box keeper 包厢侍者/box office 售票处

box² [bɒks] vt.&vi. 拳击: The boxer did not box fairly. 那个拳击手击拳犯规。 ‖ boxer n. 拳击手/boxing n. 拳击

boy [bɔɪ] n.ⓒ❶男孩,少年 ❷儿子

boycott [ˈbɔɪkɒt] vt.抵制;拒绝参加

boyhood [ˈbɔɪhʊd] n.Ⓤ⑤男孩时代,少年时期

boyish [ˈbɔɪɪʃ] adj.男孩似的,男孩

brace [breɪs] n.❶支住,撑牢,使绷紧 ❷使自己站稳,振作起来 ‖ ~ oneself up 打起精神/~ oneself up 打起精神/~ up 使牢固 ■ n.ⓒ托架,支架

bracelet [ˈbreɪslɪt] n.ⓒ手镯,臂镯

bracket [ˈbrækɪt] n.❶ⓟ括弧 ❷ⓒ等级,类别层次 ❸ⓒ壁架,托架 ■vt. ❶把…括在括号内 ❷把…归为一类

brag [bræɡ] vt.&vi. (-gg-)自夸,吹嘘 ‖ ~ about/of ~ 自夸/~ of 吹嘘… ‖ braggart n. 吹牛大王,自夸者

braille [breɪl] n.Ⓤ盲文

brain [breɪn] n.❶ⓒ脑,脑髓 ❷ⓒⒾ智慧,智力 ‖ have sth on the ~ 一心想着某事,热衷于某事/pick sb's ~s 向…请教/rack one's ~s 绞尽脑汁,苦苦地动脑筋/turn sb's ~ 冲昏某人头脑,使某人得意忘形 ‖ brainless adj. 没有头脑的,愚蠢的 ‖ brain drain 智囊流失

brainchild [ˈbreɪntʃaɪld] n.ⓈⅣ某人的发明或主意

braise,-ze [breɪz] vt. 炖,焖

brake [breɪk] n.ⓒ制动器;闸;刹车 ■vt.

&vi.刹(车)

bramble [ˈbræmbl] n.ⓒ荆棘 ‖ brambly adj. 多荆棘的

bran [bræn] n.Ⓤ糠

branch [brɑːntʃ] n.ⓒ❶树枝,枝条 ❷分支,分科,分系 ■vi.❶出枝 ❷分岔 ‖ ~ off 分叉,岔开/~ out 扩大活动范围/~ over 伸展到…顶上

brand [brænd] n.ⓒ❶商标,牌子 ❷烙印 ■vt. ❶打烙印于,以烙铁烙 ❷加污名于,谴责 ‖ brand name 商标名称

brandish [ˈbrændɪʃ] vt.挥舞

brand-new [ˌbrændˈnjuː] adj.全新的,崭新的

brandy [ˈbrændɪ] n.Ⓤ白兰地酒

brash [bræʃ] adj.傲慢的,无礼的;轻率的

brass [brɑːs] n.Ⓤ❶黄铜 ❷铜管乐器;铜管乐队 ‖ brass band 铜管乐队,军乐队/brass foundry 黄铜制造厂

brasserie [ˈbræsərɪ] n.ⓒ(以售啤酒为主的)餐馆

brat [bræt] n.ⓒ调皮捣蛋的孩子

bravado [brəˈvɑːdəʊ] n.Ⓤ逞能,虚张声势

brave [breɪv] adj.(-r,-st) 勇敢的,大胆的 ■ vt.勇敢面对;不怕;不顾 ‖ ~ out 不顾责难或责难硬干下去 ‖ bravely adv. 勇敢地,英勇地

bravo [ˈbrɑːvəʊ] n.(pl. ~s)ⓒ喝彩声

brawl [brɔːl] n.ⓒ吵架,打架 ■vi. 打架,争吵 ‖ brawler n. 打闹者

brawn [brɔːn] n.Ⓤ强壮的肌肉;强健的体力 ‖ brawny adj. 肌肉结实的

bray [breɪ] n.ⓒ驴叫声,似驴叫的声音 ■vi. 驴叫,发出驴叫似的声音

brazen [ˈbreɪzn] adj.❶无耻的,无礼的 ❷黄铜制的,黄铜般的 ❸声音响亮刺耳的 ‖ brazenly adv. 厚颜无耻地

breach [briːtʃ] n.❶ⓒⅣ破坏,违反 ❷ⓒ破裂,不和 ❸ⓒ缺口,裂口 ‖ stand in the ~挑重担,首当其冲/step into the ~补缺,代替 ■vt. ❶攻破 ❷破坏,违反

bread [bred] n.Ⓤ❶面包 ❷生计 ‖ eat the ~ of affliction 遭受痛苦,遭受折磨/eat the ~ of idleness 坐食,游手好闲/take the ~ out of sb's mouth 砸某人的饭碗 ‖ bread-and-butter n. 涂上黄油的面包;维持生活的必需食品;生计,谋生

bread-crumb [ˈbredkrʌm] n.ⓟ面包屑

breadth [bredθ] n.❶ⓒⅣ宽度 ❷Ⅳ宽广的程度,范围 ❸Ⅳ宽容,宽宏大量 ‖ by a hair's ~ 险些/to a hair's ~ 精确地

break [breɪk] (pt. broke, pp. broken) vt. &vi.❶打破,折断,弄坏 vt.❶破坏,违反 ❷终止,中断 ❸透露,说出 ❹打破(纪录)vi.破晓,突然出现 ‖ ~ one's word 失信/~ one's

breakable

heart 伤透某人的心/~ away 突然离开,强行逃脱/~ down 损坏;(健康等)垮掉,崩溃/~ in 非法闯入;打断,插嘴/~ in on 打扰,打断/~ into 非法闯入,强行进入/~ off 中断,突然停止/~ out 爆发,突然发现;逃脱,逃走/~ through 突围,冲破;取得突破性成就/~ up 打碎,粉碎;散开;终止,结束 ■ n.©❶裂口,裂缝;破裂 ❷间歇,中间休息

breakable ['breɪkəbəl] adj. 易碎的
breakdown ['breɪkdaʊn] n.©❶损坏,故障 ❷垮台,破裂 ❸衰竭,衰弱 ❹统计分析
breaker ['breɪkə] n.© 碎浪花
breakfast ['brekfəst] n.©回早餐,早饭 ■ vi. 吃早餐 vt. 供给…早餐
breakthrough ['breɪkθruː] n.©突破点,突破性进展,重要的新发现
breast [brest] n.❶©乳房 ❷©胸部,胸膛 ❸©回胸肉 ‖ make a clean ~ of 坦白讲出
breastfeed ['brestfiːd] vt. & vi. 用母乳喂养,哺乳
breast-high ['brest'haɪ] adj. & adv. 齐胸高的;淹至胸口的
breath [breθ] n.❶©气息;呼吸 ❷©(一次)呼吸,一口气;微风 ‖ a ~ of life 必不可少的东西/above one's ~ 高声地/breathe one's last ~ 死,断气/catch one's ~ 喘气/hold one's ~ 屏住呼吸/lose one's ~ 喘不过气来/out of one's ~ 喘不过气来/save one's ~ 不做声/take one's ~ away 使惊讶不已/under one's ~ 压着嗓子,低声地/waste one's ~ 白费口舌
breathable ['briːðəbl] adj.(衣料)透气的
breathe [briːð] vt. & vi. 呼吸 vt. 轻声说话;低语 ‖ ~ again 安下心来/~ in 吸气/~ into 使…复苏
breathing ['briːðɪŋ] n.回呼吸 ‖ breathing space 歇口气的时间,暂停
breathless ['breθlɪs] adj.❶喘气的 ❷Ⓐ使人屏息的 ‖ breathlessly adv. 气喘吁吁地
breathtaking ['breθˌteɪkɪŋ] adj. 非常激动人心的,壮观的
breeches ['brɪtʃɪz] n.©短裤(尤指马裤或礼裤)
breed [briːd] n.©种,品种 ■ vt. & vi. 生育;繁殖 vt.❶饲养,培养 ❷引起,招致 ‖ breeder n. 饲养者,动物繁殖家
breeze [briːz] n.©回微风,轻风 ‖ shoot the ~ 说大话,闲聊 ■ vi.❶吹微风 ❷漫不经心地行动
breezy ['briːzɪ] adj.(-ier,-iest)❶有微风的,微风吹过的 ❷活泼的,轻松愉快的 ‖ breezily adv. 活泼地,轻快地
brethren ['breðrɪn] n.©[旧]兄弟们,同胞
brevity ['brevɪtɪ] n.回❶短暂 ❷简洁

brew [bruː] vt. & vi.❶调制,酿造 ❷酝酿,图谋 ‖ ~ up 酿酒,沏茶 ■ n.©酿造物的种类;酿造量 ‖ **brewer** n. 啤酒酿造者
bribe [braɪb] vt. & vi. 贿赂 ■ n.© 贿赂 ‖ **bribery** n. 行贿,受贿
brick [brɪk] n.❶©回砖,砖块 ‖ drop a ~ 失言/hit the ~s 罢工 ■ vt. 用砖砌,用砖堵住 ‖ **brickkiln** n. 砖窑/**bricklayer** n. 砌砖工人/**brickwork** n. 砖房
bridal ['braɪdl] adj.Ⓐ新婚的,婚礼的
bride [braɪd] n.©新娘 ‖ bride-cake n. 喜饼
bridegroom ['braɪdɡrʊm] n.© 新郎
bridesmaid ['braɪdzmeɪd] n.©伴娘
bridesman ['braɪdzmən] n.©伴郎
bridge [brɪdʒ] n.❶©桥;桥梁 ❷©鼻梁;鼻梁架 ❸©桥牌 ‖ burn one's ~s 破釜沉舟/cross that ~ when one comes to it 车到山前必有路 ■ vt. 在…建桥: *The engineers want to bridge the river.* 工程师们想在这条江河上架座桥。 ‖ **bridgehead** n. 桥头堡
bridle ['braɪdl] n.©马笼头,马缰 ‖ go well up to ~勇往直前/lay the ~ on the neck of 放松,放纵 ■ vt.❶给…套龙头 ❷控制
brief [briːf] adj.(-er,-est)❶短暂的,短时间的 ❷简洁的,简短的 ■ vt. 向…介绍基本情况,作…的摘要 ❷©概要,摘要 ‖ in ~ 简单地说,简而言之
briefcase ['briːfkeɪs] n.©公文[事]包
briefing ['briːfɪŋ] n.©回简要指示,情况简介
briefly ['briːflɪ] adv.❶短暂地 ❷简单地说
brigade [brɪˈɡeɪd] n.©旅
brigadier [ˌbrɪɡəˈdɪə] n.©旅长
bright [braɪt] adj.(-er,-est)❶光亮的,闪光的,发光的 ❷鲜艳的,鲜亮的 ❸生气勃勃的,愉快的;幸福的 ❹ 聪明的,伶俐的 ❺前途光明的,有希望的 ‖ **brightly** adv. 闪闪发光地,满面红光地/**brightness** n. 闪光,光亮
brighten ['braɪtn] vt. & vi.(使)发亮,(使)发光
brilliant ['brɪljənt] adj.❶闪光的,明亮的 ❷光辉的,辉煌的
brim [brɪm] n.©边,边缘 ■ vi.(-mm-)注满 ‖ ~ over [with] 充满,洋溢
brindled ['brɪndld] adj. 棕底花条纹的
brine [braɪn] n.回❶卤水,浓盐水 ❷海,海水
bring [brɪŋ] vt.(pt.,pp. brought)❶带来,拿来 ❷造成,引起 ❸促使,使处于 ‖ ~ about 造成,引起或导致(某事)/~ around [round] 把(某人或某物)带到约好的地点;说服(某人)/~ away 带着…离开/~ down 击败/~ forth 产生,提出/~ forward 提前,提出,提议/~ in 把…拿进来,带进来;收获;赚(钱),

挣(钱)/~ into 使…达到…,使…开始生效/~ off 使…脱离险境;成功完成/~ on 呈现…;使…出现/~ out 使出(某物);呈出(某物),使…through 通过挽救生命/~ to 使恢复知觉/~ up 教育,养育(孩子);提及或提出…/~ under control 使…在控制中

brink [brɪŋk] n. ⑤❶(悬崖峭壁的)边沿 ❷(危险的)边沿

brisk [brɪsk] adj.(-er,-est)❶轻快的,活泼的 ❷兴隆的,繁忙的 ❸爽快而清新的

bristle [brɪsl] n. ⓒ短而硬的毛发,刷子毛 ■vi.被激怒,怒发冲冠;毛发(因惊惧等)直立 ‖ ~ with 密集,充满

bristly ['brɪstlɪ] adj.(毛发)短而硬的

Britain ['brɪtən] n. ⑤不列颠,英国

British ['brɪtɪʃ] adj.不列颠的,英国的,英国人的

Briton ['brɪtən] n. ⓒ英国人

brittle ['brɪtl] adj.❶易碎的,易损坏的 ❷冷淡的,不友好的

broach [brəʊtʃ] vt.❶提出讨论 ❷(在桶上)钻孔取液体 ❸打开并开始用

broad [brɔːd] adj.(-er,-est)❶宽的,阔的,广的 ❷宽宏的,胸襟开阔的 ❸Ⓐ清楚的,明显的 ❹Ⓐ大概的,不详细的 ‖ as ~ as (it is) long (房间等)长短相等;没有差别,半斤八两

broadcast ['brɔːdkɑːst] n. ⓒ❶广播;播音 ❷广播节目 ■vt.& vi.(pl.,pp.broadcast)广播,播放 vt.传播,乱传(消息等):She broadcast the gossip all over the town.她将这个流言传遍全镇。‖ ~ to(向…)传播,乱传 ‖ broadcaster n.播音员/broadcasting n.广播

broaden ['brɔːdn] vt.& vi.使…变宽,扩展

broadly ['brɔːdlɪ] adv.❶大体上;基本上;不考虑细节地 ❷咧开嘴(笑)地;开心(笑)地

brochure ['brəʊʃʊə] n. ⓒ小册子

broil [brɔɪl] vt.(用火)烤(焙、炙等)vt.& vi.(使)感到很热

broke [brəʊk] adj. ⒫没有钱的;破了产的

broken ['brəʊkən] adj.❶破碎的,破裂的;被打坏的 ❷打断的,中止的 ❸被驯服的,被制服的,被打败的 ‖ brokenly adv.破碎地,破裂地/brokenness n.破裂 ‖ **broken-hearted** adj.心碎的/**broken home** 家庭破裂的

brokendown [,brəʊkən'daʊn] adj.状况很差的;出故障的;衰弱的

broker ['brəʊkə] n. ⓒ(股票、外币等)经纪人;中间人,代理商

brokerage ['brəʊkərɪdʒ] n. ❶Ⓤ经纪业 ❷佣金,手续费,经纪费

bronze [brɒnz] n.❶Ⓤ青铜 ❷Ⓤ青铜色,赤褐色 ❸ⓒ青铜艺术品,铜牌 ‖ **bronzy** adj.带青铜色的

brood [bruːd] vt.& vi.❶孵蛋 ❷沉思 ■n. ⓒ❶(雏鸡、鸟等的)一窝 ❷一家的孩子 ‖ **brooder** n. ①孵卵的动物;孵房,孵卵器 ②沉思的人/**broody** adj. 要孵蛋的,有繁殖能力的

brook¹ [brʊk] vt.容忍,忍受

brook² [brʊk] n. ⓒ小溪

broom [bruːm] n. ⓒ扫帚

broth [brɒθ] n. Ⓤ肉汤,鱼汤,菜汤

brothel ['brɒθl] n. ⓒ妓院

brother ['brʌðə] n. ⓒ❶兄,弟 ❷教友,会友 ‖ **brotherless** adj.无兄弟的 ‖ **brother-in-law** n.丈夫或妻子的兄弟,姐夫,妹夫

brow [braʊ] n.❶ⓅⒹ额 ❷ⓒ眉,眉毛

browbeat ['braʊbiːt] vt.(以言辞或表情)威逼,恫吓

brown [braʊn] adj.(-er,-est)棕色的,褐色的 ‖ be in a ~ study 沉思默想,空想,幻想/do sb ~ 使某人上当/do up ~ 把…彻底搞好 ■n. Ⓤⓒ深色,褐色 ‖ **brownish** adj. 有褐色的/**brownness** n. 褐色/**browny** adj. 带褐色的

brownfield ['braʊnfiːld] adj.棕色地带

browse [braʊz] vi.❶吃草 ❷随意翻阅

bruise [bruːz] n. ⓒ瘀伤,伤痕,擦伤 ‖ with ~s 受轻伤 ■vt.& vi.(使)碰伤(撞伤),(使)成瘀伤 ‖ **bruiser** n. ①职业拳击手 ②彪形大汉

bruit [bruːt] vt.传播(传说或谣言)

brunt [brʌnt] n. ⑤冲击最重的部分,矛头,冲力

brush [brʌʃ] n.❶ⓒ刷子;画笔,毛笔 ❷⑤擦,吹拂;刷 ❸ⓒ小冲突,小争执,小摩擦 ‖ give it another ~ 润色,再加工一下/give sb the ~ off 充耳不闻,不予理睬 ■vt.& vi.❶擦;刷 ❷轻触,掠过 ‖ ~ against 碰,擦/~ aside 扫除(障碍等);漠视(事实等),不顾(困难等)/~ down 刷掉,掸开或拂去;把…刷干净,斥责(某人)/~ off(away) 刷掉,掸掉或拂掉(某物);拒绝听,不理睬/~ up 向上梳(某物);使提高或完善/~ up on 复习

brushed [brʌʃt] adj.(布)非常柔软的,起绒的

brushless ['brʌʃlɪs] adj.无需用刷子的

brutal ['bruːtl] adj.无情的,野蛮的

brute [bruːt] n. ⓒ❶兽,畜生 ❷残酷无情的人,人面兽心的人

bubble ['bʌbl] n. ⓒ❶泡,水泡,气泡 ❷泡影,幻想 ■vt.& vi.起泡,使冒气泡 ‖ ~ over 冒着泡涌出来;抑制不住内心的喜悦 ‖ **bubble gum** 可吹成泡泡的口香糖

bubbly ['bʌblɪ] adj.(-ier,-iest)❶充满泡沫的 ❷生气勃勃的,得意洋洋的

buck [bʌk] n.(pl. ~ or ~s)ⓒ❶雄鹿,雄兔 ❷(英国十九世纪初的)花花公子 ‖ in the ~s 手头有钱/old ~ 老朋友 ■vt.& vi.(马等)猛然弓背跃起 ‖ ~ for 千方百计谋求(官职等)/~

up 赶快,加快;振作起来,打起精神

bucket ['bʌkɪt] n. ⓒ水桶 ‖ a drop in the ~ 沧海一粟/give the ~ 解雇/kick the ~ 死掉

buckle ['bʌkl] vt.& vi. ❶用搭扣扣紧 ❷(使)变形,弯曲 ‖ ~ (down) to 开始认真从事 ■ n. ⓒ搭扣,扣环 ‖ make ~ and tongue meet 使收支相抵,量入为出

buckskin ['bʌkˌskɪn] n. Ⓤ鹿皮,硝好的羊皮

bucolic [bjuːˈkɒlɪk] adj. 牧民的,田园的,乡村的

bud [bʌd] n. ⓒ芽,苞,花蕾 ‖ in (the) ~ 含苞待放/nip in the ~ 把…消灭于萌芽状态,防…于未然 ■ vi. (-dd-)发芽,长出蓓蕾

Buddhism ['budɪzəm] n. Ⓤ佛教

Buddhist ['budɪst] adj. 佛教的;a ~ monk 和尚 ■ n. ⓒ佛教徒

budding ['bʌdɪŋ] adj. 开始发育的,成长中的,新获得成功的,初露头角的

buddy ['bʌdɪ] n. ⓒ❶同伴,伙伴 ❷(用于称呼男子,常带怒气)〈美俚〉老兄,喂

budge ['bʌdʒ] vt.& vi. (使)稍微移动

budget ['bʌdʒɪt] n. ⓒ❶预算;政府预算案 ❷预算额,经费 ■ vt.& vi. 编制预算,安排开支等 ‖ budgetary adj. 预算的

buffalo ['bʌfələu] n. (pl. ~ or ~es)ⓒ水牛,(南非或北美的)野牛

buffer ['bʌfə] n. ⓒ❶起缓冲作用的人(或物) ❷〈机〉缓冲器,减震器 ■ vt. 缓冲,减轻

buffet[1] ['bʌfɪt] vt. 反复敲打,连续猛击 ‖ ~ about把…推来推去

buffet[2] ['bʌfɪt] n. ⓒ(火车站的)饮食柜台,(火车的)餐车,自助餐

bug [bʌg] n. ⓒ❶虫子 ❷病菌 ❸(机器等)故障 ❹窃听器 ‖ put a ~ in sb's ear 事先给某人暗示或警告 ■ vt. (-gg-)❶在…装窃听器;窃听;~ the conversation 窃听对话 ❷打扰,使厌烦;That man really bugs me. 那个人真是使我心烦。 ‖ ~ off 停止打扰,走开/~ out 撤退,逃窜/~ up 激动起来,被弄得稀里糊涂 ‖ bug doctor 精神病医师,心理专家

bugle ['bjuːgl] n. ⓒ号角,军号

build [bɪld] vt.& vi. (pt., pp. built)❶修建,建造:~ a bridge 建桥 ❷开发,创建:~ a new life 开创新生活 ‖ ~ in 建造成(房间等的)一部分,使成为一部分;建在…/~ into 使成为…的一部分/~ of 用(某种材料)建造(某物) /~ on 在原有的建筑物上建;以…为基础;依赖,一心指望/~ out 增建(一座建筑物的另一部分)/~ up 逐步建立,增进,增强;(在某个地方)盖满了建筑物;宣扬,专赞,吹捧(某人或某物) ■ n. Ⓤⓒ体形,结构 ‖ in general ~ 总体结构/with ~ 有…样的身材

builder ['bɪldə] n. ⓒ❶(尤指建房子的)建筑工人,营造商;建筑师,建造者 ❷增进〔增强〕…之物;塑造…之物

building ['bɪldɪŋ] n. ⓒ❶建筑物,楼房,房屋 ❷Ⓤ建筑(艺术或行业) ‖ building block 成分,构成要素;砌块/building society 购房互助协会(接受会员存款并付给利息,会员购房可贷款的商业机构)

built-in [ˌbɪltˈɪn] adj. 是…的组成部分的;嵌入式的;内置的

bulb [bʌlb] n. ⓒ❶球茎 ❷电灯泡 ‖ bulbed adj. 有球根的,球状的,圆的

bulge [bʌldʒ] n. ⓒ膨胀,肿起 ■ vi. 膨胀,凸出,鼓起 ‖ ~ with 因…而鼓起

bulk [bʌlk] n. ❶Ⓤ(巨大)物体,(大)块,(大)团 ❷Ⓢ主体,绝大部分 ‖ by ~ 按体积/in ~ 大批,桶装/the ~ of 大部分,主要部分 ■ vt.& vi. 变得越来越大(或重要) ‖ ~ up 增加,积累

bulkhead ['bʌlkhed] n. ⓒ隔离壁(用在船舱、隧道、太空飞行器等,以防止在一部分损坏时水或空气流入其他部分)

bulky ['bʌlkɪ] adj. (-ier,-iest)❶庞大的,大的,笨重的 ❷(与重量相比较)体积大 ‖ bulkily adv. 笨重地/bulkiness n. 庞大,笨重

bull [bul] n. ⓒ❶公牛,雄兽 ❷买进证券投机图利者,(对股市行情)看涨的人 ‖ a ~ in a china shop 笨手笨脚到处闯祸之人/like a ~ at a gate 狂怒地,猛烈地/milk the ~ 做徒劳无益的事/shoot (the) ~ 吹牛,说大话;闲聊,空谈/take the ~ by the horns 不畏艰险/throw the ~ 胡说八道

bulldog ['buldɒg] n. ⓒ斗牛犬

bulldozer ['buldəuzə] n. ⓒ推土机

bullet ['bulɪt] n. ⓒ子弹

bulletin ['bulɪtɪn] n. ⓒ❶公告,新闻快报 ❷小报,期刊

bullish ['bulɪʃ] adj. ❶股票行情看涨的,做多头的 ❷(对未来)抱有信心的,乐观的

bully ['bulɪ] vt. (pt., pp. bullied)恐吓,威逼 ‖ ~ into 逼入某处;威逼…做…

bum[1] [bʌm] n. ⓒ〈口〉屁股

bum[2] [bʌm] n. ❶ⓒ以乞讨为生的流浪汉,无业游民 ❷Ⓢ漂泊乞讨的生涯,游荡生活 ❸ⓒ沉湎于…(娱乐等)活动的人,…迷,…狂 ❹ⓒ懒鬼,寄生虫,无赖 ■ vt. (-mm-)乞求,索求:Can I bum a cigarette off you? 可以向您要支烟吗? ‖ ~ about〔around〕漫游

bumble ['bʌmbl] ❶杂乱无章地说 ❷笨拙地进行 ❸犯错误

bumblebee ['bʌmblbiː] n. ⓒ〈动〉大黄蜂,熊蜂

bump [bʌmp] vt.& vi. 撞倒,冲撞 vi. 颠簸着前进 ‖ ~ against〔into〕撞着…/~ down 颠簸而行/~ off 谋杀 ■ n. ⓒ❶碰撞,猛撞 ❷肿块

❸隆起物
bumper¹ ['bʌmpə] n.Ⓒ(汽车上的)保险杠,缓冲器
bumper² ['bʌmpə] adj.Ⓐ特大的,丰盛的
bumpy ['bʌmpɪ] adj.崎岖的,不平的‖bumpily adv.崎岖地,不平地/bumpiness n.崎岖
bun [bʌn] n.Ⓒ❶圆形的小面包或点心 ❷(女子的)圆发髻‖have a ~ in the oven 怀孕/take the ~ 得第一名
bunch [bʌntʃ] n.Ⓒ❶束,串,捆 ❷群,伙‖the best of the ~一批中最好的,精华 ■vt.& vi.(使)…成束[捆]‖~ up 束在一起,挤在或叠在一起
bundle ['bʌndl] n.Ⓒ捆,包,束‖a ~ of nerves 神经极度紧张 ■vt.& vi.收集,归拢,把…塞入‖~ away 仓皇离开/~ off 急走(包裹等)/~ up 捆(包着);(使)穿得暖暖的
bungalow ['bʌŋɡələʊ] n.Ⓒ❶(英)平房 ❷〈美〉单层小屋;多于一层的小屋
bunk [bʌŋk] n.❶Ⓒ(车、船等倚壁而设的)铺位 ❷Ⓤ空话,废话
bunker ['bʌŋkə] n.Ⓒ❶(士兵用的)掩体,地堡,掩蔽壕 ❷(高尔夫球场的)沙坑
bunkhouse ['bʌŋkhaʊs] n.Ⓒ〈美〉工棚,简易工人宿舍
bunny ['bʌnɪ] n.Ⓒ兔子
buoy [bɔɪ] n.Ⓒ浮标,航标 ■vt.❶使浮起 ❷支持,维持 ❸振奋…的精神,使具有信心,鼓励
buoyancy ['bɔɪənsɪ] n.Ⓤ❶(物体在液体里的)浮性 ❷浮力 ❸(从失望、疲耗等中)恢复正常的能力,恢复乐观 ❹(价格、营业状况等的)维持力,恢复力,上涨行情,增长趋势
buoyant ['bɔɪənt] adj.有浮力的,轻松愉快的,开朗的,容易复原的‖buoyantly adv.轻松愉快地,开朗地
burden ['bɜːdən] n.Ⓒ重负 ■vt.加重压于,使背负‖~ with 以…使负重担,用…烦扰
bureau ['bjʊərəʊ] n.(pl. -reaux or -reaus) Ⓒ局,办事处,分社
bureaucracy [bjʊə'rɒkrəsɪ] n.❶Ⓒ政府机构 ❷Ⓤ官僚主义,官僚作风
bureaucrat ['bjʊərəʊkræt] n.Ⓒ官僚,官僚主义者,官僚作风的人‖bureaucratese n.官僚语言/bureaucratism n.官僚主义/bureaucratist n.官僚主义者/bureaucratization n.官僚主义化
bureaucratic [,bjʊərəʊ'krætɪk] adj.官僚的,官僚主义的,官僚作风的‖bureaucratically adv.官僚地,官僚作风地
bureaucratize [bjʊə'rɒkrətaɪz] vt.官僚统治;官僚化
burgeon ['bɜːdʒən] vi.迅速发展
burgeoning ['bɜːdʒənɪŋ] adj.迅速成长的;

迅速发展的
burger ['bɜːɡə] n.Ⓒ汉堡包
burglar ['bɜːɡlə] n.Ⓒ窃贼,破门盗窃者‖burglary n.夜盗行为;盗窃‖burglar-alarm n.防盗铃
burglarize ['bɜːɡləraɪz] vt.闯入…盗窃
burial ['berɪəl] n.ⓊⒸ葬,掩埋,葬礼
burly ['bɜːlɪ] adj.(-ier,-iest)(指人)魁梧的,健壮的‖burliness n.(指人)魁梧,健壮
burn [bɜːn] vt., vi.& link v.(pt., pp. burnt or burned)(使)燃烧 vt.& vi.❶使用某物为燃料 ❷烧毁,烧坏,烧伤:Some acids are strong enough to burn the wood.有些酸的腐蚀性强得可以烧坏木头。‖~ away 烧掉,烧毁,使逐渐消灭/~ daylight 白日点灯,徒劳无益/~ down (火)减弱;(使)烧毁/~ for 渴望/~ from 因…而刺痛/~ in 留下不可磨灭的印象/~ off 驱散,烧光/~ one's bridges[fingers]破釜沉舟[自讨苦吃]/~ out 烧空,烧光;烧尽/~ the midnight oil 开夜车,干到深夜/~ up 烧起来,旺起来;(彻底)烧光,烧尽(某物);使(某人)发怒 ■n.Ⓒ烧伤,烧痕
burner ['bɜːnə] n.Ⓒ炉子‖on the back ~ 停止,拖延
burning ['bɜːnɪŋ] n.ⒸⓊ燃烧 ■adj.❶烧着的 ❷急切的,迫切的 ❸引起争论和焦虑的‖burning glass 凸透镜/burning point 燃烧点
burnout ['bɜːnaʊt] n.❶Ⓒ烧毁,烧坏 ❷Ⓤ筋疲力尽 ❸Ⓒ筋疲力尽的人
burr¹ [bɜː] n.Ⓒ讲话时的 r 音 ■vi.发出嘟嘟声
burr² [bɜː] n.Ⓒ❶金属的毛边 ❷带刺的种子
burrow ['bʌrəʊ] vt.& vi.挖掘(洞穴);挖洞 vi.翻寻‖~ into[through, under]借挖掘或似挖掘的动作朝某方向移动 ■n.Ⓒ地洞
burst [bɜːst] vt.& vi.(pt., pp. burst)❶爆炸,爆裂 ❷挤满,充满 ❸突然打开 ❹突然发作,突然发生‖~ in on(因突然到来)阻碍某人[某事物];突然到来/~ into 匆匆进入(某处);突然开始(某事),突然进入(某种状态)/~ out 大声喊叫;突然发生 ■n.Ⓒ爆炸,爆裂;爆发,突发
bury ['berɪ] vt.(pt., pp. buried)❶埋葬 ❷掩埋,埋藏 ❸原谅 ❹不公开,隐藏 ❺沉溺于;专心于
bus [bʌs] n.(pl. buses;〈美〉busses)Ⓒ公共汽车,巴士‖bus station 公共汽车总站 /bus stop 公共汽车[巴士]站
bush [bʊʃ] n.Ⓒ灌木(丛)‖beat about the ~ 旁敲侧击/beat the ~ 寻找人或物‖bushy adj.丛林覆盖的;浓密的‖bushman n.澳洲丛林中的居民
bushed [bʊʃt] adj.疲劳不堪的

bushel [ˈbuʃl] n. ❶ⓒ蒲式耳(在美国相当于2150.42立方英寸,或35.42升) ❷ⓊC一蒲式耳重量的东西 ❸Ⓤ大量 ‖ **hide one's light under a ～** 不露锋芒／**measure others' corn by one's own ～** 拿自己作标准来衡量别人／己度人

business [ˈbɪznɪs] n. ❶Ⓤ交易,生意 ❷Ⓤ营业额,交易量 ❸ⓒ工商企业,商店；行业,事业 ❹Ⓤ职责,关心的事,本分,任务 ❺Ⓤ事情,事务,业务 ‖ **come to ～** 言归正传／**do the ～** 中／**give〔get〕the ～** 做出最大的努力；给予最大的伤害；苛责／**go into ～** 从事商业／**go out of ～** 停业,歇业／**have no ～** 无权〔不该〕(干某事)／**know one's ～** 精通业务／**make a ～ of** 以…为业／**make a great ～ of it** 非常辛苦地做它／**mean ～** 认真的,严肃的／**mind one's own ～** 少管闲事／**monkey ～** 〈口〉不正当行为；胡闹／**send about sb's ～** 把(某人)赶走 ‖ **business class** 二等舱,商务客位／**business end** 实用部分,起作用的一端／**businesslike** adj. 事务式的；有条理的／**businessman** n. 商人；实业家／**business park** 商业区／**businesswoman** n. 女商人；女实业家

bust¹ [bʌst] vt. & vi. (pt., pp. bust or busted)打破,打碎 ‖ **bust-up**〈美俚〉①失败,破产 ②争吵,(婚姻等的)破裂

bust² [bʌst] n. ⓒ ❶半身雕塑像 ❷妇女的胸部,胸围

bustle [ˈbʌsl] vi. 闹哄哄地忙乱,奔忙 vt. 催促

bustling [ˈbʌslɪŋ] adj. 繁忙的；熙熙攘攘的

busty [ˈbʌstɪ] adj. (女子)胸部丰满的

busy [ˈbɪzɪ] adj. (-ier, -iest) ❶忙的,专心的：She's busy with some important work. 她正忙于一些重要工作。／He is busy preparing for the examination. 他忙着准备考试。❷繁忙的,热闹的 ❸(电话线)正在被占用 ‖ **as ～ as a bee** 极忙碌／**get ～** 开始工作,干起来 ‖ **busyness** n. 忙碌 ‖ **busywork** n. 为避免学生空闲而布置的作业

but [强 bʌt, 弱 bət] conj. ❶但是,然而：He is extremely strong—not but that he will catch cold at times.虽然他特别健壮,但是有时也会感冒。❷而是：Not that the machine is out of order, but that I have not learned to operate it.不是机器出了故障,而是我还没学会操作。❸除了,除去：They never meet but they discuss this problem. 他们每次见面都讨论这个问题。❹相当于 that(用于否定结构后)：There is no doubt but that he will win the election. 毫无疑问,他将在竞选中获胜。❺(用于加强语气)：It'll be the event of the year—everyone, but everyone, is coming.这将是一年中的大事——每个人,对,就是每一个人,都会来。❻(用于表示惊奇或其他强烈感受)But that's outrageous! 啊,这太可恶了! ❼只因为,可是只有：No one is so old but he may learn. 〔No one is so old that he may not learn.〕活到老,学到老。❽假如没有…,要不是：I would fail my exams but that the classmates help me with my lesson. 要不是同学们帮助我学习功课,我考试就会不及格。‖ **never... ～ ...** 不…则已,一…就／**not ～ that...** 虽然…可是…／**not that... ～ that...** 不是…而是… ■ prep. 除…以外：She can do anything but sing. 她除了唱歌之外,什么都会做。‖ **～ for** 要不是 ■ adv. 只是,仅仅：He's but a boy. 他只不过是个孩子。

butcher [ˈbutʃə] n. ⓒ ❶屠夫,肉商,肉贩 ❷杀人狂,刽子手 ■ vt. 屠宰,残杀 ‖ **butchery** n. 屠宰场；屠宰

butler [ˈbʌtlə] n. ⓒ男管家(通常负责管理酒窖)

butt¹ [bʌt] n. ❶Ⓤ笑柄；嘲笑的对象 ❷ⓒ烟蒂,烟头 ❸ⓒ工具柄；枪托

butt² [bʌt] vt. & vi. 用头撞或顶 ‖ **～ in** 插嘴,插手,干涉／**～ on** 插手,干涉／**～ out** 别管闲事

butter [ˈbʌtə] n. Ⓤ ❶奶油 ❷奶油状的食品 ■ vt. 抹奶油于…上 ‖ **buttermilk** n. 脱脂乳

butterfly [ˈbʌtəflaɪ] n. ❶ⓒ蝴蝶 ❷Ⓢ蝶式游泳 ❸ⓒ游手好闲的人,轻浮的人 ‖ **break a ～ on the wheel** 小题大做,杀鸡用牛刀

buttock [ˈbʌtək] n. ⓒ臀部,屁股

button [ˈbʌtn] n. ⓒ ❶纽扣 ❷按钮 ❸没有价值的小东西 ‖ **on the ～** 在下巴尖上；准确地 ■ vt. & vi. 扣住,系住 ‖ **～ down** 扣紧；弄清,说明／**～ up** 扣紧；顺利完成 ‖ **buttoned** adj. 用纽扣装饰的；扣紧的／**buttonless** adj. 没有纽扣的／**buttony** adj. 纽扣的,像纽扣的；用许多纽扣装饰的 ‖ **buttonhole** n. 纽扣眼

buxom [ˈbʌksəm] adj. (妇女)丰满红润的,高大而漂亮的

buy [baɪ] vt. & vi. (pt., pp. bought) ❶购买,购得 ❷做出牺牲以获得 ‖ **～ back** 买回(原有之物)／**～ in** 大宗购进(某物);加入,入伙／**～ off〔over〕**贿赂,收买(某人)／**～ out** 买下…的全部股份／**～ up** 全部买下 ■ n. ⓒ ❶交易,买卖 ❷便宜货 ‖ **buyer** n. 买主,采购员

buzz [bʌz] vt. & vi. ❶发出嗡嗡声 ❷(发出)充满兴奋的谈话声〔闲话,谣言〕❸忙As,急行 ‖ **～ about〔around〕**匆忙〔兴奋〕地活动／**～ off** 走开 ■ n. ⓒ嗡嗡声,乱哄哄的说话声

by [baɪ] prep. ❶(表示位置)在…近旁；在身边：On a cold evening it is pleasant to sit by the fire.在寒冷的夜晚坐于炉火旁边很舒服。❷(表示时间)不迟于；在…时候：She should be back by now.她现在应该回来了。❸(表示方向)从…中经过：He came in by the back door. 他是由后门进来的。❹(表示方式)搭乘,通过；抓住；靠；采取；就…而论；以…称呼方式；以…的名义；凭着：By temperament he was an artist.从气质上看,他是一位画家。❺(表示原

因)随…而来: The meeting will be held in the school hall, by permission of the headmaster. 由于有校长的准许,会议将在学校大厅举行。❻(表示方位)偏于: The steamer will go west by north. 这艘轮船将向西偏北方向航行。❼(表示环境)借着…光亮: They were playing cards by electric light. 他们正借着灯光打牌。❽(表示关涉)经过: I go by the house every day. 我每天都要从这栋房子经过。❾(表示程度)以…之差: We lost the match by one goal. 我们以一分之差输了比赛。❿(表示关系)对待: He deals ill by his wife. 他待妻子不好。⓫(表示依据)根据: It's not fair to judge people by their appearances. 以貌取人是不公正的。⓬(表示比率)以…幅度;以…为单位;以…比…: Most workmen are paid by the week. 大多数工人按周付给薪水。⓭(表示累加)(一个)接着: Day by day he applied himself to the task until it was finished. 他日复一日地投入那项工作,直到完成为止。⓮(表示动作者)被〔由〕;由: He was brought up by an aunt. 他是由婶婶抚育成人的。■ adv. ❶在近旁: He stole the money when no one was by. 他趁旁边无人时把钱偷走了。❷经过,走过: He hurried by without speaking to me. 他匆匆经过,没有跟我说话。/Excuse me, I can't get by. 抱歉,请让我过去。❸保留: I always keep a bottle of wine by in case friends call round. 我平时总存放一瓶酒以备朋友来时喝。‖ ～ and ～ 不久,马上/～ and large 总的来说,大体而言/～ the ～ 顺便说一下 ‖ **by-effect** n. 副作用/**by-election** n. 补缺选举/**bygone** adj. 过去的,以往的/**by-lane** n. 小巷/**bylaw** n. 附则,细则/**bystander** n. 旁观者/**byword** n. 谚语,俗语;笑柄;绰号/**bywork** n. 业余工作

bye [bai] int. 再会,回头见

bye-bye [ˌbəˈbai] int. 再见

bypass [ˈbaipɑːs] vt. ❶绕过,避开: ～ centre 绕过中心 ❷不顾: He bypassed his colleagues on the board and went ahead with the deal. 他未征求董事会中同事的意见就做了这笔交易。■ n. ⓒ旁道: If we take the bypass we'll avoid the town centre. 我们走旁道就能绕过镇中心。

C c

cab [kæb] *n*. ⓒ❶出租车❷(公共汽车、火车等的)司机室,驾驶室❸出租马车 ‖ **cabstand** *n*. 出租马车〔汽车〕停车处
cabaret [ˈkæbəreɪ] *n*. ❶ⓒ有歌舞表演的夜总会❷ⓤ卡巴莱舞曲
cabbage [ˈkæbɪdʒ] *n*. ⓒⓤ洋白菜,卷心菜 ‖ **cabbagehead** *n*. 〈美〉笨蛋
cabin [ˈkæbɪn] *n*. ⓒ❶〈美〉小木屋 ❷(飞机上的)驾驶舱,船舱
cabinet [ˈkæbɪnɪt] *n*. ⓒ❶橱,陈列柜 ❷内阁,内阁会议 ‖ **cabinetmaking** *n*. 家具制造;组阁/**cabinetwork** *n*. 细木工;细木工做的家具
cable [ˈkeɪbl] *n*. ⓒ❶(船只、桥梁等上的)巨缆,钢索❷电缆 ■ *vt*. & *vi*. 给(某人)发电报,打电报告诉(某人) ‖ **cable television** 有线电视
caboose [kəˈbuːs] *n*. ⓒ(火车最后的)守车
cacao [kəˈkɑːəʊ] *n*. ⓒ可可树
cache [kæʃ] *n*. ⓒ❶藏物处❷藏匿的珍宝
cachectic [kəˈkektɪk] *adj*. 与身体消瘦有关的;有身体消瘦症状的
cactus [ˈkæktəs] *n*. (*pl*. ~**es** or **cacti**)ⓒ仙人掌,仙人球
cadastral [kəˈdæstrəl] *adj*. 土地清册的
cadaverous [kəˈdævərəs] *adj*. 死人似的,尸体般的;面色灰白的;枯槁的
caddie [ˈkædɪ] *n*. ⓒ受佣替人背高尔夫球棒的人,球童
cadet [kəˈdet] *n*. ⓒ陆军或海军学校学员
cadge [kædʒ] *vt*. & *vi*. 乞讨;乞得;索取
cadre [ˈkɑːdə] *n*. ⓒ干部,军官,骨干
caducous [kəˈdjuːkəs] *adj*.(器官或部分)早期自然脱落的
caesious [ˈsiːzɪəs] *adj*. 蓝绿色的,灰绿色的
cafe [ˈkæfeɪ] *n*. ⓒ咖啡馆;小餐厅
cafeteria [ˌkæfɪˈtɪərɪə] *n*. ⓒ(常设在商店、工厂、学校中的)自助餐厅或食堂
caffeine [ˈkæfiːn] *n*. ⓤ〈化〉咖啡因

cage [keɪdʒ] *n*. ⓒ笼子 ■ *vt*. 把⋯关入牢中
cagey [ˈkeɪdʒɪ] *adj*. 小心的,不表态的
cajole [kəˈdʒəʊl] *vt*.(用甜言蜜语、虚假诺言等)劝诱,哄骗
cake [keɪk] *n*. ❶ⓒⓤ蛋糕,糕饼❷ⓒ饼状食物;块状物 ■ *vt*. & *vi*.(使)结块;(使)胶凝
calamity [kəˈlæmɪtɪ] *n*. ⓒⓤ灾祸,灾难 ‖ **calamitous** *adj*. 受灾的,灾难的 ‖ **calamity howler** 〈美〉悲观论者
calcareous [kælˈkeərɪəs] *adj*. 含碳酸钙的,钙质的
calcify [ˈkælsɪfaɪ] *vt*. & *vi*.(使)钙化,(使)硬化
calcium [ˈkælsɪəm] *n*. ⓤ〈化〉钙
calculate [ˈkælkjʊleɪt] *vt*. & *vi*. ❶计算,估计❷打算,旨在 ‖ ~ **for** 适合于⋯ / ~ **on**[**up-on**]〈美〉期待,指望 ‖ **calculated** *adj*. 被计算的;特意计划的;适当的/**calculative** *adj*. 计算的;需要计算的;老是在打算的
calculating [ˈkælkjʊleɪtɪŋ] *adj*. 精明的;精于算计的
calculator [ˈkælkjʊleɪtə] *n*. ⓒ计算器
calendar [ˈkælɪndə] *n*. ❶ⓒ日历,月历 ❷ⓢ日程表
calf [kɑːf] *n*. (*pl*. **calves**) ⓒ❶腿肚子 ❷牛犊,(海豹、鲸等大哺乳动物的)幼崽
calibrate [ˈkælɪbreɪt] *vt*. ❶校准 ❷使标准化,使合标准❸测量(枪的)口径
calibre,〈美〉**caliber** [ˈkælɪbə] *n*. ❶ⓒ口径❷ⓒ枪弹的直径❸ⓤ能力,器官,质量
Californian [ˌkælɪˈfɔːnjən] *adj*. 加利福尼亚的 ■ *n*. 加利福尼亚人
call [kɔːl] *vt*. & *vi*. ❶叫,喊 ❷通电话 ❸认为;估计 *vt*.❶命名,取名 ❷召唤,号召,召开 *vi*. 拜访,访问 ‖ ~ **about** 找⋯谈某事;为⋯打电话 / ~ **after** 以⋯而命名 / ~ **away** ①叫走②转变思想 / ~ **back** ①叫回来②收回③回电话 / ~ **down** ①祈求②引起③招惹,批评 / ~ **forth** 唤起,鼓起(勇气等),发挥(能力) / ~ **forward** 请

〔命令〕站到前面来/～ in 来访,邀请/～ off 取消/～ on〔upon〕号召,拜访/～ out 大声叫/～ together 召集,邀集/～ up ①(给…)打电话❷提醒,使想起 ■ n. ❶呼喊声,叫声;鸟鸣声❷打电话 ❸拜访;小歇 ‖ a close ～〈口〉幸免,死里逃生 /at sb's ～听从(某人)召唤;听命于人/get no ～〈非正〉无权,无资格/within ～喊声所及;在附近;顺从 ‖ callback n. 回电话;回访/call-board n. 公告板/call box 公用电话亭/call forwarding 呼叫转移/call-in adj. 听众热线的/call sign 呼叫信号;呼叫

callous [ˈkæləs] adj. 无情的,冷漠的: a ～ attitude 冷漠的态度 ‖ **callously** adv. 无情地,冷漠地/**callousness** n. 无情,冷漠

calloused [ˈkæləst] adj. 粗糙的;粗硬的;起老茧的

callow [ˈkæləʊ] adj. 稚嫩的;无经验的

calm [kɑːm] adj. (-er,-est) ❶(水面)平静的,(天气)无风的 ❷镇定的,沉着的;宁静的,心平气和的 ■ vt.&vi. (使)平静;(使)镇定 ‖ **down**(使)平静下来 ‖ **calmly** adv. 平静地,镇定地,沉着地;心平气和地/**calmness** n. 平静;镇定;沉着;心平气和

calorie [ˈkælərɪ] n. ⓒ❶大卡,千卡(食物所产生的能量单位)❷卡路里,卡(热量单位)

calumniate [kəˈlʌmnɪeɪt] vt. 诽谤,中伤

camcorder [ˈkæmkɔːdə] n. ⓒ(VCR)摄像机

camel [ˈkæməl] n. ⓒ骆驼

camera [ˈkæmərə] n. ⓒ照相机;摄影机;电视摄影机 ‖ in ～秘密/off ～未被摄影机摄取;未在拍摄中/on ～被电视摄影机照到,出现在电视上;在拍摄中 ‖ **cameraman** n. 摄影师

camouflage [ˈkæmʊflɑːʒ] n. ⓒⓊ伪装,隐藏 ■ vt. 掩藏,掩盖

camp [kæmp] n. ⓒ❶营地 ❷收容所 ❸阵营;集团 ■ vt.&vi. 宿营,露营 ‖ ～ out 野营,暂住 /～ up 装腔作势地表演,矫揉造作 ‖ **camper** n. 宿营者,露营者;野营用的车辆 ‖ **camp bed** 行军床/**campstool** n. 轻便折凳

campaign [kæmˈpeɪn] n. ⓒ❶运动 ❷战役 ‖ ～ against 反～的运动/～ for 争取…的运动 ■ vi. 参加〔发起〕运动,参加多项选 ‖ **campaigner** n. 参加运动的人;参加多次战役的军人

camphorate [ˈkæmfəreɪt] vt. 用樟脑浸渍,用樟脑处理

campus [ˈkæmpəs] n. (pl. ～es) ⓒ❶(大学)校园 ❷大学或其分校

can[1] [强 kæn, 弱 kən] aux. v. ❶能,能够 ❷可以,可以的,会 ‖ ～ be too + adj. 越…越好/再…也不过分/～'t + help n./pron./v-ing/to-v 不禁…;禁不住做某事

can[2] [kæn] n. ⓒ 罐,罐头 ■ vt. 将…装入密封罐中保存 ‖ **canful** n. 一罐,满罐

canal [kəˈnæl] n. ⓒ❶运河 ❷管道

canary [kəˈneərɪ] n. ⓒ〈动〉金丝雀

cancel [ˈkænsəl] vt. (-ll-,〈美〉-l-) ❶取消,废除 ❷注销,盖销 ❸删去,划掉 ‖ ～ out 抵消

cancer [ˈkænsə] n. ❶ⓒⓊ癌 ❷ⓒ迅速蔓延的恶劣的或危险的事物 ‖ **cancered** adj. 得了癌症的/**cancerous** adj. 癌的;患癌症的

candid [ˈkændɪd] adj. ❶耿直的,坦率的,直率的 ❷自然的,非故意摆出姿势的 ❸公正的,不偏不倚的 ‖ **candidly** adv. 耿直地,自然地,公正地/**candidness** n. 耿直,自然,公正

candidate [ˈkændɪdɪt] n. ⓒ❶申请求职者,候选人 ❷报考者

candied [ˈkændɪd] adj. (水果)糖渍的,蜜饯的

candle [ˈkændl] n. ⓒ蜡烛 ‖ **can't hold a ～ to** 简直不能与…相比 ‖ **candle bomb** 照明弹/**candlestick** n. 蜡烛台

candy [ˈkændɪ] n. ❶Ⓤ结晶糖,冰糖 ❷ⓒⓊ〈美〉糖果,巧克力 ■ vt. (pt., pp. **candied**)(用糖煮过以)保存 ‖ **candy-floss** n. 棉花糖/**candy store** 〈美〉糖果店

canister [ˈkænɪstə] n. ⓒ❶(通常为金属的)小罐(装茶叶、咖啡等) ❷霰弹筒 ‖ **canister shot** 榴霰弹

cannabis [ˈkænəbɪs] n. Ⓤ❶大麻 ❷大麻制品

cannon [ˈkænən] n. (pl. ～) ⓒ加农炮,大炮,火炮 ■ vi. 与…猛撞 ‖ ～ against〔into〕猛然与…碰撞 ‖ **cannon-fodder** n. 炮灰

canny [ˈkænɪ] adj. (-ier,-iest) 精明仔细的 ‖ **cannily** adv. 精明地/**canniness** n. 精明

canoe [kəˈnuː] n. ⓒ小而轻的舟,独木舟 ‖ **paddle one's own ～** 靠自己的力量,独立进行

canon [ˈkænən] n. ⓒ❶总的规则、标准或原则 ❷真经;正经 ❸(某作家的)真作 ❹在大教堂任职的教士 ‖ **canonical** adj. 依照教规的;被收入真经的 ‖ **canon law** 教会法规

canonize, -ise [ˈkænənaɪz] vt. 正式宣布(某人)为圣徒 ‖ **canonization,-isation** n. 正式宣布为圣徒

canopy [ˈkænəpɪ] n. ⓒ❶(宝座或床等上面的)华盖,罩篷 ❷(飞行器上的)座舱罩 ❸任何悬于上空的覆盖物

canorous [kəˈnɔːrəs] adj. 音调悦耳的,旋律优美的

cantankerous [kænˈtæŋkərəs] adj. 脾气不好的,爱争吵的

canteen [kænˈtiːn] n. ⓒ❶小卖部,食堂 ❷水壶,水罐

canter [ˈkæntə] n. Ⓢ❶(指马)慢跑,小跑 ❷骑马慢跑 ‖ **at a ～** 不费力地;容易地 ■ vt.&vi. (使马)慢跑

canvas [ˈkænvəs] n. ❶Ⓤ帆布 ❷ⓒ油画

(布)‖ under ～在帐篷里;(船)张帆‖ canvas shoe 网球鞋

canvass ['kænvəs] vt.&vi. ❶(在政治方面)游说 ❷调查(如选举前选民的)意见 ❸为讨论而提出(意见等)‖ canvasser n. 检票员;游说者;推销员

canyon ['kænjən] n. Ⓒ峡谷‖ canyoning n. 漂流(运动)

cap [kæp] n. Ⓒ❶便帽;帽子 ❷保护盖(套)‖ ～ in hand 恭敬地,谦恭地/put on one's thinking ～动脑筋/set one's ～ at(女子)向(男子)挑逗 ▪vt.(-pp-)❶覆盖,笼罩 ❷胜过,超过‖ capful n. 少许,少量

capability [ˌkeɪpə'bɪləti] n. ❶Ⓒ能做某事的素质;能力 ❷Ⓤ尚未发挥的天资或素质

capable ['keɪpəbl] adj. 有能力的,有技能的

capacious [kə'peɪʃəs] adj. 宽敞的

capacity [kə'pæsɪti] n. ❶Ⓒ容量,容积 ❷Ⓤ Ⓒ才能,能力 ❸Ⓒ身份,职位‖ in the ～ of 以…的身份,以…的资格

cape [keɪp] n. Ⓒ❶斗篷,披肩 ❷海角,岬

caper ['keɪpə] vi. 蹦蹦跳跳;跑来跑去 ▪n. Ⓒ ❶跳;跳跃 ❷恶作剧(不诚实的或罪恶的勾当)‖ cut a ～ 雀跃;愚蠢地行事;开玩笑

capillary [kə'pɪləri] n. Ⓒ毛细管;毛细血管‖ capillary attraction 毛细吸引,毛细吸力

capital ['kæpɪtl] n. ❶Ⓒ首都,首府 ❷Ⓤ资本,资金 ❸Ⓒ大写字母‖ make ～(out) of 利用 ▪adj. ❶Ⓐ资本的,与资本有关的 ❷Ⓐ主要的 ❸极好的 ❹Ⓐ大写的 ❺Ⓐ可处死刑的‖ capital expenditure 资本建设费用/capital gain 资本收益/capital intensive 资本密集型的/capital levy 资产税/capital transfer 资本转移

capitalize,-ise ['kæpɪtəlaɪz] vt. ❶用大写字母写或印刷 ❷将(某事物)转作资本、用作资本或资本化‖ ～ on 利用某事物,从某事物中获利‖ capitalization,-isation n. 资本化

capitular [kə'pɪtjulə] adj. ❶教士的;关于教士的 ❷骨端(隆起物)的

capitulate [kə'pɪtjuleɪt] vi. 投降

capricious [kə'prɪʃəs] adj. 无定见的,变幻莫测的

capsize [kæp'saɪz] vt.&vi.(使船)翻,倾覆

capsule ['kæpsju:l] n. Ⓒ❶胶囊 ❷航天舱,密封舱

captain ['kæptɪn] n. Ⓒ❶船长,机长 ❷上尉,队长,首领‖ a ～ of industry 工业巨头‖ captaincy n. 船长、陆军上尉等的职位、任期或能力

caption ['kæpʃən] n. Ⓒ标题,说明文字,字幕

captious ['kæpʃəs] adj. 爱找岔子的

captivate ['kæptɪveɪt] vt. 迷住(某人);迷惑

‖ **captivating** adj. 有迷惑力的;使人神魂颠倒的/**captivation** n. 迷惑,迷人/**captivator** n. 有吸引力的人或物

captivating ['kæptɪveɪtɪŋ] adj. 迷人的;有魅力的;有吸引力的

captive ['kæptɪv] adj. 被俘的,被捕获的 ▪n. Ⓒ战俘,俘虏‖ **captivity** n. 被俘;被捕;囚禁‖ captive audience 受制观〔听〕众

captor ['kæptə] n. Ⓒ捕捉者;捕获者

capture ['kæptʃə] vt. ❶俘获 ❷夺取,占领

car [kɑ:] n. Ⓒ❶汽车,轿车 ❷(火车)车厢‖ carfare n. 公交车车费/car park 汽车停车场/car wash 汽车擦洗处

caramel ['kærəməl] n. Ⓒ❶(食物着色或调味用的)焦糖 ❷ⓊⒸ(含焦糖味的)太妃糖‖ **caramelize,-ise** vt. 使某物变成焦糖

caramelized ['kærəməlaɪzd] adj.(食物)含焦糖的,浇上焦糖的

carat ['kærət] n. Ⓒ(宝石的重量单位)克拉

caravan ['kærəvæn] n. Ⓒ❶(可供居住的)拖车(通常由机动车拖引) ❷篷车 ❸(穿过沙漠地带的)旅行队(如商队) ▪vi. 乘拖车度假

carbon ['kɑ:bən] n. Ⓤ〈化〉碳‖ carbon black 炭黑/carbon copy 副本,复写本/carbon dioxide 二氧化碳/carbon monoxide 一氧化碳/carbon paper 复写纸

carbonated ['kɑ:bəneɪtɪd] adj. 含二氧化碳的

carboniferous [ˌkɑ:bə'nɪfərəs] adj. 产碳的,碳化的

carbonized ['kɑ:bənaɪzd] adj. 烧焦的

carburettor ['kɑ:bjʊretə],〈美〉**carburetor** ['kɑ:bjʊretə] n. Ⓒ〈机〉汽化器,化油器

carburize ['kɑ:bjʊraɪz] vt. 给(铁)加碳

carcass ['kɑ:kəs] n. Ⓒ❶(动物的)尸体 ❷烹调过的禽鸟骨骼

card [kɑ:d] n. Ⓒ❶卡,卡片,名片 ❷请帖;明信片 ❸纸牌,扑克牌 ❹办法,手段,妙计‖ hold all the winning ～s 稳操胜券/play one's ～s right 小心从事

cardboard ['kɑ:dbɔ:d] n. Ⓒ硬纸板

cardinal[1] ['kɑ:dɪnl] n. Ⓒ红衣主教

cardinal[2] ['kɑ:dɪnl] adj. Ⓐ最重要的,主要的 ▪n. Ⓒ基数

cardiopulmonary [ˌkɑ:dɪəʊ'pʌlmənəri] adj. 心肺的

cardiovascular [ˌkɑ:dɪəʊ'væskjʊlə] adj. 心血管的

care [keə] vt.&vi. 关心,担心,在乎,介意 vt. 喜欢,愿意‖ ～ about 喜欢/对…感兴趣/关心;在乎/ ～ for 喜欢,希望,照料;喜爱,尊重 ～s. ❶Ⓤ照顾,护理 ❷Ⓤ小心,注意 ❸Ⓒ忧虑,挂念 ❹Ⓒ负责照管、办理的事‖ in ～ of 转交/leave in sb's ～ 把…交给某人照管/take ～ of

照顾;对付,处理 ‖ **careworn** *adj.* 忧心忡忡的,操心的

careen [kəˈriːn] *vt.* 将船倾侧,将船倾倒(以清洗、捻缝或修理) *vi.* ❶倾斜,倚靠 ❷(车辆)歪歪斜斜地行驶;猛冲

career [kəˈrɪə] *n.* ⓒ❶职业 ❷生涯,履历

carefree [ˈkeəfriː] *adj.* 无忧无虑的,快乐舒畅的

careful [ˈkeəful] *adj.* 仔细的,小心的 ‖ **carefully** *adv.* 仔细地,认真地

careless [ˈkeəlɪs] *adj.* ❶粗心的,草率的 ❷□随便的,不介意 ❸不关心的,冷漠的 ‖ **carelessness** *n.* 粗心,草率

caress [kəˈres] *n.* ⓒ爱抚,抚摸 ■ *vt.* 爱抚或抚摸

caretaker [ˈkeəteɪkə] *n.* ⓒ看门人 ■ *adj.* 暂时代理的;临时的

cargo [ˈkɑːgəu] *n.* (*pl.* ~es,〈美〉~s) ⓒ Ⓤ 货物(量)

caribou [ˈkærɪbuː] *n.* (*pl.* ~ or ~s) ⓒ (北美洲产的)驯鹿

caricature [ˌkærɪkəˈtjuə] *n.* ❶ⓒ漫画,夸张的描述或模仿 ❷Ⓤ漫画艺术;滑稽或讽刺的模仿方式 ■ *vt.* 用漫画表现或夸张描述、模仿… ‖ **caricatural** *adj.* 讽刺画的;滑稽的/**caricaturist** *n.* 漫画家

caring [ˈkeərɪŋ] *adj.* Ⓐ表示或感到关怀或关心的

carnal [ˈkɑːnəl] *adj.* ❶世俗的 ❷肉体的 ❸性欲的,好色的

carnation [kɑːˈneɪʃən] *n.* ⓒ❶麝香石竹;康乃馨 ❷(一枝)康乃馨

carnival [ˈkɑːnɪvəl] *n.* ❶ⓒⓊ狂欢节;嘉年华会 ❷ⓒ狂欢节

carnivorous [kɑːˈnɪvərəs] *adj.* (动物)食肉的

carol [ˈkærəl] *n.* ⓒ欢乐之歌 ■ *vi.* (-ll-,〈美〉-l-)❶欢乐地唱 ❷唱圣诞颂歌 ‖ **caroller** *n.* 欢唱颂歌的人

carp¹ [kɑːp] *n.* (*pl.* ~) ⓒ鲤鱼

carp² [kɑːp] *vi.* 挑剔;吹毛求疵;找茬儿 ‖ ~ on 对… 挑剔 ‖ **carper** *n.* 很挑剔的人/**carping** *adj.* 挑剔的

carpenter [ˈkɑːpɪntə] *n.* ⓒ木工,木匠

carpet [ˈkɑːpɪt] *n.* ⓒ地毯 ‖ **call on the** ~ 责备某人

carriage [ˈkærɪdʒ] *n.* ❶ⓒ四轮马车;车辆 ❷ⓒ车厢 ❸ⓈⓊ举止,仪态 ‖ **carriageway** *n.* 车道

carrier [ˈkærɪə] *n.* ⓒ❶搬运人;送信人;运输工具 ❷带菌者

carrot [ˈkærət] *n.* ⓒⓊ胡萝卜 ‖ **hold out**〔**offer**〕**a** ~ **to sb** 利诱某人/~ **and stick** 胡萝卜加大棒,软硬兼施

carry [ˈkærɪ] *vt.* ❶提,挑,背 ❷支撑,支持 *vt.* & *vi.* ❶运送,搬运 ❷携带,具有,包含 ‖ ~ **about**〔**around**〕随身带,携带/~ **along** 随身带,携带 /~ **away** 拿走,带走,搬走;使激动,使着迷/~ **back** 还回,送回;使回想,使陷入回忆/~ **down** 搬下来,拿下来;把(观念)传给年轻人或晚辈/~ **forward** 推进/~ **into** 带进,搬进/~ **off** 抢去,窃去;赢得,获得奖牌;成,带离/~ **on** 经营,从事,忙于;继续进行/~ **out** 抬出去,拿出去;执行,贯彻;进行;完成,实现/~ **over** 使持续下去;推迟,延期/~ **through** 把(观念)进去…;帮助…渡过难关/ ~ **with** 带着,含有

cart [kɑːt] *n.* ⓒ运货马车;手推车 ‖ **get**〔**put**〕**the** ~ **before the horse** 本末倒置/**in the** ~ 处于困境或不愉快的境地 ■ *vt.* 用马车载运 ‖ ~ **off** 运送,载运;(以武力)带走,挟持

cartel [kɑːˈtel] *n.* ⓒ〈经〉卡特尔,企业联合(以控制产量、销售及防止相互竞争)

cartilage [ˈkɑːtɪlɪdʒ] *n.* ❶Ⓤ〈解〉软骨 ❷ⓒ软骨结构 ‖ **cartilaginous** *adj.* 软骨的;像软骨的

carton [ˈkɑːtən] *n.* ⓒ纸板箱;纸板盒:*a* ~ *of milk* 一纸盒奶

cartoon [kɑːˈtuːn] *n.* ⓒ❶漫画 ❷动画片,卡通片 ‖ **cartoonist** *n.* 漫画家

cartridge [ˈkɑːtrɪdʒ] *n.* ⓒ❶子弹,弹药筒;弹壳 ❷(唱机的)唱头;(拾音器的)心座 ❸录音带盒;胶卷盒;钢笔囊

carve [kɑːv] *vt.* & *vi.* ❶切,切碎 ❷雕刻 ‖ ~ **from** 用…雕刻/~ **into** 把…雕刻成 /~ **out** 雕刻出…;用辛勤的劳动创出… /~ **up** 把(某物)切成块;瓜分或划分(某物) ‖ **carver** *n.* 雕刻者;切肉的人;切肉刀 ‖ **carving knife** 切肉刀

cascade [kæsˈkeɪd] *n.* ⓒ❶小瀑布 ❷瀑布状物

case [keɪs] *n.* ⓒ❶事例,实例 ❷实情,情况 ❸病例,病症,患者 ❹被警方调查的案件,诉讼案 ❺容器,包装 ❻手提箱 ‖ **fight the** ~ **out** 把官司打到底,使问题水落石出/**get down to** ~**s** 开始谈到要点/**in any** ~ 无论如何,不管怎样;还有/**in** ~ 假使;免得,以防;也许,说不定/**in** ~ **of** 万一,如果;防备/**in no** ~ 无论如何不/**in the** ~ **of** 至于…,就…来说 /**in this** ~ 既然这样/**make a** ~ **for** 坚持下去 ‖ **case study** 个案研究

cash [kæʃ] *n.* Ⓤ钱,现款 ■ *vt.* 把支票兑换成现金 ‖ ~ **in** 兑换/~ **up** 结算 ‖ **cash card** 自动提款卡/**cash crop** 商品作物/**cash desk** 付款柜台,付款处/**cash dispenser** 自动提款机/**cash flow** 现金周转/**cashpoint** *n.* 自动提款机/**cash register** 现金收入记录机

cashier [kæˈʃɪə] *n.* ⓒ出纳员 ■ *vt.* 革除(军官)职务

cashmere [kæʃ'mɪə] n. ⓤ开士米；山羊绒
casino [kə'si:nəʊ] n. (pl. ~s) ⓒ赌场；娱乐场
cask [ka:sk] n. ⓒ❶(尤指盛酒精饮料的)桶 ❷一桶的量
casserole ['kæsərəʊl] n. ❶ⓒ焙盘；砂锅 ❷ⓒⓤ焙盘菜；砂锅菜
cassette [kə'set] n. ⓒ盒式录音带，盒式录像带
cast [ka:st] vt.&vi. ❶投，掷，扔 ❷浇铸 vt. ❶投射，加…于 ❷分配(演戏剧等的)角色 ‖ ~ back 回想，追溯/~ down 抛下，丢下；降低，使向下；使沮丧/~ off 脱下，解开；摆脱，抛弃/~ out 驱逐出去，赶走/~ up 计算；把…加起来；冲击 ■ n. ⓒ❶投，掷，抛，扔 ❷铸造物；塑件 ❸石膏 ❹演员表，全体演员 ‖ cast iron 铸铁，生铁/cast-off adj. 不再要的；丢弃的 ■ n. 原主人不再要的衣服/casting vote 决定票
caste [ka:st] n. ❶ⓒ印度的社会等级 ❷ⓒ任何排他的社会阶层 ❸ⓤ姓氏(按照血统、阶级、财富等严格区分的社会制度)
castigate ['kæstɪgeɪt] vt. 严厉责骂，批评或惩罚(某人) ‖ castigation n. 严厉的责骂、批评或惩罚/castigator n. 鞭打者；申斥者；修订者/castigatory adj. 鞭打的；申斥的；修订的
castle ['ka:sl] n. ⓒ城堡，堡垒 ‖ a ~ in the air 空中楼阁
castrate [kæs'treɪt] vt. 阉割(动物、人) ‖ castration n. 阉割
casual ['kæʒjʊəl] adj. ❶漠不关心的，冷淡的 ❷随便的，非正式的 ❸ⓐ偶然的，碰巧的 ❹ⓐ临时的，不定期的
casualty ['kæʒjʊəltɪ] n. ⓒ❶伤亡者 ❷受害者，牺牲品
cat [kæt] n. ⓒ❶猫 ❷猫科动物 ‖ cat-and-dog life 争吵不休的生活/cat-and-mouse game 欲擒故纵的把戏，折磨/let the ~ out of the bag 真相大白，秘密泄漏/like a ~ on hot bricks 像热锅上的蚂蚁/rain ~s and dogs 下倾盆大雨
catalogue,〈美〉**catalog** ['kætəlɒg] n. ⓒ❶目录，一览表 ❷系列 ■ vt. 为…编目录，登记分类
catalyst ['kætəlɪst] n. ⓒ❶〈化〉催化剂，触媒 ❷促进因素；有感染力的人，能激发对方的人
catalyze ['kætəlaɪz] vt. 催化；促进
catapult ['kætəpʌlt] n. ⓒ❶(小孩玩的)弹弓 ❷石弩，弩炮 ■ vt. 用弩炮发射
cataract ['kætərækt] n. ⓒ❶大瀑布 ❷〈医〉白内障
catastrophe [kə'tæstrəfɪ] n. ⓒⓤ灾祸，灾难

catatonic [,kætə'tɒnɪk] adj. (患)紧张症的，(患)强直性昏厥的
catch [kætʃ] vt. (pt. pp. caught) ❶接住 ❷逮住，捉住，抓住 ❸偶然撞见，突然发觉 ❹赶上，追上 ❺患病；感染上 ❻理解，听懂，听到 ❼引起，吸引 vt.&vi. ❶(使)被钩住，(使)被卡住 ‖ ~ at ❶设法抓住 ❷发现某人正在干… ❸接受/~ in ❶恰逢某人在… ❷缝上几针把…改小 ❸绊倒/~ up 遇上雨 ❺当场抓住/~ on ❶流行起来 ❷懂得，理解/~ out 发觉…有错误/~ up ❶突然而迅速地抓住 ❷吹起，卷起 up in 沉湎于/~ up on ❶事后得到关于…的消息 ❷赶完/~ up with ❶追上，赶上 ❷对…产生恶果/~ with 抓住 ■ n. ⓒ❶抓，接 ❷捕获量，捕获物 ❸挂钩，吊扣 ❹隐情，圈套 ‖ a ~ in 在…中有蹊跷 ‖ catcher n. 捕捉者；捕捉器 ‖ catchall n. 装杂物的容器/catch-as adj. 用一切方法的；没有计划的/catchcry n. 吸引人们注意的话/catchpenny adj. 只为赚钱而制造的；不值钱的
catching ['kætʃɪŋ] adj. ⓟ(疾病)传染(性)的
catchy ['kætʃɪ] adj. (曲调、歌曲)容易记住的；a ~ tune 易记的曲调
catechetic(al) [,kætɪ'ketɪk(əl)] adj. ❶问答式教学的 ❷根据基督教《教理问答》的 ❸使用问答方式的
catechize ['kætɪkaɪz] vt. 问答式讲授
categorical [,kætɪ'gɒrɪkəl] adj. 绝对的，无条件的，断言的，确信无疑的，明确的 ‖ categorically adv. 无条件地；明白地
categorize,**-ise** ['kætəgəraɪz] vt. 把…归类；把…列作
category ['kætɪgərɪ] n. ⓒ种类，类别
cater ['keɪtə] vt.&vi. 提供饮食及服务 ‖ ~ for[to] ❶提供饮食及服务 ❷迎合 ‖ caterer n. 包办伙食的人；筹备文娱节目的人
cathartic [kə'θɑ:tɪk] adj. 通便的，导泻的
cathedral [kə'θi:drəl] n. ⓒ总教堂，大教堂
cathode ['kæθəʊd] n. ⓒ〈电〉阴极，负极 ‖ cathode ray 阴极射线
catholic ['kæθəlɪk] adj. 包罗万象的；广泛的；普遍的
Catholic ['kæθəlɪk] adj. 天主教的 ■ n. ⓒ天主教徒 ‖ Catholicity n. 天主教；天主教教义
cattle ['kætl] n. ⓢ(总称)牛，牲口 ‖ cattle leader 牛鼻环/cattleman n. 牧牛人，养牛人/cattle pen 牛栏
catwalk ['kætwɔ:k] n. ⓒ(桥侧的)步行小道；(机房房中的)狭窄过道；(时装表演时模特儿走的)伸展台
caucus ['kɔ:kəs] n. ⓒ(政党决定政策或推举竞选人的)核心成员(会议)；决策干部(会

cauliflower ['kɒlɪflauə] n. ⓒⓤ〈植〉花椰菜,菜花

causal ['kɔ:zəl] adj. Ⓐ 具有因果关系的;构成原因的 ‖ **causally** adv. 具有因果关系地;构成原因地

causality [kɔ:'zælɪtɪ] n. ⓤ ❶因果关系 ❷因果性

causative ['kɔ:zətɪv] adj. 成为原因的

cause [kɔ:z] n. ❶ⓒ原因,起因 ❷ⓤ缘故,理由 ❸ⓒ事业,原则,目标 ■ vt. ❶成为…的原因;导致: *The child's headache may be caused by stress*. 那孩子的头痛可能是紧张引起的。❷引起,促使,使发生 ‖ **causeless** adj. 无原因的;无正当理由的/**causer** n. 引起者;根由

causeway ['kɔ:zweɪ] n. ⓒ垫高的堤道

caustic ['kɔ:stɪk] adj. ❶〈化〉苛性的;腐蚀性的 ❷尖刻的,刻薄的,挖苦的 ‖ **caustically** adv. 刻薄地,挖苦地

cauterize, -ise ['kɔ:təraɪz] vt. & vi. (用腐蚀性物质或烙铁)烧灼以消毒 ‖ **cauterization** n. 烧,烙

caution ['kɔ:ʃən] n. ❶ⓤ小心,谨慎,慎重 ❷ⓒ警告 ‖ **with** ~ 小心谨慎 ■ vt. 警告,提醒,劝…小心: ~ *the prisoner* 警告囚犯 ‖ ~ **about**就(某事)警告(某人) / ~ **against**〔**for**〕警告(某人)不要做(某事)

cautionary ['kɔ:ʃənərɪ] adj. 提醒注意的,告诫的: *strike a* ~ *note* 敲警钟

cautious ['kɔ:ʃəs] adj. 小心的,谨慎的 ‖ **cautiously** adv. 小心地,谨慎地/**cautiousness** n. 小心,谨慎

cavalry ['kævəlrɪ] n. ⓒ骑兵(队) ‖ **cavalryman** n. 骑兵

cave [keɪv] n. ⓒ洞穴 ■ vt. & vi. (使)塌陷;倒塌 vi. 屈服; ~ **in** ①塌陷;坍方②(指商店等)倒闭③投降,屈服 ‖ **cave dwelling** 窑洞/**cave-house** n. 窑洞/**cave-in** n. 矿井中的塌方

cavern ['kævən] n. ⓒ大山洞,大洞穴 ‖ **caverned** adj. 洞穴状的,在洞穴中的

cavernous ['kævənəs] adj. 大而深的

cavil ['kævɪl] vi. 挑剔,吹毛求疵

cavity ['kævɪtɪ] n. ⓒ腔,洞

cavort [kə'vɔ:t] vi. 跳跃

CD [si:'di:] n. ⓒ激光〔镭射〕唱片,光盘

CD-ROM [,si:di:'rɒm] n. ⓒ只读存储器,只读光盘

cease [si:s] vt. & vi. 停止,终止,结束 ‖ ~ **from** 停止做(某事)/ ~ **out** 绝迹

ceaseless ['si:slɪs] adj. 不停的;(好像)无休止的;不断的

cedar ['si:də] n. ⓒ雪松;西洋杉 ‖ **cedarn** adj. 雪松(制)的,杉木(制)的

cede [si:d] vt. 让给,割让;放弃

ceiling ['si:lɪŋ] n. ⓒ❶天花板,顶棚 ❷最高限度,上限 ❸高度,上升限度;云幕高度 ‖ **hit the** ~ 勃然大怒,极度激动 ‖ **ceiling capacity** 上升能力/**ceiling height** 升限;云幕高度

celebrate ['selɪbreɪt] vt. & vi. 庆祝 vt. 颂扬,赞美,歌颂 ‖ **celebrator** n. 庆祝的人

celebrated ['selɪbreɪtɪd] adj. 有名的,著名的

celebration [,selɪ'breɪʃən] n. ❶ⓤ庆祝 ❷ⓒ庆祝会(仪式)

celebrity [sɪ'lebrɪtɪ] n. ❶ⓒ(尤指娱乐界的)名人,名流 ❷ⓤ名声,名誉

celery ['selərɪ] n. ⓤ芹菜

celestial [sɪ'lestjəl] adj. 天的,天空的

celibate ['selɪbɪt] n. ⓒ独身者 ■ adj. 独身者的

cell [sel] n. ⓒ❶〈生〉细胞 ❷小牢房,单人小室 ❸电池 ‖ **cell block** 监狱分区/**cell division** 细胞分裂

cellar ['selə] n. ⓒ❶地下室,地窖 ❷酒窖 ‖ **from** ~ **to rafter** 整幢房子;上上下下/**keep a good** ~ 藏有大量的酒 ‖ **cellarer** n. 管地窖的人

cello ['tʃeləu] n. ⓒ大提琴 ‖ **cellist** n. 大提琴手,大提琴家

cellophane ['seləfeɪn] n. ⓤ玻璃纸

cellular ['seljulə] adj. ❶由许多小单元组成的,蜂窝状的 ❷(布等)有网眼的 ❸多孔的 ❹利用电台网通讯的,蜂窝式无线通讯系统的 ‖ **cellularity** n. 细胞性,细胞结构

cellulose ['seljuləus] n. ⓤ细胞膜质;纤维素

Celsius ['selsjəs] n. ⓒ摄氏 ■ adj. 摄氏的 ‖ **Celsius thermometer** 摄氏温度计

cement [sɪ'ment] n. ❶ⓤ水泥 ❷接合剂,黏合物 ■ vt. ❶在…上抹水泥 ❷粘牢 ❸巩固,加强

cemetery ['semɪtrɪ] n. ⓒ(非教堂的)墓地,公墓

censor ['sensə] n. ⓒ❶(书刊、电影等的)检查员,审查官;信件检查员 ❷(古罗马负责调查户口、监察社会风纪等的)监察官 ‖ **censorial** adj. 监察官的;审查员的

censorious [sen'sɔ:rɪəs] adj. 苛评的,吹毛求疵的

censorship ['sensəʃɪp] n. ⓤ审查员的职权;审查(制度)

censure ['senʃə] n. ⓤ指责,谴责 ■ vt. 指责;非难;谴责 ‖ ~ **for** 因…指责

census ['sensəs] n. ⓒ人口普查,统计

cent [sent] n. ⓒ分,一分钱的硬币 ‖ **put in one's two** ~**s** 发表意见;发言

centenary [sen'ti:nərɪ] n. ⓒ一百周年(纪

centennial [sen'tenjəl] n. ⒞ 一百周年(纪念)

centesimal [sen'tesɪməl] adj. 百分的;百进位的

centigrade ['sentɪgreɪd] n. ⒞ 摄氏

centimetre ['sentɪˌmiːtə] n. ⒞ 厘米

central ['sentrəl] adj. ❶中心的,中央的,形成中心的 ❷最重要的,主要的,首要的 ❸有全部权力或控制力的 ‖ **centrally** adv. 中心地;中央地/**centralness** n. 中心;中央 ‖ **central government** 中央政府/**central heating** 集中供暖系统

centralize,-ise ['sentrəlaɪz] vt. 使…处于中央的控制之下,把…集中于中央 ‖ **centralization,-isation** n. 集中

centre,〈美〉**center** ['sentə] n. ❶⒞中心点,中心,中央 ❷⒞使人感兴趣的集中点 ❸⒞中枢 ❹⒞活动集中的地方 ❺Ⓢ政治上的中间立场或中间党派 ■vt.&vi. ❶置于中央 ❷集中 ‖ ~ about 以…为中心 / in 集中于…,集中在…上 / ~ out 把(某人)挑出来 ‖ **centreless** adj. 无中心的 ‖ **centre forward**(足球等的)中锋/**centremost** adj. 在最中心的

centrepiece ['sentəpiːs] n. ⒞ ❶置于桌子中央的装饰品(尤指鲜花) ❷(整体中)最引人注目的部分

centrifugal [sen'trɪfjʊgəl] adj. 离心(力)的 ‖ **centrifugally** adv. 离心(力)地

centripetal [sen'trɪpɪtl] adj. 向心(力)的 ‖ **centripetally** adv. 向心地

centrist ['sentrɪst] n. ⒞ (政治上的)中间派,温和派 ■adj. (政治上的)中间派的,温和派的

century ['sentʃʊrɪ] n. ⒞ ❶100年,一世纪 ❷100分 ‖ **centuries-old** adj. 历史悠久的

cephalic [sə'fælɪk] adj. 头盖的,在头部的

ceramic [sɪ'ræmɪk] adj. 陶器的,与陶器有关的

ceramics [sɪ'ræmɪks] n. ❶Ⓤ制陶术,陶器制造;陶瓷工艺 ❷ⓅⓇ陶器

cereal ['sɪərɪəl] n. ❶⒞谷类植物,谷物 ❷Ⓤ谷类食物,麦片粥

cerebral ['serɪbrəl] adj. ❶大脑的,脑的 ❷要运用智力或理智的;诉诸理性的;非感情方面的

ceremonial [ˌserɪ'məʊnjəl] adj. 礼仪的;仪式的 ‖ **ceremonially** adv. 礼仪地;仪式地

ceremonious [ˌserɪ'məʊnɪəs] adj. 好礼仪的,讲究礼节的,正式的

ceremony ['serɪmənɪ] n. ❶⒞典礼,仪式 ❷Ⓤ礼节,礼仪 ‖ **stand on** ~ 讲究客套,客气 / **without** ~ 不拘礼节

cert [sɜːt] n. Ⓢ必然发生的事;绝对确实的事

certain ['sɜːtn] adj. ❶Ⓟ无疑,肯定 ❷Ⓐ某,某些 ‖ **for** ~ 无疑地,确定地/**make** ~ 弄清楚/**make** ~ **of** 采取行动以便确有把握做其他事

certainly ['sɜːtnlɪ] adv. 无疑地;确定地

certainty ['sɜːtntɪ] n. ❶⒞必然的事,确定的事 ❷Ⓤ确实,确信 ‖ **for a** ~ 确实无疑地/**to a** ~ 必然,一定

certificate [sə'tɪfɪkɪt] n. ⒞证书,执照 ‖ **certificated** adj. 有证书的

certify ['sɜːtɪfaɪ] vt. (pt., pp. -fied) ❶证明,证实 ❷发证书给… ‖ ~ **for** 保证/~ **to** 证明 ‖ **certifier** n. 证明者

cervical ['sɜːvɪkəl] adj. 〈解〉颈(部)的;子宫颈的

cervix ['sɜːvɪks] n. (pl. **cervices**, ~**es**) ⒞〈解〉子宫颈

cessation [se'seɪʃən] n. ⒞Ⓤ(暂时)停止,休止,中断 ‖ **without** ~ 无休止的

cession ['seʃən] n. ⒞Ⓤ(领土的)割让;(财产的)转让

chafe [tʃeɪf] vt.&vi. ❶擦痛,擦伤,擦破 ❷惹怒,使急躁 ❸发怒,焦躁 ❹擦热(尤指皮肤)

chagrin ['ʃægrɪn] n. Ⓤ(由失败等引起的)懊恼,懊丧,悔恨 ■vt. 使懊恼,使懊丧,使悔恨 ‖ **be** ~**ed at**〔**by**〕因…而懊恼

chain [tʃeɪn] n. ❶⒞链,锁链 ❷⒞一系列的事物 ❸⒞连锁店或旅馆 ❹⒞束缚 ■vt. ❶用铁链锁住;~ **the dog** 用铁链把狗拴起来 ❷束缚 ‖ ~ **down** 拴住,束缚/~ **to** 拴住,束缚/~ **up** 拴住 ‖ **chainless** adj. 无链的;无束缚的 ‖ **chain-belt** n. 链带/**chain reaction** 连锁反应/**chain-smoker** n. 一支接一支抽烟的人/**chain wheel** 滑轮

chair [tʃeə] n. ❶⒞椅子 ❷⒞大学教授职位 ❸Ⓢ主持会议的主席(的席位或职位) ‖ **be in the** ~ 主持会议,担任主席/**fall off one's** ~ 大吃一惊/**take the** ~ 主持会议,担任主席 ■vt. ❶主持 ❷把胜利者高高抬起 ‖ **chairbed** n. 坐卧两用的椅子 ‖ **chair car** 有活动座椅的客车/**chair lift** 供山区游览的有座位的架空滑车

chairman ['tʃeəmən] n. (pl. -**men**) ⒞ ❶(主持会议的)主席 ❷委员长,董事长

chairmanship ['tʃeəmənʃɪp] n. Ⓢ主席的地位、身份或任期

chalet ['ʃæleɪ] n. ⒞ ❶(屋顶陡斜的)木造农舍;(尤指瑞士的)山地农舍式房子 ❷小屋

chalk [tʃɔːk] n. ❶Ⓤ制造白色或彩色粉笔的白垩 ❷⒞粉笔 ■vt. 用粉笔写、画、作记号 ‖ ~ **it up** ①把它宣布出去②把它记在账上/~ **out** 打…的图样;计划/~ **up** 记下 ‖ **chalkboard** n. 黑板/**chalkstone** n. 石灰岩/**chalk-talk** n. 用粉笔在黑板上(作图)说明的讲话

challenge ['tʃælɪndʒ] n. ⒞ ❶挑战,邀请比

赛 ❷怀疑,质问 ❸艰巨的任务 ‖ **beyond** ~无与伦比;无可非难/**raise to the** ~ 接受挑战,迎战/**take a** ~ **lying down** 对挑战者俯首屈服 ■ *vt*. ❶挑战 ❷质疑 ❸考验 ‖ **challenger** *n*.挑战者 ‖ **challenge cup** 优胜杯/**challenge flag** 优胜旗

challenged ['tʃælɪndʒd] *adj*.(在某一方面)残疾的

challenging ['tʃælɪndʒɪŋ] *adj*.富有挑战性的;需要充分发挥能力的;困难而有趣的,具有刺激性的

chamber ['tʃeɪmbə] *n*. ⓒ❶房间 ❷(作特殊用途的)房间 ❸会议厅,会所 ‖ **chambermaid** *n*.女服务员,侍女/**chamber pot** 便壶,夜壶

champ [tʃæmp] *vi*.(马)大声咀嚼

champion ['tʃæmpjən] ⓒ❶冠军 ❷捍卫者,拥护者 ‖ **championless** *adj*.无冠军的

championship ['tʃæmpjənʃɪp] *n*. ❶ⓒ锦标赛,冠军赛 ❷ⓒ冠军的地位(称号、等级、保持称号的时期)❸Ⓤ维护;支持

chance [tʃɑːns] *n*. ❶Ⓤ机会;时机 ❷ⓒ某事发生的可能性 ❸Ⓤ无任何可见到的或可了解的原因而发生的情况;碰运气的事;运气 ‖ **by any** ~ 偶然;意外地/**not even a dog's** ~ 一点机会也没有/**on the** ~ **of** 怀着…的希望/**stand a good〔stand no〕** ~ 很有〔没有〕可能,大有〔没有〕希望/**take a** ~ 投机/**take one's** ~ 碰运气,听任命运 ■ *vi*. ❶偶然发生 ❷冒险 ‖ ~ **on〔upon〕**偶然找到,遇到/~ **one's arm** 冒险一试

chancellor ['tʃɑːnsələ] *n*. ⓒ大臣,司法官

chandelier [ˌʃændɪ'lɪə] *n*. ⓒ枝形吊灯

chandler ['tʃɑːndlə] *n*. ⓒ船用杂货商(经营绳索、帆布及其他船用物品的商人)

change [tʃeɪndʒ] *vt*.& *vi*. ❶改变,改换,变化 ❷换钱,换车 *vt*. ❶交换,更换 ❷兑换(货币)‖ ~ **back** 恢复到原来的样子、特性等;换上原来的衣服 /~ **for** 转车去…;好转〔恶化〕/(把…)换成,(以…)交换 /~ **from** 使从…变成 /~ **into** 换上衣服,(使)变为 /~ **over**(使)改变,(使)变换;调换 /~ **to** 变成,换成 /~ **with** 与…对调 ■ *n*. ❶Ⓤ改变,变化,变更 ❷Ⓤ低值硬币,零钱 ❸ⓒ找回的钱 ‖ **changeable** *adj*.可变的;易变的;不定的/**changeful** *adj*.多变的;易变的/**changeless** *adj*. 不变的,无变化的

channel ['tʃænl] *n*. ⓒ❶海峡 ❷通道;水沟,水渠 ❸渠道,途径 ❹频道

chant [tʃɑːnt] *vt*. ❶吟颂,咏唱 ❷反复有节奏地喊叫(或唱等)

chaos ['keɪɒs] *n*. Ⓤ混乱,紊乱

chaotic [keɪ'ɒtɪk] *adj*.混沌的;一片混乱的;一团糟的 ‖ **chaotically** *adv*. 混沌地,一团糟地

chap[1] [tʃæp] *n*. ⓒ小伙子,小家伙;家伙

chap[2] [tʃæp] *vt*. & *vi*.(-pp-)(使)疼痛,变粗糙,皲裂

chapel ['tʃæpəl] *n*. ❶ⓒ小教堂;(医院、监狱等的)附属礼拜堂 ❷ⓊⓈ(在小教堂和附属礼拜堂举行的)礼拜仪式

chaplain ['tʃæplɪn] *n*. ⓒ(学校或军队)牧师

chapter ['tʃæptə] *n*. ⓒ章,回,篇 ‖ **a** ~ **of accidents** 接踵而来的灾祸/**give** ~ **and verse for** 注明引用资料等的出处,证明…的确切依据/**to the end of the** ~ 永远地

char [tʃɑː] *vt*. & *vi*.(-rr-)(把…)烧焦,(把…)烧黑

character ['kærɪktə] *n*. ❶ⓒⒸ品质,特性,特色 ❷Ⓤ特征,好的品质 ❸ⓒ人物,角色 ❹ⓒ(书写或印刷)符号,(汉)字

characteristic [ˌkærɪktə'rɪstɪk] *adj*.特有的,典型的

characterize,-ise ['kærɪktəraɪz] *vt*. ❶是…的特征,以…为特征 ❷描述(人或物)的特性,描绘 ‖ **characterization** *n*. 描述,刻画,塑造

charade [ʃə'rɑːd] *n*. ❶ⓒ伪装 ❷ⓒ猜字游戏

charcoal ['tʃɑːkəʊl] *n*. Ⓤ炭,木炭 ‖ **charcoal burner** 烧炭人;炭炉

charge [tʃɑːdʒ] *vt*. ❶命令,委托 ❷控告 ❸使充电 *vt*.& *vi*. ❶进攻 ❷收费,要价 ‖ ~ **against** 控告;归咎于 /~ **at** 向…袭击;扑向 /~ **down** 冲向上前;往下冲;〈主美〉把…记账 /~ **for** 要价;收费 /~ **into** 冲进;撞上 /~ **off**〈美〉把…作为损耗处理;〈美,非正〉把…归因于 /~ **on〔upon〕** 归咎于;出一笔钱 /~ **out** 冲出来 /~ **to** 把…记入;归咎于 /~ **up** 向…冲锋;跑上来;挂账,记在…账上;为…充电 /~ **with** 给…装(炸药);给…充(电);指控;犯…罪;承担,担负,充满 ❷ⓒ指责,指控,控告 ❸ⓒ猛攻 ❹Ⓤ费用 ❺ⓒ指示,命令 ❻ⓒ电荷 ‖ **in** ~ **of** 主管,掌管/**in full** ~ 负全责/**in the** ~ **of** 在…的掌管下/**take** ~ 掌管,负责 ‖ **charged** *adj*. 充满强烈感情的;带电的/**charger** *n*. 装料人;充电器;委托人

chariot ['tʃærɪət] *n*. ⓒ敞篷双轮马车(古代用于战争或竞赛)

charisma [kə'rɪzmə] *n*.(*pl*. ~**s** or ~**ta**) ❶Ⓤ魅力,魔力 ❷ⓒ〈宗〉神授的力量或才能 ‖ **charismatic** *adj*. 有魅力的,有魔力的

charismatic [ˌkærɪz'mætɪk] *adj*. ❶有魅力的;有感召力的 ❷(基督徒中的一派)认为有神赐超凡能力的

charitable ['tʃærɪtəbl] *adj*. ❶行善的,慷慨施舍的 ❷慈善的,仁爱的 ❸宽厚的

charity ['tʃærɪtɪ] *n*. ❶Ⓤⓒ慈爱,仁慈;救济金 ❷ⓒ慈善团体 ❸Ⓤ宽厚,宽容,宽大 ‖ **charitable** *adj*. 慈悲的,博爱的

charm [tʃɑːm] n. ❶Ⓤ魅力,吸引力 ❷Ⓒ魔力,魔法,咒语 ■vt. ❶使高兴,使着迷;吸引 ❷使中魔法,(犹如用魔法)控制 ‖ ~ with 用(魔法)控制;以(愉快的事物)使(某人)兴奋,入迷,陶醉

charmer ['tʃɑːmə] n. Ⓒ对异性有吸引力的人

charming ['tʃɑːmɪŋ] adj. 媚人的;可爱的;令人陶醉的 ‖ **charmingly** adv. 可爱地;令人陶醉地

chart [tʃɑːt] n. ❶Ⓒ图表 ❷Ⓒ航海图 ❸Ⓟ唱片的每周流行榜 ■vt. ❶绘制地图,在图上标出 ❷跟踪;记述 ‖ ~ out 在海图上标出;探查

charter ['tʃɑːtə] n. ❶Ⓒ许可证 ❷Ⓒ纲领,宪章,宣言 ❸Ⓤ包租 ■vt. ❶发给…许可证 ❷包租

chartered ['tʃɑːtəd] adj. Ⓐ(根据持有皇家特许状的专业协会的规章)合格的 ‖ **chartered accountant** (英国)(皇家)特许会计师

chary ['tʃeərɪ] adj. (-ier, -iest) ❶小心的;谨慎的 ❷节省的,舍不得的

chase [tʃeɪs] vt. ❶追捕,追逐 ❷试图赢得 ‖ ~ about(around)到处急奔 / ~ after 追捕,跑步追上;追求(某人) / ~ away 赶走,驱逐 / ~ down 努力寻找;喝下一种饮料后又喝另一种味淡的酒 / ~ out of 将…从…赶出去 / ~ up 追寻,追查;查核,查证 ■n. ❶Ⓒ追捕,追猎 ❷Ⓢ打猎

chaser ['tʃeɪsə] n. Ⓒ解酒水

chasm ['kæzəm] n. ❶Ⓒ裂缝,裂口 ❷分歧,差别

chassis ['ʃæsɪ] n. (pl. ~ ['ʃæsɪz])Ⓒ(车辆的)底盘;(飞机的)机架;(无线电的)机壳,底架

chaste [tʃeɪst] adj. ❶没有经过性交的;童贞的 ❷(性生活)忠于配偶的 ❸纯真的;有道德的 ❹(风格)简单的;不修饰的

chasten ['tʃeɪsn] vt. ❶惩罚(某人)(使之改正或改进);惩戒 ❷遏制(某人);制止

chastise [tʃæs'taɪz] vt. 严惩(某人)(尤指责打)

chat [tʃæt] vi. (-tt-) 聊天,闲谈 ‖ ~ away 闲谈 / ~ of(about) 闲聊… / ~ over 一边…一边聊天 / ~ up 闲谈 / ~ with 与某人闲聊某事 ■n. Ⓒ Ⓤ闲谈,聊天 ‖ **chat show** 电视或无线电采访节目

chatter ['tʃætə] vi. ❶(人)喋喋不休;唠叨 ❷(牙齿)打战;(机器)震颤 ■n. ❶Ⓤ喋喋不休,唠叨 ❷(牙齿、机器等)快速碰撞声;震颤声

chauffeur ['ʃəʊfə] n. Ⓒ受雇于人的汽车司机

chauvinism ['ʃəʊvɪnɪzəm] n. Ⓤ沙文主义 ‖ **great-power chauvinism** 大国沙文主义

cheap [tʃiːp] adj. (-er, -est) ❶廉价的,便宜的 ❷劣质的,低劣的 ❸低俗的,卑鄙的 ‖ **on the** ~ 便宜地 ‖ **cheaply** adv. 便宜地/**cheapness** n. 便宜

cheapen ['tʃiːpən] vt. ❶减价 ❷降低(自己〔某事物〕的身价);贬低

cheat [tʃiːt] vt. 欺骗,哄骗 vi. 欺诈,作弊 ‖ ~ **at** 在…中捣鬼〔作弊〕/ ~ **into** 哄骗 / ~ **of** 骗取;剥夺 / ~ **on** 对…不忠;作弊 ■n. Ⓒ❶欺骗(行为)❷骗子

check [tʃek] vt. & vi. 检查,核对 ‖ ~ **one's answers** 检查答案 vt. 阻遏,制止;抑制 ‖ ~ **the civil war** 〔**expansion**〕制止内战〔扩张〕 ‖ ~ **against** 跟…核对 / ~ **back** 回顾记录;再联系 / ~ **for** 检查 / ~ **in** 登记签到;注册…留给其他人照看;归还经登记借出的东西 / ~ **into** 到达并在…登记;调查 / ~ **off** 登记;清点;对…不再加以考虑;从工资中扣除;〈非正〉下班 / ~ **on** 上班;查对,核实,检查 / ~ **out** 检查,核对,核实;付账后离开;办登记手续后取走;相等,相同;符合,一致;合格;通过 / ~ **over** 核对;仔细检查 / ~ **through** 检查;核对,校订 / ~ **up** 调查;检查 / ~ **with** 跟…相符合;跟…联系;跟…商量 ■n. Ⓒ❶检查,核对 ❷制止,抑制 ❸〈美〉支票,账单 ‖ **checker** n. 制止者,阻止者;查对者 ‖ **check-in** n. (机场)登机处/**checklist** n. 清单/**checkout** n. ①结账(离开酒店) ②试车/**checkpoint** n. 检查哨;检查站

checked [tʃekt] adj. 方格图案的

checkers ['tʃekəz] n. Ⓟ西洋跳棋

Cheddar ['tʃedə] n. Ⓤ一种呈白色或黄色的奶酪

cheek [tʃiːk] n. ❶Ⓒ脸颊,脸蛋 ❷Ⓤ无礼而放肆的行为

cheekbone ['tʃiːkbəʊn] n. Ⓒ面颊骨,颧骨

cheeky ['tʃiːkɪ] adj. (-ier, -iest) 无礼的;不要脸的;厚颜无耻的

cheer [tʃɪə] vt. & vi. ❶为…欢呼,喝彩 ❷鼓励,鼓舞 ‖ ~ **for** 为…喝彩叫好,为…鼓劲加油 / ~ **on** 向…欢呼,为…鼓劲加油 / ~ **up** (使)高兴起来,(使)振作起来 ■n. Ⓒ❶欢呼,喝彩 ❷Ⓤ快活,欢欣 ‖ **cheerleader** n. ①带领观众欢呼的人 ②拉拉队队长

cheerful ['tʃɪəfʊl] adj. ❶欢乐的,高兴的 ❷使人感到愉快的

cheerless ['tʃɪəlɪs] adj. 沉闷的;无乐趣的;不快乐的,阴郁的,凄凉的

cheery ['tʃɪərɪ] adj. (-ier, -iest) 喜气洋洋的;兴高采烈的;欢乐的

cheese [tʃiːz] n. Ⓒ Ⓤ干酪,奶酪

cheetah ['tʃiːtə] n. Ⓒ〈动〉(奔跑极快的)非洲猎豹

chef [ʃef] n. Ⓒ〈法〉厨师长

chemical ['kemɪkəl] adj. 化学的 ■n. Ⓒ化学药品 ‖ **chemically** adv. 化学上地

chemist ['kemɪst] n. C❶化学家 ❷药剂师
chemistry ['kemɪstrɪ] n. U化学
chemotherapy ['keməʊ'θerəpɪ] n. U〈医〉化学疗法
cheque,〈美〉**check** [tʃek] n. C〈英〉支票
chequer,〈美〉**checker** ['tʃekə] n. ❶方格图案 ■ vt. 使(某物)呈现方格图案或不同颜色或不同深浅的方格
chequered,〈美〉**checkered** ['tʃekəd] adj. A好运和恶运交替的
cherish ['tʃerɪʃ] vt. ❶ 珍爱,珍视,爱护 ❷怀有,抱有;~ the great aspirations 拥有远大抱负
cherry ['tʃerɪ] n. ❶C樱桃 ❷C U樱桃树;樱桃木 ❸U樱桃色,鲜红色
chess [tʃes] n. U棋,国际象棋
chest [tʃest] n. C❶胸部,胸腔 ❷箱子,柜子
chesterfield ['tʃestəfi:ld] n. C(靠背、座位和两端都有垫料的)长沙发
chevron ['ʃevrən] n. C(警察或士兵所佩带以示衔级的)∧形或∨形标志
chew [tʃu:] vt.& vi. 咀嚼;咬 ‖ ~ the cud 深思,反省/~ away继续吃;咬坏/~ on 细想,仔细考虑 /~ out 严厉责备/~ over 细想,仔细考虑 /~ up 充分咀嚼;弄坏;罚,申斥
chic [ʃi:k] adj.〈法〉漂亮的,时髦的,潇洒的 ■ n. U高雅
chicanery [ʃɪ'keɪnərɪ] n. ❶U耍花招哄骗别人(尤指于法律事务中);不诚实的行为 ❷C哄骗;欺骗
chick [tʃɪk] n. ❶C小鸡,小鸟,幼雏 ❷少妇
chicken ['tʃɪkɪn] n. ❶C鸡 ❷U鸡肉
chide [tʃaɪd] vt. (pt. chided or chid, pp. chided, chid or chidden)责骂,责备
chief [tʃi:f] adj. ❶A级别最高的;总的 ❷主要的,最重要的 ■ n. C❶族长,酋长 ❷首领,首长
chiefly ['tʃi:flɪ] adv. ❶主要地,首要地 ❷尤其
chieftain ['tʃi:ftən] n. C(部落)酋长;族长;首领
chiffon ['ʃɪfɒn] n. U雪纺绸
child [tʃaɪld] n. (pl. children) C❶小孩,儿童 ❷子女,孩子 ‖ **childless** adj. 没有孩子的 ‖ **child benefit** 儿童补助金(政府发给儿童的父母,到其一年龄为止)/**childbirth** n. 生孩子,生产/**childlike** adj. 孩子般的;天真的,直率的
childhood ['tʃaɪldhʊd] n. U C童年,儿童时代
childish ['tʃaɪldɪʃ] adj. 孩子的,孩子气的;孩子所特有的
chill [tʃɪl] vt.& vi. (使)变冷,(使)变凉 ■ n. ❶S寒冷,寒气 ❷C寒颤,发冷
chilli ['tʃɪlɪ] n. C U(干)辣椒,辣椒粉
chilling ['tʃɪlɪŋ] adj. 吓人的
chilly ['tʃɪlɪ] adj. (-ier,-iest) 寒冷的,冷得难受的
chime [tʃaɪm] n. C(一套钟敲出的)钟声;谐和音律 ■ vt.& vi. 敲出和谐的乐声;报(时) ‖ ~ in 插话
chimera [kaɪ'mɪərə] n. C❶(由几种动物的各部分构成的)假想的怪兽 ❷不可能实现的想法;幻想;妄想
chimerical [kaɪ'merɪkəl] adj. 不真实的;奇异的
chimney ['tʃɪmnɪ] n. C烟囱,烟筒
chimpanzee [,tʃɪmpən'zi:] n. C黑猩猩
chin [tʃɪn] n. C(尤指人的)颏,下巴 ‖ **keep one's ~ up** 不要灰心丧气
china ['tʃaɪnə] n. U瓷器
chine [tʃaɪn] n. C❶(动物的)脊骨,脊柱,脊椎 ❷脊肉(带部分脊骨的肉);排骨肉
chink [tʃɪŋk] n. C裂缝,小裂口
chinless ['tʃɪnlɪs] adj. 胆小的;软弱的;不坚决的
chip [tʃɪp] n. ❶C碎片 ❷C缺口 ❸P炸马铃薯条 ❹C集成电路片 ■ vt.& vi. (使)切掉碎片 ‖ ~ away拆掉,削掉,铲除;凿〔敲〕下碎片/~ in 插嘴,插话;共同出钱,捐助,凑钱
chirp [tʃɜ:p] vi. 鸟叫;虫鸣
chisel ['tʃɪzl] n. C凿子,錾子 ■ vt.& vi. (-ll-,〈美〉-l-) 凿,雕,镂
chit¹ [tʃɪt] n. C❶幼儿 ❷瘦小的少女
chit² [tʃɪt] n. C❶便条;短信 ❷欠条,记账单(如用旅馆中的饮料)
chive [tʃaɪv] n. C细洋葱
chlorine ['klɔ:ri:n] n. U〈化〉氯,氯气
chloroform ['klɔrəfɔ:m] n. U(用作麻醉剂的)氯仿;三氯甲烷
chlorophyll ['klɔrəfɪl] n. U叶绿素
chocolate ['tʃɒkəlɪt] n. ❶U巧克力 ❷U C巧克力糖
choice [tʃɔɪs] n. C❶选择,挑选 ❷供选择的东西 ❸人选者,被选中的东西 ‖ ~ at 可随意挑选/by ~出于自己的选择/have no ~ ①不特别偏爱哪个,不在乎哪个 ②不能选择 ■ adj. 上等的;精选的;~ flour〔fruit〕上等面粉〔水果〕/~ phrases 精妙的词语/The car is a choice buy. 这辆车挑得好,价廉物美。‖ **choicely** adv. 精选地,上等地
choir ['kwaɪə] n. C唱诗队,唱诗班
choke [tʃəʊk] vt.& vi. ❶填塞;The channel chokes. 这条水道堵塞了。❷(使)窒息;He choked with anger. 他气得说不出话来。‖ ~ back〔down〕抑制/~ off 中止做;使放弃做;

批评;责备 /~ **up** 使装满,塞满;因感情冲动说不出话来

cholera ['kɒlərə] n. U〈医〉霍乱
cholesterol [kɒ'lestərɒl] n. U胆固醇
choose [tʃu:z] vt.&vi.(pt. chose, pp. chosen) ❶挑选;选择:We choose her a nice birthday present.我们给她挑选了一件精致的生日礼物。❷选定,决定:She chose not to go home until later.她决定晚一点回家。❸喜欢;宁愿:She chose happiness instead of wealth.她宁愿要幸福而舍弃财富。‖ ~ **among**在…之间选择/~ **as** 把…选作/~ **between** 在…之间选择/~ **for** 把…选作/~ **from** 从…之间选择 ‖ **chooser** n. 选择者
choos(e)y ['tʃu:zɪ] adj.(-sier,-siest)〈口〉挑剔的;难讨好的
chop [tʃɒp] (-pp-) vt.&vi. 砍,伐,劈:He chopped me some wood.他给我劈了一些柴。‖ ~ **at** 向…砍去,猛击…/~ **away** 砍倒/~ **down** 伐倒/~ **off** 砍掉,切掉/~ **out** 突然露出/~ **up** 剁碎 ■n. C❶带骨的肉块 ❷剁,砍,劈‖ **chophouse** n. 小饭馆/**chopstick** n. 筷子
chopper ['tʃɒpə] n. C砍割工具
choppy ['tʃɒpɪ] adj.(-ier,-iest)(指海洋)波浪起伏的
choral ['kɔːrəl] adj.唱诗班的,合唱队的‖ **chorally** adv. 合唱地
chorale [kɒ'rɑːl] n. C赞美诗
chord [kɔːd] n. C❶(数学)弦 ❷(乐器)弦 ❸(音乐)和弦,和音 ❹〈喻〉心弦
chore [tʃɔː] n. C零星工作(尤指家常杂务)
chorus ['kɔːrəs] n. ❶C(歌曲的)副歌 ❷C合唱,合唱队,歌咏队 ❸S异口同声的话,一齐发出的声音 ‖ **in** 一齐,一致,共同 ■vt.合唱,齐声背诵,异口同声地说 ‖ **chorus master** 合唱队指挥
chowder ['tʃaudə] n. U杂烩
Christ [kraɪst] n. C❶基督 ❷救世主‖ **Christhood** n. 基督的品格/**Christlike** adj. 像基督的/**Christly** adj. 像基督的
christen ['krɪsn] vt.在洗礼时为(某人)命名
christening ['krɪsnɪŋ] n. C洗礼仪式,命名仪式
Christian ['krɪstʃən] n. C基督教徒 ■adj. 信基督教的;基督教的;基督教徒的‖ **Christianism** n. 基督教的教义和仪式
Christianity [ˌkrɪstɪ'ænɪtɪ] n. U基督教
Christmas ['krɪsməs] n. C圣诞节‖ **Christmas Card** 圣诞卡片/**Christmas Day** 圣诞节/**Christmas Eve** 圣诞节前夕,圣诞夜/**Christmas tree** 圣诞树
chromatic [krəʊ'mætɪk] adj.有颜色的,颜色鲜艳的

chrome [krəʊm] n. U〈化〉铬
chromium ['krəʊmjəm] n. U〈化〉铬
chromosome ['krəʊməsəʊm] n. C〈生〉染色体
chronic ['krɒnɪk] adj. ❶A长期患病的 ❷慢性的‖ **chronically** adv. 长期地,经常地
chronicle ['krɒnɪkl] n. P编年史 ■vt.将(某事物)载入编年史‖ **chronicler** n. 年代史编者,记录者
chronological [ˌkrɒnə'lɒdʒɪkəl] adj.按时间的前后顺序排列的‖ **chronologically** adv. 按时间的前后顺序排列地
chronology [krə'nɒlədʒɪ] n. ❶U年代学 ❷C年表
chronometer [krə'nɒmɪtə] n. C精密计时器;航行表
chrysanthemum [krɪ'sænθəməm] n. C〈植〉菊花
chubby ['tʃʌbɪ] adj.胖乎乎的;圆胖的;丰满的
chuckle ['tʃʌkl] vi. 轻声地笑‖ **chucklehead** n. 傻瓜
chug [tʃʌg] vi.(-gg-)发出(持续而单调的)短声,发出突突声 ■n. C(发动机缓慢运转时发出的)突突声
chum [tʃʌm] vi.(-mm-)(与某人)成为好友‖ ~ **up with sb** 与某人成为好朋友 ■n. C好友:split ~ s 绝交
chummy ['tʃʌmɪ] adj.非常友好的
chump [tʃʌmp] n. C❶傻瓜,笨蛋 ❷短而厚的木块
chunk [tʃʌŋk] n. C❶厚厚的一块:a ~ of bread 一大块面包 ❷(某物)相当大的数量或部分
chunky ['tʃʌŋkɪ] adj.(-ier,-iest)身体短粗的,矮胖的
church [tʃɜːtʃ] n. ❶C教堂 ❷U礼拜仪式;礼拜 ❸C教派,教会‖ **churchly** adj. 教堂的‖ **churchman** n. 教士,牧师
churlish ['tʃɜːlɪʃ] adj.脾气坏的;吝啬的,小气的
churn [tʃɜːn] n. C❶奶桶 ❷搅乳器 ■vt.搅动(牛奶或乳脂)以制黄油 ❷搅动,扰乱某物 vi.(尤指液体)翻腾‖ ~ **out** 大量生产某物‖ **churning** n. 搅拌
chute [ʃuːt] n. C❶斜槽,滑道 ❷降落伞
cider ['saɪdə] n. U苹果酒,苹果汁
cigar [sɪ'gɑː] n. C雪茄烟‖ **cigar holder** 雪茄烟烟嘴/**cigar-shaped** adj. 雪茄烟状的
cigarette,〈美〉**cigaret** [ˌsɪgə'ret] n. C纸烟,香烟‖ **cigarette case** 香烟盒/**cigarette holder** 香烟烟嘴/**cigarette paper** 卷烟纸

cinch [sɪntʃ] *n.* ❶ 容易做的事情 ❷ 必然发生的事

cinder ['sɪndə] *n.* ❶ 煤渣，炭渣 ‖ **cinder path** 煤渣路／**cinder track** 煤渣跑道

cinecamera [ˌsɪnɪ'kæmərə] *n.* ❶ 电影摄影机

cinefilm ['sɪnɪfɪlm] *n.* ❶❷ 电影胶片

cinema ['sɪnəmə] *n.* ❶❶ 电影院 ❷❸ 电影艺术；电影业

cinematic [ˌsɪnɪ'mætɪk] *adj.* 电影的，影片的

cinnamon ['sɪnəmən] *n.* ❶❷ 桂皮 ❷❶ 肉桂 ‖ **cinnamonic** *adj.* 肉桂的；黄棕色的

circa ['sɜːkə] *prep.* (与日期连用) 大约

circle ['sɜːkl] *n.* ❶❶ 圆，圆周，圈，环状物 ❷ 圈子，界，社会，集团 ‖ **argue in a** ～ 用循环论证来辩论／**come full** ～ 兜了一圈／**run round in** ～**s** 忙得团团转 ■ *vt.* 圈出，围绕：～ **the earth** (卫星等) 绕地球运行 *vt.* & *vi.* 环绕；盘旋：**The plane circled the airport before landing.** 飞机着陆以前在机场上空盘旋。‖ ～ **around**〔**round**〕❶ 绕圈子；盘旋；传开 ❷ 围绕／～ **over** 在…上空盘旋

circlet ['sɜːklɪt] *n.* ❶ 小圈，环形饰物

circuit ['sɜːkɪt] *n.* ❶❶ 电路，线路 ❷ 环行，环行道 ‖ **circuit breaker** 断路器

circuitous [sə'kjuːɪtəs] *adj.* 迂回的；绕行的

circular ['sɜːkjʊlə] *adj.* 圆形的，环形的；循环的 ■ *n.* ❶ 通知，通告 ‖ **circularly** *adv.* 循环

circulate ['sɜːkjʊleɪt] *vt.* & *vi.* ❶ (使) 循环，(使) 流通 ❷ (使) 流传，散布，传播

circulation [ˌsɜːkjʊ'leɪʃən] *n.* ❶❶❶ 流通，循环 ❷❸ 流传，传播 ❸❸ 发行量

circumcise ['sɜːkəmsaɪz] *vt.* 〈医〉割除…包皮 (由于宗教或健康理由)

circumference [sə'kʌmfərəns] *n.* ❶❷ 周围；圆周

circumscribe ['sɜːkəmskraɪb] *vt.* ❶ 在…周围画线 ❷ 划定…范围；限制，限定

circumspect ['sɜːkəmspekt] *adj.* 谨慎小心的，周到的

circumstance ['sɜːkəmstəns] *n.* ❶❶ 环境，条件，情况 ❷❷ 境遇，经济状况 ‖ **in**〔**under**〕**no** ～**s** 决不，无论如何／**under**〔**in**〕**the** ～**s** 在这种情况下 ‖ **circumstanced** *adj.* 在 (某种) 环境下的

circumstantial [ˌsɜːkəm'stænʃəl] *adj.* ❶ (指描述) 详细的 ❷ (指证据) 有充分细节却无法证实的 ‖ **circumstantially** *adv.* 详细地

circumvent [ˌsɜːkəm'vent] *vt.* 设法克服或避免 (某事物)；回避 ‖ **circumvention** *n.* 围绕；回避

circus ['sɜːkəs] *n.* ❶❶ 马戏，马戏团 ❷ 喧闹的场面 ❸ 环形广场

cirrhosis [sɪ'rəʊsɪs] *n.* ❶ 〈医〉肝硬化

citadel ['sɪtədl] *n.* ❶ 城堡，堡垒

citation [saɪ'teɪʃən] *n.* ❶❶❷ 引用，引证；引文 ❷❷ 表扬，嘉奖

cite [saɪt] *vt.* ❶ 引用，举例 ❷ 表彰，嘉奖 ❸ 传唤，传讯 ‖ ～ **for** 为…而引用…；因…而嘉奖〔传讯〕(某人)；因…传讯

citizen ['sɪtɪzən] *n.* ❶❶ 公民，国民 ❷ 市民，平民 ‖ **citizenhood** *n.* ① 公民；公民权 ② 国籍／**citizenry** *n.* 公民；市民／**citizenship** *n.* ① 公民身份；公民的权利和义务 ② 国籍 ③ 个人的品德表现

citrus ['sɪtrəs] *n.* ❶ 柑橘属果树

city ['sɪtɪ] *n.* ❶❶ 城市，都市，市 ❷❷ 全市居民，全城居民 ‖ **cityward**(**s**) *adv.* 向城市 ‖ **city-bred** *adj.* 在城市里长大的／**city father** 市政府的主要成员／**city hall** ① 市政厅 ② 市政府／**city manager** 市行政官

civic ['sɪvɪk] *adj.* ❶❶ 城市的 ❷ 公民的，市民的

civil ['sɪvl] *adj.* ❶ 公民的，平民的；非宗教的；国民间的，民间的 ❷ 民事的，民法的 ❸ 文明的，有教养的 ‖ **civilly** *adv.* ① 彬彬有礼地 ② 从公民权利角度说 ‖ **civil defence** 民防／**civil liberties** 公民自由／**civil rights** 公民权／**civil servant** 公务员，文官／**Civil Service** 文职部门，行政机关；全体公务员／**civil war** 内战

civilian [sɪ'vɪljən] *n.* 平民，百姓 ‖ **civilianize** *vt.* 使从军人转为平民；转为民用

civilization, -isation [ˌsɪvɪlaɪ'zeɪʃən] *n.* ❶❷ 文明，文化

civilize, -ise ['sɪvɪlaɪz] *vt.* 使文明，使开化：～ **a great part of the world** 使世界上很大一部分地区趋于文明

civilized, -ised ['sɪvɪlaɪzd] *adj.* ❶ 有礼貌的，文明的 ❷ 有教养的，非野蛮的

clad [klæd] *adj.* ❶ 穿衣的 ❷ 覆盖的 ‖ **cladding** *n.* 包层

claim [kleɪm] *vt.* ❶ 声称，断言 ❷ (灾难等) 使失踪或死亡 ❸ 需要，值得 *vt.* & *vi.* 对…提出要求，索取 ‖ ～ **against** (根据…) 有权要求得到／～ **back** 要求付还／～ **for** 要求支付…的费用；声称〔宣布〕…属于 ■ *n.* ❶❶ 主张，断言 ❷❷❸ 要求 ‖ **lay** ～ **to** 声称…的权力；自称有知识〔技能〕／**put in a** ～ **for** 提出有权得到 (某物)／**set up a** ～ **to** 提出…的要求／**stake out**〔**off**〕**a** ～ 坚持要求 ‖ **claim jumper** 强占别人得到的土地

claimant ['kleɪmənt] *n.* ❶ 申请者，要求者

clairvoyance [kleə'vɔɪəns] *n.* ❶❷ 视力，洞察力

clam [klæm] *n.* ❶ 蚌，蛤 ■ *vi.* (**-mm-**) (在沙

滩上)挖蛤

clamber ['klæmbə] vi. (吃力地)攀登,攀爬 ∎ n. ⑤困难的或麻烦的攀登

clamour,〈美〉**clamor** ['klæmə] n. ①⑪ ⓒ喧哗声,喧闹 ②⑤大声的要求或抗议 ∎ vi. ❶喧哗;吵闹 ❷大声地要求或抗议 ‖ ~ for〔against〕大声地要求〔抗议〕

clamp [klæmp] vt. & vi. 夹紧;夹住 ‖ ~ down on 压制;取缔 ∎ n. ⓒ夹具 ‖ **clampdown** n. 压制,取缔

clan [klæn] n. ⓒ宗族,家族;氏族 ‖ **clannish** adj. (指集团的成员)抱成一团的/**clanship** n. ①氏族制度②氏族状态③小集团精神

clandestine [klæn'destɪn] adj. 秘密的,保密的,暗中的 ‖ **clandestinely** adv. 秘密地,暗中地/**clandestineness** n. 暗中,私下

clank [klæŋk] n. ⓒ低沉的金属声,叮当声 ∎ vt. & vi. (使某物)发出叮当声

clap [klæp] vt. & vi. (-pp-)拍手,鼓掌 ‖ ~ on ①鼓掌欢迎;匆匆盖上;猛踩,猛按②轻拍(某人的身体某部位);看见,发现/~ out 拍手拍出(节奏)/~ to 砰地一声关上/~ together 匆匆建成,拼凑成/~ up 匆忙或草率地做成;继续热烈鼓掌 ∎ n. ❶⑤鼓掌;掌声 ❷ⓒ善意的拍打 ‖ **clapboard** n. 护墙板,隔板/**clapnet** n. 捕鸟的网

claret ['klærət] n. ❶ⓒ⑪红葡萄酒 ❷⑪深红色 ∎ adj. 深红色的 ‖ **claretcolour** n. 紫红色/**claretcoloured** adj. 紫红色的

clarify ['klærɪfaɪ] vt. & vi. 使弄清楚;澄清 ‖ **clarification** n. 澄清

clarinet [ˌklærɪ'net] n. ⓒ单簧管,竖笛

clarity ['klærɪtɪ] n. ⑪清楚,明晰,清澈

clash [klæʃ] vt. & vi. (砰地相撞)发出撞击声 ∎ vi. ❶交锋;冲突 ❷不合;不一致 ‖ ~ against ①猛撞(某物)②与(某人)发生冲突,争斗③与(某物)不相配〔不一致〕/~ over对(某事)持不同意见/~ with ①与(某物)不相配②与(其他事)在时间上有冲突③与(某人或某事)抵触,冲突 ∎ n. ❶⑤(金属等的)刺耳的撞击声 ❷ⓒ不协调 ❸ⓒ冲突

clasp [klɑːsp] vt. 紧握;紧抱: The child clasped the doll tightly. 小孩紧抱着洋娃娃. vt. & vi. 扣住,扣紧 ∎ n. ❶扣,钩 ❷紧握;拥抱 ‖ **clasper** n. ①扣子,钩子②缠绕物/**clasp-knife** n. 弹簧折刀

class [klɑːs] n. ❶ⓒ等级,级别 ❷ⓒ阶级,社会阶级 ❸⑪社会等级制度 ❹ⓒ班;班级,年级 ❺ⓒ⑪一节,课 ❻ⓒ种类,门类 ❼ⓒ优雅,高尚 ‖ in a ~ by oneself 独一无二/in a ~ of one's own 无与伦比/no ~ 低劣的/top of the ~ 第一流 ∎ vt. 把 … 归入某等级/~ among 〔as〕把 … 列入/~ under 把 … 列入/~ with 把 … 与 … 归入一类 ‖ **classless** adj. 没有阶级的 ‖ **classbook** n. 班级记录簿/**classfellow** n.

同班同学

classic ['klæsɪk] adj. Ⓐ❶(著作,赛事等)最优秀的,(可作)典范的的: The novel is regarded as one of the classic work. 这篇小说被公认为是最优秀的作品之一. ❷(病例等)典型的,标准的: It is a classic case of malnutrition. 这是营养不良的典型病例. ❸(衣服,设计等)传统样式的,典雅的: It is a classic style of Gothic buildings. 这是哥特式建筑的典型样式. ❹(因为时间已久)著名的,传统的 ∎ n. ⓒ①文豪,大艺术家;文学名著,经典作品,杰作 ❷优秀的典范

classical ['klæsɪkəl] adj. Ⓐ古典的,经典的 ‖ **classically** adv. 古典派地

classification [ˌklæsɪfɪ'keɪʃən] n. ❶⑪分类,分级 ❷ⓒ类别,种类,门类

classify ['klæsɪfaɪ] vt. (pt., pp.-fied)分类;归类: Librarians spend a lot of time classifying books. 图书馆工作人员花许多时间将书分类. ‖ ~ according to 根据 … 把 … 分级/~ among使归入 … 类/~ as 使属于 … 之列/~ by按 … 把 … 分类/~ into 把 … 分类为/~ with 使归入 … 类 ‖ **classified** adj. ①分成类的,被归入一类的②机密的/**classifier** n. ①分类者 ②分级机③分粒器

classmate ['klɑːsmeɪt] n. ⓒ(同班)同学

classroom ['klɑːsruːm] n. ⓒ教室,课堂

classy ['klɑːsɪ] adj. (-ier,-iest)时髦的,优等的 ‖ **classily** adv. 时髦地,优等地/**classiness** n. 时髦,优等

clatter ['klætə] n. ⑤盘碟刀叉等相撞击时的声音 ∎ vt. & vi. (使某物)连续发出咔哒声: Don't clatter your knives and forks. 别把刀叉碰得咔哒响. ‖ **clatterer** n. 发得得声的东西

clause [klɔːz] n. ❶ⓒ从句 ❷(法律等的)条款

claw [klɔː] vt. & vi. 抓,撕,搔 ∎ n. ⓒ爪 ‖ **clawed** adj. 有爪的

clay [kleɪ] n. ⑪黏土,泥土 ‖ **dead and turned to** ~ 死了/**moisten one's** ~ 饮酒/**clay pigeon** 靶子

clayey ['kleɪɪ] adj. 像黏土的,含有黏土的

clean [kliːn] adj. ❶清洁的,干净的;纯净的 ❷新的,未用过的 ❸整齐的,规则的 ❹正派的,正大光明的 ‖ as ~ as a whistle 非常干净的/come ~ 坦白承认/keep one's nose ~ 安分守己 ∎ adv. 完全地,彻底地 ∎ vt. & vi. (使)清洁;变干净 ‖ ~ away拿去/~ down 把 … 洗干净/~ of 把(斑点,污渍等)从(某物)上清除掉/~ off 除去/~ out 把(某物)腾空,清除;打扫;离开/~ up ①打扫;清理 ②赚钱,发财 ③在 … 进行扫荡,消灭 ④痛打,击败 ⑤对 … 作最后处理,结清 ⑥整顿;实行改革 ‖ **cleanness** n. 干净,整洁/**clean-up** n. 清洗,打扫

cleaner ['kliːnə] n. ⓒ作清扫工作的人或物

cleanliness [ˈklenlɪnɪs] n. Ⓤ 清洁,干净
cleanse [klenz] vt. 弄干净;清洗‖~ of 清洗,清洁
clear [klɪə] adj. ❶晴朗的,清澈的 ❷无愧的,清白的 ❸清楚的,明白的 ❹畅通的,无阻的‖ all ~ 空袭警报解除/(as) ~ as a bell 很健全;很清楚/(as) ~ as day 一清二楚 ■adv. ❶清晰地,清楚地 ❷完全,一直 ■vi. 转晴 vt. ❶扫除,清除 ❷(从电脑中)消除(数据) ❸证明⋯无罪;宣告⋯无罪‖~ away ①散去②驱除,消除/~ from 不含/~ off 消除;消失/~ out 清除,清理掉/~ up ❶把⋯收拾整齐,打扫干净 ❷(天空)放晴 ❸显然/**clearness** n. 晴朗,无障碍;清晰度‖**clear-eyed** adj. 目光锐利的,能辨别是非的/**clear-headed** adj. 头脑清楚的/**clear-up** adj. 轮廓清楚的;明确的,鲜明的/**clearway** n. 紧急道路
clearance [ˈklɪərəns] n. ⒸⓊ❶净空,余隙 ❷许可,批准 ❸(银行)票据交换,清算
clearing [ˈklɪərɪŋ] n. ❶小块空地;林中空地‖**clearing hospital** 〈军〉前方医院/**clearinghouse** n. 票据交换所/**clearing station** 〈军〉医疗后送站,师救护所
cleavage [ˈkliːvɪdʒ] n. ❶Ⓒ裂缝,裂痕 ❷ⒸⓊ(妇女的)乳沟
cleave [kliːv] vt. (pt. **cleaved**,**clove** or **cleft** pp. **cleaved**,**cloven** or **cleft**) 劈开,剁开,割开
clematis [ˈklemətɪs] n. ⓊⒸ铁线莲
clemency [ˈklemənsɪ] n. Ⓤ ❶宽容;仁慈 ❷(尤指气候等)温和
clement [ˈklemənt] adj. ❶(尤指气候)温和的 ❷宽大的,仁慈的
clench [klentʃ] vt. 紧握,抓紧,咬紧;~ one's fists 紧握双拳
clergy [ˈklɜːdʒɪ] n. Ⓢ (尤指基督教堂内的)牧师,教士
clergyman [ˈklɜːdʒɪmən] n. Ⓒ牧师,教士
cleric [ˈklerɪk] n. Ⓒ牧师,教士,神职人员
clerical [ˈklerɪkəl] adj. ❶文书的,办事员的 ❷牧师的,教士的‖**clericalism** n. 教权主义/**clericalist** n. 教权主义者
clerk [klɑːk] n. Ⓒ ❶〈英〉办事员,职员 ❷〈美〉店员,接待员‖**clerkship** n. (职员或事员,店员等)的职位
clever [ˈklevə] adj. (-er,-est) ❶聪明的,机灵的 ❷灵巧的,精巧的‖**cleverish** adj. 有小聪明的/**cleverly** adv. 聪明地,巧妙地/**cleverness** n. 聪明,灵巧
click [klɪk] n. Ⓒ卡嗒声,咔嚓声
client [ˈklaɪənt] n. Ⓒ ❶委托人 ❷顾客,常客‖**clientless** adj. (律师等)没有人委托办事的;(商店等)没有顾客的‖**client state** 附庸国
clientele [ˌkliːɒnˈtel] n. Ⓒ委托人

cliff [klɪf] n. Ⓒ悬崖;峭壁‖**cliff-hanger** n. (分期连载的)惊险故事;(有续集的)惊险电影(或戏剧)/**cliffsman** n. 擅长爬悬崖的人
climactic [klaɪˈmæktɪk] adj. 高潮的;形成高潮的
climate [ˈklaɪmɪt] n. Ⓒ气候‖**climatic** adj. 气候的
climax [ˈklaɪmæks] n. Ⓒ ❶顶点,极点 ❷高潮
climb [klaɪm] vt.& vi. 爬,攀登‖~ down ①(从⋯上)爬下②退让,屈服 ■n. Ⓢ❶攀登 ❷要攀登到的地方或距离 ❸上升,增长‖**climber** n. 向上爬行的人或物;野心家/**climbing** adj. 攀缘而上的,上升的
clinch [klɪntʃ] vi. (尤指两人)互相紧紧抱〔扭〕住 vt. 〈非正〉解决(争端,交易);达成(协议)
cling [klɪŋ] vi. (pt., pp. **clung**) ❶附着于 ❷抓紧或抱住 ❸坚持‖~ to 挨着,碰着(某物);坚持/~ together 粘在一起‖**cling film**(食品的)保鲜膜
clingy [ˈklɪŋɪ] adj. 易于粘住的;依附的
clinic [ˈklɪnɪk] n. Ⓒ诊所
clinical [ˈklɪnɪkəl] adj. ❶诊所的;医院的 ❷Ⓐ临床的 ❸冷静的,客观的;超然的‖**clinically** adv. 冷静地,客观地
clink [klɪŋk] vt.& vi. (使)发出叮当声‖~ off 突然匆匆离去
clinker [ˈklɪŋkə] n. Ⓤ炉渣;渣块
clip¹ [klɪp] n. Ⓒ夹子,回纹针,别针 ■vt.& vi. (-pp-)用别针别在某物上,用夹子夹在某物上‖**clipboard** n. 书写板
clip² [klɪp] n. Ⓒ ❶剪,修剪 ❷剪报,电影或电视片段 ❸〈非正〉猛打 ■vt. (-pp-) ❶剪,剪短,修剪‖~ out of 从⋯剪下
clipped [klɪpt] adj. ❶(说话)急促的 ❷截断的,缩短的
clipping [ˈklɪpɪŋ] n. Ⓟ剪下物
clique [kliːk] n. 〈贬〉小集团,小圈子;派系
cloak [kləʊk] n. ❶Ⓒ斗篷,披风 ❷Ⓢ外衣,伪装‖**under the ~ of** ①在⋯覆盖下②披着⋯的外衣;以⋯为借口‖**cloakroom** n. 衣帽间
clobber [ˈklɒbə] vt. ❶狠揍;(不停)猛打 ❷彻底击败
clock [klɒk] n. Ⓒ钟,座钟,挂钟‖**against the ~** 赶时间/**turn back the ~** ①把钟拨慢②〈喻〉向后退,开倒车,守旧规‖**clocker** n. (比赛、交通情况等的)计时员‖**clockface** n. 钟面/**clockmaker** n. 制造〔修理〕时钟的人/**clock radio** 自动定时开关的收音机/**clock watcher** 老是看钟等下班的人/**clockwork** n. 时钟机构;类似时钟机构的装置

clockwise ['klɒkwaɪz] adj.顺时针方向的

clod [klɒd] n. ⓒ❶块,(尤指)土块,泥块 ❷〈非正〉傻瓜,笨蛋 ‖ **cloddish** adj.〈非正〉傻头傻脑的,笨拙的

clog [klɒg] n. ⓒ木底鞋;木屐 ■ vt.& vi.(-gg-)(使)阻碍 ‖ **clog dance** 木鞋舞

cloistered ['klɔɪstəd] adj.隐居的;躲开尘世纷争的

clone [kləʊn] n. ⓒ❶无性繁殖系(的个体) ❷复制品,翻版 ■ vt.& vi.(使物)无性繁殖

close [kləʊz] vt.& vi.❶(使)关,关闭 ❷终止 ‖ ~ about渐渐包围(某物或某人)/~ down(使)停业,(使)停产= in ①使关闭②白昼渐短③逼近,迫近,围拢/~ off堵塞(路口等)/~ on威逼或围困(某人),逐渐包围/~ out减价抛售(货物);削价处理(货物)/~ over淹没/~ up ①堵塞(某物),关闭(某物)②(使)关店③〈非正〉沉默④(伤口)愈合/~ with ①以…结束(某事)②与(某人)搏斗③跟(某人成交) ■ adj. [kləʊs](-r,-st)❶接近的 ❷Ⓐ关系亲密的 ❸中间无空隙的,浓缩的,挤紧的 ❹势均力敌的 ❺by在…附近/~ on 几乎,差不多/~ to将近/~ to home触及痛处,接近事实/~ up 很近 ■ adv.中间无空隙地,位置接近地;follow ~ 紧跟 ■ n. Ⓢ终结,结束,末尾 ‖ **closely** adv.紧紧地,接近地,仔细地;严密地/**closeness** n.紧密,狭窄,憋闷‖**close-cut** adj.(头发,草等)剪得短短的;(头发、毛等)剪短了的/**closefisted** adj.吝啬的,小气的/**close-fitting** adj.紧身的;贴身的/**close-grained** adj.有条不紊的/**closehauled** adj.迎风行驶的/**close-in** adj.①近战的②接近(城市)中心的/**closemouthed** adj.嘴紧的/**close-set** adj.(眼睛或牙齿等)长得紧靠在一起的/**close shot**(电影等)近景/**close-up** n.(电影等)特写镜头

closed [kləʊzd] adj.❶停止营业的,不开放的,关闭的 ❷封闭的;排外的,闭关自守的 ‖ **closed-door** adj.关着门的,秘密的/**closed-doorism** n.闭关主义

closed-circuit ['kləʊzd'sɜːkɪt] adj.(电视)闭路的

close-mouthed [ˌkləʊs'maʊθd] adj.守口如瓶的;(对某事)保持沉默的

closet ['klɒzɪt] n. ⓒ❶橱,壁橱 ❷〈旧〉厕所 ■ adj. Ⓐ私下的,隐蔽的

closure ['kləʊʒə] n. ⓒⓊ停业,关闭,结束

clot [klɒt] n. ⓒ❶凝块,血块 ❷蠢人,傻瓜

cloth [klɒθ] n. ❶Ⓤ布,布料 ❷ⓒ用作某种用途的布 ‖ **cut from the same** ~从同一块布中裁出;一路货色/**cut one's coat according to one's** ~量入为出/**lay the** ~预备开饭/**make out of whole** ~纯属虚构,凭空捏造/**remove the** ~餐后撤席 ‖ **cloth-binding** n.(书的)布面装订,布封面/**cloth yard** 布码

clothe [kləʊð] vt.❶穿(衣);给…提供衣服 ❷〈文〉覆盖;笼罩

clothes [kləʊðz] n. ⓒ衣服,衣物 ‖ **in a long** ~ 在褪褓中 ‖ **clothesbag** n.放待洗衣物的袋/**clothesbasket** n.放待洗衣物的篮/**clothesbrush** n.衣刷/**clotheshorse** n.晒衣架/**clothesline** n.晒衣绳/**clothes moth**(蛀蚀衣物的)蛀虫/**clothes-peg** n.(晒衣用的)衣夹/**clothespress** n.衣橱,衣柜/**clothes tree** 衣帽架

clothier ['kləʊðɪə] n. ⓒ男装裁缝,男服装商

clothing ['kləʊðɪŋ] n. Ⓤ衣服,服装

cloud [klaʊd] n.❶ⓒⓊ云 ❷群 ❸ⓒ造成不愉快或不明朗的事物 ‖ **blow a** ~(指抽烟)吞云吐雾 ■ vt.& vi.(使)某物变得阴沉暗淡,不清楚 vi.(某人的脸)显得阴沉或忧伤 ‖ ~ **over** ①布满乌云 ②脸色变得阴沉/~ **up**(使)模糊,变得模糊 ‖ **clouded** adj.①布满乌云的②模糊的,含糊的,(人)头脑糊涂的③斑驳的/**cloudbuilt** adj.空想的,虚无缥缈的/**cloud-capped** adj.(山峰等)高耸入云的/**cloudcastle** n.空想/**clouddrift** n.①浮云,飞云②(杀虫等)飞机喷雾/**cloud-kissing** adj.(建筑物)高耸入云的,摩天的/**cloudland** n.①云区,云层②幻景/仙境/**cloud rack** 浮云,飞云/**cloudscape** n.云景,云的图画

cloudless ['klaʊdlɪs] adj.无云的,晴朗的;a ~ sky 晴朗的天空 ‖ **cloudlessly** adv.无云地,晴朗地

cloudy ['klaʊdɪ] adj.❶乌云密布的,多云的,阴天的 ❷不清晰的,模糊的,不透明的

clout [klaʊt] n.❶ⓒ猛打;敲打 ❷Ⓤ(尤指政治上的)影响

clove [kləʊv] n.〈植〉小鳞茎,小球茎

clover ['kləʊvə] n. ⓒⓊ三叶草,苜蓿 ❷〈非正〉生活舒适而富裕,生活优裕 ‖ **live[be] in** ~ 生活优裕,养尊处优

clown [klaʊn] n. ⓒ❶丑角,小丑 ❷行为荒诞滑稽的人

cloy [klɔɪ] vi.〈正〉发腻,倒胃口

cloying ['klɔɪɪŋ] adj.❶(食物、气味等)甜得发腻的,使人腻烦的 ❷(感情过于外露而)令人腻烦的

club [klʌb] n. ⓒ❶社团,俱乐部 ❷(用作武器的)大棒,棍棒 ❸球棒,球杆 ‖ **clubby** adj.①俱乐部般的;爱社交的②只对少数人开放的 ‖ **clubfoot** n.〈先天〉畸形足/**clubfooted** adj.畸形足的/**clubhouse** n.①俱乐部会所②运动员的更衣室/**clubman** n.俱乐部会员,交际家/**clubroom** n.俱乐部聚会室

clubbable ['klʌbəbl] adj.够俱乐部会员资格的;好交际的

cluck [klʌk] n. ⓒ(母鸡)咯咯声

clue [kluː] n. ⓒ线索,提示 ■ vt.〈非正〉为…

提供最新情况(消息等)

clump [klʌmp] n. ❶Ⓒ(树、灌木、植物等的)丛、簇 ❷Ⓒ(土、泥等)团;块 ❸Ⓢ笨重的脚步声

clumsy ['klʌmzɪ] adj.(-ier,-iest)笨拙的,笨重的‖~ with 笨拙于

cluster ['klʌstə] n. Ⓒ❶(果实、花等的)串、簇 ❷(人、物等的)群,组 ∎ vt.& vi.(使)集中‖~ round 紧紧环绕/~ together 集中‖**cluster college**(综合大学内的)专科学院

clutch [klʌtʃ] vt.抓住;紧紧抓住‖~ at ①试图突然抓住,抓向②试图抓住任何机会/~ to 紧紧抓住 ∎ n.❶Ⓢ把握,抓紧 ❷Ⓟ掌握,控制 ❸Ⓒ离合器

clutter ['klʌtə] n.❶Ⓤ杂物,零乱的东西 ❷Ⓢ零乱‖in a ~ 杂乱,不整洁

coach [kəutʃ] n. Ⓒ❶长途客运汽车 ❷(铁路)旅客车厢 ❸教练,指导 ∎ vt.& vi.训练;辅导;~ sb in maths 辅导某人数学/She'll be coaching all summer.她整个夏天将要做辅导工作。‖**coach box** 赶马车人的座位/**coach house** 马车房/**coachman** n. 赶马车人

coadjutor [kəʊ'ædʒʊtə] n. Ⓒ助手,助理

coagulate [kəʊ'æɡjʊleɪt] vt.& vi. ❶凝固 ❷使结块,使变稠

coal [kəʊl] n.❶Ⓤ煤炭 ❷Ⓒ煤块‖blow the ~s 挑唆,煽动/call over the ~s 责备,申斥‖**coal bed** 煤层/**coal-black** adj. 漆黑的/**coal bunker** 煤仓/**coal cutter** 采煤机/**coal cutting** 挖煤,采煤/**coal dust** 煤粉,煤屑/**coalfield** n. 煤田;产煤区/**coal gas** 煤气/**coal miner** 煤矿工人/**coal oil** 煤油

coalesce [ˌkəʊə'les] vi.联合,合并

coalition [ˌkəʊə'lɪʃən] n. Ⓒ结合体,同盟

coarse [kɔːs] adj.(-r,-st)❶粗的,粗糙的 ❷粗野的,粗鲁的

coast [kəʊst] n. Ⓒ海岸‖**coastwards** adv. 朝着海岸‖**coast artillery** 海岸炮;海岸炮兵/**coastland** n. 沿海地区/**coastline** n. 沿岸线/**coastwaiter** n.〈英〉监督沿岸货运的海关官员

coastal ['kəʊstl] adj. Ⓐ在海岸的;临海的,沿海的

coaster ['kəʊstə] n. Ⓒ沿海岸航行的船

coastguard ['kəʊstɡɑːd] n. Ⓒ❶海岸警卫队 ❷海岸警卫队队员

coat [kəʊt] n. Ⓒ上衣,外套‖**smoke sb's** ~ 打得某人尘土满身;殴打某人/**take off sb's** ~ ①脱掉上衣②准备打架,挑衅/**trail one's** ~ 故意引起争吵,故意挑衅/**turn one's** ~ 背叛,变节 ∎ vt. 为某物涂抹: He coated his chairs with white paint.他在椅子上涂了一层白漆。‖**coatee** n. 紧身短上衣‖**coattail** n. 男大衣的后摆;女子长外衣的下摆

coating ['kəʊtɪŋ] n.❶Ⓒ涂层,覆盖层 ❷Ⓤ外衣布料

coax [kəʊks] vt.❶哄,用好话劝说 ❷巧言骗取

cob [kɒb] n. Ⓒ❶雄天鹅 ❷一种壮实的矮脚马

cobble ['kɒbl] vt.❶粗劣地制作,草率地拼凑 ❷修(鞋)‖**cobblestone** n. 圆石块,大鹅卵石

cobbled ['kɒbəld] adj.铺鹅卵石的

cobra ['kəʊbrə] n. Ⓒ眼镜蛇

cobweb ['kɒbweb] n. Ⓒ蜘蛛网

cocaine [kə'keɪn] n. Ⓤ〈药〉可卡因

cock [kɒk] n. Ⓒ❶公鸡‖**a** ~ **of the walk** 称王称霸的人 ∎ vt.❶使某物竖起 ❷使某物倾斜,歪斜‖**cockcrow(ing)** n. 黎明

cockle ['kɒkl] n. Ⓒ❶鸟蛤〔海扇〕壳 ❷〈文〉轻舟,小船

Cockney ['kɒknɪ] n.❶Ⓒ伦敦佬 ❷Ⓤ伦敦佬口音

cockpit ['kɒkpɪt] n. Ⓒ❶(飞机,小船或赛艇的)驾驶室 ❷斗鸡场

cockroach ['kɒkrəʊtʃ] n. Ⓒ蟑螂

cocksure ['kɒk'ʃʊə] adj.过于自信的

cocktail ['kɒkteɪl] n.❶Ⓒ鸡尾酒 ❷Ⓒ Ⓤ餐前开胃菜 ❸Ⓒ混合物

cocky ['kɒkɪ] adj.狂妄自信的

cocoa ['kəʊkəʊ] n. Ⓤ❶可可粉 ❷可可饮料‖**cocoa bean** 可可豆,可可子

coconut ['kəʊkənʌt] n.❶Ⓒ椰子 ❷Ⓤ椰肉,椰果‖**coconut oil** 椰子油

cocoon [kə'kuːn] n. Ⓒ茧,蚕茧

cod [kɒd] n.(pl.~)Ⓒ Ⓤ鳕鱼肉;鳕鱼

coda ['kəʊdə] n. Ⓒ〈音〉结束乐段

coddle ['kɒdl] vt.悉心照料,娇惯

code [kəʊd] n. Ⓒ❶法典,法规,章程 ❷密码,电码 ❸代号,编码 ∎ vt.将…译成电码‖**code book** 电码本/**code flag** 信号旗

codify ['kɒdɪfaɪ] vt.把(法律)编成法典

coefficient [ˌkəʊɪ'fɪʃənt] n. Ⓒ❶系数 ❷(测定某种质量或变化过程的)率,程度;系数

coerce [kəʊ'ɜːs] vt.❶迫使强迫 ❷(以武力、惩罚、威胁等手段)控制;支配;压制‖**coercive** adj. 强迫的,强制的,高压的

coeval [kəʊ'iːvəl] adj.同年代的;同时代的;同年龄的;同时期的 ∎ n. Ⓒ同时代的人或事物

coexist [ˌkəʊɪɡ'zɪst] vi.同时共存,和平共处

coffee ['kɒfɪ] n.❶Ⓤ咖啡豆;咖啡粉 ❷Ⓤ咖啡 ❸Ⓒ Ⓤ(一杯)咖啡‖**coffee bar** 小咖啡馆/**coffeebean** n. 咖啡豆/**coffee cooler** 专挑轻活的人/**coffee cup** 咖啡杯/**coffee grinder** 咖啡豆的磨具/**coffee house** 咖啡馆/**coffeepot**

coffer

n. ①咖啡壶 ②午餐柜；小饭店/**coffee room** 咖啡室，旅馆的餐厅/**coffee shop** 咖啡店，小餐馆/**coffee table** 茶几

coffer ['kɒfə] *n.* ❶ⓒ保险柜，保险箱 ❷ⓟ金库，资金

coffin ['kɒfɪn] *n.* ⓒ棺材 ‖ **coffinbone** *n.* 动物蹄骨/**coffinjoint** *n.* 动物蹄关节

cog [kɒɡ] *n.* ⓒ(齿轮的)齿牙，轮齿

cogent ['kəʊdʒənt] *adj.* (理由，论据)有说服力的，令人信服的

cogitate ['kɒdʒɪteɪt] *vt.&vi.* 〈正〉认真思考；深思熟虑

cognition [kɒɡ'nɪʃən] *n.* ⓤ〈哲〉认识；认识力

cognitive ['kɒɡnɪtɪv] *adj.* 认知的，认识能力的 ‖ **cognitive science** 认识科学

cognizant ['kɒɡnɪzənt] *adj.* 察知的，认识(某事物)的

cohabit [kəʊ'hæbɪt] *vi.* (未婚者)同居

cohere [kəʊ'hɪə] *vi.* ❶粘合；联合，结合 ❷(指看法、推理等)前后一致，连贯

coherence [kəʊ'hɪərəns] *n.* ⓤ条理性，连贯性，一致性

coherent [kəʊ'hɪərənt] *adj.* 条理清楚的，连贯的；前后一致的

cohesion [kəʊ'hiːʒən] *n.* ⓤ粘连，粘合；团结；凝聚力

cohesive [kəʊ'hiːsɪv] *adj.* ❶有结合力的 ❷产生结合力的；产生内聚力的

cohort ['kəʊhɔːt] *n.* ⓒ❶(古罗马军队的)步兵大队 ❷一群人，一帮人

coil [kɔɪl] *n.* ⓒ❶(一)卷，(一)圈；盘绕之物 ❷线圈 ▪ *vt.&vi.* 将…卷〔盘〕成圈或螺旋形

coin [kɔɪn] *n.* ⓒⓤ硬币 ▪ *vt.* ❶制造硬币 ❷创造 ‖ **coiner** *n.* 造币者，伪造货币者；创造者，杜撰者‖ **coin-op** *n.* 自动洗衣店

coincide [ˌkəʊɪn'saɪd] *vi.* ❶同时发生 ❷相符，一致 ‖ ~ **in** 一致/~ **with** 与…一致

coincidence [kəʊ'ɪnsɪdəns] *n.* ❶ⓒⓤ巧合 ❷ⓤ符合，一致

coincident [kəʊ'ɪnsɪdənt] *adj.* ❶同时发生的；(时间上)巧合的 ❷相符的；一致的

coincidental [kəʊˌɪnsɪ'dentəl] *adj.* 巧合的，同时发生的

coincidentally [kəʊˌɪnsɪ'dentəlɪ] *adv.* 巧合地，同时发生

coke [kəʊk] *n.* ⓤ焦煤，焦炭 ▪ *vt.* 把煤制成焦炭

cola ['kəʊlə] *n.* ❶ⓒ可乐果树 ❷ⓤ可乐饮料

cold [kəʊld] *n.* ❶ⓤ冷，寒冷 ❷ⓒⓤ伤风，感冒 ▪ *adj.* (-er,-est) ❶冷的，寒冷的 ❷冷淡的，冷酷的 ‖ **in** ~ **blood** 蓄意地，残忍地/**throw** ~ **water on** 对…泼冷水 ‖ **coldly** *adv.* 冷淡地/**coldness** *n.* 冷，冷淡 ‖ **cold-blooded** *adj.* 冷血的，无情的，残酷的/**cold cream** 冷霜，润肤膏/**cold front** 冷锋/**coldhearted** *adj.* 冷淡的，冷心肠的/**Cold War** 冷战/**cold wave** 气温的突然下降，寒潮

collaborate [kə'læbəreɪt] *vi.* ❶合作 ❷勾结叛国 ‖ **collaborator** *n.* 协作者，合作者；勾结者

collaboration [kəˌlæbə'reɪʃən] *n.* ⓤ❶合作，协作 ❷通敌 ‖ **in** ~ **with** 与…合作，与…勾结在一起 ‖ **collaborationist** *n.* 通敌者

collage [kə'lɑːʒ] *n.* ⓒⓤ拼贴画

collapse [kə'læps] *vi.* ❶倒塌，塌下：*The bridge collapsed under the weight of the train.* 桥在火车的重压下塌了。❷崩溃，突然失败：*His health collapsed from undernourishment.* 他的身体因营养不良而垮了。▪ *n.* ⓢ倒塌，崩溃 ‖ **collapsible** *adj.* (椅子等)可折叠的

collar ['kɒlə] *n.* ⓒ❶衣领，领子 ❷(狗等的)项圈 ‖ **collarless** *adj.* 无领的，无颈圈〔轭〕的

collate [kɒ'leɪt] *vt.* 校对，整理 ‖ **collator** *n.* 校对者，整理者

collateral [kɒ'lætərəl] *n.* ⓤ附属担保品 ▪ *adj.* 相关的

colleague ['kɒliːɡ] *n.* ⓒ同事，同僚

collect [kə'lekt] *vt.* ❶收集，采集 ❷领取；接走，拿走 *vi.* 聚集，集合 *vt.&vi.* 征收；募集 ‖ **collected** *adj.* ①收集成的 ②泰然自若的，镇定的

collection [kə'lekʃən] *n.* ❶ⓒⓤ收集；收取，领取 ❷ⓒ收藏品，收集的东西 ❸ⓒ募集的款项，捐款 ❹ⓢ积聚物；集中在一起的人

collective [kə'lektɪv] *adj.* 集体的，共同的，共有的 ‖ **collectively** *adv.* 集体地，共同地，共有地/**collectivism** *n.* 集体主义(制度)/**collectivist** *n.* 集体主义者/**collectivity** *n.* 集体性，集合体；集体主义，集体

collector [kə'lektə] *n.* ⓒ收集者，收取者 ‖ **collectorship** *n.* 收税员的职权(或管辖区)

college ['kɒlɪdʒ] *n.* ⓒⓤ大学，学院；高等专科学校

collide [kə'laɪd] *vi.* ❶相撞，碰撞 ❷冲突，抵触，不一致 ‖ ~ **against〔with〕**与…相撞

collinear [kɒ'lɪnjə] *adj.* (指若干个点)共线的

collision [kə'lɪʒən] *n.* ⓒⓤ碰撞，冲突，抵触

collocate [kɒ'ləʊkeɪt] *vi.* 并置排列，配置 ‖ **collocation** *n.* 并置排列；配置；搭配

colloquial [kə'ləʊkwɪəl] *adj.* 口语的，会话的 ‖ **colloquialism** *n.* 口语；口语体

collude [kə'luːd] *vi.* 密谋，共谋

collusion [kə'luːʒən] *n.* ⓤ共谋，勾结，串通 ‖ **in** ~ **with** 与…勾结

cologne [kə'ləʊn] n. Ⓤ科隆香水,古龙水

colon ['kəʊlən] n. Ⓒ❶冒号 ❷〈解〉结肠

colonel ['kɜːnl] n. Ⓒ上校 ‖ Colonel Blimp 毕林普上校(漫画人物);老顽固,反动家伙

colonial [kə'ləʊnjəl] adj. Ⓐ殖民地的,拥有殖民地的 ‖ **colonialist** n. 殖民主义者 ■adj. 殖民主义者的

colonist ['kɒlənɪst] n. Ⓒ殖民地开拓者,移民;殖民地居民

colonize, **-ise** ['kɒlənaɪz] vt. 开拓殖民地,移民于殖民地 ‖ **colonization**, **-isation** n. 殖民,殖民地化/**colonizer**, **-iser** n. 殖民者;殖民地开拓者

colony ['kɒlənɪ] n. Ⓒ❶殖民地 ❷(侨民等)聚居区,聚居地;聚居的同国籍侨民;聚居的同类人 ❸(动植物的)群体,集群

colorific [ˌkʌlə'rɪfɪk] adj. ❶产生颜色的,传色的 ❷大肆渲染的,夸张的

colossal [kə'lɒsl] adj. 巨大的 ‖ **colossally** adv. 巨大地

colour,〈美〉**color** ['kʌlə] n. ❶Ⓤ彩色 ❷ⒸⓊ颜色 ❸Ⓤ脸色,气色 ❹Ⓤ肤色 ❺Ⓤ特色,个性;情调 ❻颜料 ‖ in dark ~s悲观地/off ~身体不舒服,精神不好/show one's true ~s 露出真面目/under ~ of 在…的幌子下/with flying ~s出色地,成功地 ‖ **colourable** adj. 可着色的,貌似可取的,似是而非的/**colourless** adj. 无色的,苍白的,颜色惨淡的,无趣味的,不生动的 ‖ **colour-blind** adj. 色盲的/**colour blindness** 色盲/**colour-cast** n. 彩色电视放送/**colourfast** adj. 不褪色的/**colour film** 彩色胶片,彩色影片/**colour printing** 彩印

coloured,〈美〉**colored** ['kʌləd] adj. 有色的,彩色的

colourful,〈美〉**colorful** ['kʌləful] adj. ❶颜色鲜艳的 ❷丰富多彩的,引人入胜的 ‖ **colourfully** adv. 多色地,艳丽地,丰富多彩地/**colourfulness** n. 丰富多彩,艳丽

colouring,〈美〉**coloring** ['kʌlərɪŋ] n. ⒸⓊ色彩,色调;着色法 ‖ **colouring matter** 着色剂,染料,色素

colt [kəʊlt] n. Ⓒ小雄马

column ['kɒləm] n. Ⓒ❶柱,圆柱 ❷纵队,直行 ❸栏,专栏(文章) ‖ **columnar** adj. ①圆柱的,圆柱形的②印成栏的,排成栏的/**columned** adj. 有圆柱的;圆柱形的/**columniation** n.〈建〉列柱,列柱法/**columniform** adj. 圆柱形的/**columnist** n. 专栏作家

coma ['kəʊmə] n. Ⓒ〈医〉昏迷

comatose ['kəʊmətəʊs] adj. ❶昏迷的,不省人事的 ❷昏昏沉沉的,昏昏欲睡的

comb [kəʊm] vt.&vi. ❶梳理 ❷在…搜寻,彻底搜查 ■n. Ⓒ梳子 ‖ **cut the ~ of** 打掉…的威风 ‖ **comber** n. ①梳刷者②精梳机③卷浪

‖ **comb-out** n. 去除不需要的人或物;彻底查出;搜罗

combat ['kɒmbæt] n. ⒸⓊ战斗,格斗,斗争 ■vt. 与…战斗,与…斗争 ‖ ~ **against**〔**with**〕与…战斗,与…斗争 ‖ **combat car** 轻型装甲车,轻型坦克/**combat-ready** adj. 做好战斗准备的

combatant ['kɒmbətənt] adj. 战斗的,搏斗的 ■n. Ⓒ战斗员,格斗者

combative ['kɒmbətɪv] adj. 好斗的 ‖ **combatively** adv. 好斗地/**combativeness** n. 好斗

combination [ˌkɒmbɪ'neɪʃən] n. ❶Ⓤ合作,结合,组合 ❷Ⓒ联合体,组合物 ❸Ⓒ密码组合,字码组合 ❹Ⓒ排列,组合 ‖ in ~ with 与…联合,与…结合 ‖ **combination cracking**〈化〉(液相和气相)联合裂化/**combination lock** 密码锁

combine [kəm'baɪn] vt.&vi.(使)联合 ‖ ~ **against** 结合起来以反对/~ **with** 与…结合;兼具 ■n. ['kɒmbaɪn] Ⓒ❶联合收割机 ❷联合集团

combustion [kəm'bʌstʃən] n. Ⓤ燃烧,烧毁

come [kʌm] vi.(pt. **came**, pp. **come**)❶来;来到 ❷移动,行走 ❸到达,达到 ❹出现于…,位于… ❺转入另一种状态 link v. 成为,变为;变得,终于;The buttons came unfastened. 扣子松开了。 ‖ ~ **about** 发生;改变方向/~ **across** 偶然遇见,碰上/~ **along** 出现,发生;取得进展;赶快,更努力/~ **apart** 破碎;被拆开,被打开/~ **around**〔**round**〕①调转方向②绕道而行③开始接受或理解④周而复始;重新来到⑤苏醒,恢复知觉⑥息怒,消气⑦造访,过访/~ **at** ①袭击,威胁②找到,得到,弄明白/~ **back** ①回来②记起,回忆起②强烈反驳③重复说/~ **between** ①离间,使分开②妨碍/~ **by** ①经过,从旁边走过;来串门,来访 ②得到,获得/~ **down** ①下来,下落②倒塌,被拆除;败落,社会地位降低,贫病,病倒③代代相传/~ **down to** 屈尊做某事/~ **for** ①向…冲去②来取;来找,来接/~ **from** 自某处;出生于;由…造成,源自/~ **in** ①进来,进入;来到,到达②上市③(潮水)涨④当选;就任;上台⑤(天气)开始变得/~ **in for** 接受;遭受/~ **into** 进入;加入;参加/~ **of** 由…引起/~ **off** ①成功②表现/~ **on** ①快,走吧②进步,进展③发生,开始/~ **out** ①出来;出现②说出③可去掉④出狱;获释⑤开花⑥出版;发表⑦结果是…;得到答案⑧拒绝工作,罢工⑨变得清楚明白/~ **over** ①在上空或上方经过②过来;从远处来顺便来访②被理解并完全接受/~ **through** ①穿过②到达③传来,接通④明显地表现出来⑤获准⑥(健康)恢复;脱险/~ **to** ①苏醒;清醒②到达,达成,共计③突然想起/~ **together** 聚会,相见/~ **up** ①上来;

走近②发生③升起；长出来；响起，刮起④开庭⑤显露光泽，开始发光 ⑥提到，提及 /~ up against 遇到 /~ up to ①达到②来到近旁③将近，接近④比得上/~ up with ①追赶上②比得上，赶上③想出，提出 ‖ coming adj. 正在来到的，即将来到的；有指望成功的 ■n. 来到，到达 ‖ come-and-go n. 来往，伸缩 ■adj. 大约的，易变的，不定的/come-at-able adj. 可接近的，易到手的/come-back n. 复原，复辟/come-down n. 败落，屈辱，倒霉/come-on n. 引诱，骗子；受骗的人 ■adj. 有吸引力的/come-outer n. 退会分子，急进分子

comedian [kəˈmiːdjən] n. ⓒ 喜剧演员，丑角

comedy [ˈkɒmɪdɪ] n. ❶ⓒ 喜剧 ❷Ⓤ 喜剧性 ‖ cut the ~ 停止开玩笑，不再胡闹 ‖ **comedic** adj. 滑稽的；关于戏剧的/**comedienne** n. 女滑稽演员，女喜剧演员/**comedist** n. 喜剧作家

comer [ˈkʌmə] n. ⓒ❶ 来者 ❷ 有成功希望的人

comet [ˈkɒmɪt] n. ⓒ 彗星 ‖ **cometary, -tic** adj. 彗星的，彗星似的

comfort [ˈkʌmfət] n. ❶Ⓤ 舒适，身心健康 ❷ⓒ 使人舒服的事物 ❸Ⓤ 安慰，帮助 ❹Ⓢ 给予援助或安慰的人或事 ‖ in ~ 舒适地/of ~ 振作 ■vt. 安慰，使舒适 ‖ for 因…而安慰/~ with 用…安慰；用…来使…舒服 ‖ **comforter** n. 安慰者，圣灵/**comforting** adj. 安慰的，令人鼓舞的/**comfortless** adj. 无安慰的，不舒适的 ‖ comfort station 公共厕所

comfortable [ˈkʌmfətəbl] adj. ❶ 安逸的，使人舒服的 ❷ 丰富的 ‖ **comfortableness** n. 安慰，惬意/**comfortably** adv. 舒适地，轻松自在地

comic [ˈkɒmɪk] adj. ❶ 滑稽的，好笑的 ❷ 喜剧的 ■n. ⓒ❶ 连环漫画杂志 ❷ 喜剧演员

comical [ˈkɒmɪkəl] adj. 好笑的，滑稽的，怪里怪气的 ‖ **comicality** n. 滑稽，好笑，怪里怪气/**comically** adv. 滑稽地，怪里怪气地

comma [ˈkɒmə] n. ⓒ 逗号

command [kəˈmɑːnd] n. ❶ⓒ 命令 ❷Ⓤ 指挥，控制 ❸Ⓤ 掌握，运用力 ❹Ⓒ 部队，兵团；指挥部 ‖ at (one's) ~ 可以自由使用/支配/be at sb's ~ 听候某人吩咐/get ~ of 控制/take ~ of 开始担任…的指挥/under (the) ~ of 由…指挥 ■vt. & vi. 指挥；控制 vt. ❶ 命令 ❷ 应得，博得，值得 ❸ 俯瞰 ❹ 掌握，支配

commandant [ˌkɒmənˈdænt] n. ⓒ 要塞司令，总指挥

commander [kəˈmɑːndə] n. ⓒ❶ 指挥官 ❷ 海军中校 ‖ **commandership** n. 指挥员的职位〔身份〕/**commander-in-chief** n. 总司令

commanding [kəˈmɑːndɪŋ] adj. ❶Ⓐ 指挥的 ❷ 威严的 ❸Ⓐ 居高临下的

commando [kəˈmɑːndəʊ] n. (pl. ~s or ~es) ⓒ 突击队，突击队员

commemorate [kəˈmeməreɪt] vt. 纪念，庆祝 ‖ **commemorative, -tory** adj. 纪念性的

commence [kəˈmens] vt. & vi. 〈正〉开始 ‖ ~ as 以…开始〔自己的〕生涯/~ on 开始从事/~ with 以…开始，从…开始

commencement [kəˈmensmənt] n. Ⓤ ❶ 开始，开端 ❷ 毕业典礼，学位授予典礼

commend [kəˈmend] vt. ❶ 表扬，称赞 ❷ 托付；委托 ‖ ~ for 因…赞扬/~ to 将…托付给；向…推荐；给…留下好印象 ‖ **commendation** n. 称赞，表扬；推荐

commendable [kəˈmendəbl] adj. 值得表扬的；值得称赞的

commensurate [kəˈmenʃərət] adj. ❶（在时间和空间上）相等的 ❷ 相称的，相当的

comment [ˈkɒment] n. ⓒⓊ 评论，意见，解释，批评 ■vt. & vi. 评论；谈论 ‖ ~ about 对…发表看法/~ on〔upon〕对…发表意见〔批评，评论〕

commentary [ˈkɒmentərɪ] n. ❶ⓒⓊ 实况报道，解说词 ❷Ⓒ 评论；评注

commentate [ˈkɒməntert] vt. & vi. 注释，评述

commentator [ˈkɒmenteɪtə] n. ⓒ 评论员，时事评论员；注释者；实况广播员

commerce [ˈkɒmɜːs] n. Ⓤ 商业，贸易

commercial [kəˈmɜːʃəl] adj. 商业的，商务的 ‖ **commercialism** n. 商业主义，商业习惯，商业用语/**commercialist** n. 商业家，商业主义者，营利主义者/**commerciality** n. 商业性/**commercially** adv. 商业上 ‖ commercial bank 商业银行

commercialize [kəˈmɜːʃəlaɪz] vt. （尤指不择手段地）利用…牟利；商业化

commingle [kəˈmɪŋgl] vt. & vi. 混合，掺和，合并

commiserate [kəˈmɪzəreɪt] vt. & vi. 怜悯，同情 ‖ **commiseration** n. 怜悯，同情

commission [kəˈmɪʃən] n. ❶ⓒ 授权，委托 ❷Ⓒ 委员会 ❸ⓒⓊ 佣金，回扣 ‖ go beyond one's ~ 越权/in〔into〕 在使用中，服现役/on ~ 委托/out of ~ 退役的，不能用的 ■vt. ❶ 任，委托：I was commissioned (as a) general in 2007. 我于 2007 年被任命为将军。‖ **commissioned** adj. 受委任的，受任命的；现役的 ‖ commission merchant 代理商

commissioner [kəˈmɪʃənə] n. ⓒ❶ 专员，长官 ❷ 委员

commit [kəˈmɪt] vt. (-tt-) ❶ 犯罪；犯错 ❷ 承诺；使自己受约束 ❸ 托付；交付 ‖ ~ for 把…押送至，送交 /~ on 把自己对…的看法公之于众 / ~ to ① 把…送交，托付给…② 对

…做出承诺,承担义务或担负责任;使(自己)致力于…③把…固定在,保留在…之上或之中

commitment [kə'mɪtmənt] n. ❶ⓒ承诺,许诺,保证 ❷ⓒ承担的义务 ❸Ⓤ信奉,献身

committee [kə'mɪtɪ] n. ⓒ委员会;全体委员:*The committee has〔have〕decided to dismiss him.*委员会已决定辞退他。‖ **committeewoman** n. 女委员

commodious [kə'məʊdjəs] adj. 宽敞的,有充足地方的

commodity [kə'mɒdɪtɪ] n. ⓒ❶商品,货物 ❷有用的东西

commodore ['kɒmədɔː] n. ⓒ海军准将

common ['kɒmən] adj. ❶普遍的,常见的 ❷公有的,共有的,共同的 ❸一般的,平常的/~ as an old shoe 平易近人的,虚怀若谷的/~ or garden 平凡的,普通的/~ touch 平易近人,亲近和睦 ‖ **commoner** n. 平民/**commonly** adv. 普通地,全体地/**commonness** n. 普通,平凡 ‖ **common carrier**〔律〕运输业者/**common cold** 感冒/**common law** 习惯法,不成文法/**common market** ①共同市场②the C-M-/欧洲共同市场/**common room** 公共休息室,教员公用室/**common school** 免费公立学校,公费小学/**common sense** 常识/**commonsense** adj. 有常识的;一望而知的/**common stock** 普通股/**common year** 平年

commonplace ['kɒmənpleɪs] adj. 普通的,平庸的 ■ n. ⓒ❶陈腔滥调,老生常谈 ❷寻常的事物,平常的东西 ‖ **commonplaceness** n. 平凡,陈腐

commonwealth ['kɒmənwelθ] n. ⓒ共和国;联邦,团体,协会

commotion [kə'məʊʃən] n. ⓤⓒ混乱,喧闹,骚动

communal ['kɒmjʊnl] adj. ❶社会的,公有的 ❷公用的,公共的 ‖ **communality** n. 集体性

commune ['kɒmjuːn] n. ⓒ公社 ■ [kə'mjuːn] vi. 与…感觉一致;感受与…很亲近;与…亲密地交谈

communicate [kə'mjuːnɪkeɪt] vt.&vi. 传达;表达 ■ vi. 通讯;交际,交流 ❷相连;相通 ‖ ~ **to** 传达给…;向…表达;传输,传送/~ **with** 与…联系,与…交往;与…相通

communication [kəˌmjuːnɪ'keɪʃən] n. ❶ⓤ交流,交际,通讯 ❷ⓒ信息,消息 ❸ⓟ通信工具,交通联系:*All communications with the north have been stopped by snowstorm.* 北部的一切交通均被暴风雪所阻。‖ **communication cord** 警报索

communion [kə'mjuːnjən] n. ❶ⓤ交流 ❷ⓒ宗教教派

communism ['kɒmjʊnɪzəm] n. ⓤ共产主义

communist ['kɒmjʊnɪst] n. ⓒ共产主义者 ■ adj. Ⓐ共产主义的,信仰共产主义的 ‖ **communistic** adj. 共产主义(者)的 ‖ **communist-led** adj. 共产党领导的

community [kə'mjuːnɪtɪ] n. ❶ⓢ社区,社会,团体 ❷ⓤ大众,公众 ❸ⓤ共有,共享 ‖ **community centre** 公共会堂/**community chest** 募集的救济基金/**community property** 夫妻共同财产/**community singing** 大合唱

commutation [ˌkɒmjʊ'teɪʃən] n. ⓒⓤ❶交换,折算,折合 ❷减刑 ‖ **commutation ticket** 长期车票

commutative [kə'mjuːtətɪv] adj. 交换的;代替的

commute [kə'mjuːt] vi. 通勤 vt. 减(刑) ‖ ~ **between** 通勤于…之间/~ **into**〔**for**〕折合/~ **to** 以…换成…

compact [kəm'pækt] vt.&vi. 压紧,(使)坚实 ‖ ~ **into** 把…压实/~ **out of** 把…扎紧 ■ adj. 装填紧密的,整齐填满的 ■ ['kɒmpækt] n. ⓒ协议,条约,契约 ‖ **compactly** adv. 紧密地/**compactness** n. 紧密,坚实,简洁;紧密度 ‖ **compact disc**〔**disk**〕激光唱片,压缩磁盘,光盘

companion [kəm'pænjən] n. ⓒ❶同伴,伙伴 ❷成双成对的物品之一 ‖ **a ~ for**(某人)的同伴/**a ~ to**(某人)的同伴;能与…相匹配的东西 ‖ **companionship** n. 友谊,朋友关系

companionable [kəm'pænjənəbl] adj. 友善的;表示友好的

companionate [kəm'pænjənɪt] adj. ❶和谐的;(衣服)相配的 ❷同伴的,同伴似的

company ['kʌmpənɪ] n. ❶ⓤ伴随,陪伴 ❷ⓤ客人,朋友 ❸ⓤ一群人 ❹ⓒ公司 ‖ **keep** … ~ 陪伴…/**part** ~ (**with**)(与…)分离,(与…)断绝关系

comparable ['kɒmpərəbl] adj. ❶类似的,同类的,相当的 ❷可比较的,比得上的 ‖ ~ **to** 可与…比拟的,匹敌的/~ **with** 可与…相比的,类似的

comparative [kəm'pærətɪv] adj. Ⓐ❶比较的,相比的 ❷相比之下的,相比而言的,相对的 ‖ **comparatively** adv. 比较,相对地

compare [kəm'peə] vt.&vi. 比较,对照 ‖ ~ **to** 把…比作,喻为;与…相比/~ **with**(把…)与…相比,比得上,可与…相比 ■ n. ⓒ相比 ‖ **beyond** ~ 无可比拟,举世无双 ‖ **compared** adj. 可比较的

comparison [kəm'pærɪsən] n. ❶ⓤ比较,对照 ❷ⓒ经比较得出的结论 ❸ⓤ类似,相似 ‖ **by**〔**in**〕~ 相比之下/**in** ~ **with** 与…比较起来

compartment [kəm'pɑːtmənt] n. ⓒ间隔,(列车车厢的)隔间 ‖ **compartmentalize** vt. 把…分成各自独立的部分,划分

compartmental [ˌkəmpɑːtˈmentəl] adj. 分为隔间的, 由隔间组成的

compass [ˈkʌmpəs] n. ❶ⓒ罗盘, 指南针 ❷ⓅⓔⓃ圆规 ❸Ⓤ界限 ‖ beyond the ~ of 超出某人或某事的范围 ‖ compassable adj. 能达到的, 能理解的/compassing adj. 围绕的, 达到的, 广博的 ‖ compass card 罗盘表面/compass window 圆肚窗

compassion [kəmˈpæʃən] n. Ⓤ怜悯, 同情 ‖ ~ for[on] 对…的同情/fling oneself on [upon] sb's ~ 祈求某人怜悯

compassionate [kəmˈpæʃənɪt] adj. 表示怜悯的, 有同情心的 ‖ compassionately adv. 表示怜悯地, 有同情心地/compassionateness n. 同情

compatible [kəmˈpætəbl] adj. 可以并存的, 相容的, 协调的 ‖ be ~ to 与…相容/be ~ with 与…一致 ‖ compatibility n. 适合, 一致/compatibly adv. 可以并存地, 协调地

compatriot [kəmˈpætrɪət] n. Ⓒ同胞, 同国人 ‖ compatriotic adj. 同国人的, 同胞的

compel [kəmˈpel] vt. (-ll-)强迫, 使不得不 ‖ compellable adj. 可强迫的

compelling [kəmˈpelɪŋ] adj. ❶使人非注意不可的 ❷必须接受或同意的

compendious [kəmˈpendɪəs] adj. 扼要的, 简要的 ‖ compendiously adv. 扼要地, 简要地/compendiousness n. 扼要, 简要

compendium [kəmˈpendɪəm] n. (pl. ~s or -ia)Ⓒ摘要, 纲要

compensate [ˈkɒmpenseɪt] vt. & vi. 补偿, 报酬 ‖ ~ for 赔偿, 补偿损失/~ with 以…弥补 ‖ compensative adj. 补偿的, 赔偿的/compensator n. 补偿者, 赔偿物/compensatory adj. 补偿的, 赔偿的

compensation [ˌkɒmpenˈseɪʃən] n. ⓤⓒ补偿[赔偿]物, 补偿[赔偿]金

compete [kəmˈpiːt] vi. ❶竞赛; 竞争 ❷比得上, 媲美 ‖ ~ against 与…进行竞争/~ at 在…方面胜任/~ for 争夺/~ in 在…方面竞争, 在…方面胜任/~ with 与…竞争 ‖ competing adj. 互相对立的, 不能同时接受的

competence [ˈkɒmpɪtəns] n. Ⓤ❶能力, 技能 ❷(法院的)权限, 管辖权 ‖ ~ as 作为…的能力/~ for 对…的能力/~ in 在某方面的能力/beyond[within] ~ 在…范围外[内]

competent [ˈkɒmpɪtənt] adj. 有能力的, 能胜任的 ‖ competently adv. 有能力地

competition [ˌkɒmpɪˈtɪʃən] n. ❶Ⓒ比赛 ❷Ⓤ竞争 ‖ ~ among …之间的竞争/~ between …之间的竞争/~ for 为…的竞争/~ with 与…竞争/in …比赛中, 在竞争中

competitive [kəmˈpetɪtɪv] adj. ❶竞争的, 比赛的 ❷(指人)好竞争的, 求胜心切的 ❸(价格等)有竞争力的 ‖ competitively adv. 竞争地, 比赛地/competitiveness n. 竞争, 比赛

competitor [kəmˈpetɪtə] n. Ⓒ竞争者, 对手, 敌手

compilation [ˌkɒmpɪˈleɪʃən] n. ❶Ⓤ编辑, 编写 ❷Ⓒ编辑物

compile [kəmˈpaɪl] vt. 收集; 编辑, 编制 ‖ compilatory adj. 编辑的, 汇编的

complacent [kəmˈpleɪsnt] adj. 自满的, 自鸣得意的 ‖ complacence n. 沾沾自喜, 满足/complacency n. 沾沾自喜, 满足/complacently adv. 自满地

complain [kəmˈpleɪn] vt. & vi. 抱怨, 诉苦; 投诉 ‖ ~ about 抱怨, 诉苦/~ against 申诉/~ at 抱怨/~ of 他诉, 诉苦/~ to 向…抱怨 ‖ complainant n. 抱怨者; 原告

complaint [kəmˈpleɪnt] n. ❶Ⓤ抱怨, 诉苦 ❷Ⓒ投诉, 控告 ❸Ⓒ疾病

complaisance [kəmˈpleɪzəns] n. Ⓤ讨好, 殷勤

complaisant [kəmˈpleɪzənt] adj. ❶恭敬的, 恳切的 ❷殷勤的, 讨好的 ❸默认的, 默许的

complement [ˈkɒmplɪmənt] n. Ⓒ❶补充, 互为补充的东西 ❷需要的或允许的数额 ❸补足语 ■ vt. 补足, 补充 ‖ complementarity n. 互为补充

complementary [ˌkɒmplɪˈmentərɪ] adj. 互补的

complete [kəmˈpliːt] adj. ❶完整的, 完全的 ❷Ⓟ完成的, 结束的 ❸完满的, 圆满的 ❹Ⓐ彻底的, 完完全全的 ■ vt. ❶完成, 结束 ❷使完善 ‖ ~ in 总共有…, …算完整/~ with 包括, 具有配套的

completely [kəmˈpliːtlɪ] adv. 完整地, 完全地

completion [kəmˈpliːʃən] n. Ⓤ完成, 结束

complex [ˈkɒmpleks] adj. ❶由许多部分组成的, 复合的 ❷复杂的, 难懂的 ■ n. Ⓒ❶综合体, 集合体 ❷〈心〉情结, 夸大的情绪反应 ‖ complexity n. 复杂性/complexly adv. 复杂地, 难懂地

complexion [kəmˈplekʃən] n. ❶Ⓒ肤色, 面色 ❷Ⓢ局面, 性质 ‖ complexional adj. (脸部)肤色…的

complexity [kəmˈpleksɪtɪ] n. ❶Ⓤ复杂性, 错综复杂的状态 ❷Ⓒ复杂的事物

compliance [kəmˈplaɪəns] n. Ⓤ服从, 听从, 顺从

compliant [kəmˈplaɪənt] adj. 遵从的, 依从的, 顺从的, 屈从的

complicate [ˈkɒmplɪkeɪt] vt. 使复杂化 ‖ complicacy n. 复杂; 复杂的事物

complicated [ˈkɒmplɪkeɪtɪd] adj. 结构复杂的 ‖ complicatedly adv. 结构复杂地/com-

plicatedness n. 结构复杂,难懂
complication [ˌkɒmplɪˈkeɪʃən] n. ❶ⓒ(新出现的)困难,难题 ❷ⓟ〈医〉并发症
complicity [kəmˈplɪsɪtɪ] n. ⓤ合谋,串通
compliment [ˈkɒmplɪmənt] n. ❶ⓒ赞美(话),恭维(话) ❷ⓟ向…送礼以表示敬意 ■ [ˈkɒmplɪment] vt.表扬;恭维‖～ away赠送,把…作为赠品散发/～ sb into用恭维的话使某人… /～ sb out of sth 恭维某人以骗取某物
complimentary [ˌkɒmplɪˈmentərɪ] adj. 表示崇敬、赞美、赞许等的
comply [kəmˈplaɪ] vi.(pt., pp. complied) 遵从,依从,服从‖～ with 服从,遵从‖ **compliant** adj. 服从的,顺从的
component [kəmˈpəʊnənt] n.ⓒ成分,组成部分,部件,元件
comport [kəmˈpɔːt] vt. 表现‖ **comportment** n. 举动,行为
compose [kəmˈpəʊz] vt. ❶组成,构成: *These twelve men are believed to compose the jury.* 据信,陪审团是由这 12 人组成的。❷使安定,使镇静 vt.& vi.创作(乐曲、诗歌等);为…谱曲‖ be ～d of 由…组成‖ **composed** adj. 镇静的,沉着的/**composedly** adv. 镇静地,沉着地
composite [ˈkɒmpəzɪt] adj.Ⓐ混合成的,综合成的‖ **compositeness** n. 复合,混合
composition [ˌkɒmpəˈzɪʃən] n. ❶ⓤ创作,写作,作曲 ❷ⓒ作文,作品 ❸ⓤ构图;构成,成分 ❹ⓒⓤ混合物,合成物‖ in ～ with 与…一并/make a ～ with 和…妥协‖ **compositive** adj. 合成的,复合的
composure [kəmˈpəʊʒə] n.ⓤ镇静,沉着
compound[1] [ˈkɒmpaʊnd] n.ⓒ复合物,化合物 ■ vt. [kəmˈpaʊnd] ❶使混合,使合成 ❷使严重;使恶化‖ **compoundable** adj. 混合的,能化合的/**compounder** n. 复合者,混合者
compound[2] [ˈkɒmpaʊnd] n.ⓒ(筑有围墙的)院子,(围起来的)场地
comprehend [ˌkɒmprɪˈhend] vt. ❶理解,领会 ❷包括
comprehension [ˌkɒmprɪˈhenʃən] n.ⓤ理解,理解力‖ **comprehensible** adj. 能理解的
comprehensive [ˌkɒmprɪˈhensɪv] adj.广泛的,综合的‖ **comprehensively** adv. 广泛地/**comprehensiveness** n. 广泛,综合
compress [kəmˈpres] vt. 压紧,压缩‖ ～ into 将…压缩成…‖ **compressed** adj. 压缩了的/**compressible** adj. 可压缩的,可浓缩的
comprise [kəmˈpraɪz] vt. ❶包含,包括,由…组成 ❷组成,构成‖ **comprisable** adj. 能被包含的/**comprisal** n. 包含;概述
compromise [ˈkɒmprəmaɪz] n.ⓤ妥协,折中方法 ■ vi.折中解决 vt.连累,危害,损害‖ ～ with 向(某人)妥协‖ **compromising** adj. 惹人怀疑的,损害名誉的

comptroller [kəmˈtrəʊlə] n.ⓒ审计员,会计主任
compulsion [kəmˈpʌlʃən] n.❶ⓤ强迫,被迫 ❷ⓒ欲望,冲动,要求
compulsive [kəmˈpʌlsɪv] adj. ❶极有趣的,令人着迷的 ❷因着迷而引起的,上瘾的 ❸强迫性的‖ **compulsively** adv. 极有趣地,令人着迷地;强迫性地
compulsory [kəmˈpʌlsərɪ] adj.必须做的,强制性的‖ **compulsorily** adv. 必须,强制性地
compunction [kəmˈpʌŋkʃən] n.ⓤⓒ内疚,后悔,懊悔‖ **compunctious** adj. 内疚的,后悔的
computation [ˌkɒmpjʊˈteɪʃən] n.ⓤⓒ计算;估计‖ **computational** adj. 计算的
compute [kəmˈpjuːt] vt. 计算,估算
computer [kəmˈpjuːtə] n.ⓒ(电子)计算机,电脑‖ on a ～用电脑‖ **computer game** 电脑游戏
computerize, -ise [kəmˈpjuːtəraɪz] vt. ❶用计算机做,使计算机化 ❷将(资料)存入计算机
computing [kəmˈpjuːtɪŋ] n.ⓤ计算机的运作
comrade [ˈkɒmrɪd] n.ⓒ❶亲密的伙伴,战友,朋友 ❷同志‖ **comradely** adj. 同志式的,同志般的/**comradery** n. 同志情谊/**comradeship** n. 同志关系,友谊‖ **comrade-in-arms** n. 战友
con [kɒn] n.ⓢ欺骗,骗局 ■ vt.(-nn-)诈骗,哄骗
concatenate [kɒnˈkætɪneɪt] vt.把(一系列事件、事情等)联系起来 ■ adj.连接的;联系在一起的
concatenation [kɒnˌkætɪˈneɪʃən] n.ⓒ一系列互相关联的事物
concave [kɒnˈkeɪv] adj.凹的‖ **concavely** adv. 凹地/**concaveness** n. 凹面,成凹形/**concavity** n. 凹面,成凹形
conceal [kənˈsiːl] vt. 隐藏;隐瞒,遮住‖ ～ from 隐蔽…以避开…,对…隐藏(某事)‖ **concealment** n. 隐藏;隐蔽处
concede [kənˈsiːd] vt.& vi.承认 vt.出让,容许‖ **concededly** adv. 无可争辩地,明白地
conceit [kənˈsiːt] n.ⓤ高傲,骄傲自大‖ in one's own ～自以为/out of ～ with 不再喜欢‖ **conceitedly** adv. 自负地,骄傲自大地/**conceitedness** n. 自负,骄傲自大
conceited [kənˈsiːtɪd] adj.(人)自负的,自高自大的,骄傲自满的

conceivable [kən'si:vəbl] adj. 可想到的，可相信的，可想象的 ‖ **conceivability** n. 可信/**conceivably** adv. 可想到地，可信地，可想象地

conceive [kən'si:v] vt.& vi. ❶想出，构想，设想 ❷怀孕 ～ of 想象，设想

concentrate ['kɒnsəntreɪt] vt.& vi. ❶专心于；注意 ❷集中，聚集 vt. 浓缩 ～ at (使)集结于某处/～ in 集中于某处/～ on 专心于，把思想集中于；将…集中于… ‖ **concentrated** adj. 集中起来的，经浓缩的

concentration [ˌkɒnsən'treɪʃən] n. ❶Ⓤ专心，专注 ❷Ⓒ集中，集结 ‖ **concentration camp** 集中营

concentric [kɒn'sentrɪk] adj. 同一中心的，同轴的 ‖ **concentrically** adv. 同一中心地，同轴地

concept ['kɒnsept] n. Ⓒ概念；观念；想法

conception [kən'sepʃən] n. ❶Ⓒ思想，观念，概念 ❷Ⓤ构想，设想 ❸Ⓤ怀孕 ‖ have no ～ of 对…完全不懂 ‖ **conceptional** adj. 思想的，概念的；构想的，设想的；怀孕的

conceptual [kən'septjuəl] adj. 观念的，概念的 ‖ **conceptualism** n. 概念论/**conceptualist** n. 概念论者/**conceptualize** vt. 使概念化

concern [kən'sɜːn] n. ❶Ⓤ忧虑，焦虑，担心 ❷Ⓒ焦虑的原因 ❸Ⓒ重要的或感兴趣的事物 ❹Ⓒ企业，公司 ❺Ⓒ股份 ‖ have no ～ with 同…无关/show ～ for sb 关心某人 vt. ❶有关于，关系到 ❷使担心，使烦恼 ‖ as ～s 关于，涉及/～ about (over) 使(自己)关心…/～ for 为…担心/～ in 参与/～ with 与…有关，关心…/so (as) far as ... be ～ed 就…来说，就…而论

concerned [kən'sɜːnd] adj. 担心的，烦恼的，忧虑的 ‖ **concernedly** adv. 担心地，烦恼地，忧虑地

concerning [kən'sɜːnɪŋ] prep. (表示论及)关于，有关，就…而论 ‖ I wrote to the head of the firm concerning Robert. 我曾就罗伯特的问题写信给公司的主管。

concert ['kɒnsət] n. Ⓒ音乐会 ‖ in ～一齐，一致 ‖ **concert master** 首席小提琴手

concerted [kən'sɜːtɪd] adj. Ⓐ共同筹划的，合作的 ‖ **concertedly** adv. 一致地

concerto [kən'tʃeətəʊ] n. (pl.～s) Ⓒ协奏曲

concession [kən'seʃən] n. ❶Ⓤ承认，允许 ❷Ⓒ妥协，让步 ❸Ⓒ特许权 ‖ **concessive** adj. 让步的，表示让步的

conciliate [kən'sɪlɪeɪt] vt. 使(某人)息怒或友好；安抚，劝慰 vt.& vi. (使)意见一致；调节 ‖ **conciliator** n. 安抚者，劝慰者/**conciliatory** adj. 意图或可能抚慰或调解的

conciliation [kənˌsɪlɪ'eɪʃən] n. Ⓤ抚慰，调节 ‖ **conciliationism** n. 调和主义/**conciliationist** n. 调和主义者

concise [kən'saɪs] adj. 简明的 ‖ **concisely** adv. 简明地/**conciseness** n. 简明，简洁

conclude [kən'kluːd] vt.& vi. 结束 vt. ❶得出结论；断定 ❷决定 ‖ ～ from 从…中得出；推断/～ with 与…商谈；以…结束 ‖ **concluding** adj. 结束的，最后的

conclusion [kən'kluːʒən] n. ❶Ⓢ结束，结尾 ❷Ⓒ信念，意见，结论 ‖ in ～最后，综上所述/try ～ with 与…一决胜负

conclusive [kən'kluːsɪv] adj. 令人信服的，确凿的 ‖ **conclusively** adv. 令人信服地，确凿地

concoct [kən'kɒkt] vt. ❶将(尤指通常不相配合的)成分混合成某物；调制 ❷编造，捏造 ‖ **concoction** n. 编造，捏造；混合物

concomitant [kən'kɒmɪtənt] adj. 伴随的，同时发生或出现的 ■ n. Ⓒ伴随发生的事；伴随物

concord ['kɒnkɔːd] n. Ⓤ和谐，一致，和睦 ‖ **concordance** n. 和谐，协调，一致

concordant [kən'kɔːdənt] adj. 和谐一致的，协调的

concourse ['kɒnkɔːs] n. Ⓒ❶宽敞的大厅，广场 ❷聚集，汇集；群众

concrete ['kɒnkriːt] adj. ❶实体的，有形的 ❷确实的，明确的，确定的 ‖ **concretely** adv. 实体地，有形地；确实/**concretion** n. 凝结，凝结物

concupiscence [kən'kjuːpɪsəns] n. Ⓤ性欲，色欲

concur [kən'kɜː] vi. (-rr-) ❶同意，表示一致意见 ❷同时发生

concurrence [kən'kʌrəns] n. ❶Ⓤ Ⓢ同意，一致 ❷Ⓢ同时发生或出现 ‖ with the ～ of 在…的同意下

concurrent [kən'kʌrənt] adj. 同时存在(发生、完成)的 ‖ **concurrently** adv. 同时地

concuss [kən'kʌs] vt. 使震荡 ‖ **concussion** n. 冲击，震动，剧烈

condemn [kən'dem] vt. ❶谴责，责备 ❷判罪，处刑 ❸宣布…不能使用 ❹迫使…陷于不幸的境地 ‖ ～ for 因…而指责…/～ to 处(某人)以(某刑罚)；迫使(某人)处于(不幸的状态或位置) ‖ **condemnable** adj. 应受谴责的；应定罪的/**condemnation** n. 谴责；判罪/**condemned** adj. 已被定罪的/**condemner** n. 谴责者；宣判者

condense [kən'dens] vt.& vi. ❶(使)变稠或变浓；浓缩 ❷(使)凝结 vt. 简说，摘要，简述 ‖ ～ into (使)凝结成；把…压缩成，缩减为/～ to (使)凝结

condescend [ˌkɒndɪ'send] vi. ❶屈尊，俯就

❷故意表示和蔼可亲‖**condescending** *adj.* 屈尊的,谦逊的/**condescendingly** *adv.* 屈尊地,谦逊地

condign [kən'daɪn] *adj.* 严厉而适当的,罪有应得的‖**condignly** *adv.* 严厉而适当地,罪有应得地

condiment ['kɒndɪmənt] *n.* ⓊⓅ调味品,佐料‖**condimental** *adj.* 调味品的,佐料的

condition [kən'dɪʃən] *n.* ❶Ⓢ状况,状态;地位 ❷ⓊⓈ健康状况,可使用的状况 ❸Ⓒ条件,先决条件 ❹Ⓟ环境,情况 ❺Ⓒ疾病‖change one's ~ 结婚/in an interesting ~ 怀孕/in ~ ①健康,状况好 ②处于可使用的状况/make it a ~ that 以…为条件/meet the ~s of 满足…条件/on ~ (that) 若是…,以…为条件/on no ~ 绝不要/out of ~ ①不健康,身体不好 ②不能使用/under ~ 在…条件下/under no ~s 无论如何/under otherwise equal ~s 其他条件都相同时 ■ *vt.* ❶制约,限制:*Ability and effort condition success.* 才干和努力是成功的条件。❷使习惯于,使适应‖~ on 以…作为(某人)接受…的条件/~ to 使(某人)适应于〔习惯于〕… ‖ **conditioning** *n.* 调节,修整

conditional [kən'dɪʃənl] *adj.* ❶依赖某事物的 ❷有条件的,受制约的‖**conditionality** *n.* 条件性,制约性;条件限制/**conditionally** *adv.* 有条件地,受制约地

conditioner [kən'dɪʃənə] *n.* ⓊⒸ调理的物品或物质;护发素

condole [kən'dəʊl] *vi.* 表示同情,吊唁

condolence [kən'dəʊləns] *n.* ⓊⓅ同情;吊唁

condom ['kɒndəm] *n.* Ⓒ(男用)避孕套,保险套

condominium ['kɒndə'mɪnɪəm] *n.* Ⓒ❶(由另两国或多国)共管的国家 ❷(产权为居住者自有的)公寓(的单元)

condone [kən'dəʊn] *vt.* 容忍,宽恕,原谅‖**condonation** *n.* 容忍,宽恕,原谅

conducive [kən'djuːsɪv] *adj.* 导致…的,有助于…的

conduct [kən'dʌkt] *vt.&vi.* ❶引导,带领;担任指挥 ❷控制,管理 ❸传导‖~ in 领进/~ out 赶走〔驱逐〕/~ sb over… 引导某人参观…/~ to〔into〕领着(某人)到… ■ ['kɒndʌkt] *n.* Ⓤ❶举止,行为 ❷管理(方式),实施(方式)

conductor [kən'dʌktə] *n.* Ⓒ❶(乐队)指挥 ❷售票员,列车长 ❸〈电〉导体

conduit ['kɒndɪt] *n.* Ⓒ〈电〉管道,水管,导电管

cone [kəʊn] *n.* Ⓒ❶圆锥体 ❷圆锥形东西 ❸球果‖**coneshaped** *adj.* 锥形的

confederate [kən'fədərɪt] *adj.* 联盟的,同盟的,邦联的 ■ *n.* Ⓒ同伙,合谋者,同党 ■ [kən'fədəreɪt] *vt.&vi.* (使)(为共同利益与)联合,结盟

confederation [kən,fedə'reɪʃən] *n.* ❶Ⓤ结盟 ❷Ⓒ同盟,联邦

confer [kən'fɜː] *vi.*(-rr-)〈拉〉商谈,商议 *vt.* 授予,赋予‖~ about 就…商谈/~ by 由…授予/~ on〔upon〕授予/~ with sb 和…商议‖**conferment** *n.* 授予

conference ['kɒnfərəns] *n.* ❶Ⓒ会议 ❷Ⓤ讨论,商谈

confess [kən'fes] *vt.&vi.* 承认,供认 *vt.* 听…忏悔‖~ to 承认,坦白/向…忏悔‖**confessor** *n.* 供认者

confessed [kən'fest] *adj.* Ⓐ众所周知的,已承认的‖**stand ~ as** 被揭露为…,被认为为…是‖**confessedly** *adv.* 公开表明地,确定无疑地

confession [kən'feʃən] *n.* ❶ⓊⒸ承认;自首,供认 ❷Ⓒ声明,表白(指宗教信仰) ❸Ⓤ(向神父的)忏悔,告解

confessional [kən'feʃənəl] *n.* Ⓒ(教堂内的)告解室

confide [kən'faɪd] *vt.* 吐露(秘密,心事等)‖~ in 信任,信赖

confidence ['kɒnfɪdəns] *n.* ❶Ⓤ信任 ❷Ⓤ信心,自信 ❸Ⓒ知心话,私房话‖~ in 对…的信任/in ~ 私下里,秘密地/take into one's ~ 向…吐露心事;以…为心腹/with little ~ 缺乏信心地

confident ['kɒnfɪdənt] *adj.* ❶确信的,肯定的 ❷有信心的,自信的‖~ about 相信/~ in 信任/~ of 对…确信的‖**confidently** *adv.* 确信地,有信心地

confidential [,kɒnfɪ'denʃəl] *adj.* ❶秘密的,机密的 ❷表示信任或亲密的 ❸担任机密工作的‖~ with sb 相信某人‖**confidentiality** *n.* 秘密,机密/**confidentially** *adv.* 秘密地,机密地

configuration [kən,fɪgjʊ'reɪʃən] *n.* Ⓒ构造,形状,外貌,轮廓

confine [kən'faɪn] *vt.* ❶限制;局限于 ❷禁闭;管制;关起来‖~ to (使)限制在…/~ within 关在…里 ■ *n.* Ⓟ界限,范围‖beyond 〔out of〕 ~ 在…之外/on the ~ of 濒于,差一点儿(就)/within the ~s of 在…之内‖**confinement** *n.* 限制,监禁,禁闭

confined [kən'faɪnd] *adj.*(指空间)有限的,受限制的

confirm [kən'fɜːm] *vt.* ❶证实,证明;肯定,确认 ❷使巩固,加强 ❸批准;认可‖**confirmable** *adj.* 可进一步确定的,可批准的

confirmed [kən'fɜːmd] *adj.* Ⓐ成为习惯的,根深蒂固的

confiscate ['kɒnfɪskeɪt] *vt.* 没收,充公‖

confiscation *n.* 没收,充公
conflate [kənˈfleɪt] *vt.* 合并,混合
conflict [ˈkɒnflɪkt] *n.* Ⓤ Ⓒ ❶ 战斗,斗争 ❷ 冲突,抵触,争论 ‖ a ~ of…的冲突/a ~ with 与…发生冲突 ■ *vi.* 抵触,冲突
conform [kənˈfɔːm] *vi.* ❶ 遵守,符合 ❷ 顺应,一致 ‖ ~ to 遵守/~ with 与…一致
conformist [kənˈfɔːmɪst] *adj.* 墨守成规的;因循守旧的
conformity [kənˈfɔːmɪtɪ] *n.* Ⓤ 依照,遵从;符合,一致
confound [kənˈfaund] *vt.* ❶ 使惊慌;弄糊涂 ❷ 搞乱;混淆(意义等) ❸ 击败,挫败 ‖ confounded *adj.* 惊慌的,混乱的;讨厌之极的/confoundedly *adv.* 十分,非常;讨厌地
confront [kənˈfrʌnt] *vt.* ❶ 勇敢地面对,正视 ❷ 迎面遇到,遭遇 ❸ 使对质,使当面对证 ‖ be ~ed by 碰上…/~ with 使面对
confrontation [ˌkɒnfrʌnˈteɪʃən] *n.* Ⓤ Ⓒ 对抗,对抗的事物
confrontational [ˌkɒnfrʌnˈteɪʃənəl] *adj.* 挑衅的,对抗性的:*a ~ policy* 对抗的政策
confuse [kənˈfjuːz] *vt.* ❶ 使困惑,把…弄糊涂 ❷ 混淆,把…混同 ❸ 乱,搞乱 ‖ ~ black with white 混淆黑白 ‖ confusable *adj.* 可能被混淆的;可能被弄糊涂的
confused [kənˈfjuːzd] *adj.* ❶ 糊涂的,迷乱的 ❷ 混杂的,不清楚的 ‖ be ~ about 对…感到不解/be ~ at 对…感到手足无措 ‖ confusedly *adv.* 混乱地,慌乱地/confusedness *n.* 混乱,慌乱
confusing [kənˈfjuːzɪŋ] *adj.* 莫名其妙的,难以理解的:*a most ~ speech* 完全莫名其妙的讲话
confusion [kənˈfjuːʒən] *n.* Ⓤ ❶ 困惑,糊涂;*throw sb into ~* 使某人不知所措 ❷ 混淆,混同 ❸ 混乱,骚乱
congeal [kənˈdʒiːl] *vt.&vi.* ❶ 使凝结,冻结 ❷ (指血)凝结
congenial [kənˈdʒiːnjəl] *adj.* 宜人的,适宜的;意气相投的:*I find her very congenial.* 我发现她跟人很合得来。‖ be ~ to〔with〕与…志趣相投 ‖ congeniality *n.* 同族,同类/congenially *adv.* 同类地;志趣相投地
congenital [kənˈdʒenɪtəl] *adj.* 先天的,天生的
congest [kənˈdʒest] *vt.* 充满,拥挤
congested [kənˈdʒestɪd] *adj.* ❶(街道、城市等)拥挤的 ❷〈英〉充血的
conglomerate [kənˈglɒmərət] *n.* Ⓒ ❶(多种经营的)联合大企业,企业集团 ❷ 聚集物;砾岩
congratulate [kənˈgrætjʊleɪt] *vt.* 祝贺,道喜 ‖ congratulate... on〔upon〕就…向某人表示祝贺 ‖ **congratulator** *n.* 祝贺者
congratulation [kənˌgrætjʊˈleɪʃən] *n.* ❶ Ⓤ Ⓒ 祝贺,恭喜 ❷ Ⓟ 贺词
congregate [ˈkɒngrɪgeɪt] *vt.&vi.* (使)集合,聚集
congregation [ˌkɒŋgrɪˈgeɪʃən] *n.* Ⓒ 人群;(教堂里的)会众 ‖ congregational *adj.* 集合的,(教堂)会众的
congress [ˈkɒŋgres] *n.* Ⓒ ❶ 代表大会 ❷ 国会,议会
congressional [kɒŋˈgreʃənl] *adj.* Ⓐ 国会的
congressman [ˈkɒŋgresmən] *n.* Ⓒ〈美〉国会议员(尤指众议员)
congruent [ˈkɒŋgruənt] *adj.* ❶〈数〉叠合的,全等的 ❷ 符合的,一致的,和谐的
congruous [ˈkɒŋgruəs] *adj.* 适合的;适当的
conjecture [kənˈdʒektʃə] *n.* Ⓤ Ⓒ 推测,猜想 ■ *vt.&vi.* 推测,猜测,猜想
conjoin [kənˈdʒɔɪn] *vt.&vi.* 结合,联合
conjugal [ˈkɒndʒʊgəl] *adj.* ❶ 婚姻的 ❷ 夫妻之间的
conjunction [kənˈdʒʌŋkʃən] *n.* ❶ Ⓒ 连词 ❷ Ⓤ Ⓒ 结合;联合 ‖ conjunctional *adj.* 结合的,联合的
conjure [ˈkʌndʒə] *vt.* ❶ 用魔术变出 ❷ 祈求,恳求 *vi.* 变戏法,变魔术 ‖ ~ away 用魔法驱除(烦恼、疾病等)/~ up 用魔法召(鬼);凭幻想(或用魔法)做出
connect [kəˈnekt] *vt.&vi.* ❶ 连接,联结 ❷ 把…看作有关联;由…联想到 ❸ 给…接通电话 ‖ ~ to 使与…连接;使与…接通电话/~ up 接通;连接在一起/~ with 与…连接;使有关系;用电话同…相联系 ‖ **connecter, -or** *n.* 连接者;连接器
connected [kəˈnektɪd] *adj.* ❶ 连接的,有关系的,有联系的 ❷ 有社交〔职业、商业〕关系的 ❸ 有血统〔婚姻〕关系的
connection [kəˈnekʃn] *n.* ❶ Ⓤ Ⓒ 连接,联结 ❷ Ⓤ Ⓒ 联系;关系 ❸ Ⓒ 连接点,连接物 ❹ Ⓟ 熟人,业务上的客户
connective [kəˈnektɪv] *adj.* ❶ 起连接作用的 ❷ 连接的,联结的 ■ *n.* Ⓒ ❶ 连接词 ❷ 连接物,结合物
connive [kəˈnaɪv] *vi.* ❶ 密谋;搞阴谋 ❷ 默许;纵容
connoisseur [ˌkɒnəˈsɜː] *n.* Ⓒ 鉴赏家,鉴定家;行家
connotation [ˌkɒnəʊˈteɪʃən] *n.* Ⓒ 内涵意义,隐含意义
connote [kəˈnəʊt] *vt.* 隐含,暗示;意味着
conquer [ˈkɒŋkə] *vt.* ❶ 攻克,征服 ❷ 破除,克服 *vi.* 得胜 ‖ **conquerable** *adj.* 可征服的

conqueror ['kɒŋkərə] n. ⓒ 征服者,占领者

conquest ['kɒŋkwest] n. ⓤ 攻取,征服,克服 ‖ make a ~ of 征服…,赢得…的爱情

conscience ['kɒnʃəns] n. ⓒⓤ 良心 ‖ against ~ 违背良心/for ~'s sake 为了问心无愧/have the ~ to 厚着脸皮(做)/in all ~ 当然,一定,的确/with a good ~ 问心无愧

conscientious [ˌkɒnʃɪ'enʃəs] adj. 认真的,勤奋的

conscious ['kɒnʃəs] adj. ❶ 神志清醒的 ❷ ⓟ知道的;注意到的 ❸ 自觉的;蓄意的

consciousness ['kɒnʃəsnɪs] n. ⓤ❶知觉 ❷意识,观念,觉悟 ❸ 察觉,感觉:a ~ of danger 危险感

conscript [kən'skrɪpt] vt. 征召(某人入伍) ■ n. ⓒ 应征入伍者

conscription [kən'skrɪpʃən] n. ⓤ 征兵

consecrate ['kɒnsɪkreɪt] vt. ❶ 把…奉为神圣;给…祝圣:~ a new church 为新教堂举行奉献仪式/~d bread and wine 祝圣的饼和酒 ❷奉献

consecutive [kən'sekjʊtɪv] adj. 连续的,连贯的 ‖ consecutively adv. 连续地,连贯地

consensual [kən'sensjʊəl] adj. 经双方同意的,一致同意的

consensus [kən'sensəs] n. ⓢ (意见等)一致,一致同意

consent [kən'sent] n. ⓤ 准许,同意,赞成 ‖ by common ~ 公认 ■ vi. 同意;赞成 ‖ ~ to 同意,答应

consequence ['kɒnsɪkwəns] n. ❶ ⓟ结果,后果 ❷ⓤ重要(性),重大 ‖ as a ~ 因而/in ~ 结果是,因此/in ~ of 由于…的缘故,由于/of ~ 重要/take the ~s 承担后果

consequent ['kɒnsɪkwənt] adj. 作为结果的,随之发生的 ‖ ~ on(upon) 由…引起

consequently ['kɒnsɪkwəntlɪ] adv. 所以,因此

conservation [ˌkɒnsə'veɪʃən] n. ⓤ❶保存,保护,避免浪费 ❷对自然环境的保护

conservationist [ˌkɒnsə'veɪʃənɪst] n. ⓒ自然资源保护者,生态环境保护者

conservatism [kən'sɜːvətɪzəm] n. ⓤ❶保守,守旧 ❷(政治上的)保守主义

conservative [kən'sɜːvətɪv] n. ⓒ 保守的人 ■ adj. ❶保守的,守旧的 ❷(式样等)不时新的,传统的 ‖ ~ in…方面保守的 ‖ Conservative Party(英国的)保守党

conservatory [kən'sɜːvətrɪ] n. ⓒ ❶(培植植物的)温室,暖房

conserve [kən'sɜːv] vt. 保护,保藏,保存 ‖ ~ for 为…积蓄精力

consider [kən'sɪdə] vt. & vi. 考虑:We should consider what to do next. 我们应考虑下一步该怎么办。vt. ❶把…看作,认为:I consider that you are wrong. 我认为你错了。❷关心,体谅,顾及:He never considers others. 他从不为别人着想。‖ ~ as 把…看作/~ for 考虑…/~ over 考虑

considerable [kən'sɪdərəbl] adj. Ⓐ 相当大(或多)的 ‖ considerably adv. 相当大地

considerate [kən'sɪdərɪt] adj. 体贴的,体谅的 ‖ considerately adv. 考虑周到地,体谅地/considerateness n. 考虑周到

consideration [kənˌsɪdə'reɪʃən] n. ❶ⓤ体贴,关心 ❷ⓒ考虑;要考虑的事 ❸ⓢ报酬,补偿费 ‖ after due ~ 经相当考虑后/for sb's ~ 供某人参考/in ~ of 考虑到/leave sth out of ~ 对某事不加考虑/under no ~ 绝不/take into ~ 考虑到,顾及/with ~ for 顾虑到…

considered [kən'sɪdəd] adj. ❶Ⓐ 经过仔细考虑的,经过深思熟虑的 ❷受尊敬的,受重视的,受推崇的

considering [kən'sɪdərɪŋ] prep. 考虑到,就…而论 ■ adv. 从各方面考虑,从通盘考虑

consign [kən'saɪn] vt. ❶ 把…托人代售 ❷ 把…托付给,把…交付给 ‖ consignment n. 托付货物;寄售,交付

consist [kən'sɪst] vi. ❶组成,构成 ❷在于,存在于 ‖ ~ in 存在于…中,以…为主要部分/~ of 由…构成/~ with ①适于,合于②与…并存

consistency [kən'sɪstənsɪ] n. ❶ⓤ一致性,连贯性 ❷ⓤⓒ坚实度,浓度,黏稠度

consistent [kən'sɪstənt] adj. ❶ 一贯的,始终如一的 ❷ 一致的,符合的 ‖ ~ with 符合,与…一致 ‖ consistently adv. 坚固地,坚实地

console [kən'səʊl] vt. 安慰,慰问

consolidate [kən'sɒlɪdeɪt] vt. & vi. ❶(使)巩固;(使)加强 ❷(使)合并 ‖ ~ into 合并为…/~ with 用…加强

consort [kən'sɔːt] n. ⓒ❶配偶 ❷(演奏古典音乐的)一组乐师,一组古典乐器 ‖ in ~ (with) 一起,共同

conspicuous [kən'spɪkjʊəs] adj. 显眼的,明显的 ‖ conspicuously adv. 显眼地,明显地/conspicuousness n. 明显

conspiracy [kən'spɪrəsɪ] n. ⓤⓒ 阴谋,密谋

conspire [kən'spaɪə] vi. ❶密谋,搞阴谋 ❷(事件等)巧合,共同导致

constable ['kʌnstəbl] n. ⓒ〈英〉警察

constabulary [kən'stæbjʊlərɪ] n. ⓒ(某地区,国家的)警察部队

constant ['kɒnstənt] adj. ❶始终如一的,恒久不变的 ❷不断的,连续发生的 ❸忠实的,忠诚的

constellate [ˈkɒnstəleɪt] vt. ❶使(似)形成星座;使(似)群集 ❷以群星来装饰;点缀

constellation [ˌkɒnstəˈleɪʃən] n. ⓒ❶星座 ❷一群杰出人物

constipation [ˌkɒnstɪˈpeɪʃən] n. ⓤ〈医〉便秘

constituency [kənˈstɪtjuənsɪ] n. ⓒ❶(选举国会议员的)选区 ❷选区的全体选民 ❸(政客或政党的)支持者,赞助者

constituent [kənˈstɪtjuənt] n. ⓒ❶选民 ❷成分,构成部分,要素

constitute [ˈkɒnstɪtjuːt] vt. ❶构成,组成 ❷建立,制定 ❸选定,任命

constitution [ˌkɒnstɪˈtjuːʃən] n. ❶ⓒ宪法,法规,章程 ❷ⓒ体格,体质,心理素质 ❸ⓒ构成方式,构造 ❹ⓤ制定,设立,组成,任命

constitutional [ˌkɒnstɪˈtjuːʃənəl] adj. ❶宪法规定的,合乎宪法的 ❷宪法的 ❸体质上的,生来的 ‖ **constitutionality** n. 合宪法性/**constitutionalize** vt. 使宪法化/**constitutionally** adv. 体质上,在本质上

constrain [kənˈstreɪn] vt. 强迫,强使;限制,约束 ‖ ~ **from** 强行阻止,制止 ‖ **constrained** adj. 被强迫地

constraint [kənˈstreɪnt] n. ❶ⓤⓒ强制;限制,约束 ❷ⓒ强制,强迫

constrict [kənˈstrɪkt] vt. 压缩,压紧,使收缩

construct [kənˈstrʌkt] vt. ❶修建,建立 ❷构成,组成 ‖ ~ **from** 用…建造…/ ~ **out of** 由…建成

construction [kənˈstrʌkʃən] n. ❶ⓤ建造,建设;建筑业 ❷ⓒ建造物,建筑物 ❸ⓒ解释,意思 ❹ⓒ结构,句法关系

constructive [kənˈstrʌktɪv] adj. 建设的,建设性的

construe [kənˈstruː] vt. ❶解释(陈述、行为等) ❷翻译;作句法分析

consul [ˈkɒnsəl] n. ⓒ领事 ‖ **consular** adj. 领事的/**consulship** n. 领事职位

consulate [ˈkɒnsjʊlɪt] n. ⓒ领事馆

consult [kənˈsʌlt] vt. & vi. 商议,商量 vt. ❶请教,咨询;找(医生)诊治 ❷翻阅,查阅 ❸顾及,考虑 ‖ ~ **about** 就…请教/ ~ **as to** 就…咨询/ ~ **for** 为…当顾问/ ~ **with** 与…商量 ‖ **consultable** adj. 可与之商量的;可被咨询的/ **consulter** n. 向人商量者;查阅者/**consulting** adj. 咨询的,顾问的

consultant [kənˈsʌltənt] n. ⓒ❶顾问 ❷高级顾问,会诊医生 ‖ **consultancy** n. 会诊医生

consultative [kənˈsʌltətɪv] adj. 商议的,顾问的

consume [kənˈsjuːm] vt. ❶消耗,消费,耗尽 ❷大吃,大喝 ❸烧毁,毁灭 ‖ **be ~d with** 为(某种思想)而不断受折磨/ ~ **away** 烧毁,毁灭 ‖ **consumedly** adv. 过量地,非常

consumer [kənˈsjuːmə] n. ⓒ❶消费者,顾客 ‖ **consumer credit**〈经〉消费信贷/**consumer goods** 消费品/**consumer price index** 消费品价格指数/**consumer-city** n. 消费城市

consummate [ˈkɒnsʌmeɪt] vt. ❶使结束,使完美 ❷完婚;(婚礼后的)圆房 ■ [kənˈsʌmɪt] adj. 完美的:~ **happiness** 幸福之极 ‖ **consummator** n. (圆满)完成者

consumption [kənˈsʌmpʃən] n. ⓤ❶消费,消耗;消费(耗)量 ❷肺病;结核病

contact [ˈkɒntækt] n. ❶ⓤ接触 ❷ⓤ联系,联络,交往 ❸ⓒ社会关系,熟人,门路 ❹ⓒ触点,接头 ■ vt. & vi. 联系 ‖ ~ **sb's lawyer** 联系某人的律师 ‖ ~ **with** 与…有交往(联系) ‖ **contactor** n. 〈电〉接触器,开关 ‖ **contact lens** 隐形眼镜

contagious [kənˈteɪdʒəs] adj. ❶(病)有传染性的 ❷(人)患传染病的 ❸有感染力的 ‖ **contagiously** adv. 传染性地/**contagiousness** n. 传染(性)

contain [kənˈteɪn] vt. ❶包含;容纳:**What is contained in this drawer?** 这抽屉里装的是什么? ❷控制,抑制 ‖ ~ **for**〔**with**〕使(自己)抑制住

container [kənˈteɪnə] n. ⓒ❶容器 ❷集装箱,货柜

containerize [kənˈteɪnəraɪz] vt. ❶用集装箱装运(货物) ❷使(某处)集装箱化

contaminate [kənˈtæmɪneɪt] vt. 把…弄脏,污染 ‖ **contamination** n. 弄脏,污染/**contaminative** adj. 弄脏的,污染的/**contaminator** n. 污染物

contemplate [ˈkɒntempleɪt] vt. & vi. 深思,细想,仔细考虑 vt. 注视,凝视 ‖ **contemplation** n. 沉思;冥想

contemplative [kənˈtemplətɪv] adj. 沉思的,出神的(尤指感觉上帝同在的)

contemporary [kənˈtempərərɪ] adj. ❶Ⓐ当代的 ❷同时代的,同属一个时期的 ■ n. ⓒ同代人,同龄人

contempt [kənˈtempt] n. ⓤ轻视,轻蔑 ‖ **bring into** ~ 使丢尽面子/**hold**〔**have**〕**in** ~ 轻视,认为不屑一顾/**in** ~ **of** 对…不屑一顾 ‖ **contemptibility** n. 轻视;轻蔑/**contemptibleness** n. 轻视;轻蔑

contemptible [kənˈtemptəbl] adj. 可轻蔑的;可鄙的;卑劣的

contemptuous [kənˈtemptjʊəs] adj. 蔑视的,鄙视的,表示轻蔑的

contend [kənˈtend] vi. ❶争夺,竞争 ❷搏斗,斗争 vt. 声称,主张 ‖ ~ **for** 为获得…而竞争/ ~ **with** 与(某人)竞争;与(某事物)抗争;

苦于应付 ‖ **contender** n. 参赛者,竞争者

content[1] ['kɒntent] n. ❶[C]所容纳之物,所含之物 ❷[P](书等的)内容,目录 ❸[S]容量,含量

content[2] [kən'tent] adj. [P]满足的,满意的 ■ n. [U]满足,满意 ‖ **to one's heart's** ~ 尽情地 ■ vt. 使满足,使满意

contented [kən'tentɪd] adj. 满意的,满足的;知足的

contention [kən'tenʃən] n. ❶[U]竞争,争夺 ❷[U]争论,争执 ❸[C]论点,主张

contentious [kən'tenʃəs] adj. 容易引起争论的,好争论的

contentment [kən'tentmənt] n. [U]满足,满意

contest [kən'test] vt. & vi. 争夺,竞争 ‖ ~ **against sb** 与某人争论,与某人竞争/ ~ **for** 为获得…而竞争 ■ ['kɒntest] n. [C]❶比赛,竞赛,竞争 ❷搏斗,争论,纷争 ‖ **contestable** adj. 可争论的,可竞争的/**contestation** n. 争执

contestant [kən'testənt] n. [C]竞争者;参赛者

context ['kɒntekst] n. [C]❶背景,环境 ❷上下文,语境 ‖ **contextual** adj. 上下文的,与上下文有关的

contiguous [kən'tɪɡjʊəs] adj. 接触的,邻近的,共同的: ~ *angle* 邻角 ‖ **contiguousness** n. 接角,邻近,共同

continent[1] ['kɒntɪnənt] n. [C]洲,大陆

continent[2] ['kɒntɪnənt] adj. 自制的,克制的

continental [ˌkɒntɪ'nentəl] adj. 大陆的,大陆性的,欧洲大陆的

contingent [kən'tɪndʒənt] adj. ❶可能发生的,可能的 ❷有条件的

continual [kən'tɪnjʊəl] adj. ❶不间断的,不停的 ❷多次重复的,频繁的 ‖ **continually** adv. 不间断地,不停地,多次重复地

continuation [kənˌtɪnjʊ'eɪʃən] n. ❶[U]继续,连续,持续 ❷[C]延长部分

continue [kən'tɪnjuː] vt., vi. & link v. 继续,连续 ‖ ~ **on** 继续/ ~ **with** 继续 ‖ **continued** adj. 继续的,连续的,不断的/**continuing** adj. 继续的,连续的,不断的

continuity [ˌkɒntɪ'njuːɪtɪ] n. [U]连续(性),持续(性)

continuous [kən'tɪnjʊəs] adj. 连续的,没有中断的 ‖ **continuously** adv. 连续地,没有中断地/**continuousness** n. 连续,没有中断

contort [kən'tɔːt] vt. & vi. 扭曲,扭弯 ‖ **contortive** adj. 扭曲的,扭弯的

contour ['kɒntʊə] n. [C]外形,轮廓

contraband ['kɒntrəbænd] n. [U]走私,禁运品 ‖ **contrabandist** n. 走私者

contraception [ˌkɒntrə'sepʃən] n. [U]避孕

contraceptive [ˌkɒntrə'septɪv] adj. 避孕的,避孕用的 ■ n. [C]避孕药,避孕用具: *an oral* ~ 口服避孕药

contract[1] ['kɒntrækt] vt. & vi. ❶染上(恶习,疾病等) ❷缩小;紧缩 ‖ ~ **to** 缩写成 ‖ **contracted** adj. 收缩的;缩小的;气量小的/**contractible** adj. 会缩的;可缩小的/**contractive** adj. 收缩的;有收缩性的

contract[2] ['kɒntrækt] vt. 缔结;订契约 ‖ ~ **for** 承建;承包,承办/ ~ **in** 承诺参加/ ~ **out** ①包出(某事项或某工程)②拒绝参加/ ~ **with** 与…订立(某种协议或合同);与…建立(某种关系) ■ n. 契约,合同 ‖ **contractual** adj. 受合同约束的

contradict [ˌkɒntrə'dɪkt] vt. & vi. 反驳,否认…的真实性 vt. 与…发生矛盾,与…抵触 ‖ **contradictable** adj. 可加以反驳的/**contradictious** adj. 相矛盾的;有争议的/**contradictor** n. 反驳者;相矛盾的因素

contradiction [ˌkɒntrə'dɪkʃən] n. ❶[C][U]矛盾 ❷[U]否认,反驳

contradictory [ˌkɒntrə'dɪktərɪ] adj. 矛盾的;抵触的

contraption [kən'træpʃən] n. [C]奇妙的装置,新发明

contrary ['kɒntrərɪ] adj. 相反的,相违的 ‖ ~ **to** 和…相反,违反 ■ n. [S]相反,反面,对立面 ‖ **by** ~ 和期望相反,相反地 / **on the** ~ (与此)相反,正相反 / **to the** ~ 有相反情况,相反的

contrast ['kɒntræst] n. ❶[U]对比,对照 ❷[C]差异,差别 ❸[C]对照物,明显的对比物 ‖ **by** [**in**] ~ (**with**[**to**])相比之下 ■ [kən'træst] vt. & vi. 对比,对照 ‖ ~ **with** 与…截然不同或形成鲜明的对照;把(一方)与(另一方)对比 ‖ **contrastive** adj. 对比的,可对照的

contravene [ˌkɒntrə'viːn] vt. 取消,违反

contribute [kən'trɪbjuːt] vt. & vi. ❶捐献,捐助,贡献出 ❷撰稿,投稿 vi. 起促成作用 ‖ **contributing** adj. 贡献的;经常投稿的/**contributive,-tory** adj. 贡献的;有助于…的

contribution [ˌkɒntrɪ'bjuːʃən] n. ❶[C][U]捐助物,贡献 ❷[C]捐款 ‖ **make** ~ **s to**[**towards**]为…做贡献

contrite ['kɒntraɪt] adj. 悔悟的,由悔悟引发的 ‖ **contriteness** n. 悔悟

contrive [kən'traɪv] vt. 谋划或策划(某事);设计,发明 vi. 设法做到 ‖ **contrivable** adj. 可设法做到的

contrived [kən'traɪvd] adj. 不自然的;勉强的

control [kən'trəʊl] vt. (-ll-) ❶控制,抑制,支配 ❷管理,操纵 ■ n. ❶[U]控制,支配,管理

❷ⓒ管理手段 ‖ **beyond**〔**outside**〕～无法控制 /**lose** ～ **of** 失去对…的控制/**in** ～ **of** 掌握着，控制着/**in the** ～ **of** 受…的控制/**out of** ～ 失去控制/**under** ～ 被控制住 ‖ **controllable** *adj.* 可控制的，可限制的/**controlment** *n.* 管理，控制

controversial [ˌkɒntrəˈvɜːʃəl] *adj.* 有争议的，引起争议的 ‖ **controversialism** *n.* 争论精神 /**controversialist** *n.* 争论者 /**controversially** *adv.* 有争议地，引起争议地

controversy [ˈkɒntrəvɜːsɪ] *n.* ⓒⓤ公开辩论，论战 ‖ **beyond** ～ 无可争论的，无疑的 ‖ **about**〔**on, over**〕关于…的争论/～ **between** 在…之间的争论/～ **with** 与…争辩

controvert [ˌkɒntrəˈvɜːt] *vt.* 争论，反驳，否定

contumacious [ˌkɒntjuːˈmeɪʃəs] *adj.* 拒不服从的；违抗法院命令的

contumelious [ˌkɒntjuːˈmiːlɪəs] *adj.* 指责的；侮辱的；傲慢无礼的

contuse [kənˈtjuːz] *vt.* 使(皮肉)挫伤

convalesce [ˌkɒnvəˈles] *vi.* 康复

convene [kənˈviːn] *vt. & vi.* 召开，召集 ‖ **convener** *n.* 会议召集人

convenience [kənˈviːnjəns] *n.* ❶ⓤ方便，便利 ❷ⓒ有用、有益或适宜的安排、用具或设施 ❸ⓒ(公共)厕所 ‖ **at one's** ～ 在方便的时候或在适宜的地方 /**make a** ～ **of sb** 把某人当工具加以利用

convenient [kənˈviːnjənt] *adj.* ❶方便的，便利的，合适的 ❷附近的，近便的

convent [ˈkɒnvənt] *n.* ⓒ❶修女 ❷女修道院

convention [kənˈvenʃən] *n.* ❶ⓒ(某一职业、政党等的人士召开的)大会 ❷ⓒⓤ习俗，惯例 ❸ⓒ协议，协定 ‖ **under the** ～ 根据协定

conventional [kənˈvenʃənl] *adj.* ❶依照惯例的，约定俗成的，依照传统的 ❷常规的，非核的

converge [kənˈvɜːdʒ] *vi.* ❶(线条、运动的物体等)会于一点，向一点会合 ❷(趋于)相似或相同 ‖ ～ **on** 向…涌去或集中

convergent [kənˈvɜːdʒənt] *adj.* ❶会合的，会聚的 ❷趋同的 ❸(思维)辐合的，聚合的，求同的

conversant [kənˈvɜːsənt] *adj.* 熟悉的，了解的

conversation [ˌkɒnvəˈseɪʃən] *n.* ⓒⓤ交谈，谈话，会话 ‖ **get**〔**enter**〕**into** ～ **with** 与…攀谈 /**have**〔**carry on**〕**a** ～ **with** 与…会谈/**in** ～ **with**(在)和…谈话 ‖ **conversational** *adj.* 会谈的，交谈的，健谈的

converse[1] [kənˈvɜːs] *vi.* 交谈，谈话 ‖ ～ **with sb on sth** 同某人谈论某事 ‖ **converser** *n.* 交谈者，谈话者

converse[2] [ˈkɒnvɜːs] *adj.* 相反的，逆的；～ *theorem* 逆向定理 ■ *n.* Ⓢ逻辑上的事物；反面说法

conversely [ˈkɒnvɜːslɪ] *adv.* 相反地，颠倒地

conversion [kənˈvɜːʃən] *n.* ❶ⓒⓤ变换，转化 ❷ⓒ(宗教、信仰等)彻底改变；皈依

convert [kənˈvɜːt] *vt. & vi.* ❶(使)转变，(使)转化 ❷皈依，改变(信仰) ‖ ～ **from** 改变…/～ **into**〔**to**〕把…改成…，(使)改信… ‖ **converter** *n.* ①改变信仰的人②炼钢炉

convertible [kənˈvɜːtəbl] *adj.* ❶可改变的，可变换的 ❷(货币)可以自由兑换的 ‖ **convertibility** *n.* 可改变性，可变化性

convex [ˈkɒnveks] *adj.* 凸的，凸面的

convey [kənˈveɪ] *vt.* ❶运输；运送 ❷表达，转达 ‖ ～ **to** 将…运往〔送往〕(某地)；把…传达给(某人) ‖ **conveyable** *adj.* 可传达的，可转让的/**conveyer** *n.* 搬运者，传达者；输运机

convict [kənˈvɪkt] *vt.* 宣判有罪 ‖ ～ **of** 宣判(某人)犯有(某罪)，使(某人)认识到(错误等) ■ [ˈkɒnvɪkt] *n.* ⓒ囚犯 ‖ **convictive** *adj.* ①定罪的②使人信服的

conviction [kənˈvɪkʃən] *n.* ⓒ❶确信，坚定的信仰 ❷定罪，判罪

convince [kənˈvɪns] *vt.* 使相信；使明白；～ **beyond doubt** 确信无疑/～ **by** 通过…使人相信；为…所折服/～ **of** 使确信…

convincing [kənˈvɪnsɪŋ] *adj.* 令人相信的；有说服力的 ‖ **convincingness** *n.* 说服力

convivial [kənˈvɪvɪəl] *adj.* ❶好交际的 ❷随和的，活跃的

convoke [kənˈvəʊk] *vt.* ❶召集 ❷召开(会议)

convoy [ˈkɒnvɔɪ] *n.* ⓒ(有护航的)船队，车队；护航(队)；护送队 ■ *vt.* 护航，护送

convulse [kənˈvʌls] *vt.* 使抽搐，使剧烈震动

coo [kuː] (*pt., pp.* **cooed**) *vi.* (鸽)咕咕地叫，发出鸽叫般的声音 *vt.* 温柔可爱地说话 ■ *n.* (*pl.* **coos**)ⓒ鸽子的咕咕声

cook [kʊk] *vt. & vi.* ❶烹调，煮，烧 ❷编造，篡改 ‖ ～ **for** 蒸煮；/～ **out** 在外面烹调；/～ **to** 烹调得…/～ **up** 很快煮好，编造 ■ *n.* ⓒ做饭的人，厨师 ‖ **cooked** *adj.* 精疲力竭的；喝醉了的 ‖ **cookhouse** *n.* 厨房/**cookroom** *n.* 厨房/**cookshop** *n.* 菜馆，饭店/**short-order cook** 快餐

cookbook [ˈkʊkbʊk] *n.* ⓒ菜谱

cooker [ˈkʊkə] *n.* ⓒ炊具；锅；炉灶

cookery [ˈkʊkərɪ] *n.* ⓤ烹饪学，烹饪术

cookie [ˈkʊkɪ] *n.* (*pl.* **-kies**)ⓒ❶饼干 ❷人(尤指男人)

cooking [ˈkʊkɪŋ] *n.* ⓤ烹饪术

cookout ['kʊkaʊt] n. ⓒ在外面野餐的郊游
cool [ku:l] (-er,-est) adj. ❶凉快的,凉爽的;冷色的 ❷冷静的,镇定的 ❸冷漠的;厚颜无耻的 ‖ as ~ as a cucumber 非常凉爽;泰然自若/keep ~保持凉爽/保持冷静 ■ vt. & vi. ❶(使)变凉 ❷(使)冷静 ‖ ~ down ①冷却,变凉②镇定下来/~ off ①使凉 ②杀掉/~ to 使冷却到… ‖ **coolly** adv. 冷静地/**coolness** n. 冷静
cooler ['ku:lə] n. ⓒ冷却器,冰箱
cool-headed ['kʊl'hedɪd] adj. 头脑冷静的
coop [kʊp] n. ⓒ❶鸡舍,棚,笼子 ❷禁闭室
cooperate [kəʊ'ɒpəreɪt] vi. 合作;配合,协助 ‖ ~ in(on)在…方面合作/~ with 与…合作,…协力,与…相配合 ‖ **cooperator** n. 合作者
cooperation [kəʊˌɒpə'reɪʃən] n. Ⓤ合作
cooperative [kəʊ'ɒpərətɪv] adj. ❶合作的,协作的 ❷合作进行的 ■ n. ⓒ合作社,联合体
coordinate [kəʊ'ɔ:dɪneɪt] vt. 使协调;使调和 ■ [kəʊ'ɔ:dɪnɪt] adj. Ⓐ同等的,并列的 ■ n. ⓒ〈数〉坐标 ‖ **coordinative** adj. 同等的,协调的
coordination [kəʊˌɔ:dɪ'neɪʃən] n. Ⓤ❶协调 ❷和谐
cop [kɒp] n. ⓒ警察
cope [kəʊp] vi. 成功地应付;对付
copier ['kɒpɪə] n. ⓒ复印机
copilot ['kəʊˌpaɪlət] n. ⓒ飞机副驾驶员
copious ['kəʊpjəs] adj. 丰富的
coplanar [kəʊ'pleɪnə] adj. 共面的
cop-out ['kɒpaʊt] n. ⓒ〈俚〉站不住脚的借口
copper ['kɒpə] n. ❶Ⓤ铜 ❷ⓒ铜币
copy ['kɒpɪ] n. ❶ⓒ复制本,副本 ❷ⓒ一份,一册 ❸Ⓤ准备排印的书面材料 ■ (pt., pp. copied) vt. & vi. 复制;抄写 vt. 模仿,仿效 ‖ ~ after 仿效/~ off 抄袭/~ out 全文照抄 ‖ **copy chief** 主编/**copydesk** n. 编辑桌/**copyholder** n. 校对助手/**copy money** 稿费,版税/**copyreader** n. 编辑/**copywriter** n. 撰稿人
copybook ['kɒpɪbʊk] adj. 典范的;样板的
copycat ['kɒpɪkæt] n. ⓒ盲目模仿者
copyright ['kɒpɪraɪt] n. ⓒⓊ版权
coral ['kɒrəl] n. Ⓤ珊瑚
cord [kɔ:d] n. ❶ⓒⓊ(细)绳 ❷ⓅⒸ灯芯绒裤 ‖ **cordless** adj. 无绳的
cordial ['kɔ:dɪəl] adj. 热诚的,热情友好的 ‖ **cordiality** n. 热诚,热情/**cordially** adv. 热诚地,热情地/**cordialness** n. 热诚,热情
cordless ['kɔ:dlɪs] adj. (电话或电动工具)不用电线与电源相连的;无绳的;无塞绳式的

的
cordon ['kɔ:dn] vt. 封锁;用警戒线围住 ■ n. ⓒ警戒线〔圈〕
core [kɔ:] n. ❶ⓒ果核 ❷Ⓢ核心,精髓,要点 ‖ to the ~十分地,彻底地 ‖ **coreless** adj. 无果核的,无心的 ‖ **core memory** 〈计〉磁心存贮器
coriander [ˌkɒrɪ'ændə] n. Ⓤ〈植〉芫荽,香菜
cork [kɔ:k] n. ❶Ⓤ软木 ❷ⓒ软木塞 ■ vt. 用瓶塞塞住 ‖ ~ up 塞住,抑制,封锁
corn [kɔ:n] n. Ⓤ❶〈英〉谷物;谷粒 ❷〈美〉玉蜀黍,玉米 ❸平庸、伤感或陈腐的音乐、诗歌、戏剧等
corner ['kɔ:nə] n. ❶ⓒ角,角落 ❷ⓒ遥远的地区 ❸ⓒⓊ困境 ■ vi. 驾车转弯 vt. ❶垄断,囤积 ❷逼入困境 ‖ **corner boy** 流氓
cornerstone [ˌkɔ:nə'stəʊn] n. ❶ⓒ奠基石 ❷Ⓤ基础
cornet ['kɔ:nɪt] n. ⓒ❶短号 ❷(盛冰激凌的)圆锥形蛋卷 ‖ **cornetist** n. 吹短号者 ‖ **cornet-player** n. 吹短号者
coronary ['kɒrənərɪ] adj. 冠状动脉的
coronation [ˌkɒrə'neɪʃən] n. ⓒ加冕礼
coroner ['kɒrənə] n. ⓒ验尸官;死因裁判官
corporal ['kɔ:pərəl] adj. 人体的 ‖ **corporality** n. 肉体性;物质性/**corporally** adv. 肉体地
corporate ['kɔ:pərɪt] adj. Ⓐ社团的,法人的 ‖ **corporately** adv. 社团地,法人地
corporation [ˌkɔ:pə'reɪʃən] n. ⓒ公司
corporative ['kɔ:pərətɪv] adj. ❶社团的,法人的 ❷社团管的,组成社团的
corporeal [kɔ:'pɔ:rɪəl] adj. 肉体的,身体的,物质的
corps [kɔ:] n. (pl. ~ [kɔ:z]) ⓒ❶军团,特种部队 ❷一组 ‖ **corpsman** n. 看护兵
corpse [kɔ:ps] n. ⓒ死尸,尸体
corpulent ['kɔ:pjʊlənt] adj. (指人或人的身体)肥胖的
corpus ['kɔ:pəs] n. (pl. corpora) (书面的,有时为口语的)资料,文集,汇编
corral [kɔ:'rɑ:l] n. ⓒ畜栏 ■ vt. (-ll-)把…赶入畜栏
correct [kə'rekt] adj. ❶正确的,对的 ❷合适的,符合的 ■ vt. 改正,纠正 ❶把…改成… ‖ **correctly** adv. 正确地;合适地/**correctness** n. 合适/**corrector** n. ⓒ①校正者;矫正者②责备者;处罚者
correction [kə'rekʃən] n. ❶Ⓤ改正 ❷ⓒ修改;纠正 ‖ under ~有待改正 ‖ **correctional** adj. 改正的,纠正的
corrective [kə'rektɪv] adj. 有改正作用的;

correlate [ˈkɒrɪleɪt] vt.& vi. 有相关性 ‖ ~ with ①(使)相同于,符合于,接近于 ②把…联系起来

correlation [ˌkɒrɪˈleɪʃən] n. ⓤⓢ相互的关系

correspond [ˌkɒrɪsˈpɒnd] vi. ❶相符合,相一致 ❷相当,相类似 ❸通信 ‖ ~ to 相当于/~ with 与…通信;与…相一致

correspondence [ˌkɒrɪsˈpɒndəns] n. ⓤ ❶信件,函件 ❷ⓤ通信,通信联系 ❸ⓒⓤ一致,相似 ‖ bring…into ~ with ①使…与…一致起来 ②使…与…相互通信/~ by 用写信的办法/in ~ with ①和…相一致 ②与…有通信联系 ‖ correspondence school 函授学校

correspondent [ˌkɒrɪsˈpɒndənt] n. ⓒ ❶通讯员,记者 ❷通信者

corresponding [ˌkɒrɪsˈpɒndɪŋ] adj. ❶相当的,对应的 ❷符合的,一致的 ‖ correspondingly adv. 相当地;符合地

corridor [ˈkɒrɪdɔː] n. ⓒ走廊,通道

corroborate [kəˈrɒbəreɪt] vt. 证实,支持(某种说法、信仰、理论等)

corroboration [kəˌrɒbəˈreɪʃən] n. ⓤ进一步的证实;进一步的证据

corrode [kəˈrəud] vt.& vi. 使腐蚀;侵蚀

corrosion [kəˈrəuʒən] n. ⓤ腐蚀;受腐蚀的部位

corrosive [kəˈrəusɪv] adj. ❶腐蚀性的;侵蚀性的 ❷(对社会、个人情感等)有害的,逐步起损害作用的 ❸(语言)激烈的,刻薄的

corrugate [ˈkɒrugeɪt] vt. (使某物)起皱褶,起皱纹,起波纹 ‖ corrugation n. ①皱②车辙 ③畦,沟

corrugated [ˈkɒrugeɪtɪd] adj. 起皱褶的;起皱纹的;起波纹的

corrupt [kəˈrʌpt] adj. ❶堕落的,腐败的,贪赃舞弊的 ❷不道德的 ■ vt.& vi. (使)败坏,(使)腐化 ‖ corruptible adj. ①易腐坏的②可收买的/corruptly adv. 堕落地,腐败地/corruptness n. 堕落,腐败

corruption [kəˈrʌpʃən] n. ⓤ ❶堕落,腐化;腐败;贿赂 ❷腐烂

cortex [ˈkɔːteks] n. (pl. cortices)ⓒ ❶〈解〉(脑或其他器官的)皮层 ❷植物的表皮

coruscate [ˈkɒrəskeɪt] vi. 闪光;闪烁

cosmetic [kɒzˈmetɪk] n. ⓟ化妆品 ■ adj. ❶化妆用的;美容的 ❷装点门面的 ‖ cosmetician n. 整容专家

cosmic(al) [ˈkɒzmɪk(əl)] adj. Ⓐ宇宙的 ‖ cosmically adv. 宇宙地

cosmology [kɒzˈmɒlədʒɪ] n. ⓤ宇宙学

cosmos [ˈkɒzmɒs] n. ⓢ宇宙

cosset [ˈkɒsɪt] vt. 宠爱;娇养;纵容

cost [kɒst] n. ❶ⓒⓤ价格,成本,费用 ❷ⓢ代价,损失 ‖ at all ~s不惜任何代价/at the ~ of 以…为代价/to one's ~吃了苦头之后才… ■ vi. (pt., pp. cost) 价钱为；花费 vt. (pt., pp.~ed) ❶付出(代价),失去 ❷估价 ‖ ~ at 估计,预算/~ out 估计出(履行某合同的)费用/~ what it may 无论如何 ‖ costless adj. 没有成本的,不需要花钱的 ‖ cost-effective adj. 成本效益好的;合算的

co-star [ˈkəustɑː] vt. (-rr-)(指电影等)由(某明星)与其他明星联合主演 vi. (与某人)联合主演,合演

costly [ˈkɒstlɪ] adj. (-ier,-iest)昂贵的,代价高的 ‖ costliness n. 代价昂贵

costume [ˈkɒstjuːm] n. ❶ⓒⓤ服装,服装式样 ❷ⓒ女外套,女装

cosy,〈美〉**cozy** [ˈkəuzɪ] adj. (-ier,-iest)❶温暖舒适的 ❷亲切友好的

cot [kɒt] n. ⓒ ❶〈英〉四周有棚的儿童床 ❷帆布床

cotangent [kəuˈtændʒənt] n. 〈数〉余切

coterminous [kəuˈtɜːmɪnəs] adj. ❶(国家或地区)享有共同边界;毗连;接壤 ❷(事物或看法)几乎一致,差不多相同

cottage [ˈkɒtɪdʒ] n. ⓒ小屋,村舍 ‖ cottage piano 小型立式钢琴

cotton [ˈkɒtən] n. ⓒ ❶棉,棉花 ❷棉线,棉布 ‖ cotton mill 棉纺织厂/cotton seed 棉籽/cotton thread 棉线/cotton wool 脱脂棉

couch [kautʃ] n. ⓒ ❶长沙发 ❷(病人受检查时躺的)长榻 ■ vt. 表达

cough [kɒf] vt.& vi. 咳嗽 ‖ ~ down(听众)用咳嗽声阻挠(演讲者)/~ out 咳出/~ up ①认罪,勉强说出(某事)②咳出 ③掏出,交出 ■ n. ⓒ咳,咳嗽 ‖ cough mixture 咳嗽药水/cough syrup 咳嗽糖浆

could [强 kud,弱 kəd] aux. v. ❶(表示允准):Could I use your phone? 让我用一下你的电话好吗? ❷(表示请求):Could I come round next week? 我下星期来拜访好吗? ❸(表示结果):He studied very hard but couldn't pass his examination. 他学习很努力,但没能考及格。 ❹(表示可能):It could be my mother. 可能是我母亲。 ❺(表示建议):We could write a letter to the headmaster. 我们不妨给校长写封信。

council [ˈkaunsl] n. ⓒ ❶委员会,理事会 ❷(郡、镇等)政务会,地方议会 ‖ councilman n. 市政会成员/council board 议事桌/council chamber 会议室/council house 会场,会堂

councillor,〈美〉**councilor** [ˈkaunsɪlə] n. ⓒ政务会委员;议员 ‖ councillorship n. 地方议员

counsel [ˈkaunsəl] n. ❶ⓤ忠告,劝告 ❷ⓒ

辩护律师,法律顾问 ‖ hold ~ with 与(某人)商量/keep one's own ~ 将自己的意见、计划等保密 ■ vt.(-ll-,〈美〉-l-)劝告,建议

counselling,〈美〉**counseling** [ˈkaʊnsəlɪŋ] n. U(尤指行家的)意见

counsellor,〈美〉**counselor** [ˈkaʊnsələ] n. C顾问

count [kaʊnt] vi. ❶(按顺序)数 ❷有价值,有重要意义 vt. ❶点⋯的数目,计算 ❷把⋯算入 ❸认为,看作 ‖ ~ against 对⋯不利;不利于/~ among 认为⋯属于/~ as 当做/~ down 倒数到零或规定的时间 /~ for 有价值,有重要性/~ for little 简直无足轻重/~ for much 关系重大/~ for nothing 毫无价值/~ in ①把⋯算在某一整体之内②算上(某人)/~ off ①报数②挑出/~ on〔upon〕①依赖,依靠②期望,指望/~ out ①逐一数出,大声数②不把⋯考虑在内 ~ up 加起来,算出总数 ■ n. C①计数,总数 ❷事项,罪状 ‖ beyond ~ 数不尽,不计其数/keep〔lose〕~ of 知〔不知〕某数/out for the ~ 死的;毁了的/out of the ~ 完全失去知觉的;睡得极香的/set no ~ on 看不起,轻视/take ~ of 重视,计较/take much〔no〕~ of 很〔不〕重视 ‖ **countable** adj. 可数的 ‖ **countdown** n. (发射导弹等前的)倒数秒

counter [ˈkaʊntə] n. C❶柜台,柜台式长桌 ❷计数器 ‖ over the ~ (买药)不用处方/under the ~ 私下里,通过"后门" ■ vt. & vi. 对抗,反驳 ‖ ~ with ①以⋯反击②提出与之抗衡的(建议、计划等) ■ adv. 反方向地,对立地 ‖ **counter-attack** n. 反攻,反击/**counter cheque** 银行取款单/**counter jumper**〈美口〉站柜台的(对店员的蔑称)/**counter-productive** adj. 适得其反的;产生相反效果的

counteract [ˌkaʊntəˈrækt] vt. 对抗;抵消

counterfeit [ˈkaʊntəfɪt] n. C仿制品,伪造物

countermand [ˌkaʊntəˈmɑːnd] vt. 取消(命令),撤回

counterpart [ˈkaʊntəpɑːt] n. C与对方地位相当的人,与另一方作用相当的物

countervail [ˌkaʊntəˈveɪl] vt. 补偿,弥补 vt. & vi. (通常指有力或成功地)对抗,抵消

countervailing [ˈkaʊntəveɪlɪŋ] adj. 补偿的;弥补的;抵消的

countless [ˈkaʊntlɪs] adj. A无数的;多得数不清的

countrified [ˈkʌntrɪfaɪd] adj. 乡下派头的,粗俗的

country [ˈkʌntrɪ] n. ❶C国家,国土 ❷S郊外,乡村 ❸U地区 ‖ go to the ~ 举行大选/live off the ~ 靠所在地的食物供应来生活 ‖ **country-born** adj. 生在乡下的/**country club** 乡村俱乐部/**country-house** n. 乡间宅第/

country road 乡间小路/**countrywide** adj. 全国性的,全国范围的

countryman [ˈkʌntrɪmən] n. (pl. -men) C❶乡下人 ❷同胞

countryside [ˈkʌntrɪsaɪd] n. S乡下,农村

county [ˈkaʊntɪ] n. C郡,县 ‖ **county council** 郡政务委员会;郡议会

coup [kuː] n. (pl. ~s)C〈法〉意外而成功的行动

couple [ˈkʌpl] n. C❶一对,一双 ❷S一些,几个 ❸C夫妻,情侣 ■ vt. 连接,联结,联系 ‖ ~ to 连接,结合/~ together 连接,结合/~ with 与⋯连接在一起

coupling [ˈkʌplɪŋ] n. ❶U连接 ❷C连接器;(尤指列车等的)车钩,挂钩

coupon [ˈkuːpɒn] n. ❶U礼券,优惠券 ❷C订货单,参赛表

courage [ˈkʌrɪdʒ] n. U勇气,胆量 ‖ have the ~ of one's convictions 有勇气去做自己认为正确的事/have the ~ of one's opinions 敢于提出自己的主张/take one's ~ in both hands 勇往直前,敢作敢为

courageous [kəˈreɪdʒəs] adj. 勇敢的;无畏的 ‖ **courageously** adv. 勇敢地;无畏地/**courageousness** n. 勇敢;无畏

courier [ˈkʊrɪə] n. C❶旅游团的服务员;导游 ❷(传递信息或重要文件的)信使,通讯员

course [kɔːs] n. ❶C课程 ❷U进程,过程 ❸C航向,航线 ❹C一道菜 ‖ in ~ of 正在⋯中/in due ~ 到一定的时候,没过多久 /in ordinary ~ 在一般情况下,通常 /in the ~ of 在⋯期间,在⋯过程中/in the ~ of time〔the year〕①终于②随着时间〔岁月〕的推移,渐渐/lay a ~ (朝某个方向)直驶/of ~ 当然,自然/run it's ~ 自然的发展/shape one's ~ 制订方针,决定某种做法/stay the ~ 持续到底;不中途放弃/take one's own ~ 为所欲为,一意孤行

court [kɔːt] n. C❶庭院,院子 ❷法庭,法院 ❸宫廷,宫室 ❹球场 ‖ **court day** 开庭日/**courthouse** n. 法院/**courtroom** n. 审判室

courteous [ˈkɜːtjəs] adj. 彬彬有礼的;客气的 ‖ **courteously** adv. 彬彬有礼地;客气地/**courteousness** n. 彬彬有礼;客气

courtesy [ˈkɜːtɪsɪ] n. ❶U谦恭有礼 ❷C有礼貌的举止〔言词〕 ‖ by ~ of 蒙⋯的好意,蒙⋯提供 ‖ **courtesy card** 特别优待券

courtly [ˈkɔːtlɪ] adj. (-ier,-iest)谦和而有威严的

court-martial [ˈkɔːtˈmɑːʃəl] n. (pl. **courts-martial**)C军事法庭;军事审判 ■ vt.(-ll-)以军法审判某人

courtship [ˈkɔːtʃɪp] n. C求爱期,追求期

courtyard [ˈkɔːtjɑːd] n. C庭院,院子

cousin [ˈkʌzn] n. ⓒ❶堂〔表〕兄弟〔姊妹〕❷远亲,同辈,同胞 ‖ **cousinhood**〔**cousinship**〕 n.堂〔表〕兄弟〔姊妹〕关系/**cousinly** adj.堂〔表〕兄弟〔姊妹〕般的 ‖ **cousin-german** n.堂〔表〕兄弟〔姊妹〕

couth [kuːθ] adj.温文尔雅的;有教养的;有礼貌的

cove [kəʊv] n. ⓒ小海湾

covenant [ˈkʌvənənt] n. ⓒ❶(有法律约束的)协议,盟约,公约 ❷(向慈善事业、信托基金会等定期捐款的)契约 ‖ **covenanted** adj.立过契约的,有契约上义务的/**covenanter** n.誓约者,盟约者

cover [ˈkʌvə] vt.❶覆盖,遮盖 ❷掩盖 ❸控制,支配 ❹涉及,包含 ❺报道 ❻走完 ‖ **against**为…投保/~ **for** 代替,顶替/~ **in** ①遮盖住,填满②以…覆盖或包裹/~ **over** 用遮盖物保护在,在…上盖上东西/~ **up** ①盖起来,裹住,盖严②掩盖,掩饰/~ **with** ①用…遮盖住,掩饰②被(感情)所压倒 ■ n.ⓒ❶盖子,套子,覆盖物 ❷(书等的)封面、封皮 ❸隐藏物,躲避处 ❹ⓢ幌子,伪装 ❺ⓢ掩蔽,掩护 ❻ⓒ(一副)餐具,餐席(位) ‖ **break** ~ 从隐蔽处出来/**from** ~ **to** ~ 从头到尾/**take** ~ 藏身,躲避/**under** ~ ①在隐藏处②秘密地,保密/**under** (**the**) ~ **of** ①在…的掩护下②以…为口实/**cover charge** 附加费,服务费/**cover girl** 封面女郎/**cover story** 用作封面图片题材的报道

coverage [ˈkʌvərɪdʒ] n. ⓤ❶新闻报道,报道量 ❷覆盖范围

covered [ˈkʌvəd] adj.❶Ⓕ大量的 ❷有遮盖物的;(尤指)有顶的

covering [ˈkʌvərɪŋ] n.ⓒ掩蔽物;遮盖物

covert [ˈkʌvət] adj.隐蔽的;不公开的;秘密的

covet [ˈkʌvɪt] vt.&vi.贪求,觊觎 ‖ ~ **after**〔**for**〕贪求 ‖ **covetable** adj.值得渴望的

covetous [ˈkʌvɪtəs] adj.贪婪的,垂涎的

covey [ˈkʌvɪ] n.(pl.~**s**)一小群鹌鹑

cow [kaʊ] n. ⓒ母牛 ‖ **till the** ~**s come home** 长时间,永远 ‖ **cowlike** adj.母牛似的 ‖ **cowfish** n.海牛/**cowherd** n.放牛的人/**cowhide** n.牛皮;牛皮鞭/**cowhouse** n.牛舍/**cowshed** n.牛棚

coward [ˈkaʊəd] n.ⓒ胆小鬼,懦夫

cowardly [ˈkaʊədlɪ] adj.胆小的;怯懦的;(似)胆小的 ‖ **cowardliness** n.胆小;怯懦

cowboy [ˈkaʊbɔɪ] n.ⓒ(美国西部的)牛仔,牧童

cower [ˈkaʊə] vi.畏缩,抖缩

cowlick [ˈkaʊlɪk] n.ⓒ(额前翘起的)一绺头发

cowman [ˈkaʊmən] n.(pl.-**men**)ⓒ牧牛人;牧牛工

cowpox [ˈkaʊpɒks] n.ⓤ牛痘

coy [kɔɪ] adj.(-**er**,-**est**)❶假装害羞的;忸怩作态的;故作谦虚的 ❷不肯明说的;不肯作答的;含糊其辞的 ‖ **coyly** adv.①假装害羞地;忸怩作态地②不肯明说地;含糊其辞地/**coyness** n.①假装害羞;忸怩作态②不肯明说

cozen [ˈkʌzən] vt.❶欺骗,骗取 ❷诈骗

crab [kræb] n.ⓒ蟹 ‖ **case of** ~**s** 失败/**turn out** ~**s** 终于失败 ‖ **crablike** adj.&adv.蟹似的(地) ‖ **crab pot** 捕蟹笼

crabbed [ˈkræbɪd] adj.❶脾气坏的,易怒的 ❷(指字迹)难辨认的,模糊的

crack [kræk] vt.&vi.❶(使…)开裂,破裂 ❷(使)身体上或精神上垮掉 ❸打开,砸开 ❹(使)发出爆裂声 ‖ ~ **back** 回嘴/~ **down** 采取严厉措施,制裁/~ **into** 把…分裂为/~ **on** 扯满篷帆前进/~ **out** 突然开始/~ **up** (精神)崩溃 ■ n.❶ⓒ裂缝,缝隙 ❷ⓒ劈叭声,爆裂声 ❸ⓒ意外的一下重击 ❹ⓢ试图,尝试 ❺ⓒ俏皮话 ‖ **crackajack** adj.杰出的,第一流的 ■ n.能手,杰出的人;第一流的东西/**crack-brained** adj.发疯的;古怪的/**crackdown** n.制裁;镇压/**cracksman** n.夜贼/**crack-up** n.①(飞机等)撞坏②(健康等)衰退③崩溃,垮台

cracked [krækt] adj.❶有裂缝的 ❷声音沙哑的 ❸疯了的,有怪念头的

cracker [ˈkrækə] n.ⓒ❶薄脆饼干 ❷爆竹,鞭炮 ❸迷人的姑娘;有魅力的女子

cracker-barrel [ˈkrækəˌbærəl] adj.(哲学等)朴素的,质朴的;实用的

cracking [ˈkrækɪŋ] adj.极快的;出色的

crackle [ˈkrækl] vi.发出轻微的爆裂声;发出噼啪声

crackling [ˈkræklɪŋ] n.ⓤ❶轻微的爆裂声;噼啪声 ❷(烤猪肉的)脆皮

crackpot [ˈkrækpɒt] n.ⓒ怪人,狂人

cradle [ˈkreɪdl] n.❶ⓒ摇篮 ❷ⓢ发源地,发祥地 ❸ⓒ吊架,支架,吊篮 ❹ⓢ婴儿时期 ‖ **from the** ~ **to the grave** 从生到死,一生/**stifle in the** ~ 把…扼杀在摇篮中 ■ vt.将…置于摇篮中 ‖ **cradlesong** n.摇篮曲

craft [krɑːft] n.❶ⓒ工艺,手艺 ❷ⓒ行业,职业 ❸ⓤ诡计,手腕 ❹ⓒ小船,船 ❺ⓒ飞机,飞船 ‖ **craft brother** 同行/**craft union** 行业工会,同行工会

craftsman [ˈkrɑːftsmən] n.(pl.-**men**)ⓒ工匠;手艺人 ‖ **craftsmanship** n.技术,技艺

crafty [ˈkrɑːftɪ] adj.狡猾的,狡诈的 ‖ **craftily** adv.狡猾地,狡诈地/**craftiness** n.狡猾;狡诈

crag [kræg] n.ⓒ悬崖,峭壁

craggy [ˈkrægɪ] adj.(-**ier**,-**iest**)陡峭的;崎岖的;多岩石的

cram [kræm] vt. ❶塞入,填塞 ❷塞进 ❸(为考试而)死记硬背功课,临时准备应考 vi.(为考试而)死记硬背‖~ oneself(with food)塞饱肚皮/~ sth down sb's throat 把某物硬塞给某人吃下去;死记硬背‖**cram-full** adj. 塞满了…的

cramp [kræmp] n. Ⓤ(肌肉)痉挛,抽筋 vt. ❶夹紧 ❷约束,限制

cramped [kræmpt] adj. ❶狭窄的 ❷(字迹)挤在一起的

cranberry ['krænbərɪ] n. Ⓒ[植]越橘

crane [kreɪn] n. Ⓒ❶鹤 ❷起重机,吊车 ■ vt.& vi. 伸长,探头

crank [kræŋk] n. Ⓒ思想奇怪的人

cranky ['kræŋkɪ] adj. (-ier,-iest)❶古怪的 ❷(机器)不稳的;摇晃的;待修理的

crap [kræp] n. ❶Ⓤ排泄物,粪便,屎 ❷Ⓢ排泄,拉屎 ❸Ⓤ废物 ■ vi. (-pp-)拉屎

crash [kræʃ] vt.& vi. ❶(使)猛撞,(使)撞毁 vi. ❶猛冲直撞 ❷发出巨响 ❸突然失败,倒闭 ‖ ~ about〔around〕在(某处)踢踢撞撞/~ down 哗啦一声〔咔嚓〕倒下〔摔下〕/~ into〔to〕撞上,坠毁/~ out 逃出/~ with〈美,非正〉与某人凑合着住〔挤〕在一起 ■ n. Ⓒ❶撞车事故,失事 ❷突然发出的巨响,碰撞声 ❸破产,失败‖ **crash boat** 救生艇/**crash helmet** 防撞头盔/**crash-land** vt.& vi. (使)强行着陆

crass [kræs] adj. (-er,-est)愚笨的,粗鲁的;全然不顾他人的

crate [kreɪt] n. Ⓒ❶板条箱,柳条箱;装货箱 ❷一箱(之量) ❸破旧的汽车〔飞机〕■ vt. 把…装入箱中

crater ['kreɪtə] n. Ⓒ❶火山口 ❷弹坑等

crave [kreɪv] vt.& vi. 渴望,热望 vt. 恳求;请求 ‖ ~ for forgiveness 请求原谅

craven ['kreɪvən] adj. 懦弱的;胆小的‖**cravenly** adv. 胆小地;懦弱地/**cravenness** n. 懦弱;胆小

crawl [krɔːl] vi. ❶爬,爬行;徐缓而行 ❷巴结,奉承‖ ~ to 巴结,奉承/~ with 爬满,满是 ■ n. ❶Ⓢ缓慢的爬行 ❷Ⓤ自由式游泳

crayfish ['kreɪfɪʃ] n. (pl. ~ or ~es)Ⓒ Ⓤ淡水螯虾(肉)

crayon ['kreɪən] n. Ⓒ彩色蜡笔或粉笔 ■ vt.& vi. 用彩色蜡笔〔粉笔〕画

craze [kreɪz] n. Ⓒ时尚;时髦的东西

crazed [kreɪzd] adj. 疯狂的,生气的

crazy ['kreɪzɪ] adj. (-ier,-iest)❶发疯的,狂的 ❷荒唐的 ❸Ⓟ狂热爱好的,着迷的‖ for 梦想着/~ from〔with〕由于…而发疯/like ~ 拼命地‖ **crazily** adv. 发疯地,疯狂地/**craziness** n. 发疯,疯狂

creak [kriːk] vi. (门)嘎吱嘎响

creaky ['kriːkɪ] adj. ❶嘎吱作响的;❷老朽的;破旧的;摇摇欲坠的

cream [kriːm] n. ❶Ⓤ乳脂,奶油 ❷ⓊⒸ乳霜,乳膏‖ **cream-coloured** adj. 奶油色的,米色的

creamery ['kriːmərɪ] n. Ⓒ乳制品厂;乳制品商店

creamy ['kriːmɪ] adj. ❶含乳脂的,有奶油味的 ❷似奶油的;软厚平滑的,光滑细腻的

crease [kriːs] n. Ⓒ(衣服、纸张等的)折缝,折痕 ■ vt.& vi. (使…)起折痕,弄皱‖ **creaser** n. 压折缝的器具

create [krɪˈeɪt] vt. ❶创造,创作,创建 ❷引起,产生

creation [krɪˈeɪʃən] n. ❶Ⓤ创造,创建 ❷Ⓒ创造物,作品,产物 ❸Ⓤ宇宙,天地万物

creative [krɪˈeɪtɪv] adj. 创造性的,有创造力的‖ **creative power** 创造力

creator [krɪˈeɪtə] n. Ⓒ创造者,创作者

creature ['kriːtʃə] n. Ⓒ❶生物,动物 ❷人 ‖ **creature comfort** 物质方面的享受

credence ['kriːdəns] n. Ⓤ相信;信任

credentials [krɪˈdenʃəlz] n. Ⓟ❶资格证书;国书 ❷(任何证明人的能力、资格等的)证书;资格

credibility [ˌkredɪˈbɪlɪtɪ] n. Ⓤ可靠性,可信性

credible ['kredəbl] adj. 可信的,可靠的

credit ['kredɪt] n. ❶Ⓤ赊购;赊购制度 ❷Ⓤ存款;存款数额 ❸Ⓒ借款,贷款 ❹Ⓤ赞扬,荣誉,功劳 ❺Ⓤ信任,相信 ❻Ⓒ学分‖ ~ to 为…增光的人或事物/have ~ with sb 得到某人的信任/on ~ 赊欠/to sb's ~〈正〉在某人名下,属于某人 ■ vt. ❶相信,信任 ❷把…记入贷方,存人(账户)/~ to(银行)给予(一笔钱)记入(某人或某账户的)贷方 ❷认为…有(某种优点、成就等)/~ with 相信〔认为〕(某人)有(某种业绩、优点)‖ **credit account** 赊购账/**credit card** 信用卡/**credit man**(客户)信用调查员

creditable ['kredɪtəbl] adj. 值得称赞的;带来荣誉的

creditor ['kredɪtə] n. Ⓒ债权人;债主

credulous ['kredjʊləs] adj. 轻信的;易受骗的

creed [kriːd] n. Ⓒ(尤指宗教)信条,教条

creek [kriːk] n. Ⓒ❶〈英〉小湾,小港 ❷〈美〉小河,小溪‖ **up the ~** 处于困境

creep [kriːp] vi. (pt.,pp. crept)❶蹑手蹑脚地走,缓慢地行进 ❷爬行,匍匐‖ **creephole** n. ①(动物)藏身的洞穴 ②遁词,借口/**creep-mouse** adj. 胆怯的,惊恐的

creeper ['kriːpə] n. Ⓒ匍匐〔攀缘〕植物

creepy ['kriːpɪ] adj. (-ier,-iest)令人毛骨悚

然的 ‖ **creepy-crawly** adj. (令人)感到毛骨悚然的

cremate [krɪˈmeɪt] vt. 火葬；火化(尸体) ‖ **cremation** n. 火葬；火化

crepuscular [krɪˈpʌskjʊlə] adj. ❶黄昏的；黎明的；昏暗的，模糊的 ❷(动物)晨昏之际活动的

crest [krest] n. ⓒ❶鸟冠，羽冠 ❷(昔日头盔山的)羽饰 ❸(尤指上的)顶，(波浪的)峰 ❹信封，信笺上的饰章 ‖ on the ~ of the wave 在最走运的时候 ‖ **crested** adj. 有顶饰的；有冠毛的

crestfallen [ˈkrestˌfɔːlən] adj. 沮丧的；垂头丧气的

cretin [ˈkretɪn] n. ⓒ笨蛋，白痴 ‖ **cretinism** n. 〈医〉呆小病，愚蠢病

crevice [ˈkrevɪs] n. ⓒ(尤指岩石的)裂缝；缺口

crew [kruː] n. ⓒ❶全体船员，全体机务人员 ❷一队(或一班，一组)工作人员 ‖ **crew cut** 平头

crewman [ˈkruːmən] n. ⓒ船员，乘务员

crib [krɪb] n. ⓒ❶(尤美)(有栏杆的)小儿床 ❷饲料槽 ❸(尤指在学校的)抄袭，剽窃 ■ vt. & vi. (-bb-) 抄袭，剽窃

cricket¹ [ˈkrɪkɪt] n. ⓒ蟋蟀 ‖ as lively as a ~ 像蟋蟀一样活泼(愉快)

cricket² [ˈkrɪkɪt] n. Ⓤ板球

cricketer [ˈkrɪkɪtə] n. ⓒ板球运动员

crier [ˈkraɪə] n. ⓒ(昔日的)沿街呼唤传报消息的人

crime [kraɪm] n. ⓒ罪，罪行，犯罪 ‖ **crime-less** adj. 无罪的

criminal [ˈkrɪmɪnəl] n. ⓒ罪犯，犯人 ■ adj. ❶Ⓐ刑事的，犯罪的 ❷Ⓐ关于犯罪的 ❸可耻的；不道德的 ‖ **criminality** n. 有罪；犯罪行为

criminology [ˌkrɪmɪˈnɒlədʒɪ] n. Ⓤ犯罪学 ‖ **criminologist** n. 犯罪学家

crimp [krɪmp] vt. 使(头发)卷曲；把…压成褶子

crimson [ˈkrɪmzn] n. ⓒ深红 ■ adj. 深红的

cringe [krɪndʒ] vi. ❶畏缩，退缩 ❷卑躬屈膝，阿谀奉承 ❸憎恶

crinkle [ˈkrɪŋkl] vt. & vi. (使)起皱 ■ n. ⓒ (布或纸上的)皱纹

cripple [ˈkrɪpl] vt. ❶使跛，使受伤致残 ❷严重削弱，使陷于瘫痪 ‖ **crippledom** n. 残废；无能

crisis [ˈkraɪsɪs] n. (pl. **crises**) ❶ⓒ危机，危急关头 ❷ⓒⓊ决定性时刻，关键阶段

crisp [krɪsp] adj. (-er, -est) ❶脆的，鲜脆的 ❷新奇的，整洁的 ❸清新的，干冷的 ❹干净利落的，简明扼要的 ■ n. ⓒ〈英〉炸马铃薯片

crisscross [ˈkrɪskrɒs] n. ⓒ十字形图案；纵横交错的网

criterion [kraɪˈtɪərɪən] n. (pl. **-ria**) ⓒ(批评，判断等的)标准，准则

critic [ˈkrɪtɪk] n. ⓒ批评家，评论家

critical [ˈkrɪtɪkəl] adj. ❶决定性的，关键性的，危急的 ❷Ⓐ批评的，批判的

criticism [ˈkrɪtɪsɪzəm] n. ⓒⓊ❶批评，批判，指责 ❷评论，评论文章

criticize, -ise [ˈkrɪtɪsaɪz] vt. & vi. 评论，批评 ‖ ~ for 因…指责(某人)

critique [krɪˈtiːk] n. ⓒ评论文章；评论

croak [krəʊk] vi. 呱呱地叫 vt. & vi. 用粗的声音说 ■ n. ⓒ呱呱的叫声 ‖ **croaker** n. ①呱呱叫的动物 ②黄花鱼

crocodile [ˈkrɒkədaɪl] n. ⓒ鳄鱼 ‖ ~ **tears** 鳄鱼的眼泪，假慈悲

crony [ˈkrəʊnɪ] n. ⓒ(有权势者的)密友，朋友 ‖ **cronyism** n. 任人唯亲

crook [krʊk] n. ⓒ❶(牧羊人或主教用的)弯拐杖 ❷弯曲部分；弯曲处 ❸骗子，恶棍 ❹罪犯，犯人 ■ vt. 弯成钩形 ‖ **crookery** n. 不正当行为 ‖ **crookback** n. 驼背/**crookbacked** adj. 驼背的

crooked [ˈkrʊkɪd] adj. ❶畸形的 ❷弯曲的，歪的 ❸不正当的，不诚实的 ‖ **crookedly** adv. 畸形地；弯曲地；不正当地 ‖ **crooked stick** ①弯柄手杖 ②不诚实的人；无用的人，懒散的人

croon [kruːn] vt. & vi. ❶带感情地唱(古老的流行歌曲等) ❷低声吟唱

crop [krɒp] n. ❶ⓒ作物，庄稼 ❷ⓒ(谷物等的)收获，收成 ❸Ⓢ一群(人)，一批(事物) ■ vt. (-pp-) ❶剪短，修剪 ❷播种，种植 vi. 收成 ‖ ~ **out** (尤指石头)裸露在地面各处/~ **up** ①(尤指石头)裸露在地面各处 ②突然发生；意外地发现 ③犯错误/~ **with** 播种… ‖ **crop-dusting** n. 散布农药

cross [krɒs] n. ❶Ⓢ十字架 ❷ⓒ十字形饰物 ❸Ⓢ画十字的动作 ❹Ⓢ杂交品种；混合物 ❺Ⓤ痛苦，苦难 ■ vt. & vi. ❶穿过，越过，渡过 ❷交叉，相交；错过 vt. ❶反对，阻挠；使受挫折 ‖ ~ **off** ①划掉 ②从…中划掉/~ **out** 勾掉，划掉/~ **over** ①横(越 1)过(河等)；穿过(道路、屋子等) ②(主英)改变立场/~ **with** ①与…横过，越过…(马路)；带着…穿过道路等 ②使…与…杂交 ③与(某人)发生(友好的)争论 ■ adj. ❶坏脾气的，易怒的 ❷相反的，反向的 ‖ **cross-beam** n. 横梁，大梁/**crossbow** n. 弩，石弓/**crossbred** adj. 杂种的；杂交的 ■ n. 杂种/**cross-country** adj. ①横穿全国的 ②越野的/**cross-examine** vt. & vi. 盘问/**cross-legged** adj. 盘着腿的；跷着二郎腿的/**cross-section** n. ❶横截面，截面 ❷(有代表性的)剖面，典型

crosscheck [ˌkrɒsˈtʃek] vt. (以不同的方

法)核对(计算结果等);核查

crossing ['krɒsɪŋ] n. ⓒ❶人行横道 ❷十字路口 ❸ 横渡

crossroad ['krɒsˌrəud] n. ⓒ❶十字路口 ❷重大抉择的关头

crosswise ['krɒsˌwaɪz] adj.& adv. 交叉的(地)

crossword ['krɒsˌwɜːd] n. ⓒ纵横填字谜

crouch [krautʃ] vi. 屈膝,蹲伏

crow [krəu] n. ❶乌鸦 ❷雄鸡的啼声 ‖ as the ~ flies 笔直的 ■ vi. ❶公鸡啼鸣 ❷(婴儿)欢叫

crowd [kraud] n. ⓒ❶人群 ❷听众,观众 ❸一群,一批,一堆 ■ vt.& vi. 群集,拥挤 vt. ❶挤满,塞满 ❷催逼 ‖ ~ in ①(使)拥〔挤〕入 ②在时间表中挤进,强安排进/~ in on〔upon〕①包围(某人) ②(往事)涌现于(某人)的脑海/~ into ①(使)涌现于(某人)的脑海 ②将…强安排进,挤进(某时间)涌现于(某人)的脑海/~ out (将…)拥〔挤〕出 ②将…排除出/~ round 聚集在一起 ❷聚集在…的周围/~ with ①以…充〔挤〕满 ❷用…催逼

crowded ['kraudɪd] adj. ❶水泄不通的,挤得满满的,拥挤的 ❷密集的

crown [kraun] n. ❶ⓒ王冠,冕 ❷Ⓢ王权 ‖ crown court 英国刑事法庭/crown prince 王太子,王储

crucial ['kruːʃəl] adj. 决定性的,紧要关头的

cruciferous [kruːˈsɪfərəs] adj. 十字花科的,(开)十字花的

crucifixion [ˌkruːsɪˈfɪkʃən] n. ❶ⓒⓊ在十字架上钉死 ❷ⓒ耶稣受难像

crucify ['kruːsɪfaɪ] vt. (pt.,pp.-fied) ❶把(某人)钉死在十字架上 ❷(尤指当众)折磨,虐待,迫害

crude [kruːd] adj. ❶天然的,未加工的 ❷简陋的,粗糙的,未加修饰的 ❸粗鲁的,粗俗的,粗野的

cruel ['kruːəl] adj. ❶残酷的,残忍的 ❷使人痛苦的,让人受难的 ‖ ~ to be kind 忠言逆耳 ‖ **cruelly** adv. 残酷地

cruelty ['kruːəltɪ] n. ❶Ⓤ残忍,残酷 ❷ⓒ残忍的行为,尖刻的语言

cruet ['kruːɪt] n. ⓒ(餐桌上的)佐料瓶

cruise [kruːz] vi. ❶乘船巡游 ❷以快而平稳的速度长距离行驶 ‖ ~ about〔around〕在…巡游/~ along 沿…巡游 ■ n. ⓒ乘船游览 ‖ **cruise missile** 巡航导弹

cruiser ['kruːzə] n. ⓒ巡洋舰 ‖ **cruiserweight** n.〈主英〉轻重量级(拳击手)

crumb [krʌm] n. ⓒ碎屑(尤指面包屑或糕饼屑)

crumble ['krʌmbl] vt.& vi. (把…)弄碎,(使)碎成细屑 vi. 衰落,崩溃

crumple ['krʌmpl] vt. 压皱,弄皱 vi. 变皱 ‖ ~ up 把…揉皱

crunch [krʌntʃ] vt.& vi. 嘎吱嘎吱地咬嚼 vi. 嘎吱作响 ■ n. Ⓢ❶嘎吱的响声 ❷需要做出重要决策的困难时刻

crusade [kruːˈseɪd] vi. 加入十字军;从事改革运动 ■ n. ⓒ❶(历史上)十字军东征 ❷改革〔讨伐,肃清〕运动

crush [krʌʃ] vt.& vi. 压碎,压坏 vt. ❶弄皱 ❷镇压,消灭,击溃 vi. 挤进,挤入 ‖ ~ into ①把…压成;使…挤入 ②压服/~ out 扑灭,熄灭/~ out of〔from〕从…挤出〔榨出〕/~ up 搞碎 ■ n. Ⓢ拥挤的人群 ‖ **crush-room** n.(戏院的)休息室

crust [krʌst] n. ⓒⓊ❶面包皮;糕饼等的酥皮 ❷(泥土、雪等)硬的外层

crusty ['krʌstɪ] n. ⓒ❶皮脆的 ❷爱发脾气的,暴躁的

crutch [krʌtʃ] n. ⓒ❶拐杖 ❷支持物,精神上的寄托 ❸胯部

crux [krʌks] n. Ⓢ(问题的)中心,核心;结症

cry [kraɪ] vt.& vi. (pt.,pp. cried) ❶哭 ❷喊,叫 vt. 叫卖;大声报道;哭着说 ‖ ~ down ①把…轰下去 ②拒绝接受(主张) ③贬低/~ for ①因…而哭 ②哭喊着要 ③急需;要求/~ off 取消前约;打退堂鼓/~ out ①呼喊,尖叫 ②迫切需要/~ over 为…哭泣/~ to 向…请求或抱怨/~ up 吹嘘;赞扬/~ with 因…大叫起来 ■ n. ⓒ❶哭,哭声 ❷叫喊,叫声 ❸要求;呼吁 ‖ all the ~ 一流行,时尚/in the ~ 根据道听途说

crying ['kraɪɪŋ] adj. ❶A(尤指坏事)极糟糕的,令人震惊的 ❷重要而紧急的

crypt [krɪpt] n. ⓒ地窖,(尤指)教堂地下室

cryptic ['krɪptɪk] adj. 秘密的,隐秘的:a ~ message 密码信件

crystal ['krɪstəl] n. ❶ⓒⓊ水晶 ❷ⓒ结晶(体) ■ adj. A❶水晶制的 ❷水晶般的,透彻的,清澈的 ❸清楚的,明显的 ‖ **crystal clear** 明白的,无疑的,非常清楚的

crystalline ['krɪstəlaɪn] adj. 水晶的;似水晶的;结晶质的 ‖ **crystallinity** n. 结晶性,结晶度 ‖ **crystalline lens** (眼球的)水晶体

crystallize, -ise ['krɪstəlaɪz] vt.& vi. ❶使结晶 ❷计划成型,具体化 ‖ **crystallization, -isation** n. 结晶;具体化,明朗化

cub [kʌb] n. ⓒ幼小的兽;不懂规矩的年轻人

cubby-hole ['kʌbɪhəul] n. ⓒ小房间

cube [kjuːb] n. ⓒ❶ 立方形的东西,立方体 ❷〈数〉立方

cubic ['kjuːbɪk] adj. 立方形的,立方体的 ‖ **cubist** n. 立体派艺术家/ **cubism** n. 立体主义;立体派

cubical ['kjuːbɪkəl] adj. 立方形的,立方体的

cubicle ['kju:bɪkl] n. ⓒ小卧室,斗室
cuckold ['kʌkəld] n. ⓒ妻子与人通奸的人,"乌龟" ■vt. 使戴绿帽子
cuckoo ['kuku:] n. ⓒ布谷鸟,杜鹃 ‖ a ~ in the nest 不速之客 ‖ cuckoo clock 布谷鸟自鸣钟
cucumber ['kju:kʌmbə] n. ⓒⓊ黄瓜,胡瓜 ‖ as cool as ~ 泰然自若,极为冷静
cuddle ['kʌdl] vt.&vi. 拥抱,怀抱 vi. 依偎着睡 ■n. ⓢ搂抱;拥抱 ‖ **cuddlesome** adj. 不由得想搂抱的;可爱的
cuddly ['kʌdlɪ] adj.(-ier,-iest)不由得想搂抱的;可爱的:a ~ teddy bear 可爱的玩具熊
cue [kju:] n. ⓒ❶尾白,提示 ❷暗示,暗号,指示 ‖ on ~ 就在这个时候 ■vt. 向…发出指示信号
cuff [kʌf] n. ⓒ袖口 ■vt. 掌打,拳打 ‖ off the ~ 即兴地,非正式地/on the ~ 以赊账方式,免费地
culinary ['kʌlɪnərɪ] adj. 厨房的,烹饪的
cull [kʌl] vt. 挑选,剔除
culminate ['kʌlmɪneɪt] vt.&vi. 达到极点 ‖ ~ in 达到高潮,以…告终 ‖ **culmination** n. 顶点,极点,最高峰
culpable ['kʌlpəbl] adj. 应受谴责的,应受处罚的,有罪的 ‖ **culpability** n. 应受的谴责/**culpably** adv. 应受谴责地,有罪地
culprit ['kʌlprɪt] n. ⓒ犯过错者,罪犯
cult [kʌlt] n. ⓒ❶迷信 ❷狂热的崇拜 ‖ **cultism** n. 迷信;崇拜/**cultist** n. 热衷搞迷信崇拜的人
cultivate ['kʌltɪveɪt] vt. ❶耕作,种植 ❷陶冶思想[感情] ❸培养(友谊) ‖ ~ with 用…耕种;建立友谊 ‖ **cultivable**, **cultivatable** adj. 可耕作的;可培养的/**cultivated** adj. ①耕过的,栽培的②有教养的,有修养的/**cultivation** n. 耕作;培养;教养
cultural ['kʌltʃərəl] adj. 文化的,与文化有关的 ‖ **culturally** adv. 文化上
culture ['kʌltʃə] n. ❶ⓊⓒCⓒ文化 ❷Ⓤ休养,教养,精神文明 ❸ⓒ养殖,培养,栽培 ■vt. 培植,培养 ‖ **culturist** n. ①养殖者②文化主义者
culture-bound ['kʌltʃəbaʊnd] adj.(性格或观点等)受文化制约的
cultured ['kʌltʃəd] adj. ❶(人)有教养的;有修养的;文雅的 ❷(细胞或细菌)(为医学或科学研究)培养的 ❸(珍珠)人工养殖的
cumber ['kʌmbə] vt. 妨碍,拖累
cumbersome ['kʌmbəsəm] adj. 沉重的,笨重的,转动不灵的 ‖ **cumbersomely** adv. 沉重地,笨重地/**cumbersomeness** n. 沉重,笨重
cumulative ['kju:mjʊlətɪv] adj. 累积的,渐增的 ‖ **cumulatively** adv. 累积地,渐增地

cumulativeness n. 累积,渐增
cunning ['kʌnɪŋ] adj. ❶狡猾的,奸诈的 ❷熟练的,精巧的 ■n. Ⓤ狡猾,奸诈 ‖ **cunningly** adv. 狡诈地,奸诈地/**cunningness** n. 狡诈,奸诈
cup [kʌp] n. ⓒ❶杯子 ❷优胜杯,奖杯 ‖ be a ~ too low 没精神,意志消沉/in one's ~s 喝醉的/sb's ~ of tea 某人喜爱、所关注等的 ‖ **cupbearer** n. 斟酒者/**cup final**(足球)优胜杯决赛/**cup tie**(足球)优胜杯淘汰赛
cupboard ['kʌbəd] n. ⓒ柜橱 ‖ **cupboard love**(为获得某物而表示的)亲热
Cupid ['kju:pɪd] n. ⓒ❶(罗马神话中的爱神)丘比特 ❷(爱神的化身)美男孩;丘比特塑像
cupidity [kju:'pɪdɪtɪ] n. Ⓤ贪财,贪心
cupreous ['kju:prɪəs] adj. 铜的;似铜的
curable ['kjʊərəbl] adj. 可治愈的 ‖ **curability** n. 治愈
curator [kjʊə'reɪtə] n. ⓒ管理者,管理人,图书馆馆长 ‖ **curatorship** n. 管理者的职位(或身份)
curb [kɜ:b] 见 kerb
curd [kɜ:d] n. Ⓤ凝乳
cure [kjʊə] n. vt. ❶治愈,治好 ❷消除,矫正 ‖ ~ of 治好 ■ⓒn. ❶治愈,治疗 ❷药物;疗法
curfew ['kɜ:fju:] n. ⓒ宵禁,戒严
curio ['kjʊərɪəʊ] n.(pl. ~s)ⓒ小件珍奇物品
curiosity [ˌkjʊərɪ'ɒsɪtɪ] n. ❶Ⓤ好奇心,爱打听的癖性 ❷ⓒ奇人,奇物,珍品
curious ['kjʊərɪəs] adj. ❶好奇的,好求知的 ❷奇妙的,稀奇的 ‖ ~ about 对…好奇 ‖ **curiously** adv. 好奇地,古怪地/**curiousness** n. 好奇,古怪
curl [kɜ:l] n. ⓒ❶一绺鬈发 ❷卷曲物,螺旋状物 ■vt.&vi. ❶(使)弯曲,(使)卷曲 ❷盘旋,缠绕 ‖ ~ up 拳曲,缘线升起,垮掉 ‖ **curler** n. 卷曲者,卷曲物 ‖ **curlpaper** n. 拳发纸
curly ['kɜ:lɪ] adj.(-lier,-liest)有卷发的,长卷毛的 ‖ **curliness** n. 卷曲,蜷缩
currency ['kʌrənsɪ] n.(pl. -cies)❶ⓊⓒCⓒ通货,货币 ❷Ⓤ流通,通用,流行
current ['kʌrənt] adj. ❶Ⓐ现在的,现行的 ❷通用的,通行的,被普遍接受的 ■n. ❶ⓒⓊ水流,气流 ❷Ⓤ电流 ❸ⓒ趋向,趋势,倾向 ‖ **currentless** adj. 无电流的 ‖ **current-conducting** adj. 导电的
currently ['kʌrəntlɪ] adv. 当前;目前;眼下
curriculum [kə'rɪkjʊləm] n.(pl. ~s or curricula)ⓒ总课程
currish ['kɜ:rɪʃ] adj. ❶杂种狗似的,爱咬人的,脾气坏的 ❷无教养的,卑鄙的,可耻的
curry¹ ['kʌrɪ] n. ⓒⓊ咖喱食品 ■vt. 用咖喱

粉烹调(食物) ‖ **curried** *adj*. 用咖喱烧的 ‖ **curry paste** 咖喱酱/**curry powder** 咖喱粉

curry² ['kʌrɪ] *vt*. 梳刷(马匹) ‖ ~ **favour with** 拍某人的马屁

curse [kɜːs] *vt.& vi*. 诅咒;骂 ‖ ~ **at** 咒骂某人/~ **with** 因…而受苦 ■ *n*. ⓒ ❶诅咒,咒语,骂人的话 ❷祸害,祸根 ‖ **cursed** *adj*. 该死的,该诅咒的

cursory ['kɜːsərɪ] *adj*. 粗略的,草率的,仓促的

curt [kɜːt] *adj*. 简短的,三言两语的 ‖ **curtly** *adv*. 简短地/**curtness** *n*. 简短,草率,唐突无礼

curtail [kɜːˈteɪl] *vt*. 截断,缩短 ‖ **curtailment** *n*. 缩短,减少,削减

curtain ['kɜːtn] *n*. ⓒ ❶窗帘,门帘 ❷幕,帷幕 ‖ **behind the** ~ 秘密地,在幕后/**draw the** ~ **on**〔**over**〕①结束某事②掩盖某事③不再提某事

curvaceous [kɜːˈveɪʃəs] *adj*.(尤指妇女)体型富于曲线美的

curve [kɜːv] *n*. ⓒ ❶曲线,弧线 ❷曲线状物,弯曲物 ■ *vt.& vi*. (使)弯曲成弧形

cushion ['kʊʃən] *n*. ⓒ 垫子,坐垫

cushy ['kʊʃɪ] *adj*. (-ier, -iest) 容易的,轻松的

custard ['kʌstəd] *n*. Ⓤ 蛋奶糊,牛奶沙司

custody ['kʌstədɪ] *n*. Ⓤ ❶ 监护(权),守护 ❷拘留,监禁 ‖ **custodial** *adj*. 管理的,监管的/**custodian** *n*. 管理者,看守人

custom ['kʌstəm] *n*. ❶ⓊⒸ习惯,风俗,惯例 ❷Ⓤ光顾,顾客 ❸ℙ海关 ❹ℙ关税 ‖ **custom union** 关税联盟

customary ['kʌstəmərɪ] *adj*. 习惯上的,惯常的,合乎习俗的 ‖ **customarily** *adv*. 习惯上;合乎习俗地

customer ['kʌstəmə] *n*. ⓒ顾客,主顾 ‖ **a hard** ~ 难对付的家伙

customize, -se ['kʌstəmaɪz] *vt*. 定制,定做:~ *kitchens* 定做厨房家具

cut [kʌt] (-tt-, *pt*., *pp*. ~) *vt.& vi*. 切,剪,割,削 *vt*. ❶削减:*We mustn't cut the cost of education*. 我们不应该削减教育经费。❷挖成;刻成 ❸使(某人)感到疼痛或痛苦:*Words cut more than swords*. 言语比利剑更伤人。/ *What she said cut me terribly*. 她说的话使我非常难受。❹(直线)与(另一条直线)相交:*The line cuts the circle at two points*. 一条直线与圆相交于两点。❺不出席,不到场 ❻灌制(唱片) ‖ ~ **about** 乱切/~ **across** 抄近路穿过,遮〔打〕断/~ **after** 追赶/~ **against**(被…)碰伤/~ **at** 向…猛击,破坏/~ **away** 砍掉,逃走/~ **back** 削减,迅速返回,追述/~ **down** 砍倒,削减,干预,允许加入/~ **in** 插嘴,拦截,超车,干预,允许加入/~ **into** 切开/~ **off** 截断/~ **off from** 遮拦/~ **on** 根据…裁剪,刻在…上/~ **out** 裁剪(衣服),击败,切掉,删去/~ **out of** 从…上剪下/~ **through** 穿过/~ **to** 将…减少到,彻底打败,触及痛处/~ **up** 切碎,抨击/~ **with** 用…切 ■ *n*. ❶ⓒ切,割,砍;用刀等割的破口 ❷ⓒ减少,降低;删减 ❸Ⓤ裁剪样式 ❹ⓒ伤感情的话或行为:*That was a cut at me*. 那是中伤我的话。‖ **give the** ~ **direct** 故意不理睬(某人)/**short** ~ 近路,捷径 ‖ **cutaway** *n*. 剖面图,剖面模型/**cut-back** *n*. 减少/**cut glass** 雕花玻璃/**cut-off** *n*. 截止点,界限;截断装置,断流器/**cut-price** *adj*. 减价出售的;卖削价商品的

cute [kjuːt] *adj*. ❶漂亮的,娇小可爱的 ❷聪明伶俐的,精明的 ‖ **cutely** *adv*. 漂亮地,聪明地/**cuteness** *n*. 漂亮

cutlery ['kʌtlərɪ] *n*. Ⓤ 刀具,刀叉

cutter ['kʌtə] *n*. ⓒ 切削工人,切割工具 ❷快艇,小汽艇

cutting ['kʌtɪŋ] *adj*. ❶尖锐的,痛苦的 ❷尖酸的,刻薄的 ■ *n*. ⓒ❶剪辑 ❷剪报 ❸插枝

cuttlefish ['kʌtlfɪʃ] *n*. ⓒ乌贼,墨鱼

cyanide ['saɪənaɪd] *n*. ⓒ〈化〉氰化物

cyberspace ['saɪbəspeɪs] *n*. ⓒ(电子计算机创造的)通讯、信息空间

cycle ['saɪkl] *n*. ⓒ❶循环,周期 ❷自行车,摩托车 ■ *vi*. 骑自行〔摩托〕车 ‖ ~ **along** 骑自行〔摩托〕车前进/~ **to** 骑自行〔摩托〕车到…

cyclic ['saɪklɪk] *adj*. ❶周期的,循环的 ❷轮转的

cyclopedia [ˌsaɪkləˈpiːdjə] *n*. ⓒ百科全书 ‖ **cyclopedic** *adj*. 百科全书的

cylinder ['sɪlɪndə] *n*. ⓒ❶圆筒,圆柱体 ❷汽缸,泵体 ‖ **cylindric(al)** *adj*. 圆筒形的,柱体的

cynic ['sɪnɪk] *n*. ⓒ愤世嫉俗者,讽世者

cynical ['sɪnɪkəl] *adj*. 怀疑的,愤世嫉俗的 ‖ ~ **about** 对…怀疑,玩弄… ‖ **cynically** *adv*. 愤世嫉俗地/**cynicism** *n*. 愤世嫉俗,玩世不恭

cypress ['saɪprɪs] *n*. ⓒ柏属植物,柏树

Dd

dab [dæb] *n*. ⓒ少许,一点点: *I put a dab of butter on my bread*. 我往面包上抹了点黄油。■ *vt*. (-bb-) ❶抹(或敷、涂、擦)少许 ❷快速擦拭: *He dabbed at the spot on his tie with a napkin*. 他用餐巾快速擦去领带上的污点

dabble ['dæbl] *vt*. ❶涉猎,浅尝 ❷少量投资 ‖ **dabbler** *n*. 玩水者;涉猎者,浅尝者

dad [dæd] *n*. ⓒ爸,爹

daddy ['dædɪ] = dad

daemon ['di:mən] *n*. ⓒ❶(希腊神话中)半人半神的精灵 ❷守护神

daffodil ['dæfədɪl] *n*. ⓒ黄水仙花

daffy ['dæfɪ] *adj*. ❶奇怪的,古怪的 ❷愚蠢的

daft [dɑːft] *adj*. 傻的,愚蠢的 ‖ **daftly** *adv*. 愚蠢地

dagger ['dægə] *n*. ⓒ匕首;短剑 ‖ **at ~s drawn** 剑拔弩张,势不两立／**look ~s at sb** 对某人怒目而视／**speak ~s to sb** 恶言伤害某人

daily ['deɪlɪ] *adj*. Ⓐ每日的,日常的 ■ *n*. ⓒ日报 ■ *adv*. 每日

dainty ['deɪntɪ] *adj*. (-ier,-iest) ❶精致的,娇俏的,优雅的,美味的 ❷(指人)品位高雅的,难以取悦的,讲究的,挑剔的 ‖ **daintily** *adv*. 优美地;精致地;娇美地

dairy ['deərɪ] *n*. (*pl*. **-ries**) ⓒ❶牛奶场 ❷乳品店 ‖ **dairymaid** *n*. 奶场女工／**dairyman** *n*. 奶品商;奶场男工

daisy ['deɪzɪ] *n*. ⓒ雏菊

dally ['dælɪ] *vi*. ❶随随便便地对待;不很认真地考虑 ❷浪费时间 ❸闲混 ❹调情 ‖ **dalliance** *n*. 谈情说爱;调情

dam [dæm] *n*. ⓒ坝,堤 ■ *vt*. (-mm-) ❶修筑水坝;以水坝阻拦 ❷拦阻;抑制 ‖ **~ up** 筑堤〔坝拦(水);抑制;控制

damage ['dæmɪdʒ] *vt*. & *vi*. 损害,毁坏,加害于: *Drinking and smoking can damage your health*. 饮酒和吸烟会损害你的健康。‖ **~ for** 造成损害 ■ *n*. ❶Ⓤ损失,损毁 ❷Ⓟ损害赔偿金 ‖ **damageable** *adj*. 可损坏的／**damaging** *adj*. 有损害的

damask ['dæməsk] *n*. Ⓤ缎子,锦缎

dame [deɪm] *n*. ⓒ❶(在英国)夫人(一种封号) ❷夫人(爵士妻子的称号) ❸女人

damn¹ [dæm] *adv*. 非常: *Don't lie to me. You know damn well what was happening*. 别瞒我了,你压根就很清楚发生了什么事。‖ **~ all** 完全没有 ■ *adj*. 该死的: *Where's that damn book?* 那本该死的书在哪儿? ■ *vt*. ❶罚…入地狱受罪: *Should all criminals be damned?* 所有的罪犯都该咒骂吗? ❷严厉批评: *The department's review damned the whole system*. 上一次该部门的评述严厉批评了整个系统。❸使彻底失败,毁掉: *She damned herself with one stupid remark*. 她被自己的一句蠢话毁了。‖ **(I'm) ~ed if...** 我绝不… ‖ **damning** *adj*. 非常不利的

damn² [dæm] *n*. ⓢ一点点,丝毫: *I don't care a damn what he does*. 他干什么我一点儿也不在乎。

damnable ['dæmnəbl] *adj*. ❶可恶的,恶劣的,不名誉的 ❷极坏的 ‖ **damnably** *adv*. 恶劣地,可恶地

damnation [dæm'neɪʃən] *n*. Ⓤ罚入地狱,遭天谴

damp [dæmp] *adj*. 潮湿的,不完全干燥的 ■ *n*. Ⓤ潮湿,湿气 ■ *vt*. ❶使潮湿: *She damped her cloth before cleaning the window*. 擦窗之前她先把揩布弄湿。❷减弱,抑制: *My failure last time has not damped my interest*. 上一次的失败没有使我的兴趣减弱。❸使沮丧,使败兴: *Nothing could damp his spirits*. 任何事都不能使他精神消沉。‖ **~ down** 使(某物表面)润湿;使(兴趣、热情等)降低,衰减;减少／**~ off** (幼苗)因水分过多而烂死

dampen ['dæmpən] *vt*. 使湿: *~ a cloth with water* 用水将布弄湿

damsel ['dæmzəl] *n*. ⓒ少女,未婚女子 ‖ **~ in distress** 困境中的少女或年轻女子

damson ['dæmzn] *n*. ⓒ❶西洋李子树 ❷西

洋李子 ❸深紫色

dance [dɑːns] n.❶C跳舞,舞蹈,(伴随着音乐的)舞步 ❷C某种形式的舞;伴随跳舞的音乐,舞曲 ❸U舞蹈艺术 ❹C舞会 ‖ a song and ~众说纷纭;小题大做 /lead a ~ 使某人遭受许多的麻烦 ■vi.❶跳舞 ❷手舞足蹈;摇晃;跳跃 ‖ ~ around围着…跳(舞) /~ away用跳舞驱除;蹦跳着跑开 /~ off 跳着舞走开 /~ on 〔upon〕在…晃动〔摆弄〕;奉承,向…献媚 /~ to 跟着…摇摆 /~ up and down 跳动,晃动 /~ with 与某人共舞 ‖ dancer n. 跳舞者;舞蹈演员 /dancing n. 跳舞

dandelion [ˈdændɪlaɪən] n. C蒲公英

dandle [ˈdændl] vt.(在膝上或怀里)颠动(孩子等)

dandruff [ˈdændrəf] n. U头皮屑

dandy [ˈdændi] n. C注意衣着修饰的人,油头粉面的人,花花公子

danger [ˈdeɪndʒə] n.❶U C危险,风险 ❷C可能造成损伤、疼痛等的人或物;危害 ‖ out of ~ 脱离危险/without ~ 没危险 ‖ danger money 危险工作津贴

dangerous [ˈdeɪndʒərəs] adj.有危险的,危险的: It is dangerous to play with fire. 玩火是危险的。‖ dangerously adv. 危险地

dangle [ˈdæŋgl] vi.悬吊着,摆动不定 ‖ dangler n. 吊着摇晃的东西

dank [dæŋk] adj.(-er,-est)阴湿的,阴冷的: a ~ basement 一个阴湿的地下室 ‖ dankish adj. 阴湿的/dankly adv. 阴湿地,阴冷地 / dankness n. 阴湿,阴冷

dapper [ˈdæpə] adj.整洁漂亮的,动作敏捷的

dappled [ˈdæpld] adj.有斑点的

dare [deə] vt.❶敢;敢做: I dare you to jump over the stream. 我谅你不敢跳过这条小河。❷向…挑战,激: I dared him, but he didn't. 我向他挑战,可是他不敢应战。aux. v. 敢,竟敢: We're so late I daren't look at my watch. 我们太迟了,我连手表都不敢看一眼。/Dare you tell him the news? 你敢告诉他这个消息吗? ‖ I ~ say 我相信,可能/you ~〔don't you ~〕不要,不准

daredevil [ˈdeədevl] n. C蛮勇的人,冒失鬼 ‖ daredevilry, -try n. 胆大妄为,蛮干

daring [ˈdeərɪŋ] n. U勇敢,鲁莽: He showed great daring. 他显得很有胆量。■adj.勇敢的,无畏的: a ~ action 勇敢的行为 ‖ daringly adv. 勇敢地,无畏地/daringness n. 勇敢,无畏

dark [dɑːk] adj.(-er,-est)❶黑暗的: That was a dark, moonless night. 那是一个黑暗的、无月光的夜晚。❷(颜色)深色的,暗色的 ❸(皮肤、毛发等)棕黑的 ‖ as ~ as night 昏黑,漆黑 ‖ dark horse 黑马(指实力不为人知而意外获胜的参赛者)■n. U❶傍晚,黄昏 ❷黑暗;无光 ‖ in the ~ ①在黑暗中②不知 ‖ darkle vi. 变暗/darkling adv. 在黑暗中/darkly adv. 黑暗地/darkness n. 黑暗

darken [ˈdɑːkən] vt.& vi.(使)变暗

darling [ˈdɑːlɪŋ] n.❶C心爱的人 ❷S(用作称呼)亲爱的 ‖ darlingly adv. 亲爱地

darn [dɑːn] vt.& vi.织补(衣物)■n. C织补之处 ‖ darning n. 织补;织补物

darned [dɑːnd] adj.& adv.该死,十足

dart [dɑːt] vt.投掷;投射: The sun darts its beams. 阳光四射。vi.向前冲;飞奔: The boy darted into the room. 那男孩冲进房间。‖ ~ at 掷向/~ away飞奔而逃/~ out 投掷,投射 ■n.❶C飞镖: He likes throwing darts. 他喜欢射飞镖。❷S急驰,飞奔: She made a dart for the exit. 她冲向出口。‖ darter n. 突进者,突进物

dash [dæʃ] vi.冲,猛冲: The horse dashed onward. 那匹马向前直冲。vt.& vi.❶猛掷;(使)猛撞: Don't dash stones! It's dangerous. 不要扔石头,那样做危险。❷匆匆地写或画: She dashed some paint on the paper and called it a tree. 她在纸上洒了些颜料,说这就是一棵树。‖ ~ against(使)撞上(某物)/~ away匆忙离开;匆忙抹去…/~ by 飞驰而过/~ down 使劲掷下/~ in 猛冲进来/~ off 匆忙离开;匆忙地把…写好或画好/~ out 冲出去;冲出来/~ over(使)覆盖,淹没(某物) /~ toward 朝…冲去 ■n.❶S猛冲,飞奔: The prisoners made a dash for freedom. 囚犯逃奔自由。❷S短距离赛跑: The contestants lined up for the 100-yard dash. 参赛选手列队参加 100 码短跑。❸S少许: Give him a glass of water with a dash of whisky in it. 给他一杯水,加少许威士忌。❹C破折号: The dash is longer than the hyphen. 破折号比连字符稍长点。‖ at a ~ 一鼓作气地,一气呵成地/cut a ~ 神气,有气派 ‖ dash pot 减震器

dashboard [ˈdæʃbɔːd] n. C仪表板

dashing [ˈdæʃɪŋ] adj.❶精神振奋的,精神抖擞的 ❷(衣服)漂亮而有趣的 ‖ dashingly adv. 精神抖擞地

data [ˈdeɪtə] n. P U资料,材料: The data is 〔are〕 all ready for examination. 资料都已准备好以便检查。‖ data bank〈计〉资料库,数据库/data logging〈计〉数据记录/data phone〈讯〉数据送话器/data processing〈计〉数据处理

database [ˈdeɪtəbeɪs] n. C资料库

date [deɪt] n.❶C(注明的)日期,日子,年份 ❷U 时代,年代: At that date there were no airplanes. 那时还没有飞机。❸C约定,约会: a heavy ~ 重要的约会 ❹C约会的对象 ‖ at an early ~ 不久,在最近期间/blind ~ 男女间的

初次会面/make a ~ with 与…约会/out of ~ 过时的,陈旧的/to ~ 至今,直到今天,到目前为止/up to ~ 最新式的,现代化的;至今,到目前为止 ■vt. ❶ 记载日期于:Please date your letters to me in future. 以后请在你给我的信上写明日期。❷ 鉴定…的年代:I can't date the pot exactly, but it must be very old. 我不能精确断定这个罐子的年代,不过时间一定很久远了。vt.& vi. 与人约会,相约:They have been dating for months. 他们两个人彼此约会已经有好几个月了。‖ ~ back to 追溯到…;从…开始/~ from 始于‖ dated adj. 注有日期的;过时的‖ dateline n. 日期/datemark n. 日戳

daub [dɔːb] vt. 涂抹:They are daubing paint on the wall. 他们正在往墙上涂油漆。‖ dauber n. 涂抹的人;拙劣的画家

daughter ['dɔːtə] n.ⓒ❶女儿:eldest ~ 大女儿/natural ~ 私生女/baby ~ 女婴 ❷产物,后代‖ daughterhood n. 女儿身份;女儿时期/daughterly adj. 女儿的

daunt [dɔːnt] vt. 使(某人)气馁,威吓:He was daunted by the high quality of work they expected. 他被他们对工作的高品质的要求吓倒了。‖ daunting adj. 使人气馁的;吓人的

dauntless ['dɔːntlɪs] adj. 无畏的;勇敢的

davit ['dævɪt] n.ⓒ吊艇柱,吊艇架

dawdle ['dɔːdl] vt.& vi. 混(时间):~ away one's time 混日子‖ dawdler n. 游手好闲的人,懒汉

dawn [dɔːn] n.❶Ⓤⓒ黎明,拂晓:They got across the bridge before dawn. 他们于破晓前过了那座桥。❷Ⓢ开端,萌芽:The war was ended and we looked forward to the dawn of much happier days. 大战结束了,我们盼望着更加美好日子的来临。■ vi. ❶破晓;(天)刚亮:They were waiting for the day to dawn. 他们等待天明。❷开始出现:A new age dawned with the invention of the radio. 随着无线电的发明,一个新时代开始了。‖ ~ on〔upon〕①(白昼)来临于(某处)②给(某处)以光明③逐渐(被人)知晓,明白

day [deɪ] n.❶ⓒ一天,一日:How many days are there in a week？一个星期有几天？❷Ⓤ白天,白昼:The exhibition will be opened day and evening. 展览在白天和晚上开放。❸Ⓟ时期,寿命:In my days things were different. 在我那个时代,情况又不同了。‖ all in a ~'s work 无非是日常生活的一部分/any ~ (of the week)〈口〉马上;不论怎样/as happy as the ~ is long 非常快乐/as open as the ~〈口〉极其诚实/black ~ 不吉利的日子/by ~ 白天/call it a ~ 收工/carry the ~ 获胜/dark ~s苦难岁月/~ after ~ 一天又一天,一日一日地/~ and night 夜以继日地;日夜/by ~ 一天天地,逐日/~ to come 将来/fall on evil ~s遭遇不幸/for ~s on end 接连数日/from ~ to day 天天,日复一日/from one ~ to the next 短期内/have one's ~ 走运;全盛时期/have seen better ~s已过鼎盛时期;已不耐用/make a ~ of it 玩它一整天/new ~ 新的开端/not sb's ~ 不顺心的日子/off ~ 感到身体不舒服的日子/old ~s从前/save the ~反败为胜;转危为安/sb's ~s are numbered 某人的末日来临了/that will be the ~〈口〉那样的事永远不会发生/the other ~ 不久前/to a〔the〕~ 一天也不差/to this ~ 直到今天;至今/day care 日托/day trip 当天返回的旅程/day-to-day adj. 逐日的

daybreak ['deɪbreɪk] n.Ⓤ拂晓,黎明

daydream ['deɪdriːm] n.ⓒ白日梦 ■ vi. 想入非非,空想

daylight ['deɪlaɪt] n.Ⓤ日光,白昼‖ beat the living ~s out of 把(某人)狠揍一顿/burn ~徒劳无益/darken sb's ~用拳头把某人打得昏天黑地/~ robbery 明目张胆的敲诈/frighten〔scare〕the living ~s out of 吓得(某人)六神无主/in our ~s如今/in the ~s of old 从前,以往/in these ~s如今/in those ~s那时,当时/see ~ 开始了解,开始明白/daylight lamp 日光灯

daytime ['deɪtaɪm] n.Ⓤ白天,日间

daze [deɪz] vt.❶使(某人)迷乱而不能做出正确反应;使茫然 ❷使(某人)惊奇与迷惑‖ dazed adj. 茫然的

dazzle ['dæzl] vt.❶使目眩:To look straight at the sun dazzled the eye. 直接看太阳会使人目眩。❷使惊异不已:The student was dazzled by his sudden success. 突如其来的成功使那学生感到惊讶。‖ dazzling adj. 惊异不已的/dazzlingly adv. 惊异不已地

dead [ded] adj.❶死去的,已故的 ❷Ⓟ无感觉,麻木的:It's so cold outside that my fingers feel dead. 外面很冷,我的手指都冻僵了。‖ ~ above ears 没有头脑/~ and buried 完全忘却/~ and gone 已死去/~ from the neck up〈美俚〉愚蠢的/~ on one's feet 累得不能再做/~ to rights 无法逃避的谴责/~ to one's feeling 麻木不仁/~ to the world 沉睡的;不省人事的/be ~ against 正对着;坚决反对/be ~ on ①对准②热爱,擅长于 ~ to 对…无反应的 ■ adv. 完全地,绝对地,彻底地:I'm dead keen on Chinese paintings. 我非常喜欢中国画。‖ deadness n. 死,死亡 ‖ dead end ①死胡同 ②工作、查询等不能再进展的阶段

deaden ['dedn] vt.❶抑制(感情);缓和(疼痛) ❷减弱(声音)

deadline ['dedlaɪn] n.ⓒ最后期限

deadlock ['dedlɒk] n.Ⓤⓒ僵局‖ deadlocked adj. 陷入僵局的

deadly ['dedlɪ] adj. (-ier,-iest)❶致死的,致

命的 ❷Ⓐ充满仇恨的 ❸Ⓐ极端的,非常的 ‖ **deadliness** n. 致命,致死

deaf [def] adj. (-er,-est)❶聋的 ❷Ⓟ不愿听的,装聋的 ‖ turn a ~ ear to 置之不理,充耳不闻:His parents turned a deaf ear to his requests for money. 他向父母要钱,可他们不予理睬。‖ **deafness** n. 聋 **deaf-aid** n. 助听器/**deaf-mute** n. 聋哑者

deafen ['defn] vt. 使聋

deal [di:l] vt. (pt., pp. dealt)分给,分配 ‖ ~ in 买卖,经营/~ with ①惠顾;与…交易,和…做买卖②应付,处理;对待③论述,涉及 ■ n. Ⓒ ❶交易,协议 ❷许多

dealer ['di:lə] n. Ⓒ商人 ‖ **dealership** n. 商品特许经销处

dealings ['di:lɪŋz] n. Ⓟ交往;买卖,交易

dean [di:n] n. Ⓒ(大学的)学院院长,系主任

dear [dɪə] adj. (-er,-est)❶珍贵的;珍视的 ❷价格昂贵的;昂贵的 ❸亲爱的 ■ n. Ⓒ亲爱的人,可爱的人 ‖ **dearness** n. ①亲爱②昂贵

dearly ['dɪəlɪ] adv. ❶ 非常:Every mother loves her children dearly. 每一个母亲都非常爱自己的孩子。❷(损失,损坏等)极大地

dearth [dɜ:θ] n. Ⓢ缺乏,稀少

death [deθ] n. ❶Ⓒ死,死亡:Car accidents have caused many deaths. 车祸造成了许多人死亡。❷Ⓤ毁灭,消失,终止:Bankruptcy was the death of his plans. 破产毁了他的计划。‖ be the ~ of ①把(某人)笑死②害死(某人)/die the ~ 突然停止/do to ~ 杀死/feel like ~ warmed up 感到筋疲力尽/meet one's ~ 死去/put to ~ 处死,杀死/to ~ 极其,非常/to the ~ 至死;到底 ‖ **deathful** adj. 致命的,谋杀的/**deathless** adj. 不死的,永恒的/**deathly** adj. 死一般的 ‖ **deathbed** n. 临终/**deathblow** n. 致命一击/**death chamber** 死了人的房间/**death duty** 遗产税/**death house** 死囚行刑前的监房/**deathlike** adj. 死了似的/**death point** 死点/**death rate** 死亡率/**death report** 死亡报告/**death row** 死囚的牢房/**death sentence** 死刑判决/**death struggle** 垂死挣扎/**death warrant** 死刑执行令/**death watch** 临终看护

debag [di:'bæg] vt. 脱去(某人的)裤子

debar [dɪ'bɑ:] vt. (-rr-)排除,禁止,防止:She was debarred from attending the meeting. 她被禁止参加这次会议。‖ **debarment** n. 排除,禁止,防止

debase [dɪ'beɪs] vt. ❶降低质量(地位、价格等):Such unkind action debases you. 这种不和善的行为贬低了你自己的人格。❷降低,贬值 ‖ **debasement** n. 降低,贬低

debate [dɪ'beɪt] n. Ⓤ.Ⓒ讨论,辩论 ■ vt.&vi. 辩论,争论:We're just debating what to do next. 我们正在讨论下一步该做什么事。‖ de-

batable adj. 不肯定的,有待解决的,有争议的/**debater** n. 辩论家,争论者

debauch [dɪ'tɔ:tʃ] vt. 使堕落,败坏

debauchery [dɪ'bɔ:tʃərɪ] n. ❶Ⓤ道德败坏,淫荡 ❷Ⓒ放荡,淫逸

debilitate [dɪ'bɪlɪteɪt] vt. 使(人或人的身体)非常虚弱:Heat debilitates many people. 酷热使得很多人体弱力衰。‖ **debilitating** adj. 使人虚弱的,不宜人的/**debilitation** n. 衰弱/**debility** n. 虚弱,衰弱

debit ['debɪt] n. Ⓒ❶(簿记中的)收方,借方 ❷从账户中提取的款项

debonair [ˌdebə'neə] adj. (通常指男人)愉快而自信的

debouch [dɪ'baʊtʃ] vi. ❶走进开阔地 ❷(河等)流出

debrief [ˌdi:'bri:f] vt. 向(外交人员等)询问执行任务的情况

debris ['debri:] n. Ⓤ散落的碎片,残骸

debt [det] n. Ⓒ债,债务,欠他人的东西 ‖ bad ~s坏账/be in⌈out of⌉ ~ 欠⌈不欠⌉债/be in sb's ~ 欠某人的情 ‖ **debt collector** 收债人

debug [ˌdi:'bʌg] vt. ❶拆除窃听器 ❷排除故障

debunk [ˌdi:'bʌŋk] vt. 揭穿真相,暴露:Some advertising slogans should be debunked. 某些夸大的广告用语应予揭露。

debut ['deɪbu:] n. Ⓒ⟨法⟩演员首次演出:an actor's ~ on the stage 一位演员首次在舞台上演出

decade ['dekeɪd] n. Ⓒ十年,十年间:Prices have risen steadily during the past decade. 过去的十年间,物价一直在上涨。

decadence ['dekədəns] n. Ⓤ衰落,堕落,颓废

decadent ['dekədənt] adj. 堕落的;颓废的

decamp [dɪ'kæmp] vi. ❶(突然而常为秘密地)(携某物)逃走 ❷撤营,离开宿营地 ‖ **decampment** n. 逃走;撤营

decant [dɪ'kænt] vt. 将(酒等)自瓶中倒入另一容器 ‖ **decantation** n. 倾注/**decanter** n. 带瓶塞的玻璃瓶

decapitate [dɪ'kæpɪteɪt] vt. 杀头 ‖ **decapitation** n. 斩首,杀头/**decapitator** n. 刽子手

decathlon [dɪ'kæθlɒn] n. Ⓒ⟨体⟩十项全能运动 ‖ **decathlete** n. 完成十项全能的运动员

decay [dɪ'keɪ] vt.&vi. (使)腐烂,腐朽:Sugar can decay the teeth. 糖能腐蚀牙齿。vi. 衰败,衰退,衰落:Our powers decay in old age. 我们的体力在老年时就衰退。■ n. Ⓤ腐败、衰退的状态

decease [dɪ'si:s] n. Ⓤ⟨律⟩死亡 ‖ **deceased** adj. 死的

deceit [dɪ'si:t] n. ❶Ⓤ欺骗,欺诈:He is full

deceive *of deceit*. 他诡计多端。❷[C]不诚实的行为或言语,诡计:*discover a ~*识破诡计

deceive [dɪˈsiːv] *vt.&vi.* 欺骗;蒙骗:*He deceived his friends about his income*. 他在自己的收入问题上欺骗了朋友。‖ *be ~d in* 对…感到失望/*~ into* 骗得(某人)相信或去做某事 ‖ **deceivable** *adj.* 可欺的/**deceiver** *n.* 欺骗者,骗子

decelerate [ˌdiːˈseləreɪt] *vt.&vi.* (使)减速

December [dɪˈsembə] *n.*[U][C] 12月

decency [ˈdiːsnsɪ] *n.* ❶[U]正派,端庄;体面 ❷[C]社会上高尚文雅行为的标准,礼仪

decent [ˈdiːsənt] *adj.* ❶正派的,合乎礼仪的,得体的 ❷像样的,过得去的,体面的 ❸令人满意的,相当好的 ‖ **decently** *adv.* 得体地,体面地

decentralize,-ise [diːˈsentrəlaɪz] *vt.&vi.* ❶权力下放;将(权力等)自中央政府转到地方政府 ❷将(工业、工人等)自集中点分散到较大的区域内 ‖ **decentralization,-isation** *n.* 分散

deception [dɪˈsepʃən] *n.* ❶[U]欺骗 ❷[C]骗术,诡计

deceptive [dɪˈseptɪv] *adj.* 可能欺骗的,导致误解的 ‖ **deceptively** *adv.* 可能欺骗地,导致误解地

decibel [ˈdesɪbel] *n.*[C](物)分贝

decide [dɪˈsaɪd] *vt.&vi.* ❶下决心;(使)决定:*You are the one to decide*. 该由你来决定。❷解决,裁决,肯定,断定:*He decided that she couldn't pass the examination this time*. 他断定这次考试她不会及格。‖ *~ about*决定/*~ against* ①决定不做 ②(判决)不利于…/*~ between* 在…之间做出抉择/*~ for* ①决定 ②(判决)有利于…/*~ on*〔*upon*〕就…做出决定,决定要 ‖ **decidable** *adj.* 可决定的/**decider** *n.* 决定者,裁决者

decided [dɪˈsaɪdɪd] *adj.* ❶[A]清楚的,明确的,肯定的 ❷坚决的,坚定的,决定了的

decidedly [dɪˈsaɪdɪdlɪ] *adv.* ❶确实无疑地;显然 ❷坚决地;果断地

deciduous [dɪˈsɪdjʊəs] *adj.*(指树木)每年落叶的

decimal [ˈdesɪməl] *adj.*[A]十进位的,小数的 ■ *n.*[C]小数 ‖ **decimalism** *n.* 十进法,十进制

decimate [ˈdesɪmeɪt] *vt.* ❶杀死或毁灭(某物)的大部 ❷相当程度地减少或降低

decipher [dɪˈsaɪfə] *vt.* 破译(密码),辨认(潦草字迹) ‖ **decipherable** *adj.* 可破译的,可辨认出的/**decipherment** *n.* 译解,辨认

decision [dɪˈsɪʒən] *n.* ❶[C]决定,决心,判决 ❷[U]果断,坚决 ❸[C]决议,结果 ‖ **decision-making** *n.* 做决定

decisive [dɪˈsaɪsɪv] *adj.* ❶决定性的 ❷坚定的,果断的 ‖ **decisively** *adv.* 决定性地;果断地/**decisiveness** *n.* 决定性;坚定,果断

deck¹ [dek] *n.*[C] a floor built across a ship over all or part of its length 甲板,层面 ‖ *clear the ~s*准备战斗/*hit the ~*被打倒;躺在地上 ‖ **decking** *n.* 铺面,盖板 ‖ **deck bridge** 上承桥/**deck chair** 躺椅

deck² [dek] *vt.* 装饰某人或某物 ‖ **decker** *n.* 装饰者

declaim [dɪˈkleɪm] *vt.&vi.* (像演讲般)说话 *vi.* 抨击 ‖ **declaimer** *n.* 演讲者,朗诵者/**declamatory** *adj.* 雄辩的,适宜于朗诵的

declaration [ˌdekləˈreɪʃən] *n.* ❶[U]宣布,宣告,声明 ❷[C]申报(单)

declare [dɪˈkleə] *vt.* ❶宣布,宣告;声明:*He declared that the meeting has been postponed*. 他宣布会议已延期了。❷断言,宣称:*He declared (that) he was right*. 他力陈他是对的。*vi.* 申报:*He should declare at customs*. 他应该报关。‖ *~ against*声明反对/*~ for* 宣布支持…/*~ off* (正)宣布取消/*~ on* 宣布…将要发生/*~ to* 向…表明自己的观点;就…表明自己的观点/*I ~*(美口)天哪

declassify [ˌdiːˈklæsɪfaɪ] *vt.* 对(机密文件等)销密

decline [dɪˈklaɪn] *n.*[C]下降,减少,衰退 ‖ *fall*〔*go*〕*into a ~*失去力量、影响/*on the ~*在消减,在衰退 ■ *vt.&vi.* 辞谢;谢绝(邀请等) *vi.*(太阳)落下:*The sun is declining*. 太阳在落山。

decode [ˌdiːˈkəʊd] *vt.* ❶译(码),解(码) ❷分析及译解电子信号 ‖ **decoder** *n.* 译电员

decompose [ˌdiːkəmˈpəʊz] *vt.&vi.* (使某物)变坏,腐烂:*Most animals decompose very quickly after death*. 大多数动物死后很快腐烂。❷(化)分解:(物质、光线等):*A liquid is decomposed when an electric current passes through it*. 当电流通过时,液体就分解。‖ **decomposability** *n.* 分解性/**decomposable** *adj.* 可分解的/**decomposition** *n.* 腐烂;分解

decompress [ˌdiːkəmˈpres] *vt.* 使减压

decorate [ˈdekəreɪt] *vt.* ❶装饰 ❷授予(某人)勋章 ‖ *~ for* 因…而授予(某人)勋章/*~ with* 用…装饰… ‖ **decorator** *n.* 粉刷和糊壁纸的人

decoration [ˌdekəˈreɪʃən] *n.* ❶[U]装饰,装潢 ❷[U][C]装饰品 ❸[C]奖章,勋章

decorative [ˈdekərətɪv] *adj.*(物体或建筑)装饰性的;作装饰用的

decorous [ˈdekərəs] *adj.* 端庄得体的 ‖ **decorously** *adv.* 端庄得体地/**decorousness** *n.* 端庄得体

decorum [dɪˈkɔːrəm] *n.*[U]端庄得体

decoy [dɪˈkɔɪ] *n.*[C] ❶(用于诱捕鸟兽的)动物(或仿制物) ❷用于引诱某人落入圈套的人或

物 ■vt. 用诱饵诱骗(某人或动物)落入圈套

decrease [diːˈkriːs] vt. & vi. (使)缩短；减小，减少：*Interest in the sport is decreasing.* 人们对此项运动的兴趣已逐渐减退。■n. ❶Ⓤ减小，降低 ❷Ⓒ减少(量) ‖ **on the ～** 在减少 ‖ **decreasingly** adv. 渐减地

decree [diˈkriː] n. Ⓒ❶命令，法令，政令 ❷判决 ■vt. 命令，裁决；颁布：～为法令：*The Queen has decreed her order.* 女王已经颁布了她的命令。‖ **decree nisi** 离婚判决书

decrepit [diˈkrepit] adj. 衰老的，老朽的，破旧的

decry [diˈkraɪ] vt. 公开反对；谴责

dedicate [ˈdedɪkeɪt] vt. 奉献，贡献 ‖ ～ **to** 献(身)于…；把(时间、精力等)用于… ‖ **dedicated** adj. 献身于某事物的，专心致志的

deduce [dɪˈdjuːs] vt. 推论，演绎：*The police were able to deduce where the fugitive was hiding.* 警方成功地推断出那逃亡者躲藏的地方。‖ ～ **from** 从(所给事实)推论出…

deduct [dɪˈdʌkt] vt. 扣除，减去：*The cost of the breakages will be deducted from your pay.* 损坏东西的费用将从你的工资中扣除。

deduction [dɪˈdʌkʃən] n. ❶Ⓤ扣除，减除：*No deduction in pay is made for absence due to illness.* 因病请假不扣工资。❷Ⓒ扣除的量 ❸Ⓤ推演，推理：*His deduction led him to the correct conclusion.* 他的推断使他得出正确的结论。❹Ⓒ结论：*That seems a reasonable deduction.* 那似乎是合理的结论。

deed [diːd] n. Ⓒ❶行为，行动：*Deeds are better than words when people are in need of help.* 当别人需要帮助时，行动胜于语言。❷〈律〉契约，证书：*This is the deed to John's plantation.* 这是约翰农场的契约。‖ **do the ～** 产生效果/**in ～** 事实上

deem [diːm] vt. 认为，相信：*Don't you deem that it is your duty to help?* 你不认为助人是你的责任吗？‖ ～ **highly of** 高度评价

deep [diːp] adj. ❶深的：*The river is not deep; we can walk through it.* 这河不深，我们可以涉水过去。❷位于深处的，纵深的 ❸深色的，浓重的：*The sea was deep blue.* 大海是深蓝色的。❹声音低沉的：*Don't you love his deep, rich voice?* 你难道不喜欢他低沉、浑厚的嗓音吗？❺强烈的，极度的，深厚的 ❻严重的，深厚的：*The company is in deep trouble again.* 这家公司再度陷入严重的困境。❼理解深刻的：*He is deep in translation.* 他在翻译方面有很深的造诣。❽深奥的，神秘的：*Philosophy is too deep for me.* 哲学对我来说太深奥了。■adv. ❶深入地，深深地：*Still waters run deep.* 静水流深。❷到很晚：*We talked deep into the night.* 我们谈到深夜。‖ ～ **down** 事实上/**drink** ～ **of** 大量喝下；大量吸收 ‖ **deep-sea** adj. 深海的；远

洋的/**deep-seated** adj. 深深的，不易移动的

deepen [ˈdiːpən] vt. & vi. 变深，加深：*Her wrinkles deepen with age.* 她的皱纹随年龄增长而变深。

deer [dɪə] n. (pl. ～) Ⓒ鹿：*Deer are herbivorous.* 鹿是食草动物。‖ **deerskin** n. 鹿皮革

de facto [ˌdeɪˈfæktəu] adj. 〈拉〉实际上存在的

defamation [ˌdefəˈmeɪʃən] n. Ⓤ诽谤，中伤：*She sued the magazine for defamation of her character.* 她控告该杂志诽谤她的人格。

defamatory [dɪˈfæmətəri] adj. 诽谤的，中伤的：*The reader said that the report was defamatory.* 这位读者说这篇报道带有诽谤性。

defame [dɪˈfeɪm] vt. 诽谤，中伤：*They've been defaming us for years.* 多年来他们一直在中伤我们。

default [dɪˈfɔːlt] vi. ❶违约；拖欠债务：*He defaulted in his payments on the loan.* 他没有按期偿还贷款。❷弃权：*He defaulted in the wrestling tournament.* 他在摔跤比赛中弃权了。‖ ～ **on** 拖欠…；未出席 ■n. ❶Ⓤ违约，缺席；拖欠：*The defendant made default yesterday.* 被告昨天未到庭。❷Ⓤ弃权：*He lost the world title by default.* 他由于弃权而失去了世界冠军的称号。‖ **in** ～ **of** 在缺少…的情况下

defeat [dɪˈfiːt] vt. ❶击败，战胜：*Our football team defeated theirs this time.* 这一次我们的足球队胜了他们的足球队。❷挫败，使落空：*We've defeated moves to build another office block.* 我们已否决另建一座办公大楼的动议。❸使困惑，难住：*This kind of problems always defeats me.* 我总是无法应付这类问题。■n. ❶Ⓤ战胜，挫败：*That was regarded as an Iranian defeat of Iraq.* 人们认为那是伊朗挫败了伊拉克。❷Ⓒ战败，失败：*suffer a* ～ 使遭到失败

defect [dɪˈfekt] n. Ⓒ缺点，过失，瑕疵 ■vi. 变节，叛变，脱离 ‖ ～ **from** 背叛，叛离/～ **to** 叛投，投靠 ‖ **defective** adj. 不完善的，不完全的，有缺点的/**defector** n. 寻求政治庇护的任高职的背叛者

defence, 〈美〉**defense** [dɪˈfens] n. ❶Ⓤ防御，保卫，保护 ❷ⓅⒸ防御工事：*The defences of the city are strong.* 这个城市的防御工事很稳固。❸Ⓢ辩护，答辩：*The lawyer produced a clever defence of his client.* 律师机智地为委托人辩护。‖ **in** ～ **of** 保卫，捍卫 ‖ **defenceless** adj. 没有防卫的，没能保护的/**defencelessly** adv. 没有防卫地 ‖ **defence costs** 防务费/**defence works** 防御工事

defend [dɪˈfend] vt. & vi. ❶保卫：*They defended very well in the game.* 在那场比赛中他们防守得很好。❷辩护；辩解：*She defended herself successfully in court.* 她在法庭上成功地为自己进行了辩护。‖ ～ **against** 保护…不

defendant

受…,防御/~ from 保护…使不受危险/~ to 为…辩护/~ with 用…来保卫 ‖ **defender** *n*. 保卫者

defendant [dɪˈfendənt] *n*. ⓒ被告: *defend a ~* 为被告辩护

defensible [dɪˈfensɪbl] *adj*. 能防御的,能辩护的

defensive [dɪˈfensɪv] *adj*. 防御用的;防守的,守势的: *a ~ force* 防守力量/*a ~ treaty* 防守条约 ■ *n*. Ⓤ守势; *assume the ~* 采取守势 ‖ **on the ~** 处于守势 ‖ **defensively** *adv*. 防御地,防守地

defer[1] [dɪˈfɜː] *vt*. (-rr-)拖延,延缓,推迟: *Can we defer making a decision until next week. 我们能推迟到下周再作决定吗?* ‖ **deferment** *n*. 延期/**deferred** *adj*. 推迟的,迟延的/**deferrer** *n*. 推迟者,延期者

defer[2] [dɪˈfɜː] *vi*. (-rr-)服从某人的意愿,遵从: *I defer to your greater knowledge and experience in such things. 我对这类事情懂得更多,经验更丰富,我听从你的意见。*

deference [ˈdefərəns] *n*. Ⓤ〈正〉听从,顺从,遵从;尊重,敬重: *We all showed deference to his skill. 我们都敬重他的熟练技巧。*

deferential [ˌdefəˈrenʃəl] *adj*. 恭敬的

defiance [dɪˈfaɪəns] *n*. Ⓤ违抗,挑衅的态度;蔑视: *She slammed the door in a spirit of defiance. 她以挑衅的态度把门砰地一下关上。* ‖ **in ~ of** 不管…;无视…

defiant [dɪˈfaɪənt] *adj*. 公然违抗的,蔑视的;挑衅的;目中无人的 ‖ **defiantly** *adv*. 挑战地,对抗地

deficiency [dɪˈfɪʃənsɪ] *n*. Ⓒ Ⓤ缺乏,不足,短缺: *Cosmetics do not always cover up the deficiencies of nature. 化妆品未能掩饰天生的缺陷。*

deficient [dɪˈfɪʃənt] *adj*. (in)缺乏的,不足的

deficit [ˈdefɪsɪt] *n*. Ⓒ❶不足额: *a ~ of〔in〕rain* 缺雨 ❷赤字,亏空,亏损: *a financial ~* 财政赤字 *show a ~* 出现亏空

defile [dɪˈfaɪl] *vt*. ❶弄脏 ❷污染 ❸玷污,亵渎

define [dɪˈfaɪn] *vt*. ❶精确地解释;界定: *Please define the words. 请准确地解释这些字的意义。* ❷规定,确定: *The powers of a judge are defined by law. 法官的权限是由法律规定的。* ‖ **definable** *adj*. 有界限的;可限定的

definite [ˈdefɪnɪt] *adj*. ❶明确的,确切的: *a ~ answer* 明确的答复 ❷一定的,肯定的: *It's definite that he will come to help us. 他肯定会来帮助我们。* ‖ **definiteness** *n*. 明确,具体

definitely [ˈdefɪnɪtlɪ] *adv*. ❶明确地,确切地 ❷一定地,肯定地

definition [ˌdefɪˈnɪʃən] *n*. ❶Ⓒ Ⓤ定义,释义 ❷Ⓤ清晰(度),鲜明(度) ❸ⒸⓊ清楚的说明;轮廓

definitive [dɪˈfɪnɪtɪv] *adj*. 决定性的,明确的,权威性的,不能或不必改变的 ‖ **definitively** *adv*. 决定地,最后地

deflate [dɪˈfleɪt] *vt*. *& vi*. ❶(使)漏气;(使)…瘪下去 ❷紧缩(通货);降低(价格) *vt*. 挫败(某人的)锐气,使…泄气 ‖ **deflatable** *adj*. 可放气的;可紧缩的

deflect [dɪˈflekt] *vt*. *& vi*. (使)偏斜,(使)偏离,(使)转向

deforest [dɪˈfɒrɪst] *vt*. 砍伐…山林

deform [dɪˈfɔːm] *vt*. 使变形,使残废;丑化: *~ a structure* 使结构变形 ‖ **deformed** *adj*. 畸形的/**deformity** *n*. 畸形;丑陋;残废,残疾

defraud [dɪˈfrɔːd] *vt*. 诈取,骗取 ‖ **defrauder** *n*. 诈骗者,骗子

defray [dɪˈfreɪ] *vt*. 〈正〉支付,付给

defrost [dɪˈfrɒst] *vt*. *& vi*. (给…)化霜,(使)解冻

deft [deft] *adj*. 熟练的,灵巧的 ‖ **deftly** *adv*. 灵巧地,熟练地/**deftness** *n*. 灵巧,熟练

defunct [dɪˈfʌŋkt] *adj*. 〈正〉已故的,不存在的,无效的

defuse [diːˈfjuːz] *vt*. ❶拆除(爆炸物)的引信: *~ a bomb* 拆除炸弹的引信 ❷减少…的危险性

defy [dɪˈfaɪ] *vt*. (*pt*., *pp*. **defied**)❶公然反抗 ❷不服从;不尊重 ❸有无法克服的困难 ‖ **~ (all) description** 难以形容

degenerate [dɪˈdʒenəreɪt] *vi*. 衰退,堕落;退化 ■ [dɪˈdʒenərət] *adj*. 衰退的,堕落的 ‖ **degeneracy** *n*. 堕落/**degeneration** *n*. 变质,堕落

degrade [dɪˈɡreɪd] *vt*. ❶使降级,使降低身份 ❷使丢脸 ‖ **degradation** *n*. ①降低 ②堕落;落魄

degrading [dɪˈɡreɪdɪŋ] *adj*. 丢脸的;有辱人格的

degree [dɪˈɡriː] *n*. ❶Ⓒ Ⓤ度,度数 ❷Ⓒ Ⓤ程度 ❸Ⓒ学位 ‖ **by ~s** 一点一点地,逐渐地 **/to a ~** ①〈美口〉有点,稍微 ②〈英口〉极其,非常**/to the last ~** 极度的

dehumanize [ˌdiːˈhjuːmənaɪz] *vt*. ❶使失去人性 ❷使非人化

dehydrate [diːˈhaɪdreɪt] *vt*. 使脱水,使干燥 *vi*. (人体的)脱水,失水

deice [ˌdiːˈaɪs] *vt*. ❶除去…上的冰 ❷防止…上结冰

deify [ˈdiːɪfaɪ] *vt*. 神化,把…奉若神明

deign [deɪn] *vi*. 屈尊,俯就

deity [ˈdiːɪtɪ] *n*. Ⓒ神;女神

dejected [dɪˈdʒektɪd] *adj*. 沮丧的,垂头丧气的

dejection [dɪˈdʒekʃən] n. ⓤ忧郁,沮丧

delay [dɪˈleɪ] n. ❶ⓤ耽搁,延迟 ❷ⓒ被耽搁〔推迟〕的事件或时间 ‖ without (all) ~ 毫不拖延地；立即 ■ vt. & vi. (使)耽搁,延误 vt. 推迟,使延期：~ one's marriage 推迟结婚 ‖ **delayed action** 照相机的自动拍摄

delectable [dɪˈlektəbl] adj. 令人愉快的,让人喜爱的

delegate [ˈdelɪɡɪt] n. ⓒ代表,代表团成员：send a ~ 派遣代表 ■ [ˈdelɪɡeɪt] vt. ❶任命或委派…为代表：He delegated me to perform a task. 他委派我去执行一项任务。 ❷托付

delegation [ˌdelɪˈɡeɪʃən] n. ⓒ代表团：a ~ headed by the premier 以总理为首的代表团

delete [dɪˈliːt] vt. & vi. 删除：The patient's high fever deleted most of his memories. 病人的高烧使他的记忆丧失殆尽。 ‖ **deletion** n. ①删除②删除部分

deleterious [ˌdelɪˈtɪəriəs] adj. 有害的

deliberate [dɪˈlɪbərɪt] adj. ❶故意的,蓄意的：a ~ insult 蓄意的侮辱 ❷慎重的,深思熟虑的：a ~ action 深思熟虑的行动 ❸不慌不忙的,从容不迫的：a ~ way 不慌不忙 ■ [dɪˈlɪbəreɪt] vt. & vi. ❶仔细考虑：We should deliberate what to do tomorrow. 我们应该考虑一下明天做什么。 ❷研讨,商讨：~ on the details 商讨细节 ‖ ~ about〔on, over〕〈正〉就…仔细考虑 ‖ **deliberately** adv. 蓄谋地/**deliberateness** n. 蓄谋

deliberation [dɪˌlɪbəˈreɪʃən] n. ❶ⓒⓤ深思熟虑,研究 ❷ⓤ(言语、行动等的)从容,沉着,缓慢

deliberative [dɪˈlɪbərətɪv] adj. (尤指大会等)审议的,供审议的

delicacy [ˈdelɪkəsi] n. ❶ⓤ精致,精美；娇嫩 ❷ⓒ精美的食物 ‖ feel a ~ about 对…感到棘手

delicate [ˈdelɪkɪt] adj. ❶娇弱的,纤细的：a ~ skin 娇嫩的皮肤 ❷易碎的,脆弱的 ❸微妙的,有技巧的,得当的：a ~ structure 精巧的结构 ❹精美的,雅致的：a ~ perfume 淡雅的香水 ‖ **delicatessen** n. 熟食,熟食店

delicious [dɪˈlɪʃəs] adj. ❶美味的,可口的：a ~ meal 一顿美餐 ❷令人开心的,怡人的：~ colour 怡人的颜色/It's a delicious joke. 这是令人开心的笑话。 ❸(人际关系中的)技巧和谨慎；敏感

delight [dɪˈlaɪt] n. ❶ⓤ快乐,高兴：experience the ~ of 感受到…的喜悦 ❷ⓒ使人高兴的东西或人：It is a delight for her to watch her daughter dance in the show. 对她来说,观看女儿在节目中表演舞蹈是件乐事。 ‖ take (a) ~ in 以…为乐；喜爱 ■ vt. 使高兴,使欣喜：~ the eyes 悦目 vi. 感到高兴〔快乐〕：He delights to talk about his family in the office. 他喜欢在办公室谈论他家里的事。 ‖ ~ in 喜欢…；以…为乐/~ with 因…而使(某人)高兴；喜爱…

delighted [dɪˈlaɪtɪd] adj. 喜欢的,高兴的：I'm delighted at your success. 我为你的成功感到高兴。 ‖ be ~ (by) sth 为…而高兴 ‖ **delightedly** adv. 高兴地,快乐地

delightful [dɪˈlaɪtful] adj. 令人高兴的,讨人喜欢的：a ~ girl 一个可爱的姑娘 ‖ **delightfully** adv. 令人高兴地

delimit [dɪˈlɪmɪt] vt. 限制,定…的界

delineate [dɪˈlɪnɪeɪt] vt. 勾画,描述

delinquent [dɪˈlɪŋkwənt] adj. ❶违法的；有过失的 ❷(债务、账目等)拖欠的,到期未付的 ■ n. ⓒ(尤指青少年)有过失的人,违法者

delirious [dɪˈlɪriəs] adj. ❶精神混乱的 ❷非常激动的 ‖ be ~ with joy 欣喜若狂

deliver [dɪˈlɪvə] vt. & vi. ❶递送,交付：The postman delivers letters. 邮递员投递信件。 vt. ❶发言：a ~ speech 作报告 ❷助产：~ a baby 接生 ❸发动,提出：I delivered a verbal protest against their brutal acts. 我对他们的暴行提出口头抗议。 ‖ ~ a blow at sb 给某人一沉重打击/~ from ①从…把(某物)发送出②(把某人)从…中解救出来/~ on〈美口〉履行,实行/~ oneself to the police 向警方自首/~ over〔up〕to〈正〉把…移交出去,把…转交给 ‖ **deliverer** n. 救助者；交付者；递送者

delivery [dɪˈlɪvəri] n. ❶ⓤ投递,送交：I'll charge myself with the safe delivery of the secret information. 我来负责交全递送这个秘密情报。 ❷ⓒ投递的邮件,发送的货物：The strike caused a great delay in the delivery of the mail. 这次罢工严重地延误了邮件的投递。 ❸ⓒⓤ分娩：The mother had an easy delivery. 母亲顺利生产。 ❹ⓤ讲话方式,演讲风格：I had to give a slow delivery. 我不得不慢慢地说。 ‖ **delivery port**〈商〉交货港/**delivery receipt**〈商〉送货回单

dell [del] n. ⓒ小谷；幽谷

delta [ˈdeltə] n. ⓒ❶希腊字母表中第四个字母 ❷(河口的)三角洲 ‖ **delta wing** 三角形机翼

delude [dɪˈluːd] vt. 欺骗,哄骗

deluge [ˈdeljuːdʒ] n. ⓒ❶(大)洪水；大雨,暴雨 ❷洪水般涌来的事物 ■ vt. ❶〈正〉使淹没,淹没 ❷被洪水般涌来的事物所淹没,穷于应付

delusion [dɪˈluːʒən] n. ❶ⓤ欺骗,迷惑,受骗 ❷ⓒ谬见；错觉；妄想 ‖ **delusional** adj. 迷惑的；妄想的/**delusive** adj. 欺骗的；妄想的

delve [delv] vi. 深入探究,钻研

demand [dɪˈmɑːnd] vt. ❶要求：~ a trial 要求审判 ❷需要：~ attention〔care〕需要注意〔细心〕 ❸想要知道,查问：The gate-keeper demanded my business. 看门人问我有什么事。

‖ ~ for 要求…/~ from 向…要求或索取/~ of 要求…, 需求… ∎ n. ❶ⒸI要求, 所需求之物: They rejected the union demand. 他们拒绝了工会的要求。 ❷ⓊⓈ需求, 需要 ‖ in ~ 所需要的/on ~ 一经要求 ‖ demander n. 要求者

demanding [dɪˈmɑːndɪŋ] adj. 很费心的, 很费力的

demean [dɪˈmiːn] vt. 使降低身份, 使卑下

demeanour, 〈美〉**demeanor** [dɪˈmiːnə] n. Ⓤ〈正〉行为, 举止, 态度

demented [dɪˈmentɪd] adj. 疯狂的, 精神错乱的

dementia [dɪˈmenʃɪə] n. Ⓤ〈医〉痴呆

demerit [diːˈmerɪt] n. Ⓒ〈正〉缺点, 过失, 短处

demobilize, **-ise** [diːˈməʊbɪlaɪz] vt. & vi. 〈正〉使复原, 遣散

democracy [dɪˈmɒkrəsɪ] n. ❶Ⓤ民主, 民主制 ❷Ⓒ民主国家

democrat [ˈdeməkræt] n. Ⓒ民主主义者, 民主人士 ‖ **democratism** n. 民主主义/**democratization** n. 民主化/**democratize** vt. & vi. (使)民主化

democratic [ˌdeməˈkrætɪk] adj. 民主的, 有民主精神或作风的

demography [diːˈmɒɡrəfɪ] n. Ⓤ人口统计学 ‖ **demographic** adj. 人口统计学的

demolish [dɪˈmɒlɪʃ] vt. ❶摧毁; 推翻; 拆毁(尤指大建筑物) ❷〈非正〉吃光

demolition [ˌdeməˈlɪʃən] n. ⒸⓊ毁坏, 拆毁 ‖ **demolition derby** 〈美〉撞车比赛

demon [ˈdiːmən] n. Ⓒ❶恶魔, 恶鬼, 鬼 ❷〈口〉恶人, 恶棍 ❸〈非正〉精力过人的人; 技艺出众的人

demonstrable [ˈdemənstrəbl] adj. 可表明的, 可论证的

demonstrate [ˈdemənstreɪt] vi. 举行示威游行(或集会) vt. ❶说明, 演示: This demonstrates that all power belongs to the people. 这说明一切权力属于人民。 ❷论证, 证明: All of those demonstrated the correctness of his analysis. 这一切都证明了他分析的正确性。 ❸显示, 表露: The fireman demonstrated great courage in saving the child. 那位消防队员在抢救孩子的过程中, 表现了极大的勇气。‖ ~ to ①给(某人)演示(某物) ②向(某人)说明, 表明/~ with 用…来演说

demonstration [ˌdemənsˈtreɪʃən] n. ❶Ⓒ Ⓤ表明; 证明; 示范 ❷Ⓒ〈非正〉游行示威

demonstrative [dɪˈmɒnstrətɪv] adj. ❶公开表露感情的; 感情外露的: He greeted us in a demonstrative manner. 他热情地和我们打招呼。 ❷〈正式〉表明…: These figures are demonstrative of our progress. 这些数字表明了我们的进步。 ‖ **demonstratively** adv. 论证地/**demonstrativeness** n. 论证

demonstrator [ˈdemənstreɪtə] n. Ⓒ❶游行示威者 ❷证明者, 示范者

demoralize, **-ise** [dɪˈmɒrəlaɪz] vt. 使士气低落, 使意志消沉

demote [dɪˈməʊt] vt. 使降级, 使降职

demure [dɪˈmjʊə] adj. ❶娴静的, 谦恭的 ❷(女子)怕羞的, 忸怩的

den [den] n. Ⓒ❶兽窝, 兽穴: a lion's ~ 狮穴 ❷密室, 匪窝: a ~ of thieves 贼窝

denationalize [ˌdiːˈnæʃənəlaɪz] vt. 使(工业等)非国有化

denial [dɪˈnaɪəl] n. ❶ⒸⓊ否认 ❷ⒸⓊ拒绝, 拒绝给予: Her denial of my advice hurts me. 她拒绝我的忠告伤害了我。

denigrate [ˈdenɪɡreɪt] vt. 〈正〉诋毁, 诽谤

denim [ˈdenɪm] n. Ⓤ坚韧的斜纹粗棉布, 牛仔布

denominate [dɪˈnɒmɪneɪt] vt. 命名, 称呼

denomination [dɪˌnɒmɪˈneɪʃən] n. Ⓒ❶宗派, 教派 ❷(货币等的)面额, 单位 ❸〈正〉名称, 种类名, 名目

denominational [dɪˌnɒmɪˈneɪʃənəl] adj. 受教派控制的, 教派所有的

denote [dɪˈnəʊt] vt. ❶为…的符号; 为…的名称 ❷指示; 指出 ‖ ~ by 用…表示 ‖ **denotement** n. 表示, 指示

denounce [dɪˈnaʊns] vt. ❶公开指责: We should denounce a heresy. 我们应该公开指责异端邪说。 ❷揭发; 告发: He denounced the bad woman to the police. 他向警察局告发了这个坏女人。 ❸通知废止: The newspapers denounced the new taxes. 报纸通知废止新的税务。 ‖ ~ for 为…谴责/~ to 向…告发 ‖ **denouncement** n. 谴责, 痛斥/**denouncer** n. 斥责者, 告发者

dense [dens] adj. (-r, -st) ❶密集的, 稠密的, 浓密的: We entered a dense forest. 我们进入一片浓密的森林。 ❷密度大的: Some dense substances allow electricity to flow through them freely. 有些密度大的物质容易让电流通过。 ❸愚笨的: He is so dense, he'll never understand your message. 他很笨, 绝不会理解你的意思。 ‖ **densely** adv. 浓密地/**denseness** n. 密集, 迟钝

density [ˈdensɪtɪ] n. ❶Ⓤ密集, 稠密 ❷ⒸⓊ〈物〉〈化〉密度

dent [dent] n. Ⓒ凹痕, 凹坑 ∎ vt. 使产生凹痕 vi. 出现凹痕

dental [ˈdentəl] adj. 牙齿的; 牙科的

dentist [ˈdentɪst] n. Ⓒ牙科医生

dentistry [ˈdentɪstrɪ] n. Ⓤ牙医业; 牙科医术

denude [dɪˈnjuːd] vt. ❶使赤裸 ❷剥光覆盖物

denunciation [dɪˌnʌnsɪˈeɪʃən] n. ⓒⓊ公开的谴责,指责;告发

deny [dɪˈnaɪ] vt.(pt., pp. denied)❶否认知情;He denied knowing anything about their plans. 他否认知悉他们的计划。❷拒绝:He denied the money to his son. 他拒绝给儿子钱。‖ ~ oneself 节制;摒弃

deodorant [diːˈəʊdərənt] n. ⓊⒸ(尤指去除体臭的)除臭剂

depart [dɪˈpɑːt] vi. 离开;出发;开出:He departed early in the morning. 他清晨就离开了。‖ ~ for 出发去(某地)/~ from ①离开…② 背离,违背

department [dɪˈpɑːtmənt] n. ⓒ部,部门,系 ‖ **departmental** adj. 部(或部门、司、局、科、系、县)的 ‖ **department store** 百货商店

departure [dɪˈpɑːtʃə] n. Ⓤ离开,离去

depend [dɪˈpend] vi. ❶依靠,依赖 ❷信赖,相信:~ heavily 非常信赖 ❸决定于,视…而定:It all depends. I have certain doubts about it. 这很难说,得看情况。我对此有些疑问。‖ ~ on〔upon〕❶依赖,依靠 ❷相信;信赖/~ on〔upon〕it〈口〉毫无疑问,没错/that ~s〔it(all) ~s〕那要看情况了

dependable [dɪˈpendəbl] adj. 可信赖的,可靠的:a ~ source of income 靠得住的经济来源

dependant [dɪˈpendənt] n. ⓒ受赡养者,受扶养的家属

dependence [dɪˈpendəns] n. Ⓤ❶依靠,依赖 ❷信任,信赖 ❸对药物(尤指毒品)之依赖;毒瘾

dependency [dɪˈpendənsɪ] n. ⓒ属国,附庸国

dependent [dɪˈpendənt] adj. ❶依靠的,依赖的:The country is dependent on foreign aid. 这个国家靠外援生存。❷取决于…的:It is largely dependent on the weather. 这多半取决于天气情况。

depict [dɪˈpɪkt] vt. ❶描绘;描画:~ a hero 描绘一个英雄/The artist depicted him strolling through a garden. 画家描绘了他在花园漫步的情景。❷描述:~ a novel 描述一本小说 ‖ **depicter,-or** n. 描绘者,描写者/**depiction** n. ①描绘②图画;雕刻的图③描写/**depictive** adj. 描绘的,描写的

deplete [dɪˈpliːt] vt.〈正〉使大大的减少;使空虚:Our supplies of food are rather depleted. 我们的食品供应大大地减少了。‖ **depletion** n. ①损耗,减少②弄空,耗尽

deplorable [dɪˈplɔːrəbl] adj. 糟透的;可叹的;可悲的

deplore [dɪˈplɔː] vt. 悲叹,痛惜;强烈反对: ~ the loss of one's dear friend 痛失挚友

deploy [dɪˈplɔɪ] vt.(尤指军事行动)使展开;施展;部署:The commander deployed his men along the railway. 指挥官把兵力部署在铁路沿线上。‖ **deployment** n. 实施,部署

deplume [diːˈpluːm] vt. ❶拔去羽毛 ❷剥夺荣誉(名誉等)

deport [dɪˈpɔːt] vt. 将…驱逐出境:The federal authorities deported him for illegal entry. 联邦当局因他非法入境而将他驱逐。‖ ~ for 因…驱逐/~ from 从…驱逐/~ oneself 使举止得体

depose [dɪˈpəʊz] vt. ❶罢免 ❷〈律〉(在法庭上)宣誓作证

deposit [dɪˈpɒzɪt] vt. ❶放置;放下:She deposited the books on the desk. 她把书放在桌子上。❷存放;交与…保管:He's deposited quite a lot of money recently. 他最近存入了一笔为数不少的钱。❸付订金 ■n. ❶ⓒⓊ矿床,矿藏;沉淀物 ❷ⓒ储蓄,存款 ❸ⓒ订金;押金,保证金 ‖ on ~ 在定期存款账户中

deposition [ˌdepəˈzɪʃən] n. ❶Ⓤ罢免 ❷ⓒⓊ〈律〉(在法庭上的)宣誓作证;证词,证言

depositor [dɪˈpɒzɪtə] n. ⓒ(银行的)存款人

depot [ˈdepəʊ] n. ⓒ❶仓库,库房 ❷军需库,补给站;新兵训练站 ❸〈美〉火车站,公共汽车站

deprecate [ˈdeprɪkeɪt] vt. 不赞成,反对

depreciate [dɪˈpriːʃɪeɪt] vi. 贬值,跌价;减价 vt.〈正〉贬低,蔑视,轻视

depress [dɪˈpres] vt. ❶压下;推下;拉下:~ the keys of the piano 按下琴键 ❷使愁苦;使沮丧:His mother was depressed by the sad news. 这个坏消息使他的母亲意志消沉。❸使跌价;使萧条:A rise in oil prices depresses the car market. 石油价格的上涨使汽车市场不景气。‖ be ~ed in mind 情绪低落

depressed [dɪˈprest] adj. ❶精神不振的,忧伤的,消沉的 ❷经济萧条的,不景气的

depressing [dɪˈpresɪŋ] adj. 令人忧愁的,使人沮丧的 ‖ **depressingly** adv. 令人忧愁地,使人沮丧地/**depressingness** n. 压抑,郁闷

depression [dɪˈpreʃən] n. ❶ⓒⓊ忧伤,消沉,沮丧:He suffers from acute depression. 他患有严重的忧郁症。❷Ⓤ经济大萧条,不景气时期 ❸ⓒ凹陷,洼地 ❹ⓒ低气压(地区)

deprivation [ˌdeprɪˈveɪʃən] n. ❶Ⓤ剥夺;被夺去,丧失 ❷ⓒ缺乏,损失

deprive [dɪˈpraɪv] vt. 剥夺,夺去,使丧失:This law will deprive us of our most basic rights. 这条法律将剥夺我们最基本的权利。‖ ~ of 剥夺某人的…

deprived [dɪˈpraɪvd] adj. 贫困的

depth [depθ] n. ❶Ⓤ深,深度,纵深 ❷Ⓤ深厚,深切,深刻 ❸Ⓟ深处,深渊 ‖ beyond one's ~ 超过某人的理解力/in ~ 深入地,全面地/in the ~(s) of 在…的深处/out of one's ~ 在水深没顶的地方;超出了某人知识或理解力的范围;束手无策/to the ~(s) of 深到… ‖ depth bomb 深水炸弹/depth finder 回音测深仪

deputation [ˌdepjuˈteɪʃən] n. Ⓒ代表团

depute [dɪˈpjuːt] vt. ❶将(工作、职权等)交给某人 ❷给予(某人)代表行事或发言之权

deputy [ˈdepjutɪ] n. Ⓒ副手,代理人

deracinate [dɪˈræsɪneɪt] vt. ❶根除,灭绝 ❷擦掉,抹去

derail [dɪˈreɪl] vt.& vi. 出轨 ‖ derailment n. 出轨

derange [dɪˈreɪndʒ] vt. 使精神错乱,打乱 ‖ derangement n. 搅乱;精神错乱

deranged [dɪˈreɪndʒd] adj. ❶疯狂的,神经错乱的 ❷混乱的

derby [ˈdɑːbɪ] n. Ⓒ❶比赛 ❷圆顶礼帽

deregulate [dɪˈregjʊleɪt] vt. 撤销对…的管制和限制 ‖ deregulation n. 撤销管制

derelict [ˈderɪlɪkt] adj. 被抛弃的,废弃的 ■ n. Ⓒ❶无家可归的人 ❷被抛弃物

deride [dɪˈraɪd] vt. 取消,嘲笑:That newspaper columnist derides the mayor whenever he can.那位报纸专栏作家从不放过取笑市长的机会。‖ derider n. 嘲笑者/deridingly adv. 嘲笑地

derision [dɪˈrɪʒən] n. Ⓤ嘲笑,嘲弄

derisive [dɪˈraɪsɪv] adj. 嘲笑的,嘲弄的 ‖ derisively adv. 嘲笑地,嘲弄地/derisiveness n. 嘲笑,嘲弄

derivation [ˌderɪˈveɪʃən] n. ❶Ⓤ发展,起源,派生 ❷Ⓒ词源

derivative [dɪˈrɪvətɪv] n. Ⓒ派生物,引出物 ■ adj. 模仿他人的;衍生的;派生的 ‖ derivatively adv. 衍生地,派生地

derive [dɪˈraɪv] vt.& vi. ❶得到 ❷源于:He derived his enthusiasm for literature from his father. 他对文学的爱好是受他父亲的影响的。‖ ~ from 由…起源

dermatologist [ˌdɜːməˈtɒlədʒɪst] n. Ⓒ皮肤病学家

dermatology [ˌdɜːməˈtɒlədʒɪ] n. Ⓤ皮肤病学

derogate [ˈderəgeɪt] vt. 减损,减少 ‖ derogation n. 减损,减少

derogatory [dɪˈrɒgətərɪ] adj. 不敬的

descend [dɪˈsend] vt.& vi. 下来,下去:Darkness descended too soon.夜色过早降临。‖ ~ down 向下降/~ from 从…下来;由…传留下来/~ into 向下行/~ to 屈尊或降低人格去从事某种活动或做某事 ‖ descendable adj. 能遗传的/descender n. 下降者/descending adj. 下降的,下行的

descendant [dɪˈsendənt] n. Ⓒ后代,后裔

descent [dɪˈsent] n. ❶ⓊⒸ下降,降下;沦落 ❷Ⓒ下坡 ❸Ⓤ血统,出身,门第

describe [dɪsˈkraɪb] vt. ❶描写,叙述:Who'd like to describe what happened just now? 谁来描述一下刚才所发生的情形?/His employer had described him as lacking in initiative and drive.雇主说他缺乏进取心和干劲。❷画出(图形等):~ a circle 画一个圆 ‖ ~ as 把…说成,把…称为/~ to 向…描述 ‖ describable adj. 可描述的,可描绘的/describer n. 叙述者;制图者

description [dɪsˈkrɪpʃən] n. ❶ⓊⒸ描述,形容: Can you give me a description of the thief? 你能给我描述一下那个窃贼的模样吗? ❷Ⓒ种类,类型 ‖ answer to the ~ 适应,符合/beyond ~ 难以形容,无法形容

descriptive [dɪsˈkrɪptɪv] adj. ❶说明的;解释的:a ~ catalog 附有说明的分类目录 ❷描写的:~ linguistics 描写语言学 ‖ descriptively adv. 说明地;解释地;描写地

desecrate [ˈdesɪkreɪt] vt. 毁坏或亵渎:The invading army desecrated this holy place when they camped here.侵略军在这块圣地上扎营就是对这块圣地的亵渎。‖ desecration n. 毁坏,亵渎

deselect [ˌdiːsɪˈlekt] vt. 罢免(尤指任期内的议员)

desert [ˈdezət] n. ⓊⒸ沙漠,不毛之地: Vast areas of land have become desert.广大的地区均已变成沙漠。■ [dɪˈzɜːt] vt. 舍弃,遗弃: Never desert a friend in need.决不要抛弃有困难的朋友。vi. 开小差,逃亡: ~ to the enemy 叛逃投敌/~ from 逃出,逃离/~ to 投向 ‖ deserted adj. 被舍弃的;被遗弃的/deserter n. 背离者;逃兵/desertion n. ①离开②遗弃

deserve [dɪˈzɜːv] vt. 应受,应得,值得 ‖ ~ of 应该受到某人或某团体好的[坏的]待遇 ‖ deserved adj. 应得的,值得的/deservedly adv. 应得地,值得地

deserving [dɪˈzɜːvɪŋ] adj. ❶值得的,应得的 ❷特别值得照顾的,值得帮助的 ‖ deservingly adv. 值得地,应得地

desiccate [ˈdesɪkeɪt] vt. 弄干,使脱水

design [dɪˈzaɪn] vt.& vi. 设计,绘制 vt. 计划,筹划 ■ n. ❶ⒸⒸ图样,设计图 ❷Ⓤ设计,布局 ❸ⒸⓊ目的,打算 ‖ by ~ 故意地;蓄意地/have ~s on 对…有不良企图

designate [ˈdezɪgneɪt] vt. ❶指派,委任 ❷标明,指明,命名 ‖ designative adj. 指定的,指明的/designator n. 指示者,指定者/designatory adj. 指定的,指明的

designing [dɪˈzaɪnɪŋ] adj. 狡诈的;狡猾的;

诡计多端的

desirable [dɪˈzaɪərəbl] adj. 可取的,值得拥有的,合意的: Some reasonable adjustments seem desirable. 某些合理的调整似乎是可取的。‖ **desirableness** n. 称心合意/**desirably** adv. 称心地,值得期望地

desire [dɪˈzaɪə] vt. ❶希望,渴望: We all desire happiness and health. 我们都想得到幸福和健康。❷要求,请求 ‖ ~ by 要求/~ for 希望得到某物 ■ n. ⓊⒸ愿望,欲望,心愿

desirous [dɪˈzaɪərəs] adj. 渴望…的;想得到…的;希望…的

desist [dɪˈzɪst] vi. 停止

desk [desk] n. Ⓒ书桌,办公桌,写字台 ‖ **deskman** n. 办公室工作人员;报馆编辑人员/**deskwork** n. 文书工作

desolate [ˈdesəlɪt] adj. ❶无人的,荒凉的: a ~ house 荒凉的房子 ❷阴郁的,孤独凄凉的 ■ [ˈdesəleɪt] vt. ❶毁坏,极大地破坏: War has desolated that city. 战争毁坏了那个城市。❷使沮丧,使痛苦: Her death desolated him. 她的死使他很痛苦。‖ **desolately** adv. 荒凉地,无人居住地;凄凉地/**desolateness** n. 荒凉,荒芜;孤寂,凄凉

desolation [ˌdesəˈleɪʃən] n. Ⓤ ❶遗弃;荒凉;破坏 ❷凄凉,孤寂

despair [dɪsˈpeə] n. ❶Ⓤ绝望: Defeat after defeat filled us with despair. 一次又一次的失败使我们完全绝望了。❷ⓊⒸ使人绝望的人(或事物) ■ vi. 绝望: Don't despair; things will get better soon. 不必绝望,事情不久就会好起来。‖ ~ **of** 对…失去希望

desperate [ˈdespərɪt] adj. ❶不顾一切的,拼命的: He is a desperate criminal. 他是个亡命之徒。❷Ⓐ铤而走险的,孤注一掷的: They made a desperate attempt to save the company. 他们为挽救公司作孤注一掷的努力。❸Ⓟ极想望的,极需要的: He's desperate for money. 他极渴望得到钱。❹危急的,严重的: The state of that country is desperate. 那个国家的形势非常危急。‖ **desperately** adv. 拼命地;孤注一掷地;极需要地;危急地/**desperateness** n. 铤而走险,孤注一掷;极需要/**desperation** n. ①绝望②拼命

despicable [ˈdespɪkəbl] adj. contemptible 可鄙的,卑鄙的

despise [dɪsˈpaɪz] vt. 鄙视,看不起人(某事); Honest boys despise lies and liars. 诚实的孩子鄙视谎言和说谎者。‖ **despisingly** adv. 看不起地,鄙视地

despite [dɪsˈpaɪt] prep. 不管,尽管: Despite the fact that she is short, she is an excellent basketball player. 尽管她个子矮,却是个出色的篮球运动员。‖ **in** ~ **of** 不管,尽管

despoil [dɪsˈpɔɪl] vt. 掠夺,抢劫

despondent [dɪsˈpɒndənt] adj. 沮丧的,泄气的

dessert [dɪˈzɜːt] n. ⓊⒸ(餐后)甜食,甜点: a ~ apple〔wine〕作为甜食的苹果〔餐后甜酒〕‖ **dessertspoon** n. 点心匙

destabilize ,-ise [diːˈsteɪbɪlaɪz] vt. 破坏政府的稳定

destination [ˌdestɪˈneɪʃən] n. Ⓒ目的地,终点: I eventually arrived at my destination. 我终于到达了目的地。

destine [ˈdestɪn] vt. ❶预定,指定 ❷命定,注定 ❸打算

destined [ˈdestɪnd] adj. ❶命中注定的,预定的: They were destined never to see each other again. 他们命中注定再也不能相见。❷以…为目的地的: The shipment is destined for America. 这批货物将运往美国。

destiny [ˈdestɪnɪ] n. Ⓒ命运;天命;天数

destitute [ˈdestɪtjuːt] adj. 赤贫的,贫苦的;没有的,缺乏的 ‖ **destitution** n. ①缺乏②赤贫,贫苦

destroy [dɪsˈtrɔɪ] vt. ❶破坏,毁灭 ❷消灭,杀死

destroyer [dɪsˈtrɔɪə] n. Ⓒ❶驱逐舰 ❷破坏者

destruction [dɪsˈtrʌkʃən] n. Ⓤ破坏,毁灭,消灭: bring ~ upon oneself 自取灭亡 ‖ **destructionist** n. 好破坏者

destructive [dɪsˈtrʌktɪv] adj. 破坏性的,毁灭性的: In the end, it will be destructive of our whole society. 它最终会毁灭我们整个社会。‖ **destructively** adv. 破坏性地,毁灭性地/**destructiveness** n. 破坏,毁灭

desultory [ˈdezəltərɪ] adj. ❶散乱的,东拉西扯的 ❷不按程序的,没有条理的

detach [dɪˈtætʃ] vt. 拆卸,使分开,使分离: The general detached a small force to go and guard the palace. 将军派遣一支小部队去保卫宫殿。‖ **detachable** adj. 可分开的,可拆开的

detached [dɪˈtætʃt] adj. ❶分离的,远离的: a ~ house 独立式的房子 ❷超然的,公正的 ‖ **detachedly** adv. 分离地,孤立地/**detachedness** n. 分离,孤立

detachment [dɪˈtætʃmənt] n. ❶Ⓤ超脱 ❷Ⓤ拆卸,分离,分开

detail [ˈdiːteɪl] n. ❶Ⓒ细目,细节;小事 ❷Ⓤ各种细节,详情 ‖ ~ by ~ 逐一/go into ~(s) 详细叙述/in ~ 详细地 ‖ **detailed** adj. 详细的,明细的

detain [dɪˈteɪn] vt. ❶留住,耽搁 ❷拘留,扣留 ‖ **detainer** n. 拘留;扣押

detect [dɪˈtekt] vt. 发现;发觉,查明: ~ an imitation 发现假冒品 ‖ ~ in 在…中觉察到

…；在(某人)做(某种坏事)时抓住 ‖ **detectable** adj. 可察觉得，易发现的

detection [dɪˈtekʃən] n. ⓤ察觉，发觉，侦查

detective [dɪˈtektɪv] n. ⓒ侦探

detector [dɪˈtektə] n. ⓒ探测器

detention [dɪˈtenʃən] n. ❶ⓤ拘留，扣押 ❷监禁

deter [dɪˈtɜː] vt. (-rr-)阻止；制止

detergent [dɪˈtɜːdʒənt] n. ⓤⓒ洗涤剂

deteriorate [dɪˈtɪərɪəreɪt] vi. 恶化，变坏；Idle houses deteriorate. 闲置不用的房子会渗漏衰败。‖ **deterioration** n. 恶化，变坏/**deteriorative** adj. 恶化的，变坏的

determinant [dɪˈtɜːmɪnənt] n. ⓒ决定物，决定因素 ■ adj. 决定物的，决定因素的

determinate [dɪˈtɜːmɪnɪt] adj. 限定的，确定的

determination [dɪˌtɜːmɪˈneɪʃən] n. ⓤ ❶决心；决定：have great determination 决心很大 ❷确定，测定：She is responsible for the determination of wage levels within this company. 她负责确定这家公司职员的工资标准。

determinative [dɪˈtɜːmɪnətɪv] adj. 决定的，限定的，确定的

determine [dɪˈtɜːmɪn] vt. & vi. (使)下决心，(使)做出决定：Have they determined when to start? 他们决定什么时候动身了吗？vt. ❶确定，测定：Shall we determine what we are going to do next? 我们来确定一下下一步该做什么吧？❷限定；制定；支配：Economic factors determine the progress which a society can make. 经济因素是社会进步的决定因素。‖ ~ against 使(某人)决定不做/~ by 视…而定/~ on(upon)决定，决心

determined [dɪˈtɜːmɪnd] adj. 坚定的，坚决的，决意的：The workers are determined to finish the job on time. 工人们决心按时完成这项工作。‖ **determinedly** adv. 坚定地，坚决地，决意地/**determinedness** n. 坚定，坚决，决意

deterrence [dɪˈterəns] n. ⓤ威慑；制止；防止

deterrent [dɪˈterənt] n. ⓒ制止物；a nuclear ~ 核威慑物 ‖ **deterrently** adv. 制止地

detest [dɪˈtest] vt. 憎恶，嫌恶，痛恨：I detest people who tell lies. 我讨厌那些说谎的人。‖ **detestable** adj. 可憎的；令人讨厌的/**detestation** n. 憎恨；讨厌

detonate [ˈdetəneɪt] vt. & vi. (使)爆炸，引爆：The workmen detonated the dynamite. 工人们把炸药引爆了。‖ **detonating** adj. 爆炸的/**detonative** adj. 爆炸的，引爆的/**detonator** n. 雷管

detour [ˈdiːtʊə] n. ⓒ ❶绕行的路 ❷绕道；兜圈子 ■ vt. 绕道

detoxification [diːˌtɒksɪfɪˈkeɪʃən] n. ⓤ ❶戒毒 ❷去毒，消毒

detract [dɪˈtrækt] vi. 毁损，贬低，减损 ‖ ~ from 毁损，贬低 ‖ **detraction** n. 减损，贬低／**detractive** adj. 减损的，贬低的

detractor [dɪˈtræktə] n. ⓒ诋毁者，贬低者

detrain [ˌdiːˈtreɪn] vt. (使)下火车

detriment [ˈdetrɪmənt] n. ❶ⓤ损害，伤害 ❷ⓒ造成损害的事物

detrimental [ˌdetrɪˈmentl] adj. ⓟ 有害的，不利的 ‖ **detrimentally** adv. 有害地，不利地

devalue [ˈdiːvæljuː] vt. ❶使(货币)贬值 ❷降低(某事物)的价值；贬低 ‖ **devaluation** n. 货币贬值

devastate [ˈdevəsteɪt] vt. ❶毁坏，使荒芜 ❷在感情上(精神上、财务上等)压垮 ‖ **devastative** adj. 毁坏的；荒芜的／**devastator** n. 破坏者，蹂躏者

devastating [ˈdevəsteɪtɪŋ] adj. ❶毁灭性的；a ~ storm 破坏力很强的风暴 ❷很好的，引人注目的：She looks devastating in that skirt. 她穿着那条裙子真好看。‖ **devastatingly** adv. ①毁灭性地②很好地

devastation [ˌdevəsˈteɪʃən] n. ⓤ毁灭

develop [dɪˈveləp] vt. & vi. ❶开发，发展：We must do our best to develop the national economy. 我们必须努力发展国民经济。❷(使)成长，(使)发育，(使)发达：Warm rains and summer suns develop the plants. 和暖的雨水和夏日的阳光促使植物生长。vt. (照相)冲洗，显影：~ photographs 冲洗照片／~ from 从…中长出来〔产生出〕,(使)由…发展成／~ into(使)发展成，变成… ‖ **developable** adj. 可发展的；可开发的

developed [dɪˈveləpt] adj. ❶先进的，发达的，成熟的 ❷(指国家、地区等)经济发达的

developer [dɪˈveləpə] n. ⓒ ❶开发者：Tom is a real estate developer. 汤姆是位房地产投资开发商。❷显影剂

developing [dɪˈveləpɪŋ] adj. ❶在进行中的；走向完成阶段的；走向成熟的 ❷发展中的：a ~ nation 发展中国家

development [dɪˈveləpmənt] n. ❶ⓤ发展，生长：The tribe's development was more primitive than that of their neighbours. 那个部落处于比邻近部落更原始的发展阶段。❷ⓒ新阶段，新事态；新产品，新发明：This new rose is a development from a very old kind of rose. 这一玫瑰新品种是由一种很老的品种培育而成的。❸ⓒ新开发地：How is the economic development zone going on? 现在经济开发区怎样了？‖ **developmental** adj. 发展的；开发的

deviant [ˈdiːvɪənt] n. ⓒ不正常的人，异常的

人 ■*adj.* 不正常的，异常的

deviate ['diːvɪeɪt] *vi.* 偏离；越轨：*His statements sometimes deviated from the truth.* 他的陈述有时偏离事实。‖ ~ **from** 不同于…；背离，偏离… ‖ **deviator** *n.* 偏离正路的人

deviation [ˌdiːvɪ'eɪʃən] *n.* ❶Ⓤ Ⓒ 背离，偏离 ❷Ⓒ 离经叛道的行为

device [dɪ'vaɪs] *n.* Ⓒ❶装置，设备，器具：*A computer is a device for processing information.* 电脑是用来处理信息的。❷手段，策略：*leave sb to one's own* ~*s* 听任某人自行其是

devil ['devl] *n.* ❶Ⓒ 魔鬼 ❷Ⓒ 家伙，人 ‖ **between the** ~ **and the deep blue sea** 进退两难／**go to the** ~ 堕落；滚开／**play the very** ~ **with** 搞坏；糟蹋 ‖ **devilish** *adj.* 恶魔似的／**devilishly** *adv.* 恶魔似地；令人沮丧地／**devilishness** *n.* 恶魔；可恶 ‖ **devil dog** 海军陆战队人员

devious ['diːvjəs] *adj.* ❶迂回的，曲折的 ❷不光明正大的，不坦诚的，狡猾的 ‖ **deviously** *adv.* 迂回地，曲折地；狡猾地／**deviousness** *n.* 迂回；狡猾

devise [dɪ'vaɪz] *vt.* 想出；计划；设计；发明 ‖ **devisable** *adj.* 能想到的；能遗赠的／**devisee** *n.* 受遗赠者／**deviser** *n.* 设计者，发明者／**devisor** *n.* ⟨律⟩遗赠者

devoid [dɪ'vɔɪd] *adj.* Ⓟ缺乏，没有

devolution [ˌdiːvə'luːʃən] *n.* Ⓤ (政府或个人权力的)转移，授权代理

devolve [dɪ'vɒlv] *vt.*&*vi.* 移交，转移：*Upon his retirement, the business devolved on his son.* 他退休时，生意由儿子接管。‖ ~ **on**〔**upon**〕移交，转移

devote [dɪ'vəʊt] *vt.* 把…奉献(给)，把…专用(于)：*We should devote everything we have.* 我们应该奉献我们的一切。‖ **for** 专门用于…／~ **oneself to** 把…专用于，完全用于(某事或做某事)；致力于…

devoted [dɪ'vəʊtɪd] *adj.* ❶专心的，恩爱的 ❷献身的，非常用心的 ‖ **devotedly** *adv.* 专心地，恩爱地

devotee [ˌdevəʊ'tiː] *n.* Ⓒ 热爱者：*a* ~ *of music* 音乐爱好者

devotion [dɪ'vəʊʃən] *n.* Ⓤ❶奉献，献身，忠诚 ❷热爱，挚爱；~ **to the party** 对党的热爱

devour [dɪ'vaʊə] *vt.* ❶狼吞虎咽地吃光；贪婪地读〔看，听〕❷耗尽，挥霍掉 ‖ **devouringly** *adv.* 贪婪地

devout [dɪ'vaʊt] *adj.* ❶虔诚的 ❷真诚的，诚恳的 ‖ **devoutly** *adv.* 虔诚地；真诚地／**devoutness** *n.* 虔诚；真诚

dew [djuː] *n.* Ⓤ水珠，露水 ‖ **dewdrop** *n.* 露珠／**dew point** 露点／**dew worm** 蚯蚓

dexterous ['dekstrəs] *adj.* (身手)灵巧的，敏捷的

diabetes [ˌdaɪə'biːtiːz] *n.* Ⓤ⟨医⟩糖尿病
diabetic [ˌdaɪə'betɪk] *n.* Ⓒ 糖尿病患者 *adj.* 糖尿病的
diagnose ['daɪəɡnəʊz] *vt.* 诊断
diagnosis [ˌdaɪəɡ'nəʊsɪs] *n.* (*pl.* **-noses**) Ⓒ⟨医⟩诊断法；诊断结论
diagnostic [ˌdaɪəɡ'nɒstɪk] *adj.* Ⓐ 诊断的，判断的
diagonal [daɪ'æɡənl] *n.* Ⓒ❶⟨数⟩对角线 ❷斜线 ■*adj.* ❶对角线的 ❷斜线的 ‖ **diagonally** *adv.* 对角线地，斜线地
diagram ['daɪəɡræm] *n.* Ⓒ 图解，简图，图表
dial ['daɪəl] *n.* Ⓒ 钟(表)面；标度盘；拨号盘 ■*vt.*&*vi.* 打电话，拨电话号码：*He dials his favourite station every morning.* 他每天早晨拨他最爱收听的电台。
dialect ['daɪəlekt] *n.* Ⓤ Ⓒ 方言，土语：*He wrote a play in a local dialect.* 他用当地方言写了一个剧本。
dialogic [ˌdaɪə'lɒdʒɪk] *adj.* (用)对话体的
dialogue, ⟨美⟩ **dialog** ['daɪəlɒɡ] *n.* ❶Ⓤ Ⓒ 对话：*They had long dialogues.* 他们进行了长时间的对话。❷Ⓒ (文学、戏剧、电影等中的)对话，对白：*Two actors carried on a dialogue in the middle of the stage.* 两个演员在舞台中央进行对白。❸Ⓤ Ⓒ 意见分歧者之间的意见交换 ‖ **dialogist** *n.* 对话者
diameter [daɪ'æmɪtə] *n.* Ⓒ❶ 直径：*The circle has a diameter of 6 inches.* 这个圆直径六英寸。❷放大率：*This microscope magnifies 30 diameters.* 这台显微镜能放大 30 倍。
diamond ['daɪəmənd] *n.* ❶Ⓤ Ⓒ 金刚钻，钻石 ❷Ⓒ⟨数⟩菱形 ❸Ⓒ 方块牌 ‖ **a** ~ **in the rough** 未经训练但有资质的人／~ **cut** ~ 棋逢对手／~ **of the first water** 第一流的好人 ‖ **diamond wedding** 结婚六十周年的，钻石婚
diaper ['daɪəpə] *n.* Ⓤ 有菱形花格的麻或棉织物
diaphanous [daɪ'æfənəs] *adj.* (织物等)(半)透明的
diaphragm ['daɪəfræm] *n.* Ⓒ❶⟨解⟩膈，隔膜 ❷(物)光圈，光孔 ❸(避孕用)子宫帽 ‖ **diaphragmatic** *adj.* 光圈的；隔膜的
diarrhoea, ⟨美⟩ **diarrhea** [ˌdaɪə'rɪə] *n.* Ⓤ⟨医⟩腹泻 ‖ **diarrhoetic** *adj.* 腹泻的
diary ['daɪərɪ] *n.* Ⓒ 日记；日记簿 ‖ **diarist** *n.* 写日记的人，日记作者
dice [daɪs] *n.* ❶Ⓒ 骰子 ❷Ⓤ 掷骰子游戏 ‖ **load the** ~ **against** 对(某人)使用灌铅骰子；用不正当手段占(某人)便宜／**no** ~ 不行 ■*vt.* 将…切成小方块，切丁：*Dice the beetroot neatly.* 将甜菜切成整齐的小方块。‖ **dicey** *adj.* ⟨英⟩⟨口⟩冒险的，投机的
dictate [dɪk'teɪt] *vt.*&*vi.* 大声讲或读；口授

dictation

vt. 指示;指定;指令 ‖ ~ **by** 受…的指使/~ **to** 向…口授;给…下命令;依仗权势(把…)强加于… ■ ['dɪkteɪt] *n.* 匚命令,规定,要求

dictation [dɪk'teɪʃən] *n.* ❶Ⓤ口授,听写 ❷Ⓒ听写测验

dictator [dɪk'teɪtə] *n.* Ⓒ独裁者,专制者

dictatorial [ˌdɪktə'tɔːrɪəl] *adj.* ❶ 独裁的,独裁者的,似独裁者的 ❷爱发号施令的;霸道的,专横的;盛气凌人的 ‖ **dictatorially** *adv.* 专横傲慢地

dictatorship [dɪk'teɪtəʃɪp] *n.* ❶Ⓤ独裁;专政 ❷Ⓒ独裁统治的国家

dictionary ['dɪkʃənərɪ] *n.* Ⓒ词典,字典

die [daɪ] (*pt.*, *pp.* died, *pres. p.* dying) *vt. & vi.* 死亡;枯萎 *link v.* 死时处于(某种状态)或具有(某种身份) ‖ ~ **away** ①(尤指声音、光、风)逐渐消失或停止②昏厥/~ **back**(植物)枯死但根部还活着/~ **by** 死于…,以…方式而死/~ **by one's own hand** 自杀/~ **down** 变得越来越弱直到消失/~ **for** 为…而献身/〈口〉急需(某物)/~ **from** 死于(疾病、过度悲伤等以外的原因)/~ **game** 至死不屈/~ **hard** ①难断气②顽固得很/~ **in** 在(某事中或在某地方)死去/~ **in harness** 在工作时死去/~ **in** (**one's**) **bed** 因病〔年老〕而死去/~ **in one's boots**〔**shoes**〕不死在床上,横死,暴死/~ **of** ①死于(疾病、过度悲伤等)②强烈地感受到…/~ **off**(一组生命体)一个接一个地死去直到死光/~ **on the vine** 未能实现,中途夭折/~ **out**(指物种、家族、习惯、观念等)绝迹,消失/~ **with** 伴有…而死;随着(某人的死)而丧失,消失 ‖ **die-away** *adj.* 消沉的,颓丧的,憔悴的 ■ *n.* 逐渐消失/**die-hard** *adj.* 顽固的,死硬的/**die-hardism** *n.* 顽固

diesel ['diːzəl] *n.* ❶Ⓤ柴油 ❷Ⓒ柴油机机车(或船等)

diet ['daɪət] *n.* Ⓒ❶日常饮食 ❷规定饮食 ‖ **go on a** ~ 用规定食谱,节食 ■ *vt. & vi.* (使)节制饮食 ‖ ~ **off** 节制饮食 ■ *n.* 规定食量;每日规定食物量/**dieter** *n.* 节食者;减肥者

dietary ['daɪətərɪ] *adj.* 与饮食有关的;饮食的;

dietetic [ˌdaɪə'tetɪk] *adj.* 饮食的,营养的

differ ['dɪfə] *vi.* ❶不同,有异 ❷持异议 ‖ **agree to** ~ 各自保留不同意见/**beg to** ~ 恕不同意/~ **about**〔**on**〕对(某问题)持不同意见/~ **from** ①与…不同②不同意(某意见或某人)/~ **in** 在(某方面)不同/~ **with** 不同意(某人或某种意见)

difference ['dɪfərəns] *n.* ❶Ⓒ差别,差异 ❷ⒸⓊ差距,差额 ❸Ⓒ分歧,争执 ‖ **make a**〔**no**, **some**〕 ~ **to** 对…有〔没有,有一些〕作用或影响②对…重要〔不重要〕/**make a** ~ **between** 区别对待/**with a** ~ 特别的,与众不同的

different ['dɪfərənt] *adj.* ❶不同的,差异的 ❷个别的,另外的 ❸各式各样的

differential [ˌdɪfə'renʃəl] *adj.* Ⓐ不同的,有分别的;基于差别的;区别性的 ■ *n.* Ⓒ工资级差

differentiate [ˌdɪfə'renʃɪeɪt] *vt. & vi.* 区分,区别,辨别 *vi.* 区别对待 ‖ ~ **between** ①区分(两者)②对人待遇不公/~ **from** 指出或显示出…与…有区别/~ **into** 区分为

difficult ['dɪfɪkəlt] *adj.* ❶困难的,难懂的 ❷不易相处的,难满足的 ‖ **difficultly** *adv.* 困难地,难懂地;难满足地

difficulty ['dɪfɪkltɪ] *n.* ❶ⒸⓊ困难;难度 ❷Ⓒ难事;麻烦 ‖ **in** ~ 处于困境,在困难中/**make**〔**raise**〕 **-ties** 刁难,提出反对/**tide over** (**one's**) **-ties** 渡过难关

diffident ['dɪfɪdənt] *adj.* 缺乏自信的,露怯态的 ‖ **diffidently** *adv.* 胆怯地,踌躇地

diffract [dɪ'frækt] *vt.* 使(光)衍射

diffuse [dɪ'fjuːs] *adj.* ❶四散的,漫射的 ❷冗长的,累赘的 ■ [dɪ'fjuːz] *vt. & vi.* ❶(使)扩散,(使)弥漫,(使)传播 ❷(使)慢慢混合 ‖ **diffusely** *adv.* 扩散地;冗长地/**diffuseness** *n.* 冗长;弥漫/**diffuser** *n.* ①漫射体②扩散器,喷雾器③传播者,散布者

dig [dɪg] *vt. & vi.* (-**gg**-; *pt.*, *pp.* **dug**) 挖,掘 *vt.* 中意,了解,欣赏 ‖ ~ **at** ①挖苦,对…做旁敲侧击②钻研/~ **away** ①连续挖②挖开,挖松,挖走/~ **down** ①挖倒②掏腰包/~ **for** 挖寻/~ **in** ①挖战壕或类似的工事;挖地埋入②全力以赴地做起来;(使)确立牢固的地位/~ **into** ①挖掘②把…戳进…③调查,刻苦钻研/~ **out** ①挖掘;挖走②找出来,发掘③匆匆地离开/~ **over** ①仔细挖②重新考虑/~ **up** ①掘起,找到②翻土准备种东西③发现,揭露出④筹集 ■ *n.* Ⓒ❶戳,刺 ❷挖苦,讽刺 ‖ **digger** *n.* ①挖掘者,采掘者②挖掘机,挖掘器/**digging** *n.* ①挖掘,采掘②矿区,矿山③寓所,住处

digest [daɪ'dʒest] *vt. & vi.* 消化 *vt.* 透彻了解; *You should digest what he said.* 你应该仔细体会他说的话。 ■ ['daɪdʒest] *n.* Ⓒ摘要,文摘,汇编 ‖ **digestible** *adj.* ①可消化的,易消化的②可做摘要的

digestion [dɪ'dʒestʃən] *n.* ❶Ⓢ消化能力 ❷Ⓤ消化;领悟

digestive [dɪ'dʒestɪv] *adj.* 消化(食物)的: *the* ~ *process* 消化过程

digit ['dɪdʒɪt] *n.* Ⓒ❶数字 ❷手指,足趾

digital ['dɪdʒɪtəl] *adj.* ❶数字式的 ❷数字显示的

dignified ['dɪgnɪfaɪd] *adj.* 有尊严的,高贵的,显得高尚的,庄严的

dignify ['dɪgnɪfaɪ] *vt.* (*pt.*, *pp.* -**fied**) ❶使显得威严,使高贵,使显赫 ❷夸大

dignitary ['dɪgnɪtərɪ] n. ⓒ显要人物;权贵

dignity ['dɪgnɪtɪ] n. ⓤ❶庄严,端庄,尊严 ❷高尚,尊贵,高贵 ‖ beneath one's ~有失身份

digress [daɪ'gres] vi. 离题,岔开话题 ‖ digression n. 离题,岔开/digressive adj. 离题的,枝节的

dike [daɪk] n. ⓒ❶堤,水坝 ❷排水沟 ❸障碍物

dilapidated [dɪ'læpɪdeɪtɪd] adj.残破的,破烂的,失修的

dilate [daɪ'leɪt] vt. & vi.(使某物)扩大,膨胀,张大

dilatory ['dɪlətərɪ] adj.拖拉的,延误的

dilemma [dɪ'lemə] n. ⓒ左右为难

diligence ['dɪlɪdʒəns] n. ⓤ勤勉,勤奋

diligent ['dɪlɪdʒənt] adj.勤奋的,勤勉的 ‖ diligently adv. 勤奋地,用功地

dill [dɪl] n. ⓤ〈植〉小茴香

dillydally ['dɪlɪdælɪ] vi.〈口〉磨磨蹭蹭

dilute [daɪ'lju:t] vt.稀释,冲淡 ■ adj.稀释的,冲淡的 ‖ ~ with ①以~稀释②以~削弱 ‖ diluter n. 稀释剂/dilution n. 冲淡,稀释;冲淡物,稀释物

dim [dɪm] adj.(-mmer,-mmest)❶暗淡的,昏暗的,不明亮的 ❷隐约的,模糊不清的 ‖ ~ and distant 很久以前 ■ vt. & vi.(-mm-)(使)变暗淡,(使)变模糊 ‖ ~ out 使变暗／~ up 逐渐增强 ‖ dimly adv. 暗淡地,模糊地,悲观地/dimness n. 暗淡,朦胧;迟钝,怀疑 ‖ dimout n. 半灯火管制/dim-wit n. 笨蛋,傻子/dim-witted adj.笨的,傻的

dime [daɪm] n. ⓒ(美国、加拿大的)10分铸币 ‖ a ~ a dozen〈口〉不稀罕,不值钱

dimension [dɪ'menʃən] n. ❶ⓒ尺寸,度量 ❷ⓒ方面,部分 ❸ⓟ规模,程度 ‖ dimensional adj. …方面的

diminish [dɪ'mɪnɪʃ] vt. & vi. ❶(使)减少,缩小: We should try to diminish the cost of production. 我们应尽力减少生产成本。❷减弱…的权势: Several unpopular decisions diminished the governor's popularity. 几项不得人心的决定使州长的声望下降。 ‖ ~ by 由于…而减少／~ in 在…方面缩小〔减少〕 ‖ diminishable adj. 可缩减的;可削弱的

diminutive [dɪ'mɪnjutɪv] adj. ❶小得出奇的,特小的 ❷(指后缀)表示小的 ‖ diminutively adv. 特小地,小型地/diminutiveness n. ①微小②昵称,爱称

din [dɪn] n. ⓤⓢ喧闹声,嘈杂声

dine [daɪn] vi.吃饭,进餐; Don't talk about business while we are dining.吃饭时别谈公事。 ■ vt.设宴款待,请客; Our school dined the famous scholar.我们学校宴请了这位有名的学者。 ‖ ~ at 在…就餐／~ off ①用…进餐②吃…③靠…的开销吃／~ on 吃…／~ out 在外吃饭／~ out on 靠(以往的经历等)在社会上享名 ‖ diner n. ①吃饭的人,就餐者②餐车③餐车式的饭店/dining n. 吃饭,进餐 ‖ dining car 餐车/dining room 饭厅,餐厅/dining table 餐桌,饭桌

dinghy ['dɪŋgɪ] n. ⓒ❶无篷小船,小艇 ❷橡皮艇救生船

dinner ['dɪnə] n. ❶ⓒ正餐,主餐 ❷宴会 ‖ eat one's ~s〈英〉学法律 ‖ dinner bell 吃饭铃/dinner jacket 晚礼服/dinner party 宴会,聚餐者/dinner service 餐具/dinner table 餐桌/dinner time 吃饭时间

dinosaur ['daɪnəsɔ:] n. ⓒ〈生〉恐龙

diocese ['daɪəsɪs] n. ⓒ主教管区,教区

dioxide [daɪ'ɒksaɪd] n. ⓤ〈化〉二氧化物

dip [dɪp] vt.(-pp-)❶浸,蘸 ❷洗药水浴 ■ vt. & vi. ❶(使)微降,(使)下沉 ❷(使)向下再向上 ‖ ~ in ①将(某物)在液体中浸一下②分享／~ into ①把…浸入…中②在水里游一会儿③好像突然沉入到(水)中④浏览,稍加审视⑤动用／~ into one's purse 乱花钱／~ to 下降至 ■ n. ⓒ❶洗澡,泡水 ❷倾斜,凹陷处;下 ‖ dipper n. ①长柄勺;铲斗②浸渍工人,浸制工人③/the D-/〈天〉北斗七星 ‖ dip-dye vt.浸染/dip net 小捞网,捞鱼网

diploma [dɪ'pləumə] n. ⓒ毕业文凭,学位证书,执照

diplomacy [dɪ'pləuməsɪ] n. ⓤ❶外交,外交手腕,外交术 ❷交际手腕,处世之道

diplomat ['dɪpləmæt] n. ⓒ❶外交官 ❷有手腕的人,善于交际的人

diplomatic [ˌdɪplə'mætɪk] adj. ❶外交上的,外交人员的 ❷有手腕的,策略的,善于交涉的,圆滑的

dire ['daɪə] adj.可怕的,恐怖的 ‖ direly adv. 可怕地,悲惨地/direness n. 恐怖,灾难,不幸

direct [dɪ'rekt] adj. ❶直的,笔直的,径直的 ❷直接的,直系的 ❸率直的,坦率的,坦白的 ❹ⓐ恰好的,完全的 ■ adv. ❶径直地,笔直地 ❷直接地,亲自地 ■ vt. ❶指示方向,指引 ❷在…上写姓名和地址 ■ vt. & vi. 指导,导演,管理 ‖ ~ against 把…对准／~ at 旨在于／~ to ①把…用于②指示去③把(信等)寄到…于 ‖ directness n. 直接,直率 ‖ direct current 直流电/direct method 直接教学法/direct tax 直接税

direction [dɪ'rekʃən] n. ❶ⓒ方向,趋向,趋势,动向 ❷ⓒ方面,范围 ❸ⓟ指南,指示,说明 ❹ⓤ管理,指导 ❺ⓟ姓名和地址 ‖ at the ~ of 奉(某人)之命／~ about〔as to, for〕关于…的说明/in(the) ~ 朝…方向/under the ~ of 在…的指导下

directive [dɪ'rektɪv] n. ⓒ正式的指示,官

方的指示；指令
directly [dɪˈrektlɪ] adv. ❶直接地，径直地，直爽地 ❷立即，马上，很快 ■conj. 一…就…
director [dɪˈrektə] n. ⓒ❶主管，董事 ❷负责人，主任，校长 ❸导演 ‖ directorship n. 指导者的职位或任期
directorate [dɪˈrektərɪt] n. ⓒ❶主管的职位或职务；导演的职位或职务 ❷董事会，理事会
directory [dɪˈrektərɪ] n. ⓒ人名地址录，（电话）号码簿
directress [dɪˈrektrɪs] n. ⓒ女指导者；女董事；女指挥，女导演
dirge [dɜːdʒ] n. ⓒ❶挽歌 ❷忧伤的歌；哀受
dirk [dɜːk] n. ⓒ短剑，匕首
dirt [dɜːt] n. Ⓤ❶污垢，灰尘，脏土 ❷泥土，散土 ❸下流想法；下流话 ❹恶言，丑闻 ‖ as cheap as ~ 便宜透顶的/dig ~ about sb 讲某人的坏话/do sb ~ 用卑劣的手段中伤某人/eat ~ 含垢忍辱/hit the ~ ①下火车②迅速卧倒/pay ~ 向往的事物，有利可图的东西/throw ~ at sb 谩骂某人，毁谤某人/treat sb like ~ 把某人看得一钱不值/yellow ~ 黄金 ‖ dirt bed 泥土层/dirt track 煤渣跑道/dirt waggon 垃圾车
dirty [ˈdɜːtɪ] adj.(-ier,-iest)❶肮脏的 ❷下流的，淫秽的 ❸卑劣的，不公平的 ❹恶劣的 ■(pt., pp. dirtied) vt. & vi. 弄脏 ‖ dirtily adv. 卑鄙地，下流地，恶劣地/dirtiness n. ①脏②毁谤，中伤 ‖ dirty trick 卑鄙手段
disability [ˌdɪsəˈbɪlɪtɪ] n. ❶Ⓤ无能力，无力 ❷ⓒ残疾，伤残
disable [dɪsˈeɪbl] vt. 使无能力；使残废 ‖ ~ by 因…而无能力〔残疾〕/~ for 使…不能/~ from 丧失做…的能力 ‖ disabled adj. 肢体有残疾的，丧失使用肢体能力的/disablement n. 残废
disabuse [ˌdɪsəˈbjuːz] vt. ❶去除…的错误想法 ❷使醒悟
disadvantage [ˌdɪsədˈvɑːntɪdʒ] n. ⓒⓊ不利，劣势，短处 ‖ at a ~ 处于不利地位/to the ~ of 对…不利 ‖ disadvantaged adj. 社会地位低下的，卑贱的，贫困的，贫贱的/disadvantageous adj. 不利的，贬损的
disaffected [ˌdɪsəˈfektɪd] adj. 不满的；不忠的
disagree [ˌdɪsəˈɡriː] vi. ❶不同意，不一致 ❷（食物）有害健康，不适合
disagreeable [ˌdɪsəˈɡriːəbl] adj. ❶不合意的；令人不快的；讨厌的 ❷（人）不友善的；难相处的
disagreement [ˌdɪsəˈɡriːmənt] n. ⓒⓊ分歧，意见不合
disallow [ˈdɪsəˈlaʊ] vt. 不承认（某事物）有效；不接受，不准；驳回 ‖ disallowance n. 否决

disappear [ˌdɪsəˈpɪə] vi. ❶不见，消失 ❷不复存在
disappearance [ˌdɪsəˈpɪərəns] n. ❶Ⓤ消失，丢失 ❷ⓒ失踪，失踪案
disappoint [ˌdɪsəˈpɔɪnt] vt. 使（人）失望
disappointed [ˌdɪsəˈpɔɪntɪd] adj. 失望的：He was disappointed at the result. 他对这样的结果感到失望。/I was completely disappointed to hear that. 听到那个消息后我彻底失望了。‖ disappointedly adv. 失望地
disappointing [ˌdɪsəˈpɔɪntɪŋ] adj. 令人失望的：The result was disappointing. 结果是令人失望的。
disappointment [ˌdɪsəˈpɔɪntmənt] n. ❶Ⓤ失望，沮丧 ❷ⓒ令人失望的人或事物 ‖ to sb's ~ 令某人失望的是
disapproval [ˌdɪsəˈpruːvəl] n. Ⓤ不赞同，反对
disapprove [ˈdɪsəˈpruːv] vi. 不赞成
disarm [dɪsˈɑːm] vi. 裁军 vt. 使息怒 ‖ disarmament n. 裁军
disarrange [ˌdɪsəˈreɪndʒ] vt. 扰乱，弄乱
disarray [ˈdɪsəˈreɪ] n. Ⓤ混乱，紊乱
disaster [dɪˈzɑːstə] n. ⓒⓊ灾难，灾祸 ❷Ⓤ彻底的失败
disastrous [dɪˈzɑːstrəs] adj. ❶灾难性的，造成灾害的 ❷极坏的，很糟的
disavow [ˌdɪsəˈvaʊ] vt. 不承认，抵赖，拒绝对…承担责任
disband [dɪsˈbænd] vt. & vi. （使）解散，散伙，解体 ‖ disbandment n. 解散，遣散
disbar [dɪsˈbɑː] vt. 取消律师出庭的资格
disbelief [ˈdɪsbɪˈliːf] n. Ⓤ不相信，怀疑
disbelieve [ˌdɪsbɪˈliːv] vt. & vi. ❶拒绝相信 ❷不信 ❸怀疑
disburse [dɪsˈbɜːs] vt. & vi. 支出，付出
disc,（美）**disk** [dɪsk] n. ⓒ❶圆盘 ❷唱片；磁盘，光盘
discalced [dɪsˈkælst] adj. （修士或修女）赤脚的；仅穿拖鞋的
discard [dɪsˈkɑːd] vt. ❶丢弃，抛弃 ❷不再使用 ■n. ⓒ❶打出的牌 ❷废弃的东西
discern [dɪˈsɜːn] vt. ❶看见 ❷辨明 ‖ ~ between 区别，分辨（两物）/~ from 从…辨别 ‖ discernible adj. 依稀可辨的
discerning [dɪˈsɜːnɪŋ] adj. 有识别力的；有眼力的；有洞察力的
discharge [dɪsˈtʃɑːdʒ] vt. ❶卸船 ❷偿还 ❸执行，履行 vt. & vi. ❶放出；流出 ❷开枪；发射 ‖ ~ from ①卸船②开枪，发射③遣走…，让…离开/~ into 放入，流入/~ of 执行（职责）■

n. ⓤ❶获准离开,释放 ❷排放出的物体 ‖ **discharger** *n*. ①卸货者;卸货工具 ②发射者;发射装置,排出装置 ③履行者 ‖ **discharge lamp** 放电灯,放电管

disciple [dɪˈsaɪpl] *n*. ⓒ信徒,门徒 ‖ **discipleship** *n*. 门徒的地位;做门徒的一段时期

disciplinary [ˈdɪsɪplɪnərɪ] *adj*. 训练的,纪律的,惩罚的

discipline [ˈdɪsɪplɪn] *vt*. ❶训练,训导 ❷处罚,惩罚 ■ *n*. ❶ⓤ训练,锻炼,训导 ❷ⓤ纪律 ❸ⓤ处罚,处分 ❹ⓒ学科 ‖ **disciplinable** *adj*. 可以训练的;应惩罚的/**disciplined** *adj*. 受过训练的

disclaim [dɪsˈkleɪm] *vt*. 否认 ‖ **disclaimer** *n*. 放弃;不承认

disclose [dɪsˈkləʊz] *vt*. ❶说出,表明 ❷揭露,揭开

disclosure [dɪsˈkləʊʒə] *n*. ❶ⓤ公开,透露: *oral* ～ 口头公开 ❷ⓒ 被公开的事情,被披露的秘闻

disco [ˈdɪskəʊ] *n*. (*pl*. ～s)ⓒ迪斯科舞厅,迪斯科舞会

discolour, 〈美〉 **discolor** [dɪsˈkʌlə] *vt*.&*vi*. (使)变色,(使)褪色;玷污 ‖ **discolouration** *n*. 变色,褪色;污染

discomfit [dɪsˈkʌmfɪt] *vt*. ❶使为难,使狼狈,使窘迫 ❷使挫折,阻碍 ❸挫败,阻挠

discomfort [dɪsˈkʌmfət] *n*. ⓤ❶不舒适 ❷不愉快,苦恼

discommode [ˌdɪskəˈməʊd] *vt*. 给…添麻烦;使不方便,使为难

discompose [ˌdɪskəmˈpəʊz] *vt*. 使不安,使烦恼

disconcert [ˌdɪskənˈsɜːt] *vt*. ❶使不安,使为难 ❷使慌张,使窘迫

disconcerting [ˌdɪskənˈsɜːtɪŋ] *adj*. 困惑的,不安的,尴尬的

disconfirm [dɪskənˈfɜːm] *vt*. (倾向于)证明(假设等)不成立

disconnected [ˈdɪskəˈnektɪd] *adj*. 不连贯的,无系统的

discontent [ˈdɪskənˈtent] *n*. ⓤ不满

discontinue [ˈdɪskənˈtɪnjuː] *vt*.&*vi*. (使)终止,中断,中止

discord [ˈdɪskɔːd] *n*. ❶ⓤ不和,纷争 ❷ⓒ不一致,不和谐 ❸ⓒ争吵,冲突 ‖ **in** ～ 不一致/**in** ～ **with** 和…闹别扭/**of** ～ 不和的 ‖ **discordance** *n*. 不一致,不和

discordant [dɪsˈkɔːdənt] *adj*. 不一致的,不调和的,不谐和的

discount [ˈdɪskaʊnt] *n*. ⓤⓒ数目,折扣 ‖ **at a** ～〈正〉不值钱的,不受重视的,不受欢迎的/**for** ～ 贴现/**with some** ～ 打折,以保留的态度 ■ *vt*.&*vi*. 打折扣,减价出售 *vt*. 不考虑;不全信 ‖ **discountable** *adj*. 可打折扣的;可贴现的 ‖ **discount rate** 贴现率

discourage [dɪsˈkʌrɪdʒ] *vt*. ❶使气馁;使沮丧 ❷阻碍;劝阻 ‖ ～ **sb from doing sth** 阻止某人做某事 ‖ **discouragement** *n*. 泄气,沮丧/**discouraging** *adj*. 令人泄气的,使人沮丧的

discourse [ˈdɪskɔːs] *n*. ⓒ论文,演说;讲道: *a* ～ *on* 关于…的演讲 ■ [dɪsˈkɔːs] *vi*. 讲述,著述 ‖ ～ **on**〔**upon**〕讲述…

discourteous [dɪsˈkɜːtɪəs] *adj*. 粗鲁的,无礼的,失礼的

discover [dɪsˈkʌvə] *vt*. ❶发现: *I never discovered how to open the box*. 我一直未能发现该如何打开这个箱子。/*They discovered him stealing public property*. 他们发现他偷窃公共财产。❷ 碰见,撞见: *He discovered what it was*. 他看见它到底是什么了。❸了解到,认识到,发觉: *We'll discover who did it*. 我们会查出谁做的。‖ **discoverable** *adj*. 可发现的,可显示的/**discoverer** *n*. 发现者

discovery [dɪsˈkʌvərɪ] *n*. ❶ⓤⓒ发现: *make a new* ～ 做出新发现 ❷ⓒ被发现的事物

discredit [dɪsˈkredɪt] *vt*. ❶使不相信,使怀疑;败坏的名声 ❷拒绝相信,不相信,怀疑 ■ *n*. ❶ⓤ丧失信誉,丧失名誉 ❷ⓢ败坏名声的人或事,耻辱

discreet [dɪsˈkriːt] *adj*. 谨慎的,慎重的,考虑周到的 ‖ **discreetly** *adv*. 谨慎地,慎重地

discrepancy [dɪsˈkrepənsɪ] *n*. ⓤⓒ差异,不符合(之处);不一致(之处)

discrete [dɪsˈkriːt] *adj*. Ⓐ分离的,不相关联的

discretion [dɪsˈkreʃən] *n*. ⓤ❶慎重,谨慎 ❷随意 ‖ **at** ～ 随意,任意/**at the** ～ **of** 随…的意见/**be within sb's** ～ 是某人的自由 ‖ **discretional** *adj*. 随意的,自由决定的

discriminate [dɪsˈkrɪmɪneɪt] *vt*.&*vi*. 分别,辨别,区分 *vi*. 歧视,有差别地对待 ‖ ～ **against** 歧视/～ **between** 找出…之间的微小区别/～ **in** 进行分辨;对…待遇不公/～ **from** 〔分辨〕出…与…之间的细微区别;指〔显示〕出…与…之间的区别;将…与…区别开

discriminating [dɪsˈkrɪmɪˌneɪtɪŋ] *adj*. 有鉴别能力的;有识别能力的

discrimination [dɪsˌkrɪmɪˈneɪʃən] *n*. ⓤ ❶歧视 ❷辨别;辨别力,识别力

discursive [dɪsˈkɜːsɪv] *adj*. 东拉西扯的,离题的

discuss [dɪsˈkʌs] *vt*.&*vi*. 谈论,讨论;商量,论述 ‖ ～ **with** 与…讨论〔商议〕

discussion [dɪsˈkʌʃən] *n*. ⓤⓒ讨论,商讨 ‖ ～ **about**〔**on**, **of**〕对(某事)进行的讨论/**beyond** ～ 不容讨论/**under** ～ 在讨论中

disdain [dɪsˈdeɪn] *n*. ⓤ鄙视,轻蔑 ■ *vt*. ❶

鄙视: *Some people disdain labour*. 有些人轻视劳动。❷不屑于做,不愿意做

disease [dɪ'ziːz] *n*. ⓤⓒ疾病,病害

diseased [dɪ'ziːzd] *adj*. 患病的

disenchant [ˌdɪsɪn'tʃɑːnt] *vt*. 使清醒,使不抱幻想

disenchanted [ˌdɪsɪn'tʃɑːntɪd] *adj*. 不再抱幻想的,不再会迷的,感到幻灭的

disenfranchise [ˌdɪsɪn'fræntʃaɪz] *vt*. 剥夺…的选举权,剥夺…的公民权,终止…的特许权

disengage [ˌdɪsɪn'geɪdʒ] *vt*. ❶分开,分离 ❷解开,松开 ❸释放 ❹使(部队)脱离战斗 *vi*. 脱离

disentangle [ˌdɪsɪn'tæŋgl] *vt*. 解开…的结,从(乱麻、纠葛中)解脱出来

disfigure [dɪs'fɪɡə] *vt*. 损毁…的外形,使变丑 ‖ **disfigurement** *n*. 损坏,玷污

disgorge [dɪs'gɔːdʒ] *vt*. ❶吐出,呕吐 ❷退出,倒出(食物、液体等)

disgrace [dɪs'greɪs] *n*. ❶ⓤ丢脸,耻辱,不光彩 ❷ⓢ丢脸的人(或事) ‖ in ~ 很不讨人喜欢 ■ *vt*. ❶使丢脸,使受耻辱 ❷使失宠

disgraceful [dɪs'greɪsful] *adj*. 可耻的,丢脸的,不光彩的 ‖ **disgracefully** *adv*. 丢脸地,不光彩地/**disgracefulness** *n*. 不光彩

disgruntled [dɪs'ɡrʌntld] *adj*. 不满的,不高兴的

disguise [dɪs'gaɪz] *vt*. ❶假扮,化装;伪装 ❷掩盖,掩饰 ‖ ~ in 以…伪装〔掩饰〕/~ with 以…掩盖〔掩饰〕;伪装… ■ *n*. ❶ⓤ伪装 ❷ⓤⓒ伪装品 ‖ in ~ 伪装,化装/under the ~ of 以…为口实,装做/without ~ 毫不掩饰 ‖ **disguisedly** *adv*. 假装地,匿名地/**disguiser** *n*. 伪装者,假装者

disgust [dɪs'ɡʌst] *n*. ⓤ反感,厌恶,嫌恶 ‖ ~ at〔for, with〕对…的厌恶/in ~ 厌恶的/to sb's ~ 使某人厌恶的是 ■ *vt*. 使反感,厌恶;~ *everyone* 使人人愤慨,令人人厌恶 ‖ be ~ed at〔by, with〕厌恶… ‖ **disgusted** *adj*. 厌恶的

disgustful [dɪs'ɡʌstful] *adj*. ❶令人厌恶的;令人唾弃的 ❷厌恶引起的(好奇心等)

disgusting [dɪs'ɡʌstɪŋ] *adj*. ❶令人作呕的,令人厌恶的 ❷非常令人不快的,极坏的,极糟的

dish [dɪʃ] *n*. ❶ⓒ盘,碟 ❷ⓒ一盘食物,一碟食物,一道菜,菜肴 ❸ⓟ餐具 ❹ⓒ外貌有吸引力的人,漂亮的人 ■ *vt*. ❶盛于碟盘中;分发,提供 ❷使某人的希望破灭,使某人不能成功 ‖ ~ out 大量给予或分发/~ up 上菜,提供,供给 ‖ **dishful** *n*. (一)满盘;一盘的容量 ‖ **dishcloth** *n*. (洗餐具的)擦布/**dishwater** *n*. 洗碗水

dishonest [dɪs'ɒnɪst] *adj*. (人或其行为)不诚实的,不老实的,不正直的 ‖ **dishonesty** *n*. 不诚实,不正直

dishwasher ['dɪʃˌwɒʃə] *n*. ⓒ洗碗碟的人,洗碗碟机

disillusion [ˌdɪsɪ'luːʒən] *vt*. 使不再抱幻想,使理想破灭 ‖ **disillusionment** *n*. 幻想破灭

disillusioned [ˌdɪsɪ'luːʒənd] *adj*. 不再抱幻想的,大失所望的

disinfect [ˌdɪsɪn'fekt] *vt*. 除去(感染),给…消毒

disinfectant [ˌdɪsɪn'fektənt] *n*. ⓤⓒ消毒剂,杀菌剂

disintegrate [dɪs'ɪntɪgreɪt] *vt*. & *vi*. (使)破裂〔分裂,粉碎〕;(使)崩溃

disinter [ˌdɪsɪn'tɜː] *vt*. 掘出(尸体)

disinterested [dɪ'sɪntrɪstɪd] *adj*. ❶公正的,无私的,不偏袒的 ❷不感兴趣的,不关心的

disjointed [dɪs'dʒɔɪntɪd] *adj*. 脱离开的,不连贯的

disjunctive [dɪs'dʒʌŋktɪv] *adj*. ❶分离(性)的 ❷(指连词)转折的,反意的

disk [dɪsk] 见 disc

dislike [dɪs'laɪk] *vt*. 不喜欢,厌恶: *His wife dislikes him to be a smoker*. 他妻子不喜欢他当烟民。■ *n*. ❶ⓤⓢ不喜爱,厌恶 ❷ⓟ不喜欢的东西

dislocate ['dɪsləkeɪt] *vt*. ❶使(骨头)关节脱位 ❷使(交通,事务等)混乱

dislocation [ˌdɪslə'keɪʃən] *n*. ⓤⓒ脱位,脱臼;混乱,紊乱

dislodge [dɪs'lɒdʒ] *vt*. 把…赶出,从…逐出;把…移去

disloyal [dɪs'lɔɪəl] *adj*. ❶不忠诚的 ❷缺乏忠心的

dismal ['dɪzməl] *adj*. 阴沉的,凄凉的,令人忧郁的

dismantle [dɪs'mæntl] *vt*. ❶拆开,拆卸 ❷废除,取消

dismay [dɪs'meɪ] *vt*. 使惊愕,使焦虑,使气馁 ■ *n*. ⓤ惊愕,气馁

dismember [dɪs'membə] *vt*. 分割…的肢体,肢解

dismiss [dɪs'mɪs] *vt*. ❶解雇;撤职;开除 ❷使退去;解散 ❸自心中摒除,不再考虑或谈论 ‖ ~ sth as 把…当做…而不予考虑/~ for 因…而解雇/~ from 将(某人)从…开除,使退去

dismissal [dɪs'mɪsəl] *n*. ⓤⓒ解雇,免职,开除

dismissive [dɪs'mɪsɪv] *adj*. 轻视的,轻蔑的,鄙视的

dismount [dɪs'maunt] *vi*. 下车,下马

disobedient [ˌdɪsəˈbiːdɪənt] *adj.* ❶不服从的,不顺从的 ❷违抗的,反抗的

disobey [ˌdɪsəˈbeɪ] *vt. & vi.* 不服从,不顺从

disorder [dɪsˈɔːdə] *n.* ❶Ⓤ混乱,凌乱 ❷ⓊⒸ骚乱,动乱 ❸ⓊⒸ(身心、机能)失调 ‖ **in ~** 混乱,出故障 ■ *vt.* 把…弄乱 ‖ **disordered** *adj.* 混乱的,杂乱的;(身心)失调的

disorderly [dɪsˈɔːdəlɪ] *adj.* ❶杂乱的,凌乱的 ❷妨碍治安的,制造混乱的;无法无天的

disorganize, -ise [dɪsˈɔːɡənaɪz] *vt.* 打乱…的步骤或安排 ‖ **disorganization, -isation** *n.* 计划混乱 / **disorganized, -ised** *adj.* 组织混乱的,无系统的,杂乱无章的

disorient [dɪsˈɔːrɪent] *vt.* 使(某人)迷失方向

disown [dɪsˈəʊn] *vt.* ❶否认与…有关系,断绝与…的关系 ❷否认

disparage [dɪˈspærɪdʒ] *vt.* ❶批评,非难 ❷轻视,贬低

disparate [ˈdɪspərɪt] *adj.* (两种或多种东西)根本不同的,不能相比较的

disparity [dɪsˈpærɪtɪ] *n.* ⓊⒸ不同,不等,不一致;悬殊:*a ~ in social position* 社会地位不同 / *a great ~ in income* 收入相差悬殊

dispassionate [dɪˈspæʃənɪt] *adj.* ❶不动情感的,平心静气的 ❷公正的,不带偏见的

dispatch [dɪsˈpætʃ] *vt.* ❶派遣,发送: *A messenger was dispatched to take the news to the soldiers at the front.* 一名通讯员被派遣给前线士兵送消息。❷匆匆吃〔做〕完: *We soon dispatched the chocolate cake.* 我们很快就吃完了巧克力蛋糕。■ *n.* ❶Ⓒ急件,快信: *We must ask someone to carry a dispatch from Rome to London.* 我们得派人把急件由罗马送往伦敦。❷Ⓒ(记者发回的)新闻报道: *file a ~* 用电话发新闻稿 ❸Ⓤ派遣,调遣: *require the ~* 要求派遣 ‖ **dispatcher** *n.* 发送者;调度员

dispel [dɪsˈpel] *vt.* (-ll-) 驱散,赶跑: *The misgivings were dispelled.* 疑虑消除了。

dispensable [dɪˈspensəbl] *adj.* 非必需的,可省去的

dispense [dɪsˈpens] *vt.* ❶分配,分发;施与,试行 ❷配(药),发(药) ‖ **with** 摒弃,省掉

dispenser [dɪsˈpensə] *n.* Ⓒ配药师,药剂师

disperse [dɪsˈpɜːs] *vt. & vi.* (使)散开,驱散

displace [dɪsˈpleɪs] *vt.* ❶替换,取代 ❷移走: *The war has displaced thousands of people.* 战争使成千上万的人背井离乡。‖ **displaceable** *adj.* 可移置的,可取代的 / **displacer** *n.* 〈化〉取代剂,置换剂

displacement [dɪsˈpleɪsmənt] *n.* Ⓤ移置,代替: *the ~ of human labour by machines* 人力被机器所代替

display [dɪsˈpleɪ] *n.* ❶ⓊⒸ陈列,展览: *give a ~* 展示 ❷Ⓒ陈列的货物、艺术品等 ‖ **on ~** 展览着,陈列 ■ *vt.* ❶陈列,展览:*~ goods* 展示货物 ❷显示,显露: *He displayed an originality amounting almost to genius.* 他显示出近乎天才的创造性。

displease [dɪsˈpliːz] *vt.* ❶冒犯 ❷使生气,使不愉快

displeasure [dɪsˈpleʒə] *n.* Ⓤ不愉快,不高兴,生气

disposable [dɪsˈpəʊzəbl] *adj.* ❶一次使用后即丢掉的,一次性的: *~ paper cups* 用后即丢弃的纸杯 ❷(纳税后的钱)可自由支配的

disposal [dɪsˈpəʊzəl] *n.* Ⓤ❶清除,处理,处置: *The safe disposal of nuclear waste is a major problem.* 安全处置核废料是个大问题。❷排列,布置: *~ of material resources* 对资源的处置权 ‖ **at sb's ~** 由某人做主,由某人支配,随意

dispose [dɪsˈpəʊz] *vt. & vi.* 处理;处置: *He disposed his books on the shelves.* 把书籍排列在书架上。*vt.* ❶布置: *They disposed troops along the river.* 他们沿着河布置军队。❷使愿意或准备做: *His criminal records do not dispose me to trust him.* 他的前科迫使我无法信任他。‖ **~ for** 愿意(做某事) / **~ of** 将(某物)处理掉,驳倒或击败;解决;将(某物)吃光喝完 / **~ to** 使倾向于;使易患… / **~ towards** 对…持有某种态度或怀有某种感情

disposed [dɪsˈpəʊzd] *adj.* Ⓟ乐意…的,愿意…的: *After the way she treated me, I didn't feel disposed to help her.* 既然她这样对我,我就不想帮助她了。❷有…倾向的: *He is disposed to sudden bouts of depression.* 他动不动就会突然抑郁症发作。

disposition [ˌdɪspəˈzɪʃən] *n.* ❶Ⓢ气质,天性,性格: *He has a cheerful disposition.* 他性情开朗。❷ⓊⒸ安排,布置: *plan ~* 计划部署 / *He has made a good disposition of his property.* 他已对财产作了妥善处理。‖ **~ of** …的处置 / **at〔in〕sb's ~** 随某人支配

dispraise [dɪsˈpreɪz] *vt.* 非难;指责 ■ *n.* 非难;指责

disproportionate [ˌdɪsprəˈpɔːʃənɪt] *adj.* 不相称的,不成比例的,不均匀的

disprove [dɪsˈpruːv] *vt.* 证明(理论等)错误,反驳

disputatious [ˌdɪspjuːˈteɪʃəs] *adj.* 争辩的,好争辩的

dispute [dɪsˈpjuːt] *vt. & vi.* 辩论;争论: *They disputed how to get the best results.* 他们讨论如何获得最佳结果。*vt.* 怀疑…的真实性或妥当性: *I don't dispute that children need love.* 我对于儿童需要爱并无异议。‖ **~ about** 争论,就…争执 / **~ against** 争辩 / **~ with** 与…争执 ■ *n.* ⓊⒸ辩论,争端,争执: *We had a dis-*

pute about how much money he owed me. 我们就他欠我多少钱一事进行了一番争论。 ‖ beyond[past, out of] ~ 无疑地,无争论余地/in [under] ~ 在争论中/open to ~ 有问题/without ~ 并不抵触

disqualify [dɪsˈkwɒlɪfaɪ] vt.(pt., pp.-fied)使无资格,使不合格,使不能

disquiet [dɪsˈkwaɪət] vt. 使不安,使忧虑,使烦恼 ■ n. Ⓤ 忧虑,不安,内心不平静,烦恼 ‖ disquieting adj. 令人不安的,令人不平静的

disregard [ˌdɪsrɪˈɡɑːd] vt. 不顾,不理会,无视: You can't just disregard the security problem! 你可不能忽视安全问题。■ n. Ⓤ 漠视,忽视,蔑视: show ~ of one's life 不顾自己的生命 ‖ in ~ of 不顾,无视/with ~ 不顾地

disreputable [dɪsˈrepjʊtəbl] adj. ❶名誉不好的 ❷不体面的

disrepute [ˈdɪsrɪˈpjuːt] n. Ⓤ 丧失名誉,坏名声

disrupt [dɪsˈrʌpt] vt. 使混乱,扰乱 ‖ disrupter, -or n. 破坏者/disruption n. 混乱/disruptive adj. 分裂的,破坏性的

dissatisfaction [ˈdɪsˌsætɪsˈfækʃən] n. Ⓤ 不满,不平

dissatisfied [ˈdɪsˈsætɪsfaɪd] adj. 感到不满的,不满意的,不高兴的

dissect [dɪˈsekt] vt. ❶解剖(动物等) ❷仔细分析或研究

dissemble [dɪˈsembl] vt. ❶假装 ❷掩饰(感情、意图等)

disseminate [dɪˈsemɪneɪt] vt. 散布,传播 ‖ dissemination n. 散布,传播/disseminator n. 播种者,传播者

dissent [dɪˈsent] n. Ⓤ 意见的分歧 ■ vi. 不同意,持异议 ‖ ~ from 不同意…

dissertation [ˌdɪsəˈteɪʃən] n. Ⓒ 专题论文,学位论文

dissident [ˈdɪsɪdənt] n. Ⓒ 持异议者,公开大唱反调者;持不同政见者

dissimilar [dɪˈsɪmɪlə] adj. 不同的,不相似的: The two writers are not dissimilar in style. 那两位作家的文风并没有什么不同。‖ dissimilarly adv. 不一样地

dissimulate [dɪˈsɪmjʊleɪt] vt.& vi. 掩饰(感情),假装(镇静)

dissipate [ˈdɪsɪpeɪt] vt.& vi. 驱散;消失: The news dissipated my fear. 这个消息驱散了我的恐惧。 vt. 浪费: He soon dissipated his fortune. 他不久便把财产挥霍光了。

dissolute [ˈdɪsəluːt] adj. 放荡的,淫乱的

dissolution [ˌdɪsəˈluːʃən] n. ❶Ⓤ(社团等)解散;(婚约等)解除: the ~ of Parliament before a general election 大选前国会的解散 ❷Ⓤ分散;溶解 ❸Ⓤ衰败;死亡,消亡 ❹Ⓒ〈律〉离婚

dissolve [dɪˈzɒlv] vt.& vi. ❶(使)溶解 ❷结束 ‖ ~ away 消失;消散 /~ in (使)溶解在…;在…遮盖下变得模糊,消失;因…失去控制/~ into 溶化成(某物)/分解成;分割成/渐渐化入

dissonant [ˈdɪsənənt] adj. ❶不和谐的,刺耳的 ❷不调和的,自相矛盾的

dissuade [dɪˈsweɪd] vt. 劝(某人)勿做某事;劝阻

distance [ˈdɪstəns] n. ❶ⓊⒸ 距离,间距: cover a ~ 穿过一段距离,横跨一段距离 ❷Ⓤ Ⓒ 远处,远方 ❸Ⓤ(时间或空间的)相距 ❹Ⓤ 疏远,冷淡: Keep your distance from him. 你不要和他太亲近。‖ a great ~ 相当远,很长一段时间,有相当一段距离/at a ~ 有相当距离,不很近/at a respectful ~ 敬而远之/by ~ 按里程/from a ~ 从远处/go the ~ 继续跑完全程,赛足全局等/in the ~ 在远方,远方的/keep at a ~ 与(某人)保持一段距离/keep one's ~ 与…保持一定的距离;对(人或事业)等冷淡/know one's ~ 对自己的地位身份有自知之明/within a stone's throw ~ 近处

distant [ˈdɪstənt] adj. ❶(时间或空间)远隔的,遥远的: The airport is ten miles distant. 机场离此地有十英里远。❷Ⓐ 远亲的: She is a distant cousin. 她是我的远房表妹。❸不太友好,不太热情: Her manner was rather distant. 她的态度相当冷淡。

distaste [dɪsˈteɪst] n. ⓊⓈ(对不好事物不太强烈的)厌恶,不喜欢 ‖ distasteful adj. 讨厌的,不合意的,令人反感的

distend [dɪˈstend] vt.& vi.(使)膨胀,肿胀

distil,〈美〉**distill** [dɪsˈtɪl] vt.(-ll-)❶蒸馏 ❷从…提取精华 ‖ ~ from 从…提炼/~ off[out]用蒸馏除去 ‖ distillery n. 酿酒厂

distinct [dɪsˈtɪŋkt] adj. ❶截然不同的,完全分开的 ❷清晰的,明白的,明显的 ‖ ~ from 和…不同/things ~ in kind 性质不同的东西 ‖ distinctly adv. 清楚地,显然/distinctness n. 独特,截然不同

distinction [dɪsˈtɪŋkʃən] n. ❶ⓊⒸ 区别,明显差别,特征 ❷Ⓢ 卓越,优秀,盛名 ❸Ⓒ 荣誉,殊荣,奖赏 ‖ of ~ 杰出的/with ~ 明显地,以优异成绩/without ~ 无差别(地),不分彼此

distinctive [dɪsˈtɪŋktɪv] adj. 有特色的,与众不同的

distinguish [dɪsˈtɪŋɡwɪʃ] vt.& vi. 辨别,区别: Can you distinguish the twins apart? 你能分辨这对双胞胎吗? vt. 显扬自己,使自己扬名: He distinguished himself in physics. 他在物理方面享有盛名。‖ ~ among 在…之间辨别/~ as 以…而出名/~ between 把…(和…)区别开来,辨别/~ for 因…而出名/~ from 辨别,识别;显示出特性;将…与…区别开 /~

in 在(某方面)出名/~ oneself 使自己出众,突出;炫耀 ‖ **distinguishable** *adj*. 区别得出的,可辨别的

distinguished [dɪsˈtɪŋgwɪʃt] *adj*. 卓越的;著名的;受人尊敬的

distort [dɪsˈtɔːt] *vt*. ❶歪曲,曲解 ❷扭曲,使变形 ‖ ~ **by**〔**with**〕因…变形

distortion [dɪsˈtɔːʃən] *n*. Ⓤ|Ⓒ曲解

distract [dɪsˈtrækt] *vt*. 使(人)分心,分散(注意力);*He was distracted with an unhappy love affair*. 他因失恋而心烦意乱。‖ ~ **at** 为…而分散/~ **by**〔**with**〕被…分散

distracted [dɪsˈtræktɪd] *adj*. 心烦意乱的,慌张失措的,错乱的:*a* ~ *look* 烦躁不安的神色

distraction [dɪsˈtrækʃən] *n*. ❶Ⓒ使人分心的事(人);娱乐,消遣 ❷Ⓤ心烦意乱;精神错乱 ❸Ⓤ分心,分散注意力

distraught [dɪsˈtrɔːt] *adj*. 忧心如焚的;心神错乱的;几乎发狂的:~ **with grief** 悲伤得几乎发狂

distress [dɪsˈtres] *n*. ❶Ⓤ|Ⓢ悲痛,痛苦,忧伤,苦恼 ❷Ⓤ贫困,窘迫 ❸Ⓤ危险,困难,危难 ‖ **in** ~ 遇险/**to sb's** ~ 令某人难过 ■ *vt*. 使痛苦,使忧伤:*The news of his death distressed us greatly*. 他逝世的消息使我们极为悲痛。‖ ~ **about** 为…而难过/~ **with** 为…而发愁

distribute [dɪsˈtrɪbjuːt] *vt*. ❶分配,分给:~ *cargoes* 分配货物/*The foreman distributes the work every morning*. 工头每天早晨分派工作。/*During the war, all foods were distributed in a planned way*. 在战争中,所有的食品都按计划分配。❷ 散发;撒播;分布:*Fuel resources are very unevenly distributed*. 燃料资源分布很不均匀。‖ ~ **according to** 根据…分类/~ **among** 在…中分发/~ **around** 迷漫着…气氛/~ **into** 分成/~ **over** 在…中撒播/~ **to** 向…发放 ‖ **distributor** *n*. 销售者,分销商,批发商;汽车配电器,配点盘

distribution [ˌdɪstrɪˈbjuːʃən] *n*. ❶Ⓤ|Ⓒ分发,分配 ❷Ⓢ散布,分布:*The town council passed a law forbidding the distribution of handbills*. 市议会通过法律,禁止散发传单。

district [ˈdɪstrɪkt] *n*. Ⓒ❶地区,区域:*A number of unruly youths ganged up and terrorized the district*. 一些不法青年结成一伙,使这个地区陷于恐怖。❷行政区:*the* ~ *of Columbia* 哥伦比亚特区 ‖ **District Attorney** 地方检察官

distrust [dɪsˈtrʌst] *n*. Ⓤ|Ⓢ不信任,怀疑 ■ *vt*. 不信任(某人或某物)

disturb [dɪsˈtɜːb] *vt*. ❶打扰,妨碍 ❷使焦虑,使烦恼 ❸扰乱,弄乱 ‖ **disturbed** *adj*. 心理不正常的;精神紊乱的

disturbance [dɪsˈtɜːbəns] *n*. ❶Ⓤ|Ⓒ打扰,扰乱 ❷Ⓒ骚乱,纷乱 ❸Ⓤ困扰 ‖ ~ **to** 对…的干扰

disused [dɪsˈjuːzd] *adj*. 不用的,已废弃的:*a* ~ *mine* 废弃的矿场

ditch [dɪtʃ] *n*. Ⓒ沟,渠 ■ *vt*. 摆脱,抛弃:*She got bored with her boyfriend and ditched him*. 她对其男友感到厌烦,于是甩掉了他。

dither [ˈdɪðə] *vi*. (因不知所措)慌张,犹豫不定:*For God's sake stop dithering and make up your mind*! 看在上帝面上,别再犹豫了,快拿定主意吧! ■ *n*. Ⓢ犹豫不定,不知所措

diuretic [ˌdaɪjʊˈretɪk] *n*. Ⓒ〈医〉利尿剂

divagate [ˈdaɪvəgeɪt] *vi*. 漫游,漂泊游荡;离题

dive [daɪv] *vi*. ❶跳水 ❷潜水 ❸头向下钻,猛冲 ‖ ~ **for** 潜水找/~ **from** 从…上跳水/~ **in** 头朝下跳入水中;开始猛吃;热切地加入或开始做(某事)/~ **into** 头朝下跳入水中;开始猛吃;热切地加入或开始做(某事);溜进,闪进(某处);(使)在…中快速翻找/~ **off** 从(某高处)头朝下跳入水中 ■ *n*. ❶潜水,跳水 ‖ **make a** ~ **for sth** 冲过去拿某物

diverge [daɪˈvɜːdʒ] *vi*. 分开;偏离;分歧;分道扬镳

divergent [daɪˈvɜːdʒənt] *adj*. 有分歧的;叉开的

divers [ˈdaɪvɜːz] *adj*. 不同的,好几个的

diverse [daɪˈvɜːs] *adj*. 不同的,多种多样的 ‖ **diversely** *adv*. 不同地,多种多样地

diversify [daɪˈvɜːsɪfaɪ] *vt*. & *vi*. (*pt*., *pp*. **fied**)❶使多样化;多样化 ❷进入新的商业领域 ‖ **diversification** *n*. 多样化;多种经营/**diversified** *adj*. 多样化的;多种经营的

diversion [daɪˈvɜːʃən] *n*. ❶Ⓤ|Ⓒ转移,转向 ❷Ⓒ娱乐,消遣 ❸Ⓒ临时绕行路 ❹Ⓒ分散注意力 ‖ ~ **of** 改变/~ **into** 转入

diversity [daɪˈvɜːsɪtɪ] *n*. Ⓤ|Ⓢ❶多样化;(人在种族、民族、宗教等方面的)多样性 ❷分歧

divert [daɪˈvɜːt] *vt*. ❶使转移〔向〕❷使得到消遣 ‖ ~ **by** 靠…消遣/~ **from** 使…转移〔改道〕/~ **into** 把…转向/~ **onto** 改道/~ **to** 改行

diverting [daɪˈvɜːtɪŋ] *adj*. 有趣的

divest [daɪˈvest] *vt*. ❶脱去(衣服)❷剥夺 ‖ ~ **oneself of** 放弃,抛弃

divide [dɪˈvaɪd] *vt*. & *vi*. ❶分,划分 ❷分离,隔开 ❸(使)产生分歧 ‖ ~ **against** 发生内讧/~ **among** 在…中分配/~ **between** 在两者中分配/~ **by** 用…除尽,因…而分开/~ **from** 把…分开/~ **in**(意见)不一致/~ **into** 分成/~ **off** 隔开/~ **on** 对…看法不一/~ **out** 分发 ■ *n*. Ⓒ分水岭,分界线 ‖ **divided** *adj*. 分开的;分离的;分裂的/**divider** *n*. 分裂者;分隔器

dividend [ˈdɪvɪdend] *n*. Ⓒ❶红利,股息 ❷

被除数‖~ to 付给…的红利/pay ~s有好处,产生效益

divine [dɪˈvaɪn] adj. ❶神的,天赐的 ❷极好的 ■vt. 猜测,预测‖**divinely** adv. 敬神地/**diviner** n. 占卜者;预言者;推测者

diving [ˈdaɪvɪŋ] n. Ⓤ各种水(下)运动‖**diving board** 跳水板/**diving dress**〔suit〕潜水服

divinity [dɪˈvɪnɪtɪ] n. Ⓒ神;上帝 ■adj. 宗教的;神学的:a ~ student 神学院的学生‖**divinity school** 神学院

divisible [dɪˈvɪzɪbl] adj. 可分开的,可除尽的

division [dɪˈvɪʒən] n. ❶Ⓤ分开;分配 ❷Ⓒ部门 ❸Ⓒ界限 ❹Ⓤ分歧,分裂 ❺Ⓤ除(法) ❻Ⓒ分组表决‖in ~ 分裂‖**divisional** adj. 分开的;分部的;除法的

divisive [dɪˈvaɪsɪv] adj. 引起分歧的;导致分裂的:~ activities 分裂活动‖**divisively** adv. 引起分歧地;导致分裂地/**divisiveness** n. 引起分歧,导致分裂

divisor [dɪˈvaɪzə] n. Ⓒ〈数〉除数

divorce [dɪˈvɔːs] n. ❶Ⓒ Ⓤ离婚 ❷Ⓒ分离 ■vt. ❶与…离婚: She divorced him after years of unhappiness. 经过多年的不愉快,她跟他离婚了。 ❷分离: In sports, exercise and play are not divorced. 在运动中,练习和比赛是分不开的。‖ ~ from 与…离婚‖**divorced** adj. 离婚的;分离的/**divorcement** n. 离婚,分离

divulge [daɪˈvʌldʒ] vt. 吐露,泄露‖**divulgence** n. 吐露,泄露

dizzy [ˈdɪzɪ] adj. (-ier,-iest) ❶头昏眼花的,眩晕的 ❷Ⓐ引起头晕的‖**dizzily** adv. 头昏眼花地,眩晕地;引起头晕地/**dizziness** n. 头昏眼花,眩晕;引起头晕

do [强 duː; 弱 du, də, d] aux. v. ❶(构成疑问句和否定句): Do you know him？你认识他吗？ Telling lies does not pay. 撒谎不用学。 ❷(代替动词):"Does he know I'm here？""Yes, he does." "他知道我在这儿吗？""他知道。" ❸(用于加强语气): Please do be quite. 务请肃静。 ■ (3rd pers sing pres t does, pt. did, pp. done) vt.＆vi. ❶做,干,从事: You've done a good job. 你做得挺不错。 ❷学习,研究: She does her lessons well. 她学习很好。 vt. ❶整理;使整洁: She is doing the room. 她正在整理房间。 ❷烹调,烧,煮:~ the meat well 把肉煮好 ❸算出,解答: I'm quite sure they were doing the same problem. 我敢肯定他们解决的是同一问题。 ❹行过,走过,游览: I did the travel. 我旅行去了。 ❺引起,产生: Hard work does wonders. 努力工作会取得惊人的成就。 ❻适合,可用,方便: Will this spanner do you？这个扳手你用着行吗？ vi. ❶行,足够: This small one will do. 这个小的就行了。 ❷生长: The fruit trees are all doing well. 果树长得不错。‖ ~ about 就…采取行动或措施/~ as 对…适合/~ away with 废除,消灭,去掉/~ by 待(人),以某种态度对待〔对付〕/~ down 搞垮,说(某人)的坏话/~ for 替…理家,替…打扫,使毁灭,帮助,对…有效,代替,适于/~ in 杀害,搞垮,损坏,累垮,欺骗,花光/~ into 把…译成/~ out 打扫;粉刷,油漆/~ over 重做/~ to 对待,处置;给予,加以,伤害/~ up 包扎,修理,修缮,修饰/~ with 处理,忍受/~ without 没有…也行,将就,用不着

docile [ˈdəʊsaɪl] adj. 容易教的;易驾驶的;驯服的‖**docilely** adv. 容易教地;易驾驶地;驯服地/**docility** n. 容易教;易驾驶;驯服

dock[1] [dɒk] n. Ⓒ码头 ■vt.＆vi. (使)船停靠码头‖**dockhand** n. 码头工人/**dockmaster** n. 船坞长/**dockyard** n. 船舶修造厂;海军船坞

dock[2] [dɒk] n. Ⓢ被告席

dock[3] [dɒk] vt. 减少;扣除‖ ~ of 剥夺(某人的)…‖**dock-tailed** adj. 截短尾巴的

doctor [ˈdɒktə] n. Ⓒ❶医生,大夫 ❷博士‖ what the ~ ordered 需要〔合适〕的东西 ■vt.＆vi. 医疗: His father doctored there for over 30 years. 他爸爸在那儿行医30多年。 vt. ❶修理 ❷作弊,做手脚‖**doctoral** adj. 博士的/**doctorship** n. 博士学位

doctorate [ˈdɒktərɪt] n. Ⓒ博士学位

doctrine [ˈdɒktrɪn] n. Ⓒ教条,教义,学说‖**doctrinal** adj. 教条的,教义的,学说的

document [ˈdɒkjumənt] n. Ⓒ公文,文件,文献 ■vt. 证明;~ sb's theory 证明某人的理论 ❶记录,记载 ❷ the horrors of war 记录了战争的恐怖‖**documental** adj. 公文的,文件的,文献的

documentary [ˌdɒkjuˈmentərɪ] n. Ⓒ纪录片 ■adj. Ⓐ文件的,文书的‖**documentarily** adv. 文件地,文书地

documentation [ˌdɒkjumenˈteɪʃən] n. Ⓤ ❶证明某事属实的证据 ❷记录 ❸程序说明书

dodge [dɒdʒ] vt.＆vi. 闪躲 vt. 回避 ■n. Ⓒ ❶闪躲,躲避 ❷伎俩,妙计‖**dodger** n. 躲闪者;蒙骗者

dodgy [ˈdɒdʒɪ] adj. (-ier,-iest) 冒险的;危险的

dog [dɒɡ] n. Ⓒ❶公狗,狗;犬科动物 ❷家伙‖ go to the ~s 堕落,潦倒;灭亡/put on the ~ 炫耀,摆阔 ■vt. 紧随,纠缠‖**dogcart** n. 狗拉的小车/**dog days** 酷暑期/**dog-eared** adj. 折角的/**dog-eat-dog** adj. 利益攸关的;损人利己的;竞争激烈的/**dog-fight** n. 大混战/**doghouse** n. 狗窝

dogfish [ˈdɒɡfɪʃ] n. Ⓒ〈动〉角鲨,星鲨

dogged [ˈdɒɡɪd] adj. 顽强的

dogma ['dɒgmə] n. ⒞⒰教义,教条;信条
dogmatic [dɒg'mætɪk] adj. ❶固执己见的 ❷教条的,武断的
doldrums ['dɒldrəmz] n. ⒫(海上)无风带
dole [dəʊl] n. ❶⒞救济物 ❷⒮失业救济金 ‖ **dolesman** n. 接受施舍的人
doleful ['dəʊlfʊl] adj. ❶令人沮丧的,悲哀的 ❷沉闷的,阴郁的
doll [dɒl] n. ⒞❶玩偶,(玩具)娃娃 ❷漂亮的姑娘 ■ vt. 把…打扮漂亮 ‖ ~ up 把…打扮得漂漂亮亮 ‖ **dollface** n. 长着一副娃娃脸的人 / **dollhouse** n. 很小的住屋
dollar ['dɒlə] n. ⒞❶元 ❷一元纸(硬)币
dolly ['dɒlɪ] n. ⒞❶玩具娃娃 ❷台车,手推车
dolphin ['dɒlfɪn] n. ⒞海豚
domain [dəʊ'meɪn] n. ⒞❶范围,领域 ❷⒞版图,领土 ❸⒞⒰地产,产业
dome [dəʊm] n. ⒞❶圆屋顶 ❷像圆屋顶一样的东西 ‖ **domed** adj. 圆顶的,半球形的 / **domelike** adj. 穹顶的
domestic [də'mestɪk] adj. ❶本国的,国内的:This is domestic news. 这是国内新闻。❷家庭的,家用的:She does the domestic affairs every day. 她每天都忙家务。❸驯养的:This cat is domestic. 这只猫是驯养的。‖ **domesticable** adj. 习惯于家居的;可驯化的
domesticate [də'mestɪkeɪt] vt. 驯化 ‖ **domestication** n. 驯化 / **domesticator** n. 驯化者;使习化者
domesticity [ˌdəʊmes'tɪsɪtɪ] n. ⒰家庭生活
dominance ['dɒmɪnəns] n. ⒰优势;支配地位;控制力
dominant ['dɒmɪnənt] adj. ❶占优势的 ❷统治的,支配的 ❸高耸的;突出的 ‖ **dominantly** adv. 占优势地;支配地;突出地
dominate ['dɒmɪneɪt] vt. & vi. ❶控制,支配,统治 ❷在…中占首要地位 vt. 耸立于,俯临 ‖ ~ **over** 控制 ‖ **dominative** adj. 占优势的 / **dominator** n. 控制者,支配者,统治者
domineering [ˌdɒmɪ'nɪərɪŋ] adj. 刚愎自用、喜欢支配别人的
dominion [də'mɪnjən] n. ❶⒰统治权 ❷⒞领土,疆土,版图
domino ['dɒmɪnəʊ] n. (pl. ~es)⒞多米诺骨牌
don [dɒn] n. ⒞大学教师 ■ vt. (-nn-)穿上,披上
donate [dəʊ'neɪt] vt. & vi. 捐赠,赠送 ‖ **donative** adj. 捐赠的,赠送的 / **donator** adj. 捐赠者,赠送者
donation [dəʊ'neɪʃən] n. ❶⒰捐赠,赠送 ❷⒞捐款,捐赠物
done [dʌn] adj. ❶已完成 ❷煮熟的 ■ int. (表示接受建议)
donkey ['dɒŋkɪ] n. (pl. ~s)⒞驴 ‖ ~'s **years** 很长的时间,很久 ‖ **donkeywork** n. 恼人的苦活;呆板的例行工作
donor ['dəʊnə] n. ⒞捐赠者,赠与者
doom [du:m] vt. 注定;判定 ‖ ~ **to** 注定;判定 ■ n. ⒞⒰厄运,劫数
doomed [du:md] adj. 命中注定的;难逃一死的
door [dɔ:] n. ⒞❶门 ❷一家(户);一栋房屋 ❸出入口,门口 ‖ **at death's** ~ 垂死,接近死亡之日 / **behind(with)** **closed** ~ 秘密地 / **next to** 和…隔壁(相邻);几乎,差不多 / **out of** ~s 在户外,露天 / **put(set) to the** ~ 辞退,赶走 / **show the** ~ 把(某人)撵走 / **show to the** ~ 送(某人)到门口 / **without doors** 在外面 ‖ **doorcase** n. 门框 / **doorcurtain** n. 门帘 / **doorknob** n. 门把 / **doorplate** n. (钉在门上的金属)户名牌 / **doorpost** n. 门柱
doorbell ['dɔ:bel] n. ⒞门铃
doorkeeper ['dɔ:ˌki:pə] n. ⒞看门人
doorman ['dɔ:mæn] n. ⒞门卫,门童
doormat ['dɔ:mæt] n. ⒞门前地垫
doorstep ['dɔ:step] n. ⒞门阶
doorway ['dɔ:weɪ] n. ⒞门道
dope [dəʊp] n. ⒰❶涂料,涂布油 ❷有害药物,麻醉药 ■ vt. 用麻醉药使无知觉;给…服麻醉药
dormant ['dɔ:mənt] adj. 潜伏的,蛰服的,休眠的:~ faculties 潜能
dormitory ['dɔ:mɪtrɪ] n. ⒞集体宿舍
dorsal ['dɔ:səl] adj. 背部的,背面的
dosage ['dəʊsɪdʒ] n. ⒮(按剂量的)给药
dose [dəʊs] n. ⒞❶(一次)剂量,一剂,一份 ❷一场,一次,一回 ‖ **like a** ~ **of salts** 快速而轻易地 ■ vt. 给…服药:She dosed up the children with cough syrup. 她把止咳糖浆给孩子们吃了。
dossier ['dɒsɪeɪ] n. ⒞卷宗;档案
dot [dɒt] n. ⒞点,小圆点 ‖ **on the** ~ 准时地,在指定时刻 ■ vt. (-tt-) ❶以小圆点标出 ❷分布各处 ❸打,击(某人) ‖ **dotted** adj. 有点的
double ['dʌbl] adj. ❶双的,双重的 ❷供两人用的,双人的:They bought a double bed. 他们买了一张双人床。❸两面派的,虚伪的 ■ n. ❶⒞⒰两倍,双份:Ten is the double of five. 十是五的两倍。❷⒞极为相似的人:He is my double. 他酷似我。■ vt. 把…对折,折叠:~ a slice of bread 把一片面包对折 vt. & vi. ❶是…的两倍,(使)加倍:~ the amount 使数额加一倍 ❷兼任,兼作:He is doubling the parts of a preacher and a teacher. 他扮演牧师和教师两

个角色。 vi. 折回,掉头: He suddenly doubled and ran in the opposite direction. 他突然转身,朝相反方向跑去。‖ ~ along 弯得低低的,全副武装/~ as 兼作,兼演/~ back 把…对折,循原路折回/~ for 代替(某人)/~ in 向内折叠/~ over 折起,(使)弯下身子/~ up 折起,与别人同住一室‖ **double-bedded** adj. 备有人床的;备有两张床的/**double cream** 高脂肪浓奶油/**double-chinned** adj. 双下巴的/**double-cross** vt. 欺骗;出卖/**double-dealing** adj. 搞两面派的/**double-decked** adj. 双层的/**double-decker** n. 双层结构;双层床/**double-edged** adj. 双刃的;双重目的的;语意双关的;两可的/**double-faced** adj. 口是心非的/**double-minded** adj. 思想上动摇的/**double standard** 双重标准/**double-think** n. 矛盾想法

double-Dutch [ˌdʌblˈdʌtʃ] n. ⓤ 无法理解的言语;莫名其妙的话

doubly [ˈdʌblɪ] adv. ❶ 加倍地,双倍地 ❷ 两方面地;由双重原因造成

doubt [daʊt] n. ❶ⓒⓤ 怀疑,疑虑 ❷ⓤ 未确定‖ beyond all ~ 不容置疑/cast〔throw〕~(s) on 使人对…产生怀疑/~ about 对…的疑问/~ as to 对…的疑问/~ in regard to 对…的怀疑/~ of 对…的疑问/~ on〔upon〕对…的怀疑/in〔with〕~ 存在疑问/no ~ 很有可能/without a ~ 无疑地 ■ vt. 怀疑,疑惑: Do you doubt what I say? 你怀疑我说的话吗? / We doubted him a liar. 我们怀疑他是个骗子。‖ ~ about 怀疑/~ of 怀疑/**doubtable** adj. 可疑的/**doubting** adj. 抱怀疑态度的

doubtful [ˈdaʊtfʊl] adj. ❶ 难以预测的,未定的 ❷ 怀疑的,可疑的‖ **doubtfulness** n. 未定;可疑

doubtless [ˈdaʊtlɪs] adv. 无疑地,肯定地

dough [dəʊ] n. ⓒⓤ 生面团

doughnut [ˈdəʊnʌt] n. ⓒ 炸面圈

dour [dʊə] adj. 不笑的;面有怒容的‖ **dourness** n. 严厉

douse [daʊs] vt. ❶ 浇水在…上 ❷ 熄灯〔火〕

dove [dʌv] n. ⓒ❶ 鸽 ❷ 和平的象征‖ **dovelet** n. 幼鸽/**dovelike** adj. 纯洁可爱的;温柔的

dowdy [ˈdaʊdɪ] adj. ❶(指衣服)不漂亮的,俗气的 ❷(穿着)邋遢的

down [daʊn] adv. ❶ 向下,在下面 ❷ 由大到小,由强到弱 ❸ 往南 ❹ 处于低等地位,处于潦倒状态 ■ prep. ❶(表示位置)在…的下方;在…下端: His office is down the stair. 他的办公室在楼下。❷(表示时间)自…以来;持续一段时间: He looked back down the last year. 他回顾了去年的情景。❸(表示方向)沿着…下;沿着,顺着;向…那一端;朝〔在〕…的下游地区;朝〔在〕…的南方;到,去;从页首开始向 …的底部看: They hired a boat and went for a row down the river. 他们租了条小船,划向河的下游。/ I am just going down the shops. 我正要去商店。■ adj. ❶Ⓐ 向下的,下行的: Cast a down look! 向下看! ❷Ⓔ 沮丧的,情绪低落的: He felt down about his failure. 他对自己的失败感到沮丧。❸(以…)落后于对手的: He was down by 15:40 in the third game. 在第 3 局中他以 15 比 40 输给对方。❹Ⓕ 完成了的,已处理的‖ **down payment** 定金

downbeat [ˈdaʊnbiːt] adj. 消沉的;悲观的;抑制的

downcast [ˈdaʊnkɑːst] adj. ❶ 情绪低落的 ❷ 向下的

downfall [ˈdaʊnfɔːl] n. Ⓢ❶ 垮台,衰落 ❷ 垮台(或衰落等)的原因

downgrade [ˈdaʊnɡreɪd] vt. 使降低,使降级

downhill [ˌdaʊnˈhɪl] adv. ❶ 向下 ❷ 容易些‖ go ~ 走下坡路

downplay [ˈdaʊnˌpleɪ] vt. 减轻…的重要性,贬低,轻视

downpour [ˈdaʊnpɔː] n. ⓒ 倾盆大雨

downright [ˈdaʊnraɪt] adv. 完全地 ■ adj. ❶ 彻底的,完全的 ❷ 坦白的,直率的

downside [ˈdaʊnsaɪd] adj. 下降趋势的: ~ estimates of future sales 对未来销售量作下降的估计

downstairs [ˈdaʊnˈsteəz] adv. ❶ 在楼下 ❷ 向〔往〕楼下: He went downstairs to breakfast. 他下楼去吃早饭了。■ adj. Ⓐ 楼下的: The downstairs rooms are not as quiet as the upstairs ones. 楼下房间没有楼上房间安静。■ [ˈdaʊnsteəz] n. 楼下

downstream [ˌdaʊnˈstriːm] adv. 在下游;顺流地

down-to-earth [ˌdaʊntəˈɜːθ] adj. 务实的;实际的;现实的

downtown [ˈdaʊnˈtaʊn] adv. 在商业〔闹市〕区 ■ adj. Ⓐ 商业区的;闹市区的

downturn [ˈdaʊntɜːn] n. ⓒ(价格或活动)开始下降

downward [ˈdaʊnwəd] adj. 向下的,往下的 ■ adv. 向下地,下行地

dowry [ˈdaʊərɪ] n. ⓒ 嫁妆

dowse [daʊs] = douse

doze [dəʊz] vi. 打盹儿,打瞌睡

dozen [ˈdʌzn] n.（pl. ~ or ~s）ⓒ(一)打,十二个‖ a ~(of)一打/~s of 很多/talk nineteen to the ~ 不停地说

dozy [ˈdəʊzɪ] adj. ❶ 想睡的;令人困倦的 ❷ 愚笨的;迟钝的

drab [dræb] adj. ❶ 土褐色的 ❷ 无生气的,乏味的,单调的‖ **drabness** n. 乏味,单调

drabble ['dræbəl] vt.&vi.(使)变脏,变湿;弄得满身是泥

draconian [dreɪ'kəʊnjən] adj.非常严厉的;非常严酷的

draft [drɑ:ft] n. ❶草稿,草案,草图 ❷汇票 ❸应召入伍者;特遣队 ■ vt. ❶起草,画草图,草拟 ❷选派,抽调 ❸征募,征召…入伍 ‖ ~ out 草拟,勾勒出

drag [dræg] vt.&vi.(-gg-)(使…)在地上拖拉;慢吞吞地走,磨蹭 vt. ❶拖,拉,拽:The ship dragged her anchor during the storm.船在暴风雨中拖动了锚链。❷打捞,拖捞:They're dragging the river for the body of the missing boy.他们在河底打捞失踪男孩的尸体。‖ ~ along 拖着脚走,慢慢地行走/~ away 拉开,拖走/~ down …使身体垮掉/~ for (在河、湖底)打捞/~ from 从…拉开,从…拖走/~ in [into] …拉进去,硬把…拉扯进来/~ off 强拉,硬拉/~ on 拖长;大口地吸/~ out 拖出来/~ out of 把…从…中拉出/~ through 拖着…穿过/~ to 把…拖至/~ up 重提(旧事、旧话) ■ n. ❶ⒸⓊ拖,拉,拽:He walked with a drag.他拖着脚走路。❷Ⓒ 吸,抽:take a 一抽一口(烟)/He took last drags at his cigarette and stood up.他抽完最后几口烟,站了起来。❸Ⓢ累赘,障碍:She loves her family, but they're a drag on her career.她热爱自己的家庭,但家庭却是她事业的阻碍。‖ **dragnet** n. ①拖网②法网

dragon ['drægən] n. Ⓒ❶龙 ❷凶恶的人,悍妇

dragonfly ['drægənflaɪ] n. Ⓒ蜻蜓

dragoon [drə'gu:n] n. Ⓒ骑兵 ■ vt.迫使:We were dragooned into going to the opera.我们迫不得已看了那场歌剧。

drain [dreɪn] vt.&vi.(使)流干,(使)逐渐流走:It was not easy to drain the flooded mine.排干矿坑里的积水不容易。vt.喝光,喝干:Let's drain the glass dry.咱们把这杯喝干吧。‖ ~ away (使)流走/~ (使)吸引走/(使)减弱/(使)用尽/~ from (使)从…流出[走]/离开,被吸引而脱离(某地)/~ into 使河流或陆地的水流入/~ of 把…抽[带]走,抽空,耗光/~,弄空/~ off (使)流出[走]/将一定量的酒喝光/~ out (使)流出[流失]/停止 ■ n. Ⓒ❶排水沟,排水管 ❷流尽,用光 ❸ go down the ~白白被浪费掉 ‖ **drainer** n.排水器 ‖ **drain pipe** 排水管

drainage ['dreɪnɪdʒ] n. Ⓤ❶排水,放水 ❷排水系统,下水道 ❸废水,污水,污物 ‖ **drainage system** 排水系统/**drainage tube** 导液管

drama ['drɑ:mə] n. Ⓒ❶戏剧,剧本 ❷Ⓤ剧文学〔艺术〕 ❸Ⓒ戏剧性事件〔场面〕

dramatic [drə'mætɪk] adj. ❶戏剧的,剧的 ❷戏剧性的,激动人心的 ❸引人注目的,给人深刻印象的 ‖ **dramatically** adv.从戏剧角度;戏剧性地

dramatics [drə'mætɪks] n. ℙ❶戏剧表演和创作的研究或实践 ❷戏剧性的行为

dramatist ['dræmətɪst] n. Ⓒ剧作家,编剧

dramatize, -ise ['dræmətaɪz] vt.将(小说或事件)改编成剧本 vt.&vi.使(事情)戏剧化,夸张 ‖ **dramatization, -isation** n.(小说、故事等)改编为剧本;戏剧式表现;改编成的剧本

drape [dreɪp] vt. ❶将(衣物、帘等)悬挂,披 ❷遮盖或装饰某人或某物 ❸将某物随便围在或放在另一物上

draper ['dreɪpə] n. Ⓒ布商,服装商 ‖ **drapery** n.布,布匹

drapery ['dreɪpərɪ] n. ❶Ⓤ布料及服装业或所经售的货物 ❷ⒸⓊ打褶悬挂的布等 ‖ **draperied** adj.悬有(褶形)布帘的

drastic ['dræstɪk] adj. ❶严厉的,极端的 ❷严重的 ❸激烈的,猛烈的:~ debate 激烈的辩论 ‖ **drastically** adv.严厉地,极端地;激烈地,猛烈地

draught [drɑ:ft], 〈美〉**draft** [dræft] n. Ⓒ❶通风,气流 ❷一饮,一口之量 ‖ **at a** ~一下子/**feel the** ~手头拮据/**on** ~散装的

draughty ['drɑ:ftɪ] adj. (-ier,-iest)通风的,有穿堂风的 ‖ **draughtily** adv.通风地

draw [drɔ:] vt. (pt. drew, pp. drawn) vt.&vi. ❶绘画,画 ❷拖,拉 vt. ❶拔出,取出,抽出 ❷提取,汲取,领取 ❸引起,吸引 vi. ❶移动,来临 ❷打成平局,不分胜负 ‖ ~ apart 拉开(窗帘);分手,不和/~ aside 带到一边;把某人叫到一边说悄悄话/~ at 吸烟(斗)/~ away (使)离开;在竞争中领先于他人或物/~ back (把…)向后拉开;退缩,缩手不干;退到一边去;收回(诺言等)/~ down 向下拉;招来/~ for 抽签决定谁将得到…/~ forth 抽出(某物);显示出;博得/~ from 根据(记忆、构想等)绘画,以…为依据,复制/;从(某处)取出/~ in ❶召集或送来/(天)变黑/(白昼)缩短/(债);节省开支/~ in 引诱,使加入/~ into (火车或汽车)到站;徐徐进站;把…拉进,吸引进/~ near 临近/~ off 脱去;排出,抽出(某物),拉走(某人);(使)撤离,使转移到/~ on 穿上;渐渐来临;鼓励(某人);在…上绘画;凭,使用…;从…取;赶上/~ out 掏出,拉长;拖延;(白昼)变长;(使)离开;提供大意;诱发,引出或暴露(某事物);鼓励;通过谈话了解到;从银行提(款)/~ over 把…覆盖在…上/~ round 围在…的四周/~ to 拉上/~ together (使)相遇或接近/~ up 将(某物)拉上前;折叠,拆除;排好队伍,使整队;(使)停下;使(自己)挺直身子;草拟,拟订 ■ n. ❶Ⓢ抽奖,抽签 ❷Ⓒ平局,不分胜负 ‖ **a sure** ~一定可以引起评论之处/**be fast[quick] on the** ~思维敏捷;

拔枪快/beat to the ~ 抢在…之前‖draw-down n. 水位降低;消耗,减少/drawknife〔drawshave〕n. 刮刀

drawback ['drɔːbæk] n. ⓒ缺点,不利条件;障碍

drawer [drɔː] n. ⓒ抽屉‖ drawerful n. (一)抽屉

drawing ['drɔːɪŋ] n. ❶Ⓤ绘画,制图 ❷ⓒ图画,图样‖ in ~ 画得准确的/out of ~ 画得不准确的;不协调的‖ drawing block 活页画图纸/drawing board 制图板,绘图板/drawing card 能吸引观众的表演/drawing compasses 制图圆规/drawing pin 图钉/drawing room 客厅

drawl [drɔːl] vt.& vi. 拖长腔调慢吞吞地说;*The old woman was drawling on and on.* 这个老太太慢吞吞地说个没完。■ n. Ⓢ拖长腔调慢吞吞的说话方式;*Mr. Peter spoke in a soft drawl.* 彼得先生说话声音轻柔而缓慢。‖ **drawlingly** adv. 慢吞吞地

drawn [drɔːn] adj. 疲惫的,憔悴的

dread [dred] vt. 害怕,恐惧;担心;*We all dread to think what will happen if the company closes.* 我们都不敢去想一旦公司关门我们该怎么办。/ *The little boy dreads going to bed in the dark.* 这孩子不敢在黑暗中睡觉。■ n. ❶ⓤⓒ恐惧,畏惧 ❷ⓒ令人恐惧的事物

dreadful ['dredful] adj. ❶Ⓐ可怕的,令人畏惧的 ❷Ⓐ极端的,极其大的 ❸糟糕的,讨厌的,烦人的‖ **dreadfully** adv. 可怕地,令人生畏地;极其

dream [driːm] n. ❶ⓒ梦 ❷Ⓢ梦想般美好的人或事物 ❸ⓒ抱负,理想,梦想‖ a bad ~ 噩梦般的处境/be beyond sb's ~ 超过某人的期望/go to one's ~ 进入梦乡,入睡/like a ~ 轻而易举/read a ~ 详梦 ■ (pt., pp. dreamed or dreamt) vt.& vi. 做梦;向往 vt. 想到,料到; ~ about/of 梦到,想到,向往/~ away 在梦幻或胡思乱想中虚度光阴/~ of 梦见;梦想,渴望;考虑,会做得出(某事)/~ on 痴心妄想/~ up 想起,想象出(不寻常的事物);凭空设想‖ **dreamer** n. 空想家;白日做梦者/**dreamful** adj. 多梦的,常做梦的/**dreamless** adj. 无梦的,不做梦的/**dreamlike** adj. 梦一般的,梦幻似的/**dreamboat** n. 〈美俚〉理想目标;理想人物/**dream reader** 详梦的人

dreamy ['driːmɪ] adj. (-ier, -iest) ❶心不在焉的 ❷模糊的,不清楚的 ❸轻柔的 ❹绝妙的,极好的‖ **dreamily** adv. 心不在焉地;模糊地,不清楚地;轻柔地;绝好地/**dreaminess** n. 心不在焉;模糊,不清楚;轻柔;绝妙,极好

dreary ['drɪərɪ] adj. (-ier, -iest) ❶使人闷闷不乐或沮丧的;阴沉的,忧郁的 ❷令人厌烦的,单调的,枯燥的‖ **drearily** adv. 沮丧地,阴沉地,忧郁地;令人厌烦地;单调地,枯燥地

dreariness n. 沮丧,阴沉,忧郁;单调,枯燥

dredge¹ [dredʒ] vt. 疏浚(河道等) vt.& vi. 挖除或吸出某物 ■ n. ⓒ挖泥机

dredge² [dredʒ] vt. (在食物上)撒(面粉、糖等)

dregs [dregz] n. Ⓟ❶沉淀物 ❷残渣,渣滓‖ **drink** 〔**drain**〕 **to the ~** ①喝干②享尽(快乐等),吃尽(苦头)等

drench [drentʃ] vt. ❶使湿透 ❷在某人(某物)上大量使用(某液体)‖ **drenching** n. 湿透

dress [dres] n. ❶ⓒ连衣裙 ❷Ⓤ衣服,服装 ■ vt.& vi. ❶给…穿衣,穿着 ❷装饰,打扮‖ ~ down 因某些场合的需要而穿得朴素些;责骂,斥责/~ for 为(某场合)穿着/~ in 穿着…衣服/~ up 穿上特殊服装;打扮,梳理,粉饰,伪装;(使)装扮成另一种样子;为取乐和假扮而穿别人的衣服‖ **dresser** n. 梳妆台;以某种方式穿着的人;服装师‖ **dress coat** 燕尾服/**dress suit** (男子的)晚礼服/**dress shirt** 礼服用白衬衫/**dressmake** vi. 做女服(或童装)/**dressmaker** n. 做女服(或童装)的(女)裁缝

dressage ['dresɑːʒ] n. 〈法〉Ⓤ❶花式骑术训练 ❷花式骑术表演

dressing ['dresɪŋ] n. Ⓤ穿衣;包扎伤口‖ **dressing gown** 晨衣/**dressing room** 更衣室/**dressing table** 梳妆台/**dressing-up** n. 化妆打扮游戏

dribble ['drɪbl] vi. 流口水 vt.& vi. ❶(使液体)滴下或作细流 ❷运球,带球 ■ n. Ⓢ❶涓滴,细滴 ❷运球,带球 ❸少量(液体)‖ **dribbler** n. ①流涎的人②运球的人

drift [drɪft] vi. ❶漂,漂流 ❷漂泊,流浪‖ ~ along ①漂流②混日子,随波逐流 ■ n. ❶Ⓤ漂移,漂流 ❷ⓒ吹积物,堆积物 ❸ⓒ趋势,动向,倾向 ❹Ⓢ大意,要点,主旨‖ **drifter** n. 漂流物;流浪者;流网渔船‖ **drift anchor**〈海〉浮锚/**drift ice** 浮冰,流冰/**drift net**〈海〉流网/**driftwood** n. 浮木,漂木

drill [drɪl] n. ❶ⓒ钻头,钻床 ❷Ⓤⓒ操练,训练 ■ vt.& vi. ❶钻(孔);打(眼);*The dentist drilled my tooth.* 牙医在我的牙齿上钻孔。 ❷操练,训练正常操练;*The recruits drilled regularly.* 新兵们正常操练。 ➩ in 反复教授,灌输;指导反复练习/~ into 用(机器、工具等)在(某物)上钻孔;反复地将…教授〔灌输〕给(某人)‖ **driller** n. 操练员;钻机‖ **drill bit** 钻,钻头/**drill ground** 练兵场,操场/**drill master**〈军〉教官/**drill sergeant** 军士级教练员

drink [drɪŋk] vt.& vi. (pt. **drank**, pp. **drunk**)喝(酒),饮 vt. 吸收,吸饮‖ ~ away 继续地喝酒;饮酒消愁/~ deep of 大量喝下(某种液体);大量吸收(某物)/~ in 吸收,吸取;饱览,欣赏(风景等)/~ to 举杯祝贺/~ up 痛饮,大口地喝 ■ n. ❶Ⓤⓒ饮料 ❷Ⓤ酒 ❸ⓒ一

杯或一份酒‖be in ~喝醉了/be on the ~酗酒/drive to ~使得(某人)借酒消愁/knock over a ~喝酒/meat and ~快乐的源泉,生活的目的‖drinker n. 饮酒者,酒徒‖drinking water 饮用水

drip [drɪp] (-pp-) vt.&vi.(使)滴下 vi.滴出,漏下‖~ with 充满;盖满‖dripping n. ①滴下;滴下的水声②滴下的液体‖drip-drop n. 不断的滴水/dripstone n. 滴水石,钟乳石

drive [draɪv] (pt. drove, pp. driven) vt. ①驱赶 ②驱使,促使 ❸敲击 vt.&vi. 驾驶‖~ against敲打;进攻；在暗处,意指/~ away 驱车离开;把…驱开,赶走/~ away at 努力做,孜孜不倦地做/~ back 驾车返回,驱车返回/迫使后退/~ down 压低;向下(南)开(赶)/沿着…向下开(走)/~ home 用车把…送到家/~ in 驶进;打入,强行灌输/~ into 插入;敲入;灌输;迫使处于(某种)状态/~ off 驾车离去,驶去;赶走,击退;使…偏离/~ on 继续开车,煽动,鼓励;撞在…上/~ out 开车出去;驱逐,驱散/~ over开车前往;(开)车从…辗过;从…掠过/~ through 驾(车)穿过/~ up 开到;到达;使…上升 ■n.①C乘车旅行②C私人车道③U C传动,驱动④U干劲,积极性,能动性❺C紧迫,逼迫,压力‖drive-in n. 免下车的影院、餐厅等/drive licence 驾驶执照/driveway n. 车道

driver ['draɪvə] n. C①驱赶动物或人的人 ❷驾驶员,车夫‖the ~'s seat 发号施令的地位,控制地位

drizzle ['drɪzl] vi.下蒙蒙细雨,下毛毛雨: It's drizzling now.天正下着毛毛雨.■n. U蒙蒙细雨,毛毛雨

droll [drəʊl] adj. 离奇古怪的,滑稽的‖drollness n. 离奇古怪,滑稽/drolly adv. 古里古怪地,滑稽地

drone[1] [drəʊn] n. C ①雄蜂 ❷不务正业而依赖他人为生者

drone[2] [drəʊn] vi. 发出嗡嗡声 vt.&vi.(以低沉、单调的声调)谈,说,唱 ■n. S ①嗡嗡声 ❷沉闷单调的谈话 ❸持续的低音或和音‖droningly adv. ①嗡嗡地;单调低沉地②懒洋洋地

drool [druːl] vi. ❶流口水 ❷对某人或某物流露出痴迷的神情

droop [druːp] vi.弯曲或下垂,发蔫: Her eyelids drooped as if she were on the verge of sleep.她眼睑低垂好像快要睡着的样子。

drop [drɒp] (-pp-) vt.&vi. ❶(使)落下,投下: The apple blossom is beginning to drop.苹果树上的花开始落了。❷(使)降低,减少,减弱: The motorist dropped his speed.摩托车手放慢了速度。vt. ❶放弃,断绝交往: But in Paris he dropped his medical studies.但是在巴黎,他放弃了学医。❷漏掉,丢掉: He dropped his watch in the bathroom.他把手表丢在浴室了。❸让人下车,卸下货物: I'm driving your way so I may drop you at the station.我开车顺路,所以送你到车站。‖~ across 串门;偶遇/~ away陡峭;减少,下降/~ back 落回;地位倒退;减少;投回;落在后面/~ behind 落后/~ by 顺便来访/~ down 突然下来;突然松开/~ in 顺便拜访;降下;投入,坍塌;愿意参加,愿意接受/~ into 顺便去某地;把…送进/~ off 落下;不知不觉入睡;送下车;送到;减少/~ on 发现;找到;挑中,选中/~ out 离开,退出;掉出/~ over 顺便拜访/~ through 〈非正〉毫无结果,落空,失败 ■n. ①C 滴,剂,滴状物 ❷S降落,下跌 ❸C空投,空降‖a ~ in the bucket 九牛一毛/at the ~ of a hat 毫无犹豫地,一有机会就/by ~ ~ 一滴一滴地,一点一点地/get the ~ on 掏出枪对准;对…先发制人/have a ~ in one's eye 有点醉意/have(take) a ~ too much (of)多喝了一杯(酒)/in ~s一滴一滴地/take a ~ of sth 喝一点酒‖**dropper** n.①落下的人②滴管/**droplet** n. 小滴/**droppage** n.落下来的东西/**dropkick** n.〈体〉踢落地球/**dropleaf** n.活动翻板/**droplight** n. 吊灯/**drop-off** n.陡坡

droppings ['drɒpɪŋz] n. P(鸟兽的)排泄物

drought [draʊt] n. C U 干旱(时期)‖**droughty** adj. 干旱的‖**drought-resistant** adj. 抗旱的

drove [drəʊv] n. P移动的人群或大批东西

drown [draʊn] vt.&vi. (使)淹没,(使)溺死: How many men drowned when the boat capsized? 船翻时有多少人淹死了？/She drowned herself.她投水自杀了。‖~ in(使)淹死于(某处);(声音)压过(另一声音);使忙于…；陷于,沉浸于/~ out(声音)淹没(另一声音);(洪水)使(人们)无家可归

drowse [draʊz] vi. 打瞌睡: He drowsed in the sun.他在阳光下打瞌睡。

drowsy ['draʊzɪ] adj.(-ier,-iest)欲睡的,使人昏昏欲睡的‖**drowsily** adv. 半睡半醒地,昏昏欲睡地/**drowsiness** n. 半睡醒,昏昏欲睡

drudge [drʌdʒ] n. C做苦工的人,劳碌的人 ■vi.做苦工,操劳: The professor is drudging at dictionary-compiling.教授正在辛苦地编字典。‖**drudgery** n. 苦工,重活/**drudgingly** adv. 苦役般地;辛劳地;单调乏味地

drug [drʌg] n. C①药物,药剂,药材 ❷麻醉药;毒品‖a ~ on the market 滞销品,滞销货‖**drug-fast** adj.〈医〉抗药性的,耐药性的/**drugstore** n. 药房,杂货店

drum [drʌm] n. C①鼓,鼓状物‖beat the ~ for 为…竭力鼓吹,为…做宣传/follow the ~ 当兵‖**drummer** n. ①鼓手②〈美〉旅行推销员‖**drumbeater** n. 鼓吹者/**drumbeating** n. 鼓吹/**drumfire** n. 连续的猛烈炮火/**drum-**

drumming

head n. 鼓面/**drumstick** n. 鼓槌

drumming ['drʌmɪŋ] n. Ⓤ Ⓢ 连续有节奏的声音

drunk [drʌŋk] adj. 醉的；陶醉的 ‖ as ~ as a lord 酩酊大醉/as ~ as a sow 烂醉

drunken ['drʌŋkən] adj. Ⓐ 酒醉的,常喝醉的：a ~ man 醉汉 ‖ **drunkenly** adv. 酒醉地,常喝醉地/**drunkenness** n. 酒醉

dry [draɪ] adj. (**drier, driest**) ❶ 干的,干燥的,无雨的 ❷缺水的,口渴的,使人口渴的 ❸禁酒的 ❹无趣味的,枯燥的,一本正经地表达出来的 ‖ a ~ eye 不流泪的眼/as ~ as a bone 干极了/as ~ as dust 乏味极了/not ~ behind the ears 无经验的；乳臭未干的 ■ vt. & vi. (pt., pp. **dried**) 变干,把…弄干：We were drying our clothes by squeezing. 我们把衣服拧干。 ‖ ~ off(使)弄干,(使)变干/~ out (使)变干,(使)干涸(使)戒(酒、毒)等)/~ up (使)…干涸；用光,耗尽；擦干碗碟；住口 ‖ **dryish** adj. 有点儿干的/**dryer** n. 脱水机/**dryly** adv. 干燥地/**dryness** n. 干燥 ‖ **dry-boned** adj. 骨瘦如柴的/**dry-bulb** adj. 干球的/**dry-salt** vt. 干腌/**dry camp** 无水宿营地/**dry cell** 干电池/**dry cleaner** 干洗剂；干洗商/**dry cleaning** 干洗/**dry goods** 谷类,干物类/**dry ice** 干冰/**dry land** 干旱地区/**dry measure** 干量/**dry oil** 干性油/**dry rot** 干朽,干枯/**dry shampoo** 干洗的洗发剂

dual ['djuːəl] adj. Ⓐ 两部分的,二体的,二重的 ‖ **dually** adv. 两部分地,二重地 ‖ **dual-purpose** adj. 双重目的的,两用的

dub [dʌb] vt. (-bb-) ❶ 给…起绰号；把…称为 ❷配音；复制

dubious ['djuːbjəs] adj. ❶ 半信半疑的,可疑的 ❷ 不可靠的,冒风险的 ‖ **dubiously** adv. 半信半疑地,可疑地；不可靠地,冒风险地/**dubiousness** n. 半信半疑,可疑；不可靠,冒风险

duchess ['dʌtʃɪs] n. Ⓒ ❶ 公爵夫人；公爵遗孀 ❷女公爵 ‖ a meddling ~ 爱管闲事、神气活现而一事无成的老太婆

duchy ['dʌtʃɪ] n. Ⓒ公爵的领地

duck [dʌk] n. (pl. ~ or ~s) ❶ Ⓒ 鸭,野鸭,母鸭 ❷Ⓤ鸭肉 ❸Ⓒ亲爱的宝贝,家伙 ‖ like a ~ to water 像鸭子下水似的；不犹豫地,不惧怕地,自然地/Will a ~ swim? 那还用说吗？■ vt. & vi. ❶ 忽然低下头(或弯下腰) ❷躲避,闪开 ❸ 潜入 ‖ ~ down 低下身子(以避过…)/~ in 使…浸入水中片刻/~ into 躲进/~ out of 逃避(做…)/~ with 用…回避 ‖ **duckboard** n. 板道/**duck-legged** adj. 短腿的/**duckweed** n. ⟨植⟩浮萍

duct [dʌkt] n. Ⓒ❶管道,槽,输气管 ❷人体或植物中液体等经过的管 ‖ **ductless** adj. 无管的

ductile ['dʌktaɪl] adj. ❶ 可延展的,有韧性的 ❷顺从的,易受影响的

ductless ['dʌktlɪs] adj. 无管的；不用管道的

dud [dʌd] n. Ⓒ无用的人或物,废物 ■ adj. 有缺点的,不完善的

dude [djuːd] n. Ⓒ❶城里人 ❷纨绔子弟,花花公子 ❸⟨俚⟩男人

due [djuː] adj. ⓅⒷ应支付的〔给予的〕 ❷应有的,应得到的 ❸Ⓟ到期的 ❹Ⓟ预定,预期 ❺Ⓐ适当的,正当的,适宜的 ‖ ~ for 应有,应得到/~ to 欠下债〔账〕,应给予；由于/in ~ course 在适当时机,最终 ‖ **due bill** ⟨美⟩借约

duel ['djuːəl] n. Ⓒ❶两男子的决斗 ❷竞争,斗争 ‖ **duel(l)ist** n. 决斗者,争斗者

duet [djuː'et] n. Ⓒ❶二重奏曲,二重唱曲 ‖ **duettist** n. 二重唱者

duff [dʌf] adj. 无价值的,无用的 ■ vt. ❶未击中(某物)；弄糟(某事) ❷狠打或狠踢某人

dugout ['dʌgaʊt] n. Ⓒ❶独木舟 ❷掩护部,防空洞

duke [djuːk] n. Ⓒ公爵 ‖ **dukedom** n. 公国,公爵领地

dulcet ['dʌlsɪt] adj. 悦耳的,优美动听的

dull [dʌl] adj. (-er, -est) ❶不鲜明的,不清楚的,晦暗的 ❷迟钝的,呆笨的 ❸枯燥无味的 ❹钝的,不锋利的 ❺萧条的,清淡的 ‖ as ~ as ditchwater 极沉闷乏味的 ‖ **dullard** n. 蠢人,笨蛋/**dullish** adj. ①有点迟钝的 ②有点沉闷的/**dullness** n. 不鲜明,不清楚；迟钝；枯燥无味；不锋利；萧条/**dully** adv. 不鲜明地,不清楚地；迟钝地；枯燥无味地；不锋利地；萧条地

duly ['djuːlɪ] adv. ❶ 正确地,适当地 ❷按时地,准时地

dumb [dʌm] adj. (-er, -est) ❶哑的 ❷Ⓟ说不出话的 ❸愚蠢的 ‖ **dumbly** adv. 哑地,沉默地；愚蠢地/**dumbness** n. 哑；说不出话；愚蠢 ‖ **dumbbell** n. 哑铃

dumfound [dʌm'faʊnd] vt. 使惊讶,使惊得发呆

dummy ['dʌmɪ] n. Ⓒ❶人体模型 ❷仿制品 ❸橡皮奶头 ❹笨蛋,蠢货

dump [dʌmp] n. Ⓒ❶脏的地方 ❷Ⓒ垃圾场 ❸Ⓟ⟨口⟩忧郁 ■ vt. ❶倾倒,丢弃,倾卸；堆放 ❷倾销,抛售 ‖ ~ on 投放；欺骗(某人) ‖ **dumper** n. 垃圾车；清洁工/**dumping** n. 倾销 ‖ **dump cart** 倒垃圾车/**dump truck** 自动卸货卡车

dumpling ['dʌmplɪŋ] n. Ⓒ❶汤团,饺子 ❷水果布丁 ❸矮胖的人

dunce [dʌns] n. Ⓒ蠢材,笨学生

dune [djuːn] n. Ⓒ沙丘

dung [dʌŋ] n. Ⓤ动物的粪便,粪肥 ‖ **dung-cart** n. 粪车/**dung-fork** n. 粪耙

dungeon ['dʌndʒən] n. Ⓒ地牢

dunk [dʌŋk] vt. ❶将(食物)浸入液体 ❷将

（某人或某物）在水中浸一下
duo ['dju:əu] n.(pl.~s) ⓒ成对的表演者
dupe [dju:p] vt.欺骗或哄骗某人（做某事）: He was duped into telling them everything. 他被骗把什么都告诉了他们。■ n. ⓒ受骗的人，傻子 ‖ **duper** n. 欺骗者，诈骗者
duplex ['dju:pleks] adj.有两部分的
duplicate ['dju:plɪkɪt] n. ⓒ完全一样的东西，复制品 ■ adj.完全一样的，复制的 ■ ['dju:plɪkeɪt] vt. ❶复制 ❷复印 ‖ **duplicator** n. 复制者，复印机
duplication ['dju:plɪkeɪʃn] n. ⓤ复制，重复
durable ['djuərəbl] adj.持久的，耐用的 ‖ **durability** n. 持久，耐用 / **durableness** n. 持久，耐用 / **durably** adv. 持久地，耐用地
duration [djuə'reɪʃən] n. ⓤ持续，持续的时间，期间 ‖ **for the ~ on** 在整段时间内；在战争期间
duress [djuə'res] n. ⓤ威胁，逼迫
during ['djuərɪŋ] prep. ❶(表示时间)在某情况的一段时间: Where shall you go during the summer? 今年夏天你将到什么地方去? ❷ (表示时间)在…期间，当…之时: The fire started during the workmen's dinner. 火灾是在工人们吃饭时发生的。
dusk [dʌsk] n. ⓤ黄昏，傍晚 ‖ **duskish** adj. 黄昏的，傍晚的
dusky ['dʌskɪ] adj.(-ier,-iest)昏暗的，黑暗的: a ~ room 一间昏暗的房子 ‖ **duskily** adv. 昏暗地，黑暗地 / **duskiness** n. 昏暗，黑暗
dust [dʌst] n. ⓤ❶灰尘，尘土，尘埃 ❷遗骸 ■ vt.& vi. 拂(一拂)，掸(一掸) ■ vt. 撒(粉)于 ‖ ~ **down** 把灰尘掸掉〔刷掉〕/~ **off** 掸〔拭〕去灰尘；（长期搁置后）重新使用〔温习〕；迅速离开 ‖ **duster** n. 掸子，尘拂 / **dustless** adj. 没有灰尘的 ‖ **dustband** n. 防尘圈 / **dustbin** n. 垃圾桶 / **dust cloak** 罩衣 / **dust cover** 布罩 / **dust guard** 防尘板 / **dustheap** n. 垃圾堆 / **dust jacket** 护封 / **dustman** n. 清扫垃圾的人 / **dustproof** adj. 防尘的 / **dust storm** 〈气〉尘暴
dusty ['dʌstɪ] adj.(-ier,-iest)布满灰尘的，灰尘弥漫的 ‖ **not so ~** 还不错

dutiful ['dju:tɪfl] adj.恭敬顺从的，尽职的
duty ['dju:tɪ] n. ❶ⓒ职责 ❷ⓤ义务，本分 ❸ⓤ税收 ‖ **a ~ call** 礼节性拜访 / **be in ~ bound to** 有义务（做）/**do ~ for** 充作；当…用 / **do one's ~** 尽职，尽本分，尽义务 / **on〔off〕~** 值〔不值〕班 / **take sb's ~** 替代某人的工作 ‖ **duty-free** adj. 免关税的 / **duty-paid** adj. 已缴税的
duvet ['du:veɪ] n. ⓒ羽绒被
dwarf [dwɔ:f] n.(pl.~s) ⓒ❶矮子 ❷有魔法的小矮人 ■ vt.(使)显得矮小，使相形见绌 ‖ **dwarfish** adj. 比较矮小的/**dwarfism** n. 矮小
dwell [dwel] vi.(pt.,pp.dwelt)居住，住 ‖ **~ at** 住在（某地）/**~ in** 住在（某地）/停留，存在/**~ on〔upon〕**老是想着，详述；在谈话或文章中详细论述… ；居住在（某处）‖ **dweller** n. 住在某处的人或动物
dwelling ['dwelɪŋ] n. ⓒ住处，处所 ‖ **dwelling house** 住宅 / **dwelling place** 住处
dwindle ['dwɪndl] vi.逐渐变少或变小
dye [daɪ] n. ⓤ染料，染色 ‖ **of the deepest ~** 彻头彻尾 ■ vt.& vi.(3rd pers. sing pres.t. **dyes**, pt., pp. **dyed**, pres. p. **dyeing**) ❶给…上色；着色: Black will dye over other colours. 黑色能把大多数其他颜色盖住。 ❷能染上颜色 ‖ **dyehouse** n. 色染厂，染坊
dying ['daɪɪŋ] adj.快要死的，垂死的
dyke [daɪk] =dike
dynamic [daɪ'næmɪk] adj. ⒶⒶ❶有活力的，强有力的: a ~ personality 充满活力的性格 ❷不断变化的 ❸动力的，动态的
dynamism ['daɪnəmɪzəm] n. ⓤ(人的)活力，精力，劲头，魄力
dynamite ['daɪnəmaɪt] n. ⓤ❶(尤指用于采矿的)甘油炸药 ❷会引起轰动的人〔事物〕‖ **dynamite-laden** adj. (局势等)充满爆炸性的
dynamo ['daɪnəməu] n. ⓒ〈电〉(尤指直流)发电机
dynasty ['daɪnəstɪ] n. ⓒ王朝；朝代 ‖ **dynastic** adj. 王朝的

Ee

each [i:tʃ] *adj.* Ⓐ 每一，各个的：*Each school has its library*. 每一所学校都有图书馆。/ *Each one of us has his own duty*. 我们每个人都有自己的职责。/ *Each boy and each girl works hard*. 每个学生都用功。‖ **~ and every** 每一个 ■ *pron.* 每个：*There were three students who called and I gave a book to each*. 来了三个学生，我发给每个人一本书。/ *Each of us has a company car*. 我们每人都有一辆公司的汽车。/ *Each of you have to work together with one heart*. 你们大家要齐心合力。/ *The witnesses were each perfectly certain of what they said*. 证人们个个对自己所说的话十分肯定。/ *Peter and Bill each say they came first in the race*. 彼得和比尔都说自己跑了第一。/ *The French and Germans each claimed the territory*. 法国人和德国人都声称这块土地是他们的。/ *We each have our own particular tastes, haven't we?* 我们各有所好，不是吗? ‖ **~ other** 互相，彼此 ■ *adv.* 每，各自：*They both hold each an opinion*. 他们俩各执己见。

eager [ˈiːɡə] *adj.* 热切的，渴望的 ‖ **eagerly** *adv.* 热切地；渴望地/**eagerness** *n.* 热切；渴望 ‖ **eager beaver** 做事特别卖力的人

eagle [ˈiːɡl] *n.* Ⓒ 鹰

ear [ɪə] *n.* ❶ Ⓒ 耳，耳朵 ❷ Ⓢ 听力 ❸ Ⓒ 穗 ‖ **about one's ~s** 彻底地，猛烈地/**be all ~s** 全神贯注地听着，专心倾听/**by ~** 凭听觉/**close one's ~s** 塞住耳朵/**fall on deaf ~s** 未受到重视；未被理睬，不被听取/**fall on the ~s** 听起来/**familiar to the ~** 耳熟/**give (an) ~ to** 倾听，注意/**give one's ~s** 不惜任何代价(要)/**give sb a thick ~** 打…耳光/**go in one ~ and out of the other** 只当耳旁风/**have an [no] ~ 对…听觉灵敏[不灵敏]**/**have a word in sb's ~** 同某人私下谈话/**have long ~s** 爱打听别人的事情/**have one's ~s burning** 耳朵发热/**laugh[grin] from ~ to ~** 咧着嘴出声(不出声)笑/**lend an ~** 细听，倾听/**prick up one's ~s** 竖起耳朵仔细听/**ring in one's ~s** 言犹在耳/**shut[turn] one's ~s to** 对…充耳

不闻/**sleep on both ~s** 酣睡/**turn a deaf ~ to** 对…根本不听/**with all one's ~s** 全神贯注地(听)/**with half an ~** 不专心(听) ‖ **earache** *n.* 耳痛/**earcap** *n.* 耳套/**eardrop** *n.* 耳坠饰/**eardrops** *n.* 耳药水/**earpick** *n.* 挖耳勺/**earpiece** *n.* 耳机；眼镜脚/**ear-piercing** *n.* 刺耳的/**earplug** *n.* 耳塞/**ear-splitting** *n.* 震耳欲聋的/**ear trumpet** 助听器/**earwax** *n.* 耳垢

eardrum [ˈɪədrʌm] *n.* Ⓒ ⟨解⟩ 鼓膜，耳膜

earl [ɜːl] *n.* Ⓒ 英国伯爵 ‖ **earldom** *n.* 伯爵爵位

earliest [ˈɜːlɪəst] *n.* Ⓤ 最早，作为最早期的

early [ˈɜːlɪ] *adj.* (-ier, -iest) ❶ 早的，提早的 ❷ 早期的；清早的；早年的 ❸ 早日的，及早的 ‖ **~ days** 尚早 ■ *adv.* ❶ 早；先 ❷ 在初期，在早期 ‖ **~ and date** 从早到晚/**earlier on** 在更早的时候/**~ or late** 或早或晚/**keep ~ hours** 早睡早起 ‖ **early ambulation** 早期下床走动护理法/**early door** 提早入座门

earmark [ˈɪəmɑːk] *vt.* 指定…作为特定用途

earn [ɜːn] *vt. & vi.* 赚得；挣钱 *vt.* ❶ 获得，博得 ❷ 使得到，使获得，使值得 ‖ **~ by** 用…博得/**~ for sb** 为某人博得/**~ with** 用…挣得 ‖ **earner** *n.* 挣钱的人

earnest [ˈɜːnɪst] *adj.* 郑重其事的，非常认真的 ■ *n.* Ⓢ ❶ 订金，保证金 ❷ 预示，预兆 ‖ **in (real)** 认真的，诚挚的/**in sad ~** 一本正经地，十分严肃的 ‖ **earnestly** *adv.* 认真地；诚挚地/**earnestness** *n.* 认真，诚挚

earnings [ˈɜːnɪŋz] *n.* ₱ ❶ 薪水，工资 ❷ 收益，利润

earphones [ˈɪəfəʊnz] *n.* Ⓒ 耳机

earring [ˈɪərɪŋ] *n.* ₱ 耳环

earth [ɜːθ] *n.* Ⓤ ❶ 世界，地球 ❷ 大地，陆地，地面 ❸ 泥土 ❹ 尘世，人间 ‖ **bring sb back to ~** 使某人回到现实中来/**come down[back] to ~** 回到现实/**down to ~** 务实的，现实的/**like nothing on ~** 异乎寻常地，糟透地/**on ~** ①世界上 ②究竟，到底 ‖ **earthborn** *adj.* ①从地里

出生的 ② 人类的；尘世的 / **earthnut** n . 落花生 / **earthshaking** adj . 极其重大的,震撼世界的 / **earthwork** n . 土木工事；土方工程

earthly ['ɜːθlɪ] adj . Ⓐ❶ 人间的,尘世的 ❷ 可能的 ‖ **not an** ~ 完全没有希望 ‖ **earthliness** n . 世俗,尘缘

earthquake ['ɜːθkweɪk] n . Ⓒ❶ 地震 ❷ 动乱,大震荡

earthworm ['ɜːθwɜːm] n . Ⓒ 蚯蚓

earthy ['ɜːθɪ] adj . ❶ 泥土的,像泥土的 ❷ 泥土气息的；粗俗的：an ~ sense of humour 粗俗的幽默感

ease [iːz] n . Ⓤ❶ 容易 ❷ 舒适,安逸 ‖ **at (one's)** ~ 安逸,舒适 ■ vt . & vi . (使)减轻,缓 vt . ❶ 使安心,使宽舒 ❷ 小心缓慢地移动位置 vi . 缓和,改善 ‖ ~ **down** 减(速) / ~ **into** 小心地移入 / ~ **of** 解除 / ~ **off** 减轻；缓和 / ~ **out** ① 放下 ② 免职,开除 / ~ **round** 绕过 / ~ **to** 改变方向 / ~ **up** ① 移动 ② 减轻；放松 ‖ **easeful** adj . 安闲的；舒适的

easily ['iːzɪlɪ] adv . ❶ 容易地,不费力地 ❷ 远远地 ❸ 很可能,多半

east [iːst] n . ⓈⓊ 东,东方 ‖ **at the** ~ **of** 位于…东部 / **from the** ~ 从东方来 / **in** [**on, to**] **the** ~ **of** 在…东部 / **towards the** ~ 向东方 ■ adj . Ⓐ❶ 东方的,向东方的 ❷(风)从东方来的 ■ adv . 向东方(地) ‖ **eastbound** adj . 向东行的,向东驶的

eastbound ['iːstbaʊnd] adj . 东行的；向东

Easter ['iːstə] n .〈宗〉复活节 ‖ **Easter egg** 复活节彩蛋 / **Easter Monday** 复活节后的星期一

eastern ['iːstən] adj . 东方的,东部的,来自东方的：~ country 东方国家

eastward ['iːstwəd] adj . 向东

easy ['iːzɪ] adj .(-**ier**,-**iest**)❶ 容易的,不费力的 ❷ 舒适的,安心的,安逸的 ‖ **as** ~ **as pie** 极容易 / **as** ~ **as rolling off a log** 极其容易 / ~ **as my eye** 易如反掌 / ~ **on the eyes** 悦目的,好看 / **free and** ~ 无拘束的,随便的 / **go** ~ 从容不迫,安闲的 / **rest** ~ 高枕无忧 / **take it** ~ 不紧张；松懈 ‖ **easy chair** 安乐椅 / **easy mark** 易受欺骗的；易达到的目标 / **easy money** 来得容易的钱 / **easy-money** adj . 放松银根的；银根松的 / **easy rider** 寄生虫,食客

easygoing ['iːzɪˌɡəʊɪŋ] adj . 脾气随和的；温和的 ‖ **easygoingness** n . 温和,懒散

eat [iːt] (pt . **ate**,pp . **eaten**) vt . & vi . 吃,喝；吃饭 vt . 消耗,毁坏；侵蚀,腐蚀,蛀蚀 ‖ **at** 折磨 / ~ **away** ① 连续不断的吃 ② 侵蚀,咬坏 / ~ **from** 用…吃饭 / ~ **in** ① 在家吃饭 ② 在学校就餐 / ~ **into** ① 腐蚀 ② 消耗 ③ 对…产生不良影响 / ~ **of** 吃…中的一部分 / ~ **off** 吃掉；腐蚀掉 / ~ **out** ① 在外吃饭 ② 侵蚀 / ~ **out of** 吃…中的食物 / ~ **through** ① 吃掉…的大部分 ② 腐蚀成洞 / ~ **up** 吃光 / ~ **up with** 充满强烈的情感 ‖ **eatable** adj . 可食用的 ■ n . 食物,食品 / **eating** n . 吃,食物 ■ adj . 食用的；可生食的 / **eats** n . 食物,饭餐

eater ['iːtə] n . Ⓒ 吃…的人

eaves [iːvz] n . Ⓟ 屋檐

eavesdrop ['iːvzdrɒp] vi . (-**pp**-) 偷听(别人的谈话) ‖ ~ **on** 偷听关于…的谈话

ebb [eb] vi . ❶(指潮水)退；落 ❷ 减少；衰落 ■ n . Ⓤ❶ 退潮；落潮 ❷ 衰退 ‖ **be at a low** ~ 在衰落,处于低潮 / ~ **and flow** 涨落；消长 / **on the** ~ 正在退潮 ‖ **ebb tide** 落潮,退潮

ebullient [ɪ'bʌljənt] adj . 热情奔放的；兴高采烈的

eccentric [ɪk'sentrɪk] adj . 古怪的,怪癖的；异乎寻常的 ‖ **eccentrically** adv . 古怪地；异乎寻常地

eccentricity [ˌeksen'trɪsɪtɪ] n . ⓒⓊ 古怪行为；反常

ecclesiastical [ɪˌkliːzɪ'æstɪkəl] adj . 基督教的；(与)教会(有关)的 ‖ **ecclesiastically** adv . 基督教地；(与)教会(有关)地

echelon ['eʃəlɒn] n . Ⓒ❶(机构中的)等级,阶层 ❷(军舰、士兵等的)梯形编队

echo ['ekəʊ] n . (pl . ~ **es**) Ⓒ 回声；共鸣 ‖ **to the** ~ 长时间而大声地 ■ vt . & vi . 回响 vt . 重复；随声附和 ‖ ~ **back** 发出回声；附和意见 / ~ **in** 在(某处)回响起 / ~ **off** (响)声渐渐远去 / ~ **with** (指某处)回荡(某声音) ‖ **echogram** n . 超声波回声图 / **echograph** n . 回声深度记录器 ‖ **echo chamber** 回声室,反响室 / **echo sounder** 回声测深仪

eclectic [ek'lektɪk] adj . (人)兼收并蓄的；(方法、思想等)折中的；从不同来源选辑的 ‖ **eclectically** adv . 折中主义地 / **eclecticism** n . 折中主义者

eclipse [ɪ'klɪps] n . ❶Ⓒ(日、月)食 ❷ⒸⓊ 消失,黯然失色 ■ vt . ❶(日、月)食 ❷ 使黯然失色；使蒙上阴影

ecology [ɪ'kɒlədʒɪ] n . Ⓤ 生态,生态学 ‖ **ecological** adj . 生态学的 / **ecologist** n . 生态学家

economic [ˌiːkə'nɒmɪk] adj . ❶Ⓐ 经济的,经济学的 ❷ 合算的,有经济效益的

economical [ˌiːkə'nɒmɪkəl] adj . 节约的,节俭的,经济的 ‖ **economically** adv . 节俭地,节约地；在经济[学]上地

economics [ˌiːkə'nɒmɪks] n . ❶Ⓤ 经济学 ❷Ⓟ 经济状况,经济意义

economist [ɪ'kɒnəmɪst] n . Ⓒ 经济学家,经济专家

economy [ɪ'kɒnəmɪ] n . Ⓒ❶ 节约,节省 ❷ 经济体制,经济状况

ecosystem ['iːkəsɪstəm] n . Ⓒ〈生〉生态系

统

ecstasy ['ekstəsɪ] n. ⓒⓊ狂喜；出神，入迷 ‖ be in -sies over 对…心醉神迷/in an ~ of delight 极度高兴；喜极若狂 ‖ **ecstasize** vt. 使欣喜若狂

ecstatic [eks'tætɪk] adj. 狂喜的；入迷的 ‖ **ecstatically** adv. 狂喜地；入迷地

eczema ['eksɪmə] n.〈医〉湿疹

edge [edʒ] n.❶ⓒ边，棱，边缘 ❷ⓒ刀口〔刃〕❸Ⓤ优势，优势地位 ‖ be on a razor's ~ 在锋口上；处于十分危机的关头/fall by the ~ of the sword 被杀死/give sb the ~ of one's tongue 痛骂某人/have the ~ on〔over〕略微胜过，比…稍强/not to put too fine an ~ on it 直截了当地说/on ~ 紧张不安，烦躁/set sb's teeth〔nerves〕on ~ 使某人心烦意乱〔不舒服〕/take the ~ off 使…减弱 ■ vt.❶给…形成边 ❷使锐利 vi. 慢慢向前移动，侧身移动 ‖ ~ away ①悄悄离开（尤指侧着身子）②慢慢启航/~ down ①慢慢向下移动②慢慢靠近/~ in ①插（话）②逐渐移动/~ into ①慢慢挤进②慢慢取得/~ off ①慢慢启航②把（某人）挤出…/~ on 怂恿，煽动/~ out 排挤；取代；胜过/~ through 慢慢挤〔通〕过…/~ toward 朝…方向慢慢移动/~ up 慢慢向上边靠拢/~ with 给…镶边 ‖ **edgeless** adj. 没刀刃的，刀刃钝的 ‖ **edge tool** 利器/**edgestone** n.（道路的）边缘石/**edgeways** adv. 以刃〔边〕向外

edged [edʒd] adj. 有…边的；刀口…的

edgy ['edʒɪ] adj. 不安的，易激怒的

edible ['edɪbl] adj. 可以吃的，可食用的 ‖ **edibility** n. 可食用性/**edibleness** n. 可食用

edict ['iːdɪkt] n. ⓒ法令；敕令；告示 ‖ **edictal** adj. 法令的

edifice ['edɪfɪs] n. ⓒ大建筑物

edify ['edɪfaɪ] vt. 开导，启发

edit ['edɪt] vt.& vi. 编辑：He edited a book of poetry carefully. 他认真编辑一本诗集。vt. 剪辑（电影、录音磁带、无线电或电视节目、书等）：~ the film 剪辑影片 ‖ ~ from 根据…编辑/~ out 在编辑过程中删去

edition [ɪ'dɪʃən] n. ⓒ版次，版本

editor ['edɪtə] n. ⓒ编辑，编者，校订者 ‖ **editorship** n. 编辑的职位；编辑工作

editorial [ˌedɪ'tɔːrɪəl] adj. Ⓐ编辑的，主笔的 ‖ **editorially** adv. 以编者身份

educate ['edjuːkeɪt] vt.& vi.❶教育 ❷训练，培养 ‖ ~ for 学（某学科）/~ in 在（某方面）教育〔训练〕（某人）

educated ['edjukeɪtɪd] adj.❶有教育的，受（某种形式的）教育的 ❷受过良好训练的，熟练的

education [ˌedjuː'keɪʃən] n. ⓒⓈ教育；培养，训练

educational [ˌedjuː'keɪʃənəl] adj.❶教育（方面）的，为教育的 ❷有教育意义的；提供咨询的 ‖ **educationally** adv. 用教育方法/**educationalist** n. 教育学家 ‖ **educational park** 教育园/**educational television** 教育电视

educator ['edjukeɪtə] n. ⓒ（尤指作为一种职业的）教育工作者，教员，教师

educe [ɪ'djuːs] vt.❶引出，唤起或开发出（潜能）❷推断（出），从数据中演绎（出）

eel [iːl] n. ⓒ鳝；鳗

eerie ['ɪərɪ] adj.（因阴森怪诞而）引起恐惧的；可怕的 ‖ **eerily** adv. 引起恐惧地；可怕地/**eeriness** n. 恐惧；可怕

efface [ɪ'feɪs] vt.❶擦掉，抹去 ❷超越，使黯然失色

effect [ɪ'fekt] n.❶ⓒ结果，效果，影响 ❷ⓒ感受，印象 ❸ⓟ个人财产，财物 ‖ be of no ~ 无效/bring〔carry, put〕into ~ 实行，实现/come〔go〕into ~ 开始生效；开始实行/for ~ 为了外表好看，为了做样子/give ~ to 使实行起来/have an ~（on）（对…）有影响〔产生效果〕/in ~ ①有效②实际上，事实上/into ~ 实行，实施 ■ vt. 实现，使生效，引起 ‖ **effector** n.〈生〉效应器；效应基因

effective [ɪ'fektɪv] adj.❶有效的；生效的 ❷事实上的，实际的 ❸给人印象深刻的 ‖ **effectiveness** n. 有效

effectively [ɪ'fektɪvlɪ] adv.❶有效地 ❷实际上，事实上

effectual [ɪ'fektjʊəl] adj. 奏效的，收效的

effeminate [ɪ'femɪnət] adj.（指男人）柔弱的，女人气的

effervesce [ˌefə'ves] vi. 冒气泡，起泡沫

effete [ɪ'fiːt] adj.❶虚弱无力的 ❷柔弱的，女人气的

efficacious [ˌefɪ'keɪʃəs] adj.（药、措施等）有效的

efficacy ['efɪkəsɪ] n. Ⓤ效力，效能

efficiency [ɪ'fɪʃənsɪ] n. Ⓤ效率，效能 ‖ **efficiency apartment** 有小厨房和卫生设备的小套公寓房间/**efficiency expert** 效率专家

efficient [ɪ'fɪʃənt] adj. 有能力的，效率高的 ‖ **efficiently** adv. 有能力地，效率高地

effort ['efət] n. ⓒ❶努力，尽力 ❷努力的结果，成就 ‖ put ~ into 对某事付出很大力气/spare no ~ 不遗余力，尽力去做/with (an) ~ 努力地/without ~ 毫不费力地

effortless ['efətlɪs] adj. 不费力的；轻松的 ‖ **effortlessly** adv. 不费力地

effulgent [ɪ'fʌldʒənt] adj. 发光的；闪亮的；耀眼的

effusive [ɪ'fjuːsɪv] adj.❶流露感情的，溢于言表的 ❷流出的，喷出的

e.g. [iː'dʒiː] 例如：They keep animals, e.g.

goats and cattle. 他们饲养家畜，例如山羊和牛。

egalitarian [ɪˌgælɪˈtɛərɪən] *adj*. 主张平等的，平等主义的 ‖ **egalitarianism** *n*. 平等主义

egg [eg] *n*. ❶ⓒ卵，蛋 ❷ⓤ蛋，鸡蛋 ‖ **bad** ~ ①坏家伙，混蛋②失败的计划/**break the** ~ **in sb's pocket** 打破某人的计划/**goose** ~ 零分/**have** ~ **on one's face** 出丑，丢脸/**kill the goose that lays the golden** ~ 杀鸡取卵/〈喻〉贪婪过度，破坏好事/**lay an** ~ 不受欢众欢迎，完全失败/**put**〔**have**〕**all one's** ~**s in one basket** 孤注一掷/**teach one's grandmother to suck** ~**s** 班门弄斧 ‖ **egg beater** 打蛋器/**eggcup** *n*. 蛋杯/**egg dance** 错综复杂的工作/**egg-head** *n*. 知识分子，有学问的人/**eggplant** *n*. 茄子/**egg-shaped** *adj*. 蛋形的/**eggshell** *n*. 蛋壳；易碎的东西

ego [ˈegəʊ] *n*. ⓒ自我；自尊；自负 ‖ **egoism** *n*. ①利己主义②自私自利/**egoist** *n*. ①利己主义者②自负者，自大者 ‖ **ego trip** 追求个人成就

egocentric [ˌiːgəʊˈsentrɪk] *adj*. 自我中心的，自私自利的

egregious [ɪˈgriːdʒəs] *adj*. ❶极坏的 ❷异乎寻常的

eh [eɪ] *int*. (用以表示惊讶、疑问、征求同意或要求重说一遍)嗯，啊

eight [eɪt] *num*. 八；八个 ‖ **eightfold** *adj*. & *adv*. 八倍的(地)；八层的(地)/**eightpence** *n*. 八便士/**eightpenny** *adj*. 八便士的/**eightscore** *n*. & *adj*. 一百六十

eighteen [ˌeɪˈtiːn] *num*. 十八 ‖ **eighteenth** ① *num*. 第十八②第十八人

eighth [eɪtθ] *num*. 第八 ‖ **eighthly** *adv*. 第八/**eighth note**〈音〉八分音符

eightieth [ˈeɪtɪɪθ] *num*. 第八十

eighty [ˈeɪtɪ] *num*. 八十

either [ˈaɪðə] *pron*. (两者之中)任何一个 ▪ *adj*. Ⓐ(两者中)任一的 ❷ ... **or** 或二者择一 ▪ *adv*. (否定句中)也 ‖ **either-or** *n*. ①〈俚〉"异"；按位加②两者择一 *adj*. 非此即彼的，两者择一的

ejaculate [ɪˈdʒækjʊleɪt] *vt*. ❶突然说出 ❷射出(液体) ‖ **ejaculation** *n*. ①射出②突然的喊出/**ejaculator** *n*. 射出者；射出器；突然喊叫者

eject [ɪˈdʒekt] *vt*. & *vi*. 弹出，喷出，排出 *vt*. 逐出 ‖ ~ **from** ①用力将 ... 从(某处)投〔喷〕出②将(某人)从(某处)开除〔逐出〕 ‖ **ejectment** *n*. 驱逐；喷吐

elaborate [ɪˈlæbəreɪt] *vi*. 详尽说明：*You understand the situation*；*I needn't elaborate any further*. 你对情况是了解的，我不必再进一步详谈了。*vt*. 详细制定：*Please elaborate your points*. 请就你的观点详加说明。‖ ~ **on**

〔**upon**〕详细说明 ▪ [ɪˈlæbərɪt] *adj*. 复杂的；精心制作的 ‖ **elaborately** *adv*. 详尽说明地；精心制作地/**elaborateness** *n*. 详细说明/**elaborator** *n*. 精心制作者；详尽阐述者

elapse [ɪˈlæps] *vi*. (时间)消逝，过去

elastic [ɪˈlæstɪk] *adj*. ❶有弹力的，有弹性的 ❷可伸缩的，灵活的 ▪ *n*. ⓤ松紧带，橡皮圈 ‖ **elastically** *adv*. 弹性地；灵活地/**elasticity** *n*. 有弹性，有弹力

elate [ɪˈleɪt] *vt*. 使高兴，使得意

elated [ɪˈleɪtɪd] *adj*. 兴高采烈的，得意洋洋的 ‖ **elatedly** *adv*. 兴高采烈地，得意洋洋地/**elatedness** *n*. 兴高采烈，得意洋洋

elbow [ˈelbəʊ] *vt*. & *vi*. 用肘推，用肘挤 ‖ ~ **aside** 把 ... 挤到一边/~ **forward** 挤向前/~ **off** 挤出/~ **through** 挤进 ▪ *n*. ⓒ肘，(衣服的)肘部 ‖ **at one's** ~ 近在手边/**out at** ~**s** 露肘的；(人)贫穷的/**up to the** ~**s in** 忙于 ‖ **elbowroom** *n*. 活动余地；行动上的自由

elder [ˈeldə] *n*. ❶Ⓢ比我年长的人 ❷Ⓟ长辈 ▪ *adj*. Ⓐ年长的，年龄较大的：*She has an elder brother*. 她有一个哥哥。

elderly [ˈeldəlɪ] *adj*. 上了年纪的，中年以上的

eldest [ˈeldɪst] *adj*. (三者或三者以上)最年长的；最老的

elect [ɪˈlekt] *vt*. ❶(进行)选举，推举 ❷选择，决定(做某事)

election [ɪˈlekʃən] *n*. ⓒⓤ选举，当选，推举

elective [ɪˈlektɪv] *adj*. ❶选任的，由选举产生的 ❷有选举权的 ❸(课程)选修的，可选择的

elector [ɪˈlektə] *n*. ⓒ有选举权的人，选民

electoral [ɪˈlektərəl] *adj*. Ⓐ选举的；选举人的

electorate [ɪˈlektərɪt] *n*. ⓒ全体选民

electric [ɪˈlektrɪk] *adj*. ❶Ⓐ电动的，电的 ❷使人震惊的 ‖ **electric blanket** 电热毯/**electric blue** 铁蓝色/**electric capacity** 电容/**electric chair** 电椅/**electric engineering** 电机工程；电工技术/**electric eye** 电眼/**electric furnace** 电炉/**electric torch** 电筒

electrical [ɪˈlektrɪkəl] *adj*. Ⓐ用电的；与电有关的，电学的 ‖ **electrically** *adv*. 用电地；与电有关地，在电学上

electrician [ˌɪlekˈtrɪʃən] *n*. ⓒ电工，电学家

electricity [ˌɪlekˈtrɪsɪtɪ] *n*. ⓤ❶电，电流 ❷热情，紧张情绪

electrify [ɪˈlektrɪfaɪ] *vt*. (*pt*., *pp*. -**fied**) ❶使电气化 ❷使兴奋 ‖ **electrification** *n*. 起电；电气化

electromagnet [ɪˌlektrəʊˈmægnɪt] *n*. ⓒ〈物〉电磁体；电磁铁

electromagnetic [ɪˌlektrəʊmægˈnetɪk]

adj. 电磁的

electron [ɪˈlektrɒn] *n.* Ⓒ 电子 ‖ **electron organ** 电子琴／**electron watch** 电子表

electronic [ɪlekˈtrɒnɪk] *adj.* Ⓐ 电子的；电子器件的

electronics [ɪlekˈtrɒnɪks] *n.* Ⓤ 电子学

elegant [ˈelɪɡənt] *adj.* ❶ 优美的，文雅的；讲究的 ❷ 简洁的，简练的 ‖ **elegance** *n.* 优雅，文雅／**elegantly** *adv.* 优美地，文雅地

elegiac [ˌelɪˈdʒaɪək] *adj.* 挽歌的；哀悼的；伤感的

element [ˈelɪmənt] *n.* ❶Ⓒ（化学）元素 ❷Ⓒ 成分，要素，原件 ❸Ⓒ 一伙人 ❹Ⓟ 基础，纲要，原理 ‖ **out of one's** ~ 处于不适应的环境；在自己的活动范围之外

elemental [ˌelɪˈmentl] *adj.* ❶ 自然力的；强大的，巨大的 ❷ 基本的，初步的

elementary [ˌelɪˈmentəri] *adj.* ❶ 基本的，初级的，基础的，小学的 ❷ 简单的，容易的 ‖ **elementarily** *adv.* 基本地／**elementariness** *n.* 基础，基本

elephant [ˈelɪfənt] *n.* (*pl.* ~ or ~**s**) Ⓒ 象，大象 ‖ **see the** ~〈美俚〉见世面，开眼界，获得经验

elephantine [ˌelɪˈfæntaɪn] *adj.* ❶ 象的 ❷ 巨大的 ❸ 笨拙的，沉重的

elevate [ˈelɪveɪt] *vt.* ❶ 举起，提高 ❷ 提升 ❸ 鼓舞，使更有修养 ‖ ~ **to** 提高至，提升至

elevation [ˌelɪˈveɪʃən] *n.* ❶Ⓤ 提升，提高，晋级 ❷Ⓢ 海拔 ❸Ⓒ（建筑物的）正视图，立体图

elevator [ˈelɪveɪtə] *n.* Ⓒ 电梯，升降机

eleven [ɪˈlevn] *num.* 十一 ■ *n.* Ⓢ 由十一人组成的足球队、棒球队等

elevenfold [ɪˈlevnfəʊld] *adj. & adv.* ❶ 十一倍(的) ❷ 有十一份(的)，可分成十一份(的)

eleventh [ɪˈlevnθ] *num.* 第十一 ‖ **at the** ~ **hour** 在最后时刻；在危急之时

elf [elf] *n.* (*pl.* **elves**) Ⓒ（双耳尖尖的）小精灵 ‖ **elf bolt** 石箭头／**elflock** *n.* 乱发／**elfstruck** *adj.* 着迷的

elicit [ɪˈlɪsɪt] *vt.* 引出，探出 ‖ ~ **from** 探出，引出

elide [ɪˈlaɪd] *vt.*（发音中）省略

eligible [ˈelɪdʒəbl] *adj.* ❶ 有资格被选的，有条件被选中的 ❷ 合适的，适当的 ‖ **eligibly** *adv.* 合适地，恰当地

eliminate [ɪˈlɪmɪneɪt] *vt.* ❶ 消除，排除 ❷ 忽略 ❸ 淘汰 ❹〈口〉干掉 ❺ 从…排除 ‖ **eliminator** *n.* 排除者；〈电〉消除器／**elimination** *n.* ① 排除，消除 ② 淘汰

Elizabethan [ɪˌlɪzəˈbiːθən] *adj.* Ⓐ 英国女王伊丽莎白一世时代的(1558—1603)

ellipse [ɪˈlɪps] *n.* Ⓒ 椭圆

elliptical [ɪˈlɪptɪkəl] *adj.* ❶ 椭圆的，像椭圆形的 ❷（指语言）难懂的，晦涩的

elm [elm] *n.* ⒸⓊ〈植〉榆树，榆木

elongate [ˈiːlɒŋɡeɪt] *vt.* 延长，加长

elope [ɪˈləʊp] *vi.* 私奔

eloquence [ˈeləkwəns] *n.* Ⓤ 口才，雄辩

eloquent [ˈeləkwənt] *adj.* ❶ 雄辩的，有口才的 ❷ 清楚表现出来 ‖ **be** ~ **of** 充分表现出

else [els] *adv.* 其他，另外：*Tom is taller than everyone else in his class*. 汤姆比他班上其他的人都高。‖ ~ **than** 只是，仅有／**little** ~ 没有多少了，没有什么了／**nothing** ~ **but** 只有，只不过／**or** ~ 否则，不然的话／**something** ~ 又用问吗／**again** 另外一回事，完全不同的事情／**what** ~ 还用问吗

elsewhere [ˌelsˈhweə] *adv.* 在别处，到别处

elucidate [ɪˈluːsɪdeɪt] *vt.* 阐明，解释

elude [ɪˈluːd] *vt.* 规避，躲避：*His name eludes me for the moment.* 他的名字我一时想不起了。

elusive [ɪˈluːsɪv] *adj.* 难以捉摸的；难以找到的；不易记住的

emaciate [ɪˈmeɪsɪeɪt] *vt.* 使消瘦，使衰弱

email [ˈiːmeɪl] *n.* Ⓒ 电子邮件 ■ *vt.* 给…发电子邮件

emanate [ˈemənert] *vi.* 从…处传出；传出 ‖ **emanative** *adj.* 流出的，发散的；放射的

emancipate [ɪˈmænsɪpeɪt] *vt.* 解放某人（尤指摆脱政治、法律或社会的束缚）

embalm [ɪmˈbɑːm] *vt.* ❶ 保存（尸体）不腐 ❷ 使不被遗忘 ❸ 使充满香气

embankment [ɪmˈbæŋkmənt] *n.* Ⓒ（道路的）路堤；（河流的）岸堤

embargo [emˈbɑːɡəʊ] *n.* (*pl.* ~**es**) ⒸⓊ 贸易禁运令；禁运 ‖ **be under an** ~ ① 在禁港中；在禁运中 ② 被禁运／**lay an** ~ **on** 禁止（船只）出入，对…实行禁运／**lift the** ~ **on** 对…解禁 ■ *vt.* (*pt.*, *pp.* ~**ed**) 禁止贸易；禁运

embark [ɪmˈbɑːk] *vi.* 乘船 *vt.* 装载 ‖ ~ **for** 起航去（某地）／~ **on**〔**upon**〕着手，开始做某事 ‖ **embarkation** *n.* ① 乘坐；装载物 ② 开始，从事

embarrass [ɪmˈbærəs] *vt. & vi.* ❶（使）窘迫；（使）局促不安 ❷（使）困难 *vt.* ❶ 使复杂化 ❷ 使拮据 ‖ ~ **by** ① 因…而复杂化，而窘迫 ② 使…困难／~ **with** 以…难住 ‖ **embarrassing** *adj.* 令人窘迫的／**embarrassingly** *adv.* 令人为难地；麻烦地

embarrassment [ɪmˈbærəsmənt] *n.* ⒸⓊ ❶ 尴尬；难堪；局促不安 ❷ 令人难堪或耻辱的事

embassy [ˈembəsɪ] *n.* ❶Ⓤ 大使馆 ❷Ⓒ 大使馆全体成员

embattled [ɪmˈbætld] *adj.*（与敌人或批评

者)处于交战中的;受围攻的

embed [ɪm'bed] vt.(-dd-)把…嵌入,埋入 ‖ ~ in 使牢牢嵌入

embellish [ɪm'belɪʃ] vt. 美化;装饰;修饰;润色

ember ['embə] n. 🄲余烬,余火

embezzle [ɪm'bezl] vt.& vi. 贪污;盗用(公款)

embezzlement [ɪm'bezlmənt] n. 🄲🄲盗用,挪用

embitter [ɪm'bɪtə] vt. 使怨恨,激怒

emblem ['embləm] n. 🄲象征;标记

emblematize [em'bləmətaɪz] vt. ❶作为…象征,作…标志 ❷用符号代表,用徽章象征

embodiment [ɪm'bɒdɪmənt] n. 🄲体现;化身

embody [ɪm'bɒdɪ] vt.(pt., pp.-died)❶表现,象征,具体表现 ❷包括;包含 ‖ ~ in 在…体现;使…具体化

embolden [ɪm'bəʊldən] vt. 鼓励,使有胆量

emboss [ɪm'bɒs] vt. 装饰,浮雕(图案)

embrace [ɪm'breɪs] vt.& vi. 拥抱 vt.❶包括;包含 ❷接受 ❸信奉,皈依 ■ n.🄲拥抱,怀抱

embroider [ɪm'brɔɪdə] vt.& vi.(在织物上)绣花;刺绣

embroidery [ɪm'brɔɪdərɪ] n. 🄲刺绣;刺绣品

embroil [ɪm'brɔɪl] vt.使(自己或他人)卷入纠纷:to get ~ed in an argument 卷入一场争端

embryo ['embrɪəʊ] n.(pl.~s)🄲〈生〉胚;胚胎

embus [ɪm'bʌs] vt.把(士兵、装备)装上车 vi.乘上机动车

emend [ɪ'mend] vt.校订,修改

emerald ['emərəld] n. 🄲🄲祖母绿;绿宝石;艳绿色

emerge [ɪ'mɜːdʒ] vi. 出现,显出;暴露 ‖ ~ from ①露出,浮现 ②〈正〉来自,产生于,脱离/ ~ into 出现〔显露〕在…/~ out of 从…出现〔显露〕

emergence [ɪ'mɜːdʒəns] n. 🄲出来;现出;出现;暴露

emergency [ɪ'mɜːdʒənsɪ] n. 🄲🄲紧急情况,不测事件;非常时刻

emery ['emərɪ] n.〈矿〉金刚砂;刚玉粉 ‖ emery-paper n. 砂纸/**emery wheel**(金钢)砂轮

emigrant ['emɪgrənt] n. 🄲(从本国移往他国的)移民

emigrate ['emɪgreɪt] vt. 移居国外 ‖ ~ from 离开(本国)移居到国外/~ to 迁居到

eminence ['emɪnəns] n.❶🄲卓越;著名 ❷🄲高地;山丘

eminent ['emɪnənt] adj.(人)知名的;受人尊崇的:an ~ doctor 名医

eminently ['emɪnəntlɪ] adv.(气质或才能)很;非常

emir [e'mɪə] n. 🄲(尤指亚州和非洲部分国家的)穆斯林统治者;埃米尔

emirate [e'mɪərɪt] n. 🄲埃米尔的地位或国家、权力、土地;酋长国

emission [ɪ'mɪʃən] n. 🄲🄲排放(物)

emit [ɪ'mɪt] vt.(-tt-)发出;放出 ‖ ~ from 从…中发出/~ into 将…散发到…中 ‖ emitter n.〈物〉发射体,(晶体管的)发射极

emote [ɪ'məʊt] vi.强烈地表现〔表露〕感情

emotion [ɪ'məʊʃən] n. 🄲🄲情感,感情,情 ‖ emotionless adj. 没有感情的;冷漠的

emotional [ɪ'məʊʃənl] adj.❶表现强烈情感的,令人动情的 ❷易动感情的,情绪激动的 ❸🄰感情的,情绪的 ‖ emotionalism n. 唯情论,感情主义,感情表露/emotionalist n. 唯情论者,容易动感情的人

emotive [ɪ'məʊtɪv] adj.激起感情的 ‖ emotivity n. 感触性,易感性

emperor ['empərə] n. 🄲皇帝,君主 ‖ emperorship n. 皇帝的身份(或地位、统治)

emphasis ['emfəsɪs] n.(pl.-ases)🄲🄲强调,重点

emphasize, -ise ['emfəsaɪz] vt.强调;加强语气;重读

emphatic [ɪm'fætɪk] adj.不容置疑的;明确强调的 ‖ emphatically adv. 不容置疑地;明确强调地

empire ['empaɪə] n.❶🄲帝国 ❷🄲帝权,绝对支配权 ❸🄲大企业组织 ‖ the E- ①英帝国 ②罗马帝国 ③(拿破仑统治下的)法兰西第一帝国 ‖ Empire City〈美〉纽约市/Empire State〈美〉纽约州

empirical [em'pɪrɪkəl] adj. 🄰以观察或实验为依据的

employ [ɪm'plɔɪ] vt.❶雇用 ❷使用,利用 ‖ ~ about雇用/~ at 以(某条件)雇用(某人)/ ~ for ①雇人干…②用来做/~ in 使忙于,使从事于 ■ n. ❶🄲🄲雇用,受雇;服务 ❷🄲工作,职业 ‖ in the ~ of 受…雇用,在…任职

employee [emplɔɪ'iː] n. 🄲雇工,雇员

employer [ɪm'plɔɪə] n. 🄲雇主

employment [ɪm'plɔɪmənt] n.❶🄲雇用;就业 ❷🄲职业,工作 ❸🄲使用,运用 ❹🄲有益的活动

empower [ɪm'paʊə] vt.授权,准许

empress ['emprɪs] n. 🄲❶女皇 ❷皇后

empty ['emptɪ] adj.❶空的 ❷空闲的,空虚

的,寂寞的‖be ~ of 缺少 ■(pt., pp. **emptied**)vt.& vi.(使)成为空的,把…弄空:The baby cried loudly when he emptied his bottle. 婴儿喝干了瓶子里的东西就大哭起来。vt. 把…腾出来,倒空:The room was emptied very quickly. 房间很快就腾空了。‖~ **into** ① 把…中之物全部倒进… ②流入…/~ **onto**(全部)倒在…上/~ **out**(使)倒空,(使)倒光,排空‖ **emptiness** n. 空虚;空闲‖ **empty-handed** adj. 空手的;一无所获的/**empty-headed** adj. 傻而无知的;浮躁而轻率的/**empty word**〈语〉虚词

emulate ['emjuleɪt] vt. 与…竞争,努力赶上: You must work hard to emulate your sister. 你必须努力工作,赶上你姐姐。‖ **emulator** n. 竞争者;竞赛者;热心模仿者/**emulation** n. 赶超,竞争,竞赛

emulous ['emjuləs] adj. ❶好胜的;极想赶上或越过的;仿效的,模仿的 ❷受竞争精神驱使的

emulsify [ɪ'mʌlsɪfaɪ] vt. 使乳化
emulsion [ɪ'mʌlʃən] n. ⓒⓊ乳胶,胶状液;乳剂
enable [ɪ'neɪbl] vt. ❶使能够;提供做…的权利〔措施〕❷使可能
enact [ɪ'nækt] vt. 制定(法律);通过(法案)
enactment [ɪ'næktmənt] n. 演出;展现;规定;通过
enamel [ɪ'næməl] n. Ⓤ❶搪瓷;珐琅;釉药 ❷瓷漆 ❸(牙齿的)珐琅质 ■vt. 涂瓷釉于;给…上瓷漆;给…上彩饰‖ **enamelware** n. (总称)搪瓷器

encapsulate [ɪn'kæpsjuleɪt] vt. ❶装入胶囊 ❷总结;扼要概括;囊括‖ **encapsulated** adj. 有(胶)囊包着的
encase [ɪn'keɪs] vt. 把…放入盒内;把…装箱‖ **encasement** n. ①装箱,包装 ②包装物;箱
enchant [ɪn'tʃɑːnt] vt. ❶使欣喜,使心醉 ❷用魔法迷惑‖ **enchantment** n. ①迷惑 ②着迷 ③妖术;魅力/**enchantress** n. 女巫;妖妇
enchanting [ɪn'tʃɑːntɪŋ] adj. 使人喜悦的,可爱的;迷人的
enchase [ɪn'tʃeɪs] vt. ❶镶嵌(珠宝) ❷为(黄金等饰品)镶嵌宝石 ❸镶金,贴金 ❹用浮雕图案装饰 ❺雕刻;镂刻
encipher [ɪn'saɪfə] vt. ❶用密码书写(信息等) ❷把…译成密码
encircle [ɪn'sɜːkl] vt. 包围;环绕
enclave ['enkleɪv] n. Ⓒ在一国境内的外国领土;飞地
enclose [ɪn'kləʊz] vt. ❶把…围起来 ❷把…装入信封,附入‖~ **in** ①把…关进或监禁于 ②把…封入(信件,包裹等)/~ **with** ①用(某物)将…围住 ②将…与…同一信封或包裹

enclosure [ɪn'kləʊʒə] n. ❶Ⓤ圈占,围绕 ❷Ⓒ圈占地,圈用地 ❸Ⓒ附件,装入物
encode [ɪn'kəʊd] vt. ❶(将文字材料)译成密码 ❷编码;编制成计算机语言
encompass [ɪn'kʌmpəs] vt. 围绕;包围
encore [ɒŋ'kɔː] int. 再来一个!(听众要求重演一次的呼叫)■ n. Ⓒ再演(唱等)(的呼喊)
encounter [ɪn'kaʊntə] vt. ❶遇到,遭遇 ❷偶然碰到,邂逅■ n. Ⓒ突然遇到
encourage [ɪn'kʌrɪdʒ] vt. ❶鼓励,激励 ❷促进,助长,激发‖~ **in** 在…方面鼓励(某人)/~ **with** 用…方式鼓励(某人)‖ **encouraging** adj. 鼓励的;赞助的;鼓舞人心的
encouragement [ɪn'kʌrɪdʒmənt] n. ❶Ⓤ鼓励;支持;激励;促进 ❷Ⓒ鼓励、支持或促进的事物
encroach [ɪn'krəʊtʃ] vi. 侵犯;侵占;侵害‖ **encroachment** n. 侵犯;侵占;侵占物
encrust [ɪn'krʌst] vt. ❶用一层硬壳覆盖,包裹 ❷(用贵重物品在)表面装饰 vi. 结壳,形成硬壳
encumber [ɪn'kʌmbə] vt. 妨碍,阻碍,拖累
encyclopedia [en‚saɪkləʊ'piːdjə] n. Ⓒ百科全书;某科全书
end [end] n. ❶Ⓒ最后部分,末尾 ❷Ⓒ端,尽头,梢 ❸ⒸⓊ终止,结局 ❹ⒸⓊ〈正〉结果,目标,目的 ❺Ⓢ死去‖ **at the** ~ 在…的末尾/ **at the other** ~ **of the line** 幕后/ **be at a dead** ~ 无法进展下去/ **be at an** ~ 完毕/**be at one's wit's** ~ 智穷才尽/ **by the** ~ **of** 到…为止/ **come to a bad** ~ 死于非命;落得个不好的下场/ **end for** ~ 反过来,颠倒/ **end to** ~ 首尾相连地/ **in the** ~ 最后,结果/**make** ~**s meet** 使收支相抵/**no** ~ ①非常,很多 ②无限的,大量的,许多/ **on** ~ ①连续地 ②直立着,竖立着/ **towards the** ~ **(of)**接近…末尾 ■vt.& vi. 结束;终止‖~ **off** 结束/~ **up**(非正)(以…)结束;最终成为或变得/~ **(up) by** 以…方式结束/~ **(up) in** ①〈非正〉以…结束 ②死/~ **(up) with**〈非正〉以…结束‖ **end-all** n. 结尾,终结;最后目标/**end point** 终点/**end product** 最终产物;最终结果/**end table** 茶几
endanger [ɪn'deɪndʒə] vt. 危及,使遭受危险
endear [ɪn'dɪə] vt. 使某人(自己)受某人喜欢: Her kindness of heart endeared her to everyone. 她心地善良,人人都喜欢她。
endearing [ɪn'dɪərɪŋ] adj. 使人喜欢的;讨人喜欢的
endeavor [ɪn'devə] vt.& vi. 尝试,试图: He endeavored after more fame and wealth. 他力图获得更大的名声和更多的财富。■ n. ⒸⓊ〈正〉努力,尽力
endemic [en'demɪk] adj. (尤指疾病)地方性的,某地特有的

ending ['endɪŋ] n. ⓒⓊ(故事,电影等的)结局,(单词的)结尾

endless ['endlɪs] adj. ❶无止境的;没完没了的 ❷环状的,两端连接的

endocrine ['endəʊkraɪn] adj. 内分泌(腺)的

endorse [ɪn'dɔːs] vt. ❶〈商〉在(尤指支票的)背面签字;背书 ❷赞同,认可,支持(意见,活动,某人等) ❸在广告上说本人使用并赞同某产品 ❹在(文件的)背面写评论;批注(公文) ❺在(驾驶执照上)记录违章事项

endorsement [ɪn'dɔːsmənt] n. ⓊⒸ ❶背书,批注;违章记录 ❷赞同,支持

endothermic [endəʊ'θɜːmɪk] adj. ❶吸热的;吸能的;由吸热而产生的 ❷温血的,恒温的

endow [ɪn'daʊ] vt. ❶捐钱,捐赠,资助 ❷使(某人)天生具有(好资质、能力等) ‖ be ～ ed with 把…捐赠给(某人或某处);赋予…以(天资、美德等)

endowment [ɪn'daʊmənt] n. ❶Ⓤ(经常的)资助,捐助 ❷Ⓒ捐助的财物等 ❸Ⓟ天赋,天资,才能 ‖ endowment policy 养老保险

endue [ɪn'djuː] vt. 授予,赋予(特性,才能等)

endurance [ɪn'djʊərəns] n. Ⓤ忍耐力

endure [ɪn'djʊə] vt. & vi. (长时间地)忍受,忍耐,容忍 vi. 持续,持久,坚持下去

enemy ['enɪmɪ] n. ❶Ⓒ仇敌,敌人 ❷Ⓤ敌军: *The enemy is (are) advancing towards the castle.* 敌军正向城堡进发。‖ make -mies 树敌

energetic [enə'dʒetɪk] adj. 精力充沛的,充满活力的 ‖ **energetically** adv. 精力充沛地,充满活力地

energize, -ise ['enədʒaɪz] vt. ❶给与…精力,能量 ❷使通电

energy ['enədʒɪ] n. ❶Ⓤ活力,干劲,能力 ❷Ⓟ精力: *As people approach old age, their energies may diminish.* 接近老年时,人的精力就衰退了。❸Ⓤ〈物〉能,能量,能源

enervate ['enəveɪt] vt. 使衰弱,使失去活力

enfeeble [ɪn'fiːbl] vt. 使衰弱;使虚弱;使无力

enfetter [ɪn'fetə] vt. ❶用镣铐束缚,使带上脚镣;使受约束 ❷使受奴役

enfold [ɪn'fəʊld] vt. 围住…,抱紧…

enforce [ɪn'fɔːs] vt. ❶实施,执行 ❷强迫,迫使 ‖ ～ on[upon] 强迫,把…强加于 ‖ **enforceable** adj. 可实施的/**enforcedly** adv. 可实施地/**enforcer** n. 实施者

enforcement [ɪn'fɔːsmənt] n. Ⓤ强制,实施,执行

engage [ɪn'geɪdʒ] vt. ❶吸引,占用 ❷雇,聘 ❸答应,保证 vt. & vi. (使)从事с,(使)忙于 ‖ ～ as 聘请为…/～ for 允诺;保证/～ in 参加;从事;忙于/～ to 订婚/～ with 与…交战

engaged [ɪn'geɪdʒd] adj. Ⓟ❶已订婚的 ❷与某人进行工作谈话的 ❸(指电话)占线的 ❹(指厕所等)有人用的

engagement [ɪn'geɪdʒmənt] n. Ⓒ❶订婚,婚约 ❷约会,约定

engaging [ɪn'geɪdʒɪŋ] adj. 美丽动人的,有吸引力的 ‖ **engagingly** adv. 有吸引力地

engender [ɪn'dʒendə] vt. 产生(某形势或状况),造成,引起

engine ['endʒɪn] n. Ⓒ❶发动机,引擎 ❷火车头,火车机车 ‖ **engine driver** 火车司机

engineer [endʒɪ'nɪə] n. Ⓒ工程师,机械师;(火车)司机 vt. ❶设计,建造,监督 ❷策划;图谋 ❸安排或处理 ‖ **engineership** n. 工程师职务

engineering [endʒɪ'nɪərɪŋ] n. Ⓤ工程(学),工程师行业

English ['ɪŋglɪʃ] n. ❶Ⓤ英语,英文 ❷Ⓟ英格兰人 ▪adj. ❶英格兰的,英国的,英国人的 ❷英语的,用英语写的,用英语说的

engrave [ɪn'greɪv] vt. ❶雕刻 ❷在(硬物)上雕刻(字,画等) ❸将某事物深深印在(记忆或头脑中) ‖ **engraver** n. 雕刻师,雕刻工人/**engraving** n. ①雕刻,雕刻术②版画

engross [ɪn'grəʊs] vt. 使全神贯注

engulf [ɪn'gʌlf] vt. 吞没,包住

enhance [ɪn'hɑːns] vt. 提高,增加,加强

enhancement [ɪn'hɑːnsmənt] n. ❶Ⓤ增强,增加,提高 ❷Ⓒ用以增强、提高或美化之物

enharmonic [enhɑː'mɒnɪk] adj. 小于半音的,同音异名的

enigma [ɪ'nɪgmə] n. Ⓒ难于理解的问题、人、物、情况等;奥秘

enigmatic [enɪg'mætɪk] adj. 难以理解的,神秘的 ‖ **enigmatically** adv. 莫名其妙地,难以理解地

enjoin [ɪn'dʒɔɪn] vt. 命令

enjoy [ɪn'dʒɔɪ] vt. ❶喜欢;欣赏 ❷享有,享受 ❸玩得快乐,过得快活 ‖ ～ oneself 过得快活,感到愉快

enjoyable [ɪn'dʒɔɪəbl] adj. 愉快的,快乐的 ‖ **enjoyably** adv. 愉快地,快乐地

enjoyment [ɪn'dʒɔɪmənt] n. ❶Ⓤ愉快,欢乐,满意 ❷Ⓒ令人愉快的事物

enkindle [ɪn'kɪndl] vt. ❶使(火焰)燃起,点燃 ❷刺激;激发;煽起(感情、热情等) ❸煽情,使激动

enlarge [ɪn'lɑːdʒ] vt. & vi. ❶扩大,扩展,扩充 ❷放大 ‖ ～ on[upon] 进一步详细论述(问题等) ‖ **enlarged** adj. 扩大的,放大的/**enlarger** n. 放大机

enlargement [ɪn'lɑːdʒmənt] n. ❶Ⓤ扩大,放大 ❷Ⓒ已扩大或放大之物

enlighten [ɪnˈlaɪtən] vt. 启发,开导 ‖ ~ about[on]使(某人)领悟[明白](某事) ‖ **enlightening** adj. ①有启发作用的;使人领悟的 ②照明的

enlightened [ɪnˈlaɪtənd] adj. Ⓐ 开明的,有知识的,有见识的

enlightenment [ɪnˈlaɪtənmənt] n. Ⓤ 启发,开导,开明;文明

enlist [ɪnˈlɪst] vt.&vi. (使)入伍,(使)参军 vt. 获得(帮助或支持) ‖ ~ the help of sb 谋求某人的帮助 ‖ **enlisted** adj. 应募入伍的

enlistment [ɪnˈlɪstmənt] n. Ⓤ Ⓒ 应征入伍;获得,取得

enliven [ɪnˈlaɪvn] vt. 使(某人或某物)更活跃或更愉快

enormous [ɪˈnɔːməs] adj. 巨大的,极大的,庞大的 ‖ **enormously** adv. 巨大地,极大地,庞大地

enough [ɪˈnʌf] adv. ❶足够地,充足地 ❷相当 ■adj. 充足的,足够的,充分的 ■n. Ⓤ Ⓒ 充分,足够 ‖ **have had ~ of** 不能[不愿]再容忍

enquire [ɪnˈkwaɪə] vi. ❶打听,询问 ❷问问题 ❸查问,调查

enrage [ɪnˈreɪdʒ] vt. 使暴怒 ‖ **be ~d with sb** 对某人勃然大怒

enrapture [ɪnˈræptʃə] vt. 使狂喜

enrich [ɪnˈrɪtʃ] vt. ❶使富有,使富裕 ❷充实,使丰富 ‖ **enrichment** n. ①发财致富;丰富②浓缩

enrol, 〈美〉**enroll** [ɪnˈrəʊl] vt.&vi. (-ll-) ❶招收,吸收 ❷入学,入伍 ❸为学习……报名[登记]/~ **in**(使)加入/~ **with** 在……处登记 ‖ **enrollee** n. 被征入伍者,入学者,入会者

enrolment, 〈美〉**enrollment** [ɪnˈrəʊlmənt] n. ❶Ⓤ 登记,注册,入伍,入会 ❷Ⓒ 注册,入会,入学等的人数

ensconce [ɪnˈskɒns] vt. 舒服地坐[躺着]

ensemble [ɑːnˈsɑːmbl] n. 〈法〉Ⓒ ❶整体,总效果 ❷全套服装(尤指女装) ❸〈音〉合奏,合唱;合奏组

enshrine [ɪnˈʃraɪn] vt. ❶放置或保存某物于… ❷作为神龛以保存某物 ‖ **enshrinement** n. 祀奉

ensign [ˈensaɪn] n. Ⓒ ❶旗,旗帜 ❷〈美〉海军少尉

enslave [ɪnˈsleɪv] vt. ❶使成为奴隶;奴役 ❷使受控制;征服;制伏

ensnare [ɪnˈsneə] vt. 诱捕,使入陷阱,使入圈套

ensue [ɪnˈsjuː] vi. 接着发生,因而产生 ‖ ~ **from** 继……而发生,作为……的结果而发生 ‖ **ensuing** adj. 接着发生的,因而产生的

ensure, 〈美〉**insure** [ɪnˈʃʊə] vt. ❶确保,担保 ❷担保获得[避免] ‖ ~ **against** 保护…免受危害,防止,防备/~ **from** 保护…免受危险

entail [ɪnˈteɪl] vt. ❶使…成为必要,需要 ❷限定继承 ❸ **on** 限定…继承 ‖ **entailment** n. 需要;限定继承

entangle [ɪnˈtæŋgl] vt. ❶使某人(某物/自己)缠绕,纠缠于(某物中) ❷使某人(自己)陷入(困难或复杂的环境中) ‖ **entanglement** n. 纠缠,纠纷;障碍物

enter [ˈentə] vt.&vi. ❶进入,进去 ❷参加,加入 ❸登记,登录 ‖ ~ **against** 控告,记入账上/~ **among** 写进/~ **by** 从…进入/~ **for** 报名参加/~ **in** ①把…收入,记入 ②使入学/~ **into** ①参与 ②开始 ③包括 ④考虑,研究 ⑤缔结(协议)/~ **on**[**upon**] ①〈正〉开始 ②继承/~ **up** 记下 ‖ **enterable** adj. 可进入的,可参加的

enterprise [ˈentəpraɪz] n. ❶Ⓒ 事业,计划 ❷Ⓤ 事业心,进取心 ❸Ⓒ 企(事)业单位,公司 ‖ **enterpriser** n. 干事业的人,企业家

enterprising [ˈentəpraɪzɪŋ] adj. 有事业心的,有胆量的

entertain [ˌentəˈteɪn] vt.&vi. 款待,招待 vt. ❶使欢乐,使娱乐 ❷抱有,考虑 ‖ **entertaining** adj. 有趣的

entertainer [ˌentəˈteɪnə] n. Ⓒ (娱乐节目的)表演者;艺人

entertainment [ˌentəˈteɪnmənt] n. ❶Ⓤ 款待,请客 ❷Ⓒ 娱乐,文娱节目,表演会

enthrone [ɪnˈθrəʊn] vt. 使(国王、女王或主教)登基,即位

enthuse [ɪnˈθjuːz] vi. 对…极为喜爱或极热心 ‖ ~ **about**[**over**] 对…极为喜爱

enthusiasm [ɪnˈθjuːzɪæzəm] n. ❶Ⓤ 热情,热心 ❷Ⓒ 巨大兴趣,热衷的事物 ‖ ~ **about**[**for**] 对…热心

enthusiast [ɪnˈθjuːzɪæst] n. Ⓒ 热心人,热衷者

enthusiastic [ɪnˌθjuːzɪˈæstɪk] adj. 满腔热情的,热心的;极感兴趣的 ‖ ~ **about**[**for**, **over**]对…热心/~ **in** 在(某方面)热心

entice [ɪnˈtaɪs] vt. 诱惑,怂恿 ‖ **enticement** n. 诱惑,怂恿

enticing [ɪnˈtaɪsɪŋ] adj. 有吸引力的,迷人的,诱人的 ‖ **enticingly** adv. 有吸引力地,迷人地

entire [ɪnˈtaɪə] adj. 全部的,整体的 ‖ **entirely** adv. 完全地,彻底地/**entireness** n. 完全,彻底

entirely [ɪnˈtaɪəlɪ] adv. 全部地;完整地;完全地

entirety [ɪnˈtaɪətɪ] n. Ⓤ 整体,全面 ‖ **in its ~** 作为一个整体

entitle [ɪnˈtaɪtl] vt. ❶使有资格;使有权 ❷

给…题名‖～ to 赋予…做(某事)的权利;使拥有…的权利
entitlement [ɪnˈtaɪtlmənt] n. ❶Ⓤ授权,有资格 ❷Ⓒ有权得到的东西
entity [ˈentɪtɪ] n. Ⓒ实体,独立存在体,实际存在物
entourage [ˌɒntʊˈrɑːʒ] n. Ⓒ〈法〉随从,随行人员
entrance [ˈentrəns] n. ❶Ⓒ入口,大门 ❷Ⓤ进入;登场;入学‖～ from 从…来的入口处/～ into 通往…的入口处/～ to ①入口②进入,入场
entrant [ˈentrənt] n. Ⓒ❶参加者 ❷加入某行业的人
entrap [ɪnˈtræp] vt. 使陷入圈套,使入陷阱
entreat [ɪnˈtriːt] vt. 恳求,乞求
entrench [ɪnˈtrentʃ] vt. ❶用壕沟围绕或保护… ❷牢固地确立…‖ **entrenchment** n. 壕沟;防御设施
entrepreneur [ˌɒntrəprəˈnɜː] n.〈法〉Ⓒ❶企业家 ❷主办人‖ **entrepreneurship** n. 企业家的身份
entrust [ɪnˈtrʌst] vt. 委托,托付‖ **entrustment** n. 委托,托管
entry [ˈentrɪ] n. ❶Ⓒ进入 ❷Ⓤ入场权 ❸Ⓒ入口处 ❹Ⓤ登记,条目,词条 ❺Ⓒ参赛的人〔物〕❻Ⓢ参加比赛的名单或总(人)数‖ **entry word** 开头的词
entwine [ɪnˈtwaɪn] vt. 缠绕,盘绕
enumerate [ɪˈnjuːməreɪt] vt. ❶列举,枚举 ❷数
enunciate [ɪˈnʌnsɪeɪt] vt. ❶(清晰地)发音 ❷确切地说明
envelop [ɪnˈveləp] vt. 包围,笼罩,包住‖ **envelopment** n. 包围,笼罩,包住
envelope [ˈenvələup] n. Ⓒ信封
enviable [ˈenvɪəbl] adj.(指人或物)引起嫉妒的,值得羡慕的‖ **enviableness** n. 令人羡慕/**enviably** adv. 令人羡慕地
envious [ˈenvɪəs] adj.满怀嫉妒的‖ **enviously** adv. 满怀嫉妒地
environment [ɪnˈvaɪərənmənt] n. Ⓒ环境,周围状况,自然环境
environmental [ɪnˌvaɪərənˈmentl] adj.❶个人环境的,由个人环境产生的 ❷环境的
environmentalist [ɪnˌvaɪərənˈmentəlɪst] n. Ⓒ环境保护论者,人类生态学者
envisage [ɪnˈvɪzɪdʒ] vt. 想象,设想‖ **envisagement** n. 想象,设想
envoy [ˈenvɔɪ] n. Ⓒ❶使节 ❷公使‖ **envoyship** n. 使节身份
envy [ˈenvɪ] n. Ⓤ妒忌;羡慕‖～ at〔of, towards〕嫉妒…/in〔with〕～嫉妒/out of～出

于嫉妒 ■vt.(pt., pp. envied)妒忌;羡慕
enzyme [ˈenzaɪm] n. Ⓒ〈生化〉酶
ephemeral [ɪˈfemərəl] adj. 短暂的,瞬息的
epic [ˈepɪk] n. Ⓒ❶叙事诗,史诗 ❷惊人之举 ■adj. Ⓐ❶史诗般的 ❷极大的,宏大的
epidemic [ˌepɪˈdemɪk] n. Ⓒ流行病
episode [ˈepɪsəʊd] n. Ⓒ❶插曲;片断 ❷一集‖ **episodical** adj. 插曲的,片断的
episodic [ˌepəˈsɒdɪk] adj.(小说、戏剧等)由松散片段组成的,插曲般的
epitome [ɪˈpɪtəmɪ] n. Ⓒ❶缩影 ❷典型的人或事物 ❸(书、演讲等的)摘要
epitomize, -ise [ɪˈpɪtəmaɪz] vt. 成为(某事物)的缩影
epoch [ˈiːpɒk] n. Ⓒ❶纪元,时期,时代‖ **epoch-making** adj. 划时代的
equable [ˈekwəbl] adj. ❶变化小的 ❷宁静的,温和的 ❸稳定的
equal [ˈiːkwəl] adj.❶相等的,同样的 ❷平等的 ❸Ⓟ能胜任的,合适的‖～ in 在…方面相等的/～ under 在…面前相等/～ with 与…平等 ■vt.(-ll-,〈美〉-l-)❶与…相等或相同 ❷比得上‖～ in 在…方面比得上,抵得过 ■n. Ⓒ❶同样的人,相等的数量 ❷能与之比拟的东西,匹敌者
equality [iːˈkwɒlɪtɪ] n. Ⓤ同等,平等
equalize, -ise [ˈiːkwəlaɪz] vt.& vi.(使某事物)相等‖ **equalization, -isation** n. 相等,均等
equally [ˈiːkwəlɪ] adv.❶相等地,同等地 ❷均等 ❸也,同样
equate [ɪˈkweɪt] vt. 认为某事物(与另一事物)相等或相仿
equation [ɪˈkweɪʃən] n. ❶Ⓒ方程式,等式 ❷Ⓢ相等,平衡‖ **equational** adj. 方程式的;相等的
equator [ɪˈkweɪtə] n. Ⓢ赤道
equatorial [ˌekwəˈtɔːrɪəl] adj. 赤道的,赤道附近的‖ **equatorially** adv. 赤道地
equilibrium [ˌiːkwɪˈlɪbrɪəm] n. Ⓤ❶平衡,均势 ❷(心情、感情等)平静
equine [ˈekwaɪn] adj. 马的,似马的
equip [ɪˈkwɪp] vt.(-pp-)❶装备,配备 ❷使有能力,使胜任
equipment [ɪˈkwɪpmənt] n. Ⓤ❶设备;装备;配备 ❷(工作必需的)知识,技能
equitable [ˈekwɪtəbl] adj. 公正的,合理的‖ **equitableness** n. 公正,合理/**equitably** adv. 公正地,合理地
equity [ˈekwɪtɪ] n. ❶Ⓤ公平,公正 ❷Ⓤ〈律〉衡平法 ❸Ⓟ普通股
equivalent [ɪˈkwɪvələnt] adj.相等的,相当的

equivocal [ɪˈkwɪvəkəl] *adj.* ❶模棱两可的,意义不明的 ❷模糊的,含糊的,不定的 ❸(指人等)不可靠的

equivocate [ɪˈkwɪvəkeɪt] *vi.* 使用模棱两可的话隐瞒真相

era [ˈɪərə] *n.* Ⓒ❶纪元 ❷历史时期,时代

eradicate [ɪˈrædɪkeɪt] *vt.* 摧毁,完全根除 ‖ **eradication** *n.* 摧毁,根除 / **eradicator** *n.* 根除者;褪色灵

erase [ɪˈreɪz] *vt.* 擦掉,抹去,清除 ‖ **eraser** *n.* 擦除器 / **erasure** *n.* 擦掉,抹去;擦抹处

ere [eə] *prep.* 在…之前 ■ *conj.* 在…之前

erect [ɪˈrekt] *adj.* 竖立的,直立的,挺立的 ■ *vt.* ❶使直立;竖起 ❷〈正〉建立

erection [ɪˈrekʃən] *n.* ❶Ⓤ建立;建造 ❷Ⓒ竖立物,建筑物

erode [ɪˈrəud] *vt.* & *vi.* 侵蚀,腐蚀 ‖ **erodible** *adj.* 受到腐蚀的;会被腐蚀的

erosion [ɪˈrəuʒən] *n.* Ⓤ腐蚀,侵蚀;磨损

erotic [ɪˈrɒtɪk] *adj.* ❶(引起)性欲的;色情的 ‖ **erotically** *adv.* 引起性欲地

err [ɜː] *vi.* 犯错误;做错事

errand [ˈerənd] *n.* Ⓒ❶差使 ❷差事 ‖ an ~ of mercy 雪中送炭

errant [ˈerənt] *adj.* Ⓐ迷途的;离开正道的,出格的;犯错误的

erratic [ɪˈrætɪk] *adj.* 飘忽不定的;(运动或行为)不规则的 ‖ **erratically** *adv.* 不稳定地;不规则地

erroneous [ɪˈrəunjəs] *adj.* 〈正〉错误的,不正确的 ‖ **erroneously** *adv.* 错误地

error [ˈerə] *n.* ❶Ⓒ错误 ❷Ⓒ❶过失,失误 ‖ by ~ 错误地 / in ~ 弄错了的;错误地 ‖ **errorless** *adj.* 无错误的,正确的 ‖ **error correction**〈计〉自动纠错

erstwhile [ˈɜːstwaɪl] *adj.* 过去的,从前的

eructation [ˌiːrʌkˈteɪʃən] *n.* Ⓒ Ⓤ 打嗝,嗳气

erupt [ɪˈrʌpt] *vi.* ❶爆发,喷发 ❷突然发生 ❸出疹 ‖ **eruptive** *adj.* 爆发的,喷发的 / **eruptiveness** *n.* 爆发,喷发

eruption [ɪˈrʌpʃən] *n.* Ⓒ Ⓤ 喷发,爆发

escalate [ˈeskəleɪt] *vt.* & *vi.* ❶(使)逐步升级;(使)逐步扩大 ❷(使)更高,(使)更大 ‖ **escalation** *n.* 逐步上升,逐步升级

escalator [ˈeskəleɪtə] *n.* Ⓒ自动扶梯

escapade [ˌeskəˈpeɪd] *n.* Ⓒ恶作剧,越轨行为,冒险行为

escape [ɪsˈkeɪp] *vi.* ❶逃脱,逃跑 ❷漏出,泄漏 *vt.* & *vi.* 逃避,避开 / 免除 ‖ ~ from 逃避,逃出;从…漏出,发出 / ~ out 逃出 / ~ to 逃往 ■ *n.* ❶Ⓒ逃走,逃脱 ❷逃避 ❸Ⓢ消遣,解闷 ‖ **escapee** *n.* 越狱犯 / **escapism** *n.* 逃避现实

eschew [ɪsˈtʃuː] *vt.* (尤指为道德或实际理由而)习惯性避开,回避

escort [ˈeskɔːt] *n.* Ⓢ护送者,护卫队;护航舰,护航飞机 ■ *vt.* 护送;护卫 ‖ ~ from 护送或押送(某人)离开(某地) / ~ to 护送或押送(某人)去(某地)

Eskimo [ˈeskɪməu] *n.* (*pl.* ~ or ~s) Ⓒ爱斯基摩人

esoteric [ˌesəuˈterɪk] *adj.* 机密的;神秘的;难解的 ‖ **esoterically** *adv.* 机密地;神秘地

especial [ɪˈspeʃəl] *adj.* 特别的,突出的

especially [ɪˈspeʃəlɪ] *adv.* 尤其,特别

espionage [ˌespɪəˈnɑːʒ] *n.* Ⓒ谍报活动;间谍行为

espouse [ɪsˈpauz] *vt.* (决定)支持,拥护(目标、主张等)

espy [ɪˈspaɪ] *vt.* 看到

essay [ˈeseɪ] *n.* Ⓒ散文,随笔

essence [ˈesns] *n.* ❶Ⓤ本质,实质,要素 ❷Ⓒ Ⓤ (植物,药物等)精髓,精华

essential [ɪˈsenʃəl] *adj.* ❶Ⓟ必不可少的,绝对必要的;非常重要的 ❷Ⓐ本质的,实质的,基本的 ■ *n.* Ⓟ❶要素,要点 ❷必需品: *We only have time to pack a few essentials.* 我们只来得及装几件生活必需品。

essentially [ɪˈsenʃəlɪ] *adv.* ❶本质上;根本上 ❷必需的

establish [ɪsˈtæblɪʃ] *vt.* ❶建立,成立: *We have established diplomatic relations with many countries.* 我们已和许多国家建立了外交关系。 ❷安置: *They established themselves between the Danube and Greece.* 他们在多瑙河和希腊之间定居下来。 ❸确定,证实: *The police established that she was innocent.* 警察查明她是无罪的。 ‖ ~ in 使立足于 ‖ **established** *adj.* 确定的,证实的

establishment [ɪsˈtæblɪʃmənt] *n.* ❶Ⓤ建立,确立 ❷Ⓒ企业,机构 ❸Ⓤ Ⓒ 当权派,当局

estate [ɪsˈteɪt] *n.* ❶Ⓒ土地,地区 ❷Ⓒ庄园,种植园 ❸Ⓤ Ⓒ 地产,财产;遗产 ‖ **estate agent** 房地产经纪人 / **estate car**〈美〉客货两用车;旅行车 / **estate duty** 财产税,遗产税

esteem [ɪsˈtiːm] *vt.* ❶尊敬,敬重 ❷认为,以为 ‖ ~ for 为…而尊敬(某人) ■ *n.* Ⓤ尊敬,好评: *gain [get] the ~ of sb* 受到某人的尊重

esthetic [iːsˈθetɪk] = aesthetic

estimable [ˈestɪməbl] *adj.* 值得尊敬的

estimate [ˈestɪmət] *n.* Ⓒ❶估计,估价 ❷报价 ❸判断 ■ *vt.* & *vi.* 估计;评价,评估 ‖ ~ at 估计,猜测…为 / ~ for 对…做出估价 ‖ **estimator** *n.* 估计者,估价者

estimation [ˌestɪˈmeɪʃən] *n.* Ⓤ❶估计,评价,判断 ❷尊敬

estrange [ɪsˈtreɪndʒ] *vt.* 使疏远(尤指家庭

成员之间)‖ **estrangement** n. 疏远

estuary [ˈestjuəri] n. ⓒ(江河入海的)河口；河口湾

et al. [ˌetˈæl] adv. 〈拉〉以及其他人

etc. [ˌetˈsetərə] adv. 〈拉〉等等,以及其他

etch [etʃ] vt.& vi. 蚀刻

eternal [iːˈtɜːnl] adj. ❶永恒的,永久的 ❷Ⓐ似乎不停的

eternity [ɪˈtɜːnɪti] n. ❶Ⓤ永恒 ❷Ⓤ来世；永生 ❸Ⓢ似乎相当长的一段时间

ether [ˈiːθə] n. Ⓤ〈化〉醚,乙醚

ethereal [ɪˈθɪəriəl] adj. ❶如神灵般飘渺虚幻的；轻飘的；缥缈的 ❷苍穹的,太空的‖ **ethereally** adv. 缥缈地

ethic(al) [ˈeθɪk(əl)] adj. ❶伦理的；道德的 ❷合乎道德的‖ **ethically** adv. 合乎道德地

ethics [ˈeθɪks] n. ❶Ⓤ伦理学 ❷ⓅP道德规范

ethnic [ˈeθnɪk] adj. ❶种族的,部落的 ❷某文化群体的‖ **ethnically** adv. 按种族,按种族特征‖ **ethnic cleansing** 种族清洗

ethnocentric [ˌeθnəʊˈsentrɪk] adj. 种族〔民族、集团〕优越感的

ethos [ˈiːθɒs] n. Ⓤ(个人或团体的)气质,精神特质,思潮

etiquette [ˈetɪket] n. Ⓤ礼仪,礼节

eulogize,-ise [ˈjuːlədʒaɪz] vt. 称赞,颂扬

euphoria [juːˈfɔːriə] n. Ⓤ极度愉快的心情；过度兴奋的情绪

eurhythmic [jʊəˈrɪðmɪk] adj. (尤指建筑)比例和谐的

Eurocheque [ˈjʊərəʊtʃek] n. Ⓒ欧洲通用支票

Eurodollar [ˈjʊərəʊdɒlə] n. Ⓒ欧洲美元

Europe [ˈjʊərəp] n. Ⓒ欧洲

European [ˌjʊərəˈpiːən] adj. 欧洲的；欧洲人的 ■n. Ⓒ欧洲人

euthanasia [ˌjuːθəˈneɪziə] n. Ⓤ安乐死

evacuate [ɪˈvækjueɪt] vt.& vi. 撤离,疏散‖ ～ from 把(某一批人)从(危险的地方)撤离/ ～ to 把(某一批人)撤到(安全的地方)‖ **evacuation** n. 撤退；疏散

evade [ɪˈveɪd] vt. ❶逃避；回避 ❷避开,躲避；规避

evaluate [ɪˈvæljueɪt] vt. 评价,估计,估价‖ ～ on 根据…评价某人‖ **evaluation** n. 评价,估计

evanesce [ˌevəˈnes] vi. 逐渐消失,隐没

evanescent [ˌiːvəˈnesnt] adj. 迅速消失遗忘的；短暂的‖ **evanescence** n. 短暂

evaporate [ɪˈvæpəreɪt] vt.& vi. (使某物)蒸发掉 vi. 消失,不复存在‖ **evaporation** n. 蒸发(作用)/**evaporative** adj. 蒸发的

evasion [ɪˈveɪʒən] n. ❶Ⓤ逃避,回避,躲避的 ❷Ⓒ遁辞,借口

evasive [ɪˈveɪsɪv] adj. ❶逃避的；推托的 ❷规避的；回避的‖ **evasively** adv. 回避地/**evasiveness** n. 回避

eve [iːv] n. ❶(宗教节日或假日的)前日,前夕 ❷(重大事件发生的)前一刻

even [ˈiːvən] adv. ❶甚至,即使 ❷更加,愈加‖ ～ **as** 正当…的时候/ ～ **if**〔**though**〕即使,纵然/ ～ **so** 虽然如此,即使如此/ ～ **then** 尽管那样 ■adj. ❶平的,平坦的 ❷均匀的；有规律的；稳定的 ❸相等的,均衡的 ❹双数的,偶数的‖ **an** ～ **chance** 均等的机会/**be**〔**get**〕 ～ **with** 向某人报复/**break** ～ 不盈不亏 vt.& vi. (使)平；(使)相等‖ ～ **between** 在…之间均等/ ～ **off**〔**out**〕变平；(使)平稳；(使)均衡/ ～ **up**(使)相等/ ～ **up on**〈美,非正〉回报‖ **evenly** adv. 平坦地,均匀地,稳定地,相等地‖ **even-handed** adj. 公平的,不偏不倚的

evening [ˈiːvnɪŋ] n. ❶Ⓒ⋃傍晚,黄昏,晚上 ❷Ⓒ晚会,晚上娱乐活动‖ **evening dress** 晚礼服/**evening paper** 晚报/**evening prayer** 晚祷告

event [ɪˈvent] n. Ⓒ❶事件,大事 ❷运动项目‖ **at all** ～**s**〔**in any** ～〕不管发生什么事；在任何情况下；无论如何/**be wise after the** ～ 事后聪明的,事后诸葛亮/**in either** ～ 无论是哪件事/**in that** ～ 如果那种情况发生,如果是那样的话/**in the** ～〈英〉结果；〈美〉如果/**in the** ～ **of** 万一〔倘若〕发生… ‖ **eventful** adj. 有许多大事的

eventual [ɪˈventʃuəl] adj. Ⓐ(事件)最终发生的；结果的‖ **eventuality** n. 可能发生的事或结果；不测事件

eventually [ɪˈventʃuəli] adv. 终于,最后

eventuate [ɪˈventʃueɪt] vi. 结果,归结

ever [ˈevə] adv. ❶在任何时候；在某时；有时；从来 ❷不断地；总是 ❸究竟,到底‖ **as**…**as** ～ 和以前一样…/ ～ **after**〔**since**〕自从/ ～ **more** 越发地,越来地/ ～ **so**〔**such**〕非常/**for** ～ (**and** ～)永远/**if** ～ 很少,难得/**if** ～ **there was one** 无可置疑；确实/**than** ～ 比以前更

evergreen [ˈevəɡriːn] adj. 常绿的,常青的 ■n. Ⓒ常青树；常绿植物,万年青

everlasting [ˌevəˈlɑːstɪŋ] adj. ❶永久的,永恒的 ❷无休止的,令人厌倦的‖ **everlastingly** adv. 持续过长地,多次重复地

evermore [ˌevəˈmɔː] adv. 始终,永久‖ **for** ～永远地

evert [ɪˈvɜːt] vt. 使(器官等)外翻

every [ˈevri] adj. ❶每一,每个 ❷每…一次的,每隔…的…之中的‖ ～ **other** 所有其他的人或事；隔一间

everybody [ˈevrɪbɒdi] pron.=everyone

everyday [ˈevrɪdeɪ] adj. Ⓐ每天的,日常的

everyone [ˈevrɪwʌn] pron. 每人,人人,各

everything ['evrɪθɪŋ] pron. ❶每件事,一切 ❷最重要的东西

everywhere ['evrɪhweə] adv. 处处,到处

evict [ɪ'vɪkt] vt. (依法从房屋里或土地上)驱逐,赶出 ‖ eviction n. 驱逐/evictor n. 驱逐者,收回者

evidence ['evɪdəns] n. Ⓤ证仗;证据;迹象 ‖ in ~引人注目的,显而易见

evident ['evɪdənt] adj. 明显的,明白的 ‖ evidential adj. 证据的,凭证据的

evidently ['evɪdəntlɪ] adv. 明显地,显然

evil ['iːvəl] adj. ❶邪恶的,坏的 ❷讨厌的,使人不舒服的 ■n. ⒸⓊ邪恶,罪恶,祸害 ‖ evilly adv. 邪恶地,罪恶地

evince [ɪ'vɪns] vt. 表明,标示

eviscerate [ɪ'vɪsəreɪt] vt. 切除…的内脏

evocative [ɪ'vɒkətɪv] adj. 引起…记忆的,唤起…感情的

evoke [ɪ'vəʊk] vt. 产生,引起,唤起

evolution [ˌiːvə'luːʃən] n. Ⓤ演变;进化;发展 ‖ evolutionary adj. 进化的,演变的/evolutionist n. 进化论者/evolutive n. 进化的

evolve [ɪ'vɒlv] vt. & vi. 演变;进化 ‖ ~ from 从…逐渐形(发展)成/~ into 逐渐发展成/~ out of 从…逐渐形(发展)成/evolvement n. 展开,进展,发展

exacerbate [eks'æsəbeɪt] vt. 使恶化;使加重 ‖ exacerbation n. 恶化

exact[1] [ɪg'zækt] adj. ❶准确的,确切的,精确的 ❷严谨的,严格的 ‖ exactly adv. 确切地,精确地;十分;确实如此

exact[2] [ɪg'zækt] vt. 要求,索取;苛求,强求 ‖ ~ from 向(某人)征收(索取)…,迫使(某人)处于某种状态 ‖ exaction n. 强求,强征,勒索

exacting [ɪg'zæktɪŋ] adj. ❶费劲的;需细致小心的 ❷(标准)严格的,难达到的 ❸(对别人)严格的,苛求的

exaggerate [ɪg'zædʒəreɪt] vt. & vi. ❶(使)扩大,(使)增加 ❷夸大,夸张 ‖ exaggeration n. 夸大,夸张/exaggerated adj. (被)夸大的,(被)夸张的,言过其实的,过大的/exaggeratedly adv. 夸大地,夸张地/exaggerator n. 夸大者,夸张者

exalt [ɪg'zɔːlt] vt. ❶赞扬;歌颂 ❷提升,提拔

exaltation [ˌegzɔːl'teɪʃən] n. Ⓤ兴奋;得意洋洋

exalted [ɪg'zɔːltɪd] adj. ❶高贵的,崇高的 ❷兴奋的,得意洋洋的 ‖ exaltedly adv. 兴高地,崇高地

exam [ɪg'zæm] n. Ⓒ〈口〉考试

examination [ɪgˌzæmɪ'neɪʃən] n. ❶ⒸⓊ检查,调查 ❷Ⓒ考试;考查;试题 ❸Ⓒ讯问 ‖ His statement won't bear the lawyer's exami-

nations. 他的供述经不起律师的讯问。‖ under ~在检查中

examine [ɪg'zæmɪn] vt. ❶仔细检查 ❷考试,对…进行考核 ❸审查,审问 ‖ ~ in 在(某方面)考查〔测试〕(某人)/~ into 调查,查问/~ on 在(某方面)考查〔测试〕;在(某方面)审问(某人) ‖ examinable adj. 可检查的/examiner n. 主考官

example [ɪg'zɑːmpl] n. ❶Ⓒ例子,实例 ❷Ⓒ样本,范例 ❸ⒸⓊ榜样,楷模 ❹Ⓒ警告 ‖ for ~例如,譬如

exasperate [ɪg'zɑːspəreɪt] vt. 激怒,触怒 ‖ exasperating adj. 使人恼怒的/exasperation n. 恼怒

excavate ['ekskəveɪt] vt. ❶挖掘,开凿 ❷挖出,发掘 ‖ excavation n. 发掘,挖掘/excavator n. 发掘者,挖掘机

exceed [ɪk'siːd] vt. 超过,超越 vi. (在数量、质量上)突出,领先

exceedingly [ɪk'siːdɪŋlɪ] adv. 非常,极其,过分地,极为

excel [ɪk'sel] vt. & vi. (-ll-)优于,擅长

excellence ['eksələns] n. Ⓤ卓越,杰出

Excellency ['eksələnsɪ] n. Ⓒ阁下(对大使、总督、主教等的尊称)

excellent ['eksələnt] adj. 优秀的,卓越的,杰出的

except [ɪk'sept] vt. 把…除外;免除 ‖ ~ against反对/~ from 不包括(某人)在…之内/~ to 反对 ■prep. 除…外;He could do little except write. 他除了会写之外,其他什么都不行。‖ ~ for 除…之外;若不是 ‖ excepting prep. 除…外

exception [ɪk'sepʃən] n. ⒸⓊ例外 ‖ above ~无可非议的/beyond ~无可争议的/by way of ~作为例外的/take ~ to 反对/with the ~ of 除…以外/without ~没有例外地

exceptionable [ɪk'sepʃənəbəl] adj. 会引起反感的;可提出异议的

exceptional [ɪk'sepʃənl] adj. ❶优越的,杰出的 ❷例外的;独特的,异常的 ‖ exceptionalism n. 例外论/exceptionality n. 例外/exceptionally adv. 异常地,特殊地,罕见地;突出地

excerpt ['eksɜːpt] n. Ⓒ摘录,摘要 ■[ek'sɜːpt] vt. 选录,摘录

excess ['ekses] adj. Ⓐ超重的,过量的;额外的 ■[ɪk'ses] n. ❶ⓈⓊ超过,过多之量 ❷ⒸⓊ过度,过分 ‖ in ~ of 多于,超出/to ~过度,过量

excessive [ɪk'sesɪv] adj. 过度的,过分的;极度的 ‖ excessively adv. 过度地,过分地;极度/excessiveness n. 过度,过分

exchange [ɪks'tʃeɪndʒ] n. ❶ⒸⓊ交换,互换

❷Ⓤ兑换,汇率 ‖ in ～ for 交换 ■ vt. ❶交换,互换 ❷交流 ‖ ～ for 用…换取/～ with 与(某人)交换… ‖ **exchangeable** adj. 可交换的,可兑换的/**exchanger** n. 交换器 ‖ **exchange rate** 汇率/**exchange student** 交换的留学生

excise [ek'saɪz] vt. 切除,删去

excitable [ɪk'saɪtəbə] adj. 容易激动的

excite [ɪk'saɪt] vt. ❶使兴奋,使激动 ❷激发,引起 ‖ ～ in 激起(某人的强烈感情等) ‖ **exciter** n. 刺激者,激励者;刺激物,兴奋剂

excited [ɪk'saɪtɪd] adj. ❶兴奋的,激动的 ❷喜悦的,快乐的 ‖ **excitedly** adv. 兴奋地,激动地

excitement [ɪk'saɪtmənt] n. ❶Ⓤ兴奋,激动 ❷Ⓒ令人兴奋的事

exciting [ɪk'saɪtɪŋ] adj. 使人兴奋的,令人激动的 ‖ **excitingly** adv. 使人兴奋地,令人激动地

exclaim [ɪks'kleɪm] vt.&vi. 呼喊,惊叫,大声说

exclamation [ˌeksklə'meɪʃən] n. Ⓒ呼喊,惊叫

exclude [ɪks'klu:d] vt. 排除;不包括在内 ‖ ～ from 把…排斥[排除]于…之外

excluding [ɪks'klu:dɪŋ] prep. 除…外,不包括

exclusion [ɪks'klu:ʒən] n. Ⓤ拒绝,排除 ‖ **exclusionism** n. 排外主义/**exclusionist** adj. 排外主义的 ■ n. 排外主义者

exclusionary [ɪk'sklu:ʒənrɪ] adj. 排斥(性)的;排除在外的

exclusive [ɪks'klu:sɪv] adj. ❶高级的,奢华的 ❷专用的;独家的 ‖ ～ of 不算,不包括,把…排除在外 ■ n. Ⓒ独家新闻,独家报道 ‖ **exclusively** adv. 孤傲地;全部地/**exclusiveness** n. 排外;孤傲

excogitate [ɪks'kɒdʒɪteɪt] vt. 想出,设计出;图谋;算计;深思熟虑

excoriate [eks'kɔ:rɪeɪt] vt. ❶擦伤,擦破(皮肤) ❷剥(皮) ❸严厉指责,痛斥

excrete [eks'kri:t] vt. ❶排除,排泄 ❷分泌,排出 ‖ **excretive** adj. 排泄的,分泌的;促进排泄的

excruciate [ɪk'skru:ʃɪeɪt] vt.(精神上)残酷折磨;(使精神上受)极大痛苦

excruciating [ɪk'skru:ʃɪeɪtɪŋ] adj. 极为疼痛的

exculpate ['ekskʌlpeɪt] vt. 开脱,使无罪

excursion [ɪks'kɜ:ʃən] n. Ⓒ远足,短途旅行 ‖ **excursional, excursionary** adj. 远足的,游览的/**excursionist** n. 远足者,短途旅行者,游览者

excursive [ɪk'skɜ:sɪv] adj. 离题的

excuse [ɪks'kju:z] vt. ❶原谅,宽恕 ❷使免除

❸为…辩解 ‖ ～ by 以…方式找原因[借口]/～ for 就[因]…原谅(某人)/～ from 允许(某人)免去… ■ [ɪks'kju:s] n. ❶Ⓒ理由,借口,辩解 ❷Ⓤ原谅,饶恕 ❸Ⓤ歉意,道歉 ‖ in ～ of 为…辩解/**make one's** ～ **s** 做出解释

execrable ['eksɪkrəbl] adj. 可恶的,讨厌的

execrate ['eksɪkreɪt] vt. ❶憎恶,厌恶 ❷诅咒,咒骂

execute ['eksɪkju:t] vt. ❶处决 ❷执行,实现;使生效

execution [ˌeksɪ'kju:ʃən] n. ❶Ⓒ⑪依法处决 ❷Ⓤ实行,执行 ❸Ⓤ演奏,技巧 ‖ **carry [put] into** ～ 实行,实现,实施/**do** ～ 奏效,见效;惑人;杀伤

executive [ɪg'zekjʊtɪv] n. Ⓒ❶主管,高级行政人员,行政官 ❷行政部门 ■ adj. Ⓐ执行的,行政的;有行政能力的

executor [ɪg'zekjʊtə] n. Ⓒ遗嘱执行人 ‖ **executorship** n. 遗嘱执行人的职务/**executory** adj. 行政上的,执行上的;实施中的,有效的

exemplary [ɪg'zemplərɪ] adj. 杰出的;值得效仿的 ‖ **exemplarily** adv. 杰出地;值得效仿地/**exemplariness** n. 杰出,模范

exemplify [ɪg'zemplɪfaɪ] vt. (pt., pp.-fied)❶是…的典型 ❷例示,举例证明:He exemplified the use of the word. 他举例证明那个词的用法。 ‖ ～ **in**〈正〉以…为例说明

exempt [ɪg'zempt] vt. 使免除[豁免] ■ adj. Ⓟ被免除…的,被豁免的:These goods are exempt from customs duties. 这些货物免征关税。 ‖ ～ **from** 免除… ‖ **exemptible** adj. 可享豁免权的/**exemption** n. 免除,豁免

exercise ['eksəsaɪz] n. ❶Ⓤ运动,锻炼 ❷Ⓒ练习,习题 ❸Ⓟ演习,操练 ❹Ⓤ使用,应用 ■ vt.&vi. 锻炼,训练;运用,行使 ‖ ～ **oneself in** 训练[练习]…/～ **over** 控制 ‖ **exerciser** n. ①行使职权等的人 ②锻炼者,受训者 ③锻炼肌肉用的器械

exert [ɪg'zɜ:t] vt. ❶用(力);尽(力) ❷运用,发挥;施加 ‖ ～ **on**[upon]对…施加(影响、压力等) ‖ **exertion** n. 努力,用力

exeunt ['eksɪʌnt] vi. (剧本中的说明,两个以上演员)退场,下场

exhale [eks'heɪl] vt.&vi. 呼出;发散出 ‖ **exhalation** n. 蒸发,发出,呼出;发散物,薄雾

exhaust [ɪg'zɔ:st] vt. ❶弄空,取出 ❷用尽,耗尽 ❸使非常疲倦 vi. 排气 ■ n. ❶Ⓒ排气装置,排气管[孔] ❷Ⓤ机器排出的废气 ‖ **exhausted** adj. 精疲力竭的/**exhauster** n. 排气器/**exhaustible** adj. 可耗尽的,会枯竭的/**exhausting** adj. 令人疲惫不堪的/**exhaustless** adj. 用不完的,不会枯竭的 ‖ **exhaust gas** 废气/**exhaust pipe** 排气管

exhaustion [ɪg'zɔ:stʃən] n. Ⓤ精疲力竭;

exhaustive [ɪgˈzɔːstɪv] adj. 全面的,彻底的,透彻的 ‖ **exhaustively** adv. 全面地,彻底地,透彻地/**exhaustiveness** n. 彻底,透彻

exhibit [ɪgˈzɪbɪt] vt.&vi. 陈列,展览 vt. 显示,显出 ■n. C①展览品,陈列品 ②在法庭提出的证物 ‖ **exhibiter,-or** n. 参加者,展出者;电影放映者,电影院老板

exhibition [ˌeksɪˈbɪʃən] n. ❶C展览,展览会 ❷S表现,显示 ❸C公开示范表演 ‖ make an ~ of oneself 出洋相,当众出丑/on ~ 在展出中 ‖ **exhibitioner** n. 展出者/(英)获得奖学金的大学生/**exhibitionist** n. 好出风头者,有裸露癖者

exhilarate [ɪgˈzɪləreɪt] vt. 使高兴,使兴奋 ‖ **exhilarating** adj. 使人高兴的,令人兴奋的

exhort [ɪgˈzɔːt] vt.&vi. 劝告,劝说 ‖ **exhorter** n. 劝勉者,告诫者,提倡者

exhume [eksˈhjuːm] vt. 挖出,发掘出

exigent [ˈeksədʒənt] adj. ❶急迫的,紧急的 ❷苛求的,不断要求的

exiguous [egˈzɪgjuəs] adj. 稀少的,微小的

exile [ˈeksaɪl] vt. 流放,放逐,使流亡 ‖ for 因…而流放/~ from 由使(某人)离开…/~ to 放逐到… ■n. ❶U流放,放逐,流亡 ❷C长期离家(出国) ❸C被流放者,流亡国外者,背井离乡者

exist [ɪgˈzɪst] vi. ❶存在,有 ❷生存,活下来,幸存 ‖ ~ by(on)靠…为生/~ in 存在于…之中 ‖ **existent** adj. 存在的,实在的;现存的,目前的 ■n. 存在的事物;生存者/**existing** adj. 存在的;现存的;目前的

existence [ɪgˈzɪstəns] n. ❶C U存在 ❷S生存,生活(方式) ‖ come into ~成立,建立/in ~现有的;存在/put out of the ~消灭,灭绝;杀死

exit [ˈeksɪt] n. C❶出口,通道,安全门 ❷退出,退场 ■vi. 离开;退场: At the end of the third scene the actress exited. 该女演员于第三场结束时退场。‖ **exit visa** 出境签证

exodus [ˈeksədəs] n. ❶C出走,外流,撤离 ❷S仓促逃离

exonerate [ɪgˈzɒnəreɪt] vt. 使免罪,免除 ‖ **exoneration** n. 免罪,免除/**exonerative** adj. 免罪的,免除的

exorbitant [ɪgˈzɔːbɪtənt] adj. 过度的,极高的

exorcize [ˈeksɔːsaɪz] vt. ❶(用祈祷等)驱除(恶魔) ❷给(某人,某地)驱除妖魔

exotic [ɪgˈzɒtɪk] adj. ❶由外国引进的,非本地的 ❷奇异的,醒目的,吸引人的 ‖ **exotically** adv. 奇异地,醒目地/**exoticism** n. 外国风味,异国情调;洋腔洋派 ‖ **exotic dancer** 脱衣舞舞女

疲劳

expand [ɪksˈpænd] vt.&vi. ❶使…变大,扩大,扩张 ❷伸展,伸开,张开,展开 ‖ ~ into 将…扩展(充)成/~ on 进一步阐述,详谈;补充/~ to 扩展到…

expanse [ɪksˈpæns] n. C广阔的区域

expansion [ɪksˈpænʃən] n. ❶U扩大,扩张,扩展,膨胀 ❷C扩张物,膨胀物

expansive [ɪksˈpænsɪv] adj. 可扩大的,可扩展的;广阔的;胸襟开阔的,开朗的 ‖ **expansively** adv. 可扩展地;广阔地;胸襟开阔地/**expansiveness** n. 扩大,扩展,广阔,开朗

expect [ɪksˈpekt] vt. ❶预料;预期 ❷认为(某事)会发生;认为(某人)会来;预计 ❸理应得到;期望,期待;期盼 ❹猜想;认为某事是真实的 ‖ ~ of 对(某人)寄予…的期待,指望(某人)… ‖ **expectancy** n. 期待,预期;期望;期望的事物

expectant [ɪksˈpektənt] adj. 期待的,期望的 ‖ **expectantly** adv. 期待地,期望地

expectation [ˌekspekˈteɪʃən] n. ❶U预料;期望 ❷P有信心的指望

expedient [ɪksˈpiːdjənt] adj. ❶应急有效的 ❷权宜之计的

expedite [ˈekspɪdaɪt] vt. ❶加快进展 ❷迅速完成

expedition [ˌekspɪˈdɪʃən] n. ❶C远征;探险,考察 ❷U迅速,动作敏捷

expeditionary [ˌekspɪˈdɪʃənəri] adj. 探险的,出征的(尤指军事上)

expeditious [ˌekspɪˈdɪʃəs] adj. 迅速而有效率的,迅速完成的

expel [ɪksˈpel] vt. (-ll-) ❶驱逐,赶走,放逐: They expelled a foreign spy from their country. 他们把一个外国间谍驱逐出境。❷把…除名,把…开除: He was expelled from the club for breaking the rules. 他因违反了规定而被开除出该俱乐部。❸排出: The whale expelled water from his blowhole. 鲸鱼从鼻孔排出水。‖ **expeller** n. 驱逐者,开除者

expellable [ɪksˈpeləbl] adj. 可驱逐的,应开除的

expend [ɪksˈpend] vt. ❶花费,使用(钱等)做某事: Don't expend all your time on such a useless job. 不要把时间消耗在这种无用的工作上。❷用光;耗尽: The enemy had expended all their ammunition. 敌人已耗尽所有的弹药。

expendable [ɪksˈpendəbl] adj. 可消费的,值得消耗的

expenditure [ɪksˈpendɪtʃə] n. ❶U花费,使用 ❷C U(尤指金钱的)支出额

expense [ɪksˈpens] n. ❶S U消耗,花费 ❷P花费的钱,费用 ‖ at sb's ~ ①由某人付费 ②捉弄某人/at the ~ of 在损失或损坏某事物

的情况下/go to the ～ of 在某事上花钱/put sb to the ～ of 使某人花钱于某事/spare no ～ 不惜费用 ‖ expense account 支出账,报销单

expensive [ɪksˈpensɪv] adj. 昂贵的,花钱多的

experience [ɪksˈpɪərɪəns] n. ❶Ⅱ 经验,体验 ❷Ⅱ经历;阅历,感受,体会 ‖ by ～通过经验…/from ～从经验中…/knowledge and ～ 见识/of ～有经验的 ■vt. 经历,体验;感受,遭受

experienced [ɪksˈpɪərɪənst] adj. 有经验的,老练的,经验丰富的

experiment [ɪksˈperɪmənt] n. ⓒⓊ实验,试验 ‖ by ～用实验;从试验中 ■vi. 做实验;试验 ‖ ～ in 做…的实验/～ on(upon)在…上做实验/～ with 以…做实验 ‖ experimenter n. 试验者,实验者

experimental [ɪksˌperɪˈmentəl] adj. 实验(性)的,试验(性)的 ‖ experimentalism n. 经验主义/experimentalist n. 经验主义者/experimentally adv. 实验性地,实验上

expert [ˈekspɜːt] n. ⓒ专家,能手 ■adj. 专家的,内行的,熟练的 ‖ expertly adv. 熟练地;内行地,专门地/expertness n. 熟练,老练,内行

expertise [ˌekspəˈtiːz] n. Ⓤ专门知识或技能

expiate [ˈekspɪeɪt] vt. 为(所犯罪过)接受惩罚;赎(罪)

expire [ɪksˈpaɪə] vi. ❶期满,(期限)终止 ❷断气,死亡

explain [ɪksˈpleɪn] vt. & vi. 讲解,解释 vt. 说明…的原因;辩解 ‖ ～ away 为…辩解〔搪塞〕/～ oneself 说明自己的意思;为自己的行为辩解/～ to 向…解释 ‖ explainable adj. 可说明的,可解释的;可辩解的

explanation [ˌekspləˈneɪʃən] n. ❶Ⅱ解释,说明 ❷ⓒ能说明某事缘由的言语、事实、情况等 ‖ by way of ～作为说明/come to an ～ with 与…商谈以消除误会/in ～ of 对…进行解释,为…辩护

explanatory [ɪksˈplænətərɪ] adj. 解释的,说明的

explicable [ɪkˈsplɪkəbl] adj. 可解释的,可说明的

explicate [ˈeksplɪˌkeɪt] vt. 解释,说明(文章或计划等)

explicit [ɪksˈplɪsɪt] adj. ❶详述的,明确的,明晰的 ❷直言的,毫不隐瞒的,露骨的 ‖ explicitly adv. 明确地/explicitness n. 明晰,清楚

explode [ɪksˈpləʊd] vt. & vi. (使)爆炸 vi. ❶爆〔突〕发,发怒 ❷激增,迅速扩大 ‖ ～ with 突然发作 ‖ exploded adj. 爆炸了的,被击穿的,被破除的,分解的/exploder n. ❶爆炸物 ❷爆炸装置;雷管

exploit [ɪksˈplɔɪt] vt. ❶开采;开发 ❷剥削 ‖ ～ with 利用…来剥削 ■ [ˈeksplɔɪt] n. ⓒ业绩,功绩,功勋,事迹 ‖ exploiter n. 剥削者

exploitable [ɪksˈplɔɪtəbl] adj. 可开发的,可利用的

exploration [ˌekspləˈreɪʃən] n. ❶ⓒ探险旅行;搜寻 ❷ⓒⓊ考察,探索

exploratory [eksˈplɔːrətərɪ] adj. 探索的,考察的

explore [ɪksˈplɔː] vt. & vi. 勘查,探测,勘察 vt. 探索;探究;仔细查看 ‖ explorer n. ❶探索者,勘探者,考察者❷勘探器,探测器❸〈医〉探察器,探针

explosion [ɪksˈpləʊʒən] n. ⓒⓊ❶爆炸;爆发 ❷激增,扩大

explosive [ɪksˈpləʊsɪv] adj. ❶爆炸的,爆发的 ❷极易引起争论的 ■ n. ⓒ爆炸物,炸药 ‖ explosively adv. 爆炸性地,爆发性地/explosiveness n. 爆炸,爆发

exponent [eksˈpəʊnənt] n. ⓒ❶倡导者,倡议者 ❷说明者,讲解者 ❸指数,幂

export [eksˈpɔːt] vt. & vi. 出口,输出 ■ [ˈekspɔːt] n. ❶Ⅱ输出,出口 ❷ⓒ输出〔出口〕物 ‖ exportable adj. 可输出的/exportation n. 输出,出口;输出品,出口物/exporter n. 出口商,输出者

expose [ɪksˈpəʊz] vt. ❶曝光:This film has been exposed. 这胶卷已经曝光了。 ❷暴露;显露:New fashions are exposing more and more the body. 新式服装越来越露。 ❸揭露,袒露 ‖ ～ oneself 使自己面临危险;使自己暴露于;使自己受…的影响/～ to ❶暴露于②公开揭露

exposed [ɪksˈpəʊzd] adj. 裸露的,暴露的,无遮蔽的 ‖ exposedness n. 裸露,暴露

exposition [ˌekspəˈzɪʃən] n. ❶Ⅱⓒ〈正〉阐述,讲解 ❷ⓒ展览会,博览会

expostulate [ɪksˈpɒstjʊleɪt] vi. 告诫,规劝 ‖ expostulation n. 规劝;告诫

exposure [ɪksˈpəʊʒə] n. ❶Ⅱ暴露,显露 ❷Ⅱ揭发,揭露 ❸ⓒ(软片等)曝光

expound [ɪksˈpaʊnd] vt. 论述,详细讲解

express [ɪksˈpres] vt. ❶表达,表示,陈述:～ best wishes 表达良好的祝愿/He expressed his views at the meeting. 他在会上发表了自己的观点。 ❷特快发送,快运:～ letters 以快递邮寄信件/We've expressed the package. 我们已将包裹以快件寄出了。‖ as 把…表示/～ from 从…中榨〔挤出〕/～ in 用…表示〔表达〕 ■ n. ❶ⓒ快车 ❷Ⅱ〈英〉快运 ‖ by ～快速地 adj. ❶Ⅱ特快的,高速的 ❷〈正〉明确的 ❸丝毫不差的 ■ adv. 用快速方式 ‖ expressly adv. 明确地,明确地;特意地 ‖ expressway n. 高速公路

expressage [ɪksˈpresɪdʒ] n. ⒸΩ快运,快递; 快运费

expression [ɪksˈpreʃən] n. ❶ⓊⒸ表示,表现,表达 ❷Ⓒ表情 ❸Ⓤ感情 ❹Ⓒ词,措辞,词组 ‖ **beyond**〔**past**〕 ~ 无法形容/**find** ~ **in** 表现为 ‖ **expressional** adj. 表情的,表现的/**expressionism** n. 表现主义/**expressionist** adj. 表现主义 ■ n. 表现主义作家/**expressionless** adj. 呆板的,没有表情的

expressive [ɪksˈpresɪv] adj. 表示的,表现的,表达的 ‖ **expressively** adv. 富于表情地

expressivity [ˌekspreˈsɪvɪtɪ] n. Ⓒ善于表达;表达性

expropriate [ɪksˈprəʊprɪeɪt] vt. ❶没收(财产),征用 ❷剥夺…的所有权

expulsion [ɪksˈpʌlʃən] n. ⒸⓊ❶喷出,排出 ❷开除,驱逐

expunge [ɪkˈspʌndʒ] vt. 擦掉,除去,删去,消除

expurgate [ˈekspəgeɪt] vt. ❶删除(书等中的)令人反感的成分,修订 ❷删去(不当处)

exquisite [ˈekskwɪzɪt] adj. ❶精致的,精美的 ❷敏感的,细致的 ‖ **exquisitely** adv. 精致地,精美地;敏感地,细致地/**exquisiteness** n. 精致,高雅,细致

extant [ekˈstænt] adj. 现存的,仍然存在的

extemporaneous [ɪkˌstempəˈreɪnɪəs] adj. (讲话或做事)毫无准备的,即席的,仓促的,临时的

extemporize [ɪkˈstempəraɪz] vt. 即兴创作,即席演奏

extend [ɪksˈtend] vt.& vi. (空间、时间等)延伸,延续 vt. ❶延长;扩展,达到(某一点) ❷尽可能地伸开(身体某部) ❸给予,提供,发出 ‖ ~ **into** 扩大或延长到…/~ **over** ①遍及,覆盖②(使)持续,延续/~ **to**(使)达到,伸展到 ‖ **extended family**(数代同堂的)大家庭

extended [ɪksˈtendɪd] adj. ❶伸出的,伸展的 ❷延长的,持续的 ❸扩大的,扩展的

extension [ɪksˈtenʃən] n. ❶Ⓤ延伸,扩展 ❷Ⓒ增加部分 ❸Ⓒ电话分机 ‖ **extensional** adj. 客观实为的,具体的,事实的 ‖ **extension ladder** 伸缩梯

extensive [ɪksˈtensɪv] adj. 广阔的,广泛的;大量的,大规模的 ‖ **extensively** adv. 广泛地;大规模地/**extensiveness** n. 大量,广泛;外延

extent [ɪksˈtent] n. ❶Ⓤ长度,面积,范围 ❷Ⓢ程度,限度 ‖ **to** ... ~ 达到某种程度

extenuate [eksˈtenjʊeɪt] vt. ❶(用偏袒的辩解或借口)减轻 ❷低估,藐视

exterior [eksˈtɪərɪə] n. ❶Ⓒ外面,外貌,外表 ❷户外景色图,外景 ■ adj. 外部的,外面的 ‖ **exteriorly** adv. 在外部,从外面上看

exterminate [ɪksˈtɜːmɪneɪt] vt. 消灭,根绝

external [eksˈtɜːnl] adj. ❶外面的,外部的 ❷外观的,表象的 ❸外国的 ‖ **externally** adv. 在外部,从外面,外表上

externalism [eksˈtɜːnəlɪzəm] n. Ⓤ❶外在性,外在化,客观性 ❷讲究外表;拘泥形式

externality [ˌekstəˈnælɪtɪ] n. Ⓒ❶外在性,外在化,客观性 ❷外形,外表;外部的事物

extinct [ɪksˈtɪŋkt] adj. ❶灭绝的,绝种的 ❷消逝的,破灭的

extinction [ɪksˈtɪŋkʃən] n. Ⓤ熄灭,消灭,灭绝;废除

extinguish [ɪksˈtɪŋɡwɪʃ] vt. ❶使熄灭,扑灭 ❷使…不复存在 ‖ **extinguishable** adj. 可熄灭的,可扑灭的;可灭绝的/**extinguishment** n. 熄灭

extirpate [ˈekstəpeɪt] vt. ❶消灭,灭绝 ❷根除

extol [ɪksˈtɒl] vt. (-ll-)赞颂,赞扬,赞美 ‖ **extoller** n. 赞美者,吹捧者/**extolment** n. 赞颂,赞扬,赞美

extort [ɪksˈtɔːt] vt. ❶敲诈 ❷曲解

extortion [ɪksˈtɔːʃən] n. ⒸⓊ敲诈,勒索,逼取;被勒索的财物 ‖ **extortionist** n. 敲诈者,勒索者,逼取者

extortionate [ɪkˈstɔːʃənət] adj. 过高的,过分的,敲诈的

extra [ˈekstrə] adj. 额外的,外加的,附加的 ■ n. Ⓒ❶另外收费的事物 ❷拍电影时的临时演员 ■ adv. 特别地,非常 ‖ **extra time**〈体〉决胜期

extract [ɪksˈtrækt] vt. ❶(费力地)拔出,抽出 ❷提取,榨出 ■ [ˈekstrækt] n. ❶Ⓒ摘录,引用 ❷提炼物,浓缩物

extractor [ɪksˈtræktə] n. Ⓒ抽油烟机

extraneous [ɪkˈstreɪnɪəs] adj. ❶外部的,外来的 ❷无关的,不相干的,无联系的

extraordinary [ɪksˈtrɔːdnərɪ] adj. ❶非常奇怪的 ❷非同寻常的,特别的 ❸Ⓐ额外安排的,临时的 ‖ **extraordinarily** adv. 破例地,非凡地;离奇地/**extraordinariness** n. 破例,特别;离奇;额外安排

extrapolate [ɪkˈstræpəleɪt] vt. (由已知资料对未知事实或价值)推算,推断

extrasensory [ˌekstrəˈsensərɪ] adj. 超感官的,超感觉的

extravagance [ɪksˈtrævɪɡəns] n. ❶Ⓤ奢侈;挥霍 ❷Ⓒ奢侈品;放纵的言行等

extravagant [ɪksˈtrævɪɡənt] adj. ❶奢侈的,铺张的 ❷过度的,过分的,放肆的 ‖ **extravagantly** adv. 过度地,过分地

extravaganza [ekˌstrævəˈɡænzə] n. Ⓒ娱乐表演

extreme [ɪksˈtriːm] adj. Ⓐ❶尽头的,末端的 ❷极度的,极端的;过激的 ■ n. Ⓟ极端的,过

分 ‖ in the ~ 极其 ‖ **extremeness** *n*. 极端,过分

extremely [ɪksˈtriːmlɪ] *adv*. 极端;极其;非常

extremism [ɪksˈtriːmɪzəm] *n*. Ⓤ 极端主义

extremist [ɪksˈtriːmɪst] *n*. Ⓢ 极端主义者;偏激的人

extricate [ˈekstrɪkeɪt] *vt*. 使摆脱困难;脱身 ‖ **extrication** *n*. 解脱/**extricator** *n*. 解脱者

extrinsic [ekˈstrɪnsɪk] *adj*. ❶ 非本质的,外在的 ❷ 外来的,外部的,外表的

extrovert [ˈekstrəʊvɜːt] *n*. Ⓒ ❶ 性格外向的人 ❷〈口〉活跃、愉快、爱交际的人

exuberance [ɪɡˈzjuːbərəns] *n*. Ⓤ 兴高采烈;活跃;愉快;茁壮

exuberant [ɪɡˈzjuːbərənt] *adj*. ❶ 兴高采烈的;活跃的;愉快的 ❷ 茁壮的,繁茂的 ‖ **exuberantly** *adv*. 兴高采烈地;活跃地;愉快地

exude [ɪɡˈzjuːd] *vt*.&*vi*. 缓慢流出,渗出,分泌出 *vt*. 流露出对(某物)的神态或感情

exult [ɪɡˈzʌlt] *vi*. 狂喜,欢跃

eye [aɪ] *n*. ❶Ⓒ 眼睛 ❷Ⓢ 视力,眼力 ❸Ⓟ 见解,观点 ❹Ⓒ 眼状物 ‖ all my ~ 瞎说,胡说/an ~ for an ~ 以牙还牙,报复/(be) all ~s 目不转睛地看/cast an ~〔one's ~s〕on〔over〕浏览一下;审视/catch〔get〕sb's ~ 吸引某人的注意/clap〔set〕~s on 看见/close〔shut〕one's ~s to 不理会/cry one's ~s out 痛哭/do in the ~ 伤害(某人),羞辱(某人)/feast one's ~s on 欣赏 ~之美,饱眼福/for sb's ~s only 只给所指定的人看,读等/give an ~ 照看/give sb the (glad) ~ 给…抛媚眼,送秋波/give the ~ 注目;给以白眼/have an ~ for 对某事有判断力或鉴赏力/have ~s in the back of one's head 脑袋后面长有眼睛;留意到一切而不露声色/have an ~ to 将某事作为自己的目标或目的/in the ~ of the law 从法律角度说,就法律观点而言/in the ~(s) of sb 在某人的心目中/keep an ~ on 照看,照管;留心;注意/keep an ~ open for 留心,注意/keep one's ~s peeled〔skinned〕for 仔细观看,留意/look sb in the ~(s) 直视别人/never take one's ~s off 目不转睛地看着/(not) see ~ to ~(不)完全一致,(没)有相同的看法/pull the wool over sb's ~s 欺骗〔蒙骗〕某人/see with half an ~ 对某事一目了然/under〔before〕sb's very ~s 在某人面前,当着某人的面;不想隐瞒自己所做的事/with one's ~s open 充分了解自己所做之事/with one's ~s shut〔closed〕没费多大力气,轻易地 ■ *vt*. 定睛地看,盯着 ‖ **eyed** *adj*. 有眼的;有着…眼光的/**eyeful** *n*. 满眼/**eyeless** *adj*. 无眼的;瞎的/**eyelet** *n*. 针眼;小孔 ‖ **eye bank** 眼库/**eyehole** *n*. 眼窝/**eye-opening** *adj*. 令人十分惊奇的,很有启发的/**eye-servant** *n*. 在(雇主等)监视下才尽职的人/**eyeshade** *n*. 眼罩/**eyeshot** *n*. 视野/**eyewash** *n*. ①眼药水 ②〈俚〉吹牛/**eyewink** *n*. 一眨眼,瞬间

eyeball [ˈaɪbɔːl] *n*. Ⓒ 眼球;眼珠子

eyebrow [ˈaɪbraʊ] *n*. Ⓒ 眉毛

eye-catching [ˈaɪˌkætʃɪŋ] *adj*. 令人注意的

eyeglass [ˈaɪɡlɑːs] *n*. Ⓒ 镜片;单片眼镜

eyelash [ˈaɪlæʃ] *n*. Ⓒ 睫毛

eyelid [ˈaɪlɪd] *n*. Ⓒ 眼睑,眼皮

eyesight [ˈaɪsaɪt] *n*. Ⓤ 视力

eyewitness [ˈaɪˌwɪtnɪs] *n*. Ⓒ 目击者

F f

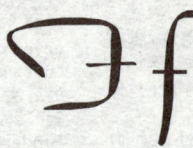

fab [fæb] *adj.* 〈俚〉极好的；绝妙的
fable ['feɪbl] *n.* ❶ⓒ寓言 ❷Ⓤ神话，传说 ‖ **fabled** *adj.* 寓言中的；虚构的/**fabler** *n.* 编寓言者；虚构情节者
fabric ['fæbrɪk] *n.* ❶ⓒ织物，布 ❷Ⓤ构造，组织
fabricate ['fæbrɪkeɪt] *vt.* ❶ 编造，捏造，虚构；伪造 ❷建造 ‖ **fabricated** *adj.* 编造的，捏造，虚构的；伪造的/**fabrication** *n.* 编造，捏造，虚构；伪造/**fabricator** *n.* 编造者，捏造者，虚构者；伪造者
fabulous ['fæbjʊləs] *adj.* ❶Ⓐ寓言般的，难以置信的 ❷巨大的 ❸极为美好的 ‖ **fabulously** *adv.* 难以置信地/**fabulousness** *n.* 难以置信；巨大；美好
facade [fə'sɑːd] *n.* ❶ⓒ〈建〉（房屋的）正面 ❷假象，外观
face [feɪs] *n.* ❶ⓒ脸，面孔 ❷ⓒ面容，面部表情 ❸ⓒ外表，外貌 ❹ⓒⓊ表面，正面 ❺ⓊⒾ子，威严 ‖ allow ～给人面子 /～ to ～面对面/have the ～居然有脸/hide one's ～恨不得找个地缝钻进去 /in the ～面对/in (the) ～ of 面对/laugh in sb's ～〈非正〉当面嘲笑某人 /look in the ～ 正视 (某人) /make a ～〈非正〉做鬼脸，做苦相/on the ～ of 表面上看来 /pull a ～〈非正〉做鬼脸 /pull〔wear〕a long ～ 拉长脸（显出不喜欢或不高兴的样子）/put a good ～ on 装出不在意的样子 /save one's ～ 保全面子 /spit in the ～ of 蔑视（某人）/ stare in the ～ 盯视，直视；〈非正〉就在眼前〔身旁〕；显而易见 /to one's ～ 当面，公开 ‖ *vt.*&*vi.* ❶面对，面向… ❷正视，承认 *vt.* 面临… ‖ ～ about 向后转，突然改变主意/～ away 把脸转到一边/～ down 朝下看/～ on to 俯视/～ onto 面对/～ out 勇敢地应对 /～ round 转动/～ to 面对，面向/～ up to 勇敢地面对/～ with 面临，遇到 ‖ **faceless** *adj.* 姓名不详的；不露面的；无个性的 ‖ **face-cream** *n.* 润肤香脂/**face-down** *adv.* 面朝地下/**face guard** 护面罩/**face powder** 扑面用的香粉/**face value** 票面额
facecloth ['feɪsklɒθ] *n.* ⓒ毛巾
face-saving ['feɪsˌseɪvɪŋ] *adj.* Ⓐ保全面子的
facet ['fæsɪt] *n.* ⓒ❶（宝石或首饰的）小平面，面 ❷（事物的）面，方面
facetious [fə'siːʃəs] *adj.* 爱开玩笑的 ‖ **facetiously** *adv.* 爱开玩笑地/**facetiousness** *n.* 滑稽
facial ['feɪʃəl] *adj.* 面孔的；面部用的 ▪ *n.* ⓒ美容；面部按摩
facilitate [fə'sɪlɪteɪt] *vt.* 使便利，减轻…的困难 ‖ **facilitation** *n.* 便利，减轻
facility [fə'sɪlɪtɪ] *n.* ❶Ⓤ能力 ❷Ⓟ设备，设施
facing ['feɪsɪŋ] *n.* ⓒ❶饰面；覆盖（如墙壁的）表面的覆饰 ❷（衣服的）贴边
facsimile [fæk'sɪmɪlɪ] *n.* ⓒⓊ（文字、图画等的）副本；传真
fact [fækt] *n.* ❶ⓒ事实，真相 ❷Ⓤ真实 ‖ ～ of life 无可争辩的事实/a list of ～s 罗列事实/after the ～作案后/as a matter of ～实际上/before the ～作案前/for a ～确实的/in ～事实上/in point of ～实际上/on ～s 根据事实
fact-finding ['fæktˌfaɪndɪŋ] *adj.* 调查实情的
faction ['fækʃən] *n.* ⓒ组织中的小派别；派系 ‖ **factional** *adj.* 组织中的小派别的；派系的
factor ['fæktə] *n.* ❶ⓒ因素，要素 ❷ⓒⓊ〈数〉因子，因数 ‖ **factorage** *n.* 代理业；代理商的佣金
factory ['fæktərɪ] *n.* ⓒ工厂，制造厂
factual ['fæktʃʊəl] *adj.* 事实的，真实的，确凿的 ‖ **factually** *adv.* 事实地，真实地，确凿地/**factualness** *n.* 事实，真实，确凿
faculty ['fækəltɪ] *n.* ⓒ❶能力，才能 ❷技巧 ❸院，系，部 ❹全体教职员，全体从业人员
fad [fæd] *n.* ⓒ流行的时尚、爱好、狂热等 ‖

faddish adj. 一时流行的；喜爱时尚的/**faddism** n. 一时的狂热性；追随时尚/**faddist** n. 追随时尚的人

fade [feɪd] vt.& vi. (使)褪去,(使)变弱,(使)枯萎 vi. 逐渐消失 ‖ ~ **away** 消失，凋谢，衰弱/ ~ **down** 使(声音)逐渐变弱/~ **from** 从…中消逝/~ **in** 使(图像)渐现,使(声音)渐高/~ **into** 消失在…中/~ **out** 使(声音)渐消/~ **up** 逐渐增大声音 ‖ **fadeless** adj. 不褪色的；不衰落的

faeces，〈美〉**feces** ['fiːsiːz] n. ℗ 粪便

fag [fæg] n. ❶ ⑤ 沉闷而又吃力的工作 ❷ ℂ 〈口〉香烟 ■ vt.& vi. (-gg-) (使)劳累 ‖ ~ **away** 做非常累的工作/~ **for** 为(某高年级生)服务/~ **out** 使(某人或某物)极为疲劳

Fahrenheit ['færənhaɪt] n. ⓤ 华氏温标

fail [feɪl] vt.& vi. 在…中失败：~ **an exam** 考试不及格/He failed to pass the examination through carelessness. 由于粗心，他考试没及格. vi. 衰退，衰弱；energy ~ 精力衰退 ❷ 破产；business ~ 企业倒闭 ❸ 不足，短缺，缺乏：The oil supply failed. 石油供给不足. vt. ❶ 辜负：~ **a friend** 辜负朋友 ❷ 忘记，忽视，未能：The car failed to climb the hill. 这辆小汽车没能爬上山去. ‖ ~ **in** 在…方面失败/of 没有，未能/~ **on** 评定(学生)…不及格 ■ n. ℂ 考试不及格 ‖ **without** ~ 必定，一定 ‖ **failed** adj. 失败的

failing[1] ['feɪlɪŋ] n. ℂ 弱点；缺陷；短处

failing[2] ['feɪlɪŋ] prep. ❶ 如果(某事)不发生，如果没有(某事物) ❷ 如果(某人不在)，如果没有(某人)

failure ['feɪljə] n. ❶ ℂⓤ 失败，不成功 ❷ ℂ 失败的人(事) ❸ ⓤℂ 未执行，未实现，未运转 ❹ ℂⓤ 无法继续经营，倒闭

faint [feɪnt] vi. 晕倒，昏倒 ‖ ~ **away** 昏过去；消失 ■ adj. (-er,-est) ❶ 微弱的，模糊的，暗淡的 ❷ (体力)无力的，虚弱的；易失去知觉的，昏眩的 ❸ (动作等)无力的，似无太大效果的 ‖ ~ **from**〔**through**，**with**〕由于…而头昏眼花 ■ n. ⑤ 昏厥 ‖ **fainting** n. 昏厥/**faintish** adj. 较弱的；有些昏晕的/**faintness** n. 昏厥

faintly ['feɪntlɪ] adv. ❶ 微弱地；隐约地；虚弱地 ❷ 有点，稍微

fair [feə] adj. ❶ 公平的，公正的 ❷ 中等的，尚可的，不错的 ❸ 晴朗的 ■ adv. 公正地，正大光明地 ‖ ~ **and square** 公正地；正中目标 / ~ **enough** 同意，接受但有所保留/**play** ~ 公平地比赛或行事 ‖ ~ n. 集市 ‖ **fairness** n. 公正，公平 ‖ **fair-haired** adj. 金色的；被宠爱的/**fair-minded** adj. 公正的

fairground ['feəɡraʊnd] n. ℂ 露天游乐场

fairly ['feəlɪ] adv. ❶ 公平地，诚实地 ❷ 相当地，适度地 ❸ 完全地；简直

fairway ['feəweɪ] n. ℂ (高尔夫球场上的)平坦球道

fairy ['feərɪ] n. ℂ 仙人，小仙子，小精灵 ‖ **fairylike** adj. 小妖精似的；仙女般的 ‖ **fairy godmother** 恩人/**fairy lamp** 彩色小灯/**fairy light** 彩色小灯/**fairy tale** 童话：神话故事

faith [feɪθ] n. ❶ ℂⓤ 信任；信仰；信心 ❷ ⓤ 宗教信仰 ‖ **in bad** ~ 背信弃义地，存心不良地/**in good** ~ 真诚地，诚意地/**keep** ~ 守信/**on** ~ 不加怀疑 ‖ **faithless** adj. 不忠的

faithful ['feɪθfʊl] adj. ❶ 忠实的，守信的 ❷ 如实的，可靠的，忠于原文的 ❸ 忠贞的 ‖ **faithfulness** n. 忠实；可靠

faithfully ['feɪθfʊlɪ] adv. 忠实地

fake [feɪk] vt. ❶ 伪造，篡改，对…做手脚：~ **the result** 篡改结果 ❷ 仿造：~ **signature** 仿造签名 vt.& vi. 假装：I thought she was really hurt but she was faking. 我原以为她真的受伤了，不料她只是在装样子而已。 ‖ ~ **out** 欺骗/~ **up** 捏造 ■ n. ℂ ❶ 骗子 ❷ 赝品 ■ adj. 假的，冒充的 ‖ **fakement** n. 欺骗；假货/**faker** n. 欺骗者；伪造者/**fakery** n. 假货，伪造，捏造

falcon ['fɔːlkən] n. ℂ 猎鹰

fall [fɔːl] (pt. **fell**, pp. **fallen**) vi. ❶ 降落，落下：The leaves begin to fall when autumn comes. 秋天来临时，树叶开始落下. ❷ 跌倒：Babies often fall when they are learning to walk. 幼儿学步时常会跌跤. ❸ 降低，减退：The barometer is falling. 气压正在下降. / The wind fell during the night. 夜里风力减弱了. / The water in the river has fallen two feet. 河水水位下降了二英尺. ❹ 来临，降临：Darkness was falling fast. 天很快黑了下来. / Sudden silence fell. 突然静了下来. ❺ 失势，垮台：The enemy strongholds fell one after another. 敌方据点相继被攻破. ❻ 沦陷，失守：The city fell. 这个城市沦陷了. ❼ 下垂；倾斜：Her eyes fell before his steady gaze. 在他的逼视下，她双目低垂. / The old house fell into decay. 那幢旧房子腐朽了. vi.& link v. 成为，变为；进入…状态：One after another, all of them fell asleep. 那些人一个接一个地睡着了. / Suddenly he fell ill and ran a high fever. 他突然病倒，发起高烧. / He fell prey to her charms. 他被她的美色所迷倒. ‖ ~ **across** 偶然遇到/~ **away** 消除，疏远，散了，腐烂/~ **back** 后撤，撤退，食言/~ **back on** 撤退到；(轻易)依靠，求助于；重提/~ **behind** 落后，拖欠/~ **down** 跌倒，掉下，倒塌，失败/~ **for** 被…迷住，对…倾倒，受…的诱惑，受骗，接受，赞同/~ **from** 由…落下，(由…口里)说出/~ **in** 倒塌，下沉，集合，到期/~ **in for** 得到，受到/~ **into** 陷入，变成，分成，开始，产生，养成，注入…中，排(队)/~ **off** 销路减少，减退，减少/~ **on〔upon〕** 落于…上，照射到…上，开始，进攻，适逢/~ **out** 争吵，发生，解散，掉出，掉队，结

F

果是/~ **over** 摔倒,倒在地上,被…绊倒/~ **through** 落空,破产,失败,行不通/~ **within** 属于…(之列),适合 ■ n. ❶ⓒ跌落,下落:He survived a fall of 40 feet. 他从 40 英尺高的地方跌下来没有丧命。❷ⓒ下降,降低,减少:There was a sudden fall in temperature. 气温一下子降低了。❸Ⓢ掉落的距离,落差:It's a fall of 60 metres to the foot of the cliff. 从这儿到悬崖之底距离 60 米。❹Ⓢ陷落;垮台;灭亡;没落:Pride goes before a fall. 骄兵必败。/ That debate led to the government's fall. 那场辩论导致政府垮台。❺Ⓢ堕落,沦落:The play was about the fall of an honest man. 那个剧本描写一个诚实的人堕落的故事。❻ℙ瀑布 ❼Ⓢ〈美〉秋天:the ~ of the leaf 落叶时节,秋季 ‖ **ride for a** ~ 鲁莽行事,自找麻烦 ‖ **faller** n. 砍伐树木的人 ‖ **fallback** n. 可靠的东西;退却/**fall guy** 替罪羊/**falloff** n. 下降,分开/**falltrap** n. 陷阱

fallacious [fə'leɪʃəs] adj. 谬误的;虚妄的:a ~ argument 谬误的观点

fallacy ['fæləsɪ] n. ❶ⓒ错误的见解 ❷Ⓤ错误的推论

fallible ['fæləbl] adj. 容易犯错的

fallout ['fɔːlaʊt] n. Ⓤ放射尘;(核爆炸后的)沉降物

false [fɔːls] adj. ❶不真实的,错误的:make a ~ statement to the police 向警方作假口供 ❷假的,伪造的:I think his documents are false. 我认为他的证件是伪造的。❸不忠实的,虚伪的:They obtained money under the false pretenses of patriotism. 他们以虚伪的爱国主义为借口获得金钱。‖ **strike a** ~ **note** 不诚恳 ‖ **falsehearted** adj. 不忠实的,欺诈的 ‖ **false start** 失败的开端/**false step** 失足

falsify ['fɔːlsɪfaɪ] vt. (pt., pp. -fied) 篡改,伪造:~ the accounts 做假账 ‖ **falsification** n. 弄虚作假,歪曲/**falsifier** n. 弄虚作假者;伪造者

falter ['fɔːltə] vi. ❶(嗓音)颤抖,结巴地说:His voice began to falter. 他的声音开始颤抖。❷犹豫,畏缩:He never falters in his determination. 他的决心从不动摇。❸蹒跚,跟跄

fame [feɪm] n. Ⓤ名声,名望:Her chief fame rests on her several films. 她的名声主要来自她的几部影片。

famed [feɪmd] adj. 著名的,出名的

familiar [fə'mɪljə] adj. ❶熟悉的,通晓的 ❷冒昧的,放肆的 ❸随便的,非正式的 ‖ ~ **to** (sb) (某人)所熟悉 / ~ **with** (某人)熟悉的/友好的,过分亲密的 ‖ **familiarize** vt. 使熟悉;使冒昧;使随便/**familiarly** adv. 熟悉地;冒昧地;随便地

family ['fæmɪlɪ] n. ❶ⓒ家,家庭 ❷Ⓢ子女 ❸ⓒ家族,氏族 ❹ⓒ语族,语系 ❺ⓒ(动植物的)科 ‖ **in a** ~ **way** 不拘礼节 ‖ **familial** adj. 家庭[族]的;某一家族[族]所特有的 ‖ **family doctor** 家庭医生/**family name** 姓/**family planning** 计划生育

famine ['fæmɪn] n. ⓒⓊ饥荒

famish ['fæmɪʃ] vt. & vi. 使挨饿,感到极饿

famous ['feɪməs] adj. 著名的,出名的 ‖ **famously** adv. 著名地,出名地/**famousness** n. 著名,出名

famously ['feɪməslɪ] adv. 著名地;出名地

fan [fæn] n. ⓒ❶扇子;风扇;扇形物 ❷狂热爱好者,迷 ■ vt. (-nn-) 扇 ‖ ~ **out** (使)分散,展开 ‖ **fan-shaped** adj. 扇状的

fanatic [fə'nætɪk] n. ⓒ狂热者,入迷者 ■ adj. 狂热入迷的:a ~ jogger 一个极喜欢慢跑的人

fancier ['fænsɪə] n. ⓒ对…有特殊兴趣和爱好的人

fanciful ['fænsɪfʊl] adj. ❶(指人)富于幻想的 ❷(指物)设计或装饰新颖奇特的 ‖ **fancifully** adv. 富于幻想地/**fancifulness** n. 幻想;奇异

fancy ['fænsɪ] vt. (pt., pp. fancied) ❶想象,设想:Can you fancy yourself on the moon? 你能想象自己登上月球是怎样一种情景吗? ❷想要,喜欢:I don't fancy swimming in that river. 我不喜欢在那条河里游泳。❸猜想,以为:She fancied herself nervous. 她自以为神经衰弱。‖ ~ **oneself** 自负,自命不凡 ■ n. ❶ⓒ设想,空想,幻想:He indulged in idle fancy. 他沉溺于幻想之中。❷Ⓤ想象力,幻想力:Children usually have lively fancy. 儿童往往有丰富的想象力。❸Ⓢ爱好,迷恋:I have a fancy for some wine with my dinner. 我喜欢在晚餐时喝点酒。‖ **catch** (**take, tickle**) **sb's** ~ 中某人的意,吸引某人/**take a** ~ **to** 对…喜欢起来 ■ adj. ❶Ⓐ昂贵的,高档的:a ~ restaurant 高级饭馆 ❷别致的,花式的,花哨的:a ~ hairdo 别致的女式发型 ‖ **fancy-free** adj. 不受束缚进行想象的;未婚的/**fancy man** 情夫/**fancy woman** 情妇 / **fancy work** 刺绣品

fanfare ['fænfeə] n. ⓒ仪式上用的短曲:make a big ~ 大吹大擂

fang [fæŋ] n. ⓒ❶(尤指狗和狼的)长而尖的牙 ❷(蛇的)毒牙

fantasize, -ise ['fæntəsaɪz] vt. & vi. 想象,幻想;做白日梦:He liked to fantasize that he had won a gold medal. 他想入非非,觉得自己赢得了一块金牌。

fantastic [fæn'tæstɪk] adj. ❶荒诞的,奇异的,古怪的:a ~ dream 怪诞的梦 ❷极大的,异乎寻常的:a ~ progress 极大的进步 ❸极好的,极出色的,了不起的:Have you heard his new opera? It is fantastic. 你听过他的新歌剧吗? 那好极了。‖ **fantasticality** n. 奇异;怪

事/**fantastically** adv. 奇异地；古怪地/**fantasticalness** n. 奇异；怪事
fantasy ['fæntəsɪ] n. ❶Ⓤ想象，幻想；~ world 幻想世界 ❷Ⓒ空想的产物，怪念头 ▪ vt.& vi. 想象，幻想
fanzine ['fæn'ziːn] n. Ⓒ（流行音乐等的）杂志
far [fɑː] (**farther** or **further**, **farthest** or **furthest**) adv. ❶到很远距离，遥远地：Have you come far? 你是远道而来的吗? ❷久远地：He's fallen far behind in his work. 他的工作远远没有做完。❸到很大程度，很，极：This book is far different. 这本书大不一样。/Automobile accidents are far too common. 汽车事故太常见了。‖ as ~ as 直到…为止；只要；据…，就…/by ~…得多，更，尤其/~ and away 大大地，最，无疑地/~ from 远离；远非，不但不…/so ~ 迄今为止 ▪ adj. 远的，遥远的：~ distance 远距离/I long to travel to far places. 我渴望去远方旅行。‖ Far East 远东地区/**far-famed** adj. 名声远扬的/**far-fetched** adj. 牵强的，不自然的/**far-flung** adj. 蔓延的；漫长的/**far-seeing** adj. 看得远的，目光远大的/**far-sighted** adj. 远视的；有远见的
faraway ['fɑːrəweɪ] adj. ❶遥远的：~ places 遥远的地方 ❷恍惚的，出神的，心不在焉的
farce [fɑːs] n. ❶Ⓒ笑剧，闹剧，滑稽戏 ❷Ⓤ笑剧剧目 ❸Ⓒ作假的可笑场面，闹剧场面
fare [feə] n. ❶Ⓒ费，票价 ❷Ⓒ乘客 ❸Ⓤ食物 ▪ vi. ❶吃，进食：She fared plainly. 她吃得很简单。❷进展，遭遇：I think I fared quite well in the interview. 我觉得我这次面试情况不错。‖ ~ forth 开始旅行
farewell ['feə'wel] n. Ⓒ告别，欢送：He made his farewell to his family. 他向他的家人告别。
farm [fɑːm] n. Ⓒ农田，农场；饲养场 ▪ vt.& vi. 耕作，经营农场：He farmed in the south for many years. 他曾在南方务农多年。‖ ~ out 寄养 ‖ **farmhand** n. 农业工人/**farmstead** n. 农庄
farmer ['fɑːmə] n. Ⓒ农场主，农民
farmhouse ['fɑːmhaʊs] n. Ⓒ农舍；农场的主要住房
farming ['fɑːmɪŋ] n. Ⓤ农事，耕作；畜牧业
farmland ['fɑːmlænd] n. Ⓒ农田，耕地，牧地
farmyard ['fɑːmjɑːd] n. Ⓒ农家宅院
far-off ['fɑːr'ɒf] adj. 遥远的
far-out ['fɑːr'aʊt] adj. ❶奇特的，异乎寻常的 ❷极好的，妙不可言的
far-reaching ['fɑː'riːtʃɪŋ] adj. 深远的
fart [fɑːt] vi. 〈讳〉放屁 ▪ n. 〈讳〉屁

farther ['fɑːðə] adv. ❶更远地，较远地，再往前 ❷在更大程度上，进一步 ▪ adj. 更远的：The farther hill is five kilometres away. 那座更远的小山在五公里以外。
fascinate ['fæsɪneɪt] vt. ❶使着迷，使极感兴趣 ❷慑住 ‖ 使动弹不得 ‖ be ~ d at〔by, with〕被…吸引〔迷住〕‖ **fascination** n. 吸引力
fascinating ['fæsɪneɪtɪŋ] adj. 迷人的，有极大吸引力的
fascism ['fæʃɪzəm] n. Ⓤ法西斯主义
fascist ['fæʃɪst] adj. 法西斯主义的 ▪ n. Ⓒ法西斯主义的支持者
fashion ['fæʃən] n. ❶Ⓢ方式，样子 ❷Ⓒ流行款式，时尚款式，时装 ‖ after a ~ 勉强，马马虎虎/all the ~ 流行起来，成为时尚/come into ~ 流行，入时/in ~ 流行的/in the ~ of 像…一样；模仿…
fashionable ['fæʃənəbl] adj. 流行的，符合时尚的，时髦的
fast¹ [fɑːst] adj. (-er,-est) 快的，迅速的 ▪ adv. 快地，迅速地 ‖ fast food 快餐食品
fast² [fɑːst] adj. 紧紧的，牢固的 ‖ hold ~ to 紧紧抓住；坚持（某种思想或原则等）▪ adv. 紧紧地，牢固地
fasten ['fɑːsən] vt. 系紧，拴牢：~ a badge 别上徽章 vt.& vi. 闩住：I shut the door and fastened the bolt. 我关上门，拴上插销。‖ ~ down 扣住/~ off 打个结/~ to 扣住…固定在…上/~ together 把…捆在一起/~ up 关紧
fastidious [fæs'tɪdɪəs] adj. (人) 过分挑剔的，过分讲究的，难于讨好的：be ~ about one's food 对食物很苛刻 ‖ **fastidiously** adv. 过分挑剔地，过分讲究地/**fastidiousness** n. 挑剔，讲究
fastness ['fɑːstnɪs] n. ❶Ⓤ牢固，固定 ❷Ⓒ要塞，堡垒
fat [fæt] adj. (-tter,-ttest) ❶多脂肪的，肥胖的：The baby is fat. 这婴儿很胖。❷丰富的，大量的：The sale netted a fat profit for the company. 这次销售为公司赚得了丰厚的利润。‖ a ~ chance 微小的机会/a ~ lot 很少/~ in head 愚笨/~ with …很丰富/cut it ~ 做得过分，炫耀 ▪ n. Ⓤ❶脂肪，油脂：The pig stores a lot of fat in its body. 猪在体内储存了大量的脂肪。❷肥肉：She can't eat fat. 她不能吃肥肉。‖ live on one's own ~ 吃老本/the ~ is in the fire 事情搞糟了 ‖ **fatless** adj. 无脂肪的/**fatly** adv. 富饶地，丰富地；像胖子般地/**fatness** n. 肥胖 ‖ **fat-guts** n. 肥胖的人/**fathead** n. 笨蛋，呆子/**fat-headed** adj. 愚笨的/**fat-witted** adj. 愚笨的，傻的
fatal ['feɪtəl] adj. ❶致命的：Her children's death is a fatal blow on her. 孩子的死对她是致命的打击。❷灾难性的：It would be fatal to

bring in outsider. 把外人引进来可能招致灾难。❸重大的,决定性的:*I made the fatal mistake of letting her talk*. 我让她讲话是犯了个严重的错误。‖ **fatalism** *n*. 宿命论/**fatalist** *n*. 宿命论者/**fatalize, -ise** *vt. & vi*. (使)倾向宿命论/**fatally** *adv*. 致命地;灾难性地;决定性地/**fatalness** *n*. 致命,灾难性;重大

fatality [fəˈtæliti] *n*. ❶ⓒ恶性事故 ❷Ⓤ致命性 ❸Ⓢ厄运,天命

fate [feit] *n*. ❶Ⓤ命运:*I don't believe in fate*. 我不相信命运。❷ⓒ死亡,毁灭:*Those evil men met with a terrible fate*. 那些坏人都罪有应得。‖ **meet one's** ~ 死,送命/**tempt** ~ 冒险 ‖ **fated** *adj*. 命运决定的,命中注定的

fateful [ˈfeitful] *adj*. 重大的,有很大影响的,引起灾难的,灾难性的 ‖ **fatefully** *adv*. 命中注定地,与命运有关地;致命地/**fatefulness** *n*. 命中注定

father [ˈfɑːðə] *n*. ❶ⓒ父亲 ❷ⓟ祖先,先辈 ❸ⓒ创始人,奠基人 ‖ **be gathered to one's** ~ 死,见老祖宗去 ‖ **fatherhood** *n*. 父亲的身份,父权/**fatherless** *adj*. 没有父亲的,生父不明的/**fatherlike** *adj. & adv*. 父亲般的[地]/**fatherly** *adj*. 父亲般的/**fathership** *n*. 父亲身份,父性 ‖ **father figure** 父亲般的人物;长者;领袖/**father-in-law** *n*. 岳父,公公/**fatherland** *n*. 祖国/**father right** 父权/父系继承权

fathom[1] [ˈfæðəm] *n*. ⓒ英寻

fathom[2] [ˈfæðəm] *vt*. 理解…的真意,搞懂,弄清楚:*I can't fathom him*. 我摸不透他的心思。‖ **fathomable** *adj*. ①深度可测明的②可以了解的/**fathomless** *adj*. ①深不可测的,无法计量的②无法了解的

fatigue [fəˈtiːɡ] *n*. Ⓤ❶疲劳,劳累 ❷〈军〉杂役 ‖ **fatigueless** *adj*. 不知疲劳的 ‖ **fatigue clothes〔dress〕**〈军〉劳动服装,工作服/**fatigue duty**〈军〉杂役,劳动/**fatigue party**〈军〉杂役队

fatten [ˈfætn] *vt*. ❶喂肥,养肥(牲畜) ❷使(钱)增多,使(公司)升值

fatuous [ˈfætjuəs] *adj*. 愚昧的,昏庸的,蠢的 ‖ **fatuously** *adv*. 愚昧地,昏庸地,蠢地/**fatuousness** *n*. 愚昧,昏庸,蠢

faucet [ˈfɔːsit] *n*. ⓒ〈美〉水龙头

fault [fɔːlt] *n*. ❶ⓒ缺点,缺陷;故障 ❷Ⓤ过失,过错 ‖ **a** ~ **on the right side** 因祸得福/**at〔in〕** ~ 有错,有责任/**find much** ~ **with** 挑毛病,挑剔/**to** **a** ~ 过分地,过度地 ‖ **faultless** *adj*. 完美无缺的,无懈可击的/**faultlessly** *adv*. 完美无缺地,无懈可击地/**faultlessness** *n*. 完美无缺,无懈可击 ‖ **fault finder** 喜欢挑剔的人,吹毛求疵的人/**fault finding** 找岔子,挑剔

faulty [ˈfɔːlti] *adj*. 有错误的,有缺点的;出毛病的 ‖ **faultily** *adv*. 有错地,有缺点地;出毛病地/**faultiness** *n*. 有错误,有缺点;出毛病

favour,〈美〉**favor** [ˈfeivə] *n*. ❶Ⓤ喜爱,宠爱;好感;赞同 ❷Ⓤ偏袒,偏爱 ❸ⓒ善行,恩惠 ‖ **be in〔out of〕sb's** ~ 得到〔没得到〕某人的尊重、赞同等/**curry** ~ **(with sb)** 求宠,拍马屁/**do a〔the〕** ~ 帮忙/**find〔lose〕** ~ **with sb〔in sb's eyes〕**得〔失〕宠于某人,获得〔失去〕某人的好感/**in** ~ **of** 赞成〔支持〕(某人或某事物);以…取代;(支票)以某人〔某部门〕为受款人/**in sb's** ~ 对某人有利 ■ *vt*. ❶喜爱 ❷赞同:*He favours peace*. 他赞成和平。❸有利于,便于:*Hot climate and plentiful rainfall favour the growth of plants*. 炎热的气候和充足的雨水有助于植物生长。❹容貌像…:*Everyone said that the child favoured his father*. 大家都说这孩子像他父亲。‖ ~ **over** 偏爱…而不喜欢…/~ **with** 取悦,满足 ‖ **favoured** *adj*. 受到优待的,受到优惠的/**favourer** *n*. 宠爱者;支持者;赞成者/**favouring** *adj*. 顺利的,有利的

favourable,〈美〉**favorable** [ˈfeivərəbl] *adj*. ❶赞许的,赞同的 ❷有利的,顺利的:*The company will lend you money on very favourable terms*. 这家公司将以非常优惠的条件借钱给你。‖ **favourableness** *n*. 赞许,赞同;有利,顺利/**favourably** *adv*. 赞许地,赞同地;有利地,顺利地

favourite,〈美〉**favorite** [ˈfeivərit] *adj*. ⒶⒶ特别受喜爱的 ■ *n*. ⓒ❶特别喜爱的人(或物) ❷竞赛中被认为会获胜的马,竞争者等:*John is favourite to get the nomination for club president*. 约翰最有希望被提名为俱乐部主席。‖ **be a** ~ **with sb** 是某人的宠儿 ‖ **favouritism** *n*. 偏爱,偏袒;得宠 ‖ **favourite son** 受宠爱的儿子;在该乡被称誉的人

fawn[1] [fɔːn] *n*. ⓒ(未满一岁的)幼鹿

fawn[2] [fɔːn] *adj*. 浅黄褐色的 ■ *n*. Ⓤ浅黄褐色

fawn[3] [fɔːn] *vt*. ❶(尤指狗等)跳过来往人身上蹭以示亲热 ❷巴结,奉承,讨好 ‖ **fawner** *n*. 乞怜者;奉承者/**fawning** *adj*. 乞怜的,奉承的

fax [fæks] *vt*. 传真传输 ■ *n*. ⓒ❶传真机 ❷传真文件

faze [feiz] *vt*. 打扰;使担忧;烦扰

fealty [ˈfiːəlti] *n*. Ⓤ忠诚

fear [fiə] *n*. ❶Ⓤⓒ害怕,恐惧 ❷ⓒ可能性 ‖ **be in** ~ 提心吊胆/**be overcome with** ~ 感到十分害怕/**for** ~ ①由于害怕②生怕以免/~ **and trembling** 恐惧地;胆怯地/**in** ~ **of** 怕…,为…提心吊胆/**strike** ~ **into** 使…感到害怕/**without** ~ **or favour** 公正地,公平地 ■ *vt*. 畏惧,害怕,担心:*Experts fear that there will be new outbreak of the disease*. 专家们担心这种疾病会再度流行。*vi*. 害怕,忧虑:*Never fear—I will hold your hand*. 别怕,我会握住你的手。‖ ~ **for** 为…担心

fearful ['fɪəfʊl] adj. ❶惧怕的,担心的: *They were fearful of tackling him*. 他们害怕与他打交道。❷可怕的,吓人的: *I have ever witnessed a fearful accident*. 我曾目睹一场可怕的事故。❸〈口〉极端的: *What a fearful waste of time*! 简直太浪费时间了! ‖ **fearfully** adv. 恐惧地,担心地;可怕地,吓人地;极端地/**fearfulness** n. 恐惧,担心;可怕,吓人

fearless ['fɪəlɪs] adj. 无畏的,大胆的,不怕的 ‖ **fearlessly** adv. 无畏地,大胆地/不怕地/**fearlessness** n. 无畏,大胆

feasible ['fi:zəbl] adj. 可行的,可能且合理的 ‖ **feasibility** n. 可行性/**feasibly** adv. 可行地,可能且合理地

feast [fi:st] n. ❶盛会,宴会 ❷宗教节日 ■ vi. 大吃大喝,享用美食: *Feast today and fast tomorrow*. 今朝大吃大喝,明日忍饥挨饿。vt. 款待(某人),宴请(某人): *I feasted my friends on my birthday*. 我生日时宴请了我的朋友们。‖ ~ **away** 在欢宴中度过/~ **one's eyes on** 尽情欣赏,一饱眼福

feat [fi:t] n. ⓒ功绩,伟业,技艺

feather ['feðə] n. ⓤ羽毛 ‖ **feathered** adj. 有羽毛的;羽毛制成的/**featheriness** n. ①长着羽毛②羽毛状③松软/**featherless** adj. 无羽毛的/**feathery** adj. 覆盖羽毛的②松软的 ‖ **featherbed** vt. & vi. (使)担任闲职/**featherbedding** n. 超过工作需要的人员雇用/**featherbrain,-head,-pate** n. 愚蠢的人,轻浮的人/**featherbrained,-headed,-pated** adj. 愚蠢的,轻浮的/**featheredge** n. 薄边/**feather-footed** adj. 脚步很轻的

featherweight ['feðəweɪt] n. ⓒ❶羽量级拳击运动员 ❷微不足道的人或物

feature ['fi:tʃə] n. ❶ⓒ特征,特色 ❷ⓟ面貌,相貌 ❸ⓒ特写,专题节目 ❹ⓒ(电影的)正片,故事片 ‖ **make a** ~ **of** 以…为特色,以…为号召物/ **featured** adj. ①面貌秀丽的②有…面貌特征的/**featureless** adj. 无特色的,平凡的/**featurette** n. 短故事片,短艺术片 ‖ **feature film** 正片,故事片/**feature-length** adj. (电影)达到正片应有长度的

February ['februərɪ] n. ⓤⓒ二月

feckless ['feklɪs] adj. 没有价值的;没有长远目标的,不负责任的 ‖ **fecklessly** adv. 没有价值地;没有长远目标地;不负责任地/**fecklessness** n. 没有价值;没有长远目标;不负责任

fecund ['fi:kənd] adj. 多产的,生殖力旺盛的

federal ['fedərəl] adj. ❶联邦(制)的 ❷联邦政府的 ‖ **federalism** n. 联邦主义/**federalist** n. 联邦主义者/**federalize** vt. 使成联邦的 ‖ **federally** adv. 在全联邦范围内;在联邦政府一级

federate ['fedərɪt] vt. & vi. (使)结成联邦 ‖ **federated** adj. 组成联邦的,结成同盟的/**federative** adj. 联合的,联邦的

federation [,fedə'reɪʃən] n. ❶ⓒ联邦 ❷ⓤ同盟,联盟 ❸ⓒ联合会 ‖ **federationist** n. 联合主义者

fee [fi:] n. ⓒ费,酬金

feeble ['fi:bl] adj. 虚弱的,衰弱的,无力的 ‖ **feebleness** n. 虚弱,衰弱/**feeblish** adj. 有点弱的/**feebly** adv. 虚弱地,衰弱地/**feeble-minded** adj. 低能的,意志薄弱的,无决断的

feed [fi:d] (*pt.*, *pp.* **fed**) vt. ❶喂养,为…提供食物 ❷向…提供 vi. 吃,以…为食: *Cattle feed chiefly on grass*. 牛主要以草为食。‖ ~ **high** 吃得又多又好/~ **in** 输入/~ **one's face** 〈美俚〉吃饭/~ **to** 向…提供食物/~ **up** 养肥,养壮 ‖ **feeder** n. ①进食的人②饲养员/**feeding** n. 给食,喂 ‖ **feed pump** 给水泵,进水泵/**feedstock** n. 原料/**feed-tank** n. 给水箱/**feedwater** n. 给水

feedback ['fi:dbæk] n. ⓤ反馈,反馈信息

feel [fi:l] (*pt.*, *pp.* **felt**) vt. 触,摸 vt. & vi. & link v. ❶由触摸而得知〔感觉到〕 ❷觉得,认为 ‖ ~ **about** 摸索;描摩;用手在…周围摸以寻找某物;对…有某种感觉〔看法〕/~ **after** 摸索着寻找;描摩/~ **at** 用手摸摸看/~ **for** 摸索着寻找;同情(某人)/~ **like** 摸起来像是…;有…的感觉;想要…/~ **oneself** 觉得身体情况正常;沉着/~ **out** 摸清(某人的想法)/~ **towards** 对…有(某种感情)/~ **up** 对妇女动手动脚/~ **up to** 感到自己有能力〔有力气〕或适于(做某事);感到能胜任(某事)/~ **with** 用…触碰(某物);同情(某人) ■ n. ⓢ❶感觉,手感 ❷触,摸 ❸直觉 ‖ **get the** ~ **of** 开始熟悉(做)某事/**have a** ~ **for** 对某事物有敏锐的鉴赏力或很强的理解力

feeler ['fi:lə] adj. ⓒ❶(昆虫的)触须 ❷试探

feeling ['fi:lɪŋ] n. ❶ⓤ知觉 ❷ⓒ感觉,感触 ❸ⓢ态度,看法 ❹ⓤ同情,体谅 ❺ⓒⓤ激情 ❻ⓟ感情,情绪 ‖ **bad**〔**ill**〕~ 恶感,反感,不满/**no hard** ~s 没有嫌弃/**one's better** ~s 良心,天良 ‖ **feelingly** adv. 富于感情地/**feelingness** n. 富于感情

feign [feɪn] vt. ❶假装,伪装 ❷捏造(借口、理由等) ‖ **feigned** adj. 虚假的,想象的,假装的/**feignedly** adv. 虚假地,想象地,假装地

feint [feɪnt] n. ⓒ伴攻 ■ vi. 伴攻,声东击西

feisty ['faɪstɪ] adj. (-ier,-iest) 个性强而好争辩的

felicitate [fɪ'lɪsɪteɪt] vt. 向…致贺,为…庆幸 ‖ ~ **oneself on** 因…而自我庆幸 ‖ **felicitation** n. 祝贺,祝愿

felicitous [fɪ'lɪsɪtəs] adj. (措词等)恰当的,贴切的 ‖ **felicitousness** n. 恰当,贴切

felicity [fɪ'lɪsɪtɪ] n. ❶ⓤ幸福 ❷ⓒⓤ恰当,

妥帖

feline ['fi:laɪn] adj. 猫(科)的 ■ n. ⓒ猫科动物

fell [fel] vt. 砍倒；打倒

feller ['felə] n. ⓒ男朋友

fellow ['feləʊ] n. ❶ⓒ男子；小伙子，家伙 ❷ⓒ(大学的)研究员，(学术团体的)会员 ❸ⓒ同伴，同志 ‖ **fellow commoner** 同桌吃饭的人/ **fellow feeling** 同情；相互了解/**fellowman** n.(同属人类的)人，同胞/**fellow traveller** 旅伴，同路人/**fellow-travelling** adj. 同路的

fellowship ['feləʊʃɪp] n. ❶ⓒ团体，协会 ❷ⓤ伙伴关系，友谊 ❸ⓒ研究员职位 ❹ⓒ学术奖金

felony ['felənɪ] n. ⓒⓤ〈律〉重罪

felt [felt] n. ⓤ毛毡 ‖ **felted** adj. 毡制的；用毡覆盖的/**felting** n. 制毡；制毡材料/**felty** adj. 毡状的

female ['fi:meɪl] adj. Ⓐ女性的，雌性的 ■ n. ⓒ雌性动物 ❷ⓒ女人 ‖ **female impersonator** 男扮女装的演员/**female suffrage** 妇女选举权

feminine ['femɪnɪn] adj. Ⓐ❶有女性气质的，女子气的，适于女子的 ❷〈语〉阴性的 ‖ **femininely** adv. 女子气地，娇柔地/**feminineness** n. 女子气质；阴性/**femininity** n. 女子气，娇柔/**feminism** n. 女权主义，女权运动/**feminist** n. 女权主义者

feminize ['femɪnaɪz] vt. & vi. 使女性化；女性化

fen [fen] n. Ⓟ(尤指英格兰东部的)沼泽地带

fence [fens] n. ⓒ栅栏，篱笆；围墙：They put a fence around the garden. 他们在园子的周围建起了篱笆。‖ **mend〔look after〕one's ~s** 修补篱笆(指从政治利益出发，与有关方面调整关系)/**rush one's ~s** 操之于匆忙/**sit on the ~** 采取骑墙态度，保持中立 ■ vt. 围以栅栏：Farmers fence their fields. 农民用栅栏来防护他们的田园。vt. & vi. 保护，防御，周旋：He fences well, as she had noticed before. 正如她以前观察到的一样，他善于周旋。vi. 击剑：I'm learning how to fence. 我在学击剑。‖ **~ for** 设法占(对手的)上风/**~ from** 为…筑篱以阻挡/**~ in** 用栅栏把…围起来；包围；围困，限制/**~ off** 把…(通常指土地)用栅栏隔开〔拦起来〕/**~ out** 阻止…进入/**~ with** 用…围住；搪塞，回避 ‖ **fencer** n. ①击剑者②筑篱笆的人 ‖ **fence-hanger** n. 未打定主意者，犹豫不决者/**fence month〔season, time〕**禁猎期/**fence rider** 牧场中检修栅篱的工人；骑墙派/**fence-sitter** n. 骑墙派

fend [fend] vt. & vi. 独立生活，照料自己 vt. 挡开，避开 ‖ **~ for oneself** 照料自己/**~ off** 挡开

fender ['fendə] n. ⓒ❶壁炉挡板 ❷挡泥板 ‖ **fenderless** adj. 无防撞物的，无挡板的

fennel ['fenl] n. ⓤ〈植〉茴香

feral ['fɪərəl] adj. (动物)野生的，未驯的，野蛮的

ferment [fə'ment] vt. & vi. ❶(使)发酵 ❷(使)激动，骚动，扰乱 ■ ['fɜ:ment] n. ⓤ❶酵素 ❷激动，骚动，动荡 ‖ **fermentable** adj. 可发酵的，发酵性的/**fermentative** adj. 发酵的

fern [fɜ:n] n. ⓒ〈植〉羊齿植物，蕨类植物 ‖ **ferny** adj. 蕨的，像蕨的

ferocious [fə'rəʊʃəs] adj. 凶猛的，残忍的，凶暴的 ‖ **ferociously** adv. 凶猛地，残忍地，凶暴地/**ferociousness** n. 凶猛，残忍，凶暴

ferocity [fə'rɒsɪtɪ] n. ⓤ凶猛，残暴

ferret ['ferɪt] n. ⓒ❶雪貂，白鼬 ❷(经常性的)搜索者 ■ vi. ❶搜寻，翻找 ❷用雪貂猎鼠 ‖ **~ about for** 到处搜寻/**~ out** 刺探 ‖ **ferrety** adj. ①雪貂似的②搜索者般的③爱窥探的

ferrous ['ferəs] adj. 铁的，含铁的：~ metals 黑色金属

ferry ['ferɪ] n. ⓒ❶渡船 ❷渡口 ■ vt. (pt., pp. **ferried**)渡运，运送：The airplanes are ferrying motorcars between England and France. 飞机在英法之间运送汽车。‖ **ferryboat** n. 渡船/**ferry bridge** 浮桥/**ferryman** n. 渡船工/**ferry steamer** 渡轮

fertile ['fɜ:taɪl] adj. 多产的，富饶的 ‖ **fertilely** adv. 多产地，富饶地/**fertileness** n. 多产，富饶/**fertility** n. 生育能力

fertilize, -ise ['fɜ:tɪlaɪz] vt. 施肥 ‖ **fertilizable, -isable** adj. 可施肥的；可受精的

fertilizer, -iser ['fɜ:tɪlaɪzə] n. ⓤⓒ肥料，化肥

fervent ['fɜ:vənt] adj. 热诚的，热烈的 ‖ **fervently** adv. 热诚地，热烈地

fervid ['fɜ:vɪd] adj. 充满激情的，热烈的 ‖ **fervidity** n. ①炽热②热烈，热情/**fervidly** adv. 充满激情地，热烈地/**fervidness** n. 充满激情，热烈

fervour,〈美〉**fervor** ['fɜ:və] n. ⓤ热烈，热情

fester ['festə] vi. (伤口)化脓

festival ['festəvəl] n. ⓒ节日，节期，喜庆日

festive ['festɪv] adj. (宗教)节日的，适合于节日的 ‖ **festively** adv. 节日地，适合于节日地

festivity [fes'tɪvɪtɪ] n. ❶ⓤ欢庆 ❷ⓟ庆祝活动，庆典

festoon [fes'tu:n] n. ⓒ花彩(装饰) ‖ **festoonery** n. 花彩装饰，彩饰

fetch [fetʃ] vt. ❶接来(某人)，取来(某物) ❷使发出；吸引 ❸售得(若干价钱) vi. 抵达，到达：He fetched home after his long ride. 骑了很久之后他回到了家。‖ **~ and carry** 打杂/**~ away** 滑离原处/**~ down** 打落；减轻/**~ from**

把…从…接〔取〕来;招来(某人),引起/~ in 把…拿进〔带进屋〕;创利;招来〔进〕(钱财、人等)/~ off 使摆脱困境;杀死;把…一饮而尽/~ out 把…从(室内)拿出〔搬出〕;使…出现〔被看到〕;使显出(意义、光彩等);生产,创造;鼓励引〔演入〕做…(尤指讲话)/~ over 把(某人)带到…(常指自己的家);劝说(某人)改变其观点/~ round 带…到…;使(某人)苏醒觉醒;改变(方向);劝说/~ to 使(某人)苏醒(常指突然地)/~ up 停止;到达,呕出,吐出;把…带到楼上;成为… ‖ **fetcher** n. 取物的人/**fetching** adj. 动人的,吸引人的/**fetchingly** adv. 动人地,吸引人地 ‖ **fetch-up** n. 突然的停止

fete [feɪt] n.C(常在室外为筹款举行的)游乐会 ■vt. 宴请(某人),向…致敬

fetid [ˈfetɪd] adj. 恶臭的

fetish [ˈfiːtɪʃ] n.C❶神物 ❷被盲目崇拜之物,迷恋物 ❸〈心〉恋物 ‖ **fetishism** n. 盲目崇拜/**fetishist** n. 盲目崇拜者/**fetishistic** adj. 盲目崇拜的

fetter [ˈfetə] n.❶C脚镣 ❷P束缚 ■vt. 给…上脚镣,束缚

feud [fjuːd] n.C长期不和 ■vi. 长期争斗,结仇

feudal [ˈfjuːdl] adj. 封建的 ‖ **feudalism** n. 封建主义,封建制度/**feudalist** n. 封建主义者/**feudalistic** adj. 封建主义(者)的/**feudalize** vt. 使实行封建制度/**feudalization** n. 封建制度化/**feudally** adv. 以封建方式

fever [ˈfiːvə] n.❶S发烧,热度 ❷U一时的狂热 ‖ **run a** ~ 发烧 ‖ **fevered** adj. ①发烧的 ②高度兴奋的 ‖ **fever heat** 发热

few [fjuː] adj. (-er,-est)不多的,很少:He is a man of few words. 他是个沉默寡言的人。/Changes in policy were few. 政策很少变化。‖ **at the ~est** 至少/~ **and far between** 稀少,罕见 ■pron. 少数,很少,几个:Only〔So〕few of them care to sing a song. 他们没几个人愿意去唱支歌。/Some few of the students are absent today. 有些同学今天缺席。‖ **a good** 〔**quite a, not a, some**〕~ 相当多,不少 ‖ **fewness** n. 少数

fiasco [fiˈæskəʊ] n.(pl. ~s,〈美〉~es)C彻底失败,惨败:The new play was a fiasco. 这一新戏完全失败了。

fiat [ˈfaɪæt] n.C命令

fib [fɪb] n.C小谎,无关紧要的谎话 ■vi. (pt.,pp.-bb-)撒小谎 ‖ **fibber** n. 惯撒小谎的人

fibre,〈美〉**fiber** [ˈfaɪbə] n.❶C(动植物的)纤维 ❷U纤维质 ‖ **fibred** adj. 有纤维的/**fibreless** adj. 无纤维的 ‖ **fibreboard** n. 纤维板/**fibre glass** 玻璃纤维

fickle [ˈfɪkl] adj. (爱情、友谊等)易变的,无常的 ‖ **fickleness** n. 易变,无常

fiction [ˈfɪkʃən] n.C❶小说:He prefers light fiction to serious novels. 比起严肃小说来,他更为喜欢轻松的小说。❷虚构的或想象出的事,并非完全真实的事:Her story was a pure fiction. 她的故事纯属虚构。‖ **fictional** adj. 虚构的,小说的/**fictioneer** n. 粗制滥造的小说作家/**fictionist** n. 小说家

fictitious [fɪkˈtɪʃəs] adj. 假的,虚构的,编造的,假设的,假装的 ‖ **fictitiously** adv. 虚构地,编造地/**fictitiousness** n. 虚构,编造

fiddle [ˈfɪdl] n.❶C欺诈,欺骗行为 ❷S(需要运用手指功夫的)细巧活动 ❸C小提琴 ❹C当第二把手,居次要地位 ■vt.❶伪造,篡改 ❷骗取 ❸修理或稍作改动 vi.❶用手胡乱拨弄 ❷拉小提琴 ‖ **fiddler** n. ①骗子,骗取者②小提琴手 ‖ **fiddleback** n. 小提琴形状的东西

fidelity [fɪˈdelɪtɪ] n.U❶忠诚,忠实 ❷忠贞 ❸翔实,精确,(声音、色彩等)逼真

fidget [ˈfɪdʒɪt] vi. 坐立不安,烦躁 ■n.❶C坐立不安的人(尤指儿童):What a fidget you are! 你老是不安生! ❷P(一阵)心烦意乱 ‖ **fidgety** adj. ①坐立不安的,不安定的②为琐事操心的

field [fiːld] n.C❶田,地,牧场 ❷(作某种用途的)场地,场所 ❸(矿物的)产地 ❹(学习或研究的)领域 ‖ **in the** ~ 在作战/**keep the** ~ 继续作战;继续比赛/**take the** ~ 开始作战,上阵/**win the** ~ 获胜 ‖ **field ambulance** 战地救护车/**field army** 野战军/**field artillery** 野战炮兵/**field book** 野外工作记录本/**field exercise** 野外演习/**field glasses** 双筒望远镜/**field gun** 野战炮/**field hand** 田间农业劳动者/**field mouse** 田鼠/**field note** 野外记录/**field service** 野战勤务/**fieldwork** n. 野战工事

fiend [fiːnd] n.C❶恶魔,魔鬼 ❷…迷,…狂 ‖ **fiendlike** adj. 魔鬼似的

fiendish [ˈfiːndɪʃ] adj.❶残酷的,凶猛的 ❷刁钻的,棘手的;非常不愉快的,难处理的 ❸(困难、机敏等)非常的,极度的 ‖ **fiendishly** adv. 残酷地,凶猛地;刁钻地,棘手地;非常,极度/**fiendishness** n. 残酷,凶猛;刁钻,棘手

fierce [fɪəs] adj. (-r,-st)❶凶猛的;凶狠的 ❷强烈的,极度的;酷烈的,激烈的 ‖ **fiercely** adv. 凶猛地,凶狠地;强烈地,极度地/**fierceness** n. 凶猛,凶狠

fiery [ˈfaɪərɪ] adj.❶燃烧的;火似的;火热的 ❷激烈的,易怒的,暴躁的 ‖ **fierily** adv. 激烈地,易怒地,暴躁地/**fieriness** n. 激烈,易怒,暴躁

fiesta [fiˈestɑː] n.C〈西〉(尤指西班牙和南美的)宗教狂欢节日

fifteen [ˈfɪfˈtiːn] num.十五 ■adj.❶A十五的 ❷P十五岁的 ‖ **fifteenth** num. 第十五

fifth [fɪfθ] num.第五:~ **column** 第五纵队

‖ **fifthly** adv. 第五 ‖ **F- Avenue** 纽约第五街
fiftieth ['fɪftɪθ] adj.& n. 第五十
fifty ['fɪftɪ] num. 五十
fig [fɪg] n. ⓒ无花果 ‖ **fig leaf** ①无花果树叶②遮盖布/**fig tree** 无花果树
fight [faɪt] vt.& vi.(pt., pp. fought)❶战斗,斗争 ❷打架,吵架 ~ **about** 争夺;争吵/~ **against** 与…做斗争〔争吵〕;反对… /~ **back** ①抵抗,反击②强忍住③恢复/~ **down** 控〔抑〕制,克服/~ **for** 为…而战/~ 〔竞争〕~ **off** ①在战斗〔自卫〕中击败(某人)②竭力摆脱〔驱走,阻止,回避…〕/~ **on** ①继续战斗②在…作战③在(某方面)反对(某人) /~ **out** ①解决矛盾②努力离开…/~ **it out** 争论,争辩,竞争/~ **over** 争夺;争吵/~ **shy of** 害怕/~ **through** ①决战②奋力通过/~ **together** 并肩作战/~ **with** ①用(某种武器)与(某人)交战;用(某种方式、手段)反对(某人)②与…争斗 ■ n. ❶ⓒ打架,吵架 ❷ⓒ战斗,斗争 ❸ⓤ斗志 ‖ **a straight ~** 一对一的两人竞选/**pick a ~ with** 和…吵〔打〕架;向某人挑衅
fighter ['faɪtə] n. ⓒ战士(尤指士兵或拳击者):a freedom ~ 自由战士 ‖ **fighter-bomber** n. 战斗轰炸机/**fighter plane** 战斗机,歼击机
figurative ['fɪgjʊrətɪv] adj. (用语上)形象的,比喻的 ‖ **figuratively** adv. 形象地,比喻地/**figurativeness** n. 比喻
figure ['fɪgə] n. ❶ⓒ数字 ❷ⓒ图解,图表;装饰性的图案 ❸ⓒ人或动物的像,画像,肖像 ❹ⓒ轮廓,人影,身材,体态,风姿 ❺ⓒ算术,计算 ‖ **cut a ~** 崭露头角,出风头 ❸露出…相,给人以…形象/**go the big ~** 彻底地干,干到底/**in round ~s** 以整数计算 ■ vi. 出现,被提及:His name figured among the guests. 宾客名单中有他的名字. vt. ❶计算在内:~ the total output 计算总产量/Figure the total and I'll pay it with a cheque. 请把总数算出来,我用支票支付. ❷估计,有可能:I figured that you wouldn't come. 我料想你不会来. /He figured himself as a good candidate. 他认为自己是合适的人选. ‖ ~ **in** ①出现于②占据重要位置/~ **on** ①预料②指望/~ **out** ①计算出;解决②弄明白/~ **to** 想象/~ **up** 计算,(把…)加起来/**figured** adj. 有形状的;有图案的/**figure of eight** 8字形
figurehead ['fɪgəhed] n. ⓒ挂名的首脑,傀儡
filament ['fɪləmənt] n. ⓒ细丝(如电灯泡内的灯丝) ‖ **filamentary** adj. 细丝状的/**filamented** adj. 有细丝的
filch [fɪltʃ] vt. 偷(尤指小的或不贵重的物品)
file [faɪl] vt. ❶把…归入:~ letters 把信件归档 ❷提交(申请等),呈递:~ a petition 提交请愿书/They filed an application to have their case heard early. 他们申请早日审理他们的案子. ❸用锉锉:She was filing her nails. 她在锉指甲. /He filed the wood smooth. 他把木头锉光滑. vi. 排成纵队前进/~ **away** ①存档(备查)②锉掉/~ **down** 将某物锉光滑,锉小/~ **for** 申请,诉之法律/~ **in** 鱼贯而入/~ **onto** 排成纵队朝某方向前进/~ **out** 鱼贯而出/~ **past** 走过/~ **through** ①锉断②排队行进/~ **with** 提交 ■ n. ❶ⓒ❶文件夹,公文箱:a confidential ~ 机密档案/Fran came in holding a blue file. 弗兰拿着一个蓝色的文件夹进来了. ❷卷宗,文件;计算机文件:Put this letter in the main file. 将这函件放入文卷总档中. ❸ⓒ纵列:a ~ of men 被派出执行任务的二人小分队/The soldiers were walking in single file. 战士们排成一列纵队前进. ‖ **in ~** 成二列纵队;依次/**in single ~** 成一列纵队;成单行/**on ~** 存档,有案可查/**the rank and ~** 列兵;普通老百姓
filial ['fɪljəl] adj. Ⓐ子女的 ‖ **filially** adv. 子女地
filibuster ['fɪlɪbʌstə] vi. 阻碍或延宕国会或其他立法机构通过提案
filings ['faɪlɪŋz] n. ⓟ锉屑
fill [fɪl] vt.& vi.(使)充满,(使)装满,填满:Can you fill me a bucket of water, please? 请给我打一桶水好吗? vt. ❶满足:~ the bill 满足需要/Please fill this glass for me. 请把这个杯子给我倒满. ❷任职:~ the office 就职 ❸配药/~ **away** 顺风行驶/~ **in** 填平,填满②度过(时光)③使(某人)熟悉,向(某人)提供消息等/~ **out** ①填写(表格等)②鼓起〔膨胀〕/~ **up** (使)充满/~ **with** ①(使)充〔挤〕满②使满怀(某种情感等) ■ n. ❶ⓒ填满…的量:a ~ of petrol 一桶汽油/Would you like a fill of my tobacco? 想抽一斗我的烟吗? ❷ⓤ充分,足够:cry one's ~ 哭个够 ‖ **fill-in** n. 临时填补空缺的人/**filling station** 〈美〉汽车加油站
filler ['fɪlə] n. ⓤ填充料;掺入物
fillet ['fɪlɪt] n. ⓒ无骨的鱼或肉排
filling ['fɪlɪŋ] n. ⓤ❶馅 ❷补牙的材料
film [fɪlm] n. ❶ⓒ①影片,电影:get on the ~s 上银幕;踏入电影界 ❷ⓒⓤ胶片,胶卷:buy a ~ 买胶卷 ❸ⓤ薄层,薄膜:a ~ of dust 一层灰尘/There is a film of mist over the land. 大地上笼罩着一层薄雾. ■ vt.& vi.(把…)拍摄(成)电影〔电视等〕:~ a novel 把一部小说拍成电影/The story won't film well. 这部小说不宜拍成影片. vt. (给…)覆上一薄层 ‖ ~ **over** (使)变朦胧 ‖ **film-fan** n. 电影迷/**film-goer** 上电影院的人;爱看电影的人
filming ['fɪlmɪŋ] n. ⓤ拍摄电影
filmstar ['fɪlmstɑː] n. ⓒ电影明星
filter ['fɪltə] n. ⓒ过滤,过滤器:a cloth ~ 用布过滤的滤器 ■ vt.& vi. 透过,过滤:Charcoal

is used to filter water. 木炭是用来过滤水的。 vi.(消息等)走漏 ‖ ~ from 从…过滤出来 / ~ in 透进 / ~ into 渗透,透进 / ~ out ①滤除, 过滤②(消息等)泄漏 / ~ through ①走漏②透过,滤过 ‖ filter paper 滤纸 / filter tip 有过滤嘴的香烟 / filter-tipped adj. 有过滤嘴

filth [fɪlθ] n. ⓤ ①污秽 ②淫秽书籍、图片、电影等 ‖ filth disease 由于水、土污染引起的疾病

filthy [ˈfɪlθɪ] adj.(-ier,-iest) ①肮脏的;污秽的 ②下流的;淫秽的 ‖ filthily adv. 肮脏地;淫秽地 / filthiness n. 肮脏;淫秽

fin [fɪn] n. ⓒ ①鱼鳍 ②(汽车、飞机、炸弹等)尾翼

final [ˈfaɪnəl] adj. ①Ⓐ 最后的,最终的 ②Ⓟ 决定性的,确定性的 ■ n. Ⓟ ①决赛 ②(大学的)期终考试 ‖ finalist n. 决赛选手

finale [fɪˈnɑːlɪ] n. Ⓢ 终曲,末乐章

finalist [ˈfaɪnəlɪst] n. Ⓒ 决赛选手,决赛队

finalize, -ise [ˈfaɪnəlaɪz] vt. 定下来,定稿 ‖ finalization n. 定稿

finally [ˈfaɪnəlɪ] adv. 最后,终于;完全地。It's not finally settled yet. 这事还没有最后解决。

finance [faɪˈnæns] n. ①Ⓟ 财政,金融:international ~ 国际金融界 ②Ⓟ 财源,资金,财务情况 ■ vt. 为…供给资金,从事金融活动:Who finances this organization? 谁给这个组织提供资金? ‖ financing n. 筹措资金;理财 ‖ finance company 信贷公司

financial [faɪˈnænʃəl] adj. 财政的,金融的:~ affairs 财务 / ~ centre 金融中心 / ~ year 财政年度 ‖ financially adv. 财政地;金融地

financier [faɪˈnænsɪə] n. Ⓒ 金融家

find [faɪnd] vt.(pt., pp. found)①找到,发现:~ way 发现方法 Please find Mary her bag. 请替玛丽找到她的提包。②发觉,感到,认为:We have found the farm (to) do well. 我们感觉到这个农场经营得好。③到达;努力获得:What do you find the total? 你要求的总数是多少? ④供给,供应;知道…是有的:I can't find that amount of money. 我不能提供那笔款子。⑤〈律〉判决,裁决:The jury found against the plaintiff. 陪审团做出不利于原告的判决。‖ ~ against 做出对…不利的判决 / ~ for 得到;找到 / ~ oneself 实现自我 / ~ out ①发现,看穿,揭发②使发作 ■ n. Ⓒ ①发现:That old book is quite a find. 那本古书是一个重大发现。②发现物:The new finds have deepened our knowledge of giant ape. 新的发现物加深了我们对巨猿的认识。‖ all found (工资以外)膳食等全部供给

finder [ˈfaɪndə] n. Ⓒ 探测器

finding [ˈfaɪndɪŋ] n. ①发现物:archaeological ~s 考古学上的发现 ②Ⓟ 调查(或研究)的结果:publish ~s 宣布调查的结果 ③Ⓒ〈律〉(陪审团的)裁决

fine [faɪn] adj. ①Ⓐ 美好的,优秀的,优良的,杰出的 ②纤细的 ③Ⓐ 细致的;细微的 ④晴朗的,无雨的 ⑤Ⓟ 健康的,舒适的 ⑥过分夸饰的,炫耀的 ⑦Ⓐ 可怕的,糟透的 ‖ ~ and + adj. 非常 / one ~ day 有一天,有一次 / one of these ~ day 总有一天 / train ~(把…)锻炼的处于良好状态 ■ adv. ①很好,不错:The shirt suits me fine. 那件衬衫很适合我。②细微地,精巧地 ‖ cut it ~ 刚好赶上 ■ vt. & vi. 转晴;(使)变纯;(使)澄清:Before the beer can be bottled it has to be fined. 啤酒在装瓶之前要使其澄清。 vt. ①使精细,使精炼 ②处…以罚金:They fined him ten dollars. 他们判他十美元罚金。‖ ~ away (使)更好,(使)渐渐消失 / ~ down ①(使)变薄;(使)苗条②使精细 / ~ for 因…而罚(款) ■ n. Ⓒ 罚款,罚金:assess a ~ 确定罚款金额 ‖ in ~ 总而言之 ‖ finely adv. 美好地 / fineness n. 美好,优秀 ‖ fine arts 美术 / fine-draw vt. 拉细

finery [ˈfaɪnərɪ] n. ⓤ 华丽、优雅的服装或装饰

finesse [fɪˈnes] n. ⓤ 手腕,手段,技巧

finger [ˈfɪŋɡə] n. Ⓒ ①手指 ②指状物 ③指幅 ‖ be all ~s and thumbs 笨手笨脚 / have a ~ in every pie 参与,好管闲事 / lift a ~ 尽举手之劳,出力帮助 ‖ fingerless adj. 无指的;失去指的 ‖ finger alphabet〔language〕手势语 / fingerboard n. 指板 / finger bowl 餐桌上在餐后供人洗手用的小盆 / finger man (盗贼等的)眼线 / finger mark 指迹 / finger painting 指画法 / finger-post n. 指路牌

fingernail [ˈfɪŋɡəneɪl] n. Ⓒ 指甲

fingerprint [ˈfɪŋɡəprɪnt] n. Ⓒ 指纹

fingertip [ˈfɪŋɡətɪp] n. Ⓒ 指尖 ‖ have sth at one's ~s 手头有某物随时可供应用

finish [ˈfɪnɪʃ] vt. & vi. 结束,完成:You must hurry up or you cannot finish it in time. 你必须赶紧些,否则不能及时完成。‖ ~ in ①末端是…②以…告终 / ~ off ①结束(某事)②杀死;毁掉 / ~ up ①结束,告终②吃〔喝〕光 / ~ up with 以…告终 / with ①用完,完成②断绝关系,绝交 ■ n. Ⓒ 结束,完成,最后阶段:add ~ 对…进行最后润色 ‖ at the ~ 结束时,终点 / fight to a ~ 战斗到底 / from start to ~ 自始至终

finished [ˈfɪnɪʃt] adj. ①Ⓟ 完成某事物,不再与某人有联系 ②Ⓐ 妥善制成的,完成的:a ~ gentleman 标准绅士

finite [ˈfaɪnaɪt] adj. ①有限的,有限度的:a ~ number of facts 为数有限的事实 ②〈语〉限定的 ‖ finitely adv. 有限地;限定地 / finiteness n. 有限

fir [fɜː] n. Ⓒ〈植〉冷杉

fire [ˈfaɪə] n. ❶ Ⓤ 火: *Paper is apt to catch fire*. 纸容易着火。❷ Ⓒ 火灾；炉火，火堆: *A fire broke out*. 发生了一场火灾。❸ Ⓤ 射击，炮火，火力: *ground ~* 地面炮火 ❹ Ⓒ 热情，怒火，热心: *arouse sb's ~* 唤起某人的热情 ‖ *a running ~* 连发，连射 ‖ *be on ~* ①着火，失火 ②情绪激昂/*between two ~s* 腹背受敌/*go through ~ and water* 赴汤蹈火/*open ~ on* 向⋯开枪/*play with ~* 玩火，铤而走险 /*set ~ to* 放火烧，点着了⋯/*set on ~* ①使燃烧 ②使情绪激动/*take ~* ①着火，燃烧 ②激动起来，激情澎湃/*under ~* ①在炮火攻击下，受到攻击 ②〈口〉受到抨击 ■ *vt.* & *vi.* 开火，射击: *He ordered his men to fire*. 他命令他的士兵开枪。*vt.* 〈口〉解雇: *The manager fired Bob because he was always late for work*. 鲍勃因上班总迟到而被经理解雇。‖ *~ at* ①瞄准⋯；朝⋯射击 ②向(某人)提出(问题等)/*~ away* ①连续射击 ②开始；热烈地谈；发问/*~ into* (使)⋯里射去/*~ off* 接二连三地射〔提问〕/*~ on*〔*upon*〕朝⋯射击/*~ over* 朝⋯的上方射击/*~ up* ①点火，点②发动(机器)/*~ with* 使(某人)满怀(某种激情) ‖ **fireless** *adj.* 无火的/**fireable** *adj.* 可开火的 ‖ **fire action** (军)火战/**fire alarm** 火警/**fireball** *n.* ①火球 ②流星/**fireboat** *n.* 消防艇/**fire bomb** (军)燃烧弹/**firebreak** *n.* 防火线/**firebrick** *n.* 耐火砖/**fire company** 消防队/**firedamp** *n.* 〈化〉沼气/**fire drill** 消防演习/**fire-eating** *adj.* 强暴的；咄咄逼人的/**fire engine** 救火车/**fire escape** 太平梯，安全出口/**fire extinguisher** 灭火器/**fire fighter** 消防人员/**fire insurance** 火险/**firelight** *n.* (炉)火光/**fire-new** *adj.* 全新的/**fire pan** 火盆/**fire-plug** *n.* 灭火塞/**fireproof** *adj.* 防火，耐火的/**fireproofing** *n.* 防火；耐火/**fire station** 消防站/**firestone** *n.* 耐火岩石/**firestorm** *n.* 风暴性大火/**fire tower** 火警观察塔/**fire wall** 防火墙/**fire water** 烈酒/**fire weed** 在火烧过的地上生长极快的野草

firearm [ˈfaɪəˌɑːm] n. Ⓒ 枪

firecracker [ˈfaɪəˌkrækə] n. Ⓒ 爆竹；鞭炮

firefly [ˈfaɪəflaɪ] n. (*pl.* -*lies*) Ⓒ 萤火虫

firehouse [ˈfaɪəˌhaʊs] n. Ⓒ 消防站

fireman [ˈfaɪəmən] n. Ⓒ ❶消防队员 ❷司炉工，烧火工人

fireplace [ˈfaɪəpleɪs] n. Ⓒ 壁炉

firepower [ˈfaɪəˌpaʊə] n. Ⓤ 火力

fireside [ˈfaɪəsaɪd] n. Ⓒ 炉边

firewood [ˈfaɪəwʊd] n. Ⓤ 木柴

fireworks [ˈfaɪəwɜːks] n. Ⓟ 烟火

firm [fɜːm] *adj.* (-*er*, -*est*) ❶结实的，坚硬的，牢固的 ❷坚定不移的，矢志不渝的 ❸强有力的；坚信 ‖ *a ~ hand* 严格控制/*on one's ~ feet* 步伐稳定的 ■ *vt.* & *vi.* (使)坚硬〔稳固〕: *The jelly firmed quickly*. 果冻迅速坚硬起来。/*He reshuffled the cabinet to firm his government*. 他重新改组内阁以强化其政府。‖ *~ up* ①(使)更结实；(使)更坚硬 ②把⋯安排得更稳妥，牢靠；使稳定 ■ *n.* Ⓒ 公司，商行 ‖ **firmly** *adv.* 结实地，坚硬地/**firmness** *n.* 坚硬，结实

first [fɜːst] n. Ⓢ 第一(个人或事物): *I'm the first in my family to go to university*. 我是我们家第一个上大学的。‖ *at ~* 起初，当初/*from ~ to last* 自始至终/*from the ~* 从头，从一开始 ■ *adv.* ❶第一，最早，首先: *First, let me deal with the most important difficulty*. 首先，让我来处理最为重要的问题。❷首次: *All mothers fear for their children when they first leave home*. 孩子初次出门，母亲总要为之担心。❸宁愿: *I'll never allow you to do that; I'll die first!* 我绝不允许你做那种事，我宁愿死! ‖ *~ and foremost* 首要的/*~ and last* 考虑到一切因素；完全地/*~ of all* 首先/*~ or last* 迟早 ■ *adj.* ❶Ⓐ 第一的，最初的，最早的，最先的；第一流的；最重要的: *~ importance* 头等重要 ❷一点也不: *I haven't the first idea of what you mean*. 我一点也不懂你的意思。‖ **first aid** 急救/**first-class** 一流的/**first cost** 原始成本/**first day** (一周的第一天)星期日/**first-degree** *adj.* 最低级的；最轻度的/**first floor** 一楼/**first fruits** 最初的成果/**first lady** 第一夫人/**first-line** *adj.* 〈军〉第一线的/**first name** 名字/**first night** 首次公演的夜场/**first officer** 〈海〉大副/**first paper** 要求加入某一国国籍的初步申请书/**first person** 〈语〉第一人称/**first quarter** 〈天〉上弦月/**first-rate** *adj.* 第一流的；优秀的/**first reading** 议案交付审议时的正式初读/**first-run** *n.* (电影)初次放映/**first-strike** *adj.* 先下手的/**first-string** *adj.* 正式的/**first water** 〈喻〉第一流，最优秀

firsthand [ˌfɜːstˈhænd] *adj.* & *adv.* (得自)直接来源的(地)，第一手的(地)

fiscal [ˈfɪskəl] *adj.* 政府财政的 ‖ **fiscally** *adv.* 财政上 ‖ **fiscal agent** 财务代理银行(商行)/**fiscal stamp** 印花税票

fish [fɪʃ] n. (*pl.* ~ or ~*es*) ❶Ⓒ 鱼: *feed the ~es* 葬身鱼腹 ❷Ⓤ 鱼肉: *Fish was the last course that day*. 那天，鱼是最后一道菜。‖ *an odd ~* 古怪的人，难以理解的人 /*drink like a ~* 大喝，牛饮/*have other ~ to try* 另有他图/*like a ~ out of the water* 如鱼离水，感到不适/*neither ~, flesh, nor fowl* 非驴非马，不伦不类 ■ *vt.* & *vi.* ❶捕鱼；钓鱼 ❷摸出，掏出 ‖ *~ for* ①捕鱼②摸索寻找/*~ or cut bait* 要么全力以赴要么索性放弃/*~ out* ①从水中捞出来②摸出，掏出/*~ up* ①掏出②找到⋯ ‖ **fish ball** 鱼饼/**fishbone** *n.* 鱼骨/**fish culture** 渔业/**fish farm** 养鱼场/**fish-farming** *n.* 养鱼/**fish fry** 炸鱼/**fish globe** 金鱼缸/**fish meal** 鱼粉/**fish net** 鱼网/**fish sound** 鱼鳔/**fish story**

不可靠的夸张故事,吹牛/**fishworks** n. 鱼类制品厂

fisherman ['fɪʃəmən] n.(pl. -men) ⓒ渔夫,渔民

fishery ['fɪʃəri] n. ❶ⓅP渔场 ❷ⓒ渔业 ❸ⓒ养鱼场

fishhook ['fɪʃˌhʊk] n. ⓒ鱼钩

fishing ['fɪʃɪŋ] n. Ⓤ钓鱼,捕鱼‖**fishing ground** 渔场/**fishing line** 钓丝/**fishing net** 渔网/**fishing population** 渔民/**fishing rod** 钓竿/**fishing season** 渔汛期/**fishing tackle** 钓具

fishmonger ['fɪʃˌmʌŋɡə] n. ⓒ鱼贩;鱼商

fission ['fɪʃən] n. Ⓤ❶〈物〉(原子的)分裂,裂变 ❷〈生〉分裂生殖

fist [fɪst] n. ⓒ拳,拳头‖ **get one's ~ on** 抓住某事物/ **make a good ~ at〔of〕** 善于

fit [fɪt] vt. & vi. (pt., pp. **fitted**,〈美〉**fit**) ❶(使)适合: His great height fitted him to play basketball. 他的身材高大,适合打篮球。❷试穿 vt. 安装,配备: The authorities fitted the explorers a fleet. 当局为探险家们配备了一艘舰艇。‖ **~ for** ①给…量尺寸以便做…②适于…,适合/**~ in** ①有地方容纳②有时间从事(某事),有时间接待(某人)/**~ in with**(使)适合,(与…)一致/**~ into**(使)适合,(使)合乎…的时间〔空间〕,与…融为一体/**~ on** ①把…安上②试穿③把…安在…上/**~ out** 以…装备,供给…必需品/**~ round** ①拴住,能牢牢抓住②为适应而改变/**~ to**(使)与…相配〔称〕,相对应/**~ together** 把零散的东西拼凑成…/**~ up** ①装备必需品②放置好,安装好/**~ with** 给…装配 ■adj. (**-tter, -ttest**) ❶合适的,适宜的: The water is not fit to drink. 这水不适宜饮用。❷健康的: You look very fit. 你看上去很健康。❸恰当的,正当的,得体的: It is fit that we give thanks. 我们致谢是应该的。‖ **as ~ as a fiddle** 非常健康,感觉良好/**~ to burst** 几乎要爆炸/**~ to drop** 几乎要瘫在地上 ■n. ❶ⓒ适合的样子,合身: The shoes are just your fit. 这双鞋子正合你的脚。❷(病)发作,昏厥,痉挛: She fell down in a fit. 她突然昏倒了。❸突然爆发: She burst into a fit of laughter. 她突然大笑起来。‖ **by ~s and starts** 一阵一阵地/**fitly** adv. 适合地,适时地/**fitness** n. 适当;合理/**fitter** n. 裁剪和试样的服装工人‖ **fit-up** n. ①临时搭成的戏台②小型流动剧团

fitful ['fɪtfʊl] adj. 一阵阵的,不规则的;不稳定的

fitment ['fɪtmənt] n. ⓒ家具或设备‖ **kitchen ~s** 厨房设备

fitted ['fɪtɪd] adj. Ⓟ配备的

fitting ['fɪtɪŋ] n. ❶ⓒ设备,家具,日用器具;electric **~s** 电气装置 ❷ⓒ试穿,试衣;final ~

最后一次试穿 ■adj. 适合的,恰当的: a ~ evening 适合跳舞的夜晚‖ **fittingly** adv. 适合地;相称地‖ **fittingness** n. 适合

five [faɪv] num. 五;~ **pence** 五便士/~ **sense** 五官感觉‖ **a bunch of ~s** 手;拳头‖ **fivefold** adj. & adv. 五倍‖ **five-finger** n. ①〈植〉牛角花②〈动〉海盘车

fiver ['faɪvə] n. ⓒ〈英,非正〉五镑钞票

fix [fɪks] vt. ❶修理;校准;~ a bed 修理床铺 ❷固定,安装:~ a machine 安装机器 ❸安排,决定,确定: I will fix the same room for you. 我会给你安排同样的房间。❹准备,做(饭等): Let me fix you a drink! 让我来给你们准备一点饮料吧!‖ ~ **for** 把…安排在…/~ **on** ①决定②确定/~ **over** 修理,修补/~ **up** 安排,安顿,照应/~ **with** 用…维修〔固定〕 ■n. ❶ⓒ困境,窘境: He got himself into a bad fix. 他使自己陷入困境。❷ⓒ定位于: We got a fix on the missile launching site. 我们确定了导弹发射场的位置。❸Ⓢ受操纵的事: The election was a fix! 这次选举是受人操纵的!‖ **out of ~** 已损坏的/**run into a ~** 使(某人)陷入困境

fixation [fɪk'seɪʃən] n. ⓒ〈心〉固着,固恋

fixative ['fɪksətɪv] n. ⓒⓊ❶固着物 ❷固定剂

fixed [fɪkst] adj. ❶固定的 ❷确定的;稳定的 ❸不变的;不屈的;坚定不移的‖ **fixedly** adv. ①固定地②不屈地;坚定不移地/**fixedness** n. 固定,稳定‖ **fixed capital** 固定资本/**fixed charge** 固定支出

fixture ['fɪkstʃə] n. ❶Ⓟ(房屋等的)固定装置 ❷ⓒ固定在某位置的人或物

fizz [fɪz] vi. (液体,通常指饮料)起泡,发嘶嘶声‖ **fizzle** vi. 嘶嘶地响/**fizzy** adj. 嘶嘶发声的;起泡的

flabbergast ['flæbəˌɡɑːst] vt. ❶使吃惊 ❷使目瞪口呆

flabby ['flæbɪ] adj. (**-ier, -iest**) 肌肉松垂的;肥胖的‖ **flabbily** adv. 肌肉松垂地;肥胖地/**flabbiness** n. (肌肉等)不结实;松弛

flaccid ['flæksɪd] adj. 不结实的,软弱的,萎软的‖ **flaccidity** n. 不结实;松弛/**flaccidness** n. 不结实;松弛

flag [flæɡ] n. ⓒ旗,旗帜‖ **drop the ~**〈体〉发出竞赛开始的信号/**keep the ~ flying** 坚持战斗,不屈服/**lower the ~** 降旗表示投降/**show the ~** 显示军事力量‖ **flagboat** n. 旗舰/**flag captain** 旗舰舰长/**flag officer** 海军将官/**flag staff** 旗杆/**flag station**(铁道上的)旗站/**flag-waver** n. 摇旗者

flagellate ['flædʒəleɪt] vt. 鞭打,鞭挞

flagpole ['flæɡˌpəʊl] n. ⓒ旗杆

flagrant ['fleɪɡrənt] adj. 罪恶昭彰的‖ **flagrantly** adv. 罪恶昭彰地

flagship ['flæɡˌʃɪp] n. ⓒ(舰队的)旗舰

flail [fleɪl] n. ⓒ(脱粒用的)连枷 ■vt. ❶用连枷脱粒 ❷鞭打；抽打 ❸(臂或腿)无法控制地乱动 ‖ **flail tank** 扫雷坦克

flair [fleə] n. ⓈⓊ天资；眼光

flak [flæk] n. ❶ⓒ高射炮 ❷Ⓤ高射炮火 ❸Ⓤ强烈的批评

flake [fleɪk] n. ⓒ小而轻的薄片

flamboyant [flæmˈbɔɪənt] adj.(人或物)显眼的，浮夸的，炫耀的

flame [fleɪm] n. ⓒⓊ火焰，火舌 ‖ old ~ 旧情人/**shoot down in** ~s 严厉申斥 ‖ **flame bomb** 火焰炸弹/**flameout** n. 燃烧中断，熄火/**flamethrower** n. 喷火器

flaming [ˈfleɪmɪŋ] adj. ❶着火的；燃烧的 ❷明亮的

flank [flæŋk] n. ⓒ❶胁，肋腹，侧边 ❷侧翼 ■vt. 位于…之侧面：A garage flanked the house. 一间车库位于房屋之侧。‖ **by the left (right)** ~ 向左(右)转走的侧翼/~ **on** 位于…的侧翼/**turn the** ~ **of** 从侧翼包抄

flannel [ˈflænl] n. Ⓤ法兰绒 ‖ **flannelly** adj. 法兰绒似的 ‖ **flannel cake** 烤饼/**flannelmouth** n. 花言巧语的人/**flannelmouthed** adj. 花言巧语的

flap [flæp] vt.&vi.(-pp-)❶(使)上下左右移动：The curtains were flapping at the open window. 窗帘在敞开的窗前摆动。❷轻拍：The sails were flapping against the mast. 帆拍打着桅杆。vi. 焦急，焦虑：There is no need to flap. 不要着急嘛。‖ ~ **about** 摆动，飘动/~ **away**(使)移动 ■n. ❶ⓒ片状垂悬物 ❷ⓒ拍打；拍击：give sb a ~ 打某人一记耳光 ❸Ⓢ激动，慌乱状态：cause a ~ 引起慌乱 ‖ **flapdoor** n. 吊门/**flap-eared** adj.(人等)有大耳朵的/**flapjack** n. ①煎饼②(化妆用的)粉盒/**flapseat** n. 折椅

flapper [ˈflæpə] n. ⓒ(打苍蝇等的)拍子，蝇拍

flare [fleə] vt.&vi. 燃烧，闪光：~ **destructively** 破坏性地燃烧 vi. 爆发：She flared up at the least thing. 她为了小事突然发怒。‖ ~ **out** 发出…亮光/~ **up** 突然燃烧起来 ■n. ❶Ⓢ闪光，火焰 ❷ⓒ闪光(装置) ‖ **flareback** n. 火舌回闪/**flare path** 照明跑道/**flare point**〈化〉着火点/**flare-up** 骤然；突发

flash [flæʃ] vt.&vi. 发出闪光：~ **the lights** 闪车灯 vt. 闪耀，闪现：She flashed him a despairing glance. 她绝望地瞥了他一眼。‖ ~ **about** 用…向四周照，炫耀/~ **across** 闪现，掠过/~ **at** 对…闪光/~ **back** 反射；倒叙/~ **into** 闪现，掠过/~ **out** ①闪光②愤怒地说/~ **through** 在(某人的心头)闪过/~ **up** 举起，亮出

flashback [ˈflæʃbæk] n. ⓒ(文学和电影中)闪回；倒叙

flashlight [ˈflæʃlaɪt] n. ⓒ手电筒

flashy [ˈflæʃɪ] adj.(-ier,-iest)俗丽的，浮华的，虚饰的 ‖ **flashily** adv. 俗丽地，浮华地

flask [flɑːsk] n. ⓒ瓶，长颈瓶；〈化〉烧瓶

flat [flæt] adj.(-tter,-ttest)❶平的，扁平的，平坦的 ❷单调的，沉闷的 ‖ **be in**〔**go into**〕**a** ~ **spin** 惊惶失措 ■n. ⓒ一套房间，公寓套房 ‖ **flatly** adv. 断然，毅然 ‖ **flatfoot** n. 平脚/**flatfooted** adj. 平脚的/**flatiron** n. 熨斗/**flattop** n. 平顶建筑物/**flatware** n. 扁平餐具

flatcar [ˈflætkɑː] n. ⓒ铁路上的平板货车

flatten [ˈflætn] vt.&vi. 变平；使(某物)变平 vt. 彻底打败某人，使丢脸 ‖ **flattener** n.〈冶〉压延工，压延机 ‖ **flattening oven**〈化〉平板(玻璃)炉

flatter [ˈflætə] vt. ❶向…奉承，阿谀 ❷给以愉快的感觉 ‖ ~ **about** 在…(方面)恭维/~ **oneself** 自以为…，自鸣得意/~ **with** 以…讨好

flattering [ˈflætərɪŋ] adj. 谄媚的，讨好的 ‖ **flatteringly** adv. 谄媚地；讨人喜欢地

flattery [ˈflætərɪ] n. Ⓤ奉承(话)

flaunt [flɔːnt] vt. 炫耀，夸耀 ‖ **flaunting** adj. 招摇的，夸耀的

flavour,〈美〉**flavor** [ˈfleɪvə] n. ❶Ⓤ味；味道 ❷ⓒⓊ特色，特性，气氛 ■vt.(加入香料、调味品等)给(某物)调味 ‖ **flavouring** n. 调味品

flavourless,〈美〉**flavorless** [ˈfleɪvəlɪs] adj. 无味的，无滋味的

flaw [flɔː] n. ⓒ缺点，瑕疵，缺陷 ‖ **without** ~ 无可挑剔 ‖ **flawed** adj. 有缺点的，有裂缝的

flawless [ˈflɔːlɪs] adj. 无暇的，完美的 ‖ **flawlessly** adv. 无暇地，完美地/**flawlessness** n. 无暇，完美

flax [flæks] n. Ⓤ亚麻 ‖ **flaxseed** n. 亚麻籽

flay [fleɪ] vt. ❶痛打；把…打得皮开肉绽 ❷剥(通常指动物)的皮 ❸严厉批评；痛斥

flea [fliː] n. ⓒ跳蚤 ‖ **a** ~ **in one's**〔**the**〕**ear** 刺耳的话，尖锐的责难/**skin a** ~ **for its hide** 爱财如命 ‖ **fleabag** n. ①床；睡袋②低廉的旅馆/**flea market** 跳蚤市场

fleck [flek] n. ⓒ斑点，小点 ■vt. 使有斑点 ‖ **fleckless** adj. 无斑点的

fledge [fledʒ] vi.(鸟)长羽毛 vt. ❶给(箭)装上羽毛 ❷把(小鸟)养到能够飞翔 ❸用羽毛〔绒羽〕装饰；给…装上羽毛〔绒毛〕

fledgling [ˈfledʒlɪŋ] n. ⓒ❶(刚学会飞的)幼鸟 ❷无经验的人

flee [fliː] vi.(pt.,pp. **fled**)逃走，逃掉 vt. 逃离，逃避：Why does she always flee any kind of responsibility? 她为什么总是逃避责任？‖ ~ **away** 逃离/~ **down** 沿…逃走/~ **from** 从…

逃离;避免/～ to 逃至

fleece [fli:s] n. C̈ 羊毛 ■vt.〈口〉诈取某人(巨款);敲竹杠

fleet [fli:t] n. C̈ ❶舰队;船队 ❷车队;机群

fleeting ['fli:tɪŋ] adj. 疾驰的,飞逝的

flesh [fleʃ] n. ❶U 肉 ❷U 果肉 ❸S 肉体 ‖ after the ～ 世俗地;粗鄙地/all ～ 众生;人类/～ and blood ①肉体;人性;情欲②人类③现实／～ and fell ①全身の完全的/in the ～ 活生生的,本人,亲自/make sb's ～ creep (神奇恐惧的事等)使某人颤栗 ‖ **fleshless** adj. ①消瘦的②无肉体的;非物质形体的 ‖ **flesh-and-blood** adj. 血肉般的/**flesh-coloured** adj. 肉色的/**flesh-eating** adj. 食肉的/**flesh wound** 皮肉之伤,轻伤

fleshy ['fleʃɪ] adj. ❶(似)肉的;多肉的;肥胖的 ❷肉质的

flex [fleks] n. C̈U 花线,皮线 ■vt. 屈曲,弯曲

flexible ['fleksəbl] adj. ❶易弯曲的,柔韧的 ❷灵活的,可变通的 ‖ **flexibility** n. 柔韧性;机动性,灵活性

flick [flɪk] vt. 轻弹,轻掸 ■n. C̈ 轻打:He gave a flick of the whip. 他轻抽一下鞭子。‖ **flick-knife** n. 弹簧刀

flicker ['flɪkə] vi. (通常指灯光)闪烁,摇曳:The candle-light flickered in the wind. 烛光在风中摇曳。

flier ['flaɪə] n. C̈ ❶飞行器驾驶员 ❷动作敏捷的人或动物;速度很快的车辆

flight¹ [flaɪt] n. ❶C̈U 飞翔,飞行 ❷C̈ 航班,航机 ❸C̈ 楼梯的一段 ‖ of fancy 异想天开/in the first[top] ～ 领先,占首位/put to ～ 迫使某人逃跑/take (to) ～ 逃走,逃跑 ‖ **flight control** ①飞行控制②(地面的)飞行控制站/**flight line** 飞行路线/**flight nurse** 机上护士/**flight personnel** (总称)飞行人员/**flight route** 飞行路线/**flight status** 飞行资格/**flight time** 飞行时间

flight² [flaɪt] n. C̈U 逃跑,溃退

flimsy ['flɪmzɪ] adj. (-ier,-iest) ❶(指布或材料)轻而薄的:～ silks 轻薄的丝绸 ❷不结实的;易损坏的:a ～ cardboard box 不结实的纸箱 ❸软弱无力的;不足信的:a ～ excuse 站不住脚的借口

flinch [flɪntʃ] vi. (因危险和痛苦)退缩,畏缩

fling [flɪŋ] vt. (pt.,pp. flung) 抛,扔,丢 vt. & vi. 扑执,冲出,猛动 ‖～ about (around) ①乱扔,乱放(某物) ②胡乱挥动,摆动(臂、腿) ③乱花钱④发号施令;滥施权力/～ aside ①把(某物)扔到一边②不理睬/～ at ①朝…投掷/～②对(某人)加以(诋毁、指责等)/～ away ①扔掉,丢弃②错过(机会等);荒废,浪费(某物) ③漫不经心地发出(话语)/～ back ①突然向后移动,向后用②抛回,扔近

(某物)/～ down ①把…扔下②使迅速卧倒,躺下③挑战④罢工/～ in ①把(某物)扔进去②停止尝试(某事)③额外奉送,外加(某物)④插(话)⑤因某事而责备某人/～ in with 参与(某人)的计划(企图)/～ into ①把(某物)随便扔进(某物或某处)②使(某人)掉进(水里或洞中)③把(某人)关进(监狱)④在(谈话等)中插(话)⑤使/～ 达到(处于)(某状态)⑥在…中投/～ off ①丢开,抛开(某物)②摆脱…(击败(对手))④散发出(热、气味等)⑤不费力地写出…⑥漫不经心地说…/～ on ①匆匆穿上(衣服)②把(某物)扔在…上；使做在…③听任某人处置；请求某人宽恕/～ out ①向外抛,甩(某物)②扔掉,处理掉(某物)③愤然离开④逐出⑤提出(建议等)⑥猛踢/～ together ①匆忙收拾起(物品)②使…相会③仓促地建造(某物)③匆匆写出(诗等)/～ up ①向上抛(某事)②使(某物)出现,产生③使注意(某事);提起 ■n. S̈ 尽情欢乐的一阵,放纵

flint [flɪnt] n. ❶U 燧石,火石 ❷C̈(打火机等的)打火石

flip [flɪp] vt. (-pp-)轻弹,轻掷(扔) vi. 发疯,失去理智 ‖～ off(用手指)轻弹/～ out 精神失常;发疯/～ over 突然翻转/～ through 匆匆查看

flipper ['flɪpə] n. C̈(用于游泳或潜水的)脚蹼,鸭脚板

flirt [flɜ:t] vi. 调情;打情骂俏

flit [flɪt] vi. (-tt-)轻快地掠过:An idea flitted through my mind. 一个想法掠过我的脑海。

float [fləʊt] vt. & vi. ❶(使)漂浮(飘动) ❷(使)浮动 vi. 游荡 vt. 提出,提请考虑 ‖～ about(around,round) ①飘落②(非正)在…有③经常换工作④广为流传/～ into(through)慢慢产生 ■n. C̈ ❶浮物;鱼漂 ❷浮有冰激凌的饮料 ❸彩车 ❹备用零钱

flock [flɒk] n. C̈ ❶畜群,鸟群 ❷人群,群众 ❸同一教会团体的教徒 ■vi. 群集,成群而行:People flocked to hear the new prophet. 人们成群结队地去听这新的预言家演讲。‖～ after 成群结队地跟随/～ in(into)成群地涌入/～ round 聚在…周围/～ together 聚集在一起 ‖ **flockmaster** n. (尤指羊群的)牧主

flog [flɒg] vt. (-gg-) ❶多次重打;抽打；鞭打 ❷(非正)出售 ‖ **flogging** n. 鞭笞

flood [flʌd] vt. & vi. ❶(使)为水淹没:～ village 淹没村庄 ❷大量涌来 ❸充满:Cheap plastic bowls and buckets flood (into) the market. 低廉的塑料碗和塑料桶充斥市场。vi. 泛滥,溢出:After such a storm I'm surprised the river hasn't flooded. 这样一场暴风雨之后,我很惊讶河水竟然没有泛滥。‖～ from 从…大量而来/～ in 涌进/～ out(洪水)迫使离开(家园);淹没/～ with ①被…淹②挤满;充满 ■n. ❶C̈ 洪水,水灾:The floods were a cataclysm from which the local people never recovered. 经历了这场特大洪水,当地人民元气大伤,很难恢复。❷ⓒ大量,大批:There followed a great flood of indignation in the newspapers. 随后,报纸连篇累牍地刊载了表示义愤的文章。‖ at the ~ 在方便而有利的时机／in ~(河流)泛滥／**floodwater** n. 洪水／**floodway** n. 分洪河道／**floodwood** n.〈美〉漂流木

flooding [ˈflʌdɪŋ] n. Ⓤ泛滥

floodlight [ˈflʌdlaɪt] n. Ⓤ泛光灯

floor [flɔː] n. ❶Ⓢ地面,地板;brush a ~ 刷地板／bare ~ 光秃秃的地板 ❷Ⓒ楼层;ground ~ 一楼／Our office is on the second floor. 我们的办公室在二楼。❸Ⓢ底;wage ~ 工资最低标准 ❹Ⓢ发言权;get the ~ 有发言权 ‖ come 〔get〕in on the ground ~ 得到最早的机会,取得有利地位／take the ~ ①起立发言〔演讲〕②起来跳舞 ■ vt. ❶给…铺地板;The carpenter will floor this room with oak. 木匠将用橡木铺设这个房间的地板。❷把…打倒在地:The soldier floored his attacker with one heavy blow. 士兵重重一拳,把向他进攻的人打倒在地。❸击败,打败:I was floored by his argument and had to admit defeat. 我被他驳倒了,只得承认失败。‖ **floorless** adj. 无地板的 ‖ **floorboard** n.(总称)地板／**floor broker**(交易所内代客买卖的)场内经纪人／**floor lamp**(放在地板上不可移动的)立灯,落地灯／**floor plan**(建)楼面布置图／**floor trader**(交易所内自行买卖自负盈亏的)场内商人／**floor wax** 地板蜡

flooring [ˈflɔːrɪŋ] n. Ⓤ铺地板的材料(如木板和瓷砖)

flop [flɒp] vi.(-pp-) ❶笨拙地、不由自主地或松弛地)移动或落下:She flopped into an armchair. 她猛然坐到扶手椅上。❷(指书、戏剧等)彻底失败,不成功:It was a surprise to us when his play flopped. 他那出戏一败涂地,出乎我们的预料。■ n. Ⓒ〈非正〉失败 ‖ **flophouse** n. 廉价住所,低级旅馆／**flopover** n. 电视图像的上下跳动

floppy [ˈflɒpɪ] adj.(-ier, -iest)松软的;松弛下垂的 ‖ **floppy cap** 软帽／**floppy disc** 软磁盘

flora [ˈflɔːrə] n. Ⓒ Ⓤ(某地区或某时期的)植物群

floral [ˈflɔːrəl] adj. Ⓐ ❶用花做的 ❷用花装饰的

flotation [fləʊˈteɪʃən] n. Ⓒ Ⓤ(公开发行股票)开办新公司

flounce [flaʊns] vi. 暴跳,怒气冲冲地走动:She flounced out of the room. 她愤然离开房间。

flounder [ˈflaʊndə] vi.(常指在水中)挣扎

flour [ˈflaʊə] n. Ⓤ面粉

flourish [ˈflʌrɪʃ] vi. ❶茂盛,繁荣 ❷兴旺发达 vt. 挥动:~ a sword 舞剑／He flourished his stick at the boy. 他朝那个男孩挥舞棍棒。‖ **flourishing** adj. 茂盛的,蒸蒸日上的,欣欣向荣的

flout [flaʊt] vt. 藐视,轻视

flow [fləʊ] vi.(pt., pp. ~ed) ❶流,流动;循环:Blood flows through our bodies. 血液在我们体内循环。❷垂;飘拂:Red flags flow in the east wind. 红旗在东风中飘扬。‖ ~ away 流逝／~ from ①从…流出 ②起因于…,产生于…／~ in ①流入 ②源流而来／~ out ①流出 ②大量地花掉／~ over ①泛滥 ②从…上流过 ③对…无影响／~ to 流向／~ with 被…漫过／~ 淹过;富有 ■ n. Ⓤ流动:I love the still flow of the river. 我喜欢那条河静静地流。

flower [ˈflaʊə] n. ❶Ⓒ花,花朵:This flower was drawn on the paper. 这朵花儿被画在了纸上。❷Ⓒ开花植物,花卉 ❸Ⓢ精华 ‖ in〔into〕 ~ 处于〔进入〕开花期／~s of speech 华丽的词藻 ■ vi. ❶开花 ❷繁荣,成熟 ‖ **flowered** adj. ①开花的,有花的 ②用花装饰的／**flowerless** adj. 无花的／**flowerlike** adj. 像花似的 ‖ **flower girl** 卖花女／**flowerpot** n. 花盆

flowing [ˈfləʊɪŋ] adj. 流动的;(轮廓等)圆滑的;下垂的 ‖ **flowingly** adv. 流动地

fluctuate [ˈflʌktjʊeɪt] vi. 波动,涨落,起伏:~ according to 随…浮动 ‖ **fluctuation** n. 波动,涨落,起伏

fluent [ˈfluːənt] adj. ❶(说话、写作等)熟练的,流畅的:a ~ performance 熟练的表演 ❷(说话、写作等)流利的:a ~ speaker 说话流利的人 ‖ **fluently** adv. 流利地,流畅地

fluff [flʌf] n. ❶Ⓤ(毛毯等落下的)绒毛 ❷Ⓒ未成功的尝试;错误;失误

fluid [ˈfluːɪd] adj. ❶流体的,流动的:~ diet 流质食物 ❷易变的,不固定的:~ plans 易变的计划 ■ n. Ⓒ Ⓤ液体,流体 ‖ **fluidic** adj. 流体性的／**fluidity** n. 流动性,流度／**fluidly** adv. 流动地

flummox [ˈflʌməks] vt. 使困惑,使慌乱

flunk [flʌŋk] vt. & vi. 通不过(考试等);不及格 vt. 给(某人的考试)打不及格分数

fluorescent [flʊəˈresnt] adj. 荧光的,发光的

fluoride [ˈflʊəraɪd] n. Ⓒ〈化〉氟化物

fluorine [ˈflʊəriːn] n. Ⓤ〈化〉氟

flurry [ˈflʌrɪ] n. Ⓒ疾风,骤雨;骤然降下的一场雪等

flush [flʌʃ] vt. & vi. ❶冲刷,清除:~ sewer 冲洗下水道 ❷面红耳赤;(使)脸红:~ cheeks 脸颊发红／~ mountain tops 染红山顶 ‖ ~ away 冲掉／~ from ①因…而脸红 ②把…从…赶出／~ off 冲洗／~ out ①把大量液体灌入…冲洗 ②驱赶／~ up 脸红／~ with 因…脸红〔激动〕■ adj. ❶齐平的,同高的:~ with 与…在同一平面 ❷Ⓟ(尤指钱)充裕的,富裕的

flute [fluːt] *n.* ⓒ长笛;*play (on) the ~* 吹长笛 ‖ **fluted** *adj.* (声音)长笛般的/**flutelike** *adj.* 像长笛(音)的

flutter ['flʌtə] *vi.* ❶飘动 ❷(心)快速跳动 *vt. & vi.* 振翼,拍翅膀 ‖ ~ *about* ①拍翅膀 焦虑地乱动/~ *down* 飘落 ■ *n.* ❶紧张,激动 不安

flux [flʌks] *n.* ❶ⓤ连续的改变;不稳定的状态 ❷ⓢ流(量);流出(量)

fly [flaɪ] *vi.* ❶飞,飞行;*bees ~* 蜜蜂飞舞 ❷过得快,飞逝,(动作)疾驰; ~ *for a doctor* 急忙去请医生 ❸(旗)飘荡,飘扬;*balloons ~* 气球飘荡 ❹碎成片;*This glass easily flies.* 这玻璃容易碎裂. *vt. & vi.* ❶ 乘(⋯的)飞机;*He flies to Hong Kong next day.* 他明天乘飞机去香港旅行. ❷驾驶(飞机等);*He has flown for years.* 他驾驶飞机已有好几年了. *vt.* ❶使飞,放飞;*My brother is flying a kite in the park.* 我的弟弟在公园里放风筝. ❷逃离;逃出;*The robbers have flown the country.* 抢劫犯逃往国外了. ‖ ~ *about* 四处飞散/~ *at* 扑向;猛烈攻击 ❷冲着⋯发怒 ❸以⋯高度〔速度〕飞行/ ~ *away* 离开,飞离/~ *by* ①四处飞散 ②迅速过去 ③在⋯飞行中 ④靠⋯飞行 ⑤飞越/~ *from* ①⋯飞出;冲出 ②避开 ③在⋯飘扬/~ *in* ①使⋯降落 ②飘扬 ③成 ⋯图形飞行/~ *into* ①突然进发 ②飞进,撞上 ③(使)乘飞机到达/~ *off* ①飞出;飞跑 ②突然跑掉 ③(使)飞离/~ *off with* ①与⋯一起飞离,携带⋯飞离 ②未经允许拿走⋯/~ *out* ①突然冲出 ②(使)飞飞去遥远的地方/~ *over* ①飞过 ②飞到另一个地方去/~ *to* ①把⋯空运到 ②乘⋯飞往/~ *up* ①向上飞〔向北飞〕 ②上升 ■ *n.* ❶ⓒ苍蝇;*give it a* ~ 一试一试/*on the* ~ 在飞行〔行驶〕中 ❷(美口)匆忙地,在百忙中 ‖ **flyaway** *adj.* ①(人)轻浮的,轻率的 ②(衣服)过于宽大的,不合身的/**flyboat** *n.* 快艇/**fly sheet** (广告)传单

flyer ['flaɪə] *n.* =flier

flying ['flaɪɪŋ] *adj.* 飞行的;会飞的 ‖ **flying school** 飞行学校,航空学校

foal [fəul] *n.* ⓒ驹子(如驴驹)

foam [fəum] *vi.* 起泡沫;吐白沫 ‖ ~ *at* ❶口吐白沫 ❷大怒/~ *with rage* 非常气愤 ■ *n.* ⓤ泡沫;泡沫材料 *adj.* foamless *adj.* 无泡沫的 ‖ **foamed plastics** 泡沫塑料/**foam rubber** 泡沫橡皮,海绵橡皮

focal ['fəukəl] *adj.* ⓐ焦点的 ‖ **focal distance**〔**length**〕焦距

focus ['fəukəs] *vt. & vi.* (-s- or -ss-) ❶(使)集中,(使)聚集; ~ *on a problem* 集中在某个问题上 ❷调整(镜头,眼睛)焦点[焦距]以便看清; ~ *the camera on* 把照相机的焦点对准⋯

‖ ~ *on* ①致力于 ②对(某事或做某事)予以注意 ③把⋯作为兴趣中心 ④使聚焦于;使直射于 ■ *n.* (*pl.* ~es or foci) ⓒ焦点,焦距

fodder ['fɔdə] *n.* ⓤ草料,饲料 ‖ **cut one's own** ~ 〈美〉管自己的事;自己谋生

foe [fəu] *n.* ⓒ敌人,仇敌

fog [fɔg] *n.* ⓒⓤ雾 ■ *vt.* (-gg-) ❶雾气笼罩;*Steam has fogged the bathroom mirror.* 水蒸气遮住浴室的镜子. ❷使迷惑;*Lack of sleep had fogged her mind.* 缺乏睡眠使她头昏脑胀. *vt. & vi.* 模糊不清;*The complicated language fogs the real issues.* 复杂的语言把实质问题弄得模糊不清. ‖ **fogless** *adj.* 无雾的 ‖ **fogbound** *adj.* 被雾围住的

foggy ['fɔgɪ] *adj.*(-ier,-iest)❶有雾的;雾气朦胧的; ~ *weather* 有雾的天气 ❷模糊的;混乱的;*a* ~ *reply* 含糊的答复

foil [fɔɪl] *n.* ❶ⓤ箔,金属薄片;*Milk bottle tops are made of tin foil.* 牛奶瓶盖是用锡箔做的. ❷ⓒ陪衬,衬托 ■ *vt.* 挫败;使受挫折;*We foiled her attempt to escape.* 我们挫败了她逃跑的企图.

fold [fəuld] *vt. & vi.* 折叠;对折交叠;*the table* ~ 桌子可折叠 *vt.* 包围,包起;笼罩;*Dark clouds folded the hills.* 乌云笼罩着群山. ‖ ~ *away* 折叠起来收藏/~ *back* 对叠起来/~ *in* ①(烹调)把⋯加进去搅拌 ②包起来 ③笼罩,环绕/~ *up* ①(因痛苦)不能支撑 ②倒塌;垮掉 ③(把⋯)折叠起来

folder ['fəuldə] *n.* ⓒ文件夹,纸夹

foliage ['fəulɪɪdʒ] *n.* ⓤ植物的叶子(总称);叶子及梗和枝

folk [fəuk] *n.* ❶ⓒ人们 ❷ⓟ大伙儿,各位 ❸ⓟ亲属,父母 ■ *adj.* ⓐ民间的,普通平民的 ‖ **folk custom** 民间习俗/**folk dance** 民间舞蹈/**folk song** 民歌/**folk story** 民间故事

folklore ['fəuklɔː] *n.* ⓤ民间传统;民间故事;民俗

folklorist ['fəuklɔːrɪst] *n.* ⓒ民俗学研究者

follow ['fɔləu] *vt. & vi.* 跟随;接着;*You go first, and I'll follow.* 你先去,我随后就来. *vt.* ❶注视,密切注意; ~ *relentlessly* 愤怒地注视 ❷从事,经营;*He follows the trade of baker.* 他想当面包师. ❸遵照,接受,听从; ~ *a definite pattern* 遵循一定的模式 ‖ ~ *after* ①跟在⋯后面,追随 ②追求,力求得到/~ *in the walk of* 踏着⋯足迹,仿效/~ *into* 跟着⋯进入⋯/~ *on* ①继续 ②随之发生/~ *out* ①跟在⋯之后离开 ②贯彻,依照⋯完成 /~ *through* ①保持,坚持/~ *to* 跟随⋯到达某地/~ *up* 跟着;追逐;继续

follower ['fɔləuə] *n.* ⓒ追随者;用户

following ['fɔləuɪŋ] *adj.* ⓐ❶其次的,接着的;*Answer the following questions.* 回答下列问题. ❷下述的;*The President has issued the*

folly ['fɒlɪ] n. ❶Ⓤ愚蠢;蠢笨:an act of ~ 愚蠢之举 ❷Ⓒ愚蠢的行为、思想或做法:He has given up youthful follies. 他不再做年轻人的荒唐事了。

foment [fəʊ'ment] vt. 激起,煽动(麻烦等)

fond [fɒnd] adj.(-er,-est) ❶喜欢的,喜爱的 ❷太多情的,温柔的 ❸⋯溺爱的,痴情的 ❹盲目轻信的 ‖ be ~ of 喜爱⋯,喜欢⋯

fondle ['fɒndl] vt. 爱抚,抚弄

food [fuːd] n. ❶Ⓤ食物,粮食:fast ~ 快餐 ❷ⒸⓊ食品,固体食物:natural (rich) ~ 天然(油腻)食品 ‖ ~ for thought 引人深思的事 ‖ **foodless** adj. 缺乏食物的 ‖ food chain 食物链

fool [fuːl] n. ❶Ⓒ愚人,傻瓜 ‖ act the ~ 装疯卖傻;瞎胡闹 / ~ enough 傻得竟会⋯ / ~ for one's pains 徒劳无功 / ~s rush in 傻瓜总是胆大妄为 / make a ~ of 愚弄,欺骗 / play the ~ with ❶戏弄⋯❷损坏,糟蹋 ❷vt.& vi.❶愚弄,耍弄:~ around with a girl 调戏女孩 / ~ around with matches 玩火柴 He felt that he had been deliberately fooled by that man. 他当时觉得那个人故意捉弄了他。❷欺骗:~ unfeelingly 无情地欺骗 / ~ sb into a belief 骗得某人相信 / What's the use of trying to fool me that way. 你企图如此欺骗我,这有什么用! vi. 开玩笑:I am only fooling. 我只是开玩笑罢了。‖ ~ about 无所事事/ ~ around with ❶玩弄;瞎弄❷〈口〉与⋯鬼混,搞不正当的男女关系 / ~ away 浪费 / ~ into 骗(某人)做⋯ / ~ out of 骗取 / ~ with 〈非正〉摆弄;玩弄

foolish ['fuːlɪʃ] adj. ❶愚蠢的,笨的: ~ figure 笑柄,笑话 / ~ man 愚蠢的人 / 傻瓜似的,笨拙的: look ~ 看上去有些傻 ‖ **foolishly** adv. 愚蠢地 / **foolishness** n. 愚蠢,笨

foot [fʊt] n.(pl. feet) ❶Ⓒ脚,足: break one's ~ 弄伤脚 ❷Ⓢ(袜子的)足部 ❸Ⓒ脚步,步伐: light ~ 脚步轻 ❹Ⓢ底部,底座 ‖ See explanatory notes at the foot of this page. 参见本页下端的注解。‖ ~ carry sb off his ~ 使某人极度兴奋 / drag one's feet 拖延不走,故意拖拉 / feel one's feet ❶开始能站起来(行走) ❷感到有把握〔有信心〕 / find one's feet 会走路; 适应新环境 / keep one's feet 站住不倒 / on ~ 步行;进行起来,在筹划中 / stamp one's ~ 气得直跺脚 / under ~ 脚底下 / in (某人)权势下 ❷vt. 走,踏 / ~ with sth 用⋯代脚 vt.&vi. 结算;总计,共计: ~ up all items 把各项加起来 / ~ up an account 结算账目 ‖ ~ up 把⋯加在一起,结算 / ~ up to 加起来共为 ‖ **footless** adj. ❶无脚的❷无基础的 ‖ **footstone** n. 基石

footage ['fʊtɪdʒ] n. Ⓤ❶以英尺表示的长度或距离 ❷(电影或电视的)片段

football ['fʊtbɔːl] n. ❶Ⓒ足球,橄榄球 ❷Ⓤ足球运动,橄榄球运动: ~ game 足球赛 / ~ team 足球队

footballer ['fʊtˌbɔːlə] n. Ⓒ(尤指职业的)足球运动员

foothill ['fʊthɪl] n. Ⓟ山麓,小丘

foothold ['fʊthəʊld] n. Ⓒ❶立足处(攀登时脚踩的地方) ❷(在事业等方面可以进一步发展的)稳固地位

footing ['fʊtɪŋ] n. Ⓢ❶立足处,立足点 ❷地位,基础

footle ['fuːtl] vi. 闲混

footnote ['fʊtnəʊt] n. Ⓒ脚注(列在一页末了的附注)

footpath ['fʊtpɑːθ] n. Ⓒ人行小径,人行道

footprint ['fʊtprɪnt] n. Ⓟ脚印,足迹

footstep ['fʊtstep] n. Ⓒ❶脚步(声): ~s sound 脚步声响起 ❷一步的距离: The servant walked two or three footsteps behind his master. 仆人走在主人后面,相隔两三步。

footwear ['fʊtweə] n. Ⓤ鞋类

for [强 fɔː, 弱 fə] prep. ❶(表示时间)在(某一特定时间),在⋯时节;持续达: ~ a moment 一会儿,一时/ ~ a spell 一段时间/ ~ ages 好久 ❷(表示方向)向,朝,开往: They made a rush for the exit. 他们猛然冲向出口处。❸(表示对象)替,帮,给,为⋯做准备,对,对于,对⋯来说,在⋯一方: This inspired in them a love for learning. 这使他们产生了学习的热情。❹(表示原因)因为,由于,作为⋯的结果: hold up ~ 因为⋯停了工 / I'm pretty angry with you for not telling me. 由于你没有告诉我,我对你很生气。❺(表示距离)延续达,计有: I followed him for some distance. 我跟着他走了一段路程。❻(表示结果)当做,作为,作为⋯的部分,就⋯的条件而言: We can't accept that as a basis for a decision. 我们不能同意以此为基础来做出决定。❼(表示目的)为了⋯,适用于: hope ~ 希望得到 / The ship sent out a message for help. 船只发出求救信号。/ She's the very person for the work. 她最适合干这项工作。❽(表示态度)支持,赞同,想要: Are you for the plan or against it? 你支持这计划还是反对它呢? ❾(表示比率)按⋯比例,以⋯价格,第⋯次: ~ once 这一次: I bought this book for £3. 我买这本书花了三英镑。/ I met them for the second time last week. 我上周第二次遇见他们。❿(表示让步)尽管,虽然: ~ all that 尽管这样 / For all his wealth, he was unhappy. 尽管他富有,但他并不幸福。⓫(表示替代)取代,以⋯身份,意味着: Red is for danger. 红色标示危险。■ conj. 因为,由于: Prepare to alight, for we are almost there. 我们马上要到了,准备下车吧。

forage ['fɒrɪdʒ] n. Ⓤ❶牛马饲料 ❷寻找粮草 ■ vi. 搜寻(食物): He foraged about in the

foray ['fɔreɪ] n. © ❶突袭,袭击 ❷从事非本行的短暂尝试活动 ■ vi.(为了掠夺而)进行突袭

forbid [fə'bɪd] vt. (pt. **forbade** or **forbad**, pp. **forbidden**)禁止:~ cameras〔entrance〕禁止拍照〔入内〕/the law ~法律禁止/~ strictly 严禁/The doctor forbids him smoking and drinking.医生禁止他抽烟、喝酒。

forbidden [fə'bɪdn] adj. 不允许的,被禁止的:the F- City 紫禁城/Smoking is forbidden. 严禁吸烟。

force [fɔːs] n. ❶Ⅱ力;力量;力气 ❷Ⅱ武力;暴力 ❸ⓒ影响力,效力 ❹ⓅⓅ一群人;部队;兵力 ‖ by ~ 靠武力,强行/come into ~ 开始生效/in ~ ①生效的,有效的 ②大批地,大规模地/go into ~(法律等)生效/join ~ 联合/join the ~ 参军/put into ~ 生效,开始执行 ■ vt. ❶强制,迫使,逼迫:She forced herself awake. 她强迫自己不睡。❷施强力于:The safe was forced by the burglars.保险柜被窃贼强行打开。❸强作,勉强做出 ❹促成早熟,促成生长 ‖ ~ along驱进;力推;逼迫/~ back 抑制,强忍/~ down 用力推下/~ from …强取…/~ into ①用力把(某物)塞进〔插进〕…②强迫(某人)做(某事)/~ off 迫使…离开/~ on〔onto, upon〕把…强加于…/~ out 把…赶走,挤掉;迫使…离开,屈服/~ out of ①从…赶出;迫使…离开 ②从…强取…/~ through 强行通过/~ up 迫使提高

forced [fɔːst] adj. 强迫的,被迫的:a ~ sale 强行拍卖/a ~ march 强行行军

forceful ['fɔːsful] adj. 有力的

forcible ['fɔːsəbl] adj. ❶Ⓐ强迫的;用暴力的 ❷强有力的,有说服力的

ford [fɔːd] n. ⓒ浅滩,可涉水而过的地方 ■ vt. 涉(水):They forded the river. 他们涉水过河。

fore [fɔː] adj. 在前部的:Your seat is in the fore part of the aircraft. 你的座位在飞机的前部。■ adv. 在前头,朝前头:He went fore to see whether the sail was properly in place. 他走到船头看帆是否挂好了。

forearm ['fɔːrɑːm] n. ⓒ前臂 ■ vt. 预先武装,预先准备:To be forewarned is to be forearmed. 事先得到警告即先有了准备。

forebear ['fɔːbeə] n. Ⓟ祖宗,祖宗

forebode [fɔː'bəud] vt.〈正〉预示(灾祸等)

forecast ['fɔːkɑːst] vt. (pt., pp. **forecast** or **forecasted**)预言,预报:Now scientists can forecast the weather accurately. 现在科学家们能准确地预报天气。‖ **forecaster** n. 气象预报员

foreclose [fɔː'kləuz] vt. ❶取消(抵押品)赎回权 ❷取消(抵押人的)赎回抵押品的权利 ❸排除,阻止

forefather ['fɔːfɑːðə] n. Ⓟ祖先,祖宗

forefinger ['fɔːfɪŋgə] n. ⓒ食指

forefoot ['fɔːfut] n. (pl. **-feet**)ⓒ(四足动物的)前足,前脚

forefront ['fɔːfrʌnt] n. Ⓢ最前部:in the ~ of the battle 在最前线

foreground ['fɔːgraund] n. ⓒ❶前景 ❷突出的地方,最显著的位置:keep oneself in the ~ 突出自己

forehead ['fɔrɪd] n. ⓒⓊ额

foreign ['fɔrɪn] adj. ❶外国的,在本国以外的;从外国来的:~ aid 外国的援助,外援/film〔flavour〕外国影片〔风味〕 ❷Ⓟ不属于本身的;无关的,不相干的:Your argument is foreign to the question. 你的争辩与本问题无关。❸Ⓐ外来的;异质的 ‖ **foreignize** vt. & vi.(使)外国化 ‖ **foreign-born** adj. 出生在国外的/**foreign exchange** 外汇/**Foreign Office** 外交部

foreigner ['fɔrɪnə] n. ⓒ外国人

foreleg ['fɔːleg] n. ⓒ(兽)前腿

foreman ['fɔːmən] n. (pl. **-men**)ⓒ工头,领班

foremost ['fɔːməust] adj. Ⓐ最著名的,最重要的;最好的;主要的

forensic [fə'rensɪk] adj. Ⓐ用于法庭的;法医的

foreordain [ˌfɔːrɔː'deɪn] vt. 预先注定

forerunner ['fɔːrʌnə] n. ⓒ❶先驱,开路人 ❷先兆,前兆

foresee [fɔː'siː] vt. (pt. **foresaw**, pp. **foreseen**)预知,预见:He foresaw that it would rain before morning. 他预知清晨之前就会下雨。‖ ~ by 根据…预知 ‖ **foreseeable** adj. 可预知的

foreshadow [fɔː'ʃædəu] vt. 预示,是…的先兆

foreshorten [fɔː'ʃɔːtn] vt. 按照透视法缩短(描绘对象)

foresight ['fɔːsaɪt] n. Ⓤ预见,先见之明;深谋远虑

forest ['fɔrɪst] n. ⓒⓊ森林,丛林 ‖ **forest fire** 森林火灾

forestall [fɔː'stɔːl] vt. 先发制人,预先阻止:She forestalled their attempt. 她先发制人,阻止了他们的企图。

forestry ['fɔrɪstrɪ] n. Ⓤ林学;造林术

foretell [fɔː'tel] vt. (pt., pp. **foretold**)预言;预示

forethought ['fɔːθɔːt] n. Ⓤ事先的考虑〔筹划〕

forever [fə'revə] adv. ❶永远:When her son

went to fight in the war, his mother felt she'd said good-bye to him forever. 儿子动身去作战时,母亲觉得她是同儿子永别了。❷总是,不断地,无休止地: *She is forever complaining about the food.* 她老是抱怨伙食不好。‖ **take** ~ 花很长时间

forewarn [fɔː'wɔːn] *vt.* 预先警告;事先告知

foreword ['fɔːwəːd] *n.* ⒸⒸ前言,序(言)

forfeit ['fɔːfɪt] *vt.*(因违反协议、犯规、受罚等)丧失,失去 ■*n.* Ⓒ丧失的东西;没收物;代价 ■*adj.* Ⓒ丧失了的;被没收了的

forfend [fɔː'fend] *vt.* ❶防护,保护 ❷防止;禁止;避开;挡开

forge[1] [fɔːdʒ] *vt.* ❶锻造: *The blacksmith is forging the horseshoe.* 铁匠正在打造马蹄铁。❷伪造,仿造:~ *paintings* 仿做绘画 ‖ ~ **into** 把⋯锻炼成⋯■*n.* Ⓒ❶锻造车间;铁匠铺 ❷熔铁炉

forge[2] [fɔːdʒ] *vi.* 突然向前 ‖ ~ **ahead**稳步前进,突然加速前进

forgery ['fɔːdʒərɪ] *n.* ❶ⒸⓊ伪造 ❷Ⓒ伪造的文件、签名等

forget [fə'get] *vt.& vi.* (*pt.* **forgot**, *pp.* **forgotten**) ❶忘记: *I forgot how to do it.* 我忘记怎样做了。❷不再想,忽视: *Don't forget your duties.* 别玩忽职守。‖ ~ **about**忘记⋯/~ **it**没关系/~ **oneself** 失去理智,忘乎所以

forgive [fə'gɪv] *vt.& vi.* (*pt.* **forgave** *pp.* **forgiven**)原谅;饶恕:~ *one's life* 饶某人一命/~ *sb's sin* 饶恕某人的罪行 *vt.* 免除: *Will you forgive me the debt?* 你免除我的债务行吗? ‖ ~ **and forget** 不念旧恶/~ **for** 原谅(某人)做了(某件错事)

forgiveness [fə'gɪvnɪs] *n.* Ⓤ原谅,宽恕,饶恕

forgiving [fə'gɪvɪŋ] *adj.* 宽大的,宽容的,仁慈的 ‖ **forgivingly** *adv.* 宽大地,宽容地,仁慈地

fork [fɔːk] *n.* Ⓒ❶餐叉 ❷耙子,叉 ❸(道路或河流的)分岔处 ‖ ~ **in the road** 决定性时刻 ■*vi.* 分叉: *the branch* ~ 树枝分叉/ *the river* ~ 河水分流/ *the road* ~ 道路分叉 *vt.* ❶走岔路; *Fork left at the inn.* 去旅馆请走左岔路。❷叉;耙;~ *the ground* 耙地 ‖ ~ **into** 耙入/~ **out** ①耙出 ②〈口〉付钱/~ **over** ①整平,移动 ②付钱/~ **up** ①耙出 ②付钱

forked [fɔːkt] *adj.* 叉状的,有叉的

forlorn [fə'lɔːn] *adj.* ❶孤立无助的,凄凉的,被遗弃的 ❷被弃置的,荒凉的

form [fɔːm] *n.* ❶Ⓒ组成,结构,形式;种类,体制 ❷ⒸⓊ人(物)的形体,样子 ❸Ⓒ需填写的表格 ❹Ⓤ音乐和文学作品的形式,体裁 ❺ as **a matter of** ~ 出于形式上的礼节/**a** ~ **of address** 称呼/**good**〔**bad**〕 ~ 礼貌〔不礼貌〕的举动〔行为〕/**in**〔**out of**〕 ~ 竞技状态佳〔不佳〕的/**in the** ~ **of** 用⋯的形式/**off**〔**on**〕 ~ 竞技状态不佳〔佳〕的/**take** ~ 成形/**take the** ~ **of** 采取⋯的形式 ■*vt.& vi.* 形成,构成,产生: *Steam forms when water boils.* 水煮沸之后就形成蒸汽。*vt.* ❶塑造,养成:~ *the habit of* 养成⋯的习惯 ❷组织,成立:~ *a government* 组织政府 ‖ ~ **from** 用⋯构成/~ **into** ①编成 ②使⋯变成⋯形状/~ **of** 用⋯构成/~ **out of** 用⋯组成(建造)/~ **up** 将(某人)编入队伍

formal ['fɔːməl] *adj.* ❶正式的: *a* ~ *call* 正式的拜访/*a* ~ *party* 正式的聚会 ❷礼仪上的,形式上的:~ *resemblance* 形式上的相似/ *merely* ~ 完全流于形式的 ‖ ~ **logic**〈逻〉形式逻辑

formalism ['fɔːməlɪzəm] *n.* Ⓤ(艺术、宗教等方面的)形式主义 ‖ **formalist** *n.* 形式主义者 ■*adj.* 形式主义的

formality [fɔː'mælɪtɪ] *n.* ❶ⒸⓊ拘泥形式,拘谨;遵守礼节 ❷Ⓒ正式手续 ❸Ⓒ形式上的措施

formalize, -ise ['fɔːməlaɪz] *vt.* ❶使(协议、计划等)成书面文字形式 ❷使成为正式;使具有一定形式

format ['fɔːmæt] *vt.* (*-tt-*)使格式化,编排格式: *Please format this floppy disc.* 请将这张软盘格式化。■*n.* Ⓒ❶设计,安排 ❷格式,样式,版式: *They are producing books in all kinds of different formats.* 他们出版各种不同开本的书籍。

formation [fɔː'meɪʃən] *n.* ❶ⒸⓊ形成,构成 ❷Ⓒ形成物 ❸Ⓤ编队,排列

formative ['fɔːmətɪv] *adj.* ⒶⒶ(影响)形成(构成,发展)的: *the* ~ *arts* 造型艺术

former ['fɔːmə] *adj.* ⒶⒶ过去的,在前的,以前的

formerly ['fɔːməlɪ] *adv.* 以前;从前

formidable ['fɔːmɪdəbl] *adj.* ❶可怕的,令人畏惧的: *He met with a woman with a formidable appearance.* 他遇到了一个样子可怕的女人。❷令人惊叹〔钦佩〕的 ❸难以克服〔对付〕的: *There's no formidable obstacles in the world.* 世上没有无法逾越的障碍。

formula ['fɔːmjulə] *n.* (*pl.* **formulas** or ~**e**)Ⓒ❶准则,原则 ❷公式,方程式 ❸配方

formulate ['fɔːmjuleɪt] *vt.* ❶构想出,规划: *He formulated a plan of attack.* 他制定了进攻计划。❷确切地阐述: *He took care to formulate his reply very clearly.* 他字斟句酌,清楚地做了回答。‖ **formulation** *n.* 确切的阐述;用公式表示

fornicate ['fɔːnɪkeɪt] *vi.* 私通

forsake [fə'seɪk] *vt.* (*pt.* **forsook**, *pp.* **forsaken**)放弃,弃绝,遗弃: *He was forsaken by his friends.* 他被朋友们背弃了。

forswear [fɔː'sweə] vt. ❶发誓抛弃,坚决放弃 ❷发伪誓,作伪证
fort [fɔːt] n. ⓒ堡垒,城堡
forte [fɔːt] n. ⓈⓇ特长,专长;强项
forth [fɔːθ] adv. 向前,往外 ‖ **and so** ~ 等等
forthcoming [ˌfɔːθ'kʌmɪŋ] adj. ❶即将到来的 ❷ⓇⓅ现成的,唾手可得的
forthright [ˈfɔːθraɪt] adj. 直率的,直截了当的;明确的
forthwith [ˌfɔːθ'wɪθ] adv. 即刻,毫不拖延地
fortieth [ˈfɔːtɪɪθ] num. 第四十
fortify [ˈfɔːtɪfaɪ] vt. (pt., pp. **-fied**) ❶筑防御工事于;筑堡于 ❷增强,强化(食品)
fortnight [ˈfɔːtnaɪt] n. ⓒ两星期,十四天
fortress [ˈfɔːtrɪs] n. ⓒ堡垒,要塞
fortunate [ˈfɔːtʃənɪt] adj. 交好运的,带来好运的;幸运的
fortunately [ˈfɔːtʃənɪtlɪ] adv. 幸运地;幸亏
fortune [ˈfɔːtʃən] n. ❶ⒸⓊ机会,运气,转机 ❷ⒸⓊ前途;命运 ❸Ⓟ事情,转变 ❹ⒸⓊ庞大的财富,财产 ‖ **fortuneteller** n. 算命者/**fortunetelling** n. 算命,占卜
forty [ˈfɔːtɪ] num. 四十
forum [ˈfɔːrəm] n. ⓒ❶集会的公共场所 ❷论坛,讨论会,专题讨论节目
forward [ˈfɔːwəd] adv. ❶向前〔向末〕端 ❷前进 ❸向着将来 ‖ **look** ~ **to** 期望,盼望 ■ adj. ❶Ⓐ向前的;位于前面的 ❷早熟的,(儿童)发育早的 ■ vt. ❶发送;转寄: Did you forward his telegram? 你转送了他的电报了吗? ❷促进: The civic leaders helped to forward the project. 市政府领导者协助促进工程的进展。‖ ~ **by** 通过/~ 来促进/~ **from** 从…转寄/~ **through** 通过…转送
fossil [ˈfɒsl] n. ⓒ❶化石 ❷老顽固,食古不化的人
foster [ˈfɒstə] vt. 培养,促进 vt. & vi. 收养,养育
foul [faʊl] adj. ❶难闻的,发臭的: The house was filled with foul odour. 房间里充满了难闻的气味。❷令人不愉快的,糟透的: I've had a foul morning; everything's gone wrong. 我今天早上很不愉快,事事不对劲。❸污浊的,肮脏的: ~ **air** 污浊的空气/Take off those foul clothes and let me wash them. 脱下那些脏衣服让我洗一洗。❹下流的,辱骂性的: Many were shocked by his foul language. 许多人对他那下流的语言感到震惊。❺恶劣的,有暴风雨的: What a foul day it is! 多么恶劣的天气! ❻邪恶的,罪恶的: Murder is a foul deed. 谋杀是件非常丑恶的事。■ vt. 使污秽;弄脏: The smoke fouled the air. 烟污浊了空气。vt. & vi. ❶缠,纠结: The rope fouled the anchor chain. 绳子与锚链缠在一起。❷〈体〉(对…)犯规: The footballer tried to foul. 那个足球运动员试图犯规。‖ ~ **up** ①弄脏 ②弄糟,搞坏 ③使降低 ④缠住,堵塞 ⑤犯错;走错路,误入歧途 ■ n. ⓒ犯规: a technical ~ 技术犯规/a ~ on an opponent 侵犯对方队员的犯规

found [faʊnd] vt. 创办,成立;建立: ~ a new city 建一座新城 ‖ ~ **on**〔**upon**〕把…建立在…之上, 以…为基础〔根据〕建立 ‖ **founding father** 创建人;发起者
foundation [faʊnˈdeɪʃən] n. ❶Ⓤ建立,设立,创办 ❷ⒸⓊ基础,基本原理,根据 ❸Ⓟ地基 ❹ⓒ基金(会)
founder [ˈfaʊndə] n. ⓒ创始人: the ~ of the college 这所大学的创办者
fountain [ˈfaʊntɪn] n. ⓒ❶喷水,喷泉 ❷来源,根源,源泉
four [fɔː] num. 四
foursome [ˈfɔːsəm] n. ⓒ两对;四人一组
fourteen [ˈfɔːˈtiːn] num. 十四
fourteenth [ˈfɔːˈtiːnθ] num. 第十四
fourth [fɔːθ] num. 第四
fowl [faʊl] n. (pl. ~ or **fowls**) ❶ⓒ鸟,禽,家禽,鸡 ❷Ⓤ禽肉
fox [fɒks] n. ⓒ❶狐,狐狸 ❷狡猾的人 ‖ **play the** ~ 耍滑头,假装
foyer [ˈfɔɪeɪ] n. ⓒ〈法〉(剧场等的)门厅,休息室
fraction [ˈfrækʃən] n. ⓒ❶小部分,一点儿: The cost is only a fraction of his salary. 那项费用不过是他薪水的一小部分。❷〈数〉分数: improper〔proper〕~ 假〔真〕分数 ‖ **not by a** ~ 一点也不
fractional [ˈfrækʃnl] adj. ❶微不足道的,极小的,极少的 ❷分数的;小数的
fracture [ˈfræktʃə] vt. & vi. (使)折断;破碎: Her leg fractured in two places. 她的腿有两处骨折。
fragile [ˈfrædʒaɪl] adj. ❶易碎的,脆的: This glass dish looks very fragile. 这个玻璃盘子看起来很容易碎。❷虚弱的,脆弱的;经不起折腾的: a bit ~ 有点虚弱
fragment [ˈfrægmənt] n. ⓒ碎片;片断: ~s from one's diary 日记片断
fragrance [ˈfreɪɡrəns] n. ⒸⓊ芳香,香味
fragrant [ˈfreɪɡrənt] adj. 芳香的,香的
frail [freɪl] adj. 脆弱的,薄弱的,(尤指身体)虚弱的
frailty [ˈfreɪltɪ] n. ❶Ⓤ脆弱,虚弱 ❷ⓒ(性格或行为上的)弱点,缺点
frame [freɪm] n. ⓒ❶框架 ❷骨架,构架 ‖ ~ **of mind** 思想状态 ■ vt. ❶给…加框: Will you frame the picture? 你给这个画加个框好吗? ❷陷害,诬告: ~ a case against sb 捏造案

情陷害某人/*She framed Tom for something he never did*. 她陷害汤姆干了一些他从未干过的事。❸表达,构造:~ *clearly* 很清楚地表达/*He framed his life according to a noble pattern*. 他以高尚的模式构筑自己生活的框架。‖ ~ **in** 以(某物)框住(围绕)(某物或人)/~ **up** ①给…装上框 ②诬陷

framework ['freɪmwɜːk] *n*. ⓒ构架;结构

franc [fræŋk] *n*. ⓒ(法国、瑞士、比利时等国的货币单位)法郎

franchise ['fræntʃaɪz] *n*. ⑤(尤指选举议员的)选举权;参政权 ■ *vt*. 给…以特许权,出售特许权

frank [fræŋk] *adj*. (-er, -est)坦白的,直率的 ‖ ~ **in manner** 态度真诚/~ **in speech** 直言不讳 ‖ **frankness** *n*. 坦白,直率

frankly ['fræŋklɪ] *adv*. ❶直率地,坦诚地 ❷坦率地说

frantic ['fræntɪk] *adj*. ❶发疯似的,发狂的 ❷匆忙的,紧张的,混乱的

fraternity [frə'tɜːnɪtɪ] *n*. ❶ⓒ同业工人,行会;兄弟会 ❷ⓒ(美国男学生的)大学联谊会 ❸Ⓤ〈正〉兄弟关系;友爱,博爱

fraud [frɔːd] *n*. ❶ⓒⓊ欺诈,欺骗行为 ❷ⓒ骗子

fraudulent ['frɔːdjʊlənt] *adj*. 欺骗的,不诚实的:~ *gains* 骗得的财物 ‖ **fraudulently** *adv*. 欺骗地

fraught [frɔːt] *adj*. ⓅⓉ充满着不愉快的事情

fray [freɪ] *vt*. & *vi*. (使布、绳等)磨损,磨破:*This material frays easily*. 这种材料很容易磨损。/*His shirt was frayed*. 他的衬衫穿破了。

freak [friːk] *n*. ⓒ❶畸形生物;怪物 ❷反常的事,怪事 ❸有怪癖的人,奇形怪状的人 ❹对某一事爱好入迷者 ■ *adj*. ❶反常的,稀罕的 ■ *vt*. & *vi*. (尤指服用毒品等)(使)变得极度兴奋〔焦躁〕

freckle ['frekl] *n*. ⓅⓉ雀斑,斑点

free [friː] *adj*. (**freer**, **freest**) ❶自由的;不受约束的 ❷免费的,无偿的 ❸空闲的;不忙的 ❹Ⓟ摆脱…的;不受…影响的 ‖ **as** ~ **as the air**〔**wind**, **bird**〕自由自在/~ **and easy** 不拘礼节的,自由自在的/~ **of** ~ 〈感到自由的 / ~ **by hand** ②〈非正〉随自己之意(做某事)/~ **hand** 不受约束 ■ *adv*. ❶免费地:*admit*〔*open*, *travel*〕~ 免费招待〔开放,旅行〕 ❷自由地,无拘束地:*The children ran free across the meadow*. 孩子们在草地里自由地奔跑。‖ **make** ~ **with** 随意使用/~ (*pt*., *pp*. **freed**) 免除;释放;~ *a bird* 放飞鸟 ■ **from** (把…)从…释放出来;使…摆脱/~ **of** 摒除,打消/~ ‖ **free enterprise** 自由企业制/**free kick** 任意球

freebie,**-bee** ['friːbɪ] *n*. ⓒ〈非正〉〈尤美〉免费赠品(礼物、膳食等)

freedom ['friːdəm] *n*. ❶Ⓤ自由,自主 ❷ⓒⓊ自由权 ‖ **give** ~ 给予自由身份;同意离婚

freelance ['friːlɑːns] *vi*. 当自由职业者

freely ['friːlɪ] *adv*. 自由地,随意地,免费地

freestyle ['friːstaɪl] *n*. Ⓤ❶(体操或滑冰比赛中)自选动作 ❷(游泳中的)自由泳

freeway ['friːweɪ] *n*. ⓒ高速公路,快车道

freewill ['friːwɪl] *adj*. 自愿的

freeze [friːz] *vt*. & *vi*. (*pt*. **froze**, *pp*. **frozen**)(使)结冰 ‖ ~ **at** 在…时结冰/~ **in** 冻住/~ **off** 拒绝…,拒绝接受/~ **onto** 冻在…上;依附于/~ **out**(用竞争等)排斥/~ **over** 封冻/~ **to** 冻得…/~ **together** 冻结在一起/~ **up** 完全冻住;(态度)变得非常冷淡/~ **with** 因…而冻僵(战栗) ■ *n*. ⑤Ⓤ严寒时期 ❷ⓒ结冰,凝固;冻结 ‖ **freeze-dry** *vt*. 冻干

freezer ['friːzə] *n*. ⓒ(冰箱的)冷藏室,冷藏车,冷藏库

freezing ['friːzɪŋ] *adj*. 严寒的

freight [freɪt] *n*. ❶Ⓤ货运:*deal with* ~ 经营货运业务/*ship* ~ 用船运货/*air*〔*sea*〕~ 空〔海〕运 ❷货物:*carry*〔*load*〕~ 载有〔装〕货物 ■ *vt*. 运输,装货于:*We freighted the goods to the warehouse by truck*. 我们用卡车把货物运到仓库。‖ **freight car**(一节)货车/**freight train** 货运列车

freighter ['freɪtə] *n*. ⓒ货船:*The freighter carries a few passengers in addition to its cargo*. 这艘货船除了货物之外还载有一些乘客。

frenetic [frɪ'netɪk] *adj*. 忙乱的,狂乱的,狂热的

frenzied ['frenzɪd] *adj*. Ⓐ慌乱的,狂热的,狂乱的 ‖ **frenziedly** *adv*. 慌乱地,狂热地,狂乱地

frenzy ['frenzɪ] *n*. ⑤Ⓤ❶狂乱 ❷极度的激动

frequency ['friːkwənsɪ] *n*. ❶ⓒⓊ(某事发生可重复的)频率 ❷Ⓤ经常发生,频繁 ❸ⓒⓊ(声波或无线电波的)振动频率;波段

frequent[1] ['friːkwənt] *adj*. 时常发生的,常见的 ‖ **frequently** *adv*. 时常发生地,常见地

frequent[2] [frɪ'kwent] *vt*. 常到,光顾,常与…交往:*He frequents the local restaurants*. 他经常光顾当地的餐馆。‖ **frequenter** *n*. 常客

fresco ['freskəʊ] *n*. (*pl*. ~**s** or ~**es**)ⓒ壁画

fresh [freʃ] *adj*. ❶新鲜的,鲜嫩的 ❷新的,新到的,新近的 ❸Ⓟ精神饱满的,生气勃勃的 ❹Ⓐ另外的,外加的;重新的 ❺Ⓐ(水)淡的,无盐味的 ‖ **freshly** *adv*. 新鲜地,清新地/**freshness** *n*. 新鲜,清新

freshen ['freʃn] *vt*. ❶使某物新鲜:*I will freshen your drink with more soda and ice cubes*. 我给你的饮料重加一些苏打水和冰块。 ❷使清爽或鲜亮:*She freshened up the room* with some flowers. 她用一些花使房间鲜亮起来。

freshman ['freʃmən] n. (pl. -men) ⓒ (中学或大学的)一年级学生

freshwater ['freʃ,wɔːtə] adj. Ⓐ 淡水的

fret¹ [fret] vt. & vi. (-tt-) (使某人)不愉快,烦躁 vt. 磨损,咬坏 n. Ⓤ 烦躁,担忧

fret² [fret] vt. (-tt-) 以刻出的或锯出的图案装饰 ‖ **fretsaw** n. 线锯/**fretwork** n.〈建〉浮雕细工

fretful ['fretfʊl] adj. 烦躁不安的 ‖ **fretfully** adv. 烦躁不安地/**fretfulness** n. 烦躁不安

friar ['fraɪə] n. ⓒ 天主教会修士

friction ['frɪkʃən] n. ❶Ⓤ 摩擦;摩擦力 ❷Ⓤⓒ 冲突,不和 ‖ **friction ball** 摩擦球/**friction tape** 绝缘胶带

Friday ['fraɪdɪ] n. Ⓤⓒ 星期五

fridge [frɪdʒ] n. ⓒ 冰箱

fried [fraɪd] adj. 喝醉了的

friend [frend] n. ⓒ ❶朋友,友人 ❷同胞;自己人,同盟者 ❸资助者,捐助者 ‖ **make ~s (with)** (和某人)交友,建立友谊 ‖ **friendless** adj. 没有朋友的

friendly ['frendlɪ] adj. ❶友好的,友谊的 ❷和睦的,融洽的 ‖ **~ to** 对…友好,有利于…/**~ with sb** 与某人亲善 ‖ **friendlily** adv. 友好地/**friendliness** n. 友好

friendship ['frendʃɪp] n. Ⓤⓒ 友情,友谊,友好

frigate ['frɪgɪt] n. ⓒ 快速军舰

fright [fraɪt] n. Ⓤⓒ 惊恐,惊吓

frighten ['fraɪtən] vt. & vi. (使)惊恐 vt. 吓唬 ‖ **be ~ed at** 对…大吃一惊/**be ~ed of** 对…感到害怕/**~ away** 吓跑,吓走/**~ by** 由于(通过)…而吓坏(吓倒)/**~ from (out of)** 吓得(某人)不敢做(某事)/**~ into** 恐吓(某人)做(某事)/**~ off** 吓走(某人)/**~ to** 把(某人)吓得(要死);使(某人)非常担忧

frightened ['fraɪtnd] adj. 害怕的

frightening ['fraɪtnɪŋ] adj. 吓人的,可怕的 ‖ **frighteningly** adv. 吓人地

frightful ['fraɪtfʊl] adj. ❶吓人的,令人惊恐的 ❷令人不快的,可怕的 ‖ **frightfully** adv. 可怕地/**frightfulness** n. 可怕

frigid ['frɪdʒɪd] adj. ❶寒冷的,极冷的 ❷冷漠的,冷淡的 ❸(尤指女人)性冷淡的 ‖ **frigidly** adv. 寒冷地;冷漠地/**frigidness** n. 寒冷,冷淡

frill [frɪl] n. ⓒ 褶边 ‖ **frilled** adj. 有饰边的/**frillery** n. 衣褶边

fringe [frɪndʒ] n. ⓒ ❶(头发的)刘海 ❷(外衣,小地毯等的)饰边,穗子,流苏 ❸边缘,外围 ■vt. 作为…的边缘;围绕着 ‖ **fringeless** adj. 无穗的,无缘饰的 ‖ **fringe area** 干

扰区域

frisk [frɪsk] vt. (用手)搜(某人)的身 vi. (动物)活蹦乱跳

frisky ['frɪskɪ] adj. 活泼的,闹着玩的 ‖ **friskily** adv. 活泼地,闹着玩地/**friskiness** n. 活泼,闹着玩

frivolity [frɪ'vɒlɪtɪ] n. ❶Ⓤⓒ 轻松的乐事,兴高采烈 ❷Ⓤ 轻浮的举止

frizz [frɪz] vt. 使(头发)卷曲

fro [frəʊ] adv. 来回,往复 ‖ **to and ~** 来回地,往复地

frock [frɒk] n. ⓒ ❶僧袍,教士服 ❷连衣裙

frog [frɒg] n. ⓒ 蛙 ‖ **frogman** n. 蛙人(穿戴蛙式潜水配备的人)

frolic ['frɒlɪk] vi. (pt., pp. **frolicked**) 嬉戏 : *Children went on a picnic and frolicked in a field.* 孩子们去野餐,在田野上嬉闹。■n. Ⓢ 无忧无虑的快乐时光

from [强 frɒm, 弱 frəm] prep. ❶ (表示时间)从…,自…:**~ now on** 从现在起/*We've been working from morning to night.* 我们从早到晚一直工作。❷ (表示状态)从某(位置、状态等)开始:*He rose from office boy to managing director in ten years.* 他在十年间由办公室勤杂员升至总经理。❸ (表示范围)从较低范围或数起:*The jackets are from 35 dollars.* 这些夹克衫起价是 35 美元。❹ (表示来源)来自…;源于…;从…里取出:*I come from the north.* 我是北方人。❺ (表示分离)与…分离〔隔开〕;减去;扣除:*The wind blew his hat from his head.* 风将他的帽子从头上吹走了。❻ (表示否定)免于;免遭:*Wild fruit kept us from dying of starvation.* 我们靠着野果才没被饿死。❼ (表示方位)从…;以…为开始方向:**~ above** 从上面,从天上/**~ afar** 〔high〕从远〔高〕处 ❽ (表示原因)因为,出于:*She told him the truth from a sense of loyalty.* 她告诉他真相是出于忠诚。❾ (表示比较)与…相比;…与…区分:*She is different from her sister in character.* 她和她姐姐性格不同。❿ (表示原料)由…:*Wine is made from grapes.* 葡萄酒是用葡萄酿造的。⓫ (表示距离)与…相隔;离:*not a hundred* 〔*million*〕*miles ~* 离…不远,离…不久/*He lives a few miles from our company.* 他住在离我们公司数英里的地方。⓬ (表示依据)从(角度、观点等);由…判断;根据:*From my point of view this book is worth reading carefully.* 在我看来这本书值得仔细阅读。/*From his looks I'd say he was Swedish.* 从他的相貌上看,我敢说他是瑞典人。‖ **~...on** 从所述的时间开始而延续的时间未定

frond [frɒnd] n. ⓒ 蕨类或棕榈类植物的叶子

front [frʌnt] n. ❶Ⓢ 前面;正面:*look to ~* 往前看/*smiling ~* 笑脸/*upon the ~ of* 在正面

frontage

❷ⓒ 一面: *The west front of the church contains some fine old windows.* 这教堂的西侧有一些精美的旧式窗户。❸ⓢ 前线,战线: *The main body of troops moved toward the front.* 主力部队开往前线。❹ⓢ 联合行动,阵线: *The opposition parties can only defeat the government if they present a united front.* 所有反对党只有结成联合阵线才能击败政府。❺ⓢ 幌子,隐蔽物: *This firm is just a front for their illegal trade in diamonds.* 这家公司不过是进行非法钻石交易的幌子。‖ **in ～** 在前面,在前方/**in ～ of** 在…前面;当着…的面/**in the ～ of** 在…前部;在最重要的位置/**out ～** 在观众席中/**up ～** 〈非正〉预先付款;在前锋位置 ■ *adj.* Ⓐ前面的,前部的;正面的: *The wardrobe in the front bedroom has been built in.* 前面卧室里的衣橱已经镶建在墙壁之内了。 ■ *vt.* 作…的正面: *Imported marble will front the building.* 这建筑物的正面将用进口的大理石来装饰。 *vt. & vi.* 面向,朝向: *The hotel fronts on the main road.* 旅馆朝向大马路。‖ **～ for** 为…作掩护;对…负责/**～ with** 用…作正面 ‖ **frontless** *adj.* ①无前部的,无正面的 ②〈古〉无耻的/**frontward(s)** *adv.* 向前地 ‖ **front door** 前门/**front line** 前线,第一线/**front man** 挂名负责人/**front-page** *adj.* 头版的;轰动的/**front-runner** *n.* ①赛跑中跑在前头的人②竞争中的领跑者

frontage ['frʌntɪdʒ] *n.* ⓒ❶(建筑的)正面,前面 ❷建筑前面的空地面积 ❸空地的宽度

frontal ['frʌntl] *adj.* 前面的,正面的 ‖ **frontally** *adv.* 前面地;正面地

frontier ['frʌntɪə] *n.* ❶ⓒ边界,边境 ❷ⓢ 开发地区的边缘,边远地区 ❸ⓕ 尚待开发的领域,尖端

frost [frɒst] *vt. & vi.* (使)结冰霜: *The cold has frosted the windows.* 寒冷的天气使窗子结满了霜。*vt.* 冻坏: *The drop in temperature frosted the tomato plants.* 气温下降冻坏了番茄苗。‖ **～ with** 用…覆盖 ■ *n.* ❶ⓤ霜 ❷ⓤⓒ 霜冻,严寒天气 ‖ **frosted** *adj.* ①结霜的②磨砂的/**frosting** *n.* ①结霜,冻坏②磨砂粉/**frostless** *adj.* 无霜冻的 ‖ **frostbite** *n.* 冻伤/**frostwork** *n.* 霜花

frosty ['frɒstɪ] *adj.* (-ier,-iest)❶寒冷的 ❷盖有霜的 ❸冷淡的,冷漠的 ‖ **frostily** *adv.* 寒冷地,冷漠地/**frostiness** *n.* 寒冷,冷漠

froth [frɒθ] *n.* ⓤ❶泡,泡沫 ❷无意义的空谈 ■ *vt. & vi.* (使)起泡沫 ‖ **frothy** *adj.* 泡沫的

frown [fraʊn] *vt. & vi.* 皱眉: *A fiddly task like threading a needle often makes you frown.* 烦琐的工作就像穿针引线一样,常常令你皱眉头。‖ **～ at(to)** 朝…皱眉;不赞成…

fructify ['frʌktɪfaɪ] *vi.* 结果实 *vt.* 使结果实,使多产

frugal ['fruːgəl] *adj.* ❶节省的,节俭的 ❷量少而且便宜的 ‖ **frugality** *n.* 节省,节俭/**frugally** *adv.* 节俭地,节省地

fruit [fruːt] *n.* ❶ⓟ成果,结果: *～ of industry* 勤劳的收获 ❷ⓤⓒ水果,果实 ‖ **in ～** 结果实 ‖ **fruited** *adj.* 结有果实的 ‖ **fruitcake** *n.* 水果蛋糕/**fruit juice** 水果汁/**fruit knife** 水果刀/**fruit sugar** 果糖/**fruit tree** 果树

fruitful ['fruːtfʊl] *adj.* ❶成功的,富有成效的: *Newton's laws were fruitful for the future development of science.* 牛顿定律对其后的科学发展起了很大的推动作用。❷多产的,果实累累的: *These trees are fruitful.* 这些树果实累累。‖ **fruitfully** *adv.* 成功地;果实累累地/**fruitfulness** *n.* 成功;果实累累

fruition [fruˈɪʃən] *n.* ⓤ取得成果

fruitless ['fruːtlɪs] *adj.* 没有成果的,无益的 ‖ **fruitlessly** *adv.* 没有成果地,无益地/**fruitlessness** *n.* 没有成果,无益

fruity ['fruːtɪ] *adj.* (-ier,-iest) ❶有果味的 ❷(粗俗而常含色情内容)逗笑的

frustrate ['frʌstreɪt] *vt.* ❶使不成功,挫败,阻止: *～ sb in his designs* 挫败某人的阴谋 ❷使受挫折,令人沮丧: *The bad weather frustrated all our hopes of going out.* 恶劣的天气破坏了我们出行的愿望。‖ **～ at** 对…感到沮丧/**～ in** 使(某人)在…方面失败/**～ out** 使实现 ‖ **frustration** *n.* 挫败,阻止

fry [fraɪ] *vt. & vi.* 油炸,油煎: *～ fish* 煎鱼/*The fish was frying.* 鱼正在煎着。/*He is frying the bacon.* 他在炸熏肉。*vi.* 皮肤晒黑: *We'll fry if we stay too long in this hot sun.* 我们如果在这样酷热的阳光下待久了,皮肤会晒黑的。‖ **～ up** 把(某物)烤干〔焦〕;油煎,油炸 ‖ **frying pan** 煎锅,长柄平锅

fuchsia ['fjuːʃə] *n.* ❶ⓒ倒挂金钟属植物 ❷ⓤ紫红色

fuck [fʌk] *vt. & vi.* 与(某人)性交 ‖ **～ off** 走开,滚/**～ up** 弄糟或毁坏某事物 ■ *n.* ⓢ性交 ‖ **fucking** *adj.* 该死的

fucker ['fʌkə] *n.* ⓒ傻瓜,笨蛋

fudge [fʌdʒ] *n.* ⓤ乳脂(巧克力)软糖 ■ *vt.* 搪塞,篡改

fuel [fjʊəl] *n.* ⓤⓒ燃料,燃烧剂 ■(-ll-,〈美〉l-) *vt.* ❶给…加燃料,给…加油: *～ aircraft* 给飞机加油 ❷激起: *～ argument* 激化争论 *vi.* 补充燃料 ‖ **～ up** 加油/**～ up on** 加餐 ‖ **fuel(l)ing** *n.* 加燃料,加油

fugitive ['fjuːdʒɪtɪv] *n.* ⓒ亡命者,逃命者 ■ *adj.* ❶逃亡的,逃跑的 ❷Ⓐ短暂的;瞬间的

fulcrum ['fʌlkrəm] *n.* (*pl.* **～s** or **fulcra**) ⓒ支撑杠杆的点,支点

fulfil, 〈美〉**fulfill** [fʊlˈfɪl] *vt.* (-ll-) ❶执行,遵守,履行: *If you make a promise you should fulfill it.* 如果你许诺了,你就要履行你

的诺言。❷尽到：A nurse has to fulfill many duties in caring for the sick. 护士在照顾病人时要尽很多责任。❸满足,使达成：This company should be able to fulfill our requirements. 这家公司应该能够满足我们的要求。❹应验,实现：John was able to fulfill himself through writing. 约翰通过写作充分地发挥自己的才能。‖ ~ oneself 完全实现自己的抱负

fulfilment [fulˈfilmənt] n. Ⓤ ❶履行,完成 ❷满足感,成就感

full [ful] adj. ❶满的,装满的：The car was full but I squeezed in any way. 汽车已经满人了,但是我还是设法挤了进去。❷完全的,充分的,完整的：A comprehensive description is one that is full and complete. 一篇详尽的描写就是一篇充实完整的描写。‖ ~ of 充满/~ of oneself 自私自利,自以为是/~ to 满满的‖ **full-back** n.（足球）后卫/**full-blown** adj. ①盛开的;张满的②成熟的/**full-length** adj. ①全长的,全身的②大型的/**full-page** adj. 全页的,整版的/**full-time** adj. 全日制的

fully [ˈfuli] adv. 完全地：~ understand 完全明白 ‖ **fully-fledged** adj. 羽毛丰满的

fulminate [ˈfʌlmineit] vt. 强烈批评

fumble [ˈfʌmbl] vt.& vi.（笨拙地）摸索或处理（某事物）vi. 乱摸,笨拙地弄 vt. 使落下 ■ n. Ⓢ摸索,笨拙的处理 ‖ **fumbler** n. 摸索者/**fumbling** adj. 摸索着的

fume [fju:m] n. Ⓟ烟雾,气味 ■ vi. ❶愤怒,大怒,发怒 ❷冒烟 vt. 用烟熏

fumigate [ˈfju:migeit] vt. 用化学品熏（某物）消毒

fun [fʌn] n. Ⓤ ❶乐趣,娱乐,嬉戏 ❷有趣的事 ‖ **for** ~ 为了好玩/**have** ~ 玩得高兴,过得快活/**in** ~ 开玩笑似的/**make** ~ **of** 嘲弄,取笑

function [ˈfʌŋkʃən] n. ❶Ⓒ功能;作用;职责 ❷Ⓤ Ⓒ函数;与另一事物有密切关系的事物 ❸Ⓒ社交集会 ■ vi. 工作,运行：The machine will not function properly if it is not kept well-oiled. 机器没有上好油,就不会顺利地运转。‖ ~ **as** 担任,兼起作用 ‖ **function word** 虚词

functional [ˈfʌŋkʃənl] adj. ❶有用的,实用的 ❷能起作用的,产生影响的 ‖ **functionally** adv. 有用地;能起作用地

fund [fʌnd] n. ❶Ⓒ基金,专款 ❷Ⓟ现款;资金 ❸Ⓢ储备,蕴藏 ■ vt. 为…提供资金,给…拨款：The company is funding another scheme. 这个公司正为另一项计划拨款。‖ **fund raising** 资金筹措

fundamental [ˌfʌndəˈmentl] adj. 基本的;重要的,必要的 ■ n. Ⓟ基本原则,基本法则 ‖ **fundamentally** adv. 基本地,基础地;重要地 ‖ **fundamental particle** 基本粒子

fundamentalism [ˌfʌndəˈmentlɪzəm] n. Ⓤ〈宗〉原教旨主义

funeral [ˈfju:nərəl] n. ❶Ⓒ葬礼,丧礼 ❷Ⓤ Ⓒ送葬人的行列 ‖ **funeral home** 殡仪馆

fungal [ˈfʌŋɡəl] adj. 真菌的,由真菌引起的

fungus [ˈfʌŋɡəs] n.（pl. -gi 或 -es）Ⓒ真菌

funk [fʌŋk] n. ❶Ⓢ惊慌,恐惧 ❷Ⓒ懦夫 ■ vt.（因恐惧）避开（某事物）‖ **funk hole** 防空洞,地下隐蔽部

funky [ˈfʌŋki] adj.（-ier,-iest）❶时髦的,新潮的 ❷激起情感的,有节奏的 ❸有臭味的,臭的

funnel [ˈfʌnl] n. Ⓒ ❶漏斗 ❷（轮船,火车等的）烟囱 ‖ **funnel(l)ed** adj. 有漏斗的 ‖ **funnel-shaped** adj. 漏斗形的

funny [ˈfʌni] adj.（-ier,-iest）❶滑稽的,有趣的,可笑的 ❷稀奇的,古怪的：The machine is making a very funny noise. 这部机器发出一种很怪的声音。❸稍感不适的：He told the doctor that he felt funny all over. 他告诉医生,他感到浑身不舒服。‖ **funnily** adv. 有趣地,不严肃地/**funniness** n. 滑稽,可笑

fur [fɜ:] n. ❶Ⓤ 软毛：Cats are covered with soft fur. 猫有一身细软的毛皮。❷Ⓤ 毛皮：a ~ coat 毛皮大衣/She was wearing a silver fox fur across her shoulders. 她肩上披着一张银狐皮。❸Ⓒ 毛皮衣服：He saw an old lady in furs. 他看见一位身穿裘皮大衣的老太太。

furbish [ˈfɜ:biʃ] vt. 改进,擦亮,更新

furious [ˈfjuəriəs] adj. ❶狂怒的,暴怒的 ❷Ⓐ强烈的,激烈的：a ~ debate〔struggle〕激烈的辩论〔争斗〕/It was a furious storm. 这是强烈的暴风雨。‖ ~ **at** 对某事发怒/~ **with** 对某人发怒 ‖ **furiously** adv. 狂怒地,暴怒地/**furiousness** n. 狂怒,暴怒

furlong [ˈfɜ:lɒŋ] n. Ⓒ弗隆,浪（相当于0.2公里）

furnace [ˈfɜ:nɪs] n. Ⓒ熔炉,火炉：The furnace broke down and the entire office building has no heat. 锅炉坏了,整栋办公大楼没有暖气。

furnish [ˈfɜ:nɪʃ] vt. ❶陈设,布置：We propose to furnish our own house according to our own taste. 我们建议按自己的爱好布置自己的房子。❷提供：The old man furnished the guerrillas information. 老人给游击队提供情报。‖ ~ **for** 为…提供/~ **to** 给…提供/~ **with** 用…布置；〈正〉提供…

furnishings [ˈfɜ:nɪʃɪŋz] n. Ⓟ ❶家具陈设 ❷服饰

furniture [ˈfɜ:nɪtʃə] n. Ⓤ家具

furore [fjuəˈrɔ:ri]，〈美〉**furor** [fjuəˈrɔ:] n. Ⓢ狂怒,喧闹

furrow [ˈfʌrəu] n. Ⓒ ❶犁沟 ❷（脸上的）皱纹 ■ vt. 犁田,开沟 ‖ **draw a straight** ~ 处世方正 ‖ **furrowless** adj. 无沟的,无皱纹的/

furrowy *adj.* 有沟的,有皱纹的
furry ['fɜːrɪ] *adj.* ❶毛皮的 ❷有皮毛般覆盖的
further ['fɜːðə] *adj.* ❶更多的,另外的,进一步的: *If you wish for further explanation, you'd better apply in person to the director.* 如果你想得到进一步说明,你最好直接找厂长联系。❷更远的,较远的: *The church is much further than you think.* 教堂比你想象的远得多。■ *adv.* ❶在更大程度上,进一步地: *She refused to further talk that evening of her own worry.* 那天晚上她拒绝进一步说她的担忧。❷更远,再往前地: *The village is about two miles further on.* 再向前约两英里就是那个村庄。❸此外,而且: *Further, it has come to my attention.* 此外,我已注意到它了。‖ ~ **to** 再加上,又及/**go** ~ 进一步地说(做) ■ *vt.* 促进,推进,助长: *We'll do all we can to further your plans.* 我们将尽力促成你们的计划。‖ **furtherance** *n.* 促进,推动 ‖ **further education** 远程教育
furthermore ['fɜːðəmɔː] *adv.* 而且,此外: *I don't want to go there, furthermore, I have no time to do so.* 我不想去那里,而且我也没时间去。
furthest ['fɜːðɪst] *adj.* 最远的,最遥远的: *Pluto is the furthest planet from the sun.* 冥王星是离太阳最远的行星。
furtive ['fɜːtɪv] *adj.*(指行动)偷偷摸摸的,(指人)鬼鬼祟祟的 ‖ **furtively** *adv.* 鬼鬼祟祟地/**furtiveness** *n.* 鬼鬼祟祟,偷偷摸摸
fury ['fjʊərɪ] *n.* ❶Ⓤ狂怒,暴怒: *He flew into a fury and said that the whole thing was disgusting.* 他勃然大怒,说这一切令人作呕。❷Ⓢ激烈,猛烈: *There was a fury of activity on the morning of their departure.* 他们离开的那个早上,群情激昂。
fuse [fjuːz] *vt. & vi.* 熔化;融合;合并: ~ **at temperature** 熔化温度 ‖ ~ **into** 与⋯熔合成,接合成/~ **with** 与⋯熔合,接合 ■ *n.* ❶Ⓒ保险丝,熔丝 ❷Ⓒ导火线;引信 ‖ **blow a** ~ ①使保险丝熔断②勃然大怒 ‖ **fuse box** 保险丝盒
fuselage ['fjuːzɪlɑːʒ] *n.* Ⓒ〈空〉(飞机的)机身
fusion ['fjuːʒən] *n.* ❶Ⓤ熔化 ❷Ⓤ核聚变 ❸Ⓒ联合,合并: *She was a fusion of the dreamer and doer.* 她是空想者和实干者的结合。‖ **fusionist** *n.* 联合论者;参加联合的人 ‖ **fusion bomb** 热核弹,氢弹/**fusion point** 熔点
fuss [fʌs] *vi.* 小题大做;大惊小怪: ~ **with one's hair** 过分讲究发型/*Stop fussing!* 不要大惊小怪! *vt.* 烦恼,激动(尤指对人事);*I wish you would stop fussing me about; I'm quite able to look after myself.* 但愿你不要为我过于操心了,我挺能照顾我自己的。‖ ~ **about** ①无谓地紧张(忙乱)②过分操心而使之不快③担忧或焦急/~ **over** 为⋯担忧或焦急/~ **up and down** 瞎忙得团团转 ■ *n.* Ⓢ❶忙乱,大惊小怪,小题大做: *Stop all this fuss and do your homework.* 别大惊小怪了,去做你的家庭作业吧。❷抱怨 ❸焦急,紧张: *The old lady soon got into a fuss.* 老妇人很快就紧张起来。‖ **make a** ~ **of** 对⋯过于注意
fussy ['fʌsɪ] *adj.* (-ier, -iest) 瞎忙的,大惊小怪的: *The little girl dislikes her fussy parents.* 小女孩讨厌她那过分操心的父母。‖ **fussily** *adv.* 紧张不安地;大惊小怪地/**fussiness** *n.* 大惊小怪
futile ['fjuːtaɪl] *adj.* 无效的,无用的,无意义的 ‖ **futilely** *adv.* 无益地,无效地,无用地/**futileness** *n.* 无益,无效,无用
future ['fjuːtʃə] *adj.* Ⓐ将来的,未来的 ■ *n.* ❶Ⓢ将来,未来,今后 ❷Ⓒ前途,前景: *a bright* ~ 光明的前途/*Her son really has a great future.* 她的儿子确实前途无量。❸Ⓟ期货 ‖ **for the** ~ 从今以后,今后/**in** ~ 今后/**in the** ~ 将来 ‖ **futureless** *adj.* 无前途的,无希望的
futurism ['fjuːtʃərɪzəm] *n.* Ⓤ未来主义
futurist ['fjuːtʃərɪst] *n.* Ⓒ未来主义者,未来派艺术家
futuristic [ˌfjuːtʃə'rɪstɪk] *adj.* ❶合于未来的;极新潮的;非传统的 ❷未来主义的,与未来主义有关的
futurity [fjʊ'tjʊərɪtɪ] *n.* ❶Ⓤ未来 ❷Ⓟ未来的事
fuzz [fʌz] *n.* Ⓤ❶绒毛,轻柔的物质 ❷竖起来的短细的毛发
fuzzy ['fʌzɪ] *adj.* (-ier, -iest) ❶绒毛般的;毛茸茸的 ❷模糊的,不清楚的

gabble ['gæbl] *vt.*&*vi.* 急促地说,不清地说 ■*n.* 急促不清的话

gadget ['gædʒɪt] *n.* ⓒ小机械,小器具

gadgetry ['gædʒɪtrɪ] *n.* Ⓤ小机械,小器具

gag [gæg] *n.* ⓒ❶塞人口中或覆于口上的东西 ❷限制言论自由的任何事物 ❸笑话或滑稽故事 ■*vt.*(-gg-)塞住〔堵住〕(某人的)嘴;使缄默;剥夺…的言论自由 *vi.* ❶窒息,作呕 ❷插科打诨 ‖ **gag law** 限制言论自由的法令/**gagman** *n.* 笑话作者;插科打诨的演员

gage [geɪdʒ] 见 gauge

gaily ['geɪlɪ] *adv.* 快乐地,喜气洋洋地

gain [geɪn] *vt.*&*vi.* ❶ 获得,赢得: They gained the game with ease. 他们很轻松地赢得了这场比赛。/Her talent and hard work gained her success as an artist. 她作为一名艺术家,靠其天资和勤奋获得了成功。❷增加,增进: The car is gaining speed. 那辆轿车加速了。❸(钟、表)走快: My watch gains two minutes every day. 我的表每天快两分钟。‖ ～ **by** 通过…而取得进展/～ **from** 从…获得利益/～ **in** 在…(方面)增加〔增长〕/～ **on**〔**upon**〕①赶上,缩短距离②逐渐侵蚀/～ **over** ①胜过,占上风②争取过来 ■*n.* ①Ⓤ获益;增财 ②Ⓒ利润;增加 ‖ **gainable** *adj.* 可得到的,能赢得的/**gainer** *n.* ①获得者;得胜者②后滚翻赴式跳水/**gainful** *adj.* 有利益的,有收益的;惟利是图的/**gainings** *n.* 收入,收益,赢得的东西/**gainless** *adj.* 无利可图的,一无所获的,没有进展的

gainsay [geɪn'seɪ] *vt.* 否认,反驳

galaxy ['gæləksɪ] *n.* ①ⓒ❶星系 ❷Ⓢ银河系,银河 ❸ⓒ一群(杰出或著名的人物)

gale [geɪl] *n.* ⓒ❶ 大风: We got our roof blown off in the gale last night. 昨夜的大风把我们的房顶给掀掉了。❷(突发的)一阵: I could hear gales of laughter coming from downstairs. 我能听到来自楼下的阵阵笑声。

gall¹ [gɔːl] *n.* Ⓤ❶胆汁: He was ill of gall stone. 他患胆结石。❷怨恨,愤怒 ❸厚颜;鲁莽

gall² [gɔːl] *n.* ⓒ(动物的)伤痛处 ■*vt.* ❶使…擦痛,擦伤 ❷烦扰,侮辱 ‖ **galling** *adj.* ①擦伤的,擦痛的②激怒的,烦恼的

gallant ['gælənt] *adj.* ❶堂皇的,壮丽的,雄伟的 ❷勇敢的,英勇的 ❸(对女子)献殷勤的 ■*n.* 时髦的青年男子 ‖ **gallantly** *adv.* 勇敢地,英勇地

gallery ['gælərɪ] *n.* ⓒ❶画廊,美术馆 ❷楼座,(议会的)旁听席 ❸走廊

galley ['gælɪ] *n.* ⓒ❶平底大船;战舰 ❷(船上或航空器上的)厨房

Gallic ['gælɪk] *adj.* ❶高卢的,高卢人的 ❷法国人及其性格的

gallon ['gælən] *n.* ⓒ加仑: the imperial ～ 英制加仑/I'd like five gallons of wine. 我要五加仑葡萄酒。

gallop ['gæləp] *n.* ⓒ(马等)奔驰,骑马奔驰 ■*vt.*&*vi.* (使马)飞奔,奔驰: He galloped the horse along the track. 他沿着跑道策马疾驰。*vi.* 快速做〔说〕某事: She galloped through her work so that she could leave the office early. 她快完了她的工作,以便能早点离开办公室。‖ ～ **across** 驰过…/～ **away** 飞跑/～ **down** 沿…奔跑,～ **off** 飞奔而去/～ **over** ①疾驰 ②匆匆做完/～ **through** ①(马或骑马者)疾驰而过(某地)②(非正)仓促地做(某事);匆匆地进行(某活动) ‖ **galloper** *n.* 骑马疾驰的人;飞跑的马

galore [gə'lɔː] *adv.* 很多

galvanize,-ise ['gælvənaɪz] *vt.* ❶用锌镀(铁) ❷激起某人行动起来: The manager's arrival galvanized the workers into activity. 经理一来,工人闻风而动。‖ **galvanization,-isation** *n.* 电镀;刺激/**galvanizer,-iser** *n.* 电镀工;刺激者

gamble ['gæmbl] *vt.*&*vi.* 赌博;冒风险: I gambled that they wouldn't shoot. 我大胆假定他们不会开枪。‖ ～ **away** ①赌下去②赌博输掉钱/～ **on** ①就…进行赌博②在…上冒风险,碰运气/～ **with** 以…冒险 ■*n.* ⓒ赌博,打

赌;投机,冒险 ‖ take a ~（on）赌博;冒险而为 ‖ **gamblesome** *adj*. 喜欢赌博的;喜欢投机的

gambler ['gæmblə] *n*. ⓒ 赌博者,赌徒

gambling ['gæmblɪŋ] *n*. ⓤ ❶ 赌博,赌钱。*The government is framing a new bill to put a cap on gambling*. 政府正在制定新的法案以对赌博加以限制。❷爱好冒险;投机: *He has a taste for gambling*. 他爱好冒险。

game[1] [geɪm] *n*. ❶ⓒ 游戏 ❷ⓒ 运动,比赛 ❸ⓒ 一场,一局,一盘 ❹ⓟ 运动会 ❺ⓤ 猎物 ‖ be on〔off〕one's ~ 竞技状态佳〔不佳〕/deep ~ 背地里搞鬼;阴谋,密谋/dirty ~ 卑鄙的勾当,见不得人的勾当/~ away 露马脚/know what sb's ~ is 知道某人的用意/losing ~ 无胜利希望的事/make ~ of 取笑/mug's ~ 傻瓜才干的事情,蠢事/play ~ with 与…开玩笑/play a double ~ 耍两面派/play sb's ~ 做有利于…的事/play the ~ 规规矩矩地进行比赛/put off sb's ~ 分散某人的注意力/so that's your ~ 原来那就是你的鬼把戏/the ~ is not worth the candle 这事不值得做;得不偿失/the ~ is up 一切都完了/two can play at that ~ 那一套不只你会,我也会/what's the ~〈口〉出什么事啦/what's your ~〈口〉你在干什么 ‖ **gamesome** *adj*. 爱玩耍的,爱耍弄的 ‖ **game acts〔laws〕**狩猎规则/**game-bag** *n*. 狩猎袋/**game-cock** *n*. 斗鸡;好斗的人/**gamekeeper** *n*. 猎场看守人/**game-license** *n*. 狩猎许可(证);卖野味许可(证)

game[2] [geɪm] *adj*. ❶ 勇敢的,有决心的,敢作敢当的 ❷ⓟ 愿意,心甘情愿的:"Who's game for a swim？""I'm game！""谁愿意去游泳？""我愿意！" ❸ 残疾的;瘸的: *The camel has a game leg*. 那只骆驼有一只腿瘸。/*He is game in the left leg*. 他左腿瘸。 ‖ **gamely** *adv*. 雄赳赳地,兴致勃勃地

gaming ['geɪmɪŋ] *n*. ⓤ〈旧〉〈律〉赌博

gamma ['gæmə] *n*. ⓒ 希腊字母表的第三个字母 ‖ **gamma minus** 仅次于第三等/**gamma plus** 稍高于第三等/**gamma ray**〈物〉① 光(量)子 ② γ 射线

gang [gæŋ] *n*. ⓒ ❶（罪犯有组织的）一帮,一伙: *break up a ~* 驱散一伙人/*The phone box was vandalized by a gang of youths*. 那电话亭被一群少年歹徒故意破坏了。❷（闹着青少年的）一帮: *The gang are planning a robbery*. 那帮罪犯正在计划抢劫。❸（工人有组织的）一队,一组: *A whole gang of builders is there tonight*. 今晚整队建筑工人都在那儿了。■*vt*. 使结成一帮: *Children like to gang each other*. 孩子们喜欢成群结伙相互攻击。 *vi*. 结伙行动; 合伙攻击: *They ganged towards the door*. 他们结队向门口走去。 ‖ ~ **up**〈非正〉结伙 ‖ **gangmaster** *n*. 工长,把头/**gang war** 歹徒（

派间的）打群架

gangplank ['gæŋplæŋk] *n*. ⓒ（上下船用的）跳板

gangster ['gæŋstə] *n*. ⓒ 匪徒,歹徒 ‖ **gangsterism** *n*. 强盗行为〔行径〕

gap [gæp] *n*. ⓒ ❶ 缺口,裂口 ❷ 间隔,间隙 ❸ 差距 ❹ 不足,缺陷 ‖ **stand in the ~** 首当其冲,挺身阻挡/**supply a ~** 填补空白;弥补缺陷/**the generation ~** 代沟 ‖ **gapped** *adj*. 有裂口的,破裂的;脱节的 ‖ **gap-toothed** *adj*. 两齿间隙缝很大的

gape [geɪp] *vi*. 目瞪口呆地凝视 **link** *v*. & *vi*. 张开,张大: *His shirt gapes open with a button missing*. 他的衬衫因丢了一颗纽扣而敞开着。 ‖ **after〔for〕**渴望得到 ■ *n*.〈谑〉张口凝视 ‖ **gapeseed** *n*.〈谚〉注目物,引人注目的事物

garage ['gærɑːʒ] *n*. ⓒ ❶ 车库 ❷ 汽车修理站;加油站 ‖ **garageman** *n*. 汽车库工人;汽车修理厂工人/**garage sale** 现场旧货出售

garbage ['gɑːbɪdʒ] *n*. ⓤ ❶〈美〉垃圾,废物;*literary* ~ 无聊的读物/*Put the garbage down the incinerator*. 把垃圾放入垃圾焚烧炉中。 ❷〈口〉废话: *Don't talk such a load of garbage！*别说那么多废话！

garble ['gɑːbl] *vt*. 对（事实）歪曲,对（文章等）断章取义,窜改

garden ['gɑːdn] *n*. ❶ⓒⓤ 宅旁园圃,花园,果园,菜园: *build〔start〕a ~* 建造〔开辟〕花园/*Our garden affords us fresh vegetables*. 我们的园子为我们提供新鲜蔬菜。 ❷ⓟ 公园: *public ~s* 公园/*By the side of Hyde Park stands Kensington Gardens*. 肯星顿公园在海德公园旁边。 ❸ⓢ 肥沃的地区: *Kent is the garden of England*. 肯特郡是英格兰的肥田沃地。 ‖ **everything in the ~ is lovely**〈口〉一切都好 ■ *vi*. 从事园艺;种植花木: *He's been gardening all day*. 他在园子里干了一整天。/*She doesn't garden very much nowadays—she tires easily.* 她最近不常在园子里干活——她很容易疲劳。/*She's outdoors gardening every afternoon*. 她每天下午都在户外搞园艺。/*Many retired people take up gardening as a hobby*. 许多退休的人都以从事园艺为嗜好。/*Some people garden for pleasure*. 有些人种植花木是为了娱乐。/*He likes to garden because it keeps him out of doors*. 他喜欢在园子里干活,因为这可以使他常在户外。 ‖ **gardened** *adj*. 有花园的/**gardening** *n*. 园艺（学）‖ **garden apartment** 花园公寓/**garden centre** 花卉店/**garden city** 花园城市/**garden-variety** *adj*. 普通的,平凡的,老一套的

gardener ['gɑːdnə] *n*. ⓒ 园丁,园艺爱好者;*jobbing ~* 临时园林工人/*She has to employ two gardeners to look after that huge garden*. 她要雇两个园丁来照料这么大花园。

garish ['geərɪʃ] *adj*. 炫耀的,过于艳丽的,过

garland ['gɑ:lənd] n. ©花环;花冠;花圈

garlic ['gɑ:lik] n. Ⓤ大蒜:a ～ press 榨蒜汁器/～ sausage 蒜味腊肠/His breath smells of garlic.他的呼气中有大蒜气味. ‖ **garlicky** adj. 有大蒜气味的

garment ['gɑ:mənt] n. ©(一件)衣服

garner ['gɑ:nə] vt. 收集并(通常)贮藏(某物):～ up the grain for the winter 储粮以备过冬

garnish ['gɑ:niʃ] vt. 给(上餐桌的食物)加装饰 ■ n. ©(为色香味而添加的)装饰菜 ‖ **garnishment** n. 装饰,装饰品

garrison ['gærisn] n. ©守备部队,卫戍部队 ■ vt. ❶卫戍部队守备 ❷派部队驻防 ‖ **garrison cap** 船形帽

gas [gæs] n. (pl. gases,〈美〉gasses) ❶©Ⓤ气体 ❷Ⓤ煤气 ❸Ⓤ汽油 ❹Ⓤ毒气 ❺Ⓤ空谈,吹牛 ❻Ⓢ有趣的事 ■ (-ss-) vt. 使…吸入毒气 vi. 空谈,吹牛 ‖ ～ up〈美口〉给车辆加油 ‖ **gasless** adj. 无气体的,不用气体的 ‖ **gasbag** n. ❶气囊 ❷闲起的人/**gas bomb** 毒气弹/**gas burner** ❶煤气灶,煤气灯 ❷煤气喷嘴,煤气火焰/**gas coke** 煤气焦炭/**gas cooker** 煤气炉/**gas engine** 煤气发动机/**gas field** 天然气田/**gas fire** 煤气取暖器/**gas fitter** 煤气装修工/**gas fixture** 煤气装置/**gas furnace** 煤气炉/**gasholder** n. 煤气库,气柜/**gashouse** n. ❶〈美〉煤气厂 ❷〈喻〉贫民区/**gas-man** n. 煤气厂的工人,煤气收费员/(矿)瓦斯检查员,通风员/**gas mask** 防毒面具/**gas meter** 煤气表,气量计/**gaspipe** n. 煤气管/**gas ring** 煤气灶/**gas station**(汽油)加油站/**gas turbine** 燃气轮机/**gas well** 天然气井/**gasworks** n. 煤气厂‖

gaseous ['geisjəs] adj. 气态的;似气体的‖ **gaseousness** n. 气体,气态

gash [gæʃ] n. ©深长的切口(或伤口)■ vt. 划伤,割破

gasify ['gæsifai] vt. & vi. 使成为气体,使气化

gasoline ['gæsəli:n] n. Ⓤ汽油

gasp [gɑ:sp] vi. ❶喘气,喘息,倒抽气:The exhausted runner threw himself down and gasped.那位筋疲力尽的赛跑运动员一头栽倒直喘气. ❷很想要 vt. 喘着气说出:The excited boy gasped the news.那个激动的男孩喘着气说出了这个消息. ‖ ～ at 对…感到惊奇〔震惊〕/～ for 喘气,渴望,渴求…/～ out 气喘吁吁地说 ‖ ❶气喘,喘息 ‖ **gasper** n. ❶气喘者 ❷〈俚〉廉价香烟

gastric ['gæstrik] adj. 胃的,胃部的:～ juices 胃液 ‖ **gastritis** n. 胃炎

gate [geit] n. ©❶门,栅栏门 ❷登机门 ❸观众人数 ❹入场费,门票收入 ‖ **get the** ～ 被解雇,被开除;被赶走/**give the** ～ 赶走…,将…解雇;冷落;抛弃 ‖ **gateless** adj. 无门的 ‖ **gatecrasher** n.〈俚〉❶擅自进入者,无票入场者/**gatehouse** n. ❶门房 ❷水电站闸门上面的控制室/**gatekeeper** n. 看门人/**gate meeting** 收费的运动会/**gate money** 入场费,门票

gateway ['geitwei] n. ❶©大门口;Don't stand there blocking the gateway! 不要站在那儿挡住门口! ❷Ⓢ门径,关口:The port of Dover is England's gateway to Europe.多佛港是英国进入欧洲的大门. ❸Ⓢ方法,手段,途径:Hard work is the gateway to success.努力工作是通往成功之路.

gather ['gæðə] vt. & vi. ❶(使)聚集;集合:The crowd is gathering.人群正在聚集./The teacher gathered all the pupils in the auditorium.老师把全体同学集合在礼堂内. ❷推断;了解:I gathered that he was the real leader.我推想他是真正的领导人. vt. ❶收集,收拢(分散的东西):The teacher went round the class to gather the papers.老师在教室里走了一圈收试卷. ❷采集,采拾;收割,收获:He gathered me some good stamps.他为我收集了一些好邮票./My boyfriend gathered some beautiful flowers for me.我的男朋友为我采来一些美丽的花. ❸把…围住,拉紧…;打褶子:The child's dress is neatly gathered at the neck.那孩子的衣服在领口处打着整齐的皱褶. ‖ ～ from ❶从…收获 ❷从…蜂拥而来 ❸从…中推断出 ‖ ～ in ❶聚拢之处,收兜 ❷打折边/～ round〔around〕❶围拢❷支持,拥护/～ to 使向…聚拢;使集拢/～ together ❶归拢在一起 ❷冷静下来;控制住自己/～ up ❶采集,收拾 ❷收紧,收缩(肌肉等) ❸鼓起;酝酿,〈美口〉拘捕

gathering ['gæðəriŋ] n. ©聚集,集会:international ～ 国际性集会/He called on Mr. White to speak at the gathering.他请怀特先生在集会上讲话.

gaudy ['gɔ:di] adj. (-ier,-iest)花哨的,俗气的:She was tricked out in gaudy dress.她穿得华丽而俗气.

gauge,〈美〉**gage** [geidʒ] n. ❶Ⓤ©厚度,直径:What gauge of wire should we use for this job? 我们干这活应该用多大号的铁丝? ❷©测量仪表:The fuel gauges dropped swiftly.燃料表指针迅速下降. ❸©规格,尺度:What gauge of wire do you require? 你需要什么规格的电线? ■ vt. ❶计量,度量:～ the speed 计量速度/A thermometer gauges the temperature.温度计可测量温度. ❷估计,判断:It's difficult to gauge one's character.要判断一个人的品格是很困难的./Can you gauge what his reaction is likely to be? 你能揣测他的反应可能是什么吗? ‖ **gaugeable** adj. 可

计量的,可测量的/**gauger** n. ❶计量者;零件检验员;量器检验员❷计量器❸征税员

gaunt [gɔ:nt] adj. ❶憔悴的,骨瘦如柴的:~ face 憔悴的面容 ❷不毛的,荒凉的: the ~ landscape of the moon 月球上荒凉的景色 ‖ **gauntly** adv. 贫瘦地,荒凉地/**gauntness** n. 憔悴;荒凉

gauntlet ['gɔ:ntlɪt] n. ⓒ❶(中世纪武士用的)金属手套 ❷长手套,防护手套

gauze [gɔ:z] n. ⓤ❶薄纱 ❷纱网

gay [geɪ] adj. ❶快乐的,欢快的;轻松的,愉快的 ❷Ⓐ轻率的,不假思索的;放荡的 ❸同性恋的 ‖ **get** ~ 放肆 ‖ **gay dog** 爱好社交活动的人

gaze [geɪz] vi. 凝视,注视: She was the most beautiful woman he had ever gazed upon. 她是他见过的最美丽的女子。■n. Ⓢ凝视,端详 ‖ **gazer** n. 凝视者

gazette [gə'zet] n. ⓒ❶公报 ❷(用作报纸名称): the Evening G-《晚报》■vt. ❶刊载;宜布 ❷任命

gear [gɪə] n. ❶ⓤ用具,设备,衣服 ❷Ⓟ齿轮;传动装置;(排)挡 ‖ **out of** ~ 没上排挡;运转不灵活,出了毛病 ■ vt. 换挡: You have to gear down when you drive uphill. 上坡行驶时必须换慢挡。■ vt. 使兴奋起来;使准备好: The party is all geared up for the forthcoming election campaign. 该党为即将来临的竞选活动做好了准备。vt. & vi. (使)配合;(使)适合: The cogs gear smoothly. 齿轮啮合得很好。‖ ~ **down** ①换成速挡②减弱…的压力/难度;降低…的水平/~ **to** 调整(某物)使其适合…/~ **up** ①换高速挡②改进…以适应提高生产的需要③使做好行动准备 ‖ **gear case** 齿轮箱/**gear-driven** adj. 齿轮转动的/**gearshift** n. (机)变速,调挡;变速装置

gearbox ['gɪəbɒks] n. ⓒ变速箱,变速器

gee [dʒi:] int. ❶(吆喝马等起行、前行或快行的用语) ❷(用以表示惊奇、赞赏等): Gee, it's good to have a look at you, old socks! 嘿,老兄,我很高兴见到了你。■ vt. 催促…更快地或更有效地工作

geezer ['gi:zə] n. ⓒ人,老头儿

gel [dʒel] n. ⓒⓤ凝胶,冻胶 ■ vi. (-ll-) ❶形成胶体;胶凝,胶化: This liquid gels faster in cold weather. 这种液体天冷时凝结得快些。❷成形: My ideas are beginning to gel. 我的想法逐渐形成了。

geld [geld] vt. 阉割(动物);给动物去势或割除卵巢 ‖ **gelded** adj. 阉割了的/**gelder** n. 阉割者

gelding ['geldɪŋ] n. ⓒ阉割过的动物

gem [dʒem] n. ⓒ❶宝石 ❷宝物,精华,珍品,美丽绝伦的事物

gender ['dʒendə] n. ⓒⓤ〈语〉性

gene [dʒi:n] n. ⓒ〈生〉基因 ‖ **gene therapy** 基因治疗

general ['dʒenərəl] adj. ❶普遍的,全面的;总体的,整体的 ❷非专门的,一般的 ❸正常的,常规的,通常的: ~ knowledge 常识 ❹大致的,笼统的 ❺Ⓐ总的,首席的 ‖ **as a** ~ **rule** 一般说来 ■ n. ⓒ将军 ‖ **in** ~ 一般而言,总的来说 ‖ **general election** 大选,普选/**general post** 〈主英〉①(邮件的)上午第一次发送②位置的大变动/**general-purpose** adj. 多种用途的/**general strike** 总罢工

generalization, -isation [ˌdʒenərəlaɪ'zeɪʃən] n. ⓤⓒ一般化,普通化,归纳,概论

generalize, -ise ['dʒenərəlaɪz] vt. & vi. 概括,归纳,推论 vt. 推广,普及 ‖ ~ **for** 泛指/~ **from** 从(一定实例)中归纳〔推演〕出(某种规律或结论)

generalized, -ised ['dʒenərəlaɪzd] adj. ❶广泛的,普遍的,全面的 ❷非具体的,整体的

generally ['dʒenərəlɪ] adv. 一般地,通常,大体上,广泛地,普遍地

generate ['dʒenəreɪt] vt. ❶生成,产生: ~ electricity 发电/This new boiler generates more heat than the old one. 这个新锅炉产生的热量比旧锅炉多。❷引起,导致: This book will continue to generate excitement for a long time. 这本书将在很长一段时间里继续使人们为之激动。‖ **generating** adj. 产生的,生成的

generation [ˌdʒenə'reɪʃən] n. ❶ⓒ同时代的人,一代人,一代 ❷ⓤ产生,发生 ‖ **a** ~ **ago** 约三十年以前 / 一代人以前 / **for** ~**s** 一连好几代,几代相传/**from** ~ **to** ~ 世世代代,一代代 ‖ **generational** adj. ①生殖的,生育的②一代的;世代的

generative ['dʒenərətɪv] adj. ❶能生产的,有生产力的 ❷生殖的

generator ['dʒenəreɪtə] n. ⓒ发电机,发生器

generic [dʒɪ'nerɪk] adj. 属的;类的;一般的 ‖ **generically** adv. 一般地

generosity [ˌdʒenə'rɒsɪtɪ] n. ❶ⓤ慷慨,大方,宽容: We were completely knocked out by their generosity. 他们的宽宏大量使我们感到十分吃惊。❷ⓒ慷慨或宽容的行为

generous ['dʒenərəs] adj. ❶慷慨的,大方的 ❷善良的,宽宏大量的 ❸大量的,丰富的: That salary is more than generous. 那工资很丰厚。‖ **generously** adv. 慷慨地,大方地

genetics [dʒɪ'netɪks] n. ⓤ遗传学: He gave me a piece of advice on how to learn genetics. 他就如何学好遗传学给我提出了一条建议。

genial ['dʒi:njəl] adj. ❶和蔼的,亲切的,友好的 ❷温和的,温暖的,利于生长的 ‖ **geniality** n. ①和蔼,亲切,友好②和蔼可亲的行为、表情或言语/**genialize** vt. 使适宜于动植物的生长;使宜人,使温暖/**genially** adv. 和蔼地,

亲切地,友好地;温和地,温暖地

genie ['dʒi:nɪ] n.(pl.~s or **genii**) C (阿拉伯神话故事中的)神怪,妖怪

genital ['dʒenɪtl] adj.〈医〉〈正〉生殖的,生殖器的

genitive ['dʒenɪtɪv] n. C〈语〉所有格 ■ adj.〈语〉所有格的:the ~ form of a noun 名词所有格

genius ['dʒi:njəs] n.(pl. **geniuses**) ❶ U 天才,天赋 ❷ C 天才人物

genre [ʒɑ:ŋr] n. C〈法〉(文学、艺术等的)类型,体裁,风格:The novel and short story are different genres. 长篇小说和短篇故事是不同的类别。

gent [dʒent] n. ❶ C 先生,绅士 ❷ P 男子 ❸ P 男厕所

genteel [dʒen'ti:l] adj. ❶ 文雅的,有礼貌的,有教养的 ❷ 上流社会的

gentle ['dʒentl] adj. ❶ 温和的,和蔼的,有礼貌的 ❷ 轻的,柔和的,和缓的 ❸ 高尚的;出身名门的 ‖ **as ~ as a dove** 极温顺;极温驯 ‖ **gentleness** n. 温和,和蔼;柔和,和缓;高尚 ‖ **gentlefolks** n. 出身高贵的人,上流人士/**gentle sex** 女性

gentleman ['dʒentlmən] n.(pl.-**men**) ❶ C 上等人,绅士,君子 ❷ P 男士,先生 ❸ C 富贵闲人 ‖ **gentlemanlike** adj. 绅士的,绅士派头的 ‖ **gentleman farmer**(有土地而不劳动的)乡绅/**gentlemen's agreement** 君子协定

gentlewoman ['dʒentl‚wumən] n.(pl.-**women**) C〈古〉女士

gently ['dʒentlɪ] adv. 温和地,慈祥地,温柔地,轻轻地

gentry ['dʒentrɪ] n. S 绅士,上等人:the evil ~ 劣绅

genuflect ['dʒenju:flekt] vi. 屈膝(尤指宗教礼节中)

genuine ['dʒenjuɪn] adj. ❶ 真的,非人造的:a ~ diamond 真钻石 ❷ 真诚的,真心的:a ~ welcome 真心实意的欢迎 ‖ **genuinely** adv. 非人造地;真诚地,真心地/**genuineness** n. 真诚,真心

genus ['dʒi:nəs] n.(pl. **genera**) C ❶ (动植物的)属:The daffodil belongs to the genus narcissus. 黄水仙是水仙属植物。 ❷ 类;种;型:This genus of plants differentiate into many species. 这种植物可分为许多种类。

geographer [dʒɪ'ɒgrəfə] n. C 地理学家:His grandfather is a geographer. 他的祖父是一位地理学家。

geographic [dʒɪə'græfɪk] adj. 地理学的 ‖ **geographically** adv. 地理学地

geography [dʒɪ'ɒgrəfɪ] n. ❶ U 地理(学):learn ~ 学习地理 ❷ S 地形,地势:We're familiar with the geography of New England. 我们熟悉新英格兰的地形。

geology [dʒɪ'ɒlədʒɪ] n. U ❶ 地质学 ❷ 地质情况 ‖ **geologic(al)** adj. 地质(学)的/**geologically** adv. 在地质(学)上/**geologist** n. 地质学家

geometric(al) [dʒɪə'metrɪk(əl)] adj. ❶ 几何的,几何学的 ❷ (线条、图案)似几何图形的

geometry [dʒɪ'ɒmɪtrɪ] n. U〈数〉几何(学)

geriatric [‚dʒerɪ'ætrɪk] adj. A 老年医学的;老年病学的 ‖ **geriatrician** n. 老年病科医师/**geriatrics** n. 老年病学,老年医学

germ [dʒɜ:m] n. C ❶ 微生物;病菌,细菌 ❷ (某事的)根源,发端 ‖ **germ cell** 生殖细胞

germinate ['dʒɜ:mɪneɪt] vt. & vi.(使)发芽:Heat and moisture will germinate the seeds. 温度和水分会使种子发芽。 ‖ **germination** n. 发芽

gestation [dʒes'teɪʃən] n. ❶ U 怀孕 ❷ S 怀孕期 ❸ S (思想、主意等的)构思、酝酿,孕育(过程)

gesticulate [dʒes'tɪkjuleɪt] vi. 做手势示意或强调 ‖ **gesticulation** n. 做手势,做示意动作;手势

gesture ['dʒestʃə] n. ❶ U C 手势,姿势 ❷ C 姿态,表示 ■ vt. & vi. 做手势:She gestured her disapproval. 她用手势表示不赞成。

get [get] (-tt-, pt. **got**, pp. **got**,〈美〉**gotten**) vt. ❶ 得到,收到:Can you get a ticket for me? 你能给我搞张票吗? ❷ 具有 ❸ 使得:I'll get the car going. 我要让这辆车发动起来。 ❹ (去)拿来:I'm going to get my hat from the other room. 我要到另一个房间去拿我的帽子。 ❺ 理解,听到,学得:Did you get what I mean? 你明白我的意思了吗? ❻ 感染上,得(病):I've got a bad cold. 我得了重感冒。 ❼ 抓住,击中,杀死:The police got the thief. 警察抓住了小偷。/I got the minister on the ear with a potato. 我用土豆打中了部长的耳朵。 ❽ 受到(惩罚等) vt. & vi. 到达,来,往:We won't get anywhere that way. 那样我们不可能有任何进展。 vi. 开始,逐渐:He got to be rich. 他富了。 link v. 遭到:They got punished by the teacher. 他们受到了那名教师的惩罚。 ❷ 成为,变得:He got angry with me because of my remark. 他由于我讲的话而生我的气。‖ ~ **about** 走动,(消息等)传开/~ **across**(使)接受了解,(将…)讲清楚/~ **ahead** 获得成功,取得进展/~ **along** 友好相处/(事情)进展顺利;过活,生活/~ **around〔round〕** 克服,设法回避(问题等);走动;抽出时间来做(或考虑)/~ **at** 看出(秘密);够得着,触及,意指,意思是;责备/~ **away** 离开,把…送〔拿走〕;逃脱(责任)/~ **back** 找回,(退)回去,恢复;对…报复/~ **behind** 落后,迟到,识破,深入,支持/~ **by** 走过;

勉强及格；勉强生活下去/~ **beyond** 越过，为…所达不到/~ **down**(从)…下来；记下；使沮丧；开始认真处理/~ **in**(使)进入，抵达；收获；对…亲近/~ **into** 对…发生兴趣；卷入，(使)进入/~ **off** 从…下来；出发；逃脱责任，免罚；结束(工作)，下班/~ **on** 登上；骑上，转入(某一话题)；与…相处融洽；进展，过活；继续/~ **out**(使)离开，退出，逃脱；(消息)走漏；生产，出版/~ **over** 恢复，复原；克服(困难)，解决(难题)；将…讲清楚/~ **through** 干完，完成，度过(时间)；(使)通过；(将…)讲清楚；打通电话/~ **together** 相聚，聚集/~ **up** 起立，起床/~ **with** 开始做，着手做，对…注意

getaway['getəweɪ] n. ⑤ 逃跑，逃走：*The burglar made his getaway across the roof.* 小偷从屋顶上逃跑了。

get-together['getəˌgeðə] n. ⓒ〈口〉聚会；联欢会

getup['getʌp] n. ⓒ〈口〉(尤指不寻常的)装束，穿戴

geyser['gaɪzə] n. ⓒ ❶ 间歇喷泉 ❷ (厨房、洗澡间的)煤气热水器〔炉〕

ghastly['gɑːstlɪ] adj.(-ier,-iest)❶ 极坏的，糟透的，极不愉快的 ❷ 可怕的，恐怖的 ❸ ⓟ(脸色)苍白的，带病容的 ‖ **ghastliness** n. 极坏，可怕

ghetto['getəʊ] n.(pl. ~s) ⓒ(贫穷或没有正式居住权的人所住的)贫民区，少数民族聚居区

ghost[gəʊst] n. ⓒ 鬼，幽灵 ‖ lay a ~ 驱除魔鬼/the ~ of a ~，一丝 ‖ **ghostly** adj. 鬼似的，幽灵似的 ‖ **ghost story** 鬼怪故事/**ghost town** 废弃的城镇

giant['dʒaɪənt] n. ⓒ ❶ 巨人，大力士 ❷ 伟人，卓越人物 ■ adj. ⒶⒷ特大的，巨大的

gibber['dʒɪbə] vi.(由于害怕或震惊而)急促不清地说，叽里咕噜地说

gibberish['dʒɪbərɪʃ] n. 令人费解的话，莫名其妙的话，胡扯

gibbet['dʒɪbɪt] n. ⓒ 绞刑架，绞台 ■ vt. ❶ …绞刑 ❷ 使当众出丑

gibbon['gɪbən] n. ⓒ 长臂猿

giddy['gɪdɪ] adj.(-ier,-iest)❶ 眩晕的，头昏的 ❷Ⓐ令人眩晕的，令人头晕的 ❸ 轻浮的，不稳重的，轻率的 ‖ **giddily** adv. 眩晕地/**giddiness** n. 眩晕

gift[gɪft] n. ⓒ ❶ 礼物，赠品 ❷ 天赋，天才

gifted['gɪftɪd] adj. 有天赋的，有才华的

gig[gɪg] n. ⓒ ❶ 演奏会，演唱会，特约演奏或演唱 ❷ 爵士乐演奏会的安排

gigantic[dʒaɪ'gæntɪk] adj. 巨大的，庞大的

giggle['gɪgl] n. ❶ ⓒ 咯咯的笑，傻笑：*Her nervous giggles annoyed me.* 她神经质的傻笑把我惹火了。❷ⓒ〈英，非正〉玩笑，可笑的事：

Wouldn't it be a giggle to tie his shoelaces together while he isn't looking! 趁他没注意时把他的鞋带拴在一起，岂不有趣！/ *I did it only for a giggle.* 我做那事只是为了取乐。■ vi. 咯咯地笑

gild[gɪld] vt. 把…镀金；给…上金色，使有金子般的色彩：*The morning sun gilds the sky.* 朝阳把天空染成金色。

gilt[gɪlt] n.❶Ⓤ 镀金〔银〕材料，金〔银〕色涂层：*The plates have a gilt edge.* 这些盘子的边是镀金的。❷ⓒ 高度可靠的证券，金边证券

gimmick['gɪmɪk] n. ⓒ 花招，诡计，骗人的玩意儿 ‖ **gimmicky** adj. 诡计的，骗人的

gin[dʒɪn] n. ⓒⓊ 杜松子酒，荷兰酒

ginger['dʒɪndʒə] n. 姜，生姜 ‖ **gingerbread** n. 姜饼，姜汁饼干/**ginger group** 强硬派，激进派

gingerly['dʒɪndʒəlɪ] adv. 小心谨慎地，战战兢兢地：*She gingerly picked the flower.* 她小心翼翼地摘下那朵花。■ adj. 小心的，谨慎的：*The subject was handled in a gingerly way.* 那问题处理得很谨慎。

giraffe[dʒɪ'rɑːf] n.(pl. ~ or ~s) ⓒ 长颈鹿

girl[gɜːl] n. ⓒ ❶ 女孩，少女 ❷ 女儿 ‖ **girlhood** n. 少女时期

girlfriend['gɜːlfrend] n. ⓒ ❶ 女朋友 ❷ 女情人 ❸ 女伴

girlish['gɜːlɪʃ] adj. 女孩子(似)的，少女的 ‖ **girlishly** adv. 女孩般地，少女般地

giro['dʒaɪrəʊ] n.(pl. ~s) ⓊⒸ 银行〔邮局〕直接转账(电脑)系统

gist[dʒɪst] n. ⑤ 要点，主旨

give[gɪv](pt. **gave**, pp. **given**) vt. & vi. 给予，赠送：*She gave me a book.* 她给我一本书。vt. ❶ 供给，提供：*The play gives us some new ideas.* 这个剧本为我们提供了一些新的观念。❷ 交给，托付：*Give your money to the hotel manager to be looked after.* 你把钱交给旅馆经理保管。❸ 做出(某一动作)，发出(声音等) ❹ 举办，表演：*The following evening a party was given for him by his parents.* 第二天晚上他父母为他举行了一个派对。❺ 付出，出售 ❻ 产生，引起：*The sun gives the earth light and warmth.* 太阳使地球得到光和热。/ *They gave me to believe they were coming.* 他们让我相信他们会来。vi.❶(物体)塌下：*The roof began to give.* 房顶快塌下来了。❷ 让步，塌下：*This army never gives.* 这支部队从不退却。‖ ~ **and take** 互让，互相迁就；平等交换/~ **away** 赠送，赠予，颁发；泄露，告发/~ **back** 归还/~ **forth** 发出，发表/~ **in** 屈服，投降，让步；上交，递交，呈送/~ **off** 发出，放出，散发出，放射出/~ **or take** 或多或少；左右/~ **out** 分发，散发；公布，宣布；耗尽，用完；发出(光、声音等)/~

over to 留作,把…留作特定用途/~ **up** 放弃;认输;自首‖**giver** n. 给予者,施赠者‖**give-away** n. 赠品,无意中泄露秘密的表情、言语等

given ['gɪvən] adj. ⒶA 规定的,特定的:*They were to meet at a given time and place*.他们要在规定的时间和地点会晤。‖**be ~ to** 有…癖好;倾向于 ■ *prep*. ❶(表示原因)考虑到:*Given the present conditions, I think she's done rather well*.考虑到目前的条件,我认为她已做得相当出色。❷(表示假设)倘若;假定:*Given the chance, I'll do it again*.如果有机会,我会再干一次。

glacial ['gleɪsjəl] adj. ❶〈地〉冰的,冰河〔川〕的 ❷Ⓐ冰河期的 ❸极冷的:*a ~ wind* 寒风刺骨

glacier ['glæsjə] n. Ⓒ冰河,冰川;*a ~ plain* 冰川平原

glad [glæd] adj. (-dder, -ddest) ❶Ⓟ高兴的,欢喜的:*I am glad you have succeeded*.你成功了我感到高兴。❷Ⓐ使人高兴的,令人快乐的:*After a long separation, they held a glad meeting*.阔别多年之后,他们举行了一个令人愉快的聚会。❸乐意的,情愿的:*I'll be glad to do you a favour*.我愿意为你效劳。‖**gladden** vt. 使(某人)高兴,乐意/**gladly** adv. 高兴地,情愿地/**gladness** n. 高兴,乐意

glade [gleɪd] n. Ⓒ林中空地

glamorize ['glæməraɪz] vt. 粉饰;渲染

glamour, (美) **glamor** ['glæmə] n. Ⓤ魅力,诱惑力

glamourous ['glæmərəs] adj. 富有魅力的,迷人的:*a ~ woman* 有魅力的女人‖**glamourously** adv. 富有魅力地

glance [glɑːns] vi. ❶一瞥,扫视;略视:*Don't glance left and right*.不要左顾右盼。❷闪耀,闪光:*The water is glancing in the sunlight*.水面在阳光下闪闪发光。‖**~ about〔around,round〕**环视/**~ at** 朝…看了一眼/**~ back** 回头看/**~ down** 浏览/**~ off** 擦过(光线)从…折射出来/**~ over** 浏览/**~ through** 浏览/**~ to** 朝…瞧了瞧/**~ up** 抬头一看 ■ n. ❶Ⓒ一瞥,瞥视:*He took a glance over the notes*.他匆匆地看了一下笔记。❷Ⓢ闪光 ❸Ⓢ滑过,掠过:*A sudden glance of the sword cut his shoulder*.剑突然擦过,伤了他的肩膀。‖**at a ~** 看一眼就…;马上/**at first ~** 一看就;初看,乍看起来

gland [glænd] n. Ⓒ〈解〉腺:*sweat ~s* 汗腺/*Her mother has an underactive adrenal gland*. 她的母亲肾上腺机能不全。

glare [gleə] vt. & vi. ❶怒目而视 vi. 发强光:*These colours glare*. 这些颜色太显眼。/ *The sun glared on the sea*. 太阳在海上发出令人目眩的光芒。‖**~ at** 用愤怒的目光注视/**~ down** 照射 ■ n. ❶Ⓢ强光:*The glare of the headlights almost blinded us*. 汽车前灯耀眼的光使我们睁不开眼。❷Ⓒ怒视,瞪眼:*She looked at him with an angry glare*. 她生气地瞪着他。❸Ⓤ炫耀,张扬:*They were in the full glare of publicity*. 他们大肆炫耀。‖**in the ~ of publicity** 在众目睽睽之下‖**glareless** adj. 不刺眼的

glaring ['gleərɪŋ] adj. ❶(光)耀眼的,刺目的 ❷(颜色)过分鲜艳的 ❸(坏事物)显眼的,易见的‖**glaringly** adv. 显而易见地

glass [glɑːs] n. ❶Ⓤ玻璃:*Glass breaks easily*. 玻璃易碎。❷Ⓤ玻璃器皿:*People often give glass as wedding presents*. 人们常常赠送玻璃器皿作为结婚礼物。❸Ⓒ玻璃杯:*He dropped his glass on the floor and broke it*. 他把玻璃杯掉到地板上打碎了。❹Ⓒ一杯之量:*I could really want a large glass of beer*. 我真想要一大杯啤酒。/ *I used to drink three glasses of cold water in the morning*. 我以前早上常喝三杯冷水。❺Ⓟ眼镜:*I need glasses when I watch television*. 我看电视时需戴眼镜。❻Ⓢ镜子:*He looked in the glass to check that his tie was straight*. 他对着镜子看领带是否系正。‖**glass bottle** 玻璃瓶/**glass cutter** 玻璃雕刻〔切割〕工;玻璃割刀/**glassworks** n. 玻璃制造厂

glassy ['glɑːsɪ] adj. (-ier, -iest) ❶似玻璃的,像玻璃一样光滑的 ❷(眼神)呆滞的,无生气的‖**glassily** adv. (目光)呆滞地,无生气地

glaze [gleɪz] vt. ❶装玻璃 ❷上釉于,上光 vi. (目光)变得呆滞无神 ■ n. Ⓒ上釉的光,釉面‖**glazer** n. 装玻璃(窗)的工人

gleam [gliːm] vt. & vi. (使)闪烁,(使)闪亮:*The sun gleamed on naked swords*. 阳光把出鞘的剑照得闪闪发亮。‖**~ with** 表露某种情感 ■ n. ❶Ⓒ闪光,闪亮 ❷Ⓢ闪现,流露:*A gleam of interest came into his eyes*. 他的眼里流露出一丝关切的目光。‖**gleamy** adj. 发微光的,发闪光的

glean [gliːn] vt. 一点点地收集(资料、事实) vt. & vi. (收割后)拾穗

glee [gliː] n. ❶Ⓤ欢喜,高兴 ❷Ⓒ三部或四部重唱的歌曲

gleeful ['gliːful] adj. 欣喜的,高兴的,欢乐的‖**gleefully** adv. 高兴地

glide [glaɪd] vi. Ⓒ滑行,滑动,滑翔 ■ vt. & vi. (使)滑行,滑动,滑翔:*The years glided past*. 年复一年,时光悄然流逝。/ *The stately swan glides gracefully on the pond*. 美丽的天鹅在池中优雅地游动。/ *They glided the boat over the water*. 他们使船在水上滑行。‖**glider** n. 滑翔机/**gliding** adj. 滑行的

glimmer ['glɪmə] vi. 发闪光,发微光 ■ n. Ⓒ微光,闪光

glimpse ['glɪmps] vt. 瞥见 ■ n. Ⓢ一瞥,一看

glint [glɪnt] vt.& vi.(使)闪烁,闪光:The sun glinted through the leaves.阳光透过树叶闪烁着。■ n. ⓒ闪光

glisten ['glɪsn] vi.湿物闪耀,闪亮:The lake glistens in the moonlight.湖水在月光下闪亮。

glitter ['glɪtə] vi.闪烁,闪耀,闪光:The diamond ring glittered on her finger.钻戒在她的手指上闪闪发亮。■ n. ❶ⓈⓃ灿烂的光辉;闪光 ❷Ⓤ(表面的)诱惑力,吸引力

gloat [gləut] vi.幸灾乐祸地看〔想〕,贪婪地看〔想〕:She gloated over her son's achievements.她对儿子的成就感到洋洋得意。

global ['gləubəl] adj. ❶全球的,全世界的 ❷整体的,总括的,全面的 ‖ **globalism** n. 全球性,全球观念/**globalist** adj. 全球性的

globalize ['gləubəlaɪz] vt.& vi.(使)全球化,全世界化

globe [gləub] n.❶Ⓢ地球,世界 ❷ⓒ球体;球状物 ❸ⓒ地球仪

gloom [glu:m] n.❶Ⓤ昏暗,阴暗 ❷ⓊⓈ忧郁,沮丧,失望

gloomy ['glu:mɪ] adj.(-ier,-iest)❶黑暗的,阴暗的 ❷令人沮丧的,令人失望的

glorify ['glɔ:rɪfaɪ] vt.(pt.,pp.-fied)❶赞美;颂扬 ❷美化,使光荣,使增光

glorious ['glɔ:rɪəs] adj. ❶荣誉的,光荣的 ❷辉煌的,壮丽的 ❸〈口〉非常愉快的;令人快乐的

glory ['glɔ:rɪ] n.❶Ⓤ光荣,荣誉 ❷Ⓤ美丽,壮丽 ❸ⓒ非常美的事物;给人荣耀的事,值得称赞的事

gloss [glɒs] n.❶ⓊⓈ❶(表面的)光滑,光泽 ❷虚假的外表,假象,虚饰 ❸(页末或书后的)注释,注解,脚注,注释词 ■ vt.注解,注释:In this dictionary we often gloss difficult expressions with an explanation in brackets.在这本词典里我们常常用括号内的解释来注解难懂的词。‖ ～ **over**掩饰(错误),粉饰 ‖ **glossy** adj. 光滑的,有光泽的

glossary ['glɒsərɪ] n.ⓒ(书尾的)词汇表,难词汇编

glove [glʌv] n.ⓒ手套

glow [gləu] vi.❶(无焰地)燃烧;发炽热;烧红:A cigarette glowed in the dark.黑暗中有支香烟发着光。/The whole countryside glowed with autumn tints.乡间处处呈现出灿烂的秋色。❷脸红,身体发热:His cheeks glowed after the race.赛跑后他满脸通红。■ n. Ⓢ❶光亮,光辉:There was a dull red glow in the night sky above the steelworks.夜晚炼钢厂的上空闪着暗红色的光。❷脸红,(身体)发热:I felt a pleasant glow in all my veins from the wine.喝过酒后我浑身血都热烘烘的,感到很舒服。❸热情;强烈的感情:She felt a glow of satisfaction at her son's achievements.她因儿子的成就而感到心满意足。

glower ['glauə] vi.怒视

glowing ['gləuɪŋ] adj.热烈赞扬的,热情洋溢的 ‖ **glowingly** adv. 热情洋溢地

glucose ['glu:kəus] n.Ⓤ〈化〉葡萄糖

glue [glu:] vt.用胶水将物体粘合:The carpenter glued two pieces of wood together.那个木匠将两片木头粘起来。‖ ～ **down** 把(某物)粘住/～ **on** 用粘性物质将(某物)粘上/～ **to**(通常指用粘性物质)把(某物)与(他物)连接起来;紧附于,不愿离开,似胶般固着(某事物)

glum [glʌm] adj.(-mmer,-mmest)闷闷不乐的,忧郁的 ‖ **glumly** adv. 忧郁地/**glumness** n. 忧郁

glut [glʌt] n. Ⓢ供应过剩,充斥 ■ vt.(-tt-)供应过多,使充斥

gnarled [nɑ:ld] adj.❶(树、树干、树枝)扭曲的;多瘤的;多节的 ❷(手、手指)粗糙的 ❸(人)饱经风霜的

gnat [næt] n.ⓒ叮人小虫

gnaw [nɔ:] vt.& vi.❶咬,啃:The farmer's dog has been gnawing away on a bone under the table.那农夫的狗一直在桌子底下啃骨头。❷(使)苦恼;折磨

gnawing ['nɔ:ɪŋ] adj.Ⓐ痛苦的,苦恼的

go [gəu] (3rd pers. sing pres. t. goes, pt. went, pp. gone) vi.❶去;走;行;驶:She has gone to the station.她去车站了。❷进行,运行,运转:The engine went beautifully.这台发动机运转得相当好。❸放,置:The shirts go in the top drawer.衬衫放在最上层的抽屉里。❹伸展,通往:I want a rope long enough to go from here to there.我要一根可以从这里拉到那里的长绳子。❺消失,丢失:He got up in the morning and found that all the snow had gone.他早晨起来发现雪已经全部消失了。❻垮下来,死:The ladder went at the critical moment.在关键时刻梯子垮了。/The bridge went under the heavy weight.桥被压垮了。❼花费,销售:These socks are going at one pound a pair.这些短袜每双卖一英镑。❽行,有效 ❾据说,流传:The story goes that long ago there lived a king.流传着这样一个故事,讲的是很久以前有个国王。❿(时间)过去:Vacation goes quickly.假期过得真快。link v.❶发出…声音:Ducks go "quack".鸭子发出"嘎嘎"的叫声。/The guns went "boom".大炮发出"轰轰"声。❷变得,成为,处于…状态:The woman had gone mad.那女人疯了。/Fruit quickly goes rotten in hot weather.在热天,水果会很快变质。/He went pale at the news.他听到这个消息时脸色变得苍白。/My absence had gone unnoticed.我的缺席未能引起人家注意。‖ ～ **about**常与…交往;处理,从事,做,忙于/～ **af-**

ter 追逐,追求/~ against 违背,反对;对…不利/~ ahead 进行;开始/~ all out 全力以赴/~ along 进行;赞同/~ around〔round〕参观;走访;到处走动…,四处活动;相处,做伴,交往;传播;足够分配/~ at 攻击,冲向;着手做,努力去做/~ away 离开;私奔/~ back 回转,回顾,追溯;向后伸展;背叛/~ before 时间上居先/~ below 到…以下/~ beyond 超出,超载/~ by 时光流逝;遵守,遵循/~ down 沉下,落下,降低;被接受,受欢迎,得到赞同;生…病/~ for 去找某人,想得到…;争取;攻击,抨击;喜欢;适用于/~ forth 行军,旅行;发布;forward 前进;发生;被提出/~ in 进去,进入;开始,开始工作;攻击/~ in for 参加;从事,致力于;喜欢,爱好/~ into 进入;从事,调查,着手处理/~ off 爆炸,开火,突然想起;(电等)中断,停止;对…失去兴趣,不再喜欢/~ on 向前走,前进;继续做;进行,发生,(时间)过去,消逝;(灯)亮,开始运行/~ on to 进入,持续/~ on with 别说了;继续干,一度中止后再继续干/~ out 出去(参加社交活动);发出,发布,被发行;退下,消退,熄灭;过时/~ out with 和…约会/~ over 搜查,检查;复习,再做/~ through 被批准;检查,审查,搜查;完成,做完;遭受,经受,经历;讨论/~ together 协调;相配;伴随,共存;相爱,陪伴;互相牵扯/~ under 沉没,沉落;失败,破产/~ up 上升,上涨;提高,增加,增高;响起;爆炸,炸毁,烧毁;建造起来/~ up to 人,进…/~ with 与…相配,伴随;赶时髦,随大流;跟…相配,协调;跟…谈恋爱;附属于/~ without 没有…也能进行 ■n.(pl. goes)❶ⓒ轮到机会:You've been on the swing for ten minutes, it's my go now. 你荡秋千有 10 分钟了,现在该轮到我了。/ You'll be given a go next time. 下次你会有机会的。❷Ⓤ精力,干劲:The youth has plenty of go in him. 这个年轻人活力十足。/ The children are full of go. They run and play all day. 这些小孩子精力充沛,他们整天跑呀玩呀。‖ all the ~ 非常流行,风行一时/at one ~ 一下子,一举/have a ~ 企图,尝试;抱怨/make a ~ of 成功/on the ~ 活跃,忙个不停/to ~ 剩下的,未完成的‖ go-between n. 信使,调解人,中间人

goad [gəud] n. ⓒ赶牲口的尖棒 ■vt. ❶刺激,激励 ❷(用尖棒)驱赶

goal [gəul] n. ⓒ❶球门 ❷进球得的分 ❸努力的对象,目标

goat [gəut] n. ⓒ山羊‖ get sb's ~ 激怒或惹恼某人/make sb the ~ 拿某人作替罪羊

gobble[1] ['gɒbl] vt.& vi. 狼吞虎咽地吃

gobble[2] ['gɒbl] vi. (火鸡)咯咯地叫,发出似火鸡的叫声

goblin ['gɒblɪn] n. ⓒ小妖精,丑妖精

god [gɒd] n. ❶ⓒ神 ❷Ⓢ上帝,天主 ❸ⓒ极受崇敬的人;过分崇拜的事物:The school captain was a god to the younger boys. 校队队长被低年级的男孩子奉若神明。‖ G- bless me!(表示惊讶)哎呀! 我的天哪! /G- bless you! 愿上帝保佑你! /G- help you! 愿上帝帮助你;G- knows 天知道,我不知道,的确,确实/G- willing 若能如愿/God's gift to (常作反语)上帝恩赐的人〔事物〕(给大家、企业等)/in God's name(用于疑问句,表示气愤或惊讶)/thank G-谢天谢地(用以表示松了一口气或宽慰)/to G-(用于动词之后,表示强烈的希望、愿望)/ungodly adj. 不信神的,不敬神的;邪恶的/godlike adj. 如神的,神圣的,庄严的‖ god-awful adj. 令人憎恶的,糟透的/godchild n. 基督教教子,教女/goddamn adv. 及其,非常/godfather n. 教父/godmother n. 教母/godparent n. 教父,教母

goer ['gəuə] n. ⓒ❶走动得很快的人或物 ❷(在性生活方面)想尝试新花样的人

goggle ['gɒgl] vi. 睁大眼睛瞪视,(惊讶地)转动眼珠 ■n. Ⓟ护目镜,防风镜,防水镜

go-go ['gəu,gəu] adj. Ⓐ❶歌舞的,表演歌舞的 ❷新式的;热心的

going ['gəuɪŋ] n. Ⓤ❶离去,动身 ❷行走〔进展〕速度 ❸(行走或旅行的)途中状况 ■adj. ❶Ⓟ可获得的,找得到的 ❷Ⓐ现行价格的 ❸Ⓐ经营中的,业务发达的 ❹现行的,流行的,当前的

going-over ['gəuɪŋ'əuvə] n.(pl. goings-over) ⓒ❶彻底检查〔检修〕 ❷痛打;斥责

gold [gəuld] n. Ⓤ❶金,黄金 ❷金色‖ age of ~ 黄金时代/as good as ~ 表现很好的/heart of ~ 高贵纯洁的心/strike ~ 找到丰富的消息、财源、幸福源泉等/voice of ~ 优美的声音,金嗓子 ■adj. ❶金(制)的 ❷金色的‖ gold mine 金库;金矿/gold reserve 黄金储备

golden ['gəuldən] adj. ❶金子般的,金色的 ❷Ⓐ极好的,非常有利的‖ golden age 黄金时代,全盛时期/golden mean 中庸之道/golden rule 重要原则,金科玉律/golden saying 金玉良言/golden wedding 金婚

goldfish ['gəuldfɪʃ] n.(pl. ~) ⓒ金鱼

golf [gɒlf] n. Ⓤ高尔夫运动‖ golfer n. 高尔夫球员/golfing n. 打高尔夫球‖ golf ball 高尔夫球/golf club 高尔夫球俱乐部/golf course 高尔夫球场

golly ['gɒlɪ] int.(用以表示惊奇)天哪! 啊!

gone [gɒn] adj. Ⓟ❶过去的,离去的 ❷爱着的,迷恋的‖ be far ~ 到了很深的程度;极疲倦/be ~ on sb 倾心爱某人‖ goner n. 无可挽救的人或物/goneness n. 过去,离去;爱,迷恋

gong [gɒŋ] n. ⓒ锣

good [gud] adj.(better,best) ❶良好的,令人满意的,正当的,适宜的,令人愉快的:This one is the best. 这个是最好的。❷有用的,合适的;

有益的:*Give me some good advice*.给我一些有用的建议。❸好的;新鲜的;有效的 ❹漂亮的,有吸引力的:*The girl has a good look*.这个女孩长得很好看。❺聪明的;精通的;熟练的:*She's a good skier*.她是个滑雪能手。❻有道德的;心地善良的,助人为乐的:*He's a good young person*.他是个有道德的年轻人。❼Ⓐ充分的,彻底的:*Their team gave us a good beating*.他们队把我们彻底打败了。❽相当大的 ‖ a ~ deal (of)很多/a ~ few 相当多(的),几个/a ~ many 好多/as ~ as 几乎,实际上/as ~ as a play 有趣味的/as ~ as gold 很乖/~ and ...完全,彻底/~ at 善于/~ for ①对…有好处②有支付…能力的/~ to 对…慈爱友好/~ with 善用(某物);善待(某人)/not enough 不值得做 ■ *n*.❶Ⓤ有道德的事,善:*Is religion always a force for good*? 宗教一向是诲人从善的力量吗?❷Ⓤ好处,利益:*I knew it was no good to say anything, so I stood by Mary*.我知道说什么也没有用,所以就站在玛丽一边。‖ come to ~ 有好结果/do ~ 有用,起作用;有益于某人/for ~ 永远/for ~ or for evil 不论好歹／hold ~ for 对…实用/make ~ 成功,发达;补偿,赔偿/no ~ 没有好处/to the ~ (用以记述某人的财务状况)盈余/up to no ~ 做坏事,淘气/what's the ~ of 有什么好处 ‖ **goodly** *adj*.①漂亮的,讨人喜欢的②好的,不错的③颇大的 ‖ **good fellow** 热诚而令人感到亲切的人/**good-fellowship** *n*.亲密,融洽/**good-for-nothing** *adj*.没有用处的,无价值的/**good-hearted** *adj*.好心肠的/**good-looking** *adj*.好看的,吸引人的/**good-natured** *adj*.和善的,友好的;温柔的,柔和的/**good-neighbour** *adj*.睦邻的/**good-neighbourhood** *n*.友好行为;睦邻关系/**good people** 仙女们/**good sense** 判断力强,机智/**good-sized** *adj*.大号的,相当大的/**good-tempered** *adj*.脾气好的,和气的/**goodwife** *n*.主妇

goodbye [ˌɡʊdˈbaɪ] *n*.Ⓒ再见 ‖ **kiss ~** 吻别

goodness [ˈɡʊdnɪs] *n*.Ⓤ❶良好,善良,优良 ❷精华,精髓 ❸上帝 ‖ for ~ sake 看在老天的份上;我的天哪!/G- me! 天哪!/have the ~ to 请…;有…的好意/My ~! 我的老天哪!/Thank ~! 谢天谢地!/wish to ~ 但愿,希望 ■ *int*.天哪!:*Goodness, have you been expelled*? 天哪,你已被开除了吗?

goods [ɡʊdz] *n*.Ⓟ❶商品,货物:*There're a large variety of goods in the shops*.商店里有各式各样的商品。❷个人财物:*He bequeathed her all his worldly goods*.他把所有的财物遗赠给她。‖ a piece of ~ 女人,人/by ~ 用货车装运/deliver the ~ 交货;履行诺言/know one's ~ 精通自己的业务/straight ~ 事实 ‖ **goods-train** *n*.货物列车

goodwill [ˈɡʊdˈwɪl] *n*.Ⓤ❶友好,亲善,善意 ❷(企业享有的)信誉,声誉

goody [ˈɡʊdɪ] *n*.Ⓟ特别吸引人的东西,美味的食品 ■ *int*.太好啦(尤指小孩用以表示高兴的用语)

goose [ɡuːs] *n*.(*pl*. **geese**)❶Ⓒ鹅 ❷Ⓤ鹅肉 ❸Ⓒ傻瓜,笨蛋 ‖ all sb's ~ are swans 敝帚自珍/kill the ~ that lays the golden eggs 杀鸡取卵/cannot say "boo" to a ~ 胆小如鼠/shoe the ~ 徒劳无益 ‖ **goosery** *n*.①养鹅场 ②鹅群 ‖ **goose egg** 鹅蛋;零分/**gooseflesh** *n*.鸡皮疙瘩/**gooseherd** *n*. 牧鹅人/**gooseneck** *n*. 鹅头颈/**goose step** 鹅步,正步/**goose-step** *vi*. 正步走

gore [ɡɔː] *vt*.(动物)用角撞伤,用牙刺破:*The bull gored the farmer to death*.公牛用角把农夫抵死了。

gorge [ɡɔːdʒ] *n*.❶山峡,峡谷 ❷咽喉 ■ *vt*. (用食物把自己)塞饱,填饱:*He gorged himself at the party*.在宴会上他狼吞虎咽地把自己塞饱。‖ heave the ~ 作呕/make sb's ~ rise 使某人作呕,惹某人嫌

gorgeous [ˈɡɔːdʒəs] *adj*.❶极好的,称心的 ❷非常漂亮的,华美的 ‖ **gorgeously** *adv*.① 极好地,称心地 ②漂亮地/**gorgeousness** *n*.① 极好,称心 ②漂亮,华美

gorilla [ɡəˈrɪlə] *n*.Ⓒ大猩猩

gormandize, -ise [ˈɡɔːməndaɪz] *vi*.大吃大喝 ‖ **gormandizer, -iser** *n*. 大吃大喝的人

gory [ˈɡɔːrɪ] *adj*. (-ier, -iest) ❶沾满血污的 ❷充满暴力和血腥的

gosling [ˈɡɒzlɪŋ] *n*.Ⓒ小鹅

gospel [ˈɡɒspəl] *n*.❶Ⓢ《新约》四福音书;福音 ❷Ⓒ新约四福音之一 ❸Ⓢ原则,主义,信条 ❹Ⓤ真理,真实 ❺Ⓤ福音音乐 ‖ **gospel(l)er** *n*.①福音传道师②诵读福音书者

gossamer [ˈɡɒsəmə] *n*.Ⓤ❶蛛丝,游丝 ❷轻而软的精细材料 ‖ as light as ~ 轻如落纱 ‖ **gossamered** *adj*. 如蛛丝的,游丝般的;轻而软的/**gossamery** *adj*. 如蛛丝的,游丝般的;轻而软的

gossip [ˈɡɒsɪp] *n*.❶Ⓤ流言,闲话 ❷Ⓒ爱拨弄是非的人 ❸Ⓒ闲谈,聊天 ■ *vi*.传播流言,说长道短:*She can spend a whole day gossiping with her neighbours*.她能一整天都跟邻居们说长道短。‖ about(of) 说…的闲话 ‖ **gossiper** *n*. 爱闲聊的人,搬弄是非者/**gossipist** *n*. 闲话栏专栏作者/**gossipy** *adj*. 爱闲聊的;流言蜚语的 ‖ **gossipmonger** *n*. 传播流言蜚语的人

gouge [ɡaʊdʒ] *vt*.❶凿,挖 ❷乱要价,过高索价

gourd [ɡʊəd] *n*.Ⓒ葫芦

gourmand [ˈɡʊəmənd] *n*.Ⓒ❶喜欢吃喝的人;贪吃的人 ‖ **gourmandism** *n*. 美食主义

gourmet [ˈɡʊəmeɪ] *n*.Ⓒ讲究吃喝的人,美食家 ‖ **gourmet powder** 味精

govern ['gʌvən] vt.& vi. 统治: *A king governs in that country.* 那个国家由国王统治。vt. 控制,支配: *One can't completely govern one's thoughts at all times.* 人不能始终控制得住自己的思想。‖ **governable** adj. 可统治的,可控制的/**governance** n. ①统治,管理②统治方式,管理方法/**governing** adj. 有统治、控制或治理权力的

governess ['gʌvənɪs] n. ⓒ 女家庭教师

government ['gʌvənmənt] n. ❶ⓒ 政府 ❷Ⓤ 治理的形式;政体 ❸Ⓤ 治理,统治 ‖ in ~ 执政,统治,治理 ‖ **governmental** adj. 政府的,政治的/**governmentalism** n. 政府至上主义 ‖ **government man** 官员,公务员;支持政府者/**government paper** (总称)政府债券

governor ['gʌvənə] n. ⓒ❶ 统治者,管辖者,地方长官;州长 ❷ 理事,董事 ‖ **governorship** n. 统治者的职位 ‖ **Governor-General** n. 英国领地或殖民地的总督

gown [gaun] n. ⓒ❶ 女长服,礼服 ❷ 宽松长外衣 ‖ **wear the ~** 当律师 ‖ **gownsman** n. 穿长袍或礼服的人

grab [græb] (-bb-) vt.& vi. 抢先,抢占: *Don't grab!* 不要抢! / *It is rude to grab a seat.* 抢占座位是不礼貌的。vt. ❶ 攫取,抓住: *Joe grabbed him by the collar.* 乔抓住他的衣领。❷ 对⋯有好感,对⋯产生影响: *How does the idea of a holiday in Spain grab you?* 你对于到西班牙去度假这个主意感兴趣吗? ‖ **~ at** 突然想抓住/**~ away** 抢走某物/**~ for** 试图抓住/**~ off** 抢;把⋯收起来/**~ up** 把⋯抓起 ■ n. ⓒ 试图抓取,有意抢夺: *The thief made a grab at my bag but I pushed him away.* 贼想抢我的手提包,但被我推开了。‖ **grabber** n. 攫取者,贪财者,惟利是图的人/**grabble** vi. ① 摸索 ②爬,匍匐/**grabby** adj. 攫取的,贪财的,惟利是图的 ‖ **grab-all** n. ①贪心人②固定渔网

grace [greɪs] n. ❶Ⓤ 优美: *The gymnast performed on the balance beam with an easy grace.* 体操运动员在平衡木上表演得优美自如。❷Ⓟ 风度,魅力: *A young man with graces appeared on the stage.* 舞台上出现了一位风度翩翩的年轻人。❸Ⓤ 宽限,缓期: *Payment is due today, but I gave her a week's grace.* 今天付款到期,但我给了她一个星期的宽限。❹Ⓤ 恩泽,善意: *He had been the king's favourite, and his sudden fall from grace surprised everyone.* 他本是国王的宠臣,一朝失宠众人都感到意外。‖ **a saving ~** 可取之处/**airs and ~s** 做作的姿态,装腔作势/**be in a state of ~** 〈宗〉蒙受天恩/**fall from ~** 〈宗〉失去天恩,堕落/**have the ~ to-v** 出于礼貌而做某事/**in sb's good ~s** 为某人赞成和喜爱/**with (a) bad[good] ~** 勉强而粗鲁地[欣然而情愿地] ■ vt. 修饰或装扮: *Fine paintings graced the walls of the room.* 这些精美的绘画使四壁生辉。‖ **~ with** 给⋯以荣耀或光彩 ‖ **grace cup** 祝酒杯,祝酒/**grace note** 〈音〉装饰音

graceful ['greɪsful] adj. ❶ 优美的,文雅的 ❷ 得体的,礼貌而周到的 ‖ **gracefully** adv. 优美地,优雅地/**gracefulness** n. 优美,优雅

gracious ['greɪʃəs] adj. ❶ 有礼貌的,仁慈的,和蔼的,亲切的 ❷Ⓐ 富裕的,舒适的,华美的 ‖ **graciously** adv. ①有礼貌地,仁慈地,和蔼地,亲切地②富裕地,舒适地,华美地/**graciousness** n. ①有礼貌,仁慈,和蔼,亲切②富裕,舒适,华美

gradation [grə'deɪʃən] n. ❶Ⓤⓒ (从一事物到另一事物的)渐变 ❷ⓒ (事物划分的)阶段,等级 ❸ⓒ 刻度 ‖ **gradational** adj. ①有顺序的,分等级的②逐渐变化的

grade [greɪd] n. ⓒ❶ (官阶、质量)等级,品级,阶段,程度 ❷〈尤美〉(考试或作业的)分数,评分等级 ❸〈尤美〉(学生受测试的)技巧水平(尤指音乐方面) ❹〈美〉年级(按年级划分的)小学生 ‖ **at ~** 〈交〉(铁路等交叉)在同一平面上/**make the ~** 达到要求或预期的标准,成功/**on the up[down] ~** 逐渐好转[恶化]/**up to ~** 合格 ‖ **gradely** adj. ① 极好的,十足的②漂亮的,好看的③恰当的,真正的/**grader** n. 把东西分类的人 ‖ **grade crossing** 〈美〉(铁路、公路等的)平面交叉/**grade school** 〈美〉小学

gradient ['greɪdjənt] n. ⓒ❶ 道路的斜度,坡度 ❷ 变化程度 ‖ **gradienter** n. 倾斜计;水平仪

gradual ['grædjuəl] adj. 渐渐的,逐步的 ‖ **gradualism** n. 渐进主义/**gradualist** n. 渐进主义者/**gradually** adv. 渐渐地,逐渐地/**gradualness** n. 渐渐,逐步

graduate ['grædjuɪt] adj. 〈美〉毕业了的,研究生的: *She is a graduate nurse.* 她是护士学院的毕业生。■ n. ⓒ❶〈英〉大学毕业生 ❷〈美〉毕业生 ■ ['grædjueɪt] vt.& vi. ❶ (从⋯)大学毕业,获得(学士)学位: *He graduated at Oxford.* 他毕业于牛津大学。❷〈美〉(使)毕业: *It is three years since he graduated.* 他毕业三年了。/ *The university graduated 1500 students last year.* 该大学去年有 1500 位学生毕业。vt. 划分级别/**~ as[with]** ⋯学位/**~ from** 从⋯毕业;进步,进展/**~ in** ⋯科的毕业生 ‖ **graduated** adj. 毕业了的

graduation [ˌgrædjuˈeɪʃən] n. Ⓤⓒ 毕业,毕业典礼: *His graduation will never take place if he doesn't get to work.* 他要是不用功就永远毕不了业。

graffiti [grəˈfiːtiː] n. Ⓟ 在墙上的乱涂乱写

graft[1] [grɑːft] n. ⓒ❶〈农〉接穗,嫁接 ❷〈医〉移植 ■ vt.〈农〉移植,嫁接 ‖ **grafter** n. 嫁接者,移植者/**grafting** n. 嫁接法,移植法

graft[2] [grɑːft] n. Ⓤ❶ 行贿,受贿,贪污 ❷ 行

贿得到的利益 ❸艰巨的工作 ‖ ~ practise 贪污,受贿/take ~ 贪污 ■vi. ❶行贿,受贿 ❷努力工作 ‖ grafter n. 贪污者,受贿者

Grail [greɪl] n.ⓒ圣盘,圣杯

grain [greɪn] n. ❶ⓊⓒⒸ谷粒,谷物,谷类 ❷ⓒ小的硬粒 ❸Ⓤ(天然)纹理 ‖ (a) ~ (s) of 粒;一点点,一些/in ~ 彻底的,真正的,根深蒂固的/with a ~ of salt 有保留地,不全信地 ‖ grainy adj. 粒状的,谷类多的 ‖ grainfield n. 种粮食的田/grain sorghum 高粱

grammar ['græmə] n. ❶Ⓤ语法 ❷ⓒ语法书 ‖ grammarian n. 语法学家 ‖ grammar school ①〈英〉(16世纪以拉丁语为主课的)文法学校②〈美〉初中,小学

grammatical [grə'mætɪkəl] adj. ❶Ⓐ语法上的:~ analysis 语法分析/~ mistake 语法错误 ❷符合语法规则的 ‖ grammatically adv. 符合语法规则地/grammaticalness n. 符合语法规则

gram(me) [græm] n.ⓒ克

gran [græn] n.ⓒ〈英,非正〉奶奶,外祖母

granary ['grænərɪ] n.ⓒ谷仓,粮仓

grand [grænd] adj. (-er,-est)❶壮丽的,宏伟 ❷显赫的;高傲的 ❸非常愉快的,极好的 ‖ ~ total 总共,总计,合计 ‖ grandly adv. 壮丽地,宏伟地;显赫地,高傲地;非常/grandness n. 壮丽,宏伟;显赫,高傲

grandchild ['græntʃaɪld] n.ⓒ孙(女),外孙(女)

granddaughter ['grænd,dɔːtə] n.ⓒ(外)孙女

grandeur ['grændʒə] n.ⓒ宏伟,壮观,富丽堂皇

grandfather ['grænd,fɑːðə] n.ⓒ(外)祖父 ‖ grandfatherly adj. 老祖父(似)的;慈祥的 ‖ grandfather('s) clock 有摆的落地大座钟

grandma ['grænmɑː] n.ⓒ〈非正〉奶奶,外婆

grandmother ['grænd,mʌðə] n.ⓒ(外)祖母 ‖ teach one's ~ (how) to suck eggs 教训长辈;班门弄斧 ‖ grandmotherly adj. 老祖母(似)的;溺爱的,唠叨的

grandpa ['grænpɑː] n.ⓒ〈非正〉爷爷,外公,老太爷

grandparent ['grænd,peərənt] n.ⓒ(外)祖父,(外)祖母

grandson ['grændsʌn] n.ⓒ(外)孙

grandstand ['grændstænd] n.ⓒ(运动场等的)看台 ‖ grandstand play ①花式动作②哗众取宠

granite ['grænɪt] n.Ⓤⓒ花岗岩,花岗石 ‖ bite on ~ 白费力气,徒劳无功 ‖ granitic adj. 花岗岩的

granny ['grænɪ] n.ⓒ奶奶,外婆,老奶奶

grant [grɑːnt] vt. ❶准许;答应给予 ❷承认 ‖ ~ed[-ing] that... 假定…,就算… /take sb/ sth for ~ed 认为…理所当然,想当然 ■.n.ⓒ补助金,助学金,津贴 ‖ grantable adj. 可同意的;可授予的,可转让的/grantee n. 被授予者/grantor n. 授予者 ‖ grant-aided adj. 受补助的/grant-in-aid n. 拨款:补助金

granular ['grænjʊlə] adj.颗粒状的 ‖ granularity n. 颗粒状/granularly adv. 颗粒状地

granulate ['grænjʊleɪt] vt. ❶使成颗粒,使成粒状 ❷使表面粗糙

granule ['grænjuːl] n.ⓒ小颗粒,小硬粒

grape [greɪp] n.ⓒ葡萄:a bunch of ~ 一串葡萄 ‖ sour ~s 酸葡萄的故事(指某人因得不到某物而称该事物不好) ‖ grapery n. 葡萄园,栽培葡萄的温室 ‖ grapefruit n. 葡萄柚,西柚/grapestone n. 葡萄核,葡萄种子/grape sugar 葡萄糖/grapevine n. ①葡萄藤②小道新闻

graph [grɑːf] n.ⓒ图表,曲线图

graphic ['græfɪk] adj.❶Ⓐ绘画的,文字的,图表的 ❷形象的,生动的

graphite ['græfaɪt] n.Ⓤ〈化〉石墨 ‖ graphitic adj. 石墨的

grapple ['græpl] vt.抓住,与…格斗,与…扭打:~ with sb 与某人格斗 ‖ grappler n. 抓钩器;格斗者/grappling n. (使船只泊下的)铁钩

grasp [grɑːsp] vt. ❶抓住,抓紧:He grasped my arm. 他抓住我的手臂。❷理解,领会:I could not grasp her meaning. 我不懂她的意思。‖ at 试图抓住 ■.n.Ⓢ把柄,理解:I kept his hand in my grasp. 我抓住他的手。‖ beyond sb's ~ 为某人所不到的;为某人所不能理解的/within sb's ~ 为某人所抓得到的;为某人所能理解的 ‖ graspable adj. 能理解的,可以懂的

grass [grɑːs] n. ❶Ⓤ草,牧草 ❷ⓒ禾本科植物 ❸Ⓤ草地,草坪;牧场 ❹ⓒ告密者 ‖ as green as ~ 少不更事,无生活经验/be at ~ 在放牧中;闲着/between ~ and hay 处于未成年与成年之间/cut one's own ~ 自食其力/go to ~ 去放牧;死去;休假;被击倒/hunt ~ 一败涂地/keep off the ~ 小心谨慎/put out to ~ 退休,不再从事工作 ‖ grassless adj. 不长草的,没有草的/grassy adj. 长满草的,绿草如茵的 ‖ grass character (汉字的)草字/grass cloth 草编物/grass cutter 割草机/grass green 草绿色/grassplot n. 草地/grass roots 基层群众/grass snake 青草蛇/grass widow 离了婚的女子;被遗弃的女子/grass widower 离了婚的男子

grasshopper ['grɑːs,hɒpə] n.ⓒ蚱蜢

grate[1] [greɪt] n.ⓒ炉格,炉算 ‖ grated adj.

有格栅的,有炉格的
grate[2] [greɪt] vt. 磨碎,压碎 vi. 发出刺耳的摩擦声: The sound grated on my ear. 那声音使我感到刺耳。‖ **grater** n. 摩擦者
grateful [ˈgreɪtfʊl] adj. 感激的,感谢的 ‖ **gratefully** adv. 感激地,感谢地/**gratefulness** n. 感激,感谢
gratify [ˈgrætɪfaɪ] vt. (pt., pp. -fied)使高兴;使满意: It gratified me to know that she would soon be well again. 得知她将很快恢复健康,我十分高兴。/ We were gratified to learn that you had passed the examination. 获悉你已通过考试我们很高兴。‖ **gratification** n. ①满足,满意 ②使人满足的事,可喜的事/**gratifying** adj. 令人满足的,令人满意的
grating [ˈgreɪtɪŋ] n. [C]格栅,栅栏,格子;〈物〉(衍射)光栅
gratis [ˈgreɪtɪs] adv. 不付款地;免费地
gratitude [ˈgrætɪtjuːd] n. [U]感激,感谢: Her eyes were immediately filled with gratitude. 她的眼里立刻充满了感激之情。
gratuitous [grəˈtjuːɪtəs] adj. ❶不必要的,未要求的: His films are full of gratuitous violence. 他拍的影片充满了不必要的暴力。❷无偿的,免费的 ‖ **gratuitously** adv. 不必要地,未要求地;无偿地,免费地/**gratuitousness** n. 不必要,未要求;无偿,免费
gratuity [grəˈtjuːɪtɪ] n. [C]❶报酬;小账,小费 ❷养老金,退休金
grave[1] [greɪv] n. ❶[C]坟墓 ❷[S]死亡 ‖ as secret as the ~ 绝对秘密,守口如瓶/as silent as the ~ 像坟墓那样寂静/dig one's own ~ 自取灭亡/from the cradle to the ~ 从生到死/have one foot in the ~ 离死不远,行将就木/turn in one's ~ 死后不得安生 ‖ **graveless** adj. 没有坟墓的,未葬的;不死的/**graveward** adv. & adj. 向着坟墓(的)‖ **graveclothes** n. 尸布,寿衣/**gravedigger** n. 掘墓人/**gravestone** n. 墓碑
grave[2] [greɪv] adj. (-r, -st) ❶(指情况)严重的 ❷严肃的,庄重的 ‖ **gravely** adv. 严肃地,沉重地/**graveness** n. 严肃,沉重
gravel [ˈgrævəl] n. [U]沙砾,砾石 ■ vt. (-ll-,〈美〉-l-)以砾石铺路 ‖ **gravelly** adj. 充满砾石的,含有砾石的 ‖ **gravel-blind** adj. 快瞎的,几乎盲目的/**gravel-voiced** adj. 声音粗哑的/**gravel walk** 沙砾小路
gravitate [ˈgrævɪteɪt] vi. ❶受重力作用 ❷被吸引 ‖ **gravitative** adj. 重力的,受重力作用的
gravitation [ˌgrævɪˈteɪʃən] n. [U]吸引力;倾向,趋势: the law of ~ 引力定律/ universal ~ 万有引力
gravity [ˈgrævɪtɪ] n. [U]❶万有引力;地心引力;重力 ❷严重性,严肃,庄严: He doesn't think you realize the gravity of the situation. 他认为你没意识到局势的严重性。‖ **gravity-free** adj. 无重力的,失重的
gravy [ˈgreɪvɪ] n. [U]❶肉汁 ❷肉卤 ‖ **dip in the** ~ 揩公家的油/~ **train** 不费劲儿赚大钱的机会
graze[1] [greɪz] vt. & vi. (让动物)吃草 ‖ **grazer** n. 放牧人
graze[2] [greɪz] vt. & vi. 轻擦;擦破: He has grazed his knee. 他擦伤了膝盖。 vt. 擦过,掠过: The plane grazed the hilltops. 飞机擦着山顶飞过。■ n. [S]擦伤
grease [griːs] n. [U]❶动物油脂 ❷油膏,油脂 ‖ **fry in one's own** ~ 自作自受 ■ vt. 涂油脂于,用油脂润滑: Don't grease the affected part. 不要用油脂涂抹患处。‖ **greasy-box** n. 润滑油箱/**greasy cup**〈军〉油杯
great [greɪt] adj. (-er, -est) ❶[A]大的,巨大的;非常的,很多的 ❷距离遥远的,时间久远的 ❸[A]格外的,相当的 ❹伟大的,杰出的 ❺非常愉快的,令人满意的 ❻[P]擅长,精于 ❼[A]重要的,显著的,值得注意的 ❽[A]无比的,无双的,极好的 ❾[A]名副其实的,真正的,不一般的的,不寻常的 ‖ ~ **and small** 大人物和小人物,无论贵贱上下 ‖ **greaten** vt. 使更加伟大 ‖ **Great Britain** 英国/**great divide** 大分水岭/**great-hearted** adj. 慷慨的,不自私的/**great power** 强国,大国/**great-power** adj. 强国的,大国的
greatly [ˈgreɪtlɪ] adv. 大地,非常: He was greatly surprised. 他很吃惊。/ I like Morris greatly. 我非常喜欢莫里斯。
greed [griːd] n. [U]贪心,贪婪
greedy [ˈgriːdɪ] adj. (-ier, -iest)贪吃的,贪心的,贪婪的,渴望的 ‖ **greedily** adv. 贪心地,贪婪地/**greediness** n. 贪心,贪婪
Greek [griːk] n. [U][C]希腊人;希腊语 ■ adj. 希腊的;希腊人的;希腊语的: The Greek seaman went to the hospital five times. 这位希腊海员到医院去过五次。
green [griːn] adj. (-er, -est) ❶绿色的,青色的 ❷未熟的,生的 ❸未干的,潮湿的 ❹未成熟的,无经验的 ❺[P]面色苍白的,带病容的 ❻[A]主张保护环境的 ‖ **give the** ~ **light** 批准,开绿灯/~ **about the gills** 吓得脸色发白/~ **with envy** 心中充满妒忌/**in the** ~ **tree** 处于佳境 ■ n. ❶[U]绿色: Our eyes were filled with the rich green. 我们眼前是一片碧绿的景色。❷[U]绿色的衣服: She was dressed in green. 她身穿绿色衣服。❸[P]绿色蔬菜: In the greengrocers' there are varieties of greens. 菜市场里有各种各样的蔬菜。❹[P]植物,绿叶: There are some Christmas greens at home. 家里有一些圣诞节的绿色植物。❺[C]草地,绿地: They are dancing on the green. 他们在草坪上跳舞。‖ **greenery** n. 绿色植物;绿林/**greenish** adj. 浅绿色的 ‖ **greenbelt** n. 绿化地带/

green-eyed *adj.* 嫉妒的 / **green fingers** 园艺技能 / **green grocer** 蔬菜水果商 / **green grocery** 蔬菜水果店 / **green hand** 生手，没有经验的人 / **green light** 绿灯；放行 / **greenstuff** *n.* 蔬菜；草木 / **greensward** *n.* 草地，草皮 / **green tea** 绿茶

greenhouse ['ɡriːnhaʊs] *n.* ⓒ 温室，花房: *Behind the green house was a greenhouse.* 在那所绿房子后面是一个花房。/ *The tomatoes were grown in the greenhouse.* 这些西红柿是在温室栽培的。‖ **greenhouse effect** 温室效应

greet [ɡriːt] *vt.* 欢迎，迎接，致意，问候 ‖ ~ **with** 以…迎接…；以…来对待…

greeting ['ɡriːtɪŋ] *n.* ❶ⓒ 招呼，问候 ❷ P 祝贺，祝词

gregarious [ɡrɪ'ɡeərɪəs] *adj.* 爱交际的，合群的

grenade [ɡrɪ'neɪd] *n.* ⓒ 〈军〉手榴弹

grey，〈美〉**gray** [ɡreɪ] *n.* ❶ⓒ U 灰色 ❷ U 灰色衣服 ■ *adj.* ❶ⓒ 灰色的，灰白的 ❷ P 灰发的 ❸ 灰暗的，阴沉的 ❹ 郁闷的，单调乏味的 ❺ 无生气的，不突出的，无名的 ❻ 白人的 ‖ **greyish** *adj.* 浅灰色的 ‖ **greybeard** *n.* 老人 / **grey cloth** 本色布 / **grey-headed** *adj.* 灰白头发的，老的

grid [ɡrɪd] *n.* ⓒ ❶ 格子，格栏 ❷ 地图上的坐标方格 ❸ 输电网

grief [ɡriːf] *n.* ❶ U 悲伤，悲痛 ❷ⓒ 悲伤的事，悲痛的缘由 ‖ ~ **at** 对…感到悲伤 / **come to** ~ ①遭到灾难，出事②以失败告终 / ~ **to sb** 某人的伤心事

grievance ['ɡriːvəns] *n.* ⓒ 委屈，苦衷，不满，怨恨: *He will not easily forget his grievance.* 他不会轻易忘掉他的委屈。

grieve [ɡriːv] *vi.* 感到悲痛，伤心: *Be sure and not grieve.* 一定不要伤心。/ *He grieved to know that his mother had passed away.* 得知母亲去世，他很悲痛。*vt.* 使…伤心: *Nothing grieves me more.* 没有什么比这更让我伤心的事。/ *He rejoiced that they had won the battle, but grieved that many had been killed.* 他为他们打了胜仗而高兴，但又为许多人牺牲而悲伤。‖ ~ **at**〔**over**〕对…感到伤心 / ~ **for** 为…而伤心

grievous ['ɡriːvəs] *adj.* ❶ 令人伤心或痛苦的: ~ **news** 令人伤心的消息 ❷ (指坏事) 剧烈的，严重的: *a* ~ **fault** 严重的错误 ‖ **grievously** *adv.* 严重地

grill [ɡrɪl] *vt.& vi.* 烧烤: ~ **mutton** 烤羊肉 / ~ **steak** 烤牛排 / *He's grilling out there in the midday sun.* 他在外面让中午火辣辣的太阳炙烤着。/ *I'll grill you some mutton.* 我来给你烤一些羊肉吃。*vt.* 拷问，盘问: *He was grilled for two hours before the police let him go.* 他被严厉盘查了两个小时后，警察才放他走。■ *n.*

ⓒ ❶ 烤架: *an electric* ~ 电烤架 / *an eye-level* ~ 平视烤架 / *Put it under the grill for a minute to brown the top.* 放在烤架下烤一分钟把上面烤成金黄色。❷ 烧烤餐馆: *They went to Murphy's Bar and Grill on 45th Street in New York.* 他们去了纽约第 45 号街的墨菲酒吧兼烧烤店。❸ (一盘) 烤肉: *a mixed* ~ 什锦烤肉 / *She carried a piping hot grill of oysters and bacon.* 她端出一盘滚烫的烤牡蛎和咸肉。❹ 格板，格栅: *The bank clerk peered at the customer through the grill.* 银行的职员从格栅后面看着顾客。

grim [ɡrɪm] *adj.* (-mmer,-mmest) ❶ 严酷的，无情的 ❷ 讨厌的，糟糕的 ❸ 严厉的: *a* ~ *look* 严肃的神情 ‖ **like** ~ **death** 坚定地，不懈地 ‖ **grimly** *adv.* 严酷地，无情地 / **grimness** *n.* 严酷，无情

grimace [ɡrɪ'meɪs] *n.* ⓒ (表蔑视、厌恶等) 面部扭曲，鬼脸 ■ *vi.* 扮鬼脸，做鬼脸 ‖ **grimacer** *n.* 做怪相的人

grin [ɡrɪn] *n.* ⓒ 咧嘴笑: *wipe* ~ *off* 不笑…/ *a broad* ~ 咧着嘴大笑 / *I know she is joking because she has a big grin on her face.* 我知道她是在开玩笑，因为她满脸笑容。■ (-nn-) *vi.* 露齿而笑: ~ *inside* 暗自发笑 / *She grinned with delight.* 她高兴地咧开嘴笑。/ *He was grinning proudly, delighted with his achievements.* 他为自己的成就感到喜悦，自豪地咧着嘴笑。*vt.* 露齿笑着表示: *She grinned her delight.* 她露齿一笑表示高兴。/ *He grinned his approval.* 他以一笑表示同意。‖ ~ **at** 对着某人傻笑，因…而笑 / ~ **from ear to ear** 咧嘴大笑 / ~ **in an ugly way** 龇着牙咧着嘴笑 / ~ **with delight** 咧嘴笑

grind [ɡraɪnd] *vt.& vi.* (*pt. pp.* **ground**) 磨碎；嚼碎: *He ground the knife sharp.* 他把刀磨锋利。*vt.* ❶旋转开动: *He threw the cigarette down and ground it under his heel.* 他把烟卷丢到地上，用脚踩灭。❷ 压迫；折磨: ~ **super-profits** 榨取超额利润 / *Slaves were mercilessly ground down by slave holders.* 奴隶受奴隶主的残酷压迫。‖ ~ **away** ①把…碾成粉末；磨损，用尽 ② 一味干〔学〕②反复不断地干 / ~ **down** ①用磨等磨碎；用牙嚼碎②压迫，折磨 / ~ **in** 以强力将（某物）压入另一物使之难以移动 / ~ **into** ①把…磨成粉末；将…碾〔压〕进②向…灌输（知识）/ ~ **out** ①沙哑地讲②生产出；创做出③弹奏 / ~ **together** 使在一起挤压〔摩擦〕/ ~ **under** ①在…之下碾，压 ②以（权势）欺压（某人）/ ~ **up** 把…磨成粉末 ■ *n.* ❶ⓒ 磨，碾 ❷ⓢ 苦差事，苦活儿 ‖ **the daily** ~ 一日常工作

grip [ɡrɪp] *n.* ❶ⓒ 紧握，抓牢: *take a* ~ *on* 紧紧抓住 / *His grip weakened as he was tired.* 因为累了，他紧握的手放松了。❷ⓢ 掌握，控制: *He keeps a firm grip on his children.* 他对

孩子们管得很严。❸Ⓢ理解力,控制力:keep a ~ on 抑制…/lose one's ~ 失去自制/They have a good grip of several languages. 他们对几种语言有深刻的了解。❹Ⓒ握法,手法:let go one's ~ of sth 松开所握之物/To improve your tennis strokes you try using a different grip. 为了提高你网球的击球法,你试试用另一种握拍方法。❺Ⓒ发夹,把手:He bought some hair grips for his wife in the fair. 他在集市上为妻子买了一些发夹。‖ come〔get〕 to ~s with 对付,处理/in a ~ of death 拼命地/in the ~ of 受…控制 (-pp-) vt. & vi. ❶紧握,抓紧:~ sth in fear 因害怕而抓住/Their hands gripped hard. 他们紧紧握手。/He gripped my hand in fear. 他因害怕而紧握住我的手。❷吸引,引起:~ sb's attention 吸引了某人的注意力/The story grips. 这故事是吸引力。/The pictures gripped my imagination. 这些绘画吸引着我,使我浮想联翩。‖ ~ between 夹在…之间 ‖ gripper n. 握者;夹子/gripping adj. 抓的,夹的 ‖ grip brake 手刹车/grip sack 手提包,旅行包

gripe[1] [graɪp] vi. 感到或引起腹或肠绞痛:She gave some medicine to me when my stomach griped. 我胃痛时她给了我一些药。

gripe[2] [graɪp] vi. 抱怨(某人〔某事物〕);发牢骚:He keeps griping about having no money. 他不断地抱怨自己没钱。 ■ n. Ⓒ牢骚,怨言,不平,不满:Bring all your gripes to the boss. 你跟老板发牢骚去。

grisly ['grɪzlɪ] adj. 恐怖的,可怕的:the ~ remains of the bodies 可怕的残骸

grit [grɪt] n. Ⓤ❶细石子,砂粒等:I've got some 〔a piece of〕 grit in my shoe. 我的鞋里进了些〔一粒〕沙子。❷勇气和毅力:Mountaineering in a blizzard needs a lot of grit. 在暴风雪中登山需要极大的勇气和毅力。‖ ~ in the ~ 一走路,跋涉/put ~ in the machine 使事情发生障碍,阻挠计划的实现 ■ vt. (-tt-) 以沙砾覆盖(某物);撒沙砾于 ‖ ~ one's teeth 咬紧牙关

gritty ['grɪtɪ] adj. (-ier, -iest) 多沙的,刚强的 ‖ grittiness n. 含沙的事物,刚强

grizzle ['grɪzl] vi. (尤指儿童)哭着不停地抱怨(某事)

groan [grəʊn] vi. ❶呻吟:The sick woman groaned. 那生病的妇女呻吟着。❷发牢骚,抱怨:She's always groaning on about how much she has to do. 她总抱怨自己干很多活儿。❸受苦,受折磨:The people groaned under the load of taxes. 人们在赋税的重压下受折磨。vt. 呻吟着表示:She groaned her approval. 她呻吟着说同意。■ n. Ⓒ❶呻吟,叹息:a dying ~ 垂死的呻吟/He gave a groan. 他发出一声呻吟。❷呻吟般的声音:There were loud groans when he started to sing. 他刚开始歌唱时有人发出了很大的嘘声。‖ ~ beneath 在…的压迫下呻吟/~ down 把…哄下台去/~ for 渴望/~ on 抱怨/~ out 呻吟着表示/~ under ❶在…的重压下嘎吱作响或呻吟❷受 /~ with ❶由于…而呻吟❷摆满

grocer ['grəʊsə] n. Ⓒ食品杂货商

grocery ['grəʊsərɪ] n. ❶Ⓤ杂货业:a ~ store 杂货店 ❷Ⓒ杂货店

groom [grʊm] vt. ❶照料或梳洗(马等) ❷使做好准备,训练 ■ n. Ⓒ❶新郎 ❷马夫

groove [gru:v] n. Ⓒ❶沟,槽 ❷老一套,常规 ‖ in a ~ 单调乏味的/in ~s in/in the ~ ①得心应手,处于最佳状态②(歌曲等)在流行中/run the ~墨守成规,按老习惯办事 ‖ groover n. 挖槽者,挖槽机

groovy ['gru:vɪ] adj. 吸引人的,绝妙的

gross [grəʊs] adj. (-er, -est) ❶臃肿的 ❷粗俗的,粗野的 ❸Ⓐ总的,毛的 ❹Ⓐ显而易见的,显然恶劣的 ■ vt. 获得(…的)总收入:Her last film grossed a million pounds. 她拍最后一部影片总共赚了 100 万英镑。‖ grossly adv. ①总地,大体地②粗野地/grossness n. 大体,总

grotesque [grəʊ'tesk] adj. ❶怪诞的,荒诞不经的,荒唐的 ❷奇形怪状的,奇异的,丑陋的 ■ n. Ⓒ衣着、打扮、五官等古怪,不协调的样子

ground [graʊnd] n. ❶Ⓤ地面 ❷Ⓒ地域,水域 ❸Ⓒ场地 ❹Ⓒ建筑物四周的土地或花园;庭园 ❺Ⓤ泥土,土地 ❻Ⓒ理由 ‖ above (the) ~活着/below ~ ①地面之下,在地下②死了,埋葬了/break fresh ~ 开辟新天地,开始新的事业/cover ~ 走过一段距离,完成一定量的工作/cut the ~ from under 先发制人地破坏某人的计划,拆其台/from the ~ up ①从头开始②完全地,彻底地/gain ~ ①前进,有进展,越来越为人们所接受②逼近/get off the ~ ①起飞②顺利开始/give ~ 退步/go to ~ 潜伏,躲藏/hold one's ~ 坚守阵地;坚持立场/lose ~ 失去地盘,失利,败退,退却/on (the) ~ of 根据…,以…为理由/to the ~ 夷为平地 ■ vt. & vi. 搁浅;停飞:The ship has grounded. 这船已搁浅了。/All the planes today have grounded. 今天所有的飞机都停飞了。/Cloudy skies grounded planes to Washington. 天空多云使飞往华盛顿的飞机停飞。vt. 将…放在地上:The enemy grounded arms. 敌人放下武器投降了。/The boxer was grounded by his opponent. 那个拳击手被对手打倒在地。‖ ~ in 在训练…;打好…的基础 /~ on ①根据…做出结论②对…搁浅在… ‖ ground floor 建筑物与地面相平的一层,一楼/ground rule 基本原则

grounding ['graʊndɪŋ] n. Ⓢ对某学科基本要素的传授;基础

group [gru:p] n. Ⓒ❶组,群,团体,类 ❷小型流行音乐演奏组 ‖ a ~ of 一组〔群〕 ■ vt.

& vi. 使成群；集合：~ friends 聚集朋友/~ materials 集中所有材料/Group together in three. 每三人一组！/Please group all those tall flowers here. 请把所有高的花放在一起。/ Theatres and cinemas were grouped mainly on the two streets. 剧院和电影院主要集中在那两条街上。vt. 分类；归类：He grouped students according to ability. 他按能力把学生们分类。‖ ~ about 聚集在…周围/~ for 将…排好/~ into 分成/~ under 归到…类 ‖ grouping n. 小集团 ‖ group therapy 集体疗法/group leader 小组长/groupthink n. 小集团思想

grouse [graʊs] n. (pl. ~) ❶ⓒ松鸡 ❷Ⓤ松鸡肉 ■ vi. 抱怨，发牢骚：He's always grousing about the work-load. 他总是抱怨工作量大。

grove [grəʊv] n. ⓒ树丛，小树林

grovel ['grɒvəl] vi. ❶卑躬屈节，奴颜婢膝 ❷趴

grow [grəʊ] vt. (pt. grew, pp. grown) 种植 vi. 生长，发育：Babies grow very quickly. 婴儿长得很快。/The crops are growing well. 庄稼长得很好。vi. & link v. 渐渐变得：~ angry 生气/~ better 变好/The company has grown rapidly in the last three years. 这家公司近三年来迅速地发展壮大。/She's growing to like him better. 她渐渐地更喜欢他了。/You've changed a lot. You have grown big boy. 你变了许多，已经长成大小伙子了。/As its population grows larger, the world seems to grow smaller. 随着人口的增加，世界似乎在逐渐变小。‖ ~ apart ①向不同的方向生长 ②产生隔阂/~ away from ①从…向不同方向生长 ②同…渐渐疏远/~ back 重新长出/~ down ①向下长②变短，减少/~ from 从…长出，从…发展而来/~ in ①向里长②重新长出/~ into ①伸入…之中②逐渐适应，变得适合③成长为/~ on〔upon〕①适合在…生长②引起的喜爱③成为…的习惯/~ out 长出/~ out of ①产生自…，从…发展②渐渐穿不上，长得太大以至…③停止，戒除/~ over 覆盖…/~ together ①集中在一起生长②形成更紧密的联系/~ up ①向上生长②长大，成熟③出现 ‖ **growable** adj. 可种植的/**growing** adj. ①长生的，成长中的②增长的，不断增加的/**growingly** adv. ①生长地，成长中地②增长地

grower ['grəʊə] n. ⓒ❶种植者 ❷以某种方式生长的植物

growl [graʊl] vi. (动物)发猛狰声，(雷)作隆隆声：The dog growled at the intruder. 狗向闯入者猛猛狂吠。vt. 低声咆哮着说：He growled out an answer. 他低声威胁着回答。■ n. Ⓤ咆哮，猛猛声

grown [grəʊn] adj. Ⓐ长大的；成年的，成熟的 ‖ **grown-up** n. 成年人

growth [grəʊθ] n. ❶ⓊⒸ生长，发育 ❷ⓊⒸ增加；发展，扩大 ❸ⓒ生长物

grub [grʌb] n. ❶ⓒ蛴螬，蛆 ❷Ⓤ(俚)食物 ■ vi. (-bb-) ❶挖土，掘土；挖掘寻找 ❷(急切地但通常为不得法地)寻找(尤指资料) ‖ ~ up [out] 将某物挖出 ‖ **grubber** n. ①掘树根(或杂草等)的人②做苦工的人

grubby ['grʌbɪ] adj. (-ier, -iest) 肮脏的，不洁的：~ hands 脏手 ‖ **grubbily** adv. 肮脏地，不洁地/**grubbiness** n. 肮脏

grudge [grʌdʒ] n. ⓒ不满，怨恨，妒忌 ■ vt. 勉强给(或允许)，不情愿做：I grudge paying so much for such inferior goods. 我不愿花这么多钱买次品。

gruelling, 〈美〉**grueling** ['grʊəlɪŋ] adj. 紧张的，激烈的；使极度疲劳的：a ~ walk 让人走得精疲力竭的一段路 ‖ **gruellingly** adv. 紧张地，激烈地

gruesome ['gruːsəm] adj. 可憎的，可怕的

grumble ['grʌmbl] vi. ❶抱怨，发牢骚：Why grumble at me about your own stupid mistakes? 你自己犯了愚蠢的错误，为什么向我抱怨? ❷咕哝，发哼声 ‖ ~ at [over, about] 抱怨/~ out sth 叽叽咕咕地说出某事 ■ n. ❶ⓒ抱怨，牢骚 ❷Ⓢ咕哝，隆隆声 ‖ **grumbler** n. 爱抱怨的人，爱发牢骚的人

grunt [grʌnt] vi. ❶(猪等)作呼噜声 ❷(指人)发出类似的哼声：He grunted as the bullet hit him. 子弹击中他时他疼得哼出声来。vt. 咕哝着说：She grunted some incomprehensible reply. 她咕噜着回答了些令人费解的话。■ n. ❶ⓒ(猪等的)呼噜声，(不满等的)哪哝声，哼哼声 ‖ give a ~ of approval 发出表示赞成的哼声 ‖ **grunter** n. 作呼噜声的动物；哼的人

guarantee [ˌɡærən'tiː] vt. ❶保证；担保：I guarantee you'll enjoy yourself. 我保证你会过得很快活。❷使(事情)可能发生：His turning up will guarantee the success of the meeting. 他一出席，会议便成功在望。‖ ~ against 保证…不…/~ for 担保…使用一定时期 ■ n. ⓒ❶保证，保障；保证书；保用期：fulfil a ~ 履行做出的保证 ❷担保，担保人：stand ~ for sb 某人作保 ❸担保品，抵押品：What guarantee can you offer? 你能拿什么作抵押? ‖ **guaranteefund** n. 保证基金

guard [gɑːd] vt. & vi. 保护；控制：Guard your temper. 克制住你的脾气。‖ ~ against 避免，预防/~ from 使…免除/~ with 以…防身 ■ n. ❶Ⓤ警戒，警惕；守卫 ❷ⓒ卫兵 ❸Ⓢ警卫队 ❹Ⓤ防御姿势 ❺Ⓒ防护装置 ‖ a ~ against 防护…的物件/off (one's) ~ 毫无防备/on ~ 站岗②警惕③防备…/stand ~ over 守卫 ‖ **guardsman** n. 禁卫军之士兵

guardian ['gɑːdɪən] n. ⓒ❶监护人 ❷保护者，维护者

guerrilla [ɡə'rɪlə] n. ⓒ游击队员：~ war

游击战

guess [ges] *vt.* & *vi.* 猜: *I guess you to be her father.* 我猜想你是她父亲. *vt.* ❶猜对,猜中: *I can't guess how to control the machine.* 我猜不出来怎样操作那台机器. ❷想,以为: "*Is he right?*" "*I guess so.*" "他对吗?" "我想他是对的." ‖ ~ **at** 猜想 ■ *n.* ⓒ猜测,估计,猜想 ‖ **anybody's** ~ 谁也说不准/**at a** ~ 猜一下,粗略估计

guest [gest] *n.* ⓒ❶客人,宾客 ❷旅客,宿客 ❸客串演员 ‖ **be my** ~ 请(自)便 ‖ **guestship** *n.* 客人身份 ‖ **guest-house** *n.* 高级寄宿舍,宾馆;招待所

guidance ['gaɪdəns] *n.* ⓤ❶指导,引导 ❷导航

guide [gaɪd] *vt.* ❶引路;指导 ❷操纵,驾驶 ❸影响,支配 ‖ ~ **back to** 引导…回到… /~ **in** 引导…进入,~ **into** 方面引导 /~ **into** 引导…进入,~ **out of** 引导…从…出来 /~ **to**(**toward**)引导…到… ■ *n.* ⓒ❶指导者 ❷向导,导游 ❸有指导意义的事物 ‖ **a** ~ **for**…的向导/**a** ~ **in** 作为…的指南/**a** ~ **to** 对…的说明 ‖ **guidable** *adj.* 可引导的

guideline ['gaɪdlaɪn] *n.* ⓟ指导方针,准则

guild [gɪld] *n.* ⓒ行会,同业公会,协会

guilt [gɪlt] *n.* ⓤ有罪,对罪行有责任 ‖ **guiltless** *adj.* 无罪的

guilty ['gɪltɪ] *adj.* ❶内疚的 ❷有罪的 ‖ **guiltily** *adv.* 犯罪地/**guiltiness** *n.* 犯罪

guise [gaɪz] *n.* ⓒ外观,伪装

guitar [gɪ'tɑː] *n.* ⓒ吉他,六弦琴 ‖ **guitarist** *n.* 吉他手

gulf [gʌlf] *n.* ⓒ❶海湾 ❷分歧,鸿沟

gull [gʌl] *n.* ⓒ鸥 ■ *vt.* 欺骗某人

gullible ['gʌləbl] *adj.* 易受骗的

gully ['gʌlɪ] *n.* ⓒ❶溪谷 ❷(雨水冲击而成的)沟渠

gulp [gʌlp] *vt.* ❶狼吞虎咽地吃,吞咽 ❷大口地吸(气) ❸哽住: *She gulped nervously, as if the question bothered her.* 她紧张地咽了一下,似乎那问题把她难住了. ■ *n.* ⓒ❶吞咽 ❷一大口(尤指液体) ‖ **gulpingly** *adv.* 一口地

gum [gʌm] *n.* ❶ⓟ牙龈 ❷ⓤ口香糖 ❸ⓤ树胶,胶水 ■ *vt.* & *vi.* (-mm-)胶合 ‖ ~ **down** 用胶粘合 /~ **up** ①使(某物)发粘②使(某事)出麻烦,弄糟(某事)

gun [gʌn] *n.* ❶ⓒ枪,炮 ❷ⓢ发令枪声,起跑信号 ‖ **big**〔**great**〕~**s** 大人物,要人/**stick to**〔**stand by**〕**one's** ~**s** 坚持己见 /**under the** ~ 全速 ■ (-nn-) *vt.* 开枪,开炮: *The criminal gunned the policeman down and escaped.* 罪犯将警察击伤,逃走了. *vt.* & *vi.* 加大油门: *The motorcycle gunned through the streets.* 摩托车加大油门穿过街道. /*The pilot of the airplane gunned his engine for a sharp climb.* 飞行员加大油门使飞机急剧爬升. ‖ ~ **down** 枪杀/~ **for** 用枪搜索捕杀;寻求,争取;伺机加害/~ **up** 向上行驶 ‖ **gunman** *n.* 持枪抢劫或杀人的歹徒/**gunpoint** *n.* 枪口/**gunpowder** *n.* 火药/**gunshot** *n.* 枪炮声;(枪或炮的)射程

gunner ['gʌnə] *n.* ⓒ❶(英国陆军)炮兵 ❷(英国海军)枪炮士官长

gush [gʌʃ] *vi.* ❶喷,涌 ❷滔滔不绝地说话 ■ *n.* ⓢ涌出;迸发: *a* ~ *of anger* 怒火的迸发

gusher ['gʌʃə] *n.* ⓒ喷油井

gust [gʌst] *n.* ⓒ❶一阵强风: *the wind blowing in* ~*s* 刮起阵阵的狂风 ❷(怒、笑等的)爆发 ‖ **a** ~ **of** 一阵… ■ *vi.* (风)猛刮

gut [gʌt] *n.* ❶ⓟ勇气,胆量,决心 ❷ⓟ内脏,肠 ❸ⓤ消化道的下段;肠 ■ *adj.* 本能的,直觉的 ■ *vt.* (-tt-) ❶毁坏(建筑物等)的内部 ❷取出…的内脏 ‖ **gutless** *adj.* 没有勇气的

gutter ['gʌtə] *n.* ❶ⓒ(路边)排水沟,阴沟 ❷ⓒ(屋顶的)天沟,檐槽 ❸ⓢ贫贱的境地,贫民窟,贫穷地区

guy [gaɪ] *n.* ⓒ家伙,伙计

guzzle ['gʌzl] *vt.* & *vi.* 狂吃暴饮,大吃大喝

gym [dʒɪm] *n.* ❶ⓒ〈非正〉健身房,体育馆 ❷ⓤ室内健身操;体操

gymnasium [dʒɪm'neɪzɪəm] *n.* ⓒ健身房,体育馆: *Our school has a big gymnasium.* 我们学校有座大型体育馆.

gymnastic [dʒɪm'næstɪk] *adj.* 体育的,体操的

gyrate [dʒaɪə'reɪt] *vi.* 旋转,回旋

Hh

habit ['hæbɪt] n. ⓤⓒ习惯,习性 ‖ be in the ~ of 习惯于…,有…的习惯/break the (one's) ~ 打破习惯/form the ~ 养成习惯/get into a (the) ~ 学会;养成…习惯/make a ~ of 做(某事)成了习惯/pick up some (any) ~ 染上…的习惯

habitable ['hæbɪtəbl] adj. 适于居住的 ‖ habitability n. 适于居住/habitableness n. 居住/habitably adv. 适于居住地

habitat ['hæbɪtæt] n. ⓒ(动物的)栖息地,住处

habitation [ˌhæbɪ'teɪʃən] n. ❶ⓤ居住 ❷ⓒ住宅,家

habitual [hə'bɪtjʊəl] adj. 习惯的,惯常的 ‖ habitually adv. 习惯地,惯常地/habitualness n. 习惯

habituate [hə'bɪtjʊeɪt] vt. 使习惯于

hack¹ [hæk] vt.& vi. 劈,砍：~ a leg off the carcass 从动物身上砍下一只腿 vt. 狠踢,乱踢：~ the ball 朝着球狠踢 vi. 咳嗽(发出刺耳声音) ‖ ~ through 在…中开路 ▪n. ⓒ❶砍,劈 ❷用靴头踢

hack² [hæk] n. ⓒ❶骑用马,供出租的马 ❷受雇于出版商的文人 ❸出租车,出租车司机 ▪vi. (以普通速度)骑马 ❷驾驶计程车

hacker ['hækə] n. ⓒ❶计算机迷 ❷私自存取或篡改电脑资料者;电脑"黑客"

haemorrhage, 〈美〉**hemorrhage** [ˌhemərɪdʒ] n. ❶ⓤ(尤指大量的)出血 ❷ⓒ失血 ▪vi. 大出血

haggle ['hægl] vi. 讨价还价：In many countries you have to haggle before you buy anything. 在许多国家里买东西之前都得讨价还价。

hail¹ [heɪl] n. ❶ⓤ雹子 ❷ⓢ一阵 ▪vi. ❶下雹子 ❷如冰雹般地降下 ‖ ~ down on 揍;咒骂/~ from 自…来,是(某地方的)人

hail² [heɪl] vt. ❶致敬；向…欢呼：I was hailed by an old friend from across the street. 我的一位老朋友从马路对面向我打招呼。❷打信号示意(计程车等)停下：She hailed a taxi for him. 她给他叫了一辆出租车。‖ hailer n. 欢呼的人,打招呼的人

hair [heə] n. ❶ⓤⓒ头发,毛发 ❷ⓒ(动、植物的)毛 ‖ **hairbrush** n. 发刷/**hairnet** n. 发网/**hair oil** 发油/**hairpin** n. 发夹

haircut ['heəkʌt] n. ⓒ❶理发 ❷发型

hairdresser ['heəˌdresə] n. ⓒ理发师

hairstyle ['heəstaɪl] n. ⓒ发型,发式

hairy ['heərɪ] adj. ❶多毛的：a ~ man 身上长着很多毛的男人 ❷惊险的,令人恐惧的 ‖ **hairy-chested** adj. 粗壮的

hale [heɪl] adj. (尤指老人)精神矍铄的,老益壮的 ‖ haleness n. 矍铄,强壮

half [hɑːf] adj. Ⓐ一半的,半个的 ‖ ~ the battle 成功的一半 ▪n. (pl. halves)ⓒ半,一半 ‖ and a ~ 质量上乘;非同小可的,十分精彩/by -ves 部分地,不完全地 ▪adv. 一半：We were driving half when the car broke down. 当汽车抛锚时,我们正行驶了一半的路程。‖ not ~ 一点也不；非常,极其/not ~ as 远远不,几乎不 ‖ **half-baked** adj. 〈口〉烤得半生不熟的;(想法等)肤浅的;(人)无见识的/**half blood** 同父异母(同母异父)的兄弟(姐妹);混血/**half-bred** adj. 混血的,杂种的/**half-breed** n. 混血,杂种/**half-length** adj. 半身的/**half-mast** n. (表示哀悼)半旗/**half-measure** n. 折中办法/**half-pay** n. 半薪/**half-round** adj. 半圆的/**half-wit** n. 笨蛋/**half-witted** adj. 愚笨的,智力上有缺陷的

half-brother ['hɑːfˌbrʌðə] n. ⓒ同父异母或同母异父的兄弟

half-hearted ['hɑːf'hɑːtɪd] adj. 兴趣不大的,不热心的,半心半意的

half-price [ˌhɑːf'praɪs] adv. 半价

half-sister ['hɑːfˌsɪstə] n. ⓒ同父异母或同母异父的姐妹

half-time ['hɑːftaɪm] n. ⓤ中场休息

halfway ['hɑːf'weɪ] adj. & adv. ❶半途(的),中间(的) ❷不彻底(的),小部分(的)

hall [hɔ:l] n. ⒞❶门厅 ❷礼堂,会堂;大厅 ❸食堂;宿舍 ❹走廊 ❺办公大楼 ‖ **hallstand** n. 衣帽架

hallmark ['hɔ:lmɑ:k] n. ⒞❶(金银制品上的)纯度印记 ❷特点,特征,标志 ▪ vt. 给(金、银)打上纯度印记

hallow ['hæləʊ] vt. 使成为神圣,把⋯视为神圣

Halloween [ˌhæləʊ'i:n] n. ⒮万圣节前夕(10月31号)

hallucination [həˌlu:sɪ'neɪʃən] n. ⒞⒰幻觉(因患病或吸毒而产生)

halo ['heɪləʊ] n. (pl. ~es or ~s)⒞(图画中圣人头上的)光环,灵光

halt [hɔ:lt] n. ⒮停住,停止,暂停: The car came to a halt just in time to prevent an accident. 汽车及时停了下来,避免了一场车祸。▪ vt. & vi. (使)停下来: The company halted the operations during the strike. 罢工期间,这家公司停止了业务。

halter ['hɔ:ltə] n. ⒞❶(马的)笼头,缰绳 ❷(女用的在颈和背后系带的)袒肩露背上装

halve [hɑ:v] vt. ❶把⋯分成两半:~ a peach 把一个桃分成两半 ❷把⋯减半:~ the number 把数量减半

ham [hæm] n. ⒞⒰火腿: I want to buy the hams hanging on the hooks. 我想买挂在钩子上的火腿。/ Please give me a slice of ham. 请给我一片火腿。/ I ate up two whole hams. 我吃光了两整只火腿。‖ **ham-handed** adj. 笨手笨脚的

hamburger ['hæmbɜ:gə] n. ⒞汉堡包

hamlet ['hæmlɪt] n. ⒞小村庄

hammer ['hæmə] n. ❶锤,铁榔头 ‖ **come under the** ~ 被拍卖 ▪ vt. & vi. 锤打: We hammer metal with a hammer. 我们用铁锤锤打金属。vt. 击败: We hammered a team. 我们击败了一支队伍。‖ ~ **at** 锤击,反复敲打;攻击;不断致力于/~ **away at** 埋头于,连续向⋯射击,反复讲/~ **down** 敲钉钉住;不断锤击使成形/~ **in** 用锤锤进,猛力冲破(某物)/~ **out** 锤成,锻造出,弹奏,用力去完成 ‖ **hammerless** adj. 无锤的 ‖ **hammerblow** n. 锤打/**hammerhead** n. 锤头/**hammer-headed** adj. 有锤状头的;愚笨的/**hammer-man** n. 锻工

hammock ['hæmək] n. ⒞吊床

hamper[1] ['hæmpə] vt. 妨碍,束缚,限制: Prejudice sometimes hampers a person from doing the right thing. 有时候,偏见会妨碍人正确行事。

hamper[2] ['hæmpə] n. ⒞(有盖的)大篮子

hamster ['hæmstə] n. ⒞〈动〉仓鼠

hamstring ['hæmstrɪŋ] vt. (pt., pp. hamstringed or hamstrung)使无能为力;使不起作用;削弱⋯的活动能力: a government hamstrung by lack of funds 因缺乏经费而运作受到影响的政府 ▪ n. ⒞腿腱;旁腱

hand [hænd] n.❶⒞手 ❷⒞(钟表等的)指针 ❸⒞人手,员工 ❹⒞有手艺(技能)的人 ❺⒮帮助,援助 ‖ **a willing** ~ 对工作不挑剔的人/**accept sb's** ~ 接受某人的求婚/**at first** ~ 直接地,第一手地/**at** ~ 在手边,在附近,即将来临/**at sb's** ~s 受某人折磨/**at second** ~ 间接地/**by** ~ 手工/**change** ~s 转手/**come to** ~ 到手;收到/**fight** ~ **to** ~ 短兵相接,打肉搏战/**fling up one's** ~ 惊得手足无措;吓得魂不附体;失去一切希望 / **force sb's** ~ 迫使(某人)做不愿做的事 / **give a free** ~ 让(某人)放手干 / **give a(one's)** ~ 帮助 / **give one's** ~ **to** 嫁给 / **hand in** ~ 密切合作 / **have a** ~ **in** 参与与⋯有关系 / **have one's** ~s **full** 非常忙 / **hold one's** ~ 不忍心 / **in** ~ 在手中,有关系 / **in sb's** ~s 在某人手中;由某人处理 / **join** ~s **with** 与⋯携手合作;显示出与⋯的友谊 / **lift a** ~ 举手之劳/**lift one's** ~ 举手/**off** ~ 不管/**on every** ~ 从各个方面/**on** ~ 在手边,在附近;在场/**on sb's** ~s 由某人负责/**on the other** ~ 在另一方面/**out of** ~ 无法控制;立即/**out of one's** ~s 不再由某人负责掌握/**play one's** ~ 耍手腕/**raise one's** ~ 举手(赞成)/**shake** ~s **with** 握手/**take in** ~ 接管/**turn one's** ~ **to** 着手做;开始做/**under sb's** ~ 由某人签署的,在某人保管之下/**wash one's** ~s **of** 退出,不过问 ▪ vt. 递,交付,传送 ‖ ~ **back** 把(某物)交还给某人,使(某人)重新获得/~ **down** 把(某物)传递给下面的人,提出或公开声明/~ **in** 交上,递交,呈送/~ **it to** 认输,甘拜下风,敬佩/~ **off** 用手推开对手/~ **on** 把(某物)传递给某人,给他人传递(消息),把⋯移交他人/~ **out** 分发,散发,免费提供/~ **over** 把⋯移交他人/~ **round** 把⋯递给,分发给众人/~ **to** 把(某物)交给或递给(某人)/~ **up** 把⋯递上去,把⋯提交给上司 ‖ **handed** adj. 有手的/**handless** adj. 无手的 ‖ **handball** n. 手球;手球游戏/**hand-barrow** n. 手推小车/**handbell** n. 手摇铃/**handbill** n. 传单/**handcart** n. 手推小车/**handclap** n. 拍手/**hand drill** 手摇钻/**hand grenade** 手榴弹/**hand-held** n. 紧握;(攀登时)能用手抓住的东西/**hand organ** 手摇风琴/**hand-picked** adj. 手选出来的;精选的/**handplay** n. 扭打/**handrail** n. 扶手,栏杆/**hand-reared** adj. 一手养大的/**hand-running** adj. 不中断的/**handsaw** n. 手锯/**hands-off** adj. 不插手的/**hand-sort** vt. 手拣/**hand-to-hand** adj. 逼近的;一个一个传过去的/**hand-to-mouth** adj. 勉强糊口的/**handworked** adj. 手工制成的

handbag ['hændbæg] n. ⒞(女用)手提包,手提袋

handbook ['hændbuk] n. ⓒ 手册,便览
handcuffs ['hændkʌfs] n. 囗 手铐
handful ['hændful] adj. ❶ⓒ一把:a ～ of rice 一把米 ❷ⓢ少数:a ～ of warmongers 一小撮战争贩子
handgun ['hændgʌn] n. ⓒ手枪
handicap ['hændɪkæp] n. ⓒ❶障碍 ❷(生理或智力上的)缺陷;残疾:a mental ～智力缺陷 ❸加给强对手的不利条件:He has a handicap of 200 metres. 他在赛跑中让了二百米。 ■ vt.(-pp-)❶妨碍,使不利:His lack of English handicaps him. 他的英语不好对他是一件不利的事。❷使(某人)行动和生活不正常
handicapped ['hændɪkæpt] adj.残疾的;弱智的:physically ～身体有残疾的
handicraft ['hændɪkrɑːft] n. ❶ⓒ手工艺 ❷囗手工艺品‖ **handicraftsman** n.手工业者;手工艺人
handiwork ['hændɪwɜːk] n. ⓤ❶手工,手工艺(品) ❷结果,行为
handkerchief ['hæŋkətʃɪf] n.(pl. ～s or **handkerchieves**)ⓒ手帕;纸巾:dry one's tears on a ～用手帕擦干眼泪
handle ['hændl] n. ⓒ手柄,把手:break〔hold, turn〕a ～弄断〔握住,旋转〕把手/get a ～ on sth 掌握某事,理解某事/broken〔strong, weak〕～断了〔牢固,不结实〕的把手/new〔old〕～新〔旧〕把手/wooden ～木制把手/control ～s 操纵杆/crank ～s 手摇曲柄/metal〔steel〕～s 金属〔钢制〕把手/teacup with ～有把手的茶杯/～ for gossip 闲谈的话柄/～ of an axe 斧柄‖ **give**〔**put**〕**a** ～ **to** 给人以姓名 ■ vi. 易于操作:This car handled easily. 这辆车开起来很灵活。 vt. ❶处理,应付,对待:His wise father knows how to handle him. 他聪明的父亲知道如何管教他。❷拿,触,摸:Please don't handle the merchandise. 请不要摸这些商品。‖ **handlebar** n.把手
handler ['hændlə] n. ⓒ(动物)驯化者:a dog ～驯狗师
handmade [,hænd'meɪd] adj. 手工做的
handout ['hændaut] n. ⓒ❶救济品;施舍物 ❷印刷品,讲义
handover ['hænd,əuvə] n. ⓒ移交
handshake ['hændʃeɪk] n. ⓒ握手
handsome ['hænsəm] adj. ❶(男子)英俊的 ❷(女子)清秀的,端庄健美的 ❸数量多的‖ **handsomeness** n.英俊;清秀;可观
handsomely ['hænsəmlɪ] adv. ❶大方地,慷慨地 ❷精致地,优美地 ❸缓慢小心地
hands-on ['hændzɒn] adj. Ⓐ实习的,实际操作的:She has hands-on computer experience. 她有操作计算机的经验。
handwriting ['hænd,raɪtɪŋ] n. ⓤ书法,字迹

handwritten [,hænd'rɪtn] adj. 手写的
handy ['hændɪ] adj.(-ier,-iest)❶方便的 ❷囗手边的;附近的 ❸手巧的‖ **come in** ～迟早有用
hang [hæŋ] vt. & vi.(pt., pp. **hung** or **hanged**)❶悬,挂,垂下:～ an oil painting〔curtains〕挂油画〔窗帘〕/The curtains hung well. 窗帘垂挂得挺合适。/The clouds are hanging low today. 今天云层很低。❷(被)绞死,吊死:～ oneself 自缢,吊死/He was hanged for his crimes. 他因犯罪而被处绞刑。❸贴,固定,安装:～ wallpaper 贴壁纸/The door hangs badly. 这扇门装得不好。‖ ～ **about**〔**around,round**〕无所事事地等待,进展缓慢/～ **back** 犹豫,畏缩不前/～ **behind** 留下来,落在后面/～ **down** 披下来/～ **off** 挂断电话/～ **on** 紧握着,(打电话时)不挂断,坚持下去,密切注意/～ **out** 把身子探出窗外,挂出窗外或门外,闲逛/～ **out for** 故意拖延以待时机/～ **over** 伸过去,(从某一时间)延续下来,遗留下来/～ **to** 缠住,紧贴着/～ **up** 挂断电话,推迟,暂停‖ **hangman** n.执行绞刑者;刽子手/**hangnail** n.(手指上的)倒刺
hangar ['hæŋə] n. ⓒ飞机库
hanger ['hæŋə] n. ⓒ衣架
hangover ['hæŋ,əuvə] n. ⓒ宿醉(酒后醒来的头痛和不舒服)
hang-up ['hæŋʌp] n. ⓒ苦衷;苦恼;大难题:He's got a real hang-up about his appearance. 他为自己的外貌而苦恼。
hanker ['hæŋkə] vi.渴望:～ for a cigarette 渴望吸烟
haphazard [,hæp'hæzəd] adj.偶然的,随意的,无计划的:The town grew in a haphazard way. 这城镇无计划地随意发展。
hapless ['hæplɪs] adj.倒霉的,不幸的:a ～ lover 不幸的恋人
happen ['hæpən] vi. ❶发生:It happened under my eyes. 这事就发生在我眼皮底下。❷产生结果,发生作用:He pressed hard on the brake but nothing happened. 他使劲往下踩刹车,但没有发生作用。❸碰巧,恰巧:What would happen if your parents found out? 如果你的父母发现了,会怎样呢? /It happens that he is a teacher of English. 恰好他是个英语教师。‖ **as it** ～**s** 碰巧/～ **along** 意外地来到/～ **on**〔**upon**〕巧遇,偶然发现 /～ **to** 发生在…身上/**It**(**so**) ～**ed that** 偶然,碰巧
happenings ['hæpənɪŋz] n. 囗(偶然发生的)事情:strange ～怪事
happily ['hæpɪlɪ] adv. ❶快乐,满意:The children were outside playing happily in the dirt. 小孩在外面的泥巴里玩得很开心。❷幸运;幸好:The police found my handbag and,

happily, *nothing had been stolen* 警察找回我的手提包,幸好没有被偷去什么。
happy ['hæpɪ] *adj*. (-ier,-iest) ❶幸福的,愉快的,高兴的:~ *family*[*life*]幸福的家庭[生活]/We had a happy reunion after many years. 我们在分别多年之后又愉快地团聚在一起。/She was happy sitting among her students. 她坐在学生中间很高兴。/I am so happy that you could visit us. 你能来看望我们,我真高兴。❷Ⓟ对…感到满意的;认为…是对的[好的]:Are you happy with his work? 你对他的工作满意吗? ❸Ⓟ乐意的,没有困难的:He is happy in doing good. 他乐于行善。/We'll be happy to help if you need us. 如果你需要的话,我们将乐意帮助。❹Ⓐ幸运的,运气好的:a ~ coincidence 幸运的巧合 ‖ a[the] ~ medium 中庸之道,折中办法/as ~ as the day is long 非常高兴 ‖ **happy-go-lucky** *adj*. 逍遥自在的;无忧无虑的
harass ['hærəs] *vt*. 骚扰:The court ordered him to stop harassing his ex-wife. 法庭命令他不得再骚扰前妻。‖ **harassing** *adj*. 骚扰性的
harassed ['hærəst] *adj*. 疲累的;a ~-looking mother 满脸倦容的母亲
harassment ['hærəsmənt] *n*. Ⓤ骚扰,扰乱:She often got telephone harassment at night these days. 这些天她经常在夜晚受到电话骚扰。
harbour, 〈美〉**harbor** ['hɑːbə] *n*. ⒸⓊ海港,港口 ■ *vt*. ❶庇护,藏匿:It's an offence to harbour the criminals. 窝藏罪犯是犯罪行为。/Dirt harbours germs. 污垢中藏有病菌。❷怀着,怀有:Don't harbour unkind thoughts. 不要心怀不轨。
hard [hɑːd] *adj*.(-er,-est)❶硬的,坚实的,坚固的 ❷困难的,难懂的 ❸Ⓐ辛苦的,努力的 ❹有力的,猛烈的 ❺铁石心肠的,冷酷无情的,严厉的 ‖ as ~ as stone 坚如磐石的,极硬的/be ~ on 严格对待或批评某人;对某人不公平/~ and fast (规则等)不能变通的,不容变易/~ going 难懂的,难欣赏的;令人厌烦的/~ lines[luck](on sb)〈口〉(用作叹词或当提及某人的不幸时以表示同情)/too much like ~ work 太费劲,太累人 ■ *adv*. ❶努力地 ❷艰难地 ❸严重地,猛烈地 ‖ be ~ up for 缺少某事物,需要某物/~ by 在附近,紧挨着/~ done by 受到不当或不公正对待/~ on sb's heels 紧跟某人/hit ~ 对某人[某物]产生不利影响/take ~ 因某事而极度悲伤或烦恼 ‖ **hardness** *n*. 硬;困难;强烈;结实 ‖ **hard core** 核心力量;中坚分子/**hard currency** 硬通货,强势货币/**hard-earned** *adj*. 辛苦挣的/**hard hat** 安全帽/**hard-nosed** *adj*. 嗅觉不灵的;顽固的/**hard-set** *adj*. 面临困难的;固定的/**hardworking** *adj*. 努力工作的
hardback ['hɑːdbæk] *n*. Ⓒ精装书
hard-boiled ['hɑːd'bɔɪld] *adj*. ❶(鸡蛋)煮得老的 ❷(指人)不动感情的,冷酷的;久经世故的
harden ['hɑːdn] *vt*. & *vi*. ❶(使)变硬;(使)坚固;(使)硬化:The snow hardened until ice was formed. 雪成冰后变硬了。❷(使)变得坚强:His mind hardened as he became used to difficulty. 他坚强起来了,因为他已习惯于困难。❸(使)变得冷酷无情:The positions of the two sides hardened. 双方的立场变得更强硬了。/I hardened my heart against him. 我硬起心肠来对待他。‖ ~ off 使(植物幼苗)锻炼得耐寒/be ~ed in 在…变硬/be ~ed to 麻木,对…无动于衷 ‖ **hardening** *n*. 〈医〉硬化
hard-hitting [ˌhɑːd'hɪtɪŋ] *adj*. 有力的,有效的;(能)狠狠打击的
hard-line [ˌhɑːd'laɪn] *n*. Ⓢ强硬路线[立场]:take a ~ 采取强硬立场 ‖ **hard-liner** *n*. 强硬路线[立场]的人
hardly ['hɑːdlɪ] *adv*. ❶几乎没有,几乎不 ❷刚刚,仅仅 ‖ ~ ever 几乎从不,很少
hard-pressed [ˌhɑːd'prest] *adj*. 处于困境的;遭受强大压力的:a ~ housewife 处境困难的家庭主妇
hardship ['hɑːdʃɪp] *n*. ❶ⓊⒸ艰难,困苦:He was willing to face any hardship in fulfillment of his duty. 他愿意面对任何困难去履行他的职责。❷Ⓒ艰难情况:My mother suffered all kinds of hardships throughout her life. 我母亲一生尝到了各种辛酸。
hardware ['hɑːdweə] *n*. Ⓤ❶五金器具 ❷硬件
hardwood ['hɑːdwʊd] *n*. ❶Ⓤ硬(木)材 ❷Ⓒ硬木树;阔叶树
hardy ['hɑːdɪ] *adj*.(-ier,-iest)❶能吃苦耐劳的,坚强的 ❷(植物等)耐寒的
hare [heə] *n*. Ⓒ野兔 ‖ **harebrained** *adj*. 轻率的/**harehearted** *adj*. 易受惊的;胆小的
hark [hɑːk] *vi*. 〈文〉听 ‖ ~ at 暂且听听(某人的蠢话等)/~ back 回想,回到原题
harm [hɑːm] *n*. Ⓤ损害,危害,伤害 ‖ come to ~ 受到损害/do more ~ than good 弊大于利/out of ~'s way 在安全的地方/there is no ~ in *v-ing* 做某事无害(反而带来某些好处) ■ *vt*. (使)受到损害,伤害:I have never harmed anyone. 我从没伤害过任何人。/Smoking harms our health. 吸烟有害健康。/There was a fire in our street, but no one was harmed. 我们街上发生了火灾,但无人受伤。
harmful ['hɑːmfʊl] *adj*. 对…有害的;致伤的 ‖ **harmfully** *adv*. 致伤地/**harmfulness** *n*. 有害;致伤

harmless ['hɑːmlɪs] adj. 无害的；不致伤的：They killed the harmless old man in cold blood. 他们残忍地杀害了那位无辜老人。‖ **harmlessly** adv. 无害地；不致伤地/**harmlessness** n. 无害；不致伤

harmonic [hɑːˈmɒnɪk] n. 〈音〉泛音 ■ adj. 和声的：~ tones 和音 ‖ **harmonically** adv. 和声地

harmonica [hɑːˈmɒnɪkə] n. C口琴

harmonious [hɑːˈməʊnjəs] adj. ❶和谐的，和睦的：a ~ relationship 和睦的关系 ❷协调的，调和的：a ~ group of buildings 协调的建筑群 ❸音调优美的；悦耳的：~ sounds 美妙的声音

harmonize, -ise ['hɑːmənaɪz] vt. & vi. ❶（使）和谐，（使…与…）协调，（使）相称：The colours do not seem to harmonize (with each other) at all. 这些颜色显得一点也不协调。❷以和声唱歌或演奏：The singing teacher taught them to harmonize the new song. 音乐教师教他们用和声演唱这首新歌。‖ **harmonization** n. 和谐，协调，相称/**harmonizer** n. 使和谐协调的人

harmony ['hɑːmənɪ] n. U和睦，融洽，一致；和谐，协调

harness ['hɑːnɪs] n. C马具，挽具 ‖ in double ~ 两人一起，夫妻一起 ■ vt. ❶给（马等）装上挽具：I harness the horse to the cart. 我把马套在车上。❷治理，利用：Scientists have known how to harness the limitless power of the sun. 科学家们已知道如何利用无穷尽的太阳能。/Yellow River has been harnessed. 黄河已被治理。

harp [hɑːp] n. C竖琴 vi. ❶弹竖琴 ❷唠叨，喋喋不休地说 ‖ **harper** n. 弹竖琴的人；竖琴师/**harpist** n. 弹竖琴的人；竖琴师

harpoon [hɑːˈpuːn] n. C鱼镖；鱼叉

harrowing [ˈhærəʊɪŋ] adj. 令人伤心的，令人痛苦的：a ~ experience 痛苦的经历

harry ['hærɪ] vt. (pt., pp. **harried**) ❶使苦恼，不断烦扰：The tax authorities have been harrying him for repayment. 税务局一直在催他补交税款。❷一再袭击，侵扰：~ enemy's borders 袭扰敌方的边疆

harsh [hɑːʃ] adj. (-er,-est) ❶刺耳的，刺眼的，粗糙的 ❷严厉的，严酷的：~ discipline〔punishments〕严厉的纪律〔处罚〕‖ be ~ with 对…严厉 ‖ **harshly** adv. 严厉地，严酷地；刺眼地/**harshness** n. 严厉；刺眼

harvest ['hɑːvɪst] n. ❶C收割，收获；收获季节，收获期 ❷C收成，收获量 ❸S结果 ■ vt.&vi. 收割，收获：Try to harvest the fruit before the first frost. 在第一次霜冻以前要设法把水果收摘完。vt. 收到：He harvested rewards in fame and wealth for his successful experiment. 他因试验成功而名利双收。‖ **harvester** n. 收割庄稼的人；收割机 ‖ **harvestman** n. 收割庄稼的人

hash [hæʃ] n. U肉末 ‖ make a ~ of 把事情办糟

hassle [ˈhæsəl] n. CU❶困难的事情，麻烦的事情 ❷争论，麻烦 ■ vt. 不断烦扰

haste [heɪst] n. U急忙，匆忙：The contract says the work must be completed with all possible haste. 合同上写明这项工作必须尽快完成。/Make haste, or we shall miss the train. 快一点，要不然我们就赶不上火车了。

hasten ['heɪsn] vt. 加速；催促 vi. 赶快

hasty ['heɪstɪ] adj. (-ier,-iest) ❶仓促做的，急忙的，急速的 ❷草率的，轻率的 ‖ **hastily** adv. 仓促完成地，急速地；草率地/**hastiness** n. 急速；草率

hat [hæt] n. C帽子 ‖ bad ~ 坏人，坏蛋/I'll eat my ~ 绝不可能/keep under one's ~ 对某事物保密/knock into a cocked ~ 挫败或超过某人/my ~ 哎呀，那才怪呢（用以表示惊讶或不信）/out of a〔the〕~ 随意挑选的/pass the ~ round 募捐，凑钱/take one's ~ off to 向某人脱帽致敬；对某人表示钦佩/talk through one's ~ 信口开河 ‖ **hatful** n. 一帽子的容量；许多/**hatless** adj. 不戴帽子的

hatch[1] [hætʃ] vt.&vi. ❶孵化：When will the eggs hatch? 这些蛋什么时候孵化？/A hen hatches chickens. 母鸡孵化小鸡。❷孵出，破壳而出：The chickens have already hatched. 小鸡已经孵出来了。vt. 秘密策划：They hatched a plot to murder the newpaper reporter. 他们谋划杀害这名新闻记者。/I hatched all the arrangement for the dance. 我为舞会做了一切安排。‖ ~ out（使）孵出；（使）得出结果；（使）订出 ‖ **hatcher** n. ①孵化器②出谋划策的人

hatch[2] [hætʃ] n. C开口，活板门，舱口

hatchet [ˈhætʃɪt] n. C短柄小斧

hate [heɪt] vt. ❶憎恨，讨厌：He hates his little sister because she destroyed all his toys. 他讨厌他的小妹妹，因为她弄坏了他所有的玩具。/I hate Sunday. 我讨厌星期天。/I hate you to use such vulgar words. 我讨厌你用这种下流的字眼。❷不愿，不喜欢：My cat hates dogs. 我家的猫不喜欢狗。/He hates leaving the office and going on holiday. 他不愿离开办公室去度假。❸为…感到抱歉：Poor child, I hate to leave you like that. 可怜的孩子，我真不愿这样离开你。/I hate to disturb you. 我很遗憾来打扰你。/I hate that they should be worried about trifles. 真遗憾，他们竟为区区小事发愁。■ n. ❶CU憎恨；厌恶 ❷C所恨的人或物 ‖ **hateable** adj. 该受怨恨的/**hateless** adj. 不憎恨的/**hater** n. 憎恨者；怀恨者

hatred ['heɪtrɪd] n. ❶U仇恨，憎恶 ❷S厌

恶的事

haughty ['hɔːtɪ] adj.(-ier,-iest) 傲慢的,目中无人的;a ~ look 傲慢的神色

haul [hɔːl] vt.& vi. 拖,拉:If you haul hard you will divert the fish. 如果拉网太猛,鱼会被吓跑的。/ The fishermen haul the net. 渔民们拉运货物。 vt. ❶运送:Trains haul freight. 火车拖运货物。❷传讯 ‖ ~ around〔round〕转变/~ away 拉走/~ down 降低,把(重物)搬下/~ off 改变船的方向以躲避(某物)/~ up 拖上来,传讯,迎风停船,船停下 ■n.❶Ⓢ拖,拉 ❷Ⓢ拖运货物的距离:It was a long haul home and we arrived exhausted. 搬运回家的这段路程特别长,到家时我们已筋疲力尽。❸Ⓒ一网的捕获量,一次偷得的数量:The fisherman had a good haul. 渔夫捕到一大网鱼。

haunt [hɔːnt] vt. ❶经常出没于:He haunted textile mills, and learned all he could. 他常到纺织厂去,尽可能多学点东西。❷缠绕,萦绕:Memories of her childhood haunted her. 童年时代的记忆经常在她脑中萦绕。/ This is a problem that haunts all of us. 这是一个使我们大家都担忧不已的问题。■n. Ⓒ某人常去的地方:The area was a haunt of criminals. 这个地区是罪犯经常出没的地方。/ This is one of my favourite haunts. 这是我最喜欢常去的地方之一。‖ **haunted** adj. 常出现鬼的,闹鬼的

haunting ['hɔːntɪŋ] adj. 萦绕于心的,不易忘怀的:a ~ melody 令人难忘的曲调

have [强 hæv, 弱 həv, əv, v] (pt., pp. had) aux. v.(用以构成完成式及完成式的不定式) ‖ ~ better 最好…/~ (got) to 必须,不得不/~ had it ❶已经坏了 ❷受够了,腻烦了/~ only to 只需要 vt. ❶有;拥有:He has two cars. 他有两辆汽车。/He's no friends. 他没有朋友。❷进行,从事:We'll have a discussion right after the talk. 报告一完,我们就进行讨论。❸经历,患(病):Lots of girls here have influenza. 这儿好些女孩患流感。❹吃;喝;抽(烟):~ a taste 尝一尝/Will you have a cigarette? 你抽烟吗?/ I had a big lunch. 中午我饱餐了一顿。❺允许:We won't have any breach of discipline. 我们不允许任何破坏纪律的现象。❻心存,怀有:I've no doubt about it. 我对此毫不怀疑。❼收到;得到;接受:He had a letter today. 他今天收到一封信。/"You're still not married?" Larry shrugged, "Who's had me?""你还没结婚?"拉里耸了耸肩说,"谁肯要我呀?"❽愿望,期望:What would you have me do in that case? 在那种情况下你期望我做什么。❾使,让,招致:The soldiers had him stand with his back to his father. 士兵们让他背对着父亲站着。‖ ~ about〔around〕在身旁或在家中有(某人或某物)/~ against 认为(某事)是反对的/~ at 攻击/~ back 重新获得/~ in

①贮存,贮备 ②把(某人)召到家中做某事/~ it in 本身有能力/~ it in for 想伤害某人;想与某人过不去/~ on 穿着,戴着/~ nothing to do with sth 和…没有联系

haven ['heɪvn] n. Ⓒ港口;安全地方

havoc ['hævək] n. Ⓤ大破坏,毁坏:cry ~ 发出警呼声(表示灾难来临) ‖ play ~ with 对…造成严重破坏

hawk [hɔːk] n. Ⓒ❶鹰 ❷鹰派人物,主战派人物 ■vt.沿街叫卖:He is hawking his goods everywhere. 他在到处兜售他的货物。‖ **hawk-eyed** adj. 目光锐利的/**hawk-nosed** adj. 长着鹰钩鼻的

hawthorn ['hɔːθɔːn] n. Ⓒ〈植〉山楂树

hay [heɪ] n. Ⓤ干草;bundle ~ 捆扎干草/eat ~ 吃干草 ‖ look for a needle in a bottle of ~ 大海捞针/make ~ of 使混乱/make ~ out of 使对自己有利 ‖ **haybox** n. (保暖用的)干草箱/**hay fever** 枯草热/**hayfield** n. 干草地/**hayfork** n. 干草叉/**haymaking** n. 翻晒干草/**hay master** 翻晒干草的人/**hay-seed** n. 散落的干草种

haystack ['heɪstæk] n. Ⓒ干草堆

hazard ['hæzəd] vt. ❶尝试着做(提出) ❷冒风险■n. Ⓒ危险;公害:present ~s 构成危险/He climbed into the car at the hazard of his life. 他冒着生命危险爬进了汽车。‖ **at all ~s** 冒着一切危险;不管怎样/**at ~** 在危急之中

hazardous ['hæzədəs] adj. 冒险的,有危险的 ‖ **hazardously** adv. 冒险地;有危险地/**hazardousness** n. 冒险,危险

haze [heɪz] n. ❶Ⓢ Ⓤ烟雾,霾 ❷Ⓢ Ⓒ心中的迷惑,迷糊

hazel ['heɪzl] n. ❶Ⓒ榛树 ❷Ⓤ榛木 ■adj. 淡褐色的,黄褐色的

hazy ['heɪzɪ] adj.(-ier,-iest)有薄雾的;模糊的;不清楚的 ‖ **hazily** adv. 有薄雾地;模糊地/**haziness** n. 有薄雾;模糊

he [强 hiː, 弱 ɪ] pron. ❶他;它 ❷一个人 ■n. Ⓒ雄性动物:Is your dog a he or a she? 你的狗是公的还是母的?

head [hed] n. ❶Ⓒ头部:~ache 头痛/~ reel 头晕 ❷Ⓒ领导,首脑 ❸Ⓢ上端,顶部,前端:Write your address at the head of this page. 把你的住址写在纸的上端。❹Ⓢ个人 ❺Ⓢ(牛、羊等)头数:He has twenty head of cattle on the farm. 他在农场养了 20 头牛。❻Ⓢ头脑,智力 ‖ **a roof over sb's ~** 某人的住房/**above 〔over〕sb's ~** 太高深而使人难以理解 /**come to a ~** 时机成熟,濒临危急关头 /**eat one's ~s off** 吃大量的食物/**get it into one's ~ that** 充分理解(明白)到 /**go off one's ~** 发疯,精神错乱 /~ **over heels** 完全地,全部地/**keep one's ~** 保持冷静/**lose sb's ~** 慌乱,仓皇失措/**off the top of one's ~** 不假思索/**on**

sb's ~由某人负责/put one's ~s together 共同商量/put out of one's ~ 放弃某念头 ■ vt. 带领;居…之首;主管: The delegation was headed by our Foreign Minister. 这个代表团由我们的外交部长任团长. vi. 朝…行进;长出头: He realized that he was heading in the wrong direction. 他意识到走错了方向. ‖ ~ after 开始追赶/~ away from 向(某地点)的反方向移动,运动/~ back 转身,折回/~ for 〔toward〕①朝…进发②引向好〔坏〕结果/~ into 迎着(风等)而行/~ off ①使改变方向;阻拦②拦截(某人)②防止…发生/~ to 引至,通到;引出结果/~ up ①在…前面②领导或主管(某个团体) ‖ headdress n. 头巾/headman n. 工头,监工/head money 人头税/head office 总机构/head-on adj. 迎头的;正面的/headstone n. 墓石/headwater n. 河源/headway n. 前进;进展/headword n. 标题

headache ['hedeɪk] n. ⓒ❶头痛❷令人头痛的事: Trying to make the children eat is a big headache. 要小孩子们吃饭是件头痛的事. ‖ ~ for 对…来说感到头痛

headband ['hedbænd] n. ⓒ(扎在额头上的)束发带,扎头带

header ['hedə] n. ⓒ头部向下的一跳或跌落

heading ['hedɪŋ] n. ⓒ标题: proper ~ 适当的标题/The heading was in large letters. 标题是用大号字母印刷的.

headlight ['hedlaɪt] n. ⓒ(汽车等)的前灯

headline ['hedlaɪn] n. ❶大字标题 ❷ⓟ新闻提要

headlong ['hedlɒŋ] adv. & adj. ❶轻率地(的),仓促地(的) ❷迅猛而失控地(的)

headmaster ['hed'mɑːstə] n. ⓒ私立学校的男校长

headmistress ['hed'mɪstrɪs] n. ⓒ私立学校的女校长

headphones ['hedfəʊnz] n. ⓟ头戴式耳机

headquarters ['hed'kwɔːtəz] n. ⓟ❶(机构,企业等的)总部,总店 ❷司令部,指挥部: supreme ~ 最高司令部/The general headquarters is in the suburbs. 司令部设在郊区.

heady ['hedɪ] adj. ❶易使人醉〔发晕〕的 ❷令人陶醉的 ‖ headily adv. 陶醉地;兴奋地/headiness n. 陶醉;兴奋

heal [hiːl] vt. & vi. (使)愈合,治愈, (使)恢复健康: The wound has not yet healed. 伤口尚未愈合./The surgeon healed the soldier's bullet wound in the leg. 医生治好了那位士兵腿部的枪伤. vt. 调停,消除: The long talk healed many of our differences. 那次长谈消除了我们许多分歧. ‖ healing adj. 治愈的 ‖ heal-all n. 万能药

healer ['hiːlə] n. ⓒ医治者

health [helθ] n. ⓤ❶健康(状况): ~ break 身体垮了/~ fail 健康衰退/His general state of health is fairly satisfactory. 他总的健康情况相当令人满意. ❷健康,卫生: Good health is above wealth. 健康胜于财富. ‖ **health-giving** adj. 有益于健康的

healthful ['helfʊl] adj. 有益于健康的 ‖ healthfully adv. 有益于健康地/healthfulness n. 有益于健康

healthy ['helθɪ] adj. (-ier,-iest)❶健康的,健壮的: a ~ child 健康的孩子/That book is not healthy reading for a child. 那本书很不健康,不适宜孩子阅读. ❷有益于健康的: a ~ way to travel 有益于健康的旅行/Swimming is a healthy pleasure. 游泳是一种有益于健康的娱乐活动. ❸兴旺发达的,发展良好的: The country's economy is not very healthy. 国家的经济不很景气. ‖ healthily adv. 有益于健康地;兴旺发达地

heap [hiːp] n. ⓒ❶(一)堆: Put them in a heap. 把它们堆在一起. ❷大量,许多: ~s of times 无数次地球/We have a heap of work to do. 我们有许多工作要做. ■ vt. & vi. 堆积,堆满: ~ leaves 堆积树叶/Snow heaped against the fence. 雪靠着篱笆堆积起来./Who will heap the stones? 谁愿意把这些石头堆起来? ‖ ~ on〔upon〕在…上堆积(某物);对(某人)大加(赞誉或诋毁)/~ up 堆积或大量积累(某物);促使(不好的事情)发生/~ with(在…)装满…;给予某人大量的某事物

hear [hɪə] vt. & vi. (pt., pp. heard)听到,听见: I often hear him singing. 我常听见他唱歌. vt. ❶听说,得知: Have you heard why she did so? 你听说过她为什么要这么干吗? ❷听取;审理: ~ a case 审理案件,审问案例 ‖ ~ about ①得悉,听说②同意,允许/~ from 收到…的来信/~ of 得悉,听说/~ out 听完/~ through 听完/~ to 不同意,不肯听,听不进去 ‖ hearable adj. 听得见的/hearer n. 旁听者

hearing ['hɪərɪŋ] n. ❶ⓤ听力,听觉: improve one's ~ 提高听力/keen ~ 灵敏的听觉/His hearing is very bad. 他的听觉不好. ❷ⓤ听力所及的距离: Now they are out of hearing. 现在他们离得远,听不见了. ❸ⓒ听证会,申辩或发言的机会: a fair ~ 公平的申辩机会/The judge gave both sides a hearing. 法官听取双方的申诉. ‖ **hearing aid** 助听器

heart [hɑːt] n. ❶ⓒ心,心脏: ~ beat 心脏跳动/My heart aches. 我心脏疼痛. ❷ⓒ内心,心肠;爱心 ❸ⓒⓤ感情,爱好,爱情 ❹ⓤ勇气,精神 ❺ⓒ中心,要点 ‖ after one's own ~ 适合自己心意的/at ~ ①内心里,本质上②关心,想到/break sb's ~ 使某人很伤心/by ~ 凭记性/eat one's ~ out 伤心〔难过〕到极点/from (the bottom of) one's ~ 从心底/have one's ~ in the right place 心地善良/~ and soul

全心全意,完全地/in good ~ 兴高采烈;状况良好/in one's〔the〕 ~ 在内心深处/lose one's ~ to 爱上某人/out of ~ ①(土地等)贫瘠②沮丧/set one's ~ on 决心要…,决心做…/take ~ 鼓起勇气,振作起来/take to ~ 对…想不开,为…伤心〔烦恼等〕/take to one's ~ 非常喜欢某人/wear one's ~ on one's sleeve 感情流露在外/with all one's ~ 全心全意地,衷心地 ‖ heart attack 心力衰竭;心脏病发作/heartbeat n. 心搏;中心/heartbreaking adj. 心碎的/heartbroken adj. 极度伤心的/heartburning n. 妒忌/heart disease 心脏病/heart failure 心力衰竭/heartrending adj. 使伤心的/heart-searching n. 内心的反省/heart-sease n. 内心平静/heartsick adj. 沮丧的/heart-stirring adj. 振奋人心的/heart-to-heart adj. 贴心的;诚恳的/heartwarming adj. 暖人心的/heart-whole adj. 真诚的

heartache ['hɑ:teɪk] n. Ⓤ 伤心;悲痛

heartbreak ['hɑ:tbreɪk] n. Ⓤ 心碎;断肠

hearten ['hɑ:tn] vt. 鼓励;使振作: He was heartened by the good test results. 好成绩令他鼓舞。

heartfelt ['hɑ:tfelt] adj. 衷心的;诚挚的

hearth [hɑ:θ] n. Ⓒ 壁炉前的地板

heartily ['hɑ:tɪlɪ] adv. ❶尽情地 ❷强烈地;坚定地 ❸极为;极其

heartland ['hɑ:tlænd] n. Ⓒ 心脏地带;中心区域

hearty ['hɑ:tɪ] adj. (-ier,-iest) ❶亲切的,真诚的;热诚的 ❷健壮的;精神饱满的 ❸(饭菜)丰盛的 ‖ heartiness n. 真诚;亲切

heat [hi:t] n. ❶Ⓤ高温,炎热 ❷Ⓤ激动,热烈,激动 ❸Ⓒ预赛 ‖ at a ~ 一举,一口气/in the ~ of the moment 在一时盛怒、心烦意乱等中/on〔in〕 ~ (雌性哺乳动物)处于交尾期或发情期 ■ vt.& vi. (使)热,vt. 使激动,激发 ‖ ~ into 使(某人)发怒/~ up 变热,加热,使变得激烈 ‖ heat engine 热机/heat lightning 闪电/heat-stroke n. 中暑/heat treatment 热处理/heat wave〈气〉热浪

heated ['hi:tɪd] adj. 热烈的;激烈的;愤怒的:~ debate 热烈的讨论

heater ['hi:tə] n. Ⓒ 加热器;炉子

heath [hi:θ] n. Ⓒ 满是小石头的荒地 ‖ one's native ~ 出生地

heave [hi:v] vt. (pt., pp. heaved or hove) 举;拉;扔,抛: ~ a brick 抛砖/The wave heaved the boat on land. 海浪把船推举到岸边。vt.& vi. ❶喘息;发出: ~ a sigh 发出叹息 ❷呕吐: His stomach heaved at sight of the mess. 他一见到食物就呕吐。 vi. 凸起;起伏: The ship heaves with wave. 这艘船随着波浪颠簸。‖ ~ at〔on〕用力拉…/~ into 把…扔进/~ in(to) sight〔view〕进入视线/~ onto 把…

抬上/~ up ①上升;用力托起〔提起〕②呕吐,恶心 ■ n. Ⓤ Ⓒ 举,提,拖,拉,扔,起伏,升起: the ~ of the wave 海水的翻腾

heaven ['hevn] n. ❶Ⓢ天堂,天国 ❷Ⓢ上帝,老天爷 ❸Ⓟ 天,天空 ❹Ⓤ极乐;极为愉快的事或地方 ‖ H- knows 我不知道/move ~ and earth 竭尽全力,全力以赴/seventh ~ 极乐,欢天喜地/smell to high ~ 发恶臭/under 〔in〕 ~ 究竟,到底/under the Heaven(s)四海之内,普天下

heavenly ['hevnlɪ] adj. ❶极好的,令人非常愉快的 ❷Ⓐ天国的;天空的 ‖ heavenliness n. 极好 ‖ heavenly-minded adj. 虔诚的

heavily ['hevɪlɪ] adv. 严重地;大量地: His business is heavily in debt. 他的公司欠了很多债。

heavy ['hevɪ] adj. (-ier,-iest) ❶重的 ❷沉重的,沉闷的,忧郁的 ❸迟钝的,(动作)艰难的 ‖ ~ hand 高压手段,强硬措施/~ on 对…严厉/~ with 充满 ‖ heavy-armed adj. 带有重武器的/heavy-buying adj. 大量买进的/heavy-duty adj. 重型的/heavy-footed adj. 动作迟缓的/heavy-headed adj. 头部大而沉重的/heavy-laden adj. 负担沉重的/heavyset adj. 身材矮胖的

heavyweight ['hevɪweɪt] n. ❶Ⓒ 特别重的人或物 ❷Ⓒ要人,重要的人物

heckle ['hekl] vt. 责问演说者;对…起哄 ‖ heckler n. 诘问者

hectic ['hektɪk] adj. 繁忙的;忙乱的 ‖ hectically adv. 繁忙地;忙乱地

hector ['hektə] vt.& vi. 吓唬;欺凌

hedge [hedʒ] n. Ⓒ❶树篱: crop a ~ 修剪树篱 ❷保护手段: Buying gold may be a hedge against inflation. 购买黄金不失为防止通货膨胀的上策。■ vt. ❶用树篱围起: They planted lilacs to hedge the yard. 他们种上紫丁香把院子围住了。❷受…的束缚 vt.& vi. 回避,避免: ~ the inflation 避免通货膨胀 ‖ ~ about 〔around〕限制,束缚/~ against防止〔警惕〕/~ in ①把…用树篱围起来②限制,束缚/~ off 两面下注 ‖ hedge school 露天学校

hedgehog ['hedʒhɒɡ] n. Ⓒ刺猬

heed [hi:d] vt. 听某人的劝告,听从: I heeded my doctor's advice and stopped smoking. 我听从医生的劝告,把烟戒了。‖ heedful adj. 注意的,留心的

heedless ['hi:dlɪs] adj. 不加注意的

heel [hi:l] n. Ⓒ 足跟;踵部,后跟: He had a blistered heel. 他的脚后跟起了泡。‖ at〔on〕sb's ~s紧跟在某人的后面 bring sb to ~s使某人跟着就范〔屈服〕/close at the ~s of 紧跟在…之后/come to ~s跟着,附和,服从/get 〔have〕 the ~s of 追上/head over ~s ①倒栽葱②深深陷入/sit on one's ~s蹲下/take to

heft

one's ~s 逃之夭夭/**turn on one's** ~s 转身走了/**under sb's** ~ 在某人的支配下 ■ vt. & vi. (使)倾斜：The ship heeled as it turned. 船转弯时倾向一边。‖ ~ **over** 倾斜驶过‖ **heeled** adj. 有鞋后跟的/**heeler** n. 缀鞋后跟的人/**heelless** adj. 无鞋后跟的‖ **heelpiece** n. 鞋后跟/**heelpost** n. 柱脚

heft [heft] n. ⓒ重量，体积 ■ vt. ❶举…以掂重量：He hefted a sack of wheat to see how heavy it was. 他举起一袋麦子看看有多重。❷举起：He hefted it onto the truck. 他把它抬到卡车上

hefty ['hefti] adj. (-ier,-iest) ❶健壮的，高大有力的 ❷大量的，数额巨大的‖ **heftily** adv. 健壮地；大量地/**heftiness** n. 健壮；大量

hegemony [hɪ'geməni] n. Ⓤ统治；势力范围‖ **hegemonical** adj. 统治的/**hegemonism** n. 霸权主义

height [hart] n. ❶ⒸⓊ高度，身高 ❷Ⓒ高处，高地 ❸Ⓒ顶点，极度‖ **at the** ~ **of** 在鼎盛时期

heighten ['haɪtən] vt. & vi. ❶ (使)变高，(使)增大：Day by day the structure heightened. 建筑物逐日增高。❷(使)提高；(使)加强〔重〕：The news heightened my fears. 这消息使我更加恐惧。

heinous ['heɪnəs] adj. (道德败坏的人或行为)极邪恶的，可耻的‖ **heinously** adv. 极邪恶地，可耻地/**heinousness** n. 极邪恶，极可耻

heir [eə] n. Ⓒ继承人：legal ~ 法定继承人‖ **heirless** adj. 无继承人的/**heirship** n. 继承权‖ **heir apparent**〈律〉有确定继承权的人

helicopter ['helɪkɒptə] n. Ⓒ直升机：fly ~ 驾驶直升机‖ **helicopter carrier** 直升机母舰

helium ['hi:liəm] n. Ⓤ〈化〉氦

helix ['hi:liks] n. (pl. **helices**)Ⓒ螺旋结构

hell [hel] n. ❶Ⓢ地狱：go to ~ 下地狱，见鬼去吧 ❷ⒸⓊ苦痛的境况：go through ~ 经受苦难‖ a ~ **of** 非常/**for the** ~ **of it** 仅为取乐/**give sb** ~ 申斥、惩罚或骚扰某人/**like** (**as**) ~ 拼命地(干)/**to** ~ **with** 某人(某事)该死‖ **hell-bent** adj. 固执的/**hellcat** n. 老巫妇，泼妇/**hellfire** n. 地狱之火

hellhole ['helhəʊl] n. Ⓒ充满腐败、堕落、危害的地方

hellion ['heljən] n. Ⓒ惹是生非的人

hellish ['helɪʃ] adj. 很坏的，很讨厌的‖ **hellishly** adv. 很坏地，很讨厌地/**hellishness** n. 很坏，很讨厌

hello ['heləʊ] int. & n. 喂；say ~ **to** 向…问好/Hello, Brooks! How are you? 喂，布鲁克斯！你好吗？‖ **hello girl** 女电话接线员

helm [helm] n. Ⓒ舵：take the ~ **of** 开始掌管

helmet ['helmɪt] n. Ⓒ头盔‖ **helmeted** adj. 戴头盔的；头盔状的

help [help] vt. & vi. ❶帮助：We'll be happy to help if you need us. 如果你需要的话，我们十分乐意帮助你。❷有益于，有利于：this medicine ~这种药有助于/Every little helps. 点点滴滴全有助益。vt. 避免；抑制，克制：She burst her crying; she couldn't help it. 她放声大哭，无法控制自己。‖ **can't be** ~**ed** 没有法子的事，只好这样/**can't** ~ **but** ①〈美〉不得不；不能不②〈美〉必须；只好/**can't** ~ **oneself** 不能控制自己，不能自拔/~ **along**〔**forward**〕①搀扶着前进②有助于发展/~ **back** 搀扶着返回/~ **down** 帮助把…搬〔扶〕下来/~ **in** 搀扶进去/~ **into** 帮助进入/~ **off** 帮助脱下〔离开〕/~ **on** 帮助穿上/~ **oneself** 自取，自用/~ **out** 帮助，帮助出来/~ **over** 帮助(某人或动物)越〔爬〕过/~ **up** 把(某人)扶起来/~ **with** 帮助(某人)做…/**not more than one can** ~ 能少尽量少/**so** ~ **me** (**God**)我发誓；老天作证 ■ n. ❶Ⓤ帮助，援助：~ augment 帮助增加/John acknowledged Jill's invaluable help. 约翰对吉尔的宝贵帮助表示谢意。❷Ⓒ助手，帮忙的人或物：benefit 助手获益 ❸Ⓒ补救办法，治疗方法：It was past the help of man. 它不是人力所能挽救的。‖ **be** (**of**) ~有帮助/**come to sb's** ~某人的忙/**no** ~ **for it** 无法避免〔挽回〕/**with the** ~ **of** 借助于… , 利用

helper ['helpə] n. Ⓒ助手

helpful ['helpful] adj. 给予帮助的，有益的：~ **comment** 有益的评论/Our teacher gave us a lot of helpful books in maths. 我们老师给了我们许多数学上有帮助的书。‖ **helpfully** adv. 有帮助地，有用地/**helpfulness** n. 有益，有帮助

helping ['helpɪŋ] n. Ⓒ(食物)的一份

helpless ['helplɪs] adj. ❶不能自立的，需要他人帮助的 ❷无助的，无保护的：~ **state** 孤立无援的境地/They felt helpless to do anything about it. 他们对这事感到无能为力。‖ **helplessly** adv. 不能自立地；无助地/**helplessness** n. 不能自立；无助

hem [hem] n. ❶Ⓒ布的褶边；贴边：The hem on her skirt needs sewing. 她裙子上的褶边需要缝一缝。❷Ⓤ短促的咳嗽 ■ vt. (-mm-) ❶…的褶边：She hemmed her skirt. 她给自己的裙子缝褶边。❷ 包围：The soldiers were hemmed in on all sides. 士兵们被四面包围了。

hemisphere ['hemɪsfɪə] n. Ⓒ❶半球 ❷地球的半球‖ **hemispheric(al)** adj. 半球的

hemlock ['hemlɒk] n. ⒸⓊ由毒芹提取的毒药

hemp [hemp] n. Ⓤ大麻‖ **hempen** adj. 大麻的；似大麻的；大麻制的‖ **hemp palm**〈植〉棕

桐

hen [hen] n. ⓒ❶母鸡 ❷雌禽‖a ～ on 策划中的阴谋/a wet ～ 讨厌的人/like a ～ on a hot girdle 极不安静,极不舒服/sell one's ～s on a rainy day 亏本出售/**hencoop** n. 鸡棚,家禽的笼舍/**hen fruit** 鸡蛋/**hen-hearted** adj. 懦弱的,胆小的/**henroost** n. 鸡窝/**hen track** 写得叫人看不懂的字

hence [hens] adv. ❶从此时起,从此处:The sports meet will be held three days hence. 运动会在三天后举行. ❷因此,所以:It's handmade and hence expensive. 这是手工做的,因此很贵.

henceforth ['hens'fɔ:θ] adv. 从今以后,从此以后:Henceforth I expect you to be punctual for meeting. 我希望你今后准时到会.

hepatitis [ˌhepə'taɪtɪs] n. ⓤ〈医〉肝炎:infective ～ 传染性肝炎

her [hɜ:] pron. ❶(she 的宾格)她 ❷(she 的所有格)她的

herald ['herəld] n. ⓒ使者,预报者

herb [hɜ:b] n. ⓒ❶草本植物 ❷药草,香草‖**herbless** adj. 缺乏草本植物的‖**herb beer** 草药制的饮料/**herb tea**〔**water**〕汤药

herbaceous [hɜ:'beɪʃəs] adj. 草本的

herbal ['hɜ:bəl] adj. 药草的

herbicide ['hɜ:bɪsaɪd] n. ⓒ灭草剂

herbivore ['hɜ:bɪvɔ:] n. ⓒ食草动物

herd [hɜ:d] n. ❶ⓒ兽群,牧群:She drove the herd of cattle through the wilderness. 她赶着牛群穿过荒野. ❷ⓢ人群,群众:He preferred to stick with the common herd. 他愿意紧随大众. ■ vt. & vi. 群集,纠结:They herded into the corner. 他们往角落里聚集. vt. 放牧:The little boy is herding the cattle. 这个小男孩在放牛.‖～ **into** 赶进,领进/～ **together** 聚集在一起/～ **up** 赶拢在一起‖**herder** n. ①牧人 ②监狱看守

here [hɪə] adv. ❶在这里,向这里,到这里 ❷这时,现在:Here comes the bus! 这时汽车来了! ❸在这一点上:Here I have a question. 在这一点上我有一个问题.‖～ **and now** 当前,此刻/～ **and there** 在各处,零星分散地/～ **below** 在尘世间/～ **it is** 这就是那件东西/～ **you are** 拿去/～'s **to** 敬祝/～,**there and everywhere** 在许多不同的地方,到处/**neither** ～ **nor there** 无关紧要的,不相干的/**up to** ～ 饱和‖**hereabout(s)** adv. 在这里附近/**hereafter** adv. 从此以后,今后 ■ n. 未来/**hereat** adv. 因此/**hereaway(s)** adv. 在这里附近/**herefrom** adv. 由此/**hereinabove** adv. 在上文/**hereinafter** adv. 在下文/**hereinbefore** adv. 在上文/**hereinbelow** adv. 在下文/**hereinto** adv. 到这里面/**hereof** adv. 关于这个;在本文件中/**hereon** adv. 于是/**hereto** adv. 到

这里,至此/**hereunder** adv.(书、文件等中)在下面/**hereupon** adv. 于是;关于这个/**herewith** adv. 在此一并

hereby ['hɪə'baɪ] adv. 以此方式;特此

hereditary [hɪ'redɪtərɪ] adj. ❶(生物学中)遗传的 ❷世袭的;承袭的‖**hereditarily** adv. 遗传地;世袭地

heredity [hɪ'redɪtɪ] n. ⓤ遗传

herein ['hɪə'ɪn] adv. 此中;于此

heresy ['herəsɪ] n.(pl. -sies)ⓤⓒ异端邪说;异教

heretic ['herətɪk] n. ⓒ持异端者:Heretics were burned at the stake. 持异端者被处以火刑.

heretical [hɪ'retɪkəl] adj. 异教的;异端的

heretofore ['hɪətʊ'fɔ:] adv. 在此以前:Heretofore, we sent out bills on the first of each month. 在此以前我们每个月的第一天发账单.

heritage ['herɪtɪdʒ] n. ❶ⓢ遗产,继承物:a priceless ～ 无价的遗产 ❷ⓒⓤ传统:a glorious ～ 光荣传统

hermaphrodite [hɜ:'mæfrədaɪt] n. ⓒ〈动〉两性体;雌雄同体‖**hermaphroditic(al)** adj. 两性的;雌雄同体的/**hermaphroditism** n. 两性体;雌雄同体

hermetic(al) [hɜ:'metɪk(əl)] adj. 密封的,不透气的‖**hermetically** adv. 密封地,不透气地

hermit ['hɜ:mɪt] n. ⓒ(尤指早期基督教的)隐居修道士;隐士;遁世者

hermitage ['hɜ:mɪtɪdʒ] n. ⓒ隐居处;修道院

hernia ['hɜ:njə] n. ⓤⓒ〈医〉疝;突出

hero ['hɪərəʊ] n.(pl. ～es)❶ⓒ英雄 ❷ⓢ男主角,男主人公

heroic [hɪ'rəʊɪk] adj. 有英雄气概的,英雄的,英勇的:a ～ age 英雄辈出的年代/a ～ explorer 无畏的探险者

heroin ['herəʊɪn] n. ⓤ海洛因

heroine ['herəʊɪn] n. ⓒ女英雄,女主角

heroism ['herəʊɪzəm] n. ⓤ英雄行为;英勇精神

heron ['herən] n. ⓒ〈动〉鹭‖**heronry** n. 苍鹭的巢穴

herpes ['hɜ:pi:z] n. ⓤ〈医〉疱疹

hers [hɜ:z] pron.(she 的物主代词)她的东西:Is that book his or hers? 那本书是他的还是她的?

herself [hɜ:'self] pron. ❶(反身代词)她自己 ❷(用以加强语气)她亲自,她本人‖**by** ～ (她)独自

hertz [hɜ:ts] n.(pl. ～)ⓒ〈电〉赫,赫兹(频率

hesitate ['heziteit] vi. 犹豫；踌躇：If you hesitate too long, you will miss the opportunity. 如果你老是犹豫不决，那就会错失良机。vt. 不情愿；对…犹豫：He hesitated to take such a big risk. 他不情愿冒这样大的险。‖ ~ about 对…犹豫不决/~ at 对…犹豫/~ between 在两者间踌躇

hesitation [,hezi'teiʃən] n. ❶ⓊⒸ犹豫，踌躇，不愿 ❷Ⓒ犹豫（之事或行为）‖ march forward without ~ 勇往直前

heterodox ['hetərədɒks] adj. 异端的

heterosexual [,hetərəʊ'seksjʊəl] adj. 〈心〉异性恋的

hew [hju:] vt. (pt. hewed, pp. hewed or hewn) ❶（用斧、刀剑等）砍，劈（某物〔某人〕）❷砍倒和劈倒某物 ❸将（某物）砍成和劈成某形状 vi. 砍向某物

hewer ['hju:ə] n. Ⓒ砍伐者；（尤指）采煤工人

hexagon ['heksəgən] n. Ⓒ六边形；六角形 ‖ **hexagonal** adj. 六角形的，六边形的

hey [hei] int. (用以引起注意，表示惊异或询问)嘿，喂

heyday ['heidei] n. Ⓢ最成功，最繁荣，最强盛等的时期：in the ~ of youth 在青春时期

hi [hai] int. (用作问候语)嘿，喂

hibernate ['haibəneit] vi. （某些动物）冬眠，蛰伏：Some bears hibernate. 有些熊冬眠。‖ **hibernation** n. 冬眠

hidden ['hidn] adj. 难以发现的，隐藏的

hide [haid] vt. & vi. (pt. hid, pp. hidden) 隐藏：~ oneself 躲藏，自保/~ the moon〔sun〕遮住了月亮〔太阳〕/My younger brother hides behind the door. 我弟弟躲在门后。/A fox cannot hide its tail. 狐狸的尾巴是藏不住的。vt. 隐瞒，掩盖：~ the face 掩面/~ the truth〔views〕隐瞒真相〔观点〕/~ completely 完全地掩盖/You're hiding some important facts. 你在隐瞒某些重要事实。‖ ~ among 隐藏于…之中/~ away 隐藏/~ from ①把…藏起来不让…发现②躲避/~ in (使)隐藏在(某处)/~ out 躲藏在外/~ with 以(某种方式)掩藏，隐匿 ■n. ❶Ⓒ兽皮，皮革 ❷Ⓤ〈口〉人的皮肤 ❸Ⓤ〈口〉生命 ‖ ~ or〔nor〕hair of 某人〔某物〕的踪迹 / **hideaway** n. 隐藏处；偏僻的小旅馆（或娱乐处）/**hideout** n. 躲藏处（尤指盗匪的秘密藏匿处）/**hiding power**（油漆等）的遮盖力，覆盖力，盖底力

hideous ['hidiəs] adj. 令人惊骇的；极其丑陋的；可怕的

hiding ['haidiŋ] n. Ⓒ〈口〉打；鞭打

hie [hai] vt. & vi. (pt. hied, pres. p. hieing or hying) 快走：He hied himself to the hospital. 他赶紧去医院。

hi-fi ['hai'fai] n. ❶Ⓒ(高保真度)音响设备 ❷Ⓤ高保真度

high [hai] adj. (-er, -est) ❶高的；高度的 ❷Ⓐ高级的，重要的 ❸极度的，强烈的；价值高的，数量大的；奢侈的 ❹Ⓐ高尚的 ❺Ⓐ全盛的 ❻高音调的，尖声的：His voice is very high for a teenage boy. 对一个十几岁的男孩来说，他的嗓音很尖。❼Ⓐ开始变质：The beef is high. 牛肉变质了。‖ ~ time 适宜的时机 ■adv. ❶高，高高地；高音调地 ❷在〔向〕高的地位 ‖ ~ and dry ①（船等）在水流〔潮水〕达不到的地方，不在水里 ②孤立无援，处于困境/~ and low 到处/~ up (最)高纪录，高水平：The price of food reached a new high this week. 食物价格本周已达到最高。❷兴奋，快感 ‖ ~s and lows 最高和最低/on ~ ①在高处②在天〔堂〕上 ‖ **high-class** adj. ①高级的，上等的 ②上流社会的/**high command** 最高指挥部 ②最高领导班子/**High Court**（审理民事案件的）高级法院 /**higher education** 高等教育/**high-flying** adj. ①高飞的 ②自负的；野心勃勃的/**high jump** 跳高 /**high-powered** adj. ①（指事物）强有力的 ②（指人）劲头很足的，重要的/**high-ranking** adj. 级别高的，显要的/**high-rise** adj. （指建筑物）高层的/**high school** 中学，高中/**high street**（尤用于街名）大街（市政的主要街道）/**high-tech** adj. 高技术的/**high technology** 高技术/**high-up** adj. 上面（居高位的人，上级）/**high water** 高水位线（标明海水或洪水所能达到的最高水位）

highland ['hailənd] adj. ❶高地，高原（地区）的 ❷苏格兰高地的

highlands ['hailəndz] n. Ⓟ苏格兰高地

highlight ['hailait] vt. 强调，突出，使显著：~ the problem 反映问题/The President highlights the importance of his visit to China. 总统强调访问中国的重要性。■n. Ⓒ最精彩的部分，最重要的事情

highly ['haili] adv. ❶高度地，极，非常：praise ~ 评价很高/China is a highly civilized country. 中国是一个高度文明的国家。❷非常赞许地：think ~ of sb 极其赞赏某人/The teacher speaks very highly of the boy's behaviour. 老师称赞这个男孩的表现。

highness ['hainis] n. ˇ殿下，阁下（用作对皇室成员的尊称）

highway ['haiwei] n. ❶Ⓒ公路，交通要道 ❷Ⓒ(空中，水上或陆上的)直接航线或路线 ❸Ⓢ最好的途径

highwayman ['haiweimən] n. Ⓒ(旧时)拦路抢劫的强盗（通常骑马持械）

hijack ['haidʒæk] vt. ❶劫持，绑架：The plane was hijacked soon after it took off. 那架飞机起飞后不久被劫持了。❷拦路抢劫

hijacker ['haidʒækə] n. Ⓒ抢劫者；劫持者

hike [haɪk] n. ⓒ❶(在乡间)徒步旅行 ❷〈口〉(数量、价格等)增加,上升 vi. 徒步旅行: *He has been hiking round Scotland for a month*. 他围着苏格兰徒步旅行了一个月. vt.〈口〉提高(价格等);~ **rent** 提高房租/~ **wages** 增加工资/*They hiked gas rates*. 他们提高了煤气价格. ‖ ~ **up** ①向上移,向上升 ❷〈口〉提高,上涨

hilarious [hɪˈleərɪəs] adj. ❶十分有趣的,非常滑稽的 ❷欢闹的

hill [hɪl] n. ⓒ❶小山,山冈 ❷斜坡 ‖ **go over the** ~ 开小差,偷偷离开 /**over the** ~ ①正在衰落 ②渡过危机 /**run over the** ~ 要求(某人)离职,使(某人)开小差 /**take to the** ~**s** 逃跑躲藏起来 /**up** ~ **and down dale** 到处,处处

hillside [ˈhɪlˈsaɪd] n. ⓒ(小山的)山坡
hilltop [ˈhɪlˈtɒp] n. ⓒ(小山的)山顶
hilly [ˈhɪlɪ] adj. 多小山的,多斜坡的
hilt [hɪlt] n. ⓒ(刀剑、匕首等的)柄
him [hɪm, 弱 ɪm] pron. (he的宾格)他
himself [hɪmˈself] pron. ❶(反身代词)他自己 ❷(用以加强语气)他亲自,他本人
hind [haɪnd] adj. (常指动物腿)后面的,在后的
hinder [ˈhɪndə] vt.&vi. 阻碍;妨碍;~ **the military operation** 阻碍军事行动/*Heavy snow hindered construction work*. 大雪阻碍了建筑工程的进展./*Nobody wants to hinder your doing that*. 谁也不想阻止你做那件事. ‖ ~ **from** 阻碍,使不能 /~ **in** 阻碍,暂时阻挡
hindrance [ˈhɪndrəns] n. ⓒ起妨碍作用的事物或人
hindsight [ˈhaɪndsaɪt] n. ⓤ事后的觉悟;事后的聪明
Hindu [ˈhɪnduː] n. ⓒ印度人;(尤指印度北部的)印度斯坦人(信奉印度教) ■ adj. 印度人的;印度斯坦人的
hinge [hɪndʒ] n. ⓒ铰链 ■ vt.&vi. 用铰链连接(某物),给(某物)装上铰链: *The ailerons on an airplane are hinged to the wing*. 飞机的副翼是用铰链装在机翼上的. ‖ ~ **on** 取决于…,以…为转移
hint [hɪnt] vt.&vi. 暗示,示意: ~ **gently**〔openly, privately〕悄悄〔公开, 隐蔽〕地暗示 /~ **significantly**〔suggestively〕意味深长〔启发性〕地暗示 /~ **about**〔at〕暗示 /*He hinted his dissatisfaction with her work*. 他暗示了对她工作的不满. /*They hinted to us that they would take our suggestion*. 他们向我们暗示说,他们将采纳我们的建议. ‖ ~ **about**〔at〕暗示(某事) ■ n. ❶ⓒ暗示,示意 ❷ⓒ细微的迹象,少许,微量: *There's a subtle hint of garlic in the sauce*. 调味汁里稍微有一点蒜味. ❸ⓟ建议,有益的劝告: *This list of hints help the new students a lot*. 这一系列的建议对新生帮助很大. ‖ **a** ~ **of** 一点点

hinterland [ˈhɪntəlænd] n. ⓢ❶内陆地区;内地;腹地 ❷(由某一港口或某些其他中心城市供应物资的)内陆贸易区

hip [hɪp] n. ⓒ臀部, 屁股: **swing**〔**shake**〕**one's** ~**s** 扭屁股 /**plump** ~ 丰满的臀部 / *Women have rounder hips than men*. 女人的臀部比男人的圆.

hippie [ˈhɪpiː] n. ⓒ(尤指 20 世纪 60 年代晚期的)嬉皮士(与社会现实格格不入的人,常成群结伙实行与众不同的生活方式、着奇装异服等)

hippodrome [ˈhɪpədrəum] n. ⓒ❶(尤用于专指)舞厅或音乐厅,剧院或电影院 ❷(古希腊或古罗马)赛马场,战车竞技场

hippopotamus [ˌhɪpəˈpɒtəməs] n. (pl. -**muses** or -**mi**)ⓒ河马(产于非洲)

hire [ˈhaɪə] vt. ❶雇用: ~ **a workman** 雇一名工人 /~ **oneself out as a gardener** 受雇当花匠 /*No ordinary families can afford to hire servants*. 普通人家雇不起仆人. /*We hired a driver to take us on a tour of the city*. 我们雇了一个司机带我们游览这个城市. ❷租用: ~ **a car** 租用汽车 /~ **out horses** 出租马匹 / ~ **on** 受雇 /~ **out** ①出租 ②受雇 ■ n. ⓤ❶租用,雇用: **have the** ~ **of a car** 租用汽车 /~ **of the hall** 对礼堂的租借/**for**〔**on**〕~ 供出租/*He had the hire of a car for a week*. 他租用汽车一个星期. ❷租金,工钱: *He paid the carriage hire to the driver*. 他把马车租金给了马车夫. /*The day's hire for the car is ten dollars*. 汽车每日的租金是十美元.

hirsute [ˈhɜːsjuːt] adj. (尤指男子)多毛发的,头发蓬乱的

his [hɪz, 弱 ɪz] pron. ❶(he的所有格)他的 ❷(he的物主代词)他的东西

Hispanic [hɪsˈpænɪk] adj. ❶西班牙和葡萄牙的 ❷西班牙及其他说西班牙语国家的

hiss [hɪs] vi. 发嘶嘶声: *Geese and snakes hiss*. 鹅和蛇发嘶嘶声. /*The iron hissed as it pressed the wet cloth*. 熨斗压在湿布上时发出了嘶嘶声. vt.&vi. 发嘘声表示反对: *Have you ever been hissed at in the middle of a speech?* 你在演讲中有没有被嘘过? ■ n. ⓒ嘘嘶声: *The speaker was received with a mixture of applause and hisses*. 那演说者同时得到喝彩声和嘘声.

histology [hɪsˈtɒlədʒɪ] n. ⓤ〈生〉组织学
historian [hɪsˈtɔːrɪən] n. ⓒ历史学家,史学工作者
historic [hɪsˈtɒrɪk] adj. 历史上有名的,具有重大历史意义的: **a** ~ **battlefield** 历史上著名的战场/**a** ~ **meeting** 历史性会见/**a** ~ **site** 历史遗迹/*They were lured by a curiosity to see the historic spot*. 他们被好奇心驱使去看古

historical

迹。/This is a historic occasion. 这是具有重大历史意义的时刻。

historical [hɪsˈtɒrɪkəl] adj. Ⓐ 历史(学)的：a ~ novel〔play〕历史小说〔剧〕/~ data〔evidence〕史料〔证〕/The book is based on historical events. 这本书是根据历史事件写成的。

history ['hɪstərɪ] n. ❶Ⓤ 历史学 ❷Ⓤ 历史 ❸Ⓒ 史实的叙述 ❹Ⓢ 经历，履历；来历 ❺Ⓤ 不再相关或不再重要的事实：Zoe loved me once, but that's all ancient history now. 佐伊曾经爱过我，但现在已成往事。‖ **go down in ~** 载入史册/**make ~** 创造历史；做出值得载入史册的重要事情

histrionic [ˌhɪstrɪˈɒnɪk] adj. ❶ 做作的；过分戏剧化的；不自然的 ❷ 〈文〉表演的，戏剧的

hit [hɪt] vt. & vi. (-tt-, pt., pp. **hit**) ❶ 打，打击：~ a bird 打鸟/~ a nail 敲钉子/~ a ball 击球/The boxer hits hard with his left. 拳击手用其左手狠狠出击。/The ball sprang back and hit him. 球弹回打在他身上。❷ 碰撞：~ vigorously 有力地碰撞/The cars hit with loud crash. 汽车相撞发出巨大的轰隆声。vt. 伤害，殃及：They hit the enemy one hard blow after another. 他们给敌人一个又一个的沉重打击。‖ **~ against** 撞到…上/**~ at** ①朝…打去②抨击/**~ back** 回击，反抗/**~ in** 球被踢进/**~ off** ①把…打掉②描绘；模仿③适合/**~ on**〔**upon**〕忽然想到；偶然发现/**~ out** ①猛打；击中；打击②猛烈抨击；严厉批评/**~ up** 请求 ■ ❶ 一击，击中；打击：a direct ~ 直接攻击/Jim is still recovering from that hit on the head. 吉姆挨了那一拳，还没有完全清醒过来。❷ 成功而风行一时的事物：~ astonish 成功的表演令人吃惊/a big ~ 受欢迎的演出/a magnificent ~ 轰动一时/a silent ~ 著名无声影片 ‖ **make a ~ at**〔**with**〕①攻击 ②很成功，很受欢迎 ‖ **hitter** n. 击手，打者 ‖ **hit list** 预谋杀害或对付的人的名单

hitch [hɪtʃ] vt. & vi. (免费)搭乘他人之车；搭便车 vt. (用环、钩等)套住，钩住(某物) ■ n. Ⓒ ❶ 暂时的困难或问题；意外障碍 ❷ 急拉，急推 ❸ 绳套，索结 ‖ **hitch-hike** n. 免费搭乘他人之车

hither ['hɪðə] adv. 〈古〉到此处；向此处 ‖ **~ and thither** 到处；向各处；忽此忽彼

hitherto [ˌhɪðəˈtuː] adv. 到目前为止：~ unknown 迄今为止未知/Hitherto he had experienced no great success in his attempt. 到目前为止，他的尝试还没获得成功。

hive [haɪv] n. Ⓒ ❶ 蜂箱，蜂巢：The hive is made of wood. 这蜂箱是用木材做的。❷ 蜂群：The whole hive was busy. 整个蜂群都在忙碌。❸ 喧闹地区：The construction site was a hive of activity. 建筑工地上一片繁忙景象。

hives [haɪvz] n. Ⓟ 〈医〉荨麻疹

hoard [hɔːd] n. Ⓒ (钱财、食物或其他珍贵物品的)储藏，积存 ■ vt. & vi. 积蓄并储藏(某物)

hoarse [hɔːs] adj. (指声音)粗哑的，嘶哑的：a ~ voice 粗哑的声音

hoary ['hɔːrɪ] adj. (-ier, -iest) ❶ (尤指毛发)因年老而变灰或变白的 ❷ 古老的，陈旧的

hoax [həʊks] n. Ⓒ 恶作剧；戏弄 ■ vt. 开玩笑骗某人；戏弄某人

hob [hɒb] n. Ⓒ ❶ 炉盘(炉具上部供放置锅、壶等以加热的平面) ❷ (尤指旧时)(壁炉侧面供锅、壶等加温用的)平面金属架

hobble ['hɒbl] vi. 跛行；蹒跚；一瘸一拐地走 vt. 捆缚(马等)之两腿(以防走失) ■ n. Ⓢ 跛行；蹒跚

hobby ['hɒbɪ] n. Ⓒ 业余爱好

hobnail ['hɒbneɪl] n. Ⓒ (钉在笨重的鞋底部的)平头钉

hobo ['həʊbəʊ] n. (pl. ~s or ~es) Ⓒ ❶ 流动的失业工人；无业游民 ❷ 流浪者；漂泊者

hockey ['hɒkɪ] n. Ⓤ 曲棍球

hoe [həʊ] n. Ⓒ 锄头 ■ vt. & vi. (pres. p. **hoeing**, pt., pp. **hoed**) 锄

hog [hɒɡ] n. Ⓒ ❶ 猪(供食用的，尤指阉过的公猪) ❷ 〈口〉自私的或贪婪的人 ‖ **hogman** n. 养猪人

hoist [hɔɪst] vt. 把…吊起，升起：~ flag 升旗/~ the sails 扯起帆/The sailors hoisted the cargo onto the deck. 水手们把货物吊到甲板上。/The war hoisted prices. 战争使物价上涨。■ n. ❶Ⓢ 吊起；举起；提升 ❷Ⓒ 起重器械 ‖ **hoister** n. ①起重机；卷扬机 ②起重机司机

hold [həʊld] (pt. pp. **held**) vt. ❶ 拿，抱，握住：~ a chair 抓住椅子/~ a pen 拿着钢笔/~ a test tube 握住试管/Hold the baby a minute, please. 请把孩子抱一下。/She was holding her sides with laughter. 她捧腹大笑。❷ 认为，相信：I hold that this is a right decision. 我相信这是个正确的决定。❸ 包含；容纳：many people 容纳很多人 vt. & vi. ❶ 保持，持续：~ right 保持权力/~ long 持续下去/~ silence 保持安静 ❷ 举行，进行：~ a court 开庭/~ a discussion 展开讨论 vi. 有效，适用：~ true 有效，有理/The law still holds. 这条法律仍然有效。‖ **~ back** ①阻碍，阻止 ②控制；抑制 ③隐瞒，保留 ④犹豫不决/**~ down** ①压住，使固定②限制，控制③镇压，使屈服/**~ forth** ①长篇大论地讲；侃侃而谈②〈正〉给予；提供/**~ in** ①抑制，压抑②着；抱住；夹住③托住；支持住④以…对待/**~ off** ①推延，被拖延②抵抗；抗拒③使…疏远，使不接近/**~ on** ①等一等，停一停②抓紧不放③〈口〉别挂电话，坚持/**~ onto** 紧紧抓住；不卖出/**~ out** ①伸出，张开②拿出，提出，提供③顶住，坚持④呈现⑤隐瞒，保密/**~ over** ①延期②保留，留用③继续上映/**~ to** ①

紧握②坚持/~ together 把…结合在一起；团结一致/~ up ①举起，抬起，拿起②支持，支撑，承受住③拦住，使停顿，耽搁④拦劫，抢劫⑤举出，提出⑥（天）继续晴下去，放晴⑦（情况）良好/~ with ①同意②容忍 ∎ n. ①把住，抓住；控制，掌握/escape ~ 避免受控制/force ~ 强迫控制，把影响强加于/seize a ~ 抓住，掌握/They have strengthened their hold on the troops. 他们已加强对军队的控制。②C用以握住的东西 ‖ catch ~ of 抓住，握住/get ~ of 找到某位以供使用 / find ~ on/have a ~ over〔on, upon〕对…有影响/keep ~ of 握紧/lay ~ of 抓住，持有，了解/on ~ ①等着通电话②暂缓，推迟，搁置/take ~ of〔on〕握住，控制住，吸引，对…有影响力

holder ['həʊldə] n. C支持物，持有者；（支票等）持有人

holding ['həʊldɪŋ] n. ①C佃户租种的土地 ②P所有物（如土地、债券、股份等）；私有财产

hole [həʊl] n. CU①洞，孔，窝 ②破洞，裂口；漏洞，破绽 ③困窘，窘境 ‖ eat ~s in 把（某物）蚀了几个洞/in a ~ 处于困境/make a ~ in 大量消耗/pick a ~ in〈非正〉挑毛病，找出破绽 ∎ vt. & vi.（在…上）打洞或穿孔；~ the ball 把球打入洞 ‖ ~ through 打穿/~ up 躲藏起来

holiday ['hɒlɪdeɪ] n. CU假期 ‖ on（one's）~（s）在休假中，在度假中

holler ['hɒlə] vt. & vi. 喊出（某事物）；叫喊

hollow ['hɒləʊ] adj. ①空的；~ pipe 空心管子/Bamboo is a sort of hollow plant. 竹子是一种中空的植物。②凹的；He has hollow cheeks. 他的双颊凹陷。③空洞的；~ words 空洞的言语/He gave a hollow laugh. 他发出低沉空洞的笑声。④虚伪的；~ laugh 虚伪的笑/~ promises 虚伪的允诺 ∎ n. C洞，坑，凹地；The hollow was full of trees but the higher ground was covered with grass. 凹地树木成林，但高处长满青草。∎ vt. 挖洞；They hollowed out a tunnel through the mountain. 他们挖通了穿山隧道。‖ ~ out 挖空

Hollywood ['hɒlɪwʊd] n. C好莱坞

holocaust ['hɒləkɔːst] n. C大屠杀

holy ['həʊlɪ] adj. (-ier, -iest) ①神圣的，圣洁的；~ war 圣战/He lived a holy life. 他过着圣洁的生活。②虔诚的；He is a holy Buddhist. 他是一个虔诚的佛教徒。‖ the Holy City 圣城/the Holy Father 教皇/the Holy See 罗马教廷/梵蒂冈；教皇的职位；教皇的权力/the Holy Spirit 圣灵/the Holy Week 复活节的一周

homage ['hɒmɪdʒ] n. SU（向伟人表示的）崇敬，致敬；We pay homage to the genius of Shakespeare. 我们对莎士比亚的天才表示敬仰。‖ pay〔do〕~ to sb 向某人致敬

home [həʊm] n. ①CU家；住宅，家乡 ②CU家庭；broken ~ 破裂的家庭 ③S产地，生长地；发源地；Yunnan province is the home of elephants and peacocks. 云南是大象和孔雀的生息地。/Paris is the home of women's fashions. 巴黎是妇女时装的中心。④C收容所，养育院；There is a home for the blind in this town. 这个镇上有一家盲人院。⑤U终点；The hundred metres champion managed to get home by a second. 这位百米赛冠军好不容易领先一秒到达终点。‖ at ~ 在家；在家接待客人；在国内；精通，对…内行；随便，不拘束/close〔near〕to ~ 触到痛处；说得太露骨/eat out of house and ~ 把某人吃得倾家荡产/~ from ~ 像家里一样安适自在的地方/house and ~ 家庭/make oneself at ~ 随便，无拘束 ∎ adj. ①家的，在家里的；家乡的；总部的：~ movies 家里自拍的影片/They enjoy home joys. 他们享受天伦之乐。/What is your home address? 你的家庭住址是什么？/A happy home life needs the effort from both sides of the couple. 美满的家庭生活要靠夫妻双方的努力。②家用的 ③本地的，国内的；~ news 国内新闻/My bike is a home product. 我的自行车是国产的。④主场的，主队的；The home team was skinned alive this afternoon. 今天下午主队输得惨极了。∎ adv. ①在家，回家，到家；The little girl wanted to take this toy home. 这个小女孩想把这玩具带回家。/You should send her home. 你应该把她送到家。/I'm home at last. 我终于到家了。②尽可能深地；击中要害；He struck the nail home. 他把钉子完全钉进去了。‖ ~ and dry 安全的；大功告成/come ~ to 使感动；使…领会/drive ~ 把…完全敲入；讲清楚/get ~（to）被充分理解/中肯/nothing to write ~ about 不值得大书特书的事，非常出色的事/strike〔thrust〕~ 击中要害；中肯；取得显著的效果 ‖ the Home Office 内政部

homecoming ['həʊmˌkʌmɪŋ] n. C①（长期离开后）回到家里〔故乡，祖国〕②校友返校的聚会，校友日

homegrown [ˌhəʊm'grəʊn] adj. ①（蔬菜等）本地出产〔的种植〕②（蔬菜等）自己园子里种植的 ③本国制造〔出产〕；~ TV programmes 本国制作的电视节目

homeland ['həʊmlænd] n. C①祖国，家乡 ②（南非种族隔离制度下的）黑人家园

homely ['həʊmlɪ] adj. (-ier, -iest) ①〈尤英〉家常的，简单的，普通的 ②〈美〉（人）不好看的，相貌平庸的

homemade [ˌhəʊm'meɪd] adj.（衣服、食品等）自家制的；~ cake 自制的蛋糕

homesick ['həʊmˌsɪk] adj. 想家的，患思乡病的 ‖ **homesickness** n. 思乡

homestead ['həʊmsted] n. C家宅，宅地，

农庄

hometown [ˌhəʊmˈtaʊn] n. ⓒ家乡,故乡

homeward [ˈhəʊmwəd] adj. Ⓐ归途的,回家的 ■adv. 向家,向家乡,向祖国

homework [ˈhəʊmwɜːk] n. Ⓤ❶家庭作业 ❷准备工作 ‖ **do one's ~** 做家庭作业;做必要的准备工作

homey [ˈhəʊmɪ] = homy

homicide [ˈhɒmɪsaɪd] n. ❶ⓒⓊ〈律〉杀人(行为) ❷ⓒ杀人犯 ‖ **homicidal** adj. 嗜杀成性的

homily [ˈhɒmɪlɪ] n. ⓒ❶(长篇)说教 ❷讲道,宣道

homing [ˈhəʊmɪŋ] adj. Ⓐ❶(鸟、动物)有返回原地的能力的 ❷(武器等)自动导向的,导航的

homogeneous [ˌhɒməˈdʒiːnjəs] adj. 同质的,同类的;*They are homogeneous people.* 他们是同类人。

homogenize [həˈmɒdʒɪnaɪz] vt. ❶使类同 ❷使(牛奶)均质

homosexual [ˌhəʊməʊˈseksjʊəl] n. ⓒ同性恋者 ■adj. 同性恋的 ‖ **homosexuality** n. 同性恋关系

homy [ˈhəʊmɪ] adj. (-mier,-miest) 舒适自在的,像在家里一样的

hone [həʊn] vt. 把(刀、剑等)磨光

honest [ˈɒnɪst] adj. ❶诚实的,正直的,可靠的 ❷老实的,真诚的 ❸坦诚的,直率的 ‖ **earn an ~ penny** 用正当的手段谋生

honestly [ˈɒnɪstlɪ] adv. ❶诚实地,正直地 ❷坦诚地,实在地;*I will say I honestly think, even at the risk of offending people.* 即使不可能冒犯人,我也要说我真心所想的。

honesty [ˈɒnɪstɪ] n. Ⓤ诚实,正直,坦诚

honey [ˈhʌnɪ] n. ❶Ⓤ蜂蜜 ❷ⓒ〈口〉亲爱的;宝贝 ❸ⓒ可爱的东西

honeybee [ˈhʌnɪbiː] n. ⓒ蜜蜂

honeycomb [ˈhʌnɪkəʊm] n. ⓒ蜂窝,蜂巢

honeydew [ˈhʌnɪdjuː] n. Ⓤ甘汁,蜜露 ‖ **honeydew melon** 蜜瓜,白甜瓜

honeymoon [ˈhʌnɪmuːn] n. ⓒ❶蜜月 ❷短暂的和谐时期 ■vi. 度蜜月 ‖ **honey-mooner** n. 度蜜月的人

honeysuckle [ˈhʌnɪˌsʌkl] n. ⓒⓊ忍冬,金银花

honk [hɒŋk] n. ⓒ❶雁叫声 ❷汽车的喇叭声 ■vt. & vi. (使)发出雁叫似的声音;鸣(喇叭);按(喇叭):*He honked his horn as he went past.* 他经过时按响了汽车喇叭。

honorary [ˈɒnərərɪ] adj. ❶(官阶、学位等)作为一种荣誉授予的,荣誉的 ❷(职位、职务等)无报酬的,名义上的,名誉的

honour, 〈美〉**honor** [ˈɒnə] n. ❶Ⓤ尊重, 敬重:*One must show honour to one's parents.* 人人都应该尊敬父母。 ❷Ⓤ名誉,信用,荣誉 ❸Ⓢ被引以为荣的人物 ❹Ⓢ荣幸:*They feel deeply the honour of belonging to the Senate.* 他们为作为参议院的成员而深感荣幸。 ❺ⓟ各种荣誉称号:*He received many honours from many cities, colleges and societies.* 他享有许多城市、大学及学会所授予的荣誉称号。 ‖ **debt of ~** 信用借款/**do the ~s** 尽地主之谊;招待宾客/**in ~ of** 为了向…表示敬意/**point of ~** 名誉攸关的问题/**win ~ for** 因…赢得了荣誉 ■vt. ❶尊敬:*I am honoured to be asked to speak.* 我应邀发言,不胜荣幸。 ❷承兑,执行:*We demand that they honour this contract.* 我们要求他们执行这份合同。 ‖ **~ by** 通过…尊敬某人;通过…遵守/**~ with** 授予(某人)以…

honourable,〈美〉**honorable** [ˈɒnərəbl] adj. ❶诚实的,正直的:*These businessmen are both competitive and honourable.* 这些商人既有竞争性又很诚实。 ❷尊敬的,高尚的:*He is descended from an honourable family.* 他是名门望族的后裔。/*He is the most honourable of men.* 他是品行最为高尚的人。

hooch [huːtʃ] n. Ⓤ(非法酿造的或便宜的)酒

hood [hʊd] n. ⓒ❶兜帽,头巾 ❷(汽车、童车等的)折合式车篷 ❸汽车发动机罩 ‖ **hooded** adj. 带车篷的,有车罩的

hoodoo [ˈhuːduː] n. (pl. ~s)ⓒ不祥的人或物 ■vt. 使(某人)倒霉

hoodwink [ˈhʊdwɪŋk] vt. 欺诈,哄骗:*be ~ed for the moment* 一时受了蒙骗

hoof [huːf] n. (pl. ~s or hooves)ⓒ(兽的)蹄,马蹄 ‖ **show the cloven ~** 露出马脚,显原形/**under the ~** 被践踏

hook [hʊk] vt. & vi. 钩住,吊起,挂住:*This skirt hooks on the side.* 这件裙子在侧面有钩子扣住。/*Hook the window when you come in.* 你进来时把窗户扣好。/*He hooked a large fish.* 他钓了一条大鱼。 vt. 弯成钩形:*He hooked his arm round her neck and pulled her head down.* 他一只胳膊弯成钩形,搂在她的脖子上,把她的头拉低。 ‖ **~ onto** 钩住,挂在…上,依附于/**~ over**(把…)挂在…上/**~ up** 装好,扣住,接通 ■n. ⓒ❶挂钩;鱼钩:*Hang your coat on the hook.* 把你的外衣挂在钩上。 ❷钩拳:*He delivered a right hook to his opponent's jaw.* 他给了对方下巴一记右钩拳。 ❸转弯处:*a ~ in the river* 河流的拐弯处/*The driveway makes a hook around an old tree.* 车道绕过一棵老树来了个急转弯。 ‖ **by ~ or by crook** 千方百计,不择手段/**off the ~** 未挂上;摆脱困境

hooked [hʊkt] adj. ❶钩状的 ❷ⓟ吸毒成瘾的 ❸着了迷的

hookworm [ˈhʊkwɜːm] n. ❶ⓒ〈动〉钩虫

❷Ⓤ〈医〉钩虫病
hooligan ['hu:lɪgən] *n*. Ⓒ小流氓,街头恶棍: *What are we going to do with these hooligans?* 我们怎么处置这些小流氓呢? ‖ **hooliganism** *n*. 流氓行为

hoop [hu:p] *n*. Ⓒ箍;箍状物;(孩子们玩的)铁环 ‖ **go through the ~(s)** 经受磨炼

hoot [hu:t] *n*. Ⓒ❶猫头鹰叫声;汽笛叫声;汽车喇叭声 ❷表示蔑视不满的叫喊,冷笑 ■*vt.*&*vi*.(使)作汽笛声响,作汽车喇叭声 ‖ **not care a ~〔two ~s〕**毫不在乎/**not worth a ~〔two ~s〕**毫无价值 ‖ **hooter** *n*. 汽笛

hoover ['hu:və] *n*. Ⓒ真空吸尘器 ■*vt*. 用真空吸尘器打扫

hop [hɒp] (-pp-) *vi*. ❶单足蹦跳,跳跃: *The children had a competition to see who could hop the fastest.* 孩子们举行比赛,看谁单足跳跃最快。❷跳上〔下〕 ■*vt*. ❶跃过,跳过: *The ditch was so broad that no animal can hop it.* 没有动物能跃过这么宽的一条沟。/ *He hopped the hedge.* 他跳过了篱笆。❷搭乘 ‖ ~ **about on〔around〕**在…上跳来跳去/~ **across** 跳跃着穿过/~ **along** 单足跳行/~ **around** 在…蹦来蹦去/~ **in** 上车/~ **into** 跳进/~ **onto** 跳到…上/~ **over** 跃过/~ **over to** 度过/~ **up** 蹦蹦跳跳 ■*n*. Ⓒ❶蹦跳,跳跃 ❷跳舞 ❸一次飞行的距离 ‖ **catch on the ~** 出其不意,措手不及/**on the ~** 活跃的,忙碌的

hope [həʊp] *n*. ❶Ⓤ Ⓒ希望,期望 ❷Ⓒ有希望的人或事物 ‖ **against ~** 抱一线希望/**be beyond〔past〕 ~**(成功、痊愈等)毫无希望/**build up〔raise〕 sb's ~s** 使某人抱有希望/**hold out ~ of**(对…)抱有(…)希望/**in (the) ~ (of)** 怀着…的希望/**live in ~(s)** 希望事情会成功;乐观地寻求改进 ■*vt*.&*vi*. 希望,期望: *I hope to have seen the film next week.* 我希望下星期能看到这部电影。‖ **~ for** 希望,希望得到 ‖ **hoper** *n*. 希望者

hopeful ['həʊpfʊl] *adj*. ❶抱有希望的: *a ~ attitude* 乐观的态度/*I'm not very hopeful.* 我不抱太多希望。/*We are hopeful about the future.* 我们对未来抱乐观态度。❷给人以希望的: *This is a hopeful news.* 这是个鼓舞人心的消息。■*n*. Ⓒ有成功希望的人

hopefully ['həʊpfʊlɪ] *adv*. ❶有希望地 ❷如果顺利的话,可望

hopeless ['həʊplɪs] *adj*. ❶不抱希望的,绝望的: *a ~ illness* 绝症/*~ tears* 绝望的泪水/*He gave way to hopeless grief as soon as he heard the bad message.* 一听到那个坏消息,他立即陷入绝望的境地。/*He was disappointed so often that he became hopeless.* 他屡次失望,以致变为了绝望。❷不给人希望的,无望的: *He is hopeless about his chances of winning the contest.* 他没有在竞赛中获胜。❸Ⓟ不行的,无能的: *I'm hopeless at maths.* 我的数学很

糟糕。‖ **hopelessly** *adv*. 无望地,绝望地

hopper ['hɒpə] *n*. Ⓒ加料斗

horde [hɔ:d] *n*. Ⓒ移动着的一大群: *a ~ of locusts* 一群蝗虫

horizon [hə'raɪzn] *n*. ❶Ⓢ地平线: *the distant ~* 遥远的天际 ❷Ⓟ范围,界限,眼界: *limited ~s* 孤陋寡闻/*new ~s* 新的视野/*beyond sb's ~* 超越某人的知识范围 ‖ **on the ~** 在地平线上

horizontal [ˌhɒrɪ'zɒntəl] *adj*. 水平的,与地平线平行的: *a ~ line* 平行线/*a ~ plane* 水平面/*The lake has a horizontal surface.* 湖面呈水平状。‖ **horizontally** *adv*. 水平地

hormone ['hɔ:məʊn] *n*. Ⓒ〈生化〉(刺激生长的)荷尔蒙,激素 ‖ **hormonal** *adj*. 激素的

horn [hɔ:n] *n*. ❶Ⓒ角,触角 ❷Ⓤ角质物 ❸Ⓒ号,号角 ❹Ⓒ喇叭,报警器 ‖ **draw〔pull〕 in one's ~s** 减少,收敛 ‖ **hornless** *adj*. 无角的

hornpipe ['hɔ:npaɪp] *n*. Ⓒ❶角笛舞 ❷角笛舞曲

horny ['hɔ:nɪ] *adj*. 坚硬的;粗糙的 ‖ **horny-handed** *adj*. 手上长有老茧的

horoscope ['hɒrəskəʊp] *n*. Ⓒ星占,算命天宫图: *cast a ~* 以占星术算命

horrendous [hɒ'rendəs] *adj*. ❶可怕的,恐怖的 ❷极讨厌的 ‖ **horrendously** *adv*. 可怕地,恐怖地

horrible ['hɒrəbl] *adj*. ❶可怕的,令人恐惧的 ❷极不友好的,令人很不愉快的;极讨厌的: *~ weather* 讨厌的天气/*Don't be so horrible to me!* 别对我如此不友好。

horrid ['hɒrɪd] *adj*. 引起反感的;可怕的 ‖ **horridly** *adv*. 反感地,可怕地

horrific [hɒ'rɪfɪk] *adj*. 令人恐惧的,可怕的: *The film showed the most horrific murder scenes.* 那部影片有极恐怖的谋杀场面。

horrify ['hɒrɪfaɪ] *vt*. 使震惊,使感到恐怖 ‖ **horrification** *n*. 恐怖,震惊/**horrifying** *adj*. 令人恐怖的,使人感到震惊的

horror ['hɒrə] *n*. ❶Ⓢ Ⓤ恐怖,恐惧,惊恐: *To his horror, the bus caught fire.* 使他恐怖的是,公共汽车着了火。❷Ⓢ Ⓤ憎恶,痛恨: *She had a horror of hospitals.* 她极其憎恶医院。/ *I have a horror of snakes.* 我特别讨厌蛇。❸Ⓟ令人感到恐怖的事: *Sometimes his mind would dwell on the horrors he had been through.* 有时他会老是想着他所经历过的种种恐怖。❹Ⓒ讨厌鬼: *The little horror never stops playing tricks on his parents.* 那个小淘气鬼不停地捉弄他的父母。‖ **~〔movie〕 film** 恐怖电影

horse [hɔ:s] *n*. ❶Ⓒ马 ❷Ⓤ骑马的军人,骑兵: *Two hundred horse were〔was〕 engaged in the war.* 有二百名骑兵卷入了这场战争。‖ **horsebox** *n*. 运马托车,运马棚车/**horsefly**

n. 虻,马蝇/**horsehair** *n*. 马毛/**horseman** *n*. 骑手/**horsemanship** *n*. 骑术,马术/**horseracing** *n*. 赛马运动/**horseshoe** *n*. 马蹄铁,马掌形吉祥物

horseback ['hɔːsbæk] *n*. ⓒ马背 ‖ **on** ～骑着马 ■ *adj*. Ⓐ在马背上的: ～ riding 骑马

horsepower ['hɔːsˌpauə] *n*. (*pl*. ～)ⓒⓊ〈物〉马力

horse-trading ['hɔːsˌtreɪdɪŋ] *n*. Ⓤ讨价还价: *Each side got what it wanted by clever political horse-trading*. 通过巧妙的政治交易,双方都得到了想得到的东西。

horsewhip ['hɔːswɪp] *vt*. (-pp-)(用马鞭)鞭打(某人)

horsy ['hɔːsɪ] *adj*. (-ier, -iest) ❶爱马的,爱赛马的 ❷马似的,象马的

hose¹ [həuz] *n*. Ⓤ连裤袜,长统袜,短统袜

hose² [həuz] *n*. Ⓤⓒ软管,胶管,水龙头 ■ *vt*. 用软管浇〔冲洗〕‖ ～ **down** 用水管里的水冲洗/～ **out** 用水管里的水冲干净 ‖ **hose cart** (消防人员用的)水管车/**hoseman** *n*. 消防人员

hospice ['hɒspɪs] *n*. ⓒ❶(宗教团体开办的)旅客招待所 ❷(晚期病人的)安养院

hospitable ['hɒspɪtəbl] *adj*. (人、其行为)好客的,殷勤的,热情友好的: *They are very hospitable*. 他们很好客。‖ **hospitably** *adv*. 殷勤地

hospital ['hɒspɪtl] *n*. ⓒ医院

hospitality [ˌhɒspɪˈtælɪtɪ] *n*. ⓒ❶殷勤,好客 ❷(提供给客人的)食宿招待: *I received the hospitality of the family*. 我受到这家人亲切的款待。/*Thank you for your kind hospitality*. 谢谢你的盛情款待。

hospitalize, -ise ['hɒspɪtəlaɪz] *vt*. 送…住院;使留医: *He broke a leg and was hospitalized for a month*. 他跌断了一条腿,要留医一个月。‖ **hospitalization, -sation** *n*. 住院

host¹ [həust] *n*. ❶Ⓤ东道主,主人 ❷ⓒ主办人〔地方,机构等〕❸ⓒ(电视等的)节目主持人 ‖ **act as** ～作为主人招待,做东/**play** ～ **to** 招待,接待

host² [həust] *n*. ⓒ❶大量,许多 ❷军队: *The host is 〔are〕 ready to fight*. 军队时刻准备投入战斗。

host³ [həust] *n*. ⓒ〈计〉主计算机,主机

hostage ['hɒstɪdʒ] *n*. ⓒ❶人质: *He's managed to secure the release of the hostages*. 他设法使人质获释。‖ ～**s to fortune** 可能失去的人或物 ‖ **hostageship** *n*. 充当人质

hostel ['hɒstl] *n*. ⓒ❶旅舍,招待所 ❷青年宿舍 ‖ **hosteler** *n*. (投宿旅舍)旅行者;招待所管理员

hostess ['həustɪs] *n*. ⓒ❶女主人 ❷空中小姐

hostile ['hɒstaɪl] *adj*. ❶怀有敌意的,不友善的 ❷敌人的,敌方的

hostility [hɒsˈtɪlɪtɪ] *n*. ❶Ⓤ敌意,敌对状态 ❷ⓟ战争行动,战斗

hot [hɒt] *adj*. (-tter,-ttest) ❶热的,烫的 ❷棘手的,争议大的 ❸刚做好的;最新的 ❹热门的 ‖ **make it** ～ **for** 刁难某人 ‖ **a hot number** 热门货,销路广的商品/**hot dog** 热狗(长面包夹的熟香肠)/**hot line** 热线

hotel [həuˈtel] *n*. ⓒ酒店,饭店,宾馆,大旅馆 ‖ **hotelier** *n*. 旅店老板

hothead ['hɒthed] *n*. ⓒ急性子的人;鲁莽的人 ‖ **hotheaded** *adj*. 急性子的,鲁莽的

hothouse ['hɒthaus] *n*. ⓒ温室

hotly ['hɒtlɪ] *adv*. ❶大发雷霆地;猛烈地 ❷紧迫地,紧紧地: *He was hotly pursued after by his dog*. 他的狗紧紧地跟在他的后面。

hotplate ['hɒtpleɪt] *n*. ⓒ电炉

hound [haund] *n*. ⓒ猎狗,猎犬 ■ *vt*. 不断侵扰,烦扰: *I must finish the work so my boss will stop hounding me*. 我必须做完工作,以免老板总是纠缠着我。/*His creditors were hounding him for money*. 债主们逼着找他要钱。‖ ～ **down** 追捕到,追查出/～ **out** 强迫某人离开[某事物〔地方〕]

hour ['auə] *n*. ⓒ❶小时: *It's fifteen thirty hours*. 现在是 15 点 30 分。❷ⓒ一小时的时间或行程: *We have still an hour in hand before the train leaves*. 火车开走前我们还有一个小时。❸ⓢ不确定的一段时间,某一时刻: *good* ～幸运的时刻/*Who can be calling on me at this late hour?* 谁会在这么晚的时间来拜访我呢?/*Cage helped me in my hour of need*. 凯克在我需要的时候帮助了我。❹ⓟ固定时间,上班时间: *business* ～*s* 营业时间,办公时间/*lunch* ～*s* 午餐时间/*rush* ～*s*(公共车辆等的)高峰时间/*Office hours are from 9 am. to 5 pm*. 办公时间从上午九点到下午五点。‖ **after** ～**s** 下班后/**at the eleventh** ～在最后时刻,刚好来得及/**at 〔till〕 all** ～**s** 在〔到〕任何时候都没关系/**on the** ～在某一整点/**out of** ～**s** 在工作时间之外 ‖ **hourly** *adj*.& *adv*. 每小时的〔地〕,每小时一次的〔地〕,时时刻刻 ‖ **hourglass** *n*.(计时用的)沙漏/**hour hand** 时针

house [haus] *n*. (*pl*. ～*s*) ⓒ❶ⓒ住宅,房子 ❷ⓢ住在一所房子中的人们,全家人 ❸ⓒ用作某种目的的建筑物;商业机构,商号 ❹ⓒ议院 ‖ **keep** ～管理家务/**on the** ～由店家〔公司〕负担费用,免费/**round the** ～**s** 到处找人〔打听消息〕■ *vt*. ❶给…提供住房: *He tried to feed and house his family*. 他设法为一家人解决吃和住的问题。❷收藏: *The library houses thousands of volumes*. 这个图书馆藏书数万卷。‖ ～ **in** 把(某物)放在…;让(某人)居住在… /～

up 呆在屋里 ‖ **house arrest** 软禁（在家）/ **houseboy** n. 男仆,家童,旅馆服务员/ **housebreaker** n. 白天行窃者,窃贼/ **housekeeper** n.（女）管家/ **housekeeping** n. 家务管理,料理家务/ **housemaid** n. 女仆/ **houseman** n. 住院实习生/ **House of Commons** 下议院/ **House of Lords** 上议院/ **House of Parliament** 议会大厦,议会,议院/ **House of Representatives** 众议院/ **house-to-house** adj. 挨家挨户的

household ['haʊshəʊld] n. Ⓤ Ⓒ 同住在一所房子里的人,一家人,户 ‖ **a ~ name**〔**word**〕家喻户晓的名字 ■adj. Ⓐ 家庭的,家用的：~ bike 家用车/~ happiness 家庭的欢乐/He is doing household chores. 他正在做家务。

housewife ['haʊswaɪf] n. (-**wives**) Ⓒ 家庭主妇

housework ['haʊswɜːk] n. Ⓤ 家务劳动

housing ['haʊzɪŋ] n. ❶ Ⓤ 住房：need ~ 需要住房/They are living in good housing conditions. 他们住房条件非常好。❷ Ⓒ 房屋：rental ~ 出租的房屋/He has a big housing. 他有一间大的房屋。❸ Ⓒ 外壳,外罩：a fan ~ 风扇壳/These are the engine housings. 这是发动机机壳。‖ **housing association** 住房协会/**housing estate** 统建的住宅区/**housing project** 住宅区,住房项目

hovel ['hɒvl] n. Ⓒ 不适宜居住的小屋

hover ['hɒvə] vi. ❶（鸟等）盘旋：A hawk hovers in the sky. 一只老鹰在天空盘旋。❷（人）徘徊,走来走去：You don't hover round the table. 你不要围着桌子走来走去。❸ 犹豫,摇摆不定：He is hovering between life and death. 他处于生死之间。‖ **~ between** 犹豫不决/**~ over** 停留于,盘旋于；威胁/**~ round** 在…身边等候

hovercraft ['hɒvəkrɑːft] n. (pl. ~) Ⓒ 气垫船

how [haʊ] adv. ❶ 怎样,如何,怎么样：How did you escape? 你是怎样逃掉的？/This is the way how he always treats me. 他一贯就是这样对待我的。❷ 健康状况如何,情况怎样：How are you feeling today? 你今天感觉怎么样？❸ 到何种地步,多么,多少：How long did you wait? 你等了多久了？/How wonderful an idea it is! 一个多奇妙的主意！‖ **And ~!** 当然啦！那还用说吗！/**H- about** …？怎么样,…怎么办,…如何/**H- come** …？为什么；怎么会…（那样）,怎么搞的/**H-'s that** 你说什么？你怎么看？

howbeit ['haʊ'biːɪt] adv. 仍然,不过

howdy ['haʊdɪ] int. 你好

however [haʊ'evə] adv. ❶ 不管到什么程度,无论如何：I'll come however busy I am. 我不管怎么忙都会来的。❷ 然而,但是,不过：Later, however, he made up his mind to go. 可是,后来他决定去了。/It's raining hard. However, I still want to go there. 虽然下着大雨,我还是想去那儿。■conj. 不管怎样：But I am very much believable, however, you'll get him to do that. 我相信你不管怎样都能把他请来。

howl [haʊl] n. Ⓒ ❶ 嗥叫 ❷ 吼叫,高声叫喊 ■ vi. ❶ 嗥叫,咆哮：Our dog often howls at night. 我们的狗夜里常嗥叫。/The north wind howled around our cabin. 北风在我们小屋的周围怒号。❷ 吼叫,哀号：The baby is howling. 这婴儿在大声地啼哭。/The boy howled when he was hit. 这个男孩被打中时吼叫了起来。vt. 吼叫着说出：You howl your little son. 喝住你的小儿子。‖ **~ away** 连续嚎叫/**~ down** 压倒；淹没/**~ off** 将…赶下去/**~ out** 突然而大声地喊叫起来

hub [hʌb] n. Ⓒ ❶ 轮毂 ❷ 中心,中心所在：Chicago is a hub of airline traffic. 芝加哥是航运中心。‖ **up to the ~** 深深陷入,被完全缠住 ‖ **hubcap** n. ①〈机〉毂盖②骄傲自大的人

huddle ['hʌdl] vt.&vi.（使）挤作一团,（使）聚成一堆：~ all children 让所有的孩子聚在一起/All the people huddled. 所有的人聚在一起。/The house is very small and cannot huddle all of us. 房子太小了,挤不下我们所有的人。‖ **~ away** 挤在一起/**~ down** 缩成团/**~ into** 挤在一起/**~ on** 急忙穿上/**~ together** ①挤在一起②匆匆地做,草率地做/**~ up** ①缩成一团②匆忙地做/~ n. Ⓒ 杂乱的一堆人〔东西〕：a ~ of cattle 一群牛/They like living in a huddle. 他们喜欢杂居在一起。‖ **go into a ~** 私下秘密商谈

hue [hjuː] n. Ⓒ 色彩,色调：The diamond shone with every hue under the sun. 金刚石在阳光下放出五颜六色的光芒。‖ **~ and cry** 大声抗议,呐喊 ‖ **hued** adj. 有…颜色的

huff [hʌf] vi. 深呼吸,吹气 ■n. Ⓢ 怒气冲冲,发怒 ‖ **in a ~** 生气地

hug [hʌg] (-**gg**-) vt.&vi. 热烈地拥抱,抱住,紧抱：~ friend 拥抱朋友/They hugged and kissed. 他们相互拥抱接吻。/The child is hugging her doll. 那个小孩紧抱着她的洋娃娃。vt. 紧靠…走：The boat hugged the coast. 船紧靠着岸边而行。❷ 抱有；持有：He smiled and hugged his thought. 他笑了笑并坚持自己的观点。‖ **~ oneself** 沾沾自喜/**~ the road** 平稳行驶 ■n. Ⓒ 紧抱,热烈拥抱 ‖ **hug-me-tight** n. 紧身短马甲

huge [hjuːdʒ] adj. 巨大的,庞大的：~ animal 庞大的动物/~ country 幅员辽阔的国家/~ profit 巨额利润/He stood tongue-tied before the huge audience. 在大批听众面前他站着说不出话来。

hugely ['hjuːdʒlɪ] adv. 非常：~ successful 非

常成功

huh [hʌ] *int*. 嘿(表示疑问、惊讶或异议): *Huh? What did you say?* 嘿？你说什么？/ *Huh! What a great idea!* 嘿！多好的主意！

hull [hʌl] *n*. ⓒ船体,船身 ■ *vt*.去(谷物、豆等的)壳: *Rice is gathered, cleaned and hulled before being sold*. 稻子先收割,弄干净,去壳,才出售。

hum [hʌm] (-mm-) *vt*. & *vi*. 发出嗡嗡声;哼唱: *The bees were humming in the garden*. 蜜蜂在花园里嗡嗡地叫。/ *She is humming a folk song that I never heard before*. 她在哼一首我以前从未听过的民歌。/ *No one can hum him to draw his attention*. 没有人可以用哼歌来吸引他的注意。*vi*. 忙碌,活跃: *The new manager soon made things hum*. 这位新经理不久便使一切都活跃起来了。‖ ~ around 在…周围不停地/~ to 向…哼唱/~ with ①充满…的嗡嗡声②忙于… ■ *n*. ⓢ嗡嗡声: *We hear the hum of conversation from the next room*. 我们听到隔壁房间嗡嗡的谈话声。

human [ˈhju:mən] *n*. ⓒ人,人类: *A human can think and talk, but an animal cannot*. 人能思考和说话,但是动物不能。/ *In the story human beings were replaced by robots*. 在这个故事中,人类被机器人代替了。■ *adj*. ❶人的,人类的: ~ capital 人力资本/~ creature 人,人类/~ nature 人性/~ relations 人际关系/~ touch 人情味/ *We must allow for human error*. 我们必须体谅人的过失。❷有人性的,通人情的: *Kehr is a very human person*. 凯尔是一个极富人情味的人。‖ **humanist** *n*. 人文主义者;人道主义者;人本主义者/**humanly** *adv*. ①从人的角度②在人力所及范围③充满人性地/**humanness** *n*. 人 ‖ **human engineering** ①人事管理②机械设备利用学/**humankind** *n*. 人类/**human race** 人种/**human resources** 人力资源/**human rights** 人权

humane [hju:ˈmeɪn] *adj*. 仁爱的,慈善的 ‖ **humanely** *adv*. 仁慈地;人道地 ‖ **Humane Society** 慈善协会;保护动物协会

humanism [ˈhju:mənɪzəm] *n*. ⓤ人本主义,人文主义

humanitarian [hju:ˌmænɪˈteə-rɪən] *n*. & *adj*. 人道主义者,博爱主义者,慈善家;人道主义的,博爱的,慈善的 ‖ **humanitarianism** *n*. ①博爱主义②人道主义③⟨宗⟩基督凡人论

humanity [hju:ˈmænɪti] *n*. ❶ⓤ(总称)人,人类 ❷ⓤ人道,仁慈 ❸ⓤ人性 ❹ⓟ人文学科

humble [ˈhʌmbl] *adj*. ❶谦逊的,谦虚的: *In my humble opinion, he will win the election*. 依我拙见,他将在选举中获胜。❷低下的,卑微的: *He is a man of humble birth*. 他出身卑贱。❸简陋的,低劣的: *We live in a humble cottage*. 我们住在一所简陋的小屋里。‖ **eat ~ pie** 赔罪;赔礼 ■ *vt*. 使谦恭,使卑下: *The examination results humbled him*. 考试成绩挫了他的傲气。‖ **humbleness** *n*. 谦卑,恭顺/**humbly** *adv*. 谦卑地,恭顺地 ‖ **humble-bee** *n*. 野蜂

humid [ˈhju:mɪd] *adj*. 潮湿的,湿气重的 ‖ **humidly** *adv*. 潮湿地,湿气重地/**humidness** *n*. 湿

humiliate [hju:ˈmɪlɪeɪt] *vt*. 使蒙羞,羞辱,使丢脸: *Parents are humiliated if their children behave badly when guests are present*. 子女在客人面前举止失当,父母也失体面。‖ **humiliation** *n*. 羞辱,蒙耻/**humiliator** *n*. 羞辱者

humiliating [hju:ˈmɪlɪeɪtɪŋ] *adj*. 丢脸的,羞辱性的: ~ *defeat* 可耻的失败

humour,⟨美⟩**humor** [ˈhju:mə] *n*. ❶ⓤ幽默,诙谐,幽默感 ❷ⓢⓤ心境,情绪,脾气 ‖ **humourless** *adj*. 缺乏幽默感的,一本正经的/**humoursome** *adj*. 幽默滑稽的;古怪的

humourist [ˈhju:mərɪst] *n*. ⓒ幽默家(尤指幽默作家)

humourous [ˈhju:mərəs] *adj*. 幽默的,诙谐的: *This is a humourous novel*. 这是一部幽默小说。‖ **humourously** *adv*. 幽默地,诙谐地/**humourousness** *n*. 富于幽默,诙谐

hump [hʌmp] *n*. ⓒ动物背部的隆肉 ■ *vt*. 搬运(尤指背负): *I humped the case upstairs*. 我把箱子背到楼上。‖ **humped** *adj*. 驼背的,有隆肉的/**humpless** *adj*. 无隆肉的 ‖ **humpback** *n*. 驼背;驼背者/**humpbacked** *adj*. 驼背的

hunch¹ [hʌntʃ] *n*. ⓒ预感,直觉: *I have a hunch that she didn't really want to go*. 我有这么一种感觉,她并不真正想去。

hunch² [hʌntʃ] *vt*. 使…隆起: *He sat with his shoulders hunched up*. 他耸起双肩坐着。‖ **hunchback** *n*. 驼背;驼背者/**hunchbacked** *adj*. 驼背的

hundred [ˈhʌndrəd] *num*. 一百 ■ *n*. ⓒ一百 ‖ **hundredfold** *adj*.& *adv*. 一百倍的,一百倍 ‖ **hundred-percent** *adj*. 百分之百的,完全的/**hundred-percenter** *n*. 极端主义

hundredth [ˈhʌndrədθ] *num*. ❶第100个 ❷百分之一

hunger [ˈhʌŋɡə] *n*. ❶ⓤ饿,饥饿: *suffer* ~ 挨饿/ *The boy was half dead from hunger*. 那男孩已经饿得半死了。❷ⓢ欲望: *deep*〔*great*〕 ~ 深切〔强烈〕的欲望/ *His hunger for excitement got him into a lot of trouble*. 他寻求刺激的欲望给他添了许多麻烦。■ *vt*. & *vi*. (使)饥饿: *The poor hunger, yet are not fed*. 穷人在饿,可是没有人给他们饭吃。/ *There is no food; they have to hunger the children*. 没有食物了,他们不得不让孩子们挨饿。*vi*. 渴望: *The unemployed hunger for jobs*. 失业者渴望得到工作。‖ ~ **for**〔**after**〕极需…,渴望得到

…/~ into 饿…使之屈服 ‖ **hunger march** 反饥饿示威游行/**hunger strike** 绝食/**hunger-strike** vi. 举行绝食抗议

hungry [ˈhʌŋgrɪ] adj. (-ier, -iest) ❶饥饿的：~ baby〔people〕饥饿的婴儿〔人们〕/The child had a hungry look. 那孩子显出饥饿的样子。/I'm hungry; please quickly. 我饿了，请快点。❷渴望的：If you don't like this job, I know a couple of hungry guys that want to do. 要是你不喜欢这工作，我知道几个跃跃欲试的小伙子正想要做呢。/We're hungry for news about our brother. 我们渴望得到弟弟的消息。‖ go ~挨饿 ‖ **hungrily** adv. 饥饿地；渴望地/**hungriness** n. 饥饿；渴望

hunk [hʌŋk] n. Ⓒ ❶大片，大块 ❷富有魅力的健美男子

hunt [hʌnt] vt.& vi. ❶打猎，猎取：The men only hunted; the women did everything else. 男人只管打猎，别的事都是妇女干的。/They are hunting the foxes. 他们在猎狐。❷搜寻，寻找，追捕：I've hunted everywhere but I can't find it. 我到处都找遍了，就是找不到。/They went to the island to hunt the buried treasure. 他们到岛上去寻找埋藏的宝物。 vt. 驱逐，追逐：We hunted the neighbour's chickens out of our yard. 我们把邻居家的小鸡从我们院子里轰走了。/He was hunted out of the country. 他被驱逐出境了。‖ ~ about for 到处寻找/~ after 追猎（某动物）；追逐（某物）/~ down 搜索直至找到（某物）/~ for ①猎取…（通常指食物或毛皮）②寻找某人或某物/~ out 努力找出，努力获得，试图发现/~ through 把…找遍/~ up(在报纸上、书上等)找到（资料等）■ n. ❶Ⓒ打猎，猎取：a lion ~猎狮/I took part in the tiger hunt. 我参加了猎虎。❷Ⓢ搜寻，寻找：a treasure ~寻宝/The hunt is on for the criminal. 正在搜捕该罪犯。‖ **huntress** n. 女猎人

hunter [ˈhʌntə] n. Ⓒ猎人；猎食其他野兽的动物

hunting [ˈhʌntɪŋ] n. Ⓤ打猎：The hunting of animals is not allowed in this area. 本地区禁猎动物。‖ **hunting boot** 猎靴/**hunting box** 猎舍/**hunting cap** 猎帽/**hunting field** 猎场/**hunting horn** 猎号/**hunting knife** 猎刀/**hunting rifle** 猎枪/**hunting watch** 猎用表

huntsman [ˈhʌntsmən] n. Ⓒ ❶猎人：The huntsman sent a beater ahead to scare out the partridge. 猎人派一名赶猎助手上前把鹧鸪从隐蔽处赶出来。❷管猎犬的人：The huntsman was whipping in his pack of hounds. 管猎犬的人正用鞭子把他那群猎犬赶到一处。‖ **huntsmanship** n. 打猎术

hurdle [ˈhɜːdl] n. Ⓒ ❶跳栏，栏架 ❷障碍，困难 ■ vi. 进行跨栏赛；越过障碍：The runner hurdled the fence. 跑步者越过篱笆。‖ **hur-**

dler n. 进行跨栏赛跑者

hurl [hɜːl] vt. ❶猛投，用力掷：The young track and field athlete could already hurl the discus 60 yards. 这个年轻的田径运动员已能把铁饼掷60码远。❷大声叫骂：He hurled curses at the unfortunate man who had made the mistake. 他对着这个犯了错误的可怜人大声叫骂。‖ ~ about〔around〕①向四下里猛掷（某物）②没有方向地舞动、挥动（自己的胳膊和腿）③挥霍钱财/~ at ①将（某物）猛掷向（某物或某人）②狂热地追求（某人）/~ away ①用力地把（某物）扔出去 ②浪费掉（某物）/~ down ①扔下，抛下（某物）；使（某物）倒下，落下 ②使（自己）迅速趴在地上/~ into ①将（某物）掷入（某处）；使落入（某处）②把（某人）投入（监狱）③将（人员、力量等）投入（某事）④投身于，献身于（某项活动或做某事）/~ out 赶出，逐出（某人）②拒绝接受（请求、建议等）‖ **hurler** n. 投掷者

hurrah [huˈrɑː] int. 好哇：We've done it! Hurrah! 我们做到了！好哇！

hurricane [ˈhʌrɪkən] n. Ⓒ飓风,（尤指西印度群岛的）旋风

hurried [ˈhʌrɪd] adj. 仓促的 ‖ **hurriedly** adv. 仓促地/**hurriedness** n. 慌忙，仓促

hurry [ˈhʌrɪ] vt.& vi. 催促；急忙：Let's hurry a bit, we are far behind them. 咱们得快点，咱们比他们落后多了。/If we hurry the work, it may be spoiled. 要是我们匆忙地把工作干完，可能会把事情弄糟。/The salesman hurried the customer to make a choice. 售货员催促顾客赶快做出选择。‖ ~ along〔forward〕（使）赶快向前或向另一个地方移动/~ away〔off〕（使）迅速离开/~ back 赶快回来/~ down 赶快下来，迅速下来/~ for 急忙，赶忙/~ in 赶快进来/~ into ①（使）匆忙进入…②（使）赶快或匆忙开始从事或做…/~ on ①穿上衣服②（非正）急匆匆地说/~ up（使）赶紧/~ with 急忙做某事 ■ n. 匆忙，急忙 ‖ in a ~ ①迅速地，匆忙地①急切，赶紧 ③立刻，轻易地④乐意地/in no ~ ①不急于行动,不着忙 ②不愿意/in one's ~ 匆忙之中 ‖ **hurry-up** adj. ①匆忙的，紧急的、突击性的②应付紧急事故的

hurt [hɜːt] (pt., pp. hurt) vt. 使受伤；伤害：~ feeling 伤感情/He hurt his leg while playing football. 他踢足球时伤了腿。/I didn't hurt your pride on purpose. 我不是故意伤害你的自尊心。 vi. 疼痛：My feet hurt when I walk. 我走路时脚痛。 vt.& vi. 对…有害；对…有不良影响：~ sb's reputation 毁坏某人的名誉/It won't hurt to postpone the matter for a few days. 此事耽搁几天天无所影响。/I am sure smoking hurts you. 我肯定吸烟会损害你的健康。■ n. ❶Ⓒ肉体上的伤害〔痛苦〕：No one suffered any hurt in the accident. 在这场事故

中没有人受伤。❷[U][S]精神上的痛苦〔创伤〕:*It was a severe hurt to her pride.* 这对她的自尊心是一次严重的伤害。/ *The experience left me with a feeling of deep hurt.* 这次经历给我留下了深深的创伤。‖ **hurtless** *adj.* 〈古〉无害的

hurtful [ˈhɜːtful] *adj.* 有害的;伤感情的: *There is no need to make such hurtful remarks.* 没有必要说这些伤感情的话。‖ **hurtfully** *adv.* 有害地/**hurtfulness** *n.* 有害

hurtle [ˈhɜːtl] *vi.* 猛冲,疾飞: *Rocks hurtled down the cliffs.* 岩石从悬崖上飞滚下来。

husband [ˈhʌzbənd] *n.* ⓒ丈夫〔*marry, take*〕a ~ 结婚/ *Have you met her husband?* 你见过她的丈夫吗? ‖ ~ **and wife** 夫妇 ‖ **husbandly** *adj.* ①善于管理农活的②丈夫般的 ‖ **husbandman** *n.* 农民

hush [hʌʃ] *vt. & vi.* (使)安静下来: *The mother hushed her noisy child.* 那位母亲叫她的孩子安静下来。‖ ~ **up** 防止…张扬出去,掩盖 ■*n.* [S][U]安静,寂静

husk [hʌsk] *n.* ⓒ外皮;荚;壳: *He was spitting out the husks of sunflower seeds on the floor.* 他把瓜子皮吐在地板上。

husky¹ [ˈhʌskɪ] *adj.* (-ier,-iest)❶喉咙发干的,嗓子哑的: *Her voice was husky with anger.* 她的声音因愤怒而沙哑。❷高大强壮的: *He is a husky boy.* 他是个高大强壮的男孩。‖ **huskily** *adv.* 喉咙发干地,沙哑地/ **huskiness** *n.* 沙哑

husky² [ˈhʌskɪ] *n.* ⓒ爱斯基摩长毛狗

hustle [ˈhʌsl] *vt. & vi.* 催促,(使)赶快,(使)迅速行动: *I hustled the children off to school.* 我催促孩子们赶快上学去。*vt.* (用强迫或欺骗的手段)劝说: *He hustled me into buying the car.* 他硬逼我买下那辆汽车。■*n.* [U]忙碌,奔忙: *Jenny was exhausted by the hustle of city life.* 珍妮被城市生活的忙乱弄得筋疲力尽。

hut [hʌt] *n.* ⓒ小屋,棚屋

hybrid [ˈhaɪbrɪd] *n.* ⓒ杂交生成的生物体,杂交植物(或动物);杂种,混血儿 ‖ **hybridism** *n.* 杂交,混血;杂种性/ **hybridity** *n.* 杂种性 ‖ **hybrid computer** 混合型计算机

hydrogen [ˈhaɪdrədʒən] *n.* [U]〈化〉氢

hygiene [ˈhaɪdʒiːn] *n.* [U]卫生学,保健学

hygienic [haɪˈdʒiːnɪk] *adj.* ❶卫生的 ❷清洁的

hymn [hɪm] *n.* ⓒ赞美诗,圣歌,颂歌; *worship by* ~ *s* 唱赞美诗做礼拜 ‖ **hymnal** *adj.* 赞美诗的,使用赞美诗的 ■*n.* 赞美诗集/ **hymnist** *n.* 赞美诗作者 ‖ **hymnbook** *n.* 赞美诗集

hype [haɪp] *n.* [U]天花乱坠的广告宣传 ■*vt.* 大肆宣传 ‖ ~ **up** ①注射毒品使兴奋②使兴奋,使活跃

hyphen [ˈhaɪfən] *n.* ⓒ连字符,连(字)号: *There are no hard and fast rules about the use of hyphens in English.* 对于连字符号的使用,英语中没有严格的限制。

hypnotize [ˈhɪpnətaɪz] *vt.* ❶对…施催眠术 ❷使着迷

hypocrisy [hɪˈpɒkrəsɪ] *n.* [U]伪善,虚伪

hypocrite [ˈhɪpəkrɪt] *n.* ⓒ伪君子,伪善者

hypocritical [ˌhɪpəˈkrɪtɪkəl] *adj.* 伪善的,虚伪的;伪善者的,伪君子的: ~ *behaviour* 伪善的行为

hypothesis [haɪˈpɒθɪsɪs] *n.* (*pl.* **-ses**) ⓒ假说,假设,前提

hysterical [hɪsˈterɪkəl] *adj.* 情绪异常激动的,歇斯底里般的 ‖ **hysterically** *adv.* 情绪异常激动地,歇斯底里般地

I i

I [aɪ] *pron.* 我

ice [aɪs] *n.* ⓤ 冰,冰块 ‖ black ~ 黑冰/break the ~ 打破冷场/cut no ~ 无作用,不足令人信服的/on thin ~ 处境危险,如履薄冰/put on ~ 延迟 ▪ *vt. & vi.* (使)结冰 ‖ ~ over [up] (使)结冰;(使)表面为冰覆盖 ‖ **iced** *adj.* 用冰封着的;冰冻的;加了糖霜的 ‖ **Ice Age** 冰川期,冰河时代/ice axe 破冰斧/ice bag 冰袋/**iceboat** *n.* 在冰上滑行的船/**icebound** *adj.* 冰封住的/**icebreaker** *n.* 破冰船,破冰设备/**ice-cold** *adj.* 冰冷的,极冷的 /**ice cream** 冰激凌/**ice cube** 小冰块/**ice-free** *adj.* 不冻的/**icehouse** *n.* 冰窖;制冰场所/**iceman** *n.* ①零售冰的人②善于在冰上行走的人③制冰的人/**ice show** 冰上表演/**ice-skate** *vi.* 溜冰

iceberg [ˈaɪsbɜːg] *n.* ⓒ 冰山,流冰

icebox [ˈaɪsbɒks] *n.* ⓒ (用冰块冷冻食物的)冰柜

icon [ˈaɪkɒn] *n.* ⓒ ❶偶像 ❷(计算机屏幕上表示命令、程序的)符号,图像

icy [ˈaɪsɪ] *adj.* (-ier,-iest) ❶冰冷 ❷结冰的,被冰覆盖的

idea [aɪˈdɪə] *n.* ⓒ ⓤ ❶想法,主意: *At this moment an idea burst upon him—a glorious idea*. 此刻他突然产生一个想法,一个十分美妙的想法。❷思想,概念: *They look alike but in ideas they are very far apart from each other*. 他们看起来相似,但他们在思想方面却截然不同。❸知道,了解: *I had no idea of his age*. 我不知道他多大岁数了。‖ **put an ~ into sb's head** 使某人存奢望/**run away with an ~** 轻易接受(意见、看法等)/**toy with an ~** 不很认真地考虑某个计划 ‖ **idealess** *adj.* 没思想的;没主意的

ideal [aɪˈdɪəl] *adj.* ❶ 理想的,完满的:~ *weather* 理想天气 ❷想象的,空想的:~ *happiness* 想象的幸福 ▪ *n.* ❶ 理想的:*feasible* ~ 可能实现的理想 ❷ⓢ 理想的事物〔人〕: *She's looking for a husband [job] but hasn't found her ideal yet*. 她在寻找一个丈夫〔一份工作〕,但迄今为止还没有找到理想的。‖ **idealist** *n.* ①唯心主义者,唯心论者②理想主义者;空想家 ▪ *adj.* ①唯心主义的,唯心论的②理想主义的,空想的家

idealism [aɪˈdɪəlɪzəm] *n.* ⓤ 理想主义: *youthful* ~ 年轻人的理想主义

idealistic [ˌaɪdɪəˈlɪstɪk] *adj.* ❶有理想的 ❷理想主义的 ‖ **idealistically** *adv.* 有理想地

idealize,-ise [aɪˈdɪəlaɪz] *vt.* 使理想化 ‖ **idealization** *n.* 理想化,观念化

ideally [aɪˈdɪəlɪ] *adv.* ❶完美地: *order* ~ 完美地整理 ❷理想地

identical [aɪˈdentɪkəl] *adj.* 同一的 ‖ **identically** *adv.* 同一,同样

identification [aɪˌdentɪfɪˈkeɪʃən] *n.* ❶ⓤ 鉴定,验明,认出 ❷ⓒ 身份证明 ❸ⓒ 认同

identify [aɪˈdentɪfaɪ] *vt.* ❶认出,识别: *She learned how to identify medicinal herbs from a traditional Chinese doctor*. 她向一位中医大夫学习如何识别草药。❷支持,同情: *The children identify themselves with their parents*. 孩子们支持他们的父母。▪ *vt. & vi.* 等同于;有关联: *Our tastes do not always identify*. 我们的情趣并不总是相同的。‖ ~ **by〔through〕**根据〔凭借〕…辨认出/~ **oneself** 说出〔证明〕自己的身份/~ **with** ①认为…等同于②觉得与…有联系;支持③同情(某人);和…有同感 ‖ **identifiable** *adj.* 可看作是相同的,可证明是同一的;可辨认的

identity [aɪˈdentɪtɪ] *n.* ❶ⓤ 身份 ❷ⓒ 个性,特性 ❸ⓒ 同一性,一致性 ‖ **identity card** 身份证

ideology [ˌaɪdɪˈɒlədʒɪ] *n.* ⓒⓤ 思想(体系),思想意识

idiom [ˈɪdɪəm] *n.* ❶ⓒ 习语,成语 ❷ⓤ (在语言等方面所表现的)风格,特色

idiomatic [ˌɪdɪəˈmætɪk] *adj.* ❶符合语言习惯的,成语的 ❷ 含有习语的 ‖ **idiomatically** *adv.* 符合语言习惯地/**idiomaticness** *n.* 符合语言习惯

idiot [ˈɪdɪət] *n.* ⓒ ❶傻子,笨蛋 ❷白痴

idle ['aɪdl] adj. ❶空闲的,闲着的：~ personnel 闲杂人员 ❷懒散的,无所事事的：~ hours 悠闲的日子 ❸无根据的,无聊的：~ dream 痴心妄想 ❹Ⓐ无意义的,无特别意图的 ■ vi. ❶虚度,闲逛：They idled before cafes. 他们在餐馆前闲逛。❷空转：The car idled in the driveway. 这辆车停在行车道上,引擎发动着。‖ ~ about〔around〕①虚度时光②在…附近闲逛/~ away ①虚度时光②空转‖ **idleness** n. 懒散,无所事事/**idly** adv. 空闲地

idol ['aɪdl] n. Ⓒ偶像,受崇拜的人或物

idolatry [aɪ'dɒlətrɪ] n. Ⓤ偶像崇拜

idolize ['aɪdəlaɪz] vt. 将(某人)当作偶像崇拜

idyll ['ɪdɪl] n. Ⓒ❶描写田园生活的短诗 ❷一段愉快的乡村生活‖ **idyllist** n. 田园诗人；田园乐曲的作者

idyllic [aɪ'dɪlɪk] adj. 田园诗般的,田园风光的；平和欢畅的

if [ɪf] conj. ❶如果,假如 ❷是否：I will see if he wants to talk to you. 我去了解一下他是否想和你谈话。❸即使,虽然：We will go even if it rains. 即使下雨,我们也要去。❹无论何时：She glares at me if I go near her desk. 我一走近她的办公桌,她就瞪我。‖ **as ~** 好像,似乎,仿佛/**even ~** 即使,纵然/**~ any** 如果有的话/**~ anything** 更可能的是,总之/**~ not** 要不,不然/**~ only** 只要②要是…就好了/**~ you like** ①如果你喜欢②可以说,换句话说 ■ n. Ⓒ不确定的事,无把握的事‖ **~s and buts** 保留意见；对其他事物的辩解

ignite [ɪg'naɪt] vt.& vi. 点燃；引发：Petrol ignites very easily. 汽油很容易着火。/The blast was caused by pockets of methane gas that ignited. 爆炸是由数袋甲烷气体着火引起的。/He ignited the fireworks. 他点燃了烟花。/The rock and roll ignites the excitement of the audience. 摇滚乐激起了观众的热情。‖ **igniter, -or** n. ①点火器,点火剂,点火药；点火者②引爆装置

ignition [ɪg'nɪʃən] n. Ⓤ(汽油引擎的)发火装置

ignominious [ˌɪgnə'mɪnɪəs] adj. 耻辱的,屈辱的,丢脸的‖ **ignominiously** adv. 耻辱地,屈辱地,丢脸地/**ignominiousness** n. 耻辱,屈辱,丢脸

ignominy ['ɪgnəmɪnɪ] n. Ⓤ耻辱,污辱

ignorance ['ɪgnərəns] n. ⓊⒸ无知,愚昧：abuse〔exploit〕sb's ~ 利用某人的无知/confess one's ~ 承认自己的无知/feign〔show〕~ 假装〔表现〕不知/plead ~ 声称不知/sheer ~ of 对…全然无知/profound〔total〕~ 极无知/If he did wrong, it was from ignorance. 如果他做错了,那是由于无知。‖ **~ about** 在…方面的无知/**~ of** 对…一无所知/**in ~ of sth** 出于对某事/**out of〔through〕~** 出于无知

ignorant ['ɪgnərənt] adj. 无知的,愚昧的：blissfully ~ 幸好不知道的/rather ~ 相当无知/very ~ 很无知/~ in foreign affairs 对外交事务无知/~ upon the matter 不知此事‖ **~ of** 不知,不了解‖ **ignorantly** adv. 无知地,愚昧地

ignore [ɪg'nɔː] vt. 不顾,不理,忽视

ill [ɪl] adj. ❶Ⓟ有病的,不健康的 ❷Ⓟ伤的,受伤痛的 ❸Ⓐ不好的,坏的：~ management 管理不善/He is a man of ill fame. 他这个人名声很坏。❹Ⓐ恶意的,敌意的：~ deeds 恶劣行为/~ will 怨恨,恶意‖ **be ~ off** 贫困,不幸/**~ at ease** 局促不安,不自在/**it's an ~ wind** 失此得彼 ■ adv. ❶坏,恶劣地：behave ~ 没规矩,态度不好/care ~ 疏于照看/He often speaks ill of me behind my back. 他常在背后说我的坏话。❷不利地,不充分地：fare ~ 倒霉,不顺利‖ **go ~ with** 对某人不利 ■ n. ❶Ⓤ伤害,邪恶 ❷Ⓟ困难,不幸‖ **ill-advised** adj. 不明智的/**ill-being** n. 不幸,贫困/**ill-fated** adj. 带来不幸的/**ill-favoured** adj. 其貌不扬的/**ill-feeling** n. 敌意,仇视/**ill-fortune** n. 厄运/**ill-founded** adj. 毫无理由的/**ill-gotten** adj. 非法获得的/**ill-mannered** adj. 无礼貌的/**ill-natured** adj. 脾气坏的/**ill-sorted** adj. 不相称的/**ill-suited** adj. 与…不适合的/**ill-tempered** adj. 情绪不好的/**ill-timed** adj. 不合时宜的/**ill-treat** vt. 虐待

illegal [ɪ'liːgəl] adj. 不合法的,违法的‖ **illegality** n. 不合法,违法/**illegally** adv. 不合法地,违法地

illegitimate [ˌɪlɪ'dʒɪtɪmɪt] adj. ❶非婚生的,私生的：an ~ child 私生子 ❷法律不容的,非法的：an ~ act 违法行动/an ~ income 非法收入 ❸(指辩论等的结论)不合逻辑的,不合理的‖ **illegitimately** adv. 私生地；非法地；不合理地

illicit [ɪ'lɪsɪt] adj. 法律不许可的,非法的 ❷不正当的‖ **illicitly** adv. 非法地,不正当地

illiteracy [ɪ'lɪtərəsɪ] n. Ⓤ文盲,无知,缺乏教育

illiterate [ɪ'lɪtərɪt] adj. 目不识丁的,文盲的 ■ n. Ⓒ目不识丁者,文盲‖ **illiterateness** n. 文盲,无知

illness ['ɪlnɪs] n. ⓊⒸ病,疾病

illogical [ɪ'lɒdʒɪkəl] adj. ❶没有道理的,不合逻辑的 ❷与逻辑相违的‖ **illogicality** n. 没有道理,不合逻辑/**illogically** adv. 没有道理地,不合逻辑地

illuminate [ɪ'ljuːmɪneɪt] vt. ❶使明亮；照亮：Torches illuminated the picnic areas. 火把照亮了野餐地。❷装饰：~ a street building 用灯装饰街道建筑物 ❸说明,阐明：Footnotes illuminated the difficult passages of the text. 脚

注阐明了文中难解的段落。‖ ~ by〔with〕用…照明;用…阐明/~ for 为…照明,给(某人)阐明/~ with 以…照明;用…照明‖ **illuminated** adj. 照明的;说明的

illumination [ɪˌljuːmɪˈneɪʃən] n. ❶Ⓤ照明,强度 ❷Ⓒ彩灯,灯饰

illumine [ɪˈljuːmɪn] vt. ❶照亮,照明 ❷启发

illusion [ɪˈljuːʒən] n.Ⓒ❶错觉,幻想,错误观念 ❷假象 ‖ be under an〔the〕~ 有错觉,误以为/have no ~s about 对…不抱幻想 ‖ **illusional, -ary** adj. 幻想的,有错觉的/**illusionism** n. 引起错觉的艺术手法

illustrate [ˈɪləstreɪt] vt. ❶给…加插图:~ heavily 大量插图 ❷说明,阐明,表明 This diagram will illustrate what I mean.这个图表可说明我的意思。‖ ~ with 用…给…配图;用…来说明 ‖ **illustrated** adj. 有插图的/**illustrator** n. 插图画家

illustration [ˌɪləˈstreɪʃən] n. ❶Ⓒ插图,图表,图案 ❷Ⓒ例证,实例 ❸Ⓤ说明,图解,图示 ‖ by way of ~ 举例说明

illustrative [ˈɪləstreɪtɪv] adj. 用作说明的,解说性的 ‖ **illustratively** adv. 用作说明地,解说性地

illustrious [ɪˈlʌstrɪəs] adj. 著名的,杰出的,卓越的:~ heroes of our era 当代杰出的英雄人物 ‖ **illustriously** adv. 著名地,杰出地,卓越地/**illustriousness** n. 著名,杰出

image [ˈɪmɪdʒ] n.❶Ⓒ形象,概念 ❷Ⓒ镜像,影像,图像 ❸Ⓒ印象 ❹Ⓢ酷似的人〔物〕,翻版 ❺Ⓢ比喻,引喻,明喻 ❻Ⓒ外形,外表,模样 ‖ **imageless** adj. 缺少形象的

imagery [ˈɪmɪdʒəri] n. Ⓤ❶形象化的描述,意象 ❷n,画像,塑像,雕像,偶像(总称)

imaginable [ɪˈmædʒɪnəbl] adj. 可想象的;想象得到的

imaginary [ɪˈmædʒɪnəri] adj. 想象中的,假想的,虚构的 ‖ **imaginarily** adv. 想象中地,假想地/**imaginariness** n. 假想,虚构

imagination [ɪˌmædʒɪˈneɪʃən] n. ❶Ⓤ Ⓒ 想象力 ❷Ⓒ空想,想象 ❸Ⓤ想象出来的东西,幻想物

imaginative [ɪˈmædʒɪnətɪv] adj. 富于想象力的;运用想象力的

imagine [ɪˈmædʒɪn] vt. ❶想象,设想:I cannot imagine what to do in this dreadful situation.我不能想象在这么糟的情况下该怎么办。❷料想,猜想:They imagined your ship wrecked.他们以为你的船遇难了。❸想:I imagine she was pretty annoyed when she found out.我想她发现此事后一定很生气。‖ ~ from 根据…想象…

imam [ɪˈmɑːm] n.Ⓒ伊玛目(清真寺内率领伊斯兰教徒做礼拜的人)

imbalance [ɪmˈbæləns] n.Ⓒ不平衡,不均衡,失调

imbed [ɪmˈbed] vt.栽种(花等);埋置;把…嵌入

imbibe [ɪmˈbaɪb] vt. ❶喝,饮 ❷吸取 ❸吸收,接受 ❹吸气

imbue [ɪmˈbjuː] vt.使(某人/某事)充满或激起(感情等)

imitate [ˈɪmɪteɪt] vt.❶模仿 ❷把…作为例子 ‖ **imitator** n. 模仿者,临摹者

imitation [ˌɪmɪˈteɪʃən] n.❶Ⓤ Ⓒ模仿,仿效 ❷Ⓒ仿制品,伪造物

imitative [ˈɪmɪtətɪv] adj.模仿的,仿效的 ‖ **imitatively** adv. 模仿地,仿效地

immaculate [ɪˈmækjʊlɪt] adj. ❶整洁的,无污迹的 ❷精确的,无误的 ‖ **immaculately** adv. 整洁地,无污迹地;精确地

immanent [ˈɪmənənt] adj. ❶(指特性)天生的,内在的 ❷(指上帝)无处不在的 ‖ **immanence** n. 天生,固有

immaterial [ˌɪməˈtɪərɪəl] adj. ❶ 不重要的,不相干的 ❷非物质的,无形的

immature [ˌɪməˈtjʊə] adj.❶(行为或控制感情)不成熟的 ❷未充分成长的,发育未完全的 ‖ **immaturely** adv. 不成熟地/**immaturity** n. 不成熟;未充分成长

immediate [ɪˈmiːdɪət] adj.❶立即的,即刻的;紧迫的 ❷Ⓐ目前的,当前的 ❸Ⓐ直接的 ❹Ⓐ最接近的 ‖ **immediateness** n. 立即,目前,直接

immediately [ɪˈmiːdɪətlɪ] adv. ❶立即,马上 ❷直接地:All those who are immediately involved will be informed of the decision.把这个决定通知所有直接有关的人。

immense [ɪˈmens] adj. 极大的,巨大的:the ~ square 巨大的广场/They made an immense improvement in English.在英语方面他们取得了巨大的进步。/The expense of living is immense.生活费用很庞大。‖ **immenseness** n. 极大,巨大/**immensity** n. 广大,巨大;巨物

immensely [ɪˈmenslɪ] adv. 非常,极大地:He has grown immensely.他长得很高大。

immerse [ɪˈmɜːs] vt. ❶ 使浸入:~ completely 完全沉浸于/~ deeply 深深地沉浸于 ❷使沉浸于;使深陷于:~ oneself among the masses 深入群众之中/He immersed himself totally in his work.他埋头于工作中。‖ ~ in 将…浸在(水中);使(自己)专心于〔沉浸于〕…

immersion [ɪˈmɜːʃən] n. Ⓤ❶沉浸 ❷洗礼

immigrant [ˈɪmɪɡrənt] n.Ⓒ移民

immigrate [ˈɪmɪɡreɪt] vi.移入:~ into another country 移居另一个国家

immigration [ˌɪmɪˈɡreɪʃən] n.❶Ⓤ(机场、港口等)移民局检查站 ❷Ⓤ Ⓒ移民

imminent ['ɪmɪnənt] adj. (通常指不愉快的事)即将发生的,逼近的

immobile [ɪ'məubaɪl] adj. ❶不能活动的,不能移动的 ❷不活动的,静止的 ‖ **immobility** n. 静止,固定

immobilize [ɪ'məubɪlaɪz] vt. 使不动,使固定

immolate ['ɪmələɪt] vt. 宰杀…作祭品

immoral [ɪ'mɒrəl] adj. ❶不道德的,邪恶的 ❷放荡的 ‖ **immorality** n. 不道德,淫荡/**immorally** adv. 淫荡地,不正经地

immortal [ɪ'mɔːtl] adj. 不朽的;流芳百世的 ■ n. P ❶不朽的人物 ❷永生不朽者 ‖ **immortality** n. 不朽,永世/**immortally** adv. 不朽地

immune [ɪ'mjuːn] adj. P ❶免疫的,有免疫力的;不受影响的 ❷免除…的,豁免的: Being the only son in the family, the young man was immune from military service. 由于是个独子,那个年轻人免于服兵役。 ‖ be ~ from 免受…影响/be ~ to 对…有免疫力 ‖ **immune system** 免疫系统

immunize, **-ise** ['ɪmjunaɪz] vt. 使某人免疫 ‖ **immunization** n. 免疫

immure [ɪ'mjuə] vt. 禁闭,监禁

impact ['ɪmpækt] n. ❶C影响,作用 ❷UC冲击(力),碰撞 ■ [ɪm'pækt] vt. & vi. 对某事物有影响: These costs will impact on our profitability. 这些费用会影响到我们的利润。 ‖ **impaction** n. 装紧;撞击

impair [ɪm'peə] vt. 损害,削弱: ~ the hearing〔vision〕有损听觉〔视力〕/ Smoking impairs our health. 吸烟会损害我们的健康。 ‖ **impairment** n. 损害,削弱

impale [ɪm'peɪl] vt. 钉在尖桩上

impart [ɪm'pɑːt] vt. ❶给予,传授: The furnishings in the room imparted an air of elegance. 这个房间的家具带给这房间一种优雅的气氛。 ❷告知,透露: ~ a secret to a friend 把秘密告诉给朋友 ‖ ~ to〈正〉把…告诉〔透露〕给/〈正〉把…带〔传递〕给 ‖ **impartation** n. 给予,传授,透露/**impartment** n. 给予,传授,透露

impartial [ɪm'pɑːʃəl] adj. 不偏不倚的,公正的,中立的 ‖ **impartiality** n. 不偏不倚,公正/**impartially** adv. 不偏不倚地,公正地

impasse [ɪm'pɑːs] n. C〈法〉绝境,僵局,停顿

impassioned [ɪm'pæʃənd] adj. 充满激情的,热烈的

impassive [ɪm'pæsɪv] adj. 无动于衷的,无表情的 ‖ **impassively** adv. 无动于衷地/**impassiveness** n. 无动于衷,无表情

impatient [ɪm'peɪʃənt] adj. ❶不耐烦的,急躁的 ❷P热切的,急切的 ‖ ~ at 对…感到不耐烦/~ for 渴望,急于/~ of 不能容忍,不耐烦/~ with sb 对某人急躁 ‖ **impatiently** adv. 不耐烦地,急躁地;急切地

impeach [ɪm'piːtʃ] vt. ❶控告(某人)犯罪,弹劾 ❷对(某事物)怀疑,提出异议 ‖ **impeachable** adj. 可提出控告或弹劾的/**impeachment** n. 控告或弹劾

impeccable [ɪm'pekəbl] adj. 无错误的,极好的,无瑕疵的 ‖ **impeccably** adv. 无错误地,极好地,无瑕疵地

impede [ɪm'piːd] vt. 阻碍,妨碍,阻止

impediment [ɪm'pedɪmənt] n. C ❶妨碍,阻碍某事物进展或活动的人或物 ❷身体上的某类残疾,缺陷

impel [ɪm'pel] vt. (-ll-)推动、推进或敦促某人做某事

impending [ɪm'pendɪŋ] adj. A 即将发生的;迫在眉睫的

impenetrable [ɪm'penɪtrəbl] adj. 不能通过的,不能穿过的 ‖ **impenetrability** n. 不能通过,不能穿过/**impenetrableness** n. 不能通过,不能穿过/**impenetrably** adv. 不能通过地,不能穿过地

imperative [ɪm'perətɪv] adj. ❶P必要的,紧急的,极重要的 ❷命令的 ❸祈使的 ‖ ~ for〔on〕sb 对某人来说绝对必要 ■ n. C ❶必要的事,必须完成的事: Job creation has become an imperative for the government. 创造就业机会是政府必须做的事。 ❷ 祈使语气: with the ~ 用祈使语气 ‖ **imperatively** adv. 紧急地;命令地/**imperativeness** n. 紧急;命令,强制

imperfect [ɪm'pɜːfɪkt] adj. 有缺点的,有瑕疵的 ■ n. S未完成过去式 ‖ **imperfectly** adv. 有缺点地,有瑕疵地

imperfection [ˌɪmpə'fekʃən] n. ❶U不完美 ❷C缺点,瑕疵

imperial [ɪm'pɪərɪəl] adj. A ❶帝国的,帝王的 ❷英制的(度量衡) ‖ **imperially** adv. 帝国地,帝王地;英制地/**imperialness** n. 帝国,帝王;英制

imperil [ɪm'perɪl] vt. 使陷于危险,危及

impersonal [ɪm'pɜːsənl] adj. ❶不受个人情感影响的,冷淡的 ❷客观的 ‖ **impersonality** n. 与个人无关/**impersonally** adv. 冷淡地;客观地

impersonate [ɪm'pɜːsəneɪt] vt. ❶扮演 ❷模仿,假冒 ‖ **impersonation** n. 扮演,模仿/**impersonator** n. 模仿者,扮演者

impetus ['ɪmpɪtəs] n. ❶S U 推动,促进,刺激 ❷U 推动力 ‖ an ~ from 来自…的推动力/under the ~ 靠…的动力

impinge [ɪm'pɪndʒ] vt. ❶冲击,撞击 ❷侵犯,侵占

implacable [ɪmˈplækəbl] adj.(指愤怒、仇恨、敌意等)难以和解的,难以平息的:an ~ enemy 不共戴天的敌人,宿敌 ‖ **implacability** n. 无法平息,难以和解/**implacableness** n. 无法平息,难以和解/**implacably** adv. 无法平息地,难以和解地

implant [ɪmˈplɑːnt] n. ⓒ(植入身体中的)移植物 ■vt. ❶灌输,注入 ❷在身体某部植入(组织等),移植 ‖ **implantation** n. 移植/**implanter** n. 移植者

implement [ˈɪmplɪmənt] vt.使生效,贯彻,执行 ■n. ⓒ工具,器具,用具 ‖ **implementation** n. 贯彻,执行/**implementer,-or** n. 贯彻者

implicate [ˈɪmplɪkeɪt] vt.牵连,涉及 ‖ **implicative** adj. 含蓄的;牵连的

implication [ˌɪmplɪˈkeɪʃn] n. ❶Ⓤ卷入,牵连 ❷Ⓤⓒ含意,暗示,暗指 ‖ **by** ~ 含蓄地,暗示地

implicit [ɪmˈplɪsɪt] adj. ❶不言明〔含蓄〕的 ❷无疑问的,绝对的 ‖ **implicitly** adv. 含蓄地;绝对地

implode [ɪmˈpləʊd] vt.& vi.(使)向心聚爆

implore [ɪmˈplɔː] vt.恳求或乞求(某人)

imply [ɪmˈplaɪ] vt. ❶暗示,暗指 ❷必然包含 ‖ ~ **by**〔**in**〕用…暗示

import [ˈɪmpɔːt] n. ❶Ⓤ进口,输入 ❷ⓟ进口商品,输入额 ❸Ⓢ意义,含意 ■vt. ❶输入:The country is importing a broad range of skilled personnel.这个国家正在引进各种专业技术人员。 ❷进口:We import raw silk.我们进口生丝。 ‖ ~ **from** 从…进口/~ **into** 把…输入,进口…到 ‖ **importable** adj. 可进口的/**importation** n. 进口,输入;进口货/**importer** n. 进口商

importance [ɪmˈpɔːtəns] n. Ⓤ Ⓢ 重要(性)

important [ɪmˈpɔːtənt] adj. ❶重要的,重大的:He has just been called away to an important meeting.他刚才给叫走开一个重要会议。 ❷有势力的,有地位的:Many important businessmen began as factory workers.许多显赫的企业家都是从工厂的工人做起的。 ‖ **importantly** adv. 重要地,重大地

importune [ˌɪmpəˈtjuːn] vt. ❶纠缠,向(某人)不断要求 ❷(妓女)拉(客)

impose [ɪmˈpəʊz] vt. ❶强迫,强加:Overcrowding imposes mental strains.过度拥挤使精神紧张。 ❷课税,惩罚:~ a tax 课税/The magistrate imposed a fine of ￥1000.治安法官课以 1000 元的罚金。 ❸冒充,欺骗:~ oneself as an expert 充当行家/He imposed himself as their leader.他自封为他们的领袖。 ‖ ~ **on**〔**upon**〕①把…加于;强与…为伴 ②使硬缠着 ③给…带来麻烦;利用,欺骗

imposing [ɪmˈpəʊzɪŋ] adj.庄严的,仪表堂堂的,令人印象深刻的:The castle is an imposing building.这座城堡是一座宏伟的建筑。 ‖ **imposingly** adv. 庄严地,仪表堂堂地

impossible [ɪmˈpɒsəbl] adj. ❶不可能的,办不到的 ❷难以忍受的,很难对付的 ‖ ~ **for** 对…是不可能的/~ **of** 不可能,难于 ‖ **impossibility** n. 不可能/**impossibly** adv. 不可能地;难以忍受地

impotence [ˈɪmpətəns] n. Ⓤ无能为力;阳痿

impotent [ˈɪmpətənt] adj. ❶Ⓟ不能采取有效行动的,无能为力的 ❷阳痿的,不能达到性高潮的

impound [ɪmˈpaʊnd] vt. ❶依法没收,扣押(某物) ❷将(违章停放的汽车或走失的动物)暂存待领

impoverish [ɪmˈpɒvərɪʃ] vt. ❶使(某人)贫穷 ❷使(某物)贫瘠或恶化 ‖ **impoverishment** n. 贫困,恶化

impractical [ɪmˈpræktɪkl] adj. ❶不切实际的,无用的,不现实的 ❷不善做实际工作的 ‖ **impracticality** n. 不切实际,无用/**impractically** adv. 不切实际地,无用地,不现实地/**impracticalness** n. 不切实际,无用

impregnate [ˈɪmpreɡneɪt] vt. ❶灌注,使饱和 ❷使怀孕

impress [ɪmˈpres] vt. ❶给…以深刻印象,使铭记:~ deeply 留下深刻印象/~ favourably 留下好的印象/He impressed me favourably.他给我的印象不错。/I was very impressed by 〔at,with〕her performance.她的表演给我留下了深刻的印象。 ❷印,压印:The design was impressed on the cloth.这个图案印在布上了。 ‖ ~ **on**〔**upon**〕把…印〔压〕在…上;使…铭记/~ **with** 把…印在…上;因…获得好印象

impression [ɪmˈpreʃn] n. ❶Ⓒ印象,感想 ❷Ⓢ想法,看法,感觉:I had the distinct impression that I was being followed.我清楚地感觉到有人跟踪我。 ❸Ⓒ滑稽模仿:She did a brilliant impression of the president.她对总统作了逼真的滑稽模仿。 ❹Ⓒ印记,压痕:There are the impressions of shoes in the mud.泥地上留下了鞋印。 ❺Ⓒ重印:Seven impressions of the novel have been sold out.这本小说印了七次都卖光了。 ‖ **be under the** ~ **that** 以为 ‖ **Impressionism** n. 印象主义,印象派

impressionist [ɪmˈpreʃnɪst] n. Ⓒ ❶印象派画家 ❷用滑稽方式模仿名流的人 ■adj. 印象派的,印象主义的

impressive [ɪmˈpresɪv] adj.给人印象深刻的,感人的 ‖ **impressively** adv. 给人印象深刻地,感人地/**impressiveness** n. 给人印象深刻,感人

imprint [ɪmˈprɪnt] vt.铭刻,牢记:The terrible accident is still imprinted on my memory.

那起可怕的事故至今仍深深地留在我的记忆中。

imprison [ɪmˈprɪzn] vt. 下狱,监禁

imprisonment [ɪmˈprɪznmənt] n. ⓤ 关押,监禁: life ~ 无期徒刑

improbable [ɪmˈprɒbəbl] adj. 不大可能是真实的,不大可能的 ‖ **improbability** n. 不大可能;不大可能的事/**improbably** adv. 不大可能地

impromptu [ɪmˈprɒmptjuː] adj.&adv. 事先无准备(的),临时(的): speak ~ 作即席演讲 ■ n. ⓒ 即兴曲

improper [ɪmˈprɒpə] adj. ❶ 不合适的,不适当的 ❷ 不正派的,下流的 ‖ **improperly** adv. 不合适地;下流地

improve [ɪmˈpruːv] vt.&vi. 改善,改进,提高: If he can keep from smoking for a month or two his health will improve. 他要是能一两个月不抽烟的话,他的健康一定会有起色。‖ ~ away 通过改良去除/~ in 在…方面有起色,有进步 ‖ **improver** n. 改进者;改进物

improvement [ɪmˈpruːvmənt] n. ❶ⓒ 增加或修改: There is room for further improvement in English. 你的英语尚有进一步提高的余地。❷ⓤⓒ 改进,改善,改良: Your work shows considerable improvement. 你的工作显示出相当大的改进。‖ ~ in…在…上的改进/~ of…的改进/~ over 好得多

improvise [ˈɪmprəvaɪz] vt.&vi. 临时制作,临时凑成: He improvised a song about the football team's victory. 他即席创作了一首足球队胜利之歌。‖ **improvisation** n. 临时制作,临时凑成/**improvisor** n. 即兴诗人

imprudent [ɪmˈpruːdənt] adj. 不明智的,不谨慎的 ‖ **imprudently** adv. 不明智地,不谨慎地

impudence [ˈɪmpjudəns] n. ⓤ 粗鲁,放肆;无礼的言行

impudent [ˈɪmpjudənt] adj. 粗鲁的,无礼的

impugn [ɪmˈpjuːn] vt. ❶ 非难,指谪 ❷ 对…有怀疑

impulse [ˈɪmpʌls] n. ⓒ ❶ 凭冲动行事,突如其来的念头: ~ come 冲动起来/follow an ~ 凭一时冲动 ❷ 推动,冲力,刺激,推动力: turn 冲力使~ 转动/give an ~ 促进/fresh ~ 新的刺激/The plan will give an impulse to industrial expansion. 这个计划将促进工业的扩展。‖ **by** ~ 凭情绪/**on** ~ 一时冲动/**under** ~ 在…驱使下 ‖ **impulsion** n. 冲动

impulsive [ɪmˈpʌlsɪv] adj. (指人或人的行为)冲动的,易冲动的 ‖ **impulsively** adv. 易冲动地/**impulsiveness** n. 易冲动

impunity [ɪmˈpjuːnɪtɪ] n. ‖ **with** ~ 不受惩罚或伤害地

impurity [ɪmˈpjʊərɪtɪ] n. ❶ⓤ 不纯,不洁;

淫秽 ❷ⓒ 杂质

impute [ɪmˈpjuːt] vt. 把(错误等)归咎于

in [ɪn] prep. ❶ (表示位置)在…里面;在,于;在…部位上: I could feel the tension in the room. 我可以感觉到房间里的紧张气氛。❷ (表示时间)在…时期,在…之后,在过程中: I cannot see you now, come back in half an hour. 我现在不能见你,半小时后回来。❸ (表示方向)往…内,朝…方向: I saw him go in the shop. 我看到他走进了商店。❹ (表示状态)处于…之中,在…情况下: Martin was in his pyjamas. 马丁穿着睡衣。/ They were living in terrible poverty. 他们生活在极度贫困之中。❺ (表示方式)用,以,按,乘,以…形式: They were speaking in Italian. 他们在讲意大利语。/ They went up in the lift. 他们乘电梯上楼了。❻ (表示原因)由于,为了: He went in fear of his life. 他为自己的性命担忧,所以走了。❼ (表示领域,范围)在…以内: It is not in my power to do that. 做那事非我力所能及。❽ (表示结果)当做,作为: What did you give him in return? 你给他什么作为报答呢? ❾ (表示目的)为了: They set off in search of the lost child. 他们出发去寻找走失的孩子。❿ (表示方面)就…而言,关于,在…方面: She's an expert in children's literature. 她是儿童文学专家。⓫ (表示比率)每,以…为单位: One child in twenty suffers from this disease. 每 20 名儿童中有一名患有这种疾病。⓬ (表示职业)在…中服务,从事于,忙于: She's in television. 她在电视台工作。/ Yesterday he was occupied in translating last week's report. 他昨天忙于翻译上周的报告。⓭ (表示材料)用,以: Don't write your name in ordinary handwriting. 不要用普通字体书写你的姓名。■ adv. ❶ 进入,入内: safely ~ 完好无损地收进/The door being opened, they came in at once. 门一打开,他们就马上进来了。❷ 在家,在里面: My wife won't be in until five o'clock. 我妻子要到五点钟才在家。❸ 到达,来临: Is the ship in yet? 船到港了吗? ❹ 当政,当选: This year the Conservative Party are in. 今年保守党执政。❺ 正当时令,正在流行: Honey peaches are in now and we can eat them every day. 现在水蜜桃正上市,我们每天都可以吃到。‖ **be** ~ **for** 必定会遭到/**be** ~ **for it** ①骑虎难下②势必受罚/**be** ~ **on** 参与/**be** ~ **with** ①与某人友好相处②与某人结伙/~ **and out** ①进进出出②曲曲弯弯地

inability [ɪnəˈbɪlɪtɪ] n. ⓤ 无能,无力

inaccessible [ɪnækˈsesəbl] adj. 达不到的,不可及的 ‖ **inaccessibility** n. 达不到,不可及/**inaccessibly** adv. 达不到地,不可及地

inaccuracy [ɪnˈækjʊrəsɪ] n. ❶ⓤ 不准确,误差 ❷ⓒ 不准确的说法

inaccurate [ɪnˈækjʊrət] adj. 有错误的,不

正确的‖**inaccurately** adv. 不精密地,不准确地

inaction [ɪnˈækʃən] n. Ⓤ 无行动,无作为,不活跃

inactive [ɪnˈæktɪv] adj. ❶不活动的,不活跃的,懒散的 ❷不再工作的;不再运行的 ❸参加活动不踊跃的‖**inactively** adv. 不活动地,不活跃地,懒散地/**inactivity** n. 不活动,不活跃,懒散

inadequacy [ɪnˈædɪkwəsɪ] n. ❶ⒸⓊ不充分,不足,不胜任 ❷Ⓒ毛病,缺陷,弱点

inadequate [ɪnˈædɪkwɪt] adj. ❶不充足的,不适当的 ❷不足胜任的,信心不足的‖**inadequately** adv. 不充足地,不适当地;不足胜任地

inadvertent [ˌɪnədˈvɜːtənt] adj. 粗心大意的,因疏忽造成的,非故意的‖**inadvertently** adv. 漫不经心地,疏忽地,出于无心地

inane [ɪˈneɪn] adj. 无意义的,无比愚蠢的: Such comments are inane because they don't help us solve our problem. 这种评论纯属空洞之词,不能帮助我们解决问题。‖**inaneness** n. 无意义,无比愚蠢/**inanely** adv. 无意义地,无比愚蠢地

inappropriate [ˌɪnəˈprəʊprɪɪt] adj. 不恰当的,不适宜的‖**inappropriately** adv. 不恰当地,不适宜地/**inappropriateness** n. 不恰当,不适宜

inarch [ɪnˈɑːtʃ] vt.(植物)靠接

inasmuch [ˌɪnəzˈmʌtʃ] adv. ❶由于,因为 ❷在…的限度内

inaugural [ɪˈnɔːɡjʊrəl] adj. Ⓐ就职的,就任的

inaugurate [ɪˈnɔːɡjʊreɪt] vt. ❶为…举行就职典礼: Mr. Putin was inaugurated as the President of the Russian Federation. 普京先生正式就任俄罗斯联邦总统。❷为…举行仪式,为…举行落成〔开幕〕仪式: The city library was inaugurated by the mayor. 市长主持了市图书馆的落成仪式。❸开创,创始: Concord inaugurated a new era in airplane travel. 协和号飞机开创了空中旅行的新纪元。‖**inauguration** n.(美国)总统就职日/**inaugurator** n. ①主持就职仪式者②开创者,创始人

inborn [ˈɪnbɔːn] adj. 天生的,先天的,固有的: a man with an ~ love of joke 一个生来就喜欢开玩笑的人

incapable [ɪnˈkeɪpəbl] adj. 无能力的,不会的‖**incapability** n. 无能力,不会/**incapably** adv. 无能力地,不会地

incapacitate [ˌɪnkəˈpæsɪteɪt] vt. 使无能力,使不适合

incarcerate [ɪnˈkɑːsəreɪt] vt. 监禁,禁闭‖**incarceration** n. 监禁,禁闭

incarnate [ɪnˈkɑːnɪt] adj. 人体化的,…化身的 ■ [ˈɪnkɑːneɪt] vt. ❶赋予(思想,精神等)以人的形体,使人格化 ❷体现,使具体化

incarnation [ˌɪnkɑːˈneɪʃən] n. ❶Ⓤ赋予形体,化身;体现,具体化 ❷Ⓒ前身,前世 ❸Ⓢ典型,化身

incendiary [ɪnˈsendjərɪ] adj. ❶Ⓐ放火的,纵火的,能燃烧的 ❷(人或行为)煽动性的‖**incendiarism** n. 放火,纵火

incense¹ [ˈɪnsens] n. Ⓤ香: a coil of mosquito ~一盘蚊香 ■ vi. 焚香,烧香‖**incensation** n. 熏香/**incensory** n. 有盖香炉,香炉‖**incense burner** 香炉

incense² [ɪnˈsens] vt. 使发怒,激怒: We were incensed by their bad behaviour. 我们被他们的恶劣行为激怒了。

incentive [ɪnˈsentɪv] n. ⓊⒸ激励某人做某事的事物;刺激;诱因,动机

inception [ɪnˈsepʃən] n. Ⓤ开始,开端,初期

incessant [ɪnˈsesnt] adj. 不停的,持续不断的: ~ rains 连绵不断的雨‖**incessantly** adv. 不停地,持续不断地/**incessantness** n. 持续不断

incest [ˈɪnsest] n. Ⓤ乱伦

inch [ɪntʃ] n. ❶Ⓒ英寸: Twelve inches is equal to one foot. 12英寸等于1英尺。❷Ⓢ少量,短距离 ‖ by ~es 缓慢地,一点一点地/every ~ 完全,彻底/~ by ~ 一步一步地/not give an ~ 寸步不让/to an ~ 精确地,丝毫不差地/within an ~ of 差点儿 ■ vt.&vi.(使)缓慢地移动: The worm inched along. 那条虫向前蠕动。/Prices are inching up. 物价在缓慢地上涨。‖ **inched** adj. 长…英寸的‖**inchmeal** adv. 一点一点地,渐渐地

incidence [ˈɪnsɪdəns] n. Ⓢ发生率,影响范围

incident [ˈɪnsɪdənt] n. Ⓒ ❶发生的事,小插曲 ❷敌对行动,军事冲突 ❸骚乱,事故,暴力事件: The demonstration proceeded without incident. 游行示威进行时没有出事。

incidental [ˌɪnsɪˈdentl] adj. ❶附属的 ❷易发生的: dangers ~ to mountain climbers 登山者经常会遇到的危险 ■ n. Ⓟ附带事件

incidentally [ˌɪnsɪˈdentəlɪ] adv. ❶顺便说一句 ❷偶然地,不经意地

incinerate [ɪnˈsɪnəreɪt] vt. 把(废物)烧成灰烬‖**incineration** n. 焚化,火葬/**incinerator** n. 焚化炉

incise [ɪnˈsaɪz] vt.(在表面)雕,刻

incisive [ɪnˈsaɪsɪv] adj. 直接的,尖锐的,深刻的,单刀直入的‖**incisively** adv. 直接地,尖锐地,深刻地,单刀直入地/**incisiveness** n. 直接,尖锐,深刻

incite [ɪnˈsaɪt] vt. 刺激,激励,煽动: He incited people to rise up against the government. 他煽动人们起来反对政府。‖**incitement** n.

inclination [ˌɪnklɪˈneɪʃən] n. ❶ ⓟ 爱好,癖好,意向: She has artistic inclinations. 她有艺术爱好。❷ⓒ 倾向,趋向,趋势: He had shown an inclination, from the first, to go his own way. 他一开始就表现出我行我素的倾向。❸ⓢ 倾斜,弯腰,曲身,点头: She greeted us with a slight inclination of the head. 她微微点头向我们致意。❹ⓢ 斜坡,斜面: There's a small inclination beyond the trees. 树林那边有一个小斜坡。

incline [ɪnˈklaɪn] vt.&vi. ❶(使)倾斜,(使)偏向: He inclined forward so as to hear more clearly. 他向前倾斜着身体,以便听得更清楚些。❷(使)认为,(使)倾向: I incline to take the opposite point of view. 我倾向于反对观点。/His letter inclines me to think that it would be wrong for us to refuse his request. 他的信使我认为我们拒绝他的要求是错误的。‖ ~ forward 向前曲身,倾身/~ to﹝towards﹞向…方向弯,倾斜;(使)具有…倾向 ■ n.ⓒ斜坡,斜面: roll down a steep ~ 从一个斜坡上滚下来

inclined [ɪnˈklaɪnd] adj.ⓟ ❶ 倾向…的,有…意向的: The news makes him inclined to change his mind. 这条消息使他产生改变主意的念头。❷ 易于…的,有…趋势的: I'm inclined to get tired easily. 我动不动就会感到疲乏。

include [ɪnˈkluːd] vt. 包括,包含: Their course of study includes elementary hygiene and medical theory. 他们的课程包括基础卫生学和医疗知识。‖ includable,-ible adj. 可包括在内的/including prep. 包括

inclusion [ɪnˈkluːʒən] n. ❶ⓤ包括,包含 ❷ⓒ包含物

inclusive [ɪnˈkluːsɪv] adj. ❶包括…的,包括一切的: It's an all inclusive price; there is nothing extra to pay. 这是一个包罗一切的价格,没有别的需要付了。❷包括所述的限度: The bill is inclusive of the food and lodging. 账单包括吃、住费用。/The monthly rent is $15, inclusive of light and water. 每月租金15美元,包括水电费在内。‖ inclusively adv. 包括一切地/inclusiveness n. 包括一切

incognito [ɪnˈkɒɡnɪtəʊ] adj.&adv. 隐姓埋名(地),使用化名(地),隐瞒真实身份的(地)

incoherent [ˌɪnkəʊˈhɪərənt] adj. 思想不连贯的,语无伦次的 ‖ incoherence n. 无凝聚性,不连贯,语无伦次

income [ˈɪnkəm] n.ⓤⓒ收入,所得,收益: He deceived his friends about his income. 他在自己的收入问题上欺骗了朋友。‖ incomer n. ①进来者;移民②闯入者,入侵者 ‖ income account 收益账/income statement 损益计算

书/**income tax** 所得税

incoming [ˈɪnkʌmɪŋ] adj.ⓐ 正到达的;正来临的,进来的;新任的

incompatible [ˌɪnkəmˈpætəbl] adj. 合不来的,不能和谐相处的;不协调的,不相配的 ‖ incompatibility n. 合不来,不协调,不相配/incompatibly adv. 合不来地,不协调地,不相配地

incompetence [ɪnˈkɒmpɪtəns] n.ⓤ 无能力,不称职,不胜任

incompetent [ɪnˈkɒmpɪtənt] adj. 无能力的,不称职的,不胜任的: He is incompetent at working with his hands. 他动手能力不行。‖ incompetently adv. 无能力地,不称职地,不胜任地

incomplete [ˌɪnkəmˈpliːt] adj. 不完全的,未完成的 ‖ incompletely adv. 不完全地,未完成地/incompleteness n. 不完全,未完成

incomprehensible [ɪnˌkɒmprɪˈhensəbl] adj. 难以理解的,难懂的: His signature was an incomprehensible scrawl. 他的签字是令人看不懂的涂鸦。‖ incomprehensibility n. 难以理解,难懂/incomprehensibleness n. 难以理解,难懂/incomprehensibly adv. 难以理解地,难懂地/incomprehension n. 缺乏理解,不了解/incomprehensive adj. ①范围不广的,包含得很少的②理解不深的,懂得很少的

inconceivable [ˌɪnkənˈsiːvəbl] adj. 不能想象的,不可思议的,难以置信的 ‖ inconceivability n. 不能想象,不可思议,难以置信/inconceivably adv. 不能想象地,不可思议地,难以置信地

inconclusive [ˌɪnkənˈkluːsɪv] adj. 非决定性的,无结果的 ‖ inconclusively adv. 非决定性地,无结果地/inconclusiveness n. 非决定性,无结果

incongruous [ɪnˈkɒŋɡruəs] adj. 不协调的,不和谐的,不一致的,不相称的 ‖ incongruously adv. 不协调地,不和谐地,不一致地,不相称地

inconsequential [ˌɪnkɒnsɪˈkwenʃəl] adj.不重要的,无足轻重的,不值得考虑的 ‖ inconsequentially adv. 不重要地,无足轻重地,不值得考虑地

inconsistent [ˌɪnkənˈsɪstənt] adj. ❶(思想、意见等)不一致的,不协调的 ❷易变的,不稳定的,反复无常的 ‖ inconsistently adv. 易变地,不稳定地,反复无常地

inconvenience [ˌɪnkənˈviːnjəns] n. ❶ⓤ不方便,麻烦,打扰: It's no inconvenience to drive you to the station. 开车送你去车站一点也不麻烦。❷ⓒ不便之处,麻烦事 ■ vt. 给…带来不便,给…添麻烦,打扰

inconvenient [ˌɪnkənˈviːnjənt] adj. 不方便的,打扰人的,造成麻烦的,让人不舒服的

incorporate [ɪnˈkɔːpəreɪt] vt. ❶包含,加上,吸收: The shopping centre also incorporates a library and a bank. 商业中心还包括一家银行和一家图书馆。❷把…合并,使并入: We had to incorporate the company for tax reasons. 由于纳税的原因,我们不得不把那家公司合并了。❸组成公司: When Smith's business became large, he incorporated it. 当史密斯的商店扩大业务之后,他把它组成了公司。‖ ~ in(into)使…成为…的一部分/~ with 并入;将…与…合并 ‖ **incorporation** n. ①结合,合并②社团,公司/**incorporator** n. ①合并者②社团成员,公司创始人

incorporated [ɪnˈkɔːpəreɪtɪd] adj.〈美〉股份有限的,组成公司的

incorrect [ˌɪnkəˈrekt] adj. ❶错误的,不正确的: Your answer is incorrect. 你的回答不正确。❷不能接受的 ‖ **incorrectly** adv. ①错误地,不正确地②不能接受地/**incorrectness** n. ①错误,不正确②不能接受

increase [ɪnˈkriːs] vt.& vi. 增加,增大,增多; You had better increase the amount. 你最好把数量再增加一些。‖ ~ at 以…增长/~ by 按…增长/~ from (使)由(少)增多;(使)由(小)变大/~ in 在…方面增长/~ to 增长到/~ with 随…增长 ■ [ˈɪnkriːs] n. ①U增加,增大,增多 ‖ on the ~ 正在增加之中,不断增加

increasingly [ɪnˈkriːsɪŋli] adv. 日益,越来越多地

incredible [ɪnˈkredəbl] adj. ❶不能相信的,不可信的 ❷〈非正〉难以置信的,不可思议的,惊人的 ‖ **incredibility** n. ①不能相信,不可相信②难以置信,不可思议,惊人/**incredibly** adv. ①不能相信地,不可相信地②难以置信地,不可思议地,惊人地

incredulous [ɪnˈkredjʊləs] adj. 表示怀疑的,不相信的 ‖ **incredulously** adv. 表示怀疑地,不相信地

incriminate [ɪnˈkrɪmɪneɪt] vt. 使(某人)显得有罪,牵连,归罪于 ‖ **incriminatory** adj. 可控告的;显得有罪的

incubate [ˈɪnkjubeɪt] vi.(卵)被孵化 vt. & vi. ❶孵(卵) ❷〈医〉潜伏,逐渐形成;潜伏在体内 ‖ **incubative** adj. 孵化的,潜伏期的/**incubatory** adj. 孵卵的,孵卵用的

inculpate [ˈɪnkʌlpeɪt] vt. 显示(某人)有罪,使负罪

incumbent [ɪnˈkʌmbənt] adj. ❶A在职的 ❷P义不容辞的 ■ n. C①教区牧师 ②教会中的任职人

incur [ɪnˈkɜː] vt.(-rr-)遭受;招致,引起: He incurred a heavy loss through you. 他因为你而遭受重大损失。

incurable [ɪnˈkjʊərəbl] adj. 无法治愈的,不可救药的 ‖ **incurability** n. 无法治愈,不可救药/**incurableness** n. 无法治愈,不可救药/**incurably** adv. 无法治愈地,不可救药地

incursion [ɪnˈkɜːʃən] n. P袭击,侵入,侵犯: Enemy forces have made incursions into our territory. 敌军已入侵我国领土。‖ **incursive** adj. 流入的,侵入的

indebted [ɪnˈdetɪd] adj. 感激的,受惠的,蒙恩的: I am greatly indebted to you for your help. 我非常感激你对我的帮助。‖ **indebtedness** n. 感激,受惠,蒙恩

indecent [ɪnˈdiːsnt] adj. ❶下流的,猥亵的,粗鄙的: ~ behaviour 下流的行为 ❷(量或质上)不合情理的,不合适的: It was indecent of him to do that. 他那样做是不礼貌的。‖ **indecently** adv. ①下流地,粗鄙地②不合情理地,不合适地

indecision [ˌɪndɪˈsɪʒən] n. U迟疑不决,无决断力,优柔寡断

indecisive [ˌɪndɪˈsaɪsɪv] adj. ❶犹豫不决的,优柔寡断的: An indecisive man could never run the country. 一个优柔寡断的人不能治理国家。❷非决定性的,不明确的:"Maybe" is an indecisive answer."也许"是个不明确的回答。‖ **indecisively** adv. ①犹豫不决地,优柔寡断地②非决定性地,不明确地/**indecisiveness** n. 犹豫不决,优柔寡断;不明确

indeed [ɪnˈdiːd] adv. ❶的确,确实 ❷甚至,其实: I didn't mind. Indeed, I was pleased. 我不在意,甚至还很高兴。❸确实,实在: Thank you very much indeed. 实在感谢。/A friend in need is a friend indeed. 患难的朋友才是真正的朋友。❹真是,哦:"Are you pleased at our success?""Yes, indeed.""你对我们的成功感到欣慰吗?""是的,确实感到欣慰。"

indefinite [ɪnˈdefɪnɪt] adj. ❶无限期的 ❷不明确的,含糊的 ‖ **indefiniteness** n. ①无限期②不明确,不确定

indefinitely [ɪnˈdefənətli] adv. 无限期地

indelicate [ɪnˈdelɪkɪt] adj. 不文雅的,不得体,不适当的,令人窘迫的 ‖ **indelicately** adv. 不文雅地,不得体地,不适当地,令人窘迫地

indemnify [ɪnˈdemnɪfaɪ] vt. ❶保障,保护 ❷使免于受罚 ❸补偿,赔偿

indemnity [ɪnˈdemnɪti] n. ❶U保障,赔偿,补偿 ❷C赔款,赔偿金,赔偿物

indent [ɪnˈdent] vt. ❶切割…使呈锯齿状 ❷缩进排版: We usually indent the first line of a paragraph. 我们常常把每段的第一行缩排。■ [ˈɪndent] n. U(印刷中的)缩进 ‖ **indentation** n. 呈锯齿形

independence [ˌɪndɪˈpendəns] n. U独立,自主,自立

independent [ˌɪndɪˈpendənt] adj. ❶独立的,自主的,自立的: Children should be encouraged to be independent thinkers. 应该鼓励孩子独立思考。/ He is economically independent. 他在经济上是独立的。❷ 不相关连的,无关的; Judges must be independent of political pressure. 法官们一定不能受政治压力的影响。‖ **of** 独立于…之外的,不受…支配的;与…无关的,不依赖于…的 ‖ **independently** adv. 独立地,自主地,自立地;不相关联地

index ['ɪndeks] n. ⓒ❶ (pl. ~es) 索引: A supplementary volume has been published containing the index. 附有索引的增补卷已经出版。❷ (pl. ~es or **indices**) 标志,象征;量度: The increasing sale of luxury goods is an index for the country's prosperity. 奢侈商品销售量日增是该国繁荣的标志。❸ (pl. ~es or **indices**) (物价或工资的)指数: The index of industrial production increased. 工业生产指数提高了。❹ (pl. **indices**) 〈数〉指数,幂; In b^{3n}, 3 and n are indices. 在 b^{3n} 式中,3 和 n 是指数。■ vt. 给…编索引,指示出: All places mentioned are carefully indexed. 所有被提到的地名都仔细编入了索引中。

Indian ['ɪndjən] adj. ❶ 印度的: The Indian Ocean is on the south of Asia. 印度洋位于亚洲南部。❷ 印第安人的 ■ n. ⓒ❶ 印度人 ❷ 印第安人 ‖ **Indian corn**〈英〉玉米

indicate ['ɪndɪkeɪt] vt. ❶ 标示,指示,指出: She indicated where I should go. 她指出了我该去的地方。❷ 象征;表明或暗示…的可能性: The snow indicates the coming of winter. 这场雪表明冬天来临。

indication [ˌɪndɪ'keɪʃən] n. ❶ⓤ 指示,表示: Did he give you any indication of his feelings? 他向你表示了自己的感情了吗?❷ⓒ 象征,迹象

indicative [ɪn'dɪkətɪv] adj. ❶ 标示的,指示的,象征的 ❷〈语〉陈述的,直陈的 ‖ **indicatively** adv. 标示地,象征地

indicator ['ɪndɪkeɪtə] n. ⓒ❶ (仪器上显示温度、压力、耗油量等的)指针,指示器,记录器 ❷ (车辆上的)转弯指示灯 ❸ 指示物;指示者

indict [ɪn'daɪt] vt. 控告,起诉: If the grand jury indicts the suspect, he will go to trial. 如果大陪审团指控嫌疑犯,他就得上法庭。‖ **indictable** adj. 可控告的,可起诉的/ **indictment** n. 控告,起诉

indifference [ɪn'dɪfrəns] n. ⓤ 不关心,不在乎

indifferent [ɪn'dɪfrənt] adj. ❶ⓟ 不关心的,冷淡的;中立的: Her manner was cold and indifferent. 她的态度既冷淡又无动于衷。❷ 较差的,平庸的: He is an indifferent cook. 他是个手艺平平的厨师。/ Her English is indifferent. 她的英文很一般。‖ **indifferently** adv. 冷淡地,不在乎地

indigenous [ɪn'dɪdʒɪnəs] adj. ❶ 土生土长的 ❷ 生来的,固有的 ‖ **indigenously** adv. 土生土长地;固有地

indigent ['ɪndɪdʒənt] adj. 贫穷的,贫困的,缺少钱财的

indigestion [ˌɪndɪ'dʒestʃən] n. ⓤ〈医〉消化不良(症)‖ **indigestive** adj. 消化不良的

indignant [ɪn'dɪɡnənt] adj. 愤怒的,愤慨的,义愤的: The indignant customer complained to the manager. 那个愤怒的顾客向经理投诉。

indignation [ˌɪndɪɡ'neɪʃən] n. ⓤ 愤怒,愤慨,气愤

indignity [ɪn'dɪɡnɪtɪ] n. ⓤⓒ 侮辱,轻蔑: The soldiers who were captured suffered many indignities at the hands of the enemy. 被俘的士兵在敌人手中受尽侮辱。

indigo ['ɪndɪɡəʊ] n. 靛蓝色 ‖ **indigosol**〈化〉溶靛素/ **indigotic** adj. 靛蓝的,靛青的

indirect [ˌɪndɪ'rekt] adj. ❶ 间接的,迂回的: On the way home, we took an indirect route. 回家的路上,我们绕了一个大圈。❷ 不直截了当的,婉转的: He gave only an indirect answer. 他只作了间接的回答。/ What he said was very indirect. 他的话很婉转。‖ **indirection** n. 间接,迂回,兜圈子/ **indirectly** adv. 间接地/ **indirectness** n. 间接,迂回,婉转 ‖ **indirect election** 间接选举/ **indirect evidence** 间接证据/ **indirect lighting** 间接照明/ **indirect object**〈语〉间接宾语/ **indirect question** 间接提问/ **indirect speech** 间接说/ **indirect tax** 间接税

indiscriminate [ˌɪndɪs'krɪmɪnɪt] adj. 不加区别的,不加选择的,不加鉴别的,不分好坏的: She disapproved of her son's indiscriminate television viewing. 她不赞成儿子不加选择地收看电视。‖ **indiscriminately** adv. 不加区别地,不加选择地,不加鉴别地,不分好坏地/ **indiscriminateness** n. 不加区别,不加选择,不加鉴别,不分好坏/ **indiscrimination** n. 不加区别,无选择;任意,任性/ **indiscriminative** adj. 不加区别的

indispensable [ˌɪndɪs'pensəbl] adj. 必不可少的,必需的 ■ n. ⓒ 不可缺少之物 ‖ **indispensability** n. 必不可少,必需/ **indispensableness** n. 必不可少,必需/ **indispensably** adv. 必不可少地,必需地

indisposed [ˌɪndɪs'pəʊzd] adj. ⓟ❶ 不舒服的,有病的 ❷ 不愿的,不乐意的

indisposition [ˌɪndɪspə'zɪʃən] n. ❶ⓒⓤ 小病,不舒服 ❷ⓤ 无意,不情愿

indisputable [ˌɪndɪs'pju:təbl] adj. 无可辩的,不容置疑的 ‖ **indisputableness** n. 无可争辩,不容置疑/ **indisputably** adv. 无可争辩地,不容置疑地

indistinct [ˌɪndɪs'tɪŋkt] adj. 不清楚的,模

糊的:~ memory 模糊的记忆‖**indistinction** n. 不清楚,模糊/**indistinctly** adv. 不清楚地,模糊地

individual [ˌɪndɪˈvɪdjuəl] adj.❶个别的,单独的,个人的 ❷独特的 ■n.❶个人: The purpose of the law is to protect the right of the individual. 该法律目的是为了保护个人权利。❷人: a bad-tempered ~一个脾气坏的人‖**individualist** n. 个人主义者,利己主义者/**individualize** vt. 使个体化,使具有个性/**individually** adv. 逐个地,单独地

individuality [ˌɪndɪˌvɪdjuˈælɪtɪ] n.Ⓤ个性,个人特征,特质: We should respect individuality. 我们应该尊重个性。

indoctrinate [ɪnˈdɒktrɪneɪt] vt. 向…灌输(信仰),教导

indolent [ˈɪndələnt] adj. 懒惰的,懒散的,不活跃的‖**indolently** adv. 懒惰地,懒散地,不活跃地

indomitable [ɪnˈdɒmɪtəbl] adj. 不屈服的,不气馁的,不可战胜的: an ~ spirit 一往无前的精神/an ~ struggle 不屈不挠的斗争‖**indomitably** adv. 不屈服地,不气馁地,不可战胜地

indoor [ˈɪndɔː] adj.Ⓐ室内的,户内的

indoors [ˈɪndɔːz] adv. 在室内,往室内: I always keep indoors by bad weather. 由于天气不好,我一直待在房里。

induce [ɪnˈdjuːs] vt.❶引诱,劝导: We induced him to come with us. 我们劝他与我们同行。❷〈正〉引起,导致: The medicine will induce sleep. 这种药使人入睡。/ Her illness was induced by overwork. 她的病是操劳过度引起的。‖~ **in** 在…中引起,产生;使…产生‖**inducer** n. 劝诱者,诱导者

inducement [ɪnˈdjuːsmənt] n.Ⓤ Ⓒ引诱,劝诱;刺激,鼓励

induct [ɪnˈdʌkt] vt. 使正式就任: Mr. John was inducted into the office of governor. 约翰先生正式就任州长。

induction [ɪnˈdʌkʃən] n.❶Ⓤ就职,入伍: the ~ of new employees into their jobs 新雇员的任职 ❷Ⓒ吸入: the ~ of foreign capital into China 将外资引进中国 ❸Ⓒ(电或磁的)感应: This is an induction motor. 这是台感应电动机。❹ⓊⒸ归纳(法)‖**induction field**〈电〉感应〔磁〕场/**induction heating**〈电〉感应电炉/**induction motor**〈电〉感应电动机

indulge [ɪnˈdʌldʒ] vt.❶放纵,容许: It is sometimes necessary to indulge a sick child. 迁就一个生病的小孩有时是必要的。❷满足: He would indulge her every dream. 他会尽量满足她的每一个奇思妙想。vi. 让自己尽情享受某物: I wouldn't say he's a drinker but he indulged at the party last night. 我不能说他是个酒鬼,可是昨晚的晚会上,他却不加节制地狂饮。‖~ **in** 任凭自己沉溺于…/~ **with** 用…纵容

indulgence [ɪnˈdʌldʒəns] n.❶Ⓤ纵容,迁就,宽容 ❷Ⓤ放纵,沉溺,沉迷 ❸Ⓒ嗜好,爱好 ❹ⓊⒸ(天主教的)特赦,豁免,免罪

indulgent [ɪnˈdʌldʒənt] adj. 放纵的,纵容的‖**indulgently** adv. 放纵地,纵容地

indurate [ˈɪndjʊreɪt] vt.& vi.(使)坚硬;变得坚硬 vt. 使起老茧;使无感觉 vi. 变得根深蒂固

industrial [ɪnˈdʌstrɪəl] adj.❶Ⓐ工业的,产业的 ❷用于工业的‖**industrialism** n. 工业主义/**industrially** adv. 工业上地,产业上地‖**industrial alcohol** 工业酒精/**industrial park** 工业区,工业园区/**Industrial Revolution** 工业革命/**industrial workers** 产业工人

industrialize,-ise [ɪnˈdʌstrɪəlaɪz] vt.& vi.(使)工业化: The country has been steadily industrializing. 该国正在稳步地实现工业化。/ They wanted to industrialize nations. 他们想使国家工业化。‖**industrialization,-isation** n. 工业化/**industrialized,-ised** adj. 工业化的

industrious [ɪnˈdʌstrɪəs] adj. 勤劳的,勤奋的: He is industrious about his studies. 他勤奋学习。‖**industriously** adv. 勤劳地,勤奋地/**industriousness** n. 勤劳,勤奋

industry [ˈɪndəstrɪ] n.❶Ⓤ工业,制造业 ❷Ⓤ工业界 ❸Ⓒ某一工业 ❹Ⓤ勤奋,勤劳‖key ~ 基本工业;主要工业/with ~ 勤劳地

indwell [ɪnˈdwel] vi.❶(精神、原则等)永存 vt.(精神上)存在 ❷(导管、针等长期在体内)置留

inedible [ɪnˈedɪbl] adj. 不能吃的,不适合食用的

ineffable [ɪnˈefəbl] adj.❶妙不可言的,不可言喻的 ❷(尤指某些宗教中神的名字)因神圣而不容称呼的,须避讳的‖**ineffably** adv. 妙不可言地,不可言喻地

ineffective [ˌɪnɪˈfektɪv] adj.❶无效果的,未能产生预期效果的,不起作用的 ❷无能力的‖**ineffectively** adv. 无效地,不起作用地;无能力地/**ineffectiveness** n. 无效果,不起作用;无能力

ineffectual [ˌɪnɪˈfektjʊəl] adj. 效果不佳的,无效的,不起作用的‖**ineffectually** adv. 效果不佳地,无效地,不起作用地/**ineffectualness** n. 效果不佳,无效果,不起作用

inefficient [ˌɪnɪˈfɪʃənt] adj. 无效率的,效率低的,无能的,不称职的‖**inefficiency** n. 无效,无能,不称职/**inefficiently** adv. 无效率地,效率低地,无能地,不称职地

inept [ɪˈnept] adj.❶无能的,不称职的,笨拙的 ❷不恰当的,荒谬的‖**ineptitude** n. 不恰

当;愚笨;无能,不称职/**ineptly** adv. 无能地,不称职地,笨拙地;不恰当地,荒谬地/**ineptness** n. 无能,不称职,笨拙;不恰当,荒谬

inequality [ˌɪnɪˈkwɒlɪtɪ] n. ⓤⓟ 不平等,不均等,不等量

inert [ɪˈnɜːt] adj. ❶无自动力的 ❷(身心)迟钝的 ❸〈化〉惰性的 ‖ **inertly** adv. 迟钝地/**inertness** n. 不动,不称职,笨拙

inertia [ɪˈnɜːʃjə] n. ⓤ ❶不活动,惰性: We had a feeling of inertia in the afternoon. 下午我们感觉很懒。❷〈物〉惯性: Inertia carried the plane onto the ground. 飞机靠惯性着陆。‖ **inertial** adj. 〈物〉惯性的,惯量的

inescapable [ˌɪnɪsˈkeɪpəbl] adj. 不可避免的,逃避不了的 ‖ **inescapably** adv. 不可避免地,逃避不了地

inevitable [ɪnˈevɪtəbl] adj. ❶不可避免的,必然发生的: the ~ course of history 历史必由之路 ❷Ⓐ〈非正〉总会发生的,照例必有的,惯常的 ‖ **inevitability** n. 不可避免,必然/**inevitableness** n. 不可避免,必然/**inevitably** adv. 不可避免地,必然地

inevitably [ɪnˈevɪtəblɪ] adv. 不可避免地,必然地

inexact [ˌɪnɪɡˈzækt] adj. 不准确的,不精确的 ‖ **inexactitude** n. 不精确,不准确/**inexactly** adv. 不精确地,不准确地/**inexactness** n. 不精确,不准确;不严格

inexcusable [ˌɪnɪksˈkjuːzəbl] adj. 不可原谅的,不可宽恕的 ‖ **inexcusableness** n. 不可原谅,不可宽恕/**inexcusably** adv. 不可原谅地,不可宽恕地

inexhaustible [ˌɪnɪɡˈzɔːstəbl] adj. 无穷无尽的;用不完的

inexorable [ɪnˈeksərəbl] adj. ❶无情的;不屈的 ❷不能变更的;不可阻挡的 ‖ **inexorability** n. 无情,不屈/**inexorably** adv. 无情地;不屈地

inexpedient [ˌɪnɪksˈpiːdjənt] adj. 〈正〉不妥当的;不适当的;不明智的 ‖ **inexpedience** n. 不妥当;不明智/**in-expediently** adv. 不妥当地;不适当地;不明智地

inexpensive [ˌɪnɪksˈpensɪv] adj. 不贵的,便宜的: ~ clothes 便宜的衣服/Those shoes are very inexpensive. 那些鞋子很便宜。‖ **inexpensively** adv. 便宜地/**inexpensiveness** n. 便宜,不贵

inexperience [ˌɪnɪksˈpɪərɪəns] n. ⓤ ❶缺乏经验;不成熟 ❷缺乏知识 ‖ **inexperienced** adj. 缺乏经验的

inexpert [ɪnˈekspɜːt] adj. 非内行的,不熟练的;笨拙的: I'm inexpert at cooking. 我的烹调技术甚差。‖ **inexpertly** adv. 业余地,不熟练地/**inexpertness** n. 业余,不熟练

inexplicable [ɪnˈeksplɪkəbl] adj. 无法解释的;神秘的: Her inexplicable absence worried me. 她的缺席无法解释,令我担忧。‖ **inexplicably** adv. 无法解释地;神秘地

inexplicit [ˌɪnɪksˈplɪsɪt] adj. 不清楚的;含糊的 ‖ **inexplicitly** adv. 不清楚地;含糊地

inexpressible [ˌɪnɪksˈpresəbl] adj. 〈正〉(感情)难以表达的,无法形容的: I felt an inexpressible relief. 我感到一种说不出的宽慰。‖ **inexpressibly** adv. 无法形容地

inexpressive [ˌɪnɪksˈpresɪv] adj. 无表情的;无意义的 ‖ **inexpressively** adv. 无表情地;无意义地/**inexpressiveness** n. 无表情;无意义

inextricable [ɪnˈekstrɪkəbl] adj. ❶〈正〉无法摆脱的 ❷解不开的 ‖ **inextricably** adv. 无法摆脱地;解不开地

infallible [ɪnˈfæləbl] adj. ❶不会犯错误的,无过失的 ❷极准确的,极精确的 ❸绝对可靠的;万无一失的;永远有效的 ‖ **infallibility** n. 绝对正确;绝对有效/**infallibly** adv. 没有错误地,无过失地

infamous [ˈɪnfəməs] adj. ❶丑恶的,臭名昭著的: He is infamous for his dishonesty. 他因不诚实而声名狼藉。❷〈正〉邪恶的,无耻的: I was shocked by her infamous behaviour. 她的无耻行径令我震惊。

infamy [ˈɪnfəmɪ] n. ❶ⓤ 声名狼藉;臭名;丑恶 ❷Ⓒ 恶行;不光彩的行为

infancy [ˈɪnfənsɪ] n. ⓤ ❶婴儿期 ❷早期,初始阶段

infant [ˈɪnfənt] n. Ⓒ 婴儿,幼儿

infantile [ˈɪnfəntaɪl] adj. ❶Ⓐ 婴儿(期)的 ❷〈贬〉幼稚的,孩子气的;婴儿的

infantry [ˈɪnfəntrɪ] n. ⓤ 步兵 ‖ **infantry man** 步兵

infatuated [ɪnˈfætjueɪtɪd] adj. 热恋的,着迷的: He is infatuated with her, and doesn't see her faults. 他对她着了迷,看不出她的缺点。

infatuation [ɪnˌfætjuˈeɪʃən] n. ⓤⒸ 热恋,迷恋

infect [ɪnˈfekt] vt. ❶(受)传染: Dirt infected an open cut. 尘土使敞露的伤口受到感染。/Whole societies become infected by these vices. 整个社会都被这些恶习所腐蚀。❷ 污染: Waste gases infected the air. 废气污染了空气。❸影响: be ~ ed with 受到…的影响/Mary's high spirits infected all the girls in the class. 玛丽的兴致感染了全班的女孩。‖ ~ **with** ①把…传染给 ②使…充满(某种感情)

infection [ɪnˈfekʃən] n. ❶ⓤ〈医〉传染,感染: White blood cells fight infection. 白血球抗感染。❷Ⓒ 传染病: Measles is an infection. 麻疹是一种传染病。

infectious [ɪnˈfekʃəs] adj. ❶传染的,有传

染性的: Influenza is an infectious disease. 流感是一种传染病。/ The patient is still infectious. 这个病人仍具有传染性。❷有感染力的: What an infectious laugh she has! 她的笑声多么具有感染力啊！ ‖ **infectiously** adv. 传染地/**infectiousness** n. 传染,感染力

infer [ɪnˈfɜː] vt. (-rr-) 推断,推知: ~ a conclusion 推断出结论/~ carelessly 草草地推断/~ confidently 有把握地推断/From his remarks, I inferred that he hadn't enjoyed his holiday. 从他的话中我推断他的假期过得不愉快。 ‖ ~ **from** 从…中推断出

inference [ˈɪnfərəns] n. ❶ⓊⓀ推论,推理,推断: You seemed to know about this book, and by inference I thought you had read it. 你好像了解这本书,因此我推断你已读过它了。❷ⓒ 推断结果,结论: The inferences drawn from data have led to some major changes in our policy. 根据资料做出的推论使得我们的方针发生了一些重大变化。

inferential [ˌɪnfəˈrenʃəl] adj. 可以推论的；据推论得出的

inferior [ɪnˈfɪərɪə] adj. ❶低等的,下级的 ❷劣等的,次的 ■ n. ⓒ部下,下属; A good leader should get on well with inferiors. 一个好的领导应当与部下相处融洽。

inferno [ɪnˈfɜːnəʊ] n. (pl. ~s) ⓒ❶地狱 ❷很热的地方

infertile [ɪnˈfɜːtaɪl] adj. ❶不能生育的 ❷贫瘠的,不毛的

infest [ɪnˈfest] vt. ❶害虫、野兽大批出没于: The back yard was infested by rats. 后院里老鼠猖獗。 ❷遍布于: Crime infests that poor neighbourhood. 那贫困地区犯罪猖獗。 ‖ **infestation** n. 大批出没；侵扰

infidel [ˈɪnfɪdəl] n. ⓒ不信宗教的(人)；异教徒

infidelity [ˌɪnfɪˈdelɪtɪ] n. ⓒⓊ(夫妻间的)不忠实；(尤指)通奸

infighting [ˈɪnfaɪtɪŋ] n. Ⓤ内讧,内部纠纷,勾心斗角

infiltrate [ˈɪnfɪltreɪt] vt. & vi. (使)渗透,(指思想)渗入人的心中 ‖ **infiltrator** n. 渗入者

infinite [ˈɪnfɪnɪt] adj. 无限的,无穷的,无边无际的 ‖ **infinitely** adv. 无限地,无穷地/**infiniteness** n. 无限,无穷

infinitesimal [ˌɪnfɪnɪˈtesɪməl] adj. 极微小的 ‖ **infinitesimally** adv. 无限小地

infinity [ɪnˈfɪnɪtɪ] n. Ⓤ❶〈数〉无穷大,无限大: It is impossible to count up to infinity. 不可能数到无穷大。 ❷无限远的点

infirm [ɪnˈfɜːm] adj. 体弱的: He was over eighty years of age, infirm and totally blind. 他八十多岁了,身体虚弱,双目失明。 ‖ **infirmly** adv. 不坚定地,动摇地

infirmary [ɪnˈfɜːmərɪ] n. ⓒ❶医务室 ❷医院

inflame [ɪnˈfleɪm] vt. & vi. (使)变红,发怒,过热: Her question seemed to inflame him all the more. 她的问题似乎更加激怒了他。 ‖ **inflamed** adj. 红肿的,发炎的

inflammable [ɪnˈflæməbl] adj. ❶易燃的 ❷〈口〉易激动的；易激怒的

inflammation [ˌɪnfləˈmeɪʃən] n. ⓒⓊ〈医〉炎症

inflammatory [ɪnˈflæmətərɪ] adj. ❶〈贬〉刺激性的；煽动性的: an ~ speech 煽动性的演讲 ❷炎性的；发炎的

inflatable [ɪnˈfleɪtəbl] adj. 必须充气才能使用的；可充气的

inflate [ɪnˈfleɪt] vt. & vi. ❶使充气(于轮胎、气球等),(使)膨胀 ❷(使)通货膨胀,物价上涨

inflated [ɪnˈfleɪtɪd] adj. ❶(价格)飞涨的,(通货)膨胀的 ❷〈贬〉言过其实的,夸大的,华而不实的 ❸充了气的

inflation [ɪnˈfleɪʃən] n. Ⓤ❶(充气而引起的)膨胀 ❷通货膨胀 ‖ **inflationary** adj. 膨胀的；通货膨胀的

inflect [ɪnˈflekt] vt. ❶变(音),转(调) ❷使(词)屈折变化 vi. 屈折变化

inflection [ɪnˈflekʃən] n. Ⓤ变音,转调

inflexible [ɪnˈfleksəbl] adj. ❶僵硬的,不可弯曲的 ❷不可动摇的,坚定不移的 ‖ **inflexibility** n. 坚定,坚定不移/**inflexibly** adv. 坚定地,坚定不移地

inflict [ɪnˈflɪkt] vt. 把…强加给,使承受,遭受: ~ angrily 愤怒地处罚/~ unreasonably 不合理地处罚/Cheryl inflicted her children on her mother for the weekend. 周末谢里尔硬把孩子们交给母亲照料。 ‖ ~ **on**[**upon**] (将…)强加于… /~ **oneself on**[**upon**] sb 打扰某人 ‖ **inflicter,-or** n. 加害者,处罚者

infliction [ɪnˈflɪkʃən] n. ❶Ⓤ施加,蒙受 ❷ⓒ施加的事物；痛苦的经历

inflow [ˈɪnfləʊ] n. ❶Ⓤ流入 ❷ⓒⓊ流入物,流入量

influence [ˈɪnflʊəns] n. ❶Ⓤ影响；感化力 ❷Ⓤ势力,权势 ❸ⓒ产生影响的人〔事物〕 ■ vt. 影响,感化: ~ profoundly 深刻地影响/~ strongly 强烈地影响/~ in 在…方面施加影响/The labour enthusiasm of the workers strongly influenced us. 工人们的劳动热情强烈地感染了我们。 / It's all too easy to be influenced by our parents. 我们容易受父母的影响。

influential [ˌɪnflʊˈenʃəl] adj. 有影响的,有权势的 ‖ **influentially** adv. 有影响地

influenza [ˌɪnflʊˈenzə] n. Ⓤ〈医〉流行性感冒

influx [ˈɪnflʌks] n. ⓒ 大量涌入
info [ˈɪnfəʊ] n. ⓤ (= information)〈非正〉消息；情报；资料
inform [ɪnˈfɔːm] vt. 告诉，通知 vi. 检举，告密：~ on one's accomplices 告发同谋犯‖~ about 将…告知(某人)/~ against〔on〕告发…‖ **informer** n. ①通知者，通告者 ②告密者
informal [ɪnˈfɔːml] adj. 非正式的‖ **informality** n. ①非正式；不拘小节 ②不拘小节的行动/ **informally** adv. 非正式地
informant [ɪnˈfɔːmənt] n. ⓒ 报告者，告密者
information [ˌɪnfəˈmeɪʃən] n. ⓤ ❶ 消息；资料；情报 ❷ 通知，告知‖ **informational** adj. 消息的；提供消息的‖ **information superhighway** 信息高速公路/ **information technology** 信息技术/ **information theory** 信息论
informative [ɪnˈfɔːmətɪv] adj. 提供信息的‖ **informatively** adv. 提供信息地
informed [ɪnˈfɔːmd] adj. ❶ 消息灵通的；了解情况的 ❷ 基于对情况的了解的；有根据的
informer [ɪnˈfɔːmə] n. ⓒ 间谍，情报人员
infraction [ɪnˈfrækʃən] n. ❶ⓤ(对规则、法律等的)违背，违犯 ❷ⓒ 犯规，违法
infrared [ˌɪnfrəˈred] adj.〈物〉红外线的
infrastructure [ˈɪnfrəstrʌktʃə] n. ⓒ 基础设施；基础结构
infrequent [ɪnˈfriːkwənt] adj. 很少的，不常的：an ~ visitor 稀客
infringe [ɪnˈfrɪndʒ] vt.& vi. ❶ 违反(规章等) ❷ 侵犯(某人的权利)‖ **infringement** n. 违反；侵犯
infuriate [ɪnˈfjʊərieɪt] vt. 使大怒；激怒：Their insults infuriated him. 他们的侮辱激怒了他。‖ **infuriately** adv. 狂发怒地/ **infuriating** adj. 令人气愤的
infuse [ɪnˈfjuːz] vt. 灌输，加入(一种特性) vt.& vi. 沏(茶)，泡(草药)
infusion [ɪnˈfjuːʒən] n. ❶ⓒ 沏或泡成的浸液(如茶等) ❷ⓒⓤ 注入，注入物
ingather [ɪnˈgæðə] vt. 收割(尤指庄稼)；收集
ingenious [ɪnˈdʒiːnjəs] adj. ❶ 灵巧的，善于创造发明的 ❷ 设计独特的，制作精巧的
ingenuity [ˌɪndʒɪˈnjuːɪtɪ] n. ⓤ 足智多谋，心灵手巧
ingest [ɪnˈdʒest] vt. ❶〈正〉吃；吞下 ❷ 获取(某事物)
ingot [ˈɪŋgət] n. ⓒ (常为砖形的)铸块，锭
ingrained [ˌɪnˈgreɪnd] adj. (指习惯、字迹等)牢固的，极难除掉的
ingrate [ɪnˈgreɪt] n. ⓒ 忘恩负义的人

ingratiate [ɪnˈgreɪʃɪeɪt] vt. 讨好，谄媚：~ oneself with sb 讨好某人
ingratitude [ɪnˈgrætɪtjuːd] n. ⓤ 忘恩负义：His friends were shocked by his ingratitude to his parents. 他对父母不孝，令他的朋友们大为吃惊。
ingredient [ɪnˈgriːdjənt] n. ⓒ(混合物的)组成部分；配料
inhabit [ɪnˈhæbɪt] vt. 居住于，栖居于：~ caves〔trees〕栖息在洞〔树〕中/ Woodpeckers inhabit hollow trees. 啄木鸟栖息在中空的树中。
inhabitant [ɪnˈhæbɪtənt] n. ⓒ 居民，住户；(栖息在某地区的)动物
inhale [ɪnˈheɪl] vt.& vi. 吸入
inherent [ɪnˈhɪərənt] adj. 固有的；内在的
inherit [ɪnˈherɪt] vt.& vi. 继承：If he dies without making a will, his closest relative will inherit. 如果他没有立下遗嘱就去世了，他的至亲将成为其继承人。‖ ~ **from** 从…继承…；从…得到…
inhibit [ɪnˈhɪbɪt] vt. 阻止；抑制：His senses and reasons inhibited his wrong desires or impulses. 他的理智抑制了不正当的欲望或冲动。‖ ~ **from** 禁止，阻止‖ **inhibited** adj. 拘谨的
inhibition [ˌɪnhɪˈbɪʃən] n. ❶ⓤ 抑制；顾忌：Some drugs can cause the inhibition of normal bodily activity. 某些药物能抑制正常的身体功能。❷ⓒ 抑制力
inhospitable [ˌɪnhɒsˈpɪtəbl] adj. ❶ 不好客的，不友好的 ❷ 不适于居住的
initial [ɪˈnɪʃəl] adj. 最初的，开头的
initially [ɪˈnɪʃəlɪ] adv. 开始，最初
initiate [ɪˈnɪʃɪeɪt] vt. ❶ 开始，着手：~ negotiations 着手谈判/~ the custom 首开这种风气/~ the reforms 着手进行改革/~ accurately〔casually, lightly〕准确〔漫不经心，轻率〕地开始 ❷ 传授；使初步了解：He has not yet been thoroughly initiated into the mysteries of computer. 他对计算机的奥秘尚未入门。❸ 接纳新成员，让…加入：~ the members 接受会员/ The club initiated twelve members. 俱乐部正式接受 12 个人为会员。‖ ~ **into** 介绍或接纳(某人)加入…，使(某人)获知…‖ **initiator** n. ①创始者，发起者 ②教导者，传授者
initiative [ɪˈnɪʃɪətɪv] n. ❶ⓤ 主动性，首创精神 ❷ⓒ 主动的行动，倡议 ❸ⓢ 主动权：contend for ~ 争取主动权‖ **have the ~ 掌握主动权/ on one's own ~** 主动地；自发地/ **take the ~** 带头；倡导；发起
inject [ɪnˈdʒekt] vt. 注射，注入：~ automatically 自动地注入/~ the patient 给病人打针/ The doctor has injected him under the skin. 医生已给他皮下注射了一针。/ We hope to in-

ject interest into our party. 我们希望我们的聚会更有趣味。‖ ~ into ①把…注入身体②给…添加/~ with 注入…

injection [ɪnˈdʒekʃən] n. ⓒⓊ注射,注入

injunction [ɪnˈdʒʌŋkʃən] n. ⓒ命令;强制令;禁止令

injure [ˈɪndʒə] vt. 伤害,损害: His internal organs were injured. 他内部器官受了伤。

injury [ˈɪndʒəri] n. ❶Ⓤ伤害,损害: bodily ~身体伤害/fatal ~致命伤/protect from ~防止受伤/Excessive dosage of this drug can result in injury to the liver. 这种药使用过量会损害肝脏。❷ⓒ受伤处:~ to the head 头部受伤/The driver of the car received serious injuries to the legs and arms. 驾车者的双臂和双脚严重受伤。

injustice [ɪnˈdʒʌstɪs] n. Ⓤ不公平;非正义

ink [ɪŋk] n. ⓊⓒT墨水,油墨 ‖ before the ~ is dry 墨迹未干;立刻 ‖ **inkless** adj. 无墨水的/**inky** adj. ①墨似的,漆黑的②给墨水弄污的 ‖ **ink bag**(乌贼的)墨囊/**inkblot** n. 墨迹/**ink bottle** 墨水瓶/**inkfish** n. 乌贼

inkling [ˈɪŋklɪŋ] n. Ⓢ想法;暗示;迹象

inlaid [ˈɪnleɪd] adj. 镶嵌的

inland [ˈɪnlənd] adj. Ⓐ内地的,内陆的 ■ adv. 向内地,在内陆: We headed further inland. 我们更深入地朝内陆行进。

in-laws [ˈɪnlɔːz] n. Ⓟ〈口〉姻亲

inlet [ˈɪnlet] n. ⓒ❶水湾,小湾 ❷进口,入口

inmate [ˈɪnmeɪt] n. ⓒ囚犯

inmost [ˈɪnməʊst] adj. Ⓐ❶最内的;最深的 ❷纯粹私人的;最秘密的

inn [ɪn] n. ⓒ小旅馆,客栈,小酒馆

innate [ɪˈneɪt] adj. 天生的,固有的

inner [ˈɪnə] adj. Ⓐ❶内部的,里面的 ❷内心的 ‖ **inner city** 市中心

innermost [ˈɪnəməʊst] adj. Ⓐ❶最深处的 ❷隐私的,最隐秘的: He reveals his innermost feelings only to his best friend. 他把最隐秘的想法只告诉最好的朋友。

innings [ˈɪnɪŋz] n. (pl. ~)ⓒ(板球)局;回合

innkeeper [ˈɪnˌkiːpə] n. ⓒ旅店老板;客栈掌柜

innocence [ˈɪnəsns] n. Ⓤ❶清白;无辜 ❷天真,单纯

innocent [ˈɪnəsnt] adj. ❶清白的,无罪的,无辜的 ❷无害的,没有恶意的 ❸涉世不深的;天真的,单纯的 ❹头脑简单的;愚钝的

innocuous [ɪˈnɒkjuəs] adj. 无害的,不会招致反对的

innovate [ˈɪnəveɪt] vi. 改革,创新: ~ in 〔on〕 techniques 在工艺上创新 ‖ **innovator** n. 改革家,创新家

innovation [ˌɪnəʊˈveɪʃən] n. ❶ⓒⓈ改革,革新,创新 ❷ⓒ新观念,新方法,新发明

innovative [ˈɪnəveɪtɪv] adj. ❶新发明的,新引进的;革新的,有改革精神的 ❷乐于引进新观念的

innuendo [ˌɪnjuˈendəʊ] n. ❶ⓒ含沙射影的话;暗讽的话 ❷Ⓤ含沙射影,暗讽

innumerable [ɪˈnjuːmərəbl] adj. 无数的,数不清的

inoculate [ɪˈnɒkjuleɪt] vt. 给…做预防注射

inoffensive [ˌɪnəˈfensɪv] adj. 无害的,不伤人的

inoperable [ɪnˈɒpərəbl] adj. 手术不能治愈的

inoperative [ɪnˈɒpərətɪv] adj. 不起作用的,无效的

inopportune [ɪnˈɒpətjuːn] adj. 不凑巧的;不合时宜的

inordinate [ɪˈnɔːdɪnɪt] adj. 过度的,过量的:~ ambitions 非分之想

inpatient [ˈɪnˌpeɪʃənt] n. ⓒ住院病人 ■ adj. 夜间看病的

input [ˈɪnpʊt] n. ❶Ⓤ输入,投入 ❷ⓒ〈电〉输入端 ❸ⓒⓊ输入的数据 ■ vt. (-tt-, pt., pp. **input** or **inputted**)把…输入电脑: Have you inputted the new data yet? 你把新数据输进电脑了吗?

inquest [ˈɪnkwest] n. ⓒ〈律〉审讯;审理

inquire [ɪnˈkwaɪə] vt. & vi. 打听,询问: I inquired the way to the station. 我打听去火车站怎么走。‖ ~ **about**〔**after**〕①查询,查阅(信息、资料等)②问候/~ **for** 查询(商店的货物);求见(某人)/~ **into** 调查/~ **off**〈正〉询问(某人);向(某人)了解情况/~ **within** 请见店内海报

inquiry [ɪnˈkwaɪəri] n. ❶ⓊⓒT打听,询问: a letter of ~ 询问函/make -ries about sth 询问某事 ❷ⓒ调查,查问: an official〔proper〕 ~ 正式调查/bear ~经得起追查/special -ries 特别调查

inquisition [ˌɪnkwɪˈzɪʃən] n. ⓒ〈正〉调查,审讯

inquisitive [ɪnˈkwɪzɪtɪv] adj. 好问的;好奇的;爱打听别人隐私的: Children are usually inquisitive. 小孩通常很好问。

inroad [ˈɪnrəʊd] n. Ⓟ进展: We have made inroads into our painting job; we finished the kitchen already. 我们的粉刷工作有进展了,已经把厨房刷好了。

insane [ɪnˈseɪn] adj. (患)精神病的,精神失常的,疯狂的 ‖ **insanely** adv. 疯狂地/**insaneness** n. 精神病,精神失常;疯狂

insatiable [ɪnˈseɪʃəbl] adj. 无法满足的,贪得无厌的: That politician is insatiable for power. 那个政客对权力贪得无厌。

inscribe [ɪnˈskraɪb] vt. 写;刻: The names of the dead were inscribed on the wall. 死者的名字被刻在墙上。

inscription [ɪnˈskrɪpʃən] n. ⓒ (作者)题词,献词

inscrutable [ɪnˈskruːtəbl] adj. 不可理解的;谜一样的

insect [ˈɪnsekt] n. ⓒ 昆虫: He was bitten by an insect in the garden. 他在花园里被虫子咬了一口。‖ **insect powder** 除虫粉

insecticide [ɪnˈsektɪsaɪd] n. ⓒⓊ 杀虫剂

insecure [ˌɪnsɪˈkjʊə] adj. ❶没把握的;不能断定的: He feels insecure about his body, so he wears a shirt at the beach. 他对自己的身体没有把握,所以去海边时穿了一件衬衣。❷不稳定的,不安全的: an ～ house 危房 ‖ **insecurely** adv. 无把握地;不稳定地

inseminate [ɪnˈsemɪneɪt] vt. 使受精,使怀孕

insensate [ɪnˈsenseɪt] adj. ❶无感觉的;无生气的 ❷无理性的;狂暴的

insensible [ɪnˈsensəbl] adj. ❶无知觉的 ❷不知道的,没有觉察的 ❸无感觉的;(尤指)无疼痛感觉的 ❹(因太小而)不易被察觉的 ‖ **insensibleness** n. 无知觉,无感觉;不知觉/**insensibly** adv. 无知觉地

insensitive [ɪnˈsensɪtɪv] adj. ❶感觉迟钝的;不友好的: She said insensitive things to the overweight woman. 她对那个胖女人说了些不友好的话。❷感觉不到的;麻木不仁的: He was insensitive to her grief. 他对她的悲伤无动于衷。‖ **insensitively** adv. 不友好地;麻木不仁地

inseparable [ɪnˈsepərəbl] adj. 不可分的,分不开的 ‖ **inseparability** n. 分不开/**inseparably** adv. 不可分地

insert [ɪnˈsɜːt] vt. 插入,嵌入: ～ key in〔into〕a lock 把钥匙插入锁中 ‖ ～ **between** 在(两者)间嵌进〔插进〕(某物) ■ n. ⓒ 添入物(尤指一页印刷品图中插入或套印的小图)

inshore [ˈɪnˈʃɔː] adj. Ⓐ (指海上某物)近海岸的,内陆的: ～ fisheries 近海渔场 ‖ ～ **of** 比…靠近海岸 ■ adv. 沿海或出海捕鱼

inside [ɪnˈsaɪd] n. ❶Ⓢ 里面,内部: He did not see the inside of the house before he bought it. 他买这栋房子前也没进去看看里面是什么样的。❷ⓒ 内脏 ‖ **from the outside to the** ～ 由表及里/～ **out** ①里朝外 ②彻底地,完全地/**on the** ～ ①处于集团或组织内部因而知内情 ②使用内车道 ■ adj. Ⓐ 内部的;里面的;内侧的: I keep my wallet in an inside pocket. 我把钱包放在里面的口袋里。/What does your inside leg measure? 你的腿从内侧量有多长? ■ prep. ❶(表示位置或方向)在或到…里面: Two minutes later we were inside the taxi. 两分钟以后我们已经坐在出租车里面了。❷(表示时间)少于: He will be back inside two days. 他将在两天内回来。/She will be here inside an hour. 她一小时之内会到这儿。

insidious [ɪnˈsɪdɪəs] adj. 隐伏的,潜在的,暗中为害的: an ～ disease 潜伏的疾病/～ jealousy 暗暗产生的嫉妒 ‖ **insidiously** adv. 潜在地,隐伏地,阴险地/**insidiousness** n. 潜伏,阴险

insight [ˈɪnsaɪt] n. ❶Ⓤ 洞察力,洞悉,深刻的见解: gain an ～ 有见识/a historic ～ 历史眼光/He is a man of great insight. 他是个很有见识的人。❷ⓒ 领悟,顿悟

insignificant [ˌɪnsɪɡˈnɪfɪkənt] adj. 无价值的,无意义的,无用的: The rate has fallen by an insignificant amount. 比率虽有下降,但微不足道。

insinuate [ɪnˈsɪnjʊeɪt] vt. ❶暗示,旁敲侧击 ❷巧妙或迂回地潜入

insist [ɪnˈsɪst] vt. & vi. ❶坚决宣称,坚持认为: I will have another glass if you insist. 你这样坚持我就再喝一杯。❷坚决要求: I insisted that they should wait for our return. 我坚决要求他们等我们回来。/We insist upon a definite answer. 我们一定要得到一个肯定的答复。‖ ～ **on**〔**upon**〕坚持;强调

insistence [ɪnˈsɪstəns] n. Ⓤ 坚持 ‖ **at sb's** ～ 经某人坚决要求

insistent [ɪnˈsɪstənt] adj. ❶坚持的: In spite of the rain he was insistent on going out. 尽管下雨,他仍然坚持外出。❷紧急的: There was an insistent knock on my door. 我听到一阵急促的敲门声。‖ **insistently** adv. 坚持地

insolvent [ɪnˈsɒlvənt] adj. 无力偿付债务的,破产的 ■ n. ⓒ 无力偿还债务的人;破产者

insomnia [ɪnˈsɒmnɪə] n. Ⓤ〈医〉失眠(症)

inspect [ɪnˈspekt] vt. ❶检查,检验: The fire prevention branch inspects factories and all sorts of public buildings. 消防部门对工厂和各种公共建筑进行检查。❷视察: The mayor will inspect our school tomorrow. 市长明天要来视察我们学校。

inspection [ɪnˈspekʃən] n. Ⓤ.ⓒ 检查,视察: a house-to-house ～ 挨家挨户检查/on an ～ tour 进行一次巡回检查

inspector [ɪnˈspektə] n. ⓒ ❶检查员,督察 ❷检阅官 ❸警察巡官 ‖ **inspectorship** n. 检查员的地位

inspectorate [ɪnˈspektərɪt] n. ⓒ 视察人员(总称);视察团: the primary schools ～ 小学督学团

inspiration [ˌɪnspəˈreɪʃən] n. ❶Ⓤ 灵感: drive ～ 获得灵感/These events provided the inspiration for his first novel. 这些事件给予了他

创作第一部小说的灵感。❷ⓒ鼓舞人心的人〔事物〕: a constant ～不断的鼓励 ❸ⓒ〈口〉突然想出的好主意; 妙计: a brilliant ～神机妙算/I've just had an inspiration; why don't we try turning it the other way! 我突然想出一个好主意—我们为什么不试着向相反的方向转一转呢! ‖ an ～ to 对…的鼓舞/by the ～在…的鼓舞下/on〔with〕a sudden ～灵机一动/without an ～没有灵感 ‖ **inspirational** adj. 启发灵感的, 鼓舞或激励人的

inspire [ɪnˈspaɪə] vt. ❶鼓舞, 激励: be ～d by 受…的鼓舞/～ sb for〔to〕efforts 鼓舞某人做出努力/His speech inspired the crowd. 他的演说鼓舞了群众。❷赋予某人灵感; 启迪: You inspired me by playing the piano so beautifully. 你弹奏的优美的钢琴曲激发了我的灵感。‖ ～ sth in sb〔sb with sth〕激发某人的某种情感

inspired [ɪnˈspaɪəd] adj. ❶有创造力的: an ～ poet 有创作力的诗人 ❷有雄心壮志的

inspiring [ɪnˈspaɪərɪŋ] adj. ❶鼓舞人的: an ～ thought 鼓舞人心的想法 ❷使人感兴趣的

instability [ˌɪnstəˈbɪlɪtɪ] n. Ⓤ不稳定, 不稳固: mental ～精神不稳定

install,〈美〉**instal** [ɪnˈstɔːl] vt. ❶安装: ～ an apparatus 安装设备 ❷安顿, 安置: Martin installed his family over the shop. 马丁把家眷安顿在店铺的楼上。❸使…正式就职: ～ a college president 任命学院院长 ‖ ～ in ①在…安装…②把…安置于…③委派…担任…

installation [ˌɪnstəˈleɪʃən] n. Ⓤ❶安装, 设置; 就职: the ～ of the TV 电视机的安装/the ～ of a new mayor 新市长的就职 ❷Ⓒ装置, 设备: an electrical ～电器设备 ❸Ⓒ军事设施

instalment,〈美〉**installment** [ɪnˈstɔːlmənt] n. Ⓒ❶一部分, 一集: Did you hear the final installment last week? 上星期你有没有听最后一集? ❷每一期摊付的款项, 分期付款: keep up ～s 按时支付每期应付款项 ‖ in ～s 分期

instance [ˈɪnstəns] n. Ⓒ例子, 实例: cite an ～举例/a typical ～典型的例子 ‖ at the ～ of 应…之请, 经…的提议/for ～例如, 比如/in the first ～首先, 最初

instant [ˈɪnstənt] n. Ⓢ片刻, 顷刻, 刹那: a single ～顷刻之间/the ～ of six o'clock 六点整/I'll be back in an instant. 我马上就回来。/It all happened in an instant. 这一切都发生在一刹那间。‖ (at) the ～一…就…/not for an ～根本不/this ～立即, 马上 ■adj. Ⓐ❶立即的: ～ death 立即执行死刑/I took an instant dislike to him. 我一见到他就不喜欢他。❷即食的, 立即可冲食的: I'd like a cup of instant coffee. 我要杯速溶咖啡。‖ **instantly** adv. 立刻, 即刻

instantaneous [ˌɪnstənˈteɪnjəs] adj. 瞬间发生的, 即刻的: an ～ action 瞬间动作/He had an instantaneous response. 他立刻作了反应。/He accidentally swallowed the poison and death was instantaneous. 他意外地吞下了毒药, 当即就死去了。‖ **instantaneously** adv. 瞬间发生地, 即刻地/**instantaneousness** n. 瞬间

instanter [ɪnˈstæntə] adv. 立刻; 马上

instantly [ˈɪnstəntlɪ] adv. 立刻, 立即; 马上

instate [ɪnˈsteɪt] vt. 任命; 安置

instead [ɪnˈsted] adv. 代替; 顶替: I gave up my epic and wrote this little tale instead. 我放弃了写叙事诗, 而写了这个小故事。‖ ～ of (用…)代替…, (是…)而不是…, (用…)而不用…

instigate [ˈɪnstɪɡeɪt] vt. 使(某事物)开始或发生; 鼓动: ～ a strike 煽动罢工 ‖ **instigation** n. 煽动/**instigator** n. 唆使者, 煽动者

instil,〈美〉**instill** [ɪnˈstɪl] vt. (-ll-) 逐渐使某人获得(某种可取的品质); 逐步灌输

instinct [ˈɪnstɪŋkt] n. Ⓤ Ⓒ本能; 天性; 直觉

instinctive [ɪnˈstɪŋktɪv] adj. 凭本能的, 天生的, 直觉的: an ～ fear of fire 天生怕火/an ～ reaction 本能的反应 ‖ **instinctively** adv. 本能地

institute [ˈɪnstɪtjuːt] vt. 建立, 制定; 开始, 着手: ～ an action at law 采取法律行动/～ the law 制定法律/The government instituted a consumer protection agency. 政府设立了一个消费者保护机构。‖ ～ against 起诉…/～ in 在…方面实行/～ into 授予… ■n. Ⓒ协会, 学会; 学院, 研究院: I visited a number of scientific institutes in Asia. 我访问了亚洲的许多科学协会。/Many universities have institutes of education. 许多大学都设有教育学院。

institution [ˌɪnstɪˈtjuːʃən] n. ❶Ⓒ惯例, 习俗; 制度: The institution of slavery was once widespread. 奴隶制度一度广为流行。❷Ⓒ为人熟知常在某处的人: That old man in the park is a regular institution. 那老人是这公园的常客。❸Ⓒ知名人士, 名流: My uncle has become quite an institution at the club! 我叔叔在俱乐部里已是颇有名气的人物了! ❹Ⓒ慈善机构: The government built a charitable institution for the education of young children. 政府建立了一个儿童教育慈善机构。❺Ⓤ建立, 制定: the ～ of a new law 新法律的制定/Institution of such schools was geared to these needs. 这种学校的建立是与这些需要相配合的。

institutional [ˌɪnstɪˈtjuːʃənəl] adj. 由来已久的, 习以为常的; 公共机构, 慈善机构的: ～ food 老一套的食物

institutionalize, -ise [ˌɪnstɪˈtjuːʃənəlaɪz] vt. ❶使(某事物)制度化 ❷将(某人)收

容在社会福利机构

instruct [ɪnˈstrʌkt] vt. ❶命令,指示: The captain instructed the soldiers to retreat. 上尉命令士兵们撤退。❷教,指导: ~ students 指导学生/ She instructs music once a week at a middle school. 她在中学每周教一次音乐课。❸通知: My agent has instructed me that you still owe me £50. 我的代理人通知我,你还欠我50英镑。‖ ~ **in** 向…讲授… ‖ **instructed** adj. ①受教育的②得到指示的,被委派的

instruction [ɪnˈstrʌkʃən] n. ❶ⓒ命令,指示: carry out an ~ 执行命令/ They had received instructions to watch him. 他们收到了监视他的命令。❷Ⓤ讲授,指导,教学: take ~ 接受教诲/ I anticipate deriving much instruction from the lecture. 我期望从这演讲中获得很多教益。❸ⓅҮ使用说明书,操作指南: ~s book 说明书/ The instructions for assembling the toy are very clear. 如何装配玩具的说明非常清楚明了。

instructive [ɪnˈstrʌktɪv] adj. 有益的,供给知识的,教育的: a book both ~ and interesting 既有益又有趣的书 ‖ **instructively** adv. 有益地,有教益地/ **instructiveness** n. 教育,指导性

instructor [ɪnˈstrʌktə] n. ⓒ指导者,教师

instrument [ˈɪnstrəmənt] n. ⓒ❶器具,仪器: study ~ 检查仪器 ❷乐器: play ~ 演奏乐器 ❸被外界所利用的人〔物〕,傀儡 ❹正式的文件,文书: an ~ of credit 〈商〉信用证

instrumental [ˌɪnstruˈmentl] adj. ❶为器乐谱写的;用乐器演奏的 ❷ⓅҮ有帮助的,起作用的 ‖ **instrumentalist** n. 乐器演奏者/ **instrumentality** n. 手段,媒介,工具/ **instrumentally** adv. 起作用地

instrumentation [ˌɪnstrumenˈteɪʃən] n. Ⓤ❶器乐的谱曲 ❷测量仪器,仪表

insufficiency [ˌɪnsəˈfɪʃənsɪ] n. Ⓤ 不充足,不足

insufficient [ˌɪnsəˈfɪʃənt] adj. 不足的,不够的

insular [ˈɪnsjulə] adj. ❶岛的;岛上的: an ~ climate 海岛的气候 ❷褊狭的,不愿与他人接触的: ~ habits and prejudices 狭隘的习性和偏见

insulate [ˈɪnsjuleɪt] vt. ❶使绝缘,使隔热: ~ electric wires 使电线绝缘/ Asbestos can be used to insulate a cooking stove. 石棉能用来使烹调用的炉灶隔热。❷使隔离,使隔绝: The function of a mammal's fur is to insulate the body. 哺乳动物皮毛的功能在于使身体保温。‖ ~ **against** 防止…,与…隔绝/ ~ **from** (使)与…隔绝

insulation [ˌɪnsjuˈleɪʃən] n. Ⓤ❶隔离,绝缘;绝缘;隔音: Foam rubber provides good insulation. 泡沫橡胶隔绝性能良好。❷绝缘、隔热或隔音等的材料

insulator [ˈɪnsjuleɪtə] n. ⓒ绝缘、隔热或隔音等的物质或装置

insulin [ˈɪnsjulɪn] n. Ⓤ胰岛素

insult [ɪnˈsʌlt] vt. 侮辱,冒犯: I don't mean to insult you. 我没有侮辱你的意思。‖ ~ **by** 用…侮辱 ■ [ˈɪnsʌlt] n. ⓒ侮辱,辱骂,侮辱性的言论: bear an ~ 忍受侮辱/ a personal ~ 人身攻击/ He turned crimson under the insults. 他的脸因受到侮辱而涨得通红。/ He shouted insults at the girl who had kicked him. 他大声辱骂那个踢了他的女孩。‖ add ~ **to injury** 更糟糕的是

insulting [ɪnˈsʌltɪŋ] adj. 出言不逊的,侮辱的,无礼的: He was most insulting to my wife. 他对我的妻子非常粗野无礼。

insurance [ɪnˈʃuərəns] n. ❶Ⓤ保险: take out ~ 办理保险 ❷Ⓤ保险业: She works in insurance. 她从事保险业工作。❸Ⓤ保险费: receive a large ~ 得到一大笔保险金/ He pays out insurance every year. 他每年付保险费。❹ⓊⓒⓅҮ保险措施,安全保障 ‖ **insurance policy** 保险单

insure [ɪnˈʃuə] vt. ❶保证,确保: ~ a pleasant journey 保证旅行愉快/ Check your work to insure its accuracy. 检查一下你的工作,以证它的准确性。/ Will it insure success to 〔for〕you? 这将保证你成功吗? ❷为…保险,投保: ~ property 给财产保险/ An insurance company will insure your life. 保险公司可以给你保寿险。‖ ~ **against** 投保…险/ ~ **at** 付…的保险费/ ~ **for**〔**on**〕保了…钱的险/ ~ **with** 在…投保

insurer [ɪnˈʃuərə] n. ⓒ承保人,保险公司

insurgent [ɪnˈsɜːdʒənt] adj. ＡҮ起义的,叛乱的,造反的: ~ troops 叛军 ‖ **insurgency** n. 起义,暴动,造反

insurrection [ˌɪnsəˈrekʃən] n. ⓒⓊ起义,暴动,叛乱,造反 ‖ **insurrectional** adj. 起义的,暴动,造反的/ **insurrectionist** n. 起义者,造反者

intact [ɪnˈtækt] adj. 完整无缺的;未经触动的;未受损伤的

intake [ˈɪnteɪk] n. ❶ⓈҮ吸入,纳入 ❷ⓒ(液体等)进入口 ❸ⓒⓊ(一定时期内)进入或纳入的人数: Intake in state primary schools is down by 10%. 公立小学入学人数下降了10%。

intangible [ɪnˈtændʒəbl] adj. ❶难以捉摸的,难以理解的,无法确定的: The old building had an intangible air of sadness about it. 那座古老建筑物周围笼罩着说不出的凄凉气氛。❷〈商〉(指企业资产)无形的: the ~ value of a good reputation 良好商誉的无形价值 ‖ **intan-**

gibility n. 无形的东西,不可捉摸的事物
integral ['ɪntɪɡrəl] adj. 构成整体所必需的 ‖ **integrality** n. 完整性
integrate ['ɪntɪɡreɪt] vt. 使结合成为整体: The committee can integrate the different plans. 委员会能够把几个计划合而为一。vt. & vi. (使)融入: They have lived in this country for ten years, but have never really integrated. 他们已在这个国家生活了十年,但还没有融入这个社会。/ Immigrants are integrated into the community. 移民与该地区的居民融为一体。‖ ~ into 与…成为一体/~ with (使…)与…结合在一起
integrity [ɪn'teɡrɪtɪ] n. Ⓤ ❶正直,诚实,诚恳: He is a man of the highest integrity. 他是个极其正直的人。❷完整,完全,完善: regain one's ~ 恢复完整/The old Roman walls may still be seen but not in their integrity. 古罗马城墙尚可见,但已残缺不全。
intellect ['ɪntəlekt] n. ❶Ⓤ智力,理解力 ❷ⓒ才智非凡的人;知识分子 ‖ **intellection** n. 理解,智力活动/**intellective** adj. 智力的,有智力的
intellectual [ˌɪntɪ'lektjʊəl] adj. Ⓐ 智力的;理智的,善于思维的 ■ n. ⓒ知识分子 ‖ **intellectualism** n. ①智力活动②唯智论/**intellectualist** n. ①过度强调智力活动的人②唯理智论者/**intellectuality** n. 理智性/**intellectualize** v. 使理智化,推理/**intellectualization** n. 理智化
intelligence [ɪn'telɪdʒəns] n. Ⓤ ❶智力,智慧;理解力 ❷情报,消息 ❸情报人员 ‖ **intelligencer** n. ①情报员,间谍②报信者,报道者 ‖ **intelligence quotient** 智商
intelligent [ɪn'telɪdʒənt] adj. ❶聪明的,力强的 ‖ **intelligential** adj. ①智力的②传送情报的/**intelligently** adv. 聪明地,理解力强地 ‖ **intelligent building** 智能化大厦
intelligentsia [ɪnˌtelɪ'dʒentsɪə] n. Ⓤ (总称)知识界,知识阶层
intelligible [ɪn'telɪdʒəbl] adj. 可理解的,明白易懂的,清楚的 ‖ **intelligibility** n. 可理解性,明了;可理解的事物/**intelligibly** adv. 可理解地
intend [ɪn'tend] vt. ❶意欲,打算: I intended the gift for you. 我打算把这礼物送给你。❷打算使,想让…做: I don't think he intended her any disrespect. 我认为他对她没有不恭的意思。‖ ~ by 意指,意谓/~ for 希望…加入…;为…而准备 ‖ **intended** adj. 打算中的,预期的;故意的,有意的
intense [ɪn'tens] adj. (-r, -st) ❶强烈的,剧烈的;极端的: Susan was an intense young lady. 苏珊是一个热情的年轻姑娘。❷热情的,热切的: I find her exhausting to be with—she's too intense. 我感到和她在一起很累,她这个人太热情了。❸紧张的,认真的;~ study 认真的研究 ‖ **intensely** adv. 强烈地/**intenseness** n. 强烈,紧张
intensify [ɪn'tensɪfaɪ] vt. & vi. (-fied) (使)增强,(使)加剧: The drought has intensified. 旱情加剧了。/ Blowing on fire intensifies the heat. 吹火使热度加增。
intensity [ɪn'tensɪtɪ] n. Ⓤ ❶强烈,剧烈: The pain increased in intensity. 疼痛越来越剧烈。/ I didn't realize the intensity of people's feelings on this issue. 我没有意识到这一问题能引起群情激奋。❷(感情的)强烈程度: He is doing research on radiant intensity. 他在研究辐射强度。
intensive [ɪn'tensɪv] adj. ❶加强的,集中的,密集的: I'll make an intensive study of a subject. 我将集中学一门课程。/ Intensive care in hospital is given to the seriously ill. 病情严重的人在医院里得到了精心的护理。❷彻底的: His investigations were intensive and thorough but revealed nothing. 他进行了深入彻底的调查,但没有发现什么。❸加强语气的: In "It's a bloody miracle!", "bloody" is used as an intensive word. 在"It's a bloody miracle!"一句中,bloody 是用作加强语气的词。‖ **intensive care** (医院中对重病人的)特别护理(病房)/**intensive reading** 精读
intent [ɪn'tent] n. Ⓤ意图,意向,目的: original ~ 本来的目的/ She behaved foolishly but with good intent. 她表现得很愚蠢,不过用心却是好的。‖ of ~ 有意地,蓄意地/to all ~s and purposes 在各个方面,实际上/with ~ to defraud 存心欺诈 ■ adj. ❶专心的,专注的: There was an intent look on her face as she watched the game. 她看比赛时脸上显示出专注的神色。/ He was intent on the job he was doing. 他专心致志于正在做的工作。❷Ⓟ意愿坚决的,一心想…的: A merchant is intent on making money. 商人热衷于赚钱。/ He's intent upon revenge. 他一心想报仇。‖ **intently** adv. 不转移地,集中地,热切地/**intentness** n. 集中精神
intention [ɪn'tenʃən] n. ⓒⓊ意图,意向;目的;打算 ‖ ~ for …的动机/by ~ 故意做/a person of good ~ 好心人/with good ~s好心好意地/without ~ 无意地
intentional [ɪn'tenʃənl] adj. 有意的,故意的
inter [ɪn'tɜː] vt. (-rr-) 埋葬(尸体)
interact [ˌɪntər'ækt] vi. 相互作用[影响],互相配合: The three ideas interact. 这三种看法互相影响。‖ ~ on 与…相互作用,与…相互影响/~ with ①与…相互作用,与…相互影响②与…相互配合
interaction [ˌɪntər'ækʃən] n. Ⓤⓒ一起活

动,合作,配合,相互作用:The interaction of the two groups produced many good ideas.两个组的相互交流产生了许多好主意。

interactive [ˌɪntərˈæktɪv] adj. ❶(指至少两个人或物)一起活动或互相合作的 ❷〈计〉交互式的,人机对话的

intercept [ˌɪntəˈsept] vt.拦截,截住,截击:Reporters intercepted him as he tried to leave by the rear entrance.他想从后门溜走,记者把他截住了。‖ **interceptor** n. 截击机

interchange [ˌɪntəˈtʃeɪndʒ] vt. ❶(指两人等)交换事物,互换:We interchanged partners;he danced with mine, and I danced with his.我们交换了舞伴,他和我的舞伴跳,我和他的舞伴跳。❷使两人或两物相互易位:~ the front tyres with the rear ones 把前轮胎和后轮胎互相调换 vt.& vi.(使某事物)交替变化

interchangeable [ˌɪntəˈtʃeɪndʒəbl] adj. 可交换的,可互换的,可交替的 ‖ **interchangeability** n. 可交换性,可交替性,互换性/**interchangeably** adv. 可交换地,可交替地

interconnect [ˌɪntəkəˈnekt] vi.互相连接;互相联系:It's strange how people's lives interconnect.人们的生活是如何互相联系在一起的,真是不可思议。

intercourse [ˈɪntəkɔːs] n. Ⓤ交流,交往,交际

interest [ˈɪntrɪst] n. ❶Ⓒ兴趣;爱好,嗜好 ❷Ⓒ利益 ❸Ⓒ利息 ‖ in the ~(s)为⋯利益,为⋯打算/lose ~ 不再感兴趣/make ~ with sb(从利害关系出发)施加影响于某人/of ~ 有趣的/take an ~ in 对⋯感兴趣,爱好/with ~(有兴趣地❷付利息 vt. ❶使产生兴趣:This book interests me.这本书引起了我的兴趣。❷引起⋯的意愿:It may interest you to know that Bill will be leaving next week. 比尔下周就要走了,你也许很想知道吧。/We shall be interested to hear about it. 我们都想听到这个消息。‖ ~ in 使(某人)对⋯产生兴趣;使(某人)对⋯热心

interested [ˈɪntrɪstɪd] adj. ❶显得有兴趣,感兴趣的:He did not seem at all interested in the subject.他对这个题目似乎一点也不感兴趣。❷有私心的,有偏见的:An interested person can't make a fair decision.一个有私心的人不可能做出公正的决定。

interesting [ˈɪntrɪstɪŋ] adj. 令人感兴趣的,有趣的 ‖ in an ~ condition 怀孕 ‖ **interestingly** adv. 有趣地

interface [ˈɪntəfeɪs] n. Ⓒ❶〈计〉接口(连接两装置的电路,可使数据从一种代码转换成另一种代码) ❷界面,分界面

interfere [ˌɪntəˈfɪə] vi. ❶干预,调停:I have the right to interfere. 我有干预的权利。/As he is always interfering, I told him to mind his own business. 因为他常来指手画脚,所以我让他少管闲事。❷妨碍:If you had not interfered, I should have finished my work by now. 要不是你打扰我的话,我现在早已完成了我的工作。‖ ~ between 从中干涉/~ in 干预(某事)/~ with ①干预,阻挠,妨碍,阻止 ②擅自使用,摆弄

interference [ˌɪntəˈfɪərəns] n. Ⓤ❶干涉,介入 ❷阻碍,干扰 ‖ ~ from 来自⋯的干扰/~ in ⋯方面的干扰/~ with 妨碍⋯/run ~ for(橄榄球赛中)保护(带球者)以防对方抢球

interim [ˈɪntərɪm] adj. Ⓐ暂时的,临时的 n. Ⓤ间歇,过渡期间:Little seems to have happened in the interim.在这期间似乎没发生什么事情。

interior [ɪnˈtɪərɪə] n. Ⓢ❶内部:~ of bottles 瓶子的内壁:There is water in the interior of the cave.在山洞的内部有水。❷内地:travel in the ~ 在内地旅行/She led an expedition into the interior.她带领一支考察队到内陆地区。■adj. ❶内部的:They went into the interior room.他们进了内室。❷内地的,国内的:We arrived at an interior town.我们到达了一个内地城镇。‖ **interiority** n. 内部/**interiorly** adv. 内部地 ‖ **interior angle**〈数〉内角

interjection [ˌɪntəˈdʒekʃn] n. Ⓒ叹词,感叹词

interlock [ˌɪntəˈlɒk] n. ❶Ⓒ〈计〉互锁设备 ❷Ⓤ双罗纹针织品

interlude [ˈɪntəluːd] n. Ⓒ❶(戏剧、电影等的)中间休息,幕间休息 ❷两事件的时间:a brief ~ of a peace between two wars 两场战争之间的短暂的和平 ❸某事过程中发生的事件或片段

intermediary [ˌɪntəˈmiːdjərɪ] n. Ⓒ中间人;调解人

intermediate [ˌɪntəˈmiːdjət] adj. 中间的;中级的:This country is now at an intermediate stage of development.这个国家目前正处于发展的中间阶段。‖ **intermediately** adv. 在中间/**intermediation** n. 调解

interminable [ɪnˈtɜːmɪnəbl] adj. 持续得过长的(通常指使人恼怒或厌烦) ‖ **interminableness** n. 没完没了/**interminably** adv. 漫无止境地,没完没了地

intermingle [ˌɪntəˈmɪŋgl] vt.& vi.(使)混合,混在一起

intermittent [ˌɪntəˈmɪtənt] adj. Ⓐ间歇的;断断续续的:Did you hear the intermittent sound outside? 你听见外面时断时续的声音了吗?

internal [ɪnˈtɜːnəl] adj. Ⓐ❶内部的 ❷国内的,内政的 ❸体内的

international [ˌɪntəˈnæʃənəl] adj. 国际

的,国际间进行的: *International trade helps all nations*. 国际贸易有助于所有的国家。/ *The drug problem is international*. 毒品是世界性的。‖ **internationality** *n*. 国际/internationalization *n*. 国际化 ‖ **international relations** 国际关系

Internationale [ˌɪntənæʃəˈnɑːl] *n*. ⓢ〈法〉《国际歌》

internationalist [ˌɪntəˈnæʃənəlɪst] *n*. ⓒ 国际主义者

internationalize [ˌɪntəˈnæʃənə-laɪz] *vt*. 使国际化

Internet [ˈɪntənet] *n*. Ⓤⓒ国际互联网;因特网

interpersonal [ˌɪntəˈpɜːsənəl] *adj*. 人与人之间的,人际的: ~ *relations* 人际关系

interpose [ˌɪntəˈpəʊz] *vt*. ❶插入 ❷插(话),干涉 ❸打断 ❹提出(反对)以便干预 ❺调停

interpret [ɪnˈtɜːprɪt] *vt*. 解释,说明: *I interpreted his silence as a refusal*. 我把他的沉默看作是拒绝的表示。*vt.*&*vi*. 口译;翻译: *Please interpret the comments of our foreign guest*. 请把外宾的话翻译一下。‖ **for**〔**to**〕为(某人)作翻译 /~ **in** 用(言语或表演)解释 ‖ **interpretress** *n*. 女译者

interpretation [ɪnˌtɜːprɪˈteɪʃən] *n*. ❶ⓒ解释,说明,诠释: *This passage is open to a variety of interpretations*. 这篇文章可以有各种不同的解释。❷Ⓤⓒ表演,演奏

interrelate [ˌɪntərɪˈleɪt] *vt*.&*vi*. 相互关联〔影响〕

interrogate [ɪnˈterəgeɪt] *vt*. 询问,审问,质问: *The lawyer took a long time to interrogate the witness fully*. 律师花了很长时间仔细询问目击者。

interrogative [ˌɪntəˈrɒgətɪv] *adj*. 讯问的,疑问的

interrupt [ˌɪntəˈrʌpt] *vt*.&*vi*. 打断: ~ *the path* 阻断道路/ *Children must learn not to interrupt*. 儿童应学会不要打断别人的讲话。/ *You'd better not interrupt him. He is sleeping*. 你最好别打扰他,他在睡觉。‖ ~ **in** 打断;打扰;中断/ ~ **with** (以…方式)打断;打扰

interruption [ˌɪntəˈrʌpʃən] *n*. ❶Ⓤ中断,打断: *the* ~ *of service* 服务中断 ❷ⓒ障碍物,打岔的事: *Many interruptions have prevented me from finishing the work*. 许多打岔的事使得我未能完成这项工作。

intersect [ˌɪntəˈsekt] *vt*. 横断,横切,横穿 *vt.*&*vi*. (指线条、道路等)相交,交叉

intersection [ˌɪntəˈsekʃən] *n*. ❶Ⓤ横断,交叉 : *Bridges are used to avoid the intersection of a railway and a highway*. 桥用来避免铁路和公路直接交叉。❷ⓒ交叉点,十字路口: *a busy* ~ 繁忙的交叉路口/ *The car stopped at a street intersection*. 这辆车停在十字路口。

intersperse [ˌɪntəˈspɜːs] *vt*. ❶散布,散置 ❷点缀

interstate [ˌɪntəˈsteɪt] *adj*. Ⓐ〈美〉洲与洲间的,洲际的: ~ *highways* 洲际公路

intertwine [ˌɪntəˈtwaɪn] *vt.*&*vi*. 缠结在一起: *Their fingers intertwined*. 他们的手指在一起勾着。

interval [ˈɪntəvəl] *n*. ⓒ ❶间隔时间: ~ *measure* 间距/ *maintain* ~ 保持间距/ *The interval between the two trees measures 40 feet*. 这两棵树的间隔是 40 英尺。❷幕间休息: *The audience were going out for the interval*. 幕间休息时观众走出了剧场。‖ **at** ~ (**of**)不时地,每隔…时间〔距离〕

intervene [ˌɪntəˈviːn] *vi*. ❶干涉,干预,调解: *When riot broke out, the police were obliged to intervene*. 发生暴乱时,警察有责任干预。/ *We are actively intervening to settle a quarrel*. 我们正在积极调解争执。❷干扰,阻碍: *I will come if nothing intervenes*. 若没有别的事,我一定来。‖ ~ **between** 介入…之间调解/ ~ **in** 在…(方面)进行干预,调解 ‖ **intervenient** *adj*. 干涉的,干预的,调解的/**intervenor**, ~ **r** *n*. 干涉者,干预者;调解者

intervening [ˌɪntəˈviːnɪŋ] *adj*. 发生于其间的

intervention [ˌɪntəˈvenʃən] *n*. Ⓒ Ⓤ介入,干涉,干预: *the government's* ~ 政府干预

interventionist [ˌɪntəˈvenʃənɪst] *n*. Ⓒ干涉主义者,主张干预的人

interview [ˈɪntəvjuː] *n*. Ⓒ Ⓤ ❶面谈,面试 ❷采访,交谈 ❸会谈,会见 ▪ *vt.*&*vi*. 面谈: *I'm interviewing all this afternoon*. 整个下午,我都要进行面试。/ *We interviewed 8 people for the job*. 我们对谋求这份工作的八个人进行了面试。*vt*. 采访;会见: ~ *a candidate* 采访候选人/ *I interviewed him about some things*. 就一些事情我采访了他。

interviewee [ˌɪntəvjuːˈiː] *n*. Ⓒ接受面谈者;被接见者

interviewer [ˈɪntəvjuːə] *n*. Ⓒ主持面谈者;接见者;采访者

interweave [ˌɪntəˈwiːv] *vt*. (*pt*.-**wove**, *pp*.-**woven**)使(与…)交织

intestine [ɪnˈtestɪn] *n*. Ⓒ肠: *large* ~*s* 大肠/ *small* ~*s* 小肠 ‖ **intestinal** *adj*. ①肠的 ②内部的;生活在内部的

intimacy [ˈɪntɪməsi] *n*. ❶ⓢⓊ亲密,密切 ❷Ⓒ亲呢的言行 ❸Ⓤ性行为

intimate[1] [ˈɪntɪmɪt] *adj*. ❶亲密的,密切的;有性关系的(尤指婚外的) ❷私人的,个人的: *I can't tell them my intimate thoughts*. 我不能告诉他们我内心深处的想法。❸Ⓐ详尽的,精

intimate 通的: This is an intimate knowledge of African religions. 这是一本关于非洲宗教的详尽知识的书。■ n. ⓒ 至交,密友: He is my intimate. 他是我的至交。‖ **intimately** adv. 亲密地,密切地;详尽地

intimate² ['ɪntɪmeɪt] vt. 示意,暗示: He intimated to do this work. 他暗示他将做这项工作。‖ ~ **to** 向…暗示 ‖ **intimation** n. 示意,暗示

intimidate [ɪn'tɪmɪdeɪt] vt. 恐吓,威胁: ~ a witness 恐吓证人/ The gang tried to intimidate the bank manager. 那帮歹徒企图恐吓银行经理。/He intimidates the children by shouting at them. 他朝孩子们大声叫喊以吓唬他们。‖ ~ **by** 通过…恐吓/~ **into** 害怕 ‖ **intimidated** adj. 恐吓的,威吓的/**intimidating** adj. 恐吓的,威吓的/**intimidation** n. 恐吓,威吓/**intimidator** n. 恐吓者,威吓者

into ['ɪntu] prep. ❶ (表示时间)持续到,进行到: The meeting carried on into the afternoon. 会议一直延续到下午。❷ (表示方向)进入…中,到…里: Anney dived into the water. 安尼潜入水中。/He came into the room. 他到房子里面。❸ (表示状态)进入…状态,欠…债: They burst into laughter. 他们突然大笑起来。/He is into me for one hundred yuan. 他欠我 100 元。❹ (表示对象)撞上,渗进,非常喜欢: He bumped into me. 他撞上了我。/The oil will soak into the wood. 油会渗进木头里。/She is into music. 她喜欢音乐。❺ (表示目标)对着,朝着: She looked into my eyes. 她盯着我的眼睛看。❻ (表示结果)分成,变成: He sawed the stick into pieces. 他把棍子锯成几截。/Dusk deepened into night. 黄昏变成了夜色。/She must be into her thirties by now. 她一定 30 来岁了。❼ (表示所属)输入: The information goes into a computer. 这信息输入到电脑中。❽ (表示过程)从事: He talked of going into medicine. 他谈到要学医。❾ (表示运算)除: Dividing 3 into 6 gives 2. 三除六等于二。

intolerable [ɪn'tɒlərəbl] adj. 不能忍受的;无法容忍的: ~ pain 不能忍受的疼痛 ‖ **intolerableness** n. 不能忍受;无法容忍/**intolerably** adv. 不能忍受地;无法容忍地

intolerant [ɪn'tɒlərənt] adj. 不能忍受的;不容异议的;心胸狭窄的: ~ bigots 容不得不同意见的心胸狭窄的人 ‖ **intolerance** n. 不能容忍;不容异议;心胸狭窄/**intolerantly** adv. 不能容忍地;不容异议地;心胸狭窄地

intonation [ˌɪntəʊ'neɪʃən] n. ⓒⓊ 语调;说话的抑扬顿挫: Questions are spoken with a rising intonation. 疑问句是以上升调说出来的。

intone [ɪn'təʊn] vt. & vi. 吟诵;吟咏: ~ to the stranger 对生人吟咏/ The priest intoned the blessing. 神父吟诵赐福词。

intoxicate [ɪn'tɒksɪkeɪt] vt. ❶ 使喝醉 ❷ 使陶醉,使激动不已,使欣喜若狂

intractable [ɪn'træktəbl] adj. ❶ 难对付的,难解决的: ~ problems 棘手的问题 ❷ 倔强的;难管教的: an ~ child 难管教的孩子 ‖ **intractability** n. 难对付,难解决;倔强/**intractably** adv. 难对付地,难解决地;倔强地

intransigent [ɪn'trænsɪdʒənt] adj. 不妥协的,不让步的: remain completely ~ 毫不让步 ■ n. ⓒ 不妥协的人,不让步者 ‖ **intransigence** n. 不妥协,不让步

intravenous [ˌɪntrə'viːnəs] adj. (done) into or by way of a vein 进入静脉的: ~ drip 静脉滴注/~ injection 静脉注射 ‖ **intravenously** adv. 进入静脉地

intrepid [ɪn'trepɪd] adj. 无畏的;勇敢的: ~ mountaineer 勇猛的登山者 ‖ **intrepidity** n. 无畏;勇敢/**intrepidly** adv. 无畏地;勇敢地

intricate ['ɪntrɪkɪt] adj. 错综复杂的: an ~ pattern 错综复杂的图案/I have a novel with an intricate plot. 我有一本情节错综复杂的小说。/ The design is intricate. 这个设计是错综复杂的。‖ **intricately** adv. 错综复杂地

intrigue [ɪn'triːg] vi. 搞阴谋诡计: They constantly intrigued against each other. 他们之间彼此耍阴谋。vt. 激起…的好奇心: Fairy tales can intrigue most children. 神话故事能引起大多数孩子的兴趣。‖ ~ **against** 阴谋反对/~ **with** 对…感兴趣 ■ n. ❶ ⓤ 密谋策划,阴谋; discover ~ 发现阴谋/ This is a novel of intrigue. 这是一本有阴谋情节的小说。❷ ⓒ 阴谋,诡计: He was made king as a result of various intrigues. 由于搞了各种各样的阴谋,他当上了国王。

intriguing [ɪn'triːgɪŋ] adj. 引起好奇心的;令人感兴趣的;有迷惑力的: an ~ idea 令人很感兴趣的想法

intrinsic(al) [ɪn'trɪnsɪk(əl)] adj. 固有的,内在的,本质的: ~ goodness 本质的善良/ The intrinsic worth of the pen is 30 yuan. 这支钢笔本身价值是 30 元。/ The character is intrinsic. 性格是内在的。‖ **intrinsically** adv. 固有地,内在地

introduce [ˌɪntrə'djuːs] vt. ❶ 介绍,引见: They shook hands all around and introduced one another. 他们一一握手,互相介绍。❷ 提出,提出供讨论: She introduced a suggestion that the committee should meet every week. 她提出了委员会每周碰头的建议。❸ 引进,采用: Production is going up because we have introduced new techniques. 产量提高了,因为我们采用了新技术。❹ 将…放〔插〕入 ❺ 作为…的开头: A slow theme introduces the first movement. 第一乐章以缓慢的主旋律开始。‖ ~ **among** 在…中传播/~ **… as …** 把…当做…,告

诉…是…/~ into 将…插入…之中,把…引入/~ to 把…介绍给;使…了解 ‖ **introducer** n. 介绍者,引见者,提出者,采用者

introduction [ˌɪntrəˈdʌkʃən] n. ❶ⒸⓊ介绍,引见: With a smile, he makes introductions all round. 他微笑着将在场的人一一作了介绍。❷Ⓒ引言,导论: The introduction tells you how to use the book. 引言告诉你怎样使用这本书。❸Ⓤ引进,传入;采用: He encouraged the introduction of new medical treatments. 他鼓励采用新的医疗方法。❹Ⓒ新采用的东西: The rabbit is a relatively recent introduction in Australia. 兔子是新近引入澳大利亚的物种。

introductory [ˌɪntrəˈdʌktəri] adj. 引导的,介绍的;导言的: The chairman made a few introductory remarks. 会议主席说了几句开场白。‖ **introductorily** adv. 引导地,介绍地

introvert [ˌɪntrəˈvɜːt] n. Ⓒ性格内向的人

intrude [ɪnˈtruːd] vi. 侵入,侵扰,打扰: I do not want to intrude if you are busy. 如果你忙我就不打扰你了。vt. 把…强加于;~ one's own opinions 擅自加入自己的意见 ‖ **intruder** n. 闯入者

intrusion [ɪnˈtruːʒən] n. ❶Ⓤ闯入;打扰: armed ~s 武装入侵 ❷Ⓒ(对某事的)干扰,干涉

intrusive [ɪnˈtruːsɪv] adj. 闯入的,打扰的: ~ neighbours 打扰他人的邻居 ‖ **intrusively** adv. 闯入地,打扰地/**intrusiveness** n. 闯入,打扰

intuition [ˌɪntjuˈɪʃən] n. ❶Ⓤ直觉: He knew this thing by intuition. 他凭直觉了解这件事。❷Ⓒ凭直觉感知的知识 ‖ **intuitional** adj. 直观的,直觉的/**intuitionism** n. 直觉主义;直观论/**intuitionist** n. 直觉主义者;直观论者

intuitive [ɪnˈtjuːɪtɪv] adj. 有直觉力的;凭直觉获知的: a very ~ person 直觉力很强的人 ‖ **intuitively** adv. 直觉地;凭直觉获知地/**intuitiveness** n. 直觉;直觉获知/**intuitivism** n. 直觉主义,直观论/**intuitivist** n. 直觉主义者,直观论者

inundate [ˈɪnʌndeɪt] vt. ❶淹没;(洪水般地)涌来,充满: ~ village 淹没村庄 ❷给予或交予(太多东西)使难以应付: We were inundated with applications for the job. 这个职位的申请信像雪片飞来,我们实在应付不过来。‖ **inundation** n. 泛滥;洪水

inure [ɪˈnjʊə] vt. 使习惯(于)

invade [ɪnˈveɪd] vt. & vi. 侵入,侵略: ~ a country 入侵某国/He ordered the army to invade at dawn. 他命令军队在拂晓入侵。vt. ❶涌入,侵袭: Thousands of tourists invaded the old town. 数以千计的游客涌入那古老的镇

上。/The disease invades their bodies. 疾病侵袭了他们的身体。❷侵犯,干扰: The king invaded our private rights. 国王侵犯了我们的权利。‖ **invader** n. 侵略者;侵袭者;侵犯者

invalid¹ [ɪnˈvælɪd] adj. ❶无适当根据的: ~ argument 没有根据的论点/This is an invalid assumption. 这是一个无根据的假设。❷无用的,无效的: A passport that is out of date is invalid. 护照过期是无效的。

invalid² [ˈɪnvəliːd] adj. 有病的: He had to look after his invalid brother. 他不得不照看他有病的弟弟。∎ n. Ⓒ病人,残疾者

invalidate [ɪnˈvælɪdeɪt] vt. 使无效;使作废: ~ a contract 宣布合同无效

invaluable [ɪnˈvæljʊəbl] adj. 无法估计的,非常宝贵的 ‖ **invaluably** adv. 无法估计地,非常宝贵地

invariable [ɪnˈveərɪəbl] adj. 恒定的,不变的;始终如一的: an ~ quantity 不变量 ‖ **invariability** n. 恒定;不变,不变性/**invariableness** n. 恒定;始终如一,不变性

invariably [ɪnˈveərɪəblɪ] adv. ❶始终不变地: We always invariably support him. 我们一直始终不变地支持他。❷总是: It invariably rains when she goes there. 她去那里时天总是下雨。

invasion [ɪnˈveɪʒən] n. Ⓒ侵犯,侵入,闯入

invasive [ɪnˈveɪsɪv] adj. 有扩散危害的;扩散性的,蔓延性的: cancer cells 扩散性癌细胞 ‖ **invasiveness** n. 侵入性

inveigle [ɪnˈveɪgl] vt. 诱骗,引诱

invent [ɪnˈvent] vt. ❶发明;创造: ~ a new game[method] 发明一种新游戏[方法]/Edison invented the electric light. 爱迪生发明了电灯。❷编造: She invented false news. 她捏造了假消息。/His stories were purely invented. 他的故事纯属虚构。

invention [ɪnˈvenʃən] n. ❶ⓊⒸ发明,创造 ❷Ⓒ发明物: It's a most useful invention. 这是一项极其有用的发明。❸ⓊⒸ捏造,虚构: The whole story is a pure invention. 这一切纯粹是捏造。

inventive [ɪnˈventɪv] adj. 有发明才能的;显示创造力的: an ~ person 有发明创造力的人 ‖ **inventiveness** n. 发明创造能力,创造性

inventor [ɪnˈventə] n. Ⓒ发明家,发明者

inventory [ˈɪnvəntərɪ] n. Ⓒ详细目录,存货清单

inverse [ˈɪnvɜːs] adj. Ⓐ相反的,反向的: ~ ratio〈数〉反比/~ function〈数〉反函数 ‖ **inversely** adv. 相反地

invert [ɪnˈvɜːt] vt. 使倒置,使反转: He inverted the glass and the water ran out. 他将杯子倒转,水流了出来。/If you invert "I can", you have "can I". 如果你把 I can 两词前后颠

倒一下,就成了 can I./She caught the insect by inverting her cup over it. 她用杯子扣住了那只昆虫。

invest [ɪn'vest] vt.& vi. 投资;花费:~ a lot of time 花很多时间/~ large sums in books 花大笔钱买书/~ the land 对土地进行投资/The best time to invest is now. 现在是投资的最佳时机。 vt. 授予: He invested his lawyer with complete power to act for him. 他让律师全权代办。 ‖ ~ in 对…投资,购买 ‖ **investable** adj. 可供投资的/**investor** n. 投资者

investigate [ɪn'vestɪɡeɪt] vt. 调查;审查: He has carefully investigated the allegations. 他对这些指控作了详细调查。/The police are investigating the murder. 警察在调查那起凶杀案件。‖ **investigatory** adj. 调查的;审查的

investigative [ɪn'vestɪɡətɪv] adj. 调查性质的;审查性质的:~ journalism 调查性报道

investigator [ɪn'vestɪɡeɪtə] n. ⓒ调查者;审查者

investment [ɪn'vestmənt] n. ⓤⓒ投资

invigilate [ɪn'vɪdʒɪleɪt] vt.& vi. 监考 ‖ **invigilation** n. 监考/**invigilator** n. 监考人

invigorate [ɪn'vɪɡəreɪt] vt. 使生气勃勃;使精力充沛;使健壮 ‖ **invigorating**, **invigorative** adj. 生气勃勃的;精力充沛的;健壮的/**invigoration** n. 精力充沛;健壮;滋补;鼓舞/**invigorator** n. 滋补药;鼓舞者

invincible [ɪn'vɪnsəbl] adj. 不可战胜的;不能征服的:an ~ army 不可战胜的军队 ‖ **invincibility** n. 无敌,战无不胜/**invincibly** adv. 无敌地,战无不胜地

invisible [ɪn'vɪzəbl] adj. 看不见的;暗藏的 ‖ **invisibility** n. 看不见;暗藏;无形;不显眼/**invisibly** adv. 看不见地;暗藏地;不显眼地

invitation [ˌɪnvɪ'teɪʃən] n. ❶ⓤ邀请:accept an ~ 接受邀请/Thank you for your kind invitation. 谢谢你的盛情邀请。/He declined an invitation to dinner. 他谢绝了赴宴的邀请。❷ⓒ请柬,请帖:draft an ~ 起草一份请帖/The invitations are out. 请帖已发出。‖ **invitational** adj. 邀请的,招待的

invite [ɪn'vaɪt] vt. ❶邀请: Did they invite you? 他们邀请你了吗? ❷请求,要求: After his lecture, he invited questions. 课后,他请同学们提问。❸引诱,怂恿;招致: The calm water in the lake invited us to swim. 平静的湖水引起我们去游泳的兴趣。‖ ~ for 为…而邀请/~ in 请(某人)进入(房间、房屋等)/~ out 请(某人)出去 /~ over 请(某人)过来/~ to 邀请(某人) ■ n. 请柬:Do you get an invite? 你收到请帖了吗? ‖ **invitee** n. 被邀请者,被招待者/**inviter** n. 邀请者,招待者

inviting [ɪn'vaɪtɪŋ] adj. 吸引人的;诱人的:

an ~ prospect 诱人的前景 ‖ **invitingly** adv. 吸引人地;诱人地/**invitingness** n. 吸引人;诱人

invoice ['ɪnvɔɪs] n. ⓒ发票 ■ vt. 开…的发票

invoke [ɪn'vəʊk] vt. ❶援引,援用;行使(权利等):~ the veto in the dispute 在辩论中行使否决权 ❷祈求救助 ❸恳求;乞求:~ the help 乞求帮助

involve [ɪn'vɒlv] vt. ❶使某事物成为必要条件或结果;需要 ❷使参与,牵涉: The demonstration involved 200 students. 有200名学生参加了这次示威游行。‖ ~ in 使参与,使卷入,使陷入/~ into 使…陷入/~ with 牵连,涉及,与…有关

involved [ɪn'vɒlvd] adj. ❶复杂难懂的:a long and ~ explanation 冗长而复杂难懂的解释 ❷ⓟ与他人有密切关系的

inward ['ɪnwəd] adj. Ⓐ❶里面的,内部的: The explorers discovered an inward passage. 探险队员发现了一条内部通道。❷向里面的: This is an inward curve. 这是一条向里弯曲的曲线。❸内心的,精神的: I understand your inward thoughts. 我了解你内心的思想。■ adv. 向内: The door swung inward. 门向内打开了。‖ **inwardly** adv. 在内部,内里,向内,向中心/**inwardness** n. 本质;灵性;诚挚

iodine ['aɪədi:n] n. ⓤ〈化〉碘

ion ['aɪən] n. ⓒ〈物〉离子:~ engine 离子发动机

ionize ['aɪənaɪz] vt.& vi. (使)电离,(使)成离子

irate [aɪ'reɪt] adj. 盛怒的

Irish ['aɪərɪʃ] adj. 爱尔兰的;爱尔兰人〔语、文化…〕的 ■ n. ❶ⓟ爱尔兰人 ❷ⓤ爱尔兰语 ‖ **Irishism** n. 爱尔兰风俗 ‖ **Irish bull** 自相矛盾的说法/**Irish diamond** 水晶/**Irish wolfhound** 大猎犬

Irishman ['aɪərɪʃmən] n. ⓒ爱尔兰人

Irishwoman ['aɪərɪʃˌwʊmən] n. ⓒ爱尔兰女人

iron ['aɪən] n. ❶ⓤ铁:the ~ railings on the side of the park 公园边的铁栏杆 ❷ⓒ熨斗 ❸ⓟ镣铐 ❹ⓤ坚强,刚强;冷酷 ‖ have several ~s in the fire 同时有好几件事情要做 / strike while the ~ is hot 趁热打铁 ■ vt. & vi. 熨平: She's been ironing all afternoon. 她一下午都在熨衣服。‖ ~ out 熨平;解决,处理;消除 ‖ **ironer** n. 烫衣服的人 ‖ **ironhanded** adj. ①铁腕的,用高压手段的 ②严厉的/**ironhearted** adj. 铁石心肠的/**iron man** 钢铁工人/**ironmaster** n. 铁器制造商/**iron ore** 铁矿石/**ironside** n. 勇敢的人/**ironsmith** n. 铁匠/**ironstone** n. 含铁矿石/**ironware** n. 铁器/**ironwork** n. 铁制的部分;铁制品/**ironworker** n. 钢铁工人

ironic(al) [aɪˈrɒnɪk(əl)] adj.讽刺的;具有讽刺意味的:the ~ remarks 尖酸刻薄的话

ironically [aɪˈrɒnɪkəlɪ] adv. ❶嘲讽地,挖苦地:She smiled ironically.她嘲讽地一笑。❷具有讽刺意味地

irony [ˈaɪərənɪ] n. ❶Ⓤ反语,冷嘲 ❷ⒸⓊ具有讽刺意味的事,嘲弄

irradiate [ɪˈreɪdɪeɪt] vt. ❶照亮,使发光,使生辉:His little face was irradiated by happiness.他那张小脸蛋高兴得容光焕发。❷用X射线等治疗/**irradiative** adj. ①有放射力的 ②有启发的/**irradiator** n. 〈物〉辐照器

irrational [ɪˈræʃənəl] adj.无理性的;失去理性的;不合理的:a completely ~ decision 完全不合理的决定 ‖ **irrationalism** n.不合理性的思想/**irrationality** adv.非理性;不合理的事/**irrationalize** vt.使无理性;使不合理/**irrationally** adv.无理性地

irregular [ɪˈregjʊlə] adj. ❶不对称的,不规则的:an ~ shape 不规则的形状 ❷不定期的:She visits us at irregular intervals.她不定期地来探访我们。❸不合规范的 ❹不规则变化的:"Caught" is an irregular past tense form. caught 是不规则过去式动词。‖ **irregularity** n. 不规则;不定期;不合规范;不规则变化/**irregularly** adv.不规则地;不定期地;不合规范地;不规则变化地

irrelevant [ɪˈrelɪvənt] adj.不相干的,不相关的

irreparable [ɪˈrepərəbl] adj.不能修复的;不可弥补的:~ damage 不可弥补的破坏 ‖ **irreparableness** n.不能修复/不可弥补/**irreparably** adv.不能修复地;不可弥补地

irresistible [ˌɪrɪˈzɪstəbl] adj. ❶无法抗拒的:Their arguments were irresistible;I had to agree.他们的论据很有说服力,我也不得不同意。❷诱惑人的:~ chocolates 诱人的巧克力 ‖ **irresistibility** n. 无法抗拒;诱惑人/**irresistibly** adv.无法抗拒地;诱惑人地

irrespective [ˌɪrɪsˈpektɪv] adj.不考虑的,不问的,不顾的:~ of cost〔danger〕不拘代价〔危险〕‖ **irrespectively** adv.不考虑地,不问地,不顾地

irresponsible [ˌɪrɪsˈpɒnsəbl] adj.不负责任的 ‖ **irresponsibility** n. 不负责任/**irresponsibly** adv.不负责任地

irreverent [ɪˈrevərənt] adj.不敬的;无礼的 ‖ **irreverently** adv. 不敬地;无礼地

irreversible [ˌɪrɪˈvɜːsəbl] adj.不可更改的;不可挽回的,不可反转的:an ~ judgement 不可更改的判决 ‖ **irreversibility** n. 不可更改;不可挽回,不可反转/**irreversibly** adv. 不可更改地;不可挽回地,不可反转地

irrevocable [ɪˈrevəkəbl] adj.不可改变的,不可反转的:an ~ decision 不可改变的决定

‖ **irrevocability** n. 不可改变,不可反转/**irrevocably** adv. 不可改变地,不可反转地

irrigate [ˈɪrɪgeɪt] vt. ❶灌溉:They have built canals to irrigate the desert.他们建造成水渠以灌溉沙漠。❷冲洗(伤口) ‖ **irrigation** n.灌溉/**irrigationist** n. 灌溉者;水利专家/**irrigator** n. 灌溉者

irritable [ˈɪrɪtəbl] adj.易怒的,急躁的:She gets irritable when she's got toothache.她牙一疼就很容易发脾气。‖ **irritability** n. 易怒,急躁/**irritably** adv. 易怒地,急躁地

irritant [ˈɪrɪtənt] adj.有刺激性的

irritate [ˈɪrɪteɪt] vt. ❶使发怒,使急躁:His words irritated me.他的话使我很生气。❷使感到不适,使疼痛:Rough material irritates the skin.粗糙的料子会使皮肤难受。‖ **irritated** adj. 被激怒的,生了气的;因刺激而发红的/**irritating** adj. 气人的;使人不愉快的/**irritative** adj. 令人恼怒的;使人不愉快的

irritation [ˌɪrɪˈteɪʃən] n. ❶Ⓒ Ⓤ激怒,恼怒;生气;令人恼火的事 ❷Ⓒ疼痛处;疼痛感

Islam [ˈɪzlɑːm] n. ❶Ⓤ伊斯兰教 ❷(总称)伊斯兰教徒,穆斯林 ‖ **Islamic** adj. 伊斯兰教的/**Islamism** n. 伊斯兰教义;伊斯兰教

island [ˈaɪlənd] n. Ⓒ岛,岛屿 ‖ **islandless** adj. 无岛屿的

islander [ˈaɪləndə] n. Ⓒ岛民

isle [aɪl] n. Ⓒ岛

isolate [ˈaɪsəleɪt] vt. 使隔离,使孤立,使脱离:Do not isolate yourself from others.不要把自己孤立起来。/A chemist can isolate the oxygen from the hydrogen in water. 化学家可以把水中的氢和氧分离开来。‖ **isolator** n. ①隔离者②〈电〉绝缘体

isolated [ˈaɪsəleɪtɪd] adj.❶孤立的,单独的:The radical group in the ruling party is becoming increasingly isolated.执政党内的激进派日益孤立。❷隔离的,与世隔绝的:People with contagious diseases should be isolated. 传染病患者应予以隔离。

isolation [ˌaɪsəˈleɪʃən] n. Ⓤ隔离,与世隔绝

isotope [ˈaɪsətəʊp] n. Ⓒ〈核〉同位素

issue [ˈɪʃuː] n. ❶Ⓒ问题,议题;争论点:bring up〔debate〕an ~ 提出〔讨论〕问题/There was no issue at all between us.我们之间毫无争议。❷Ⓒ发行物:There is a new issue of Christmas stamps every year.每年都出一期新的圣诞邮票。❸Ⓢ放出,流出;发出,发行:I bought the book the day after its issue.这书出版后的第一天,我就去买了它。❹Ⓒ〈正〉结果,结局:await the ~ 等待结果 ‖ at ~ 在审议〔争论〕中/make ~ of(像对待大事一样)处理(小事)/take ~ with 提出异议 ■ vt. ❶出版,发行:The government issues money and stamps.政府发行货币及邮票。❷发表,发布:The inspiring call was issued by the President. 这鼓舞人心的号召是总统发出的。❸分配,发给: We also issued agricultural loans. 我们还发放了农业贷款。/ The end hut is to be used for issuing guns to the new soldiers. 最边上的那间小屋要用来给新兵发放武器。/ They advised the government not to issue him a passport to travel abroad. 他们奉劝政府不要给他发出国旅游护照。vi. 冒出,流出;传出: Strange sounds issued from the castle. 城堡传来怪异的声音。‖ ～ as 按…发行/～ at 按…出售/～ from 从…流出;由于…产生/～ in 造成,导致/～ out 涌出/～ with 提供 ‖ issueless adj. ①无结果的②无子女的③无可争辩的/issuer n. 发行人

isthmus ['ɪsməs] n. (pl. ～es) ⓒ 地峡: the I- of Panama 巴拿马地峡

it [ɪt] pron. ❶它: This suitcase looks heavy but actually it is a very light. 这个皮箱看上去很重,实际上很轻。❷ 他: Her baby's due next month. She hopes it will be a boy. 她怀的孩子下个月出生,她希望是个男孩儿。❸事实〔情况〕: Where did she go? —It was to Britain that she went. 她去了什么地方?——她去的地方是英国。‖ **this**〔**that**〕**is ～** 这〔那〕正是所需的;这〔那〕正是未能成功的原因;这〔那〕就是终结

itch [ɪtʃ] n. ⓒ 痒 ■ vi. 发痒: My nose is itching. 我的鼻子发痒。‖ **itching** adj. ①痒的②渴望的

item ['aɪtəm] n. ⓒ 一项,一件,一条;项目 ‖ i-temize vt. 详细列明

itemize ['aɪtəmaɪz] vt. 列出清单

iterate ['ɪtəreɪt] vt. ❶重复 ❷反复申明

its [ɪts] pron. (it 的所有格形式)它的

itself [ɪt'self] pron. ❶(it 的反身形式): The Nile discharges itself into the Mediterranean. 尼罗河水注入地中海。❷(it 的强调形式): The land itself is worth the money, without the house. 不算房子,这地皮本身就值那些钱。‖ **by ～** 独自地,无需外力地/**in ～** 就其本身而言/**to ～** 私用的;非公用的

ivory ['aɪvərɪ] n. ❶ⓤ 象牙质;artificial ～ 人造象牙 ❷ⓤ 象牙色,乳白色: My shirt is more ivory colour than white. 我的衬衣与其说是白色的,不如说是乳白色的。❸ⓒ 象牙制品: The museum has a fine collection of medieval ivories. 该博物馆收藏着一批精美的中世纪象牙制品。‖ **show one's -ries** 露出牙齿,咧着嘴笑/**solid ～** 头脑迟钝的人 ‖ **ivory-dome** n. 笨蛋/**ivory tower** 象牙塔/**ivory white**, **ivory yellow** 乳白色/**ivory-white** adj. 乳白色的

ivy ['aɪvɪ] n. ⓤ 〈植〉常春藤 ‖ **ivy-leaved** adj. 常春藤(叶)的

J j

jab [dʒæb] *vt.* (**-bb-**)（用尖物）戳；猛击：*She jabbed me in the arm with her umbrella.* 她用伞捅我的胳膊。■*n.* ①猛击；戳

jack [dʒæk] *n.* ⓒ千斤顶：*an oil ～* 油压千斤顶／*He lifted the car with a jack to change the flat tyre.* 他用千斤顶把车顶起来换下瘪轮胎。■*vt.* ❶用千斤顶顶起：*He jacked the car and changed the back tyre.* 他用千斤顶把车顶起来更换后胎。❷离开／停止，放弃：*She is going to jack this job in.* 她将辞掉这工作。❸提高，增加：*It's time you jacked up my salary.* 你该给我增加工资了。‖ ～ **in** 打算离开，放弃／～ **up** ①用千斤顶顶起②增加（工资）

jacket [ˈdʒækɪt] *n.* ⓒ❶短上衣，夹克：*a beautiful ～* 漂亮的上衣／*It's in my jacket pocket.* 它在我上衣口袋里。❷书籍的护封：*I like the design on this book jacket.* 我喜欢这本书的护封上的图案。‖ **dust sb's ～** 殴打某人／**send in one's ～** 辞职／**warm sb's ～** 打某人；辱骂某人

jade [dʒeɪd] *n.* ⓤ〈矿〉绿玉；绿玉色 ‖ **jade green** 绿玉色

jaded [ˈdʒeɪdɪd] *adj.* 精疲力竭的，厌腻了的

jag [dʒæɡ] *n.* ⓒ难以控制的一阵：*a crying 〔laughing〕～* 一阵大哭〔笑〕／*They are on a jag, buying everything that they like in the store.* 他们尽情放纵自己，在商店里喜欢什么买什么。

jaguar [ˈdʒæɡjʊə] *n.* ⓒ〈动〉（中南美洲的）美洲虎

jail [dʒeɪl] *n.* ⓒ监狱：*The castle had been used as a jail.* 这城堡曾用作监狱。■*vt.* 监禁，拘留：*She was jailed for life for murder.* 她因杀人罪被终生监禁。‖ **jailbird** *n.* 囚犯，惯犯／**jailbreak** *n.* 越狱／**jailhouse** *n.* 监房

jam [dʒæm] *n.* ❶果酱：*The knives and forks were kept in a jam jar.* 刀叉原来放在一个果酱罐里。❷ⓒ拥挤，堵塞：*the traffic ～* 交通阻塞／*There was such a jam of people that we couldn't get in.* 由于人多拥挤，我们无法进入。❸ⓒ困难的处境；窘境：*He's in an awful jam over his marriage.* 他因婚事而陷入极大的困境。‖ **in a ～** 处于困境 ■(**-mm-**) *vt. & vi.* ❶（使）塞紧，（使）挤满：*Shoppers jammed the stores at Christmas time.* 圣诞节时购物的人挤满了商店。❷发生故障；夹住，卡住：*The door has jammed.* 门卡住了。／*The girl jammed her hand when she closed the drawer.* 那个女孩在关抽屉时夹了手。*vt.* ❶堵塞：*The parade jammed traffic all over the town.* 游行队伍阻塞了全市的交通。❷（发射无线电波）干扰（信息，节目）：*They were sent to jam the enemy's radio stations during the war.* 战争期间他们被派去干扰敌人的电台。‖ ～ **in〔into〕**（将…）挤进〔塞进〕／～ **on** 使劲地、匆忙地穿戴／～ **together** 猛压，猛踩／～ **up** 把事情搞糟，搞乱／～ **with** 使挤满 ‖ **jam-packed** *adj.* 塞得紧紧的，挤得水泄不通的／**jam session** 爵士乐即席演奏会

jangle [ˈdʒæŋɡl] *vt. & vi.* ❶铁器相碰发出刺耳的声音：*The bell jangled.* 刺耳的铃声响了。❷烦扰；刺激神经：*The sound of car horns jangles his nerves.* 汽车的喇叭声吵得他心烦意乱。■*n.* ⓢ丁零当啷声

January [ˈdʒænjʊərɪ] *n.* ⓤⓒ一月

jar [dʒɑː] *n.* ⓒ❶罐子，广口瓶 ❷（啤酒）杯 ■*vi.* (**-rr-**) ❶发出刺耳的声音：*The chalk jarred against the blackboard.* 粉笔在黑板上发出吱吱声。❷不和谐；不一致：*Try to avoid colours that jar when choosing curtains and rugs.* 选择窗帘和地毯时，尽量避免颜色不调和。*vt.* 使震动：～ *the city* 震动城市／*The fall jarred every bone in my body.* 那一跤摔得我浑身骨头酸痛。‖ ～ **against** 触及（某物）时发出尖锐刺耳的声音／～ **on** 使人心烦；刺激某人的神经；听起来令人难受／～ **with** 与（某物）不一致；与（某物）不协调

jargon [ˈdʒɑːɡən] *n.* ⓤⓒ行话；黑话；隐语 ‖ **jargonize** *vi.* 讲难懂的话，写难懂的文章 *vt.* 用难懂的话表达

jaunty [ˈdʒɔːntɪ] *adj.* 心满意足的样子；洋洋得意的 ‖ **jauntily** *adv.* 心满意足地；洋洋得意

地/**jauntiness** n.心满意足;洋洋得意

javelin ['dʒævəlɪn] n. ⓒ标枪

jaw [dʒɔː] n. ❶ⓒ颌,颚 ❷ℙ狭窄入口: The guide slowly led through the pass's jaws.向导慢慢地通过狭隘的关口。‖ **be all ~s of death** 险境,鬼门关/**one's ~ drops** 吃惊、失望 ■ vi.闲谈: Whenever my wife and her mother get together they jaw away for hours.每当我妻子和她母亲相聚时,她们总要聊上数小时。

jazz [dʒæz] n. ⓊⓊ ❶爵士乐 ❷⟨俚⟩废话 ‖ **and all that** ~ 以及类似的东西 ■ vt.使更有生气: This party is boring, let's try and jazz it up a bit.这个聚会太无聊了,让我们想法把它搞得活跃一点吧。 ‖ **jazzist** n.爵士乐爱好者 ‖ **jazzman** n.爵士乐演奏者

jazzy ['dʒæzɪ] adj. ❶活泼的;兴奋的 ❷鲜艳的;花哨的

jealous ['dʒeləs] adj. ❶妒忌的,猜疑的:~ looks 嫉妒的样子/Othello was a jealous husband.奥赛罗是位妒忌心重的丈夫。❷妒美的;羡慕的: I'm very jealous of your new job.我很嫉妒你的这个新工作。❸精心守护的,珍惜的: He is jealous of his wife's love.他珍惜他太太的爱。‖ **jealously** adv.妒忌地,猜疑地/**jealousness** n.妒忌,猜疑

jealousy ['dʒeləsɪ] n. Ⓤ ❶妒忌: He is burning with jealousy.他妒火中烧。❷妒羡

jeans [dʒiːnz] n. ℙ牛仔裤

jeep [dʒiːp] n. ⓒ吉普车

jeer [dʒɪə] vt.& vi.嘲笑: The crowd jeered when the boxer was knocked down.当那个拳击手被打倒时,人们开始嘲笑他。■ n.嘲讽: They shouted jeers at him.他们大声地嘲讽他。

jelly ['dʒelɪ] n. ⓊⓒⓊ果冻 ‖ **jelly bean** 优柔寡断的人

jellyfish ['dʒelɪfɪʃ] n. (pl. ~ or ~es) ⓒ ❶水母,海蜇 ❷软弱无用的人;意志薄弱的人

jeopardize, -ise ['dʒepədaɪz] vt.危及,损害:~ the whole operation 破坏整个行动/Would such legislation jeopardize chances for a treaty? 制定这样的法律会危及签约的可能性吗?

jeopardy ['dʒepədɪ] n. Ⓤ危险

jerk [dʒɜːk] vt.猛拉: He jerked the string and the puppet jumped.他猛一拉绳子,木偶就跳了起来。vt.& vi. (使…)猝然一动〔颤动〕: When she heard the news, she jerked upright in surprise.当听到这则消息时,她惊讶得跳了起来。/ The little boy jerked the door open.这个小男孩猛然拉开了门。 ‖ ~ **out** 紧张而断断续续地说出/ **chin music** 谈话/ ~ 突然的拉〔推,扭〕: a sharp ~ 猛然一推/ The knife was stuck but he pulled it out with a jerk.那把刀子被卡住了,他猛地一拔,把它拔了出来。❷〈医〉〈肌肉的〉痉挛,抽搐: a knee ~ 膝抽搐 ‖ **in a** ~ 立刻,马上/ **put a** ~ **in it** 使劲干,卖力干

jerky ['dʒɜːkɪ] adj. (-ier,-iest) ❶急拉的;忽动忽停的: She lit a cigarette with quick, jerky movement.她用急促的动作点着了香烟。❷愚蠢的;呆笨的 ‖ **jerkily** adv.颠簸地;愚蠢地

jersey ['dʒɜːzɪ] n. (pl. ~s) ⓒ运动衫

jest [dʒest] vi.说笑话,开玩笑: Don't jest with me, young man.年轻人,别跟我开玩笑。■ n. Ⓤ笑话,开玩笑: I said you look terrible in jest, actually, you look very pretty.我说你看上去很糟糕是开玩笑,其实你看上去很漂亮。‖ **break a** ~ 说笑话/**in** ~ 开玩笑 ‖ **jester** n.爱开玩笑的人;小丑/**jesting** adj.爱开玩笑的;说着玩的

Jesus ['dʒiːzəs] n. Ⓤ耶稣

jet [dʒet] n. ⓒ ❶喷气式飞机;喷气发动机 ❷喷嘴,喷射口 ❸喷射流 ■ vi. (-tt-) ❶乘喷气式飞机: We will jet to Las Vegas for the weekend.我们将乘坐喷气式飞机去拉斯维加斯度周末。❷喷射: Water jetted out from the broken pipe.水从破裂的水管里喷出。‖ **jet airplane〔plane〕**喷气式飞机/**jet blower**〈机〉喷气鼓风机/**jet engine** 喷气发动机/**jetliner** n.喷气式客机

jettison ['dʒetɪsn] vt.抛弃,丢弃

jetty ['dʒetɪ] n. ⓒ防波堤;码头

Jew [dʒuː] n. ⓒ ❶犹太教徒 ❷犹太人 ‖ **rich as a** ~ 极富的/**worth a** ~**'s eye** 极为贵重

jewel ['dʒuːəl] n. ⓒ ❶宝石,宝石饰物 ❷受珍视的人〔物〕

jeweller ['dʒuːələ] n. ⓒ ❶珠宝商 ❷珠宝店

jewellery ['dʒuːəlrɪ] n. Ⓤ首饰;饰物

jibe [dʒaɪb] vi.与…一致: What he says does not jibe with what others say.他所说的与其他人说的不一致。

jig [dʒɪg] n. ⓒ快步舞(曲) ‖ **in ~ time** 〈口〉极快地 ■ vt.& vi. (-gg-) (使)上下急动

jigsaw ['dʒɪgsɔː] n. ⓒ线锯 ‖ **jigsaw puzzle** 拼板玩具

jihad [dʒɪ'hɑːd] n. ⓒ〈宗〉伊斯兰圣战

jingle ['dʒɪŋgl] n. ⓒ ❶叮当声 ❷节拍十分规则的简单诗歌 ■ vt.& vi. (使)叮当作响: The bells jingled all the way.一路上铃儿叮当响。

jink [dʒɪŋk] vi.急转,(尤指)躲闪,闪开

jitters ['dʒɪtəz] n. ℙ事情发生前的焦虑

job [dʒɒb] n. ❶ⓒ职业,职位 ❷ⓒ(一件)工作 ❸Ⓢ职责,责任 ‖ **a bad** ~ 白费力的事/**a good** ~ 幸运事/**a** ~ **lot** (廉价)整批买(或卖)的杂货/**by the** ~ 论件/**do a** ~ **on sb** 毁了某人/~ **as** 从事…工作/**lie down on the** ~ 磨洋工/**on the** ~ (专心)工作着,忙碌着 ‖ **job action** (怠

工等)临时性抗议活动/**jobholder** n.有职业者/**job-hopping** n.换职业/**job hunter** 求职者/**job work** 包工,散工

jobless ['dʒɒblɪs] adj.没有工作的;失业的

jockey ['dʒɒkɪ] n.(pl.~s) ⓒ赛马骑师

jog [dʒɒg] (-gg-) vt.& vi.(使)慢走;慢跑:He jogged out to see what happened.他慢吞吞地走出去看外边发生了什么事。/~轻敲,轻推 ‖ ~ along〔on〕①平稳地向前慢跑 ②缓慢单调地进行 ■ n. Ⓢ❶轻推 ❷慢跑

join [dʒɔɪn] vt.& vi.❶连接,联结:The pupil joined the two points by a straight line.那个小学生用直线把两点连接起来。/Wait for me where this road joins the main road.在这条路和大路会合的地方等我。❷加入,参加,同…一起做某事:John joined a football club a few days ago.约翰几天前加入了一个足球俱乐部。/Encouraged by them, old men and women also joined them.在他们的鼓舞下,老年人和妇女也都加入了他们的行列。 ‖ ~ in 参加,加入/~ on(使)与某物相连;(使)接上/~ to 加在…之上;(使)加人 ‖ ~ together 将…拼〔连〕在一起 /~ up 参军,入伍/~ with 用…把…连接〔结合〕起来 ‖ **join forces** 会师/**join hands** 联合

joint [dʒɔɪnt] adj.🄰共同的,联合的 ■ n. ⓒ ❶关节 ❷接头,接合处 ‖ out of ~ ①脱臼 ②混乱,紊乱 ‖ **jointed** adj.有接缝的,有关节的/**jointer** n.接合人;接合物/**jointless** adj.无接缝的;无关节的/**jointly** adv.联合地,共同地 ‖ **joint account**(数人)联合存款账户/**joint committee** 联合委员会/**joint resolution** 共同决议/**joint stock** 合股

joke [dʒəʊk] n.❶ⓒ笑话,玩笑 ❷Ⓢ可笑的人、事物、情形 ‖ be beyond a ~ 不是闹着玩的事;是正经的事/be no ~ 非常严重/crack 〔play〕a ~ 讲笑话,开玩笑/have a ~ with 与(某人)一起说笑话;开(某人的)玩笑/practical ~ 恶作剧/sick ~ 试图使人发笑但作用完全相反的笑话/take a ~ 经得起开玩笑 ■ vt.& vi.开玩笑,戏弄:Don't be upset; I was only joking.不要生气,我只是开玩笑。 ‖ ~ about 不严肃地对待/~ apart 严肃地说;认真地说/~ with 同…一起讲笑话;开…的玩笑

jolly ['dʒɒlɪ] adj.(-ier,-iest)快活的;高兴的;兴高采烈的 ■ vt.(pt.pp.**jollied**)使(某人)甘愿或渴望做(某事):They jollied her into going with them.他们哄得她与他们一起去。 ‖ **jolly boat** 单座艇/**jolly dog** 有趣的伙伴/**jolly fellow** 快活人;有趣的人/**jolly-up** n.舞会,跳舞

jolt [dʒəʊlt] vt.& vi.(使)摇动;(使)震惊:Her angry words jolted him.她愤怒的话使他震惊。 ‖ **jolt-waggon** n.农家牛车

jostle ['dʒɒsl] vt.挤;推;撞

jot [dʒɒt] vt.(-tt-)匆忙记下:I jotted down her name.我匆忙记下了她的名字。■ n. Ⓢ一点,少量

journal ['dʒɜːnl] n. ⓒ❶杂志,期刊 ❷日志,日记

journalism ['dʒɜːnəlɪzəm] n. Ⓤ新闻业

journalist ['dʒɜːnəlɪst] n. ⓒ新闻工作者,新闻记者

journalistic [ˌdʒɜːnə'lɪstɪk] adj.新闻工作者的,新闻业的

journey ['dʒɜːnɪ] n.(pl.~s)ⓒ旅行;行程 ‖ cheat the ~ 消磨旅途的寂聊 ■ vi.旅行:~ abroad 出国旅行/He wishes to journey round the world.他希望周游世界。 ‖ **journeyman** n.雇工;熟练工人/**journeywork** n.短工的工作

joy [dʒɔɪ] n.❶Ⓤ欢乐,高兴 ❷ⓒ乐事,乐趣 ‖ full of the ~s of spring 非常快乐/get no ~ 未(获得)成功〔满足〕/sb's pride and ~ 某人的自豪所在/to the ~ of 使某人高兴的是/with ~ 因高兴而… ■ vi.因…而高兴 ‖ ~ in 因…而高兴 ‖ **joybells** n.报喜钟/**joy-juice** n.酒

joyful ['dʒɔɪfʊl] adj.快乐的,高兴的:~ news 喜讯/The Spring Festival is a joyful occasion.春节是欢乐的节庆。 ‖ **joyfully** adv.快乐地,高兴地/**joyfulness** n.快乐,高兴

joyous ['dʒɔɪəs] adj.快乐的,使人喜悦的 ‖ **joyously** adv.快乐地,使人喜悦地/**joyousness** n.快乐,使人喜悦

judge [dʒʌdʒ] n. ⓒ❶法官 ❷裁判员,评判员 ❸鉴定人,鉴赏家 ■ vt.& vi.审判;评判;断定:She seemed to be watching him, judging him.她似乎在观察他,评价他。/The police judged the criminal was still in the city.警察断定该罪犯仍在这个城市。/She judged them to have finished.她断定他们已经干完了。 ‖ ~ between …间判定优劣/~ by〔from〕根据〔由〕…做出判断/~ of 对…做出评价 ‖ **judgeship** n.法官的职位;法官的任期

judgement ['dʒʌdʒmənt] n.❶Ⓤⓒ审判,判决;裁判 ❷Ⓤ判断,判断力 ❸ⓒ看法,意见,评价 ‖ sit in ~ on 对…做出判断 ‖ **Judgement Day**〈宗〉上帝的最后审判日;世界末日

judicial [dʒuː'dɪʃl] adj.🄰司法的,法庭的,审判的 ❷明断的,公正的 ‖ **judicial circle** 司法界/**judicial police** 法警/**judicial power** 司法权

judiciary [dʒuː'dɪʃərɪ] n. ⓒ(总称)法官,审判官

judicious [dʒuː'dɪʃəs] adj.明智的;明断的 ‖ **judiciously** adv.明智地;明断地/**judiciousness** n.明智;明断

judo ['dʒuːdəʊ] n.Ⓤ〈日〉柔道

jug [dʒʌg] n. ⓒ(有柄及小口的)水壶 ‖ **jugful** n.满壶/**jug-handled** adj.不匀称的;单方面

的

juggle [ˈdʒʌgl] vt. ❶耍弄: The juggler juggled three bottles.这个玩杂耍的人可同时抛接三个瓶子。❷歪曲，颠倒: He juggled the company's accounts to show a profit.为了表明公司赢利，他篡改了公司的账目。

juice [dʒu:s] n.ⓊⒸ汁，液 ‖ **juicer** n.榨汁机

juicy [ˈdʒu:sɪ] adj. (-ier,-iest) ❶多汁的 ❷(提供丑闻等消息而)有趣的，富于刺激性的 ‖ **juicily** adv.多汁地；有趣地/**juiciness** n.多汁；有趣

July [dʒu:ˈlaɪ] n.ⓊⒸ七月

jumble [ˈdʒʌmbl] vt.& vi.混杂，(使)混乱: He jumbled the pages in the paper.他把纸张的顺序弄乱了。‖ **jumble sale** 旧杂货拍卖/**jumble shop** (廉价)杂货店

jumbo [ˈdʒʌmbəʊ] adj.Ⓐ庞大的；巨大的

jump [dʒʌmp] vt.& vi.跳，跃: ~ a hurdle 跨栏/The red horse is jumping well.这匹红马在这几跳中都跳得不错。/He jumped the ditch.他跃过了那条沟。 vi.❶惊跳 ❷暴涨: gold price ~ 黄金价格暴涨 ‖ ~ at 急于接受/~ into 参加入;急速进行/~ off 马上/~ on ❶开始行动;发起进攻/~ on ①跳上…②尖锐而激烈地批评，斥责/~ out of 突然离开;跳离/~ over(使)跳过/~ to 猛到/~ to it 赶快;快/~ up ①突然站起②大幅上涨 ■ n.Ⓒ❶跳，跃 ❷猛长,激增 ‖ all of a ~ 在心情紧张中;心惊胆战地/at a full ~ 全速地,迅速地/at one ~ 一下子，立即/from the ~ 从一开始/get〔have〕 the ~ on 抢在…之前行动，对…占优先地位/on (the) ~ ①突然地；匆忙地②坐立不安,神经紧张 ‖ **jumped** adj.新近获得财势的；自大的 ‖ **jump-off** n.开始/**jump seat** 折叠式座位/**jump suit** 伞兵跳伞服

jumper [ˈdʒʌmpə] n.Ⓒ❶无袖套衫 ❷跳跃者;跳跃的马

jumping [ˈdʒʌmpɪŋ] adj.用于跳跃的

junction [ˈdʒʌŋkʃən] n.Ⓒ联结点,会合点，枢纽

June [dʒu:n] n.ⓊⒸ六月

jungle [ˈdʒʌŋgl] n.❶ⒸⓊ(热带)丛林,密林 ❷乱七八糟的一堆事物 ‖ **jungly** adj.丛林的;像丛林的

junior [ˈdʒu:njə] adj.❶年少的，较年幼的 ❷资历较浅的,地位较低的;~ clerk 资历较浅的职员/We could give the job to somebody junior.我们可以把这份工作交给职位较低的人。■ n.Ⓒ❶年少者 ❷地位较低者,晚辈 ❸(美国中学或大学的)三年级学生 ‖ **junior miss** 少女;少女衣服尺寸/**junior varsity** 〈美〉大学运动队的第二队

junk [dʒʌŋk] n.Ⓤ废旧物品,破烂物: I bought this old table in a junk shop.我在旧货店里买了这张旧桌子。■ vt.丢弃,废弃: We're going to junk these computers, they are obsolete.我们准备换掉这些计算机,因为都过时了。‖ **junker** n.吸毒者 ‖ **junk bottle** 深色厚玻璃瓶/**junk dealer**〔**man**〕废旧品商人/**junk heap** 破旧汽车/**junk mail** 邮寄宣传品/**junk shop** 旧船具商店

junkie [ˈdʒʌŋkɪ] n.Ⓒ吸海洛因的成瘾者

junta [ˈdʒʌntə] n.Ⓒ以武力政变上台的军阀

Jupiter [ˈdʒu:pɪtə] n.Ⓢ〈天〉木星

jurisdiction [ˌdʒʊərɪsˈdɪkʃən] n.Ⓤ司法权；裁判权 ‖ **jurisdictional** adj.司法权的;裁判权的

jurisprudence [ˌdʒʊərɪsˈpru:dəns] n.Ⓤ法学;法理学

juror [ˈdʒʊərə] n.Ⓒ陪审员

jury [ˈdʒʊərɪ] n.Ⓒ❶陪审团: The jury has〔have〕 returned a verdict of guilty.陪审团已裁定有罪。❷评判委员会: The jury is〔are〕 about to announce the winners.评委即将宣布优胜者。‖ **jury box** 陪审席/**juryman** n.陪审员/**jurywoman** n.女陪审员

just [dʒʌst] adv.❶正好,恰好: ~ finish 刚刚完成/The coat is just the right size.这件上衣的大小正好合适。❷只是,仅仅 ❸刚才: I just saw your sister standing over there.我刚才看见你妹妹站在那边。❹勉强地: We have only just enough milk to last till Friday.我们现有的牛奶勉强可以维持到星期五。❺只好: The door just opens.门只好开着。‖ it is〔would be〕 ~ as well 也是好事，倒也不错;是明智的/~ about 几乎;大约;马上/~ as one is 不特意装饰或改变;保持原样/~ in case 以防万一/~ like that 突然,冷不防地/~ now ①刚才,刚刚②现在,立即/~ on 差不多,大约/~ so ①有条理的,井然②正是如此,一点不错/~ the same 同样的,完全相同的；仍然,不要/~ the thing ①正是想要的②正是这个意思/~ then 就在那个时候/not ~ yet 并非现在,但可能不久 ■ adj.❶公道;公正的;公平的: a ~ action 正义的行动 ❷合理的,有充分根据的: We hold that their proposal is just and reasonable.我们认为他们的建议是合情合理的。‖ **justness** n.正义性,合理

justice [ˈdʒʌstɪs] n.❶Ⓤ正义;公正,合理: deny sb ~ 对某人不公道/He had justice on his side.正义在他一边。❷Ⓤ法律制裁;司法;审判: administer ~ 执行法律制裁/poetical ~ 理想的赏罚/Justice was met out to him.他受到了应得的惩处。❸Ⓒ法官: The Chief Justice gave his judgement the week before.首席法官于前一周做出判决。‖ **bring to** ~ 使归案受审/**do** ~ **to** ①公平对待②尽量利用/**do oneself** ~ 发挥自己的能力/**in** ~ **to** 为了对…公正起见/**temper** ~ **with mercy** 宽严并济;恩威兼施 ‖ **justiceship** n.法官的职位;法官的

任期

justification [ˌdʒʌstɪfɪˈkeɪʃən] n. ⓒⓤ 正当的理由；辩解的理由 ‖ **in ~ of** 为…辩解

justify [ˈdʒʌstɪfaɪ] vt. (pt. pp. **-fied**) 证明…有理；为…辩护：~ *action* 证明行为是正当的/ *He tried to justify his absence with lame excuses.* 他想用站不住脚的借口为自己的缺席辩解。/ *How can you justify spending so much money?* 你怎么能对花掉这么多钱做出令人满意的解释呢？‖ **~ by** 以…证明…/ **~ to** 向（某人）证明…是对的

jut [dʒʌt] vt. & vi. (**-tt-**) (使)突出；伸出：~ *into the sky* 高耸入云

juvenile [ˈdʒuːvɪnaɪl] adj. Ⓐ❶少年的 ❷幼稚的，年少无知的 ■ n. ⓒ❶青少年 ❷扮演少年角色的演员 ‖ **juvenile delinquency** 少年犯罪/**juvenile delinquent** 少年罪犯

juxtapose [ˌdʒʌkstəˈpəʊz] vt. ❶把…并列，把…并置 ❷把…放在另一个旁边

Kk

kangaroo [ˌkæŋgəˈruː] n.(pl.~s)ⓒ〈动〉袋鼠‖ kangaroo court 非法的或不按法律程序的非正规法庭

karate [kəˈrɑːtɪ] n.ⓤ〈日〉空手道

karma [ˈkɑːmə] n.ⓤ❶〈宗〉(佛教和印度教的)业 ❷命运,宿缘

keel [kiːl] n.ⓒ(船的)龙骨‖ on an even ~ 平稳的〔地〕;稳定的〔地〕■vt.& vi.翻身;倾覆‖ ~ over 倾覆,翻身‖ **keelless** adj. 无龙骨的‖ **keelboat** n. 一种有龙骨的内河运船

keen [kiːn] adj.(-er,-est)❶锋利的:This knife is very keen.这把小刀非常锋利。❷热衷的,热心的,渴望(做某事):He is not very keen on jazz.他对爵士音乐不太感兴趣。/The boy is keen to go to sea.这孩子很想去航海。/The parents were keen that their daughter should become musician.父母渴望他们的女儿成为音乐家。❸激烈的,紧张的 ❹良好的,敏锐的,敏捷的:She has a keen mind.她头脑机敏。/My daughter is keen of hearing.我的女儿听觉灵敏。‖ be ~ about 喜爱,对…着迷/be ~ on 喜爱,渴望‖ **keenly** adv. 锋利地;热衷地,热心地;激烈地,紧张地;敏锐地,敏捷地/**keenness** n. 锋利;热衷,热心;激烈,紧张;敏锐,敏捷

keep [kiːp] (pt.,pp.**kept**) vt.& vi.& link v. (使)保持;(使)继续:Please keep quiet.请保持安静。/The machine kept running.机器一直运转。/I think we shall keep friends.我想我们要保持朋友关系。vi.(食品)保持新鲜:The fish won't keep long;we must eat it now.这鱼无法保存很久,我们必须现在就把它吃掉。vt.❶保有,保存,保留:Why didn't Daddy let me keep the ten dollars? 爸爸为什么不让我留下这十美元?/Will you keep us the seats? 你给我们保留座位好吗?❷阻止,防止,耽搁:What kept you? 什么事耽误了你?❸履行,遵守:She kept her promise.她遵守了诺言。‖ ~ about〔around〕继续履行职责;使手边常有;雇用;拥有/~ after 紧紧追赶;责备,挑剔,反复地要求/~ apart(使)分开/~ at 坚持,继续做;督促,要求(某人工作、学习等);备有;耽搁;延误/~ away(使)不接近;(使)缺席/~ away from(使)不接近;避开/~ back 在后面,不上前;阻止…前进;阻止…的进展;隐瞒;扣留;保留/~ behind 使留下来;离开一段距离;使在智力上落后;紧跟在…后面;把…放在…后面/~ by 使保持在手边;靠近/~ down 使不升起;蹲下,伏倒;控制,限制;除掉;使留下;吞下药物,不吐出来/~ for(使)保留到…再用/~ from 隐瞒;阻止,免于;忍住,戒/~ good time〔hour〕走时准确/~ in(使)留在家里;(罚学生)放学后留校;抑制;(使)继续燃烧;收进,缩进;储备,储存;保留;使继续处于…;提供;抚养;维持/~ in with 不断讨好/~ of 使…处于某种状态/~ off(使)不接近,挡住;(雨、雪等)避开某一话题;禁食/~ on 继续前进;继续穿着〔戴着〕;继续雇用;抱怨;继续保持在…上;(使)继续服药〔接受训练〕/~ on at 纠缠,困扰/~ one's head 不激动,保持冷静/~ oneself to oneself 不与人往来,不交际/~ out(使)留在外面;扣留,保留,留下/~ out of(使)置身于…之外/~ to 待在;紧靠向;(使)谈话不离题;(使)遵守或坚持;保密,不交际;将…的数量限制在/~ under(使)留在水面下;控制,压迫;把…放在…之下;保密/~ up(使)不倒下,(使)不下沉;保持在高水准上;跟上;保养;保持不衰退;不减弱;使熬夜/~ up with 跟上,不落人之后/~ within 保持在…内‖ **keepsake** n. 纪念品

keeper [ˈkiːpə] n.ⓒ❶饲养员;保管人 ❷管理人,负责人

keeping [ˈkiːpɪŋ] n.ⓤ保管;保存‖ in ~ with 和…一致,与…协调/out of ~ with 和…不一致,与…不协调

keg [keg] n.ⓒ小桶

kelp [kelp] n.ⓤ大型褐藻

kennel [ˈkenl] n.ⓒ❶狗窝 ❷ⓟ养狗场 vt.(-ll-,〈美〉-l-)将狗关进狗窝或送到养狗场

kerb,〈美〉**curb** [kɜːb] n.ⓒ❶侧石,边石:The boy sat on the kerb and watched the cars go by. 那个男孩坐在马路边石上看过往的车辆。❷限制,克制,抑制: She put a kerb on her spending. 她限制自己的消费。■ vt. 限制,克制,抑制: I began to kerb my appetite for food and drink. 我开始节制饮食。‖ **kerb market** 场外证券市场

kernel ['kɜːnl] n. ⓒ ❶谷粒;仁,核 ❷要点,中心,核心: The kernel of his problem is lack of money. 他的问题的核心是缺钱。

kerosene ['kerəsiːn] n. Ⓤ 煤油;火油

ketchup,〈美〉**catsup** ['ketʃəp] n. Ⓤ 番茄酱

kettle ['ketl] n. ⓒ (烧水用的)壶: Put the kettle on, and I'd like a cup of tea. 把壶烧开,我要喝杯茶。‖ **a different ~ of fish** 截然不同的事/**a pretty ~ of fish** 混乱,乱七八糟

key [kiː] n. ⓒ ❶钥匙: I've left my keys at home and can't get my books. 我把钥匙丢在家里了,我的书拿不着了。❷键: I wish that she would not hit the keys of the typewriter so hard. 我真希望她不要那么用力敲打字机键盘。❸ (乐曲的)调门;口吻,основная тональность: This piece changes key many times. 这首曲子有多处变调。/Her speech was all in the same key. 她的演说自始至终是一个基调。❹题解,答案: I don't know the key to the puzzle. 我不知道这个谜语的答案。‖ **get the ~ of the street** 无家可归/**get〔have〕the ~ to the door** 到达法定年龄/**hold the ~s of** 控制,支配/**in a minor ~** 带有阴郁的情绪/**lay the ~ under the door** 闭户而去 ■ vt. ❶用键盘输入: I have keyed this sentence three times, and it's still wrong! 我把这个句子输入了三次,可是仍然不对。❷调音 ❸使某事物与有关事物相似(合应): It was he who keyed the door yesterday. 正是他昨天用钥匙锁门的。‖ **~ to** 使…与…一致〔适合〕/**~ up** 升高〔调整〕(乐器的)音调;使某人激动〔紧张〕‖ **keyed** adj. ①锁着的② 有键的/**keyer** n.〈无〉键控器/**keyless** adj. 无钥匙的 ‖ **key club** 非正式俱乐部/**key-hole** n. 钥匙孔/**keyman** n. 要人/**key money** 额外的小费/**key ring** 钥匙圈/**keystone** n. ①基本原理,根本要旨②拱顶石/**keyway** n. 锁槽

keyboard ['kiːbɔːd] n. ⓒ(打字机,钢琴等的)键盘

keynote ['kiːnəʊt] n. ⓒ ❶要旨,主题 ❷〈音〉主音‖ **keynoter** n. 定基调的人

khaki ['kɑːkɪ] n. Ⓤ ❶土黄色 ❷黄卡其布 ■ adj. 土黄色的,黄卡其布的

kick [kɪk] vt.& vi. 踢: The baby was kicking and screaming. 这婴儿又踢又叫。/The man kicked the door shut. 那男人一脚把门踢上了。‖ **~ about〔around〕**漫不经心地踢;漫不经心地游玩;〈口〉存在;活着;无人照管;无人注意;粗暴地对待;〈口〉谈论;在…漂,朝…乱踢;随意放在…;〈口〉在…流浪〔漫游〕/**~ against** 反对,抗议/**~ at** 朝…踢;〈非正〉反对,不喜欢/**~ away** 连续踢;踢倒,踢开/**~ back** 踢回;〈非正〉复发;突然反冲,回到自己头上;退还,付佣金;〈非正〉向…报复;进行反击/**~ down** 将…踢倒;换低挡/**~ in** 向里踢进去;〈非正〉缴付;踢…的某部位;伤害某人的感情,强烈反对某人/**~ off**(足球)中线开球;〈口〉(使)开始;踢开,踢掉;〈美,非正〉离开;死;停止运转/**~ on**(使)突然开始运转/**~ oneself** 自责/**~ out** 撵走;解雇;用脚踢〔攻击〕/**~ out of** 踢出;赶出/**~ over**踢倒〔翻〕;踢来踢去;(使内燃机)开始点火〔转动〕/〈俚〉付出,捐献/**~ up** 踢起;引起;抬高;发生故障;变得不听话 ■ n. ❶ⓒ: He gave the ball a kick. 他把球猛踢了一下。❷ⓒ〈非正〉极度兴奋,快乐: I get a big kick from〔out of〕motor racing. 我觉得赛车很刺激。❸Ⓤ S 精力,效应: He has no kick left in him. 他已筋疲力尽。‖ **a ~ in one's gallop** 异想天开/**a ~ in the teeth** 突然〔很大〕的挫折‖ **kicker** n. 踢的人;爱踢的马/**kickback** n. 回扣,酬金/**kick-off** n. 开球/**kick-out** n. 踢球出界/**kick-start** vt. 用脚启动/**kickup** n. 骚乱,大吵大闹

kid [kɪd] n. ❶ⓒ小孩;年轻人 ❷Ⓤⓒ小山羊;小山羊皮 ■ vt.& vi. (-dd-) 欺骗,戏弄,取笑: Don't take any notice of him; he is kidding around. 别理他,他不过是在胡闹。‖ **kid-glove(d)** adj. 温和的,过分讲究的,考虑周到的/**kidskin** n. 小山羊皮

kidnap ['kɪdnæp] vt. (-pp-,〈美〉-p-) 诱拐,绑架,劫持‖ **kidnap(p)er** n. 绑架者

kidney ['kɪdnɪ] n. (pl. ~s) ❶ⓒ肾,肾脏 ❷ Ⓤⓒ (可食用的动物的) 腰子

kill [kɪl] vt.& vi. 杀死: These flowers kill easily. 这些花很容易枯死。/I was almost killed in the fighting. 在战斗中,我差一点儿被杀死。vt. ❶使停止〔结束,失败〕: This has killed my hopes. 这毁灭了我的希望。❷破坏,减弱,抵消: One colour may kill another near it. 一种颜色可能使相近的颜色显不出来。‖ **~ by〔with〕**用…杀死/**~ off** 消灭,把…一个接一个地杀死‖ **killed** adj. 被杀死的,被屠宰的/**killer** n. 杀人者;致死的事物‖ **killjoy** n. 扫兴的人/**kill-time** n. 用来消磨时间的事情

killing ['kɪlɪŋ] adj. ❶使人筋疲力尽的 ❷极为有趣的,滑稽可笑的 ■ n. ⓒ 谋杀‖ **make a ~** 大走财运‖ **killingly** adv. 吸引人地

kiln [kɪln] n. ⓒ 窑‖ **kiln-dry** vt. 在窑内烘干/**kilnman** n. 烧窑工人

kilo ['kɪləʊ] = kilogram

kilogram ['kɪləɡræm] n. ⓒ 千克

kilometre,〈美〉**kilometer** ['kɪləmiːtə] n. ⓒ 千米,公里

kilowatt ['kɪləwɒt] n. ⓒ 千瓦

kin [kɪn] n. ⓒ 亲戚,家族‖ **count ~ with** 和

…算亲戚关系;和…比门第/**near of ~**近亲的/**next of ~**近亲 ‖ **kinless** *adj.* 无家属的/**kinship** *n.* 家属关系

kind [kaɪnd] *adj.* 亲切的,和蔼的,友好的,仁慈的:*Be kind to animals.* 对动物要仁慈。/ *It's very kind of you to show so much concern for us.* 谢谢您对我们这么关心。/ **Would you be ~ to-v?** 〈正〉劳您驾做…好吗? ■ *n.* ❶Ⓒ 种类 ❷Ⓤ本质,性质 ‖ **a ~ of** 几分,稍稍/**in a ~** 有几分,在某种程度上/**in ~** 性质上;以实物偿付/**~ of** 稍微,有点儿,有几分/**nothing of the ~** 一点儿都不像,毫无类似之处/**of a ~** 很相似的,同一类的;低劣的,差劲的/**something of the ~** 类似所说的某事 ‖ **kindhearted** *adj.* 仁慈的,好心的

kindergarten [ˈkɪndəgɑːtn] *n.* Ⓒ Ⓤ 幼儿园 ‖ **kindergartner** *n.* ①幼儿园里的教师②幼儿园里的小孩

kindle [ˈkɪndl] *vt.*&*vi.* (使某物)燃烧,着火 *vt.* 激起(感情等):*The teacher's praise kindled a spark of hope inside her.* 老师的赞扬激起了她内心的希望。*vi.* 发亮,放光:*His eyes kindled with excitement.* 他兴奋得两眼闪闪发亮。 ‖ **kindling** *n.* 点火;引火物

kindly [ˈkaɪndlɪ] *adv.* ❶ 亲切地,和蔼地,友好地,仁慈地 ❷(用作请求时的礼貌用语或把命令说成请求的反语)请:*Would you kindly close the window?* 请关上窗户好吗? ■ *adj.* (-ier,-iest)亲切的,和蔼的,友好的,仁慈的 ‖ **kindlily** *adv.* 亲切地,和蔼地,友好地,仁慈地/**kindliness** *n.* 亲切,和蔼,友好,仁慈

kindness [ˈkaɪndnɪs] *n.* ❶Ⓤ 亲切,仁慈,好意 ❷Ⓒ友好的行为 ‖ **do〔show〕sb a ~** 好心地为某人做某事/**kill sb with ~** 溺爱某人反而使其受损

kindred [ˈkɪndrɪd] *n.* Ⓤ 亲戚关系 ■ *adj.* ❶同宗的,同源的,有关的 ❷类似的,相似的

kinetic [kaɪˈnetɪk] *adj.* Ⓐ〈物〉动力的,由运动引起的 ‖ **kinetics** *n.* 动力学 ‖ **kineticart** *n.* 活动艺术

king [kɪŋ] *n.* Ⓒ❶君主,国王 ❷重要的人〈动物,事物〉;大王 ‖ **kingless** *adj.* 无国王的/**kingly** *adj.* 国王的,君主地位的/**kingship** *n.* 君王的身份;帝王统治 ‖ **kingfish** *n.* 食用大海鱼

kingdom [ˈkɪŋdəm] *n.* Ⓒ❶王国 ❷界:*This creature had the largest eyes in the whole animal kingdom.* 这种动物在整个动物界中眼睛最大。❸领域:*This is the fight of the kingdom of the mind.* 这是思想领域的斗争。 ‖ **come into one's ~** 飞黄腾达/**~ come** 来世,天国;极长的时间

kingfisher [ˈkɪŋfɪʃə] *n.* Ⓒ〈动〉翠鸟

kiosk [ˈkiːɒsk] *n.* Ⓒ❶小摊棚,售货亭 ❷公用电话亭

kiss [kɪs] *vt.*&*vi.* 吻:*They were so excited that they kissed and kissed again.* 他们激动得一次又一次地亲吻。/ *He took her in his arms and kissed her.* 他拥抱她并吻她。 ‖ **~ away** ①不停地吻;吻掉②由于放荡而挥霍掉/**~ off** 吻掉;舍弃,解雇/**~ on** 在…上吻 ■ *n.* Ⓒ吻:*My mother gave me a kiss on the forehead.* 妈妈吻了我的前额。 ‖ **~ of life** 口对口人工呼吸/**the ~ of death** 貌似有利却导致失败的行动;死亡之吻

kit [kɪt] *n.* ❶Ⓤ衣物和装备:*The captain wants to inspect your kit.* 船长想检查你的行装。❷Ⓒ成套用品:*This furniture comes as a kit.* 这是一套组合家具。❸Ⓒ配套元件 ‖ **kit bag** 长形帆布用具袋

kitchen [ˈkɪtʃɪn] *n.* Ⓒ 厨房 ‖ **kitchen cabinet** 食橱,碗柜/**kitchen garden** 菜园/**kitchenmaid** *n.* 帮助厨师的女工/**kitchen-sink** *n.* 厨房中的洗涤盆/**kitchen stuff** 供烹调的蔬菜/**kitchenware** *n.* 厨房用具

kite [kaɪt] *n.* Ⓒ❶风筝 ‖ **fly a〔one's〕~** 放风筝;试探舆论/**higher than a ~** 极高,大醉

kitsch [kɪtʃ] *n.*〈德〉Ⓤ❶(艺术、设计等的)俗气,矫饰等 ❷俗气的艺术、设计等

kitten [ˈkɪtn] *n.* Ⓒ小猫 ‖ **have ~s** 焦虑,烦躁 ‖ **kittenish** *adj.* 小猫似的;嬉耍的

kitty [ˈkɪtɪ] *n.* Ⓒ❶赌注 ❷共同的资金 ❸〈口〉小猫

kiwi [ˈkiːwiː] *n.* Ⓒ❶〈动〉几维 ❷新西兰人(尤指士兵或国家运动员) ‖ **kiwi fruit** 猕猴桃

kleptomaniac [ˌkleptəʊˈmeɪnɪæk] *n.* Ⓒ患偷窃狂者,有偷窃癖者

knack [næk] *n.* Ⓢ❶窍门,技巧:*There is a knack in tying ropes together.* 把绳子绑在一起有点技巧。❷本事,才能

knead [niːd] *vt.* ❶揉,捏(面团、湿粘土等)❷按摩,揉捏(肌肉等):**~ muscles** 按摩肌肉

knee [niː] *n.* Ⓒ膝,膝盖,膝部 ‖ **be〔go down〕on one's ~s** 跪下/**bend one's ~ to** 向…跪下,屈服于/**bring to one's ~s** 迫使某人屈服/**drop to one's ~s** 跪下/**on bended ~s** 屈膝跪着/**on one's ~s** 在严重的状态中/**on the ~s of the gods** 尚未可知的 ‖ **knee breeches** 短裤/**kneecap** *n.* 〈解〉膝盖骨/**knee-deep** *adj.* 齐膝深的/**knee-high** *adj.* 高及膝盖的/**kneehole** *n.* (写字台等)容纳膝部的地方/**knee joint**〈解〉膝关节/**knee pad** 护膝

kneel [niːl] *vi.* 跪 ‖ **~ down** 跪下 ‖ **kneeler** *n.* ①跪垫②跪着的人

knell [nel] *n.* Ⓢ❶丧钟声:*ring the ~ for the old era* 敲响旧时代的丧钟 ❷某事物结束的象征

knickers [ˈnɪkəz] *n.* Ⓟ❶(女用)内裤 ❷灯笼裤

knife [naɪf] *n.* (*pl.* **knives**)刀 ‖ **before you**

can't say ~突然/get one's ~ into sb 伤害某人/have[get] one's ~ in[into] 跟某人过不去,敌视某人/play a good ~ and fork 饱餐一顿/sharpen one's ~ for sb 准备惩罚某人/under the ~ 经受外科手术,开刀 ■ vt. 切割,刺:Somebody knifed her. 有人捅了她一刀。‖ ~ through 穿过 ‖ knifeboard n. 磨刀板/knife-edge n. ①刀口②锋利的边缘/knife-edged adj. 锋利的,锐利的/knife machine 磨刀机/knife switch〈电〉闸刀开关

knight [naɪt] n. C ❶(中古时代的)武士,骑士 ❷爵士 ❸(国际象棋中)马,有马头的棋子 ■ vt. 封…为爵士:Mr. John Smith was knighted by the Queen and became Sir John Smith. 约翰·史密斯先生被女王封为爵士,成了约翰·史密斯爵士。

knit [nɪt] vt. & vi. ❶(-tt-pt., pp. knitted)编结,编织:She knits all day. 她整日编织毛线。/Mother is knitting a sweater. 母亲正在织毛衣。❷(pt., pp. knit)(使)紧密地结合:A broken bone can knit. 碎骨可长合。/The doctor knit the two broken bones in his arm. 医生把他臂上的两块折骨接好了。‖ ~ together 将(线、衣料)织[缝]在一起;(不指破裂的东西)牢牢地连在一起;使团结 /~ up 织成,织完(某物);补于编织;恢复[修复](某物)‖ knitter n. ①编织者②编织机/knitting n. 编织物 ‖ knit goods 针织品/knitwear n. 针织品

knob [nɒb] n. C ❶(门、抽屉等的)球形把手,球形柄 ❷(收音机等的)旋钮 ❸小块 ‖ with ~s on 更加 ‖ knobbed adj. 有节的,多节的/knobby adj. 有节的

knock [nɒk] n. C ❶短促的敲打(声) ❷爆震声 ❸get the ~ 喝酒过量/take a ~ 蒙受经济〔感情〕上的打击 ■ vt. & vi. 敲,击,打:Please knock before entering. 进来前先敲门。/The children were knocking the bottom of the box. 孩子们在敲箱子底。vt. 批评,数落,非难:The newspapers are too fond of knocking the team. 报纸专爱挖苦那个队。‖ ~ about[around] 漫游,四处走动;殴打,在肉体[精神]上虐待;接连打击,毁坏;活着;放着无人理睬;玩,开车等取乐;随意放在…;在…猛干/~ about〔around〕with 同…混在一起/~ against(使)撞上,击打;偶然碰到/~ at 打,捶,敲/~ away 连续敲击;打掉,敲掉/~ back 回敬;猛饮;使花费钱;使大吃一惊/~ down 击倒,撞倒;拆卸;降价,减价;卖到以击锤表示卖出;〈俚〉挣得,获得;〈俚〉偷,抢;使降低,使丢脸;拒绝;挥霍;在燃烧或边缘装置或减弱火焰或高温/~ in 打进;撞入;灌输;逗笑/~ into 打进;撞进;偶然碰到(某人);把…灌输给;彻底败坏/~ off 将…击打掉,碰撞掉(使)停止;降低;快速做;…;杀,谋杀,偷,抢劫;拘留;完成,结束;吃完;为惩罚而狠打;从…中减去;比…好得多/~ on 敲击通知演员上场;不停地工作;(使)增加;敲;使撞;取消,停止干某事/~ out 用锤等敲掉,打掉,使昏迷;击倒;淘汰,使不能使用,毁坏,使…筋疲力尽,使…竭尽全力;粗略地[匆匆地]创作或完成,使震惊,引起共鸣/~ out of 狠揍某人,彻底打败/减少,破坏,驳倒;从…中敲出[击出](某物)/~ over 碰翻,打倒;使…吃惊;轻易击败;偷窃;抢劫;快速完成/~ through 打通,拆除/~ together 匆匆做完(某事);(使)相撞,烹调/~ under 屈服/~ up 敲门唤醒;匆匆准备【做】某事/~ up against 偶然撞上;偶然遇见 ‖ knock-down adj. 击倒的,压倒的

knocker ['nɒkə] n. C ❶门环 ❷吹毛求疵的人

knoll [nəʊl] n. C 小圆丘,小土墩

knot [nɒt] n. ❶C 结 ❷C 一小群人 ❸C 硬节,节瘤 ❹P 节,海里/小时 ‖ cut the ~ 快刀斩乱麻/get into ~s 困惑不解/tie oneself in ~s 陷入困境 ■ vt. & vi. (-tt-)(使)打结,缠结:My thread has knotted. 我的线打起结来了。/She knotted the parcel firmly. 她把那个小包扎得很紧。‖ ~ together 系在一起 ‖ knotted adj. 多结的;困难的 ‖ knothole n. (木板或树上的)节孔

know [nəʊ] (pt. knew, pp. known) vt. & vi. 知道,懂得:I honestly don't know. 我真的不知道。/He knows English and French. 他懂英文和法文。/I know he is always shooting off his mouth. 我知道他说话老是漏嘴。/He knew where she was hiding. 他知道她藏在哪里。vt. 认识,了解,熟悉:I got to know him in the autumn of 1963. 我是在 1963 年秋天认识他的。‖ be known to 为…所熟知;名字被记录在案/~ about 知道,了解/~ apart 能够区别/~ backwards 熟知/~ better most 最了解/~ better 更明白事理,没愚蠢到…/~ by 根据…认出[了解]/~ fine 很了解/~ for 知道,认识,以…而出名;认识到(某人)是/~ from 辨别,分辨/~ of 知道,听说/~ one's job[what one is doing] 懂行,在行/~ through 非常了解 ‖ knowable adj. 可知的,可认识的 ‖ know-all n. 自以为无所不知的人/know-how n. 本事,技能/know-it-all n. & adj. 自称无所不知的(人)/know-nothing n. ①无知的人②不可知论者/know-nothingism n. 不可知论

knowing ['nəʊɪŋ] adj. A ❶(对别人不知道的秘密)知悉的,心照不宣的 ❷世故的,狡猾的 ‖ knowingly adv. ①故意地,蓄意地②知悉地,心照不宣地

knowledge ['nɒlɪdʒ] n. U ❶了解,理解:He denied any knowledge of them. 他否认了解他们。❷个人的知识〔学识,见闻〕:He is limited in an up-to-date knowledge. 他的最新知识有限。❸学问:He is poor in money, but rich in knowledge. 他贫于金钱,但富于学问。‖ be common[public] ~ 人所共知/come to sb's

knuckle

~被某人知悉/to sb's ~ 据某人所知/with 〔without〕 sb's ~ 告知〔未告知〕某人 ‖ **knowledge-box** n. 校舍/**knowledge factory** 学校;教育机构

knuckle [ˈnʌkl] n. ⓒ ❶(指人)指关节 ❷(指动物)膝关节,踝 ‖ **near the** ~ 近于猥亵的 ‖ **knucklebone** n. 指关节骨

Koran [kɒˈrɑːn] n. ⑤《古兰经》《可兰经》(伊斯兰教经典) ‖ **Koranic** adj.《可兰经》的
kowtow [ˈkauˈtau] vi. 叩头,磕头
kremlin [ˈkremlɪn] n. ⓒ ❶(俄国的)城堡 ❷前苏联政府
kudos [ˈkjuːdɒs] n. ⓤ 荣誉,光荣,赞誉

L l

lab [læb] =laboratory

label ['leɪbəl] *n*. ⓒ❶标签,标记: *He attached labels to his luggage.* 他把标签贴在行李上。/ *According to the symbol on the label, this sweater should be washed by hand.* 根据标签上的符号,这件针织套衫应该用手洗。❷称号;符号;标示: *He has been given the label of "playboy".* 他被起了个"花花公子"的绰号。■ *vt*. (-ll-,〈美〉-l-) ❶ 贴标签于: *The doctor labeled the bottle.* 那位医生给瓶子贴上了标签。/ *She labelled all the boxes of the books carefully.* 她在所有的书箱上都仔细地贴上了标签。/ *Make sure your luggage is properly labelled.* 请务必把你行李上的标签贴好。/ *Everything may be labelled, but everybody is not.* 样样东西都可以贴标签,可就是没有给人贴标签。❷ 把…列为: *He labeled the boastful man a liar.* 他把那个好自夸的男人称作说谎者。/ *His enemies labelled the boy a thief.* 他的敌人把这个小孩叫做小偷。/ *His son and daughter are clever that everyone labelled them as the genius.* 他儿子和女儿都非常聪明,大伙都称他们是天才。/ *The newspapers had unjustly labelled him as a coward.* 那家报纸不公正地称他为懦夫。/ *They labelled him as dishonest.* 他们认为他不诚实。/ *The phrase is labelled as slang in the dictionary.* 这个短语在这本字典里被注为俚语。‖ ～ **with** …把…贴在…上

laboratory [ləˈbɒrətrɪ] *n*. ⓒ 实验室: *lecture〔prepare〕in* ～ 在实验室演讲〔准备〕/ *test〔work〕in* ～ 在实验室试验〔工作〕/ *chemistry〔language, physics, science〕*～ 化学〔语言,物理,科学〕实验室/ *research* ～ 研究室/ ～ *assistant* 实验助理员,实验员/ ～ *boy* 实验练习生/ ～ *coat* 实验服/ ～ *experiment* 实验室试验/ ～ *report* 实验报告 ‖ **laboratorial** *adj*. 实验室的 ‖ **laboratory school** 为学生实习而设的大学实验学校

laborious [ləˈbɔːrɪəs] *adj*. 勤劳的;困难的,费力的 ‖ **laboriously** *adv*. 勤发地;困难地,费力地/**laboriousness** *n*. 勤劳;困难;费力

labour,〈美〉**labor** ['leɪbə] *n*. ❶ⓤⓟ劳动,努力;工作: *They live by honest labour.* 他们靠正当劳动生活。/ *This education aimed at combining brain work with manual labour.* 此项教育的目的在于实现脑力劳动与体力劳动相结合。/ *We should try to reform criminals through labour rather than punish them.* 我们应该尽量通过劳动改造罪犯,而不是惩罚他们。/ *We regard labour as a matter of honour.* 我们认为劳动是光荣的事。❷ⓤ劳工,工人: *Farm labour used to hire themselves out for the summer.* 农业工人过去经常整个夏天在外面打工。❸ⓤ分娩,(分娩时的)阵痛: *His wife is in labour.* 他的夫人正在分娩。/ *She was in labour for two hours before her baby was finally born.* 她分娩了两个小时,才生下婴儿。/ *She went into labour two weeks early.* 她提前两周分娩了。‖ a ～ **of love** 爱做的事/**lost** ～ 徒劳 ■ *vi*. ❶劳动;努力: *They have laboured to complete the job.* 他们努力完成这一工作。❷艰难行进: *They laboured along the bad road.* 他们在那条难走的路上艰难地行进。‖ ～ **at** 努力研究/～ **for** 为…而努力工作/～ **under** 苦于;被…所欺骗/～ **up** 艰难地向上/～ **with** 用…使(某人)疲倦 ‖ **laboured** *adj*. 吃力的,缓慢的/**labourer** *n*. 劳工,工人/**labouring** *adj*. 劳动的/**laboursome** *adj*. 费力的,吃力的 ‖ **labour camp** 劳动营/**labour cost** 人工成本/**labour court** 劳资争议法庭/**Labour Day** 五一国际劳动节/**labour dispute** 劳资争议/**labour exchange** ①产品交换②职业介绍所/**labour force** 劳动力/**labour insurance** 劳保/**labour market** 劳动力市场/**labour movement** 工人运动/**labour organization** 工人组织/**Labour Party** 工党/**labour union** 工会

labyrinth ['læbərɪnθ] *n*. ⓒ迷宫

lace [leɪs] *n*. ❶ⓤ 网眼花边,透孔织品,花边 ❷ⓒ 鞋带,系带,系牢: *The child has learnt to lace his shoes.* 这孩子已学会系鞋带了。‖ ～ **into** ①(狠狠)打击;猛烈抨击,严厉地批评②编织/～ **up** 用带子束紧/

~ with 在…加入 ‖ **laced** adj. 用带子束紧了的/**lacelike** adj. 带子般的/**lacing** n. 缚,系带 ‖ **lace glass** 有花边状图案的玻璃器皿/**lace paper** 花边纸/**lace pillow** 编织花边时置于膝下的垫子

lacerate [ˈlæsəreɪt] vt. ❶撕伤,刮伤: The barbed wire had lacerated her arm. 铁丝网刮破了她的手臂。❷伤害(感情等) ‖ **laceration** n. ①撕裂,划破②伤口,破口/**lacerative** adj. 撕伤的,刮伤的

lack [læk] vt. 缺乏;缺少: A desert lacks water. 沙漠缺乏水。/ She lacks the strength to do the work. 做这项工作不是她力所能及的。‖ ~ **for** 缺少,缺乏/**be** ~ **ing** 缺乏;没有 ■ n. ⑤⑪缺乏,不足,没有 ‖ **by**〔**for, from**〕~ **of** 缺乏…

lackadaisical [ˌlækəˈdeɪzɪkəl] adj. 无精打采的;不决断的;不热心的 ‖ **lackadaisically** adv. 无精打采地;不决断地;不热心地

lackey [ˈlækɪ] n. ⑪听差,男仆(通常穿制服) ❷卑躬屈膝的人,被待为奴仆的人

lacklustre [ˈlækˌlʌstə] adj. 无光泽的,死气沉沉的;无生气的

lacquer [ˈlækə] n. ⑪❶漆 ❷(固定发型的)发蜡,定型剂 ■ vt. 涂漆于 ‖ **lacquerer** n. 油漆工/**lacquering** n. 上漆

lactate [lækˈteɪt] vi. (指哺乳动物)分泌乳汁

lad [læd] n. ⑪❶男孩,小伙子 ❷伙伴,家伙 ❸活泼、大胆或鲁莽的男子

ladder [ˈlædə] n. ⑪❶梯子 ❷⑪阶梯;途径: He climbed the social ladder. 他爬上了上层社会。/ The only ladder to assure success is to work hard. 确保成功的唯一途径是刻苦努力。‖ **kick down the** ~ 过河拆桥 ‖ **ladderlike** adj. 梯状的 ‖ **ladder truck** 装备长梯的救火车

laden [ˈleɪdn] adj. 负重的,载满的

ladle [ˈleɪdl] n. ⑪长柄勺 ■ vt. ❶(用勺)舀或盛很多(食物) ❷慷慨地施予某物 ‖ ~ **in** 舀进,插入/~ **out** 舀出 ‖ **ladleful** n. 一满勺

lady [ˈleɪdɪ] n. ⑪❶女士,夫人,小姐 ❷举止文雅的女子,淑女 ‖ **ladyhood** n. 贵妇人身份/**ladylike** adj. 像贵妇人的/**ladyship** n. 贵妇人身份 ‖ **ladies's room** 公共女厕所/**lady chair** 两人用手交叉搭成的座架/**lady-help** n. 女助手/**lady-killer** n. 专门勾引女子的人/**ladylove** n. 情妇

lag [læg] vi. (**-gg-**) 走得极慢;落后: If your payments of rent lag behind, you will be asked to leave. 如果你不如期交房租,你就会被赶走。■ n. ⑪滞后,时间上的)间隔: This work must go forward without lag. 这项工作必须毫不迟延地进行。‖ **lagger** n. 迟钝者/**lagging** n. & adj. 落后(的),延迟(的)

lager [ˈlɑːɡə] n. ❶⑪贮藏啤酒 ❷⑥一杯或一瓶贮藏啤酒

lagoon [ləˈɡuːn] n. ⑥❶泻湖 ❷(大湖或江河附近的)小而浅的淡水湖

laid-back [ˌleɪdˈbæk] adj. (指人或人的行为)安详的,轻松的

lair [leə] n. ⑥❶(野兽的)巢穴,窝 ❷(人的)藏身处

laird [leəd] n. ⑥(苏格兰)地主

laisser-faire [ˌleɪseɪˈfeə] n. ⑥〈法〉自由放任政策

laity [ˈleɪtɪ] n. (the ~) ❶(别于教会神职人员的)普通信徒 ❷门外汉,外行

lake [leɪk] n. ⑥湖 ‖ **lakelet** n. 小湖/**laker** n. 湖鱼 ‖ **lake dweller** 湖上居民/**lake dwelling** 湖上房屋

lama [ˈlɑːmə] n. ⑥喇嘛(中国西藏或蒙古的佛教僧侣)

lamb [læm] n. ❶⑥羔羊,小羊 ❷⑪羔羊肉 ❸⑥像羔羊般柔顺的人 ‖ **like a** ~ 乖乖地,驯服地 ‖ **lambkin** n. 羔羊/**lamblike** adj. 羔羊般的,柔弱的/**lambskin** n. 羔羊皮

lambaste [læmˈbeɪst] vt. ❶不断地狠打某人,鞭打 ❷严厉斥责某人

lame [leɪm] adj. ❶瘸的 ❷站不住脚的,差劲的;蹩脚的 ‖ **lamely** adv. 差劲地,蹩脚地/**lameness** n. 瘸;差劲,蹩脚 ‖ **lame-brain** n. 笨蛋/**lame duck** 落选官员

lament [ləˈment] vt. & vi. (为…)哀悼,痛哭,悲伤: We lamented over our bad luck. 我们为自己的不幸而悲伤。/ The children lament the death of their mother. 孩子们哀悼母亲的去世。■ n. ⑥悲恸,哀歌,挽歌 ‖ **lamentation** n. 悲伤,哀悼

laminate [ˈlæmɪneɪt] vt. ❶(将薄片砌合在一起)制成(材料) ❷将(金属)锻压成薄片 ■ n. ⑪层压材料 ‖ **laminated** adj. 由薄片叠成的/**lamination** n. 叠合,层压

lamp [læmp] n. ⑥灯 ‖ **lampless** adj. 无灯的,未点灯的 ‖ **lampblack** n. 灯黑/**lampchimney** n. 玻璃灯罩/**lamp holder** 灯座/**lamphouse** n. 光源/**lamplight** n. 灯光/**lampshade** n. 灯罩/**lampstand** n. 灯台

lance [lɑːns] n. ⑥❶鱼叉 ❷骑士、骑兵等的长矛 ■ vt.〈医〉用柳叶刀切开: The doctor lanced the boil on his hand. 医生用柳叶刀切开他手上的水泡。‖ **lancer** n. 使用矛的骑兵 ‖ **lance corporal** 一等兵

land [lænd] n. ❶⑪陆地,陆上,地面: Most mammals live on land. 大多数哺乳动物生活在陆地上。❷⑥国家,国土: There was once a grievous famine in the land. 这个国家曾有一次大饥荒。❸⑪土地,田地;地产: The farmer has just bought a new piece of land. 这位农民刚刚又买了一块地。❹⑤乡村生活 ‖ **a** ~ **flowing with milk and honey** 鱼米之乡/**go**

to the ~务农/how the ~ lies 了解情况/on the ~在农村;务农/the ~ of the leal 天国/the ~ of the living 人世/the lie of the ~ 情势,事态 ■vt.& vi.(使)登岸,(使)下船,(使)着陆:The passengers landed.乘客都已上岸.vt.❶自船上卸下 ❷获得:A friend of mine landed me a three-roomed flat.我的一个朋友给我弄到了一套三居室的公寓. ‖ ~ at(使)着陆[登陆];到达/~ in(使)在…着陆;(使)处于…中/~ on 落到…上;(使)在…上登陆;(非正)给…以(一击);(跌倒时)某部位着地;责骂(某人)/~ up 处于(一困境)中 ‖ with 使背上包袱 ‖ landless adj.无地的 ‖ land agent 地产商/land-air adj.〈军〉地对空的/land bank 土地银行/land-based adj.以地面为基地的/landfall n.〈军〉着陆/landform n.地形/landholder n.土地所有者/land law 土地法/landline n.陆上通讯线/landmass n.大片陆地/land mine 地雷/land power 陆军力量/land reform 土地改革/land service 陆军兵役/landslip n.山崩/land swell 近岸巨浪/landwaiter n.海关税务检查人员/landwash n.波浪对海岸的冲击/land worker 农夫

landed ['lændɪd] adj.拥有大量土地的

landing ['lændɪŋ] n.ⓒ❶登陆,着陆:an emergency ~紧急着陆 ❷登陆处,(船等的)卸货处 ❸楼梯的平台

landlady ['lændˌleɪdi] n.ⓒ女房东,女店主,女地主

landlord ['lændlɔːd] n.ⓒ❶房东;地主 ❷店主

landmark ['lændmɑːk] n.ⓒ❶界标 ❷目标,明显的标志 ❸里程碑

landscape ['lændskeɪp] n.ⓒ❶风景,景色 ❷风景画,风景照 ‖ a blot on the ~ 损害美好景色的东西

landslide ['lændslaɪd] n.ⓒ❶山崩;(山坡、悬崖等的)崩塌;滑坡 ❷(竞选中)一方选票占压倒性多数;一面倒的胜利

lane [leɪn] n.ⓒ❶小路,小巷 ❷车道,行车线 ❸分道,跑道;泳道 ❹航道,航线

language ['læŋɡwɪdʒ] n.❶Ⓤ语言 ❷ⓒ(某民族、某国家的)语言文字 ❸Ⓤ表达方式 ❹Ⓤ粗话,骂人的话:Don't use that language to me! I won't have it!别跟我说那种话!我不许你那样! ‖ bad[foul,strong] ~ 粗话,骂人的话/speak the same ~ 有共同语言(喻指信仰、观点等)

languish ['læŋɡwɪʃ] vi.❶长期受苦,受折磨 ❷变得(越来越)衰弱 ❸因渴望而变得憔悴或闷闷不乐

lantern ['læntən] n.ⓒ❶灯笼 ❷灯塔

lap[1] [læp] (-pp-) vt.❶舔;舔食:Cats and dogs lap water.猫狗舔水. ❷轻拍;冲拍:Water lapped the sides of the boat.河水轻拍着小舟

的两侧. ‖ ~ against[on]轻拍/~ over ①(使)叠起,(使)卷起 ②重叠在…上/~ up ①将(某物)卷叠起来 ②舔食,喝掉

lap[2] [læp] (-pp-) vt.❶领先一圈:Before the end of the race Bob had lapped Jimmy.比赛结束前,鲍勃以一圈领先吉米. ❷包;缠绕(布等)将我的手指包起来. vi.跑完一圈:James lapped in two minutes.詹姆斯在两分钟内跑完一圈. ‖ ~ about[around,round]包住/~ in 裹;包围/~ over(在空间或时间上)超过某物,超出限制/~ over into 延伸到 ■n.ⓒ一圈

lap[3] [læp] n.ⓒ❶(坐着时)膝上腰下的大腿部分 ❷裙兜 ‖ in the ~ of luxury 在优裕的环境中/in the ~ of the gods 结果尚难预料,毫无把握

lapel [ləˈpel] n.ⓒ(西服上衣或夹克的)翻领

lapse [læps] n.ⓒ❶失误,过失;小毛病 ❷行为失检;偏离正道;背弃信仰 ❸时间的流逝〔推移,间隔〕 ■vi.❶退步,陷入,倒退,衰退:He soon lapsed into his previous bad habits.他很快陷入以前的恶习中去. ❷丧失,失效(商务协议、官员、法律权利等,尤指因未予运用、死亡或放弃):Her right to the property has lapsed.她的财产权失效了.

large [lɑːdʒ] adj.(-r,-st)大的,巨大的;大规模的;众多的 ‖ as ~ as life ①像实物一样大 ②确确实实 ❸意外出现/by and ~ 总的来说 ■n. ‖ at ~ ①逍遥法外,自由行动 ②一般说来 ③详细地 ❹全部,整个/in (the) ~ ①大规模地 ②一般说来 ‖ large-handed adj.慷慨的,大方的/large man ①彪形大汉 ②了不起的人/large-scale adj.①大规模的;大型的 ②(地图等)大比例的

largely ['lɑːdʒli] adv.在很大程度上,大半地,主要地:His success is largely due to his own hard work.他的成功主要是靠他自己的努力.

lariat ['læriət] n.ⓒ(套捕马、牛等用的)套索 ■vt.用套索套捕

lark [lɑːk] n.ⓒ百灵科鸟(尤指云雀)

larva ['lɑːvə] n.(pl. **larvae**)ⓒ(昆虫的)幼虫,幼体

laser ['leɪzə] n.ⓒ激光 ‖ **laser disc** 光盘/**laser printer** 激光打印机

lash [læʃ] vt.❶鞭打:He lashed the horse cruelly.他残暴地鞭打那匹马. ❷紧紧,捆扎:We had to lash the cargo to the ship's deck during the storm.在暴风雨中,我们不得不把货物紧系在船的甲板上. ❸煽动,激起:The speaker was lashing the crowd.演讲人正在煽动人群. vt.& vi.突然冲击,猛烈打击:The rain was lashing the windows.雨急打着窗子. ‖ ~ about[around](使)无一定方向地不停移动,甩动/~ across 鞭打/~ against 敲打/

lass

~ **at** 猛烈攻击/~ **down** ①捆紧某物②重重地打,猛击/~ **into** ①煽动…以产生…②猛烈攻击/~ **out** ①猛打,猛击②滥花钱,大量给予(某物)/~ **out against**〔**at**〕攻击;抨击/~ **to** 把…绑到…上/~ **together** 将一物与另一物牢系在一起/~ **up** 用绳索捆住〔固定住〕(某物)/~ **with** ①用…打②痛斥 ■n. C❶鞭挞,鞭打 ❷鞭子 ❸突然猛烈的一击;急速挥动

lass [læs] n. C❶小女孩,少女 ❷女朋友

lasso ['læsəʊ] n. (pl. ~**s** or ~**es**)〈美〉(套捕马、牛等用的)套索 ■vt.〈美〉用套索套捕

last [lɑːst] vi. ❶延续;继续:She felt sure that their friendship would last. 她确信他们的友谊会日久天长。❷耐用;经久: This cloth lasts well. 这种布很耐穿。vt. 经受住,到…之后: This cake of soap will last you about several weeks. 这块肥皂大约够你用几个星期。‖ ~ **for** 持续,维持/~ **from** 从…继续〔维持〕/~ **out** ①持续;在困难中坚持〔继续〕下去②经得起,活(一段时间) ■adj. A❶最后的,末尾的: They drank up the last of the wine. 他们喝光了最后一滴酒。❷最近的;刚过去的,上一个的: I received your last letter in May. 我收到你的最近来信是在五月份。❸惟一剩下的;最终的: This is our last hope. 这是我们最后的希望了。❹最不可能的,最不合适的: She is the last wife in the world for a farmer. 她最不适宜作农夫的妻子。‖ **at one's** ~ **gasp** 垂死挣扎,最后的拼搏/**have the** ~ **word** 最终决定,最后裁决/**in the**〔**one's**〕~ **resort** 最后的手段,最后的凭借/**the** ~ **lap** 最后阶段/**the** ~ **minute**〔**moment**〕最后一刻/**the** ~ **word** 最新,最时髦 ■n. C最后提到的〔人〕〔物〕;最近的信: These are the last of our apples. 我们就剩下这么多苹果了。/He was the last to come. 他是最后一个来的。/I didn't hear the last of his report. 他的报告我没有听完。/I received your last. 我收到了你最近的来信。‖ **at (long)** ~ 终于/**hear**〔**see**〕**the** ~ **of** 不必再与某人打交道;不必再考虑某人〔某物〕/**to**〔**till**〕**the** ~ 坚持到底,直到最后一刻 ■adv. ❶上一次,最近一次: When did you last see him? 你最近什么时候见到过他? ❷最后: He came last in the race. 他在赛跑比赛中跑了最后一名。‖ **last-ditch** adj. 已无后退余地的,拼死的

lasting ['lɑːstɪŋ] adj. 持久的,恒久的: a ~ friendship 持久的友谊

lastly ['lɑːstlɪ] adv. 最后(一点)

latch [lætʃ] n. C❶(门窗的)门闩 ❷碰锁 vt. & vi. 用碰锁锁上(门上);闩上(门上)

late [leɪt] adj. (**-r, -st**) ❶迟的,晚的,迟到的: We had a late dinner last night. 我们昨晚晚餐吃得很晚。/It's too late to go now. 现在去太迟了。❷晚期的,后期的: The poet lived a happy life in his later life. 这位诗人晚年过着一种幸福的生活。❸A不久之前的,最近的: The late storm did much harm. 不久以前的这场暴风雨造成了很大的灾害。❹A已故的,最近去世的: Her late husband was an outstanding scientist. 她已故的丈夫是位杰出的科学家。❺A前任的: The visitor is the late President, now a scholar. 这位来访者是前总统,现为学者。❻A新的: This is the late development of science. 这是科学的新发展。‖ **be** ~ **for one's own funeral** 老是迟到 ■adv. ❶迟,晚: She married late in life. 她很晚才结婚。❷接近末期: The bush was planted late in the season. 这灌木是在这个季节末期才栽种的。❸到深夜: He worked late into night. 他工作到深夜。❹不久前 ‖ ~ **in the day** ①〈口〉迟了,晚了 ②最后/**of** ~ 近来,最近

lately ['leɪtlɪ] adv. 近来,最近,不久前: I don't like reading novels lately. 近来我不喜欢读小说。

latent ['leɪtənt] adj. 潜伏的,潜在的,不易觉察的: We cannot find latent dangers. 我们无法发现潜在的危险。/How long is its latent period? 它的潜伏期有多长?/Without training, his musical talent remained latent. 由于未经训练,他的音乐天赋未被发掘出来。

later ['leɪtə] adv. 较晚地;后来: I'll call again later. 我以后再打电话来。/He fell ill on Monday and died three days later. 他星期一得病,星期三就死了。‖ **for** ~ 供以后用/~ **on**〈口〉以后/**sooner or** ~ 迟早

lateral ['lætərəl] adj. A侧面的,从旁边的,至侧面的: ~ buds 侧芽 ■n. C位于侧面的东西(如侧枝)

latest ['leɪtɪst] n. A最近的,最新的: Irene has all the latest pop records. 艾琳有所有最新的流行音乐唱片。■最新消息,最时髦的东西: Have you heard the latest about the war? 你听到战争的最新消息了吗? ‖ **at the** ~ 至迟

lathe [leɪð] n. C车床

Latin ['lætɪn] n. U拉丁文 ■adj. 拉丁的,拉丁语的: a ~ lesson 拉丁语课 ‖ **Latin American** n. 拉丁美洲人

latitude ['lætɪtjuːd] n. ❶CU纬度 ❷P特指的纬度地区: At this latitude you often get strong winds. 在这一纬度地区经常有大风。❸U自由,自由范围

latter ['lætə] adj. A❶后半的,接近终了的: He'll go to school in the latter part of the year. 后半年他将上学了。❷后者的: This latter point is of great importance. 这后一个论点是非常重要的。‖ **latterly** adv. 后来,近来 ‖ **latter-day** adj. 近代的,现代的

laud [lɔːd] vt. 称赞,赞美: ~ sb to the skies 把某人捧上天 ■n. U称赞,赞美

laugh [lɑːf] vi. 笑,发笑,嘲笑: We were all

laughing when he came in.他进来时,我们正在笑。/"And I've forgotten the sugar." she laughed."我把糖给忘了",她笑着说道. vt.以笑表示,以笑感动〔影响〕;She laughed her good mood when she saw her mother.她看到母亲时,以笑表示了她愉快的心情。‖ ~ about 对…感到好笑而发笑/~ at ①因…而发笑②嘲笑,取笑③蔑视;对…满不在乎/~ away ①连续地笑②一笑置之;以笑来驱除〔消除〕/~ down ①以轻蔑的笑打断②以笑拒绝/~ into 以笑使(某人)处于…/~ off ①〈非正〉一笑置之;以笑来驱除〔消除〕②〈非正〉痛快地笑③以笑声使…离开/~ out of 以谈笑使(某人)忘掉忧愁/~ over 笑着谈论,想着…发笑/~ with 与(某人)同声笑 ■ n. ①C笑;笑声;笑态 ②S笑料‖ break into a ~ 忽然笑起来/raise a ~ 引起笑声

laughable ['lɑːfəbl] adj. ①荒唐可笑的 ②有趣的;逗人笑的

laughter ['lɑːftə] n. U笑,笑声;Laughter filled the theatre.笑声充满了影院。‖ roar with ~ 哄堂大笑

launch[1] [lɔːntʃ] vt. ①使(船)下水:They launched a new passenger liner.他们使一艘新的客轮下水。②发动;发出;发射:They have launched a spaceship.他们发射了一艘宇宙飞船。‖ ~ against〔at〕向…发起进攻/~ into ①(使)在(水)中漂浮②使下水;载上天②(使)开始从事/~ on〔upon〕①对…发动进攻②向…首次推出,把…引向…/~ out ①出海,出航②出产,生产③开始新的东西/~ out at 进行攻击/~ out into (起劲地)开始 ■ n. U发射,射击;发射(新产品)投产‖ **launcher** n. 发射器/**launching** n. ①发射(船)下水③开办

launch[2] [lɔːntʃ] n. C汽艇,游艇

laundry ['lɔːndrɪ] n. ①C洗衣店,洗衣房 ②U洗好的衣服;待洗的衣服

laurel ['lɒrəl] n. ①CU月桂树 ②C(表示荣誉的)桂冠,殊荣

lava ['lɑːvə] n. U①(火山喷发的)熔岩 ②(熔岩冷凝后的)火山岩

lavatory ['lævətrɪ] n. C厕所,盥洗室

lave [leɪv] vt. ①洗涤,给…沐浴 ②(水)冲刷;沿…流淌

lavender ['lævɪndə] n. U①薰衣草 ②薰衣草的干花和茎 ③淡紫色

lavish ['lævɪʃ] adj. ①过分慷慨的;非常浪费的,太多的 ②过分丰富的,无节制的;大量生产的

law [lɔː] n. ①CU法,法律,法规 ②U法学‖ be a ~ unto oneself 一意孤行/follow the ~ 当律师/go to ~ 打官司/have the ~ on〔of〕〈非正〉起诉/take the ~ into one's own hands〈口〉不通过法律擅自处理,私了/the arm of the ~ 法网,法律的威力/there is no ~ against〈非正〉允许(做某事) ‖ **law-abiding** adj. 守法的/**lawmaker** n. 立法者/**lawsuit** n. 诉讼案件

lawful ['lɔːful] adj.合法的,法定的,依法的:~ age 法定年龄

lawless ['lɔːlɪs] adj. ①(国家、地方)没有法律的,法纪所不及的 ②失去法律控制的;无法无天的

lawn [lɔːn] n. C草地,草坪

lawyer ['lɔːjə] n. C律师;法学家

lax [læks] adj. ①不严格的;马虎的;松懈的 ②〈医〉(肠)宽松的;腹泻的

laxative ['læksətɪv] n. C轻泻剂,通便剂

lay [leɪ] vt. ①放置:She laid her coat over a chair.她把外衣放在椅子上。②压倒,使躺下,放倒:The trees were laid flat by heavy wind.树木被风刮倒了。③使平息,使消失:The rain quickly laid the dust.雨水很快消除了空中飞扬的尘土。④打赌,下赌注:I'll lay five pounds that you don't succeed.我出五英镑打赌,你不会成功。 vt. & vi. 生蛋,产卵:The hens don't lay during this cold weather.这样冷的天气母鸡不会下蛋。/The duck laid ten eggs this month.这只鸭子本月下了十个蛋。‖ ~ about ①乱打②猛攻/~ aside ①把…放在一边②暂时搁置一边③放弃(某种习惯)④积蓄(金钱),留出(时间)/~ away ①储蓄,贮存②埋葬/~ before 提交/~ by 储蓄,存留(备将来之用)/~ down ①放下;使躺下②建造③规定,制定④放弃 牺牲⑤贮藏(尤指酒类)⑥出钱(买)/~ for〈非正〉暗中等待(伺机攻击),埋伏着等待/~ in 贮存,储备/~ into 〈非正〉攻击/~ off ①休息②停止做某种不快的事 ③暂时解雇④停止工作(活动)/~ on ①猛打②安装(水、电、煤气等);提供(饭食等)③涂上(颜色)④征收⑤组织,安排⑥将…放在…上⑦强调,把…强加于某人/~ out ①陈设;展开②设计③〈非正〉花钱,花力气④〈非正〉击倒,打倒/~ to (使)停泊/~ up ①放置不用②贮存,储蓄 ③使(某人)待在床上或室内/~ with 用…铺设

layer ['leɪə] n. C层,层次

layman ['leɪmən] n. C门外汉,外行人

layoff ['leɪɒf] n. C(由于工作清闲而造成的)临时解雇

layout ['leɪaʊt] n. C布局;安排;版面设计:The robbers studied the layout of the bank.这伙强盗研究了银行的布局。

lazy ['leɪzɪ] adj. (-ier, -iest) ①懒惰的,懒散的:He comes to school by bus because he is too lazy to walk.他乘公共汽车上学,因为他懒得走路。②慢吞吞的:She spoke with a lazy articulation.她说话慢吞吞的。‖ **lazily** adv. 懒惰地,懒散地/**laziness** n. 懒惰,懒散 ‖ **lazybones** n. 懒汉

leach [li:tʃ] vi.(将化学品、矿物质等)过滤 vt.(液体)过滤;滤去

lead¹ [li:d] vt.& vi.(pt.,pp. led) ❶带路,领路,指引: I'll lead; you must follow me. 我带路,你一定得跟着我。/ If the blind leads the blind, both will fall into ditch. 盲人领瞎子,两人都会掉进水沟里。❷领导;指挥: Who is going to lead? 谁来领导? ❸领先: Which horse is leading in the race right now? 现在赛马中哪匹马领先? / He leads the class in mathematics. 在数学方面,他是全班第一。vt. ❶诱使: They led him captive. 他们将他活捉。❷使过生活: We are leading a happy life. 我们过着幸福的生活。‖ ~ into ❶把…带入❷诱致⟨道路等⟩通向/~ off 开始/~ on 劝诱,使误信,哄骗/~ on to 引起,导致/~ to ❶把…带到,领到②⟨道路⟩通向③导致,引起/~ up to ①作为…的准备;导致②使话题(渐渐)转向/~ with 作为头条报道 ■n. ❶©⒁领导;榜样❷⒮领先;占上风: He has a lead of ten metres over the other runners. 他领先别的运动员十米。❸©主角,主要演员: He's playing the lead in the new play. 他在这出新剧中担任主角。❹©线索 ‖ take the ~ 占主要地位,领先,带头 ‖ **lead-in** n. (介绍广播或电视节目)开场白;介绍

lead² [led] n. ⒁铅 ‖ **lead pencil** 铅笔/**lead-work** n. 铅制品

leader ['li:də] n. ©领袖,领导人

leadership ['li:dəʃip] n. ❶⒁领导,领导权❷©领导阶层,领导人员: The leadership of the movement is[are] in agreement on this issue. 这一运动的领导层对这个问题的看法一致。

leading ['li:diŋ] adj. ❶重要的,主要的: She is one of the leading writers of her days. 她是那个时代主要的作家之一。❷首位的,前列的

leaf [li:f] n. (pl. **leaves**) © ❶叶子: -ves on the tree 树上的叶子❷页: Several leaves had been torn out of the novel. 这本小说已被撕掉了几页。❸金属薄片,金箔: They needed three gold leaves. 他们需要三张金箔。‖ **be in** ~ 长叶子的/**come into** ~ 长满叶的,绿叶满枝的/**take a** ~ **from**[**out of**] **sb's book** 以某人为榜样/**turn over a new** ~ 掀开新的一页;重新开始,改过自新

leaflet ['li:flit] n. ©传单,散页印刷品

leafy ['li:fi] adj. (-ier,-iest) ❶多叶的;叶茂的❷多树木的

league [li:g] n. © ❶联盟,同盟❷(运动)俱乐部的联合会❸等级,范畴 ‖ **in** ~ (**with**) 与…暗中合谋,和…私下勾结

leak [li:k] vt.& vi. 漏: The ship was leaking badly. 那艘船漏得很厉害。/ The car leaks oil. 这辆车漏油。vt.使泄露: He leaked the news of the ambassador's visit. 他把大使来访的消息泄露出去了。‖ ~ **away** ①漏出②逐渐失去/ ~ **in** 漏入,渗入/~ **out** 漏出,渗出;泄露/ **to** 将…泄露给… ■n. ©❶漏洞,裂缝: There is a leak in the roof. 房顶上有个漏洞。❷泄漏,漏出物❸走漏,泄露: There has been a leak of information. 走漏了风声

lean [li:n] (pt., pp. **leant** or **leaned**) vt.& vi.(使)倾斜,屈身: The postbox leans a little bit. 这个邮筒有点倾斜。vt. 倚,靠;依赖 ‖ ~ **against** ①(使)靠在…上②对…有看法/~ **back** 仰靠着,向后靠/~ **down** 向下弯/~ **forward** 倾向/~ **on**[**upon**] ①靠在…上②依赖③威胁,逼迫/~ **out** 探出/~ **over** 弯曲,倾斜/ ~ **over backward**(**s**) 极力,拼命/~ **to** ①向…伸去[靠去]②倾向于…,同意… /~ **towards** ①向…倾斜②倾向于… ■adj. (-**er**,-**est**) ❶瘦的;少脂肪的❷贫瘠的;收益差的: In recent years, the cinema has fallen on lean times. 近几年,电影业遇上了不景气时期。

leap [li:p] (pt., pp. **leapt** or **leaped**) vi. ❶跳,跳跃: His heart leaped and he felt himself reddening. 他的心在跳,他感觉自己的脸红了。❷猛然行动,抢: Look before you leap. 三思而后行。vt. 跳过,跃过: The horse leaped a stream. 这匹马跃过小溪。‖ ~ **at** ①朝…跳去②(非正)迫不及待地接受某事物/~ **forward** ①向前跳[冲]②(非正)迅猛发展/~ **in** ①跳进②(非正)急于做某事/~ **into** ①跳入②(非正)突然进入/~ **out** ①跳出②(非正)显而易见/~ **out of** ①从(某处)跳出来②(非正)吃惊,惊喜/~ **up** ①跳起②突然从座位上起身③加快 ■n. © ❶跳跃,飞跃: He took a leap over an obstacle. 他跃过障碍物。❷激增 ‖ **a** ~ **in the dark** 结果不可预料的行动/**by** ~**s and bounds** 非常迅速,突飞猛进

learn [lɜ:n] vt.& vi. (pt., pp. **learnt** or **learned**) ❶学习;学;学会: It is never too late to learn. 活到老学到老。❷得知;获悉;听说: They never learn, never give up. 他们从不吸取教训,决不投降。/ They learned her gone. 他们得知她走了。‖ ~ **about** ①获得,学得②得知有关…的消息/~ **by** 从…学到/~ **from** 向…学习;从…获得(吸取)/~ **of** 听说/~ **off** 记熟,背熟,记住/~ **up** 学会

learned ['lɜ:nid] adj. ❶有学问的,博学的: He is a very learned man. 他是一位学识渊博的人。❷学术上的: He wrote a learned book on frogs. 他写了一部有关青蛙的学术著作。

learner ['lɜ:nə] n. ©学习者,初学者;见习驾驶员

learning ['lɜ:niŋ] n. ⒁学问,学术;知识: A little learning is a dangerous thing. 一知半解是危险的

lease [li:s] vt. 租,租借: He leased his home

for the summer. 他将房子出租供人避暑。/ *They leased the building as a warehouse*. 他们租用这栋大楼作仓库。‖ ~ **back** 把…售出，然后又租回/~ **out** 出租… ▪ *n*. ⓒ租约，租契 ‖ **a new** ~ **of**〔**on**〕**life** 新生活，精神焕发

leasehold [ˈliːshəʊld] *adj*.& *adv*.（土地、房产）根据地契年期而拥有（的）

leash [liːʃ] *n*. ⓒ拴猎狗的皮带 ▪ *vt*. 用皮带系住

least [liːst] *adj*. ❶最小的，最少的 ❷一点点 ‖ **not the** ~ ①一点也没有②最大的 ▪ *adv*. 最少，最小：*John chose the least expensive of the book in these books*. 约翰在这些书中选了一本最便宜的。‖ ~ **of all** 最不，尤其/**not** ~ 尤其是，特别是 ▪ *pron*. 最小，最少量：*He did the least of the work and got the most of the money*. 他干活最少，拿钱却最多。‖ **at**（**the**）~ ①至少，起码②无论如何，反正/**not**（**in**）**the** ~ 一点不，一点也不/**to say the** ~ 至少可以这样说，退一步讲

leather [ˈleðə] *n*. Ⓤ皮，皮革

leathery [ˈleðəri] *adj*. 似皮革的，坚韧的

leave¹ [liːv]（*pt*., *pp*. **left**）*vt*. 把…留下；遗忘：*I must go back, I've left my car keys*. 我必须回去，我忘了带汽车钥匙。*vt*.& *vi*. 离去，离开；出发；舍弃：*We're giving him a party when he leaves*. 当他离开时，我们将为他举办一个聚会。‖ ~ **about**乱丢，乱放/~ **aside** 搁置，不考虑/~ **behind** ①忘带，留下；丢弃②使落后，丢在后面/~ **for** ①出发去（某地）②离开（某人）以同（他人）生活在一起；离开（某职位）以寻求/~ **in** 让…留下/~ **off** 停止（做）某事，戒掉/~ **on** 让…留在原处/~ **out** 遗漏，省略，删去；未顾及，忽略/~ **over** ①留下，剩下，剩余②延后，推迟，（暂时搁置）留待以后处理/~ **with** ①将…留给…照管②将…留给…处理 ▪ *n*. ❶ⓒⓊ准假，假期 ❷Ⓤ辞别 ‖ **take** ~（**of**）告别，离开

leave² [liːv] *vt*.（*pt*., *pp*. **left**）❶听任，让：*Leave him to his father*; *he'll deal with him*. 让他父亲去收拾他吧！❷交托，委托：*I'll leave everything to you then*. 那我就把一切托付给你办了。‖ ~ **it at that**〈非正〉行了，够了，到此为止/~ **on** 让（火）燃着，让…开着/~ **up to** 由某人作决定 ▪ *n*. Ⓤ许可，准许

lecture [ˈlektʃə] *n*. ⓒ❶演讲；讲课 ❷冗长的斥责〔谴责〕▪ *vt*.& *vi*.（向…）演讲；（给…）讲课：*He's lecturing a group of tourists*. 他在向一群观光者作报告。*vt*. 责备，教训，训斥：*Don't lecture the child*. 不要责备孩子。/*He lectured me heatedly for a few minutes*. 他非常激烈地训了我几分钟。‖ ~ **about**〔**on**〕向~就（某题目）作报告，办讲座/~ **at** 对（某人）进行说教，教训（某人）/~ **for** 因…对（某人）进行说教，教训（某人）‖ **lectureship** *n*. 讲师的职位〔身份〕‖ **lecture hall** 大讲堂/**lecture notes** 讲稿/**lecture room** 讲堂/**lecture theatre** 阶梯教室

lecturer [ˈlektʃərə] *n*. ⓒ❶（大学或学院中的）讲课者，授课者 ❷（英美大学中的）讲师

leech [liːtʃ] *n*. ⓒ❶水蛭，蚂蟥 ❷榨取他人脂膏者，占他人便宜者 ❸医生

leek [liːk] *n*. ⓒ〈植〉韭葱

leer [liə] *n*. Ⓤ含恶意的一瞥，不怀好意的一瞥 ▪ *vi*. 斜眼看，飞媚眼

leeway [ˈliːweɪ] *n*. SⓊ❶灵活性；随意处置的余地 ❷时间损失；落后 ❸（航行由于强风所致的）偏航

left [left] *n*. ❶Ⓤ左边，左侧，左部 ❷ⓒ左手；左拳 ❸ⓒ左翼 ▪ *adj*. ❶Ⓐ左侧的：*He is blind in the left eye*. 他左眼失明。❷Ⓐ左边的，左面的，左方的：*My house is on the left side of the street*. 我的家在这条街的左侧。❸左翼的，左倾的：*Our company made a sudden charge on the left wing of the enemy*. 我们连对敌人左翼发动了突袭。‖ **have two** ~ **feet** 非常笨拙 ▪ *adv*. 向左，在左边：*He looked left and right*. 他左右看看。‖ **left-hand** *adj*. ❶左手的 ❷向左转的/**left-handed** *adj*. ❶惯用左手的 ❷用左手做的 ❸为惯用左手的人做的/**left-hander** *n*. ❶左撇子，惯用左手的人②用左手一击，左手拳/**left-wing** *adj*. 左翼的，激进的/**left-wings** *n*. 左翼分子，激进分子

leftist [ˈleftɪst] *n*. ⓒ左派的支持者 ▪ *adj*. 左派的

leftover [ˈleftəʊvə] *adj*. Ⓐ剩余的，未用完的

leg [leg] *n*. ⓒ❶腿 ❷ⓒⓊ腿肉 ❸ⓒ裤腿 ❹ⓒ桌椅等的腿 ❺ⓒ一段行程 ‖ **be all** ~ **s** 过分瘦长/**be on one's** ~ **s** ①站着②康复至可以走动/**give sb a** ~ **up** ①帮助某人上马〔爬墙等〕②用钱〔影响力〕帮助人/**not have a** ~ **to stand on**（论点等）站不住脚，对行为无合理的解释等/**pull one's** ~ 开某人的玩笑，耍弄某人/**shake a** ~ 出发；动手；赶快/**show a** ~ 起床/**stand on one's** ~ **s** 自食其力/**stretch one's** ~ **s** 去散步/**walk off sb's** ~ 把某人累得筋疲力尽

legacy [ˈlegəsi] *n*. ⓒ❶遗产，遗赠物 ❷遗留之物

legal [ˈliːgəl] *adj*. 法律上的；合法的；法定的 ‖ **legally** *adv*. 法律上地；合法地 ‖ **legal person**〈律〉法人

legality [lɪˈgælɪti] *n*. Ⓤ合法性，法律性

legalize, -ise [ˈliːgəlaɪz] *vt*. 使合法化，使得到法律认可 ‖ **legalization, -sation** *n*. 合法化，法律上认可

legend [ˈledʒənd] *n*. ⓒ❶传说，传奇故事 ❷传奇人物

legendary [ˈledʒəndəri] *adj*. ❶传奇的 ❷著名的，名扬四海的

leggings [ˈlegɪŋz] *n*. Ⓟ裹腿，绑腿

legion [´li:dʒən] *n.* ⓒ❶古罗马军团 ❷众多，大量

legislate [´ledʒɪsleɪt] *vt. & vi.* 立法；制定法律：*Congress has legislated a new minimum wage for workers.* 国会制定了一项新的关于工人最低工资的法律。

legislation [ˌledʒɪs´leɪʃən] *n.* Ⓤ❶法律；法规 ❷立法，法律的制定〔通过〕

legislative [´ledʒɪslətɪv] *adj.* 立法的

legislator [´ledʒɪsleɪtə] *n.* ⓒ立法委员；议员；立法者

legislature [´ledʒɪsleɪtʃə] *n.* ⓒ立法机关，立法团体

legitimate [lɪ´dʒɪtɪmɪt] *adj.* 合情合理的；合法的 ‖ **legitimately** *adv.* 合法地／**legitimation** *n.* 合理，合法

legitimize,-ise [lɪ´dʒɪtɪmaɪz] *vt.* 使合法，给…以合法地位

legroom [´legrʊm] *n.* Ⓤ（在飞机、车辆等座位前）供伸腿的空间

legume [´legju:m] *n.* ⓒ豆科植物，豆类蔬菜

leisure [´leʒə] *n.* ❶Ⓤ空闲时间，闲暇 ❷ⓊⒸ悠闲，安逸 ‖ **at** ~ 有空，闲暇时；从容不迫地，不慌不忙地 ‖ **leisured** *adj.* 有闲的；从容的／**leisureless** *adj.* 无空闲的

leisurely [´leʒəlɪ] *adj.* 从容的，不慌不忙的

lemon [´lemən] *n.* ❶ⓒ柠檬树 ❷ⓊⒸ柠檬 ❸Ⓤ柠檬黄，柠檬色 ‖ **lemondrop** *n.* 柠檬糖

lemonade [ˌlemə´neɪd] *n.* ⓊⒸ柠檬汽水

lemur [´li:mə] *n.* ⓒ〈动〉狐猴

lend [lend] (*pt., pp.* lent) *vt. & vi.* 把…借给：~ *a bike* 借出一辆自行车／~ *conditionally* 有条件地借贷／~ *grudgingly* 勉强借出／~ *out books* 外借图书／*He neither lends nor borrows.* 他既不借给人也不向人借。／*I never lend money.* 我从不借钱给别人。／*Don't lend yourself to such dishonest schemes.* 别参与这种欺诈的勾当。*vt.* 增加，增添：~ *a place a festive look* 给某一地方增添节日的景象／~ *colour to the streets* 给街道增添（色彩）／*This poem lends itself to our program very well.* 这首诗非常适合我们的节目。‖ ~ **oneself to** ①某人欣然同意做某事或参与、合谋做某事 ②某物适合某种用途〔活动〕／~ **out** 借出／~ **to** 把某物借给某人；参与 ‖ **lendable** *adj.* 可供借（贷）的 ‖ **lending library** 收费图书馆，借书处／**lending rate** 借（贷）率

lender [´lendə] *n.* ⓒ出借人，贷方

length [leŋθ] *n.* ❶ⓒ一段，一节 ❷ⓊⒸ长，长度；距离 ‖ **at** ~ 充分地，详尽地；最后，终于／**go to great** ~**s** 不遗余力，竭尽全力／**the** ~ **and breadth** 到处，四面八方 ‖ **lengthways** *adv.* 纵长地

lengthen [´leŋθən] *vt. & vi.* （时间或空间）延长，伸长：~ *a skirt* 把裙子放长／*In summer, the number of daylight hours lengthens.* 夏天，白天的时间长。

lengthwise [´leŋθwaɪz] *adv.* 纵长地，纵向地

lengthy [´leŋθɪ] *adj.* (-ier,-iest) 长的，漫长的，啰嗦的 ‖ **lengthily** *adv.* 长地，漫长地，啰嗦地

lenience [´li:njəns] *n.* Ⓤ❶宽大，仁慈 ❷从轻的刑罚

lenient [´li:njənt] *adj.* 宽大的，仁慈的

lens [lenz] *n.* ⓒ❶透镜，镜头 ❷眼睛中的水晶体 ‖ **lensed** *adj.* 有透镜的／**lensless** *adj.* 无透镜的 ‖ **lensman** *n.* 摄影师

leopard [´lepəd] *n.* ⓒ豹

lesbian [´lezbɪən] *n.* ⓒ同性恋女子 ■ *adj.* 女性同性恋的

lesion [´li:ʒən] *n.* ⓒ❶损害，损伤 ❷身体器官组织的损伤

less [les] *adj.* 较少的，更少的：*It cost less money than I expected.* 它比我预料的要便宜。‖ **no** ~ **than** 不少于，多达 ■ *adv.* 较少，更少地，少：*He was less known than his brother.* 他不如他哥哥出名。‖ ~ **and** ~ 越来越少〔少地／**much〔still〕** ~ 更不用说

lessen [´lesn] *vi.* 变少 *vt.* 减少（某事物）

lesser [´lesə] *adj.* Ⓐ较小的，较少的，次要的

lesson [´lesən] *n.* ❶ⓒⓊ功课，课 ❷Ⓢ一堂课，一节课：*finish a* ~ 结束一课／*miss a* ~ 缺一节课 ❸Ⓟ课程：*regular* ~*s* 正规课程 ❹ⓒ教训，经验；榜样：*draw a* ~ *from* 从…中吸取教训／*bitter* ~*s* 痛苦的教训／*You should teach him a lesson.* 你应该教训他一顿。

lest [lest] *conj.* ❶惟恐：*I feared lest I should be late again.* 我惟恐自己再迟到。❷免得：*Be careful lest you*（*should*）*fall from the tree.* 小心，不要从树上掉下来。

let [let] (-tt-, *pt., pp.* let) *vt.* ❶让，使：*His father doesn't let him smoke.* 他父亲不允许他吸烟。❷放掉，松掉：~ *blood* 放血／*We mustn't let slip such an opportunity.* 这样的机会我们不能错过。*vt. & vi.* 出租：~ *rooms* 出租房间／*We're hoping to let this field.* 我们希望把这块地租出去。／*Mrs. Brown let me a room.* 布朗夫人租给我一间房。／*They let rooms to college students.* 他们向大学生出租房间。‖ ~ **alone** 更别提／~ **by〔past〕** 让…过去／~ **down** ①放低，放下 ②使…失望，失信／~ **go** 放，放手／~ **in** ①让…进入，放进 ②把…降下 ③加进 ④容许，接受／~ **in for** 使…卷入／~ **in on** 让…知道〔参与〕／~ **into** ①让〔放〕进入 ②嵌入，插入／~ **loose** 放松，放开／~ **off** ①让…下车〔下船〕②引发，引爆 ③放掉〔过〕；免除／~ **on** 泄密，透露；假装／~ **oneself go** 放纵，随心所欲／~ **out** ①使出来，放出

②出租(某物)③使(火)熄灭④使(某人)得到解脱/~ **through** 让…通过/~ **up** ①让(某人)上到某处②放松,减少〔弱〕/~ **up on** 对(某人)放松〔不严厉〕;在(某事)上松懈

lethal ['li:θəl] *adj.* ❶致死的,能致命的 ❷破坏性的,有害的 ‖ **lethally** *adv.* 致死地;有害地

lethargic [le'θɑ:dʒɪk] *adj.* ❶昏睡的 ❷没精打采的,懒洋洋的

lethargy ['leθədʒɪ] *n.* Ⓤ❶昏睡 ❷没精打采,懒洋洋

letter ['letə] *n.* Ⓒ❶信,函件 ❷字母 ‖ **to the ~** 严格地,一丝不苟地 ‖ **lettered** *adj.* ①识字的②有学问的/**letterer** *n.* 字母刻写人/**lettering** *n.* ①写字②刻字/**letterless** *adj.* ①没有信件的②没有刻印文字的 ‖ **letter sheet** 邮简/**letter writer** 写信者

lettuce ['letɪs] *n.* ❶Ⓒ莴苣,生菜 ❷Ⓤ生菜叶

leukaemia,〈美〉**leukemia** [lju:-'ki:mɪə] *n.* Ⓤ〈医〉白血病

levee ['levɪ] *n.* Ⓒ堤,堤岸

level ['levl] *n.* ❶Ⓒ水平,水平面;水平高度 ❷Ⓒ数量,强度 ❸Ⓤ水平,等级 ‖ **find one's own ~** 找到与自己相称的位置 ■ *adj.* ❶平的,水平的,平坦的:~ *crossing* 平交道/~ *gauge* 水准仪/*fairly* ~ 相当平坦/*draw* ~ 扳平 ❷同高度的;同一程度的:*He kept a level head through the whole incident.* 整个事件中,他始终保持着镇静的头脑./*In spring the river's surface is often level with the banks.* 春天河水常常涨到与河岸一样高. ‖ **draw ~** 势均力敌,打成平手 ■ *vt.*(-ll-;〈美〉-l-)❶使平(坦),变平:~ *the pitch* 整平场地 ❷使成平面;变成平面:*A tornado leveled the entire business district.* 龙卷风使整个商业区成为平地. ‖ ~ **against** 对(某人)提出控诉/~ **at** (用枪)对准〔瞄准〕;将…的矛头指向(某人)/~ **down** ①将…向下整平②使…向低水平下降/~ **off** ①将…弄平,使平整②使平稳,使稳定/~ **out** ①平坦起来②达到平衡〔稳定〕③消除(差别等)/~ **up** 将(收入等)向上拉平/~ **with** ①和…一样高②向(某人)说实话 ‖ **leveler** *n.* 使平等的人;平均主义者/**levelly** *adv.* 水平地/**levelness** *n.* 水平面,数量,水平

lever ['li:və] *n.* Ⓒ❶〈物〉杠杆 ❷操作杆 ■ *vt.* (用杠杆)撬动:*They levered the iron into the house.* 他们用杠子把铁块撬进屋里. ‖ ~ **along** 撬动,撬起/~ **away** 撬动,撬起/~ **...into...** 用杠杆把…撬进…/~ **out** ①(用铁棍等)撬动②将(某人)驱走③使(自己)费力地站起来/~ **up** ①(用铁棍等)撬起②费力地支起(自己)

leverage ['li:vərɪdʒ] *n.* Ⓤ❶(物)杠杆作用,杠杆的力量 ❷力量,影响 ■ *vt.* 促使…改变

Levis ['li:vaɪz] *n.* Ⓟ牛仔裤

levitate ['levɪteɪt] *vt.&vi.* (使)升空,(使)漂浮 ‖ **levitation** *n.* 升空,漂浮

levy ['levɪ] *vt.* (*pl. pp.* **levied**) 征收(税收等):~ *a tax* 征税/~ *taxes for* 为…而征税/*The judge levied a ten thousand dollars fine against the factory for polluting the river.* 法官因该厂污染河流,处以罚款一万美元. ‖ ~ **on** 对(某人)征收(税款等)②依法扣押(物品等) ■ *n.* Ⓒ征收,征税

liability [ˌlaɪə'bɪlɪtɪ] *n.* (*pl.*-**ties**) ❶Ⓤ责任,义务;倾向 ❷Ⓟ债务 ❸Ⓒ〈口〉妨碍,不利

liable ['laɪəbl] *adj.* Ⓟ❶有法律责任的,有义务的: *be criminally*〔*legally*〕~ 负有刑事〔法律〕责任 ❷易患…的,易受…之害的:*Children are liable to catch cold.* 小孩易患感冒. ❸有做某事的倾向:*We are all liable to make mistakes when we're tired.* 我们疲劳的时候都容易出错.

liaise [lɪ'eɪz] *vi.* 做联络人;联络

liaison [lɪ'eɪzɔ:ŋ] *n.* ❶Ⓤ组织单位间的交流与合作 ❷Ⓒ联络人 ❸Ⓒ私通

liar ['laɪə] *n.* Ⓒ说谎者

lib [lɪb] *n.* Ⓤ解放

libel ['laɪbəl] *n.* ❶Ⓒ诽谤性文字 ❷Ⓤ发表诽谤性文字 ❸Ⓒ有损某人〔某物〕名誉的事物 ■ *vt.* (-ll-;美-l-)〈律〉(发表文字等)诽谤,中伤

liberal ['lɪbərəl] *n.* Ⓒ❶宽容大度的人 ❷自由主义者 ■ *adj.* ❶心胸宽阔的,无偏见的,宽~ *to* 对…宽宏大量 ❷慷慨的,大方的:*He has a liberal attitude to divorce and remarriage.* 他对离婚和再婚看得很开. ❸开放的;主张变革的:*This country adopts a liberal foreign policy.* 该国采用的是开放的外交政策. ❹自由的,不拘一格的 ‖ **liberally** *adv.* 无偏见地;慷慨地;自由地 ‖ **the Liberal Democrats**〔**Party**〕自由民主党

liberalism ['lɪbərəlɪzəm] *n.* Ⓤ自由主义

liberality [ˌlɪbə'rælɪtɪ] *n.* Ⓤ❶慷慨,大方 ❷宽容,开朗

liberalize, **-ise** ['lɪbərəlaɪz] *vt.* 使自由化 ‖ **liberalization** *n.* 自由化

liberate ['lɪbəreɪt] *vt.* 解放,释放:*This will liberate him from economic worry.* 这将消除他经济上的忧虑. ‖ ~ **from** 从…解放〔解除〕出来 ‖ **liberated** *adj.* 被释放了的;被解放了的/**liberator** *n.* 解放者

liberation [ˌlɪbə'reɪʃən] *n.* Ⓤ解放

libertarian [ˌlɪbə'teərɪən] *n.* Ⓒ(思想或行动等的)自由论者

liberty ['lɪbətɪ] *n.* ❶Ⓤ自由,自主 ❷Ⓤ Ⓒ〈正式〉许可权 ‖ **at ~** ①不受限制或支配②获许可的,有权的/**take -ies** ①放肆,太随便②歪曲,任意篡改(文章、历史等)/**take the ~ of** 擅自〔冒昧〕做某事

librarian [laɪˈbreərɪən] n. ⓒ图书馆馆长；图书馆管理员 ‖ **librarianship** n. 图书馆管理员的职位

library ['laɪbrərɪ] n. ❶ⓒ图书馆，藏书室 ❷ⓤⓒ藏书

licence，〈美〉**license** ['laɪsəns] n. ❶ⓒ许可证，执照 ❷ⓤ许可，特许 ❸ⓤ放纵，放肆 ‖ a ~ for…的许可证/a ~ from…颁发的许可证

license，〈美〉**licence** ['laɪsəns] vt. 批准，许可，颁发执照：They have licensed the private hotel. 他们已发了许可证给那家私人旅馆。

licensee [ˌlaɪsənˈsiː] n. ⓒ执照持有者

licentious [laɪˈsenʃəs] adj. 放荡的，淫乱的

lichen ['laɪkən] n. ⓤ地衣

lick [lɪk] vt. ❶舔：The little boy is licking the ice-cream cone. 小男孩在舔着冰激凌蛋卷。❷〈口〉打败：I think we could lick the best teams there. 我想我们能打败那儿最好的队。vt. & vi.（波浪）轻拍；（火焰）吞卷：The flames licked against the building. 火焰吞卷着那栋楼。/The flames of the fire licked the sides of the fireplace. 火焰卷烧着壁炉的边缘。‖ ~ about（against, at）…而行/~ away（off, up）舔吃，舔尽/~ into〈非正〉使某人〔事〕合格/~ one's lips〔chops〕舔嘴唇（暗自欢喜或期待某事物）/~ one's wounds 失败后求复原，重整旗鼓/~ sb's boots 在某人面前卑躬屈膝；拍小马屁/~ the dust 被击倒；被打死 ■ n. ⓒ❶舔 ❷（油漆等）一刷之量 ‖ **licking** n. ①舔 ②狠狠揍的一顿揍

lid [lɪd] n. ⓒ盖，盖子：He lifted the lid of the box and looked inside. 他揭开箱盖往里看。‖ flip one's ~ 失去控制；发疯/put the ~ on 结束（活动等），使（希望）破灭/take the ~ off 揭露丑闻 ‖ **lidded** adj. 有盖子的/**lidless** adj. ①无盖子的 ②留神注视着的

lie¹ [laɪ]（pt. **lay**, pp. **lain**）vi. ❶ 躺，卧：~ awake 醒着躺在那里/~ flat 平躺/~ sick 卧病/~ lazily 懒洋洋地躺着/He broke his leg and had to lie all the time. 他折断了腿，不得不总是躺着。/The national hero lies buried here. 那位民族英雄就安葬在这里。❷位于：There lies a small town at the foot of the mountain. 山脚下有一个小镇。❸展现，伸展：Ahead lay a vast expanse of wheat. 前面是一大片小麦。vi. & link v. 平放：The books have been lying here ever since they were laid here. 这些书自从放在这里就一直未动过。‖ ~ about〔around〕到处散放；闲着不干事/~ back 倚靠/~ before 展现在…的面前/~ behind ①存在于过去；已成为往事 ②位于…之后，留在…的后头；是…的原因/~ beyond ①处于更远的位置 ②存在于将来 ③位于比…更远的地方 ④存在于比…更远的未来 ⑤超过…的承受力/~ by ①停泊，停航 ②处在…旁边，

down ①休息 ②接受，忍受 ③逃避（职责），不好好干/~ **heavy on** 不舒服，烦恼/~ **in** ①晚起，睡懒觉；分娩，待产 ②躺in/位于 ③在于/~ **off** ①在附近停泊 ②停止工作/~ **on**〔**upon**〕①压在〔位于〕…之上 ②依赖，取决于 ③松劲 ④不求再进/~ **over** 延期处理，搁延/~ **to** ①停泊 ②位于/~ **up** ①休息 ②退隐，躲起来/~ **with** 是…的责任 ‖ **lie-abed** n. 睡懒觉的人/**lie-down** n. 小睡/**lie-in** n. 懒觉

lie² [laɪ]（pt., pp. **lied**, pres. p. **lying**）vi. 说谎：never ~ 从不撒谎/often ~ 经常撒谎/Obviously he was lying. 显然他是在撒谎。vi. 造成错觉，产生假象：Figures can lie when statistics are misused. 统计资料用得不当，数字也会给人以假象。‖ **as far as in me** ~ s 尽我所能/~ **about** 隐瞒/~ **into** 骗取（某人）的信任；骗（某人做某事）/~ **out of** 靠撒谎摆脱（困境）/~ **to**（向…）撒谎 ■ n. ⓒ谎话：He tried to tell me a lie about losing his wallet. 他试图使我相信他丢失了钱夹的谎言。‖ **tell a** ~〔**tell** ~**s**〕说谎

lieu [ljuː] n. ⓤ代替

lieutenant [lefˈtenənt] n. ⓒ❶陆军中尉 ❷海军上尉 ❸副职官员

life [laɪf] n.（pl. **lives**）❶ⓤⓒ生命 ❷ⓒ生物 ❸ⓤ人生，生存 ❹ⓤ生活 ❺ⓒ人命，性命 ❻ⓒⓤ一生，终身，终生 ❼ⓤⓒ生活方式：village ~ 乡村的生活方式 ‖ **all one's** ~ 终生，一生/**bring**（**back**）**to** ~ 使复活；使苏醒过来，开始有生气/**depart one's** ~ 去世/**for** ~ 终生，终身/**for one's** ~ 拼命地/**for the** ~ **of one** 无论如何/**from** ~ 根据实物/**take**（**a**）~ 杀人/**take one's** ~ **in one's hands** 冒生命危险/**to the** ~ 逼真的，惟妙惟肖的 ‖ **life assurance** 人寿保险/**life belt** 救生带/**life cycle** 生命周期/**life expectancy** 预期寿命/**life-saving** n. 救生（法）/**life sentence** 无期徒刑

lifeboat ['laɪfbəʊt] n. ⓒ救生艇

lifeless ['laɪflɪs] adj. 无生命的

lifelike ['laɪfˌlaɪk] adj. 活像真的，栩栩如生的

lifeline ['laɪfˌlaɪn] n. ⓒ❶救生索 ❷生命线

lifelong ['laɪfˌlɒŋ] adj. 毕生的，终身的

lifestyle ['laɪfˌstaɪl] n. ⓒ生活方式

lifetime ['laɪfˌtaɪm] n. ⓤⓒ一生；寿命 ‖ **of a** ~ 千载难逢的好机会

lift [lɪft] vt. & vi. 举起，抬起：This window will not lift. 这个窗户推不上去。vt. 终止，解除：They decided to lift the embargo. 他们决定解除禁运。vi. 消散：The plane will take off once the fog has lifted. 等雾一消散，飞机便起飞。‖ ~ **above** 耸立/~ **down** 拿下来/~ **from** 偷窃；（使…）从…升起，（把…）从…升起/~ **off**（飞机、火箭等）起飞，发射升空；揭开/~ **onto** 把…引上…/~ **up** 举起，提起；鼓

舞■n. ❶ⓊⒸ抬,举:~ in prices 涨价/With one great lift, the men moved the rock. 那些人猛一抬把那块石头搬动了。❷Ⓒ电梯,升降机;call ~要电梯/chair ~升降椅/by ~乘电梯 ❸Ⓒ免费搭车,搭便车:We got a lift part of the way in a lorry. 我们有一段路搭乘了卡车。❹ⓊⒸ鼓舞,振奋:Passing the exam gave me a real lift. 通过了考试我确实觉得很兴奋。‖ liftboy,-man 开电梯的服务员/lift-off 起飞;起飞时刻/lift truck 起重机车

light¹ [laɪt] n. ❶Ⓤ光,光线,光亮 ❷Ⓒ光源,电灯 ❸Ⓒ火焰,火花,点火物 ‖ bring to ~揭露,暴露,发现/cast ~ on 使…显得非常清楚,阐明,使人了解/come to ~显著,为大家所周知/hide one's ~ under a bushel 含蓄不外露,过分谦逊/in (the) ~ of 鉴于,由于,按照/at the end of the tunnel 成功之望/see the ~ 明白过来,领悟;出版,发表 ■(pt., pp. lit or lighted) vt. & vi. ❶点火,生火,点燃:The match lights easily. 这火柴容易点燃。❷(使)容光焕发:A quick animation lit her face. 突来的兴奋情绪令她容光焕发。vt. 照亮,照明:~ one's way 照亮道路/~ the house 照亮房屋 ‖ ~ on[upon] (偶然)发现/~ up ①照亮,亮起来②点烟,开始吸烟③(使)变得喜悦,(使)兴奋起来④开街灯或车灯 ‖ **light-hearted** adj. 轻松愉快的,无忧无虑的/**lighthouse** n. 灯塔/**lightweight** n. ①轻量级运动员②无足轻重的人/**light year** 光年

light² [laɪt] adj. (-er,-est) ❶光线充足的,明亮的 ❷淡色的,浅色的 ❸轻的,不重的 ❹Ⓟ轻柔的;轻巧的 ❺易消化的,清淡的:I had light fish this lunch. 今天午饭我吃了清淡的鱼。‖ make ~ of 对…不在乎,轻视

lighten [ˈlaɪtn] vt. 使(某物)更明亮 vi. 变得更光明

lighter [ˈlaɪtə] n. 打火机,点火器 ■adj. 较轻的,较淡的

lighting [ˈlaɪtɪŋ] n. Ⓤ❶照明 ❷点火,点燃

lightly [ˈlaɪtlɪ] adv. ❶轻轻地,轻巧地 ❷轻率地

lightning [ˈlaɪtnɪŋ] n. Ⓤ闪电 ■adj. Ⓐ闪电般的,快速的 ‖ lightning rod 避雷针

likable [ˈlaɪkəbl] adj. 可爱的

like¹ [laɪk] vt. ❶喜欢,喜爱:Women like to be thought younger than they are. 女人喜欢人家说她年轻。❷想要:I'm hungry; I'd like some hot food. 我饿了,我想吃一点热的东西。‖ **if you** ~如果你喜欢;可以说,换句话说/**as you** ~随你的意,请便/~ **it or not** 不管你喜不喜欢 ■prep. ❶(表示方式)如同,像:She is dressed in white like a nurse. 她穿着白衣服,像个护士。❷(表示态度)想要,有…的意向:I don't feel like work today. 我今天不想上班。❸(表示属性)像,像…一样;与…类似;好像是,看来有…的可能(或迹象);能从…特征上…才会:~ a baby(person)像婴孩(人)一样/~ new(看起来)像新的/The child was like its mother in looks. 那孩子长得像妈妈。❹(表示列举)比如,诸如…之类,像…等:It was like them to leave the work to us. 他们就是这样子,总是把工作留给我们做。■adj. 相似的,相同的:Each employee received a like bonus. 每个雇员都得到了相同数目的奖金。‖ **like-minded** adj. 有同样想法的,志趣相投的

like² [laɪk] n. Ⓢ相类似的人(事物):the ~ of 像…一样的人或物/Have you ever heard its like? 你听过这样类似的事情吗?‖ **the** ~ **of** 像…这样的人(东西)

likelihood [ˈlaɪklɪhʊd] n. Ⓤ可能性,可能性

likely [ˈlaɪklɪ] adj. (-ier,-iest) ❶可能的;有希望的:It isn't likely that I should accept such an offer as that. 我接受像那样的帮助是不可能的。❷适合的:He is the likeliest person for the job. 他是最适合做这份工作的人。■adv. 可能:They'll very likely come by car. 他们很可能开车来。‖ **as** ~ **as not** (很)可能

liken [ˈlaɪkən] vt. 把…比作

likeness [ˈlaɪknɪs] n. Ⓤ❶相象,相似 ❷Ⓢ画像,肖像

likewise [ˈlaɪkwaɪz] adv. ❶同样地,照样地:Watch him and do likewise. 盯着点,照他的样子做。❷也,又:Her speech and her manner likewise upset me. 她的言谈使我心烦意乱,她的举止也一样。

liking [ˈlaɪkɪŋ] n. Ⓒ喜爱,喜好

lily [ˈlɪlɪ] n. Ⓒ百合花

limb [lɪm] n. Ⓒ❶肢:tremble in every ~四肢发抖 ❷大树枝:She sat on a limb of the tree and looked down. 她坐在一根大树枝上往下看。‖ **life and** ~生命危险/**out on a** ~孤立无助/**sound in wind and** ~一体格强健/**tear sb** ~ **from** ~猛击某人

limber [ˈlɪmbə] adj. ❶柔软的,灵活的 ❷轻快的 ■vt. (做运动)使身体灵活 vi. (赛前)做准备活动 ❸把(火炮)系在前车上

limbo¹ [ˈlɪmbəʊ] n. Ⓤ无着落,悬而未决

limbo² [ˈlɪmbəʊ] n. (pl. ~s) Ⓒ林波舞(西印度群岛的一种舞)

lime [laɪm] n. ❶Ⓒ酸橙 ❷Ⓤ石灰 ■vt. 给(田地等)施石灰

limelight [ˈlaɪmlaɪt] n. Ⓒ众人注意的中心

limerick [ˈlɪmərɪk] n. Ⓒ五行打油诗(通常幽默)

limit [ˈlɪmɪt] vt. 限制;限定:He must limit the number of cigarettes he smokes. 他必须限制他抽烟的数目。‖ ~ **to**(把…)限制在…,局限于 ■n. 限制;界限;限度;go beyond the ~超过限度/mark the ~s 标出界线/a certain ~一定的限度/a final ~最后限度/~ value 极限值/There isn't a limit to everything. 对每件事情没有什么限制。❷限额：The bank has written to say I've gone over my credit limit. 银行写信来说我已经超过信用限额了。❸令人无法忍受的人〔事物〕‖ off ~ s 禁止入内/set a ~ 对…加以限制/within ~ 不超出限度‖ limitable adj. 可限制的/limiter n. 限制物

limitation ['lɪmɪ'teɪʃən] n.❶Ⓤ限制：I am willing to accept certain limitation on my freedom. 我愿意接受对我自由的某些限制。❷Ⓟ局度,极限：great ~ s 很大的局限

limited ['lɪmɪtɪd] adj. 有限的：~ ability 有限的能力/~ intelligence 有限的智力/~ power 有限的权力‖ limited edition 限数版

limitless ['lɪmɪtlɪs] adj. 无限制的,无限度的,无止境的

limn [lɪm] vt. 画,勾画

limousine ['lɪmʊziːn] n. Ⓒ豪华轿车

limp¹ [lɪmp] n. Ⓢ跛行 ■ vi.❶一瘸一拐地走：~ laboriously 费力地跛行 ❷困难地航行：~ into 困难地驶入/The damaged ship limped back to port. 那艘受损的船困难地驶回港口。‖ limpingly adv. 一瘸一拐地

limp² [lɪmp] adj. 无力的；无生气的；易弯的；松软的‖ limply adv. 无力地/limpness n. 无力；松软

line [laɪn] n.❶Ⓒ线条,线,绳 ❷Ⓒ界线,边线 ❸方向,路线 ❹Ⓒ条纹,皱纹 ❺Ⓒ线路,电话线 ❻Ⓒ⑩排,行 ❼Ⓒ家系,家族：He comes from a long line of actors. 他来自一个演员世家。❽Ⓒ铁路线,航线,运输线 ❾Ⓒ(文字的)行 ❿Ⓒ行业,专长 ⓫Ⓒ短信：Drop me a line when you know your exam results. 等你知道了考试结果,给我写封信来。⓬Ⓟ步骤,方法,方式：The police are following various lines of inquiry. 警察正在使用各种方式进行查问。⓭Ⓒ种,类：She has a good line in funny stories. 她会编各种各样有趣的故事。⓮Ⓒ欺骗性的话 ⓯Ⓒ防线,前线：He was parachuted behind enemy lines. 他被人用降落伞投送到敌人防线的后面。‖ all along the ~全部地；处处；时时/down the ~完全地,全部地/hold the ~不挂断电话/in ~成一直线,成一排/in ~ for 有可能获得…/in ~ with 跟…一致,符合/lay it on the ~实话实说/on the ~ ①冒极大的险 ②以某种方式/out of ~ ①与同一条直线之不相符,举止不当 ■ vt.❶用线标出,划线于：You can line blank paper for writing. 你可以在空白纸上划线以便写字。❷使布满纹络〔皱纹〕：Wrinkles lined her face. 她的脸上布满了皱纹。❸排队,对齐：The crowds lined the street. 人群排列在马路两旁。❹——安衬里：Strong cloth lined the trunk. 这箱子用结实的布作衬里。‖ ~ out 用线画出/~ up ①排成一行 ②排队等候 ③组织,邀集/~ up against ①靠近〔靠着〕站成一行 ②(使)反对/~ up be-

hind 跟随；支持/~ with ①布满 ②给…加…‖ line drawing 线条画/line-shooter n. 吹牛的人/line-shooting n. 吹牛/line-up n.①一排人 ②为某目的而安排的一批人、项目等

linear ['lɪnɪə] adj.❶线的 ❷Ⓐ长度的‖ linear measure 长度,长度单位,长度单位制/linear programming 线性规划

linen ['lɪnɪn] n.❶Ⓤ亚麻布 ❷Ⓒ家庭日用织品‖ wash (one's) dirty ~ in public 家丑外扬,把丑事公开

liner ['laɪnə] n. Ⓒ❶邮轮,客轮；班机 ❷衬里,衬垫

linesman ['laɪnzmən] n.(pl.-men)Ⓒ❶线裁判员,巡边员,司线员 ❷线务员,架线工

linger ['lɪŋɡə] vi.❶逗留,徘徊：The smell of the gas oil lingered in the house. 屋里仍然飘溢着汽油味。❷缓慢消失‖ ~ about〔around〕①留下；长时间地停留 ②在…闲荡 /~ away 虚度(时间)/~ on 一直存在/~ over慢慢地进行‖ lingerer n. 逗留者,徘徊者/lingering adj. 拖延的,逗留不去的

linguist ['lɪŋɡwɪst] n. Ⓒ❶通晓数国语言的人 ❷语言学家

linguistic [lɪŋ'ɡwɪstɪk] adj. 语言的,语言学的,语言研究的‖ linguistically adv. 语言学地,语言研究地

linguistics [lɪŋ'ɡwɪstɪks] n. Ⓤ语言学

lining ['laɪnɪŋ] n.❶Ⓒ衬里,里子 ❷Ⓤ衬料,内衬 ❸Ⓤ组织,膜

link [lɪŋk] vt.&vi. 连接,联系：The two companies have linked. 这两家公司已联合。/The road links all the new towns. 这条路把所有的新市镇连接在一起。‖ ~ to 与…连接；联系/~ together 使连接〔系〕在一起/~ up (使)连接；结合/~ up with (使)与…衔接/~ with 将…与…连接〔系〕在一起 ■ n. ①环,联系,纽带 ‖ link-up n. 联系,连接/link verb〈语〉联系动词

linkage ['lɪŋkɪdʒ] n.❶Ⓤ Ⓒ连接；结合；联系 ❷Ⓒ联动装置

lion ['laɪən] n. Ⓒ狮子‖ lionhood, lionship n. 社会名流的地位/lionlike adj. 像狮子的‖ lionheart n. 勇士/lionhearted adj. 非常勇敢的/lionhunter n.①猎狮者 ②巴结社会名流的人/lion's share 最大〔最好〕的一份

lioness ['laɪənɪs] n. Ⓒ母狮

lionize ['laɪənaɪz] vt. 把…视做要人

lip [lɪp] n. Ⓒ❶嘴唇 ❷边缘‖ between the cup and the ~ 功败垂成/button one's ~ 闭嘴,不说话,保守秘密/carry a stiff upper ~ 不沮丧,不垂头丧气/escape one's ~ s 溜出口,脱口而出/give ~ 使丢脸/hang on sb's ~ s 专门听某人说话,为某人的口才所迷 /lick one's ~ s 急切盼望/my ~ s are sealed 我决不告诉别人/on the ~ of 在…的边缘/on the ~ s of

在流传中 ‖ **lipless** *adj*. 没有嘴唇的;(器皿)没有嘴的 ‖ **lip-deep** *adj*. 表面上的,无诚意的/**lip language** 唇语,视话/**lipread** *vt.& vi*. 唇读理解/用唇读方法/**lipreading** *n*. 唇读法/**lip service** 口头上说得好听的话,口惠
lipstick ['lɪpstɪk] *n*. ⒞⒰ 口红,唇膏
liquefy ['lɪkwɪfaɪ] *vt.& vi*. 液化;溶解
liqueur [lɪ'kjʊə] *n*. ⒞ 烈性酒
liquid ['lɪkwɪd] *n*. ⒞⒰ 液体 ■ *adj*. ❶液体的,液态的 ❷清澈的,明亮的 ❸(声音)流畅的 ❹易转换成现款的,流动的 ‖ **liquidly** *adv*. 清澈地;流利地/**liquidness** *n*. 液态;流畅;清澈 ‖ **liquid air** 液态空气/**liquid fire** 液体燃烧剂/**liquid measure** ①液量单位 ②液体测量器/**liquid oxygen** 液态氧
liquidate ['lɪkwɪdeɪt] *vt*. ❶清偿,结算 ❷清算 ❸清除(某人),消灭
liquidation [ˌlɪkwɪ'deɪʃən] *n*. ⒰ 清偿,结算;清算,清除: go into ～ 停业清理,破产
liquidator ['lɪkwɪdeɪtə] *n*. ⒞ 公司债务清算人
liquidity [lɪ'kwɪdɪtɪ] *n*. ⒰❶(财)资产折现力,资产流动性 ❷流动性
liquor ['lɪkə] *n*. ⒰ 酒,烈性酒 ‖ **be in** ～ 喝醉/**carry one's** ～ **like a gentleman** 没有丝毫醉意/**take a** ～ 〈俚〉喝酒提神 ‖ **liquor head** 醉汉
lira ['lɪərə] *n*. (*pl*. **lire** or **liras**)⒞(意大利和土耳其的货币单位)里拉
list [lɪst] *n*. ⒞ 一览表,目录,名单,清单: black ～ 不可信赖的公司〔个人〕的名单;黑名单/**head the** ～ 居名单之首/**stand first on the** ～ 居首位,列前茅 ■ *vt*. 列出,列入,把…编列成表: Let's just list these factors. 让我们仅列举这些因素。‖ ～ **in** 列…在…上;在…上登记
listen ['lɪsn] *vi*. ❶倾听,留心听: He listened, but could hear nothing. 他侧耳静听,但什么声音也听不见。/It doesn't listen reasonable. 这听上去并不合理。❷听信,听从 ‖ ～ **at** 把耳朵贴在…上听/～ **for** 注意听,等着听/～ **in** ①收听广播节目②在一旁听人讲话③监听,窃听/～ **out** 听完/～ **out for** 尽力去听〔等着听〕/～ **to** ①听…(讲话)②听从
listener ['lɪsnə] *n*. ⒞ 倾听者,收听者 ‖ **listener-in** *n*. ⒞①收听者,听众之一②监听者,偷听者
listening ['lɪsnɪŋ] *adj*. ❶收听的,收听无线电广播的 ❷助听用的
listless ['lɪstlɪs] *adj*. 倦怠的,无精打采的,冷淡的 ‖ **listlessly** *adv*. 倦怠地,无精打采地,冷淡地/**listlessness** *n*. 倦怠,无精打采
litany ['lɪtənɪ] *n*. ❶⒞ 连祷;启应式祈祷 ❷⒰〈英国国教公祷书中的〉连祷文 ❸⒞ 唠唠叨叨的抱怨

literal ['lɪtərəl] *adj*. ❶照字面的,原义的 ❷逐字的 ‖ **literality** *n*. 文字上,原义/**literalness** *n*. 照字面,逐字 ‖ **literal contract**〈律〉成文契约
literally ['lɪtərəlɪ] *adv*. ❶逐字地;照字面地 ❷确实地,真正地
literary ['lɪtərərɪ] *adj*. ❶文学(上)的 ❷精通文学的 ‖ **literarily** *adv*. 文学上地/**literariness** *n*. 从事写作 ‖ **literary property** 著作权,版权
literate ['lɪtərɪt] *adj*. ❶有读写能力的 ❷有文化修养的 ‖ **literately** *adv*. 有文化地;精通文学地
literature ['lɪtərɪtʃə] *n*. ❶⒰ 文学,文学作品 ❷⒰⒞ 文献,图书资料
litigation [ˌlɪtɪ'geɪʃən] *n*.〈律〉❶⒰ 打官司 ❷⒞ 诉讼
litre,〈美〉**liter** ['liːtə] *n*. ⒞ 升
litter ['lɪtə] *n*. ❶⒰ 废弃物;垃圾: The streets were full of litter. 街道上满是乱扔的废纸。❷ⓢ 杂乱,凌乱: Her room was in such a litter that she was ashamed to ask me in. 她的房间十分凌乱,所以不好意思请我进去。❸⒞ 一窝 ■ *vt.& vi*. 使杂乱;乱丢杂物: Don't litter. 勿乱丢杂物。/Papers littered his desk. 他的书桌上乱七八糟地堆满了文稿。‖ ～ **up** 把(某处)搞得乱糟糟/～ **with** 使杂乱,使凌乱 ‖ **litter-bin** *n*. 废物箱
little ['lɪtl] *adj*. (**littler**, **littlest**)❶小的,幼小的,矮小的 ❷Ⓐ(时间,距离)短的 ❸Ⓐ琐碎的,微不足道的 ■ *pron*. 少量,些许 ‖ **after** [**for**] **a** ～ 经过很短的距离〔时间〕/**in** ～ 小规模地 ■ *adv*. 少到几乎没有,毫不,难得,很少: Little does he know what trouble he's in. 他对自己所处何种地步茫无所知。/I go there very little. 我很少去那里。‖ ～ **by** ～ 一点一点地,逐渐地/～ **or nothing**/**make** ～ **of** ①轻视,不以为然②不明白,看不懂/**quite a** ～ 相当多,不少 ‖ **littleness** *n*. 少量 ‖ **little magazine** 小杂志/**little people** 小妖精们/**little theatre** 小剧场,实验剧场/**little woman**〈美俚〉妻子
live[1] [lɪv] *vi*. ❶活,生存: Are your parents living? 你父母还健在吗? ❷居住;住: She lives about ten miles from my house. 她的住处离我家约十英里远。❸继续存在,留存: As long as I live, the bridge lives. 人在,桥就在。*vt.& vi*. 以某种方式生活: Eat to live but not live to eat. 人为了活着而吃饭,而不是为了吃饭而活着。/She lived a virgin. 她终生未嫁。/I lived a happy life. 我过着幸福的生活。‖ ～ **after** 在(某事结束或某人死后)继续存在/～ **among** 在…中生活/～ **and learn** 活到老学到老,不经一事,一不长一智/～ **and let live**〈谚〉自己活也让别人活/～ **apart** 分居/～ **at** **in** /～ **beyond** 住在远于〔过了〕(某处)的地方/～ **by** 以…谋生/～ **down** 使人忘记…/～ **it**

down 忘记;原谅/~ **for** 为…而生活,以…为生活目的/~ **off** 以…为食;以…为生 /~ **on** 以…为食,靠…为生/~ **out** 不住在工作〔学习〕的地方②度过(某一段时间);度过(某种日子)/~ **out of** ①住在…之外②将所有必需品装在…中③从…取食/~ **over** 重温;新过(某种日子)/~ **through** 经历过;经历…而未死/~ **to** 活到/~ **to oneself** 离群索居/~ **together** 住在一起;(通常指异性)同居/~ **under** 住在…之下/~ **it up**(非正)纵情欢乐;奢侈浪费/~ **up to** ①达到高标准;不辜负②实行;履行/~ **well** ①过富足的生活②过道德的生活/~ **with** ①与…一起生活;与(异性)同居②学会去适应;接受并忍受③自重,保持自尊心/~ **within** 住在…内/~ **without** 在没有…的情况下生活;少…也可以生活

live[2] [laɪv] adj. ❶Ⓐ活的,有生命的:*That is a live fish*.那是条活鱼。❷真正的:*We saw a real live rattlesnake*!我们看到一条真的响尾蛇。❸燃烧着的:*We cooked the steak over live coals*.我们是把牛排放在燃烧的煤上烤的。❹带电的:*Be careful, this wire is live*.当心,这根电线有电。❺未爆炸的;随时可用的:*They found a live bomb in the valley*.他们在山谷里发现一枚未爆炸的炸弹。❻当前重要的:*Shortage of funds is still very much a live issue*.资金短缺仍然是当前的重大问题。❼现场直播的,实况转播的:*It was a live broadcast, not a recording*.那是现场直播,不是录音。■ adv.实地,现场地,以直播方式:*The football game is going out live*.足球赛正在进行实况转播。‖ **live-bait** n. 活的钓饵/**live-box** n. 放在河中使鱼虾保持鲜活的篓筐/**live load** 活负载,动荷载/**live wire** ❶带电的电线❷生龙活虎的人,精力充沛而有生气的人

lively [ˈlaɪvlɪ] adj. (-ier, -iest) ❶充满活力的,活泼的,轻快的:~ **child** 活泼的孩子 ❷逼真的,醒目的:*She was dressed in a lively pink*.她身穿一件粉红色的衣服。❸剧烈的,狂暴的:*The sea is quite lively today*.今天海面风浪很大。‖ **make it** ~ **for sb** 给某人找麻烦 ‖ **livelily** adv. 活泼地,轻快地;逼真地;剧烈地/**liveliness** n. 轻快之气,逼真

liven [ˈlaɪvn] vt.& vi. (使)有生气,活跃

liver[1] [ˈlɪvə] n. ❶Ⓒ肝脏 ❷Ⓒ〔Ⓤ(供食用的)肝 ‖ **liver oil** 鱼肝油

liver[2] [ˈlɪvə] n. Ⓒ过着某种生活的人:*a clean* ~ 洁身自好的人

livery [ˈlɪvərɪ] n. ❶Ⓒ〔Ⓤ(大户人家的男仆或伦敦同业公会的)制服 ❷Ⓤ装束

livestock [ˈlaɪvstɒk] n. Ⓤ家畜,牲畜

living [ˈlɪvɪŋ] adj. ❶活(着)的:~ **things** 生物/*Is the old man still living*? 那老人还活着吗?❷现存的,在使用中的:*English is a living language*.英语是现代使用着的语言。❸逼真的,生动的:~ **description** 生动的描述 ■ n. ❶ Ⓒ生计,生存之道:*He made a living by writing*.他靠写作谋生。❷Ⓤ生活方式 ‖ **earn a**〔**one's**〕~ 谋生,维持生活/**good** ~ 讲究吃喝的生活/**make a** ~ 赚钱过活 ‖ **living death** 地狱般的生活/**living room** 起居室;客厅/**living space** ①生存空间②可居住面积/**living standard** 生活标准/**living wage** 生活工资

lizard [ˈlɪzəd] n. Ⓒ蜥蜴

lo [ləʊ] int.〈古〉看;瞧 ‖ ~ **and behold**(用以表示惊讶)你瞧!

load [ləʊd] n. ❶Ⓒ〔Ⓤ负荷,负担 ❷Ⓒ装载,装载量 ❸Ⓒ工作量,负荷量 ‖ (a) ~ **of**〈美,俗〉大量,许多 ■ vt.& vi. ❶把…装上车〔船〕:*The stevedores' work is to load and unload ships*.装卸工人的工作是装卸船只。❷装…:*Meantime he was loading the pistols*.而同时他在往手枪里装子弹。‖ ~ **down** 使重负,重载/~ **into**〔**onto**〕装货于;使负担/~ **up**(使)载满;(使)负重;(给…)装货/~ **with** 使…装满;使…受重压 ‖ **loader** n. 装货工人;装货设备;装弹机;装填手 ‖ **load line** 满载吃水线

loaded [ˈləʊdɪd] adj. ❶带负载的 ❷〈美俚〉富有的,阔绰的

loaf[1] [ləʊf] n. (pl. **loaves**)Ⓒ一条〔块〕面包:*He bought two loaves of bread*.他买了两条面包。‖ **use one's** ~ 好好想想;动动脑筋

loaf[2] [ləʊf] vt.& vi.〈口〉虚度光阴:*Don't loaf your life away*. 不要虚度光阴。‖ ~ **about**〔**around**〕到处闲逛,懒懒散散地混日子/~ **away** 虚度/~ **through** 混日子,消磨时间

loafer [ˈləʊfə] n. Ⓒ❶虚度光阴者,游手好闲者,无业游民 ❷平底便鞋

loan [ləʊn] vt.借出:*I have loaned his bicycle*.我把他的自行车给借出去了。‖ ~ **on** 以…为抵押而借出〔贷给〕■ n. ❶Ⓒ借出:*May I have the loan of this book*? 我可以借这本书吗?❷Ⓒ借出物;借款:*The loan is interest free*.这贷款是无息的。‖ **on** ~ 暂借 ‖ **loanable** adj. 可借出的/**loanee** n. 借入者,债务人/**loaner** n. ①借出者,债权人②借用物 ‖ **loan office** ①贷款处②当铺/**loan shark**〈口〉高利贷者/**loan society** 互助储金会

loathe [ləʊð] vt.❶憎恨,厌恶 ❷极不喜欢

loathing [ˈləʊðɪŋ] n. Ⓤ厌恶,憎恨

lobby [ˈlɒbɪ] n. ❶Ⓒ门前厅,厅堂 ❷Ⓒ议会休息室 ❸Ⓒ游说议员的团体:*The clean-air lobby are/is against the plans for the new factory*. 空气清洁运动团体反对设立新工厂的计划。■ vt.& vi. (pt., pp. **lobbied**)向…进行游说〔疏通〕:*They are actively lobbying against the bill*. 他们正在积极游说议员,以阻止通过该项法案。‖ ~ **against** 游说当权者不要通过…;通过政治活动、写信等防止…/~ **for** 疏通,游说当权者批准〔采取〕…;试图通过游说〔疏通活动〕获得…/~ **through** 通过政治活动使(法

案等)得以通过… ‖ **lobbyism** *n*. 院外活动；游说，疏通 ‖ **lobbyman** *n*. 收票员

lobe [ləub] *n*. ⓒ❶耳垂 ❷(器官的)叶；肺叶，脑叶

local ['ləukəl] *adj*. ❶地方性的，当地的，本地的 ❷局部的：*a ~ war* 局部战争 ❸褊狭的：*~ point of view* 狭隘的看法 ∎*n*. ❶ⓒ当地人，本地人 ❷ⓒ住处附近的当地酒店 ❸ⓒ地方分会 ‖ **locally** *adv*. ①地方地②局部地 ‖ **local authority** 地方当局／**local examination** 地方考试／**local government** 地方政府／**local time** 当地时间，本地时间

locality [ləu'kælɪtɪ] *n*. ⓒ(出事的)位置，地区，地点

localize, -ise ['ləukəlaɪz] *vt*. 使局部化；使具有地方色彩：*~ an outbreak of disease* 把疾病的爆发限制在局部范围之内

locate [ləu'keɪt] *vt*. 找出，指出(地点或位置)：*The general tried to locate the enemy's site*. 那位将军想找出敌人营地的位置。*vt. & vi*. (在…)设置，坐落于：*He located himself behind the screen*. 他使自己居于幕后。‖ **~ in** ①在某一点设置②在…定居

location [ləu'keɪʃən] *n*. ❶ⓒ位置，场所：*It is a suitable location for a new school*. 那是建一所新学校的合适地点。❷Ⓤ发现(找出)…的位置[地点]：*He was responsible for the location of the missing yacht*. 他负责查明失踪游艇的下落。❸ⓒ外景(拍摄地)：*It was difficult to find a suitable location*. 当时要找一个合适的外景拍摄地相当困难。‖ **on ~** 外景拍摄

loch [lɒk] *n*. ⓒ❶湖 ❷狭长的海湾

lock¹ [lɒk] *n*. ⓒ❶锁 ❷水闸，船闸 ❸刹车 ‖ **under ~ and key** 锁藏于建筑物[容器，房间]之中；被囚禁 ∎*vt. & vi*. 锁住，锁上：*The safe locks easily*. 这保险柜容易锁。／*Lock the door when you leave*. 你离开时把门锁上。*vi*. 卡住，不动：*I can't control the car, the wheels have locked*. 我无法操纵这辆汽车，车轮卡住了。‖ **~ away** 把…锁起来／**~ in** ①将…锁[包围]在里面②使固定／**~ out** 把…关在外边，不准(某人)进入…／**~ up** 将…锁住[关押] ‖ **lockless** *adj*. 无锁的；无船闸的 ‖ **lock-chain** *n*. 锁车轮链条／**lockfast** *adj*. 锁牢的／**lock-in** *n*. 〈美〉①关进②占领并封锁建筑物的一种示威行动／**lockkeeper** *n*. 船闸管理人／**lockout** *n*. 封闭工厂／**locksmith** *n*. 锁匠／**lockup** *n*. ①锁，闭；锁住②夜晚的关闭③拘留所

lock² [lɒk] *n*. ⓒ(头发的)一绺

locker ['lɒkə] *n*. ⓒ寄物柜 ‖ **locker paper** 冷藏包装纸／**locker room** 衣物间

locomotion [,ləukə'məuʃən] *n*. Ⓤ运动，移动；运动力，移动力

locomotive ['ləukəməutɪv] *n*. ⓒ火车头，机车 ∎*adj*. 移动的，有移动力的；产生运动的

locus ['ləukəs] *n*. (*pl*. **loci**)ⓒ所在地，场所

locust ['ləukəst] *n*. ⓒ蝗虫

lodge [lɒdʒ] *n*. ❶ⓒ暂住，借宿 *vt*. ❶供…以临时住处：*She seldom lodged the tourists*. 她很少留宿游人。❷向当局提出声明：*It is too late to lodge any objections*. 现在提出任何异议已为时太晚。‖ **~ against** 对…提出(控诉)／**~ at** 住(旅馆)，寄宿／**~ in** ①住(旅馆)；寄宿②固定[停留]在／**~ with** ①寄宿在(某人)家②向…提交 ‖ **~** *n*. ①乡间小屋，旅舍

lodger ['lɒdʒə] *n*. ⓒ房客，租住者

lodging ['lɒdʒɪŋ] *n*. ⓟ出租的房间，寄宿宿舍 ‖ **lodging house** 分间出租的供人住宿的房屋

loft [lɒft] *n*. ⓒ❶阁楼，顶楼 ❷上层楼面，楼上 ∎*vt*. 击、踢、掷高弧球

lofty ['lɒftɪ] *adj*. (-ier, -iest) ❶高耸的，极高的 ❷高尚的，崇高的 ❸高傲的，傲慢的 ‖ **loftily** *adv*. 高耸地；高尚地；高傲地／**loftiness** *n*. 高；高尚；高傲

log¹ [lɒg] *n*. ⓒ原木，木材，木料：*We transport logs by trains*. 我们用火车运送木材。∎*vt. & vi*. (-gg-) 砍伐：*They logged the timber into 7-foot length*. 他们把那根木材锯成七英尺长。‖ **logger** *n*. ①伐木工，锯木工②/logging *n*. 伐木业 ‖ **log cabin** 小木屋／**logjam** *n*. 阻塞，僵局／**logwood** *n*. 洋苏木

log² [lɒg] *n*. ⓒ航海[飞行]日志 ∎*vt*. ❶把…记入航海日志：*He logged the ship's speed at 10 knots*. 他在航海日志之中记下船速每小时十海里。❷航行(…距离)，飞行(…小时)：*The plane logs 700 miles an hour*. 这架飞机以每小时 700 英里的时速飞行。‖ **~ in〔on〕**开始工作／**~ off** 结束工作／**~ up** ①把…记入航海或飞行日志②取得 ‖ **logbook** *n*. 航海日志

logic ['lɒdʒɪk] *n*. Ⓤ❶逻辑(学)，逻辑性 ❷推理方法 ❸合理的想法

logical ['lɒdʒɪkəl] *adj*. ❶逻辑(上)的，符合逻辑的：*To be specific, the argument in your graduation thesis is logical*. 具体地说，你的毕业论文符合逻辑。❷推理正确的，合乎常理的：*It is logical that the book is expensive*. 书贵是很自然的事。‖ **logically** *adv*. 逻辑(上)地，符合逻辑地／**logicalness** *n*. 逻辑上；合乎常理

logician [ləu'dʒɪʃən] *n*. ⓒ逻辑学家

logistic [ləu'dʒɪstɪk] *adj*. 逻辑的 ∎*n*. ⓒ〈逻〉数理逻辑，符号逻辑

logo ['ləugəu] *n*. (*pl*. ~s)ⓒ专用标志，标记，商标

loiter ['lɔɪtə] *vi*. ❶(在公共场所)走走停停，闲逛；游荡 ❷磨蹭

loll [lɒl] *vi*. ❶懒洋洋地躺着[坐着、站着] ❷(头、舌等耷拉；下垂)

lonely ['ləunlɪ] *adj*. ❶孤独的，寂寞的 ❷荒凉的，人迹罕至的 ‖ **loneliness** *n*. 孤独，寂寞；

荒凉

loner ['ləunə] n. ⓒ喜孤独者,不合群者: The old man has been a loner all his life. 那位老人一生离群索居。

long¹ [lɒŋ] adj. (-er,-est) ❶(距离,长度)长的 ❷长时间的,长期的: It's an hour long. 这有一个钟头之久。/ The pupils have two long holidays every year. 学生们每年有两次长假。‖ at the ~est 最多,最长/~ odds 极小的可能性 ■ adv. ❶长久地,长期地: Have you been working here long? 你在这儿工作很久了吗? ❷很久地,久远地: I heard about him long before I saw him. 我在没见过他之前就听说过他。‖ as ~ as ①只要,如果②既然,由于/no ~er 不再,已不 ■ n. Ⓤ长时间,长时期: The work won't take long. 这工作不会花太长时间。‖ before ~ 不久/the ~ and the short of it 概括 ‖ long-ago adj. 从前的,往昔的/long-awaited adj. 期待已久的/longbow n. 大弓/long-dated adj. 远期的/long-distance adj. ①位于远处的,长途的②长途电话的/long-drawn(-out) adj. 长期的,拖长的/long-eared adj. ①长耳朵的②蠢驴般的,愚蠢的/long face 闷闷不乐/longhair n. ①留长发者;嬉皮士②艺术家;古典音乐爱好者/long-headed adj. ①头颅长的②有远见的,精明的/long jump 跳远/long-legged adj. 长腿的/long-lived adj. 长寿的/long measure 量长度的单位/long-range adj. 远程的②长期的,长远的/long-run adj. 长远的/long-sighted adj. ①远视的 ②有远见的/long-standing adj. 长期间的,长期存在的/long-suffering n.&adj. 长期忍受苦难(的)/long-term adj. 长期的/long-tested adj. 久经考验的/longtime adj. 历时已久的,历久的/longtimer n. ①在某地住了很久的人②长期从事某项工作的人/long-tongued adj. 长舌的,饶舌的;话多的/long vacation〈英〉①大学暑假②法院夏季休庭/long-winded adj. ①气长的,能跑长距离而不喘气的②冗长的

long² [lɒŋ] vi. 渴望;极想: We are longing to see you. 我们极想见到你。‖ ~ for 渴望;羡慕

longevity [lɒn'dʒevɪtɪ] n. Ⓤ长寿,长命

longitude ['lɒndʒɪtju:d] n. Ⓤ经度

loo [lu:] n. (pl. ~s) 〈英口〉厕所

look [luk] vt.&vi. 看,瞧: Look whether Zoe has been yet. 去看看佐伊来过没有。 vi. 面向,朝向: The offices look onto a park. 这几家办公室面对着公园。 link v. 看来,显得: You're looking blue, what's the matter? 你看起来挺忧愁,怎么回事? / He looked blank when he was informed of his dismissal. 他听到自己被解雇的消息,显得茫然。/ It looks as if they'll have to go home by taxi. 看来他们得坐出租车回家了。‖ ~ about〔around〕①四下观望②(做出选择前)进行调查/~ about for 寻找(某人或某物)/~ after ①注视②照顾,照看(某人或某物)/~ ahead 向前看,考虑未来/~ at ①看,注视(某人或某物)②评判;审视③接受/~ away 不再看(某人或某物)/~ back ①回头看②回顾,回忆/~ down at 看不起〔不赞成〕(某人或某物)/~ down on ①俯瞰(某处)②看不起(某人)/~ for ①寻找(某人或某物)②〈口〉找(麻烦);找(苦头)吃③希望得到/~ forward to 盼望;期待/~ in ①往(建筑物)里面看②拜访;短暂访问③把注意力转向…/~ into 浏览;调查〔查找〕…/~ like ①看起来与(某人或某物)相像〔相似〕②很可能出现〔引起〕(某事、做某事)/~ on ①在一旁观看,袖手旁观②把眼光投向〔以某种观点来看待或对待〕/~ oneself 显得健康;情绪正常/~ out ①向外看;面向;朝外②当心;警惕③挑出,找出/~ out for 搜寻(某人或某物);试图得到(某物)/~ over ①把…看一遍,把…过目②察看,参观/~ through ①浏览②详尽核查/~ to ①朝(某物)看去;面对〔面朝〕②留神〔照看〕(某人或某物)③依靠〔指望〕(某人或某事)/~ up ①向上看;抬头看②改善;好转③拜访(某人)④查找/~ up and down 上下打量(某人)/~ up to 抬头看(某人或某物);尊重〔敬仰〕(某人) ■ n. ❶Ⓢ看,瞥;~ of expectation 期待的目光/I took a close look at her photo. 我仔细地看了一下她的照片。❷Ⓢ脸色,神色,表情: anxious~焦急的神色/She assumed a look of innocence. 她装出一副天真无邪的样子。❸Ⓟ美貌: She used her good looks to compensate her lack of intelligence. 她利用她漂亮的外表来弥补智力的不足。‖ by the ~(s) 从外表看来;看样子 ‖ look-alike n.〈美俚〉面貌酷似的人/look-in n. ①观察②拜访/look-over n. 粗略的一看/look-see n.〈俚〉察看,调查;视察旅行/lookup n. 查找,〈自〉检查

lookout ['lukaut] n. Ⓒ❶警戒,注意❷瞭望台,监视哨❸景色;远景;前途

loom [lu:m] n. Ⓒ织布机; hand〔power〕~手摇〔动力〕纺织机 ■ vi.&link v. 隐约出现;阴森地逼近: ~ ahead 迫在眉睫/~ large 赫然耸立,显得突出 ‖ ~ up 以威胁的势态突然出现

loony ['lu:nɪ] adj.&n. Ⓒ疯狂的,怪诞的;疯子,狂人

loop [lu:p] n. Ⓒ❶圈,环,环状物 ❷回路,循环 ■ vt.&vi. (使)成环,(使)成圈: Loop the curtains up. 把窗帘卷起来。‖ ~ around 围以环〔圈〕/loop line 环线,圈线/loop-the-loop n. ①环路火车②〈空〉筋斗

loose [lu:s] adj. (-r,-st) ❶松的,宽松的,不牢固的: Loose shirts are good for summer wear. 夏季适合穿肥大的衬衣。❷不精确的,不严密的: That word has many loose meanings. 那个词有很多不确切的含意。❸自由的;散漫的: ~

life 散漫的生活/*The horse is loose in the field*. 马自由自在地在田野里。∎*vt*. 释放,失去控制:*He loosed the dog*. 他把狗放了出来。‖ ~ **off** 放(枪);发射(导弹)‖ **loosely** *adv*. 松地;不精确地;散漫地/**looseness** *n*. 松,自由 ‖ **loose-flowing** *adj*. 缓慢流着的,轻轻飘着的/**loose-leaf** *adj*. 活页的

loosen ['lu:sən] *vt*. & *vi*. ❶解开;放松:*He loosened his tie*. 他松开了领带。❷松弛:*The medicine may loosen your cough*. 这种药能减轻你的咳嗽。‖ ~ **up** ①放松②做准备〈放松〉活动③放宽限制④用钱大方⑤开口说话 ‖ **loosener** *n*. 放松者

loot [lu:t] *n*. Ⓤ赃物,掠夺物,战利品 ∎ *vt*. & *vi*. 抢劫,掠夺:*The mob looted many shops in the area*. 暴徒在该地抢劫了许多商店。‖ **looter** *n*. 打劫者

lope [ləup] *vi*. (尤指动物)轻跳着奔跑

lord [lɔ:d] *n*. ❶Ⓒ领主,君主,贵族 ❷Ⓢ上帝 ‖ **lordless** *adj*. 无君主的,无贵族的/**lordling** *n*. 小贵族,小老爷 ‖ **lord chancellor**〈英〉大法官

lordship ['lɔ:dʃip] *n*. ❶Ⓒ大人,阁下,爵爷,老爷 ❷Ⓤ权威;统治

lore [lɔ:] *n*. Ⓤ学问和传说

lorry ['lɔri] *n*. Ⓒ运货汽车,卡车

lose [lu:z] (*pt*., *pp*. **lost**) *vt*. 遗失;失去:*an ability* 丧失能力/*She lost her purse*. 她的钱包遗失了。*vt*.&*vi*. ❶输掉,失败:~ *a battle* 打败仗 ❷浪费 ‖ ~ **at** 在…(比赛)中失败/~ **by** 因…蒙受损失,因…失去/~ **in** ①使迷失〈丢失〉于②使忙于,埋头于(某事)③因…受损,逊色/~ **on** 吃亏/~ **out** 输;失败/~ **to** 失去,败给 ‖ **losable** *adj*. 能被失去〔输掉〕的

loser ['lu:zə] *n*. Ⓒ受损失者,失败者

loss [lɒs] *n*. ❶Ⓒ丧失,遗失 ❷Ⓢ损耗,亏损 ❸Ⓟ损失:*My losses are nothing to yours*. 我的损失和你的比起来算不了什么。‖ **at a** ~ ①不知所措②亏本〔卖〕~ **a loss**/**throw for a** ~ 使…惊异不安,使…发愁 ‖ **loss leader** 为招揽顾客而亏本出售的商品

lost [lɒst] *adj*. ❶失去的,遗失的,无法恢复的 ❷Ⓟ不知所措的,困惑的 ‖ **lost generation** 迷惘的一代/**lost motion**〈机〉空转

lot [lɒt] *n*. ❶ⒸⓊ许多,大量:*another* ~ 另一批 ❷ⒸⓊ签;抽签:*by* ~ 通过抽签 ❸Ⓤ命运;运气:*future* ~ 将来的命运/*Her lot has been a hard one*. 她命苦。❹Ⓒ一块地,场地:*a vacant* ~ 一块空地皮

lotion ['ləʊʃən] *n*. ⒸⓊ洗液,洗剂,护肤液

lottery ['lɒtəri] *n*. ❶Ⓒ抽彩给奖法:*a* ~ *ticket* 彩票,奖券 ❷Ⓢ碰运气的事,难于计算的事

lotus ['ləʊtəs] *n*. (*pl*. ~**es**) Ⓒ莲,莲花 ‖ **lotus-eater** *n*. 贪图安逸的人/**lotus land** 安乐乡;安逸

loud [laʊd] *adj*. (-**er**,-**est**) ❶响亮的,大声的:~ *voice* 响亮的嗓音/*The radio isn't loud enough, could you turn it up?* 收音机不够响,你能把音量开大一点吗?❷刺眼的,太招摇的:~ *man* 爱出风头的人 ∎*adv*. 响亮地,大声地:*He spoke loud enough for most of the audience to hear him*. 他大声讲话足以让大多数听众能听见。‖ **loudly** *adv*. 响亮地,大声地/**loudness** *n*. ①高声,大声 ②喧闹③〈物〉响度,音量 ‖ **loud-hailer** *n*. 扩音器/**loudmouth** *n*. 多嘴的人/**loudspoken** *adj*. 大声说的

loudspeaker ['laʊd,spi:kə] *n*. Ⓒ扩音器,扬声器,喇叭

lounge [laʊndʒ] *n*. Ⓒ休息厅,休息室 ∎ *vi*. 懒散地斜倚〔靠坐〕*vt*. 懒洋洋地打发(时间)‖ ~ **around** 闲逛/~ **away** 虚度 ‖ **lounge car** 供休息的车厢/**lounge suit** 普通西装

louse [laʊs] *n*. (*pl*. **lice**)Ⓒ虱

lousy ['laʊzi] *adj*. (-**ier**,-**iest**)❶多虱的 ❷极坏的,极不适的 ❸大量的,多

lovable ['lʌvəbl] *adj*. 可爱的,惹人爱的

love [lʌv] *vt*.&*vi*. 爱;热爱:*He can't love but hate*. 他只能恨不能爱。*vt*. 喜爱;喜好;喜欢:~ *swim* 喜爱游泳/*My daughter loves folk songs very much*. 我女儿很喜欢民歌。/*I love you to dress well*. 我喜欢你穿得整整齐齐。∎ *n*. ❶Ⓤ爱,爱情:*boundless*〔*deathless*〕~ 永恒的爱/*He is always unlucky in love*. 他在恋爱方面总是运气不佳。❷Ⓒ喜爱:*Music was one of the greatest loves of her life*. 音乐是她生活中最大的爱好。‖ **fall in** ~ (**with**)爱上/**for** ~ **or money** 不管一切/**make** ~ ①做爱②表达对…的爱/**no** ~ **lost between** 关系很坏 ‖ **love affair** ①恋爱事件;风流韵事②强烈爱好/**lovebird** *n*. ①情侣鹦鹉②〈口〉恋爱中的人/**love feast** 友好聚餐;联谊聚会/**love knot** 同心结/**love letter** 情书/**love life** 爱情生活/**love-sick** *adj*. 害相思病的

lovely ['lʌvli] *adj*. (-**ier**,-**iest**)❶可爱的,美丽的,动人的:~ *music* 动人的音乐/*She was delivered of a lovely girl*. 她生了一个可爱的女孩。❷令人愉快的,美好的:*It's been a simply lovely afternoon*. 今天下午真令人愉快。

lover ['lʌvə] *n*. ❶Ⓒ爱好者 ❷Ⓒ情人,情夫 ❸Ⓟ情侣 ‖ **loverless** *adj*. 没有爱情的/**loverlike** *adj*. 情人般的

loving ['lʌvɪŋ] *adj*. Ⓐ爱的;表示爱意的;亲爱的 ‖ **lovingly** *adv*. 亲爱地/**lovingness** *n*. 爱 ‖ **loving-kindness** *n*. 慈爱

low [ləʊ] *adj*. (-**er**,-**est**)❶低的,矮的 ❷低下的,低等的 ❸粗劣的,低俗的 ❹意志消沉的,情绪低落的 ∎ *adv*. ❶低,向下;低微地:*buy*〔*sell*〕~ 低价买〔卖〕/ *The sun sank low in the* *sky*. 太阳快要没入地平线了。❷低声地: *Speak lower or he'll hear you*. 说话小声点,不然他会听见的。‖ **bring** ~ 使虚弱〔贫困〕;地位降低 /**lay** ~ 倒下;卧床;使死亡 /**run** ~ 快用完 ■ *n*. ❶ⓒ低点,低水平 ❷ⓤ(机器运转) 低排挡 ‖ **lowness** *n*. 低,浅;不足 ‖ **low-born** *adj*. 出身卑微的/**low-down** *adj*. 非常低的;〈口〉卑鄙的/**low-grade** *adj*. 低质量的,低级的;低的/**low-key** *adj*. 低调的,有节制的/**low-paid** *adj*. 工资低的/**low-pressure** *adj*. 低压的;轻松的

lower ['ləʊə] *adj*. 较低的,低等的 ■ *vt*.&*vi*. (使)降低;(使)跌落: ~ *one's head* 低下头/*The sun lowers in the west*. 太阳从西边落下。*vt*. 削弱;削减: *A cold had lowered her resistance*. 感冒已削弱了她的抵抗力。‖ ~ **away** 放下小船,降下帆篷/~ **in** 减低,跌落/~ **oneself** 降低自己的身份;自甘下流 ‖ **lowermost** *adj*. 最低的 ‖ **lowercase** *adj*. 小写的/**lower classes〔orders〕** 下等社会,下层社会/**lower world** 尘世;地狱

lowly ['ləʊlɪ] *adj*. (-**ier**,-**iest**)〈旧〉地位低的,卑微的 ■ *adv*. ❶谦逊地 ❷卑鄙地,低低地,低下地 ❸声音低低地,不响亮地 ‖ **lowliness** *n*. 卑微;谦逊

loyal ['lɔɪəl] *adj*. 忠诚的,忠心的

loyalist ['lɔɪəlɪst] *n*. ⓒ(支持现政权的)忠诚分子: ~ *troops* 忠于政府的部队

loyalty ['lɔɪəltɪ] *n*. (*pl*. -**ties**) ❶ⓤ忠诚,忠心 ❷忠于…感情,忠心

Ltd ['lɪmɪtɪd] *adj*. 有限的

lubricant ['lju:brɪkənt] *n*. ⓤⓒ润滑剂〔油〕

lubricate ['lu:brɪkeɪt] *vt*. 加油润滑

lubricious [lu:'brɪʃəs] *adj*. ❶油滑的,难以捉摸的 ❷好色的

lucid ['lju:sɪd] *adj*. ❶表达清楚的,明白易懂的: *His explanation was lucid and to the point*. 他的解释扼要易懂。❷神志还清醒的 ‖ **lucidly** *adv*. 表达清楚地;神志清醒地

luck [lʌk] *n*. ⓤ❶运气 ❷好运,幸运 ‖ **as** ~ **would have it** 碰巧,碰得不巧/**down on one's** ~ 遭不幸,倒霉/**in** ~ 运气好/**out of** ~ 运气不佳,倒霉/**worse** ~ 不幸 ■ *vi*. 交好运,走运

luckless ['lʌklɪs] *adj*. 不幸的: *a* ~ *person* 不幸的人

lucky ['lʌkɪ] *adj*. (-**ier**,-**iest**) 幸运的,侥幸的,吉利的 ‖ **luckily** *adv*. 幸运地/**luckiness** *n*. 幸运 ‖ **lucky bag** 摸彩袋

lucrative ['lju:krətɪv] *adj*. 获利多的,赚钱的: *a* ~ *investment* 有利的投资/*a* ~ *business* 赚钱的买卖 ‖ **lucratively** *adv*. 赚钱地,获利多地

lucubrate ['lu:kjubreɪt] *vi*. ❶(尤指挑灯)攻读〔写作〕❷把心得书写成文

lug [lʌg] *vt*. (-**gg**-) 用力拖〔拉等〕: ~ *one's suitcase* 吃力地拖着衣箱 ■ *n*. ⓒ❶耳状物 ❷耳朵 ❸笨家伙 ‖ **put the** ~ **on** 敲…的竹杠

luggage ['lʌgɪdʒ] *n*. ⓤ行李

lull [lʌl] *vt*. 抚慰,哄: ~ *a baby to sleep* 哄婴儿睡觉 *vi*. 平静,安静,平息下来: *The wind lulled*. 风停了。■ *n*. ⓢ暂停,间歇,稍止: *a* ~ *in the fighting* 战斗的间歇期

lumber ['lʌmbə] *n*. ⓤ❶木材,木料 ❷杂物,破烂儿 ■ *vt*.&*vi*. 砍树,伐木 *vt*. 堆满无用的东西 ❷笨重地行进,行动迟钝,隆隆驶过: ~ *a little in one's walk* 步履有些沉重 ‖ **lumberjack** *n*. 伐木工/**lumberman** *n*. 伐木工,木材商,木材业者

luminous ['lu:mɪnəs] *adj*. ❶发光的,发亮的;光明的 ❷明白易懂的

lumme ['lʌmɪ] *int*. (表示惊讶)啊,哎呀

lump [lʌmp] *n*. ⓒ❶块 ❷肿块 ❸〈非正〉傻大个,笨拙的人 ‖ *a* ~ *in one's throat* 喉咙哽住,(因激动而)哽咽/**in a〔one〕** ~ 一次全部地/**in〔by〕the** ~ 总共;总的来说 ■ *vi*. 结成块: *This oatmeal lumps if you don't stir it well*. 如果你不好好搅动,麦片粥会结块的。*vt*. 把…归并在一起(考虑);将人〔物〕同等对待〔分类〕: *We will lump our money*. 我们将把所有的钱合在一起。/*We've lumped all the top students in single class*. 我们把所有优等生都编在一个班里。‖ ~ **together** 把…合在一起(考虑) ‖ **lump coal** 块煤/**lump sugar** 块糖/**lump sum** 一次总付的钱

lunar ['lju:nə] *adj*. Ⓐ月的,月球的: *a* ~ *eclipse* 月食/~ *rocks* 月岩 ‖ **lunar calendar** 阴历/**the Lunar New Year** 阴历年,春节

lunch [lʌntʃ] *n*. ⓒⓤ午餐 ■ *vt*.&*vi*. 吃午餐;供给午餐: *I cannot always lunch you*. 我不能总是供应你午餐。‖ ~ **in〔out〕**在家〔外面〕吃午饭/~ **off** 吃掉/~ **on** 午餐吃…/~ **with** 和…一起吃午饭 ‖ **lunchroom** *n*. 快餐馆/**lunchtime** *n*. 午餐时间

luncheon ['lʌntʃən] *n*. ⓒⓤ午餐,午宴 ‖ **gathering luncheon** 午餐会/**luncheon meat** (罐头)午餐肉

lung [lʌŋ] *n*. ⓒ肺 ‖ **have a good** ~ 声音洪亮/**try one's** ~**s** 把嗓门提得极高 ■ *adj*. 肺的: ~ *cancer* 肺癌

lurch [lɜ:tʃ] *vi*. 蹒跚而行,颠簸着行进: *The drunken man lurched along*. 那个醉汉蹒跚而行。■ *n*. 突然倾斜 ‖ **leave sb in the** ~ 临阵舍弃某人,置某人于危险中而不顾

lure [lʊə] *n*. ❶ⓢ吸引力 ❷ⓒ诱惑物: *a sexual* ~ 性诱惑 ❸ⓒ诱饵: *an artificial* ~ 人造饵 ■ *vt*. 吸引,引诱,诱惑 ‖ ~ **(away) from**(常指以欺骗、许诺等手段)说服(某人)离开/~ **into** 引诱(某人或某动物)进入(某处);诱骗(某人)(做某事)

lurid [ˈljuərid] *adj.* ❶亮得古怪的,耀眼的,炫丽的 ❷骇人听闻的,可怕的 ‖ **luridly** *adv.* 耀眼地;骇人听闻地

lurk [lɜːk] *vi.* 潜伏,埋伏,潜在

luscious [ˈlʌʃəs] *adj.* ❶美味的,香甜的 ❷迷人的,十分性感的 ‖ **lusciously** *adv.* 香甜地;性感地

lush [lʌʃ] *adj.* ❶(草等植物)茂盛的,葱翠的: ~ *meadows* 青草茂盛的草原 ❷豪华舒适的: *a* ~ *hotel* 豪华舒适的旅馆

lust [lʌst] *n.* ❶ⓤ强烈的性欲,淫欲: *filled with* ~ 充满欲望 ❷ⓒⓤ强烈的愿望,渴望: *a* ~ *for power* 对权力的渴望 ■ *vi.* 贪求,渴望: ~ **after**〔**for**〕对…有强烈的欲望,贪恋

lustful [ˈlʌstful] *adj.* 贪得无厌的;好色的 ‖

lustfully *adv.* 贪得无厌地;好色地

lustre,〈美〉**luster** [ˈlʌstə] *n.* ⓤ❶光泽: *the* ~ *of pearls* 珍珠的光泽 ❷光荣,荣誉,出色

lustrous [ˈlʌstrəs] *adj.* 光亮的,有光泽的: ~ *black hair* 乌黑发亮的头发/ ~ *eyes* 明亮的眼睛 ‖ **lustrously** *adv.* 光亮地,有光泽地/ **lustrousness** *n.* 光亮,有光泽

luxurious [lʌgˈzjuəriəs] *adj.* 奢侈的;豪华的 ‖ **luxuriously** *adv.* 华贵地,舒适地

luxury [ˈlʌkʃəri] *n.* ❶ⓤ奢侈,豪华 ❷ⓒ奢侈品

lyric [ˈlirik] *adj.* (指诗歌)抒情的 ■ *n.* ⓒ抒情诗 ‖ **lyricist** *n.* 抒情诗人;抒情歌曲作者/ **lyrics** *n.* 歌词,民歌词句

Mm

MA [ˌemˈeɪ] n. ⓒ文科硕士: She has an MA in linguistics. 她有语言学硕士学位。
ma [mɑː] n. ❶〈口〉妈妈 ❷(对老年妇女的称呼)老妈妈
ma'am [mæm] n. ⓢ(对妇女的尊称)夫人
macabre [məˈkɑːbə] adj. 可怕的,骇人的
macaroni [ˌmækəˈrəʊnɪ] n. ⓤ意大利粉,通心面
macerate [ˈmæsəreɪt] vt. 把…浸软
machine [məˈʃiːn] n. ⓒ❶机器,机械装置: The washing machine seems to have broken down again. 洗衣机好像又坏了。❷机动车辆;飞机: She thundered down the street on her new machine. 她驾驶着新车在大街上呼啸而去。■vt. 用机器制造,用机器加工: He machined the clothes. 他用机器制造衣服。/ The edge must be machined down to 0.02 millimetres. 这边缘必须切割到0.02毫米的精确度。‖ **machinist** n. 机器操作工人 ‖ **machine code**〈计〉计算机的机器代码,电脑语言/**machinegun** n. 机关枪/**machine tool** 机床
machinery [məˈʃiːnərɪ] n. ⓤ❶(总称)机器 ❷体系,机构
mad [mæd] adj. (-dder,-ddest)❶疯了的,发疯的,神经错乱的 ❷ⓟ恼火的,发怒的 ❸ⓟ狂热的;着迷的 ❹愚蠢的 ‖ like ~ (如病人般)疯狂地/~ keen 极渴望的 ‖ **madness** n. 疯在,精神错乱,精神失常 ‖ **mad cow disease** 疯牛病/**madman** n. 疯子
madam [ˈmædəm] n. ⓒ❶女士,小姐,夫人,太太 ❷喜欢指使他人的年轻妇女: She's a little madam—don't let her order you around. 她喜欢指使别人,别让她把你搞得团团转。❸ⓢ(妓院的)鸨母: The greedy madam stopped at nothing to gain profit. 贪婪的老鸨为了攫取利润无所不为。
madden [ˈmædn] vt. 使发怒,使发狂
madly [ˈmædlɪ] adv. ❶发疯似地 ❷非常
Madonna [məˈdɒnə] n. ❶ⓢ圣母玛丽亚 ❷ⓒ圣母像

maestro [mɑːˈestrəʊ] n. (pl. ~s or **maestri**)ⓒ〈意〉音乐大师(尤指名指挥)
mafia [ˈmɑːfɪə] n. ⓒ❶黑手党 ❷黑社会的犯罪组织 ❸秘密施加巨大影响的一伙人 ‖ **mafioso** n. 黑手党党徒
mag [mæg] n. ⓒ杂志
magazine [ˌmæɡəˈziːn] n. ⓒ❶杂志,期刊 ❷弹药库
maggot [ˈmæɡət] n. ⓒ蛆 ‖ **maggoty** adj. 多蛆的
magic [ˈmædʒɪk] n. ⓤ❶魔法,法术;巫术 ❷魔术,戏法 ❸魔力,魅力: You could feel the magic of Shakespeare's poetry. 你可以感觉到莎士比亚诗歌的魅力。‖ like〔as if by〕~ 神奇地,无法解释地 ■adj. ❶ⓐ魔法的,法术的 ❷ⓟ很好的,奇异的: Their latest record is really magic. 他们的最新唱片真是棒极了。‖ **magic cube** 魔方/**magic lantern** 幻灯
magical [ˈmædʒɪkəl] adj. 魔力的,不可思议的,迷人的: a ~ evening 迷人的夜晚 ‖ **magically** adv. 迷人地,不可思议地
magician [məˈdʒɪʃən] n. ⓒ魔术师,术士
magisterial [ˌmædʒɪsˈtɪərɪəl] adj. ❶有权威的,威严的,专断的 ❷地方法官的,地方法官办的 ‖ **magisterially** adv. 威严地
magistrate [ˈmædʒɪstrɪt] n. ⓒ地方法官,治安官
magnesia [mæɡˈniːʃə] n. ⓤ〈化〉氧化镁,〈矿〉镁氧
magnesium [mæɡˈniːzjəm] n. ⓤ〈化〉镁(金属元素)
magnet [ˈmæɡnɪt] n. ⓒ❶磁铁,磁体 ❷有吸引力的人〔物〕: Buckingham Palace is a great magnet for tourists. 白金汉宫对旅游者来说是个有巨大吸引力的地方。
magnetic [mæɡˈnetɪk] adj. ❶有磁性的,有吸引力的 ❷磁性的 ‖ **magnetic compass** 磁罗盘/**magnetic field** 磁场/**magnetic needle** 磁针/**magnetic pole** 磁极/**magnetic tape**(录音用的)磁带

magnetism [ˈmæɡnɪtɪzəm] n. ⓊØ磁性，磁学 ❷个人吸引力，个人魅力：His success showed his magnetism of courage and devotion. 他的成功表现了他的胆量和热诚的魅力。‖ **magnetist** n. 磁学家；催眠术家

magnetize, -ise [ˈmæɡnɪtaɪz] vt. ❶使有磁性；使磁化 ❷紧紧吸引，迷住

magnificent [mæɡˈnɪfɪsənt] adj. 壮丽的，伟大的，华丽的，高贵的

magnify [ˈmæɡnɪfaɪ]（pt., pp. **-fied**）vt. ❶放大；扩大：A microscope magnifies bacteria so that they can be seen and studied. 显微镜把细菌放大，使人们得以看见并研究它。❷夸大：He tried to magnify the part he played in the battle. 他试图夸大他在战斗中发挥的作用。❸夸奖；赞美：My soul does magnify the Lord. 我的心确实是赞美上帝的。‖ ~ **to** 夸大到⋯

magnitude [ˈmæɡnɪtjuːd] n. ❶Ⓤ巨大；重要性：The auditorium is a building of great magnitude. 这个大礼堂是一栋巨大的建筑物。❷Ⓒ〈天〉星等：Stars of the first magnitude are the brightest. 一等星最明亮。

mahogany [məˈhɒɡənɪ] n. Ⓤ桃花心木，红木；红褐色

maid [meɪd] n. Ⓒ❶女仆，女佣 ❷少女，年轻的未婚女子

maiden [ˈmeɪdn] n. Ⓒ处女，少女：The prince fell in love with a fair young maiden. 王子爱上了一位年轻美丽的少女。■ adj. ❶少女的，女子的 ❷首次的，初次的 ‖ **maidenish** adj. 处女似的/**maidenlike** adj. 处女般的

mail [meɪl] n. ❶ⓈⓊ邮政（制度），邮递：Air mail is quicker than sea mail. 航空邮寄比海上邮寄快。❷ⒸⓊ邮件，邮包 ■ vt. 寄：I've just come out to mail some letters. 我刚出来要寄几封信。/ I mailed him a letter yesterday. 昨天我给他邮去一封信。/ He mailed the package to me. 他给我寄了一个包裹。‖ **mailbag** n. 邮袋/**mail carrier** 邮递员/**mailman** n. 邮递员/**mail-order** n. 函购，邮购

mailbox [ˈmeɪlbɒks] n. Ⓒ邮筒，信箱

maim [meɪm] vt. 使受重伤，使残废：He was seriously maimed in the war. 他在战争中受了重伤。‖ **maimed** adj. 负重伤的/**maimer** n. 负重伤的人

main [meɪn] adj. Ⓐ主要的；最重要的 ■ n. Ⓒ总管道；干线 ‖ **in the** ~ 主要

mainframe [ˈmeɪnfreɪm] n. Ⓒ（大型电脑的）主机，中央处理机

mainland [ˈmeɪnlænd] n. Ⓢ大陆

mainstay [ˈmeɪnsteɪ] n. Ⓒ主要支持者〔物〕，支柱；骨干

mainstream [ˈmeɪnstriːm] n. Ⓢ（思想或行为的）主流

maintain [meɪnˈteɪn] vt. ❶保持；继续：The two countries have maintained friendly relations for many years. 两国多年来一直保持着友好的关系。/ Food is necessary to maintain life. 食物是维持生命所必需的。❷保养，维护 ❸坚持；主张：She maintains that the accusation is groundless. 她坚持该指控是毫无根据的。/ He maintained the policy to be wrong. 他坚持认为这个政策是错误的。❹供给；赡养：He has to maintain his wife and two children. 他必须养活妻子和两个孩子。‖ ~ **at** 把⋯保持在/~ **in**（保持）处于⋯中；供养⋯使之以⋯生活/~ **on** 依靠⋯供养/~ **with** 与⋯保持/ **maintainable** adj. 可维持的，可维修的

maintenance [ˈmeɪntɪnəns] n. ⓊØ维持；维护，保养；维修 ❷赡养费：He has to pay maintenance to his ex-wife. 他必须给前妻赡养费。‖ **maintenance man** 维修工

maize [meɪz] n. Ⓤ玉米

majesty [ˈmædʒɪstɪ] n. ❶Ⓤ雄伟，壮丽；庄严 ❷Ⓒ陛下

major [ˈmeɪdʒə] adj. Ⓐ较大的；主要的；严重的：The car needs major repairs. 这辆汽车需要大修。■ n. Ⓒ❶少校 ❷专业；主修科目：Mathematics is my major. 我的专业是数学。■ vi.〈美〉主修，专攻：He majored in International Politics at Harvard University. 他在哈佛大学主修国际政治。‖ **major general**（英美陆军或美国空军）少将

majority [məˈdʒɒrɪtɪ] n. Ⓢ❶多数，大多数；半数以上：The majority of his books are kept upstairs. 他的大部分书收藏在楼上。❷票数差距，多得的票数，超过的票数：The draft resolution was adopted by a majority of 128. 这项提案以超过128票的多数获得通过。❸法定年龄；成年：She has reached her majority. 她已达到法定年龄。‖ **in the** ~ 占多数 ‖ **majority rule** 多数裁定原则

make [meɪk]（pt., pp. **made**）vt. ❶做；制造；被制造：He'll make a kite for me. 他将给我做个风筝。/ She makes all her clothes. 她的衣服都是自己缝制的。/ Boots are made in this tannery. 这家皮革工厂生产靴子。❷做出，制定，产生：She made no answer. 她没作答复。/ Once a decision is made, we must carry it out. 一旦做了决定，我们就要执行。❸使，使得：The boy made the baby laugh by making a face at him. 那男孩扮鬼脸逗婴儿笑。/ That makes me mad! 这简直使我发疯！/ The boss made Tom work long hours. 老板逼着汤姆长时间地干活。/ Everybody must be made to understand that. 务必让每个人都懂得这一点。❹获得，挣得：He made 600 pounds last year. 他去年挣了600镑。❺等于，等于 ❻成为，使成为：Medical knowledge alone doesn't make a good doctor. 单有医学知识并不能成为一个好医生。/ The hall would make a good

make-believe

theatre. 这个大厅可以当一个很好的剧场。/ You'll find us all wanting to make friends with you. 你会发现我们都希望与你交朋友。/ She would make him a good wife. 她可以成为他的贤妻。/ Newton was made President of the Royal Society. 牛顿被选为皇家学会会长。❼到达：She'll never make the summit. 她永远到不了山顶。❽准备；整理 ❾认为；估计：He looked at the moon and made the time to be midnight. 他看了看月亮，估计时间是半夜了。/ He made it important that everything should be finished. 他认识到每件事完成的重要性。/ He made it a useless attempt to advise her. 他认为试图劝她是无用的。vi. ❶开始；试图：She made to cry. 她哭起来了。❷行进，趋向：The ship was making towards the pier. 船正驶向码头。/ The thief made towards the open window. 小偷好像要走向开着的窗户。/ All the evidence makes in your favour. 所有证据都对你有利。/ He made as if he had not seen me. 他装作没有看见我的样子。❸增长起来：The snow made fast. 雪很快地堆起来了。‖ ~ after 追逐/ ~ at 攻击/ ~ away 逃跑/ ~ away with 偷走，抢走；杀死，自杀；消耗光/ ~ believe 假装，假扮/ ~ do 将就着使用，凑合着用/ ~ down 改小/ ~ for 走向，前往；促成，有助于/ ~ from 由…制成/ ~ into 把…做成，把…转变为，使成为/ ~ it 及时到达，赶上；办成，成功/ ~ it up 和好/ ~ of 做成；理解，明白，对…有某种看法；使某人发展成为/ ~ off 匆匆逃掉，离开；偷走，携…而逃/ ~ off with 偷，花费/ ~ out 填写（表格），开出（支票、账单）；辨认出，理解，明白；声称/ ~ out of 用某物制出/ ~ over 转让，移交；修改，改造/ ~ up 编造，捏造；讲和，重归于好；弥补，补偿；补足，凑足；化装，打扮；配制，铺床，整理；组成，构成/ ~ up for 补偿，弥补/ ~ up to 巴结，拍马屁 ■ n. ❶制造，样式，牌子，类型：This is of Japanese make. 这是日本制造的。/ The make is very poor. 这样式很差。/ They sell all makes of washing machines. 他们销售各种牌号的洗衣机。/ John is man of this make. 约翰是这种类型的人。❷体格；气质：He has the make of an athlete. 他有运动员的体格。‖ on the ~ 一心追逐名利

make-believe ['meɪkbɪˌliːv] n. ⓤ 假装，托辞，口实

maker ['meɪkə] n. ❶ⓒ 制造者 ❷ⓒ 制造商，制造厂 ❸ⓢ 上帝

makeshift ['meɪkʃɪft] n. ⓒ 权宜之计，临时代用的物品

make-up ['meɪkʌp] n. ❶ⓤ 化妆（品），化妆用品 ❷ⓒ 组成，性格 ❸ⓢ 编排方式；排版；版面

making ['meɪkɪŋ] n. ❶ⓤ 制造，制作 ❷ⓢ 成功改进的手段 ‖ in the ~ 在制造中；酝酿中

makings ['meɪkɪŋz] n. ⓟ 素质；必要因素

malady ['mælədɪ] n. ⓒ ❶（制度或机构的）弊病，弊端 ❷疾病

malaise [mæ'leɪz] n. ❶ⓤ 不适，不舒服 ❷ⓢ ⓤ 萎靡不振，隐忧；潜在的不满意识

malaria [mə'leərɪə] n. ⓤ〈医〉疟疾

male [meɪl] adj. ❶ 男性的，雄的 ❷ 凸形的 ■ n. ⓒ 男人；雄性动物；雄性植物

malevolent [mə'levələnt] adj. 有恶意的；恶毒的 ‖ **malevolence** n. 恶意，恶毒/ **malevolently** adv. 恶意地，恶毒地

malfunction [ˌmæl'fʌŋkʃən] n. ⓒ 故障，障碍

malice ['mælɪs] n. ⓤ 恶意，蓄意害人 ‖ with ~ aforethought〈律〉（罪行）怀有预谋的恶意

malicious [mə'lɪʃəs] adj. 恶意的，恶毒的：~ gossip 恶意的闲话 ‖ **maliciously** adv. 毒地/ **maliciousness** n. 恶毒

malign [mə'laɪn] vt. 诽谤，中伤：~ an innocent person 诽谤一个无辜的人 ■ adj. 有害的，邪恶的 ‖ **malignly** adv. 有害地；邪恶地

malignant [mə'lɪɡnənt] adj. ❶ 恶毒的，极想伤害他人的 ❷（疾病）恶性的；极危险的；致命的：a ~ tumour 恶性肿瘤 ‖ **malignantly** adv. 恶毒地

mall [mɔːl] n. ⓒ 购物中心，商场

mallet ['mælɪt] n. ⓒ ❶ 木槌 ❷ 长柄球棍

malnutrition [ˌmælnjʊ'trɪʃən] n. ⓤ 营养不良

malpractice [ˌmæl'præktɪs] n. ⓒⓤ〈律〉玩忽职守，渎职，不法行为

malt [mɔːlt] n. ⓤ 麦芽 ■ vt. 使成麦芽，制麦芽 ‖ malt dust 麦芽糖/ malt liquor 啤酒

mam [mæm] n. ⓒ 妈妈

mama [mə'mɑː] n. ⓒ 妈妈

mammal ['mæməl] n. ⓒ 哺乳动物

man [mæn] n.（pl. men）❶ⓒ 男人，成年男子 ❷ⓒ 人：a young ~ 年轻人/ a business ~ 实业家/ Growing old is something a man has to accept. 逐渐衰老是任何人都得承认的事实。❸ⓢ 人类：Man has been trying to control nature. 人类一直在努力控制自然。‖ as one ~ 一齐，一致/ be ~ enough (to-v) 有足够的勇气〔做…〕/ be one's own ~ 能独立自主/ be sb's ~ 正是所需要的人/ make a ~ (out) of 使…长大成人/ ~ and boy (指男子) 从小到大/ ~ to ~ 诚恳地；公开地/ the ~ in[on] the street 一般人，普通人/ to a ~ 所有人，毫无例外 ■ vt. (-mm-) ❶ 给…配备人员；操纵：~ ten ships 给10只船配备人员 ❷ 使振作：Man yourself for dangers ahead. 鼓起勇气，应付当前危机。‖ ~ with 给…提供服务〔操作〕人员 ‖ **manless** adj. 无人的/ **manlike** adj. ① 像男人的，男子似的 ② 有男子气概的 ‖ **man-child** n. 男孩/

man-engine n. 载人升降机/**man-killer** n. 杀人的人〔物〕/**man-servant** n. 男仆

manage ['mænɪdʒ] vt. ❶经营,管理;控制,操纵:She managed a clothes shop two years ago.两年前她开了一家服装店。/I doubt whether Jack could manage a sailing boat.我怀疑杰克会不会驾驶帆船。❷使用;吃:~ a tool 使用工具/Can you manage another slice of pie? 你能再吃一片馅饼吗? vt.& vi.办理;设法对付:~ for money 设法搞到钱/Can you manage on your own? 你一个人能行吗?/She managed to make herself understood in English.她设法用英语表达自己的意思。‖ with 用…对付过去/~ without 在没有…的情况下继续‖ **managing director** 总经理

manageable ['mænɪdʒəbl] adj.易处理的;可做到的‖ **manageably** adv.易处理地;易管理地

management ['mænɪdʒmənt] n. ❶U(企业等的)管理,经营:efficient〔faulty〕 ~ 有效〔不完善〕的管理/personnel ~ 人事管理/under ~ 由…经营,由…管理/The hotel has been left to their management.饭店已由他们管理。❷C|U管理人员,管理部门;资方 ❸U与人交往的技巧,手腕

manager ['mænɪdʒə] n. C❶经理,管理人 ❷以某种方式管理人、家庭、钱财等的人:a baseball ~ 棒球教练/a stage ~ 舞台监督/an office ~ 办公室主任/She's not a very good manager; she always spends more money than she earns.她不大会理财,总是人不敷出。‖ **manageress** n. 女经理;女管理人/**managership** n. 经理的职位(或权利)

managerial [ˌmænəˈdʒɪərɪəl] adj. A 经理的;管理上的‖ **managerially** adv. 管理上地

mandarin ['mændərɪn] n. ❶U(中国的)官话(普通话的旧称) ❷C(旧时)中国政府的高级官员‖ **mandarin duck** 鸳鸯/**mandarin fish** 桂鱼

mandate ['mændeɪt] n. S❶(选民对选出的代表、议会等的)授权 ❷(上级官员对下级官员下达的)正式命令 ■vt. ❶将(某地)委托某国管理 ❷授权(某人)根据委托统治权(做某事)‖ **mandator** n. 命令者;委任者

mane [meɪn] n. C(马颈背上、狮子脸部和颈部的)长鬃毛‖ **maned** adj. 有鬃毛的/**maneless** adj. 无鬃毛的

maneuver [məˈnuːvə] 见 manoeuvre

manganese [ˌmæŋɡəˈniːz] n. U〈化〉锰

manger ['meɪndʒə] n. C(动物等的)食槽

mangle ['mæŋɡl] vt. 损毁;使伤残;使变形‖ **mangler** n. 乱切者,乱砍者

mango ['mæŋɡəʊ] n. (pl. ~es or ~s)C芒果‖ **mango juice** 芒果汁

manhandle ['mænˌhændl] vt. 粗暴地对待;虐待

manhood ['mænhʊd] n. U❶成年,成年期;男子气概 ❷男子的气质(如勇气、活力等) ❸(尤指一国)男子的总称

mania ['meɪnɪə] n. ❶〈医〉躁狂症 ❷C|U 狂热,癖好;着迷:football ~ 足球迷

maniac ['meɪnɪæk] n. C❶〈医〉躁狂者 ❷ 疯子;危险的人

manic ['mænɪk] adj.〈医〉躁狂的,患躁狂病的

manicure ['mænɪkjʊə] n. C|U 修指甲 ■ vt.给(某人)修剪指甲‖ **manicurist** n. 美甲师

manifest ['mænɪfest] vt. 清楚表示;显露:His actions manifested a complete disregard for personal safety.他的行动表明她全然不顾个人安危。■adj.明白的,明显的:It was their manifest failure to modernize the country's industries.他们使国家工业现代化方面明显失败。/That is manifest to all of us.那对我们大家来说是显而易见的。‖ **manifestly** adv. 明白地,明显地

manifesto [ˌmænɪˈfestəʊ] n. (pl. ~s or ~es)C宣言

manipulate [məˈnɪpjʊleɪt] vt. 熟练控制〔操作〕:~ tool 熟练使用工具/Primitive man quickly learned how to manipulate tools.原始人很快就学会了使用工具。‖ **manipulator** n. ①操作者;操纵者②操作器,控制器,机械手

manipulative [məˈnɪpjʊlətɪv] adj.〈贬〉(对他人)控制的,操纵的

mankind [mænˈkaɪnd] n. U 人类:Mankind has always struggled forward no matter what difficulty lies in its way.不管道路上有什么困难,人类总是要奋勇前进。

manly ['mænlɪ] adj.(-ier,-iest)有男子气概的;刚强的,勇敢的

manned [mænd] adj.(指机器)有人控制的

manner ['mænə] n. ❶S方式,方法 ❷S态度:a grand ~ 骄傲的态度/develop a ~ 培养一种态度 ❸P礼貌,规矩:have ~s有礼貌/have no ~s不懂礼貌/mind one's ~s注意自己的举止/table ~s餐桌上的礼节 ❹S(人或物)的种类‖ in a ~ 在一定程度上/in a ~ of speaking 不妨说,在某种意义上说/to the ~ born 生来就惯于做某事‖ **mannerless** adj. 没有礼貌的/**mannerly** adj.& adv. 有礼貌的〔地〕

manoeuvre,〈美〉**maneuver** [məˈnuːvə] n. ❶C调动;演习:army ~s陆军演习/hold ~s举行军事演习/The grand manoeuvres will be held tomorrow.大规模的演习将于明天举行。❷C谨慎而熟练的动作:Inverted flight is an acrobatic manoeuvre of the *plane*. 倒飞是飞机的一种特技动作。‖ **room for** ~ 回旋余地 ■ *vt. & vi.* (使某物)移动,运动;*She manoeuvred her car into a difficult parking space*. 她把车子开进了一个不方便停车的地方。*vt.* 熟练而巧妙地引导:*They manoeuvred her into a marriage with him*. 他们用计使她和他结婚。*vi.* 演习:*The fleet is manoeuvring off the east coast*. 舰队正在东海岸外演习。

manor ['mænə] *n.* ⓒ庄园;领地;庄园大厦 ‖ **manor house** 庄园主的住宅

manpower ['mæn,pauə] *n.* Ⓤ❶劳动力 ❷人力;体力

mansion ['mænʃən] *n.* ⓒ宅第,公馆;大厦

manslaughter ['mæn,slɔːtə] *n.* Ⓤ〈律〉过失杀人(罪);误杀

mantel ['mæntl] *n.* ⓒ壁炉架,壁炉台

mantle ['mæntl] *n.* ⓒ覆盖物;幕;披风,斗篷 ‖ **mantled** *adj.* 披着斗篷的;覆盖着的

manual ['mænjuəl] *adj.* 用手的,手工的 ■ *n.* ⓒ手册,指南

manufacture [,mænju'fæktʃə] *vt.* ❶制造:~ *cars* 制造汽车/~ *exclusively* 独家生产/~ *legally* 合法制造/*It is manufactured by hand*. 这是手工制造的。❷捏造:*She manufactured a false story to hide the facts*. 她编了一段谎话来掩盖事实。■ *n.* ❶Ⓤ制造 ❷ⓒ制造品,产品

manufacturer [,mænju'fæktʃərə] *n.* ⓒ制造商,制造厂

manumit [,mænju'mɪt] *vt.* 解放(奴隶)

manure [mə'njuə] *n.* Ⓤ肥料;粪便

manuscript ['mænjuskrɪpt] *n.* ⓒ❶手稿,原稿,底稿 ❷手写本 ‖ **in** ~ 未付印的

many ['menɪ] *adj.* 许多,多的:*The dishes were many, but they were all poorly cooked*. 菜很多,但烧得都不好吃。‖ **a good〔great〕**~ 很多,许多/~ **a time ~ as ~ as** 和……一样多/**as〔like〕so ~** 像同数的……一样 ■ *pron.* 许多:*Many are called but few are chosen*. 要得多,选得少。‖ **manyfold** *adv.* 许多倍地 ‖ **many-headed** *adj.* 多头的/**many-sided** *adj.* 多边的

map [mæp] *n.* ⓒ❶地图 ❷天体图 ‖ **off the** ~ 〈口〉偏僻的;不重要的/**on the** ~ 〈口〉重要的;出名的/**put on the** ~ 使……出名或有重要性/**wipe off the** ~ 彻底消除(某事物) ■ *vt.* (-pp-) 绘制(一地区等的)地图;用地图表示:*The scientists mapped the surface of the moon*. 科学家绘制了月球表面的地图。‖ ~ **out** ①在地图上标出②筹划〔安排〕某事③详细提出某事

maple ['meɪpl] *n.* ⓒ槭树,枫树

mar [mɑː] *vt.* (-rr-) 毁坏;损坏;玷污

marathon ['mærəθən] *n.* ⓒ❶〈体〉马拉松赛跑(41.3km) ❷拖时长久令人难以忍受的事情;*a* ~ *speech* 马拉松式的演讲 ‖ **marathoner** *n.* 马拉松运动员 ‖ **marathon race** 马拉松赛跑

marble ['mɑːbl] *n.* ❶Ⓤ大理石 ❷ⓒ(用玻璃、泥等制成的)弹子;*play〔shoot〕*~*s* 打弹子 ❸ⓒ弹子游戏:*Let's have a game of marbles*. 咱们玩弹球游戏吧。‖ **marbly** *adj.* 大理石的 ‖ **marblehearted** *adj.* 铁石心肠的;冷酷的

March [mɑːtʃ] *n.* Ⓤⓒ三月

march [mɑːtʃ] *vi.* 进军;行进:~ *thirty miles* 行军30英里/~ *well* 列队行进很整齐/*The crowd of demonstrators marched along the main street*. 游行群众沿主要街道行进。*vt. & vi.* (使)前进:~ *the army to* 指挥军队向……行进/ *After a rest, they marched on*. 休息一会儿以后,他们继续前进。/*He marched the prisoner in*. 他把犯人押了进去。‖ ~ **away** 离开,出发/~ **by** 走过/~ **off** 列队离去/~ **on** 行进,前进/~ **out** 列队出去,出发/~ **past** 以分列式行进,走过/~ **up and down** 踱来踱去 ■ *n.* ⓒ❶行进,行军 ❷Ⓢ前进,进军 ❸ⓒ行进距离 ❹ⓒ游行 ❺ⓒ进行曲:*compose〔strike up〕a* ~ 创作〔奏起〕进行曲/*The movement of a waltz is very different from that of a march*. 华尔兹的韵律和进行曲的韵律是不同的。❻Ⓢ稳定的发展:*The march of events is as fast as we thought*. 事情的发展就如我们所料的那样快。‖ **on the** ~ 行进,行军;在发展中/ **steal a** ~ **on〔upon〕**偷袭,占先

mare [meə] *n.* ⓒ母马,母驴

margarine [,mɑːdʒə'riːn] *n.* Ⓤ人造黄油

margin ['mɑːdʒɪn] *n.* ⓒ❶页边空白 ❷边,边缘 ❸差数,差额;余地:*We allowed a margin of 20 minutes in catching the train*. 我们有20分钟的余地赶火车。

marginal ['mɑːdʒɪnəl] *adj.* ❶ⒶⒸ(印或记)在页边的:*The marginal illustration is very interesting*. 页边的插图很有趣。❷不重要的,微小的,少量的:*a* ~ *difference* 不重要的区别;*This once important social group is becoming more and more marginal*. 这个一度十分重要的社会集团越来越无足轻重了。❸仅以微弱多数票获胜的:*He won the most marginal seat by only two votes*. 他只以两票的微弱优势当选。‖ **marginally** *adv.* 稍微地

marigold ['mærɪɡəuld] *n.* ⓒ〈植〉万寿菊;金盏花

marijuana [,mærɪ'hwɑːnə] *n.* Ⓤ大麻

marinade [,mærɪ'neɪd] *n.* ⓒⓊ腌泡汁

marinate ['mærɪneɪt] *vt.* 把……浸泡于腌泡汁中

marine [mə'riːn] *adj.* ❶海的,海产的,海生的 ❷海军的 ❸海事的,海运的 ■ *n.* ⓒ水兵;海军陆战队士兵

mariner ['mærɪnə] n. C海员;水手

marital ['mærɪtl] adj. A婚姻的;夫妻(间)的

maritime ['mærɪtaɪm] adj. 海的;航海的

mark[1] [mɑːk] n. C❶痕迹,污点,斑 ❷分数,等级符号 ❸记号,标记: Command of the mother tongue is the most distinguishing mark of the educated man or woman. 运用本国语言的能力是受过教育的人最明显的标志。‖ hit (miss) the ～ 做成(未做成)某事,达到(未达到)目标/ leave(make) one's ～ on(upon) 留下持久的(好或坏的)印象/ make one's ～ 出名,成功/ not be(feel) quite up to the ～ 不知平时身体好,没有精神/ overstep the ～ 做得(说得)过分;超出限度/ up to the ～ 达到要求的标准 ▪vt. ❶在…留下痕迹,标出: The table marks very easily. 这张桌子很容易留下印痕。/ He was careful to mark his place before he shut the book. 合上书以前,他小心地做了记号。❷表示,指明: His silence marked his anger. 他的沉默表明了他的愤怒。❸给…打分: ～ strictly 打分很严/He marks the score in the basketball match. 他在篮球比赛中担任记分员。/ He marked the paper leniently. 他改考卷打分数很松。‖ ～ down ①记下 ②(商品)减价 ③给低分/ ～ off ①划出,划开 ②区分/ ～ out 划出(界线、范围) ②选出,选定/ ～ up ①提高 ②标记/ ～ with 以…为标记,以…表明

mark[2] [mɑːk] n. C(德国货币名称)马克

marked [mɑːkt] adj.❶明显的,显著的 ❷作为惩罚对象的;受敌视的 ‖ **markedly** adv. 明显地;显著地/**markedness** n. 显著

marker ['mɑːkə] n. C❶标志,标记 ❷加标记装置;彩笔

market ['mɑːkɪt] n.C市集,市场 ❷交易情况,行情 ❸U需求;销路 ❹C行销地区 ‖ come onto the ～ 上市,在市场上出售/ flood the ～ 充斥市场/ in the ～ for sth 有意买某物/ on the ～ 待售,出售,上市/ play the ～ 买卖证券(股票)牟利 ▪vt. ❶在市场上出售某物: ～ fruit 出售水果/ The firm markets many types of goods. 这家公司在市场上销售多种商品。❷推销: The inventor is trying to market his new product. 发明者正想推销他的新产品。vi.〈美〉去市场买东西 ‖ **marketer** n. 在市场买卖的人 ‖ **marketplace** n. 市场/ **market research** 市场调查/**market share** 市场份额;市场占有率

marketable ['mɑːkɪtəbl] adj.可卖的;适合在市场出售的

marketing ['mɑːkɪtɪŋ] n. U销售,经销

marking ['mɑːkɪŋ] n. C|U标记;记号;斑点

marksman ['mɑːksmən] n. (pl. -men) C神枪手

marmalade ['mɑːməleɪd] n. U果子酱;果酱

marquee [mɑːˈkiː] n. C(用来进行户外公共活动的)大帐篷

marquis [ˈmɑːkwɪs] n. C侯爵

marriage ['mærɪdʒ] n. ❶U|C结婚 ❷U|C婚姻状况 ❸C婚礼 ‖ give sb in ～ 把某人嫁出/in ～ 通过婚姻关系/of ～ 已婚的/take sb in ～ 娶某人 ‖ **marriageable** adj. 达到结婚年龄的 ‖ marriage licence 结婚登记证/marriage lines 〈英〉结婚证书/marriage portion 嫁妆

married ['mærɪd] adj. ❶已婚的 ❷P与…结为夫妻的 ❸A婚姻的 ▪n. P〈非正〉已婚的年轻人

marrow ['mærəʊ] n. U骨髓;脊髓;髓

marry ['mærɪ] vt.& vi. (pt., pp. married) ❶(使)结婚,娶,嫁: He never married. 他从未结过婚。❷结合: This poem marries theme and style well. 这首诗的主题和风格结合得很好。vt. 为…主持婚礼: The bishop married them. 主教为他们主持婚礼。‖ ～ above 同地位高的人结婚/ ～ against 违背…结婚/ ～ beneath 同地位低的人结婚/ ～ into 通过婚姻得到〔成为〕…的一员/ ～ off 把女儿嫁出去/ ～ to 让…与…结婚,把…嫁给…/ ～ together 结合起来/ ～ up 使与…结合,联合/ ～ with 与…结合

Mars [mɑːz] n. U火星

marsh [mɑːʃ] n. C|U沼泽,湿地

marshal ['mɑːʃəl] n. C❶元帅,最高指挥官 ❷典礼官,司仪 ❸执法官,警察局长;消防局长 ▪vt. (-ll-,〈美〉-l-)整理,排列,集结: ～ carefully 仔细地整理/～ well 列举得很好/ The general marshaled his army for battle. 将军集结部队准备战斗。/ Marshal your arguments before debating. 辩论前整理一下你的论点。/He marshaled his facts well. 他把事实列举得很好。‖ ～ into 按礼仪引导觐见/～ together 将…集合在一起

mart [mɑːt] n. C市场;贸易场所

martial ['mɑːʃəl] adj. 军队的;军事的;战争的 ‖ **martialism** n. 英勇,尚武/**martialize** vt. 使军事化/**martially** adv. 军事地,战争地 ‖ **martial art** 武术(如柔道、空手道)/**martial law** 军事管制法;戒严令

martyr ['mɑːtə] n. C烈士;殉道者;殉教者 ▪vt. 对坚持某种信仰者进行屠杀(或加以折磨)

marvel ['mɑːvəl] n. C奇迹;令人惊奇的事物(或事例) ▪vt.& vi. (-ll-,〈美〉-l-)惊奇,对…感到惊奇: I marvelled at your boldness. 我对你的大胆感到惊奇。/ I marvelled that he suddenly left college. 我对他突然离开大学感到惊奇。

marvellous,〈美〉**marvelous** ['mɑː-

vllǝs] adj. ❶不可思议的,惊奇的,奇妙的:It's marvellous how he's managed to climb that far.他怎么么能爬得那么远,真不可思议。❷〈口〉极好的,绝妙的:What you said is a marvellous idea.你所说的真是个绝妙的主意。‖ marvellously adv. 惊奇地/marvellousness n. 惊奇,奇妙

Marxism ['mɑːksɪzəm] n. Ⓤ马克思主义
Marxist ['mɑːksɪst] n. Ⓒ马克思主义者
masculine ['mæskjulɪn] adj. ❶男性的,男子的,男子气的 ❷阳性的 ‖ masculinity n. 男性;男子气

mash [mæʃ] vt. 把…捣成泥;压碎 ■ n. ⒸⓊ(水、谷物等混合而成的)糊状物 ‖ masher n. 捣碎器

mask [mɑːsk] n. ❶Ⓒ面具,面罩 ❷Ⓢ用作掩饰的事物;掩饰;伪装 ‖ a ~ for 掩盖…的伪装/behind the ~ of 以…为掩饰/under the ~ of 在…的伪装下,借…之名 ■ vt. 用面具遮住;掩盖,掩饰:The thief masked his face with a stocking.那贼用长统袜遮住脸。/This perfume won't mask the unpleasant smell.这种香水遮不住那股难闻的气味。‖ ~ with 用…罩住,用…掩饰 ‖ masked adj. ①化装的②伪装的

mason ['meɪsn] n. Ⓒ石匠,砖瓦匠
masonry ['meɪsənrɪ] n. Ⓤ石工工程;砖瓦工工程

mass [mæs] n. ❶Ⓒ团,块,堆 ❷Ⓒ大量,大批;众多 ❸Ⓟ群众:The masses have boundless creative power.群众有无限的创造力。❹Ⓤ质量:This particle has very small mass.这种粒子的质量很小。‖ in 一全体,整个地/ in the ~ 大体而论,就全体而言 ■ vt.& vi.(使)集中;聚集:~ forces 集合兵力/~ the bands 把乐队集中起来/Troops are massing on the frontier.部队在边境集结。/They massed well-equipped troops on the frontier.他们在边境上集结了装备精良的军队。‖ ~ against (使某人)集合起来反对…/~ along (使)聚集在…旁 ■ adj. Ⓐ许多的,大规模的,群众的:These precise instruments have already gone into mass production.这些精密仪器已经大规模投入生产。‖ mass-based adj.有广大群众基础的/mass media 大众传播媒介/mass murder 灭绝人性的屠杀/mass-produced adj. 成批生产的/mass survey 调查很多人而做出的统计分析

massacre ['mæsəkə] n. Ⓒ❶大屠杀 ❷〈口〉惨败 ■ vt. ❶大屠杀:They set fire to the city and massacred all the inhabitants.他们放火烧了这座城市而且屠杀了所有的居民。❷〈口〉彻底击败:We were massacred in the final.我们在决赛中惨败。

massage ['mæsɑːʒ] n. ⒸⓊ按摩,推拿
massive ['mæsɪv] adj. ❶大而重的,大块的 ❷可观的,巨大的,大量的 ‖ massively adv. 大量地/massiveness n. 大量,可观

mast [mɑːst] n. Ⓒ船桅,桅杆;旗杆
master ['mɑːstə] n. Ⓒ❶主人 ❷男教师;院长 ❸大师,手艺灵巧的人 ❹原版,母带:You've left your master in the photocopier.你把原件留在影印机里了。‖ be ~ of 控制,掌握/make oneself ~ of 熟练,精通,能运用自如 ■ adj. Ⓐ❶精通的,熟练的,优秀的:That young man is a master singer.那个年轻人是一位优秀的歌手。❷主要的,重要的:My brother's master passion is swimming.我弟弟的主要爱好是游泳。■ vt. ❶做…的主人;制;征服:~ a horse 驯马/~ nature 征服自然/~ one's anger 强压怒火/He has mastered the ship's crew.他已能管住全体船员。/They are able to master the situation.他们能够控制局势。❷熟练;精通:~ the art 掌握艺术/~ thoroughly 彻底精通/He has mastered every detail of the business.他已精通生意的每一个细节。‖ masterhood n. 主人(或师傅)身份 ‖ Master of Business Administration (MBA) 工商管理硕士学位/master-hand n. ①能手②高超的技艺/masterwork n. 杰作,名作

masterly ['mɑːstəlɪ] adj. 熟练的,技艺高超的

mastermind ['mɑːstəmaɪnd] n. Ⓒ策划者;操纵者;策划;操纵 ■ vt. 巧妙地计划,策划(某一行动)

masterpiece ['mɑːstəpiːs] n. Ⓒ杰作,名作:an enduring ~ 不朽之作/architectural ~ 建筑上的杰作/This book is a real masterpiece.这本书是真正的名著。

mastery ['mɑːstərɪ] n. Ⓤ精通;熟练;掌握

mat [mæt] n. Ⓒ席子,垫子:a beer ~ 啤酒杯垫/an exercise ~(体操或摔跤用的)运动垫

match [mætʃ] n. ❶Ⓒ比赛,竞赛:We had a friendly match with them.我们与他们进行了一场友谊比赛。❷Ⓢ对手,敌手:meet one's ~/Bill is no match for his younger brother at chess.比尔下棋不是他弟弟的对手。❸Ⓢ相似之物,相配之物:The hat is a match for the coat.这帽子与外衣很相配。❹Ⓒ婚姻;婚姻对象 ■ vt. 使较量,使比赛:No one matches him when it comes to swimming.谈到游泳,没有人比得过他。vt.& vi.(使)相配;(使)相称:The colours match well.颜色很协调。‖ ~ against ①与…相比〔相配〕②使与(某人)进行比赛;使与…试/~ up (使)相配(使)相适合;(使)相符合/~ up to 与…一致〔相配〕/~ with (使)与…相配;使与…较量;与…一致 ‖ matchable adj. 敌得过的;相配的/matchless adj. 无敌的 ‖ matchmaker n. 媒人;做好事的人/match point 比赛中为得胜所需要的最后一分

matching [ˈmætʃɪŋ] adj. Ⓐ (尤指颜色)相同的;协调的

mate [meɪt] n. Ⓒ ❶伙伴,同事: Her mates are waiting for her by the gate. 她的同事在门口等她。❷配偶,伴侣: look for a ~ 找对象/ She has been a faithful mate to him. 她一直是他忠实的配偶。❸(商船上的)大副: the first [second] ~ 大[二]副/The mate is one rank below the captain. 大副是低于船长的一个头衔。■ vt. & vi. (使)成为配偶,(使)交配: ~ a woman with a man 使一男一女结为夫妻/ Birds mate in the spring. 鸟在春天配对。

material [məˈtɪərɪəl] n. Ⓒ Ⓤ ❶材料,原料: raw ~ 原料 ❷ Ⓤ Ⓒ 衣料: dress ~ 布料/She never wears clothes made of coarse material. 她从来不穿粗布衣服。❸ Ⓒ 素材,资料: During my three months' stay in the village, I collected enough material for two or three books. 我在村里待了三个月,搜集的材料足够写两三本书。■ a. ❶ Ⓐ 物质的,身体的,肉体的 ❷ 重要的,重大的 ‖ **materially** adv. ①物质上;事实上②大大地,相当地

materialism [məˈtɪərɪəlɪzəm] n. Ⓤ ❶ 唯物主义;唯物论 ❷ 实利主义;物质主义

materialist [məˈtɪərɪəlɪst] n. Ⓒ ❶ 唯物主义者;唯物论者 ❷ 物质享乐主义者

materialize, -ise [məˈtɪərɪəlaɪz] vi. 具体化;成为现实

maternal [məˈtɜːnl] adj. 母亲的;母亲般的

maternity [məˈtɜːnɪtɪ] n. Ⓤ 母性;为母之道

math [mæθ] = mathematics

mathematical [ˌmæθɪˈmætɪkəl] adj. ❶ 数学的,数学上的 ❷ 精确的 ‖ **mathematically** adv. 数学地 ‖ **mathematical logic** 数理逻辑

mathematician [ˌmæθɪməˈtɪʃən] n. Ⓒ 数学家

mathematics [ˌmæθɪˈmætɪks] n. Ⓢ 数学

maths [mæθs] = mathematics

matriculate [məˈtrɪkjʊleɪt] vt. 录取(学生)入大学 vi. 被大学录取

matron [ˈmeɪtrən] n. Ⓒ ❶ (受人尊敬的)已婚老妇人;夫人 ❷ 女看守;女警卫

matt [mæt] adj. 表面暗淡的,无光泽的

matter [ˈmætə] n. ❶ Ⓤ 物质,物体: creat ~ 创造物质/Matter is the opposite of mind. 物质与精神相对。❷ Ⓤ 题材,内容: The matter in your essay is good but the style is deplorable. 你文章的内容很好,但是体裁太糟糕了。❸ Ⓒ 事情;问题: This is a matter I know little about. 这件事我不太知道。❹ Ⓢ 困难,毛病,麻烦: You must have something the matter with your eyes. 你的眼睛一定有点毛病。❺ Ⓤ 重要性: People know that and recognize its matter. 人们知道这一点,也认识到它的重要性。‖ a ~ of life and death 生死攸关的事情;成败关键/a ~ of opinion 看法不同的问题/as a ~ of conscience 从道德观点出发/as a ~ of course 自然,通常/as a ~ of fact 事实上/be a ~ of 是…的关键是…/be ~ of time 迟早要发生/for that ~ 就这件事来说/(in) the ~ of 大约,左右/~ in question 正在考虑〔讨论〕的问题/no laughing ~ 需要严肃对待的事,正经事/no ~ ①不介意,不要紧②不管,不论/no ~ what 无论如何,不管怎样 ■ vi. 要紧,有关系: ~ little 无关紧要/~ nothing 毫无关系/ It does not matter at all. 毫无关系。/It doesn't matter throwing that away. 把它扔掉,没关系。/It never mattered what time of day or night it was. 不论是白天还是晚上,都没有关系。/It doesn't matter much whether we go together or separately. 我们一起去还是分头去都可以。‖ ~ about[to]对…重要 ‖ **matter-of-course** adj. 当然的,不言而喻的/**matter-of-fact** adj. ①注重事实的,讲究实际的②平淡无味的,干巴巴的

mattress [ˈmætrɪs] n. Ⓒ 褥垫,床垫

mature [məˈtjʊə] adj. ❶ 成熟的,成年人的 ❷ 深思的;慎重的: It's a mature plan. 这是个深思熟虑的计划。■ vi. 成熟,长成

maturity [məˈtjʊərɪtɪ] n. Ⓤ ❶ 成熟;成熟期;发育完全 ❷ (金融)到期

maul [mɔːl] vt. ❶ (尤指动物)撕裂…的皮肤,抓破;伤害 ❷ 虐待;粗手粗脚地摆弄

mauve [məʊv] n. Ⓤ 淡紫色

maverick [ˈmævərɪk] n. Ⓒ ❶ 未烙印的牲畜 ❷ 标新立异的人;不合常规的人

maxim [ˈmæksɪm] n. Ⓒ 格言;座右铭

maximize, -ise [ˈmæksɪmaɪz] vt. ❶ 使(某事物)增至最大限度 ❷ 最大限度地利用(某事物)

maximum [ˈmæksɪməm] adj. Ⓐ 最大值的,最大量的 ■ n. (pl. **maxima**) 最大的量、体积、强度等: This hall holds a maximum of seventy people. 这厅最多能容纳七十人。

may [meɪ] aux v. ❶ 可以,许可: May I use your bicycle? 我可以用你的自行车吗? ❷ 也许,可能: He may possibly know it. 他可能知道。❸ 但愿: May there never be another world war. 但愿不再有世界大战。❹ 会,能: Write to him at once so that he may know in time. 马上写信给他,使他能够及时了解情况。/Come what may, I will try it. 无论发生什么,我总要试一试。‖ ~ as well 不妨/~ ... but 或许〔可能〕…但是…/~ well(完全)能,(满)可以

May [meɪ] n. Ⓤ Ⓒ 五月 ‖ **May Day** 国际劳动节

maybe [ˈmeɪbiː] adv. 很可能,大概: I see him maybe once every three, four months. 我大概每三四个月见他一次。‖ **as soon as** ~ 尽可

能快

mayor [meə] n. ⓒ市长:The mayor hurried into his office, brushing off the reporters. 市长赶快走进办公室,拒不接见记者。‖ **mayoress** n. 女市长

me [强 mi:,弱 mɪ] pron.(人称代词I的宾格)我:Can you see me? 你看得见我吗? /"Who is it?""It's me"."是谁?""是我。"

meadow ['medəu] n. ⓤⓒ草地,牧场;(河边的)低洼地

meal [mi:l] n. ⓒ❶餐,饭:This restaurant is known for its Chinese meals. 这家餐馆以中国菜出名。❷进餐时间:Is it usual to have milk with meals? 用餐时常喝牛奶吗?‖ **make a ~ of** 小题大做,过分‖ **meal time** 吃饭时间

mean[1] [mi:n] vt.(pt., pp. meant)❶表示…的意思:The sign means that cars cannot enter. 这种标志表示汽车不能入内。❷本意是,原意为;意味:He means you no harm. 他对你没有恶意。❸怀有某目的;打算:I mean to stay here, if I can. 若是能留下,我想留在这儿。❹对某人有价值或重要:In running a company, strict financial management means everything. 经营一家公司,严格的财务管理是至关重要的。/I must tell you that I mean what I say. 我得告诉你,我说话是算数的。❺打算或注定要某人成为或做某事:I was never meant for the army. 我根本就不是当兵的材料。/He means his son to be a doctor. 他要儿子当医生。‖ **I ~** 我的意思是,我是说/**~ by** 通过…表达/**~ to** 对…来说意味着…/**what do you ~** 你是什么意思

mean[2] [mi:n] adj.(-er,-est)❶吝啬的;自私的 ❷卑鄙的,不善良的 ❸ⒶⒶ中间的,平均的:The mean temperature of this area is 33 degrees in summer. 这个地区夏季平均气温为33度。❹Ⓐ低微的:He is a man of mean birth. 他是位出身低微的人。‖ **no ~** 很好的‖ **meanly** adv. 自私地,卑鄙地/**meanness** n. 卑鄙

mean[3] [mi:n] n. Ⓢ❶平均数,平均值:What you do first is to calculate the mean. 你要做的第一件事就是算出平均数。❷中间,中庸:follow the golden **~** 遵循中庸之道/It's a question of finding the mean between too lenient treatment and too severe punishment. 问题是要找出处理过宽和处罚过严的折中办法。

meaning ['mi:nɪŋ] n. ❶ⓤⓒ意思;含意:bear a **~** 有意义/Duff explained his meaning shortly but clearly. 达夫简短但清楚地解释了他的意思。/There is some dark meaning in his words. 他的话里有某种隐晦的含意。❷ⓤ重要性:I can't quite grasp the meaning of these figures. 我不能很好地领会这些数字的重要性。

meaningful ['mi:nɪŋful] adj. 有目的的,有用意的;有意义的:a **~** discussion 有用意的讨论‖ **meaningfully** adv. 意味深长地/**meaningfulness** n. 富有意义

means ['mi:nz] n.(pl. **~**)❶Ⓢ方法,手段:Scientists are working to devise a means of storing this type of power. 科学家们正在为发明一种能储存这种动力的方法而工作。❷ⓅⓅ收入,财富:lack **~** 缺钱/His means permit him to live comfortably. 他的财富使他能过上舒适的生活。‖ **a ~ to an end** 用以达到目的的方法/**by all ~** ①当然可以②一定,务必/**by ~ of** 用,依靠/**by no ~** 绝不,一点也不/**by some ~ or other** 用某种方法

meantime ['mi:ntaɪm] adv. 同时;其间:I continued working, meantime, he went out shopping. 我继续工作,这期间他出去买东西。■ n. Ⓢ其时,其间‖ **in the ~** 在此期间,同时

meanwhile ['mi:nwaɪl] =meantime

measles ['mi:zlz] n. ⓒ〈医〉麻疹

measurable ['meʒərəbl] adj.❶可量度的,可测量的,可衡量的 ❷明显的;重大的:There's been a measureable improvement in his work. 他的工作已有很大改进。‖ **measurability** n. 可测量性/**measurably** adv. 适度地,显著地,觉察得出地

measure ['meʒə] vt. & vi. 量:You must measure accurately. 你一定要量准。vt.❶量出;记录:He measured the rope to see if it was long enough. 他量了那根绳子看是否够长。❷估计,估量:It's hard to measure his ability when we haven't seen his work. 没有见过他的作品,很难估计他的能力。❸仔细考虑:He's a man who measures his words. 他是个用词很讲究的人。❹(通过竞争,冲突等)考验某事物,较量:You have to measure your determination with that of other people. 你得与其他人较量一下决心了。link v. 有…大小:That old tree must measure at least 30 metres from top to bottom. 那棵老树从地面到树梢至少有30米。‖ **~ against** 把…同…作比较/**~ by** 根据…测量/**~ for** 为…而给…的尺寸/**~ from** 从…开始测量/**~ off** 区分,量出/**~ out** ①量出,配出②跌倒/**~ to** 测量到/**~ up** 衡量;估计/**~ up to** 与…相称/**~ with** 同…较量以测定自己的能力 ■ n.❶ⓤⓒ测量 ❷ⓤ计量制,度量法:metric **~** 公制/The measure is given in centimetres. 按厘米进行测量。❸ⓒ计量单位 ❹ⓒ量具,量器:The barman uses a small silver measure for brandy. 酒吧招待员用一个小银制量器量白兰地。❺Ⓢ尺度,标准:know no **~** 没有止境 ❻Ⓢ程度,地步:in large **~** 在很大程度上/We did reach a considerable measure of agreement. 我们确实取得了很大程度的一致。❼Ⓟ措施,办法:adopt **~s** 采取措施/The measures had a detrimental effect. 这些措施已产生不良影响。/We should take appropriate

measures to improve our teaching. 我们应当采取适当的措施提高教学质量。‖ **beyond** 〔**above,out of**〕~ 非常,极其/**fill**〔**up**〕**the** ~ **of** 使(不幸等)达到极点/**for good** ~ 额外的量,外加的项目/~ **for** ~ 针锋相对/**get**〔**take**〕**the** ~ **of** 估计(某人的)性格或能力/**give full** ~ 给足分量/**in**〔**a**〕**large**〔**large**〕~ 大部分/**in a** ~ 一部分,有几分/**keep** ~ **s with** 宽大对待/**know no** ~ 无止境/**make to** ~ 定做/**set** ~ **s to** 限制,约束/**take sb's** ~ 给某人量尺寸/**without** ~ 过度,过分 ‖ **measureless** adj. 无边无际的,巨大的

measurement [ˈmeʒəmənt] n. ❶Ⓤ量度;测量,衡量: I can find the size of something by means of measurement. 我可以用测量法求得某物的体积。❷Ⓟ(量得的)尺寸: check the ~ 检查一下尺寸/I'll just take your measurements, sir. 先生,我来给您量尺寸。

meat [miːt] n. Ⓤ❶肉: The dog was biting a piece of meat. 那只狗叼着一块肉。❷主要(重要)的部分: It was a clever speech, but there was no real meat in it. 这是一次巧妙的演说,可惜没有实际内容。‖ ~ **and drink to** 一件使人快乐的源泉,生活的目的/**cry roast** ~ 自吹自擂/~ **for sb's master** 对某人说来未免太好/**make** ~ **of sb** 杀死某人 ‖ **meataxe** n. ❶切肉大菜刀❷(对问题采取的)毫不容情的措施/**meat ball** ❶炸肉圆❷讨厌的人,无趣味的人/**meat chopper** 轧肉机,绞肉机/**meat head** 笨蛋/**meat jelly** 肉冻/**meat pie** 肉馅饼/**meat products** 肉制品/**meat safe** 肉柜,菜橱

Mecca [ˈmekə] n. Ⓒ❶麦加(沙特阿拉伯城市,穆罕默德诞生地,伊斯兰教圣地)❷许多人想参观的地方

mechanic [mɪˈkænɪk] n. Ⓒ技工,机修工: The mechanic repaired my car. 这个机修工给我修汽车。

mechanical [mɪˈkænɪkəl] adj. ❶机械的,力学的 ❷机械似的;呆板的 ‖ **mechanically** adv. ①机械地②呆板地/**mechanicalness** n. 机械,力学

mechanics [mɪˈkænɪks] n. ❶Ⓢ力学;机械学 ❷Ⓟ机件;过程;方法

mechanism [ˈmekənɪzəm] n. ❶机械装置 ❷构造,机制 ❸办法,技巧,途径: There are no mechanisms for changing the decision. 这个决定是无法改变的。

mechanize, **-ise** [ˈmekənaɪz] vt.& vi. 使(过程、工厂等)机械化: We are mechanizing rapidly. 我们正在迅速机械化。

medal [ˈmedəl] n. Ⓒ奖章,奖牌 ‖ **a petty** ~ 小奖章/**the reverse side of the** ~ 问题的另一面,事情的反面

meddle [ˈmedl] vi. 干涉,干预(他人事务): I hope he doesn't try to meddle in my affairs. 我希望他不要干预我的事情。

median [ˈmiːdjən] adj.〈数〉在中间的,通过中点的

mediate [ˈmiːdɪeɪt] vi. 调停,调解,斡旋: ~ **ceasefire** 通过调解达成停火/The state must mediate the struggle for water resources. 政府必须通过调解来解决水资源的争夺。vt. 居间促成 ‖ ~ **between** 在…之间调解〔调停〕

mediation [ˌmiːdɪˈeɪʃən] n. Ⓤ调停,调解,斡旋

medic [ˈmedɪk] n. Ⓒ医学院学生,医生

medical [ˈmedɪkəl] adj. ❶Ⓐ医学的,医疗的,医术的 ❷内科的 ‖ **medically** adv. 医学地 ‖ **medical examiner** ①验尸者②检查身体的医生

medication [ˌmedɪˈkeɪʃən] n. ❶Ⓤ敷药,施药 ❷Ⓒ药物;药

medicinal [meˈdɪsɪnl] adj. 医学的;医术的,内科的;医药的: ~ **instruments** 医疗器械/~ **students** 医科学生

medicine [ˈmedɪsɪn] n. ❶ⒾⓊⒸ药,内服药 ❷Ⓤ医术,医学 ‖ **medicine ball**(锻炼身体用的)实心皮球/**medicinechest** n. 药箱,药柜/**medicine show** 走江湖卖膏药的表演/**Doctor of Medicine**（**MD**)医学博士

medieval [ˌmedɪˈiːvəl] adj. 中古的,中世纪的 ‖ **medievalism** n. ①中世纪精神(或特征、状态、风俗、信仰等)②对中世纪风味的爱好/**中世纪残存的思想**/**medievalist** n. ①中世纪史学专家,中世纪文化研究者②中世纪艺术或文化的鉴赏者或爱好者/**medievally** adv. 中世纪的方式

meditate [ˈmedɪteɪt] vi. 深思,沉思,冥想: ~ **on**〔**upon**〕what one has done 沉思或反省自己已做的事 vt. 内心策划,考虑: ~ **suicide** 考虑自杀 ‖ **meditation** n. ①深思,反省,冥想 ②沉思录/**meditator** n. 深思者,策划者

Mediterranean [ˌmedɪtəˈreɪnɪən] adj.(似)地中海的,(似)地中海沿岸国家的

medium [ˈmiːdjəm] n.(pl. ~ **s** or **media**)Ⓒ ❶媒介,手段,方法,工具: There will be a fuss when the media get hold of the story. 新闻媒介得知此事会引起大惊小怪。❷折中,中间物: We struck a medium. 我们采取折中办法。❸生活条件,环境: Water is the natural medium in which most fish live. 水是鱼类生活的自然环境。❹通灵的人 ‖ **by the** ~ **of** 通过…手段/**in** ~ 在…环境中 ▪ adj. Ⓐ中等的,适中的 ‖ **medium-term** adj. 中期的/**medium wave** 中波

meek [miːk] adj.(-**er**,-**est**)温顺的,驯服的: **as** ~ **as a lamb** 非常温顺 ‖ **meekly** adv. 温顺地/**meekness** n. 温顺,驯服

meet [miːt](pt., pp. **met**) vt.& vi. ❶遇见,碰见,相见: Glad to meet you. 很高兴见到你。❷认识,结识: Come to dinner to meet my sister. 来参加晚宴,认识一下我妹妹。vt. ❶迎接:He hurried forward to meet them. 他快步向前去迎接他们。❷满足‖~ up 偶然地碰到/~ with ❶偶然遇到,碰到❷遭受,受到❸和…会面 ■ n. ⓒ运动会,比赛

meeting ['mi:tɪŋ] n. ⓒ ❶相会,聚会,会见:We have two meetings in London. 我们在伦敦有两次聚会。❷会议 ❸运动会:There is a sports meeting next week. 下周有一场运动会。‖ ~ of minds 意见一致 ‖ meeting house(基督教教友会的)聚会所/meeting place 聚会处,相会处,会场

meld [meld] vt.&vi. (使)融合,合并,结合

mellow ['meləʊ] adj. (-er,-est) ❶(颜色或声音)柔和的,丰富的:the ~ tones of a violin 小提琴柔和的乐音 ❷(水果)熟透的,甘美多汁的,(酒)芳醇的:~ fruit 熟透的水果 ❸成熟的,老练的,稳健的:a ~ attitude to life 对生活的成熟看法 ❹高兴的,微醉的 ■ vt.&vi. (使)成熟 ‖ mellowly adv. 甘美多汁地;高兴地/mellowness n. 成熟;丰富;高兴

melodrama ['melə,drɑ:mə] n. ⓊⒸ情节剧

melody ['melədɪ] n. ⓒ ❶曲调,歌曲:He played an Irish melody on the harp. 他用竖琴演奏了一首爱尔兰曲调。❷旋律:This is a beautiful melody. 这是个优美的旋律。❸美妙的音乐

melon ['melən] n. ⓊⒸ瓜,甜瓜:a water ~ 西瓜/a white ~ 冬瓜

melt [melt] vt.&vi. ❶(使)融〔溶,熔〕化;溶解:~ iron 熔化铁/The ice will melt when the sun shines on it. 当太阳晒到冰的时候,它就融化了。/It's a story designed to melt the hardest heart. 这是个铁石心肠也会感动的故事。❷(使)消散,消失:I don't know where my money goes, it just seems to melt. 我不知道我的钱哪儿去了,就像是消失了。/They melted the nation's resources away. 他们使国家的资源逐渐枯竭。‖ ~ away ❶融化❷逐渐消失❸(使)着迷〔神魂颠倒〕/~ down 将…熔化/~ in ❶在…中融〔溶〕化❷溶解于(某液体)/~ into ❶融〔溶〕化成(液体)❷逐渐消失;逐渐融入/~ into tears 痛哭/~ with ❶遇热融化❷因…软化 ‖ meltable adj. 可溶的/meltability n. 可溶性 ‖ melt water 融化的冰〔雪〕水

member ['membə] n. ⓒ成员,会员 ‖ membered adj. 有…会员的/memberless adj. 无会员的 ‖ Member of Congress (MC)国会议员/Member of the European Parliament (MEP)欧洲议会议员/Member of Parliament (MP)国会议员

membership ['membəʃɪp] n. ⓒ ❶全体会员 ❷Ⓤ会员身份,会员资格

memento [mɪ'mentəʊ] n. (pl. ~s or ~es) ⓒ纪念品,令人回忆的东西

memo ['meməʊ] n. (pl. ~s) ⓒ备忘录

memoir ['memwɑ:] n. ❶ⓅⒶ回忆录,自传:the ~ of a retired politician 一个退休政治家的回忆录 ❷ⓒ记事录:She wrote a memoir of her stay in France. 她写了一篇旅法记事录。

memorable ['memərəbl] adj. 值得纪念的,值得记忆的 ‖ memorableness n. 值得注意的事/memorably adv. 值得纪念地,值得记忆地

memorial [mɪ'mɔ:rɪəl] n. ⓒ纪念碑,纪念物 ‖ memorialist n. ①请愿者,请愿书起草人 ②回忆录作者,传记作者

memorize, -ise ['meməraɪz] vt. 记住,熟记:I shall try to memorize all these phrases. 我要熟记所有这些词组。

memory ['memərɪ] n. ❶Ⓤ记忆力,记性:unreliable ~ 不可靠的记忆 ❷ⓒ记忆中的事物,回忆 ❸ⓒ记忆系统;记忆容量 ‖ beyond (within) the ~ of men 有史前以前(以来)/commit to ~ 把(某)事记住/in ~ of 作为某人的纪念/to the best of one's ~ 就记忆所及

menace ['menəs] n. ❶ⓊⒸ威胁,胁迫,危险 ❷ⓒ非常讨厌的人〔事〕 ■ vt.&vi. 威胁:Two strangers menaced him with pistols and forced him to give up his money. 两个陌生人用手枪威胁他并强迫他拿出所有的钱。/Your vicious dog is menacing my cat! 你那条恶狗对我家的猫太凶了。‖ ~ with 用…威吓 ‖ menacer n. 威胁者/menacing adj. 危险的/menacingly adv. 威胁地,恐吓地

mend [mend] vt.&vi. ❶修理,修补:Will you please mend the sleeve of my blouse? 请你把我衬衣的袖子补一下好吗?❷改〔纠〕正;改善〔进〕:~ a fault 改正错误/Things are mending. 情况正在好转。/You should mend your manners. 你的态度应当纠正。vi. 恢复;康复:His health is mending. 他的健康状况正在好转。‖ ~ for 为…修补/~ with 用…修补 ■ n. ⓒ修补过的地方 ‖ on the ~ 在康复中/~ or end 不改则废 ‖ mendable adj. ①可溶的②可改正的,可改善的/mender n. 修补者

menopause ['menəpɔ:z] n. ⓈⒶ经绝期(女性更年期,通常在50岁)

menstrual ['menstruəl] adj. 月经的,行经期的:~ pain 月经痛

menstruate ['menstrueɪt] vi. 行经,月经来潮

mental ['mentl] adj. ❶精神的,头脑的,心理的,智力的 ❷ⒶⒶ精神病的 ‖ ~ block 思路〔思想〕中断

mentality [men'tælɪtɪ] n. ❶ⓒ心态;思想方法 ❷Ⓤ智力,智能

mention ['menʃən] vt. 提到,说起:You mentioned having been in hospital last year. 你说过去年你住过医院。/Did he mention when he would marry? 他说过他什么时候结婚了吗?/Don't mention what happened last week, it could bring him out in a temper. 别提起上周发生的事,那会使他发脾气的。‖ in ①在…中提〔写〕到 ②提名表扬/~ to 对(某人)谈〔提〕起/not to ~ 更不用说 ■ n. ⓈU提及,说起: He made no mention of your request. 他没有提到你的要求。‖ at (the) 一一提到…/make ~ of 提及

mentor ['mentɔː] n. Ⓒ(无经验之人的)有经验可信赖的顾问

menu ['menjuː] n. Ⓒ❶菜单 ❷(荧光屏上显示的)项目

mercantile ['mɜːkəntaɪl] adj. 贸易的,商业的;商人的‖ mercantile marine ①(一个国家的)商船 ②(一个国家的)商船人员/mercantile paper 商业票据

merchandise ['mɜːtʃəndaɪz] n. UU商品,货物 ■ vt. 买卖,经营: The fabrics are merchandised through a network of dealers. 通过经销网点销售纺织品。/We merchandise our furniture by advertising in newspapers. 我们在报上登广告推销家具。‖ merchandising n. 推销,经营

merchant ['mɜːtʃənt] n. Ⓒ商人‖ merchant bank 商业银行/merchant prince 豪商,富商

merciless ['mɜːsɪlɪs] adj. 无情的,残忍的

mercury ['mɜːkjʊrɪ] n. U〈化〉汞,水银

mercy ['mɜːsɪ] n. ❶U宽容,怜悯,仁慈 ❷Ⓢ幸运之事,侥幸‖ at the ~ of 任…摆布,在…毫无办法/have ~ on 对…表示怜悯/leave sb to the tender ~ 吃(某人的)苦头,任凭(某人)宰割/without ~ 无情地‖ mercy killing 安乐死

mere [mɪə] adj. Ⓐ❶仅仅,只不过: It is a mere matter of time. 这仅仅是时间的问题。❷ 纯粹的‖ the ~st 极小的,微不足道的

merely ['mɪəlɪ] adv. 仅仅,只不过: Do you really want to go or are you merely being amiable? 你是真的想去呢,还是仅仅为了表示友好?

merge [mɜːdʒ] vt.& vi. (使)混合,(使)合并: The three roads merge a mile ahead. 三条路在前面一英里处会合。‖ ~ into 汇合,并入/~ with 和…联合

merger ['mɜːdʒə] n. ⒸU(两个公司的)合并

meridian [mə'rɪdɪən] n. Ⓒ❶子午圈,子午线 ❷顶点;(权力,成就等的)全盛时期

merit ['merɪt] n. ❶U功勋,功劳;价值: He reached his present senior position through sheer merit. 他全靠他的功绩才达到今天的地位。❷ P长处,优点: The committee are looking at the merits and demerits of the proposal. 委员会正在评判该提议的优缺点。■ vt. 值得;应获得:~ reward 应获得奖励/I think the suggestion merits consideration. 我认为这个建议值得考虑。

mermaid ['mɜːmeɪd] n. Ⓒ(传说中的)美人鱼

merry ['merɪ] adj. ❶欢乐的,愉快的 ❷P喝得微醉的‖ as ~ as a cricket 非常快乐/make ~ at another's expense 以取笑别人为乐/make ~ 玩乐,尽情欢乐‖ merrily adv. 欢乐地,愉快地/merriment n. 愉快‖ merry-go-round n. 旋转木马

mesh [meʃ] n. ❶Ⓒ网孔,筛孔 ❷ⒸU网状物‖ mesh work 网织品,网状结构

mesmerize ['mezməraɪz] vt. 使入迷

mess [mes] vt. 弄脏;弄乱: Stop messing about and listen to me. 别再胡闹了,听我说。/She messed up her new dress with blue ink. 蓝墨水弄脏了她的新衣服。‖ ~ about ① 胡闹;弄乱 ② 粗鲁地对待/~ about〔around〕 in 干预/~ about〔around〕with 胡闹;玩弄/~ up 弄乱,弄糟/~ with ①打扰 ② 乱搞 ■ n. ❶ⓈU杂乱,脏乱;脏东西 ❷Ⓢ不整洁〔乱七八糟的人〔事〕❸UⒸ粪便‖ make a ~ of 扰乱,弄乱‖ messboy n. 食堂服务员/mess jacket 晚餐礼服/messmate n. 一同吃饭的伙伴/mess room 食堂,餐室

message ['mesɪdʒ] n. ❶Ⓒ信息,便条,口信 ❷Ⓢ要旨,主题思想‖ get the ~ 领会含意,明白

messenger ['mesɪndʒə] n. Ⓒ信使,信差,送信人‖ messenger cable 吊线,悬缆线/messenger call 传唤户/messenger service 传令勤务

Messiah [mɪ'saɪə] n. Ⓒ❶(人们盼望来拯救世界的)救星 ❷耶稣基督(救世主) ❸弥赛亚(犹太人期待的救世主)

Messrs. ['mesəz] n. P〈法〉主要用作 Mr. 的复数,尤用于公司的名称

messy ['mesɪ] adj. (-ier, -iest)肮脏的‖ messily adv. 杂乱地,肮脏地/messiness n. 肮脏

metabolize [me'tæbəlaɪz] vt. 使发生新陈代谢

metal ['metl] n. ⒸU金属‖ metalware n. 金属容器/metalwork n. 金属制品,金属制造/metal worker 金属制造工/metal working 金属制造,金属加工

metallic [mɪ'tælɪk] adj. ❶金属的 ❷像金属的,金属般的‖ metallically adv. 金属般地‖ a metallic standard 金本位

metamorphose [ˌmetə'mɔːfəuz] vt. 使变形,使变质

meteor ['miːtɪə] n. Ⓒ流星

meteorite ['miːtɪəraɪt] n. Ⓒ陨星

meteorological [ˌmiːtɪərə'lɒdʒɪkəl] adj.

与气象学有关的,气象的: the ~ office 气象局 ‖ **meteorologically** adv. 与气象学有关地

meter ['mi:tə] n. ⓒ 计,表,仪表 ■vt. 用仪表测量: ~ depth 测量深度/She metered it and found it to be the exact size. 她用仪器测量了一下,发现正好是这个尺寸。‖ **meter maid** 处理违章停车的女警察

method ['meθəd] n. ❶ ⓒ 方法,办法: New methods of production were employed a few years ago. 新的生产方法几年前曾使用过。❷ ⓤ 秩序,条理: Use method rather than luck. 按条理办事,不要凭运气。‖ **by all ~s** 必定/**in the ~ of** 用…方式/**work with ~** 按程序工作

methodical [mɪ'θɒdɪkəl] adj. ❶ 有条理的,井然的 ❷ 办事有条不紊的

Methodist ['meθədɪst] n. ⓒ 卫理公会教徒

methodology [ˌmeθə'dɒlədʒɪ] n. ❶ ⓒ 一套方法: a ~ for statistical analysis 统计分析法 ❷ ⓤ 方法学,方法论 ‖ **methodological** adj. 方法学的/**methodologist** n. 方法论者,方法学者

meticulous [mɪ'tɪkjʊləs] adj. 极仔细的;一丝不苟的 ‖ **meticulously** adv. 过细地,细致地/**meticulousness** n. 细致

metre,〈美〉**meter** ['mi:tə] n. ⓒ 米

metric ['metrɪk] adj. Ⓐ 公制的 ‖ **metric ton** 吨,公吨

metricate ['metrɪkeɪt] vt. & vi. 采用(改用)公制(米制)

Metro ['metrəʊ] n. (pl. ~s) ⓒ 地下铁路

metropolitan [ˌmetrə'pɒlɪtən] adj. Ⓐ ❶ 大都会的,大城市的 ❷ 中心地区的,正宗的 ‖ **metropolitanize** vt. 使大都会化

mew [mju:] n. ⓒ 猫(通常指小猫)或海鸟的叫声: We heard the mew of a cat. 我们听到猫叫声。■vi. 作猫或海鸟叫;咪咪叫

miaul [mɪ'ɔ:l] vi. 猫似地叫;猫叫

microbe ['maɪkrəʊb] n. ⓒ 微生物,细菌

microchip ['maɪkrəʊtʃɪp] n. ⓒ 微晶片(微型集成电路片)

microcomputer [ˌmaɪkrəʊkəm'pju:tə] n. ⓒ 微型计算机

microphone ['maɪkrəfəʊn] n. ⓒ 扩音器,麦克风

microprocessor ['maɪkrəʊprəʊsesə] n. ⓒ 〈计〉微(信息)处理机

microscope ['maɪkrəskəʊp] n. ⓒ 显微镜

microwave ['maɪkrəweɪv] n. ⓒ〈无〉微波 ‖ **microwave early warning radar** 微波远程警戒雷达/**a microwave oven** 微波炉

mid [mɪd] adj. ❶ Ⓐ 中间的,居中的 ❷ (用于复合词中)中,中间的 ■prep. 在…中间 ‖ **mid heaven** 中天/**midship** n. 船身中部/**midships** adv. 在船身中部/**midstream** n. 中流/**mid-summer** n. 仲夏,夏至/**midtown** n. 商业区与住宅区之间的地区/**midway** n. 中途/**midweek** n. 一周的中间几天/**midyear** n. 年中,学年中期

midday ['mɪddeɪ] n. ⓤ 中午;正午

middle ['mɪdl] n. Ⓢⓤ 中部,中间 ‖ **be taken ~** 吃了一惊/**in the ~** 在中部;正忙于/**in the ~ of** 在…当中,在…中途/**knock sb into the ~ of next week** 把某人打得不省人事 ■adj. Ⓐ 中部的;中间的 ‖ **middlemost** adj.〈英〉正中的,最当中的 ‖ **middle age** 中年/**middle-aged** adj. 中年的/**Middle Ages** 中世纪/**middle class** 中产阶级/**middle ear**〈解〉中耳/**Middle East** 中东/**Middle Eastern** 中东的/**middleman** n. 经纪人,中间人/**middle-of-the-road** n. 中间道路/**middle-of-the-roader** n. 中间派,走中间道路的人/**middle-sized** adj. 中等尺寸的/**middleweight** n. 中量级拳击或摔跤选手

middling ['mɪdlɪŋ] adj. 中等的,普通的 ‖ **middlingly** adv. 中等地,普通地

midget ['mɪdʒɪt] n. ⓒ 侏儒,小矮人 ■adj. Ⓐ 极小的,微型的

midnight ['mɪdnaɪt] n. ⓤ 午夜 ‖ **burn the ~ oil** (学习或工作)开夜车

midst [mɪdst] n. ⓤ 中部,中间,当中 ‖ **from the ~ of** 自…之中/**in the ~ of** 在…之中/**into the ~ of** 入…之中

midwife ['mɪdwaɪf] n. (pl. **midwives**) ⓒ 接生婆,助产士 ‖ **midwifery** n. 产科学,助产学;接生

might[1] [maɪt] aux v. ❶ 表示许可: Might I make a suggestion? 我可以提个建议吗? ❷ 表示可能: He might get here in time, but I can't be sure. 他可能及时来到这里,不过我不能肯定。❸ 表示询问情况: How long might that take? 那要多长时间? ❹ 用于婉转的请求或呼请: I think you might at least offer to help? 我认为你至少可以主动帮忙吧? ‖ **～(just) as well** 最好还是…;还是…为好/**~ well** 很可能

might[2] [maɪt] n. ⓤ 力气,力量,威力,权力 ‖ **with ~ and main** 竭尽全力

mighty ['maɪtɪ] adj. (-ier, -iest) 强有力的,强大的 ‖ **high and ~** 趾高气扬地 ■adv. 非常,很

migraine ['miːɡreɪn] n. ⓒⓤ〈医〉偏头痛

migrant ['maɪɡrənt] n. ⓒ 移居者,移民;候鸟,迁移动物

migrate [maɪ'ɡreɪt] vi. 迁移,移住: Pioneers from New England migrated to all parts of the United States. 来自新英格兰的拓荒者者移居到美国各地。/These birds migrate northwards in spring and southwards in fall. 这些鸟春天向北迁徙,秋天向南迁徙。

migration [maɪˈgreɪʃən] n.ⒸⓊ迁移,移居
mike [maɪk] vt.给…安装麦克风
mild [maɪld] adj.(-er,-est) ❶温柔的,温和的,和善的:*I'm the mildest man alive*.我是世上最和善的人。❷轻微的,不严重的:*The sentence was mild*.判刑判得很轻。❸温暖的,暖和的:*The weather is mild in this part*.这地区天气温暖。‖ **as ~ as a dove** 非常温和/**draw it ~** 说得适度,不夸张 ‖ **mildly** adv. 温和地,适度地/**mildness** n. 温和;适度
mile [maɪl] n.Ⓒ英里 ‖ **by ~s** 不费力,容易/**miss by a ~** 失误极大/**not a hundred〔million〕~s from** 离…不远/**run a ~** 逃之夭夭/**stick out a ~**〈俚〉显而易见/**talk a ~ a minute** 滔滔不绝地说 ‖ **miler** n. 参加一英里赛跑的运动员 ‖ **milepost** n. 里程标/**milestone** n. 里程碑
mileage [ˈmaɪlɪdʒ] n. ❶ⓈⓊ里数,里程 ❷Ⓢ Ⓤ运费 ❸Ⓤ使用次数
militant [ˈmɪlɪtənt] adj.激进的,好战的 ■ n.Ⓒ激进分子,好斗分子 ‖ **militantly** adv. 激进地,好战地/**militantness** n. 激进,好战
military [ˈmɪlɪtərɪ] adj.军事的,军用的;军人的 ■ n.Ⓢ军人;军队,武装力量 ‖ **militarily** adv. 在军事上,从军事角度 ‖ **military academy** 陆军军官学校;军事学院/**military band** 军乐队/**military commission** 特别军事法庭/**military engineering** 军事工程学/**military fever** 伤寒/**military government** 军事管制政府/**military intelligence** 军事情报/**military law** 军法/**military march** 进行曲/**military offence** 触犯军法/**military police** 宪兵队/**military science** 军事科学/**military service** 兵役,现役
militia [mɪˈlɪʃə] n.Ⓒ民兵组织,民兵 ‖ **militiaman** n. 男民兵/**militiawoman** n. 女民兵
milk [mɪlk] n.Ⓤ乳;牛奶 ‖ **cry over spilt ~** 作无益的后悔/**in ~** 在授乳期中的/**in the ~** (谷物)因未成熟而呈浆状/**~ and honey** 多种多样的享受 ■ vt. & vi.产奶;挤奶:*The cow is milking heavily*.这头奶牛出奶率很高。/*The farmer milks the cows twice a day*.那农夫一天挤两次母牛的奶。vt.榨取,勒索:*The government was accused of milking the people*.该国政府被指控榨取人民的血汗。‖ **milker** n. ①挤牛奶的人;挤奶器②乳牛 ‖ **milk-and-water** adj. 无味的,缺乏生气的/**milk bar** 卖牛奶、冷饮等的柜台/**milk-livered** adj. 胆小的,懦怯的/**milkmaid** n. 挤牛奶女工/**milkman** n. 卖(或送)牛奶的人/**milk powder** 奶粉/**milk sugar** 奶糖/**milk tooth** 乳齿/**milk white** 乳白色
milky [ˈmɪlkɪ] adj.(-ier,-iest)牛奶的,像牛奶的;掺奶的 ‖ **Milky Way**〈天〉银河
mill [mɪl] n.Ⓒ❶磨坊;磨粉机 ❷作坊,工厂 ‖ **go through the ~** 经受磨炼/**in the ~** 在制造中 ‖ **millboard** n. 书皮纸板/**mill girl** 工厂女工/**mill hand** 工厂工人/**millpond** n. 贮水池/**mill-run** adj. 刚从机器中生产出来的/**millstone** n. 磨石/**millstream** n. 水流/**millwheel** n. 水轮

millennium [mɪˈlenɪəm] n.(pl.-nia or ~s) ❶Ⓒ一千年,千年期 ❷Ⓢ千禧年,全人类未来的幸福时代,太平盛世
milligram(me) [ˈmɪlɪgræm] n.Ⓒ毫克
millimetre,〈美〉**millimeter** [ˈmɪlɪˌmiːtə] n.毫米:*One centimetre is equal to 10 millimetres*.一厘米等于 10 毫米。
million [ˈmɪljən] n.Ⓒ百万:*Three million dollars was set aside*.拨出了 300 万美元。/*Millions of dollars have gone into the building of this factory*.在修建这座工厂时花掉了数百万美元。‖ **a〔one〕chance in a ~**〈非正〉机会很小/**feel〔look〕like a ~ dollars** 感觉好极了,样子很神气/**in a ~** 千里挑一的,最好的 ‖ **millionfold** adj. & adv. 百万倍(的)/**millionth** num. ①第一百万(个)②一百万分之一(的)
millionaire [ˌmɪljəˈneə] n.Ⓒ❶百万富翁,大富翁 ❷大财主,有钱人 ‖ **millionairess** n. 女百万富翁
mime [maɪm] n. ❶Ⓒ哑剧 ❷Ⓒ哑剧演员 ■ vt. & vi.指手画脚地表演;用哑剧的形式表演
mimic [ˈmɪmɪk] n.Ⓒ❶模仿名人言行的娱乐演员,滑稽剧演员 ❷善于模仿的人或物 ■ vt.(pt.,pp. mimicked)❶(尤指为了逗乐而)模仿 ❷酷似 ■ adj.Ⓐ❶模拟的 ❷假的,伪装的:*~ singing* 假唱 ‖ **mimical** adj. 模仿的,模拟的
mince [mɪns] vt.切碎,剁碎,绞碎 vi.碎步走,不自然地走,扭扭捏捏地走
mind [maɪnd] n. ❶ⒸⓊ想法,感觉,思维(方法):*You and I are of one mind on that matter*.关于那件事我俩的想法一致。❷Ⓢ思维能力,才智,理智:*Fear evacuated their mind of reason*.恐惧使他们丧失了理智。❸Ⓤ记忆(力):*The incident had faded from her mind*.这件事渐渐从她记忆里淡漠了。❹Ⓤ注意;考虑:*He listened with all his mind*.他全神贯注地听。❺ⒸⓊ意图,意向:*If he's set his mind on doing it, nothing will stop him*.他一旦下决心去做,任何事情都挡不住他。❻Ⓤ理智(与感情相对而言);精神(与肉体、物质世界等相对而言):*She believes in mind over matter*.她相信精神高于物质。‖ **absence of ~** 心不在焉/**a ~ reader** 能猜出别人心思的人/**an open ~** 虚心/**be of sb's ~** 同意,意见相同/**be out of one's ~**〈口〉发狂,发疯/**bear〔keep〕in ~** 记住/**bring to ~** 想起/**call to ~**(使)记起,(使)想起/**change one's ~** 改变主意/**come**

across sb's ~ 忽然想到/cross one's ~ 突然有个想法/date in one's ~ 在心中考虑/dismiss from one's ~ 试图忘记某事〔某人〕/erase from one's〔sb's〕~ 从(记忆等)中忘掉,抹掉…/escape from sb's ~ 被忘记/float into〔through〕one's ~ 慢慢产生(想法)/have a ~ of one's own 有自己的主见/in (one's〔sb's〕) ~ 在心里/in two ~s 犹豫不决地/make up one's ~ 决定,下决心/open one's ~ 对…吐露心意(真情)/pay ~ to 注意/poison sb's ~ (s)影响…的思想/pollute sb's ~ 腐蚀…的心灵/scare out of ~ 使(某人)吓得魂不附体/search one's ~ 绞尽脑汁/spill one's ~ 说出心里话/spring up in sb's ~ 产生了疑团/stamp upon the ~s of 铭刻在心 ■ vt.&vi. ❶留心;注意: Mind you finish the work today. 注意,你今天要把工作干完。❷照顾,照管: She asked her daughter to stay at home and mind the baby. 她叫女儿在家里照看孩子。❸介意;在乎;反对: He didn't seem to mind public opinion in the least. 他对公众舆论似乎一点都不在乎。❹服从,听从: We should mind the rules. 我们应当服从规定。vt. 专心于: He always minds his work. 他总是专心工作。‖ one's p's and q's 言行谨慎;仔细/~ out 注意/~ you 听着,你要知道,请注意/never ~ 没关系 ‖ **minder** n. 照料人员,看管人员 ‖ **mind-blower** n. 动人心弦的东西/**mind-blowing** adj. 动人心弦的;引起幻觉的/**mind-set** n. 思想的形式/**mind-stuff** n. 〈哲〉精神素材

mindful ['maɪndfʊl] adj. 回注意的,留神的,不忘的 ‖ **mindfully** adv. 注意地,留神地,不忘地/**mindfulness** n. 注意,留神,不忘

mindless ['maɪndlɪs] adj. ❶没有思维能力的,愚笨的,无知的 ❷回不注意的,不顾…的 ‖ **mindlessness** n. 没有思维能力,愚笨,无知,不注意

mine[1] [maɪn] pron. (I 的所有格)我的(东西): That's your coat; mine is here. 那是你的上衣,我的在这儿。

mine[2] [maɪn] n. 回❶矿,矿井 ❷地雷;水雷 ‖ a ~ of information 知识的宝库 ■ vt.&vi. 在…中开采,开采: They are mining for coal. 他们在开采煤矿。/They'd mined the hillside for the ores. 他们曾在这个小山坡上开采矿石。vt. ❶中(下)布雷: They've mined the entrance to the harbor. 他们在港口布了雷。❷以地雷(水雷)炸毁: Their ship was mined. 他们的船被水雷炸毁了。‖ ~ out (指矿区)被开采完 ‖ **mine belt** 雷带/**mine clearance** 扫雷,排雷/**minefield** n. 布雷区,布雷场/**minesweeper** n. 扫雷舰/**mine warfare** 地雷战

mineral ['mɪnərəl] n. 回矿物;矿石 ■ adj. 回矿物的 ‖ **mineral acid** 无机酸/**mineral black** 石墨/**mineral kingdom** 矿物界/**mineral spring** 矿泉/**mineral water** 矿泉水

mingle ['mɪŋgl] vt.&vi. 混合,混入: Mingle these two substances before the experiment. 实验之前先将这两种物质混合起来。vi. 混进,与…交往(联系): The man and the woman mingled as everyone started to relax. 当大家开始放松的时候,这一男一女就开始交往了。‖ ~ in 结合进,汇合进/~ with〈正〉(使)与…混合;参加,加入(某团体)

mini ['mɪnɪ] n. 回❶同类中最小型的东西 ❷微型汽车 ❸迷你裙,超短裙

miniature ['mɪnɪtʃə] adj. 回小型的,微小的 ■ n. 回❶微型复制品,微小模型 ❷微型画,微型人像画 ‖ in ~ 缩影的;小型的,小规模的

minibus ['mɪnɪbʌs] n. 回小型公共汽车

minimal ['mɪnɪməl] adj.〈正式〉最小的,极少的 ‖ **minimal art** 抽象派艺术

minimize,-ise ['mɪnɪmaɪz] vt. ❶把…减至最低数量〔程度〕: You can minimize the dangers of driving by taking care to obey the rules of the road. 严格遵守交通规则,你就能把开车危险降到最低点。❷对(某事物)作最低估计;极力贬低(某事物)的价值(重要性): He minimized the value of her contribution to his research so that he got all the praise. 他极力贬低她在那项研究中的贡献,从而独获全部奖励。‖ **minimization** n. 对事情作最低估计/**minimizer** n. 对事情作最低估计的人

minimum ['mɪnɪməm] n. (pl. **minima**) 回最低限度,最小量 ■ adj. 最低的,最小的: What is the minimum price? 最低价是多少? /Today's minimum temperature is 10℃. 今天的最低气温是 10℃。

mining ['maɪnɪŋ] n. 回采矿(业)

minister ['mɪnɪstə] n. 回❶大臣,部长 ❷公使,外交使节 ❸牧师 ■ vi. 辅助;服侍: He became a rector of a small parish when he ministered for several years. 他成为一个小教区的教区牧师,在那里主持了几年圣事。

ministerial [ˌmɪnɪs'tɪərɪəl] adj. 部长的,大臣的,公使的 ‖ **ministerialist** n. 内阁的支持者/**ministerially** adv. 部长地,大臣地,公使地

ministry ['mɪnɪstrɪ] n. 回(政府的)部

mink [mɪŋk] n. ❶回〈动〉水貂 ❷回水貂皮

minor ['maɪnə] adj. ❶较小的,较少的,低级的,次要的 ■ n. 回❶未成年人 ❷副修科目 ‖ **minor surgery** 小外科/**minor term**〈逻〉小名词

minority [maɪ'nɒrɪtɪ] n. ❶⑤少数,小部分 ❷回少数民族,少数信仰不同的人 ‖ **be in a ~ of one** 得不到任何人的支持/**be in a〔the〕~** 是少数派(尤指在投票的两部分人中)

mint[1] [mɪnt] n. ❶回铸币厂 ❷⑤巨额(的钱): He has a mint of money. 他有的是钱。■ vt.&vi. 铸造: The Romans learned to mint from the Greeks. 罗马人从希腊人那里学会了铸造钱币。/ The silver which was mined there was minted into coins. 在那里开采的银子被用来铸成钱币。vt. 创造: I've just minted a new word! 我刚造了一个新词! ‖ minter n. 铸币工 ‖ mintmark n. (硬币上表示铸造厂的)印记/mintmaster n. 铸币厂厂长

mint² [mɪnt] n. ❶Ⓤ薄荷 ❷Ⓒ薄荷糖 ‖ mint oil 薄荷油/mint sauce 薄荷酱/mint tea 薄荷茶

minus ['maɪnəs] prep. ❶(表示否定)没有, 缺少, 差: The statue survived through minus a leg. 雕像幸存了下来, 缺了一条腿。❷(表示运算)减去: Five minus three is two. 五减三等于二。❸(表示数目)在零度以下: The temperature was minus 30 degrees. 气温为零下 30 度。■ n.Ⓒ❶减号, 负号 ❷不利, 不足, 缺点 ■ adj. ❶负的: Twelve from ten equals minus two. 10 减去 12 等于负 2。❷Ⓐ不利的: He's keen, but his youth is a minus factor. 他非常精明, 但他的年轻却是个不利的因素。❸Ⓟ略低于某标准的

minute ['mɪnɪt] n. ❶Ⓒ分钟 ❷Ⓢ瞬间, 很短的时间 ❸Ⓢ此时此刻; 立刻: At that very minute, he opened the door. 就在那时候, 他打开了门。❹Ⓒ分; 1/60 度: The exact measurement of this angle is 90 degrees 40 minutes, which can be written as 90°40′. 这个角的正确量度是 90 度 40 分, 布写为 90°40′。❺Ⓟ会议记录: Before the meeting started its work, the minutes of the last meeting were read out. 会议开始之前, 先宣读了上次的会议记录。‖ at any ~ 很快, 马上/任何时候/at the last ~ 在紧要关头/half a ~ 片刻/in a ~ 马上, 立刻/just a ~ 稍等片刻/just this ~ 刚才, 方才/the ~(that) ... 一… 就/there's one born every ~ 愚蠢的人太多了; 太傻了/to the ~ 一分不差, 恰好/up to the ~ 最新的, 最新式的 ■ vt. ❶把…记录在案: He minuted the procedure of the meeting. 他对会议议程做了记录。❷为…测定时间; She is minuting a race. 她正为赛跑测时。■ [maɪ'nju:t] adj. (-r,-st) ❶极小的, 极少的: The area affected is very minute. 感染部位非常小。❷极详细的; 准确的, 精确的: The doctor made a minute study of the illness. 那个医生对病人作了详细的研究。‖ minutely adv. ①详细地②极微地 ‖ minute book 会议记录本/minute gun 分钟/minute hand 分针

miracle ['mɪrəkl] n.Ⓒ❶奇迹 ❷令人惊奇的事: The doctors said that his recovery was a miracle. 医生们说他的复原是件奇事。‖ do〔work〕~s for〔with〕有奇效, 极成功/to a ~ 奇迹般地

miraculous [mɪ'rækjʊləs] adj. 奇迹般的, 超自然的 ‖ miraculously adv. 奇迹般地, 超自然地/miraculousness n. 奇迹

mirror ['mɪrə] n.Ⓒ❶镜子 ❷写照 ■ vt. 反映, 反射, 映照: Their eyes mirrored their thoughts. 他们的眼神映出他们的内心思想。‖ ~ in 映在… ‖ mirror writing 倒写

misappropriate [ˌmɪsə'prəʊprɪeɪt] vt. ❶挪用, 侵吞(他人的钱等) ❷盗用

misbehave [ˌmɪsbɪ'heɪv] vi. 行为不端

miscalculate [ˌmɪs'kælkjʊleɪt] vt.& vi. ❶(对数字、时间等)计算错误, 算错 ❷(对…)判断错误 ‖ miscalculation n. 算错, 估计错误

miscarriage [mɪs'kærɪdʒ] n.Ⓒ❶流产 ‖ ~ of justice ①审判不公, 误判②审判不公的案件, 误判案

mischief ['mɪstʃɪf] n. ❶Ⓤ损害, 危害, 伤害: The storm worked great mischief. 这场暴风雨造成了巨大的损害。❷Ⓤ胡闹, 调皮捣蛋, 恶作剧: Boys are fond of mischief. 男孩子们喜欢恶作剧。❸Ⓒ调皮捣蛋的人, 淘气鬼: You little mischief! 你这个小淘气! ‖ make ~ (between)(在…之间)挑拨离间/play the ~ with 把…弄得乱七八糟 ‖ mischief-maker n. 挑拨离间的人/mischief-making adj. 挑拨离间的

misconceive [ˌmɪskən'si:v] vi. 对…有错误看法, 误解

misconduct [ˌmɪs'kɒndʌkt] n.Ⓤ❶不当行为, 乱搞男女关系 ❷管理不善 ■ vt. 对…管理不善, 对…经营不善

miserable ['mɪzərəbl] adj. ❶悲惨的, 不幸的, 可怜的: Her past life was miserable. 她过去的生活很苦。❷令人痛苦的; 令人不快的: They started their holiday on a miserable day. 他们假期开始时天气很不好。❸低劣的; 贫乏的: He was born in a miserable family. 他出身于一个贫困的家庭。❹卑鄙的, 可耻的, 可恶的: It was miserable of you to make fun of him. 你取笑他, 这是可耻的。‖ miserableness n. 悲惨, 不幸, 可怜/miserably adv. 悲惨地, 糟糕地; 极其

misery ['mɪzərɪ] n. ❶Ⓤ痛苦, 苦恼, 苦难 ❷Ⓟ痛苦的事, 不幸 ❸Ⓒ常发牢骚的人 ‖ put out of sb's ~ 让…一死百了; 使…不再担忧〔疑虑〕

misfortune [mɪs'fɔ:tʃən] n. ❶Ⓤ不幸, 厄运, 逆境 ❷Ⓒ不幸的事, 灾难, 灾祸

misgive [mɪs'gɪv] vt. 使(某人的情绪、精神等)疑虑; 担忧; 害怕

misgiving [mɪs'gɪvɪŋ] n.ⒸⓊ疑虑, 担心, 恐惧

misguided [ˌmɪs'gaɪdɪd] adj. 由错误思想指引的, 不明智的 ‖ misguidedly adv. 由错误思想指引地, 不明智地

mishandle [mɪs'hændl] vt. ❶处理不当〔不力〕 ❷粗暴地对待

misinterpret [ˌmɪsɪn'tɜ:prɪt] vt. 误解; 曲

misjudge ‖ **misinterpretation** n. 误解;曲解

misjudge [ˌmɪs'dʒʌdʒ] vt. 错误地判断,冤枉 ‖ **misjudgement** n. 误断,冤枉

mislead [ˌmɪs'liːd] vt. (pt., pp. **misled**) ❶给…错误印象,使误解:He was entirely misled by her words. 他完全误解了她的话。❷把…带错路:The guide misled the tourists in the woods. 向导在森林里给旅游者带错了路。❸把…带坏,使误入歧途:The boy was misled by bad companions. 这个男孩被坏伙伴引入歧途。‖ ~ into v-ing 骗…做某事 ‖ **misleader** n. 错误领导者,错误领导人

mismanage [ˌmɪs'mænɪdʒ] vt. 对…管理不善,对…经营不当 ‖ **mismanagement** n. 管理不善,经营不当

misplace [ˌmɪs'pleɪs] vt. ❶把(感情等)寄托于不值得寄托的对象 ❷忘记放在什么地方 ❸把…放错位置:The dictionary may have been misplaced somewhere else. 字典可能被放到别处去了。

misread [ˌmɪs'riːd] vt. (pt., pp. **misread**) ❶读错,念错 ❷对…判断错误

misrepresent [ˌmɪsreprɪ'zent] vt. 故意对…作错误的报道 ‖ **misrepresentation** n. 误传

miss¹ [mɪs] n. ⒸU 失误,失败,失手;回避:A miss is as good as a mile. 失之毫厘,差之千里。‖ **give sth a** ~ 避开某物,略去某物/**give a** ~ 避开;不去干某事/**near** ~ 炸弹、炮弹等接近目标,但未命中;幸免 vt. & vi. 未击中;未抓住;未达到;未看见;未领会…:You've completely missed the point of his argument. 你完全没有领会他的论点。vt. ❶未出席;未赶上;未能利用,失掉:I nearly missed my flight. 我差点误了班机。❷发现遗失:He missed the pen from the desk. 他发觉桌上的钢笔不见了。❸避免 ❹想念,惦记:Her children have gone to Australia, and she missed them very much. 孩子们去了澳大利亚,她非常惦记他们。‖ ~ **by** 差…就做成功…/~ **out** 遗漏〔忘〕;(被)略去;错过机会;不理睬(某人)

miss² [mɪs] n. Ⓒ ❶…小姐:At that precise moment, Miss Pulteney came into the office. 就在那时,普尔特尼小姐走进了办公室。❷女老师:Good morning, Miss! 老师,您早! ❸丫头,小姑娘:She is a saucy little miss! 她是个黄毛丫头!

missile ['mɪsaɪl] n. Ⓒ ❶导弹 ❷投射物 ‖ **missileer** n. 导弹手

missing ['mɪsɪŋ] adj. 失掉的,失踪的,找不到的:Missing book is found now. 丢失的书现在已经找到了。/He is said to be missing. 据说他失踪了。‖ **missing link** 一系列完整的事物中缺少的一个环节

mission ['mɪʃən] n. Ⓒ ❶使命,任务,天职 ❷代表团,使节团 ‖ **missioner** n. 传教士

missionary ['mɪʃənərɪ] n. Ⓒ传教士

mist [mɪst] n. ❶ⒸU 薄雾 ❷Ⓢ视线模糊不清:She saw his face through a mist of tears. 她泪眼朦胧地望着他的脸。‖ **cast a** ~ **before sb's eyes** 使某人模糊,使某人眼花缭乱 ■ vt. & vi. (使)蒙上薄雾,(使)模糊:It isn't raining, it's only misting. 没下雨,只是下雾了。/Tears misted her eyes. 眼泪使她的双眼模糊了。

mistake [mɪs'teɪk] n. ❶ⒸU 错误,过失,失策 ❷Ⓤ误解,误会 ‖ **and no** ~ 毫无疑问;的确/**by** ~ 错误地/**in** ~ **for** 错当成/**make no** ~ **(about)**〈口〉别误会;别误解;完全可以肯定 ■ (pt. **mistook**, pp. **mistaken**) vt. & vi. 弄错;误解:You mistook when you thought I laughed at you. 你以为我嘲笑你,那你误会了。/At first, he thought he had mistaken the address. 一开始他以为地址搞错了。vt. 认不出:You can't mistake his car in the busiest streets; he's painted it red. 你在最繁忙的街上不会错认他的车,他把它漆成了红色。‖ **If I** ~ **not** 如果我没弄错的话/~ **about**〔**in**〕弄错,看错/~ **for** 把…错认为,错把…当作

mistaken [mɪs'teɪkən] adj. ❶Ⓟ(人)弄错的;理解错误的:You are mistaken if you think he's clever. 如果你认为他聪明,那你就错了。❷(行动、想法、判断等)错误的:a ~ idea 错误的想法 ‖ **mistakenly** adv. 错误地/**mistakenness** n. 错误

mister ['mɪstə] n. Ⓒ先生:Mister Smith is my good friend. 史密斯先生是我的好朋友。

mistitle [mɪs'taɪtəl] vt. 用错头衔;叫错名字

mistress ['mɪstrɪs] n. Ⓒ ❶主妇,女主人 ❷情妇 ‖ **mistressship** n. 女主人的身份

mistrust [ˌmɪs'trʌst] vt. 不信任:She mistrusted her ability to learn to drive. 她不相信自己有开车的能力。

misty ['mɪstɪ] adj. 多雾的,被雾笼罩的

mistype [ˌmɪs'taɪp] vt. (键盘)错误录入;用打字机错打

misunderstand [ˌmɪsʌndə'stænd] vt. (pt., pp. **misunderstood**) 误会,误解:I misunderstood her meaning. 我误解了她的意思。/Don't misunderstand what I'm trying to say. 别误解我要说的话。

misunderstanding [ˌmɪsʌndə'stændɪŋ] n. ⒸU 误解,误会

misuse [ˌmɪs'juːz] vt. ❶使用…不当;把…派作不正当的用途 ❷虐待;滥用 ■ ['mɪs'juːs] n. ⒸU 用错,滥用 ‖ **misuser** n. 误用者

mite [maɪt] n. ❶Ⓒ螨 ❷Ⓒ(尤指令人怜悯的)小孩 ❸Ⓢ一点点

mitigate ['mɪtɪgeɪt] vt. 减轻,缓和 ‖ **mitigation** n. 减轻,缓和/**mitigatory** adj. 减

的，缓和的

mitten [ˈmɪtn] n. ⓒ ❶连指手套 ❷露指手套 ‖ get the ～〈俚〉求婚遭到拒绝；被解雇/handle without ～s严厉对待；大刀阔斧地处理

mix [mɪks] vt.& vi. ❶ 混合，搅和：You can mix blue and yellow paint to make green one. 你可以把蓝色和黄色油漆混合成绿色。❷(使)结交，(使)交往：She doesn't mix well. 她不善与人相处。‖ ～ in 把…混〔搀〕入；能与别人友好相处/～ into 把…混〔搀〕入…/～ up 混合；把(某人)搞糊涂，分不清/～ up in 卷入，牵连进去/～ up with 分不清；与(某人)混在一起/～ with (使)与…混〔结〕合；与…交往，在(人群)中周旋 ■ n. ❶ⓒ混合，结合：His first reaction was a strange mix of joy and anger. 他的第一反应很奇怪，高兴和愤怒掺杂在一起。❷ⓒ⑪食物混合配料：Cake is made from a packaged mix. 糕点是由包装好的混合材料制成的。‖ **mixable** adj. 可以混合的 ‖ **mix-up** n. 混乱，迷惑

mixer [ˈmɪksə] n. ⓒ ❶搅拌器，混合器 ❷调酒(尤指烈性酒)用的饮料 ❸调音师

mixture [ˈmɪkstʃə] n. ❶ⓒ混合物：She is mixing the mixture of flour and water. 她正在搅和面粉与水的混合物。❷ⓢ混杂的事物〔人群〕❸⑪混合(状态)：He stood in a mixture of desire and apprehensions. 他怀着渴望和恐惧交加的心情伫立着。

moan [məʊn] vt.& vi. ❶呻吟，悲叹：The sick woman moaned. 那位生病的女人在呻吟。/ The prisoner moaned a prayer for help. 囚犯呻吟着祈求帮助。❷抱怨：He's always moaning that he has too much work to do. 他总是抱怨他有太多的事要做。‖ ～ about〈非正〉为…抱怨/～ out 发出呻吟声/～ over就…而悲叹〔哀悼〕■ n. ⓒ ❶呻吟声 ❷抱怨 ‖ **moanful** adj. 呻吟的，悲伤的

moat [məʊt] n. ⓒ ❶(古时城堡为了防御而在四周挖的)壕沟，护城河 ❷(现代动物园为防止动物逃跑而在场地四周挖的)深沟

mob [mɒb] n. ⓒ暴徒 ■ vt. (-bb-)聚众包围：Fans mobbed the actor where he went. 那位演员走到哪里，影迷们都围着他。‖ ～ forward 拥着向前挤 ‖ mob law 暴民的法律；私刑/mob scene 群众场面/mobsman n. ①暴民中的一成员②打扮时髦的扒手

mobile [ˈməʊbaɪl] adj. ❶可迅速转动的，易于移动的：He has not been so mobile since his accident. 自从出事后他一直行动不便。❷车载的；流动的：He converted his truck into a mobile snack bar. 他把货车改成流动小吃店。❸🅟有交通工具的 ‖ mobile home〈美〉活动住房/mobile phone 移动电话

mobilize, -ise [ˈməʊbɪlaɪz] vt.& vi. 动员起来，调动，鼓动起：The troops received orders to mobilize. 部队接到动员令。‖ **mobilizable**

adj. 可动员的/**mobilization** n. 动员

mock [mɒk] vt.& vi. 愚弄；嘲弄：He went to church only to mock. 他去教堂只想嘲笑宗教。/She mocked him as a country boy. 她嘲笑他是个乡下孩子。vt. 使受挫折：The strong fortress mocked the invaders. 坚固的堡垒使入侵者无法攻入。‖ ～ at 取笑，嘲弄/～ up 仿制 ■ adj. 🅐仿制的；模拟的 ‖ **mocker** n. 嘲笑者，愚弄者 ‖ **mock-heroic** adj. 嘲弄地模仿英雄风格的/**mock-up** n. 大模型

mockery [ˈmɒkərɪ] n. ❶⑪嘲笑，愚弄 ❷ⓢ可鄙的东西，无价值的事物

mod [mɒd] n. ⓒ摩德（登）派青少年

mode [məʊd] n. ❶ⓒ方式，样式 ❷ⓢ样式，格 ‖ all the ～非常流行/out of ～不流行，过时

model [ˈmɒdəl] n. ⓒ ❶ 模型：This is the model of the proposed new airport. 这就是拟建的新机场模型。❷设计，型号：This is the most popular model in our whole range. 这是我们产品中最受欢迎的型号。❸模式：The nation's constitution provided a model that other countries follow. 该国的宪法提供了他国效法的模式。❹模范：Make a model of your father, and you will become a fine man. 以你的父亲为榜样，你就会成为一个杰出的人。❺模特儿：She is one of the country's top models. 她是全国的顶尖模特儿之一。■ vt.& vi. (-ll-, 〈美〉-l-) ❶做模特儿：She was too fat to model. 她当模特太胖了。❷制作模型；塑造：It is possible to model such a system mathematically. 做出这种系统的数学模型是可能的。vt. 模仿；仿制：The famous figure was modelled by the students. 这位著名的人物受到学生们的崇拜。‖ ～ after〔on, upon〕仿照…制作；使仿效/～ in〔out of, with〕用…制作 ‖ **model(l)er** n. 塑造者；做模型的人

moderate [ˈmɒdərɪt] adj. ❶中等的，适度的，不很大的 ❷温和的；有节制的 ❸中庸的，稳健的，不走极端的 ■ vt.& vi. (使)减轻〔缓和〕；节制：The wind is moderating. 风势渐趋缓和。/You should moderate your language when children are present. 在孩子面前，你说话应该有节制。‖ **moderately** adv. 中等地，适度地；温和地，有节制地/**moderateness** n. 中等，适度；温和，有节制 ‖ moderate breeze〈气〉和风/moderate gale〈气〉疾风

moderation [ˌmɒdəˈreɪʃən] n. ⑪ ❶自我节制；自我控制 ❷缓和，减轻

modern [ˈmɒdən] adj. ❶🅐现代的；近代的 ❷新式的，时髦的，最新的 ❸🅐当代风格的，现代派的 ‖ **modernly** adv. 近代地，现代地；新式地，最新地/**modernness** n. 近代，现代；新式，最新

modernism [ˈmɒdənɪzəm] n. ⑪(二十世纪四十年代至六十年代建筑、装饰艺术等方面

的)现代主义,现代派

modernist ['mɒdənɪst] n. ⓒ现代主义者,现代派

modernize, -ise ['mɒdənaɪz] vt. 使现代化,使适应现代需要 vi. 现代化,使用现代方法 ‖ **modernization** n. ①现代化②现代化事物

modest ['mɒdɪst] adj. ❶谦虚的,谦恭的 ❷适中的,适度的 ‖ **modestly** adv. 谦虚地,谦恭地;适中地,适度地

modesty ['mɒdɪstɪ] n. Ⓤ谦虚,谦逊 ‖ **in all ~** 说实在的,不是自夸

modification [ˌmɒdɪfɪ'keɪʃən] n. ❶Ⓤ缓和,限制,减轻 ❷ⓒ更改,改变,修改

modifier ['mɒdɪfaɪə] n. ⓒ〈语〉修饰语

modify ['mɒdɪfaɪ] (pt., pp. -fied) vt. & vi. 修改, 更改: *The heating system has recently been modified to make it more efficient.* 暖气设备最近已进行了改造,使其效率得到提高。vt. 修饰: *In "the black cat" the adjective "black" modifies the noun "cat".* 在 *the black cat* 这一词组中,形容词 *black* 修饰名词 *cat*。

modulate ['mɒdjʊleɪt] vt. ❶调整,调节 ❷(使)缓和 ❸调整或改变(嗓音)的音调 ❹(对波幅、频率的)调制 ❺转调

module ['mɒdjuːl] n. ⓒ❶单元,单位 ❷(宇宙飞船上各个独立的)舱

moist [mɔɪst] adj. 潮湿的, 微湿的 ‖ **moistly** adv. 潮湿地, 微湿地 / **moistness** n. 潮湿

moisture ['mɔɪstʃə] n. Ⓤ水分,水气,湿气 ‖ **moistureless** adj. 无水分的;干的 ‖ **moistureproof** adj. 防潮的 ■ vt. 使防潮

moisturize, -ise ['mɔɪstʃəraɪz] vt. 给…增加水分,使湿润 ‖ **moisturizer, -iser** n. 增加水分,湿润

mold [məʊld] 见 mould

molding ['məʊldɪŋ] 见 moulding

mole[1] [məʊl] n. ⓒ❶〈医〉痣 ❷鼹鼠 ❸间谍 ‖ **mole cricket** 蝼蛄 / **molehill** n. 鼹鼠窝 / **moleskin** n. 鼹鼠皮

mole[2] [məʊl] n. ⓒ〈化〉摩尔,克分子(量)

molecular [məʊ'lekjʊlə] adj. Ⓐ分子的 ‖ **molecularity** n. 分子性,分子状态 / **molecularly** adv. 分子状态地 ‖ **molecular formula** 分子式 / **molecular weight** 分子量

molecule ['mɒlɪkjuːl] n. ⓒ分子

molest [məʊ'lest] vt. ❶骚扰,干扰 ❷调戏,猥亵,对…性骚扰

mollify ['mɒlɪfaɪ] vt. 使变软,使平静,抚慰

mollusc, 〈美〉**mollusk** ['mɒləsk] n. ⓒ〈动〉软体动物

mollycoddle ['mɒlɪkɒdl] vt. 娇养,宠坏

molt [məʊlt] 见 moult

molten ['məʊltən] adj. 熔化的;熔融的;~ steel 钢水

moment ['məʊmənt] n. ❶ⓒ瞬间,片刻 ❷ⓒ时刻,时机 ‖ **at any ~** 随时 / **at the last ~** 最后一刻,刚刚赶上 / **at the ~** 此刻,现在,目前 / **for a ~** 片刻,一会儿 / **for the ~** 暂时,目前 / **have one's ~** 有快乐的时候 / **in a ~** 一会儿,立刻,马上 / **in one's last ~** 在某人临死之前 / **not(never) for a ~** 一点也不,绝不 / **on the ~** 立刻,马上 / **the ~** —…就;此刻,那时 ‖ **momently** adv. 时刻地,随时;一会儿

momentous [məʊ'mentəs] adj. 重大的,重要的 ‖ **momentously** adv. 重大地,严重地 / **momentousness** n. 重大,严重

momentum [məʊ'mentəm] n. Ⓤ❶动力,冲力,势头 ❷〈物〉动量

monarch ['mɒnək] n. ⓒ君主,帝王: *Monarchs ruled England for centuries.* 世袭君主统治英格兰有许多世纪。

monarchy ['mɒnəkɪ] n. ❶Ⓤ君主统治,君主制度 ❷ⓒ君主国

monastery ['mɒnəstərɪ] n. ⓒ修道院 ‖ **monasterial** adj. 修道院,庙宇

Monday ['mʌndɪ] n. ⓒ星期一 ‖ **blue ~** 开学第一天 / **Mad ~** 忙乱的星期一 / **~ week** 上个星期一;下下个星期一 ‖ **Mondayish** adj. 在星期一不想做事的,疲倦的

monetary ['mʌnɪtərɪ] adj. Ⓐ货币的;金融的

money ['mʌnɪ] n. Ⓤ❶钱,金钱;货币 ❷财富,财产 ‖ **be good(bad) ~** 是有利(无利)可图的投资 / **be in the ~** 富裕的,有钱的 / **be made of ~** 很有钱,富有 / **come into one's ~** 继承遗产 / **for ~** 现钱交易的 / **for sb's ~** 依某人看来 / **get one's ~'s worth** 花的上算 / **have ~ to burn** 有的是钱 / **put ~ into** 投资于 / **put ~ on** 在…打赌 / **put one's ~ where one's mouth is** 以实际行动支持某人的观点 ‖ **moneyer** n. 铸币人 / **moneyless** adj. 没钱的 / **moneywise** adv. 在金钱方面;财政上 ‖ **moneybag** n. 钱袋 / **money changer** 货币兑换商 / **moneyman** n. 投资者 / **money order** 汇票 / **money's-worth** n. 值钱的东西

monitor ['mɒnɪtə] n. ⓒ❶监视器,监听器;检测器 ❷(学校)班长;纠察员 ■ vt. ❶监听,监视:~ *a conversation* 监听谈话 / *This instrument monitors the patient's heartbeats.* 这台仪器监听病人的心跳。/ *You must monitor the latest intelligence on armaments.* 你们必须密切注意有关军备的最新情报。❷监测,检测: *They were monitoring the upper air to collect evidence of atomic explosions.* 他们正在检测高空空气以收集原子爆炸的证据。‖ **monitor roof(top)** 通风顶 / **monitor screen** 电视台检查播送内容的电视屏

monk [mʌŋk] n. ⓒ修道士,僧侣 ‖ **monk-**

hood n. 修道士的身份/**monkish** adj. 修道士（似）的

monkey ['mʌŋkɪ] n. ⒞ ❶猴；猿 ❷淘气鬼，小淘气，顽童‖a ～ with a long tail 抵押/be a ～ on one's back 摆脱不掉的包袱/**capture the cat to frighten the** ～ 杀鸡给猴看/**make a** ～ **(out) of** 使（某人）出洋相，愚弄（某人）/**monkey bread**〈植〉猴面包树/**monkey business** 胡闹，欺骗/**monkey drill** 软体体操/**monkeyshine** n. 恶作剧/**monkey suit** 制服，军服

mono ['mɒnəʊ] adj.（广播、录音等）单声道的

monologue,〈美〉**monolog** ['mɒnəlɒg] n. ⒞ ❶（戏剧）长篇独白 ❷滔滔不绝的讲话

monopolize,**-ise** [mə'nɒpəlaɪz] vt. 垄断，独占；专卖，专营: An electric power company monopolizes the power supply in this area. 一家电力公司垄断了该地区的电力供应。

monopoly [mə'nɒpəlɪ] n. ❶⒮ 垄断，专卖 ❷⒞垄断权，专利权

Monsignor [mɒn'siːnjə] n.⒞〈意〉阁下（对天主教高级神职教士的尊称）: I agree, Monsignor. 我同意，阁下。

monster ['mɒnstə] adj. Ⓐ 巨大的，庞大的 ■ n. ⒞❶怪物 ❷坏人，恶人

monstrous ['mɒnstrəs] adj. ❶极可恶的；令人震惊的 ❷尺寸大得不顺眼的，大得古怪的‖ **monstrously** adv.可恶地；令人震惊地/**monstrousness** n.可恶

month [mʌnθ] n. ⒞❶月，月份 ❷一个月的时间 ‖ a ～ of Sundays 相当长的时间/for ～s 好几个月以来/～ after ～ 一月又一月/～ by ～ 逐月/**this day** ～ 下个月的今天；上个月的今天

monthly ['mʌnθlɪ] adj.& adv.每月的〔地〕，每月一次的〔地〕: The rent on his apartment was his biggest monthly expense. 他的房租是每个月最大的开支。■ n. ⒞月刊

monument ['mɒnjʊmənt] n. ⒞❶纪念碑 ❷遗迹，遗址，名胜古迹

monumental [ˌmɒnjʊ'mentl] adj. ❶Ⓐ 纪念碑的；纪念物的 ❷雄伟的，巨大的 ❸（错误等）极大的，非常的

mooch [muːtʃ] vt. 索取

mood [muːd] n. ⒞❶心情，情绪 ❷语气

moody ['muːdɪ] adj.(-ier, -iest) ❶喜怒无常的，情绪多变的 ❷（无缘无故）不高兴的，愤怒的‖ **moodily** adv.喜怒无常地，情绪多变地/**moodiness** n.喜怒无常

moon [muːn] n. ❶⒮月亮，月球 ❷⒞卫星‖ **a blue** ～ ①不可能的事②许久以来/**cry for the** ～ 想入非非/**many** ～**s ago** 很久以前/**over the** ～ 非常快乐，狂喜/**promise the** ～ 空口许诺‖**moonless** adj. 无月亮的/**moonlet** n. 小月/

moonward(s) adv. 往月球‖ **moonbeam** n. 一道月光/**moon blindness** 夜盲症/**moon cake** 月饼/**moonlit** adj. 月照的，月光下的/**moonscape** n. 月球的表面/**moonset** n. 月落时/**moonshine** n. 月光/**moonwalk** n. 月面行走

moonlight ['muːnlaɪt] n. Ⓤ月光; soft ～ 柔和的月光‖ **moonlighter** n.参与夜袭的人/**moonlighting** n.月光下的活动

moor [mʊə] n. ⒞荒野，旷野 ■ vt.& vi.停泊，系泊（船只）

moorings ['mʊərɪŋz] n. ⓟ❶（船的）系泊用具 ❷系留用具

moorland ['mʊələnd] n. Ⓤ高沼地；广袤的荒野

moose [muːs] n.(pl. ～)⒞〈动〉(北美)麋，驼鹿

mop [mɒp] n. ❶⒞（擦地板用的）拖把 ❷Ⓢ蓬乱的头发 ■ vt.(-pp-)❶用拖把擦（地板等): A worker mopped the floor this morning. 今天早晨一个工人用拖把擦洗了地板。❷擦掉，抹掉: She gently mopped the blood from the wound. 她轻轻地抹去伤口上的血。‖ ～ **up** 用拖把拖洗‖ **mophead** n. 头发乱的头/**mopstick** n. 拖把柄

moral ['mɒrəl] adj. ❶Ⓐ 道德上的，有道德的 ❷道义上的 ■ n. ❶⒞教育意义，寓意 ❷ⓟ道德，品行，道德规范: corrupt ～s 道德败坏/**point a** ～ 说明一个道德标准‖ **morally** adv. 道德上，道义上

morale [mɒ'rɑːl] n. Ⓤ士气；斗志

morality [mə'rælɪtɪ] n. Ⓤ道德；德行

moralize ['mɒrəlaɪz] vi. 论道德，说教

more [mɔː] adv. 更，更加: He is the more diligent of the two boys. 他是这两个男孩中较用功的一个。‖ **any** ～ 再，又/～ **often than not** 通常，多半/～ **than happy〔glad, willing〕** 非常乐意 /no ～ ①也不②不再/no ～ … than ～ 同样不/**once** ～ 再，又/～ **and** ～ 越来越/～ **or less** ① 差不多，几乎 ② 大约/**the** ～ …, **the** ～ …越…越… ■ adj. Ⓐ更多的: His behaviour did more harm than good to himself. 他的行为对他自己害多利少。■ pron. 更多的量: More of the land is planted to cabbages than to tomatoes. 种白菜的地比种西红柿的多。

moreover [mɔː'rəʊvə] adv. 再者，此外，而且: I don't want to go skating and, moreover, the ice is too thin. 我不想去滑冰，再说，冰也太薄了。

Mormon ['mɔːmən] n. ⒞摩门教徒‖ **Mormonism** n. 摩门教

morn [mɔːn] n.⒞〈诗〉黎明，清晨‖ **from** ～ **till eve** 从早到晚/**of a** ～ 往往在早上

morning ['mɔːnɪŋ] n. ⒞Ⓤ早晨，上午‖ **from** ～ **till [to] night** 整天；从早到晚‖

morning coat 晨礼服/morning dress 常礼服/morning paper 晨报/the morning star 晨星

morphine ['mɔːfiːn] n. ⒰吗啡

morrow ['mɒrəʊ] n. ⒮❶次日,翌日,明日 ❷紧接其后的时间;未来

mortal ['mɔːtəl] adj. ❶终有一死的;不会长生不死的: Man is mortal. 人终有一死。❷致命的: He received a mortal wound soon after the battle began. 战争开始后不久,他就受到了致命的重伤。❸不共戴天的,你死我活的: They are our mortal enemies. 他们是我们不共戴天的仇敌。❹Ⓐ极度的,极大的: We were in mortal terror of being found out. 我们非常害怕被发现。❺Ⓐ凡人的,世间的: It's beyond mortal power to bring a dead man back to life. 让死去的人复活是凡人做不到的。■ n. ⒫凡人,人类: We're all mortals, with our human faults and weaknesses. 我们都是凡人,自然都有过错和弱点。‖ **mortally** adv. 致命地

mortgage ['mɔːɡɪdʒ] n. ⒞❶抵押借款: The bank refused to accept any mortgage on land. 银行拒绝接受任何土地抵押。❷抵押债款的利息: He's having a lot of trouble paying his mortgage every month. 他付每月的抵押借款利息有很大的困难。■ vt. 抵押: His business is failing; he's mortgaged all his assets to try to save it. 他的企业在亏损,他抵押了所有资产企图挽救它。‖ **mortgagee** n. 承受抵押者,受押人/**mortgager** n. 抵押人

mortify ['mɔːtɪfaɪ] vt. ❶使受辱,伤害(人的感情) ❷克制,抑制(肉体、情感等) vi. (指肌肤)变成坏疽

mosque [mɒsk] n. ⒞清真寺,伊斯兰教寺院

mosquito [məˈkiːtəʊ] n. (pl. ~es) ⒞蚊子 ‖ knee-high to a ~ 很小的,微不足道的 ‖ **mosquitocide** n. 杀蚊药 ‖ **mosquito boat** 〈军〉快艇/**mosquito craft** 快艇/**mosquito curtain** 〔net〕蚊帐

moss [mɒs] n. ⒰苔藓 ‖ **mosslike** adj. 像苔藓的

mossy ['mɒsɪ] adj. ❶长满苔藓的 ❷苔藓似的 ‖ **mossiness** n. 长满苔藓

most [məʊst] adv. ❶最: Of course you're the most aristocratic of the two of us. 你当然是我们两个人中最有贵族气派的。❷很,非常: He spoke most bitterly of his experiences in prison. 他非常痛苦地讲述了他在监狱中的经历。■ pron. ❶大多数,大部分: Most of her books were stolen. 她的大部分书都被偷走了。❷最高额;最大值: Do the most you can. 尽你最大的力量去做。‖ at (the) ~ 最多/make the ~ of 最大限度地利用 ■ adj. Ⓐ最大的,最多的 ‖ for the ~ part 多半;就绝大部分而言

mostly ['məʊstlɪ] adv. 大部分,主要地,多半,通常: He uses his car mostly for driving to work. 他的汽车主要用于上下班。/He has the occasional cigarette, but mostly he smokes a pipe. 他偶尔抽香烟,但通常是抽烟斗。

motel [məʊˈtel] n. ⒞汽车旅馆

moth [mɒθ] n. ⒞蛾 ‖ **moth-eaten** adj. 蛀坏了的;破烂的/**mothproof** adj. 防蛀的,不蛀的

mother ['mʌðə] n. ❶⒞母亲,妈妈 ❷⒮根由,根源 ‖ **motherless** adj. 没有母亲的/**motherlike** adj. 母亲般的/**motherly** adj. 母亲的;慈母般的 ‖ **mother aircraft** 〈空〉母机/**mother cell** 〈生〉母细胞/**mother country** 祖国;发源地/**mother-in-law** n. 岳母;婆婆/**mother-land** n. 祖国/**mother-naked** adj. 像初出娘胎时一丝不挂的/**mother right** 母权/**mother tongue** 本国语言,本民族语言/**mother wit** 天生的智力

motherhood ['mʌðəhʊd] n. ⒰母亲身份

motion ['məʊʃən] vt. (向…)打手势,示意: ~ quietly 暗示/The teacher motioned the boy to study. 老师示意那个孩子去学习。‖ away 示意…离开/~ into 示意…进入/~ to ①向…示意 ②示意…到…去 ■ n. ❶⒰(物体的)运动 ❷⒞手势,动作 ❸⒞提议,动议 ‖ **motionless** adj. 不动的,静止的 ‖ **motion picture** 电影/**motion sickness** 〈医〉运动病

motivate ['məʊtɪveɪt] vt. 作为…的动机;激发,诱发: ~ the action 促进这项活动/No one really knows what motivated him to do so. 没有人确知他那样做的动机。‖ **motivated** adj. 有动机的,目的明确的

motivation [ˌməʊtɪˈveɪʃən] n. ⒰动力;动机;诱因 ‖ **motivational** adj. 动机的,动力的

motive ['məʊtɪv] n. ⒞动机,目的 ‖ **motiveless** adj. 没有动机的;无主旨的;无目的的

motor ['məʊtə] n. ⒞马达,发动机 ■ vi. 开〔乘〕汽车: We motored over to London to see some friends. 我们开车去伦敦看一些朋友。■ vt. 用汽车运送: The foreign guests were motored from the airfield to the hotel. 用车把外宾从机场送到旅馆。‖ **motorable** adj. 可行驶机动车辆的/**motorless** adj. 无动力的 ‖ **motor-assisted** adj. 马达助动的/**motorboat** n. 汽船/**motorbus** n. 公共汽车/**motorcar** n. 汽车/**motor drive** 电机驱动装置/**motor generator** 电动发电机/**motor launch** 汽艇/**motorman** n. 电车司机;电动机操作工人/**motor mower** 自动割草机/**motor ship** 内燃机船/**motor starter** (电动机)起动器/**motor vehicle** 机动车;汽车

motorbike ['məʊtəbaɪk] n. ⒞❶〈英,非正〉摩托车 ❷〈美〉小型摩托车

motorcycle ['məʊtəˌsaɪkəl] n. ⒞摩托车 ‖ **motorcyclist** n. 骑摩托车的人

motorist ['məʊtərɪst] n. ⒞汽车驾驶员

motorway [ˈməʊtəweɪ] n. ⒞ 高速公路
motto [ˈmɒtəʊ] n. (pl. ~es)⒞ 箴言,格言,座右铭
mould,〈美〉**mold** [məʊld] n. ❶⒞ 铸模,模型 ❷ⓈⒸ 性格,气质 ❸⒞ 霉,霉菌 ■ vt. 用模子做,浇铸:~ exquisitely 精巧地铸成/They moulded a figure in clay.他们用模子做泥塑人像。‖ ~ into ①使…成形②指导…的发展/ ~ to〔round〕使合体;相适应 ‖ **mouldboard** n.模板/**mould loft**(船厂、飞机场等的)放样间
moulder [ˈməʊldə] vi. ❶腐朽 ❷腐烂,崩塌
moulding,〈美〉**molding** [ˈməʊldɪŋ] n. ❶ⒸⓊ(墙壁、家具、画框等的)装饰线条 ❷ⒸⓊ 模制件;铸造物 ‖ **moulding board** 模板,型板
moult,〈美〉**molt** [məʊlt] vt. & vi. 换羽,脱毛 ■ n. ⒞Ⓤ 换羽期,脱毛期
mount [maʊnt] vt. & vi. 登上;骑上:The climbers mounted higher and higher.攀登者越爬越高。vi. 增加;上升:The price has been mounting.价格正在上涨。vt. ❶ 上演;配有…:It'll cost a great deal of money to mount the play.要上演这场戏得花很多钱。❷ 发动攻击;攻击:The Opposition is getting ready to mount a powerful attack on the government.反对党已准备好对政府发动一次有力的攻击。‖ ~ into〔to〕增加至,上升至/~ up 增加,上升 ■ n. ⒞ ❶ 山峰 ❷ 坐骑 ‖ **mountable** adj. 可登上的/**mounter** n. 装配工,安装工
mountain [ˈmaʊntɪn] n. ❶⒞ 山,山岳 ❷Ⓟ 山脉 ‖ a ~〔~s〕of 很多的,成堆的/make a ~ out of a molehill 小题大做 ‖ **mountain artillery** 山炮/山地炮兵/**mountain cat** 美洲狮/**mountain chain** 山脉,山链/**mountain crystal** 水晶/**mountain group** 山群/**mountain gun** 山炮/**mountain-high** adj. 高如山的/**mountain railway** 山区铁道/**mountain range** 山脉/**mountain warfare** 山地战/**mountain wood** 石棉
mountainous [ˈmaʊntɪnəs] adj. ❶ 多山的 ❷ 巨大的:~ waves 巨浪 ‖ **mountainously** adv. 多山地;巨大地/**mountainousness** n. 多山;巨大
mountainside [ˈmaʊntɪnsaɪd] n. Ⓢ 山腰,山坡
mountaintop [ˈmaʊntɪntɒp] n. ⒞ 山顶
mourn [mɔːn] vi. 哀悼:The couple mourned for their dead child.这对夫妻哀悼死去的孩子。vt. 为…哀痛,向…志哀:She mourned the loss of her brother.她因为失去了哥哥而悲痛。‖ **mourner** n. 哀悼者
mournful [ˈmɔːnfʊl] adj. 哀痛的,令人伤心的 ‖ **mournfully** adv. 哀痛地,令人伤心地/**mournfulness** n. 哀痛

mourning [ˈmɔːnɪŋ] n. Ⓤ ❶ 悲痛 ❷ 丧服 ‖ in ~ 戴孝 ‖ **mourning-band** n.(服丧时戴的)黑纱/**mourning-coach** n. 灵柩车/**mourning-ring** n. 纪念死者的戒指
mouse [maʊs] n. (pl. mice)ⒸⓊ ❶ 老鼠 ❷ 鼠标 ❸ 羞怯〔胆小〕的人 ‖ **mousehole** n. 鼠洞,狭窄的路口/**mouseproof** adj. 防鼠的/**mousetrap** n. 捕鼠器
mousse [muːs] n. ⒸⒸ ❶ 奶油冻 ❷(头发)定型摩丝
moustache,〈美〉**mustache** [məˈstɑːʃ] n. Ⓤ 胡子
mouth [maʊθ] n. (pl. ~s)❶Ⓒ 口,嘴巴 ❷Ⓤ 多嘴 ❸Ⓒ 人;讲话的人 ‖ all ~ 光说不干/big ~ 嘴不严,多嘴/by word of ~ 口头通知/give ~ 说出口/keep one's ~ shut 保持沉默,一声不吭/make (a) ~ ❶(嘴)做出说〔唱〕…的动作(但不出声):The actor mouthed the words of the recorded song.演员不出声地哼着那首已经事先录好音的歌曲。❷ 喃喃地说,心不在焉地说,言不由衷地说:He was mouthing the usual platitudes about the need for more compassion.他言不由衷地说些需要更加同情之类的陈腔滥调。‖ ~ down 吃下/~ off 大发议论,自夸地说 ‖ **mouth-filling** adj. 很长的;气势十足的/**mouth organ** 口琴/**mouthpart** n.〈动〉口器/**mouthwash** n. 漱口剂
mouthful [ˈmaʊθfʊl] n. ❶Ⓒ(食物、饮料)一口之量 ❷Ⓢ 很长的词,很长的短语 ❸Ⓢ 很重要的话
mouthpiece [ˈmaʊθpiːs] n. ❶Ⓒ 烟斗的嘴,乐器的吹口 ❷Ⓢ 喉舌,代言人,传声筒
movable [ˈmuːvəbl] adj. 活动的;可移动的 ‖ **movability**, ~ **ness** n. 可移动,可活动/**movably** adv. 活动地,可移动地 ‖ **movable property** 动产
move [muːv] vt. & vi. 移动;搬动:~ a step 移动一步/Nobody moves.谁也不许动。He is going to move his furniture.他打算把家具移动一下位置。vi. ❶ 搬家,迁移:We are moving next week.我们下星期搬家。❷ 进展,前进,展开:The work moves slowly.工作进展缓慢。vt. ❶ 使感动,激起:The news moved him very much.这消息使他很感动。❷ 提议,要求:I move that we adopt the agenda as it stands.我提议不作改变通过这个议程。‖ ~ about〔around〕不停地走动;到处旅行,到处活动 /~ along(使)往前走,(使)走开/~ away 离开;搬到别处去住/~ back(使)向后移/搬回原来住过的地方/~ down(使)降级;沿…移动,走下/~ for 提议;申请,请求/~ in 搬进,迁进/~ in on(准备)攻击,向…逼近;影响/~ on 继续前进,继续进行,往前走;对…采取行动/~ out 迁出,搬出;出发,开始旅行/~ over 挪动一下,腾地方;让位/~ up(使)升级,提升

■ n. ❶ⓈU 动,移动 ❷ⓒ一步,一着 ❸ⓒ行动,行动步骤 ❹ⓒ迁移,搬家 ‖ get a ～ on 赶快／on the ～在移动中;在行动;在进步中 ‖ move-in n. 移入

movement ['muːvmənt] n. ❶ⓒU 移动,运动,活动 ❷ⓒ动作,姿势 ❸ⓒ调动 ❹ⓒ动向,趋向,倾向 ❺ⓒ运动,开展运动的团体：The trade union movement is〔are〕concerned with working conditions. 工会运动关注工作条件。❻ⓒ乐章：This is a beautiful movement. 这是一篇优美的乐章。‖ in the ～ 随时势潮流,与时代并进

mover ['muːvə] n. ⓒ❶(会议上的)提议人 ❷…走动的人 ❸兴旺发达的事物;成功的人;走红的思想 ❹搬家工人

movie ['muːvi] n. ⓒ❶电影 ❷ⓟ电影院：He is going to the movies. 他打算去看电影。‖ moviedom n. 电影界 ‖ moviegoer n. 看电影者;常看电影的人／movie actor 电影演员／movie fan 影迷／movie house 电影院／movieland n. 电影界／movie operator 电影放映员／movie projector 电影放映机／movie star 影星

moving ['muːviŋ] adj. ❶感动人的,使人同情的 ❷Ⓐ具有推动力的 ❸Ⓐ活动的,移动的 ‖ movingly adv. 感动人地,使人同情地 ‖ moving picture 电影／moving sidewalk 自动人行道／moving staircase 自动扶梯

mow [məu] vt. & vi. (pt. mowed, pp. mown or mowed) 刈,割：～ the grass 刈草 割草 ‖ mowburnt adj.(谷、草等)因堆积发热而霉烂的

mower ['məuə] n. ⓒ❶割草机 ❷刈割者

Mr. ['mistə] n. ⓒ❶先生(对于没有头衔的男人的称呼) ❷先生(与某种官衔、头衔等连用的称呼)

Mrs. ['misiz] n. ⓒ❶夫人,太太(对无特殊头衔的已婚妇女的称呼)

Ms. [miz] n. ⓒ女士(对不愿被称为"太太"或"小姐"的女子的称呼)

much [mʌtʃ] adv. ❶非常,很,十分：The car was too much damaged. 这部车损坏得太严重。❷差不多,几乎：The dress is much the most expensive. 这件衣服差不多是最贵的。❸很多地,很大地,程度极高地：You have much more confidence. 你有更大的信心。❹很大程度上,常常：Do you dine out much? 你常常在外面进餐吗？‖ as ～同样地／as ～ as one can do 尽最大努力／～ as 虽然,尽管／～ less 更不用说／～ of muchness 很相似／～ the same 几乎一样／not ～ good at 不太善于做某事／not〔nothing〕～ 几乎没有／not so ～ … as 与其说是…不如说是…／too ～〈非正〉过分 ■ adj. A 许多的,大量的：I have got far too much work to do. 我要做的事太多了。■ pron. ❶很多,大量,很大程度：Jack had drunk too much in the party. 杰克在晚会上喝得太多了。❷很好的东西：We learned much from the experience. 我们从这一经验中学到很多东西。‖ as ～ again 同样多／make ～ of 重视,充分利用;理解,疼爱／not ～ of 不太好的／so ～ for …到此为止／this ～这么多话／too ～ for 非(某人)力所能及 ‖ muchly adv. 大大地／muchness n. 大量,很多

muck [mʌk] n. U❶污物,污泥 ❷湿粪 ■ vt. 施粪肥于… ‖ muckheap n. 粪堆／muck-rake n. 粪耙／muckworm n. 粪蛆

muckrake ['mʌkreik] vi.(尤指在名人间)搜集并揭发丑事

mud [mʌd] n. U泥,烂泥 ‖ consider sb as ～把某人当作脚下的泥土看待／sb's name is ～〈非正〉声名狼藉／stick in the ～ (使)陷入泥淖／throw〔fling, sling〕～ at 企图破坏(…的)名声 ‖ mud bath 泥浴／mudguard n. 挡泥板

muddle ['mʌdl] n. Ⓢ糊涂;混乱,杂乱 ■ vt. ❶弄乱,弄糟 ❷使糊涂 vi. 对付,混日子 ‖ ～ along 混日子／～ through 胡乱应付过去 ‖ muddleheaded adj. 头脑糊涂的;笨拙的

muddy ['mʌdi] adj.(-ier,-iest)❶泥泞的 ❷暗的,模糊的,糊涂的 ■ vt.(pt., pp. muddied)使沾上泥：He muddies himself face. 他使自己的脸上沾着泥。‖ ～ the waters 把水搅浑;弄乱情况

muffin ['mʌfin] n. ⓒ(涂牛油趁热吃的)松饼 ‖ muffin-man n. 卖松饼者

muffle ['mʌfl] vt. 压抑,捂住：I put my hand over my mouth to muffle my words, so only my friend could hear. 我把手挡在嘴上,遮住声音,仅让我的朋友听到。vi. 用厚厚的衣帽包着(自己) ‖ muffle kiln 隔焰窑

muffler ['mʌflə] n. ⓒ❶围巾 ❷消声器;消音器 ‖ put the ～ on sb 使某人住嘴

mug [mʌg] n. ⓒ❶圆筒形有柄大杯 ❷〈口〉容易受骗的人,傻瓜 ❸〈俚〉脸 ‖ a ～'s game 不易成功的事,无利可图的事 ■ vt.(-gg-)对…行凶抢劫：A lot of people won't go out at night for fear of being mugged. 因害怕遭到行凶抢劫,许多人在晚上不出门。‖ ～ up〈口〉考前赶(功课)

muggy ['mʌgi] adj.(-ier,-iest)(天气)闷热而潮湿的 ‖ muggily adv.(天气)闷热而潮湿地／mugginess n.(天气)闷热而潮湿

mulberry ['mʌlbəri] n. ⓒ❶桑树 ❷桑葚：～ juice 桑葚汁 ‖ mulberry field 桑园

mulch [mʌltʃ] n. ⓈU 护根(用以保持水分、消灭杂草等的覆盖物,如稻草、腐叶或塑料膜) ■ vt. 用护根覆盖(植物根部或其周围地面)

mule¹ [mjuːl] n. ⓒ❶骡;骡子 ❷〈口〉顽固的人 ‖ as stubborn as a ～非常执拗或顽固

mule² [mjuːl] n. ⓒ拖鞋

multilateral [ˌmʌltiˈlætərəl] adj. 多方面

的;多边的 ‖ **multilateralism** n. 多边贸易/**multilaterally** adv. 多方面地;多边地

multimedia [ˌmʌltɪˈmiːdjə] adj. 多种手段的,多种方式的

multimillionaire [ˈmʌltɪˌmɪljəˈneə] n. C 大富豪,巨富

multinational [ˌmʌltɪˈnæʃənl] adj. 多国的;a ～ organization 多国组织 ■ n. C 跨国公司

multiple [ˈmʌltɪpl] adj. A 多重的,多种多样的 ■ n. C〈数〉倍数 ‖ **multiple-choice** adj. 从几个答案中选择正确答案的/**multiple-party** adj. 多党的

multiplication [ˌmʌltɪplɪˈkeɪʃən] n. ❶ U 增多;增加;乘;繁殖 ❷ C〈数〉乘法:2×3 is an easy multiplication. 2×3 是简单的乘法。‖ **multiplication sign** 乘号/**multiplication table** 乘法表

multiply [ˈmʌltɪplaɪ] vt.&vi.(pt., pp. -lied)❶乘,(使)相乘:His son is learning to multiply and divide. 他儿子正在学习乘法和除法。/One can make 18 by multiplying 3 and 6 (together). 以 3 和 6 相乘可得 18。❷(使)增加:Spending on military equipment has multiplied in the last three years. 过去的三年中军事装备的开支大大增加。/His experience was multiplied as the years passed. 随着岁月的流逝,他的经验丰富了。❸(使)繁殖:When animals have more food, they generally multiply faster. 动物在有较多的食物中,一般繁殖得较快。/Hot weather multiplied the bacteria in milk rapidly. 炎热的天气使牛奶中的细菌迅速繁殖。‖ ～ **up** 增加…的数量

multistorey [ˈmʌltɪˌstɔːrɪ] adj. A (建筑物)多层的;～ building 多层的建筑物

multitude [ˈmʌltɪtjuːd] n. C ❶大量,许多 ❷大众,民众,群众:Political power has been placed in the hands of the multitude. 政治权力一直在民众手中。

mum[1] [mʌm] n. C〈口〉妈妈

mum[2] [mʌm] adj. 沉默的:keep ～ 保持沉默 ‖ ～'s the word 别说出去

mumble [ˈmʌmbl] vt.&vi. 含糊地说某事;咕哝,咕哝:He always mumbles when he's embarrassed. 他感到难为情时说话就含糊不清了。/He mumbled something to me which I did not quite catch. 他对我叽咕了几句话,可我没太听清楚。■ n. S 含糊的话或声音;咕哝;a ～ of voices 喃喃人语声

mummy[1] [ˈmʌmɪ] n. C〈口〉妈妈

mummy[2] [ˈmʌmɪ] n. C 木乃伊,干尸

municipal [mjʊˈnɪsɪpəl] adj. A 市的,市政的

municipality [mjʊˌnɪsɪˈpælɪtɪ] n. C 自治市;自治区;自治市或区的政府当局

munition [mjʊˈnɪʃən] n. P 军需品;军火;a shortage of ～s 军火不足 ■ vt. 给某部门提供军火;～ the fleet 给舰队补弹药 ‖ **munitioneer** n. ①军火投机商②军火制造商

mural [ˈmjʊərəl] n. C(通常指大型的)壁画 ‖ **muralist** n. 壁画家

murder [ˈmɜːdə] n. ❶ C 谋杀;谋杀案 ❷ U 杀戮 ❸ U 极艰难〔令人沮丧〕的经历 ❹ U 对某事物造成极大的伤害〔不便〕的事物 ‖ get away with ～ 违章犯规而未被惩罚〔纠正〕/scream〔shout〕blue ～〈口〉大声抱怨,高声叫嚷 ■ vt. ❶谋杀:He murdered another man in a fight. 在打斗中他把另一个人杀死了。/She murdered her husband with a knife. 她用刀杀害了丈夫。❷糟蹋:～ the song 糟蹋那支歌/～ the work 毁了那工作/They murdered the piece of music. 他们把这首曲子演奏得糟透了。/Do you ever murder the English language? 你有没有胡乱使用英语? ‖ **murderess** n. 女杀人犯,女凶手

murderer [ˈmɜːdərə] n. C 谋杀犯,凶手:a mass ～ 杀人魔王

murderous [ˈmɜːdərəs] adj. ❶蓄意谋杀的;杀人的;凶残的 ❷〈口〉极厉害的;要命的:the ～ heat 热得要命 ‖ **murderously** adv. 蓄意谋杀地;杀人地;凶残地/**murderousness** n. 蓄意谋杀;杀人;凶残

murmur [ˈmɜːmə] n. ❶ C 低沉、连续而不평的声音 ❷ C 低语声 ❸ S 怨言,嘀咕 ■ vt.&vi. 小声说:He is murmuring to himself. 他在自言自语。/The child murmured something in his sleep. 那孩子在睡梦中喃喃地说着什么。/As she denounced the government's policy, the crowd murmured their approval. 当她抨击政府的政策时,听众叽叽咕咕地表示赞同。/He leant towards me and murmured that he had to leave. 他靠近我,并小声告诉我他要离开。vi. ❶发出连续而低沉的声音:The wind murmured in the trees. 风在林中低鸣。❷私下低声抱怨:The workers murmured at the treatment they received. 工人们因不满意他们所受的待遇而发牢骚。‖ ～ **about**〔**against**〕抱怨…/～ **in** 在…中作响

muscle [ˈmʌsl] n. ❶ C 肌肉 ❷ U 肌肉组织 ❸ U 肌肉的力量 ❹ U (操纵他人的)力量 ‖ **not move a ～** ①一动也不动②毫不动摇 ‖ **muscleless** adj. 无肌肉的;无气力的 ‖ **musclebound** adj. ①肌肉紧张的②死板的/**muscleman** n. ①肌肉发达的男子②暴徒/**muscle sense**〈医〉肌肉觉

muscular [ˈmʌskjʊlə] adj. ❶(有关)肌(肉)的;～ effort 肌肉的力量 ❷肌肉发达的,强壮的:He is a muscular young man. 他是个健壮的年轻人。/The player is tall and muscular. 那名运动员身高力大。‖ **muscularity** n. 肌(肉);肌肉发达,强壮/**muscularly** adv. 肌肉

发达地,强壮地 ‖ **muscular dystrophy** 肌肉萎缩症

muse¹ [mju:z] n. ❶ⓅⓅ缪斯 ❷ⓒ艺术家的创作灵感

muse² [mju:z] vi. 沉思;冥想 vt. 沉思自语说(某事)。"*I wonder if I shall ever see them again*," *he mused*."我不知道是否还可以再见到他们,"他沉思自问。

museum [mju:'zɪəm] n. ⓒ博物馆 ‖ **museum piece** ①适于博物馆陈列的精品②过时的人〔物〕,老古董

mush [mʌʃ] n. ❶ⓤⓢ软而稠的混合物或块;糊状物 ❷ⓤ玉米粥 ❸ⓤ脆弱的感情;感伤;伤感的言语或文字:*I have never read such a load of mush*!我从来没有读过如此哀思绵绵的作品!‖ **make a ~ of**〈口〉把…弄得一团糟

mushroom ['mʌʃrʊm] n. ❶ⓒ蘑菇 ❷如蘑菇般生长迅速的事物 ■ vi. ❶迅速成长〔发展〕: *New housing estates have mushroomed on the edge of the town.* 城郊的新住宅楼发展得十分迅速。/ *The little town mushroomed into a city.* 那座小镇迅速发展成一座城市。❷成蘑菇状扩散: *The smoke mushroomed into the sky.* 烟呈蘑菇状升上天空。

mushy ['mʌʃɪ] adj. ❶糊状的 ❷感情脆弱的;感伤的 ‖ **mushily** adv. 感伤地 / **mushiness** n. ①糊状物②脆弱的感情;感伤

music ['mju:zɪk] n. ❶ⓤ音乐 ❷音乐作品,乐曲 ❸乐谱 ‖ **face to the ~** 承担后果,面对不愉快的局面 / **~ to sb's ears** 佳音,好消息 ‖ **music band** 乐队 / **music book** 乐谱 / **music drama**〈音〉乐剧 / **music hall** 音乐厅,歌舞杂耍〔戏院〕/ **music paper** 乐谱纸 / **music school** 音乐学校 / **music stand** 乐谱架 / **music stool** 琴凳

musical ['mju:zɪkəl] adj. ❶Ⓐ音乐的,用于音乐的 ❷喜爱〔精通〕音乐的: *She is very musical.* 她非常喜爱音乐。❸音调优美的,悦耳的: *The piece of bamboo makes a musical sound.* 这块竹片能发出悦耳的声音。‖ **musicality** n. 和谐;悦耳;音乐才能 / **musically** adv. 和谐地;悦耳地;有音乐才能地 / **musicalness** n. 和谐;悦耳;音乐才能

musician [mju:'zɪʃən] n. ⓒ音乐家 ‖ **musicianly** adj. 有音乐家的鉴赏力的;音乐家似的

musk [mʌsk] n. ⓤ麝香 ‖ **musk cat** 香猫 / **musk melon** 香瓜

muskrat ['mʌskræt] n. ⓒ麝鼠(产于北美,毛皮珍贵)

Muslim ['muslɪm] n. 穆斯林;伊斯兰教教徒 ■ adj. 穆斯林的,伊斯兰教信徒的

must [强 mʌst, 弱 məst] aux. v. ❶必须:"*Must I go tomorrow*?""*Yes, please.*〔*No, you needn't.*〕""明天我必须去吗?""是的,请吧。〔不,你不必去。〕" ❷必然要,必定会: *How long must this go on*?*What's the sense of this*?这种局势要持续多久呢?它有什么意义呢? ❸(做出逻辑推断): *She must have been young when she got married.* 她结婚时一定很年轻。❹(表示坚持): *If you must smoke, at least you could use an ashtray.* 如果你一定要吸烟,起码总可以用一个烟灰缸吧。/ *Why must you always be finding fault with that girl*?你为何总是要找那个女姑娘的错呢? ■ n. ⓢ必须做的事,必不可少的事物: *Warm clothes are a must in the mountains.* 到山区去穿暖和的衣服是必须的。

mustache [məs'tɑ:ʃ] 见 moustache

mustard ['mʌstəd] n. ⓤ芥;芥末;芥菜酱 ‖ **mustard gas**〈军〉芥子气(一种毒气) / **mustard oil**〈化〉芥子油 / **mustard plaster**〈医〉芥末硬膏

muster ['mʌstə] n. ⓒ集中;集合;集合的人群: *a ~ of people* 一群人 ■ vt. & vi. 集合,召集: *~ the troops* 召集部队 / *The troops mustered on the square.* 部队已在广场上集合。vt. (自他人处)搜集某事物,激发,激起: *public support for sth* 征集公众对某事物的支持 ‖ **~ up** 激发,激起 ‖ **muster-master** n. 点名官,检阅官 / **muster roll** 点名册

mutant ['mju:tənt] n. ⓒ〈生〉突变体(因遗传基因结构改变以致与同类生物有异的生物)

mutate [mju:'teɪt] vt. & vi. (使某物)变化,转变,突变,变异: *~ into new forms* 变成新种

mutation [mju:'teɪʃən] n. ❶ⓤⓒ变化;转变;突变;变异: *~ of cells* 细胞的突变 / *~s in plants caused by radiation* 放射线引起的植物变异 ❷ⓒ变种;突变体

mute [mju:t] adj. ❶缄默的;无声的 ❷哑的,不会说话的 ❸(字母)不发音的 ■ n. ❶哑巴 ❷(乐器上的)弱音器 ■ vt. 消除(声音),减轻(声音): *The strings are muted throughout the closing bars of the symphony.* 该交响曲结束部分各节中的弦乐全为弱化音。‖ **mutely** adv. 缄默地,无声地 / **muteness** n. 缄默,无声

mutilate ['mju:tɪleɪt] vt. 严重残害…的身体;使残缺不全;肢解: *The body was too badly mutilated to be identified.* 这尸体支离破碎,难以辨认。‖ **mutilation** n. 肢体残缺

mutter ['mʌtə] vt. & vi. 轻声低语;咕哝地抱怨: *The new soldier muttered about the food.* 那位新士兵咕哝地抱怨吃得不好。/ *~ against sb* 抱怨某人 / *~ at* 对…低声说话 / *~ away* 喃喃而语,咕哝地抱怨 / *~ to oneself* 喃喃自语 ■ n. ⓢ轻声低语,小声抱怨: *He spoke in a mutter.* 他嘀嘀咕咕轻声说话。/ *I heard a mutter of discontent.* 我听到有人小声咕哝着表示不满。‖ **mutterer** n. 喃喃低语者

mutton ['mʌtn] n. ⓤ羊肉: *roast ~* 烤羊肉

‖ **muttonhead** n.〈口〉笨蛋,呆子/**mutton sheep** 肉羊

mutual [ˈmjuːtʃʊəl] adj. ❶ 相互的,彼此的 ❷ 共同的,共有的 ‖ **mutuality** n. 相 互, 彼此; 共同,共有/**mutually** adv. 相互地,彼此地;共同地,共有地 ‖ **mutual fund**〔**investment company**〕发行随时可换成现款的股票的投资公司

muzzle [ˈmʌzl] n. ⓒ❶(四足动物的)鼻口部 ❷(防止动物咬人的)口套 ❸枪口,炮口 ■ vt.❶给(狗等)戴口套 ❷使缄默,钳制⋯言论 ‖ **muzzle velocity** 初速(射弹离开枪口时的速度)

muzzy [ˈmʌzɪ] adj.(-ier,-iest)❶模糊的;不清晰的 ❷迷糊的,昏头昏脑的

my [强 maɪ,弱 mɪ] pron.❶我的,属于我的:~ books 我的书 ❷(用于名词或形容词前作为称呼某人的方式):My dear Anne! 亲爱的安妮! ❸(用于感叹):My god! 天哪!

myself [maɪˈself] pron.(I 的反身形式)我自己:I come to myself.我清醒过来了。‖(**all**) **by** ~ 我独自地

mysterious [mɪˈstɪərɪəs] adj.❶神秘的;难以理解的 ❷诡秘的 ‖ **mysteriously** adv. 神秘地,难以理解地;诡秘地/**mysteriousness** n. 神秘,难以理解;诡秘

mystery [ˈmɪstərɪ] n.❶ⓊⓒⓁ神秘(性),秘密(性):He often tells stories full of mystery. 他常讲些充满神秘色彩的故事。❷ⓒⓁ神秘的事,难以理解的事物:The flying saucer is yet an unsolved mystery.飞碟仍然是未解之谜。/ Science can disclose the mysteries of nature.科学能解开自然界的奥秘。❸ⓒⓁ来历不明〔难探究竟〕的人:She's a bit of a mystery! 她这人有点来历不明! ‖ **mystery ship**〔**boat**〕伪装猎潜舰

mystic [ˈmɪstɪk] n. ⓒⓁ神秘主义者 ■ adj.❶ 神秘的,玄妙的 ❷神秘主义(者)的

mysticism [ˈmɪstɪsɪzəm] n. Ⓤ神秘主义者的信仰和体验;神秘主义

mystify [ˈmɪstɪfaɪ] vt.(pt.,pp.-fied)使(某人)困惑不解;使迷惑:I'm mystified;I just cannot see how he did it.我大惑不解,说不明白他是怎样做到的。

mystique [mɪsˈtiːk] n. Ⓢ神秘性:the ~ of the British monarchy 英国君主体制的神秘色彩

myth [mɪθ] n. ⓒⓁ❶神话:the Greek ~s 希腊神话/Nobody believes in the myth about human beings becoming immortals. 谁也不相信人能成仙的神话。❷杜撰出来的人〔事物〕:The story is a pure myth.这故事纯属虚构。

mythical [ˈmɪθɪkəl] adj.❶(只)存在于神话中的:~ heroes 神话中的英雄 ❷想象的;虚构的:~ wealth 假想的财富 ‖ **mythically** adv. 想象地;虚构地

mythology [mɪˈθɒlədʒɪ] n. Ⓤ❶神话学 ❷神话(总称)

Nn

nab [næb] vt. (-bb-) 逮住；捉住（某人）: He was nabbed by the police for speeding. 他超速行车被警察逮住了。

nag [næg] (-gg-) vt. & vi. 不断地挑剔或批评（某人）: She nagged (at) him all day long. 她一天到晚地说他。vt. 不断地烦扰或伤害（某人）: The problem had been nagging me for weeks. 那问题把我困扰了数个星期。

nail [neɪl] n. C ❶钉子，钉状物 ❷指甲，趾甲 ‖ fight tooth and ~ 激烈争斗 /hit the ~ on the head 说得中肯；击中要害 /on the ~（指付款）立即 ■ vt. ❶钉住，钉牢：~ a cover〔lid〕钉上盖子/ He nailed boards together to make a box. 他把几块木板钉在一起做了一个箱子。❷抓住，逮住: Has the police nailed the man? 警察抓住那个人了吗? ‖ ~ back 用钉子把（某物）反钉住 /~ down 钉牢，钉住，要求履行诺言，要求把…讲明 /~ on 把…钉在…上 /~ up 把…钉牢〔钉死〕/~ to 把…钉到…上 ‖ **nailer** n. 制钉者/ **nailless** adj. 无钉子的 ‖ **nail brush** 指甲刷/ **nail clippers** 指甲刀/ **nail file** 指甲锉/ **nail-headed** adj. 钉头状的/ **nailhole** n. 钉眼/ **nail polish** 指甲油/ **nail puller** 起钉钳/ **nailsick** adj. 因多次钉过钉而变得不结实的

naive [nɑːˈiːv] adj. ❶幼稚的；无经验的；单纯的: It's naive of you to believe he'll do what he says. 相信他会言行一致，你未免太单纯了。❷天真的；轻信的: Don't be so naive as to be taken in by their lies. 不要太轻信，以免被他们的谎言所欺骗。‖ **naively** adv. 幼稚地；无经验地；单纯地/ **naiveness** n. 幼稚；无经验；单纯

naked [ˈneɪkɪd] adj. ❶裸露的 ❷赤裸裸的，无遮蔽的 ❸A不加掩饰的；坦白的，明显的 ‖ **nakedly** adv. 裸露地，赤裸裸地，无遮蔽地，不加掩饰地/ **nakedness** n. 裸露，赤裸裸，无遮蔽；不加掩饰 ‖ **naked eye** 肉眼/ **naked truth** 明摆着的事实

name [neɪm] n. ❶C名字，名称 ❷S名声；名誉 ❸C著名的人物，名人 ‖ answer to one's ~ 听到叫自己的名字就答应，名叫… /call sb ~s 骂某人 /drag sb's ~ through the mire〔mud〕使某人蒙羞〔丢脸〕/drop ~s 滥用显要人物的名字以提高自身身价 /enter〔put〕one's ~ down for 报名上（学、课等）/give one's ~ to 以自己的名字命名某项发明创造 / in ~ only 表面上，名义上 /in (the) ~ of 代表某人〔物〕;凭借某事物的权威 ;为某物的缘故 /lend one's ~ to 以自己的名义支持〔帮助〕/make a ~ for oneself〈非正〉使自己出名 /under the ~ of 以…之名 ■ vt. ❶给…取名: They named him John. 他们给他取名为约翰。❷说出…的名字，提…的名字，列举: Can you name the chief rivers of China? 你能列举出中国的主要河流吗? ❸决定；任命；提名: The president named him to head the delegation. 总统指定他率领代表团。‖ ~ after〔for〕以…的名字起名 ‖ **named** adj. 被指名的；指定的 ‖ **nameboard** n. 招牌，站名牌/ **name-calling** n. 骂人/ **nameplate** n. ①门上刻姓名的牌子②报刊名③商标/ **namesake** n. ①同姓名的人②同名的物

namely [ˈneɪmli] adv. 即，也就是: Only one boy was absent, namely Harry. 只有一个孩子缺席，就是哈利。

nap [næp] n. C 小睡，打盹 ■ vi. (-pp-) 小睡，打盹: He caught me napping. 他发现了我打盹。‖ catch sb ~ping 使措手不及

napkin [ˈnæpkɪn] n. C ❶餐巾 ❷〈英，正〉尿布

nappy [ˈnæpi] n. C 尿布

narrate [næˈreɪt] vt. 故事：~ one's adventures 叙述自己的奇遇

narration [næˈreɪʃən] n. C U 叙述事情的经过；故事

narrative [ˈnærətɪv] n. ❶ C 记叙文；故事 ❷ U 叙述，讲述；叙述部分 ■ adj. 叙述的；叙事体的：~ poems 叙事诗 / He was a writer of great narrative power. 他是一位颇有记述能力的作家。

narrow [ˈnærəʊ] adj. (-er, -est) ❶狭窄的;

狭隘的 ❷勉强的;险胜的 ■ vt.& vi.(使)变窄:The doctor narrows his study.医生缩小了他的研究范围。‖~ down(使)变窄,(使)减少,(使)缩小 ‖ **narrowly** adv. 狭窄地/**narrowness** n. 狭窄 ‖ **narrow-minded** adj. 目光短浅的/**narrow-mindedly** adv. 目光短浅地/**narrow-mindedness** n. 目光短浅/**narrow seas** 英吉利海峡和爱尔兰海/**narrow way** 正直

nasty ['nɑːstɪ] adj.(-ier,-iest) ❶令人讨厌的;令人厌恶的 ❷恶意的;恶毒的;卑鄙的 ❸严重的;危险的;造成痛苦的 ❹下流的,道德败坏的 ‖ **nastily** adv. 令人讨厌地;恶意地;严重地/**nastiness** n. 令人讨厌;恶意;严重

nathless ['neɪθlɪs] adv. 然而;虽然如此

nation ['neɪʃən] n. ⓒ ❶国家 ❷民族 ‖ **nationhood** n. 作为一个国家的地位 ‖ **nation state** 单一民族国家

national ['næʃənəl] adj. ❶ⒶⒶ国家的,民族的,全国性的,国民的 ⒷⒶ国有的,国立的 ■ n. ⓒ某国国民.领事的职责是帮助自己的同胞。‖ **nationally** adv. 在全国范围内;全国性地 ‖ **national anthem** 国歌/**National Insurance** 国民保险制度/**national park** 国家公园

nationalism [ˈnæʃənəlɪzəm] n. Ⓤ ❶爱国主义;爱国心 ❷民族主义

nationalist [ˈnæʃənəlɪst] n. ⓒ民族主义者;国家主义者

nationalistic [ˌnæʃənəˈlɪstɪk] adj. 民族主义的;国家主义的

nationality [ˌnæʃəˈnælɪtɪ] n. ❶ⓊⒸ国籍 ❷ⓒ民族群体

nationalize, -ise ['næʃənəlaɪz] vt. 收归国有;国有化:The railways were nationalized after the war. 战后铁道都收归国有。‖ **nationalization, -isation** n. 国有;国有化

nationwide [ˌneɪʃnˈwaɪd] adj.& adv. 全国范围的;全国性的

native ['neɪtɪv] adj. ❶Ⓐ出生地的,故乡的,本国的 ❷当地(人)的;原产于某地的 ❸天生的,有天赋的 ‖ go ~(移民、游客)接受当地人的(而放弃自己的)风俗习惯 ■ n. ⓒ当地人,本地人 ‖ **natively** adv. 本土地;天生地;朴素地;天然地/**nativeness** n. 出生;本土;天生;朴素;天然;土著 ‖ **native-born** adj. 本地生产的;本国生的/**Native American**(美洲)印第安人

natural ['nætʃərəl] adj. ❶Ⓐ自然的,天然的 ❷表现自然的,不做作的 ❸天生的,生来的 ■ n. Ⓢ非常适合或肯定成功的人或事物 ‖ **naturalness** n. ①自然(指性质或状态)②逼真度 ‖ **natural-born** adj. 生就的,生来的/**natural gas** 天然气/**natural history** 动植物学/**natural resources** 自然资源

naturally [ˈnætʃərəlɪ] adv. ❶天然地;天生地:Her hair curls naturally. 她的头发是自然卷。 ❷自然;当然:One will naturally ask why. 人们当然要问为什么。❸表现自然地,不做作地:She behaved naturally before the microphone. 她在话筒前表现自然。

nature ['neɪtʃə] n. ❶Ⓤ大自然,自然界 ❷Ⓒ Ⓤ天性,性格;性质 ❸Ⓢ类型;种类 ‖ **by** ~ 就其本质而言,天生地/**in** ~ 在世界上;实际上,性质上,究竟/**in the course of** ~ 自然而然地/**in the** ~ **of** 按…的本性,好像/**in the** ~ **of things** 必然的,理所当然的/**let** ~ **take it course** 听其自然/**pay**〔**answer, obey**〕**a call of** ~ 上厕所/**pay the debt of** ~ 死,去世/**true to** ~ 栩栩如生

naught [nɔːt] = nought

naughty ['nɔːtɪ] adj.(-ier,-iest)顽皮的;不听话的 ‖ **naughtily** adv. 顽皮地;不听话地/**naughtiness** n. 顽皮;不听话

nauseate ['nɔːzɪeɪt] vt. 使恶心,作呕

naval ['neɪvəl] adj. 海军的:He is a naval officer. 他是一名海军军官。/He took part in a great naval battle. 他参加了一次大海战。‖ **navally** adv. 在海军方面 ‖ **naval stores** ①海军补给品②松脂(制品)

navel ['neɪvəl] n. ⓒ脐,肚脐 ‖ **navel orange**〈植〉脐橙/**navel string**〈解〉脐带

navigable ['nævɪɡəbəl] adj. ❶(水域)可航行(通航)的 ❷(船只、飞机等)可领航的;可操纵的 ‖ **navigability** n.(河、海和船舶等的)适航性

navigate ['nævɪɡeɪt] vt.& vi. 给(船舶、飞机等)引航,导航:The ship was navigated by the North Star. 那只船靠北极星来导航。vt.(从海上、空中等)横越,横渡;飞跃 ‖ **navigating officer** 航海长;航海人员

navigation [ˌnævɪˈɡeɪʃən] n. Ⓤ ❶航行(学);航海(术),航空(术) ❷导航,领航 ‖ **navigation coal** 锅炉煤

navigator [ˈnævɪɡeɪtə] n. ⓒ(船或飞机的)领航员

navy ['neɪvɪ] n. ⓒ海军:The Navy wants〔want〕more money for ships this year. 海军今年要更多的钱购船。‖ **navy blue** 藏青色

nay [neɪ] adv. ❶不但如此,而且:The daily work continued; nay, it actually increased. 日常工作不但继续进行,而且工作量进一步加大。❷否,不:I permit, nay, encourage it. 这事我同意,不,我支持。■ n. ⓒ反对票;投反对票者:The tally was two eyes and three nays. 投票结果是两票赞成,三票反对。

Nazi ['nɑːtsɪ] n. ⓒ(德国的)纳粹党员 ‖ **Nazify** vt. 使纳粹化/**Nazism** n. 纳粹主义

near [nɪə] adv.(-er,-est) ❶(空间)在近处;在附近:quite ~ 很近/We live quite near. 我们

就住在附近。❷(时间)临近,来临:~ at hand 即将来临/The summer holidays are drawing near.暑假快到了。❸(程度)几乎,差不多,将近:~ upon eighty 将近80岁/He was near frozen when they found him.他们找到他他,他差不多冻僵了。‖ as ~ as 达到…的准确程度/as ~ as makes no difference 相差无几/come〔go〕~ 几乎,差一点/get ~ 接近,逼近/~ at hand ①在手边②不久 ■ prep. ❶(表示位置)靠近,在…附近:The small child was afraid to go near the dog.那小孩子不敢靠近那条狗。/We were near him at the table.我们吃饭时坐在他的附近。❷(表示时间)将近,快到,临近:It's near five o'clock.现在将近五点钟。❸(表示程度)接近,近乎,濒临:~ to tears 几乎哭了/Most views were fairly near the truth.许多观点与真实情况十分相近。❹(表示关系)与…近似;与…紧密相关 ❺(表示过程)到…去从事活动:He never goes near a public house.他从来不到酒馆喝酒。❻(表示数目)大约,接近:He must be getting near retiring age.他一定快到退休年龄了。■ adj. (-er,-est) ❶近的,不远的:Can you tell me the nearest way to the station? 你能告诉我去火车站最近的路吗? ❷亲密的;近亲的:We are near relatives.我们是近亲。❸近似,相似:Very often tragedies or near tragedies occurred.悲剧或近乎悲剧的事经常发生。■ vt. & vi. 接近;靠近:~ the air 驶向天空/~ the land 驶向陆地/~ the sea 驶向海洋/Storm clouds neared.暴风雨的乌云迫近了/He must be nearing home by now.他现在一定已经快到家了。‖ near bear 淡啤酒/nearsighted adj. ①近视眼的②目光短浅的/nearsightedness n. ①近视②目光短浅

nearby ['nɪəbaɪ] adj. 附近的;不远的:He works in the nearby police station.他在附近的警察局工作。■ adv. 附近地;近旁地:We will stop nearby for lunch.我们就在附近停下吃饭。

nearly ['nɪəlɪ] adv. 几乎;差不多:The car is pretty nearly new.这部汽车几乎是全新的。/Time is nearly up.时间差不多到了。‖ not ~ 远非,完全不

neat [niːt] adj. ❶整洁的;爱整洁的 ❷利索的,简洁的 ❸(酒)纯的,不掺水的 ‖ neatly adv. 整洁地;干净地 ‖ neat-handed adj. 手巧的

nebula ['nebjʊlə] n.(pl. ~e or ~s)ⓒ❶星云 ❷星云状的星系

necessarily ['nesɪsərɪlɪ] adv. ❶必要地,必需地 ❷必定地;必然地

necessary ['nesɪsərɪ] adj. ❶必要的;必需的 ❷必然的;不可避免的 ‖ a ~ evil 不得不认可的不合意甚至有害的事物 ■ n. ⓒ必需品 ‖ necessary condition〈逻〉必要条件

necessitate [nɪ'sesɪteɪt] vt. 使…成为必要,需要:Your proposal necessitates borrowing money.你的提议使借款成为必要。‖ necessitation n. 迫使;被迫

necessity [nɪ'sesɪtɪ] n. ❶Ⓤ必要(性);(迫切)需要 ❷ⓒ必需品 ❸Ⓢ自然规律 ‖ be under the ~ of(虽不愿)而必须,(出于无奈而)不得不/from ~ 出于必要,无奈/in the case of ~ 在必需时/of ~ 必然,不可避免地

neck [nek] n. ⓒ❶颈,脖子 ❷领圈,领口 ‖ break one's ~ 拼命做某事/breathe down one's ~ 紧跟着,紧盯着/get it in the ~ 受重罚/~ and crop 完全地/~ and ~ 并驾齐驱/~ or nothing 拼命地,孤注一掷地/risk one's ~ 冒生命危险/up to one's ~ 深深卷入某事中 ‖ neck-band n. ①(作装饰用的)领圈;领巾 ②领口 ③衬衫领子/neckcloth n.(旧时男装的)领饰;领巾/neckline n. 领口,开领/neckpiece n. 领饰,皮围巾/necktie n. 领带

necklace ['neklɪs] n. ⓒ项链

need [niːd] vt. 需要;必须:These patients need looking after.这些病人需要照料。aux. v. 必须:Need he go yesterday? 昨天他有无必要吗? ■ n. ❶Ⓤ需要,需求:basic ~ 基本需要 ❷Ⓤ责任,必要:There is no need of your anxiety.你的焦虑是不必要的。❸ⓟ需要的东西:The hotel staff will supply all your needs.饭店工作人员会向你们提供一切需用的东西。❹Ⓤ贫穷;困窘:We are collecting money for families in need.我们正在为有困难的家庭筹捐。‖ be〔stand〕in ~ of 需要…/if ~ be 如果需要的话/in case of ~ 在需要时

needful ['niːdfʊl] n. Ⓢ❶必要的事物 ❷钱

needle ['niːdl] n. ⓒ❶针 ❷针状物 ‖ give the ~ 刺激,激励/hit the ~ 击中要害;射箭靶/on the ~ 注射毒品成瘾 ‖ needlepoint n. 针尖

needless ['niːdlɪs] adj. 不需要的;不必要的 ‖ ~ to say 不用说,不必说 ‖ needlessly adv. 不需要地,不必要地/needlessness n. 不需要,不必要

needy ['niːdɪ] adj.(-ier,-iest)贫穷的;贫困的

ne'er [neə] adv.〈诗〉永不,决不

negate [nɪ'geɪt] vt. ❶取消,使无效 ❷否定,否认

negative ['negətɪv] adj. ❶拒绝的;怀疑的;不同意的 ❷消极的,非建设性的 ❸无预期结果的 ❹〈数〉负的;〈电〉阴的,负的 ■ n. ⓒ否定词语,否定的观点;拒绝;否认:The answer to my request was a strong negative.我的要求受到强硬的拒绝。‖ negatively adv. 否定地,消极地/negativeness n. 否定性,消极性

neglect [nɪ'glekt] vt. 疏忽;忽略,遗漏:It is bad for us to pay attention to one side and neglect the other.只顾一方面,不顾其他方面,会

对我们不利。/ She neglected locking the door. 她忘记锁门了。■ n. ⓤ ❶忽略,疏忽,玩忽;~ of duty 玩忽职守 ❷被忽视的状态 ‖ **neglected** adj. 被忽视的;未被好好照管的/**neglectful** adj. 疏忽的,不注意的

negligent ['neglɪdʒənt] adj. ❶疏忽的;粗心大意的 ❷不拘泥的;不计较的;不在乎的;随便的;无所谓的

negligible ['neglɪdʒəbl] adj. 可忽略的,无足轻重的: The damage to his car is negligible. 他的汽车的损坏程度可忽略不计。/ In buying a suit, a difference of ten cents in prices is negligible. 买一套衣服只差一角钱是无所谓的。‖ **negligibly** adv. 可忽略地,无足轻重地

negotiate [nɪ'gəʊʃɪeɪt] vt.&vi. 谈判;协商;议定: We've decided to negotiate a loan with them. 我们决定和他们商定贷款之事。 vt. 兑现(支票等) ‖ **negotiator** n. 谈判者,协商者

negotiation [nɪˌgəʊʃɪ'eɪʃn] n. ❶ⓒⓤ 协商,谈判 ❷ⓤ完成(难事);通过

Negro ['niːgrəʊ] n. (pl. ~es)ⓒ黑种人;黑人 ■ adj. 黑人的: a ~ race 黑种人

negroid ['niːgrɔɪd] adj. 黑人似的

neighbour,〈美〉**neighbor** ['neɪbə] n. ⓒ❶邻居 ❷邻近的人〔物〕;邻国 ‖ **neighboured** adj. 有某种邻居(或环境)的/**neighbouring** adj. 邻近的,附近的;接壤的/**neighbourless** adj. 无邻居的/**neighbourship** n.〈古〉附近;邻居关系

neighbo(u)rhood ['neɪbəhʊd] n. ⓒ 地区;某地区的人;与某处邻近的地区 ‖ in the ~ of ❶在…附近 ❷近于,大约

neither ['niːðə] adj. Ⓐ(两者)都不的: Neither hand is clean. 两只手都不干净。 ■ pron. 两者都不: Neither of you believes one word that you are saying. 你们连自己说的一句话也不相信。 ■ adv. 也不: Just as I haven't good eyes, neither have my children. 就好像我视力不好,我的孩子们视力也不好。 ■ conj. 不: Neither you nor he is right. 你和他都不对。

neologism [nɪ'ɒlədʒɪzəm] n. ❶ⓒ新词;旧词新义 ❷ⓤ新词〔新义〕的使用 ‖ **neologist** n. 新词(或新义)的创造者(或使用者)

neon [niːən] n. ⓤ〈化〉氖

nephew ['nefjuː] n. ⓒ侄子,外甥

nerve [nɜːv] n. ❶ⓒ神经 ❷ⓟ神经过敏;神经紧张 ❸ⓤ勇气;胆量 ‖ get on sb's ~s使某人心烦意乱/have iron ~s〔have ~s of steel〕有胆量/hit a ~ 触到伤心处/lose one's ~s胆小起来 ‖ **nerve cell**〈解〉神经细胞/**nerve centre**〈解〉神经中枢/**nerve fibre**〈解〉神经纤维

nerveless ['nɜːvləs] adj. ❶无力的;无勇气的 ❷沉着的,镇静的

nervous ['nɜːvəs] adj. ❶神经系统的,神经性的 ❷害怕的;胆小的 ❸神经紧张的 ❹神经过敏的;神经失常的 ‖ **nervously** adv. 害怕地,胆小地/**nervousness** n. 神经紧张,害怕 ‖ **nervous system** 神经系统

nest [nest] n. ⓒ❶(鸟)窝,巢 ❷(某些动物或昆虫的)窝,穴 ❸温床,庇护所 ■ vi. 筑巢: Most birds nest in a tree. 多数鸟在树上筑巢。 ‖ **nestful** n. (一)满巢/**nestlike** adj. 巢状的

nestle ['nesl] vt.&vi. ❶舒适而温暖地安定下来: He nestled down in bed shortly after he got home. 他回家后不久便上床休息了。 ❷依偎: The child nestled (his head) up against to his mother. 小孩(将头)紧紧地依偎着他的母亲。

net[1] [net] n. ❶ⓤ网眼织物 ❷ⓒ网 ❸ⓒⓤ网状系统 ■ vt.(-tt-)用网捕;布网于: Net the fruit trees to protect them from birds. 用网盖住果树以免遭鸟害。/ She has netted herself a rich husband. 她施展计谋找了个有钱的丈夫。 ‖ **netlike** adj. 网状的 ‖ **net ball** 落网球,不过网的球

net[2] [net] adj. Ⓐ净的,纯的 ■ vt. 净得,净赚: It netted us a handsome profit. 这为我们净赚了一大笔利润。

nether ['neðə] adj. 下面的,下部的 ‖ **netherworld** n. ①阴间 ②下层社会

nettle[1] ['netl] n. ⓒ荨麻 ‖ **nettle rash**〈医〉荨麻疹,风疹

nettle[2] ['netl] vt. 惹怒,激怒;烦扰 ‖ **nettlesome** adj. 恼人的

network ['netwɜːk] n. ⓒ❶网状物 ❷(电视与计算机)网络,网状系统 ❸广播网,电视网

neural ['njʊərəl] adj. 神经的

neuralgia [njʊə'rældʒə] n. ⓤ〈医〉神经痛

neurology [njʊə'rɒlədʒɪ] n. ⓤ〈医〉神经病学 ‖ **neurological** adj. 〈医〉神经病学的/**neurologist** n.〈医〉神经病学家

neurosis [njʊə'rəʊsɪs] n. (pl. -oses)ⓒⓤ〈医〉神经机能病,神经官能症

neurotic [njʊə'rɒtɪk] adj. ❶神经官能症的 ❷神经质的,神经过敏的;极为焦虑的

neutral ['njuːtrəl] adj. ❶中立的,不偏不倚的 ❷中立(国家)的 ❸暗淡的;非彩色的 ❹(化学中)中性的 ❺不带电的 ■ n. ❶ⓤ(汽车或其他机器的)空挡位置 ❷ⓒ中立人士;中立国 ‖ **neutralism** n. 中立;中立主义/**neutrality** n. 中立;中立地位

neutralize,**-ise** ['njuːtrəlaɪz] vt. ❶使失效;抵消;中和 ❷使(一个国家)中立化

neutron ['njuːtrɒn] n. ⓒ〈物〉中子 ‖ **neutron-tight** adj. 不透中子的

never ['nevə] adv. 从不,永不,从来没有: I have never been abroad, neither〔nor〕have I ever wished to go. 我从未去过国外,我也从未想去。 ‖ ~ **mind** 没关系,不要介意/~ **so**

much as 甚至不,甚至没有 ‖ **never-setting** *adj*. 永远不落的

nevertheless[ˌnevəðə'les] *adv*. 仍然,然而,不过;不过: *What you said was true but nevertheless unkind*. 你所说的都对,不过有点不客气。■ *conj*. 尽管如此,然而: *The news may be unexpected; nevertheless it is true*. 这消息也许是出乎意料的,然而是真实的。

new[njuː] *adj*. (-er,-est) ❶新的,新出现的,新生产的: *He ordered some new books from America*. 他从美国订购一些新书。❷生疏的,新接触的: *Flying in an airplane was a new experience for her*. 坐飞机对她来说是件新鲜事。‖ **new-build** *vt*. 重建/**newcome** *adj*. 新来的/**newfashioned** *adj*. 新式的,新流行的/**newfound** *adj*. 新发现的/**new-made** *adj*. 新做的/**new-model** *vt*. 改组,组建/**new-rich** *n*. 新发迹的人/**new-type** *adj*. 新型的/**New World** 新大陆,新世界;西半球/**New Year** 新年/**New Year's Day** 元旦/**New Year's Eve** 除夕

newborn['njuːbɔːn] *adj*. Ⓐ(婴儿)新生的,初生的

newcomer['njuːkʌmə] *n*. Ⓒ新来的人;新手

newly['njuːli] *adv*. 新近;最近 ‖ **newlywed** *n*. 新结婚的人

news[njuːz] *n*. Ⓤ❶新闻;消息 ❷(可当作新闻内容的)人,物,事 ‖ **newsless** *adj*. 没有新闻的 ‖ **news analyst** 新闻分析员;评论家/**newsboy** *n*. 报童/**news conference** 记者招待会/**news film** 新闻短片/**newsflash** *n*. 简短的新闻报道/**newsmagazine** *n*. (一般为每周出版的)新闻杂志;时事刊物/**newsman** *n*. 卖报人;送报人;新闻记者/**newssheet** *n*. 单张报纸/**newsstand** *n*. 报摊;报刊柜/**news window** 新闻图片栏

newsagent['njuːzˌeidʒənt] *n*. Ⓒ报刊经销人

newscaster['njuːzˌkɑːstə] *n*. Ⓒ(电台或电视的)新闻播音员

newsletter['njuːzˌletə] *n*. Ⓒ(给特定读者定期寄发的)通讯;简报;业务通讯

newspaper['njuːsˌpeipə] *n*. Ⓒ报纸

newsroom['njuːzrum] *n*. Ⓒ(报社、广播电台的)新闻编辑室

next[nekst] *adj*. ❶紧接在后的,次于的: *We may go out next Sunday, but that depends*. 我们可能下星期天郊游,但那要看情况而定。❷贴近的,紧邻的: *He contrasted his son with the boy next door*. 他将他的儿子与隔壁的男孩比较。‖ **in the ~ place** 其次,第二点/**~ door to** 贴近;仅次于/**~ to** ①贴近;仅次于②几乎 ■ *adv*. ❶接下去;然后: *What are you going to do next?* 然后你要干什么? ❷居后地,次于: *John arrived first and Jane came next*. 约翰先到了,简次之。‖ **the ~ best** 仅次于最好的,第二好的 ‖ **next door** 在隔壁;几乎等于

nib[nib] *n*. Ⓒ钢笔尖,鹅毛管笔笔尖

nibble['nibl] *vt*.& *vi*. 啃;一点一点地咬(吃) *vt*. 啃出(洞);一点一点咬出(洞) *vi*. (对提议、建议等)显出略有兴趣的样子 ■ *n*. Ⓒ❶啃;轻咬,显出有兴趣 ❷很少量食物

nice[nais] *adj*. (-r,-st) ❶美好的;美妙的;令人愉快的 ❷友好的,好心的 ❸细致的;精细的 ‖ **~ and...** 很,挺 ‖ **nice-looking** *adj*. 好看的,漂亮的

nicely['naisli] *adv*. ❶很好地;令人愉快地;合宜地 ❷精确地;细微地

nicety['naisiti] *n*. ❶Ⓤ微妙;细微 ❷Ⓒ细微之处,细微的区别;细节 ‖ **to a ~** 准确地,恰好处地

nick[nik] *n*. Ⓒ❶刻痕,裂口 ❷Ⓢ〈非正〉监狱

nickel['nikəl] *n*. ❶Ⓤ〈化〉镍 ❷Ⓒ(美国和加拿大的)五分镍币,五分钱

nickname['nikneim] *n*. Ⓒ绰号,诨名;昵称

nicotine['nikətiːn] *n*. Ⓤ尼古丁,烟碱

niece[niːs] *n*. Ⓒ侄女,外甥女

niff[nif] *n*. Ⓢ难闻的气味

nigger['nigə] *n*. Ⓒ黑人(此称呼被看作是对黑人的极大侮辱) ‖ **nigger-brown** *n*. 深褐色

niggle['nigl] *vi*. ❶为小事操心;吹毛求疵 ❷不断地烦扰

niggling['nigliŋ] *adj*. Ⓐ❶不断烦扰的 ❷(一件工作)费神的;难办的,繁琐的

night[nait] *n*. ⒸⓊ夜,夜晚 ‖ **all ~** 整夜/**by ~** 在夜间/**far into the ~** 深夜/**~ and day** 夜以继日 ‖ **nightbell** *n*. 夜间用的门铃/**nightbird** *n*. 夜出活动的人/**nightcap** *n*. 睡帽;临睡前喝的酒;一天中的最后一场比赛/**nightclothes** *n*. 睡衣/**night life** 夜生活/**nightlight** *n*. 夜灯/**night owl** 猫头鹰;晚睡的人/**night piece** 夜景/**night porter** 夜班侍者/**night shift** 夜班;夜班工人/**nightshirt** *n*. 男用长睡衣/**nightstool** *n*. 便桶/**night watch** 守夜,值班/**night watcher** 守夜的人,值班的人/**nightwear** *n*. (总称)睡衣/**nightwork** *n*. 夜间工作,夜工

nightclub['naitklʌb] *n*. Ⓒ夜总会

nightfall['naitfɔːl] *n*. Ⓤ黄昏;傍晚

nightingale['naitiŋgeil] *n*. Ⓒ夜莺

nightly['naitli] *adj*. & *adv*. 每夜(的),夜夜(的)

nightmare['naitmeə] *n*. Ⓒ❶噩梦 ❷〈口〉可怕的事情,无法摆脱的恐惧

nighttime['nait-taim] *n*. Ⓤ夜间

nil[nil] *n*. Ⓤ无,零

nimble['nimbl] *adj*. 灵活的,敏捷的,聪明

的;机智的 ‖ as ~ as a squirrel 行动敏捷 ‖ **nimbleness** n. 敏捷,机智/**nimbly** adv. 敏捷地;机智地/**nimble-fingered** adj. 手指敏捷的/**nimble-footed** adj. 脚快的/**nimble-witted** adj. 聪明的

nine [naɪn] num. 九;九个 ‖ ~ **out of ten** 十有八九

nineteen [ˈnaɪnˈtiːn] num. 十九 ‖ **talk** ~ **to the dozen** 说个不停

nineteenth [ˈnaɪnˈtiːnθ] num. 第十九;十九分之一;the ~ **of January** 一月十九号

ninetieth [ˈnaɪntɪɪθ] num. 第九十;九十分之一

ninety [ˈnaɪntɪ] num. 九十 ‖ ~-**nine out of a hundred** 百分之九十九,几乎总是如此

ninth [naɪnθ] num. 第九,九分之一

nip [nɪp] (-pp-) vt. & vi. 夹,捏;咬;掐;钳;I nipped my finger in the door. 我的手指头让门夹了一下。vt. 伤害;摧残;冻伤;The cold weather has nipped the fruit trees. 寒冷的气候冻坏了果树。vi. 快走;赶快;Where did she nip off to? 她走得那么快,要去哪儿? ‖ ~ **and tuck** 势均力敌,不相上下/~ **at** 慢慢地咬;挑剔/~ **in**(**into**)插嘴(把衣服身围)改窄,改小 ‖ **nipping** adj. (风等)凛冽的,刺骨的

nipper [ˈnɪpə] n. 小孩(尤指男孩)

nippers [ˈnɪpəz] n. 钳子;镊子

nipple [ˈnɪpl] n. 乳头 ❷〈美〉(奶品的)橡皮奶头 ❸(机器上的)乳头状注油口;加油嘴

nippy [ˈnɪpɪ] adj. (-ier,-iest) ❶(天气)寒冷的;冷飕飕的 ❷敏捷的,动作快的

nitrogen [ˈnaɪtrədʒən] n. 〈化〉氮

nitwit [ˈnɪtwɪt] n. 笨人,傻子 ‖ **nitwitted** adj. 愚蠢的,傻的

no [nəʊ] adv. ❶不,不是 ❷毫不,一点也不;I'm feeling no better than yesterday. 我一点儿也不觉得比昨天好。‖ adj. ❶没有的;No words can express my grief. 我的忧伤无法表达。❷不许的,不可能的;No smoking! 不许吸烟! ❸完全不是的,远非的;He is no genius. 他根本不是什么天才。‖ **there is** ~ **knowing**(**saying**)不可能知道(说清) ■ n. ❶不,拒绝,否定,否认;His father gave him a clear no to his request for money. 他爸对他要钱的请求给了明确的拒绝。❷反对票,投反对票者;The noes have it. 投反对票者占多数。‖ **no-being** n. 不存在/**no-good** adj. 无价值的,无用的;无希望的/**no-man** n. 惯常反对别人意见的人/**no-man's-land** n. 无人地带,真空地带/**no one** 没人,无人

nobility [nəʊˈbɪlɪtɪ] n. ❶贵族阶层 ❷高贵,高尚,崇高

noble [ˈnəʊbl] adj. (-r,-st) ❶高尚的;His attempt to save the poor people's homes was truly noble. 他拯救穷人家园的尝试确实非常高尚。❷雄伟的;Niagara falls is a noble sight. 尼亚加拉瀑布是一壮观的景色。❸贵族的,显贵的;He was descended from a noble family. 他出身于贵族家庭。■ n. 贵族 ‖ **nobly** adv. 高贵地,壮丽地 ‖ **noble-minded** adj. 思想高尚的

nobleman [ˈnəʊblmən] n. (pl.-**men**) 贵族

nobody [ˈnəʊbədɪ] pron. 没有人,无人,谁也不;It was so cold that nobody can make his hands naked. 天气太冷,没有人能把手露在外面。■ n. 小人物,无足轻重的人

nod [nɒd] vt. & vi. (-dd-) 点头;He nodded to show that he understood. 他点头表示他懂了。vi. 打盹,打瞌睡;Grandmother sat nodding by the fire. 祖母坐在火炉旁打瞌睡。‖ ~ **back** 以点头(方式)示意(某人)回去/~ **into** 以点头(方式)示意(某人)进入/~ **off** 打盹/~ **to** 向…点头 ■ n. 点头;an encouraging ~ 点头鼓励/The judges gave the nod to the winning challenger. 裁判们对挑战者的胜利给予确认。‖ **a** ~'**s as good as a wink** 不用多说/**on the** ~ 无人反对地

node [nəʊd] n. ❶节,瘤 ❷结节 ❸植物的节 ❹(计算机网络的)节点

noise [nɔɪz] n. ❶噪声,喧哗声;The noise awoke me from my sleep. 喧闹声使我从睡梦中醒过来。❷声音;响声;The engine's making funny noises. 引擎发出奇怪的声音。‖ **make a** ~(~**s**) **about**(为某事而)叫嚷起来 ‖ **noiseful** adj. 喧闹的

noisy [ˈnɔɪzɪ] adj. (-ier,-iest) 嘈杂的;喧闹的;I wish those noisy children would sober down. 我希望那些闹哄哄的孩子们静下来。‖ **noisily** adv. 喧闹地/**noisiness** n. 喧闹

nomad [ˈnɒmæd] n. ❶游牧部落的一员,游牧民 ❷流浪者 ‖ **nomadism** n. 游牧生活;流浪生活

nomadic [nəʊˈmædɪk] adj. 游牧的;流浪的

nominal [ˈnɒmɪnəl] adj. ❶名义上的,有名无实的;The king was only the nominal head of the state. 国王只是这个国家名义上的元首。❷(金额)很少的,象征性的;The charge of the box lunch was nominal. 午餐盒饭收费很少。‖ **nominalism** n. 唯名论/**nominalist** n. 唯名论者/**nominally** adv. 名义上地

nominate [ˈnɒmɪneɪt] vt. 提名…为候选人,任命;I nominate Bill as the club president. 我提名比尔为俱乐部主席候选人。

nomination [ˌnɒmɪˈneɪʃən] n. 提名,任命

nominee [ˌnɒmɪˈniː] n. 被提名者,被任命者

non-aligned [ˈnɒnəˈlaɪnd] adj. (指国家)

不结盟的：~ countries 不结盟的国家
nonchalance [ˈnɒnʃələns] n. ⓊⒸ 漠不关心,无动于衷,冷淡
none [nʌn] pron. 没有人；一个也没有；一点儿也没有：If you need a repairman, there's none better than my brother. 如果你需要一个修理工,我兄弟再合适不过了。‖ ~ but 仅,只 ■adv. ❶毫不,毫无：~ so wise 不怎么聪明/After all his explanations, I remained none the wiser. 他讲了半天,我还是糊里糊涂。❷不很,不太：He did it none too well. 他做得一点也不好。
nonetheless [ˌnʌnðəˈles] = nevertheless
nonexistent [ˌnɒnɪɡˈzɪstənt] adj. 不存在的
nonfat [ˈnɒnˌfæt] adj. 脱脂的
nonfiction [ˌnɒnˈfɪkʃən] n. Ⓤ 非小说类文学作品
no-no [ˈnəʊˌnəʊ] n. Ⓒ 被禁止的东西；不准干的事
non-payment [ˌnɒnˈpeɪmənt] n. Ⓤ 无力支付（账单、税款等）
nonplus [ˌnɒnˈplʌs] vt. 使迷惑
nonprofit [ˌnɒnˈprɒfɪt] adj. （商业）非赢利的
nonsense [ˈnɒnsəns] n. Ⓤ ❶胡说,废话：He left out three words when he copied the sentence and the result was nonsense. 他抄这个句子时漏了三个词,结果使这句话毫无意义。❷愚蠢的行为；无聊的事物：Stop that nonsense, children! 别胡闹了,孩子们！
nonskid [ˌnɒnˈskɪd] adj. （通常指轮胎）防滑的,不滑的
nonstick [ˌnɒnˈstɪk] adj. Ⓐ (锅) 锅底不粘的
nonstop [ˌnɒnˈstɒp] adj. & adv. 不停（地）；不断的（地）
nonviolent [ˌnɒnˈvaɪələnt] adj. 非暴力的
noodle¹ [ˈnuːdl] n. Ⓟ 面条
noodle² [ˈnuːdl] n. Ⓒ 傻子,笨蛋
noon [nuːn] n. Ⓤ 正午；中午 ‖ morning, ~ and night 日日夜夜
noonday [ˈnuːndeɪ] n. Ⓢ 中午 ‖ as clear as ~ 一清二楚
noose [nuːs] n. Ⓒ 绞索,套索
nor [强 nɔː, 弱 nə] conj. 也不；也没：All that is true, nor must we forget about it. 那全是真的,我们可不能忘记。/Neither you nor he is right. 你和他都不对。
norm [nɔːm] n. Ⓒ ❶标准,规范 ❷准则,行为模式
normal [ˈnɔːməl] adj. ❶正常的,平常的：She braced herself to lead a normal life. 她振作起来去过正常生活。❷正规的；标准的：He received four years of normal edication at col-

lege. 他在大学受了四年正规教育。‖ **normal school** 师范学校/**normal university** 师范大学
normality [nɔːˈmælɪtɪ] n. Ⓤ 正常,正常状态
normalize, -ise [ˈnɔːməlaɪz] vt. & vi. （尤指国家间的关系）(使）正常化,恢复友好状态 ‖ **normalization** n. 正常化
normally [ˈnɔːməlɪ] adv. 通常；正常地
normative [ˈnɔːmətɪv] adj. 标准的,规范的 ‖ **normatively** adv. 标准地,规范地/**normativeness** n. 标准,规范
north [nɔːθ] n. ❶ⓈⓊ 北；北方 ❷Ⓢ 北部 ■ adj. Ⓐ ❶北方的,在北方的；朝北的,向北的：N- Africa 北非/N- America 北美/the N- China 华北/the ~ End〔Side〕北区/Such fish is rarely met with in the north country. 这种鱼在北方难得看到。❷(风,光线)来自北方的：The north wind has frozen the water in the pool in the garden. 北风使花园里的池水结冰了。■ adv. ❶在北方,向北方：drive〔go, sail, walk〕~ 向北开〔去,航行,走〕/Then they headed north to join forces with us. 这时他们向北进发去和我们会师。❷自北地 ‖ up ~ 去北部 ‖ **northland** n. 北国,北方/**North Pole** 北极
northeast [ˌnɔːθˈiːst] n. ❶ⓈⓊ 东北,东北方 ❷Ⓢ 东北部 ■ adj. Ⓐ ❶东北的,在东北部的,向东北的,面朝东北的：a ~ district 东北区/the ~ corner 东北角/The church's northeast window has beautifully coloured glass. 教堂朝东北的窗子是用精美的彩色玻璃镶嵌成的。❷(风,光线)来自东北方向的：A northeast wind is blowing strongly. 东北风刮得呼呼响。■ adv. ❶向东北：They voyaged northeast for several days. 他们向东北航行了几天。❷自东北地：The wind blew northeast. 风从东北方吹来。
northeastern [ˌnɔːθˈiːstən] adj. 东北的,来自东北的,在东北的
northern [ˈnɔːðən] adj. 北方的,北部的：~ countries 北方诸国/~ hemisphere 北半球/~ light 北极光/~ side 北面/The park is in the northern part of the city. 公园位于该城市的北部。/Her accent is northern. 她说话带有北方口音。
northernmost [ˈnɔːðənməʊst] adj. Ⓐ 最北的,极北的
northward [ˈnɔːθwəd] adv. 向北方
northwest [ˌnɔːθˈwest] n. ❶ⓈⓊ 西北,西北方 ❷Ⓢ 西北部 ■ adj. Ⓐ ❶在西北的,西北部的,向西北的,面朝西北的：~ coast 西北海岸/Take the northwest road; it is the shortest way. 走向西北的那条路,那是最近的路。❷(风,光线)来自西北方的：~ light 来自西北的光线/A northwest wind is blowing. 正刮西

北风。■adv. ❶向西北:The plane flew northwest. 飞机往西北飞去。❷自西北地:The wind was blowing northwest. 正在刮西北风。

northwestern [ˌnɔːθˈwestən] adj. 西北的,来自西北的,在西北的

nose [nəuz] n. ❶C鼻子 ❷C似鼻子的东西 ❸C U嗅觉 ‖ by a ~ 差一点/count ~s 数人数/cut off one's ~ to spite one's face 拿自己出气/follow one's ~ ①笔直往前走②靠嗅觉指引;凭直觉行事/get up sb's ~ 惹某人发火,使某人恼怒/have a ~ for 对…敏感,很善于发现/have one's ~ in a book 埋头看书/lead by the ~ 牵着(某人的)鼻子,完全操纵(某人)/look down one's ~ at 轻视(某人或某物)/on the ~ 正好,恰好,准确/turn up one's ~ at 瞧不起/under sb's ~ ①就在某人面前②就在某人眼皮底下/with one's ~ in the air 目中无人地 ■vt. 嗅:The dog nosed the car carefully. 狗仔细地嗅着那辆汽车。vi. 窥探,探听;四处查看:The secret has been nosed. 秘密被探听到了。vt.& vi.小心翼翼地前进:The little boat nosed carefully between the rocks. 小船在岩石间谨慎地缓慢航行。/The ship nosed its way. 船缓缓前进。‖ ~ about 找;探听/~ around 四处探听/~ at 嗅/~ into 打听/~ out 嗅出;探听出/~ through 缓慢地通过 ‖ **noseless** adj. 无鼻子的,无喷嘴的

not [nɒt] adv. 不,没;I don't think it will rain. 我想不会下雨的。/Is she ready or not? 她准备好了没有?/The desk is not two feet high. 这张书桌不到两英尺高。‖ as likely as ~ 很可能,说不定/as often as ~ 经常,通常/as soon as ~ 很愿意,再乐意不过/~ a ~ 也不/~ all that 不那么…/~ at all 别客气/~ but what 虽然,但是/~ in the least 毫不,全无/~ only... but also 不但…而且/~ so much... as 与其说是…,不如说是…/~ that 并不是说/~ (that)... but 并不是…,而是/~ to be thought of 不必考虑/~ to speak of 更不必提/~ yet 尚未

notable [ˈnəutəbl] adj. 值得注意的,显著的;著名的 ■n. P 名人,要人:Many notables came to the President's reception. 许多名人出席了总统招待会。

notably [ˈnəutəbli] adv. 显而易见地;明显地

notation [nəuˈteɪʃən] n. U C 记号,标记法 ‖ **notational** adj. 有记号的

note [nəut] n. ❶C 笔记,摘记 ❷C 短信,短笺 ❸U 注意 ❹C 会谈记录;文献,件件 ❺C 评注,注释 ❻S 暗示,含意 ❼C 纸币 ‖ compare ~s 交换意见/of ~ 值得注意的,重要的,非凡的/strike [sound] a ~ 表示某种情感或观点/take ~ of 注意,留意 ■vt.❶记录:A villager had noted the number of the truck. 一个村民记下了车牌号。❷注意:Note how he swims. 注意看他如何游泳。‖ be ~d for 因…而闻名/~ down

记下 ‖ **noteless** adj. 不被注意的,不著名的/**noter** n. 做笔记者 ‖ **notepaper** n. 信纸

notebook [ˈnəutbuk] n. C 笔记簿

noted [ˈnəutɪd] adj. 闻名的;著名的

nothing [ˈnʌθɪŋ] pron. 没有东西,没有事情,没有一点儿:I know nothing about the accident. 对那次事故我什么也不知道。‖ build up from ~ 白手起家/care ~ for 不喜欢,不关心/for ~ ①免费②无酬劳,无结果/have ~ to do with 与…没关系/~ but 只有,只不过/~ less than 完全,全部/~ like ①丝毫不像②绝对不 ■n. C 无关紧要的人〔事〕:She is an interesting person but her husband is a real nothing. 她是个十分有趣的人,但她的丈夫不及她了。/I feel what a nothing I am! 我感到我是多么渺小啊! ‖ **nothingness** n. 虚无,不存在;无价值

notice [ˈnəutɪs] n. ❶U S 预告,通知 ❷C 布告,通告,启示 ❸U 注意 ❹C 评价,短评 ‖ beneath one's ~ 不为某人理会,不值一顾/bring to sb's ~ 将某事告知某人,使人注意某事物/come into ~ 引起注意/come to sb's ~ 被某人看〔听〕到等 ■ vt.& vi. 注意:We noticed how to make the experiment. 我们注意如何做这个实验。/I didn't notice you enter. 我没注意到你进来。/I noticed the man leaving the house. 我注意到那人离开这栋房子。/He noticed the situation changed. 他发现形势已经变了。‖ ~ by 从…注意到

noticeable [ˈnəutɪsəbl] adj. 显而易见的,显著的,显著的 ‖ **noticeably** adv. 明显地,显著地

notification [ˌnəutɪfɪˈkeɪʃən] n. U C 通知,通知单,通知书

notify [ˈnəutɪfaɪ] vt.(pt.,pp.-fied)通知,告知,报告:The father notified his son's birth. 父亲公告了他儿子的出生。/He didn't notify me how to get in touch with him. 他没有告诉我怎样跟他联系。/Please notify us when you arrive, so that we'll be ready. 请通知我们你们什么时候到达,以便我们做准备。‖ ~ of 正式将(某事)通知(某人或某团体)/~ to 正式将(某事)通知(某人或某团体)

notion [ˈnəuʃən] n. C ❶概念,观念,看法 ❷突然的念头,奇想;意图,打算

notoriety [ˌnəutəˈraɪəti] n. U 臭名,声名狼藉

notorious [nəuˈtɔːrɪəs] adj. 臭名昭著的,声名狼藉的 ‖ **notoriously** adv. 臭名昭著地,声名狼藉地/**notoriousness** n. 臭名昭著,声名狼藉

notwithstanding [ˌnɒtwɪθˈstændɪŋ] prep.(表示让步)〔正〕尽管 ■adv. 尽管如此,仍然;然而:I don't like movies, but I will go with you notwithstanding. 我不喜看电影,但

我仍会陪你去。
nought [nɔ:t] n. ⓒⓊ零；无；没有
noun [naun] n. ⓒ名词
nourish [ˈnʌriʃ] vt. ❶养育，喂养，滋养：~ sb on〔with〕用…养育某人/They needed good food to nourish their bodies. 他们需要好食品滋养身体。❷保持，增长（情绪等）：He's been nourishing the hope of a trip abroad. 他一直怀着出国旅行的愿望。‖ **nourishing** adj. 滋养的
nourishment [ˈnʌriʃmənt] n. Ⓤ食物，滋养品
novel [ˈnɔvəl] n. ⓒ（长篇）小说 ■ adj. 新奇的；新颖的；新的
novelist [ˈnɔvəlist] n. ⓒ（长篇）小说家
novelty [ˈnɔvəlti] n. ❶Ⓤ新颖；新奇性 ❷ⓒ新奇的人〔事物〕❸ⓒ新颖小巧而价廉的物品
November [nəuˈvembə] n. Ⓤⓒ十一月
now [nau] adv. ❶现在，目前：I had a headache this morning, but I'm all right now. 我今天早上头疼，但现在好了。❷立刻，马上：You've got to ask him. It's now or never. 你得去问他，马上去否则就没机会了。❸其时，当时：Now the noise was very loud. 此时噪音极大。❹（说话者用以继续进行叙述、请求、警告等转换语气）：Now be quiet for a few moments and listen to this. 请安静一会儿，注意听着。‖ (every) ~ and again〔then〕时而，偶尔，有时/~ for sth（用以转折，以提出新任务〔新话题〕）/~...〔then〕时而…时而…/~ then（①用于表示不赞成〔劝慰〕的话语之前 ②用以引出要说的话，以提出建议〔征询回应〕）
nowadays [ˈnauədeiz] adv. 现在；现时：Most films are colour ones nowadays. 现在大多数影片是彩色的。
nowhere [ˈnəuhweə] adv. 任何地方都不，无处：Such methods will get you nowhere. 这些做法不会有什么结果。‖ **in the middle of** ~ 在偏远地方/~ **near** 绝不，差得远，远不及/~ **to be found**〔**seen**〕任何人都找不到〔看不见〕
nuance [nju:ˈɑ:ns] n. ⓒ微妙的色彩，微妙之处
nuclear [ˈnju:kliə] adj. Ⓐ❶核的，原子核的 ❷使用或生产核能的 ‖ **nuclear deterrent** 核威慑力量
nucleus [ˈnju:kliəs] n. (pl. **nuclei**) ⓒ❶（原子）核 ❷中心，核心
nude [nju:d] n. ⓒ（绘画、照片或雕塑）裸体 ‖ **in the** ~ 赤身裸体的 ■ adj. 裸体的
nuisance [ˈnju:səns] n. ⓒ讨厌的东西〔人，行为〕‖ **Commit no** ~ 此处不准倒垃圾
numb [nʌm] adj. 麻木的，失去感觉的 ■ vt. 使麻木；使麻痹 ‖ **numbly** adv. 麻木地 / **numbness** n. 麻木

number [ˈnʌmbə] n. ❶ⓒ数，数字；号码 ❷Ⓤⓒ数目，数量 ❸Ⓢ一群人，一帮人：a ~ of people 许多人 ❹ⓒ一期，册：current ~ of 最近一期的 / There is a story about her in the current number. 最近一期上有关于她的故事。❺ⓒ一首乐曲：He sang several numbers from his latest album. 他唱了几首他近期唱片中的歌曲。❻Ⓢ喜爱的物品；衣物：She was wearing a snappy little red number. 她身着一款时髦的红色衣服。‖ **a** (**great**〔**large**〕) ~ **of** 许多的/**get sb's** ~ 看透某人/**in** ~ 总共/~ **one** ①自己 ②重要的，头号的/**one's** ~ **is up** 遭难的日子/**one's** ~ **two** 助手/**sb's** ~ **comes up** 发大财/**there's safety in** ~s 集体活动比个人活动安全/**to the** ~ **of** 达到…的数目，合计为/**without** ~ 无数的 ■ vt. ❶数；算：Let's number them from 1 to 20 row by row. 让我们每行从 1 数到 20。❷给…编号：They forgot to number the pages. 他们忘了编页码。 link v. 总共：The students of our department numbered in the hundreds. 我们系的学生总共有几百人。‖ ~ **among** 把…包括进/~ **off**〈军〉（使）报数/~ **with** 把…包括进 ‖ **numberless** adj. ①无号的 ②数不清的 ‖ **numbering machine** 号码机/**number plate** 号码牌
numeral [ˈnju:mərəl] n. ⓒ数词；数字 ■ adj. 数字的
numerical [nju:ˈmerikəl] adj. 数字的，用数字表示的，数值的 ‖ **numerical data** 数据/**numerical value** 数值
numerous [ˈnju:mərəs] adj. 很多的，许多的 ‖ **numerously** adv. 很多地，许多地/**numerousness** n. 很多，许多
nun [nʌn] n. ⓒ（通常指基督教的）修女；（佛教的）尼姑
nurse [nə:s] n. ⓒ❶护士 ❷保育员；保姆：dry ~ 保姆 ■ vt. & vi. ❶护理，照料：~ the garden 管理花园/~ affectionately 一往情深地护理 ❷喂，吃奶：~ a baby 给孩子喂奶/The baby is nursing at its mother's breasts. 那孩子正在吃妈妈的奶。‖ ~ **along** ①小心地驾驶 ②（非正）使稳步向前/~ **back to health** 护理…至…/~ **by** 以…治疗/~ **through** ①在…期间照顾 ②帮助，克服 ‖ **nurser** n. ①培育者 ②奶瓶 ‖ **nursing home** 小型私人医院
nursery [ˈnə:səri] n. ⓒ❶托儿所，育儿室 ❷苗圃 ‖ **nurserymaid** n. 保姆/**nursery song** 儿歌/**nursery tale** 童歌
nurture [ˈnə:tʃə] vt. 养育；培育，培养：~ personnel 培养员工/She is looking fondly at the plants he had nurtured. 她深情地看着他培育的植物。■ n. Ⓤ教养，培育：good ~ 好的教养/The tree grows well in his nurture. 在他的培育下这棵树长得很好。
nut [nʌt] n. ⓒ❶干果，坚果 ❷螺母，螺帽 ❸头 ‖ **a hard**〔**tough**〕~ (**to crack**) ①难以应付

的问题〔情况〕②难以说服〔影响〕的人/do one's ~非常气愤；焦急,担心/not for ~s一点也不/off one's ~ ①发疯的②错误的

nutrient ['nju:trɪənt] n. ⓒ(食品或化学品)营养物,营养品 ■adj.营养物的,营养品的

nutrition [nju:'trɪʃən] n. ⓤ营养

nutritionist [nju:'trɪʃənɪst] n. ⓒ营养学家

nutritious [nju:'trɪʃəs] adj.有营养的,滋养的 ‖ nutritiously adv.有营养地,滋养地/nutritiousness n. 有营养,滋养

nuts [nʌts] adj. ⓟ❶〈俚〉发疯的；傻的 ❷〈美俚〉热爱的；迷恋的

nutshell ['nʌtʃel] n. ⓒ坚果的外壳：in a ~一言以蔽之

nylon ['naɪlən] n. ❶ⓤ尼龙 ❷ⓟ女长袜：a pair of ~s一双尼龙丝袜

O

oak [əuk] n. ❶ⓒ栎树,橡树:*Oaks may fall when reeds stand the storm*.芦苇耐风暴,橡树却会倒。❷ⓤ栎木,橡木:*The chair is of solid oak*.这把椅子是纯栎木的。

oar [ɔː] n. 桨,橹:*The sailors are bending to the oars*.水手们在拼命地划桨。‖ **have an ～ in everyman's boat** 多管闲事/**pull a lone ～** 独自干/**put one's ～ in** 干涉,干预‖ **oarsman** n. 划手;划桨能手/**oarswoman** n. 女划手

oasis [əuˈeisis] n.(pl. **oases**)ⓒ绿洲

oath [əuθ] n.(pl. **～s**)ⓒ❶誓言;誓约:*a false ～* 假誓/*They swore an oath of loyalty to the country*.他们宣誓要报效祖国。❷咒骂,诅咒语:*He hurled a few oaths at his wife*.他骂了妻子几句。‖ **on〔under〕～** 在法庭上宣过誓要说实话

oatmeal [ˈəutmiːl] n. ⓤ燕麦片

oats [əuts] n. 🅟燕麦

obedience [əˈbiːdjəns] n. ⓤ服从;顺从;听话:*You will never force him into obedience*.你永远不能迫使他服从。‖ **in ～ to** 依照,遵照

obedient [əˈbiːdjənt] adj. 顺从的;服从的:*She is an obedient woman*.她是位温顺的女人。/*We're absolutely obedient to the superior*.我们绝对服从上级。‖ **obediently** adv. 服从地;顺从地;恭顺地

obey [əuˈbei] vt.& vi. 服从;听从:*～ an order* 服从命令/*The boy won't obey*.这孩子不听话。/*All I had to do now was to obey him in silence*.这时,我要做的只是默默地服从他。vt. 遵守;遵循:*～ the doctor's advice* 遵医嘱/*Everyone must obey the law*.人人都必须遵守法律。

obfuscate [ˈɔbfʌskeit] vt. ❶使模糊,使混乱 ❷使糊涂

object [ˈɔbdʒikt] n. ⓒ❶物体:*What are those strange objects?* 那些奇异物体是什么？❷对象;客体:*The building is the main object of his interest*.他最感兴趣的是这栋建筑物。❸目标;意向;目的:*achieve an ～* 达到目的/*Our object is to get at the truth*.我们的目的是弄清事实真相。❹可笑的人〔事物〕:*What an object you look in that old hat!* 你戴着那顶帽子,样子可真怪！❺宾语:*Verbs that do not take object are called intransitive verbs*.不带宾语的动词称为不及物动词。‖ **no ～** 没有限制;不成问题 ∎[əbˈdʒekt] vi. 不赞成,反对;抗议:*He did not object*.他没有反对。vt. 以…为理由反对:*They objected that the plan was risky*.他们反对说,这项计划是危险的。/*It may be objected that not enough manpower is available*.有人可能会提出反对,认为没有足够的人力可用。‖ **～ against** 〈正〉反对/**～ to** 反对;对…反感 ‖ **objectless** adj. 无目的的/**objector** n. 反对者 ‖ **object glass** 物镜/**object lesson** ①实物教学课,直观教学课②足资教训的实例/**object teaching** 实物教学,直观教学

objectify [əbˈdʒektifai] vt. 使客体化,使客观化,使具体化

objection [əbˈdʒekʃən] n. ❶ⓒⓤ反对,异议;厌恶 ❷ⓒ反对的理由

objective [əbˈdʒektiv] n. ⓒ目标;目的 ∎ adj. 客观的;不带偏见的‖ **objectively** adv. 客观地/**objectiveness**(性)/**objective test** 由是非题、选择题等组成的测验

obligate [ˈɔbligeit] vt. 使(在法律或道义上)负有责任或义务

obligation [ˌɔbliˈgeiʃən] n. ⓒⓤ义务;责任‖ **under an ～** 有义务/**under no ～** 没有义务

obligatory [ɔˈbligətəri] adj. 必须的,必要的;要求的,应尽的

oblige [əˈblaidʒ] vt.& vi. ❶迫使做;使负义务:*Poverty obliged her to live a hard life*.贫困迫使她过艰苦的生活。❷满足请求;施惠:*Sorry, I can't oblige you*.很抱歉,我不能帮你的忙。vt. 感激:*I should be obliged if you wouldn't say so*.你如果不这样说,我就感谢你了。‖ **～ by** 劳驾,帮忙/**～ to**(因…)对…感谢/**～ with** 以…施恩于(某人);以…满足于(某人)‖ **obliger** n. 施惠于人者

obliging [əˈblaidʒiŋ] adj. 乐于助人的‖

obligingly adv. ①乐于助人地;有礼貌地②强制性地/**oblingingness** n. 乐于助人;恳切

oblique [əˈbliːk] adj. ❶歪的,斜的;倾斜的,偏斜的 ❷Ⓐ拐弯抹角的;间接的 ‖ **obliquely** adv. 拐弯抹角地;间接地/**obliqueness** n. 倾斜;间接

obliterate [əˈblɪtəreɪt] vt. ❶除去;涂去;擦掉 ❷彻底破坏或毁灭

oblivion [əˈblɪvɪən] n. Ⓤ❶遗忘,忘却;无感觉,无知觉 ❷被遗忘,被忘却 ‖ **an Act of Oblivion** 大赦令

oblivious [əˈblɪvɪəs] adj.. Ⓟ未察觉;不注意;忘记 ‖ **obliviously** adv. 健忘地;不以为意地/**obliviousness** n. 忘却;不在意

obscene [ɒbˈsiːn] adj. ❶淫秽的,下流的 ❷可憎的,可恶的 ‖ **obscenely** adv. 下流地,可恶地

obscenity [ɒbˈsiːnɪtɪ] n. ❶Ⓤ淫秽,猥亵;下流 ❷Ⓒ淫秽的词语或行为

obscure [əbˈskjʊə] adj. ❶不出名的;不重要的 ❷费解的;模糊不清的 ❸不易看清的,暗淡的 ■vt. 模糊不清;掩盖。~ the sun 遮住太阳/Her poor English obscured her meaning. 她的英语差,难以表达自己的意思。/My view was obscured by the trees. 我的视线被树挡住了。‖ **obscurely** adv. 不出名地;模糊不清地/**obscureness** n. 不重要,费解

obscurity [əbˈskjʊrɪtɪ] n. ❶Ⓤ不明,费解,隐晦,无闻 ❷Ⓒ晦涩或不明的事物

observable [əbˈzɜːvəbl] adj. 观察得到的;应遵守的;应庆祝的 ‖ **observably** adv. 应遵守地;应庆祝地

observation [ˌɒbzɜːˈveɪʃən] n. ❶Ⓤ注意;观察 ❷Ⓤ观察力 ❸Ⓒ言论,评论,意见 ❹Ⓟ观察资料,观察数据 ‖ **keep under ~** 监视 ‖ **observation balloon** 观测气球/**observation plane** 侦察机/**observation post**〔**station**〕观察所/**observation tower** 瞭望塔

observatory [əbˈzɜːvətərɪ] n. Ⓒ天文台;气象台

observe [əbˈzɜːv] vt. & vi. 观察;研究:He observes carefully but says little. 他总是仔细观察,很少说话。vt. ❶看到;注意到:We have never observed him do otherwise. 我们从未看到他有不同的做法。/Thousands of people observed the ship leaving the harbor. 数以千计的人观看了轮船离港下水的情形。❷遵守;遵循:~ sb's instructions 听从某人的指示/They faithfully observed the rules. 他们忠实地遵守规则。 ❸ 评论〔述〕;讲:He observed that the house seemed to be too small. 他说那房子似乎小了一点儿。‖ ~ **on**〔**upon**〕谈论,评论

observer [əbˈzɜːvə] n. Ⓒ观察者,观察员;遵守者

obsess [əbˈses] vt. 时常困扰;缠住:The fear of death obsessed him throughout his old life. 他晚年一直受着死亡恐惧的困扰。

obsession [əbˈseʃən] n. ⒸⓊ困扰,无法摆脱的思想(或情感)

obsessive [əbˈsesɪv] adj. 萦绕于心的;有执著想法的

obstacle [ˈɒbstəkl] n. Ⓒ障碍(物),妨碍 ‖ **obstacle race** 障碍赛跑

obstinate [ˈɒbstɪnɪt] adj. ❶固执的;顽固的,倔强的 ❷难克服的,不易去除的 ‖ **obstinately** adv. 固执地

obstruct [əbˈstrʌkt] vt. ❶阻塞,堵塞 ❷阻碍,阻止,妨碍 ‖ **obstructor** n. 阻塞者,阻碍者

obstruction [əbˈstrʌkʃən] n. ⒸⓊ障碍物,阻塞物;阻碍,阻挠 ‖ **obstructionism** n. 故意妨碍议案通过/**obstructionist** n. 故意妨碍议案通过者 ■adj. 故意妨碍议案通过(者)的 ‖ **obstruction guard**(铁路机车的)护栏

obstructive [əbˈstrʌktɪv] adj. 故意阻碍的 ‖ **obstructively** adv. 妨碍地;引起阻塞地/**obstructiveness** n. 妨碍,阻挡

obtain [əbˈteɪn] vt. 获得,得到;买到:~ knowledge〔money〕获得知识〔金钱〕/Where can I obtain the book? 我在哪里能买到这本书?/This obtained him respect. 这使他受到尊敬。vi. 通行;流行:The custom still obtains in some districts. 这种风俗在某些地方仍然流行。/Different laws obtain in different places. 不同的法律适用在不同的地方。‖ **~ from** 从…得到/**~ through** 从…中得到 ‖ **obtainment** n. 获得,得到

obtrude [əbˈtruːd] vt. 强行向前

obviate [ˈɒbvɪeɪt] vt. 避免,消除(贫困,不方便等)

obvious [ˈɒbvɪəs] adj. 明显的;显而易见的 ‖ **obviousness** n. 明显,显著

obviously [ˈɒbvɪəslɪ] adv. 显然,明白地

occasion [əˈkeɪʒən] n. ❶Ⓒ时刻,时候:an auspicious ~ 吉祥的时刻/This is a gala occasion. 这是一个欢乐的时刻。❷Ⓢ机会,时机:by the ~ 利用这个机会/I want to take this occasion to thank you. 我想借此机会向你表示感谢。❸Ⓒ特殊场合;庆典:a formal ~ 正式场合/I only wear a tie on special occasions. 我只有在特殊的场合才系领带。❹Ⓢ原因,理由:There was no occasion to do so. 没有理由这样做。‖ **by ~ of** 因为/**give ~ to** 引起/**on ~** 有时,间或/**on the ~ of** 在…之际/**rise to the ~** 能够应付 ■vt. 惹起,引起:Who occasioned his anger? 谁惹他生气?/The thing has occasioned us a lot of trouble. 这件事给我们带来很大麻烦。

occasional [əˈkeɪʒənəl] adj. 偶尔的,不经常的 ‖ **occasionalism** n. 〈哲〉偶因论/

occasionalist n. 偶因论者/**occasionality** n. 偶然性,非经常性/**occasionally** adv. 偶然,非经常地

Occident ['ɒksɪdənt] n. [S]西方国家

occidental [,ɒksɪ'dentl] adj. 西方的,西洋的 ‖ **occidentally** adv. 西方地;西洋地

occlude [ə'kluːd] vt. ❶堵塞 ❷阻隔 ❸吸收(气体)

occult [ɒ'kʌlt] adj. ❶玄奥的;神秘的;隐秘的,秘密的 ❷超自然的;有魔力的 ‖ **occultly** adv. 隐藏地;不公开地;难以理解地/**occultness** n. 秘密;玄妙

occupancy ['ɒkjupənsɪ] n. ❶[U]占有,使用,居住 ❷[C]占有期,占用期

occupant ['ɒkjupənt] n. [C](房屋等的)居住者,占有人

occupation [,ɒkju'peɪʃən] n. ❶[C]工作;职业 ❷[C]消遣 ❸[U]占领 ‖ **occupationist** n. 军事占领者 ‖ **occupation bridge** 专用桥梁/**occupation forces** 占领军

occupational [,ɒkju'peɪʃənl] adj. [A]职业的,职业造成的 ‖ **occupationally** adv. 职业引起地

occupier ['ɒkjupaɪə] n. [C]占有者,占用者,居住人

occupy ['ɒkjupaɪ] vt. (pt., pp. **-pied**) ❶占领;占有:~ a place 占据一方/Enemy troops occupied the country. 敌军占领了这个国家。❷使从事;使忙于:Mr. White occupies an important position in the Ministry of Education. 怀特先生在教育部里担任要职。/He occupied himself in collecting stamps. 他忙于集邮。‖ ~ in〔with〕从事于,忙于

occur [ə'kɜː] vi. (-rr-) ❶发生;举行;存在:I hope this won't occur again. 我希望不要再发生这种事情。/Silver occurs natural. 银是天然存在的。❷被发现;想到〔起〕:The word "gratitude" did not occur on his words. "感激"两字在他的话中是见不到的。‖ ~ to ①发生在②被想起〔到〕

occurrence [ə'kʌrəns] n. ❶[U]发生,出现 ❷[C]事件;发生的事

ocean ['əʊʃən] n. ❶[U]洋,海洋,大海 ❷[C](地球上划分出的)洋:the Arctic O- 北冰洋/the Atlantic O- 大西洋/the Indian O- 印度洋/the Pacific O- 太平洋/As we've seen, oceans cover more than 70% of the earth. 据我们所知,海洋占地球面积的70%以上。‖ an ~ of〔~s of〕很多 ‖ **oceangoing** adj. 远洋航行的/**oceangrey**, **ocean-gray** n. & adj. 淡银灰色(的)/**ocean greyhound** 远洋快轮/**ocean liner** 远洋定期客轮/**ocean route** 远洋航线/**ocean tramp** 不定航线的远洋货轮

oceanographer [,əʊʃə'nɒɡrəfə] n. [C]海洋学家

oceanography [,əʊʃə'nɒɡrəfɪ] n. [U]海洋学

o'clock [ə'klɒk] adv. …点钟:I can't get there before four o'clock. 四点前我到不了那里。/"What time is it?" "It's 9 o'clock." "现在几点了?" "九点整。" ‖ **know what ~ it is** 什么都知道,熟悉情况;为人机敏/**like one ~** ①非常迅速地,马上②非常乐意地;津津有味地

octagon ['ɒktəɡən] n. [C]〈几〉八边形,八角形

octagonal [ɒk'tæɡənl] adj. 八边形的

octave ['ɒktɪv] n. [C]〈音〉八度音;八度音阶;高八度音,低八度音;八度和音

octavo [ɒk'teɪvəʊ] n. (pl. ~s)[C]八开的纸,八开本的书

October [ɒk'təʊbə] n. [U]〈C〉十月

octopus ['ɒktəpəs] n. [C]章鱼

odd [ɒd] adj. (-er, -est) ❶奇怪的;古怪的 ❷[A]单的 ❸奇数的 ❹[A]临时的 ❺余下的;零头的 ‖ **oddness** n. 奇特,古怪 ‖ **oddball** adj. & n. 古怪的(人)/**odd-job** vi. 做零活/**odd trick** 第十三墩牌

oddity ['ɒdɪtɪ] n. ❶[U]奇特,古怪 ❷[C]怪人,怪事,怪异的事物

oddly ['ɒdlɪ] adv. 奇怪地,古怪地

odds [ɒdz] n. [P]可能性,机会 ‖ **against all ~** 尽管很困难/**at ~ with** 与…不和,与…争吵/**it〔that〕makes no ~** 无多大差别/**~ and ends** 零碎东西/**shout the ~**〈口〉说大话,夸海口 ‖ **odds-on** adj. (可能性)较大的;很可能(获胜)的

odious ['əʊdjəs] adj. 可憎的;讨厌的;令人作呕的 ‖ **odiously** adv. 令人作呕地/**odiousness** n. 可憎,讨厌

odour,〈美〉**odor** ['əʊdə] n. [C]气味;臭气 ‖ **in bad ~ with** 名声不好 ‖ **odourless** adj. 没有气味的

of [强 ɒv, 弱 əv, v, f] prep. ❶(表示时间)在…的,在…之前;在…期间:What do you do of a Saturday? 星期六你干什么? ❷(表示方式)根据:She did it of her own will. 她是自愿这么做的。❸(表示对象)对于,就…而言:He felt quite certain of success. 他对成功很有把握。❹(表示原因)由于,因为:I was sick of their fun and games. 他们的嬉闹让我厌烦。❺(表示方位)在;位于:New York is west of London. 纽约在伦敦以西。❻(表示范围)在…之中:Tom is the eldest of the family. 汤姆是家里年龄最大的。❼(表示结果)在…方面:The place is easy of access. 这地方容易进入。❽(表示目的)用于…的:This is a house of prayer. 这是一座教堂。❾(表示否定)缺乏,没有:They were destitute of necessaries of life. 他们缺少生活必需品。❿(表示论及)关于:He was warned of the danger. 他被警告有危险。⓫(表示来源)来自,出身于: He came of a musical family. 他出身于音乐之家。⓬(表示比率)在…当中: Much of what you say is true. 你大部分的话是真的。⓭(表示包容)有,含有: He has a family of a son and two daughters. 他有一个儿子和两个女儿。⓮(表示属性)…的种类,具有;像: Wheat is a species of grass. 小麦是草类植物。/ He looks like a beast of a man. 他看上去像野兽一样的男人。⓯(表示材料)用: The house is made of wood. 这房子是由木头造的。⓰(表示施事)由,被: He was beloved of all. 他受到大家的爱戴。‖ ~ all…在所有的…偏爱〔竟然〕/~ oneself 自然而然地,自动地‖ of course 当然,自然

off [ɒf] prep. ❶(表示位置)在…的外面,在…的沿海: The boat anchored off the fort. 那艘船停在堡垒外面。/ The ship sank off the south coast of the island. 那艘船在岛的南岸沿海沉没。❷(表示时间)在…之前: It is a few minutes off three o'clock. 还有几分钟就三点了。❸(表示方向)从…,通向,偏离,从…离开: He fell off the ladder. 他从梯子上掉下来。/ The kitchen's off the dining room. 厨房通向餐厅。/ We are going off the subject. 我们正偏离正题。/ He was off his seat. 他离开他的位子。❹(表示比较)低于,不及: They are selling the bikes off the market price. 他们按低于市价卖出自行车。❺(表示否定)不想,不做: He is off tea. 他不想喝茶。/ She's off work with a bad cold. 她因患重感冒而不上班。❻(表示来源)从…: He borrowed a pound off me. 他借我一英镑。❼(表示依附)依靠: This bear feeds off the leaves of the tree. 这只熊依靠这棵树的树叶生存。■adv. ❶离开: They drove off. 他们开车离开了。❷脱落: He's had his beard shaved off. 他把胡子剃掉了。❸断开: The radio is off. 录音机是关着的。❹光,完: His money was off yesterday. 昨天他的钱用完了。❺休息: We are off one day. 我们休息一天。‖ be ~ for 有需要的某物/~ and〈口〉忽然,意外地/~ and on 断断续续,有时/~ of〈美口〉从/~ with 去,去掉/right〔straight〕~ 立刻 ■adj. ❶Ⓐ休息的;闲散的;安静的: The winter is an off season. 冬天是淡季。❷Ⓟ不新鲜的: This fish has gone off. 这条鱼不新鲜。‖ **off-balance** adj.& adv. 不平衡的〔地〕■adj.〈口〉非常规的,不落俗套的/**offcast** adj.& n. 被抛弃的(人或物)/**off-colour** adj. ①颜色不对头的②脸色不好的,身体不舒服的/**off-course** n. 偏离航向的/**off-duty** adj. 下班的,不值班的/**off-key** adj. ①走调的,走调的②不合适的;不正常的;不协调的/**off-licence** n.〈英〉只许外卖酒类的执照/**off-line** adj. ①不在铁路沿线的②〈自〉离线的/**off-load** vt. 卸货;下客/**off-peak** adj. 非高峰时间的/**offprint** n. 单行本/**offstage** adv.& adj. 台后(的);幕内

(的)/**off-street** adj. 不靠街面的/**off-the-record** adj. 秘密的,不许发表的/**off-white** n.& adj. 米色(的);灰白色(的)/**off year** ①(水果等的)小年②〈美〉非大选年

offence,〈美〉-**se** [ə'fens] n. ❶Ⓒ犯规;违法行为;罪行 ❷Ⓤ冒犯;无礼 ❸Ⓒ讨厌〔不愉快〕的事物‖ **no ~ to** 不要见怪/**take ~ (at)** 觉得受到某事物的伤害、烦恼或招惹‖ **offenceless** adj. ①不冒犯人的②无力进攻的

offend [ə'fend] vt. ❶触怒;冒犯: I think I never offend you. 我想我从没有触犯过你。❷使反感: That sound offends my ear. 那声音使我感到刺耳。vi. 犯规,触犯: The driver offended against the traffic regulations. 那个司机违反了交通规则。‖ ~ **against** 反对,违反/~ **at** 因…而生气〔发怒〕/~ **by** 被…激怒/~ **with** 对…恼怒〔不满意〕‖ **offendedly** adv. 生气地/**offending** adj. 冒犯的;犯罪的

offender [ə'fendə] n. Ⓒ❶冒犯者,犯规者 ❷罪犯

offensive [ə'fensɪv] adj. ❶讨厌的;令人不快的: I found him very offensive. 我觉得他非常讨厌。❷攻击的: He took up offensive words. 他发出攻击性的言论。■n. Ⓒ进攻,攻势: a new ~ 新攻势‖ **on the ~** 准备攻击/**take the ~** 进攻‖ **offensively** adv. 唐突地;进攻性地/**offensiveness** n. 冒犯;进攻

offer ['ɒfə] vt. 主动提供;主动提出;出价: He offered me some tickets. 他给了我几张票。vt.& vi. 表示愿意等: They offered to go where there were difficulties. 他们表示愿意到艰苦的地方去。vi. 出现,显现: as occasion ~s 当有机会时 ‖ ~ **for** 为…提出/~ **up** 献上 ■n. Ⓒ❶提议,提供: If he makes you a good offer, don't refuse it. 如果他向你提出一个好建议,你不要拒绝。❷供应;报价: I am open to an offer. 我愿考虑买主的出价。/ Your offer is a bit too high. 你出的价太高了。‖ **on ~** 削价出售/**under ~** 已有人出价要买

offering ['ɒfərɪŋ] n. Ⓒ提供或提出之物

offhand [ɒf'hænd] adj. 不友好的;不礼貌的;简慢的 ■adv. 即席地;未经核实地

office ['ɒfɪs] n. ❶Ⓒ办公室,办公处;事务所 ❷Ⓒ(政府部门的)部,局,厅 ❸Ⓒ有特定用途的房间〔建筑物〕;…处 ❹Ⓤ公职,官职,公务‖ **in〔out of〕 ~** 执政〔在野〕/**lay down one's ~** 辞职/**through sb's good ~s** 通过某人斡旋‖ **officebearer** n.〈英〉官员/**office-block** n.〈英〉办事处集中的街区/**office boy** 勤杂员/**office building** 办公楼/**office clerk** 职员,办事员/**office copy** 公文正本;正式抄本/**officeholder** n. 官员/**office hours** 办公时间/**office hunter**〈美〉谋求官职的人/**office work** 办公室工作

officer ['ɒfɪsə] n. Ⓒ❶军官 ❷(政府,会社等的)高级官员〔职员〕

official [ə'fɪʃl] n. Ⓒ行政官员 ■adj. ❶公

务的,公职的,职权的 ❷官方的,正式的,官方认可的‖**officialdom** *n*. ①官员;官场②官僚作风/**officially** *adv*. 官方地;正式地

officious [əˈfɪʃəs] *adj*.过分殷勤的;爱管闲事的;爱显示权力的‖**officiously** *adv*. 过分殷勤地/**officiousness** *n*. 过分殷勤;爱管闲事

offset [ˈɒfset] *vt*.(-tt-; *pt*., *pp*. offset)抵消,补偿:*The gains offset the losses*.得失相当。/*Their wage increases would be offset by higher prices*.他们增加的工资会被物价上涨所抵消。

offshoot [ˈɒftʃuːt] *n*. C枝条,枝杈

offshore [ˌɒfˈʃɔː] *adj*. A❶近海的 ❷向海的,离岸的:~ *breezes* 离岸微风

offside¹ [ˌɒfˈsaɪd] *adj*.&*adv*.〈体〉越位的;越位

offside² [ˌɒfˈsaɪd] *adj*. A在右侧的,在右边的

offspring [ˈɒfsprɪŋ] *n*.(*pl*.~) C❶子女,子孙,后代 ❷(动物的)崽

often [ˈɒfən] *adv*.❶常常;经常;时常:*I often go swimming in summer*.夏天我经常去游泳。/*Often had I intended to speak of it*.我常想说说这件事。/*How often does this magazine come out*?这本杂志多长时间出一期？❷在大多数情况下:*It's often difficult to translate poems*.翻译诗歌在许多情况下都是困难的。‖**as** ~ **as** 每次,每当/**as** ~ **as not** 往往,多半/**every so** ~ 有时,偶尔/**more** ~ **than not**

ogle [ˈəʊɡl] *vt*.&*vi*.(向…)做媚眼,送秋波

oh [əʊ] *int*.(表示恐惧、惊讶、疑虑等)噢,啊,哦,唉,哎呀

ohm [əʊm] *n*. C〈电〉欧姆(电阻单位)‖**Ohm's Law** 欧姆定律

oil [ɔɪl] *n*.❶C U 油 ❷U石油 ❸C油画;油画颜料‖**burn the midnight** ~ 开夜车,打夜班/**pour** ~ **on**(**the**)**flame**(**s**)火上浇油/**pour** ~ **on**(**the**)**troubled waters** 劝人息怒,调停争端/**strike** ~ 有重大发现 ■ *vt*.给…加油:~ *the machine* 给机器加油/*You must oil the tractor every day*.你必须每天给拖拉机加油。■ *vi*.化成油:*Butter oils when heated*.奶油加热就化了。‖**oiler** *n*. ①加油工,润滑工②加油器,油壶③正产着油的油井④油轮⑤〈复〉油布衣裤/**oilless** *adj*. ①缺油的②未经油润的③不需加油的‖**oil box** 油箱;润滑油盒/**oil bunker** 油库;燃油舱/**oil burner** 燃油的发动机/〈美俚〉耗油极多的破旧车辆/**oil cake** 油渣饼/**oilcan** *n*. 加油器;油壶/**oilcloth** *n*.油布;漆布/**oil colour** ①油画燃料;油漆②油溶性染料/**oil-fired** *adj*. 燃油的/**oilhole** *n*. 油孔/**oilman** *n*. ①制油工②油商;油画颜料商②石油大王/**oil meal** 油渣粉/**oil paint** ①油画颜料②油漆/**oilpaper** *n*. 油纸/**oil plant** 油料作物/**oil press** 榨油机/**oil-rich** *adj*. 石油藏量丰富的/**oil-silk** *n*. 油绸/**oilskin** *n*. 油布,油布雨衣;油布衣裤/**oil-spring** *n*. 石油泉/**oilstone** *n*. 油石/**oilstove** *n*. 煤油炉,石油炉/**oil tanker** ①油轮②油罐车③加油飞机/**oil well** 油井

oiled [ɔɪld] *adj*.喝醉的

oilfield [ˈɔɪlfiːld] *n*. C油田

oily [ˈɔɪlɪ] *adj*.(-ier,-iest)❶涂有油的;油腻的 ❷过于奉承的,油滑的,谄媚的

okay [ˌəʊˈkeɪ] *adj*.好的;不错的:*He made an okay decision*. 他作出同意的决定。/"*Sorry I'm late*." "*That's okay*." "对不起,我迟到了。""没关系。" ■ *adv*.好;不错:*The new machine is running okay*. 这台新机器运转很正常。■ *int*. 行;好的:"*Can I use your car*?" "*OK*." "我可以借用你的汽车吗？" "可以。" ■ *n*. C同意;允许:*I heard his faint okay*. 我听见他轻声同意。/*We've got the OK from the council at last*. 我们终于获得了委员会的同意。■ *vt*.同意;认可:*I had to get the secretary to okay the scheme*. 我只得请书记批准这个方案。/*His ear okayed the sounds as the engine warmed up*. 他的耳朵听出发动机预热时发出的声音是正常的。

okey-doke [ˌəʊkɪˈdəʊk] *int*.(用以表示同意)好吧,好了

old [əʊld] *adj*.(-er,-est)❶老的;年老的:*an* ~ *lady* 老太婆/*He gets tax relief because he supports his old mother*. 他因赡养年迈的母亲而得以减税。❷古老的,古代的,陈旧的:*It's just an old rag I had in the closet*.这只不过是我挂在壁橱里的旧衣服罢了。/*He posed as an expert on old coins*. 他假装是个古钱币专家。❸…年龄的;…岁的:*This pine is a hundred years old*. 这棵松树的年龄是 100 岁。❹ A早已认识的;熟悉的:*I met with an old friend at a dinner party*.我在一次宴会上偶然遇到一位老朋友。❺ A以前的;从前的:~ *wine* 陈酒/*She got her old job back*. 她恢复了过去的工作。❻ A有经验的,老练的:*That child seems old beyond his years*.那个孩子看上去比他的实际年龄老成。‖**any** ~ **how** 随便地,胡乱地/(**as**)~ **as the hills** 很老的,古老的/**of** ~ 从前的,过去的,自古以来/~ **enough to know better** 已经长大该懂好了‖**old age** 晚年,老年/**old boy** ①校友,老同学②孩子的老头③老朋友,老弟/**old-clothesman** *n*. 旧衣商/**oldfangled** *adj*. 老式的;守旧的/**old-fashioned** *adj*. ①老式的,过时的②守旧的③〈英,方〉责备的,含意深刻的/**old-fogeyish** *adj*. 守旧的,落后于时代的/**old girl** 女校友/**old goat**〈俚〉讨厌的老家伙/**old guard** 某一事业〔主张〕的老一辈的维护者/**old hat**〈俚〉老式的;过时的;反动的/**old lady** ①妻子②母亲;老处女式的人物/**old-line** *adj*. ①老资格的,

老牌的②守旧的/**old liner** ①政治上保守的人;〈英〉O- L-/保守党党员(或支持者)②守旧者/**old maid** ①老处女②老处女式的人物/**old-maidish** adj. 带点老处女脾气的;象老处女的/**old man** 〈美俚〉①丈夫②父亲③老板,主管人;工头④船长,长官⑤老前辈,老资格者⑥老兄,老朋友⑦姘夫/**old master** ①〈十八世纪前的〉大画家②古代大画家的作品/**old saw** 〈美俚〉老话,民间流传的格言/**old school** 守旧派/**old style** ①老式的东西②一种老式铅字③/O- S-/西洋正字/**old time** adj. ①古时的,旧时的②老资格的/**old-timer** n. ①老资格的人,老前辈;老手②上了年纪的人③守旧的人④老式的东西/**old-tim(e)y** adj. 旧时的,早期的/**old woman** ①妻子②母亲/**old-womanish** adj. 婆婆妈妈的/**Old World** 东半球(与美洲大陆相对而言,尤指欧洲)/**old-world** adj. ①旧时代的②东半球的(尤指与美洲新大陆相对)③旧式的,古老风味的

olive [ˈɒlɪv] n. ❶ⓒ橄榄 ❷ⓒ橄榄树 ❸ⓤ橄榄色 ∎ adj. ❶橄榄色的 ❷黄褐色的 ‖ **olive-branch** n. ①橄榄枝②与人和解的言行/**olive green** 橄榄绿,茶青色/**olive oil** 橄榄油/**olive tree** 橄榄树

Olympic [əʊˈlɪmpɪk] adj. Ⓐ奥林匹克运动会的 ‖ **Olympic Games** ①古代奥林匹克竞技②奥林匹克运动会,奥运会

omen [ˈəʊmen] n. ⓒⓤ前兆,预兆:a good [bad] ~ 吉[凶]兆

ominous [ˈɒmɪnəs] adj. 不吉的,不祥的 ‖ **ominously** adv. 不祥地/**ominousness** n. 不祥,不吉

omission [əʊˈmɪʃən] n. ❶ⓤ省略,删节;遗漏 ❷ⓒ略去或漏掉的事(或人)

omit [əʊˈmɪt] vt. (-tt-) ❶省略,遗漏;删掉:She omitted the good chance. 她失去了这个好机会。❷忘记做:Please don't omit to lock the door when you leave. 离开时不要忘了锁门。/She omitted telling the teacher about it. 她忘了把那件事告诉老师。‖ ~ **from** 从…删去

on [ɒn] prep. ❶(表示位置)在…上,在…旁,在…身边:dance ~ 在…上跳动/fall ~ 落到…上/That book on the desk is an atlas. 桌上的那本书是地图册。❷(表示时间)在…之时:It occurred on the morning of the fifteenth. 事情发生在 15 号的上午。/On arriving home, I was met by my daughter. 到家时我的女儿出来迎接我。❸(表示方向)向,往,朝,沿着,顺着:They marched on the enemy's fortress. 他们向敌人的要塞进军。/We were driving on a California freeway. 我们正沿着加利福尼亚的一条快车道驾车行驶。❹(表示状态)系于,悬于;附于:A picture hangs on the wall. 墙上挂着一幅画。/He carried a coat on his arm. 他手臂上搭着一件外衣。❺(表示方式)乘,坐,骑:She will leave on an early train. 她将乘早班火车离开。/We went to the factory on foot. 我们步行到工厂去。❻(表示对象)对,对于,碰在,对…造成困难:a ban ~ 对…的禁令/a charge ~ 对…的费用/a judgement ~ 对…的判断/a raid ~ 对…的袭击/a reflection ~ 对…的评论/There is much to be said on both sides. 公说公有理,婆说婆有理。/The car broke down on us. 我们的汽车抛锚了。❼(表示原因)由于,因为:The old worker retired on account of age. 老工人因年老而退休。❽(表示比较)与…相比:Today's weather is an improvement on yesterday's. 今天的天气比昨天的好。❾(表示方位)在…方位:The town stands on the left bank of the river. 该镇坐落在河的左岸。/The post office is on the right. 邮局在右边。❿(表示环境)在…里,处于…之中:A sparrow was sitting on a branch. 一只麻雀栖息在枝头。/The village sits on the side of a hill. 村庄位于山腰上。⓫(表示程度)在…层次[程度],水平上:She saw quite well that she was not treated on a footing of equality. 她看得很清楚,她并没有受到平等对待。/We're going to build on a large scale. 我们将进行大规模建筑。⓬(表示论及)关于,论及,有关:a background ~ 关于…的必要信息/Have you any idea on the subject? 关于这个题目你有什么想法? /Your remarks do not bear on the matter in hand. 你的话和目前这件事没有关系。⓭(表示根据)根据,按照:The meeting was postponed on the opinion of the teacher. 按照老师的意见,会议延期了。/He read Spencer on her recommendation. 根据她的推荐他阅读了斯宾塞的作品。⓮(表示所属)是…的成员,属于,在…供职:Mary is a workers' representative on the Board. 玛丽是董事会中的一名工人代表。/She has a seat on the board of a large company. 她在一家大公司的董事会里有一席位。⓯(表示过程)服用,处于…中:Tom and his companions commence on their third bottle in an hour. 汤姆和他的同伴在一个小时内开始喝第三瓶酒了。⓰(表示依靠)靠…支撑,凭借,依赖:bargain ~ 指望,预期,依靠/depend ~ 依赖,依靠/She sat resting her elbows on the table. 她坐着,用胳臂支在桌上。/Everything hinges on what happens next. 一切得看下一步如何发展而定。⓱(表示累加)一个接一个,…又…:The enemy suffered defeat on defeat. 敌人接二连三地吃败仗。‖ **be ~ it** 〈美口〉①准备就绪(常用以指准备作战斗)②决定动手做某事/~ **time** 按时,准时 ∎ adv. ❶(放,穿,连接)上:He has new shoes on. 他穿上新鞋。/She put the tablecloth on. 她铺上了台布。❷向前,(继续)下去;She worked on quietly all night. 她整个晚上默默地继续工作。/They walked on a little way without speaking. 他们默默无语地向前走了一段路。‖ **and so ~** 等等/**just ~** 差不多 ‖ **onfall** n. 攻击,袭击/**onflow** n.

滚滚向前/**on-the-spot** adj. 现场的;当场的

once [wʌns] adv. ❶一次:I have been there once. 我到过那儿一次。❷曾经,昔时:I once went around the world. 过去我周游过全球。‖ ~ **again** 再一次/~ **and for all** 一次了结地,一劳永逸地/~ **in a while** 有时,偶尔/~ **more** 再一次/~ **or twice** 几次/~ **upon a time** 从前 ■conj. 一旦…就…:Once you begin, you must continue. 一旦开了头,你就应当继续下去。■n. ⑤〈口〉一次,一回:She's only done it the once, so don't be too angry. 她只做过这一次,不要太生气。‖ **all at** ~ ①突然②同时/**at** ~ 立刻

oncoming ['ɒnˌkʌmɪŋ] adj. Ⓐ迎面而来的;即将到来的

one [wʌn] num. (数字)一:A person has one head and one neck. 人有一个头和一条脖子。/Please turn to Chapter One. 请翻到第一章。‖ ~ **or two** 一两个,几个(件) ■n. ⓒ❶一个人,任何人,人们:One can't be too careful in matters like this. 在这种问题上再怎么小心都不为过。❷(表示与别的对照)某一例〔类〕‖ **at** ~ **with** 与…意见一致/**in** ~ ①合为一体,一起②仅试一次/~ **after another** 相继地,依次地/~ **and all** 每一个人,全体/~ **and the same** 同一个,完全一样/~ **another** 互相/~ **by** ~ 逐个地,一个一个地 ■pron. 用于代替表示单个的事或人的名词或名词短语:There are only hard chocolates left, we've eaten all the soft ones. 只剩下巧克力硬糖,我们把软糖全吃光了。/My house is the first one on the left. 我的房子是左边第一家。‖ **the** ~ 惟一的 ❷某一个 ❸某一:I met her one afternoon in June. 六月的一天下午我遇到了她。❸同一个 ❹惟一的‖ **for** ~ **thing** 举个例说,作为其中之一‖ **one-handed** adj. 只有一只手的;用独手干的/**one-ideaed** adj. 想法单一的,思想狭隘的/**one-man** adj. ①只需要一个人的或有一个人组成的②由一个人做的/**one-off** adj. 只发生〔做过〕一次的/**one-piece** adj. 单件的,上下连身的/**one-shot** adj. 一次完成的/**one-sided** adj. ①只有一边的;一面发达②片面的,单方面的/**one-to-one** adj. 完全对应的/**onetrack** adj. ①单轨的,②狭隘而刻板的/**one-way** adj. ①单程的;单行的②片面的,单方面的

oneself [wʌn'self] pron. ❶(one 的反身代词)自己:It is not good to think only of oneself. 只为自己着想是不好的。❷(用于加强语气)亲自:If one wants to learn it, one must do it oneself. 要想学会它就得亲自去做。‖ **be** ~ ①(人)处于正常状态(指身体、精神等方面)②显得自然(或真诚)/**by** ~ 单独地,独自地

ongoing ['ɒnˌɡəʊɪŋ] adj. Ⓐ继续进行的;不断前进〔发展〕中的

onion ['ʌnjən] n. ❶ⓒ洋葱(头) ❷ⓒⓊ(食物)洋葱,葱头‖ **know one's** ~**s** 精明干练

online [ˌɒn'laɪn] adj. (计算机)联机的,(与计算机)联线的

onlooker ['ɒnˌlʊkə] n. ⓒ旁观者,观看者

only ['əʊnlɪ] adj. Ⓐ❶惟一的,仅有的:Practice is the only way to learn a language well. 学好一门语言的唯一途径就是实践。❷最好的,独一无二的:Only children are sometimes spoilt. 独生子女有时被宠坏了。■adv. 只有,才:Only in this way can we wipe out the enemy troops. 只有这样我们才能消灭敌军。‖ **if** ~ (表示强烈的愿望)但愿,真希望/~ **just** 刚刚才;~ **not** ~ **… but (also)…** 不但…而且…/~ **too** 很,完全,非常 ■conj. (非正)只是,但是:You may use these tools, only you must replace it after use. 这些工具你可以使用,不过你用完之后得重新放好。‖ ~ **that** 除了…,只是,要不是因为…

onrush ['ɒnrʌʃ] n. ⓈⒸ猛冲,直冲;急流

onset ['ɒnset] n. ⓈⒸ袭击;(某种不好事情的)发作,开始

onside [ˌɒn'saɪd] adj. Ⓟ(在某些运动比赛中)没有越位的

onslaught ['ɒnslɔːt] n. ⓒ猛攻,攻击

on-stage [ˌɒn'steɪdʒ] adv. & adj. 在舞台上(的)

onto ['ɒntʊ] prep. ❶(表示方向)到〔向〕…之上 ❷(表示对象)推卸到,转嫁给;发觉,转向,转移到:I'm onto his schemes. 我觉察到了他的阴谋诡计。❸(表示过程)正处在…的过程中:I think we're onto something big. 我想我们正在干一番大事业。

onward ['ɒnwəd] adj. Ⓐ向前的

ooze [uːz] vi. (浓液等)慢慢地冒出,渗出 vt. 使(液体)缓缓流出

opaque [əʊ'peɪk] adj. ❶不透明的 ❷难理解的,晦涩的

open ['əʊpən] adj. ❶开着的;开放的,公开的 ❷Ⓐ空旷的;开阔的 ❸坦率的,无偏见的:She is a very friendly, open person. 她是个非常友好、坦率的人。❹Ⓟ开始营业的;活动的:The bank isn't open yet. 那家银行还没有开门营业。❺Ⓟ(职位等)空缺的:Is the teaching vacancy still open? 教员职位还有空缺吗? ❻未决定的,悬而未决的:This is an open question at the moment. 此刻这还是个悬而未决的问题。‖ **be** ~ **to** ①对…开放的②公开的/**break** ~ 摔破,打开/**fly** ~ 突然打开/**have** 〔**keep**〕**an** ~ **mind** 愿听取〔接受,考虑〕别人的意见〔想法〕/**keep** ~ ①仍营业;仍开放②使保持开〔张开〕/**remain** ~ 保持开着,继续营业/**in the** ~ **air** 在露天,在室外/**with** ~ **arms** 热情地,衷心地/**with** ~ **eyes** ①睁大眼睛②完全明白地③极注意地;惊讶地/**with** ~ **hand(s)** 花钱大手大脚地 ■vt. & vi. ❶(打)开:

~ one's mouth 张嘴 ❷开始;开设:The chairman opened the Parliament. 主席宣布议会开始。‖ ~ at ①把书翻到②向…开火/ ~ into 通向/ ~ on ①对着②开火/ ~ onto 通向;对着/ ~ out ①伸展开来;变宽②发展③畅谈④展现⑤开花/ ~ to ①为…打开门②对(某人)开放(某处)③使通车/ ~ up ①(非正)开门②完全打开③开业④打开⑤切开;打开⑥打开⑦变宽;展现;揭示⑧开火⑨开诚布公地说;畅谈⑩(使)加速/ ~ with ①打开②以…开始 ‖ **openness** n. 公开;坦率 ‖ **open-air** adj. 户外的,野外的/**open-armed** adj. 热诚的/**open-book** adj. 开卷的/**open-door** adj. ①公开的②(对外关系上)开门的/**open-end** adj. 开放的/**open-ended** adj. 无尽头的,无限制的;不固定的,随便的/**open-eyed** adj. ①睁着眼的,留神的②惊讶的/**open-faced** adj. 露面的/**open-handed** adj. 慷慨的/**open-hearted** adj. ①坦率的,直率的②和善的,慈善的/**open letter** 公开信/**open-minded** adj. 虚心的,坦率的/**open-mouthed** adj. ①张嘴的②发呆的/**Open University** 开放大学,公开进修大学

opener ['əʊpnə] n. ⓒ开启者;开启工具

opening ['əʊpənɪŋ] n. ⓒ❶开幕;开张;开端❷洞,缺口❸ⓤ空缺,缺额 ∎ adj. ⒶⒶ首次的;开始的:Many guests were invited to opening ceremony. 许多来宾应邀参加了开幕式。‖ **opening night** (戏等)上演的第一夜

openly ['əʊpənlɪ] adv. 公开地,公然地

opera ['ɒpərə] n. ❶ⓒ歌剧 ❷ⓤ歌剧艺术,剧业 ‖ **opera house** 歌剧院,剧场

operable ['ɒpərəbl] adj. 可动手术的

operate ['ɒpəreɪt] vt. & vi. ❶ 运转;操作:The machine is operating properly. 这台机器运转正常。❷经营,管理 vi. 开刀,(对…)动手术:~ on a patient 为病人动手术/The doctor decided to operate at once. 医生决定立刻动手术。‖ ~ against ①违背②施行反对…/~ on ①给…做手术②产生作用 ‖ **operating system** (计算机的)操作系统

operation [ˌɒpəˈreɪʃən] n. ❶ⓤ操作,运转,经营 ❷ⓒ手术 ❸Ⓟ(军事)行动,活动 ❹ⓒ〈数〉运算 ‖ be in ~ 实施中/ come into ~ 生效/ put into ~ 使处于实施状态

operational [ˌɒpəˈreɪʃənəl] adj. ❶Ⓟ即可使用的 ❷Ⓐ(用于)操作的,经营的

operative ['ɒpərətɪv] adj. ❶Ⓟ(计划、法律等)实施中的,起作用的 ❷最适合的

operator ['ɒpəreɪtə] n. ⓒ❶(机器、设备等)操作员 ❷电话接线员

operetta [ˌɒpəˈretə] n. ⓒ轻歌剧,小歌剧

opine [əʊˈpaɪn] vt. 认为,以为

opinion [əˈpɪnjən] n. ❶ⓒ意见,看法,主张 ❷ⓤ舆论 ❸ⓒ评价,印象 ❹ⓒ专业性的鉴定,劝告 ‖ **opinion poll** 民意测验

opium ['əʊpjəm] n. ⓤ鸦片

opponent [əˈpəʊnənt] n. ⓒ❶对手,敌手 ❷反对者

opportune ['ɒpətjuːn] adj. ❶(时间)合适的,恰好的 ❷及时的,适时的 ‖ **opportunely** adv. 恰好地,适时地/**opportuneness** n. 恰好,适时,及时

opportunism ['ɒpətjuːnɪzəm] n. ⓤ〈贬〉机会主义,投机取巧

opportunist ['ɒpətjuːnɪst] n. ⓒ〈贬〉机会主义者

opportunity [ˌɒpəˈtjuːnɪtɪ] n. ⓒⓤ机会,时机

oppose [əˈpəʊz] vt. & vi. 反对;使相对:He had opposed Jim's entry right at the beginning. 从一开始他就反对吉姆参与。/The government called on the workers to oppose waste. 政府号召工人反对浪费。‖ ~ against 对照/ ~ to〈正〉反对 ‖ **opposeless** adj. 不可抵抗的,无可反驳的/**opposer** n. 反对者

opposed [əˈpəʊzd] adj. 强烈反对某事物的:I am not opposed to reform. 我不反对改革。

opposite ['ɒpəzɪt] prep. ❶(表示位置)在…的对面;在旁边,接着;与…在一排:The man wrote fifty dollars opposite the word "value". 那人在价值一词的同一行写下了50美元。❷(表示方式)与…联合主演:He has played opposite her in many productions. 他与她联合主演了许多影片。∎ adj. ❶对面的❷相反的,对立的:We hold the opposite opinions. 我们持相反的意见。‖ ~ to ①在…对面②与…相反 ∎ n. Ⓢ对立面,对立物,相反的人〔事物〕:the ~ in a contradiction 矛盾的对立面/The chief of the group has gone over to the opposite. 那个组织的头头归降了对方。‖ **oppositely** adv. 相反地,对立地/**oppositeness** n. 相反,相对 ‖ ~ **number** 对手,对等人物

opposition [ˌɒpəˈzɪʃən] n. ❶ⓤ反对,敌对 ❷ⓤ对手,抗者 ❸ⓒ(尤指执政党最主要的)反对党,在野党 ‖ **oppositional** adj. 反对的,对抗的/**oppositionist** n. 反对党人

oppress [əˈpres] vt. ❶使烦恼:~ sb's spirits 使某人精神沮丧/~ sorely 非常烦扰/Many troubles oppressed my father. 种种困难使我父亲意志消沉。❷压迫,压制:~ ruthlessly 无情地压迫/~ the poor 压迫穷人/She is often oppressed by him. 她经常受他的压迫。

oppressed [əˈprest] adj. 受压迫的,受压制的

oppression [əˈpreʃən] n. ⓤ压迫,压制;压抑,郁闷

oppressive [əˈpresɪv] adj. ❶暴虐的,残酷的;不公平的 ❷郁闷的,难以忍受的 ‖ **oppressively** adv. 沉重地,烦闷地

oppressor [ə'presə] *n.* ⓒ 压迫者,暴君
opt [ɒpt] *vi.* 选择,挑选
optic ['ɒptɪk] *adj.* Ⓐ 眼睛的,视觉的
optical ['ɒptɪkəl] *adj.* Ⓐ ❶视觉的,视力的 ❷光学的,光的 ‖ **optically** *adv.* 视觉地,视力地
optics ['ɒptɪks] *n.* Ⓤ 光学
optimism ['ɒptɪmɪzəm] *n.* Ⓤ 乐观,乐观主义
optimist ['ɒptɪmɪst] *n.* ⓒ 乐观主义者
optimistic [ˌɒptɪ'mɪstɪk] *adj.* 乐观的,乐观主义的
optimize,-ise ['ɒptɪmaɪz] *vt.* 使最优化,使尽可能有效
optimum ['ɒptɪməm] *adj.* Ⓐ 最适宜的;最有利的
option ['ɒpʃən] *n.* ❶Ⓤ 选择(的自由) ❷ⓒ 可选择的办法 ❸ⓒ 附件,配件 ❹ⓒ 买卖选择权 ‖ **keep**〔**leave**〕**one's ~s open** 暂不表态,留有回旋余地
optional ['ɒpʃənəl] *adj.* 可选择的,非强制的
opulence ['ɒpjʊləns] *n.* Ⓤ 富裕,富饶
opulent ['ɒpjʊlənt] *adj.* ❶ 富裕的,豪华的: *an ~ city* 富裕的城市 ❷〈正〉富足的,充足的,繁茂的:~ *sunshine* 充足的阳光 ‖ **opulently** *adv.* 富裕地,豪华地
or [ɔː,弱 ə] *conj.* ❶或,或者;还是: *Is the flower red or blue?* 那花是红的还是蓝的? ❷否则,要不然: *Turn the heat down or your cake will burn.* 把热度调低吧,不蛋糕就要糊了。 ❸也不: *He cannot read or write.* 他不会看书,也不会写字。‖ **either**... ~ 或者…或者…,不是…就是…/ ~ **else** ①否则,要不然②用以表示威胁/ ~ **rather** 说得更确切些或加以更正/ ~ **so** 大约/**whether** ~ 是不是,不管
oral ['ɔːrəl] *adj.* ❶口头的,口述的 ❷口服的 ‖ **orally** *adv.* 口头地;用口
orange ['ɒrɪndʒ] *n.* ❶ⓒ 橙,柑,橘 ❷Ⓤ 橘黄色,橙色 ■*adj.* 橙色的: *The orange curtains jar with the red furniture.* 这些橘黄色的窗帘与红色家具不协调。
orang-utan [ɔːˌræŋuːˈtæn] *n.* ⓒ 猩猩
oration [ɔːˈreɪʃən] *n.* ⓒ (正式仪式中的)演说,演讲
orator ['ɒrətə] *n.* ⓒ 演说者,演讲家
oratory ['ɒrətərɪ] *n.* ❶Ⓤ 演讲术 ❷(用长词或正式词语的)词藻华丽的言辞
orbit ['ɔːbɪt] *n.* ⓒⓊ 轨道 ‖ **go into** ~ ①大发脾气②成功 ■*vt.* & *vi.* 在…轨道上运行,环绕轨道运行:~ *around the sun* 绕太阳旋转/ ~ *in space* 在太空中沿轨道运行/~ *the earth* 绕着地球轨道运行/ *A plane orbited over the landing field.* 有一架飞机在机场上空盘旋。/ *The man-made satellite orbits the earth every 48 hours.* 那颗人造卫星每48小时绕地球轨道运行一周。
orbital ['ɔːbɪtl] *adj.* (星体的或人造飞行物体的)轨道的;势力范围的: *an ~ road* 环城路
orchard ['ɔːtʃəd] *n.* ⓒ (通常指起来的)果园: *an apple ~* 苹果园
orchestra ['ɔːkɪstrə] *n.* ⓒ 管弦乐队
orchestral [ɔːˈkestrəl] *adj.* Ⓐ 管弦乐队(演奏)的;为管弦乐队创作的
orchestrate ['ɔːkɪstreɪt] *vt.* ❶把(乐曲)编成管弦乐 ❷和谐地安排;精心策划
ordain [ɔːˈdeɪn] *vt.* ❶任命(某人)为牧师,授予(某人)圣职 ❷(上帝、法律等)命令;判定
order ['ɔːdə] *n.* ❶Ⓤ 次序,顺序 ❷Ⓤ 整齐;有条理 ❸Ⓤ 治安,秩序 ❹Ⓟ 命令,嘱咐 ❺ⓒ 订购,订货 ❻ⓒ 汇票 ‖ **at the ~s of** ~ 之命/**by** ~ 奉命/**call to** ~ ①正式宣布开会②请某人遵守会场秩序/**in** ~ 按次序的;合乎程序的/**in** ~ **of** 按…顺序/**in** ~ **that** 为了/**in** ~ **to-v** 为了/**in short** ~ 立刻,马上/**on** ~ 订购/**out of** ~ 坏了;违反规程/**under** ~**s** 奉命/**under the ~s of** ~ 之命 ■*vt.* ❶ 命令;嘱咐: ~ *an advance* 下令前进/ ~ *away* 命令~走开/ *The teacher ordered silence.* 教师命令保持安静。❷ 订购,定制: ~ *a copy* 订购一本/ *You can order tickets by telephone.* 你可以电话订票。❸ 整理;布置: *admirably* 极好地布置/~ *becomingly* 适当地整理/ ~ *neatly*〔*specially*〕巧妙地〔专门〕整理/ *The work was all properly ordered, just as he wanted it.* 工作安排得井井有条,就像他要求的那样。■*vt. & vi.* 点(饭菜,饮料等):~ *lunch*〔*some fish*〕点午饭〔鱼〕/ *He ordered a hamburger.* 他要了一份汉堡包。‖ ~ **about**〔**around**〕不断差遣,把…差来差去/ ~ **from** 从…订货/ ~ **in** ①命令(某人)进入②订购(货物)/ ~ **off** 勒令…退出比赛/ ~ **out** 命令离去/ ~ **to** 命令,要求/ ~ **up** 下令把…调往前线 ‖ **order book** ①订货簿②〈军〉命令簿/**order cheque** 记名支票/**order form** 订单
orderly ['ɔːdəlɪ] *adj.* 安排好的;整齐的,有秩序的
ordinance ['ɔːdɪnəns] *n.* ⓒ〈正〉条例,法令
ordinarily ['ɔːdɪnərɪlɪ] *adv.* ❶ 平常地,普普通通地 ❷通常
ordinary ['ɔːdɪnərɪ] *adj.* 普通的,平常的;平庸的,平淡的 ‖ **in the ~ way** 在一般情况下,就通常情况而言/ **out of the ~ (way)** 不寻常的,例外,特殊的
ore [ɔː] *n.* ⓒⓊ 矿物,矿石
organ ['ɔːgən] *n.* ⓒ ❶器官 ❷风琴 ❸机构 ❹新闻媒体,宣传工具;机关报〔杂志〕
organic [ɔːˈgænɪk] *adj.* ❶器官的;器质性的 ❷Ⓐ 有机(体)的,有机物的
organism ['ɔːgənɪzəm] *n.* ❶Ⓤ 有机物,有机

体;生物 ❷Ⓒ有机体系

organization, -sation [ˌɔːgənaɪˈzeɪʃən] n. ❶Ⓒ团体,机构 ❷Ⓤ组织性,系统性 ‖ **organizational** adj. 团体的,组织的

organize, -ise [ˈɔːgənaɪz] vt. & vi. 组织: He has the ability to organize. 他很有组织才能。‖ ~ **into** 组成 ‖ **organizer** n. 组织者,创建者

organized, -ised [ˈɔːgənaɪzd] adj. 有组织的,有条理的

orgasm [ˈɔːgæzəm] n. Ⓒ性高潮

orgiastic [ˌɔːdʒɪˈæstɪk] adj. ❶狂欢的; ❷极度兴奋的,狂野的

orient [ˈɔːrɪent] vt. ❶使熟悉,使适应: He oriented himself on coming to a new city. 他初到一个新城市,就使自己适应新的环境。❷使朝向;使确定位置: The climbers stopped to orient themselves before descending the mountain. 登山者先停下来确定所在的位置,然后再下山。■ n. Ⓢ东方,亚洲: The people in the Orient are mainly yellow or brown. 东方国家的人种主要是黄色的或棕色的。

oriental [ˌɔːrɪˈentəl] adj. Ⓐ东方的,东方人的,东方文化的

orientate [ˈɔːrɪenteɪt] vi. 向东

orientation [ˌɔːrɪenˈteɪʃən] n. ❶Ⓒ方向,目标 ❷Ⓤ熟悉情况;适应

origin [ˈɒrɪdʒɪn] n. ❶Ⓤ Ⓒ起点;来源 ❷ⓊⓅ出身,血统

original [əˈrɪdʒənəl] adj. ❶Ⓐ起初的,原来的 ❷独创的;新颖的 ❸Ⓐ原版的;原作的 ■ n. Ⓒ原文,原稿

originality [əˌrɪdʒɪˈnælɪti] n. Ⓤ独创性,创造性: The work lacks originality. 这个作品缺乏创造性。

originally [əˈrɪdʒənəli] adv. 起初;原来

originate [əˈrɪdʒɪneɪt] vi. 起源于,来自,产生: His book originated from a short story. 他的书是根据一个短篇小说撰写的。vt. 创造,创始,开创;发明: He originated a new instrument. 他发明了一种新仪器。/ The use of steam originated many other reforms. 蒸汽的使用引起了许多其他变革。‖ ~ **from**〔**with**〕来自…;源于…/ ~ **in** 起因于;产生于…

ornament [ˈɔːnəmənt] n. ❶Ⓤ装饰;点缀 ❷装饰品,点缀品 ■ [ˈɔːnəment] vt. 装饰,点缀,美化: They are ornamenting a Christmas tree. 他们在装饰圣诞树。‖ ~ **with** 以(通常指漂亮的东西)装饰(某物)

ornate [ɔːˈneɪt] adj. 装饰华丽的

orphan [ˈɔːfən] n. Ⓒ孤儿 ■ vt. 使成为孤儿: He was orphaned at an early age. 他幼年时便成了孤儿。

orphanage [ˈɔːfənɪdʒ] n. Ⓒ孤儿院

oscillate [ˈɒsɪleɪt] vt. & vi. (使)摆动: On an oscilloscope, you can see an electrical current oscillate up and down. 在示波器上面你可以看到一股电流上下振动。‖ **oscillation** n. 摆动,振动

ossify [ˈɒsɪfaɪ] vt. & vi. 骨化,硬化;使僵化

ostracize [ˈɒstrəsaɪz] vt. ❶放逐,流放 ❷摈弃

ostrich [ˈɒstrɪtʃ] n. Ⓒ鸵鸟 ‖ **ostrichism** n. 故意无视现实 / **ostrichlike** adj. 鸵鸟般的

other [ˈʌðə] adj. Ⓐ❶别的,其他的,另外的: Moral beauty ought to be ranked above all other beauty. 品德之美应列于其他美之上。❷(两个中的)另一个: Every member must bring one other person. 每个会员必须带一个人来。❸其余的,剩下的(人或物): She is older than me but my other sisters are younger. 她比我大,其余都是我妹妹。‖ ~ **from** 不同于/**none** ~ **than** 不是别的,正是… / **quite** ~ 完全不同的/ ~ **than** ①除了②绝不是/~ ... **than** ... (人、物等)不同于…/**the** ~ **day** 前几天〔前几天下午,前几天晚上〕■ pron. ❶其他的,别的,另外的人〔事物〕: I don't like this dress. Show me some others. 我不喜欢这件衣服,请另外拿几件给我看看。❷其余的人〔事物〕: I have two dogs. One is black and the other is white. 我有两只狗,一只是黑的,另一只是白的。

otherwise [ˈʌðəwaɪz] adv. ❶用别的方法,不同地: She says it's genuine, but we think otherwise. 她说这是真的,但我们不这样认为。❷在其他方面;除此以外: The soup was cold, but it was otherwise an excellent meal. 除了汤是凉的以外,那顿饭菜是很好的。‖ **and** ~ 等等,以及其他/**or** ~ ①或用其他方法②或其反面,或相反/~ **than** 除…之外 ■ conj. 否则;要不然: You'd better go now, otherwise you'll miss the train. 你最好现在就走,要不然就赶不上火车了。‖ **otherwise-minded** adj. ①想法不同的②思想逆潮流的

otter [ˈɒtə] n. ❶Ⓒ(水)獭 ❷Ⓤ獭皮

ought [ɔːt] aux. v. ❶应该(指道义上有责任): You ought to work hard. 你应该努力工作。❷应当(显示所采取行动正确或明智): It's getting late. We ought to be going. 时间不早了,我们该走了。❸可能会;预料会做(某事): These plants ought to reach maturity after five years. 这些植物五年后就该长成了。

ounce [aʊns] n. ❶Ⓒ Ⓤ盎司: It is sold by ounce. 这是论盎司卖的。❷Ⓢ〈口〉少量;一点儿: He has used up the last ounce of oil. 他已用完最后一滴油。

our [ˈaʊə] pron. 我们的: This is our classroom. 这是我们的教室。/ Our school is on a river. 我们的学校在河边。‖ **Our Lady** 圣母

玛丽亚

ours [aʊəz] *pron*. 我们的：*Let's clean their room first and then ours*. 咱们先扫他们的房间，再打扫我们的房间。

ourselves [ˌaʊə'selvz] *pron*. ❶（we 的反身代词）我们自己：*We have to find ourselves a new home*. 我们得给自己找个新家。❷（we 的强调形式）我们亲自：*We ourselves will do the work*. 我们将亲自做这项工作。‖ **between ～** 只限于咱们俩之间/**by ～** ①我们单独地②我们独立地/**to ～** 归我们单独使用，非合用

oust [aʊst] *vt*. ❶驱逐，革职，罢黜：*The politician was ousted from office by a vote from members of his own party*. 那个政客被他自己党内的成员投票表决赶下台。❷剥夺：*～ sb of his inheritance* 剥夺某人的继承权

out [aʊt] *adv*. ❶离开某地，不在里面：*Open the bag and put the money out*. 打开提包，把钱拿出来。❷不在家，不在工作地点；（书等）已借出：*She stays out late at nights*. 她晚上经常在外面逗留到很晚。❸表示远离陆地、祖国、城镇等：*His son is out in America*. 他儿子远在美国。❹显露，暴露，问世：*His new book is just out*. 他的新书刚出版。❺过时，不再流行：*That dress is out*. 那种女服已过时了。❻大声地；出声地：*If you disagree you should speak out*. 如果你不同意，你就该大声地说出来。❼到尽头；全部，彻底：*I'm tired out*. 我筋疲力尽了。/ *Supplies are running out*. 供应品快用完了。/ *He has worked out a mathematical problem*. 他算出了一道数学题。❽无知觉：*She's been out for ten minutes*. 她已昏迷了十分钟。❾（火或灯）熄灭：*The fire is out*. 火灭了。/ *Please put your cigarette out*. 请把香烟弄灭。❿下台，在野：*The Labour Party went out in 1980*. 工党于 1980 年下野。‖ **all ～** 全力以赴地/**～ and ～** 十足地，彻头彻尾地/**～ and about**（病、伤等卧床后）能下床，能到户外/**～ and away** 远远地/**～ and home** 往返，来回/**～ for** 力图要，一心为/**but ～ for** 企求，力图获得/**from ～ to** 从一端到另一端/**～ from under** 脱离危险/**～ of** ①从…里面(走出)；离开②从…的状态中③越出…之外④从…中⑤因为,出于,由于⑥由…制成⑦缺乏,没有/**～ of it** 因被排斥在某集体之外而感到难过/**out-of-date** *adj*. 过时的/**out-of-the-way** *adj*. ①偏僻的②罕见的,破例的

outbid [ˌaʊt'bɪd] *vt*. 出价高于（别人）

outboard ['aʊtbɔːd] *adj. & adv*. 向舷外的〔地〕：*throw fishnets ～* 向舷外抛出鱼网 ‖ **outboard motor** (小船)舷外发动机

outbreak ['aʊtbreɪk] *n*. Ⓒ爆发,突然发生

outburst ['aʊtbɜːst] *n*. Ⓒ(蒸汽,怒气等的)爆发,突发

outcast ['aʊtkɑːst] *n*. Ⓒ被社会或某群人遗弃的人

outcome ['aʊtkʌm] *n*. Ⓢ结果

outcry ['aʊtkraɪ] *n*. Ⓢ高声呐喊,尖叫；公开反对

outdistance [ˌaʊt'dɪstəns] *vt*. 把（竞争者）远远抛在后面

outdo [ˌaʊt'duː] *vt*. (3rd pers. sing. pres. t. **does**, *pt*. **-did**, *pp*. **-done**) 胜过：*We outdid our competitors by offering a better product at a lower price than theirs*. 我们以更低的价格提供更多的产品而战胜了竞争对手。‖ **～ oneself** ①超过自己原有水平②尽了自己最大努力

outdoor ['aʊtdɔː] *adj*. Ⓐ❶户外的,露天的：*an ～ concert* 露天音乐会 ❷喜欢户外活动的：*He is an outdoor college student*. 他是一名爱好野外活动的大学生。

outdoors ['aʊtdɔːz] *adv*. 在户外：*Children like to play outdoors*. 孩子们喜欢在户外玩耍。/ *It's cold outdoors*. 外面很冷。

outer ['aʊtə] *adj*. Ⓐ❶外面的,外表的：*The outer door needs repairing*. 外面的门需要修理一下。❷远离内部〔中心〕的：*We'll move to the outer suburbs*. 我们将搬到市郊。‖ **the ～ man** 人的外表/**the ～ world** 外界,外部世界 ‖ **outer-directed** *adj*. 符合客观外界标准的/**outer space** 外太空/**outer wear** 外衣,外套,户外穿的服装

outface [ˌaʊt'feɪs] *vt*. 盯得…局促不安,睥睨

outfit ['aʊtfɪt] *n*. Ⓒ❶全套装备,全套工具 ❷一套服装：*Jenney bought a new outfit for her daughter's wedding*. 珍妮为女儿买了一套婚礼新装。❸集体；组织：*a construction ～* 一群建筑工人

outflow ['aʊtfləʊ] *n*. Ⓢ流出,外流：*the ～ of currency from a country* 某国的货币外流

outgoing ['aʊtˌɡəʊɪŋ] *adj*. ❶对人友好的；开朗的：*He is an outgoing and lively person*. 他是个性格开朗而又活泼的人。❷即将离职的：*She is the outgoing head of a large corporation*. 她是一家大公司即将离职的首脑。

outgrow [ˌaʊt'ɡrəʊ] *vt*. (*pt*. **outgrew**, *pp*. **outgrown**) ❶长〔发展〕得超过（某物）的范围；长〔发展〕得不能再要（某物）：*That boy outgrows his clothes every few months*. 那男孩生长发育很快,每隔几个月他的衣服就穿不下了。❷长得比…快；生长速度超过：*This variety of tomato outgrows all others*. 这种品种的西红柿生长得比所有其他品种快。❸生长或进步超过了…：*She outgrew the company she worked for and found a better job somewhere else*. 她进步很快,不再满足于她所在工作的公司,于是又在别处找到一份更好的工作。

outing ['aʊtɪŋ] *n*. Ⓒ远足,郊游,短途旅行

outlandish [ˌaʊt'lændɪʃ] *adj*. (看或听起来很)古怪的,奇异的

outlaw [ˈaʊtlɔː] n. ⓒ歹徒,亡命之徒 ■ vt. 宣布…为不合法: *Most states have outlawed the use of marijuana*. 大多数州都宣布使用大麻为非法行为。‖ **outlawry** n. ①公民权的被剥夺,被放逐②宣布非法,非法化③逍遥法外‖ **outlaw strike** 未经工会批准同意的罢工

outlay [ˈaʊtleɪ] n. ⓤ支出;费用

outlet [ˈaʊtlet] n. ⓒ❶出口,出路 ❷发泄的途径 ❸经销店

outline [ˈaʊtlaɪn] n. ⓒ❶提纲,要点,概要 ❷外形,轮廓,略图‖ **in ~** 扼要地 ■ vt. ❶画〔标〕出…的轮廓: *He outlined the triangle in red*. 他用红笔画出三角形。/ *The man's figure was outlined by the light*. 灯光照出这个人的轮廓。❷概述,列提纲: *~ briefly* 简要说明/ *She outlined her responsibilities*. 她概述了自己的职责。‖ **~ against** 使衬托出…轮廓

outlive [ˌaʊtˈlɪv] vt. 比(某人)长寿;活到(某事)已被遗忘: *The old couple outlived several of their children*. 这对老夫妻比他们的好几个孩子都活得长。

outlook [ˈaʊtlʊk] n. ⓢ❶景色,景致 ❷观点,见解 ❸展望;前景‖ **on the ~** 眼望着,留心着

outnumber [ˌaʊtˈnʌmbə] vt. 数量多于;比…多: *Reporters outnumbered guests at the political gathering*. 在那次政治性集会上,记者的数量超过了来宾。

outpatient [ˈaʊtˌpeɪʃənt] n. ⓒ门诊病人,不住院病人

outperform [ˌaʊtpəˈfɔːm] vt. 做得比…更好;胜过: *The growth of that company has outperformed all of its competitors*. 那家公司的发展超过了它所有的竞争对手。

outpost [ˈaʊtpəʊst] n. ⓒ❶前哨,哨兵,哨站 ❷边远居民点

output [ˈaʊtpʊt] n. ⓢ❶产量 ❷输出,输出功率

outrage [ˈaʊtreɪdʒ] n. ❶ⓤ义愤,愤慨 ❷ⓒⓤ暴行 ❸ⓒ骇人听闻的事件 ■ vt. 引起…的义愤,激怒: *This is an act that outrages public opinion*. 这是违反民意的做法。/ *Members of Parliament were outraged by the news of the assassination*. 国会议员们被这暗杀的消息激怒了。

outright [ˈaʊtraɪt] adv. ❶完全地,彻底地: *You should persuade her to marry you outright*. 你应该彻底劝服她嫁给你。❷坦率地,直率地;无保留地: *If you have a complaint you should tell me outright*. 如果你有不满意的事,你应该直率地对我说。❸立即,当场: *Three people were killed outright in the accident*. 事故中一下死了三个人。■ adj. 完全的;彻底的: *an ~ denial* 断然否认

outrun [ˌaʊtˈrʌn] vt. (pt. **outran**, pp. **outrun**) ❶跑得比…快: *The track star outran all of his competitors*. 那位径赛明星比他所有的竞争对手跑得都快。❷逃脱;逃走: *Criminals sometimes outrun the police*. 罪犯们有时候能逃脱警察的追捕。❸超出;超过: *Orders are outrunning production*. 定货超过了产量。

outset [ˈaʊtset] n. ⓢ开始,开端‖ **at the ~** 一开始/ **from the ~** 从…开始

outside [ˌaʊtˈsaɪd] adv. ❶在外面,向外面: *go ~* 到外面去/ *It's quite dark outside, there's no moon*. 外面很黑,没有月亮。/ *Wilson was waiting for him outside*. 威尔逊在外面等他。❷在户外;露天: *play ~* 在外面玩/ *Please let us in, it's cold outside*. 请让我们进去吧,外面很冷。‖ **~ in** 里面翻到外面 ■ n. ⓤ外面,外部‖ **at the (very) ~** 至多,充其量/ **on the ~ of the gate** 在大门外/ **those on the ~** 外界人士 ■ adj. Ⓐ❶外部的,在外面的,对着外面的: *All the outside doors have locks*. 所有外面的门都上了锁。❷不在主建筑物内的;外面的: *Work went on as usual inside, uninterrupted by outside repairs*. 外部装修,内部照常营业。❸集团外的,组织外的,外界的,局外的: *They needed the outside help*. 他们需要来自外界的帮助。❹(选择余地、可能性等)非常小: *There's just an outside chance we'll get the contract after all*. 说到底,我们得到那份合同的希望极其渺茫。❺可能性最大的,最可能的: *150 is an outside estimate*. 150 是最高的估计。■ prep. ❶(表示位置)在〔向〕…的外面: *They stood outside the door*. 他们站在门外。❷(表示范围)超出…的范围: *The matter is outside my area of the responsibility*. 此事超出我的责任范围。❸(表示排斥)除了(某人): *Outside Tom she has no real friends*. 她除了汤姆之外没有真正的朋友。

outsider [ˌaʊtˈsaɪdə] n. ⓒ局外人,圈外人,门外汉

outskirts [ˈaʊtskɜːts] n. ⓟ外围地区,郊区,郊外

outspoken [ˌaʊtˈspəʊkən] adj. 直言的;坦率的‖ **outspokenly** adv. 直言地,坦率地/ **outspokenness** n. 直言,坦率

outstanding [ˌaʊtˈstændɪŋ] adj. ❶突出的;杰出的 ❷未偿付的,未解决的 ❸Ⓐ地位显著的;为人瞩目的‖ **oustandingly** adv. 突出地;未解决地

outstretched [ˌaʊtˈstretʃt] adj. 伸出的;伸展的

outstrip [ˌaʊtˈstrɪp] vt. (-pp-) 做得比…更好;(在赛跑等中)超过: *That manufacturer outstripped all his competitors in sales last year*. 那个生产厂家去年的销售量超过了他的所有竞争对手。

outward [ˈaʊtwəd] adj. Ⓐ❶外出的,往外的: *the ~ voyage* 出海/ *He got injured on the*

outwardly

outward journey. 他外出旅行时受了伤。❷外表的,表面的:~ calm 外表的平静/ The medicine is for outward application only. 这药只供外用。‖ to ~ seeming 从表面上看来 ‖ **outwardness** n. ①客观存在,客观存在性②对周围世界的关心,对外在事物的敏感 ‖ **outward-bound** adj. 开往外国的

outwardly ['aʊtwədlɪ] adv. 外表上;表面上

outwards ['aʊtwədz], 〈美〉**outward** ['aʊtwəd] adv. ❶向外: The two ends must be bent outward. 两端必须向外弯。/ The door opens outward. 这扇门向外开。❷离家,离出发地: The ship is outward bound, sailing away from its home port. 这艘船是开往外埠的。

outweigh [aʊt'weɪ] vt. ❶在重量上超过: This boxer outweighed by his opponent 20 pounds. 这个拳击选手体重比他的对手重20磅。❷在重要性或价值方面超过: Her need to save money outweighs her desire to spend it on fun. 她省钱的需要比她花钱娱乐的愿望更重要。

outwit [aʊt'wɪt] vt. (-tt-)以智取胜,以计击败: The criminal outwitted the police and escaped. 那罪犯耍花招瞒过了警察,逃跑了。

oval ['əʊvəl] n. 椭圆形 ◼adj. 椭圆形的:~ hole 椭圆形的洞

ovarian [əʊ'veərɪən] adj. 卵巢的;子房的

ovary ['əʊvərɪ] n. ⓒ❶(妇女或雌性动物的)卵巢 ❷(植物的)子房

oven ['ʌvən] n. ⓒ烤箱,炉 ‖ **in the same ~** 处于相同的困境

over ['əʊvə] prep. ❶(表示位置)在…的正上方;在…的上面;在…的上空: There is a lamp over the table. 桌子正上方有一盏灯。/ The clouds are right over us. 我们在云正在我们的头顶上。❷(表示位置)遍布在…上面,扩展到…全部: A smile came over her face. 她的脸上露出了笑容。/ Brilliant light poured over me. 耀眼的光洒遍我的全身。❸(表示方向)越过,从一边至…的另一边: Instead of opening the gate, we climbed over it. 我们没有开门,而是从门顶上爬过去的。/ We moved through fields and over ditches. 我们穿过田野,跨过沟渠。❹(表示方向)从…的边缘向下: The weight of the net pulled him over the edge and into the sea. 沉重的鱼网把他拖下崖边坠入海中。❺(表示等级或数目)高于;在…之上,超过: I am not in charge of the department; I have two people over me. 我不是这个部门的主管,我还有两位上级。❻(表示时间或过程)在…期间;在从事…的时候: Will you be at home over Christmas? 你圣诞节期间在家吗?/ The leaders met over informal lunches. 领袖们在吃非正式午餐时进行会晤。/ They discussed it over a game of golf. 他们一边打高尔夫球,一边讨论。❼(表示论及)关于,在…方面: These men have quarreled over the price of a load of hay. 这帮人为了一车干草的价钱争吵不休。◼adv. ❶(倒)下,(掉)下,翻过来: She knocked the vase over. 她碰倒了花瓶。❷从一边至另一边,从一方至另一方: Let's change these two pictures over. 我们把两张画对调一下位置。/ We rowed over to the other side of the river. 我们划船到河的对岸。❸全部地,从头至尾: I have read the paper over. 我把报纸全部看完了。/ I have looked all over for him. 我到处都找过他了。❹再一次,重复地: My sums were wrong and I had to do them over. 我的总数错了,只好再算一遍。❺过分地;太: She is over polite. 她太客气了。/ He was over nervous. 他太紧张了。❻结束,了结: The war was all over. 战争结束了。/ His suffering will soon be over. 他的苦难就要结束了。‖ ~ **against** 在…的对面,与…相反/**all ~** 遍及,到处/(**all**) ~ **again**(从头)再一次/~ **all** 从一头到另一头/~ **and** ~ 反复地;再三地/~ **and above** 除…之外(还),超过

overact [ˌəʊvə'rækt] vt. & vi. 过火地表演(角色)

overall ['əʊvərɔːl] adj. 🅐❶总体的;全面的;综合的 ❷全面考虑的 ◼adv. ❶大体上,总的来说: Overall, prices are still rising. 总的说来,价格仍在上涨。❷一切包括在内,全部的: How much will it cost overall? 一共多少钱? ◼n. Ⓒ❶长罩衣: The shop assistant was wearing a white overall. 那店员穿着白色长罩衣。❷Ⓟ工装裤;工作裤: He is in overalls today. 他今天穿的是工作裤。/ He was wearing a pair of blue overalls. 他穿着蓝色的工作裤。

overarch [ˌəʊvə'rɑːtʃ] vt. 在…上方成拱形

overbalance [ˌəʊvə'bæləns] vt. & vi. (使)失去平衡而歪倒

overboard ['əʊvəbɔːd] adv. 越过船边坠入水中,在船外 ‖ **go ~ for** 过分爱好,狂热追求/ **throw ~** 把…扔到船外;废弃

overcast ['əʊvəkɑːst] adj. 天阴的,多云的: an ~ sky 多云的天空

overcharge [ˌəʊvə'tʃɑːdʒ] vt. 对…要价过高: That store overcharges tourists. 那家商场对游客要价过高。 ◼n. ①过高的要价

overcoat ['əʊvəkəʊt] n. Ⓒ大衣

overcome [ˌəʊvə'kʌm] vt. & vi. (pt. **overcame**, pp. **overcome**)战胜;克服: They overcame the enemy easily. 他们轻松地战胜了敌人。 vt. 被(烟、感情等)熏[压]倒,使受不了: He was overcome by smoke. 他被烟熏倒。‖ **be ~ with** 被…所压倒

overcrowd [ˌəʊvə'kraʊd] vt. 使过度拥挤;把…塞得太满 ‖ **overcrowded** adj. 过度拥挤的,塞得太满的/**overcrowding** n. 过度拥挤

overdo [ˌəʊvə'duː] vt. (3rd pers. sing pres.

-does, pt. -did, pp. -done) ❶ 做得过分；太夸张：*She overdid it by swimming in the winter cold water and is ill now*. 她在冬日冰冷的水中游泳，做得太过火了，结果现在病倒了。❷ 把…煮得太久：*We overdid the meat and it didn't taste good*. 我们把肉煮得太久，结果味道不好了。

overdose [ˈəʊvəˈdəʊs] *vt*. 使…用药过量 ■ [ˈəʊvədəʊs] *n*. ⓒ过量用药

overdraft [ˈəʊvədrɑːft] *n*. ⓒ透支，透支额

overdraw [ˌəʊvəˈdrɔː] *vt*. (*pt*. **overdrew**, *pp*. **overdrawn**) 透支

overdue [ˌəʊvəˈdjuː] *adj*. ❶ 迟到的，延误的 ❷ 过期的，到期未付的

overeat [ˌəʊvərˈiːt] *vt.*&*vi*. (*pt*. **overate**, *pp*. **overeaten**) (使)吃得过多

overestimate [ˌəʊvərˈestɪmeɪt] *vt*. 对(数量)估计过高；对…作过高的评价：*They overestimated the bill*. 他们对账单涉及的钱数估计多了。/ *I think you're bverestimating her abilities*. 我看你对她的能力评价过高。

overextend [ˌəʊvərɪkˈstend] *vt*. ❶ 过分张开；过分扩展 ❷ 使(自己或别人)承担过多的工作

overflow [ˌəʊvəˈfləʊ] *vt.*&*vi*. ❶ 溢出；淹没：*The milk is overflowing*. 牛奶溢出来了。/ *The flood overflowed the valley*. 洪水淹没了河谷。❷ 充满：*He always fills his glass till it overflows*. 他总是把杯子斟得很满。/ *The goods overflowed the warehouse*. 货仓里装满了货物。‖ ~ **into** 流向…/ ~ **onto** 溢到…上/ ~ **with** ①…溢出②充满 ■ *n*. ❶ⓤ溢出 ❷ⓤ溢出物 ❸ⓢ容纳不下的人〔物〕

overgrown [ˌəʊvəˈɡrəʊn] *adj*. ❶ 长得很快 ❷ 杂草丛生

overhang [ˌəʊvəˈhæŋ] *vt.*&*vi*. (*pt*., *pp*. **overhung**) 伸出；悬挂于…之上：*A balcony overhangs the door below it*. 阳台悬于其下方的楼门之上。

overhaul [ˌəʊvəˈhɔːl] *vt*. ❶ 彻底检查；大修 ❷ 赶上，追上

overhead [ˈəʊvəhed] *adj*. 离地面的；头顶的；上空的，架空的：*Many stars overhead are invisible to the naked eye*. 天上的许多星星是肉眼看不到的。■ *adv*. ❶ 在头顶上；在空中：*A plane flew overhead*. 一架飞机从空中飞过。❷ 在楼上：*The people in the room overhead were very noisy yesterday evening*. 昨晚在楼上那个房间的人很吵。■ *n*. ⓟ(企业的)经费；*Heavy overheads reduced his profits*. 经费开支大因而减少了他的利润。

overhear [ˌəʊvəˈhɪə] *vt*. (*pt*., *pp*. **overheard**) 偶然听到：*I overheard them say they were dissatisfied*. 我偶然听到他们说，他们不满意。

overheat [ˌəʊvəˈhiːt] *vt.*&*vi*. 使过热，变得过热：*My car overheated and broke down*. 我的汽车变得过热，出了故障。

overjoyed [ˌəʊvəˈdʒɔɪd] *adj*. 万分高兴的，欣喜若狂的

overland [ˈəʊvələnd] *adj*. 经由陆路的，横跨大陆的

overlap [ˌəʊvəˈlæp] *vt.*&*vi*. (**-pp-**) 部分重叠：~ *feather* 羽毛一片压着一片/ *His duties and mine overlap*. 他的任务和我的任务有重叠。/ *Tiles overlap each other*. 屋瓦相互叠盖。■ *n*. ⓒⓤ重叠的部分：*The overlap between the jacket and the trousers is not good*. 夹克和裤子重叠的部分不好看。‖ **overlap area** 防空警报区的外围

overlay [ˌəʊvəˈleɪ] *vt*. (*pt*., *pp*. **overlaid**) 在…上铺或盖：*A carpet overlays the wood floor*. 地板上铺了一条地毯。■ *n*. ⓒ覆盖物，涂盖层：*An overlay of wood covers the brick wall*. 砖墙上覆盖了一层木板。

overleaf [ˌəʊvəˈliːf] *adv*. 在本页背面

overload [ˌəʊvəˈləʊd] *vt*. ❶ 使负担太重 ❷ 使超载，使过载

overlook [ˌəʊvəˈlʊk] *vt*. ❶ 忽视：*Don't overlook the slower students*. 别忽视后进同学。/ *How could you overlook paying the rent?* 你怎么会忘了付房租？❷ 原谅：*We decided to overlook his mistake*. 我们决定宽容他的过错。❸ 监督，管理：*The foreman overlooked a large number of workers*. 工头监督着许多工人。❹ 俯视：*We overlooked the sea*. 我们俯瞰大海。‖ ~ **from** 从…俯视

overly [ˈəʊvəlɪ] *adv*. 过度地

overnight [ˌəʊvəˈnaɪt] *adv*. ❶ 在晚上，在夜里 ❷ 突然，很快 ■ *adj*. Ⓐ ❶ 一整夜的，晚上的 ❷ 突然的；很快的

overpass [ˈəʊvəpɑːs] *n*. ⓒ立交桥，天桥；高架道路

overpower [ˌəʊvəˈpaʊə] *vt*. ❶ 压服，击败：*Police overpowered the criminal and took him away*. 警察制服了那罪犯并把他带走了。❷ (感情等)压倒；使无法忍受：*The smell of the garbage overpowered me*. 垃圾的臭味使我无法忍受。‖ **overpowering** *adj*. 不可抗拒的，压倒优势的，极强大的

overrate [ˌəʊvəˈreɪt] *vt*. 对(质量、能力等)估价过高：*I think that film is overrated*. 我认为这部电影被评价得太高了。

over-refine [ˌəʊvərɪˈfaɪn] *vt*. ❶ 精炼过度 ❷ 对(辩论等)进行过细区分

override [ˌəʊvəˈraɪd] *vt*. (*pt*. **overrode**, *pp*. **overridden**) ❶ 不顾，不理：*The Congress overrode the President's objection and passed the law*. 国会不顾总统的反对，通过了那项法令。❷ 优先于，压倒：*A concern for safety over-*

rode all other considerations. 对安全的关切胜过所有其他应考虑的事情。

overrule [ˌəʊvəˈruːl] vt. 批驳,推翻,拒绝: A higher court of law overruled a lower court and set the accused person free. 上级法院否决了下级法院的判决,把被告释放了。

overrun [ˌəʊvəˈrʌn] vt. (pt. overran, pp. overrun) ❶蔓延,占领,侵害,踩躏: Because the kitchen was dirty, it was overrun by insects. 由于厨房脏,所以害虫在那里大量出没。❷超过(范围): The advertising department has overrun its budget three years in row. 广告部的开支已经连续三年超过预算。

overseas [ˌəʊvəˈsiːz] adv. 在〔向〕海外;在〔向〕国外 ■ adj. ❶(在)海外的,(在)国外的 ❷(向或来自)外国的

oversee [ˌəʊvəˈsiː] vt. (pt. oversaw, pp. overseen)监督,监视: She oversees both the research and the manufacturing departments. 她既监督研究部门又监督生产部门。

overseer [ˈəʊvəsiːə] n. Ⓒ监工,监督者

overshadow [ˌəʊvəˈʃædəʊ] vt. ❶使(某物)被遮暗;使阴暗: Heavy clouds overshadowed the mountain. 厚厚的乌云遮掩了大山。❷使(某事物)令人不快或减少乐趣: His disappearance overshadowed the family. 他的失踪给家庭蒙上了一层阴影。❸使(某人)相形见绌或黯然失色

overshoe [ˈəʊvəʃuː] n. Ⓒ套鞋

overshoot [ˌəʊvəˈʃuːt] vt. (pt., pp. overshot)超过

oversight [ˈəʊvəsaɪt] n. ❶ⓊⒸ疏忽,失察

oversleep [ˌəʊvəˈsliːp] vi. (pt., pp. overslept)睡得太久,睡过头

overstate [ˌəʊvəˈsteɪt] vt. 夸大(某事): Don't overstate your case. 不要把你的情况夸大了。‖ **overstatement** n. 夸大,言过其实;夸张的叙述

overt [ˈəʊvɜːt] adj. 公开的;不隐蔽的 ‖ **overtly** adv. 公开地,明显地

overtake [ˌəʊvəˈteɪk] vt. (pt. overtook, pp. overtaken) vt.& vi. 追上,赶上,超过: Exports have already overtaken last year's figure. 出口量已超过了去年。vt. 突然来临,突然遭遇: The film star was overtaken with another trouble. 那位影星又遇上了别的麻烦。

overtax [ˌəʊvəˈtæks] vt. ❶使负担过重;使过度疲劳 ❷对…征税过重

overthrow [ˌəʊvəˈθrəʊ] vt. (pt. overthrew, pp. overthrown) ❶打倒,推翻: He stumbled and overthrew the chair. 他绊了一下,撞翻了椅子。❷使终止: He has overthrown the basic standards of morality. 他已摒弃了基本的道德标准。■ n. Ⓢ推翻;终止,结束

overtime [ˈəʊvətaɪm] n. Ⓤ❶超出的时间;额外的时间 ❷加班费 ■ adv. 超过时地

overtone [ˈəʊvətəʊn] n. Ⓟ暗示,含意,弦外之音

overture [ˈəʊvətjʊə] n. ❶Ⓟ(向某人做出的)友好表示、姿态或提议 ❷Ⓒ(歌剧、芭蕾舞、音乐剧等的)序曲,前奏曲

overturn [ˌəʊvəˈtɜːn] vt.& vi. (使)翻倒: He overturned the lamp. 他把灯打翻了。vt. 使垮台;推翻: The rebels overturned the government. 反叛者们推翻了政府。

overvalue [ˌəʊvəˈvæljuː] vt. ❶对…估价过高 ❷对…看得过重

overview [ˈəʊvəvjuː] n. Ⓒ综览,概观,概述

overweight [ˈəʊvəweɪt] adj. 超重的

overwhelm [ˌəʊvəˈhwelm] vt. ❶覆盖,淹没: A great wave overwhelmed the boat. 一个巨浪吞没了那只小船。❷压倒,制服;打败: Invading armies overwhelmed the town. 入侵的军队控制了这个城镇。❸使某人不知所措: He was overwhelmed by the death of his father. 他为父亲的去世而悲痛至极。‖ ~ by 以…压倒…/~ with 被…压倒;使某人对…措手不及

overwhelming [ˌəʊvəˈhwelmɪŋ] adj. 势不可挡的,压倒一切的;巨大的

overwork [ˌəʊvəˈwɜːk] vt.& vi. 工作过度或时间过长: I hope you're not overworking that poor boy. 我希望你没有驱使那个可怜的男孩工作过度。vt. 滥用(词等) ■ n. Ⓤ工作过度或时间过长

owe [əʊ] vt. ❶欠…债;应当给予: He paid me the ten dollars he owed me. 他已还了欠我的十美元。/ You still owe so much debt. 你还欠这么多债。/ You owe yourself a holiday. 你应该休息一天。❷应把…归功于: He owes his good health to plenty of exercise and a regular life. 他把他身体健康归功于运动和有规律的生活。/ I owe it to you that I survived the catastrophe. 亏得你我才大难不死。❸感激: He gave me a lot of help. I owed much to him. 他给我许多帮助,我非常感激他。‖ ~ for 欠买…的钱/~ on 在…上欠债/~ to 欠…(某物);应该感谢;把…归功于

owing [ˈəʊɪŋ] adj. Ⓟ欠着的,应付的,未付的 ‖ ~ to 由于,因为

owl [aʊl] n. Ⓒ猫头鹰

own[1] [əʊn] adj. ❶属于自己的 ❷自己做的,为自己的 ‖ **come into one's** ~ 获得自主〔承认〕/**hold one's** ~ 不以与别人做得一样好;没有失败〔恶化〕/ **of one's** ~ 自己的/**on one's** ~ 靠自己的力量,独自地

own[2] [əʊn] vt. ❶拥有 ❷承认: I own that you are right. 我承认你是对的。‖ ~ **to** 承认认有…/~ **up** 完全〔坦白〕供认

owner [ˈəʊnə] n. Ⓒ物主,所有人

ownership [ˈəʊnəʃɪp] n. Ⓤ物主的身份;所

有(权),所有制
ox [ɒks] *n.* (*pl.* **oxen**) ⓒ 牛,阉牛
Oxbridge [ˈɒksbrɪdʒ] *n.* ⓒ 牛津剑桥(牛津大学和〔或〕剑桥大学,以区别英国其他大学)
oxidation [ˌɒksɪˈdeɪʃn] *n.* ⓒ 氧化
oxide [ˈɒksaɪd] *n.* ⓒⓤ 氧化物
oxidize, -ise [ˈɒksɪdaɪz] *vt. & vi.* (使某物)氧化;(使某物)生锈
oxygen [ˈɒksɪdʒən] *n.* ⓤ 〈化〉氧,氧气
oyster [ˈɔɪstə] *n.* ⓒ 牡蛎
ozone [ˈəʊzəʊn] *n.* ⓤ ❶〈化〉臭氧 ❷清新空气 ‖ **ozone layer** 臭氧层

Pp

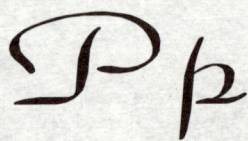

pace [peɪs] *vt. & vi.* 踱步于,走动: He turned on the light and began to pace backwards and forwards. 他打开电灯并开始走来走去。/ The lion paced the floor of its cage. 那头狮子在笼子里走来走去。 *vt.* ❶以步测量,步测: I think the hall is 90 metres long; I'll pace it. 我估计这大厅有 90 米长;我来步测一下。❷为…定步速: She knew how fast she was running, because her trainer was pacing her on a bicycle. 她知道她当时跑得多快,因为她的教练骑着自行车在为她定步速。 ‖ ~ about踱来踱去/~ along沿…踱步/~ around围绕…踱来踱去/~ in 在…走在前列/~ off 以脚步测量/~ out 以步量出…的长度/~ up and down 走来走去 ■ *n.* ❶⒮步速;计划进度 ❷ⒸⓈ一步,步子 ❸Ⓒ溜蹄,步法: The natural paces of the horse include the walk, the trot and the gallop. 马的自然溜蹄包括走步、小跑和飞奔。 ‖ keep ~ (with)并驾齐驱,齐头并进/put through sb's ~s 测试某人的能力/set the ~ 定出速度;起带头作用/show one's ~s 显示自己的才能 ‖ **pacemaker** *n.* ①定速度者,领跑人②心脏起搏器

pacific [pə'sɪfɪk] *adj.* 和平的,爱好和平的;平静的 ‖ **pacifically** *adv.* 和平地,温和地

pacifism ['pæsɪfɪzəm] *n.* Ⓤ和平主义,反战主义

pacifist ['pæsɪfɪst] *n.* Ⓒ和平主义者,反战主义者

pacify ['pæsɪfaɪ] *vt.* (*pt., pp.* -fied) ❶使(某人)安静,息怒;抚慰 ❷在(有战争的地区、国家等)实现和平

pack [pæk] *n.* ❶Ⓒ包裹;背包 ❷ 小纸盒,小纸包 ❸一群,一伙,一堆 ❹(纸牌的)一副 ‖ ~ of lies 一派谎言(胡言) ■ *vt. & vi.* ❶(把…)打包,收拾行李: Pack your things at once. 马上把你的东西收拾好。❷塞进;拥进: About two thousand people packed the hall. 约有两千人把礼堂挤得满满的。❸(使)聚集成团: The snow had packed against the wall. 墙根的雪形成了雪团。/ The wind packed the snow against the wall. 风把雪吹到墙边堆积起来。 *vt.* ❶装罐: She packed her husband bread and cheese for his lunch. 她为丈夫备好面包和乳酪作为午餐。❷把…裹起来 ❸携带;装备有: They knew all along that he was packing a gun. 他们向来都知道他身上带着枪。❹挑选;使之偏袒自己 ‖ ~ away 把…收藏起来;〈非正〉吃很多/~ down 把…压实或夯实/~ in 塞进;停止,放弃,辞职;吸引;把…塞进…里/~ into 塞进;挤进/~ it in 停止;放弃/~ off (匆忙将…)打发走,送走/~ out 使(剧院)满座/~ together 使紧挤在一起/~ up 打包;收拾;〈非正〉停止工作,停止运转/~ it 〈口〉停止你正做的事情/~ with 用…充满

package ['pækɪdʒ] *vt.* ❶ 把 … 包成 一 包: They package their goods in attractive wrappers. 他们把货物包在一个好看的包装袋里。❷包装: Those chocolates have been packaged very attractively. 那些巧克力包装得很吸引人。 ‖ ~ up 包成一包 ■ *n.* Ⓒ❶包,包裹,包在一起的东西 ❷一整套东西,一揽子交易 ‖ **package plan** 一揽子计划/**package tour** 旅行社全包的旅游

packer ['pækə] *n.* Ⓒ包装工人,包装公司,包装机

packet ['pækɪt] *n.* ❶Ⓒ小包,小盒;小包裹 ❷Ⓢ大笔款项 ❸Ⓒ邮船,班轮 ‖ catch a ~ 陷入困境,招致不幸;负重伤;受到严厉责备/make a ~ 挣大钱/stop a ~ 负重伤

packing ['pækɪŋ] *n.* Ⓤ❶(货物)包装,包装法 ❷包装材料 ‖ **packing paper** 包装纸/**packing shop** 包装车间

pact [pækt] *n.* Ⓒ条约,协定,协议

pad [pæd] (-dd-) *vt.* 给…装衬垫,加垫子: The child let his mother pad the chair. 这个小孩让他妈妈把椅子加上垫子。/ The cell is padded. 这个小房间装有护垫。 *vi.* 步行,放轻脚步走 ‖ ~ along沿着~慢慢走/~ down轻轻走过/~ out 把垫满或填满;把…不必要地拉长;走出/~ the bill 虚报费用/~ through 慢慢地走过/~ with 用…填充 ■ *n.* ❶垫,护垫

❷便笺本,拍纸簿 ❸肉趾,肉垫 ❹发射台 ❺住所,房间,公寓 ‖ **launching pad**(火箭等的)发射台

paddle ['pædl] *n*. ⓒ❶短桨 ❷桨状物 ❸划船,荡桨 ■ *vi*. ❶用桨划,划小船:*They paddled down the river in a canoe*. 他们坐在独木舟上向下游划去。❷涉水,玩水:*They liked to watch the children paddling in the stream*. 他们喜欢看孩子们在小溪中玩水。

paddock ['pædək] *n*. ⓒ❶(放牧或驯马的)小围场 ❷(准备参赛的马或车的)检阅场

pagan ['peɪgən] *n*. ⓒ异教徒,非基督教徒 ■ *adj*.异教徒的,无宗教信仰的

page [peɪdʒ] *n*. ⓒ❶页 ❷〈文〉重要事件 ■ *vt*. ❶标记…的页数;翻页:*He paged the book without interest*. 他毫无兴趣地标书页。❷喊出名字以寻找:*He paged his wife*. 他喊叫着妻子的名字。‖ ~ **up** 排好页码

pageant ['pædʒənt] *n*. ⓒ盛装的游行,壮丽的场面,伟观

pail [peɪl] *n*. ⓒ桶,木桶,铁桶 ‖ **pailful** *n*. 一桶的量

pain [peɪn] *n*.❶Ⓤ痛苦 ❷ⓒ身体某部分的疼痛〔不适〕❸Ⓢ令人厌烦的人〔事物〕❹ⓟ劳苦,辛劳,烦劳/**a ~ in the neck** 讨厌〔可恶〕的家伙/**be at (great) ~s** 尽力,下苦功/**feel no ~** 醉倒/**for one's ~s** 作为辛劳的报酬;费尽苦心的结果/**go to great ~s** 努力,下功夫/**in (great) ~** (很)疼痛,在苦恼中/**on (the) ~ of death** 冒受处罚的危险/**take (great) ~s** 下功夫,花气力/**under ~ of** 如果违反则以…论处/**with great ~s** 费力地 ■ *vt*.&*vi*.(使)疼痛;(使)痛苦;伤害:*It pains me to have to leave, but I must*. 不得不离开使我感到痛苦,但我必须离开。‖ **pained** *adj*. 显示痛苦的或难过的

painful ['peɪnfʊl] *adj*.❶痛苦的,(肉体)疼的:*The story of her sufferings was painful to listen to*. 她苦难的故事使人听起来难受。❷费力的,伤脑筋的,棘手的;*His writing was slow and painful*. 他写得既慢又费力。‖ **painfully** *adv*. 痛苦地,麻烦地/**painfulness** *n*. 痛苦,麻烦

painless ['peɪnlɪs] *adj*.无痛的,不引起痛苦的:*a ~ injection* 无痛注射 ‖ **painlessly** *adv*. 无痛地

paint [peɪnt] *n*.❶Ⓤ油漆,涂料 ❷ⓟ颜料 ❸Ⓤ涂层,漆层 ❹Ⓟ化妆品 ‖ **like watching ~ dry** 非常令人讨厌 ■ *vt*.&*vi*.绘画:*He is painting her a picture*. 他正在为她作画。*vt*. ❶在…上涂涂料〔油漆〕:*I painted the door a bright colour*. 我把门漆成鲜艳的颜色。❷涂,搽:*She painted herself thick and ugly*. 她脸上粉搽得又厚又难看。❸描绘,描述:*I know you dislike him, but you paint him too black*. 我知道你讨厌他,不过你也不能把他说得太坏了。‖ ~ **in** 加画,添画;用…画/~ **on** 继续画;画上,画出;在…上漆;在…上画/~ **out** 用油漆〔颜料〕覆盖,涂掉/~ **over** 在…上刷油漆/~ **up** 装饰,整修/~ **with** 用…涂;用…画 ‖ **paint box** 颜料盒/**paint brush** 画笔,画刷

painter ['peɪntə] *n*.ⓒ❶画家 ❷油漆匠

painting ['peɪntɪŋ] *n*.❶Ⓤ上油漆;绘画艺术 ❷ⓒ(一幅)水彩画,油画

pair [peə] *n*.❶ⓒⓊ一副,一条,一把;一双,一对 ❷ⓒ一对男女,一对夫妇 ❸ⓒ雌雄成对的动物 ❹ⓒ套在一起的两匹马 ‖ **in ~s** 成对地,成双地,两个两个地 ■ *vt*.&*vi*.(使…)成对,(使…)成双:*I thought those two would pair well*. 我认为那两个人将能配成很好的一对。*vi*.交配,交尾:*Birds pair and build nests in spring*. 鸟在春天交配、筑窝。‖ ~ **off** 成双,结对/~ **up** 结成对;交配/~ **with** 使…与…配成对

pajamas [pə'dʒɑːməz] *n*.ⓒ睡衣裤

pal [pæl] *n*.ⓒ❶朋友 ❷老兄,老弟,兄弟

palace ['pælɪs] *n*.ⓒ宫,宫殿

palatable ['pælətəbl] *adj*.❶可口的,美味的 ❷合意的,认可的,认同的 ‖ **palatably** *adv*. 合意地,可口地

palate ['pælɪt] *n*.ⓒ❶〈解〉腭 ❷味觉;品味的能力

pale [peɪl] *adj*.(-**r**,-**est**)❶苍白的,灰白的 ❷浅色的;淡的 ■ *vi*.变得苍白,失色,变得暗淡:*He paled at the sight of the blood*. 他一看见血就脸色发白。/*Mother paled with shock at the news*. 妈妈听到那消息大惊失色。‖ ~ **beside** 与…相比相形见绌 ‖ **palely** *adv*. 苍白地;浅色地/**paleness** *n*. 苍白;浅色

palette ['pælɪt] *n*.ⓒ调色板 ‖ **palette-knife** *n*. 调色刀,画刀;软铲

pall¹ [pɔːl] *vi*.(因过多或过久而)生厌,感到乏味,厌烦:*It's one of the few delights that never pall*. 它是几种永不使人乏味的乐事之一。

pall² [pɔːl] *n*.ⓒ❶柩衣,墓衣,棺罩 ❷深色或厚重的覆盖物 ‖ **pallbearer** *n*. 抬棺者

palliate ['pælɪeɪt] *vt*.❶减轻,缓和(痛苦,疾病等)❷辩解,掩饰(罪过等)

palm¹ [pɑːm] *n*.ⓒ手掌,掌状物 ‖ **know sth like the ~ of one's hand** 对某事了如指掌

palm² [pɑːm] *n*.ⓒ(象征胜利的)棕榈叶 ‖ **palm leaf** 棕榈叶/**palm oil** 棕榈油

palpable ['pælpəbl] *adj*.❶可触知的,摸得出的 ❷明显的;明白的 ‖ **palpably** *adv*. 明显地

palpitate ['pælpɪteɪt] *vi*.❶(心脏)悸动,突突跳,急速地跳动 ❷颤抖

palter ['pɔːltə] *vi*.❶讨价还价;含糊其辞 ❷敷衍了事;儿戏般对待

paltry ['pɔːltrɪ] *adj*.(-**ier**,-**iest**)❶微小的;不

重要的 ❷无价值的;可鄙的

pampas ['pæmpəs] n. P 南美无树木的大草原

pamper ['pæmpə] vt. 纵容;宠;娇养

pamphlet ['pæmflɪt] n. C 小册子

pan [pæn] n. C 平底锅;盘子

pancake ['pænkeɪk] n. ❶C 烙饼,薄饼 ❷U (化妆品的)粉饼

panda ['pændə] n. C 熊猫

pander ['pændə] vi. 迎合(他人的低级趣味或淫欲);纵容某人;迁就某事物

pane [peɪn] n. C 窗玻璃

panel ['pænəl] n. C ❶专门小组 ❷面;板 ❸控制板,仪表盘

pang [pæŋ] n. P ❶突然的剧痛 ❷悲痛

panic ['pænɪk] vt.& vi.(-ck-)(使)恐慌:The gunfire panicked the baby. 炮声使婴儿受到了惊吓。■ n. C U 恐慌,惊慌,慌乱‖ in (a) ~ 惊慌地/into a ~ 感到恐慌

panorama [ˌpænəˈrɑːmə] n. C ❶全景画,全景照片 ❷全景 ❸一连串背景象或事

pant [pænt] n. ❶喘气 ■ vi. ❶喘气;喘息:The little boy was panting after the others. 小男孩气喘吁吁地跟在别人后头。❷喘着气说:He panted out his message. 他气喘吁吁地讲出口信。

panther ['pænθə] n. C ❶豹,黑豹 ❷美洲豹

pantomime ['pæntəmaɪm] n. ❶C 童话剧 ❷U 童话剧(总称) ❸U (讲故事时)面部和身体的表意动作

pantry ['pæntri] n. C (食品、餐具的)储藏室

pants [pænts] n. P ❶〈英〉(紧身的)短裤 ❷〈美〉裤子‖ by the seat of one's ~s 凭直觉而不是仔细思考/in short ~s 未成年/wear the ~s 当家掌权

papa [pəˈpɑː] n. C (儿语)爸爸

papal ['peɪpəl] adj. 教皇的,教皇职位或权力的,罗马教廷的,教皇任期的

paper ['peɪpə] n. ❶U 纸,墙纸 ❷C〈口〉报纸 ❸C 文件 ❹C 文章,论文 ❺C 试卷‖ on ~ 以书面形式;理论上 ■ vt.& vi. 贴纸:We're papering the room. 我们正在给这间屋子贴壁纸。vt. ❶用纸覆盖:She papered the oranges carefully. 她很仔细地用纸把橘子包起来。❷隐瞒,掩饰:He agreed to paper over the cracks for the period of the election. 他同意在选举期间暂时把分歧掩盖起来。‖ ~ over 裱糊;隐瞒‖ **paper boy** 送报的男孩/**paper currency** 纸币/**paper cutter** 裁纸刀/**paper machine** 造纸机/**paper tiger** 纸老虎

paperback ['peɪpəbæk] n. C U 平装本,平装书

paperwork ['peɪpəwɜːk] n. U 文书工作

par [pɑː] n. C ❶(证券与股票的)票面价值;面值 ❷汇兑平价,外汇牌价‖ be ~ for the course 不出所料/below ~ 一般水平以下;不太好/on a ~ with sb/sth 与…同等重要、同水平等/up to ~ 达到平常的水平

parable ['pærəbl] n. C (圣经中的)寓言故事

parachute ['pærəʃuːt] n. C 降落伞 ■ vt.& vi. 用降落伞降落:They parachuted to the ground safely. 他们安全地跳伞着陆。

parade [pəˈreɪd] vt.& vi. ❶(使)集合接受检阅:The colonel paraded his troops. 上校检阅自己的部队。❷游行;列队行进:The army paraded round drill squares. 军队绕训练场列队行进。vt. 展示,炫耀:He is parading his knowledge. 他在炫耀他的知识。■ n. C ❶(部队的)检阅:a military ~ 阅兵 ❷游行:a political ~ 政治性游行/The Olympic Games began with a parade of all the competing nations. 奥运会以所有参赛国列队进场开始。‖ make a ~ of 炫示,卖弄/on ~ 在游行,在列队行进‖ **parade ground** 练兵场,操场

paradise ['pærədaɪs] n. ❶S 天堂,天国 ❷S 伊甸园 ❸C 理想[完美]的地方,乐园,乐土 ❹U 完美快乐的境界,至福,极乐

paradox ['pærədɒks] n. ❶C 似非而是的隽语,看似矛盾而实际却可能正确的说法 ❷U 用于语言文学中的上述隽语 ❸C 有矛盾特点的人[事物,情况]‖ **paradoxer, -ist** n. 反论家

paraffin ['pærəfɪn] n. U ❶煤油 ❷石蜡

paragraph ['pærəgrɑːf] n. C ❶段落 ❷短篇报道‖ **paragrapher, -ist** n. 短评作者

parallel ['pærəlel] adj. ❶(指至少两条线)平行的 ❷类似的;相对应的 ■ n. ❶C 平行线[面] ❷C U 极相似的人[事物] ❸C 类似(点),相似(之处) ❹S 比较 ❺C 纬线,纬圈 ■ vt. 与…平行;与…相当:No one has paralleled his successful business. 没有人赶得上他在事业上的成就。‖ ~ with 与…作比较‖ **parallelism** n. ①平行②类似,对应③〈哲〉心身平行论④〈语〉对句法⑤〈生〉〈数〉平行性,平行现象‖ **parallel bars**〈体〉双杠

parallelogram [ˌpærəˈleləɡræm] n. C〈数〉平行四边形

paralysis [pəˈrælɪsɪs] n.(pl.-ses) C U ❶〈医〉麻痹,瘫痪,中风 ❷能力的丧失,无能

paralyze, -se ['pærəlaɪz] vt. ❶使瘫痪[麻痹]:A stroke paralyzed half his face. 中风使他半边脸瘫痪。❷使不能正常活动:The country was paralyzed by a series of strikes. 一系列的罢工使那个国家陷于瘫痪之中。‖ **paralyzation, -sation** n. 瘫痪,麻痹/**paralyzed, -sed** adj. ①瘫痪的,麻痹的②〈美俚〉喝得烂醉的

parameter [pəˈræmɪtə] n. ❶P (限定性的)

因素,特性,界限 ❷ⓒ〈物〉〈数〉参量,参数

paramilitary [ˌpærəˈmɪlɪtərɪ] adj. ❶与正规军有联系的,辅助正规军的,准军事性质的 ❷像正规军的,企图作正规军使用的

paramount [ˈpærəmaʊnt] adj.最高的,至上的;首要的,主要的 ‖ **paramountcy** n. ①最高权位②至上,首要

parapet [ˈpærəpɪt] n.ⓒ❶护墙,矮墙 ❷〈军〉(战壕前作掩护用的)胸墙 ‖ **parapeted** adj. 筑有胸墙的

paraphrase [ˈpærəfreɪz] n.ⓒ释义,意译 ‖ **paraphrastic(al)** adj. 释义的,意译的

parasite [ˈpærəsaɪt] n.ⓒ❶寄生物 ❷靠他人为生的人 ‖ **parasitism** n. 寄生;寄生状态 ‖ **parasite aeroplane** 子机

parasitic [ˌpærəˈsɪtɪk] adj. ❶寄生的;寄生虫的 ❷由寄生虫引起的 ‖ **parasitically** adv. 寄生地;由寄生虫引起地

paratrooper [ˈpærətruːpə] n.ⓒ伞兵

paratroops [ˈpærətruːps] n.ⓅⒸ伞兵部队

parcel [ˈpɑːsəl] n.ⓒ❶包裹 ❷一块地 ■ vt. (-ll-,〈美〉-l-)❶给…打成包裹:The sales clerk parceled his purchase.售货员把他买的东西打成包裹。❷分成若干部分 ‖ ~ into 分成小部分/~ out 把…分成小部分/~ up 把…包装〔捆扎〕起来 ‖ **parcel office** 包裹房/**parcel paper** 包装纸/**parcel post** 包裹邮递;包裹

parch [pɑːtʃ] vt.& vi.(使)焦干,(使)干透:Hot winds parched the crops.热风使庄稼干透了。vt.使(某人)极口渴 ‖ **parching** adj. 烘烤似的,燃烧般的

parchment [ˈpɑːtʃmənt] n.❶Ⓤ羊皮纸 ❷ⓒ羊皮纸古文稿 ❸ⓒⓊ上等纸;印在上等纸上的正式文字

pardon [ˈpɑːdən] vt.宽恕,原谅:She asked him to pardon her rudeness.她请求他原谅她的无礼。‖ ~ for 就…原谅(某人) ■ n. ❶Ⓤ饶恕,原谅 ❷ⓒ赦免 ‖ I beg your ~ 对不起,请原谅 ‖ **pardoner** n. 宽恕者

pare [pɛə] vt.削掉:It isn't necessary to pare the peel off before you eat that fruit.你吃那种水果前不必削掉果皮。

parent [ˈpɛərənt] n.ⓒ父亲,母亲;家长 ‖ **parenthood** n. 父母的身份

parentage [ˈpɛərəntɪdʒ] n.Ⓤ父亲母亲的身份,出身,门第

parental [pəˈrɛntl] adj.父母的 ‖ **parentally** adv. 父母般地 ‖ **parental home** 问题儿童教养院

parish [ˈpærɪʃ] n.ⓒ❶教区 ❷郡以下的地方行政区 ❸ⓒ知识领域,职权区域,工作区域 ‖ go on the ~ 接受教区救济

parity [ˈpærɪtɪ] n.Ⓤ同等,相等,对等 ‖ **parity check** 〈自〉奇偶校验

park [pɑːk] n.ⓒ❶公园 ❷停车场 ‖ **ball ~** 职权范围之内的事 ■ vt.& vi. 泊车,停车:I parked the car in the front yard.我把车停在前院里。vt.将…放置在某处:She parked her bag at the club.她将她的包留置在俱乐部。‖ **parker** n. 停放车辆的人

parking [ˈpɑːkɪŋ] n.Ⓤ❶(车辆等的)停放 ❷停车场所,停车位 ‖ **parking light** 停车指示灯/**parking lot**(露天)停车场/**parking meter** 停车计时器/**parking ticket** 警察给违反停车规则者的罚款通知

parkland [ˈpɑːklænd] n.Ⓤ❶邸园 ❷公园用地,适宜用作公园的土地

parley [ˈpɑːlɪ] n.(pl.~s)ⓒ(尤指旧时)敌对双方的和谈 ■ vi.与某人谈判

parliament [ˈpɑːləmənt] n.ⓒ议会,国会 ‖ **stand for P-** 竞选议员

parliamentary [ˌpɑːləˈmɛntərɪ] adj.议会的,国会的 ‖ **parliamentary language** 慎重有礼的言语

parlour,〈美〉**parlor** [ˈpɑːlə] n.ⓒ❶客厅;接待室 ❷营业室,业务室 ‖ **beauty parlour** 美容室/**massage parlour** 按摩室/**tea parlour** 茶室

parochial [pəˈrəʊkjəl] adj.❶教区的 ❷范围有限的,狭小的;狭隘的 ‖ **parochialism**,**-ity** n. ①教区制度②地方观念;眼界狭小/**parochialize** vt. ①使成教区②使地方化;使眼界狭小

parody [ˈpærədɪ] n.ⓒⓊ滑稽的模仿诗文 ❷拙劣的模仿;荒谬的替代物 ■ vt. (pt.,pp.-died)滑稽地模仿,拙劣地模仿 ‖ **parodist** n. 模仿某作者(或某作品)而作滑稽作品的人

parole [pəˈrəʊl] n.Ⓤ假释,有条件释放 ‖ **be on ~** 凭誓释放/**break one's ~** 违誓脱逃 ■ vt. 假释,使获释:He was paroled last week.上星期他被假释。‖ **parolee** n. 〈美〉假释犯

parrot [ˈpærət] n.ⓒ❶鹦鹉 ❷应声虫,学舌者 ■ vt. 机械地重复 ‖ **parrotry** n. 学舌 ‖ **parrot-cry** n. 模仿别人的机械叫喊

parry [ˈpærɪ] vt.挡开,避开,闪开(打击、武器)

parse [pɑːz] vt.从语法上描述或分析(词句等)

parson [ˈpɑːsn] n.ⓒ(基督教)教区长 ‖ **parsonage** n. (教区)牧师住所/**parsonic(al)** adj. 牧师(似)的

part [pɑːt] n.❶ⓒⓊ一部分;局部 ❷ⓒ零件 ❸ⓒ角色 ‖ **bear a ~ in** 在…中有一份/**do one's ~** 尽自己职责,尽自己一份力量/**for one's ~** 至于某人,对某人来说/**for the most ~** 就绝大部分而言;在很大程度上/**have a ~ in** ①与某事有牵连②插手某事/**in ~** 在某种程度上,部分地/**in ~s** 在一些地方,某些方面/**no ~ in** 和某事一点关系也没有/**on sb's ~** 就

partake

某人而言/~ and parcel 重要的部分/pay one's ~ 尽本分/play ~ in(在…中)扮演角色/take ~ in 参加…,参与…活动/take ~ with 支持;袒护/the best ~ 最大的部分 ■ vt. & vi. ❶(使)分裂成几部分,断裂: The strain parted the rope. 绳索因拉得太紧而断了。❷(使)分离〔开〕: The crowd parted to let the soldiers through. 人群分开好让士兵们通过。‖ ~ company (with)与…断绝关系;跟…离别;跟…意见不合/~ from(使)离开…;使…付出(钱);使…抛弃,使…分离/~ over 由于…而分离,因…之故分离/~ with 失去,卖掉〔付出〕…;与…分开 ‖ **partly** adv. 部分地,不完全地,在一定程度上 ‖ **part music** 合唱乐曲/**part owner** 共有者/**part-song** n. (尤指无伴奏的四声部)合唱歌曲/**part-time** adj. 部分时间的;兼职的

partake [pɑːˈteɪk] vi. ❶参加,参与 ❷吃,喝 ‖ **partaker** n. 参与者,分担者

partial [ˈpɑːʃəl] adj. 部分的,不完全的 ‖ ~ to 偏爱的,癖好的 ‖ **partially** adv. 部分地,不完全地

participant [pɑːˈtɪsɪpənt] n. ⓒ参加者,参与者

participate [pɑːˈtɪsɪpeɪt] vt. & vi. 参加,参与: The teacher participated the students' games. 老师参加了学生们的游戏。‖ ~ in 分担;参加/~ with 与…共同参加 ‖ **participating** adj. 由多人一起参加的/**participation** n. 参加,参与,分享/**participator** n. 参加者,参与者

particle [ˈpɑːtɪkl] n. ⓒ❶微粒,颗粒,〈物〉粒子 ❷极少量 ❸小品词: Prepositions and conjunctions are particles. 介词和连词是小品词。

particular [pəˈtɪkjʊlə] adj. ❶特定的,某一的: This is his particular problems. 这是他个人的问题。❷特殊的,特别的,特有的: This is a particular case. 这是一个特殊个案。❸(过分)讲究的,挑剔的 ❹详细的,详尽的: The doctor had been particular in examining her. 医生对她进行了仔细的检查。‖ ~ about 对…特别讲究 ■ n. ⓒ详情;细目: Your mother must be anxious to know the particulars. 你的母亲一定急于了解详情。‖ **go into ~s** 详细说明/**in** ~,尤其,特别/~s **about** 有关…的细节〔详情〕‖ **particularly** adv. ①特别,尤其,格外 ②详细地,细致地

particularize [pəˈtɪkjʊləraɪz] vt. ❶列举,逐一叙述 ❷详述,特别指出

particularly [pəˈtɪkjʊləlɪ] adv. 特别;尤其: He isn't particularly clever. 他并不特别聪明。

parting [ˈpɑːtɪŋ] adj. ⓐ分别时做(给)的 ■ n. ⓒⓤ❶分离,分开,离别 ❷(头发的)分缝,分界 ‖ **at the ~ of the ways** 在十字路口

partisan, -**zan** [ˌpɑːtɪˈzæn] adj. 党派性的 ■ n. ⓒ❶游击队队员 ❷党人,党羽,帮伙 ‖ **partisanship** n. 对党派的效忠

partition [pɑːˈtɪʃən] n. ❶ⓤ分开,分割 ❷ⓒ分割物,隔墙 ■ vt. 分开,隔开: They partitioned the inside into offices. 他们把屋子内部分隔成一间间办公室。

partly [ˈpɑːtlɪ] adv. ❶在一定程度上: What you say is partly true. 你所说的有几分是真实的。❷部分地,不完全地: This is partly a political and partly a legal question. 这个问题部分是政治问题,部分是法律问题。

partner [ˈpɑːtnə] n. ⓒ❶伙伴,同伙,合伙人,股东 ❷同伴,搭档 ❸配偶,情人 ■ vt. 做…的搭档: She partnered me at the dance. 她在舞会上做我的舞伴。‖ ~ **off** 配成对,做搭档/~ **up** 成为伙伴 ‖ **partnerless** adj. 无伙伴的,无配手的

parturition [ˌpɑːtjʊˈrɪʃən] n. ⓤ分娩,生产

party [ˈpɑːtɪ] n. ⓒ❶社交聚会 ❷党,政党 ❸一方,当事人 ‖ **party girl** 社交聚会的女招待/**party line** 政党的路线/**party spirit** 党性,党派性

pass [pɑːs] vt. & vi. ❶走过,经过: The parade passed. 游行队伍走过去了。❷通过;批准: Parliament passed the bill. 国会通过了那个法案。❸度过,花费: Helen passed her weekend at her uncle's. 海伦在她叔叔家过周末。vt. 递给;传: Dick passed the football quickly. 狄克传球迅速。‖ ~ **along** 传送,传递,沿…向前走/~ **away** ①(时间等)消磨掉,过去 ②去世 ③终止;停止/~ **by** 经过;过去,疏忽,不予理会,回避;经过;以…为人所知/~ **down** 把一代传一代;使流传/~ **for** 被误认为是/~ **in**〔**into**〕获准进入;获准入学,逐渐变成/~ **off** 逐渐消失;发生;进行;转移注意;冒充/~ **on** 前进,继续下去;传递,传授;去世,对…发表(意见),作(判断)/~ **out** 昏厥,失去知觉;分配,分发;毕业,通过考试/~ **over** 置之不理,忽视;去世/~ **through** 经过,通过;经受,经历并完成/~ **up** 错过/~ **with** 欺骗 ❶越过,通过: The aircraft made a few passes over the enemy camp, but didn't drop any bomb. 飞机几次飞越敌营,但没有投弹。❷通行证,许可证: Tom gave him a free pass on the railway. 汤姆给了他一张火车免费乘车券。❸通道,山口: There is a bus passing through the Brenner pass every day. 每天都有一辆穿过布里纳山口的公共汽车。‖ **bring to** ~引起,使发生/**come to a pretty** ~ 处境不妙;情况紧急/**come to** ~ 实现,发生/**hold the** ~ 把关/**make a** ~ **at sb**〈俚〉对某人献非礼举动 ‖ **passless** adj. 无路可走的,走不通的 ‖ **passkey** n. 万能钥匙;私人钥匙/**passman** n. 取得及格成绩的大学生/**password** n. 〈军〉口令

passage [ˈpæsɪdʒ] n. ❶ⓒ通道,过道 ❷ⓒ

passenger ['pæsɪndʒə] n.C乘客,旅客‖wake up the wrong ~〈美口〉错怪某人‖passenger boat 客船/passenger car 客车,轿车/passenger liner 班轮;小客车/passenger list 旅客名单/passenger plane 客机/passenger train 旅客列车/passenger-train car 载行李、邮件等的车厢

passer-by [ˌpɑːsəˈbaɪ] n.(pl. passers-by)C过路人,经过者

passing ['pɑːsɪŋ] adj.A❶经过的 ❷目前的,暂时的 ■n.U❶经过,通过,消逝 ❷终止;消失 ❸逝世,去世‖in ~顺便提及 ■adv.很,非常‖**passingly** adv.暂时地;顺便地;仓促地‖passing bell 丧钟/passing light〈空〉通过灯

passion ['pæʃən] n.❶C激情,热情 ❷S狂怒,盛怒 ❸S爱好,酷爱‖**passional** adj. 热情的,感情的/**passionless** adj. 没热情的,不动情的,冷淡的‖passion-flower n.〈植〉西番莲

passive ['pæsɪv] adj.❶被动的;消极的;不抵抗的 ❷冷漠的,不关心的‖**passively** adv. ①被动地,消极地,不抵抗地②冷漠地,不关心地/**passiveness** n. ①被动,消极,不抵抗②冷漠,不关心

passport ['pɑːspɔːt] n.C❶护照 ❷手段,保障

past [pɑːst] adj.❶以前的,过去的:Winter is past.冬天已经过去了。❷结束了的,不复存在的:His prime is past.他的青春已经不复存在了。❸A前任的,已卸任的:He is the past vice-president.他就是前任副总统。■n.S❶过去,昔时;往事:The past is past. Let us look ahead.过去的事已成过去,让我们向前看吧。❷过去的生活〔经历〕:We know something of his past.我们对他的经历略知一二。■prep.❶(表示时间)迟于,在…之后,晚于:Dancing was kept up till past two.舞会一直开到两点以后。❷(表示距离)远于,在…的更远处:The hospital is about a mile past the school.医院在离学校一英里以外的地方。❸(表示关涉)从…旁边过去,通过:They went past the department store.他们从百货公司的旁边经过。❹(表示程度)超出,超越:It is past my ability.这是我力所不及的。❺(表示数目)超过,过于:The child can't count past 20.这孩子不能数过20。‖~ it 失去原有的效用〔精力〕■adv.经过,过:A car ran past at full speed.一辆汽车从全速驶过。

pasta ['pæstə] n.U(常伴以肉酱、乳酪的)面食

paste [peɪst] n.❶S面团,糊状物 ❷U糨糊 ■vt.❶粘,贴:Please paste these sheets of paper together.请将这几张纸粘在一起。❷鞭答;打:We pasted the enemy's greatest source of supply.我们对敌人的最大补给来源予以重击。‖~ into 用糨糊将…贴在本子上/~ up 张贴;用漆、纸等将…封闭〔遮住〕

pastel ['pæstel] n.❶C U彩色粉笔 ❷C彩色粉笔画,蜡笔画 ❸C轻淡柔和的色彩 ■adj.A❶彩色粉笔画的,蜡笔画的 ❷(色彩)淡的,柔和的

pasteurize ['pɑːstʃəraɪz] vt.用巴氏灭菌法对(牛奶等)消毒(灭菌)

pastime ['pɑːs-taɪm] n.C消遣,娱乐

pastor ['pɑːstə] n.C(基督教的)牧师

pastoral ['pɑːstərəl] adj.❶牧师的,圣职的;牧师职责的 ❷有关田园生活的,农村生活的 ❸(土地)长满草的 ❹宜于放牧的 ■n.❶牧函,主教教书‖**pastoralism** n. ①田园作品的风格②畜牧/**pastoralist** n. ①田园诗的作者②放牧者,畜牧者/**pastorally** adv. ①有关田园生活地,农村生活地②长满草地,宜于放牧地

pastry ['peɪstrɪ] n.C糕点‖**pastrycook** n.糕饼师傅

pasture ['pɑːstʃə] n.❶C牧草地,牧场 ❷U牧草‖put out to ~使离职;使退休 ■vt.& vi.放牧:This is the place where they used to pasture.这就是他们过去经常放牧的地方。/ The boy got up very early every morning to pasture cattle.这男孩每天早起得很早去放牛。vi.吃草:Horses are pasturing there.马在那边吃草。‖pasture-ground,-land n. 牧场

pat [pæt] vt.& vi.(-tt-)❶轻拍:He patted my curly head.他轻拍我卷发的头。❷拍成,拍至:He patted his face dry with a towel.他用手巾轻轻地把脸拍干。‖~ down 轻轻地拍平/~ on 轻拍;称赞,赞扬 ■n.❶C轻拍 ❷S轻拍某物发出的声音 ❸C小团,小块‖a ~ on the back 鼓励,赞扬 ■adj.❶恰好的;适当的 ❷过于快的;伶牙俐齿的‖pat-a-cake n. 儿童的一种拍手游戏

patch [pætʃ] n.C❶补丁,补片 ❷眼罩 ❸斑,块 ❹小块,小片 ❺小块土地‖a bad〔difficult〕~困难〔倒霉〕的时期/not be a ~ on 不如/in ~es有些部分,不完全地/make a ~ against可与…相比/strike a bad ~ 倒霉,遭受不幸 ■vt.❶补:Give me some cloth to patch your trousers.给我一点布来补你的裤子。❷修理:The workman patched the ceiling.工人修补了天花板。❸调停,解决:We managed to patch our quarrel.我们设法平息争吵。‖~ together 匆匆做成,拼凑成/~ up 修补;包扎,治疗;(暂时)解决,弥补;匆匆做成,拼凑成‖patch pocket 贴袋

patchy ['pætʃɪ] adj.(-ier,-iest)❶斑驳的 ❷不完整的 ❸部分尚好的

patent ['peɪtənt] n.C❶专利,专利权 ❷专

利品 ■*adj.* ❶专利的,特评的 ❷公开的,明显的 ■*vt.*获得…专利,给予…专利权 ‖ **patentable** *adj.*可给予专利权的/**patentee** *n.*专利权的获得者/**patently** *adv.*显然地,一清二楚地/**patentor** *n.*专利权的授予者 ‖ **Patent Office** 专利局

paternal [pəˈtɜ:nl] *adj.* ❶父亲(般)的 ❷家长式管制的 ❸Ⓐ父系的,父方的 ‖ **paternally** *adv.*父亲似地

path [pɑ:θ] *n.*(*pl.*~s [pɑ:ðz])Ⓒ❶小路,小径 ❷路线,途径,路径,轨迹 ‖ a beaten ~ 常规,惯例/beat a ~ to 门庭若市/break a new ~ 开辟一条新路/cross sb's ~ 〈cross ~ with〉不期而遇,妨碍某人/lead up the garden ~ 欺骗/set sb on the right ~ 使某人走上正路 ‖ **pathless** *adj.*没路的,未被踩踏过的 ‖ **pathbreaker** *n.*开路人,开拓者/**pathfinder** *n.*探路者,探索者,开拓者/**pathfinding** *n.*领航,导航,寻找目标/**pathway** *n.*小路,小径

pathetic [pəˈθetɪk] *adj.* ❶凄惨的;可怜的 ❷毫无成功希望的 ‖ **pathetically** *adv.* ①凄惨地,可怜地②毫无成功希望地

pathological [ˌpæθəˈlɒdʒɪkəl] *adj.* ❶〈医〉病理学的 ❷〈医〉由疾病引起的 ❸莫名其妙的;反常的;病态的 ‖ **pathologically** *adv.* ①病理学地②由疾病引起地③莫名其妙地,反常地,病态地

pathology [pəˈθɒlədʒɪ] *n.*Ⓤ〈医〉病理学 ‖ **pathologist** *n.*〈医〉病理学家

patience [ˈpeɪʃəns] *n.*Ⓤ❶耐性,忍耐力,耐心 ❷坚忍,坚持,毅力 ‖ be out of ~ with 对…再也不能忍受了/have not ~ with 不能容忍…/the ~ of Job 极大的耐性

patient [ˈpeɪʃənt] *adj.*忍耐的,有耐心的 ‖ ~ of 能忍受…的;容许…意义的 *n.*Ⓒ患者,病人 ‖ **patiently** *adv.*忍耐地,有耐心地

patriarch [ˈpeɪtrɪɑ:k] *n.*Ⓒ❶家长,族长 ❷主教 ‖ **patriarchate** *n.*主教的职权

patrician [pəˈtrɪʃən] *n.*Ⓒ❶(古罗马的)统治阶层成员 ❷贵族,显贵 ■*adj.* ❶隶属于古罗马统治阶层的 ❷贵族(似)的

patriot [ˈpeɪtrɪət] *n.*Ⓒ爱国者;爱国主义者

patriotic [ˌpætrɪˈɒtɪk] *adj.*爱国的,有爱国心的 ‖ **patriotically** *adv.*爱国地,有爱国心地

patriotism [ˈpætrɪətɪzəm] *n.*Ⓤ爱国主义;爱国心,爱国精神

patrol [pəˈtrəʊl] *n.* ❶Ⓤ巡逻;巡查 ❷Ⓒ巡逻队 ‖ on ~ 在巡逻中 ■*vt.*&*vi.*(-ll-)巡逻: We have been patrolling for days but have seen nothing. 我们巡查多日却什么也没发现。/ Policemen patrol the streets. 警察在街上巡逻。 ‖ **patrol boat** 巡逻艇/**patrol dog** 警犬/**patrolman** *n.*〈美〉巡警,警察/**patrol wag(g)on** 囚车

patron [ˈpeɪtrən] *n.*Ⓒ❶赞助人,资助人 ❷老主顾,顾客 ‖ **patroness** *n.*女庇护人

patronage [ˈpætrənɪdʒ] *n.*Ⓤ❶支持,赞助,资助 ❷(顾客的)光顾,惠顾 ❸恩赐的态度

patronize,-ise [ˈpætrənaɪz] *vt.* ❶以高人一等的态度对待 ❷光顾,惠顾

patter [ˈpætə] *vi.*发出急速轻的拍声;嗒嗒地跑 ■*n.* ❶Ⓢ嗒嗒声 ❷Ⓒ喋喋叫卖,念念有词;顺口溜 ❸Ⓤ行话,暗语 ‖ **patter song** 节奏快的滑稽歌曲

pattern [ˈpætən] *n.* ❶Ⓒ型,样式 ❷Ⓒ花样,图案 ❸Ⓒ方式,形式 ❹Ⓢ榜样,典范 ■*vt.* ❶模仿;仿制: They patterned a new machine. 他们仿制了一种新机器。❷以图案装饰: He patterned the hall all the day. 他一整天都在用图案装饰大厅。‖ ~ after〔on, upon〕仿照…建造;效仿 ‖ **patterned** *adj.*被组成图案的/**patterning** *n.*图案结构,图形/**patternless** *adj.*无图案的 ‖ **patternmaker** *n.*制模工;制作图案者/**pattern-room,-shop** *n.*制模车间

paucity [ˈpɔ:sɪtɪ] *n.*Ⓢ少量;缺乏;不足

pauper [ˈpɔ:pə] *n.*Ⓒ穷人,贫民,靠救济过活的人 ‖ **pauperdom,-ism** *n.* ①穷人,贫民②贫穷

pause [pɔ:z] *n.*Ⓒ停顿,暂停 ‖ give ~ to it 令人深思 ■*vi.*停顿;暂停: He broke off and paused a moment. 他说不下去了,停了一会儿。 ‖ ~ for 因…而暂停/~ on〔upon〕仔细地考虑

pave [peɪv] *vt.* ❶铺: The street is paved with asphalt. 街道被铺上柏油。❷为…铺平道路: I do hope the treaty will pave the way to peace in the Middle East. 我真希望这个条约将为中东的和平铺平道路。‖ **paver** *n.* ①铺路工②铺筑材料

pavement [ˈpeɪvmənt] *n.*Ⓒ❶人行道 ❷硬路面 ❸铺过的路面 ‖ pound the ~(s) ①徘徊街头找职业②巡行街道

paw [pɔ:] *n.*Ⓒ❶爪子 ❷手 ‖ make a cat's ~ of 利用(某人)作为工具 ■*vt.* ❶用爪抓,用蹄触: The dog was pawing the door. 狗正在用爪子抓门。❷摸弄: He cannot be near a woman without pawing her. 他一接近女人就忍不住动手动脚。‖ ~ about〔around〕触摸

pawn[1] [pɔ:n] *n.*Ⓒ❶(国际象棋中的)兵,卒 ❷被人利用的人;小卒

pawn[2] [pɔ:n] *vt.* ❶典当,抵押: He pawned his gold watch to pay the rent. 他抵当了金表用以交租。❷以(某事物)担保

pay [peɪ] (*pt.,pp.* paid) *vt.*&*vi.* ❶付给;付款: I have paid the milkman this month. 我这个月付款给送奶人了。❷有利可图;(对…)有利,(对…)值得: It pays to advertise. 登广告有利。■*vt.*给予: The manager paid her a compliment on her work. 经理赞扬了她的工作。

‖ ~ back 偿还,报答,向…报复/~ down 用现金支付,当场支付/~ for 付…款/~ into 存入…(账户)/~ off〔up〕全部付清,偿清/~ one's attention to 向…献殷勤,向…求婚/~ one's own way 自己付自己的账/~ one's way 自食其力/~ out 付出,对(某人)进行报复 ■ n. Ⓤ工资 ‖ in the ~ of 受…雇用 ‖ paycheck n. 付薪金用的支票/payday n. ①发薪日②过户结账日/pay envelope ①工资袋②工资/payload n. ①工资负担② 净载重量/paymaster n. (发放薪饷的)出纳员;军需官/payoff n. ①发工资②分配赢利③报酬,报偿③高潮④出乎意料的事⑤决定性的事,决定因素/payout n. 花费,支出/pay packet 工资袋/payroller n. 〈美〉领薪金者;受津贴者/pay station 公用自动收费电话亭

payable ['peɪəbl] adj. Ⓟ应付的,可付的 ‖ payably adv. 可获利地

payee [peɪ'iː] n. Ⓒ收款人

payer , -or ['peɪə] n. Ⓒ付款人,交款人

payment ['peɪmənt] n. ❶Ⓤ支付,付款,缴纳,报酬 ❷Ⓒ付出的〔要付出的〕款项 ❸Ⓤ Ⓢ报答,报偿

pea [piː] n. Ⓒ豌豆 ‖ pealike adj. ①豌豆似的②(花)艳丽的,蝶形的 ‖ pea flour 豌豆粉/pea green 嫩绿色/pea soup 豌豆汤

peace [piːs] n. ❶Ⓤ Ⓢ和平,和平时期 ❷Ⓢ治安,社会安定 ❸Ⓤ安心;平静 ‖ at ~ 处于和平状态;处于平静的状态;故去,死去/in ~ 平安地,安静地 ‖ make (one's) ~ with 同…讲和 ‖ peacebreaker n. 破坏和平的人/peace-loving adj. 爱好和平的/Peace Corps 和平队/peacekeeping adj. 保持和平的/peacemaker n. 调解人/peacemaking n. 调解/peace offering ①和平礼物②祭品/peace officer 治安官/peace zone 和平区

peaceable ['piːsəbl] adj. 和平的,息事宁人的 ‖ peaceableness n. 和平/peaceably adv. 息事宁人地

peaceful ['piːsful] adj. ❶和平的,没有战争的 ❷爱好〔寻求〕和平的 ❸安静的,平静的 ‖ peacefully adv. 和平地;爱好〔寻求〕和平地;安静地/peacefulness n. 和平;安静

peacetime ['piːstaɪm] n. Ⓤ和平时期

peach [piːtʃ] n. Ⓒ❶桃 ❷桃树 ❸〈口〉美人 ❹〈口〉(同类事物中)极好的〔极吸引人的〕事物 ‖ peach blossom 桃花/peachblossom n. 桃红色/peach-coloured adj. 桃色的

peacock ['piːkɒk] n. Ⓒ(雄)孔雀 ‖ play the ~ 炫耀自己 ‖ peacockery n. 炫耀,招摇;虚荣/peacockish adj. 孔雀似的/peacocklike adj. 招摇的;虚荣的/peacocky adj. 孔雀似的 ‖ peacock ore 黄铜矿

peahen ['piːhen] n. Ⓒ雌孔雀

peak [piːk] n. Ⓒ❶山峰,山顶;有尖峰的高山 ❷尖端 ❸最高点,最高水平;高峰 ■ vi. 达到高峰,达到最大值: *Toy sales peaked just before Christmas and are now decreasing.* 玩具销售额在圣诞节前夕达到最高峰,现已逐渐下降。/ *Middle school enrolments will peak this year.* 今年中学入学人数将达到高峰。‖ ~ and pine 憔悴,消瘦 ‖ peaked adj. 有峰的,有尖的/peaky adj. 有峰的,多峰的,尖的 ‖ peak load 高峰负荷,最大负荷

peanut ['piːnʌt] n. Ⓒ花生;落花生 ‖ peanut butter 花生酱/peanut kernel 花生仁/peanut oil 花生油

pear [peə] n. Ⓒ梨(树) ‖ pear-shaped adj. ①梨子形的②圆润的

pearl [pɜːl] n. Ⓒ❶珍珠 ❷珠状物: *Pearls of dew glistened on the grass.* 草地上露珠晶莹剔透。 ❸珍品: *a ~ beyond price* 无价之宝 ‖ *cast ~s before swine* 明珠暗投,对牛弹琴 ‖ pearler n. 采珠人,采珠船 ‖ pearl-fishery n. 采珠业/Pearl Harbour 珍珠港/Pearl River 珠江

peasant ['pezənt] n. Ⓒ农民,农夫 ‖ peasant proprietor 自耕农,占有土地的农民

peasantry ['pezəntrɪ] n. Ⓤ Ⓢ(总称)农民

peat [piːt] n. Ⓤ泥煤;泥炭 ‖ peatery n. 泥煤地;泥炭产地/peaty adj. 产泥煤的;泥炭似的;泥炭气味的 ‖ peat-reek n. 泥煤烟

pebble ['pebl] n. Ⓒ卵石,小圆石 ‖ pebbly adj. 多卵石的,有卵石花纹的 ‖ pebblestone n. 小卵石

peck [pek] vt. & vi. 啄,啄食;小口地吃: *~ grain* 啄谷物 vt. 匆匆地吻 ■ n. Ⓒ❶啄 ❷匆匆的一吻 ‖ *a ~ of* 一大堆…

peculate ['pekjuleɪt] vt. & vi. 盗用,挪用(钱财)

peculiar [pɪ'kjuːljə] adj. ❶奇怪的,异常的 ❷特有的,独具的 ❸Ⓟ〈非正〉不舒服,有病的: *Seeing blood makes me feel a bit peculiar.* 看见血我会感到有点儿不舒服。 ‖ peculiarly adv. 奇怪地,独具地

pedal ['pedl] n. Ⓒ(自行车或其他机器的)踏板 ■ vt. & vi. (-ll-;〈美〉-l-)踩自行车的踏板

peddle ['pedl] vt. & vi. ❶(沿街)叫卖;兜售 ❷宣传,散播

pedestal ['pedɪstl] n. Ⓒ底座,基座

pedestrian [pɪ'destrɪən] n. Ⓒ步行者 ‖ pedestrianism n. ①步行②单调/pedestrianize vi. 徒步旅行;步行 ‖ pedestrian crossing 人行横道/pedestrian subway 人行地道

pedigree ['pedɪgriː] n. ❶Ⓒ世系 ❷Ⓤ门第;出身 ❸Ⓒ家谱;系谱 ■ adj. 纯种的 ‖ pedigreed adj. 有血统来源的

pee [piː] vi. 小便,撒尿 ■ n. Ⓢ Ⓤ 小便;去撒尿

peek [piːk] vi. 很快地看;偷看,窥视 ■ n. Ⓢ偷看;窥视

peel [pi:l] *vt.* 削〔剥〕去(水果或蔬菜的皮) *vi.* 剥落;脱落 ■ *n.* ⒰ 果皮,蔬菜皮 ‖ **peeling** *n.* 剥皮

peep¹ [pi:p] *n.* ⒈ⓒ(汽车喇叭的)嘟嘟声 ❷ⓢ (鼠、小鸟等的)吱吱声 ‖ **peeper** *n.* 吱吱叫的鸟

peep² [pi:p] *n.* ⓢ窥视:have a ~ at sb 偷看某人 ■ *vi.* ❶窥视,❷隐现,慢慢露出 ‖ ~ at 偷看/~ in through 透过…向里看/~ out 开放,露出 ‖ **peeper** *n.* 窥视者,偷看者 ‖ **peep-show** *n.* 西洋景

peer¹ [piə] *vi.* 凝视,盯着看:He peered at his father's face. 他凝视着他父亲的脸。/She peers into my eyes. 她盯着我的眼睛。

peer² [piə] *n.* ❶贵族 ❷同辈;同龄人 ‖ **peerage** *n.* (总称)贵族;贵族名册;贵族爵位

peg [peg] *n.* ⒞❶挂钉,挂钩 ❷系帐篷的桩 ❸衣夹 ■ *vt.* (-gg-) ❶用夹子或钉子固定 ❷使固定在某水平

pellet ['pelɪt] *n.* ⒞坚硬小球或小丸 ‖ **pellet bomb** 珠形炸弹

pelt [pelt] *vt.* 投掷物体以撞击某人或某物 *vi.* ❶很快地跑 ❷(雨)下得很大

pen¹ [pen] *n.* ⒈ⓒ笔;钢笔;圆珠笔 ❷ⓢ写作 ■ *vt.* (-nn-) 写(信等): I penned a few lines to him. 我略写几行给他。‖ **penner** *n.* 执笔人,写作人 ‖ **fountain pen** 自来水笔/**pen-and-ink** *adj.* 用钢笔写〔画〕的/**pencraft** *n.* ①书法,笔法②写作/**penfriend** *n.* 笔友/**penholder** *n.* 笔杆/**penknife** *n.* 削铅笔刀/**pen lid** 〈英〉笔套/**penlight** *n.* 钢笔形小手电筒/**pen name** 笔名/**pen point** 笔尖/**penwiper** *n.* 擦笔(尖)布

pen² [pen] *n.* ⒞圈,围栏 ■ *vt.* (-nn-) 把…关入栏中: Shepherds penned their flocks. 牧羊人把他们的羊群关入栏中。/She feels penned by her life as a housewife. 她觉得做家庭主妇很受束缚。

penal ['pi:nl] *adj.* ⒶB 与刑罚有关的: a ~ law 刑法/a ~ farm 劳役农场 ‖ **penally** *adv.* 与刑罚有关地

penalize, **-ise** ['pi:nəlaɪz] *vt.* ❶对…予以惩罚:~ unlicensed drivers 处罚无照驾车者 ❷使处于不利地位 ‖ **penalization** *n.* 惩罚

penalty ['penltɪ] *n.* ⒞❶惩罚,处罚 ❷不利后果,损失 ‖ **penalty area** (足球等的)罚球区/**penalty kick** (足球等的)罚球

pencil ['pensəl] *n.* ⒞❶铅笔,彩色铅笔 ❷光线锥 ■ *vt.* (-ll-,〈美〉-l-) 用铅笔写、画或标记(某物):~ the rough outline of a house 用铅笔画出房子的轮廓图 ‖ **pencil(l)ed** *adj.* 用铅笔写〔画〕的/**penciller** *n.* 用铅笔画的人/**pencilling** *n.* 铅笔画;白色的线条 ‖ **pencil case** 笔筒/**pencil sketch** 铅笔图;素描;草图

pending ['pendɪŋ] *prep.* 直到,在等待…期间:~ the negotiations 在谈判期间 ■ *adj.* ❶未决的,未定的,待定的: a ~ case 悬而未决的案件 ❷即将发生的: a ~ danger 即将发生的危险

pendulum ['pendjʊləm] *n.* ⒞❶摆,钟摆: a simple ~ 单摆 ❷摇摆不定的事态(或局面): the ~ of public opinion 舆论的动荡

penetrate ['penɪtreɪt] *vt. & vi.* ❶穿过,刺入,渗入: The knife penetrated his finger. 刀子刺入他的手指。/Water penetrated the room. 水渗入房间里。❷了解: She could penetrate what I was thinking. 她了解我在想什么。/I heard what you said, but it didn't penetrate. 你的话我听见了,但是没有听懂。*vt.* 看穿: He penetrated our thoughts. 他看穿了我们的心思。/The spy's disguise was soon penetrated. 间谍的伪装不久便被识破了。‖ ~ below 透过/~ into 渗进/~ through 穿透/~ to 渗入到,透入到/~ with 用…渗入 ‖ **penetration** *n.* ①穿透,渗透②洞察/**penetrator** *n.* 侵入者;渗透者

penetrating ['penɪtreɪtɪŋ] *adj.* ❶敏锐的,有洞察力的;聪明的: a ~ question 尖锐的问题 ❷响亮的: a ~ scream 响亮的尖叫 ‖ **penetratingly** *adv.* 敏锐地,响亮地

penguin ['peŋgwɪn] *n.* ⒞企鹅

penicillin [ˌpenɪ'sɪlɪn] *n.* ⒰青霉素,盘尼西林

peninsula [pɪ'nɪnsjʊlə] *n.* ⒞半岛

penis ['pi:nɪs] *n.* ⒞阴茎

pennant ['penənt] *n.* ⒞❶〈海〉长三角旗 ❷校旗,锦标旗

penniless ['penɪlɪs] *adj.* 一文不名的;贫穷的

penny ['penɪ] *n.* (*pl.* **pence** or **pennies**) ⒞❶便士 ❷(美国、加拿大的)一分钱 ❸少量的钱 ‖ **a pretty** ~ 许多钱,相当多的钱 /**be two** 〔**ten**〕**a** ~ 廉价而易得,多得不值钱 /**make** (**a**) ~ **of** 变卖某物,用某物换钱 /**the** ~ **drop** 终于明白了/**watch every** ~ 精打细算 ‖ **penny-a-line** *adj.* 低稿酬的/**penny-a-liner** *n.* 取低稿酬的文人,穷文人/**penny pincher** 吝啬鬼/**penny-wise** *adj.* 小处精明的/**pennyworth** *n.* 一便士的价值;少量

pension ['penʃən] *n.* ⒞退休金,养老金 ■ *vt.* 发给…养老金〔退休金〕‖ ~ off ①发养老金使退休②不再使用 ‖ **pensionary** *adj.* 抚恤金的;领取抚恤金的/**pensionless** *adj.* 无抚恤金的

pensionable ['penʃənəbl] *adj.* 可领取退休、养老金或抚恤金的

pensioner ['penʃənə] *n.* ⒞领取退休、养老金或抚恤金的人

pentagon ['pentəgən] *n.* ⒞五边形;五角形 ‖ **pentagonal** *adj.* 五边形的;五角形的

pent-up ['pent'ʌp] *adj.* 被压抑的;被抑制的
people ['pi:pl] *n.* ❶[P]人,人们;一般的人 ❷[P]人民;平民;老百姓:*The wisdom of the people is inexhaustible*.人民的智慧是无穷无尽的。❸[C]种族,民族 ❹[P]家人,亲属:*My husband's people are staying with us now*.我丈夫家里的人现在在我们这儿。∥ **of all ~** ①在所有人中你比别人更会…;尤其②奇怪,竟然是… ■ *vt.* 居住于;使…充满:*His race has peopled this island through all recorded history*.自有历史记载以来,他的族人都居于此岛。/*The meadow is peopled with wild flowers*.草地长满了野花。∥ **people-to-people** *adj.* 人民之间的
pep [pep] *n.* [U]精力;精神;活力:*be full of ~* 劲头十足 ■ *vt.* **(-pp-)** 使某人活跃或精力充沛 ∥ **~ up** 使某人活跃或精力充沛 ∥ **pep rally** 鼓舞士气的集会/**pep talk**(对球员等)鼓舞士气的讲话
pepper ['pepə] *n.* ❶[U]胡椒粉 ❷[C]辣椒 ■ *vt.* ❶在…上撒胡椒粉;使布满:*He peppered food*.他在食物上撒胡椒粉。❷以…密击,接二连三地提问:*They peppered the enemy's lines with their shots*.他们用炮弹向敌人阵地攻击。/*Members of the city council peppered him with questions about the details of his plan*.市议员们对他的计划的详情问个不休。∥ **pepperbox** *n.* ①胡椒瓶 ②急性子/**pepper caster** 胡椒瓶/**peppercorn** *n.* 胡椒子
peppermint ['pepəmint] *n.* ❶[U]薄荷 ❷[C]薄荷糖
per [强 pə:,弱 pə] *prep.* 〈拉〉❶(表示关涉)通过,由:*Do you send the goods per rail, or per plane*?你送这个商品是通过铁路还是飞机?/*You car, per Mary, has reached me*.你的车由玛丽给我。❷(表示根据)依照,根据:*You bought goods per list price*.你按照所列价格买商品。❸(表示比率)(尤指数量,价格,时间)每:*These apples cost 40 pence per pound*.这些苹果每磅 40 便士。∥ **per mill**[**mille,mil**]每千
perceive [pə'si:v] *vt.* 感觉,察觉,理解:*You can easily perceive what he wants*.你可轻而易举地看出他要什么。/*Did you perceive anyone entering the laboratory*?你看见有人进入实验室吗? ∥ **perceivable** *adj.* 可感觉的,可理解的/**perceivably** *adv.* 可感觉地,可理解地
per cent,〈美〉**percent** [pə'sent] *n.* [S]百分之…,百分比:*More than 70 per cent of my time has been spent in teaching*.我的时间 70% 以上用在了教学上。
percentage [pə'sentidʒ] *n.* ❶[C]百分比,百分率 ❷[S]比例
perception [pə'sepʃən] *n.* ❶[U]感知(能力);觉察(力):*He was a man of keen perception*.他是一个感觉敏锐的人。❷[C]认识,观念,看法:*What's your perception of the matter*?你对此事有什么看法? ∥ **perceptional** *adj.* 感知(能力)的,觉察(力)的;认识的,观念的,看法的
perceptive [pə'septiv] *adj.* 洞察力强的;敏锐的;理解力强的:*a good ~ article* 一篇富有洞察力的好文章 ∥ **perceptively** *adv.* 洞察力强地,敏锐地/**perceptiveness** *n.* 洞察力强;敏锐;理解力
perch¹ [pə:tʃ] *n.* [C]鲈鱼
perch² [pə:tʃ] *n.* [C]❶栖息处,栖枝,栖木 ❷高处,较高的位置 *vi.* (鸟)飞落,暂栖,停留 *vt.* & *vi.* (在较高或物体边缘)坐着;把…置于较高或危险处:*a pagoda ~ed on a cliff* 耸峙在悬崖上的宝塔 ∥ **percher** *n.* ①栖木类鸟 ②居于高处的人或物 ③验布工
percolate ['pə:kəleit] *vi.* ❶滤,渗透 ❷(思想等)渗透,渗入 *vt.* (用渗滤壶)煮(咖啡)
percussion [pə:'kʌʃən] *n.* [S]打击乐器组 ∥ **percussionist** *n.* 打击乐器演奏者 ∥ **percussion cap**〈军〉雷管,火帽/**percussion instrument**〈音〉打击乐器/**percussion lock**〈军〉击发装置
perfect ['pə:fikt] *adj.* ❶完美的,完善的,理想的:*Her technique is almost perfect*.她的技巧近乎完美。❷完整的;完好无损的;无缺陷的:*The work is perfect in craftsmanship*.这副作品工艺完美。❸[A]完全的,绝对的:*Her husband is a perfect jellyfish*.她丈夫是个典型的优柔寡断的人。❹正确的,精确的:*She speaks perfect English*.她英语说得好极了。■ [pə'fekt] *vt.* 使…完美;改善:*He went to Italy to perfect his singing voice*.他去意大利提高自己的歌唱技艺。/*They tried to perfect the working conditions*.他们努力完善工作条件。∥ **perfectness** *n.* 完美,完整,完全,正确/**perfector** *n.* 〈印〉双面印刷机
perfection [pə'fekʃən] *n.* [U]完美;完善 ∥ **to ~** 完美地,完全地 ∥ **perfectionism** *n.* ①完满论 ②过度追求尽善尽美
perfectly ['pə:fiktli] *adv.* ❶完美地;理想地 ❷完全地;十足地
perforate ['pə:fəreit] *vt.* ❶穿孔于,在…上打眼 ❷(在纸张等上)打齿孔[孔眼线]
perforce [pə'fɔ:s] *adv.* 必然,必要地,不得已
perform [pə'fɔ:m] *vt.* & *vi.* ❶执行;履行:*He not only promised, but performed*.他不仅许下诺言,而且做到了。/*He always performs his duties faithfully*.他一贯忠实地履行自己的职责。❷表演;扮演:*He performed well under pressure*.他在压力之下表现得很好。/*The monkey performed several tricks*.猴子耍了几招把戏。/*They performed a dance for the children*.他们为儿童表演了一个舞蹈。∥ **~ at**[**on**]演奏… /**~ in** 在…演出;在…扮演 ∥

performable *adj.* ①可执行的②可表演的/ **performer** *n.* ①执行者②表演者/**performing** *adj.* 表演的,会表演的

performance [pəˈfɔːməns] *n.* ❶ⓒ演出,表演 ❷Ⓢ履行,执行 ❸ⓒ表现,行为,成就 ❹Ⓤ性能,工作情况

perfume [ˈpɜːfjuːm] *n.* ⓒⓊ ❶香气,芳香 ❷香水 ■ *vt.* ❶使充满香气 ❷喷香水于 ‖ **perfumed** *adj.* 喷上香水的/**perfumer** *n.* 香料商,香料制造者/**perfumery** *n.* ①香料制造法 ②香料厂

perhaps [pəˈhæps] *adv.* 或许,大概,可能: *Perhaps you would be good enough to explain this for me?* 请您为我解释这个,行吗?

peril [ˈperɪl] *n.* ❶Ⓤ极大危险: *be in ~ of one's life* 有生命危险 ❷ⓒ危险的事(或环境): *the ~s of the ocean* 海洋上的风险

perimeter [pəˈrɪmɪtə] *n.* ⓒ周边,周围;边缘: *the ~ fence of the army camp* 军营四周的围墙

period [ˈpɪərɪəd] *n.* ⓒ❶(一段)时间: *Mary was restored to health after a period of medical treatment.* 经过一段时间治疗,玛丽康复了。❷时期,时代: *go through a ~* 经历一段时期/ *This is his most difficult period.* 这是他最困难的时期。/ *He excels all other composers of his period.* 他胜过同时代的所有有其他作曲家。❸学时,课时: *The school day is divided into seven periods.* 学校一天有七节课。❹句号,句点: *place [put] ~ 点上句号/Use a period at the end of the sentence.* 在一个句子的末尾用句号。

periodic [ˌpɪərɪˈɒdɪk] *adj.* 周期的;定期的,定期发生的 ‖ **periodic decimals** 〈数〉循环小数/**periodic function** 〈数〉周期函数/**the periodic law** 〈化〉周期律/**the periodic table** 〈化〉周期表

periodical [ˌpɪərɪˈɒdɪkəl] *n.* ⓒ期刊: *a weekly ~* 周刊/*an illustrated ~* 画刊

peripheral [pəˈrɪfərəl] *adj.* ❶非本质的;非主要的,次要的,外围的 ❷周边的,边缘的 ■ *n.* 〈计算机的〉外围设备,周边设备 ‖ **peripherally** *adv.* 非本质地;非主要地,次要地,外围地

periphery [pəˈrɪfərɪ] *n.* ⓒ❶外围;边缘 ❷〈解〉〈神经〉末梢周围

perish [ˈperɪʃ] *vi.* ❶丧生;消亡;死亡: *Hundreds of sheep perished that year because of drought.* 那年由于干旱,几百头羊突然死亡。❷损坏,腐烂: *Continuous washing has perished the rubber.* 不断地洗涤使橡皮筋失去弹性。

perjure [ˈpɜːdʒə] *vt.* 发假誓,作伪证

perk¹ [pɜːk] *vt.& vi.* 高兴起来;活跃起来 ‖ **~ up** 使某人高兴起来;使某物更有生气

perk² [pɜːk] *n.* ⓒ额外津贴;附带福利;外快

perm [pɜːm] *n.* ⓒ烫发,冷烫 ■ *vt.* 烫发,冷烫: *She has had her hair permed.* 她刚烫了头发。

permanent [ˈpɜːmənənt] *adj.* 永久(性)的,固定的

permeate [ˈpɜːmɪeɪt] *vt.& vi.* ❶弥漫,遍布,散布: *The banquet was permeated with an atmosphere of friendship.* 宴会洋溢着友好的气氛。❷渗入,渗透: *Water will permeate blotting paper.* 水能渗透吸水纸。‖ **~ among** 弥漫着/**~ by** 充满着/**~ through** 渗透到/**~ throughout** 笼罩着/**~ with** 充满…

permissible [pəˈmɪsəbl] *adj.* 可允许的,许可的: *a ~ error* 容许误差 ‖ **permissibility** *n.* 允许,许可/**permissibleness** *n.* 许可/**permissibly** *adv.* 允许地,许可地

permission [pəˈmɪʃən] *n.* Ⓤ允许,许可,准许

permit [pəˈmɪt] *vt.& vi.* (-tt-) 允许,许可: *The doctor has permitted him only two meals a day.* 医生只允许他每天吃两顿饭。‖ **~ into** 允许…进入/**~ of** 容许,留有余地/**~ out** 允许…出去/**~ through** 允许通过 ■ *n.* ❶Ⓤ许可 ❷ⓒ许可证,执照

perpendicular [ˌpɜːpənˈdɪkjʊlə] *adj.* ❶垂直的;成直角的: *be ~ to the horizontal plane* 垂直于水平面 ❷直立的

perpetrate [ˈpɜːpɪtreɪt] *vt.* 犯(罪),作(恶),做(坏事)

perpetual [pəˈpetʃʊəl] *adj.* ❶永久的;终身的 ❷不断的;常发生的 ‖ **perpetually** *adv.* 永久地;终身地;不断地 ‖ **perpetual calendar** 万年历

perpetuate [pəˈpetʃʊeɪt] *vt.* 使永存;使人记住不忘: *~ sb's memory* 使某人永垂不朽

perpetuity [ˌpɜːpɪˈtjuːɪtɪ] *n.* ‖ **in ~** 永久;永恒;永远

perplex [pəˈpleks] *vt.* 使迷惑;使混乱: *He perplexed me with this problem.* 他用这个问题难住了我。

perplexity [pəˈpleksɪtɪ] *n.* Ⓤ❶困惑,混乱 ❷复杂,困难

perquisite [ˈpɜːkwɪzɪt] *n.* Ⓟ❶(工资以外的)财务补贴,额外收入,津贴,奖金,小费 ❷(随职位而得到的)好处,利益,便利,特权,优待

persecute [ˈpɜːsɪkjuːt] *vt.* (尤指宗教或信仰的)迫害

persecution [ˌpɜːsɪˈkjuːʃən] *n.* ⓒⓊ迫害或受迫害

perseverance [ˌpɜːsɪˈvɪərəns] *n.* Ⓤ坚持不懈,不屈不挠

persevere [ˌpɜːsɪˈvɪə] *vi.* 坚忍,坚持: *Al-*

though he is in poor health, he still perseveres in his studies. 尽管他身体不好,他仍孜孜不倦地学习。

Persian ['pɜːʃən] adj. 波斯(现称伊朗)的;波斯人的,波斯语的: the ~ Gulf 波斯湾

persist [pə'sɪst] vt. & vi. 坚持,固执: He persisted that he did the work alone. 他坚持他一个人做那件事。

persistence [pə'sɪstəns] n. ⓤ❶坚持不懈;执意;持续;留存 ❷继续存在

persistent [pə'sɪstənt] adj. 持续的;不断的: a ~ headache 持续不断的头痛 ‖ **persistently** adv. 持续地;不断地

person ['pɜːsən] n. (pl. people or persons) Ⓒ ❶人 ❷(语法)人称 ‖ in ~ 亲自,亲身/in the ~ of ①以…的资格,代表②叫做…的人/体现于/on〔about〕the ~ 随身带,在身上

personage ['pɜːsɪnɪdʒ] n. Ⓒ 人;(尤指)要人,名人

personal ['pɜːsənəl] adj. ❶个人的;私人的 ❷亲自的 ❸人身攻击的,无礼的 ‖ **personal computer** 个人电脑/**personal effects** 动产,私有物/**personal foul**〈体〉撞人犯规/**personal history** 履历

personality [ˌpɜːsə'nælɪtɪ] n. ❶Ⓒ人格,个性: She has a powerful personality. 她有坚强的个性。❷Ⓒ人物,名人: Einstein was a great personality. 爱因斯坦是个伟大的人物。❸Ⓟ 人身攻击,诽谤 ‖ **personality cult** 个人崇拜

personalize, **-ise** ['pɜːsənəlaɪz] vt. ❶在(某物上)作物主标志(尤指表示物主的地址或姓名的首字母)❷使(某事物)针对个人、带有个人感情或个性化

personally ['pɜːsənəlɪ] adv. ❶亲自地 ❷就个人而言 ❸就人而论

personification [pəˌsɒnɪfɪ'keɪʃən] n. ❶Ⓤ人格化;拟人化;象征;化身 ❷Ⓒ人格化;拟人化;象征;化身 ❸Ⓢ极具某品质或特点的人

personify [pə'sɒnɪfaɪ] vt. (pt., pp. -fied) ❶将(某事物)人格化、拟人化: We often personify the sun and the moon, calling the sun "he" and the moon "she". 我们经常用"他"来称呼太阳,用"她"来称呼月亮,使他们人格化。❷以人的形象表现(思想、品质等);象征: Artists personify beauty in their works. 艺术家在作品中表现美。❸为某品质或特点的化身(尤指极典型的)

personnel [ˌpɜːsə'nel] n. ❶Ⓢ(总称)人员;员工 ❷Ⓤ人事部门

perspective [pə'spektɪv] n. ❶Ⓒ远景,景 ❷Ⓒⓤ前途;希望 ❸Ⓤ透视 ❹Ⓒ透视图 ❺Ⓒⓤ观点,想法

perspicacious [ˌpɜːspɪ'keɪʃəs] adj. 有洞察力的;判断力强的;有识别力的 ‖ **perspicaciousness** n. 洞察力;判断力

perspiration [ˌpɜːspə'reɪʃən] n. Ⓤ❶汗;汗水 ❷出汗;流汗

perspire [pə'spaɪə] vi. 出汗;流汗 ‖ **perspirable** adj. 汗液可通过的;可随汗液排出的/**perspiratory** adj. 排汗的;引起排汗的

persuade [pə'sweɪd] vt. & vi. 说服,劝告: It is easy to persuade oneself. 说服自己往往很容易。‖ ~ **into** 劝(某人)做(某事)/~ (**of**) 使(某人)确信/~ **out of** 劝(某人)放弃做某事 ‖ **persuadable** adj. 可说服的;可相信的/**persuader** n. 劝说者

persuasion [pə'sweɪʒən] n. ❶Ⓤ劝说;说服(力) ❷Ⓒ信仰

persuasive [pə'sweɪsɪv] adj. 能说服的;善于游说的: ~ arguments 能说服人的辩论

pertain [pə'teɪn] vi. 关于,有关: The inspector was interested in everything pertaining to the school. 视察员对有关学校的一切都感兴趣。

pertinacious [ˌpɜːtɪ'neɪʃəs] adj. 坚持的;固执的;坚决的 ‖ **pertinaciously** adv. 坚持地;固执地;坚决地/**pertinacity** n. 执拗;顽固

pertinent ['pɜːtɪnənt] adj. 有关的;中肯的,恰当的

perturb [pə'tɜːb] vt. 使(某人)烦恼;不安 ‖ **perturbative** adj. 烦扰性的;扰乱性的

peruse [pə'ruːz] vt. ❶读(某篇文字);(尤指)细阅;审阅 ❷匆匆阅或心不在焉地浏览(某篇文字)

pervade [pə'veɪd] vt. 遍及;弥漫: An unpleasant smell pervades the house. 一种难闻的气味弥漫了全屋。‖ **pervasion** n. 遍及;弥漫

pervasive [pə'veɪsɪv] adj. 无处不在的;遍布的;充斥各处的 ‖ **pervasively** adv. 无处不在地;遍布地/**pervasiveness** n. 无处不在;遍布

perverse [pə'vɜːs] adj. ❶任性的,固执的: a ~ child 任性的孩子 ❷错误的,荒谬的;反常的: ~ believe 荒谬的信仰

perversion [pə'vɜːʃən] n. Ⓒⓤ❶歪曲;曲解;变坏;反常 ❷性欲反常;性变态

pervert [pə'vɜːt] vt. ❶使堕落,把…引入邪路,使变坏: He was perverted by his evil companions. 他被他的坏伙伴引入邪路。❷滥用: He was accused of perverting justice. 他被控告滥用法律。‖ **pervertible** adj. ①可引入邪路的;易反常的②易被滥用的③易被歪曲的

pessimism ['pesɪmɪzəm] n. Ⓤ悲观主义

pessimist ['pesɪmɪst] n. Ⓒ悲观主义者

pessimistic [ˌpesɪ'mɪstɪk] adj. 悲观的;悲观主义的: There is no reason to be pessimistic about the future. 没有理由对未来悲观。‖ **pessimistically** adv. 悲观地;悲观主义地

pest [pest] n. Ⓒ有害的人或物,令人讨厌的

人或物: That disobedient boy is a pest. 那不听话的男孩令人讨厌。/ The flowers were attacked by garden pests. 这些花遭到植物寄生虫的侵蚀。‖ **pesthouse** n. 隔离医院,传染病医院

pester ['pestə] vt. 使烦恼;纠缠: ~ ed by people asking for money 被乞钱的人所纠缠

pesticide ['pestɪsaɪd] n. C U 杀虫剂: a hard ~ 烈性杀虫剂

pestilence ['pestɪləns] n. C U 瘟疫;(尤指)腺鼠疫

pestle ['pesl] n. C(捣碎或磨碎用的)杵

pet [pet] n. C宠物;宠儿‖ **in a** ~ 发脾气,生气/ ~ **name** 爱称/ ~ **subject** 爱讲的话题 ■(-tt-) vt. 宠爱,抚摸: ~ the cat 抚摸猫/ Don't be afraid to pet the dog. 不要怕抚摸这条狗。vi.〈非正〉亲吻;爱抚: heavily ~ 热烈亲吻和爱抚

petal ['petl] n. C花瓣

peter ['piːtə] vi. 渐渐枯竭〔消失〕

petite [pə'tiːt] adj.〈法〉(指女孩和妇女)娇小的

petition [pɪ'tɪʃən] n. C(许多人签名的向当权者提出某种要求的)请愿书‖ **petitionary** adj. 请愿的;请求的/**petitioner** n. 请愿者,请求者

petrify ['petrɪfaɪ] vt.& vi. 吓呆,使麻木

petrol ['petrəl] n. U 汽油‖ **petrol bomb** 汽油弹/**petrol station** 加油站

petroleum [pɪ'trəʊlɪəm] n. U 石油

petty ['petɪ] adj. (-ier,-iest) ❶ 不重要的 ❷ 卑鄙的;小气的‖ **petty bourgeois** 小资产阶级分子/**petty cash** 零用钱/**petty larceny**〈律〉轻盗窃罪/**petty officer** ①小公务员②海军军士

pew [pjuː] n. C 教堂的条凳式座位

pfennig ['pfenɪɡ] n. C 芬尼(德国硬币,为一马克的百分之一)

pharmacist ['fɑːməsɪst] n. C药剂师

pharmacy ['fɑːməsɪ] n. ❶ U 制药,配方,制药学 ❷ C药店;药房

phase [feɪz] n. C❶ 阶段,时期 ❷(月亮、行星的)位相‖ **in** ~ ①〈物〉同相②协调的〔地〕/ **out of** ~ 〈物〉异相 ■ vt. 分阶段计划〔安排〕: The modernization of the industry was phased over at 20-year period. 工业现代化分 20 年逐步实现。‖ ~ **down** 逐步减少/ ~ **in** 逐步采用/ ~ **out** 逐步淘汰,逐步结束

pheasant ['feznt] n.(pl. ~ or ~s) ❶ C雉;野鸡 ❷ U野鸡肉

phenomenon [fɪ'nɒmɪnən] n.(pl. -ena)C ❶现象 ❷特殊的人〔事物〕

philander [fɪ'lændə] vi. 调戏,玩弄女性

philosopher [fɪ'lɒsəfə] n. C ❶ 哲学家 ❷ 豁达的人

philosophical [ˌfɪlə'sɒfɪkəl] adj. ❶ 哲学上的 ❷ 冷静的;明达的

philosophy [fɪ'lɒsəfɪ] n. ❶ U 哲学 ❷ C 人生哲学,人生观 ❸ U 达观

phoenix ['fiːnɪks] n. C 长生鸟(神话中的鸟,在阿拉伯沙漠中,可活数百年,然后自焚为灰而再生)

phone [fəʊn] n. C电话‖ **on the** ~ 在打电话 ■ vt.& vi. 打电话(给某人): Mary phoned that her son was lost. 玛丽打电话来说她儿子失踪了。‖ ~ **in** 打电话告知/ ~ **up**〈英,非正〉(给某人)打电话‖ **phone book** 电话簿/ **phone-in** n.(电台或电视台的)听众可来电话的直播节目(向主持人提问或作评论)/ **phone line** 电话线/ **phone number** 电话号码

phonograh ['fəʊnəɡrɑːf] n. C〈美〉留声机

phooey ['fuː] int.(表示厌恶或不信)呸,啐

phosphate ['fɒsfeɪt] n. C U 磷酸盐(尤指用作肥料)

phosphorus ['fɒsfərəs] n. U 磷

photo ['fəʊtəʊ] n.(pl. ~s) = photograph

photocopy ['fəʊtəʊˌkɒpɪ] n. C影印本

photograph ['fəʊtəɡrɑːf] n. C照片,相片 ■ vt.& vi.(给…)拍照: I wonder what she photographs like. 我不知道她在照片上是什么模样。

photographer [fə'tɒɡrəfə] n. C摄影者;(尤指)摄影师

photographic [ˌfəʊtə'ɡræfɪk] adj. ❶ 摄影(术)的;摄影用的;摄制的 ❷(指本人的记忆)记得详细准确的

photography [fə'tɒɡrəfɪ] n. U摄影术

photon ['fəʊtɒn] n. C〈物〉光子;光量子

phrase [freɪz] n. C ❶〈语〉短语,词组;成语: That's exactly the phrase I was looking for. 这就是我一直找的那个短语。❷ 说法,简洁的语句,警句: a law ~ 法律用语 ■ vt. 叙述;措词: The moment I'd said, I could see that I'd phrased it wrong. 我一说完那句话就知道措词不对。

physical ['fɪzɪkəl] adj. ❶ 身体的,肉体的 ❷ 物质的 ❸ 自然规律的,按自然法则的 ❹ A 自然(界)的 ❺ A 物理学的 ■ n. C 身体检查,体格检查‖ **physical science** 自然科学

physician [fɪ'zɪʃən] n. C医生,内科医生

physicist ['fɪzɪsɪst] n. C物理学家

physics ['fɪzɪks] n. U 物理学

physiological [ˌfɪzɪə'lɒdʒɪkəl] adj. ❶ 生理学的 ❷生理的

physiology [ˌfɪzɪ'ɒlədʒɪ] n. U 生理学

physiotherapy [ˌfɪzɪəʊ'θerəpɪ] n. U物理疗法

pianist ['pɪənɪst] n. C钢琴家

piano [pɪˈænəʊ] *n.* (*pl.* ~s) ⓒ钢琴 ‖ **piano accordion** 键盘式手风琴/**piano player** 钢琴演奏者;钢琴自动弹奏机

piazza [pɪˈætsə] *n.* ⓒ广场;市场(尤指意大利城镇中的)

pick[1] [pɪk] *vt. & vi.* ❶采,摘: *Ripe apples pick easily*. 熟了的苹果容易摘。❷啄,叼,啃: *The dog picked the bone clean*. 这狗把骨头啃得光光的。*vt.* ❶挑选,选择: *It took her two hours to pick a dress that suited her*. 她花了两个小时才挑选了一件合适的衣服。❷挖,剔: ~ *meat* 剔肉/*It's bad form to pick one's teeth in public*. 在公共场合剔牙很失礼。‖ ~ **and choose** 挑三拣四,仔细选择/~ **and steal** 小偷小摸,扒窃/~ **apart** ①把…撕成碎片,拆散②〈非正〉对…吹毛求疵/~ **at** ①扯,拉②找岔,批评③少量地吃/~ **from** ①从…摘下[剔去];从…捡起②从…中挑选/~ **in** ①画上〈阴影〉承揽,接收③在…上扎开〔抠开〕洞/~ **off** ①摘去②逐个毁掉;瞄准射死③ **on** ①挑选②招惹,找岔,责备/~ **out** ①取出,去掉②挑选③选拔③分辨出④了解,领会⑤衬托,点缀,使明显⑥凭听觉〔记忆〕奏出/~ **over** ①挑出来②老谈,老想/~ **up** ①拾起,捡起,抬起②安排接收,使接乘,搭救③爬〔站〕起来;振作起来④使增加〔加快〕⑤收拾东西〔屋子〕⑥掘,挖⑦染上⑧捉住,逮住⑨好转,恢复 ■ *n.* ⓢ❶挑选,选择: *the first* ~ 首选 ❷最佳选择,精华: *It's the pick of this month's new films*. 这是本月新上映的影片中的精品。‖ **pick-up** *n.* 拾音器;唱头,轻型小货车

pick[2] [pɪk] *n.* ⓒⓤ镐,锄

picker [ˈpɪkə] *n.* ⓒ采摘者;采集者;采摘机,采摘工具

picket [ˈpɪkɪt] *n.* ⓒ罢工纠察员 ■ *vt.* 监视 *vi.* 当纠察员 ‖ **picket line** 哨兵线,前哨线

pickle [ˈpɪkl] *vt.* 腌渍(泡菜等): *Mother used to pickle onions*. 妈妈过去常腌制洋葱。■ *n.* ⓤ腌菜: *Most people eat pickles at breakfast*. 大多数人早餐吃腌菜。

picnic [ˈpɪknɪk] *n.* ⓒ郊游,野餐 ‖ **be no** ~ 有困难〔麻烦〕 ■ (-ck-) *vi.* 去郊游;去野餐: *We picnicked on the beach yesterday*. 昨天我们去海边野餐了。

pictorial [pɪkˈtɔːrɪəl] *adj.* 以图画表示的;有画面的: *a* ~ *record of the sports meeting* 运动会画刊 ‖ **pictorially** *adv.* 绘画地

picture [ˈpɪktʃə] *n.* ❶ⓒ图画,肖像,照片 ❷ⓢ(生动的)描述,写照 ❸ⓒ影片,电影;画面 ❹ⓢ美景,景色 ❺ⓢ情况,事态,局面 ‖ **get the** ~了解(形式、情况等)/**in〔out of〕the** ~ ①知道〔不知道〕详情,熟悉〔不熟悉〕一切②引起〔不引起〕他人注意 ■ *vt.* ❶绘画;描绘 ❷想象 ‖ ~ **to oneself** 想象出 ‖ **picture book** 图画书/**picture card** 花牌;美术明信片/**picture-drome** *n.* 电影院/**picture frame** 画框/**picture gallery** 画廊/**picture house** 电影院/**picture palace** 电影院/**picture phone** 电视电话/**picture postcard** 美术明信片/**picture puzzle** 画谜,拼图游戏/**picture show** 画展/**picture theatre** 电影院/**picture writing** 用图画记载(或通讯)的方法;象形文字

picturesque [ˌpɪktʃəˈresk] *adj.* ❶美丽的,有趣的,风景如画的 ❷生动的;活泼的

pie [paɪ] *n.* ⓒⓤ馅饼,派: *bake* ~ 烘烤馅饼/*Would you like some apple pie for dessert?* 你想不想要些苹果派当甜点? ‖ **have〔cut〕a finger in the** ~ 参与〔干预〕某事/~ **in the sky** 不能保证实现的诺言

piece [piːs] *n.* ⓒ❶片,块,段,件 ❷断片,碎块 ❸部分,部件 ‖ **all of a** ~ **with** 类似,完全相同/**by the** ~ 按件(计算)/**go (all) to** ~**s**(因恐惧、悲伤等)垮下来/**pick〔pull〕to** ~**s** 严厉批评…;对…吹毛求疵/**pick up the** ~**s**〈非正〉收拾残局;重整旗鼓 ■ *vt.* ❶凑合;凑成: *She likes to piece one cloth to another when she does some sewing*. 当她做针线活时,喜欢把一块布拼凑到另一块布上。❷修补,补缀: *Do you think you can piece this torn curtain?* 你认为你能把这撕破的窗帘补好吗? ‖ ~ **out** 把…拼合〔凑〕起来/~ **together** 把…拼合〔凑〕起来 ‖ **piece rate** 计件工价/**piecework** *n.* 计件工作,件工/**pieceworker** *n.* 计件工人

piecemeal [ˈpiːsmiːl] *adv.* 一块一块地;一件一件地;零碎地 ■ *adj.* 一块一块的,一件一件的;零碎的

pier [pɪə] *n.* ⓒ水上平台,码头

pierce [pɪəs] *vt. & vi.* 刺入,刺穿;穿透: *He pierced the skin of cooking sausages with a fork*. 他用叉子在要烹调的香肠上扎了孔。‖ ~ **into** 刺进;穿透/~ **through** ①刺穿,穿破②穿过

piercing [ˈpɪəsɪŋ] *adj.* ❶(指声音等)尖锐的;刺耳的 ❷(指风、寒冷等)刺骨的;穿透的

pig [pɪg] *n.* ⓒ猪 ‖ **make a** ~'**s ear of** 笨拙地〔错误地〕做…/~**s might fly** 即使有奇迹也不太可能出现 ‖ **pig bed** 猪圈/**pig iron** 生铁/**pignut** *n.* 块茎/**pigpen** *n.* 猪圈/**pigskin** *n.* 猪皮/**pigtail** *n.* 辫子;卷成细条的烟草/**pigwash** *n.* 泔脚/**pigweed** *n.* 苋属植物,猪草

pigeon [ˈpɪdʒɪn] *n.* ⓒ鸽子 ‖ **one's** ~ 自己的责任或事情 ‖ **pigeongram** *n.* 鸽子带的信/**pigeonhearted** *adj.* 懦怯的/**pigeon-livered** *adj.* 温柔的

pigment [ˈpɪgmənt] *n.* ❶ⓒⓤ(粉状)颜料 ❷ⓤ天然色素

pike[1] [paɪk] *n.* ⓒ(昔日士兵用的)矛 ‖ **pikeman** *n.* 长矛兵

pike[2] [paɪk] *n.* ⓒ梭鱼,狗鱼

pile [paɪl] *n.* ❶ⓒⓤ一堆,一叠 ❷ⓢ大量的

钱;财产‖ make a〔one's〕~ 挣大钱;发财■ vt.堆起;堆叠:He piled a lot of logs.他堆起许多木头。/Pile the leaves in the corner of the yard.把树叶堆到院子里。‖~ against靠~ 堆积/~ in(使)塞进;(使)挤入~ into(非正)(使)挤进,塞进/~ off 成群地离开/~ on ①(使)堆积;(使)拥入 ② 在…上堆积/~ onto (使)堆在…上;(使)涌上…/~ out 成群离去;蜂拥而出/~ up ①(使)成为一堆;堆积②相撞/~ with 往…堆放;把…堆给‖ pile-up n. 几辆车相撞

pilgrim ['pɪlgrɪm] n. ⓒ香客,朝圣者

pill [pɪl] n. ❶ⓒ药丸,药片 ❷ⓢ口服避孕药;on the ~在服避孕药期间

pillage ['pɪlɪdʒ] vt.&vi.抢劫,掠夺■n. Ⓤ抢劫,掠夺‖ pillager n. 掠夺者

pillar ['pɪlə] n. ⓒ❶柱,支柱 ❷台柱,栋梁‖ from ~ to post 四处奔走,到处碰壁‖ pillar-box n. 邮筒

pillow ['pɪləʊ] n. ⓒ❶枕头 ❷用作枕头的东西

pillowcase ['pɪləʊkeɪs] n. ⓒ枕套

pilot ['paɪlət] n. ⓒ❶飞行员,宇航员 ❷引航员,舵手■vt. ❶驾驶:~ an airplane 驾驶飞机/He pilots his car.他驾驶他的汽车。 ❷带领,指引,引导:~ the boat into harbor 把船领进了港湾/Tom didn't like to pilot the boat.汤姆不愿为这只船领航。 ❸试验,试用:Schools are piloting the new maths course.学校正试用新的数学教程。‖~ in 引导(船只等)…进入/~ into 引导(船只等)驶进(某处)/~ out 引导(船只等)驶离(某处)/~ through ①引导…通过…②促使…通过…■adj. Ⓐ试验性的;引导的;~ beacon 引航灯号/~ project 试验性工程/This is a pilot edition of a new language course.这是一种新语言教程的试用版。‖ piloting n. 领港/pilotless adj. 无人驾驶的

pin [pɪn] n. ❶ⓒ大头针,别针 ❷ⓒ饰针 ❸ⓒ锁,钉,插头,闩 ❹ⓒ腿‖ for two ~s不必多费口舌,恨不得/not care a ~一毫不介意/on ~s and needles 坐立不安,如坐针毡/you can hear a ~ drop 非常安静■vt.(-nn-)❶把…别住,把…钉住:She had pinned a black wild rose in her hair.她头上别了一朵黑色的野玫瑰。 ❷压住,使不能动:The policeman pinned his arms behind him.警察把他的双臂按在背后。‖~ against把…按〔钉〕在…上/~ back (用别针)向后别住〔固定住〕/~ down ①把…固定住;使…动弹不得②追使…做出决定,采取行动/~ on ①钉上,别上,别起来②(用针)把…固定在…上③把(某事)归咎于(某人)(责任等)强加于(某人)/~ to(用别针)把…在…上/~ together 别在一起/~ under 把…压〔挤〕在…下/~ up ①用针固定住②把…钉在大家看得见的地方/~ with 用…把…别住

pinch [pɪntʃ] vt. ❶盗窃,偷:The thief pinched her purse and ran away.小偷偷了她的皮夹子跑了。 ❷逮捕,拘留:The police pinched him.警察逮捕了他。 ❸夹痛,扎痛:These shoes pinch my feet.这双鞋把我的脚夹痛了。 vt.&vi. 捏,掐,夹,拧;~ a child 捏小孩/These shoes must be too small because they pinch.因为这双鞋夹脚,所以他们一定是太小了。/The child was crying because somebody had pinched her.那孩子哭了,因为有人掐她。 ❸ The mother pinched her baby black and blue.这位母亲将她的孩子掐得青一块紫一块的。‖~ back〔out〕掐掉/~ for ①缺少钱②因…被逮捕/~ on ①在…上掐②在…方面节省/~ under 夹在…下/~ with ①因…而困苦 ②因…而显得消瘦■n. ❶ⓒ捏,掐,夹,拧 ❷ⓒ一撮,微量 ❸ⓢ困苦,穷苦‖ at(in) a ~必要时,如果有必要‖ pinchbeck n. 冒牌货/pinchcock n. 弹簧夹

pine [paɪn] n. ❶ⓒ松树 ❷Ⓤ松木■vi. ❶消瘦,憔悴;痛苦:~ ceaselessly 不断地消瘦/She certainly hasn't been pining while you were away! 你不在的时候她可并不难受。 ❷渴望:She is pining to travel abroad.她渴望去国外旅行。‖~ away 消瘦;憔悴/~ for 渴望得到

pineapple ['paɪnˌæpl] n. ⓤⓒ菠萝,凤梨

pink [pɪŋk] adj. ❶粉红色的,淡红色的 ❷略带左翼政治观点的‖ be tickled ~非常有趣,非常高兴■n. ❶Ⓤⓒ粉红色 ❷ⓒ典范,模范;in the ~ 身体极棒的;非常健康的‖ pinkly adv. 粉红色地/pinkness n. 粉红色;典范

pinkie,〈美〉pinky ['pɪŋkɪ] n. ⓒ小(手)指

pinnacle ['pɪnəkl] n. ❶ⓢ顶峰,顶点,极点 ❷ⓒ尖顶,小尖塔

pinpoint ['pɪnpɔɪnt] n. ⓒ一点点■vt. ❶准确地找出或描述 ❷为…准确定位■adj. Ⓐ❶非常精确的 ❷非常小因而需精确瞄准的

pint [paɪnt] n. ⓒ❶品脱 ❷一品脱啤酒‖ pint-sized adj. 小的,小型的

pinto ['pɪntəʊ] n.(pl.~s)ⓒ有花斑的马;黑白斑的马■adj.斑驳的,杂色的

pioneer [ˌpaɪəˈnɪə] n. ⓒ❶拓荒者;开发者 ❷先驱者;创始者;先锋■vt.开拓,开发,创始:~ a new method 探索新方法/~ the territory 开垦领土/This company pioneered the use of silicon chip.这家公司开创了使用硅片的方法。

pioneering [ˌpaɪəˈnɪərɪŋ] adj.开创性的,先驱的

pip¹ [pɪp] n. ⓒ果核,种子

pip² [pɪp] n. ⓒ短而尖的声音;报时信号

pipe [paɪp] n. ⓒ❶管子,管道 ❷烟斗 ❸管乐器,笛子‖~ dream 幻想,白日梦■vt.❶以管

输送：They piped oil yesterday.昨天他们用管道输送油。❷传送：Nearly all the shops have piped music.差不多所有的商店都连续播放音乐。❸吹哨子下令（表示欢迎）：The admiral was piped aboard.海军上将在欢迎他的哨子声中登舰。❹滚边，镶花边：~ a skirt 给裙子滚边/He piped "Happy Birthday" on the cake.他在蛋糕上镶上了"生日快乐"的字样。vt.& vi.用笛子吹奏；鸣啭，唱：He piped so that we could dance.他吹笛子伴奏好让我们跳舞。/The piper will play a tune.演奏者将用笛子吹奏一支曲子。‖ ~ away ①不断地吹奏②用管道排除（输送）/~ down 安静下来/~ into 用管道把…输入/~ up ①尖声唱，吹奏乐曲②开始（大声）讲话/~ with 用…滚边，用…装饰‖ **pipeful** n. 满满一烟斗/**pipeless** adj. 无管的

pipeline ['paɪplaɪn] n.Ⓒ管道，管线‖ in the ~在准备中,在进行中

piper ['paɪpə] n.Ⓒ吹笛人,吹风笛的人

pirate ['paɪrɪt] vt.剽窃,非法翻印,侵犯专利 ■n.Ⓒ❶海盗❷剽窃者,侵犯版权者

Pisces ['paɪsiːz] n.❶Ⓟ双鱼座,双鱼宫❷Ⓒ出生于双鱼宫时段的人

piss [pɪs] n.❶Ⓤ尿❷Ⓢ撒尿‖ take the ~ out of 拿…开玩笑 ■vi.❶撒尿❷倾盆而下‖ ~ oneself 笑得不可开交/~ about（around）胡闹,浪费时间/~ off 滚开；使厌烦,使生气

pistol ['pɪstl] n.Ⓒ手枪

piston ['pɪstən] n.Ⓒ〈机〉活塞：a ~ ring 活塞环/a ~ rod 活塞杆

pit [pɪt] n.Ⓒ❶坑❷煤矿,矿坑‖ be the ~s 极坏,最糟糕 ■vt.(-tt-)使有麻子；使有凹陷：Earthquake pitted the surface of the earth.地震使地面出现了凹陷。‖ ~ against 使与…相斗‖ **pitman** n. 矿工

pitch [pɪtʃ] n.❶Ⓒ球场❷Ⓒ音调,音高❸Ⓢ程度；强度；高度❹Ⓤ沥青❺Ⓢ颠簸❻ⓈⓊ斜度,坡度❼Ⓒ商贩摊位,艺人表演场地❽Ⓒ推销商品的话 ■vt.❶投,掷,扔：He was pitching the ball.他正在投球。❷为…定音高：This song is pitched too high for my voice.对我的嗓子来说,这首歌的音定得太高了。❸用人们易懂的方式表述：He pitched his speech so that even the children could understand.他带着一种特殊的表情讲话,以便孩子们能听懂。vt.& vi.❶搭(帐篷),扎(营)：They pitched at the foot of the mountain.他们在山脚下扎营。/They pitched a camp in the mountain.他们在山中扎营。❷(使)突然向前倒下：Her foot caught in a rock and she pitched forwards.她的脚被岩石绊了一下,身子就朝前倒下。vi.❶颠簸；~ heavily 颠簸得厉害/The ship pitched and rolled and many passengers were sick.那轮船颠簸摇晃,很多乘客头晕恶心。❷向下倾斜：The roof of this house pitches sharply.这房子的屋顶倾斜度很大。‖ ~ in ①把…扔进②加人,投入/~ into ①把…扔进②攻击,抨击③使…担任职务/~ on〔upon〕①选中②责怪/~ out ①抛出,坠落②开除,逐出

pitfall ['pɪtfɔːl] n.Ⓒ❶(捕猎野兽用的)陷阱❷意想不到的困难；易犯的错误

pitiful ['pɪtɪful] adj.❶值得同情的,可怜的❷可鄙的,可耻的

pity ['pɪtɪ] n.❶Ⓤ怜悯,同情：The beggar's story excited my pity.这乞丐的经历激起我的怜悯。❷Ⓢ可惜的事；憾事：It's a pity to be kept in the house in so fine weather.这样好的天气待在家里实在太可惜了。‖ for ~'s sake 请发发慈悲吧/out of ~出于同情 ■vt.(pt., pp.pitied)❶同情；怜悯：~ sincerely 真诚地同情/He shook his head sorrowfully, pitying himself for what had been done to him.他悲伤地摇摇头,为自己的遭遇而自怜。❷觉得…可鄙：I pity you if you can't answer such a simple question! 你要是回答不了这样一个简单的问题,我真为你感到可鄙了！‖ ~ in 可怜…,同情…‖ **pityingly** adv. 怜惜地

pivot ['pɪvət] n.Ⓒ枢,枢轴,支点 ■vi.(似)在枢轴上转动 vt.把…放在枢轴上

pivotal ['pɪvətl] adj.❶作为支点的,枢轴的❷中枢的,关键的‖ **pivotally** adv. 中枢地

pizza ['piːtsə] n.ⓊⒸ意大利薄饼,比萨饼

placard ['plækɑːd] n.Ⓒ招贴,布告,广告 ■vt.张贴布告于,在…上贴广告

placate [plə'keɪt] vt.安抚,抚慰,使平静

place [pleɪs] n.❶Ⓒ地方,场所,所在地❷Ⓒ城,村,镇❸Ⓒ建筑物,场所❹Ⓒ某点,某处；某段落❺Ⓒ座位,位置❻Ⓒ等级,地位,身份❼Ⓒ职位,职务；学习的机会❽Ⓒ自然或恰当的位置〔地方〕❾Ⓒ位：Correct the result to 5 decimal places.把结果精确到小数点后五位数。❿Ⓢ名次：Our school team finished the season in second place.我们校队在这个赛季中获得第二名。‖ be sb's ~尽某人的义务/fall into ~变得有条不紊,开始有头绪/from ~ to ~各地,处处/give ~ to ~取代,让位给…/go ~s获得成功/in high ~s身居高位；身居要职/in ~ ①在适当的位置②适当的,适合的/in ~ of 代替/in the first ~首先,从一开始/know one's ~知道怎样去干/out of ~ ①不在适当的位置,不合适的位置②不合适；不恰当/put in one's ~提醒(某人)注意自己的位置/put in sb's ~设身处地为某人着想/take ~发生；举行/take sb's ~替代某人/take the ~ of 代替 ■vt.❶放置,安排：The agency placed about 200 secretaries per annum.该代理机构每年为大约 200 名秘书安排工作。/Place the girl as a typist.让这个女孩做打字员吧。❷使…处于某处境〔环境〕：Place the book back where you found it when *you have finished reading it.* 看完后把书放回原处。❸ 定名次：*My horse wasn't even placed.* 我的马未获名次。❹ 辨认：*The man seemed familiar, but I could not quite place him.* 这人很面熟，但是我记不起来。❺ 评价，分类：*My son's income can probably be placed as £5000 a year.* 我儿子的年收入估计达5000英镑。❻ 发订单；打赌：*Place your bets now— the race begins in half an hour!* 现在可以下赌注——赛车于半小时后开始。‖ ~ in ①把…放入；存款②任命③担任④使…处于/~ on〔upon〕①把…放在…上；把…强加于…②重视；着眼于③施加压力，迫使/~ with 向…发订单

placement ['pleɪsmənt] *n*. C U 安置，就业安排

placid ['plæsɪd] *adj*. ❶平和的，温和的 ❷平静的；宁静的 ‖ **placidly** *adv*. 温和地，宁静地

plagiarize ['pleɪdʒəraɪz] *vt*. 剽窃，抄袭

plague [pleɪɡ] *n*. C 瘟疫 ■ *vt*. 使染瘟疫

plaid [plæd] *n*. U 彩格呢

plain [pleɪn] *n*. C 平原 ■ *adj*. (-er, -est) ❶清晰的；明白的：*It's plain to see you haven't done this before.* 显然你以前没做过这种事情。❷朴素的；简单的；平常的：*She's in plain clothes.* 她的穿着很朴素。❸坦白的，坦率的，真诚的：*I'll tell you everything in plain words.* 我将坦白地把一切事情告诉你。/ *He was plain about this.* 关于这一点他说得很坦率。❹A 完全的；十足的；彻底的：*He's a plain fool.* 他是个十足的笨蛋。‖ ~ **clothes man** 便衣警察/**in ~ sight** 一目了然/~ **sailing** 十分顺利，一帆风顺/~ **speaking** 诚实〔坦率〕地说 ‖ **plainness** *n*. 清晰，朴素，坦率

plainly ['pleɪnlɪ] *adv*. 简单地，清楚地，率地❷很清楚，显然 ‖ **to speak** ~ 老实说

plaintiff ['pleɪntɪf] *n*. C〈律〉原告

plan [plæn] *n*. C ❶计划，打算，方案：*Your plan sounds fine in theory, but will it work?* 你的计划在理论上听起来不错，但行得通吗？❷平面图，示意图：*The plans of the new development are on show at the town hall.* 镇公所大厅展示了新开发的平面图。■ *vt. & vi.* (-nn-) 计划，打算，设计：*I have planned the whole thing to the smallest detail.* 我已经把整个事情连最小的细节都计划好了。/ *He began to plan what he would do with his Sundays.* 他开始计划星期天的活动。‖ ~ **for** 为…做安排/~ **on** 打算；指望/~ **out** 为…做出准备

plane [pleɪn] *n*. C ❶飞机 ❷水平，程度；标准 ❸平面

planet ['plænɪt] *n*. C 行星

plank [plæŋk] *n*. C ❶（厚）木板 ❷政纲条目，政策要点

planner ['plænə] *n*. C 规划者，策划人

planning ['plænɪŋ] *n*. U（做某事物的）计划 ‖ **planning permission** 建筑许可证

plant [plɑːnt] *n*. C ❶植物 ❷ C 工厂 ❸ U 重型机械，机械设备 ■ *vt*. ❶种植，栽种：~ *flowers〔trees, vegetables〕* 种花〔树，蔬菜〕/ *Farmers plant many seeds.* 农民们播种。❷放置，插：*They must have planted many explosives there.* 他们一定在这里埋了很多炸药。‖ ~ **in** ①（把…）种入〔安置在…〕中②把…灌输给…/~ **on** ①（把…）稳固地放在…之上②攻击中…③栽赃给…/~ **out** 移植/~ **with** 在…种植

plantation [plæn'teɪʃən] *n*. C 种植园，大农场

planter ['plɑːntə] *n*. C ❶种植园主，大农场主 ❷播种机 ❸花盆

plaque [plɑːk] *n*. C ❶饰板，匾 ❷ U〈医〉牙斑

plasma ['plæzmə] *n*. U ❶〈解〉血浆 ❷〈物〉等离子体 ‖ **plasmatic** *adj*. 血浆的/**plasmic** *adj*. 血浆的

plaster ['plɑːstə] *n*. ❶ U C 灰泥 ❷ U C 膏，药膏 ❸ U 石膏 ■ *vt*. ❶敷贴膏药；涂…❷粘贴，使紧贴 ‖ **plasterer** *n*. 涂灰泥工人/ **plastering** *n*. 涂灰泥/**plastery** *adj*. 灰泥状的

plastic ['plæstɪk] *n*. ❶ U C 塑料；塑料制品 ❷ U〈口〉信用卡 ■ *adj*. ❶（指物品）塑料的：*These plastic bowls are very light.* 这些塑料碗很轻。❷（指材料或物质）可塑的：*Clay and wax are plastic substances.* 黏土和蜡是可塑性物质。/ *The mind of a young child is quite plastic.* 儿童的思想颇具可塑性。‖ **plastic surgery** 整形外科（学）

plate [pleɪt] *n*. C ❶盘子，碟 ❷金属牌 ❸平板，薄片 ❹ **on a** ~ 轻易地/**on one's** ~ 一个人的时间〔精力〕可做的 ■ *vt*. 镀，电镀：~ *metal* 给金属镀金/ *He plated the old silver container again.* 他给这个旧的镀银器皿重新镀银。‖ ~ **with** 把…镀上… ‖ **plateful** *n*. 一满盘 ‖ **plate iron** 铁皮，铁板

plateau ['plætəʊ] *n*. (*pl*. ~**s** or **-eaux**) C ❶高原 ❷平稳时期，稳定状态，停滞时期

platform ['plætfɔːm] *n*. C ❶台，平台，讲台，舞台，戏台 ❷ C 站台，月台 ❸ U 纲领；政纲；宣言 ‖ **platform bridge**（铁路的）天桥/ **platform ticket** 站台票

platinum ['plætɪnəm] *n*. U 铂；白金

platoon [plə'tuːn] *n*. C〈军〉排

platter ['plætə] *n*. C ❶〈美〉大浅盘 ❷（一般为木制的）浅盘

play [pleɪ] *n*. ❶ U 游戏，玩耍；娱乐 ❷ U 比赛，竞赛，运动 ❸ C 戏剧；剧本 ❹ U 自由活动 ❺ U 赌博 ‖ **at** ~ 在游戏 中/**bring into** ~ 发挥/ **come into** ~ 积极活动，起作用/**in** ~ ①开玩笑地，打趣地②处于比赛状态，活球③赌博/

out of ~ 出界，死球／~ **on words** 双关语 ■ vt. & vi. ❶玩，玩耍：*The children don't know how to play the game.* 孩子们不会玩这个游戏。❷参加比赛：*Our best defender is injured and won't be able to play today.* 我们最佳的防守员受伤了，今天不能参加比赛。❸演奏；播放：*Play us something happy.* 为我们演奏一些快乐的乐曲。❹演出，扮演：*The second actor plays well.* 第二个演员演得好。／*The dog played dead.* 这狗装死。 vt. 开某人玩笑，嘲弄：*Don't play jokes on the poor girl.* 别再开这可怜的女孩玩笑了。‖ ~ **about〔around〕**玩耍；在…附近玩耍／~ **along** ①等待回音或决定；合作②(使)沿…闪动，荡漾／~ **as** ①在比赛中担任…；合作②把…演成…③把…演奏成…／~ **at** ①玩…；参加…②在…演奏；扮演…③在体育比赛中担任…④做假装…的游戏／~ **back** ①把…打回给对方②后退一步接球③播放，重播／~ **down** ①轻描淡写，故意缩小…的重要性②和善地对待，放下架子／~ **for** ①为了…而…②代表一方／~ **in** ①以音乐迎接②使自己进入比赛状态③在…玩耍④在…演奏；在…扮演角色⑤(使)在比赛中占…位置／~ **off** ①重新比赛，加赛②取笑／~ **off against** ①完成同其他优胜者的平分比赛②(使)相互争斗以坐收渔利／~ **on** ①继续比赛②在…玩③演奏④(使)在…荡漾，(使)喷射在…上／~ **out** ①在户外玩耍②进行到底③演完，做完④以音乐送走⑤逐渐放开／~ **over** ①重新演奏〔比赛〕②(使)在…荡漾〔闪动〕；(使)喷射在…上／~ **through** ①进行到底②保持不败③连续打下去／~ **up** ①努力，积极地比赛②夸大③为…做广告／~ **with** ①同…一起玩②玩弄…③(不太认真地)考虑 ‖ **playact** vi. 表演；假装／**playactor** n. 演员／**playbook** n. 剧本／**playboy** n. 花花公子／**playday** n. 假日／**playfellow** n. 游戏的伙伴／**playgoer** n. 戏迷／**playing field** 运动场／**play-off** n. 延长赛，锦标赛／**plaything** n. 玩具／**playtime** n. 娱乐时间／**playwriter** n. 剧作家

player ['pleɪə] n. ©❶游戏的人，打牌的人，选手，比赛者 ❷演员；演奏者

playful ['pleɪful] adj. ❶活泼快乐的；爱玩的 ❷戏谑的，闹着玩的 ‖ **playfully** adv. 爱玩地，戏谑地／**playfulness** n. 活泼快乐，戏谑

playground ['pleɪɡraʊnd] n. ©操场；游乐场，娱乐场

playgroup ['pleɪɡruːp] n. ©(三至五岁孩子的)幼儿园

playhouse ['pleɪhaʊs] n. ©❶剧场，戏院 ❷(像房子一样的)儿童游戏屋

playmate ['pleɪmeɪt] n. ©一起玩耍的朋友，游戏的伙伴

playwright ['pleɪraɪt] n. ©剧作家

plea [pliː] n. ©❶请愿，请求 ❷〈律〉抗辩，抗诉

plead [pliːd] (pt,. pp. **pleaded**,〈美〉**pled**) vi. 恳求，请求：*She wept and pleaded until he agreed to do as she wished.* 她哭着恳求他，一直到他答应按她的愿望去做。 vt. 提出…为借口〔理由〕vt. & vi. 申诉；答辩，为…辩护：*He had a good lawyer to plead his case.* 他请了一位出色的律师为自己的案子辩护。 ‖ ~ **against**在法庭上对…进行反驳／~ **for** ①恳求…，乞求… ②在法庭上为…辩护 ‖ **pleadable** adj. 可辩护的／**pleader** n. 抗辩人，辩护律师

pleadings ['pliːdɪŋz] n. 回〈律〉诉状，答辩状

pleasant ['plezənt] adj. (-er,-est)❶令人愉快的，舒适的 ❷可爱的；友善的 ❸晴朗的 ‖ **pleasantly** adv. 令人愉快地，可爱地／**pleasantness** n. 令人愉快，可爱

please [pliːz] int. 请：*A cup of tea, please.* 请来一杯茶。■vt. & vi. ❶(使)…高兴，(使)…满意：*That will please you.* 那将会合你的意。❷想要；喜欢：*Will you please to come at once?* 请马上来，好吗？／*It pleased him to remain.* 留下来正合他的心意。 ‖ **if you** ~ ①请②(表示惊讶、愤慨)竟然，你相信吗／~ **yourself** 随你的便，我无所谓

pleased [pliːzd] adj. ❶高兴的；喜欢的 ❷满意的

pleasing ['pliːzɪŋ] adj. ❶令人喜爱的；使人愉快的 ❷令人满意的

pleasurable ['pleʒərəbl] adj. 令人快乐的，愉快的，舒适的 ‖ **pleasurableness** n. 快乐／**pleasurably** adv. 愉快地，舒适地

pleasure ['pleʒə] n. ❶回愉快，快乐，满足 ❷回娱乐，消遣 ❸©快乐的事物，乐事 ❹回方便而乐意做的事 ❺回愿望，意愿：*May I have the pleasure of the next dance with you?* 你赏光跟我跳下一个舞吗？ ‖ **at (one's)** ~ 随便／*It is〔was〕my〔a〕* ~ 不客气，不用谢／**take** ~ **in** 以…为乐，喜欢做…／**with** ~ 愉快地，高兴地，没问题 ‖ **pleasureboat** n. 游船／**pleasureground** n. 游乐场

pleat [pliːt] n. ©(衣服上的)褶 ■vt. 使打褶

pledge [pledʒ] n. ❶回保证；誓言 ❷信物 ❸抵押品 ■vt. & vi. 保证，许诺；发誓：*They have pledged that they will always remain faithful to each other.* 他们发誓他们将永远忠于对方。 vt. 典当：*I pledged my watch.* 我以手表作抵押。 ‖ **pledgee** n. 接受抵押的人／**pledg(e)or** n. 抵押者，典当者／**pledger** n. 发誓人；举杯祝酒的人

plentiful ['plentɪful] adj. 丰富的，大量的 ‖ **plentifully** adv. 丰富地，大量地／**plentifulness** n. 丰富，大量

plenty ['plentɪ] n. 回充裕，大量，富庶 ‖ **in** ~ 供应充足，多得很／~ **of** 很多，大量的 ■ adv. ❶相当地，充分地：~ **big**〔**busy, good,**

pliers ['plaɪəz] n. ⓟ钳子,老虎钳

plight [plaɪt] n. ⓢ状况,困境

plod [plɒd] (-dd-) vt.& vi. 沉重缓慢地走(路)vi.努力从事,沉闷地苦干

plot [plɒt] n. ⓒ❶故事情节 ❷(秘密)计划,密谋: a cunning ~狡猾的阴谋/The police exposed a criminal plot to assassinate the president.警察破了一个行刺总统的阴谋。❸小块地皮: a ~ of cotton 棉花地/His land is split up into several widely scattered plots.他的土地被分割成相当分散的几小块。■(-tt-) vt.❶把…分成小块;划分;~ cautiously〔generally〕小心翼翼〔一般性〕地划分 ❷绘制;标出:~ a temperature curve 绘制一条温度曲线/He plotted the position Mary should go.他给玛丽标出她应去的地方。vt.& vi.密谋;~ artfully 狡猾地密谋/He plotted the ruin of his enemy.他阴谋倾覆他的敌人。/They plotted to kill the politician.他们图谋要杀掉那位政治家。/They were plotting how to obtain the necessary information.他们正在策划如何获取必要的情报。/They were plotting how they would assassinate the president.他们正秘密策划将如何暗杀总统。‖ ~ against密谋反对/~ out 把…划成小块

plotter ['plɒtə] n. ⓒ密谋策划者;搞阴谋的人

plough,〈美〉**plow** [plaʊ] n.❶ⓒ犁 ❷耕地 ■vt.& vi.❶用犁耕田;耕;~ annually 每年一次地犁耕/Farmers plough in autumn or spring.农民在秋天或春天犁田。/The peasants were ploughing the field.农民们在耕田。❷开路;破浪前进;艰苦前进;~ quickly 快速地破浪前进/The great ship ploughed across the Atlantic Ocean.巨轮在大西洋中破浪前进。/Our gunboats are ploughing the waves.我军炮艇正在破浪前进。‖ ~ back ①把…犁入土中②用…再投资/~ in 将…犁入土中/~ into ①用整把…犁入土中②积极投入工作③冲入;冲到④对…进行投资/~ on 继续用犁耕地②坚持不懈/~ one's way 奋力前进/~ out 用犁犁出/~ through ①钻研②艰难前进/~ up ①用犁将…翻起②用犁翻土,像犁那样翻(地) ‖ **ploughboy** n. 农家孩子/**ploughland** n. 耕地/**ploughman** n. 庄稼汉

ploy [plɔɪ] n.①策略,手法

pluck [plʌk] n.❶勇气,精神 ■vt.❶采;摘;拔 ❷弹 vi.拉,拽

plug [plʌg] n.❶ⓒ插头,插座 ❷ⓤⓒ塞子,栓 ■(-gg-) vt.& vi. 插上插头: The girl let her mother plug in the TV set.女孩叫母亲插上电视机的插头。vt.以(塞子)塞住;~ the cracks 堵裂缝/~ apparently〔arduously〕明显〔艰难〕地堵住/~ wholly〔wilfully,completely〕彻底地堵住/~ Use this wad of cloth to plug the barrel.用这块软布把桶塞好。‖ ~ away at 拼命地学/~ in ①插上电源的插头 ②堵住…上的洞/~ up 堵塞‖ **plug hole** 排水洞

plum [plʌm] ⓒ❶李子;李子树 ❷理想之物(尤指高薪的职位)

plumb [plʌm] n.铅锤,测锤 ■adv.❶恰恰,正 ❷垂直地 ■adj.垂直的 ■vt.❶用铅垂仪校正 ❷(为建筑物等)敷设管道 ❸当管子工 ❹用铅锤测量 ❺经历,经受(极强烈的感情) ❻探究,探索

plumber ['plʌmə] n.ⓒ管子工

plumbing ['plʌmɪŋ] n.ⓤ❶装修水管的工作 ❷(建筑物内的)水管装置

plume [pluːm] n.❶ⓟ羽毛;羽毛饰;羽毛状物: borrowed ~s向别人借来的漂亮衣服/The dancer wore a headdress of pink ostrich plumes.那位舞蹈演员戴着粉色鸵鸟毛制作的头饰。❷ⓒ升上空中的羽状物: a ~ of steam 一缕蒸气/A plume of smoke rose from the chimney.从烟囱里冒出一缕轻烟。■vt.❶(指鸟)整理羽毛 ❷(为某事)自喜,自豪 ‖ **shear off sb's** ~打下某人的威风 ‖ **plumelike** adj.羽毛状的

plummet ['plʌmɪt] vi.垂直落下,骤然跌落

plump¹ [plʌmp] adj.(指动物、人)圆胖的;丰满的 ■vt.& vi.(使)圆胖,(使)鼓起,(使)丰满: He plumped up the pillow.他使枕头鼓起来。‖ **plumply** adv.圆胖地,丰满地/**plumpness** n.圆胖,丰满

plump² [plʌmp] vt.& vi.(使)突然沉重地落下: The ducklings plumped into the water.小鸭子扑哧扑哧跳入水中。❷有信心地选择,投票赞成: At last we plumped for the new house rather than the old one.最后我们选定新房子,不要那旧房子。‖ ~ **for** 极力赞成;投票赞成;衷心拥护 ■adv.突然,猛地一下子 ‖ **plumply** adv.突然,猛的一下子

plunder ['plʌndə] vt.& vi.掠夺;抢劫: ~ shop 抢劫商店 ■n.ⓤ❶掠夺(物) ❷赃物 ‖ **plunderable** adj.易受掠夺的/**plunderer** n.掠夺者,盗窃者 ‖ **plunderbund** n.剥削公众利益的集团

plunge [plʌndʒ] vi.颠簸: The little boat plunged about in the storm.小船在暴风雨中颠簸得很厉害。vt.& vi.(使)陷入: That man plunged in the river but not to save the child.那个人在河中沉浮,但是救不了那个孩子。/The sudden stopping of the car plunged him forwards.汽车急刹车,使得他猛地向前倾去。‖ ~ **down to** 猛然掉到…/~ **into** ①把…放入②(使)突然陷入或呈现出 ■n.ⓒ❶投身入水: John felt refreshed after a quick plunge in the lake.在湖中游了一会儿泳后,约

翰感到精神振奋。❷猛跌,骤降:take the ～采取断然措施/The sky diver had a plunge of more than 10,000 feet before his parachute opened.那个跳伞运动员坠落了一万多英尺,他的降落伞才打开。

plunger ['plʌndʒə] n. C❶橡胶吸盘,撅子 ❷活塞,柱塞

plunk [plʌŋk] vt.&vi.(使)(发出扑嗵声地)重重掉下:She plunked the book onto the table.她呼的一声把书扔到了桌上。‖ ～ **down** 突然落下 ■n. C(物体落下)扑嗵声

plural ['pluərəl] n. C复数,复数形式 ■adj. ❶复数的:Here you should use plural pronoun.这里你应该用复数代词。❷ A 不止一个:A plural marriage is forbidden by many countries.一夫多妻,一妻多夫制被许多国家禁止。‖ **plurally** adv.以复数形式

plus [plʌs] prep. ❶(表示包容)外加;另有:Work out the full weekly rent, plus your rates.算出一周的房租外加地产税。❷(表示运算)加,加上:What's seventeen plus nine? 17加9等于多少?❸(表示数目)在零(度)以上,正:If the input voltage is plus three, it comes out as minus six.如果输入的电压是＋3伏,那么输出的电压便是－6伏。■n. C加号,正号:He seems to have mistaken a minus for a plus.他似乎把负号误作正号了。/He calculated his gains and losses of money and the result was a plus.他把所得与所亏钱数计算了一下,结果是盈余。■adj. A❶正的 ❷比所示数量多的 ❸附加的,称心的,有利的 ‖ **plus fours** 宽大的运动裤,灯笼裤

plush¹ [plʌʃ] adj.豪华的;舒适的;高级的 ‖ **plushly** adv.漂亮地;舒服地/**plushy** adj.漂亮的;舒服的

plush² [plʌʃ] n. U长绒棉 ‖ **plushy** adj.长毛绒似的

ply¹ [plaɪ] vt.&vi.(pt., pp. **plied**) ❶使用(工具);～ one's oars 使劲挥舞 ❷固定往来:The ship plies between London and Sydney.这船常航行于伦敦与悉尼之间。❸经营生意 ❹经常供应(食物,饮料),不断提出(质问),经常提供(消息等)

ply² [plaɪ] n. U❶(毛线,绳等的)股:a three-～ rope 三股绳子 ❷(夹板)层片

plywood ['plaɪwud] n. U胶合板,合板,夹板

p.m., P.M. [ˌpiː'em]〈拉〉下午:the 5 ～ 下午5点

pneumonia [njuː'məʊnjə] n. C〈医〉肺炎

poach¹ [pəʊtʃ] vt.水煮(荷包蛋):He poached an egg for breakfast.他的早饭是水煮荷包蛋。

poach² [pəʊtʃ] vt.&vi.侵入他人地界偷猎:He has been poaching on her land for years, poaching mainly fish and rabbits.数年来他一直在她的土地上偷猎,主要捕鱼和偷猎兔子。‖ **poacher** n.侵入他人地界的偷猎者

pocket ['pɒkɪt] n. C袋,口袋 ‖ **have sb/sth in one's ～** 完全支配某人,对某事稳操胜券,探囊取物的/**pick sb's ～** 扒口袋,窃取 ■vt. ❶把…装入袋内:～ the money 把钱放入口袋/He pocketed his wallet and car keys.他把钱包和汽车钥匙放进衣袋里。❷侵吞,盗用:～ boldly 大胆地盗用/～ exclusively 单独侵吞/He pocketed a hundred dollars on the transaction.在这笔交易中他侵吞了100美元。■adj. A 袖珍的;小型的:a ～ battleship 小型战舰/He bought a pocket dictionary.他买了一本袖珍词典。‖ **pocketable** adj.衣袋里装得下的 ‖ **pocketbook** n.袖珍本/**pocket edition** 袖珍版本;小型东西/**pocket-handkerchief** n.手帕;小型物品/**pocketknife** n.随身携带的小折刀/**pocket money** 零用钱

pocketful ['pɒkɪtful] n. C一满袋;一口袋

pod [pɒd] n. C❶豆荚 ❷(飞机机翼下的)容器,箱;吊舱 ❸(宇宙飞船的)可分离舱 ■vt.(-dd-)把(豆等)剥出荚 ‖ **pod pepper**〈植〉朝天椒

podium ['pəʊdɪəm] n. C表演台;讲台;乐队指挥台

poem ['pəʊɪm] n. C诗,韵文

poesy ['pəʊɪzɪ] n. U〈旧或诗〉诗歌,韵文

poet ['pəʊɪt] n. C诗人 ‖ **poetess** n.女诗人

poetical [pəʊ'etɪkəl] adj. ❶似诗人的;诗一般的;韵文的 ❷富有诗意的;具有想象力的

poetry ['pəʊɪtrɪ] n. U❶诗篇,诗歌,诗集 ❷作诗法,诗歌艺术 ❸诗情,诗意,诗一般的美

pogrom ['pɒgrəm] n. C大屠杀 ‖ **pogromist** n.组织大屠杀的刽子手

point [pɔɪnt] n. ❶C要点,论点,观点 ❷C尖端;尖儿 ❸C点;小数点 ❹C(某一)时刻;(某一)地点:assembly ～ 集合地点 ❺C分数,得分:He conceded ten points to his opponent.他让给自己的对手十分。❻ S U 目的,意图:accomplish the ～ 实现意图/If you have a definite purpose in mind, get to the point promptly.如果你心里有明确的意图,就干脆说出来。❼ S 条款;细目:There is another point to be borne in mind.另外一项条款是应当记住的。‖ **a sore ～** 痛处,伤心事/**at the ～ of** 将近;**come to the ～** 开门见山;直接说要点/**from ～ to** 从一点到另一点/**in ～** 恰当的/**in ～ of** 关于,就…而论/**make a ～** 特别重视某一事项/**make one's ～** 讲出关键性问题/**off [beside] the ～** 离题的/**on the ～ of** 即将/**～ by ～** 一点一点地/**for ～** 一点一点地对比 ■vt. ❶削尖:Point this pencil for me, please.请把铅笔给我削尖。❷增强:He told a story to point his advice.他讲了一个故事,以增强他的

忠告的力量。vt.& vi.指;指向:It's rude to point.用手指人是不礼貌的。‖ ~ against对着,指着,顶着/~ at对准,指向/~ for准备/~ off分开/~ out指出;把注意力引向…/~ to ①显示…的位置〔方向〕②表明/~ up ①强调,(使)特别注意②清楚表明‖ point-blank adj.干脆的,直截了当的/point duty值勤,站岗

pointed ['pɔintid] adj.❶尖的 ❷明显的,直截了当的 ❸(言语)尖锐的;犀利的‖ pointedly adv.尖地;明显地/pointedness n.尖角;尖锐

pointer ['pɔintə] n. ⓒ❶指物棒,教鞭 ❷(仪表等的)指针 ❸忠告,点子;线索 ❹指示猎犬

pointless ['pɔintlis] adj.❶无意义的 ❷不可能有结果的;无用的;无益的‖ pointlessly adv.无意义地;无用地;无益地/pointlessness n.无意义,空洞

pointy ['pɔinti] adj.有尖头的;尖的:He has a pointy head.他有一个尖尖的脑袋。

poise [pɔiz] n. Ⓤ❶泰然自若;自信 ❷体态,姿态 ❃vt.使平衡,使平稳

poised [pɔizd] adj.❶处于(危险的)不稳定的状态之中 ❷准备行动的 ❸似悬着不动的 ❹小心地平衡着的 ❺沉着的;镇定的‖ ~ between处于(危险的)不稳定的状态之中/~ for准备行动

poison ['pɔizən] n. ❶ⒸⓊ毒药,毒物 ❷Ⓤ酒 ❸Ⓒ极糟的食物 ❃vt. ❶毒死,毒杀:The explosion of the chemical plant has poisoned many local residents.那座化工厂的爆炸毒死了许多当地居民。❷放毒于:~ food在食物中放毒 ❸污染:~ water污染水/Exhaust fumes from cars are poisoning the air of our cities.汽车排出的废气使我们城市中的空气遭受污染。❹对…有不良影响,毒化:~ sb's mind毒害某人的思想/Don't trust the words which poison the friendship of ours.不要相信那些破坏我们友谊的话。‖ ~ against对…有不良影响;给予…较低的评价/~ with ①用…伤害〔杀死〕②以…影响〔毒害〕‖ poisoner n.毒害者;放毒者/poisoning n.毒害;放毒‖ poison gas毒气/poison gland毒腺/poison-pen adj.恶意中伤的;匿名写的

poisonous ['pɔizənəs] adj.❶有毒的 ❷引起中毒的,有害的 ❸讨厌的,恶意的‖ poisonously adv.有毒地;引起中毒地

poke [pəuk] vt.& vi.❶伸出;戳出:~ a hole戳一个洞 ❷戳,刺;拨弄:He was poking at the rubbish with his stick.他正用手杖拨动垃圾。❸戏弄‖ ~ one's nose into管…的闲事

poker[1] ['pəukə] n. Ⓒ拨火铁棒‖ poker work烙画,焦笔画

poker[2] ['pəukə] n. Ⓤ纸牌戏‖ poker face没有表情的脸/poker-faced adj.面无表情的

polar ['pəulə] adj.❶(近)北〔南〕极的 ❷正好相反的‖ polar bear北极熊/polar circle极圈/polar coordinate ⟨数⟩极坐标

polarity [pəu'læriti] n. ⒸⓊ❶反向性;分歧,对立 ❷⟨物⟩极性

polarize,-ise ['pəuləraiz] vi.使分化为不同的看法

polaroid ['pəulərɔid] n. Ⓤ(用于太阳镜、汽车玻璃等的)偏振片,偏光薄膜

pole[1] [pəul] n. Ⓒ柱,杆‖ poleax(e) n. ①长柄大斧②屠牛斧/pole jump(ing)撑杆跳

pole[2] [pəul] n. Ⓒ❶地极;磁极,电极 ❷截然相反的两极之一,极端:at opposite ~s截然相反,各走极端/Our opinions on this subject are at opposite poles.我们对这一问题的看法截然相反。‖ ~s apart截然相反/up the ~ ①处于困境②错误的③发疯的,古怪的‖ polestar n.指导原则,目标

police [pə'li:s] n. ℙ警察部门;警方;警察‖ police action警务行动 police car警车/police dog警犬/police force警力/police officer警官/police post派出所/police reporter专门负责采访治安消息的记者/police stand警察岗亭/police state警察国家/police station警察局

policeman [pə'li:smən] n.(pl.-men) Ⓒ(男)警察

policewoman [pə'li:s,wumən] n.(pl.-men) Ⓒ女警察

policy ['pɔlisi] n. ❶ⒸⓊ政策,方针 ❷ⒸⓊ策略,精明的行为,上策:As they say, honesty is the best policy.常言道,诚实是最佳策略。❸Ⓒ保险单‖ policyholder n.投保人,保险客户/policymaker n.制定政策的人

polio ['pəuliəu] n. Ⓤ⟨医⟩脊髓灰质炎,小儿麻痹症

polish ['pɔliʃ] vt.& vi.(使)光滑,擦亮:~ arms擦枪/The wood won't polish.这种木材无法磨光。/They polished the car.他们擦亮了汽车。/He polished the floor smooth.他地板磨得光滑。vt.文饰:Would you please polish my article right now?您现在把我的文章润色一下好吗?‖ ~ off ①吃完;干完②击倒;除掉/~ up ①改善,提高②擦亮 ‖ n. Ⓤ①光泽剂,上光蜡,亮漆 ❷Ⓢ光亮,光滑 ❸Ⓢ优美,高雅,完善‖ polisher n.磨光工人;磨光机

polite [pə'lait] adj.❶有礼貌的,客气的 ❷有教养的;文雅的‖ politely adv.有礼貌地;有教养地/politeness n.有礼貌;有教养

political [pə'litikəl] adj.❶政治的;政治上的 ❷政党的,党派的 ❸对政治有兴趣的,政治上活跃的‖ politically adv.政治地;政党地‖ political economy政治经济学

politician [ˌpɒlɪˈtɪʃən] n. ⓒ❶政治家 ❷政客,玩弄权术者

politicize, -ise [pəˈlɪtɪsaɪz] vt. ❶使政治化,使具有政治性 ❷使对政治有兴趣 ‖ **politicization, -isation** n.有政治性,政治角度

politics [ˈpɒlɪtɪks] n. ⓟ❶政治活动:student ~学生政治活动/Politics has (have) never interested me.我从未对政治活动感兴趣。❷政治学 ❸政论,政见;党派倾向 ❹权术;派别之争 ‖ play ~玩弄权术

poll [pəʊl] n. ❶ⓒ民意调查,民意调查的结果 ❷ⓤ投票选举 ❸ⓢ投票数 ❹ⓒ投票数:She polled 98 votes.她获得了 98 张选票。❷对…进行调查:They polled the President.他们对总统进行民意测验。❸切短:They polled the cattle.他们把这头牛的角切短了。 vi.投票:They went there to poll.他们去那里投票。 ‖ polled adj.被截去牛角的/**pollee** n.民意测验的被调查对象/**poller** n.民意测验者

pollen [ˈpɒlɪn] n. ⓤ花粉

pollinate [ˈpɒlɪneɪt] vt.给…传授花粉

polling [ˈpəʊlɪŋ] n. ⓤ投票

pollster [ˈpəʊlstə] n. ⓒ民意调查(分析)者

pollutant [pəˈluːtənt] n. ⓒⓤ污染物质(尤指工业废物)

pollute [pəˈluːt] vt. ❶污染:~ air (atmosphere)污染空气(大气)/Garbage pollutes our rivers and streams.垃圾使大小河流遭受污染。❷腐蚀:She thinks these books pollute the minds of children.她认为这些书腐蚀儿童的心灵。 ‖ ~ with 污染,毁坏

pollution [pəˈluːʃən] n. ⓤ污染,弄脏

polo [ˈpəʊləʊ] n. ⓤ马球戏 ‖ **poloist** n.打球的人 ‖ polo shirt 马球衫/polo stick 马球棍

polytechnic [ˌpɒlɪˈteknɪk] n. ⓒ理工学院

polythene [ˈpɒlɪθiːn] n. ⓤ〈化〉聚乙烯

polyunsaturated [ˌpɒlɪʌnˈsætʃəreɪtɪd] adj.〈化〉(油脂等)多重不饱和的

pomp [pɒmp] n. ⓤ壮丽,壮观,炫耀

pond [pɒnd] n. ⓒ池塘 ‖ pond life 在池中生活的动物/pond lily〈植〉睡莲

ponder [ˈpɒndə] vt. & vi.考虑,深思熟虑:We pondered whether to tell him.我们考虑是否要告诉他。 ‖ **ponderation** n.考虑

ponderous [ˈpɒndərəs] adj. ❶沉重的,笨重的:The fat woman's movements were ponderous.这个胖女人的体态很笨重。❷呆板的;沉闷的:~ explanation 冗长的解说 ‖ **ponderously** adv.极重地;笨重地/**ponderousness** n.笨重;沉闷

pony [ˈpəʊnɪ] n. ⓒ矮种马,小型马:His father gave him a pony as a Christmas present.他父亲给了他一匹小马驹作为圣诞礼物。

poodle [ˈpuːdl] n. ⓒ卷毛小狗

pool [puːl] n. ❶ⓒ水池 ❷ⓒⓤ(液体等的)一滩,一片 ❸ⓒ共同储金;共用物;共用人员 ■ vt.集中…共同使用;合用:None of us can afford it separately, so let's pool our resources.我们之中谁也不能单独买得起这东西,所以我们就集资购买吧。 ‖ labour pool 劳力储备

poor [pʊə] adj. (-er, -est) ❶贫困的,贫穷的 ❷贫乏的 ❸低劣的;次等的 ❹(身体)衰弱的 ❺Ⓐ可怜的;不幸的 ‖ (as) ~ as a church mouse 一贫如洗 ‖ **poorness** n.贫穷,贫困 ‖ poor box 济民捐款箱/**poorhouse** n.贫民院,养育院/poor-mouth vi.以贫穷为借口 ■ vt.把…说得一钱不值/poor-spirited adj.胆怯的,可鄙的

poorly [ˈpʊəlɪ] adv.拙劣地;蹩脚地:They lived poorly.他们过着贫困的生活。/He did poorly in the examination.他考试考得不好。 ‖ ~ off 贫困的,没钱的/think ~ of 对…评价低;低估

pop¹ [pɒp] (-pp-) vi. ❶发出爆裂声:The balloon will pop if you put a pin in it.如果扎进一颗大头钉,气球就会突然爆开。❷突然离去:He could pop off any day now.他哪一天都有可能突然死去。 vt.使破裂,发出短促清脆的声音:He popped the balloon with a pin.他用针戳破了气球。 ■ n. ⓒ(发出)砰的一声:We heard the pop of a cork.我们听见瓶塞砰的一声打开。 ‖ pop-eyed adj.瞪出眼睛的;张大眼睛的/pop-gun n.气枪;蹩脚的枪/pop-off n.大声说话的人/**popover** n.薄脆空心松饼/**popshop** n.当铺

pop² [pɒp] n. ⓒ流行音乐 ‖ pop art 流行艺术/pop artist 流行艺术家

popcorn [ˈpɒpkɔːn] n. ⓤ爆米花

Pope [pəʊp] n. ⓒ(罗马天主教的)教皇 ‖ **popedom** n.教皇的权力

poplar [ˈpɒplə] n. ❶ⓒ杨树 ❷ⓤ杨木

poppy [ˈpɒpɪ] n. ⓒ〈植〉罂粟 ‖ **poppycock** n.胡扯,废话

populace [ˈpɒpjʊləs] n. ⓤ百姓,平民

popular [ˈpɒpjʊlə] adj. ❶流行的,受大众欢迎的 ❷Ⓐ通俗的,大众(化)的 ❸普通的;一般的;广泛的 ❹Ⓐ公众的 ‖ ~ with (among)在…中有声望(受好评)

popularity [ˌpɒpjʊˈlærɪtɪ] n. ⓤ❶普遍,流行 ❷受欢迎;有声望

popularize, -ise [ˈpɒpjʊləraɪz] vt. ❶使受欢迎,使有名望 ❷普及,推广:The company is trying to popularize its new products.公司努力推广新产品。❸使通俗化;使易懂 ‖ **popularization, -isation** n.普及,推广;通俗化 ‖ **popularizer, -iser** n. ①普及者,推广者 ②普及读物

popularly [ˈpɒpjʊləlɪ] adv.一般地;广泛地

populate [ˈpɒpjʊleɪt] vt. ❶居住于,生活于;

Colonists from Europe populated many parts of the Americas. 欧洲的殖民者移居到了美洲的许多地方。❷ 移民于，落户于：Immigrants from all over the world populate this city. 这个城市里生活着来自世界各地的移民。

population [ˌpɒpjuˈleɪʃn] n. ❶⒮人口 ❷ⓒ全体居民 ❸ⓒ特定人〔动物〕群 ‖ **populationist** n. 主张控制人口增长论者 ‖ **population explosion〔boom〕**人口骤增

populist [ˈpɒpjulɪst] n. ⓒ❶平民主义者，平民论者 ❷平民党党员

populous [ˈpɒpjuləs] adj. 人口众多的；人口稠密的：a ~ city 一座人口稠密的城市 ‖ **populously** adv. 人口众多地；人口稠密地/**populousness** n. 人口众多；人口稠密

porcelain [ˈpɔːslɪn] n. Ⓤ瓷，瓷器 ‖ **porcelainize** vt. 使成为瓷一般的东西

porch [pɔːtʃ] n. ⓒ门廊 ‖ **porched** adj. 有门廊的

pore¹ [pɔː] n. ⓒ(皮肤上的)毛孔，微孔 ‖ **at every ~** 全身，浑身/**sweat from every ~** 极热；受惊吓；极兴奋 ‖ **pored** adj. 有孔的

pore² [pɔː] vi. 仔细阅读，熟读：~ over a document 仔细阅读文件

pork [pɔːk] n. Ⓤ猪肉 ‖ **pork butcher** 杀猪的屠夫/**porkpie** n. 猪肉馅饼

pornographic [ˌpɔːnəˈɡræfɪk] adj. 色情的，淫秽的

pornography [pɔːˈnɒɡrəfɪ] n. Ⓤ❶色情描绘，色情表演 ❷色情作品

porous [ˈpɔːrəs] adj. ❶能穿透的，能渗透的 ❷有毛孔或气孔的 ‖ **porously** adv. 能渗透地/**porousness** n. 渗透性

porpoise [ˈpɔːpəs] n. ⓒ〈动〉鼠海豚

porridge [ˈpɒrɪdʒ] n. Ⓤ粥，麦片粥

port [pɔːt] n. ❶ⓒⓊ港口，商港 ❷ⓒ港埠，港口城镇 ‖ **any ~ in a storm** 危难时不择好坏的出路/**in ~** 在港内，碇泊 ‖ **port charge** 入港税/**port office** 港务局

portable [ˈpɔːtəbl] adj. 便于携带的；手提式的；轻便的 ‖ **portability** n. 可携带性，轻便

portend [pɔːˈtend] vt. ❶预示，预兆 ❷给…以警告，预兆

porter [ˈpɔːtə] n. ❶ⓒ搬运工人 ❷ⓒ门童

portfolio [pɔːtˈfəʊljəʊ] n.(pl. ~s) ⓒ❶公事包，文件夹 ❷投资组合 ❸大臣或部长的职位或职务

porthole [ˈpɔːthəʊl] n. ⓒ舷窗

portion [ˈpɔːʃn] n. ⓒ一部分，一份 ■vt. 把…分成份额，分配：They portioned the food out to the poor. 他们将食物分发给穷人。‖ **portionless** adj. 没有份儿的

portrait [ˈpɔːtrɪt] n. ⓒ❶肖像，画像 ❷生动的描写 ‖ **portraitist** n. 肖像画家，画者；照相者

portray [pɔːˈtreɪ] vt. ❶画像；描述：He portrayed himself as a champion for democracy. 他把自己描绘成民主斗士。❷扮演：He portrayed Napoleon in the play. 他在戏里扮演拿破仑。‖ **~ in**(在书、戏剧、电影或绘画中)把(某人)描绘〔刻画〕成

pose [pəʊz] vt. & vi. 使摆姿势；以…身份出现：The artist posed his model carefully. 画家细心地指导模特儿摆好姿势。vt. 提出：You've posed an awkward question. 你已经提出了一个难题。‖ **~ as** 摆出…的样子，装作…/**~ for** ①为…摆好姿势②给…带来，向…提出 ■n. ⓒ❶姿势，姿态 ❷装腔作势，伪装

posit [ˈpɒzɪt] vt. 假定，设想，假设

position [pəˈzɪʃn] n. ❶ⓒ方位，位置 ❷ⓒ地位，身份 ❸ⓒ职位，职务 ❹ⓒ姿势，姿态 ❺⒮状态，状况，境况，形势 ❻ⓒ态度，立场 ❼ⓒ阵地 ‖ **in a ~ to-v** 能够做/**in the ~ of**/**out of ~** 不在适当的位置/**take up the ~** 主张 ■vt. 将(某物)放在(某一)位置上：~ the chairs 把椅子摆好/The nails are positioned as desired. 钉子被钉在适当的位置。‖ **position buoy** 雾标，指示浮标/**position light** 航行灯，锚位灯

positive [ˈpɒzɪtɪv] adj. ❶确实的，明确的：a ~ law 实证法，成文法/I am positive. 我确信。❷积极的；肯定的：a ~ way 正面，积极方面/I am positive that I saw him. 我敢肯定我见到他。❸Ⓟ表现得有信心和有希望的，确信的：He is positive to believe in the being of God. 他对上帝的存在深信不疑。❹〈数〉〈电〉正的，阳性的：The positive pole carries a positive charge while the negative pole does a negative charge. 正极带正电荷，负极带负电荷。/The test proved positive. 试验结果呈阳性。❺Ⓐ完全的；纯粹的：She is a positive idiot. 她完全是个白痴。■n. ⓒ❶〈语〉原级形容词 ❷确实；数量，正数 ❸正片 ‖ **positiveness** n. 明确，确实，实在

positively [ˈpɒzɪtɪvlɪ] adv. ❶极其；绝对地 ❷十分肯定地；坚定地

posse [ˈpɒsɪ] n. ⓒ地方武装团队

possess [pəˈzes] vt. ❶具有：~ a large fortune 很有钱/The country possesses rich mineral deposits. 这个国家拥有丰富的矿藏。❷占据：He possessed his soul in patience. 他耐心地等待。/She is possessed with rage. 她在盛怒中。/The desire to be rich possessed him to act so. 发财的欲望使他做出如此之事来。‖ **~ of** ①持有，为…之主人②告诉/**~ oneself of** 取得，获得

possession [pəˈzeʃn] n. ❶Ⓤ占有，持有，拥有 ❷Ⓟ个人财产，私人财物 ❸ⓒ领地，属地，殖民地 ‖ **(be) in ~ of**〔**in sb's ~**〕占有(某物)/**come into ~** 继承/**have〔get〕~ of** 占

有,拥有/put in ～ of 让(某人)知道/take ～ of 占领,夺取

possessive [pəˈzesɪv] adj. ❶所有(权)的 ❷〈语〉所属关系的,所有格的:"Mine" is the possessive case of "I". Mine 是 I 的所有格。■ n. ⓒ表示所属关系的词或词语形式 ‖ **possessively** adv. 占有地;所属关系地/**possessiveness** n. 占有,占有欲 ‖ **possessive adjective**〈语〉所有格形容词/**possessive pronoun**〈语〉物主代词

possibility [ˌpɒsəˈbɪlɪtɪ] n. ❶Ⓤ可能性 ❷ⓒ可能的事 ❸Ⓟ可以利用和改善的余地;潜力 ‖ **a bare ～** 万一的事情/**by any ～** 有可能,万一

possible [ˈpɒsəbl] adj. ❶可能的,可能存在〔发生,做到〕的;潜在的 ❷也许(会发生)的 ❸可接受的,合适的 ‖ **as…as ～** 尽可能/**if ～** 如果可能的话

possibly [ˈpɒsəblɪ] adv. ❶可能地 ❷也许,或许

post¹ [pəʊst] n. ❶ⓒ柱,杆,桩 ❷Ⓢ终点标志 ‖ **beat sb on the ～**(赛跑中)以一胸之差胜过某人 ■ vt. ❶张贴;贴在…上:～ advertisement 〔grade, news〕张贴广告〔成绩单,消息〕/Post this notice on the wall. 把这个通知贴在墙上。 ❷宣布;公告:They have posted the ship (as) missing. 他们已宣布那艘船失踪。 ‖ **～ on** ①把…张贴在…上 ②不断向(某人)提供有关(某事)的消息 /**～ over**(以告示、招贴)张贴于/**～ up** ①张贴 ②公布 ③登录于,从日记簿过(账)于分类账

post² [pəʊst] n. ❶Ⓢ Ⓤ邮政 ❷Ⓢ Ⓤ邮件 ❸Ⓢ邮局,邮筒 ‖ **by ～** 邮寄 ■ vt. 邮寄:～ a parcel 邮寄包裹/He posted the letter this morning. 他今天上午把信寄出去了。/I posted him a letter yesterday. 昨天我给他邮去一封信。 ‖ **～ from** ①从…出发〔起到〕②从…邮寄 ‖ **postbag** n.〈主英〉①邮袋 ②一次发送的邮件/**postboat** n.〈英〉邮船/**postbox** n. 信箱,邮箱/**postboy** n. 用驿车送信的人/**post chaise** 驿递马车/**post-free** adj.〈主英〉免付邮资的;邮费付讫的/**posthaste** adv. 急速地;尽可能快速地 ■ n.〈古〉火速,赶紧/**posthorse** n. 驿马/**posthouse** n.〈古〉驿馆,驿站 ②〈古〉邮局/**postmark** n. 邮戳 ■ vt. 盖邮戳于/**postmistress** 女邮政局长/**post office** 邮政局/**post-paid** adj. 邮费付讫的/**post road** 驿路/**post town** 设有邮局的市镇

post³ [pəʊst] n. ❶ⓒ职位 ❷岗位,哨位 ■ vt. ❶设岗:～ a sentry 放哨,设岗/This place was not very safe, so they wanted to post guard. 这个地方不太安全,因此他们想设岗于这里。 ❷委派:We posted a guard to keep watch. 我们派了一名卫兵站岗。 ‖ **～ at** 布哨于/**～ away** 把…派往它处 ‖ **post captain**〈英史〉小军舰的舰长/**post exchange** 陆军消费合作社

postage [ˈpəʊstɪdʒ] n. Ⓤ邮费,邮资 ‖ **postage stamp** 邮票

postal [ˈpəʊstəl] adj. ❶邮政的;邮务的;邮递的 ❷邮寄的 ‖ **postal course**〈英〉函授课程/**postal order**〈英〉邮政汇票

postcard [ˈpəʊstkɑːd] n. ⓒ明信片

postcode [ˈpəʊstkəʊd] n. ⓒ邮政编码

poster [ˈpəʊstə] n. ⓒ❶招贴,海报 ❷印成的大幅画

posterity [pɒsˈterɪtɪ] n. Ⓤ❶后代;后世 ❷子孙;后裔

postgraduate [ˈpəʊstˈɡrædjuɪt] adj. 研究生的 ■ n. ⓒ研究生

posting [ˈpəʊstɪŋ] n. ⓒ任命,委派

postman [ˈpəʊstmən] n. (pl. -men) ⓒ邮递员,邮差

postmaster [ˈpəʊstˌmɑːstə] n. ⓒ邮政局长

postpone [ˌpəʊstˈpəʊn] vt. 延期;推迟:They postponed leaving because of the weather. 他们因天气原因而延期离开。 ‖ **postponable** adj. 可以延缓的

postponement [pəʊstˈpəʊnmənt] n. ❶Ⓤ延期,推迟 ❷ⓒ延期的事

postscript [ˈpəʊstskrɪpt] n. ⓒ❶(信末签名后的)附言,又及 ❷(正文后的)补充文字

postulate [ˈpɒstjuleɪt] vt. 假定,假设:Let's postulate that she is a cook. 我们假定她是一位厨师。 ■ n. ⓒ假定;假设

posture [ˈpɒstʃə] n. ⓒ❶姿势,姿态 ❷看法;态度 ■ vt. 做出某种姿势:She was posturing a model. 她正在摆模特儿的姿势。 ‖ **posturemaker** n. 演杂技的人;擅长作出怪样的卖艺人/**posturemaster** n. 柔软体操教师

post-war [ˌpəʊstˈwɔː] adj. & adv. 战后的〔地〕:～ period 战后时期

pot [pɒt] n. ⓒ罐,锅,壶 ‖ **all to ～** 混乱;糟糕/**go to ～** 变糟糕,垮掉/**in the ～** 醉了 ‖ **potful** n. 一罐,一锅,一壶/**potboy** n. 侍者/**pothat** n. 硬顶礼帽/**pothouse** n.〈英〉小酒馆,小旅馆/**pothunter** n.〈英〉为获奖而参加比赛的人/**potluck** n. 家常便饭/**pot roast** 炖熟的肉/**pot-roast** vt. 炖

potato [pəˈteɪtəʊ] n. (pl. ～es) ❶ⓒⓊ马铃薯,土豆 ❷ⓒ小人物 ‖ **hot ～** 棘手的人〔问题〕‖ **potato chip** 炸马铃薯薄片/**potato-head** n.〈美俚〉笨蛋/**potato-trap** n.〈美俚〉嘴

potency [ˈpəʊtənsɪ] n. Ⓤ❶威力,力量;权力;效力,效能 ❷(男人的)性交能力

potent [ˈpəʊtənt] adj. ❶(药等)效力大的;威力大的 ❷强有力的;有说服力的 ‖ **potently** adv. 强有力地;有效力地

potential [pəˈtenʃəl] adj. Ⓐ潜在的,有可能的 ■ n. Ⓢ Ⓤ潜力,潜势,可能性 ‖ **potentially** adv. 潜在地

potentiate [pə(u)'tenʃɪeɪt] vt. ❶使强有力;增强(尤指药物)效能 ❷使可能

potion ['pəuʃən] n. ⓒ(药物、毒物或有魔力的)饮料

potshot ['pɒtʃɒt] n. ⓒ❶胡乱射击 ❷(对某事物的)随便一试

potter¹ ['pɒtə],〈美〉**putter** ['pʌtə] vi. 懒散地工作,漫无目的地走动

potter² ['pɒtə] n. ⓒ制陶工人,陶工

pottery ['pɒtərɪ] n. ❶Ⓤ陶器,陶器器皿 ❷Ⓤ陶器制造(术) ❸ⓒ陶器厂

pouch [pautʃ] n. ⓒ❶(放在衣袋里或连在腰带上的)小袋 ❷皮肤的松弛下垂处 ❸育儿袋 ■ vt.& vi. (使)成为袋状 ‖ **pouched** adj. 有袋的,悬垂如袋的/**pouchy** adj. 有袋的,袋形的

poultry ['pəultrɪ] n. ❶Ⓢ家禽 ❷Ⓤ家禽肉 ‖ **poultryman** n. 家禽饲养者;家禽商

pounce [pauns] vi. 突然袭击,猛扑: The cat pounced on the mouse. 猫会猛然向那只老鼠扑过去。■ n. Ⓢ突然的袭击,猛扑的动作

pound¹ [paund] n. ⓒ❶磅 ❷英镑 ‖ **pound cake** 重油蛋糕/**pound-foolish** adj. 大数目上马虎的;大事情上糊涂的/**pound sterling** 英镑

pound² [paund] vt.& vi. 连续重击: ~ a table 敲桌子/The boxer pounded his opponent. 那拳击运动员猛击对手。‖ ~ **at** 沉重地敲打❷连续不断地轰击/~ **out** 连续猛击而产生

pour [pɔː] vt.& vi. 涌出: After the meeting the people poured out in crowds. 散会后人们成群地涌出来。/The chimney was pouring out black smoke. 烟囱里冒出滚滚黑烟。❷倾;倒: ~ a drink 倒饮料/It was pouring all night. 整夜下着倾盆大雨。/She poured a glass of water. 她倒了一杯水。/He poured me a cup of tea. 他给我倒了一杯茶。/Andy poured the glass full and lifted it to Bobby. 安迪把杯子倒满举着送给博比。‖ ~ **down** ①流下;(雨)倾盆而下❷向下倾注/~ **in** ①使流入;使灌入②大量地涌进来/~ **into** 不断地〔大量地〕流进〔涌进〕/~ **it on** ①对…大肆吹捧,宣扬②加油干,卖力气干③快速行进/~ **on** 把…倒在…上/~ **out** ①倒出;使流出②涌出③倾泻;倾诉 ‖ **pourer** n. ①倒(茶水等)的人②浇注工

poverty ['pɒvətɪ] n. ❶Ⓤ贫穷,贫困 ❷Ⓢ缺少;贫乏 ❸Ⓢ低劣;劣质 ‖ **poverty line** 贫困线/**poverty-stricken** adj. 赤贫的,贫困的,贫乏的

powder ['paudə] n. ❶Ⓤ粉,粉末 ❷ⓒⓊ粉状物质 ‖ **keep one's** ~ **dry** 做好准备以应付可能出现的情况 ■ vt. 在…搽粉: She powdered her face before going to dinner. 她去参加晚宴前往脸上搽了粉。‖ **powder box** 化妆盒/**powder factory** 火药制造厂/**powder magazine** 弹药库/**powder rocket** 固体燃料火箭/**powder room** ①药包舱②女用盥洗室;化妆室;休息室③浴室

powdered ['paudəd] adj. 经干燥而成粉的

power ['pauə] n. ❶Ⓤ权力,势力;影响力 ❷Ⓤ政权 ❸ⓒⓊ职权 ❹Ⓤ能力,力量 ❺Ⓤ功力,动力,功率 ❻ⓒ强国,有权势的人〔团体等〕❼ⓒ幂,乘方: How much is the sixth power of nine? 九的六次幂是多少? ‖ **come into** ~ 上台,开始执政/**do a** ~ **of good** 对(某人)大有好处 ■ vt. 向…提供动力 ‖ **powerboat** n. 汽艇,动力艇/**powerhouse** n. ①发电站②源泉③实力大的人④〈美俚〉有实力的运动队;强壮的男子/**power plant** ①发电站,发电厂②动力设备/**power politics** 强权政治/**power station** 发电站/**power structure** 权力结构

powered ['pauəd] adj. 有动力装置的;用动力推动的

powerful ['pauəful] adj. ❶强健的,强而有力的 ❷强大的,作用大的 ❸权力大的,有势力的 ‖ **powerfully** adv. 强有力地;有影响地

powerless ['pauəlɪs] adj. ❶无权力的;无力量的 ❷对某事无能为力的 ‖ **powerlessly** adv. 无权力地;无力量地/**powerlessness** n. 无力;无能为力

practicable ['præktɪkəbl] adj. 可行的;适用的 ‖ **practicability** n. ①可行性,实用性②实用物/**practicableness** n. 可行,实用/**practicably** adv. 可行地

practical ['præktɪkəl] adj. ❶实际的,实践的 ❷实用的 ❸注重实际的;有实际工作能力的 ‖ **for all** ~ **purposes** 实际上,实质上 ‖ **practicalism** n. 求实主义/**practicalness** n. 实际精神;实践性 ‖ **practical arts** 实用工艺/**practical joke** 恶作剧/**practical nurse** 未经正式训练但有实践经验的护士

practically ['præktɪkəlɪ] adv. ❶几乎;简直: She's practically always late for school. 她上学几乎总是迟到。❷实际地,实事求是地: He solved the problem very practically. 他很实事求是地解决了这个问题。

practice ['præktɪs] n. ❶ⓒⓊ练习,实习 ❷Ⓤ实践,实际 ❸ⓒ(医生或律师的)业务;诊所;律师事务所 ❹ⓒⓊ惯例,常规 ‖ **in** ~ ①在实践中,实际上②在不断练习中;熟练的③开业/**out of** ~ 疏于练习中/**put〔carry〕into** ~ 实施,实行 ‖ **practice teacher** 教学实习生/**practice teaching** 教学实习

practise,〈美〉**practice** ['præktɪs] vt.& vi. ❶练习;实习: The girls are practising singing the new song in the next room. 姑娘们正在隔壁练习唱新歌。❷积极从事: The man is just beginning to practise law. 此人刚刚开始操律师业。‖ ~ **in** 在(某方面)训练(某人)/~ **on〔upon〕** ①在…上练习②欺骗;利用 **practised** adj. 有经验的,精通的,熟练的/**practising** adj. 在从事职业的

practitioner [præk'tɪʃənə] *n.* ⓒ❶习艺者,实习者 ❷从业者(尤指医师)

pragmatic [præg'mætɪk] *adj.* ❶务实的;实事求是的;注重实效的 ❷实用主义的,实用主义观点的

pragmatism ['prægmətɪzəm] *n.* Ⓤ❶实用的观点或使用方法 ❷〈哲〉实用主义‖**pragmatist** *n.* 实用主义者/**pragmatistic** *adj.* 实用主义的

prairie ['preərɪ] *n.* ⓒ(尤指北美的)大草原

praise [preɪz] *vt.* ❶ 称赞,赞赏:*Critics praised the works as highly original.* 评论家称赞该作品独树一帜。❷赞美;颂扬;崇拜: *He was praised for his neat and careful work.* 他因工作认真、利索而受到赞扬。‖ **~ sb to the skies** 把某人捧上天 ■ *n.* ❶Ⓤ称赞,赞美;赞扬,表彰: *deserve*〔*earn, win*〕*~* 值得〔得到,赢得〕赞扬/ *Let us give praise to God.* 让我们来赞美上帝吧。❷Ⓤ崇拜,荣耀: *He despised people who were lavish with their praises.* 他看不起那些阿谀奉承的人。❸Ⓟ赞美的话‖ **in ~ of** 赞扬/**sing the ~s of** 盛赞

prance [prɑːns] *vi.*(马)腾跃 ■*n.* Ⓢ(马的)腾跃;欢蹦乱跳;昂首阔步

prank [præŋk] *n.* ⓒ玩笑;恶作剧‖ **play ~s on sb** 作弄某人‖ **prankish** *adj.* ①爱开玩笑的;恶作剧的②开玩笑性质的/**prankster** *n.* 开玩笑者;恶作剧者

prawn [prɔːn] *n.* ⓒ对虾,明虾

pray [preɪ] *vt.&vi.* 祈祷,祷告: *He prayed to be forgiven.* 他祈求宽恕。*vt.*〈文或旧〉请求,恳求: *We pray you to set the child free.* 我们恳求你放了这个孩子。‖ **~ for** 为求得…而祈祷;为…而祈祷,祷告/ **~ over** 在(某人)近前做祷告;为(某人)祷告/ **~ to** 向(上帝、神或信仰之圣物)祈祷,祷告

prayer [preə] *n.* ❶ⓒ祈祷,祷告文: *He says his prayers every night before he goes to bed.* 他每晚睡觉前都做晚祷。❷Ⓤ祈祷(习惯); *at*〔*in*〕*~* 在祈祷‖ **prayerless** *adj.* 不做祷告的

preach [priːtʃ] *vt.&vi.* ❶讲道: *Christ preached that we should love each other.* 基督布道中说人们应该互爱。❷劝诫;说教: *Don't preach me that.* 不要以那件事说教我。‖ **~ against** 宣传反对/**~ at** 向…唠叨/**~ down** 谴责;当众折服/**~ to** 向…传道;说教/**~ up** 吹捧,赞扬‖ **preachment** *n.* 讲道等的

preacher ['priːtʃə] *n.* ⓒ说教者;鼓吹者;传道人,讲道的道士

prearrange [ˌpriːəˈreɪndʒ] *vt.* 预先安排,预先商定

precaution [prɪˈkɔːʃən] *n.* ⓒ预防措施‖ **precautionary** *adj.* 预防的

precede [ˌprɪˈsiːd] *vt.&vi.* 在…之前,先于: *A band preceded the soldiers in the parade.* 在阅兵行列中一支乐队走在士兵的前面。

precedence [prɪˈsiːdəns] *n.* Ⓤ领先于…的权利;优先权

precedent ['presɪdənt] *n.* ⓒ范例,判例‖ **not to be taken as a ~** 下不为例

preceding [prɪˈsiːdɪŋ] *adj.* Ⓐ(时间或地点上)在先的,在前的,前面的

precinct ['priːsɪŋkt] *n.* ❶ⓒ区域 ❷ⓒ城镇中有某种用途或受限制的地区;行人专用区 ❸ⓒ分区 ❹Ⓟ界限,范围;周围地区,附近;郊区,近郊

precious ['preʃəs] *adj.* ❶宝贵的,珍贵的,贵重的,珍爱的 ❷矫揉造作的 ■*adv.*〈口〉很,非常: *Precious few people can afford prices like that.* 没有什么人出得起那个价钱。‖ **preciously** *adv.* 过分讲究地,矫揉造作地/**preciousness** *n.* 宝贵,珍贵‖ **precious metal** 贵金属

precipitate [prɪˈsɪpɪteɪt] *vt.* ❶(突如其来地)使发生;促成: *Falling sales precipitated the failure of the company.* 销售额下降促使该公司倒闭。❷猛然摔下: *He lost his footing and was precipitated to the ground.* 他失足摔倒在地上。❸使沉淀,使淀析: *Water precipitates camphor from its alcoholic solution.* 水能把樟脑从其酒精溶液中淀析出来。*vi.* 沉淀,淀析;凝结: *Clouds usually precipitate as rain or snow.* 云常会凝结成雨或雪。■ [prɪˈsɪpɪtɪt] *n.* Ⓤⓒ〈化〉沉淀物;析出物;冷凝物 ■ [prɪˈsɪpɪtɪt] *adj.* ❶(指行动)急促的,迅猛的: *A cool breeze caused a precipitate drop in the temperature.* 冷风使温度急降。❷(指行动)未经考虑的,仓促的: *The king was too precipitate in declaring war.* 国王在宣战一事上过于轻率。❸(指人)鲁莽的,仓促行事的,感情用事的‖ **precipitately** *adv.* 迅猛地;仓促地/**precipitating** *adj.*〈化〉起沉淀作用的;导致沉淀的/**precipitator** *n.* ①促使者;促使物②〈化〉沉淀器,除尘器③沉淀器操作者

precipitation [prɪˌsɪpɪˈteɪʃən] *n.* ❶Ⓤ匆促,仓促,鲁莽 ❷Ⓤ沉淀,析出 ❸ⓒⓊ(雨等)降落;某地区降雨等的量

precipitous [prɪˈsɪpɪtəs] *adj.* 险峻的,陡峭的

precise [prɪˈsaɪs] *adj.* ❶精确的,准确的 ❷Ⓐ恰好的;正是的 ❸周密的,细密的,精细的‖ **preciseness** *n.* ①精确,确切②拘泥

precisely [prɪˈsaɪslɪ] *adv.* ❶精确地;恰好,细心地 ❷对,的确如此

precision [prɪˈsɪʒən] *n.* Ⓤ精确度,准确(性)‖ **precisionist** *n.* 讲究精确的人

preclude [prɪˈkluːd] *vt.* 阻止;排除;妨碍;…行不通: *Abdication is precluded by the lack of a possible successor.* 因为没有可能的继承者,让位无法实现。

precocious [prɪˈkəʊʃəs] adj. ❶早熟的,较早具备某种能力的,超常的 ❷较早显出的,超常的 ❸(儿童)老气的 ‖ **precociously** adv. 发育过早地;过早发展地/**precociousness** n. 早熟,早成

precondition [ˌpriːkənˈdɪʃən] n. Ⓒ前提,先决条件

precursor [priːˈkɜːsə] n. Ⓒ ❶先驱;先行者;先兆,前兆 ❷初期形式

predator [ˈpredətə] n. Ⓒ❶食肉动物 ❷奴役他人者(尤指在财务或性关系方面)

predatory [ˈpredətəri] adj. ❶食肉的 ❷掠夺的,以掠夺为目的的;企图奴役他人的 ‖ **predatorily** adv. 掠夺性地/**predatoriness** n. 掠夺

predecessor [ˈpriːdɪsesə] n. Ⓒ❶前任,前辈 ❷(被取代的)原有事物,前身

predestine [ˌpriːˈdestɪn] vt. ❶预先确定,预先指定 ❷命定,注定

predict [prɪˈdɪkt] vt.& vi. 预言;预测;预示:I predicted their getting into trouble. 我料到他们会倒霉。‖ **predictor** n. 预言者

predictable [prɪˈdɪktəbl] adj. ❶可预言〔报〕的 ❷不出所料的,可以想见的;平庸的,墨守陈规的;毫无想象力的 ‖ **predictability** n. 可预测性

prediction [prɪˈdɪkʃən] n. ⒸⓊ预言;预言的事物

predominance [prɪˈdɒmɪnəns] n. Ⓤ❶优势 ❷主导或支配的地位

predominant [prɪˈdɒmɪnənt] adj. 占主导地位的,显著的 ‖ **predominantly** adv. 大多,主要地

predominate [prɪˈdɒmɪneɪt] vi. 占支配地位 vt. 在…中占优势:Pines predominate the forest there. 那里的森林中松树最多。‖ **predominately** adv. 占支配地位地/**predomination** n. 支配,统治

predoom [priːˈduːm] vt. 命中注定,预先宣判

preeminent [prɪˈemɪnənt] adj. 卓越的,杰出的,超群的 ‖ **preeminently** adv. 卓越地,杰出地,超群地

preempt [prɪˈempt] vt. 先占,先取,先发制人 ‖ **preemption** n. 先买权/**preemptive** adj. 先发制人的,抢先的

preen [priːn] vt.& vi. (鸟)用嘴整理(羽毛)

prefabricate [ˌpriːˈfæbrɪkeɪt] vt. 预制 ‖ **prefabrication** n. 预制

preface [ˈprefɪs] n. Ⓒ❶序言,前言 ❷开端,前奏 ■ vt. 作为…的序言,作为…的开端:A short documentary prefaced the feature movie. 正片开始前放映了一部短记录片。‖ ~ **by**〔**with**〕以…为讲话的开端

prefect [ˈpriːfekt] n. Ⓒ❶级长,监督生 ❷高级行政长官;警察局长 ‖ **prefectoral,-orial** adj. ①级长的,监督生的②高级行政长官的,警察局长的

prefer [prɪˈfɜː] vt. (-rr-) ❶选择某事物(而不选择他事物);更喜欢:She preferred that nobody should come to see her. 她宁愿没有人来看她。/ He preferred to die instead of stealing. 他宁愿死也不愿意偷窃。/ They prefer living in the suburbs. 他们更愿意住在郊区。/ I should have preferred him to do it in a different way. 我倒愿意他用另一种办法做。❷对…起诉:Since they are so young, the police have decided not to prefer charges. 由于他们很年轻,警方决定不对他们起诉。‖ ~ … **rather than**〔~ **rather** … **than**〕喜欢…胜过…

preferable [ˈprefərəbl] adj. 更好的,更适合的,更可取的 ‖ **preferably** adv. 更可取地,宁可

preference [ˈprefərəns] n. ⒸⓊ❶较喜欢的东西,偏爱 ❷优待,优惠,优先权 ‖ **preference stock** 优先股

preferential [ˌprefəˈrenʃəl] adj. Ⓐ 优先的,优惠的,特惠的 ‖ **preferential shop** 优先雇用工会会员的商业机构/**preferential voting**〔**system**〕选择选举制

prefigure [priːˈfɪɡə] vt. 预示,预兆 ‖ **prefiguration** n. 预示,预兆;预想/**prefigurative** adj. 预示的,预兆的

prefix [ˈpriːfɪks] n. Ⓒ❶〈语〉前缀 ❷人名前的称谓 ■ [priːˈfɪks] vt. ❶在…前加前缀 ❷在…前加上

pregnancy [ˈpreɡnənsi] n. ⒸⓊ怀孕;妊娠

pregnant [ˈpreɡnənt] adj. ❶怀孕的,怀胎的 ❷Ⓐ含蓄的,意味深长的 ❸Ⓟ孕育着…的,预示着…前景的 ‖ **pregnantly** adv. 含蓄地,意味深长地

preheat [ˌpriːˈhiːt] vt. 预热 ‖ **preheater** n. 预热器

prehistoric [ˌpriːhɪˈstɒrɪk] adj. 史前的

prehistory [ˌpriːˈhɪstəri] n. Ⓤ史前时期

prejudice [ˈpredʒʊdɪs] n. ⒸⓊ成见,偏见,歧视 ‖ **to the** ~ **of** 有损,损害/**without** ~ **to**〈律〉不使(合法权利等)受损害 ■ vt. ❶使有偏见:His voice and manner prejudice his audience against him. 他的声音和举止都使听众反感。❷不利于,损害:Your bad spelling may prejudice your chances of getting this job. 你糟糕的拼写会妨碍你获得这个工作的机会。‖ ~ **against** 使对…抱有偏见 ‖ **prejudiced** adj. 有偏见的,有成见的

preliminary [prɪˈlɪmɪnəri] adj. Ⓐ初步的,预备的,开端的 ■ n. Ⓟ准备工作,初步行动 ‖ **without** ~ 直截了当地 ‖ **preliminarily** adv. 初步地,预备地,开端地

prelude ['prelju:d] n. ❶ⓒ开端,序幕,前奏 ❷ⓒ序曲 ❸ⓒ短篇作品

premature [‚premə'tjuə] adj. ❶过早的,提前的,未到期的 ❷早产的 ‖ **prematurely** adv. 过早地,提前地,未到期地;早产地/**prematurity** n. 早熟,不成熟;过早,不到期

premier ['premiə] n.ⓒ总理,首相 adj.Ⓐ 最好的,最重要的 ‖ **premiership** n. 总理职位

première ['premieə]〈法〉n.ⓒ首次公演,首演 ■ vt. 首次上演,首次上映

premise ['premɪs] n.ⓒ❶前提 ❷(逻辑学中的)大〈小〉前提

premium ['pri:mɪəm] n.ⓒ❶保险费 ❷奖;奖金 ❸额外费用 ‖ **at a** ~ 在票面价值以上/**put a** ~ **on** 奖励,鼓励,重视,助长

premonition [‚pri:mə'nɪʃən] n.ⓒ预感;预兆

preoccupation [prɪ‚ɒkjʊ'peɪʃən] n. ❶Ⓢ Ⓤ全神贯注,入神 ❷ⓒ当务之急;使人全神贯注的事物

preoccupy [prɪ'ɒkjʊpaɪ] vt.(pt.,pp.-pied)占据(某人)思想;使对…全神贯注,使专心于:*The question of going to the Mount Tai preoccupied his mind.*去游泰山的问题盘踞在他心头。‖ **preoccupied** adj. 被先占的;全神贯注的,心事重重

preordain [‚pri:ɔː'deɪn] vt. 预先规定,注定

preparation [‚prepə'reɪʃən] n.❶Ⓤ准备,预备 ❷ⓒ安排,筹备 ❸ⓒ配制剂 ‖ **in** ~ 做好准备/**in** ~ **for** 作为…的准备/**make** ~**s against** 为对付…做准备/**make** ~**s for** 为…做准备

preparatory [prɪ'pærətərɪ] adj.Ⓐ 预备的,准备的 ‖ ~ **to** 作为…的准备 ‖ **preparatorily** adv. 预备地,准备地

prepare [prɪ'peə] vt. 准备:*You shouldn't have troubled yourself to prepare such a feast!* 你不该准备这样丰盛的饭菜,这样太麻烦你了。 vt.& vi.❶筹备,进行各项准备工作:*The defence lawyers asked for another week to prepare their case.* 辩护律师要求再给他们一周时间准备案件。/*She is preparing herself as a teacher.* 她正在为当教师做准备。❷做好思想准备:*He prepared himself to accept defeat.* 他做好认输的准备。‖ ~ **against**(使)为将来…做好准备/~ **for**(使)为…做准备;(使)对…有所思想准备

prepared [prɪ'peəd] adj. ❶事先准备好的 ❷Ⓟ愿意的 ❸Ⓟ期望的 ‖ **preparedly** adv. ①事先准备好地②愿意地③期望地

preponderate [prɪ'pɒndəreɪt] vi. 超过,胜过

preposition [‚prepə'zɪʃən] n.ⓒ介词

preposterous [prɪ'pɒstərəs] adj. ❶反常的,荒谬的 ❷荒谬可笑的 ‖ **preposterously** adv. 反常地,荒谬地;荒谬可笑地

prerogative [prɪ'rɒgətɪv] n.Ⓢ权利,特权 ‖ **prerogative court** ①〈英史〉大主教法庭②〈美史〉总督委任组成的法庭

presage ['presɪdʒ] vt. 预示,预兆 ■ n.ⓒ预示,预兆,预感

prescribe [prɪ'skraɪb] vt.& vi. ❶开药方;指示:*The doctor prepared to prescribe a receipt.* 医生准备开个药方。❷规定,指定遵守:*The law prescribes how to punish this crime.* 法律对如何处罚这种犯罪做出规定。

prescript ['pri:skrɪpt] n.ⓒ命令,规定,法令

prescription [prɪs'krɪpʃən] n.❶ⓒ药,治疗方法 ❷ⓒ处方,药方 ❸Ⓤ开处方,开药

presence ['prezəns] n.❶Ⓤ出席,到场,存在 ❷ⓈⓊ仪表,仪态 ‖ **in sb's** ~ 当着某人的面,有某人在场/~ **of mind** 镇定自若/**saving your** ~ 恕我冒昧 ‖ **presence chamber**(君主或显要人物的)接见厅

present[1]['prezənt] adj. ❶Ⓟ出席的,到场的:*How many of the group are present today?* 今天该组有多少人出席?❷Ⓐ现在的,目前的:*He judged the present situation badly.* 他很糟糕地错估了当前形势。❸Ⓟ存在的,含有的:*Analysis showed that water was present in the mixture.* 分析的结果表明混合物中含有水。❹Ⓐ正在处理或讨论中的:*We hesitated to accept the present proposal.* 我们对是否接受这一正在讨论的建议犹豫不决。‖ **on** ~ **form** 基于(某人)先前的行为/**the** ~ **day** 当今 ■ n.Ⓢ现在;目前 ‖ **at** ~ 目前,现在/**for the** ~ 目前,现在;暂时,暂且/**up to the** ~ 直到现在,至今 ■ [prɪ'zent] vt. ❶出现;出席;显示:*The question naturally presented itself in my mind.* 我的脑海中自然而然地出现了这个问题。❷介绍:*Miss Smith, may I present Mr. Brown?* 史密斯小姐,让我把布朗先生引荐给你好吗?‖ ~ **to** 向…介绍 ‖ **present-day** adj. 当今的,当前的/**present participle**〈语〉现在分词/**present perfect**〈语〉现在完成时(的);现在完成时的动词/**present tense**〈语〉现在时(态)

present[2]['prezənt] n.ⓒ礼物,赠品 ‖ **make a** ~ **of sth to sb** 把某物赠送给某人 ■ [prɪ'zent] vt. 赠与;交给:*We presented him a basketball on his birthday.* 他生日那天我们送给他一个篮球。

presentable [prɪ'zentəbl] adj. 拿得出的;像样的;中看的;中听的 ‖ **presentability** n. 像样,中看,中听/**presentably** adv. 像样地,中看地,中听地

presentation [‚prezən'teɪʃən] n.❶Ⓤⓒ提供,显示 ❷Ⓤ外观 ❸ⓒ授予(物),赠送(仪式) ❹ⓒ报告 ❺ⓒⓊ表演

presenter [prɪ'zentə] n.ⓒ节目主持人,演播员

presentiment [prɪˈzentɪmənt] n.ⓒ（对不祥事物的）预感

presently [ˈprezəntlɪ] adv. ❶不久，一会儿：*Presently I got the whole story*. 我不久便了解到了全部情况。❷现在，目前：*He is presently living in New York*. 他目前住在纽约。

preservation [ˌprezəˈveɪʃən] n.Ⓤ保存，保藏，储藏，保持

preserve [prɪˈzɜːv] vt. ❶保护：*We must preserve our natural resources*. 我们必须保护自然资源。❷维持：*It is the duty of the police to preserve public order*. 维护公共秩序是警察的职责。‖ ～ **from** 防止；保护…不…‖ **preserved** adj.〈美俚〉喝醉的/**preserver** n. 保护者，保存者，防护物

preset [ˌpriːˈset] vt.(-tt-, pt., pp. **preset**) 预先布置，事先调整

preside [prɪˈzaɪd] vi. 主持；主管：*The city council is presided over by the mayor*. 市政会议由市长主持。‖ ～ **at**〔**over**〕主持（会议、仪式等）；对（某事物）负有责任‖ **presider** n.（会议的）主席；主持者

presidency [ˈprezɪdənsɪ] n. ❶Ⓢ总统的职位 ❷ⓒ总统的任期

president [ˈprezɪdənt] n.ⓒ❶总统，主席 ❷（大学）校长；会长；董事长‖ **presidentess** n. ①女总统②总统夫人/**presidentship** n. 总统职位‖ **president-elect** n. 新当选的总统

press [pres] n. ❶Ⓢ压，按；挤 ❷ⓒ印刷机 ❸ⓒ出版社，通讯社 ❹Ⓢ报刊，报界，新闻界 ■ vt. ❶按，压：*Press the button, then the machine will work*. 按下电钮，机器就能转动了。❷逼迫，强迫：*The man was pressed to pay off his debt*. 那人被逼还债。vi. 紧迫：*The matter is pressing*. 这事情很紧迫。‖ **be hard** ～**ed** 被紧紧追赶/**be** ～ **ed for** 缺少，缺乏/～ **about**〔**around, round**〕拥挤在…周围/～ **against** 使贴着/～ **back** 往后按；迫使向后退/～ **down** 把…按下去/～ **for** 催逼，敦促，迫切要求；缺少/～ **in** 逼近；把…挤进/～ **on** 奋力前进，坚持；用力压；坚持要（某人）接受；使（某人）负重/～ **on with** 加紧，决心继续/～ **out** 把…挤〔熨〕平/～ **to** 使紧靠/～ **together** 使彼此靠/～ **with** 使（某人）受…所困扰‖ **presser** n. ①压者，压具 ②熨衣工/**pressor** adj.〈医〉加压的，使机能亢进的，增高血压的‖ **press agent** 新闻广告员，报刊宣传员/**press box** 新闻记者席/**press-button** n. 按钮，电钮/**press clipping**〔**cutting**〕〈英〉（一份）剪报/**press conference** 记者招待会/**press gallery** 新闻记者席/**pressman** n. ①印刷工人②〈英〉新闻工作者/**press-photographer** n. 摄影记者/**press reader** 清样的校对人/**press release** ①通讯稿 ②新闻稿/**pressroom** n. ①印刷间 ②记者室/**presswork** n. 印刷（术）；印刷业务；印刷物，印刷品

pressing [ˈpresɪŋ] adj. ❶紧迫的；迫切的 ❷再三要求的，恳切要求的 ■ n.ⓒ同一批压制的唱片（之中的一张）‖ **pressingly** adv. ①紧迫地，迫切地②再三要求地，恳切要求地

pressure [ˈpreʃə] n. Ⓤ ❶压（力），压强 ❷强制，压迫：*He changed his mind under the pressure from others*. 他在别人的逼迫之下改变了主意。‖ **bring** ～ **to bear on**〔**upon**〕对…施加压力/**under the** ～ **of** 在…压力下/**work at high** ～ 紧张地工作，使劲干‖ **pressure cabin**〈空〉增压舱/**pressure cooker** 高压锅/**pressure group** 压力集团/**pressure suit** 增压服/**pressure vessel** 压力容器

pressurize, -ise [ˈpreʃəraɪz] vt. ❶对…施加压力 ❷维持（某气体）的大气压力水平，给…增压‖ **pressurization, -isation** n. ①压力输送，挤压②气密，密封③增压，加压

prestige [presˈtiːʒ] n.Ⓤ威信，威望，声望 ■ adj.Ⓐ炫耀的，讲究排场的，摆阔气的

prestigious [presˈtiːdʒəs] adj. 受尊敬的，有声望的，有威信的

presumable [prɪˈzjuːməbl] adj. 可推测的

presumably [prɪˈzjuːməblɪ] adv. 据推测，大概，可能

presume [prɪˈzjuːm] vt. 以为；假定：*You had better presume no such thing*. 你最好不要这样设想。vi. ❶冒昧地做某事；错用：*I presume to suggest that you should take legal advice*. 我冒昧地建议：你应该找律师咨询。❷自作主张，放肆：*Don't presume too far*! 不要太放肆！ ～ **on**〔**upon**〕不正当地利用〔滥用〕；指望‖ **presumer** n. ①冒昧的人，放肆的人②假定者，设想的人

presumption [prɪˈzʌmpʃən] n. ❶ⓒⓊ假定，认定，推测 ❷ⓒⓊ〈律〉推定，论定 ❸Ⓤ放肆，冒昧，自以为是‖ ～ **of law** ①法律上的假定②（在一定情况下普遍适用的）法定推论

presumptuous [prɪˈzʌmptʃʊəs] adj. 自以为是的，专横的；冒失的‖ **presumptuously** adv. 自以为是地，专横地；冒失地/**presumptuousness** n. 自以为是，专横；冒失

presuppose [ˌpriːsəˈpəʊz] vt. ❶预先假定，假设：*A scientist never presupposes the truth of an unproved fact*. 科学家从不预先假定未经证实的事实。❷以…为先决条件，意味着

pretence [prɪˈtens] n. ❶ⓈⓊ假装，作假，做作 ❷Ⓤ自命，自称，自吹，炫耀‖ **false** ～**s**〈律〉欺诈（手段）

pretend [prɪˈtend] vt. & vi. 假装，伪装：*He pretended to fall over*. 他假装跌倒。/*They pretended that they were tourists*. 他们假装是旅行者。‖ ～ **to**〔正〕自称〔命〕；〈书〉觊觎‖ **pretendedly** adv. 假装地，伪装地

pretender [prɪˈtendə] n.ⓒ觊觎高位者

pretension [prɪˈtenʃən] n. ❶Ⓟ自称，自命

❷Ⓤ自命不凡,自负 ‖ without ~(人)朴实的,不自负的

pretentious [prɪˈtenʃəs] adj. 狂妄的,自命不凡的,自负的 ‖ **pretentiously** adv. 狂妄地,自命不凡地,自负地/**pretentiousness** n. 狂妄,自命不凡,自负

pretext [ˈpriːtekst] n. 借口;托辞

pretty [ˈprɪtɪ] adj. (-ier, -iest)漂亮的,可爱的,精致的 ‖ as ~ as a picture 非常漂亮,美丽如画/sitting ~ 处境幸运 ■ adv. 相当;颇: She seemed pretty satisfied with the result. 她对那结果似乎相当满意。‖ ~ much〔nearly, well〕几乎,差不多 ‖ **prettiness** n. 漂亮/**pretty-pretty** adj. 专门讲究修饰的,只想漂亮的,过分漂亮的

prevail [prɪˈveɪl] vi. ❶说服,劝说;诱使 ❷盛行,流行: This fashion still prevails. 这种式样仍在流行。❸获胜;占优势: Justice has prevailed; the guilty man has been punished. 正义得到伸张,罪犯受到惩罚。‖ ~ against打败,战胜;压倒/~ on〔upon〕劝告,说服/~ over打败,战胜,压倒;覆盖 ‖ **prevailing** adj. ①常吹的,常刮的②盛行的,流行的

prevalent [ˈprevələnt] adj. 普遍的,盛行的,流行的: The habit of travelling by aeroplane is becoming more prevalent. 乘飞机旅行的习惯变得越来越盛行了。

prevaricate [prɪˈværɪkeɪt] vi. ❶支吾,搪塞 ❷说谎

prevent [prɪˈvent] vt. 预防: Vitamin C is supposed to prevent colds. 维生素C可以预防感冒。vt.& vi. 阻止: We shall come tomorrow if nothing prevents. 如没有什么阻碍的话,我们明天来。/Nobody can prevent our getting married. 谁也阻止不了我们结婚。‖ ~ from v-ing 阻止〔防止〕做…

prevention [prɪˈvenʃən] n. Ⓤ防止,预防

preventive [prɪˈventɪv] n. Ⓒ预防,防止 ■ adj. 预防的,防止的 ‖ **preventive medicine** ①预防医学②预防药,预防剂

preview [ˈpriːvjuː] n. Ⓤ预展,试映,预演 ■ vt. 预映,预演,预习

previous [ˈpriːvɪəs] adj. ❶Ⓐ先前的,以前的 ❷Ⓟ过早的,过急的 ‖ ~ to 在…之前 ‖ **previously** adv. ①先前地,以前地②过早地,过急地/**previousness** adv. ①先前,以前②过早,过急 ‖ **previous question** 先决问题

pre-war [ˈpriːˈwɔː] adj.& adv. (尤指第一次和第二次世界大战)战前(的)

prey [preɪ] n. Ⓤ❶被捕食的动物,猎物,牺牲品 ❷捕食(习性),掠食 ■ vi. ❶捕食,掠食: Stronger animals prey on weaker ones. 弱肉强食。❷折磨: This problem has been preying on his mind all day. 这个问题让他伤了整整一天脑筋。❸(人)靠欺诈为生

price [praɪs] n. Ⓒ❶价格,价钱 ❷代价 ‖ a ~ on sb's head 悬赏缉拿〔杀死〕某人所定之赏金/at a ~ 以相当高的价格/at any ~ 不惜任何代价/at the ~ of 以…的代价/beyond〔above, without〕 ~ 极其昂贵,无价的/cheap at the ~ 物有所值/fetch a good ~ 可售得好价钱/make a ~ 开价/pay a〔the〕 ~ 为所得付出代价/put a ~ on 给某物定价 ■ vt. ❶标价;定价: They priced the garments before putting them on display. 他们先给服装标好价格再摆出来卖。❷问价;估: I don't know enough about pictures to be able to price these pictures. 我不太懂画,估计不出这些画的价钱。‖ ~ at 在…标〔定〕价为/~ out of 使定价〔要价〕太高/~ up〈非正〉(不合理地)提高物价 ‖ **priced** adj. (有)定价的 ‖ **price control** 价格管制,物价控制/**price current** 市价表/**price index** 物价指数/**price level** 物价水平/**price list** 定价表,价目单/**price tag** 价格标签;固定价/**price ticket** 物价标签/**price war** 一再削价的商业竞争;价格战

priceless [ˈpraɪslɪs] adj. ❶无价的,贵重的,无法估价的 ❷极荒唐而有趣的

prick [prɪk] vt. 刺,扎,戳: The cook pricked a few holes in the pastry. 厨师在馅饼上戳了几个洞。vt.& vi. ❶刺伤,刺痛;使剧痛: The leaves prick if you touch them. 如果你碰到这些叶子它们就扎人。/The cat pricked me with its claws. 猫用爪子抓痛了我。❷(使)觉得刺痛: My fingers prick. 我的手指感到刺痛。/He was pricked by his conscience. 他受到良心的谴责。‖ ~ near 与…不相上下/~ off 挑选出;移植/~ up 粗涂,打底子/~ up oneself 打扮自己,炫耀自己 ■ n. Ⓒ❶刺痛: He felt a sharp prick when he stepped on an upturned nail. 当他踩在一个尖朝上的钉子上时,他感到剧烈的疼痛。❷刺孔,刺痕: The needle left a prick in the tailor's finger. 裁缝的手指上有个针扎的孔。❸植物的刺 ‖ **kick against the ~s**以卵击石 ‖ **pricker** n. ①刺的人②荆棘,刺/**pricking** n. 刺,刺痛感

prickle [ˈprɪkl] n. ❶Ⓒ(动植物的)刺,棘 ❷Ⓢ刺痛感 ■ vt.& vi. 感到刺痛,引起刺痛

pride [praɪd] n. Ⓤ❶得意,自豪 ❷自尊 ❸骄傲,傲慢 ‖ false ~ 妄自尊大/in the ~ of …全盛阶段/one's ~ and joy 使人感到无比骄傲的人〔事物〕/pocket one's ~ 克制自尊心/~ of place 头等重要的地位/put one's ~ in one's pocket 姑且忍辱含垢/take (a) ~ in 对…感到自豪;认真做好…(因对自己很重要) ■ vt. …而自豪,得意于… ‖ ~ on〔upon〕为…自豪;得意于… ‖ **prideful** adj. 十分骄傲的,傲慢的

priest [priːst] n. Ⓒ(基督教和罗马天主教的)神父,牧师 ‖ **priestess** n. (基督教以外的)尼姑,女祭司/**priesthood** n. ①教士的职位②全

体教士/**priestlike** adj. 似教士的,适于教士的/**priestling** n. 小教士,小和尚‖**priestcraft** n. 教士的权术/**priest-ridden** adj. 受教士控制的

prim [prɪm] adj. (-mmer, -mmest) ❶循规蹈矩的 ❷整洁的‖**primly** adv. 循规蹈矩地;整洁地/**primness** n. 循规蹈矩;整洁

primacy ['praɪməsɪ] n. $\boxed{U}$ ❶首位,首要 ❷大主教的职位

primal ['praɪməl] adj. $\boxed{A}$ ❶(似乎)原始的;最初的 ❷主要的,首要的‖**primally** adv. ①原始地,最初地②主要地,首要地

primarily ['praɪmərɪlɪ] adv. ❶主要地,首要地;本来 ❷首先

primary ['praɪmərɪ] adj. $\boxed{A}$ ❶首要的;主要的;基本的 ❷最初的;初级的‖**primary school** 小学

primate[1] ['praɪmɪt] n. $\boxed{C}$灵长目动物

primate[2] ['praɪmɪt] n. $\boxed{C}$大主教

prime [praɪm] adj. $\boxed{A}$ ❶首要的;主要的;基本的 ❷最好的,第一流的 ■n. $\boxed{S}$全盛时期: He is at the prime of his career. 他正处于事业的巅峰。■vt. ❶使准备好,使完成准备工作: They have primed the explosive device. 他们已使爆炸装置准备起爆。❷事先指导,事先向…提供情况: The witness at the trial had been carefully primed by defence lawyers. 被告律师对出席审讯的证人事先作了仔细的指导。‖~ with向…提供‖**primely** adv. 首要地,主要地;最好地,第一流地/**primeness** n. 首要,主要;最好,第一流‖**Prime Minister** 首相,总理/**prime rate**(银行的)优惠利率,最低利率/**prime time** 黄金时间

primeval [praɪ'miːvəl] adj. ❶原始的 ❷太古的,太初的‖**primevally** adv. 原始地;太古地,太初地

primitive ['prɪmɪtɪv] adj. ❶$\boxed{A}$原始的,早期的 ❷简单的;粗糙的 ■n. $\boxed{C}$❶文艺复兴前的画家或雕刻家;早期的艺术家 ❷原始人,原始事物‖**primitively** adv. ①原始地,早期地②简单地,粗糙地/**primitiveness** n. ①原始,早期②简单,粗糙/**primitivism** n. 原始主义,原始的风格;尚古主义

primp [prɪmp] vt. & vi. (尤指对着镜子)精心打扮

prince [prɪns] n. ❶$\boxed{C}$王子,亲王 ❷$\boxed{C}$小国的君主 ❸$\boxed{S}$巨头,巨子‖**princedom** n. ①小国君主的权位②公国,侯国/**princekin** n. 幼君/**princelet, -ling** n. (领地、势力等较小的)小诸侯/**princelike** adj. ①君主般的,王子般的②高贵的,威严的/**princeship** n. ①王者的身份②君主在位的时期/**prince charming** 女孩心中的白马王子/**prince consort** 女王的丈夫/**prince regent** 摄政王

princess [prɪn'ses] n. $\boxed{C}$公主;王妃‖**princess regent** 女摄政王;摄政王的夫人

principal ['prɪnsəpəl] adj. $\boxed{A}$ 最重要的;主要的 ■n. ❶$\boxed{C}$负责人,校长 ❷$\boxed{S}$资本,本金 ❸$\boxed{P}$被代理人,委托人

principally ['prɪnsəplɪ] adv. 主要地

principle ['prɪnsəpl] n. ❶$\boxed{C}$原则,原理 ❷$\boxed{P}$准则,规范 ❸$\boxed{U}$操守,道义 ❹$\boxed{S}$工作原理‖in ~原则上;基本上/on ~依据自己的原则〔所确定的信念〕/on the ~ of 根据…的原则

print [prɪnt] n. ❶$\boxed{U}$印刷字体 ❷$\boxed{C}$印成的画,图案,版画 ❸$\boxed{C}$(由底片印出的)照片‖in ~已印出,已出版;(已印好)可买到/out of ~绝版的,已销售一空的/rush into ~草率出版(某物) ■vt. 印出,出版: The publisher has printed 10,000 copies of the book. 这本书出版社已印了一万册。■vt. & vi. ❶用印刷体写: Please print plainly. 请用印刷体清楚书写。/Please print your address clearly. 请用印刷体写清楚你的地址。❷冲洗(照片): This snapshot hasn't printed very well. 这张快照印出来不太清楚。‖~ in 用印刷体〔工整的手写体〕添上;用印刷体或工整的手写体添上/~ off 付印,印刷/~ out (计算机)打印输出‖**printable** adj. ①可印刷的,印得出的 ②可刊印的,适于出版的/**printless** adj. 无印痕的,不留印痕的‖**print effect** 复制效应/**print hand** 用印刷体写的字/**print-seller** n. 图片商/**printshop** n. ①图片店②印刷所

printer ['prɪntə] n. $\boxed{C}$❶印刷业从业人员,印刷工人 ❷印刷机,印照片机 ❸打印机‖**printer's devil** 印刷所学徒/**printer's ink** 油墨;印刷品/**printer's mark** 出版商的商标

printing ['prɪntɪŋ] n. ❶$\boxed{U}$印刷(术) ❷$\boxed{C}$一次的印数,印刷次数 ❸$\boxed{U}$用印刷体书写的英文字

prior ['praɪə] adj. $\boxed{A}$优先的;在前的;较早的‖~ to 在…之前

priority [praɪ'ɒrɪtɪ] n. ❶$\boxed{U}$优先权,重点 ❷$\boxed{C}$优先考虑的事‖**priority construction** 首要建筑

priory ['praɪərɪ] n. $\boxed{C}$小修道院

prism ['prɪzəm] n. $\boxed{C}$❶〈数〉棱柱体 ❷棱镜

prison ['prɪzən] n. ❶$\boxed{C}$监狱,看守所 ❷$\boxed{C}$牢笼,禁锢之地 ❸$\boxed{U}$监禁;入狱;坐牢‖**clap in**〔**into**〕~〈非正〉投入监狱‖**prison bird** 囚犯,惯犯/**prison breaker** 越狱者/**prison breaking**〔**breach**〕越狱/**prison camp** 战俘集中营/**prison house** 牢房/**prison term** 刑期

prisoner ['prɪzənə] n. $\boxed{C}$❶囚徒 ❷俘虏 ❸被夺去自由的人〔动物〕等

pristine ['prɪstaɪn] adj. ❶原始状态的;未受损的: a ~ copy of the book's first edition 保持一版之原貌的书 ❷新鲜而纯净的,清新的; in ~ condition 处于全新的状况 ❸原始的;远古的

privacy ['praɪvəsɪ] n. ⓤ❶隐居,(不受干扰的)独处 ❷私事,隐私

private ['praɪvɪt] adj.❶私人的;个人的 ❷秘密的,❸私有的,私营的 ■n.ⓒ列兵,士兵: basic ～陆军三等兵/He is a buck private.他是一名列兵。‖ in ～私下地/privately adv.秘密地,私自地 ‖ private enterprise 私营企业/private eye 私人侦探/private law 私法/private member 下院议员/private school 私立学校/private secretary 私人秘书

privilege ['prɪvɪlɪdʒ] n.❶ⓒⓤ特权,特别待遇 ❷ⓒ(因财富和社会地位而仅有部分人享有的)权益 ❸ⓒ特殊荣幸

privileged ['prɪvɪlɪdʒd] adj.❶保密的,秘密的 ❷享有特权的

prize [praɪz] n.ⓒ❶奖赏,奖金,奖品: The prizes were distributed among five winners. 奖品分发给五位优胜者。❷值得竞争的东西: See what a prize I have found! 看我发了多大的一笔横财! ‖ ～ for 获…的奖/play one's ～ 图私利/run ～ s(为得奖)参加比赛 ■vt.珍视,珍惜:～ one's independence 珍惜自己的独立性/Mother prizes her best china. 母亲珍藏着她的最好的瓷器。‖ ～ above 把…看得比…更珍贵 ‖ **prizeless** adj. 未获奖的,非杰出的 ‖ **prize fellow** 得奖学金的人/**prizefight** n. 职业拳击赛/**prizeman** n. 得奖人/**prize winner** 获奖人

pro [prəʊ] n.(pl. ～s) ⓟ 赞成的意见,赞成的理由

probability [ˌprɒbə'bɪlɪtɪ] n.❶ⓤⓒ可能性,可能发生的事 ❷ⓒ〈数〉概率 ‖ in all ～ 十之八九,很可能

probable ['prɒbəbl] adj.很可能的,大概的;或有的

probably ['prɒbəblɪ] adv.大概;或许,可能

probation [prə'beɪʃən] n. ⓤ❶缓刑(期),(以观后效的)察看: The judge did not jail the young man, but put him on probation for a year. 法官没有把那个年轻人关进监狱,而且将他缓刑察看一年。❷试用(期),试读(期): That company puts all new employees on a three-month probation. 那家公司给所有新员工三个月的试用期。‖ **on** ～ ①服缓刑②在试用期中 ‖ **probationary** adj. ①试用的,见习的②缓刑中的/**probationer** n. ①试用人员,见习生②缓刑犯

probe [prəʊb] n.ⓒ❶探索,调查 ❷探针,探测器 ■vt.& vi.探索;用探针(或探测器等)探查,探测 ‖ ～ into 细查,深究

problem ['prɒbləm] n.ⓒⓤ❶问题,疑难问题 ❷习题,思考题,讨论题 ‖ no ～ 不麻烦,没什么,没事儿②非常容易 ‖ **problem child** 问题儿童

procedural [prə'siːdʒərəl] adj.程序上的

procedure [prə'siːdʒə] n. ⓒ❶程序,步骤 ❷手续 ‖ ～ for…的程序

proceed [prə'siːd] vi. ❶前进;行进: I was proceeding along the High Street in a northerly direction. 我正在沿着大街向北走去。❷进行;继续下去: They will proceed to build another laboratory building. 他们将着手建造另一座实验大楼。/The trial is proceeding. 审讯正在进行。/It proceeded smoothly. 事情进展得很顺利。‖ ～ **against** 起诉(某人)/～ **along** 沿着…前进/～ **from** ①从…出发〔开始〕②从…产生;起因于/～ **to** ①去往(某地);进〔转〕入②(获得学士学位后)攻读高级学位/～ **with** 继续做…

proceeding [prə'siːdɪŋ] n.ⓟ❶进程,过程,议程 ❷诉讼,诉讼程序 ❸会议记录;公报

process ['prəʊses] n.ⓒⓤ❶过程,进程 ❷工序,制作法 ‖ **in** ～ 在进行中/**in the** ～ **of time** 逐渐地,随着时间的推移 ■vt.加工,处理: a loan 办理贷款手续/The factory processes leather. 这个厂加工皮革。/How fast does the computer process the data? 这台计算机处理数据有多快? vi.列队行进: The congregation processed into the church. 教徒们排着队走进教堂。‖ ～ **into** 列队走进 ‖ **process printing** 彩色套印

procession [prə'seʃən] n.❶ⓒⓤ队伍,行列 ❷ⓤ列队行进 ‖ **in a** ～ 在列队中 ‖ **processionary** adj. 列队前进的/**processionist** n. 在行列中走的人

processor ['prəʊsesə] n. ⓒ❶加工、处理事物的人(或设备、产业) ❷(计算机的)中央处理器 ‖ **processor data** 数据处理机/**word processor** 文字处理器

proclaim [prə'kleɪm] vt.❶正式宣布: The constitution proclaims that public property shall be inviolate. 宪法宣告公共财产不可侵犯。❷显示: His manners proclaimed him a gentleman. 他的风度显示出他是绅士。

proclamation [ˌprɒklə'meɪʃən] n. ⓤ宣布,声明,公告

procrastinate [prəʊ'kræstɪneɪt] vi.拖延,耽搁

procreate ['prəʊkrɪeɪt] vt.生(儿、女),生育,生殖

procure [prə'kjʊə] vt.(努力)取得,(设法)获得 vt.& vi. 拉皮条 ‖ **procurer** n. 拉皮条者/**procuress** n. 老鸨

prod [prɒd] vt.& vi.(-dd-)刺,戳 vt.刺激;促使

prodigal ['prɒdɪɡəl] adj.❶浪费的;铺张的,挥霍的: a ～ administration 铺张浪费的行政机关 ❷慷慨的,不吝啬的: Nature is prodigal of her gifts. 大自然不吝惜其恩赐。

prodigious [prə'dɪdʒəs] adj.异常的,惊人

produce [prə'dju:s] vt.& vi. ❶生产,产生,出产: *However, this failed to produce the desired effect*. 但是这并没有产生预期的效果。❷制作,创作: *He produced three short plays between May and July*. 他从五月到七月就创作了三个短剧。vt. ❶出示,提供:~ *a passport* 出示护照/*The girl is an authentic girl. I'll produce her for you if you want.* 这个女孩很可靠,如果你要见她,我会带她来给你看看。❷引起,导致:~ *success* 导致成功/*Hard work produces success.* 努力工作就会成功。/*Jimmy's jokes produced a great deal of laughter.* 吉米的笑话逗得人们哈哈大笑。❸出版;上演: *The troupe produced a new play last night.* 剧团昨晚上演了一部新剧。‖ **as** 提出…作为/**by chemical action** 通过化学作用产生/~ **for** 为…而生产/~ **from** 从…取出,用…生产出 ■ n. Ⓤ产品,农产品

producer [prə'dju:sə] n. Ⓒ ❶生产者,制造者 ❷制片人

product ['prɒdʌkt] n. Ⓒ ❶产品,产物 ❷乘积

production [prə'dʌkʃən] n. ❶Ⓤ生产,制作;产量 ❷Ⓒ产品,作品 ❸Ⓤ出示,提供‖ **go into** ~ 投产/**in** ~ 在(大量)生产中/**make a** ~ 大肆张罗,小题大做/**out of** ~ 停产‖ **productional** adj. 产品的‖ **production line** 生产线/**production method** 生产方法/**production plan** 生产计划/**production quota** 生产定额

productive [prə'dʌktɪv] adj. ❶多产的,富饶的 ❷富有成效的;有益的‖ **productively** adv. 多产地,富饶地/**productiveness** n. 多产,富饶

productivity [ˌprɒdʌk'tɪvɪtɪ] n. Ⓤ生产率,生产力

profess [prə'fes] vt. 声称;公开表明: *I profess that I was surprised at the news.* 我承认这消息使我惊讶。/*He professed himself to have made a great mistake.* 他承认自己犯了大错误。

profession [prə'feʃən] n. ❶Ⓒ职业,自由职业 ❷Ⓢ同业,同行‖ **a** ~ **for** 适合于…的职业/**by** ~ 职业是,以…为职业/**a** ~ **of** 公开表示,表白‖ **professionless** adj. 没有职业的

professional [prə'feʃənəl] adj. ❶Ⓐ职业的,专业的 ❷内行的,有经验的 ❸Ⓐ有意的,故意的 ■ n. Ⓒ ❶具有某专业资格的人,专业人士 ❷内行,专家 ❸专门职业者,职业选手‖ **professionally** adv. 专业地,故意地

professionalism [prə'feʃənəlɪzəm] n. Ⓤ ❶职业特征,职业行为,专业技巧 ❷专业人员的特质

professor [prə'fesə] n. Ⓒ教授

proffer ['prɒfə] vt. 提供,贡献,提出

proficiency [prə'fɪʃənsɪ] n. Ⓤ熟练,精通‖ ~ **in** sth/v-ing 精通某事/做某事

proficient [prə'fɪʃənt] adj. 精通的,熟练的

profile ['prəʊfaɪl] n. Ⓒ Ⓤ ❶侧面,侧面像 ❷轮廓,外形 ❸简介,概况,传略‖ **profilist** n. 侧面像画家

profit ['prɒfɪt] n. ❶Ⓒ Ⓤ利润,收益,赢利 ❷Ⓤ益处,得益‖ **amount of** ~ 利润额/**for** ~ 为了赢利 ■ vt. & vi. 获益;得利于: *Taking these courses profited him.* 选修这些课程对他有好处。/*He hoped to profit from his investments.* 他希望从投资中获利。‖ ~ **by**〔**from**〕得益于‖ **profit margin** 利润率

profitable ['prɒfɪtəbl] adj. 有利可图的,有益的‖ **profitably** adv. 有益地,有用地

profiteer [ˌprɒfɪ'tɪə] vi. 投机,牟求暴利

profound [prə'faʊnd] adj. ❶Ⓐ深度的;深切的;深远的 ❷知识渊博的,见解深刻的,深奥的‖ **profoundly** adv. 深深地,深切地

profundity [prə'fʌndɪtɪ] n. Ⓒ Ⓤ深奥;深刻;深厚

prognosis [prɒg'nəʊsɪs] n. (pl. -ses) Ⓒ ❶预测 ❷〈医〉预后(指医生对疾病结果的预测)

program ['prəʊgræm] n. Ⓒ程序 ■ vt. (-mm-,〈美〉-m-) 为(计算机)编制程序: *Please program the computer to give me more information.* 请给计算机编制程序以给我更多的信息。‖ **program design** 程序设计/**program music** 标题音乐

programme,〈美〉**program** ['prəʊgræm] n. Ⓒ ❶节目;节目单 ❷计划;规划;大纲‖ ~ **in**…的课程/**on sb's** ~ 在某人的日程表上 ■ vt. 计划,安排: *A trip to the museum is programmed for next Tuesday.* 已计划下星期二去参观博物馆。/*Their early training programmes them to be obedient and submissive.* 他们早期受过的教育把他们训练得俯首帖耳、惟命是从。/*We've programmed you to appear on the stage next week.* 我们安排你在下星期出场演出。

programmer ['prəʊgræmə] n. Ⓒ(计算机的)程序员

progress ['prəʊgres] n. Ⓤ ❶前进;进展 ❷进步,发展‖ **in** ~ 在进展中/~ **towards** 朝着…的进展/**with** ~ **of** 随着…的进步 ■ vt. & vi.(使)进步;(使)进行: *The work is progressing steadily.* 工作在稳地地取得进展。/*In order to progress their project smoothly, they revised the plan several times.* 为了使工程能顺利进展,他们几次修改方案。‖ ~ **in**〔**with**〕在…方面取得进展/~ **to** 进入

progression [prə'greʃən] n. Ⓒ ❶(事件的)连续;一系列 ❷〈数〉级数‖ **progressional**

adj. 向前进的；连续的

progressive [prəˈgresɪv] *adj.* ❶不断前进的，有进展的，逐渐上升的 ❷进步的，先进的 ‖ **progressively** *adv.* 不断前进地 / **progressiveness** *n.* 不断前进 ‖ **progressive rate** 累进税率

prohibit [prəˈhɪbɪt] *vt.* 禁止；阻止：*Rainy weather and fog prohibited flying.* 多雨的天气和雾妨碍了飞行。‖ **from** 禁止⋯

prohibition [ˌprəʊɪˈbɪʃən] *n.* ❶Ⓤ Ⓒ 禁令，禁律 ❷Ⓒ 禁酒

prohibitive [prəˈhɪbɪtɪv] *adj.* ❶禁止使用或购买的，禁止性的 ❷(指价格等)高得买不起的 ❸禁止的 ‖ **prohibitively** *adv.* 禁止地 / **prohibitiveness** *n.* 禁止

project [prəˈdʒekt] *vt.* ❶规划：*Can you project a new working scheme for us?* 你能为我们设计一个新的工作计划吗？/ *He projected himself into the hero's situation.* 他设想自己处于那个英雄的处境中。❷抛；投；射：*I had no screen, so I projected the slides onto an old white sheet.* 我没有幕布，所以我把幻灯片投射到一块旧的白床单上。*vt.* ❶伸出，突出；表达特点：*He stood at a balcony that projects over the entrance.* 他站在入口上面突出的阳台上。/ *The wall is projected in the middle.* 墙壁中部凸出。‖ ～ **from** 从⋯突出来，伸出来 / ～ **onto** ①将⋯投影于⋯ ②将(某事)归罪于(某人) ■ [ˈprɒdʒekt] *n.* Ⓒ 项目，计划，方案，课题

projectile [prəˈdʒektaɪl] *n.* Ⓒ ❶抛射体 ❷(炮弹、子弹等)射弹；(火箭等)自动推进的武器

projection [prəˈdʒekʃən] *n.* ❶Ⓤ 投掷，发射，喷射 ❷Ⓒ 投影，投影图 ‖ **projection room** (电影)放映室

projector [prəˈdʒektə] *n.* Ⓒ 电影放映机，幻灯机

proliferate [prəʊˈlɪfəreɪt] *vi.* ❶激增；(迅速)繁殖；增生：*Rabbits proliferate when they have plenty of food.* 兔子有充足的食物就会繁衍得很快。❷ 扩散：*Influenza proliferated throughout the country.* 流感在全国蔓延。

prolific [prəˈlɪfɪk] *adj.* ❶多产的，多育的 ❷作品很多的

prologue，〈美〉**prolog** [ˈprəʊlɒg] *n.* Ⓒ 序言，开场白 ‖ **prologize, -guize** *vi.* 作序言，作开场白

prolong [prəˈlɒŋ] *vt.* 延长；拉长；拖延：*Two countries prolonged signing an agreement until details could be agreed on.* 两国推迟签约直到就细节达成协议。‖ ～ **the agony** 延长痛苦，将不愉快的经历、紧张局势等拖长 ‖ **prolongable** *adj.* 可延长的，可拉长的

promenade [ˌprɒməˈnɑːd] *n.* Ⓒ ❶人行道，散步场所 ❷散步；闲逛

prominence [ˈprɒmɪnəns] *n.* Ⓒ Ⓤ ❶声望，杰出 ❷突出；重要；要事

prominent [ˈprɒmɪnənt] *adj.* ❶突起的，凸出的 ❷显著的；突出的 ❸杰出的，著名的，卓越的 ‖ **prominently** *adv.* 突出地；杰出地

promise [ˈprɒmɪs] *vt.&vi.* ❶允诺；答应：*I promised that I would write regularly.* 我答应要经常写信。❷有⋯希望；预示：*She promised to be a brilliant musician.* 有迹象表明她会成为有才华的音乐家。‖ ～ **away** 答应送掉 ■ *n.* ❶Ⓒ 承诺，诺言 ❷Ⓤ 希望，前途 ‖ **according to** ～ 根据诺言 / **break one's** ～ 食言；不守诺言 / **under** ～ 立誓 ‖ **promiser** *n.* 做出诺言的人

promising [ˈprɒmɪsɪŋ] *adj.* 有希望的，有前途的

promote [prəˈməʊt] *vt.* ❶提升，提拔：*They promoted him captain.* 他们提升他为上尉。❷筹划，发起，创立：*They are promoting a boxing match.* 他们正在筹划一次拳击比赛。❸推销：*He was in town to promote his new books.* 他在城里推销他的新书。❹〈正〉促进；推动；增进：*The organization works to promote the trade between nations.* 该组织旨在促进各国之间的贸易。/ *Milk promotes health.* 牛奶可增进健康。‖ ～ **to** ①把(某人)提升为⋯；使(某人)升入⋯ ②〈英〉使(球队)升级

promoter [prəˈməʊtə] *n.* Ⓒ (房地产、证券和体育赛事的)承办人，出资人，赞助人

promotion [prəˈməʊʃən] *n.* ❶Ⓒ Ⓤ 提升，晋级 ❷Ⓤ 宣传；推销

promotional [prəˈməʊʃənəl] *adj.* 促销的

prompt [prɒmpt] *adj.* ❶立刻的，迅速的，准时的 ❷准时到达的；行动迅速的 ■ *vt.&vi.* 为(演员)提示台词：*Will you prompt for us at the performance?* 演出时你给我们提示台词好吗？*vt.* ❶促使，推动，引起：*The sight of the ships prompted thoughts of his distant home.* 看到船使他想起遥远的家乡。/ *What prompted him to be so generous?* 是什么原因使得他如此大方呢？❷为(发言者)提示：*The actress needed to be prompted frequently.* 那女演员经常需要提示。/ *His evasive reply prompted me to ask another question.* 他的含糊其辞的答复促使我又提了一个问题。‖ **prompter** *n.* ①鼓舞者 ②提词员 / **promptly** *adv.* 立刻地，迅速地 / **promptness** *n.* 立刻行动 ‖ **prompt note** 期货金额及交割日期的通知单 / **prompt sale** 期货交易

prompting [ˈprɒmptɪŋ] *n.* Ⓒ Ⓤ 推动，奖励，驱使

promulgate [ˈprɒmʌlgeɪt] *vt.* ❶宣扬(某事物)；传播 ❷公布，颁布(法令、新法律等) ‖ **promulgator** *n.* 颁布者，公布者

prone [prəʊn] *adj.* ❶易于⋯的；很可能⋯的 ❷俯卧的 ‖ ～ **to** 易于⋯ ‖ **pronely** *adv.* 有⋯

倾向地/**proneness** *n*. 有…的可能
pronoun ['prəunaun] *n*. C〈语〉代词
pronounce [prə'nauns] *vt*. & *vi*. 发音,读: ~ *each word correctly* 正确读出每个单词/*Please pronounce after me.* 请跟我发音。/*She is the student who pronounces best in the class.* 她是班上发音最好的学生。*vt*. 宣布;宣称: *Has judgement been pronounced yet*? 判决宣布了吗?/*He pronounced that we were dismissed.* 他宣布我们被解雇了。/*The jeweller pronounced the diamond to be genuine.* 珠宝商宣称这金刚石是真的。*vi*. 宣判: *The judge pronounced against the prisoner, and he was led away by the policeman.* 法官对囚犯宣告判决后,警察就把他带了下去。‖ ~ **against** 做出对…不利的判决/~ **for** 做出对…有利的判决/~ **on**〔**upon**〕对…发表意见 ‖ **pronounceable** *adj*. 可发音的,读得出的
pronounced [prə'naunst] *adj*. 明显的;显著的: *She speaks with a pronounced French accent.* 她说话有明显的法国口音。‖ **pronouncedly** *adv*. 显著地
pronouncement [prə'naunsmənt] *n*. C 声明;公告
pronunciation [prəˌnʌnsɪ'eɪʃn] *n*. ❶ U (一种语言的)发音(法) ❷ C (某个单词的)读法 ❸ S U (一个人的)发音,发音方式
proof [pru:f] *n*. ❶ C U 证明,论证;证据,证物 ❷ C 校样,样张 ‖ **an instance in** ~ 例证/**be living** ~ **of** 活证明/**for** ~ **of this** 为了证实这一点/**on** ~**s** 凭证据/**put to the** ~ 考验…;对某事物的真实性加以检验 ‖ **proof read** 校对/**proof reader** 校对员/**proof reading** 校对/**proof sheet** 校样
prop [prɒp] *n*. C 支柱,支柱物 ■*vt*.(-pp-) 支撑,支持,维持 ‖ ~ **up** 支持,资助 ‖ **prop-word** *n*. 代替词
propaganda [ˌprɒpə'gændə] *n*. U 宣传,宣传运动
propagate ['prɒpəgeɪt] *vt*. & *vi*. 繁衍,增殖: *Most plants propagate by seeds.* 大多数植物都是通过种子繁殖的。/*Insects propagate themselves by means of eggs.* 昆虫以产卵繁殖后代。*vt*. 传播;宣传,普及: *The political party started the newspaper to propagate its ideas.* 那个政党创办一份报纸来宣传该党的观点。‖ **propagation** *n*. 繁衍;传播
propel [prə'pel] *vt*. 推进;推动
propeller [prə'pelə] *n*. C 螺旋桨,推进器
propensity [prə'pensɪtɪ] *n*. C 倾向;习性
proper ['prɒpə] *adj*. ❶ 适合的;适当的;适用的;恰当的: *To be rude to the old is not proper.* 对老人粗鲁是不适当的。❷ 遵守规则的;正确的: *It is proper that you should ask your father.* 你当然应该问你的父亲。❸ A 严格意义的;本身的;: *That guy is a proper terror.* 那家伙真是讨厌。❹ 合乎体统的;正派的 ❺ P 固有的;特有的;: *Language is proper to mankind.* 语言是人类所特有的。/*The nesting instinct is proper to birds.* 筑巢是鸟类的本能。‖ **in one's** ~ **person** 亲自,亲身
properly ['prɒpəlɪ] *adv*. ❶ 适当地;正当地,正确地 ❷ 真实地,实在地
property ['prɒpətɪ] *n*. ❶ U 财产;资产;所有物 ❷ U C 房地产,不动产;(一处)房地产 ❸ C 性质,特性,性能 ‖ **property right** 产权/**property tax** 财产税
prophecy ['prɒfɪsɪ] *n*. C U 预言,预言能力
prophet ['prɒfɪt] *n*. C 预言家,先知
prophetic [prə'fetɪk] *adj*. 预言(性)的,先知的
propitiate [prə'pɪʃɪeɪt] *vt*. 劝解,抚慰,使息怒
proponent [prə'pəunənt] *n*. (某事业、理论等的)支持者,拥护者
proportion [prə'pɔ:ʃn] *n*. ❶ U 均衡;相称,协调 ❷ U 一物与他物在数量、大小等方面的关系;比例 ❸ C 部分;份儿 ‖ **in** ~ 相称,恰如其分地,如实地/**in the** ~ **of** 按…的比例/**out of** ~ 不成比例,不相称,过分/**the** ~ **of** … **to** … 同…的比例
proportional [prə'pɔ:ʃənl] *adj*. 比例的,成比例的 ‖ **proportionally** *adv*. 成比例地
proposal [prə'pəuzl] *n*. ❶ U C 提议;建议 ❷ C 求婚
propose [prə'pəuz] *vt*. & *vi*. 提议;建议: *I proposed to go to Sydney on Tuesday.* 我打算星期二到悉尼去。/*I propose resting for an hour.* 我建议休息一小时。/*I propose that he should leave now.* 我建议他现在就走。/*I propose him as a candidate for the presidency.* 我提名他为总统候选人。‖ ~ **to** ①向…求婚 ②对…提出建议
proposition [ˌprɒpə'zɪʃn] *n*. C ❶ 论点,主张 ❷ 建议;提案 ❸ 命题
propound [prə'paund] *vt*. 提出(问题、计划等)供考虑〔讨论〕,提议
proprietary [prə'praɪətərɪ] *adj*. 私有的
proprietor [prə'praɪətə] *n*. C 所有人,业主
propulsion [prə'pʌlʃn] *n*. U 推进
propulsive [prə'pʌlsɪv] *adj*. 对某物(尤指机动交通工具)起推动作用的,推进的,有推进力的
prorogue [prə'rəug] *vt*. 使(议会)休会
proscribe [prəus'kraɪb] *vt*. 正式宣布(某物)有危险或被禁止
proscription [prəus'krɪpʃn] *n*. C U 禁止;剥夺权利
prose [prəuz] *n*. U 散文

prosecute [ˈprɒsɪkjuːt] vt. ❶检举、告发某人;对某人提起公诉: He was prosecuted for theft. 他因偷窃而被告发。 ❷继续从事(某事物); ~ one's studies 从事研究

prosecution [ˌprɒsɪˈkjuːʃən] n. ❶ⓊI起诉,诉讼 ❷ⒸI原告

prosecutor [ˈprɒsɪkjuːtə] n. ⒸI检举人;告发人;起诉人;公诉人;原告

proselytize [ˈprɒsəlɪtaɪz] vt. (使)改变宗教信仰(政治信仰、意见等),使变节

prosody [ˈprɒsədɪ] n. Ⓤ❶韵文学;诗体学 ❷(某语言的)韵律(学) ‖ **prosodist** n. 诗体学者;韵律学者

prospect¹ [ˈprɒspekt] n. ❶ⒸI景象,景色 ❷ⓅI前景;前途: John is in high spirits at the prospects. 约翰对前景充满希望。❸Ⓒ可能成为主顾的人;有希望的候选人 ‖ **in** ~ 可以指望,即将出现

prospect² [ˈprɒspekt] vi. 勘探;勘察

prospective [prəsˈpektɪv] adj. Ⓐ预期的;未来的;可能的 ‖ **prospectively** adv. 预期地,未来地/**prospectiveness** n. 预期,未来 / **prospective glass** 小型轻便望远镜

prospector [prəsˈpektə] n. ⒸI勘探者;探矿者

prospectus [prəsˈpektəs] n. ⒸI章程,简章,简介

prosper [ˈprɒspə] vi. 成功;兴旺: His business is prospering. 他生意兴隆。

prosperity [prɒsˈperɪtɪ] n. Ⓤ❶幸运;顺利 ❷兴旺,繁荣

prosperous [ˈprɒspərəs] adj. 成功的,繁荣的,兴旺的 ‖ **prosperously** adv. 繁荣地,昌盛地

prostate [ˈprɒsteɪt] n. (雄性哺乳动物的)前列腺

prosthesis [ˈprɒsθɪsɪs] n.(pl. -theses) ❶ⒸI假体(如假肢、假眼或假牙等) ❷Ⓤ〈医〉人体修复(术)

prostitute [ˈprɒstɪtjuːt] n. ⒸI卖淫者;妓女;男妓

prostitution [ˌprɒstɪˈtjuːʃən] n. ❶Ⓤ卖淫;作践自己 ❷ⒸⓊ滥用某事物

prostrate [ˈprɒstreɪt] adj. ❶卧倒的,俯卧的,拜倒的(尤指因筋疲力尽或为表示顺从、敬意等) ❷被某事物所制服的;瓦解的;无能为力的 ■ vt. ❶使俯伏;使拜倒: They prostrated themselves before the emperor. 他们拜倒在帝王的面前。❷(指疾病、天气等)使某人无能为力

prostration [prɒsˈtreɪʃən] n. ❶ⒸⓊ(为表示恭敬或崇拜)俯伏在地上,崇拜,屈服 ❷Ⓤ身体极度衰竭;虚脱;筋疲力尽

protagonist [prəˈtæɡənɪst] n. Ⓒ❶(戏剧的)主角 ❷(故事的)主人公;现实事件(尤指冲突和争端)的主要参与者,主要人物 ❸领导者;倡导者;拥护者

protect [prəˈtekt] vt. ❶保护;保卫: The troops were there to protect the townspeople. 部队驻扎在那里以保护市民。❷关税保护: The country's car industry is so strongly protected. 该国对本国的汽车工业严加保护。‖ ~ **against**保护,保卫

protection [prəˈtekʃən] n. ❶Ⓤ保护,保卫 ❷Ⓤ贸易保护措施 ❸Ⓒ防护物 ❹Ⓤ(向歹徒缴纳的)保护费 ‖ **under sb's** ~ 在…的保护下,受…的保护,托…照顾

protectionism [prəˈtekʃənɪzəm] n. Ⓤ保护主义;贸易保护制度

protectionist [prəˈtekʃənɪst] n. ⒸI贸易保护主义者

protective [prəˈtektɪv] adj. ❶Ⓐ保护的,防护的 ❷显示保护意愿的 ‖ **protectively** adv. 保护地,防护地/**protectiveness** n. 保护,防护

protector [prəˈtektə] n. Ⓒ❶保护人,防御者 ❷保护装置;保护器;保护物: The swordsmen wore chest protectors. 击剑运动员戴着护胸。‖ **protectoral** adj. 保护者的

protein [ˈprəʊtiːn] n. ⒸⓊ蛋白质 ‖ **proteinic,-ous** adj. 蛋白质的

protest [ˈprəʊtest] n. Ⓤ抗议;反对 ‖ **under** ~ 不情愿的/**without** ~ 情愿的/ ■ vt. & vi. 'test〕声明;抗议: He protested the decision made by the committee. 他抗议委员会做出的决议。‖ ~ **about〔against, at〕**抗议,反对… ‖ **protester,-or** n. ①抗议者;持异议者 ②(汇票等的)拒付者

Protestant [ˈprɒtɪstənt] n. ⒸI新教徒(指16世纪脱离罗马天主教之基督教团体或后来由其形成的教派成员)

protestation [ˌprəʊtesˈteɪʃən] n. Ⓒ(严正的)声明

protocol [ˈprəʊtəkɒl] n. ❶Ⓤ礼仪;外交礼仪 ❷Ⓒ(外交条约的)草案,草约;(尤指)议定的条款,议定书

proton [ˈprəʊtɒn] n. ⒸI质子

prototype [ˈprəʊtətaɪp] n. ⒸI原型,雏形,蓝本 ‖ **prototypal** adj. 原型的,蓝本的

protract [prəˈtrækt] vt. (贬)延长,拖延(某事物): The war was protracted for four years. 战争拖延了四年。‖ **protracted** adj. 拖延的,延长的,持久的/**protraction** n. 拖延,延长

protractor [prəˈtræktə] n. ⒸI量角器,分度规

protrude [prəˈtruːd] vt. & vi. (使某物)伸出;(使某物)突出: His teeth protrude. 他牙齿外露。/ The child protruded his tongue. 那小孩伸出舌头。

proud [praʊd] adj.(-er,-est) ❶有自尊心的;

She had been too proud to ask for help. 她的自尊心太强,从不求助于人。❷自豪的,得意的: He was proud of having such a good friend. 他为有这样的好朋友而自豪。/ We are proud for you to win the championship. 我们为你赢得冠军而骄傲。/ We are very proud that a pupil from our school has won the prize. 我们学校的一个小学生得了奖,我们感到很自豪。❸骄傲的,傲慢的,妄自尊大的:~ to admit 骄傲得不肯承认/ She is too proud to see her own mistake. 她太骄傲了,看不到自己的错误。‖ as ~ as a peacock 极骄傲/~ about 因…而骄傲/~ of 对…感到光荣,以…自豪,夸耀 ‖ proudly adv. 骄傲地;自豪地 ‖ proud-hearted adj. 骄傲的,傲慢的

provable ['pruːvəbl] adj. 可证明的,可证实的

prove [pruːv] vt.(pt. proved, pp. proved,〈美〉proven)❶证明:~ clearly〔undoubtedly〕清楚〔毫无疑问〕地证明/ the attempt〔effort, fact〕~ 试验〔努力,事实〕证明/ the report ~ 报道证实/ They were not able to prove these suspicions. 这些怀疑他们无法证实。/ How can you prove that you are right? 你如何能证明你是正确的呢? ❷检验;试验:~ a gun 验枪/~ a meter〔new weapon〕检验仪表〔新武器〕/~ a will 查验遗嘱/~ gold 验金/ The students are asked to prove the purity of copper. 要求学生们检验铜的纯度。‖ ~ to 向…证实;证明/ ~ out 证明是合适的;证明是令人满意的/ ~ up 勘探,探明

proven ['pruːvn] adj. 经过验证或证实的: a man of ~ ability 已证实有能力的人

provenance ['prɒvɪnəns] n. Ⓤ起源;出处

proverb ['prɒvɜːb] n. Ⓒ谚语,格言 ‖ as the ~ goes 俗话说/ to a ~ 使人人都知道

provide [prə'vaɪd] vt. & vi. 提供;供给;供应: The government will provide food and drink. 政府将提供饮食。vt. 规定: The law provides that valuable ancient buildings should be preserved by the government. 法律规定有价值的古代建筑必须由政府来保管。‖ ~ against为…做好准备;预防/ ~ for ①为…提供生活费②为…做准备③规定

provided [prə'vaɪdɪd] conj. ❶如果,假如: Provided it's fine we will have a pleasant holiday. 如果天气良好,我们的假日将过得非常愉快。❷只有…才…;以…为条件: I will go, provided you go too. 只有你去,我才去。

providence ['prɒvɪdəns] n. ❶ⓈⓊ天道,天意 ❷Ⓤ远见,卓识

provider [prə'vaɪdə] n. Ⓒ供应者;提供者;(尤指)维持家庭生计者

providing [prə'vaɪdɪŋ] = provided

province ['prɒvɪns] n. ❶Ⓒ省份,大行政区 ❷Ⓢ范围,职责,领域

provincial [prə'vɪnʃəl] adj. ❶Ⓐ大行政区的;省的 ❷〈贬〉褊狭的;守旧的;迂腐的 ■ n. Ⓒ〈贬〉首都以外的人;地区居民 ‖ **provincially** adv. 外省地;地方地

provision [prə'vɪʒən] n. ❶Ⓤ供应,提供,供给 ❷Ⓤ准备,防备 ❸⒫食物和饮料 ❹Ⓒ规定,条款,条件 ‖ provision shop 食品店

proviso [prə'vaɪzəʊ] n. (pl. ~s;〈美〉~es) Ⓒ限制性条款;附文

provisory [prə'vaɪzərɪ] adj. 有附带条款的;附有条件的

provocation [ˌprɒvə'keɪʃən] n. ❶Ⓤ挑衅;激怒;刺激 ❷Ⓒ愤怒的原因;激怒人的事

provocative [prə'vɒkətɪv] adj. 煽动性的,刺激性的,挑衅的

provoke [prə'vəʊk] vt. 激起;惹怒 ‖ ~ at 因…激怒/ ~ beyond 激怒得…/ ~ into 迫使/ ~ to 把某人惹到…

prowess ['praʊɪs] n. Ⓤ❶勇敢;勇猛 ❷高超的技艺;非凡的才能

prowl [praʊl] vi. ❶小心翼翼地移动: The tiger prowled through the jungle. 老虎在森林里潜行觅食。❷徘徊: I prowled around the lake admiring the beautiful scenery. 我在湖边徘徊,欣赏美丽的景色。■ n. Ⓒ徘徊 ‖ prowler n. 悄悄行走的人或动物

proximate ['prɒksɪmɪt] adj. (时间、顺序等方面)邻近的;最接近的: a hotel ~ to the station 紧靠车站的旅馆

proximity [prɒk'sɪmɪtɪ] n. Ⓤ接近,附近

proxy ['prɒksɪ] n. ❶Ⓤ代表权;代理(尤指投票) ❷Ⓒ代理人,代表

prude [pruːd] n. Ⓒ〈贬〉极端或过分拘谨的人;(尤指对性问题)大惊小怪的人

prudence ['pruːdns] n. Ⓤ智慧,远见

prudent ['pruːdnt] adj. 审慎的;有先见之明的;判断力强的

prudery ['pruːdərɪ] n. Ⓤ拘谨;(尤指对性问题)大惊小怪

prudish ['pruːdɪʃ] adj. 过分拘谨的 ‖ **prudishly** adv. 过分拘谨地

prune¹ [pruːn] n. Ⓒ西梅脯,西梅干

prune² [pruːn] vt. ❶修剪(树木等) ❷精简事物;除去某事物多余的部分 ‖ pruning n. 修剪

pry¹ [praɪ] vi. (pt., pp. pried) 打听,刺探(他人的私事): She is always prying into other people's affairs. 她总是打听别人的私事。

pry² [praɪ] vt. (pt., pp. pried) 撬开: We pried open the locked door with an iron bar. 我们用铁棍把锁着的门撬开。

psych [saɪk] vt. 使某人精神紧张或丧失信心等

psyche [ˈsaɪkɪ] n. ⓒ灵魂;心灵
psychedelic [ˌsaɪkəˈdelɪk] adj. ❶(指药物)引起幻觉的,致幻觉的 ❷(色彩、声音等)产生迷幻效果的
psychiatric [ˌsaɪkɪˈætrɪk] adj. 精神病学的;治疗精神病的
psychiatrist [ˌsaɪkɪˈætrɪst] n. ⓒ精神病专家,精神病医生
psychiatry [saɪˈkaɪətrɪ] n. Ⓤ精神病学;精神病治疗
psychic [ˈsaɪkɪk] adj. ❶关于通灵的;超自然的 ❷灵魂的;心灵的 ❸(自称)通灵的,有特异功能的 ■n.(自称)通灵的或有特异功能的人;巫师
psychoanalyse, -lyze [ˌsaɪkəʊˈænəlaɪz] vt. 用精神分析法治疗(某人);给(某人)作精神分析
psychoanalysis [ˌsaɪkəʊəˈnæləsɪs] n. Ⓤ精神分析(学)
psychoanalyst [ˌsaɪkəʊˈænəlɪst] n. ⓒ精神分析学家
psychological [ˌsaɪkəˈlɒdʒɪkəl] adj. ❶心理的;精神的 ❷心理学的;关于心理学的‖ **psychologically** adv. 心理上;从心理学的角度上
psychologist [saɪˈkɒlədʒɪst] n. ⓒ心理学研究者;心理学家
psychology [saɪˈkɒlədʒɪ] n. ❶Ⓤ心理学 ❷Ⓢ心理;心理特点
psychopath [ˈsaɪkəpæθ] n. ⓒ精神变态者,精神病患者
psychosis [saɪˈkəʊsɪs] n. ⓒⓊ精神病
psychotherapist [ˌsaɪkəʊˈθerəpɪst] n. ⓒ采用精神治疗法的医生
psychotherapy [ˌsaɪkəʊˈθerəpɪ] n. Ⓤ精神疗法;心理疗法
psychotic [saɪˈkɒtɪk] adj. 精神病的;患精神病的
pub [pʌb] n. ⓒ酒店,酒馆
puberty [ˈpjuːbətɪ] n. Ⓤ青春期
public [ˈpʌblɪk] adj. ❶Ⓐ公众的 ❷Ⓐ公共的,公用的 ❸Ⓟ公开的,当众的‖ go ~ with 公之于世 ■n. Ⓢ❶公众,大众,民众 ❷…界;某一阶层的人们‖ in ~ 公开地,当众‖ **publicly** adv. ①当众;公开地 ②由公众;由政府(出资或持有等)‖ public bond 公债券/public debt 公债/public defender 公设辩护人(指律师)/public enemy ①全国(或各国)的公敌②社会公敌/public house 小旅馆,客栈/public law 公法/public opinion 舆论,民意/public sale 拍卖/public servant ①公仆,官员,公务员②从事公用事业的人/public service 公用事业的/public-spirited adj. 热心公益的,为公的/public television 大众电视/public utility 公用事业/public works 公共建筑;市政工程
publication [ˌpʌblɪˈkeɪʃən] n. ❶Ⓤ发表,公布 ❷Ⓤ出版,刊行,发行 ❸ⓒ出版物,书刊
publicity [pʌbˈlɪsɪtɪ] n. Ⓤ❶公众的注意,众所周知 ❷宣传,宣扬‖ **publicity agent** 广告代理人/**publicity artist** 广告画家
publicize, -ise [ˈpʌblɪsaɪz] vt. 宣传(某事物)(尤指用广告)
publish [ˈpʌblɪʃ] vt.& vi. ❶出版: She has recently published her fourth book with the Commercial Press. 她最近在商务印书馆出版了她的第四本专著。❷公布: ~ to the world 公之于世
publisher [ˈpʌblɪʃə] n. ⓒ出版者;出版商,出版社
publishing [ˈpʌblɪʃɪŋ] n. Ⓤ出版(业) ‖ **publishing house** 出版社
pucker [ˈpʌkə] vt.& vi. (使某物)起褶子或皱纹: His face puckered, the tears leapt from his eyes. 他皱着脸,眼泪夺眶而出。■n. ⓒ(衣服上的)皱纹,褶子
pudding [ˈpʊdɪŋ] n. ❶ⓒⓊ(一道)甜食;甜点心 ❷Ⓤ布丁(通常用面粉经烘烤或蒸煮做成的美味甜食品) ❸ⓒ肥胖而迟钝的人‖ **pudding head** 傻瓜/**pudding heart** 懦夫
puddle [ˈpʌdl] n. ⓒ水坑;(尤指道路上的)雨水坑
puerile [ˈpjʊəraɪl] adj. 〈贬〉幼稚的;孩子气的;愚蠢的‖ **puerilely** adv. 〈贬〉幼稚地;孩子气地
puerility [pjʊəˈrɪlətɪ] n. ❶Ⓤ幼稚;愚蠢 ❷Ⓟ幼稚、愚蠢的行为、想法等
puff [pʌf] n. ⓒ❶(呼吸或风的)呼,吹,喷(之声) ❷一缕(烟、蒸汽等) ❸(烟斗或香烟的)一吸,一口
puffy [ˈpʌfɪ] adj. 膨胀的;肿胀的‖ **puffiness** n. 膨胀;肿胀
pule [pjuːl] vi. 低泣;呜咽;悲泣
pull [pʊl] vt.& vi. ❶拉,扯,拔: The horse on the left side isn't pulling. 左边的那匹马没有用力拉车。❷拉过来,拉动,移动: You push and I'll pull. 你推我拉。/ She pulled the fence to pieces with her bare hands. 她用双手把篱笆拆了下来。❸划(船): Pull, boys! Pull for shore. 划啊,孩子们! 划向岸。/ This boat pulls four oars. 这条船是由四只桨划的。■ vt. 赢得,获得;吸引: He's not popular enough to pull many votes. 他因不受爱戴而未能赢得更多选票。/ She's hoping to pull the boy with her new car. 她希望用自己那辆新车吸引那个男孩子。‖ ~ about 把…拖来拖去;粗暴〔笨拙〕地对待(某人或某物)/ ~ apart ①拆开,扯开②对某人的想法、计划或工作批评得体无完肤,百般挑剔/ ~ at ①用力拉②抽(烟斗、香烟等)/ ~ away (尤指车辆)开始移动/ ~ away

from 越来越领先于(某人或某物)/ ~ **back** (使)(某人,尤指一组士兵)撤出阵地/ ~ **down** ①毁坏,拆毁②使虚弱③拖垮/ ~ **in** ①(火车)进站,(船)靠岸②赚钱③吸引,招引④拘留,逮捕(嫌疑犯)⑤节省,节省开支/ ~ **into** 停驶即将停下来的车辆司机把车停下)将向路边②,开进/ ~ **off** ①脱去②胜利完成/ ~ **on** ①穿上②戴上③滥用职权对(某人)发号施令③揭露(某人)的秘密活动/ ~ **out** ①(火车)驶出,(船)划出;从某处离开,从某处开出②退出③拔出〈非正〉(从疾病、不愉快的心境等中)恢复⑤(使)离开/ ~ **over** 靠向路边/ ~ **round** (使)(某人)恢复健康,脱离危险境/ ~ **through** ①〈非正〉恢复健康;精神状况转好,情绪转好②(使)恢复健康;使转好/ ~ **together** (使)齐心协力/ ~ **up** ①(使)停下(住)②责备③(使)名次提前,追上④从土里拔出来⑤把…拉过(起来) ■ n. ❶[C]拖,拉,拔: give a ~ *pull* for him to get to the top of his position. 他费了九牛二虎之力终于爬上了最高位置。 ❸[S]影响力,吸引力: *magnetic* ~ 磁力/ *political* ~ 政治影响 ‖ **pull-back** adj. ①阻力;逆境② 撤回

pulley ['pʊlɪ] n. [C]❶滑轮(组);滑车 ❷皮带轮

pullulate ['pʌljʊleɪt] vi. ❶(种子)发芽, (树枝)抽条 ❷充满 ❸发展 ❹充满,富于

pulp [pʌlp] n. [U]❶水果的肉质部分;果肉 ❷纸浆 ❸低级书刊;(尤指)有刺激性的通俗读物

pulpit ['pʊlpɪt] n. ❶[C](教堂中的)讲坛 ❷[S]神职人员(的讲道)

pulsate [pʌl'seɪt] vi.❶有节奏地舒张及收缩;跳动,脉动 ❷受(激情)震动,感动;激动 vt.&vi. (使某物)有规律地振动;颤动

pulse [pʌls] n. [C]❶脉搏 ❷脉冲 ■ vi. (心脏)跳动;脉动: *His heart pulsed with excitement*. 他的心激动得怦怦直跳。

pulverize ['pʌlvəraɪz] vt. ❶将…弄碎,将…弄成粉末或尘埃 ❷摧毁,粉碎

pummel ['pʌməl] vt. (尤指用拳头)连续打

pump [pʌmp] n. [C]泵,打气筒 ■ vt.&vi. 用抽水机汲水;给…打气: *He was pumping away*. 他正用抽水机抽水。/ *It is autumn and they are pumping water out of the swimming pool*. 入秋了,他们正在抽游泳池的水。/ *Pump the tire up hard before going out on the road*. 在出去上路之前,要把轮胎打足气。 ‖ ~ **into** 把…吸入,把…倾注入/ ~ **out of** 把从…中抽出

pumpkin ['pʌmpkɪn] n. ❶[C]南瓜 ❷[U]南瓜的果肉,南瓜羹

pun [pʌn] n. [C]双关语 ■ vi. 使用双关语

punch [pʌntʃ] vt. ❶用拳猛击: *He punched the man on the head*. 他一拳狠狠打在那个男人的头上。❷打孔: *The boy punched holes in the paper so it would fit in his notebook*. 那男孩在纸上打洞以便装在笔记本上。 ‖ ~ **in** ①把(钉子等)钉入木头 ②用自动计时钟在考勤卡上打出上班时间 ③在(某物)上打(孔)(常指用专用工具) ④用拳击(某人鼻、眼、脸或腹等部位)/ ~ **on** 击打 / ~ **out** ①用专用工具打(孔),冲压出 ②用工具把(钉子等)取出 ③在考勤卡上打出下班时间/ ~ **up** ①用记账卡打出… ②徒手同(某人)打斗 ■ n. ❶[C]猛击,拳打 ❷[C]冲床,穿孔机 ❸[U]力量 ‖ **punch line** 妙句,妙语

punctual ['pʌŋktʃʊəl] adj. 严守时刻的;准时的;正点的 ‖ ~ **for** 对…准时的/ ~ **in** 在…方面不误期的

punctuate ['pʌŋktʃʊeɪt] vt.&vi. (在文字中)加标点符号,加标点 vt. 不时打断某事物

punctuation [ˌpʌŋktʃʊ'eɪʃən] n. [U]❶标点法,标点符号的使用 ❷标点符号: ~ *mark* [*point*]标点符号

puncture ['pʌŋktʃə] n. [C](尖物刺成的)小孔;(尤指)轮胎穿孔: *My car has had two punctures this week*. 这个星期我的汽车轮胎被戳破两次。■ vt. ❶在(某物)上穿孔,刺穿(某物): *Some glass on the road punctured my new tyre*. 路上的玻璃刺破了我的新车胎。❷削弱(某人的傲气、信心等);泄某人的气: *Failure did not puncture my confidence*. 失败并没有挫伤我的信心。vi. (指轮胎等)被刺穿

pungent ['pʌndʒənt] adj. ❶(味道或气味)有刺激味的,辛辣的,刺鼻的 ❷(指言语)尖刻的,刺人的,刻薄的

punish ['pʌnɪʃ] vt. ❶罚,处罚,惩罚: ~ *a thief* 惩处盗窃者/ ~ *an embezzler* 惩处贪污者/ *court* ~ 法院制裁/ ~ *harshly* 严惩/ *The parents punished their disobedient child*. 父母惩罚了他们不听话的孩子。❷粗暴地对待,痛打: *police* ~ 警察粗野地对待/ *He punished his opponent with fierce punches to the body*. 他猛击对手的身体。 ‖ ~ **as** 作为…来惩罚/ ~ **for** 因…而惩办/ ~ **with** 罚以… ‖ **punisher** n. 惩罚者,处罚者

punishing ['pʌnɪʃɪŋ] adj. [A]十分吃力的;使人筋疲力尽的;严厉的

punishment ['pʌnɪʃmənt] n. [C][U]处罚,受罚

punitive ['pjuːnɪtɪv] adj. ❶处罚的;惩罚性的 ❷令人受苦的;严厉的

punk [pʌŋk] n.❶[U]蓬克(一种摇滚乐,自70年代末期起流行,是对传统的反叛) ❷[C]蓬克摇滚乐迷 ❸[C]行为不端的男性青少年;小流氓 ❹[U]无用的东西;废物

punt[1] [pʌnt] n. [C](用篙撑的)长而浅的方头平底船 ■ vi. ❶用篙撑方头平底船 ❷乘方头平底船沿河航行(尤指游览)

punt² [pʌnt] *vt*. 踢(从手中落下而未着地之球);踢(悬空球)

punt³ [pʌnt] *vi*. ❶(在某些牌戏中)对庄家下赌注 ❷进行股票投机、对赛马下赌注;赌博

punter ['pʌntə] *n*. ⓒ(赛马,足球赛时)下赌注者

pup [pʌp] *n*. ⓒ❶小海豹;小水獭 ❷小狗,幼犬,狗崽 ∎ *vi*.(-pp-)生小狗

pupil¹ ['pju:pəl] *n*. ⓒ学生,小学生

pupil² ['pju:pəl] *n*. ⓒ瞳孔

puppet ['pʌpit] *n*. ⓒ❶木偶,玩偶 ❷受他人操纵的人或集团,傀儡 ‖ **puppet play〔show〕** 木偶戏/**puppet theatre** 木偶剧院

puppy ['pʌpi] *n*. ⓒ❶小狗,幼犬 ❷浅薄自负的年轻男子

purchase ['pə:tʃəs] *vt*. 购买: *Farm and sideline products of the peasants are purchased by the state at reasonable prices.* 农民的农副产品由国家按合理价格收购。∎ *n*. ❶ⓤ购买,购置: *They made the purchase of a car.* 他们购置了一辆小汽车。❷ⓒ买到的东西: *That was a good purchase.* 那顶帽子买得好。‖ **purchase tax** 消费品零售税

pure [pjuə] *adj*. ❶纯的;纯净的;贞洁的 ❷(-r,-st)血统纯的,纯种的 ❸ⒶA纯理论的;非实用的 ❹ⒶA单纯的;仅仅的;完全的 ‖ ～ **and simple** 纯粹地,十足地

purely ['pjuəli] *adv*. 完全地;十足地

purge [pə:dʒ] *vt*. ❶清除(政敌等);清洗: *The mayoral candidate has promised to purge the police department.* 市长候选人答应清洗警察部门。❷涤除(罪恶等) ❸〈律〉消除(错事等)的不良影响;以认错赎(罪) ❹〈医〉使通便 ∎ *n*. ⓒ❶清除异己,整肃(行动),清洗: *the political ～* 政治清洗 ❷〈医〉泻药

purify ['pjuərifai] *vt*.(*pt*.,*pp*. **-fied**)使纯净,使洁净: *The air in the room was purified.* 房间的空气得到了净化。

purist ['pjuərist] *n*. ⓒ(在语法、用词等上)力求纯正者,语言纯正癖者

purity ['pjuəriti] *n*. ⓤ纯,纯洁,纯正,洁净

purloin [pə:'lɔin] *vt*. 偷窃

purple ['pə:pl] *adj*. 紫的 ∎ *n*. ❶ⓤ紫色 ❷ⓈS 紫(红)衣,紫(红)袍

purpose ['pə:pəs] *n*. ❶ⓒ目的;意图 ❷ⓒ作用;用途;效果 ❸ⓤ意志;毅力;决心 ‖ **answer〔serve〕one's〔the〕～** 适合需要〔要求〕,令人满意/**be at cross ～s** 彼此不合/**for... ～s** 为了…目的/**for (the) ～(s) of** 为了/**on ～** 并非偶然地,故意地;特地,特有目的地/**to little〔no〕～** 几乎徒劳地,毫无成效地/**to the ～** 中肯地 ∎ *vt*. 有意,打算: *I purpose going to London.* 我想去伦敦。‖ **purpose-built** *adj*. 专用的

purposeful ['pə:pəsful] *adj*.(人或行为)有明确目标的;果断的;坚定的 ‖ **purposefully** *adv*. 果断地,有明确目标地

purposeless ['pə:pəslis] *adj*. 无目的的;无意义的 ‖ **purposelessly** *adv*. 无目的地;无意义地

purposely ['pə:pəsli] *adv*. 故意地;蓄意地

purse [pə:s] *n*. ❶ⓒ钱包;女用小提包 ❷ⓈS 钱;资财 ❸ⓒ款项,奖金

pursue [pə'sju:] *vt*. ❶追捕,追击: *The policemen pursued the bank robbers.* 警察追捕银行抢劫犯。/*Foxes, wild cats and other animals pursue the hare.* 狐狸、野猫及其他一些动物都捕食野兔。❷追求: *He began to pursue an easy and comfortable life.* 他开始追求安逸舒适的生活。❸继续;从事,经营: *He pursued his studies after leaving school.* 他离开学校后仍继续进行研究。

pursuit [pə'sju:t] *n*. ❶ⓤ追赶,追捕 ❷ⓒ工作;消遣;嗜好

purvey [pə'vei] *vt*. 提供;供应

push [puʃ] *vt*. & *vi*. 推,推动: *If you push the car, I'll steer it.* 如果你来推车,我就来驾车。∎ *vt*. ❶对…施加压力,按: *He pushed the button.* 他按动按钮。❷逼迫,驱策,敦促: *If you push him too hard, he may make mistakes.* 要是你总逼他太紧,他可能会出错。‖ **～ against**(使)推,顶〔按〕…/**～ ahead** 向前推;坚持下去;推行;急速前进/**～ along**〈口〉离开/**～ around**〈非正〉欺负,摆布/**～ aside** 把…推向一旁;不管,不顾/**～ at** 用力推;把…推向…/**～ away** 继续推;推开/**～ back** 使撤退,使回到原处/**～ for** 急切、强烈地要求,为…奋力争取/**～ from** 把…从…推开/**～ in** 向里推,推进去;挤入内;粗暴地打断;塞入…之中/**～ off**〈非正〉离开,走开;离岸/**～ on** 继续前进,匆匆向前/**～ out** 推出;长出;开除,除掉某人/**～ over** 推翻,推倒/**～ towards** 把…朝…推去;向…挺进,朝…奋进/**～ up** 推上去;增高,提高 ∎ *n*. ❶ⓒ推: *The gate slid opened at the push of a button.* 一按电钮,大门就滑动开启。❷ⓒ大规模攻势: *The enemy made a push on the western front.* 敌人在西线发动猛攻。❸ⓤ毅力;推动力: *She has plenty of push.* 她很有进取心。/*He hasn't enough push.* 他缺乏闯劲。‖ **at a ～** 不得已时/**get the ～** 被解雇,被开除/**give the ～** 解雇某人,开除某人;与某人断绝关系/**if〔when〕it comes to the ～** 如需做出特别努力〔需要〕时

pusher ['puʃə] *n*. ⓒ❶贩毒者 ❷有干劲的人,咄咄逼人的人

pussy ['pusi] *n*. ⓒ小猫咪

put [put] *vt*.(-tt-,*pt*.,*pp*. **put**)❶放;置: *I'll put you a chair over there.* 我在那边给你放一把椅子。❷使处于(某种状态): *It's a wonder-*

putrefy

ful scheme, and he's just the man to put it into effect. 这是一个很好的计划，而他正是实施这个计划的人选。❸表达，叙述，说明：*I'd like to put a question to the speaker.* 我想向演讲者提个问题。‖ ～ **across** 解释清楚，使被理解/ ～ **aside** 储存，保留；把…放在一边，暂不考虑/ ～ **away** 收起来，放好/ ～ **back** 放回原处；拨回，向后推/ ～ **by** 储存，存放在一边/ ～ **down** 放下；平定，镇压，取缔；记下，写下；估计，认为；归于/ ～ **forward** 向前移；将…提前；将钟拨快；提出/ ～ **in** 正式提出，申请；在…上花费/ ～ **in for** 申请，推荐/ ～ **into** 使处于某种状态；把…译成，用…表达/ ～ **off** 延期，推迟；阻碍做某事，敷衍/ ～ **on** 穿上，戴上；上演，演出；增加(体重)/ ～ **out** 伸出；扑灭，熄灭；生产；制造；出版；发行；发布/ ～ **over** 把…讲清楚；推迟；成功完成/ ～ **through** 实行，完成；接通(电话)；使…经历；使…通过/ ～ **together** 组成整体/ ～ **up** 建造，竖起，支起；张贴；投宿，留宿；提高(价格、速度等)；提供，提名，提出；进行(抵抗等)/ ～ **up with** 忍受，容忍

putrefy ['pjuːtrɪfaɪ] *vt.* ❶(使)腐烂，(使)腐败 ❷(使)化脓 *vi.* 腐化，堕落

putt [pʌt] *vt. & vi.* (高尔夫球)轻击(球)

puzzle ['pʌzl] *vt.* 使迷惑，使难解：*The letter puzzled me.* 这封信使我迷惑不解。*vt. & vi.* 为难，伤脑筋，苦思：*The spelling of English is often puzzling.* 英语的拼写法常常使人伤脑筋。/ *He puzzled his brains to find an answer.* 他冥思苦想寻求答案。‖ ～ **about** 想找出/ ～ **out** 推测出/ ～ **over** 苦苦思考/ ～ **through** 钻研 ■ *n.* ❶ⓒ智力测验，智力玩具，谜 ❷ⓈⓁ难题，令人费解的事〔人〕；谜一般的事物 ‖ **in a ～ about**〔**as to**〕对(某事)困惑不解 ‖ **puzzlement** *n.* 困惑，苦思

pyjamas, 〈美〉**pajamas** [pəˈdʒɑːməz] *n.* ℙ(一套)睡衣裤

pyramid [ˈpɪrəmɪd] *n.* ⓒ❶金字塔 ❷棱锥(体)，角锥(体)

python [ˈpaɪθən] *n.* ⓒ巨蛇，大蟒

Q q

quack[1] [kwæk] *n*. ⓒ ❶〈尤英〉江湖医生,庸医 ❷医生

quack[2] [kwæk] *vi*.(鸭子)发出嘎嘎声

quadruple ['kwɒdrupl] *vt*. 使成四倍,使翻两番 *vi*. 成四倍,翻四番 ∎*adj*. 四倍的 ‖ **quadruply** *adv*. 四倍地,翻四番地

quaff [kwɒf] *vt*.&*vi*. 痛饮,畅饮 *vt*. 大口大口将…喝干,一饮而尽

quail[1] [kweɪl] *n*.(*pl*. ~ or ~s)❶ⓒ鹌鹑 ❷Ⓤ鹌鹑肉

quail[2] [kweɪl] *vi*. 害怕,发抖,畏缩

quaint [kweɪnt] *adj*. ❶古色古香的 ❷少见的,古怪的 ‖ **quaintly** *adv*. 古怪地

quake [kweɪk] *vi*. ❶ 颤抖,(因害怕或寒冷而)发抖: *She quaked with fright*. 她吓得发抖。❷(地面)震动: *Our house is quaking*. 我们的房屋在震动。

qualification [ˌkwɒlɪfɪ'keɪʃən] *n*. ⓒ❶合格证书 ❷资格,条件 ❸限制,限定性条件

qualified ['kwɒlɪfaɪd] *adj*. ❶有资格的,适合的,胜任的 ❷有限制的;不完全的

qualifier ['kwɒlɪfaɪə] *n*. ⓒ❶合格者,已取得资格的人 ❷修饰语

qualify ['kwɒlɪfaɪ] (*pt*., *pp*. -fied) *vt*. &*vi*. (使)具有资格,(使)合格: *His past experience qualified him to handle such a delicate matter*. 他过去的经验使他有办法处理好这件微妙的事情。*vt*. 限定,修饰: *I'd like to qualify my last statement*. 我想修正一下最后一句话。‖ ~ **as** 通过考试等取得当…的资格;把…描述为…/~ **for**(使)有…资格;受到…/~ **with** 用…缓和,用…限制 ‖ **qualifying certification** 资格证书;合格证书/**qualifying examination** 资格考试

qualitative ['kwɒlɪtətɪv] *adj*. 定性的,性质(上)的;质量上的 ‖ ~ **analysis**〈化〉定性分析 ‖ **qualitatively** *adv*. 性质上

quality ['kwɒlɪtɪ] *n*. ❶Ⓤ质,质量 ❷ⓒ优点,优质 ❸ⓒ品质,特征,特性 ❹ⓒ特点,特色 ‖ **of** ~ 优质的,素质好的 ‖ **quality control** 质量控制

quantify ['kwɒntɪfaɪ] *vt*.(*pt*., *pp*. -fied) 确定…的数量: *The cost of the fire damage is impossible to quantify*. 这次火灾的损失是无法计算的。

quantitative ['kwɒntɪtətɪv] *adj*. 数量(上)的 ‖ **quantitatively** *adv*. 数量上 ‖ **quantitative analysis**〈化〉定量分析

quantity ['kwɒntɪtɪ] *n*. ❶Ⓤ数目,数量,量,大小 ‖ **unknown** ~ 难以预测的人〔事〕

quarantine ['kwɒrəntiːn] *n*. Ⓢ Ⓤ(人或动物生病之后被隔离的)检疫期 ∎*vt*. 对…进行检疫隔离

quark [kwɑːk] *n*. ⓒ夸克(构成原子的最小粒子)

quarrel ['kwɒrəl] *n*. ⓒ❶争吵,不和,口角 ❷抱怨…的原因〔理由〕 ‖ **a** ~ **with** 故意和(某人)争吵;向(某人)挑衅 ∎*vi*.(-ll-;〈美〉-l-) ❶争吵,争辩: *Now, boys, don't quarrel*. 孩子们,不要吵了。/ *I know you've been quarrelling a good deal lately*. 我知道你们近来时常吵嘴。❷不同意;挑剔: *You can't quarrel with the decision of the court; it's very fair*. 你不能反对法院的判决,它判得很公正。‖ ~ **about** 因…而争吵,就…而吵 /~ **with** 和…争吵;不同意;挑剔;埋怨

quarry[1] ['kwɒrɪ] *n*. ⓒ 采石场 ∎*vt*.(*pt*., *pp*. **quarried**)采(石),挖(沙)

quarry[2] ['kwɒrɪ] *n*. Ⓢ猎取的目标,猎物

quart [kwɔːt] *n*. ⓒ夸脱(液体或固体的容积单位)

quarter ['kwɔːtə] *n*. ❶ⓒ四分之一: *Three quarters of the theatre was full*. 剧院的座位坐满了四分之三。❷ⓒ每小时之前或之后的一刻钟,第十五分钟: *You will have a bad quarter of an hour of it, I assure you*. 我敢保证,你准得受一刻钟的罪。❸ⓒ两角五分的硬币;四分之一元: *It'll cost you a quarter*. 你得花两角五分钱。❹ⓒ三个月,一个季度: *The output value in the first quarter was 10 percent over the* same period of last year. 第一季度产值比去年同期高出百分之十。/ In the first week the moon is in its first quarter, in the third week it is in its last quarter. 第一个星期月亮处于上弦月的状态,第三个星期月亮处于下弦月的状态。❺ⓒ上弦[下弦];月球周期的四分之一 ❻ⓒ方向;地区;城镇的一部分: The city has a busy Chinese quarter. 这个城市有个热闹的华人区。❼ⓟ住处;营房: She lives in single quarters now. 现在她住在单人营房。❽ⓒ人,团体: This decision is seen in some quarters as a change of policy. 这项决定被一些人看成是政策的改变。‖ at close ～s 非常近 / from [in] all ～s 四面八方,到处 / give no ～ 不让步 ■ vt. ❶把…四等分: We should quarter a pineapple. 我们应该把这个菠萝分成四等分。❷使(士兵)驻扎,供…住宿: The troops were quartered in the city. 军队驻扎在城里。/ We are quartered in a beautiful villa. 我们住在一栋漂亮的别墅里。‖ ～ in 使住宿在…/ ～ on [upon] 使住宿在…;使与…住在一起 / ～ with 使和…住在一起

quarterfinal [ˌkwɔːtəˈfaɪnl] n. ⓒ 四分之一决赛

quarterly [ˈkwɔːtəlɪ] n. ⓒ 季刊 ■ adj. 一年四次的,每季的 ■ adv. 一年四次地,每季地

quartz [kwɔːts] n. ⓤ〈矿〉石英;～ clock 石英钟

quasar [ˈkweɪzɑː] n. ⓒ〈天〉类星体

quash [kwɒʃ] vt. ❶拒绝接受,废除,撤销 ❷镇压;平息;压服,压倒

quaver [ˈkweɪvə] vi. ❶发颤音;(声音或乐)颤抖 ❷用颤抖的声音说 ■ n. ⓒ颤音

queen [kwiːn] n. ⓒ❶女王 ❷王后 ❸出众的女性[地方,事物] ❹雌蜂,雌蚁;蜂王,蚁王

queer [kwɪə] adj. ❶古怪的 ❷可疑的 ❸(身子)不舒服的 ‖ **queerly** adv. 奇怪地,可疑地 / **queerness** n. 奇怪,可疑

quell [kwel] vt. (用武力)制止,结束,镇压

quench [kwentʃ] vt. ❶(用水)扑灭(火焰等): The firemen were unable to quench the fire. 消防人员无法扑灭这场大火。❷解(渴): I quenched my thirst with a glass of cold beer. 我喝了一杯冷冻啤酒解渴。❸终止(某事物) ❹将(热物体)放入水中急速冷却

quest [kwest] n. ⓒ探求,寻找: be on a blind ～ 盲目寻求 / the continuing ～ 不懈的探索 ‖ in ～ of 寻找 ■ vt. 寻找;探索

question [ˈkwestʃən] n. ❶ⓒ问题: I asked you two questions and you didn't answer. 我问了你两个问题,但你没有有回答。❷ⓒ议题,难题: At the end of the meeting, a number of important questions were still unresolved. 会议结束时,一些重大的问题仍悬而未决。❸ⓒⓤ疑问,不能肯定的事: These are questions that lie outside the purview of our inquiry. 这些都不是属于我们调查范围的问题。‖ **beside the** ～ 不切题,不相干 / **beyond (all)** ～ 无可置疑,毫无疑问 / **in** ～ 考虑中的;被谈论著的 / **it's a** ～ **of** 问题在于… / **open** ～ 未解决的问题,有争论的问题 / **out of** [**without**] ～ 毫无疑问 / **out of the** ～ 不值得讨论的,不可能的 / **put a** ～ **mark against** 提出疑问,表示怀疑 / ～ **of the moment** 首要问题 / **there is [was] no** ～ (**but**) **that**... 毫无疑问 / **There is [was] no** ～ **of** 不可能,不必;毫无疑问 / **under** ～ 在受盘问时 ■ vt. ❶问(某人)问题: I prefer questioning my pupils to lecturing them. 我喜欢少讲课,多提问。/ The police questioned the witness. 警察询问了证人。❷对(某事物)表示[感到]怀疑: I would never question his honesty. 我绝不会怀疑他的诚实。/ I question if you can do it. 我对你能否做这件事表示怀疑。/ He questioned whether she could have arrived in time. 他怀疑她是否能准时到达。/ It can't be questioned that we will win the final victory. 我们将最终取得胜利,这是确定无疑的。‖ ～ **about** 询问,盘问 / ～ **as to** 询问,盘问 / ～ **on** 询问,盘问 ‖ **question mark** 问号

questionable [ˈkwestʃənəbl] adj. 可疑的,有疑问的 ‖ **questionably** adv. 可疑地;不真实地

questioning [ˈkwestʃənɪŋ] adj. 怀疑的,探询的

queue [kjuː] n. ⓒ(人或车辆)行列,长队;jump the ～ 加塞儿

quick [kwɪk] adj. (-er,-est) ❶快的,迅速的: He is quick at calculation. 他计算的速度很快。❷短时间做成的: After a quick courtship they married. 他们经过一番短暂的恋爱就结婚了。❸易受激发的,敏感的: She is quick at taking offence. 她容易生气。/ He is quick to take offence. 他容易发怒。❹灵活的,灵敏的,伶俐的,机警的: Nothing can escape her quick ear. 没有什么能逃过她灵敏的耳朵。/ Her quick wits saved the boy's life. 她靠机智救了那男孩一命。/ He is quick of perception. 他感觉灵敏。❺聪明的,有能力的: My son is a quick student and always has high grade. 我儿子是个聪明的学生,总是得高分。‖ ～ one 匆匆喝下的酒 / the ～ and the dead 活着的和死去的 ‖ **quick-eared** adj. 耳朵尖的 / **quick-eyed** adj. 眼睛尖的 / **quick-freezed** adj. 速冻的 / **quick-lunch** n. 快餐

quicken [ˈkwɪkən] vt. & vi. (使)变快,增速,加快: The patient's pulse quickened. 病人的脉搏加快了。/ He quickened his steps. 他加快了脚步。vt. 苏醒;使有生机: Spring rains quickened the earth. 春雨使大地充满生机。

quid [kwɪd] n. (pl. ～) ⓒ 一英镑

quiet [ˈkwaɪət] adj. (-er,-est) ❶轻声的,安

静的: *It was so quiet that you could hear a pin drop*. 安静得连掉一根针的声音都听得见。❷ 不激动的;平静的;宁静的: *He lived in a quiet village near the sea*. 他住在海边的一个僻静的村子里。❸ 不起眼的,不显眼的;暗中的: *Can I have a quiet word with you?* 我能私下和你谈几句吗? ‖ **as ~ as a mouse**〔**grave**〕非常宁静 /**on the ~** 私下,暗地里 ■ *vt.&vi.* 安静下来;使…安静,平静: *He quieted my suspicions*. 他消除了我的疑虑。‖ **quietly** *adv.* 安静地,宁静地/**quietness** *n.* 安静,宁静

quill [kwɪl] *n.* ⓒ(鸟站在翅膀或尾部的)大羽毛 ‖ **quill pen** 羽管笔

quilt [kwɪlt] *n.* ⓒ被子

quip [kwɪp] *n.* ⓒ(即兴的)俏皮话,妙语 ■ *vi.*(**-pp-**)说俏皮话,说妙语

quit [kwɪt] (**-tt-**, *pt.*, *pp.* **quit**,〈英〉**quitted**) *vt.&vi.* 从(某处)离开;离去: *If I don't get a pay rise I'll quit*. 若不给加薪,我就不干了。/ *I've quit my job*. 我辞职了。/ *I got my present job when I quit the army*. 我退伍后得到了现在这份工作。*vt.* 停止: *My father has quit smoking*. 我父亲已戒烟了。‖ **be ~ of** 摆脱〔脱离〕某人〔某事物〕

quite [kwaɪt] *adv.* ❶ 完全地;整体地;十分地: *I quite like some rock music*. 我很喜欢某些摇滚乐。❷ 有几分;颇;相当: *He is a quite skilled worker*. 他是个相当熟练的工人。❸〈尤英〉同意,不错;对的: *He is quite drunk*. 他确实喝醉了。/ *"It's not something we want to talk about." "Quite."* "那不是我们要谈的事。" "不错。" ‖ **(not) ~ the (done) thing**(不)得体 /**~ a**〔**some**〕〈尤美〉〈常褒〉不寻常的 /**~ a few** 相当多 /**~ something**〈非正〉不一般的,异

常好的

quiver [ˈkwɪvə] *vt.&vi.* 微颤,抖动: *The bird quivered its wings*. 那只鸟抖动它的翅膀。/ *The blades of grass quivered in the wind*. 草叶随风颤动。*vt.* 使震动 ■ *n.* ⓒⓊ抖动;颤音: *Can you feel a quiver of her hands?* 你感觉到她的手在发抖吗?

quiz [kwɪz] *n.*(*pl.* **quizzes**)ⓒ❶ 问答比赛(游戏)❷〈尤美〉小测验

quota [ˈkwəʊtə] *n.* ⓒ(正式限定的)定量,定额,配额

quotable [ˈkwəʊtəbl] *adj.* 值得引用的

quotation [kwəʊˈteɪʃən] *n.* ❶ⓊⒸ引用,引述 ❷ⓒ引文,引语,语录 ❸ⓒ时价,报价,行情 ‖ **quotation mark(s)** 引号

quote [kwəʊt] *vt.&vi.* 引用,援引: *The author frequently quoted Shakespeare*. 作者不断地引用莎士比亚的话。/ *He quoted from the report to support his point*. 他援引报告中的话来支持自己的论点。*vt.* ❶ 提到…以支持某论点: *Can you quote me an example of what you mean?* 你能否给我举个例子来说明你的意思?/ *He is quoted as saying he disagrees with the decision*. 用他的话说,他不同意这一决定。❷ 报(价);开(价): *The company's shares are currently being quoted at 62 pence a share*. 该公司股票的现在报价是每股62便士。/ *They quoted 756 dollars for the single New York—London fare*. 他们对纽约到伦敦的单程机票开价是756美元。/ *This is the best price I can quote you*. 这是我给你开出的最有利的价钱了。‖ **~ out of context** 断章取义

rabbit [ˈræbɪt] n. ❶C 兔子 ❷U 兔子皮毛,兔子肉

raccoon [rəˈkuːn] n. ❶C 浣熊 ❷U 浣熊毛皮

race¹ [reɪs] n. C U 人种,种族

race² [reɪs] n. C (速度)比赛,赛跑;竞争 ‖ ~ against time 和时间赛跑/in the ~ 在比赛中;有希望的/out of ~ 无希望的 ■ vt. & vi. ❶ 和…比速度;(使)参加比赛:My horse has hurt his toe so I can't race him. 我的马伤了脚趾,我不能把它投入比赛。❷ (使)快速移动:He raced his car across the desert. 他开车驶过那片荒漠。‖ ~ against 与…赛跑;争抢时间,不得不迅速地行事/~ through (使)匆忙地阅过/~ to 跑到…;快速地把…送到…/~ up 迅速上升/~ with 同…比赛 ‖ race ground 赛跑场,赛马场/race-meeting n. 赛马会/race-track n. (赛马或赛车的)跑道

racecourse [ˈreɪskɔːs] n. ❶C 赛马跑道,赛马场 ❷ (赛马、赛车、赛跑的)跑道

racehorse [ˈreɪshɔːs] n. C 比赛用的马

racer [ˈreɪsə] n. C 专供比赛用的动物;比赛用的车辆

racial [ˈreɪʃəl] adj. 种族的;存在或发生于种族之间的 ‖ racialism n. 种族偏见,种族歧视/racialist n. 种族主义者/racially adv. 在种族上,从种族观点来看

racing [ˈreɪsɪŋ] n. U ❶赛马,跑马 ❷汽车或自行车等比赛 ■ adj. A 专为比赛而设计或饲养的;比赛用的

racism [ˈreɪsɪzəm] n. U ❶种族主义 ❷种族偏见

rack¹ [ræk] n. ❶C 行李架 ❷刑架,拷问台 ‖ on the ~ 十分痛苦,极度焦虑

rack² [ræk] vt. 使痛苦,使焦虑;绞尽脑汁:He was racked by remorse. 他悔恨交加。‖ ~ one's brains 绞尽脑汁/~ up 在比赛中获(胜),得(分)

racket¹ [ˈrækɪt] n. C (网球等)球拍

racket² [ˈrækɪt] n. ❶S 吵闹声 ❷C 敲诈,勒索,诈骗,非法勾当 ‖ go on a ~ 游荡

radar [ˈreɪdə] n. U ❶雷达 ❷雷达装置 ‖ radar installation 雷达装置/radar screen 雷达荧光屏/radar set 雷达装置/radar troops 雷达部队

radial [ˈreɪdɪəl] adj. 辐射状的;放射式的;径向的;星形的 ■ n. C 子午线轮胎;辐射状轮胎

radiant [ˈreɪdɪənt] adj. ❶ 放热的;发光的;辐射的 ❷ 喜悦的,容光焕发的 ‖ radiantly adv. 喜悦地

radiate [ˈreɪdɪeɪt] vt. 发射出(光、热等):The sun radiates light and heat. 太阳散发光和热。vi. 射出,向四周伸出:Most of Britain's motorways radiated from London. 英国的大多数公路从伦敦向四方延伸。

radiation [ˌreɪdɪˈeɪʃən] n. ❶U 辐射(能);放射 ❷P 放射物:This apparatus produces harmful radiations. 这种仪器会产生有害的辐射物。‖ radiation damage 辐射线损伤/radiation-proof adj. 防辐射的/radiation sickness 辐射病,射线中毒

radiator [ˈreɪdɪeɪtə] n. C ❶ (暖气设备的)散热器 ❷汽车引擎的冷却器,散热器:The car has a fancooled radiator. 这部汽车有一个由风扇散热的冷却器。

radical [ˈrædɪkəl] adj. ❶根本的,基本的;彻底的,完全的:He made a radical change in the plan. 他对计划做了彻底的修改。❷激进的,激进派的:~ measures 激进的手段/~ policies 激进的政策/His opinions are very radical. 他的观点很激进。/ She is radical in her demands. 她的要求十分偏激。‖ radically adv. 根本地,基本地;激进地

radicalism [ˈrædɪkəlɪzəm] n. U 激进主义;激进的思想和原则

radio [ˈreɪdɪəʊ] n. (pl. ~s) ❶C 收音机,无线电设备 ❷U 无线电广播台 ❸U 无线电,无线电传送,无线电广播 ■ vt. & vi. (pt., pp. radioed) 用无线电发送讯息:They'll radio for instruction. 他们要通过无线电去请示。/ Have you radioed her? 你给她发无线电报没

有？/ *Every ship is required to radio its position*. 要求每一艘船用无线电报告各自所在的位置。‖ **radio astronomy** 〈天〉射电天文学/ **radio car** 无线电通讯（警）车/ **radio communication** 无线电通讯/ **radio compass** 无线电罗盘/ **radio engineering** 无线电工程/ **radio fix** 无线电定位/ **radio frequency** 射频/ **radio knife** 〈医〉高频手术刀/ **radio navigation** 无线电导航/ **radio receiver** 无线电接收机/ **radio set** 收音机/ **radio station** 无线电台/ **radio telescope** 射电望远镜/ **radio transmitter** 无线电发射机/ **radio tube** 射电真空管, 电子管/ **radio wave** 无线电波

radioactive [ˌreɪdɪəʊˈæktɪv] *adj.* 放射性的
radish [ˈrædɪʃ] *n.* ⓒ（做色拉用的）小萝卜
radium [ˈreɪdɪəm] *n.* Ⓤ〈化〉镭
radius [ˈreɪdɪəs] *n.* (*pl.* -dii) ⓒ ❶半径（距离）❷用半径度量的圆形面积；半径范围
raffle [ˈræfl] *n.* 抽彩售物 ■ *vt.* 以抽彩方式售（物）：*The supermarket raffled fifty watches*. 这家超市以抽彩给奖法售出了 50 只表。
raft [rɑːft] *n.* ⓒ木筏
rafter [ˈrɑːftə] *n.* ⓒ椽
rag [ræg] *n.* ❶ⓒⓊ破布, 碎布 ❷ⓟ破旧衣服 ❸ⓒ（质量差的）报纸 ‖ **from ~s to riches** 从赤贫到巨富 ‖ **rag baby**（用破布做成的）玩具娃娃/ **ragbag** *n.* 放备用碎布的布袋/ **rag cutter** 切布机/ **rag fair** 旧货市场/ **ragman** *n.* 收购破旧货的人
rage [reɪdʒ] *vi.* ❶大发脾气, 动怒：*She raged when her jewels were stolen while under police protection*. 在有警察保护的情况下她的珠宝被偷, 她十分生气。❷猛烈地继续下去：*The argument over the new airport is still raging*. 关于新机场的争论仍然十分激烈。‖ **~ against** 〔at〕对…大发脾气/ **~ through** 强行通过 ■ *n.* Ⓤⓒ狂怒, 盛怒 ‖ **fall into a ~** 勃然大怒
ragged [ˈrægɪd] *adj.* ❶衣着破烂的；褴褛的 ❷参差不齐的, 凹凸不平的 ‖ **raggedly** *adv.* 衣着破烂地；褴褛地/ **raggedness** *n.* 衣着破烂, 褴褛
raging [ˈreɪdʒɪŋ] *adj.* 极端的；痛苦的
raid [reɪd] *n.* ⓒ❶突然袭击 ❷劫掠, 劫夺 ❸突然查抄（搜捕）■ *vt.* 突然袭击（抢劫）；突然搜查：*The enemy raided the docks*. 敌人突然袭击了码头。
raider [ˈreɪdə] *n.* ⓒ进行袭击、抢劫或搜查的人；进行突袭的舰队、飞机等
rail [reɪl] *vt.* 将…围起来, 隔开；**~ a garden** 围花园/ **a wall** 把墙围起来/ *The cliff edge is dangerous and should be railed*. 崖边危险, 应该用栏杆围起来。*vi.* 责备；辱骂；抱怨；**~ bitterly** 难以接受地责骂/ **~ pitifully** 可耻地责骂 ‖ **~ against**〔at〕反对…；严厉责骂… / **~ in** 用栏杆围住/ **~ off** 用栏杆把…隔开

railing [ˈreɪlɪŋ] *n.* ⓒ❶栏杆 ❷由横木做成的篱笆
railway [ˈreɪlweɪ],〈美〉**railroad** [ˈreɪlrəʊd] *n.* ⓒ❶铁路, 铁道 ❷铁路系统 ‖ **railway engine** 火车头, 机车/ **railway station** 火车站/ **railway timetable** 列车时刻表
rain [reɪn] *n.* ⓒⓊ雨 ‖ **~ or shine** 无论如何 ■ *vt.* & *vi.* (雨) 降下；(使) 降落：*It has rained over.* 雨停了。‖ **~ down** ①大量地流〔落〕下来 ②顺…大量地流下来/ **~ off**〈主英〉因下雨而受阻〔取消〕/ **~ on**〔**upon**〕(使) 雨点般地落到…上/ **~ out**〈主美〉因下雨而受阻〔取消〕/ **rain boot** 雨鞋/ **rain cap** 雨帽/ **rain cape** 雨披/ **rain cloud**〈气〉雨云/ **rain glass** 气压表/ **rain-hat** *n.* 雨帽/ **rainmaker** *n.* 求雨者/ **rainmaking** *n.* 人工降雨/ **rainstorm** *n.* 暴风雨/ **rainwater** *n.* 雨水/ **rainwear** *n.* 雨衣/ **rainworm** *n.* 蚯蚓
rainbow [ˈreɪnbəʊ] *n.* ⓒ彩虹
raincoat [ˈreɪnkəʊt] *n.* ⓒ雨衣
raindrop [ˈreɪndrɒp] *n.* ⓒ雨点；雨滴
rainfall [ˈreɪnfɔːl] *n.* Ⓤ❶下雨 ❷雨量
rainforest [ˈreɪnfɒrɪst] *n.* ⓒⓊ（热带）雨林
rainy [ˈreɪnɪ] *adj.* (**-ier, -iest**) 下雨的, 多雨的
raise [reɪz] *vt.* ❶提起；举起；竖起：*From then on we raised our heads and became our own masters.* 从此我们抬起头来当家做主了。❷增加；提升：*Why didn't you raise the question at the meeting?* 这问题你怎么没有在会上提出来？❸抚养；饲养：*They raised five thousand chrysanthemums last year.* 去年他们种了五千株菊花。‖ **~ to** 把…提到；把…提升到 ■ *n.* ⓒ（工资、薪金的）提升, 增加
raisin [ˈreɪzn] *n.* ⓒ葡萄干
rake [reɪk] *n.* ⓒ耙子 ■ *vt.* & *vi.* ❶以耙子耙平（泥土等）❷用耙子把…耙在一起；把…耙出来 ❸（翻阅旧记录、文件等以）搜寻事实等 ❹向（船只等）开枪扫射
rally [ˈrælɪ] *n.* ⓒ❶集会,（群众）大会 ❷公路汽车赛 ■ *vt.* & *vi.* (*pt., pp.* **rallied**) ❶集合起来：*The leader rallied his scattered men.* 指挥官重整溃兵。❷恢复；复原：*Before long the dying plants began to rally.* 快要枯死的植物不久就开始复苏了。‖ **~ for** 为…集结/ **~ from** 从…开始复原；开始好转/ **~ in ~** 中团结/ **~ on**（善意地）取笑/ **~ round** 聚集支持；聚集在…周围/ **~ to** 共同支持
ram[1] [ræm] *n.* ⓒ公羊
ram[2] [ræm] *n.* ⓒ撞击工具 ■ *vt.* (**-mm-**) 撞击, 猛撞
Ramadan [ˌræməˈdæn] *n.* ⓒ斋月（该月内伊斯兰教徒每日从黎明到日落禁食）
ramble [ˈræmbl] *vi.* (无目的地) 漫游, 漫步；（喻）漫谈, 说话东拉西扯：*He is fond of ram-*

bling among the trees. 他喜欢在林中散步. ‖ ~ about 散步,闲逛 ■ n. C 漫步,漫游

rambler ['ræmblə] n. C ❶漫步者;漫谈者 ❷攀缘蔷薇

rambling ['ræmblɪŋ] adj. 布局凌乱的 ‖ **ramblingly** adv. 布局凌乱地

ramify ['ræmɪfaɪ] vt. 使分枝,使分叉 vi. 成枝杈状

ramp [ræmp] n. C 土堤斜坡;斜道;斜路

rampage [ræm'peɪdʒ] vi. (因兴奋或愤怒而)乱跑,乱冲

rampant ['ræmpənt] adj. ❶(尤指疾病,社会弊端)猖獗的;无法控制的 ❷(指动物)只用后腿站起来的

rampart ['ræmpɑːt] n. ❶ P (城堡等周围宽阔的)防御土墙 ❷ S 防御;保护

ranch [rɑːntʃ] n. C (美)大农场,(兼种果树,养鸡等的)大牧场

rancher ['rɑːntʃə] n. C 大农场主

rancid ['rænsɪd] adj. ❶(指含有油脂食物)因变质而有陈腐味道或气味的 ❷(指气味或味道)如陈腐脂肪味的

random ['rændəm] adj. ❶任意的;无计划的 ❷(统计)随机的 ‖ at ~ 任意地;随便地 ‖ **randomly** adv. 任意地,随机地/**randomness** n. 任意;随机

randy ['rændɪ] adj. (-ier,-iest) 性欲冲动的;好色的

range [reɪndʒ] n. ❶ S 一系列 ❷ S U 变化幅度,范围 ❸ S U 射程,距离 ❹ C (山)脉 ■ vi. 变化: Prices range from £6 to £10. 价钱从六英镑到十英镑不等. vt. 排列: ~ generally 一般性地排列/~ perfectly 整齐地排列/~ troops in line 把队伍排成行/~ books on a shelf 把书排列在书架上/Range the books by size. 把这些书按大小分类排列. ‖ range finder 测距计/range table (军)射程表

ranger ['reɪndʒə] n. C ❶护林者 ❷ (美)突击队员

rank [ræŋk] n. ❶ C U 军衔,职衔 ❷ C 地位;社会阶层 ❸ C 排;横列;行列 ‖ close ~s (一群人)紧密团结(面对困难) ■ vt. & vi. 分属某类: ~ the books 把书籍分类/~ the students 把学生分等/He ranks among the best pupils of his grade. 他是他们年级最好的学生之一. vt. 超过;高于 ‖ ~ with 列与

ranking ['ræŋkɪŋ] n. C 地位;等级

rankle ['ræŋkl] vt. & vi. (使)痛苦不已;(使)怨恨不已: The insult rankled in his mind. 这种侮辱使他心里难受. /The noise that trunks and ambulances made in the street rankles me every day. 每天大街上卡车和救护车的噪音令我恼怒不已.

ransack ['rænsæk] vt. ❶彻底搜查 ❷抢劫;掠夺

ransom ['rænsəm] n. U C 付赎金救人;赎金 ‖ ransom bill 付赎保证金

rant [rænt] vt. & vi. 怒吼

rap [ræp] vt. & vi. (-pp-) ❶连续敲叩: I bounded up the step and rapped on the door. 我跳上台阶,赶紧敲门. ❷突然说出 ■ n. ❶ C (轻快的)敲击(声);急敲(声) ❷ U 速度快的谈话;唠叨

rapacious [rə'peɪʃəs] adj. ❶贪婪的;(尤指)贪财的 ❷抢劫的,掠夺的 ‖ **rapaciously** adv. 贪婪地/**rapaciousness** n. 贪婪

rapacity [rə'pæsɪtɪ] n. U 贪婪;贪心;劫掠的欲望

rape¹ [reɪp] vt. ❶以暴力夺取,强夺 ❷强奸

rape² [reɪp] n. U 芸苔,油菜 ‖ rape oil 菜油/rapeseed n. 油菜仔

rapid ['ræpɪd] adj. 〈正〉快的;急速的 ‖ **rapidly** adv. 快地,急速地/**rapidity** n. 快,急速 ‖ rapid transit 高速交通

rapier ['reɪpɪə] n. C 轻剑

rapport [ræ'pɔː] n. U S 融洽;和谐

rapt [ræpt] adj. 全神贯注的;入迷的 ‖ **raptly** adv. 全神贯注地;入迷地/**raptness** n. 全神贯注;入迷

rapture ['ræptʃə] n. U 极度欢喜

rare [reə] adj. (-r,-st) ❶稀少的,罕见的 ❷稀薄的 ❸ A 极好的,极度的

rarefy ['reərɪfaɪ] vt. ❶使稀薄 ❷(思想等)精炼,使纯化,使变得精妙深奥

rarely ['reəlɪ] adv. 不常,很少地,难得地: She rarely went anywhere except to her office. 她除了去办公室以外,很少去别的地方.

rarity ['reərɪtɪ] n. ❶ U 稀有,罕见 ❷ C 稀罕的东西;珍品

rascal ['rɑːskəl] n. C ❶流氓,无赖 ❷(开玩笑说法)淘气的人(尤指小孩),恶作剧的人

rash¹ [ræʃ] n. S 发疹,疹子

rash² [ræʃ] adj. (-er,-est) 太急速的;鲁莽的,轻率的 ‖ **rashly** adv. 轻率地/**rashness** n. 急躁,鲁莽

rasp [rɑːsp] n. C 粗锉 ■ vt. & vi. ❶以粗锉打磨,锉去 ❷发出摩擦的刺耳声

rat [ræt] n. C ❶大老鼠 ❷卑鄙小人,叛徒 ‖ **ratlike** adj. 老鼠的,像老鼠的 ‖ rat poison 灭鼠药/rattrap n. 捕鼠夹

rate [reɪt] n. ❶ C 比率,率 ❷ C (运动、变化等)的速度;进度 ❸ C 费用,价格 ❹ P 房地产税;市政服务税 ❺ C 等级,水准 ‖ at a ~ of knots 飞快地,非常迅速地/at any ~ 无论如何/at this ~ 照这种情况 ■ vt. 估价;评估征税现值: ~ sb's merits 评价某人的功绩/~ the house 给房子估价/~ harshly 粗略地估价/vt. & vi. 认为;把…算作: ~ soundly 充分认为/Hong

Kong rates as the biggest trade centre in Asia. 香港被认为是亚洲最大的贸易中心。/ How do you rate our team's chances of winning? 你认为我们队获胜的概率是多少？/ I would rate this wine as the finest I have ever tasted. 我认为这种酒是我所品尝过的最好的酒。vt. & link v. 定级：~ this restaurant eighth 将这家餐馆列为八级/ Her performance didn't rate high in the competition. 她的表演在这次比赛中等级不算高。/ They rated the new film. 他们给那部新片定了级。‖ ~ among〔with〕认为；把…算作(之一)/ ~ at ①把…估〔评〕价为②〈英〉估计(财产)应纳税的价值为…/ ~ up〈主美〉相应地提高 ‖ **ratepayer** n. 纳税人

rather ['rɑːðə] adv. ❶ 在一定程度上；颇：This book is rather too easy for this boy. 这本书对于这个孩子来说太简单。/ I reckon that he is rather too old to marry again. 我认为他的年龄太大，不太适于再婚。❷或多或少；有几分；相当：This restaurant is rather more expensive than that one. 这家餐厅的收费比那家贵得多。‖ but ~〈正〉相反地/or ~〈正〉更确实地，更确切地说/~ than ①(要)…而不…，与其…倒不如…②宁可，宁愿/would〔had〕~ ①宁愿，宁可②希望(某人)做(某事) ‖ **ratherish** adv. 颇，相当；有点儿

ratification [ˌrætɪfɪ'keɪʃən] n. Ⓤ 正式批准；认可

ratify ['rætɪfaɪ] vt. (pt., pp. -fied)批准，签认(合约等)

rating ['reɪtɪŋ] n. ❶ⒸⓊ等级，类别(尤指船只以吨位计算的等级) ❷ⒸⓊ(船上人员的)等级，类别 ❸Ⓒ(海军)水兵

ratio ['reɪʃɪəʊ] n. (pl. ~s)Ⓒ比，比率

ratiocinate [ˌrætɪ'ɒsɪneɪt] vt. (尤指用三段论法)推理

ration ['ræʃən] n. Ⓒ定量；配给量：The country cut the bread ration last year. 那个国家去年削减面包配给量。■vt. 限量供应；配给供应

rational ['ræʃnl] adj. ❶神智清楚的 ❷理性的；理智的；合理的；出于理性的

rationalize, -ise ['ræʃənəlaɪz] vt. 使合理化 vt. & vi. 为错误的或有害的行为找理由

rattle ['rætl] vt. & vi. ❶(使)发出格格的响声，(使)作嘎嘎声：windows that ~ in the wind 在风中嘎嘎作响的窗子 ❷喋喋不休地讲话：~ off a poem one has learnt by heart 把熟读的诗不假思索地背诵出来 vi. 迅速而嘎嘎响地移动，堕下或走动：A cart full of milk-bottles rattled past. 一辆载满牛奶瓶的车子嘎嘎作响地驶过。■ n. Ⓒ发出嘎嘎声的儿童玩具，嘎嘎声 ‖ **rattlebrain** n. 头脑空虚的人

rattlesnake ['rætlsneɪk] n. Ⓒ响尾蛇

raunchy ['rɔːntʃɪ] adj. ❶脏的；臭的 ❷淫秽的；色情的

ravage ['rævɪdʒ] vt. & vi. ❶毁坏；蹂躏：forests ~d by fire 为大火所毁的森林 ❷劫掠，抢劫 ■ n. Ⓟ破坏；蹂躏；坏的结果

rave [reɪv] vi. ❶胡言乱语，愤怒地说，咆哮，怒喊 ❷痴心地说

ravel ['rævəl] vt. & vi. 使纠缠，变得错综复杂 vt. 磨损

raven ['reɪvən] n. Ⓒ渡鸦 ■ adj. (指头发)乌亮的：~ hair 乌亮的头发

ravenous ['rævənəs] adj. ❶极饿的 ❷(指饥饿等)极度的

ravine [rə'viːn] n. Ⓒ既深又狭、坡度很大的山谷

ravish ['rævɪʃ] vt. 使欣喜若狂；使着迷；使心醉

raw [rɔː] adj. ❶生的，未煮过的 ❷天然的，未加工过的 ❸未经过训练的；没有经验的 ❹刺痛的 ‖ in the ~ ①处于自然状态②不完善的③裸体的 ‖ **rawly** adv. 天然地 ‖ **rawboned** adj. 骨瘦如柴的

ray [reɪ] n. ❶Ⓒ光束，光线 ❷Ⓒ射线 ❸ⒸⓊ微量，丝毫 ‖ a ~ of sunshine 给(某人的)生活带来光明(快乐)的人〔事情〕

raze [reɪz] vt. 彻底摧毁；将…夷为平地

razor ['reɪzə] n. Ⓒ剃刀，刮面刀：an electric ~电动剃须刀

reach [riːtʃ] vt. ❶到达：~ a condition 达到一定的状态/~ bottom 到底/~ the goal 达到目的地/eye ~ 眼力能及/~ eventually〔ultimately〕最终达到/~ quickly〔rapidly, safely, slowly〕迅速〔安全，慢慢〕达到/They reached Paris by plane on March 8. 他们于三月八日乘坐飞机到达巴黎。❷联络：~ conveniently 方便联络/The news reached every part of the world. 消息传到世界各地。vt. & vi. 伸出手；延伸：~ one's hands 伸出手/road ~公路延伸到/I can't reach so high. 我够不到这么高。/ She reached me a slice of bread. 她递给我一片面包。‖ ~ after 追求；试图获得/~ down (使)向下移动/~ for 伸出…以触及/~ into ①伸进(进入)②达到(某个数目)；延伸〔持续〕到/~ out (使)伸出/~ to 触〔伸〕及，于/~ up ①(使)往高处伸②争取向上发展 ■ n. ❶Ⓢ伸手可及的距离 ❷Ⓒ(江河的)河段 ‖ beyond〔out of〕(one's) ~ 手够不着，达不到/within one's ~ 伸手可及

react [rɪ'ækt] vi. ❶起反应；有影响：~ readily 立即做出反应/~ slowly〔splendidly〕反应迟钝〔极好〕/She didn't look up or react in any way. 她既不抬头，也没有任何反应。❷反对；对抗 ‖ ~ against 反对；反抗/~ by 以…方式做出反应/~ on〔upon〕①对…起作用，对…有影响②与…起化学反应/~ to 对…做出反应〔评价，应答〕/~ with 与…起化学反应

reaction [rɪˈækʃən] *n.* ❶ⓒⓤ反应;回应 ❷ⓒⓤ反作用力 ❸ⓢ回复到以前的状态,倒退 ❹ⓤ反动 ‖ **reaction engine** 喷气发动机／**reaction time** 反应时间

reactionary [rɪˈækʃənərɪ] *adj.* 反动的;反对进步的 ■ *n.* ⓒ反动的人;反对进步的人

reactivate [rɪˈæktɪveɪt] *vt.* 使恢复活动;重起作用

reactor [rɪˈæktə] *n.* ⓒ❶〈物〉反应堆;反应器 ❷核电站

read [riːd] (*pt.*, *pp.* **read** [red]) *vt. & vi.* 读;看懂,理解／～ *a dream* 释梦／～ *a language* 读懂某种语言／～ *drawing* 领会绘画／～ *men's hearts* 了解〔考察〕人们的心理／～ *one's hand* 看手相／～ *the sky* 观天／～ *admirably* 巧妙地识破／～ *carefully* 认真阅读／*The little boy can read quite well now.* 这个小男孩的阅读能力相当不错了。／*He read Shakespeare to help his English.* 他阅读莎士比亚的作品以提高自己的英语水平。*vt.* 显示;标明: *The clock reads four-twenty.* 这钟显示的时间是 4 点 20 分。／*The ticket reads "From New York to Boston".* 车票上标明:"自纽约至波士顿"。‖ ～ **about** 读到;获悉／～ **back** 复述／～ **for** 为取得(学位等)而攻读〔学习〕／～ **in** 读到;学习,研究／～ **into** 理解…时加进…／～ **of** 读到;获悉／～ **off** 全部流利地读出／～ **on** 继续读／～ **oneself** 读读边读边使(自己)处于某种状态／～ **out** 大声朗诵,宣读／～ **over** 重读／～ **through** 仔细阅读／～ **up** 攻读,钻研／**take (it) as** ～ **that**…认为(某事)是真实的

readable [ˈriːdəbl] *adj.* 易读的,清晰的

readdress [ˌriːəˈdres] *vt.* 更改(信件等的)地址

reader [ˈriːdə] *n.* ⓒ❶读者 ❷审稿人,校对员 ❸初级读物

readership [ˈriːdəʃɪp] *n.* ⓢ(报纸杂志拥有者的)读者(数)

reading [ˈriːdɪŋ] *n.* ❶ⓤ阅读,读书 ❷ⓤ读物,选读 ❸ⓒ读数,仪表指示数 ‖ **reading book** 读本／**reading desk** 斜面书桌／**reading glass** 放大镜／**reading lamp** 台灯／**reading room** 阅览室

readjust [ˌriːəˈdʒʌst] *vt. & vi.* 再整理,再调整

ready [ˈredɪ] *adj.* (*-ier*, *-iest*) ❶ℙ准备就绪的 ❷ℙ乐意的,情愿的 ❸(思维)敏捷的 ‖ ～ **for** ①准备好干(某事) ②准备供(某人、事)用的③准备应付,对付 ‖ **ready-made** *adj.* 现成的,陈旧的／**ready-witted** *adj.* 灵敏的,机智的

reaffirm [ˌriːəˈfɜːm] *vt.* 重申;再确认

real [rɪəl] *adj.* ❶真的 ❷真实的;现实的 ‖ **for** ～ ①严肃的,认真的②真正的 ■ *adv.* 非常 ‖ **real-life** *adj.* 真实的,非想象的

realism [ˈrɪəlɪzəm] *n.* ⓤ❶现实主义的态度和行为 ❷(文艺的)现实主义,写实主义 ❸〈哲〉唯实论;实在论

realist [ˈrɪəlɪst] *n.* ⓒ现实主义者,写实主义者

realistic [ˌrɪəˈlɪstɪk] *adj.* 现实的,实际可行的;现实主义的 ‖ **realistically** *adv.* 现实地,实际可行地;现实主义地

reality [rɪˈælɪtɪ] *n.* ❶ⓤ现实,实际 ❷ⓒ真实的事物 ‖ **bring back to** ～ 使…面对现实／**in** ～ 实际上,事实上

realization, -isation [ˌrɪəlaɪˈzeɪʃən] *n.* ⓤ❶认识,领会 ❷实现

realize, -ise [ˈrɪəlaɪz] *vt.* ❶实现:～ *an aim* 实现目标／*He realized his dream when he passed the entrance examination.* 入学考试通过了,他的梦想就实现了。❷了解;认识到: ～ *the danger* 意识到危险／*If you were in the Sahara, you would realize the value of fresh water.* 如果你在撒哈拉大沙漠,你就会知道淡水的价值了。／*Columbus had not realized that this new land was not India.* 哥伦布当时还没有认识到这块新大陆不是印度。／*They realized the situation to be against them.* 他们意识到形势对他们不利。*vt. & vi.* 变卖;赚得: ～ *the property* 变卖财产／*How much did you realize on the house?* 这所房子你们出售后赚了多少钱? ‖ ～ **from** 从…获得／～ **on** 通过出售…获得

really [ˈrɪəlɪ] *adv.* ❶真正地;确实地;实际上: *Really, that was a terrible mistake.* 说真的,那是非常严重的错误。／*I see you worrying on my account, but really I don't mind.* 我看得出你在为我着急,但其实我并不在意。／*I didn't really mean to hurt you.* 我真的不是存心得罪你的。❷很,十分,全然: ～ *charming* 很讨人喜欢／*It's really cold today.* 今天非常冷。‖ ～ **and truly** 真正地

realm [relm] *n.* ⓒ❶领域;范围 ❷王国,国度

ream [riːm] *n.* ❶ⓒ令(纸张的计数单位) ❷许多(文字): ～*s of poetry* 许多诗

reap [riːp] *vt. & vi.* 收割庄稼;收获: *The peasants reaped their rice.* 农民们收割了水稻。*vt.* (因自己或他人所为)获得(某事物): *As a man sows, so he shall reap.* 种瓜得瓜,种豆得豆。‖ ～ **as**〔**what**〕**one has sown** 自食其果／**reaping hook** 镰刀／**reaping machine** 收割机

reaper [ˈriːpə] *n.* ⓒ❶收割者,收获者 ❷收割机

reappear [ˌriːəˈpɪə] *vi.* 再(出)现 ‖ **reappearance** *n.* 再(出)现

rear [rɪə] *vt.* 饲养;养育: ～ *children* 抚养孩子／*He rears all kinds of birds.* 他饲养各种鸟。*vt. & vi.* 抬起: *The snake reared its head.* 蛇抬起了头。‖ **bring up the** ～ 殿后／**front and**

在前后/**hang on the** ~ **of** 跟在…后面伺机袭击 ■ *n*. ❶[S]后部,背 ❷[C]臀部 ‖ **rear-most** *adj*. 最后面的;最后的/**rearward** *n*. 后部,后面/**rearwards** *adv*. 在后面 ‖ **rear end** 后部;臀部/**rear guard** 后卫/**rearview mirror** 后视镜

rearrange [ˌriːəˈreɪndʒ] *vt*. ❶重新安排,重新布置:*Let's rearrange the room.* 让我们来重新布置房间吧。❷改变既定的(计划等) ‖ **rearrangement** *n*. 重新安排,重新布置

reason [ˈriːzən] *n*. ❶[C]理由,原因 ❷[U]理性,理智 ‖ **beyond all** ~ 不合理的,不理智的/**for...** ~ 由于…的原因/**lose one's** 〔**all**〕~ 失去理智,发疯/**for...** ~ 由于…/**see** ~ 明白道理/**with** ~ 合乎情理/**within** ~ 在合理范围内/**without** ~ 不合乎情理 ■ *vt.* & *vi*. ❶推理;思考:~ *this point* 思考这一点/*A man can reason but an animal can't.* 人能推理,而动物则不能。/*I reasoned that since she had not answered my letter she must be angry with me.* 我想她没有给我回信一定是在生我的气。❷争辩:*He reasoned that if we start at now, we could arrive before noon.* 他争辩着说如果我们现在出发,中午之前一定能到达。‖ ~ **against** 通过说理来反对…;据理反驳 /~ **from** 根据…做出判断/~ **into** 以理劝说使之相信或使之做某事/~ **out** 通过推理得出结论/~ **out of** 以理说服,使其放弃/~ **with** 跟…讲道理,以理规劝…

reasonable [ˈriːzənəbl] *adj*. ❶通情达理的,合理的 ❷适度的;公道的 ‖ **reasonableness** *n*. 合理,适当/**reasonably** *adv*. 合理地,适当地

reasoning [ˈriːzənɪŋ] *n*. [U]运用思考、理解、推想等能力的做法或过程;推理

reassurance [ˌriːəˈʃʊərəns] *n*. ❶[U]消除恐惧或疑虑;恢复信心 ❷[C]使人消除恐惧或疑虑的事物;使人恢复信心的事物

reassure [ˌriːəˈʃʊə] *vt*. 消除恐惧或疑虑;恢复信心

reattach [ˌriːəˈtætʃ] *vt*. 再次附着(附属),附着(附属)于原处

rebate [ˈriːbeɪt] *n*. [C](债、税等的)可减免的款额;折扣;部分退款:*freight* ~ 运费回扣

rebel [ˈrebəl] *n*. [C]❶反政府的人;反叛者;造反者 ❷叛逆者 ■ *vi*. (-ll-) [rɪˈbel] ❶反抗政府;造反:*The tribes rebelled against the government.* 各部落反叛政府。❷反抗权威;叛逆 ‖ ~ **against** 反抗 ‖ **rebeldom** *n*. 全体造反者;造反者控制的地区

rebellion [rɪˈbeljən] *n*. ❶[U]对政府的(尤指武装)反抗;造反 ❷[C]背叛行为

rebirth [ˌriːˈbɜːθ] *n*. [S]❶(皈依后等精神上的)再生,新生,启蒙 ❷复活,复兴

reborn [ˌriːˈbɔːn] *adj*. [P]❶(精神上)再生的,新生的,启蒙的 ❷重新获得生命的;复活的

rebound [rɪˈbaʊnd] *vi*. ❶弹回;反弹 ❷产生反作用;未能奏效 ‖ ~ **against** 反弹/~ **on** 产生反作用

rebuff [rɪˈbʌf] *n*. [U]粗暴拒绝,轻蔑回绝 ■ *vt*. 粗暴拒绝;冷落

rebuild [ˌriːˈbɪld] *vt*. (*pt.*, *pp.* **rebuilt**) ❶重建,重新组装:*The company is making every effort to rebuild its business.* 这家公司正在尽一切努力来重建自己的企业。❷再形成某事物;恢复:*News of the ship rebuilt her hope that her son might be back home alive.* 那艘船又有了消息,使她又萌生了她的儿子会生还的希望。

rebuke [rɪˈbjuːk] *vt*. 责难或指责:*The teacher rebuked the boy for throwing paper on the floor.* 老师指责这个男孩将纸丢在地板上。■ *n*. [C]非难;责难

rebut [rɪˈbʌt] *vt*. ❶反驳,驳回 ❷击退

recall [rɪˈkɔːl] *vt.* & *vi*. 回忆起,回想:*I don't recall where to meet her.* 我不能记起在哪儿见过她。 *vt*. ❶召回,收回;~ *decree* 撤销法令/~ *home* 召回国/*Recall your messenger.* 召回你的使者。‖ ~ **from** 从…召回/~ **to** ①把…召回到…②迫使(某人)恢复… ■ *n*. ❶[S]召回,唤回 ❷[U]记忆力 ‖ **beyond**〔**past**〕~ 不能挽回的;记不起的 ‖ **recallable** *adj*. 可回忆的,记得起的

recant [rɪˈkænt] *vt*. 撤回(声明),放弃(信仰或主张)

recapitulate [ˌriːkəˈpɪtjʊleɪt] *vt*. 总结,扼要重述

recapture [ˌriːˈkæptʃə] *vt*. ❶重新捕获〔夺回〕❷再次经历、体验或产生 ■ *n*. [U]重新捕获;再次体验

recede [rɪˈsiːd] *vi*. ❶自原处后退或避开别人的注视 ❷向后倾斜 ‖ ~ **from** 收回,撤回

receipt [rɪˈsiːt] *n*. ❶[C]收据,发票 ❷[U]收到 ❸[P]收入 ‖ **in** ~ **of** 收到某物

receive [rɪˈsiːv] *vt.* & *vi*. ❶收到,接到:~ *a gift* 收到礼物/*Our TV receives well since we had a new antenna put on.* 自从安装了新天线以来,我们的电视接收良好。/*I like to receive presents on my birthday.* 我喜欢在生日那天收到生日礼物。❷接纳;接待:*Lady Jones receives on Monday afternoon.* 星期一下午琼斯夫人接见来访者。/*There we received several weeks of training.* 在那里我们接受了几星期的训练。‖ ~ **from** 从…获得,收到(某物)/~ **into** 接纳(某人)加入(某群体、组织) ‖ **receivable** *adj*. 可收到的;可接受的/**received** *adj*. 被普遍接受的;公认的 ‖ **receiving aerial** 接收天线/**receiving set** 接收机/**receiving ship** 海军接待船

receiver [rɪˈsiːvə] *n*. [C]❶接受者 ❷听筒,

接收器
receivership [rɪˈsiːvəʃɪp] *n*. ⓤ〈律〉破产案产业管理人的职务或任期
recent [ˈriːsnt] *adj*. 不久前的,近来的‖**recency** *n*. 最近,近来/**recentness** *n*. 最近,近来
recently [ˈriːsntlɪ] *adv*. 最近;近来
receptacle [rɪˈseptəkl] *n*. ⓒ容器;放置物品的地方
reception [rɪˈsepʃən] *n*. ❶ⓢ接待,接见 ❷ⓒ招待会,欢迎会 ❸ⓤ接待处,服务台,问询处 ❹ⓤ接收效果‖**reception centre** 报到站/**reception clerk** 接待员/**reception desk** 接待处/**reception office** 传达室/**reception room**〔**chamber**〕接待室;会客室
receptionist [rɪˈsepʃənɪst] *n*. ⓒ(旅馆、事务所等雇用的)接待员
receptive [rɪˈseptɪv] *adj*.(对新的思想等)善于接受的‖**receptively** *adv*. 接受地;感官地/**receptiveness** *n*. 接受,感受/**receptivity** *n*. 接受
recess [rɪˈses] *n*. ❶ⓒⓤ(工作或业务活动的)中止或暂停期间 ❷ⓒⓤ学校的课间休息 ❸ⓒ壁凹,壁龛 ❹ⓒ某物内部的凹形空间 ❺ⓟ遥远或隐秘的地方 ❖ *vt*. ❶把某物放在墙壁的凹处 ❷将(墙)做成凹形;在(墙)上做壁龛 *vi*. 休息;休会;休庭
recession [rɪˈseʃən] *n*. ❶ⓒⓤ经济衰退;不景气 ❷ⓤ后退;撤退;撤回
recessionary [rɪˈseʃənərɪ] *adj*. ❶Ⓐ(经济)萧条的;疲软的 ❷可能使经济活动减慢的
recharge [ˌriːˈtʃɑːdʒ] *vt*. 给(电池)再充电;给(枪)再装弹药: *Does your battery need recharging?* 你的电池需要充电吗?‖~ **one's batteries** 休整
recipe [ˈresəpɪ] *n*. ⓒ❶烹饪法;食谱 ❷方法;秘诀;诀窍
recipient [rɪˈsɪpɪənt] *n*. ⓒ接受者: *The recipients of the prizes had their names printed in the paper*. 获奖者的姓名登在报上。
reciprocate [rɪˈsɪprəkeɪt] *vt*.& *vi*. 报答;酬答: *They reciprocated hospitality*. 他们互相款待。*vi*.(机器的部件)直线往复运动‖**reciprocation** *n*. ①往复运动②互给,互换
recital [rɪˈsaɪtl] *n*. ⓒ❶独唱会;独奏会;小型音乐会、舞蹈表演会等 ❷ⓒ一系列事件等的详述 ❸ⓤ背诵,朗诵
recite [rɪˈsaɪt] *vt*.& *vi*. 背诵: *The Mayor recited to the Queen a long and tedious speech of welcome*. 市长向女王背诵了一篇冗长且乏味的欢迎词。*vt*. 详述;列举: *He recited Israel losses during the war*. 他列举了以色列在战争中的损失。‖**reciter** *n*. 背诵者;朗诵者
reckless [ˈrekləs] *adj*. 轻率的;鲁莽的;不顾危险的‖**recklessly** *adv*. 轻率地;鲁莽地;不顾危险地/**recklessness** *n*. 轻率;鲁莽;不顾危险

reckon [ˈrekən] *vt*. ❶猜想;估计: *Reckon the cost before you decide*. 先算一下费用,然后再作决定。❷〈非正〉思忖;设想: *I reckon that he will come soon*. 我想他很快就会来。❸考虑;认为: *I reckon that he is old enough*. 我认为他的年龄已经够大了。/*She has always been reckoned as clever*. 大家一直认为她是个聪明人。❹〈正〉计算: *Our pay is reckoned from the 3rd of the month*. 我们的薪水从每月的第三天算起。‖~ **among** 认为…属于…之列/~ **as** 被认作…,被看作…/~ **for** 考虑〔估计〕到…/~ **in** 把…计算〔包括〕在内/~ **on**〔**upon**〕指望,信赖〔依靠〕…/~ **to** 数到(某个数字)(通常指从零开始)/~ **up** ①算出…的总数②了解,摸透(某人性格等)/~ **with** ①用…来计算②面对,正视〔认真对付〕(某人)/~ **without** 忽略(某情况或某人);没把(某因素或某人)考虑在内‖**reckoner** *n*. ①计算者②计算手册;帮助计算的东西
reckoning [ˈrekənɪŋ] *n*. ❶ⓤ计算;估计 ❷ⓒ船只位置的推算;推算定位
reclaim [rɪˈkleɪm] *vt*. ❶要求收回: *I have tried to reclaim my money without success*. 我没能把钱取回来。❷开垦(荒地);开垦: ~ *wasteland* 开垦荒地/*People here are reclaiming land from the sea*. 这儿的人们正在填海拓地。❸从废料中回收(有用的材料): ~ *rare metals* 回收贵重金属/*He has invented a new method to reclaim valuable raw materials from industrial waste water*. 他发明了一种从工业废水中回收有价值原料的新方法。❹纠正;教化,改造: ~ *criminals* 感化罪犯‖**reclaimable** *adj*. 可开垦的,可改造的,能悔改的;可回收的
reclassify [ˌriːˈklæsɪfaɪ] *vt*. 将…再次(重新)分类
recline [rɪˈklaɪn] *vi*. 斜倚;躺卧: ~ *one's head on the pillow* 把头靠在枕上 *vt*. 斜倚,倚靠: *She sat there, reclined against a foam rubber cushion*. 她在那儿倚靠着海绵橡胶垫坐着。
recognition [ˌrekəɡˈnɪʃən] *n*. ❶ⓤ认识;认出;承认 ❷ⓢⓤ〈正〉酬谢,酬劳
recognizable [ˈrekəɡnaɪzəbl] *adj*. 可认出的;可承认的;可认可的‖**recognizability** *n*. 认出,认可;可认出/**recognizably** *adv*. 可认出地;可承认地;可认可地
recognize, -ise [ˈrekəɡnaɪz] *vt*. ❶认出,识别出某人〔某事物〕: *I recognized Mary by her red hat*. 我凭玛丽的红帽子认出了她。❷承认;有效;属实;认可: *We don't recognized him to be the lawful heir*. 我们不承认他为合法继承人。❸表示〔认清〕(某事物);认识到: *He recognized that he was not qualified for a teacher*. 他认识到自己没有资格担任教师。
recoil [rɪˈkɔɪl] *vi*. ❶畏缩,退缩: *Most people*

would recoil at the sight of the snake. 许多人看见蛇都会向后退缩。❷(枪炮射击时)产生的后坐力‖~ on 报应;使自食其果 ◼ n. ⑤Ⓤ(尤指枪炮的)反冲,后坐力‖ **recoilless** adj. 无后坐力的

recollect [ˌrekəˈlekt] vt. 记起;想起:She could not recollect being there. 她回想不起曾经到过那儿。/I recollected that she had red hair. 我记得她有一头红发。/Try hard to recollect what you saw before the accident. 好好回想一下事故发生之前你看到的事情。/I can't seem to recollect where we met. 我似乎想不起我们在哪儿见过面。‖ **recollected** adj. ①镇静的②回忆到的

re-collect [ˌriːkəˈlekt] vt. ❶再收集,再聚集 ❷使(自己)镇定下来

recollection [ˌrekəˈlekʃən] n. ❶Ⓤ回忆,追忆 ❷Ⓒ往事,回忆录

recommend [ˌrekəˈmend] vt. ❶推荐,介绍,赞许某人[某事];Can you recommend me a good book? 你能给我介绍一本好书吗?/I can recommend this play to all lovers of good theatre. 我把这个剧推荐给所有爱好优秀戏剧的人。❷劝告,建议:He recommends wearing safety equipment. 他建议佩戴安全装备。/I wouldn't recommend him to go there. 我劝他不要到那里去。❸(特质等)使…显得可取;This plan has much to recommend it. 这项计划有很多可取之处。‖ **recommendable** adj. 可推荐的;值当的;明智的/**recommendatory** adj. 推荐的;引起重视的;劝告的

recommendation [ˌrekəmenˈdeɪʃən] n. ❶Ⓤ推荐,劝告,建议(尤做法)❷Ⓒ推荐信,介绍信

recompose [ˌriːkəmˈpəʊz] vt. 将…再次(重新)安排[组成、谱写等];使恢复平静

reconcile [ˈrekənsaɪl] vt. ❶使和好,和解:~ two quarrelling men 使争吵的两人和解/He had been reconciled with his family. 他与家人言归于好。❷使一致,使和谐:~ work and rest 劳逸结合‖ **reconcilement** n. 和好,和解;和谐

reconnaissance [rɪˈkɒnɪsns] n. ⒸⓊ(对某地区的)侦察或观测(尤指为军事目的);(执行侦察任务的)巡逻队,飞行队等‖ **reconnaissance balloon** 侦察气球/**reconnaissance plane** 侦察机/**reconnaissance troops** 侦察部队

reconnect [ˌriːkəˈnekt] vt. 再供应(水电等);再接通(电话)

reconsider [ˌriːkənˈsɪdə] vt. 重新考虑:I will reconsider my decision. 我将重新考虑我的决定。‖ **reconsideration** n. 重新考虑

reconstitute [ˌriːˈkɒnstɪtjuːt] vt. ❶再组成,再构成:The committee was reconstituted after 26 May. 5月26日以后委员会被改组了。❷加水使(脱水食物)复原:Use warm water to reconstitute dried milk powder. 用温水冲奶粉。‖ **reconstituted milk** 复制牛奶

reconstruct [ˌriːkənˈstrʌkt] vt. ❶重建:~ the royal palace 重建皇家宫殿 ❷重现,重整‖ **reconstruction** n. 重建;重现

record [rɪˈkɔːd] vt. & vi. 记录,录音,拍摄:This volume records the history of the country's revolution. 这卷书记载了这个国家的革命历史。/Listen to the speaker and record what he says. 认真听讲演并记下他的话。vt. 显示;自动记下:The thermometer recorded 37℃. 温度计显示摄氏37度。/The amount of electricity used is recorded by a meter. 电表记录下耗电量。‖ **from** 从…录制,转录 /~ **on** ①录制(声音或图像)②把(声音等)录制在…上/~ **onto** 把…转录在…上 ◼ n. [ˈrekɔːd] ❶Ⓒ记录,记载:Some records of ancient civilization were discovered recently. 最近发现了一些古代文明的记录。❷Ⓒ最好的成绩,水平,纪录:He broke a record in running. 他打破了一项赛跑的纪录。❸Ⓢ经历,履历;功过:His record is against him. 他的履历对他不利。‖ **a matter of** ~ 有记录可查的事;有案可稽之事/(**just**) **for the** ~(仅)供记录在案;为准确起见/**go on** ~ 公开表明观点;被记录在案以备日后查阅/**off the** ~ 不得发表的,不可正式记录的/**on** ~ 有记载的,记录在案的,公开发表的/**put on** ~ 公开表明观点;被记/**put**[**set**]**the** ~ **straight** 纠正错误,澄清是非‖ **record breaker** 打破纪录者/**record-breaking** adj. 打破纪录的/**record changer**(电唱机)自动换片装置/**record holder** 纪录保持者/**record player** 电唱机

recorder [rɪˈkɔːdə] n. Ⓒ录音机,录像机

recording [rɪˈkɔːdɪŋ] n. ❶Ⓤ(音像的)录制;录音,录像 ❷Ⓒ录制的音像;录音;录像‖ **recording disc** 录音盘/**recording film** 录音胶片/**recording meter** 自记仪表/**recording room** 录音室

recount¹[rɪˈkaʊnt] vt. 详细叙述某事;讲述某事

recount²[ˌriːˈkaʊnt] vt. 重新计算:~ the votes 重新计算票数 ◼ n. Ⓒ重数,重新计算选票

recoup [rɪˈkuːp] vt. ❶重获(所失的东西)❷补偿,偿还

recourse [rɪˈkɔːs] n. Ⓤ求助对象‖ **have** ~ **to** 求助于;获得来自…的援助

recover [rɪˈkʌvə] vt. ❶恢复;重新获得,找回:~ consciousness 恢复知觉 ❷(正)恢复(适当的状态或位置):The skater stumbled but at once recovered himself. 滑冰的人绊了一下,但立刻恢复了平衡。vi. 恢复健康(体力、能力等):He is very ill and unlikely to recover. 他病

得很重,不大可能恢复健康了。‖ ~ from ① 从…收回〔取回〕②恢复,痊愈

recovery [rɪˈkʌvərɪ] n. ❶U重获,复得 ❷S恢复健康,复原‖ **recovery room** 手术后特别病房

recreate [ˌriːkrɪˈeɪt] vt. 再创造;再现: *The opportunity could not be recreated.* 这机会无法重新创造。

recreation [ˌrekrɪˈeɪʃn] n. CU娱乐(方式);消遣(方式)‖ **recreation ground** 娱乐场;游乐园/**recreation room** 娱乐室

recriminate [rɪˈkrɪmɪneɪt] vt. 反责,反诉

recrimination [rɪˌkrɪmɪˈneɪʃən] n. PU吵架;相互指责

recruit [rɪˈkruːt] n. C❶新兵 ❷(机构中的)新成员 ■vt. ❶招聘;吸引(新成员) ❷吸收某人为新成员 vt.&vi. ❶招募,征募(新兵): ~ *soldiers* 征兵/*Were men for the Navy recruited from men on merchant ships?* 海军的人员是从商船的水手中征募的吗? ❷恢复健康,恢复体力‖ **recruitment** n. ①新兵征召;新成员的吸收②补充,充实

recrystallize [ˌriːˈkrɪstəlaɪz] vt.&vi.(使)再结晶

rectangle [ˈrektæŋgl] n. C〈数〉长方形,矩形‖ **rectangled** adj.直角的,成直角的

rectangular [rekˈtæŋgjʊlə] adj.〈数〉长方形的;矩形的‖ **rectangularity** n. 长方形;矩形/**rectangularly** adv. 长方形地;矩形地

rectify [ˈrektɪfaɪ] vt. ❶改正,矫正 ❷精馏

rector [ˈrektə] n. C❶(英国教会的)教区长 ❷(尤指苏格兰的)学院院长;学校校长‖ **rectorial** adj.教区长的;校长的/**rectorship** n.教区长的职位

recuperate [rɪˈkjuːpəreɪt] vt.&vi.恢复(健康、体力等);复原‖ **recuperation** n.复原;恢复;挽回;弥补/**recuperative** adj.(帮助)复原的;(帮助)恢复的

recur [rɪˈkɜː] vi.(-rr-) 再发生;复发: *Economic crises recur periodically.* 经济危机周期性地发生。‖ ~ **to** 重现于头脑中

recurrence [rɪˈkʌrəns] n. CU再发生;复发;重现

recurrent [rɪˈkʌrənt] adj. A经常发生的;周期性的‖ **recurrently** adv.经常发生地;周期性地

recycle [ˌriːˈsaɪkl] vt.回收利用: ~ *ed paper* 再生纸/*Recycling of rubbish costs money and requires special equipment.* 回收利用垃圾的造价很高,又需要专用设备。

red [red] adj.(-dder,-ddest) ❶红色的;褐色的;深红的;深紫色的 ❷布满血丝的;眼眶发红的;充血的;涨红的 ❸支持左翼政治观点的,社会党的‖ **not worth a** ~ **cent** 毫无价值/**on** ~ **alert** 准备遭受危险,应急状态/**paint the town** ~ 狂欢/**see the** ~ **light** 觉察危险迫近 ■n. ❶C红色 ❷U红衣服 ❸C拥护社会主义和共产主义的人;革命分子,激进分子‖ **in the** ~ 负债/**see** ~〈口〉大怒‖ **red alert** 紧急警报/**red bean** 红豆/**red-blind** adj.红色色盲的/**red cap** 小红帽搬运工/**red carpet** 红地毯/**red-carpet** 铺红地毯的;隆重的/**red cell**〈解〉红细胞/**red cent**〈美口〉一分钱/**redcoat** n.(美国独立战争时期的)英国兵/**Red Cross** 红十字(会)/**red-handed** adj.手沾满血的;正在犯罪的/**red heat** 赤热,炽热/**red-hot** adj.炽热的/**red ink** ①红墨水②赤字,亏本/**red light** 危险信号/**red meat** 牛羊肉/**red pepper** 辣椒粉/**red-tapism** n.官僚作风/**red tiger** 美洲虎

reddish [ˈredɪʃ] adj.淡红色的,微红的

redecorate [ˌriːˈdekəreɪt] vt.&vi.(给建筑物的内部)再装修

redeem [rɪˈdiːm] vt. ❶实践;履行 ❷使…免受责难;挽回 ❸补偿;补救 ❹用金钱赎回 ❺解救,使摆脱;为…赎罪‖ ~ **from** 从…赎回

redeemable [rɪˈdiːməbl] adj.可赎回的;可补救的

redeploy [ˌriːdɪˈplɔɪ] vt.重新部署;调遣(士兵);调配(工人、设备)

redeployment [ˌriːdɪˈplɔɪmənt] n. U调动;调配;重新布署

redevelop [ˌriːdɪˈveləp] vt.重建,重新开发

rediscover [ˌriːdɪˈskʌvə] vt.再次(重新)发现

redistribute [ˌriːdɪsˈtrɪbjuːt] vt.重新分配‖ **redistribution** n.重新分配

redivide [ˌriːdɪˈvaɪd] vt.再次(重新)划分〔分割〕

redo [ˌriːˈduː] vt.(pt. **redid**, pp. **redone**) ❶再做或重做 ❷重新装饰(房间等);修理

redolent [ˈredələnt] adj. P❶有强烈气味的 ❷使人联想或回想起某事物的‖ **redolence, -lency** n.强烈的气味/**redolently** adv.有强烈的气味地

redoubt [rɪˈdaʊt] n. C❶(防御系统中的)最后阵地 ❷孤立的前哨站

redound [rɪˈdaʊnd] vt.&vi. ❶有助益,及于 ❷报偿,报应

redress [rɪˈdres] n. U补偿,赔偿;矫正: *seek* ~ 要求赔偿 ■vt.改正,修正;矫正: ~ *abuses* 矫正陋习/~ *one's errors* 改正错误

reduce [rɪˈdjuːs] vt. ❶缩减,减少;降低: *The driver reduced the driving speed.* 司机减低了车速。 ❷降低某人的级别或地位;降职 ❸使…陷入某种状态〔状况〕中: ~ *a person to reason* 使人服理/*Hunger reduced him to steal.* 饥饿使他不得不行窃。 ❹将…概括〔简化〕: *The rising sun quickly reduced the fog.* 升起的太阳很快驱散了晨雾。 ❺将…还原: *A doctor can reduce* a fracture or dislocation. 医生能使骨折或脱臼复位。vi. 减轻体重;节食: She has been reducing for the last few weeks. 最近几个星期她一直在节食。/ I must reduce to get into that fine dress. 要想穿上那件好衣服,我就得减肥。 ‖ ~ by 以…方法减少…;用…方法还原 / ~ from 使…低于 / ~ in 使…在…方面降低 / ~ to 使降低到;遭受;折合;分解成 ‖ **reducer** n. ①变形者②(机)减速器③(化)还原剂

reduction [rɪ'dʌkʃən] n. ⓊⒸ 减少,缩小;减少的量,降价 ‖ **reductionism** n. 简化(法);简化论

redundancy [rɪ'dʌndənsɪ] n. ❶ⓊⒸ过多,过剩,多余: led to a lot of ~ 导致大量过剩 ❷ ⓒ(尤指文字)冗长,累赘: the ~ of the English language 英语语言的累赘现象 ❸Ⓤ(机器的)多余度,冗余;(自动)重复: the ~ of computerized systems 计算机系统的冗余

redundant [rɪ'dʌndənt] adj. ❶因人员过剩而被解雇的❷不需要的;多余的 ‖ **redundantly** adv. 多余地

redwood ['redwʊd] n. ⓒ(美国加州产的高大的)红杉

reed [riːd] n. ❶ⓊⒸ芦苇;芦丛 ❷ⓒ簧舌;簧片 ‖ **reed instrument** 簧乐器/**reed organ** 簧风琴/**reed pipe** 牧笛;簧管

reef [riːf] n. ⓒ礁,暗礁

reek [riːk] n. Ⓢ恶臭 ■vi. 发出浓烈的臭气

reel[1] [riːl] n. ⓒ卷轴;卷筒;线轴 ■vt. 把东西用卷轴卷起来;从卷轴上放出来 ‖ ~ off 一口气说出

reel[2] [riːl] vi. ❶蹒跚地走路;摇晃着移动: ~ home 摇晃着回家 ❷发昏;发热: His mind was reeling at the shock. 他吃惊得脑袋发晕。

reelect [ˌriː'lekt] vt. 重选: He has been re-elected to Parliament. 他被重新选入议会。 ‖ **reelection** n. 重选

reemphasize [riː'emfəsaɪz] vt. 再度(重新)强调

reenlist [ˌriːɪn'lɪst] vi. 再次征募(尤指征兵)

reentry [ˌriː'entrɪ] n. ⓊⒸ再进入

reexamine [ˌriːɪɡ'zæmɪn] vt. 复试;再调查 ‖ **reexamination** n. 复试;再调查

ref [ref] n. ⓒ裁判员

refer [rɪ'fɜː] (pt., pp. -rr-) vi. 提到;针对;关系到: Does your remark refer to all of us? 你的评论是针对我们所有人的吗? vt. ❶送交;提交: He referred the case to the High Court. 他把案子提交给高级法庭处理。❷归于: Some people refer all the troubles to bad luck instead of lack of ability. 有些人把自己所有的苦恼都归咎于运气不佳,而不认为是缺乏能力。vt. & vi. 参考;查阅: Refer to the dictionary when you don't know how to spell a word. 当你不知道怎么拼写一个词时,查阅一下词典。/ The asterisk refers the reader to a footnote. 星号是让读者参看脚注。 ‖ ~ back 重新回到 / ~ back to ①将…转回②重新提名③查阅 / ~ to... as 把…称为;认为…是 ‖ **referable** adj. 可归结…的;与…有关的

referee [ˌrefə'riː] n. ⓒ❶裁判员 ❷证明人,咨询人;介绍人;推荐人 ❸公断人,仲裁人 ■ vt. & vi. 当裁判: Who is going to referee (the football match?)谁将出任(这场足球赛的)裁判?

reference ['refrəns] n. ❶ⓊⒸ提及,涉及 ❷ⓊⒸ参考,查阅 ❸ⓒ引文;参考书目 ❹ⓒ证明书;推荐信;证明人;推荐人 ‖ a frame of ~ 参照标准,准则/for ~ 作参考/have a ~ to 和…有关/in ~ to 关于/with ~ to ①关于②概括,参照/without ~ to 不管,不论,与…无关 ‖ **reference book** 参考书/**reference library** 参考书阅览室/**reference mark** 参考符号/**reference material** 参考资料/**reference room** 图书参考室

referral [rɪ'fɜːrəl] n. ⓒⓊ转交;呈交;提供

refill [ˌriː'fɪl] vt. 再注满;重新装满: ~ a glass 再装一杯 ■ ['riːfɪl] n. ⓒ(放在容器中)可重新注满某物的材料

refine [rɪ'faɪn] vt. ❶精炼;精制;使纯净: ~ one's question 问题提得简练巧妙/ They refine sugar using this way. 他们用这种方法精制糖。/ The purpose of oil refinery is to refine crude petroleum. 炼油厂的主要工作是提炼原油。❷使文雅高尚;使去掉粗俗言行;使变得完善: ~ one's speech 谈吐高雅/ He has refined his taste and manners. 他已使自己的趣味爱好和举止仪态变得高雅完美。 ‖ ~ away 取去 / ~ into 将…提炼成为 / ~ on(upon)改进,斟酌/ ~ out of 从…中提炼出 ‖ **refiner** n. ①精炼者;精制者②精制机③精研机

refined [rɪ'faɪnd] adj. ❶举止优雅的: ~ manner 优雅的举止 ❷经过改良的;经过提炼的: ~ sugar 精制糖 ‖ **refinedly** adv. 举止优雅地;经过改良地

refinement [rɪ'faɪnmənt] n. ❶ⓒ细微的改良 ❷Ⓤ优雅或高贵的动作、举止等

refit [ˌriː'fɪt] vt. & vi. (-tt-)(尤指船)整修,重新装置;给…修缮: ~ a classroom into a laboratory 把一间教室改成实验室 ■ n. ⓊⒸ整修,重新装置: need a ~需要整修 ‖ **refitment** n. 整修,重新装置

reflect [rɪ'flekt] vt. & vi. ❶反射(光、热、声或影像): ~ light 反射光 The white sand reflected the sun's heat. 白色的沙子能反射太阳的热量。❷考虑: She reflected that life is short. 她沉思着生命是短暂的。vt. 表达;反映: ~ the reality(tastes, values)反映现实(审美观念,价值观念)/ Does this letter reflect how you really think? 这封信反映你的真实想法吗? ‖ ~ back ①反射②把…如实地反映出

reflection 来/～ from 从…反射出/～ in 在…中反射出来;在…中反映出来 /～ on〔upon〕①仔细想;回忆②影响…的荣誉;使…丢脸③怀疑‖**reflectible** *adj*. ①反射的②考虑的③表达的,反映的

reflection [rɪˈflekʃən] *n*. ❶ⓒ映像,倒影 ❷ⓤⓒ反映,表达 ❸ⓒⓤ深思,回忆;考虑;看法‖be a ～ on 损害…的名声,暗含责难〔批评〕/on ～再经考虑‖**reflectional** *adj*. 反射的;反映的;反照引起的

reflective [rɪˈflektɪv] *adj*. ❶（指人、心情等）深思熟虑的 ❷（指物体表面）反光的‖**reflectively** *adv*. ①深思熟虑地②反光地/**reflectiveness** *n*. ①深思熟虑②反光

reflector [rɪˈflektə] *n*. ⓒ反射器;反射光〔热、声音〕的物体‖**reflectorize** *vt*. ①加工某物使之反射光线②在…上装反射器

reflex [ˈriːfleks] *n*. ❶ⓒ反射动作 ❷ⓟ反应能力‖**reflexed** *adj*. 〈植〉下弯的;反折的/**reflexible** *adj*. 可反射的,可反转的‖**reflex arc** 反射弧/**reflex camera** 反射式照相机

reflexion [rɪˈflekʃən] =reflection

reform [rɪˈfɔːm] *n*. ⓒⓤ改革,改良,改造 ■ *vt*.&*vi*. 改革;改造;改善:*You have had every chance to reform*. 你已有了改过自新的各种机会。‖～ into 将…改编成为/～ through 通过…改造（某人）‖**reformatory** *n*. 教养院/**reformism** *n*. 改良主义/**reformist** *n*. 改良主义者‖**reform school** 教养院

reformation [ˌrefəˈmeɪʃən] *n*. ⓒⓤ改进,改革,改善‖**reformational** *adj*. 改进的;改革的;改善的

reformer [rɪˈfɔːmə] *n*. ⓒ社会改革者

refrain [rɪˈfreɪn] *vi*. 抑制,克制,戒除:～ *from laughing* 忍住笑 ■*n*. ⓒ（诗歌的）叠句,副歌:*take up sb's* ～为某人帮腔‖**refrainment** *n*. 抑制,克制,戒除

refresh [rɪˈfreʃ] *vt*. ❶使恢复;使振作:*I think I'll just refresh myself with a cup of tea before I go to meet the children*. 我想在见孩子们之前先喝杯茶来恢复一下精神。❷使…记起:*I looked at the map to refresh my memory of the road*. 我看看地图以唤起对这条路的回忆。

refreshing [rɪˈfreʃɪŋ] *adj*. ❶耳目一新的;新颖的;新鲜的 ❷使人精神焕发的;使恢复精神的‖**refreshingly** *adv*. 使耳目一新地;使人精神焕发地

refreshment [rɪˈfreʃmənt] *n*. ❶ⓟ茶点,点心:*light* ～*s* 小吃 ❷ⓤ（精力的）恢复,精神爽快‖**refreshment car** 供应点心和饮料的车厢/**refreshment room** 小吃部

refrigerate [rɪˈfrɪdʒəreɪt] *vt*. 冷藏;冷冻‖**refrigeration** *n*. 冷藏,冷冻/**refrigerative** *adj*. 冷藏的;冷冻的

refrigerator [rɪˈfrɪdʒəreɪtə] *n*. ⓒ冰箱

refuel [ˌriːˈfjuːəl] *vt*.&*vi*.(-ll-;〈美〉-l-)（给）加油,（给）加燃料

refuge [ˈrefjuːdʒ] *n*. ⓤⓒ避难(所,处),庇护‖～ from sth 免遭…伤害的庇护所

refugee [ˌrefjuˈdʒiː] *n*. ⓒ避难者;难民:*a* ～ *camp* 难民营/*a* ～ *government* 流亡政府

refund [rɪˈfʌnd] *n*. ⓒⓤ归还,偿还额,退款 ■ [rɪˈfʌnd] *vt*. 归还,退还‖**refundable** *adj*. 可归还的,可退还的

refurbish [ˌriːˈfɜːbɪʃ] *vt*. 刷新;擦亮;使清洁

refusal [rɪˈfjuːzəl] *n*. ❶ⓒⓤ拒绝 ❷ⓢ优先取舍权

refuse [rɪˈfjuːz] *vt*.&*vi*. 拒绝;回绝:～ *command*〔*job*〕拒绝执行命令〔接受工作〕*She was refusing his gift*. 她坚持不收他的礼物。/ *He doesn't refuse her anything*. 她要什么他就给什么。■ [ˈrefjuːs] *n*. ⓤ废物;垃圾‖**refuser** *n*. 拒绝者

refute [rɪˈfjuːt] *vt*. 驳斥,驳倒:*They refuted his wrong idea*. 他们批驳了他的错误观点。‖**refutable** *adj*. 可反驳的/**refutation** *n*. 反驳

regain [rɪˈɡeɪn] *vt*. ❶复得;赢回 ❷重回,复至某地:*Shall we regain the shore alive*? 我们能活着回到岸上吗？

regale [rɪˈɡeɪl] *vt*. ❶宴请,款待 ❷（以笑谈等）娱人

regard [rɪˈɡɑːd] *vt*. ❶注视;注意:*They all regarded him highly*. 他们都对他很尊重。❷认作:*They didn't regard the prospects favourably*. 他们对前途不太乐观。/ *We all regarded him as a hero*. 我们都把他看作英雄。‖as ～s 关于,至于/～ with 以（某种心态）来看… ■ *n*. ❶ⓤ注意,关心 ❷ⓤ尊重,尊敬 ❸ⓟ致意;问候‖in this〔that〕～ 在这〔那〕点上/in〔with〕～ to 关于…/without ～ to〔for〕不顾,不考虑

regarding [rɪˈɡɑːdɪŋ] *prep*.（表示论及）关于;至于;就…而论:*Regarding John, I will write to him at once*. 至于约翰,我将立即给他写信。

regardless [rɪˈɡɑːdlɪs] *adv*. ❶不顾后果地:*I protested, but she carried on regardless*. 我极力反对,但她仍一意孤行。/ *Regardless of danger, he climbed the tower*. 他不顾危险地爬上了高塔。❷不管怎样,无论如何:*Get the money, regardless*! 不管怎样,拿钱再说! / *I shall go regardless of the weather*. 无论天气好坏我都要去。‖～ of 不顾,不管

regather [ˌriːˈɡæðə] *vt*.&*vi*. ❶（使）再聚集,再收集 ❷再会面,再会见

regenerate [rɪˈdʒenəreɪt] *vt*.&*vi*. 新生;再生

regime [reɪˈʒiːm] *n*. ⓒ政治制度,政权,政体

regiment ['redʒɪmənt] n. Ⓒ❶(军队的)团 ❷大量的人或物 ■ vt. 严格地管制;严密地编组 ‖ **regimentation** n. ①〈军〉编成团②严密的组织

regimental [ˌredʒɪ'mentl] adj. 团的: the ~ band 团的乐队

region ['riːdʒən] n. Ⓒ地区;地带;区域;范围 ‖ in the ~ of 在…部位;大约

regional ['riːdʒənəl] adj. 地区的;区域的: the ~ authorities 地方当局

register ['redʒɪstə] vt. & vi. ❶记录;登记;注册: Have you registered the birth of your baby? 你给婴儿的出生登记了吗? ❷显出: A surprise that he was unable to hide registered on his face. 他脸上露出掩饰不住的惊讶的表情。❸注意到,记住: I registered that she was late. 我注意到她迟到了。■ n. Ⓒ❶登记(表),注册(簿): He was looking over a hotel register. 他正在仔细检查旅馆住宿登记表。/ Each class has a register of 50 students. 每班注册有50 个学生。❷记录器: A register indicated the number of people who had gone through. 记录器上显示出经过的人数。❸暖气,调风器: We turned the house registers off during the summer. 夏天,我们关掉室内的暖气。 ‖ **register office** 登记处

registrar [ˌredʒɪ'strɑː] n. Ⓒ主管注册者;记录者;登记员,注册主任

registration [ˌredʒɪ'streɪʃən] n. Ⓤ登记,注册 ‖ **registration card** 登记卡/**registration form** 登记表/**registration office** 挂号处/**registration sheet** 挂号单

registry ['redʒɪstrɪ] n. Ⓒ档案室;登记簿存放处 ‖ **registry office** ①(出生、结婚、死亡)登记处②佣工介绍所

regret [rɪ'gret] vt. & vi. (-tt-) 懊悔,懊悔,遗憾: I regret to say you are wrong. 很遗憾地告诉你,你错了。/ I regret that you see it like that. 我很遗憾你那样看这件事。/ I regret having to tell you to leave〔I regret to have to tell you to leave〕. 很抱歉,我现在得叫你走。■ n. ⒸⓊ痛惜,懊悔,遗憾,失望,悔恨

regrettable [rɪ'gretəbl] adj. 令人遗憾的;使人懊悔的 ‖ **regrettably** adv. 令人遗憾地,使人懊悔地

regroup [ˌriː'gruːp] vt. & vi. (使)重新组合;(使)重新编组

regular ['regjulə] adj. ❶有规律的,定期的,定时的 ❷合乎原则的;符合规定的;正当的;适当的 ❸均匀的;整齐的;对称的 ❹正常的,经常的 ❺🅐连线的;经常的;固定不变的 ‖ as ~ as clockwork 极有规律 ‖ **regularity** n. 有规律;定期,定时/**regularly** adv. 有规律地;定期地;定时地

regulate ['regjuleɪt] vt. ❶控制,管理: ~ the expenditure 控制费用/ The policeman regulated traffic at the intersection. 警察在交叉路口指挥交通。❷调整;调节: ~ a clock 把钟对准/ ~ the food supplies 调整食物供应/ the speed 调整速度/ He regulated his watch according to the radio. 他听收音机校准了他的表。/ This system can regulate the temperature of the room. 这种系统能调节室内温度。

regulation [ˌregju'leɪʃən] n. ❶Ⓤ管理,控制 ❷Ⓒ规章;规则

regulator ['regjuleɪtə] n. Ⓒ调节器;校准器;整时器

rehabilitate [ˌriːhə'bɪlɪteɪt] vt. ❶改造(罪犯等);使恢复正常生活 ❷使恢复原状;修复 ❸恢复…的名誉 ‖ **rehabilitation** n. 修复

rehandle [riː'hændəl] vt. ❶重新处理 ❷修改,重新安排

rehearsal [rɪ'hɜːsəl] n. ⒸⓊ练习,排练,排演

rehearse [rɪ'hɜːs] vt. & vi. 排练,排演 vt. 详述

reheat [ˌriː'hiːt] vt. 把…再加热

reign [reɪn] vi. ❶当政,统治 ❷占主导地位 ■ n. Ⓒ君主的统治,君主统治时期,朝代

reigning ['reɪnɪŋ] adj. 🅐本届的;比赛的最近获胜者的

rein [reɪn] n. ❶Ⓒ缰,缰绳 ❷🅟控制手段 ‖ hold the ~s 掌权,支配,有决定权/ take the ~s 掌握,支配 ■ vt. 勒缰绳使(马)停步,驾驭: He reins a horse well. 他很会驾驭马。 ‖ **reinless** adj. ①无缰绳的②不受限制的 ‖ **reinsman** n. 驾马车者;骑师

reincorporate [ˌriːɪn'kɔːpəreɪt] vt. 使重新合并

reindeer ['reɪndɪə] n. (pl. ~) Ⓒ驯鹿

reinforce [ˌriːɪn'fɔːs] vt. 增强;加强: This evidence reinforces my view. 这个证据证实了我的看法。/ We reinforce a troop again. 我们又增援一支军队。‖ **reinforcement** n. 增强,加强

reinsert [ˌriːɪn'sɜːt] vt. 再插入

reinstate [ˌriːɪn'steɪt] vt. 使恢复原职;使恢复原有权利 ‖ **reinstatement** n. 恢复原职,恢复原有权利

reissue [ˌriː'ɪʃuː] vt. 再版,再印

reiterate [riː'ɪtəreɪt] vt. 反复地说,重申 ‖ **reiteration** n. 反复地说,重申/**reiterative** adj. 反复说的,重申的

reject [rɪ'dʒekt] vt. ❶拒绝,谢绝,驳回: The board rejected all our ideas. 董事会拒绝审议我们的所有意见。❷舍弃,排斥,退掉: The patient rejected the transplanted heart. 病人的躯体排斥移植的心脏。■ ['riːdʒekt] n. Ⓒ被拒货品,不合格产品: This is the reject. 这是次品。

‖ **rejecter** n. 拒绝者,谢绝者;驳回者

rejoice [rɪˈdʒɔɪs] vt. & vi. (使)欣喜〔高兴,快乐〕: *They all rejoiced to hear of your success*. 听说了你们的成就,他们全都很高兴。‖ ~ **at**〔**in**,**over**〕因…感到喜悦,高兴

rejoin [ˌriːˈdʒɔɪn] vt. ❶使再结合 ❷重返(团体,组织等)

rejuvenate [rɪˈdʒuːvəneɪt] vt. 使变得年轻,使恢复活力

rekindle [ˌriːˈkɪndl] vt. 使再燃: ~ *the flame* 重新燃起火焰

relapse [rɪˈlæps] vi. 再度恶化;故态复萌: ~ *into coma* 再度陷入昏迷

relate [rɪˈleɪt] vt. & vi. (把…)联系起来: *It is difficult to relate the two cases*. 要把那两件事联系起来是很困难的。vt. 讲述;叙述: *Then he related what had passed between them*. 然后他讲述他们之间发生的情况。

related [rɪˈleɪtɪd] adj. ❶ⓟ 与…有亲戚关系的 ❷有关系的 ‖ **relatedly** adv. 与…有亲戚关系地;有关系地/**relatedness** n. 与…有亲戚关系;有关系

relation [rɪˈleɪʃən] n. ❶ⓒⓤ关系,联系,交往 ❷ⓒ亲戚(关系);亲属(关系) ‖ **in**〔**with**〕~ **to** 与…有关

relationship [rɪˈleɪʃənʃɪp] n. ⓤⓒ关系,联系

relative[1] [ˈrelətɪv] adj. 相对的;比较的 ‖ ~ **to** 关于…的,和…比较起来 ‖ **relatively** adv. 相对地,比较地 ‖ **relative motion**〈物〉相对运动/**relative velocity**〈物〉相对速度

relative[2] [ˈrelətɪv] n. ⓒ亲属,亲戚

relativity [ˌreləˈtɪvɪti] n. ⓤ ❶〈物〉相对论 ❷相关性

relax [rɪˈlæks] vt. & vi. ❶(使)轻松: *A good massage always relaxes me*. 有效的按摩总是使我放松。❷(使)松弛,放宽: *We shouldn't relax our vigilance at any time*. 任何时候我们都不应该放松警惕。‖ ~ **in**〔**into**〕舒服地〔放松地〕坐〔躺〕在…;因松弛〔轻松〕下来而转入…

relaxation [ˌriːlækˈseɪʃən] n. ❶ⓒⓤ消遣,娱乐 ❷ⓤ松懈;松弛;放宽

relaxed [rɪˈlækst] adj. ❶(人)轻松的,自在的,无拘无束的 ❷舒适的;随便的;得到休息的 ‖ **relaxedly** adv. 轻松地;自在地;舒适地;随便地

relaxing [rɪˈlæksɪŋ] adj. 使人懒洋洋的

relay [ˈriːleɪ] n. ⓒⓤ ❶接替人员,替班 ❷中继转播(设备) ■ [rɪˈleɪ] vt. (pt., pp. **relayed**) ❶转述;转达: *She relayed the information to us*. 她向我们转达了那消息。❷转播: *The program is being relayed by satellite*. 节目正在通过卫星转播。‖ ~ **out** 发送…;转播或传送…

release [rɪˈliːs] vt. ❶释放;放开: *She released his arm*. 她放开了他的手臂。❷发布;发行;发售: *The commission released its findings*. 委员会公布了调查结果。■ n. ❶ⓢⓤ释放,排放,解除: *After my examination I had a feeling of release*. 考完试后我有如释重负之感。❷ⓒ释放令: *The governor of the prison signed the release*. 监狱长签发释放令。❸ⓒⓤ映的新影片,发布的新闻〔消息〕: *On this show they played the latest release*. 这次公演,他们放映了最新的影片。

relegate [ˈrelɪɡeɪt] vt. 使降级,使降职 ‖ **relegation** n. 降级,降职

relent [rɪˈlent] vi. 怜悯;变温和;变宽厚 ‖ **relentingly** adv. 仁慈地;宽厚地

relentless [rɪˈlentlɪs] adj. 残酷的,不留情的,无怜悯心的 ‖ **relentlessly** adv. 残酷地,不留情地,无怜悯心地/**relentlessness** n. 残酷,不留情,无怜悯心

relevant [ˈreləvənt] adj. 有关的,切题的: *These materials are relevant to the case*. 这些材料与这案件有关。‖ **relevance** n. 有关,切题

reliable [rɪˈlaɪəbl] adj. 可靠的,可信赖的 ‖ **reliability** n. 可靠,可信赖/**reliableness** n. 可靠,可信赖/**reliably** adv. 可靠地,可信赖地

reliance [rɪˈlaɪəns] n. ⓤ依靠,依赖 ‖ ~ **on sb**〔**sth**〕对某人或某物的依靠或信赖

reliant [rɪˈlaɪənt] adj. ⓟ依赖的;依靠的

relic [ˈrelɪk] n. ❶ⓒ遗物,遗迹,遗产 ❷ⓟ遗体,尸骸

relief [rɪˈliːf] n. ❶ⓢⓤ(痛苦等)缓解,减轻,解除 ❷ⓤ轻松,宽慰 ❸ⓒ换班〔接替〕人,加开〔增开)的公共汽车、火车等 ‖ **relief food** 救济粮/**relief fund** 救济金/**relief troop** 援兵/**relief valve** 安全阀/**relief works** 失业救济工程

relieve [rɪˈliːv] vt. ❶缓解,消除,减少: *The doctors did their best to relieve the patient*. 医生们尽力减轻病人的痛苦。❷换班,换岗: *He will relieve a sick teacher tomorrow*. 他明天要为一个生病的老师代课。‖ ~ **against** 在…的映衬下/~ **from** ①使从(不愉快的境况)中解脱出来②将某人免职/~ **of** ①解除(某人)的(负担、困难等)②免除(某人)的(职务、麻烦等)③盗取(某人)的(东西)/~ **oneself** 上厕所

religion [rɪˈlɪdʒən] n. ❶ⓒⓤ宗教,宗教信仰: *He married outside his religion*. 他和不同宗教信仰的人结了婚。❷ⓢ支配自己生活的大事 ‖ **religionism** n. 笃信宗教,宗教狂/**religionist** n. 笃信宗教者

religious [rɪˈlɪdʒəs] adj. ❶ⓐ宗教的 ❷笃信宗教的,虔诚的 ❸谨慎的,认真的 ‖ **religiously** adv. 宗教地,虔诚地/**religiousness** n. 谨慎,虔诚

relinquish [rɪˈlɪŋkwɪʃ] vt. ❶交出,让给

❷放弃

relish ['relɪʃ] n. ❶Ⓤ滋味,美味;乐趣 ❷Ⓤ(大量的)享受;快乐 ❸ⒸⓊ调味酱汁,泡菜酱 ∎ vt. 欣赏,享受,爱好: A cat relishes fish. 猫喜欢吃鱼。

relive [riːˈlɪv] vt. (在想象中)重新过…的生活,再经历

relocate [ˌriːləʊˈkeɪt] vt.&vi. 迁移 ‖ **relocation** n. 迁移

reluctant [rɪˈlʌktənt] adj. 不情愿的,勉强的 ‖ **reluctantly** adv. 不情愿地

rely [rɪˈlaɪ] vi. (pt., pp. **relied**) 信任;信赖;依赖,依靠: You can't rely on the weather. 天气是靠不住的。/He had proved that he could be relied on in a crisis. 他已表明,在紧要关头他是可以信赖的。/We can rely on our children to do such work. 这样的工作我们可以放心地让孩子们去做。‖ ~ **on**〔**upon**〕信赖,依赖

remain [rɪˈmeɪn] n. ⓅⒸ❶剩余物;残余: take away the ~s 把剩饭收走/The remains of the meal were〔was〕fed to the dog. 剩饭喂狗了。❷残骸;遗体: His mortal remains are buried in the churchyard. 他的遗体埋葬在教堂的墓地里。❸遗迹,遗址,废墟: study the ~s of ancient cultures 研究古代文化的遗迹/~s of antiquity 古代的遗物/contain ~s 藏有遗物/Here is the remains of a temple. 这里是一所寺院的废墟。∎ vi. ❶留下,逗留: I remained six days in London. 我在伦敦逗留了六天。❷剩下,余留: ~ a little money〔water〕只剩下一点点钱〔水〕/There remained in the village only women and children. 村子里只剩下妇女和儿童了。❸留待: That remains to be proved. 这尚待证实。vi.&link v. 仍然是,依旧是: Peter has become a judge but John remains a fisherman. 彼得当了法官,但约翰仍是个渔民。‖ ~ **away** 缺席/~ **behind** 在…后面保持一段距离/~ **in** ①待在屋里②滞留在…/~ **of**…留下/~ **on** ①继续②继续沿…行进③继续保持/~ **out** 待在户外/~ **together** 保持在一起/~ **under** ①停留在水面之下②保持在…下面;由…照顾/~ **up** 继续处于一个适当位置

remainder [rɪˈmeɪndə] n. Ⓤ剩余物;残余部分

remake [ˌriːˈmeɪk] n. Ⓒ重制品,翻新品 ∎ vt. (pt., pp. **remade**) 重制,改造

reman [riˈmæn] vt. ❶为(舰队等)重新配备人员 ❷使重新鼓起勇气

remark [rɪˈmɑːk] n. ❶Ⓒ话语,评论 ❷Ⓤ注意;看;观察 ∎ vt.&vi. 谈论,评论: ~ jokingly 开玩笑地说/Mrs. Morse remarked that she seemed a very nice girl. 莫斯太太评论说她是个好女孩。vt. 注意到… ‖ ~ **on**〔**upon**〕就…发表〔评论〕

remarkable [rɪˈmɑːkəbl] adj. 异常的,引人注目的;不寻常的 ‖ **remarkableness** n. 引人注目 / **remarkably** adv. 引人注目地

remarry [ˌriːˈmærɪ] (pt., pp. **-ried**) vi. 再婚 vt. 与某人复婚

remedy [ˈremɪdɪ] n. ❶Ⓒ药品,治疗法 ❷ⓊⒸ补救办法,纠正办法

remember [rɪˈmembə] vt.&vi. 记得;牢记: Remember me when I am gone. 我走了,不要忘了我。/I will always remember your kindness to me. 我将永远记住你对我的好意。/Remember to bring a dictionary with you. 记着带上词典。/She still remembers what to say. 她还记得该说什么。/I remember having seen someone take it away. 我记得曾看见有人把它拿走。/We can't remember Mr. White being impolite to us. 我们不记得怀特先生曾对我们发过脾气。/Imes remembered Kehr as a mousy girl. 艾姆斯记得凯尔是个羞怯胆小的姑娘。vt. 送钱〔礼物〕给…: ~ generously〔gratefully〕慷慨〔感激〕地送礼/She always remembers me at Christmas. 每逢圣诞节她总给我送礼品。‖ ~ **about** 记得…/~ **against** 为…影响友谊,因…而记恨/~ **in** ①在…中忆起②把(钱等)遗赠给/~ **to** 代问好 ‖ **rememberable** adj. 可记得的,可记起的/**rememberer** n. 记起者

remembrance [rɪˈmembrəns] n. ❶Ⓒ纪念品 ❷ⓊⒸ记忆,回忆,纪念

remind [rɪˈmaɪnd] vt. 使想起: Be sure to remind her to come back early. 一定要提醒她早点回来。/May I remind you that time will soon be up? 我可以提醒你时间快到了吗?/This reminds me what we did together during our holidays. 这使我想起我们在假日里一起做的事。‖ ~ **about** 就…提醒…/~ **of** ①就…提醒(某人)②使(某人)想起…

reminder [rɪˈmaɪndə] n. Ⓒ令人回忆起…的东西,提醒…的东西

reminisce [ˌremɪˈnɪs] vi. 缅怀往事;话旧;怀旧

reminiscent [ˌremɪˈnɪsnt] adj. Ⓟ提醒的,暗示的;像…的;使人想起…的

remiss [rɪˈmɪs] adj. Ⓟ玩忽职守的;马虎 ‖ **remissly** adv. 玩忽职守地/**remissness** n. 玩忽职守,马虎

remission [rɪˈmɪʃən] n. ⓊⒸ缓和,减轻

remit [rɪˈmɪt] (-tt-) vt. ❶免除(债务);宽恕 ❷使某事缓和 vt.&vi. 寄回,传送

remnant [ˈremnənt] n. ❶Ⓟ剩余部分,残余 ❷Ⓒ零料,零头布

remodel [ˌriːˈmɒdl] vt. vt. 改变…的结构〔形状〕

remonstrate [ˈremənstreɪt] vi. 抗议 vt. 告诫

remorse [rɪˈmɔːs] n. Ⓤ懊悔,悔恨,自责 ‖

without ~ 无情的[地]

remorseful [rɪ'mɔːsfl] *adj.* 懊悔的；悔恨的

remote [rɪ'məʊt] *adj.* (-r,-st) ❶ Ⓐ（时间上）遥远的；（亲属关系上）远的 ❷ 远离的，遥远的；偏僻的 ❸ 冷淡的，疏远的，漠不关心的 ❹ 微小的；轻微的 ‖ **remoteness** *n.* 遥远，偏僻，冷淡 ‖ **remote control** 遥控 / **remote sensing** 遥感

removal [rɪ'muːvəl] *n.* ⓊⒸ 移走，脱掉

remove [rɪ'muːv] *vt.* ❶ 移走；排除：*He moved the picture and put it in the drawer.* 他把画取下来，放到抽屉里。 ❷ 开除：*They removed him from his position.* 他们撤销了他的职务。 *vi.* 迁移；移居：*Our office has removed.* 我们的机关迁移了。 ‖ ~ **from** ①从…中移开〔拿走，除掉〕②将（某人）撤〔免〕职 / ~ **into** 搬进〔到〕 / ~ **out** 搬〔出〕 / ~ **to** ①（把…）迁移到，搬到 ②把…调往 ‖ **remover** *n.* 搬运工

remunerate [rɪ'mjuːnəreɪt] *vt.* 酬劳

renaissance [rɪ'neɪsns] *n.* Ⓢ 文艺复兴，文艺复兴时期

rename [ˌriː'neɪm] *vt.* 给…重新取名，改名

rend [rend] *vt.* ❶（用力）把…分开，把…撕开 ❷ 猛拉，扯

render ['rendə] *vt.* ❶ 报答；归还；给予：~ *help* 给予帮助 ❷ 呈递；提供；开出：*You will have to render an account of your expenditure.* 你的开支必须报账。 ❸ 演出；扮演，演奏：*The piano concerto was wonderfully rendered.* 这首钢琴协奏曲演奏得很好。 ❹ 翻译：~ *a sentence* [*word*] 翻译句子〔单词〕 / ~ *adequately* 贴切地翻译 / *The sentence cannot be literally rendered.* 这个句子不能直译。 ❺ 使；致使：*You have rendered a great service to the country.* 你为国家做了一件大事。 / *The shock of the discovery rendered him speechless.* 这一发现使他吃惊得一句话也说不出来。 ‖ ~ **down** ①熬成油，煎熬成液体 ②缩减，概括表达 / ~ **for**（用…）补偿 / ~ **up** 放弃，交出

rendering ['rendərɪŋ] *n.* ⒸⓊ ❶（戏剧或乐曲的）表演，演奏 ❷（文字的）翻译，译文：*a free* ~ 意译 / *a literal* ~ 直译

renege [rɪ'niːg] *vi.* 违约，食言

renew [rɪ'njuː] *vt.& vi.* ❶（使）复原；（使）更新；赋予新的生命和活力：~ *a tyre* 更新轮胎 / ~ *youth* 恢复青春 / ~ *wholly* 完全恢复 / *He feels his youth renewing.* 他觉得越活越年轻了。 / *The most important thing is to renew your health.* 最重要的是恢复你的健康。 *vt.* ❶ 重新开始；继续：~ *conversation* 接着谈 / ~ *an attack* 开始新的进攻 / ~ *skin* 重新长出皮 / *The trees renew their foliage every year.* 树木每年都重新长出叶子。 ❷ 补充；加强：*The ship renewed its provisions.* 那艘船补充了给养。 ❸ 延长…的期限：*I must renew the book.* 我必须续借这本书。

renewable [rɪ'njuəbl] *adj.* 可继续的，可续订的

renewal [rɪ'njuːəl] *n.* ⓊⒸ ❶ 重建；更新 ❷ 重生

renounce [rɪ'naʊns] *vt.* 宣布放弃：*Andrew renounced his claim to the property.* 安德鲁放弃了财产的所有权。 / *We have renounced the use of force to settle our disputes.* 我们已再次宣布放弃使用武力来解决争端。 ‖ **renouncement** *n.* 宣布放弃

renovate ['renəveɪt] *vt.* 翻新；修复；整修：*He renovated his house.* 他翻修了房子。 / *The house has been renovated three years earlier.* 这所房子三年前就已翻新。

renovation [ˌrenə'veɪʃən] *n.* ⓊⒸ 翻新；修复；整修

renown [rɪ'naʊn] *n.* Ⓤ 名望；声誉

renowned [rɪ'naʊnd] *adj.* 有名的；享有声誉的

rent [rent] *n.* ⓊⒸ 租金；地租 ■ *vt.& vi.* 租用；出租（房等）：*The farm has been rented by my father.* 这个农场已被我父亲租用了。 / *Mr. Hill rented this land to us.* 希尔先生把这块土地租给我们了。 ‖ ~ **at**（使）以（某价钱）租出 / ~ **out** 租出

rental ['rentl] *n.* Ⓤ 租费，租金额

reopen [ˌriː'əʊpən] *vt.& vi.* 重新开始，再开：*School reopens in September.* 新学期九月开始。

reorganize, **-ise** [ˌriː'ɔːgənaɪz] *vt.& vi.* 改组，改编，整顿：*Classes will be reorganized after the first four weeks.* 一个月后要重新编班。

rep¹ [rep] *n.* Ⓒ 售货员，推销员

rep² [rep] *n.* Ⓒ 定期换演剧目的剧场（或剧团）

repair [rɪ'peə] *n.* ❶ⓊⒸ 修理，修补 ❷Ⓒ 修补的地方 ‖ **beyond** ~ 无法修补〔恢复〕/ **in bad**〔**poor**〕(**state of**) ~ 失修的，破损的 / **in**（**good**）~ 保养完好的 / **make** ~**s** 修理 / **out of** ~ 失修，破损 / **under** ~ 正在修理中 ■ *vt.* ❶ 修理；修补：~ *a bridge* 维修桥 / ~ *a boat*〔*car*, *ladder*〕修理船〔汽车，梯子〕/ ~ *a watch* 修表 / ~ *motor* 修理电动机 / ~ *shoes* 补鞋子 / *She was repairing a glove when I came in.* 我进去时，她在补手套。 ❷ 纠正，补救：~ *a mistake* 补救错误 / ~ *deficiency* 补偿不足 / *How can I repair the wrong I have done her?* 我怎样才能补偿对她做过的错事呢？ ‖ **repairer** *n.* 修补者 / **repairman** *n.* 修理工人

reparation [ˌrepə'reɪʃən] *n.* Ⓤ 赔款；补偿；赔偿

repatriate [ˌriː'pætrɪeɪt] *vt.* 把（某人）遣送回国，遣返：*Ancient artworks were repatriated from the U.S.A. to Greece.* 古代艺术品从美

国遣送回希腊。‖ **repatriation** *n*. 遣返

repay [rɪ'peɪ] *vt*. (*pt.*, *pp*. **repaid**) ❶偿还；付还：*He repaid the money he had borrowed.* 他把借的款还了。❷报答，酬报：*I must repay her for her kindness.* 我必须报答她的恩惠。

repayment [rɪ'peɪmənt] *n*. ⓤⓒ偿还；报答；偿付的钱物

repeal [rɪ'piːl] *vt*. 撤销，废除：*The Labour Party repealed the Act.* 工党废除了那项法令。

repeat [rɪ'piːt] *vt*. & *vi*. 重说，重做：*The boy repeated his question.* 那孩子又问了一遍他的问题。 *vt*. ❶复述，背诵：~ *a poem* 背诗／*The children repeated the words after her in chorus.* 孩子们跟她齐声朗读单词。／*Please repeat what I said.* 请把我说的话重复一遍。❷再次供应：~ *an order* 再订同样的货／*We regret that we cannot repeat this article.* 很抱歉，我们无法再次供应此物。 *vi*. 吃后仍留有余味：*The medicine repeats even after one has drunk many glasses of water.* 吃过这种药后，即使多喝几杯水，嘴里仍然有药味。 ~ *to* 向…重复说…▪ *n*. ⓒ❶重复；复述；背诵 ❷（节目）重演，重播

repeated [rɪ'piːtɪd] *adj*. Ⓐ反复的，再三的，重复的 ‖ **repeatedly** *adv*. 反复地，再三地，重复地

repel [rɪ'pel] *vt*. (-ll-) ❶击退，抵制 ❷使厌恶，使反感：*His manner repels me.* 他的举止让我厌恶。

repellent [rɪ'pelənt] *n*. ⓤⓒ驱虫剂 ▪ *adj*. 令人反感的；令人厌恶的 ‖ **repellently** *adv*. 令人反感地

repent [rɪ'pent] *vt*. & *vi*. 对（自己的所为）感到懊悔或忏悔

repeople [riː'piːpəl] *vt*. 使重新住人，移民于…

repertory ['repətərɪ] *n*. ⓤ全部剧目；轮演剧目

repetition [ˌrepɪ'tɪʃən] *n*. ❶ⓤⓒ重复，反复，重复的事 ❷ⓒ复制品，副本 ‖ **repetitional** *adj*. 重复的，反复的／**repetitionary** *adj*. 重复的，反复的

repetitive [rɪ'petɪtɪv] *adj*. 重复的，啰嗦的

repine [rɪ'paɪn] *vi*. 苦恼，埋怨

replace [rɪ'pleɪs] *vt*. ❶取代，代替；更换，替换：~ *accidentally* 偶然地取代／~ *conditionally*〔*effectively*〕有条件〔有效〕地取代／~ *promptly* 立即取代 ❷把…放回原位：~ *the books*〔*dictionary*〕把书〔字典〕放回原处／*He picked them up and replaced them in the bag.* 他把它们捡了起来，放回包里。‖ ~ **by**〔**with**〕用…代替 ‖ **replaceable** *adj*. 可放回原处的，可替换的

replacement [rɪ'pleɪsmənt] *n*. ❶ⓤ代替，替换，更换 ❷ⓒ替换的人〔物〕

replay [ˌriː'pleɪ] *n*. ⓒ重播，重放 ▪ *vt*. 重放

replenish [rɪ'plenɪʃ] *vt*. 补充：*She replenished her wardrobe.* 她添置了衣服。

replicate ['replɪkeɪt] *vt*. 复制；重复

reply [rɪ'plaɪ] *n*. ⓤⓒ回答，答复 ▪ **in** ~ (**to**) 作为…的答复 ▪ (*pt.*, *pp*. **replied**) *vt*. & *vi*. 回答，答复：~ *angrily*〔*bravely*, *completely*〕生气〔勇敢，圆满〕地回答／~ *excitedly*〔*firmly*〕激动〔坚决〕地回答／*Tom replied that he had finished the work.* 汤姆回答说他已完成了那项工作。 *vi*. 作答；回答：*He failed to reply.* 他未作回答。‖ ~ **for** 代表（某人）作答〔致答词〕／ ~ **to** 回复，回答／ ~ **with** 以…作答

report [rɪ'pɔːt] *n*. ❶ⓒ报告，报道 ❷ⓒ成绩报告单，工作鉴定书 ❸ⓤⓒ传闻；流言蜚语 ▪ *vt*. & *vi*. ❶报告；报道：*She reported the success of a new experiment.* 她报告说一次新的试验成功了。 ❷公布；宣告，当记者：*Police reported the closure of the road.* 警方宣布那条道路禁止通行。 ❸报到：~ *one's arrival* 报到／*All the representatives must report themselves on time.* 所有的代表都必须准时报到。 *vt*. 告发，举报：*They reported what they had seen.* 他们把看到的情况作了举报。‖ ~ **back** 报告，汇报／~ **for** ①担任记者②报到／~ **of** 报告…的情况／~ **on** 报道…，就…作报告／~ **out** 提出报告，作汇报／~ **to** ①到…报到；到…去（见某人）②向…汇报〔报告〕‖ **reportable** *adj*. ①值得报告的②应该报告的 ‖ **report card**（学生的）成绩报告单／**report forms** 报表

reportedly [rɪ'pɔːtɪdlɪ] *adv*. 据报道，据传说

reporter [rɪ'pɔːtə] *n*. ⓒ记者

repose [rɪ'pəʊz] *n*. ⓤ休息；安眠；宁静

repository [rɪ'pɒzɪtərɪ] *n*. ⓒ❶存放处，储藏室 ❷仓库；宝库

repossess [ˌriːpə'zes] *vt*. 取回，收回

reprehend [ˌreprɪ'hend] *vt*. 斥责，指摘，责备

represent [ˌreprɪ'zent] *vt*. ❶表现，描绘 ❷代表，象征，表示：*He represented himself to be the Son of God.* 他自称是救世主。 ❸作为…的代表：*The foreign minister represented the country at the conference.* 外交部长代表该国出席大会。‖ ~ **to** 向…指出〔描述〕

re-present [ˌriːprɪ'zent] *vt*. (尤指未支付的支票、账单等)再给予，再呈上，再递上

representation [ˌreprɪzen'teɪʃən] *n*. ❶ⓤ表现，表示，代理 ❷ⓒ表现…的事物，图画，雕塑

representative [ˌreprɪ'zentətɪv] *n*. ⓒ❶代表 ❷代理人 ▪ *adj*. 有代表性的，典型的：*We have a representative sample.* 我们有一个代表性的样品。／*This question is very representative.* 这问题非常典型。‖ **representatively**

repress [rɪˈpres] vt. ❶约束或抑制;压抑 ❷防止,平息,镇压

repression [rɪˈpreʃən] n. ⓤ压抑;约束;抑制;镇压: the ~ of laugh 忍住笑

repressive [rɪˈpresɪv] adj. (法律或其他控制形式)抑制的,镇压的,残暴的

reprieve [rɪˈpriːv] n. ⓒ(死刑)缓期执行令 ■ vt. 缓期执行(死刑)

reprint [ˌriːˈprɪnt] n. ⓒ重印书,再版书 ■ vt. (书籍)重印,再版

reprise [rɪˈpraɪz] n. ⓒ重新开始 ■ vt. 重新开始

reproduce [ˌriːprəˈdjuːs] vt. & vi. ❶复制;重现;再版: The picture reproduced too dark. 图画显得很暗淡。❷生殖,繁殖: Rabbits reproduce quickly. 兔子繁殖速度很快。‖ ~ by 靠…繁殖/ ~ from 使从…生长;再生/ ~ in 在…复印〔翻印〕;以…形式翻印〔复制〕‖ reproduceable,-cible adj. 能繁殖的,能再生长的/ **reproducer** n. 扬声器

reproduction [ˌriːprəˈdʌkʃən] n. ❶ⓤ繁殖,生殖,繁殖方式 ❷ⓤ复制,再现 ❸ⓒ复制品

reproductive [ˌriːprəˈdʌktɪv] adj. (生物)生殖的: Every animal has reproductive organs. 每种动物都有生殖器官。

reprove [rɪˈpruːv] vt. 指摘

reptile [ˈreptaɪl] n. ⓒ爬行动物,爬虫

republic [rɪˈpʌblɪk] n. ⓒ共和国,共和政体

republican [rɪˈpʌblɪkən] adj. 共和国的,共和政体的 ■ n. ⓒ拥护共和政体者,共和主义者

repudiate [rɪˈpjuːdɪeɪt] vt. ❶拒绝接受,否认,否定 ❷拒绝偿付: ~ the debts 拒付债款

reputable [ˈrepjʊtəbl] adj. 值得尊敬的;声誉好的

reputation [ˌrepjʊˈteɪʃən] n. ⓤⓒ名气,名声,名誉

repute [rɪˈpjuːt] n. ⓤ名声,名誉 ■ vt. 称为,认为

request [rɪˈkwest] n. ❶ⓤⓒ要求,请求 ❷ⓒ所请求的事物 ‖ a ~ for…的要求 /at sb's ~ 〔at the ~ of〕应…之请求 /by ~ of〔from〕应…的请求,经…之请求 /in ~ 为人们所需要,受欢迎 /on〔upon〕~ 一经要求/ play (sb's) ~ 播放(某人)点播的节目 ■ vt. 请求,要求: He requested that they should come early. 他请求他们要早来。/ They requested us to help them. 他们要求我们帮助他们。‖ ~ from 向…请求〔要求〕/ ~ of 要求(某人),请求(某人)

require [rɪˈkwaɪə] vt. ❶有赖于…;需要: All living beings require food. 一切生物都需要食物。❷命令,指示: The court required that he should pay the fine. 法院下令他交付罚款。❸要求,规定: He required to see my passport. 他要看我的护照。❹想要: Will you require coffee? 你要咖啡吗? ‖ ~ from 需要从(某人)处得到(某物)/ ~ of 对…要求

requirement [rɪˈkwaɪəmənt] n. ⓒ ❶要求,必要条件 ❷需要,需要的东西: ~s of life〔living〕生活必需品

requite [rɪˈkwaɪt] vt. ❶报答 ❷酬谢 ❸报复 ❹回报,补偿

rerun [ˌriːˈrʌn] n. ⓒ重播节目 ■ vt. (-nn-; pt. reran, pp. rerun) 再播放

resale [ˌriːˈseɪl] n. ⓤⓒ再卖

reschedule [ˌriːˈskedʒʊl] vt. 重订时间表

rescue [ˈreskjuː] n. ❶ⓤ营救,救援 ❷ⓒ营救〔救援〕行动 ■ vt. 营救,救援,使免遭损失: ~ the hostages 救出人质 / They rescued the child. 他们救出了那个小孩。/ The government has rescued the firm from bankruptcy by giving them a grant. 政府通过给企业拨款使他们免遭倒闭。

research [rɪˈsɜːtʃ] n. ⓤⓒ研究;探讨 ■ vi. 做研究,探究,研究,探讨: ~ the cause of the disease 研究病因/ ~ carefully〔fully〕仔细〔充分〕研究/ We have been researching for three years with no results. 我们已研究了三年,但没有什么结果。■ vt. 从事…的研究,为…而做研究 ‖ ~ into 就…进行研究/ ~ on 研究;探讨 ‖ **research assistant** 助理研究员/ **research group** 课题组/ **research paper** 学术论文/ **research student** 研究生/ **research worker** 研究人员

reseat [ˌriːˈsiːt] vt. ❶使(自己或别人)再次就座 ❷为…设新座位 ❸(通过重新调整或修理)使(水龙头、钉子等)复位

resemblance [rɪˈzembləns] n. ⓤⓒ相似,形似

resemble [rɪˈzembl] vt. 像…,类似于: My brother resembles me in looks. 我弟弟和我长得很像。

resent [rɪˈzent] vt. 对…感到愤怒: He resented his friend's remark. 他怨恨他朋友所说的话。‖ **resentment** n. 愤恨,不满,怨恨

resentful [rɪˈzentfʊl] adj. 感到愤恨的,表示愤恨的,憎恨的 ‖ **resentfully** adv. 感到愤恨地,表示忿恨地,憎恨地

reservation [ˌrezəˈveɪʃən] n. ❶ⓒ保留的座位〔住处〕等;预订 ❷ⓤⓒ保留意见;保留态度 ❸ⓒ(美洲印第安部落的)居留地

reserve [rɪˈzɜːv] vt. ❶保留〔储备〕某物: We'll reserve the ticket for you till tomorrow noon. 票为您保留到明天中午。❷具有或保持(某种权利): The management reserves the right to refuse admission. 资方有权拒绝接纳。❸预订或保留(座位、住处等);订购:These seats are reserved for teachers. 这些座位是留给老师的。■ n. ❶ⒸⓊ贮藏;储备 ❷Ⓤ保护区 ❸Ⓤ矜持,拘谨;寡言 ‖ **reserve bank** 储备银行/**reserve fund** 公积金,储备金/**reserve service** 预备役/**reserve strength** 潜力

reserved[rɪˈzɜːvd] adj. ❶预定的,保留的 ❷说话不多的;不苟言笑的 ‖ **reservedly** adv. ①预定地,保留地②说话不多地,不苟言笑地

reservist[rɪˈzɜːvɪst] n. Ⓒ预备役军人

reservoir[ˈrezəvwɑː] n. Ⓒ❶水库 ❷储藏,汇集 ‖ a ~ of oil 油箱

reset[ˌriːˈset] vt. (-tt-; pt., pp. reset) ❶重新安放或安置 ❷重拨(测量仪器指针) ❸为(考试、测试等)出一套新题

resettle[ˌriːˈsetl] vt.&vi. 帮助(尤指难民)定居他国:The refugees want to be resettled in London. 这些难民想在伦敦定居下来。vt. 使(土地、地区等)重新成为定居点 ‖ **resettlement** n. 重新安居

reshape[ˌriːˈʃeɪp] vt. 改变…的形状(结构);重塑;改组

reshuffle[ˌriːˈʃʌfl] vt. 对(某集体)作岗位或职责的调整,改组(某集团) vt.&vi. 重新洗(牌)

reside[rɪˈzaɪd] vi. 居住;定居:They reside abroad. 他们居住在国外。‖ ~ in 住在…;(权力、权利等)存在于,属于

residence[ˈrezɪdəns] n. ❶Ⓒ住处;住宅;公馆 ❷Ⓤ居住;居留期间 ‖ in ~(因工作或职责关系)驻于某处

resident[ˈrezɪdənt] adj. 定居的;常驻的:They engaged a resident tutor. 他们聘用了一名住家的家庭教师。/ I've been resident in this hotel for five years. 我已经在这家旅馆住了五年。■ n. Ⓒ❶居民 ❷(旅馆的)住宿者

residential[ˌrezɪˈdenʃəl] adj. Ⓐ❶住宅的,适于作住宅的 ❷与居住有关的 ‖ **residentially** adv. ①住宅地,适于作住宅地②与住宅有关地

residue[ˈrezɪdjuː] n. Ⓢ❶剩余,余渣 ❷〈律〉剩余财产

resign[rɪˈzaɪn] vt.&vi. 辞职,放弃:Mander resigned from office. 曼德辞职了。‖ ~ one-self to 听从,顺从

resignation[ˌrezɪɡˈneɪʃən] n. ❶ⓊⒸ辞职 ❷Ⓒ辞职书 ❸Ⓤ顺从,听从

resilient[rɪˈzɪliənt] adj. ❶(指物体或材料)能复原的,弹性的 ❷(指人的性格)能迅速恢复或重新振作的;达观的;适应性强的

resin[ˈrezɪn] n. ⒸⓊ树脂,松香 ‖ **kiss the ~**〈美俚〉(在职业性拳击中)被击倒

resist[rɪˈzɪst] vt.&vi. 使用武力阻止(某事发生〔取得成功〕;抵抗;对抗:He could resist no longer. 他再也抵抗不住了。vt. ❶不受(某事物的)损害〔影响〕;抗;耐:Lack of proper nourishment reduces their power to resist disease. 营养不良降低了他们抵抗疾病的能力。❷不屈从(某事物或某人);经得住:I couldn't resist telling her the secret. 我忍不住把那个秘密告诉了她。‖ **resister** n. 抵抗者,反抗者

resistance[rɪˈzɪstəns] n. ❶ⓈⓊ抵抗,反抗,抵抗能力 ❷Ⓤ阻力 ❸Ⓤ电阻,热阻 ‖ **resistance coil** 电阻线圈/**resistance welding** 电阻焊接

resistant[rɪˈzɪstənt] adj. 有抵抗力的,抵抗的

resolute[ˈrezəluːt] adj. 坚决的;刚毅的 ‖ **resolutely** adv. 坚决地,刚毅地/**resoluteness** n. 坚决,刚毅

resolution[ˌrezəˈluːʃən] n. ❶Ⓒ正式决定,决议 ❷Ⓒ决心,决定 ❸Ⓤ坚决;坚定;坚毅 ❹Ⓤ解决,解答 ❺ⒸⓊ分辨力,分辨率

resolve[rɪˈzɒlv] vt.&vi. 决定;决心:She resolved never to see him again. 她决心不再见他。vt. ❶(指委员会或集会)表决:The union resolved to strike by 40 votes to 18. 工会以 40 票对 18 票通过决议举行罢工。❷解决(问题、疑问等):The Cabinet met to resolve the crisis. 内阁开会,寻求解决危机的办法。❸分解,解析(某物) ‖ ~ on〔upon〕决定(某事);决意,决心(做某事)

resonance[ˈrezənəns] n. Ⓤ回响,回荡,洪亮;共鸣

resonant[ˈrezənənt] adj. ❶(指声音)回响的,回荡的,洪亮的 ❷(指房间、物体等)激起回响的,引起共鸣的,产生共振的 ❸(指处所)产生某种回响的,回荡着某种声音的 ‖ **resonantly** adv. 洪亮地

resonate[ˈrezəneɪt] vi. 产生回声、共鸣或共振

resonator[ˈrezəneɪtə] n. Ⓒ共鸣器,共振器

resort[rɪˈzɔːt] vi. 求助于或诉诸某事物;采取某手段或方法应急或作为对策:One has sometimes to resort to these little devices. 人们有时得依靠这些小玩意儿。■ n. ❶Ⓤ求助,凭借,诉诸 ❷Ⓒ求助〔凭借〕的对象;采用的办法 ❸Ⓒ度假胜地 ‖ **in the last ~** 作为最后一着 ‖ **resorter** n. 常去休养地的人

resound[rɪˈzaʊnd] vi. ❶(指声音)回荡于某处;产生回响:The echo resounded back to us. 回声传回到我们的耳中。❷(指某处)回荡着声音:The concert hall resounded with laughter and applause. 音乐厅里充满了笑声和掌声。❸(指名声、事件等)广为传颂,广泛传播

resounding[rɪˈzaʊndɪŋ] adj. Ⓐ❶鸣响的,回响的,回荡的,响亮的 ❷(指事件等)令人瞩目的 ‖ **resoundingly** adv. ①鸣响地,回响地,

回荡地,响亮地②令人瞩目地

resource [rɪˈsɔːs] n. ❶🅿资源 ❷🅿(必要时可给予)帮助、支持或安慰的事物 ❸🆄才智;机敏;创造精神

respect [rɪsˈpekt] vt. 尊重,敬佩: Please respect yourself. 请尊重你自己。‖ ~ for 因…钦佩、赞赏〔尊重〕/ ~ oneself 自重 ■ n. ❶🆄尊敬,尊重 ❷🆄考虑,关心,顾虑 ❸🅲细节,方面 ❹🅿敬意,问候‖ in ~(s) of 在…方面,就…而言;作为…报酬/in ~ that 因为…,考虑到…/in〔with〕~ to 关于,(至于)谈到/pay last ~s to 向(死者)告别/without ~ to 不管,不顾

respectable [rɪsˈpektəbl] adj. ❶正派的;文雅的;高尚的 ❷体面的‖ **respectably** adv. ①正派地;文雅地;高尚地②体面地

respectful [rɪsˈpektful] adj. 有礼貌的;恭敬的: He is respectful to his elders. 他对长辈很尊敬。‖ **respectfully** adv. (常用于致长者书信的结尾,作客套语)谨上,敬礼/**respectfulness** n. 有礼貌,恭敬

respecting [rɪsˈpektɪŋ] prep. 关于;至于

respective [rɪsˈpektɪv] adj. 🅐各自的;各个的

respectively [rɪsˈpektɪvlɪ] adv. 各自地,各个地,分别地

respiration [ˌrespəˈreɪʃən] n. ❶🆄🅲呼吸,一次呼吸 ❷🆄(植物的)呼吸

respiratory [rɪsˈpaɪərətərɪ] adj. 🅐呼吸的,呼吸用的: the ~ organs 呼吸器官

respire [rɪsˈpaɪə] vt. ❶呼吸 ❷呼气和吸气 ❸(植物)进行呼吸

respite [ˈrespaɪt] n. ❶🆄🆂休息(时间),暂时的缓解或轻松 ❷🅲(义务的)暂缓履行;(刑罚的)缓期执行‖ work without ~ 不断地工作

resplendent [rɪsˈplendənt] adj. 🅿华丽灿烂的;辉煌的‖ **resplendently** adv. 华丽灿烂地;辉煌地

respond [rɪsˈpɒnd] vt. & vi. 回答,回报;响应: I offered him a drink but he did not respond. 我请他喝酒,但他未作回答。/ They responded my joke by laughing. 他们对我的笑话报以大笑。vi. 有反应;有效果;有影响: Their envoy showed no sign of responding to our proposals. 他们的代表对我方的提议毫无回应的迹象。‖ ~ to 对…做出反应〔回答〕;对…有某种反应〔感觉,表现〕;顺从,服从,响应‖ **responder** n. ①回答者,响应者②〈无〉响应器,应答机

respondent [rɪsˈpɒndənt] n. 🅲〈律〉(尤指离婚案的)被告

response [rɪsˈpɒns] n. 🅲🆄❶回答;回音;答复: She has received a response from that college to her application. 她已经收到那所大学对她申请的答复。❷反应,响应: There has been very little response to our call for help. 我们求助的号召没有多大响应。‖ in ~ to 对…做出反应

responsibility [rɪˌspɒnsəˈbɪlɪtɪ] n. ❶🆄责任 ❷🆄责任感,可信赖性 ❸🅲职责,所负责任的事‖ do sth on one's own ~ 自己负责做某事/ lay the ~ at sb's door 把责任归咎于某人/ on one's ~ 主动地,自作主张地/ shake one's ~ 摆脱责任/ shift the ~ onto 嫁祸于人

responsible [rɪsˈpɒnsəbl] adj. ❶🅿负有责任的,需承担责任的 ❷🅿需对…负责的: He is responsible to me for it. 这件事他对我负责。❸尽责的,可靠的: She is a responsible secretary. 她是一个尽职尽责的秘书。❹责任重大的: He holds a very responsible position in the firm. 他在公司里担任一个非常重要的职务。‖ ~ for 对…负责/ ~ to 对…负责‖ **responsibly** adv. ①负有责任地,需承担责任地②需对…负责地③尽责地,可靠地④责任重大地

responsive [rɪsˈpɒnsɪv] adj. ❶反应热烈或良好的;赞同的;支持的 ❷🅿反应灵敏的;易受控制的 ❸🅐回答的,答应的‖ **responsively** adv. ①反应热烈地,赞同地,支持地②反应灵敏地,易受控制地/ **responsiveness** n. ①反应热烈,赞同,支持②反应灵敏③回答,答应

rest¹ [rest] n. ❶🅲🆄休息,睡眠 ❷🆄静止(状态) ❸🅲支持物‖ at ~ 静止,不动;安息/ come to ~ 停止移动/ go to ~ 就寝,去睡觉/ lay to ~ 安葬;取消/ take〔have〕a ~ 休息一下 ■ vt. & vi. ❶(使)休息: You have had a hard day. Go home and rest. 你们辛苦了一天,回家去休息吧。/ We stopped to rest the horses. 我们停下来让马休息一下。❷(使)倚靠〔支撑〕vi. 停止,不再谈论: The matter cannot rest here. 这件事不能到此为止。❸〔~ on〕(使)靠在…之上,由某物支撑/ ~ from 停下…休息/ ~ in (使)舒服地躺在,睡在〔长眠于〕…中;产生于…,归因于…,在于;把…赋予,交与,寄…于/ ~ on〔upon〕搁在〔支撑在〕…上;依赖于,寄托于…上,基于;接触到,达到或朝向;(使)落在…上/ ~ up 休养,休息/ ~ with 在于,取决于‖ **rest day** 休息日/ **rest home** 疗养院,疗养所/ **rest house** 客栈,招待所/ **rest period**〈植〉休眠期/ **rest room** 休息室

rest² [rest] n. 🆂剩余(部分),余下的人〔物〕‖ among the ~ 在其中/ and (all) the ~ (of it) 以及其他一切/ for the ~ 至于其他,除此之外

restate [ˌriːˈsteɪt] vt. 重述或以另一种方式申(某事): The government took the opportunity to restate its basic policies. 政府趁机重申其基本政策。‖ **restatement** n. 重述,重申

restaurant [ˈrestərənt] n. 🅲饭店,餐馆

restitution [ˌrestɪˈtjuːʃən] n. 🆄❶归还原主,恢复原状 ❷(尤指用钱)赔偿,补偿

restless ['restlɪs] adj. ❶焦躁不安的,不安静的 ❷不得休息的 ‖ **restlessly** adv. ①焦躁不安地,不安静地②不得休息地/**restlessness** n. ①焦躁不安②不得休息

restock [ˌriː'stɒk] vt.& vi. 更新(旧物品); 补充(货源);再补给

restoration [ˌrestə'reɪʃən] n. ❶Ⓤ(遗失等物的)归还原主 ❷Ⓤ回到原处或原状,恢复 ❸ⒸⓊ重新采用 ❹ⒸⓊ(损坏的建筑物、艺术品等的)修复,整修 ❺Ⓒ(毁坏后重建的)建筑物;重建

restore [rɪ'stɔː] vt. ❶归还;交还: His conscience overcame him and he restored the books he had taken from the shop. 他的良心战胜了自己,他把从书店拿的几本书放回了原处。❷使恢复: At present the doctor is giving him daily massages to help restore the function of his limbs. 目前医生每天在给他按摩,帮助他恢复腿臂的功能。❸修复;重建: The old painting was damaged in the flood and had to be painstakingly restored. 那幅古画在洪水中遭到毁坏,必须精心修复。‖ ~ belief〔faith〕in 恢复对…的信任/~ to(把…)交还给…;恢复到…

restrain [rɪ'streɪn] vt. 抑制,遏制;管制,克制,约束: If you can't restrain your dog you must lock it up. 如果你无法管住你的狗,就必须把它关起来。‖ ~ from 制止〔阻止,限制〕…做 ‖ **restrainable** adj. 可抑制的,可遏制的,可制止的/**restrainer** n. ①抑制的人②〈化〉抑制剂

restrained [rɪ'streɪnd] adj. 克制的,节制的,受到控制的 ‖ **restrainedly** adv. 克制地,节制地,受到控制地

restraint [rɪ'streɪnt] n. ❶Ⓤ抑制,遏制,管制,约束 ❷Ⓒ克制物,管制措施,约束力 ❸Ⓤ克制,节制,适度 ‖ be laid under ~被监禁;被送入精神病院/without ~无拘无束地,自由地

restrict [rɪ'strɪkt] vt. 限制;约束: He feels this new law will restrict his freedom. 他觉得这一新法律会限制他的自由。‖ ~ to 把…限制〔控制,保持〕在…

restricted [rɪ'strɪktɪd] adj. ❶有一定限制的,有限的,受约束的 ❷〈英〉(指土地)对公众不完全开放的 ❸Ⓐ〈美〉(指土地)对军人不完全开放的 ‖ **restrictedly** adv. ①有限地,受约束地②对公众不完全开放地③对军人不完全开放地 /**restrictedness** n. 有限,约束

restriction [rɪ'strɪkʃən] n. ❶Ⓤ约束,限制 ❷Ⓟ管制,限定;法律,规章 ‖ **restrictionism** n. 限制主义/**restrictionist** n. 限制主义者

restrictive [rɪ'strɪktɪv] adj. ❶限制(性)的,约束(性)的 ❷〈语〉限制性的 ‖ **restrictively** adv. 限制(性)地,约束(性)地/**restrictiveness** n. 限制(性),约束(性)

restructure [ˌriː'strʌktʃə] vt. 重建,改建,重组

result [rɪ'zʌlt] n. ❶ⒸⓊ结果;效果;后果;成效 ❷Ⓟ比分,成绩 ‖ as a ~ 结果,因此/as a 〔the〕~ of 由于…的结果/in ~ 结果/with the ~ that 因此/without ~毫无结果 ■ vi. 发生,产生;导致,结果是: When the government policies are expressed imprecisely, confusion results. 政府政策的措辞含混不清就会产生混乱。‖ ~ from 产生于…,由…引起/~ in 引起,导致;以…为结局

resume [rɪ'zjuːm] vt.& vi. 重新开始;恢复: He resumed his former position with the company. 他又恢复了在公司的职位。vt. 重新取得;再占有: After finishing his speech, he resumed his seat. 他发言后重新回到自己的座位上去。

résumé ['rezjuːmeɪ] 〈法〉n. ❶Ⓒ摘要,概要 ❷Ⓢ简历

resurface [ˌriː'sɜːfɪs] vt. 给(路等)铺设新路面 vi. 重新升至表面,重新露面

resurgence [rɪ'sɜːdʒəns] n. ⒰Ⓢ复苏

resurrect [ˌrezə'rekt] vt. ❶使(某人)复活 ❷使(某种做法)复兴,重新使用

resurrection [ˌrezə'rekʃən] n. ❶Ⓢ〈宗〉耶稣复活 ❷Ⓢ〈宗〉(最后审判日)所有死者的复活 ❸ⓊⓈ恢复使用、活动等 ‖ **resurrectional** adj. 复活的,复兴的/**resurrectionist** n. ①盗尸者②使复活者,使复兴者③相信复活的人

resuscitate [rɪ'sʌsɪteɪt] vt. 使(某人或某物)恢复知觉,苏醒

ret [ret] vt.(通过浸泡或受潮)使(亚麻、大麻纤维等)软化,使沤软 vi.(干草等)受潮,腐烂

retail ['riːteɪl] n.Ⓤ零售 ■ [riː'teɪl] vt.& vi. 零售: In this shop they retail tobacco and sweets. 这家铺子零售香烟和糖果。vt. 传播,转述: He is fond of retailing the news. 他喜欢传播消息。‖ ~ at〔for〕(使)以…(价格)零售/~ to 把…零售给…;把…转述〔传播〕给… ‖ **retailer** n. ①零售商②(流言等)的传播人

retain [rɪ'teɪn] vt. ❶保持;保留: This village still retains its old world character. 这个村庄仍然保持着古色古香的特色。/We shall retain our rights. 我们将保留我们的权利。❷止住;容纳: They built a wall round the shore of the lake to retain the water. 他们沿着湖边筑起一道堤来挡水。‖ ~ on〔over〕对…保持 ‖ **retainable** adj. 可保持的,可保留的,可记住的,可雇用的

retainer [rɪ'teɪnə] n.Ⓒ❶(尤指付给讼务律师的)聘用定金 ❷(为外出期间保留租房等而付的)定金 ❸(尤指服务多年的)仆人

retake ['riːteɪk] vt.(pt. **retook**, pp. **retaken**)❶再拿,再取,夺回 ❷重拍(照片、影片等)

❸重新(考试等),补考 ■ n. ⓒ❶电影镜头的重拍 ❷重考,补考;参加重考或补考的人

retaliate [rɪ'tælɪeɪt] vi. 报复,反击: *If you strike me, I shall retaliate*. 你要是打我,我就还击。‖ **retaliation** n. 报复,反击/**retaliative** adj. 报复的,反击的/**retaliatory** adj. 报复(性)的

retard [rɪ'tɑːd] vt. ❶使(某物)放慢或迟缓 ❷阻碍(某人或某事)的进步或发展;妨碍 ‖ **retardant** adj. 使延迟的/**retardative, -atory** adj. 使延迟的,阻止的,妨碍的,减速的/**retarded** adj. 身体或精神发育迟缓的,智力迟钝的/**retarder** n. ①〈化〉阻滞剂②〈工〉减速器

retell [ˌriː'tel] vt. (*pt.*, *pp.* **retold**)(以不同的方式或语言)复述: *Retell the story in English*. 把这个故事用英语复述一遍。

retention [rɪ'tenʃən] n. ⓤⓢ❶具有,具备,享有,享用 ❷记忆力,记性 ❸挡住,拦阻;保持,保留,容纳

retentive [rɪ'tentɪv] adj. ❶(指记忆力)有记性的,记性强的 ❷能保持或容纳液体等的 ‖ **retentively** adv. 有记性地,记性强地/**retentiveness** n. 有记性,记性强/**retentivity** n. ①保持力②〈物〉顽磁性

rethink [ˌriː'θɪŋk] vt. & vi. (*pt.*, *pp.* **-thought**)重新考虑或再想 ■ n. ⓢ再思考,反思

reticent ['retɪsənt] adj. 不轻易暴露思想或感情的,有保留的 ‖ **reticently** adv. 有保留地

retire [rɪ'taɪə] vt. & vi. 退职,退役;(使)退休: *Once people retire they automatically cease to be union members*. 人们一旦退休就自动不再是工会会员。/*Some of the older workers were retired early*. 有些老工人提前退休了。vi. ❶退下;撤退 ❷就寝 ‖ ~ **from** 从…退, 引退;将…回收停用;从…撤退/~ **into oneself** 变得沉默寡言,不愿同别人交谈/~ **on** 退休后靠…(生活)/~ **to** 退到,去往…

retired [rɪ'taɪəd] adj. 退休的;退职的;退后的 ‖ **retiredness** n. 退休

retiree [rɪˌtaɪə'riː] n. ⓒ退休者;退职者;退役者

retirement [rɪ'taɪəmənt] n. ⓒⓤ退休,退职,退役 ‖ **live in** ~ 过退休生活 ‖ **retirement age** 退休年龄/**retirement pay** 退休金,退役金/**retirement system** 退休制度

retiring [rɪ'taɪərɪŋ] adj. 过隐居生活的,孤僻的;害羞的 ‖ **retiringly** adv. 孤僻地,害羞地/**retiringness** n. 孤僻,害羞 ‖ **retiring room** ①休息室②厕所

retool [ˌriː'tuːl] vt. & vi. (给…)更换工具,(给…)更换机械设备 vt. 改组;革新

retort [rɪ'tɔːt] vt. 反驳: *He retorted the invective on her*. 他用恶言讽刺还击她。■ n. ❶ⓤ反驳,回嘴 ❷ⓒ反驳的回答

retouch [ˌriː'tʌtʃ] vt. 润色,修描(照片)

retrace [rɪ'treɪs] vt. ❶折回 ❷回忆,回顾,追溯

retract [rɪ'trækt] vt. & vi. ❶撤回或撤消: *You may retract that statement*. 你可以撤回那个声明。❷拒绝执行或遵守 ❸缩回,拉回: *A cat can retract its claws, but a dog can't*. 猫的爪子可以缩进去,但狗不能。‖ **retractable** adj. 可收回的,可撤销的,可缩回的,可缩进的

retreat [rɪ'triːt] vi. ❶撤退;退却: *Our soldiers force the enemy to retreat*. 我们的战士使敌人后退。❷规避,退缩 ‖ ~ **from** 从…撤退;避开…/~ **to** 后撤到 ■ n. ❶ⓤ退却,撤退 ❷ⓢ退军号,收兵号 ❸ⓒ隐退处,静寂处 ❹ⓒⓤ静修(期) ‖ **make good one's** ~ 成功地逃脱,安全撤退

retrench [rɪ'trentʃ] vi. 紧缩开支 vt. ❶削减(费用) ❷节省

retrial [ˌriː'traɪəl] n. ⓒ再审;复审

retribution [ˌretrɪ'bjuːʃən] n. ⓤ(由于伤害等)应得的惩罚或赔偿 ‖ **retributive, -tory** adj. 应受惩罚的,应赔偿的

retrieval [rɪ'triːvəl] n. ⓤ重获,取回,检索,挽回,恢复 ‖ **beyond〔past〕** ~ 不可恢复,不可挽救

retrieve [rɪ'triːv] vt. ❶寻回,找回: *Yesterday I retrieved the bag I left in the bus*. 昨天我取回了遗留在公共汽车上的包。❷恢复,挽回: *He did his best to retrieve the situation, amidst some laughter*. 他在哄笑中尽力挽回尴尬的局面。❸检索(储存的信息) ❹使某事物恢复旺盛状态 vt. & vi. (指经过训练的狗)找到并衔回(被打死或打伤的鸟等)

retrogress [ˌretrə'gres] vi. ❶倒退 ❷恶化,衰退

retrospect ['retrəspekt] n. ‖ **in** ~ 回顾,追溯 ‖ **retrospection** n. 回顾,追溯

retrospective [ˌretrə'spektɪv] adj. ❶回顾的 ❷(指法律、支付关系等)有追溯效力的

return [rɪ'tɜːn] vi. ❶返回,回来: *I'll return at 10 this evening*. 我今晚十点回来。❷恢复 vt. ❶还,归还,退回: *Will you return my car key*? 请把汽车钥匙还给我,好吗? ❷回报 ‖ ~ **for** 以…回报/~ **from** 从…返回/~ **to** 返回到…,把…送回;恢复到…/~ **with** 带…回来 ■ n. ❶ⓢ回来,回程,回路 ❷ⓤ偿还,归还 ❸ⓒ回复;回归;复发 ❹ⓒ归还之物 ❺ⓟ利润,收益 ‖ **in** ~ **(for)** 作为…的回报/**on one's** ~ 在回来时/**to** ~ 一言归正传,回到本题 ‖ **returnable** adj. ①可退回的②允许退还的③〈律〉依法必须送还/**returned** adj. ①已归还的,已回国的②退回的,回收的

reunify [ˌriː'juːnɪfaɪ] vt. (使)重新统一

reunion [ˌriː'juːnɪən] n. ❶ⓤ再结合,重聚

❷Ⓒ(久别的亲友、同事的)聚会‖**reunionist** n. 重新联合论者

reunite [ˌriːjuːˈnaɪt] vt. & vi. (使某人或某物)再次联合,重聚

reuse [ˌriːˈjuːz] vt. 再用,重新使用 ■ [ˌriːˈjuːs] n. Ⓤ再用,重新使用

revalue [ˌriːˈvæljuː] vt. 对某物重新估价 vt. & vi. 调高(货币)的兑换价值,使(货币)升值

reveal [rɪˈviːl] vt. ❶ 显示;露出: Research has revealed that he is a monster of iniquity. 调查结果显示他是一个不法之徒。❷泄露;透露: He never revealed his identity. 他从未暴露过自己的身份。‖ ~ **to** 向…透露‖ **revealable** adj. 可展现的,可揭露的/**revealer** n. 展现者,揭露者/**revealment** n. 展现,揭露

revealing [rɪˈviːlɪŋ] adj. ❶揭露(事实等)的,暴露真相的 ❷展现或显示(某物)的,显露的

revel [ˈrevl] vi. (-ll-,〈美〉-l-)作乐;狂欢‖ ~ **in** sth〔v-ing〕尽情享受某事情,沉迷于某事物 ■ n. Ⓟ狂欢‖ **reveller** n. 狂欢者,欢饮者/ **revelry** n. 狂欢;宴会

revelation [ˌrevəˈleɪʃən] n. ❶Ⓤ显露,泄露,透露,揭露 ❷Ⓒ被揭露的事,暴露出来的事‖ **revelational** adj. 展现的,揭露的,启示的

revenge [rɪˈvendʒ] n. Ⓤ报仇,报复‖ **out of** 〔**in**〕 ~ **for** 为了报复/**take** ~ **on** 报复 ■ vt. 为…报仇,报…之仇: He revenged his dead brother. 他为死去的兄弟报仇。‖ ~ **on**〔**upon**〕惩处,报仇

revenue [ˈrevənjuː] n. Ⓤ收入,收益;财政收入,税收‖ **revenuer** n. ①〈美口〉财政税务官②缉私船

reverberate [rɪˈvɜːbəreɪt] vi. 回响;回荡

revere [rɪˈvɪə] vt. 崇敬,尊崇,敬畏: Students revere the old professors. 学生们十分尊敬那些老教授。

reverence [ˈrevərəns] n. ❶Ⓤ尊敬,崇敬: He was a bishop who was held in reverence by all. 他是一位被大家尊敬的主教。❷Ⓒ敬礼: make a ~ 作一鞠一个躬

reversal [rɪˈvɜːsəl] n. ❶Ⓒ反向,反转,倒转 ❷Ⓒ运气不好

reverse [rɪˈvɜːs] vt. & vi. ❶(使)反转;(使)颠倒;(使)翻转: Their positions are now reversed. 他们现在的位置颠倒了。❷推翻,取消: The appeal court reversed the original verdict and set the prisoner free. 上诉法庭撤销了原判,把那个犯人释放了。❸使倒退,逆转: The car reversed out. 汽车倒退出去。/ The car was reversed through the gate. 车子倒出门了。■ adj. Ⓐ相反的,颠倒的,反向的: Please read the names on this list in reverse order. 请看看这张单子上的名字,先从末尾看起。/Please write down your name on the reverse side of the envelope. 请在信封的背面写下你的名字。■ n. ❶Ⓢ相反: see the ~看到事物的反面/His answer was just the reverse of what I expected. 他的回答正好与我期望的相反。❷Ⓢ钱币的反面〔背面〕: The coin has a crowned lion on its reverse. 这枚硬币反面的图案是个戴皇冠的狮子。❸Ⓒ失败,挫败: suffer a ~遭受挫折‖ **reversely** adv. 颠倒地,相反地

revert [rɪˈvɜːt] vi. ❶恢复,回复到 ❷重提,重新考虑;回到…上 ❸(律)归还

review [rɪˈvjuː] n. ❶Ⓤ Ⓒ回顾;检查;检讨;重新考虑 ❷Ⓒ评论性刊物,评论 ❸Ⓒ检阅‖ be〔come〕 **under** 〔**up**〕(**for**) ~在复查〔重新考虑〕中 ■ vt. 回顾: Have you reviewed what we covered in class yesterday? 昨天我们课堂上讲的东西你们复习了吗? vt. & vi. 写…的评论文章: ~ books 为书写评论/He reviews articles in his spare time. 他在业余时间写评论文章。/ Have you reviewed for this newly published novel? 你给这本新出版的小说写书评了吗?‖ ~ **for** ①为…写评论②为…而复习‖ **reviewable** adj. 可回顾的;可检查的;应检查的;可评论的

reviewer [rɪˈvjuːə] n. Ⓒ评论家

revile [rɪˈvaɪl] vt. 辱骂;痛斥

revise [rɪˈvaɪz] vt. 修订,修改: ~ **a contract** 修改合同/They are revising a dictionary. 他们在修订一部词典。/ You should revise your opinion of him. 你应该纠正对他的看法。vt. & vi. 复习: You must revise for the examination. 你应当复习功课以迎接考试。/She is revising her notes for the examination. 她正在阅读笔记准备考试。‖ ~ **from** 根据…修订而成‖ **reviser,-or** n. 修订者;修正者;修改者;校对员

revision [rɪˈvɪʒən] n. ❶Ⓤ修订,修改: At any rate, your plan needs revision. 不管怎样,你的计划需要加以修订。❷Ⓒ修订本,修订版: I have got the revision of his dictionary. 我得到了他编的词典的修订本。❸Ⓒ复习: He did some revision for the exam. 他温习功课准备考试。‖ **revisionary** adj. 修订的,校订的;修正的,改正的

revisit [ˌriːˈvɪzɪt] vt. 再访问,再参观 ■ n. Ⓒ再访问,再参观

revitalize, -ise [ˌriːˈvaɪtəlaɪz] vt. 使恢复元气,使具有新的活力

revival [rɪˈvaɪvəl] n. ❶Ⓒ Ⓤ复活,再生;复兴,再流行 ❷Ⓒ(老戏多年后)重新上演

revive [rɪˈvaɪv] vt. & vi. ❶恢复,苏醒,复活: He revived after a rest and some food. 经过休息并吃了一点食物之后,他恢复了体力。/ The roses revived after the rain. 雨后玫瑰花又复活了。/ The fresh air soon revived him. 新鲜空气很快使他苏醒过来。❷使再生效,回忆起,使再流行: The old popular songs have revived. 老

的流行歌曲再度流行起来了。/ I revived a scene in my mind. 我回忆起一个景象。‖ **reviver** n. ①使复活者,使复兴者②刺激物,兴奋剂

revoke [rɪ'vəʊk] vt. 撤销,取消,废除:~ a rule 废除规章,取消规章

revolt [rɪ'vəʊlt] vt.& vi. (使)厌恶:~ at the idea 对那个想法反感/ The violence in the movie revolted me. 电影里的暴力行为使我反感。vi. 反叛;背叛:~ to the enemy 投敌/ His whole nature revolted against deceit. 他生来就对欺骗行为反感。/ The tribesmen will revolt if you ask them to pay taxes. 你若要求部落里的人们交税,他们会反叛的。‖ ~ **against** 反叛,反抗,反感 ■n. ⓒⓤ造反,起义‖ **revolted** adj. 起来反抗的;起义的;反叛的

revolting [rɪ'vəʊltɪŋ] adj. 极难闻的,使人厌恶的,令人恶心的

revolution [ˌrevə'luːʃən] n. ❶ⓒⓤ革命 ❷ⓒ彻底改变,重大变革 ❸ⓒⓤ旋转;运行,公转

revolutionary [ˌrevə'luːʃənərɪ] adj. ❶Ⓐ革命的,❷革命性的,创新的 ■n. ⓒ革命者,革新者

revolutionize, -ise [ˌrevə'luːʃənaɪz] vt. 使彻底变革:The discovery of the new drug has revolutionized the treatment of many diseases. 这种新药的发现已经使许多疾病的疗法起了根本性的变化。‖ **revolutionization, -isation** n. 革命化;彻底改革/ **revolutionized, -ised** adj. 革命化的;被彻底改革的

revolve [rɪ'vɒlv] vt.& vi. ❶ (使)旋转:The wheel revolved on its centre. 轮子绕中心转动。/ He revolved the pencil between his fingers. 他转动着夹在手指间的铅笔。❷ 细想: She revolved the main points in her mind. 她脑子里反复思考着这些问题。

revolver [rɪ'vɒlvə] n. ⓒ左轮手枪

revue [rɪ'vjuː] n. ⓒ〈法〉轻松表演剧;时事讽刺剧

revulsion [rɪ'vʌlʃən] n. Ⓢⓤ厌恶,强烈的反感

reward [rɪ'wɔːd] n. ❶ⓒⓤ报酬,报答,奖赏,报偿 ❷ⓒ奖金,酬金‖ **in** ~ 作为酬报 ■vt. 酬谢,奖赏:~ sb's help 报答某人的帮助/ How can I reward your kindness? 我怎样才能报答你的好心呢? / Those who protect the oil field will be rewarded. 保护油田者有奖。‖ ~ **for** 由于…而给予…报酬‖ **rewardless** adj. 无报酬的,徒劳的

rewarding [rɪ'wɔːdɪŋ] adj. 报答的;值得做的

rework [ˌriː'wɜːk] vt. 改编,把…加工成新的形式

rewrite [ˌriː'raɪt] vt. (pt. rewrote, pp. rewritten) 改写:The teacher asked the students to rewrite the text. 老师要学生改写课文.

rhapsodize ['ræpsədaɪz] vi. 狂热地说,写作狂热诗文

rhetoric ['retərɪk] n. Ⓤ❶雄辩言辞,虚夸的言辞 ❷修辞学

rhetorical [rɪ'tɒrɪkəl] adj. 修辞的,用来产生修辞效果的

rheumatism ['ruːmətɪzəm] n. Ⓤ〈医〉风湿病:articular ~关节风湿病

rhino ['raɪnəʊ] n. (pl. ~ or ~s)ⓒ〈口〉犀牛

rhinoceros [raɪ'nɒsərəs] n. (pl. ~ or ~es)ⓒ犀牛

rhyme [raɪm] n. ❶ⓒ同韵词,押韵词 ❷Ⓤ韵,押韵‖ **neither** 〔no〕~ 毫无道理 ■vt.& vi. (使)押韵,押…韵:"Ship" doesn't rhyme with "sheep". Ship 和 sheep 不押韵。/ Can we rhyme "hiccups" with "pick-ups"? 我们能使 hiccups 和 pick-ups 押韵吗?

rhythm ['rɪðəm] n. ⓒⓤ节奏,韵律‖ **rhythmist** n. ①研究韵律的人②诗的作者;作曲者③有节奏感的人/ **rhythmless** adj. 无节奏的;无韵律的;不匀称的

rhythmic ['rɪðmɪk] adj. 有韵律的,有节奏的:~ dance 有韵律的舞曲,有节奏的舞蹈

rib [rɪb] n. ⓒ❶肋骨,排骨 ❷肋骨状的东西;骨架

ribbon ['rɪbən] n. ❶ⓒⓤ带,缎带,丝带:blue ~ 蓝缓带,最高荣誉/ Her hair was tied up with a ribbon. 她用一条丝带系着头发。❷ⓒ(打印机的)色带:~ reverse (打字机上的)色带自动回带装置/ Typewriter ribbons may be all black or black and red. 打字机的色带可以是全黑的或黑红色的。‖ **ribbon building** 沿干道发展的一系列建筑/ **ribbon development** 带状发展

rice [raɪs] n. Ⓤ❶ 稻 ❷ 稻米,大米‖ **rice flour** 米粉/ **rice paper** 宣纸/ **rice water** 米汤,稀粥/ **rice wine** 米酒

rich [rɪtʃ] adj. (-er, -est)❶富裕的 ❷贵重的;昂贵的;豪华的 ❸Ⓟ盛产的,丰富的,多的 ❹Ⓟ丰产的;肥沃的 ❺油腻的,味浓的;富于营养的 ❻深的;鲜艳的;深沉的;洪亮的;浓烈的‖ **strike it** ~ 发横财‖ **richness** n. 富裕;贵重;豪华;丰富多彩

riches ['rɪtʃɪz] n. Ⓟ财富:enormous〔vast〕~ 巨大的财富/ Riches do not always bring contentment. 财富并不总使人满足。‖ **from rags to** ~ 从赤贫变为巨富

richly ['rɪtʃlɪ] adv. ❶华丽地;丰富地;大量地 ❷完全地,充分地

rid [rɪd] vt. (-dd-; pt., pp. rid) 使摆脱,解除…的负担,从…中清除:They swore that they would rid the country of its military rulers. 他们发誓要为国家除掉军事统治者。‖ **be** ~ **of** 除掉,摆脱/ **get** ~ **of** 除掉,去掉

riddle ['rɪdl] n. C ❶谜(语) ❷猜不透的难题,难解之谜

ride [raɪd] vt.&vi. (pt. **rode**, pp. **ridden**)乘,骑,驾;~ a bicycle 骑自行车/~ a train 乘火车/His horse rides well. 他的马好骑。/She rides easy in the saddle. 她在马鞍上骑得很轻松。/We ride our horses in the park each morning. 我们每天早晨在公园里骑马。~ **down** ①撞倒 ②骑马追/~ **off** 骑马〔自行车等〕离开/~ **on** ①继续前进 ②(让…)骑在…上 ③在…上航行〔漂浮〕,运动 ④取决于…/~ **out** ①长途骑行 ②安然渡过,经受得住/~ **over** (使)骑马〔自行车等〕穿过…/~ **to** 骑至〔自行车等〕/~ **up** 向上拱,向上翻 ■ n. ❶骑,乘坐,搭乘 ‖ **take for a** ~ ①欺骗人 ②用武力带走某人并加以谋害 ‖ **ride meter** 测震仪

rider ['raɪdə] n. C ❶骑(马、自行车等)的人 ❷乘客 ❸附文,附加条款

ridge [rɪdʒ] n. ❶U脊,山脊: straight ~ 平直的山脊/They walked along the mountain ridge. 他们顺着山脊行走。❷C脊状突起: the ~ of the nose 鼻梁

ridicule ['rɪdɪkjuːl] n. U嘲笑,奚落,嘲弄,戏弄: They seem to draw down ridicule on us. 他们似乎要使我们受到嘲笑。■ vt. 嘲笑,嘲弄,奚落: You mustn't ridicule unfortunate people. 你不该嘲笑不幸的人。

ridiculous [rɪ'dɪkjʊləs] adj. 可笑的,荒谬的:~ apply〔idea, joke〕荒谬的申请〔想法,笑话〕/It's the most ridiculous thing I've ever heard in my life. 这是我有生以来听到的最为荒唐可笑的事。/It is ridiculous to dispute about such things. 争论这样的事情是可笑的。/It's ridiculous that we should have to queue, when we have already got our tickets. 我们已经拿到了票,居然还要排队,未免可笑。‖ **ridiculously** adv. 可笑地,荒谬地;滑稽地/ **ridiculousness** n. 可笑,荒谬;滑稽

riding ['raɪdɪŋ] n. U骑马 ‖ **riding breeches** 马裤/ **riding habit** 女骑装/ **riding-master** n. 骑术教练

rife [raɪf] adj. ❶流行的;普遍的 ❷充满的,众多的

rifle ['raɪfl] n. C步枪 ‖ **riflery** n. 步枪打靶/ **rifling** n. 膛线 ‖ **rifle corps** 志愿步枪队/ **rifle ground** 步枪射击场/ **rifleman** n. 步兵

rift [rɪft] n. C ❶裂缝,裂隙 ❷分裂,不和 ‖ **rift valley** (地)地堑,裂谷

rig [rɪɡ] n. C ❶船桅(或船帆等)的装置 ❷成套器械 ■ vt. (-gg-) ①给(船、桅杆)装配帆及索具 ②用临时替代材料迅速搭起 ③(用不正当手段)操纵,垄断

rigging ['rɪɡɪŋ] n. U船上的全部风缆;索具 ‖ **climb the** ~ 〈俚〉发脾气

right [raɪt] adj. ❶正当的,适当的,合法的,符合要求的 ❷对的,正确的,准确的 ❸A右边的,右方的 ❹切合实际的,最适宜的,最恰当的 ❺良好的,正常的 ❻A真实的,完全的 ‖ **all** ~ 好,行/**all** ~ **on the night** 到时候准能令人满意/**get** ~ 清楚无误地了解/**put**〔**set**〕 ~ 恢复正常,纠正,改正/**see** ~ 保证(某人的)一切需要〔愿望〕得到满足/~ **you are** 好的,是 ■ adv. ❶准确地;直接地: Go right home at once, don't stop off anywhere on the way. 直接回家去,别在路上的什么地方呆下来。❷彻底地,完全地: I'm right behind you there. 我完全支持你。❸向右,往右: Turn right at the end of the street. 在这条街的尽头向右拐。❹正确地;令人满意地;恰当地: Have I guessed right or wrong? 我猜得对不对?/Nothing seems to be going right for me at the moment. 我现在好像事事不顺心。❺立即,马上: I'll go right after lunch. 午饭后我马上去。‖ ~ **along** ①不间断地,一直地 ②顺利地/~ **and left** 到处/~ **away**〔**off**〕毫不犹豫地,毫不耽搁地/~ **now** ①立即 ②此刻,目前 ■ n. ❶U正确;正当;公正;正义 ❷C U权利 ❸U右边,右面 ❹C右,右手拳 ‖ **as of** ~ 公正地,基于正当的权利/**by** ~ **of** 因为,由于/**by** ~ **s**要是公正的话,公正地/**in one's own** ~ 凭本身的权利〔资格〕/**in the** ~ 有理,没错/**put**〔**set**〕 **to** ~ **s**纠正(某人的)错误,使(某物)就绪/~ **of way** ①通行权 ②优先通行权/**within one's** ~ **s**不超越自己的权力〔权利范围〕 ■ vt. ❶使回复到适当的位置,直立的位置: ~ economy 恢复经济/The inventory situation was righting itself. 库存局面正在恢复正常。❷纠正,改正: ~ **fault** 纠正错误/The mistake is being righted. 错误正在得到纠正。‖ **rightness** n. ①正确性,恰当 ②正直,正当;公正,正义/**rightward**(**s**) adv.&adj. 在右边(的);向右边(的) ‖ **right angle** 直角/**right-angled** adj. 成直角的,有直角的/**right-down** adj.&adv. 彻底(的),真正(的)/**right-hand** adj. ①右边的;得力的 ②惯用右手的;供右手用的;向右旋转的/**right-handed** adj. ①惯用右手的 ②供右手用的,用右手的 ③顺时针方向的,向右旋转的/**right-hander** n. ①惯用右手的人 ②用右手打的一击/**right-minded** adj. 正直的,有正义感的/**right-mindedness** n. 正直;正义感/**right wing** 右翼/**right-winger** n. 右翼分子

righteous ['raɪtʃəs] adj. ❶正直的,正派的 ❷正当的;道义上无可指责的 ‖ **righteously** adv. 正当地/**righteousness** n. 正直;正当;正义

rightful ['raɪtfʊl] adj. A合法的,理应享有的 ‖ **rightfully** adv. 理所当然地/**rightfulness** n. 合法;恰当;公正

rightly ['raɪtlɪ] adv. ❶正确地,确实地 ❷公正地,公平地 ❸肯定地;无疑地

rigid ['rɪdʒɪd] adj. ❶刚硬的;僵硬的;不弯曲的 ❷严格的;死板的;不变的 ‖ **rigidly** adv. 严格地;死板地;刚硬地

rigorous ['rɪgərəs] adj. ❶严密的,缜密的 ❷严格的,严厉的 ‖ **rigorously** adv. 严密地,缜密地;严厉地

rigour,(美)**rigor** ['rɪgə] n. ❶ⓊⒸ严格,严厉;严谨;严密 ❷ⓊⒸ严酷;艰苦

rile [raɪl] vt.& vi. 惹恼;激怒

rim [rɪm] n. Ⓒ(圆形物体的)边,缘 ■ vt.(-mm-)环绕(圆形或环形物)边缘:Trees rimmed the pool. 水池的四周树木环绕。

ring [rɪŋ] n. ❶Ⓒ戒指,指环:carved ~ 雕刻的戒指/He has a gold ring on his finger. 他手指上戴着一枚金戒指。❷Ⓒ环形物,圈圈:tense ~ 拉紧的圈/She wears a pair of pretty ear rings. 她戴着一副漂亮的耳环。❸Ⓒ团伙,帮派:The auctioneers organized a secret ring to control the sales. 拍卖商们组织起一个秘密团伙来操纵货物的拍卖。❹Ⓒ铃声:flat ~ 单调的鸣声/There was a ring at the door. 有人按门铃。❺ⓈI will give you a ring to-night. 今天晚上我给你打电话。❻Ⓢ特性:There was a ring of sincerity in his promise. 他的许诺中有一种真诚的语气。‖ run ~s round 做某事比某人好得多 ■ (pt. rang, pp. rung) vt. ❶把…圈起来;环绕;包围:~ the building 包围这座大楼;~ the spelling mistakes with red ink. 用红墨水把拼写错误圈出来。❷打电话给:Please ring the doctor. 请打电话给医生。 vt.& vi. ❶(使)鸣,响:~ a fire alarm 鸣火警/The church bells are ringing. 教堂的钟声在响着。/The bell rang clear. 铃声清脆。/The man on duty rang an alarm. 值班员发出警报。❷按铃;敲钟:Did you ring, sir? 是你按的铃吗,先生?/Please ring the bell if you want anything. 你要是需要什么,请按铃。‖ ~ about〔round〕包围,围绕/~ back 回电话,再打电话/~ for 按铃叫~ 来/~ in ①与本单位〔家里〕通电话②(鸣钟等)迎来③〈美〉签到/~ off〈主英〉挂断/~ out ①发出响声,响起❷鸣钟送走③〈主英〉打出电话/~ round 给…打电话/~ up〈主英〉打电话/~ with 回响 ‖ ring finger 无名指/ringleader n. 头目,魁首/ring lock 字锁,暗码锁/ring-man n. 〈英〉以赌赛马为业者/ringmaster n. 马戏团领班;马戏团导演/ring road〈主英〉环形道路,环城公路

ringing ['rɪŋɪŋ] adj. ❶响亮的,清脆的;银铃般的 ❷干脆的;斩钉截铁的 ■ n. Ⓤ响声,鸣响

rink [rɪŋk] n. Ⓒ❶溜冰场 ❷四轮旱冰鞋溜冰场

rinse [rɪns] vt. ❶漂洗,冲洗:Don't just rinse the bottles. Wash them out carefully. 别只涮涮瓶子,要仔细洗洗里面。❷用清水漂洗掉(肥皂等):He rinsed out the sea water from his swimming-costume. 他把游泳衣里的海水冲洗掉。■ n. Ⓒ❶漂洗,冲洗:Give the cup a rinse. 冲洗一下杯子。❷染发剂:a blue ~ for grey hair 染灰白头发用的蓝色染发剂

riot ['raɪət] n. ❶Ⓒ暴乱,骚乱:a prison ~ 监狱暴乱/They ran riot through the town after the defeat of their team. 自己的球队输了以后,他们在小镇上到处撒野。❷Ⓢ极度丰富:The garden was a riot of colour. 花园里色彩缤纷。■ vi. 暴动,闹事:They are rioting in the streets. 他们在街上闹事。‖ **rioter** n. ①暴乱者,暴徒②放荡的人,纵情享乐的人,喧闹作乐的人 ‖ **riot gun** 短筒防暴枪/**riot police** 防暴警察

rip [rɪp] n. Ⓒ裂口,裂缝 ■ (-pp-) vt.& vi. 扯破,撕坏 ‖ let things ~ 让它去;任其自然/~ into 猛攻;抨击/~ off 偷窃/~ out 狠狠地发出/~ up the back 背后攻击,背后说人坏话 ‖ **rip-off** n. 偷窃;骗钱

ripe [raɪp] adj. ❶成熟的 ❷Ⓟ(准备、计划、时机)成熟的 ‖ be ~ for 时机成熟,准备就绪 ‖ **ripely** adv. 成熟地/**ripeness** n. 成熟度

ripen ['raɪpən] vt.& vi. 成熟,使熟:When the summer crop is ripening, the autumn crop has to be sowed. 夏季作物成熟时,就得播种秋季作物。/The sun ripens the crops. 太阳使庄稼成熟。

ripple ['rɪpl] vt.& vi. (使)泛起涟漪:The lake rippled gently. 湖面轻轻地泛起涟漪。/The wind rippled the surface of the cornfield. 微风吹过麦田,泛起一片麦浪。 vt. 在…上形成波纹 vi. 发出潺潺声:The water rippled over the stones. 水从石头上流过,发出潺潺的声音。■ n. ❶Ⓒ涟漪 ❷Ⓒ波痕 ❸Ⓢ潺潺声

rise [raɪz] vi. (pt. rose, pp. risen) ❶升高,上升;上涨,增高:spirits ~ 情绪高涨/The ground rises steadily. 地势步步加高。/The sun rises red. 太阳升起红艳艳。❷站起来;起床:He rose to greet his guests. 他起身迎接客人。/She rises early in the morning. 她早晨起得早。❸起义;反抗:At last the people rose up in arms and defeated the cruel rulers. 人民终于武装起义推翻了残暴的统治者。‖ ~ above ①升到…之上;超越②克服③沾沾自喜/~ against 起来反抗/~ from ①从…起身〔上升〕②起源于…/~ to ①上升到/~ up 反抗 ■ n. ❶Ⓒ上升,升起 ❷Ⓒ增加,增长 ❸Ⓤ兴起;发展 ❹Ⓒ斜坡,高岗 ‖ get〔take〕a ~ out of 戏弄某人使之厌烦或愤怒/give ~ to 引起,导致

risen ['rɪzn] adj. 升起的

risk [rɪsk] n. ❶ⒸⓊ危险(性),风险 ❷Ⓒ引起危险的事物 ‖ at any ~ 无论如何/at one's own ~ 自担风险/at ~ 有危险/at ~ to 冒失去…的危险/at the ~ of 冒可能…的危险/run the ~ of 冒自身危险做某事/take ~s 冒

险做可能失败的事 ■ *vt.* 冒险；冒…险：~ one's life 冒着生命危险/Don't risk your health. 不要拿你的健康冒险。/The boatman was willing to risk ferrying them across. 船夫愿冒险渡他们过江。‖ ~ it 冒险试试 ‖ **risker** *n.* 冒险者，投机的/**riskful** *adj.* 危险的/**riskless** *adj.* 无危险的 ‖ **risk capital** 风险资本

risky ['rɪskɪ] *adj.* (-ier,-iest) 冒险的；危险的 ‖ **riskily** *adv.* ①冒险地②近乎淫秽地/**riskiness** *n.* 冒险，危险

rite [raɪt] *n.* ⓒ 仪式；典礼

ritual ['rɪtʃuəl] *n.* ❶ⓤ(宗教等的)仪式 ❷ⓒⓤ例行公事，老规矩 ■ *adj.* ①作为仪式的一部分的：~ *murder* (杀活人祭神的)活人祭仪 ‖ **ritualist** *n.* 精通仪式的人/**ritually** *adv.* 举行仪式般地，按照仪式地

rival ['raɪvəl] *n.* ⓒ 竞争对手 ■ *vt.* (-ll-,〈美〉-l-) 与…竞争，与…匹敌：None of us can rival him in strength. 我们谁也没他劲大。/The sunset rivalled the sunrise in beauty. 日落与日出的景色一样美。‖ **rivalship** *n.* 竞争；竞赛；敌对

rivalry ['raɪvəlrɪ] *n.* ⓒⓤ 敌对，竞争，对抗

rive [raɪv] *vt.* ❶猛地劈开[撕开] ❷劈开(木头或石头) *vi.* 被劈开，裂开

river ['rɪvə] *n.* ⓒ 河，江 ‖ **sell sb down the** ~ 出卖(某人) ‖ **river basin** 江河流域/**riverbed** *n.* 河床/**riverboat** *n.* 江河中行驶的船/**riverhead** *n.* 河源/**river horse** 〈动〉河马/**riverside** *n. & adj.* 河岸(上的)/**river wall** 河堤

rivet ['rɪvɪt] *n.* ⓒ 铆钉：Straighten the rivets, please. 请把那铆钉弄直。■ *vt.* ❶铆接；把…固定住：The metal plates used in making ships used to be riveted together, but now they are usually welded. 造船中使用的金属板过去使用铆接，现在则常用焊接。❷吸引，引起某人的注意：My attention was riveted by a slight movement in the bushes. 我的注意力被灌木丛中的轻微晃动吸引住了。

road [rəud] *n.* ❶ⓒ 路，道路，公路：block a ~ 封锁道路/There was a big heap of stones in the road. 路上有一大堆石头。❷ⓢ 通路：Get out of my road, I want to pass. 让开，我要过去。‖ on the ~ ①乘汽车旅行②在走向…的路上③巡回演出/take the ~ ①出发，动身②走…的道路/take the ~ of 占先，居…之上 ‖ **roadless** *adj.* 无路的 ‖ **road agent** 〈美〉拦路强盗/**road accident** 交通事故/**roadblock** *n.* 路障 ■ *vt.* 在…设置路障/**roadbook** *n.* 旅行指南/**roadhouse** *n.* 小旅馆，客栈/**roadman** *n.* 修路工人/**road map** 汽车司机的行车图/**road roller** 压路机/**road show** 〈美〉巡回演出/**road test** 试车/**roadway** *n.* ①道路，路面②车行道/**roadworthy** *adj.* (适于)在道路上用的；(人)适于旅行的

roam [rəum] *vt. & vi.* 随便走，漫步，漫游：They roamed about in the park. 他们在公园里漫步。‖ **roamer** *n.* 徘徊者，漫游者，游历者

roar [rɔː] *vi.* ❶咆哮，怒吼：Who dares to answer back when he roars like a lion? 当他像狮子般地咆哮时，谁敢和他顶嘴？❷大笑，狂笑：His jokes made us all roar. 他的玩笑让我们大家哄笑不止。❸大哭：He began to roar when I took the chocolate away. 当我把巧克力拿走时，他大哭起来。■ *vt.* 大声喊出：~ approval 大声赞成/He roared that was a violation of the rules. 他大声说，那是违反规则的。/He was too excited and roared himself hoarse. 他过于激动，嗓子都喊哑了。‖ ~ at 向…大声叫；因…大声笑/~ down 以大声喊来压倒…的声音/~ out 吼叫 ■ *n.* ⓒ 吼叫声；咆哮声；呼啸声：She was frightened by the roars of a lion. 她被狮子的吼叫声吓呆了。‖ **roarer** *n.* ①怒吼者；呼号者②患喘鸣症的马

roaring ['rɔːrɪŋ] *adj. & adv.* 非常(的)

roast [rəust] *vt. & vi.* 烤，烘，焙：~ potatoes 烤马铃薯/Put the meat into the oven to roast. 把肉放到炉子里去烤。/The sun was roasting us. 太阳火辣辣地炙晒着我们。■ *vt.* 嘲讽：They roasted his new book. 他们狠狠地挖苦他的新书。■ *n.* ⓒ 烤肉：Let's have a nice roast for Sunday dinner. 让我们星期天晚餐好好吃一顿烤肉。■ *adj.* 烤好的，烤制的：There's a piece of roast beef. 这儿有一块烤牛肉。‖ **roaster** *n.* ①烤或烘的人②烤或烘的器具；〈冶〉焙烧炉③适于烤的食物

rob [rɒb] *vt.* (-bb-) 抢劫，抢劫，掠夺：~ the passengers 抢劫旅客/They robbed the little girl. 他们抢走了小女孩的东西。‖ ~ **of** 抢夺(某人)…

robber ['rɒbə] *n.* ⓒ 抢劫者，强盗，盗贼

robbery ['rɒbərɪ] *n.* ⓒⓤ 抢劫案，抢劫，盗取：Someone tipped off the police about the robbery. 有人向警方报告了有关抢劫的消息。

robe [rəub] *n.* ⓒ❶礼服，法衣❷睡袍，长袍 ■ *vt. & vi.* (使)穿上长袍(或浴衣等)：The king and queen were robed in red. 国王和王后身穿着红色的长袍。

robin ['rɒbɪn] *n.* ⓒ❶知更鸟 ❷鸫

robot ['rəubɒt] *n.* ⓒ 机器人

rock [rɒk] *n.* ❶ⓤ 岩石❷ⓒ 岩块，石块；礁；暗礁❸ⓒ 石头，石子 ❹ⓤ 摇滚乐 ‖ **a large mass of** ~ 一大块岩石/**on the** ~s ①触礁②濒于破裂；濒于破产 ■ *vt. & vi.* (使)来回摆动：~ one's beliefs 动摇信念/The trees rocked in the wind. 树在风中摇摆。/The movement of the ship rocked us to sleep. 船的摇晃使我们进入了梦乡。■ *vt.* 使震惊；使受震动：~ the nation 震惊全国/His sudden death rocked the village. 他的突然死亡震惊了全村。‖ ~ between 在…之间摆动 ‖ rock and roll 〔rock'n'roll〕摇滚乐/rock garden 有假山的花园/rock music 摇滚乐/rock oil 石油/rock salt 岩盐,石盐/rock wool 石棉,石毛/rock work ❶假山❷天然岩石群❸攀岩技术

rocker ['rɒkə] n. ⓒ❶(摇椅等底部)弯形摇臂 ❷摇滚青年

rocket ['rɒkɪt] n. ❶ⓒ火箭 ❷ⓢ斥责:You'll really get a rocket if you're late again! 你要是再迟到,肯定会受到斥责! vi. ❶❷飞快地移动:The film has rocketed overseas. 这部电影以最快的速度传到国外. / The train rocketed through the station at 80 miles an hour. 那列火车以一小时八十英里的速度飞速驶过车站. / He rocketed to star overnight. 他一夜之间成了明星. ❷急速上升:House prices are rocketing up. 房价在飞涨. ‖ ~ into 飞速进入/~ up 飞涨 ‖ rocket base 火箭基地/rocket jet 火箭喷管❷火箭喷气流/rocket motor 火箭发动机/rocket ship 火箭宇宙飞船

rocky¹ ['rɒkɪ] adj. ❶多岩石的,由岩石组成的:a ~ path 一条满是石头的路 ❷坚如磐石的,坚硬的

rocky² ['rɒkɪ] adj. (-er,-est) 摇摆的;摇晃的:This chair is a trifle rocky. 这把椅子有点摇晃. ‖ rockily adv. 摇摆地/rockiness n. 摇摆

rod [rɒd] n. ⓒ竿,杆,棒 ‖ have a ~ in pickle for sb 伺机惩罚某人/kiss the ~ 心甘情愿/a ~ for one's own back 自讨苦吃,自找麻烦 ‖ rod man 钓鱼人

rodent ['rəʊdənt] n. ⓒ〈动〉啮齿目动物 ‖ rodenticide n. 杀鼠剂

roger ['rɒdʒə] int. (无线电通讯答语)已收到:The policeman heard the message on the radio, said "roger", and drove to the scene of the crime. 警察听到无线信息后说"已收到", 然后开车到犯罪现场.

rogue [rəʊg] n. ❶不诚实或不道德的男子 ❷调皮捣蛋的人 ❸离群的野兽

roil [rɔɪl] vt. 搅混(液体)

roister ['rɔɪstə] vi. 喧闹作乐

role [rəʊl] n. ⓒ❶作用,职责 ❷角色

roll [rəʊl] vt.& vi. ❶(使)打滚,(使)转动,滚动:~ a snowball 滚雪球/Round things roll easily. 圆的东西容易滚动. / The child was rolling a hoop. 那个小孩在滚铁环. ❷卷,把…卷成筒状:The wire rolled easily. 这种金属线便于卷绕. / He rolled a cigarette for me. 他给我卷了一支烟. vt. 碾平:~ a lawn 把草坪碾平/The lawn should be well rolled. 这草地应好好碾一碾了. /Roll the road surface flat! 把路面碾平! ❸左右摇晃,摇摆:The ship was rolling badly. 船左右摇得厉害. ❹发出隆隆声:The drums rolled. 鼓声隆隆. ❺开始工作:Are the cameras rolling? 拍摄开始了没有? ‖ ~ across 在…中翻腾/~ along 沿…滚动/~ at (眼睛)盯着/~ away 消散/~ back ❶(使)滚回;(使)卷起❷使(物价)压减为标准水平❸使退却;击退/~ by 流逝/~ down 滚下/~ in 拥有大量(钱财)/~ (使)滚进/~ off 印出;复印出/~ on 滚滚向前/~ out ❶铺开;碾平❷滔滔不绝地讲出来;发出洪亮的声音❸起床❹滚了出来/~ over 从(边上)滚下;(使)翻滚,(使)打转/~ round 转动;循环❷把…裹在…上/~ up ❶卷起;卷成圆筒形❷把…裹在…上❸出现❹大量积累/~ with 因…而转动 ■ n. ❶ⓒ一卷 ❷ⓒ面包卷,圆面包 ❸ⓒ名册 ❹ⓒ打滚;滚动 ❺ⓢ轰隆声 ‖ roll film (摄影用的)胶卷

roller ['rəʊlə] n. ⓒ❶滚压机,滚杠,滚柱:a street ~ 压路机/They pushed the boat down to the water on rollers. 他们利用滚杠把小船推下水. ❷定型卷夹:She put her hair in rollers to make it curl. 她用卷发夹子把头发弄卷曲. ❸巨浪:The great Atlantic rollers surged in. 大西洋的巨浪翻滚到岸边. ‖ roller coaster (公园等中供游玩用的)滑行轨道/roller skate 旱冰鞋

rolling ['rəʊlɪŋ] adj. Ⓐ❶(土地)延绵起伏的:~ hills 绵延起伏的丘陵地带 ❷逐渐发生的:~ devolution of power to local government 逐渐把权力放给地方政府的过程 ‖ ~ in it 非常有钱的,十分富有的 ‖ rolling mill 轧钢厂,轧钢机/rolling pin 擀面杖

Roman ['rəʊmən] adj. ❶古罗马的,现代罗马的 ❷罗马基督教会的;天主教的 ■ n. ⓒ❶古罗马共和国或帝国的人 ❷罗马市民 ❸天主教教徒

romance [rəʊ'mæns] n. ❶ⓒⓊ浪漫史,风流韵事 ❷ⓒ爱情小说,浪漫故事

romantic [rəʊ'mæntɪk] adj. ❶多情的 ❷富于浪漫色彩的,充满传奇情调的 ❸空想的,不实际的 ❹浪漫主义的 ■ n. ❶富于浪漫气息的人 ❷浪漫主义作家(画家等)

romp [rɒmp] n. ⓢ无忧无虑,快活 ■ vi. 嬉笑玩闹:Children romped on the playground. 孩子们在操场上嬉笑玩闹.

roof [ruːf] n. ⓒ屋顶;顶部 ‖ go through the ~ 大声喧闹/raise the ~ 吵翻天,闹得很凶/under one's ~ 在自己家里/without a ~ 无家可归 ‖ roofer n. ❶改修屋顶的人❷盖屋顶的木料❸感谢信/roofless adj. 无屋顶的,无住房的 ‖ roof garden 屋顶花园/roof tree 栋梁,屋脊梁

rooftop ['ruːftɒp] n. ⓒ屋顶

room [ruːm] n. ❶ⓒ房间;室 ❷Ⓤ空间,地方 ‖ in sb's ~ 处于某人的地位,代替某人/a suite of ~ 一套房 ‖ roomer n. 房客,寄宿者/roomful n. ❶满房间❷全室的人 ‖ roommate n. 住在同室的人/room service 送酒菜

到房间的旅馆服务
roost [ruːst] n. 栖息处 ‖ rule the ~ 做主,主宰一切 ■ vi. 栖息,歇息: Chickens roost at night. 鸡晚上歇息。
rooster ['ruːstə] n. ⓒ公鸡
root [ruːt] n. ❶ⓒ根,根部 ❷ⓢ根源,根基,根本,基础 ❸ⓟ祖籍,原籍,老家 ‖ at the ~ 本质上/by the ~ 根本上,从根部,连根/~ and branch 连根带叶,彻底的 ■ vt.& vi. (指植物)生根成长;种植(植物): Do roses root easily? 玫瑰容易生根成长吗?/Root this bundle of peonies in the garden. 使这束牡丹在花园里生根成长。vt. ❶使(某人)站立不动: Fear rooted her to the spot. 她吓得呆若木鸡。/Her affection for him is deeply rooted. 她对他的爱是坚定不移的。❷使(某事物)深深扎根;牢固地树立(某事物): Our movement is rooted in the hearts of the people. 我们的运动在人民的心中根深蒂固。‖ ~ out ①彻底根除 ②搜寻/~ up 杜绝 ‖ **rooter** n. (筑路用)翻土机/**rootless** adj. 无根的,无根基的,不生根的/**rootlet** n. 小根,枝根 ‖ **root stock** ①根茎 ②根源,来源
rooted ['ruːtɪd] adj. 固定不动的
rope [rəʊp] n. ❶ⓒⓤ粗绳,绳索,缆: draw a ~ 拉绳子/They tied the ship to the quay with ropes. 他们用绳子把船拴在码头上。/When you go to a new school it takes a while to learn the ropes. 当你上一所新的学校时,你需要花一段时间熟悉内情。❷ⓒ一串: a ~ of pearls 一串珍珠 ‖ **dance on the ~** 被绞死/**on the high ~s** ①兴奋,得意,趾高气扬 ②发怒,被激怒 ■ vt. (用绳子)捆,绑: He roped his horse to a nearby tree. 他把马拴在附近的一棵树上。‖ ~ **in** 说服(某人,参与某项活动)/~ **into** 说服(某人)(帮助)(参与)某项活动或做某事)/~ **off** 用绳子隔开,圈起(某地域或某生畜)/~ **together** 用绳索把…系在一起/~ **up** (两个或两个以上的爬山者)用同一条绳索系在一起 ‖ **rope dancer** 走钢丝的演员/**rope skipping** 跳绳/**rope walker** 走钢索的演员/**rope way** 架空索道
rose [rəʊz] n. ⓒ玫瑰,玫瑰花;蔷薇 ‖ **a bed of** ~**s** 称心如意的境遇,安乐窝/**not all** ~**s** 有困难/**under the** ~ 秘密地 ‖ **rosebed** n. 玫瑰花坛/**roseleaf** n. 玫瑰花瓣/**rose oil** 玫瑰油/**rose water** 玫瑰香水
rosebush ['rəʊzbʊʃ] n. ⓒ玫瑰丛
roster ['rəʊstə] n. ⓒ花名册
rosy ['rəʊzɪ] adj. (-ier,-iest) ❶玫瑰色的,肤色红润的 ❷乐观的 ❸愉快的;美好的
rot [rɒt] n. ⓤ腐烂,腐朽: Rot in the tree trunk caused the tree to fall. 树干的腐烂导致树倒了。‖ **the** ~ **sets in** 情况开始变坏 ■ vt.& vi. (-tt-) (使)腐烂,(使)腐朽: Dead plants rot and become part of the soil again. 枯死的植物腐烂,又成为土壤的一部分。
rotary ['rəʊtərɪ] adj. 旋转的,转动的
rotate [rəʊ'teɪt] vt.& vi. ❶(使某物)旋转[转动]: The earth rotates around the sun. 地球绕着太阳转。/The doctor asked the patient to rotate his eyes. 医生叫病人转动一下眼球。❷(使某人或某物)轮流[按顺序循环]: The post of chairman rotates among members of the committee. 主席一职由委员会的成员轮流担任。/You can rotate the wheel with your hand. 你可以用手转动轮子。
rote [rəʊt] n. ⓤ死记硬背: learn poetry by ~ 死记硬背地学习诗歌/copy sth by ~ 照搬,照抄
rotten ['rɒtən] adj. ❶腐烂的,腐朽的: a ~ system 腐朽的制度/The smell of the rotten meat was enough! 这腐臭的肉闻一下就够人受的了! ❷道德败坏的: The man's morals are rotten to the core. 那个人道德败坏极。❸极坏的;讨厌的: a ~ matter 糟糕的事情/She's a rotten cook. 她做的饭很差劲。/The book was pretty rotten. 这本书糟透了。‖ **rottenly** adv. 腐烂地 ‖ **rottenness** n. 腐烂
rouge [ruːʒ] n. ⓤ胭脂,口红
rough [rʌf] adj. ❶粗糙的;不平的 ❷粗鲁的;粗暴的;粗野的;剧烈的 ❸粗制的;粗略的;概略的 ❹(味道,声音等)令人不快的;难吃的;刺耳的 ❺不舒服 ‖ ~ **on** (对某人来说)不愉快的,不幸的 ■ vt. 过艰苦生活: The explorers had to rough it when they got into the jungle. 那些探险家进入丛林后,不得不过着艰苦的生活。‖ ~ **out** 拟出梗概/~ **up** 殴打,伤害 ‖ **roughish** adj. 有点粗糙的,有点粗暴的/**roughness** n. 粗糙,粗暴 ‖ **roughneck** n. ①粗鲁的人,无赖 ②油井修建工/**roughstuff** n. ①暴力行为 ②黄色文学/**rough-and-ready** adj. ①粗糙但尚能用的 ②鲁莽但尚能顶用的/**rough-and-rumble** adj. 乱糟糟的,乱作一团的/**rough-up** n. 大打出手
roughly ['rʌflɪ] adv. ❶粗略地;大体上;大致上 ❷粗暴地;粗鲁地 ❸粗略地;粗乱地;随便地
round [raʊnd] adj. ❶圆形的,球形的: The child had a round face. 那孩子脸蛋圆圆。/The area was perfectly round. 那区域完全是圆形的。❷滚圆的,丰满的: He was a short and round man. 他是个矮胖的男人。❸用整数表示的,取整数的,整整的: Give me a round dozen and I'll pay in cash. 给我一整打,我将付现金。/What he said is a round lie. 他所说的是十足的谎话。‖ **in** ~ **figure** 不计尾数的,以整数表示,大概 ■ adv. ❶绕圈子;围绕地: The horse is running round the field. 马在场上兜着圈子跑。❷在周围;在附近: A crowd soon gathered round. 一群人很快围了上来。/He visited all the people round. 他访问了附近所

有的人。❸到各处：*Let me show you round*. 让我领你到处转转。❹去某地点：*He invited us round for drinks*. 他请我们到家里喝几杯。❺到处，各处，逐一地，挨个地：*I haven't got enough candies to go round*. 我没有足够的糖果可让每人都分到。❻朝反方向：*Turn the picture round to face the wall*. 把画转过去面对墙。❼大约，大概：*It was the face of a man round fifty*. 那是一个五十岁光景的男人。‖ ~ about 大约/opposite way ~方向相反，倒过来 ■ prep. ❶(表示位置)在⋯四周，围绕于⋯；向⋯；各处，遍及；在⋯附近：*They swarmed close round her to hear*. 他们挤在她的周围听着。/*He lives in a village round the town*. 他住在这个小镇附近的一个村庄里。❷(表示时间)从⋯的开始到结束；在⋯整个期间：*The shops are always crowded with people all round the year*. 商店一年到头总是挤满了人。❸(表示方向)环绕，围绕；往(在)⋯的另一边，绕过：*It was a mile by water, four miles round the shore*. 由水路去只有一英里，沿岸绕行要4英里。❹(表示状态)团结在⋯周围，跟随着：*The reformer soon gathered a band of followers round him*. 改革者很快就获得一群追随者支持他。❺(表示论及)关于⋯的解决办法，(途径)：*There are several solutions round this*. 关于这一点有几个解决办法。■ n. ⓒ ❶圆(片)形食物；圆；圆形物：*Cut the pastry into small rounds, one for each pie*. 把油酥面团切成小圆片，每个馅饼用一片。/*These are 6 whole rounds of bread*. 这些是六整份的面包。❷一回合，一局，一场：*Each round of the boxing match lasts three minutes*. 拳击比赛每回合时间是三分钟。❸一连串，一系列，一套，一组；一阵：*A round of parties ushered in the New Year*. 一系列的晚会迎来了新年。/*His speech won round after round of enthusiastic applause*. 他的演讲赢得了一阵又一阵的热烈掌声。❹巡视(路线)；巡回(路线)：*The night watchman makes the rounds of the building every hour*. 巡夜人员每小时都巡视这建筑物。‖ do(go) the ~ 到各处玩乐/go the ~ of 流传，散播/in the ~ 全面地 ■ vt. & vi. ❶(使)成圆形：*The children's eyes rounded with excitement*. 小孩子们兴奋得瞪圆了眼睛。❷绕行：*The bear rounded and faced the hunters*. 熊转过身，面对着猎人。/*He rounded a corner and walked into a narrow street*. 他拐过弯走进一条狭窄的街道。‖ ~ into 环行，拐角/~ off 圆满结束，弄圆/~ out 发胖，丰满起来/~ up 使聚拢；围捕；积攒 ‖ roundness n. 圆，圆形/roundlet n. 小圆，小的圆形物

roundabout ['raʊndəbaʊt] n. ⓒ绕行路线，绕道，环状交叉路 ■ adj. 绕道的，不直截了当的：*We took a roundabout way from Chicago to San Francisco by driving through Texas*. 我们从芝加哥驱车绕道得克萨斯到达旧金山。

rounded ['raʊndɪd] adj. 成圆形的：*Corners on that table are rounded*. 那张桌子的角成圆形。

rouse [raʊz] vt. & vi. ❶醒来，唤醒：*I usually rouse at six in the morning*. 我通常在早晨6点钟醒来。/*It's time to rouse the children*. 该叫醒孩子们了。 ■ vt. 使⋯活跃起来〔产生兴趣〕：*Their rejection of these measures roused the people to indignation*. 他们拒不采取这些措施，引起了人民的愤慨。‖ ~ oneself 振作精神，奋起/~ from〔out of〕使从⋯惊醒/~ to 激起某人的情绪〔行动〕

rout [raʊt] vt. ❶打垮，赶跑：*Our army routed the enemy into running for their lives*. 我们的队伍把敌人打得仓皇逃命。❷(体育)打败对方：*Our team routed the competition*. 我们队赢得了这场比赛。

route [ruːt] n. ⓒ路，路途，路线，路程 ‖ **route man** 按指定路线售货的推销员

routine [ruːˈtiːn] n. ⓒⓊ例行公事，惯例，惯常的程序 ■ adj. Ⓐ例行的；常规的 ‖ **routinely** adv. 例行地，常规地/**routinism** n. 墨守成规，事务主义

rove [rəʊv] vt. ❶流浪，漂泊 ❷(指眼睛)环顾

row¹ [rəʊ] n. ⓒ一排，一行 ‖ in a ~ 成一行，连续地/in ~s 排列着/on death ~ 末日已近

row² [rəʊ] n. Ⓢ划船 ■ vt. & vi. 划船：~ a race 参加划船比赛/*He was rowing steadily*. 他不慌不忙地划着船。/*Can you row a boat*？你会划船吗？ ‖ ~ across 划船到对岸/~ against 与⋯比赛划船/~ down 追上，赶上/~ out 使划得精疲力竭/~ to 划船(把⋯)送到/~ up 使排成行 ‖ **rower** n. 划船者，划手

row³ [raʊ] n. ⓒ争吵，吵闹 ‖ kick up〔make〕a ~ 大声吵闹/raise a ~ 发脾气 ■ vi. 争吵，吵闹：*She rowed the driver about the fare*. 她为车费跟司机吵闹。‖ ~ about 为⋯责备〔争吵〕/~ up 痛斥/~ with 同⋯争吵

rowboat ['rəʊbəʊt] n. ⓒ划艇：*He uses a rowboat to go fishing on the lake*. 他用划艇在湖上钓鱼。

rowdy ['raʊdɪ] adj. 好争吵的；吵闹的：*A rowdy group of boys ran through the streets*. 一群吵闹的男孩跑过街道。‖ **rowdily** adv. 好争吵地/**rowdiness** n. 好争论，吵闹/**rowdyism** n. 粗暴〔吵闹〕的行为

rowing ['raʊɪŋ] n. Ⓤ划船：*Rowing is hard work*. 划船是个累活。

royal ['rɔɪəl] adj. ❶国王的，女王的：*the royal family* 王室 ❷大规模的；极大的：*He made a royal mess of the kitchen when he tried to bake a cake*. 他试图烤蛋糕时，把厨房搞得一团糟。‖ **Royal Highness** 殿下(间接提及时用)

royalist ['rɔɪəlɪst] n. ⓒ保皇主义者，保皇党

成员

royalty [ˈrɔɪəltɪ] n. ❶Ⓤ王族（成员）❷Ⓟ（著作的）版税

rub [rʌb] (-bb-) vt. 擦；搓；揉：Go and rub your hands dry. 去把你的双手擦干。vt. & vi. 接触；摩擦：My shoe rubbed my heel. 我的一只鞋子硌脚跟。/ The journal rubs against the bearing surface. 轴颈在轴承面上摩擦。‖ ~ against ①摩擦②把…往…上面蹭，沾上 / ~ along ①勉强维持生活②关系融洽 / ~ down 把…磨光滑 / ~ into ①擦进…②灌输 / ~ off ①(使)摩擦掉②(使)减色 / ~ off on ①因摩擦而沾在…上②因接触(相处)而对…产生影响 / ~ on ①与…摩擦②把…擦在…上 / ~ out ①磨；擦掉②干掉，杀死 / ~ through 勉强渡过，挨过 / ~ together 使互相摩擦 / ~ up 擦亮；重温 / ~ up against ①擦到②偶然遇到 / ~ with him ~ 反复擦

rubber [ˈrʌbə] n. ❶Ⓤ(合成)橡胶 ❷Ⓒ橡皮 ❸Ⓒ黑板擦 ❹Ⓟ橡胶套鞋：We wear rubbers on our feet when it rains. 下雨时我们穿橡胶套鞋。‖ **rubber cheque** 空头支票 / **rubber tree** 橡胶树 / **rubber stamp** ①橡皮图章②人云亦云的人，无主见的人

rubbish [ˈrʌbɪʃ] n. Ⓤ❶垃圾，废弃物 ❷无意义的东西；废话，胡说八道 ■ vt. ⟨英，澳，非正⟩把…说得一钱不值；贬损…：~ one's opponent 诋毁对手 / The book was rubbished by them. 这本书被他们贬低一无是处。‖ **rubbish heap** 垃圾堆

rubble [ˈrʌbl] n. Ⓤ碎石，瓦砾

ruble [ˈruːbl] n. Ⓒ(前苏联发行的货币的单位，合一百戈比)卢布

ruby [ˈruːbɪ] n. ❶Ⓒ红宝石 ❷Ⓤ红宝石色；深红色 ‖ **ruby laser** 红宝石激光射器

ruck [rʌk] n. ❶Ⓒ(橄榄球)自由密集争球 ❷Ⓢ普通人，寻常事物

rucksack [ˈrʌksæk] n. Ⓒ帆布背包

ruddy [ˈrʌdɪ] adj. (-ier, -iest)红润的

rude [ruːd] adj. (-r, -st)❶粗鲁的；不礼貌的 ❷近乎下流的 ❸Ⓐ狂暴的；惊人的，突然的 ❹Ⓐ简陋的，粗制的

rue [ruː] vt. (pt., pp. **rued** pres. p. **rueing** or **ruing**)对…感到后悔：He rued the day that he rode the motorcycle because he fell off and broke his leg. 他懊悔那天开摩托车时摔断了腿。

ruffle [ˈrʌfl] n. Ⓒ褶裥花边 ■ vt. & vi. ❶弄皱，弄乱 ❷激怒，扰乱：His boss yelled at him and ruffled his feathers. 老板冲他叫嚷，使他怒不可遏。

rug [rʌɡ] n. Ⓒ小块地毯

rugby [ˈrʌɡbɪ] n. Ⓤ橄榄球运动 ‖ **rugby ball** 橄榄球

rugged [ˈrʌɡɪd] adj. ❶崎岖不平的，多岩石的：The Rocky Mountains have rugged mountains and roads. 落基山脉有崇山峻岭和崎岖不平的道路。❷健壮：Football players must be rugged. 足球运动员必须健壮。‖ **ruggedly** adv. 不平地，崎岖地 / **ruggedness** n. 崎岖不平

ruin [ˈruɪn] vt. ❶破坏，毁掉：The storm ruined our wheat. 暴风雨毁坏了我们的小麦。❷使破产，使沦落：I was ruined by that law case, I'm a ruined man. 我被那场官司搞垮了，现在已经倾家荡产。■ n. ❶Ⓤ毁坏，毁灭，灭亡 ❷Ⓤ完全丧失，断送；垮台(的原因) ❸Ⓤ破败、坍塌或毁坏的状态 ❹Ⓒ废墟；遗迹 ‖ **go to rack and ~** 因忽视而导致毁坏、混乱或瓦解 / **in ~s** 严重受损，破败不堪 ‖ **ruined** adj. 毁坏的

rule [ruːl] n. ❶Ⓒ规则，规章，条例 ❷Ⓢ习惯，惯常的做法 ❸Ⓤ统治；管理 ❹Ⓒ尺，折尺 ‖ **as a ~** 通常；一般说来 / **bear ~ over** 支配(某人) / **bend the ~s** 通融 / **by ~** 循规蹈矩地 / **by ~ and line** 准确地，精密地 / **golden ~** 重要原则，金科玉律 / **ground ~** 基本规则 / **~ of sea** 航行规则，交通规则 / **~ of thumb** 凭感觉的方法；单凭经验的方法 / **under the ~ of** 在…的统治[管理]之下 / **work to ~** 照章工作 ■ vt. & vi. ❶统治；控制：~ the world 统治世界 / ~ oneself 克制自己 / Obviously economic forces rule. 很显然经济力量起决定作用。/ He ruled supreme. 他享有最高统治权。/ The King ruled his people well and wisely. 这位国王贤明地统治着他的臣民。❷判定，裁定：The king rules in that country. 那个国家一切听从国王裁决。/ The judge ruled that the witness (should) be heard. 那位法官裁定要传唤证人问话。 vt. 用尺子划：在…上划平行线：He ruled the test paper carefully. 他小心地在考卷上画直线。‖ **~ against** 做出不利于…的裁决 / **~ off** ①划线隔开②使…不能 / **~ on** 就…进行裁决[做出决定] / **~ out** ①用直线划掉②宣布…不可能；排除…的可能性 / **~ over** 作为君主[首领]来统治 / **with ~** 方式管理[统治] ‖ **ruleless** adj. 无规则的，无约束的

ruler [ˈruːlə] n. Ⓒ❶尺，直尺 ❷统治者，支配者

ruling [ˈruːlɪŋ] n. Ⓒ裁定，规定

rum [rʌm] n. Ⓤ(用甘蔗酿造的)酒；朗姆酒

rumble [ˈrʌmbl] n. Ⓤ§隆隆声，辘辘声：We could tell from the rumble of the thunder that rain was coming. 我们根据雷的轰隆声可断定，天要下雨了。■ vi. 发出隆隆声，发出辘辘声

rumbling [ˈrʌmblɪŋ] n. Ⓒ隆隆声，辘辘声

ruminate [ˈruːmɪneɪt] vt. 沉思，反复考虑 vi. 反刍，倒嚼

rumour, ⟨美⟩**rumor** [ˈruːmə] n. ⒸⓊ传闻，风闻；谣言，谣传 ‖ **~ has it that ...** 听说

rumoured, ⟨美⟩**rumored** [ˈruːməd]

adj. 传说的,谣传的

rump [rʌmp] *n.* ⓒ(动物的)臀部

run [rʌn] *vt. & vi.* (-nn-; *pt.* ran, *pp.* run) ❶跑 ❷移动 ❸(使)流动 ‖ ~ about跑来跑去／~ across ①开车送②不期而遇;偶然发现／~ after ①追赶②追求③伺候／~ against ①碰及,碰撞②同…竞选／~ along ①走开②延伸,贯穿／~ at ①突然进攻②目前为／~ away ①逃跑,走掉,逃脱②(使)流走〔掉〕／~ away (off) with ①与…私奔②消耗,用掉③携一潜逃／~ back over回忆过去／~ down ①停止走动,用完②撞倒,撞沉③诽谤,贬低④走下坡路,垮掉⑤(使)虚弱,疲乏⑥沿一迅速而下;顺…流下／~ in ①快速进入;流入②驱车作短暂访问／~ into ①快速进入…;流入…②偶然遇见③驱车造访→④加起来,累计达⑤(使)碰撞／~ off ①(使)流掉②减轻体重③从…流掉／~ on ①继续②不停地讲,滔滔不绝③涉及,讲到／~ out ①用完,耗尽②结束,期满③流走,流掉／~ over ①造访;驱车送②溢出③撞倒,撞翻并轧过其身体的一部分④温习／~ through ①从…流出②跑着穿过③(使)贯穿④在…流过②匆匆查阅③贯穿／~ to ①趋向,向…去②驱车(送某人)去…／~ up ①升起② (使)增长③迅速地登上;沿一迅速地移动 ■ *n.* ❶ⓒ跑,奔跑 ❷ⓒ旅行,旅程 ❸ⓒ行驶路线 ❹ⓒ时期;一段时间 ‖ in the long ~从长远来看,终究/in the short ~从短期来看,在短期内/on the ~ ①忙碌,奔波②奔逃,逃跑 ‖ run-down *adj.* ①(钟表等)发条走完的,停了的②精疲力竭③(房屋等)失修的,颓败的／run-in *adj.* ①口角,争吵②(发动机)试车③飞机向目标的飞行／run-up *adj.* ①飞机发动机试验②涨价③(跳高时的)助跑

runaway ['rʌnəwei] *adj.* 失去控制的: *A runaway car rolled down a hill and crashed into ten cars.* 一辆失控的车从山上滚下来,撞了十辆车。

rung [rʌŋ] *n.* ⓒ❶阶梯❷职位的高层

runner ['rʌnə] *n.* ⓒ❶跑步的人❷滑行装置,滑道 ‖ **runner-up** *n.* 亚军

running ['rʌniŋ] *n.* ⓤ跑步: *She likes running every morning.* 她喜欢每天早晨跑步。‖ in the ~有获胜希望/out of the ~没有获胜希望 ■ *adj.* 流动的

runny ['rʌni] *adj.* (-ier,-iest) 流鼻涕的,流泪的,流水的: *That child's nose is runny because she has a cold.* 那个孩子因感冒而流鼻涕。

runway ['rʌnwei] *n.* ⓒ(机场的)跑道

rupee [ru:'pi:] *n.* ⓒ(印度、巴基斯坦、斯里兰卡等国的货币单位)卢比

rupture ['rʌptʃə] *n.* ⓒⓤ破裂,裂开;决裂,断绝 ■ *vt. & vi.* (使)破裂

rural ['ruərəl] *adj.* 农村的: *a* ~ *setting* 乡村景象／*We left the city for a rural home.* 我们离开城市,去农村安家。／*He lived a rural life.* 他过着田园生活。‖ **rurally** *adv.* 农村地,田园地

ruse [ru:z] *n.* ⓒ诡计,计策

rush¹ [rʌʃ] *vt. & vi.* (使)急速行进;仓促完成: *Fans rushed the stage after the concert.* 音乐会结束后,乐迷涌向舞台。*vt.* 催促: *Don't rush me. I must think it over.* 别催我,我要仔细想想。‖ ~ **into** 冲进,匆忙进入／~ **off** 仓促跑掉／~ **out** 仓促地跑出;赶着生产出／~ **through** 使匆匆完成各项程序 ■ *n.* ❶ⓢ冲,奔 ❷ⓢⓤ繁忙的活动 ❸ⓒ大量急需 ‖ in a ~ 急急忙忙,繁忙/with a ~ 哄地一下 ‖ **rush-hour** *n.* 高峰时刻

rush² [rʌʃ] *n.* ⓒ灯心草

rushy ['rʌʃi] *adj.* 长满灯心草的

rust [rʌst] *n.* ⓤ铁锈 ■ *vt. & vi.* (使)生锈: *My bike has rusted and needs oil.* 我的自行车生锈了,需要上油。／*The rain will rust the iron roof.* 雨水会使铁皮屋顶生锈。

rustic ['rʌstik] *adj.* ❶有农村或村民特色的 ❷粗野的,不雅的 ❸用粗糙的木材或树枝制作的 ‖ **rustically** *adv.* 粗野地,不雅地

rusticate ['rʌstikeit] *vt.* 罚(大学生)暂时离校 *vi.* 在农村定居

rusticity [rʌ'stisiti] *n.* ⓤ乡村的特点、风格或气息

rustle ['rʌsl] *vt. & vi.* 发出沙沙的声音: *He rustled his papers.* 他把试卷弄得沙沙响。／*Leaves rustled gently in the breeze.* 树叶迎着微风沙沙作响。

rusty ['rʌsti] *adj.* (-ier,-iest) ❶生锈的: *The knife got rusty.* 这把刀生锈了。❷荒疏的: *My Russian is rusty.* 我的俄语荒疏了。‖ **rustily** *adv.* 生锈地;荒疏地/**rustiness** *n.* 生锈;荒疏

rut [rʌt] *n.* ⓒ❶车辙;犁沟 ❷常规,老规矩 ‖ **get into〔out of〕a** ~ 开始〔不再〕过刻板的生活 ■ *vt.* (-tt-) 在(某物上)形成车辙: *The lane was rutted with tyre track.* 这小巷有车胎轧出的车辙。

ruthless ['ru:θlis] *adj.* 无情的;冷酷的;残忍的 ‖ **ruthlessly** *adv.* 无情地;冷酷地;残忍地/**ruthlessness** *n.* 残忍;无情;冷酷

rye [rai] *n.* ❶ⓤ黑麦;黑麦粒 ❷ⓒⓤ(一杯)黑麦威士忌酒 ‖ **rye bread** 黑面包

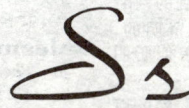

sable ['seɪbl] *n*. C|U 紫貂,黑貂;紫貂皮,黑貂皮:*a ~ coat* 貂皮大衣

sabotage ['sæbətɑːʒ] *n*. U 阴谋破坏 ■ *vt*. 阴谋破坏(某事物):*~ a missile* 破坏一枚导弹/*~ an engine* 破坏一台发动机/*They tried to sabotage my birthday party*. 他们企图破坏我的生日晚会。

saboteur [ˌsæbə'tɜː] *n*. C 搞阴谋破坏的人

sabre,〈美〉**saber** ['seɪbə] *n*. C ❶军刀,马刀 ❷(击剑时用的)尖细的轻剑 ‖ **sabre-rattling** *n*. 武力威胁,炫耀武力

sac [sæk] *n*. C (动植物组织中的)液囊

sack [sæk] *n*. ❶C 麻袋,包 ❷C 一袋的量 ❸S 开除,解雇 ❹S 洗劫,劫掠 ■ *vt*. ❶装入袋中:*They were sacking the potatoes in the field*. 他们正在地里把土豆装袋。❷解雇 ❸洗劫,劫掠 ‖ *~ for* 因…而解雇(某人)/*~ in*〔*out*〕上床睡觉/*~ up*〈美口〉获取利润

sacking ['sækɪŋ] *n*. U 做口袋用的布(如麻布)

sacred ['seɪkrɪd] *adj*. ❶宗教的;神圣的 ❷受崇敬的;不可冒犯的

sacrifice ['sækrɪfaɪs] *n*. ❶C|U 牺牲,舍身 ❷U 献祭,供奉 ❸C 祭品 ■ *vt*.& *vi*. 献祭 *vt*. 牺牲,献出:*~ one's pleasures*〔*time*〕牺牲自己的快乐〔时间〕‖ *~ for* 为…而牺牲〔放弃〕/*~ to* 向…献祭,把…贡献给,为…而牺牲

sad [sæd] *adj*. (-**dder**, -**ddest**) ❶悲哀的,忧愁的,难过的 ❷A糟糕的,不成样子的,不像话的 ‖ *to say* 不幸的是

sadden ['sædn] *vt*.& *vi*. (使某人)悲哀,忧愁:*The bad news saddened me*. 我得知这个消息后很难过。

saddle ['sædl] *n*. C ❶(马)鞍,鞍状物:*Please give me a lift onto the saddle*. 请扶我上马鞍。❷车座 ‖ (**be**) **in the** ~ ①骑着马 ②执政,掌权 ■ *vt*.& *vi*. 给(马)装鞍:*He saddled his horse, mounted, and rode away at a gallop*. 他给马套上鞍子,跨上马背疾驰而去。*vt*. 使承担:*He saddled his parents with heavy debts*. 他 让父母背上了沉重的债务。‖ *~ on*〔*upon*〕〈非正〉强迫(某人)接受/*~ up* 给(马)备鞍/*~ with*〈非正〉强迫(某人)承担

sadism ['seɪdɪzəm] *n*. U (性)施虐狂

sadist ['seɪdɪst] *n*. C (性)施虐狂者

sadistic [sæ'dɪstɪk] *adj*. (性)虐待狂的

sadly ['sædlɪ] *adv*. ❶悲哀地,忧愁地 ❷令人遗憾地,惋惜地 ❸ 不幸地

sadness ['sædnɪs] *n*. ❶U 悲哀,忧伤 ❷P 令人悲哀或忧伤的事物:*One of many sadnesses in his life was that he never had children*. 他一生中的许多遗憾之一是没有子女。

safe [seɪf] *adj*. (-**r**, -**st**) ❶P 安全的;不会有危险的;不受威胁的;受保护的:*The building was locked, and all of us within felt safe*. 大楼被锁上了,我们在里面感到安全。❷没有受到损害的;平安的:*We all wished him a safe journey*. 我们都祝他一路平安。❸不致导致损害或损伤的:*It is safe to cross the river in this boat*. 坐这艘船过河很安全。❹A 不冒险的,小心的:*The teacher appointed a safe student as monitor of our class*. 老师任命了一个谨小慎微的学生担任我们的班长。■ *n*. C 保险箱,保险柜‖ **play** (**it**) *~* 小心避开危险,慎重行事/*~ and sound* 平安无事/*to be on the ~ side* 为慎重起见,以防万一 ‖ **safe conduct** 安全通行证/**safe deposit** 贵重物品保管处

safeguard ['seɪfgɑːd] *n*. C 防护措施,安全设施:*adopt ~s* 采取防护措施 ■ *vt*. 保护;保卫;防护:*~ state sovereignty and territorial integrity* 捍卫国家主权和领土完整

safety ['seɪftɪ] *n*. U 安全;平安 ‖ **in** ~ 处于安全状态〔位置〕/*there's ~ in numbers* 人多势众 ‖ **safety-belt** *n*. 安全带/**safety film** 安全胶片/**safety glass** 安全玻璃/**safety island** (马路中间的)安全岛/**safety lamp** (矿工的)安全灯/**safety match** 安全火柴/**safety-pin** *n*. 别针/**safety switch** 保险开关/**safety valve** 安全阀

sag [sæg] *vi*. ❶向下凹或中间下陷 ❷松弛或不整齐地悬着 ■ *n*. U|S 下陷或松弛的程度;

下陷或松弛

saga [ˈsɑːgə] n. ⓒ❶(挪威或冰岛的)长篇英雄故事 ❷长篇家世小说

sagacious [səˈgeɪʃəs] adj. 精明的,有判断力的:a ~ decision 英明的决定 ‖ **sagaciously** adv. 精明地

sagacity [səˈgæsɪtɪ] n. Ⓤ 精明,精确的判断

sage [seɪdʒ] n. 圣人,智者 ■ adj. 贤明的,貌似聪明的 ‖ **sagely** adv. 贤明地,貌似聪明地/**sageness** n. 贤明,貌似聪明

sail [seɪl] n. ❶ⓒⓊ帆 ❷ⓢ航行游览 ❸ⓢ航程 ❹(pl. sail)ⓒ船 ‖ in full ~ ①张着满帆地 ②全力以赴地/set ~ 启航/take the wind out of sb's ~s 使人气馁〔泄气〕/under ~ 扬着帆 ■ vt. & vi. 坐船旅行,航行:The ship has sailed for two weeks. 这艘船已航行两周了。/ We sailed the Atlantic in six days. 我们用了六天时间乘船驶过了大西洋。vt. 驾驶:Do you know how to sail the boat? 你知道怎样驾驶这艘船吗? vi. 起航,开船 ‖ When does the ship sail? 这艘船何时起航? ‖ ~ for 驶向…/~ in 驶进,〈非正〉傲慢地进入,〈非正〉兴致勃勃地发话/~ into (使)驶入…,傲慢地〔神气地〕进入…;抨击,责骂…/~ through (使)顺利通过… ‖ **sailboat** n. 帆船/**sailcloth** n. 帆布/**sailship** n. 帆船

sailing [ˈseɪlɪŋ] n. ❶Ⓤ帆船运动 ❷ⓒ(轮船的)航班;起船 ‖ **sailing-boat**〔**ship**〕n. 帆船

sailor [ˈseɪlə] n. ⓒ水手,海员

saint [seɪnt] n. ⓒ❶圣徒,圣人 ❷道德崇高的人 ❸圣…(冠于人名、地名之前)

sake [seɪk] n. 缘故;理由 ‖ for Christ's 〔God's, goodness', pity's〕~ 看在上帝分上

salad [ˈsæləd] n. ⓒⓊ色拉,凉拌菜 ‖ one's ~ days 少不更事的时期 ‖ **salad dressing** 色拉调料/**salad oil** 色拉油

salary [ˈsælərɪ] n. ⓒ薪水:He was engaged at a salary of $1000 a month. 他以月薪一千美元受聘。/They signed a salary agreement. 他们订了一份薪金协议。

sale [seɪl] n. ❶ⓒⓊ卖,出售,销售:He got $100 from the sale of his bike. 他将自行车卖掉,得了100美元。/My agent arranged the sale of the house. 我的代理人对房子的出售作了安排。/This store always has a marvellous New Year's sale. 这家商店新年前后销售情况极好。❷ⓟ销售额,销售量:Sales are up this year. 本年度销售量增加。❸ⓒ廉售,贱卖:This shirt was a bargain — only £15 in a sale. 这件衬衫是便宜货,大减价时只卖十五英镑。/Our school is having a book sale next week. 我校下星期将进行图书廉价出售。/ They bought a lot of sale goods yesterday. 他们昨天买了许多廉价货。❹ⓒⓤ销路,市场需求:There's no sale for cotton dresses in the au-tumn. 在秋季,棉布服装没有销路。 ‖ for ~ 待售/on ~ 有售,上市;廉价出售/~ or return 剩货可以退货

sales [seɪlz] adj. 销售的,推销的:~ forecast 销售情况预测 ‖ **salesclerk** n. 店员/**sales department** 营业部/**salesgirl** n. 年轻的女售货员/**sales slip** 售货单,售货收据/**saleswoman** n. 女售货员

salesman [ˈseɪlzmən] n. ⓒ售货员,推销员:The salesman showed her nearly all the hats in the shop. 这位售货员几乎把店里的帽子都拿给她看了。/He is a traveling salesman. 他是一个巡回推销员。

salient [ˈseɪlɪənt] adj. Ⓐ❶显著的,重要的,主要的 ❷(指角)凸出的 ■ n. ⓒ❶凸角 ❷〈军〉进攻或防卫阵地的突出部分

saliva [səˈlaɪvə] n. Ⓤ唾液,口水:eject the ~吐口水

salivary [ˈsælɪvərɪ] adj. Ⓐ唾液的,分泌唾液的:the ~ glands 唾液腺

salivate [ˈsælɪveɪt] vi. (过量地)分泌唾液

salmon [ˈsæmən] n. (pl. ~)ⓒ鲑鱼,大马哈鱼:We saw a salmon jumping in the waterfall there. 我们看见一条大马哈鱼在那边瀑布中跳跃。

salon [ˈsælɒŋ] n. ⓒ❶〈法〉(营业性质的)店,厅,院 ❷沙龙(旧时在上流社会女主人家的例行聚会或聚会场所)

saloon [səˈluːn] n. ⓒ❶大厅,交谊厅 ❷有某用途的公共大厅或建筑物 ❸酒吧间;酒店 ❹轿车

salt [sɔːlt] n. ❶ⓒⓊ盐,食盐 ❷Ⓤ味道或外观等像盐的物质;药用盐类:Salts is a medicine that causes movements of the bowels. 泻盐是一种促使肠子运动的药物。❸Ⓤ增添趣味〔活跃气氛〕的事物:Her witty remarks added a little salt to the conversation. 她的妙语使谈话增添了一些风趣。❹对有些男子而言,冒险是生活的乐趣。 ‖ the ~ of the earth 非常正派〔诚实〕的人/with a grain of ~ 半信半疑地,对某事打折扣〔持保留态度〕 ■ vt. ❶加盐于…以调味;用盐腌:I forgot to salt the dish. 这盘菜我忘记放盐了。/The fish are cut and salted. 鱼被切成块腌起来了。❷撒盐于:The main roads have been salted. 主要公路上撒了盐。❸使更有趣:He employs an irreverent humour to salt his observation. 他运用玩世不恭的幽默使他的评论更加有趣。 ‖ ~ away〔down〕用盐腌制;〈非正〉积蓄,攒钱/~ out〈化〉(使)盐析/~ in 盐分分离/~ with 为调味而在…中加〔盐上〕撒在…上;〈非正〉因…更风趣 ‖ **salt field** 盐场/**salt lake** 盐湖/**salt water** 盐水,海水

salty [ˈsɔːltɪ] adj. (-ier, -iest)❶含盐的,咸的 ❷活泼的,生动的

salute [sə'luːt] vt. & vi. 欢迎；致敬：The officers saluted as the soldiers marched past. 当士兵以分列式通过时，军官举手敬礼。/The guard saluted me smartly. 卫兵向我行了个漂亮的军礼。vt. 赞扬；赞颂：I salute my opponent's courage. 我赞扬对手的勇气。/The people saluted him for his tireless efforts for peace. 人们对他为和平所做的不懈努力表示敬意。‖ ~ by 以…欢迎/~ with〈正〉以（某一特定动作）向（某人）表示敬意〔欢迎，问候〕■ n. C敬意，欢迎，敬礼：The Queen's birthday was honoured by a 21-gun salute. 鸣二十一响礼炮庆祝女王的生日。/He extended a salute to his father. 他向他的父亲致敬。

salvage ['sælvɪdʒ] n. U❶救援费 ❷海上营救 ❸经加工后重新利用的废物，废料回收 ❹抢救出的财产 ■ vt. ❶（从火灾、海难等中）抢救（某物）：All attempts to salvage the wrecked ship failed. 抢救失事船只的一切努力都失败了。❷回收利用（某物）

same [seɪm] adj. A❶同一的：I live in the same house as he. 我跟他同住一所房子。❷相同的；同样的：Her success encouraged me to try the same thing. 她的成功鼓励我去做同样的尝试。/This book is the same size as that. 这本书同那本书一样大小。‖ amount〔come to〕 the ~ thing 没有不同/at the ~ time 同时，一起；但是；然而/be in the ~ boat 处于同样境地 ■ pron. 同一事物，同样的人：The mother scrubbed the floor and her child did the same. 母亲擦洗地板，孩子也跟着干。/We must all say the same. 我们必须口径一致。/"Was it John who came?" "The same." "是约翰来了吗？" "是他。" ‖ all the ~ 尽管如此，仍然/just the ~ 完全一样/~ here 我也同样/the very ~ 就是这个 ‖ **samely** adj. 单调的，无变化的/**sameness** n. 同一性，相同性；无变化

sample ['sɑːmpl] n. C样品，标本，样本 ■ vt. 抽样检查：They sampled the population to find out the state of public opinion. 他们从人口中抽样以了解民意状况。❷品尝；尝试：She made us sample her cooking. 她让我们品尝她做的饭菜。❸体验；尝试：They can learn English and sample the British way of life. 他们可学习英语并体验英国人的生活方式。

sanatorium,〈美〉**sanitarium** [ˌsænə'tɔːrɪəm] n.（pl. ~s or -ria）疗养院

sanctify ['sæŋktɪfaɪ] vt. ❶使神圣 ❷洗清…的罪孽 ❸批准，认可，使合法化

sanction ['sæŋkʃən] n. ❶U〈正〉批准，认可 ❷C〈正〉制裁 ❸S〈正〉约束力 ■ vt. 批准，认可：How can you sanction such rudeness? 你怎么会准许这种粗鲁的行为呢？/Our plan wasn't sanctioned by the board of directors. 我们的计划没有得到董事会的批准。

sanctuary ['sæŋktʃʊərɪ] n. ❶C圣所，圣堂 ❸C庇护所 ❹U庇护，庇护权 ❺C避难所 ❻C禁猎区，鸟兽类保护区

sand [sænd] n. ❶U沙，沙子 ❷U〔P〕沙滩；沙洲‖ number〔plough〕~s白费力气/put ~ in the wheels 妨碍，捣乱/the ~s are running out 剩下的时间不多了 ■ vt. ❶用砂纸磨光：The surface of the table must be sanded down. 这张桌子的表面得用砂纸磨光。❷在某物上撒沙，用沙覆盖：The icy roads were sanded after the snowstorm. 暴风雪过后，冰冻的道路被撒上了沙。‖ **sandbag** n. 沙袋，沙包/**sandbank** n. 沙滩/**sandbath** n. 沙浴/**sandhill** n. 沙丘/**sandstorm** n. 沙暴

sandal ['sændl] n. C凉鞋

sandpaper ['sændˌpeɪpə] n. U砂纸 ■ vt. 用砂纸磨光（某物）

sandwich ['sænwɪdʒ] n. C三明治‖ ride〔sit〕a ~挤坐在两人之间 ■ vt. ❶把…夹在…之间 ❷挤在…中间：He was sandwiched between two very fat women on the bus. 在公共汽车上，他被挤在两个胖女人中间。‖ ~（in）between 把…挤〔夹〕在…之间‖ **sandwich biscuit** 夹心饼干/**sandwich board** 夹板广告牌

sandy ['sændɪ] adj. ❶沙的，含沙的，多沙的：~ land 沙质地 ❷沙色的

sane [seɪn] adj.（-r, -st）❶心智健全的；神志正常的 ❷明智的，稳健的，理智的‖ **sanely** adv. 神志正常地；明智地

sanify ['sænɪfaɪ] vt. 使健康；改善…的卫生状况

sanitary ['sænɪtərɪ] adj. ❶清洁的，卫生的；保健的 ❷A保健的，有关保健的

sanitation [ˌsænɪ'teɪʃən] n. U卫生系统或设备

sanitize ['sænɪtaɪz] vt. ❶使清洁，进行消毒 ❷审查，净化

sanity ['sænɪtɪ] n. ❶U神志正常；心智健康 ❷明智，稳健，理智

Santa Claus [ˌsæntə'klɔːz] n. C圣诞老人

sap¹ [sæp] n. C〈口〉傻瓜，笨蛋

sap² [sæp] n. ❶U❶树液，体液 ❷元气，活力

sap³ [sæp] vt.（-pp-）❶逐渐削弱（某人〔某事物〕的力量、活力等）：Lack of planning is sapping the company's efficiency. 缺乏计划正在削弱公司的效率。/The criticism sapped his determinaton. 批评削弱了他的决心。❷逐渐消耗（某人的力量、活力等）：Her long illness gradually sapped her strength. 长期的患病渐渐地消耗了她的体力。

sap⁴ [sæp] n. C（借以接近敌人的）地道，地下战壕

sapphire ['sæfaɪə] n. ❶C蓝宝石 ❷U蔚蓝色 ■ adj. 蔚蓝色的

sarcasm ['sɑ:kæzəm] n. ⓤ讥讽,讽刺,挖苦

sarcastic [sɑ:'kæstɪk] adj.讥讽的,挖苦的 ‖ **sarcastically** adv.讥讽地

sardine [sɑ:'di:n] n. ⓒ沙丁鱼(罐装的)

sardonic [sɑ:'dɒnɪk] adj.嘲笑的;讥笑的 ‖ **sardonically** adv.嘲笑地;讥笑地

Satan ['seɪtən] n. Ⓢ撒旦,魔鬼

satanic(al) [sə'tænɪk(əl)] adj. ❶似撒旦的,魔鬼的 ❷邪恶的;罪恶的

satellite ['sætəlaɪt] n. ⓒ❶卫星 ❷人造卫星 ❸卫星国,附庸国,卫星都市

satiate ['seɪʃɪeɪt] vt.充分满足,使厌腻

satire ['sætaɪə] n. ❶ⓤ讽刺,讥讽 ❷ⓒ讽刺作品

satiric(al) [sə'tɪrɪk(əl)] adj.含讽刺意味的,嘲讽的 ‖ **satirically** adv. 嘲讽地

satirize ['sætəraɪz] vt.讽刺,讥讽

satisfaction [ˌsætɪs'fækʃən] n. ❶ⓒⓤ满意,满足,实现 ❷ⓤ赔偿物,补偿 ‖ **with** ~ 满意地

satisfactory [ˌsætɪs'fæktəri] adj.令人满意的,符合要求的 ‖ **satisfactoriness** n. 令人满意

satisfied ['sætɪsfaɪd] adj.满意的;满足的

satisfy ['sætɪsfaɪ] (pt.,pp.-fied) vt.&vi. 使满意;满足: Her father tried his best to satisfy her demands. 她的父亲想尽一切办法来满足她的要求。vt. ❶使确信: I satisfied them that there was no danger. 我使他们相信没有危险。/She satisfied herself that all doors were locked. 她确信门上都锁上了。❷符合,达到(要求、规定、标准等): You can't vote until you have satisfied all the formal conditions. 你要符合所有的正式条件后才能参加选举。 ‖ ~ **for** 偿还,偿清 / ~ **oneself of** 使确信,使相信 / ~ **with** 对⋯感到满意

satisfying ['sætɪsfaɪɪŋ] adj.令人满意的,令人满足的

saturate ['sætʃəreɪt] vt.❶浸湿,浸透: ~ a sponge with water 用水浸透海绵 ❷使⋯大量吸收或充满某物: The market has been saturated with paintings like that. 那种画充斥了市场。

saturated ['sætʃəreɪtɪd] adj.❶Ⓟ极湿的;湿透的 ❷Ⓐ〈化〉(溶液)饱和的

saturation [ˌsætʃə'reɪʃən] n. ⓤ浸湿,浸透,饱和 ‖ **saturation point** 饱和点

Saturday ['sætədɪ] n. ⓒⓤ星期六

Saturn ['sætən] n. ⓒ〈天〉土星

sauce [sɔ:s] n.❶ⓒⓤ调味汁,酱汁 ❷Ⓢ无礼的话,顶撞的话 ‖ **in the** ~ 饮酒过多的,醉的

saucer ['sɔ:sə] n. ⓒ(放茶杯的)浅碟,茶托; 茶碟: Where's my cup and saucer? 我的茶杯和茶托在哪儿呢?/A teacup should stand in a saucer. 茶杯应放在茶托上。 ‖ **flying saucer** 飞碟,不明飞行物

sauna ['sɔ:nə] n. ⓒ❶桑拿浴,蒸气浴 ❷蒸气浴室

saunter ['sɔ:ntə] n. Ⓢ漫步;闲逛 ■ vi.漫步,闲逛

sausage ['sɒsɪdʒ] n. ⓒⓤ香肠

savage ['sævɪdʒ] adj. ❶未开化的;野蛮的 ❷凶猛的;残忍的 ■ vt. 残害;攻击 ■ n. ⓒ未开化的人,野蛮人 ‖ **savagely** adv. 野蛮地,残忍地 / **savageness** n. 野蛮;残忍

save [seɪv] vt. 拯救,挽救: He saved her life ever. 他曾经救过她的命。/They could think of no way to save the situation. 他们想不出什么办法来挽救局势。vt. & vi. ❶储蓄,贮存: He has never saved. 他从来不储蓄。/I saved part of my salary each month. 我每月把工资储存起一部分。❷节省: He had repaired my kettle,and it saved my buying a new one. 他把我的水壶修好了,省得我再买一个新的了。 ‖ ~ **for** 为⋯积蓄(储存)⋯;节省 / ~ **from** 从⋯中救出,使免受 / ~ **up** 储存起来 ■ n. ⓒ(足球等)阻碍对方得分的动作,救球 ■ prep. & conj. 除了

saver ['seɪvə] n. ⓒ❶拯救者;储存者;救星;救球的运动员 ❷廉价的票、券等

saving ['seɪvɪŋ] n.ⓒⓤ❶节约,节俭 ❷ⓟ储蓄金,存款 ❸ⓤ挽救,搭救 ‖ **savings account** 储蓄账户 / **savings bank** 储蓄银行

saviour,〈美〉**savior** ['seɪvjə] n. ⓒ❶救助者,拯救者;救星 ❷救世主

savour,〈美〉**savor** ['seɪvə] n. ⓒⓤ(美)味,味道,滋味,风味 ■ vt. 欣赏(某物)的味道或风味 ‖ ~ **of** 有某种迹象或痕迹

savoury,〈美〉**savory** ['seɪvərɪ] adj. ❶(食物)咸的,辣的 ❷开胃的 ❸道德高尚的,可敬的 ■ n. ⓒ咸的或辣的食物(通常为一顿饭最后吃的)

saw [sɔ:] n. ⓒ锯 ■ vt. & vi. (pt. **sawed**,pp. **sawn**,〈美〉**sawed**) ❶锯 ❷往复移动 ‖ ~ **away** 不断地锯;锯去 / ~ **down** 锯倒 / ~ **into** 把⋯锯成 / ~ **off** 锯去,锯掉 / ~ **up** 锯成小块 ‖ **sawmill** n. 锯木厂 / **sawtooth** n. 锯齿

saxophone ['sæksəfəʊn] n. ⓒ〈音〉萨克斯管

say [seɪ] (3rd pers. sing. pres. t. **says**,pt.,pp. **said**) vt. & vi. 说;讲: ~ a few words 讲几句话 / ~ **sorry** 说对不起 / You may well say so. 你完全可以这么说。/He glared angrily at her but did not say a word. 他怒视着她,却一言不发。/He said that he had never been to Tokyo. 他说他从来没去过东京。 vt. ❶说明,表明,宣称: What do these figures say? 这些数字说明了什么? / I will say how to use it. 我将说明如何使用它。❷比方说;假定说: It is said that there has been a big flood. 据说,那里遭受了一场大洪水的袭击。‖ not to ~ 近乎,甚至可以说/~ about 发表对…的看法/~ after 跟着…说〔读〕/~ against (说…) 以反对/~ for 为…讲话〔辩护〕/~ of 对…有某种说法,就…谈看法/~ on 〈非正〉接着说/~ out 说出来/~ over 背诵/~ to 对…说,告诉;是否同意做某事/~ to oneself 暗想/that is to ~ 换句话说,也就是说/to ~ nothing of 更不必说/to ~ the least (of it) 至少可以说 ■ n. S U 决定权,发言权‖ have one's ~ 有〔利用〕机会发表意见‖ sayable adj. 可说的/sayer n. 说话的人

saying ['seɪɪŋ] n. ❶ C 谚语;格言,名言 ❷ U 话;言语;言论

scab [skæb] n. ❶ C (伤口或疮口上所结的)痂 ❷ U (植物的)斑点病,疮痂病 ❸ C 拒不参加罢工的工人;破坏罢工者

scald [skɔːld] vt. ❶ (沸水等)烫伤(皮肤) ❷ 把(尤指牛奶)加热到接近沸腾 ■ n. C (沸水或蒸汽造成的)烫伤

scale¹ [skeɪl] n. ❶ C 鱼鳞,鳞片 ❷ C 鳞状物；障眼物 ❸ S U 水垢,水锈‖ remove the ~s off sb's eyes 擦亮某人的眼睛 ■ vt. 刮去…的鳞片〔鳞状物〕: You have to scale the fish before cooking it. 你在烧鱼之前得刮去鳞片。/ The plaster is scaling off the wall. 灰泥从墙上剥落。‖ scaled adj. 有鳞的/scalewing n. 蛾,蝴蝶/scale-winged adj. 鳞翅目的

scale² [skeɪl] n. ❶ C 刻度,度数 ❷ C 比例(尺) ❸ C U 规模;程度;范围 ❹ C 等级;级别‖ scale-down n. (按比例)缩减,降低/scale-up n. (按比例)增加,扩大

scale³ [skeɪl] n. P 天平,磅秤‖ hang in the ~s 悬而未决/turn the ~ 扭转局面 ■ vt. 称…的重量: The fish scales 2 pounds. 这条鱼重两磅。

scale⁴ [skeɪl] vt. 攀登,爬;~ a tree 爬树

scallop ['skɒləp] n. C ❶ 扇贝,干贝蛤 ❷ 扇形皱褶 ■ vt. 裁制出扇形皱褶‖ scallop shell 扇贝壳

scalp [skælp] n. C ❶ 头皮 ❷ (表明战胜某人的)战利品;胜利的象征 ■ vt. ❶ 剥去…的头皮 ❷ 转手倒卖以牟利‖ have the ~ of sb 击败某人/out for ~s 蓄意寻衅;决心打败某人/~ sb for a jay 欺骗愚弄某人

scam [skæm] n. C 花招;骗局

scamper ['skæmpə] vi. 蹦蹦跳跳地跑;惊惶奔跑

scan [skæn] vt. (-nn-) ❶ 细查,审视,观测,严密监视: The detective scanned every bit of evidence. 侦探仔细检查了每一样证据。/ She scanned his face to see if he was telling the truth. 她审视着他的脸,看他讲的是否是真话。 ❷ 浏览: I scanned the newspaper for the information I needed. 我浏览报纸寻找自己需要的信息。❸ 〈计〉扫描: This apparatus scans patients' brains for tumours. 这台仪器扫描检查病人的脑瘤。■ n. U 扫描: The first scan was bad, so I had to do it again. 第一次扫描不好,所以我得重做。

scandal ['skændl] n. ❶ S 丑事,丑闻 ❷ U 流言蜚语;闲话;诽谤 ❸ C U 公愤;反感‖ scandalmonger n. 恶意中伤的人;传播丑闻的人/scandal sheet 以较大篇幅登载社会丑闻和杂谈的报刊

scandalize ['skændəlaɪz] vt. 使震惊

scandalous ['skændələs] adj. 令人反感的;令人愤慨的‖ scandalously adv. 令人反感地;令人愤慨地/scandalousness n. 反感;愤慨

scanner ['skænə] n. C 检测装置;扫描设备;扫描器

scant [skænt] adj. C 不足的;缺乏的‖ be ~ of 缺乏‖ scantly adv. 不足地;缺乏地

scanty ['skæntɪ] adj. (-ier, -iest) (大小或数量)不足的,勉强够的; a ~ rice crop 歉收的稻子‖ scantily adv. 不足地;缺乏地;勉强够地/scantiness n. 不足;缺乏

scapegoat ['skeɪpgəʊt] n. C 代人受过的人;替罪羊‖ scapegoatism n. 寻找替罪羊

scar [skɑː] n. C 伤痕,伤疤;精神上的创伤 ■ vt. (-rr-) 使留下伤痕

scarce [skeəs] adj. P 缺乏的,罕见的: The food was scarce during the war. 战争期间食物短缺。‖ make oneself ~ 〈口〉走开,溜走‖ scarceness n. 缺乏

scarcely ['skeəslɪ] adv. ❶ 仅仅;几乎不: We scarcely have time for breakfast. 我们几乎没有吃早饭的时间。/ Scarcely do I know him. 我同他不那么熟。/ We've scarcely any money left. 我们几乎一点钱不剩。❷ 决不: You can scarcely expect me to believe that. 别以为我相信那件事。

scarcity ['skeəsɪtɪ] n. C U 不足;缺乏‖ scarcity economics 限制产量以保证经济利润的经济理论

scare [skeə] vt. 恐吓;使惊恐: Don't let the noise scare you; it's only the wind. 别让那声音把你吓住,那不过是风声罢了。 vi. 受惊吓,感到害怕‖ ~ away〔off〕使(某人)望而却步;吓跑…/~ into 吓得(某人)去(做某事) ■ n. ❶ S 惊恐,惊吓: The sound of the explosion gave me quite a scare. 爆炸声把我吓了一跳。❷ C (社会上的)大恐慌; cause a ~ 引起恐慌/ There's been quite a scare about the possible side effects of this new drug. 这种新药可能产生的副作用造成了相当大的恐慌。■ adj. A 吓人的: I like reading scare stories. 我喜欢读恐怖故事。‖ scarey adj. 惊吓的;吓坏了的‖ scarehead, -headline n. 耸人听闻的大标题/

scaremonger n. 散播骇人消息的人

scarecrow ['skeəkrəʊ] n. ⓒ ❶(竖在田里吓鸟的)稻草人 ❷〈非正〉邋遢的人;骨瘦如柴的人

scared [skeəd] adj. 惊慌的;吓坏的

scarf [skɑːf] n. (pl. scarfs or scarves)ⓒ围巾;披肩;领巾: red ～ 红领巾 ‖ **scarfpin**, **scarfring** n. 领带别针/**scarfskin** n. 外皮,表皮

scarlet ['skɑːlɪt] n. ⓤ 鲜红色;猩红色 ■ adj. 鲜红的;深红的 ‖ **scarlet admiral** 一种红蝴蝶/**scarlet runner**〈植〉红花菜豆

scary ['skeərɪ] adj. (-ier, -iest)使人惊恐的;吓人的;可怕的

scathing ['skeɪðɪŋ] adj. (言词、文章)严厉的;尖刻的,不留情的 ‖ **scathingly** adv. 严厉地;尖刻地

scatter ['skætə] vt.&vi. (使)散开,(使)分散;驱散: The birds scattered at the sound of the gun. 枪声一响,群鸟受惊飞散。/ The wind soon scattered the clouds. 风起云散。vt. 撒: The farmers were scattering seeds on the fields. 农夫把种子撒在田里。‖ ～ **about**到处扔,四处奔逃,乱花钱 ～ 零星少数;少量 ‖ **scatterer** n. 分散者;撒播者/**scattering** n. 分散;稀疏的少量 / **scatter bomb** 散飞性燃烧弹/**scatterbrain** n. 注意力不集中的人/**scatterbrained** adj. 不专注的;轻率的/**scattergood** n. 大肆挥霍的人/**scattershot** adj. 漫无目标的

scattered ['skætəd] adj. 分散的;稀稀拉拉的

scene [siːn] n. ❶ⓒ(戏剧的)一场,(电影、电视的)一个镜头,(小说的)一节 ❷ⓒ背景,现场 ❸ⓢ地点 ❹ⓒ景色,景象 ❺ⓒ发脾气,吵闹 ‖ **a change of** ～ 改换环境/**arrive〔come〕on〔upon〕the** ～ 露面,出场/**behind the** ～ 在后台,在幕后/**not sb's** ～ 非某人所熟悉的事物;非某人兴趣所在 ‖ **sceneman, -shifter** n. 换布景者/**scene painter** 布景画师/**scene painting** 布景绘制

scenery ['siːnərɪ] n. ⓤ ❶风景,景色 ❷舞台布景

scenic ['siːnɪk] adj. 自然景色的;景色优美的 ‖ **scenically** adv. 自然景色地;景色优美地

scent [sent] n. ❶ⓒⓤ气味,香味 ❷ⓤ香水 ❸ⓢ(动物的)臭迹,遗臭 ❹ⓢ线索 ❺ⓤ(尤指狗的)嗅觉 ‖ **on the** ～ **of** 循某人〔物〕的线索/**put〔throw〕off the** ～ 使某人失去线索(尤指为其提供错误信息) ■ vt. ❶(动物等)嗅出…的气味,嗅出…的存在: The dogs had scented a fox. 这些狗嗅出附近有狐狸。❷察觉到(坏事等)的存在;觉得,怀疑: He scented danger. 他觉察到有危险。/ I scented that all was not well. 我觉得一切都不正常。❸使充满

味;洒香水于: The air was scented with spring flowers. 空气中充满了春天花朵的芳香。‖ **scentless** adj. 无气味的;缺乏嗅觉的;无嗅觉的 ‖ **scent bag** 香袋/**scent-bottle** n. 香水瓶/ **scent gland**〈动〉臭腺

sceptic, 〈美〉**skeptic** ['skeptɪk] n. ⓒ 持怀疑态度的人;怀疑论者;(尤指)怀疑宗教教义的人

sceptical, 〈美〉**skep-** ['skeptɪkəl] adj. 不肯相信的;常怀疑的 ‖ **sceptically** adv. 不肯相信地;常怀疑地

scepticism, 〈美〉**skep-** ['skeptɪsɪzəm] n. ⓤ 怀疑态度;怀疑论

schedule ['ʃedjuːl] vt. 排定,安排: ～ a speech 安排演讲/The secretary is trying to schedule the month's appointments. 秘书正在设法安排这个月的约会。■ n. ❶ⓒⓤ 时间表,日程安排表: draw up a ～ 安排日程/Have you made the examination schedule? 你已经安排了考试日程吗? ❷ⓒ 清单,明细表: Retailers have several price schedules. 零售商们有几分价格明细表。‖ **according to** ～ 按照预定计划/**ahead of** ～ 提前/**on** ～ 按时间表,准时/**to** ～ 按预定时间 ‖ **scheduler** n. 制表人;程序机

schematize ['skiːmətaɪz] vt. 把…图式化,将…列入计划

scheme [skiːm] vt.&vi. 策划;图谋: They schemed out a new method of bridge building. 他们设计了一种新的造桥方法。/ The enemies are scheming her downfall. 敌人正在策划使她垮台。/ They were scheming to rob the bank. 他们在密谋抢劫银行。‖ ～ **against**勾心斗角/～ **for** 图谋,以欺骗的手段谋取 ■ n. ❶ⓒ 阴谋,诡计: She has a lot of schemes. 她有很多诡计。❷ 计划,方案: ～ crashes 计划失败/ When you began to work, you might work out a practical scheme. 当你开始工作之前,你可以先制定出一个可行的计划。‖ **schemer** n. 计划者;阴谋家

scholar ['skɒlə] n. ⓒ❶奖学金获得者 ❷学者 ‖ **scholarism** n. 学术,学问

scholarly ['skɒləlɪ] adj. ❶学术性的;学问精深的 ❷学者的;有学者风度的

scholarship ['skɒləʃɪp] n. ❶ⓤ 学问,学识: This is a book that displays the considerable scholarship of its author. 这是一本表现作者重大学术成就的书。❷ⓒ 奖学金: apply for a ～ 申请一笔奖学金/ She won a scholarship to go to university. 她获得了上大学的奖学金。

school [skuːl] n. ❶ⓒ学校: go to ～ 开始求学;到校上课/go to ～ with sb 跟某人入学/ The students in middle schools should build up a solid foundation in English. 中学生学习英语时应打下牢固的基础。❷ⓤ上学;学业;上课(时间): leave ～ 退学/～ begins 开始上课/

stay away from ～ 旷课/He finished school. 他完成了学业。❸Ⓒ(大学里的)学院: He went to the school of law for three years. 他在法学院读了三年。❹Ⓒ学派,流派: There are different schools of thought on the best method of growing tomatoes. 关于种植西红柿的最佳方法有几派不同的意见。‖ a ～ of thought 有类似观点的一批人;学派,流派/after ～放学后;下课后/at ～ 在学校;在求学/in ～ 在求学/of the old ～老式的;传统的 ■vt. ❶训练;磨炼: This politician has shown that he has been well schooled in foreign languages. 这位政治家表现出了他受过良好的外语训练。❷控制某人〔动物〕‖ school age 学龄/school-ager n. 学龄儿童/schoolbag n. 书包/schoolbook n. 教科书/school bus 校车/school-day n. 上课的日子/schoolman n. 经院哲学家/schoolmate n. 同学/school miss 怕羞的女孩/schoolmistress n. 女教师/schoolship n. 教练船/schoolteaching n. 教学;教学职业/schoolwork n. 学校作业;家庭作业/schoolyard n. 校园,操场/school year 学年

schoolboy ['skuːlbɔɪ] n. Ⓒ(中小学的)男生

schoolchild ['skuːltʃaɪld] n. Ⓒ学童,学生

schoolgirl ['skuːlɡɜːl] n. Ⓒ(中小学的)女生

schoolhouse ['skuːlhaʊs] n. Ⓒ(尤指乡村学校的)校舍

schooling ['skuːlɪŋ] n. Ⓤ教育,学校教育

schoolmaster ['skuːlˌmɑːstə] n. Ⓒ❶公办学校的教师 ❷〈旧〉(中、小学的)教师

schoolteacher ['skuːlˌtiːtʃə] n. Ⓒ(中、小学的)教师

science ['saɪəns] n. ❶Ⓤ科学,科学研究 ❷ⒸⓊ学科‖ blind with ～ 用科技知识来迷惑人‖ science fiction 科幻小说

scienter [saɪ'entə] adv. 故意地;有意地

scientific [ˌsaɪən'tɪfɪk] adj. 科学的‖ scientifically adv. 科学地

scientist ['saɪəntɪst] n. Ⓒ科学家‖ scientism n. 科学态度,科学方法;唯科学主义

scintillate ['sɪntɪleɪt] vi. ❶(言谈举止中)焕发才智,谈笑洒脱 ❷闪耀,闪烁

scissor ['sɪzə] vt. ❶(用剪刀)剪 ❷作剪式移动(尤指腿)

scissors ['sɪzəz] n. Ⓟ剪刀‖ ～ and paste 剪刀加糨糊(比喻没有创造性的编辑工作)‖ scissorsbill n. 下等人,愚蠢的人/scissors chair 打开后成Ｘ形的折椅

scoff [skɒf] n. ❶Ⓟ嘲笑;嘲笑的话 ❷Ⓒ笑柄;笑料 ■vi. 嘲笑,嘲弄‖ scoffer n. 嘲笑者/scoffingly adv. 嘲笑地,嘲笑地‖ scofflaw n. 藐视法令者

scold [skəʊld] vt.&vi. 责骂,斥责: She is always scolding. 她总是骂个不停。/Don't scold the child. It's not his fault. 别责怪那孩子,那不是他的过错。‖ ～ for 因…责骂‖ scolder n. 责骂者/scolding n. 责骂;申斥

scone [skɒn] n. Ⓒ烤饼;烤小圆面包

scoop [skuːp] n. Ⓒ❶小铲;小勺 ❷一勺〔铲〕之量 ❸(抢先刊载、播出的)独家新闻: make a ～ 走运;赚大钱‖ on the ～ 饮酒无度 ■vt. ❶用铲〔勺〕等挖(洞等) ❷抢先报道 ❸抢先获得,胜过‖ scooper n. 舀取者;挖掘者;雕刻工具/scoopful n. 一满勺,一满斗

scope [skəʊp] n. ❶Ⓤ余地,机会 ❷Ⓢ(处理、研究事务的)范围

scorch [skɔːtʃ] vt.&vi. 烧焦;烤焦: The hot iron scorched the tablecloth. 热熨斗把桌布烫焦了。 vt. 使(植物)枯萎;把…晒枯: The hot weather scorched the grass. 炎热的天气使青草枯萎了。vi.〈非正〉高速行驶 ■n. ❶Ⓒ烧焦处;焦痕 ❷Ⓤ(植物因病害而显现出来的)枯萎‖ scorcher n. 烧焦者,烧焦的东西

scorching ['skɔːtʃɪŋ] adj. 极热的‖ scorchingly adv. 灼热地

score [skɔː] n. Ⓒ❶二十: I walked a score of miles. 我走了二十英里。❷画线,刻痕: There were scores all over the kitchen table. 厨房的桌子上到处都是刻痕。❸得分,分数: achieve〔get, have〕a ～ 得分/His goal leveled the scores of the two teams. 他的进球把两队的得分拉平了。‖ by the ～大量地,大批地/in ～s 很多地,大批地/make a ～ off 在辩论中占上风/on more ～s than one 为了种种理由/on this ～ 在这一点上,在这一方面/～s of 大量得分: The home team didn't score. 主队没得分。/We scored a point. 我们赢了一分。/The Japanese judge scored him 15. 那位日本裁判判给他十五分。❷获胜;成功: We had a bad play, but we scored. 我们踢得不好,但却获胜了。vt. 记分: Will you score? 你来记分好吗？‖ ～ for ①把…改编为 ②因…而批评(某人)/～ off ①使出丑;驳倒②从…得分/～ out 划去/～ up 得分;获得‖ scoreless adj. 没得分的‖ scoreboard n. 记分牌/scorebook n. 记分簿/scorecard n. 记分卡/scorekeeper n. 记分员

scorer ['skɔːrə] n. Ⓒ❶(体育比赛时的)记分员 ❷得分或进球的运动员

scorn [skɔːn] n. ❶Ⓤ鄙视;轻蔑 ❷Ⓢ受某人鄙视的人或事物‖ hold in ～轻视,蔑视;看不起/laugh sb to ～嘲弄某人/think it ～ to 不屑做/think ～ of 藐视 ■vt. ❶轻视,蔑视: She scorned the view that inflation was already beaten. 她嘲笑那种认为通货膨胀已被消除的观点。❷不屑做

scornful ['skɔːnfʊl] adj. 鄙视的;轻蔑的: a ～ smile 鄙夷的微笑‖ scornfully adv. 鄙视

地；轻蔑地/**scornfulness** n.鄙视

Scotch [skɒtʃ] n. ⓒ苏格兰人 ■adj.苏格兰（人）的

scotch [skɒtʃ] vt.制止,扑灭,粉碎

Scottish ['skɒtɪʃ] adj.苏格兰的；苏格兰式的

scour¹ ['skaʊə] vt.走遍(某地)搜寻(人或物)

scour² ['skaʊə] vt. ❶(用力)刷；擦净,擦亮：*Mother made me scour the family silver.* 母亲让我擦洗家里的银器。❷(水、溪流等)(把…)冲刷成…：*The stream had scoured a channel.* 溪流冲出一条水道。■ n.刷,擦 ‖ **scourer** n.擦洗者；洗涮器

scout [skaʊt] n.❶ⓒ侦察员(机,舰) ❷ⓒ童子军 ❸ⓢ搜索,侦察 ■vt.& vi.寻找；侦察：*A party was sent ahead to scout.* 一个小组被派去侦察。/*Jet fighters scout the skies.* 喷气式战斗机在空中侦察巡逻。 ‖ ～ **about** [**around**] **for** 到处寻找 / **scout car** 军用侦察车，警察巡逻车 / **scout plane** 侦察机

scramble ['skræmbl] vi.❶快速爬行,匍匐前进,攀登：*He scrambled over the rocks.* 他爬上了岩石。❷争夺,争抢；～ **for** power 争权 ❸(军事飞机)紧急起飞 ❹(用黄油)炒蛋：*She is scrambling eggs.* 她正在炒蛋。❺扰频或倒频使(电话通话等)只可由有特殊接收器的人收听 ❻混杂,把…搅乱；～ **the** schedule 打乱计划 ■ n. ⓢ❶爬行,攀登 ❷争夺,抢夺 ‖ **scrambler** n.爬行者；攀缘植物

scrap¹ [skræp] n.❶ⓒ小片,碎片,碎屑；少许 ❷ⓤ废料,废弃；丢弃 ❸把…当作废料处理 ‖ **scrap-cake** n.(作饲料用的)鱼脂渣饼 / **scrap heap** 垃圾堆,废物堆

scrap² [skræp] n. ⓒ吵架；口角 ■vi.(-pp-)吵架；打架

scrapbook ['skræpbʊk] n. ⓒ(粘贴相片、剪报等的)剪贴簿

scrape [skreɪp] vt.& vi.刮,擦；～ paint 刮去油漆 / *It was so windy that the branches were scraping against the window panes.* 风真大,树枝在玻璃窗上拂来拂去。/*He scraped his boots clean before coming into the house.* 进屋前他先把靴子擦干净。 vt. ❶擦伤：*The car scraped its side against the wall.* 汽车的车身在墙上擦坏了。❷设法得到：*We managed to scrape an audience of fifty people.* 我们设法争取到了五十名观众。 ‖ ～ **along**勉强过下去/～ **away**用利物刮,擦掉/～ **by**靠…勉强度日/～ **in** 勉强挤进,考入/～ **off** 擦掉,擦伤/～ **out** 掏空,刮净/～ **through** 勉强通过/～ **together** 凑成；将…聚在一起；积攒 ■ n. ⓒ刮,擦；擦刮声；*a bad* ～ 严重刮伤/*He pushed back his chair with a loud scrape.* "嘎"的一声,他把椅子推回了原位。❷擦痕,擦伤：*How did you got a few scrapes on your knee?* 你膝盖上的几处擦伤是怎么弄的? ❸困境,麻烦：*She gets into these silly scrapes because she doesn't think before she acts.* 她在行动之前总不思考,所以才会陷入这种荒唐的窘境。 ‖ **scrapepenny** n.吝啬鬼；守财奴

scratch [skrætʃ] vt.& vi. ❶抓,搔：*The dog is always scratching.* 那只狗老是搔痒。/*He has a curious habit of scratching his ear while he speaks.* 他有一种奇怪的习惯,一讲话就搔耳朵。❷刮伤：*The brambles scratched my legs.* 荆棘刺伤了我的双腿。❸勾掉,删掉：*I hope you are not going to scratch me.* 我希望你不会把我的名字从比赛中划去。 ‖ ～ **about** 扒,刨/～ **away** 抓,刮/～ **from** 从…中除名/～ **out** ①刮掉；划去 ②勉强维持/～ **up** ①刮坏,磨坏 ②掘起,挖出 ■ n. ❶ⓢ抓；搔痒：*His dog just gives a scratch at the door when it wants to come in.* 他的狗想进来时就用爪子抓门。❷ⓒ抓痕,抓伤；*a nasty*/*a slight* ～ 轻微的擦伤/*Her face was covered with scratches.* 她脸上有很多划痕。❸ⓒ刮擦声：*I heard the scratches on the old records.* 我听到旧唱片的沙沙声。 ‖ **from** ～ 从头做起,从零开始/**up to** ～ 情况良好,达到标准 ‖ **scratcher** n.抓扒者；制金属模工人 ‖ **scratchback** n.搔背用的扒子/**scratchcat** n.凶狠的女人(小孩)/**scratch line** 起跑线/**scratch paper** 便纸

scrawl [skrɔːl] n. ⓢ潦草的笔迹；*an illegible* ～ 难以辨认的笔迹 ■vt.& vi.乱涂,潦草地写：～ *a letter* 潦草地写/～ *over the door* 在门上乱画

scream [skriːm] vt.& vi.发出尖叫声：*A newsboy was screaming an extra.* 一个报童正在尖声叫卖号外。 ‖ ～ **at** 朝…大叫大嚷；责备/～ **down** 呼啸着灌入/～ **for** 为了…尖声地喊/～ **out** 尖声发出；宣传/～ **through** (风)呼啸而过/～ **to** 对…高声说/～ **with** 因…而大喊大叫 ■n. ❶ⓒ尖叫,尖叫声：*Her loud screams could be heard all over the house.* 整个屋子都能听到她那尖厉的尖叫。❷ⓢ极其可笑的(事物)：*He's an absolute scream in our friends.* 在我的朋友中他是个滑稽透顶的人。 ‖ **screamer** n.尖叫的人

screech [skriːtʃ] n. ⓒ尖锐的声音：*The boy's screeches brought his mother.* 男孩的尖叫声把他招来了他母亲。 ■vt.& vi. ❶发出刺耳的声音：*The brakes screeched.* 刹车发出刺耳的声音。❷高叫；尖叫：*She screeched her disapproval.* 她尖叫着不同意。 ‖ **screechy** adj.尖叫的

screen [skriːn] n. ⓒ❶屏风,帘,纱窗：*The picture on this screen is a good artistic work.* 这屏风上的画是件很好的艺术品。❷掩护物：*They hid behind the screen of bushes.* 他们躲在灌木丛后。❸屏幕：*You can see him on the*

TV screen quite often. 你可以经常从电视屏幕上见到他。❹银幕；荧光屏：a wide ～宽银幕/She first appeared on the screen ten years ago. 十年前，她第一次出现在银幕上。■vt. ❶遮蔽，掩护：～ the house 把房子遮起来/A floppy hat screened her face. 一顶有边的软帽遮住了她的脸。❷放映(电影)，播映(电视节目)：The film has been screened in the cinema. 这部电影已在电影院放映。❸审查，甄选：Unsuitable candidates were screened out. 那些不合格的候选人被筛选掉了。‖ ～ against〔from〕①遮挡〔掩蔽〕…以防…侵扰〔伤害〕②保护(某人)使之免于遭受… ‖ **screen land** 电影界/**screen test** 试镜头/**screenwriter** n. 电影剧本作者

screenplay [ˈskriːnpleɪ] n. C 电影剧本

screw [skruː] n. C 螺丝钉 ■vt. 用螺丝拧紧：Squeaking floorboards should be screwed down. 踏上去咯咯作响的地板应用螺丝钉钉住。/The table legs are screwed to the floor. 桌子腿用螺钉固定在地板上。vt. & vi. 旋，扭；拧：The two pieces screw together easily. 这两个部件很容易拧紧。/Let's screw the two pipes together end to end. 咱们把这两根管子接起来拧紧。‖ ～ **down** 用螺钉钉住/～ **in** 把…弄进去/～ **on** 在…上安/～ **out of** 把…挤出来/～ **up** 拧紧/～ **with** 用…旋牢 ‖ **screw cap** 螺旋帽

screwy [ˈskruːɪ] adj. (-ier, -iest) 古怪的；有点疯疯癫癫的

scribble [ˈskrɪbl] vt. & vi. 潦草的书写；乱画 ‖ **scribbler** n. ①笔迹潦草的人②拙劣的作家，粗制滥造的作者

script [skrɪpt] n. ❶C 剧本，脚本，讲稿：a radio ～ 广播节目的原稿/The script was delivered to the director ahead of schedule. 剧本被提前送到了导演手中。❷S U 笔迹：It's easy to identify his script. 他的笔迹容易辨认。❸C 文字：This is a letter in Cyrillic script. 这是西里尔文字。‖ **scripted** adj. 照原稿宣读的 ‖ **scriptwriter** n. 电影剧本作者，广播节目撰稿者

scroll [skrəʊl] n. C ❶(常用于录写正式文件的)纸卷，卷轴：unroll the ～ 展开卷轴 ❷涡卷形(装饰)，卷形花纹 ■vt. (电脑屏幕上)从上到下移动(资料等)，卷页 ‖ **on** the ～ of fame 名垂史册 ‖ **scrolled** adj. 漩涡形装饰的 ‖ **scrollhead** n. 船头涡形装饰/**scrollwork** n. 涡形装饰

scrub [skrʌb] (-bb-) vt. & vi. 用力擦洗 vt. 对…不予考虑；取消 ■n. S 擦洗：The door needs a scrub. 门需要刷一下。‖ **scrubber** n. 擦洗者 ‖ **scrub brush** 硬毛刷子，洗衣刷/**scrub-up** n. 彻底清洗/**scrub woman** 女清洁工；临时女帮工

scruffy [ˈskrʌfɪ] adj. (-ier, -iest) 肮脏的；不整洁的

scrum [skrʌm] n. C 混战，争夺

scrump [skrʌmp] vt. (从树上)偷摘(尤指苹果)

scrunch [skrʌntʃ] vi. 发出咯嚓声 vt. ❶压；碾 ❷挤压，皱紧(身体的某部位)

scrupulous [ˈskruːpjʊləs] adj. ❶一丝不苟的 ❷按良心和道德原则办事的；绝对正直的 ‖ **scrupulously** adv. 一丝不苟地/**scrupulousness** n. 一丝不苟

scrutinize [ˈskruːtɪnaɪz] vt. 仔细检查，详审

scud [skʌd] vi. (云、船等)疾驰，飞掠而过

scuff [skʌf] vt. ❶使磨损 ❷拖着脚走

scuffle [ˈskʌfl] n. C 扭打，混战：The two men quarrelled and there was a scuffle. 那两个人争吵扭打起来。■vi. 扭打，混战：The police were scuffling with the students. 警察和学生扭打起来。

scull [skʌl] n. C ❶短桨 ❷橹 ❸赛艇 ■vt. & vi. (用桨)划船：go ～ ing on the river 去河上划船

sculptor [ˈskʌlptə] n. C 雕刻家

sculptural [ˈskʌlptʃərəl] adj. A 雕塑的

sculpture [ˈskʌlptʃə] n. ❶U 雕刻，雕塑：study painting and ～ 学习绘画和雕塑 ❷U C 雕刻品：His sculpture of a horse won first prize. 他雕塑的一匹马获得一等奖。■vt. & vi. 雕刻，雕塑：～ a lion out of stone 用石头雕狮子

scum [skʌm] n. ❶U 浮渣，泡沫 ❷S 卑鄙的人，下贱的人

scupper [ˈskʌpə] n. C 排水孔 ■vt. 破坏，毁坏：The project was scuppered by lack of money. 由于缺乏资金，这项计划落空了。

scurf [skɜːf] n. U 皮屑，头皮屑

scurfy [ˈskɜːfɪ] adj. 有皮屑的

scurrility [skʌˈrɪlɪtɪ] n. ❶U 粗俗下流 ❷P 辱骂的言语

scurrilous [ˈskʌrɪləs] adj. 粗俗的，下流的 ‖ **scurrilously** adv. 粗俗地，下流地/**scurrilousness** n. 粗俗，下流

scurry [ˈskʌrɪ] n. S 快步急走 ■vi. (pt., pp. **scurried**) 急匆匆地走：It began to rain and we scurried for shelter. 下起雨来，我们急忙找地方躲避。

sea [siː] n. ❶U 海，海洋 ❷C 大量，浩瀚 ‖ a ～ of 无限的，很多的/above the ～ 海拔以上/at '～ 在海上/by ～ 由海路，乘船/by the ～ 在海边/go to ～ 出航；去当水手/go to the ～ 到海滨去(度假)/in the ～ 在海里/on ～ 在海上/over the ～ 在海外/put out to ～ 出海 ‖ **seamost** adj. 最靠近海的/**seaward** adj. ①向海的，临海的②从海上来的/**seawards** adv. 向海地，临海 ‖ **sea air** 海边的空气/**seabeach** n.

海滩/**seaboard** *n*. 海岸线/**sea bread** 海风/**seacoast** *n*. 海岸,海滨/**seafarer** *n*. 水手/**sea fight** 海战/**sea level** 海平面/**sea mile** 海里/**sea rover** 海盗

seafaring ['si:ˌfeərɪŋ] *adj*. Ⓐ航海的,水上的

seafood ['si:fu:d] *n*. Ⓤ海产食品,海鲜

seafront ['si:frʌnt] *n*. Ⓒ海岸区,海滨区

seagull ['si:gʌl] *n*. Ⓒ海鸥

seal¹ [si:l] *n*. Ⓒ海豹 ‖ **sealing** *n*. 捕海豹

seal² [si:l] *n*. Ⓒ❶印章,印鉴,图章 ❷封条,封蜡 ‖ ~ **of approval** 正式认可/**set the ~ on** 使成定局,使确定下来,认可 ■ *vt*. ❶盖章于：~ *legally* 合法盖章于…上 ❷密封：~ *a parcel* 封好包裹/~ *the area shut* 封锁这一地区/~ *effectively* 有效地密封/~ *firmly* 牢牢地封住/*She sealed the letter*. 她把信封上了。❸决定：~ *a bargain* 确认交易/~ *immediately* 马上确定/~ *officially* 正式决定/*The arrival of reinforcements sealed our victory*. 增援部队的到来决定了我们的胜利。 ‖ ~ **by**〔**wIth**〕决定,确定/~ **in** 将(某物)封住/~ **up** 把…封起来

sealskin ['si:lskɪn] *n*. Ⓤ海豹皮

seam [si:m] *n*. Ⓒ❶缝：*Sew the split seams of the shirt*. 把衬衣上裂开的线缝缝上。❷接口,接合处：*The seams of the boat must be filled in if they leak*. 如果船板接缝漏水就一定要填补好。❸层,矿层：*a coal* ~*煤层*

seaman ['si:mən] *n*.（*pl*.-**men**）Ⓒ水兵,水手,海员 ‖ **seamanly** *adj*. 熟练水手似的

seaport ['si:pɔ:t] *n*. Ⓒ海港

sear [sɪə] *vt*. 烧焦：*Her skirt was seared by the hot iron*. 她的裙子被灼热的熨斗烫焦了。

search [sɜ:tʃ] *n*. ⒸⓊ搜索,寻找,探查 ‖ **in ~ of** 寻找,寻求 ■ *vt*. & *vi*. ❶找寻：~ *one's pocket* 在衣袋里摸索/*We searched here and there, but could not find her*. 我们到处找她,但还是找不到。❷搜查；搜索；探查：~ *the apartment* 搜查公寓/~ *the dictionary* 查词典/~ *the wound* 探查伤口/~ *blindly*〔*bravely, breathlessly, carefully*〕盲目〔勇敢,匆忙,仔细〕地搜索/*What right have you to break in here and search*? 你们有什么权利闯进来搜查？ ‖ ~ **after** ①寻找 ②追求/~ **for** 搜索,搜寻/~ **into** 调查/~ **me**〈口〉我哪里知道,我可不知道/~ **out** 找到,查出/~ **over** 搜遍/~ **through** 查遍 ‖ **searcher** *n*. 搜查者 ‖ **search engine**〈计〉搜索引擎/**search warrant** 搜查证

searching ['sɜ:tʃɪŋ] *adj*. 锐利的,穿透的；急于发现真情的 ‖ **searchingly** *adv*. 锐利地

searchlight ['sɜ:tʃlaɪt] *n*. Ⓒ探照灯

seashell ['si:ʃel] *n*. Ⓒ海中软体动物的壳,贝壳

seashore ['si:ʃɔ:] *n*. Ⓒ海岸,海滨

seasick ['si:sɪk] *adj*. 晕船的

seaside ['si:saɪd] *n*. Ⓤ海滨,海边

season ['si:zən] *n*. Ⓒ❶季(节) ❷时期；活动期,季 ‖ **for a ~** 短时期/**in ~** ①当令的,应时的 ②（尤指生意）处于旺季 ③一年中准许捕猎时期 ④中听/**in and out of ~** 任何时候,一年到头/**out of ~** 已过时的 ■ *vt*. ❶使适应；使适用：*The soldiers were not yet seasoned to the rigorous climate*. 士兵们尚未能适应此种严寒的气候。❷调味：~ *deftly*〔*skilfully*〕熟练地调味/*He likes to eat mutton which was seasoned with garlic*. 他喜欢吃用大蒜调味的羊肉。 *vt*. & *vi*.（使）变干燥：~ *wood* 使木材变干/*Timber seasons quickly in the wind*. 木材在风里干得很快。/*The carpenter taught us how to season wood*. 这位木匠教我们怎样对木材进行干燥处理。 ‖ ~ **to** 使适应/~ **with** ①给…加调料 ②添加…使更有趣〔生动〕 ‖ **seasoner** *n*. 用调味品的人,调味品 ‖ **season ticket** 月季票；定期车票

seasonable ['si:zənəbl] *adj*. ❶合时令的 ❷及时的,合时宜的 ‖ **seasonableness** *n*. 合时,及时/**seasonably** *adv*. 合时地,及时地

seasonal ['si:zənl] *adj*. 季节的,季节性的,随季节变化的

seasoned ['si:zənd] *adj*. ❶调过味的 ❷成熟的；老练的

seasoning ['si:zənɪŋ] *n*. Ⓤ调味品,佐料

seat [si:t] *n*. Ⓒ❶坐席,座位 ❷所在地,场所,中心 ❸席位,职位 ‖ **by the ~ of one's pants**〈非正〉凭直觉,凭本能/**keep one's ~** 守住座位/**take a ~** 请坐/**take one's ~** 坐下,就座 ■ *vt*. ❶使就座：~ *a delegation* 为代表团安排座位/~ *calmly*〔*idly*〕冷静〔懒散〕地坐下/~ *carefully*〔*modestly*〕小心〔端庄〕地就座/*The usher seated us in the front row*. 引座员让我们在前排就座。/*She seated herself on the table*. 她坐在桌子上。❷使就职：*The queen of that country was seated last year*. 那个国家的女王是去年登基的。❸可容纳若干座位：*The theatre seats 2000 persons*. 剧院能容纳两千人。 ‖ ~ **at** 坐在…的旁边/~ **on** ①使（某人）坐在…的上面 ②把…安在…上 ‖ **seated** *adj*. 有…的坐垫的；固定的 ‖ **seat belt** 安全带

seating ['si:tɪŋ] *n*. Ⓤ提供座位

seawall ['si:wɔ:l] *n*. Ⓒ海堤

seaweed ['si:wi:d] *n*. ⓊⒸ海草,海藻

secede [sɪ'si:d] *vt*. 脱离,退出

secession [sɪ'seʃən] *n*. ⒸⓊ退出,脱离

seclude [sɪ'klu:d] *vt*. 使隔开,使隔绝,使隐退

secluded [sɪ'klu:dɪd] *adj*. 与世隔绝的,引退的,隐居的 ‖ **secludedly** *adv*. 隔绝地,隐居地/**secludedness** *n*. 隔绝,隐居

seclusion [sɪ'klu:ʒən] *n*. Ⓤ隔绝,隔离,隐

居

second¹ ['sekənd] n. ❶ⓒ第二名；第二类 ❷ⓅF第二份食物 ❸ⓒ助手，助理 ■ pron. 第二（个人或事物）■ num. 第二：every ~ day 隔一天，隔日／the ~ nature 第二天性，根深蒂固的习惯／Osaka is the second largest city in Japan. 大阪是日本第二大城市。■ adj. 次等的，次要的：We never use second quality ingredients to build building. 我们决不使用次等材料用于建筑。‖ ~ to none 最好的 ■ adv. 其次，以第二位：I liked the deluxe edition, but I could afford only a second best. 我喜欢精装版，但我只买得起一本稍差一点的。■ vt. ❶支持：~ sb's view 赞同某人的观点／Will you second me if I ask him? 要是我求他，你会帮我讲话吗？❷赞成某提案：I seconded the nomination. 我赞成这一任命。‖ secondment n. (被)调任(特殊职务)／second best 居于第二位者／second hand 中间人，间接／second self 心腹朋友，左右手／second thought 重新考虑

second² ['sekənd] n. ⓒ❶秒 ❷瞬间，一会儿

secondary ['sekəndərɪ] adj. ❶次要的，次等的：It's a question of secondary importance. 这是个次要的问题。／All other considerations are secondary to his safety. 在首先要考虑的是他的安全，其他事均是次要的。❷中级的，第二的：Secondary school means junior school and high school. 中学是指初中和高中。‖ secondarily adv. 次要地／secondariness n. 次要，中级 ‖ secondary cell 蓄电池／secondary school 中学

second-class ['sekəndklɑːs] n. ⓒ二等舱；二等车厢 ■ adj. 二等的

secondly ['sekəndlɪ] adv. 第二，其次

second-rate ['sekəndreɪt] adj. 第二流的，二等的，次等的，平庸的

secrecy ['siːkrɪsɪ] n. Ⓤ❶守秘密，保密 ❷秘密(状态)

secret ['siːkrɪt] n. ⓊⒸ秘密，机密 ‖ in ~ 偷偷地，暗地里／in the ~ 知道内情／let sb in on a ~ 让某人知道秘密 ■ adj. 秘密的，机密的 ‖ secretly adv. 秘密地 ‖ secret agent 特务／secret police 秘密警察／secret service 特务机关

secretarial [ˌsekrə'teərɪəl] adj. 秘书的，书记的

secretary ['sekrətərɪ] n. ⓒ❶秘书 ❷书记 ❸部长，大臣：Foreign S- 外交部长／Defense 〔Home, Labour〕 S- 国防〔内政，劳动〕部长／The president confirmed him as the Secretary of State. 总统任命他为国务卿。‖ secretary-general n. 秘书长

secrete¹ [sɪ'kriːt] vt. (尤指动物或植物器官)分泌：Tears are secreted by the tear glands. 泪水是由泪腺分泌的。

secrete² [sɪ'kriːt] vt. 隐匿；隐藏

secretion [sɪ'kriːʃən] n. ⓒ分泌物

secretive [sɪ'kriːtɪv] adj. 遮遮掩掩的，守口如瓶的，秘密的

sect [sekt] n. ⓒ宗派，教派

section ['sekʃən] n. ⓒ❶章节 ❷部分 ❸部门，科 ❹截面，剖面 ❺地区，区

sector ['sektə] n. ⓒ❶部门；领域 ❷防御地区，防卫区域：The enemy have attacked the British sector. 敌人已进攻英国防区。❸扇形，扇形面：The sector dam broke and its water drowned the entire valley. 扇形水坝倒塌了，水淹没了整个山谷。‖ sectoral adj. 扇形的

secure [sɪ'kjuə] adj. ❶牢固的；可靠的 ❷有把握的；确切的 ■ vt. ❶握紧；关牢：~ the doors 关紧门／Secure the prisoner so that he won't escape again. 严密监禁那个囚犯以免他再逃掉。❷使安全：The regiment secured its position while awaiting the enemy attack. 该团在等待敌人进攻之时，加强了防御工事。／He will secure that there will be no difficulty. 他将保证不再出现任何困难。❸(使)获得；把…弄到手：~ the end 达到目的／~ conditionally 有条件地获得／We have secured a first-class cook. 我们已经请到了一位第一流的厨师。／Can you secure me two good seats for the concert? 你能为我弄到两张音乐会好座位的票吗？／Please secure a ticket for me. 请替我弄张票。‖ ~ against〔from〕保护…使免于 ‖ securely adv. ①安全地②无疑地③牢牢地／securement n. ①把握②获得／securer n. 保卫者

securitize [sɪ'kjuərɪtaɪz] vt. (通常为筹集现金)把(资产)转化为证券

security [sɪ'kjuərɪtɪ] n. ❶Ⓤ安全 ❷ⓊⒸ抵押品 ❸ⓅF有价证券 ‖ Security Council (联合国)安理会／security guard 保安人员

sedate [sɪ'deɪt] adj. 沉着的；安详的；平静的：We spent a sedate evening at home. 我们在家里过了一个恬静的夜晚。■ vt. 使昏昏入睡，使镇静：After the accident, the doctor gave her some pills to sedate her. 事故发生后，医生让她服了些药片使她镇静下来。‖ sedately adv. 沉着地，平静地／sedateness n. 沉着，平静

sedative ['sedətɪv] n. ⓒ镇静药，镇静剂：After taking a sedative she was able to get to sleep. 服用了镇静剂后，她能够入睡了。

sedge [sedʒ] n. Ⓤ〈植〉莎草

sediment ['sedɪmənt] n. ⓈⓊ沉淀物

seduce [sɪ'djuːs] vt. ❶诱奸，勾引 ❷诱使堕落，使入迷

see [siː] (pt. saw, pp. seen) vt. & vi. ❶看见，观看，参见：They saw the job had been done. 他们看到工作已经做了。❷领会，理解：Can you see my point? 你能明白我的观点吗？❸考虑；

想想: I saw the box as empty. 我想这盒子是空的. vt. ❶访问;会见,遇见/~ each other 约会/I'm glad to see you. 遇到你很高兴./I will come and see if it is true. 我要来了解一下,是否真有其事. ❷务必做到;保证 ❸发生;经历;经受 ❹陪伴,护送: Let's go and see a good picture. 让我们去看部好电影. ‖ ~ about ①查看②处理③考虑/~ after 照料;料理/~ around(带某人)参观/~ for oneself 亲眼看看/~ from 从…角度观察（考虑）/~ in ①往里看②把(某人)引进来③看到…在…中 ④看中（喜欢）/~ into ①把(某人)带进②调查;了解③预见/~ off ①送行,送别②把(某人)赶走③(把某人)从…赶走/~ out ①送(某人)出去②持续到结束/~ through ①做到底 ②帮助渡过难关③看穿/~ to 照料;料理/~ to it that 务必做到;保证/~ with 借助…看/~ing that 因为,由于,鉴于/

seed [si:d] n. ❶ⓒⓤ种子 ❷ⓒ种子选手 ❸ⓤ子孙,后裔 ■vt. ❶播种: They seeded the field with wheat. 他们在这块地里种下了小麦. ❷除去…之种子: Seed the cherries before you put them in the pie. 樱桃去籽之后才能做馅饼. ❸抽出种子选手: I'm afraid he hasn't been seeded. 恐怕他没有被选为种子选手吧. vi. 结籽: Some plants will not seed in a cold climate. 有些植物在寒冷的气候条件下不能结果实. ‖ **seeder** n. 播种机,播种者/**seedless** adj. 无核的 ‖ **seed bed** 苗床/**seed sower** 播种机

seedling ['si:dlɪŋ] n. ⓒ植物苗

seedy ['si:dɪ] adj. (-ier,-iest)破衣烂衫的,肮脏的 ‖ **seedily** adv. 破衣烂衫地,肮脏地/**seediness** n. 破衣烂衫,肮脏

seek [si:k] (pt., pp. sought) vt. & vi. 寻找;探寻: The police are still seeking the men involved in last week's robbery. 警察仍在寻找跟上星期的抢劫案有牵连的人. vi. 企图;试图: I sought to change her mind. 我试图改变她的心意. vt. 请求,征求;求教: ~ eagerly 渴求知识/He went to seek his lawyer's advice. 他去请教律师. ‖ ~ after 寻求,追求/~ for 寻求,征求/~ from 从…中寻找（找到）/~ into 仔细检查/~ out 找出 ‖ **seeker** n. 探索者,追求者

seel [si:l] vt. 闭上(眼睛)

seem [si:m] link v. 好像;仿佛: It seems to me that Peter has〔have〕 seen nothing of life. 在我看来,彼得还不懂人情世故./There seems no need to go now. 好像没有必要现在就去. ‖ ~ like 仿佛…似的

seemingly ['si:mɪŋlɪ] adv. 看来似乎,表面上看: Seemingly, we can do nothing to prevent this from happening. 表面上看来,我们似乎没有什么办法阻止这件事发生.

seep [si:p] vi. (液体)渗,渗透: The rain seeped through the roof. 雨水透过房顶渗透.

seepage ['si:pɪdʒ] n. ⓤⓒ漏,渗

see-saw ['si:sɔ:] n. ⓒ跷跷板 ■vi. 上下移动

seethe [si:ð] vi. ❶(液体)沸腾: The waves seethed around the rocks. 岩石周围海浪翻滚. ❷激动,大怒: He seethed with rage as the train left without him. 他误了火车,怒火中烧.

see-through ['si:θru:] adj. 透明的;极薄的

segment ['segmənt] n. ⓒ❶部分,片段 ❷瓣

segregate ['segrɪgeɪt] vt. 分开,隔离: They segregated the boys from the girls. 他们把男孩和女孩分开.

segregation [ˌsegrɪ'geɪʃən] n. ⓤ隔离

seize [si:z] vt. & vi. 抓住,捉住: ~ immediately 立即领会/~ rudely 粗鲁地抓住/~ suddenly 突然抓住/Gill seized my hand and shook it heartily. 吉尔突然抓住我的手,热情地和我握手. vt. 夺取;占领: The following day mobs seized the Parliament building. 第二天暴徒占领了议会大厦. ‖ ~ by 抓住(某人某部位)/~ from 从…夺走/~ on〔upon〕 ①急于接受〔采纳〕②抓住③利用/~ up (机器等)卡住,停顿 ‖ **seizer** n. 猎犬

seldom ['seldəm] adv. 很少,罕见,难得: On Sundays, he seldom stays in the house. 每逢星期天他很少待在房子里./Seldom have I heard such beautiful singing. 我很少听到过如此美妙的歌声./It is seldom that it rains in such a time in winter. 在冬天这个时候很少下雨. ‖ ~(,)if ever 难得地,很少/~ or never 极少;极难得;简直不 ‖ **seldomness** n. 很少,罕见

select [sɪ'lekt] vt. 选择,挑选: ~ discreetly〔legitimately〕谨慎〔合法〕地挑选/~ tastefully〔variously〕有品味〔各式各样〕地选择/They selected a diamond engagement ring. 他们挑选了一枚钻石订婚戒指./Which place in the world would you select as your perfect home? 你选择世界上的什么地方作为你最理想的家之地呢？/We selected her to represent us. 我们选她作为我们的代表. ‖ ~ for 为…而挑选/~ from 从…中挑选 ■adj. ❶精选的,挑选出来的: a ~ group 最优秀的小组/The captain needs a select crew for this dangerous voyage. 船长需要一批精选的水手来作此危险的航行./The book is a select collection of poetry from various authors. 这本书是各家诗作的集锦. ❷限制性的,选择严格的: That school is very select. 那所学校招生非常严格./She was very select in people she invites. 她邀请的客人都要经过严格挑选. ‖ **selected** adj. 挑选出来的/**selectee** n. 选征合格的士兵/**selectness** n. 精选;选择;挑选 ‖ **select committee** 小型特别委员会

selection [sɪ'lekʃən] n. ❶ⓤ选择,挑选 ❷ⓒ

被挑选的人〔事物〕;选萃,选集:musical ~ 音乐选集/~ s of classics 古典文选/These are selections from ten thousand. 这是从一万个里挑选出来的。❸Ⓢ可供选择的东西:The shop has a fine selection of cheeses. 那家商店有各种精美乳酪可供选购。‖ selectionist n. 自然选择论者

selective [sɪˈlektɪv] adj. ❶精心选择的 ❷选择的;不普遍的 ‖ **selectively** adv. 不普遍地/**selectiveness** n. 不普遍

self [self] n. (pl. **selves**) ❶ⓊⒸ自己,自我,自身:control the ~ 自我控制/He put his whole self into the job, working night and day. 他夜以继日地把全部身心都投入那项工作中。❷Ⓒ本性,本质;个人的健康状况:former〔old〕~ 原来的样子/noble ~ 高贵的本性/own ~ 自己本人/real〔true〕~ 真面目/We call the good and bad sides of our personality our better and worse selves. 我们把人格的好坏两面称为人性中善良和邪恶的一面。❸Ⓤ私利,私心:They have no thought of selves. 他们没有私心。❹Ⓒ本人;签票人:admit ~ 限本人/pay to ~ 认票不认人/Paid by John Robinson. Deliver to: self. 由约翰·鲁宾逊支付给签票人。‖ **selfdom** n. 个人的本质,个性/**selfness** n. 自私;个性;人格

self-analysis [ˌself-əˈnæləsɪs] n. Ⓤ自我(心理)分析

self-aware [ˌself-əˈweə] adj. 自知的,自我意识的

self-centred [ˌselfˈsentəd] adj. 只顾自己的,自我中心的

self-confident [ˌselfˈkɒnfɪdənt] adj. 自信的;自持的

self-conscious [ˌselfˈkɒnʃəs] adj. 忸怩的,难为情的:I stood there, feeling self-conscious. 我站在那里,觉得有点难为情。

self-control [ˌselfkənˈtrəʊl] n. Ⓤ自我控制,自制,自律:He lost his self-control and cried aloud. 他控制不住自己,大声哭了起来。

self-defence [ˌselfdɪˈfens] n. Ⓤ自卫,正当防卫

self-denial [ˌselfdɪˈnaɪəl] n. Ⓤ自我否定;自我牺牲

self-determination [ˌselfdɪtɜːmɪˈneɪʃən] n. Ⓤ自决权

self-discipline [ˌselfˈdɪsɪplɪn] n. Ⓤ自我约束,律己

self-educated [ˌselfˈedjʊkeɪtɪd] adj. 自我教育的,自学的

self-employed [ˌself-ɪmˈplɔɪd] adj. 个体的,非受雇于他人的

self-esteem [ˌself-ɪsˈtiːm] n. Ⓤ自尊(心)

self-evident [ˌselfˈevɪdənt] adj. 不证自明的,不言而喻的 ‖ **self-evidence** n. 不言而喻

self-expression [ˌself-ɪksˈpreʃən] n. Ⓤ(以艺术、文学创作等方式)自我表现,个性表现

self-government [ˌselfˈɡʌvənmənt] n. Ⓤ自治

self-help [ˌselfˈhelp] n. Ⓤ自助,自立

self-importance [ˌself-ɪmˈpɔːtəns] n. Ⓤ自大,自视过高

self-important [ˌself-ɪmˈpɔːtənt] adj. 高傲的;妄自尊大的

self-imposed [ˌself-ɪmˈpəʊzd] adj. (责任等)自己强加给自己的

self-interest [ˌselfˈɪntrɪst] n. Ⓤ利己,自私自利

selfish [ˈselfɪʃ] adj. 自私的,利己的 ‖ **selfishly** adv. 自私地,利己地/**selfishness** n. 自私

selfless [ˈselflɪs] adj. 无私的,忘我的 ‖ **selflessly** adv. 无私地/**selflessness** n. 无私

self-made [ˌselfˈmeɪd] adj. Ⓐ靠自己努力而成功的

self-pity [ˌselfˈpɪtɪ] n. Ⓤ自怜,自哀

self-respect [ˌself-rɪsˈpekt] n. Ⓤ自尊;自重

self-restraint [ˌself-rɪsˈtreɪnt] n. Ⓤ自我克制

self-rule [ˌself-ˈruːl] n. Ⓤ自治

self-sacrificing [ˌselfˈsækrɪfaɪsɪŋ] adj. 自我牺牲的

self-satisfaction [ˌselfˌsætɪsˈfækʃən] n. Ⓤ沾沾自喜;自鸣得意

self-satisfied [ˌselfˈsætɪsfaɪd] adj. 沾沾自喜的;自鸣得意的

self-seeking [ˌselfˈsiːkɪŋ] adj. 先为自己打算的

self-service [ˌselfˈsɜːvɪs] n. Ⓤ自我服务,自助式

self-styled [ˌselfˈstaɪld] adj. Ⓐ自称的,自封的:a ~ leader 自封的领袖

self-sufficient [ˌselfsəˈfɪʃənt] adj. 自给自足的:a country ~ in food production 粮食生产自给自足的国家

self-supporting [ˌselfsəˈpɔːtɪŋ] adj. (指人)自食其力的

sell [sel] (pt., pp. **sold**) vt. & vi. 卖;售;销:Merchants buy and sell. 商人买进卖出。vt. ❶经销;推销:He sells vacuum cleaners. 他经销真空吸尘器。❷出卖,背叛:He would rather die than sell his companies. 他宁死也不愿出卖自己的同伴。‖ ~ **at**〔**for**〕以…价格出售/~ **by** 按…出售/~ **off** 廉价抛售/~ **on** 说服;赞成,赞许/~ **oneself** 出卖自己;自我宣传/~ **out** 出售股份;脱销,卖掉;〈非正〉背叛,出卖/~ **sb down the river** 欺骗某人,出卖某人/~

short 卖空;低估/~ **up** 变卖财产;卖光 ■ n. ❶Ⓒ卖,销售 ❷Ⓢ欺骗;失望‖**hard** ~ 强力推销术‖**seller** n. ①卖者,销售者②行销促销/**selling** adj. 卖的,出售的,销路好的

semantic [sɪ'mæntɪk] adj. Ⓐ〈语〉语义的;语义学的

semblance ['sembləns] n.ⓈⓊ 外表;外观‖**in the** ~ **of** 以…的姿态/**make** ~ **of** 假装…(的样子)/**under the** ~ **of** 在…幌子下

semen ['si:men] n.Ⓤ 精液

semester [sɪ'mestə] n.Ⓒ (尤指美国的大专院校的)学期

semi ['semɪ] n.(pl. **semis**)Ⓒ 半独立式住宅

semicircle ['semɪˌsɜːkl] n.Ⓒ 半圆形,半圆形的周长,半圆形的东西‖**semicircle canal** 〈解〉半规管

semiconductor [ˌsemɪkən'dʌktə] n.Ⓒ〈物〉半导体;*This is a semiconductor integrated circuit.* 这是一个半导体集成电路。‖**semiconductor laser** 半导体光激射器

semifinal [ˌsemɪ'faɪnl] n.Ⓒ 半决赛‖**semifinalist** n. 参加半决赛的选手

seminal ['si:mɪnl] adj. ❶Ⓐ种子的,精液的 ❷对以后发展有巨大影响的

seminar ['semɪnɑː] n.Ⓒ 研讨班,研讨小组

seminary ['semɪnərɪ] n.Ⓒ ❶神学院 ❷中等学校‖**seminarist** n. 神学院学生

senate ['senɪt] n.Ⓒ 参议院,上院

senator ['senətə] n.Ⓒ 参议员‖**senatorship** n. 参议员的职位

send [send] (pt., pp. **sent**) vt. ❶送,寄,派遣;*I have thought about it;I'll send you.* 我考虑过了,我将派你去。/*He was asked to send a telegram.* 他被叫去送一封电报了。/*He sent word that he would not be able to come.* 他给我捎信说,他不能来了。❷使…猛然〔迅速〕移动 vt.& vi. 用无线电波发送;发出信息;*Just before I left Singapore, I sent them a telegram.* 在离开新加坡前我给他们发了一封电报。‖~ **across**(使…)横越,横穿/~ **after** 派人寻找/~ **ahead** 预先送出;事先捎信/~ **along** 发送,派遣/~ **away** 遣走,解雇/~ **back** 归还/~ **down** 使…下降;把…开除出学校,勒令…停学/~ **for** 召唤,派人叫来,派人去取;申请,订购/~ **in** 提交;派遣/~ **off** 为…送行;寄出,发出;派往,运出/~ **on** 邮寄,发送,转寄;使继续下去;派…参加(某事)/~ **out** 发送,发出;长出;散布;派遣/~ **out for** 派人出去取/~ **over** 派遣,发送过去/~ **round** 把…发送过去;请〔叫〕…过去〔过来〕/~ **up** 发射,把…向上送,使向上升;毁坏;使…上升,上行‖**sender** n. 发送者,送货人‖**sendout** n. 送出量,输出量

senior ['siːnjə] adj. ❶年长的 ❷资深的;地位高的 ❸〈美〉最高年级的 ■ n.Ⓒ ❶较年长者 ❷高年级学生 ❸〈美〉毕业班学生‖**senior citizen** 老人,退休的人

sensation [sen'seɪʃən] n.ⓊⒸ ❶感觉,感受 ❷知觉 ❸ 激动,轰动

sensational [sen'seɪʃənl] adj. ❶轰动的,群情激动的 ❷耸人听闻的 ❸极好的;绝妙的;*Their performance was sensational.* 他们的演出妙极了。‖**sensationalism** n. ①〈新闻报道中〉耸人听闻的手法,危言耸听②〈哲〉感觉论/**sensationalist** n. ①爱采用耸人听闻的人②感觉论者/**sensationalize** vt. 使引起轰动,耸人听闻地报道/**sensationally** adv. ①轰动地,群情激动地②耸人听闻地③极好地,绝妙地

sense [sens] n. ❶Ⓒ官能,感官 ❷ⓈⓊ辨别,领悟,感觉 ❸Ⓤ识别力;常识;见识 ❹Ⓟ健全的心智;思维能力;理性 ❺Ⓤ道理;目的 ❻Ⓒ意义,意思‖**come to one's** ~**s** 不再做傻事〔不理智的事〕;苏醒/**have more** ~ **than to** 聪明得不至于/**in a** ~ 在某种意义上,在一定程度上/**in every** ~ 在各种意义上说/**in no** ~ 决不/**in〔out of〕one's** ~**s** 精神正常〔不正常〕/**in the proper** ~ 在本来的意义上说/**make** ~ 讲得通,有意义;是明智的,在情合理的;理解,懂得 ■ vt. 感觉到;意识到;发觉;*He sensed her disapproval.* 他察觉到她不赞成。/*I sense that you would rather not go.* 我觉得你最好还是别走。‖**sense cell** 感觉细胞/**sense centre** 感觉中枢/**sense impression** 感觉印象/**sense organ** 感受器官/**sense perception** 感觉,感知觉

senseless ['senslɪs] adj. ❶Ⓟ无知觉的,不省人事的 ❷愚蠢的‖**senselessly** adv. ①不知不觉地,不省人事地②愚蠢地/**senselessness** n. ①不知不觉,不省人事②愚蠢

sensibility [ˌsensɪ'bɪlɪtɪ] n.Ⓟ ❶识别力,敏感性,灵敏性 ❷(易生气或易受刺激的)感情

sensible ['sensəbl] adj. ❶明智的,合情理的,切合实际的 ❷Ⓐ可感觉到的 ❸Ⓟ觉察到某事物:*Are you sensible of the dangers of your position?* 你觉察到你处境中的危险了吗?‖**sensibleness** n. ①明智,合情理,切合实际②感觉到,觉察到/**sensibly** adv. ①明智地,合情理地,切合实际地②可感觉到地

sensitive ['sensɪtɪv] adj. ❶易受伤害的,易损坏的;易受影响的,敏感的:*The cost is not sensitive to the batch size.* 价格不因整批尺寸的变化而发生波动。❷易生气的;感情容易冲动的,神经质的;*Don't be so sensitive—I wasn't criticizing you.* 别这么神经质——我不是在批评你。❸〈褒〉有细腻感情的;同情心的;*He is a sensitive friend of mine.* 他是我的一个体贴人的朋友。❹(指仪器等)灵敏的;*This experiment needs a more sensitive thermometer.* 这个试验需要一个灵敏度较高的温度计。❺ 需要小心处理(以免引起麻烦或冒

犯)的,敏感的,微妙的:This is such a sensitive issue that perhaps the press should not be told.这是个十分敏感的问题,恐怕不该让新闻界得知。/He's very sensitive about his ugly appearance.他对自己丑陋的外貌很敏感。‖ **sensitively** adv. ①易受伤害地,易受损坏地,易受影响地,敏感地②易生气地,感情容易冲动地,神经质地③有细腻感情地,同情理解地④灵敏地⑤需要小心处理地,敏感地,微妙地/**sensitiveness** n. ①易受伤害,易受损坏,易受影响,敏感②易生气,感情容易冲动,神经质③有细腻感情,同情理解④灵敏⑤需要小心处理,敏感,微妙‖ **sensitive plant**〈植〉含羞草

sensitivity [ˌsensɪ'tɪvɪtɪ] n.敏感;敏感度

sensitize, -ise ['sensɪtaɪz] vt. ①使某事物或某人敏感②(摄影)使(胶片、纸等)易于感光‖ **sensitization** n.〈物〉敏化/〈医〉敏感(作用),感受(作用)/**sensitizer** n.〈物〉敏化剂;〈医〉激敏物

sensor ['sensə] n.传感器,灵敏元件

sensory ['sensərɪ] adj.感觉的,感知的

sensual ['sensjʊəl] adj.肉体上享乐的,性快感的‖ **sensualism** n. 耽于声色;肉欲主义;〈哲〉感觉论/**sensualist** n. 耽于声色的人;肉欲主义者;〈哲〉感觉论者/**sensuality** n. 耽于声色,好色;淫荡/**sensually** adv. 耽于声色地;好色地;淫荡地

sentence ['sentəns] n. ①句子 ②宣判,判决 ■vt. 宣判;判决:The judge sentenced him to do hard labour.法官判他服劳役。‖ ~ **to** 处以…刑罚;使…遭受

sentient ['senʃənt] adj.能感知或感觉事物的‖ **sentiently** adv. 有感觉能力地

sentiment ['sentɪmənt] n. ①(对怜悯、怀旧等的)柔情:Should sentiment be controlled by reason? 感情应受理智的控制吗? ②态度或意见 ③观点;意见:We share your sentiments on this problem. 在这个问题上我们和你有相同的看法。

sentimental [ˌsentɪ'mentl] adj. ①伤感的,多愁善感的 ②感情用事的,寓有情感的‖ **sentimentalism** n. 伤感主义/**sentimentalist** n. 伤感主义者/**sentimentally** adv. 伤感地,多愁善感地;感情用事地,寓有情感地

sentinel ['sentɪnl] n.岗哨,哨兵‖ **stand** ~站岗,放哨

sentry ['sentrɪ] n.哨兵,步兵‖ **sentry box** 岗亭/**sentry go** ①换哨命令②步哨勤务

separate ['sepəreɪt] vt.& vi.分开,隔离:When did they separate last night? 昨晚他们什么时候分开的? /The war separated many families.战争使许多家庭离散。‖ ~ **from** 分开;区别/~ **into** 分成(若干部分)/~ **off** 分离出,分离出/~ **out** 分开,隔开/~ **up** 把…分成几份 ■['seprɪt] adj.①不同的,个别的:

He sold his birds separately to separate buyers.他把他的鸟儿分别卖给不同的买主。②单独的,各自的:They sit in separate seats.他们都坐在各自的座位上。③分开的,不相连的:Are they joined together or separate? 它们是合在一起还是分开的? ‖ **separately** adv. 分着地,不在一起地/**separateness** n. 分着,不在一起

separation [ˌsepə'reɪʃən] n. ①分离,分开,隔离 ②分离;分开的期间 ③分居‖ **separationist** n. 主张脱离(或分裂)者

September [səp'tembə] n.九月

sequel ['siːkwəl] n.继之而来的事物；续篇,续集‖ **in the** ~ 后来,结果

sequence ['siːkwəns] n. ①有关联的一组事物,一连串:He had to attend a sequence of meetings.他得参加一系列会议。②先后次序,顺序,连续:The paintings are exhibited in chronological sequence. 这些画是按创作的时间顺序展出的。‖ **sequencer** n.〈无〉序列发生器;程序装置

sequential [sɪ'kwenʃəl] adj.按次序的,相继的,构成连续镜头的

sequester [sɪ'kwestə] vt. ①使隔绝;使隔离:The jury is expected to be sequestered for at least two months.陪审团渴望被隔离至少两个月。②〈律〉扣押:Everything he owned was sequestered.他的一切都被扣押了。

sequestrate ['siːkwestreɪt] vt. ①没收,接收 ②扣押(债务人的房产等)

sequoia [sɪ'kwɔɪə] vt.红杉,巨杉

serf [sɜːf] n. ①农奴;奴隶 ②像农奴般遭受奴役的人‖ **serfage** n. 农奴地位,农奴境遇/**serfdom** n. ①农奴制②农奴地位,农奴境遇/**serfhood** n. 农奴

serge [sɜːdʒ] n.毛哔叽‖ **serge canvas** 小方块纹哔叽/**serge cloth** 哔叽呢

sergeant ['sɑːdʒənt] n. ①中士 ②巡佐 ③警长

serial ['sɪərɪəl] adj. ①连续的,一系列的 ②连续刊登或播出的 ■n.连载小说,电视连续剧‖ **serially** adv. 连续地,一系列地

series ['sɪərɪz] n. (pl. ~) ①连续的同类事物,系列 ②串联‖ **a** ~ **of** 一系列/**in** ~ 连续地,按顺序排列地

serious ['sɪərɪəs] adj. ①严重的,非同小可 ②认真的,真诚的:Buying a house is a serious matter.买房是一件需要认真考虑的事。③严肃的,庄重的:I want to have a serious talk with you.我想要与你郑重其事地谈一谈。/You look very serious today, is anything wrong? 你今天看上去挺严肃的,有什么事吗? ‖ **about**认真的,真诚的‖ **seriousness** n. 严肃,认真,严重性‖ **serious-minded** adj. 心情严肃的,认真的

seriously ['sɪərɪəslɪ] adv. ❶严重地;危险地 ❷认真地 ❸真的 ❹真的(表示吃惊) ❺说真的

sermon ['sɜːmən] n.ⓒ❶〈宗〉布道,讲道,说教 ❷讲道文章 ❸一大通教训: *Don't preach me a sermon about being a good boy now, please*. 现在请不要对我讲有关做一个好孩子的大道理。‖ **sermonic** adj. 布道的,讲道的,说教的

sermonize ['sɜːmənaɪz] vi. 说教;讲大道理

serpent ['sɜːpənt] n.ⓒ❶蛇,大蛇 ❷诱人犯错的人;狡猾的人: *He is a serpent*. 他是个狡猾的家伙。‖ **serpent-charmer** n. 耍蛇的人

serpentine ['sɜːpəntaɪn] adj. 像蛇般蜷曲的,蜿蜒的 ‖ **serpentine verse** 头尾词相同的诗句

serum ['sɪərəm] n.(pl. **sera** or ~**s**)❶ⓤ〈动物体内的〉浆液 ❷ⓤ〈医〉血清 ❸ⓒⓤ〈医〉(一剂)免疫血清

servant ['sɜːvənt] n.ⓒ❶仆人,佣人: *The master left his money with a trusty servant*. 主人把他的钱交给一个可靠的仆人保管。❷雇员,公务人员: *He is a trusted servant of the company*. 他是公司里可靠的雇员。‖ **servant-girl,-maid** n. 保姆,女佣

serve [sɜːv] vt.& vi. ❶(为…)服务;任(职): *The manager of the restaurant has trained the waitress to serve correctly at table*. 饭馆的经理训练过那位女服务员如何正确地招待顾客。/ *Computers have also begun serving agriculture*. 计算机也开始为农业服务了。❷提供,端上: *The company will serve a meal at noon to all staff workers*. 该公司将为所有职员提供午餐。 vt. ❶伺 ❷供应: *The restaurant serves nice food*. 这家饭馆供应的饭菜不错。❸度过(某段时间): *She served three years in prison for theft*. 她因偷窃服了三年刑。‖ ~ **as** 充当,担任/~ **for** 代替/~ **in**〔**on**〕在…任职/~ **up** 端上桌,上菜;提供,发送/~ **with** 提供 ‖ **server** n. ❶饭务员 ❷送达者 ❸发球人 ❹弥撒时的助祭者 ❺菜盘,托盘/**servery** n. 餐室与厨房间放菜橱和餐具的小间

service ['sɜːvɪs] n.❶ⓤⓒ服务,接待 ❷ⓤⓒ公共机构,政府部门;业务 ❸ⓤ服役;任职 ‖ **at sb's** ~ 随时帮助某人/ **be in sb's** ~ 在某人家帮佣/ **be of** ~ 对…有用;对…有帮助/ **enter the** ~ 入伍/ **pay lip** ~ 口头上说得很好听/ **press into** ~ (因急需而)暂用,要求…帮一下忙/ **see** ~ 服役;很有用,很可靠/ **take** ~ **with** 在…处帮佣/ **take the** ~ 发球,开球 ■ vt. ❶检修: *The mechanic serviced our automobile*. 机械师把我们的汽车修好了。❷向…提供服务 ❸支付…的利息: *Some of these countries are no longer able to service their massive loans*. 这些国家中有些不再有能力支付巨额贷款的利息。‖ **service area**〈无〉(广播电台的)有效作用区/ **service book**〈宗〉礼拜仪式书,祈祷书/ **service calls** 集合号,上班号/ **service dress** 军便服/ **service line** 发球界限/ **serviceman** 军人;维修人员/ **service road** 辅助道路,便道/ **service station** 加油站,服务站

serviette [ˌsɜːvɪ'et] n.ⓒ餐巾

servile ['sɜːvaɪl] adj.❶过分屈从的,缺乏独立性的 ❷(似)仆人的,为仆人的 ‖ **servilely** adv. ①过分屈从地,缺乏独立性地 ②似仆人地/ **servileness** n. 过分屈从,缺乏独立性

servility [sɜː'vɪlɪtɪ] n.ⓤ过分屈从的行为或态度

serving ['sɜːvɪŋ] n.ⓒ(供一人食用的)食物 ‖ **servingman** n. 男佣人/ **servingwoman** n. 女佣人

sesame ['sesəmɪ] n.ⓤ〈植〉芝麻,脂麻 ‖ **sesame oil** 麻油,香油/ **sesame paste** 芝麻糊

session ['seʃən] n.ⓒ❶(尤指法庭、议会等)开庭,开会 ❷学年 ❸学期 ❹(进行某活动连续的)一段时间 ❺长老会的管理机构 ‖ **in** ~ ①开会,开庭 ②不再休假期 ‖ **sessional** adj. 开会的,会议的,开庭的,法庭的

set [set] (-tt-, pt., pp. **set**) vt. 放,搁置: *He set a cup on the table*. 他把一个杯子放在桌上。/ *She set the food and drink before the guests*. 她把食物和饮料放在客人面前。 vi. ❶(日、月等)落,下沉: *As the sun set, the shadows lengthened*. 随着太阳的下山,影子变长了。/ *It will be cooler when the sun has set*. 太阳落山之后会凉快一点。❷(植物)结子,结果 ‖ ~ **about**〈非正〉散布(谣言);开始做(某事);攻击,抨击(某人)/ ~ **above** 把…置于…上方;认为…高于…/ ~ **across** 把…横在…上/ ~ **against** (使)靠着…;(使)在…映衬下;把…与…相比;(使)与…抗衡/ ~ **ahead** 提前,拨快/ ~ **among** 把…置于…中/ ~ **apart** 分开放,隔离开;留出,拨出;突出,区别/ ~ **aside** 把…放置一旁,不理会;取消,驳回;留出/ ~ **back** 向后移;推迟,耽搁;拖慢;花费/ ~ **before** 把…置于…之前;提出…供…参考/ ~ **beside** 挨着,靠近;把…与…相比较/ ~ **by** 搁在一旁;抛开,离开;留出,拨出;把…置于…旁边/ ~ **down** (使)放下,(使)坐下;制定,确定;降落;(叫…)下车,记下/ ~ **down as** 把…登记为…;把…认作/ ~ **down for** 为…确定/ ~ **down to** 把…归于…/ ~ **forth** 起程,出发;详尽地解释;展示,陈列/ ~ **forward** 往前移动;启程;提前,拨快/ ~ **off** 出发,动身;(使)开始,引起;点燃,爆炸/ ~ **on** 开始雇用;把…置于…之上;攻击(某人)/ ~ **out** 动身;着手,开始;安排,组织/ ~ **to** 开始努力干;大吃起来;打起来,吵起来;把脸转向/ ~ **up** 建立,创立,竖立;准备,安排;提出;决定与…竞争/ ~ **up as** 以…为职业〔立业〕;宣称是…/ ~ **up with** 为…提供…/ ~ **with** 用…装饰 ■ n.ⓒ❶(一)套,

(一)副 ❷收音机;电视机‖(a) ～ of 一套,一伙 ■*adj.* ❶固定的;指定的:*Are you all set for the journey?* 你们都为旅行准备好了吗? ❷不变的:*He is set in his opinions.* 他固执己见。‖**setdown** *n.* 申斥,责骂/**set-fair** *adj.*〈天气〉晴朗无变化的/**set-in** *adj.* ①装入的②缝上的/**setline** *n.* 有一排钩子的长钓鱼线/**set-off** *n.* 装饰品,陪衬物/**set-out** *n.* ①开始,开头② 布置,设备/**setover** *n.* 超过位置/**set piece** 以固定模式或风格安排的场景/**setup** *n.* ①机构,组织体系,体制②〈美俚〉〈身体的〉姿势,姿态③装置,装配④〈美俚〉容易做的工作;容易取胜的比赛⑤计划

setter ['setə] *n.* C 蹲伏猎狗‖**setter-on** *n.* 教唆者,煽动者

setting ['setɪŋ] *n.* ❶C 镶嵌;镶嵌底座 ❷C 环境 ❸C(某事、戏剧、小说等的)背景 ❹C 装置、机器等定的速度,高度,温度等 ❺C(为诗等谱写的)乐曲 ❻S(日、月等)下落

settle ['setl] *vt.& vi.* ❶安排;安放,安家,定居:*Their ancestry settled the land in 1856.* 他们的祖辈 1856 年在这块土地上定居下来。❷(使)安定:*The city settled when the rebels left.* 叛乱分子离开后,这个城市平静下来了。/ *The music will settle my disordered brain.* 音乐会使我纷乱的思绪得到安定。/ *The nurse settled her patient for the night.* 那位护士使她的病人安静度夜。*vt.* ❶解决;决定;调停:*And a word from him would settle everything.* 只要他说一句话,一切问题就解决了。❷支付,结算:*We have to settle the gas bill.* 我们得付煤气费。*vi.*(鸟等)栖息‖ ～ **down** 落到地面上来;定居,过安定生活;(使)安静下来,平静下来;沉没;平息,停息/～ **for** 对…感到满足,满足于/～ **in** 安顿下来,适应新家;在…中放稳,坐定(踏)/(使)开始在…居住/～ **into** 有头绪,上正轨/～ **on**〔**upon**〕决定,选定/～ **up** 结账;了结某事/～ **with** 与…达成协议,与…成交;算清账目‖**settling day**〈英〉(交易所每两周一次的)结算日/**settling-up exercise** 健身操,保健操

settled ['setld] *adj.* 不变的,不大可能改变的,稳定的

settlement ['setlmənt] *n.* ❶C U 解决,和解,协议 ❷C 移民 ❸C 移居地,新住宅区 ❹C〈律〉金钱或财产的转让(契约);转让的金钱或财产 ❺C U 结算,清偿‖**settlement duty** 遗产税

settler ['setlə] *n.* C 移民,侨民

seven ['sevn] *pron.* 七(个) ■*n.* 七‖**seven seas** 世界七大海洋,全球

seventeen [ˌsevn'ti:n] *pron.* 十七(个) ■*n.* 十七‖**sweet** ～ 妙龄十七

seventeenth [ˌsevn'ti:nθ] *pron.* 第十七(个)

seventh ['sevnθ] *pron.* 第七(个)

seventieth ['sevntɪɪθ] *pron.* 第七十(个)

seventy ['sevntɪ] *n.* ❶C 七十 ❷P 从七十到七十九的数目,年数或温度

sever ['sevə] *vt.* 切断;断绝 *vi.* 断,裂‖**severable** *adj.* 可割断的,可分开的

several ['sevrəl] *adj.* A ❶几个,数个,一些: *I go there several times each year.* 我每年去那里几次。/ *Can you give several other examples?* 你能再举几个例子吗? ❷各自的,各别的,不同的:*They went their several ways.* 他们各走各的路。/ *Each has his several ideal.* 各人有各人的理想。■*pron.* 几个;数个:*Several of the children were in the garden.* 有几个小孩在花园里。‖**severalfold** *adv.& adj.* ①有几部分地〔的〕,有几方面地〔的〕②几倍地〔的〕/**severally** *adv.* ①几个,数个,一些②各自地,个别地,不同地

severe [sɪ'vɪə] *adj.*(**-r, -st**) ❶严重的,剧烈的:*Competition for the job is very severe.* 这份工作的竞争是很激烈的。❷严厉的,严肃的:*Was his mother too severe on him?* 他的母亲是不是对他太严厉了? ❸艰难的,严峻的,辛苦的:*The pace was too severe to be kept up for long.* 跟上这步伐太难了,无法持久。❹朴素的,纯朴的:*That dress looks too severe on you.* 那衣服穿在你身上太朴素了。‖**severely** *adv.* ①严重地,剧烈地②严厉地,严肃地③艰难地,严峻地,辛苦地④朴素地,纯朴地/**severeness** *n.* ①严重,剧烈②严厉,严肃③艰难,严峻,辛苦④朴素,纯朴

severity [sɪ'verɪtɪ] *n.* ❶U 严格,严厉,苛刻;剧烈;朴素 ❷P 严厉地对待,艰苦的环境

sew [səʊ] *vt.& vi.*(*pt.* **sewed**, *pp.* **sewn** or **sewed**)缝:*She has been sewing all morning.* 她早上一直在做针线活。/ *My mother sewed a new cotton-padded jacket for me.* 妈妈给我缝制一件新棉袄。‖ ～ **into**(把…)缝进…里/～ **on** 缝上;把…缝在…上,缝纫/～ **to**(把…)补到…上/～ **together** 缝接/～ **up** 缝合,缝拢;安排,解决

sewage ['sju:ɪdʒ] *n.* U(下水道里的)污物‖**sewage farm** ①污水灌溉田②污水处理厂/**sewage tank** 化粪池

sewer [sjuə] *n.* C 阴沟,污水管,下水道

sewing ['səʊɪŋ] *n.* U 缝纫,针线活‖**sewing machine** 缝纫机/**sewing needle** 缝纫针

sex [seks] *n.* ❶U 性别;性 ❷C 男性;女性 ❸U 性关系 ❹U 性活动,性行为‖**sexism** *n.* 性别歧视/**sexist** *adj.* 性别歧视的‖**sex appeal** ①性的魅力,性诱惑②吸引力/**sex education** 性教育/**sex hygiene** 性卫生/**sex organs** 性器官

sexual ['seksjʊəl] *adj.* ❶性交的,性行为的,性吸引的,两性的,肉体吸引的 ❷性别的,性的,男性或女性的 ❸A 生殖的,有性生殖的‖

sexually *adv.* ❶性交地,性行为地,性吸引地,两性地,肉体吸引地 ❷性别地,男性或女性地 ❸生殖地,有性生殖地 ‖ **sexual intercourse** 性交

sexuality [ˌseksjuˈælɪtɪ] *n.* Ⓤ性别的特性或特征

sexy [ˈseksɪ] *adj.* 性感的,有性的吸引力的

sh [ʃ] *int.* 安静!;静一静!

shabby [ˈʃæbɪ] *adj.* (-ier,-iest) ❶(指东西)因使用过久或照管不善而破旧的 ❷衣衫褴褛的 ❸卑鄙的;下流的 ‖ **shabbily** *adv.* ①破旧地 ②衣衫褴褛地 ③卑鄙地,下流地 / **shabbiness** *n.* ①破旧 ②衣衫褴褛 ③卑鄙,下流

shack [ʃæk] *n.* Ⓒ窝棚,简陋的小屋 ▪ *vi.* 未婚而同居 ‖ ～ **up** 与…同居

shackle [ˈʃækl] *n.* Ⓟ❶手铐,脚镣,镣铐 ❷束缚,羁绊 ▪ *vt.* ❶给(某人)带上手铐或脚镣 ❷束缚

shade [ʃeɪd] *n.* ❶Ⓤ荫,阴凉处 ❷Ⓤ阴暗部分 ❸Ⓒ遮光物,遮棚;窗帘;(灯)罩 ‖ **in the ～** 在阴暗处,在树阴下;默默无闻;使某人〔某事物〕相形见绌 ▪ *vt.* ❶遮蔽:*A big hat shades the eyes.* 一顶大帽子遮住了眼睛。❷画阴影于…之上:*She was trying to shade the face of the man in the picture.* 她在试图加深画中人面部的颜色。*vi.* 逐渐变化 ‖ ～ **from** 挡,遮(光或热);逐渐变为 / ～ **into** 逐渐变为 / ～ **with** 用…遮盖 ‖ **shadeless** *adj.* 无荫蔽的,无遮蔽的

shadow [ˈʃædəu] *n.* ❶Ⓤ阴影,阴暗 ❷Ⓒ影子 ❸Ⓟ阴郁的 ❹Ⓒ虚幻的事物,失去实质的事物 ❺Ⓒ形影不离的人〔物〕 ❻Ⓤ少许,微量 ‖ **be a ～ of one's former self** 已不再有以前的力量〔影响力〕等 / **be afraid of one's own ～** 很胆小 / **catch at ～s** 捕风捉影,徒劳 / **the ～ of a shade** 虚幻 / **under the ～ of** 与…很接近;在…的保护下 ▪ *vt.* ❶遮蔽:*The grass is shadowed by huge oaks.* 草被巨大的橡树所遮蔽。❷跟踪:*Our planes shadowed the enemy fighter.* 我们的飞机一直跟踪着敌人的那架战斗机。‖ ～ **into** 变阴暗,变朦胧 ‖ **shadowless** *adj.* 无投影的,无阴影的 / **shadowlike** *adj.* 有影的,多荫的 ‖ **shadowbox** *n.* 玻璃盖匣 / **shadow boxing** 太极拳 / **shadow cabinet** 影子内阁 / **shadowland** *n.* 虚幻境界 / **shadow play** 皮影戏

shadowy [ˈʃædəuɪ] *adj.* ❶多阴影的 ❷似影子的;模糊的 ‖ **shadowiness** *n.* ①多阴影 ②模糊

shady [ˈʃeɪdɪ] *adj.* (-ier,-iest) ❶背阴的,阴凉的 ❷靠不住的,可疑的

shaft [ʃɑːft] *n.* ❶箭杆,矛柄 ❷轴 ❸烟囱 ❹通风管道,升降机井 ❺光线 ‖ **get the ～** 〈俚〉受骗 / **give (sb) the ～** 〈俚〉欺骗(某人) ▪ *vt.* 苛待(某人);欺骗

shag [ʃæɡ] *n.* Ⓤ浓味粗烟丝

shaggy [ˈʃæɡɪ] *adj.* (-ier,-iest) ❶粗毛发的 ❷又长又粗的 ‖ **shaggily** *adv.* ①粗毛发地 ②又长又粗地 / **shagginess** *n.* 粗毛发

shake [ʃeɪk] *n.* ❶Ⓒ摇动,震动,颠簸 ❷Ⓟ哆嗦,发颤 ‖ **all of a ～** 发抖,哆嗦 / **on the ～** 〈美俚〉参与犯罪活动 ▪ (*pt.* **shook**, *pp.* **shaken**) *vt. & vi.* ❶摇动,摇晃,(使)颤抖:*The earth shook under us.* 大地在我们脚下震动。/ *In his anger he grasped the child and shook him violently.* 愤怒之下,他抓住孩子狠命地摇。❷握手:*He shook her hand warmly.* 他热情地与她握手。▪ *vt.* ❶使心绪不宁[烦恼,惊吓]:*They were shaken badly by the news.* 那消息令他们吃惊。❷动摇;减弱:*Nothing can shake the basis for my belief.* 什么也动摇不了我信念的基础。‖ ～ **down** 使因摇晃而下落,下沉;〈英,非正〉适宜新的生活环境〔新的工作〕;〈美口〉彻底搜查 / ～ **it up** 〈美俚〉赶快 / ～ **off** 抖掉,甩掉,摇晃掉,逃脱;摆脱(麻烦、烦恼等);从…抖掉,甩掉 / ～ **oneself together** 振作起来,聚精会神起来 / ～ **out** 晃出,抖出,弄摔;抖空,甩空;彻底改组 / ～ **out of** 从…甩掉,抖掉,使(某人)受到震动而改变(其思维方法等) / ～ **up** 摇匀;以摇动弄好;使战栗,吃惊 / ～ **with** 由于…而发抖 / **shaking** *n.* ‖ **shakeable** *adj.* ①可被摇动的,可振动的 ②可动摇的 ‖ **shaking** *n.* ①摇动,震动 ②摇落的东西 ③冷颤 ‖ **shake-down** *n.* ①地铺,临时的床铺 ②喧闹的舞蹈 ③彻底的搜查 ④调整,调整时期 ⑤〈美俚〉勒索,敲诈 / **shake-hands** *n.* 握手 / **shake-up** *n.* ①摇动,震动;振作,激励 ②草率搭成的房屋;作为权宜之计的东西 ③剧变,大改组

shaky [ˈʃeɪkɪ] *adj.* (-ier,-iest) ❶(因病、体弱等)摇晃的,发抖的,颤抖的 ❷不坚定的,不稳定的,不可靠的 ‖ **shakily** *adv.* ①摇晃地,发抖地,颤抖地 ②不坚定地,不稳定地,不可靠地 / **shakiness** *n.* ①摇晃,发抖,颤抖 ②不坚定,不稳定,不可靠

shall [强 ʃæl,弱 ʃəl] *aux. v.* (*pt.* **should**) ❶(有时与 I 和 we 连用,表示一般将来时)将要,会:*I shall go to London next month.* 下个月我将去伦敦。/ *We shan't know the results of the test until tomorrow.* 我们明天才能知道考试结果。❷(尤用于与 I 和 we 连用的要求听者作决定的问句中)…好吗? 要不要…?:*Shall we go to the theatre this evening?* 我们今晚去看戏好吗? / *Let's look at that book again, shall we?* 我们再看一看那本书好吗? ❸(尤用于正式文字中表示允诺、命令或法令)〈正〉可;必须;必将:*Candidates shall remain in their seats until all the papers have been collected.* 试卷全部收回后考生才可离开座位。

shallow [ˈʃæləu] *adj.* (-er,-est) ❶浅的 ❷〈贬〉肤浅的

shallows [ˈʃæləuz] *n.* Ⓟ(河、湖、海的)浅滩

sham [ʃæm] *n.* Ⓤ❶欺骗;假冒 ❷Ⓒ假货

sham vt. & vi. (-mm-) 假装: He shammed angry. 他假装生气。/ He is not really ill, he is shamming. 他不是生病,他在装病。

shamble ['ʃæmbl] vi. 蹒跚而行, 拖着脚走, 跟跄地走

shame [ʃeɪm] n. ❶ U 羞愧, 羞耻, 惭愧 ❷ U 羞愧感,羞耻之心 ❸ U 羞辱;耻辱 ❹ S 可耻的人〔事〕;令人惋惜的事 ‖ put to ~ 大大优越于某人〔某事物〕,使…相形见绌 ■ vt. ❶ 使蒙羞, 玷辱: ~ the whole regiment 使整个团都蒙受耻辱 / I have shamed my family. 我使我们家蒙羞了。❷ 使感到羞愧, 使觉得丢脸: The class's unruly behaviour shamed the teacher. 这班学生不守规矩的行为使老师感到羞愧。/ He was shamed by how much more work the others had done. 别人工作做得很多,他感到很难为情。❸ 使相形见绌, 使黯然失色: ~ other companies 使其他公司相形见绌 ‖ ~ into v-ing 使某人感到惭愧而做某事 / ~ out of v-ing 使某人感到惭愧而不做某事

shameful ['ʃeɪmful] adj. 应受责备的;丢脸的;可耻的

shameless ['ʃeɪmlɪs] adj. ❶ (人) 无耻的,不知羞耻的,不要脸的 ❷ 卑鄙的, 卑劣的;亵渎的 ‖ **shamelessly** adv. 无耻地;卑鄙地/ **shamelessness** n. 无耻;卑鄙

shampoo [ʃæm'puː] n. (pl. ~s) ❶ C U 洗发剂, 洗发香波 ❷ C 洗头 ■ vt. (pt., pp. -pooed, pres. p. -pooing) 用洗发剂洗头: How often do you shampoo your hair? 你多久用洗发剂洗一次头?

shank [ʃæŋk] n. ❶ P 小腿 ❷ C (锚,钥匙等) 直而细长的部分

shape [ʃeɪp] n. ❶ C U 外形, 形状, 样子 ❷ C 模糊的东西 ❸ U 〈口〉情况;状态 ‖ **get into ~** ①为了健美的体形而进行锻炼等 ②使…有条理, 恰当地安排… / **give ~ to** 清晰地表达 / **in any ~** 任何形式 / **in ~** 健康 / **in the ~ of** 〈口〉以…形式 / **out of ~** ①变形, 走样 ②不健康 / **take ~** 成形, 变得有条理 ■ vt. ❶ 做成某物的形状: The children shaped the wet sand. 孩子们把湿沙子堆成各种形状。❷ 对 (某人或某事物) 有重大影响; 决定 (某事物) 的性质: Can they shape public opinion? 他们能左右舆论吗? ❸ 使(服装) 合身: ~ a dress to one's figure 做得很合身的衣服 / This dress is shaped at the waist and doesn't need a belt. 这件连衣裙腰部较宽因而不需要腰带。‖ ~ **into** 使成为;(把…) 做成…形状 / ~ **to** 使合体;相适应 / ~ **up** 改进, 顺利发展

share [ʃeə] n. ❶ C (分享到的或贡献出的) 一份: I gave him a minor share of my wealth. 我把少部分财产给了他。❷ U S 分享, 得到等的份 ❸ C 股, 股份, 股票 ‖ **get a**〔**one's**〕**fair ~ of** 得到应得的一份 / **go ~s** 分享利润或分摊费用 ■ vt. & vi. 共有, 共用, 均摊, 参与 ~

sb's opinion 和某人意见相同 / ~ the joys and sorrows 同甘共苦 / ~ the room 共住一个房间 / Children should learn to share. 小孩应该学会与人分享东西。/ Will you share my umbrella? 你愿意和我共用这把伞吗? vt. 分配, 均分: ~ the profits 分利润 / They shared the cake between them. 他们分吃了那块蛋糕。/ After his death his property was shared between his children. 他死后, 财产由孩子们平分。‖ ~ **and ~ alike** 平均分配 / ~ **in** 分享, 分担 / ~ **out** ①分配, 分发 ②得到股息, 分红 / ~ **with** ①与…分享〔合用〕②把(自己的感受)告诉(某人)

shark [ʃɑːk] n. C 鲨鱼

sharp [ʃɑːp] adj. (-er, -est) ❶ 锋利的, 尖锐的 ❷ 急转的, 陡峭的;突然的, 急剧的 ❸ 轮廓鲜明的;明显的;清晰的 ❹ 灵敏的, 机警的 ❺ 辛辣的, 刺骨的〔鼻, 眼, 耳〕的 ❻ 蓄意中伤的;尖刻的;严厉的 ‖ **as ~ as a needle** 非常聪敏的 / **have a ~ tongue** 非常生气地说, 讽刺, 挖苦 / ~ **practice** 欺诈手段 / ~**'s the word** 赶快 ■ adv. ❶ 准时地: Please be on hand at 12 sharp. 请在十二点整到这里来。❷ 突然地, 急剧地: The road turns sharp to the left. 公路向左急转弯。‖ **sharply** adv. 突然地, 急剧地

sharpen ['ʃɑːpən] vt. & vi. (使) 变锋利;削尖, 磨快: ~ a knife 磨刀 / Knives can be sharpened by grinding them against a rough stone. 刀能在一块粗石上磨快。

shatter ['ʃætə] vt. ❶ 砸碎, 粉碎: The stone shattered the windscreen. 石头砸碎了挡风玻璃。❷ 大大扰乱;毁坏: They were shattered to hear of her sudden death. 听到她突然死亡的消息他们十分震惊。

shave [ʃeɪv] vt. & vi. (用剃刀) 刮 (胡须等);为(某人)剃毛发: I shave every morning. 我每天早上剃胡须。/ He shaved his head bald. 他把头发剃光了。 vt. ❶ 刨 (木头等);削;刮: I shaved a few millimetres from the bottom of the door to make it close properly. 我把这门的底部薄薄地刨去几毫米使它能关严。❷〈口〉擦过, 擦近(某人或某物): The car just shaved the wall while it was cornering. 汽车在拐弯时恰好擦过墙边。‖ ~ **away**〔**off**〕刮掉 (薄的覆盖物, 尤指须发) ■ n. S 剃, 刮: A sharp razor gives a close shave. 剃刀锋利刮得就干净。

shaven ['ʃeɪvn] adj. 剃光毛发的

shaver ['ʃeɪvə] n. C 剃刀, (尤指) 电动剃须刀

shaving ['ʃeɪvɪŋ] n. P 刨片, 削片 ‖ **shaving board** 刨花板 / **shaving brush** 修面刷 / **shaving cream** 刮胡膏 / **shaving soap** 刮胡皂

shawl [ʃɔːl] n. C 围巾, 披肩

she [强 ʃiː, 弱 ʃɪ] pron. 她, 它: She is my wife. 她是我妻子。/ It's the farmer's best cow; she gives lots of milk. 那是这位农夫最好的母牛,

因为它可以产很多奶。

sheaf [ʃiːf] n.(pl. **sheaves**)ⓒ捆,束,扎: a ~ of arrows 一捆箭

shear [ʃɪə] vt.(pt. ~**ed**, pp. **shorn** or ~**ed**)剪羊毛,剪: The farmer sheared his sheep. 那农夫给羊剪了毛。■n. ⓟ大剪刀

sheath [ʃiːθ] n.(pl. ~**s**)ⓒ❶(刀、剑或工具尖锐部分的)鞘、套 ❷(男用)避孕套 ❸(植物或动物器官的)鞘状(包覆物) ❹外层覆盖(物),外包物

sheathe [ʃiːð] vt. ❶将(刀、剑等)插入鞘 ❷(以鞘、护套等)包覆

shed [ʃed] n. ⓒ棚,库 ■vt.(-dd-; pt., pp. **shed**)❶流出,流下: He shed his blood for his country. 他为国家流血牺牲了。❷蜕皮,树叶脱落: Many trees shed their leaves in autumn. 许多树在秋天落叶。

sheen [ʃiːn] n. Ⓢⓤ(表面的)光泽,光辉

sheep [ʃiːp] n.(pl. ~)ⓒ羊,绵羊 ‖ **black** ~ 害群之马,败类,败家子/**separate the** ~ **from the goats** 区别好坏(优劣)〈非正〉's **eyes** 媚眼 ‖ **sheep dog** 牧羊犬/**sheep herder** 牧羊人/**sheep pen** 羊栏/**sheepwalk** n. 牧羊场

sheepish [ˈʃiːpɪʃ] adj. 羞怯的,腼腆的,不好意思的,困窘的

sheepskin [ˈʃiːpˌskɪn] n. ⓒⓤ带毛的羊皮

sheer [ʃɪə] adj. ❶Ⓐ完全的;十足的 ❷陡峭的;垂直的 ❸极薄的,轻的,透明的 ■adv. 垂直地,陡峭地: The mountain rises sheer from the plain. 这座山几乎是从草原上拔地而起。■vi. 避开,突然转向: The boat came close to the rocks and then sheered away. 船靠近岩石时突然掉转航向。/ I saw her in the High Street, but she sheered off so as not to meet me. 我在大街上看见她,但她故意避开我。‖ **sheerly** adv. 垂直地,陡峭地/**sheerness** n. 垂直,陡峭

sheet [ʃiːt] n. ⓒ❶被单,褥单,床单 ❷薄板,薄片 ❸纸 ❹一团,一片,一层 ‖ **a clean** ~ 清白的历史/**as white as a** ~ 面色苍白/**between the** ~**s** 睡觉;在 ❶尚未装订的 ❷大片大片地 ‖ **sheet glass** 薄玻璃板/**sheet iron** 薄钢板/**sheet music** 散页乐谱

sheikh [ʃeɪk] n. ⓒ❶(阿拉伯的)酋长,族长,首领;王子 ❷伊斯兰教的宗教领袖,教主,教长

shelf [ʃelf] n.(pl. **shelves**)ⓒ❶架,棚 ❷沙洲;暗礁 ‖ **off the** ~ 现货供应/**on the** ~ 束之高阁;娶不出去

shell¹ [ʃel] n. ❶ⓒⓤ(贝、卵、坚果等的)壳 ❷ⓒ外壳,框架

shell² [ʃel] n. ⓒ炮弹

shellfish [ˈʃelfɪʃ] n. ⓒ❶贝类动物,甲壳类动物 ❷ⓤ贝类,甲壳类(食物)

shelter [ˈʃeltə] n. ❶ⓤ遮蔽,保护 ❷ⓒ避难所;庇护所 ■vt. 掩蔽;庇护,保护: ~ eyes 遮蔽眼睛/~ runaway slaves 保护逃跑的奴隶/~ off wind 挡风/He sheltered himself behind a hedge. 他躲在树篱后面。vi. 躲避,避难: We sheltered under a tree until the shower passed. 我们在树下躲雨,直到雨过天晴。‖ ~ **from** ①(使)躲避…②掩护,保护

shelve [ʃelv] vt. ❶将(书等)放置在架子上 ❷将…搁在一边 vi.(陆地)逐渐倾斜

shepherd [ˈʃepəd] n. ⓒ牧羊人,羊倌 ■vt. 带领,引导: The teacher was shepherding the children into the bus. 老师正带领着孩子们上公共汽车。‖ **shepherd boy** 牧童/**shepherd dog** 牧羊犬/**shepherdess** n. 牧羊女,村姑

sherry [ˈʃerɪ] n. ⓤ雪利酒

shield [ʃiːld] n. ⓒ❶盾,盾牌 ❷护罩;防护物 ‖ **the other side of the** ~ 问题的另一面 ■vt. 保护,掩护,庇护: ~ a journalist 保护记者/~ one's eyes 保护眼睛/~ carefully〔faithfully〕全心〔忠心〕保护/~ sth with one's hand 用手保护/These trees will shield off arid winds and protect the fields. 这些树能挡住旱风,保护农田。‖ ~ **from** ①遮蔽;挡住使不受…的伤害②使免遭(不幸之事)

shift [ʃɪft] vt.& vi. ❶改变,变换,转移,移动: Lend me a hand to shift this box, will you? 帮一下忙,把这箱子搬开,好吗? ❷去掉;摆脱掉: If the stain still doesn't shift, try this. 如果污渍还没有清除掉,试试这个吧。/The thieves couldn't shift any of those stolen colour televisions. 这伙盗贼无法把任何一部偷来的彩色电视机脱售。❷换挡,换班 vi. 快速行进 ‖ ~ **about** 四处漂荡/~ **away** 搬走/~ **down** 换挡/~ **from**(将)从…去掉〔移开〕/~ **off** ①推卸;逃避②(将…)从…移走 ■n. ❶ⓒ转换,转变 ❷ⓒ轮〔换〕班 ❸Ⓢ轮班工人 ❹ⓒ计谋,手段 ❺ⓒ切换键 ‖ **make** ~ 勉强使用,将就

shiftless [ˈʃɪftlɪs] adj. 懒惰的,得过且过的,没出息的

shilling [ˈʃɪlɪŋ] n. ⓒ先令(英国 1971 年以前的货币单位,为一镑的二十分之一)

shimmer [ˈʃɪmə] vi. 闪闪发光;发微光

shin [ʃɪn] n. ⓒⓤ胫,小腿 ■vi.(-nn-)攀: Tom shinned up the tree. 汤姆爬上了树。

shine [ʃaɪn](pt., pp. **shone** or ~**d**)vi. ❶发光;反射光;照耀: ~ a flashlight 以手电筒照亮/The rain has stopped and the sun is shining. 雨停了,太阳照耀着。/The moon is shining bright. 月亮发出了明亮的光。❷表现突出,出众: He's a pretty good student, but sports are where he really shines. 他是个很好的学生,可体育运动才是他真正出色之处。vt. ❶照射;~ directly 直射 ❷〈美〉擦亮: Have you shined your shoes? 你的鞋擦亮了吗? ‖ ~ **at**(非正)擅长于/~ **away** ①连续照耀②向一旁照/~ **down**(使)向下照耀/~ **in** ①把

（光）射进…②出色，出众/~ on ①（使）照耀；（使）照射②（使）照射在…上/~ out（使）从里边照出/~ through（使）透过（某物）/~ up ①向上照射②尽可能地使发亮/~ up to竭力讨好以博取…的友谊/~ with 由于…而发亮，放光 ■ n. ⑤❶光亮；光泽 ❷磨，擦 ‖ rain or ~风雨无阻/take a ~ to 对…有好感/take the ~ off（out of）①使失去光泽②使…相形见绌

shingle¹[ˈʃɪŋgl] n. ⓤ（布满海边的）小圆石

shingle²[ˈʃɪŋgl] n. ⓒ屋顶板，木瓦（板）；墙面板

shining[ˈʃaɪnɪŋ] adj. ❶发光的；发亮的；光亮的：~ eyes 明亮的眼睛 ❷杰出的，出色的

shiny[ˈʃaɪnɪ] adj. (-ier,-iest)发光的；反光的；明亮的；磨光的 ‖ **shinily** adv. 发光地，光亮地/**shininess** n. 发光，反光

ship[ʃɪp] n. ⓒ❶船，舰 ❷〈口〉宇宙飞船，太空船 ‖ by ~乘船/run a tight ~严格控制/when one's ~ come in 有朝一日发财时 ■ (-pp-) vt. & vi. 运送：Some fruit doesn't ship well. 有些水果不便运送。/We are today shipping you another machine. 我们今天把另一台机器运给你们。vt. 舷侧进水：The waves were very high, and the boat began to ship water. 浪很高，船的舷侧开始进水。vi. 当船员：She escaped her family and shipped on a voyage to Australia. 她为逃避家人而在驶往澳洲的船上工作。 ‖ ~ by 用…运/~ off〈非正〉把…送往〔运往〕各地/~ out ①（用船）运出②（海员）外出 ‖ **shipbuilding** n. 造船业/**shipman** n. 水手/**shipmaster** n. 船长/**shipowner** n. 船主/**ship's papers** 船证，船照

shipbuilder[ˈʃɪpˌbɪldə] n. ⓒ造船业主；造船工程师；造船公司

shipment[ˈʃɪpmənt] n. ❶ⓤⓒ船运，水运 ❷ⓒ（从海路、陆路或空运的）一批货物

shipping[ˈʃɪpɪŋ] n. ⓤ❶船舶（总称）❷（一国的）船舶总数 ❸（货物的）运输，运送 ‖ **shipping agent** 运货代理商/**shipping industry** 海运业/**shipping order** 装货单

shipshape[ˈʃɪpʃeɪp] adj. ⓟ整齐的；井然有序的

shipwreck[ˈʃɪprek] n. ⓒⓤ海难，船只失事

shipwright[ˈʃɪpraɪt] n. ⓒ造船者；修船者

shipyard[ˈʃɪpjɑːd] n. ⓒ船坞

shirt[ʃɜːt] n. ⓒ衬衫，衬衣 ‖ keep one's ~ on〈口〉保持镇静；不发脾气/lose one's ~丧失全部财产/put one's ~ on 把钱全部押在… ； 孤注一掷

shit[ʃɪt] n. ❶ⓤ屎，粪，大便 ❷ⓢ拉屎 ❸ⓤ胡说八道；放House屁 ❹ⓢ没有价值的东西 ❺ⓒ讨厌的人，讨厌的人 ■ (-tt-, pt., pp. **shitted** or **shat**) vi. 大便，拉屎 vt. 拉屎弄脏（某物）

shiver[ˈʃɪvə] vi. （因寒冷，害怕等）颤抖，哆嗦：A sudden gust of cold wind made me shiver. 一股突然刮来的冷风吹得我打哆嗦。■ n. ⓒ颤抖：The accident gave me the shivers. 这事故使我不寒而栗。

shivery[ˈʃɪvərɪ] adj. （指人因寒冷、发烧或害怕而）颤抖的，发抖的

shock[ʃɒk] n. ❶ⓒ震动 ❷ⓒ电击 ❸ⓒ打击 ❹ⓒⓤ激动，震惊 ❺ⓤ休克 ■ vt. ❶使…震惊：~ terrifically 极其震惊/~ sb's sense out of him 某人因震惊而神志不清/The violence and bad language in the program shocked many of the viewers. 电视节目中的暴力场面和污秽语言使许多观众震惊。/They were shocked to hear of the bad news. 听说这则坏消息他们很震惊。❷使受电击：She got shocked when she touched the bare wire. 她摸了裸线，遭电击了。❸使…感到厌恶（恐惧）：He was shocked at her smoking. 他对她抽烟感到很厌恶。 ‖ ~ into 使受震惊而… ‖ **shock-proof** adj. 防震的/**shock treatment**（对精神病人的）电休克疗法/**shock wave** 冲击波，激波

shocked[ʃɒkt] adj. ⓐ惊愕的，受震惊的

shocker[ˈʃɒkə] n. ⓒ（因下流、粗野或不道德而）令人震惊的人或东西

shocking[ˈʃɒkɪŋ] adj. ❶骇人的，令人震惊的；使人心烦意乱；极不恰当的 ❷很坏的，很不好的 ‖ **shockingly** adv. 骇人地；很坏地

shoddy[ˈʃɒdɪ] adj. (-ier,-iest)❶劣质的；劣等的 ❷吝啬的；卑鄙的 ‖ **shoddily** adv. 劣质地；吝啬地/**shoddiness** n. 劣质；吝啬

shoe[ʃuː] n. ⓒ❶鞋 ❷蹄铁 ❸煞车；金属箍 ‖ common as an old ~平易近人的/fill（step into）sb's ~s接替某人的职位/in sb's ~s处于某人的地位〔境地〕/lick sb's ~s〈非正〉巴结，奉承/where the ~ pinches 困难所在 ■ vt. (pt., pp. **shod**)为…钉蹄铁：A man who shoes horses is called a farrier. 为马钉蹄铁的人叫做蹄铁匠。 ‖ ~ with 用…做鞋；用…钉蹄铁 ‖ **shoeboy** n. 擦鞋人/**shoe-blacking** n. 黑鞋油/**shoe-brush** n. 鞋刷/**shoelace** n. 鞋带/**shoeshop** n. 鞋店/**shoe tree** 鞋楦

shoemaker[ˈʃuːˌmeɪkə] n. ⓒ鞋匠

shoot[ʃuːt] (pt., pp. **shot**) vt. & vi. ❶开枪，射击；射中，射死：He shoots well. 他枪打得好。❷拍摄：~ a film 拍摄一部电影/The film was shooting. 这部影片正在拍摄中。❸疾驰，飞速通过：~ ahead 飞速向前/The boat shot the rapids. 小船迅速通过急流。vt. （用枪等）打猎：She has shot the wolf wounded. 她已经把那只狼打伤了。 ‖ ~ across 飞快地越过/~ at ①向…射击〔开枪等〕②力图达到/~ away ①连续射击②打耗，打落③打完④逃离/~ down ①朝下射击②击落③击破…的论点/~ for 打算达到/~ from 从…中射出/~ into 突然出现/~ off ①打掉，炸掉②放枪，

shooter

开炮,燃放烟火/~ oneself 自杀/~ out ①从里边射出②突然出击③迅速长出④用射击解决〔结束〕/~ up ①向上射击②狙击;乱打枪③迅速成长④迅速发送/~ upward 飞快上升/~ with 用…射击 ‖ shoot-out n. 交火;开枪决战

shooter [ˈʃuːtə] n. C 枪

shooting [ˈʃuːtɪŋ] n. ①C (通常指犯罪行为的)开枪,射杀 ②U 打猎,射猎 ‖ shooting match 射击竞赛/shooting range 射击场;打靶场/shooting star 流星/shooting war 热战

shop [ʃɒp] n. C ①商店,店铺 ②工厂;工作处 ③办事处;机构;企业 ‖ all over the ~ 纷乱,零乱;到处/set up ~ 开店,开业/talk ~ 谈本行的事 ■(-pp-) vt.&vi. (到…)去买东西〔购物〕: She has gone out to shop. 她出去买东西了。/ We shopped all the main shops. 我们把主要的商店都逛遍了。vt. 告发:~ the gang leader 告发匪首 ‖ go ~ping 去买东西/~ around 仔细寻找 ‖ shop assistant 店员/ shopboy n. 青年男店员/shopgirl n. 女店员/shopwindow n. 橱窗

shopkeeper [ˈʃɒpˌkiːpə] n. C 店主

shopping [ˈʃɒpɪŋ] n. U ①一次购物中买来的东西 ②买东西,购物 ‖ shopping bag 购物袋/shopping basket 购物筐/shopping centre 购物中心/shopping district 商业区

shore [ʃɔː] n. C/U 岸,滨 ‖ on ~ 在陆地上;上岸,登陆/on the ~ 在岸边 ■vt. 支撑;支持 ‖ ~ up 支撑住

short [ʃɔːt] adj. (-er,-est) ①短的;简短的 ②矮的,低的 ③A 短期的,即将兑现的 ④短缺的,未达标的 ⑤C 简称的,缩略形式的 ⑥不够;缺乏,缺少 ⑦唐突的,无礼的;急躁的 ‖ at ~ notice 立即,仓促/come ~ of ①缺少,不足 ②失望/fall ~ (of) 没有达到标准,不够,不足/go〔run〕~ (of) 缺乏,不够/in a ~ time 〈非正〉过了一阵子/in ~ supply 供不应求/nothing ~ of 完全相同/~ and sweet〈口〉简单明了/~ change 故意少找钱/~ of ①缺少 ②不远,差一点 ③除了…之外/stop ~ of 不再,停止 ■adv. 突然,唐突地;be caught ~ 内急/pull up ~ 突然停住/The arrow landed short. 箭未射到目标便落地了。‖ cut ~ 突然停止/stop ~ 突然停止 ■n. C ①短路 ②P 短裤: I will be needing a new pair of shorts soon. 我很快就需要一条新短裤。‖ for ~ 简称,缩写/in ~ 简而言之,总之/the long and the ~ of 概要 ‖ short bill 短期票据/short circuit 短路;漏电/short position 做空头/short range 近射程;近距离/short-sighted adj. 近视的;目光短浅的/short-term adj. 短期的/shortwave n. 短波

shortage [ˈʃɔːtɪdʒ] n. C/U 不足,缺少;缺少量;不足额

shortcoming [ˈʃɔːtˌkʌmɪŋ] n. C 短处,缺点

shortcut [ˈʃɔːtkʌt] n. C 捷径,近路

shorten [ˈʃɔːtn] vt.&vi. 弄短,缩短: The days shorten in winter. 冬季日短。/ She shortened the skirt by an inch. 她把裙子缩短了一英寸。

shorthand [ˈʃɔːthænd] n. U ①速记(法) ②(对某事的)简短且常为故意搞得隐晦的表达方法

shortlist [ˈʃɔːtlɪst] vt. 把…列入决选名单

shortly [ˈʃɔːtlɪ] adv. ①不久,很快: She is shortly to leave for Mexico. 她很快要去墨西哥了。②不耐烦地,简慢地: He answered my questions rather shortly. 他相当简慢地回答我的问题。

shot [ʃɒt] n. C ①开枪,射击;枪炮声 ②击球,射门,投篮 ③射手,炮手 ④试图;设法 ‖ a big ~ 大人物,大亨/get ~ of 除去,开除/like a ~ 乐意地,立即 ■adj. 颜色会变化的;用旧的,耗尽的: He bought a shot silk. 他买了一匹闪光的丝绸。/ I'm just shot. 我真筋疲力尽了。/ This old machine is shot. 这台机器已旧了。‖ shot hole 弹孔,炮眼/shot put 推铅球

shotgun [ˈʃɒtgʌn] n. C (双管)猎枪,霰弹枪,鸟枪

should [强 ʃʊd, 弱 ʃəd] aux.v. ①应该: The suggestion is that they should start from scratch. 提出的建议是,他们从头开始。②有可能: If I didn't write them down I should probably forget all about them. 如果我不把它们写下来,就可能忘得一干二净。③将会: I never realized that some day I should be living in Hong Kong. 我从未想到将来有一天会在香港居住。

shoulder [ˈʃəʊldə] n. ①C 肩,肩部,肩膀: I feel a dull ache in the shoulder. 我的肩膀感到隐约疼痛。②P 背的上部: His shoulders bowed with age. 他因年老而佝偻了。③P 有责任〔须承担责任〕的人 ‖ have broad ~s 有能力承担更多的责任/put one's ~ to the wheel 开始艰苦的工作/rub ~s with 接触/~ to ~ 并肩地 ■vt. ①扛,担,挑 ②用肩顶…: The boy shouldered a basket of fruits. 这个男孩扛了一筐水果。③承担: The oldest son should shoulder the burdens of the family. 长子该担负起家庭的重担。‖ ~ aside 用肩膀挤开/~ off 用肩膀推开/~ one's way through 硬挤过去 ‖ shoulder bag 背包/shoulder belt 背带/shoulder pole 扁担

shout [ʃaʊt] vt.&vi. 呼,喊,叫: She shouted to attract their attention. 她大声叫嚷以引起他们的注意。vt. 大声讲: Suddenly Jack shouted that he had lost five pounds. 突然杰克大喊他丢失了五英镑。‖ ~ about 大声喊/~ at 对…大声喊/~ down 大声呼喊使…不能继续讲下去/~ for ①因…而呼喊②为…呐喊助威

~ out 大声叫喊；喊着宣布/~ to 向…叫喊/~ with 因…而叫喊 ■ n. ❶ⓒ呼喊，喊叫：They heard him give a loud shout of astonishment. 他们听见他惊奇地大叫一声。❷ⓈI 轮到请客：What will you have? It's my shout today. 你要喝什么？今天我请客。

shove [ʃʌv] vt.& vi. 推，猛推，乱推：The people shoved to get on the bus. 人们你推我挤争着上公共汽车。/Help me shove this furniture aside. 帮我把这家具推到一边去。

shovel [ˈʃʌvl] n. ⓒ铲子，锹 ■ vt.& vi. (-ll-，〈美〉-l-)铲：They shovelled a path through the snow. 他们用铲子在积雪中铲出一条路。

show [ʃəu] (pt. showed, pp. shown or showed) vt.& vi. ❶给…看，显示：The sky began to show red in the early morning. 清晨天空呈现出一片红色。❷表现为；显露出：The first signs of a split were beginning to show. 分裂的初步迹象已开始显露出来。❸上演，展出：~ one's works 展示作品/The film is now showing. 这部电影正在上演。/The film will be shown in this theatre. 那部电影将在这家影院上演。vt. ❶说明，表明：We have shown the falsity of the story. 我们已说明那个报道不真实。/I wanted to show that I didn't care. 我要表明我并不介意。/Can you show me how I can handle this camera? 你能教我如何使用这个照相机吗？❷为…带路：~ a visitor into 把客人引进…/~ sb the way 给某人指路/We were shown into the reading room. 有人把我们领进阅览室。/He showed me into the room. 他领我进入房间。‖ ~ around 领…参观/~ in 把…领进/~ off ①使…突出②炫耀，卖弄/~ over 领…参观/~ through ①显露出；表露出②透过/~ up ①显而易见；使显示出②到场，出席③羞辱，使丢脸 ■ n. ❶ⓒ表演，演出 ❷ⓒ展览；展览物；展览会 ❸Ⓢ显示；展示 ‖ a ~ of hands 举手表决/for ~ 为了炫耀〔展览，摆设〕/give the ~ away 露出马脚，泄露天机/in ~ 表面上，有名无实/on ~ 被展示，展陈列/put on a ~ 做样子，装相/put up a good ~ 表现得好/steal the ~ 抢出风头 ‖ show bill (演出) 海报/show card 广告牌/showgirl n. 歌舞女郎/show-jumping n. 骑马越障的技术表演/showman n. 主持演出者；节目主持人/show-off n. 炫耀，卖弄；爱吹牛的人/showpiece n. 展览品/showroom n. 陈列室，展览室

showcase [ˈʃəukeɪs] n. ⓒ(商店或博物馆的)玻璃陈列柜

showdown [ˈʃəudaun] n. Ⓢ摊牌，一决胜负

shower [ˈʃauə] n. ⓒ❶阵雨，阵雪 ❷淋浴 ■ vi. 下阵雨；似阵雨般降落：It has started to shower; I'm sure to get wet. 天已开始下阵雨，我一定会被淋湿。vt. 大量地给予：We showered gifts on her. 我们纷纷向她赠送礼物。‖ shower bath 淋浴(装置)

showy [ˈʃəuɪ] adj. (-ier, -iest)❶引人注目的 ❷过分装饰的；太华丽的 ‖ showily adv. 引人注目地；过分装饰地/showiness n. 引人注目；过分装饰；显眼

shred [ʃred] n. ❶Ⓟ碎片，细条，破布 ❷Ⓢ些许，少量 ■ vt.& vi. (-dd-)❶撕碎，切碎 ❷用撕毁机撕毁(文件)

shrew [ʃru:] n. ⓒ泼妇；悍妇

shrewd [ʃru:d] adj. (-er, -est)机灵的，精明的 ‖ shrewdly adv. 机灵地，精明地/shrewdness n. 机灵，精明 ‖ shrewd-brained adj. 头脑机灵的/shrewd-headed adj. 头脑精明的/shrewd-looking adj. 看上去很机灵的

shriek [ʃri:k] vt.& vi. 尖叫：~ with laughter 尖声狂笑/~ an alarm 尖声报警 ■ n. ⓒ尖叫声

shrill [ʃrɪl] adj. (-er, -est)(声音)尖锐的；刺耳的；高频率的 ‖ shrillness n. (声音)尖锐；刺耳；高频率

shrine [ʃraɪn] n. ⓒ圣地，圣坛，神圣场所

shrink [ʃrɪŋk] vt.& vi. (pt. shrank or shrunk, pp. shrunk)收缩：The number of students of this school has shrunk. 这所学校的学生人数在减少。/Washing wool in hot water will shrink it. 在热水中洗毛织品会使其缩水。/Will this soap shrink woolen clothes? 这种肥皂水会使毛织品缩水吗？ ‖ ~ aside 退到一旁/~ away 退去/~ back 退缩，畏缩/~ from 退避，在…面前畏缩/~ into oneself 缩作一团/~ up 缩拢 ‖ shrinkable adj. 会收缩的 ‖ shrinking violet 怕见场面的人

shrinkage [ˈʃrɪŋkɪdʒ] n. Ⓤ收缩；皱缩；缩水：There has been much shrinkage of the clothes in the wash. 这些衣服洗后已缩了很多。

shrinkpack [ˈʃrɪŋkˌpæk] n. ⓒ塑料透明包装

shrinkwrap [ˈʃrɪŋkˌræp] n. ⓒ(收缩性)薄膜

shrivel [ˈʃrɪvl] vt.& vi. (因热力，严寒、干燥、年老等而)枯萎，皱缩

shroud [ʃraud] n. ⓒ❶裹尸布；寿衣 ❷遮蔽物；幕：a ~ of mystery 笼罩着神秘气氛 ■ vt. 覆盖，遮蔽，隐藏

shrub [ʃrʌb] n. ⓒ灌木

shrug [ʃrʌɡ] vt.& vi. (-gg-)耸肩(以表示冷淡，怀疑等) ‖ ~ off ①摆脱②轻视

shuck [ʃʌk] vt. 剥壳；剥外皮；脱去：~ one's clothes 脱衣

shudder [ˈʃʌdə] vt.& vi. ❶战栗，发抖：~ with cold 冷得发抖 ❷(机器、车辆等)突然震动，颤动 ■ n. ⓒ颤动，打颤，战栗：give sb the ~s 使某人怕得发抖

shuffle [ˈʃʌfl] vt. & vi. ❶拖着脚步走; Don't shuffle your feet along. 别拖着脚步走。❷洗(纸牌);弄混,乱堆:~ a pack of cards 洗一副纸牌 ❸粗心地做

shun [ʃʌn] vt. 避开,回避,避免

shunt [ʃʌnt] vt. & vi. 把(铁路货车等)调到另一轨道上;使转轨: Freight Train 36 has been shunted on to Track 6. 三十六次货车已调到第六轨道上。‖ shunt-wound adj. 〈电〉并联的

shush [ʃʊʃ] int. & vi. 嘘,别出声

shut [ʃʌt] vt. & vi. (-tt-, pt., pp. shut)关,关上: The flowers shut quietly at night. 这些花在夜晚会悄悄地合上。‖ ~ away 把…关起来,隔离/~ down ①关上②降临③使停止/~ in ①夹住②关闭/~ off (from) ①关掉,截断②停止…的活动③使隔绝/~ on 对…关上/~ out 把…关在外面,挡住,遮住,排斥/~ to ①关上(某物)②闭上(眼)/~ up ①关上,关闭②保藏③监禁④闭口不语/~ with 用…方式关上‖ shut-in n. 被关在屋子里的人/shut-off n. 中止/shut-out n. 停业

shutdown [ˈʃʌtdaʊn] n. 关闭,倒闭

shutter [ˈʃʌtə] n. ❶百叶窗 ❷(照相机的)快门‖ put up the ~s停止营业/shutter-bug n. 摄影爱好者

shuttle [ˈʃʌtl] n. ❶航天飞机 ❷短程穿梭运行的飞机(或火车,汽车) ❸(织机的)梭子 ■ vt. & vi. 穿梭般来回移动‖ shuttle bus 区间公共汽车/shuttle diplomacy 穿梭外交

shy [ʃaɪ] adj. (shyer, shyest) ❶怕羞的,腼腆的: The boy is shy of strangers. 这小孩怕陌生人。❷害羞的,胆怯的: Why is the moon so shy that it never shows us the other side of its face? 月亮为什么那么害羞,总不给我们看它的那半边脸? ❸有戒心的,不喜欢…的: She is shy of speaking in public. 她怯于在公众面前讲话。❹〈美〉缺乏的,不足的: We have a lot of pens, but we're shy on ink. 我们有许多钢笔,但墨水不够。/ We're still ten men shy of a full class. 我们还差十个人才能凑成一个班。‖ fight ~ of 避开…;讨厌/once bitten, twice ~ 一次被咬,下次即小;上一次当,学一次乖 ■ vi. (pt., pp. shied) 惊退,畏缩: The horse shied at the loud noise and threw its rider. 那匹马听到响声吓得向后倒退,把骑手摔了下来。/ Ade bashfully shied. 艾德羞得退缩了。‖ ~ away from (由于羞怯等)躲开〔避开〕‖ shyly adv. 害羞地/shyness n. 害羞

sic [sɪk] vt. & vi. 使(狗等)去攻击;追击

sick [sɪk] adj. (-er,-est) ❶不舒服的;有病的,患病的 ❷恶心的;想吐的 ❸腻烦的,厌恶,讨厌的: I am heartily sick of them. 我深觉他们讨厌。❹心烦意乱的,恼火的,不高兴的: He was awfully sick at being beaten. 因被击败他极不愉快。‖ as ~ as a parrot 非常失望〔妒忌等〕■ n. 〈口〉呕吐物: The bed was full of sick. 床上全是吐的东西。‖ sickbed n. 病床/sick leave 病假/sick list 病人名单/sickroom n. 病房

sicken [ˈsɪkn] vt. & vi. ❶(使)生病 ❷使厌恶;使恶心: His manner of talking sickens us. 我们Listen他那种讲话方式。‖ sickener n. ①使人讨厌的东西②过量的药物

sickening [ˈsɪkənɪŋ] adj. 令人厌恶的;讨厌的:a ~ sight 令人讨厌的情景 ‖ sickeningly adv. 令人厌恶地,讨厌地

sickle [ˈsɪkl] n. 镰刀

sickly [ˈsɪklɪ] adj. (-ier,-iest) ❶有病的;多病的,不健康的:a ~ child 一个多病的孩子 ❷无力的;弱的 ‖ sicklily adv. 不健康地/sickliness n. 不健康;多病,无力

sickness [ˈsɪknɪs] n. 疾病

side [saɪd] n. ❶面;侧面,边 ❷方面 ❸一方,一边‖ from all ~s〔every side〕从…各个方向;到处/on all ~s〔every side〕在…各个方向;到处/on the (big, small, etc.) ~ 偏大,偏小等/on the ~ ①〈非正〉作为兼职〔副业〕②暗地里,秘密地/put on ~ 摆架子的/by ~ 肩并肩地,一起;相互支持/take on〔to〕one ~ 把…拉到一边(以便私下交谈) ■ adj. ❶侧面的,边的:a ~ door 侧门/a ~ window 边窗 ❷枝节的,次要的: The main dish was meat, with various vegetables as side dishes. 主菜是肉,加上各种蔬菜作为小菜。■ vi. 支持,站在…的一边: On the initial, preliminary vote, six jurors indicated they sided toward "not guilty". 在最初预审投票时,有六个陪审员表示他们倾向于无罪。‖ sideling adj. 斜的/sidewards adv. 侧面的‖ side arms 随身武器,佩刀/side-bar adj. 兼任的/side-board n. 餐具柜/side-effect n. 意外情况;意外后果/side elevation 侧视图/side face 侧面/side-glance n. ①侧视 ②暗示/sidehill n. 山坡/side horse 〈体〉鞍马/sidelight n. 侧光/sideman n. 伴奏者/sidenote n. 旁注/sidepiece n. 侧部/side road 小道/sideslip vi. 侧滑/side-stroke n. 侧泳/sideswipe vt. 沿边擦过/side view 侧视图/sidewall n. 侧壁/side-wind adj. 不正当的;间接的

sideline [ˈsaɪdlaɪn] n. 副业;兼职

sidelong [ˈsaɪdlɒŋ] adj. 横向的;向旁的;间接的;侧面的

sidesplitting [ˈsaɪdˌsplɪtɪŋ] adj. 令人捧腹大笑的;滑稽透顶的

sidestep [ˈsaɪdstep] vt. & vi. ❶横跨一步开 ❷回避;避免

sidewalk [ˈsaɪdwɔːk] n. 人行道

sideways [ˈsaɪdweɪz] adv. ❶斜着,斜向一边 ❷向侧面对着 ■ adj. 斜向一边的:a ~ car 一辆斜向一边的汽车/a ~ glance 斜视/The boy gave the girl a sideways look. 这男孩斜视了那姑娘一眼。

sidle ['saɪdl] vi. 悄悄地走；偷偷地走近

siege [si:dʒ] n. ⓤⓒ围攻；围困；围城（期间）‖ **siegeworks** n. 攻城设施

sieve [sɪv] n. ⓒ筛，漏勺

sift [sɪft] vt.&vi. ❶筛，筛滤 ❷筛撒

sigh [saɪ] vt.&vi. 叹气，叹息：~ a deep sigh 深深地叹了一口气/~ one's experiences 叹息地说出自己的经历/She sighed and looked sad. 她叹了口气，显得很伤心。/She sighed with relief when she heard the good news. 听到这个好消息时，她宽慰地舒了口气。/"I've still got several hours' work to do." he sighed. "我还有几个小时的工作要做。"他叹息着说。‖ ~ **about** 为…叹气/~ **after**〔**for**〕渴望，思慕/~ **away** 连声悲叹 ■ n. ⓒ叹气，叹气 ‖ **sigher** n. 叹息者

sight [saɪt] n. ❶ⓤ视力；视觉：check〔control, preserve〕one's ~ 检查〔控制，保持〕视力/destroy sb's ~ 毁坏某人的视力/He had his sight tested by a doctor. 他让医生给他检查了视力。❷ⓤ视野，视界：come into ~ 进入视野，出现 ❸ⓒ看见，瞥见：The sight of the garden bears back the days when we lived in Paris. 见到那个花园使我们回想起当年住在巴黎时的日子。❹ⓒ情景，景象：The view burst upon our sight. 那景象突然出现在我们眼前。❺ⓒ风景；名胜：The sunset was a very beautiful sight. 那落日真是一幅美景。/The Great Wall is one of the sights of the world. 长城是世界名胜之一。‖ **a ~ of** 非常，很多/**at**〔**on**〕（**first**）**~** 乍看之下；一看到…就/**at**（**the first**）**~ of** 一见到…（就）/**catch a ~ of** 一下子看到/**in**（**to**）**~** 看得见，被看到/**in ~ of** 在…看得见的地方/**in the ~ of**〈正〉在某人看来/**keep in ~** 看住；了解到…/**keep the ~ of** 看住…；了解到…/**lose ~ of** 忽视；忘记；看不见；失去联系/**out of ~** 看不见，在视野之外 ■ vt. 看见；发现：After five days at sea, we sighted land. 我们在海上航行了五天后见到了陆地。/Crewmen aboard the tanker sighted a ship in distress off the coast of Senegal. 油船上的船员们在塞内加尔的近海发现了一艘失事的船。vt.&vi.（用仪器）瞄准〔观测，察看〕；~ **a target** 瞄准目标/Sight along the edge to see if it's straight. 顺着边目测，看看直不直。‖ **~ along** 沿…观测/**~ with** 用…观测 ‖ **sight-read** vt. 事先无准备一见便读/**sight-see** vi. 观光/**sight-seer** n. 观光者/**sightworthy** adj. 值得看的

sighted ['saɪtɪd] adj. 看得见的；有视力的；非盲人的：a ~ sister 视力正常的护士

sightless ['saɪtlɪs] adj. 无视力的；盲的

sightseeing ['saɪtˌsiːɪŋ] n. ⓤ观光，游览

sign [saɪn] n. ⓒ❶标记，符号 ❷手势，姿势，信号 ❸征兆，迹象 ■ vt.&vi. ❶签名，签字：~ a cheque〔agreement, petition, treaty〕在支票〔协议，请愿书，条约〕上签字/~ a document 签署文件/~ a painting 在画上签名/~ one's name 签名/He wants all of us to sign. 他要我们大家都签字。/When we arrive at the office each morning we have to sign on the dotted line. 我们每天早上到达办公室的时候，得在签到簿上签到。❷发信号，做手势：The teacher signed his approval. 老师做了手势表示同意。/Glancing to door, he signed that he was ready to leave. 他看看门口打手势表示他随时可以离开。/He signed her to lower her voice. 他摆摆手要她把声音放低点。/He signed me to be quiet. 他示意我要安静。/While we were crossing the street, the policeman signed for us to stop. 我们正横穿马路时，警察做手势叫我们停住。/He signed to the waiter to bring the bill. 他向服务生示意拿账单过来。/He signed to his student where to go. 他示意他的学生该去何处。/The police signed to the driver that it was time to go. 警察示意司机该走了。‖ **~ away** 签字放弃（权利等）/**~ in** 签到，签收/**~ off** 停止广播/**~ on** 签字于雇用契约/**~ out** 签名以记录离去时间/**~ over** 签字移交/**~ up** 跟…签订合同 ‖ **signboard** n. 招牌/**signlanguage** n. 手势语/**sign-off** n. 停止广播/**signwriter** n. 写招牌的人

signal ['sɪɡnəl] n. ⓒ❶信号，暗号 ❷（无线电或电视所传送的）讯号，讯息，图像 ■ vt.&vi. (-ll-,〈美〉-l-) 发信号；用信号传达；用信号通讯：She is signaling. 她正在发送信号。/The submarine signaled for help. 潜水艇发出求救的信号。/She signaled the advance. 她发出信号前进。/She signaled that he was about to turn left. 她打手势表示他就要转到左面去了。/They signaled which way one is going to turn. 他们打信号示意走哪一条路。/He signaled a message to his brother. 他用信号向哥哥发信息。/He signaled the waiter to bring the menu. 他作手势要侍者拿菜单来。/The conductor signaled the orchestra to rise. 指挥打手势让乐队起立。/Tom signaled his friend which way to go. 汤姆示意他的朋友走哪条路。■ adj. 明显的，（非常）显著的，非凡的：This is a signal failure. 这是明显的失败。/People speak of Mark Twain as a signal humourous writer. 人们称马克·吐温为杰出的幽默作家。‖ **signally** adv. 显著地 ‖ **signal book** 旗语通讯手册/**signal box** 信号塔/**signal code** 通信密码/**signal fire** 烟火信号/**signal flag** 手旗/**signal gun** 信号枪/**signal lamp** 信号灯/**signalman** n. 信号兵/**signal station** 信号站

signatory ['sɪɡnətri] n. ⓒ签字人，签约国

signature ['sɪɡnɪtʃə] n. ⓒ签名，签字

significance [sɪɡ'nɪfɪkəns] n. ⓤ❶意义，意思 ❷重大意义，重要性

significant [sɪɡˈnɪfɪkənt] adj. ❶重要的,重大的,可观的: Your success today may be significant for your whole future. 你今天的成功对你的整个未来可能是重要的。❷有意义的,有用意的: I don't think that is significant. 我认为那没有什么用意。❸意味深长的: He gave her a significant look. 他意味深长地看了她一眼。‖ **significantly** adv. 重要地

signify [ˈsɪɡnɪfaɪ] (pt., pp. -fied) vt. 表示…的意思,意味 vi. 有重要性;有关系 ‖ **signifier** n. 预示者,信号

signing [ˈsaɪnɪŋ] n. Ⓤ签署(文件等)

signpost [ˈsaɪnpəʊst] n. Ⓒ❶指示牌;标志杆 ❷路标

silence [ˈsaɪləns] n. ❶Ⓤ寂静;无声: Now and then a bird's song broke in upon the silence of the wood. 鸟鸣声不时打破林中的寂静。❷Ⓤ沉默: break〔interrupt〕~ 打破沉默/keep〔maintain〕~ 保持沉默/What is the reason for your long silence? 你长时间沉默的原因是什么? ❸Ⓤ无音信,失去联系: Forgive me for my long silence. 请原谅我长时间没给你写信。❹Ⓒ寂静〔沉默,无音信〕的时刻〔期间〕: retreat into one's ~沉默不语/Let's observe a minute's silence in memory of the dead. 让我们为死者静默一分钟。‖ **in** ~安静地,无声地/**reduce to** ~使沉默下来/~ **is golden** 免开尊口,沉默是金 ■vt. 使安静,使沉默: The arrival of the teacher silenced the class. 教师的到来使全班安静下来。‖ **silencer** n. ①使沉默者 ②消音器

silent [ˈsaɪlənt] adj. ❶寂静的;无声的 ❷沉默 ❸不发音的 ‖ **be ~ about** 对…未提到/**be ~ on** 对…保持沉默/~ **as the grave** 寂静无声的,像坟墓一样寂静的 ‖ **silently** adv. 寂静地;沉默地/**silent vote** 秘密投票

silicon [ˈsɪlɪkən] n. Ⓤ〈化〉硅 ‖ **silicon chip** 硅片

silk [sɪlk] n. Ⓤ丝,绸 ‖ **silk floss** 绣花丝线/**silk hat** 大礼帽/**silkman** n. 丝织品的制造者或出售者/**silk painting** 绢画,帛画/**silk-stocking** adj. 穿着华丽的;有钱的/**silk stocking** 长统丝袜;有钱人/**silkworm** n. 蚕/**silk yarn** 丝线

silky [ˈsɪlkɪ] adj. 柔软的,光滑的 ‖ **silkily** adv. 柔软地,光滑地/**silkiness** n. 柔软,光滑

sill [sɪl] n. Ⓒ窗台(板)

silly [ˈsɪlɪ] adj. (-ier, -iest) ❶蠢的,傻的;糊涂的,可笑的 ❷〈非正〉不省人事的,失去知觉的;晕头转向的 ‖ **sillily** adv. 糊涂地,可笑地/**silliness** n. 糊涂,可笑 ‖ **silly Billy** 笨蛋

silver [ˈsɪlvə] n. Ⓤ❶银 ❷银币;银制品,银器 ‖ **a ~ tongue** 口才,雄辩 ■adj. 像银的; She had a silver peace symbol hanging on a chain around her neck. 她有一个银制的和平标志挂在项链上。/I like taking a walk under the silver moon. 我喜欢在银色的月光下散步。■vt. (在某物上)镀银 ‖ **silver age** 白银时代/**silver carp**〈动〉白鲢/**silver fox**〈动〉银狐/**silver grey** 银灰色/**silver medal** 银奖牌/**silver paper** 锡纸/**silver plate** 银器/**silver screen** 银幕;电影界/**silversmith** n. 银匠/**silver-tongued** adj. 口才流利的/**silverware** n. 银制品;银器/**silver wedding** 银婚

silvery [ˈsɪlvərɪ] adj. ❶银一样的,有银色光亮的 ❷银铃般的,清脆的,悦耳的 ‖ **silveriness** n. ①银白 ②清脆,悦耳

similar [ˈsɪmɪlə] adj. 类似的,同类的;相似的;同样的: My problems are very similar to yours. 我的问题和你的差不多。

similarity [ˌsɪmɪˈlærɪtɪ] n. Ⓤ类似,相似: the ~ of a cat to a tiger 猫和虎相似

similarly [ˈsɪmɪləlɪ] adv. ❶相似地;类似地: The brothers dress similarly. 兄弟俩穿得差不多。❷也;同样: He was late and I similarly was delayed. 他迟到了,我也晚了。

simmer [ˈsɪmə] n. vt. & vi. ❶炖,慢煮 ❷充满势将爆发的(怒气等)

simple [ˈsɪmpl] adj. (-r, -st) ❶简单的,容易的 ❷朴素的;简朴的: We use bricks and branches of trees to form a simple shelter. 我们用砖和树枝搭成一个简陋的避难所。❸自然的;率直的;天真的: He was as simple as a child. 他像孩子一样天真。❹易受骗的;迟钝的,头脑简单的: You may be joking but she's simple enough to believe you. 你也许是在开玩笑,但她却愚蠢得信以为真。‖ **simpler** n. 药草采集者 ‖ **simpler equation**〈数〉一次方程式/**simplehearted** adj. 心地纯洁的/**simple machine** 简单机械/**simpleminded** adj. 头脑简单的;笨的

simplicity [sɪmˈplɪsɪtɪ] n. Ⓤ简单,朴素,率直

simplify [ˈsɪmplɪfaɪ] vt. (pt., pp. -fied) 使(某事物)简单〔简明〕;简化: Try to simplify your explanation for the children. 你给孩子们讲解要设法讲得简单明了。/That will simplify my task. 那可简化我的工作。‖ **simplification** n. 简化物/**simplified** adj. 简化的/**simplifier** n. 简化物

simply [ˈsɪmplɪ] adv. ❶简单地;简易地;朴素地 ❷仅仅;只不过: The drink consists simply of fresh oranges. 这饮料仅含新鲜橘汁。❸〈非正〉实在,简直,非常: It is simply ridiculous to attempt such a thing. 试图干这种事,简直可笑。

simulate [ˈsɪmjʊleɪt] vt. ❶假装 ❷模仿,模拟

simulation [ˌsɪmjʊˈleɪʃn] n. ⒸⓊ模仿;模拟

sin [sɪn] n. ❶ⓊC违背宗教[道德原则]的恶行 ❷ⓒ罪恶,罪孽 ❸ⓒ过错,过失;愚蠢的事,可耻的事 ▪vi.(-nn-)犯罪;犯过错:*They sinned against the unwritten rules of this meeting.* 他们违反了这次会议的不成文规定。

since [sɪns] prep.(表示时间)从…以来;自从…之后:*He's been working in a bank since leaving school.* 自从毕业后,他就一直在一家银行工作。▪adv.从过去某时开始到现在[以后,到现在了:*I've long since forgotten what our quarrel was about.* 我早就忘掉我们为什么吵架了。▪conj. ❶自从(过去某事)以来[以后,到现在]:*It is ten years since she left me.* 自从她离开我已经 10 年了。/*I met him last week. Since we left school, we had often written to each other.* 上周我遇见了他。自从我们离开学校后,我们曾经常互相写信。❷因为;既然;由于:*Since you are so sure of it he'll believe you.* 既然你对此这么有把握,他会相信你的。

sincere [sɪn'sɪə] adj. ❶(指感情或行为)真实的,诚挚的:*His apology was sincere.* 他的歉意是出自内心的。❷(指人)诚实的,直率的:*She is sincere in her political beliefs.* 她忠实于自己的政治信仰。‖**sincereness** n. ①(指感情或行为)真实,诚挚②(指人)诚实,直率

sincerely [sɪn'sɪəlɪ] adv. 真心实意地:*We sincerely hope that ... We wish you every success.* 我们衷心希望…/*Yours sincerely* 您的忠诚的(正式书信的结尾套语)

sincerity [sɪn'serɪtɪ] n. Ⓤ真实,诚挚;诚实,直率

sing [sɪŋ] (pt. sang, pp. sung) vt.&vi. 唱;歌唱:*Miss Rose will sing a song now.* 现在露丝小姐将唱一支歌。 vi.(鸟)鸣,啭,啼;嗡嗡叫:*The kettle was singing on the fire.* 水壶在火上嗡嗡作响。~ **away** 不住地唱歌,用唱歌来解除/~ **for** 为…歌唱,因…歌唱/~ **of** 歌颂…/~ **out** 高声叫唤/~ **to** 由…伴奏合唱,和着…唱/~ **up** 用力唱

singe [sɪndʒ] vt.&vi. ❶浅表烧焦 vt.(毛发)燎,烧焦尖端[边儿]

singer ['sɪŋə] n. Ⓒ歌手;歌唱家

single ['sɪŋɡl] adj. ❶Ⓐ单一的;单个的;仅有一个的;❷单独的 ❷Ⓐ适于一人的,一人用的,一人做的 ❸未婚的,独身的 ▪n. ❶Ⓒ单程票:*Two second-class singles to Leeds, please.* 请给我两张到利兹的二等车厢单程票。❷Ⓟ单打比赛:*He bore off the first prize in the men's singles.* 他获得男子单打冠军。▪vt. 挑选:*Why have you singled this out for criticism?* 你为什么单挑这件事批评啊? ‖ **singleness** n. 单一;单身;专一 ‖ **single-eyed** adj. 单纯的;独眼的/**single-handed** adj. 单独的;独手的/**single-hearted** adj. 忠心的/**single parent** 单亲/**single-track** adj. 狭隘而固执的

singular ['sɪŋɡjʊlə] adj. ❶(语)单数的 ❷〈正〉突出的,卓越的,非凡的 ▪n. Ⓒ单数形式(的词) ‖ **singularly** adv. 突出地,卓越地,非凡地

sink [sɪŋk] vt.&vi. (pt. sank, pp. sunk)(使)下沉;(使)沉没:*His heart sank at the thought.* 想到这个他情绪低落下来。‖ ~ **back** 重重地往后坐下;退下/~ **below** 落到…下/~ **down** 降低;/~ **in** 下陷;被吸收,被了解/~ **into** 渗入,陷入,沉入,进入;被…投入/~ **or swim** 自己去闯/~ **to** 低到 ▪n. Ⓒ水池,水槽:*The dirty dishes are in the sink.* 脏碟子在洗涤槽中。‖ **sinkable** adj. 会沉的;可被沉没的 ‖ **sinkhole** n. 污水坑

sinuous ['sɪnjʊəs] adj. 弯曲的,蜿蜒的 ‖ **sinuously** adv. 弯曲地,蜿蜒地/**sinuousness** n. 弯曲,蜿蜒

sip [sɪp] n. Ⓒ小口喝,一小口的量 ▪vt.&vi. (-pp-)小口喝,呷,抿

siphon ['saɪfən] n. Ⓒ虹吸管

sir [sɜː] n. Ⓒ❶先生 ❷(用于姓名前)爵士

siren ['saɪərɪn] n. Ⓒ❶汽笛,警报器 ❷迷人的女人,妖妇

sister ['sɪstə] n. Ⓒ姐,妹 ‖ **sisterhood** n. 姐妹关系/**sisterless** adj. 无姐妹的 ‖ **sister-in-law** n. ①妻或夫的姐妹②兄或弟的妻子

sit [sɪt] (-tt-, pt. pp. sat) vt.&vi. (使)坐:*He sat propped up in the bed by pillows.* 他靠着枕头坐在床上。 vi. ❶(动物或鸟)栖息;蹲,坐:*There was a bird sitting on the branch.* 一只鸟栖息在树枝上。❷坐落,位于:*The hotel sits on a hill.* 这家旅馆位于一座小山上。‖ ~ **about**[**around**] 懒洋洋地闲坐/~ **back** 向后靠着坐,不动,旁观/~ **beside** 坐在某人的身边/~ **by** 袖手旁观 /~ **down** 就座,扎营,降落/~ **for** 为…而坐着摆好姿势/~ **in** 照看;代替;静坐示威;出席,列席/~ **on** 坐(骑)在…上,搁置,当…的一员/~ **out** 坐在户外/~ **over** 坐下去一点/~ **through**(无兴趣而强忍着)坐着听完/~ **up** 直起身来,熬夜 ‖ **sit-down** n. ①坐下②静坐罢工/**sit-downer** n. 静坐罢工者/**sit-in** n. 静坐示威/**sit-inner** n. 静坐示威者/**sitting-room** n. 起居室/**sit-up** n. 仰卧起坐

site [saɪt] n. Ⓒ位置,场所,地点 ▪vt.使坐落在;设置:*It is safe to site a company here.* 在这里建造工厂安全。

sitter ['sɪtə] n. Ⓒ❶被画像或拍照的人 ❷在飞行中或运动中的鸟或兽 ❸孵蛋的母鸡 ‖ **sitter-in** n. 临时照看孩子的人

situate ['sɪtjʊeɪt] vt. 使位于,使处于…地位(位置)

situation [ˌsɪtjʊ'eɪʃən] n. Ⓒ❶形势;情况:*The situation will soon come clear.* 情况不久就会明朗的。❷〈正〉职业,职位,工作:*In August he was appointed to the situation of secre-*

tary. 在八月份,他被指定担任秘书。❸位置,环境: *The house has a fine situation*. 这房子占了个好位置。

six [sɪks] *n*. 六;六个(人或物)

sixteen [ˌsɪkˈstiːn] *n*. 十六;十六个(人或物)

sixth [sɪksθ] *pron*. 第六 ‖ **sixth form**(英国中学的最高年级)六年级/**sixth sense** 第六感觉,直觉

sixtieth [ˈsɪkstɪɪθ] *pron*. 第六十(个): *He died in his sixtieth year*. 他在步入 60 岁时去世。

sixty [ˈsɪkstɪ] *num*. 六十

size [saɪz] *n*. ❶ⒸⓊ大小,尺寸: *estimate*〔*measure*〕*the* ~ 估量〔测量〕大小 ❷Ⓒ尺码: *change*〔*fix*〕*the* ~ 改变〔固定〕尺码 ■ *vt. & vi*. 按大小排列: *Will you size these nails*? 你把这些钉子按大小分开好吗? ‖ ~ **down** 由大到小排列/~ **up** ①估量,估计②迅速对…做出判断〔评价〕

siz(e)able [ˈsaɪzəbl] *adj*. 相当大的,颇大的

skate [skeɪt] *vt. & vi*. 溜冰,滑冰: *She skates beautifully*. 她滑冰动作优美。‖ ~ **over**〔**round**〕轻率地处理;约略提及/~ **through** 顺利通过 ■ *n*. Ⓒ溜冰鞋 ‖ **skating** *n*. 滑冰,溜冰/**skating rink** 滑冰场,溜冰场

skater [ˈskeɪtə] *n*. Ⓒ滑冰者

skeletal [ˈskelɪtl] *adj*. 骨骼的,骸骨的

skeleton [ˈskelɪtn] *n*. Ⓒ❶骨骼;骸骸 ❷骨干,框架 ❸梗概,提要 ‖ **skeleton clock** 机件外露的钟/**skeleton key** 万能钥匙

skeptic [ˈskeptɪk] 见 sceptic

skeptical [ˈskeptɪkəl] 见 sceptical

skepticism [ˈskeptɪsɪzəm] 见 scepticism

sketch [sketʃ] *n*. Ⓒ❶草图;素描;速写 ❷梗概,大意 ■ *vt. & vi*. 素描;作…的略图: *The historical article sketched the major events of the decade*. 这篇有关历史的文章概述了这十年中的重大事件。‖ ~ **in** 把…勾勒进去/~ **out** 概述,草拟 ‖ **sketcher** *n*. 画略图者,作素描者;舞台布景设计者 ‖ **sketch block** 写生簿,素描簿/**sketchbook** *n*. ①写生簿,素描簿②短文集,随笔集/**sketch map** 略图,草图,示意图

skew [skjuː] *adj*. Ⓟ歪,偏,斜 ■ *n*. Ⓤ歪,偏,斜 ‖ **on the** ~〈口〉歪斜地 ‖ **skewback** *n*.〈建〉拱座,砖块/**skew-eyed** *adj*. 斜视的

skewer [ˈskjuə] *n*. Ⓒ串肉扦,烤肉扦 ■ *vt*. (用串肉扦或类似物)串起,刺穿

ski [skiː] *vi*. (*pt*., *pp*. **ski'd** or **skied**, *pres. p*. **skiing**) 滑雪: *The students often go skiing during winter vacation*. 学生们在寒假期间经常去滑雪。‖ ~ **down** 滑雪滑下 ■ *n*. Ⓒ滑雪板 ‖ **ski boot** 滑雪靴/**ski jump** ①滑雪跳跃②滑雪跳跃比赛用的斜坡/**skimobile** *n*. 履带式雪上汽车/**ski-plane** *n*.〈空〉雪上飞机/**ski run** 滑雪坡,滑雪道/**ski suit** 滑雪服

skid [skɪd] *n*. Ⓒ❶滑向一侧,打滑 ❷滑道;滚道,滑轨 ❸制轮器,刹车 ■ *vi*. (-dd-) 滑向一侧,打滑 ‖ **skidproof** *adj*. 防滑的,抗滑的/**skid road** ①伐木场中供木材滑下来的滑道 ②城镇中伐木工人出入的地区/**skid row** 城镇中的破旧下等地区

skier [ˈskiːə] *n*. Ⓒ滑雪的人

skiing [ˈskiːɪŋ] *n*. Ⓤ滑雪(运动)

skilful,〈美〉**skillful** [ˈskɪlful] *adj*. 有技巧的,灵巧的,娴熟的: *That is a skilful operation*. 那是一次技术高超的手术。/*Soon they became very skilful in answering such questions*. 很快他们就会很熟练地回答这种问题。/*It was very skilful of you to repair my bicycle*. 你修好了我的自行车,技术真好。‖ **skilfully** *adv*. 灵巧地,娴熟地/**skilfulness** *n*. 灵巧,娴熟

skill [skɪl] *n*. ❶Ⓒ技能,技巧,手艺: *excellent* ~ 卓越的才能/*He is fertile of skills*. 他掌握了很多技艺。❷Ⓤ熟练,老练;巧妙;擅长: *He has skill in painting*. 他擅长绘画。‖ **with** ~ 熟练地

skilled [skɪld] *adj*. ❶熟练的,有技能的 ❷Ⓐ需要技能的

skillet [ˈskɪlɪt] *n*. Ⓒ❶煎锅 ❷小的长柄平锅

skim [skɪm] (-mm-) *vt*. 撇去: *She skimmed the milk of its cream*. 她撇去牛奶上的奶油。■ *vt. & vi*. ❶掠过,轻轻擦过: *The swallows skimmed the water*. 燕子掠过水面。/*The little bird skimmed over the waves looking for food*. 那只小鸟掠过波浪寻找食物。❷略读,浏览: ~ *a newspaper* 略读报纸/*It's important for you to skim through the text*. 浏览课文对你来说很重要。‖ ~ **away** ①把…撇去②掠过;轻轻滑开/~ **off** ①把…撇去②〈非正〉提取精华/~ **over** ①掠过,滑过②〈非正〉略读,速读/~ **through**〈非正〉略读;速读 ‖ **skim milk** 脱脂乳

skimp [skɪmp] *vt. & vi*. ❶少用;少给;克扣 ❷节省;克俭

skin [skɪn] *n*. ❶Ⓤ皮(肤): *The nurse pierced the skin of the boy with a lancet*. 护士用刺血针刺入男孩的皮肤。❷ⒸⓊ兽皮,毛皮: *Cats are covered with soft skin*. 猫身上长着柔软的毛。❸Ⓒ(蔬菜,水果等)外皮,外壳: *I slipped on a banana skin*. 我踩在香蕉皮上滑倒了。‖ **have a thick**〔**thin**〕~ ①脸皮厚〔薄〕②不敏感〔敏感〕/~ **alive** ①〈非正〉严厉斥责②彻底打败/~ **and bone**(瘦得只剩)皮包骨/**save one's**(**own**)~〈非正〉脱身,脱险/**under the** ~ 在内心,在本质上 ■ (-nn-) *vt*. ❶剥皮;擦破皮: ~ *a rabbit* 剥兔皮/*The boy skinned the banana*. 那个男孩剥去了香蕉皮。❷欺骗: *Are* you trying to skin the old lady? 你想骗老太太的钱吗？‖ ~ of 骗取（某人的钱财等）/ ~ over 为皮所覆盖，愈合/ ~ through〈美〉①勉强挤过②勉强通过（考试等）‖ **skinful** n．一皮囊，一肚子/**skinless** adj．①无皮的②易受感动的，敏感的/**skinbound** adj．皮绷得紧紧的/**skin cream** 润肤霜/**skin-deep** adj．表面的；肤浅的/**skin-diving** n．潜游运动/**skin game** 骗局/**skinhead** n．〈美俚〉①剃光头的人②秃头③海军陆战队新兵/**skin test** 皮肤测试/**skintight** adj．紧身的，包身的 ■ n．紧身衣服

skinny ['skɪnɪ] adj．(-ier, -iest) 极瘦的，皮包骨的‖ **skinniness** n．皮包骨；低劣‖ **skinny-dip** vi．& n．光着身子游泳

skip [skɪp] (**-pp-**) vi．❶跳，蹦: *Lambs like to skip*．小羊喜欢跳跃。❷跳绳: *Kehr skips well*．凯尔跳绳跳得很好。vt．略过；跳过；漏过: *When I read the novel I skipped these dry passages of description*．我读这本小说的时候，跳过了这几段毫无趣味的描写。‖ ~ **about** 跳来跳去/ ~ **along** 蹦着往前走/ ~ **aside** 跳向一边/ ~ **off** 溜走，匆匆离开/ ~ **out of** 从…闪开〔溜走〕/ ~ **over** 匆匆离开/ ~ **through** 跳读，浏览 ■ n．①跳，蹦;*a hop*，~ *and a jump* 三级跳远‖ **skip bomb**〈军〉对…进行跳弹轰炸/**skipjack** n．①〈动〉在水面跳跃前进的鱼②〈动〉叩头虫③跳跃玩具/**skip tracer** 找寻失踪者的调查员

skipper ['skɪpə] n．ⓒ❶船长 ❷队长 ❸机长 ■ vt．担任船长、球队队长等

skirt [skɜ:t] n．❶ⓒ裙子; *a full* ~ 宽松的裙子/*She has several beautiful skirts*．她有几条很漂亮的裙子。❷ⓟ边缘，外围; *He lives on the skirts of the city*．他住在市郊。‖ **clear one's** ~ 洗手不干 ■ vt．& vi．❶位于…的边缘；沿…的边缘走: ~ *the field* 沿着田边走/*The workers skirted the edge of the cliff on a geological survey*．工人们沿着崖壁作了一次地质勘察。❷绕开，避开: ~ *the issue* 避而不提那个问题/*As he walked through the lobby, he skirted a group of ladies*．他穿过门厅时，绕过了一群女士。‖ ~ **around**〔**round**〕〈非正〉绕过‖ **skirting** n．①边缘②裙料

skive [skaɪv] vi．旷工；旷课

skulk [skʌlk] vi．潜伏；偷偷摸摸地走动；鬼鬼祟祟地活动

skull [skʌl] n．ⓒ颅骨，脑壳‖ **skulled** adj．有…脑壳的‖ **skullcap** n．室内便帽/**skull session** ①头头的决策会议②非正式的学术性讨论

sky [skaɪ] n．ⓒ①天(空) ‖ **out of a clear** ~ 突如其来地/**the** ~ **is the limit**〈非正〉毫无限制/**to the skies** 非常‖ **skyless** adj．看不见天的；为云所遮盖的；多云的/**skyward** adv. & adj．①向着天空(的)②向上(的)‖ **sky-blue** adj．天蓝色的，淡蓝色的，蔚蓝色的/**skyborne** adj．空降的，空运的，机载的/**skyman** n．〈美俚〉伞兵；飞机驾驶员/**skypilot** n．飞机驾驶员/**sky truck** 运输机/**skyway** n．①〈空〉航路②高架公路

sky-high [ˌskaɪ'haɪ] adj. & adv．极高(的)

skyline ['skaɪlaɪn] n．ⓒ以天空为背景映出的轮廓

skyscraper ['skaɪˌskreɪpə] n．ⓒ摩天大楼: *A skyscraper has been erected*．一栋摩天大楼拔地而起。

slab [slæb] n．ⓒ厚板，平板，厚片; *a* ~ *of chocolate* 一块巧克力

slack [slæk] adj．(-er, -est)❶松(弛)的 ❷清淡的，不活跃的 ❸懈怠的，马虎的 ■ vt. & vi．❶懈怠，偷懒: *Haas slacked off in his work*．哈斯工作很懈怠。❷减速，放松: ~ *one's vigilance* 放松警惕/*His pace has gradually slacked*．他的步速逐渐慢了下来。/*Slack the rope before trying to untie the knot*．解结之前先将绳索放松。‖ ~ **down** 滞销/ ~ **off** 放松(绳索)松懈/**slacken**；懈怠于滞销/ ~ **on** 在…方面松散(懈怠)/ ~ **up** (使)减速，(使)松劲 ■ n．❶ⓤ(绳索等)松弛部分: *He pulled in the slack of the rope*．他收紧松垂的绳索。❷ⓟ宽松裤; *I put on a pair of golfing slacks*．我穿上了一条高尔夫球宽松裤。‖ **slackly** adv．马虎地，松懈地；没精打采地；松弛地，宽松地/**slackness** n．疏忽；松弛；懒惰‖ **slack suit** 便装/**slack water** 平潮，平潮期

slacken ['slækən] vt. & vi．❶(使)松弛 ❷(使某物)放慢，迟缓

slag [slæg] n．❶ⓤ矿渣，熔渣 ❷ⓒ贱妇，淫妇 ■ vt. & vi．(**-gg-**)(使)成渣(状)‖ **slag-heap** n．熔渣堆/**slag wool** 渣棉，渣绒

slake [sleɪk] vt．满足

slam [slæm] (**-mm-**) vt. & vi．砰地关上(门或窗)上了。vt．猛烈抨击: *The film was slammed by many reviewers*．这部电影受到许多评论者的猛烈抨击。‖ ~ **down** 砰地一声关上 ■ n．ⓢ猛然关闭的声音: *They were surprised by the slam of a car door*．关汽车门时发出的声音使他们很吃惊。

slander ['slɑ:ndə] n．ⓤ诽谤，诋毁; *a wicked* ~ 恶毒的诽谤 ■ vt．造谣中伤‖ **slanderer** n．诽谤者，造谣中伤者

slang [slæŋ] n．ⓤ❶俚语 ❷黑话 ■ vt．用粗话骂

slant [slɑ:nt] vt. & vi．(使)倾斜；歪斜: *The rays of the late sun slanted in streams through the cypress trees*．夕阳的光线一缕缕地从柏树林中斜穿过来。vt．有倾向性地编写或报道: *The journalist slanted the report so that the mayor was made to appear incompetent*．那位

记者做出歪曲报道好让市长显得无能。■ n. ⓒ ❶斜面,斜线 ❷倾向,偏向,侧重 ‖ **slant-eye** n. 斜眼角人;〈美俚〉(有蒙古人血统的)东方人

slap [slæp] (-pp-) vt. & vi. 掌击;拍打: The waves slapped against the boat. 波浪拍打着小船。/ If you touch me again I'll slap your face! 你若再碰我一下,我就打你耳光。vt. 制止;镇压: They slapped the workers who had gone on strike. 他们对参加罢工的工人大加镇压。‖ ~ **against**〔**at**〕拍打/~ **around** ①连续猛击②粗暴地对待/~ **down** ①啪地摔下②〈非正〉申斥;制止/~ **on** ①用掌拍打(某人)②把…胡乱涂在…上③〈非正〉在…上强行加(价)/~ **together** 草率〔仓促〕地做;拼凑/~ **up** 仓促做(饭) ■ n. ⓒ掌击 ■ adv. 直接;径直;恰恰;正好: This path leads slap to the playground. 这条小路直接通到运动场。/ The thief ran slap into a policeman. 那小偷与警察撞个满怀。‖ **slapman** n.〈美俚〉便衣警察/**slap-up** adj.〈英口〉①上等的;第一流的,极好的②时髦的③彻底的

slash [slæʃ] vt. & vi. ❶挥砍,鞭打;割破: Don't slash your horse in that cruel way. 不要那样残忍地鞭打你的马。/ The scissors slashed his finger open. 剪刀将他的手指划开了一个大伤口。❷削减: ~ taxes 削减税收/Price slashed! 降价了! / The shop plans to slash fur prices after Spring Festival. 该店计划在春节之后削减皮货的价格。vt. 严厉地批评〔谴责〕: He slashed the Administration for its politics. 他严厉地批评政府的政策。‖ ~ **for** 把…严厉地批评〔谴责〕/~ **off** 把…从…砍下/~ **with** 用…划破 ‖ **slasher** n. ①猛砍者,乱砍者;好斗殴者②刀,剑;剪刀片③〈俚〉过分用功的学生 ‖ **slash-and-burn** adj. 刀耕火种的

slate [sleɪt] n. ❶ⓒ板岩,石板 ❷ⓒ石板瓦 ❸ⓒ候选人名单,提名名单 ❹ⓤ石板色,暗蓝灰色 ‖ **under the same ~** 在同一屋檐下,是一家 ■ vt. 用石板瓦盖 ‖ ① 推举,提名 ② 预定,计划 ③ 严厉批评 ‖ **slater** n. ① 石板瓦工,铺石板者②〈动〉鼠妇

slaughter [ˈslɔːtə] vt. 屠杀,杀戮;屠宰: The invading army slaughtered a lot of people. 侵略军杀了许多人。■ n. ⓤ ❶屠杀;残杀: The battle resulted in a frightful slaughter. 战斗以可怕的大屠杀告终。❷屠宰: Parliament has passed an Act forbidding the slaughter of animals for pleasure. 议会通过了一项禁止杀生取乐的法令。‖ **slaughterer** n. ①屠夫②屠杀者,刽子手 ‖ **slaughterhouse** n. 屠宰场

slave [sleɪv] n. ⓒ奴隶;苦工: trade in ~s 贩卖奴隶/Slaves could be bought and sold like horses. 奴隶可以像马匹那样买卖。‖ **a ~ of**〔**to**〕…的奴隶 ■ vi. 奴隶般地工作: He has been slaving in the garden for hours. 他在花园里干了数小时。‖ **slave-born** adj. 出身于奴隶家庭的/**slaveholder** n. 奴隶主/**slaveholding** n. & adj. 占有奴隶(的)/**slave labour** ①奴隶劳动②强迫劳动/**slave market** ①奴隶市场②职业介绍所(所在的街道)

slavery [ˈsleɪvəri] n. ⓤ ❶奴隶身份 ❷奴隶制度

slay [sleɪ] vt. (pt. **slew**, pp. **slain**) 杀死,宰杀,杀戮 ‖ **slayer** n. 杀人者,凶手;屠宰者

sled [sled] vi. 乘雪橇

sledge [sledʒ] ,〈美〉**sled** [sled] n. ⓒ雪橇,雪车 ■ vi. 乘雪橇 vt. 用雪橇运载

sleek [sliːk] adj. (**-er, -est**) ❶光滑而有光泽的 ❷保养得很好的,脑满肠肥的 ❸时髦的 ■ vt. 使…光滑而发亮 ‖ **sleekly** adv. 光滑而有光泽地,保养得很好地/**sleekness** n. 光滑;时髦

sleep [sliːp] n. ⓤⓈ睡眠;睡眠的时间 ‖ **get (off) to ~** 睡着,入睡,设法睡着/**put to ~** ①使某人安眠②使人〈动物〉失去知觉;使…麻醉 ③以人道方法杀死动物 ■ (pt., pp. **slept**) vi. & link v. 睡眠: Of course, I don't always sleep in the afternoons. 当然,我并不总是在下午睡觉。/ He began to drink, drank himself to intoxication, till he slept obliterated. 他一直喝,喝到他快要迷糊地睡着了。/ She slept herself sober. 她睡了一觉清醒了。vt. 为…提供床位: The hotel sleeps 400 guests. 这旅馆可供四百人住宿。‖ ~ **around** 〈口〉和很多人有性关系/~ **away** ①继续睡,连续睡②以睡觉度过(时光)③以睡眠摆脱(烦恼)/~ **in** ①睡过头②〈口〉住宿在工作的地方/~ **off** 用睡觉消除/~ **on** 先睡一晚上对…做出决定/~ **out** ①住在工作地以外的地方②在户外睡③不在家睡,在外借宿④以睡觉打发(日子);睡下考虑(问题)/~ **rough** 就地睡/~ **through** 在…中酣睡不醒/**sleep-in** adj. & n. 住在雇主家里的(佣工)/**sleeping bag** 睡袋/**sleeping car** 卧车/**sleeping pill** 安眠药/**sleeping suit** 睡衣裤/**sleepwalker** n. 梦游者/**sleepwalking** n. 梦游,梦游病

sleeper [ˈsliːpə] n. ⓒ ❶睡觉(呈某种状态)的人 ❷轨枕;枕木;道木 ❸卧车 ❹小耳环 ❺未料到获得成功的剧、书、人等

sleepless [ˈsliːplɪs] adj. ❶失眠的,不眠的,醒着的 ❷警觉的,戒备不懈的 ‖ **sleeplessly** adv. 失眠地/**sleeplessness** n. 失眠;警觉

sleepy [ˈsliːpi] adj. (**-ier, -iest**) 欲睡的;困乏的 ‖ **sleepily** adv. 欲睡地;困乏地/**sleepiness** n. 困乏 ‖ **sleepyhead** n. 贪睡者,昏昏欲睡者;思想不集中的人,懒散的人

sleet [sliːt] n. ⓤ雨夹雪或雹 ■ vi. 下雨夹雪;下冻雨 ‖ **sleety** adj. 雨夹雪的

sleeve [sliːv] n. ⓒ ❶衣服袖子 ❷套管,套筒 ‖ **have sth up〔in〕one's ~** 有锦囊妙计/

laugh up〔in〕one's ~ 暗暗发笑,偷笑‖
sleeveless adj. ①无袖的②徒然的,无益的/
sleevelet n. 袖套

slender ['slendə] adj. (-er,-est) ❶苗条的;修长的: The girl was pretty and slender. 那姑娘长得美丽苗条。❷细长的;薄的: The spider hung suspended on its slender thread. 蜘蛛悬吊在它细长的丝上。❸微薄的: We won the election but only with a very slender majority. 我们仅以微弱的多数赢得了选举。‖ **slenderly** adv. 修长;细长;微薄地/**slenderness** n. 苗条;微弱;不足

slew [sluː] vt.&vi. (使)旋转,猛地转向

slice [slaɪs] vt. 切: She sliced the pineapple. 她把凤梨切成薄片。/She sliced me a piece of meat. 她给我切了一片肉。/She sliced the bread thin. 她把面包切得很薄。vt.&vi. 斜击: He sliced the ball. 他斜击球。‖ ~ **into** 切开,切成/~ **off** 切掉,削去/~ **through** 切断,截断 ■ n. ⒸO❶片,薄片,切片: a thick ~厚片/Please cut bread into thin slices. 请把面包切成薄片。❷部分;份: They wanted to make sure they got a slice of the profits. 他们想确保自己可得到一份利润。‖ **slicer** n. ①切薄片的人②切片刀,切片机

slick [slɪk] adj. (-er,-est) ❶顺利而有效的,不费力的 ❷圆滑的,油滑的 ❸光滑的,滑溜的 ‖ **slickly** adv. 圆滑地;不费力地;光滑地/**slickness** n. 圆滑;光滑

slide [slaɪd] (pt.,pp. slid) vt.&vi. 滑动;滑行: He slid along the ice. 他沿着冰面滑行。vi. 滑落,跌落: ‖ ~ **into** ①(使)滑入②滑进/~ **out of** 悄悄离开/~ **round** 在…中滑来滑去/let sth ~ 听其自然发展 ■ n. ⒸO❶滑行,滑落 ❷幻灯片: We have a slide show every other week. 我们每隔一周观看一次幻灯片。‖ **slide bar**〈机〉滑杆/**slide fastener** 拉链/**slide film** 幻灯片/**slideway** n. 滑路

slight [slaɪt] adj. (-er,-est) ❶微小的,轻微的,微不足道的 ❷不结实的,纤弱的;脆弱的 ‖ **in the** ~**est** 丝毫,一点也不 ■ n. ⒸC轻蔑,忽视;冷落: I'm afraid she took your remark as a slight on her work. 恐怕她把你的话当作是对她工作的一种轻蔑。■ vt. 轻蔑,忽视,怠慢: He slighted no one. 他不轻视任何人。‖ **slightness** n. 瘦小;脆弱;轻微

slightly ['slaɪtlɪ] adv. ❶轻微地;稍稍: The number of passengers by this line fell off slightly in January. 一月份这条航线的乘客数量略有减少。❷细长;苗条;微小: a ~ built child 瘦高的孩子

slim [slɪm] adj. (-mmer,-mmest) ❶苗条的;修长的 ❷微少的,渺茫的 ❸ vi. (-mm-)减肥: I don't want any cake, I'm slimming. 我不想吃蛋糕,我正在减肥。‖ **slimly** adv. 细长地;稀少/无价值地/**slimness** n. 纤细;低劣‖

slim-jim n. 瘦削的人

sling [slɪŋ] vt. (pt.,pp. slung) ❶抛,掷,扔 ❷吊挂,悬挂: He stood up and slung his gun over his shoulder. 他站起来把枪往肩上一背。vt. ❶C悬带,挂带,吊腕带: have one's arm in the ~用悬带吊着手臂 ❷吊索,吊链,吊兜 ‖ **slinger** n. ①使用投石器者②吊装工/**slingshot** n. 弹弓

slink [slɪŋk] vi. 偷偷溜走

slip [slɪp] (-pp-) vi. 滑,滑倒: He slipped and fell down the stairs. 他滑倒了,从楼梯上摔了下来。vt. ❶偷偷(悄悄)地塞给: Passers-by would slip the beggar some change as they passed. 过路人从那乞丐身边走过时,总会塞给他一点零钱。/Tom slipped a stamp to me. 汤姆悄悄地给我一张邮票。❷摆脱,挣脱: The dog slipped its collar and ran away. 那条狗挣脱了项圈逃走了。❸逃过;被遗忘,被忽视: Your name has slipped my mind. 你的名字我忘了。‖ **let sth ~** ①错过(机会)②无意中说出/~ **down** 滑倒/~ **from** 滑脱/~ **into** ①(使)滑进,塞进;(使)滑行撞上(某物)②(使)悄悄进入/~ **out of** ①意外地从…滑出,掉出②溜出去/~ **over on** 愚弄,欺骗/~ **up** 搞错,弄错 ■ n. ❶S滑,溜,滑倒: One slip and you could fall off the building. 脚下一滑就可能从建筑物上跌下去。❷Ⓒ小过失,失误: There are a few trivial slips in this lesson. 在这篇课文中有几个小错误。‖ **slipcase** n. 书套/**slipcover** n. ①家具套②书的封套/**slipknot** n. 活结/**slip-on** n. 套领衫,无扣手套;套裙/**slipover** n. 套领衫;套ерв运动衣/**slip road** 汽车的支路;叉道/**slipshod** adj. ①穿着塌跟鞋的;破烂的②不整洁的;马虎的;潦草的/**slipup** n. ①错误,疏忽②不幸事故/**slipway** n. 滑台;滑道,船台

slipper ['slɪpə] n. Ⓒ拖鞋‖ **slippered** adj. 穿着拖鞋的

slippery ['slɪpərɪ] adj. (-ier,-iest) 光滑的;滑溜的: We found it very slippery under foot. 我们感到地上很滑。‖ **slipperily** adv. 光滑地;滑溜地/**slipperiness** n. 光滑;滑溜

slit [slɪt] vt. (-tt-; pt.,pp. slit) 切开;撕开: She slit his throat. 她切开他的喉咙。■ n. Ⓒ狭长的口子,裂缝: the ~ of the letter-box 信箱的投信口‖ **slitter** n. ①开切口的人②切开的器具,切刀

slither ['slɪðə] vi. 摇晃不稳地滑动或滑行

sliver ['slɪvə] n. Ⓒ(切割或断裂下来的)薄长条,碎片 ■ vt.&vi. (使某物)断裂或破碎成碎片

slog [slɒg] vt.&vi. (-gg-) 猛击 ■ n. ❶Ⓒ猛击 ❷S艰难的工作或行走期间

slogan ['sləʊgən] n. Ⓒ标语,口号,广告语: a new ~ 新广告语/The crowd chanted slogans and waved banners. 人群有节奏地呼喊着口号

slop [slɒp] (-pp-) vi. 溢出；泼出 vt. 使(某物)溢出或泼出 ■n. ⓒ ❶污水 ❷粪便与废水 ❸剩菜屑；流质食物

slope [sləʊp] n. ⓒ ❶斜坡,斜面：*a gentle [gradual]* ~ 缓坡/*On both slopes of the roof there are broken tiles.* 屋顶的两面斜面都有破瓦片。❷倾斜,坡度,斜率：*a grassy* ~ 长满青草的斜坡/*The floor is on a slight slope.* 地面略有倾斜。■vi. 倾斜；有坡度：*The floor slopes badly here.* 这儿地板倾斜得很厉害。

sloppy ['slɒpɪ] adj. (-ier,-iest) ❶衣着不整的，做事马虎的 ❷草率的，粗心的 ❸庸俗伤感的 ❹溅满水的 ❺太稀的 ‖ **sloppily** adv. 马虎地；草率地/**sloppiness** n. 草率,粗心

slot [slɒt] n. ⓒ ❶(机器或工具上的)狭缝,狭槽 ❷〈非正〉(在表册、系统等中所占的)位置，职位,空位 ■vt. (-tt-) 把…放入狭长开口中；把…纳入其中，使有位置：*You buy this book-case in sections and slot them together.* 你分组件买这个书橱，再把它们卡榫对准组合在一起。/*Can you slot her into a job in the sales department?* 你能让她安排在销售部工作吗？‖ **slot car** 遥控玩具汽车/**slot machine** 自动售货机

sloth¹ [sləʊθ] n. ⓤ 懒散；懒惰
sloth² [sləʊθ] n. ⓒ〈动〉树獭

slouch [slaʊtʃ] vi. 无精打采地立、坐或行走：*He told the children to sit up and not slouch.* 他告诉孩子们坐直，别没精打采的。■n. ⓢ 无精打采的姿态或动作

slough¹ [slaʊ] n. ❶ⓒ 沼泽 ❷ⓒ 水池,池塘 ❸ⓢ 难以改变的不良心理

slough² [slʌf] n. ❶蛇蜕下来的皮；按时脱落的死组织 ■vt. 使…蜕下或脱落；舍弃 ‖ ~ **off** 摆脱，抛弃

slow [sləʊ] adj. (-er,-est) ❶慢的：~ *music* 慢节拍的音乐/*This is the slow lane of a motorway.* 这是高速路的慢车道。/*Why are you so slow? Hurry up!* 你为什么这么慢？快一点！❷迟钝的；不灵巧的：*a* ~ *child* 反应迟钝的孩子/*I'm sorry I'm so slow today; I didn't get much sleep last night.* 对不起，我今天反应太迟钝，我昨天晚上没睡多少觉。❸(生意等)清淡的；不忙碌的：*a* ~ *reason* 淡季/*Business is slow just now.* 目前生意清淡。■adv. (-er,-est) 慢慢地：*The watch runs slow.* 表走着走着就慢了。/*How slow would you like me to play?* 你要我弹奏多慢？‖ **go** ~ ①减慢速度 ②怠工 ③减少活动 ■vt.&vi. (使)缓行，(使)减速：*The river slows on the flat bottom.* 河水在平坦的河床上减慢了流速。/*He slowed the car to a crawl.* 他把车开得很慢。‖ ~ **down〔up〕** ①(使)慢下来 ②(使)生产缓慢，(使)变得迟钝 ‖ **slowish** adj. 比较慢的，有点慢的；有点迟钝的，有点沉闷的/**slowly** adv. 慢慢地；缓慢地/**slowness** n. 慢 ‖ **slow-footed** adj. 速度慢的，进展缓慢的/**slowgoing** adj. ①悠闲地步行的 ②不想有所作为的，劲儿不足的/**slow motion** 慢动作/**slow-moving** adj. ①动作缓慢的 ②滞销的/**slow-up** n. 减速，减退/**slow-witted** adj. 迟钝的，笨的

slug [slʌg] n. ⓒ ❶子弹 ❷(印刷中的)大嵌条 ❸用以充硬币启动投币机的金属块 ❹少量的威士忌、伏特加等

sluggard ['slʌgəd] n. ⓒ 懒汉 ■adj. 懒惰的 ‖ **sluggardly** adj. 懒惰的/**sluggardness** n. 懒惰

sluggish ['slʌgɪʃ] adj. 行动迟缓的，不机警的，不活泼的，无精打采的 ‖ **sluggishly** adv. 无精打采地，缓慢地/**sluggishness** n. 懒散；呆滞，萧条

slum [slʌm] n. ⓒ 贫民窟,贫民区 ‖ **slummer** n. ①贫民窟的居民 ②访问贫民区的人 ‖ **slum district〔area〕**贫民区/**slumlord** n. 从出租贫民窟的房屋牟取暴利的房东

slumber ['slʌmbə] vi. 睡眠；安眠：*The baby slumbered in his cradle.* 那婴儿安然地睡在摇篮中。■n. ⓤⓒ 睡眠 ‖ **slumberer** n. 睡者；微睡者

slump [slʌmp] vi. ❶大幅度下降，暴跌：*What caused the price of irons to slump?* 钢铁价格暴跌是什么原因？❷沉重或突然地落下〔倒下〕：*He is very tired so he slumped into a chair.* 他非常累，所以一屁股坐在椅子上。■n. ⓒ ❶萧条期：*Economists are forecasting a slump.* 经济学家们预计将发生经济衰退。❷〈美〉(个人、球队等的)低潮状态：*She is in a slump in her career.* 她处在事业的低谷。

slur [slɜː] vt. ❶含糊地说出，含糊地发…的声 ❷侮辱，诋毁 ❸连唱，连奏

sly [slaɪ] adj. (-er,-est) ❶狡猾的；狡诈的 ❷ⓐ 会意的；会心的 ‖ **on the** ~ 秘密地，偷偷地/**slyly** adv. 狡猾地；偷偷摸摸地/**slyness** n. 狡猾，狡诈

smack [smæk] vt. 拍，打，掴：*She smacked a child's bottom.* 她打孩子的屁股。■n. ⓒ ❶掌掴(声) ❷拍击(声) ❸响吻 ‖ ❶直接地，准确地，恰好地 ❷猛烈地，急剧地 ‖ **smack-dab** adv. 恰好地，不偏不倚地

small [smɔːl] adj. ❶小的，少的 ❷ⓐ 年幼的，幼小的 ❸ⓐ 小规模的，小范围的：~ *busines-ses〔company〕* 小公司/*The small shops were merged into a large market.* 那些小商店合并成为一个大商场。❹不重要的；微不足道的；微小的：~ *job* 低微的工作/*My influence over her is small.* 我对她的影响不大。❺ⓐ 小气的，心胸狭窄的：*He was a man with a small mind.* 他是一个心胸狭窄的人。/*It is small of her to wish for payment.* 她还希望得到报酬，真小气。‖ **a** ~ **fortune** 许多钱/~ **change** 零钱/**great and** ~ 贫富，强弱，贵贱，高低等/~ **fry**

〔potatoes〕〈口〉(被认为)不重要的人〔事物〕/~ talk闲谈,聊天/~ wares 杂货,小商品/~ wonder 不太出奇/the ~ hours 午夜刚过的一段时间;深夜‖ **smallness** n. 小,微不足道‖ **small arms** ①轻兵器②个人武器/**small-beer** adj. 微不足道的,无价值的/**small-scale** adj. ①小规模的②小比例尺的/**smallshot** n.〈俚〉小人物/**small-time** adj.〈美〉次等的,无足轻重的

smart [smɑːt] adj. (-er, -est) ❶整洁漂亮的;衣着讲究的;时髦的 ❷思维敏捷的,伶俐的;聪明的 ❸有力的,猛烈的 ■ vi. 感到刺痛:She was still smarting from〔over〕his unkind words. 她对他的那些无情话仍感到很难受/. n. Ⓤ创伤:He felt the smart of their insult for many days. 他受到他们的侮辱后好多天都感到难受。‖ **smartly** adv. ①轻快地②厉害地,严厉地③灵巧地,能干地;精明地④整齐地,准确地⑤漂亮地,时髦地‖ **smartness** n. 轻快;严厉;灵巧;精明;整齐,准确;时髦‖ **smart money** ①罚款;赔偿金②伤兵抚恤金③由于掌握内部情况而投下的赌注

smash [smæʃ] n. ❶ⓈⓊ破碎(声) ❷ⓈⓊ猛击;猛撞 ❸Ⓒ大成功;极为成功的新书〔新戏,电影等〕 ■ vt. & vi. 打碎;捣烂:The cup fell and smashed. 杯子落下来摔碎了。/ She dropped the plate and smashed it. 她失手把盘子掉在地上打碎了。/ The key was lost, so we had to smash the door open. 钥匙丢了,所以我们只得将门砸开。vt. 重击;打败:We smashed his intrigues. 我们粉碎了他的阴谋。‖ ~ in 把…往里砸坏/~ up 砸坏(某物);使受损坏‖ **smashed** adj. 喝醉的/**smasher** n. ①打击者;善于扣球者②〈俚〉沉重的打击,摔跟头③〈俚〉出色的人或东西;特大的东西④〈俚〉令人信服的议论‖ **smashup** n. ①撞车事故;猛撞②崩溃,瓦解,垮掉

smashing ['smæʃɪŋ] adj. 极好的‖ **smashingly** adv. 极好地

smear [smɪə] v. ❶涂抹;弄脏,弄污 ❷把…擦模糊 ❸玷污,诋毁 ■ n. Ⓒ❶污迹,污渍 ❷(显微镜的)涂片 ❸诽谤,诬蔑‖ **smear word** 污蔑性的字眼

smell [smel] n. ❶Ⓤ嗅觉 ❷Ⓢ嗅,闻 ❸Ⓒ气味;臭味 ■ (pt., pp. **smelt**) vt. & vi. & link v. 嗅;闻:~ the ball 嗅那个球状物/Can a bee smell? 蜜蜂有嗅觉吗?/The milk smells sour. 牛奶闻起来酸了。vt. 闻到;嗅出:The poor boy smelled the delicious odour of cooked meat. 这可怜的孩子闻到了香喷喷的肉味。/ My mother can smell burning. 我母亲闻到什么东西烧焦的味道。/ My horse can always smell when rain is coming. 我的马凭嗅觉总能知道何时下雨。/ Then he smelled food cooking. 接着他闻到了烧饭的气味。‖ ~ about 东嗅西嗅,到处打听/~ at 闻,嗅/~ of ①带有…气味②带有某种令人不快的迹象/~ out ①嗅出②发现/~ up 使充满…气味‖ **smeller** n. ①嗅的人;用嗅觉测定食品质量的人②发出臭气的东西③触须;触角④〈俚〉鼻子/**smell-less** adj. 无气味的

smelt [smelt] vt. 熔炼,提炼(矿石)

smile [smaɪl] n. Ⓒ微笑,笑容:a winning ~ 嫣然一笑/A smile of pleasure passed across his face. 他脸上露出高兴的微笑。/ He was all smiles at the good news. 他听到这个好消息时喜形于色。■ vt. & vi. 微笑:~ a forced smile 强作笑容/He was smiling all over his face. 他满面笑容。/ She smiled a bitter smile. 她苦笑了一下。vt. 以微笑表示:~ one's thanks 以微笑表示感谢/Father smiled his approval. 父亲以微笑表示赞许。‖ ~ at 对…微笑,以微笑对待/~ on〔upon〕①对…微笑②好运降临‖ **smileless** adj. 不笑的;严肃的

smirch [smɜːtʃ] vt. 玷污,污辱

smite [smaɪt] vt. ❶(古是用语)猛打,重击 ❷(古时用语)打击(某人)

smog [smɒg] n. Ⓤ烟雾

smoke [sməʊk] n. ❶Ⓤ烟:heavy〔light〕~ 浓〔轻〕烟/The house is full of smoke. 满屋子都是烟。❷Ⓢ吸烟:I'm dying for a smoke. 我真想抽支烟。■ vi. 冒烟:The fireplace smokes badly. 这壁炉冒烟太多。■ vt. & vi. 抽烟:The doctor told me not to smoke. 医生告诫我不要抽烟。/ He smoked one cigarette after another. 他一根接着一根地吸着香烟。/ He smoked his throat raw. 他抽烟抽得嗓子都疼了。vt. 用烟熏制:~ fish〔ham〕熏鱼〔火腿〕/ He smoked a sheet of glass to look at the sun. 他熏黑了一块玻璃用以观察太阳。‖ ~ out ①用烟熏出②使某处充满烟‖ **smoke ball** 烟幕弹,发烟炸弹/**smoke bell** 烟罩/**smoke black** 烟灰/**smoke bomb** 烟幕弹,发烟炸弹/**smokechaser** n. 森林灭火员/**smoke-dried** adj. 烟熏的/**smokehouse** n. 鱼肉熏制厂/**smokeproof** adj. 不透烟的;防烟的/**smoke screen** 烟幕

smoking ['sməʊkɪŋ] n. Ⓤ吸烟,抽烟‖ **smoking car** 吸烟车厢/**smoking room** 吸烟室/**smoking-room** adj. 淫秽的,肮脏的

smoky ['sməʊkɪ] adj. (-ier, -iest) ❶多烟的,冒烟的,烟雾弥漫的 ❷有烟熏味的,烟状的‖ **smokily** adv. 烟雾弥漫地;烟状地/**smokiness** n. 烟雾弥漫;烟雾

smooth [smuːð] adj. (-er, -est) ❶光滑的;平坦的;平静的:She has a smooth skin. 她皮肤光滑。/ He planed the board smooth. 他刨平了这块木板。❷平稳的,不颠簸的,不摇晃的 ❸顺利的,没有困难的,没问题的:There is a smooth style of writing in this novel. 这本小说文体流畅。❹过分殷勤的,圆滑的;(过分)礼貌的‖ in ~ water(s) 进展顺利,一帆风顺 ■ vt.

smother

& vi. (使)光滑,(使)平坦;(使)顺利:~ a wrinkled tablecloth 熨平起皱的桌布/This agreement will smooth the way to peace. 这一协议将为和平铺平道路。/Speaking the language fluently certainly smoothed our path. 我们说这种语言很流利,确实给我们带来了许多方便。‖ ~ **away** 消除,弄平/~ **down** ①弄平,弄光滑②(使…)平息/~ **out** ①弄平②缓和,调解/~ **over** 平息 ‖ **smoothly** adv. ①光滑地,平滑地②平稳地③圆滑地④流畅地/**smoothness** n. 光滑;平稳;圆滑;流畅 ‖ **smooth-faced** adj. ①脸光光的,没有胡须的②面光滑的③假装和颜悦色的;奉承讨好的/**smooth-shaven** adj. 脸刮得光光的/**smooth-spoken** adj. ①言词流利的,娓娓动听的②用花言巧语讨好的/**smooth-tongued** adj. 油嘴滑舌的,用花言巧语讨好的

smother ['smʌðə] vt. & vi. (使)窒息,(使)透不过气:Don't put that cloth over the baby's face, you'll smother him! 不要把布盖在那个婴儿脸上,会使他窒息的! vt. ❶覆盖:In autumn the grass is smothered with leaves. 秋天草地上盖满了枯叶。❷忍住,抑制:~ a yawn 忍住哈欠/~ one's grief 抑制悲痛 ❸闷住,闷熄:The fire is smothered by ashes. 火被灰闷熄了。‖ ~ **up** 压制,扣压,掩盖

smoulder, 〈美〉**smolder** ['sməuldə] vi. 用文火焖烧,熏烧,慢燃:The mat was smouldering where the burning log had fallen. 燃烧的木棒落下的垫子慢慢燃烧起来。━ n. ①焖烧,文火,冒烟:The smoulder became a blaze. 焖火变为烈焰。

smudge [smʌdʒ] n. ⓒ(尤指因擦而形成的)污点,污迹,污斑 ━ vt. & vi. 弄脏,留下污迹,(使)变脏 ‖ **smudgy** adj. ①弄脏了的;沾污了的②模糊不清的

smug [smʌg] adj. (-gger,-ggest)自满的,沾沾自喜的:a ~ smile 自满的笑/~ young man 沾沾自喜的年轻人 ‖ **smugly** adv. 自满地/**smugness** n. 沾沾自喜

smuggle ['smʌgl] vt. ❶偷运,私运,走私:~ goods into a country 向某国走私/~ Swiss watches into England 走私瑞士表到英国/Heroin has been smuggled out by sea. 海洛因已从海上偷运出境。❷不按规章地偷带(人或物):~ a letter into a prison 偷带一封信到监狱 ‖ ~ **in** 走私运入,非法带入/~ **out** 走私运出 ‖ **smuggler** n. 走私者;走私船/**smuggling** n. 走私

smut [smʌt] n. ❶ⓒⓤ(一小块)污垢,煤烟,油烟 ❷ⓤ淫秽的书籍(故事,谈话等) ❸ⓤ(禾草、禾谷类的)黑粉病 ‖ **smut mill** 清谷机

smutty ['smʌti] adj. (-ier,-iest)猥亵的,淫秽的,下流的 ‖ **smuttily** adv. 猥亵地/**smuttiness** n. 猥亵

snack [snæk] n. ⓒ小吃;点心;快餐 ■ vi. 吃快餐;吃点心 ‖ **snack bar** 小吃店/**snack counter** 快餐柜/**snack table** 单人用的小餐桌

snag [snæg] n. ⓒ❶(尤指潜伏的)困难,(未料到的)障碍 ❷尖利的突出物 ❸被割破或钩坏的裂口 ━ vt. ❶(被尖锐物)挂住,钩住 ❷迅速抓到;抢到 ‖ **snagged** adj. 多根株的;被株钩住的/**snaggy** adj. 多根株的

snail [sneɪl] n. ⓒ蜗牛 ‖ **at a ~'s pace** 非常慢地 ‖ **snaillike** adj. 像蜗牛的 ‖ **snail fever** 〈医〉血吸虫病/**snail-slow** adj. 慢吞吞的/**snail wheel** 蜗形轮

snake [sneɪk] n. ⓒ❶蛇 ❷阴险的人 ‖ **snakelike** adj. 蛇形的；蛇般的 ‖ **snakebird** n. 〈动〉蛇鹈/**snakebite** n. 毒蛇咬伤/**snake charmer** 玩蛇人/**snake-charming** n. 玩蛇术/**snake dance** ①蛇舞②蜿蜒前进的队伍/**snake-eater** n. 鹭鹰/**snake eye**(掷骰子中的)两点/**snake fence** 蛇形栅栏/**snake pit** ①蛇洞②精神病医院③乱七八糟的地方/**snake-root** n. 能治蛇咬的植物(或其根)/**snakeskin** n. 蛇皮(革)/**snakewood** n. 蛇藤木

snaky ['sneɪkɪ] adj. 似蛇的,(尤指像蛇般)蜿蜒曲折的

snap [snæp] (-pp-)vt. & vi. ❶猛地咬住:The enormous fish snapped the line. 一条大鱼咬住了线。❷(使某物)发出尖厉声音地突然断裂〔打开,关闭〕:The weight of fish snapped the fishing rod in two. 鱼的重量很大,把鱼竿啪的一声压成两截了。❸厉声地说:She snapped at me. 她厉声对我说话。━ vt. 拍…的快照:The photographer snapped a nice photograph of him. 摄影师给他拍了一张很棒的快照。‖ ~ **at** ①咬②对…厉声说③急切地接受/~ **off** ①折断②啪地关灯/~ **on** ①扣紧②啪地打开灯/~ **up** 抢购 ‖ **snapback** n. 很快的恢复/**snap bolt** 自动门闩/**snap fastener** 按扣/**snap hook** 弹簧扣/**snap lock** 弹簧锁

snappy ['snæpɪ] adj. (-ier,-iest)漂亮的;时髦的 ‖ **snappily** adv. 漂亮地;时髦地/**snappiness** n. 漂亮;时髦

snapshot ['snæpʃɒt] n. ⓒ(拍)快照

snare [sneə] n. ⓒ❶陷阱;圈套 ❷诱人遭受失败(丢脸、损失等)的东西;诱惑物;圈套 ■ vt. 用罗网捕捉;诱陷,陷害:~ a rabbit 用罗网捕捉兔子

snarl [snɑːl] n. ⓒ嗥叫,咆哮 ■ vi. (指狗)吠,嗥叫;(人)咆哮:The dog snarled at me. 这狗对我嗥叫。 vt. & vi. 咆哮着说;厉声地说:~ a threat 咆哮着威胁/"I will kill you." he snarled. "我要杀死你",他咆哮道。‖ **snarler** n. ①狂吠的动物②咆哮者

snatch [snætʃ] n. ❶ⓒ抢、夺；攫取 ❷ⓟ(短的)片段；短时间;一阵 ‖ **by**〔**in**〕~ 断断续续地 ■ vt. & vi. 突然伸手拿取；攫取；抓住:It is rude to snatch. 攫夺是不礼貌的。 vt. 迅速获得;乘机获取:~ a meal 乘机吃一顿饭 ‖ ~

sth from sb 从某人手中抢去某物 ‖ **snatcher** n. 攫夺者;诱拐者;绑架者

sneak [sni:k] vi. 潜行;偷偷溜走;~ *into a room* 潜入室内 vt. 偷窃;~ *a chocolate from the box* 从盒里偷拿走一块巧克力 ■n. ⓒ鬼鬼祟祟的人 ■adj. 鬼鬼祟祟的;诡秘的;偷偷摸摸的 ‖ **sneaker** n. 鬼鬼祟祟的人 ‖ **sneak-raid** n. 偷袭(轰炸)/**sneak thief** 顺手牵羊的小偷

sneer [snɪə] vi. 轻蔑地笑;冷笑着说 ‖ ~ **at...** 嘲笑… ■n. ⓒ讥笑的表情(言语) ‖ **sneerer** n. 嘲笑者/**sneering** adj. 嘲笑的;讥笑的

sneeze [sni:z] n. ⓒ喷嚏 ■vi. 打喷嚏;*Use a handkerchief when you sneeze*. 打喷嚏时应用手绢遮起。‖ **not to be ~d at** 不可轻视 ‖ **sneezy** adj. 老打喷嚏的;引起喷嚏的

snick [snɪk] vt. ❶刻细痕于,留刻痕于 ❷(在板球比赛中)用球棒的边沿撞击(球)

snicker ['snɪkə] = snigger

snide [snaɪd] adj. 讽刺的,挖苦的

sniff [snɪf] vt. & vi. 以鼻吸气;嗅;闻:*When Jenney had stopped crying she sniffed and dried her eyes*. 当珍妮停止哭泣时,她吸了吸鼻子,擦干了眼泪。■n. ⓒ以鼻吸气;嗤之以鼻;嗅:*get a ~ of sea air* 吸一口海上空气

sniffle ['snɪfl] vi. ❶抽鼻子:*I wish you wouldn't keep sniffling*. 但愿你别总抽鼻子就好了。❷抽噎:*The child stopped crying, but kept on sniffling*. 那个小孩子不哭了,但仍在抽噎。■n. ⓒ抽鼻子;抽噎声 ‖ **get the ~s** 患轻微感冒

snigger ['snɪgə] vi. 暗笑,窃笑 ■n. ⓒ暗笑(声);窃笑(声)

snip [snɪp] vt. (-pp-)剪:~ *a hole in the paper* 在纸上剪一个洞 ■n. ⓒ剪;剪下之物

snippet ['snɪpɪt] n. ⓒ(尤指讲话或文字的)小片,片段,零星的话 ‖ **snippety** adj. 零碎的 ‖ **snippet journal** 文摘报

snob [snɒb] n. ⓒ❶(诌上傲下的)势利小人:*She dislikes snobs intensely*. 她极其厌恶势利小人。❷自高自大者,自命不凡者

snobbery ['snɒbərɪ] n. Ⓤ势利行为,诌上傲下,恃才傲物

snobbish ['snɒbɪʃ] adj. 势利眼的,诌上傲下的,恃才傲物的 ‖ **snobbishly** adv. 势利眼地,诌上傲下地/**snobbishness** n. 势利眼

snoop [snu:p] vi. 探听,窥探;管闲事 ■n. ⓒ探听,窥探;管闲事 ‖ **snooper** n. 探听者

snooze [snu:z] vi. 小睡,打盹,打瞌睡:*He was snoozing by the table*. 他在桌子旁打瞌睡。■n. ⓒ小睡:*have a ~ after lunch* 午饭后小睡

snore [snɔ:] vi. 打呼噜,打鼾:*How frightful to have a husband who snores!* 有一个发鼾声的丈夫多讨厌啊! ■n. ⓒ呼噜,鼾声:*His snores woke me up*. 他的鼾声吵醒了我。

snort [snɔ:t] vt. & vi. 喷鼻息(以表示不耐烦,轻蔑等):~ *with rage* 发怒地喷鼻息 ■n. ⓒ❶喷鼻息,鼻息声 ❷(潜水艇的)通气管

snot [snɒt] n. Ⓤ鼻涕

snout [snaʊt] n. ⓒ(猪等动物的)长鼻子,口鼻部

snow [snəʊ] n. ❶Ⓤ雪,雪花,雪片 ❷ⓅⒻ下雪,降雪 ‖ **as pure as the driven ~** 纯真无邪,玉洁冰清/~ *job* 为博得别人赞赏而夸夸其谈,吹牛 ■vt. & vi. 下雪 ‖ **be ~ed in** 被雪所困/**be ~ed under** ①被雪埋住②工作多得忙不过来/**be ~ed up** 被雪困住 ‖ **snowless** adj. 无雪的 ‖ **snowbank** n. 雪堆,雪堤/**snow-blind** adj. 雪盲的/**snow blindness** 雪盲症/**snow-covered** adj. 被雪覆盖的/**snow fence** 防雪栅栏/**snow goose** 雪雁/**snow line** 雪线/**snow pack** 积雪场/**snow-shovel** n. 雪铲/**snow sweeper** 扫雪机/**snow-white** adj. 雪白的

snowball ['snəʊbɔ:l] n. ⓒ雪球 ■vi. (计划、问题等)滚雪球似地迅速增大

snowdrift ['snəʊdrɪft] n. ⓒ(被风吹成的)雪堆

snowfall ['snəʊfɔ:l] n. ❶ⓒ下雪,降雪 ❷Ⓢ Ⓤ降雪量

snowflake ['snəʊfleɪk] n. ⓒ雪花,雪片

snowman ['snəʊmæn] n. (pl. -men) ⓒ雪人

snowplough ['snəʊplaʊ] vi. (滑雪者)作犁式滑降

snowshoe ['snəʊʃu:] n. ⓒ雪鞋

snowstorm ['snəʊstɔ:m] n. ⓒ暴风雪,雪崩

snowy ['snəʊɪ] adj. (-ier, -iest) ❶多雪的,下雪的,积雪的 ❷雪白的,纯白的

snub [snʌb] vt. (-bb-)冷落,怠慢,对…不予理睬 ■n. ⓒ冷落,怠慢 ■adj. (鼻子)扁而扁的

snuff [snʌf] vt. ❶剪(烛)花 ❷熄灭(烛光) ❸消灭:*His hopes were nearly snuffed out*. 他的希望几乎破灭了。❸死

snug [snʌg] adj. (-gger, -ggest) ❶温暖而舒适的:*a ~ little parlour* 舒适而温暖的小客厅 ❷整洁的:*a ~ room* 整洁的房间 ❸紧身的:*a ~ jacket* 紧身的短上衣

snuggle ['snʌgl] vt. & vi. 依偎;舒适的蜷伏;紧靠;拥抱

so [强 səʊ, 弱 sə] adv. ❶那么,非常:*Don't be so childish*. 别那么幼稚。❷这样,那样:*First, you turn the engine on so*. 首先,你这样开动引擎。❸同样;也:"*He can play football*." "*So can I*." "他会踢足球。" "我也会。" ❹当然,是的:"*He will go to Hongkong*." "*So he will*." "他将要去香港。" "是的,他将要去。" ❺很:*I* *am so glad that you have come*. 对你的到来我感到很高兴。‖ **ever** ~ 很，非常/**not** ~ **much...as** 不是…而是…/**or** ~ 大约/~ **as to** 为了…/~ **... as to** 如此…以致/**long as** 只要/~ **many〔much〕**多少/~ **much so that** 到这种程度以致/~ **that** ①以便②结果，以致 ■ *conj.* 因此，所以：*The dog was hungry, so we fed it*. 狗饿了，所以我们喂它。/*I gave you a map so you wouldn't get lost*. 我给你一张地图，这样你就不会迷路了。‖ ~ **what** 那又怎么样

soak [səuk] *vt.&vi.* ❶浸，泡：~ *bread* 泡面包/*They left the dirty clothes to soak*. 他们把这些脏衣服泡在水里。/*You'd better soak clothes before washing*. 衣服在洗之前最好先泡一会儿。❷浸透，湿透：~ *naturally* 自然地渗透/~ *thoroughly* 湿透 *vi.* 酗酒：*It's not good to soak*. 酗酒是不好的。‖ ~ **in** ①浸透，渗入②被逐渐理解③浸没 ~ **through** ①被中④沉浸于…之中/~ **into** ①浸入~②被…中④被逐渐理解并吸收/~ **off** 泡掉/~ **out**（使）被泡掉/~ **through** 浸透/~ **up** ①吸收，(使)充满②大量而迅速地吸取/~ **with** 用…浸泡，使充满… ‖ **soaker** *n.* 大雨

soaking [ˈsəukɪŋ] *adj.&adv.* 湿透的〔地〕

soap [səup] *n.* Ⓤ 肥皂：*liquid* ~ 液体皂/*bath* ~ 浴皂/*This soap lathers so nicely*. 这种肥皂泡沫很多。/*He bought a bar of soap*. 他买了一条肥皂。‖ **soapless** *adj.* ①无肥皂的②肮脏的 ‖ **soapbox** *n.* 肥皂盒/**soap bubble** 肥皂泡/**soap opera** 肥皂剧/**soap powder** 肥皂粉/**soap works** 肥皂厂

soapy [ˈsəupɪ] *adj.* (-ier,-iest) ❶含有肥皂的，沾满肥皂的 ❷似肥皂的 ‖ **soapily** *adv.* 沾满肥皂地/**soapiness** *n.* 沾满肥皂

soar [sɔː] *vi.* ❶高飞，翱翔：~ *gracefully* 优美地翱翔/~ *loftily* 高高地飞翔/*A bird is soaring into the sky*. 一只鸟正飞向云端。❷猛增：*The temperature soared to 81℃*. 温度猛增到摄氏 81 度。/*Price soared when war broke out*. 战争爆发时物价猛涨。❸高耸，屹立：~ *magnificently* 雄伟地屹立着/*The lamp tower soars above the horizon*. 这座灯塔高耸入云。‖ ~ **up** 高飞，翱翔，升高

sob [sɒb] (-bb-) *vt.&vi.* 哭泣，啜泣：*The child started to sob when he couldn't find his mother*. 孩子因找不到他妈妈哭了起来。/*She sobbed herself to sleep*. 她啜泣着入睡。 *vt.* 哭诉；呜咽地说：*She sobbed out the story of her son's death*. 她哭诉着她儿子的死。■ *n.* Ⓒ 啜泣(声)；呜咽(声)：*She nodded with a sob*. 她啜泣着点了点头。

sober [ˈsəubə] *adj.* ❶没喝醉的；头脑清醒的：*The man was still sober when he went home*. 那人回到家时头脑依然清醒。/*Anyone who is not drunk is sober*. 任何没有醉的人便是头脑清醒的人。❷冷静的；适度的；严肃的：*He talked to us in a sober friendly fashion*. 他以冷静而又友好的方式同我们交谈。■ *vt.&vi.* (使)冷静，(使)清醒：*The news sobered all of them*. 那消息使他们全都冷静下来。‖ **soberly** *adv.* 没喝醉地；头脑清醒地/**soberness** *n.* 清醒 ‖ **sober-minded** *adj.* 清醒的；严肃的

soccer [ˈsɒkə] *n.* 〈美〉足球：*I don't like playing soccer*. 我不喜欢踢足球。

sociable [ˈsəu∫əbl] *adj.* 随和的；好交际的；友善的 ‖ **sociability** *n.* 随和/**sociably** *adv.* 随和地；友善地

social [ˈsəu∫əl] *adj.* ❶社会的 ❷交际的 ‖ **social dancing** 交际舞/**social insurance** 社会保险/**social security** 社会保障/**social service** 社会公益服务，社会慈善事业/**social welfare** 社会福利

socialism [ˈsəu∫əlɪzəm] *n.* Ⓤ 社会主义

socialist [ˈsəu∫əlɪst] *n.* Ⓒ 社会主义者：*His father was an ardent socialist*. 他父亲是一个热情的社会主义者。

socialize,-ise [ˈsəu∫əlaɪz] *vi.* (与…)交往，联谊 *vt.* 使适合于过社会生活

society [səˈsaɪətɪ] *n.* ❶ⒸⓊ 社会 ❷Ⓒ 社团，协会 ❸Ⓤ 上流社会，社交界

sociology [ˌsəusɪˈɒlədʒɪ] *n.* Ⓤ 社会学 ‖ **sociologist** *n.* 社会学家

sock [sɒk] *n.* Ⓒ 短袜 ‖ **pull one's ~s up** 加紧努力；鼓足干劲/**put a ~ in it** 不再讲话

socket [ˈsɒkɪt] *n.* Ⓒ 孔，穴；插孔，插座：*a ~ for an electric light bulb* 电灯泡插座

sod *n.* ❶愚笨的(男)人，讨厌鬼 ❷招惹麻烦的事情，棘手的事情

soda [ˈsəudə] *n.* ⒸⓊ ❶苏打，碱 ❷苏打水，汽水 ‖ **soda water** 苏打水

sodium [ˈsəudɪəm] *n.* Ⓤ〈化〉钠

sofa [ˈsəufə] *n.* Ⓒ (长)沙发

soft [sɒft] *adj.* (-er,-est) ❶软的，柔软的 ❷(声音)温柔的，轻柔的 ❸(颜色、光线)柔和的 ❹柔弱的，娇嫩的 ❺温和的，和蔼的 ❻Ⓐ 不含酒精的：*Coca-cola is a soft drink*. 可口可乐是一种不含酒精的软性饮料。‖ **softness** *n.* 柔软；温柔；柔和/**softboiled** *adj.* 多愁善感的/**soft coal** 烟煤/**soft-footed** *adj.* 脚步轻盈的/**softgoods** *n.* 纺织品/**softhead** *n.* 自己无主意的人/**softheaded** *adj.* 自己无判断力的/**soft-hearted** *adj.* 心肠软的/**soft-land** *vt.&vi.* (使)软着陆/**soft landing** 软着陆/**soft sawder** 奉承/**soft science** 软科学/**soft-seat** *n.* 软席/**soft soap** 软皂；奉承/**soft-soaper** *n.* 奉承者/**soft solder** 软焊料/**soft spot** 弱点/**soft steel** 软钢/**soft-witted** *adj.* 半痴半呆的

soften [ˈsɒfn] *vt.&vi.* (使)变软，(使)变轻柔，(使)变温和 ‖ **softener** *n.* 软化剂

softly ['sɒftlɪ] adv. 轻轻地；轻柔地；温和地；柔和地

software ['sɒftweə] n. Ⓤ 软件：use the ~ 使用软件

soil [sɔɪl] n. ⒸⓊ 泥土，土壤，土地：farm the ~ 耕作土地 / sandy ~ 沙土 / soft ~ 软土 / make a living from the ~ 靠种地为生 / Plants get the nutrition from the soil in which they grow. 植物从它们赖以生存的土壤中吸收养分。■ vt. & vi. 弄脏；污染：White gloves soil easily. 白手套很容易弄脏。/ His actions have soiled his family name. 他的行为辱没了家门。‖ **soil improvement** 土地改良

solar ['səʊlə] adj. 太阳的，日光的：~ energy 太阳能 / This is a solar calendar. 这是阳历。‖ **solar battery** 太阳能电池 / **solar day**〈天〉太阳日 / **solar eclipse**〈天〉日食 / **solar system**〈天〉太阳系 / **solar year**〈天〉太阳年

soldier ['səʊldʒə] n. Ⓒ 士兵，军人

sole [səʊl] adj. Ⓐ ❶ 单独的，惟一的 ❷ 专有的，独占的

solely ['səʊlɪ] adv. 惟一地；仅仅；独一无二地

solemn ['sɒləm] adj. ❶ 严肃的：a ~ face 严肃的面孔 / He looked very solemn as he announced the news. 在宣布这一消息时，他显得非常严肃。❷ 庄重的，郑重的：a ~ pledge 郑重的誓言 / The Premier's burial was a solemn occasion. 总理的葬礼是个庄严的场面。❸ 庄严的；隆重的：The new ambassador was received with solemn ceremonies. 新大使受到了隆重的礼遇。

solemnity [sə'lemnɪtɪ] n. ❶Ⓤ 庄严；严肃，庄重 ❷Ⓢ 庄严的举止，庄重的仪式

solicit [sə'lɪsɪt] vt. & vi. ❶ 恳求，请求，乞求 ❷（指妓女）拉客 ‖ **solicitation** n. 请求，恳求，征求

solid ['sɒlɪd] adj. ❶ 固体的 ❷ 实心的 ❸ 结实的，稳定的 ❹ 可靠的 ❺Ⓐ 纯粹的，纯质的，纯色的 ■ n. ⒸⓊ 固体 ‖ **solidly** adv. 实心地 / **solidness** n. 固体 ‖ **solid-looking** adj. 生活看来过得好的 / **solid-stated** adj. 固态的

solidarity [sɒlɪ'dærɪtɪ] n. Ⓤ 团结

solidify [sə'lɪdɪfaɪ] vt. & vi.（pt., pp. -fied）（使）成为固体,（使）变硬,（使）变得坚固

solidus ['sɒlɪdəs] n.（pl. -di）Ⓒ 斜线符号

solitary ['sɒlɪtərɪ] adj. ❶ 单独的；独居的，无伴的：a ~ walk 单独的散步 ❷ 惟一的：the ~ exception 惟一的例外 ❸ 人迹罕至的，幽静的 ‖ **solitary confinement** 单独监禁

solitude ['sɒlɪtjuːd] n. ❶Ⓤ 独居，孤独 ❷Ⓒ 荒僻的地方；人迹罕至的地方

solo ['səʊləʊ] n.（pl. ~s）Ⓒ 独唱（曲），独奏（曲）■ adj. 单独的，独自地 ■ adv. 单独地，独自地 ‖ **soloist** n. 独唱者，独奏者

solubilize ['sɒljubɪlaɪz] vt.（使）溶解；（使）增溶

solution [sə'luːʃən] n. ❶ⒸⓊ 解决,解答,解决办法 ❷ⒸⓊ 溶液 ❸Ⓤ 溶解 ‖ **in** ~ ① 在溶解状态中 ② 动摇不定

solvate ['sɒlveɪt] vt. & vi.（使）成溶剂化物

solve [sɒlv] vt. ❶ 解决；解答 ❷ 解释,揭开

solvent ['sɒlvənt] n. ⒸⓊ〈化〉溶剂 ■ adj. ❶ 有溶解能力的 ❷ 有清还债务能力的：A bankrupt firm is not solvent. 宣告破产的商行是不能偿清债务的

some〔强 sʌm, 弱 səm〕adj. Ⓐ ❶ 一些，若干 ❷ 部分，有些 ❸ 相当多的，不少的 ❹ 某个，某一 ■ pron. ❶ 一些，若干：He asked for money and I gave him some. 他要钱,我给了他一些。❷ 其中的一部分：Some say yes and some say no. 有的说是,有的说不是。■ adv. ❶ 大约：He waited some 30 minutes. 他等了大约三十分钟。❷〈美〉稍微：I'm feeling some better today, thanks. 我今天觉得稍微好些,谢谢。‖ ~ **few〔little〕**许多,相当多 / ~ **more** 再来一点

somebody ['sʌmbədɪ] pron. 某人；有人：That must be somebody from the Ministry of Education. 那一定是教育部的人。/ Somebody has parked his car right in front of mine. 有人把他的汽车正好停在我的车子前面。

someday ['sʌmdeɪ] adv. 将来有一天

somehow ['sʌmhaʊ] adv. ❶ 以某种方式,用某种方法 ❷〈非正〉不知怎么地

someone ['sʌmwʌn] = somebody

someplace ['sʌmpleɪs]〈美〉= some-where

somersault ['sʌməsɔːlt] n. Ⓒ 翻筋斗

something ['sʌmθɪŋ] pron. ❶ 某物,某事：Have you lost something? 你丢了什么东西吧？/ I have something important to tell you. 我有些重要的事要告诉你。❷ 重要的事物〔人〕,有一定意义的事物：He thinks he's really something. 他认为自己是个了不起的人。/ Money is something, but it is not everything. 钱就是钱,但钱并不是一切。‖ ~ or〈口〉或诸如此类的事物 / ~ **like** 大约；类似 / ~ **like it** 大致符合要求或符合愿望的事物 / ~ **of a** 达到某种程度 / ~ **of the kind** 类似的事物

sometime ['sʌmtaɪm] adv. ❶ 将来某个时候：We'll take our holiday sometime in August, I think. 我想我们大概会在八月放假。/ It will happen sometime and somewhere. 有朝一日这总会在什么地方发生的。❷ 过去某个时候：Our house was built sometime around 1973. 我们的房子建于 1973 年左右。/ He came sometime last month. 上个月某个时候他曾经来过。‖ ~ **ago** 先前,不久前 / ~ **or other** 迟早

sometimes ['sʌmtaɪmz] adv. 有时,间或

somewhat ['sʌmhwɒt] adv. 稍微,有点,达

到某种程度
somewhere ['sʌmhweə] adv. ❶在某处,到某处 ❷大约,左右 ‖ get ~略有进展/or ~ 或在[到]别处/see sb ~要某人滚蛋,要某人见鬼去

son [sʌn] n. ❶ⓒ儿子 ❷ⓟ(男性的)子孙,后裔 ❸ⓒ孩子 ‖ a favourite ~宠儿/a ~ of a bitch〈俚〉狗娘养的;家伙;讨厌的工作/a ~ of morning 趁早赶路的人/a ~ of the soil 本地人,农民/every mother's ~人人,所有的人 ‖ sonless adj. 无后嗣的/sonly adj. 儿子般的,尽孝道的/sonship n. 儿子身份 ‖ son-in-law n. 女婿

sonar ['səunɑː] n. ⓤ声纳装置,声纳系统 ‖ sonarman n. 声纳兵

song [sɒŋ] n. ❶ⓒ歌曲:Sing us a song. 给我们唱支歌吧。❷ⓤ歌唱:He suddenly burst into song. 他突然唱起歌来。‖ a ~ and dance about 唠叨个没完/for a ~极便宜地/nothing to make a ~ about 不足道,不重要/on ~处于最佳状态/sing another ~改变调子;谦恭起来/sing the same ~唱老调 ‖ songful adj. 旋律优美的,调子好听的/songless adj. ①无歌唱的②不会唱歌的 ‖ songbird n. 鸣鸟,鸣禽/songbook n. 歌曲集,歌本/songsmith n. 作曲家/songwriter n. 流行歌曲的作者

sonic ['sɒnɪk] adj. 〈物〉音波的,音速的 ‖ sonic barrier〈空〉音障

sonorous [sə'nɔːrəs] adj. ❶圆润低沉的 ❷(尤指语言、文字等)感人的,堂皇的 ‖ sonorously adv. ①圆润低沉地②感人地,堂皇地/sonorousness n. ①圆润低沉②感人,堂皇

soon [suːn] adv. ❶不久,即刻,马上:We shall soon start. 我们不久就出发。❷早;快:We reached the station an hour too soon. 我们早到车站一小时。❸宁可;宁愿:I'd sooner die than marry you! 我宁死也不与你结婚。‖ as ~ as……就……/as ~ as not 再乐意不过地/as ~ as possible 尽早,尽快/at the ~est 最快/no ~er...than …就…/~er or later 迟早/the ~er the better 越快越好

soothe [suːð] vt. ❶安慰,抚慰,使舒服,使平静 ❷减轻痛苦 ‖ soother n. 安慰人的,抚慰的人;奉承拍马者

sop [sɒp] n. ❶ⓤ用以慰藉或讨好某人的事物 ❷ⓒ泡湿的面包片等 ‖ a ~ in the pan 油煎面包;一口美味的东西 ■vt. (-pp-)❶将(面包等)在液体中蘸或浸泡 ❷用海绵、布等吸起(液体等)

sophisticated [sə'fɪstɪkeɪtɪd] adj. ❶老练的;老于世故的:Mr. Smith is a sophisticated world traveller. 史密斯先生是一位老练的环球旅行家。❷精密的,尖端的:This is a very sophisticated machine. 这是一台非常精密的机器。❸高雅的,有教养的 ‖ sophisticatedly adv. ①老练地,老于世故地②精密地,尖端地

③高雅地,有教养地

sophomore ['sɒfəmɔː] n. ⓒ(中等、专科学校或大学的)二年级学生 ‖ sophomoric(al) adj. ①二年级学生的②自以为样样都懂而实际上幼稚浅薄的

soporific [ˌsɒpə'rɪfɪk] n. ⓒ催眠的物质,药剂等 ■adj. 催眠的

sopping ['sɒpɪŋ] adv.&adj. 湿透的[地]

soprano [sə'prɑːnəu] n. (pl. ~s)ⓒ女高音(部),最高音(部);女高音歌手,男童声最高音歌手 ■adv. 以最高音 ‖ sopranist n. 女高音歌手;唱最高音者

sorcerer ['sɔːsərə] n. ⓒ男巫,方士,施魔法者 ‖ sorceress n. 女巫,女术士

sore [sɔː] adj. ❶疼痛的:Mary has a bad cold and sore throat. 玛丽患了重感冒而且咽喉痛。/His father's throat is a bit sore. 他父亲的喉咙一直觉得痛。❷ⓐ使人伤心的:Losing the election was a sore disappointment. 竞选失败令人痛心失望。■n.ⓒ(肌肤的)痛处,伤处 ‖ sorely adv. ①痛苦地,悲痛地②严厉地,剧烈地③极,非常/soreness n. ①疼痛②伤心/sorehead n. 动辄恼火的人;老是发牢骚的人

sorrel ['sɒrəl] n.ⓒ❶红褐色,栗色 ❷栗色马 ■adj. 红褐色的

sorrow ['sɒrəu] n.❶ⓤ悲痛,悲伤,遗憾,懊悔:I must convert sorrow into strength. 我要化悲痛为力量。❷ⓒ不幸的事;忧患:The many sorrows turned her hair white. 这许多的不幸事使她的头发变白了。‖ sorrow-stricken adj. 悲痛的,哀伤的

sorrowful ['sɒrəful] adj. 伤心的,悲伤的 ‖ sorrowfully adv. 伤心地,悲伤地/sorrowfulness n. 伤心,悲痛

sorry ['sɒrɪ] adj.❶ⓟ感到伤心的,觉得难过的,懊悔的:I am sorry about your father's illness. 对于你父亲的病我感到很难过。❷ⓟ对不起,抱歉的;懊悔的:I'm sorry for giving so much trouble. 对不起,给你添了很多麻烦。❸ⓐ可怜的,可悲的:The world is certainly in a sorry state. 这个世界的现状实在可悲。‖ feel ~ for oneself 垂头丧气,灰溜溜

sort [sɔːt] n.❶ⓒ群;种类;类别 ❷ⓢ某种人 ‖ after [in] a ~有几分,稍微/a good ~好人,受欢迎的人/in any ~以各种方法,无论如何/in a ~ of way 有些,略为/of ~s [a ~]勉强称得上的,较差的/out of ~s 身体不适,心情不佳/~ of 有几分地 ■vt.&vi. 分类;整理:The salesman sorted his new consignment of stockings. 推销员把新到的一批长袜清理分类。‖ ~ out 分类,整理;整顿,解决/~ with 与…相符合[一致,协调]

so-so ['səusəu] adj.&adv. 不好不坏的[地],一般的[地]

soul [səul] n.❶ⓒⓤ灵魂 ❷ⓒⓤ高尚情操;热

情;感情;精神 ❸ⓒ人 ❹ⓒ精髓,精华;中心人物 ❺ⓢ典型,化身 ‖ call one's ~ one's own 自己支配自己/for the ~ of me 不管怎样,无论如何/in one' ~ of ~s 在灵魂深处/upon my ~ 我敢发誓说;天哪 ‖ **souled** *adj*. 有灵魂的,有感情的 ‖ **soul brother** 黑人男子/**soul kiss** 深深的一吻/**soul mate** 性情相投的人;情人/**soul-searching** *n*. 良心上的自我反省

sound[1] [saʊnd] *n*. ❶ⓒⓤ声音;响声:*Sound travels slower than light*. 声音传播比光慢。❷ⓢ印象,感觉,含意 ❸ⓤ播音,录音 ‖ **the ~ of one's own voice** 滔滔不绝地说话 ■ *vt*. & *vi*. (使)发出声音:*The bell sounded*. 门铃响了。■ *vt*. ❶发出⋯的信号:*She sounded a note of danger*. 她发出危险的信号。❷探测:*They were sounding the river*. 他们在探测河水的深度。❸试探,探询:*Will you sound John as to whether he would accept the post when offered?* 你试探一下约翰的意见,如果让他干的话,他是否会接受这个职位。‖ **~ like** 听起来像/**~ off** 明确而大胆地说出/**~ out** 试探意见,探听口气 ‖ **soundboard** *n*. 共鸣板,共振板/**sound box** 共鸣箱,共鸣器/**sound camera** 电影录音摄影机/**sound detector** 测音器/**sound effect** 音响效果/**sound film** 有声电影/**sound man** 负责音响效果的人/**sound pollution** 噪声污染/**sound recording** 录音/**sound system** 音响系统/**sound track** 声迹,声带/**sound wave** 声波;声色

sound[2] [saʊnd] *adj*. ❶健全的,完好的 ❷明智的,有判断力的,正确的 ❸彻底的,完全的 ‖ **as ~ as a bell** 十分健全的/**~ in wind and limb**〈口〉身体健全的 ‖ **soundly** *adv*. ①健全地,完好地②明智地,有判断力地,正确地③彻底地,完全地/**soundness** *adv*. ①健全,完好②明智,有判断力,正确③彻底,完全

soup [su:p] *n*. ⓤ汤,羹 ‖ **duck ~**〈美俚〉容易做的事情;好欺负的人/**from ~ to nuts** 从头至尾;一应俱全/**in the ~**〈俚〉在困难中,处于困境 ‖ **soup kitchen** 施粥所/流动厨房/**soup plate** 汤盆/**soup spoon** 汤匙/**soup ticket** 施粥券

sour ['saʊə] *adj*. ❶有酸味的,酸的 ❷有发酵味道的,酸腐的,馊的 ❸坏脾气的;别扭的 ‖ **be ~ on**〈美口〉讨厌⋯/**go[turn] ~** 变得令人不愉快,变坏,变糟 ■ *vt*. & *vi*. (使某物)变酸,(使某人)阴郁 ‖ **sourly** *adv*. ①酸地②别扭地/**sourness** *n*. ①酸味,酸②坏脾气,别扭 ‖ **sourkrout** *n*. 泡菜

source [sɔ:s] *n*. ⓒ❶河流的源头,发源地 ❷来源,出处 ❸原因 ❹提供资料者,资料源 ‖ **at ~** 在源头,在发源地 ‖ **source book**(有关历史、文艺、宗教等的)原始资料/**source language** 被译语言,源语言

souse [saʊs] *vt*. ❶将(某人或某物)投入或浸入水中;将水泼在⋯上 ❷腌制(鱼等)

south [saʊθ] *n*. ⓢ❶南,南方,南面 ❷南部 ■ *adj*. ❶Ⓐ南的,南方的,向南的:*There is a hospital on the south side at the street*. 这条街的南边有所医院。❷(风)来自南方的:*The south wind blows warm air across the country*. 南风把温暖的空气吹遍全国。■ *adv*. 向南方,在南方 ‖ **down ~** 往南,南下,在南方/**go ~ with** 偷走 ‖ **southland** *n*. 南国,南方/**South Pole** 南极

southeast [,saʊθ'i:st] *n*. ⓢ❶东南,东南方,东南部 ■ *adv*. 向东南 ■ *adj*. 东南的,东南部的:*There is a garage in the southeast corner of his house*. 他房子的东南角有一个车房。

southeastern [,saʊθ'i:stən] *adj*. 东南的,东南部的 ‖ **southeasterner** *n*. 东南人,住在东南部的人

southern ['sʌðən] *adj*. 南方的,南部的:*He has traveled in southern cities*. 他游历了南方各市。‖ **southerner** *n*. 南方人,居住在南方的人/**southernly** *adj*. & *adv*. 在南方(的),向南方(的);来自南方(的) ‖ **southern hemisphere** 南半球/**southern lights** 南极光

southward ['saʊθwəd] *adv*. & *adj*. 向南方(的):*We were sailing southward*. 我们正向南航行。‖ **southwardly** *adj*. & *adv*. 向南方(的);来自南方(的)

southwest [,saʊθ'west] *n*. ⓢ西南,西南方,西南部:*Spain lies to the southwest of France*. 西班牙位于法国西南。■ *adv*. 向西南 ■ *adj*. 西南的,西南部的

southwestern [,saʊθ'westən] *adj*. 西南的,西南部的 ‖ **southwesterner** *n*. 西南人,住在西南部的人

sovereign ['sɒvrɪn] *n*. ⓒ❶君主,国王,女王 ❷旧时价值为一镑的英国金币 ■ *adj*. ❶控制国家的,统治的 ❷独立自主的

sovereignty ['sɒvrəntɪ] *n*. ⓤ❶最高统治权,君权 ❷国家的主权

Soviet ['səʊvɪət] *n*. ⓒ苏维埃 ■ *adj*. 苏维埃的,苏联的,苏联人的

sow [səʊ] *vt*. & *vi*. (*pt*. **sowed**, *pp*. **sown** or **sowed**)播(种),播种于:*It is too soon to sow yet*. 现在还不到播种的时候。/ *We sowed our vegetable seed yesterday*. *Have you sown yours?* 昨天我们播下了菜籽,你也播了吗?

soybean ['sɔɪbi:n] *n*. ⓒ大豆,黄豆 ‖ **soybean cake** 豆饼/**soybean milk powder** 豆乳粉/**soybean oil** 豆油/**soybean sprout** 黄豆芽

spa [spɑ:] *n*. ⓒ❶矿泉 ❷矿泉疗养地 ❸(矿泉)旅游胜地

space [speɪs] *n*. ❶ⓤⓢ空间;距离 ❷ⓤⓒ范围,处所,场地,空地 ❸ⓤ太空;天空:*I don't think he saw me, he was just staring into space*. 我想他并没有看见我,他只是凝视着天空。❹ⓒ间隔,空白处:*Please write your name* in the blank space at the top of the page. 请把姓名写在这页上面的空白处。❺ⓊⓈ一段时间,期间: Let us rest a space. 让我们休息一会儿。‖ for a ～一段时间/from ～ to ～每隔一定的距离 ■vt. 把…分隔开,留间隔于…之间: Space the chairs so that there is room for people to walk between them. 把椅子间隔摆放,以便人们从中走过。‖ ～ apart 与…相隔/～ out 留间隔,把…拉开距离 ‖ spaceless adj. ①无限的 ②不占地位的/spaceward adv. 向太空 ‖ spaceflight n. 外层空间飞行/space helmet 宇宙飞行帽/spaceman n. 宇宙飞行员/space medicine 外层空间医学/space rocket 宇宙火箭/space science 宇宙学/space station[platform]空间站,宇宙站/space suit 宇宙飞行服/space travel 宇宙飞行/spacewalk n.& vi. 空间行走

spacious ['speɪʃəs] adj. 宽敞的: They have moved to a more spacious residence on a hill top. 他们已搬到山顶上一个比较宽敞的住宅去了。/ Our yard is spacious enough for a swimming pool. 我们的院子很宽敞,足够建一座游泳池。‖ **spaciously** adv. 宽敞地/**spaciousness** n. 宽敞

spade [speɪd] n. Ⓒ铁锹,铲子: Dad uses a spade to dig the garden. 爸爸用铁锹翻花园里的土。‖ **call a ～ a ～** 有话直说,直言不讳 ‖ **spadeful** n. 一铲,一锹/**spader** n. 铲具;铲的人 ‖ **spadework** n. ①铲土活儿②艰难的准备工作

spam [spæm] n. Ⓤ香火腿

span [spæn] n. Ⓒ❶跨度,跨径: The bridge has a span of 100 metres. 这座桥跨度为一百米。❷两个界限间的距离 ❸一段时间: The pupil's attention span was short. 这个小学生的注意力持续时间很短。■vt.(-nn-) ❶建造跨越(某物)的桥或拱;横跨 ❷跨越,穿越,贯穿 ‖ **span dogs** 木材抓起机/**span-new** adj. 簇新的,新鲜的

spangle ['spæŋgl] n. Ⓒ闪光的饰片 ■vt. 用闪光饰片等为小物件布满或装饰某物

Spanish ['spænɪʃ] adj. 西班牙的,西班牙人的,西班牙语的 ■n. Ⓤ西班牙语

spank [spæŋk] vt. 用手掌打(尤指孩子屁股) ■n. Ⓒ一捆 ‖ **spanker** n. ①急行的人;飞跑的马②出色的人

spanner ['spænə] n. Ⓒ扳手,扳钳 ‖ **throw a ～ into the works** 从中捣乱

spar¹ [spɑː] n. Ⓒ圆材

spar² [spɑː] vi.(-rr-) ❶(拳击练习中)不用力打,试击 ❷争论,争吵 ‖ **sparring-match** n. ①示范性拳赛②争论/**sparring partner** 拳击练习的对手

spare [speə] vt. ❶节省,节约,舍不得: She never spares the butter when baking. 她煎饼时从不吝惜奶油。❷抽出,让给,分出,匀出,腾出: Could you spare some time to come to our art exhibition? 你能抽出时间来看看我们的画展吗? ❸省去,免除: The doctor tried to spare him from pain. 医生尽力使他免受痛苦。❹饶恕,赦免,不伤害: The prisoner was spared. 那个囚犯被赦免了。■adj. ❶多余的,备用的: Do you carry a spare wheel in the back of your car? 你在车后带了一个备用的轮胎吗?/These pieces of bread are spare, I don't need them. 这些面包是多余的,我不需要。❷薄弱的,瘦的: His tall and spare frame cut an impressive figure. 他那修长的身材给人以深刻印象。‖ **go ～** 烦恼,难过 ■n. Ⓒ备用零件;备用轮胎: I'll show you where the spares are kept. 我会指给你看放备件的地方。‖ **spareable** adj. 可节省的,可让出的,可饶恕的 ‖ **sparely** adv. 节约地;少量地;缺乏地/**spareness** n. 节约;少量;缺乏;瘦小 ‖ **spare hand** 替班工人/**spare part**(机器等的)备件/**sparetime** adj. 业余的

sparing ['speərɪŋ] adj. 节约的,吝啬的,爱惜的 ‖ **sparingly** adv. 节约地,吝啬地,爱惜地

spark [spɑːk] n. Ⓒ❶火花,火星: A cigarette spark started the forest fire. 香烟的火星引起了这场森林火灾。❷丝毫,略微,一点点 ‖ **as the ～s fly upward** 像自然规律那样确实无疑 ■vi. 发出火星;发出闪光: Fireflies sparked in the darkness. 萤火虫在黑暗中发光。vt. ❶使大感兴趣 ❷导致: This accidental killing sparked major riots in the cities. 这次意外的杀人事件导致了不少城市的大骚乱。‖ **～ off** 导致,为…的直接原因/**～ to** 鼓舞,赞成 ‖ **sparkless** adj. 不发光的 ‖ **spark arrester** 火花避雷器

sparkle ['spɑːkl] vi. ❶发火花,闪耀: His eyes were sparkling with happiness. 他眼里闪烁着幸福的光芒。❷(饮料)发泡 ■n. ⒸⓊ光亮;活力;闪光: There was a sudden sparkle as her diamond ring caught the light. 当她的宝石戒指遇到光时,有阵突然的闪耀。‖ **sparkler** n. 闪光的东西

sparkling ['spɑːklɪŋ] adj. ❶Ⓐ(酒等)起泡的 ❷活泼机智的 ‖ **sparklingly** adv. ①起泡地②活泼机智地

sparrow ['spærəʊ] n. Ⓒ麻雀: a flock of ～一群麻雀/There are many sparrows on the tree. 树上有很多麻雀。

sparse [spɑːs] adj. 稀疏的;稀少的 ‖ **sparsely** adv. 稀疏地;稀少地/**sparseness** n. 稀疏;稀少

spasm ['spæzəm] n. ⒸⓊ❶痉挛,抽搐 ❷(能量、行为等的)突发,发作,阵发

spatial ['speɪʃəl] adj. 空间的,立体空间的,三维空间的 ‖ **spatially** adv. 空间地,立体空间地,三维空间地

spatter ['spætə] vt.&vi. 溅,洒落:*The rain was spattering down on the roof of the house*. 雨滴落在房顶上。/ *As the car went by it spattered us with mud*. 汽车从我们身边驶过,溅了我们一身泥。■ n. S ❶ 溅,洒,泼,滴落 ❷ 洒、溅等的声音

spawn [spɔːn] vt.&vi.(鱼、蛙等)大量产(卵) ■ vt. 大量生产 ■ n. U(鱼、蛙等的)子,卵

speak [spiːk] (*pt*. **spoke**, *pp*. **spoken**) vt.&vi. 讲,谈:*The baby is learning to speak*. 这个婴儿在学说话。/ *She speaks a little French*. 她会讲一点法语。vi. ❶ 演说,演讲:*Mr. Brown will speak now*. 现在布朗先生发言。❷ 从某种观点来说:*To speak frankly, I don't like the plan at all*. 老实说,我一点也不赞成这个主意。‖ **as they**〔**men**〕~ 俗话说/**not to ~ of** 更不用说/~ **about** 提到…/~ **for** 代表…讲话;为…辩护;预定〔要求〕得到…;不言而喻/~ **of** 谈到,讲到;显示出/~ **highly of** 赞扬/~ **out** 毫无保留地说出/~ **to** 对…讲;围绕…谈;责备;提醒;请求/~ **up** 大声讲;畅所欲言,清楚地表明看法/**to ~ of** 值得一提的 ‖ **speakable** adj. 可以交谈的,可以说出口的

speaker ['spiːkə] n. C ❶ 演讲者 ❷ 说某种语言的人 ❸ 议长 ❹ 扬声器,喇叭 ‖ **speakership** n. 议长的职位,议长的任期 ‖ **speakerphone** n. 扬声器电话

spear [spɪə] n. C 矛,枪,鱼叉:*The spear pierced the lion's heart*. 那矛刺穿了狮子的心脏。■ vt. 用矛刺,用鱼叉捉:*The warriors speared the man to death*. 武士们把那个男子戳死了。/ *They were standing in the river spearing fish*. 他们站在河里叉鱼。‖ **spearhead** n. ①矛头,枪尖 ②先头突击部队 ③尖端,先锋/**spearman** n. 持矛的人,持矛的士兵

special ['speʃəl] adj. ❶ 特殊的,特别的 ❷ A 专门的,特设的 ❸ A 特别亲密的;格外的 ■ n. C ❶ 特别的事物:*The train was a special for the football game*. 那班火车是为足球赛开的专车。❷ 特价:*Ice cream is on special this week only!* 冰激凌特价优待,只限本周! ‖ **specialism** n. 特长,专门学科,专门化/**specially** adv. 特别地,专门地,尤其/**specialness** n. 特殊,专门 ‖ **special agent** 特别代理人;特务分子/**special effects** 特技效果

specialist ['speʃəlɪst] n. C ❶ 专家,行家:*She is a specialist in English*. 她是一位英语专家。❷ 专科医生:*The local doctor couldn't tell what was wrong, so he sent her to see a specialist*. 当地医生未能诊断出她是什么病,所以他叫她去看专科医生。

speciality [ˌspeʃɪ'ælɪtɪ],〈美〉**specialty** ['speʃəltɪ] n. C ❶ 专门研究,专业,特长 ❷ 特制品,特产 ‖ **make a ~ of** 以…为专业

specialize, -ise ['speʃəlaɪz] vi. 专门从事,专攻:*After his first degree he wishes to specialize*. 获得学士学位之后,他希望专攻某科。‖ ~ **in** 专攻,精通,以…为专业 ‖ **specialization, -isation** n. 特殊化,专门化/**specialized, -ised** adj. 专门的,专科的

species ['spiːʃiːz] n. (*pl*. ~) C ❶ 物种,种:*The species is*〔*are*〕*valuable*. 这一物种很珍贵。❷ 种类;类型:*It is a fault of the species*. 这是这号人的通病。

specific [spɪ'sɪfɪk] adj. ❶ 明确的,确切的;详尽的 ❷ A 具体的,特有的,特定的 ❸ 仅限于…的;只发现于…的:*This disease is specific to this area*. 这种疾病只发生在这一地区。■ n. C ❶ 特效药:*This is a specific for cancer*. 这是一种治疗癌症的特效药。❷ 具体方面,细节:*He never talked in specific about his work*. 他从不谈论有关自己工作的详情。

specifically [spɪ'sɪfɪkəlɪ] adv. ❶ 特有地,特定地,具体地 ❷ 明确地 ❸ 说明确些,亦即,就是

specification [ˌspesɪfɪ'keɪʃən] n. ❶ P 说明书,详细的计划书 ❷ U 载明,详述,说明:*The obscure charges against him lacked specification*. 对他的模糊的指控缺乏明确的说明。

specify ['spesɪfaɪ] vt. (*pt*., *pp*. **-fied**) ❶ 详述:*Please specify what you will do*. 请你详述一下你将做什么。❷ 指定:*We should specify a time and a place for the meeting*. 我们应指定会议的时间和地点。‖ ~ **for** 指定用…

specimen ['spesɪmən] n. C ❶ 范例,典范,实例:*It was a specimen of his generosity*. 这是他慷慨大方的一个实例。❷ 样品,标本:*The traveller brought back some specimens of the rocks from the mountains*. 那位旅行者从山上带回了一些岩石标本。❸ 某种类型的人,家伙,怪人:*He is an odd specimen in our school*. 他在我们学校是一个古怪的人。‖ ~ **copy** 样书/~ **page** 样张

specious ['spiːʃəs] adj. 似是而非的 ‖ **speciously** adv. 似是而非地/**speciousness** n. 似是而非

speck [spek] n. C 斑点,微粒,污点 ‖ **specked** adj. 有斑点的,有疵痕的/**speckless** adj. 无斑点的

speckle ['spekl] n. C (皮肤、羽毛、蛋壳等上的)斑点,色斑 ‖ **speckled** adj. 有斑点的

specs [speks] n. P 眼镜

spectacle ['spektəkl] n. ❶ C 壮观的场面或景象:*The spectacle greatly excited us at the time*. 当时那场面令我们十分激动。❷ C 可笑的事物;愚蠢的景象 ❸ P 眼镜:*People wear spectacles so that they can see better*. 人们戴眼镜是为了看得更清楚。‖ **make a (sorry) ~ of oneself** 使自己出丑,出洋相 ‖ **spectacle case** 眼镜盒/**spectacle lens** 眼镜片

spectacular [spek'tækjʊlə] adj. 壮观的,雄

伟的,引人入胜的 ‖ **spectacularity** n. 壮观, 惊人/**spectacularly** adv. 壮观地,雄伟地,引人入胜地

spectator [spek'teɪtə] n.C 观众,旁观者

spectral ['spektrəl] adj. ❶(似)鬼的,幽灵的 ❷谱的,光谱的

spectre,〈美〉**specter** ['spektə] n.C ❶鬼怪,幽灵 ❷缠绕心头的恐惧,凶兆

spectrometer [spek'trɒmɪtə] n.C〈物〉分光计,分光仪

spectrum ['spektrəm] n.(pl. **spectra**)C ❶光谱 ❷波谱 ❸范围,系列 ‖ **spectrum analysis** 光谱分析

speculate ['spekjʊleɪt] vt.& vi. 思索;猜测,推测:We don't know all the circumstances, so it would be pointless to speculate. 我们不了解所有的情况,妄加推测是没有意义的。/He speculated that he would succeed. 他推测他将成功。vi. 投机:Would he be what he is if he hadn't speculated on the stock of exchange? 如果不搞证券投机买卖,他会成为今天这个样子吗? ‖ ~ **about** 思考关于⋯/~ **in** 投机

speculation [ˌspekjʊ'leɪʃən] n. ❶U 思考,思索,推断,推测 ❷C 推测的结论;猜测 ❸U 投机活动 ❹C 投机买卖,投机生意

speculative ['spekjʊlətɪv] adj. ❶ 思考的,思索的,推测出的 ❷投机的,投机生意的 ‖ **speculatively** adv. ①思考地,思索地 ② 投机地/**speculativeness** n. ①思考,思索②投机

speculator ['spekjʊleɪtə] n.C 投机倒把者,投机商

speech [spiːtʃ] n. ❶U 说话,言谈,言语,说话能力 ❷C 说话方式 ❸C 演说,讲演,讲话 ‖ **speech centre** 言语中枢/**speechmaker** n. 演讲人,发言人/**speechway** n. 某民族(或地区,集团)特有的言语方式

speechless ['spiːtʃlɪs] adj.(由于强烈的感情、震惊等)说不出话的 ‖ **speechlessly** adv. 说不出话地/**speechlessness** n. 说不出话

speed [spiːd] n. ❶U 速度,速率 ❷U 快速,迅速 ‖ **at** ~ 高速地,快地 vt. & vi.(pt.,pp. **sped** or **speeded**)急行;加速:He sped his car through the street. 他开车飞速地穿过街道。vi.(pt.,pp. **speeded**)超速行驶:Was I really speeding, officer? 警官,我真的超速行驶了吗? ‖ ~ **by** 飞驰而过;掠过/~ **up**(使)加速 ‖ **speeder** n. ①(机)加速器,调速装置②违法超速驾驶者 ‖ **speedboat** n. 快速汽艇/**speed-down** n. 减速/**speedlight** n. 闪光管/**speed limit** 速度极限/**speed-reading** n. 快速阅读/**speedway** n. ①高速车道,快车道②赛车跑道

speedometer [spɪ'dɒmɪtə] n.C〈机〉示速器,速度计

speedy ['spiːdɪ] adj.(-ier,-iest)快的,快速的,迅捷的 ‖ **speedily** adv. 快速地,迅速地/

speediness n. 快速,迅速

spell¹ [spel] (pt., pp. **spelled** or **spelt**) vt. & vi. 拼写,拼读:The pupils learn to spell in school. 小学生在学校学习拼写。/How do you spell this word? 这个词怎么拼? vt. 招致,带来(不好的结果) ‖ ~ **backward** 倒拼;误解,曲解/~ **down** 在拼写比赛中胜过/~ **for** 帮⋯拼写/~ **out** 来说意味着⋯ **out** 拼出,读出;表明/~ **over** 思考,考虑 ‖ **spellable** adj. 可拼写的/**speller** n. 拼字者 ‖ **spelldown** n. 拼字比赛

spell² [spel] n. ❶C 咒语;符咒 ❷S 中魔 ❸S 魅力,魔力;威势 ‖ **cast a** ~ **on** 用符咒迷惑;迷住/**under a** ~ 被迷住,着迷 ‖ **spellbound** adj. ①入迷的,出神的②被符咒镇住的

spell³ [spel] n.C ❶(某事物持续的)一段时间 ❷活动或工作的一段时间;轮班的时间 ‖ **by** ~**s** 断断续续地

spellbind ['spelbaɪnd] vt. 用符咒迷惑;迷住,使入迷

spelling ['spelɪŋ] n. ❶U 拼写:check the ~ 检查拼写/The spelling of the word is wrong. 这个词的拼写是错误的。❷C 拼法:This word has two spellings. 这个词有两种拼法。

spend [spend] vt. & vi. 用钱,花钱:She would rather spend than save. 她有钱宁愿花掉,也不肯积蓄。/He has spent all his money. 他把所有的钱都花光了。vt. 度过;用尽:He spent himself in the service of humanity. 他耗尽了毕生的精力为人类服务。 ‖ ~ **for** 为⋯而花费/~ **in** 把⋯花费在,把⋯用于/~ **on** 在⋯上花费/~ **up** 把钱花光

spender ['spendə] n.C 花钱者(通常有形容词修饰):an extravagant ~ 大手大脚的人/a miserly ~ 用钱很小气的人

sperm [spɜːm] n. U(动物的)精液

spew [spjuː] vt. & vi. ❶呕吐:She spewed up the entire meal. 她把饭全都吐出来了。❷(使某事物)喷出,射出:Water spewed out of the hole. 水从孔中射出。/The volcano spewed molten lava. 火山喷出了熔岩。

sphere [sfɪə] n.C ❶球(体) ❷(兴趣或活动的)范围,领域 ‖ **in**〔**within**〕**one's** ~ **of** 在⋯范围内

spice [spaɪs] n. ❶C U 香料,调味品:too much ~ in the cake 蛋糕中香料太多 ❷U 趣味,情趣,风味:a story that lacks ~ 乏味的故事 ■ vt. ❶ 加香料于:Have you spiced this cake? 这蛋糕中加香料了吗? ❷使增添趣味:His stories are spiced with humour. 他的小说里有很多幽默风趣的片段。 ‖ **spiceberry** n. 香料作物

spiced [spaɪst] adj. 含香料的 ❶

spicy ['spaɪsɪ] adj.(-ier,-iest) ❶用香料调制的;有香料味的,辛辣的 ❷有刺激性的,有趣味

的‖**spicily** *adv*. 加有香料地/**spiciness** *n*. 有香料味

spider ['spaɪdə] *n*. ⓒ蜘蛛‖**spider line** 交叉瞄准线,叉线/**spider web** ①蜘蛛网②蜘蛛网状的东西

spike [spaɪk] *n*. ❶ⓒ尖状物: *There is a row of spikes on top of the prison wall to prevent the prisoners escaping*. 监狱墙头装有一排尖钉,以防犯人逃跑。❷ⓟ跑鞋‖**hang up one's** ~**s** 退出职业运动界,退休 ■ *vt*. ❶把尖状物钉入 ❷加烈酒于 ❸使(报纸上的文章等)停止印刷或发行: *The editor spiked the story*. 编辑删去了这篇报道。‖**spiked** *adj*. 有穗的,长有穗状花序的/**spiker** *n*. ①钉道钉的护路工②钉大钉者③排球队的扣杀员‖**spike heel** 女子皮鞋上的高后跟

spiky ['spaɪkɪ] *adj*. (-ier, -iest)❶有尖刺的: *Your hairbrush is too spiky for me*. 你的发刷,我觉得太尖了。❷(指人)难对付的,难以悦人的,易怒的

spill [spɪl] (*pt*., *pp*. **spilt** or **spilled**) *vt*. & *vi*. 溢出;泼出: *The coffee is so full that it might spill over*. 咖啡太满可能会溢出来。/ *The ship spilled oil while in port*. 这艘船停泊港内时漏油。■ *vt*. ❶使跌落: *The carriage upset and we were all spilled into the ditch*. 马车翻了,我们都摔到了沟里。❷泄露机密: ~ *secret* 泄露秘密/*He spilled it that Bill was their ringleader*. 他透露比尔是他们的主谋。‖**out** 溢出,洒出‖**spill way** 溢洪道;泄洪道

spin [spɪn] (**-nn-**, *pt*. **spun** or **span**, *pp*. **spun**) *vt*. & *vi*. 使…旋转: *She got up and spun a little turn*. 她站起来转了一小圈。*vt*. 杜撰: *The explorer spun many fantastic tales about his adventures in the primeval forests*. 那探险家杜撰了许多他在原始森林里历险的离奇故事。/ *His grandmother spun him a yarn at the fire*. 他奶奶在火炉边给他讲故事。‖ ~ **about** 讲关于…的故事/~ **along** 向前奔驰/~ **into** 把…纺成/~ **out** ①纺…②尽量使某物延长〔持续〕/~ **round** 快速旋转‖**spin-drier** *n*. 旋转式脱水机

spindle ['spɪndl] *n*. ⓒ纺锤,纱锭,(机器的)轴

spine [spaɪn] *n*. ⓒ❶脊柱;脊椎 ❷(动植物的)刺,刺毛 ❸书脊

spinner ['spɪnə] *n*. ⓒ❶纺纱工 ❷(板球投手投出的)旋转球 ❸(钓鱼用)旋式诱饵 ❹(某些游戏中的)旋转指针

spinning ['spɪnɪŋ] *n*. ⓤ纺纱‖**spinning machine** 纺纱机/**spinning mill** 纱厂/**spinning wheel** 纺车

spiny ['spaɪnɪ] *adj*. (-ier, -iest)长满刺的;多刺的,带刺的: *a* ~ *fish* 多刺的鱼‖**spiniess** *n*. 多刺的东西

spiral ['spaɪərəl] *adj*. 螺旋的 ■ *n*. ⓒ❶螺旋(线) ❷螺旋式的上升(或下降) ■ *vi*. (**-ll-**, 〈美〉**-l-**)❶盘旋上升(或下降): *The falling leaf spiralled to the ground*. 落叶盘旋着飘到了地上。❷(物价等)不断急剧上升(或下降): *Prices are still spiralling*. 物价仍在急剧上涨。‖**spirally** *adv*. 螺旋地,盘旋地

spire ['spaɪə] *n*. ⓒ(教堂的)塔尖,尖顶‖**spired** *adj*. ❶有塔尖的 ❷成锥形的

spirit ['spɪrɪt] *n*. ❶ⓒⓤ精神,心灵: *admire sb's* ~ 钦佩某人的精神/*Cancer destroyed her body but not her spirit*. 癌症摧残了她的身体,却摧毁不了她的精神。/*The article breathes the spirit of the age*. 这篇文章反映出时代精神。❷ⓒ神灵,幽灵: *He was one of the spirits in heaven*. 他是天国的精灵之一。❸ⓟ情绪;心情: *He felt in excellent spirits when he arrived home*. 他回到家里时情绪非常好。❹ⓟ酒精;烈酒: *The grocer sells wine and spirits*. 这位食品商出售葡萄酒和烈性酒。‖**be down in** ~**s** 情绪低落的/**break sb's** ~ 挫某人锐气,使某人垂头丧气/**give up the** ~ 死去/**in a** ~ 本着某种态度/**in** ~**s** 喜气洋洋,快活,兴高采烈/**in** ~ 精神上,心灵上/**full of** ~ 精力充沛/**out of** ~**s** 不高兴/**to one's** ~ 直至内心 ■ *vt*. 秘密地带走: *The fact is that Paul kidnapped him and spirited him back to Russia*. 事实是,保罗绑架了他并把他秘密地带回俄罗斯去了。‖**spirit lamp** 酒精灯/**spirit stove** 酒精炉

spiritual ['spɪrɪtʃʊəl] *adj*. ❶精神上的;心灵的: ~ *beauty* 内在美/*His spiritual nature is good*. 他心灵本质上是善良的。/*Their friendship was strictly spiritual*. 他们的友情完全是精神上的。❷教会的,宗教的: ~ *songs* 圣歌/*The Pope is the spiritual leader of many Christians*. 教皇是众多基督徒的宗教领袖。‖**spiritually** *adv*. 精神上地

spit [spɪt] *vt*. & *vi*. (**-tt-**, *pt*., *pp*. **spat**, 〈美〉**spit**)❶吐痰;吐出: *It's bad to spit*. 吐痰是不好的行为。❷发出呼噜呼噜声: *The motor coughed and spat*. 马达发出咳嗽和呼噜的声音。/ *The guns were spitting fire*. 枪炮在突突地发射。‖ ~ **at** 向…吐唾沫/~ **in** ①把(唾沫等)吐入②蔑视某人/~ **on** 把(唾沫等)吐在…上/~ **out** ①吐出…②愤怒地说/~ **up** 略出。■ *n*. ❶ⓤ口水,唾沫 ❷ⓢ吐唾沫,吐痰‖ ~ **and polish** 对整洁(或礼节,外观等)的极度注意/~ **in the eye of** 蔑视,藐视‖**spitbox** *n*. 痰盂

spite [spaɪt] *n*. ⓤ恶意: *The boy has a spite against me*. 这个男孩对我有恶意。‖**do sth from** ~ 出于恶意做…/**in** ~ **of** 虽然,尽管…/**in** ~ **of oneself** 不由自主地

splash [splæʃ] *n*. ⓒ❶溅泼声: *He fell into the water with a splash*. 他扑通一声跌入水中。❷溅上的斑点: *There are some splashes of mud on your trousers*. 你的裤子溅上泥点了。❸

splatter

(光、色等的)斑点: Her dog is brown with white splashes. 她的狗是带白花的黄狗。❹溅泼的量: ~ of water all over the floor 溅得一地板的水 ■ vt. 使(液体)溅起: The children love splashing water over each other. 儿童喜欢互相泼水。 vi. (指液体)溅落: Water splashed into the bucket from the tap. 水从龙头里喷溅着注入水池。‖ ~ about 使…四溅/~ down 泼下,流下/~ over 在…上流过,溅过/~ up 溅脏… ‖ **splasher** n. ①溅起泥浆的人或物②挡泥板③防护板

splatter ['splætə] vt. & vi. (使某物)溅泼: Rain was splattering on the roof. 雨劈里啪啦地打在屋顶上。‖ **splatter-dash** n. 喧闹,嘈杂

splendid ['splendɪd] adj. ❶极好的: a ~ chance 极好的机会/He got a splendid present for her. 他送她一件极好的礼物。/His reputation as a statesman is splendid. 作为政治家,他的名声极好。/It was splendid of you to make the offer. 你提的这个建议太好了。/It's splendid that you are here. 你在这儿太好了。❷壮丽的;辉煌的: a ~ victory 辉煌的胜利/The splendid hall dazzled the young man. 富丽堂皇的大厅使那年轻人眼花缭乱。 ‖ **splendidly** adv. 极好地,有光彩地/**splendidness** n. 壮丽,辉煌

splendour, 〈美〉**splendor** ['splendə] n. ⓤ光辉,壮丽,荣耀: ~ of a sunset in the retropics 热带夕阳的绚丽多彩

splint [splɪnt] n. ⓒ(固定骨折的)夹板: The doctor put my broken leg in splints. 医生用夹板夹住我的断腿。

split [splɪt] vt. & vi. (-tt-, pt., pp. split) (使)裂开;(使)破裂: The wood splits easily. 这木头容易劈开。/His coat has split open at the seams. 他的外套在接缝处裂开。/The big tree was split by the lightning. 那棵大树被闪电劈开了。/They split the box open. 他们把箱子砸开了。‖ ~ **in** 参加,切成/~ **into** (使)分成/~ **on** 在…上产生分歧/~ **up** ①劈成;分开②(使)分成若干小部分③瓜分④(使)断绝关系 ‖ **split second** 一刹那

splutter ['splʌtə] vt. & vi. 急促而激动地说 vi. 发出嘶嘶声,作噼啪声,发爆裂声: The rain caused the lamp to splutter. 雨水打得油灯噼啪响。

spoil [spɔɪl] (pt., pp. **spoilt** or **spoiled**) vi. 变质: Some kinds of food soon spoil. 有些食物易变质。 vt. ❶损坏;毁掉: The heavy rain has spoilt the flowers in the park. 这阵大雨把公园里的花全浇坏了。❷溺爱,宠坏: His grandmother spoiled him. 他的祖母把他宠坏了。 ‖ ~ **by** 因…而毁坏;因…而宠坏/~ **for** 一心想某事/~ **with** 用…破坏 ‖ **spoiler** n. 掠夺者,搞破坏的人/**spoilsport** n. 扫兴的人

spoils [spɔɪlz] n. ⓤⓅ〈正〉战利品,赃物: There are some spoils of war in his hands. 在他的手里有些战利品。/The thief escaped with his spoils. 这个小偷带着赃物逃走了。

spoke [spəʊk] n. ⓒ(车轮的)辐条

spokesman ['spəʊksmən] n. (pl. -men) ⓒ发言人,代言人

spokeswoman ['spəʊks‚wʊmən] n. (pl. -women) ⓒ女发言人,女代言人

sponge [spʌndʒ] vt. (用海绵或海绵状物)擦拭,清除: She sponged the boy's wound. 她用棉球擦拭那男孩的伤口。 vt. & vi. 骗取;敲诈;揩油: She sponged 400 dollars last night. 昨天晚上她骗到四百美元。 ‖ ~ **down** 用海绵擦洗/~ **from** 从…乞讨;从…诈取/~ **off** ①(用海绵)拭去,除去②依赖…生活/~ **on** 寄生于…,依赖…生活/~ **out** 用海绵等擦拭;洗涤;清除/~ **up** 用海绵吸掉 ‖ **sponge bath** 海绵擦身浴/**sponge cake** 松糕

sponsor ['spɒnsə] vt. 赞助,发起,主办: The United States sponsored the important meeting. 美国主办了那次重要的会议。/The company sponsored several TV programs. 这家公司赞助了几个电视节目。‖ **sponsorial** adj. 有赞助的,支持的/**sponsorship** n. ①发起,主办,提倡②保证人的地位

spontaneous [spɒnˈteɪnɪəs] adj. ❶自发的,无意识的: ~ applause 自发的鼓掌 ❷自然的,天真率直的: a ~ gaiety of manner 天真愉快的神态 ‖ **spontaneously** adv. 自发地/**spontaneousness** n. 自发,主动 ‖ **spontaneous generation** 自然发生

spool [spuːl] n. ⓒ(绕线、铁线、照相软片等的)管、筒、线轴 ‖ **spooler** n. ①纺纱机②绕圈轴工人/**spooling** n. 络纱,络筒

spoon [spuːn] n. ⓒ❶匙,调羹: The spoon slipped out of his hand. 汤匙从他的手中滑落。❷一匙的量: I sniffed the medicine before taking a spoon of it. 我闻了闻药,然后服了一匙。 ■ vt. 用汤匙舀取: He spooned the eggs onto the plate. 他将鸡蛋舀入盘中。‖ **spoon-net** n. (垂钓人用于把鱼弄到岸上的)捞网

spoonful ['spuːnfʊl] n. ⓒ一匙的量: He put two spoonfuls of sugar in his tea. 他在茶里加了两匙糖。

sport [spɔːt] n. ❶ⓒⓤ运动: go in for ~ 参加运动/All over the world men and women, boys and girls enjoy sports. 全世界的男女老少都喜爱运动。/He played badminton for sport. 他打羽毛球是打着玩的。❷ⓟ运动会: take part in the ~s 参加运动会/They're going to have a sports meet very soon. 他们不久将开运动会。 ■ vt. & vi. 炫耀,给人看,玩弄: He sports an ivory-handled cane these days. 这些

天来,他一直在炫耀一只象牙柄手杖。/ *He sported with her affection*. 他玩弄她的感情。*vi*. 嬉戏: *Lambs sport in the field*. 小羊在田里嬉戏。‖ **sport car** 比赛用汽车,双座轻型汽车/**sport shirt** 运动衫

sporting ['spɔːtɪŋ] *adj*. ❶ Ⓐ 娱乐的,运动的;爱好文体活动的: *a ~ occasion* 一项体育活动 ❷ 公正的,大度的,风格高的: *It's very sporting of you to give me an initial advantage*. 你开局先让我一步,真是够大方的。‖ **a ~ chance** 公平的机会 ‖ **sportingly** *adv*. 娱乐地,运动地 ‖ **sporting girl**(**woman**)妓女/**sporting page**(报纸的)体育版

sportsman ['spɔːtsmən] *n*. Ⓒ 运动员: *His brother is a sportsman of our school*. 他弟弟是我校的运动员。‖ **sportsmanship** *n*. 运动家道德,运动家风格

spot [spɒt] *n*. Ⓒ ❶ 斑点,污点: *a ~ on sb's reputation* 某人名誉上的污点/*You have a grease spot on your shirt*. 你的衬衣上有块油斑。❷ 地点,场所: *Let's meet at this spot tomorrow*. 明天我们就在这个地方见面吧。❸ 少量 ‖ **a ~ of** 少量/**in a ~** 在困境中/**on the ~** 立即,当场/**put on the ~** 使处于困境 ■(-tt-) *vt*. 弄上污渍;*The fabric will spot easily*. 这种织品很容易玷污。/*He spotted his clothes*. 他弄脏了他的衣服。*vt*. 看出,认出: *I spotted him in the crowd*. 我在人群中认出了他。/*How did you spot those fifties were counterfeited?* 你怎样觉出那些五十元面值的纸币是伪造的? ‖ **~ by** 因…而玷污/**~ from** 因…产生斑点/**~ with** ①被…弄上污点 ②断断续续地下小雨 ‖ **spot news** 最新消息/**spot price** 现货价格/**spot test** 当场测试;抽查

spotlight ['spɒtlaɪt] *n*. ❶ Ⓒ 聚光灯(的光) ❷ Ⓢ 公众注意的中心: *This week the spotlight is on the world of fashion*. 本周引人瞩目的是时装界。■ *vt*. ❶ 聚光照明;*a ~ stage* 有聚光照明的舞台 ❷ 使公众注意,使突出醒目: *The report has spotlighted real deprivation in the inner cities*. 这篇报道披露了旧城区的贫困真相。

spotted ['spɒtɪd] *adj*. 有斑点的,有污点的: *~ tie* 有斑点的领带

spotter ['spɒtə] *n*. 寻找某物或某人并作记录的人: *an aircraft ~* 飞机观察员/*a talent ~* 星探/*He's an avid train-spotter*. 他特别喜欢观察火车。

spotty ['spɒtɪ] *adj*. (**-ier, -iest**) ❶ 多斑点的(尤指脸上): *~ youths* 满脸粉刺的年轻人 ❷ 带斑点的;有污迹的: *a ~ table-cloth* 有污迹的桌布 ‖ **spottily** *adv*. 多斑点地/**spottiness** *n*. 有污迹,带斑点

spouse [spauz] *n*. Ⓒ 配偶,夫或妻

spout [spaʊt] *vt*. & *vi*. (指液体)喷出,涌出: *Blood was spouting from the deep cut in his arm*. 血从他胳膊上深深的伤口里涌出来。/*The broken pipe spouted water all over the room*. 破裂的水管喷了一屋子的水。■ *n*. Ⓒ 管口,喷口: *~ of a teapot* 茶壶嘴/*Rain from the roof goes down a long spout*. 屋顶上的雨水从一条漏水的管子中流出来。

sprain [spreɪn] *vt*. 扭伤(关节)

spray [spreɪ] *vt*. & *vi*. 喷: *Water sprayed out all over me*. 水喷出来浇了我一身。/*He is spraying insecticide*. 他在喷杀虫剂。‖ **~ on** 把…喷在…上/**~ with** 用…喷在…上 ■ *n*. ❶ Ⓤ 浪花,飞沫: *the ~ of a waterfall* 瀑布的水花/*We were wet with the sea spray*. 我们被海水的浪花溅湿。❷ Ⓒ Ⓤ 喷雾: *The liquid came out of the bottle in a spray*. 液体从瓶子里呈雾状喷出。‖ **spray can** 喷壶/**spray car** 喷水车/**spray fountain** 喷水池/**spray gun** 喷枪

spread [spred] *vt*. & *vi*. ❶ 伸开,展开,摊开: *Its branches spread far and wide*. 它的枝条向四面八方伸展开来。/*Spreading her wings, the bird headed for the island*. 鸟儿展开翅膀向岛上飞去。/*Please spread me some bread with butter*. 请给我的面包上抹一些奶油。❷ (使)传播,(使)散布: *Who spread these rumours?* 谁散布的这些谣言? / *They spread themselves to entertain the visitors*. 他们大肆铺张招待来访客人。‖ **~ about** 广泛散布/**~ abroad** 传布,公开/**~ for** 绵延;伸展 /**~ in** 在…中传开/**~ on** 在…铺〔涂〕上/**~ out** ①伸展;延长 ②分散/**~ over** 分散;传开/**~ throughout** 传遍/**~ to** 蔓延到/**~ with** 用…铺〔涂〕满 ■ *n*. ❶ Ⓢ 范围,宽度,宽阔度;连续的一段时间: *The survey revealed a wide spread of opinion*. 调查结果表明各种意见差别很大。❷ Ⓤ 传播,蔓延: *The spread of cholera alarmed the whole city*. 霍乱流行使全城的人都恐慌了。

spring¹ [sprɪŋ] *n*. Ⓒ Ⓤ 春,春天: *Trees put forth buds and leaves in spring*. 树木在春天发芽长叶。/*He returned to his hometown in the spring of 1969*. 他在 1969 年春天回到了故乡。‖ **spring chicken** 童子鸡/**Spring Festival** 春节/**spring tide** 高潮,大潮

spring² [sprɪŋ] *n*. Ⓒ ❶ 弹簧,发条 ❷ 泉,源泉 ❸ 跳,跳跃 ■ (*pt*. **sprang**, *pp*. **sprung**) *vt*. 蹦,跳,跃起,突然活动: *She lowered her eyelids, then sprang them open*. 她低垂着眼睑,然后突然睁开。*vt*. & *vi*. (使某物)借机械装置操作: *He sprang the lock open*. 他打开了那把锁。‖ **~ back** 弹回/**~ from** 从…来/**~ on** 突然告知/**~ out of** 从…猛跳了起来/**~ through** 跳过/**~ to** 跳向〔扑向〕…/**~ up** ①跳起;跃起 ②迅速成长 ③突然开始;突然产生;快速增加〔增长〕‖ **spring balance** 弹簧秤/**spring bed** 弹簧床/**spring lock** 弹簧锁/**spring head** 源头/**spring water** 矿泉水

springtime ['sprɪŋtaɪm] *n*. Ⓤ 春季,春天:

The blossom on the trees looks lovely in springtime. 春天里树上开的花很漂亮。

sprinkle ['sprɪŋkl] *vt.* & *vi.* 洒, 撒: ~ pepper on one's food 把胡椒撒在食物上 ‖ ~ on 在…上洒…/~ over 星星点点地分布/~ with 用…穿插在… ■ *n.* ⓒ 少量, 少数; *a* ~ *of sand* 一点沙子

sprint [sprɪnt] *vi.* 短距离疾跑: He had to sprint to catch the bus. 他得猛跑一阵才能赶上公共汽车。■ *n.* ⓒ 短距离的全速奔跑

sprinter ['sprɪntə] *n.* ⓒ 短距离全速奔跑者, 短跑运动员

sprout [spraʊt] *vi.* 发芽, 抽芽, 长出: We can't use these potatoes; they've all sprouted. 这些土豆儿不能吃了, 都出芽了。 *vt.* 长出(叶、毛发等): When do deer first sprout horns? 鹿在多大的时候开始长出角？■ *n.* ⓒ 新芽, 嫩枝: *bean* ~ 豆芽 / *young* ~ 年轻人

spruce¹ [spru:s] *adj.* 衣着整洁的, 漂亮的

spruce² [spru:s] *n.* ⓒ 针枞, 云杉

spur [spɜ:] *n.* ⓒ ❶ 马刺: He dug in his spurs. 他用马刺策马。 ❷ 激励因素; 刺激, 鞭策: International competition is a spur to modernization. 国际间的竞争是走向现代化的动力。/ Such stories serve as a spur to children's imagination. 这类故事能激儿童的想象力。‖ **on the ~ of the moment** 凭一时冲动/**win one's ~s** 获得荣誉〔名声〕■ *vt.* (-rr-) ❶ 以马刺策(马)使其快跑: The riders spurred their horses forward. 骑手们策马前行。 ❷ 激励: The girl's loving care spurred his recovery. 姑娘的悉心照料使他康复得很快。 / Pride spurs him to work hard. 自尊心促使他努力工作。‖ ~ **on** ①策(马)疾驰 ②激励, 鞭策

spurn [spɜ:n] *vt.* 一脚踢开; 拒绝接受: They spurn all our offers of help. 他们拒绝接受我们提出的一切援助。

spurt [spɜ:t] *vt.* & *vi.* (液体, 火焰等) 喷出; (使) 涌出: Water spurted from the broken pipe. 水从破裂的水管中喷出。 / Their guns spurted fire. 他们的枪喷射出火焰。■ *n.* ⓒ ❶ 喷出, 涌出, 迸出 ❷ 短暂而突然的活动或努力, 突然奋起: He made a sudden spurt. 他突然奋起。

spy [spaɪ] *n.* ⓒ ❶ 间谍 ❷ 秘密侦察他人行动者, 密探 ■ *vt.* 看见, 发现: We spied three figures in the distance. 我们望见远处有三个人影儿。 *vi.* ❶ 当间谍: She was accused of spying for the enemy. 她被指控为敌方间谍。 ❷ 暗中监视: I'm sure my neighbours spy on me. 我肯定邻居暗中监视我。‖ ~ **into** 调查/~ **on** 窥探, 监视/~ **out** 察出

squabble ['skwɒbl] *vi.* (为小事而) 争论, 吵嘴: The boys were squabbling about who was the best runner. 孩子们在争论谁跑得最快。

squad [skwɒd] *n.* ⓒ (军队中的) 班, 小队: **squad leader** 班长

squadron ['skwɒdrən] *n.* ⓒ 中队

squalid ['skwɒlɪd] *adj.* (尤指因被忽视而) 污秽的, 不洁的, 邋遢的: They live in a squalid hut in the poorest part of the village. 他们居住在村里最贫困地带的污秽小屋中。‖ **squalidity** *n.* 污秽, 不洁/**squalidly** *adv.* 污秽地, 不洁地

squalor ['skwɒlə] *n.* Ⓤ 污秽, 肮脏, 邋遢: They live in squalor. 他们居住在肮脏的环境中。

squander ['skwɒndə] *vt.* (钱财, 财产等) 浪费, 乱花: He squanders all the money which his father gives him. 他挥霍了他父亲给他的全部钱财。

square [skweə] *n.* ⓒ ❶ 正方形 ❷ 广场 ❸ 平方 ‖ **by the** ~ 恰好地/**on the** ~ 成直角, 正直公平地/**out of** ~ 不成直角 ■ *adj.* ❶ 正方形的: The tools are in a square box. 工具在一个方盒中。 / The room is square. 房间是正方形的。 ❷ 成直角的: He has a square jaw. 他有个方下巴。 ❸ 平方的: The campus covers an area of twenty square kilometres. 这个校园占地二十平方公里。 / The square root of 144 is 12. 一百四十四的平方根是十二。■ *vt.* ❶ 使成方形: They squared a block of granite. 他们把一块花岗岩加工成四方形。 ❷ 与…一致 ❸ 结账: The money will square him. 这钱可以让他还清他的了。 ❹ 贿赂: He has been squared to hold his tongue. 他已经被钱封住了嘴。‖ ~ **away** 整理好/~ **off** 摆出赛拳的架势/~ **up** 把…摆正, 结清账目/~ **with** 与…不符 ‖ **square measure** 面积/**square number** 平方数/**square root** 平方根/**square rule** 直角尺

squarely ['skweəlɪ] *adv.* ❶ 成直角; 处于正中央位置: Her hat was set squarely on her head. 她把帽子戴得端端正正。 ❷ 公平地, 公正地, 诚实地, 正当地: *act* ~ 行为正直 ❸ 正对着: He faced me squarely across the table. 他在桌子那边正对着我。

squash [skwɒʃ] *vt.* ❶ 将 (某人〔某物〕) 压扁, 压烂, 挤碎 ❷ 将 (某人〔某物〕) 塞进 ❸ 粗暴地使 (某人) 住嘴 ❹ 平定 (叛乱等), 镇压; 制服 ■ *n.* ❶ Ⓢ 拥挤的人群: What a squash! 真拥挤呀！ ❷ ⓒⓊ 果汁汽水 ❸ Ⓤ (软式) 墙网球, 壁球

squat [skwɒt] *vi.* (-tt-) ❶ 蹲坐; 蹲: The old man squatted by the fire. 老人蹲在炉火旁。 ❷ 擅自占住 (空屋) ■ *adj.* 矮胖的; 矮而宽的人 ■ *n.* ❶ Ⓢ 蹲坐, 蹲姿 ❷ ⓒ 被擅自占用的建筑物

squatter ['skwɒtə] *n.* ⓒ ❶ 蹲着的人 ❷ 擅自占用房屋或土地的人

squawk [skwɔ:k] *n.* ⓒ (尤指鸟受惊时) 粗厉的叫声: The hen gave a squawk when it saw the cat. 母鸡见到猫时咯咯叫了起来。■ vi. 发出粗俗的叫声,咯咯地叫

squeak [skwi:k] n. ⓒ短促的尖叫声,吱吱声■ vi. ❶短促地尖叫,吱吱叫: Can you hear the mice squeaking? 你听到老鼠吱吱叫吗? ❷告密;充当告密者 vt. 以尖厉的声音说话

squeal [skwi:l] n. ⓒ长而尖锐的叫声: The children gave a squeal of fright. 孩子们发出惊吓的尖叫声。■ vt. & vi. 长声尖叫;用长而尖锐的声音说: The brakes of the car squealed. 汽车的刹车发出吱吱声。/ He squealed the words out. 他吼叫着说出那些话。‖ **squealer** n. 告密者

squeeze [skwi:z] vt. & vi. 挤,榨,捏: He can't squeeze the wet coat dry. 他拧不干湿上衣。/ The room was crowded but I managed to squeeze in. 房间已是人头济济了,不过我还是设法挤了进去。/ This only gave them opportunity to squeeze profits. 这只能为他们提供机会榨取利润。vt. 榨取,挤出: We squeezed the juice from an orange. 我们从橙子中挤出汁来。‖ ～ **in** 挤进 /～ **into** 挤入,塞进 /～ **out** 挤出 /～ **through** 挤过去 ■ n. ❶ⓒ挤,榨,捏: give the tube of toothpaste a 一把牙膏挤一挤 ❷ⓒ亲切的拥抱或握手: He gave her an affectionate squeeze. 他亲热地拥抱她。❸Ⓢ拥挤,积压: It was a tight squeeze in the crowded bus. 公共汽车上载客太多,挤得很。❹Ⓢ缺乏钱或时间等所引致的困难或困苦,拮据,短缺: When the government is in a tight squeeze it usually tries to borrow money from abroad. 每当政府陷入财政困难,总是试图借贷外债。

squelch [skweltʃ] vi. 发吧唧声,发扑哧声 vt. 制止;压制;遏制;限制

squid [skwɪd] n. ⓒ乌贼,墨鱼

squint [skwɪnt] vi. ❶〈医〉斜视 ❷眯着眼睛,斜着眼睛(看某物);瞟;从小孔或缝隙里看 ■ n. ⓒ斜视,斜视症 ❷看,瞥

squirm [skwɜ:m] vi. ❶蠕动,扭曲身体: He was squirming on the floor in agony. 他躺在地上痛苦地扭动着。❷难为情;不舒服;羞愧: The little boy squirmed with shame. 这个小男孩因羞愧而局促不安。

squirrel ['skwɪrəl] n. ⓒ松鼠

squirt [skwɜ:t] vt. & vi. (指液体或粉末)喷出,喷射

stab [stæb] vt. & vi. (-bb-) 刺,扎;刺入,刺伤: He stabbed her on the leg with a knife. 他用刀子刺伤了她的腿部。/ The 8848-foot peak stabbed the sky. 这座 8848 英尺高的山峰直插云霄。‖ ～ **at** 用(刀等)刺〔戳〕/～ **in** ①用(刀等)刺伤 ②暗箭伤人,背弃别人 ■ n. ⓒ ❶刺,戳,捅,扎: I found a stab wound on his leg. 我在他的腿上发现一处刺伤。❷刺痛: a ～ of pain in the chest 胸部的一阵刺痛

stabbing ['stæbɪŋ] adj. (尤指疼痛)有如刀割的;突然剧烈的: a ～ pain in foot 脚上有如刀刺的感觉

stability [stə'bɪlɪtɪ] n. Ⓤ稳定(性),稳固: man of ～ 意志坚定的人 / She lacks emotional stability. 她的情绪不稳定。/ The stability of affairs is very serious. 事态非常严重。

stabilize, -ise ['steɪbəlaɪz] vt. & vi. (使)稳定;(使)稳固: His blood pressure tended to stabilize. 他的血压趋向稳定。/ They are eager to stabilize currencies. 他们急于稳定货币。/ People with epilepsy and similar diseases can take pills to stabilize their condition. 癫痫病和类似疾病患者可吃药丸稳定病情。

stable ['steɪbl] adj. ❶稳定的;安定的: We need a stable government. 我们需要一个稳定的政府。/ The fields give high and stable yields regardless of climatic circumstances. 不管气候条件如何,这块地总是保持高产稳产。/ This chair isn't very stable. 这把椅子不大稳固。❷沉稳(持重)的: I'm glad she has become such a stable character. 我很高兴她变得如此沉稳。/ Mentally she's very stable. 她情绪十分稳定。

stack [stæk] vt. & vi. 堆积;～ the firewood 把木柴堆起来 / They are specially packaged so that they stack easily. 它们经过特别包装,以便于堆放。/ The whole garden was stacked with bricks. 这园子里堆满了砖。‖ ～ **up** ①把…堆在…②处于某种状态 ③与…比较〔较量〕④加起来,累积起来 ■ n. ⓒ ❶堆,垛 ❷大量,一大堆:～s of money 大量钞票 / There's a whole stack of bills waiting to be paid. 有一大堆账要付呢。❸大烟囱;(船上的)烟囱 ❹(图书馆或书店的)书架

stadium ['steɪdjəm] n. (pl. stadia or ～s)ⓒ (周围有看台的)露天大型运动场,体育场: The stadium is being used for a match. 那个露天运动场正在进行一场比赛。‖ swimming stadium 游泳场

staff [stɑ:f] n. ❶Ⓢ全体职员;教职员: The school's teaching staff is 〔are〕 excellent. 该校的教师队伍是优秀的。/ This company has a staff of fifty. 这家公司有五十名职员。/ The manager fired an old staff yesterday. 经理昨天解雇了一名老职员。❷ⓒⓊ参谋,幕僚: He works at the General Staff. 他在总参谋部工作。‖ **staffer** n. 职员 ‖ **staff officer** 参谋

stag [stæg] n. ⓒ ❶成年雄鹿 ❷炒新股者

stage [steɪdʒ] n. ❶ⓒ阶段;时期: pass a ～ 通过一个阶段 / a senior ～ 高级阶段 /～ in history 历史阶段 / He was suffering from cancer which had already reached an advanced stage. 他的癌症已经到晚期了。/ He cautioned that the Russia-American discussions were still in an exploratory stage. 他警告说俄美商谈尚处于探索阶段。❷ⓒ舞台: come off ～ 下台 / a historical ～历史舞台/a school ～学校舞台/～ direction 舞台说明/The moment the clown appeared on stage, the audience folded up. 小丑一出现在舞台上，观众们个个笑得前俯后仰。❸ⓈⒸ演员的职业；戏剧表演；舞台生涯：They are arranging a novel for the stage. 他们正在把一本小说改编成戏剧。∎ vt. & vi. 上演：～ a new play 上演新戏/That scene will not stage well. 那场戏不会演好。/My aunt decided to stage a series of performances of a one-act play. 我姨妈上演一系列的独幕剧。∎ vt. 举行：～ an art show 举办艺术展/The union staged a one-day strike. 工会筹划举行一天的罢工。‖ **stage box** 包厢/**stage director** ①舞台指导②导演工作/**stage effect** 舞台效果/**stage management** 舞台监督

stagger ['stæɡə] vi. 蹒跚：～ weakly 虚弱得摇摇晃晃/He staggered to his feet. 他摇摇摆摆地站起来。∎ vt. ❶使…感到震惊〔担心〕：～ the imagination 感到不可思议/The difficulty of examination staggered him. 考试的难度使他很担心。❷错开：Our management has decided to stagger our working hour. 我们的管理部门已决定错开工作时间。‖ about〔around〕摇摇晃晃，无确定目标地行走 ‖ **staggerer** n. 蹒跚的人；难行

staggering ['stæɡərɪŋ] adj. 难以置信的；令人震惊的 ‖ **staggeringly** adv. 难以置信地；令人震惊地

stagnant ['stæɡnənt] adj. ❶不流动的，停滞的 ❷不发展的，不景气的 ‖ **stagnantly** adv. 停滞地；不景气地

stagnate ['stæɡneɪt] vi. 停滞，不流动，不发展 ‖ **stagnation** n. 停滞，不流动

staid [steɪd] adj. 古板的，保守的，一本正经的 ‖ **staidly** adv. 一本正经地/**staidness** n. 一本正经

stain [steɪn] vt. & vi. ❶（使）染色：Does this material stain easily? 这种料子容易染色吗？/Stain the table before you varnish it. 先给桌子着色，然后才能上清漆。/He stained the wood brown. 他给木头涂上了褐色。❷褪色，变污：～ easily 容易弄脏/White clothes stain quickly. 白色衣服会很快弄脏。/His crimes stained the family honour. 他的罪行玷污了他家庭的名誉。‖ with ①用…染色；用…弄脏②玷污 ‖ **stainable** adj. 可染色的/**stained** adj. ①玷污的，褪色的②染色的/**stainer** n. ①染色工②色料 ‖ **stained glass** 彩色玻璃

stainless ['steɪnlɪs] adj. ❶不易玷污的，不锈的 ❷无污点的，无瑕疵的 ‖ **stainless steel** 不锈钢

stair [steə] n. ❶Ⓟ楼梯：come up the ～s 上楼梯/sit on the ～s 坐在楼梯上/wooden ～s 木梯/screw ～s 螺旋梯/a flight of ～s 一段楼梯/While climbing up the stairs the old man always loses his breath. 那老人上楼时总是气喘吁吁的。❷Ⓒ（楼梯的）一级：He slipped on the stairs and put his ankle out. 他在楼梯上滑了一跤，踝关节脱臼了。‖ by〔through〕the back ～s ①从后门②开后门；以不正当的秘密途径

staircase ['steəkeɪs] n. Ⓒ楼梯：Footsteps on the staircase interrupted his train of thought. 楼梯上传来脚步声，打断了他的思路。

stairway ['steəweɪ] n. Ⓒ楼梯

stairwell ['steəwel] n. Ⓒ楼梯井

stake [steɪk] n. Ⓒ❶桩，柱 ❷刑柱 ❸股份，利害关系 ∎ vt. ❶用桩支撑：～ a young tree 用木桩将小树支撑起来/～ securely 牢牢地支撑/He staked newly planted trees. 他用木桩子撑住新栽的树。❷以…下注〔打赌〕：I staked ten pence upon a horse, and it won. 我在一匹马身上押了十便士，而它居然赢了。❸用桩区分，界分：～ site 用桩标出位置 ‖ on〔upon〕以…下注，把…押在…上/～ out〔off〕用木桩标出

stale [steɪl] adj. ❶不新鲜的；味道变坏的 ❷无趣味的；老掉牙的 ❸没有生气的 ∎ vi. 变陈旧；走味 ‖ **stalely** adv. 不新鲜地，无趣味地/**staleness** n. 不新鲜，无趣味

stalemate ['steɪlmeɪt] n. ⓊⒸ❶（国际象棋的）和棋 ❷（争执的）僵持，僵局

stalk [stɔːk] n. Ⓒ主茎，花梗，叶柄 ∎ vt. 潜步跟踪，潜近 ∎ vi. 高视阔步，大踏步走

stall¹ [stɔːl] n. Ⓒ❶厩，畜栏 ❷摊，棚

stall² [stɔːl] vt. & vi. （使）熄火，（使）停止转动 ∎ vi. 拖延 ∎ vt. 搪塞 ∎ n. Ⓒ熄火，停止转动

stalwart ['stɔːlwət] n. Ⓒ忠实拥护者 ∎ adj. 强壮的，结实的，坚定的

stammer ['stæmə] vt. & vi. 结巴地说出 ∎ n. Ⓢ口吃，结巴

stamp [stæmp] n. Ⓒ❶邮票，印花：buy〔cancel, design, sell〕a ～买〔盖销，设计，售〕邮票/collect ～s 集邮/exchange ～s 交换邮票/a beautiful〔nice, rare, valuable〕～ 美丽〔好看，稀少，宝贵〕的邮票/an expensive ～贵重的邮票/an old ～旧邮票/a sheet of ～ 一张邮票/Will you oblige me with a stamp? 给我一张邮票好吗？❷印，图章：an official ～ 官印/a rubber ～ 橡皮印章/None is genuine without our stamp. 未盖我们的戳记者无一是真货。❸标志，印记：bear the ～ of 带有…痕迹/a ～ of the age 时代的特征/This event left the stamp on his heart. 这件事在他心中留下印记。❹跺脚，顿足：He gave a stamp of impatience. 他不耐烦地跺脚。∎ vt. ❶贴邮票于；在…盖章：～ the passport 在护照上盖章/We are stamping the letter. 我们在给这封信贴邮票。❷踏平：They stamped the soil flat. 他们把地

踏平了。❸ 标出：~ importantly 着重标出/ Such generous actions stamp him as a man of honour. 如此慷慨的举动说明他是一位君子。❹ 铭记：What he did will always be stamped. 他所做的一切人们将永远铭记。vt.& vi. 顿足：~ the floor 踩地板/~ the ground 踩地/~ hard 狠狠地踩脚/~ angrily 愤怒地踩脚/He stamped his feet in anger. 他怒气冲冲地踩脚。‖ ~ down 踩扁/~ on〔upon〕① 踩在…上② 把…打上〔印在〕…上/~ out ①〈非正〉扑灭，毁掉②冲压成型/~ with 把…印在…上；在…上贴邮票 ❷ 盖章者，打印人 ‖ stamp-album n. 集邮簿/stamp-collector n. 集邮者/stamp duty〔tax〕n. 印花税

stance ['stæns] n. S❶站姿 ❷看法，立场，观点

stand [stænd] n. ❶S立脚点；站立：He made a sudden stand. 他突然站住了。❷C台，座：pass the ~ 经过站台/a band ~ 音乐台/There was a hamburger stand at the entrance to the station. 车站入口处有一个卖汉堡的小摊。❸C售货处；摊：a book〔fruit〕~ 书〔水果〕摊 ❹P看台，观众席：open ~ s 露天看台/The stands were packed. 看台上座无虚席。❺C主张，立场；态度：~ annoy〔repel〕态度使人烦恼〔反感〕/~ give away 立场暴露/advocate some ~ 赞成某种立场/illustrate one's ~ 说明立场/His stand toward the matter has not changed. 他对这个问题的立场没有改变。❻S中止，停顿 ❼C抵抗，抵御：In February 1916 the French Army made a stand at Verdun. 一九一六年二月法国军队在凡尔登进行抵抗。‖ bring〔put〕to a ~ 使中止〔停止〕，使困惑〔迟疑〕■(pt., pp. stood) vi. ❶ 坐落，位于：The house stands on a hill. 房屋坐落于小山上。❷ 维持原状；保持效力：The rule still stands. 本规则依然有效。~ 你这次一定能赚很多钱。❸ 停着：We stood waiting by the roadside. 我们站在路旁等着。vt. ❶ 竖放：You should stand the box on end. 你应该把箱子竖着放。❷ 忍耐；忍受；经得起，受得起：~ fire 耐火/I cannot stand that man; he talks too much. 我忍受不了那个人了，他话太多。/I couldn't stand to watch them slaughter the cattle. 我不忍看他们宰牛。/He can't stand traveling in the rush hour. 他受不了在交通最繁忙时出游。/If you come, I'll stand you lunch. 你如果来，我就请你吃午饭。/I stand a dinner for you if I'm wrong. 我要是错了就请你吃饭。vt.& vi. 站立，(使)直立着：~ meekly〔obediently〕温顺〔服从〕地站着/The baby cannot stand yet. 这婴孩还不能站立。vi.& link v. 处于某种状态：The classroom stands empty during the holiday. 在假期中教室都空着。link v. 高度为…：He stood 4 feet 9 inches. 他身高四英尺九英寸。‖ ~

about〔around〕闲站/~ against ①(使)靠在…上,(使)靠…站着② 在…的映衬下③ 反对…/~ aside 站到一边/~ back 靠后站，避开/~ by ①站在旁边；袖手旁观②准备行动，待命③支持，支援❹信守诺言/~ down ①放弃席位②解除戒备状态，恢复正常执勤/~ for ①代表，表示②为…而奋斗；拥护③〈口〉容忍，容许/~ in (for)代替/~ in with〈非正〉合谋，联合/~ off 疏远，保持一定距离/~ out ①突出；显眼，引人注目②超群，杰出③向前跨步④坚持/~ to ①准备行动②不放弃…坚持/~ up ①竖立②起立，站起③经久耐用；站得住脚 ④〈非正〉失约/~ up for 支持；坚持/~ up to 对抗，勇敢地面对/~ with 同…相处，和~ 站在一起 ‖ standoff adj. 冷淡的

standard ['stændəd] n. ❶U C 标准，水准，规范：apply〔have, set〕a ~ 应用〔有，制定〕某一标准/demand a ~ 要求达到某一标准/a certain ~ 某一标准/double ~ s 双重标准，复本位制/pay〔quality〕~ s 工资〔质量〕标准/The standard of length in France is the metre. 法国的标准长度是米。❷C平均质量；业务水平：The people of the U.S.A. have a high standard of living. 美国人民的生活水平很高。❸C旗帜，标杆：Two men carried the standard in the royal parade. 在盛大的游行队伍中，两个男子打着旗帜。❹C支柱，基座：The deck will need six standards to make it secure. 这座平台要用六根支柱才能稳固。‖ standard time 标准时间

standardize, -ise ['stændədaɪz] vt. 使合乎规格；使标准化

standby ['stændbaɪ] n. C备用的人或物

standing ['stændɪŋ] adj. ❶A永久的，长期使用的 ❷ 直立的，站着的 ■ n. U ❶ 名望，身份，地位 ❷ 持续时间

standpoint ['stændpɔɪnt] n. C 立场；观点：explain one's ~ 解释自己的观点/a commercial〔different, historical〕~ 商业〔不同,历史〕的角度/an artistic ~ 艺术观点/From my standpoint, this thing is just ridiculous. 依我看来，这件事简直荒唐。

standstill ['stændstɪl] n. S 静止状态；停顿

stand-up ['stændʌp] adj. A❶ 站着使用的，站着做的 ❷ 以说笑为主的 ❸(衣领)直立的，挺立的

staple ['steɪpl] n. C 钉书钉 ■ vt. 用钉书钉钉住

star [stɑ:] n. C❶ 星，恒星：~ s come out〔shine〕星星出来〔闪耀〕/find〔observe〕a ~ 发现〔观察〕星球/a bright〔brilliant〕~ 明亮〔耀眼〕的星星/a shooting ~ 流星/the fixed〔North〕~ 恒〔北极〕星/The innumerable stars in the sky are too far from us. 天上无数的星星离我们太远了。❷ 明星，名角：an international ~ 国际明星/a film ~ 电影明星/The movie star is always natural with other people. 那个影星对其他人总是很自然。❸〈正〉功名；机遇；运气/~ rise 好运来了/trust one's ~ s 相信自己的命运/Her star seems very much in the ascendant. 她看来吉星高照。‖ bless one's luck ~ s谢天谢地/see ~ s眼冒金星,目眩/under a ~ 福星高照 ■(-rr-) vt. 标示；点缀/~ an article 在文章上打星号 vt. & vi. 主演/~ a film 主演电影/She has starred in this new film. 她在这部新影片中担任主角。‖ as 担任主角/~ in 在…里演主角,由…出演主角‖ starless adj. 无星的/starlet n. 小星‖ starlight n. 星光/star shell 照明弹/star system 银河系

starboard ['stɑ:bəd] n. Ⓤ（船舶、飞机的）右舷,右侧

starch [stɑ:tʃ] n. ❶Ⓤ淀粉 ❷Ⓤ Ⓒ含淀粉的食物 ❸Ⓤ浆粉‖ starch paste 糨糊

stare [steə] vt. & vi. 凝视；瞪视：~ a baby〔child, doctor〕盯着婴儿〔小孩,医生〕/He was staring, thinking. 他一直在凝视着,思考着。/The child stared the stranger up and down. 那孩子上下打量着这个陌生人。‖ ~ after 盯着…的背影/~ at 盯,凝视/~ down〔out〕盯得〔某人〕再不敢对视下去/~ out of 向外凝视

starfish ['stɑ:fiʃ] n. (pl. ~) Ⓒ海星（一种海洋动物）

start [stɑ:t] n. ❶Ⓒ开始；开端；出发：make a bad〔good〕~ 开端坏〔好〕/an answering ~ 相应的开端/The new system was confronted with great difficulties at the start. 这项新制度刚开始就遇到了很大的困难。❷Ⓒ起点,出发点：The runners lined up at the start. 赛跑选手在起跑线上排成一行。❸Ⓤ抢先之量；先走〔跑〕之时〔距离〕❹Ⓒ吃惊,惊起‖ for a ~ 首先/from ~ to finish 自始至终/get off to a good ~ 开始时很好/make a fresh ~ 重做做,白手起家 ■vt. & vi. ❶开始：~ a dinner〔discussion〕开始吃饭〔讨论〕/~ a machine〔motor〕发动机器〔马达〕/When the rain started the crowd swarmed back into the hotel. 雨一开始,人群就蜂拥回了旅社。/If you want to be a champion swimmer you've got to start young. 如果你想成为一名游泳冠军,必须从小就开始训练。/We started our work at eight. 我们八点钟开始工作。/When the sun started to go down, he stopped and set up his tent. 太阳开始下山了,他停下来搭起帐篷。/As soon as we got there, it started raining. 我们一到那儿,天就下起雨来。/His criticism started me thinking seriously. 他的批评引起我认真思考。❷出发；启程：We're just about to start. 我们正要出发。/They started their journey home. 他们启程回家了。vt. 开办；创办：~ enter-

prise〔firm〕创办企业〔公司〕/He decided to start a newspaper. 他决定创办一份报纸。‖ ~ back ①开始返回②（突然）后退/~ for 动身去/~ in 开始工作〔活动,做事〕/~ off ①开始旅行 ②以…开始 ③迅速跑开/~ out ①启程,出发 ②以〔着手〕做/~ out of 突然离开（某处）/~ over 重新开始/~ sth 惹事,惹麻烦/~ up ①（使）开始运转 ②开始；着手‖ **start-up** n. 起动,开办

starter ['stɑ:tə] n. Ⓒ ❶赛跑、赛马等起跑线上的人（马,汽车等）❷发令员 ❸起动装置

startle ['stɑ:tl] vt. 使惊跳；使大吃一惊

startling ['stɑ:tliŋ] adj. 令人震惊的,惊人的

starvation [stɑ:'veiʃən] n. Ⓤ挨饿,饥饿；饿死

starve [stɑ:v] vt. & vi. （使）挨饿,饥饿：~ agonizingly〔cruelly〕痛苦〔残忍〕地挨饿/Because there is no food, the people are starving. 由于没有食品,所以人们在挨饿。/She's starving herself, trying to lose weight. 她在饿肚子减肥。/I'm starved very much now because I have had nothing at all today. 我现在饿极了,因为我今天什么也没吃。‖ ~ for 急需,渴望/~ out ①把…饿得从隐藏处出来 ②因饥饿而减少‖ **starve diet** 绝食疗法

state[1] [steit] n. ❶Ⓒ状态,状况：alter the ~ of sth 改变某物的状态/bring about〔create〕a ~ of 造成…的状态/~ of 结束…的状态/keep one's ~ 维持尊严/reach〔resume〕a ~ of 达到〔恢复〕…的状态/a good〔mental, nervous〕~ 良好〔精神,紧张〕状态/Air whether in the gaseous or liquid state is a fluid. 空气,无论是气态的或是液态的,都是一种流体。❷Ⓤ Ⓒ国家,政府：defend〔found, lead〕a ~ 保卫〔建立,领导〕国家/a client independent〕~ 附庸〔独立〕国/a strong ~ 强大的国家/an enemy ~ 敌国/member ~ s 成员国/~ lands 国有土地/We must pay taxes to the State. 我们必须向国家纳税。❸Ⓒ州；邦：In America, the law varies from state to state. 美国各州的法律都不同。❹Ⓤ in〔into〕a ~ ①处于激动〔焦躁〕的情绪中 ②肮脏的,凌乱的‖ **state bank** 国家银行/**state-owned** adj. 国有的/**the State Council**（中国）国务院/**the State Department** 美国国务院/**state-of-the-art** adj. 使用最先进技术的

state[2] [steit] vt. ❶陈述；叙述：~ a case 陈述案件/~ one's opinion〔view〕陈述观点/~ authoritatively〔wisely〕权威〔明智〕地陈述/He stated his problem clearly. 他把问题叙述得很清楚。/He stated that he had never seen the accused man. 他说他从未见过被告。/It is stated that the fire started in a cottage. 据说火是从一间小屋里烧起来的。/Please state exactly what you did. 请准确地说明你都干了些

什么。/ They stated themselves to be members of a secret society. 他们宣称自己是一个秘密社团中的成员。/ They stated the diamond to have been stolen. 他们宣称宝石已被偷了。❷ 规定,指定;排定

statehood ['steɪthʊd] n. U 独立国家的地位

stateless ['steɪtlɪs] adj. 无国家的;无国籍的

stately ['steɪtlɪ] adj. ❶ 庄严的;高贵的 ❷ 雄伟的 ‖ **stately home** 堂皇宅第

statement ['steɪtmənt] n. C❶ 声明,陈述: make a ~ 陈述,供述,声明/ a solemn ~ 严正声明/ an official ~ 正式声明/ The government issued a statement urging the public to cooperate in this inquiry. 政府发表声明要公众对这项调查给予合作。❷ 结算单,报表: The company prepared a statement of its profits and losses. 该公司做了一份损益清单。

statesman ['steɪtsmən] n. (pl. -men) C 政治家

statewide ['steɪtwaɪd] adj. & adv. 全国的(地)

static ['stætɪk] adj. ❶ 不变化的,不发展的,静止的,静态的 ❷ A 静电的

statics ['stætɪks] n. U 静力学

station ['steɪʃən] n. C❶ 车站: arrive at (reach) a ~ 到达车站/ build a ~ 修建车站/ enter a ~ 进入车站/ leave a ~ 离开车站/ remain at the ~ 留在车站/ wait at the ~ 在车站等候/ The railway station is some distance from the village. 火车站离这个村庄相当远。❷ 所;站;台;局: a hydroelectric ~ 水力发电站/ broadcasting ~ 广播电台/ a police ~ 警察局/ a power (radar) ~ 发电(雷达)站/ a weather ~ 气象站/ an air ~ 航空站/ The radio station sets up an overseas broadcast program. 电台新设置了一个对外广播节目。❸ 地位;身份: people in all ~s of life 社会各阶层人们/ She is a woman of high station. 她是一位贵妇人。‖ **above one's ~** 超出自己的身份 ‖ **station master** 火车站站长/ **station wagon** 旅行汽车

stationary ['steɪʃənərɪ] adj. 不动的;静止的

stationer ['steɪʃənə] n. C 文具店店主

stationery ['steɪʃənərɪ] n. U❶ 文具 ❷ 信纸 ‖ **stationery shop** 文具店

statistical [stə'tɪstɪkəl] adj. 统计学的,以数据表示的 ‖ **statistically** adv. 以数据表示地

statistician [ˌstætɪ'stɪʃən] n. C 统计学家,统计员

statistics [stə'tɪstɪks] n. ❶UC 一项统计数据: exact ~ 精确的统计数字/ We have a fascinating statistics. 我们有一项可喜的数据。❷P 统计资料,统计数字: ~ indicate 统计资料表明/ collect ~ 收集统计资料/ We have statistics for the last year. 我们有去年的统计资料。❸ U 统计学: study ~ 学统计学/ Statistics is taught in many colleges. 许多大学都教授统计学。

statue ['stætjuː] n. C 雕像,塑像

stature ['stætʃə] n. CU❶ 才干,高境界,高水平 ❷ 身高,身材

status ['steɪtəs] n. ❶ UC 身份,地位: raise sb's ~ 提高某人的地位/ seek ~ 追求地位/ legal ~ 法律地位/ observer ~ 观察员身份/ Age has status in the villages. 在乡村里年长者受人尊敬。❷ C 情形,状况: We all are interested in the status of world affairs. 我们都关心世界形势。

statute ['stætjuːt] n. C 法令,法规

statutory ['stætjutərɪ] adj. 依照法令的,法定的

staunch [stɔːntʃ] adj. (-er,-est) 可信赖的,可靠的,忠诚的 ■ vt. 使(伤口)止血

stave [steɪv] n. C❶ 五线谱 ❷ 侧板 ■ vt. & vi. (pt., pp. **staved** or **stove**) 打破,砸破

stay [steɪ] vt. & vi. 停留;停止: ~ bloodshed 止住流血/ ~ one's anger 息怒/ ~ sb's hand 使某人住手/ I'm in a hurry; I've no time to stay. 我很忙,没有时间待了。/ He stayed the work and had the machinery removed. 他把工作停下来,让人把机器搬掉。vi. & link v. 继续处于某种状态: ~ angry 一直在生气/ ~ confused 迷惑不解/ ~ constant 保持不变/ ~ healthy 保持健康/ ~ long 保持得很久/ ~ modest 保持谦虚/ Do you think this fine weather has come to stay? 你认为这种好天气能持久稳定下来吗?/ She stayed to take care of her mother. 她留下来照料她母亲。/ She stayed a reporter. 她继续当记者。/ The weather stayed fine for a week. 这个星期天气一直很好。/ Please stay seated. 请继续坐着。‖ **~ at** 停留在…/ **~ away** 离开,缺席/ **~ down** ① 卧倒② 待在水面之下/ **~ in** ① 留在家中,不外出② 保持住/ **~ out** ① 留在户外,不在家中② 避开,不插手/ **~ up** ① 悬在原位上② 不睡觉,熬夜③ 不掉/ **~ with** 在…家里做客;继续为…工作/ **~ within** 遵守…;保持在…之内 ‖ **stay-at-home** adj. 不爱出门的人

stead [sted] n. C 代替某人

steadfast ['stedfɑːst] adj. ❶ 坚定的;不动摇的 ❷ 不动的;不变的

steady ['stedɪ] adj. (-ier,-iest) ❶ 稳的,稳定的,坚定的: a ~ aim 稳定的目标/ He is a steady young man. 他是一个稳重的年轻人。/ The stool is steady enough. 这个凳子很稳。❷ 不变的: a ~ job 固定的工作/ She has a steady income. 她有固定的收入。‖ **steadily** adv. 稳定地,不变地/ **steadiness** n. 稳定,不变

steak [steɪk] n. ⓤⒸ牛排:cook a ～烧牛排/I ate four steaks yesterday.昨天我吃了四块牛排。‖ **steak house** 牛排馆/**steak knife** 吃牛排用的餐刀

steal [stiːl] vt.&vi.(pt. stole, pp. stolen)❶偷:～ information 盗窃情报/～ money 偷钱/～ constantly〔cunningly, daringly〕不断〔巧妙,大胆〕地偷窃/Anyhow I must insist that you cannot steal.不管怎么说,你都不能偷东西。/Someone has stolen her purse when she was shopping.她在购物时,有人偷走了她的钱包。/She stole him an umbrella.她给他偷了一把雨伞。❷悄悄地做,悄悄地走:～ a glance at 偷看/～ a kiss from sb 偷吻某人/He stole cautiously around to the back door.他小心翼翼地悄绕过后门。‖ ～ away ①偷偷离去②偷走(某物)/～ from ①从…偷窃②从…用诡计获得(某物)③偷偷地离开/～ into 偷偷地进入/～ on〔upon〕悄悄地来到;偷袭/～ out(从…)偷偷地溜出/～ over 不知不觉地袭来,对…产生影响/～ up on ①偷袭②不声不响地接近③降服到(某人身上)

stealthy [ˈstelθɪ] adj.(-ier,-iest)悄悄的;鬼鬼祟祟的 ‖ **stealthily** adv. 鬼鬼祟祟地/**stealthiness** n. 鬼鬼祟祟

steam [stiːm] n. ⓤ❶蒸汽:～ condense〔exhaust, rise〕蒸汽凝结〔排出,冒出〕/～ drive machinery 蒸汽驱动机器/blow off ～ 吹出蒸汽/gather〔produce〕～ 积聚〔产生〕蒸汽/give〔let〕off ～ 放出蒸汽/dry〔hot, wet〕～ 干〔热,湿〕蒸汽/The steam sang as it escaped from the pipe.蒸汽从管子逸出时呜呜作响。❷蒸汽动力:Who invented the steam engine?谁发明了蒸汽机？‖ full ～ ahead 全速前进;竭尽全力/get up ～ ①慢慢加速②打起精神/let off ～ ①放出蒸汽②宣泄被压抑的过剩精力〔情感〕/run out of ～ 失去动力;筋疲力尽/under one's own ～ 凭自己的力量 vt.&vi. 冒蒸汽:～ quickly〔slightly〕迅速〔轻微〕地冒蒸汽/The kettle was steaming.水壶冒热气了。/The hot tea steamed my glasses.热茶使我的眼镜蒙上了一层水气。/She held the letter over the kettle to steam it open.她把信放在水壶上,用蒸汽开启信封。vi.(靠蒸汽)行驶:The ship steamed into the harbor.船驶进了港湾。vt. 蒸煮:She is steaming fish for supper.她在蒸鱼准备吃晚饭。‖ ～ out 以蒸汽为动力驶离/～ over ①蒸发,冒蒸气②为…发怒/～ up ①布满水汽②发怒,激动 ‖ **steam bath** 蒸汽浴/**steam-boiler** n. 蒸汽锅炉/**steam engine** 蒸汽机/**steam hammer** 汽锤/**steam pressure** 蒸汽压力

steamboat [ˈstiːmbəʊt] n. Ⓒ汽艇,汽船

steamer [ˈstiːmə] n. Ⓒ❶汽船,大轮船❷汽锅,蒸锅

steamship [ˈstiːmʃɪp] n. Ⓒ汽船,大轮船

steamy [ˈstiːmɪ] adj.(-ier,-iest)❶蒸汽的,充满水汽的 ❷色情而狂放的

steel [stiːl] n. ⓤ钢,钢铁:export〔import〕～ 出口〔进口〕钢材/make〔manufacture, produce〕～ 生产钢材/hard ～ 硬钢/tool ～ 工具钢/～ cable 钢丝绳/a heart of ～ 铁石心肠/Hot steel is quenched to harden it.烧热的钢放入水中骤冷使之坚硬。/We have the steel to get this job done.我们有决心把这工作做完。vt. 使坚强,使坚定:～ bravely〔cleverly, coolly〕勇敢〔机敏,冷静〕地使坚强/They settled down in the countryside to steel their wills.他们到农村安家落户以锻炼自己的意志。/You should steel your heart to take things as they come.你应该硬起心肠,顺其自然。‖ ～ against 使…坚强起来以抗御〔承受〕/～ for 使(自己)做好思想准备以对付〔进行〕… ‖ **steel plate** 钢板/**steel rule** 钢尺

steely [ˈstiːlɪ] adj.(-ier,-iest)钢铁般的,似钢铁的

steep¹ [stiːp] adj.(-er,-est)❶陡的,急剧升降的:a ～ slope 陡坡/A car is climbing the steep hill slowly.一辆汽车正在陡峭的山坡上缓缓爬行。/The slope is too steep for us to climb.这斜坡太陡,我们爬不上去。❷〈非正〉(要求或价格)过分,过高:There was a steep rise in prices.价格暴涨。/It's a bit steep that I should pay for all of you！要我为你们大家付账,有点太过分了。‖ **steeply** adv. 陡地,过高地/**steepness** n. 急剧上升,陡峭

steep² [stiːp] vt.&vi. 浸,泡:～ forbiddingly 强迫浸泡/～ slowly 慢慢浸得很慢/The clothes are steeping.衣服正泡着呢。‖ ～ in ①浸,泡;充满②专心于,沉湎于③精通于,习惯于

steepen [ˈstiːpən] vt.&vi.(使)变得陡峭

steepish [ˈstiːpɪʃ] adj. 较陡的,有点陡峭的

steeple [ˈstiːpl] n. Ⓒ(教堂的)尖塔

steeplechase [ˈstiːpltʃeɪs] n. Ⓒ❶越野障碍赛马 ❷(指 3000 米有 35 个障碍的)障碍赛跑

steer [stɪə] vt.&vi. 驾驶,掌舵:～ one's course to 向…驶去/～ the handle 掌舵,驾驶/～ clear 避开/～ north 向北行驶/～ well 很好驾驶/This car steers easily.这部车子易于驾驶。/She steered the car skilfully through the narrow streets.她熟练地驾驶着汽车穿过狭窄的街道。‖ ～ for 驾驶(车、船)驶向/～ into ①驾驶(车、船)进入②引(某人)进入③说服做…/～ out 驶出/～ through 驾驶(船)通过(狭窄处)②指导(某人)通过〔渡过〕/～ to〔towards〕①驾(船)驶向…②把…引向… ‖ **steerable** adj. 易驾驶的,易操纵的/**steerer** n. 驾驶者,舵手

steerage [ˈstɪərɪdʒ] n. ⓤ驾驶,操舵

steering ['stɪərɪŋ] *n.* Ⓤ(汽车等的)转向装置 ‖ **steering handle** 方向盘

steering-wheel ['stɪərɪŋwiːl] *n.* Ⓒ 方向盘

steersman ['stɪəzmən] *n.* (*pl.*-**men**) Ⓒ 舵手

stem¹ [stem] *n.* Ⓒ ❶(花草的)茎,(树木的)干;*a ~ of a flower* 花梗/*The stem of the mushroom is broken.* 这只蘑菇的梗折断了。❷词干;"*Uni-*" *is the stem of* "*unity*". *uni-* 是 *unity* 的词干。‖ **from ~ to stern** 从船头到船尾;彻底 ‖ **stemless** *adj.* 无茎的,无梗的/**stemlet** *n.* 小茎/**stemmy** *adj.* 多梗的

stem² [stem] *vt.* (-**mm**-) 遏制〔阻止〕(液体的流动等);*~ a stream* 堵住溪水/*~ the spread* 制止蔓延/*You must stem the flow of blood from the wound.* 你必须止住伤口流血。‖ ~ **from** 来自,起源于;由…造成

stench [stentʃ] *n.* Ⓢ臭气,恶臭 ‖ **stenchful** *adj.* 充满恶臭的/**stenchy** *adj.* 恶臭的

stencil ['stensɪl] *n.* Ⓒ ❶(有图案或文字的)模板,刻字蜡纸 ❷用模板印出的文字或图案 ‖ **stenciler** *n.* 刻蜡纸者 ‖ **stencil paper** 蜡纸/**stencil pen**(刻蜡版的)铁笔

step [step] *n.* ❶Ⓒ脚步,步;*break ~s* 打乱步伐/*change ~s* 换步/*hear a ~* 听到脚步声/*a heavy ~* 沉重的/*a quick*〔*rapid*〕*~* 快步走/*a route ~* 〈军〉便步/*I won't venture a step farther.* 我不敢再往前走一步。❷一步的距离,短距离;*He stood within five steps of me.* 他站在离我不到五步远的地方。❸Ⓟ楼梯,台阶;*She was standing on the church steps.* 她正站在教堂门前的台阶上。❹Ⓒ级别,等级;阶段;*A colonel is three steps above a captain.* 上校比上尉高三级。❺Ⓒ步骤,措施;*a careful ~* 慎重的步骤/*an effective ~* 有效的措施/*He will approve such steps.* 他会同意这些措施的。‖ **a false ~** ①失足②错误,失策/**break ~** ①便步走,不以一致步伐行走②(与…)不一致,(与…)不协调/**fall into ~** 调整步伐或与一致,开始接受〔遵循〕/**follow (in) sb's ~** 某人的后尘/**guide sb's ~(s)** 引导某人走/**in**〔**out of**〕**~** 步调一致〔不一致〕/**in ~s** 逐步地/**keep ~ with** 跟上/**~ by ~** 一步步地,逐步地,逐渐地/**take ~s** 采取措施/**watch one's ~s** 小心行事,当心 ■ *vt.* & *vi.* (**-pp**-) ❶举步,行走,跨步 ‖ **~ fearlessly** 无畏地踏上/**~ softly** 轻轻地行走/*He stepped backward and fell over the cliff.* 他向后退了一步就从悬崖上掉下去了。/*He steps the pavements.* 他在人行道上行走。‖ **~ across** ①访问②跨过/**~ aside** ①走到一边②从权威地位退下/**~ back** 后退/**~ down** 退休,辞职/**~ forward** ①向前走②站出来/**~ in** ①干涉,介入②进入;涉足/**~ inside** 进去/**~ into** 干预,涉足/**~ off** ①离开②步测(长度)③开始行军;起跑④从…走下来/**~ on**〔**upon**〕①走在…上面②伤害(某人的)感情③斥责(某人)/**~ out** ①起紧,快走②暂时离开一下③(非正)出去娱乐/过活跃的社交生活④步测/**~ out on** 对(某人)不忠/**~ outside** ①到户外去②为解决…而争斗/**~ over** ①走近(某地);接近(某人)②跨过…/**~ up** ①走上②(使)增加,(使)加快速度 ‖ **stepper** *n.* ①快马②跳舞者 ‖ **stepping-stone** *n.* 踏脚;达成目的的手段/**stepstone** *n.* 楼梯石级

stepbrother ['step‚brʌðə] *n.* Ⓒ继母与其前夫或继父与其前妻所生的儿子

stepchild ['steptʃaɪld] *n.* (*pl.*-**children**) Ⓒ 丈夫与前妻或妻子与其前夫所生的孩子

stepfather ['step‚fɑːðə] *n.* Ⓒ继父

stepmother ['step‚mʌðə] *n.* Ⓒ继母

stepsister ['step‚sɪstə] *n.* Ⓒ继父与其前妻或继母与其前夫所生的女儿

stereo ['stɪərɪəʊ] *n.* (*pl.* ~**s**) ❶Ⓒ立体声音器材 ❷Ⓤ立体声

stereotype ['stɪərɪətaɪp] *n.* Ⓒ老套,模式化的见解,有老一套固定想法的人 ■ *vt.* 把…模式化,使成陈规 ‖ **stereotyped** *adj.* 老一套的/**stereotyper** *n.* 铸板工人

sterile ['steraɪl] *adj.* ❶不生育的,不能生殖的 ❷无菌的,消过毒的 ❸(土地)贫瘠的,不毛的 ❹枯燥无味的 ‖ **sterility** *n.* 不生育;贫瘠

sterilize ['sterɪlaɪz] *vt.* 使失去生育能力;使无菌

sterling ['stɜːlɪŋ] *n.* Ⓤ英国货币 ■ *adj.* Ⓐ ❶标准纯度的;含标准成分的 ❷符合最高标准的;品格优秀的

stern [stɜːn] *adj.* (-**er**,-**est**) ❶苛刻的,严格的 ❷严肃的,严厉的 ‖ **sternly** *adv.* 苛刻地,严肃地/**sternness** *n.* 苛刻,严厉

stevedore ['stiːvɪdɔː] *n.* Ⓒ码头装卸工人,搬运工

stew [stjuː] *vt.* & *vi.* 炖,焖 ■ *n.* ❶ⒸⓊ炖煮的菜肴 ❷Ⓢ烦恼,焦虑

steward ['stjʊəd] *n.* Ⓒ❶(轮船、飞机等的)乘务员,服务员 ❷(俱乐部、旅馆、工会等的)管理员 ‖ **stewardship** *n.* 乘务员的职位

stewardess [‚stjʊə'des] *n.* Ⓒ(飞机上的)女服务员;空中小姐

stick¹ [stɪk] (*pt.,pp.* **stuck**) *vt.* & *vi.* ❶粘贴,张贴;*What's wrong with this stamp? It won't stick.* 这邮票怎么回事? 粘不住了。❷插入,刺入,卡住;*The key sticks in the lock.* 钥匙卡在锁里了。/*He stuck fork into the meat.* 他把叉子插到肉里。*vt.* ❶容忍;忍受;*I can't stick her.* 我不能忍受她了。/*I can't stick waiting around.* 我受不了久等。❷产生作用,生效,起作用 ‖ **~ around**〈非正〉逗留,停留/**~ at** ①坚持(工作、任务等);不放弃 ②停止,踌躇,迟疑于/**~ by** 忠实于/**~ down** ①放下

②把…写下来③把…粘起来/~ in ①坚持,努力②用某种手段攻击/~ on ①把(某物)粘贴在…上②ես在(…)上面;固定在(…)上面/~ out ①伸出来,突出,竖起②坚持;断言;to ①保留,保有②遵守,坚持/~ up 竖起/~ up for 支持,维护/~ with ①继续做②跟着… ‖ **stick-on** *adj*. 粘贴上去的/**stickup** *n*. 竖起物;抢劫

stick² [stɪk] *n*. C ❶ 枝条,枯枝,柴枝: He picked up sticks to make a fire. 他拾起小树枝来生火。❷ 棍,棒: wave a ~ 挥舞棍子/The farmer saw the boys off with a heavy stick. 农夫用一根粗棒赶走了那些男孩。❸ 棒状物: ~s of chalk 一根根的粉笔

sticker ['stɪkə] *n*. C ❶ 有背胶的标签 ❷ 坚持不懈的人;锲而不舍的人

sticky ['stɪkɪ] *adj*. (-ier,-iest) ❶ 粘性的;粘的 ❷ 潮湿的,湿热的 ❸ 难对付的,棘手的 ‖ **stickily** *adv*. 粘性地,粘地/**stickiness** *n*. 粘性 ‖ **sticky-back** *n*. (背面涂有胶水的)小相片/**sticky bomb** 粘性炸弹/**sticky-fingered** *adj*. 有盗窃习惯的

stiff [stɪf] *adj*. (-er,-est) ❶ 不易弯曲的,硬的;稠的: feel ~ 感到(肌肉)僵硬/There is a sheet of stiff cardboard in the drawer. 在那个抽屉里有块硬纸板。/The clay is very stiff; we must make it thinner with water. 这粘土非常稠,我们须用水使它变得稀一些。❷ 僵硬的;不灵活的;一动就疼的: The old man's joints were stiff. 那个老人的关节不灵活了。❸ 拘谨的,冷淡的: The lawyer nodded a stiff greeting. 那个律师不自然地点头示意。/Their manner was rather stiff. 他们的态度很生硬。❹ ⒶR强烈的: I need a stiff whisky. 我想喝点烈性的威士忌。❺ 严厉的: He suffered a stiff punishment. 他遭受了严厉的惩罚。❻ 难对付的,难的: We passed a stiff examination. 我们通过了一次艰难的考试。❼ 很有决心的,刚强的,坚定的: The army encountered stiff resistance from rebels in the hills. 部队在山里遭到叛乱者顽强的抵抗。❽ 太贵的,无法接受的: He asked a stiff price for his used car. 他给自己的旧车开了个高价。/The asking price is too stiff. 那个要价太高。‖ as ~ as poker 生硬,刻板 ■ *adv*. 〈口〉极度地;非常: The play bored me stiff. 这出戏剧使我非常腻烦。‖ **stiffish** *adj*. 相当挺的;相当强劲的/**stiffly** *adv*. 相当硬地/**stiffness** *n*. 硬,挺 ‖ **stiff-arm** *vt*. 伸直手把 ~ 推开/**stiff-necked** *adj*. 倔强的;傲慢的

stiffen ['stɪfn] *vt*. & *vi*. (使)变硬: She stiffened at his rude remarks. 他的粗话使她板起了面孔。‖ **stiffener** *n*. ①加固物②兴奋剂

stifle ['staɪfl] *vt*. & *vi*. (使)窒息;(使)窒闷: The gas stifled them. 煤气使他们窒息。 *vt*. 镇压;遏制: The rebellion was stifled. 叛乱被镇压

了。

stigmatize ['stɪgmətaɪz] *vt*. 指责为无价值的或可耻的

still¹ [stɪl] *adj*. (-er,-est) ❶ P 不动的;静止的,无声的,寂静的: Keep still while I fasten shoe. 站着别动,我给你系鞋带。/On Sunday the great flywheels of the power station are still. 每到星期天发电厂巨大的转轮便停止工作了。/It was so still you could have heard a pin drop. 这是那样的寂静,连一枚针落地的声音你都可以听到。❷ 无风的: It was a hot still airless day. 那是无风、闷热的一天。■ *n*. C (电影片中某一镜头的)剧照;定格画面: Please help me to stick the stills from a new film. 请帮我把这部新影片的剧照贴上。■ *vt*. & *vi*. (使某物)平静下来或静止: The wind stilled. 风变静下来了。/I stilled my anxiety. 我消除了内心的不安。‖ **stillbirth** *n*. 〈医〉死胎,死产/**stillborn** *adj*. 死产的/**still hunt** 暗中搜寻/**still-hunt** *vt*. & *vi*. 伏击/**still life** 静物;静物画

still² [stɪl] *adv*. ❶ 仍然,依旧,还是: The fish is still alive. 这条鱼还活着。❷ 更,还要: It is cold now, but it'll be still colder tonight. 现在很冷,但今晚更冷。❸ 尽管那样;然而;不过,虽然如此: Although she felt ill, she still went to work. 她虽然觉得身体不舒服,但仍然去上班了。

stimulant ['stɪmjʊlənt] *n*. C ❶ 兴奋剂;含兴奋剂的饮料 ❷ 刺激物;激励物

stimulate ['stɪmjʊleɪt] *vt*. 刺激;激励: ~ the masses' enthusiasm 激发群众的积极性/The art course stimulated me. 艺术课激发了我的灵感。/They stimulated me to make greater efforts. 他们鼓励我要做出更大的努力。‖ ~ into [to] 刺激(某人)… ‖ **stimulating** *adj*. 刺激的;激励的

stimulus ['stɪmjʊləs] *n*. (*pl*. -li) C 刺激物;促进因素

sting [stɪŋ] (*pt*., *pp*. **stung**) *vt*. & *vi*. 螫伤,刺伤: ~ the eye 刺眼/Most flies do not sting. 大多数苍蝇不可叮人。/A hornet stung me on the cheek. 一只大黄蜂叮了我的脸颊。 *vi*. 感到剧痛: My tooth stings. 我牙痛得厉害。‖ ~ for 为…敲竹杠,为…向(某人)要高价/~ from 因…感到疼痛/~ to [into] 促使,刺激〔驱使〕(某人)采取行动/~ with 因…感到疼痛 ■ *n*. C ❶ (某些昆虫的)毒刺,螫针: Does a bee die when it loses its sting? 蜜蜂失去螫针会死吗?❷ 螫伤处;蜇伤处: Rub ointment on to the wasp sting. 在黄蜂刺伤处涂些药膏。‖ **stingingly** *adv*. 有刺地;尖锐地/**stingless** *adj*. 无刺的

stink [stɪŋk] *vi*. (*pt*. **stank** or **stunk**, *pp*. **stunk**) ❶ 散发出恶臭;发臭味: The fish stinks. 鱼臭了。❷ 名声臭;糟透: Your plan stinks. 你的计划差劲透了。■ n. ❶ⓒ恶臭,难闻的气味 ❷ⓢ大声抱怨 ‖ **stinker** n. 讨厌的人 ‖ **stinkball** n. (过去海战中用的)臭弹/**stink bomb** 恶臭炸弹/**stinkbug** n. 臭虫/**stinkpot** n. 盛臭东西的容器

stint [stɪnt] n. ⓒ定额工作;定量;限额 ■ vi. 节制,限量;节省 ‖ **stintless** adj. 不停的,无限制的

stipple ['stɪpl] vt. & vi. 用点画、点描或点刻法描绘或雕刻 vt. (把油漆、水泥等的表面)弄粗糙

stipulate ['stɪpjuleɪt] vt. (尤指在协议或建议中)规定,约定,讲明(条件等)

stir [stɜː] vt. & vi. (-rr-) ❶搅拌: ~ *a soup* 搅拌汤/*This paste stirs easily*. 这种糨糊易于搅拌。/*Mary put the sugar in her coffee, and stirred it with a spoon*. 玛丽在她的咖啡里放了些糖,然后用勺子搅动着。❷(使)移动;(使)激动: *He did not stir, not look up*. 他没有动,也没有抬头。/*The book stirred my interest*. 这本书激起了我的兴趣。‖ ~ **about** 反复搅拌/~ **in** 把…搅拌进混合物中/~ **into** 把…搅拌进…中/~ **to** 鼓动;促使(某人)采取行动/~ **up** 引起;激起 ■ n. ❶ⓒ搅动;搅和;搅拌: *Give the soup a stir*. 把汤搅拌一下。❷ⓢ激动,纷乱;骚乱: *His resignation caused quite a stir*. 他的辞职引起了相当大的轰动。‖ **not** ~ **a finger** 不尽举手之劳/**not** ~ **an eyelid** 不眨眼,不为所动/~ **oneself** 奋发 ‖ **stirless** adj. 不动的;沉静的 ‖ **stirabout** n. 麦片粥;忙碌的人

stirring ['stɜːrɪŋ] adj. 激动的;刺激的;令人兴奋的 ‖ **stirringly** adv. 激动地;刺激地;令人兴奋地

stirrup ['stɪrəp] n. ⓒ马镫 ‖ **stirrup iron** 马镫(不连皮带)/**stirrup-piece** n. 镫形支架

stitch [stɪtʃ] n. ❶ⓒ(缝纫中的)一针 ❷ⓒ(编织中的)一针 ❸ⓢ胁部的突然剧痛 ❹ⓢ衣服 ‖ **stitchwork** n. 刺绣;缝纫

stock [stɒk] n. ❶ⓒ储备品,供应物: *Stocks of coal are running low*. 储备的煤越来越少了。❷ⓒⓤ(商店的)现货,存货: *check a* ~ 清点存货/*This store keeps a large stock of toys*. 这家商店备有大量玩具。❸ⓒⓤ公债;股份;股票: *He bought a lot of government stock*. 他买了许多公债。/*She invested most of her savings in stocks and shares*. 她把大部分存款投资在公债和股票上。❹ⓤ原汤,汤料 ❺ⓤ家系,家世,血统: *He descended from Jewish stock*. 他是犹太人的后裔。‖ **in**ⓒ**out of**〉(商店等中)有ⓒ无〉现货的/**on the** ~**s** 在建造中,在准备中/**take** ~ **(of)** ①盘点存货②检查,评估 ■ vt. 储备,保持…的供应: *This store stocks all types of toys*. 这家商店储备各种类型的玩具。‖ ~ **up** 进货;使(商店)储足货物/~ **with** 向(商店等)补充 ■ adj. ❶通常备有现货的;常备的: *Toothpaste is stock merchandise in a drug-store*. 牙膏是杂货店里的常备商品。❷常用的;陈腐的: *The weather is a stock subject of conversation*. 天气是聊天的习惯话题。‖ **stockless** adj. 无柄的;无把的 ‖ **stock account** 股份账/**stock book** 存货簿/**stock certificate** 股票/**stock company** 股份公司/**stock dividend** 以股票形式分发的红利/**stock exchange** 证券交易所/**stockjobber** n. 证券经纪人/**stock market** ①股票市场②股票行情/**stock power** 股票转让授权书/**stock-still** adj. 静止的;不动的

stockade [stɒ'keɪd] n. ⓒ(防御用的)栅栏,围桩 ■ vt. 用栅栏防护,用栅栏围住

stockholder ['stɒkˌhəʊldə] n. ⓒ股票持有者;股东

stocking ['stɒkɪŋ] n. ⓒ长袜

stocky ['stɒkɪ] adj. (-ier,-iest)(指人、动物、植物)粗短而结实的,矮而粗壮的

stoke [stəʊk] vt. 拨旺火: *He was stoking the fire with wood*. 他正在给火添木头。‖ **stokehold** n. 生火间

stomach ['stʌmək] n. ❶ⓒ胃: *wash out the* ~ 洗胃/*I often feel a pain in my stomach*. 我经常胃疼。❷ⓒ腹部: *I hit him in the stomach*. 我击中他的腹部。❸ⓤ食欲,胃口;欲望: *go against the* ~ 不合胃口 ‖ **turn sb's** ~ 使某人恶心欲吐 ‖ **stomachful** n. 满胃;满腹/**stomachless** adj. 没有胃口的 ‖ **stomach-ache** n. 胃痛;肚子痛

stone [stəʊn] n. ❶ⓒ石头,石块,石子 ❷ⓤ矿石,石料: *work the* ~ 加工石料/*Marble is a precious stone*. 大理石是一种珍贵的石料。❸ⓒ宝石 ‖ **stoneless** adj. 无核的 ‖ **stone age** 石器时代/**stone axe** 石斧/**stone-blind** adj. 完全瞎的/**stonebrash** n. 砂土/**stone-broke** adj. 一个钱也没有的/**stone-cold** adj. 完全冷了的,冷透的/**stonecutter** n. 石工;切石机/**stone-dead** adj. 完全断气了的/**stone-deaf** adj. 完全聋的/**stoneman** n. 石匠/**stone-pit** n. 石坑/**stone-still** adj. 非常寂静的/**stoneware** n. 石制品/**stonework** n. 石造物

stonewall [ˌstəʊn'wɔːl] vi. ❶(用冗长发言或拒绝回答问题等)拖延[阻碍]议事,设置障碍 ❷拒绝执行命令,拒绝服从命令 ❸(板球中)打守势球,小心地打慢球

stony ['stəʊnɪ] adj. (-ier,-iest) ❶多石头的 ❷冷酷的;无情的 ‖ **stonily** adv. 冷酷地;无情地/**stoniness** n. 冷酷;无情 ‖ **stonyhearted** adj. 铁石心肠的

stool [stuːl] n. ⓒ凳子 ‖ **fall between two** ~**s** 两头落空

stoop [stuːp] vt. & vi. ❶弯腰;屈身;俯首 ❷屈尊,屈从 ‖ **stoopingly** adv. 佝偻地;屈尊地 ‖ **stoop labour** 弯腰劳动

stop [stɒp] (-pp-) vt. & vi. ❶停止;中断: ~

stopper

the bike 把自行车停下来/~ the game 使比赛中断/The car stopped. 车停了。/He told the driver to stop the jeep. 他要司机把吉普车停下来。❷逗留,停留,暂住:Are you stopping to drink tea? 你要逗留一会儿喝点茶吗? vt.❶塞住;堵塞:~ a passage 堵塞通道/He stopped his ears. 他堵住了耳朵。❷阻挡:The guards stopped me at the gate. 卫兵在大门口将我拦住。‖~ at(按常规)在…处停下,延伸到…为止/~ at nothing 无所不为;肆无忌惮/~ away from 不在;不出席/~ behind 留下来/~ by 顺便走访/~ for 留在某人家里吃饭/~ from 阻止某事发生 /~ in 留在家里/~ off 中途停下/~ on 留下继续读书;留任/~ out 留在外边,在外住宿/~ out of 从…中扣除/~ still 停住不动/~ up 不睡觉/~ with 与…暂住在一起 ■n.❶❶停止,逗留 ❷停车站,候车站,车站 ❸标点符号;句号/bring to a ~使停止,使终止/come to a ~停住/full ~完全停止/pull out all the ~s竭尽全力,全力以赴/put a ~ to 终止或废止…/stopgap n.权宜之计;临时代替的人〔物〕/stoplight n.停车灯/stopover n.中途停留/stopwatch n.赛跑用的跑表/stopwork n.停工;罢工

stopper ['stɔpə] n.❶阻塞物;(尤指)瓶塞 ‖ put a ~ on 使停止,制止

storage ['stɔ:rɪdʒ] n.❶U 贮存,贮藏:The fish should be kept in cold storage. 那些鱼应冷藏起来。❷储藏处,仓库:How much will you have to pay the warehouse for storage? 你得付多少仓库保管费? ‖ storage battery〔cell〕蓄电池/storage life 保存期限/storage room 库房/storage yard 贮藏场

store [stɔ:] n.❶CU贮存,贮备:This animal makes a store of nuts for the winter. 这种动物为冬天储备了大量坚果。❷ⓒ商店,店铺:close a ~关店/There's a small general stores in the village where you can get anything from stamps to potatoes. 这个村子里有家小杂货店,在那里你可以买到从邮票到马铃薯等的所有东西。❸ ‖ in ~储备着,贮藏着;将要发生,就要出现/set ~ by 认为(某事)有某种程度的重要性 ■vt. & vi. 储藏;存放:~ vegetables 存蔬菜/Some food won't store. 有些食物不能贮存。/They used the house to store the building materials. 他们用那座房子来储藏建筑材料。 ‖ ~ away 储存东西,收起某物;把…记在心里 /~ up 储存;积攒/store building 商店大楼/storeman n.零售店店主/storeship n.军需船/storewide adj. 包括店内全部商品的

storehouse ['stɔ:haus] n.ⓒ知识宝库;知识丰富的人

storekeeper ['stɔ:ki:pə] n.ⓒ(小商店)店主人;零售商

storeroom ['stɔ:rum] n.ⓒ贮藏室;商品陈列室

storey,〈美〉**story** ['stɔ:rɪ] n.(pl.~s)楼层 ‖ the upper ~ ①楼上②头脑

storm [stɔ:m] n.❶ⓒ暴风雨〔雪〕:the ~ gather 暴风雨来临/the ~ hit〔strike〕暴风雨袭来/The storm has ceased. 暴风雨停止了。❷ⓒU强烈如暴(风)雨般的东西:A storm of criticism was raised by his new novel. 他的新小说招致非常激烈的批评。 ‖ take by ~ ①强攻②使…大为轰动/weather the ~ ①渡过恶劣气候②渡过难关 ■vt. & vi. 袭击,猛攻 vi. ❶闯入 ❷狂怒 ‖ ~ about 气愤地谈/~ at 对…大发雷霆/~ into 非常气愤地进入/~ out 非常气愤地出去〔离开〕 ‖ storm-beaten adj. 受风暴损坏的/storm boat 强击登陆艇/stormproof adj. 耐风暴的;御风暴的/storm signal 风暴信号/storm warning 风暴警报/storm wind 暴风;狂风/storm-zone n. 风暴带

stormy ['stɔ:mɪ] adj. (-ier,-iest)❶有暴风雨的 ❷愤怒的;冲动的,暴躁的 ‖ stormily adv. 有暴风雨地;愤怒地;冲动地/storminess n. ①〈气〉风暴度②暴躁;激烈

story¹ ['stɔ:rɪ] n.❶ⓒ❶故事;传说;小说:read a ~读小说〔故事〕/He likes to listen to fairy stories. 他喜欢听神话故事。❷ⓒU(新闻)报道,新闻报道的题材:That story has got into the newspaper. 那件事已见报了。❸〈口〉谎话:The teacher told him off for telling stories. 老师责备他说谎。❹ⓒU情节 ‖ as the ~ goes 据说/tell its own ~不言而喻,自己表明/The ~ goes that... 据说…,传说 ‖ storybook n. 故事书/storywriter n. 小说作家

story² ['stɔ:rɪ] n. 见 storey

storyteller ['stɔ:rɪtelə] n.ⓒ讲故事的人;说书人

stout [staut] adj.❶粗壮的;结实的;坚固的 ❷坚定的;勇敢的 ❸(指人)肥胖的 ‖ stoutish adj. 略胖的/stoutly adv. 粗壮地;结实地/stoutness n. 粗壮;结实 ‖ stouthearted adj. 勇敢的/stout-heartedly adv. 勇敢地/stout-heartedness n. 勇敢

stove [stəuv] n.ⓒ炉,火炉:a coal ~煤炉 ‖ stovepipe n. 烟囱

straddle ['strædl] vt. ❶叉开腿,跨坐 ❷横跨…的两边;跨越…的两边

straggle ['strægl] vi.❶蔓延;散漫 ❷落伍;落后 ‖ straggler n. 落伍士兵

straight [streit] adj.❶直的,笔直的:There is a straight line under the sentence. 句子下面有一条直线。❷连续的;不间断的:The straight flow of the brook formed a ravine. 不间断的溪水形成了一个峡谷。❸直率的:He is straight in his dealings. 他待人接物正直老实。 ■adv.❶直接地;径直地:His hot pancakes are delicious, you buy them straight from the kitchen to eat in your hands. 他卖的热烙饼味道真好,你可以直接从厨房里买来用手拿着吃。❷立即,马上: He went straight from school to university. 他中学一毕业就马上进了大学。‖ ~ away 立即/~ up 真的 ‖ **straight-away** n. 直线跑道/**straightedge** n. 直尺/**straight face** 没有表情的脸/**straight jet** 喷气式飞机/**straight-out** n. 支持到底的人

straighten ['streɪtn] vt.&vi. (使)变直;把⋯弄直

straightforward [streɪt'fɔːwəd] adj. ❶(人或其态度)正直的,坦率的;老实的 ❷简单的;易懂的 ‖ **straightforwardly** adv. 正直地,坦率地;老实地/**straightforwardness** n. 正直,坦率

straightway ['streɪtweɪ] adv. 立即,马上

strain [streɪn] vt.&vi. ❶拉紧: They strained the wire between two posts. 他们拉紧了两根电线杆之间的电线。❷尽量利用;尽全力: ~ every nerve 竭尽全力 ❸过滤: The liquid strained easily. 这种液体容易过滤。/I boiled the potatoes and then strained them. 我把土豆煮熟后把水滤掉。‖ ~ after 竭力做某事/~ at 尽力拉,拼命拉/~ off 滤掉(某物) ■ n. ❶C 拉紧,绷紧,张紧 ❷U 拉力;张力;应变: The strain on the rope made it broken. 绳子因受力过大而断了。❸P(演出的)音乐片段,乐曲 ❹S 写作或说话的方式或风格;笔调;语调

strand [strænd] n. C(线、绳、发的)股;缕

strange [streɪndʒ] adj. (-r,-st) ❶陌生的;生疏的: a ~ country 一个陌生的国家/He stood in a strange street. 他站在一条陌生的街道上。❷奇异的;奇怪的: a ~ dream 奇怪的梦/I never dreamed of such a strange thing. 我做梦也没想到这样的怪事。/It's strange. On the other side of the island there are never waves like this. 奇怪,在岛的那边从来没有过像这样的海浪。/It's strange to see even a single fly in our city. 在我们城市里哪怕就看到一只苍蝇,也是一件怪事。/It's strange that she should have been arrested for stealing. 很奇怪,她竟因偷盗而被逮捕。‖ ~ to say 说也奇怪 ‖ **strangely** adv. 奇怪地;陌生地

stranger ['streɪndʒə] n. C 陌生人: entertain a ~ 招待陌生人/The stranger fastened on my arm. 那个陌生人紧紧抓住我的胳膊。❷外地人,初到者: It's hard for a stranger to make friends in this town. 外地人在这个城里很难交朋友。‖ **a ~ to** ①对⋯来说是陌生人 ②对⋯来说是外行

strangle ['stræŋgl] vt. 扼死;使窒息

stranglehold ['stræŋglhəʊld] n. ❶C 勒颈 ❷S 压制,束缚;严格控制

strap [stræp] vt. (-pp-) ❶用皮带捆扎: He strapped his trunk. 他用皮带捆皮箱。❷用皮带抽打: The boss strapped a workman. 老板用皮带抽打一个工人。‖ ~ on ①绑住 ②把⋯绑在⋯上 ■ n. C❶带子: I need a new watch strap. 我需要一条新表带。❷挎带,肩带;背带 ‖ **strapless** adj. 无带的 ‖ **straphanger** n. 拉着吊带站立的乘客

strapped [stræpt] adj. P 钱不多的;身无分文的

strategic [strə'tiːdʒɪk] adj. A❶战略(上)的: a ~ decision 战略决策/The army moved for strategic reasons. 军队作了战略转移。❷有战略意义的;至关重要的: The bridge is of strategic importance to us. 这座桥对我们至关重要。‖ **strategically** adv. 在战略上

strategist ['strætɪdʒɪst] n. C 善于策划的人;(尤指)战略家

strategy ['strætɪdʒɪ] n. ❶U 战略学,兵法: I admired the general who was a master of strategy. 我敬佩那位精通兵法的将军。❷U 战略,策略: By careful strategy she negotiated a substantial pay rise. 她精心策划后,谈妥了大幅增加工资的事。❸C 策略,计谋: adopt a ~ 采纳战略/apply〔pursue〕 a ~ 运用战略/It must be a strategy to make me let him go on holiday alone. 这一定是他用的计,好叫我让他独自一个人去度假。

stratify ['strætɪfaɪ] vt. (使)分层,成层

stratum ['strɑːtəm] n. (pl. **strata**) C❶岩层 ❷地层 ❸社会阶层

straw [strɔː] n. ❶C⁄U 稻草,麦秆: There are a lot of straws in the shed. 棚子里有许多稻草。❷C 吸管: May I have a straw for my drink? 给我一根喝饮料的吸管好吗? ❸S 毫无价值的东西,无意义的事情: I don't care a straw for your opinions. 我一点都不在乎你有什么看法。‖ **a ~ in the wind** 征兆,苗头 ‖ **strawboard** n. 草纸板/**straw boss** 工头助手/**straw colour** 稻草色/**straw man** 假想的对手/**straw rope** 草绳/**straw yellow** 淡黄色

strawberry ['strɔːbərɪ] n. C 草莓 ‖ **strawberry mark** 红色胎记/**strawberry tree** 草莓树

stray [streɪ] vi. ❶走失,离群;迷路 ❷走入歧途;犯罪 ❸C 走失的动物 ■ adj. 独自的;零散的 ‖ **strayer** n. 迷失者

streak [striːk] n. C❶(与周围有所不同的)条纹 ❷(通常指不好的)特征(倾向) ❸(不断经历成功或失败的)一段时期 ■ vi. 快速移动 vt. 使布满条纹 ‖ **streaked** adj. 有条纹的

stream [striːm] n. ❶C 小河,溪流: ~ dry up 河流干涸/Can you jump across the stream? 你能跳过这条小溪吗? ❷C 流,一股,一串: A stream of people was going into the cinema. 一股人流走进影院。❸S 水流方向,潮流: He hasn't the courage to go against the stream of *public opinion*. 他没有勇气逆舆论潮流行事。❹ⓒ（按能力分的）班级：*She is in the A stream*. 她在 A 班。‖ **on** ~进行生产，投入生产 *vt. & vi.* 流动：*Blood streamed from the wound*. 血从伤口流出。/ *Her eyes were streaming tears*. 她两眼正流着泪水。*vi.* 飘扬；招展：*The flag was streaming in the wind*. 旗帜在风中飘动。‖ **streamless** *adj.* 无溪流的/ **streamlet** *n.* 小溪

streamer ['stri:mə] *n.* ⓒ❶（作装饰用的）彩色纸带 ❷长条旗

streamline ['stri:mlaɪn] *vt.* ❶把…做成流线型 ❷简化使效率更高

streamlined ['stri:mlaɪnd] *adj.* ❶（指汽车、飞机等）流线型的 ❷经过简化以改善效率的

street [stri:t] *n.* ⓒ大街，街道：*The street runs through the town*. 街道横穿这个镇。/ *The whole street cheered as she rode past*. 当她骑着马走过时，整条街上的人向她欢呼。‖ **go on the** ~s 成为妓女/**not in the same** ~〔**with**〕远不如，比不上/**on the** ~s 无家可归的，贫穷的/~**s ahead (of)** 大为优越，好得多 ‖ **street door** 临街大门/**street sweeper** 扫街车，清道机

strength [streŋθ] *n.* ❶ⓤⓒ力，力量；体力，力气：*gain* ~ 获得力量/*For a small man he has surprising strength*. 他个子虽小但力大惊人。❷ⓒ 强度；浓度：*The alcoholic strength of brandy far exceeds that of wine*. 白兰地的酒精浓度远远超过葡萄酒。❸ⓒ优点，长处：*Tolerance is one of his strengths*. 宽容是他的一个优点。❹ⓤ人力〔数〕；兵力：*What is the total strength of the enemy army?* 敌军人数总共有多少？‖ **at full** ~ ①未稀释的②足额的/**go from** ~ **to** ~ 不断壮大/**in** ~ 大量地/**on the** ~ 在编，是正式成员/**on the** ~ **of** 基于，依据 ‖ **strengthless** *adj.* 无力量的

strengthen ['streŋθən] *vt. & vi.* 加强，巩固：~ *cooperation* 加强合作/*The wind strengthened during the night*. 夜里风刮得更大了。/ *They strengthened the city walls*. 他们加固了城墙。

stress [stres] *n.* ❶ⓒⓤ压力，紧张：*The roof couldn't bear the stress of the snow*. 屋顶受不了积雪的压力。/ *Some students are completely struck down by the stresses of examinations*. 有些学生被考试的压力完全压垮了。❷ⓤ强调，重要性：*My parents lay great stress on honesty*. 我的父母十分注重诚实。❸ⓤ重力 ❹ⓒⓤ重音：*The stress is on the last syllable*. 重音在最后一个音节上。*vt.* ❶重读：~ *the last syllable* 重读最后一个音节 ❷强调：*the fact strongly stressed* 强调事实/*That article stressed the same problem*. 那篇文章强调了同一个问题。/ *He stressed that we should always be honest*. 他强调我们应该永远诚实。‖ **lay** ~ **on** 把重点放在…上 ‖ **stressless** *adj.* 没有重音的 ‖ **stressmark** *n.* 重音符号

stressful ['stresfl] *adj.* 有压力的

stretch [stretʃ] *vt. & vi.* ❶伸展；拉紧：~ *the rope tight* 将绳子拉紧/*Rubber stretches easily*. 橡胶的延展性很好。/ *He rose and stretched himself*. 他站起身，伸了伸懒腰。❷延伸：*The road stretches uphill at a steep slope*. 这条路以陡峭的坡度向山上延伸。/ *The bird stretched its wings*. 鸟展开了翅膀。‖ ~ **for** 延伸/~ **out** ①延伸；绵延 ②伸直/~ **over** 延续/~ **to** 拉长到 ■ *n.* ❶ⓢ伸展，延伸，延续：*He had a good stretch on the bed*. 他在床上痛快地伸了个懒腰。❷ⓒ一段时间，一段路程，一段水域：*I see nothing but a small stretch of road immediately ahead*. 除了近在眼前的一小段路之外什么也看不见。

stretcher ['stretʃə] *n.* ⓒ担架 ‖ **stretcherbearer** *n.* 担架兵；担架员/**stretcher-party** *n.* 担架队

stricken ['strɪkən] *adj.* 经受或不堪…之苦的

strict [strɪkt] *adj.*(-**er**,-**est**) ❶严格的，严厉的：*a* ~ *rule* 严格的规定/*She is a strict teacher*. 她是个严格的教师。/ *Discipline at school is very strict*. 学校的纪律很严。❷严谨的，精确的：*a* ~ *answer* 准确的答案/*The work requires strict measurement*. 这项工作需要精确的测量。❸绝对的，完全的：~ *confidence* 绝对保密/*The church demands strict loyalty*. 教会要求绝对的忠诚。‖ **strictness** *n.* 严格

strictly ['strɪktlɪ] *adv.* 严厉地；严格地；完全地；绝对地

stride [straɪd] *vt. & vi.*(*pt.* **strode**, *pp.* **stridden**)大踏步走；跨过：*She strode purposefully up to the door and knocked loudly*. 她故意地大步走到门前，并大声敲门。/ *The fence is so low that even a ten-year-old boy can stride it*. 篱笆太矮，连十几岁的孩子都能跨过去。■ *n.* ❶ⓒ大步：*He walked with long strides*. 他迈着大步走去。❷步法；步态：*The child could not keep up with his father's strides*. 那个孩子跟不上他父亲的步子。‖ **get into one's** ~ 开始走上正轨/**take in one's** ~ 轻而易举地做某事

strident ['straɪdnt] *adj.* (指声音)尖锐的；刺耳的：*a* ~ *voice* 刺耳的声音 ‖ **stridently** *adv.* 尖锐地；刺耳地

stridulate ['strɪdjuleɪt] *vi.* （昆虫尤指蝉和蟋蟀摩擦腿或翅翼）发出刺耳的声响

strife [straɪf] *n.* ⓤ争吵；斗争；冲突：*family* ~ 家庭纠纷

strike [straɪk] (*pt.*, *pp.* **struck**) *vt. & vi.* ❶

打,击:~ a child 打小孩/Strike while the iron is hot. 趁热打铁。/He struck the table angrily. 他气愤地敲了敲桌子。/She struck her opponent a tremendous blow on the jaw. 她猛击对手的下巴。❷敲响;报时:I didn't hear the clock strike. 我没有听到报时钟声。/The huge clock of the Customs House strikes the hours. 海关的大钟每小时都报时。 vt. ❶攻击,袭击;侵袭:A hurricane struck the city. 飓风袭击了该城市。/A bullet struck him dead. 一颗子弹把他击毙了。❷突然发现(矿藏等):~ a rich vein of ore 发现丰富的矿脉 ❸(突然)出现于(某人的)脑海中:As I watched them, an idea struck me. 我看着他们时,产生了一个想法。/It suddenly struck me that we ought to make a new plan. 我突然想到,我们应该制订一个新的方案。❹给…以(深刻)印象:His enthusiasm for study struck his teacher favourably. 他勤奋学习的热情给老师留下了良好的印象。/He struck me as being a fool. 他给我的印象是一个傻子。vi. 罢工;The dockers are striking. 码头工人正在罢工。‖ ~ against ①(使)撞到…上②为反对…而罢工/~ at 打击(某人、物)/~ back 反击,回击/~ down 打倒,撞倒/~ for 为争取…而罢工/~ in 插嘴/~ off ①砍掉②删去③印刷/~ on〔upon〕①打到某处②偶然想起,偶然得到/~ out ①自成一格;创新②用力打/~ through ①删去②照亮/~ up ①开始演奏②开始(交谈);建立起(友谊等)/~ with ①用…打②患(突发性病症)■ n. ⓒ ❶罢工(课,市);~ break out 爆发了罢工/A strike has shut down several car factories. 罢工使好几家汽车厂停工。❷袭击,攻击:They made an air strike on the enemy's position. 他们对敌军阵地进行空袭。❸突然发现;走运:There was a gold strike here many years ago. 许多年以前,这里突然发现了金矿。/They made a lucky strike. 他们走运了。‖ be〔go〕 on ~在〔开始〕罢工〔课〕/go〔come〕 out on ~举行罢工 ‖ strikebound adj. 因罢工而停顿的/strikebreaker n. 罢工破坏者/strike leader 罢工领导人

striker ['straɪkə] n. ⓒ罢工者

striking ['straɪkɪŋ] adj. ❶显著的,突出的:There is a striking difference between Jane and Mary. 简和玛丽之间有显著的差异。/The difference was very striking. 差别非常显著。❷引人注目的;容貌出众的:She is a very striking young woman. 她是一位非常引人注目的年轻女子。‖ **strikingly** adv. 显著地;引人注目地/**strikingness** n. 显著,惊人

string [strɪŋ] n. ❶ⓒⓊ线,细绳:The books were tied with string. 这些书是用细绳捆起来的。❷ⓒ(乐器上的)弦:His fingers swept the strings of the guitar. 他的手指轻拂着吉他的弦。❸ⓒ一串,一行:a ~ of pearls 一串珍珠;The youngsters set off string after string of firecrackers to mark the Spring Festival. 孩子们放了一串又一串的鞭炮,以欢庆春节。❹ⓒ一连串,一系列:He obtained a string of wins. 他获得了一连串的胜利。■ vt. (pt., pp. strung) ❶装弦于,上弦:She can string a violin. 她会给小提琴上弦。❷用线串:They strung these pearls tightly. 他们把这些珍珠串得太紧了。‖ ~ along with 和…合伙/~ on 把…挂〔串〕在…上/~ out 排列成行;拖延时间/~ up 悬挂起;绞死;紧张 ‖ **stringed** adj. 有弦的/**stringer** n. 上弦工人/**stringless** adj. 无弦的 ‖ **string bag** 网线袋/**string band** 弦乐队

stringent ['strɪndʒənt] adj. ❶严格的;严厉的 ❷(货币)紧缩的;短缺的 ‖ **stringently** adv. 严格地,严厉地/**stringentness** n. 严格,严厉

strip [strɪp] (-pp-) vi. 脱光衣服:He stripped for a bath. 他脱衣洗浴。vt. ❶剥去,脱去:She stripped the children and put them in the bath. 她脱光孩子们的衣服把他们放进浴缸。/They stripped themselves naked. 他们脱光了衣服。❷剥夺,夺走:The house was stripped bare. 屋子被洗劫一空。‖ ~ away ①去掉表面的薄层覆物②揭开(伪装)/~ down 脱光衣服/~ from 从…脱去衣服,从…取去某物/~ off ①把/~ 搬走②揭开(伪装) ❷ off ①去掉〔剥去〕某物的表皮②揭开(伪装);脱衣舞表演:The dancer did a strip. 跳舞者表演了脱衣舞。❷狭长的一块(材料、土地等) ❸(足球队员的)运动服 ‖ **stripcartoon** n. 连环漫画/**striplight** n. 长条状灯/**strip mine** 露天矿

stripe [straɪp] n. ⓒ(与底色不同的)条纹:Each white petal had a stripe of red. 每一片白色的花瓣上都有一条红色的条纹。

striped [straɪpt] adj. 以条纹作标志的;有条纹的

stripper ['strɪpə] n. ⓒ脱衣舞表演者,脱衣舞女

strive [straɪv] vi. (pt. **strove**, pp. **striven**) struggle hard; make a great effort, esp. to gain sth 努力奋斗,力求:The swimmer was striving against the current. 游泳者正在和激浪搏斗。‖ **striver** n. 奋斗者

stroke¹ [strəʊk] n. ❶ⓒ一击:He broke the lock with one stroke of the hammer. 他一锤就把锁砸坏了。❷ⓒ一画,一笔:He was putting the finishing stroke to the portrait. 他给这幅画作最后的修饰。❸ⓒ(游泳或划船的)划,划法;游法:Can you do back stroke? 你会仰泳吗?❹ⓒ钟的敲声:She arrived on the stroke of six. 她六时整到达。❺ⓒ中风:She had a stroke and was unable to walk again. 她中风后再也不能走路了。‖ at one ~一笔,一下子,一举/with a ~ of the pen 大笔一挥

stroke² [strəuk] n. ⓒ轻抚: She gave the cat a stroke. 她抚摸了一下猫。■ vt. 轻抚,抚摸: The girl stroked the cat. 这个姑娘抚摸着小猫。‖ ~ sb down 平息某人的怒气

stroll [strəul] vi. 散步,漫步

strong [strɒŋ] adj. (-er,-est) ❶强壮的,强有力的: He is as strong as oxen. 他健壮得如牛一样。/ The firm ran up against strong competition. 这家公司遇到了强有力的竞争。❷牢固的: He wore strong shoes. 他穿着结实的鞋。/ The hedge of stones is much stronger than a wood hedge. 石头围墙比竹篱笆结实多了。❸坚强的;坚定的: She has a very strong will. 她有着坚强的意志。❹强烈的,浓烈的,深刻的: He has a strong desire to meet you. 他极想见你。/ I'm strong against the proposal. 我坚决反对这项建议。/ It's a bit strong to punish her for such a small thing. 为那么点小事就惩罚她未免有些过分了。❺擅长于…的;对…很热心的: Making speeches is one of his strong points. 演讲是他的强项之一。/ He is strong in English. 他精通英语。‖ (still) going ~ (非正)精力充沛地继续;依然健壮 ‖ **strongly** adv. 健壮地;激烈地;有毅力地 ‖ **strongbox** n. 保险箱/ **strong language** 骂人的话/ **strongman** n. 大力士/ **strongroom** n. 金库

stronghold ['strɒŋhəuld] n. ⓒ❶要塞 ❷某事业备受支持的地方;据点,根据地

structure ['strʌktʃə] n. ⓒ❶结构,构造: A flower has quite a complicated structure. 一朵花的结构相当复杂。/ Geologists study the structure of the rocks. 地质学家研究岩石结构。❷有结构的事物;复杂的整体;建筑物: The Eiffel Tower is one of the most famous structures in the world. 艾菲尔铁塔是世界上最著名的建筑物之一。■ vt. 组织;安排;构造;制定: ~ a building 建一幢大楼/ It's often difficult to structure one's career. 安排自己的职业通常很困难。/ She hoped that more activities like this could be structured. 她希望能组织更多这类活动。‖ ~ **for** 为…组织 ‖ **structured** adj. 有结构的/ **structureless** adj. 无结构的,无细胞结构的

struggle ['strʌgl] vi. 搏斗;奋斗;努力: The bandit struggled desperately. 那匪徒拼命挣扎。/ Two boys are struggling together. 两个男孩在打架。/ The thief struggled to get free. 那贼挣扎着要逃脱。/ We should struggle to learn advanced techniques. 我们应当努力学习先进技术。‖ ~ **against** 为反对…而斗争 ~ **along** 挣扎前进;艰难地生活;挣扎着沿…前进 / ~ **for** 为…而斗争 / ~ **in** 在(某处)打架〔挣扎〕/ ~ **on** 挣扎着(生活)下去 / ~ **out** 挣扎着出来〔去〕/ ~ **with** 与…打架,与…斗争;在内心与(自己,自己的良心等)进行斗争 ■ n. ❶ⓒⓤ打斗,搏斗,战斗,斗争: Three people were hurt in the struggle. 有三人在搏斗中受了伤。/ In 1862 the American slaves won their struggle for freedom. 一八六二年美国黑奴赢得了争取自由的斗争。/ They joined the struggle against him. 他们参加了反对他的斗争。❷ⓢ努力,奋斗: It was a hard struggle to get my work done in time. 为使工作按时完成,我做了一番努力。/ The cat made a struggle to get free. 这只猫挣扎着想跑掉。‖ **struggler** n. 斗争者,奋斗者

strum [strʌm] vt. & vi. (-mm-) 演奏(弦乐器)(指胡乱拨弄)

strut¹ [strʌt] n. ⓒ(框架的)支杆,支柱,支撑物

strut² [strʌt] vi. (-tt-) 趾高气扬地走,高视阔步 ■ n. ⓢ趾高气扬的步态,高视阔步的样子

stub [stʌb] n. ⓒ❶残端,铅笔头,烟蒂: a cigar ~ 雪茄烟蒂/ I can't write with this pencil stub. 我无法用这根铅笔头写字。❷票根,存根: a cheque ~ 支票票根/ Keep your ticket stubs. 把票根留着。■ vt. (-tt-) ❶使(脚趾)碰到某物 ❷(在硬物上)碾灭(烟头)

stubble ['stʌbl] n. ⓤ❶作物收割后遗留在地里的残茎,茬子 ❷短而硬的胡茬子

stubbly ['stʌblɪ] adj. (似)茬子的: a ~ chin 长满胡茬子的下巴

stubborn ['stʌbən] adj. ❶顽固的;固执的: He is a stubborn child. 他是个固执的孩子。❷难以移动、去除、医治等 ‖ **stubbornly** adv. 顽固地;固执地

stubby ['stʌbɪ] adj. (-ier,-iest) 短而粗的: ~ fingers 又短又粗的手指

stuck [stʌk] adj. ❶ⓟ不能动,不能继续做某事 ❷ⓐ(动物)被刺的,被割破喉咙的 ❸ⓟ非常喜欢某人

stud¹ [stʌd] n. ⓒ❶领扣,按扣 ❷鞋钉 ❸(镶有宝石等并有一条小棍连着的)首饰,耳环 ❹(用于装饰的)大头钉,饰钉 ■ vt. (-dd-) 用钉、宝石等装饰(某物表面)

stud² [stʌd] n. ⓒ❶一群马(指种马) ❷性欲强的男人 ‖ **stud-farm** n. 种马场/ **studhorse** n. 种马

student ['stju:dənt] n. ⓒ❶学生,大学生: The students put up a poster on the bulletin board. 学生们在布告牌上贴了一张海报。❷研究者: He is a close student of birds. 他是一位鸟类学研究者。‖ **studentship** n. ①学生身份 ②奖学金 ‖ **student assistant** 助教,辅员/ **student council** 学生会/ **student government** 学生自治会/ **student lamp** 书桌台灯

studio ['stju:dɪəu] n. (pl. ~s) ⓒ❶播音室,录音室 ❷画室,摄影室,电影摄影棚;制片厂: a film [movie] ~ 电影制片厂/ They are building a modern studio. 他们正在修建一座现代化的摄影室。

studious ['stju:diəs] adj. ❶好学的,用功的 ❷仔细的,用心的;故意的 ‖ **studiously** adv. 好学地,仔细地;故意地/**studiousness** adj. 好学,仔细

study ['stʌdɪ] vt.&vi.(pt.,pp. **studied**)学习;研究:He had studied diligently at college. 他在大学里勤奋学习。/He was studying to be a doctor. 他在读医科。/He is studying German. 他在学习德语。/They studied the document line by line. 他们逐行逐句地研究那份文件。/They are studying what to do next Sunday. 他们在研究下星期日做什么。/I must study why he killed himself. 我必须研究一下他为什么自杀。/They study themselves a little silly. 他们觉得自己有点傻。‖ ~ **by** 通过…方式学习/~ **for** 为准备(考试等)而努力学习/~ **out** 研究出;为…订出计划,拟定/~ **under** 在(某人)指导下学习/~ **up** 查阅;为考试等而钻研 ■ n. ❶ⓤ学习,读书:My brother is fond of study. 我兄弟喜欢学习。❷ⓒ研究:How are your medical studies progressing？你的医学研究进展如何？❸ⓒ书房:The dictionary is in the study. 词典在书房里。‖ **in a brown** ~ 沉思,默想;出神

stuff [stʌf] vt.以…填进,塞满:She stuffed her clothes in the wardrobe. 她把衣服塞进衣橱。/Why should you stuff yourself？你为什么要吃得那么多呢？‖ ~ **down** 把…塞入/~ **into** 把…塞入/~ **up** 用…堵上/~ **with** 使塞满;吃;灌输某种思想 ■ n.ⓤ材料;东西:bad ~劣货/What is this stuff？这是什么东西？/He is not the stuff. 他不是这个材料。/We must as well buy our own stuff. 我们不妨自己去买原料。‖ **and** ~等等

stuffing ['stʌfɪŋ] n.ⓤ❶填充物,填料 ❷食物中的填料,馅

stuffy ['stʌfɪ] adj.(-**ier**,-**iest**)❶空气不好的,通风不好的,闷的 ❷(观点、举止)陈腐的,呆板的,拘谨的

stultify ['stʌltɪfaɪ] vt.使成为徒劳,使变得无用

stumble ['stʌmbl] vi.❶绊脚:He stumbled on a stone. 他被一块石头绊了一脚。❷(说话、演奏等)出错:He stumbled over every sentence. 他讲每句话都结结巴巴。■ n.ⓒ绊脚;出错

stump [stʌmp] n.ⓒ❶(被砍下的树的)树桩,树墩:sit on a ~坐在树桩上/He used the stump as a table. 他把树桩用作桌子。❷残余部分,残段,残根 ❸残肢 ‖ **on the** ~[**on a row of** ~]在苦难中,处于窘境/**stir one's** ~赶快,快走 ■ vi.僵直地行走;跺步行走 vt. ❶把(某人)难住;使为难 ❷(选举前)在某一地区作政治性巡回演说

stun [stʌn] vt.(-**nn**-)❶击晕,打昏:The robber stunned the guard by banging him on the head. 抢劫犯猛击那个卫兵的头部使他晕了过去。❷使大吃一惊,使震惊:This film stunned the movie world in 1955. 那部片子在一九五五年使电影界震惊。

stunning ['stʌnɪŋ] adj.❶了不起的,出色的,漂亮的 ❷令人惊奇的,令人震惊的

stunt¹ [stʌnt] vt.阻碍…发育〔生长〕,抑制,妨碍

stunt² [stʌnt] n.ⓒ❶惊人的表演,特技,绝技:a tightrope ~走钢丝绝技/do ~s in the water 表演水中绝技 ❷(广告中)引人注目的花招:The promotion department drummed up obvious stunts. 公关宣传部门显然要起了引人注目的花招。‖ **stunt man** 替身演员

stupefy ['stju:pɪfaɪ] vt.❶使发呆,使昏昏沉沉 ❷使惊讶

stupid ['stju:pɪd] adj.(-**er**,-**est**)❶笨的;头脑迟钝的:A stupid fellow is difficult to teach. 笨人难教。/He is rather stupid. 他很笨。/He is stupid for a child of his age. 与同龄的孩子比,他很笨。❷蠢的;傻的:They were stupid not to follow your advice. 他们不听你的劝告真傻。❸Ⓐ没趣的;无聊的 ‖ **stupidly** adv.愚蠢地/**stupidness** n.愚蠢

sturdy ['stɜ:dɪ] adj.(-**ier**,-**iest**)❶强壮的,结实的:We need several sturdy men to push this car. 我们需要几个壮汉推这辆车。❷坚定的;不退让的:~ defenders 坚强的防御者 ‖ **sturdily** adv.坚定地;结实地/**sturdiness** n.意志坚定;结实

stutter ['stʌtə] vt.&vi.❶结结巴巴地说 ❷不顺畅的工作,时断时续地移动

style [staɪl] n.❶ⓒⓤ风格,格调;文体:He is a very popular writer but I don't like his style. 他是个很受欢迎的作家,但我不喜欢他的文风。/The letter is written in a formal style. 这封信是用正式文体写的。❷ⓒⓤ行为方式,作风:Flattery is not his style. 他从不对人阿谀奉承。❸ⓒⓤ种类,类型;流行式样;款式:What style of furniture do you like？你喜欢什么式样的家具？/They sell shoes in all styles. 他们出售各种最新款式的鞋。/Her dress is out of style. 她的穿着不时髦。❹ⓤ风度;格调;气派:He has great style. 他很有风度。/When they got married they decided to do it in style, and gave a big party. 他们结婚时决定讲究气派摆一番排场,于是搞了一个大型婚宴。

styling ['staɪlɪŋ] n.ⓤ款式,式样

stylish ['staɪlɪʃ] adj.有风度的,有气派的,有格调的 ‖ **stylishly** adv.时髦地/**stylishness** n.时髦,气派

stylist ['staɪlɪst] n.ⓒ❶具有或追求优美或独特风格的人(尤指作家)❷设计或制作时新款式或花样的人

stylistic(al) [staɪ'lɪstɪk(əl)] adj.Ⓐ(文

stylize

学或艺术）风格上的，与风格有关的

stylize, -ise ['staɪlaɪz] *vt*. 按固定的传统风格处理某事物 ‖ **stylization, -isation** *n*. 风格上的效仿

sub [sʌb] *n*. ❶ⒸⓁ潜水艇 ❷Ⓒ代用品，代替者，替补队员 ❸Ⓟ(上交俱乐部的)会员费 ❹Ⓒ审校员，助理编辑 *vi*. **(-bb-)** ❶做替身，做替补队员 ❷审校(文稿)

subcommittee [ˈsʌbkəˌmɪtɪ] *n*. Ⓒ(由大委员会的成员组成的)小组委员会

subconscious [ˌsʌbˈkɒnʃəs] *adj*. 下意识的；潜意识的

subdivide [ˌsʌbdɪˈvaɪd] *vt*. 再分，细分

subdue [səbˈdjuː] *vt*. ❶ 征服；克制：*The country was subdued by the enemy*. 这个国家被敌人征服了。/ *She tried to subdue her anger*. 她尽力压制自己的怒火。❷ 缓和；减弱：*His soothing words subdued her fears*. 他的安慰话减轻了她的恐惧。

subdued [səbˈdjuːd] *adj*. ❶不太响亮、强烈、显著等的，缓和的，有节制的 ❷不大兴奋、不甚感兴趣等的

subject [ˈsʌbdʒɪkt] *n*. Ⓒ ❶ 主题；题目；问题：*This is a book on the subject of love*. 这是一部以爱情为主题的书。/ *He squeezed 10 pages out of a small subject*. 他就一个小论题硬写出十页文章来。/ *We didn't get to the core of the subject*. 我们没触及问题的核心。❷ 话题，考虑的问题：*change the ~* 改变话题 ❸学科，科目；课程：*She's taking three subjects in her exams*. 她参加三门课程的考试。❹主语，主词 ▪*adj*. ❶ 常有(常患，常遭受)⋯的，倾向于⋯的：*He is subject to fever*. 他易发烧。/ *This area is subject to earthquakes*. 该地区常发生地震。/ *The plans are subject to change at short notice*. 这些计划一有通知就可能马上改变。❷Ⓟ须服从⋯的；受⋯支配的：*We are subject to our country's laws*. 我们必须遵守国家的法律。❸受约束〔管辖〕的，不独立的：*a ~ province* 附属省 / *This is a subject tribe*. 这是个受他人统治的部落。❹Ⓟ取决于⋯的，有待于⋯的：*The plan is subject to the manager's approval*. 该计划须经经理批准。/ *Subject to your consent, I will try again*. 假如您同意，我再试一试。▪ [səbˈdʒekt] *vt*. 使服从，征服，制伏：*He tried to subject the whole family to his will*. 他试图使全家人服从他的意愿。‖ *~ to* 使遭受 ‖ **subject matter** 主题，内容

subjection [səbˈdʒekʃən] *n*. Ⓤ征服，制伏；臣服，顺从

subjective [sʌbˈdʒektɪv] *adj*. ❶ (思想、感情等)主观的 ❷主观的(以个人好恶、观点等为依据)：*This is a subjective judgement of her abilities*. 这是对她能力的一种主观判断。

subjugate [ˈsʌbdʒʊɡeɪt] *vt*. 征服，降伏

448

sublet [sʌbˈlet] *vt*. 转租

submarine [ˈsʌbmərɪn] *n*. Ⓒ潜艇：*nuclear ~* 核潜艇 / *The submarines surfaced*. 潜艇浮出了水面。

submerge [səbˈmɜːdʒ] *vt*. & *vi*. (使)潜入水中，淹没：*The submarine can submerge very quickly*. 潜艇能非常迅速地潜入水中。/ *The river overflowed and submerged the farmland*. 河水泛滥，淹没了农田。 *vt*. 完全掩盖，遮掩：*His talent was submerged by his shyness*. 他的腼腆埋没了他的才华。

submission [səbˈmɪʃən] *n*. ❶Ⓤ归顺，降服，投降：*The defeated general showed his submission by giving up his sword*. 战败将军缴剑表示投降。❷Ⓤ屈从，服从，顺从：*Her present submission is animated solely by her fear of punishment*. 她目前的屈从完全是因为她害怕受罚。❸ⒸⓊ提交，呈递：*I demand the submission of the signature to an expert*. 我要求把这签名提交专家鉴定。❹ⒸⓊ〔律〕向法官或陪审团提出的意见或论辩

submit [səbˈmɪt] **(-tt-)** *vi*. 屈服，认输：*Joe refuses to submit*. 乔决不屈服。*vt*. ❶提交，呈递：*I submitted my resignation yesterday*. 我昨天递交了辞呈。/ *The developers submitted building plans to the council for approval*. 开发商把施工方案提交议会以求批准。❷〈正〉建议，主张，申辩：*Counsel submitted that there was no case against his client*. 辩护人辩称没有什么可加罪于他的当事人。‖ *~ to* 向⋯呈交〔递送〕⋯；顺从〔屈从，服从〕⋯；使(自己)听命于〔听从〕⋯

subordinate [səˈbɔːdɪnɪt] *adj*. ❶级别或职位较低的，下级的：*A private is subordinate to a corporal*. 列兵的级别低于下士。❷次要的，附属的：*All other considerations are subordinate to our need for steady profits*. 比起我们需要稳定的利润来说，其他需要考虑的事都是次要的。

suborn [səˈbɔːn] *vt*. 行贿，教唆〔买通〕⋯作伪证

subscribe [səbˈskraɪb] *vt*. & *vi*. ❶捐助：*He subscribed liberally to charities*. 他向慈善事业慷慨捐款。❷签署，题词：*She subscribed her name to the document*. 她在文件上签了字。 *vi*. ❶订购，预订：*I subscribed to a morning paper*. 我订阅了一份晨报。❷同意；赞同：*I heartily subscribe to that sentiment*. 我十分赞同那个观点。

subscription [səbˈskrɪpʃən] *n*. ❶Ⓤ捐助，订阅，签名：*Cancel my subscription*. 取消我的预订。❷Ⓒ捐款；订阅费：*start a private ~* 发动私人捐款 / *We paid a subscription of 5 pounds yearly*. 我们按年度缴纳五英镑的订阅费。

subsequent [ˈsʌbsɪkwənt] *adj*. 随后的，继

…之后的: The story will be continued in subsequent issues of the magazine. 小说将继续在以后几期杂志上连载。/ The day subsequent to your visit he died. 你探望后的第二天,他便去世了。/ His illness was subsequent to his wife's death. 他在妻子死后就病倒了。

subserve [səb'sɜːv] vt. 促进, 推动(目标、行动等)

subside [səb'saɪd] vi. ❶下降至较低或正常水平: The flooded river was subsiding rapidly. 泛滥的河水正在迅速退落。❷(土地)下陷(因在地下采矿): The hills subsided toward the shore. 小山向海岸下斜。❸(建筑物等)下陷 ❹减弱, 减轻, 平静下来, 平息: His anger quickly subsided. 他的怒气很快就消了。❺一下子坐在椅子等上

subsidiary [səb'sɪdɪərɪ] adj. 附带的, 附属的, 次要的 ■ n. ⓒ 附属事物, 附属机构, 子公司

subsidize, -ise ['sʌbsɪdaɪz] vt. 给…津贴或补贴;资助或补助…

subsidy ['sʌbsɪdɪ] n. ⓒⓊ 补贴, 津贴, 补助金: a government ～ 政府补贴 / trade ～ 贸易补贴 / Food subsidies are necessary for keeping down the price of dairy products and bread. 食品补贴对控制乳制品和面包的价格是必要的。

subsist [səb'sɪst] vi. (靠很少的钱或食物)维持生活, 生存下去: ～ on a pension 靠退休金维持生活

subsistence [səb'sɪstəns] n. Ⓤ 存活, 生存, 维生之道: Their subsistence comes from the sea. 他们依赖海洋生活。‖ **subsistence money** 生活费

substance ['sʌbstəns] n. ❶ⓒ 物质: Soil consists of various chemical substances. 土壤由各种化学物质组成。❷Ⓤ 主旨, 要旨: The substance of their talk is condensed into a paragraph. 他们谈话的要旨被压缩成一段话。❸Ⓤ 实质, 本体: Is there any substance to their claim? 他们的要求有实质内容吗? / There isn't anything of real substance in her book. 她的书中没有任何真正实质性的内容。

substantial [səb'stænʃəl] adj. ❶坚固的;结实的: Those workers have built many substantial buildings in the recent years. 近几年那些工人建造了许多坚固的建筑。/ The walls were substantial and did not fall. 墙很坚固, 没有倒塌。❷大量的, 可观的: The country bought a substantial number of weapons. 这个国家购买了大量武器。❸重大的, 重要的: They made substantial changes to the arrangements. 他们在安排上作了重大变动。/ The matter is substantial. 这件事很重要。❹Ⓐ 实质的, 基本的, 大体上的: The two stories were in substantial agreement. 这两则故事大体一致。‖ **substantially** adv. 坚固地;基本上, 大

体上 / **substantialness** n. 结实;实质

substantiate [səb'stænʃɪeɪt] vt. 用事实支持(某主张、说法等); 证明, 证实: Do you have any proof to substantiate your alibi? 你有证据表明你当时不在犯罪现场吗?

substantive[1] ['sʌbstəntɪv] adj. 真的, 真实的, 实在的, 实际的 ‖ **substantively** adv. 真地, 真实地 / **substantiveness** n. 真实

substantive[2] [səb'stæntɪv] adj. Ⓐ (军衔)永久的;非临时的

substitute ['sʌbstɪtjuːt] vt. & vi. 代替, 替换, 代用: She was dancing while someone substituted at the piano. 她在跳舞, 别人代她弹钢琴。/ If you cannot go yourself, please find someone to substitute you. 你如果不能亲自去, 请找人代替你。‖ ～ as 代替/～ for 用…代替, (使)代替

subsume [səb'sjuːm] vt. 归入, 包括

subtle ['sʌtl] adj. (-r, -st) ❶微妙的; 难以捉摸的; 细微的: Her whole attitude had undergone a subtle change. 她的整个态度发生了微妙的变化。❷狡猾的, 狡诈的 ❸敏感的, 敏锐的, 有辨别力的: ～ senses 敏锐的感觉 ‖ **subtly** adv. 难以捉摸地, 狡猾地, 敏感地/ **subtleness** n. 难以捉摸, 狡猾, 敏感

subtract [səb'trækt] vt. & vi. 减, 扣除, 做减法: In their first year at school, most children learn to add and subtract. 入学第一年, 多数孩子都学加减法。/ Please subtract a quarter of the money for your own use. 请从你的零用钱中扣除四分之一。‖ ～ **from** 从…中减去; 下降, 降低

subtraction [səb'trækʃən] n. Ⓤ 减, 减法: The difference is found by subtraction. 用减法得出差额。

suburb ['sʌbɜːb] n. ⓒ 郊区, 城郊: Blackheath is a suburb of London. 布莱克西斯是伦敦的一个郊区。/ They decided to move out to the suburbs. 他们决定搬到郊外去。

suburban [sə'bɜːbən] adj. 城郊的, 在城郊的, 城郊住宅区的

subvert [sʌb'vɜːt] vt. ❶颠覆, 破坏(政治制度、宗教信仰等) ❷使(某人)道德败坏或不忠

subway ['sʌbweɪ] n. ⓒ ❶ 地下人行道: Cross by the subway please. 请走地下人行通道。❷〈美〉地铁: take the ～ 乘地铁 / a monorail ～ 单轨地铁 / by ～ 乘地铁 / The new subway is now being laid. 新的地铁正在铺设中。/ He goes to work on the subway. 他坐地铁上班。

succeed [sək'siːd] vi. ❶成功: The experiment has succeeded. 试验已成功。/ She succeeded. 她成功了。❷完成: Our plan succeeded. 我们的计划顺利完成了。❸发迹; 成就: She's the type of person who succeeds anywhere. 她是

不论到什么地方都会飞黄腾达的那种人。vt. & vi. 继承,继任,继位: If he has no children, who will succeed? 如果他没有孩子,谁将继位? vt. 随…之后;继续: His speech was succeeded by a silence. 他讲演后紧接着是一片沉默。‖ ~ as 接替;从事某职业获得成功/~ at 〔in〕在…(如某行业)中获得成功/~ to 继承,继任

success [sək'ses] n. ❶Ⓤ成功;成就: Success at last! 终于成功了! / I wished Jill success with her studies. 我祝吉尔在学习上成功。❷Ⓒ成功者,成功的事迹: She is a success as an actress. 她是一名成功的演员。/ The army has had quite a few successes recently. 最近军队打了好几次胜仗。‖ a ~ story 大获成功的人〔事物〕

successful [sək'sesful] adj. 成功的;如愿以偿的;达到目的: a ~ attempt〔film〕成功的尝试〔电影〕/ She is a successful businesswoman. 她是一位很成功的女实业家。/ The meeting was successful. 会议开得很成功。/ He was successful in his studies. 他在学业上很成功。‖ **successfully** adv. 成功地

succession [sək'seʃən] n. ❶Ⓤ连续: the endless ~ 连续不断/ His words came out in quick succession. 他的话连珠炮似地说了出来。❷Ⓢ连续不断的人〔事物〕: The endless succession of parties wore us out. 接连不断的聚会把我们累垮了。❸Ⓤ继承,继位,继承权;继承权: claim the ~ 要求继承权/ the rightful ~ 合法继承权/ His succession as headmaster was not in any doubt. 他继任校长是确定无疑的。

successive [sək'sesɪv] adj. Ⓐ连续的,相继的: He won three successive matches. 他连胜三场比赛。‖ **successively** adv. 连续地

successor [sək'sesə] n. Ⓒ接替的人或事物,继任者,继承人: a legitimate ~ 法定继承人/ When will they name a successor? 他们什么时候会任命继承人?

succulent ['sʌkjulənt] adj. ❶(水果及肉类)汁多味美的 ❷(植物)茎叶肥厚含水分多的,肉质的 ‖ **succulently** adv. 汁多味美地

succumb [sə'kʌm] vi. 不再抵抗(诱惑、疾病、攻击等);屈从

such [sʌtʃ] adj. ❶这样的;如此的: He spent all his money, he is such a fool. 他这样傻,花光了所有的钱。/ Everyone was indoors on such a night. 在这样的晚上谁都会待在室内。❷这么大的;非常的: He's such a kind man. 他十分和蔼可亲。/ The garage did such a bad repair. 修车厂的活干得极的之差。‖ no ~ 没有这样的/(not) ~ as to-v(不是)那种…/~ as 像,例如/~... as 像这样的/那样的/~ as it is〔they are〕虽然价值不大/~... (that)如此…以致 ■ pron. 这样的事物〔人〕: He claimed to be a scholar but was not such. 他自

称是个学者,但实际上并非如此。/ Such is life! 人生就是这样。/ Such are the most powerful voices of our times! 这些就是我们时代的最有力的声音! ‖ as ~ 依其身份、资格或名义等;本身/~ that... 以致

suck [sʌk] vt. & vi. 吸;吮: He sucked hard for air to keep breathing. 他拼命吸气以维持呼吸。/ The baby was sucking its mother's breast. 婴儿正在吮吸母乳。vi. 舔;吮吸 ‖ ~ at 吸,抽/~ down 吸进,卷入/~ from 从…吸取/~ in 吸入…/~ up 吸收/~ up to 奉承

suction ['sʌkʃən] n. Ⓤ吸,抽吸

sudden ['sʌdən] adj. 突然的,忽然的: The sudden arrival of guests forced her to change her plans. 客人们的突然到来迫使她改变了计划。/ Your marriage was sudden. 你结婚结得太突然了。/ He was sudden in his actions. 他行动迅速。‖ **all of a ~** 突然/(**all**) **on a ~** 突然 ‖ **suddenly** adv. 突然地/ **suddenness** n. 突然 ‖ **sudden death** 暴死

sue [sju:] vt. & vi. (为要求赔偿损失而)起诉,控告,和…打官司: He was sued for breach of contract. 他因不履行合同而被起诉。

suffer ['sʌfə] vi. ❶ 受痛苦;受损害: I'll make you suffer for this insolence. 我会因你无礼而使你受苦的。/ She suffered greatly as a child. 她童年深受苦难。❷ 变糟,变差 vt. ❶ 忍受,容忍: He could not suffer criticism. 他不能忍受别人批评他。❷ 容许,允许: He suffered nobody to touch his flower. 他不允许任何人碰他的花。/ The prisoner was not suffered to say a word. 该囚犯被禁止发言。❸ 遭受,蒙受: He suffered the humiliation of being forced to resign. 他蒙受了被迫辞职的羞辱。‖ ~ **from** 患(某种病);受(某种病痛)折磨;因…而受罚〔苦、损〕

sufferer ['sʌfərə] n. Ⓒ患病者,受害者: a ~ from flu 流行性感冒患者

suffering ['sʌfərɪŋ] n. ❶Ⓤ身体或心灵的痛苦,苦难: The medication should ease the suffering. 这种疗法能减轻痛苦。❷Ⓟ各种苦恼;折磨: She bore her sufferings bravely. 她勇敢地承受苦难的遭遇。

suffice [sə'faɪs] vi. 足够: Two bottles of wine will suffice for lunch. 午餐有两瓶葡萄酒就够了。vt. 满足…的需要: Some bread and soup will suffice me. 有面包和汤对我来说就够了。‖ **sufficingly** adv. 足够地

sufficiency [sə'fɪʃənsɪ] n. Ⓢ充足: ~ of natural resources 足够的自然资源

sufficient [sə'fɪʃənt] adj. 足够的;充足的: We have gained sufficient experience to tackle this problem. 我们已经有了足够的经验来处理这个问题。/ A word to the wise is sufficient. 有灵犀者一点就通。/ His income is sufficient for his needs. 他的收入能满足他的需要。/

The rain was not sufficient to do any harm. 雨量已足以对庄稼有害。‖ **sufficiently** *adv*. 足够地

suffocate ['sʌfəkeɪt] *vt.&vi*. (使某人)窒息而死,(将某人)闷死 *vi*. 呼吸困难,窒息

suffuse [sə'fju:z] *vt*. (指颜色、水气等)弥漫于,布满

sugar ['ʃʊɡə] *n*. ❶Ⓤ糖: *Do you have sugar in your tea?* 你茶里放糖吗？❷Ⓒ一块〔茶匙等〕糖: *Three sugars in my coffee, please!* 请在我的咖啡里放三块糖！/ *She put two spoonfuls of sugar in her tea*. 她在茶里放了两匙糖。■ *vt*. ❶在…加糖: *Did you sugar my tea?* 你在我茶里加糖了吗？❷给…裹上(糖衣或类糖物): *They sugared trees to catch moths*. 他们在树上撒糖捕蛾。/ *The roads had been cleaned of snow, but the roof tops, grass and trees were still sugared white*. 道路上已无积雪,但屋顶、草地和树上依然披着银装。‖ **sugar bowl** 糖罐/**sugar candy** 冰糖/**sugar cane** 甘蔗/**sugar-house** *n*. 糖厂

suggest [sə'dʒest] *vt*. ❶建议,提议: *They accepted the paper and suggested only one change*. 他们接受了这篇论文,只提出改动一个地方。/ *What I suggest to do in this matter is this*. 在这个问题上,我建议这样做。/ *I suggested waiting*. 我建议等候。/ *May I suggest you closing the door?* 我要求你把门关起来好吗？/ *We suggested Eby's doing it in a different way*. 我们建议伊比换一种方式做。/ *They suggested we should visit a class right away*. 他们建议我们马上去听课。❷暗示: *Her smile suggests her consent*. 她的微笑意味着同意。/ *His attitude suggests that he isn't really interested*. 他的态度表明他并不真的感兴趣。❸使想起: *The sight of birds suggested a new idea for flying machines*. 鸟的形象使人产生一个制造航空机的新主意。‖ ~ **oneself** 出〔浮〕现在(某人的)脑海中

suggestion [sə'dʒestʃən] *n*. ❶Ⓒ建议,意见: *Your suggestions are unworkable*. 你的建议是行不通的。/ *He made the suggestion that the political prisoners* (*should*) *be set free*. 他提议释放政治犯。❷Ⓢ细微的迹象: *I detected a suggestion of malice in his remarks*. 我觉察出他说的话带恶意。

suggestive [sə'dʒestɪv] *adj*. ❶提示的,暗示的,引起联想的: *His behaviour was suggestive of a cultured man*. 他的举止显示出他是个有教养的人。❷使人产生邪念(尤指淫乱思想)的: *His suggestive remarks shocked the young lady*. 他那挑逗的话使那位小姐感到愤慨。‖ **suggestively** *adv*. 暗示地/**suggestiveness** *n*. 暗示,提示

suicidal [ˌsjuɪ'saɪdl] *adj*. ❶自杀的;可能导致自杀的 ❷(人)有自杀倾向的 ❸可能导致自我毁灭的

suicide ['sjuɪsaɪd] *n*. ❶ⒸⓊ自杀: *The number of suicide has increased*. 自杀案件的数量增加了。/ *The death was adjudged a suicide by sleeping pills*. 该死亡事件被判定为服用安眠药自杀。❷Ⓤ自取灭亡: *It will not be suicide to admit your mistake*. 承认你的错误并不等于自毁前程。

suit [sju:t] *n*. Ⓒ❶一套衣服: *He changed his overalls for a suit*. 他脱下工装裤,换上了一套西服。/ *I'll take my swimming suit*. 我将带着我的游泳衣。/ *The piece of cloth will cut up into three suits*. 这块布可以裁成三套衣服。❷诉讼案件;法律程序: *She is the plaintiff in the suit*. 她是那件诉讼案中的原告。‖ **follow** ~ 跟着做,照着做 ■ *vt*. 适合于(某人): *That song doesn't suit her voice*. 那首歌不适合她的嗓子。/ *These styles can be adapted to suit individual tastes*. 这些式样可以加以更改,以适合个人的喜好。*vt.&vi*. 对…方便,使满意: *Will that time suit?* 那个时间合适吗？/ *All this suits my purpose very well*. 这一切都很合我意。/ *It doesn't suit her to have her hair cut short*. 她不适合剪短发。‖ ~ **oneself** 随自己的意愿行事/~ **to**〔**for**〕使与…相适合〔相符,相称〕;适合于…;中(某人)意/~ **up**〈主美〉穿上制服/~ **with** 与…协调〔相称〕

suitable ['sju:təbl] *adj*. 适当的,适宜的,恰当的: *He hasn't any suitable shoes for the wedding*. 结婚用的鞋他一双也没有。/ *Tomorrow will be quite suitable*. 明天挺合适。/ *This wine is not suitable to my taste*. 这酒不合我胃口。‖ **suitably** *adv*. 合适地/**suitableness** *n*. 合适

suitcase ['sju:tkeɪs] *n*. Ⓒ手提箱: *The suitcase is fairly heavy*. 这只衣箱相当重。/ *I'll have your suitcases sent forward to the hotel*. 我会叫人先把你的箱子送到旅馆去的。

suite [swi:t] *n*. Ⓒ❶一套房间,套间: *She has a suite of rooms in the hotel*. 她在那家旅馆有一套房间。❷一套家具: *That is a nice suite of furniture*. 那套家具很不错。❸一套公寓 ❹(一批)随员,随从,侍从

suitor ['sju:tə] *n*. Ⓒ追求某女子的人

sulfate ['sʌlfeɪt] 见 sulphate

sulk [sʌlk] *vi*. 生闷气 ■ *n*. Ⓟ生闷气: *He is in the sulks today*. 他今天在生闷气。

sullen ['sʌlən] *adj*. ❶闷闷不乐的: *a* ~ *looks* 不高兴的脸色 ❷阴郁的,阴沉的: *a* ~ *sky* 阴沉的天空 ‖ **sullenly** *adv*. 闷闷不乐地

sully ['sʌlɪ] *vt*. 玷污,破坏名声

sulphur ['sʌlfə] *n*. Ⓤ〈化〉硫,硫磺: ~ *dyes* 硫化染料

sum [sʌm] *n*. ❶Ⓢ总数,总和: *The expenses came to an enormous sum*. 开支总数巨大。❷Ⓒ

金额: The sum will be increased by fifteen per cent. 金额将要增加 15%。❸ ⓟ 算术; She is better at sums than I am. 她的算术比我好。‖ in ~ 一言以蔽之 ■ vt.& vi.(-mm-) ❶ 合计;~ a column of figures 算出一串数字的总和 / ~ the cost of the machine 计算机器的成本 ❷ 总结,归纳; Contributions summed into several thousand dollars. 捐款总数达数千美元。‖ ~ to 共计 / ~ up ①是…的总和〔数〕,合计②总而言之 ‖ sumless adj. 无数的,无限的;不可估量的 ‖ sum-up n. 总结

summarize, -ise [ˈsʌməraɪz] vt. 总结,概述;~ the lecture 总结演讲 / ~ the story 概述故事 / He summarized the book in ten pages. 他用十页篇幅概述了这本书。/ I will summarize what I have done. 我将概述我所做的事情。‖ summarization, -sation n. 总结,概述

summary [ˈsʌməri] n. ⓒ 摘要,概要: He made a summary of what had been done. 他总结了所做的事情。/ I'm giving you a summary of facts. 我将概述一下事实。‖ in ~ 总的来说,归纳起来 adj. ❶ Ⓐ 即刻的,立即的; He was given the summary punishment. 他当场就受到了处罚。❷ 匆忙的,草率的; She complained about the summary treatment given her. 她抱怨对她草率的对待。❸ Ⓐ 概括的;简要的; He gave a summary account. 他给出了简要的说明。/ That is a summary and ironic end. 那是一个具有概括性和讽刺意味的结局。‖ summarily adv. ①摘要地,概要地 ②匆忙地,草率地 ③即刻,立即

summer [ˈsʌmə] n. ❶ ⓒ Ⓤ 夏,夏天,夏季; enjoy a ~ 舒服地度过夏天 / escape the ~ 避暑 / expect a ~ 盼望夏天的来临 / have〔pass, spend〕a ~ 度过夏天 / like ~ 喜欢夏天 / take sb a ~ 占用某人一个夏天的时间 / Summer is my favourite season. 我最喜欢夏季。/ Peter died in the summer of 1702. 彼得死于 1702 年夏天。/ It was a hot summer. 那是一个炎热的夏天。❷ Ⓤ 黄金时代,鼎盛时期; That was the high summer of English literature. 那是英国文学的黄金时代。❸ ⓒ 岁数; He looked younger than his 80 summers. 他看起来不到八十岁。/ I went there two summers ago. 我两年前去过那里。‖ summerly adj. 夏的,如夏季的 ‖ summer house〈美〉避暑别墅 / summer school 暑期学校 / 暑期补习班 / summer time 夏令时 / summerwood n. 晚材,秋材;大木材

summerhouse [ˈsʌməhaʊs] n. ⓒ 凉亭

summertime [ˈsʌmətaɪm] n. Ⓤ 夏季,夏天

summery [ˈsʌməri] adj. 夏天似的;适合夏季的

summing-up [ˌsʌmɪŋˈʌp] n. ⓒ 总结,证据概括

summit [ˈsʌmɪt] n. ⓒ ❶ (山等的)最高点;峰顶; They climbed up the mountain and reached the summit. 他们爬山,最终达到了山顶。❷ 高层会议; A Western European summit was held in Bonn. 在波恩举行了西欧各国首脑会议。

summon [ˈsʌmən] vt. 传唤;召集;~ a conference 召开会议 / The general summoned all his officers. 将军把所有的军官召集在一起。/ They summoned men to defend their country. 他们召集男人来保卫国家。‖ ~ to 把…召集到… / ~ up ①召唤,调集 ②尽力想起,唤起

summons [ˈsʌmənz] n. (pl. ~es) ⓒ (法院的)传票; issue a ~ 发出传票 ■ vt. 以传票传唤(某人)

sun [sʌn] n. ❶ Ⓢ 日,太阳; At last the sun broke through the clouds. 太阳终于穿云而出。/ It was the first of August, a perfect day, with a burning sun and cloudless sky. 八月一日这天,阳光普照,万里无云。❷ Ⓢ Ⓤ 日光,阳光; The room never gets any sun at all. 这个房间从来不见阳光。❸ ⓒ 恒星; Our sun is only one of many suns in the heavens. 我们的太阳只是天际中许多恒星之一。‖ catch the ~ 晒黑 / in the ~ 在阳光下 / under the ~ 全世界的,在世界上;到底,究竟 / with the ~ 随着太阳;在太阳升起〔落山〕时 ■ vt.(-nn-) 晒太阳; She sunned herself on the beach. 她在海滩上晒太阳。‖ sunless adj. ①不见太阳的,阴暗的 ②忧郁的,情绪低落的 / sunlike adj. 像太阳的 / sunward adv.& adj. 向太阳(的) / sunwards adv. 向太阳 / sunwise adv. 顺着太阳,以顺时针方向 ‖ sunbath n. 日光浴 / sunbeam n. ①一道日光 ②活泼快乐的人 / sunbird n. 太阳鸟 / sunblind n. 遮帘,遮篷 / sunbonnet n. (女用)阔边遮太阳帽 / sundog n. 虹 / sundried adj. 晒干的 / sunfast adj. 不褪色的 / sunglow n. ①朝霞 ②晚霞 / sungod n. 太阳神 / sunlamp n. (治疗用的)太阳灯 / sunproof adj. 不透日光的 / sunroom n. 日光室

sunbaked [ˈsʌnbeɪkt] adj. (地方)被太阳晒得发硬的;阳光炽烈的

sunbathe [ˈsʌnbeɪð] vi. 日光浴

sunbelt [ˈsʌnbelt] n. ⓈⓅ 阳光地带

sunburn [ˈsʌnbɜːn] n. Ⓤ 晒伤;晒太阳过量而引起皮肤灼痛 ‖ sunburned adj. 晒黑的

Sunday [ˈsʌndi] n. ⓒ Ⓤ 星期日,星期天,礼拜天 ‖ Sunday school ①主日学校 ②主日学校的全体师生

sunder [ˈsʌndə] vt.& vi. 隔开,分开

sundown [ˈsʌndaʊn] n. Ⓤ 日落

sundries [ˈsʌndrɪz] n. Ⓟ 杂项,杂物

sundry [ˈsʌndri] adj. Ⓐ 各种的,各式各样的

sunflower [ˈsʌnflaʊə] n. ⓒ 向日葵;葵花

sunglasses [ˈsʌnˌglɑːsɪz] *n*. P 太阳镜,墨镜

sunken [ˈsʌŋkən] *adj*. ❶A 沉没的,沉入水底的:*a ~ ship* 沉船 ❷ 凹陷的;下陷的:*~ cheeks* 凹陷的双颊 ❸A 低于周围平面的

sunlight [ˈsʌnlaɪt] *n*. U 阳光:*bright*〔*brilliant, glaring, pale*〕*~* 明亮〔灿烂,耀眼,暗淡〕的阳光/*My garden gets a lot of sunlight.* 我的花园总是阳光充足.

sunny [ˈsʌnɪ] *adj*. (-ier,-iest) ❶ 阳光充足的,阳光明媚的:*It was a warm sunny day.* 那是个温暖的阳光明媚的日子./*This room is very sunny.* 这间房阳光充足. ❷ 令人愉快的,快活的,(性格)开朗的:*The waiter has a sunny disposition.* 这位侍者性格开朗./*His nature was sunny.* 他性情开朗.

sunray [ˈsʌnreɪ] *n*. C 紫外线

sunrise [ˈsʌnraɪz] *n*. U 日出(时分);黎明:*I got up at sunrise.* 我黎明时起床.

sunroof [ˈsʌnruːf] *n*. C 平屋顶

sunset [ˈsʌnset] *n*. CU 日落(时),薄暮:*fine ~* 晚霞/*golden ~* 金色的夕阳/*summer ~* 夏日的夕阳/*He stopped work at sunset.* 他日落时收工./*You get beautiful sunsets in the tropics.* 在热带地区可以看到美丽的落日余晖.

sunshine [ˈsʌnʃaɪn] *n*. U ❶ 阳光,日光:*bask in*〔*enjoy*〕*the ~* 晒太阳/*bright*〔*sparkling*〕*~* 明媚〔灿烂〕的阳光/*soak up ~* 吸收阳光/*We lie in the sunshine for hours, getting a tan.* 我们躺在日光下几个小时进行日光浴. ❷ 快活,愉快;开朗:*She has brought some sunshine into my life.* 她给我的生活带来了几分快乐.

sunspot [ˈsʌnspɒt] *n*. C ❶ 太阳黑子 ❷ 雀斑

sunstroke [ˈsʌnstrəʊk] *n*. U 中暑

sunup [ˈsʌnʌp] *n*. U 日出,拂晓,黎明

sup [sʌp] *vt*.& *vi*. (-pp-) 啜饮(啤酒)

super [ˈsjuːpə] *adj*. 极好的;超级的:*a ~ book*〔*meal*〕极好的书〔饭菜〕/*She got a super new dress.* 她有一套很漂亮的新衣服./*He has a super car.* 他有一辆超级轿车./*You'll like her; she's super.* 你一定喜欢她,她实在极了./*That sounds super！* 那听起来棒极了./*You look super in your new clothes！* 你穿着这套新衣服漂亮极了！

superabundant [ˌsjuːpərəˈbʌndənt] *adj*. 过多的,过剩的;极多的 ‖ **superabundantly** *adv*. 过多地,过剩地;极多地

superb [sjuːˈpɜːb] *adj*. 卓越的,杰出的,极好的:*a ~ player*〔*painting, view*〕极好的运动员〔画,景色〕/*She's a superb singer.* 她是一位超级歌星./*The actor gave a superb performance.* 这位演员表演极佳./*The sports facilities are superb.* 运动设施是第一流的./*His medical skill is so superb that he can hardly be filled in for in an emergency.* 他医术高超,在紧急情况下几乎无人企及. ‖ **superbly** *adv*. 卓越地,杰出地,极好地/**superbness** *n*. 卓越,杰出,极好

supercalender [suːpəˈkælɪndə] *vt*. (对纸)进行超级压光处理

superconductor [ˌsjuːpəkənˈdʌktə] *n*. C 超导体

superficial [ˌsjuːpəˈfɪʃəl] *adj*. ❶ 表面(上)的;表皮的:*A superficial injury is not serious.* 表面的伤不太严重. ❷ 肤浅的,浅薄的;缺乏深度的:*It's a superficial book.* 这是一本立论肤浅的书./*He has a superficial knowledge of this subject.* 他对这门学科略知皮毛./*He's so superficial.* 他非常浅薄./*You're too superficial to appreciate great literature like this.* 你太肤浅,无法欣赏这类文学巨著. ‖ **superficiality** *n*. 表面性,肤浅;表面性的事物/**superficially** *adv*. 表面地,肤浅地

superfluous [sjuːˈpɜːfluəs] *adj*. 过多的;过剩的;多余的 ‖ **superfluously** *adv*. 过多地,过剩地;多余地/**superfluousness** *n*. 过多,过剩;多余

superhuman [ˌsjuːpəˈhjuːmən] *adj*. 超人的,超出常人能力的;非凡的,超常的 ‖ **superhumanly** *adv*. 超人地;非凡地,超常地/**superhumanness** *n*. 超人,超出常人能力;非凡,超常

superintend [ˌsjuːpərɪnˈtend] *vt*. 管理,监督,主管

superintendent [ˌsjuːpərɪnˈtendənt] *n*. C ❶ 监管人;负责人;主管人 ❷ 警长,警司

superior [sjuːˈpɪərɪə] *adj*. ❶(级别、地位)较高的;(品质、程度)优良的,较好的:*You're a very superior young woman.* 你是一个非常优秀的年轻女性./*He may be capable of jealousy when you have made superior progress in your work.* 当你在工作中取得较大进步时,他也会嫉妒你./*The book is superior to that.* 这本书比那本书好./*The army was superior in number to its enemies.* 部队在数量上超过了敌人. ❷ 上等的,优秀的:*The test showed he was the superior player.* 这次测试显示出他比较优秀. ❸ 有优越感的,高傲的:*She affected a superior air.* 她摆出一副高不可攀的样子./*Why does he look so superior？* 他为什么看上去那么傲慢？ ■*n*. C ❶ 上级,长官,上司:*John was his direct superior.* 约翰是他的顶头上司./*He always does what his superiors tell him.* 他惟上级之命是从. ❷ 较好的人〔事物〕,优胜者:*As a violin player, he has no superior.* 作为小提琴手,没有人能胜过他. ‖ **superiorly** *adv*. ①(级别、地位)较高地;(品质、程度)优良地,较好地 ②上等地,优秀地

superiority [sjuːˌpɪərɪˈɒrɪtɪ] *n*. U 优越

superlative

(性),优等 ‖ **superiority feeling** 优越感

superlative [sjuːˈpɜːlətɪv] *adj.* ❶〈语〉最高级的 ❷最好的;最优秀的 ■*n.* ❶Ⓢ〈语〉(形容词或副词的)最高级(形式) ❷Ⓒ最高级形容词或副词 ‖ **full of** ~**s** 夸张的(话等)/**speak in** ~**s** 夸大地讲,把话讲绝 ‖ **superlatively** *adv.* 最好地,最优秀地/**superlativeness** *n.* 最好,最优秀

superman [ˈsjuːpəmæn] *n.* (*pl.* -**men**) Ⓒ 具有超常能力的人;超人

supermarket [ˈsjuːpəˌmɑːkɪt] *n.* Ⓒ 超级市场:*They bought food at the supermarket*. 他们在超级市场买了食物。

superpower [ˌsjuːpəˈpaʊə] *n.* Ⓒ 超级大国

supersede [ˌsjuːpəˈsiːd] *vt.* 取代,接替:~ *sb as ambassador* 接替某人当大使

supersonic [ˌsjuːpəˈsɒnɪk] *adj.* 〈物〉超声的,超音速的:*a* ~ *plane* 超音速飞机

superstition [ˌsjuːpəˈstɪʃən] *n.* ⒸⓊ 迷信,迷信行为

superstitious [ˌsjuːpəˈstɪʃəs] *adj.* 迷信的 ‖ **superstitiously** *adv.* 迷信地/**superstitiousness** *n.* 迷信

superstore [ˌsjuːpəˈstɔː] *n.* Ⓒ 大型商店

supervise [ˈsjuːpəvaɪz] *vt. & vi.* 监督,管理:~ *the cease fire* 监督停火/~ *the market* 管理市场/*The group leader supervises a dozen workers*. 组长管十二个工人。/*The architect supervised the building of the house*. 建筑工程师监督房子的施工。/*Tomorrow he will supervise all the pupils taking the English examination*. 明天全体学生考英语,他将担任监考。‖ **supervisor** *n.* 监督者,管理者/**supervisory** *adj.* 监督的,管理的

supervision [ˌsjuːpəˈvɪʒən] *n.* Ⓤ 监督,管理

supper [ˈsʌpə] *n.* ⒸⓊ 晚饭,晚餐:*delicious* 〔*heavy*〕~ 可口〔丰盛〕的晚餐/*eat*〔*have*〕~ 吃晚饭/*make*〔*prepare*〕~ 做〔准备〕晚餐/*share* ~ *with* 与…共进晚餐/*the Lord's S- 圣餐*/*He is at supper*. 他正在吃晚饭。/*I had a wonderful supper yesterday*. 昨天我吃了一顿很棒的晚饭。/*The hotel is famous for its suppers*. 那个旅馆以晚餐而著称。

suppertime [ˈsʌpəˌtaɪm] *n.* Ⓤ 晚餐时间

supple [ˈsʌpl] *adj.* (-**r**,-**st**)(身体)柔软的,灵活的 ‖ **supplely** *adv.* 柔软地,灵活地/**suppleness** *n.* 柔软,灵活

supplement [ˈsʌplɪmənt] *vt.* 增补:~ *one's diet* 补充饮食/*They had to get a job to supplement the family income*. 他们不得不找一份工作以贴补家庭收入。/*He supplements his ordinary income by writing books*. 他以编写书籍来增加日常的收入。/*She supplements her diet with eggs and fruit*. 她以鸡蛋和水果来补充饮食。■ [ˈsʌplɪmənt] *n.* Ⓒ 补遗,补编:*A supplement to this dictionary may be published next year*. 该词典的补编或许将于明年出版。‖ **supplementation** *n.* 增补

supplementary [ˌsʌplɪˈmentərɪ] *adj.* 增补的;补充的

supplicate [ˈsʌplɪkeɪt] *vt. & vi.* 祈求,哀求,恳求(神或有权势者)‖ **supplicatingly** *adv.* 祈求地,哀求地,恳求地/**supplication** *n.* 祈求,哀求,恳求/**supplicatory** *n.* 祈求,哀求,恳求

supplier [səˈplaɪə] *n.* Ⓒ 供应商

supply [səˈplaɪ] *vt.* (*pt.*, *pp.* **supplied**) 供给,供应:*Our task is to supply vegetables all the year round*. 我们的任务是全年供应蔬菜。/*The school supplies books for the children*. 学校为儿童提供书本。/*He supplied food and clothing for his reputation*. 他为了自己的名誉而赞助衣食。/*It supplies an urgent need*. 这满足了急需。/*Rocks and stumps supplied the place of chairs at the picnic*. 野餐时石头和树桩都充当了椅子。/*The shop was unable to supply what she wanted*. 这商店不能供应她所需要的商品。‖ ~ **from** ①由(仓库等处)提供(某物)②由(记忆、经验等)提供/~ **to** 向…提供〔供应〕/~ **with** 把…提供〔供应给〕… ■ *n.* ❶ⓈⓊ 供给,供应,补给:*The water supply to the room failed*. 这房间的供水中断了。❷Ⓟ 供给物,供应品,储备物质;粮食,生活用品:*Who will be responsible for the expedition's supplies?* 谁负责探险队的物资供应?

support [səˈpɔːt] *vt.* ❶支撑;撑扶;托住;支持:*Walls support the roof*. 墙支撑着屋顶。/*Bill had to support Jill or she would have fallen to the floor*. 比尔只得扶住吉尔,不然她就会摔倒在地。❷维持:*Air, food and drink are necessary to support life*. 空气、食物和水是维持生命所必需的。/*She couldn't support life without friends*. 没有朋友她就过不了日子。❸赞助;赞成;供养:*Our school is supported by the government*. 政府赞助我校的办学费用。/*She supports birth control*. 她赞成计划生育。❹经常光顾;为…捧场:*Which football team do you support?* 你支持哪个足球队? ❺忍受:*I can't support this heat*. 我忍受不了这样的热度。‖ ~ **against** 支持…反对…/~ **by** 靠…得到支持/~ **in** 在…方面给予支持/~ **on** 扶着,支撑在…上/~ **with** 用…支撑 ■ *n.* ❶Ⓤ 支撑,承受,支持,赞助:*Your support has meant a lot to me during this difficult time*. 在这困难时期,你的支持给了我很大的帮助。/*The plan was canceled because of lack of support*. 由于缺乏赞助,这项计划被取消了。/*The argument lacked support*. 这一论点缺乏证据。❷Ⓒ 支撑物,支柱,支座,支架:*Put a support under it*. 在它下面放一根支柱。❸Ⓒ

给予帮助〔同情〕的人:*Jimmy was a great support to us when father died.*父亲死后,吉米给我们的帮助是巨大的。❹⑥支持者,拥护者‖ **come to sb's ~**援助某人/**in ~**后备的,准备给予支援的/**in ~ of** ①支持…②证明…正确 ‖ **supportless** *adj.* 没有支撑的;没有支持的 ‖ **support services** 后勤工作

supporter [sə'pɔːtə] *n.* ⓒ支持者,拥护者; 赞助者

supportive [sə'pɔːtɪv] *adj.* 支持的,拥护的;赞助的

suppose [sə'pəuz] *vt.* ❶料想;猜想;以为: *They suppose that all rich men are wicked.*他们以为凡是有钱人都很坏。/*All her neighbours supposed her to be an actress.*街坊邻居以为她是一个演员。/*They supposed him dead.*他们以为他死了。/*I supposed it wrong to tell a lie.*我认为说谎不对。/*He supposed himself doing the best thing.*他以为他做得最好。❷假定,假设:*~ a case* 假定一案例 ■ *conj.* 如果: *Suppose he can't come, who will do the work?* 如果他不能前来,谁来做这项工作呢?

supposedly [sə'pəuzdlɪ] *adv.* 据认为,据推测;据称;一般相信,一般看来

supposition [ˌsʌpə'zɪʃən] *n.* ❶ⓤ猜测,推测,假定 ❷ⓢ假定;猜测

suppress [sə'pres] *vt.* ❶压制;镇压:*The new government quickly suppressed the rebellion.*新政府迅速把叛乱镇压下去。❷禁止发表,查禁;隐瞒:*They suppressed news that was not favourable to them.*对他们不利的新闻他们就扣留下来。/*He suppressed his name.*他隐瞒了他的姓名。❸抑制(感情等),忍住: *Even the grave young woman could not suppress a smile.*连那个严肃的年轻妇女都禁不住笑了。/*She was struggling to suppress her sobs.*她拼命不让自己哭出来。❹阻止…的生长(或发展) ‖ **suppression** *n.* 压制,镇压;隐瞒;抑制

suppurate ['sʌpjuəreɪt] *vi.* ❶化脓 ❷溃烂

supremacy [sjuː'preməsɪ] *n.* ⓤ至高,无上;最高权力

supreme [sjuː'priːm] *adj.* ❶Ⓐ最高的;至上的:*The Pope is the supreme leader of the Roman Catholic Church.*教皇是罗马天主教的最高领袖。❷最重要的:*It was the supreme moment in his life.*那是他一生中最重要的时刻。 ‖ **Supreme Court**(美国)州最高法院

supremely [sjuː'priːmlɪ] *adv.* 极其;极为

supremo [sjuː'priːməu] *n.* (*pl.* ~**s**)ⓒ统治者,最高权威

surcharge ['sɜːtʃɑːdʒ] *vt.* 对…收取额外费用 ■ *n.* ⓒ附加费,额外费用

sure [ʃuə] *adj.* (-**r**,-**st**) ❶ⓟ无疑的,确信的,有把握的:*I shall certainly be present at the meeting, but I am not sure about my wife.*我肯定会出席会议,但是至于我的妻子去不去我就不敢说了。/*Not being sure of the word, he turned it up in the dictionary.*他对那个词没有把握,于是就查字典。/*As we have been practising regularly, we are sure of winning the game this time.*因为我们一直在训练,所以这次比赛有把握赢。/*I am not sure of what he has said at the meeting.*他在会上说了些什么我不太清楚。/*I'm sure that she will like this book.*我确信她喜欢这本书。/*I'm not quite sure where he is.*我不能确定他在哪儿。❷肯定要做某事的;一定会做某事的:*He is sure to be back soon.*他不久一定会回来。‖ **be sure and tø-** *v* 务必做某事/**for ~**无疑/**make ~**(**of** sth/to-*v*/that…)把事情弄清楚,核实或查明某事物 设法确保出现某事物/**~ of oneself**(过分)自信/**~ thing** 是的,当然/**to be ~**无可否认,诚然 ■ *adv.* 的确,当然:*It sure was cold.*确实很冷! ‖ **sureness** *n.* 无疑,确信,有把握 ‖ **surefooted** *adj.* ①脚步稳的,不会摔倒的 ②稳当的

surely ['ʃuəlɪ] *adv.* ❶想必,谅必 ❷稳当地,确实地,踏实地

surf [sɜːf] *n.* ⓤ拍岸浪花 ■ *vi.* 滑浪,作冲浪运动 ‖ **surfboard** *n.* 冲浪板/**surfboat** *n.* 冲浪艇/**surfman** *n.* 善于在浪中驾船的船夫

surface ['sɜːfɪs] *n.* ❶ⓒ面,表面:*A cube has six surfaces.*立方体有六个面。/*The wooden surface had a beautiful shine.*这木头表面发出美丽的光亮。❷ⓢ水面,液体的表面:*The boy disturbed the tranquil surface of the pond with a stick.*那男孩用棍子打破了平静的池面。❸ⓢ外表,外观:*You must not look only at the surface of things.*看事物不能只看表面现象。/*This essay is so short that it can only scratch the surface of the topic.*这篇文章很短,只能对这一问题作肤浅的探讨。‖ **on the ~**在表面上,在外表上 ‖ **surface force** ①地面部队 ②水面部队,水面舰艇/**surface-to-air** *adj.*(导弹)地对空的/**surface-to-surface** *adj.*(导弹)地对地的/**surface water** 地表水

surge [sɜːdʒ] *n.* ⓢ❶(感情等)洋溢,奔放 ❷浪涛般汹涌奔腾 ■ *vi.* ❶(人群等)蜂拥而出 ❷(感情等)洋溢,奔放 ❸(波涛等)汹涌,奔腾

surgeon ['sɜːdʒən] *n.* ⓒ外科医生 ‖ **surgeon dentist** 口腔科医生

surgery ['sɜːdʒərɪ] *n.* ❶ⓤ外科手术:*Your condition is serious and requires surgery.*你的情况很严重,需要动外科手术。❷ⓒ外科诊所:*He saw the poster in the doctor's surgery.*他在那位医生的外科诊所里看到了这张海报。❸ⓤ门诊时间:*What time does surgery finish?* 门诊什么时间结束?

surgical ['sɜːdʒɪkəl] *adj.* ❶外科手术的 ❷Ⓐ(服装)治疗用的

surmount [sə'maʊnt] *vt.* ❶战胜;克服(困难) ❷居于…之上,在…顶上 ‖ **surmountable** *adj.* 可克服(困难)的;可超越的

surname ['sɜːneɪm] *n.* ⓒ姓

surpass [sə'pɑːs] *vt.* 超过;优于;多于;非…所能办到:He surpassed all his rivals. 他比他的所有对手都强。/ The beauty of the scenery surpassed my expectation. 该处风景之秀丽超出我的预料。/ The results surpassed all our expectations. 结果比我们期望的都好。

surpassing [sə'pɑːsɪŋ] *adj.* Ⓐ无比的,非凡的,卓越的,超群的 ‖ **surpassingly** *adv.* 无比地,非凡地,卓越地,超群地

surplus ['sɜːpləs] *adj.* 过剩的,多余的:The manufacturers in some countries dumped their surplus commodities abroad. 一些国家的制造商向国外倾销过剩产品。/ It's an essay heavy with surplus phrasing. 这是篇废话连篇的散文。■ *n.* Ⓤ过剩:The United States tried to dispose of its grain surpluses. 美国努力把过剩粮食处理掉。‖ **surplus value** 剩余价值

surprise [sə'praɪz] *vt.* ❶使惊奇,使诧异:He may surprise us all yet. 他总有一天会让我们大家惊奇。/ I surprised everyone by wearing a terrible mask. 我带了一副可怕的面具,使大家受惊了。/ They surprised us with a visit. 他们突然来访使我们大感意外。/ It surprised me to see so many people there. 在那里看到那么多人使我觉得意外。/ I surprised them that she was such a fine swimmer. 她游得这么好,使他们都很惊奇。❷意外发现〔撞见〕,出其不意获得:We surprised the burglars opening the safe. 窃贼在开保险箱时被我们撞上了。/ The police surprised the thief into confessing. 警察出其不意地使小偷招认了。■ *n.* ❶Ⓤ惊奇,惊讶:I'll never forget his surprise when we told him. 我永远不会忘记我们告诉他时他所表现出来的惊讶表情。/ Sue was overcome by surprise when Peter walked in. 当彼得走进屋时,苏吓了一跳。/ He looked up in surprise. 他惊奇地抬头看了一下。/ I got a big surprise. 我大吃一惊。❷Ⓒ令人吃惊的事物:We've had some unpleasant surprises. 我们得到了一些令人不快的意外消息。/ The whole thing is a surprise to us. 整个事情出乎我们的意料。‖ (much〔greatly〕) **to sb's** ~使某人惊奇的 / **take by** ~出其不意〔毫不预料〕地攻击,捕获,使(某人)吃一惊

surprised [sə'praɪzd] *adj.* 感到惊奇的,表示震惊的:I'm surprised that you should think this way. 我感到奇怪的是你竟这样想。/ I was very much surprised at the news. 听到那消息我非常诧异。‖ **surprisedly** *adv.* 感到惊奇地,表示震惊地

surprising [sə'praɪzɪŋ] *adj.* 使人惊奇的,出人意料的:It was surprising that he finished writing a novel in only twenty days. 他在二十天内写完了一本小说,真令人吃惊。‖ **surprisingly** *adv.* 使人惊讶地,出人意料地,惊人地

surreal [sə'rɪəl] *adj.* 超现实的;犹如梦幻的

surrealist [sə'rɪəlɪst] *n.* Ⓒ超现实主义者

surrender [sə'rendə] *vt. & vi.* 投降:In the end they were forced to surrender. 最后他们被迫投降了。/ He voluntarily surrendered himself to the police. 他主动向警方自首。*vt.* 放弃;抛弃:They surrendered the city. 他们放弃了这座城市。/ She gradually surrendered her dream of becoming an actress. 她渐渐放弃了当演员的梦想。■ *n.* Ⓒ投降,放弃 ‖ **surrender value** 保险单的退保值

surrogate ['sʌrəɡeɪt] *n.* Ⓒ替代;代理

surround [sə'raʊnd] *vt.* 包围:A crowd surrounded him. 一群人围着他。/ The firemen surrounded the burning building. 消防队员包围了熊熊燃烧的建筑物。/ The original builders surrounded the city by〔with〕a wall. 最初的建设者们在该城的周围修起了城墙。/ Complete secrecy surrounded the meeting. 会议在绝对机密的环境中进行。

surroundings [sə'raʊndɪŋz] *n.* ⓟ(周围的)环境〔事物〕:They lived amid beautiful surroundings. 他们生活在优美的环境中。

surveillance [sɜː'veɪləns] *n.* Ⓤ盯梢,监视

survey [sə'veɪ] *vt.* ❶眺望;纵览:I surveyed the view from the top of the hill. 我从山顶眺望景色。❷测量;勘察:They are surveying the land before it is divided into house lots. 他们要在土地被分割为住宅用地前先勘察这块土地。❸检查,鉴定:Survey the car before you buy it. 买车之前先对它鉴定一下。❹通盘考虑,回顾:Let's survey the events leading up to the crime. 咱们全面回顾一下导致这一罪行的所有事件。■ ['sɜːveɪ] *n.* Ⓒ调查:The reporter is doing a survey of public attitudes. 那位记者正在进行民意调查。‖ **surveying** *n.* ①环视,检查 ②测量

survival [sə'vaɪvəl] *n.* ❶Ⓤ幸存,生存:The doctor told my wife I had a fifty-fifty chance of survival. 医生告诉我的妻子,说我活下去的可能性只有50%。/ They are still fighting for survival. 他们还在为生存而斗争。/ We all have a strong survival instinct. 每个人都有强烈的求生本能。❷Ⓒ残存的人〔物〕;遗物,遗风:The old man was a survival of a past age. 这位老人是上一代的遗老。/ Most of these ceremonies are survivals from earlier times. 这些礼仪活动大部分是从古代沿袭下来的。‖ **survival kit** 救生包 / **survival rate** 成活率

survive [sə'vaɪv] *vi.* 幸存,活下来:These plants cannot survive in very cold conditions. 这些植物在严寒中不能存活。/ None of

Shakespeare's plays survives in its original manuscript form. 莎士比亚剧本的真迹已流失殆尽。vt. 比…活得长, 经历…之后还存在: Most parents expect that their children will survive them. 大多数父母都希望子女能够比他们自己长寿。/Did anyone survive the explosion? 那次爆炸事故中有人幸免吗?

survivor [sə'vaɪvə] n. C 幸存者; 残存者; 生还者 ‖ **survivorship** n. 幸存; 残存; 生还

susceptible [sə'septəbl] adj. ❶易受影响的; 易动感情的: a ~ girl 多情的少女/Children are more susceptible than adults. 孩子比成人易受感动。/We are all susceptible to advertising. 我们都易受广告的影响。/He's so susceptible that she easily gained his affection. 他易受感情影响, 所以她很轻易地就得到了他的爱。❷过敏的; 易受…感染的: In his weakened condition, he is very susceptible to cold. 他身体很弱, 因此很容易患感冒。❸能经受的: A signed agreement is not susceptible of change. 已签署的协议不可再改动。/His statement is susceptible of another interpretation. 他的陈述可以有另一种解释。

suspect [sə'spekt] vt. ❶猜疑(是), 怀疑(是), 觉得(是): They suspected an ambush. 他们疑心有埋伏。/I suspect (that) you once thought otherwise. 我觉得你一度有过不同的想法。/I suspect him to know everything about that. 我猜想那件事他全都知道了。❷怀疑; 不信任: We all suspect the truth of the report. 我们对报告的真实性感到怀疑。❸怀疑…有罪: The police suspect him of having taken the money. 警察怀疑钱是他偷的。/They suspect him to be a thief. 他们怀疑他是个贼。■ ['sʌspekt] n. C嫌疑犯: Two suspects are now being interrogated in connection with the killing. 与杀人案有关的两名嫌疑犯正在接受审讯。■ ['sʌspekt] adj. 可疑的: His reason for being absent is suspect. 他缺席的理由不足为信。‖ **suspectable** adj. 可疑的

suspend [sə'spend] vt. ❶暂停, 终止: ~ one's schooling 休学/Both sides in the conflict have agreed temporarily to suspend hostilities. 冲突双方同意暂时停火。/The President has suspended the constitution and assumed total power. 总统废止了宪法, 独揽大权。❷悬, 挂, 吊: A lamp was suspended from the ceiling. 天花板上吊着一盏灯。‖ **suspender** n. 吊的东西; 吊带

suspension [sə'spenʃən] n. ❶U暂停, 中止 ❷C悬挂, 悬置机构 ❸C悬浮液 ❹U悬, 挂, 吊: ~ bridge 吊桥 ‖ **suspension points** 省略号/**suspension railway** 高架铁路

suspicion [səs'pɪʃən] n. ❶U怀疑, 嫌疑: Since they discovered the truth about his background, his colleagues have regarded him with suspicion. 他的同事虽然摸清了他的背景, 但对他还是疑神疑鬼的。/She is under suspicion of murder. 她涉嫌谋杀。❷C疑心, 猜疑: I have a suspicion that he's right. 我隐约觉得他是对的。/The behaviour of the stranger aroused our suspicions. 那个陌生人的行为引起了我们的怀疑。❸S一点儿, 少量: There was just a suspicion of light in the east. 东方刚刚泛白。‖ **suspicionless** adj. 不怀疑的

suspicious [səs'pɪʃəs] adj. ❶猜疑的, 疑心的: The rabbit is timid and suspicious. 兔子胆小而多疑。/These words showed that Amelia was suspicious. 从这些话可看出阿米莉亚起了疑心。/I'm very suspicious about his motives. 我很怀疑他的动机。❷C可疑的: He is a suspicious character. 他是个可疑人物。/A man was hanging about the house in a suspicious manner. 一个男人在房子周围可疑地荡来荡去。❸表示怀疑的: The police are suspicious of his alibi because he already has a record. 警方对他不在场的辩解表示怀疑, 因为他已有前科。‖ **suspiciously** adv. 猜疑地, 可疑地/**suspiciousness** n. 猜疑, 可疑

sustain [sə'steɪn] vt. ❶承受, 支撑: These four posts sustain the entire building. 这四根柱子支撑着整座建筑物。/An unshakable belief sustained me. 一种不可动摇的信念支持着我。❷维持: During the war we had just enough food to sustain us. 战争期间, 我们的食物仅够维持生活。❸长期保持; 使继续: We do not have enough money to sustain our campaign for long. 我们没有足够的财力使宣传活动长期保持下去。❹经受, 遭受: He sustained a foot injury. 他足部受了伤。

swab [swɒb] n. C❶(医用的)拭子, 药签 ❷(用拭子取下的)化验标本 ■ vt. (-bb-) ❶用拭子拭抹或擦净(某物) ❷(用拖把、抹布等)擦洗(某物)

swagger ['swægə] vi. 大摇大摆地走路; 昂首阔步 ■ n. S∪ 昂首阔步, 自鸣得意 ‖ **swaggerer** n. 大摇大摆地走路的人; 昂首阔步者/**swagger stick** (军官带用的)轻便手杖

swallow¹ ['swɒləʊ] vt.& vi. 吞, 咽: He swallowed without chewing. 他未经咀嚼就把食物咽下。/He put a grape into his mouth and swallowed it whole. 他把一粒葡萄放入嘴里, 整个吞了下去。■ vt. ❶不流露: I don't know how I managed to swallow my anger. 我不知道怎样才能抑制住我的愤怒。/He was forced to swallow his pride and ask for money from his brother. 他不得不抛下面子, 从他弟弟那里求得资助。❷〈口〉忍受; 轻信: I found it hard to swallow his insults. 我真的很难忍受他的侮辱。■ n. C(吃或喝的)一口: He had a few swallows of tea and then hurried out. 他喝了几口茶, 就匆忙出去了。‖ **swallowable** adj. 可吞

咽的/**swallower** n. 吞咽者

swallow² ['swɒləʊ] ⓒ 燕子: *One swallow doesn't make a summer.* 一燕不成夏。‖ **swallow dive** 燕式跳水/**swallowtail** n. 燕尾,燕尾服/**swallow-tailed** adj. 如燕尾的

swamp [swɒmp] n. ⓒⓊ 沼泽(地) ■ vt. ❶淹没;沉没: *Heavy rainfalls swamped the lowlands.* 大雨淹没了低地。/*A big wave swamped the boat.* 一个巨浪淹没了那只小舟。❷使困窘;忙得不可开交: *We are swamped with work.* 我们被工作压得透不过气来。/*The firm is swamped with orders.* 大量订单使那家工厂应接不暇。‖ **swampy** adj. 多沼泽(地)的,湿软的 ‖ **swamp fever** 疟疾/**swampland** n. 沼泽地

swan¹ [swɒn] n. ⓒ 天鹅 ‖ **swanlike** adj. 天鹅似的 ‖ **swan boat** 小游艇/**swan goose** 中国鹅

swan² [swɒn] vi. (-nn-) 闲荡,游逛

swank [swæŋk] vi. 炫耀;卖弄

swap [swɒp] n. ⓒ 交换 ■ vt. & vi. (-pp-) 交换: *I liked her coat and she liked mine, so we swapped.* 我喜欢她的外套,她喜欢我的外套,于是我们就交换了。/*I will swap you my bicycle for your radio.* 我想拿我的自行车换你的收音机。/*They swapped books with each other.* 他们互相交换了图书。‖ ~ **for**〈非正〉以…交换…

swarm [swɔːm] n. ⓒ 蜂群,一大群: *There is a swarm of bees in the tree.* 这树上有一窝蜜蜂。/*A swarm of ants are moving busily.* 一群蚂蚁正在忙碌地搬家。■ vi. ❶密集,云集,挤满: *The place swarmed with tourists.* 这个地方游人云集。❷成群地移动: *When the bell rang, the children swarmed out of the school.* 铃声一响,孩子们蜂拥而出离开了学校。‖ ~ **about** 成群四处游荡/~ **across** 蜂拥着穿过/~ **out of** 蜂拥而出/~ **with** 挤满,充满

sway [sweɪ] vt. & vi. (使)摇摆,(使)摇动: *The dancers swayed to the music.* 跳舞的人随着音乐节奏摇摆。/*He swayed his head from side to side with worry.* 他忧心忡忡地频频摇头。vt. 影响、改变…的观点〔行动〕: *His speech failed to sway his colleagues into supporting the plan.* 他的一席话没能使他的同事支持这项计划。■ n. Ⓤ ❶摇摆: *He felt the sway of the deck under his feet.* 他感觉到脚下甲板的摇动。❷支配;统治: *In medieval times the Church held sway over many countries.* 在中世纪,教会支配着许多国家。‖ **swayback** n. 由于负重过度而特别凹陷的背部/**sway-backed** adj. 背部特别凹陷的

swear [sweə] (pt. **swore**, pp. **sworn**) vi. 诅咒;咒骂: *His boss often swore at him, sometimes for no reason at all.* 老板经常骂他,有时毫无理由。vt. & vi. (使某人)就…宣誓: *I don't know anything about what happened, I swear.* 我发誓,我对所发生的事一无所知。/*They swore an oath to carry out their duties faithfully.* 他们宣誓忠实履行自己的职责。/*He swore to obey the king.* 他发誓服从国王。/*He swore that he had put the papers in that drawer.* 他发誓说,他是把文件放在那个抽屉里的。vt. 〈非正〉断言,明确地表示: *I swear he's a swindler.* 我肯定他是个骗子。‖ ~ **about** 就…发誓/~ **against** 起誓证实/~ 以反对/~ ①诅咒,骂②与…不协调/~ **before** 当着…的面发誓/~ **by** ①以…的名义起誓②〈口〉极其信赖/~ **for** 保证/~ **in** 使…宣誓就职/~ **off** 下决心不做…,停用…/~ **on** 凭…发誓/~ **out** 通过宣誓控告使法院发出/~ **to** 断言,坚决肯定 ‖ **swearer** n. 宣誓者;咒骂者 ‖ **swearword** n. 诅咒;骂人话

sweat [swet] n. ❶Ⓤ 汗,汗水: *cold* ~ 冷汗/*He wiped the sweat from his face.* 他抹去脸上的汗。❷Ⓢ 苦差事;艰苦的工作: *an awful* ~ 极苦的活/*The job's quite a sweat, I'm exhausted already.* 这个工作相当吃力,我已经筋疲力尽了。‖ **all of a** ~ ①一身大汗②焦急的,害怕的/**no** ~ 不费力的〔地〕;轻易的〔地〕,没什么 ■ vt. & vi. (使)出汗,(使)流汗,(使)发汗: *The doctor sweated his patient.* 医生使他的病人发汗。vi. 辛苦工作: *He was sweating like a bullock.* 他正在辛苦地干活。‖ **sweated** adj. 血汗劳动制下生产的;残酷剥削下的 ‖ **sweatbox** n. 发汗装置/**sweat gland** 汗腺/**sweatshirt** n. 圆领长袖运动衫/**sweatshop** n. 血汗工厂/**sweatsuit** n. 运动服

sweater ['swetə] n. ⓒ 毛衣: *a light*〔*warm*〕~ 轻便〔暖和〕的毛线衣/*Sweaters are often made of wool.* 毛衣常由羊毛织成。

sweaty ['swetɪ] adj. (-ier, -iest) ❶浑身出汗的,汗臭的 ❷闷热的;热得使人出汗的 ‖ **sweatily** adv. 浑身出汗地;热得使人出汗地 ‖ **sweatiness** n. 浑身出汗;闷热

sweep [swiːp] vt. & vi. (pt., pp. **swept**) ❶扫,打扫,拂去: ~ *carpet* 打扫地毯/*She is sweeping with a broom.* 她在用扫帚扫地。/*My mother sweeps the kitchen every day.* 我妈妈每天打扫厨房。/*He swept the floor clean.* 他把地板扫干净了。❷扫视: ~ *sky* 扫视天空/*His glance swept from right to left.* 他左右扫视了一下。/*The captain swept the horizon.* 船长向地平线扫视了一下。‖ ~ **away** ①扫除,刮走,冲走②清除/~ **in** ①刮入,冲入②昂然走进③轻而易举地当选/~ **into** ①把…扫入…②昂然走进/~ **off** ①扫去,吹掉②大量清除/~ **out** ①清扫,扫掉 ②昂然离开/~ **through** (使)扫过…,(使)掠过…;(使)迅速普遍于…/~ **under** 清扫…的下面/~ **up** 打扫 ■ n. ⓒ ❶打扫,清扫: *This floor needs a good sweep.* 这地板需要好好清扫一下。❷挥动,摆动: *With a sweep of his sword he cut through* the rope.他用剑一挥把绳子砍断了。❸大面积搜索:The rescue services did the last sweep to try and find the missing boy.救援队展开最后一次大面积搜索,设法找到失踪的男孩。‖ **make a clean ~ of** 彻底扫除;全部更换‖ **sweepup** n.大扫除

sweeper ['swiːpə] n. ⓒ❶打扫者;扫除机:a road ~ 扫路机/a street ~ 清道夫/His father is a chimney sweeper.他的父亲是一位扫烟囱的工人。❷自由中卫

sweeping ['swiːpɪŋ] adj. ❶包罗万象的,一扫而光的:~ fear 无限的忧虑/The citizens voted for sweeping reforms.公民投票支持全面的改革。❷笼统的,泛泛的:~ plan 笼统的计划/His sweeping remarks offended many people.他笼统的讲话冒犯了许多人。‖ **sweepingly** adv. 包罗万象地,范围广大,彻底地/**sweepingness** n. 扫除,扫荡;笼统

sweet [swiːt] adj. (**-er,-est**)❶甜(味)的:~ apples〔biscuits, drinks〕甜的苹果〔饼干,饮料〕/Sugar has a sweet taste.糖有一种甜味。/The fruit isn't sweet enough.这水果不够甜。❷悦耳〔目〕的,芳香的;令人高兴的:a ~ smell of flowers 花儿芳香的气味/~ music〔voice〕悦耳的音乐〔声音〕/Just smell these sweet flowers!请闻闻这些芬芳的花朵!/It smells sweet.它有香味。❸温柔的,和蔼的,体贴的:a ~ disposition〔nature〕温顺的性情〔本性〕/She has a naturally sweet temper.她性格温和。/My grandparents were very sweet to me.我的祖父母对我很和蔼。❹可爱的:a ~ baby〔cottage〕可爱的婴儿〔农舍〕/She is a sweet girl.她是一位可爱的姑娘。‖ **be ~ on〔upon〕**爱上…■ n. ❶⒞糖果:Don't eat sweets.不要吃糖果。❷⒞Ⓤ甜食:That sweet consists of eggs, honey and cream.那种甜食包括鸡蛋、蜂蜜和奶油。‖ **sweetly** adv. ①甜,甜蜜蜜地②惬意地③可爱地,亲切地④十分,大大地‖ **sweetcorn** n. 甜玉米/**sweetheart** n. ❶爱人,情人,(俚)非常讨人喜欢的人❷佳品❸vt.&vi.恋爱,向…求爱/**sweetmeat** n. 糖果,蜜饯/**sweet-scented** adj. 芳香的/**sweet-talk** vt.&vi. 谄媚,奉承;用甜言蜜语劝诱

sweeten ['swiːtn] vt.&vi. 使甜,变甜 vt. 送礼以说服

sweetener ['swiːtnə] n. ❶ⒸⓊ食糖,果糖,糖精;糖浆❷交易分中的附加优惠条件

swell [swel] vt.&vi. (pt. **swelled**, pp. **swollen or swelled**)❶肿胀,膨大,鼓起:~ chest 鼓起胸膛/Her leg has swollen badly.她的腿肿得很厉害。/The infection swelled his hand.由于感染,他的手肿了起来。❷增强,增多,扩大:~ troop 扩大队伍/His fortune has swollen during the war.他的财产在战争期间大为增加。/After the heavy rain the river swelled.大雨过后,河水猛涨。/These small items help to swell the total.这些小项目使总额增加了。‖ **~ out**(使)膨胀〔肿起〕/**~ up** ①膨胀,肿起②感到自豪■ n. Ⓢ❶汹涌:The waves had taken on a deep swell.海浪汹涌。❷声音渐强‖ **swell-butted** adj. 根部特别大的/**swelled-headed** adj. 自负的,自大的/**swellhead** n. 骄傲自大的人

swelling ['swelɪŋ] n. Ⓒ身上的肿胀处:The swelling on her finger was caused by a foreign body in it.她手指肿大是内有异物所致。

swift [swɪft] adj. (**-er,-est**)❶迅速的,速度快的:a ~ change 突变/the ~ flight 飞射/A swift clap of thunder woke me.一阵突然的雷鸣把我惊醒。/He is as swift of foot as a hare.他跑得像兔子一样快。/He gave them a swift glance.他迅速地朝他们瞥了一眼。❷敏捷的,反应快的:He has a swift wit.他有急智。/He is swift to hear, but slow to speak.他听力敏锐,但不善言辞。‖ **swiftly** adv. 快,迅速地,敏捷地/**swiftness** n. 快,迅速,敏捷‖ **swift-footed** adj. 跑得快的/**swift-handed** adj. 手快的/**swift-winged** adj. 飞得快的

swig [swɪg] vt. 大口喝(酒等)

swill [swɪl] vt. ❶大口喝,痛饮(尤指酒类)❷冲洗,涮洗(某物)vt.&vi.(使)液体流动

swim [swɪm] (**-mm-**; pt. **swam**, pp. **swum**) vt.&vi. 游泳:He can swim well.他游泳游得很好。/He has swum the English Channel three times.他已三次游过英吉利海峡。vi. 眩晕:He was hot and tired and his head was swimming.他又热又累,头晕目眩。‖ **~ across**(使)游过,滑过/**~ in** 在…游泳;浸泡在…中/**~ into** 出现于/**~ with** 溢,充满■ n. ⒞游泳:He goes for a swim every morning.他每天早晨去游泳。‖ **swim pool** 游泳池/**swimsuit**〔**swimwear**〕n. 游泳衣

swimmer ['swɪmə] n. ⒞游泳者:The swimmer gained the shore.游泳者游到了岸边。

swimming ['swɪmɪŋ] n. Ⓤ游泳,游泳运动;游泳技巧:Swimming was one of her greatest satisfactions.游泳是她最大的乐趣之一。/He broke several world swimming records at the 1996 Olympics.他在1996年的奥运会上打破了好几项世界游泳纪录。‖ **swimming-belt** n. 学游泳者用的救生圈/**swimming costume** 游泳衣/**swimming pool**〔**bath**〕游泳池

swindle ['swɪndl] vt. 诈骗;骗取钱财■ n. Ⓒ诈骗;骗取‖ **swindler** n. 骗子,诈骗犯/**swindlingly** adv. 用诈骗手段

swing [swɪŋ] vt.&vi. (pt., pp. **swung**)❶(使)摇摆,(使)摇荡:The monkey was swinging in the tree.猴子在树上荡来荡去。/He was swinging his arms.他在摇摆手臂。❷(使)旋转:He swung the axe and with one blow split open the door. 他挥动着斧子一下就把门劈开了。/He swung the gate open wide. 他把大门打开。❸(使)突然转向:The value of the pound swung downwards. 英镑的价值突然下跌。‖～ around 使…转过…/～ at 向…猛打〔猛击〕/～ for〈非正〉因…被绞死;因…受惩罚/～ round ①突然转向(迅速地转)转身②使…改变观点/～ to 自行关上 ❶ⒸⓊ摆动,摇摆 ❷Ⓒ秋千 ❸Ⓒ显著的变化‖swing-boat n. 船形秋千/swing bridge 旋桥;平转桥/swing door 转门/swing music 摇摆舞音乐/swing room〈美〉休息室,吸烟室

swipe [swaɪp] n. Ⓒ重击,挥击 ■ vt.& vi. ❶ 重击,挥击 ❷偷窃,扒窃

swirl [swɜːl] vi. 旋转,打旋:The water swirled about his feet. 水在他的脚下打旋。■ n. Ⓒ❶旋转,打旋:She danced with a swirl of her skirt. 她飞旋着裙子跳舞。❷卷状物;漩涡;尘烟:～s of smoke 漩涡状烟圈

swish [swɪʃ] vt.& vi.(使)发飕飕声 vi.发窸窣声 adj.时髦而昂贵的‖ **swishy** adj. ①发嗖嗖声的,作沙沙声的②〈美俚〉搞同性恋关系的‖ **swish-swash** n.〈英俚〉啤酒

switch [swɪtʃ] n. Ⓒ❶开关:Where is the light switch? 电灯开关在哪儿?❷改变,转变:We had to make a switch in our arrangements. 我们不得不对我们的安排作些变动。❸细枝条:The boy made a switch from the branch of a cherry tree. 这个男孩用樱桃树枝做了一条鞭子。■ vt.& vi. 转变,改变:The train was switching. 火车正在换道。/They kept switching meeting places. 他们不断改变碰面的地点。vt. 转换:He is always switching jobs. 他总是变换工作。/Don't switch the light. 不要开灯。～ off ①关闭②(使)没兴趣③使…停止谈话/～ on 打开,开动,启动/～ out 关上/～ over ①(使)交换位置②(使)变换,转换 ‖ **switchboard** n. Ⓒ配电盘,配电板;开关屏②交换机,交换台/**switch-hitter** n. Ⓒ左右手均能击球的棒球球员②〈美俚〉多才多艺的人/**switchman** n. 扳道工人/**switch-signal** n. 转辙器信号/**switchyard** n. 调车场,编组站

swivel [ˈswɪvl] Ⓒ(机)转节,转环;旋轴;旋转接头 ■ vt.& vi.(-ll-,〈美〉-l-)(使)旋转;在枢轴上转动 ‖ **swivel chain** 转动链/**swivel chair** 转椅/**swivel-eye** n. 斜视/**swivel-eyed** adj. 斜视的

swollen [ˈswəʊlən] adj. ❶膨胀的,肿起的:The doctors have taped his swollen ankle up. 医生们用绷带包扎了他肿起的脚踝。❷Ⓐ自高自大的,骄傲的:a ～ opinion of 自视过高,高自矜 ‖ **swollen-headed** adj. 傲慢的;自负的

swoop [swuːp] vi. 俯冲,猛冲:The hawk swooped down on the rabbit and killed it. 鹰猛地朝兔子扑下来,并把它扑死。■ n. Ⓒ猛扑;突然下降:The plane made a swoop over the city. 那架飞机突然向这座城市猛俯下来。‖ with a ～一下子,一抓

swop [swɒp] =swap

sword [sɔːd] n. Ⓒ剑,刀:draw a ～ 拔剑/two-edged ～ 双刃剑/They are armed with swords and guns. 他们装备着刀和枪。‖ **swordless** adj. 无刀剑的/**swordlike** adj. 似刀剑的 ‖ **sword-cut** n. 刀剑伤/**sword-guard** n. 护手/**sword-law** n. 武力统治/**sword-play** n. ①剑术,舞剑 ②巧辩;巧答/**sword-proof** adj. 刀剑不入的

syllable [ˈsɪləbl] n. Ⓒ音节:The stress on the last syllable is light. 最后一个音节是轻音节。‖ **syllabled** adj. 音节的

syllabus [ˈsɪləbəs] n.(pl. ～es)Ⓒ教学大纲;课程提纲

symbol [ˈsɪmbəl] n. Ⓒ❶象征,标志:a religious ～ 宗教象征/The colour white is a symbol of purity. 白色是纯洁的象征。❷符号,记号:H_2O is the chemical symbol for water. H_2O 是水的化学符号。

symbolic [sɪmˈbɒlɪk] adj. 象征的,象征性的:The Christian ceremony of baptism is a symbolic act. 基督教的洗礼仪式是一种象征性的做法。

symbolism [ˈsɪmbəlɪzəm] n. Ⓤ象征主义,象征手法

symbolize,-ise [ˈsɪmbəlaɪz] vt. 象征;作为…的象征:What does this strange mark symbolize? 这个奇怪的符号象征什么?‖ **symbolization,-isation** n. 象征;代表

symmetrical [sɪˈmetrɪkəl] adj. 对称的;匀称的:The symmetrical design of this church makes it very beautiful. 这座教堂的对称性结构使它十分美丽。

symmetry [ˈsɪmɪtrɪ] n. Ⓤ对称(性);匀称,整齐:The human body has a symmetry that is basic to our sense of beauty. 人体的对称性构成我们审美观的基础。

sympathetic [ˌsɪmpəˈθetɪk] adj. ❶表示同情的:～ attitude〔look,remark,smile〕表示同情的态度〔目光,言语,笑容〕/He is a sympathetic person. 他是一个有同情心的人。/She was very sympathetic when my mother died. 她对我母亲的去世深表同情。❷Ⓐ赞同的,支持的:They were quite sympathetic to our proposals. 他们很赞同我们的建议。‖ **sympathetically** adv. 表示同情地 ‖ **sympathetic ink** 隐显墨水/**sympathetic nerve** 交感神经/**sympathetic vibration** 共振

sympathize,-ise [ˈsɪmpəθaɪz] vi. 同情,支持:Please,dear,we sympathize deeply. 听我说,亲爱的,我们深表同情。‖ ～ with 同情,

支持 ‖ **sympathizer,-iser** *n*. 同情者；赞同者；支持者

sympathy ['sɪmpəθɪ] *n*. ❶ⓊＵ 同情（心）：*strong ~*强烈的同情心/ *I have much sympathy for you*. 我很同情你。❷Ⓟ 同情；（感情上的）支持：*Although I pity him, my sympathies are with his family*. 虽然我认为他可悲，但我还是同情他的家人。

symphony ['sɪmfənɪ] *n*. Ⓒ 交响乐，交响曲：*They play over the whole symphony*. 他们把整个交响乐重新演奏了一遍。‖ **symphonist** *n*. 交响乐作曲家；交响乐作者

symptom ['sɪmptəm] *n*. Ⓒ ❶ 症状：*The doctor told her to watch out for symptoms of measles*. 医生叫她注意麻疹出现的症状。❷ 征兆：*The symptoms manifested themselves ten days later*. 十天后征兆显露出来了。‖ **symptomless** *adj*. 无症状的；无症候的

symptomatic [ˌsɪmptə'mætɪk] *adj*. ❶ 征兆的，症候的；有症状的 ❷ 根据症状的 ‖ **symptomatically** *adv*. 有症状地；有代表性地

synchronize,-ise ['sɪŋkrənaɪz] *vt*. 把（钟表）拨至相同的时间；校准 *vt. & vi*.（使）同步；（使）同速进行 ‖ **synchronization,-isation** *n*. 同步/ **synchronizer,-iser** *n*. 同步器

syncopate ['sɪŋkəpeɪt] *vt*. ❶（音乐的）切分 ❷ 词中省略，中略

syndicate ['sɪndɪkɪt] *n*. Ⓒ 辛迪加，企业联合组织，财团：*a ~ of businessmen* 商人联合组织 ■ ['sɪndɪkeɪt] *vt*.（通过报业联合组织）出售（稿件）：*The company syndicates cartoons to newspapers across the country*. 这家公司向全国各地的报纸出售漫画卡通。*vt. & vi*.（使）联合组成辛迪加 ‖ **syndication** *n*. 组织辛迪加；参加辛迪加；经营辛迪加/ **syndicator** *n*. 组织辛迪加者；参加辛迪加者；经营辛迪加者

syndrome ['sɪndrəʊm] *n*. Ⓒ ❶（医）综合征：*The spots on his throat are part of a syndrome*. 他嗓子里的红斑是一种综合征的部分症状。❷（某种条件下有共同特征的）一系列表现（事件、举动等）‖ **syndromic** *adj*. 综合征的

synonym ['sɪnənɪm] *n*. Ⓒ 同义词：*If you want to grasp English, you must carefully discriminate synonyms*. 如果你想掌握好英语，你必须仔细区分同义词。

synonymous [sɪ'nɒnɪməs] *adj*. 同义的，类义的

synthesis ['sɪnθɪsɪs] *n*.（*pl*. **-theses**）❶ⓊＣ 综合，综合法：*The corporate planning department made a synthesis of all their studies for the future*. 公司计划部综合分析了他们全部的对未来的研究报告。❷Ｕ〈化〉合成：*They act at least a temporary block to DNA synthesis in micro-organisms*. 它们在微生物中至少对 DNA 合成起暂时性的阻止作用。

synthesize,-ise ['sɪnθɪsaɪz] *vt*. ❶ 综合，使合成 ❷ 人工合成 ‖ **synthesizer,-iser** *n*. 综合者

synthetic [sɪn'θetɪk] *adj*. ❶ 合成的，人造的：*~ rubber* 合成橡胶/ *It's the synthetic diamond*. 这是人造钻石。❷〈口〉假的，非天然的；虚伪的：*~ compassion* 虚假的同情/ *We felt the salesman's synthetic friendliness*. 我们感觉到那位男售货员的虚情假意。■ *n*. Ⓒ 合成物，合成纤维：*Nylon is a synthetic; it is not from nature*. 尼龙是一种合成纤维，不是天然物质。

syrup ['sɪrəp] *n*. Ｕ ❶ 糖浆；糖汁：*The syrup boils down in a short time*. 这糖浆很快就能熬浓。❷ 糖浆类药品：*cough ~* 止咳糖浆

system ['sɪstəm] *n*. Ⓒ ❶ 系统；体系：*a solar ~* 太阳系/ *He created a new system of teaching foreign languages*. 他创造了一种新的外语教学体系。❷ 制度，体制：*a social ~* 社会制度/ *The new system has had a disastrous effect on productivity*. 新制度对生产率产生了灾难性的影响。❸ 方法，做法 ❹ 身体：*Too much alcohol is bad for the system*. 过量饮酒对身体有害。‖ **systemless** *adj*. 无系统的；无秩序的；无规则的

systematic [ˌsɪstə'mætɪk] *adj*. 有系统的；有规则的；彻底的：*a ~ arrangement* 按照顺序的排列/ *The teacher made a systematic work of teaching*. 这个教师进行系统的教学工作。/ *The way he works isn't very systematic*. 他的工作不是很有条理。‖ **systematically** *adv*. 有系统地；有规则地；彻底地/ **systematist** *n*. ① 订立制度者；履行制度者；按照系统者 ② 分类学者

systematize,-ise ['sɪstɪmətaɪz] *vt*. 使系统化；使成体系 ‖ **systematization,-isation** *n*. 系统化/ **systematizer,-iser** *n*. 使系统化者；分类者

systemic [sɪs'temɪk] *adj*. 系统的；全身的；内吸收的：*~ circulation* 全身循环 *~ insecticide* 内吸杀虫剂

T t

tab [tæb] *n.* ⓒ ❶拉襻；耳片；扣环；(指引卡上的)突出部 ❷账单

table ['teɪbl] *n.* ❶ⓒ桌子；台子：*a coffee* ~ 咖啡桌/*A throng of shoppers pushed against one another to the display tables of the department store.* 一群顾客你推我操地挤到百货公司的玻璃柜台前。❷ⓒ同席的人，在座的人：*The table in the rear was*〔*were*〕*very noisy.* 后面的一桌人吵闹得很厉害。❸ⓢ食物，餐食，伙食：*He keeps an excellent table.* 他总是以丰盛的饭菜来招待客人。❹ⓒ表格，目录：*There is a table of contents in the front of a dictionary.* 词典的开头有目录表。❺ⓒ乘法表：*He is learning his tables.* 他正在背乘法表。‖ **at** ~ 在吃饭时；用餐/**drink under the** ~ 把(某人)灌醉/**lay**〔**set**〕**the** ~ 摆桌子(准备吃饭)/**on the** ~ ①被提交考虑②留待以后讨论/**under the** ~ ①在桌子下②贿赂；私下买通/**wait at**〔**on**〕~ 招待进餐 ■*vt.* ❶列表：*He tables the times of arrival.* 他把到达的时间列成表。❷把…列入议事日程，提出：~ *advice* 提交建议/*The Opposition has tabled an amendment to the bill.* 反对党已经就该议案提交了一项修正条款。❸搁置，把…放在以后考虑：*The proposal was temporarily tabled due to more pressing business.* 由于有更紧急的事务，该项议案暂缓审议。‖ **table knife** 餐刀/**tablespoon** *n.* 大调羹/**table tennis** 乒乓球(运动)

tablet ['tæblɪt] *n.* ⓒ❶药片：*She took down the tablets in one gulp.* 她把那些药片一口吞了下去。❷(木、竹)简；碑，牌匾：*erect a* ~ 竖立碑石

taboo [tə'buː] *n.* (*pl.* ~**s**) ⓒⓤ禁忌；忌讳；戒律 ■*adj.* 禁忌的；忌讳的

tabulate ['tæbjʊleɪt] *vt.* 把(数字、事实)列成表

tack [tæk] *n.* ❶ⓒ大头钉，平头钉：*He is hammering a tack into the wall to hang a picture.* 他正在墙上钉一枚平头钉用来挂画。❷ⓤⓒ航向，换向；方法：*The captain ordered a change of tack.* 船长下令改变航向。/*If you cannot persuade him, try a new tack and offer him money.* 如果你说服不了他，那就换一种方法，给他钱。■*vt.* ❶用平头钉钉：~ *a map* 钉地图/*He tacked the sheets of paper on as carefully as possible.* 他尽量小心地把纸张钉上去。❷附加，增补：*After negotiation, they tacked two new clauses on to the end of the contract.* 通过协商，他们在合同末尾处又加上了两项新条款。‖ ~ **about** 抢风转向/~ **down** ①用平头钉钉住②用粗针缝住/~ **into** 把…钉起来/~ **on** ①用平头钉钉上②用粗针缝上③添加，附加/❹紧跟在后/~ **over** 在…上钉 ‖ **tacker** *n.* ①揿平头钉的人②用粗针线缝的人〈英〉试图采用附加条款的办法使议案通过的人 ‖ **tack board** 布告板

tackle ['tækl] *vt.* 解决；应付：~ *difficulty* 解决困难/*I don't know how to tackle this problem.* 我不知道该如何处理这个问题。*vt.* & *vi.* 捉住；扭倒：~ *one's opponent* 摔倒对手/*That big fullback tackles hard.* 那个高大的后卫擒抱阻拦得很凶。/*The robber tried to run away but a man tackled him.* 强盗企图逃跑，但一个人把他抓住了。‖ ~ **about**〔**on, over**〕公开〔坦诚〕地向(某人)谈… ■*n.* ❶ⓒ拦截；擒抱：*a strong* ~ 有力的阻截/*He made several key tackles.* 他作了几次关键性的阻截。❷ⓤ器具，器械，用具：*Don't forget to bring your sports tackle with you tomorrow.* 别忘了明天带上你的体育用具。❸ⓒⓤ滑车，滑轮组：*They use the tackle to lift the machine.* 他们用滑车把机器抬起来。

tacky ['tækɪ] *adj.* (**-ier, -iest**) ❶粘而未干的 ❷价廉的；制作不好的；破旧的 ❸俗气的，不文雅的

tact [tækt] *n.* ⓤ圆通，机敏，老练：*Mr. Smith is a most suitable candidate for such negotiator since his tact and quickness of mind are equal to the occasion.* 这样的谈判史密斯先生是最合适的人选，他机智敏捷，随机应变。

tactful ['tæktfʊl] *adj.* 言行得体的；不得罪人的；能赢得好感的 ‖ **tactfully** *adv.* 言行得体

tactic ['tæktɪk] *n*. ❶ 回 方法,策略: *These new police tactics have really put the wind up the local drug dealers*. 警方的这些新策略真正使当地的毒品贩子感到害怕。❷ 回 战术,兵法: *mass* ~ 密集战术

tactical ['tæktɪkəl] *adj*. 战术的;策略上的;巧妙设计的 ‖ **tactically** *adv*. 在战术上

tactless ['tæktlɪs] *adj*. 粗鲁的;不替别人着想的;笨拙的 ‖ **tactlessly** *adv*. 粗鲁地;笨拙地;不老练地/**tactlessness** *n*. 粗鲁;笨拙

tadpole ['tædpəʊl] *n*. 回 蝌蚪

tag [tæg] *vt*. (-gg-) ❶ 加标签于: *Tag the bottles now*! 现在给这些瓶子贴上标签吧! ❷ 以特殊的方式评价[描述]: *He often tags his speeches with poetry*. 他常引用诗句添饰他的演讲以增强效果。/*One may tag this book traditional*. 人们可以称这本书为传统作品。‖ ~ **on** 把…附加在后面 ‖ ~ 标签,签条;*a name* [*price*] ~ 名字[价格]标签/*Have you put tags on your luggage*? 你在自己的行李上贴上标签了吗? ❷ 名言,警句: *The old scholar's writing is always full of tags*. 那位老学者的文章里总是有很多名言警句。‖ **tagalong** *n*. 追随学样者/**tag end** ①末尾,末端②零星杂乱的东西/**tag line** 收尾语/**tagrag** *n*. 乌合之众 ■*adj*. 褴褛的

tail [teɪl] *n*. ❶回 尾,尾巴: *a long* ~ 长尾巴/*A dog reacts to kindness by wagging its tail*. 狗摇尾巴以报答人们的爱护。❷ 回 尾部,尾状物: *The tail won't come off the toy plane*; *it's fixed on with nails*. 玩具飞机的机尾不会掉下来,它是用钉子钉住的。❸ 回 尾随者;随行者,跟班: *The police have put a tail on me so they know my every move*. 警方派了一个人跟踪,所以我的一举一动他们都清楚。❹ 回 燕尾服: *The duke first went into tails at only fifteen*. 这位公爵十五岁时就开始穿燕尾服了。‖ **make head or** ~ **of**〈非正〉看懂/**turn** ~ 逃跑/**with one's** ~ **between one's legs** 夹着尾巴,垂头丧气 ■*vt*. 跟踪: ~ *a thief* 跟踪小偷/*He has been tailing me*. 他一直在跟踪着我。‖ ~ **after** 尾随,跟踪/~ **off**[**away**] ①变得越来越少[小]②不了了之 ‖ **tailed** *adj*. 有…(状)尾的/**tailer** *n*. 尾随者;跟踪者;侦探/**tailless** *adj*. 无尾的 ‖ **tailpiece** *n*. 附属物;附加物

tailor ['teɪlə] *n*. 裁缝: *a local* ~ 当地裁缝/*The tailor has cut my coat very well*. 裁缝把我的外衣裁得很好。■ *vt*. & *vi*. 裁制: ~ *clothes* 做衣服/*This material tailors well*. 这种布料容易缝制成衣。/*He tailored several suits when he went to work*. 他开始上班时做了几套西服。/*He tailored me several suits*. 他为我缝制了几套衣服。*vt*. 调整使适应: ~ *need* 适应需要/*The clinic tailors its treatment to individual need*. 这家诊所根据患者不同的病情采取相应的治疗方法。‖ ~ **to** 根据…调整/**tailoring** *n*. ①裁缝业②做衣服,成衣③裁剪,制作 ‖ **tailor-made** *adj*. 定做的;量体裁制的

taint [teɪnt] *n*. 回回 ❶ 变质或污染的迹象 ❷ 丑陋或腐败的迹象 ■*vt*. ❶ 使变质;使污染 ❷ 败坏;玷污;损害(某人的)名誉 ‖ **taintless** *adj*. 未玷污的;未感染的;纯洁的

take [teɪk] (*pt*. **took**, *pp*. **taken**) *vt*. ❶ 带(去),携带: *She went out of the room, taking the flowers with her*. 她走出了房间,随身带着花。/*Take her some flowers*. 给她带一些花去。❷ 拿,取,抓: *Who has taken my pen*? 谁把我的钢笔拿走了? ❸ 需要;花费: *The flight took two hours*. 这一飞行花了两小时。/*It takes two to make a quarrel*. 要两个人才吵嘴。/*It took an hour for the car to come here*. 这辆汽车开了一小时才到达这里。/*It took him three hours to finish the exercises*. 他完成这个练习用了三个小时。❹ 学习;教: *She plans to take a course in mathematics*. 她打算学习数学课程。/*Mrs*. *Biggs is ill and will be unable to take you today*. 比格斯夫人病了,今天不能给你们上课了。❺ 取得,接受,容纳: *John takes second place in the race*. 约翰获得赛跑亚军。/*She won't take any more of his insults*. 她再也不能容忍他的侮辱了。❻ 买下;租用: *We're taking a house in Devon for a month*. 我们打算在德文郡租间房子住一个月。❼ 吃,喝,服: *Will you take a cup of tea*? 你要喝一杯茶吗? ❽ 乘车,上船: *Because it was wet*, *he took a taxi*. 因为天下雨,所以他搭乘了出租车。❾ 测定,量;拍: *The nurse took the patient's temperature*. 护士为病人量了体温。/*He took a photograph of the castle*. 他拍了一张这个城堡的照片。❿ 记录,记下: *The policeman took my name and address*. 警察记下了我的名字和地址。⓫ 理解,领会: *He took my meaning perfectly*. 他完全领会了我的意思。/*Do not take me as urging that it ought to be done*. 不要把我的意思理解为我在催促这件事应当办。⓬ 做: *What steps have you taken*? 你采取了什么步骤? ⓭ 对待;认为: *How do you take this*? 你怎么对待这个? /*We took your silence to mean that you agree*. 我们认为你不做声就是同意。/*I take it that he approves*. 我想他是同意的。/*I take this to be ironical*. 我认为这是句挖苦话。*vi*. 产生预期效果: *The dye took immediately*. 马上着色了。*vt*. & *vi*. 上钩: ~ *the bait* 上钩/*The fish is taking*. 鱼要上钩了。‖ ~ **aback** 使吃惊,使惊呆/~ **after** 长得像;性格类似于;效仿/~ **apart** 拆开/~ **as** 把…当作/~ **away** ①拿开,拿走②把…带走;使…离开③使停止;转移④减去⑤剥夺;夺取;抢夺/~ **back** ①收回②(使)回忆起/~ **down** ①拆卸②记录,记下/~ **for** ①为…承担…②信以为真;认为理

所当然/~ in ①欺骗;使上当②领会;理解③接待;收留④包括⑤吸入/~ off ①拿走,取下;去掉②脱去③截断,切除④(使)离开⑤起跑⑥(飞机)起飞⑦减轻(体重)/~ on ①承担②呈现③雇用/~ out ①把…带出去②清除,除掉③获取,办理/~ out on 发泄/~ over ①接管;接替②带,领…到另一地③在…上花费④帮…学习/~ to ①喜欢,习惯于…②开始从事③觉得(某事)容易学/~ up ①拿起;抱起②占去③接受(提议)④继续/~ up with 和…交往,和…要好 ■ n. ❶ⓈⒸ捕获量;收入额:Take has lagged behind the increased outgo. 收入赶不上增加的支出. ❷Ⓒ电影镜头:We had a talk between takes. 在拍摄镜头的间隙,我们谈了一次话. ❸Ⓒ 受贿/~ take-up n. ①收缩;调整;吸水(机)提升装置;松紧装置

taker [ˈteɪkə] n. Ⓒ❶物品的购买者 ❷不作回报的索取者

taking [ˈteɪkɪŋ] adj. 吸引人的;迷人的 ‖ **takingly** adv. 引人注目地;迷人地/**takingness** n. 引人注目;迷人

takings [ˈteɪkɪŋz] n. Ⓟ营业所得;收入

tale [teɪl] n. Ⓒ❶故事:She was reading tales of adventures. 她在读冒险故事. ❷传言;谣言:This is a folk tale. 这是一个民间传说. ‖ **talebearer** n. 搬弄是非的人/**talebearing** n. 搬弄是非/**tale-teller** n. ①讲故事的人②背后讲人坏话的人;搬弄是非者

talent [ˈtælənt] n. ❶ⒸⓊ天资,才能:~ for music 音乐才能/He was a man of many talents. 他是一个多才多艺的人. ❷Ⓤ人才:average ~ 普通人才/There was a lot of talent in this city. 在这个城市里有很多人才. ‖ **talentless** adj. 没有天赋的;无才能的

talented [ˈtæləntɪd] adj. 有才能的;有才干的;天才的:Ade is regarded as a talented youth. 艾德被认为是个有才能的青年.

talk [tɔːk] vt.& vi. 说话,交谈:~ shop 说本行的事情/We must be careful. People will talk. 我们得小心点,人们会说长道短的. / I hate the man who enjoys talking big. 我讨厌吹牛的人. / The instructor never talks personalities. 那位导师从不訾短流长说人坏话. / He talked himself hoarse. 他讲得声音都嘶哑了. vt. 谈论,商谈:~ business 谈生意经/ We talked football all evening. 我们整个晚上都谈足球. ‖ ~ about ①讨论;谈论②考虑(做…)/~ back 顶嘴/~ down 大声说话盖住(某人),不给(某人)说话机会/~ down to 以居高临下的口气说话(某人)/~ into 说服(某人)做(某事)/~ off 说得天花乱坠/~ on 谈及/~ out of 劝服(某人)不做(某事)/~ over 谈论,商量/~ to[with] ①同(某人)谈论②责骂/~ up ①捧,夸奖②坦白说话 ■ n. ❶Ⓢ交谈,谈话,聊天:That long talk healed many of differences. 那次长谈消除了很多分歧. ❷Ⓒ演说,讲话:plain[straight] ~ 坦白[坦率]的谈话/The President was asked to give a short talk on his visit to the United States. 邀请校长简短谈谈访美情况. ❸Ⓤ空话,废话:big ~ 大话,吹牛/He was too certain of her love to be deceived by such talk. 他确信她的爱,因而不会被这种谣言所欺骗. ‖ idle ~ 闲聊,闲扯/the ~ of the street 街谈巷议的话题 ‖ **talkable** adj. 可谈论的;善谈的;健谈的/ **talkfest** n. ①漫谈会,讨论会②冗长的讨论/ **talk show** 谈话节目

talkative [ˈtɔːkətɪv] adj. 健谈的;多嘴的;喜欢说话的:Rather quiet at first, she grew very talkative over her second glass of sherry. 一开始她相当沉寂,但在喝第二杯雪利酒时她开始变得非常健谈. ‖ **talkatively** adv. 多嘴地/**talkativeness** n. 健谈

talker [ˈtɔːkə] n. Ⓒ讲话者;谈话者:Great talkers are little doers. 多言者必少实行.

tall [tɔːl] adj. (-er,-est)❶高的,身材高的:~ chimneys[spire] 高大的烟囱[塔尖]/He is a tall man but his wife is a short woman. 他是个子很高的男人,但他妻子很矮. / The dress models are tall of stature. 时装模特儿的身材都较高. ❷难以置信的;难以完成的:~ words 难以相信的话 ‖ **tallish** adj. 有些高的/**tallness** n. 高;高度 ‖ **tallboy** n. ①高脚柜②烟囱帽/**tall money** 〈美俚〉大宗财富/**tall timber** 偏远地区,人烟稀少的地区

tally [ˈtælɪ] n. Ⓒ账;记录;比分;得分:keep a daily ~ of the water-level fluctuations 记录每天水位变化情况/a ~ of a game 一场比赛的记录/The dishes were counted in tallies of 20. 碟子是以二十为单位计算的. ■ vt.& vi. (pt., pp. tallied)(使)符合;(使)吻合 ‖ **tally clerk** 理货员/**tallyman** n. ①〈英〉经管赊销商品的商人②带样品卖货的人③记账员;理货员/**tally sheet** 计数单;理货单/**tally shop** 赊销商店

tame [teɪm] adj. (-r,-st)❶驯服的,温顺的:A cat is a tame animal. 猫是一种温顺的动物. / He is so tame that he agrees with everybody. 他很随和,总是顺从他人的意见. ❷沉闷的;乏味的:The film has a tame ending. 那电影的结局枯燥无味. / The party was tame because all the people were sleepy. 聚会很沉闷,因为大家昏昏欲睡. ■ vt.& vi. (使)服从;驯服:~ nature 征服大自然/White rats tame easily. 白鼠易驯. / His job is to tame lions. 他的工作是驯狮. ‖ **tameless** adj. 难驯服的,未经驯服的/**tamely** adv. 驯服地;平淡地/**tameness** n. 温顺;沉闷;乏味/**tamer** n. 驯养人;驯服…的人或物 ‖ **tame cat** 极为顺从的人,甘愿受人摆布的人

tamper [ˈtæmpə] vt. ❶窜改;瞎摆弄;瞎搞:tried to ~ with the decedent's will 竭力篡改

死者的遗嘱/ ~ ing with the timing mechanism of the safe 胡乱拨弄保险箱的计时装置 ❷玩弄;~ with sb's feelings 玩弄某人的感情

tampon ['tæmpən] n. ⓒ(妇女月经期用的)卫生棉塞

tan [tæn] n. ⓤ黄褐色,棕黄色:These shoes are tan, not dark brown. 这些鞋是棕黄色的,不是深褐色的。■(-nn-) vt. & vi. (使)晒成棕褐色:She tanned quickly in the sun. 她在日光下很快晒黑了。/It's small wonder you got tanned, staying out in the sun all that time. 你老是暴露在太阳底下,难怪晒得那么黑。vt. 硝制(皮革):Tanners tan hides to make leather shoes. 硝皮工人硝皮以制作皮鞋。‖ **tanyard** n. 制革工场

tandem ['tændəm] n. ⓒ串联式自行车 ‖ **in ~** 一前一后地;排成纵列 ‖ **tandem bicycle** 两人前后坐的自行车

tang [tæŋ] n. ⓢ强烈的味道或气味

tangent ['tændʒənt] n. ⓒ〈数〉正切;切线

tangible ['tændʒəbl] adj. ❶明确的,确凿的,实际的:~ gain 实际的收益 ❷可触摸的,可触知的,有形的 ‖ **tangibility** n. 明确,确凿

tangle ['tæŋgl] n. ⓒ乱糟糟的一堆,混乱:We employed a lawyer to straighten our legal tangle. 我们雇了一位律师把法律纠纷理出头绪。■vt. & vi. (使)缠结,(使)乱作一团:Long hair tangles easily. 长头发容易打结。/The wind tangled her hair. 风吹乱了她的头发。‖ **~ in** 卷入/**~ up** 使完全搞混/**~ with** ❶与某人发生纠纷 ❷与某人勾结 ‖ **tangled** adj. 纠缠的,紊乱的/**tanglesome** adj. 紊乱的,复杂的 ‖ **tanglefoot** n. 〈俚〉烈酒;蹩脚的威士忌酒

tangly ['tæŋglɪ] adj. 混乱的;乱作一团的

tango ['tæŋgəʊ] n. (pl. ~s) ⓒ探戈舞;探戈舞曲

tank [tæŋk] n. ❶ⓒ油〔水〕箱,罐,槽:There is still some gasoline left in the tank. 油箱里还剩下一些汽油。/Fill the tank with water. 把水槽灌满水。❷ⓒ坦克:The tanks moved easily over the rough road. 坦克在崎岖的道路上通行无阻。‖ **tanked** adj. ❶放在槽内的 ❷〈俚〉喝醉的 ‖ **tank car** 铁路油槽车;油槽汽车;洒水车/**tankman** n. ❶坦克手 ❷工业用罐槽管理工/**tankship** n. 油船

tantalize ['tæntəlaɪz] vt. 逗弄;引诱

tantamount ['tæntəmaʊnt] adj. ⓟ等于;相似

tap¹ [tæp] n. ⓒ❶塞子,龙头:Connect the hose to the tap and turn on the water. 把软管接在龙头上,打开水龙头。❷电话窃听:The detectives put a tap on the suspect's telephone. 侦察人员在嫌疑犯的电话上装窃听装置。‖ **on ~** 随时调用的,现成的/**on the ~** 乞讨 ■ vt. (-pp-) ❶割〔打〕开…取〔放〕液体:The bar tender tapped a new keg of beer. 酒吧招待开了一桶新啤酒。/The girls were tapping the rubber. 姑娘们正在割橡胶。❷开发;利用:We have enormous reserves of oil still waiting to be tapped. 我们有巨大的石油矿藏在等待开发。❸窃听:The phones of important officials were tapped. 政府要员们的电话遭到窃听。‖ **~ into** 利用;开发 ‖ **taphole** n. 塞孔,放出口/**tap water** 自来水

tap² [tæp] vt. & vi. (-pp-) 轻拍,轻敲:This music sets your feet tapping. 这音乐能使你的双脚不由自主地跟着打打拍子。‖ **~ down** 轻轻敲下/**~ on** 轻轻敲击(某物的表面);轻击…(某部位)/**~ with** 用…轻轻敲打 ■ n. ⓒ轻敲,轻拍:He gave a tap at the microphone before speaking. 他在讲话前先轻叩了一下扩音器。

tape [teɪp] n. ❶ⓒⓤ带子:I used tape to tie up the box. 我用带子绑这个盒子。❷ⓒ录音磁带;录像带:You'll have to edit that tape, it's too long. 那盘录音带太长,你得把它剪掉一下。‖ **run a ~ over** 进行全身健康检查 ■ vt. 用带子捆起来:Have you finished taping all the presents? 你把所有的礼物都捆好了吗? vt. & vi. 录音:We have taped the interview. 我们已录了这次会谈。‖ **tape deck** 磁带运转机械装置;磁带录音机的放音装置/**tape machine** 磁带录音机;自动收报机/**tape measure** 卷尺,带尺/**tape player** 磁带录音机的放音装置/**tape-record** vt. 用磁带为…录音/**tape recorder** 磁带录音机/**tape recording** 磁带录音

taper¹ ['teɪpə] vt. & vi. ❶(使)一端逐渐变细:The pencil tapers to a sharp point. 铅笔的一段细成笔尖。/He tapered the stick with a knife. 他用小刀把棍子的一端削尖。❷(使某物)变少,变小 ‖ **~ off** ❶(使)一头逐渐变细;(使)逐渐减少 ❷逐渐停止 ■ n. ⓢ(长形物体的)逐渐变窄 ‖ **tapered** adj. 锥形的,削尖的/**taperingly** adv. 逐渐缩减地,一头逐渐变细地/**taperness** n. 逐渐变细,变少,变小

taper² ['teɪpə] n. ⓒ极细的蜡烛:She put five tapers on the cake. 她在蛋糕上放了五只小蜡烛。

tapestry ['tæpɪstrɪ] n. ⓒⓤ❶挂毯 ❷绣帷,织锦

tar [tɑː] n. ⓤ焦油,沥青,柏油:The roof was covered with tar. 屋顶涂抹了一层沥青。‖ **knock the ~ out of sb** 〈美俚〉痛揍某人 ■ vt. (-rr-) 以焦油或沥青覆盖或涂抹(某物),铺以沥青

tardy ['tɑːdɪ] adj. (-ier, -iest) ❶行动缓慢的,缓缓移动的,迟缓的:The boss is unsatisfied with the tardy tempo. 老板不满于这种缓慢的进度。❷晚的,迟的:It's impolite to make a tardy appearance. 晚到是不礼貌的。

target ['tɑːgɪt] n. ⓒ❶(射击的)靶子:The

tariff

arrow missed the target. 箭未中靶。❷(欲达到的)目[指]标: *The factory met its production target ahead of time*. 工厂提前完成了生产指标。❸(服务的)对象;(攻击的)对象: *What's the target readership of this paper?* 这份报纸以哪些人为读者对象? ∥对正目标,正对着目标 ■*vt*. 瞄准某物 ∥ **target date** 预定日期/**target language** 被译成的语言,目的语/**target practice** 打靶,射击练习

tariff ['tærɪf] *n*. ⓒ❶关税,关税表,货物课税表: *There is a very high tariff on jewelry*. 宝石类的税率极高。❷(旅馆或饭店等的)收费表,价目表: *A copy of the tariff is placed in each room of the hotel*. 旅馆的每一个房间都有一份价目表。∥ **tariff reform** 关税改革

tarmac ['tɑːmæk] *n*. Ⓤ❶(铺设路面的)碎石和沥青的混合材料 ❷沥青碎石路面 ■*vt*. (*pt*., *pp*. **tarmacked**, *pres*. *p*. **tarmacking**)以碎石沥青铺盖(某物)表面

tarnish ['tɑːnɪʃ] *vt*.&*vi*.(通常指金属)(使)失去光泽: *Brass tarnishes quickly in wet weather*. 天气潮湿时黄铜很快会失去光泽。*vt*. 玷污,败坏: *His bad behaviour has tarnished the good name of the school*. 他行为不轨,败坏了学校的声誉。■*n*. ⓒⓊ污点,瑕疵,无光泽: *Moisture leads to the tarnish of the silverware*. 湿气使得银器毫无光泽。

tarry ['tærɪ] *vi*. (*pt*., *pp*. **tarried**)耽搁,逗留,徘徊: *He tarried a few days in New York*. 他在纽约逗留了几天。

tart¹ [tɑːt] *adj*. ❶酸的 ❷尖刻的,严厉的: *He gave a tart reply*. 他作了尖刻的回答。■*n*. ⓒ果馅饼: *I decided to make some tarts for tea*. 我决定做些吃茶点时吃的果馅饼。∥ **tartly** *adv*. ①酸地②尖刻地,严厉地/**tartness** *n*. ①酸②尖刻,严厉

tart² [tɑːt] *n*. ⓒ❶轻佻的女人;妓女 ❷小姐,娘们儿 ■*vt*. 将某人打扮得妖艳,将某物装饰得俗气

task [tɑːsk] *n*. ⓒ工作;任务;差事: *He delegated me to perform a task*. 他委派我去执行一项任务。∥ **take to** ∼(为失误等而)责备(某人)∥ **task master** 工头,监工/**taskwork** *n*. ①计件工作②重活

taste [teɪst] *n*. ❶ⓢⓊ滋味,味道: *The food has an attractive taste*. 这食品的味道很诱人。❷Ⓤ鉴赏力: *She has excellent taste in dress*. 她对衣着有极好的鉴赏力。❸ⓒⓊ爱好,嗜好: *Their tastes are different from mine*. 他们的爱好与我的不同。∥ **in good[bad]** ∼ 雅致[俗气];(行为)高尚[不体面]/**to** ∼ 随食用者的口味/**to the queen's** ∼ 尽善尽美地 ■*vt*.&*vi*. 尝,品尝,尝到: *Sometimes when you are ill, you can't taste properly*. 有时生病时吃什么都没有滋味。/"*Stop eating the cake.*" "*I'm just tasting it.*" "别吃那蛋糕了。" "我只是尝尝而已"。*vt*. ❶吃,喝: *I have not tasted food for two days*. 我已两天米粒不沾了。❷体验,领略: *They tasted defeat for the first time*. 他们第一次体验到失败的滋味。∥ ∼ **of** 有某种味道;体验到 ∥ **tastemaker** *n*. 时髦风尚的带头人

tasteful ['teɪstful] *adj*. 有良好判断力或鉴赏力的,举止得体的 ∥ **tastefully** *adv*. 有良好判断力或鉴赏力地,举止得体地/**tastefulness** *n*. 有良好判断力或鉴赏力,举止得体

tasteless ['teɪstlɪs] *adj*. ❶无味的: *The soup was rather tasteless*. 这汤淡而无味。❷无判断力,鉴赏力等的,举止粗俗的 ∥ **tastelessly** *adv*. ①无味地②无判断力地,举止粗俗地/**tastelessness** *n*. ①无味②无判断力,举止粗俗

taster ['teɪstə] *n*. ⓒ品尝员,品酒师,品茶师

tasty ['teɪstɪ] *adj*. (**-ier**,**-iest**)美味的,可口的 ∥ **tastily** *adv*. 美味地,可口地/**tastiness** *n*. 美味,可口

tatter ['tætə] *n*. ⓟ❶碎布,破旧的衣服: *I was shocked to see him in tatters*. 见他衣衫褴褛,我大吃一惊。❷崩溃;毁坏: *Peter was dejected his confidence in tatters*. 彼得精神沮丧,信心皆无。

tattle ['tætl] *n*. Ⓤ闲谈,闲聊 ■*vi*. 闲谈,闲聊 ∥ **tattler** *n*. 闲谈的人,搬弄是非的人;泄漏秘密的人

tattoo¹ [tə'tuː] *n*. (*pl*. ∼**s**)ⓒ文身: *He has a tattoo on the back of his hand*. 他手臂上有一文刺。■*vt*. 刺花,文身: *He had tattooed his wife's name on his upper arm*. 他把妻子的名字刺在上臂上。

tattoo² [tə'tuː] *n*. (*pl*. ∼**s**)❶ⓢ归营鼓,归营号 ❷ⓒ军队夜间表演操 ❸ⓒ连续的敲击

taunt [tɔːnt] *vt*. 嘲讽,嘲弄: *He taunted me for being weak*. 他嘲讽我的软弱。■*n*. ⓟ嘲弄的言语,嘲笑: *He had to endure the taunts of his successful rival*. 他不得不忍受成功了的对手的讥笑。∥ **tauntingly** *adv*. 嘲笑地,辱骂地

taut [tɔːt] *adj*. ❶紧的,绷紧的: *The skin of the drum is taut*. 鼓皮绷得很紧。❷(指肌肉或神经)紧张的: *He looks taut*. 他神色紧张。∥ **tautly** *adv*. ①紧地,绷紧地②紧张地/**tautness** *n*. ①紧,紧绷②紧张

tauten ['tɔːtn] *vt*.&*vi*. (使某物)变紧,紧张: *The skin of her cheeks tautened*. 她紧绷着脸。

tawdry ['tɔːdrɪ] *adj*. (**-ier**,**-iest**)俗丽的,华而不实的 ∥ **tawdrily** *adv*. 俗丽地,华而不实地/**tawdriness** *n*. 俗丽,华而不实

tax [tæks] *vt*. ❶向…征税: *Governments don't tax children*. 政府不向孩子们征税。❷消耗精力;使劳累: *Reading in a poor light taxes the eyes*. 在暗淡的光线下看书很累眼睛。∥

with 指控〔指责〕(某人)干了某事;使…负责任 ∎ n. C U 税,税额: People who refuse to pay tax can be put in prison. 拒绝纳税的人会被送进监狱。‖ **tax collector** 收税官,税务员/**tax dodger** 偷税人,逃税人/**tax dodging** 逃税,漏税/**tax evasion** 逃税/**tax-exempt** adj. 免税的/**tax farmer** 税款包收人/**tax-free** adj. 免税的,无税的/**tax return** 纳税申报表

taxable ['tæksəbl] adj. 应征税的,可能须纳税的 ‖ **taxability** n. 纳税

taxation [tæk'seiʃən] n. U 税收,课税: The new government has increased taxation. 新政府已提高了税收。

taxi ['tæksɪ] n. C 出租汽车 ∎ vi. (指飞机)在地面或水面滑行 ‖ **taxicab** n. 出租汽车/**taxi dancer** 舞女/**taximan** n. 出租汽车驾驶员/**taximeter** n. 车费计,计程器/**taxiplane** n. 出租飞机/**taxi-rank** n. 出租汽车停车处/**taxiway** n. 滑行道

tea [tiː] n. ❶ U 茶: He poured me a cup of tea. 他给我倒了一杯茶。❷ C 茶树,茶叶: There are all kinds of tea in the shop. 这家商店有各种各样的茶叶。❸ C U 茶点: She toasted slices of bread for tea. 她烤了几片面包当茶点。‖ **tea bag** 茶叶袋/**tea ball** 滤茶球/**teaboard** n. 茶盘/**tea caddy** 茶叶盒,茶叶罐/**tea cake** 午后茶点中吃的点心/**tea cloth** 小台布/**teacup** n. 茶杯/**tea dance** 有茶点的舞会/**tea garden** 茶叶种植场;有茶室的公园/**tea green** 茶绿色/**teakettle** n. 茶水壶/**tea leaves** 茶叶,茶渣/**teaparty** n. 茶会,茶话会/**teapot** n. 茶壶/**tea-poy** n. 茶几/**tearoom** n. 茶室/**tea service** (一套)茶具/**teaspoon** n. 茶匙/**teaspoonful** n. 一茶匙容量/**tea table** 茶桌,茶几/**tea-things** n. 茶具/**tea tree** 茶树

teach [tiːtʃ] (pt. , pp. taught) vt. & vi. 教: This course teaches easily. 这门课容易教。/Miss Brown taught my daughter last year. 去年是布朗小姐教我女儿的。vi. 教书: Everyone says she teaches well. 大家都说她教书教得好。‖ **teach school** 〈美〉教书,当教师

teacher ['tiːtʃə] n. C 教师: The teacher dismissed the class ten minutes early. 老师提前十分钟下课。

teaching ['tiːtʃɪŋ] n. U 教学工作: After leaving college , she took up music teaching. 大学毕业后,她开始教音乐。‖ **teaching aid** 教具/**teaching fellow** 兼任教学工作的研究生/**teaching hospital** 教学医院/**teaching machine** 教学机

team [tiːm] n. C 队,组: A team which is full of enthusiasm is more likely to win. 情绪高涨的球队更可能获胜。/Our team were wearing blue shorts. 我们队队员穿着蓝色短裤。‖ **on the** ~ 队里的成员 ∎ vi. (与某人)一起工作,合作: He teamed up with a friend and set up a trade business. 他与一个朋友联合,做起了买卖。‖ **team event** 团体赛/**teammate** n. 同队队员

tear¹ [tɪə] n. C 眼泪,泪水: The child's tears melted his determination. 孩子的眼泪使他的决心动摇了。‖ **brush away one's** ~s 擦掉眼泪/**in** ~s 流着眼泪/**make with the** ~s 挤出眼泪/**reduce sb to** ~s 使某人流泪 ‖ **tearless** adj. ①无眼泪的,不流泪的②流不出泪的 ‖ **tear bomb** 催泪弹/**teardrop** n. ①泪珠②泪状物/**tear duct** 泪腺/**tear gas** 催泪性毒气/**tear-gas** vt. 用催泪性毒气袭击/**tear shell** 催泪弹/**tear-stained** adj. 泪水沾湿的

tear² [tɛə] (pt. tore , pp. torn) vt. & vi. ❶撕,扯;(使)分裂: This material tears easily. 这种料子很容易撕破。/I tore my coat this morning. 今天早上我把上衣撕破了。❷猛然撕掉,拔掉 vt. 使烦恼;使痛苦: The child's misery tore my heart. 这小孩的悲惨境遇使我很伤心。vi. 飞奔 ‖ ~ **along** 沿…飞跑/~ **around**〔**about**〕来回奔跑,四处奔跑,过游荡生活/~ **aside** 把…扯向一旁/~ **at** 撕;扯破/~ **away** 勉强使…离开;硬行拉走/~ **between** 在两者间犹豫/~ **down** 拆毁;拆卸/~ **from** 从…撕扯掉/~ **in** 在…上撕出…;撕成/~ **into** 猛扑;大吃,戳穿,责备/~ **it**〈英俚〉使希望成泡影,打破计划/~ **off** 匆匆地脱掉(衣服);匆匆地做/~ **out** 撕下;撕掉,扯去/~ **through** 闪念/~ **to** 撕裂/~ **up** 撕成碎片;挖开(地面等) ‖ **tearaway** adj. 行动莽撞的/**teardown** n. 拆卸/**tear-off** n. 可按虚线拆下的纸片/**tear strip** 罐头开口条;信封开口条/**tear tape** 撕条,拉带

tease [tiːz] vt. & vi. 取笑,戏弄: The other boys tease him because he is fat. 因为他很胖,所以其他男生都取笑他。vt. 梳理(羊毛等) ∎ n. C 爱嘲弄他人的人 ‖ **teaser** n. ①爱戏弄别人的人②起绒工人;起绒机/**teasingly** adv. 取笑地,戏弄地

tech [tek] n. S 技术学院或学校

technical ['teknɪkəl] adj. ❶ A 技术的;应用科学的: He advised us on technical matters. 在技术问题上,他给我们提供了咨询。❷ A 艺术的,工艺的 ❸ (指书等)要求有专门知识的,使用术语的,专业的: Your thesis wouldn't get across if you used too many technical terms in it. 如果你用了过多的专业术语,你的论文就不会被人理解。/The book is too technical for me. 这本书太专业了,我看不懂。‖ **technically** adv. ①技术上,技巧上,专门地②准确地,严格地

technicality [ˌteknɪ'kælɪtɪ] n. C ❶术语,专业上的细节 ❷不重要的细节

technician [tek'nɪʃən] n. C 技术人员,专家;技巧好的人: The technician is busy repairing the machine. 技师正忙于修理那台机器。

technique [tek'niːk] n. ❶ C 技巧,手法,技

术：*Modern medical techniques refine on those of the past*. 现代医疗技术比过去的医疗技术要优越。❷ⓤ技能

technocrat ['teknəukræt] *n*.ⓒ技术专家，专家政治论者

technological [ˌteknə'lɒdʒɪkl] *adj*. 技术上的 ‖ **technologically** *adv*. 技术上地

technology [tek'nɒlədʒɪ] *n*.ⓤ❶科技（总称）；工艺，应用科学 ❷工业技术 ‖ **technologist** *n*. 工艺学家；技术专家

tedious ['ti:dɪəs] *adj*. 乏味的，单调的：*Filing papers at the office is a tedious job*. 在办公室整理文件是一项很单调的工作/*The arguments are tedious and complicated*. 那些论点冗长而繁复。‖ **tediously** *adv*. 乏味地，单调地/**tediousness** *n*. 单调，乏味

tee [ti:] *n*.ⓒ❶（高尔夫球运动的）开球处 ❷球座 ❸（掷环、滚木球等游戏的）目标 ■*vt*.（*pt*., *pp*.**teed**）将（高尔夫球）置于球座上 ‖ ~ **sb off** 使某人生气或烦恼

teem¹ [ti:m] *vi*. 充满，到处都是，有很多：*His mind is teeming with ideas*. 他脑子里充满了各种想法。‖ **teemingly** *adv*. 充满地，丰富地，多产地

teem² [ti:m] *vi*.（指水、雨等）暴降，倾注

teen [ti:n] *n*.ⓟ十几岁：*His son is in his teens*. 他的儿子十几岁。

teenage ['ti:neɪdʒ] *adj*.Ⓐ青少年的：*He is too old now for teenage parties*. 他年龄太大了，不适于参加少年聚会。

teenager ['ti:neɪdʒə] *n*.ⓒ青少年：*He is managing a club for teenagers*. 他在经营一家青少年俱乐部。/*We chattered like two teenagers*. 我们聊着天，像两个十多岁的孩子。

teeter ['ti:tə] *vi*. 摇晃地站立或移动

telecommunication [ˌtelɪkə‚mjʊnɪ'keɪʃən] *n*.ⓟ电信

telegram ['telɪgræm] *n*.ⓒ电报：*I received two telegrams today*. 我今天收到了两封电报。‖ **milk a** ~〈俚〉窃取拍发给他人的电报

telegraph ['telɪɡrɑ:f] *n*.❶ⓤ打电报：*I will tell the result by telegraph*. 我打电报告诉你结果。❷ⓒ电报机 ■*vt*.&*vi*. 打电报传达（消息）：*I telegraphed to him to come*. 我已发电报要他来。*vt*.打电报向（某人）发指令 ‖ **telegrapher** *n*. 报务员/**telegraphist** *n*. 报务员；〈军〉电信兵 ‖ **telegraph board**（运动比赛得分等的）揭示板/**telegraph pole**〔**post**〕电线杆，电线柱/**telegraph receiver** 收报机

telephone ['telɪfəʊn] *n*.❶ⓤ电话：*The doctor was in touch by telephone with his patients*. 医生通过电话与病人保持联系。❷ⓒ电话机：*There are three telephones on his desk*. 他桌上有三部电话。‖ **on the** ~接上电话，接通电话；使用电话 ■*vt*.&*vi*. 以电话传送（消息），给（某人）打电话：*She has telephoned for the doctor*. 她已经打了电话给医生。/*Don't telephone me when I am busy*. 在我忙的时候不要打电话给我。‖ **telephone book**〔**directory**〕电话簿/**telephone box**〔**booth**〕电话亭/**telephone exchange** 电话局；电话交换机/**telephone number** 电话号码/**telephone operator** 电话接线员，话务员/**telephone receiver** 电话听筒/**telephone set** 电话机

telescope ['telɪskəʊp] *n*.ⓒ望远镜：*She resolved to make a telescope*. 她决心做一架望远镜。■*vt*.&*vi*.❶（使某物）变短（叠缩在一起）❷（使某物）叠缩，嵌入 *vt*. 压缩某物使其少占空间或时间

televise ['telɪvaɪz] *vt*. 由电视播送：*Important football games are televised*. 重要的足球赛都由电视播出。

television ['telɪ‚vɪʒən] *n*.❶ⓤ电视 ❷ⓤ电视播放的节目：*The Prime Minister set forth the aims of his government in a television broadcast*. 首相在一次电视讲话中阐明了政府的目标。❸ⓒ电视机：*Who invented television?* 是谁发明电视的？❹ⓤ电视台，电视行业：*She works in television*. 她在电视台工作。/*She's seeking fame in the world of television*. 她想在电视界出名。‖ **on**（**the**）~在电视上播放 ‖ **televisionary** *adj*. 电视的 ‖ **television camera** 电视摄像机/**television channels** 电视频道/**television set** 电视（接收）机/**television station** 电视台/**television news** 电视新闻

telex ['teleks] *n*.❶ⓤ用户电报，电传系统：*I shall send you the information by telex*. 我将用电传把这一信息给你传来。❷ⓒ经用户电报发或收的消息，电传：*He rushed in with an urgent telex from Hong Kong*. 他手里拿着一份香港发来的紧急电传冲了进来。❸ⓒ电传收发机，电传机 ■*vt*. 以电传发出（消息）或与（某人）联系：*The file on this man has been telexed to Paris*. 这个人的档案已被电传到巴黎。

tell [tel]（*pt*., *pp*.**told**）*vt*.❶讲，告诉：*I have something to tell you*. 我有件事要告诉你。/*Tell me what I should do next*. 告诉我下一步该做什么。❷吩咐，命令：*Tell him to wait for us at the gate*. 让他在大门口等我们。❸ 表明，显示：*Her face told her joy*. 她脸上流露出欢乐。*vt*.&*vi*. 分辨，辨别：*It was difficult to tell his exact age*. 很难判断他到底多大岁数。*vi*. 泄密：*You mustn't tell or we'll get into trouble*. 你千万不可泄密，否则我们会遇到麻烦。‖ **all told** 总共/**I can** ~ **you** 我可以肯定地说，确实/**I'm** ~**ing you!** 不要你强辩，听我讲！/**Never** ~ **me!** 别瞎扯啦！/~ **about** 告诉（某人）有关…的情况；谈及/~ **against** 证实对…不利/~ **apart** 辨别，分别/~ **down**〈苏格兰〉付（钱）/~ **from** 辨别/~ **it like it is** 实事

求是地说;坦率而诚实/~ of 告诉(某人)有关…的情况〔信息〕;谈及/~ off 责备,斥责;分派/~ on〔upon〕告发,产生(坏的)影响/~ the world〈俚〉郑重宣布/there is no ~ing 很难说/You are ~ing me! 还要你告诉我!

teller ['telə] n. C ❶(银行)出纳员 ❷(投票时的)计票员 ❸讲故事等的人,讲述者 ‖ **tellership** n. 点票员的职位

telling ['telɪŋ] adj. 非常有效的:He made a very telling speech about their mistakes. 他就他们的错误作了有力的发言。‖ **tellingly** adv. 非常有效地

temper ['tempə] n. ❶C 脾气,性情,心境:She has a naturally sweet temper. 她生性和蔼可亲。❷C U〈非正〉恶劣的心情,烦躁 ❸U 韧度:The temper of the steel is right. 这钢的韧度正合适。‖ **get into a ~** 发脾气/**in a**(bad, rotten, etc.) **~** 发怒,发脾气/**keep〔lose〕one's ~** 忍住〔发〕脾气/**out of ~** 发火的,发怒的/**show ~** 急躁,动怒 ‖ **temperer** n. ①回火工人②(灰泥、油彩等的)调和人,调和机③缓和者,抚慰者

temperament ['tempərəmənt] n. C U 性格,性情,气质:Success often depends on temperament. 成功常常取决于一个人的性格。/Jane is a girl with an artistic temperament. 简是一个有艺术家气质的女孩。

temperate ['tempərɪt] adj. ❶饮食有节制的,克己的:He is temperate in his habits. 他能够克制自己的习惯。❷(气候)温和的:Great Britain has a temperate climate. 英国气候温和。‖ **temperately** adv. ①有节制地,克己地②温和地/**tempereteness** n. ①有节制,克己②温和

temperature ['tempərɪtʃə] n. ❶C U 温度,气温:The room had a temperature of 18℃. 室内温度为十八摄氏度。❷S 高烧,发烧,发热:take one's ~ 量体温/He has a temperature for two days. 他发烧两天了。‖ **temperature curve** 温度曲线

temple[1] ['templ] n. C 庙,寺,神殿:Many temples were beautifully built. 许多寺庙建得很美。

temple[2] ['templ] n. C 太阳穴

tempo ['tempəu] 〈意〉n. C ❶(pl. **tempi**)〈音〉乐曲的速度或拍子:The tune has a fast tempo. 该曲调节奏快。❷(pl. **~s**)(运动或活动的)速度,进度

temporal ['tempərəl] adj. ❶世俗的;现世的 ❷〈语〉时间的,表示时间的 ❸太阳穴的 ‖ **temporality** n. ①暂存性,短暂性②俗权③教会财产,教会收入/**temporalize** vt. 使世俗化/**temporally** n. 俗人

temporary ['tempərərɪ] adj. 临时的,暂时的,短暂时的:They just reached a temporary

agreement. 他们只是达成一个临时协议。/The arrangement is only temporary. 这种安排只是暂时的。‖ **temporarily** adv. 临时地,暂时地,短时间地/**temporariness** n. 临时,暂时,暂时

temporize ['tempəraɪz] vi. ❶敷衍,应付 ❷拖延,耽搁 ❸暂时同意

tempt [tempt] vt. ❶引诱或怂恿(某人)干不正当的事:His friend tempted him to steal. 他的朋友怂恿他去偷东西。❷使想要 ‖ **tempter** n. 引诱者,诱惑者

temptation [temp'teɪʃən] n. ❶U 诱惑,引诱:He was surrounded by temptations. 他受到各种诱惑。❷C 诱惑物:The purse on the table was a strong temptation to the poor child. 桌上的钱包对那个穷孩子是一个强烈的诱惑。

tempting ['temptɪŋ] adj. 吸引人的,诱人的 ‖ **temptingly** adv. 吸引人地,诱人地

ten [ten] pron. 十(个) ▪ n. C 十 ‖ **take ~** 休息十分钟,小憩/**~s of thousands** 好几万/**~ to one** 十之八九,很可能 ‖ **tenpenny** n. 十便士币

tenacious [tɪ'neɪʃəs] adj. ❶粘牢的,粘住的,抓牢的 ❷紧握的,不放松的,坚决的:We should be tenacious of our rights. 我们应坚决维护我们的权利。❸(指记忆力)持久的,强的,记性好的:He has a tenacious memory. 他有很强的记忆力。‖ **tenaciously** adv. ①粘牢地,粘住地,抓牢地②紧握地,不放松,坚决地③持久地/**tenaciousness** n. ①粘牢,粘住地②紧握,不放松,坚决③持久,记性好

tenancy ['tenənsɪ] n. ❶U 租用,租赁 ❷C 租用或租赁期

tenant ['tenənt] n. C ❶房客,佃户,承租人:The former tenants of that house have just moved away. 那房子原来的房客刚刚搬走。❷〈律〉占用者,占有者 ‖ **tenantable** adj. 可租赁的/**tenantless** adj. 无人租赁的/**tenantry** n. ①承租人②租出的财产③租赁 ‖ **tenant farmer** 佃农,租地自行经营的农民/**tenant-peasant** n. 佃农/**tenant right**〈英〉租户权利

tend[1] [tend] vt. 照料,照顾,伺候:She tended her husband carefully during his illness. 她丈夫生病期间,她无微不至地照顾他。‖ **~ on〔upon,to〕**照料,服侍,照管 ‖ **tend shop** 当伙计,招待顾客

tend[2] [tend] vi. ❶往,朝向:The river here tends eastward. 这条河从这里向东流。❷易于;倾向:My grandmother tend to go to bed every day. 我祖母每天通常比较早睡。‖ **~ to〔towards〕**朝某方向;趋向

tendency ['tendənsɪ] n. C 倾向,趋势:He has a tendency to forget things. 他有忘事的倾向。/Prices continue to show an upward tendency. 物价呈continue上升的趋势。

tendentious [ten'denʃəs] adj.(指演说、文章等)宣传性的,不公平的,有倾向性的 ‖ **tendentiously** adv. 宣传性地,不公平地,有倾向性地/**tendentiousness** n. 宣传性,不公平,有倾向性 ‖ tendentious novel 倾向性小说

tender¹ ['tendə] vt. 提出:The minister tendered his resignation. 部长提出辞职。/He tendered the committee a referendum. 他向该委员会提交了一份备忘录。‖ ~ for 投标承办(承建);出某种面值的钱买… ■n.C 投标 ‖ **tenderer** n. 提出者;投标者 ‖ tender bidding 投标/tender offer 招标

tender² ['tendə] adj. ❶脆弱的;幼弱的;嫩的:Her skin is very tender, like a baby's. 她的皮肤像婴儿一样的柔嫩。❷温柔的;亲切的:She spoke tender words to the child. 她对那孩子说了些亲切的话。❸疼痛的,一触即痛的;敏感的:You should avoid the tender subject. 你们应当避开这个令人不快的话题。/My throat is still tender. 我的嗓子还在痛。‖ **tenderly** adv. ①脆弱地,幼弱地,嫩地②温柔地,亲切地③疼痛地,一触即痛地,敏感地/**tenderness** n. ①脆弱,幼弱,嫩②温柔,亲切③疼痛,一触即痛,敏感 ‖ tender-eyed adj. 目光おだし善的;目力弱的/tender-hearted adj. 软心肠的/tender-minded adj. 空想的,脱离实际的

tenderize ['tendə,raɪz] vt. 把(肉)捣得很软,把(肉)嫩化

tenet ['ti:net] n.C 原则,信条,教义,教条

tennis ['tenɪs] n.U 网球(运动):She plays tennis gracefully. 她打网球姿势优美。/He is a professional tennis player. 他是一名职业网球运动员。‖ tennis ball 网球/tennis court 网球场/tennis shoes 网球鞋,跑鞋

tenor¹ ['tenə] 〈音〉n.C ❶男高音 ❷男高音歌唱家

tenor² ['tenə] n.S 大意,方向,一般趋向,进程:The tenor of his speech was that war would come. 他讲话的大意是战争将要发生。

tense¹ [tens] adj. (-r, -st) ❶拉紧的:Is the rope tense? 绳子拉紧了吗?❷肌肉绷紧的:I cannot play the piano like I used to—my fingers have gone tense from lack of practice. 我不能像过去那样弹钢琴了——我的手指因缺乏练习变得僵硬了。❸神经紧张的:He read the letter with a tense anxiety. 他紧张焦虑地看那封信。/We were tense with expectancy. 我们因期待而神经紧张起来。■vt. (使某人或某物)变得紧张 ‖ **tensely** adv. ①拉紧地②肌肉绷紧地③神经紧张地/**tenseness** n. ①拉紧②肌肉绷紧③神经紧张

tense² [tens] n.C〈语〉(动词的)时态:the future ~将来时/the past ~过去时/the perfect ~完成时/the present ~现在时 ‖ at prime ~起先,当初;立即 ‖ **tenseless** adj. 没有时态的

tension ['tenʃən] n. ❶U 紧张的:They suffered from nervous tension when the signal was shown on a radarscope. 当雷达显示器上出现信号时他们感到紧张。❷UP 紧张的状态:The diplomat threw in a joke, and the tension was instantly relieved. 那位外交官插进一个笑话,紧张的气氛顿时缓和下来。❸U 张力,拉力:If you increase the tension of that violin string it will break. 如果你再拉紧小提琴的那根弦,它就会绷断。‖ **tensional** adj. ①紧张的②张力的,拉力的

tent [tent] n.C ❶帐篷:The children had a midnight feast in their tents. 孩子们半夜在帐篷里饱餐了一顿。❷帐,罩:Put a tent over his legs to stop them being rubbed by the sheets. 给他的腿盖上罩子,以免被床单摩擦。‖ **tentless** adj. 无帐篷的 ‖ tent bed 行军床,帐篷式卧床/tent fly 帐篷盖/tentmaker n. 造帐篷的人/tent peg 帐篷桩

tentacle ['tentəkl] n.C〈动〉触手,触角,触须:Many molluscs have tentacles. 很多软体动物有触角。‖ **tentacular** adj. 触手的;触手状的

tentative ['tentətɪv] adj. 试探性的;试验的;尝试性的:We've made a tentative plan for the vacation but haven't really decided yet. 我们拟定了一个度假计划,但是没有真正定下来。‖ **tentatively** adv. 试探性地,尝试性地/**tentativeness** n. 试探性,试验,尝试性

tenth [tenθ] pron. 第十(个) ‖ **tenthly** adv. 第十 ‖ tenth-rate adj. 最劣等的

tenure ['tenjuə] n.U ❶(职位,如政治地位、土地或其他资产等的)保有 ❷保有期,保有状况,保有权,保有条件 ❸(大学或其他机构中教师等的)长期聘用 ‖ **tenurial** adj. 保有的

tepee ['ti:pi:] n.C (兽皮或树皮制的)圆锥帐篷

term [tɜ:m] n. ❶C 任期;期限:An American President's term of office is four years. 美国总统的任期是四年。❷C 措词;术语,专门用语:"Hot" and "cold" are contrary terms. "热"与"冷"是相反的词。❸C (学校)学期:The summer term runs from April to July. 夏季学期从四月份到七月份。❹C 条件,条款 ❺P 关系,友谊:I have kept terms with Tom for many years. 我和汤姆交朋友已有很多年了。‖ at term 到期终时,到期/bring to ~s 使…接受条件/come to ~s with 与…达成协议;忍受,对待/in ~s of 就…而言,从…方面说来/not on any ~s 决不,无论如何不/no on borrowing ~s 不友好,没有交情/on equal ~s 不相上下,以平等的关系/on good[bad] ~s with 与…关系好(不好)/on one's own ~s 根据自己的主张;按照自己的定价/on speaking ~s 只是泛泛之交/set a ~ to 给…加上限制 ■vt. 把…称为,把…叫做:He termed the gas argon. 他把这种气体叫作氩气。‖ **termless**

adj. ❶无穷的,无限的 ❷无条件的 ‖ **term day** 支付日/**term paper** 学期论文/**term policy** 定期财产保险契约/**termtime** *n*. 学期

terminal ['tɜːmɪnəl] *adj*. ❶末端的,终点的,极限的: *The car has reached its terminal speed and can run faster no longer*. 这辆车的速度已达到了极限,不能再跑更快了。❷末期的,晚期的: *He is in the terminal stage of cancer*. 他正处于癌症晚期。‖ **terminally** *adv*. 末端地,终点地,极限地 ‖ **terminal market** 集散的中心市场

terminate ['tɜːmɪneɪt] *vt*. & *vi*. 结束,使终结: *The conference terminated yesterday*. 会议昨天结束了。/ *You have not right to terminate the contract*. 你无权终止合同。

terminology [ˌtɜːmɪ'nɒlədʒɪ] *n*. ❶ⓊⒸ专门用语,术语 ❷Ⓤ术语的正确使用,术语用法 ‖ **terminologist** *n*. 术语学家

terrace ['terəs] *n*. Ⓒ❶台地,梯田: *The people here grow rice on terraces*. 此地的人们在梯田里种植水稻。❷台阶 ❸(房侧的)铺砌地面 ❹一排并列的房屋 ■ *vt*. 使(某物)成梯田形或台阶形

terrain [te'reɪn] *n*. ⒸⓊ地形,地面,地域,地带

terrestrial [tɪ'restrɪəl] *adj*. ❶地球的 ❷陆地的;陆上的;陆栖的;陆生的: ~ *plants* 生长在陆地上的植物 / ~ *animals* 陆栖动物

terrible ['terəbl] *adj*. ❶可怕的,恐怖的;令人震惊的,极其令人讨厌的: *a* ~ *accident* 〔*war*〕可怕的事故〔战争〕/ *The little boy is playing the terrible game*. 那小男孩正在玩恐怖的游戏。❷剧烈的,严酷的,严重的: *a* ~ *headache* 剧烈的头痛/ ~ *heat* 酷热 ❸〈非正〉很糟的,极差的: *What terrible weather*！多糟的天气！/ *It is terrible that she lost her wallet*. 糟透了,她丢失了钱包。‖ **terribleness** *n*. 可怕;恐怖

terribly ['terəblɪ] *adv*. ❶很;非常;极 ❷非常糟糕地;严重地

terrier ['terɪə] *n*. Ⓒ小猎狗

terrific [tə'rɪfɪk] *adj*. ❶极度的,极大的,非常的: *at a* ~ *speed* 以极高的速度 ❷可怕的,恐怖的,骇人的

terrifically [tə'rɪfɪklɪ] *adv*. 非常;极其

terrified ['terəfaɪd] *adj*. 很害怕的,极度惊慌的,吓坏了的

terrify ['terɪfaɪ] *vt*. (*pt*., *pp*. **-fied**) 使恐怖,使惊吓,恐吓: *That sort of thing terrifies people*. 那样的事令人感到恐怖。

territorial [ˌterɪ'tɔːrɪəl] *adj*. ❶土地的;领地的;属地的: *They were not allowed to fish in our territorial waters*. 不允许他们在我国领海捕鱼。❷(动物、鸟类等倾向于)守卫自身活动地域的

territory ['terɪtərɪ] *n*. ⒸⓊ❶领土,版图: *seize the* ~ 夺取领土/ *This island was once French territory*. 这个岛一度是法国的领地。❷管区,营业地区: *As the company's southern sales manager I'm responsible for quite a large territory*. 作为公司的南方销售经理,我负责相当大的一片地区。❸地盘,领域,范围: *Mechanics is out of my territory*. 我不懂力学。

terror ['terə] *n*. ❶Ⓤ恐怖;恐怖活动: *feel* ~ 感到恐惧/ *fill with* ~ 充满恐惧/ *The government rules by terror*. 那个政府实行恐怖统治。❷Ⓢ引起恐怖的人〔事〕: *Those rebels are a terror to the entire town*. 那些反叛者使全城人感到恐惧。❸Ⓒ讨厌的人: *His son is a real terror*. 他的儿子实在讨厌。‖ **terror-striken** *adj*. 吓破胆的

terrorism ['terərɪzəm] *n*. Ⓤ恐怖主义,恐怖手段

terrorist ['terərɪst] *n*. Ⓒ恐怖主义者,恐怖分子: ~ *activities* 恐怖活动/ *Many countries united to fight the terrorists*. 很多国家联合起来打击恐怖分子。

terrorize, -ise ['terəraɪz] *vt*. ❶使恐怖,使畏惧;使用胁迫或暴力手段恐吓 ❷胁迫(某人做某事)‖ **terrorization, -isation** *n*. 恐怖;畏惧

terry ['terɪ] *n*. Ⓤ毛巾布

terse [tɜːs] *adj*. (说话、文笔等)精炼的,简洁的,扼要的: *Her reply was terse*. 她的答复简明扼要。‖ **tersely** *adv*. 精炼地,简洁地/ **terseness** *n*. 精炼,简洁

tessellate ['tesəleɪt] *vt*. ❶把…镶嵌成棋盘花纹 ❷(反复使用单一形态)使平面完全嵌合

test [test] *n*. ⒸⓊ❶测验: *a competence* ~ 资格测试/ *The candidate has passed all the tests*. 那个应试者已通过所有的考试。❷化验: *You'd better not eat anything before a blood test*. 在验血前你最好不要吃任何东西。❸试验,检验: *put to the* ~ 进行试验/ *Tests have shown that these new tyres are significantly safer*. 试验表明这些新的轮胎要安全得多。❹考验: *bear the* ~ 经受考验/ *Obviously they were putting him to a severe test*. 显然他们是在给他以严峻的考验。❺试验品,试金石;试验的手段: *Employers will use this agreement as a test in dealing with future wage claims*. 雇主们将这份协议当作处理未来要求加薪的判断准绳。■ *vt*. ❶测验,考查,检查,检验: *I'll test my judgement*. 我要考查一下自己的判断能力。❷考验: *Your patience is tested by time*. 时间将考验你的耐心。❸勘探,探测 ‖ ~ *for* 为鉴定…而测试;勘探/ ~ *on* 就…检验〔测验〕(某人)/ ~ *out* 对…进行彻底检验 ‖ **tested** *adj*. 经过试验的;经鉴定的 ‖ **test ban** 禁止核武器协定/ **test-bed** *n*. 试验台,试验床/ **test case** 判例/ **test field** 试验场地/ **test paper** 试纸;测验的试卷/ **test pattern**

(电视的)测试图/**test pilot**(飞机)试飞员/**test tube** 试管

testament ['testəmənt] *n*. ⓒ❶遗嘱：*make one's ~*立遗嘱 ❷实际的证明

testicle ['testɪkl] *n*. ⓒ睾丸 ‖ **testicular** *adj*. 睾丸状的

testify ['testɪfaɪ] (*pt*., *pp*.**-fied**) *vi*. 作证，证明：*The fingerprint expert was asked to testify at the trial*. 那指纹专家被请出庭作证。 *vt*. 证明；证实：*His look testified his guilt*. 他的神态表明他有罪。

testimonial [ˌtestɪ'məunɪəl] *n*. ⓒ❶(对某人的人格、能力、工作态度、资格等的)推荐书；证明书；鉴定书 ❷表扬信；感谢信；奖状

testimony ['testɪmənɪ] *n*. ⓒⓤ❶(法庭上证人的)证词 ❷证明，证据

text [tekst] *n*. ❶ⓤ正文，本文：*The text stands on page 23*. 课文正文在 23 页上。 ❷ⓢ原文，全文：*Our newspaper is printing the full text of the President's speech*. 我们的报纸刊登了总统发言的全文。 ❸ⓒ教科书，课本：*edit a ~编制课本/He is reading a text in chemistry*. 他在看化学教科书。 ‖ **text edition** 供教学用的版本

textbook ['tekstbuk] *n*. ⓒ教科书，课本 ‖ **textbookish** *adj*. 教学式的；呆板乏味的

textile ['tekstaɪl] *n*. ⓟ纺织品，织物

textual ['tekstʃuəl] *adj*. 正文的；版本的；原文的

texture ['tekstʃə] *n*. ⓒⓤ手感，质感，质地：*a cloth of fine ~* 质地精细的布 ‖ **textureless** *adj*. 无明显结构的；无定形的

than [强 ðæn, 弱 ðən] *conj*. ❶比(用于比较级)：*She works better than I*. 她工作做得比我好。/*The roads here are much quieter here than in London*. 这里的道路比伦敦的安静多了。 ❷宁愿…而不愿：*I'd rather play football than go swimming*. 与其游泳我还不如去踢足球。 ‖ **barely**(**hardly**)... ~ ... ... 就 ... ~, *prep*. 与...相比：*He is the person than whom I can imagine no one more courteous*. 我想不出一个比他更有礼貌的人。 ‖ **no more** ~ 仅仅，只是/**no other** ~ ❶除...外没有，只有 ❷正是，就是

thank [θæŋk] *vt*. ❶谢谢，感谢：*Thank you very much*! 多谢你！ /*I thank you that you have done this for me*. 谢谢你替我做完了这件事。/*To my shame, I never thanked him for his kindness*. 我感到惭愧的是对他的好意我从未表示过感谢。/*Thank heaven it only lasts an hour*. 谢天谢地，这只持续了一小时。 ❷责怪：*He has only himself to thank that he has lost his job*. 他被解雇了，这只能怪他自己。‖ ~ **for** ①就...表示感谢：*We have to thank him for it*. 我们得为此事向他表示谢意。 ②把

…归咎于；为…责怪：*Who do we have to thank for the broken window*? 玻璃窗被打碎了，我们怪谁呢？③请，劳驾 ■ *n*. ⓟ感谢，谢意，道谢的话：*many ~s* 多谢/*with ~s* 感谢地/*The old man gave thanks to me*. 那老人向我致谢。‖ **no ~s to** 并非由于/~**s for having me**(**us**)谢谢您的款待/~**s for nothing** 得了，别瞎起劲，不用费心/~**s to** 幸亏，多亏，由于 ‖ **thankworthy** *adj*. 值得感谢的，应感谢的

thankful ['θæŋkful] *adj*. ❶感谢的，感激的：*I am very thankful to you*. 太谢谢你了。 ❷欣慰的：*You should be thankful to be alive*. 你能活下来，应该感到很欣慰。‖ **thankfully** *adv*. 感谢地，感激地/**thankfulness** *n*. 感谢，感激

Thanksgiving ['θæŋksˌgɪvɪŋ] *n*. ⓒⓤ感恩节(在美国是十一月第四个星期四，在加拿大是十月的第二个星期一)

thanksgiving ['θæŋksˌgɪvɪŋ] *n*. ⓒⓤ感谢，感恩，感恩祈祷：*He offered a thanksgiving to God for his escape*. 他由于脱险而感谢上帝。

that [强 ðæt, 弱 ðət] *adj*. 那，那个：*At that time he was very busy*. 那段时间他很忙。/*The owner made a dive for the rejected clothing and began to snatch it this way and that*. 店主冲向那堆挑剩的衣服，开始翻来翻去。 ~ *pron*. (*pl*. **those**)那，那个：*What was that which he gave you*? 他给你的是什么？/*Everything that a computer does is dependent on the man who uses it*. 计算机所做的一切都取决于使用计算机的人。/*It was the largest map that I ever saw*. 那是我所看见过的最大的地图。/*Is this the pen*(*that*)*you were looking for*? 你找的钢笔是这一支吗？ ‖ **at** ~ 而且，因此/**for all** ~ 尽管如此/**in** ~ 因为/~ **is**(**to say**)就是，即，换句话说/~'**s that** 就这样吧，就这么定了 ■ *conj*. (用于引出各种从句)：*It's the best that you should work hard*. 你最好还是努力工作。/*I'm glad*(*that*)*he's got the job*. 我很高兴他找到了这工作。/*I strongly believe that he is innocent*. 我坚信他是无辜的。/*Oh that I could fly*! 我要是能飞就好了！/*That I should see a child of mine arrested for selling drugs*! 我竟然看到自己的孩子因贩毒而被捕！

thatch [θætʃ] *n*. ❶ⓤ(稻草、芦苇等盖的)茅草屋顶 ❷ⓒ乱蓬蓬的头发，又脏又乱的头发 ■ *vt*. 用茅草盖(房子等)的屋顶，用茅草覆盖(屋顶) ‖ **thatcher** *n*. 盖屋顶者/**thatching** *n*. 盖屋顶；盖屋顶的材料/**thatchy** *adj*. 茅屋顶的；像茅屋顶的

thaw [θɔː] *vi*. ❶(冰、雪及冷冻食物)溶化，溶解：*The ice thawed in the sun*. 冰在阳光下融化。 ❷(气候)解冻：*It thawed early last spring*. 去年春天解冻得很早。 ❸软化，暖和起来：*He thawed after sitting at a fire for a* while. 在火堆旁坐了一会儿,他觉得暖和起来了。❹(态度、感情等)缓和,随和,更友好: His shyness thawed under her kindness. 他的羞怯在她的亲切态度之下消失了。 vt. 使融化,使缓和: The little girl's smile thawed the angry old man. 小姑娘的微笑使发怒的老头缓和下来。 n. C ❶融化,解冻: The spring thaw caused heavy flooding. 春天解冻引起了洪水泛滥。❷(足以解冻的)暖和天气: A thaw has set in. 暖流来临了。‖ **thawless** adj.(永)不融化的/**thawy** adj. 解冻的,融化的

the [ðə] art. ❶(指已提到的人〔物〕): It's her room. 这是她的房间。这是她的房间。这个房间明亮整洁。❷(指说话人与听者已知的人〔物〕): Do you like the book? 你喜欢这本书吗?❸(用于独一无二的事物前): The sun is like a great ball of fire. 太阳像个巨大的火球。❹(与形容词最高级和序数词连用): September is the ninth month of the year. 九月是一年中的第九个月。/ This is the best book I have ever read. 这是我看过的最好的一本书。❺(在单数名词前表示一类人〔物〕): The horse is a useful animal. 马是有用的动物。❻(用于江河、山脉等名称之前): The Pacific Ocean is the biggest ocean in the earth. 太平洋是地球上最大的海洋。❼(与乐器名称连用): He is good at the piano. 他擅长弹钢琴。❽(表示数量)每;每一: The worker is paid by the hour. 这个工人的工资按小时计算。❾(用于形容词前表示一类人): The old are apt to catch a cold. 老人容易患感冒。

theatre,(美)**theater** [ˈθiətə] n. ❶C 戏院;剧院;露天剧场: crowd the ~ 挤满剧场/ Her mother never went to the theatre. 她母亲从不去戏院看戏。❷U 戏剧;戏剧界: I am confident you would succeed in the theatre. 我相信你在戏剧界会成功的。❸C 阶梯教室,放映室,礼堂: We will have class in the theatre this afternoon. 今天下午我们将在阶梯教室上课。❹C 场所,战区: The South Pacific was the theatre for much of the action in the Second World War. 南太平洋是第二次世界大战中许多战斗的战场。❺C 手术室: The patient was sent to the theatre. 病人被送到了手术室。‖ **theatregoer** n. 经常看戏的人,爱看戏的人/ **theatregoing** n. 看戏

theatrical [θiˈætrikəl] adj. ❶戏剧的,剧场的; a ~ company 剧团 ❷炫耀为,戏剧性的,演戏似的 ‖ **theatricalism** n. 舞台作风;夸耀作风/**theatricality** n. 戏剧性/**theatrically** adv. 戏剧性地

theft [θeft] n. ❶C 偷盗,偷窃: He was arrested for theft. 他因盗窃而被捕。❷C 盗窃之物 ❸C 失窃案例: There have been several thefts in this area. 这一地区发生了几起盗窃案。

their [ðeə] pron. 他〔她,它〕们的: Take a note of their names and addresses. 把他们的姓名和地址记下来。

theirs [ðeəz] pron. 他〔她,它〕们的(东西): Our house is white; theirs is brown. 我们的房子是白色的,他们的是棕色的。

them [强 ðem, 弱 ðəm] pron.(they 的宾格): It is a secret between them and me. 这是我和他们之间的秘密。/ If anybody phones, tell them I'm busy. 要是有人打电话来,告诉他我很忙。

theme [θi:m] n. C 主题,主旨,题目: furnish a ~ 提供一个题材/ the main ~ 主题/ Waterfalls are from very early times a favourite theme for the painter. 从很早时候起,瀑布就是画家所喜爱的题材。‖ **theme song** 主题歌

themselves [ðəmˈselvz] pron. 他〔她,它〕们自己: You had better ask the students themselves. 你最好问问那些学生本人。‖ **by ~** 全靠他们自己/**in ~** 本身,自身

then [ðen] adv. ❶当时,那时: I was traveling in Europe then. 那时我正在欧洲旅行。❷接着,于是,然后: We had dinner together, and then went to the concert. 我们一起进晚餐,然后去参加音乐会。/ Then came the day of his examination. 接着到了他考试的日子。❸还有,而且: Then there is Mr. Smith. 还有史密斯先生。❹那么;因此: You say you don't want to call a doctor. Then what do you want to do? 你说你不想请医生,那么你想怎么办? ‖ **but ~** 但另一方面是/**now and ~** 有时,时而,不时/**now ~** 喂,嘿,好了/**there and ~**〔**~ and there**〕当场,立即/**well,~** 那好吧

theology [θiˈɔlədʒi] n. ❶U 神学;宗教研究 ❷CU(某种)宗教信仰

theorem [ˈθiərəm] n. C (尤指数学)定理

theoretical [ˌθiəˈretikəl] adj. ❶理论的: It's a theoretical matter as well as a practical one. 这不仅是个实践问题,也是个理论问题。❷推想的,假设的: It's only a theoretical possibility. 这只是一种假设的可能性。

theoretically [ˌθiəˈretikli] adv. ❶在理论上;从理论上说 ❷按道理讲

theorist [ˈθiərist] n. C 理论家

theorize,-ise [ˈθiəraiz] vt. & vi. 创建理论,建立学说;推理

theory [ˈθiəri] n. ❶CU 学说: ~ of gravitation 万有引力学说/ There are many theories about the origin of life. 关于生命起源的学说有很多。❷U 理论,原理: accept ~ 接受理论/ abstract〔crude〕~ 抽象〔不成熟〕的理论/ Your plan sounds fine in theory. 你的计划在理论上听起来不错。❸C 意见,看法: She has a theory that drinking milk prevents colds. 她有一种说法,认为喝牛奶能防止感冒。

therapy [ˈθerəpi] n. CU 疗法: The doctor

said she should be given a physical therapy. 医生说她应该进行理疗。 ‖ in ～在接受治疗中

there [ðeə] adv. ❶在那里, 往那里: We liked the restaurant so much that we're going to eat there next time. 我们很喜欢那家餐厅, 所以下次还要去那里。 ❷那里, 那个: The girls there can sing and dance. 那里的女孩子都能歌善舞。 ❸在那一点上, 关于那一点: There I have to disagree with you. 在那一点上我不能同意你的意见。 ‖ get ～达到目的, 完成/ ～ and back 往返, 来回/here and ～到处/～ you are ①这就是你要的东西②我早就知这样说过/～ you go（again）你又来这一套/neither here nor ～没有关系, 不得要领/then and ～当时当地 ■ pron.（用于表示某物或某人的存在或某事的发生, 常用作 be, seem 或 appear 的主语）: There are a wall and a tree behind the house. 房子后面有一堵墙和一棵树。/ There appears to be a mistake. 好像有一个错误。

thereabout(s) [ˈðeərəbaut(s)] adv.（地点、时间、数量等）大约, 上下, 附近, 左右

thereafter [ðeərˈɑːftə] adv. 此后; 在那之后: On the opening day all tickets are a dollar; thereafter, they'll be two dollars. 开张那天票价一元, 以后两元。

thereby [ˈðeəbaɪ] adv. 由此; 因而: He became a British citizen, thereby gaining the right to vote. 他成了英国公民, 因而得到了投票权。

therefore [ˈðeəfɔː] adv. ❶因此, 为此, 所以: They therefore can do nothing good of themselves. 所以他们靠自己是什么好事也做不成的。❷故…; 由此得出: I think, therefore I am. 我思故我在。

therein [ðeərˈɪn] adv. 在那里, 在那方面, 在那时, 在其中: She would never agree to marry him and therein lay the cause of his unhappiness. 她不愿跟他结婚, 这就是他感到不快的原因。

thereof [ðeərˈɒv] adv. 它的, 其

thermal [ˈθɜːməl] adj. 热的, 热量的, 由热造成的; a ～ spring 温泉 ‖ thermal barrier〈空〉热障

thermometer [θəˈmɒmɪtə] n. C 温度计, 体温表: read a ～看温度计读数/She put the thermometer in his mouth. 她把体温表放入他口中。

thermos [ˈθɜːmɒs] = flask

thermostat [ˈθɜːməstæt] n. C 恒温（调节）器

these [ðiːz] adj. & pron. this 的复数: These are my books. 这些是我的书。/ These books are mine. 这些书是我的。

thesis [ˈθiːsɪs] n.（pl. **theses**）C ❶论题, 命题, 论点: He argued his thesis well. 他为他的论点进行了有力的辩论。❷论文, 毕业（或学位）论文: He is writing a thesis on the works of John Milton. 他在写一篇关于约翰·弥尔顿著作的论文。 ‖ thesis novel 主题小说

they [强 ðeɪ, 弱 ðe] pron. ❶他（她, 它）们: John and Susan phoned. They're coming round this evening. 约翰和苏珊来了电话, 他们今晚要来。❷人们, 大家 ❸政府, 当局: They're putting up oil prices again soon. 当局即将再次提高油价。

thick [θɪk] adj.（-er, -est）❶厚的, 粗的: She was still wearing her thick coat. 她还穿着那件厚外套。❷稠密的, 密集的, 茂密的: ～ forest 茂密的森林/Thick liquid pours much more slowly than thin liquid. 稠的液体倒出来比稀的慢。❸浓的; 黏稠的 ❹很明显的, 重的; 不清楚的: Grandfather spoke with a thick Scottish brogue. 祖父说话带有很重的苏格兰口腔。❺〖~ 充满的; 布满的: ～ with dust 布满灰尘/The train was thick with students. 车上挤满了学生。 ‖ a bit ～太过分了, 不合情理/～ on the ground〈非正〉遍地都是, 有的是/through and thin 在任何情况下 ‖ thickish adj. 相当厚（或粗、密、浓等）的/thickly adv. 稠密地, 厚地 ‖ thickhead n. 傻瓜/thickheaded adj. 笨的/thickset adj. 稠密的; 体格结实的/thick-skinned adj. 厚皮的; 不知羞耻的/thick-skulled adj. 迟钝的

thicken [ˈθɪkən] vt. & vi.（使）变厚（或粗、浓、密）; 使更厚（或更密、更浓、更粗）: We'll add some flour to thicken the soup. 我们将加点粉把汤调浓些。 ‖ thickener n. 增稠器; 增稠剂

thicket [ˈθɪkɪt] n. C ❶灌木丛: He hid in a thicket. 他躲在灌木丛里。❷丛状物

thickness [ˈθɪknɪs] n. ❶C U 厚（度）, 粗 ❷ C 层

thief [θiːf] n.（pl. **thieves**）C 小偷, 盗贼: a car ～偷车贼/a jewel ～偷珠宝贼/The thief was trapped by the police in an old house. 小偷被警察困在一所旧房子里。

thigh [θaɪ] n. C 股, 大腿: The water came up to the fisherman's thighs. 水没到了渔夫的大腿。

thimble [ˈθɪmbl] n. C（缝纫用的）顶针, 针箍

thin [θɪn] adj.（-nner, -nnest）❶薄的; 细的: She should wear a thinner shirt in summer. 夏天她应该穿薄一点的衬衫。❷稀的, 稀疏的, 稀少的: I have thin hair. 我头发很稀。❸瘦的: ～ in the face 脸瘦/There were two girls there, a fat one and a thin one. 那儿有两个姑娘, 一个胖的, 一个瘦的。❹ 弱的, 缺乏力量的, 浅薄的: His excuse for being late was very thin. 他迟到的借口是无法使人相信的。 ‖ grow ～变小〔少〕/have a ～ time 日子过得不

愉快〔舒服〕/~ **on the ground** 稀少的；寥寥无几 ■ *vt.* & *vi.* (-nn-)(使)变薄，(使)变稀少，(使)变细：~ **astonishingly** 惊人地稀薄/~ **extremely** 极端地稀薄/*Her hair is thinning.* 她的头发逐渐稀疏了。/*He thinned the wine by adding water.* 他往酒里加水把它稀释。‖ ~ **down**(使)变细，(使)变薄，(使)变稀疏/~ **out** ①(使)变弱，(使)变淡，(使)变细②减少；(使)不拥挤，(使)稀疏③除去 ‖ **thinly** *adv.* 薄地，细地/**thinness** *n.* 薄，细 ‖ **thinclad** *adj.* 穿得单薄的/**thinskinned** *adj.* 脸皮薄的

thing [θɪŋ] *n.* ❶ⓒ物，东西：*Pack your things. We're going to leave.* 把你的东西收拾好，我们就要走了。❷ⓒ人，动物；衣服：*He's been very ill, poor thing.* 他病得很厉害，可怜的家伙。❸ⓒ需要之物，想要之物 ❹ⓒ想法，意见，观念 ❺ⓒ行动，行为，事件：*That sort of thing is quite occasional and not regular.* 那种事十分偶然，没有规律。❻ⓒ题目；事情：*This is a miraculous thing.* 这真是奇怪的事。❼ⓟ所有物，财产；用品，工具 ❽ⓟ情况；形势 ‖ **a ~ or two** 不少东西，不简单/**it is a good ~ (that)** 幸亏；还好/**make a ~ of** 把…当作一回事，把…看得太重/**not...a ~** 一点都不/**take ~s easy** 不劳累；轻松一下；生活舒适/**take ~s too far** 过于夸张，过火

think [θɪŋk] (*pt.*, *pp.* **thought**) *vt.* & *vi.* ❶想，思索：*It is so noisy here that I can't think.* 这里太吵了，我没法思考。/*I'm trying to think how to get there.* 我在苦思索如何赶到那儿。❷以为；认为：*She seems to think otherwise.* 她好像不以为是这样。/*I'm not sure, but I rather think so.* 我没有什么把握，但认为很可能如此。*vt.* 料想，想象；预料到；*Who'd have thought such a thing?* 谁能料到有这样的事呢？‖ ~ **about** ①考虑…；捉摸…②对…有(某种观点)③回想起，记起/~ **ahead** 考虑将来，想得长远/~ **aloud** 自言自语/~ **back to** 回想起，回忆起/~ **of** ①想起；想念②有…想法，有…看法③对…有意见④考虑/~ **everything〔anything, nothing〕of** 很(不)，不重视/~ **out** 想出；了解后果/~ **over** ①仔细考虑②重新考虑/~ **through** 思考后得出结论/~ **to**〈非正〉对…持有某种看法/~ **up** 想出；设计出；发明出

thinker [ˈθɪŋkə] *n.* ⓒ思想家：*He is one of the world's great thinkers.* 他是世界上伟大的思想家之一。

thinking [ˈθɪŋkɪŋ] *n.* ⓤ❶思想，思考：*do some* ~ 思考/*hard* ~ 苦思/*without* ~ 不假思索/*An accident was averted by his quick thinking.* 由于思路敏捷，他避免了一场事故的发生。❷想法；意见；见解：*good* ~ 好见解 ‖ **to my (way of)** ~ 据我的观点，依我看 ‖ **thinking-machine** *n.* (电子)计算机

third [θɜːd] *num.* 第三：*I got the third prize in the race.* 我在赛跑中得了三等奖。‖ **third class** 三等，三级；三等舱/**third party** 第三者，第三方/**third person** 第三人称

thirdly [ˈθɜːdlɪ] *adv.* 第三(地)

thirst [θɜːst] *n.* ❶ⓢⓤ(口)渴；渴感：*create a* ~ 使感到干渴/*relieve* ~ 止渴，解渴/*This kind of work gives me a thirst.* 这种工作使我感到口渴。❷ⓤ长期的干渴：*The two soldiers died of thirst in the desert.* 两名士兵在沙漠中因长期的干渴而死亡。❸ⓢ渴望；渴求：*He had a great thirst for knowledge.* 他渴求知识。‖ **thirstless** *adj.* 不渴的

thirsty [ˈθɜːstɪ] *adj.* (-ier, -iest) ❶口渴的；*feel* ~ 感到口渴/*They watered the thirsty fields.* 他们给干旱的土地灌水。/*He became thirsty with running.* 他跑渴了。❷ⓟ渴望〔求〕…的：~ **after fame** 渴望成名/~ **for knowledge** 渴求知识 ‖ **thirstily** *adv.* 口渴地；渴望地/**thirstiness** *n.* 口渴；渴望

thirteen [ˌθɜːˈtiːn] *num.* 十三：*Many people think thirteen is an evil number.* 很多人认为十三是个不吉利的数字。

thirteenth [ˌθɜːˈtiːnθ] *num.* 第十三

thirtieth [ˈθɜːtɪɪθ] *num.* 第三十

thirty [ˈθɜːtɪ] *num.* 三十：*Thirty is an even number.* 三十是个偶数。

this [强 ðɪs, 弱 ðəs] *adj.* Ⓐ❶(指已知的或即将提到的)人、事物、主意)这，这个，此，本：*Mosquitoes are extremely abundant in this dark wet place.* 这个阴暗潮湿的地方蚊子非常多。/*This book of Joe's is very amusing.* 乔的这本书非常有趣。❷(时间、地点、思想等)较近的：*They have built three nuclear power stations this year.* 他们今年建造了三座核电站。❸〈非正〉某个：*This little daughter of his is very clever.* 他的这个小女儿真聪明。■ *pron.* (*pl.* **these**) ❶这个，这事：*This is the man you are going to see, isn't it?* 这就是你要见的那个人，对吗？❷这：*I am one with you on this.* 在这一点上，我和你的意见是一致的。❸这时；这里：*I thought he'd have got back before this.* 我以为他会在这之前回来的。‖ **and that〔~, that and the other〕** 形形色色的东西

thong [θɒŋ] *n.* ⓒ皮带；皮条

thorn [θɔːn] *n.* ❶ⓒ刺，棘：*I was sitting on the thorns while waiting for the outcome.* 等待结果时我如坐针毡。❷ⓒⓤ荆棘 ‖ **thornless** *adj.* 无刺的/**thornlike** *adj.* 像刺一样的

thorny [ˈθɔːnɪ] *adj.* (-ier, -iest) ❶多刺的；有刺的 ❷棘手的，难处理的，伤脑筋的

thorough [ˈθʌrə] *adj.* ❶彻底的：~ **understanding** 透彻的了解/*Give the room a thorough clean.* 把房间彻底打扫一下。❷Ⓐ十足的；*He is a thorough fool.* 他是个地地道道的

傻瓜。❸考虑周到的：She's very thorough．她非常细心。‖ **thoroughly** adv．彻底地；十足地‖ **thoroughgoing** adj．彻底的，十足的/ **thorough-paced** adj．彻底的，完全的

those [ðəʊz] adj.& pron．that 的复数：Who are those people? 那些人是谁? / Those who failed the exam take a makeup exam．这次考试不及格的人必须参加补考。

though [ðəʊ] conj．❶虽然，尽管：Though he's fool, I like him nonetheless．虽然他很笨，我仍然喜欢他。/ It's quite pleasant today, though the wind is rather cool．尽管风有点凉，今天天气还是很不错的。❷然而；但是：She'll probably disagree, though it's worth trying．她很可能不同意，但不妨去试一下。‖ **as** ～ 好像，仿佛/**even** ～ 即使，纵然

thought [θɔːt] n．❶ⒸⓊ思索，思维能力；思考的过程：After some thought he hit on a plan to route the enemy．他经过一番思考，想到了一个打垮敌人的办法。❷Ⓤ思想，思潮：His thought is beyond the reach of my imagination．他的思想不是我所能想象得到的。❸ⒸⓊ关心，注意，考虑：The nurse is always full of thought for her patients．这护士对病人总是关心备至。❹ⓅⓇ想法，观点：Why do you hide your thoughts from me? 你为什么对我隐瞒你的想法? ❺Ⓤ意向，意愿：She had no thought of going．她没有走的意向。‖ **at the ～ of** 一想到…(就)/**collect one's ～s** 集中思想，整理思路/**read sb's ～s** 看出某人的心思(想法)/**second ～(s)** 再思，再三考虑/**train of ～** 思路；连串的念头/**without ～** 不加考虑(就)‖ **thought-out** adj．慎重考虑后产生的/**thought-provoking** adj．令人深思的/**thoughtway** n．思想方法

thoughtful [ˈθɔːtfʊl] adj．❶沉思的，思考的：He had a thoughtful look on his face．他脸上露出深思的表情。❷体贴的，关心的：She is thoughtful for her friends．她很体贴她的朋友们。‖ **thoughtfully** adv．沉思地/**thoughtfulness** n．沉思

thoughtless [ˈθɔːtlɪs] adj．❶不假思索的；轻率的；粗心的：It was thoughtless of you to forget your sister's birthday．你真粗心，把你姐姐的生日都给忘了。❷自私的；不体贴别人的：It was thoughtless of you to eat all the cake and leave none for me．你把蛋糕都吃了，一点也不留给我，这太自私了。/ I wonder why you are so thoughtless of others．我很奇怪，你为何如此不替别人着想。

thousand [ˈθaʊzənd] num．一千：There are thousands of people on the square．广场上有成千上万的人。/ He has collected more than a thousand stamps．他已收集了一千多张邮票。

thousandth [ˈθaʊzənθ] num．第一千

thrash [θræʃ] vt．❶鞭打以示惩罚：He thrashed the boy with a stick．他用棍子打了那男孩。❷战胜，完全击败：We thrashed the visiting team．我们战胜了客队。vi．乱窜[跳]，辗转反侧：The fishes thrashed about in the net．鱼儿在网中踊蹦乱跳。vt.& vi．打谷，打麦

thrashing [ˈθræʃɪŋ] n．ⒸⓊ❶打，殴打 ❷大败；惨败‖ **thrashing floor** 打谷场/**thrashing machine** 打谷机

thread [θred] n．❶ⒸⓊ线；细线：fine ～ 质细的线/a ～ of hope 一线希望/～ of life 命线，命脉/My thread has knotted．我的线打结了。❷Ⓒ线索，思路：There is a consistent thread running through all these policies．所有这些政策中贯穿着一条始终如一的主线。‖ **hang by a (single) ～** 千钧一发，岌岌可危/**lose the ～ (of)** 失去(议论、故事等的)头绪/**pick[take] up the ～s** (谈话等中断后)继续讲下去；(关系等中断后)继续讲下去/**worn to the [a] ～** 破烂不堪的 ∎ vt．❶将(针、线等)穿过…：The child threaded the beads．这孩子用线把珠子串起来。❷将(影片)装入放映机；～ a camera 给照相机装上胶卷 ‖ **～ into** 把…穿[装，插]入…/**～ on** 把…穿在…上/**～ through** ①(把…)穿过… ②小心翼翼地穿过…；妥善处理…‖ **thread lace** 线织花边

threat [θret] n．❶ⒸⓊ威胁，恐吓：direct ～ 直接威胁/security ～ 对安全的威胁/war ～s 战争威胁/～ against sb's life 对某人生命的威胁/～ of drought 干旱的威胁/～ to world peace 对世界和平的威胁/His threats are just talk．Don't worry! 他的威胁只不过是虚张声势的空话而已，不要担心! ❷Ⓒ可能造成威胁的人[事，想法]：The use of nuclear weapons is a horrible threat to the species．核武器对人类是一个严重威胁。❸Ⓢ恶兆，兆头：The threat of bankruptcy hung over the company．那家公司出现了破产的预兆。

threaten [ˈθretən] vt.& vi．❶恐吓，威胁：They entreated and threatened, but all this seemed of no avail．他们时而恳求，时而威胁，但这一切看来都没有用。/ The boss threatened to fire her．老板威要要开除她。❷预示(某事)：The black clouds threaten a storm．乌云预示暴风雨的来临。vi．似将发生‖ **～ with** 用…威胁…

three [θriː] num．三：They left by twos and threes．他们三三两两地离开。‖ **three-colour** adj．三色的/**three-cornered** adj．三角的/**three-dimensional** adj．三维的；三度的/立体的/**threefold** adj．三倍的/**three-piece** adj．三件一套的/**three-wheeler** n．三轮车

thresh [θreʃ] vt.& vi．打(麦等)；脱粒：Farmers thresh grain with threshing machines．农民用脱粒机脱粒。‖ **thresher** n．打谷者；打谷机‖ **threshing ground** 打谷场/**threshing machine** 脱粒机

threshold [ˈθreʃhəuld] n. ⓒ门槛；〈喻〉开始

thrift [θrɪft] n. ⓤ节俭，节约

thrifty [ˈθrɪftɪ] adj. (-ier,-iest) 节俭的；节约的 ‖ **thriftily** adv. 节俭地／**thriftiness** n. 节俭；节约

thrill [θrɪl] n. ⓒ强烈的兴奋、恐惧或快乐感 ■vt.&vi. (使)兴奋,(使)激动

thriller [ˈθrɪlə] n. ⓒ❶紧张刺激的故事，戏剧，电影 ❷令人感到兴奋的事

thrive [θraɪv] vi. (pt. thrived or throve, pp. thrived or thriven) ❶兴盛；兴隆：～ amazingly 令人吃惊地兴盛／～ exceedingly 非常兴隆 ❷长得健壮：Few plants or animals thrive in the desert. 极少数植物或动物能在沙漠中茁壮成长。 ‖ ～ on〔upon〕①靠吃…长壮②喜欢…

throat [θrəut] n. ⓒ❶咽喉，嗓子：clear one's ～清嗓子／have a sore ～喉咙痛 ❷ⓤⓒ颈

throb [θrɔb] n. ⓒ体内的跳动 ■vi. (-bb-) ❶抽痛（心脏、脉搏等）跳动

throne [θrəun] n. ⓒ宝座，御座；王位，帝位

throttle [ˈθrɔtl] n. ⓒ控制油、气流的阀门 ■vt.&vi. ❶扼杀；勒死 ❷调节进入引擎的汽油量

through [θru:] prep. ❶(表示位置)在…之中；在…各处，遍及：The earth moves through space. 地球在太空中运行。❷(表示时间)在…期间；从…开头到结尾：Tom bore up bravely through his father's illness. 在他父亲生病期间，汤姆表现得很坚强勇敢。❸(表示方向)从…的一端到另一端；经过：He went through the forest the next day. 次日他穿过了森林。❹(表示状态)经历着；度过：He has decided to prolong his visit through the weekend. 他已决定把访问延长到完周末。❺(表示方式)凭借；用：I learnt of the position through a newspaper advertisement. 我是从报纸广告上得悉有此职位的。❻(表示原因)因为，由于：It was through him that I missed my train. 就是因为他，我才误了火车。❼(表示让步)尽管有(反对、抗议等)的声音；顶着：The politician struggled to speak through the shouts of the crowd. 尽管人群中不断有叫喊声，那位政客仍然坚持讲下去。■adv. ❶ 通过，过去：Can I get through by this road? 我可以从这条路过去吗？❷进行到底：I'm counting on you to help me through! 我正指望你帮忙帮到底呢！‖ all ～一直地／be ～ with 已结束／～ and ～完全地

throughout [θru:ˈaut] prep. ❶(表示时间)自始至终；在…期间：It poured with rain throughout the night. 大雨下了整整一夜。／They sang songs throughout the trip. 整个旅途中他们歌声不断。❷(表示区域)遍及…地域；遍及…场所：I have traveled throughout Europe. 我已游历了整个欧洲。

throw [θrəu] vt.&vi. (pt. threw, pp. thrown) 投；掷；扔；抛：～ a bomb 扔炸弹／～ a vote 投票／～ the cold water 浇冷水／～ violently 强有力地投掷／It's my turn to throw. 轮到我投了。／He threw his last four grenades. 他投出了最后四颗手榴弹。／Throw me that book. 把那本书扔给我。／He was thrown a book. 有人扔给他一本书。／He threw some coins to the beggar. 他向乞丐丢去了几个硬币。／He threw the door open and walked in. 他猛地把门打开，走了进去。‖ ～ about乱扔（东西）／～ aside把…扔在一旁／～ at投向，掷向／～ away ①扔掉②浪费，错过／～ back ①掷回，丢回②推迟，阻止③迫使(某人)依靠(某事物)／～ down ①扔下，使倒下②推翻，摧毁③抛弃，拒绝／～ in ①添上，附带奉送②把…插入讨论、计划等③扔进…／～ into投身于／～ off ①迅速脱掉②摆脱／～ on ①穿上②投射(光线，阴影)在…上／～ out ①拒绝；否决②提出(暗示、建议等)／～ over放弃，背弃／～ together 仓促地集成；集合／～ up ①把…向上抛〔推，举〕②呕吐③放弃④匆匆建造(某物)⑤产生(人才)；提出(主意)⑥浪费，荒废 ■n. ⓒ ❶投，掷，抛：He made a nice throw. 他抛得好。❷投掷的距离：She achieved a throw of sixty metres in the javelin event. 在掷标枪项目中，她掷了60米远。‖ thrower n. ①投掷者②发射器 ‖ throwaway n. 免费散发的传单／throwback n. 返祖现象

throw-in [ˈθrəuɪn] n. ⓒ(足球的)掷界外球

thrush [θrʌʃ] n. ⓒ(有褐灰色斑点的)画眉鸟

thrust [θrʌst] vt.&vi. (pt., pp. thrust) ❶猛推，猛塞 ❷刺，戳：～ savagely 蛮横地刺／The tree thrusts its branches high. 这棵树的枝条伸得高高的。‖ ～ above在…上伸出／～ aside把…推向一旁；把…扔在一旁／～ at 刺向…／～ away把…推开／～ back 排挤；迫使…撤退／～ forward ①向前冲；奋力向前②极力表现自己／～ into 强行闯入；投身于…之中／～ on〔upon〕强迫接受，强加给／～ out of 把…推出／～ with 用…刺 ‖ thruster n. ①向上钻营的人②起飞加速器

thug [θʌg] n. ⓒ暴徒

thumb [θʌm] n. ⓤⓒ拇指：This glove has a hole in the thumb. 这只手套的大拇指处有个洞。‖ be all (fingers and) ～s 笨手笨脚 ‖ **thumb pin** 图钉

thump [θʌmp] vt.&vi. 重击，(指心脏)急速跳动 ■n. ⓒ砰的重击声 ‖ **thumper** n. ①捶击的人②重击

thumping [ˈθʌmpɪŋ] adj. Ⓐ大的 ■adv. 极端地，非常

thunder [ˈθʌndə] n. ⓤ❶雷声：There was a

thunderous

loud crash of thunder and large drops of rain started falling. 当时雷声大作,大滴大滴的雨点开始落下来。❷隆隆的响声: He bowed to the thunder of applause from the audience. 他鞠躬答谢观众席上发出的雷鸣般的掌声。‖ steal sb's ～先声夺人 ▇ vi. 打雷;～ violently 猛烈地打雷/ It is thundering. 正在打雷。/ It thundered, but no rain fell. 光打雷不下雨。vt.& vi. 发出隆隆声;～ frightfully 骇人地隆隆作响/ The guns thundered in the distance. 炮声在远处隆隆作响。‖ ～ against ①发出巨响冲击②疾言厉色地斥责/～ at 斥责;谴责/～ out 大声呼叫着表达/～ past 隆隆地开过 ‖ **thunderer** n. 大声说话的人/**thundery** adj. 雷声似的

thunderous ['θʌndərəs] adj. 雷鸣般的;声音很大的 ‖ **thunderously** adv. 声音很大地

thunderstorm ['θʌndəstɔːm] n. ⒞雷电交加的暴风雨

thunderstruck ['θʌndəstrʌk] adj. ⒫大吃一惊的

Thursday ['θɜːzdɪ] n. ⒰⒞星期四: alternate ～ 每隔一个星期四/～ week 下周的星期四/Mrs. Jones is at home on Thursday. 琼斯太太每星期四在家接待客人。/ She works Thursdays. 她每星期四上班。

thus [ðʌs] adv. ❶以此方式,如此,这样: Thus the question was finally settled. 这个问题最终就这样解决了。/ Its people were thus reduced to slavery. 就这样,他的人民都沦为奴隶了。/ Italy had thus practically declared her independence. 意大利几乎就是这样宣告独立的。❷其结果是,因此,于是 ‖ ～ and so 这样,这样以来/～ far 迄今,到此为止/～ much 这些,就此

thwart [θwɔːt] vt. 阻挠

thy [ðaɪ] adj. (旧式用法)你的

thyme [taɪm] n. ⒰(用以调味的)百里香(草)

tick¹ [tɪk] n. ⒞❶钟的嘀嗒声 ❷(表示正确无误的)记号 ❸证券价格的增额 ▇ vt.& vi. ❶发出滴答声 ❷标以记号 ❸激怒

tick² [tɪk] n. ⒞(寄生于体大动物的吸血小虫)壁虱

ticker ['tɪkə] n. ⒞❶老式的股票价格收报机 ❷庆祝、欢迎等场合所散发的五彩纸带 ❸〈俚〉心脏

ticket ['tɪkɪt] n. ❶⒞票: book〔buy, check〕a ～ 预订〔买,验〕票/ issue a ～ 开发票/ present〔return〕a ～ 出示〔退〕票/ vote a ～ 投票/ monthly ～ 月票/ a library ～ 借书证/ a ～ for concert 音乐会票/ Please show your ticket to the stewardess when you board the plane. 登机时请向空中小姐出示机票。❷⒞标签: The sales ticket says the coat is $200. 这件外套售价标签上标明是 200 美元。❸⒞交通违规的通知单,罚款单: The driver got a ticket for speeding. 司机超速行驶,接到违章罚单。❹⒮〈美〉候选人名单: The governor ran on the Democratic ticket. 州长参加了民主党的竞选。‖ **just〔that's〕the ～**〈口〉正好合适,理想的东西,需要的东西 ‖ **ticket agency** 售票代理处/ **ticket agent** 售票员/ **ticket office** 售票处

tickle ['tɪkl] vt.& vi. ❶(使)发痒 ❷(使)愉快,逗乐

tidal ['taɪdl] adj. 潮水的 ‖ **tidally** adv. 潮汐地 ‖ **tidal wave** 淹没海岸线的巨浪

tide [taɪd] n. ❶⒞⒰潮,潮汐: the ～ fall〔rise〕退〔涨〕潮/ The tide is in〔out〕. 涨〔退〕潮了。/ The ships departed on the tide. 那几艘船在涨潮时启航。❷⒞潮水: Strong tides make swimming dangerous. 在汹涌的潮水中游泳是危险的。❸⒮潮流,趋势: catch the ～ 抓住时机/ turn the ～ 扭转潮流/ The tide of the battle turned against us. 战况变得对我们不利。‖ **go〔swim〕with〔against〕the ～** 随〔不随〕潮流 ‖ **tidewater** n. 潮水

tidy ['taɪdɪ] adj. (-ier, -iest) ❶整洁的,整齐的: I was shown into a tidy living room. 我被引到一间很整洁的起居室里。/ His bedroom was not very tidy. 他的卧室不太整齐。❷Ⓐ〈口〉(数量)相当大的;可观的: That must have cost you a tidy sum. 那必定让你花了一大笔钱。/ **tidily** adv. 整齐地/ **tidiness** n. 整齐

tie [taɪ] n. ⒞❶领带,领结: buy〔knot, wear〕a ～ 买〔打,戴〕领带/ a beautiful ～ 美丽的领带/ He always wears a shirt and tie. 他总是穿衬衫打领带。❷⒫关系;联系: break〔cement〕～s 断绝〔加强〕联系/ close〔strong〕～s 密切关系/ family〔marriage〕～s 家庭〔婚姻〕关系/ They have ties with an American corporation. 他们与美国一家公司有关系。❸⒞束缚,牵连,累赘: Family ties have kept him from success. 家庭束缚使他没有成功。▇ (pt., pp. tied, pres. p. tying) vt. 系,拴,绑: ～ the horse 拴马/～ fast〔hard〕系紧/ He tied the parcel. 他捆上包裹。▇ vt.& vi. 打结;系: ～ a knot 打一个结/ one's tie 打领带/ This is a rope too heavy to tie. 这是一根重得不能打结的绳子。‖ ～ **down** 捆住,束缚/～ **for** 并列获得/～ **in with**(使…)跟…相符;跟…连接起来/～ **on**(把…)系在…/～ **to** ①用绳子把…拴于…②使被…束缚;使被限于…/～ **together**(使)联系在一起/～ **up** ①(使)停泊②包起来;系紧③阻碍,使…处于停顿状态④使无空闲;完全占用/～ **up with** 把…与…密切联系起来/～ **with** ①用…捆扎②与…得分一样多

tier [tɪə] n. ⒞❶阶梯座位的一排 ❷一排高过前面一排的东西 ❸等级

tiff [tɪf] n. ⒞❶争吵,拌嘴

tiger ['taɪgə] *n.* ⓒ❶老虎: A cat is similar to a tiger in many respects. 猫和虎在很多方面相似。❷凶猛的人,勇士,猛士 ‖ paper ～纸老虎;外强中干/ride a〔the〕～处于危险的境地,骑虎难下 ‖ **tigerish** *adj.* 虎一般的;残忍的

tight [taɪt] *adj.* (-er,-est)❶牢的;紧的: She took a tight hold of his arm. 她紧紧地抓住他的胳膊。/Top of the bottle was tight; he couldn't get it off. 瓶盖封得太紧,他打不开。/The box is so tight that I can't open it. 这个盒子太紧,我打不开。❷紧身的,紧贴的: She was wearing a tight dress. 她当时穿着紧身衣服。/I can't take my boots off; they're so tight! 靴子太紧了,我脱不下来! ❸(安排)紧凑的,紧密的: I've got a very tight schedule today so I can't see you until tomorrow. 今天我的日程已经排得很满,所以明天才能见你。/Time is going to be tight, so you'd better hurry. 时间很紧,你最好抓紧一点。❹不漏的,不透的: Are you sure this roof is completely tight? 你能肯定这个屋顶一点都不漏吗? /There was tight security at the airport when the President's plane landed. 总统的专机降落时,机场的保安措施很严密。❺银根紧的,难借得到的: Money is tight. 银根很紧。/He's really tight with money. 他真是一毛不拔。‖ in a ～ corner〔spot〕处于困境 ‖ **tightly** *adv.* 紧密地;紧身地,不漏地/**tightness** *n.* 紧身;紧密

tighten ['taɪtn] *vt.& vi.*❶收紧: He tightens his belt before he takes a walk. 在散步之前,他束紧皮带。❷加紧: Border police tightened controls on tourists. 边防警察加紧对旅游者的管制。‖ **tightener** *n.* 使收紧的人(或物);〈机〉紧带轮

tile [taɪl] *n.* ⓒ瓦片、瓷砖 ■ *vt.* 用瓦片、瓷砖等覆盖 ‖ **tilery** *n.* 制瓦厂

till [tɪl] *conj.* 直到…时(为止): Please wait for me till I come back. 请等我回来。/I sat up till she came back. 我一直坐到她回来。/I waited till they should return. 我一直等到他们回来。/He will wait till I arrive. 他将等到我来。/He had hardly reached the station till the train arrived. 他刚到火车站,火车就进站了。■ *prep.*❶(表示时间)直到(某一时刻): They talked till dawn. 他们一直谈到天明。❷(表示时间)直到(发生某事): It was not till 11 o'clock that he came back last night. 昨晚直到11 点他才回来。

tiller ['tɪlə] *n.* ⓒ(小船)的舵柄

tilt [tɪlt] *vt.& vi.*(使)倾斜 ■ *n.* ⓒ倾斜 ‖ **tilted** *adj.* 倾斜的/**tilter** *n.* 骑马的比武者

timber ['tɪmbə] *n.*❶Ⓤ木料,木材: The timber has started to decay. 木材已开始腐烂。❷ⓒ树木,横梁: A timber fell from the roof. 一根横梁从屋顶落下。‖ **timbered** *adj.* ①木造的②多树木的/**timbering** *n.* 木材;木结构

time [taɪm] *n.*❶Ⓤ时间:～ fly 时光飞逝/advance〔check〕the ～ 提前〔校对〕时间/afford ～花得起时间/allow〔give〕sb ～ 给某人放宽时间/buy〔gain〕～ 拖延〔争取〕时间/cut down ～ 缩短时间/～ over ～ or other 迟早,早晚/summer ～ 夏令时间/The philosopher speculated about time and space. 这位哲学家在思索时间和空间问题。/What time is it? 现在几点钟? ❷ⓒ次,回: each〔every〕～ 每次/many ～s 常常,屡次/He told the same style old jokes I've heard fifty times before. 他讲的老笑话,我已听过五十遍了。/When I saw him the second time, he had already got married. 我第二次见到他时,他已结婚了。/Three times 4 is〔are〕twelve. 三乘四等于十二。❸ℙ时代,时期:～s change 时代变迁/catch up with〔fall behind〕the ～ 赶上〔落后〕时代/ancient〔modern〕～s 古〔现〕代/It doesn't meet the requirements of the times. 它不适应时代的要求。❹ⓒⓊ时机,做某种活动的时候: This time is ripe for action. 采取行动的时机已经成熟。/It is high time for action. 该采取行动了。‖ ahead of one's ～ 具有超前意识,思想超越同时代的人/ahead of ～ 提前/all the ～ ①(在该段时间内)一直②向来,一向/(and) about ～ (too)〈口〉早该发生的事,早该如此/at a ～ 依次,逐一,每次/at all ～s 随时,永远/at one ～ 一度,从前/at other ～s 在其他时候,也有时候/at the ～ 在那时,在那段时间/at ～s 有时,间或/before sb's ～ 在某人记事之前,在与某人有关的时刻之前/behind the ～过时的,落伍的/behind ～迟,晚/buy ～ 拖延时间/by the ～ 到…时候为止/do〔serve〕～〈俚〉服刑/every ～ 无论何时,任何时候/for a ～ 短时间内,暂且/for the ～ being 暂且/from time to ～ 不时,偶尔,间或/have a good ～ 过得愉快,玩得痛快/in good ～ 早,提前/(in) half the ～ ①(以)远较预期短的时间②过长的时间,相当长的时间/in no ～ 马上,立即/in one's ～ 在一生中/keep ～ (钟表)走得准/in ～ ①迟早,最后②及时,不迟/kill ～ 打发时间/lose〔waste〕no ～ 赶紧做某事/many ～'s the ～〔many a ～〕多次,常常/mark ～ ①原地踏步②花时间(工作等)而未获进步/on ～ 按时,准时/take one's ～ 不急,慢慢干/～ after ～ 无数次,屡次,一再 ‖ **time bargain** 期货交易/**time bill** 期票,定期汇票/**time-consuming** *adj.* 花费大量时间的;拖延时间的/**time limit** 期限,限期/**time loan** 定期贷款/**time-out** *n.* 暂停,休息/**time wage** 计时工资/**time zone** 时区

timeless ['taɪmlɪs] *adj.* 永存的;无日期的 ‖ **timelessly** *adv.* 无日期地/**timelessness** *n.* 无时间限制

timely ['taɪmlɪ] *adj.* (-ier,-iest)❶适时的;合时宜的 ❷及时的

timer ['taɪmə] n. ⓒ定时器,计时员
times [taɪmz] n. 倍(数) ■ prep. 乘,乘以
timetable ['taɪmˌteɪbl] n. ⓒ❶交通工具的运行时间表 ❷计划;时间表
timid ['tɪmɪd] adj. ❶胆小的 ❷羞怯的‖**timidly** adv. 胆小地,羞怯地/**timidness** n. 胆小,羞怯
timing ['taɪmɪŋ] n. Ⓤ❶时机 ❷体育运动员把握时机的能力
timorous ['tɪmərəs] adj. 胆怯的,羞怯的‖**timorously** adv. 胆怯地,羞怯地/**timorousness** n. 羞怯,胆怯
tin [tɪn] n. ❶Ⓤ锡: *Is that box made of tin or steel?* 这个盒子是锡做的还是铁做的? ❷ⓒ罐头盒: *close a ~ 封*一封罐头/*I never eat anything out of a tin.* 我从来不吃罐头食品。
tinder ['tɪndə] n. Ⓤ引火物‖**tindery** adj. 易燃的
tinge [tɪndʒ] n. Ⓢ细微的色彩,一丝痕迹 ■ vt. 给…染色
tingle ['tɪŋgl] vi. 有刺痛感 ■ n. ⓒ刺痛感
tinker ['tɪŋkə] n. ⓒ(补壶、锅等流动的)补锅工人 ■ vi. 胡乱修补‖**tinkerly** adj. 粗笨的
tinkle ['tɪŋkl] vt.&vi. (使)发出丁当声 ■ n. Ⓢ丁当声‖**tinkler** n. 发丁当声的东西
tinny ['tɪnɪ] adj. (-ier,-iest)声音不悦耳、尖细的‖**tinnily** adv. 细弱无力地/**tinniness** n. 尖细无力
tint [tɪnt] n. ⓒ带白的颜色,淡色 ■ vt. 染色,着色于…‖**tinter** n. 着色者,染色者/**tintless** adj. 无色的
tiny ['taɪnɪ] adj. (-ier,-iest) 极小的,微小的: *a ~ child* 幼小的孩子/*a ~ majority*〔*minority*〕微弱多〔极少〕数/*The baby put his tiny hand in mine.* 那个婴儿把小手放在我的手中。/*I live in a tiny cottage.* 我住在一间极小的茅屋里。/*Some stars look as tiny as pinheads, but they are even bigger than the sun in fact.* 有些星星看起来像针头一样小,但它们实际上甚至比太阳还大。
tip¹ [tɪp] n. ⓒ❶尖端,末端: *That stick has a metal tip.* 那根手杖的顶端是铁的。❷(装在某物顶端的)小部分,小物件: *pencils with rubber ~s* 有橡皮头的铅笔‖*from ~ to toe* 完完全全,彻头彻尾‖(*have sth*) *on the ~ of one's tongue* 话到嘴边〔几乎想起〕/*the ~ of the iceberg* 重要情况〔重大问题等〕显露出的小部分
tip² [tɪp] (-pp-) vt.&vi. (使)某物侧边提高,倾斜,翻倒: *~ the plate* 斜端盘子/*The boat tipped to one side.* 船向一边倾斜。/*He tipped his soup bowl towards himself.* 他把汤碗歪向自己。 vt. 将(所盛之物)倒出: *~ rubbish* 倒垃圾‖*~ in* 在书页间装订处粘附(插页)/*~ into*(把…)倒进,(使)掉进/*~ off* 因倾斜而使

…掉下来/*~ out* 从(容器等中)倒出,从…掉出/*~ over* ①(使)翻载,(使)翻倒 ②从…的上方倒…/*~ up* ①(使)倾斜 ②(使…)围绕铰链,枢轴向上翻起 ③(俚)付款‖**tip lorry** 翻斗卡车
tip³ [tɪp] vt. (-pp-) ❶给小费: *~ generously* 慷慨地给(某人)小费/*Did you tip the waiter?* 你给侍者小费没有?/*I tipped the porter 50p.* 我给了搬运工人50便士小费。❷轻打: *The sword tipped his shoulder.* 剑轻轻触到他的肩。❸就(某人或某事物)提出意见〔建议〕: *He tipped me the wink not to buy at that price.* 他眨眼暗示我按那个价格就不要买。/*Ade has been widely tipped as the Prime Minister.* 很多人认为艾德将继任首相。/*Mr. Smith is being widely tipped to succeed the next president.* 人们普遍猜测史密斯先生将任下一届总统。‖*~ off* 暗示,警告
tip-off ['tɪpɒf] n. ⓒ密告
tiptoe ['tɪptəʊ] vi. ❶踮着脚走 ❷转弯抹角地谈论
tire¹ ['taɪə] vt.&vi. (使)疲劳: *~ easily* 容易累/*Young children tire quickly.* 幼童一下子就累了。/*Walking quickly tires me.* 快速步行使我疲倦。 vt. (做)某事感到厌倦: *He soon tires.* 他不久就厌倦了。‖*~ of* 对…厌烦/*~ out*(*down*) 使极度劳累/*~ with* 由于…使某人感到厌倦
tire² ['taɪə] 见 tyre
tired ['taɪəd] adj. ❶疲倦的;困倦的: *a ~ child* 疲乏的孩子/*a ~ face* 疲倦的脸/*awfully*〔*terribly*〕*~* 累得要命/*feel ~* 感觉累/*John was a tired man when he got back from the long journey.* 约翰长途旅行后感到疲倦了。/*He is dead tired.* 他疲倦极了。/*She was too tired to continue.* 她太疲劳无法继续下去。/*I'm so tired that I could sleep for a week.* 我真是累极了,简直能睡上一个星期。❷对…不耐烦的: *I'm tired of your stupid remarks.* 我听烦了你的蠢话。❸陈旧的;陈腐的: *The scripts had a rather tired plot.* 这部陈旧的剧本的情节是非常俗套的。‖*~ out* 筋疲力尽‖**tiredly** adv. 疲劳地;陈旧地/**tiredness** n. 困倦,疲劳
tireless ['taɪəlɪs] adj. 不倦的‖**tirelessly** adv. 不倦地
tiresome ['taɪəsəm] adj. 令人生厌的‖**tiresomely** adv. 令人生厌地
tiring ['taɪərɪŋ] adj. 令人厌倦的
tissue ['tɪsju:] n. ❶Ⓤⓒ组织: *fatty*〔*muscular, nervous*〕*~* 脂肪〔肌肉,神经〕组织/*The teacher showed the students the pictures of brain tissues.* 老师给学生们看脑组织的图片。❷ⓒ薄纸,棉纸: *cleaning ~* 餐巾纸/*toilet ~* 卫生纸/*Give some face tissues to me.* 给我些面巾纸。❸ⓒ一套,一系列: *What he said is a*

tissue of lies. 他所说的是一派谎言。‖ **tissued** *adj*. 金银线织的

tit [tɪt] *n*. ⓒ❶山雀 ❷奶头 ❸以牙还牙,报复

titanic [taɪˈtænɪk] *adj*. 十分巨大的,非常庞大的

titillate [ˈtɪtɪleɪt] *vt*. & *vi*. 引起冲动

titivate [ˈtɪtɪveɪt] *vt*. ❶打扮 ❷装饰,修饰

title [ˈtaɪtl] *n*. ❶ⓒ题目,标题:*adopt this ~* 采用这个篇名/*a graceful ~* 优美的标题/*a suggestive ~* 有启发意义的标题 ❷ⓒ称号,头衔:*confer a ~* 授予称号/*earn the ~ of* 赢得…的称号/*give up a ~* 放弃称号/*hold〔lose〕a ~* 保持〔失去〕冠军/*an academic ~* 学术头衔 ❸ⓢ权益,权利 ❹ⓒ冠军 ‖ **titled** *adj*. 有爵位的/**titlist** *n*. ⓒ冠军保持者 ‖ **title match** 锦标赛/**title page** 扉页

titled [ˈtaɪtld] *adj*. 有爵位的

titter [ˈtɪtə] *vi*. 窃笑,傻笑 ▪ *n*. ⓒ短促而神经质的笑

to [强 tuː, 弱 tʊ, tə, t] *prep*. ❶(表示时间)到,直到,在…到来之前,离…:*The Parliament was prorogued to the tenth of February*. 国会休会到二月十日。❷(表示方向)朝,往,通向:*He turned to his companion before he replied*. 他转身朝向他的伙伴然后回答。❸(表示状态)紧贴着,紧靠着,对着:*The two lovers danced cheek to cheek*. 那对情侣脸贴着脸跳舞。❹(表示对象)对,对于,对…来说:*What will Doris say to it*? 对此事多丽丝将怎么说呢?❺(表示比较)比,相对于:*The men are noodles to her*. 与她相比,这些男人都是笨蛋。❻(表示方位)在…方向〔方位〕,处于…顺序:*Scotland is to the north of England*. 苏格兰在英格兰之北。❼(表示距离)离,距离:*It is ten kilometres to the station*. 到车站十公里。❽(表示目标)到达,直到:*We came to a picturesque cottage*. 我们来到一座风景如画的村落。❾(表示结果)转换为,转变为,趋于:*Wait until the lights change to green*. 等交通灯变成绿色再走。❿(表示程度)达到,直至:*He drank himself to death*. 他饮酒致死。⓫(表示目的)为了,为了向…表示敬意,献给:*Let us drink to the success of our voyage*. 为我们航行成功干杯。⓬(表示关系)对,对于:*A walk of ten miles was nothing to him*. 走十英里对他来说不算什么。⓭(表示比率)构成,组成,每:*Our team won the match with the score of four to three*. 我们队以四比三打赢了那场比赛。⓮(表示所属)属于,归于:*The citizen has the right to vote*. 公民有选举权。⓯(表示伴随)随着,随同

toad [təʊd] *n*. ⓒ蟾蜍 ‖ **eat sb's ~s** 拍某人马屁 ‖ **toad eater** 马屁精/**toadeating** *n*. 奉承

toast¹ [təʊst] *n*. ❶ⓤ烤面包,吐司:*make ~* 做烤面包/*I ate two slices of toast*. 我吃了两片吐司。❷ⓒ干杯,祝酒词:*drink a ~* 干杯/*exchange ~s* 相互敬酒/*join sb in a ~* 与某人一起干杯/*I suggest to propose a toast to our friendship*. 我建议为我们的友谊干杯。❸ⓢ接受敬酒的人:*The old man was the toast of the whole neighbourhood*. 这老人受到邻里的交口称赞。‖ **toast master** 宴会主持人/**toast mistress** 宴会女主持人

toast² [təʊst] *vt*. & *vi*. ❶烤:*~ oneself* 烤火/*~ before the fire* 烤火/*The bread toasts well*. 这面包烤得很好。/*She toasted slices of bread for refreshments*. 她烤了几片面包当茶点。/*I toasted the bread very dark*. 我把面包烤得很焦。❷为…祝酒,为…干杯:*~ victoriously* 为胜利干杯/*Let's all toast the bride and bridegroom*. 让我们为新郎新娘干杯。

toaster [ˈtəʊstə] *n*. ⓒ烤面包片机

toasty [ˈtəʊstɪ] *adj*. (-ier, -iest) 温暖舒适的

tobacco [təˈbækəʊ] *n*. (*pl*. *~s*) ⓤⓒ烟草,烟叶:*chew〔cure〕~* 嚼〔烤〕烟叶/*grow〔raise〕~ 种烟草/swear off ~* 立誓戒烟/*roasted〔sun-cured〕~* 烤〔晒〕烟/*~ plant* 烟草/*This shop is licensed to sell tobacco*. 这家商店获准经销烟草商品。/*This is a mild tobacco*. 这是一种味淡的烟。‖ **tobacco leaves** 烟叶/**tobacco pipe** 烟斗

today [təˈdeɪ] *adv*. ❶(在)今天:*The meeting today is very important*. 今天的会议很重要。/*They are coming here today week*. 他们将在下星期的今天来这里。❷现在,现今:*Full-length coats are vogue today*. 如今流行长外套。‖ **here ~ and gone tomorrow** (指人)飘浮不定;短暂 ▪ *n*. ❶ⓤ今天:*~ for a holiday* 今天休假/*topic for ~* 今天的讲题/*Today is Sunday*. 今天是礼拜天。❷ⓢ现代,当代:*He is a writer of today*. 他是位当代作家。

toddle [ˈtɒdl] *vi*. 蹒跚行走

toddler [ˈtɒdlə] *n*. ⓒ小孩

to-do [təˈduː] *n*. (*pl*. *~s*) ⓒ吵闹

toe [təʊ] *n*. ⓒ❶脚趾;足尖部:*curl one's ~s* 把脚趾蜷缩起来/*a big〔little〕~* 大〔小〕脚趾/*He stepped on my toes*. 他踩着我的脚趾了。‖ **on one's ~s** 警觉的;准备行动的/**step〔tread〕on sb's ~s** 触怒某人,得罪某人 ‖ **toeless** *adj*. 无趾的;无鞋尖的 ‖ **toe dance** 足尖舞/**toe nail** 脚趾甲/**toe shoe** 芭蕾舞鞋

together [təˈgeðə] *adv*. ❶在一起;共同:*add ~* 加起来,总计/*get ~* 聚会,联欢,收集,整理/*They often confer together*. 他们经常在一起协商。/*He did more than the rest of us did together*. 他做的比我们其余人合在一起做的还要多。❷同时,一齐:*Don't all speak together*. 不要都同时说话。❸一致地,协调地 ❹不间断地,不停地:*The man talked for hours together*. 这个人一连讲了几个小时。‖ **~ with** 和…一同,连同… ‖ **togetherness** *n*. 团结,友爱

toggle [ˈtɒgl] *n*. ⓒ棒形纽扣

togs [tɒgz] n. P 运动衣

toil [tɔɪl] vi. 长时间或苦苦地工作 ■ n. U 报酬很低的苦活 ‖ **toiler** n. 辛勤工作的人/**toilful** adj. 辛苦的/**toilless** adj. 不费力的,容易的

toilet ['tɔɪlɪt] n. ❶ C 厕所,洗手间:flash〔go to〕the ~冲〔上〕厕所/a public ~公共厕所/a pay ~收费厕所/The living room connects with the toilet. 客厅与洗手间相连。❷ U C 〈旧〉洗漱,打扮:complete one's ~结束梳洗打扮/perform one's ~梳洗打扮/~ articles〔table〕梳妆用具〔台〕/She made a grand toilet as if for a ball. 她盛装打扮好像要去参加舞会似的。‖ **toiletry** n. 化妆用品,梳妆用具 ‖ **toilet cream** 雪花膏/**toilet glass** 梳妆镜/**toilet paper** 手纸/**toilet soap** 香皂/**toilet table** 梳妆台/**toilet water** 花露水

token ['təʊkən] n. C ❶ 代币 ❷ 象征

tolerable ['tɒlərəbl] adj. ❶ 可忍受的 ❷ 过得去的

tolerance ['tɒlərəns] n. ❶ U 宽容,容忍:display〔show〕~表示宽容/He has a sense of humour plus tolerance and patience. 他具有幽默感又能宽容和忍耐。❷ U 忍耐力:have ~有容忍力,有雅量/Human beings have limited tolerance of noise. 人类对噪音的忍耐力有限。❸ C U 偏差,公差:It has a tolerance of 0.001 of an inch. 允许有 0.001 英寸的偏差。

tolerant ['tɒlərənt] adj. 容忍的,忍受的 ‖ **tolerantly** adv. 容忍地,忍受地

tolerate ['tɒləreɪt] vt. ❶ 容许;承认:~ legally〔morally〕法律〔道德〕上容许/The teacher cannot tolerate eating on the class. 老师不容许在课堂上吃东西。❷ 忍受;容忍:~ generously〔gently〕宽宏大量〔有礼貌〕地容忍/She can tolerate that rude fellow. 她能容忍那个粗鲁的家伙。

toleration [,tɒlə'reɪʃən] n. U 容忍,宽容

toll [təʊl] n. ❶ C 通行费 ❷ S 慢而有节奏的声音 ❸ S 损耗 ■ vt.& vi. 缓慢敲响 ‖ **toll gate** 收费站

tomahawk ['tɒməhɔːk] n. C 美洲印第安人用的战斧

tomato [tə'mɑːtəʊ] n.(pl. ~es) C 番茄,西红柿:can ~将西红柿制成罐头/choose〔grow〕~挑选〔种〕西红柿/rotten ~烂西红柿;坏蛋/~ salad〔sauce, soup〕番茄沙拉〔酱,汤〕/a pound of ~es 一磅西红柿/They planted tomatoes in the field this year. 他们今年在地里种的是西红柿。

tomb [tuːm] n. C 墓穴

tombstone ['tuːmstəʊn] n. C 墓碑

tome [təʊm] n. C 大而重的书

tomorrow [tə'mɒrəʊ] n. ❶ U 明天:Tomorrow will be Saturday. 明天是星期六。/Let me look at tomorrow's arrangements. 让我看一下明天的安排。/We put there for the night and set out on the tomorrow. 我们在那里住了一晚,并于翌日动身。❷ S U 将来,未来:better〔bright〕~更美好〔光明〕的未来/the world's ~世界的未来/The cars for tomorrow will be small, safe and very cheap. 未来的汽车小型、安全,而且价格十分便宜。‖ **as if there's no** ~好像没有明天似的,好像是最后一次机会似的/~ **is another day**(对失望的安慰)明天来得及/~ **never comes** 切莫依赖明天 ■ adv.(在)明天 ‖ **tomorrower** n. 做事拖延的人

ton [tʌn] n. ❶ C 吨:The ship has a cargo of about 200 ton. 这条船大约有 200 吨的货物。❷ 大量,许多:~s of times 屡次/I've got tons of work to do. 我有好多工作要做。/It will save a ton of money. 这会节省很多钱。

tonality [təʊ'nælɪtɪ] n. U C ❶(音乐)音调 ❷ 色调

tone [təʊn] n. ❶ C 腔调,语气:His tone is rather unfriendly. 他的口气很不友好。/I don't like your tone of voice. 我不喜欢你说话的腔调。❷ C 音,音调:This violin has very good tone. 这把小提琴的音色很好。❸ S U 风格;气度:The lady has real tone. 这位女士气度非凡。/These dreadful people bring down the tone of the neighbourhood. 这些讨厌的人败坏了这一地带的风气。‖ **with a** ~装腔作势 ■ vt. 给(某物)定调子或色调 ‖ ~ **down**(使)变得缓和/~ **up** 强化/~ **with** 与…相配合

toned [təʊnd] adj. 某种语气的,某种语调的

toneless ['təʊnlɪs] adj. 声调平板的 ‖ **tonelessly** adv. 声调平板地/**tonelessness** n. 声调平板

tongs [tɒŋz] n. P V 形夹子

tongue [tʌŋ] n. C ❶ 舌头 ❷ 语言;本国语;外国语 ‖ **bite one's** ~ **off** 对自己说的话感到懊悔/**give** ~(**to**)①(热情地)讲,大声说②发表/**lose one's** ~ 说不出话来 ‖ **tongueless** adj. 没有舌头的;不开口的/**tonguester** n. 健谈的人;饶舌的人

tonic ['tɒnɪk] n. C U ❶ 滋补品,补药 ❷(乐)主音 ■ adj. 滋补的,补身的

tonight [tə'naɪt] n. U 今晚:Tonight is a very special occasion. 今晚是非同寻常的日子。■ adv.(在)今晚:Bobby is going about his homework very seriously tonight. 博比今天晚上在非常认真地做功课。

tonnage ['tʌnɪdʒ] n. C U(衡量船舶大小的)排水吨位;总吨数

tonne [tʌn] n. C 吨,公吨

too [tuː] adv. ❶ 也,还:They are coming tomorrow and I hope you will come too. 他们明天要来,我希望你也来。/Here, too, the colon must be followed by a dash. 这里也是一样,应当在冒号后加破折号。/Too, the reader will find in this book many interesting illustrations. 读者还能在书中看到许多有趣的插图。 ❷太,过于:~ cold 太冷/He was evidently too tired to go any further. 他显然太疲劳,一步也走不动了。/This box is too heavy to be lifted. 这箱子太重搬不起来。 ❸很,非常:~ angry 非常生气/Beginners are too apt to make mistakes in grammar. 初学者极易犯语法错误。/We are all too pleased to listen to the opinions of other. 我们非常乐意听别人的意见。‖ be ~ much for 非某人能力所及;忍无可忍/none 一点也不/once ~ often 次数太多

tool [tu:l] n. ⓒ工具,用具;break〔damage〕a ~ 弄坏工具/I have a complete set of carpenter's tools. 我有全套的木工工具。/The king was just the tool of the military government. 国王只是军政府的一个傀儡。‖ down ~s罢工/**toolbox** n. 工具箱/**toolhouse** n. 工具房/**toolmaker** n. 制造,维修;校准机床的机工/**toolroom** n. 工具间/**tool subject** 工具课程

toot [tu:t] n. ⓒ短鸣,嘟嘟声‖ **tooter** n. ①吹管乐者②发出嘟嘟声的东西

tooth [tu:θ] n. (pl. **teeth**)ⓒ牙,齿:~ ache〔pain〕牙痛/I went to my dentist to have a tooth taken out. 我去找牙医拔了一颗牙。/The dentist took out two of my teeth and asked me to come back again to have further treatment. 牙医拔掉了我两颗牙,并让我再来做进一步的治疗。‖ **toothed** adj. 有齿的;装齿的;齿状物的/**toothless** adj. 没有牙齿的/**toothsome** adj. 美味的;可口的‖ **toothache** n. 牙痛/**toothcomb** n. 细齿刷;篦子

toothbrush ['tu:θbrʌʃ] n. ⓒ牙刷
toothpaste ['tu:θpeist] n. Ⓤ牙膏
toothpick ['tu:θpik] n. ⓒ牙签

top¹ [tɒp] n. ❶ⓒ顶,顶部:cut the ~ 砍去顶部/When you reach the top of the hill, bear to the right. 当你到达山顶时,向右转。 ❷ⓒ上部,上端:She feared for the little boy when she saw him at the top of the tree. 她看到那个小男孩在树顶上时,着实替他捏了一把汗。 ❸Ⓢ首位,最高位,精华:He is at the top of his class. 他是班上最优秀的学生。 ❹ⓒ盖:put on a ~ 盖上盖子/the bottle ~ 瓶盖/That top belongs to this box. 那个盖子是这个盒子的。‖ blow one's ~ ①勃然大怒②头脑有问题,发疯/from the ~ 从一开始/from ~ to bottom 从上到下,完全/on ~ ①在上面②处于优势/on ~ of ①在…上边,在…上方②除…之外/over the ~ 过火的,不得当的 ■ adj. 最高的,最良好的:There was a fire in the top story of the building. 大楼的顶层着火了。/She is top in French. 她的法语学得最好。■ vt. (-pp-) ❶给…加顶;给…盖盖子:He is going to top the barn tomorrow. 他打算明天给粮仓封顶。 ❷达到…的顶端:A church tops the hill. 山顶有一座教堂。 ❸超过;胜过;高过:He tops the rest in scholarship. 他的学识超过其他人。‖ ~ off ①修剪…的顶部;给…最后装饰〔加盖〕②使成功地完成/~ out ①举行建筑物落成典礼②达到最高点/~ up 给…加满‖ **topful** adj. 满的;满到边的‖ **top boots** 一种长统马靴/**top coat** 轻便大衣/**top-dog** adj. 居于支配地位的,有最高权威的/**top-down** adj. 组织、控制、管理严密的/**top drawer** 社会最上层;最高权威阶层/**topdressing** n. 土壤 追肥/**topflight** adj. 第一流的,最好的;最高级的/**top hat** 大礼帽/**top-heavy** adj. 头重脚轻的/**top-line** adj. 头条新闻的/**toplofty** adj. 傲慢的/**top-notch** n. 顶点/**top-ranking** adj. 最高级的/**top-secret** adj. 绝密的

top² [tɒp] n. ⓒ陀螺

topic ['tɒpik] n. ⓒ题目,论题,话题:avoid the ~ 避开话题/the key ~ 关键的论题/The book jumps from one topic to another. 这本书从一个主题跳到另一个主题。

topical ['tɒpikəl] adj. 目前受到注意的;与当前有关的:a ~ news film 时事影片‖ **topically** adv. 目前受到注意地;与当前有关地

topless ['tɒplis] adj. & adv. ❶(女人)无上装的〔地〕,上身裸露的〔地〕 ❷(女服)裸露上身的〔地〕

topping ['tɒpiŋ] n. ⓒⓊ配品,浇料;装饰

topple ['tɒpl] vi. 不稳而倒下:The child toppled over. 那个小孩跌倒了。vt. 将…推翻,打倒:That strike finally toppled the government. 那次罢工终于推翻了政府。

topsoil ['tɒpsɔil] n. Ⓤ表土(层);耕作(层)

torch [tɔ:tʃ] n. ⓒ ❶手电筒:The burglar shone his torch into the dark room. 盗贼将手电筒照进黑暗的房间。 ❷火把,火炬:a pine ~ 松枝火把/bear a ~ 举着火把/The campers lit torches from the campfire. 露营者用营火点燃火把。‖ carry a ~ for 对(某人)钟情‖ **torchbearer** n. 持火把者;启蒙者/**torch fishing** 灯光捕鱼法/**torchlight** n. 火炬

torment ['tɔ:ment] n. ❶Ⓤ(肉体或精神上的)折磨,痛苦 ❷ⓒ造成痛苦的事物〔人〕■ [tɔ:'ment] vt. 折磨;戏弄;烦扰:The knowledge of his guilt tormented him. 知道了自己的罪责使他非常痛苦。‖ ~ with 由于…烦扰

tornado [tɔ:'neidəu] n. (pl. ~es)ⓒ龙卷风,旋风‖ **tornadic** adj. 龙卷风的;旋风的

torpedo [tɔ:'pi:dəu] n. (pl. ~es)ⓒ鱼雷,水雷‖ **torpedo boat** 鱼雷快艇/**torpedo bomber** 鱼雷轰炸机/**torpedo net** 防鱼雷网

torpid ['tɔ:pid] adj. 迟钝的;迟缓的;懒散的;有气无力的

torrent ['tɒrənt] n. ⓒ ❶奔流,急流,洪流,激流: a ~ of lava 熔岩的奔流 ❷爆发,迸发,连续不断,狂潮

torrential [tɒ'renʃəl] adj. 似急流的: ~ rain 暴雨 ‖ **torrentially** adv. 似急流地

torrid ['tɒrid] adj. ❶灼热的;炎热的 ❷热烈的;热情如火的

tort [tɔːt] n. ⓒ〈律〉民事侵权行为

tortoise ['tɔːtəs] n. ⓒ乌龟 ‖ **tortoiseshell** n. 龟甲;玳瑁壳

tortuous ['tɔːtjʊəs] adj. ❶弯弯曲曲的: a ~ path 弯弯曲曲的小路 ❷(指政策等)不直接阐明的;含混不清的: ~ logic 费解的逻辑 ‖ **tortuosity** n. 曲折,弯扭/ **tortuously** adv. 弯弯曲曲地

torture ['tɔːtʃə] n. ⓒⓊ拷问,刑讯: employ[use] ~ 使用酷刑/ The torture made him confess. 严刑拷打使他招供了。❷折磨;痛苦: suffer the ~ 受折磨/ She suffered tortures from a toothache. 她受着牙痛的折磨。■ vt. 拷问,折磨: ~ the prisoners 给犯人施酷刑/ They tortured the man to make him confess his crime. 他们拷打那个人,使他招认他的罪行。/ There were several problems which tortured the elderly man. 有几个问题折磨着那老人。‖ **torturer** n. 拷问者;虐待者

Tory ['tɔːri] n. ⓒ英国保守党的党员 ■ adj. 英国保守党的

toss [tɒs] vt. & vi. ❶扔,投,抛: Let's toss to see who pays it. 让我们来掷钱币决定谁付账吧。/ He was tossing the ball. 他正在投球。/ He tossed the beggar a coin. 他把一枚硬币抛给那个乞丐。/ I tossed a cigarette to him. 我扔给他一支香烟。❷(使)摇荡,使颠簸: The matter made him toss in the bed. 那件事使他在床上翻来覆去。/ The wind tossed the boat in the sea. 风使得那条船在海上来回颠簸。‖ ~ about on 在……上颠簸/ ~ for 向空中掷钱币以决定/ ~ from 从……到滚动/ ~ into(把……)投入……/ ~ off 迅速喝下/ ~ on 把……扔到……上/ ~ up 向上掷;向上扬

tossup ['tɒsʌp] n. ⓢ❶各占一半的机会,碰运气的事: It is a tossup whether we shall get there in time. 我们是否能及时赶到那里还很难说。❷扔钱币决定某事

tot [tɒt] n. ⓒ❶幼儿 ❷小杯的酒(尤指烈酒): a ~ of whiskey 一点儿威士忌

total ['təʊtəl] adj. ❶Ⓐ总计的;全部的: Please figure out the total cost. 请算出总费用。❷完全的;全然的: My efforts ended in total failure. 我的努力终归全盘失败。/ The destruction was total. 这场毁灭是彻底的。■ n. ⓒ总计,总数: add up a ~ 合计总数/ A total of twenty people were[was] killed. 共有二十人被杀。‖ in ~ 总计,合计 ■ vt. & vi. (-ll-,〈美〉-l-)计算: ~ the money 合计出after的总数/ Please total all the expenditures. 请计算一下全部支出是多少。‖ ~ up to 加起来有 ‖ **totalism** n. 极权主义/ **totally** adv. 统统;完全

totalitarian [təʊˌtælɪ'teərɪən] adj. 极权主义的 ‖ **totalitarianism** n. 极权主义

totality [təʊ'tælɪti] n. Ⓤ❶整体;全部 ❷总数;总额

totem ['təʊtəm] n. ⓒ图腾;图腾形象 ‖ **totemism** n. 图腾制度/ **totemist** n. 图腾的研究者/ **totemistic** adj. 图腾制度的 ‖ **totem pole** 图腾柱;等级

totter ['tɒtə] vi. ❶走得或动得不稳;跟跄;蹒跚: The wounded soldier tottered to his feet. 伤员摇摇晃晃地站了起来。❷摇摇欲坠 ‖ **tottery** adj. 摇摇欲坠的;蹒跚的

touch [tʌtʃ] vt. & vi. ❶接触;触摸: Their shoulders touched. 他们的肩膀碰到一起。/ Don't touch it; it breaks easily. 不要碰它,它容易破碎。vt. ❶伤害,触犯: This touched his self-esteem. 这伤害了他的自尊心。❷涉及,关系: The new law doesn't touch his case. 新法律与他的案子无关。❸感动,打动: That woman's sad story touched our hearts. 那位妇女的悲惨经历触动了我们的心弦。❹吃;喝: I don't touch garlic. 我不吃大蒜。/ You haven't even touched your wine. 你的酒沾都没沾。❺比得上: No one in our class can touch her in music. 在音乐方面,我们班上无人能比得过她。‖ ~ at (船等)停靠/ ~ down 降落,着陆/ ~ off 引起,触发某事/ ~ on[upon] ①碰(某人某处)②与……有关,涉及/ ~ up ①做小的修改,润色 ②唤醒,对……起刺激作用/ ~ with 用……触摸 ■ n. ❶Ⓤ触觉: The blind have keen touch. 盲人有敏锐的触觉。❷ⓢ触,碰,摸: a light ~ 轻轻地碰/ I felt a touch on my arm. 我觉得有人摸了一下我的手臂。❸ⓢ手感: This material was soft to the touch. 这种料子手感较好很柔软。❹ⓢ微恙,一点小病: a ~ of pain 微痛/ She was off work with a touch of flu. 她因为有点感冒而没有上班。❺ⓢ手法,风格,特征 ❻ⓒ修饰,润色: This painting lacks the finishing touches. 这幅画尚欠润色。❼ⓢ功力,特殊能力: Your recent work's been bad; I hope you're not losing your touch. 你最近的作品差了,我希望你能保持你的艺术功力。❽ⓢ少量: The soup wants a touch of salt. 汤里少了些盐。❾Ⓤ边线: The ball is out of touch. 球已出边线。‖ be out of ~ (与……)出边线;失去联系/ common ~ 平易近人的美德/ in (with) 与……保持联络/ to the ~ 摸上去,摸起来 ‖ **touchable** adj. 可触知的;可食用的/ **touched** adj. 情绪激动的;有些疯癫的/ **touchless** adj. 无触觉的 ‖ **touch system** 打字的指法/ **touch-type** vt. & vi. 按指法打字/ **touchwood** n. 朽木

touchdown [ˈtʌtʃdaʊn] n. ⓒ(飞机、航天器等的)降落,着陆

touching [ˈtʌtʃɪŋ] adj. 令人同情的,感人的,动人的 ‖ **touchingly** adv. 令人同情地,感人地,动人地

touchline [ˈtʌtʃlaɪn] n. ⓒ(足球场的)边线

touchstone [ˈtʌtʃstəʊn] n. ⓒ试金石,(检验)标准

touchy [ˈtʌtʃɪ] adj.(-er,-est) ❶易动气的,过分敏感的;小心眼的 ❷需要小心对待的;棘手的;难办的 ‖ **touchily** adv. 易动气地,过分敏感地;小心眼地/**touchiness** n. 易动气;过分敏感

tough [tʌf] adj.(-er,-est) ❶坚韧的: He has a tough character. 他有一个坚韧的性格。❷坚强的: She is a tough person. 她是一个坚强的人。❸粗暴的: He is dreadfully tough. 他极其粗鲁。❹老的,硬的: The meat is too tough to eat. 这肉老得不能吃。❺严格的,强硬的: They are very tough on drunk drivers. 他们对酒后驾车者十分严格。/ This policy is very tough. 这个政策是很强硬的。❻困难的: This is a tough problem. 这是一个难题。/ He is tough to work with. 他很难共事。 ‖ **get** ～ **with** 采用强硬手段 ‖ **toughish** adj. 有点儿强硬的/**toughly** adv. 有点儿强硬地/**toughness** n. 坚韧,严格

toughen [ˈtʌfn] vt.& vi.(使某物[人])坚韧,坚强,强硬

tour [tʊə] n. ❶ⓒ旅行,观光: conduct a ～ 带领一个旅游团/ My tour lasted two months. 我的旅行持续了两个月。❷ⓒ巡回比赛〔演出等〕; lecture ～ 巡回演讲/ He is in the United States on a speaking tour. 他正在美国作巡回演讲。■vt.& vi. 旅行,游历: ～ hurriedly 匆忙地游览/ They are touring in Spain. 他们正在西班牙旅行。/ Last year he toured Mexico. 去年他周游了墨西哥。‖ **tourer** n. 游览车

tourism [ˈtʊərɪzəm] n. Ⓤ旅游业

tourist [ˈtʊərɪst] n. ⓒ旅行者,观光客: attract ～s 招揽游客/ The tourists went sightseeing in the suburbs of the city. 游客们游览了市郊。‖ **tourist agency** 旅行社/**tourist attraction** 旅游胜地;吸引游客的地方/**tourist car** 游览车/**tourist card** 旅游护照/**tourist home** 旅客住宿所/**tourist ticket** 游览优待票/**tourist trap** 敲游客竹杠的旅馆

tournament [ˈtʊənəmənt] n. ⓒ锦标赛;联赛: a table-tennis ～ 乒乓球联赛

tousle [ˈtaʊzl] vt. ❶使(尤指头发)蓬乱 ❷粗鲁地处理

tout [taʊt] vt.& vi. 兜售(货物);招揽(生意): There were men outside the railway station touting for the hotels. 火车站外有人为旅馆招揽顾客。

tow [təʊ] vt. 拖,拉,拽: The tug is towing three barges. 那只拖船正拖着三只驳船。/ The little boy is towing a horse. 这个小男孩正拽着一匹马。 ‖ ～ **away** 用另一车牵引 ■n. ⓒ拖,拉,牵引 ‖ **in** ～ ①拖着,拉着②在身边,在一起

toward(s) [təˈwɔːd(z)] prep. ❶向,朝: drift ～ 任其自流地逐渐走向/ He headed toward(s) the station. 他向车站赶去。❷为了: The United Nations' work is toward(s) peace. 联合国的工作是为了实现和平。❸对于,关于: He is friendly toward(s) me. 他对我友好。❹接近: We arrived toward(s) night. 我们接近半夜才到达。 ‖ **go for** ～ 有助于

towel [ˈtaʊəl] n. ⓒ毛巾,手巾,纸巾: wring a ～ 拧毛巾/ He dried himself on a towel. 他用毛巾擦干身子。 ‖ **throw in the** ～ 认输 ‖ **towel(l)ing** n. 制毛巾的布料 ‖ **towel horse** 毛巾架/**towel rail** 挂毛巾的横档

tower [ˈtaʊə] n. ⓒ塔,高楼: the Eiffel T-艾菲尔铁塔/ The tower is fifty feet in height. 塔高五十英尺。/ The tower ordered the plane to taxi the full length of the runway. 塔台指挥人员命令该机在跑道上滑行全程。 ‖ ～ **of strength** 可信赖的人 ■vi. 远远高于,远远超过: ～ massively 大大地高过/ The peak towers up into the clouds. 那座山峰高耸入云。 ‖ ～ **above**〔**over**〕①比…高②远远超过… ‖ **towered** adj. 有塔的;高耸云霄的/**towery** adj. 有塔的;高的,高耸云霄的 ‖ **tower clock** 屋顶钟,钟楼/**towerman** n. 信号员

towering [ˈtaʊərɪŋ] adj. Ⓐ❶极高的;高大的 ❷强烈的;极度的: He was in a towering rage. 他在大发雷霆。❸杰出的: Beethoven was a towering musical genius. 贝多芬是一个伟大的音乐天才。

town [taʊn] n. ❶ⓒ镇,市镇: The town is a residential suburb. 这个小镇是市郊住宅区。❷⑤城镇居民: The whole town is〔are〕furious about the council's education policy. 全镇居民对市政会的教育政策都感到极其愤怒。❸Ⓤ商业中心〔闹市区〕: He is going into town this morning. 他上午打算到商业区去。 ‖ **go to** ～ 〈口〉以极大的精力〔热情〕做…/**on the** ～〈美口〉(尤指夜间)在城里寻欢作乐 ‖ **townless** adj. 无城镇的/**townlet** n. 小镇/**townward** adj.& adv. 往城里(的)/**townwards** adv. 往城里 ‖ **town council** 镇议会/**town hall** 市政厅/**town planning** 城镇规划/**townsfolk** n. 镇民,市民/**townsman** n. 市民/**town talk** 街谈巷议

township [ˈtaʊnʃɪp] n. ⓒ小镇(的居民)

townspeople [ˈtaʊnzˌpiːpəl] n. ❶ⓒ市镇居民 ❷Ⓟ镇民,城里人

toy [tɔɪ] n. ⓒ玩具,玩物: The children fastened their eyes on the toys. 孩子们把眼睛盯在

玩具上。■ vi. ❶玩弄：He just toys with her affections. 他只是在玩弄她的感情。❷不认真地考虑：You shouldn't toy with great issues. 你不该拿重大问题当儿戏。‖ ~ with ①摆〔玩〕弄…②非严肃地考虑… ‖ **toyer** n. 玩弄者/**toy box** 玩具匣/**toy dog** 供玩耍的小狗/**toyman** n. 玩具商；玩具制造者/**toyshop** n. 玩具店

trace [treɪs] vt. ❶追踪；追溯：He knew they were tracing him. 他知道他们正在追踪他。❷发现；找到：They could not trace him. 他们找不到他。❸描绘；标出：~ a map 描出一张地图/He traced our route on the map. 他在地图上标出我们走的路线。vt.＆vi. 缓慢而困难地书写：~ one's name 写下姓名/He traced the words with a shaking hand. 他用颤抖的手写下那些字。‖ ~ **back to** 追溯到…/~ **out** ①勾画出轮廓②提出/~ **over** 描出/~ **to** 找出…的所在，追踪到… ■ n. ❶□□踪迹，痕迹；形迹：We have lost all trace of him. 我们找不到他的踪迹。❷极微的量：There are traces of poison in the fish. 这种鱼体内有微量的毒素。

track [træk] n. ❶□踪迹，痕迹，足迹：The motorcar tracks is very clear. 汽车的痕迹很明显。/We followed his tracks through the snow. 我们循着雪地上他留下的脚印走。❷□小路：They passed a muddy track through the forest. 他们穿过森林的泥泞小路。❸□路径，路线：The Earth crosses the tracks of certain comets. 地球穿过某些彗星的轨迹线。/It's the track of the coming storm. 这就是即将来临的风暴路线。❹□轨道：The workers are laying the tracks. 工人们正在铺铁轨。❺□跑道：This is a running track. 这是一条赛跑道。‖ (**hard**) **on sb's** ~ (**on the** ~ **of**)追踪…；寻找…/**in one's** ~〈非正〉就地，突然/**lose**〔**keep**〕 ~ **of** 与…失去〔保持〕联系；了解〔忘记〕/**make** ~**s** (**for**) 动身（去某处）/**on the right**〔**wrong**〕 ~ 想法〔做法〕对〔不对〕■ vt. 跟踪，追踪：~ satellite 搜索卫星/The police used dogs to track the criminal. 警察用警犬来追踪罪犯。‖ ~ **down** 追捕到，追查出 /~ **up** 踩脏… ‖ **tracked** adj. 有履带的/**trackless** adj. 无路的 ‖ **tracklayer** n. 铺轨工人/**trackman** n.〈美〉铁道护路员/**track man** 田径运动员/**track shoe**（赛跑用的）钉鞋/**track walker**（铁路）轨道巡视员

tracksuit [ˈtræksuːt] n. □（供训练时穿的）保暖宽松的长袖运动衣裤，田径服

tract [trækt] n. □❶大片土地；地带 ❷〈解〉道，束：the digestive ~ 消化道

traction [ˈtrækʃən] n. □□❶拖，拉，牵引 ❷牵引动力：electric ~ 电力牵引 ‖ **tractional** adj. 有牵引动力的 ‖ **traction engine** 牵引机/**traction wheel**（火车机车的）动轮

tractor [ˈtræktə] n. □拖拉机，牵引机：He has a tractor. 他有一台拖拉机。‖ **tractor aeroplane** 牵引式飞机/**tractor truck** 牵引车

trade [treɪd] n. ❶□贸易，商业：Transport has always been the key to developing trade. 运输一直是发展贸易的关键。❷□行业，生意：enter a ~ 步入某一行业/Which is your trade? 你做哪一行？/They carried on trade in tea and spices with the orient. 他们同东方国家做茶叶和香料的生意。❸□□谋生手段，手艺，职业：Shoemaking is a useful trade. 做鞋是一种有用的手艺。❹□同仁，同行：Only is the trade likely to be interested in this talk. 只有同行才可能对这个话题感兴趣。❺□〈美〉顾客：A lot of trade are in that store. 那商店有许多顾客。‖ **in** ~ **for** 和…交换 ■ vt.＆ vi. 交易；经商：~ **books** 交换书/He traded as a tobacco merchant. 他是做烟草生意的商人。/They traded seats. 他们互换座位。/They were persuaded to trade information. 他们被说服出卖情报。‖ ~ **at** 在…买东西 /~ **for** 用…换…/~ **in** ①用（旧物）贴换新物②出售，经营/~ **off**〈非正〉交换物品〔人〕/~ **on**〔**upon**〕（不公正地）利用/~ **with** 与…进行贸易〔交换〕 ‖ **trade acceptance** 商业承兑汇票/**trade agreement** 国际贸易协定/**trade association** 同业公会/**trade discount** 商业折扣/**trade-in** n. 折价物/**trade name** 商号，店名/**trade-off** n. 权衡；物物交换/**trade price** 批发价/**trade school** 中等职业学校/**tradespeople** n. 商人，商界/**tradeswoman** n. 女商人/**trade union** 工会/**trade unionism** 工联主义/**trade wind**〈气〉信风，贸易风

trademark [ˈtreɪdmɑːk] n. □（注册）商标

trader [ˈtreɪdə] n. □商人，经商者

tradition [trəˈdɪʃən] n. ❶□□传统：hand down ~ 继承传统/The custom will never receive the sanction of tradition. 那种风俗绝不会作为传统而被提倡。❷□惯例：break ~ s 破除惯例/It is a tradition that women get married in long white dresses in that area. 在那个地区妇女结婚时穿白色长礼服是个惯例。‖ **by** ~ 根据传统，根据口传

traditional [trəˈdɪʃənl] adj. 传统的，惯例的：~ customs 传统习俗 ‖ **traditionally** adv. 传统地，惯例地

traditionalist [trəˈdɪʃənəlɪst] n. □传统主义者

traduce [trəˈdjuːs] vt. 诋毁，诽谤，中伤（某人或其品格等）

traffic [ˈtræfɪk] n. □❶流动的车辆〔行人〕，交通：block ~ 阻塞交通/The newcomer is not used to the heavy traffic in big cities. 新来者对大都市拥挤的交通不习惯。❷（非法的）交易，买卖：They made traffic in salt. 他们做盐的贸易。■ vi. (-ck-)买卖：They trafficked in stolen goods. 他们贩卖赃物。‖ **trafficless** adj. 无交

通往来的；无通信的‖**traffic accident** 交通事故/**traffic cop** 交通警察/**traffic court** 交通法庭/**traffic department** 交通局，运输局/**traffic engineering** 交通运输工程/**traffic jam** 交通拥挤/**traffic light** 交通管理色灯/**traffic police** 交通警察/**traffic sign** 交通标志/**traffic signal** 交通信号

tragedy ['trædʒɪdɪ] n. ❶ⒸⓊ惨事，灾难：an air ~ 空难/The tragedy he mentioned took place in January. 他提到的那一悲惨事件发生在一月。❷Ⓒ悲剧：a ~ strike〔take place〕悲剧发生‖**tragedy queen** 悲剧女演员

tragic ['trædʒɪk] adj. ❶悲剧的 ❷悲惨的

trail [treɪl] vt.& vi.（使某物）被拖在后面：The wounded soldiers trailed past us. 伤员们拖着步子走过我们身边。vt. 跟踪，追踪 vi.（在比赛等中）输，失败：The party trailed in the election. 该党在选举中大大落后。‖ ~ **along behind** 疲惫〔磨蹭〕地跟在后面 / ~ **away**〔**off**〕①散去②（声音）逐渐减弱 ■ n. Ⓒ ❶足迹，臭迹：discover〔find〕the ~ 发现行踪/The hound found the trail of the rabbit. 猎狗发现了兔子的踪迹。❷小径：a winding ~ 蜿蜒的小径/The men had followed desert trails for days. 那些人沿着沙漠小道走了数日。❸一缕，一股：The car raised a trail of dust. 汽车掀起了一股尘土。‖ **trailblazer** n. 开路先锋/**trail car** 拖车/**trail net** 拖网/**trail rope** 拖绳

trailer ['treɪlə] n. Ⓒ❶拖车，挂车 ❷（电影或电视节目的）预告片

train [treɪn] n. ❶Ⓒ列车，火车：the ~ arrive 火车抵达/The old man went to Beijing by train. 那位老人坐火车去北京。❷Ⓢ一系列相关的事情、想法等：Your telephone call interrupted my train of thought. 你的电话打断了我的思路。❸Ⓒ行进中的一长列人〔动物，车辆〕：A long train of men and horses passed by. 长长的一队人马开过去。❹Ⓒ随行人员，随员：a local ~ 地方随行人员/The prince and his train went out the city. 王子及随从人员出城了。‖ **in** ~ 准备妥当 ■ vt.& vi. 训练，锻炼，培养：You'll have to train hard before the next match. 在下一场比赛之前你必须好好锻炼。/Mr. Smith trains the football team. 史密斯先生训练这个足球队。/They trained him as an engineer. 他们把他培养成一名工程师。/They trained the soldiers to fight. 他们训练士兵打仗。‖ ~ **for** 为…训练（某人），为…而接受训练 / ~ **up**（充分）培养，训练，教育‖ **train dispatcher** 列车调度员/**train ferry** 火车轮渡/**trainman** n. 乘务员/**trainsick** adj.（乘火车）晕车的/**train sickness**（乘火车）晕车

trainee [treɪ'niː] n. Ⓒ接受训练的人

trainer ['treɪnə] n. Ⓒ❶训练者 ❷教练机

training ['treɪnɪŋ] n. Ⓒ 训练，受训：I haven't had any real training. 我没有受过什么真正的训练。‖ **in**〔**out of**〕~ 处于好〔不好〕的体能状况‖ **training college** 师范学院/**training school** 师范学校；职业学校/**training ship** 教练舰

trait [treɪt] n. Ⓒ人的个性，显著的特点，特征：His generosity is one of his good traits. 慷慨大方是他的好品质之一。

traitor ['treɪtə] n. Ⓒ背叛者，卖国贼；叛徒：He turned traitor to his master. 他背叛了他的主子。‖ **traitorism** n. 卖国主义；叛变行为

tram [træm] n. Ⓒ有轨电车‖ **tramcar** n. 有轨电车/**tramline** n. 有轨电车路线/**tram rail** 电车轨道/**tram road** 电车道/**tram service** 电车交通/**tram stop** 电车站

tramp [træmp] vi. ❶重步行走 ❷步行，徒步：He tramped through the mountains of Wales. 他徒步穿越了威尔士山区。❸踩，踏，践：Someone tramped on my toes on the bus. 在公共汽车上有人踩了我的脚。■ n. ❶Ⓢ重步声，脚步声 ❷Ⓢ长途跋涉 ❸Ⓒ游民，流浪汉

trample ['træmpl] vt.& vi. ❶踩，踏：Don't trample on the grass. 勿踏草地。❷践踏，蹂躏

trance [trɑːns] n. Ⓒ❶出神，恍惚：be in a ~ 精神恍惚 ❷昏睡状态

tranquil ['træŋkwɪl] adj. 安静的；平静的；宁静的：a ~ night 平静的夜晚‖ **tranquil(l)ity** n. 安静；平静；宁静

tranquilize, -ise ['træŋkwɪlaɪz] vt. 使平静，使安静‖ **tranquilization, -isation** n. 平静，安静

tranquilizer, -iser ['træŋkwɪlaɪzə] n. Ⓒ镇静剂，止痛药

transact [træn'zækt] vt. 办理（业务等）

transaction [træn'zækʃən] n. ❶Ⓤ处理，办理，执行 ❷Ⓒ（一笔）交易；（一项）事务：~ for money 现金交易

transcend [træn'send] vt. ❶超出或超越（经验、信念、描写能力等）的范围 ❷优于或胜过…

transcendent [træn'sendənt] adj. 卓越的；至高无上的

transcribe [træns'kraɪb] vt. ❶抄写，誊写或用打字机打印（某物）：~ lecture notes 誊写讲课笔记 ❷用音标标出（声音）❸改编（乐曲）（以适应他种乐器或声部）❹（用不同的录音手段）转录，复制‖ **transcriber** n. 抄写者

transcript ['trænskrɪpt] n. Ⓒ❶抄本，誊本；打字本；副本 ❷学生成绩报告单

transcription [træns'krɪpʃən] n. ❶Ⓤ抄写；转录；标音 ❷Ⓒ抄本，副本，文字记录

transfer [træns'fɜː] (**-rr-**) vt.& vi. 转移；迁移：The company has transferred to an eastern location. 这家公司已搬到东部某地。/I intend to transfer the property to my son. 我想把

这笔财产转给我儿子。vt. 转让；~ rights to sb 把权利让与某人‖~ from ①从…传给〈转到〉②改变路线,转乘,换乘／~ into 搬进,转到 ■ ['trænsfə:] n. ❶ⒸⓊ转移；转让；转录：The manager arranged for his transfer to another football club. 经理安排他到另一个足球俱乐部。❷Ⓤ中转,换乘,改变路线‖transfer book（股票等的）过户账／transfer company 转运公司／transfer days 过户日／transfer slip 拨款单

transfigure [træns'fɪgə] vt. 改变…的外表,美化,使变得高尚或理想

transfix [træns'fɪks] vt. ❶刺穿,钉住 ❷使惊恐,使惊呆

transform [træns'fɔ:m] vt. & vi. 改变：~ deserts 改造沙漠／The sofa can transform for use as a bed. 这个沙发可作作床用。／Marriage has completely transformed her. 结婚使她完全改变了。‖~ into 把…转变成…‖transformable adj. 能改变的；可改造的

transformation [ˌtrænsfə'meɪʃən] n. ❶Ⓤ变化,变形,变质,转变：But the breadth of the economic transformation can't be measured by numbers alone. 但只是有数字并不能概括经济变化的程度。❷Ⓒ转变实例

transformer [træns'fɔ:mə] n. Ⓒ变压器：~ station 变电站

transfuse [træns'fju:z] vt. ❶输（血或别的液体）❷渗透

transfusion [træns'fju:ʒən] n. ⒸⓊ输血：drip ~ 滴注输液

transgress [træns'gres] vt. 超越,越过 vi. 做坏事；道德败坏,违反道德

transistor [træn'sɪstə] n. Ⓒ❶晶体管 ❷晶体管收音机,半导体收音机

transit ['trænsɪt] n. Ⓤ搬运；载运；运输：His luggage was lost in transit. 他的行李在运送中丢失。‖transit camp 过境部队宿营地／transit company 转运公司／transit compass〈天〉子午仪／transit duty 通过税,通行税／transit goods 转口货物／transit passenger 过境者／transit visa 过境签证／transit trade 转口贸易

transition [træn'zɪʃən] n. ⒸⓊ过渡；变；变迁：Adolescence is the period of transition between childhood and adulthood. 青春期是童年与成年之间的过渡时期。‖transitional adj. 过渡的；转变的；变迁的

translate [træns'leɪt] vt. & vi. 翻译；解释；转化：These jokes would be far too difficult to translate. 这些笑话也许极其难译。／He was occupied in translating an English novel. 他正忙于翻译一本英文小说。／We translated his silence as a protest. 我们把他的沉默解释为抗议。‖~ for 为…进行翻译／~ from 译自；（把…）从…译成／~ into ①（把…）翻译成…②把…转化成／~ to（把…）转移到…；（把某人）调到…

translation [træns'leɪʃən] n. ❶Ⓤ翻译 ❷Ⓒ译本,译文：Lanny got a French translation of the seven plays. 兰尼有这七个戏剧的法文译本。

translator [træns'leɪtə] n. Ⓒ译员,翻译

transliterate [trænz'lɪtəreɪt] vt. 把（词、句子等）用另一字母体系拼出,音译

translucent [trænz'lu:snt] adj. 半透明的：Frosted glass is translucent. 毛玻璃是半透明的。

transmission [trænz'mɪʃən] n. ❶Ⓤ传送,传播,传达：automatic ~ 自动传递／be delayed in ~ 在传送中被耽误 ❷Ⓒ播送：We interrupt our normal transmissions to bring you a piece of special news. 我们中断正常节目,播送一条特别新闻。❸Ⓒ传动装置,变速器：~ case 变速箱／The company has a transmission plant in France. 那家公司在法国有一座变速器工厂。

transmit [trænz'mɪt] (-tt-) vt. & vi. 发射,播送,广播：~ a telegram 发送电报／The station transmits from 6 a.m. until midnight. 电台从早晨六点开始播音,一直持续到半夜。vt. ❶传播,传染：~ a report 传达报告／Insects can transmit diseases. 昆虫能传播疾病。❷传导：Glass transmits light but not sound. 玻璃传导光,但不传导声音。‖~ by〔through〕通过…传播／~ to 把…传给

transmitter [trænz'mɪtə] n. Ⓒ传送者,传达者；发射机,发报机,送话器：a radio ~ 无线电发射机／a TV ~ 电视发射台

transmogrify [trænz'mɒgrɪfaɪ] vt. & vi. 魔术般地变,令人吃惊地变

transmute [trænz'mju:t] vt. 使变形,使变质,把…变成…

transparency [træns'peərənsɪ] n. ❶Ⓤ透明(性) ❷Ⓒ幻灯片

transparent [træns'peərənt] adj. ❶透明的：a ~ lid 透明的盖子／~ air 透明的空气／She dressed a transparent silk blouse. 她穿了一件薄得透明的丝绸衬衣。／The window glass is transparent. 窗玻璃是透明的。／The water is so transparent that we can see the fishes swimming. 水清澈透明,可以看到鱼儿游来游去。❷含意清楚的,显而易见的：~ honesty〔sincerity〕绝对诚实〔忠诚〕／It's a transparent lie. 这是不折不扣的谎言。／The meaning of this passage seems quite transparent. 这一段的意思看来是相当清楚的。／It was transparent that she was irritated. 显然她是生气了。

transpire [træns'paɪə] vi. ❶（事实,秘密等）被人知道,泄露,显露 ❷发生 vt. & vi.（身

transplant ['trænspla:nt] vt. ❶移植,移种 ❷(人)移居,迁移: A group of farmers were transplanted to the island by the government. 一批农民被政府迁到这个岛上居住。❸移植(器官、皮肤、头发等): ~ a heart 移植心脏 ∎ n. ⓒ❶(器官、皮肤、头发等的)移植: Several of the patients had received kidney transplant. 病人中有几位已接受了肾移植手术。❷移植的器官,移植物: a skin ~ 移植的皮肤

transport ['træns'pɔ:t] vt. ❶运送;流放: ~ the products 运送产品/~ the wheat 运小麦/A bus transported us from the airport to the city. 一辆公共汽车把我们从飞机场送到城里。The Czar government transported him to Siberia. 沙皇政府把他流放到西伯利亚。❷使万分激动: The beautiful music transported the audience. 优美的音乐使听众心旷神怡。‖ **to** 把…运送到;流放到 ∎ n. = transportation¹ ‖ **transportable** adj. 可运输的,可流放的

transportation¹ [,trænspɔ'teɪʃən] n. Ⓤ ❶运送,运输: air ~ 空运/railway ~ 铁路运输/The transportation of goods by air costs a lot. 航空运输货物花费很高。❷运输工具: provide ~ 提供运输工具/The transportation took off with its cargo at midnight. 运输机载着货物深夜起飞了。‖ **transportation company** 运输公司/**transportation permit** 许可证/**transportation system** 运输系统

transportation² [,trænspɔ'teɪʃən] n. Ⓤ 流放,放逐: In the past, British convicts could be sentenced to transportation. 过去,英国的囚犯可能会被判流放。

transpose [træns'pəʊz] vt. ❶使变位 ❷变换顺序 ❸使变调

trap [træp] vt. (-pp-) ❶诱骗;诱捕;设陷阱捕捉: How many rabbits have you trapped in your special trap this week? 这个星期你用特制的捕兽器具捕捉了多少只兔子？❷困住,使陷入绝境: Thirty miners were trapped underground after the fire. 起火后有三十名矿工被困在地底下。❸使受限制: I trapped a lie in my throat. 我把就要脱口而出的一句谎话忍住了。‖ ~ **in** 用…捕捉;使困于 / ~ **into** 诱骗 …使之采取某种行动 ∎ n. ⓒ❶(捕捉动物的)夹子,罗网,陷阱 ❷圈套,困境 ❸(对付人的)计谋,策略,陷阱

trapper ['træpə] n. ⓒ设陷阱捕兽的人

trappings ['træpɪŋz] n. ℗(作为官职标志的)服饰,饰物

trash [træʃ] n. Ⓤ❶拙劣的材料[作品]: literary ~ 文学糟粕之作/Don't read that trash. 别读那种蹩脚作品。❷垃圾;废物: rake up ~ 收拾垃圾/throw ~ 扔垃圾/Put out the trash. 把垃圾拿出去。❸没出息的人 ∎ vt. 捣坏;弄脏: The guys got angry and trashed the bar. 这些小伙子生气了并砸毁了酒吧。

trauma ['trɔ:mə] n. (pl. ~s) ⓒ❶心灵创伤,精神创伤: suffer the ~ of war 经受战争的创伤 ❷损伤,外伤: a physical ~ 外伤 ‖ **traumatism** n. 损伤病,创伤病

traumatic [trɔ:'mætɪk] adj. (经历)痛苦难忘的,造成精神创伤的

traumatize, -ise ['trɔ:mətaɪz] vt. ❶使受精神创伤 ❷使受外伤

travel ['trævəl] n. ❶Ⓤⓒ旅行,行走: enjoy ~ 旅行愉快/dangerous ~ 危险的旅行/Travel broadens the mind. 旅行可以使人胸襟开阔。/He gave a talk to the Women's Institute on his travels in Asia. 他就他的亚洲之旅对妇女协会发表非正式演讲。❷℗游历;游记: irrelevant ~s 离题的游记/Do you like books of travels? 你喜欢读游记吗？∎ (-ll-, 〈美〉-l-) vi. ❶旅行,到远处去: You are not fit to travel. 你不宜外出旅行。/He has travelled widely. 他到过很多地方。❷移动,传导: The wheel travells along this bar. 轮子顺着这根滑竿移动。/Sound waves will not travel through a vacuum. 声波在真空里不能传播。❸旅行推销,兜售: My husband travels for a firm. 我丈夫替一家公司作旅行推销。❹飞速前进,飞驰: That motorbike was really travelling. 那辆摩托车开得飞快。∎ vt. 走遍: He travelled the whole world. 他周游了全世界。❷走过: We have travelled a tortuous road. 我们走过了曲折的道路。‖ ~ **by** 乘…旅行/~ **from** 从…启程去旅行/~ **in** 在…旅行;到处推销 / ~ **on** 骑马〔徒步〕旅行/~ **over** 穿越…旅行;扫过;把…过一遍/~ **to** 朝…方向旅行/~ **with** 与…作伴旅行;参与 ‖ **travel agency** 旅行社/**travel agent** 旅行代理人/**travel insurance** 旅行保险/**travel sickness** 晕车〔船,机〕

traveller,〈美〉**traveler** ['trævlə] n. ⓒ ❶(常)出远门的人,旅游者 ❷巡回推销员 ‖ **traveller's cheque** 旅行支票/**traveller's letter of credit** 旅行信用卡/**traveller's tales** 海外奇谈

traverse ['trævəs] n. ⓒ(爬山时的)Z形攀登 ∎ vt. 横越,穿越,横贯 vi. (爬山时)作Z形攀登

trawl [trɔ:l] n. ⓒ❶拖网 ❷排钩绳 ∎ vt. & vi. (在…)以拖网捕鱼 ‖ **trawlboat** n. 拖网渔船/**trawlnet** n. 拖网

tray [treɪ] n. ⓒ❶盘子,托盘: a silver ~ 银盘/a tea ~ 茶盘/There were two glasses of champagne on the tray. 托盘里有两杯香槟酒。❷文件盘: Letters were piled high in the tray. 文件盘里有很多信。

treacherous ['tretʃərəs] adj. ❶骗人的,不可信的,靠不住的: a ~ friend 背信弃义的朋友 ❷危险的 ‖ **treacherously** adv. 背信弃义地/**treacherousness** n. 背信弃义,背叛

treachery [ˈtretʃəri] n. ❶Ⓤ 背信弃义，不忠，背叛，欺诈: *His treachery led to the capture and imprisonment of his friend*. 由于他的背叛，他的朋友被捕入狱。❷Ⓒ 背叛行为；欺诈行为

tread [tred] (pt. **trod**, pp. **trodden** or **trod**) vi. 踩, 踏: *He accidentally trod on her foot*. 他不小心踩了她的脚。 vt. ❶踩成，踏出: *Cattle had trodden a path to the pond*. 牛踩出了一条通向池塘的路。❷步行于，在…上走: *Every day he trod the same path through the woods*. 他每天沿同一条路走过森林。❸踩(烂)，践踏: *He trod the golden beetle underfoot*. 他把一只金色的甲虫踩在脚下。/ *The people have been trodden down for too long*. 人民受践踏的时间太久了。■ n. ❶Ⓢ 踏，踩，步态，足音: *We heard father's tread on the steps*. 我们听到台阶上父亲的脚步声。❷Ⓒ (楼梯的) 踏板，梯面: *The stair treads were covered with rubber to prevent slipping*. 楼梯踏板上覆盖着橡胶以防滑。❸Ⓒ Ⓤ 轮胎接触地面的部分，胎面: *a worn ~* 磨损的车胎胎面 / *The back tyre tread is worn a little*. 后车胎胎面有点磨损。

treasure [ˈtreʒə] n. ❶Ⓤ 金银财宝；宝藏: *dig ~* 挖掘财宝 / *He amassed great treasure*. 他积累了大量的金银财宝。❷Ⓒ 珍宝，贵重物品: *collect ~* 收集珍品 / *a priceless ~* 无价的珍品 / *national ~* s 国宝 / *The library has many art treasures*. 这家图书馆收藏了很多艺术珍品。❸Ⓒ 不可多得的人才: *My secretary's a real treasure*. 我的秘书确实是一个不可多得的人才。■ vt. 重视；珍惜: *I certainly treasure the friendship between us very much*. 我当然非常珍视我们之间的友谊。‖ *~ up* 铭记；珍藏 ‖ **treasure-house** n. 宝库

treasurer [ˈtreʒərə] n. Ⓒ (团体等的) 司库，财务主管

treasury [ˈtreʒəri] n. ❶Ⓢ (政府的) 财政部 ❷Ⓒ 国库，金库

treat [triːt] n. Ⓒ ❶款待，招待: *afford a ~* 款待 / *She was cooking fish as a treat*. 她正在煮鱼来款待客人。❷乐事，乐趣: *These performances are a great treat to me*. 看这些表演节目对我来说是一大乐事。■ vt. ❶对待，看待: *He treated me all right*. 他待我不错。/ *Please treat the matter seriously*. 请认真对待这件事。❷处理: *The water is chemically treated*. 这水是经化学处理的。❸探讨，讨论，论述: *The book treats the problems of economic development*. 这本书探讨经济发展的问题。❹把…看作: *They treated me as their own child*. 他们把我当亲生孩子看待。/ *He treated money as having little value*. 他认为钱没有多大的价值。❺治疗: *The dentist is treating my teeth*. 牙科医生给我治牙。 vt. & vi. 请客，款待: *I'll treat today*. 今天我请客。/ *He treated them to a good dinner on New Year's Day*. 在新年那天，他请他们吃了一顿好饭。‖ *~ of* 论及 / *~ with* 对待；和…商谈；用防护措施处理某物 ‖ **treatable** adj. 好对付的，能处理的，能治疗的

treatise [ˈtriːtɪz] n. Ⓒ 专题著作，专题论文，专著: *a sensible ~* 很有见地的论文 / *The doctor wrote a treatise on alcoholism*. 那位医生写了一篇关于酗酒问题的论文。

treatment [ˈtriːtmənt] n. ❶Ⓤ 处理；对待，待遇: *The mayor's treatment of the problem satisfied both sides in the dispute*. 市长对这个问题的处理使争议双方感到满意。/ *The water is crystal clear and drunk without any treatment*. 那水很干净，不经任何处理即可饮用。/ *I will not submit to such treatment*. 我不甘心忍受这样的待遇。❷Ⓒ Ⓤ 治疗；疗法: *a new ~ for asthma* 哮喘病的新疗法 / *She's receiving treatment for cancer*. 她正在接受癌症治疗。

treaty [ˈtriːtɪ] n. ❶Ⓒ 条约: *They signed a treaty to settle all border disputes by arbitration*. 他们通过仲裁签订了解决所有边界争端的条约。❷Ⓤ 协议，协定: *The house was sold by private treaty*. 这座房子是通过私下订立协议出售的。

treble[1] [ˈtrebl] adj. 三倍的 ■ vt. & vi. (使) 成三倍 ‖ **trebly** adv. 三倍地

treble[2] [ˈtrebl] n. Ⓒ ❶能唱最高音部的男孩子 ❷最高音部

tree [triː] n. Ⓒ ❶树，乔木: *The old trees were profiled against the pale sky*. 那些老树的轮廓映衬在苍白的天空上。/ *There're some apples on the tree*. 那棵树上有几个苹果。/ *There's a bird in the tree*. 树上有只鸟。❷树状图，世系图: *A family tree is a diagram with branches, showing how the members of a family aredescended and related*. 家谱是说明家族成员血缘承袭关系的明细分支图。‖ *bark up the wrong ~* 把…搞错了 / *grow on ~s* 多，易获得等

trek [trek] vi. 艰苦跋涉，徒步旅行

tremble [ˈtrembl] vi. ❶发抖，颤抖: *The room is warm now, but he is still trembling*. 房间里现在暖和了，但他仍然哆嗦。/ *The whole house trembled as the train went by*. 火车开过时，整座房子都颤动了。❷焦虑，担忧: *I tremble to think of the consequences*. 我为可能产生的后果而担心。‖ *~ at* 被…吓得发抖 / *~ for* 为…担忧 / *~ with* 因…而发抖〔焦虑不安〕 ■ n. Ⓢ 震颤，发抖: *There was a tremble in her voice*. 她声音颤抖。

tremendous [trɪˈmendəs] adj. ❶极大的，巨大的: *There is a tremendous difference between them*. 他们之间有着极大的差别。/ *The response to our appeal was tremendous*. 对我们呼吁的反应极大。❷绝妙的，极棒的: *We went to a tremendous party last night*. 昨晚我们参

加了一个极棒的晚会。/ *I think you're tremendous*. 我认为你真了不起。‖ **tremendously** *adv*. 极大地;绝妙地/ **tremendousness** *n*. 巨大;绝妙

trench [trentʃ] *n*. ⓒ❶ 深沟,地沟:*dig a* ～ 挖一条沟 ❷战壕:*fortify a* ～ 加固战壕/ *open the* ～*es* 开始挖战壕的作业 ‖ **trench gun** 迫击炮

trend [trend] *n*. ⓒ❶ 趋势,倾向:*a welcome* ～ 可喜的趋势/ *economic* ～*s* 经济走势/ *the main* ～ 主流/ *The rise in violent crime is a disturbing new trend*. 暴力犯罪的上升是一种令人担忧的新趋势。/ *Can anything be done to reverse this trend?* 有什么办法扭转这种倾向吗? ❷流行:*The trend at the moment is towards a more natural and less made-up look*. 现在流行的是外表上更注重少加装扮的自然美。‖ **set a**〔**the**〕～ 开风气之先,带领新潮流

trendy ['trendɪ] *adj*. (**-ier,-iest**) 时髦的,赶时髦的,追随时髦的 ■ *n*. ⓒ时髦人物,赶时髦的人

trespass ['trespəs] *vi*.❶ 未经许可进入私人土地,擅入 ❷做坏事 ■ *n*. ❶ⓒⓤ非法进入,侵入私人土地,权利侵害,干扰:*The fishing boat was seized for its trespass into restricted waters*. 渔船因非法侵入受限制水域而被扣押。/ *They began to organize a mass trespass*. 他们开始组织大规模的侵犯。❷ⓒ罪过,过失:*Forgive us our trespasses!* 宽恕我们的罪过吧!

trial ['traɪəl] *n*. ❶ⓤⓒ审判,审理:*face a* ～ 受审/ *a criminal* ～ 刑事审判/ *He's standing trial for thieving*. 他正因涉嫌偷窃而接受审判。/ *The case is now under trial*. 案件正在审理中。❷ⓤⓒ测试,试验,考验:*a bitter* ～ 痛苦的考验/ *We shall put the machine to further trial*. 我们将进一步试验这部机器。/ *We'll make a trial of his intelligence*. 我们将测试他的智力。/ *They are doing clinical trials on a new drug*. 他们正在做一种新药物的临床试验。❸ⓒ讨厌的人〔事物〕,忧虑〔麻烦〕的原因:*The recorder next door is a great trial to us*. 隔壁邻居的那台录音机响得真是让人受不了。/ *That child is a trial to his parents*. 那小孩真让他父母伤脑筋。/ *The loss of relatives is among the most frequent trials in life*. 失去亲人是人生最常遇到的痛事之一。‖ **on** ～ 受审;在试验〔测试〕中/ ～ **and error** 反复试验,从失败中找到解决办法 ‖ **trial flight** 试飞/ **trial run** 试运转,试车

triangle ['traɪæŋgl] *n*. ⓒ❶ 三角形;三角形物体:*He drew a right triangle*. 他画了一个直角三角形。/ *The place is a cobbled triangle*. 这个地方是一块铺石子的三角地。❷三人一组;三角关系

triangular [traɪ'æŋgjulə] *adj*. ❶ 三角(形)的 ❷三者之间的

tribal ['traɪbəl] *adj*. Ⓐ部落的

tribe [traɪb] *n*. ⓒ❶ 部落,种族:*America was once the home of many Indian tribes*. 美洲曾经是许多印第安部落的故土。❷ (动、植物的)族,类:*the rose* ～ 玫瑰族 ❸ (一)帮,(一)伙,(一)批:*the vagrant* ～ 一批流浪者 ‖ **tribesman** *n*. 部落的一员

tribunal [traɪ'bju:nl] *n*. ⓒ审理委员会,特别法庭:*The rent tribunal reduced my rent*. 房租审理委员会减少了我的房租。

tributary[1] ['trɪbjutərɪ] *n*. ⓒ支流

tributary[2] ['trɪbjutərɪ] *adj*. (需向…)进贡的,附庸的

tribute ['trɪbju:t] *n*. ⓒⓤ❶ 贡金,贡物:*Many conquered nations had to pay tribute to the rulers of ancient Rome*. 许多被征服的国家必须向古罗马的统治者纳贡。❷称赞,颂词:*a glowing* ～ 热烈的赞扬

trick [trɪk] *n*. ⓒ❶ 戏法,把戏:*An old dog cannot learn new tricks*. 老狗学不会新把戏。/ *Can you do magic tricks?* 你会变魔术吗? ❷计谋,诡计,花招:*Don't be fooled by any of her cunning tricks*. 不要被她的任何诡计所骗。/ *He even plays a shabby trick on his father*. 他甚至同他的父亲玩弄卑鄙的手段。/ *I thought I saw a ghost, but perhaps it was only a trick of the light*. 我以为我看见鬼了,但这大概不过是灯光在捉弄人。❸诀窍,技巧,技艺:*Patience is the trick in doing a job well*. 耐心是做工作的诀窍。‖ **be up to one's old** ～**s** 施展让别人不悦的惯技/ **every**〔**any**〕～ **in the book** 每一种〔任何〕着数〔计谋〕/ **not**〔**never**〕 **miss a** ～〈口〉非常机警〔警觉〕■ *vt*. ❶ 哄骗;欺骗:*Don't try to trick me!* 不要欺骗我! / *A clever lawyer should be able to trick the prisoner into an admission of guilt*. 聪明的律师应能诱使罪犯认罪。❷打扮:*She tricked herself out for the party*. 她把自己打扮起来去参加晚会。‖ ～ **into** 诱骗…使之采取…/ ～ **out** 打扮,装饰/ ～ **out of** 骗取(某人)的(某物) ■ *adj*. ❶ 用于特技的:*Trick photography is one of his hobbies*. 特技摄影是他的爱好之一。❷有意捉弄人的:*It was purely a trick question*. 这纯粹是一个有意捉弄人的问题。‖ **trick flight** 特技飞行/ **trick scene** 旋转舞台

trickle ['trɪkl] *vt.& vi*. 滴,淌,细流:*Blood trickled slowly down her cheek*. 血从她的面颊上缓缓地淌了下来。/ *The engine was trickling oil*. 发动机在滴油。■ *n*. Ⓢ滴,淌,细流

tricky ['trɪkɪ] *adj*. (**-ier,-iest**)❶ (形势、工作等)复杂的,棘手的 ❷狡猾的,诡计多端的

tried [traɪd] *adj*. Ⓐ考验过的,试验过的,可靠的

trifle ['traɪfl] *n*. ⓒ❶ 无价值的东西;琐事:*It's silly to quarrel over trifles*. 为小事争吵是

愚蠢的。❷少量,少许,一点点:I'll have just a trifle of the dessert.我只要吃少量的甜点心。■vt.轻视,小看:The text is not to be trifled with.原文不应被轻视。

trifling ['traɪflɪŋ] adj.微不足道的,不重要的

trigger ['trɪgə] n.Ⓒ(枪)扳机:ease a ~一松开扳机 ■vt.引发,引起(连锁反应)

trillion ['trɪljən] n.Ⓒ❶(尤美、法)万亿,兆 ❷(尤英、德)百万兆 ❸大量,巨额

trilogy ['trɪlədʒɪ] n.Ⓒ(小说、戏剧、音乐等的)三部曲

trim [trɪm] vt.(-mm-)❶修剪,整修:The gardener trimmed the hedge.那位园林工人修剪了树篱。❷除去,削减:Ask the meat man to trim away the fat edges of the meat.请卖肉师傅把这块肉边上的肥膘切掉。/You must trim your costs if you want to make bigger profits.如果你想获得更大的利润,就必须削减开支。❸装饰‖～ away〔off〕剪掉,削减,删除/～ down 削减,减 ■ adj.(-mmer,-mmest)整齐的,整洁的,匀称漂亮的:He keeps his room trim.他把房间整理得井然有序。/She looks very trim.她看起来很苗条。■n.❶Ⓢ修剪:She went to the hairdresser's for a trim.她到理发店理发去了。❷Ⓤ准备就绪,井井有条,整整齐齐,状态极佳‖ **trimly** adv.整齐地,整洁地/ **trimness** n.整齐,整洁

trimming ['trɪmɪŋ] n.Ⓟ装饰品,讨人喜欢的附加品:She was about to alter the trimmings of the dress.她打算改动这件女服的装饰。❷修剪下来的东西

Trinity ['trɪnɪtɪ] n.Ⓢ(基督教圣父,圣子,圣灵)三位一体

trinket ['trɪŋkɪt] n.Ⓒ小装饰品,小件饰物,琐物

trio ['trɪəʊ] n.(pl.～s)Ⓒ❶三人一组,三件一套 ❷三重奏,三重唱 ❸三重奏〔三重唱〕乐曲

trip [trɪp] n.Ⓒ旅行,旅游,有目的的外出:I'll make a bus trip to the town next week.下星期我将乘公共汽车进城。/He often makes a round trip to the hospital alone.他经常一个人往返医院。■(-pp-)vi.❶轻快地行走〔奔跑,跳舞〕:The child tripped lightly like a bird.那个孩子像鸟儿一样轻快地奔跑着。/She is tripping along with her little steps.她踏着小步在轻盈地跳着舞。vt.& vi.❶绊倒:I tripped and fell.我绊了一跤。/He stuck his foot out and tripped me.他伸出脚把我绊倒。❷(使)犯错误:He tripped when trying to spell this word.他在拼写这个词时拼错了。/The clever lawyer tripped the witness.那个聪明的律师使证人说错了话。‖～ over被…绊倒;读错,说错/～ up 绊倒,跌倒;抓住(某人)的差错;(使)犯错误

tripe [traɪp] n.Ⓤ❶牛肚(供食用) ❷废话,胡思乱想,瞎写或瞎说的东西

triple ['trɪpl] adj.Ⓐ三倍的,三方的,三部分的 ■vt.& vi.(使)增至三倍

tripod ['traɪpɒd] n.Ⓒ(照相机等的)三角架

triumph ['traɪəmf] n.❶Ⓤ胜利,成功:The victorious army returned in triumph.获胜的部队凯旋而归。❷Ⓒ巨大的成就〔成功〕:He achieved great triumphs.他获得了巨大成功。■vi.获胜,得胜,克服:He had met the challenge and triumphed.他迎接挑战并取得了胜利。‖～ over战胜…;克服…

triumphant [traɪˈʌmfənt] adj.❶胜利的,成功的 ❷(因胜利而)喜气洋洋的,欢欣鼓舞的 ‖ **triumphantly** adv.成功地;喜气洋洋地

trivia ['trɪvɪə] n.Ⓟ琐事,不足道的细枝末节

trivial ['trɪvɪəl] adj.❶琐碎的,没有价值的,没有意义的 ❷平常的,普通的

trolley ['trɒlɪ] n.(pl.～s)Ⓒ❶(两轮或四轮的)手推车:We need a trolley.我们需要一辆手推车。❷装有脚轮的小台车:In a library, books are moved on a trolley.在图书馆,书籍是放在台车上搬动的。❸电车:Cars and trolleys filled the street.小汽车和有轨电车挤满了街道。‖ **trolleyman** n.电车司机/**trolley wire** 电车架空线

troop [truːp] n.❶Ⓟ军队,部队:The troops swept past.部队疾驰而过。❷一群,一队:A troop of visitors arrived.一群来访者抵达。/He was surrounded by troops of friends.他被群群朋友围住了。■vi.成群结队地走:The miners trooped home.矿工们成群结队地回家了。/The students trooped into the classroom.学生们列队走进教室。‖ **troop carrier** 部队运输机/**troopship** n.部队运输船

trophy ['trəʊfɪ] n.Ⓒ❶(体育比赛中赢得的)奖品,奖杯:a silver ～银奖杯/a shining ～ 闪闪发光的奖杯 ❷胜利纪念品,战利品:a war ～战利品

tropic ['trɒpɪk] n.❶Ⓒ回归线:the T- of Cancer〔Capricorn〕北〔南〕回归线 ❷Ⓟ热带,热带地方:in the ～s在热带地区

tropical ['trɒpɪkəl] adj.热带的;炎热的:～ diseases〔fish, plants〕热带疾病〔鱼,植物〕/He has bought some tropical fruits.他买了一些热带水果。/He is used to the tropical weather.他习惯了炎热的天气。/Summer was almost tropical last year.去年的夏天十分炎热。‖ **tropical fish** 热带鱼

trot [trɒt] (-tt-) vt.& vi.小跑,急走 vi.匆匆忙忙地走‖～ round(领某人)到处走走 ■n.Ⓢ小跑,急走:He had broken into a trot.他突然小跑起来。/They passed me at a trot.他们从我身边快步走过。

trouble ['trʌbl] n. ❶ⓒ困难,忧虑,麻烦: The old lady told me all her troubles. 这个老太太把她的烦恼都告诉了我。/ He has been through much trouble. 他已渡过许多困难。❷ⓤ困境,险境: The new company did well at first, but then ran into trouble. 这家新公司最初办得还不错,但后来就陷入困境了。❸ⓤ麻烦,费事: allay〔cause〕~ 减轻〔引起〕麻烦/ The trouble is that he doesn't have enough money. 麻烦在于他缺钱。❹ⓤⓒ动乱,纠纷: adjust ~ 调解纠纷 / international ~ 国际争端 / political ~ 政治纷争 / She had no hand in this trouble. 她没有参与这次纠纷。❺ⓤ毛病,故障: The car's got some sort of engine trouble again. 车子的引擎又出了什么故障。‖ ask for ~ 自找麻烦 / be in ~ 处于危险〔受罚,痛苦〕之中 / get into ~ (给…)找麻烦,(使…)陷入困境 / go to (the) ~ 不辞劳苦,费劲 / have ~ in 有困难,费事 / have ~ with 有病痛,因…苦恼,同…闹纠纷 / make ~ 制造麻烦 / put to ~ 给…增添麻烦 / save〔spare〕~ 省事,避免麻烦 / take the ~ 不怕费事〔困难〕■ vi. 费神,费心: I mustn't trouble if he doesn't come tonight. 今晚他若不来,我就不用费心劳神了。/ Please don't trouble to see me off at the station. 请不用麻烦到车站送我了。vt. 使烦恼,使忧虑: I don't wish to trouble them. 我不愿意去麻烦他们。/ What troubles me is that the supply of raw materials is not ensured. 使我担忧的是原料供应没有保证。/ May I trouble you to shut the door? 麻烦你把门关上好吗? ‖ ~ about (使…)为…挂虑 / ~ for 请求…给予… / ~ with 因…使…忧虑不安

troublesome ['trʌblsəm] adj. 引起麻烦的,令人讨厌的,令人烦恼的: He is a troublesome person. 他是一个讨厌的人。/ It is a troublesome question. 那是一个棘手的问题。/ This work is very troublesome. 这工作很讨厌。/ Teaching seems troublesome to him. 教书对于他来说好像是烦扰的事。/ Chinese characters are troublesome to write. 汉字很难写。‖ **troublesomely** adv. 令人烦恼地

trounce [trauns] vt. 使大败,痛打,严惩

troupe [truːp] n. ⓒ剧团,艺术团体: a ballet ~ 芭蕾舞剧团 ‖ **trouper** n. 剧团演员

trousers ['trauzəz] n. pl. 裤子: He wore a pair of black trousers. 他穿着一条黑色裤子。/ The two pairs of trousers are mine. 这两条裤子是我的。

trout [traut] n. (pl. ~)ⓒ鳟鱼

truant ['truənt] n. ⓒ旷课的小学生,逃学生 ‖ **play** ~ 旷课,逃学

truce [truːs] n. ⓒ休战,停战(协定);停止争辩(的协议): break a ~ 破坏停战协定 / A truce was declared between the two armies. 两军之间宣布停战。

truck [trʌk] n. ❶货车,卡车,载重汽车: a light ~ 轻型卡车 / He drives a truck. 他开卡车。❷(铁路的)无盖货车;(行李)搬运车: A railway truck carries about 10 tons. 一节货车大约能载十吨货物。‖ **have no ~ with** 不和(某人)来往;不能容忍

trudge [trʌdʒ] vt.& vi. 跋涉,吃力地走: He trudged wearily along the path. 他沿着小路疲惫地走去。/ There was a stream of refugees trudging up the valley towards the border. 一队难民步履艰难地爬上山谷向着边境走去。■ n. ⓢ跋涉,长途疲劳的步行

true [truː] adj. (-r,-st) ❶真实的: It is a true story. 那是个真实的故事。/ The story must be true, for I read it in the newspaper. 这个故事准是真的,因为那是我在报上看到的。/ Is it true that he has left London? 他已离开了伦敦的消息属实吗? ❷ⓐ实际的: His true motives only emerged later. 他的实际动机是后来才显露的。❸ 真正的,纯正的: Who was the true heir to the throne? 谁是真正的王位继承人? ❹ 忠实的;忠诚的: He is a true friend. 他是一个忠实的朋友。/ He is always true to his friends. 他始终忠于朋友。❺ 逼真的: I think the painter has produced a very true likeness. 我认为这位画家画得非常逼真。/ You have to admit that these sketches are true to life. 你得承认这些素描很逼真。❻ⓟ正确的,准确的: If the door's not exactly true it won't close properly. 这扇门如果安得不正确就关不上。/ It would be truer to say that he was careless than that he was unkind. 与其说他待人苛刻倒不如说粗心更准确。‖ **come** ~ 实现,成真 / **one's** ~ **colours**〈贬〉本来面目,本性 / ~ **to form**〔**type**〕一如往常,一如既往

truly ['truːlɪ] adv. ❶真正地: He is a truly good man. 他是个真正的好人。❷忠实地,真诚地: You must speak truly. 你必须说实话。/ I am truly grateful for all your help. 我实在感谢你的帮助。

trump [trʌmp] n. ⓤ(牌戏)王牌,将牌: She played a trump. 她打出了王牌。■ vt. (牌戏)出王牌赢(一牌或一墩) ‖ ~ **up** 捏造罪证 / **trump card** 王牌

trumpet ['trʌmpɪt] n. ⓒ喇叭,小号: a clear ~ 响亮的号声 / He is blowing a trumpet. 他正在吹喇叭。/ She played a tune on her trumpet. 她用小号吹了一支乐曲。‖ **blow one's own** ~ 自我吹嘘 ■ vt. 大肆宣扬,鼓吹: She is always trumpeting her son. 她总是吹嘘她儿子。‖ **trumpeter** n. 吹喇叭的人,号手,号兵

truncate [trʌŋ'keɪt] vt. ❶截去顶端或末端 ❷截短

trunk [trʌŋk] n. ⓒ❶树干: The boy could be seen with his legs wrapped around the trunk. 只见那男孩双腿盘着树干。❷衣箱: They are unpacking a trunk. 他们正在打开衣箱。❸象鼻: The elephant's trunk is bigger than other animals'. 大象的鼻子比其他动物的大。‖ trunk canal 干渠/trunk line 干线/trunk road 干道

trust [trʌst] n. ❶信任,信赖,相信: You've betrayed my trust. 你辜负了我的信任。/ She is my sole trust. 她是我惟一信赖的人。❷ⓊⒸ信托,托管: The property is merely a trust. 这财产不过是一项委托物。/ She left money to her uncle to keep in trust for her children. 她把钱留给她叔叔,请他替她的子女保管。❸ⓊⒸ照管,关怀;职责: He's not yet old enough to be employed in a position of trust. 他还年轻,不能担当重任。/ I shall think it is a great trust to obey the wishes of my dead father. 我认为按照先父的愿望去做是我重大的职责。‖ buy〔get, sell〕on ～ 赊购/in sb's ～ 由某人照管〔负责〕/in ～ (for)代管/leave in ～ with 由…代管/take on ～ 凭信用担保接受,不经证明〔仔细考虑〕就相信/to sb's ～ 委托…保管 ■ vt. & vi. 相信;信任: I don't trust. 我不相信。/ We have always trusted him. 我们一直信任他。/ I trust to hear better news from you. 我希望从你口中听到更好的消息。/ I trust that I'm right. 我相信我是对的。/ I can't trust what you say. 我不能相信你的话。/ You may trust me that I'm speaking the truth. 你可以相信我在说实话。/ You cannot trust him to keep his promise. 你不可能相信他会履行诺言。‖ ～ for 相信,信赖;赊卖/～ in 相信;信任/～ to 依靠,依赖;交给…(保管,办理等)/～ with 把…托给(某人)管理 ‖ **trust company** 信托公司/**trust deed** 信托书,委托书/**trust money** 托管金,委托金/**trust territory** 托管地,托管领土

trustee [trʌsˈtiː] n. Ⓒ❶受托人,信托公司 ❷(公司、学院)理事,董事,管理机构的成员

trustful [ˈtrʌstful] adj. (太)相信别人的,充满信任的,无疑心的 ‖ **trustfully** adv. 充满信任地/**trustfulness** n. 信任

trustworthy [ˈtrʌstˌwɜːði] adj. 值得信任的,可靠的

truth [truːθ] n. (pl. ～s)❶Ⓒ事实,真相,实情: I'm going to ascertain the truth. 我要查明真相。❷Ⓤ真实性: I grant the truth of what he says. 我承认他说的是真的。/ I challenged the truth of their story. 我对他们所说情况的真实性表示怀疑。❸Ⓒ真理: He was a seeker for truth. 他是一个追求真理的人。/ I have persuaded him of its truth. 我使他相信了其中的真理。‖ **bring out the** ～ 获知秘密的事/**burst on the** ～ 突然发现真知/**come at the** ～ 弄明白,弄清楚/**elicit the** ～ 引出真相,探出真相/**evolve the** ～ 推断事实真相/**find out the** ～ 发现真实情况/**hold back the** ～ 隐瞒真

相/**know〔learn〕the** ～ 知道事实真相/**search for〔seek after〕the** ～ 寻求真理/**speak the** ～ 说实话/**withhold the** ～ 不说真话

truthful [ˈtruːθful] adj. 说实话的,诚实的 ‖ **truthfully** adv. 诚实地/**truthfulness** n. 诚实

try [traɪ] (pt., pp. tried) vt. & vi. 试图;努力: If you can't do it the first time, try again. 要是你第一次做不成,就再试一下。/ He tried climbing the tall tree. 他试着爬上那棵树。/ He has been trying to solve the problem. 他一直在设法解决这一问题。/ Let me try retelling the story. 让我试着复述这个故事吧。/ Try what you can do. 试试看你能有什么办法。/ Try how far you can throw. 试试看你能扔多远。/ Let's try which takes most. 咱们试试哪种办法费时间最多。/ Let's try whether it will break. 咱们来试试,看它会不会折断。/ She tried herself to describe what she remembered. 她尽量说出她记得的情况。■ vt. ❶考验,磨炼: This will try your courage. 这对你的勇气将是一个考验。❷审讯,审理: So they tried him and sentenced him to twenty-five years in prison. 于是他们对他进行了审讯,判处了他25年徒刑。/ He was tried and found guilty. 他受审并被判有罪。‖ ～ **after〔for〕**谋求,争取/～ **on** 试穿;耍花招,哄骗/～ **one's best** 竭尽全力;尽力/～ **out** 试用;试验;选拔 ■ n. Ⓒ尝试: He cast off fear and decided to make a try. 他去掉害怕心理,决定试一试。/ He had a try at solving the problem. 他试图解决这个问题。

trying [ˈtraɪɪŋ] adj. 困难的,令人难受的,磨炼人的

tsar [zɑː] n. Ⓒ俄国沙皇

T-shirt [ˈtiːʃɜːt] n. ⓒT恤,短袖汗衫

T-square [ˈtiːskweə] n. Ⓒ(画平行线时用的)丁字尺

tub [tʌb] n. Ⓒ❶盆,桶 ❷一桶的量,一盆的量: a ～ of water 一桶水 ❸浴盆: clean out a ～ 把浴盆擦洗干净 ❹笨拙缓慢的船

tuba [ˈtjuːbə] n. Ⓒ(乐器)大号

tube [tjuːb] n. ❶Ⓒ管,软管: A test tube is closed at one end and open at the other. 试管一端封闭,一端开口。/ The artist has several tubes of red paint. 这位艺术家有几管红色颜料。❷Ⓢ〈英〉地铁: You may get to the railway station by tube. 你可以乘地铁到火车站。

tuber [ˈtjuːbə] n. Ⓒ(植物的)块茎(如马铃薯等): ～ crops 块茎作物

tubing [ˈtjuːbɪŋ] n. Ⓤ(金属、塑料等的)管形材料

tuck [tʌk] n. ❶Ⓒ(衣服的)褶,裥 ❷Ⓒ折叠 ❸Ⓒ美容手术 ❹Ⓤ(尤指小学生吃的)糕点、糖果等食品 ■ vt. ❶塞进: He tucked his shirt into his trousers. 他把衬衫塞进裤子里。❷翻折

Tuesday ['tju:zdɪ] n. U C 星期二: alternate ~ 每隔一个星期二/~ evening 星期二晚上/on ~ 在星期二/~ week 下周的星期二/Last Tuesday we went to the Summer Palace. 上个星期二我们去了颐和园。

tug [tʌg] vt. & vi. (-gg-) 用力拉; 使劲拉; 猛扯: We tugged so hard that the rope broke. 我们使劲地拉以至把绳子拉断了。/ She tugged the suitcase into her room. 她把手提箱拖进房间里。■ n. C 猛拉; 猛拖; 猛扯: Tom felt a tug at his sleeve. 汤姆觉得袖子被人拉了一下。‖ **tug-of-war** n. 拔河游戏

tugboat ['tʌɡbəʊt] n. C (拖、推其他船只进出港口和码头的大马力)拖船

tuition [tju'ɪʃən] n. U ❶学费 ❷课程讲授

tulip ['tju:lɪp] n. C 郁金香

tumble ['tʌmbl] vi. ❶翻滚: Children tumble over each other in play. 孩子们玩耍时相互连身翻滚。❷突然摔倒: The child tumbled down the stairs. 小孩从楼梯上跌下来。❸〈非正〉恍然大悟; 忽然明白‖~ **down the sink** 〈大口地〉饮水 ■ n. C (身不由己的或猛力的)倒下; 摔倒; 坠落: He took a tumble down the stairs. 他摔下了楼梯。❷[S]混乱; 杂乱‖ **take a** ~〈美俚〉恍然大悟‖ **tumblebug** n. 〈动〉金龟子科甲虫, 金龟子/**tumbledown** adj. 摇摇欲坠的

tumbler ['tʌmblə] n. C ❶玻璃酒杯 ❷杂技演员

tummy ['tʌmɪ] n. C〈非正〉胃: I ate a big Thanksgiving dinner, and now my tummy hurts. 我吃了一顿过量的感恩节正餐, 现在胃疼。

tumour, 〈美〉**tumor** ['tju:mə] n. C〈美〉肿瘤: a benign ~ 良性瘤/a fatty ~ 脂肪瘤‖ **tumourlike** adj. 像肿瘤的

tumult ['tju:mʌlt] n. [S] ❶激动的吵闹声: He could hear a great tumult in the street. 他可以听到街上巨大的喧闹声。❷心烦意乱: The quarrel left her in a tumult. 她吵架后心烦意乱。

tumultuous [tju'mʌltjʊəs] adj. ❶无秩序的; 混乱的, 狂暴的 ❷嘈杂的; 喧闹的

tun [tʌn] n. C (装啤酒、葡萄酒等的)大酒桶

tuna ['tju:nə] n. C U 金枪鱼; 金枪鱼肉

tune [tju:n] n. C ❶曲调, 曲子: the notes of a ~ 曲调/to a ~ 随着曲子/❷ to a song 歌的曲调/The violin and the piano seem to be out of tune. 钢琴和小提琴好像不合调。‖ **call the** ~ 定调子; 发号施令; 操纵/**change one's** ~ 改变(某人的)态度/**in** ~ 音调准确, 一致, 协调, 和睦, 合调地/**play down one's** ~ 降低调子/**to the** ~ 达…之多 vt. & vi. 调音: The orchestra tuned their instruments. 乐队调好了他们的乐器。vt. 调整: ~ accurately〔skilfully〕准确〔熟练〕地调整/~ perfectly 很协调/How long has it been since you've had a mechanic tune this engine? 你已经有多长时间没请汽车修理工调整这台引擎了? ‖ ~ **in** 调整频率(至…), 调整(收音机、电视)/~ **into** 和…谐调/~ **out** 不理, 对…无反应/~ **to** ①调到… ②(使)适合/~ **up** 调弦, 定音; 调试‖ **tuned** adj. 对时髦事物极敏感的, 赶时髦的/**tunesmith** n. (尤指流行歌曲的)作曲者

tuneful ['tju:nfʊl] adj. 声调优美的‖ **tunefully** adv. 声调优美地/**tunefulness** n. 声调优美

tuneless ['tju:nlɪs] adj. 声调不悦耳的

tuner ['tju:nə] n. C ❶无线电收音机 ❷调音师

tunic ['tju:nɪk] n. C ❶束腰宽松外衣 ❷一套制服的短上衣

tunnel ['tʌnəl] n. C ❶隧道, 地道: The train passed through a tunnel. 火车通过了一条隧道。❷(动物栖息的)穴: A mouse dug a tunnel under the lawn. 老鼠在草地下打了洞。‖ **tunnel(l)er** n. ①挖掘隧道的人 ②隧道挖掘机/**tunnellike** adj. 像地道的, 像坑道的

turban ['tɜ:bən] n. C 长头巾‖ **turbaned** adj. 包着头巾的; 戴着头巾的

turbid ['tɜ:bɪd] adj. 〈正〉混浊的: The lake's water is turbid. 这个湖里的水混浊。‖ **turbidity** n. 混浊/**turbidly** adv. 混浊地

turbine ['tɜ:bɪn] n. C 涡轮机: a ~ boat 涡轮汽船

turbulence ['tɜ:bjʊləns] n. U ❶气体或水的涡流: The turbulence caused the plane to turn over. 空气的激流导致飞机翻转。❷波动: The turbulence in his life has come from accidents and illness. 他一生中的波动来自疾病和意外事故。

turbulent ['tɜ:bjʊlənt] adj. 骚乱的; 汹涌的: a ~ mob 一群暴徒/a ~ period 动荡的时期/~ winds 狂风

turf [tɜ:f] n. (pl. **turfs** or **turves**) ❶ U 草皮: He was busy laying turf. 他正忙着铺草皮。❷ C 草皮块(通常为正方形或长方形) ❸ U〈非正〉地盘; 势力范围‖ **turf court** 草地网球场

turgid ['tɜ:dʒɪd] adj. ❶肿胀的 ❷〈贬〉(散文)冗长、复杂、繁琐的‖ **turgidity** n. 肿胀; 冗长/**turgidly** adv. 肿胀地; 复杂地

turkey ['tɜ:kɪ] n. ❶ C U 火鸡; 火鸡肉 ❷蠢货

turn [tɜ:n] vt. & vi. ❶(使)转动, 旋转: ~ a door handle 转动门的手柄/~ the tap 拧水龙头/The wheels were turning swiftly. 轮子飞快地转动着。/What turns the wheel? 是什么使轮子转动? ❷(使)改变方向, (使朝某个方向)转弯: ~ the corner 拐弯, 绕过角落/road ~

路拐弯/He turned and faced her. 他转过来面对着她。/He turned his horse and rode away. 他拨转马头就走了。❸(使)不适,作呕,恶心: At the sight of blood her stomach turned. 她看到血就感到恶心。/The stink of the rotten fish turned my stomach. 腐烂的鱼臭味使我恶心。 vt. ❶使折起,使翻转: He could turn a bar of steel. 他能把钢条扭弯。/She turned her ankle while ice-skating. 她滑冰时扭伤了脚踝。/He was idly turning the pages of a magazine. 他在无聊地翻看一本杂志。❷达到,超过: His collection of ancient pottery is turning one hundred pieces. 他收集的古陶器要超过一百件了。❸使变酸: Lack of refrigeration turned the milk. 牛奶没有冷藏,变酸了。vt. & link v. (使)变为,(使)成为: He used to be a linguist till he turns writer. 他过去是个语言学家,后来成了作家。/When she saw this, she turned red. 看到这个,她脸红了。/Severe cold turned our ears pink. 严寒冻红了我们的耳朵。‖ ~ about ①转身,转向 ②反复思考/~ against (使)转为反对,(使)变成和…敌对/~ around ①(使)转身,(使)转换方向 ②(使)好转 ③使变得完全不同,使翻和改变意见/~ away ①转过脸去 ②(使)往回走/~ back ①转过来,往回走 ②折叠/~ down ①减少 ②关小 ③拒绝/~ in ①上交,呈交 ②归还,退还 ③上床睡觉 ④开车拐入;把…转向…/~ into ①(使)变成 ②译成/~ off ①(把…)关掉 ②转向;拐弯 ③完成 ④(使某人)感到厌烦 ⑤解雇,辞退 ⑥转向,拐弯 ⑦使离开(某处) ⑧(使)厌烦…, (使)对…失去兴趣/~ on ①打开 ②(使)兴奋 ③将…对准…,将…指向… ④进攻,攻击 ⑤视…而定;关键在于/~ out ①关灯 ②制造;培养 ③证明/~ out of 赶出/~ over ①(使)翻动 ②调转 ③仔细考虑 ④移交,交给/~ to ①开始积极工作 ②(使)转向 ③(把注意力等)转向 ④翻书到 ⑤求助于 ⑤(使)变成/~ up ①开大,翻起 ②出现 ■ n. ❶ⓒ转动,旋转: This loose screw needs a turn or two. 这只松动的螺钉需要旋动一两下。❷ⓒ方向的改变,转折;转折点: left ~ 左转/give a ~ 引到一个方面/make a ~ 转变/unfavourable ~ 不利的转折点 ❸ⓒ发展变化,新趋势: The event took an explosive turn. 事态起了急剧变化。❹ⓢ机会;顺次: My turn will come. 我的时运快来了。‖ at every ~ 老是;处处/by ~ 轮流地;交替地/do a good ~ 做有利于(某人的)事/in ~ 依次,轮流地/on the ~ 即将改变/out of ~ 不合时宜,轻率/serve sb's(one's) ~ 合用,管用/take a ~ for the better 好转/take ~s 替换,轮流/to a ~ 正好,恰好/~ of speed 快速运行 ‖ turnabout n. ①转身,转向;向后转 ②(方针、倾向等的)转变 ③叛徒 ④(娱乐场的)转马

turnaround ['tɜːnəraʊnd] n. ①ⓒ❶车辆回转场 ❷(为给飞机检修和加油之类使其重新进入飞行状态所需的)周转时间

turning ['tɜːnɪŋ] n. ⓒ转弯处;岔路口: Take the first turning to the right. 在第一个拐角处向右转。‖ turning point 转折点

turnip ['tɜːnɪp] n. ⓒⓤ萝卜 ‖ turnipy adj. 萝卜味的

turnkey ['tɜːnkiː] adj. Ⓐ可立即投入使用的

turnout ['tɜːnaʊt] n. ⓢ一项活动的到场人数

turnover ['tɜːnˌəʊvə] n. ❶ⓤ企业职工流转比率 ❷ⓤ所有权之类的转移 ❸ⓒ水果馅小酥饼 ❹ⓢ企业的营业额

turntable ['tɜːnˌteɪbl] n. ⓒ(唱机的)转盘

turquoise ['tɜːkwɔɪz] n. ❶ⓒⓤ绿松石 ❷ⓤ青绿色

turtle ['tɜːtl] n. ⓒ海龟,甲鱼 ‖ turtler n. ①捕海龟者;拾海龟蛋者 ②海龟商 ‖ turtle-dove n. ①〈动〉斑鸠 ②情人/turtleneck n. 高而紧的衣领;高领绒衣

tusk [tʌsk] n. ⓒ(象等动物的)长牙,獠牙 ‖ tusked, -y adj. 有獠牙的,有长牙的

tussle ['tʌsl] vi. 〈口〉扭打;争斗: They began to tussle with each other for the handgun. 他们互相扭打起来,抢夺那支手枪。■ n. 〈口〉扭打;争斗: He received a black eye in the tussle. 他在扭打中眼睛被打得青紫。

tussock ['tʌsək] n. ⓒ(比周围的草长得密或高的)草丛

tutor ['tjuːtə] n. ⓒ❶导师: He studies under a tutor. 他在导师的辅导下搞研究。❷家庭教师,私人教师: an experienced ~ 一位经验丰富的家庭教师/under a ~ 在家庭教师指导下/His father employed a tutor for him. 他父亲给他请了一位家庭教师。

tutorial [tjuːˈtɔːrɪəl] adj. 家庭教师的;指导教师的;家庭教师职责的

twang [twæŋ] n. ⓒ❶拨弦声 ❷鼻声;鼻音

tweezers ['twiːzəz] n. Ⓟ镊子

twelve [twelv] num. 十二;12

twentieth ['twentɪəθ] num. 第二十个: Tomorrow is her twentieth birthday. 明天是她二十岁生日。

twenty ['twentɪ] num. 二十;20

twice [twaɪs] adv. 两次,两倍: Bob phoned twice today. 鲍勃今天打了两次电话。/This box is twice as large as that one. 这个盒子是那个盒子的两倍。‖ once or ~ 一两次,偶尔/think ~ 三思,反复考虑

twiddle ['twɪdl] vt. & vi. (心不在焉地)捻弄

twig [twɪg] n. ⓒ细枝;嫩枝 ‖ twigged adj. 有细枝的/twiggy adj. ①象细枝的;苗条的 ②多细枝的/twigless adj. 无细枝的

twilight ['twaɪlaɪt] n. ⓤ黄昏;黎明 ‖ twilight sleep 〈医〉半麻醉状态

twin [twɪn] n. ⓒ❶孪生儿之一,双胞胎之

一：give birth to ～s生双胞胎/have ～s有一对孪生子/tell ～s区分双胞胎/Many people thought they were twins.许多人以为他们是双胞胎。❷两个相像〔密切关联〕的人〔物〕之一：There are twin holes on each side of the instrument.这工具的两边各有一对孔眼。‖ **twin born** 双生的,孪生的

twine [twaɪn] n. Ⓤ麻线;细绳:He tied the parcel with twine.他用细绳捆包裹。■ vt. & vi.搓;捻;编

twinge [twɪndʒ] n. Ⓒ❶阵痛;刺痛 ❷一阵思绪(通常指不快的)

twinkle ['twɪŋkl] vi.闪烁:The stars twinkled in the sky.天空星光闪烁。■ n. Ⓢ闪光

twinkling ['twɪŋklɪŋ] n. Ⓤ❶闪烁 ❷诙谐的闪光 ❸一刹那

twirl [twɜːl] vt.& vi.(使)快速转动;(使)快速旋转:She twirled the pencil round in her fingers.她用手指转动铅笔。/The dancers twirled across the stage.跳舞者们旋转着穿过舞台。

twist [twɪst] vt.& vi.扭,搓,缠绕:～ deftly 熟练地编织/～ up on the mountain (公路)沿山腰盘旋而上/Suddenly the snake twisted.突然,蛇扭动了一下。/She twisted her ankle when she fell.她摔倒时扭伤了脚踝。/He twisted the three ropes to make one very strong rope.他把三根绳子搓在一起,做成了一根结实的绳子。■ vt. ❶转动;拧:～ the cork〔knob〕拧瓶塞〔把手〕/You have to twist the lid off, not pull it.盖子是拧开的,不是拉开的。❷歪曲;曲解:～ deliberately 故意曲解/～ one's words 歪曲某人的话/They always twisted the facts to suit their purpose.为了达到自己的目的,他们总是歪曲事实。‖ ～ about〔around, round〕①(使)旋转❷歪曲,曲解/～ around〔round〕将…缠绕在…上;螺旋形盘绕/～ into (使)扭成,拧成/～ off 转脱,拧脱,扭断/～ up ①螺旋式上升②因…而变形■ n. Ⓒ❶拧,旋转,扭转:Give the knob a twist.拧一下门把。❷弯曲,曲折处:a ～ in a stream 小河的曲折处/The mountain road is full of twists.山路弯弯曲曲。❸转折,转变:There's an unusual twist to the plot at the end of the book.在这本书的末尾,情节发生了不寻常的转折。‖ **round the** ～ 有些发疯/～**s and turns** 迂回曲折

twit [twɪt] n. Ⓒ蠢人;傻子;笨蛋

twitch [twɪtʃ] vt.& vi.(使)抽动;(使)颤动;(使)抽搐:The child's mouth twitched as if she were about to cry.这小孩的嘴抽动着,像是要哭。/The horse twitched its ears.马抽动着耳朵。

two [tuː] num.二;2 ‖ **twofold** adj.& adv.两倍的;双重 ‖ **two-edged** adj.(刀)双刃的,双重意义的/**two-faced** adj.①两面的②两面派的,伪君子的/**two-handed** adj.①有两只手的②两手都会使用的/**two-ply** adj.两层的,双重的,双股的/**two-sided** adj.①两边的,两方面的②两面派的/**two-way** adj.①双向的;双通的;两路的;双方面的②(衣服)两面可穿的,可反穿的

tyke [taɪk] n. Ⓒ小孩:Little tykes play in kindergarten.小孩在幼儿园玩耍。

type¹ [taɪp] n. Ⓒ❶类型;种类:a disease of a malignant ～ 恶性疾病/a new ～ of airplane 新型飞机/a perfect ～ 完美的典型/a primitive ～ 原始类型/an extinct ～ 已灭绝的种类/all ～s of jobs 各种各样的工作/artistic ～ 艺术类/blood ～ 血型/The type of skirt is all the go.这种裙子很时髦。❷典型人物;典型,模范,模样:He is a fine type of the youth.他是青年人的一个典范。❸某种类型的人:a brainy ～ 聪明的人/different racial ～s 不同人种/I dislike man of that type.我不喜欢那一类型的人。‖ **revert to** ～ 恢复原状

type² [taɪp] n.❶Ⓒ铅字,活字:set ～ by hand 手工排字/Wooden types are now used only for posters.木刻活字现仅用于印刷广告。❷Ⓤ活字的宽度、字体或字号等;:The examples in that dictionary are in italic type.那本字典的例句是用斜体字印刷的。/The book is printed in large type.此书是用大号字体印刷的。■ vt.& vi.打字:～ carefully 仔细地打字/～ well 打字打得很好/I can't type as rapidly as you.我打字打得没你那么快。/Why did you type the letter when I could have done it for you easily by computer? 我本用打字机很方便地为你打这封信,你何必费心用打字机呢?/Every day he typed what he composed.他每天都用打字机把他创作的作品打下来。‖ ～ as (把…)错打成/～ in 在已打好的材料上加入/～ out〔up〕打出 ‖ **type-script** n. 打字稿,打字文件

typeset ['taɪpset] vt. 排字;把书稿输入计算机 ‖ **typesetter** n. 排字工人/**typesetting** n. 排字

typewriter ['taɪpˌraɪtə] n. Ⓒ打字机:a manual〔noiseless, portable〕～ 手动〔无声,手提式〕打字机/an electric〔electronic〕～ 电动〔电子〕打字机/handle〔use〕a ～ 使用打字机/master a ～ 熟练地使用打字机/on a ～ 用打字机/operate a ～ 操作打字机/work at a ～ 在打字/written in ～ 用打字机打成的/In the office there are two typewriters.办公室里有两台打字机。

typhoon [taɪ'fuːn] n. Ⓒ台风

typical ['tɪpɪkəl] adj. ❶典型的,有代表性的:a ～ example 典型的例子/Botswana is not a typical African country.博茨瓦纳并不是典型的非洲国家。/The picture is typical of its kind.这幅画在同类绘画中有代表性。❷特有

typify

的,独特的: *This wine is typical of the region.* 这种酒是本地区的特产。/ *It is typical of him to take hard jobs.* 抢重活干就是他的特点。‖ **typicality** *n*. 典型性;特征/**typically** *adv*. 典型地/**typicalness** *n*. 典型;特征

typify [ˈtɪpɪfaɪ] *vt*. 代表

typist [ˈtaɪpɪst] *n*. ⓒ打字员: *a good* ~ 打字好的打字员/ *as a* ~ 当打字员/ *Many women applied for the post of typist.* 许多妇女应征这个打字员的职位。

tyrant [ˈtaɪərənt] *n*. ⓒ专制统治者;暴君

tyre, ⟨美⟩ **tire** [ˈtaɪə] *n*. ⓒ轮胎: *a balloon* 〔*snow*〕~ 低压〔防滑〕轮胎/ *a burst*〔*flat*〕~ 爆〔瘪〕了的轮胎/ *a steel-belted* ~ 钢带轮胎/ *a tubeless* ~ 无内胎的轮胎/ *change*〔*mount, patch, repair, slash*〕*a* ~ 换〔装,补,修,割破〕轮胎/ *The tyres of the earliest cars were solid.* 最早的汽车轮胎是实心的。

U u

ubiquitous [juːˈbɪkwɪtəs] *adj.* 〈正〉普遍存在的；无处不在的

ugly [ˈʌɡlɪ] *adj.* (-ier,-iest) ❶难看的，丑陋的，难听的：*an ~ building〔face〕*难看的建筑物〔脸〕/ *Don't believe the ugly rumours.* 不要听信那些不堪入耳的谣言。❷有敌意的，阴险的；不祥的：*an ~ customer* 讨厌的人，难对付的家伙/ *an ~ laugh〔smile〕*狞险的笑/ *an ~ look* 狞险的表情/ *~ threats* 居心叵测的威胁/ *The situation was getting more ugly.* 情况变得更恶劣了。/ *Ugly clouds gathered on the horizon.* 乌云在地平线上密集。‖ **ugliness** *n.* 难看，阴险，不祥

ulcer [ˈʌlsə] *n.* ⓒ〈医〉溃疡：*She had an ulcer in her mouth.* 她口腔出现溃疡。‖ **ulcered** *adj.* (患)溃疡的

ulcerate [ˈʌlsəreɪt] *vt. & vi.* (使某物)形成溃疡

ulterior [ʌlˈtɪərɪə] *adj.* 秘而不宣的；有意隐瞒的：*She definitely had an ulterior motive in offering to help.* 她主动提出帮忙，肯定有不可告人的动机。

ultimate [ˈʌltɪmɪt] *adj.* ❶最后的，最终的：*an ~ conclusion* 最终结果/ *an ~ result* 结局/ *What was his ultimate goal?* 他的最终目标是什么？❷基本的，根本的：*an ~ principle* 基本原理/ *The sun is the ultimate store of power.* 太阳是能量之本。❸最大的，极限程度的：*The ultimate luxury of the trip was flying in concorde.* 这一行程中最大的享受就是乘坐协和式飞机。‖ **ultimateness** *n.* 最后，最终 ‖ **ultimate analysis** 〈化〉元素分析 / **ultimate element** 〈化〉元素

ultimately [ˈʌltɪmɪtlɪ] *adv.* 最后；最终：*Ultimately, the war had to end; it cost too much in both lives and dollars.* 由于人员伤亡过重和美元花费过多，战争最终不得不终止。

ultimatum [ˌʌltɪˈmeɪtəm] *n.* (*pl.* ~**s** or -**ta**) ⓒ 最后通牒

ultraconservative [ˌʌltrəkənˈsɜːvətɪv] *adj.* (政治、宗教等方面)极端保守的 ■ *n.* ⓒ 极端保守的人

ultrasonic [ˌʌltrəˈsɒnɪk] *adj.* (声波)超声的：*an ~ generator* 超声波发生器 ‖ **ultrasonic waves** 超声波

ultrasound [ˌʌltrəˈsaʊnd] *n.* Ⓤ 超声；超声波

ultraviolet [ˌʌltrəˈvaɪəlɪt] *adj.* 〈光〉紫外的：*~ rays* 紫外线

umbrella [ʌmˈbrelə] *n.* ⓒ ❶(雨)伞：*a beach ~* 海滩遮阳伞/ *an air ~* 空中保护伞/ *bring〔carry〕an ~* 带着伞/ *close〔pack, shut〕an ~* 收伞/ *open〔put up〕an ~* 撑开伞/ *Umbrella and raincoats are what people need in rainy days.* 伞和雨衣都是下雨天人们要用的。❷起保护作用的力量〔势力〕：*They operated under the umbrella of the police.* 他们在警方的掩护下采取了行动。

umpire [ˈʌmpaɪə] *n.* ⓒ 裁判员；仲裁人：*An umpire stands behind the catcher in baseball.* 棒球比赛时，裁判员站在接球手的身后。

unabashed [ˌʌnəˈbæʃt] *adj.* ❶不害臊的；不怕羞的：*She seemed unabashed.* 她似乎并不害臊。❷不加掩饰的；公然的

unabated [ˌʌnəˈbeɪtɪd] *adj.* 不减弱的；不减退的

unable [ʌnˈeɪbl] *adj.* ⓟ ❶不能的；不会的：*A little baby is unable to walk or talk.* 婴儿是不会走路或说话的。❷不熟练的；不能胜任的：*He is unable to do the job for lack of experience.* 他缺少经验不能胜任这项工作。

unacceptable [ˌʌnəkˈseptəbl] *adj.* ❶不接受的；不受欢迎的：*Such behaviour is totally unacceptable.* 这种行为完全不能接受。❷不合意的；不令人满意的

unaccompanied [ˌʌnəˈkʌmpənɪd] *adj.* 无陪伴的，无伴随的：*Children unaccompanied by an adult will not be admitted.* 儿童无成年人陪伴着不准入场。

unaccomplished [ˌʌnəˈkʌmplɪʃt] *adj.* 无成就的：*He is an unaccomplished writer with* *nothing published*. 他是一个无成就的作家,没有发表过任何作品。

unaccountable [ˌʌnəˈkaʊntəbl] *adj.* ❶没有负责任的: *The driver was held unaccountable for the accident*. 那位司机对这次事故没有责任。❷不能理解的;难以说明的: *His mistake is quite unaccountable*. 他的错误相当令人费解。‖ **unaccountably** *adv.* 不能理解地

unaccustomed [ˌʌnəˈkʌstəmd] *adj.* 不习惯的: *She is unaccustomed to public speaking*. 她不习惯于当众演说。

unadorned [ˌʌnəˈdɔːnd] *adj.* ❶朴素的;未经装饰的: *That room unadorned with pictures or curtains looks bare*. 不挂图片或窗帘的房间看上去空荡荡的。❷不加装饰的: *The unadorned truth is sometimes difficult to hear*. 直截了当地道出事情,有时让人难以接受。

unaffected [ˌʌnəˈfektɪd] *adj.* ❶不受影响的;没有改变的: *These birds seem unaffected by climate*. 这些鸟似乎不受气候的影响。❷自然的;不矫揉造作的: *His happiness was unaffected*. 他的快乐是由衷的。‖ **unaffectedly** *adv.* 不受影响地;自然地

unaffordable [ˌʌnəˈfɔːdəbl] *adj.* 买不起的;负担不起的

unafraid [ˌʌnəˈfreɪd] *adj.* 不害怕的;无所畏惧的: *She is a skier who is unafraid of danger*. 她是一名敢于冒险的滑雪者。

unalterable [ʌnˈɔːltərəbl] *adj.* 不可改变的;固定不变的

unambiguous [ˌʌnæmˈbɪgjʊəs] *adj.* 不含糊的;清楚的;明确的: ~ *evidence* 确凿的证据 ‖ **unambiguously** *adv.* 清楚地;明确地/**unambiguousness** *n.* 清楚;明确

unanimity [ˌjuːnəˈnɪmɪtɪ] *n.* Ⓤ 一致同意;全体一致

unanswerable [ʌnˈɑːnsərəbl] *adj.* 不能回答的

unappealing [ˌʌnəˈpiːlɪŋ] *adj.* ❶不吸引人的;乏味的 ❷不讨人喜欢的;令人反感的

unapproachable [ˌʌnəˈprəʊtʃəbl] *adj.* 冷漠的;难以接近的: *The judge was a stern, unapproachable man*. 那位法官是个严肃、难以接近的人。

unarmed [ʌnˈɑːmd] *adj.* 无武装的;无武器的: *He walked unarmed into the hills*. 他赤手空拳地进山了。

unasked [ʌnˈɑːskt] *adj.* 未被问及的;未经邀请的

unassisted [ˌʌnəˈsɪstɪd] *adj.* 无帮助的;独立的

unassuming [ˌʌnəˈsjuːmɪŋ] *adj.* 谦逊的;不装腔作势的;不招摇的: *Despite his position, he has an unassuming personality*. 虽然有地位,但他为人谦逊。

unattached [ˌʌnəˈtætʃt] *adj.* ❶未订婚的;未结婚的 ❷未连接的

unattended [ˌʌnəˈtendɪd] *adj.* 无人陪伴的;无人出席的;无人照顾的

unavailing [ˌʌnəˈveɪlɪŋ] *adj.* 徒劳的;无效的;无用的: *All our protests were unavailing*. 我们的抗议全部无用。

unavoidable [ˌʌnəˈvɔɪdəbl] *adj.* 不可避免的: *Some mistakes are unavoidable*. 有些错误是无法避免的。

unaware [ˌʌnəˈweə] *adj.* ℙ ❶不知道的;未察觉到的: *They were unaware that war was near*. 他们不知道战争即将爆发。/ *I was unaware of the man's presence*. 我没有察觉到那人在场。❷未认识到的;不注意的 ‖ **unawarely** *adv.* 不知道地;不注意地/**unawareness** *n.* 不知道;未认识到;不注意

unawares [ˌʌnəˈweəz] *adv.* 出其不意地;意外地;突然地: *The enemy came on us unawares*. 敌人突然进攻我们。

unbalanced [ʌnˈbælənst] *adj.* ❶Ⓐ不平衡的;不稳定的;不均衡的: *an* ~ *budget* 不平衡的预算/*an* ~ *report* 有偏颇的报道 ❷ℙ精神错乱的: *The murderer was completely unbalanced*. 那个杀人犯完全是丧心病狂。

unbearable [ʌnˈbeərəbl] *adj.* 难以忍受的;不能忍受的;经受不住的: *The heat was unbearable*. 酷热无法忍受。‖ **unbearably** *adv.* 难以忍受地;不能忍受地;经受不住地

unbeatable [ʌnˈbiːtəbl] *adj.* ❶难以战胜的;无法打败的 ❷无与伦比的;不能超越的

unbeaten [ʌnˈbiːtn] *adj.* 未被打破、击败或超过的

unbecoming [ˌʌnbɪˈkʌmɪŋ] *adj.* 不合身的;不相配的;难看的 ‖ **unbecomingly** *adv.* 不合身地;不相配地;难看地/**unbecomingness** *n.* 不合身;不相配;难看

unbelief [ˌʌnbɪˈliːf] *n.* Ⓤ 无信仰;不信;(尤指)不信上帝、宗教等

unbelievable [ˌʌnbɪˈliːvəbl] *adj.* 不可相信的;站不住脚的: *That story is unbelievable*. 那故事不可信。‖ **unbelievably** *adv.* 不可相信地

unbeliever [ˌʌnbɪˈliːvə] *n.* Ⓒ 无信仰者;(尤指)不信上帝、宗教等的人

unbelieving [ˌʌnbɪˈliːvɪŋ] *adj.* 不信仰的;怀疑的 ‖ **unbelievingly** *adv.* 不信仰地;怀疑地

unbend [ʌnˈbend] *vi.* (*pt.*, *pp.* **unbent**) 变得不一本正经;变得随意;松弛: *At the party even the professors unbent and told jokes*. 在晚会上,连教授们也变得轻松随和,讲些笑话。

unbending [ʌnˈbendɪŋ] *adj.* 〈贬〉顽固的;坚定的

unbidden [ˌʌnˈbɪdn] *adj*. ❶未被要求的；未经邀请的；非受命的 ❷自愿的；自发的

unblushing [ʌnˈblʌʃɪŋ] *adj*. 无耻的；不知羞耻的

unborn [ˌʌnˈbɔːn] *adj*. 〖属〗未出生的；未诞生的：*the ~ generation* 未来的一代/*The doctor tried to save her and her unborn child*. 医生想尽力挽救她和她未出生婴儿的生命。

unbound [ˌʌnˈbaʊnd] *adj*. ❶无束缚的 ❷〈正〉不负有义务的

unbounded [ˌʌnˈbaʊndɪd] *adj*. 无限的；极大的：*~ space* 广漠的空间/*~ ambition* 无止境的野心 ‖ **unboundedly** *adv*. 无限地；极大地

unbowed [ˌʌnˈbaʊd] *adj*. 不屈服的

unbreakable [ˌʌnˈbreɪkəbl] *adj*. 打不破的；不破碎的

unburden [ˌʌnˈbɜːdn] *vt*. ❶卸去负荷：*He unburdened a horse of its load*. 他卸下马背上的货物。❷吐露心事，消除(思想、心灵上的)负担：*He unburdened himself of his secret to me*. 他向我倾诉了心中的秘密。

unbutton [ˌʌnˈbʌtn] *vt*. 解开(纽扣)：*She unbuttoned her coat*. 她解开了外衣的扣子。

uncap [ʌnˈkæp] *vt*. ❶打开(罐子、瓶子等的)盖子 ❷从(头上)摘下帽子；脱去(某人的)帽子

unceasing [ʌnˈsiːsɪŋ] *adj*. 不停的；不断的；持续的：*She makes an unceasing effort to help others*. 她不断地帮助别人。‖ **unceasingly** *adv*. 不停地；持续地

unceremonious [ˌʌnseriˈməʊnjəs] *adj*. ❶不拘礼仪的 ❷无礼的；唐突的 ‖ **unceremoniously** *adv*. 无礼地；粗鲁地；唐突地/**unceremoniousness** *n*. 不拘礼仪；无礼；唐突

uncertain [ʌnˈsɜːtn] *adj*. 不确定的；不确信的：*They are uncertain about what to do next*. 他们不知道下一步该做什么。‖ **uncertainly** *adv*. 不确定地；不确信地/**uncertainness** *n*. 不确定；不确信

uncertainty [ʌnˈsɜːtntɪ] *n*. ❶〖U〗无把握；不确定；变化不定 ❷〖C〗无把握、不确定的事物

unchanging [ʌnˈtʃeɪndʒɪŋ] *adj*. 不变的；恒常的

uncharted [ˌʌnˈtʃɑːtɪd] *adj*. 未知的；图上未标明的

unchecked [ʌnˈtʃekt] *adj*. 〈贬〉未抑制的；未受制止的：*Consumer spending grew unchecked*. 群众消费不受抑制地增长。

uncivil [ʌnˈsɪvɪl] *adj*. 不文明的；失礼的；粗鲁的

uncivilized [ʌnˈsɪvəlaɪzd] *adj*. ❶原始的；不舒适的 ❷不文明的；野蛮的：*The uncivilized guest chewed with his mouth open*. 举止粗鲁的客人张着嘴巴咀嚼着。

unclassified [ˌʌnˈklæsɪfaɪd] *adj*. 不保密的：*The military gave unclassified information to the newspapers*. 军方向报纸提供非机密的信息。

uncle [ˈʌŋkl] *n*. 〖C〗伯父，叔父，舅父，姑父，姨父：*a rich ~* 富有的叔叔/*I'll go to see your uncle presently*. 我一会儿就去看望你叔叔。‖ **talk like a Dutch ~** 严厉而善意地教训某人

unclean [ˌʌnˈkliːn] *adj*. ❶肮脏的：*an ~ shirt* 脏衬衫 ❷不纯洁的：*~ thoughts* 邪念

uncoloured，〈美〉**uncolored** [ˌʌnˈkʌləd] *adj*. 不受影响的

uncomfortable [ʌnˈkʌmfətəbl] *adj*. ❶不舒服的：*I feel uncomfortable in this chair*. 我坐这张椅子觉得不舒服。❷令人不舒服的；不舒适的：*That hard chair is uncomfortable*. 那把硬椅子坐着不舒服。❸不安的；不自在的：*I feel uncomfortable with strangers*. 我和陌生人在一起时感到不自在。

uncommitted [ˌʌnkəˈmɪtɪd] *adj*. 不受(某政策、做法、团体等)约束的；未做承诺的

uncommon [ʌnˈkɒmən] *adj*. ❶不普通的；不寻常的：*an ~ sight* 不平常的景象/*an ~ occurrence* 不寻常的事 ❷非常接近的；极度的：*There was an uncommon likeness between the two boys*. 这两个男孩长得像极了。‖ **uncommonness** *n*. 不普通；不寻常

uncommonly [ʌnˈkɒmənlɪ] *adv*. 极其；不寻常地，罕见地：*~ intelligent* 极其聪明

uncomplicated [ʌnˈkɒmplɪkeɪtɪd] *adj*. 不复杂的，不棘手的：*an ~ case* 简单的案子

unconcern [ˌʌnkənˈsɜːn] *n*. 〖U〗不关心；不感兴趣；冷漠

unconcerned [ˌʌnkənˈsɜːnd] *adj*. ❶漠不关心的，冷漠的；无忧无虑的：*~ life* 无忧无虑的生活 ❷〖P〗不感兴趣的；不相干的 ‖ **unconcernedly** *adv*. 漠不关心地，无忧无虑地；不感兴趣地/**unconcernedness** *n*. 漠不关心；无忧无虑；不感兴趣

unconditional [ˌʌnkənˈdɪʃənl] *adj*. 无条件的；绝对的：*~ surrender* 无条件投降 ‖ **unconditionally** *adv*. 无条件地；绝对地

unconditioned [ˌʌnkənˈdɪʃənd] *adj*. (反射)无条件的；先天的

unconfirmed [ˌʌnkənˈfɜːmd] *adj*. (事等)未经证实的；未予确认的

unconscionable [ʌnˈkɒnʃənəbl] *adj*. 〖属〗昧着良心的；不合理的；过分的

unconscious [ʌnˈkɒnʃəs] *adj*. ❶失去知觉的：*continue ~* 依然昏迷不醒 ❷不知道的，未察觉的 ❸无意识地做出或说出的 ■ *n*. 〖S〗〈心〉潜意识 ‖ **unconsciously** *adv*. 失去知觉地；未察觉地；无意识地做出或说出地/**unconsciousness** *n*. 失去知觉；未察觉

unconsidered [ˌʌnkənˈsɪdəd] *adj.* ❶（词语、话语等）未经充分思考的,脱口而出的 ❷不值得考虑的;被忽略的

unconvincing [ˌʌnkənˈvɪnsɪŋ] *adj.* 不易令人信服的;没有说服力的: *an ~ excuse* 站不住脚的借口

uncooperative [ˌʌnkəʊˈɒpərətɪv] *adj.* 不愿合作的;不愿配合的: *It would not facilitate matters if you were uncooperative.* 如果你不合作,事情就不好办了。

uncountable [ˌʌnˈkaʊntəbl] *adj.* 不可数的

uncover [ˌʌnˈkʌvə] *vt.* ❶ 揭开…的盖子: *Please uncover the pot.* 请拿掉锅盖。/*In spring we uncover the swimming pool.* 春天我们移去游泳池的覆盖物。/*The dish had been uncovered when I entered the kitchen.* 我进厨房时,那盘菜已被掀开。❷揭露,发现: *It was two young reporters who uncovered the whole plot.* 是两位年轻记者揭露了整个阴谋。/*Geologists uncovered the hidden riches.* 地质学家发现了地下的宝藏。/*We ought to look below the surface of things and then uncover the essence of them.* 我们应该透过事物的表面进行观察,然后揭示其本质。/*His criminal activities were finally uncovered.* 他的犯罪活动最终被揭露出来。

undaunted [ʌnˈdɔːntɪd] *adj.* Ⓟ 顽强的;不惧怕的;无畏的

undeceive [ˌʌndɪˈsiːv] *vt.* 使某人不再抱幻想或不再受骗;使(某人)醒悟

undecided [ˌʌndɪˈsaɪdɪd] *adj.* Ⓟ❶未解决的,未确定的: *an ~ question* 未决定的问题 ❷尚未拿定主意的;犹豫不定的

under [ˈʌndə] *prep.* ❶在…下面,在…底下: *They lay down under the shade of a tree.* 他们躺在一棵树的树阴下。/*The village nestles under the hill.* 那村庄紧靠在山脚下。/*All this happened under his eye.* 这一切都发生在他的眼皮底下。/*She was carrying her handbag under her armpit when I saw her.* 我看到她时,她腋下夹着手提包。/*The old chair suddenly folded up under him.* 那张旧椅子让他一坐突然被压垮了。/*This field has been laid under grass.* 这块地已经长满了草。/*The soldiers stood firm under gunfire of the enemy.* 士兵在敌人的炮火下不屈不挠。❷少于,低于: *His income is under £2000 a year.* 他每年的收入不到两千英镑。/*It is under the original.* 这低于原价。/*He cannot be under thirty years of age.* 他的年龄不会小于三十岁。/*It took us under a day.* 我们用了不到一天的时间。❸在…情况下,在…过程中: *The car is under repairs.* 这辆汽车在修理中。/*Don't overload your lecture with details that do not bear on the topic under discussion.* 讲课时不要过多地谈与本题无关的细节。❹在…管辖下;在…影响下: *He has three secretaries under him.* 他手下有三名秘书。/*The army is under the command of General Smith.* 这支部队由史密斯将军指挥。/*We learned a great deal under her teaching.* 在她的教导下我们学到了很多东西。/*This falls under the head rhetoric.* 这个属于修辞学项目。❺使用(某名称): *He never wrote under his real name.* 他从来不用真名实姓写作。/*He didn't attend that meeting under the pretext of sickness.* 他以生病为借口,没参加那个会议。❻ 根据…的条款: *Under the terms of the agreement, you have to pay a weekly rent.* 根据这份协议的条款,你得付一周的房租。

underbrush [ˈʌndəbrʌʃ] *n.* Ⓤ灌木丛

underclothes [ˈʌndəkləʊðz] *n.* Ⓟ内衣

underclothing [ˌʌndəˈkləʊðɪŋ] = underclothes

undercover [ˈʌndəˌkʌvə] *adj.* Ⓐ❶暗中进行的;秘密做出的,私下的 ❷做密探工作的: *an ~ agent* 密探

undercurrent [ˈʌndəˌkʌrənt] *n.* Ⓒ❶潜流;暗流 ❷潜在的感情、影响或倾向(尤指与表面相反的)

undercut[1] [ˈʌndəkʌt] *n.* Ⓤ (牛的)腰部肉,里脊

undercut[2] [ˈʌndəkʌt] *vt.* (-tt-, *pt.*, *pp.* **undercut**)以低于(竞争者)的价码出售货物或提供服务

underdeveloped [ˌʌndədɪˈveləpt] *adj.* ❶未充分发育或发展的 ❷(国家等)经济不发达的: *an ~ country* 不发达国家

underdone [ˌʌndəˈdʌn] *adj.* 未充分做好的;(烹饪)未熟透的

underestimate [ˌʌndərˈestɪmeɪt] *vt.* 对…估计不足,低估: *~ difficulties* 藐视困难 ▍[ˌʌndərˈestɪmɪt] *n.* Ⓒ估计不足,低估 ‖ **underestimation** *n.* 低估

undergird [ˌʌndəˈɡɜːd] *vt.* ❶在底部加固;从底层支撑 ❷加强;支持

undergo [ˌʌndəˈɡəʊ] *vt.* (*pt.* **underwent**, *pp.* **undergone**)经历,承受: *He underwent a lot of hardships in his childhood.* 他在童年时代经历了许多坎坷。/*The explorers had to undergo much suffering.* 探险者不得不忍受很多困苦。/*This new plane is undergoing safety tests.* 这架新型飞机正在接受安全试验。/*He had to undergo three months of military training.* 他必须经历三个月的军事训练。/*He is determined that the patient should undergo the operation.* 他下定决心,病人应做这手术。/*The ship successfully underwent sea trials in coastal waters.* 那条船在近海水域试航成功。/*The town has undergone a great change during* the last five years. 这座城市在过去的五年中经历了巨大的变化。

undergraduate [ˌʌndəˈɡrædjuɪt] n. C (未获学士学位的)大学生,大学肄业生: an ~ course 大学本科课程/college [university] ~ s 在校大学生/This is a course for undergraduates. 这是为本科生开的一门课。/Mr. Stone spent his undergraduate days in Columbia University, majoring in economics. 斯通先生在哥伦比亚大学度过了他四年的大学生活,主修经济学。

underground [ˈʌndəɡraund] adj. A ❶地下的; an ~ dustbin 地下垃圾坑/an ~ passage 地下通道/an ~ cave 地下洞穴/~ water 地下水/There is an underground park here. 这里有一个地下停车场。❷地下组织的,秘密的: The spy never told his family about his underground activities. 那个间谍从来不把他的地下活动告诉他的家人。■ [ˌʌndəˈɡraund] adv. ❶在地下: The railway track goes underground for a short distance. 铁轨有一段不长的路程铺设在地下。❷秘密地: The news has been passed on underground. 这消息被秘密传开来。■ n. ❶S 地铁: London has a well-developed underground system. 伦敦的地铁很发达。❷C 地下组织或活动: His father is a member of the underground. 他父亲是一名地下组织的成员。

undergrowth [ˈʌndəɡrəuθ] n. U 灌木丛

underhand [ˈʌndəhænd] adj. 暗中或秘密进行的;诡诈的

underlie [ˌʌndəˈlaɪ] vt. (pt. underlay, pp. underlain) ❶位于或存在于(某物)之下 ❷构成…的基础(或起因);引起

underline [ˌʌndəˈlaɪn] vt. ❶在…下面画线: Underline the sentence. 在这个句子下面画线。/Please underline the noun clauses in the passage. 请用线画出短文中的名词性从句。/He underlined his signature with a little flourish. 他挥笔在签名下画了一条线。❷加强,强调: That article underlined the same problem. 那篇文章强调了同一个问题。/In his speech he underlined several points. 他在讲话中强调了几点。/He underlined his disapproval of the proceedings by walking out. 他退席以表示不赞成这些做法。/The sudden summoning of the Cabinet underlines the seriousness of the situation. 内阁会议的突然召开,突出了局势的严重性。/The accident at the factory underlines the need of better safety standards. 工厂里发生的事故表明了需要更高的安全标准。

underlying [ˌʌndəˈlaɪɪŋ] adj. ❶根本的,基础的: an ~ problem 基本问题 ❷含蓄的,潜在的: an ~ reason 内在原因/The underlying theme of the novel is very serious. 小说隐含的主题是十分严肃的。/This word has its underlying meaning. 这个单词有它的内在含意。

undermine [ˌʌndəˈmaɪn] vt. ❶在某物下挖洞或挖通道;侵蚀…的基础: Badgers had undermined the foundations of the church. 獾在这座教堂的地基上打了洞。/The soldiers undermined the wall. 士兵们在墙下挖洞。/Rivers undermine their banks. 河水冲刷堤基。/The house is unsafe since the foundations were undermined by floods. 这栋房子不安全,因为地基被洪水损坏了。❷暗中破坏;逐渐削弱: Illness undermined his strength. 疾病逐渐削弱了他的力气。/Many severe colds undermined the old man's health. 多次严重的感冒损害了老人的健康。/Insults undermined her confidence. 一再受到侮辱之后,她渐渐丧失信心。/She tried to undermine our friendship. 她试图破坏我们的友谊。/These incidents could seriously undermine support for the police. 这些事件会严重影响对警方的支持。/The President's enemies are spreading rumours to undermine his authority. 总统的敌人在散布谣言以逐渐破坏他的威信。‖ **underminer** n. ①挖坑道者 ②暗中破坏者

underneath [ˌʌndəˈniːθ] prep. 在…下面;在…底下: The ball rolled underneath the table. 球滚到了桌下。/What have you got underneath your shirt? 你的衬衫里面有什么?/He staggered underneath a burden. 他在重负下摇摇晃晃。/They lived underneath a crushing tyranny. 他们生活在难以忍受的暴政下。/Underneath his rather severe manner, he is really very kindhearted. 他待人态度相当严厉,但心地确实十分善良。■ adv. 在下面[底下]: Have you looked underneath? 那底下你找过了吗?■ n. S 底面,底部: There's a crack on the underneath of the bowl. 碗底有一道裂缝。

undernourished [ˌʌndəˈnʌrɪʃt] adj. 营养不良的

underpants [ˈʌndəpænts] n. P (男用)内裤,衬裤

underpass [ˈʌndəpɑːs] n. C 地下通道

underpay [ˌʌndəˈpeɪ] vt. (pt., pp. underpaid) 付给(雇员等)报酬过低

underpin [ˌʌndəˈpɪn] vt. (-nn-) ❶用砖石结构等从下面支撑(墙等);加固(墙等)的基础 ❷为(论据、主张等)打下基础;加强;巩固 ‖ **underpinning** n. ①基础材料,基础结构 ②(学说、理论等的)基础 ③(人的)腿

underplay [ˌʌndəˈpleɪ] vt. ❶淡化的重要性;使显得不如其实际重要 ❷表演(角色)不充分,有节制地表演 ❸为了不充分显示力量而小心行事,不露锋芒

underrate [ˌʌndəˈreɪt] vt. 对(某人或某事物)评价过低

underscore [ˌʌndəˈskɔː] = underline

undersecretary [ˌʌndəˈsekrətəri] n. C

❶副部长;次长;副国务卿:*The president confirmed him as Undersecretary of State.* 总统任命他为副国务卿。❷次官(政府部长的副职)

undershirt [ˈʌndəʃɜːt] *n.* C 内衣;背心;汗衫

underside [ˈʌndəsaɪd] *n.* S 下侧;下部表面;底面;底部

undersigned [ˌʌndəˈsaɪnd] *adj.* A 在下面签了名的

undersized [ˌʌndəˈsaɪzd] *adj.* 小于一般尺寸的,不够大的

understand [ˌʌndəˈstænd] (*pt.*, *pp.* **understood**) *vt. & vi.* 懂;理解:*I didn't understand.* 我不懂。/*Don't always rely on others to understand and sympathize.* 不要老是指望别人的理解和同情。/*My wife doesn't understand me.* 我的妻子不了解我。/*Do you understand French?* 你懂法语吗?/*I can't understand neglecting children like that.* 对孩子这样毫不经意,我不能理解。/*I can't understand him behaving like that.* 我不能理解他那种行为。 *vt.* 听说,获悉;知道,认为:*Do you understand what to do next?* 你们知道下一步该做什么吗?/*She doesn't understand how to look after you.* 她不知道应该怎么照顾你。/*We understand that you'll be returning next year.* 我们知道你打算明年回来。/*It is understood that hard work can bring success.* 不言而喻,艰苦的工作可带来成功。/*I understand him to be a distant relation.* 我知道他是一位远亲。/*He is understood to be a man of ability.* 他被认为是一个有能力的人。/*I understood him to say that he wouldn't be able to come.* 我听他说过他不能来。/*The president is understood to have secretly left the country.* 人们获悉总统已秘密地离开了这个国家。‖ **give to** ~ (**that**)... 使(某人)理解〔相信,认为〕/**make oneself understood** 将自己的意思表达清楚

understandable [ˌʌndəˈstændəbl] *adj.* 能懂的;可理解的;可同情的

understanding [ˌʌndəˈstændɪŋ] *n.* ❶ S 了解;相互理解,谅解;(非正式)协议:*build up* 〔*strengthen*〕 *an* ~ 增进了解/*complete* ~ 全面了解/*create*〔*seek*〕 *an* ~ 促成〔寻求〕谅解/*international* ~ 国际间相互谅解/*secret*〔*written*〕 ~ 秘密〔书面〕协议/*This argument aimed at the understanding rather than the emotions.* 这场辩论针对的是理解而不是感情。/*We have reached an understanding with them.* 我们和他们达成了协议。❷ U 理解(力);认识:*lack* ~ 缺乏理解力/*His understanding of English is good.* 他对英语的理解力很好。/*We must have a clear understanding of the problem.* 我们对这一问题必须有一个清醒的认识。 ■ *adj.* 体谅的;谅解的;通情达理的:~ *case* 了解的情况/*with an* ~ *smile* 带着会心的微笑/*The youth was fortunate in having understanding parents.* 这个青年有通情达理的父母,真幸运。/*Because she is understanding, people around her confide in her.* 因为她通情达理,周围的人都相信她。/*Try to be understanding.* 请多谅解。/*She was understanding about what happened.* 她了解所有发生的事。

understate [ˌʌndəˈsteɪt] *vt.* ❶ 很有节制地陈述或表达(某事物) ❷少说,少报(某数目等)

understatement [ˌʌndəˈsteɪtmənt] *n.* ❶ U 有节制的陈述或表达;少说,少报 ❷ C 重事轻说;轻描淡写

undertake [ˌʌndəˈteɪk] *vt.* (*pt.* **undertook**, *pp.* **undertaken**) ❶担任,承揽;保证:*I want you to undertake all the responsibility.* 我要你承担所有的责任。/*Who will undertake the job of decorating the auditorium?* 谁来负责装饰礼堂的工作?/*I'll leave you to undertake an important mission.* 我要让你承担一项重要使命。/*The lawyer undertook the case.* 该律师承办这个案子。/*He undertook the leadership of the team.* 他担任了这个队的领导。/*If the equipment is not up to the agreed specifications and quality, we will undertake to replace them.* 如果设备达不到议定的规格质量,我们将负责调换。/*I can undertake that you will enjoy the play.* 我保证你会喜欢这个剧。/*We can't undertake that you will make a profit.* 我们不能保证你会获利。 ❷着手,开始:*He undertakes a dangerous job.* 他从事一项危险的工作。/*Their team will undertake exploration for oil.* 他们队将着手进行石油勘探工作。/*She undertook to revise my compositions.* 她着手批改我的作文。/*Next he undertook to pay off the debts.* 然后,他负责偿还债务。

undertaker [ˌʌndəˈteɪkə] *n.* C 殡仪业人员

undertaking [ˌʌndəˈteɪkɪŋ] *n.* ❶ C 任务;事业 ❷ [ˈʌndəˌteɪkɪŋ] C 殡仪业

undertone [ˈʌndətəʊn] *n.* C ❶低调;低声;低音 ❷潜在的感情、特征、意义等 ❸淡色;浅色

undervalue [ˌʌndəˈvæljuː] *vt.* 对(某人或某事物)评价过低;低估(某人或某事物) ‖ **undervaluation** *n.* 评价过低;低估

underwater [ˌʌndəˈwɔːtə] *adj.* 水面下的;水下使用的;水下进行的

underway [ˌʌndəˈweɪ] *adj.* 在进行中的

underwear [ˈʌndəweə] *n.* U 衬衣,内衣

underweight [ˌʌndəˈweɪt] *adj.* 低于一般重量的;重量不足的

underworld [ˈʌndəwɜːld] *n.* S ❶(神话中的)阴间 ❷下流社会;黑社会

underwrite [ˌʌndəˈraɪt] *vt.* (*pt.* **under-**

wrote, pp. **underwritten**) ❶ 在(保险单,尤指船舶保险单)下方签署并承担责任(承担损失或损坏之责) ❷(按商定的价格)认购(某公司)的全部剩余证券;包销(证券) ❸ 同意资助(某事业) ‖ **underwriting** n. 保险业

underwriter ['ʌndəraɪtə] n. C 保险业者;保险公司

undeserved [ˌʌndɪ'zɜːvd] adj. 不恰当的;不应得的:~ praise 不应得的称赞

undesirable [ˌʌndɪ'zaɪərəbl] adj. ❶ 可能招致麻烦或不便的;不想要的 ❷ 不受大家欢迎的;讨厌的 ■ n. C 不受欢迎的人

undeveloped [ˌʌndɪ'veləpt] adj. ❶ 未充分发育的;未发展的;不发达的:~ gift or quality 尚未发挥的天资或素质 ❷ 尚未用于农业、工业、建筑业的;未开发的:an ~ area 未开发的地区

undiminished [ˌʌndɪ'mɪnɪʃt] adj. 未减少的;未削弱的

undisputed [ˌʌndɪs'pjuːtɪd] adj. ❶ 无可置疑的;毫无疑问的 ❷ 无可争辩的;无异议的

undistinguished [ˌʌndɪs'tɪŋɡwɪʃt] adj. 无特征的;无特色的;普普通通的;平庸的,混杂的:Sometimes formal English and informal English are undistinguished. 有时候正式英语与非正式英语很难分清。

undo [ʌn'duː] vt. (pt. **undid**, pp. **undone**) ❶ 松开,解开:Can you undo this knot? 你能解开这个结吗? / He undid the parcel. 他打开包裹。/ He undid the string round a parcel. 他解开了绑包裹的绳子。/ He bent down and undid the laces of his shoes. 他弯腰解开鞋带。❷ 毁灭;败坏:His pride will undo him some day. 他的傲慢总有一天会毁了他。/ He did wrong, and in the end his wrongs undid him. 行恶者终以其恶毁其身。/ This mistake has undone all our good work. 这个错误使我们所有良好的工作白做了。/ The evil that he did can never be undone. 他做的坏事永远不会被抹掉。/ What is done cannot be undone. 覆水难收。‖ **undoer** n. 破坏者;勾引者 / **undoing** n. ① 解开,打开 ② 取消;复旧 ③ 破坏

undone [ʌn'dʌn] adj. P ❶ 已解开的;已松开的;已拆开的 ❷ 未做的;未做完的

undoubted [ʌn'daʊtɪd] adj. A 无疑的;肯定的 ‖ **undoubtedly** adv. 无疑地;肯定地

undrained [ʌn'dreɪnd] adj. 未排水的;不排水的;没有水流的

undreamed-of [ʌn'driːmdɒv] adj. 梦想不到的;难以想象的

undress [ˌʌn'dres] vi. 脱衣服 vt. 除去…的衣服

undressed [ˌʌn'drest] adj. 已脱掉衣物的;裸露的

undue [ˌʌn'djuː] adj. 不当的;过分的;过度的

undulate ['ʌndjʊleɪt] vi. 波动;起伏;呈波浪形

unduly [ˌʌn'djuːlɪ] adv. 不当地;过分地;过度地

undying [ʌn'daɪɪŋ] adj. A 不死的;不朽的;永恒的

unearth [ʌn'ɜːθ] vt. ❶ 发掘或挖出某物 ❷ 搜寻到某事物;发现并披露

unearthly [ʌn'ɜːθlɪ] adj. ❶ 超自然的;神秘的;可怕的 ❷ A 早得或不便得离谱的

unease [ʌn'iːz] n. U 忧虑;担心

uneasy [ʌn'iːzɪ] adj. (-ier, -iest) ❶ 心神不安的:She had an uneasy feeling that they were still following her. 她有一种他们仍在跟踪她的不安感觉。/ He feels uneasy today. 他今天心里感到不安。/ I am uneasy about this decision. 我为这一决定感到不安。/ There was one thing that made me very uneasy after hearing what he had said. 听了他的讲话后,我感到非常不安。❷ 不稳定的:The nuclear deterrent has maintained an uneasy peace. 核威慑一直使和平处于不稳定状态。❸ 不舒服的:She felt uneasy with her new in-laws. 她和新姻亲在一起感到不自在。‖ **uneasily** adv. 心神不安地;不稳定地;不舒服地 / **uneasiness** n. 心神不安;不稳定;不舒服

uneconomical [ˌʌniːkə'nɒmɪkəl] adj. 浪费的;效率低的;不节约的

uneducated [ʌn'edjʊkeɪtɪd] adj. ❶ 未受良好教育的;缺乏教养的 ❷ 未受过正规教育的;没上过学的;文盲的

unemployed [ˌʌnɪm'plɔɪd] adj. ❶ 被解雇的;失业的:~ worker who wanders from place to place 流动的失业工人,无业游民 ❷ 不在使用中的;未用的

unemployment [ˌʌnɪm'plɔɪmənt] n. U ❶ 失业:The riots took place against a background of widespread unemployment. 暴乱是在普遍失业的情况下发生的。/ A rapid rise in price soon eventuated in mass unemployment. 物价迅速上涨,结果造成了大量失业。❷ 失业(人数),失业率:Unemployment among married women reached a peak. 在已婚女性中失业率达到了顶峰。/ There is an equation between unemployment and rising crime levels. 失业人数和上升的犯罪数字趋于平衡。/ Unemployment was high despite the gains of the civil rights movement. 尽管民权运动有所进展,失业率仍然很高。‖ **unemployment benefit** 失业救济金 / **unemployment insurance** 失业保险

unending [ʌn'endɪŋ] adj. ❶ 无止境的;不停的 ❷ 不断重复的 ‖ **unendingly** adv. ① 无止境地;不停地 ② 不断重复地

unequal [ˌʌn'iːkwəl] adj. ❶ (在大小、数量

等方面)不同的,不相等的: *Unequal distribution of wealth may cause division in society*. 财富分配不均会引起社会分裂。❷(力量、能力等)不平等的,不相称的 ❸回(对做某事)无力的,无才的,不胜任的 ‖ **unequally** *adv*. 不等同地;不能比拟地;无敌地

unequalled [ˌʌnˈiːkwəld] *adj*. 无比的;无双的

uneven [ˌʌnˈiːvən] *adj*. ❶不平坦的;不平滑的;不规则的: *move along in an ～ way* 颠簸着前进 ❷不一致的,不相等的;有差异的: *have an ～ edge* 参差不齐的边缘 ❸(竞争等)不对等的 ‖ **unevenness** *n*. ①不平坦;不平滑,不规则②不一致;不相等;有差异③(竞争等)不对等

unexpected [ˌʌnɪkˈspektɪd] *adj*. 没有料想到的,意外的,突如其来的: *an ～ happening* 反常的事,怪事/*have an ～ effect opposite to the effect intended* 发生意外,产生事与愿违的后果/*He is an unexpected guest to her*. 对于她来说,他可是位不速之客。/*This was a sudden and unexpected blow*. 这是一个意想不到的打击。/*His unexpected death is unexpected news*. 他的猝死是一个意外的消息。/*His promotion was unexpected*. 他的升迁出人意料。‖ **unexpectedly** *adv*. 没有料想到地,意外地,突如其来地/**unexpectedness** *n*. 没有料想到,意外,突如其来

unfailing [ʌnˈfeɪlɪŋ] *adj*. ❶永恒的;无穷的 ❷可靠的;确实的

unfair [ˌʌnˈfeə] *adj*. ❶不公正的;不公平的: *an ～ thing* 不公平的事 ❷违反规则或准则的: *use ～ means to gain an advantage in business* 行贿 ‖ **unfairly** *adv*. ①不公正地;不公平地②违反规则或准则地/**unfairness** *n*. ①不公正;不公平②违反规则或准则

unfaithful [ˌʌnˈfeɪtfʊl] *adj*. ❶有通奸行为的;不忠的 ❷不忠实的;背叛的;变节的: *be ～ to* 对…不忠,背叛 ‖ **unfaithfully** *adv*. ①有通奸行为地;不忠地;不忠实地;背叛地;变节地/**unfaithfulness** *n*. ①有通奸行为;不忠②不忠实;背叛;变节

unfamiliar [ˌʌnfəˈmɪljə] *adj*. ❶不熟悉的: *He quickly adjusts to the unfamiliar environment*. 他能很快适应陌生的环境。这人很面生。❷回对某事物不了解或是不熟悉的: *I am unfamiliar with European history*. 我对欧洲历史不太熟悉。/*We're unfamiliar to the geography of New England*. 我们不熟悉新英格兰的地形。‖ **unfamiliarity** *n*. 不熟悉;对某事物不了解或不熟悉/**unfamiliarly** *adv*. 不熟悉地;对某事物不了解或不熟悉地

unfashionable [ˌʌnˈfæʃənəbl] *adj*. 不流行的,不符合时尚的,不时髦的;过时的: *～ clothes*〔*furniture*, *ideas*〕过时的服装〔家具,思想〕

unfavourable [ˌʌnˈfeɪvərəbl] *adj*. 不利的,不适宜的;否定的;反对的: *have an ～ opinion* 不赞成/*The company will lend you money on very unfavourable terms*. 这家公司将以非常刻薄的条件借钱给你。/*We found that most people are unfavourable to the idea*. 我们发现大多数人反对这个意见。‖ **unfavourableness** *n*. 不利,不适宜;否定;反对/**unfavourably** *adv*. 不利地,不适宜地;否定地;反对地

unfeeling [ʌnˈfiːlɪŋ] *adj*. 无情的,硬心肠的;无同情心的

unfit [ˌʌnˈfɪt] *adj*. ❶身体不适的,体格不佳的: *You look very unfit*. 你看上去体格不佳。❷不能胜任的;不合适的,不适宜的: *The food was unfit for human consumption*. 这种食品不适于人吃。/*The water is unfit to drink*. 这水不适宜饮用。‖ **unfitly** *adv*. ①身体不适地,体格不佳地②不能胜任地;不合适地,不适宜地/**unfitness** *n*. ①身体不适,体格不佳②不能胜任;不合适,不适宜

unfold [ʌnˈfəʊld] *vi*. 显露,展现: *As I opened the scroll*, *a panorama of the Yellow River unfolded*. 我打开卷轴时,黄河的景象展现在眼前。/*As the mist cleared*, *a most beautiful view unfolded before their eyes*. 薄雾散去,美丽的景色逐渐呈现在他们的眼前。*vt*. & *vi*. 展开,打开: *Buds unfold in the sunshine*. 花蕾在阳光下开放。/*The story unfolds as the film goes on*. 情节随着影片的进展逐步展开。/*He unfolded a map*. 他摊开地图。/*When he came across his close friend*, *he unfolded his arms and hugged him*. 每当他遇到密友时,总是张开双臂紧紧拥抱。‖ *～ to* 将(以前保密的事情)告诉…

unforeseen [ˌʌnfɔːˈsiːn] *adj*. 未预见到的,意料之外的: *have an ～ effect opposite to the effect intended* 产生事与愿违的后果/*This was a sudden and unforeseen blow*. 这是一个意想不到的打击。

unforgettable [ˌʌnfəˈgetəbl] *adj*. (经历)难以忘怀的;不会被遗忘的 ‖ **unforgettably** *adv*. (经历)难以忘怀地;不会被遗忘地

unfortunate [ʌnˈfɔːtʃənɪt] *adj*. ❶不幸的,倒霉的;时运不佳的: *He hurled curses at the unfortunate man who had made the mistake*. 他对着这个犯了错误的可怜人大声叫骂。/*I count myself to be unfortunate*. 我认为我自己时运不佳。❷可叹的,令人遗憾的: *It is indeed unfortunate!* 那的确是令人遗憾的! ❸不合适的,粗野的,不得体的 ■*n*. 回不幸的人

unfortunately [ʌnˈfɔːtʃənɪtlɪ] *adv*. 遗憾地,不幸地: *Unfortunately*, *the war broke out*. 不幸的是战争爆发了。/*She had gone home*, *unfortunately*. 遗憾的是她已回家了。

unfounded [ˌʌnˈfaʊndɪd] adj. 无事实根据的;无基础的: We hold that their proposal is unfounded. 我们认为他们的建议是无事实根据的。

unfriendly [ˌʌnˈfrendlɪ] adj. (-ier,-iest) 不友好的;有敌意的;冷漠的: Our neighbours are unfriendly to us. 我们的邻居对我们不友好。‖ ~ toward sb 对某人不友好

unfurl [ʌnˈfɜːl] vt.& vi. 展开,张开,铺开(某物)

ungracious [ˌʌnˈɡreɪʃəs] adj. 勉强的;愤恨的;不礼貌的

ungrammatical [ˌʌnɡrəˈmætɪkəl] adj. 不符合语法的;违反语法规则的

ungrateful [ʌnˈɡreɪtful] adj. 不感激的;不领情的;忘恩负义的

unguarded [ʌnˈɡɑːdɪd] adj. ❶无防卫的;无人守护的 ❷粗心的,不留神的

unhappy [ʌnˈhæpɪ] adj. (-ier,-iest)❶不高兴的,不幸福的,不欢乐的: His unhappy childhood has branded him for life. 他不愉快的童年在他心灵上留下了深刻的烙印。/ For all this wealth, he was unhappy. 尽管他富有,但他并不幸福。❷不满意的,不快的,不自在的 ❸不适当的,不合适的 ❹不幸运的‖ **unhappily** adv. ①不高兴地,不幸福地,不欢乐地②不满意地,不快地,不自在地③不适当地,不合适地④不幸运地/**unhappiness** n. ①不高兴,不幸福,不欢乐②不满意,不快,不自在③不适当,不合适④不幸运

unharbour [ʌnˈhɑːbə] vt. 将(鹿)从隐藏处逐出

unhealthy [ʌnˈhelθɪ] adj. (-ier,-iest)❶不健康的,身体不好的,身心不健全的: an ~ child 不健康的孩子/The doctor examined the child and said she was unhealthy. 医生检查了孩子后说她并不健康。❷对健康有害的,不卫生的: That book is unhealthy reading for a child. 那本书很不健康,不适宜孩子阅读。❸显得不健康的,显出病态的: an ~ pale skin 显得不健康的苍白皮肤 ❹反常的;病态的

unheard [ˌʌnˈhɜːd] adj. 回没有听到的,不予倾听的: Her complaints went unheard. 她的抱怨没人理睬。

unheard-of [ʌnˈhɜːdɒv] adj. 前所未闻的;无先例的;空前的

unhelpful [ʌnˈhelpful] adj. 不予帮助的;无益的;~ comment 无益的评论‖ **unhelpfully** adv. 不予帮助地

unhinge [ʌnˈhɪndʒ] vt. ❶(把门等)从铰链上取下 ❷使失常,使(精神)错乱

unhurt [ˌʌnˈhɜːt] adj. 没有受害的,没有受伤的: She escaped unhurt. 她逃掉了而未受伤。/ I thought he was really unhurt but he was faking. 我原以为他真的没有受伤,不料他只是在装样子而已。

unidentified [ˌʌnaɪˈdentɪfaɪd] adj. 不能辨认的;无法识别的

unification [ˌjuːnɪfɪˈkeɪʃən] n. ⓤ统一,联合,一致

uniform [ˈjuːnɪfɔːm] n. ⓒ制服: dress〔parade〕~ 军〔阅兵〕礼服/naval ~ 海军制服/police〔regulation, school〕~ 警〔制,校〕服/put on〔take off〕a ~ 穿上〔脱下〕制服/The new uniforms will arrive tomorrow. 新制服明天就到。/Soldiers, policemen, and nurses wear uniforms. 士兵、警察和护士们都穿制服。/ He was in uniform three years. 他服役三年。■adj. 全都相同的,一律的,清一色的: The earth turns around at a uniform rate. 地球以相同的速度旋转。/ The windows in the house are all uniform. 房子里的窗户都是一样的。/ They are uniform in size and shape. 它们的大小和形状都相同。‖ **uniformise,-ize** vt. 使成一样,使一致/**uniformity** n. 全都相同,一律,清一色/**uniformly** adv. 全都相同地,一律地,清一色地

unify [ˈjuːnɪfaɪ] vt.(pt., pp. -fied)❶使联合,统一: The emperor unified the country by the sword. 那位皇帝用武力统一了全国。/ How can we unify such scattered islands into a nation? 我们怎么才能把如此分散的岛屿组成一个国家呢?/Spain was unified in the 16th century. 西班牙是在 16 世纪统一的。❷使相同;使一致: Someone in charge of quality control should unify the printing with the rest of the book. 质量检查人员应使该书的印刷质量与其他方面相称。

unilateral [ˌjuːnɪˈlætərəl] adj. A单方面做出的;仅影响一方的;单方面的;单边的‖ **unilaterally** adv. 单方面做出地;仅影响一方地;单方面地;单边地

uninformed [ˌʌnɪnˈfɔːmd] adj. ❶信息不足的;情况不明的 ❷未受教育的;无知的

uninhabitable [ˌʌnɪnˈhæbɪtəbl] adj. 不适于居住的

uninhibited [ˌʌnɪnˈhɪbɪtɪd] adj. 无限制的;无拘束的,放任的

uninspired [ˌʌnɪnˈspaɪəd] adj. 无想象力的;无灵感的;枯燥的

uninspiring [ˌʌnɪnˈspaɪərɪŋ] adj. 引不起兴趣的;无鼓舞作用的;无指望的

unintelligible [ˌʌnɪnˈtelɪdʒəbl] adj. 不可能理解的;难懂的‖ **unintelligibleness** n. 不可能理解;难懂/**unintelligibly** adv. 不可能理解地;难懂地

uninterested [ˌʌnˈɪntrɪstɪd] adj. 不感兴趣的,不关心的,淡漠的: I'm uninterested in classical architecture. 我对古典建筑风格不感兴趣。/ We shall be uninterested to hear about *it*. 我们都不想听到这个消息。

uninterrupted [ˌʌnˌɪntəˈrʌptɪd] *adj*. 不间断的,连续的: *She was uninterrupted with the entrance of an attendant*. 服务员进来并没有打断她的话。 ‖ **uninterruptedly** *adv*. 不间断地,连续地/**uninterruptedness** *n*. 不间断,连续

union [ˈjuːnjən] *n*. ❶ⓤ 联合,结合,合并: *encourage*〔*hinder, promote*〕*the ~ of* 鼓励〔阻碍,促进〕…的联合/*Union between the two countries would be impossible*. 这两个国家的联合是不可能的。❷ⓒ 联盟,联邦;工会;俱乐部: *betray the ~* 出卖联盟/*break up*〔*dissolve*〕*the ~* 解散工会/*company*〔*craft*〕*~* (美)公司〔同业〕工会/*credit ~* 存款互助会/*defend*〔*destroy, oppose, split, support*〕*a ~* 保卫〔破坏,反对,分裂,支持〕联盟/*enter in*〔*establish, organize*〕*a ~* 参加〔建立,组织〕联盟/*federal*〔*international, national*〕*~* 联邦〔国际,全国〕联盟/*form*〔*join*〕*a ~* 组织〔加入〕工会/*postal ~* 邮政工会/*The president gave his speech on the state of the Union*. 总统就联邦的现状发表国情咨文。/*The Student Union is*〔*are*〕*holding election today*. 学生会今天举行选举。❸ⓤ 和睦,一致: *They lived in unspoilt union*. 他们和睦相处。❹ⓒ 结婚,婚姻: *happy*〔*perfect*〕*~* 美满〔完美〕的婚姻/*God will bless this union*. 愿上帝保佑这桩婚姻。 ‖ **unionism** *n*. 工会主义,工联主义 ‖ **union card** 工会会员证/**Union Jack** 英国国旗/**union suit** 连衫裤

unique [juːˈniːk] *adj*. ❶ 独一无二的,仅有的,惟一的: *I am in a rather unique position, as my job is different from anyone else's*. 我的情况很特殊,因为我的工作与众不同。/*The tranquil beauty of the village scenery is unique*. 这乡村景色的宁静是绝无仅有的。❷ 异常的,特有的,少见的: *This is a rather unique position*. 这是一个相当好的位置。 ‖ **uniquely** *adv*. ①独一无二地,仅有地,惟一地 ②异常地,特有地,少见地/**uniqueness** *n*. ①独一无二,仅有,惟一 ②异常,特有,少见

unit [ˈjuːnɪt] *n*. ⓒ❶(工作)单位: *The family is the basic unit of society*. 家庭是构成社会的基本单位。❷(计量或计数用的)单位: *The metre is a unit of length*. 米是长度单位。❸(课本中的)单元: *A Reading Practice section is added to each unit in Book Two*. 在第二册书里每个单元都加上了阅读练习部分。❹(特定功能的)装置: *All the units employ hollow burned-clay blocks as the basic raw material*. 所有构件都用空心陶土砖做基本原料。 ‖ **be a ~** 〈美〉一致 ‖ **unit character** 〈生〉单位性状/**unit rule** 〈美〉单位投票法/**unit train** 运送单一商品的火车

unite [juːˈnaɪt] *vt*. & *vi*. (使)联合,统一: *The broken bones of a child unite easily*. 儿童的断骨容易接合。/*They unite to form a new company*. 他们联合组成一个新公司。/*A piece of wood unites the two parts*. 一块木头将两部分接合起来。*vt*. 团结: *They should be able to unite students*. 他们应该能团结同学。 ‖ **~ in** (使…)在…方面联合起来(做某事)/**~ into** (使…)合并起来/**~ with** (使…)与…联合

united [juːˈnaɪtɪd] *adj*. ❶ 联合的,一致的,团结的: *They were united in their insistence that she should go to college*. 他们一致坚持她应上大学。❷Ⓐ 政体联合的 ‖ **unitedly** *adv*. 联合地,一致地,团结地 ‖ **United Nations** 联合国

unity [ˈjuːnɪti] *n*. ❶ⓤⓒ 统一;统一体 ❷ⓢⓤ 一致,同心协力;和谐

universal [ˌjuːnɪˈvɜːsəl] *adj*. ❶ 全体的: *His speech met with universal applause*. 他的演讲博得全场的喝彩。❷ 广泛的,普遍的: *It's a universal truth*. 这是一个普遍真理。/*These habits are both universal among mankind and peculiar to individuals*. 这些习惯在全人类中很普遍,而对个人来说又很独特。❸ 在世界各地的,世界性的: *Overpopulation is a universal problem*. 人口过剩是个世界性的问题。 ‖ **universally** *adv*. ①全体地 ②广泛地,普遍地 ③在世界各地地,世界性地 ‖ **universal agent** 全权代理人/**universal language** 世界通用语/**universal successor**〔*legatee*〕全财产继承人/**universal suffrage** 普选权/**universal time** 格林威治时

universe [ˈjuːnɪvɜːs] *n*. ❶ⓢ 宇宙;天地万物: *Our world is but a small part of the universe*. 我们的地球只是宇宙的一小部分。❷ⓒ 星系,银河系: *Are there other universes outside our own*? 在我们的银河系之外还有别的星系吗?

university [ˌjuːnɪˈvɜːsɪti] *n*. ⓒ 大学: *The boy scared up enough money to go to university*. 这孩子筹措了足够上大学的钱。/*He graduated from Yale University in 1915*. 他1915年毕业于耶鲁大学。/*She is a student at the University of London*. 她是伦敦大学的学生。 ‖ **university college** 附属于大学的学院/**university extension** 大学的附设部分

unjust [ˌʌnˈdʒʌst] *adj*. 错误的,不公正的: *Your suspicions are unjust*. 你的怀疑是错误的。/*An unjust cause finds little support*. 失道寡助。 ‖ **unjustly** *adv*. 错误地,不公正地/**unjustness** *n*. 错误,不公正

unkind [ʌnˈkaɪnd] *adj*. 不够和善的,残酷的;欠考虑的: *He was never unkind to her*. 他从未亏待过她。 ‖ **unkindness** *n*. 不和善,残酷;欠考虑

unknown [ˌʌnˈnəʊn] *adj*. ❶ 未知的: *An unknown man has stolen all her money*. 一个陌生人把她的钱偷光了。/*His purpose is unknown to me*. 我不知道他的目的。❷ 不出名

的,知名度不高的:Until last year he was still an unknown singer,but now his name has become a household word.去年以前他还一直是位默默无闻的歌手,可如今他的名字已家喻户晓了。/ The writer is unknown to fame.那位作者不出名。■ n. ⓒ 不知名或不出名的人或事物

unlawful [ˌʌnˈlɔːful] adj. ❶ 非法的,违法的:He was arrested for the unlawful possession of fire arms.他因非法携带武器而被捕。❷ 私生的:an ~ child 私生子 ‖ **unlawfully** adv.非法地,违法地/**unlawfulness** n.非法,违法

unless [ʌnˈles] conj.除非,如果不:You will fail unless you work hard.如果你不积极工作,就会失败。/ Let's have dinner out — unless you are too tired.咱们出去吃饭吧——除非你太累了。/ Substances have no tendency to expand unless (they are) heated.除非受热,物质不会有膨胀的倾向。/ I will be very angry unless you have already spoken to her.除非你已经对她说过了,否则我会很生气。/ Don't ask me to explain unless you really don't understand.不要叫我解释,除非你真的不懂。/ Unless paying by credit card,please pay in cash.如果不用信用卡付账,就请付现金。‖ ~ **and until** 直到…才

unlike [ˌʌnˈlaɪk] prep.(表示属性)与…不像,与…不同;非…的特点。她一点也不像她母亲。/ It's unlike him to be late;he's usually on time.他不是会迟到的那种人,他通常很准时。■ adj. ⓟ 不同的,相异的,不相似的:The two men are unlike in disposition.这两个人的气质不同。‖ **unlikeness** 不同,相异,不相似

unlikely [ʌnˈlaɪklɪ] adj.(-ier,-iest) ⓟ 未必的,不太可能的:She is unlikely to arrive before 7:00 p.m.她晚上七点之前不大可能到达。/ It is unlikely that she will come.她不大可能来了。‖ **unlikelihood**,-**ness** n.未必,不太可能

unlimited [ʌnˈlɪmɪtɪd] adj.无限的,无边的:They flew over the unlimited reaches of the Arctic.他们飞过了茫茫无边的北极上空。‖ **unlimited company** 无限公司

unload [ˌʌnˈləʊd] vt.& vi.从…卸下货物:The ship is unloading.这艘船正在卸货。/ Dockers started unloading the ship.码头工人开始卸船。vt.摆脱 ‖ ~ **from** 从…卸下/~ **on**〔**onto**〕向…倾吐〔吐露〕;把负担推给…

unlock [ˌʌnˈlɒk] vt.开锁:He unlocked the door.他打开了门上的锁。

unlooked-for [ʌnˈlʊktfɔː] adj.未预料的;未预见到的

unlucky [ʌnˈlʌkɪ] adj.不幸运的,倒霉的:an ~ day 不幸的日子/ I was unlucky enough to lose my glasses.昨天我非常倒霉,竟丢失了眼镜。‖ **unluckily** adv.不幸运地,倒霉地/ **unluckiness** n.不幸运,倒霉

unmanned [ˌʌnˈmænd] adj.(机器,尤指航天器)无人驾驶的,无人操纵的:Scientists say these unmanned flights can make important and exciting discoveries.科学家们说这次无人驾驶的太空飞行能够获得令人兴奋的重大发现。

unmarked [ˌʌnˈmɑːkt] adj.没有标志的,未被注意到的:She handed him an unmarked card.她递给他一张无标志的卡片。

unmarried [ˌʌnˈmærɪd] adj.未婚的;独身的

unmask [ˌʌnˈmɑːsk] vt.& vi.除去(某人的)面具 vt.使(某人或某事)露出真相;揭露

unmatched [ˌʌnˈmætʃt] adj.无敌的,无比的:Although blind by the explosion,he faced the future with unmatched courage.他虽然因爆炸而失明,但仍然能以无比的勇气面对未来。

unmentionable [ʌnˈmenʃənəbl] adj. ⓐ 说不出口的,不堪提起的

unmistakable [ˌʌnmɪsˈteɪkəbl] adj.显而易见的,不会弄错的,不会误解的 ‖ **unmistakably** adv.显而易见地,不会弄错地,不会误解地

unmitigated [ʌnˈmɪtɪgeɪtɪd] adj. ⓐ (坏事)纯粹的,十足的;未减轻的,不能宽恕的 ‖ **unmitigatedly** adv.纯粹地,十足地;未减轻地,不能宽恕地

unmoved [ˌʌnˈmuːvd] adj. ⓟ ❶ 无动于衷的,冷漠的:He remained unmoved after I had talked with him for hours.虽然我同他说了数小时,他仍无动于衷。❷ 镇定的,冷静的 ❸ 未被移动的:Mother wants this chair left unmoved.母亲要这张椅子保持原位不动。

unnatural [ʌnˈnætʃərəl] adj. ❶ 不自然的,反常的:Did her behaviour seem unnatural in any way? 她有任何反常表现吗? ❷ 不真诚的,做作的 ❸ 违背人性的:A mother who is cruel to her child is unnatural.母亲对孩子残忍是不近人情的。‖ **unnaturally** adv.①不自然地,反常地②不真诚地,做作地③违背人性地/**unnaturalness** n.①不自然,反常②不真诚,做作③违背人性

unnecessary [ʌnˈnesɪsərɪ] adj.不必要的,多余的:There's no sense in taking unnecessary risks.做不必要的冒险毫无意义。/ This renders it unnecessary for me to do anything.这使我无需做任何事情。‖ **unnecessarily** adv.不必要地,多余地

unnerve [ˌʌnˈnɜːv] vt.使气馁,使丧失勇气,使失去信心:He hoped to unnerve Kennedy and force him into concessions.他只希望动摇肯尼迪的信念,迫使他让步。

unnoticed [ˌʌnˈnəutɪst] adj. 未被觉察到的,未被注意到的

unnumbered [ˌʌnˈnʌmbəd] adj. ❶无号数的,未编号的 ❷不可胜数的;数不清的

unobtrusive [ˌʌnəbˈtruːsɪv] adj. 不引人注目的,不显眼的: The secret service agents in charge of protecting the President tried to be as unobtrusive as possible. 负责保护总统的秘密安全人员的行动尽可能不引人注目。‖ **unobtrusively** adv. 不引人注目地,不显眼地/**unobtrusiveness** n. 不引人注目,不显眼

unoccupied [ˌʌnˈɒkjupaɪd] adj. ❶空的,未被占用的: The room was unoccupied. 那房间是空的。❷未被占领的 ❸空闲的: I paint in my unoccupied hours. 我在空闲时画画。

unofficial [ˌʌnəˈfɪʃəl] adj. 非官方的,非正式的 ‖ **unofficially** adv. 非官方地,非正式地

unorthodox [ˌʌnˈɔːθədɒks] adj. 非正统的,非传统的,非正规的: Many doctors don't approve of unorthodox medicine. 许多医生不赞成使用非传统药品。/ I'm afraid your English is somewhat unorthodox. 恐怕你的英语有点不正规。‖ **unorthodoxly** adv. 非正统地,非传统地,非正规地

unpack [ˌʌnˈpæk] vt.&vi. 从(袋等)中取出(所装的东西),打开行李取出: Unpack your clothes. 开箱取出你的衣服。vt. 拆包,拆解,拆开(已压缩的数据项) ‖ **unpacked** adj. ① 未包装的 ② 从包裹中拿出来的 ③ 内空的

unpaid [ˌʌnˈpeɪd] adj. ❶未付的 ❷不支付薪水服务的 ‖ **the great ~** 无薪法官

unpleasant [ʌnˈpleznt] adj. 使人不愉快的,不合意的: A very unpleasant thing has happened. 一件令人很不愉快的事发生了。/ He was rather unpleasant to me. 我很不喜欢他。‖ **unpleasantly** adv. 使人不愉快地,不合意地/**unpleasantness** n. ①不愉快,煞风景 ②不愉快的事件,争执

unpopular [ˌʌnˈpɒpjulə] adj. 不得人心的,不受欢迎的,不流行的: He is justly unpopular with all. 他不受大家的欢迎是有道理的。‖ **unpopularity** n. 不得人心,不受欢迎,不流行

unprecedented [ʌnˈpresɪdəntɪd] adj. 前所未有的,无前例的: The air crash caused an unprecedented number of deaths. 这次空难的死亡人数是空前的。‖ **unprecedentedly** adv. 前所未有地,史无前例地

unpredictable [ˌʌnprɪˈdɪktəbl] adj. ❶无法预言的,不可预测的 ❷捉摸不透的,不稳定的,反复无常的 ‖ **unpredictability** n. ①无法预言,不可预测 ②捉摸不透,不稳定,反复无常/**unpredictably** adv. ①无法预言地,不可预测地 ②捉摸不透地,不稳定地,反复无常地

unprejudiced [ʌnˈpredʒudɪst] adj. 无偏见的,无成见的,公正的

unpretentious [ˌʌnprɪˈtenʃəs] adj. 不炫耀的,不招摇的,不装腔作势的 ‖ **unpretentiously** adv. 不炫耀地,不招摇地,不装腔作势地/**unpretentiousness** n. 不炫耀,不招摇,不装腔作势

unprincipled [ʌnˈprɪnsəpld] adj. 不道德的,肆无忌惮的,不诚实的

unprofessional [ˌʌnprəˈfeʃnəl] adj. ❶非专业化的,外行的: This patch looks a bit unprofessional. 这块补丁有点像出自外行之手。❷违反职业道德标准的: The teacher was dismissed from his post for unprofessional conduct. 这名教师因其行为违反职业道德而被解职。‖ **unprofessionally** adv. ①非专业化地,外行地 ②违反职业道德地

unprovided [ˌʌnprəˈvaɪdɪd] adj. 无供给的,无生活来源的

unpunished [ʌnˈpʌnɪʃt] adj. 未受惩罚的

unqualified [ʌnˈkwɒlɪfaɪd] adj. ❶不合格的,无资格的: I am quite unqualified to talk on this subject. 我毫无资格谈论这个问题。❷无限制的,无条件的,绝对的,十足的: We are in unqualified agreement. 我们完全一致。/ His praise of her was not entirely unqualified. 他对她的表扬是完全没有保留的。

unquestionable [ʌnˈkwestʃənəbl] adj. 毫无疑问的;确实的: The witness showed unquestionable proof. 证人出示了确凿的证据。‖ **unquestionably** adv. 毫无疑问地,确实地

unquestioning [ʌnˈkwestʃənɪŋ] adj. 无异议的,毫无疑问的,不犹豫的: He acts in unquestioning obedience to the orders of his superior. 他的行动绝对服从上级的命令。‖ **unquestioningly** adv. 无异议地,毫无疑问地,不犹豫地/**unquestioningness** n. 无异议,毫无疑问,不犹豫

unreal [ˌʌnˈrɪəl] adj. 不真实的,虚幻的: He lives in an unreal world imagined by himself. 他生活在自己想象的虚幻世界里。

unreasonable [ʌnˈriːznəbl] adj. ❶不讲道理的,非理智的: I know they have made the most unreasonable demands on you. 我知道他们向你提出了最无理的要求。❷过分的,太多的: They spend an unreasonable amount of money on clothes. 他们花在衣服上的钱太多了。‖ **unreasonableness** n. ①不讲道理,非理智 ②过分,太多/**unreasonably** adv. ①不讲道理地,非理智地 ②过分地,太多地

unreasoning [ʌnˈriːznɪŋ] adj.(指人或态度、信仰等)不理智的,无理性的 ‖ **unreasoningly** adv. 不理智地,无理性地

unrelenting [ˌʌnrɪˈlentɪŋ] adj. 持续不断的,不松懈的,不屈不挠的: He was unrelenting in his pursuit of legal mandate. 他坚决要求得

到合法的托管权。‖ **unrelentingly** adv. 持续不断地,不松懈地,不屈不挠地

unrequited [ˌʌnrɪˈkwaɪtɪd] adj. (尤指爱情)得不到回应或报答的

unreserved [ˌʌnrɪˈzɜːvd] adj. ❶(指座位等)未被预定的,未保留的 ❷无保留的,完全的 ‖ **unreservedly** adv. 未被预定地;无保留地,完全地

unrest [ʌnˈrest] n. Ⓤ动乱,骚乱,不安宁: People are predicting civil unrest in the area. 人们预言该地区将发生动乱。‖ **unrestful** adj. 动乱的,骚乱的,不安宁的

unrestrained [ˌʌnrɪsˈtreɪnd] adj. 不受抑制的,无拘无束的,不受控制的 ‖ **unrestrainedly** adv. 不受抑制地,无拘无束地,不受控制地

unripe [ʌnˈraɪp] adj. 未成熟的 ‖ **unriply** adv. 未成熟地/**unripeness** n. 未成熟

unroll [ʌnˈrəʊl] vt. & vi. 展开,铺开,打开

unruly [ʌnˈruːlɪ] adj. ❶蛮横的,任性的,难驾驭的,难控制的: The only way to kerb this unruly mob is to use tear gas. 压制这群暴徒的惟一方法是使用催泪瓦斯。❷难固定的,难以保持平整的 ‖ **unruliness** n. ①蛮横,任性,难驾驭,难控制②难固定,难以保持平整

unsafe [ʌnˈseɪf] adj. 不安全的,危险的,靠不住的: The ice on that pond is unsafe for skating. 在那个池塘的冰面上溜冰不安全。‖ **unsafety** n. 不安全,危险,靠不住

unsaid [ʌnˈsed] adj. Ⓟ未表达的;未说出的

unsatisfactory [ˌʌnsætɪsˈfæktərɪ] adj. 使人不满意的: Shops are often reluctant to take back unsatisfactory goods. 商店一般都不愿收回顾客不称心的货物。/The student's work was judged unsatisfactory. 这个学生的作业被认为是不能令人满意的。

unsavoury, 〈美〉**unsavory** [ʌnˈseɪvərɪ] adj. 味道很不好的,讨厌的: The salad was unsavoury. 那沙拉极难吃。

unsay [ʌnˈseɪ] vt. (pt., pp. **unsaid**) 取消,收回,撤回

unscrupulous [ʌnˈskruːpjʊləs] adj. 肆无忌惮的,不择手段的,无道德原则的: It was unscrupulous of their lawyer to withhold evidence. 他们的律师隐瞒证据是不道德的。‖ **unscrupulously** adv. 肆无忌惮地,不择手段地,无道德原则地/**unscrupulousness** n. 肆无忌惮,不择手段,无道德原则

unsealed [ʌnˈsiːld] adj. 未密封的: This is an unsealed letter, don't read it. 这是一封未密封的信,不要看。

unseat [ʌnˈsiːt] vt. ❶(马)把(骑手)摔下来 ❷夺去(议员等的)席位,革除(职位)

unseemly [ʌnˈsiːmlɪ] adj. (举止)不得体的,不合时宜的,易遭非议的: Everyone was shocked by his unseemly conduct. 大家都被他不得体的举动震惊了。/Your levity is unseemly at this time. 在这种场合,你的轻率举动是不得体的。

unseen [ʌnˈsiːn] n. Ⓒ需即席翻译成本国语的文章

unselfish [ʌnˈselfɪʃ] adj. 无私的,慷慨的: It was unselfish of you to help us. 你无私地帮助了我们。‖ **unselfishly** adv. 无私地,慷慨地/**unselfishness** n. 无私,慷慨

unsettle [ʌnˈsetl] vt. ❶扰乱,使不安宁: Will a change of schools unsettle the child? 转学会扰乱孩子的情绪吗? ❷震动: The earthquake unsettled the rocks up the mountain. 那次地震震松了山上的石块。‖ **unsettling** adj. 扰乱的,使人不安的

unsettled [ʌnˈsetld] adj. ❶未解决的,未定的 ❷(天气、政治形势等)不稳定的,易变的,不安定的 ❸(胃)稍有不适的

unshakeable [ʌnˈʃeɪkəbl] adj. 不可改变的,坚定不移的

unsightly [ʌnˈsaɪtlɪ] adj. 不悦目的;难看的

unskilled [ʌnˈskɪld] adj. ❶不熟练的,无特别技术的: Unskilled workers usually earn less money than skilled workers. 无技能的工人通常比有技能的工人挣钱少。❷不需要特殊技能的

unsound [ʌnˈsaʊnd] adj. ❶不健全的,情况不佳的,虚弱的 ❷有缺点的,有错误的 ‖ **unsoundly** adv. 不健全地,情况不佳地,虚弱地;有缺点地/**unsoundness** n. 不健全,情况不佳,虚弱;有缺点

unspeakable [ʌnˈspiːkəbl] adj. 无法用言语表达的 ‖ **unspeakably** adv. 无法用言语表达地

unspecified [ʌnˈspesɪfaɪd] adj. 未特别指出的: It is generated by some specified means. 这是由某些未加说明的方法产生的。

unstable [ʌnˈsteɪbl] adj. ❶不稳固的;不结实的: This bookcase is too unstable to hold so many books. 这书橱很不结实,装不了这么多书。❷易变的,不稳定的: The patient's condition was unstable. 那患者的病情不稳定。❸(人)反复无常的;动摇不定的: He was the most unstable kind of fool I had ever seen. 他是我所遇见过的最反复无常的傻瓜。

unsteady [ʌnˈstedɪ] adj. (-ier, -iest) ❶不坚固的,不牢靠的,不稳的 ❷不一贯的,不规则的

unstinting [ʌnˈstɪntɪŋ] adj. 极为慷慨的,大方的: I can't speak too highly of the unstinting help I received. 我对我得到的慷慨帮助无论怎样称赞都不会过分。‖ **unstintingly** adv. 极为慷慨地,大方地

unsuccessful [ˌʌnsəkˈsesfʊl] adj. 不成功的: He made an unsuccessful attempt to stop the thief. 他试图捉住小偷,但未能成功。/ She was equally unsuccessful. 她同样没有成功。‖ **unsuccessfully** adv. 不成功地/**unsuccessfulness** n. 不成功

unsuitable [ˌʌn'sjuːtəbl] adj. 不合适的: The dress is unsuitable for summer. 那件衣服不适合夏季穿。‖ **unsuitably** adv. 不合适地

unsure [ˌʌn'ʃuə] adj. 缺乏信心的,无把握的: He is unsure of himself. 他对自己没有信心。

unsuspecting [ˌʌnsəs'pektɪŋ] adj. 不怀疑的,无猜疑的,可信任的 ‖ **unsuspectingly** adv. 不怀疑地,无猜疑地,可信任地

unsuspicious [ˌʌnsəs'pɪʃəs] adj. 不怀疑的,不多疑的: He is a unsuspicious fellow. 他是一个不多疑的人。‖ **unsuspiciously** adv. 不怀疑地,不多疑地/**unsuspiciousness** n. 不怀疑,不多疑

unsympathetic [ˈʌnsɪmpəˈθetɪk] adj. 不同情的,冷漠无情的 ‖ **unsympathetically** adv. 不同情地,冷漠无情地

untangle [ˌʌn'tæŋgl] vt. 解开(某物的)结,使不再打结

untenable [ˌʌn'tenəbl] adj. (尤指辩论中的立场)站不住脚的,不堪一击的: I find your theory is untenable and it must be rejected. 我觉得你的理论是站不住脚的,必须予以摒弃。

unthinkable [ʌn'θɪŋkəbl] adj. 不能考虑的,不能接受的,不可想象的,难以置信的: It would be unthinkable to ask him to do that. 叫他做那件事是毫无可能的。/ It is quite unthinkable that a child like him can speak a foreign language so fluently. 像他这样的孩子居然能流利地说一种外语,真是令人难以置信。

unthinking [ˌʌn'θɪŋkɪŋ] adv. 考虑不周的,未经考虑的

untidy [ʌn'taɪdɪ] adj. (-ier,-iest) 不整洁的;凌乱的: This is an untidy plan. 这是一个杂乱无章的计划。/ His room is always untidy. 他的房间总是凌乱不堪。

untie [ˌʌn'taɪ] vt. 松开,解开: He untied the ropes. 他解开了绳子。

until [ʌn'tɪl] 见 till

untimely [ʌn'taɪmlɪ] adj. ❶不适时的,不合时宜的 ❷过早的 ‖ **unthinkingly** adv. 考虑不周地,未经考虑地

untiring [ʌn'taɪərɪŋ] adj. 不知疲倦的,不懈的: None of the competitors could catch up with the untiring runner who was in the lead. 没有一个参赛者能追上那个不知疲倦的领跑者。‖ **untiringly** adv. 不知疲倦地,不懈地

unto ['ʌntu] prep. 对,向

untold [ˌʌn'təʊld] adj. ❶数不清的,无数的,无限的 ❷未说过的,未透露的,未加以叙述的

untouchable [ˌʌn'tʌtʃəbl] adj. 贱民的 ■ n. ⓒ贱民

untouched [ˌʌn'tʌtʃt] adj. 未被论及的,未受损伤的,未受影响的: The miser was untouched by the poor man's story. 那个吝啬鬼对那穷人的叙述无动于衷。

untoward [ˌʌntə'wɔːd] adj. 意外的,不顺利的,不幸的: Untoward circumstances prevent me from being with you on this festive occasion. 有些不幸的事件使我不能在这欢庆的时刻与你在一起。‖ **untowardly** adv. 意外地,不顺利地,不幸地/**untowardness** n. 意外,不顺利,不幸

untried [ʌn'traɪd] adj. 未曾尝试的

untrue [ˌʌn'truː] adj. ❶不真实的,假的: His statement is completely untrue. 他的话完全是在撒谎。❷不忠诚的: He is untrue to his duty. 他不忠于职守。

untruth [ʌn'truːθ] n. (pl. ~s) ⓒ谎言: The untruth has been brought home to him. 对那谎言他已深信不疑。

unused [ˌʌn'juːzd] adj. 不再使用的,不用的,未用过的,闲着的 ‖ ~ **to** 对…不习惯

unusual [ʌn'juːʒʊəl] adj. ❶罕有的,异乎寻常的: It was an unusual day for summer, damp and chilly. 这是夏季少有的一天,又湿又凉。/ The boy's unusual behaviour puzzled the doctor. 这男孩的异常行为使医生困惑不解。/ It is unusual to see snow in this region. 这个地区难得见到雪。❷独特的,与众不同的 ‖ **unusually** adv. 不寻常地,非常/**unusualness** n. 罕有,异乎寻常;独特,与众不同

unveil [ʌn'veɪl] vt. 揭去…的面罩,除去…的遮盖物

unwarranted [ˌʌn'wɒrəntɪd] adj. 没有根据的,无正当理由的: I think it is a totally unwarranted waste of public money. 我认为这是毫无正当理由地浪费公款。/ Such strong criticism was completely unwarranted. 这样猛烈的批评完全没有必要。

unwelcome [ʌn'welkəm] adj. 不受欢迎的,令人失望的,令人讨厌的: I felt that we were unwelcome. 我觉得我们是不受欢迎的。‖ **unwelcomely** adv. 不受欢迎地,令人失望地,令人讨厌地/**unwelcomeness** n. 不受欢迎,令人失望,令人讨厌

unwell [ˌʌn'wel] adj. ⓟ(尤指短时间内)不舒服的,有病的: He felt unwell this morning. 他今天早上觉得不舒服。

unwholesome [ˌʌn'həʊlsəm] adj. ❶不卫生的,有害身心健康的 ❷看上去不健康的

unwieldy [ʌn'wiːldɪ] adj. ❶不易移动或操作的: This machine is too unwieldy to move. 这台机器太笨重了,很难搬动。❷难使用的;难驾驭的,难控制的

unwilling [ˌʌn'wɪlɪŋ] adj. 不愿意的,不情

愿的：*I was an unwilling witness of their quarrel*. 我不愿做他们吵架的见证人。/ *He is unwilling to give up the opportunity*. 他不愿意放弃这个机会。‖ **unwillingly** *adv*. 不愿意地, 不情愿地/**unwillingness** *n*. 不情愿, 不愿意

unwind [ˌʌn'waɪnd] (*pt*., *pp*. **unwound**) *vt*. & *vi*. 展开, 从缠绕中解开：*He unwound the bandage from his ankle*. 他将绷带从脚踝上解开。*vi*. 放松：*A glass of beer before dinner helped him unwind*. 饭前喝一杯啤酒使他轻松了。

unwise [ˌʌn'waɪz] *adj*. 不明智的, 愚蠢：*It was unwise of you to agree to that*. 你同意那件事是愚蠢的。

unwitting [ʌn'wɪtɪŋ] *adj*. Ⓐ不知情的, 非故意的, 无意的：*She was the unwitting tool of the swindlers*. 她不知不觉地被这些诈骗犯所利用, 成了他们的工具。‖ **unwittingly** *adv*. 不知情地, 非故意地

unworthy [ʌn'wɜːði] *adj*. ❶不足道的, 无价值的：*Unworthy buildings should be demolished to make room for modern construction*. 无价值的房屋应予以拆除, 为现代建筑腾出地盘。❷羞耻的;不光彩的 ❸不值得的：*Such a remark is unworthy of notice*. 这样的话不值得注意。‖ **unworthily** *adv*. ①不足道地, 无价值地②羞耻地, 不光彩地③不值得地/**unworthiness** *n*. ①不足道, 无价值②羞耻, 不光彩③不值得

unwrap [ˌʌn'ræp] *vt*. (**-pp-**) 移去…的包裹物;打开, 展开：*He unwrapped a package*. 他打开包裹。

unwritten [ˌʌn'rɪtn] *adj*. 未写下的;不成文的 ‖ **unwritten constitution**〈律〉不成文宪法/**unwritten law**〈律〉不成文法, 非制定法;惯例

unzip [ˌʌn'zɪp] *vt*. (**-pp-**) 拉开…的拉链：*She unzipped her jacket*. 她拉开短上衣的拉链。

up [ʌp] *adv*. ❶成直立姿势;起床：*They stood up when he came in*. 当他进来时, 他们都站起来。/ *He got up very late*. 他很晚才起床。❷向上, 趋于较高处：*Please lift your head up*. 请把头抬起来。❸向北, 在北部：*She lives up North*. 她住在北部。❹完全地, 彻底地：*We finished all work up*. 我们完成了所有的工作。❺成碎片;分离：*He tore up the clothes*. 他把衣服撕碎了。/ *We divided up the money*. 我们把钱分了。‖ ～ **against** ①与某物接触②面临;～ **and about**下床活动/～ **and down** 上上下下/～ **for** 打算…/～ **to** ①多达②直到③在于…,取决于…④能胜任⑤做…,忙 ■ *adj*. 向上的, 上行的：*He caught the up train*. 他赶上了上行的火车。■ *adj*. & *vi*. (**-pp-**) 站起身, 起立（价格等）；*He upped and left*. 他站起身走了。/ *You simply couldn't up it*. 你根本不能提高了。■ *prep*. ❶（表示位置）在…的上端：*There was a workman up the ladder*. 有一个工人在梯子上工作。❷（表示方向）朝…上, 向…上：*They climbed up a hill*. 他们爬上了山。/ *The ship is sailing up the Nile*. 这艘船顺尼罗河向上游航行。‖ ～ **and down** 在…上走来走去 ‖ **up-and-coming** *adj*. 进取的;有希望的/**up-and-down** *adj*. 上上下下的;来来往往的;起伏的;变动的/**up-and-up** *n*. ①光明磊落的行为②越来越好/**up-to-the-minute** *adj*. 很现代化的;最近的

upbeat ['ʌpbiːt] *adj*. 积极乐观的

upbringing ['ʌpˌbrɪŋɪŋ] *n*. Ⓤ养育, 培养;教养

upcoming ['ʌpˌkʌmɪŋ] *adj*. 即将到来的, 即将出现的：*We shall be attending the upcoming concert*. 我们要去听即将上演的音乐会。

update [ˌʌp'deɪt] *vt*. ❶更新;使现代化：*They decided to update the computer systems*. 他们决定更新计算机设备。❷向…提供最新信息：*The TV updated a news story on the bad storm coming to our area*. 电视就我们地区即将来临的暴风雨作了最新报道。■ *n*. Ⓒ提供最新信息;现代化;更新：*Maps need regular updates*. 地图需要经常修订。

upfront [ˌʌp'frʌnt] *adj*. ❶坦率的;公开的 ❷预付的, 先期的 ■ *adv*. 在最前面

upgrade [ˌʌp'ɡreɪd] *n*. Ⓒ向上的斜坡：*Freight trains travel slowly on upgrades into the hills*. 火车徐徐向山上驶去。‖ **on the ～** 上升的, 进步的, 欣欣向荣的 ■ *vt*. 提升, 使升级：～ *the pay* 提高工资/ *They upgraded the land by improving it with new buildings*. 他们以建造新楼房来提高土地的等级。‖ ～ **to** 提高到…标准

uphill [ˌʌp'hɪl] *adj*. ❶上坡的;向上的：*The last mile is all uphill*. 最后一英里全是上坡路。❷困难的;费力的：～ *task* 艰巨的任务/ *He has an uphill battle against illness*. 他与疾病作艰苦顽强的斗争。■ *adv*. 上坡：*You have to gear down when you drive uphill*. 上坡行驶时必须换慢挡。

uphold [ˌʌp'həʊld] *vt*. (*pt*., *pp*. **upheld**) ❶支持, 维护：*They upheld our opinions*. 他们支持我们的意见。/ *We will loyally uphold the principles of the United Nations*. 我们将忠实地维护联合国的原则。❷维护, 保持：*The Supreme Court is expected to uphold the death sentence*. 预计最高法院将维持死刑的判决。‖ **upholder** *n*. 支持者, 赞成者, 拥护者;支撑物

upholster [ˌʌp'həʊlstə] *vt*. 为…装上垫子〔套子、弹簧等〕;布置, 装潢

upholsterer [ˌʌp'həʊlstərə] *n*. Ⓒ室内装潢商;家具商

upholstery [ˌʌp'həʊstərɪ] *n*. Ⓤ❶家具装饰

业 ❷家具装饰材料

upkeep [ˈʌpkiːp] n. ⓊⒸ保养;维修;维持

upland [ˈʌplənd] n. ⓅⒸ高地

uplift [ʌpˈlɪft] vt. 提高,振奋: A good vacation uplifted him. 愉快的假期使他振作起来。■n. ⓊⒸ振作;振奋;提高: His encouragement gave me a hot sense of uplift. 他的鼓励激发了我的上进心。

upmarket [ˌʌpˈmɑːkɪt] adj. 高级的;高档的

upon [强 əˈpɒn, 弱 əpən] prep. ❶ 在…上面: She sat upon the sofa. 她坐在沙发上。❷ 当… 时候: Upon seeing her, I smiled and ran toward her. 看到她我笑了,并跑了过去。

upper [ˈʌpə] adj. Ⓐ较高的,上部的: ~ class 上层阶级/He is a member of the upper house of legislature. 他是上议院的成员之一。‖ gain〈get〉the ~ hand〈over〉处于有利地位 ‖ the Upper House〈英国议会的〉上议院/**upper-bracket** adj. 高级的;到顶的/**uppercase** n. 大写字母 ■adj. 大写的 ■vt. 用大写字母排印/**upper crust** ①面包表层的皮②贵族阶层,上流阶层,最上层/**upper works**〈海〉水线以上的船体

uppermost [ˈʌpəməʊst] adj. 最高的;最上面的;最重要的: After hiking all day we finally reached the uppermost part of the mountain. 徒步走了一整天,我们终于爬到了山顶。■adv. 最重要地,最突出地,最主要地: Uppermost in his mind is the need for safety. 他当务之急是寻找一个安全的地方。

upright [ˈʌpraɪt] adj. ❶直立的,垂直的: He stood in an upright position. 他直直地站着。❷正直的,诚实的: An upright man is respectable. 诚实的人是值得尊敬的。/The man is very upright. 这个人非常正直。■adv. 直立地;竖立地: He stood himself upright. 他笔直地竖立着。‖ **bolt** ~ 笔直直直 ‖ **uprightly** adv. 垂直地;竖立地;笔挺地/**uprightness** n. 垂直;竖立

uprising [ʌpˈraɪzɪŋ] n. Ⓒ起义,暴动: The reactionary regime was thrown down by an armed uprising. 那个反动政权被一次武装起义推翻了。

uproar [ˈʌprɔː] n. ⓈⓊ吵闹,喧嚣,骚乱: With the whole meeting in uproar, the chairman abandoned the attempt to take a vote. 因为整个会议一片喧嚣,主持会议的人放弃了投票表决的尝试。‖ **in an** ~ 吵吵闹闹

uproot [ʌpˈruːt] vt. 把(某物)连根拔起;根除

upset [ʌpˈset] (-tt-; pt., pp. upset) vt. & vi. 打翻,弄翻: ~ a boat 使船倾覆/A tall bottle upsets easily. 高瓶子容易翻倒。/He upset the cup. 他打翻了杯子。 vt. ❶打乱,扰乱: ~ market 搅乱市场/She upset our plan. 她打乱了我们的计划。❷使苦恼,使心烦;使不适: The news upset him emotionally. 这消息使他心烦意乱。/Chocolate upset his stomach. 他吃巧克力后感到胃不舒服。■n. Ⓒ翻倒,扰乱,不适: I couldn't bear the upset. 我不能忍受这种扰乱。■adj. ❶Ⓟ心烦的: He was very upset. 他非常心烦。/He was upset at not being welcomed. 他因不受人欢迎而生气。❷不舒服的: He had an upset stomach. 他肚子不舒服。‖ **upset price** 开拍价格;最低价格

upside [ˈʌpsaɪd] n. Ⓢ上边;上面;上部 ‖ **side down** ①颠倒②倒转③乱七八糟;混乱/**upside-down** adj. 颠倒的;乱七八糟的

upstage [ˌʌpˈsteɪdʒ] adv. 向舞台后部: The actor moved upstage away from the audience. 演员移向舞台后部,离观众越来越远。■vt. 抢…镜头;使相形见绌: He tried to upstage his boss at the meeting. 他在会议期间尽力显得比上司突出。

upstairs [ˌʌpˈsteəz] adv. 在楼上,往楼上: He's upstairs taping. 他在楼上自己录音呢。/We went upstairs to bed. 我们上楼去睡觉。■adj. Ⓐ楼上的: He is waiting in the upstairs hall. 他正在楼上的大厅里等候。

upstanding [ʌpˈstændɪŋ] adj. 诚实的;正直的 ‖ **upstandingness** n. 直立;诚实;正直

upstart [ˈʌpstɑːt] n. Ⓒ暴发户,新贵: You cannot marry that young upstart! 你可不能嫁给那个年轻的暴发户!

upstate [ˌʌpˈsteɪt] adj. & adv. 州的北部的;在州的北部地区

upstream [ˌʌpˈstriːm] adv. & adj. 向上游(的);逆流(的): The ice blocks up the river, making the upstream water unable to flow. 冰把河道堵住了,上游的水流不下来。/We swam upstream against the current. 我们逆流向上游游去。

upsurge [ˈʌpsɜːdʒ] n. Ⓢ❶急剧增长;上升 ❷激发;突发

up-to-date [ˌʌptəˈdeɪt] adj. 现代的;最新的: He bought an up-to-date textbook. 他买了一本最新的教科书。/All my correspondence is up-to-date. 我所有的通信手段都是跟上时代的。

uptown [ˌʌpˈtaʊn] adv. & adj. 位于或向着市镇外围住宅区(的)

upturn [ˈʌptɜːn] n. Ⓒ好转;上升趋势: Experts have forecast an upturn in the stock market. 专家已预测股票市场价格有上升趋势。

upward [ˈʌpwəd] adj. Ⓐ向上的,上升的,升高的: Downward movement is much faster than upward one. 向下移动比向上移动快得多。/Prices have an upward tendency. 价格有上升的趋势。■adv. 向上地,上升地: The birds flew upward. 鸟儿向上飞去。/Prices are tending upward. 物价正在上涨。‖ **upwardly**

adv. 向上地；上升地；升高地/**upwardness** *n*. 上升；升高 ‖ **upward mobility** 升入较高社会阶层的流动性

upwards ['ʌpwədz] *adv*. 向上地，上升地：*The world urban population is rocketing upwards at a rate of 6.5 per cent per year*. 世界城市人口以每年 6.5% 的速度急速上升。‖ ~ **of** 多于，超过

uranium [juə'reɪnjəm] *n*. Ⓤ 铀：*They went over nation wide in search of uranium mines*. 他们为了探寻铀矿走遍了全国。

urban ['ɜːbən] *adj*. Ⓐ城市的：*an* ~ *district* 城区/*Traffic is a major urban problem*. 交通是城市的一个主要问题。‖ **urbanism** *n*. ①城市居民的生活方式②都市社会物质需求的研究③都市化/**urbanist** *n*. 城市规划专家

urbane [ɜː'beɪn] *adj*. 彬彬有礼的；温文尔雅的 ‖ **urbanely** *adv*. 彬彬有礼地；温文尔雅地

urge [ɜːdʒ] *vt*. ❶力劝；敦促：*He urges his sister's study*. 他敦促妹妹学习。/*She urged my going to see him immediately*. 她劝我立即去看他。❷鼓励；极力主张：*He urged the necessity for immediate action*. 他强烈要求立即采取行动。/*He urged leaving*. 他极力主张离去。/*We all urged him to go ahead with his plan*. 我们都鼓励他实施他的计划。❸驱策，促使：*Your progress will urge us to work hard*. 你的进步会促进我们努力学习。‖ ~ **along** 激励/~ **on** 催促…向前，驱赶向前/~ **to** 鼓动(某人)朝着(某方向努力) ■ *n*. Ⓒ强烈的愿望：*He has an urge to become a film star*. 他非常希望成为电影明星。

urgency ['ɜːdʒənsɪ] *n*. Ⓤ 紧迫；急迫；紧要：*The urgency of the situation requires that we should make an immediate decision*. 局势紧迫，需要我们立即做出决定。

urgent ['ɜːdʒənt] *adj*. ❶急迫的，紧要的：*an* ~ *message* 紧急信号/*We have an urgent thing*. 我们有一件紧要的事情。/*He says the matter is urgent*. 他说这事很紧急。/*It is most urgent that the patient should get to hospital*. 那病人应该马上送医院。❷催促的：*She was urgent for the doctor to come*. 她催促医生快点来。‖ **urgently** *adv*. 急切地；紧迫地

urinal ['juərɪnl] *n*. Ⓒ ❶尿壶 ❷小便处，小便池

urinary ['juərɪnərɪ] *adj*. Ⓐ尿的；泌尿的；泌尿器的：~ *infections* 泌尿器感染 ‖ **urinary bladder** 膀胱/**urinary calculus** 〈医〉尿结石

urinate ['juərɪneɪt] *vi*. 排尿；撒尿 ‖ **urination** *n*. 排尿，撒尿

urine ['juərɪn] *n*. Ⓤ 尿：*pass one's* ~ 解小便/*These wastes are finally eliminated from the body in the urine*. 这些废物最后从尿中排出。

urn [ɜːn] *n*. Ⓒ❶壶 ❷瓮；缸；骨灰瓮

us [强 ʌs；弱 əs, s] *pron*. 我们：*No enemy can frighten us into submission*. 任何敌人的恐吓都不能使我们屈服。

usable ['juːzəbl] *adj*. 可用的；能用的：*The manuscript might be usable if the author could fill it out a little*. 如果作者稍加充实，原稿就有用。‖ **usability** *n*. 可用性/**usableness** *n*. 可用；合用/**usably** *adv*. 可用地；能用地

usage ['juːzɪdʒ] *n*. ❶Ⓤ使用，用法：*Machines soon wear out under rough usage*. 机器如果使用不仔细，很快就会磨损。❷ⒸⓊ习惯，惯例，习俗：*That phrase has come into usage*. 那个短语已为大家所惯用。

use [juːz] *vt*.(*pt*., *pp*. **used**) ❶使用；利用：~ *a word* 用词/*May I use your knife for a while?* 我用一下你的小刀行吗？/*She uses every opportunity*. 她利用每一个机会。/*He used his job as a screen for his spying activities*. 他利用他的工作掩护进行间谍活动。❷耗费，消费：~ *economy* 节省/*All the paper has been used*. 所有的纸张都用完了。‖ ~ **for** 作…用/~**d to** 过去经常/~ **up** 用光 ■ [juːs] *n*. ❶Ⓤ使用，应用：*actual*〔*practical*〕 ~ 实际运用/*For use only in case of fire!* 只供火警时用！❷ⒸⓊ用途，效用：*a daily*〔*everyday*〕 ~ 日常用途：*It is an electronic device with many uses*. 这是一部具有多种用途的电子仪器。❸Ⓤ使用能力；使用权：*This is for the use of students only*. 这是仅供学生使用的。/*The boy regained the use of his arm*. 这男孩恢复了手臂的功能。‖ (**be**) **in** ~ 在使用中/**be of** ~ 有用处，起作用/**bring into** ~ 开始利用，加以使用/**come into** ~ 开始被使用/**have no** ~ **for** ①不需要②对…不耐烦；厌恶，不喜欢/**make** (**full**, **good**) **use of** ~ 利用/**out of** ~ 不再被使用/**put to** ~ 使用；利用/**There is no** ~ **in** 做…也没用

used [juːzd] *adj*. ❶Ⓐ用过的，旧的，二手的：*He doesn't want a used car*. 他不想要旧车。/*There is a used glass on the coffee table*. 桌子上有一个用过的杯子。❷ [juːst] Ⓟ习惯于…的：*I'm used to plain food*. 我习惯粗茶淡饭。/*He is becoming used to listening to others*. 他正变得习惯于听别人的意见。‖ ~ **up** 筋疲力尽

useful ['juːsfʊl] *adj*. ❶有用的，有益的，有帮助的：*He's a useful person to know*. 他是个应该结交的有帮助的人。/*Information about people's language ability is often very useful*. 有关人们语言能力的信息经常是很有用的。/*The computer is useful in processing data*. 电子计算机在处理资料方面很有用。/*It is very useful for a person to know how to swim*. 对一个人来说会游泳是很有用的。❷Ⓐ令人满意的；*The England cricket team scored quite a*

useful total. 英格兰板球球队得分总数令人满意。‖ **usefulness** n. 有用；实用；有帮助

useless ['juːslɪs] adj. ❶无用的，无价值的，无效的：~ arguing 没有用的辩论／He's a useless fellow. 他是个没用的家伙。／His advise is useless to our project. 他的建议对我们的计划没有什么价值。❷差劲的，不怎么样的：This method of working is useless. 这样做成功的希望。／He is useless at maths. 他的数学不好。‖ **uselessly** adv. 无价值地；无精打采地／**uselessness** n. 无用；无效

user ['juːzə] n. C用户，使用者：a telephone ~ 电话用户／The company is the biggest user of oil. 该公司是最大的石油用户。‖ **user-friendly** adj. 便于非专业者使用的，不难用的，不可怕的

usher ['ʌʃə] n. C ❶引座员，招待员，迎宾员：The usher seated them in the front row. 引座员让他们在前排就座。❷门房，传达员 ❸助理教员，助教 ■ vt. 引，领，陪同：The girl ushered me along the aisle to my seat. 引座小姐带领我沿着通道到我的座位上去。‖ **usherette** n. 女引座员／**ushership** n. 招待员（或引座员、传达员等）的职务

usual ['juːʒʊəl] adj. 经常的，通常的；寻常的，惯常的：~ drink 日常饮料／~ size 一般大小／The plane did not fly the usual commercial route. 飞机没有沿通常的商业航线飞。／It's usual to have a holiday in summer. 夏天休假是惯例。‖ **as** ~ 像往常一样‖ **usualness** n. 惯例

usually ['juːʒʊəlɪ] adv. 通常，平常，惯常地：The motor usually operates well. 这台发动机通常运转良好。／It was usually in the morning that she saw her patients. 她通常在上午看望病人。／Usually, I get up early. 通常，我起得很早。

usurp [juˈzɜːp] vt. 篡夺；霸占

usurper [juˈzɜːpə] n. C 篡夺者，篡位者，霸占者

utensil [juːˈtensɪl] n. C 器具，用具，器皿：Pots, pans, kettles and mops are kitchen utensils. 锅、盘、壶及拖把是厨房用具。

uterus ['juːtərəs] n.（pl. ~es or uteri）C 〈解〉子宫

utilitarian [ˌjuːtɪlɪˈteərɪən] adj. 有效用的；实用的

utility [juːˈtɪlɪtɪ] n. ❶U 功用，效用：a little ~实用性很小／A fur coat has more utility in winter than in autumn. 毛皮外衣在冬天比在秋天更有用。❷P公用事业‖ **utility man** 演各种配角的演员；杂务工／**utility room** 杂用室

utilize, -ise ['juːtɪlaɪz] vt. 利用，使用：~ solar power 利用太阳能／The cook will utilize the leftover ham bone to make soup. 厨师要用吃剩的猪腿骨做汤。／It is to be hoped that in her new job her talents will be better utilized than before. 希望在她的新岗位上她的才干能够比以往得到更好的发挥。‖ ~ **for** 把…用于…‖ **utilizable** adj. 可利用的／**utilization** n. 利用

utmost ['ʌtməʊst] adj. 极度的，最大的，最远的：the ~ care [importance] 极其小心〔重要〕／the ~ limits [strength] 最大的限度〔力量〕／Without problem, the utmost problem. 没有问题是最大的问题。／He walked to the utmost edge of the cliff. 他走到悬崖的最边缘的地方。／The ability for him to get the job is utmost. 他得到这份工作的可能性极大。■ n. S 极限，最大限度：That is the utmost that I can do. 我最多只能做到那样。／Each man is free to exercise his special talents to the utmost. 每个人都可以尽力发挥他的专长。‖ **at the** ~ 最多／**do〔try〕one's** ~ 竭尽全力／**to the** ~ 尽力，极度

utter¹ ['ʌtə] vt. ❶以口发出声音：~ a cry 发出喊叫／The wounded man uttered a groan. 那个受伤的人发出呻吟。／My name was uttered by someone near me. 近处有人喊我的名字。❷说，讲：~ a falsehood 撒谎／She didn't utter a word all night. 她整夜一言不发。／He uttered the opinion that not all men were equal in ability. 他表明了这样的看法；并不是所有人的能力都相同。

utter² ['ʌtə] adj. A 彻底的；完全的；绝对的：~ darkness 漆黑／~ stranger 完全不认识的人／He was in utter despair. 他完全绝望了。‖ **utter barrister** 〈英，律〉外席律师

utterance ['ʌtərəns] n. ❶U 发声，表达 ❷C 言论，意见；言辞

utterly ['ʌtəlɪ] adv. 全然，完全地，彻底地：I am utterly puzzled what to do with it. 我全然不知道该如何处置它。

U-turn ['juːtɜːn] n. C U 形弯；180 度转弯；调头

V v

vacancy [ˈveɪkənsɪ] n. ❶ⒸU 空房间 ❷Ⓤ空虚;空白

vacant [ˈveɪkənt] adj. ❶未被占用的,空的: There were many vacant seats in the theatre. 剧院里有许多空座位。❷(指职位)空缺的: Are there any vacant positions in your firm? 你们公司有空缺吗? ❸茫然的,空虚的: He stared into space with a vacant expression. 他茫然地凝视着天空。‖ **vacantly** adv. 空虚地;心不在焉地;无表情地

vacate [vəˈkeɪt] vt. 空出;退出;腾出;撤离

vacation [vəˈkeɪʃən] n. Ⓒ假期: a paid ~ 带薪假期 / The children wait impatiently for the vacation. 孩子们焦急地等待着假期的来临。‖ **vacationist** n. 休假者;度假日者 ‖ **vacationland** n. 度假胜地

vaccinate [ˈvæksɪneɪt] vt. 给…接种疫苗

vaccine [ˈvæksiːn] n. ⓊⒸ疫苗;痘苗

vacillate [ˈvæsɪleɪt] vi. ❶摇摆;振荡;波动 ❷犹豫,踌躇

vacillating [ˈvæsɪleɪtɪŋ] adj. 犹豫的,踌躇的 ‖ **vacillatingly** 犹豫地,踌躇地

vacuous [ˈvækjʊəs] adj. ❶空虚的,内容贫乏的,无意义的 ❷愚蠢的;茫然若失的 ❸无聊的,无所事事的 ‖ **vacuously** adv. 无意义地;茫然若失地;无所事事地 / **vacuousness** n. 空虚;无聊;愚蠢

vacuum [ˈvækjʊəm] n. (pl. ~s or vacua) ❶Ⓒ真空: produce (create, cause) a ~ 产生〔制造〕真空 / Sound waves cannot travel through a vacuum. 声波不能在真空中传播。❷Ⓒ〈口〉真空吸尘器: I mean to buy a vacuum next month. 下个月我打算买一台真空吸尘器。❸Ⓢ空间;空虚;空白: fill a ~ 填补真空 ■ vt. 用真空吸尘器清扫(某物): I vaccum the carpet twice every week. 我每周用吸尘器打扫地毯两次。‖ **vacuum bottle** 保温瓶,热水瓶 / **vaccum cleaner** 真空吸尘器 / **vacuum gauge** 真空计 / **vacuum-packed** adj. 真空包装的 / **vacuum pump**〈机〉真空泵 / **vacuum tube**〈美〉真空管,电子管

vagary [ˈveɪɡərɪ] n. Ⓟ异常行为;难以预测的情况

vagina [vəˈdʒaɪnə] n. (pl. ~s or -nae) Ⓒ〈解〉阴道

vague [veɪɡ] adj. (-r,-st) ❶模糊的: Through the mist I could just make out a vague figure. 透过雾霭,我只能看见一个模糊的人影。/ The final letter is very vague; possibly an R or a K. 最后一个字母很不清楚,可能是 R, 也可能是 K。❷(表达或感知)含糊的,不明确的,不清楚的: He had a vague idea of finding Anne and explaining it all to her. 他隐约觉得要去找安妮,向她解释所发生的一切。❸不具体的;不精确的: Our holiday plans are still rather vague. 我们的度假计划仍然没有明确。‖ **vagueness** n. 含糊;模糊

vaguely [ˈveɪɡlɪ] adv. ❶含糊地;不明确地: There was a sweetish smell, vaguely reminiscent of coffee. 有一股甜丝丝的气味,使人隐隐觉得像是咖啡。❷大致上;近似地 ❸心不在焉地

vain [veɪn] adj. (-er,-est) ❶自负的;爱慕虚荣的: She is one of those vain people who never take others' advice. 她属于那种自负得从不听别人劝告的人。/ I don't like a vain woman. 我讨厌爱慕虚荣的女人。/ He's very vain of his abilities. 他对于自己的能力很自负。❷徒劳的,无效的: He made a vain attempt to reach the drowning child. 他试图接近那个快淹死的小孩,但没有成功。/ All my efforts were vain. 我的一切努力都白费了。/ It is vain to resist. 抵抗是没用的。‖ **in ~** ①白费地,徒劳无益地②无效果的,无用的 ‖ **vainly** adv. 自负地;爱慕虚荣地;徒劳地 / **vainness** n. 自负;徒劳

vale [veɪl] n. Ⓒ谷,山谷

valediction [ˌvælɪˈdɪkʃən] n. ⒸⓊ告辞;告别辞

valid [ˈvælɪd] adj. ❶正当的,有充分根据的,符合逻辑的: Do you have valid reasons for your absence? 你的缺席有正当理由吗?/His excuse was not valid. 他的借口靠不住。❷有效的。: He has a valid passport. 他有有效护照。/This railway ticket is valid for three days. 这张火车票的有效期是三天。❸有法律效力的: This is a valid will. 这是一份具有法律效力的遗嘱。/Is this contract valid? 这份合同有法律效力吗? ‖ **validly** adv. 有效地;正当地

validate ['vælɪdeɪt] vt. ❶证实;确证 ❷使生效;使有法律效力 ‖ **validation** n. 合法化;批准;证实

validity [və'lɪdɪtɪ] n. ⓤ〈律〉有效;效力;合法性 ❷正当;正确;确实

Valium ['vælɪəm] n. (pl. ~ or ~s) ❶ⓤ安定(镇静药) ❷ⓒ安定药片

valley ['vælɪ] n. ⓒ❶山谷: The valley was hidden from view in the mist. 在雾中山谷已经看不见了。❷流域: the Nile ~ 尼罗河流域

valuable ['væljʊəbl] adj. ❶贵重的,珍贵的,值钱的,名贵的: He has a valuable collection of stamps. 他所藏了很有价值的邮票。/Is the watch valuable? 这块表很值钱吗? ❷宝贵的,有价值的,极有用的: This is one of the most valuable lessons I learned. 这是我所学到的最宝贵的教训。/The book is valuable for my purpose. 这本书对我很有用。/The handbook is valuable to me. 这本手册对我很有价值。■ n. ⓟ贵重物品,财宝: She has put all her valuables in the bank. 她已把她所有的贵重物品存进了银行。‖ **valuableness** n. 贵重;宝贵;有用/**valuably** adv. 贵重地;有价值地 ‖ **valuable consideration** 与受益价值相当的酬报

valuation [ˌvæljʊ'eɪʃən] n. ❶ⓒⓤ估价;估定的价值;定价 ❷ⓤ评价

value ['væljuː] n. ❶ⓒⓤ价值,价格: affect〔destroy, judge〕the ~ 影响〔破坏,判断〕价值/The expert set a value of 10,000 dollars on the painting. 专家给这幅画定价一万美元。❷ⓢⓤ实用性,有价值,重要性: realize the ~ 认识到重要性/Good books are of great value to students. 好书对学生非常有用。/You don't know the value of health. 你不知道健康的重要性。❸ⓒ价值标准,价值观,职业道德,行业准则: traditional ~s 传统的价值观念/Our values and behaviour patterns are different from yours. 我们的价值观念和行为模式与你们的不同。‖ **attach** ~ **to** 重视/~ **for money** 合算,花钱值得 ■ vt. ❶估价: I valued the bike at 200 dollars. 我估计这辆自行车值 200 美元。❷重视,尊重: I valued my friendship with my classmates. 我珍视我和同学之间的友谊。‖ ~ **oneself on**〔**upon**〕自夸 ‖ **valueless** adj. 无价值的;没有用的 ‖ **value-added tax** 增值税

valve [vælv] n. ⓒ❶阀,活门: The feed-pipe is as clean as a whistle, so I'm afraid, if the oil is not getting through to the burner, the valve must be faulty. 送料管干干净净,所以我担心要是油不通过喷嘴,阀门一定有毛病。❷(心脏的)瓣膜: The heart has valves to let blood flow in and out of it. 心脏有瓣膜控制血液进流出。❸真空管 ‖ **valved** adj. 装有阀的/**valveless** adj. 无阀的

van¹ [væn] n. ⓒ❶(有篷的)货车: A mail van was parked beside my house when I got home. 我回家的时候,一辆邮车停在我房子旁边。❷(铁路的)行李车;有盖货车: The security van that brings our wages always varies its route. 给我们送工资来的保安车经常改变路线。‖ **van line**〈美〉长途搬运公司

van² [væn] n. ❶前驱;先锋;领导者 ‖ **in the** ~ **of** 在…的前列/**lead the** ~ **of** 担任…的前驱

vandal ['vændəl] n. ⓒ 故意毁坏文物者;破坏他人财产者 ‖ **vandalic** adj. 破坏性的,野蛮的

vandalism ['vændəlɪzəm] n. ⓤ恣意破坏公物等德行

vandalize ['vændəlaɪz] vt. 肆意破坏(尤指公共财产)

vane [veɪn] n. ⓒ❶风向标;风信旗 ❷叶,翼 ‖ **vaned** adj. 变化不定的;反复无常的

vanguard ['vænɡɑːd] n. ❶ⓒ尖兵;先头部队 ❷ⓢ先锋;前驱

vanish ['vænɪʃ] vi. ❶消失,突然不见: With a wave of his hand, the magician made the rabbit vanish. 魔术师手一挥兔子便不见了。/The smile vanished from her face. 笑容从她脸上消失了。❷不复存在,绝迹: Many types of animal have now vanished from the earth. 许多动物物种现已从地球上绝迹。‖ **vanishing cream** 雪花膏/**vanishing point** ①没影点 ②尽头

vanity ['vænɪtɪ] n. ❶ⓤ自负,自大,虚荣: The woman is always feeling after vanity. 这女人一贯追求虚荣。❷ⓤ空虚,无用,无价值: the ~ of human achievements 人类成就之徒劳无益 ‖ **vanity bag**〔**box, case**〕(女用)小手袋,小手提包/**vanity press**〔**publisher**〕出版由作者自己出钱印刷书的出版社

vanquish ['væŋkwɪʃ] vt. 征服,战胜

vantage ['vɑːntɪdʒ] n. ⓤ优势,有利地位 ‖ **vantage ground** 有利地形;优越地位/**vantage point** 有利地点

vapid ['væpɪd] adj. 乏味的;无滋味的;无趣味的,枯燥乏味的;无生气的 ‖ **vapidly** adv. 乏味地;无滋味地;无趣味地,枯燥乏味地;无生气地/**vapidness** n. 乏味;无滋味,无趣;枯燥;无生气

vaporize ['veɪpəraɪz] vt. & vi. (使)蒸发;

(使)汽化

vapour,(美)**vapor** ['veɪpə] n. ❶ⓒⓤ潮气,水汽:A cloud is a mass of vapour in the sky.云是天空中的水汽团块。/Strange vapours burst out of the factory during the accident.事故发生的时候,有奇怪的水汽从工厂里喷出来。❷ⓤ蒸汽/**vapourer** n. 吹牛者;夸夸其谈者/**vapouring** n. 大话,自夸 ■adj. ①蒸发的②自夸的‖**vapour bath** ①蒸汽浴②蒸汽浴浴室/**vapour trail**(空)雾化尾迹

variable ['veərɪəbl] adj.变化的,可变的,易变的:The variable weather is a great trial to me.这种多变的天气真是让我受不了。/The speed of the windscreen wipers is variable.汽车挡风玻璃上雨刷的速度是可变的。/Our team's performance this year has been variable.我们队今年成绩很不稳定。■n. ⓒ可变因素;变数:Have you taken all the variables into account in your calculations? 在你的计算中有没有把所有的可变因素都考虑进去?/Speed was a variable in the experiment.在该实验中速度是个变数。‖**variableness** n. 可变化,变动;变异/**variability** n. 变化性,易变;〈生〉变异性/**variably** adv. 可变地,易变地

variance ['veərɪəns] n.❶ⓒ差异,不同 ❷ⓤ不和;有分歧;不一致;不相符合‖at ~有分歧;不和;不符/set at ~使不和,离间

variant ['veərɪənt] n.ⓒ变体;变种,变型

variation [,veərɪ'eɪʃən] n.❶ⓒⓤ变化,变动(的程度):a considerable ~相当大的变化/Prices are subject to variation.价格可以变动。/The dial records very slight variations in pressure.刻盘显示出压力有微小变化。❷ⓒ变奏(曲) ❸ⓤ变异,变种‖**variational** adj. 变化的;变更的;变种的

varied ['veərɪd] adj.各种各样的;各不相同的;形形色色的:He had had a varied training and held many offices.他受过多方面的训练,担任过许多职务。‖**variedly** adv. 各种各样地;各不相同地;形形色色地

variegated ['veərɪgeɪtɪd] adj.杂色的,斑驳的

variety [və'raɪətɪ] n. ❶ⓒ品种,种类:improved -ties 改良的品种/This variety of dog is very useful for hunting.这种狗对猎狩很有用。/There are different varieties of plants in the garden.花园里有各种各样的植物。❷ⓢ种种,各种:This shop sells a variety of toys.这家商店出售各种各样的玩具。❸ⓤ变化,多样化‖**variety meat** 牛(羊、猪)什/**variety shop**〔**store**〕杂货铺

various ['veərɪəs] adj.❶各种各样的,各种各样的:The subject may be viewed in various ways.这问题可以从不同的方面加以考虑。/The products we sell are many and various.我们出售的产品是各式各样的。❷ⓐ一些,若干;There are various ways to solve the problem.解决这个问题有许多种方法。‖**variousness** n. 各种各样;种种;许多

variously ['veərɪəslɪ] adv.不同地;各种各样地

varnish ['vɑːnɪʃ] n. ⓒⓤ❶清漆的面(尤指木器或金属制品上的)❷清漆,罩光漆 ■vt. 在(某物)上涂清漆:~ sb's〔one's〕nails 染指甲‖**varnished car**(火车的)客车;卧车

varsity ['vɑːsɪtɪ] n. ⓒ❶大学(尤指牛津或剑桥)❷(学校的)代表队

vary ['veərɪ] (pt., pp.**varied**) vi.呈现不同:~ according to 根据…而有所不同/This pile of apples vary in size.这堆苹果大小不一。vt. & vi.(使)变化,改变:Opinions on this point vary.对这一点看法各异。/Old people don't like to vary their habits.老年人不喜欢改变他们的习惯。

vase [vɑːz] n. ⓒ装饰瓶;花瓶:a ~ of flowers 一瓶花/In a vase on the table stood a rose.桌上的花瓶里插着一束玫瑰花。

vast [vɑːst] adj.巨大的,广大的,广阔的,大量的:~ knowledge 渊博的知识/~ palace 巨大的宫殿/~ resources 丰富的资源/The snowstorm swept the vast expanse of grassland.暴风雪袭击了辽阔的草原。/Tom has made a vast improvement in his German.汤姆的德语有了很大的进步。‖**vastness** n. 巨大;广阔

vastly ['vɑːstlɪ] adv.极大地

vat [væt] n. ⓒ大桶、大盆等巨大容器(尤指蒸馏、酿造、染色及鞣革用的)‖**vatful** n. 满满一大桶,一大桶的量‖**Vaticanism** n. 教皇绝对权力主义/**Vaticanist** n. 教皇绝对权力主义支持者

vault [vɔːlt] n. ⓒ❶拱顶:a passage with a ~拱顶通道/The vault of this cathedral is very high.这座天主教堂的拱顶非常高。❷地下室;银行的金库 ❸墓穴:The old patrician was buried in the family vault.这位老贵族埋在家族的墓地里。‖**vaulted** adj. 该有拱顶的;拱状的

vaunt [vɔːnt] vi.吹嘘;自夸 vt.吹牛,自吹,夸耀

veal [viːl] n. ⓤ牛肉

veer [vɪə] vi.❶(尤指交通工具)改变方向或路线 ❷(指谈话内容、人的行为或观点)突然改变,明显转变 ❸(指风)(在北半球按顺时针方向、在南半球按逆时针方向)逐渐转向:The wind veered round to the west.风转向西。

vegan ['vedʒən] n. ⓒ纯素主义者(既不吃也不用任何动物产品,如蛋、丝绸、皮革)

vegetable ['vedʒɪtəbl] n. ⓒ❶蔬菜:live on ~s 吃素/fruit ~s 果菜类/root ~s 根菜类/They planned to visit a vegetable garden.他们计划去参观一个菜园。❷生活单调的人;植物

人：~ existence 处于植物人状态/After the accident he began to lead a vegetable life. 从那次事故后,他开始过植物人的生活。‖ **vegetably** adv. 呆板单调地 ‖ **vegetable butter** 食用植物脂/**vegetable diet** 素食/**vegetable kingdom** 植物界/**vegetable oil** 植物油/**vegetable plate** 蔬菜什锦/**vegetable silk** 植物丝/**vegetable wax** 植物蜡

vegetarian [ˌvedʒɪˈteərɪən] n. ⓒ吃素的人 ■adj. ❶素食者的 ❷只有蔬菜的：~ restaurant 素食馆/~ food 斋饭

vegetarianism [ˌvedʒɪˈteərɪənɪzəm] n. Ⓤ素食;素食主义

vegetation [ˌvedʒɪˈteɪʃən] n. Ⓤ植物(总称);草木 ‖ **vegetational** adj. 植物的;草木的

vehement [ˈviːəmənt] adj. 感情强烈的;热情的 ‖ **vehemently** adv. 热情地

vehicle [ˈviːɪkl] n. ⓒ ❶交通工具,车辆：load a ~ 装车/unload a ~ 卸车/the armoured ~ 装甲车/No vehicles are permitted into the park. 公园内禁止任何车辆进入。❷传播媒介,手段：Air is the vehicle of sound. 空气是声音传播的媒介。/News paper may be used as a vehicle for publicity. 报纸可用作宣传工具。

veil [veɪl] n. ❶ⓒ面纱：a bridal ~ 新娘面纱/She dropped her veil. 她摘下面纱。❷Ⓢ覆盖物：a ~ of mist 一层薄雾 ■vt. 用面纱遮盖：Moslem women used to veil their faces before going into public. 信奉伊斯兰教的妇女出门之前往往用面纱把脸遮起来。

vein [veɪn] n. ⓒ ❶静脉 ❷叶脉 ‖ **veinal** adj. 静脉的;脉的/**veined** adj. 有纹理的;有叶脉的/**veining** n. 叶脉(或纹理)的形成(或排列)

velocipede [vɪˈlɒsɪpiːd] n. ⓒ自行车,脚踏车

velocity [vɪˈlɒsɪtɪ] n. ⓒ速度：the ~ of light 光速/A bullet goes from this gun with a velocity of 3000 feet per second. 此枪发出的子弹,其速度为每秒 3000 英尺。

velvet [ˈvelvɪt] n. Ⓤ丝绒,天鹅绒：an iron hand in a ~ glove 笑里藏刀

velvety [ˈvelvɪtɪ] adj. 天鹅绒般柔软的

vend [vend] vt. ❶出售(尤指土地等财产) ❷(尤指在公共场所)贩卖,叫卖(小商品) ‖ **vending machine** 自动售货机

vendor [ˈvendə] n. ⓒ ❶摊贩;小贩 ❷(房屋等的)卖主;卖方

veneer [vɪˈnɪə] n. ❶ⓒⓊ薄片镶饰板(贴在廉价木料上的木质或塑料薄层,如家具上上的) ❷Ⓢ虚假的外表;虚饰 ■vt. 在(某物表面)上加薄片镶饰

venerable [ˈvenərəbl] adj. Ⓐ(因年岁、品格、有某种关联等)值得尊重的,受敬佩的：a ~ old teacher 可敬的老教师 ‖ **venerability** n. 尊重;敬佩/**venerably** adv. 受敬佩地

venerate [ˈvenəreɪt] vt. 敬重(某人或某事物);崇敬：a man to be ~d for uprightness 由于正直而受尊敬的人 ‖ **venerator** n. 尊敬(他人)者;崇拜者

vengeance [ˈvendʒəns] n. Ⓤ复仇,报仇：He swore vengeance against the men who murdered his father. 他发誓要向那些杀害他父亲的人报仇。‖ **with a** ~ 猛烈地;极度地

vengeful [ˈvendʒfʊl] adj. 报复心驱使的;图谋报复的 ‖ **vengefully** adv. 报复心驱使地/**vengefulness** n. 报复心驱使

venial [ˈviːnɪəl] adj. (错误等)轻微的,可原谅的：a ~ fault 小错

venous [ˈviːnəs] adj. ❶静脉的;静脉中的 ❷有脉的

vent [vent] n. ⓒ ❶(气体、液体等进出的)孔,口 ❷(鸟、鱼、爬行动物或小哺乳动物的)肛门 ‖ **ventless** adj. 无孔的;无口的 ‖ **venthole** n. 通风孔;排气孔/**vent-peg** n. (桶等的)通气孔塞/**vent-pipe** n. 通风管;排气管/**vent-plug** n. 通气孔塞;火门塞

ventilate [ˈventɪleɪt] vt. ❶使通风,通风：We ventilate a room by opening windows. 我们开窗以使室内空气流通。❷公开;公开讨论：The matter should not be hushed up, but freely ventilated. 这事不应掩盖起来,而应该公开自由讨论。

ventilation [ˌventɪˈleɪʃən] n. Ⓤ ❶空气流通 ❷通风设备;通风方法 ‖ **ventilation system** 通风系统

ventilator [ˈventɪleɪtə] n. ⓒ通风设备;通风口

venture [ˈventʃə] vt.&vi. 敢于,冒险：~ in a speculation 投机/Nothing venture, nothing have. 不入虎穴,焉得虎子。/I won't venture a step farther. 我不敢再往前走一步。/He ventured to speak to her. 他壮起胆子跟她说话。‖ ~ **forth** 〈旧〉勇敢地出发/~ **in** 在…中冒着(…的)危险/~ **into** 冒险进入/~ **on**[**upon**] 冒险进行,大胆进行/~ **out** 在天气不好时外出 ‖ **venturer** n. 冒险者;投机者

veracity [vəˈræsɪtɪ] n. Ⓤ诚实;真实：There is no reason to doubt the veracity of the evidence. 没有理由怀疑证据的真实性。

veranda [vəˈrændə] n. ⓒ阳台：She sat in the shade on the veranda. 她坐在阳台上的遮荫处。

verb [vɜːb] n. ⓒ动词：the passive ~ 被动语态的动词/the phrasal ~ 短语动词/The verb agrees with its subject in number and person. 谓语动词的数和人称与其主语一致。

verbal [ˈvɜːbəl] adj. ❶词语的,言语的,字句的：a ~ image 用词语描写的形象 ❷口头的;

verbalism n. 言语表达;拘泥文字/**verbalist** n. 善用词藻者;咬文嚼字者/**verbally** adv. 词语地,言语地 ‖ **verbal auxiliary** 助动词/**verbal note**(外交上)不签字的备忘录/**verbal noun**(名词化的)动名词

a ~ promise 口头答应/a ~ message 口信 ❸ 动词的; a ~ suffix 构成动词的后缀 ∎ n. ⓒ 非谓语动词;非限定动词: Fill in the blanks with verbals. 用动词的非谓语形式填空。 ‖

verbatim ['vɜː'beɪtɪm] adj. & adv. (完全)照字面的(地),逐字的(地)

verdict ['vɜːdɪkt] n. ⓒ ❶ (陪审团的)裁决,裁定: After listening to the testimony, the members of the jury delivered their verdict. 听取证词后,陪审团的成员们做出了判决。❷(经过试验、检验或体验发表的)决定,意见

verge [vɜːdʒ] n. ⓒ 边,边缘,界线: the ~ of a cliff 悬崖的边缘 ‖ **at the ~ of** 在…边缘/**on the ~ of** 濒于

verify ['verɪfaɪ] vt. 证实,核实: ~ a theory 验证理论/~ truth 检验真理/~ specifically 明确地证明/All those facts verified his innocence. 这一切事实都证明他是无辜的。/Subsequent events verified that his judgement was at fault. 接着发生的事件证实了他的判断有误。 ‖ **verifier** n. 检验者;考验者

verily ['verɪlɪ] adv. 真实地,真正地

veritable ['verɪtəbl] adj. Ⓐ名副其实的;真正的 ‖ **veritableness** n. 名副其实/**veritably** adv. 名副其实地;真正地

vermilion [vəˈmɪljən] n. Ⓤ 朱红色;鲜红色 ∎ adj. 朱红色的;鲜红色的

vermin ['vɜːmɪn] n. Ⓟ ❶害兽及害鸟 ❷害虫 ❸危害社会或他人的人;歹徒,坏分子

vernal ['vɜːnl] adj. Ⓐ春季的;在春季的;适合春季的 ‖ **vernally** adv. 春季地

verse [vɜːs] n. ❶Ⓤ诗,韵文 ❷ⓒ诗节,歌曲的一段: a poem of five ~s 一首五节诗/He quotes a few verses from Tennyson in his paper. 他在论文中引用了英国诗人坦尼森的几行诗句。 ‖ **verselet** n. 小诗

version ['vɜːʃən] n. ⓒ ❶(个人对事件的)描述,说法,看法: tell ~s 谈看法/according to sb's ~ 按某人的说法/His version of the accident seemed most convincing. 他对该事件的叙述似乎最令人信服。❷版本,形式: When I have compared the two versions I may write to you again. 当我比较两种版本之后,我可能再次给你写信。❸译本,剧本: The book was translated into many versions and sold all over the world. 这本书被译成多种译本并行销全球。

versus ['vɜːsəs] prep. 对: England ~ Wales 英格兰队对威尔士队/The most exciting game was Harvard versus Yale. 最富紧张刺激的球赛是哈佛队对耶鲁队。

vertebra ['vɜːtɪbrə] n. (pl. -rae)ⓒ〈解〉椎骨;脊椎

vertebrate ['vɜːtɪbrɪt] n. ⓒ脊椎动物 ‖ **vertebrated** adj. 由椎骨组成的/**vertebration** n. 脊椎形成;结构的严密性

vertex ['vɜːteks] n. (pl. -tices)ⓒ❶最高点;顶点 ❷〈数〉(三角形、圆锥体等与底相对的)顶 ❸〈数〉(三角形、多边形等的)角的顶点

vertical ['vɜːtɪkəl] adj. 垂直的,竖的: the ~ distance 标高/the ~ extent 深度/the ~ range 纵度/the ~ section 纵断面/He climbed the vertical cliff. 他攀登陡峭的悬崖。/The northern side of the mountain is almost vertical. 这座山的北坡几乎是垂直的。 ‖ **vertically** adv. 垂直地/**verticalness** n. 垂直 ‖ **vertical angles**〈数〉对等角/**vertical circle**〈天〉平经圈/**vertical line** 垂直线/**vertical plane** 垂直面

verve [vɜːv] n. Ⓤ(尤指在艺术或文学工作中的)热忱,精力,活力

very ['verɪ] adj. Ⓐ❶正是的: She is the very person I wanted to see. 她正是我要见的人。❷极端的: The veriest simpleton knows that. 最笨的呆子也知道这点。∎ adv. ❶很,非常,十分,极: ~ alert 很灵敏/~ carefully 很仔细地/The film is very interesting. 这部电影很有趣。❷十足,完全: You are a lucky boy to have your very own boat. 你有一艘完全属于自己的小艇,真是个幸运的孩子。 ‖ **not** ~ ①绝不,确实不 ②不很,稍微/~ **good**〔**well**〕好,可以,没问题

vessel ['vesəl] n. ⓒ ❶船,舰: abandon a ~ 弃船/a cargo ~ 货船/a trip in a ~ 乘船旅行/We had sighted the vessel and were following it. 我们已看到那船并在跟随着它。❷容器: a wooden ~ 木制容器/You should put the water into a vessel. 你应该把水装入容器中。❸血管,脉管,导管: The doctor said I'd severed a vessel in my leg. 医生说我割断了腿上的一根血管。

vest [vest] n. ⓒ❶内衣,背心: He was dressed only in a vest and underpants. 他只穿了一件汗衫和一条短裤。❷〈美〉马甲,背心: You'd better wear a vest under a coat. 你最好把马甲穿在上衣里面。 ‖ **vestlike** adj. 背心似的

vestige ['vestɪdʒ] n. ⓒ❶残余部分;遗迹;痕迹 ❷毫不;一点也不 ❸退化的器官;退化器官的痕迹

vestment ['vestmənt] n. Ⓟ礼仪服装;(尤指牧师的)法衣,圣衣,祭服: The priest wore a purple vestment to conduct the funeral services. 牧师穿上紫色法衣主持葬礼仪式。

vet¹ [vet] vt. (-tt-)审查(某人过去的记录、资格等)

vet² [vet] n. ⓒ兽医

veteran ['vetərən] n. ⓒ❶经验丰富的人；老兵：*The baseball veteran loved to coach young players*. 这位棒球老手喜欢指导年轻选手。/ *My grandfather is a veteran of the Second World War*. 我祖父是二战时的老兵。❷退伍军人：*Some veterans of the two world wars gathered to celebrate their victory*. 一些经历了两次世界大战的退伍军人欢聚庆祝胜利。

veterinary ['vetərɪnərɪ] adj. Ⓐ（为医治）动物（尤指家畜家禽）疾病的；兽医的 ‖ **veterinary surgeon** 兽医

veto ['viːtəʊ] n.(pl. ~es) ⓒⓤ❶否决权，否认权：*The President has the power of veto*. 总统有否决权。❷行使否决权：*Mother put a veto on our staying out late*. 母亲不允许我们在外面呆到很晚才回来。■ vt. 否决，不同意：*My father vetoed my plan*. 我的父亲不同意我的计划。‖ **vetoer** n. 否决者

vex [veks] vt. 烦恼，苦恼：*Her continuous chatter vexes me*. 她的喋喋不休使我烦透了。‖ **vexed** adj. 烦恼的,苦恼的

via ['vaɪə] prep. ❶（表示方式）通过（某人），凭借（某种手段）：*The news reached me via my aunt*. 那消息是通过我婶婶转告我的。/ *They have arrived at a solution via scientific investigation*. 他们通过科学的调查研究得出了解决问题的办法。❷（表示关涉）经由，经过

viable ['vaɪəbl] adj. ❶切实可行的；可实施的：*Engineers are still trying to come up with a commercially viable replacement for internal-combustion engines*. 工程师在设法制造一种在商业上切实可行的发动机来取代内燃机。❷能自行生产发育的

viaduct ['vaɪədʌkt] n. ⓒ高架桥（通常有多孔）

vibes [vaɪbz] n. ⓟ电颤琴

vibrant ['vaɪbrənt] adj. ❶振动的；颤动的；响亮的 ❷充满生气的；精力充沛的；兴奋的 ❸（尤指颜色）鲜明的,醒目的

vibrate [vaɪ'breɪt] vt.& vi.（使）振动〔颤动〕：*The bridge vibrated when a heavy truck passed*. 当重型卡车经过时,这座桥就会震动。/ *The passing train vibrated the house*. 经过的火车使这栋房子颤动。

vibration [vaɪ'breɪʃən] n. ⓤⓒ❶震动：*The vibration of the window woke me up*. 窗子的震动把我惊醒了。❷ⓒ（偏离平衡位置的）一次性往复振动

vicar ['vɪkə] n. ⓒ（英国国教的）教区牧师 ‖ **vicarship** n. 教区牧师的职权（或地位）

vice¹ [vaɪs] n. ❶ⓒⓤ不道德行为,堕落：*Ingratitude is a despicable vice*. 忘恩负义是可鄙的不道德行为。❷ⓒ缺陷；弱点：*In spite of his vices, he was loved by all*. 尽管他有缺点,还是受到大家的爱戴。❸ⓒ恶习：*abandon a ~* 戒除恶习 / *indulge in a ~* 沉迷于一种恶习 / *Smoking is a harmful vice*. 吸烟是一种有害的恶习。

vice² [vaɪs] prep. 代替,取代：*Mr. Black has been appointed leader vice Mr. Brown*. 布莱克先生取代布朗先生被任命为队长。

vicious ['vɪʃəs] adj. ❶恶的,邪恶的：*The drunkard led a vicious life*. 这个醉汉过着堕落的生活。❷残酷的,狠毒的：*He gave the dog a vicious blow with his stick*. 他朝着那只狗狠狠地打了一棍子。‖ **viciously** adv. 邪恶地/**viciousness** n. 邪恶 ‖ **vicious circle** 恶性循环

victim ['vɪktɪm] n. ⓒ牺牲者,受害者,受灾者：*help the ~* 帮助灾民 / *Most of the victims were shot in the back while trying to run away*. 大多数受害者在设法逃跑时从背后被枪杀。

victimize, -ise ['vɪktɪmaɪz] vt. ❶责怪或处罚某人不当（使之受冤或代人受过）❷不正当地使某人受损害或受苦难；欺负某人

victor ['vɪktə] n. ⓒ胜利者；获奖者

Victorian [vɪk'tɔːrɪən] adj. 维多利亚时代的 ■ n. 维多利亚时代的人

victorious [vɪk'tɔːrɪəs] adj. 胜利的,取胜的：*a ~ army* 一支凯旋而归的部队 / *a ~ war* 一场以胜利告终的战争 ‖ **victoriously** adv. 胜利地,取胜地/**victoriousness** n. 胜利

victory ['vɪktərɪ] n. ⓒⓤ胜利,成功,赢：*follow up the ~* 乘胜前进 / *a convincing ~* 巨大的胜利 / *At last they experienced the joy of victory*. 最终他们尝到了胜利的欢乐。

victual ['vɪtl] n. ⓟ食物及饮料；粮食

video ['vɪdɪəʊ] n.(pl. ~s) ❶ⓤ磁带录像,录像：*We use video for teaching*. 我们用录像进行教学。❷ⓒ录像磁带,录像带：*Have we got any blank videos?* 我们有空白录像带吗？❸ⓒ录像机：*I bought a video for my father*. 我为父亲买了一台录像机。■ adj. Ⓐ❶电视的；影像的；~ *signal* 视频信号 ❷用录像磁带〔录像带〕的 ‖ **video frequency** 视频（率）/ **video phone** 可视电话

videotape ['vɪdɪəʊteɪp] n. ⓤⓒ录像（磁）带

vie [vaɪ] vi.(pt., pp. **vied**, pres. p. **vying**)（为某事物）激烈竞争；争夺某事物：*The two young man vied with each other for the lady's favour*. 这两个年轻人为取得这位贵妇人的欢心而互相竞争。‖ **vier** n. 竞争者

view [vjuː] n. ❶ⓤ看：*The speaker stood in full view of the crowd*. 演讲者站在大家都能看得到的地方。❷ⓤ视力；视野,视线：*My view of the harbor was blocked by the new building*. 新大楼挡住了我的视线,使我看不见港口。❸ⓒ景色,风景：*beautify the ~* 美化景色/ *I'll sit here and look at the view*. 我要坐在这里观看景色。❹ⓒ风景画,风景照片：*The tourists* crowded closer to get a view of the painting. 游客们聚集得更近些以便观看这幅画。❺Ⓢ观察某人[某事物]的特定机会 ❻Ⓒ看法，意见：an adverse ~ 反面意见／She express the view that he was a fool. 她发表自己的看法，认为他是个傻瓜。／I take the view that we should put less money into nuclear weapons. 我认为我们应该在核武器上少花钱。❼Ⓒ考虑，思量；思考的方式 ‖ a point of ~ 观点／at first ~ 初看；一看就…／in ~ 已提出的，计划好的／in ~ of 由于，鉴于／keep in ~ 把某人[某物]放在心里／on ~ 展览着，陈列着／with a ~ to 为了，为的是 ▇ vt. ❶ 认为，考虑：~ the plan 考虑计划／We can view the problem in many ways. 我们可以从多方面来考虑这些问题。／She views every minor setback as a disaster. 她把每个较小的挫折都看成重大灾难。❷看：~ an island 看一个岛屿 ❸〈正〉查看：He determined to view the rooms behind the office. 他决定查看一下办公室后面的房间。‖ viewless adj. 看不见的；无景色的

viewer [ˈvjuːə] n. Ⓒ❶观看者；观察者；观众 ❷电视观众

viewfinder [ˈvjuːˌfaɪndə] n. Ⓒ(照相机)取景器

viewpoint [ˈvjuːpɔɪnt] n. Ⓒ观点，意见，角度：represent the ~ 体现某种观点／~ of life 人生观／from sb's ~ 从某人的角度看／He explained his viewpoint that taxes should be increased. 他解释了他认为应该增加税收的观点。

vigilant [ˈvɪdʒɪlənt] adj. 警惕的；警戒的；警觉的：He has to learn how to remain vigilant through these long nights. 他得学会如何在这漫长的黑夜里保持警觉。‖ vigilantly adv. 警惕地；警戒地

vigilante [ˌvɪdʒɪˈlænti] n. Ⓒ(自发组织的)治安团体的成员

vigorous [ˈvɪɡərəs] adj. ❶ 有力的：She made a vigorous speech in defence of her boyfriend. 她为她的男朋友做了有力的辩护。❷精力充沛的：The old man is still vigorous and lively. 那老人依然精力充沛。‖ vigorously adv. 精力充沛地

vigour，〈美〉**vigor** [ˈvɪɡə] n. Ⓤ智力，精力，元气：A brief rest restored the traveler's vigour. 经过短暂的休息，那些旅行者又恢复了精力。

vile [vaɪl] adj. (-r, -st)❶非常讨厌的 ❷卑鄙的；可耻的 ❸极坏的

vilify [ˈvɪlɪfaɪ] vt. 中伤，诽谤

villa [ˈvɪlə] n. Ⓒ别墅，公馆：Magnificent villas are found throughout Italy. 在意大利到处可看到豪华的别墅。

village [ˈvɪlɪdʒ] n. Ⓒ村庄：build a ~ 建设村庄／ruin a ~ 毁灭一个村庄／farming ~ 农村／fishing ~ 渔村／The hurricane destroyed the whole village. 飓风把整个村子都毁掉了。

villager [ˈvɪlɪdʒə] n. Ⓒ在乡村住的人

vindicate [ˈvɪndɪkeɪt] vt. ❶澄清(某人／某事物)受到的责难或嫌疑 ❷表明或证明(所争辩的事物)属实、正当、有效等：Subsequent events vindicated the policy. 后来的事实证明那政策是对的。

vindication [ˌvɪndɪˈkeɪʃən] n. ❶Ⓤ(对所受到的责难或嫌疑的)澄清；证实：There is much to be said in vindication of his claim. 有很多理由可以提出来为他的要求作辩护。❷Ⓒ(对所受到的责难或嫌疑的)澄清；证实

vine [vaɪn] n. Ⓒ藤本植物，藤：Melons grow on vines. 瓜长在藤上。

vinegar [ˈvɪnɪɡə] n. Ⓤ醋：sprinkle ~ 洒醋／apple ~ 苹果醋／in the ~ 在醋里／Vinegar is used in preserving food. 醋可用来保存食物。‖ **vinegarish** adj. 不愉快的；尖酸的／**vinegary** adj. 酸溜溜的；不愉快的

vineyard [ˈvɪnjəd] n. Ⓒ葡萄园

vintage [ˈvɪntɪdʒ] n. ❶Ⓢ收获葡萄酒(的期间或季节)❷ⒸⓊ一个收获季节采得的葡萄(所酿的酒) ‖ **vintager** n. 摘葡萄者 ‖ **vintage wine** 佳酿

viola [vɪˈəʊlə] n. Ⓒ中提琴

violate [ˈvaɪəleɪt] vt. ❶违反，违背：The country violates the international agreements. 那个国家违背了国际协议。／The bus driver violated the traffic regulation. 汽车司机违反了交通规则。❷亵渎：The soldiers violated the church by using it as a stable. 士兵们把教堂当马厩，亵渎了教堂。❸侵犯，妨碍：~ sb's privacy 侵犯某人的私生活／The noise violated my sleep. 噪音妨碍了我的睡眠。

violation [ˌvaɪəˈleɪʃən] n. ❶Ⓤ违反，冒犯，侵害 ❷Ⓒ违反(行为、事例)：Leaving a car in a no-parking area is one of the commonest traffic violations. 把车停在禁停区是常见的违反交通规则之例。‖ in ~ of 违反，违背

violence [ˈvaɪələns] n. Ⓤ❶暴力，强暴：brutal ~ 野蛮的暴行／War is the most acute form of expression of violence. 战争是暴力所表现的最剧烈的形式。❷猛烈，剧烈，强烈：They attacked with violence. 他们猛烈攻击。‖ do ~ to ①对…行凶②伤害，破坏

violent [ˈvaɪələnt] adj. ❶暴力引起的，粗暴的：~ struggle 暴力斗争／They laid violent hands on him. 他们对他施以暴力。❷剧烈的，强烈的：The violent winds buried the village in sand. 狂风把村子掩埋在沙中。／The madman was violent and had to be locked up. 这个精神病患者很凶暴，不得不把他锁起来。‖ **violently** adv. 粗暴地；剧烈地

violet ['vaɪəlɪt] n. C 紫罗兰: There are many violets in the garden. 花园里有许多紫罗兰。‖ **violet ray**〈物〉紫外线

violin [,vaɪə'lɪn] n. C 小提琴: That little boy plays the violin well. 那个男孩小提琴拉得很好。‖ **play first** ~ 担任第一提琴手‖ **violinist** n. 小提琴手

virgin ['vɜːdʒɪn] n. C 处女 ■adj. ❶处女的;纯洁的 ❷原始的;未使用的: Have you ever been to a virgin forest? 你去过原始森林吗?

Virgo ['vɜːgəʊ] n. (pl. ~s) ❶ U 室女座 ❷ C 出生于室女宫时段的人

virtual ['vɜːtjʊəl] adj. ❶ 实质上的,实际上的: This is a virtual certainty. 这是一件已肯定的事。/ Over the years, he's picked off his competitors so that he now has a virtual monopoly. 几年来,他一个一个地战胜了他的竞争对手,现已成了实际垄断者。

virtually ['vɜːtjʊəlɪ] adv. 实际上;事实上: He was virtually a prisoner. 他实际上是个囚犯。/ The job was virtually completed by the end of the week. 到周末时这项工作差不多完成了。

virtue ['vɜːtjuː] n. ❶ U C 美德,德行: Among her many virtues are loyalty, courage, and truthfulness. 她有许多的美德,如忠诚、勇敢和诚实。❷ C 优点,长处: The chair has the virtue of being adjustable. 这种椅子具有可调节的优点。‖ **by** ~ **of** 由于〔因为〕…‖ **virtueless** adj. 没有道德的,没有长处的

virtuoso [,vɜːtjʊ'əʊzəʊ] n. (pl. ~s or -si) C 艺术大师,名家

virtuous ['vɜːtʃʊəs] adj. ❶品德高的,有美德的 ❷自命清高的

virus ['vaɪərəs] n. (pl. **viruses**) ❶ U C 病毒: This is a new kind of viruses in the computer. 这是一种新的电脑病毒。/ He is suffering from a virus infection. 他受到病毒感染。❷ C 病毒性疾病: There is a virus going round the world. 世界上流行着一种病毒性疾病。❸ C 恶毒,恶意: He has removed the virus of prejudice. 他消除了有害的偏见。

visa ['viːzə] n. C 签证: an exit〔entry〕~ 出〔入〕境签证/ issue a ~ 发签证 ■vt. (pt., pp. visaed) 在(护照等)上签准

visibility [,vɪzɪ'bɪlɪtɪ] n. U ❶能见度,视程 ❷清晰度

visible ['vɪzəbl] adj. ❶看得见的,可见的,有形的:~ light 可见光/~ means 有形财产/ clearly〔plainly〕~ 能看得十分清楚的/ It is a visible star in the sky. 这是一颗在天空中可见的星星。/ The shore was barely visible through the fog. 在雾里海岸不可见。❷ A 明显的,可察觉的: It seems to serve no visible use. 这东西看不出有明显的用途。‖ **visibleness** n. 明显/ **visibly** adv. 明显地

vision ['vɪʒən] n. ❶ U 视力,视觉: acute ~ 灵敏的视觉/ I've had my eyes tested and the report says that my vision is perfect. 我去检查眼睛,根据报告我视力极佳。❷ C 想象(力),幻想,幻觉,梦想:~ vanish 幻觉消失/ conjure up〔see〕~s 出现〔看见〕幻象/ A mental vision of success would help produce real success. 头脑中成功的想象会有助于取得实际的成功。

visionary ['vɪʒənərɪ] adj. ❶ 有眼光的,有远见的 ❷空想的,幻想的,不切实际的

visit ['vɪzɪt] vt. & vi. ❶访问,探望;参观,游览:~ a colleague 在一同事家做客/~ a fair 参观博览会/~ one's relatives 探访亲戚/~ courteously 热情地看望/ They are visiting in that city. 他们正在那个城市参观访问。/ I'm just going to visit my friend Smith. 我正要去拜访我的朋友史密斯。/ The schools are regularly visited by officials from the Ministry of Education. 教育部的官员们定期视察各学校。❷在…逗留;住宿:~ annually 每年作短暂逗留/ He is visiting at a hotel nearby. 他暂住在附近的一家旅馆里。/ Many migratory birds visit this lake annually. 许多候鸟每年到这个湖上作短期逗留。❸侵袭 vi. 聊天;闲谈: Let's sit here and visit together for a while. 让我们坐在这里谈一会儿。‖ ~ **on**〔**upon**〕对…进行惩罚/~ **with** 与某人闲谈 ■n. ❶访问;参观,游览;逗留: abbreviate〔cut short〕~ 缩短访问时间/ exchange ~s 互访/ give a ~ 访问,参观/ state ~ 国事访问/ During our visit to London we often went to the theatre. 我们在伦敦逗留时常去看戏。❷聊天,谈话: We had a nice visit on the phone. 我们在电话里谈得很高兴。‖ **visiting book** 来宾名簿/ **visiting card** 名片/ **visiting professor** 客座教授/ **visiting team** 客队

visitor ['vɪzɪtə] n. C ❶访问者,参观者: entertain a ~ 招待来客/ expect a ~ 期待来访的人/ There was such a crowd round the distinguished visitor that I could not get to speak to him. 那么多的人围着这位尊贵的来访者,以致我无法同他说话。❷游客,宾客: see a ~ 会客/ weekend ~ 周末游客/ London is full of visitors during May and June. 五六月间伦敦挤满了游客。❸候鸟: These winter visitors will fly to British shores. 这些冬季的候鸟将飞向英国的海岸。

visual ['vɪʒʊəl] adj. 视觉的,看得见的: The film is a visual art. 电影是一种视觉艺术。/ His designs have a strong visual appeal. 他的设计在视觉上很有感染力。‖ **visually** adv. 看得见地

visualize, -ise ['vɪʒʊəlaɪz] vt. 在脑中使(某人或某物)形象化,设想,想象

vital ['vaɪtəl] adj. ❶极重要的,必不可少的;

The analysis of what kind of temperament you possess is vital. 分析一下你有什么样的气质是十分重要的。/ *It is vital that we should be kept informed of all developments*. 重要的是我们必须熟悉所有的发展情况。❷Ⓐ维持生命所必需的；生命的：*We must try to ensure that vital food supplies are maintained*. 我们必须确保维持生命所必需的食物之供应。/ *He was lucky that the bullet hadn't entered a vital organ*. 他很幸运，子弹没有打进身体的要害部位。❸有生气的，充满生机的：*His vital and cheerful manner filled the whole team with courage*. 他那充满生机、欢快的态度使整个队伍充满了勇气。/ *She is vital and attractive*. 她活泼又漂亮。‖ **vitalism** *n*. 生机论 / **vitalist** *n*. 主张生机论者 / **vitally** *adv*. 极重要地 ‖ **vital principle** 生命力，生机

vitality [vaɪˈtælɪtɪ] *n*. Ⓤ❶精神；活力；力量 ❷生命力，元气，持久力

vitalize [ˈvaɪtəlaɪz] *vt*. ❶赋予生命；给予…生命 ❷使有生气，使增添活力；激发

vitamin [ˈvɪtəmɪn] *n*. Ⓤ Ⓒ 维生素：*The type of bread has added vitamins*. 这种面包添加了许多种维生素。/ *Oranges contain vitamin C*. 橘子里含有维生素 C。

vitaminize [ˈvɪtəmɪnaɪz] *vt*. 在…中加维生素，给…补充维生素

vitiate [ˈvɪʃɪeɪt] *vt*. 削弱，破坏；损害 ‖ **vitiation** *n*. 破坏，损害 / **vitiator** *n*. 破坏者

vitrify [ˈvɪtrɪfaɪ] *vt*. & *vi*. (使)成玻璃〔玻璃状物体〕

vitriolic [ˌvɪtrɪˈɒlɪk] *adj*. 尖刻的，辛辣的

vituperate [vaɪˈtjuːpəreɪt] *vt*. 漫骂，辱骂

vituperation [vɪˌtjuːpəˈreɪʃən] *n*. Ⓤ 辱骂，责骂

vituperative [vɪˈtjuːpərətɪv] *adj*. 充满辱骂的，责骂的

vivacious [vɪˈveɪʃəs] *adj*. 活泼的，快活的 ‖ **vivaciously** *adv*. 快活地，活泼地

vivid [ˈvɪvɪd] *adj*. ❶鲜艳的：~ *colours* 鲜艳的色彩 / ~ *green* 鲜绿色 / *Her dress was a vivid colour*. 她的服装颜色很鲜艳。❷生动的，栩栩如生的：~ *description* 生动的描述 / ~ *imagination* 活跃的想象力 / *A vivid picture is present to our eye*. 一幅栩栩如生的画面出现在我们眼前。/ *Our economic construction is vivid with life*. 我们的经济建设生气勃勃。‖ **vividly** *adv*. 鲜艳地 / **vividness** *n*. 鲜艳；生动

vivify [ˈvɪvɪfaɪ] *vt*. 使具有生气，使生动

vocabulary [vəˈkæbjʊlərɪ] *n*. ❶Ⓒ Ⓤ 词汇(量)：*command a* ~ 掌握词汇 / *improve*〔*increase*〕*one's* ~ 扩大词汇量 / *a basic* ~ 基本词汇 / *The basic vocabulary of a language is those words that must be learnt*. 一种语言的基本词汇是那些必须掌握的词语。❷Ⓒ词汇表：*There is a vocabulary at the back of our English book*. 我们英语课本的后面附有词汇表。‖ **vocabulary entry** (词典中的)词条

vocal [ˈvəʊkəl] *adj*. Ⓐ口头的，有声的，发音的 ‖ **vocally** *adv*. 有声地

vocation [vəʊˈkeɪʃən] *n*. ❶Ⓢ职业；行业 ❷Ⓤ适合性，才能 ❸Ⓒ使命，天职

vocational [vəʊˈkeɪʃənl] *adj*. 职业的，为职业做准备的 ‖ **vocationalism** *n*. 强调职业教育的主张 / **vocationally** *adv*. 职业地

vociferate [vəˈsɪfəreɪt] *vt*. & *vi*. ❶大声地说 ❷叫喊

vodka [ˈvɒdkə] *n*. Ⓤ (原产于俄国)伏特加酒

vogue [vəʊg] *n*. Ⓢ 时兴，时尚，流行的样式 ■ *adj*. Ⓐ流行的，时髦的

voice [vɔɪs] *n*. ❶Ⓒ 嗓音，说话声，歌唱声：*control*〔*drop*〕*one's* ~ 控制〔降低〕自己的声音 / *hear*〔*make*〕*a* ~ 听到〔发出〕声音 / *recognize a* ~ 听出(某人)的声音 / *a gentle*〔*loud, rough*〕~ 轻〔高，粗〕声 / *a poor*〔*soft, sweet*〕~ 不好〔柔和，悦耳〕的嗓音 / *Our voices echoed in the empty house*. 我们的声音在空屋里回荡。❷Ⓤ Ⓢ (口头或书面的)意见等，发言权，影响：*The people must have a voice*. 人民必须有发言权。❸Ⓢ (动词的)语态：*an active* ~ 主动语态 / *We should translate this sentence in passive voice*. 我们应该用被动语态翻译这个句子。‖ **give** ~ **to** 表露(感情、忧虑等) / **make one's** ~ **heard** (为使他人注意或采取行动)表达感情〔意见等〕/ **raise one's** ~ **against** 坚决而勇敢地发言反对某人〔某事物〕/ **with one** ~ 异口同声地，一致地 ‖ **voiceful** *adj*. 有声的，高声的 / **voiceless** *adj*. 无声的，沉默的

void [vɔɪd] *adj*. ❶空的，空虚的 ❷没有…的 ❸无效的 ■ *n*. Ⓢ❶太空，宇宙空间 ❷空隙，空处 ❸空虚感，失落感 ‖ **voidness** *n*. 空隙，空处；太空

volcanic [vɒlˈkænɪk] *adj*. Ⓐ❶火山的；由火山作用引起的 ❷暴烈的，猛烈的 ‖ **volcanically** *adv*. 火山似地，猛烈地

volcano [vɒlˈkeɪnəʊ] *n*. (*pl*. ~*es*) Ⓒ火山：~ *erupt*〔*explode*〕火山爆发〔喷发〕/ *an active*〔*extinct, sleeping, submarine*〕~ 活〔死，休眠，海底〕火山 / ~ *in eruption* 爆发中的火山 / *mouth of a* ~ 火山口 / *The eruption of a volcano is spontaneous*. 火山的爆发是自发的。‖ **sit on a** ~ 处境困难

volley [ˈvɒlɪ] *n*. Ⓒ❶群射，齐射 ❷截击，拦击 ■ *vi*. 群射，齐射 *vt*. 截击(球) *vt*. & *vi*. (网球运动中)截击

volleyball [ˈvɒlɪbɔːl] *n*. Ⓤ排球(运动)：*a* ~ *team* 排球队 / *the* ~ *match* 排球赛 / *They are fond of playing volleyball*. 他们喜欢打排球。

volt [vəult] *n.* ⓒ〈物〉(电压单位)伏特 ‖ **voltmeter** 电压表

voltage ['vəultɪdʒ] *n.* ⓊⓒC电压,伏特数

volume ['vɒljuːm] *n.* ❶ⓒ 卷,册,书卷:~ of poems 诗集/a novel in three ~s 分为三册的小说/For that article he has worked over some 30 volumes of Chinese history. 为了写那篇论文,他仔细查阅了大约 30 册中国历史书。 ❷Ⓤ 体积;容积,容量:growing ~不断增大的容量/overall ~总体积/Pressure varies directly with temperature and inversely with volume. 压力随温度成正比例变化,与容积成反比例变化。 ❸Ⓤ 音量,响度:increase the ~增大音量〔容量〕/~ control 音量控制/voice of great ~洪亮的声音/He turned up the volume on the television. 他开大了电视音量。

voluminous [və'ljuːmɪnəs] *adj.* ❶ 宽松的,肥大的 ❷大的,容量大的 ❸著作多的,篇幅长的 ‖ **voluminously** *adv.* 宽松地;容量大地;篇幅长地/**voluminousness** *n.* 宽松;容量大;篇幅长

voluntary ['vɒləntərɪ] *adj.* ❶自愿的,志愿的:a ~ army 志愿军/~ service 自愿服务/He made a voluntary statement to the police. 他自动向警方供出一切。/That he bumped me is voluntary. 他故意撞了我一下。 ❷Ⓐ义务的,无偿的:~ labour 义务劳动/At election time the party needs a lot of voluntary helpers. 大选时,该党需要许多义务帮忙的人。 ‖ **voluntarily** *adv.* 自愿地;无偿地

volunteer [ˌvɒlən'tɪə] *vt.& vi.* 自动提供,自愿效劳:~ information〔suggestion〕主动提供信息〔建议〕/How many of them volunteered? 他们当中有多少人愿意自愿效劳?/My friend volunteered an interesting piece of news. 我的朋友自动说了一则有趣的消息。/He volunteered to water our plants. 他自告奋勇给我们的树木浇水。 ‖ ~ as 自愿担任…/~ for (使)自愿承担,主动提出承担,主动提出

voluptuous [və'lʌptʃuəs] *adj.* ❶性感的,妖娆的,风骚的 ❷体态丰满的 ❸令人感到舒适的;安逸的 ❹奢侈淫逸的 ‖ **voluptuously** *adv.* 风骚地;体态丰满地/**voluptuousness** *n.* 风骚;体态丰满

vomit ['vɒmɪt] *vt.& vi.* ❶呕吐 ❷大量喷出 ∎*n.* Ⓤ呕吐物/**vomiter** *n.* 呕吐的人/**vomiting** *n.* 呕吐

vote [vəut] *vt.* ❶一致认为:The students voted to continue the struggle. 学生们一致决定继续斗争。/They voted that the meeting should be adjourned. 他们一致认为应该休会。 ❷提议,建议:I vote that he (should) do it. 我建议他做那件事。 *vt.& vi.* 投票,表决:~ committee ~委员会投票表决/congress〔parliament〕~国会〔议会〕表决决定/You're too young to vote. 你太小,不能参加选举。/They vote to choose a president. 他们投票选举总统。/Vote MacDonald, the man you can trust! 请投麦克唐纳的票,他是大家能信任的人!/We have voted him our monitor. 我们选他当班长。 ‖ ~ against投票反对/~ down投票否决/~ for ①投票赞成②建议/~ in 选出/~ in favour (of) 投票赞成/~ on〔upon〕对…进行表决/~ out 投票使…下台;否决/~ through 投票通过/~ with 与…投相同票 ∎*n.* ❶Ⓒ 投票,选举,表决:cast a ~投票/change〔switch〕one's ~改投其他的票/count the ~计票/a direct ~直接投票/The vote will be held next month. 下个月举行选举。 ❷Ⓒ 票,选票:buy a ~收买选票/deliver〔get out〕the ~拉票/receive sb's ~获得某人的选票/obtain ~s 得票/a deciding〔decisive〕~决定性的一票/The Tory got 40% of the vote. 保守党获得 40%的选票。 ❸Ⓢ表决结果;投票总数:influence a ~影响投票结果/Was the vote for or against the resolution? 表决结果是赞成还是反对此决议? ❹Ⓢ选举权,投票权,表决权:get〔qualify for〕the ~获得〔取得〕选举权/Only members of the team have a vote. 只有这个团体的成员才有表决权。 ‖ **voteable** *adj.* 有选举权的/**voteless** *adj.* 无投票权的 ‖ **vote of censure** 不信任票/**vote of confidence** 信任票/**vote of no confidence** 不信任票

voter ['vəutə] *n.* Ⓒ选举人,投票人,选民

vouch [vautʃ] *vi.* 保证,担保 ‖ **vouchee** *n.* 被担保者

voucher ['vautʃə] *n.* Ⓒ❶凭证,代金券 ❷收据,凭单

vouchsafe [ˌvautʃ'seɪf] *vt.* ❶给予,赐予 ❷允诺

vow [vau] *n.* Ⓒ誓言 ∎*vt.* 起誓,发誓 ‖ **vower** *n.* 发誓者

vowel ['vauəl] *n.* Ⓒ元音,元音字母

voyage ['vɒɪdʒ] *n.* Ⓒ航行,航海;航天:go on a ~出航,出国旅行/make〔take〕a ~出去航海/a different ~不同航程/a homeward ~返航,回程/a long ~长途航行/a round ~往返航程/a passage ~航渡/It is a prosperous voyage to the ship. 这是那艘船一次成功的航行。 ‖ **voyageable** *adj.* 可航行的

vulture ['vʌltʃə] *n.* Ⓒ❶秃鹰 ❷压榨别人的人

W w

wacky ['wækɪ] adj. (-ier,-iest) 古怪的，反常的，疯疯癫癫的

waddle ['wɒdl] vi. (像鸭子一样)摇摇摆摆地走 ‖ **waddlingly** adv. 摇摇摆摆地

wade [weɪd] vt.& vi. (从水、泥等)趟，走过，跋涉

wafer ['weɪfə] n. ⓒ❶薄脆饼 ❷圣饼

waffle¹ ['wɒfl] n. ⓒ蛋奶烘饼，华夫饼

waffle² ['wɒfl] vi. 讲或写冗长而无意义的话，唠叨

waft [wɑːft] vt.& vi. 吹送，飘送，(使)浮动 ■ n. ⓒ空中飘来的气味，一阵气味 ‖ **wafter** n. 摇转风扇

wag [wæg] vt.& vi. (-gg-)❶使摇动，左右或上下摆动 ❷喋喋不休

wage [weɪdʒ] n. ⓒ 工资：~s increase〔guarantee〕工资增加〔得到保障〕/advance〔affect, cut down, deduct〕~s 预支〔影响,降低,扣发〕工资/earn〔get, pay, receive〕a ~ 挣〔得,付,领〕工资/good〔high〕~s 高薪/~ scale〔system〕工资等级〔制度〕/When wages are high, prices are high.工资高,物价也会相对的高。/We expect a fair day's wage.我们希望得到一天应得的工资。/Wages of sin is death.罪恶的代价就是死亡。‖ **wage packet** 工资袋/ **wage worker** 工薪劳动者

wager ['weɪdʒə] n. ⓒ赌注,用钱打赌 ■ vt.& vi. 在(某物)上赌钱,打赌

wagon, waggon ['wægən] n. ⓒ❶四轮的运货马车：covered〔high loaded, open〕~ 有篷顶〔货装得很高,无篷〕的大马车/a bull〔ox〕~ 牛车 ❷(英)铁路货车：a railway ~ 铁路货车/a grain〔ore〕~ 粮食〔矿石〕运输车 ❸(美)小手推车 ‖ **wagonage** n. 货车运输/ **wagoner** n. 赶大车的人

wail [weɪl] vt.& vi. 哭叫,哀号 ■ n. ⓒ痛哭,哭泣 ‖ **wailful** adj. 悲痛的

waist [weɪst] n. ⓒ❶腰,腰部,腰围：~ measure 20 inches around 腰围为 20 英寸/slim the ~ 使腰变细/strip to the ~ 光着上身/a large ~ 粗腰/a slender〔slim〕~ 纤细的腰/a ~ band 腰带,裤带 ❷(衣服)的腰部：She took in the waist of her dress.她把衣服的腰身改小。❸中间凹入的部分：The sound is from the waist of a violin.声音是从小提琴的中间部分发出的。‖ **waisted** adj. 有…腰身的 ‖ **waist belt** 腰带/**waist-deep** adj. 齐腰深的

waistcoat ['weɪskəʊt] n. ⓒ马甲,西装背心

wait [weɪt] vt.& vi. 等候,等待：~ a bit〔minute, moment〕稍等一会儿/~ a whole day〔hour〕等了一整天〔小时〕/~ one's turn 轮到自己/~ anxiously〔impatiently〕焦急〔不耐烦〕地等候/We shan't wait long.我们不会等很久的。/That waiter does not know how to wait.那侍者不会侍候顾客。/I'm waiting to hear your explanation.我在等你的解释。/He's waiting his opportunity.他正等候机会。‖ ~ **about**〔**around**〕在某处等待着/~ **and see** 等着看(情况的发展)/~ **at** ①在(某处)等候②在饭馆当侍者/~ **behind** 在其他人走后留下来/~ **for** 等待,等候②观望形势后再作决定,见风使舵 ③(非正)推迟(用餐)直到(某人)到达④(非正)注意;当心;等一等/~ **in** 在家里等/~ **on** ①等待;继续等候②(非正)稍候;停下来等③(非正)伺候,服侍④(正)拜访⑤招待(顾客) ❻随…而产生,产生于,是…的结果/~ **out** ①在外面等待②以等待来击败③安静而耐心地等待…结束/~ **up** ①熬夜等候②停下来等别人赶上 ‖ **waiting-and-see** adj. 观望的/**waiting list** 等候者名单/**waiting maid** 侍女/**waiting room** 候车室,候诊室

waiter ['weɪtə] n. ⓒ(男)侍者,(男)服务生：work as a ~ 当服务生/head ~ 领班服务生/He got work in a hotel as a waiter.他在一家旅馆找到了当服务生的工作。

waitress ['weɪtrɪs] n. ⓒ(女)服务员,(女)侍应生

waive [weɪv] vt. 宣布放弃,宣布取消

wake [weɪk] vt.& vi. (pt. **woke**, pp. **wok-**

en)醒,唤醒;~ all nature 使大自然复苏/~ feeling of sympathy 唤起同情/~ sb's interest 引起某人的兴趣/~ suddenly 突然意识到/ When I woke the sun was three poles high. 我醒来时,已日上三竿了。/ The child woke three times during the night. 这孩子夜间醒了三次。/ I woke to find that he had gone. 我醒来时发现他已经走了。/ The scene woke memories of my boyhood. 这幕情景使我回忆起童年的往事。‖ ~ from (使)醒来/~ to ①醒后听到〔看到〕(某物)②认识到/~ up ①醒来;唤醒,弄醒②引起注意③(使)认识到(使)觉悟④活跃起来;激起,引起 ‖ wakeless adj. 酣睡的/waking adj. 醒着的

waken ['weɪkən] vi. 醒来;睡醒;~ early 醒得早/He wakened at 7 o'clock. 他七点钟醒来。vt. 唤醒;弄醒: What time are you going to waken him? 你准备什么时间叫醒他? vt. & vi. (使)觉醒;(使)振奋;激发: The book wakened the reader's interest. 这本书唤起读者的兴趣。‖ ~ from 使从…中醒来/~ to 警告某人注意某事,提防某事 ‖ **wakener** n. 唤醒者

walk [wɔːk] vt. & vi. 走,步行,散步: ~ a district〔village〕走过地区〔村庄〕/~ a step 走一步/~ far 走得很远/~ gently 轻手轻脚地走/ The baby can't walk yet. 这婴儿还不会走。/ The old man walked five miles every morning. 这老人每天早晨步行五英里。/ He walked slow and lame. 他慢慢地一瘸一拐地走着。/ The trainer is walking his dogs. 那位驯兽人正在遛他的狗。‖ ~ about〔around〕①四处走动,漫步②在人群中自由走动/~ abroad ①公开露面②到处蔓延/~ away 走开/~ away from ①从…走开②〈口〉比赛中轻而易举地胜过(某人或某物)③安然脱身/~ away〔off〕with ①拿…走开(使)带走②〈口〉轻而易举地赢得(比赛、奖品等)③〈非正〉在(演出)中引人注目/~ back ①走回去②送…回家/~ in ①走进②未经许可进入③〈非正〉(常指在有竞争的情况下)轻易地找到工作/~ into ①走进②未经许可进入③走动时无意中撞上④在于疏忽而遇到⑤(非正)轻易地找到工作⑥(非正)大吃大喝⑦〈非正〉痛骂,申斥/~ off ①走开②离开③使走开④用走路来消除/~ on ①继续走②(演员)上台③担任小角色,跑龙套④在…上行走⑤轻率地对待;不体谅⑥〈非正〉小心翼翼⑦飘飘然;得意洋洋,欢天喜地/~ out ①走出去②罢工③退出(会议等)/~ out on ①带…出去②〈军〉在非值勤时间内请假离开营房⑥谈恋爱/~ out on ①离开〔抛弃,遗弃〕(某人或某物)②〈非正〉推卸责任;未履行诺言③离开以示反对(某人或某事)/~ over ①穿过②走到另一地方③把…带到另一地方④无视…的愿望〔感情〕,轻蔑地对待⑤轻而易举地胜过/~ round ①走到另一地方②把…带〔领〕到/~ through ①步行穿过(某处)②(非正)轻

而易举地通过(考试等)③马马虎虎地演(戏、角色等)④敷衍了事地做完/~ together ①一起步行②和睦相处;协调一致/~ up ①向上走②〈非正〉请进③沿…走去/~ up to 走近,走向/~ with 与(某人)作伴行走 ■ n. ❶UC行走,散步: Uncle Tom looked hot after his walk. 在步行之后,汤姆叔叔看来很热。❷S行走的路程: ten minutes' ~ 十分钟的路程/It's a long walk to the station. 去车站要走很长一段路。❸S步态: beautiful ~ 优美的走路姿势/weary ~ 疲惫的步伐/He ran, and then slowed down to a walk. 他跑着,然后放慢速度步行。❹UC步行的路径: The walk was covered with leaves. 这人行道上满是树叶。‖ at a ~ 用常步/go (out) for a ~ 出去散步/in a ~ 轻而易举地/on a ~ 在散步/take a ~ 散步/~ of life 行业,…类的人 ‖ **walkable** adj. 可以步行的 ‖ **walk-on** n. 跑龙套演员/**walk-up** n. 无电梯的大楼〔套间〕

walker ['wɔːkə] n. C❶散步的人,步行者 ❷助行架

walking ['wɔːkɪŋ] adj. A❶用于步行的 ❷徒步旅行的

Walkman ['wɔːkmæn] n. (pl. ~s)C随身听(商品名)

walkout ['wɔːkaʊt] n. C退席,退会

wall [wɔːl] n. C墙,壁,围墙: build a ~ 修一堵墙/line ~s 使沿着墙壁排列/low ~ 低墙/wooden ~ 木栅栏/city ~ 城墙/stone ~ 石壁/~ light 壁灯/They glided along the wall until they were out of sight. 他们沿着墙壁溜得无影无踪。/He fastened the calendar to a wall. 他把日历挂在墙上。/I should hate to be confined within the four walls of an office all day. 我讨厌整天关在办公室里。‖ go over the ~ 越狱/go to the ~ 被击破,生意失败了/ in the ~ 在墙上,在墙里/on the ~ 在墙上,在墙的表面上 ■ vt. & vi. 筑墙围住,用墙隔开: We're going to wall the garden. 我们打算用墙把花园围起来。/They walled off the large prison into lots of very small cells. 他们把大监狱隔成很多小牢房。‖ ~ off 用墙把…隔开/ ~ up 把…封住,把…关起来 ‖ **wall-less** adj. 无墙壁的/**wall-like** adj. 似墙的 ‖ **Wall Street** 华尔街

wallet ['wɒlɪt] n. C钱夹,皮夹

wallop ['wɒləp] n. C猛击,重击 ■ vt. 痛打 ‖ **walloper** n. 猛击者/**walloping** adj. 大的,极大的

wallow ['wɒləʊ] vi. ❶快活地在泥沼中打滚 ❷在海浪中颠簸 ■ n. ❶S打滚,翻滚 ❷C泥沼

wallpaper ['wɔːlˌpeɪpə] n. UC墙纸,壁纸

wally ['wɒlɪ] n. C笨蛋,废物

walnut ['wɔːlnʌt] n. ❶C胡桃(树) ❷U胡桃木

waltz [wɔːls] n. ⒞❶华尔兹舞 ❷华尔兹舞曲 vt.& vi.(使)跳华尔兹舞

wand [wɒnd] n. ⒞棍,棒

wander ['wɒndə] vt.& vi. 漫游,徘徊:~ the desert 在荒漠上徘徊/~ aimlessly 无目的地徘徊/I wandered lonely like a cloud.我像一朵浮云般漂浮不定。/The boy wandered the neighbourhood,looking for his dog.那男孩在附近徘徊,寻找自己的狗。vi. 迷失:The travelers wandered in the way.旅行者们在途中迷了路。‖ ~ about〔around〕徘徊,转来转去/~ back to 回想到,想起/~ from 从…离开/~ off 迷失,离开正途〔正确方向〕/~ over 在…漫步

wanderer ['wɒndərə] n. ⒞游荡、漫游的人;各处走动的动物

wandering ['wɒndəriŋ] n. ⓟ❶漫游 ❷胡言乱语

wane [wein] vi.❶(月)亏,缺 ❷变小;减少

want [wɒnt] vt.❶打算,希望:~ a holiday希望休假/I want your promise.我希望你答应。/I want that people should appreciate what I say.我希望人们理解我的话。/The picture wants something of perfection.这幅画还有些不够完美。/I've long wanted to come to your country.我老早就想到你们国家来。/I don't want the children taken out in such weather.我不希望在这种天气把孩子带出去。❷应该:I want a shave.我该刮胡子了。/Your watch wants repairing.你的手表该修一修了。vt.& vi.想,要,需要:~ urgently 急切需要/You shall never want while I have any money left.只要我有余钱,就不会叫你缺少什么。/These plants are drooping—they want water.这些庄稼有点枯萎——需要浇水。/The boxes want to be numbered.这些盒子需要编号。/That child wants a nurse to look after him.那孩子需要保姆照顾他。/I do not want you answering the question.我不需要你回答这个问题。‖ ~ for ⟨正⟩缺少,需要 ②为…需要;需(某人)做〔担任〕…③通缉/~ in ①想要进入②⟨俚⟩希望被接受③缺少/~ off 想要下车/~ out ①想要出去②⟨非正⟩希望解脱出来/~ up 想起床 ■ n.❶Ⓤ缺乏,不足:short-term ~ 短期不足/Your work shows want of care.你的工作证明你缺乏细心。/The plants died for want of water.这些植物因缺水而枯死了。❷⒞需要的东西,想往的东西:fit the ~适合需要/material ~s 物质需求/emergency ~ 紧急需求。你应该努力减少需求。‖ **wantage** n.缺少/**wantless** adj. 无所需求的

wanting ['wɒntiŋ] adj. ⓟ欠缺的,不足的

war [wɔː] n.❶ⓊⒸ战争;战争期间:avoid ~ 避免战争/win a ~打胜仗/civil ~ 内战/They were fighting a just war.他们在打一场正义

战。/Their courage brought the people through the war.他们的勇气使人们熬过了战争。❷斗争,竞争:price ~ 价格战/trade ~ 贸易战/They are at war with each other.他们互相争吵。‖ **declare** ~ **against** ①向(某国)宣战 ②宣布将尽力与…做斗争 ■ vi.❶进行战斗;作战:The two countries have been warring constantly for years.这两国多年来一直交战。❷斗争:~ continually 不断斗争‖ ~ **against** 与…斗争/~ **for** 为…而战/~ **over** 因…而争/~ **with** 与…打仗

ward [wɔːd] n. ⒞❶病房,病区 ❷区,行政区 ❸受监护的未成年者 ■ vt.监护,守护‖ **warder** n. 看门人,门卫

warden ['wɔːdn] n. ⒞❶看守人,管理员 ❷监察员,监察官‖ **wardenship** n. 看守人的职务〔职权〕

wardrobe ['wɔːdrəub] n. ⒞❶衣柜,衣橱 ❷全部服装

ware [weə] n.❶ⓟ商品,货物 ❷Ⓤ制品‖ **ware room** 商品陈列室

warehouse ['weəhaus] n. ⒞仓库,货栈

warfare ['wɔːfeə] n. Ⓤ战争,战争状态

warhead ['wɔːhed] n. ⒞(尤指导弹的)弹头

warlike ['wɔːlaik] adj.军事的;与战争有关的:Military planes flew over the country in a warlike action.军用飞机在进行军事演习时从该国的上空飞过。

warlord ['wɔːlɔːd] n. ⒞军阀

warm [wɔːm] adj.(-er,-est)❶暖和的,温暖的:She submerged her hands in warm water.她把手浸在温水中。/It is getting warm.天气渐渐地暖和了。❷热情的,热心的:~ person 热情的人/He has a warm heart.他很热心。❸暖调的:Red,yellow and orange are called warm colours.红、黄、橙称为暖色。■ vt.& vi.(使)变暖;被加热;暖和起来:~ the room 使房间暖和/The water is warming on the stove.水在炉火上加热。/His words warmed my heart.他的话使我的内心感到热乎乎的。‖ ~ **over**重新使用/~ **to** ①使…变热至 ②对…更加起劲/~ **up** ①使热;变热②(使)更活跃,(使)更激动,(使)更热烈 ❸取暖器/**warmly** adv. 暖和地,温暖地‖ **warm-up** n.⟨体⟩热身;准备工作

warmth [wɔːmθ] n. Ⓤ温暖;热情,热烈:We felt the warmth of the sun.我们感受太阳的温暖。/He answered with warmth.他热情地回答。

warn [wɔːn] vt.& vi. 警告,提醒;告诫;预先通知,预告:Once again I warned her.我又警告她一次。/The weather station warned that a storm was coming.气象台说将有暴风雨来临。/They warned him to stay away.他们警告

他不要靠近。/ Did he warn you that he might be late? 他有没有预先告诉你他可能会迟到? ‖ ~ against 告诫,当心,提防/~ of 发出关于…的警告/~ off ①不许…上前 ②不许靠近 ‖ **warner** n. 警告者

warning ['wɔːnɪŋ] n. ❶C︎U︎发出警告;受到告诫;He gave us a warning against placing confidence in people we did not know. 他告诫我们,不要轻信我们不了解的人。❷C︎警告,前兆 ‖ **warningly** adv. 警告地;引以为戒地

warp [wɔːp] n. S︎弯曲,歪斜 ■ vt. & vi. 弄弯,变歪

warrant ['wɒrənt] n. C︎授权证,许可证 ■ vt. ❶使…显得合理;成为…的根据 ❷保证,担保;I will warrant him an honest and reliable fellow. 我可以保证他是一个诚实可靠的人。‖ **warrantable** adj. 可保证的;可认为正当的/**warrantor** n. 保证人

warranty ['wɒrəntɪ] n. C︎保证书,保单;This warranty is good for one year after the date of the purchase of the product. 本保证书自购置此产品之日起有效期为一年。

warren ['wɒrɪn] n. C︎ ❶兔穴 ❷人口拥挤的地区;易迷路的场所 ‖ **like rabbits in a ~** 挤得水泄不通

warring ['wɔːrɪŋ] adj. A︎交战的,敌对的

warrior ['wɒrɪə] n. C︎武士,勇士,战士

warship ['wɔːʃɪp] n. C︎军舰,战舰

wartime ['wɔːtaɪm] n. C︎战时

wash [wɒʃ] vt. & vi. ❶洗;洗涤;I must wash before dinner. 我饭前要洗手。/ I washed my car. 我冲洗了汽车。/ Please wash the bottle clean. 请把这个瓶子洗净。❷冲,拍打;A breeze washed against her face. 微风拂过她的脸。/ The sea washed the seashore. 海浪拍打海岸。vi. 耐洗,经洗;If the suit won't wash, it must be dry-cleaned. 如果这套衣服经不住水洗,就得干洗了。‖ ~ **away** ①冲走,清洗 ②消除/~ **down** ①冲洗 ②(使)流下/~ **off** (使)清洗掉,清洗掉/~ **up** 〈英〉饭后洗餐具 ②〈美〉洗脸和手 ■ n. S︎ ❶洗;洗涤 ❷要洗的衣物的数量;I have a large wash this Sunday. 这星期天我有一大堆衣服要洗。‖ **in the ~** 正在洗 ‖ **washable** adj. 可洗的;耐洗的 ‖ **washbasin** n. 脸盆/**washboard** n. 洗衣板/**washbowl** n. 脸盆/**wash drawing** 淡水彩画/**washhouse** n. 洗衣房/**washman** n. 男洗衣工/**washroom** n. 厕所/**washstand** n. 脸盆架/**washwoman** n. 女洗衣工

washer ['wɒʃə] n. C︎ ❶洗涤者,洗涤器 ❷〈机〉垫圈,垫片 ‖ **washerman** n. 男洗衣工/**washerwoman** n. 女洗衣工

washing ['wɒʃɪŋ] n. U︎正在洗或待洗的衣服 ‖ **washing machine** 洗衣机/**washing-up** n. 洗涤

wasp [wɒsp] n. C︎黄蜂;胡蜂 ‖ **wasp-waisted** adj. 细腰的;束腰的;紧胸的

waste [weɪst] n. ❶S︎U︎浪费;滥用;We must combat extravagance and waste. 我们必须反对铺张浪费。/ It's a mere waste of time waiting any longer. 再等下去纯粹是浪费时间。❷U︎废料,废弃物;The river was thick with industrial waste. 这条河里淤积了工业废物。❸C︎荒地;We traveled through treeless wastes. 我们穿过了没有树木的荒地。‖ **go(run) to ~** 浪费 ■ vt. & vi. ❶浪费,徒劳;Don't waste, save! 别浪费,要节省!/ Hurry up, we're wasting time. 快点儿,我们别再浪费时间了。❷(使)损耗,(使)消瘦;The oil resources in some countries are rapidly wasting. 有些国家的石油资源正被迅速地消耗掉。/ The long illness had wasted the old man's strength. 长期生病消耗了这老人的体力。vt. 破坏,使荒芜;Long dry periods wasted the land. 长期干旱使土地荒芜了。‖ ~ **away** 变得衰弱(削瘦) ‖ **wastebin** n. 废物箱/**waste paper** 废纸/**waste pipe** 污水管 ■ adj. A︎废弃的;无用的;荒芜的;This is a waste and useless tyre. 这是个废弃无用的轮胎。/ The land becomes waste. 这块土地变得荒芜了。

wastebasket ['weɪstˌbɑːskɪt] n. C︎废纸篓

wasteful ['weɪstfʊl] adj. 浪费的;挥霍的;耗费的;~ expenditure 浪费开支 ‖ **wastefully** adv. 浪费地;挥霍地;耗费地/**wastefulness** n. 浪费;挥霍;耗费

wasteland ['weɪstlænd] n. C︎U︎荒原,荒地

waster ['weɪstə] n. C︎造成浪费的人或东西;挥霍者 ❷不珍惜时间和金钱的人

watch[1] [wɒtʃ] vt. & vi. ❶看,观察;She sat there watching, but said nothing. 她坐在那里看着,但没说什么。/ I often watch television in the evening. 我通常在晚上看电视。/ Just watch what will happen when I press the button. 看着,我按按钮会发生什么事情。/ She watched the children play table tennis. 她看孩子们打乒乓球。/ Many people like to watch others playing games. 许多人喜欢看别人比赛。❷守卫(保护),留心,注视;The nurse watched to see what would happen. 护士注意着会发生什么情况。/ She watched his face anxiously. 她焦急地注视着他的脸。vt. 当心;Watch that he doesn't cheat you. 注意别让他骗了你。‖ ~ **for** 寻找;等待/~ **out** 当心/~ **out for** 当心;注意 ❶S︎U︎看管;Keep a close watch on everything that happened on the island. 密切注视岛上发生的一切事情。❷S︎值班人员;The night watch comes on duty soon. 值夜班的人很快就要来值班了。‖ **go on ~** 上夜班,值勤/**keep ~** 站岗,守夜/**keep a ~ on** 监视,密切注视/**keep a ~ over** 照看/**on ~** 值班,监视 ‖ **watchable** adj. 值得

彩色页目录

02	办公用品	office devices
04	厨房用品	kitchen utensils
06	家居生活	furniture and bedding
08	工具	tools
10	交通运输	transportation
12	乐器天地	musical instruments
14	体育运动	sports and leisure life
16	花卉植物	flowers and plants
18	美味餐点	western and Chinese food
20	蔬菜	vegetables
22	水果	fruits
24	水生生物	aquatic living
26	动物王国	wild animals
28	宇宙星空	the cosmos
30	身体部位	human body
32	服装	clothing

办公用品 office devices

appointment book　记事簿
business card　名片
CD-duplicator　光碟拷贝机
colour jet printer　彩色喷墨印表机
combo drive　复合式光碟机
desktop calendar　桌上日历
desktop computer　台式电脑
digital camcorder　数码摄录影机
document cabinet　文件柜
executive desk　办公桌
expanding file　文件袋
fastener binder　扣钉式活页封套
fax machine　传真机
filing box　档案分类箱
globe　地球仪
laptop computer　笔记本电脑
laser printer　激光打印机
letter opener　开信刀
magnifying glass　放大镜
notepaper　便条，短笺
office clock　办公钟
office pin　办公用大头针
paper clip　曲别针
paper cutter　切纸刀
paper fastener　工字针
pencil sharpener　铅笔刀
penholder　笔架
plastic-envelop machine　塑封机
slide projector　幻灯机
stapler　订书机
stationery rack　文具架
swivel-tilter armchair　转动摇椅
telephone set　电话机

厨房用品 kitchen utensils

blender 搅拌机
bottle opener 开瓶器
chopping board 砧板
citrus juicer 榨汁机
cleaver 大切肉刀
coffee maker 煮咖啡壶
cooking pan 煮锅
cook's knife 厨刀
countertop water purifier 料理台面净水器
deep fryer 油炸锅
dishwasher 洗碗机
draining spoon 漏匙
electric cooker 电炉灶
frying pan 煎锅
grater 擦碎板
kettle 水壶
kitchen scales 厨房秤
kitchen ventilator 抽油烟机
ladle 汤勺
measuring spoons 计量匙
meat grinder 绞肉机
microwave oven 微波炉
nonstick griddle 平底不沾锅
peeler 削皮刨
potato starch 生粉
pressure cooker 高压锅
refrigerator 冰箱
rolling pin 擀面杖
saucepan 长柄锅
skimmer 漏勺
spatula 刮铲
stew pot 炖锅
strainer 筛
teapot 茶壶
toaster 烤箱
turner 锅铲
water heater 热水器
whisk 搅拌器
whistling kettle 鸣笛水壶
wok set 炒菜锅

家居生活 furniture and bedding

- armchair 扶手椅
- bathtub 浴缸
- bed lamp 床头灯
- bedside table 床头柜
- bedspread 床罩
- bolster 长枕
- bookcase 书架
- carpet 地毯
- ceiling lamp 吊灯
- coffee table 咖啡台
- cotton quilt 棉被
- cotton terry blanket 毛巾被
- couch 长沙发
- cupboard 碗橱
- curtain 窗帘
- cushion 靠垫
- dining table 餐桌
- feather quilt 羽绒被
- floor lamp 落地灯
- folding chair 折叠椅
- hook rack 挂钩架
- houseplant 室内盆栽植物
- larder 食品柜
- mattress 床垫
- mosquito net 蚊帐
- pillow 枕头
- pillow case 枕套
- radiator 散热器
- sheet 床单
- shoe cabinet 鞋柜
- sofa bed 沙发床
- table lamp 台灯
- tea table 茶几
- TV bench 电视柜
- wall light 壁灯
- wall cabinet 壁橱
- wardrobe 衣柜

工具 tools

adjustable spanner 活动扳手
band saw 带锯机
cable cutter 电缆钳
cartridge knife 美工刀
corer concrete cutter 钻心式混凝土切削机
drill 电动钻
end cutter spring 虎头钳
file 锉
floor jack 卧式千斤顶
grater 锉刀
hacksaw 弓锯
hammer 锤
hand auger 手钻
hoe 锄
lamp socket 插座
long nose pliers 长嘴钳
miter saw 圆锯机
neon screwdriver 试电笔
outlet 电源插座
pick 鹤嘴镐
pipe wrench 管子钳
planer 刨床
plug 插头
pruner 修枝剪刀
shovel 铁锹
screw 螺丝
spade 铲
stepladder 四脚梯
tape measurer 卷尺

交通运输 transportation

ambulance 救护车
automobile carrier 货运卡车
bicycle 自行车
bloodmobile 献血车
bus 公共汽车
camper 露营汽车
compact car 小型汽车
crane 吊车
drophead 活动车篷汽车
ferry 渡船
fire engine 消防车
garbage truck 垃圾车
jeep 吉普车
light-van 小型货车
limousine 豪华轿车
mail car 邮车
minivan 小卡车
motorcycle 摩托车
notchback 客货两用车
passenger plane 客机
passenger ship 客轮
pedicab 人力三轮车
police car 警车
racing car 赛车
roadster 敞篷车
sedan 轿车
sports car 跑车
station wagon 小旅行车
taxi 出租车
tractor 拖拉机
trailer 拖车
truck 卡车
wagon 四轮货运马车
wrecker 清障车

乐器天地 musical instruments

- accordion 手风琴
- bassoon 低音管
- cello 大提琴
- chime 编钟
- clarinet 单簧管
- cymbals 钹
- double bass 低音提琴
- drum 鼓
- dulcimer 扬琴
- flute 长笛
- French horn 法国号
- gong 锣
- guitar 吉他
- harp 竖琴
- oboe 双簧管
- organ 风琴
- piano 钢琴
- pipa 琵琶
- saxophone 萨克斯管
- tambourine 铃鼓
- timpani 定音鼓
- triangle 三角铁
- trumpet 小号
- tuba 低音号
- viola 中提琴
- violin 小提琴
- xylophone 木琴

体育运动　sports and leisure life

baseball 棒球
basketball 篮球
badminton 羽毛球
bowling 保龄球
boxing 拳击
boat race 赛艇
canoe 划艇
cricket 板球
discus throw 掷铁饼
diving competition 跳水
equestrian 马术
fencing 击剑
figure skating 花样滑冰
football 足球
golf 高尔夫球
Greece-Roman wrestling 古典式摔跤
gymnastics 体操
hammer throw 掷链球
handball 手球
high jump 跳高
hockey 曲棍球
hurdles 跨栏赛跑
ice skating 滑冰
javelin throw 掷标枪
judo 柔道
long jump 跳远
marathon 马拉松
middle-distance race 中长跑
mountaineering 登山运动
pole vault 撑竿跳
rock climbing 攀岩运动
roller skating 滑旱冰
rugby 橄榄球
sailing 帆船运动
shooting 射击
skiing 滑雪
soccer 英式足球
sprint 短跑
steeplechase 障碍赛
swimming 游泳
synchronized swimming 水上芭蕾
taekwondo 跆拳道
tennis 网球
triple jump 三级跳
volleyball 排球
weight-lifting 举重

花卉植物 flowers and plants

aloe 芦荟	datura 曼陀罗
amaryllis 孤挺花	evergreen 万年青
anemone 银莲花	gardenia 栀子花
azalea 杜鹃花	iris 蝴蝶花
balsam 凤仙花	lavender 薰衣草
begonia 秋海棠	lily 百合花
cactus 仙人掌	lotus 莲花
canna 美人蕉	magnolia 木兰
cantury plant 龙舌兰	marigold 金盏花
camellia 山茶花	narcissus 水仙花
chrysanthemum 菊花	orchid 兰花
cornel 山茱萸	peach blossom 桃花
cosmos 大波斯菊	peony 牡丹
coyotillo 红宝鼠李	pansy 三色堇
crocus 藏红花	rose 玫瑰
cudweed 鼠曲草	snowdrop 雪花莲
daffodil 黄水仙	sunflower 向日葵
daisy 雏菊	tulip 郁金香
dandelion 蒲公英	

美味餐点 western and Chinese food

- bacon 熏肉
- barbecued pork 叉烧
- bean curd 豆腐
- bean jelly 凉粉
- boiled salted duck 盐水鸭
- braised beef 炖牛肉
- casserole 砂锅
- curry rice 咖喱饭
- dumplings 饺子
- fermented black bean 豆豉
- fried dough twist 麻花
- fried rice 炒饭
- fried pork flakes 肉松
- glutinous rice 糯米
- hand-stretched noodles 拉面
- mashed potatoes 土豆泥
- meat broth 肉羹
- meat bun 肉包子
- noodles with gravy 打卤面
- pasta 意大利面
- plain noodles 阳春面
- poached egg 荷包蛋
- pork fillet 猪里脊肉
- porridge 粥
- pot sticker 锅贴
- preserved meat 腊肉
- rice-noodle 米粉
- roast suckling pig 烤乳猪
- salted duck egg 咸鸭蛋
- sausage 香肠

蔬菜 vegetables

artichoke 洋蓟	leaf mustard 芥菜
bamboo shoot 竹笋	leek 韭菜
bitter gourd 苦瓜	lettuce 莴苣
broccoli 花椰菜	lotus root 莲藕
button mushroom 草菇	loofah 丝瓜
Chinese kale 芥兰	corn 玉米
Chinese leaves 白菜	marrow 西葫芦
carrot 胡萝卜	mater convolvulus 空心菜
cauliflower 花菜	mung bean sprout 绿豆芽
celery 芹菜	needle mushroom 金针菇
chives 韭黄	pea 豌豆
coriander 香菜	pepper 青椒
cucumber 黄瓜	potato 马铃薯
dried mushroom 香菇	pumpkin 南瓜
eggplant 茄子	soybean sprout 黄豆芽
garlic 大蒜	spinach 菠菜
ginger 生姜	tarragon 蒿菜
green onion 葱	tomato 番茄
green soy bean 毛豆	turnip 萝卜
hairy gourd 节瓜	winter melon 冬瓜

水果　fruits

apple 苹果
apricot 杏
banana 香蕉
carambola 杨桃
cherry 樱桃
chestnut 栗子
coconut 椰子
durian 榴莲
fig 无花果
grape 葡萄
grapefruit 葡萄柚
guava 番石榴
Hami melon 哈密瓜
juice peach 水蜜桃
lemon 柠檬
lichee 荔枝
longan 龙眼
loquat 枇杷
mango 芒果
mangosteen 山竹果
muskmelon 香瓜
olive 橄榄
orange 橙子
papaya 木瓜
passion-fruit 百香果
peach 桃子
pear 梨子
persimmon 柿子
pineapple 菠萝
plum 李子
pomegranate 石榴
pomelo 文旦
ponkan 碰柑
rambutan 红毛丹
strawberry 草莓
sugar-cane 甘蔗
tangerine 柑橘
water caltrop 菱角
watermelon 西瓜

水生生物 aquatic living

anchovy 鳀鱼
bass 鲈鱼
bonito 鲣鱼
carp 鲤鱼
crab 螃蟹
clam 蚌，蛤
codfish 鳕
conch 海螺
coral 珊瑚
dolphin 海豚
flounder 鲆
goldfish 金鱼
haddock 黑线鳕
halibut 大比目鱼
herring 鲱鱼
jellyfish 水母，海蜇
limpet 帽贝
lobster 龙虾
mackerel 鲭鱼
octopus 章鱼
oyster 牡蛎
plaice 鲽
sardine 沙丁鱼
scallop 扇贝
sea anemone 海葵
sea cucumber 海参
sea horse 海马
seal 海豹
sea urchin 海胆
seaweed 海藻
shark 鲨鱼
shrimp 小虾
squid 乌贼
starfish 海星
sturgeon 鲟鱼
trout 鳟鱼
turbot 比目鱼
turtle 海龟

动物王国 wild animals

alligator 鳄鱼	hare 野兔	penguin 企鹅
antelope 羚羊	hawk 鹰	pheasant 野鸡
apes 猿	hedgehog 刺猬	puffin 海鹦
bear 熊	heron 苍鹭	quail 鹌鹑
beaver 河狸	jaguar 美洲豹	rat 鼠
cheetah 猎豹	kangaroo 袋鼠	rhinoceros 犀牛
chimpanzee 黑猩猩	lemming 旅鼠	seal 海豹
cobra 眼镜蛇	leopard 豹	squirrel 松鼠
cormorant 鸬鹚	lion 狮	stork 鹳鸟
cougar 美洲狮	lynx 猞猁	swan 天鹅
elephant 象	macaque 猕猴	tiger 虎
flamingo 火烈鸟	ostrich 鸵鸟	vulture 秃鹫
fox 狐狸	otter 水獭	walrus 海象
giraffe 长颈鹿	panda 熊猫	weasel 黄鼠狼
goat 山羊	partridge 鹧鸪	wild horse 野马
gorilla 大猩猩	peacock 孔雀	wolf 狼
gull 鸥	pelican 鹈鹕	zebra 斑马

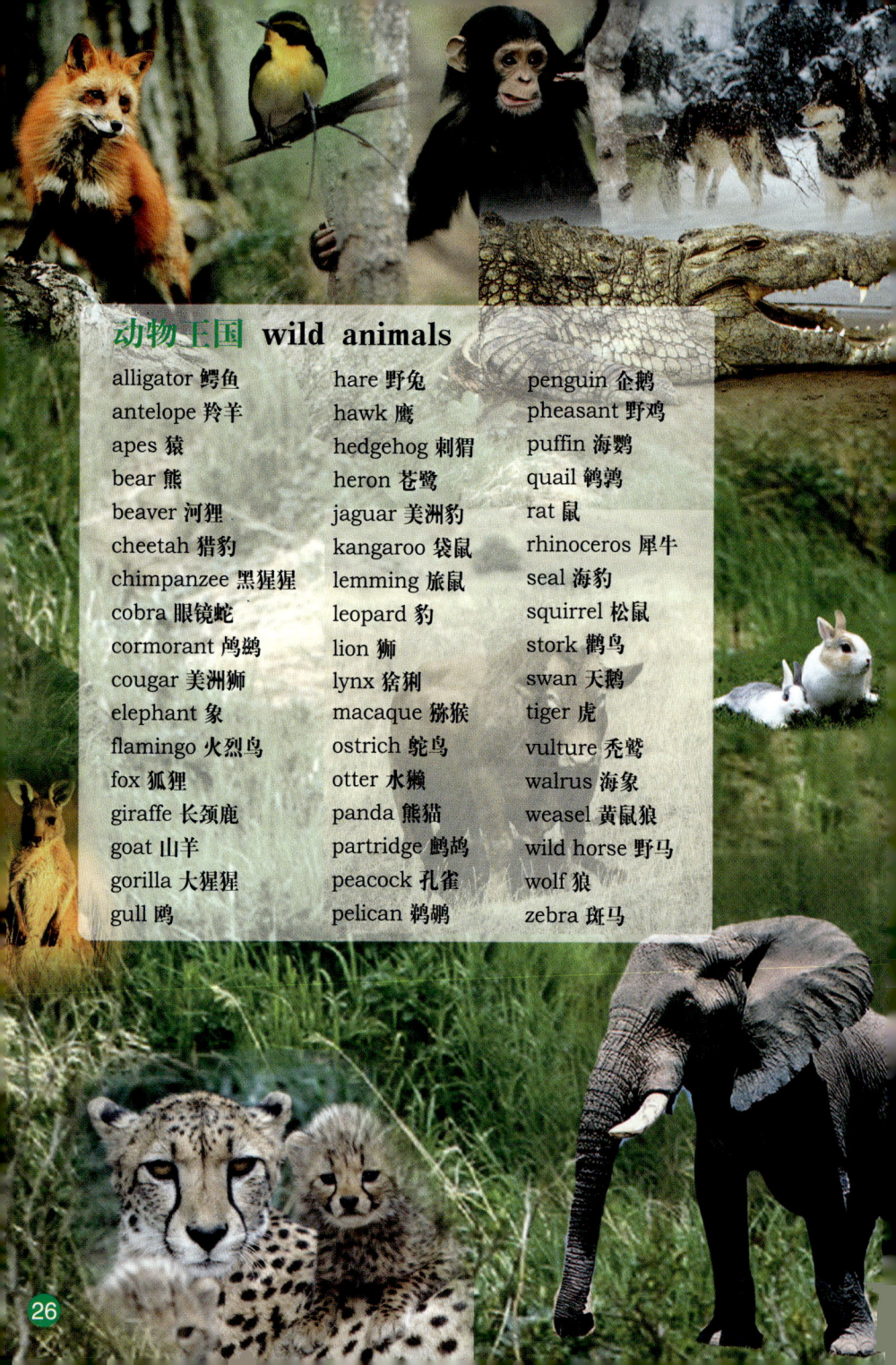

宇宙星空　the cosmos

Aquarius 水瓶座
Aries 白羊座
asteroid 小行星
astrology 占星术
astronomy 天文学
Cancer 巨蟹座
Capricorn 摩羯座
cluster 星团
comet 彗星
constellation 星座
cosmology 宇宙学
dwarf star 矮星
earth 地球
galaxy 星系
Gemini 双子座
Jupiter 木星
Leo 狮子座
Libra 天秤座
Mars 火星
meteor 流星
meteorite 陨石
Mercury 水星
nebula 星云
Neptune 海王星
Pisces 双鱼座
Pluto 冥王星
Sagittarius 射手座
satellite 卫星
Saturn 土星
Scorpio 天蝎座
Taurus 金牛座
Uranus 天王星
Venus 金星
Virgo 处女座

身体部位 human body

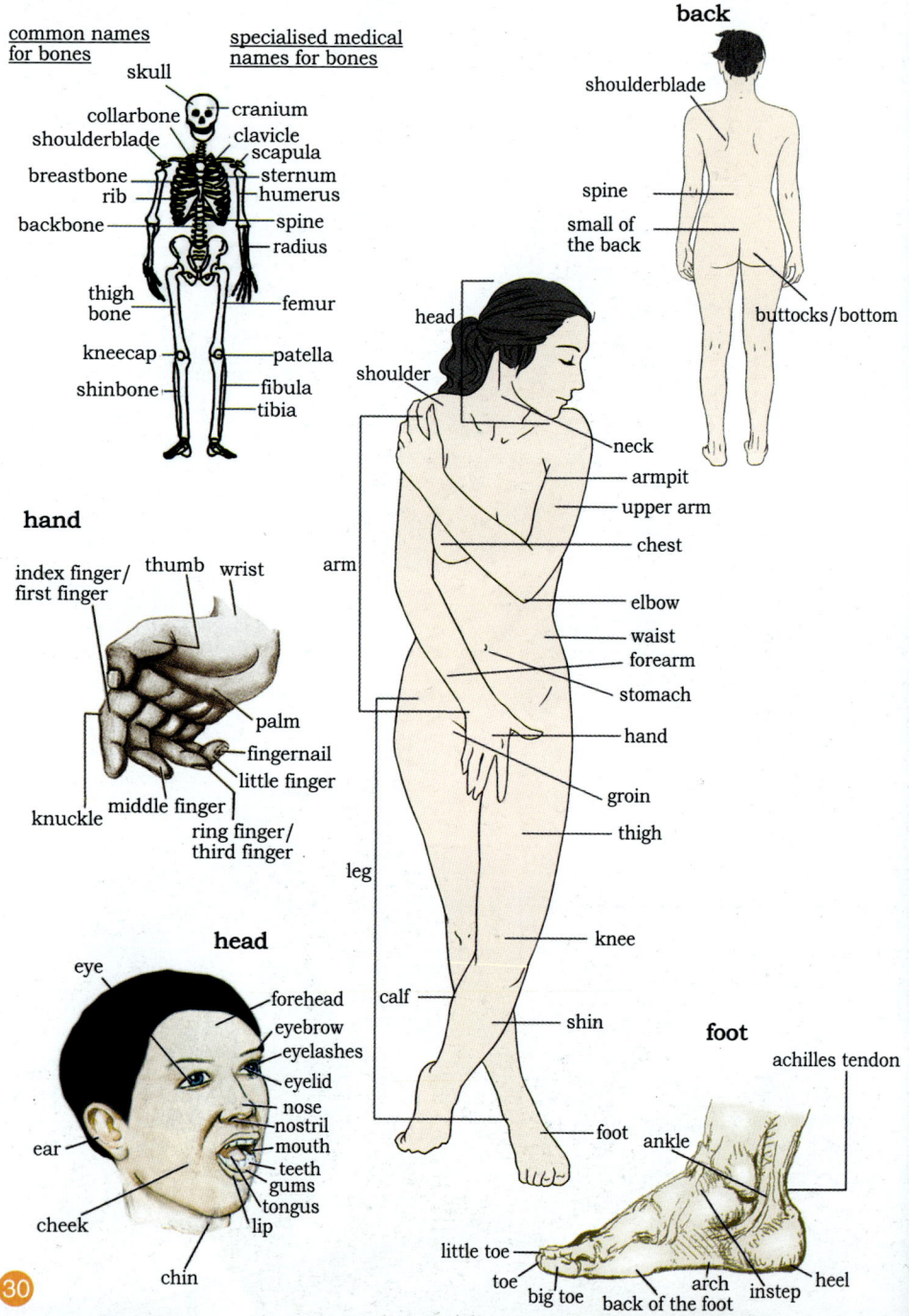

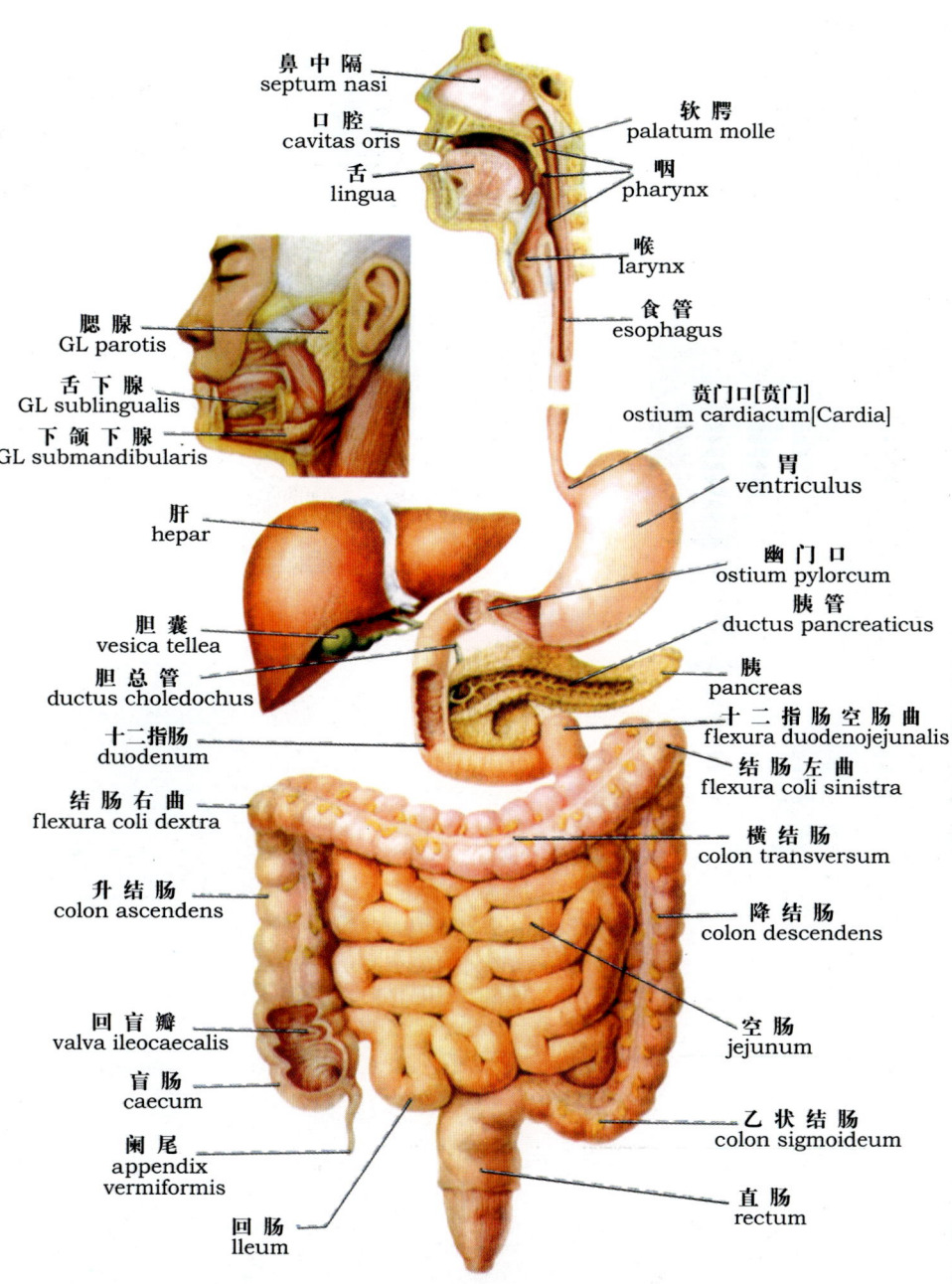

服装 clothing

- jacket 夹克衫
- trousers 裤
- coat 外衣
- skirt 裙子
- tailored suit 西服
- shirt 衬衫
- nightgown 女睡衣
- brassiere 胸罩
- panties 女短内裤
- T-shirt T恤衫
- jeans 牛仔裤
- children's wear 童装
- underskirt 内衣
- baby wear 婴儿服
- stockings 长袜
- slippers 拖鞋
- sneakers 运动鞋
- court shoes 高跟鞋
- boots 靴子

注意的‖**watch fire** 营火/**watch night** 除夕/**watchtower** n. 岗楼,了望塔/**watchword** n. 暗语,暗号

watch² [wɒtʃ] n. C 表:~ maker 修表匠/He wears a gold watch. 他戴了一块金表。‖ **watchband** n. 手表带/**watch chain** 表链/**watch guard** 挂表带/**watchmaker** n. 钟表制造人/**watch spring** 表的发条

watchdog ['wɒtʃdɒg] n. C ❶看门狗,看家狗 ❷监视者

watcher ['wɒtʃə] n. C 观看的人;观察的人

watchful ['wɒtʃful] adj. 警惕的,留心的: be ~ of times 注意时势‖**watchfully** adv. 警惕地,留心地/**watchfulness** n. 警惕

watchman ['wɒtʃmən] n. (pl. -men) C 警卫;守门人

water ['wɔːtə] n. ❶ U 水: Flowers will die without water. 没有水,花就会枯死。❷ S 大片的水,(尤指)湖(河,海): They forbid any ships to enter the water. 他们禁止任何船舶进入这片水域。❸ P (湖、河等的)水域,(某国附近的)海域: The ship is in British waters. 这条船行驶在英国的海域。‖ above ~ 摆脱困境〔债务〕/like ~ off a duck's back (对某人)不起作用/~ over the dam〔under the bridge〕无法改变的事 ■ vt. ❶ 在…浇水〔洒水〕: Water the flowers every morning. 每天早晨给花浇水。❷给…水喝: Have the horses been fed and watered? 给马匹喂食饮水了吗? ❸ (尤指江河)流经并供水给(某地区): The valley is continuously watered by the melting snow from the mountains. 群山融化的雪不断流经山谷。vi. 流眼泪;流口水: The smoke made her eyes water. 烟雾熏得她眼睛流泪。/The smell from the kitchen made his mouth water. 从厨房传来的气味使他流口水。‖ ~ down ①掺水于,用水把…冲淡②削弱;使缓和‖ **watered** adj. 洒了水的;有水的/**waterless** adj. 无水的‖ **water bag** 水袋/**water bed** 水床/**water bird** 水鸟/**waterborne** adj. 水上的;水运的/**water bottle** 水瓶/**water buffalo** 水牛/**water carriage** 水运(工具)/**watercart** n. 运水车;洒水车/**water closet** 厕所/**watercourse** n. 水道/**water cure** 水疗法/**water glass** 盛水的玻璃器/**waterhead** n. 水源/**water hole** 水坑/**water level** 水平面/**waterman** n. 船工,船夫/**water meter** 水表/**water pipe** 水管/**waterpower** n. 水力,水能/**water press** 水压机/**waterside** n. & adj. 水边(的)/**water snake** 水蛇/**water system** 水系/**watertight** adj. 不漏水的/**water tower** 水塔/**waterworks** n. 供水系统;自来水厂

watercolour ['wɔːtəˌkʌlə] n. C U 水彩颜料;水彩画

watercress ['wɔːtəˌkres] n. U〈植〉水田芥;西洋菜

waterfall ['wɔːtəfɔːl] n. C 瀑布

waterfront ['wɔːtəfrʌnt] n. S 海滨;江边: Chicago has a splendid waterfront. 芝加哥有一个很美的海滨。

watermelon ['wɔːtəˌmelən] n. C U 西瓜

waterproof ['wɔːtəpruːf] adj. 不透水的,防水的: My mother bought me a waterproof watch. 我妈妈给我买了一块防水手表。/An umbrella should be waterproof. 雨伞应能防水。■ vt. 使防水;使不透水: I wax my boots chiefly to waterproof them. 我给靴子打蜡主要是为了防水。

waters ['wɔːtəz] n. P ❶海域 ❷江水;河水;湖水

watershed ['wɔːtəʃed] n. C ❶分水岭;分水线 ❷转折点

waterway ['wɔːtəweɪ] n. C 水路,航道

watery ['wɔːtəri] adj. ❶充满水的;含水过多的 ❷(颜色)淡的: a ~ blue 淡蓝色‖**wateriness** n. 充满水;含水过多

watt [wɒt] n. C〈物〉(电力计量单位)瓦,瓦特‖**wattmeter** n. 瓦特计

wave [weɪv] n. C ❶波,波浪,波涛: The waves are high. 波涛汹涌。❷挥手,招手: He saluted his friends with a wave of the hand. 他挥手向他的朋友致意。‖ in ~s ①呈波(浪)状②一批又一批,一阵又一阵/make ~s兴风作浪,制造纠纷/on the ~s ①在波浪上②出海 ■ vi. 飘扬,摇摆,起伏: The grass waved in the wind. 草在风中起伏波动。vt. & vi. 挥动…示意,挥手(打招呼、问候等): He waved until they were out of sight. 他挥着手,直到再也看不到他们。/She waved me a greeting. 她扬手跟我打招呼。/She waved her handkerchief to us. 她向我们挥动着手绢。vt. 挥手表示: She waved a farewell. 她挥手告别。/We waved good-bye to her at the airport. 我们在机场向她挥手告别。/She waved me quiet. 她挥手要我别出声。‖ ~ about〔around, round〕(使…)摆来摆去/~ aside对…不屑一顾〔置之不理〕/~ at 朝…挥手(致意)/~ away挥手示意离开/~ back 挥手示意…回去〔到〕/~ down 挥手示意…停下/~ off ①挥手为(某人)送行 ②挥手驱去/~ on 挥手示意…前进/~ through 挥手示意…通过/~ to〔toward〕朝…挥手‖ **waved** adj. 波浪形的/**waveless** adj. 无波浪的;平静的/**wavelike** adj. & adv. 波浪般的〔地〕‖ **wave band**〈无〉波段/**wave mechanics**〈物〉波动力学/**wave motion** 波状运动

wavelength ['weɪvleŋθ] n. C〈物〉波长

waver ['weɪvə] vi. 摇摆;摇晃;动摇: She wavers a little when she walks. 她走路时有些摇晃。

wax [wæks] n. U 蜡: You should put some wax on those boots. 你应该给那些靴子打上一

些蜡。■ vt. 给…打蜡: I wax the floor once a month. 我每月给地板打一次蜡。‖ mould sb like ~ 按照自己的意向塑造某人的性格; 任意地支配某人 ‖ wax candle 蜡烛

waxen ['wæksən] adj. 蜡黄的; 苍白的: a ~ complexion 蜡黄的面部

way [weɪ] n. C ❶路, 道, 街, 径: Is this the way out? 这是出去的路吗? ❷方向: Kindly step this way, ladies and gentlemen. 女士们、先生们, 请往这边走。❸方法, 方式, 手段: adopt a ~ 采用某种方式/They are trying to find a way of settling the dispute. 他们正设法寻找解决争端的办法。❹习俗; 作风; 习惯: The way that you're doing it is completely crazy. 你这种习惯, 简直是发疯了。❺距离: Success is still a long way off. 离成功还远着呢。❻附近, 周围: The crops are doing well down this way. 这一带的作物长势良好。❼某方面: The doctor told the patient that he was in good way. 大夫对病人说, 他的病情已在好转。‖ all the ~ 一路上, 一直; 完全/always the ~ 总是这样/by the ~ 顺便地, 附带说说/by ~ of ①路经, 途经②作为, 当作/come sb's ~ 发生于〔来到〕某人处/every which ~ 四面八方, 上下左右/give ~ (to) ①断裂, 倒塌, 垮了②让某人在先, 让出, 放弃/go one's own ~ 按自己的意愿行事/go out of one's ~ 特意不怕麻烦做某事/go sb's ~ 与某人同路; 对某人有利/have it both ~s 两全其美, 两者兼得/have it one's own ~ 为所欲为/in a big ~ 大规模/in a ~ 在某种程度上/in no ~ 决不/in the bad ~ 病得很重, 情形很糟/in the ~ 造成不便或阻碍/look the other ~ 避而不看某人/make one's ~ 走, 行走, 前进/make ~ 让开, 让路, 让位/on one's ~ 在路上, 在途中/on the ~ out 正在离开; 渐渐过时/one ~ and another 考虑到各个方面/one ~ or another 不管怎样/out of the ~ ①偏远②异常的, 罕见的, 不普通的/put in the ~ of 使(某人)有机会做某事〔得到某物〕/see one's ~ to 觉得可能/stand in sb's ~ 阻止某人做某事/the other ~ round 与预想的相反/under ~ 已经开始并进行着/~ of life 生活方式/work one's ~ 半工半读/work one's ~ through 从头到尾做/work one's ~ up 获提升, 晋级 ■ adv. 远远地, 大大地: The mortality rate was way down. 死亡率大大降低。

waylay ['weɪleɪ] vt. 拦截; 拦路

we [wɪ] pron. 我们: We are all students. 我们都是学生。

weak [wiːk] adj. (-er, -est) ❶弱的; 易毁坏的; 无力气的; 容易被击败的: Don't stand on that chair, it's got a weak leg. 那张椅子有一条腿不牢, 不要站在上面。/She spoke in a weak voice. 她有气无力地说话。/He was too weak to say a word. 他太虚弱了, 一句话也说不出来。❷功能不佳 ❸无说服力的; 软弱的: That was an incredibly weak answer. 那是一个令人难以置信的缺乏说服力的回答。/The teacher's so weak that the children do what they like. 这老师太软弱了, 孩子们因此可以为所欲为。❹淡的; 稀释的: ~ coffee 淡咖啡/The tea is weak. 这茶很淡。❺未达高标准的; 有缺欠的: Her French is rather weak. 她的法语相当差。‖ a ~ moment 易被说服〔诱惑〕的时刻/~ at the knees 一时两腿发软站不住/~ in the head 愚蠢的 ‖ **weakish** adj. 有些弱的; 有病的 ‖ **weak-eyed** adj. 视力弱的/**weak-headed** adj. ①易头昏的; 易醉的 ②脑筋笨的; 低能的/**weak-kneed** adj. 易屈服的, 不坚定的/**weak-minded** adj. 优柔寡断的; 低能的/**weak sister** (常指男人)不可靠的/**weak-spirited** adj. 缺乏勇气和自主力的/**weak vessel** 不可靠的人/**weak-willed** adj. 意志薄弱的

weaken ['wiːkən] vt. & vi. (使)削弱, (使)变弱: She weakened as the illness grew worse. 由于病情恶化, 她变得更虚弱了。/You can weaken the tea by adding water. 你可以加水把茶弄得淡一些。

weakling ['wiːklɪŋ] n. C 软弱的人或动物

weakly ['wiːklɪ] adv. 软弱地; 无力地; 疲软地

weakness ['wiːknɪs] n. ❶U 虚弱, 软弱: I have got over my weakness and fatigue. 我已从虚弱和疲劳中恢复过来了。❷C 弱点, 缺点: admit one's ~ 承认自己的弱点/It is my great weakness now. 这是我现在极大的弱点。❸C 偏好, 嗜好: He has a weakness for detective stories. 他特别爱读侦探小说。

wealth [welθ] n. ❶U 财产; 财富: Health is above wealth. 健康比财富更重要。❷S 大量, 众多, 丰富: His wealth is estimated at fifty million dollars. 他的财产估计有 5000 万美元。‖ a ~ of 大量的, 丰富的 ‖ **wealth tax** 财产税

wealthy ['welθɪ] adj. (-ier, -iest) 富有的: He grew up in a wealthy family. 他在一个富有的家庭里长大。/My brother is now very wealthy. 我哥哥现在很有钱。‖ **wealthily** adv. 富有地 ‖ **wealthiness** n. 富有

wean [wiːn] vt. 使断奶

weapon ['wepən] n. C ❶武器, 兵器: That young man was carrying weapons. 那个年轻人携带着武器。❷自卫〔克敌制胜〕的手段〔行动〕: Their ultimate weapon was the threat of an all-out strike. 他们最后的杀手锏是威胁举行大罢工。‖ **weaponless** adj. 无武器的, 没有武装的

weaponry ['wepənrɪ] n. U (总称)武器

wear [weə] n. C ❶穿, 戴: This suit has been in constant wear for two years. 这一套衣服已连续穿了两年。❷衣服: The shop sells children's wear. 这家商店出售童装。❸磨损,

损耗：*Look at the wear on these shoes*. 看看这双鞋子磨损的样子。❹使用，用坏：*These shoes I bought last week are already showing signs of wear*. 我上周买的这双鞋已经快破了。❺耐用性，耐穿：*There's a lot of wear in these tires*. 这些轮胎经久耐用。‖ ~ **and tear** 损耗■(*pt.* **wore**, *pp.* **worn**) *vt.* ❶穿着，戴着；蓄，留；擦：*He's wearing a new coat*. 他穿着一件新外套。/ *She used to wear her hair long*. 她过去把头发留得很长。❷呈现，显出：*He wore a smile*. 他面带笑容。❸磨成，擦成；因不断使用而造成：*His trousers had been worn into holes*. 他的裤子已经穿破了。❹同意，接受：*Will your father wear this idea*? 你父亲会接受这个主意吗？ *vt. & vi.* ❶磨成，变旧，用坏，穿旧：*This cloth wears well*. 这种布很耐穿。/ *The coat is worn threadbare*. 这件外衣已经穿旧了。❷保持某种状态：*The house wore a neglected look*. 这房子给人一种没人照料的印象。‖ ~ **away** ①磨损，磨掉，侵蚀②消逝；衰退/ ~ **off** 磨掉，磨损/ ~ **out** 用坏，穿破/ ~ **through** 将（衣物）穿破；磨出洞 ‖ **wearable** *adj.* 可穿戴的，适宜穿戴的/**wearer** *n.* 穿戴者；佩带者

wearing ['weərɪŋ] *adj.* 使人疲乏的，令人厌烦的

wearisome ['weərɪsəm] *adj.* 令人疲乏的，令人厌烦的

weary ['wɪərɪ] *adj.* (**-ier**,**-iest**) 疲倦的；困乏的；萎靡的：*I am weary of his constant complaints*. 我对他不断发牢骚感到厌烦。■*vt. & vi.* (使)疲乏；(使)厌烦：*She wearies easily*. 她易疲劳。‖ ~ **out** 使筋疲力尽，使困乏 ‖ **weariful** *adj.* 使人疲倦的/**weariless** *adj.* (使人)不倦的，不烦的/**wearily** *adv.* 使人疲倦地/**weariness** *n.* 疲倦；厌倦

weather ['weðə] *n.* Ⓤ 天气，气象：*The weather changed overnight*. 一夜之间就变天了。‖ **in all** ~**s** 无论什么天气/**under the** ~ 身体不舒服；心情不好 ‖ 晒干了：*Rocks weather until they are worn away*. 石头风化，直至损坏。/ *The wind and sea have weathered the rocks quite smooth*. 这些岩石因风和海水的风化变得非常光滑。*vt.* 平安渡过；挨过：*The country had weathered a serious crisis*. 这个国家平安渡过了严重的危机。‖ ~ **along** 在恶劣的天气条件下前进/~ **away** 风化，因风吹雨打而褪色 ‖ **weatherability** *n.* 耐气候性，经得起风吹雨打/**weathered** *adj.* 风化的；倾斜的/**weathering** *n.* 风化，风蚀/**weatherly** *adj.* 能抢风航行的 ‖ **weatherbound** *adj.* 因恶劣天气受阻的/**weather chart** 天气图/**weather deck** 露天甲板/**weather eye** 警惕/**weather forecast** 天气预报/**weatherglass** *n.* 晴雨表/**weatherproof** *adj.* 防风雨的，不受气候影响的/**weather service** 气象服务/**weather station** 气象站，天气站/**weathertight** *adj.* 防风雨的/**weatherworn** *adj.* 风雨剥蚀的

weatherman ['weðəmæn] *n.* (*pl.* **-men**) Ⓒ 气象员；天气预报员

weave [wiːv] (*pt.* **wove** or **weaved**, *pp.* **woven** or **weaved**) *vt. & vi.* 编，织，织成：~ *a basket* 编篮子/ *The old woman was weaving on her loom*. 那位老太太正在织布机上织布。/ *He wove some branches together to form a roof*. 他把一些树枝编起来搭成屋顶。*vt.* 编排，杜撰：~ *a story* 编一个故事；*He wove a fascinating tale of knights in shining armour*. 他编了一个穿着明亮盔甲的骑士的迷人故事。‖ ~ **from** 用…织/~ **into** ①把…织成…②把…织进…里/~ **through** 在…中穿行

weaver ['wiːvə] *n.* Ⓒ 织工；编织者

web [web] *n.* Ⓒ❶(蜘蛛)网 ❷周密的布置；网状物；圈套：*the* ~ *of intrigue* 阴谋的圈套 ‖ **webbed** *adj.* 有蹼的/**webbing** *n.* 带子，结实的带状织物/**weblike** *adj.* 似网的

wed [wed] *vt. & vi.* (*pt.*, *pp.* **wedded** or **wed**) 嫁；娶；(与…)结婚

wedded ['wedɪd] *adj.* ❶Ⓐ正式结婚的 ❷Ⓟ渴望…的；执著于…的

wedding ['wedɪŋ] *n.* Ⓒ 婚礼：*attend a* ~ 参加婚礼/ ~ *breakfast* 喜宴/ ~ *cake* 结婚蛋糕/ ~ *day* 婚礼日/ ~ *march* 婚礼进行曲/*She wants them to sing at her wedding*. 她要他们在她的婚礼上唱歌。‖ **wedding anniversary** 结婚纪念/**wedding ball** 结婚舞会/**wedding banquet** 结婚宴会/**wedding party** 婚礼/**wedding ring** 结婚戒指

wedge [wedʒ] *n.* Ⓒ❶楔 ❷楔形物 ‖ **wedged** *adj.* 楔形的/**wedgewise** *adv.* 成楔形

Wednesday ['wenzdɪ] *n.* ⓊⒸ 星期三：*We'll meet on Wednesday*. 我们星期三见面。/ *On the Wednesday she got worse*. 这个星期三，她病得更严重了。/ *On Wednesdays I do the shopping*. 每星期三我都去买东西。‖ ~ **week** ①下星期三②下下星期三 ‖ **Wednesdays** *adv.* 每星期三，在任何星期三

weed [wiːd] *n.* Ⓒ 杂草：*My garden is running to weeds*. 我的院子里长满了杂草。■*vt. & vi.* 除杂草：*Tomorrow I have to weed the garden*. 我明天得给花园除草。‖ **weeded** *adj.* 铲除了野草的/**weedless** *adj.* 无野草的 ‖ **weed killer** 铲草剂/**weed mower** 割草机

week [wiːk] *n.* Ⓒ 一星期，周：*pass a* ~ 度过一周/ *I shall be away from home all this week*. 这个星期我都不在家。‖ ~ **after** ~ 接连好几个星期 ‖ **weekdays** *adv.* 在每个周日/**weekender** *n.* 过周末假期的人/**weekends** *adv.* 在每个周末

weekday ['wiːkdeɪ] *n.* Ⓒ 平日，普通日，(星期天及星期六以外的)任何一天：*ordinary* ~**s** 平常的日子/*I am always busy on weekdays*. 我

在工作日总是很忙。

weekend [ˌwiːkˈend] n. ⓒ周末：*I was wondering where to spend the weekend.* 我想知道在何处度周末。

weekly [ˈwiːklɪ] adj. 一周一次的（地），每周的（地）：*He writes a weekly letter to his parents.* 他每周给父母写一封信。∎ n. ⓒ周刊；周报

ween [wiːn] vt. 以为；想象；相信；料想

weep [wiːp] (pt., pp. **wept**) vt.& vi. 哭泣：*The little girl is weeping.* 这个小姑娘在哭泣。/ *She wept her sad fate.* 她为她的悲惨命运而哭泣。/ *She wept herself silly.* 她哭得昏过去了。vi. (伤口)流血；渗出水气：*The wound is weeping.* 伤口在出血。‖ ~ **about**〔**over**〕为…悲伤〔哭泣〕/~ **away** 不停地哭泣/~ **out** 边哭边说出 ‖ **weeper** n. 哭泣的人

weeping [ˈwiːpɪŋ] adj. Ⓐ树枝低垂的

weepy [ˈwiːpɪ] adj. (**-ier, -iest**) ❶要哭的；眼泪汪汪的 ❷(故事、电影等)使人伤心的

weigh [weɪ] vt.& vi. 称…的重量：*When did you weigh last?* 你上次是什么时候称体重的？/ *The doctor weighed the baby every month.* 医生每个月都给这个婴儿称体重。link v. 重达：*This marble ramp weighs one ton.* 这个大理石台阶重一吨。vt. 权衡；考虑：*The point deserves to be carefully weighed.* 这一点值得慎重考虑。‖ ~ **down** 使…负重，使下垂，使下沉/~ **with** 对…有说服力，对…有影响 ‖ **weigher** n. 过磅员 ‖ **weighbeam** n. 秤杆/**weighbridge** n. 地秤/**weighman** n. 过磅员

weight [weɪt] n. ❶ⓒⓊ重量，分量：*The pillars couldn't support the weight of the roof.* 这些柱子无法承受屋顶的重量。❷ⓒ砝码，秤砣：*If you put on another a pound weight the scale can be balanced.* 如果你再放上一个一磅的砝码，这个秤就能平衡。❸ⓒ重物：*He can lift heavy weights because of his strength.* 他力气大，可举起重物。❹Ⓢ负荷，负担：*The full weight of decision-making falls on her.* 决策的重任全落在她的肩上。❺Ⓤ重要性；严重性；影响力：*Recent events further added weight to their country.* 最近发生的事情更增加了他们国家的影响力。‖ **carry** ~ 有影响力/**pull one's** ~ 努力做好自己分内的工作/**throw one's** ~ **about**〔**around**〕盛气凌人，逞威风 ∎ vt. 使…变重：*The net is weighted to keep it below the surface of the water.* 这个网加了坠因而可没入水面以下。❷偏袒：*Circumstances are weighted in his favour.* 情况对他尤其有利。‖ ~ **down** 给…加负担，使…负重/~ **with** 用…使…变重 ‖ **weightlifter** n. 举重者/**weight lifting** 举重/**weight man** 掷重运动员/**weight watcher** 减肥者

weightless [ˈweɪtlɪs] adj. 没有重量的；失重的；无重力的

weighty [ˈweɪtɪ] adj. (**-ier, -iest**) 重大的；重要的；严重的 ‖ **weightily** adv. 重大地；重要地，严重地/**weightiness** n. 重大，重要；严重

weird [wɪəd] adj. (**-er, -est**) ❶怪诞的；神秘而可怕的；超然的 ❷古怪的；离奇的：*a ~ tale* 离奇的故事 ‖ **weirdly** adv. 古怪地；怪诞地 ‖ **weirdness** n. 古怪；怪诞

welcome [ˈwelkəm] vt. ❶欢迎，迎接：*He welcomed me to enjoy his hospitality.* 他欢迎你去做客。❷乐于接受；希望有：*I welcome your help.* 我乐意接受你的帮助。‖ ~ **back** 高兴地看到…归来/~ **in** 欢迎（某人）进入/~ **with** 以…欢迎 ∎ adj. ❶受欢迎的；可喜的；来得正好的 ❷Ⓟ被允许的；可随意取用的：*You are welcome to the use of my books.* 你可随意用我的书。∎ n. ⓒ欢迎；迎接：*The host bids him welcome.* 主人欢迎他。/ *A warm welcome awaits her.* 热烈的欢迎等待着她。∎ int. 欢迎：*Welcome! Come in and meet my parents.* 欢迎！进来见见我的父母。‖ **welcomely** adv. 受欢迎地/**welcomeness** n. 欢迎/**welcomer** n. 欢迎者

weld [weld] vt.& vi. 焊接；熔接 ‖ **welding** adj. 焊的/**weldless** adj. 无焊缝的/**weldment** n. 焊件/**weldor** n. 焊工

welfare [ˈwelfeə] n. Ⓤ❶健康，幸福，繁荣：*They are concerned about my welfare.* 他们关心我的健康。❷福利：*The company's welfare officer deals with employee's personal problems.* 公司负责福利的工作人员处理雇员的个人问题。❸〈美〉政府的福利（制度）：*Most of the families in this neighbourhood are on welfare.* 这一带的大多数家庭都接受政府的福利救济。‖ **welfarism** n. 福利主义 ‖ **welfare fund** 福利基金/**welfare state** 福利国家/**welfare work** 福利事业

well¹ [wel] (compar **better**, superl **best**) adv. ❶好，对，满意地；友好地，和蔼地；彻底地，完全地：*Do you eat well at school?* 你在学校吃得好吗？❷夸奖地，称赞地：*They speak well of him at school.* 学校里的人都称赞他。❸有理由地，恰当地：*You did well to tell him.* 你告诉了他，做得对。❹很，相当：*You may well be right.* 很可能是你对。‖ **as** ~ 也，还有/**as** ~ **as** 和/**be** ~ **out of** 摆脱了…很幸运/**do** ~ **out of** 得益/**go** ~ **with** 相配/**may as** ~ **do** 做某事倒也无妨/**mean** ~ 对某人有好意/**promise** ~ 显示出成功的迹象；前景很好/**speak** ~ **for** 证明…很好/**speak** ~ **of** 说…的好话，称赞/~ **and truly** 完全地，彻底地/~ **off** 幸运的，交好运的/~ **up in** 对…很精通 ∎ (**better, best**) adj. ❶健康的；痊愈的：*I don't think he is really a well man.* 我认为他并不是真正健康的人。❷良好的；正常的；令人满意的：*All is not well in this country.* 这个国家的

情况不能令人满意。■ *int*. (用于表示惊讶,疑虑,接受等): Well! Look at that amazing sight! 哦! 看那迷人的景色! ‖ **well-advised** *adj*. 明智的;谨慎的/**well-appointed** *adj*. 设备完善的/**well-behaved** *adj*. 品行端正的/**well-beloved** *adj*. 深受热爱的/**well-dressed** *adj*. 穿得体面的/**well-fixed** *adj*. 富裕的,有钱的/**well-found** *adj*. 装备完善的/**well-judged** *adj*. 判断正确的/**well-looking** *adj*. 漂亮的/**well-off** *adj*. 富裕的;处于有利地位的/**well-ordered** *adj*. 安排得好的/**well-paid** *adj*. 工资高的/**well-read** *adj*. 博学的/**well-seeming** *adj*. 看上去令人满意的/**well-spoken** *adj*. 谈吐优雅的/**well-tempered** *adj*. 脾气好的/**well-tried** *adj*. 经反复试验证明的/**well-turned** *adj*. 匀称的/**well-wisher** *n*. 表示良好祝愿的人/**well-worn** *adj*. 用旧了的

well² [wel] *n*. ⓒ❶井,水井: They dug another well in the village. 他们在村里又挖了一口井。❷泉;源泉: A book is a well of knowledge. 书是知识的源泉。■ *vi*. (液体)涌出;流出;涌流: Oil welled out of the ground. 原油从地下涌出。‖ **well deck** 井形甲板/**wellhead** *n*. 水源/**well sinker** 油井钻工/**wellspring** *n*. 源泉

well-known [ˌwelˈnəun] *adj*. 出名的,众所周知的;熟悉的: He is one of the world's best-known writers. 他是世界上最知名的作家之一。/She was well-known two years ago. 两年前她就出名了。

werewolf [ˈwɜːwulf] *n*. (*pl*. **-wolves**)ⓒ(故事中)变成狼的人,狼人

west [west] *n*. ⓢ西,西部,西方: The city is in the west of London. 这座城市位于伦敦的西部。/Laos is on the west of Vietnam. 老挝在越南西面。/Korea lies to the west of Japan. 朝鲜在日本以西。■ *adj*. ❶在西方的;西部的,朝西的: The shop is on the west side of the street. 商店在街道的西边。❷(风)来自西面的: There was a west wind blowing. 那儿正刮着西风。■ *adv*. 向西,朝西: The plane flew west. 飞机向西飞行。

westerly [ˈwestəli] *adj*. ❶向西方的;在西方的 ❷(风)从西边吹来的

western [ˈwestən] *adj*. 西方的,西部的;在西方的,在西部的: He is wearing a western style suit. 他穿着一套西式服装。/This philosophy is western in origin. 这种哲学起源于西方。

westward [ˈwestwəd] *adj*. 向西行的: We live on the westward slope of the hill. 我们住在这座山的西山坡。‖ **westwardly** *adv*. & *adj*. 向西(的)

wet [wet] *adj*. (**-tter**, **-ttest**)❶湿的,潮湿的: If this wet land was drained, it would be good farmland. 如果把这块湿地的水排干,这块地就会成为良田。/The ground is wet after the rain. 雨后地上是湿的。❷下雨的,多雨的: We're having too much wet weather. 我们这里下雨的日子太多。/When it is wet, the buses are crowded. 下雨天,公共汽车非常拥挤。❸懦弱的,软弱的: He is really a wet young man. 他真是个懦弱的年轻人。/Her boyfriend is really wet. 她的男朋友非常怯懦。‖ all ~ ①湿透 ②完全弄错了/~ behind the ears 少不更事,无所适从/~ through 湿透 ■ *n*. ⓢ❶雨天: He is standing in the wet without a coat. 他没穿外衣,站在雨中。❷湿地: Come and walk on the dry road, instead of going through the wet. 过来,在干燥路面上走,不要走湿路。‖ **wetly** *adv*. 湿地/**wetness** *n*. 湿‖ **wet goods** 酒,液体的东西/**wetland** *n*. 潮湿的土地/**wet nurse** 奶妈/**wet wash** 洗好而未烫过的湿衣服

wetting [ˈwetiŋ] *n*. ⓤ被弄湿;浸湿‖ **wetting agent** 润湿剂

whale [hweil] *n*. ⓒ❶鲸,鲸鱼: The blue whale is the world's largest living animal. 蓝鲸是世界上最大的动物。❷ have a ~ of a time 玩得非常痛快,过得非常愉快‖ **whaler** *n*. 捕鲸者‖ **whaleboat** *n*. 捕鲸船/**whalebone** *n*. 鲸须,鲸骨/**whale fishery** 捕鲸业/**whaleman** *n*. 捕鲸者/**whale oil** 鲸油

whaling [ˈhweiliŋ] *n*. ⓤ捕鲸业;鲸加工业‖ **whaling gun** 捕鲸炮/**whaling master** 捕鲸船船长

wharf [hwɔːf] *n*. ⓒ (*pl*. ~**s** or **-ves**)码头;停泊处‖ **wharfage** *n*. 码头

what [hwɒt] *pron*. ❶(用以询问某人或某事物的词)什么,多少: What is the price? 价钱多少? ❷…的事物: This dictionary is just what I want for my study. 这部词典正是我学习要用的工具。~ **about**怎么样,以为如何/~ **if** 要是…又怎样 ■ *adj*. …的(事物或人): What color is it? 它是什么颜色的? ■ *adv*. (用于感叹句中): What genius he has! 他真有才华! /What happy children they are! 他们是些多么幸福的孩子呀! ■ *int*. ❶(用以表示不相信或惊奇): What, do you really mean it? 什么,你真是这个意思? ❷(用以表示未听清楚对方说的话): What? Can you say that again? 什么? 你能再说一遍吗?

whatever [hwɒtˈevə] *pron*. ❶任何(事物),每样(事物): I will do whatever you wish. 我会对你言听计从。❷无论什么,不管什么: We will never give up working, whatever happens. 无论发生什么事,我们都不会放弃工作。‖ **or** ~ 或其他类似的事物 ■ *adj*. 任何,什么…■ *adv*. 任何

wheat [hwiːt] *n*. ⓤ小麦: export〔import〕 ~ 出口〔进口〕小麦/golden ~ 金黄色的小麦/spring〔winter〕 ~ 春〔冬〕小麦/The farmer grows a lot of wheat. 这位农民种了许多小麦。/Flour is made from wheat. 面粉是用麦

子磨成的。‖ **wheatear** n. 麦穗

wheedle [ˈhwiːdl] vt. 骗取(某物), 哄骗(某人干某事): They have wheedled a holiday from the headmaster. 他们哄骗校长而获得了假日。/ The children wheedled me into letting them go to the film. 孩子们把我哄得同意让他们去看电影了。

wheel [hwiːl] n. ❶ⓒ 轮子, 车轮, 机轮: front (rear)~前(后)轮 / A wheel revolves round its axis. 轮子是绕轴旋转的。❷ⓈⒼ方向盘, 舵轮: I'm rather tired; will you take the wheel? 我有点累, 你来替我驾驶好吗? ❸ⓒ旋转, 旋转运动: Platoon, right wheel! 全排向右转! ‖ at the ~ ①驾驶, 掌舵 ②掌握大权 / behind the ~掌管, 控制 / set the ~s in motion 开展, 实施 / take the ~开车, 驾驶 ■ vi. 转动, 旋转: He wheeled and faced his opponent squarely. 他转过身来面对着他的对手。/ The sails of the windmill were wheeling round. 风车的翼转个不停。vt. 推, 拉(车): I shall be glad when she wheels the old man away. 等她把那个老人推走我就高兴了。‖ **wheelbox** n. 齿轮箱, 变速箱 / **wheelchair** n. 轮椅 / **wheelman** n. ① 舵手 ② 开汽车的人; 骑自行车的人

wheeze [hwiːz] vi. 喘息, 发出呼哧呼哧的喘息声 n. ⓒ喘息声

wheezy [ˈhwiːzɪ] adj. (-ier,-iest) 呼哧发出响声的, 发出类似响声的

when [hwen] adv. ❶什么时候 ❷在那时, 其时 ■ conj. ❶在…时, 当时 ❷如果, 要是: When the weather is good, I usually go to the country. 若是天气好的话, 我总是到乡下去。❸既然, 考虑到 ■ pron. ❶什么时候 ❷那时

whence [hwens] adv. 从何处, 从那里

whenever [hwenˈevə] conj. ❶在任何时候: You may leave whenever you please. 你愿意什么时候离开就什么时候离开。❷每当, 每次: Whenever we meet him we speak to him. 每次我们见到他, 我们都和他讲话。■ adv. (究竟)在什么时候, 什么场合: Whenever did you buy that? 你究竟是什么时候买的?

where [hweə] adv. ❶在哪里, 到哪里, 在什么位置 ❷在…(地方); 到…(地方): This is the house where the great man was born. 这所房子便是那位伟人出生的地方。/ She was shown into a small room, where there was a dying man. 她被领进了一间小屋子, 那里有一个垂死的人。■ conj. (在)…的地方: They live where the police can't get them. 他们住在警察抓不到他们的地方。/ That's where it is. 那才是真正的理由所在。

whereabouts [ˌhweərəˈbauts] adv. 在什么地方, 靠近什么地方 ■ n. Ⓟ下落, 去向: He became a person whose whereabouts is〔are〕unknown to me. 他的下落我不知道。

whereas [hweərˈæz] conj. 但是, 而: Some praise him, whereas others condemn him. 有些人赞扬他, 而有些人谴责他。

whereby [hweəˈbaɪ] adv. 靠那个, 凭那个; 借以

wherefore [ˈhweəfɔː] adv. & conj. ❶ 为什么: Wherefore did you go there? 你为什么去那儿? ❷为此, 因此: He was angry, wherefore I was afraid to ask him. 他发火了, 所以我不敢去问他。

wherein [hweərˈɪn] adv. 其中, 在那里, 在哪方面

whereupon [ˌhweərəˈpɒn] conj. 在这以后, 然后, 于是: He insulted her, whereupon she slapped him. 他侮辱她, 于是她给了他一巴掌。

wherever [hweərˈevə] conj. ❶无论什么地方: I will find him wherever he may be. 无论他在哪儿, 我都要找到他。/ Wherever possible, the illustrations are taken from literature. 只要有可能, 例证都取自文学作品。❷各处, 处处: Wherever the film star goes, there are crowds of people waiting to see her. 这位电影明星所到之处都有成群的人等着见她。■ adv. (究竟)在哪儿: Wherever are you taking me? 你究竟要把我带到什么地方去?

whet [hwet] vt. (-tt-) ❶(在石头上)磨(刀、斧等) ❷引起, 刺激(食欲、欲望、兴趣等) ‖ **whet-stone** n. 磨刀石

whether [ˈhweðə] conj. ❶是否: She was in doubt whether she was right. 她对她是否正确拿不准。❷不管…(还是…)

which [hwɪtʃ] pron. 哪一个, 哪一些: That is the house which I built. 那是我建的房子。/ Ask him which he wants. 问他一下他要哪一个。/ I can't decide which to choose. 我无法决定要选哪一个。■ adj. 哪一: Let me know which train you'll be arriving on. 告诉我你要坐哪一趟车来。

whichever [hwɪtʃˈevə] pron. ❶ …的那个人〔事物〕: Choose whichever of them you like best. 选一个你最喜欢的吧。❷无论哪个〔些〕: Whichever of them are you going to help? 你究竟帮助他们当中的哪一个? ■ adj. (究竟)哪个, 哪些: Whichever book do you like? 你到底喜欢哪一本书? / Whichever day you come, we will be pleased to see you. 无论你哪一天来, 我们都很高兴。

whiff [hwɪf] n. ⓒ❶些微的气味、空气或烟: A whiff of fresh air cleared his head. 他吸了一点新鲜空气后头脑清醒了。❷(呼吸时)吸入的少量的某物: He lost consciousness at the first whiff of ether. 他一嗅到乙醚便失去了知觉。❸〈口〉难闻的气味: Now and again, he caught a whiff of a peculiar smell. 他不时闻到一股怪味。

while [hwaɪl] conj. ❶在…期间, 当…的时

候;与…同时:*While in prison, he wrote his first novel*. 他在狱中写出了第一部小说。❷虽然,尽管 ❸而,然而 ■ *n.* Ⓢ (一段)时间 ■ *vt.* 消磨,打发(时间)

whilst [hwaɪlst] *conj.* = while

whim [hwɪm] *n.* Ⓒ一时的兴致,突然的念头,突发奇想,异想天开:*She bought that dress on a whim*. 她一时心血来潮就买了那件连衣裙。

whimper [ˈhwɪmpə] *vi.*(微弱或惊恐地)啜泣,呜咽 *vt.* 啜泣或呜咽着说 ■ *n.* Ⓒ啜泣声,呜咽声 ‖ **whimperer** *n.* 啜泣者

whimsical [ˈhwɪmzɪkəl] *adj.* 异想天开的,闹着玩的

whimsy [ˈhwɪmzɪ] *n.* ❶怪念头,异想天开,怪脾气 ❷Ⓤ与众不同的幽默感

whine [waɪn] *vi.* 哀号 *vt.* 哀诉,诉怨

whinny [ˈhwɪnɪ] *n.* Ⓒ(轻微的)马嘶声 *vi.*(*pt., pp.* **whinnied**)发出轻微的马嘶声

whip [hwɪp] (-pp-) *vt.* ❶鞭打:*He whipped the horse to make it go faster*. 他鞭打马使它跑得更快。/ *The culprit will be whipped when he is found*. 那个罪犯被找到后就要挨鞭子。❷搅拌…直至变稠:*She is whipping the eggs*. 她正在打鸡蛋。/ *Whip the ingredients into a smooth paste*. 把配料搅拌成均匀的糊状。❸偷:*Who's whipped my book?* 谁把我的书偷走了? *vt. & vi.* 突然移动,横扫;彻底击败:*The bamboo whipped back and hit me in the face*. 那竹子突然弹回打在我的脸上。/ *Their team really whipped ours at football*. 他们的足球队彻底击败了我们队。‖ ~ **away** 突然,猛地移开;急忙带走/~ **in** 迅速进入〔离开〕;用鞭子驱赶/~ **into** 迅速搅拌成;激励/~ **off** 迅速离开;突然拿去(遮盖物);迅速带走/~ **on** 策(马)向前/~ **out** 迅速离开;迅速出示/~ **round** 对…作短暂的访问;猛然转身/~ **through** 迅速结束/~ **up** 激发,激励;匆匆做 ■ *n.* Ⓒ鞭子:*It's cruel to use a whip to punish a child*. 用鞭子惩罚孩子是残酷的。

whipping [ˈhwɪpɪŋ] *n.* Ⓒ Ⓤ 鞭打(作为惩罚):*He could not possibly have endured a whipping without a whimper*. 他不可能一声不吭地忍受鞭打。

whirl [hwɜːl] *vt. & vi.*(使)飞快移动,使旋转:*He whirled round to see what was happening*. 他迅速转过去看发生了什么事。/ *He whirled his stick above his head*. 他拿着棍子在头顶上挥舞。■ *n.* Ⓢ迅速的活动;混乱:*The dancer suddenly made a whirl*. 那位舞蹈演员突然做了一个旋转动作。/ *My thoughts were in a whirl*. 我的思想一片混乱。

whirlpool [ˈhwɜːlpuːl] *n.* Ⓒ漩涡:*A whirlpool is formed by water going round very fast*. 漩涡是由不断快速旋转的水形成的。

whirlwind [ˈhwɜːlwɪnd] *n.* Ⓒ旋风

whisk [hwɪsk] *vt.* 挥,甩(某物):*The horse stood whisking its tail*. 那匹马站着挥动尾巴。/ *He whisked the dust off his desk with a cloth*. 他用一块布把桌子的灰尘掸掉。■ *n.* Ⓒ ❶搅拌器:*a tea* ~搅茶器 ❷掸,拂(如马尾巴的摆动):*The cow brushed off the flies with a whisk of its tail*. 那头母牛尾巴一甩拂走了苍蝇。‖ **whisk broom** 扫帚

whisker [ˈhwɪskə] *n.* ❶连鬓胡子,络腮胡子 ❷Ⓒ(某些动物的)须:*the cat's* ~*s* 猫须

whisky,〈美〉**whiskey** [ˈhwɪskɪ] *n.* Ⓤ Ⓒ威士忌酒:*He had drunk too much whisky*. 他喝了过量的威士忌酒。

whisper [ˈhwɪspə] *vt. & vi.* 低声说,耳语,嘀咕:*Did she whisper in your ear at the meeting?* 开会时,她跟你私下交谈了吗? / *She whispered a story*. 她低声讲故事。/ *He whispered that he had got a new job*. 他低声说他已找到了新工作。/ *He whispered the news to me*. 他私下告诉我这个消息。/ *I whispered him not to make any noise*. 我低声告诉他别出声。/ *She whispered to me that his temperature was up again*. 她低声对我说他的体温又上升了。*vi.* 沙沙响:*The wind was whispering in the pines*. 风在松林中沙沙作响。‖ ~ **about** 悄悄传播 ■ *n.* ❶Ⓒ轻柔的飒飒(风)声;低语,耳语,私语:*They were talking in whispers*. 他们在悄悄地谈话。/ *This fine engine makes only a whisper when running at full speed*. 这部优良的发动机全速开动时也只发出一点点沙沙声。❷传闻,谣言:*I've heard a whisper that he's going to resign*. 我听到了一个传闻说他准备辞职。

whistle [ˈhwɪsl] *vt. & vi.* 吹口哨:*Who whistled just now?* 刚才谁吹口哨了? / *The boy whistled a happy tune*. 那个孩子用口哨吹奏欢快的曲调。/ *He whistled a foreign tune to us*. 他为我们吹奏了一首外国曲调。/ *He whistled to his friends to keep hidden*. 他吹口哨通知他的朋友隐蔽起来。*vi.* ❶鸣笛:*The train whistled and steamed off*. 火车鸣笛开走了。❷呼啸着前进:*The cold wind whistled past*. 寒风嗖嗖吹过。/ *Another bullet whistled by*. 又一颗子弹呼啸而过。❸空指望:*I'm not prepared to use any firm's money to pay this man; let him whistle for his money!* 我不想用任何商行的钱付给这个人,让他做他的美梦吧! ‖ ~ **for** 用口哨召唤;〈非正〉空想/~ **through** 呼啸穿过/~ **to** 对…吹口哨〔吹奏〕/~ **up** 用口哨召唤;召来,呼呼 ■ *n.* Ⓒ❶哨子,汽笛:*The referee blew a whistle at the end of the game*. 裁判在比赛结束时吹响了哨子。❷口哨声,汽笛声:*We heard the whistle of a train*. 我们听到了火车的汽笛声

white [hwaɪt] *adj.* (-**r**,-**st**)❶白色的,白的;

She wore white trousers. 她穿着白色的裤子。/ She smiled, showing all her strong white teeth. 她笑了,露出一口洁白的好牙齿。/ His hair has turned white. 他的头发已经变白了。/ No wool is so white but a dyer can dye it black. 任何白羊毛都能被染黑。❷Ⓐ 白种人: In the city there are many black people as well as white people. 城里除了白人外还有许多黑人。❸ 脸色苍白的: She went as white as a sheet when she heard the news. 她听到这个消息后脸色苍白。■ n. ❶ⓊⓊ 白色: White and black are opposites. 白色和黑色是对比颜色。❷ⒸⒸ 白人: There are many whites in our town. 我们镇上有很多白人。❸ⒸⓊ 蛋清,蛋白: She used the whites of six eggs to make the cake. 她用了六个鸡蛋的蛋白来做蛋糕。‖ **Whitehall** n. 白厅,英国政府 / **White House** 白宫, 美国政府 / **White Paper** 白皮书 / **whitewash** n. 白涂料;雪花膏,香粉

whiten [ˈhwaɪtn] vt. & vi. (使某物)变白或更白

whitish [ˈhwaɪtɪʃ] adj. 发白的, 稍白的

whittle [ˈhwɪtl] vt. 切,削(木头);使逐渐变小: He is whittling down the branch with a knife to make a handle for his hoe. 他在用刀削树枝做一把锄头柄。

who [强 huː, 弱 hu] pron. ❶谁,什么人: Who is that woman in the red hat? 那个戴红色帽子的女人是谁? / I wonder who will play in the basketball match. 我不知道这场篮球赛谁会上场。❷(限制性关系代词)… 人: He who laughs last laughs best. 最后笑的人笑得最开心。/ All who﹝that﹞ heard him were delighted. 所有听了他讲话的人都很高兴。/ He is the only one who﹝that﹞ knows Russian. 他是我们中间惟一懂俄语的人。❸(非限制性关系代词)他,她,他们: The committee, who were all young women, fulfilled their duties admirably. 委员会的委员们都是些年轻妇女,很好地履行了她们的职责。

whoever [huːˈevə] pron. ❶(引导名词性从句)谁: Whoever wants the book may have it. 谁想要这本书都可以拿。/ I'll take whoever wants to go. 谁要去我就带谁去。❷无论谁,不管谁: I'll find the person who did this, whoever he is. 我要找出干这件事的人,不管他是谁。❸究竟是谁: Whoever could have done such a dreadful thing? 究竟是谁能干出这种可怕的事呢?

whole [həʊl] adj. ❶Ⓐ 齐全的, 整体的,全部的: The whole village was attacked with influenza. 整个村子的人都得了流行性感冒。/ The old woman has been confined to her bed for a whole year. 那老妇人已经卧病在床整整一年了。/ Forty is a whole number. 40 是个整数。/ That's the whole truth about it. 这就是事情的全部真相。/ He ate an apple whole. 他把整个苹果一口吃下。❷没有破碎的;完整的: You're lucky to escape with a whole skin. 你未受损伤而逃脱, 真是幸运。/ Did you break the whole dish? 盘子被你打碎了? / He was surprised to find himself whole after the accident. 他惊奇地发现自己在事故发生后安然无恙。■ n. Ⓢ❶ 齐全,整体,全部: The whole of my money was stolen. 我全部的钱都被偷走了。/ He spent the whole of the week in hospital. 他住院住了整整一星期了。❷整体,一体: Two halves make a whole. 两个一半构成一个整体。‖ **as a** ~作为一个整体来看看;普遍说来,一般地说 / **on the** ~大体上, 基本上,总的来看﹝说﹞ ‖ **wholemeal** n. 全麦面粉

wholesale [ˈhəʊlseɪl] n. 批发 ■ adj. & adv. ❶批发(的) ❷大规模(的) ■ vt. 批发

wholesome [ˈhəʊlsəm] adj. 有益健康的 ‖ **wholesomely** adv. 有益健康地 / **wholesomeness** n. 有益健康

wholly [ˈhəʊlɪ] adv. 完全地, 全部地: I wholly agree with you. 我完全同意你。/ Your idea isn't wholly practical. 你的想法并非完全现实。

whom [强 huːm, 弱 hʊm] pron. (who 的宾格)谁: To whom did you give the book? 你把书交给谁啦? / These new neighbours, to whom I was introduced yesterday, have come here from Singapore. 这些新邻居是从新加坡来的,昨天我被介绍同他们认识了。/ I don't know whom to give it to. 我不知道给谁。/ He is the man (whom) they understood to be extremely rich. 他就是那个他们认为腰缠万贯的人。

whore [hɔː] n. Ⓒ❶ 妓女,男妓 ❷性关系不道德的女子 ‖ **whore-house** n. 妓院

whose [huːz] pron. ❶谁的: Whose is this? 这是谁的? / These books are mine, then whose are those? 这些书是我的,那些书是谁的? ❷那个〔些〕(人)的: That's the man whose house was burned down. 这就是房子被大火烧了的那个人。/ The men whose names were called left the room. 那些被叫到名字的人离开了房间。/ The play, whose style is rigidly formal, is typical of the period. 这剧本是那个时期的典型作品,风格拘谨刻板。

why [hwaɪ] adv. 为什么: Why are you late? 你为什么迟到? / Why not call on me tomorrow? 你干吗不明天就来看我呢? / "I'm going to put this whole weekend down, minute by minute." "Why not?" "我准备把这个周末的情况一分钟一分钟地记下来。" "对嘛。" / That is why I'm working hard at my lesson. 就是这个原因, 我要努力学习。/ I can't understand why he failed. 我不明白他为什么失败了。/ That is the reason why we must go now. 那就是我们现在必须走的理由。/ Why ever didn't

you tell us before? 你怎么不早告诉我们呢？ ‖ **~ ever** 为什么（表示惊讶） ■ *int.* 呵唷，哎呀，嗨：*Why even a child knows that!* 哎呀！这连小孩子都知道。/ *Why, what's the harm?* 嗨，这又有什么害处呢？

wick ['wɪk] *n.* ⓒ ❶ 蜡烛芯 ❷（油灯的）灯芯 ‖ **get on sb's ~** 不断烦扰某人

wicked ['wɪkɪd] *adj.* (**-er,-est**) ❶ 邪恶的，恶劣的；缺德的：*That was wicked of him.* 他真邪恶。/ *It was a wicked accident.* 那事故非常严重。/ *What wicked weather!* 天气真糟糕！/ *It is wicked to make other people suffer.* 让别人受罪就是作恶。/ *It was wicked of you to torment the poor girl.* 你折磨那可怜的女孩，真是恶劣。❷ 淘气的，顽皮的：*Wicked children are quite annoying.* 淘气的孩子令人讨厌。/ *You are being wicked again.* 你又在恶作剧了。 ‖ **wickedly** *adv.* 恶劣地/**wickedness** *n.* 恶劣，缺德

wicket ['wɪkɪt] *n.* ⓒ ❶ 三柱门 ❷ 两个三柱门之间的场地 ❸ 击球的一轮 ‖ **wick door**〔**gate**〕边门，小门

wide [waɪd] *adj.* (**-r,-st**) ❶ 宽的，宽阔的：*He admired the city's wide streets.* 他赞美该市宽阔的街道。/ *The gate isn't wide enough to get the car through.* 这大门不够宽，小汽车进不去。/ *The stream is too wide for me to jump across.* 这条小河太宽了，我跳不过去。❷ 范围大的，广泛的：*His interests spanned a wide range of subjects.* 他的兴趣涉及广泛的学科。❸ 完全张开的：*She stared at him with wide eyes.* 她睁大眼睛注视着他。 ■ *adv.* ❶ 充分地，完全地：*She stood with her legs wide apart.* 她两腿全叉开地站着。❷（体育中）远离目标地：*The arrow fell wide.* 箭没有射中。 ‖ **wide-awake** *adj.* 完全清醒的，机警的/**wide-eyed** *adj.* 睁大眼睛的，目瞪口呆的/**wide-ranging** *adj.* 范围或内容广泛的/**wide-screen** *adj.* 宽银幕的

widely ['waɪdlɪ] *adv.* ❶ 广泛地；普遍地；到处 ❷ 大量地；在很大程度上

widen ['waɪdn] *vt. & vi.* 放宽，加宽，（使）变宽：*Her outlook gradually widens.* 她的眼光渐渐开阔了。/ *They are widening the road.* 他们在加宽路面。

widespread ['waɪdspred] *adj.* 分布广的；普遍的，广泛的：*English is a widespread language.* 英语是一种很普及的语言。/ *There is a widespread dissatisfaction among the students with the food on campus.* 学生们普遍对学校的饭菜不太满意。/ *This disease is widespread in tropical areas.* 这种疾病在热带地区蔓延很广。

widow ['wɪdəʊ] *n.* ⓒ 寡妇，遗孀：*marry a ~* 娶个寡妇/ *Martha was a very rich young widow.* 玛莎是个很有钱的年轻寡妇。

widowed ['wɪdəʊd] *adj.* 成为寡妇的，成了鳏夫的

widower ['wɪdəʊə] *n.* ⓒ 鳏夫

width [wɪdθ] *n.* ❶ ⓒ ⓤ 宽度，阔度，广度：*The road has a width of twenty feet.* 那条路的宽度有20英尺。❷ ⓤ 宽，广：*~ of mind* 心胸广阔/ *~ of views* 见识广博/ *We can't get it through the door because of its width.* 我们无法使它通过门，因为它太宽了。

wield [wi:ld] *vt.* ❶ 手持着使用（武器、工具等）：*He is wielding a knife.* 他在挥舞着一把刀。❷ 具有，运用（权力），施加（影响）

wife [waɪf] *n.* (*pl.* **wives**) ⓒ 妻子：*take a ~* 娶妻/ *future ~* 未婚妻/ *Some people think that husband and wife should never work together.* 有人认为夫妻二人绝不应该在一起工作。/ *The two men went fishing while their wives prepared the dinner.* 那两个男人去钓鱼时，他们的妻子做饭。 ‖ **take sb to ~** 娶某人为妻子

wig [wɪg] *n.* ⓒ 假发；法官帽：*The actress wore a black wig over her blond hair.* 那个女演员戴一顶黑色假发罩住自己的金黄色头发。/ *Judges wear a wig in court.* 法官在法庭上戴着法官帽。

wiggle ['wɪgl] *vt. & vi.* (使快速上下或左右)扭动，摆动 ■ *n.* ⓒ 扭动，摆动

wild [waɪld] *adj.* (**-er,-est**) ❶ ⒶⒷ 野生的，未驯化的：*a ~ duck* 野鸭/ *a ~ goose* 大雁/ *They hunted wild animals for food.* 他们猎取野生动物为食。/ *Some wild flowers are growing in a corner of the garden.* 花园的一角长了一些野花。❷ Ⓐ 未开化的；野蛮的：*Wild tribes still inhabit part of the Philippines.* 菲律宾部分地区仍然居住着一些原始部落。❸ 无居民的，荒凉的：*There's a wild stretch of land behind the house.* 房子后面有一大片荒地。/ *After the old gardener died, the garden grew wild.* 老园丁死后，花园就慢慢荒芜了。❹ 强烈的，狂暴的：*It's a wild night tonight.* 这是一个暴风雨之夜。/ *The weather has been very wild recently.* 近来天气非常恶劣。❺ 狂热的，发怒的，疯狂的：*She felt a wave of wild fury overcome her.* 她顿时觉得怒不可遏。❻ ⓟ 对…狂热〔着魔〕的：*He was wild with excitement at the news.* 他听到这个消息后激动得发狂。 ‖ **wildly** *adv.* 野蛮地，激烈地，极，非常/**wildness** *n.* 野蛮，激烈

wildcat ['waɪldkæt] *n.* ⓒ ❶ 野猫 ❷ 脾气暴躁的人 ■ *adj.* Ⓐ（商业上或财务上）鲁莽的，冒险的：*a ~ scheme* 冒险的计划

wilderness ['wɪldənɪs] *n.* ⓢ 荒野；沙漠：*The hunting cabin is far out in the wilderness.* 那座狩猎小屋在荒野深处。

wildlife ['waɪldlaɪf] *n.* ⓤ 野生的鸟兽等

wilful,〈美〉**willful** ['wɪlfʊl] adj. Ⓐ ❶(指坏事)故意做的,特意的:The wilful killing of a person is murder.故意杀人就是谋杀。❷(指人)任性的,倔强的,固执的

will [强 wɪl,弱 l, wəl, əl] aux. v. ❶用于表示简单将来式)将,要,会:I will let you know about it as soon as we come to any conclusion.我们一得出结论,我就会让你知道。/ Will you be free tomorrow afternoon? 你明天下午有空吗?/ They say that it will rain tomorrow.他们说明天将会下雨。❷愿意;准备:I will help him if he asks me.只要他提出,我愿意帮助他。/ And I will take care of you, I promise.我保证,我一定照顾你。❸(用于请求某人做事):You will allow us to retire.请允许我们告退。/ Help me with this baggage, will you? 请你帮我搬这件行李好吗?❹(用于表示可能,与can 类似):That will be my brother ringing.按铃的可能是我哥哥。❺(用于表示推测,与must 类似)大概,可能:The man with the umbrella will be the Prime Minister.拿着雨伞的那个人准是首相。❻(表示总是如此)惯于,总是:Oil will float on water.油总是浮在水面上。/ Man will die.人总是要死的。■ vt. ❶用意志力驱使(某事发生):He who wills success is halfway to it.热切争取成功等于成功了一半。/ She willed herself to bury her past.她努力使自己忘记过去。❷将(财产等)遗赠某人:He willed that his property be divided equally among his children.他在遗嘱中讲明将自己的财产均分给子女。/ Grandfather willed my brother his car.祖父立下遗嘱把他的车留给了哥哥。/ She willed her house to her sister.她把房子遗赠给她妹妹。vt.& vi.(旧)愿意,希望,想要:Go where you will.你愿意上哪儿就上哪儿。/ Fate has willed it otherwise.命运偏不如此安排。/ God wills that man should be happy.上帝愿人类幸福。■ n. Ⓤ Ⓒ ❶意志(力):Will can conquer habit.意志能战胜习惯。/ She'll need an iron will in order to succeed.她若想成功,得需要有很强的意志力。❷Ⓢ决断,意图,决心:I felt he had a strong will.我觉他决心很大。/ Where there is a will, there is a way.有志者,事竟成。/ What is his will in the matter? 他在这件事上的意图是什么?❸Ⓒ遗嘱:He told me that he didn't know the content of the will.他告诉我他不知道遗嘱的内容。‖ at ~任意,随意 ‖ **willpower** n . 意志力

willing ['wɪlɪŋ] adj. ❶愿意〔乐于〕的:He is a willing horse but he always seems to get the rotten jobs.他是个乐于帮忙的人,可是他似乎总是做倒霉的事情。/ He doesn't work well, but he's always willing.他活儿干得不好,不过他总是愿意干。/ I am willing to help you.我很乐意帮助你。❷Ⓟ不反对(某事),愿意:Are you willing that he should be allowed to join in? 你愿意让他加入吗?❸Ⓐ愿意〔喜欢〕做(给的):She is a willing worker.她是一位志愿工作人员。/ Nothing is impossible to a willing mind.世上无难事,只怕有心人。

willow ['wɪləʊ] n. Ⓒ柳树 ‖ **willowy** adj. 苗条的

willy-nilly [ˌwɪlɪ'nɪlɪ] adv.不管愿意不愿意,被迫地

wilt [wɪlt] vt.& vi.(使)凋谢,枯萎:The flowers wilted in the hot sun.花在烈日下枯萎了。

wily ['waɪlɪ] adj. (-ier,-iest)狡诈的,狡猾的,诡计多端的

win [wɪn] (-nn-, pt., pp. won) vt.& vi.(在…中)获胜,赢,战胜(对手):Which side won? 哪一方打胜了?/ He's sure to win.他一定会赢。/ We have won the football match.我们打赢了这场足球赛。■ vt. ❶获得:She won a bronze medal.她得了铜牌。❷(通过努力等)赢得,博得,获得:We shall win greater victories in the future.我们将取得更大的胜利。/ She won her diploma in only three years.她仅用三年时间就取得了毕业文凭。/ The speaker soon won his audience.演讲人很快赢得了听众的好感。/ That invention won him a medal.那项发明为他赢得了一枚奖章。/ He soon won a reputation for himself.他很快就成名了。‖ ~ back 重新获得,夺回 / ~ out 最终获得成功;战胜,胜过 / ~ over〔round〕赢得…的支持〔同〕/ ~ through 最终获得成功;通过…获得;度过 ■ n. Ⓒ (体育比赛中)胜利,赢:This season they've had three wins and two defeats.这个赛季他们三胜二负。

winch [wɪntʃ] n. Ⓒ卷扬机,绞车,辘轳 ■ vt.用卷扬机移动…

wind¹ [wɪnd] n. ❶Ⓒ Ⓤ风,气流:a biting ~ 刺骨的风/a gentle ~ 和风/a head ~ 逆风/a heavy ~ 强风/a warm ~ 暖风/the north ~ 北风/A gentle wind disturbed the surface of the water.微风拂动水面。/ These young men are advancing against the winds and waves.这些年轻人迎着风浪前进。/ The rocks were shaped by sun, wind and rain.太阳,风和雨使岩石变形了。/ The wind blew out the candle.风吹灭了蜡烛。/ There is not much wind today.今天没什么风。/ The wind of war had swept his home away.战火毁了他的家园。❷Ⓤ呼吸:Climbing these stairs takes all the wind out of him.爬楼梯使他气喘吁吁。‖ get ~ of 得到风声;获得线索 /in the ~(尤指秘密的事)正在进行,将要发生/break ~ 放屁/under the ~ 在下风,在背风处/up the ~ 逆着风,顶着风/with the ~ 随风 ‖ **windless** adj. 无风的 ‖ **wind instrument** 管乐器,吹奏乐器/**windpipe** n. 气管/**windscreen** n. 挡风玻璃/**windshield** n. 挡风玻璃,挡风罩/**windstorm** n. 风暴/**wind-up** n. 故意激怒或招惹某人

wind² [waɪnd] (pt., pp. **wound**) vt. ❶缠绕,

卷绕: She is winding the wool. 她在缠毛线。/ The man's arm was wound with bandages. 那人的胳膊上裹着绷带。❷给…上发条: It's time to wind your watch. 该给表上弦了。/ The alarm clock was wound. 闹钟上过发条了。 vt. & vi. 迂回, 蜿蜒: The road winds. 这条路弯弯曲曲。/ The river winds the valley. 这条河蜿蜒流过山谷。‖ ~ along 蜿蜒向前; 沿…蜿蜒向前 / ~ around〔round〕(把…)缠绕, 卷绕在…上 / ~ through 弯弯曲曲地通过; (使)贯穿其中 / ~ up 上紧发条; 使…结束

window ['windəu] n. ⓒ❶窗户; 橱窗: She heard a few taps on the window. 她听见有人轻轻地敲了几下窗户。/ I saw the vase in the window of an antique shop. 我在一家古玩店的橱窗里看见了这个花瓶。❷窗玻璃, 窗状开口: The burglars smashed the window to get into the house. 盗贼打破了窗玻璃闯进屋里。/ The Windows allow a computer user to execute multiple programs simultaneously. Windows 允许计算机用户同时运行多个程序。‖ **window bar** 窗闩 / **window bolt** 窗插销 / **window curtain** 窗帘 / **window glass** 窗玻璃 / **window screen** 纱窗 / **window-shopper** n. 只看橱窗不买货的人 / **window-shopping** n. 逛商店

windy ['windi] adj. (-ier, -iest) ❶多风的 ❷受风吹的, 遭大风刮的 ❸心情紧张的, 害怕的

wine [wain] n. Ⓤⓒ❶葡萄酒: cut out ~ 戒酒 / Wine is made from grapes. 葡萄酒由葡萄制成。❷(其他)果酒: He drank two bottles of red wine. 他喝了两瓶果酒。/ He tried many wines and declared this to be the best. 他尝了好几种果酒, 声称这一种最好。‖ **wine bar** 酒吧 / **winebottle** n. 酒瓶 / **winebowl** n. 大酒杯 / **wineglass** n. 酒杯 / **winepress** n. 葡萄压榨器

wing [wiŋ] n. ❶ⓒ翼, 翅膀: Butterflies' wings are very beautiful. 蝴蝶的翅膀很漂亮。❷ⓒ翼膀, 机翼: The plane's wings are very long. 飞机的机翼很长。❸Ⓢ派: He belongs to the radical wing of the party. 他属于该党的激进派。‖ **on the** ~ 在飞翔中; 在活动中, 忙碌; 在旅行中 / **take** ~(**s**) 起飞, 飞走 ‖ **winger** n. (足球、曲棍球等)边锋队员

wink [wiŋk] vt. ❶使眼色, 递眼色 (表示友好或高兴等) ❷(指光)闪烁, 闪亮: The stars were winking in the clear sky. 星星在明亮的天空中闪烁。■n. ⓒ❶眨眼: He gave me a friendly wink. 他向我递了个友好的眼色。❷一眨眼间, 一会儿: We could not sleep a wink last night because of noise. 因为太吵, 昨晚我们一点儿也没睡。

winner ['winə] n. ⓒ❶获胜的人、马等 ❷成功的东西、想法等

winning ['winiŋ] adj. Ⓐ❶胜利的, 获胜的: the ~ horse in the first race 在第一场比赛中获胜的马 ❷吸引人的, 有说服力的

winnings ['winiŋz] n. ⓟ奖金, 赢得的钱 (打赌或赌博赢的)

winter ['wintə] n. ⓊⒸ冬, 冬天, 冬季: chilly ~ 寒冬 / ~ clothing 冬装 / dislike〔like〕 the ~ 不喜欢〔喜欢〕冬天 / have〔pass, spend〕 a ~ 过冬 / ~ sports 冬季运动 / stand the ~ 忍受冬天的寒冷 / unusual ~ 不寻常的冬季 / Dusk sets early in winter. 冬季天黑得早。/ We used 10 tons of coal last winter. 去年冬天我们用了10吨煤。‖ **winterless** adj. 没有冬天的; 不像冬天的 / **winterly** adj. 冬天似的; 忧郁的 ‖ **winterclad** adj. 穿的可以御冬的, 穿冬服的 / **winter sleep** 冬眠

wintertime ['wintətaim] n. Ⓤ冬季

wipe [waip] vt. & vi. 擦, 拭, 抹; 擦去, 拭去, 抹去: ~ a bike 擦自行车 / ~ shoes〔sweat〕擦鞋〔汗珠〕/ ~ the furniture〔windowpanes〕擦家具〔窗玻璃〕/ He went on talking, occasionally wiping at his face with a towel. 他继续说着, 偶尔用毛巾擦一下脸。/ The teacher wiped the misspelling from the blackboard. 老师把黑板上拼错的字擦了。‖ ~ **away** 擦掉, 清除 / ~ **off** ①擦去, 擦掉②〈口〉了结(债务)③把…从…擦掉 / ~ **on** 在…上擦 / ~ **out** ①(把器皿里面用抹布)擦净②擦掉(符号)③了结④彻底摧毁, 消灭 / ~ **up** 擦干, 擦掉 / ~ **with** 用…擦 ■ n. ⓒ擦, 拭, 抹上: Give your nose a good wipe. 把鼻子好好地擦一擦。‖ **wipeout** n. 失败, 大丢丑

wire [waiə] n. ❶ⓒⓊ金属丝, 金属线: bend the ~ 把铁丝弄弯 / cut out ~ 剪下铁丝 / draw ~s 抽制金属线 / Wire twists easily. 金属丝容易弯曲。❷ⓒⓊ电线, 导线: lay a telephone ~ 架设电话线 / fuse〔safety〕 ~ 保险丝 / ground ~ 地线 / Electricity is carried along wires. 电沿着电线传导。❸ⓒ电报: by ~ 用电报 / ~ from home 从家来的电报 / He got a wire to go home. 他接到一封让他回家的电报。‖ **a live** ~ ①通电电线②生龙活虎的人 / **be on** ~**s** 极度兴奋, 紧张 / **lay** ~**s for** 为…做好准备 ■ vt. & vi. 拍电报: ~ immediately 立即发电报 / She wired home for money. 她拍电报向家里要钱。/ Wire me if you can't come. 你要是不来就给我打个电报。vt. 给…装金属线: ~ a house 为一栋房子装电线 / The workmen are busy wiring the new school. 工人们正忙着给那所新建的学校装电线。‖ ~ **back** 回电 / ~ **for** ①拍电报要…回去②给…装置线路 / ~ **in** ①接通电源②开始积极地工作 / ~ **off** 用电报发送消息; 电汇; 打电报 / ~ **together** 把…绑在一起 / ~ **up**(为…)接通电源 ‖ **wire-cutter** n. 钢丝钳 / **wiredancer** n. 走钢丝演员 / **wire gauze** 金属丝网 / **wireman** n. 架线工; 线路工; 检修工 / **wire netting** 金属网, 金属栅栏 / **wirephoto** n. 有线传真; 有线传真照片 / **wire-**

pull vi. 牵线,幕后操纵/**wire-puller** vi. 牵线者,幕后操纵者/**wireway** n. 钢丝绳道,提升绳道

wireless ['waɪərlɪs] adj. A 不用电线的;用无线电波传送的 ■n. ❶ⓊⒸ无线电 ❷ⓊⒸ无线电接收机或发射机

wiring ['waɪərɪŋ] n. Ⓤ配线;布线;(建筑物供电的)线路系统 ‖ **wiring diagram** 接线图

wisdom ['wɪzdəm] n. Ⓤ❶明智,智慧,正确的判断 ❷知识,学问

wise [waɪz] adj. (-r,-st) 聪明的,有才智的,明智的:~ choice〔decision〕明智的选择〔决定〕/financially〔politically〕~ 财政〔政治〕上精明的/~ in low 精通法律/incomparably ~ 无比英明的/Wise men learn by other men's mistakes. 聪明人能从别人的错误中吸取教训。/He is no wiser than he used to. 他绝不比以前聪明。/He was wise to give up smoking. 他戒烟是明智的。/It was wise of you to remain silent. 你保持沉默,这很明智。‖ **wisely** adv. 聪明地;明智地/**wiseness** n. 聪明,明智 ‖ **wisecrack** n. 妙语/俏皮话/**wise guy** 自作聪明的人,自以为是的人/**wise man** ①圣人,贤人②术士,男巫

wish [wɪʃ] vt.& vi.〈正〉希望;想要;但愿:~ ardently〔earnestly〕热切希望/We can get to work now if you wish. 要是你愿意,我们可以马上干起来。/Do you wish wine with your meal, sir? 先生,你希望吃饭时喝点酒吗?/They informed him that they wished reconciliation. 他们告诉他,他们愿意和解。/How I wish I was there with you. 我要是也在那儿和你在一起就好了。/I wish that I had never met him. 我希望从来没见过他。/I wish I could fly. 我希望会飞。vt.祝愿:~ sb a merry Christmas〔safe journey〕祝某人圣诞快乐〔旅行顺利〕/~ sb good night〔goodbye〕向某人道晚安〔告别〕/His colleagues wished him happiness on his retirement. 他退休时同事们祝他幸福。‖~ **away** ①继续表达个人的愿望②希望…离开〔消失〕/~ **for** 希望得到/~ **on**〔**upon**〕向…祈求 ■n. ⓊⒸ❶渴望,希望,盼望,愿望:accept〔receive〕~es 接受祝福/collective〔last〕~ 共同〔最终〕的愿望/constant ~ 宿愿/deep〔earnest〕~ 深切〔热切〕的希望/realize〔satisfy〕a ~ 实现〔满足〕愿望/Our wish for better times has come true. 我们要求过好日子的愿望已实现。❷希望的事,想要的东西:She wanted a new bike for Christmas and she got her wish. 她想在圣诞节得到一辆新的脚踏车,结果如愿以偿了。❸许愿,祈祷,祈求:He closed his eyes and made a wish. 他闭上眼睛许了个愿。/I have no wish for a well-paid position. 我不祈求待遇优厚的职位。‖ **wisher** n. 祝愿者,希望者

wishful ['wɪʃfʊl] adj. 怀有希望的,表达愿望的 ‖ **wishfully** adv. 怀有希望地 ‖ **wishful thinking** 如意算盘,痴心妄想

wisp [wɪsp] n. Ⓒ❶一缕,一绺,一小捆:a ~ of hair 一绺头发 ❷(烟、蒸汽的)一缕

wistful ['wɪstfʊl] adj. 惆怅的;渴望的;思念的;怀旧的:~ eyes〔looks〕渴望的眼神〔神情〕‖ **wistfully** adv. 惆怅地,渴望地/**wistfulness** n. 惆怅;渴望;思念

wit [wɪt] n. ❶Ⓤ风趣,善于说俏皮话的能力:Our teacher is full of wit when he has a lesson. 我们的老师只要讲课就很风趣。❷ⓅⒸ心智,才智:He is a boy of quick wits. 他是一个机敏的孩子。‖ **at one's ~s' end** 不知所措/**have one's ~s about**随机应变/**out of one's ~s**失去理智,神经错乱

witch [wɪtʃ] n. Ⓒ❶女巫,巫婆 ❷〈贬〉讨人嫌的丑女人 ‖ **witching** adj. 有魅力的,迷人的 ‖ **witch doctor** 巫医/**witch-hunting** n. 政治迫害

with [wɪð] prep. ❶(表示关系)和…在一起:Would you like to go to the street with me? 你愿和我一起上街吗?❷(表示状态)具有,带有:Many exhibits with characteristics of the Chinese art are on display. 许多具有中国艺术特色的展品陈列出来。❸(表示方式)用,以,藉:The room is cooled with air conditioner. 这房间用空调降温。❹(表示对象)对…,关于:She was always good with the unfortunate. 她对不幸的人总是很友好。❺(表示伴随)与此同时,随着:I always rise with the bell. 我总是听到铃声就起床。❻(表示让步)虽然,尽管:With all his abilities, he failed completely. 尽管很能干,他还是一败涂地了。❼(表示原因)由于,因为:She flushed with delight. 她高兴得脸上通红。❽(表示态度)支持,赞同:Is he with us or against us? 他赞成我们还是反对我们?❾(表示态度)跟(…)对抗:We are struggling with backwardness. 我们在和落后现象做斗争。❿(表示包容)包括:I filled it with sugar. 我把它装满糖。⓫(表示所属)由某人照看〔管理,管〕:Leave the dog with me. 把狗交给我来看管。

withdraw [wɪð'drɔː] vt.& vi.(pt. **withdrew**, pp. **withdrawn**)❶取〔收〕回:~ money 提款/I'd like to withdraw 1000 dollars from my savings account and put it in my cheque account. 我想从我的储蓄账户上提取一千美元转到支票账户上。❷(使)撤退:~ an offer 撤回报价/~ formally 正式退出/~ immediately 立即撤回/I want to withdraw a statement I made earlier. 我想收回我早些时候发表的一项声明。/The general decided to withdraw his soldiers. 那位将军决定撤军。‖ ~ **from** ①(使)离开〔退出〕②从…提取/~ 退入;撤退到

withdrawal [wɪð'drɔːəl] n. ❶Ⓤ收回,取

回,撤回;撤退;撤走 ❷ⓒ收回[取回,撤回;撤退;撤走]的实例:He has made several withdrawals from his bank account.他从银行账户上提了几次款。‖ **withdrawal form** 提款单

withdrawn [wɪðˈdrɔːn] *adj.* 孤僻的;离群的;内向的

wither [ˈwɪðə] *vt. & vi.* (使)枯萎,(使)干枯,(使)凋谢:The grass withered because there was no water.草因缺水而枯死了。/The hot sun had withered all my plants.烈日晒得我的所有植物都枯萎了。‖ **withered** *adj.* 凋谢了的,枯萎的

withering [ˈwɪðərɪŋ] *adj.* 使人畏缩的;使人害羞的;使人难堪的:a ~ look 令人难堪的目光

withhold [wɪðˈhəʊld] *vt.* (*pt.*, *pp.* **withheld**) ❶扣留,保留;拒绝给予:There was no school play because the principal withheld his consent.由于校长没同意,学校里没有举行比赛。❷抑制(某事物);制止 ‖ **withholder** *n.* 抑制者,抑制因素

within [wɪˈðɪn] *adj.* ❶(表示位置)在…里面,在…内部:There are two long rivers within the continent.该地区有两条长河。❷(表示时间)不超过:He has grown three inches within the last two years.这两年的工夫他长高了三英寸。❸(表示距离)不超出:Mr. Smith lives within ten miles of us.史密斯先生住在离我们不到十英里远的地方。❹(表示范围〔限度〕)内:It is within our power to reward him for that.我们有权为那件事奖赏他。/There are serious differences of opinion within the medical profession.在医务界存在着严重的意见分歧。

without [wɪˈðaʊt] *prep.* ❶(表示否定)无,没有:I don't like a house without a bathroom.我不喜欢没有浴室的房子。❷(表示位置)在外面:He is waiting without the door.他在门外等。❸(表示伴随)在没有…的陪伴下,在不附带…的情况下:The two can never talk without smiling.他俩谈话没有不笑的时候。

withstand [wɪðˈstænd] *vt.* (*pt.*, *pp.* **withstood**) 经受,承受:~ an attack 顶住进攻/~ hardship 能吃苦/~ severe tests 经得住严峻的考验/The bridge withstands the flood.那座桥经得起洪水。

witless [ˈwɪtlɪs] *adj.* (贬)(好像)缺乏思维能力的;无才智的;愚蠢的 ‖ **witlessly** *adv.* 愚蠢地/**witlessness** *n.* 愚蠢;无才智

witness [ˈwɪtnɪs] *n.* ❶ⓒ目击者;证人:a ~ against 不利于…的证人/a key ~ 关键的证人/a defense〔prosecution〕~ 被告〔原告〕方证人/examine〔summon〕a ~ 讯问〔传唤〕证人/She was a witness of the incident.她是事件的目击者。/A witness was examined by him in a court of law.他在法庭上质问一个证人。❷ⓢ ⓤ证词;证据:a false ~ 伪证/a powerful ~ 有力的证据/He gave witness on behalf of an accused person.他为被告作证。■ *vt.* ❶亲眼看见,目击:I witnessed the accident.我亲眼目睹了这场事故。❷作证,证明:~ one's will 在某人的遗嘱上签名作证/No one could witness that he was present.没有人能证明他在现场。❸表示,说明:Severe damage witnessed the destructive force of the storm.严重的损失表明了这场暴风雨巨大的破坏力。‖ ~ **to** ①为…作证②证明 ‖ **witness stand** 证人席

witty [ˈwɪtɪ] *adj.* 〈褒〉机智的,言辞巧妙的;情趣横生的:a ~ speaker 讲话风趣的人 ‖ **wittily** *adv.* 机智地/**wittiness** *n.* 机智;情趣横生

wizard [ˈwɪzəd] *n.* ⓒ❶(尤指故事中的)男巫,术士 ❷〈褒〉有特殊才干的人;奇才

wizardry [ˈwɪzədrɪ] *n.* ⓤ❶魔术,法术 ❷〈褒〉杰出才能

wobble [ˈwɒbl] *vt. & vi.* (使)晃动,(使)摇摆不定;抖动,颤动:The bridge wobbles.这座桥摇摆不定。/Don't wobble the desk when I'm writing.我写字时你不要摇动桌子。‖ **wobbler** *n.* 摇摆不定的人(或物)

wobbly [ˈwɒblɪ] *adj.* 〈口〉摇摆的;抖动的;震颤的:~ handwriting 颤抖的笔迹

wolf [wʊlf] *n.* (*pl.* **wolves**) 狼:a ~ in sheep's clothing 披着羊皮的狼/a pack of wolves 一群狼/The wolf snapped at the hunter's hand.这匹狼咬住猎人的手。‖ **cry** ~ 谎报/**have〔hold〕a** ~ **by the ears** 骑虎难下,进退两难/**keep the** ~ **from the door** 免于饥饿,勉强度日/**see a** ~ 目瞪口呆 ‖ **wolfer** *n.* 猎狼者/**wolflike** *adj.* 狼似的 ‖ **wolf dog** 狼狗

woman [ˈwʊmən] *n.* ❶ⓒ成年女子,妇女:a beautiful〔nice〕~ 美丽〔可爱〕的女子/a new ~ 新女性/a single ~ 单身女子/an attractive〔kind, wise〕~ 富有魅力〔善良,明智〕的女人/She is a woman of great insight.她是一个有见解的女人。❷ⓤ女人(女子的总称) ‖ **womanlike** *adj.* 像女人的,女子似的 ‖ **Woman's Liberation** 妇女解放/**woman's rights** ①妇女权利②女权运动

womanhood [ˈwʊmənhʊd] *n.* ⓤ女子成年期;女子特征,女子气质

womanish [ˈwʊmənɪʃ] *adj.* 〈贬〉(男人)女人气的,女人腔的,外表似女人的 ‖ **womanishly** *adv.* 女人气地,女人腔地/**womanishness** *n.* 女人气,女人腔

womb [wuːm] *n.* ⓒ子宫

wonder [ˈwʌndə] *vt. & vi.* ❶对…感到疑惑:Jacelin says he didn't do it, but I still wonder.杰斯林说他没那样做,可我仍然怀疑。/They waited and wondered what to do.他们等

待着,不知干什么。/I wonder none of you were hurt. 我纳闷怎么你们谁也没受伤。❷想知道;问自己：very much 很想知道/~ anxiously[seriously]焦急[认真]地想知道/~ miserably 痛苦地想知道/I was just wondering. 我只不过是好奇而已。/I wonder how you came to miss your way. 我想知道你是怎样迷路的。‖ ~ about 想知道;对…感到奇怪;考虑/~ at 对…感到惊讶[奇怪] ■ n. ❶Ⓤ惊奇,惊叹,惊异,惊诧：He felt wonder mingled with awe at the Grand Canyon. 面对着大峡谷,他又惊奇又惶恐。❷Ⓒ奇人,奇才：He's a wonder with the way he arranges everything without any help. 他不要任何帮忙就把事情样样办妥,真是个奇才。❸Ⓒ奇观,奇景,奇迹,奇事：the ~s of the world 世界奇观/Books are filled with many wonders. 书中充满了新奇的事物。‖ in ~ 在惊奇中/ no ~ 难怪,怪不得/ with ~ 惊奇地/ work ~ 创造奇迹,取得惊人的效果 ‖ wonderment n. ①惊奇,惊讶②奇观,奇事③好奇心 ‖ wonder boy 事业发达的男子;深得人心的交际家/wonder child 神童/wonder drugs 神丹妙药/wonderwork n. 奇迹;奇异的事物/wonder-worker n. 创造奇迹的人

wonderful [ˈwʌndəful] adj. 极好的,精彩的,绝妙的：a ~ idea 绝妙的想法/a ~ performance 精彩的演出/a ~ play 精彩的剧本/the ~ time 快乐时光/He told me a wonderful story. 他给我讲了个精彩的故事。/His skill is wonderful for his age. 他小小年纪,技巧令人称奇。/It's wonderful to see you again! 再次见到你真是太好了！/How wonderful it was to be here with her! 和她一起在这里多好啊！‖ **wonderfully** adv. 极好地,精彩地/ **wonderfulness** n. 精彩;绝妙

wonderland [ˈwʌndəlænd] n. Ⓢ❶仙境；奇境 ❷美丽富饶的地方

wondrous [ˈwʌndrəs] adj. 出色的,完美的

woo [wuː] vt. (pt., pp. **wooed**) ❶(向女子)求爱,求婚 ❷(尤用于报刊)争取得到…的支持 ‖ **wooer** n. 求爱者,求婚者

wood [wud] n. ❶Ⓤ木,木头,木材,木料,柴：bundle ~ 捆木头/~ engraving 木刻/ finishing 木材加工/the dead ~ 枯木/The chairs are made of wood. 这些椅子都是木制的/He took a few bits of wood and made a fire. 他拿了几片木柴生火。/He put some more wood on the fire. 他又往火上加了些木柴。❷Ⓟ树林,林地：walk in the ~s 在树林中散步/The lost man yelled, hoping someone in the woods would hear him. 迷路的人大声喊着,希望林子里的人会听见。‖ **out of the** ~ 脱离险境 ‖ **woodless** adj. 没有树木的 ‖ **wood alcohol** 〈化〉甲醇/**wood coal** 木炭;褐煤/**woodyard** n. 堆木场

woodcut [ˈwudkʌt] n. Ⓒ木刻,木刻画
woodcutter [ˈwudˌkʌtə] n. Ⓒ伐木者
wooden [ˈwudn] adj. ❶Ⓐ木制的,木头的：a ~ bed 木床/a ~ shelf 木架/a ~ stool 木凳/The room was full of wooden furniture. 房间里摆满了木制家具。❷僵硬的,呆笨的：the ~ movement 僵硬的行动/the ~ smile 呆板的笑容/a ~ old man 愚钝的老人/She gave the stranger a wooden stare. 她呆头呆脑地瞧着那个陌生人。‖ **woodenly** adv. 僵硬地,笨地/**woodenness** n. 僵硬,呆笨 ‖ **woodenhead** n. 蠢笨的人;木头脑袋

woodland [ˈwudlənd] n. Ⓤ林地

woodpecker [ˈwudˌpekə] n. Ⓒ啄木鸟

woodsman [ˈwudzmən] n. Ⓒ护林者;伐木者

woodwork [ˈwudwək] n. Ⓤ❶(尤指制家具等的)木工手艺;木工活 ❷木制品

woody [ˈwudɪ] adj. ❶木质的;木本的;似木的 ❷多木林的;树木茂密的

wool [wul] n. Ⓤ❶羊毛：The sheep of mine have very thick wool. 我家绵羊的毛很厚。❷毛线;毛织品：Her ball of knitting wool fell on to the floor. 她织衣服的毛线团掉到了地板上。‖ **pull the ~ over sb's eyes** 欺骗(某人) ‖ **woolskin** n.〈美〉羊皮

woollen,〈美〉**woolen** [ˈwulɪn] adj. Ⓐ❶羊毛制的,毛线的 ❷生产羊毛制品的;销售毛织品的

woollens,〈美〉**woolens** [ˈwulɪnz] n. Ⓟ毛织品,毛料织物

woolly [ˈwulɪ] adj. (-ier,-iest)❶羊毛制的,像羊毛的 ❷〈贬〉(人或其思想)糊涂的;不清楚的

word [wəːd] n. ❶Ⓒ字;单词：cross out a ~ 划掉一个词/dictionary ~ 词典里出现的词/English ~s 英语单词/the colourful ~s 丰富的言辞/the wrong ~s 错词/How many letters are there in the word "struggle"? struggle 这个单词有多少个字母? ❷Ⓒ(说的)话,话语,言语：address a few ~s 讲几句话/have ~s together 争吵/newspaper ~ 新闻用语/the honeyed ~s 甜言蜜语/the scientific ~ 科学用语/ waste one's ~s 白费口舌/He didn't say a word about it. 他对这件事一句话都没说。❸Ⓤ消息;谣言：await ~ from sb 等待某人的消息/Word got round that he had resigned. 谣传他已辞职。❹Ⓒ口令,号令;命令：~s of command 命令/On his word they all moved forward. 按照他的命令,他们都向前进发。❺Ⓢ诺言,保证：I give you my word I'll go. 我向你保证,我会去的。/Stand by your word. 要守信用 ‖ **a man of his ~** 守信用的人/**at a ~** 立刻/**be as good as one's ~** 说话算数/**break one's ~** 食言/ **eat[swallow]one's ~s** 承认说

错了话/have a ~ in sb's ear 与…说悄悄话/have a ~ with 和…简单谈谈/have ~s 争吵/in a ~ 总而言之/in other ~s 换句话说/in ~ 在口头上/keep one's ~ 遵守诺言,守信用/not a ~ 什么也不说/别说/pick one's ~s 谨慎措辞/put in a good ~ for 为…说好话,为…说情/take at sb's ~s 相信…的话,照…的话做/take the ~s out of sb's mouth 抢先讲出某人要讲的话/with this〔these〕~s 说着就…/~ for ~ 一字一字地,逐字地 ‖ **wordbook** n. ①词典,词汇表②歌剧剧本,诗歌集/word-of-mouth adj. 口头表达的/word picture 生动的文字描写

wording ['wɜːdɪŋ] n. Ⓤ用词;措辞

wordless ['wɜːdlɪs] adj. 无话的,沉默的,默默无言的

wordplay ['wɜːdpleɪ] n. Ⓤ文字游戏;俏皮话;双关语

work [wɜːk] vt. & vi. ❶(使)工作;~ hard 努力工作/~ freely〔tirelessly〕 自由且〔不知疲倦〕地工作/He's been working hard all day. 他辛劳地工作了一天。❷(使)运作,运转:~ a farm 经营一家农场/All the telephones don't work properly today. 今天所有电话机都出故障了。/I know how to work the machine. 我知道如何开动机器。❸(使)产生效果:~ wonders 产生效果/If the scheme works, most of the peasants in this area will be rich. 如果计划成功,这地区的大部分农民将富起来。/The newspapers say this new drug can work wonders. 报上说这种新药有奇效。‖ ~ around〔round〕to ①逐渐接近〔问题等〕②逐渐移到③改变观点/~ as 任…职,当…/~ at 在…工作②从事于…,致力于…/~ down 逐步减少;逐渐降低/~ for ①受雇于②为…而工作/~ in 插进②引进③掺和/~ off ①(使)分离〔分开〕②渐渐消除,逐渐减弱③发泄414抵消,以干活抵偿⑤除去;处理掉⑥售出;卖掉⑦结束,完成⑧使假冒,使人对…得到错误印象/~ on ①继续工作②轻轻地安装好③影响,激起④致力于…⑤努力影响〔说服〕/~ out ①解决,解答;计算出②产生结果;发展③锻炼④做出;制定出⑤消除疲力尽,耗尽⑥了解某人的本质⑦在外当雇工/~ over ①检查;充分研究②重做③毒打④使遭受彻底〔系统的〕袭击 ⑤ 彻底改变/~ through ①(使)逐渐通过〔穿过〕②完成;解决③闯过,通过;冲过④致力于…/~ to ①根据…行事②伴随着…工作③强迫…劳累过度/~ together ①在一处工作/~ towards 努力达到〔获得〕/~ under ①在(某物)之下进行工作②在(某人)的领导下工作/~ up ①发展②引起,激起③博得④精心制作,详细制定⑤用光,耗尽⑥增加,加强/~ up to ①逐步发展到…,渐达到…②逐步开拓至…/~ with ①与…一起工作…❶Ⓤ工作,劳动,作业:begin〔handle, perform〕~ 开始〔处理,从事〕工作/carry on ~ 做工作/find〔look for〕~ 找到〔找〕工作/heavy〔light〕~ 繁重〔轻松〕的工作/mental ~ 脑力劳动/I have a lot of work to do. 我有许多工作要做。❷Ⓤ事业:welfare ~ 福利事业/She's devoted her life to good work. 她献身于慈善事业。❸Ⓤ工作成果,产品:The villagers sell their work to tourists. 村民们将工艺品卖给旅游者。❹Ⓒ著作,作品:a literary ~ 文学作品/maiden ~ 处女作/main ~ 主要作品/publish ~ 出版著作/She is reading a new work on acupuncture. 她正在看一本关于针灸疗法的新书。❺Ⓟ工厂:gas〔steel〕~s 煤气〔钢铁〕厂/The works have closed for the Christmas holiday. 这些工厂歇工以度圣诞假期。❻Ⓤ功:If you push hard against something and move it, you have done work. 如果你用力推一件东西,并且移动它,那你就做了功。‖ at ~ 工作中/get on with the ~ 好好干活/go to ~ 开始行动/in〔out of〕~ 就业〔失业〕/shoot the ~s 不遗余力,孤注一掷/speed up one's ~ (使)加速干活 ‖ **worked** adj. 经过加工的/**workless** adj. 失业的 ‖ **workbag** n. 针线袋;工具袋/**workbench** n. (机)工作台/**workbook** n. ①(教科书的)辅助练习册②工作规程书③工作记事簿,工作手册/**workfare** n. 工作福利/**workmate** n. 共同工作者/work quota 工作量/work-shy adj. 懒于工作的,不愿工作的/**workweek** n. 工作周

workable ['wɜːkəbl] adj. ❶可行的;可使用的 ❷(物质)可加工的;可塑的,可成型的 ‖ **workably** adv. 可行地;可使用地/**workableness** n. 可行;可使用

workaday ['wɜːkədeɪ] adj. Ⓐ普通的;平凡的;枯燥乏味的:this ~ world 这个平淡而枯燥的世界

worker ['wɜːkə] n. Ⓒ❶工作的人,工作者;研究者:a social ~ 社会工作者/His parents are scientific and technological workers. 他的父母都是科技工作者。❷员工,工人:dismiss〔fire, kick out〕a ~ 解雇工人/employ〔hire, take〕a ~ 雇用工人/protect a ~ 保护工人/train ~s 培训工人/The workers are reluctant to be ordered around by the employers. 工人们不愿被雇主们差来遣去地随便使唤。

working ['wɜːkɪŋ] adj. Ⓐ❶(涉及)工作的 ❷(人)有工作的,劳动的;劳力的 ❸(时间)用于工作上的 ❹(想法等)可作为基础的;有效用的,起作用的 ‖ working capital 流动资本,运用资本/working class 工人阶级/working clothes 工作服/working group 工作组

workings ['wɜːkɪŋz] n. Ⓟ❶活动方式;运转,运行 ❷(已开采过的)矿坑,(矿内)巷道

workman ['wɜːkmən] n. 技术工人,工匠:a bad〔an ill〕~ 蹩脚的工匠/a ~ on a railway 铁路工人/an efficient ~ 效率高的工人/A bad workman quarrels with his tools. 拙

匠抱怨工具差。

workmanlike ['wɜːkmənlaɪk] adj.〈褒〉技术熟练的;有技巧的;精工细作的

workmanship ['wɜːkmənʃɪp] n. Ⓤ技艺,工艺

workout ['wɜːkaʊt] n. Ⓒ〈非正〉(尤指体育的)训练;赛前集训(时间)

workplace ['wɜːkpleɪs] n. Ⓒ工作场所;工厂;车间

workroom ['wɜːkruːm] n. Ⓒ工作间,作业室

workshop ['wɜːkʃɒp] n. Ⓒ❶专题讨论会,讲习班: a drama〔theatre〕~ 戏剧讲习班/ conduct〔run〕a ~ 开办讲习班/ He'll chair a weekend workshop on politics. 他将主持一次周末政治研讨会。❷车间;工作坊: a ~ director 车间主任/ visit a ~ 参观一个车间/ Smoking is out in the workshop. 车间里不准许吸烟。

workstation ['wɜːksteɪʃən] n. Ⓒ操作工位,工作区

world [wɜːld] n. ❶Ⓢ世界,地球: conquer〔shake〕the ~ 征服〔震撼〕世界/ see the ~ 游览天下/ ancient〔free〕~ 古代〔自由〕世界/ She has sailed round the world. 她作过环球航行。/ Our world is but small part of the universe. 我们的地球只不过是宇宙的一小部分。❷Ⓒ界,领域: athletic〔commercial, economic, educational, industrial〕~ 体育〔商,经济,教育,工业〕界/ learned〔medical〕~ 学术〔医学〕界 ❸Ⓢ众人;世人;人类: Keep quiet, we don't want the whole world to know about it. 安静些,我们可不想让人人都知道这件事。/ Human acts have repercussions far beyond the frontiers of the human world. 人类行为所产生的影响远远超出人类世界的范围。❹Ⓢ世间;人间: He's very young and inexperienced, and doesn't know about the ways of the world. 他还很年轻,又缺乏经验,不懂得人情世故。‖ (all) the ~ and his wife〈口〉人人,许多人/ all the ~ 对…至关重要/ for all the ~ as 正像…一样/ how〔what, who, why, etc.〕in the ~〈口〉到底怎样…/ not for (all) the ~ 无论如何不,肯定不会/ out of this ~ ①不切实际 ②〈口〉好得不得了/ set the ~ on fire〈口〉极为成功并引起轰动/ world-class adj. 世界第一流水平的/ world-old adj. 极其古老的/ world war 世界大战/ worldwide adj. 遍及全球的

worldly ['wɜːldlɪ] adj.(-ier,-iest)❶Ⓐ世上的,尘世的,物质世界的 ❷〈贬〉世俗头脑的;老于世故的

worldwide ['wɜːldwaɪd] adj. 全世界的,世界范围的: ~ fame 誉满全球/ ~ influence 世界性的影响/ This book has worldwide sales. 这本书在全世界畅销。/ His fame is worldwide.

他的名声享誉全世界。

worm [wɜːm] n. Ⓒ虫;蠕虫: Many birds eat worms. 很多鸟类以虫为食。/ The glowworm isn't a worm. 萤火虫不是蠕虫。

worried ['wʌrɪd] adj.焦虑的,烦恼的,担忧的; a ~ look 愁容;愁眉不展

worry ['wʌrɪ] n.❶Ⓤ烦恼,忧虑: bear ~ 忍受忧愁/ eternal ~ 无穷的烦恼/ forget one's ~ 忘掉自己的烦恼/ Too much worry had made him look an old man. 过分忧虑使他显得像个老人。❷Ⓒ令人忧伤的人〔事〕: Life is full of worries. 生活中充满着使人烦恼的事。■vt. & vi. (pt., pp. worried)❶担心,为…发愁: ~ abnormally 异常担心/ ~ over an examination 担心考试/ ~ superficially 表面上忧愁 ❷(使)困扰,(使)烦恼: She is always worrying about little things. 她老是为小事烦恼。/ He worried his father to buy a new car. 他苦苦缠着父亲要买一辆新车。‖ ~ about〔over〕担心,烦恼/ ~ along设法应付下去,熬过去/ ~ at 拽;摆弄/ ~ out ①绞尽脑汁解决;绞尽脑汁想出 ②耐心反复地询问〔请求〕而获得…/ ~ through ①设法应付下去,熬过去 ②干完/ **worrier** n. 使人烦恼的人(或事物)/ **worrying** adj. 令人发愁的;使人发愁的/ **worryingly** adv. 令人担忧地;使人发愁地/ **worriless** adj. 无忧无虑的/ **worriment** n. 烦恼;焦虑

worse [wɜːs] adj.❶更坏的,更糟的,更差的: any ~ 更差一点的/ get〔grow〕~ 越来越差/ much〔rather〕~ 更糟/ I have even worse news for you. 我有更坏的消息告诉你。❷Ⓟ恶化的: He's getting steadily worse. 他的病情每况愈下。‖ none the ~ 没有(因)…受伤害 ■adv.❶更坏地,更糟地: He has been taken worse. 他病情更重了。❷(程度上)更… ‖ ~ off 比以前更穷〔不愉快、不健康〕

worship ['wɜːʃɪp] vt.崇拜;尊崇: ~ God 崇拜上帝/ ~ blindly 盲目崇拜/ A miser worships money. 守财奴崇拜金钱。vi. 做礼拜: ~ silently 静静地做礼拜/ Don't talk while you are worshipping. 你们做礼拜时别讲话。

worst [wɜːst] adj.❶Ⓐ最坏的,最差的: the ~ accident 最惨的事故/ the ~ players 最差的选手/ She is the worst singer I know. 她是我所知道的最糟糕的歌手。❷〈美〉最厉害的,最激烈的 ‖ one's own ~ enemy 自讨苦吃的人;自己不幸的根源 ■adv. 最坏地,最恶劣地: Manufacturing industry was worst affected by the fuel shortage. 燃料短缺受到影响,制造业首当其冲。■n. Ⓢ最坏的部分〔情况,事情,可能性等〕: the ~ come 最坏的情况发生/ I was prepared for the worst when I heard the news. 我听到了新闻,心里已经想到了最坏的可能性。‖ at (the) ~ 在最坏的情况下,充其量/ at (the) ~ 在最坏的情况下,充其量/ do one's ~ 使出最恶劣的手段/ get the ~ of 遭到失败

worth [wɜːθ] adj. ❶(表示比率)值(多少钱),值得: The picture is worth at least twenty pounds. 这张图片至少值二十英镑。/ The novel is worth reading. 这部小说值得一读。❷(表示归属)拥有(财产等) ‖ for what it is ~ (真伪未明但)不妨暂时这样说〔听,看〕/ ~ (sb's) while 值得去做 ■ n. ⓤ价值

worthless ['wɜːθlɪs] adj. 无价值的,没有用处的: Don't read worthless books. 不要读些没有用的书。/ He was worthless as a painter. 他作为画家一事无成。‖ **worthlessly** adv. 无价值地,没有用处地/**worthlessness** n. 无价值,无用

worthwhile [ˌwɜːθ'waɪl] adj. 值得的,值钱的,有价值的: The teacher recommended some really worthwhile novels to his students. 老师推荐给学生一些真正有价值的小说。

worthy ['wɜːðɪ] adj. (-ier, -iest) ❶应得事物;值得做某事: He is worthy of our praise. 他值得我们赞许。/ There occurred nothing that was worthy to be mentioned. 没有值得一提的事发生。/ This is worthy mentioning. 这事值得一提。❷ⒶⒶ可尊敬的

would [强 wʊd, 弱 wəd, əd, d] aux. v. ❶将: They said they would meet us tomorrow morning. 他们说明天早晨与我们会面。❷(表示习惯、行为、习俗)老是,总是: Whenever he had time, he would do some reading. 他一有时间,总是读书。❸(表示设想、推测、可能性)也许,大概: She would be about 60 when she died. 她死时也许六十岁。/ If I were you I wouldn't agree. 我要是你就不会同意。❹(表示婉转的请求)请: Would you kindly show me the way to the station? 你可以指点我去车站的路吗? ❺(表示意愿)愿: Would that I were young again. 我若能返老还童该多好。

wound [wuːnd] n. ⓒ创伤;伤口;伤痕: a deep ~ 深深的伤口/ aggravate a ~ 使伤口恶化/ a green ~ 新伤/ a severe ~ 重伤/ ~ bleed 伤口出血/ flesh ~ 皮肉之伤/ knife ~ 刀伤/ Apply some medicine to his wound. 给他的伤口上点药吧。‖ lick one's ~ (失)失败后求复原,重整旗鼓 ■ vt. 使受伤,伤害: ~ sb's affections[feelings] 伤害某人的感情/ ~ sb to death 使某人受伤致死/ The thief wounded her in the arm with his knife. 小偷用刀子扎伤了她的手臂。/ Her pride has been wounded. 她的自尊心已经受到伤害。

wow [waʊ] int. (表示惊讶、羡慕等)〈非正〉唉 ■ vt. 〈俚〉使惊叹;使佩服

wrangle ['ræŋgl] vi. (尤指生气、喧闹和长时间的)争吵;争论;口角 ■ n. ⓒ(尤指长时间的)激烈争吵;口角,吵嘴

wrap [ræp] vt. (-pp-)包,裹,卷: You'd better wrap it with a piece of clean cloth. 你最好用一块干净的布把它包起来。‖ ~ around

[round]使…缠绕,包裹/ ~ in 把…包在…里;遮蔽;使陷于/ ~ up ①穿暖②包裹,包扎③完成;签订完协议④注意力完全集中于…

wrapper ['ræpə] n. ⓒ包装纸;封皮,封套

wrapping ['ræpɪŋ] n. ⓒⓤ用于包装的材料

wrath [ræθ] n. ⓤ〈正式〉愤怒,狂怒,盛怒 ‖ **wrathless** adj. 没有怒气的

wreak [riːk] vt. 诉诸(武力);施行(暴力);发(脾气)

wreathe [riːð] vt. (完全地)笼罩;包围;覆盖 vi. (指烟、雾、汽等)缭绕

wreck [rek] vt. 毁坏(毁灭)某物; ~ a building 毁坏建筑物/ ~ deliberately 故意破坏/ ~ the whole life 糟踏一生/ The fire wrecked the hotel. 那场大火把饭店烧毁了。/ The rice mill was wrecked by the enemy bombing. 碾米厂遭到了敌机的轰炸。

wreckage ['rekɪdʒ] n. ⓤ(坠毁物)残片,碎片;残骸

wrench [rentʃ] vt. ❶(猛力地)扭,拧,扳 ❷扭伤,挫伤(身体的关节) ❸使感到痛苦,使难过;使悲痛 ■ n. ⓒ❶一拧,一扳,猛扭,猛拉 ❷ⓒ(身体关节的)扭伤 ❸ⓢ(尤指离别的)悲痛,痛苦

wrest [rest] vt. ❶(用力)拧,扭;夺下 ❷〈文〉费力取得

wrestle ['resl] vt.&vi. ❶(与某人)搏斗,扭成一团;扭打 ❷〈体〉(与…)摔跤

wretched ['retʃɪd] adj. ❶很不愉快的,不幸的;沮丧的 ❷恶劣的 ❸Ⓐ(用于表示烦恼)厌的;可恨的 ‖ **wretchedly** adv. 不幸地;沮丧地;可恨地/**wretchedness** n. 不幸;沮丧;可恨

wriggle ['rɪgl] vi. 扭动;蠕动;蜿蜒行进 vt. (使身体某一部位)扭动 ■ n. ⓢ蠕动,扭动 ‖ **wriggler** n. 扭动的人(或物)

wring [rɪŋ] vt. (pt., pp. **wrung**) ❶绞,拧,扭(尤指脖子) ❷握紧(尤指别人的手) ❸把(湿衣服)拧干;绞掉(水) ‖ **wringer** n. ①勒索者,敲诈者②榨干机;绞衣机

wrinkle ['rɪŋkl] n. ❶ⓟ(尤指皮肤上的)皱纹,皱褶 ❷ⓒ〈非正〉有用的建议;妙计,好主意 ■ vt. 使起皱纹 vi. (尤指皮肤)起皱纹

wrist [rɪst] n. ⓒ腕,腕关节: They took her by the wrist. 他们握住她的手腕。‖ **wristband** n. (衬衫等的)袖口/**wrist joint** 腕关节/**wristwatch** n. 手表

write [raɪt] vt.&vi. (pt. **wrote**, pp. **written**) ❶写: ~ a book[composition]写书〔作文〕/ ~ a poor hand 字写得不好/ When he was very young, he began to learn to read and write. 他很小的时候就开始学习读书写字了。/ She writes gracefully. 她字迹秀丽。/ I have been writing this week. 本周我一直在写。/ Let's write a notice of next Friday's meeting. 我们来写一张关于下星期五开会的通知。/After she wrote the melody, she asked us for criticisms. 她做好曲之后，就请我们提意见。/He wrote what he saw. 他写下了他看到的情况。/She wrote Beijing "Peking". 她把北京写作 Peking。❷写信: We have had another performance of the play since I wrote. 从我上次给你写信之后，这个剧我们又演出了一次。/Write me, and let me know how things go. 望来信，谈谈你那儿的情况。/My son wrote to say he was coming from Paris this week. 我的儿子来信说他这个星期从巴黎来。/She writes that she is leaving tomorrow. 她信上说她明天要走。/I wrote my mother a letter hurriedly. 我匆忙地给我母亲写了封信。/Please write us the result. 请把结果函告我们。/Don't forget to write all the news to me. 不要忘记把一切消息都写信告诉我。/She wrote Bass that his father was not well. 她给巴斯写信，说他爸爸身体不舒服。/Write me when you get home. 你到家后给我写封信。/He wrote her to come. 他给她写信要她回来。‖ ～ about〔of〕写〔描写〕…/～ against 写（文章）反对（某事〔人〕）/～ away 一个劲写下去/～ back 回信/～ down〔out〕写下〔出〕来/～ for 为…写作，为…撰稿/～ in 用…写/～ into 写进/～ off 注销，取消/～ on 在…上写，以…为写作的主题/～ out ①写出，写完②通过剧情安排使（某角色）退出表演③使（自己）竭尽才智无可再写/～ to 写信给…，为…填词/～ up 全部写出/write-down n.（资产等）账面价值的有意减低/write-off n. 严重损坏而不值得修理的东西；（尤指）报废车辆/write-up n. ①捧场文章②（资产等）账面价值的有意提高

writer ['raɪtə] n. ⒸⒸ作者，作家: He was the writer of the letter. 他就是写这封信的人。/Dickens was a famous English writer. 狄更斯是英国著名作家。

writhe [raɪð] vi.（因极度痛苦而）扭动或翻滚

writing ['raɪtɪŋ] n. ❶Ⓢ（书）写，写作: Writing is his life. 写作是他的生计。❷Ⓟ著作，作品: His writings include poetry and prose. 他的作品包括诗和散文。‖ writing chair 写字椅/writing desk 写字台/writing ink 墨水/writing paper 写字纸；信纸/writing table 写字台

written ['rɪtn] adj. 书面的

wrong [rɒŋ] adj. ❶Ⓟ不道德的，不正当的，不义的: Cheating is always wrong. 欺骗总是不对的。/You are quite wrong in doing this. 你做这件事是不应该的。/You were wrong to take the car without permission. 你未经许可就把车开走是不应该的。/It is wrong to steal. 偷窃是不道德的。❷不确实的，不正确的，错误的: You're wrong; she didn't say that. 你说错了，她没那么说。/I've been wrong to accuse him. 我指责他是不正确的。/It was wrong of you to go there. 你去那儿是错误的。❸Ⓐ不要求的，不适合的，并非合意的: This is the wrong time to make a visit. 这个时间去拜访是不合适的。/I knew something was dreadfully wrong. 我知道有些情况极不正常。❹Ⓟ有故障，有毛病: Is anything wrong? You look ill. 怎么了？你脸色不好。/The clock's wrong. 这钟不准。‖ on the ～ 毫无准备的 ■adv. 方式或方向错误地；错误地；结果错误地 ‖ go ～ ①犯错误，做错事②（发动机等）出故障③遇到麻烦 ■n. ❶Ⓤ罪过，过失，罪恶: He doesn't know the difference between right and wrong. 他是非不分。❷Ⓒ不义的行为，不公正的事: The teacher has done his students a great wrong. 这个老师对待他的学生十分不公正。/The boy complained of the wrongs he had suffered. 这男孩申诉他受到的委屈。‖ in the ～ 负有责任，应受责备 ‖ **wrongly** adv. ①错误地，不正确地；不恰当地②不正直地，不公正地/**wrongness** n. ①错误(性)，不当②不正直，不公正 ‖ **wrongdoer** n. 做坏事的人/**wrongdoing** n. 不道德的行为；坏事/**wrongheaded** adj. 坚持错误的，刚愎自用的，固执的

wrongful ['rɒŋful] adj. Ⓐ不公正的；不公平的，不正当的；不合法的 ‖ **wrongfully** adv. 不公正地；不公平地；不正当地；不合法地/**wrongfulness** n. 不公正；不公平；不正当；不合法

wrought [rɔːt] adj. ❶制造的；加工的；装饰的 ❷（金属）锤打成形的，锻造的 ‖ **wrought iron** 锻铁；熟铁

wry [raɪ] adj.（wryer, wryest）（面部表情）做鬼脸的；苦笑的；嘲讽的 ‖ **wryly** adv.（面部表情）做鬼脸地；苦笑地；嘲讽地

xenon ['zenɒn] n. ⓤ〈化〉氙

Xerox ['zɪərɒks] n. ⓒ复印,影印;复印件;影印本 ■vt.&vi. 复印,影印

X-ray ['eksˌreɪ] n. ⓒ❶X 射线,X 光: *X-rays are used by doctors to examine the bones or organs inside our body.* X 光被医生用来检查人体内部的骨骼和器官。❷X 光检查: *She went to the hospital for an X-ray yesterday.* 她昨天去医院作了 X 光检查。❸X 光片: *The chest X-rays showed moderate enlargement of the heart.* 胸部 X 光片显示出心脏稍有扩大。■vt.&vi. 用 X 光摄影〔检查,治疗〕: *They can't tell till they X-ray.* 在使用 X 光检查之前,他们还说不上来。/ *I've never X-rayed for two years.* 我两年来没有做过 X 光检查。/ *Have you X-rayed your chest?* 你的胸部用 X 光照过没有? / *They X-rayed her leg to find out if the bone was broken.* 他们用 X 光检查她的腿骨是否断了。

xylophone ['zaɪləfəʊn] n. ⓒ木琴

Yy

yacht [jɒt] *n*. ⓒ 快艇，帆船，游艇：*The Queen's yacht was escorted by destroyers.* 女王的游艇由驱逐舰护航。/ *They have yachts available for charter.* 他们有供出租的游艇。/ *He planned to cross the Pacific by yacht.* 他曾打算乘快艇横渡太平洋。‖ **yachting** *n*. 驾驶快艇；快艇游航‖ **yacht club** 游艇总会，游艇俱乐部

yachtsman [ˈjɒtsmən] *n*. (*pl*. **-smen**) ⓒ 快艇的主人，游艇的主人；帆船运动爱好者

yam [jæm] *n*. ⓒ ❶薯蓣；山药 ❷甘薯；白薯，红薯

Yank [jæŋk] = Yankee

yank [jæŋk] *vt*. & *vi*. 猛拉(某物) ■ *n*. ⓒ 突然的猛拉

Yankee [ˈjæŋkɪ] *n*. ⓒ ❶美国人，美国佬 ❷美国北部各州的人 ❸(美国南北战争时期的)北军

yard¹ [jɑːd] *n*. ⓒ ❶院子：*You can play outside, but you must not leave the yard.* 你可以在外面玩，但不得离开院子。/ *The children are playing in the yard.* 孩子们正在院子里玩耍。❷场地：*I work in the railway yards.* 我在铁路调车场工作。‖ **yardbird** *n*. 入伍新兵 / **yardman** *n*. 场地工作人员；(铁路)车场工作人员 / **yardmaster** *n*. (铁路)车场场长

yard² [jɑːd] *n*. ⓒ 码(等于 3 英尺或 36 英寸或 0.9144 米)：*You can still buy cloth by the yard in this country.* 在这个国家买布还论码。/ *He was standing under a tree about ten yards away.* 他站在约十码远的一棵树下。/ *We need 3 cubic yards of sand.* 我们需要三立方码的沙子。‖ **yardage** *n*. 码数 ‖ **yard measure** 码尺 / **yardwand** *n*. 码尺

yardstick [ˈjɑːdstɪk] *n*. ⓒ 比较或衡量的标准；尺度

yarn [jɑːn] *n*. ❶ⓤ 纱，纱线，纺线 ❷ⓒ 奇闻漫谈，旅行轶事 ‖ **yarnsmith** *n*. 作家；编故事的人

yaw [jɔː] *vi*. ❶(船)偏航，偏离航线 ❷(飞机)偏航

yawn [jɔːn] *vi*. ❶打呵欠：*He yawned and fell asleep.* 他打着呵欠睡着了。/ *He yawned heavily.* 他打了个大呵欠。/ *She yawned during the lecture.* 她听讲座时一直在打呵欠。❷张开，裂开：*A great gap yawned between the rocks.* 在岩石间有个大裂缝。■ *n*. ⓒ ❶呵欠：*His yawns suggested he was either tired or bored.* 他呵欠连天说明他不是疲倦，就是厌倦。❷乏味或枯燥的事物：*The meeting was one big yawn from start to finish.* 那会议自始至终十分无聊。‖ **yawnful** *adj*. 使人无聊得打呵欠的

yea [jeɪ] = yes

yeah [jeə] *adv*. ❶(yes 的俗音) ❷(用于表示对后说的话不相信)

year [jɜː] *n*. ❶ⓒ 年：*A leap year has 366 days.* 闰年有 366 天。❷ⓒ 一年的期间，年度；学年：*It's been a good year for films.* 这是个适于拍片的一年。❸ⓟ 年纪，年龄，年岁：*She looks young for her years.* 她看起来比她的岁数年轻。/ *Purple, though beautiful, adds years to the age.* 紫色虽美，但会使人显得老气。/ *My teacher is a seventy-year-old woman.* 我的老师是一位 70 岁的老妇人。‖ **all ~ round** 一年到头 / **put ~s on** 觉得老些 / **take ~s off** 显得年轻 / **~ after ~** 一年复一年(地) / **~ by ~** 一年一年地 / **~ in ~ out** 年年，岁岁，年年如此 ‖ **yearbook** *n*. 年鉴，年刊 / **year-long** *adj*. 每年的，一年一次的 / **year-round** *adj*. 一年到头的，整一年的

yearly [ˈjɜːlɪ] *adj*. 每年的，一年一度的：*The flower show is a yearly event in our town.* 我们镇上的花展一年举行一次。/ *The earth makes a yearly revolution around the sun.* 地球每年绕太阳一周。■ *adv*. 每年，一年一度：*The examination is held yearly.* 这种考试一年举办一次。

yearn [jɜːn] *vi*. 渴望，切盼，向往：*Is it not in the nature of all human beings to yearn for freedom?* 渴望自由不是人类的天性吗？/ *She* yearned to go back to the south. 她渴望回到南方去。

yeast [ji:st] n. ⓒⓤ 酵母；发酵物 ‖ **yeast cake** 发面饼/**yeast powder** 发酵粉

yell [jel] n. ⓒ 叫喊，号叫 ■ vt.& vi. 叫喊，号叫，叫着说：This gave them a chance to yell. 这给了他们大声喊叫的机会。/The crowd yelled when the hometown team scored a touchdown. 当他们自己的队得了底线分时，人群高声呼喊起来。/He yelled with fright. 他惊恐得大声喊叫。/They yelled the oath. 他们大声宣誓。/He yelled his defiance. 他大声抗议。/They yelled their goodbyes when the bus left. 汽车开动时,他们大喊再见。‖ ～ off 高喊/～ out 喊出

yellow [ˈjeləu] adj. ❶黄色的：She wore a yellow dress. 她穿着一件黄外衣。/A ripe lemon is yellow. 熟了的柠檬是黄色的。/It was autumn and the leaves were yellow. 已经秋天了，树叶变黄了。/The fields were yellow with wheat. 麦田一片金黄。/The curtain was yellow with age. 窗帘因年久而呈现黄色。❷黄皮肤的；黄种人的：Some peoples are yellow races. 有些民族是黄色人种。/Most of Asians are yellow. 大多数亚洲人都是黄皮肤。❸胆怯的：I always suspected he was yellow. 我总怀疑他很胆小。■ n. ⓒⓤ 黄色：Yellow is her favourite colour. 她最喜欢黄颜色。■ vt.& vi. (使某物)变黄或发黄 ‖ **yellowish**, **yellowy** adj. 微黄的；发黄的/**yellowness** n. 黄色；微黄 ‖ **yellow alert**(空袭)预备警报/**yellow-belly** n. 可鄙的胆小鬼/**yellow book**(法国等政府或议会发表的报告书)黄皮书/**yellow dog** ①杂种狗②卑鄙的人/**yellow-dog** adj. ①卑鄙的,可耻的②反动工会的/**yellow metal** ①一种黄铜②黄金/**Yellow River** 黄河/**Yellow Sea** 黄海/**yellow streak** 胆怯，懦弱

yen¹ [jen] n. ⓒ (日本的货币单位)日元

yen² [jen] n. ⓢ 渴望；热望

yes [jes] adv. 是："Is this a painting by Picasso?""Yes, it is.""这是毕加索的画吗？""是的。"/"Don't you want to come with us?""Yes, of course I do.""你难道不愿意和我们呆在一起吗？""当然愿意。"/Yes, what you say is right. 不错, 你说的是对的。/"Tea?""Yes, please.""要茶吗？""要, 谢谢。"/"Tom.""Yes, sir.""汤姆。""到。"/His composition is good, yes, very good. 他的作文很好,是的,很好。/He smiles at you, yes? 他在对你笑,对吗？/"You haven't got a pen, have you?""Yes, I have.""你没有钢笔,是吗？""不,我有。"‖ **yes-man** n. 唯唯诺诺的人

yesterday [ˈjestədɪ] n. ⓢ 昨天：Yesterday was my birthday. 昨天是我的生日。/I can remember it as if it were yesterday. 我对此事记忆犹新,恍如昨日一样。/Where was she yes-terday afternoon? 昨天下午她在什么地方？/The accident happened the day before yesterday. 那意外事故发生在前天。■ adv. 在昨天,在昨日：He arrived only yesterday. 他昨天刚到。/She was very busy yesterday. 昨天她非常忙。/I wasn't born yesterday. 我不是小孩子。

yet [jet] adv. ❶还,尚,仍然：He can't drive yet. 他还不会开车。/Has Sally arrived? Not yet. 萨莉来了吗？还没有。/The job is not yet finished. 这工作还没做完。/He said he hadn't received a letter from her yet. 他说他至今尚未收到她的信。/The poor girl loves him yet. 那可怜的姑娘现在依然爱着他。/Go at once while there is yet time. 趁着还有时间,马上去。/I have yet to find out the truth. 我还得去了解真相。/Ah, so you've bought new slippers yet! 啊, 所以你买了新拖鞋！❷已经：Have the children come home yet? 孩子们已经回家了吗？/This is the biggest underground lake yet discovered. 这是迄今为止所发现的最大地下湖。❸甚至,更：You must work harder yet. 你必须更努力些。/He may surprise us all yet. 他总有一天会让我们大家感到惊奇的。/The most severe weather is yet to come. 最冷的天气还在后头呢。‖ **and ～** 而,然而/**as ～** 到现在为止 ■ conj. 然而,但是：She's a funny girl, yet you can't help liking her. 她很滑稽,但你禁不住会喜欢她。/The boy is so fat and yet he runs very fast. 这男孩很胖,但却跑得很快。/Although he is very old, yet he is quite strong. 他虽然年纪很大了, 但还很强壮。/I agree with you, but yet I can't consent. 我同意你的意见,但是我不能答应。/Though he lives alone, yet he is happy. 他虽然独自生活,但却很愉快。

yew [ju:] n. ⓒ 紫杉

yield [ji:ld] vt.& vi. ❶生产, 出产, 带来：A cow will yield several gallons of milk each day. 一头母牛每天产几加仑的牛奶。❷屈服, 放弃；不再反对,让出：We were forced to yield the city. 我们被迫放弃这座城市。vi. 变形, 折断, 塌陷：The shelf is beginning to yield under that heavy weight. 架子受不了那重量,开始塌下去了。‖ **～ to** ①让步于,屈服于；使自己受到…的支配②(使…)陷入③接替,替换/**～ up** 交出 ■ n. ⓤⓒ 产量,收益：All these have helped raise farm yields steadily. 所有这些都有助于农业产量的稳步提高。/The yields on his shares have increased in this year. 今年他的股票红利增加了。

yoga [ˈjəugə] n. ⓤ ❶瑜伽派(印度哲学的一派)❷瑜伽(术)；瑜伽修行法

yoke [jəuk] n. ❶ⓒ 牛轭 ❷ⓢ 束缚, 枷锁 ■ vt. ❶给…上轭：The farmer yoked the oxen. 那个农夫给牛加上轭。/The man yoked his plough. 那个人给犁套上了轭。❷结合,联结：

They are yoked in marriage. 他们被套上婚姻的枷锁。/ *He was yoked to an unwilling partner.* 他不得不与一位不情愿的伙伴合作。‖ ~ **together** ①用轭把(牛、马等)套在一起②结合起来‖ **yoke bone** 颧骨/**yokefellow,-mate** n. 同事

yolk [jəuk] n. ⓒⓊ 蛋黄‖ **yolky** adj. 蛋黄的,充满蛋黄的;蛋黄似的

yomp [jɒmp] vi. (士兵)野外负重行军

you [强 juː,弱 ju,jə] pron. ❶您,你,你们: *Can you tell me the nearest way to the station?* 你能告诉我去火车站最近的路吗?/ *I thought she told you.* 我以为她告诉你了。/ *It was absurd of you to do such a thing.* 你做那样的事是愚蠢。/ *Mind your own business, you!* 你少管闲事!/ *You fool!* 你这笨蛋!/ *You girls are always getting into trouble.* 你们这些女孩子老是惹麻烦。❷一个人,任何人: *Driving on the left is strange at first but you get used to it* 沿着路的左侧驾驶刚开始时有些别扭,可是习惯就好了。‖ **you-all** pron. 你们大家

young [jʌŋ] adj. (-nger, -ngest) 年幼的,年轻的,幼小的,新发展的;有朝气的,有青春活力的: *The young look is in fashion this year.* 今年时兴扮年轻人的样子。/ *She is young at work.* 她没有工作经验。‖ **no as〔so〕~ as one was〔used to be〕**老的,失去青春活力的/ **not get〔grow〕any ~er** 变老的 ■ n. ⓅⒸ ❶年轻人: *The young in our society need care and protection.* 我们社会的年轻人需要关怀和照顾。❷幼小的动物,崽: *The lion fought to protect her young.* 那头狮子为了保护其幼狮而进行搏斗。/ *The cat has been with young.* 这只猫已怀胎了。‖ ~ **and old** 无论老少‖ **youngish** adj. 还年轻的,还小的‖ **young blood** ①(总称)青年②青春活力③新鲜血液/ **young man** 年轻人

youngster [ˈjʌŋstə] n. ⓒ 孩子;少年;青年;年轻人

your [jɔː] pron. 你(们)的: *Have you brought your toothbrush with you?* 你带牙刷来了吗?/ *Your pants are dirty.* 你的裤子脏了。/ *I hope he doesn't mind your saying it.* 我希望他不介意你说的话。

yours [jɔːz] pron. 你(们)的: *This book is yours, not mine.* 这本书是你的,不是我的。/ *This is my pen, and yours is on the table.* 这是我的钢笔,你的在桌子上。/ *Our school is not as big as yours.* 我们的学校没有你们的大。/ *You said he was a friend of yours.* 你说过他是你的一个朋友。‖ **yours truly** 我;鄙人

yourself [jɔːˈself] pron. (pl. **-selves**) ❶你自己: *You must have cut yourself when shaving this morning.* 你早上刮胡子时一定刮破了。/ *Look at yourself in the mirror!* 你在镜子里照照自己吧!/ *You don't seem yourself today.* 你今天看上去不太舒服。/ *You have only got to be yourself and they will all love you.* 你只要表现自然,他们就都会爱你。/ *Just relax and be yourself.* 你要放松自然一点。❷(用以加强语气)亲自: *You yourself said so.* 是你自己这样说的。/ *Did you do it yourself?* 这是你自己做的吗?‖ **be yourself!** 〈口〉振作起来

youth [juːθ] n. ❶Ⓤ 青年时期,青春(期): *They studied together in their youth.* 青少年时期他们就在一起学习。❷Ⓢ⒊ 青春,活力,朝气,血气: *She kept her youth.* 她青春依旧。/ *I am determined to give my youth to the motherland.* 我决心把青春献给祖国。/ *She lost her youth a long time ago.* 她早已失去了青春活力。❸Ⓢ 青年人: *The youth of our country have〔has〕 lofty ideals.* 我国的青年有崇高的理想。❹ⓒ 青年男子: *The youth of today has greater opportunities than ever before.* 现在的年轻人比以往任何时候都有更多的机会。/ *Several youths and girls were standing at the street corner.* 有几个小伙子和姑娘站在街道拐角处。/ *Some youths were standing near the bus stop.* 一些年轻人正站在车站旁边。/ *He billeted in youth hostels.* 他投宿于青年旅馆。‖ **in the first〔full〕flush of** ~在青春初期,在初发阶段

youthful [ˈjuːθful] adj. 青年人的;青春的;有朝气的;年轻的;似年轻的:~ *energy* 年轻人的活力/ ~ *idealism* 年轻人的理想主义/ *in bloom* 青春焕发/ *He has given up youthful follies.* 他不再做年轻人的荒唐事了。/ *The boy looked very youthful.* 这孩子看起来岁数很小。/ *Exercise will keep you youthful.* 体育锻炼会使你充满活力。‖ **youthfully** adv. 青年人地;青春地;有朝气地;年轻地/**youthfulness** n. 青年人;青春;有朝气;年轻

Yo-Yo [ˈjəʊjəʊ] n. ⓒ (一种玩具)悠悠;溜溜球

yuppie [ˈjʌpɪ] n. ⓒ 雅皮士,城市少壮职业人士

Z z

zany ['zeɪnɪ] adj. ❶滑稽的,笨的 ❷可笑的,荒唐的

zap [zæp] (-pp-) vt. ❶杀死某人 ❷将某人打昏;攻击某人 vi. (沿某方向)突然或迅速移动 ■ n. Ⓤ精力;活力;元气

zeal [ziːl] n. Ⓤ热心,热忱,热情: *They worked with great zeal to finish the project.* 他们热情高涨地工作,以期完成这个项目。

zealous ['zeləs] adj. 热心的,热忱的,热情的: *He is a zealous supporter of our cause.* 他是我们事业的热心支持者。/ *She made zealous efforts to clean up the classroom.* 她非常热心地努力清扫教室。

zebra ['ziːbrə] n. (pl. ~ or ~s) Ⓒ斑马: *The lions devoured a zebra in a short time.* 狮子一会儿就吃掉了一匹斑马。/ *There are several species of zebra.* 斑马有好几种。‖ **zebra crossing** 斑马线

Zen [zen] n. Ⓤ禅,禅宗 ‖ **Zen gesture** 双手合十

zero ['zɪərəʊ] n. (pl. ~s) Ⓒ ❶(数字)零: *The figure 100 has two zeros in it.* 数字100有两个零。/ *The teacher put a zero on his paper.* 老师在他的试卷上打了个零分。❷零点,零位;零度: *It was ten degrees below zero.* 气温是零下十度。❸没有,无: *Our hopes fell to zero.* 我们的希望完全破灭了。■ vi. 把(枪等)直接瞄准(聚焦): *They zeroed in on the key issues for discussion.* 他们把注意力集中到讨论的关键问题上来。‖ **zero-growth** n. (人口或经济等的)零增长

zest [zest] n. Ⓤ Ⓢ ❶极大的快乐或兴奋;热情;兴趣 ❷增加的兴趣、风味、魅力等(的性质) ❸(用于烹饪时调味的)橙子、柠檬等的外皮 ‖ **zestless** adj. 不能引起极大快乐的;没有兴趣的/ **zesty** adj. 引起极大兴奋或兴奋的;有兴趣的

zigzag ['zɪɡzæɡ] adj. (指线条、小径等)锯齿形的,之字形的,Z字形的 ■ n. Ⓒ锯齿形的线条、小径 ■ vi. (-gg-) 弯弯曲曲地走路,曲折地前进: *She walked along, zigzagging with her head back.* 她回头看着,弯弯扭扭地向前走去。/ *The road zigzagged up the hill.* 那条路曲折地伸到山上。/ *The lightning zigzagged through the church yard.* 闪电呈之字形划过教堂的院子。

zinc [zɪŋk] n. Ⓤ〈化〉锌: *Brass is an alloy of copper and zinc.* 黄铜是铜和锌的合金

zing [zɪŋ] vt. & vi. (使)呼啸疾行: *an arrow ~ing toward its target* 箭"嗖"的一声射向靶子

Zionism ['zaɪənɪzəm] n. Ⓤ犹太复国主义(运动)

Zionist ['zaɪənɪst] n. Ⓒ犹太复国运动的支持者或拥护者

zip [zɪp] n. Ⓒ拉链 ■ vt. (-pp-)用拉链拉上或扣上: *Better zip your jacket; it's cold outside.* 最好还是把你上衣的拉链拉上,外面很冷。‖ **~ up** 拉上拉链 ‖ **zip-top** adj. (罐头)易拉式的

zodiac ['zəʊdɪæk] n. ❶Ⓢ黄道带,黄道十二宫 ❷Ⓒ黄道十二宫图

zone [zəʊn] n. ❶Ⓒ(划分出来的)地区,区域,地带: *a buffer〔forecast, safety〕~* 缓冲〔预报,安全〕地带/ *a bussiness ~* 商业区/ *a drop ~* 空投场/ *a free ~* 外货免税区/ *a ~ in depth* 纵深地带/ *the ~ of action* 活动区域/ *Do not enter the danger zone!* 切勿进入危险区! ❷气候带: *the torrid ~* 热带/ *the temperate ~* 温带/ *the frigid ~* 寒带 ■ vt. 将...划分: *This small town has been zoned as a shopping area.* 这个小镇已划作商业区。

zonk [zɒŋk] vt. & vi. (使)筋疲力尽;(使)疲惫不堪

zoo [zuː] n. (pl. ~s) Ⓒ动物园: *build a ~* 建一个动物园/ *go to the ~* 去动物园/ *visit ~* 参观动物园/ *famous ~* 著名的动物园/ *fascinating ~* 吸引人的动物园/ *frequented ~* 人们常去的动物园/ *modern ~* 现代化的动物园/ *A zoo is a place where live animals are kept in captivity for the public to see.* 动物园是圈养动物以供公众观看的场所。/ *Two gorillas have escaped from the zoo.* 两只大猩猩从动物园里

逃跑了。/ There are many animals in a zoo. 动物园里有许多动物。/ Modern zoos are much better than they used to be. 现代的动物园比过去的好得多。/ His sister works at Beijing Zoo. 他的姐姐在北京动物园工作。

zoology [zəu'blədʒɪ] n. ⓤ❶动物学 ❷动物学课程 ‖ **zoologist** n. 动物学家

zoom [zuːm] vi. ❶(飞机、汽车等)急速移动: They got into the car and zoomed off. 他们钻进汽车,迅速开走了。❷(价格、费用等)急升, 猛涨: House prices zoomed last year. 去年房价急剧上升。/ The cost of living has zoomed. 生活费用急剧上涨。■ n. ⓢ嗡嗡声,隆隆声: I live near an airport and the zoom of passing planes can be heard night and day. 我住在一个飞机场附近,昼夜都能听到飞机飞过的嗡嗡声。

Zulu ['zuːluː] n. ❶ⓒ祖鲁人(南非班图人的成员) ❷ⓤ祖鲁语 ■ adj. 祖鲁人的;祖鲁语的

第二部分

汉英词典

ā

【阿】[ā] →ē
【阿爸】dad
【阿斗】❶A Dou ❷weak-minded and ne'er-do-well person;failure;fool
【阿妈】❶mom ❷woman servant;amah
【阿门】amen
【阿婆】❶husband's mother ❷granny ❸grandma
【阿姨】❶aunt;auntie ❷auntie ❸nursemaid in a family;childcare worker in a nursery school[kindergarten]
【阿木林】dull fellow
【阿猫阿狗】any common person;people of little importance;Tom, Dick and Harry
【阿拉伯数字】Arabic numerals

【啊】[ā] 叹 oh;ah;o:啊,下雨了! Oh, it's raining! / 啊,是小李,快进来。Ah, Xiao Li. Come in! / 啊! 伟大的祖国! O! Our great motherland! →ǎ;à

ǎ

【啊】[ǎ] 叹 huh; well:啊? 你在这儿干吗? Huh? What are you doing? /啊? 你今天晚上到底来不来吃晚饭? Well, are you coming to have supper with us or not? →ā;à

à

【啊】[à] 叹 ❶well; yes:啊,就照你说的办吧! Well, let's do it according to what you say, then! ❷oh;aha:啊,原来是他干的这事儿呀! Aha, so it's he who did this! ❸oh;ah:啊,伟大的母爱! Oh, the great mother love! /啊,大海! Ah, the sea! →ā;ǎ

āi

【哎】[āi] 叹 ❶why;hey;ouch:哎! 真想不到是你啊! Why, it never occurs to me that it is you! ❷hey;look out:哎,这儿可不许吸烟呀! Hey, it's not allowed to smoke here! /哎,别把盘子碰掉了! Look out! Don't knock off the plate! → ái
【哎呀】Ah;Oh, my! Dear me! My word! Oh dear! Gosh!:哎呀,好大的雨呀! Oh, my, what a down pour! /哎呀,我的手机丢了! Oh dear! I've lost my mobile phone! /哎呀,都这会儿啦? Gosh, is that the time?
【哎哟】Oh, dear!;Ouch!;Ow!:哎哟,我的左脚真疼啊! Ow! My left foot really hurts!

【哀】[āi] 名 ❶sorrow ❷mourning ❸pity 动 be in sorrow 形 sorrowful;sad
【哀愁】be distressed
【哀悼】mourn for the deceased
【哀号】名 mournful cry 动 cry mournfully
【哀嚎】howl
【哀怜】pity
【哀悯】have pity on;feel pity for sb
【哀求】entreat
【哀叹】sigh sorrowfully for
【哀痛】mourn sorrowfully
【哀婉】sadly sweet
【哀乐】funeral music
【哀哉】alas
【哀壮】stirring;moving
【哀其不幸】have pity on sb for his misfortune

【埃】[āi] 名 ❶dust ❷angstrom (Å)

【挨】[āi] 动 ❶be close to;be next to ❷press ❸be one's turn →ái
【挨边】❶keep close to the edge ❷be near [close] to
【挨肩】shoulder to shoulder
【挨近】get close to;be near to
【挨不上】have no relations
【挨个儿】do sth by turns[one by one]
【挨肩儿】be next in birth order and close in

A

āi

唉 [āi]
叹 yes; right; well; 唉, 来了! Yes, (I'm) coming! 叹 Ah! alas; 唉, 我真倒霉! Ah! how unlucky I am! 〔What bad luck!〕 ➡ ài
【唉声叹气】 heave deep sighs

age
【挨排儿】 in proper sequence; one by one
【挨家挨户】 from house to house; from door to door

ái

哎 [ái]
叹 ah; aha; oh; 哎, 我想起来了。Oh〔Aha, Ah〕, I remember now. ➡ āi

挨 [ái]
动 ① suffer; endure ② go through hard times; suffer day after day; drag out a miserable existence ③ delay; put off; play for time ➡ āi
【挨剋】 ❶ be scolded; be told off; get a talking-to〔tongue-lasting〕; receive a dressing-down ❷ be beaten; get licked; take〔get〕a beating
【挨打】 take a beating; come under attack
【挨冻】 endure〔suffer from〕cold
【挨饿】 go hungry; be starved
【挨罚】 be fined; get〔catch〕it in the neck
【挨浇】 be caught in the rain
【挨骂】 be given a telling off; get a scolding
【挨批】 be criticized
【挨揍】 take a beating
【挨整】 be the target of attack
【挨板子】 be punished
【挨呲儿】 get a talking-to; get a dressing-down
【挨日子】 suffer day after day; drag out a miserable existence
【挨冷受冻】 endure the cold
【挨一会儿】 delay a moment; endure a moment

癌 [ái]
名 cancer
【癌症】 cancer
【癌细胞】 cancer cell

ǎi

矮 [ǎi]
形 ①short ②low ③be lower than; be inferior to
【矮人】 short person
【矮小】 short and small; low and small
【矮子】 short person; dwarf
【矮半截】 be inferior to〔worse than〕others
【矮个儿】 形 short 名 low-built person; short person

蔼 [ǎi]
形 friendly
【蔼蔼】 ❶ luxuriant ❷ dim; dark
【蔼然】 amiable; kindly

ài

艾 [ài]
名 Chinese mugwort 动 halt; end 形 ①pretty; beautiful ②old; elderly ➡ yì
【艾滋病】 acquired immune deficiency syndrome (AIDS)
【艾滋病患者】 person with AIDS (PWA)
【艾滋病病毒携带者】 AIDS carriers

唉 [ài]
叹 ①唉, 我真拿你没办法! Oh well, I really don't know what to do with you. ②唉, 我早怎么没想到! My goodness, why didn't I think of that earlier? ③唉, 走吧! All right, go! ➡ āi

爱 [ài]
动 ① love ② treasure; hold dear; take good care of ③ like; be fond of; be keen on; enjoy; care of ④ be apt to; be in the habit of 名 love; affection; liking; likes 形 lovely;〈美〉lovable; delightful
【爱才】 love for scholars〔talents〕; thirst for talents
【爱财】 be greedy for money
【爱巢】 love nest
【爱称】 pet name
【爱戴】 love and esteem
【爱抚】 show tender care for
【爱国】 love one's country
【爱好】 [àihǎo] be particular about〔over〕one's appearance
【爱好】 [àihào] 动 take great pleasure in; have sthas a hobby; be keen on 名 interest; hobby
【爱河】 river of love
【爱护】 treasure; take good care of
【爱怜】 show tender affection for
【爱恋】 be in love with; feel deeply attached to
【爱美】 set great store by one's appearance; love to make up and wear beautiful clothes
【爱慕】 admire
【爱女】 beloved daughter
【爱妻】 beloved wife
【爱情】 love
【爱人】 ❶ husband or/and wife; lady ❷ sweetheart; lover
【爱神】 god of love; Cupid
【爱惜】 ❶ treasure ❷ be very fond of; love very much
【爱心】 love; sympathy
【爱憎】 love and hate
【爱子】 beloved son
【爱打扮】 like to dress up; like to make up; like to deck up
【爱当官】 like to be a government official
【爱国者】 patriot
【爱好者】 lover; fan
【爱面子】 be concerned about face-saving; be sensitive about one's reputation
【爱谁谁】 I don't care (who or what)
【爱不释手】 be so fond of sth that one will not let it out of one's hand

【爱财如命】love money as one loves one's life; love money as much as life itself; be greedy for money
【爱搭不理】look cold and indifferent
【爱国主义】patriotism
【爱理不理】look cold and indifferent
【爱民如子】love the people as one's children
【爱莫能助】be willing to help but unable to do so
【爱钱如命】love money as dearly as one's very life; love money more than dear life; money rather than life
【爱情小说】romance novel; love story
【爱屋及乌】love me, love my dog
【爱心工程】Loving Care Project
【爱憎分明】understand what to love and what to hate; know whom to love and whom to hate
【爱打抱不平】be ready to defend the weak and helpless

隘 [ài]
🔲 pass 🔲 narrow
【隘口】mountain pass
【隘路】narrow passage
【隘巷】narrow lane

碍 [ài]
🔲 be in the way of
【碍口】be too embarrassing to mention
【碍事】❶ be in the way; be a hindrance ❷ be of consequence; matter
【碍眼】❶ be unpleasant to look at; offend the eye ❷ be in the way
【碍面子】spare sb's feelings
【碍手碍脚】be in the way
【碍于情面】for fear of hurting sb's feelings

暧 [ài]
🔲 dim
【暧昧】❶ unclear; ambiguous ❷ shady
【暧昧行为】scandals

ān

安 [ān]
🔲 safety; security; peace 🔲 ① cause to calm down; set at ease ② be satisfied; rest content ③ install; fit; fix ④ harbour; be up to ⑤ bring; give ⑥ place in a suitable position; find a place for 🔲 ① safe; secure ② quiet; calm ③ comfortable; easy; cheerful; happy; at ease 🔲 ① where; 而今安在？Where is it now? ② how; who; what 📖 A: 13 安 13A
【安插】❶ place (sb) in; assign (sb) to; install; plant ❷ insert into
【安定】🔲 stable; quiet; settled 🔲 maintain
【安度】❶ pass safely ❷ spend peacefully
【安顿】🔲 help settle down [in]; get (sth) arranged; find a place for 🔲 peaceful
【安放】put in; lay
【安分】not go beyond one's bounds; know one's place
【安抚】aid and comfort
【安家】❶ settle down ❷ set up a home; get married
【安静】❶ quiet; noiseless ❷ calm; peaceful ❸ serene; placid
【安居】settle down (in)
【安康】in good health
【安乐】peaceful and happy; free from worry
【安眠】❶ sleep peacefully ❷ die; sleep the final sleep
【安宁】❶ peaceful ❷ calm; composed; free from worry
【安排】❶ arrange ❷ dispose; assign a task to sb ❸ plan
【安培】ampere
【安全】safe; secure
【安然】❶ safe ❷ be free from worry; feel at ease
【安身】have a roof over one's head; take shelter
【安神】calm the nerves
【安生】[ānshēng] stable; peaceful
【安生】[ānsheng] quiet; still; untroubled
【安适】quiet and comfortable
【安舒】rest and relax
【安睡】go to sleep peacefully; sleep in peace
【安泰】❶ safe and sound ❷ in good health
【安危】safety and danger; safety
【安慰】🔲 be comforted; feel encouraged 🔲 comfort
【安稳】❶ smooth and steady ❷ peaceful; quiet ❸ reserved
【安息】❶ rest; go to sleep ❷ rest in peace; at rest
【安闲】peaceful and carefree; relaxed
【安详】composed
【安享】enjoy
【安歇】❶ go to bed; retire for the night ❷ take a rest
【安心】🔲 feel at ease; be relieved; set one's mind at rest 🔲 harbour; be up to
【安养】have an easy and comfortable life
【安逸】easy and comfortable; easy
【安于】feel contented in; be satisfied with
【安葬】bury (the dead)
【安置】find a suitable place, position, job, etc. for; arrange for the placement of
【安装】❶ install; fix; assemble; amount ❷ set up
【安乐死】〈口〉mercy killing
【安乐窝】cozy nest; bed of down
【安乐椅】easy chair
【安眠药】sleeping pill
【安全带】safety belt; seat belt
【安全岛】safety island
【安全灯】❶ safety lamp; miner's lighting ❷ safelight

【安全阀】 safety〔escape, emergency, protection, security〕valve
【安全帽】 safety helmet〔cap, hat〕;head gear
【安全套】 condom
【安慰赛】 consolation event〔match, tournament〕
【安装盘】 installation disc
【安安稳稳】 secure and stable
【安定团结】 stability and unity
【安度时光】 pass one's time in peace and quiet
【安度晚年】 spend one's remaining years in comfort
【安分守己】 be content with one's lot and act one's part;know one's place
【安家立业】 settle down to business;settle down and start one's career
【安家落户】 make one's home〔take up residence〕in a new place;settle
【安民告示】 notice to reassure the public
【安贫乐道】 be contented in poverty and devoted to things spiritual;happy to lead a simple, virtuous life
【安然无恙】 safe and sound
【安如磐石】 as firm〔solid〕as a rock
【安如泰山】 as solid as Mount Tai;as firm〔solid〕as a rock
【安身立命】 settle down and get on with one's work
【安身之所】 a place where one can live;a place for one to stay
【安营扎寨】 pitch a camp;camp
【安于现状】 be content with things as they are;be satisfied with the existing state of affairs;take things as they are
【安于职守】 stay at one's post
【安枕无忧】 lie peacefully on the pillow;sleep in peace
【安知非福】 Who knows it isn't a blessing in disguise?

氨 [ān]
  名 hydrogen nitride;NH_3

庵 [ān]
  名 ①hut ②nunnery

谙 [ān]
  动 know well;be well-versed
【谙达】 know well
【谙熟】 be proficient in;be conversant with

鹌 [ān]
【鹌鹑】 quail

鞍 [ān]
  名 saddle
【鞍鼻】 saddle nose
【鞍马】 ❶ saddle and horse ❷ horse ❸ pommelled horse ❹ side horse ❺ life on horseback
【鞍马劳顿】 travel-worn
【鞍前马后】 fuss around the master

àn

岸 [àn]
  名 bank;coast;shore;beach;seashore;seaside 形 ①tall;high ②arrogant;proud
【岸边】 shoreside;side

按 [àn]
  动 ①press;push down ②leave aside ③restrain;control ④check;refer to ⑤add a note or comment 介 according to;in accordance with:按此说法 as the reasoning goes/按次进入 enter in due order/按规章制度办事 act according to the rules and regulations
【按键】 button
【按揭】 mortgage
【按理】 according to principle〔reason〕;in the ordinary course of events;normally
【按例】 as a rule
【按脉】 feel〔take〕the pulse
【按摩】 massage
【按捺】 restrain;control
【按钮】 push button
【按期】 on schedule;on time
【按日】 per day
【按时】 on time;on schedule
【按说】 in the ordinary course of events;normally
【按序】 according to the order of sequence
【按压】 ❶ press down with one's hand ❷ restrain ❸ leave aside
【按语】 note;comment
【按月】 by the month;monthly
【按照】 according to;in accordance with;in the light of;on the basis of;in terms of
【按比例】 in proportion
【按扣儿】 snap fastener
【按理说】 according to principle〔reason〕;in the ordinary course of events;normally
【按摩床】 massage couch
【按摩膏】 massage cream
【按摩机】 massager
【按摩女】 massage lady
【按摩器】 massager
【按摩师】 massager;massagist
【按摩霜】 massage cream
【按摩仪】 massage machine
【按兵不动】 ❶ hold one's troops where they are;not throw one's troops into battle ❷ take no action
【按部就班】 follow the prescribed order;keep to conventional ways of doing things
【按劳付酬】 pay according to work;reward by merit;give remuneration on the basis of work performance
【按摩浴缸】 massage bath tub
【按摩诊所】 massage clinic
【按摩中心】 massage centre
【按捺不住】 cannot control oneself;unable to

contain any longer
【按钮开关】button〔stud〕switch; pressbutton〔push-button〕switch
【按图索骥】❶try to find sth by following up a clue ❷handle〔deal with〕a matter in a mechanical way
【按需分配】distribution according to need
【按样订货】order by sample
【按钮启动器】push-button starter

案 [àn]
图 ① wooden saucer for serving meals ② long narrow table; desk ③incident; event ④law〔legal〕case; case ⑤record; file ⑥plan; method; suggestion; proposal
【案板】chopping board
【案秤】counter scales
【案底】file〔record〕of previous offences
【案发】take place; occur
【案犯】case criminal
【案件】law case; case
【案卷】records; files
【案例】law case; case
【案情】details of a case; case
【案头】on the table〔desk〕
【案由】the main points〔a brief summary〕of a case; brief
【案子】❶long, narrow table ❷law case; case
【案头工作】❶notes ❷desk work
【案头日历】desk calendar

暗 [àn]
形 ① dark; dim; dull ② confused; unclear; vague; stupid; ignorant ③hidden; secret ④underground 副 secretly 图 dark
【暗暗】secretly; to oneself
【暗补】invisible〔hidden〕subsidy
【暗藏】hide; conceal
【暗娼】underground prostitute
【暗处】❶dark place ❷secret place ❸obscure corner
【暗淡】dim; faint
【暗道】blind pass; covered way
【暗地】secretly
【暗房】darkroom
【暗访】investigate secretly in secret
【暗沟】underground drain
【暗害】❶kill secretly; murder ❷stab in the back
【暗含】imply
【暗号】secret signal〔sign〕; countersign; watchword
【暗河】underground river
【暗盒】magazine; cassette
【暗红】dark red
【暗火】fire without flame
【暗记】❶secret mark ❷make a mental note; learn by heart; commit to memory
【暗键】sunk key
【暗箭】arrow shot from hiding—attack by a hidden enemy
【暗礁】❶submerged rock ❷latent obstacle
【暗亏】hidden loss
【暗里】in the dark; on the sly
【暗恋】love sb in one's heart
【暗流】undercurrent
【暗码】❶secret code ❷secret sign
【暗泣】❶weep without sound ❷weep behind others' backs
【暗器】hidden weapon
【暗青】dull black
【暗区】dark space
【暗渠】underground stream; underground canal〔water〕course
【暗色】dark〔dead, dim〕colour
【暗杀】assassinate
【暗伤】❶internal〔invisible〕injury ❷internal〔invisible〕damage; dark burn
【暗示】动 imply; hint 图 suggestion
【暗室】❶darkroom ❷dark place
【暗算】plot against
【暗锁】built-in lock
【暗探】secret agent; spy
【暗喜】feel pleased but not show it
【暗下】on the sly
【暗线】❶buried wiring; dark lane; hidden conductor ❷planted agent; mole ❸(of literary works) foreshadowing
【暗箱】❶camera bellows ❷dark box
【暗想】turn over in one's mind
【暗笑】❶laugh in one's sleeve; laugh inwardly ❷sneer secretly at
【暗影】❶shadow ❷umbra
【暗语】code word
【暗指】图 insinuation 动 infer; hint at
【暗中】❶in the dark ❷in secret; on the sly
【暗地里】secretly
【暗兜儿】inside pocket
【暗灰色】dull grey
【暗间儿】inner room
【暗码锁】combination lock
【暗射线】dark ray
【暗物质】dark matter
【暗渡陈仓】do one thing under cover of another
【暗箭难防】hidden arrows are difficult to guard
【暗射地图】blank map
【暗送秋波】make eyes at sb; give sb the glad eye
【暗无天日】complete darkness—total absence of justice
【暗箱操作】black case work; do sth on the sly

黯 [àn]
形 ①very dark; dim; obscure ②gloomy
【黯黑】❶swarthy ❷dim
【黯然】❶dark and dim-looking ❷low-spirited
【黯然神伤】feel depressed

A

【黯然失色】be cast into the shade

āng

肮 [āng]
【肮脏】❶dirty;filthy ❷mean

áng

昂 [áng]
 hold high ①high;soaring ②expensive
【昂奋】in high spirits
【昂贵】expensive;costly;dear
【昂然】chin up and chest out
【昂首】hold one's head high
【昂扬】high-spirited 【昂首挺胸】square one's shoulders and throw back one's head

àng

盎 [àng]
 ancient vessel with a big belly and a small mouth vigorous;full of life
【盎然】abundant;plentiful
【盎司】ounce

āo

凹 [āo]
 concave;hollow
【凹面】concave surface
【凹凸】concave-convex
【凹下】depress
【凹陷】cave in;sink
【凹面镜】concave mirror
【凹透镜】concave lens

熬 [āo]
 cook in water;boil ➡áo
【熬心】unhappy;depressed

áo

遨 [áo]
 stroll
【遨游】go on a pleasure tour;travel

嗷 [áo]
【嗷嗷待哺】cry piteously for food

熬 [áo]
 ①cook into gruel or thick soup;boil ②decoct sth by boiling;boil down ③endure ➡āo
【熬煎】suffering;torture
【熬夜】stay up late(all night)
【熬不过】be unable to sustain;be unable to endure
【熬头儿】hope for a better life after years of suffering;good days to look forward to
【熬过难关】struggle through hard times;tide over difficulties

翱 [áo]
 take wing
【翱翔】 hover;soar soaring

鏖 [áo]
 engage in fierce battle
【鏖战】fight hard;engage in fierce battle

ǎo

袄 [ǎo]
 short Chinese-style coat(jacket)

ào

拗 [ào]
 ①hard to read ②disobedient ➡niù
【拗口】hard to pronounce

傲 [ào]
 proud;conceited;arrogant refuse to yield to;brave;defy:这家伙太傲。This fellow is extremely conceited.
【傲慢】arrogant
【傲气】 air of arrogance arrogant;haughty
【傲视】turn up one's nose at
【傲霜】withstand frost
【傲霜斗雪】defy frost and brave snow

奥 [ào]
 ①profound;abstruse;difficult to comprehend ②inside;deep and serene southwest corner of a house
【奥秘】profound mystery
【奥妙】 profound;mysterious profundity
【奥运村】Olympic Village
【奥运会】Olympic Games;Olympiad;Olympics
【奥林匹克】Olympic
【奥运选手】Olympian
【奥运实况转播】telecast live on TV for the Olympic Games
【奥林匹克委员会】Olympic Committee

澳 [ào]
 inlet of the sea;bay
【澳元】Australian dollar;AUD
【澳洲】Australia
【澳门特别行政区】the Macao Special Administrative Region

懊 [ào]
 regretful;annoyed regret
【懊恨】regret
【懊悔】regret
【懊恼】annoyed;upset
【懊丧】depressed

bā

八 [bā]
〖数〗 eight
【八成】 ❶ eighty per cent ❷ most probably; most likely: 八成是不行了。It's probably no good.
【八方】 the eight points of the compass; all directions〔quarters, parts〕; near and far
【八股】 lifeless writing
【八卦】 ❶ the Eight Trigrams ❷ interfering busybody
【八开】 octavo
【八路】 Eighth Route Army; Eighth Route Army man
【八宝箱】 treasure box
【八宝粥】 eight-treasure congee
【八辈子】 of long standing; of the worst kind
【八哥儿】 mynah; mynah bird
【八卦阵】 Eight-Trigram formation
【八级工】 eight-grade worker
【八月节】 the Mid-Autumn Festival
【八字形】 splayed
【八卦消息】 a piece of gossip
【八国联军】 the Eight-Power Allied Forces
【八级考试】 Band Eight Examination
【八级证书】 Band Eight Certificate
【八面玲珑】 be smooth and slick; make oneself pleasant to people all around; cover all sides beautifully; dance and sing all weathers; one's mill goes with all winds; be pleasant all round
【八面威风】 be awe-inspiring in every way; have a commanding presence
【八九不离十】 most correct; about right; pretty close; very near
【八一建军节】 Army Day
【八竿子打不着】 far-fetched; unrelated
【八小时工作制】 eight-hour day
【八字还没一撇儿】 things aren't even starting to take shape yet; there's not the slightest sign of success〔anything happening〕 yet

巴 [bā]
〖动〗 ❶ long for; await anxiously for ❷ cling to ❸ stick to ❹ open; spread; split; crack; break up ❺ be close to; be next to 〖名〗 ❶ crust ❷ bus
【巴结】 fawn on; curry favor with; make up to; suck up to
【巴士】 bus
【巴望】 〖动〗 look forward to; hope in real earnest 〖名〗 good prospects
【巴掌】 palm; hand
【巴不得】 be only too anxious (to do sth); eagerly look forward to; earnestly wish
【巴儿狗】 ❶ Pekingese ❷ toady
【巴高枝儿】 ❶ play up to people of power and influence ❷ marry above one's station

扒 [bā]
〖动〗 ❶ hold on to; stick to ❷ dig up; rake; pull down ❸ push aside ❹ strip off; take off; skin ➡ pá
【扒车】 climb onto a slow-going train, etc.
【扒拉】 brush
【扒皮】 ❶ strip off the skin; skin ❷ exploit; take advantage of

芭 [bā]
【芭蕉】 Chinese banana
【芭蕉扇】 palm leaf fan
【芭蕾舞】 ballet
【芭比娃娃】 barbie girl

吧 [bā]
〖名〗 bar 〖动〗 puff at 〖象〗 cracking: 吧的一声,树枝断了。The twig broke off with a snapping sound. ➡ ba
【吧娘】 female owner of a bar
【吧女】 bar girl
【吧台】 bar counter

疤 [bā]
〖名〗 ❶ scar ❷ scar-like mark
【疤痕】 scar; sore; spot; pit

笆 [bā]
〖名〗 basket; fence
【笆篱】 bamboo fence
【笆篓】 basket

【芭篱子】prison; gaol

bá

拔 [bá]
动 ①draw; pull; pull up〔out〕②draw; suck out ③stand out among ④choose; select; pick; promote ⑤capture ⑥cool in water
【拔步】❶ lift the foot; take〔make〕a step ❷ leave (one's work); get away; free oneself
【拔除】pull out; remove
【拔顶】become bald; go bald
【拔毒】draw out poison
【拔缝】come apart at the seam
【拔高】❶raise ❷deliberately boost; play up
【拔海】altitude; height above sea level
【拔河】tug-of-war
【拔毛】pull the feathers (off)
【拔取】choose; select
【拔丝】❶wire drawing ❷candied floss
【拔腿】❶ lift the foot; take〔make〕a step ❷ leave (one's work); get away; free oneself
【拔牙】put out a tooth
【拔秧】pull up seedlings
【拔营】strike camp; break camp; decamp
【拔寨】❶strike camp ❷capture
【拔足】❶ lift the foot; take〔make〕a step ❷ leave (one's work); get away; free oneself
【拔份儿】❶push oneself forward ❷dominate
【拔尖儿】形 tip-top; outstanding; excellent 动 push oneself forward
【拔刀相助】draw one's sword to help
【拔地而起】rise steeply from the ground
【拔尖人才】tip-top talent
【拔苗助长】try to help the shoots grow by pulling them upward—spoil things by excessive enthusiasm; damage by applying too much pressure

跋 [bá]
动 cross mountains 名 postscript
【跋涉】make a long and a difficult journey
【跋山涉水】trudge across mountains and rivers; scale mountains and wade streams—travel afar over difficult terrain

bǎ

把 [bǎ]
动 ① hold; grip ② guard; watch; keep ③ grasp; handle; control ④ hold ⑤ keep close to; near; lean against ⑥hold sth together; lock; chain; attach closely 名 ① handle ② bundle; bunch 量 ①a; a pair of: 一把茶壶 a teapot/一把斧子 an axe/一把剪刀 a pair of scissors ② a bundle of; a handful of: 一把稻草 a bundle of rice straw/一把糖果 a handful of sweets ③ 一把劲儿 great strength/一把年纪 advanced age/一把好手 a skillful man; competent person/努把力 make an effort; step up one's efforts ④ 洗一把脸 wash one's face ⑤ 帮他一把 give him a helping hand ⑥ time; rounds: 玩上几把 play a few rounds 介 ①把头一扭 toss one's head; turn around/他把灯关上了。He turned off the light./把一生献给祖国 devote one's whole life to one's motherland/我把那件事忘了。I've forgotten it. ②把我乐坏了。It excited me very much.; I'm overwhelmed with joy./这活儿把他累坏了。This work really tired him out. ③正在比赛的节骨眼上偏偏把我们队的主教练累病了。Of all people the main trainer of our team fell ill at this juncture of competition. 助 about; or so; some; over; around: 个把月 about a month; a month or so; over a month; more than a month/百把人 about a hundred person; some hundred people/千把块钱 around a thousand yuan ➡bà
【把柄】handle; hold
【把持】❶dominate ❷control
【把舵】steer
【把关】❶guard a pass; hold a pass ❷check on ❸ensure quality standards
【把牢】steady; reliable
【把脉】feel the pulse of
【把门】guard a gate
【把式】❶ wushu; martial arts ❷skilled worker ❸skill; technique
【把守】guard
【把手】动 shake hands 名 handle; grip
【把玩】hold and play with; fondle
【把握】hold; grasp; seize ❷assurance
【把戏】❶acrobatics ❷cheap trick; game
【把子】bundle
【把角儿】street corner
【把兄弟】sworn brothers
【把握大局】grasp the overall situation

靶 [bǎ]
名 target
【靶标】target
【靶场】shooting range; range
【靶台】shooting platform
【靶心】centre of a target; bull's-eye
【靶纸】target sheet
【靶子】target

bà

坝 [bà]
名 ①dam: 修坝 build a dam ②dyke ③flatland; plain
【坝基】foundation of a dyke
【坝址】dam site
【坝子】flatland

把 [bà]
名 ①grip; handle ②stem ③butt ➡bǎ
【把子】handle

爸 [bà]
名 pa; dad; father
【爸爸】papa; dad; father

耙 [bà]
名 harrow 动 harrow; draw a harrow over (a

field) ➡pá

罢 [bà]
①stop; cease ②dismiss; relieve; remove from office ③complete; finish ④let it be(pass)
【罢黜】❶dismiss from office ❷ban; reject
【罢工】strike; go on strike; come out on strike; walk out; down tools
【罢官】dismiss from office
【罢教】teachers' strike
【罢考】boycott an examination
【罢课】students' strike
【罢了】[bàle] that's all; nothing else; that's enough; let's have no more of it; be down with it
【罢了】[bàliǎo] let it be(pass); be done with it
【罢论】abandoned idea
【罢免】recall; remove from office
【罢赛】strike
【罢市】merchants' strike
【罢手】give up
【罢休】give up; let the matter drop
【罢演】boycott a performance; strike
【罢免权】right of recall; recall

霸 [bà]
①overlord ②tyrant ③hegemonic power ④dominate; lord it over; each dominating a region ⑤forcibly
【霸道】[bàdào]① rule by force ② high-handed; unreasonable
【霸道】[bàdao] strong
【霸气】arrogant
【霸市】dominate the market
【霸占】occupy; seize; take hold sb/sth by force
【霸主】❶powerful leader of feudal lords ❷overlord

ba

吧 [ba]
①大概是昨天吧。Perhaps yesterday. ②快点儿吧。Hurry up, will you? /去吧！Well, go! /我们走吧。Let's go. /凑合点儿吧。Just make do. ③不会吧？I don't think it would be that. /你就是李先生吧？You are Mr. Li, I suppose. /你不是开玩笑吧？Are you kidding around? ④说吧，不好；不说吧，也不好。Saying will not do, but neither will not going. /温度高了吧，不行；温度低了吧，也不行。If the temperature is too high or too low, it won't grow properly. ➡bā

bāi

掰 [bāi]
①break off with the fingers and thumb ②break up; fall apart; fall out ③analyse; study; examine
【掰味】analyse; study; examine; explain
【掰交情】break friendship

【掰腕子】wrist wrestling; arm wrestling
【掰着手指算】count on one's fingers

bái

白 [bái]
①white ②clean; pure; honest ③bright; light ④clear ⑤pure; plain; blank ⑥White ⑦wrongly written or mispronounced ⑧①in vain; for nothing ②free of charge ⑨①give an unfriendly look ②state; explain; clear up ⑩①spoken part ②dialect ③spoken language ④funeral
【白白】in vain; to no purpose; for nothing
【白班】day shift
【白板】❶unpainted plank ❷white dragon
【白边】white edge
【白醭】mould
【白布】plain white cloth
【白菜】Chinese cabbage
【白茬】❶unplanted field ❷unpainted ❸without an outer cloth layer
【白吃】have a free meal
【白痴】❶idiocy ❷idiot
【白醋】light-coloured vinegar
【白搭】have no use; no good
【白道】moon's path
【白丁】common man
【白垩】chalk
【白发】white hair; grey hair
【白费】waste
【白粉】white face powder; chalk
【白给】offer sth free of charge
【白宫】the White House
【白骨】white bones
【白话】[báihuà] vernacular
【白话】[báihua] talk big; talk nonsense; make empty talk
【白灰】whitewash
【白净】fair and clear
【白酒】spirit; white spirit
【白卷】blank examination paper
【白脸】white face
【白领】white-collar
【白鹿】white deer
【白米】(polished) rice
【白面】wheat flour; flour
【白描】❶line drawing in traditional ink and brush style ❷simple, straightforward style of writing
【白拿】take away sth for free
【白嫩】fair and clear; delicate
【白跑】gain no result from a trip
【白旗】white flag
【白扔】spend without proper return; waste
【白日】❶sun ❷day; daytime
【白肉】plain boiled pork
【白色】❶white（colour）❷White
【白食】free food; free meal

【白手】empty-handed; with bare hands
【白首】old age
【白鼠】white rat; white mouse
【白薯】sweet potato
【白水】❶plain boiled water ❷clean water
【白说】动 waste one's breath; speak to no purpose 形 be useless; have no result
【白汤】clear soup
【白糖】(refined) white sugar
【白天】daytime; day
【白条】unofficial receipt; IOU note
【白头】名 old age 形 unsigned
【白兔】white rabbit
【白脱】butter
【白皙】(of skin) fair and clear
【白熊】white bear
【白雪】white snow
【白絮】white cotton (fibre)
【白眼】supercilious look
【白夜】white night
【白衣】❶white clothes ❷clothes of the common people ❸common people
【白银】silver
【白雨】heavy shower
【白云】white cloud
【白纸】❶white paper ❷blank〔plain〕paper
【白昼】daytime; day
【白字】incorrectly written character
【白皑皑】snow-white; pure white
【白大褂】doctor's coat
【白地儿】white base
【白费蜡】waste the candle—waste one's time and energy; waste one's efforts; be useless
【白费力】run around in circles
【白粉儿】heroin
【白干儿】spirit
【白骨精】❶White Bone Demon ❷sinister and ruthless woman
【白胡椒】white pepper
【白虎星】❶White Tiger Star ❷jinx
【白花花】shining white
【白开水】plain boiled water
【白兰地】brandy
【白帽子】white-hat
【白面儿】heroin
【白皮书】white paper; white book
【白热化】turn white-hot
【白日梦】daydream; pipe dream
【白砂糖】refined white sugar
【白生生】as white as snow; pure white and delicate
【白玩儿】❶have fun without paying〔for free〕 ❷do with ease; not hard; not difficult
【白细胞】white blood cell
【白眼珠】the white of the eye
【白斩鸡】tender boiled chicken
【白种人】the white
【白璧无瑕】flawless white jade—impeccable moral integrity
【白不呲咧】colourless; tasteless
【白费唇舌】waste one's breath; speak to the wind; whistle down the wind
【白费工夫】beat the air
【白费力气】beat〔bang〕one's head against a brick wall; waste one's breath; waste one's time
【白费心机】scheme in vain
【白里透红】white touched with red; milk and rose
【白马王子】prince riding a white horse—Prince Charming; dream man
【白面书生】pale-faced scholar
【白日见鬼】seeing ghosts in broad daylight; sheer fantasy; impossible
【白日做梦】spin daydreams
【白手起家】build up from nothing; start from scratch; self-made man
【白头偕老】reach old age together
【白雪公主】Snow White
【白衣天使】nurse
【白衣战士】medical worker
【白纸黑字】(written) in black and white
【白字先生】Mr Mis-speller
【白忙了半天】go to a lot of trouble for nothing
【白猫黑猫论】theory that it doesn't matter if a cat is black or white as long as it catches mice

bǎi

百 [bǎi]
数 hundred: 几百个人 several hundred people/一百五十 one hundred and fifty 形 all; numerous; all kinds of
【百般】in a hundred and one ways; in every possible way; by every means
【百倍】a hundred times
【百分】❶one hundred points; full mark ❷percentage
【百合】lily
【百花】all sorts of flowers
【百科】all subjects; all sciences
【百忙】busy schedule
【百年】❶a hundred years; a century ❷lifetime
【百世】many generations
【百岁】one hundred years of age
【百万】million
【百位】hundred
【百姓】common people
【百业】all trades〔professions〕
【百宝箱】treasure box
【百分比】percentage
【百分号】per cent sign; percentage symbol(%)
【百分率】percentage; per cent; percentage point
【百分数】percentage
【百分制】hundred-mark system

【百花奖】Hundred-flowers Award
【百事通】knowledgeable person;know-all
【百位数】three-digit figure
【百叶箱】thermometer screen
【百川归海】all rivers flow to the sea—all things tend in one direction
【百读不厌】worth reading a hundred times;it is never boring to read it once again;never get tired of reading;be always worth another read
【百端待举】a hundred things remain to be done;numerous tasks wait to be undertaken
【百儿八十】about a hundred
【百发百中】a hundred shots,a hundred bull's-eyes;every shot hits the target;shoot with unfailing accuracy;be a crack shot
【百废俱兴】all neglected tasks are being undertaken;all that was left undone is now being undertaken
【百分之百】hundred-percent;out and out;absolutely
【百感交集】have mixed feelings;all sorts of feelings well up in one's heart;combined
【百花齐放】let a hundred flowers bloom—free development of different forms and styles in the arts
【百花盛开】all flowers are in full bloom
【百花争妍】a hundred flowers contend in beauty;the flowers are a riot of colour
【百货公司】department store
【百货商店】general store;department store
【百科全书】encyclopaedia
【百里挑一】one in a hundred;cream of the crop
【百炼成钢】be tempered into steel
【百忙之中】in the thick of things;while fully engaged
【百米赛跑】100-metre dash
【百年不遇】not seen once in a hundred years
【百年大计】matter of fundamental importance for generations to come;project of vital and lasting importance;major project
【百年树人】it takes a hundred years to make education bear fruit
【百年偕老】live together to be a hundred—be happily married and together reach an old age
【百年之好】lasting harmony;marriage
【百年之后】after sb's death;when one〔sb〕passes away;when one〔sb〕departs this life
【百听不厌】worth hearing a hundred times
【百无聊赖】bored to death;bored stiff;overcome with boredom
【百无一是】absolutely nothing is correct
【百业待举】a hundred undertakings await to be started
【百业凋敝】all business declining
【百战百胜】fight a hundred battles,win a hundred victories
【百战不殆】never lose a single battle
【百折不挠】keep on fighting in spite of all setbacks
【百闻不如一见】it is better to see once than to hear a hundred times;seeing for oneself is better than hearing from others;seeing is believing;to see is to believe
【百尺竿头,更进一步】make still further progress;further improve one's work
【百金求名,千金买誉】it is difficult to gain a good reputation and even more so to have people spread it

柏 [bǎi]
名 cypress
【柏油路】asphalt road

摆 [bǎi]
动 ①put;lay;place;摆碗筷 lay〔set〕the table ② sway;swing;wave ③ set forth;state clearly;speak ④display;put on;assume;show
名 ①pendulum ②lower hem
【摆布】❶decorate;arrange ❷control;order about;have sb at one's back and call;manipulate;play about
【摆动】swing;sway;waver;wag
【摆渡】动 cross a river by boat;ferry 名 ferryboat;ferry
【摆放】lay;place
【摆好】praise
【摆件】pieces of furniture for display than for use
【摆阔】parade one's wealth
【摆弄】❶move back and forth ❷order about
【摆平】❶be fair to ❷punish;deal with
【摆设】furnish and decorate (a room)
【摆手】❶shake one's hand ❷wave
【摆台】set a table
【摆脱】shake off;cast off;break away from;free oneself from;get rid of
【摆尾】wag the tail
【摆地摊】set up a temporary stall
【摆擂台】❶make open challenges to fights ❷make challenges to a contest
【摆门面】put up a front;maintain an outward show;keep up appearances
【摆谱儿】❶put up a front;maintain an outward show;keep up appearances ❷put on airs;give oneself airs
【摆设儿】❶decorations ❷objects or articles merely for show
【摆摊子】❶set up a stall ❷lay things out in preparation for work ❸maintain a large staff or organization
【摆条件】lay down terms;offer conditions
【摆样子】do sth for show
【摆花架子】show off oneself
【摆老资格】strike the pose of an elder
【摆龙门阵】chat;spin a yarn

【摆迷魂阵】set a trap
【摆事实,讲道理】present the facts and reason things out
【拜…为师】acknowledge sb as one's master
【拜祖先】ancestor worship
【拜金主义】money worship

bài

败 [bài] 动 ①be defeated; lose ②defeat; beat ③fail ④ruin ⑤relieve; eliminate 形 decayed
【败北】suffer defeat; lose a battle
【败笔】faulty stroke in painting; faulty expression in writing
【败兵】a defeated army; an army in flight; defeated troops
【败坏】动 ruin; corrupt; undermine 形 badly corrupted
【败将】a defeated general
【败局】lost game; losing battle
【败军】动 cause the defeat of the military forces 名 defeated troops[army]
【败类】scum; dross
【败露】fall through and stand exposed; bring to light
【败落】decline
【败诉】lose a lawsuit
【败退】retreat in defeat
【败兴】have one's spirits dampened; feel disappointed; frustrated
【败叶】withered leaves; rotten leaves
【败仗】lost battle; defeat
【败阵】be defeated; be beaten
【败走】flee in defeat
【败胃口】spoil one's appetite
【败兴而归】come back disappointed
【败絮其中】inside is the cotton waste

拜 [bài] 动 ①worship ②extend greetings; congratulate ③make a courtesy call; visit ④entitle sb with ceremony ⑤acknowledge sb as one's master, teacher, etc., formally establish a relationship
【拜拜】❶ say goodbye; bye-bye ❷ break off [up]
【拜别】take leave of; bid farewell to
【拜倒】fall on one's knees
【拜读】read with respect
【拜访】pay a visit; call on
【拜会】pay an official call; call on
【拜见】❶pay a formal visit; call to pay respects ❷meet one's senior[superior]
【拜年】pay a New Year call; wish sb a Happy New Year
【拜师】formally become a pupil to a master
【拜寿】congratulate sb on his/her birthday
【拜托】request sb to do sth
【拜望】call on; visit
【拜谢】express one's sincere thanks
【拜谒】❶pay a formal visit; call to pay respects ❷pay homage

bān

扳 [bān] 动 ①pull; turn: 扳弓 pull[draw] a bow/扳开关 operate a switch; switch on[off]/扳枪栓 pull back the bolt of the rifle/扳着指头数 count on one's fingers ②win back what has been lost: 扳回一球 score a point/扳成二平 level the score at two-all ➡pān
【扳倒】pull down
【扳开】pull open
【扳手】manage to draw a match
【扳手】❶spanner ❷lever
【扳子】spanner
【扳本儿】win back lost money[stake]

班 [bān] 名 ①class; grade; team ②shift; duty ③squad ④theatrical company 量 (a) gathering; staff; troop; group; class: 一班青年人 a gathering of young people(b) 一班船 a steamer service/一班火车 a train service/一班飞机 an airplane flight/一班人马 a staff of personnel/一班学生 a class of students/一班战士 a troop of soldiers 形 regularly-run; scheduled 动 move
【班车】regular bus
【班次】❶order of classes[grades] at school ❷number of runs[flights]
【班底】❶ordinary members ❷core members
【班房】jail
【班会】class meeting
【班机】airliner; regular air service
【班级】classes and grades in school
【班轮】regular passenger[cargo] ship; regular steamship service
【班期】schedule
【班师】withdraw troops from the front; return after victory
【班长】class monitor; squad leader; team leader
【班组】teams and groups; working team [group]
【班主任】teacher in charge of a class; form master
【班门弄斧】show off one's skill with the axe before Lu Ban, the master carpenter—display one's slight skill before an expert; teach a fish to swim

bān

般 [bān] 名 sort; kind; way 副 as; like; alike in: 闪电般的攻击 lightning attack/狮子般怒吼 roar like an angry lion ➡pán
【般配】be well matched; match each other

颁 [bān] 动 ①issue; publish ②award; distribute
【颁布】issue; publish
【颁发】❶issue; publish ❷award; confer

【颁奖】give out an award; award a prize
【颁奖大会】awards ceremony
【颁奖典礼】prize-giving ceremony
【颁奖仪式】award ceremony; award presentation

斑 [bān]
spot; stripe ① spotted ② parti-coloured
【斑白】grey; grizzled
【斑斑】full of stains[spots]
【斑驳】parti-coloured
【斑点】spot; stain
【斑痕】mark; spot; scar
【斑马】zebra
【斑竹】mottled bamboo
【斑马线】zebra crossing

搬 [bān]
① move; carry; remove ② move; migrate ③ apply indiscriminately; copy mechanically
【搬兵】ask for help
【搬家】❶ move (house) ❷ remove; move
【搬弄】❶ move sth about ❷ show off; display
【搬迁】move out; leave home; run away; transfer; relocate
【搬运】carry; transport
【搬不动】❶ be difficult to move ❷ be hard to ask a favour (of) ❸ cannot do anything about sb
【搬运车】removal van
【搬运工】porter
【搬家公司】home-moving company; removal company
【搬弄是非】tell tales; make mischief
【搬运公司】removal firm
【搬起石头砸自己的脚】lift a rock only to drop it on one's own feet

瘢 [bān]
scar

板 [bǎn]
① board; plate ② clappers ③ an accented beat ④ shutter ① stiff; rigid; unnatural ② hard like a plate[plank] put on a grave expression; look grave
【板报】blackboard newspaper
【板车】platform car
【板床】plank bed
【板凳】wooden bench
【板斧】broad axe
【板结】harden
【板块】❶ sector ❷ plate
【板栗】Chinese chestnut
【板书】write on the blackboard words written on the blackboard; blackboard writing
【板鸭】pressed[dried] salted duck
【板油】leaf fat
【板正】❶ tidy and regular ❷ serious; solemn
【板子】board

【板儿寸】bush-top
【板凳儿】wooden stool
【板凳队员】bench-warmer
【板块运动】plate motion[movement]
【板起面孔】make a long face
【板上钉钉】be finalized; that's final

版 [bǎn]
① printing plate; block ② edition ③ page ④ negative; photographic plate
【版本】edition
【版次】edition order; edition
【版画】print
【版面】❶ page space; page ❷ type area; type page ❸ layout
【版权】copyright
【版式】format
【版税】royalty
【版图】domain; territory
【版权页】copyright page
【版面设计】layout
【版权所有】all rights reserved
【版权所有人】copyrighter; copyright owner

办 [bàn]
① do; handle; manage; attend to ② set up; carry out; run ③ purchase; get sth ready ④ punish (by law)
【办案】handle a legal case; apprehend (a criminal)
【办班】run a training course
【办报】run a newspaper
【办到】accomplish; carry out; get sth done; get through (with); manage to do
【办法】way; means; measure; method
【办公】handle official business; work
【办货】purchase; make purchases
【办理】handle; conduct
【办事】handle affairs; work
【办学】run a school
【办置】buy; purchase
【办公楼】office building[block]
【办公室】office
【办公厅】general office
【办公桌】desk; bureau
【办教育】undertake educational work
【办酒席】prepare a feast
【办实事】do the actual work; put into actual practice
【办事处】office; agency
【办事员】office worker
【办喜事】manage a wedding; prepare for a happy occasion
【办公会议】working conference[meeting]
【办公软件】office software
【办公设备】office fittings[equipment]
【办公用品】office appliance[supplies]
【办事效率】efficiency

【办公室终端】office terminal
【办公自动化】office automation (OA)
【办公室信息系统】office information system

半 [bàn]

数 ①half; semi-：半公斤油 half a kilogramme of oil/两岁半的孩子 a two-and-a-half-years-old child ②very little; the least bit 形 in the middle (of); halfway：对半分 go halves; share and share alike/夜半时分 in the middle of the night 副 partly; about half：半饱 half full
【半边】half of sth; one side of sth
【半大】medium-sized
【半价】half price
【半截】half (a section)
【半径】radius
【半空】形 almost empty 副 in midair; in the air
【半拉】half
【半路】❶ halfway; midway ❷ being in progress; being midway; being under way
【半票】half-price ticket; half fare
【半圈】half-turn; semicycle
【半响】❶ half a day ❷ quite a while; quite a long time
【半身】❶ one side of the body ❷ half of the body
【半生】half a lifetime
【半数】half the number; half
【半死】half-dead
【半天】❶ half a day ❷ quite a while; quite a long time
【半途】halfway; midway
【半宿】half a night
【半腰】middle; halfway
【半夜】❶ half of a night ❷ midnight; middle of the night
【半圆】semicircle
【半月】half-moon
【半辈子】half a lifetime
【半边天】❶ half of the sky ❷ women of the new society
【半彪子】hothead
【半成品】semi-manufactured goods; semi-finished articles〔products〕
【半导体】semiconductor
【半道儿】halfway; midway
【半点儿】the least bit
【半公开】more or less open
【半官方】semi-official
【半决赛】semi-finals
【半裸体】half naked; topless
【半山腰】halfway up a hill
【半身像】half-length photo〔portrait〕
【半熟练】semi-skilled
【半衰期】half-life
【半脱产】partly released from productive labour; partly released from one's regular work
【半月刊】semimonthly
【半自动】semi-automatic
【半半拉拉】incomplete; unfinished
【半壁河山】half of the country
【半地下室】semi-basement
【半工半读】work-study program; part work and part study
【半饥半饱】half-starving
【半斤八两】six of one and half a dozen of the other; not much to choose between the two; two of a kind;(be) as broad as it is long
【半路出家】become a monk or nun late in life—switch to a job one was not trained for
【半路夫妻】couple married halfway through life
【半明半暗】half-light and half-dark; dim
【半生不熟】❶ half-cooked; underdone ❷ unskilled
【半睡半醒】half asleep, half awake
【半死不活】❶ be more dead than alive; be more than half-dead ❷ low-spirited
【半通不通】know〔understand〕a little
【半途而废】give up halfway; leave sth unfinished
【半推半就】give way after making a show of declining
【半吞半吐】hesitate to speak one's mind
【半心半意】half-hearted; lukewarm
【半信半疑】half-believing, half-doubting; not quite convinced; half in doubt; take with a grain of salt
【半夜三更】in the depth of night; late at night
【半真半假】partly true, partly false
【半殖民地】semi-colony
【半拉子工程】uncompleted projects
【半自动步枪】semi-automatic rifle

扮 [bàn]

动 ①play the part of; disguise oneself as ② put on (an expression)
【扮酷】play it cool
【扮靓】beautify
【扮戏】❶ make up ❷ perform on stage; play a part〔role〕in a play
【扮演】play the part of; act
【扮作】dress up as; disguise as
【扮鬼脸】make faces
【扮黑脸】play the bad guy
【扮演者】actor〔actress〕

伴 [bàn]

名 companion; partner 动 accompany
【伴唱】名 vocal accompaniment 动 accompany (a singer)
【伴读】be a reading partner
【伴酒】keep sb company in drinking; drink with sb
【伴郎】groomsman; best man
【伴侣】companion; partner; spouse; mate
【伴娘】bridesmaid
【伴随】accompany; follow; go with; come with; come along

【伴同】accompany
【伴舞】动❶dance with；be the partner in a dance ❷dance in the background 名accompanying dancer
【伴游】动 travel with；travel in sb's company 名 travelling companion〔partner〕
【伴奏】动 accompany 名 accompaniment
【伴唱机】Hi-fi system；accompany-sing machine
【伴奏者】accompanist
【伴舞女郎】dancing girl

拌 [bàn]
动 ①mix ②quarrel
【拌和】mix and stir；blend
【拌匀】mix properly
【拌嘴】quarrel

绊 [bàn]
动 trip；trip over；绊倒 trip and fall/使绊 trip (sb) up 名 tripping
【绊子】tripping
【绊脚石】obstacle
【绊马索】trip-wire

瓣 [bàn]
名 ①petal ②segment ③fragment；piece ④valve 量 clove, segment；一瓣儿橘子 a clove of orange/几瓣儿大蒜 a few segments of garlic

bāng

邦 [bāng]
名 nation；state；country
【邦交】relations between two countries；diplomatic relations
【邦联】confederation

帮 [bāng]
动 ①help；assist ②be in paid labour service；be hired；work 名 ①side（of sth）②outer leaf (of cabbage, etc.) ③gang；band ④secret society；underworld gang；band；association 量 gang；group；gathering；band；一帮小朋友 a group of children/一帮废物 a gang of worthless people/一帮小伙子 a gang of young fellows
【帮衬】❶aid；help ❷give financial aid〔help〕
【帮厨】help in the mess kitchen
【帮扶】support
【帮工】help with farm work 名 casual labourer；seasonal labourer；helper
【帮会】secret society
【帮伙】gang
【帮教】help and educate
【帮困】support those in difficulty
【帮忙】assist；help；give〔lend〕a hand；do a favour；do a good turn
【帮派】faction
【帮腔】❶sing an accompaniment to ❷speak in support of sb；echo sb
【帮手】[bāngshǒu] help；assist；give〔lend〕a hand
【帮手】[bāngshou] helper；assistant

【帮凶】动 help in a crime 名 accomplice；accessory
【帮主】chief；head；gang master
【帮助】help；assist；aid
【帮子】名 ❶outer leaf ❷upper of a shoe 量 band；group；team
【帮助菜单】help menu

bǎng

绑 [bǎng]
动 tie；tie up；bind
【绑带】bandage
【绑匪】kidnapper
【绑架】kidnap
【绑票】kidnap for ransom
【绑腿】leg wrappings
【绑线】wiring；binding wire
【绑扎】tie〔bundle〕up；pack；wrap〔bind〕up；dress

榜 [bǎng]
名 ①list of names posted up ②horizontal inscribed board ③announcement；notice
【榜首】the top candidate of an examination
【榜样】example；model
【榜主】winner；champion
【榜上无名】not on the list of successful candidates
【榜上有名】listed for acceptance to sth

膀 [bǎng]
①arm；upper arm ②wing ③shoulder ➡ pāng；páng
【膀子】❶upper arm；arm ❷wing

bàng

棒 [bàng]
名 stick；club 形 great；topping；superb；strong；excellent
【棒球】baseball
【棒针】thick knitting needle
【棒子】❶stick；club ❷corn ❸ear of maize〔corn〕
【棒子面】cornmeal；corn flour
【棒小伙儿】strong young fellow

傍 [bàng]
动 ①draw near；be close to ②towards；nearly；be close to ③follow；lean on；rely on〔accompany〕 ④love；have an intimate relationship with sb
【傍响】about noon
【傍晚】toward evening；at nightfall；at dusk
【傍边儿】approach；draw near
【傍大款】find a sugar daddy；be a mistress for a rich man；lean on a moneybag
【傍黑儿】dusk；nightfall；early evening
【傍亮儿】dawn；daybreak

谤 [bàng]
动 defame；smear

磅 [bàng] ▣ pound;两磅糖 two pounds of sugar ▣ ① scales ② point;type ② weigh ➡ páng
【磅秤】platform scale;platform balance

镑 [bàng] ▣ pound

bāo

包 [bāo] 动 ① wrap ② surround;encircle;envelop ③ include;contain ④ undertake to fulfil an assignment;be responsible for the whole job ⑤ assure;guarantee ⑥ hire;charter ❷ ① bundle;parcel;package;pack ② bag;sack ③ swelling;lump;山包 hill;low hill ④ yurt ▣ packet;sack;bag;box;一包药 a packet of medicine/一包火柴 a box of matches
【包办】① take care of everything concerning a job ② run the whole show
【包庇】shield;harbour;cover up
【包藏】contain;harbour;conceal
【包产】make a production contract;take full responsibility for output quotas
【包场】book a whole theatre(cinema);make a block booking
【包车】动 charter a bus(train,coach) ▣ chartered bus(car)
【包房】chartered room
【包袱】① cloth-wrapper ② a bundle wrapped in cloth ③ load;weight;burden ④ laughing stock
【包裹】动 wrap up;bind up ▣ bundle;package;parcel
【包含】① contain;include ② inclusion
【包涵】excuse;forgive;bear with
【包换】guarantee to accept the return (exchange)
【包伙】① get(supply) meals at a fixed rate;board ② meals thus arranged
【包间】compartment;booth
【包括】include;consist of;comprise
【包揽】undertake the whole thing;take on everything
【包罗】include;cover
【包票】guarantee slip
【包容】① pardon;forgive;tolerate ② contain;hold
【包退】money back guarantee
【包围】动 ① besiege;surround;enclose ② outflank ▣ ring of encirclement
【包厢】box
【包销】① have exclusive selling rights ② be the sole agent for a production unit(a firm)
【包养】give fully financial support
【包月】make monthly payment;pay by the month;hire by the month
【包蕴】contain;include
【包扎】wrap up;bind up;pack
【包装】动 ① pack;package ② packing design

包装歌星 package a pop singer ▣ package;packing;wrapping
【包准】assure;guarantee
【包桌】reserved
【包子】steamed stuffed bun
【包租】① rent land(a house) for subletting ② fixed rent for farmland ③ hire for a period of time;charter
【包背装】wrapped-ridge binding
【包打听】① detective;private eye ② prying person
【包干儿】be responsible for a task until it is completed
【包工队】contract team
【包工头】labour contractor
【包活儿】contract for a job
【包围圈】ring of encirclement
【包圆儿】① buy the whole lot ② finish up(off)
【包月卡】monthly card
【包办代替】take away sb else's work;run things all by oneself for others
【包藏祸心】harbour evil intentions
【包吃包住】supply free board and lodging;provide full board;provide accommodations
【包打天下】run the whole show
【包工包料】contract for labor and materials of work contracted;fixing the amount of materials in accordance with the amount
【包罗万象】all-embracing;all-inclusive
【包治百病】guarantee a cure for all ills;be guaranteed to cure all ills

苞 [bāo] ▣ bud 形 luxuriant;thick
【苞谷】maize;corn
【苞米】maize;corn

孢 [bāo]
【孢子】spore

胞 [bāo] ▣ ① afterbirth;placenta ② fellow countrymen 形 full;by blood
【胞弟】younger brother by blood;full younger brother
【胞姐】elder sister by blood;full elder sister
【胞妹】younger sister by blood;full younger sister
【胞兄】elder brother by blood;full elder brother
【胞衣】afterbirth

剥 [bāo] 动 peel;shell;skin;strip ➡ bō
【剥壳】strip the covering off
【剥皮】① skin;peel off the skin ② exploit

煲 [bāo] ▣ cooking pot;boiler;cooker 动 cook with boiler(cooker)
【煲粥】cook porridge

褒 [bāo] 动 praise;honour

【襃贬】[bāobiǎn] pass judgment on; appraise
【褒贬】[bāobiǎn] speak ill of; cry down
【褒奖】praise and honour
【褒扬】praise

báo

雹 [báo]
图 hail
【雹灾】disaster caused by hail
【雹子】hail

薄 [báo]
形 ① thin ② poor ③ without warmth or depth; coldly; lacking in warmth ④ weak; thin; light ➡ bó/bò
【薄板】sheet metal; sheet

bǎo

饱 [bǎo]
形 ①have eaten one's fill; be full: 半饱 half full ②full; plump 副 fully; to the full 动 satisfy
【饱尝】❶enjoy to the full ❷experience〔suffer〕
【饱含】be filled with
【饱和】saturation
【饱览】fully enjoy
【饱满】full; plump
【饱暖】more than enough to eat and wear
【饱受】suffer a lot from; have one's fill of
【饱学】learned
【饱经沧桑】have seen much of the changes in human life
【饱经风霜】weather-beaten; having had one's fill of hardships; endure all the hardships
【饱经世故】have a good understanding of the way people behave
【饱经忧患】have experienced one's fill of trials and hardships
【饱以老拳】punish sb with the fist
【饱汉不知饿汉饥】the well-fed don't know how the starving suffer
【饱食终日,无所用心】eat all day without exerting one's mind; eat three square meals a day and do no work

宝 [bǎo]
图 ① treasure; treasured object; valuables; riches ② currency; coin ③ *bao* kind of gambling device ④ darling; precious one ⑤ funny fellow
形 ①precious; valuable ②your
【宝宝】darling; baby
【宝贝】图 ❶treasured object; treasure ❷darling; baby ❸good-for-nothing character 动 be fond of
【宝刀】precious〔treasured〕sword
【宝岛】treasure island
【宝地】❶ blessed land; treasure site ❷ your house〔place〕
【宝典】treasured book
【宝贵】形 valuable; precious 动 value; treasure; set store by
【宝剑】double-edged sword; treasured sword
【宝眷】your family
【宝库】treasure-house
【宝蓝】sapphire blue
【宝器】valuable article
【宝石】precious stone; gem
【宝塔】pagoda; dagoba; tower
【宝物】treasure
【宝玉】precious stone
【宝藏】precious deposits
【宝宝装】infant clothes
【宝贝疙瘩】darling child; parent's favorite child
【宝刀不老】the man is old, but not his sword; a good sword remains always sharp
【宝山空回】return empty-handed from a treasure mountain—fail to benefit from a visit to a great scholar〔a place〕of learning

保 [bǎo]
动 ①protect; defend; safeguard ②keep; preserve; maintain ③ guarantee; ensure ④ stand guarantor for 图 ①guarantee ②guarantor ③ division under former household registration system
【保安】动 ❶ensure public security ❷ensure safety 图 guard
【保本】keep the capital intact; protect any investment〔deposit〕against possible loss
【保镖】动 bodyguard 图 chucker-out
【保藏】keep in store; preserve
【保持】keep; retain; maintain; reserve; preserve
【保存】preserve; keep
【保单】❶ guarantee slip ❷ warranty ❸ insurance policy
【保底】❶ protect an investment〔deposit〕against currency depreciation ❷ guarantee a minimum sum; ensure a basic figure
【保兑】confirm
【保费】insurance fee
【保管】动 take care of; look after 图 storekeeper; custodian 副 certainly; surely
【保函】letter of guarantee (L/G)
【保护】protect; safeguard
【保价】the insured
【保健】health protection; health care
【保洁】keep the environment clean
【保留】❶ continue to have; retain ❷ hold〔keep〕back; reserve
【保密】maintain secrecy; keep sth secret
【保苗】keep a full stand of seedlings
【保命】save one's life; survive; keep oneself going
【保姆】❶housemaid; housekeeper ❷nurse
【保暖】keep warm
【保全】❶ save from damage; preserve; assure the safety of ❷maintain; keep in good repair

【保人】guarantee
【保湿】preserve moisture
【保守】conservative
【保税】bonded
【保送】recommend sb for admission to school, etc.
【保卫】defend; safeguard
【保鲜】keep vegetables, fruit, etc. fresh; preserve freshness
【保险】动 insurance 名 safety device 形 ❶ safe ❷ be sure; be bound to
【保修】guarantee to keep sth in good repair
【保养】❶ take good care of one's health; keep fit ❷ maintain; keep in good repair
【保有】possess; have; own
【保佑】bless and protect
【保育】child care; child welfare
【保障】动 ❶ assure ❷ ensure; guarantee 名 safeguard
【保证】动 ❶ promise; undertake; pledge; guarantee; warrant ❷ ensure; assure 名 guarantee
【保值】value-guaranteed; be inflation-proof in value
【保质】guarantee〔ensure〕the quality
【保重】take care of oneself
【保住】keep; retain; hold on to
【保准】❶ dependable; reliable ❷ assure; pledge; guarantee
【保不齐】most likely; more likely than not; may well; most probably; not sure; hard to avoid
【保不住】❶ most likely; more likely than not; may well; most probably ❷ be unable to maintain
【保管员】warehouseman; storeman; storekeeper
【保护伞】protective umbrella
【保护性】protective
【保价信】insured letter
【保健操】setting-up exercises
【保健品】health product
【保健所】clinic
【保健员】health worker
【保健站】health station〔centre〕
【保龄球】❶ bowling ❷ bowling ball
【保守党】Conservative Party
【保税区】bonded zone; bonded area
【保送生】student recommended
【保卫科】security section
【保温箱】thermos cabinet
【保鲜膜】plastic wrap
【保险单】certificate of insurance; insurance policy
【保险费】insurance premium
【保险杠】bumper
【保险柜】strongbox; safe
【保险人】the insurer; assurer
【保险锁】safety lock

【保险箱】safe
【保修期】guarantee period
【保证金】❶ earnest money; cash deposit ❷ bail
【保证人】guarantor
【保证书】written pledge; guarantee; guaranty; letter of guarantee
【保质期】quality guarantee period
【保存指令】hold〔save〕instruction
【保价包裹】insured parcel
【保健按摩】keep-fit massage
【保守疗法】conservative treatment
【保险公司】insurance company
【保险系数】factor of safety

堡 [bǎo]
名 castle
【堡垒】❶ blockhouse; fortress; fort ❷ stronghold

褓 [bǎo]
名 cloth for baby; blankets

bào

报 [bào]
动 ① report ② tell; announce ③ reply; respond ④ recompense; requite ⑤ retaliate; revenge 名 ① newspaper; paper ② periodical; journal; magazine ③ telegram; telegraph; cable ④ report ⑤ retribution
【报案】report a case to the security authorities
【报表】forms for reporting statistics, etc.; report forms
【报偿】repay
【报仇】revenge
【报酬】reward; salary; wage
【报答】repay; render
【报单】declaration form
【报到】report for duty; check in; register; report oneself
【报道】动 report news; cover 名 news report; information; story; write-up
【报恩】pay a debt of gratitude
【报贩】news dealer
【报废】report sth as worthless; discard as useless; reject
【报复】revenge
【报告】report; make known; be accountable to 名 report; speech; talk; lecture
【报关】declare sth at customs; apply to customs
【报官】report a crime to the local government authorities
【报价】quoted price
【报界】the press; the journalists
【报警】❶ report to the police; go to the police to tell the story ❷ give an alarm
【报刊】newspapers and periodicals; the press
【报考】enter oneself for an examination
【报名】enter one's name; sign up
【报幕】announce the items on a programme
【报盘】offer

【报批】submit to a higher authority for approval
【报请】submit a written request for instruction [approval]
【报人】newspaperman; journalist; pressman; newsman
【报丧】announce sb's death; inform of sb's death
【报社】general office of a newspaper; newspaper office
【报失】report the loss of sth to the authorities concerned
【报时】give the correct time
【报数】number off
【报税】declare dutiable goods; make a statement of dutiable goods
【报摊】news-stand; news stall
【报销】❶ submit an expense account ❷ hand in a list of expended articles ❸ write off; wipe out; be destroyed
【报效】render service to repay sb's kindness
【报信】inform; acquaint; notify
【报修】report to the relevant office and request the repair of something
【报业】the press as a profession
【报应】❶ judgment ❷ due punishment
【报忧】report unpleasant[disappointing] news
【报站】announce the stop[station]
【报账】❶ render an account ❷ submit an expense account
【报纸】❶ newspaper ❷ newsprint
【报到处】check-in
【报告会】public lecture meeting
【报告人】speaker; lecturer
【报关单】quotation list
【报关费】customs clearing fee
【报火警】raise the fire alarm
【报价单】quotation of prices
【报考人】applicant
【报时台】time inquiry service
【报账单】cheque sheet
【报告文学】reportage
【报销凭证】expense-account certificate
【报业巨子】press baron
【报以一笑】respond with a smile[laugh]
【报关代理行】customs house broker; customs agency
【报喜不报忧】report the good news but not the bad; hold back unpleasant information; report only what is good while withholding what is unpleasant

刨 [bào]
❶ plane ❷ planer; planing machine 动 plane smooth; plane; shave ➡ páo
【刨冰】water ice
【刨床】❶ planer; planing machine; facing machine ❷ plane stock
【刨刀】❶ planer tool ❷ plane iron

【刨工】planing; planing machine operator; planer
【刨子】plane
【刨花板】shaving board
【刨刃儿】plane iron

抱 [bào]
动 ❶ hold[carry] in the arms; hug ❷ cherish; nourish; harbour ❸ carry on; burdened with ❹ have one's first child ❺ adopt ❻ hang together ❼ fit well ❽ hatch 量 armful; 一抱柴火 an armful of firewood/一抱衣服 an armful of clothes
【抱病】be ill; be in bad health
【抱定】cling to
【抱负】aspirations; ambition; lofty aim
【抱憾】regret; be sorry about
【抱愧】feel ashamed
【抱歉】be sorry; regret
【抱屈】feel wronged
【抱窝】sit; brood; hatch
【抱养】adopt
【抱冤】suffer a wrong
【抱怨】complain; make[pick] up a fuss; go on about
【抱身儿】fit well
【抱团儿】band[hang, stick] together
【抱娃娃】give birth to a child
【抱成一团】hang[stick, gang] together
【抱恨终生】feel bitter regret for the rest of one's life; harbour an eternal regret
【抱头痛哭】weep in each other's arms; cry on each other's shoulders

豹 [bào]
名 leopard
【豹子】leopard

鲍 [bào]
名 ❶ salted fish ❷ abalone

暴 [bào]
形 ❶ sudden and violent ❷ cruel; savage; fierce ❸ hot-tempered; short-tempered 副 suddenly and fiercely 动 ❶ spoil; ruin; waste ❷ expose; reveal; uncover ❸ stick out; stand out
【暴毙】sudden death
【暴病】动 sudden attack of a serious illness 名 epilepsy with sudden onset
【暴打】beat sb severely
【暴跌】steep fall
【暴动】❶ rebellion; riot ❷ uprising; outbreak
【暴发】❶ break out ❷ suddenly become rich [important]; get rich quickly
【暴风】❶ storm wind ❷ storm (force 11 wind)
【暴富】suddenly become rich; get rich quickly
【暴力】violence; aggression
【暴利】sudden huge profits; excessive profit
【暴戾】cruel and fierce
【暴烈】violent; fierce
【暴露】动 expose; uncover; reveal; display; show; lay bare; bare 名 exposure; display

【暴乱】 riot;rebellion;revolt
【暴怒】 violent rage
【暴晒】 be exposed to strong sunlight
【暴尸】 ❶die with the corpse unburied ❷ exhibit the corpse
【暴食】 eat too much at one meal
【暴死】 die of a violent illness;die in one's boots[shoes];die a sudden death;meet violent death
【暴徒】 ruffian;hooligan;brute;animal;tearaway;rioter
【暴行】 savage act;outrage
【暴雨】 ❶torrential rain;rainstorm ❷cloudburst
【暴躁】 quick[short]-tempered
【暴涨】 rise suddenly and sharply
【暴发户】 rich instant;upstart
【暴风雪】 snowstorm;blizzard
【暴风雨】 rainstorm;storm
【暴脾气】 hot temper
【暴风骤雨】 violent storm;hurricane
【暴露文学】 literature of exposure
【暴跳如雷】 fly into a rage
【暴殄天物】 reckless waste (of natural resources)
【暴饮暴食】 eat and drink excessively

曝 [bào]
动 expose to the sun ➡pù
【曝光】 ❶exposure ❷make (sth bad) public;expose;lay bare

爆 [bào]
动 ❶explode;burst ❷quick-fry;quick boil ❸appear[occur] unexpectedly;crop up
【爆炒】 quick-fry and stir
【爆豆】 动 pop beans 名 popped beans
【爆发】 ❶burst out;break out ❷burst out;break out;erupt
【爆裂】 burst;crack
【爆满】 have a full house;house full;be filled to capacity
【爆棚】 smash box office records
【爆破】 blow up;blast
【爆炸】 动 explode;burst;blast;go off;blow up 名 explosion
【爆竹】 firecrackers
【爆肚儿】 quick-fried tripe
【爆发力】 explosive force
【爆冷门】 produce an unexpected winner
【爆炸物】 explosive material
【爆玉米花】 popcorn

bēi

杯 [bēi]
名 ❶cup;glass ❷cup;trophy 量 glass;cup;mug:三杯啤酒 three glasses of beer;three beers/一杯白酒 a cup of liquor/一大杯牛奶 a mug of milk/一满杯白酒 a cupful of liquor
【杯子】 cup;glass
【杯中物】 wine;liquor
【杯盘狼藉】 wine cups and dishes scattered in disorder
【杯水车薪】 try to put out a blazing cartload of faggots with a cup of water—an utterly inadequate measure

卑 [bēi]
形 ❶low-lying;low ❷of low rank ❸of low character;inferior in quality ❹humble;modest
动 belittle;despise;look down on;take sth lightly
【卑鄙】 low;base;mean
【卑贱】 ❶lowly;humble ❷mean and low
【卑劣】 base;mean;despicable
【卑微】 lowly;inferior;humble
【卑下】 base;low
【卑鄙无耻】 base and shameless
【卑躬屈膝】 bow and scrape;cringe
【卑劣行径】 base conduct;dishonourable behaviour

背 [bēi]
动 ❶carry on the back ❷bear;shoulder 名 bundle:一背柴火 a bundle of firewood/一背麦子 a bundle of wheat ➡bèi
【背负】 ❶carry on the back ❷bear;have on one's shoulder
【背篓】 basket carried on the back
【背篓】 basket carried on the back
【背头】 swept-back hair
【背债】 be in debt;be saddled with debts
【背包袱】 carry baggage—have a weight[load] on one's mind
【背不动】 unable to bear it on the back
【背黑锅】 be unjustly blamed
【背饥荒】 be in debt;run into debt

悲 [bēi]
形 ❶sad;sorrowful ❷compassionate 动 feel pity 名 sorrow;feeling of sadness;grief
【悲哀】 sad;unhappy;sorrowful
【悲惨】 miserable;tragic
【悲怆】 sad;sorrowful
【悲愤】 grief and anger
【悲观】 pessimistic
【悲剧】 tragedy
【悲戚】 sad
【悲泣】 weep with grief
【悲伤】 形 sad;sorrowful 名 sadness;sorrow 动 sorrow
【悲痛】 deeply grieved;sorrowful
【悲壮】 solemn and stirring;moving and tragic
【悲观主义】 pessimism
【悲痛欲绝】 be sorrowful to death
【悲喜交集】 mixed feelings of grief and joy

bēi

碑 [bēi]
名 upright stone tablet
【碑文】 inscriptions on a tablet

北 [běi]

图 north 动 be defeated

- 【北边】 north; northern side
- 【北部】 north; northern part
- 【北侧】 northern side
- 【北方】 ❶ north ❷ the north; northern part
- 【北风】 north wind; northerly wind
- 【北国】 the northern part of the country; the North
- 【北极】 ❶ the North Pole; the Arctic Pole ❷ the north magnetic pole
- 【北面】 north; northern side
- 【北半球】 the Northern Hemisphere
- 【北方话】 northern dialect
- 【北方人】 northerner
- 【北极光】 northern lights
- 【北极狐】 arctic fox
- 【北极圈】 the Arctic Circle
- 【北极星】 the North Star
- 【北极熊】 polar bear
- 【北人】 ❶ native of Beijing; person from Beijing ❷ Peking Man
- 【北国江南】 south-like area in the north
- 【北回归线】 the Tropic of Cancer
- 【北京烤鸭】 Peking roasted duck
- 【北京时间】 Beijing Time
- 【北京猿人】 Peking Man

贝 [bèi]

图 ❶ mollusk; shellfish; scallop ❷ cowrie

- 【贝壳】 shell

备 [bèi]

动 ❶ have; be equipped with; possess ❷ prepare; get ready; provide with ❸ provide [prepare] against; take precautions against 图 equipment 形 complete 副 all; fully; in every possible way

- 【备案】 put on record [on file]; register; enter in the records
- 【备查】 for future reference
- 【备份】 back up; backup
- 【备荒】 prepare against natural disasters
- 【备货】 动 get goods ready for sale; stock up 图 stock
- 【备件】 spare parts; repair parts
- 【备考】 for reference; prepare for examinations
- 【备课】 prepare lessons
- 【备料】 ❶ get the materials ready ❷ prepare feed
- 【备选】 be an alternative; be on the short list
- 【备用】 形 spare; reserve 图 standby; backup
- 【备战】 ❶ prepare for war ❷ be prepared against war
- 【备至】 to the utmost; in every possible way
- 【备置】 get sth ready; purchase; acquire; secure; shop for
- 【备注】 remarks
- 【备不住】 maybe; perhaps; possibly
- 【备忘录】 ❶ notepad ❷ memorandum
- 【备尝艰辛】 experience untold hardships and difficulties
- 【备份程序】 backup program
- 【备份磁盘】 backup disc
- 【备份文件】 backup copy
- 【备用文件】 backup file
- 【备战备荒】 be [get] prepared against war and natural disasters
- 【备份储存器】 backup storage
- 【备用数据块】 block standby

背 [bèi]

图 ❶ back of the body ❷ backside of an object 动 ❶ with the back towards ❷ turn away ❸ act contrary to; violate; break ❹ leave; go away ❺ hide sth from; do sth behind sb's back ❻ recite from memory; learn by heart [rote] 形 ❶ out-of-the-way ❷ hard of hearing ❸ unlucky → bēi

- 【背包】 ❶ knapsack; field pack; backpack ❷ blanket roll
- 【背部】 back of the body; dorsum
- 【背风】 out of the wind; on the lee side
- 【背光】 be in a poor light; do sth with one's back to the light; stand in one's own light
- 【背后】 ❶ behind; at the back; in the rear ❷ behind sb's back
- 【背景】 ❶ background ❷ backcloth; backdrop ❸ background; setting ❹ powerful [influential] connections
- 【背离】 ❶ leave ❷ depart from; turn one's back on; depart from; differ from
- 【背面】 back; rear; reverse side; wrong side
- 【背叛】 betray; defect
- 【背气】 stop breathing temporarily
- 【背弃】 abandon; desert; forsake
- 【背时】 ❶ behind the times ❷ unlucky
- 【背手】 hands at the back
- 【背书】 ❶ recite a lesson from memory; repeat a lesson ❷ endorsement
- 【背诵】 recite; repeat from memory
- 【背向】 support or opposition
- 【背阴】 in the shade
- 【背影】 view of sb's back; figure viewed from behind
- 【背运】 ❶ bad luck; ill luck ❷ have bad luck; be out of luck
- 【背道儿】 quiet path
- 【背地里】 behind sb's back; privately; on the sly
- 【背对背】 ❶ back to back ❷ criticize [expose] sb without his knowledge
- 【背靠背】 ❶ back to back ❷ criticize [expose] sb without his knowledge
- 【背字儿】 bad luck; ill luck
- 【背道而驰】 run in the opposite direction; run counter to
- 【背井离乡】 leave one's native place; be away from home

【背景音乐】background music
【背景资料】background information[material]
【背山面海】with hills behind and sea in front
【背水一战】fight with one's back to the river—fight to win or die
【背信弃义】break faith with sb;dishonest

倍 [bèi]
量 times;fold 动 double
【倍儿】very much
【倍数】multiple
【倍儿棒】awfully good;great
【倍加努力】double one's effort
【倍加小心】be especially careful;be doubly careful

悖 [bèi]
动 be contrary to;go against;revolt against 形 erroneous
【悖德】against moral values
【悖理】contrary to reason;against good reason
【悖礼】impolite
【悖逆】disloyal;rebellious

被 [bèi]
名 quilt 动 ①cover ②suffer from 助 那房子被烧毁了。The house was burnt down. 介 玻璃杯被她的孩子打破了。The glass was broken by her child.
【被捕】be arrested;be under arrest
【被袋】bedding bag
【被单】sheet
【被动】passive
【被服】bedding and clothing
【被俘】be captured;be taken prisoner
【被覆】动 cover;blanket;carpet 名 plant cover
【被告】the accused
【被控】❶ controlled ❷ be accused of;be charged with
【被里】the underneath side of a quilt
【被面】the facing of a quilt
【被迫】be compelled;be forced
【被褥】bedding;bedclothes
【被套】❶ bedding bag ❷ quilt cover ❸ cotton wadding for a quilt
【被头】❶ cover on the top edge of a quilt ❷ quilt
【被絮】cotton padding of a quilt
【被子】[bèizi] quilt
【被褡子】travelling sack
【被动式】passive form
【被服厂】clothing factory
【被告方】defence
【被害人】the injured party;the victim
【被保护人】the insured;insured person
【被保险人】❶ the insured ❷ policy holder
【被剥削者】the exploited
【被动吸烟】passive[secondhand] smoking
【被动语态】passive voice
【被统治者】the ruled
【被选举权】the right to be elected;right to stand for election
【被保护文件】protected file
【被剥削阶级】exploited class
【被存储数据】stored data
【被调用程序】called program;called procedure
【被压迫民族】oppressed nation

辈 [bèi]
名 ①generation;seniority ②people of a certain kind;the like;familiar circle ③lifetime
【辈出】come forth in large numbers
【辈分】order of seniority in the family[clan];position in the family hierarchy
【辈子】all one's life;lifetime

惫 [bèi]
形 exhausted;fatigued
【惫乏】tired;exhausted;worn-out and weak

焙 [bèi]
动 bake over a slow fire
【焙烤】bake;roast
【焙烧】roast;bake
【焙炉】roasting furnace

蓓 [bèi]
〔蓓蕾〕bud

褙 [bèi]
动 stick cloth[paper] one piece on top of another with paste[glue]

bēn

奔 [bēn]
动 ①run quickly;dash ②flee;run away ③elope ④hurry;hasten;rush about;rush to ➡ bèn
【奔波】rush about;be busy running about
【奔驰】run quickly;speed
【奔赴】hurry to (a place);rush to
【奔流】动 flow at great speed;pour 名 racing current;swift flow
【奔忙】be busy rushing about;bustle about
【奔命】be kept on the run
【奔跑】run
【奔逃】flee;run away
【奔腾】❶gallop ❷roll on in waves
【奔走】❶run ❷go around;rush about;be busy running about
【奔走呼号】go around crying for help[campaigning for a cause]
【奔走相告】run around spreading the news;lose no time in telling each other the news

běn

本 [běn]
名 ①root;stem ②foundation;basis;origin ③book ④edition;version ⑤memorial presented to the emperor ⑥script;copy ⑦capital;principal ⑧cost 形 ①original ②main;chief;central 代 ①one's own;native ②current;this;present 副 originally 介 according to;based on;in line with:本着政策办事 handle affairs according to the principle 量 (a)五本儿书 five books[cop-

ies]/两本儿账 two account books/一本日记 a diary (*b*) reel
【本本】printed[written] documents;book
【本部】headquarter
【本册】book
【本当】should have;ought to have
【本分】图 one's duty;one's role;obligation 形 honest;decent
【本该】ought to have done;should have done
【本国】one's own country
【本行】❶one's line;one's own profession ❷one's present job
【本家】❶member of the same clan ❷distant relative with the same family name
【本届】current;this year's
【本金】capital;principal
【本科】regular college course;undergraduate course
【本来】形 original 副 ❶at first ❷it goes without saying;of course;naturally
【本利】principal and interest
【本领】skill;ability
【本名】❶original name ❷first name
【本能】图 instinct 副 instinctively
【本票】cashier's cheque
【本钱】❶capital ❷what is capitalized on
【本人】❶I [me,myself] ❷oneself;in person ❸principal
【本色】[běnsè] true qualities
【本色】[běnshǎi] natural colour
【本身】itself;in itself
【本事】[běnshì] source material;original story
【本事】[běnshi] skill;ability
【本体】❶thing-in-itself ❷body;main part of a machine[project]
【本土】❶one's native country[land] ❷metropolitan territory
【本位】❶standard;basic unit ❷one's own department[unit]
【本文】❶this text;this article ❷the original text;the original
【本校】this school
【本心】original intention
【本性】natural instincts[character];nature
【本业】❶agriculture;farming ❷the original occupation
【本义】original meaning
【本意】original idea;real intention
【本原】principle
【本源】origin;source
【本愿】original[true] wish[intention]
【本着】in line with;in the light of
【本职】one's job[duty]
【本质】nature;intrinsic quality
【本字】original form of a current Chinese character
【本子】❶book;notebook ❷edition ❸script ❹driver's license

【本地人】native[local]
【本家儿】person concerned;party involved
【本科生】regular college student;undergraduate
【本世纪】this century;present century
【本主儿】❶person[party] concerned ❷owner of the lost property
【本族语】native language;mother tongue
【本地新闻】local items
【本来面目】true colours;true features
【本末倒置】take the branch for the root;put the cart before the horse
【本乡本土】native soil;native land;home village
【本小利微】small capital and little gain
【本性难移】it is hard to change one's nature
【本科毕业生】college[university] graduate

bèn

奔 [bèn] 动 ❶make straight for;head for;go straight to ❷go about (some business);be after;be busy running about ❸approach;get close to;get on for[towards] 介 towards ➡bēn
【奔命】be in a desperate hurry;drive [push] oneself hard to rush sth
【奔小康】strive to become well-to-do

笨 [bèn] 形 ❶heavy;awkward ❷stupid;foolish;dull;dense ❸clumsy;awkward
【笨蛋】fool
【笨货】fool
【笨人】stupid person
【笨重】heavy
【笨拙】clumsy;awkward;stupid
【笨鸟先飞】clumsy birds have to start flying early—the slow need to start early
【笨头笨脑】❶stupid;with a wooden head ❷awkward;clumsy
【笨嘴拙舌】awkward in speech;slow of speech

bēng

崩 [bēng] 动 ❶collapse ❷burst;split;crack;break ❸be hit by sth bursting;hit and smash ❹shoot to death;execute by shooting ❺die
【崩溃】breakdown;collapse;crash
【崩裂】burst[break] apart;crack
【崩盘】stock market crash
【崩塌】collapse
【崩坍】collapse

绷 [bēng] 动 ❶tight;taut ❷stretch tight;strain ❸manage with difficulty ❹spring;bounce ❺baste;tack;pin 图 ❶embroidery frame ❷hoop;tambour ➡běng;bèng
【绷带】bandage
【绷簧】spring

【绷腿】leggings

béng

甭 [béng] don't need to;甭再说了。Don't say any more./甭客气！Don't stand on ceremony！

běng

绷 [běng] ①pull a long face ②hold back;strain oneself ➡běng;bēng
【绷劲】strain oneself;strain one's muscles
【绷脸】pull a long face
【绷不住】cannot contain one's temper any more

bèng

泵 [bèng] pump pump
【泵房】pump house(room)
【泵站】pump station

迸 [bèng] ①burst forth ②break to pieces suddenly
【迸发】burst forth;burst out
【迸飞】fly in all directions
【迸溅】fly in all directions
【迸裂】split;burst (open)
【迸碎】burst suddenly into fragments;break to pieces all of a sudden
【迸出来】spit out;squeeze out

绷 [bèng] split open;burst open;crack very ➡ bēng;běng
【绷断】snap from tension
【绷硬】hard as rock
【绷直】very straight

蹦 [bèng] jump;leap;spring;skip;hop
【蹦迪】disco dancing
【蹦跳】skip;jump
【蹦极】bungee;bungee jumping
【蹦豆儿】roasted broad beans;little child
【蹦高儿】leap;jump

bī

逼 [bī] ①press on towards;press up to;advance on;close in on ②force;compel;threaten;drive;press ③press for ①close ②narrow
【逼疯】drive sb crazy(mad)
【逼和】force a draw(tie);fight sb to a draw (tie)
【逼婚】force a marriage
【逼近】press on towards;close in on;approach;draw near
【逼命】❶ threaten with force(violence) ❷ press(push) hard
【逼迫】force;compel
【逼人】pressing;threatening
【逼使】force;compel
【逼问】force sb to answer
【逼债】press for payment of debts
【逼真】❶ lifelike;true to life;almost real ❷ clearly;very much alike
【逼人太甚】press(push) people too hard
【逼入困境】drive sb into a corner;pull sb to the wall;get sb cornered
【逼上梁山】be driven to revolt

bí

荸 [bí]
【荸荠】water chestnut

鼻 [bí] ①nose ②knob;hole;eye initial;originating
【鼻痂】hardened mucus;dried snot
【鼻尖】tip of the nose
【鼻梁】bridge of the nose
【鼻圈】nose ring
【鼻饲】nasal feeding
【鼻息】breath
【鼻子】nose
【鼻祖】the earliest ancestor
【鼻青脸肿】bloody nose and swollen face

bǐ

匕 [bǐ] ①ladle;spoon ②dagger ③arrowhead
【匕首】dagger

比 [bǐ] close together;next to ①depend on;collude with;gang up with;attach oneself to ②compare;contrast;compete ③be like;be similar to;match ④copy;do according to;model after ⑤liken to;compare to ⑥gesture ⑦aim at;direct toward ratio;proportion than;to
【比对】 contrast;compare;set one against the other contrast;balance;comparison
【比方】❶ instance ❷ suppose ❸ for example; for instance;such as
【比分】score
【比划】gesture
【比及】till;until;by the time;when
【比价】relative prices;price relations;price ratio;rate of exchange
【比肩】❶ shoulder to shoulder;side by side ❷ match;be as good as
【比较】 compare;contrast;draw a parallel comparison;contrast fairly;quite;rather
【比例】❶ proportion ❷ scale;scaling ❸ proportion
【比邻】 neighbour;next-door neighbour near;next to
【比率】ratio;rate

【比拟】 compare;draw a parallel;match analogy
【比配】 match (well);go with
【比拼】 go all out to win
【比热】 specific heat
【比如】 for example;for instance;such as
【比赛】 have a contest[match];race match;game;event;meeting;competition;contest;circuit;finals;race;round
【比试】 ❶have a competition ❷make gestures
【比速】 specific speed
【比特】 bit
【比武】 take part in a *wushu* contest
【比喻】 figure of speech compare;liken to
【比照】 ❶ according to;in the light of ❷ contrast
【比值】 ratio;rate
【比重】 ❶specific gravity ❷proportion
【比作】 compare (to)
【比基尼】 bikini
【比较级】 comparative degree
【比例尺】 ❶ scale ❷ architect's scale;engineer's scale
【比萨饼】 pizza
【比比皆是】 can be found everywhere;such is the case everywhere
【比例失调】 be out of proportion;lopsided development
【比例系数】 scale factor
【比例中项】 mean proportional
【比萨斜塔】 the Leaning Tower of Pisa
【比赛项目】 event
【比翼双飞】 fly wing to wing;fly side by side;pair off wing to wing
【比上不足,比下有余】 in the country of blind,the one-eyed man is king;not up to those above,but above those below—middling

彼 [bǐ]

① that;those;the other;another ② other party;one's opponent
【彼岸】 the other side[bank] of a river;the opposite shore
【彼此】 both sides[parties];you and me;each other;one another;that and this
【彼彼此此】 me[you] too

笔 [bǐ]

① pen;pencil;writing brush ② technique of writing ③ stroke in Chinese painting write;pen 〈a〉几笔收入 several items of income/一笔财产 a property;an estate/一笔稿费 a payment for an article/一笔交易 a bargain/一笔经费 a fund/一笔钱 a sum of money/一笔生意 a deal;a bargain/一笔债 a debt/一笔账 an account (b)一笔得意之作 a work one is proud of/这个小女孩还能画几笔画儿。This little girl is good at painting./一笔漂亮字 a nice handwriting
【笔触】 ❶brush stroke ❷brushwork
【笔答】 give a written answer;answer in writing
【笔调】 tone;style
【笔端】 tip of the brush[pen]
【笔伐】 attack in writing
【笔法】 style;technique
【笔锋】 ❶the tip of a writing brush ❷stroke;touch
【笔杆】 barrel;shaft
【笔耕】 make living by writing;drive a pen
【笔画】 stroke
【笔会】 forum in writing;association[club] of writers
【笔记】 ❶take down ❷notes ❸pen jottings
【笔迹】 handwriting;hand
【笔尖】 pen point
【笔力】 vigour of strokes;vigour of style
【笔录】 put down;take down notes;record
【笔帽】 the cap of a pen[pencil,writing brush]
【笔名】 pen name
【笔墨】 pen and ink;words;writing
【笔试】 written examination
【笔算】 do a sum in writing written calculation
【笔谈】 ❶conversation by writing ❷comment in writing;give a written statement sketches and notes
【笔体】 writing style;handwriting;hand
【笔挺】 ❶ very straight;bolt upright ❷ well-ironed;trim
【笔筒】 pen container;brush pot
【笔误】 make a slip in writing a slip of the pen;mistake;misspelling;misprint
【笔下】 ❶ ability to write ❷ the wording and purport of what one writes
【笔芯】 ❶pencil lead ❷refill
【笔形】 form of a stroke;combination of strokes
【笔译】 written translation
【笔友】 pen-friend;pen pal
【笔者】 the present writer;the author
【笔直】 perfectly straight;bolt upright
【笔道儿】 strokes
【笔杆子】 ❶the shaft of a pen[writing brush] ❷pen ❸literary spokesman
【笔记本】 notebook
【笔头儿】 ❶ nib;pen point ❷ ability to write;writing skill ❸written;in written form
【笔记小说】 literary sketches
【笔墨官司】 written controversy;a battle of words
【笔下生花】 have an elegant,elaborate style of writing
【笔走龙蛇】 the writing brush goes like dragons and snakes—vigorous and graceful
【笔记本电脑】 notebook computer

鄙 [bǐ]

 out-of-the-way place;remote area ① low;base;mean ② I;me;my despise;look

down
【鄙薄】despise
【鄙见】my humble opinion; my idea
【鄙贱】形 low; humble 动 despise; look down upon
【鄙陋】superficial; shallow
【鄙人】your humble servant; I
【鄙视】look down upon

bì

币 [bì]
名 money; currency
【币市】special purpose currency market
【币值】currency value
【币制】currency system

必 [bì]
副 certainly; surely; necessarily 动 must; have to; ought to
【必备】must prepare for
【必得】must; have to
【必定】must; have to; be bound to; be sure to
【必将】will certainly; surely will
【必然】形 inevitable; certain 名 necessity
【必须】must; have to; be imperative
【必需】essential; indispensable
【必要】necessary; essential; indispensable; be a must
【必读书】required book; must book; required reading
【必然性】necessity
【必修课】required course
【必需品】〈英〉necessities; 〈美〉necessaries
【必要性】necessity
【必不可少】absolutely necessary; indispensable; essential
【必然王国】realm of necessity
【必要劳动】necessary labour
【必要条件】essential conditions
【必由之路】the road one must follow [take]; the only way

毕 [bì]
动 finish; complete; conclude 副 fully; altogether; completely
【毕竟】after all; all in all; when all is said and done; in the final analysis
【毕生】all one's life; lifetime
【毕业】graduate; finish school; leave
【毕业生】graduate
【毕恭毕敬】cap in hand

闭 [bì]
动 ❶ shut; close ❷ stop; end ❸ stop up; block up
【闭店】close up shop and stop business
【闭关】block a pass; close a city gate; close the border
【闭馆】be closed; close
【闭合】动 close 形 closed
【闭会】close [end] a meeting
【闭镜】cover the lens
【闭口】shut one's mouth; remain tight-lipped
【闭路】closed-circuit (television)
【闭目】❶ close [shut] one's eyes ❷ die
【闭幕】the curtain falls; lower the curtain; close; conclude
【闭塞】动 stop up; close up 形 ❶ hard to get to; out-of-the-way ❷ unenlightened
【闭市】suspend business; close (up)
【闭眼】❶ close [shut] one's eyes ❷ pretend not to see ❸ die
【闭嘴】shut up; stop talking
【闭门羹】deny or be denied entrance
【闭幕词】closing address [speech]
【闭幕式】closing ceremony
【闭关锁国】cut off one's country from the outside world
【闭关自守】close the country to international intercourse; adopt a closed-door policy; cut oneself off from the outside world; close the door to the outside world
【闭合系统】closed system
【闭口不谈】remain tight-lipped (on); shut one's mouth; keep mum; refuse to say anything about; avoid mentioning
【闭口无言】remain silent; be tongue-tied; be left speechless
【闭路电视】closed-circuit television; closed circuit
【闭门读书】study behind closed doors
【闭门思过】shut oneself up and ponder over one's mistakes
【闭门谢客】close the door to visitors; stop receiving visitors
【闭门造车】make a cart behind closed doors—work behind closed doors; divorce oneself from the masses and from reality; act blindly
【闭目塞听】shut one's eyes and stop one's ears—cut oneself off from reality
【闭目养神】refresh one's spirit by closing one's eyes
【闭月羞花】outshine the moon and put the flowers to shame

庇 [bì]
动 shelter; protect; shield; screen
【庇短】conceal [shield] a defect
【庇护】shelter; shield; put under one's protection; take under one's wing
【庇荫】❶ give shade ❷ shield; protect; conceal
【庇佑】bless and protect

陛 [bì]
名 flight of steps leading to a palace hall
【陛下】Your Majesty; His [Her] Majesty

毙 [bì]
动 ❶ fall; drop; collapse ❷ die; get killed ❸ execute by shooting
【毙命】meet a violent death; get killed

敝 [bì]
形 ❶ worn-out; broken ❷ my; our; this ❸ de-

cline;worsen
【敝厂】 our factory;this factory
【敝处】 my place
【敝店】 my humble store
【敝人】 your humble servant;I
【敝舍】 my house
【敝乡】 my[our] hometown[village]
【敝校】 my school
【敝姓】 my surname
【敝友】 my friend
【敝寓】 my residence
【敝帚自珍】 my worn-out broom is a treasure to me—everyone values things of his own

筚 [bì]
图 bamboo fence

愎 [bì]
形 wilful;self-willed

弻 [bì]
动 assist

蓖 [bì]
〔蓖麻〕 castor-oil plant

裨 [bì]
图 benefit;advantage;profit ➡ pí
【裨益】图 benefit;advantage;profit 动 benefit; bring advantage[benefit] to

辟 [bì]
图 sovereign 动 ① keep away;remove ② summon sb and confer on him an official post ➡ pì
【辟谷】 refrain from eating grain;live without eating grain

碧 [bì]
图 green jade 形 bluish green;blue
【碧波】 bluish waves
【碧草】 green grass
【碧海】 blue sea
【碧空】 clear blue sky
【碧蓝】 dark blue
【碧绿】 dark green
【碧天】 clear blue sky
【碧血】 blood shed in a just cause
【碧眼】 blue-eyed
【碧玉】 jasper

蔽 [bì]
动 cover;shelter;hide

弊 [bì]
图 ① disadvantage;harm ② abuse
【弊病】 ❶ evil ❷ drawback;disadvantage
【弊端】 abuse
【弊多利少】 more disadvantages than advantages;the disadvantages outweigh the advantages

篦 [bì]
图 double-edged fine-toothed comb 动 comb with a double-edged fine-toothed comb
【篦头】 comb one's hair
【篦子】 double-edged fine-toothed comb

壁 [bì]
图 ① wall ② cliff ③ breastwork
【壁报】 wall newspaper
【壁橱】 built-in cupboard
【壁灯】 wall lamp
【壁挂】 (wall) hanging
【壁柜】 built-in cupboard;closet
【壁虎】 house[wall] lizard;gecko
【壁垒】 barrier
【壁立】 stand like a wall
【壁纸】 wallpaper
【壁钟】 wall clock
【壁上观】 watch the fighting from the ramparts;be an onlooker
【壁垒森严】 ❶ closely guarded ❷ sharply divided;rival camps confronting each other

避 [bì]
动 ① avoid ② prevent;keep away
【避风】 ❶ take[seek] shelter from the wind ❷ lie low;stay away from trouble
【避讳】 [bìhui] avoid a taboo
【避讳】 [bìhuì] ❶ avoid a taboo word[phrase, topic];put under a taboo ❷ evade
【避忌】 avoid a taboo word[phrase, topic];put under a taboo
【避开】 avoid;escape;shun;evade;back[keep] away from;get out of
【避免】 avoid;escape;back[keep] away from; get out of
【避难】 take refuge
【避让】 avoid;get out of the way;make way
【避暑】 ❶ be away for the summer holidays; spend a holiday at a summer resort ❷ prevent sunstroke
【避税】 tax avoidance
【避嫌】 avoid doing anything that may arouse suspicion;avoid arousing suspicion
【避邪】 avoid evil spirits
【避孕】 birth control
【避车道】 turnout;lay-by
【避风头】 lie low until the wind blows over; stay away from trouble
【避雷针】 lightning rod
【避而不见】 avoid meeting sb;steer clear of sb
【避而不谈】 avoid talking about;be silent on
【避人耳目】 avoid being noticed;elude observation
【避暑胜地】 summer resort
【避重就轻】 evade major responsibility and take minor

臂 [bì]
图 arm
【臂膀】 ❶ arm ❷ capable assistant;reliable helper
【臂章】 armband;armlet
【臂肘】 elbow

bian

边 [biān]
图 ① margin;side;edge;rim;brim ② by the

side of;close by ③ part;side ④ frontier;boundary;border ⑤ hem;border ⑥ side ⑦ limit;bound 副 along,while
【边隘】frontier pass
【边白】margin
【边城】border(frontier) town
【边陲】border area;frontier
【边地】border district
【边防】frontier(border) defence
【边锋】wing
【边关】frontier pass
【边际】limit;bound;boundary
【边疆】border area;borderland;frontier;frontier region
【边界】bound;boundary;border;frontier
【边境】border (area);frontier
【边框】frame
【边门】side door
【边民】people living on the frontiers;inhabitants of a border area
【边线】sideline
【边沿】border;edge;fringe
【边缘】名 border;edge;margin;rim 形 borderline
【边远】far from the centre;remote;outlying
【边寨】borderland village
【边防军】frontier force
【边防站】frontier station
【边角料】leftover bits and pieces
【边界线】boundary line
【边防部队】frontier guards
【边防警察】frontier police
【边防哨所】border(frontier) post
【边防战士】frontier guard
【边界贸易】border trade
【边线裁判】linesman
【边缘地区】border district;borders
【边缘科学】frontier science;borderline science
【边防检查站】border checkpoint
【边境通行证】border crossing card

编 [biān]
动 ①weave;plait ②organize;group;arrange ③edit;compile ④write;compose ⑤fabricate;invent;make up;cook up 名 ①copy;book ②part of a book;volume ③ authorized strength or size;establishment
【编班】group(organize) into classes
【编程】program;write program
【编导】动 write and direct 名 playwright-director
【编订】compile and edit
【编队】动 form into columns;organize into teams 名 formation
【编号】动 number 名 serial number
【编后】postscript
【编辑】动 edit;compile 名 editor;compiler
【编校】edit
【编结】weave

【编剧】write a play,scenario,etc.名 ❶playwright ❷screenwriter
【编码】名 coding 动 code
【编目】动 make a catalogue;catalogue 名 catalogue;list
【编内】in-staff
【编排】arrange;lay out
【编审】动 read and edit 名 senior editor
【编外】not on the permanent staff;not on the regular payroll
【编委】editorial member
【编务】editorial work
【编写】❶compile ❷write;compose
【编修】动 compile 名 Bianxiu
【编选】select and edit;compile
【编译】动 translate and edit 名 translator-editor
【编印】compile and print;publish
【编造】❶compile;draw up;work out ❷invent;make up;cook up ❸ create out of the imagination
【编者】editor
【编织】weave;knit
【编制】❶weave ❷work out;draw up 名 authorized strength of a unit;establishment
【编钟】a set of bells;chimes
【编著】compile;write
【编撰】compile;write
【编组】❶marshalling ❷organize into groups
【编纂】compile
【编程员】programmer
【编法儿】try every means;do everything possible
【编码机】code machine
【编码器】coder
【编委会】editorial board
【编者按】editor's note;editorial note
【编组站】marshalling station
【编辑终端】editing terminal
【编码程序】builder
【编译程序】compiling routine;compiler program;compiler

蝙 [biān]

【蝙蝠】bat

鞭 [biān]
名 ① whip ② sth resembling a whip ③ iron nodular staff ④ string of small firecrackers ⑤ penis of certain male animals 动 flog;whip;lash
【鞭策】spur on;urge on
【鞭打】whip;lash;flog;thrash
【鞭炮】❶firecrackers ❷a string of small firecrackers
【鞭挞】lash
【鞭子】whip
【鞭长莫及】beyond the reach of one's power (authority); too far away to be helped; beyond one's grasp
【鞭辟入里】penetrating

biǎn

贬 [biǎn] 动 ❶reduce ❷degrade ❸play down
【贬斥】❶demote ❷denounce
【贬低】belittle; play down
【贬价】reduce the price; mark down
【贬损】belittle
【贬责】blame
【贬值】❶drop in value ❷devalue; debase

扁 形 ❶flat ❷squat-shaped handwriting ➡piān
【扁铲】flat chisel
【扁锉】flat file; mill file
【扁担】carrying pole; shoulder pole
【扁平】flat
【扁桃】❶almond tree ❷almond ❸flat peach

匾 [biǎn] 名 ❶horizontal inscribed board ❷silk banner embroidered with words of praise ❸*bian*
【匾额】horizontal inscribed board; tablet

biàn

变 [biàn] 动 ❶become different; change ❷change into; turn into; become ❸change; transform; turn ❹sell off ❺be flexible 名 unexpected turn of events 形 changeable; changed
【变成】change into; turn into; become; transform into
【变调】modified tone
【变动】change
【变革】transform; change
【变更】change; alter; modify
【变故】accident; misfortune
【变卦】backtrack; go back on one's word; break an agreement; change one's mind; change one's turn; change of heart; U-turn; shift; have second thoughts
【变化】change; vary; alter; move; reform; convert to
【变幻】change irregularly
【变换】vary; commutation
【变局】changed situation; emergency
【变脸】❶rapidly change facial expression ❷suddenly turn hostile; take on a new look
【变量】variable
【变卖】sell off
【变迁】changes
【变色】❶change colour; discolour ❷become angry
【变声】change voice
【变式】version
【变数】❶variable ❷variable factor
【变速】speed change
【变态】abnormal
【变体】version
【变天】change of weather
【变通】be flexible
【变为】become; change[turn] into
【变位】❶shift ❷conjugation ❸deflection
【变味】❶go bad; acquire a strange taste ❷depart from the original form, feature, etc.
【变相】❶in disguised form ❷phasing
【变心】cease to be faithful; change loyalties; break faith
【变形】be out of shape; become deformed
【变性】名 denaturation 动 change sex
【变样】change in shape[appearance]
【变异】variation
【变造】change the appearance
【变质】go bad
【变种】❶variety ❷variety; variant
【变法儿】try different ways
【变色龙】changeable person
【变压器】transformer; voltage changer
【变奏曲】variation
【变化无常】changeable; variable
【变幻莫测】changeable
【变色眼镜】light-sensitive glasses

便 [biàn] 形 ❶convenient; handy ❷informal; plain; ordinary; simple ❸fit; proper; suitable 名 ❶convenience; ease ❷piss, urine, shit, stool 动 relieve oneself 副 ❶already; as early as ❷soon afterwards; when; as soon as; 一问便知 just ask and you will know/她一来我便走。I'll go as soon as she comes. ❸then 连 even if; though; 你便再等他也不会来。He won't come even if you wait longer. ➡pián
【便步】route step
【便餐】light〔simple, homely〕meal; bite; refreshments
【便当】形 convenient; handy; easy 名 fast food in box
【便道】❶shortcut ❷pavement; sidewalk ❸makeshift road
【便饭】ordinary meal; simple meal
【便服】❶everyday clothes; informal dress ❷civilian clothes
【便函】informal letter sent by an organization
【便壶】chamber pot
【便捷】❶convenient ❷quick; nimble
【便览】brief guide
【便利】形 convenient; handy 动 accommodate
【便路】shortcut
【便帽】cap
【便门】side door
【便民】for the convenience of the people
【便溺】relieve oneself
【便盆】bed pan
【便士】penny
【便所】lavatory; toilet; WC; public convenience; restroom; washroom
【便条】note
【便桶】chamber pot

【便鞋】cloth shoes; slippers
【便宴】informal dinner
【便衣】❶civilian clothes; plain clothes ❷plainclothesman
【便宜】convenient
【便于】easy to; convenient for
【便纸】toilet tissue; toilet paper
【便装】❶everyday clothes; informal dress ❷civilian clothes
【便笺儿】❶note ❷notepaper
【便利店】convenience store
【便条纸】scrap(scratch) paper
【便携式】portable; man-pack
【便民服务】handy service for the people
【便民商店】convenience store; variety store
【便宜从事】act as one sees fit

遍 [biàn]

🔲 all over; everywhere 🔲 once; a time: 改了一遍 correct it/检查一遍 check up/看一遍 see once; read once/念了两遍 read twice/再说一遍 say it once again/听了几遍 listened several times/想一遍 think it over/写一遍 write it once/问过三遍 asked it three times
【遍布】be found everywhere; spread all over
【遍地】all over the place; everywhere
【遍及】extend(spread) all over
【遍身】all over one's body; the whole body
【遍野】all over the open country
【遍游】travel round; journey round
【遍地开花】blossom everywhere; spring up all over the place

辨 [biàn]

🔲 differentiate; distinguish
【辨别】differentiate; distinguish
【辨明】make a clear distinction; clarify; distinguish; identify
【辨认】identify; recognize
【辨识】identify; distinguish; recognize
【辨析】differentiate and analyse
【辨证】❶find the truth through challenge and proof ❷distinguish symptoms of diseases

辩 [biàn]

🔲 argue; dispute; debate
【辩白】offer an explanation; try to defend oneself
【辩驳】dispute
【辩词】explanation; argument
【辩方】defence
【辩护】❶speak in defence of; argue in favor of; defend ❷defend; come to sb's defence; stand(stick) up for; be in defence of
【辩解】provide an explanation; try to defend oneself
【辩论】argue; debate
【辩护人】defender; counsel; legal counsel of the defendant
【辩论会】debate
【辩论赛】debate contest

【辩诉交易】plea bargain

辫 [biàn]

🔲 ❶pigtail; braid ❷braid (of sth) 🔲 plait
【辫子】❶braid; pigtail ❷braid (of sth) ❸mistake(shortcoming) that may be exploited by an opponent; handle

biāo

标 [biāo]

🔲 ❶tip(top) of a tree; treetop ❷outward sign; symptom ❸mark; sign ❹prize; award ❺standard; requirement ❻tender; bid 🔲 put a mark, tag(label) on; mark; label 🔲 一标人马 a group of soldiers
【标榜】❶advertise; parade ❷boost
【标本】❶specimen; sample ❷the root cause and symptoms of a disease
【标兵】❶parade guards ❷example; model
【标尺】❶staff ❷staff gauge ❸rear sight
【标底】base number of a tender; highest price the project owner could possibly accept; bottom price of the bid
【标的】❶target ❷aim; purpose ❸common objectives of both parties to a commercial contract with regard to their rights and duties in the execution of the project
【标点】🔲 punctuation 🔲 punctuate
【标定】❶demarcate ❷calibrate ❸standardize ❹check according to set standards 🔲 standard; standardized
【标杆】❶surveyor's pole; sign post ❷model; example
【标高】level
【标号】grade
【标记】🔲 sign; mark 🔲 symbol
【标价】🔲 mark a price 🔲 marked price
【标明】mark; indicate
【标牌】label
【标签】label; tag
【标示】mark; indicate; note
【标书】❶invitation to bidding ❷bidding papers
【标题】title; heading; headline
【标语】slogan; poster
【标志】🔲 sign; mark 🔲 indicate; mark; symbolize
【标致】beautiful; handsome
【标注】mark
【标桩】stake
【标准】🔲 standard; scale 🔲 serving as a standard
【标示牌】sign post; mark
【标题词】headword
【标准化】standardization
【标准间】standard room
【标点符号】punctuation mark
【标题新闻】the headlines; headline news
【标题音乐】programme music
【标新立异】start sth new just in order to be

different feelings

彪 [biāo]
图 ❶ stripes of a tiger ❷ literary talent ❸ young tiger
【彪炳】 shining; splendid
【彪悍】 valiant

膘 [biāo]
图 fat
【膘肥体壮】 brawny and sturdy

飙 [biāo]
图 violent wind; hurricane
【飙车】 drive a car at top speed; speed; drag racing
【飙升】 skyrocket; rise quickly
【飙涨】 soar; rocket; spiral up

镖 [biāo]
图 ❶ dart-like weapon ❷ property [effects] convoyed [escorted]
【镖局】 professional establishment which provided armed escorts
【镖师】 armed escort

biǎo

表 [biǎo]
图 ❶ surface; outside; external; outward appearance ❷ table; form; list; catalog ❸ memorial to an emperor ❹ relatives on the side of one's mother's sisters or brothers [one's father's sisters] ❺ pole used as a sun dial ❻ meter ❼ watch; clock ❽ model; example 动 ❶ show; express; demonstrate: 深表同情 show deep sympathy ❷ administer medicine to bring out the cold
【表白】 express [state] clearly; explain; clarify; explain oneself; declare
【表层】 surface layer; skin layer
【表尺】 rear sight
【表达】 动 express; convey; voice; air; utter; have one's voice heard 图 expression
【表带】 watchband; watch strap
【表弟】 younger male cousin; cousin
【表哥】 older male cousin; cousin
【表格】 form; table
【表姐】 older female cousin; cousin
【表决】 decide by vote; vote
【表壳】 watchcase
【表里】 ❶ outside and inside; one's outward show and inner thoughts ❷ exterior and interior
【表链】 watch chain
【表露】 show; reveal
【表妹】 younger female cousin; cousin
【表面】 ❶ surface; face; side; top ❷ appearance
【表明】 make known; make clear; indicate; say what one thinks of; speak one's mind
【表盘】 dial plate; dial
【表亲】 ❶ cousin ❷ cousinship
【表情】 图 expression; look 动 express one's feelings
【表示】 动 ❶ show; express ❷ indicate 图 expression; indication
【表叔】 male cousins of one's father
【表述】 explain; expound; interpret; illustrate
【表率】 example; model
【表态】 make known one's position; declare where one stands; commit oneself
【表现】 动 ❶ show; display ❷ show off 图 ❶ expression; display ❷ behaviour; performance
【表象】 idea; image; presentation
【表兄】 older male cousin; cousin
【表演】 动 ❶ perform; act; play ❷ demonstrate 图 performance; exhibition
【表扬】 praise
【表彰】 cite; commend
【表针】 indicator; pointer; watch hand
【表决心】 express one's determination
【表蒙子】 watch glass; crystal
【表现力】 ability [power] of expression
【表演唱】 singing with actions
【表演赛】 exhibition match
【表演者】 performer
【表里不一】 think one way and act another
【表里如一】 think and act in one and the same way
【表面文章】 show
【表面现象】 superficial phenomenon
【表面张力】 surface tension
【表现手法】 technique of expression

婊 [biǎo]
【婊子】 prostitute; whore

裱 [biǎo]
动 ❶ mount ❷ paste paper on; paper
【裱糊】 paper

biē

瘪 [biē]
〔瘪三〕 wretched ➡ biě

憋 [biē]
动 ❶ hold back; bottle up; shut up ❷ stifle ❸ mull over; brew ❹ snap; break
【憋闷】 ❶ feel oppressed ❷ be depressed
【憋气】 ❶ hold one's breath ❷ feel oppressed ❸ feel injured and resentful
【憋屈】 aggrieved
【憋不住】 cannot suppress; cannot help
【憋得慌】 feel oppressed

鳖 [biē]
图 soft-shelled turtle
【鳖甲】 turtle shell

bié

别 [bié]
动 ❶ leave; part ❷ differentiate; distinguish ❸ fasten with a pin ❹ stick in; insert in order to hinder the movement of sth/sb ❺ trip up 形 ❶

unusual; uncommon; special; unique ② miswritten; misspelled; mispronounced 形 other; another 图 ①difference; distinction ②classification; category 副 ①don't; had better not; stop; quit: 别闹了 stop bothering me; quit fussing; knock it off/别再说了 enough said; drop it; drop the subject/别客气 Don't stand on ceremony.; Make yourself at home./别跟我过不去啊！Please don't be so hard on me! ②maybe: 他已经答应来了，别是变卦了呀。He agreed to be here by now, I hope he hasn't changed his mind./他肯定在家的，你别是敲错门了吧？I'm sure he's at home. Maybe you knocked on the wrong door. ➡bié

【别车】stop an advancing bike〔car〕with one's own
【别称】another name; alternative name
【别处】other places; elsewhere
【别的】other
【别管】no matter（who, what, etc.）
【别看】in spite of; despite
【别离】take leave of; leave
【别名】another name; alternative name
【别人】[biérén] someone else
【别人】[biérén] other people; others; people
【别墅】villa
【别说】say nothing of; not to mention; let alone
【别提】no need to mention; you can well imagine
【别腿】stick one's leg out to trip sb up
【别绪】sorrow of separation
【别样】形 other; different 图 different style
【别针】pin; safety pin
【别致】unique
【别字】❶incorrectly written〔mispronounced〕character ❷another name
【别动队】❶special detachment ❷an armed secret agent squad
【别出心裁】try to be different
【别具匠心】have great originality
【别具一格】have a style of one's own; have a unique style
【别开生面】start sth new〔original〕; break a new path; break fresh ground
【别无出路】there is no other way out
【别无二致】without the slightest difference; just the same; identical
【别无选择】have no other choice; have no alternative
【别有洞天】place of unique beauty; altogether different world
【别有所指】there is an implication here
【别有天地】place of unique beauty
【别有用心】have an axe to grind
【别时容易见时难】it is easy to part company but difficult to meet again

蹩 [bié]
动 sprain

【蹩脚】❶inferior; poor; unskilled; broken ❷uncomfortable
【蹩脚货】inferior goods; poor stuff; shoddy work; third-rate goods

biě

瘪 [biě]
形 shrivelled; shrunken; deflated 动 ①become hallow; sink down ② be on a spot; be〔put〕in difficulty ➡biē
【瘪陷】shrivelled; sunken
【瘪子】empty grain

biè

别 [biè]
动 sway; bring round; change ➡bié
【别扭】❶awkward; difficult; uncomfortable ❷not see eye to eye; disagree ❸unnatural; awkward
【别嘴】not smooth to read; awkward
【别不过】fail to talk round

bīn

宾 [bīn]
图 guest
【宾格】the objective case
【宾馆】guesthouse
【宾客】guests; visitors
【宾朋】friends and guests; guests
【宾语】object
【宾主】host and guest
【宾至如归】guests feel at home〔a home from home〕
【宾语补足语】object complement

彬 [bīn]
形 refined
【彬彬有礼】refined and courteous; be polite and respectful; be well-mannered

傧 [bīn]
【傧相】❶usher ❷attendant

滨 [bīn]
图 water's edge; bank; shore 动 be close to; border on
【滨海】border on the sea
【滨江公园】riverside park

槟 [bīn]
〔槟子〕a species of apple ➡bīng

濒 [bīn]
动 ①be close to; border on ② on the point of; on the brink of
【濒临】be close to; border on; be on the verge of
【濒于】be on the brink of
【濒临灭绝】be on the brink of extinction
【濒于绝境】face an impasse

bìn

bìn

摈 [bìn] 动 abandon;discard;reject
【摈弃】 discard;get rid of
【摈弃】 abandon;discard;cast away

殡 [bìn] 名 coffin 动 lay a coffin in a memorial hall
【殡葬】 funeral and interment
【殡仪馆】 the undertaker's;funeral home

髌 [bìn] 名 ①kneecap ②punishment of cutting off kneecaps

鬓 [bìn] 名 temples;hair at the temples
【鬓发】 hair over[on] the temples
【鬓角】 temples;hair on the temples

bīng

冰 [bīng] 名 ①ice ②sth resembling ice 动 ①feel cold ②put sth on the ice or in cold water;ice
【冰雹】 hail
【冰层】 ice layer
【冰场】 ice stadium
【冰袋】 ice bag
【冰刀】 (ice) skates
【冰点】 freezing point
【冰雕】 ❶ice carving ❷carved ice;ice sculpture
【冰冻】 freeze
【冰毒】 drug "ice"
【冰帆】 iceboat
【冰封】 freeze over;be blocked up with ice
【冰峰】 icy[ice-capped] (mountain) peak
【冰糕】 ice cream
【冰柜】 freezer;refrigerator
【冰花】 ❶frost (on windows) ❷iced object of art ❸rime
【冰窖】 icehouse
【冰景】 icescape
【冰库】 icehouse;storage
【冰冷】 ❶ice-cold ❷frigid
【冰凉】 ice-cold
【冰凌】 led
【冰球】 ❶ice hockey ❷puck
【冰山】 ❶ icy mountain ❷ iceberg;ice-capped mountain ❸individual or a group not to be relied upon for long
【冰释】 disappear;vanish;be dispelled
【冰霜】 ice and frost
【冰水】 ice[iced] water
【冰糖】 crystal sugar;rock candy
【冰箱】 ❶icebox ❷refrigerator
【冰鞋】 skating boots;skates
【冰心】 moral purity
【冰障】 ice barrier
【冰镇】 iced
【冰砖】 ice-cream brick
【冰棍儿】 ice-sucker;frozen sucker

【冰激凌】 ice cream
【冰块儿】 lump of ice;ice cube
【冰球队】 ice hockey team
【冰肌玉骨】 flesh of ice and bones of jade—beautiful pale;pure-looking woman 形 noble and unsullied
【冰酿啤酒】 ice beer
【冰清玉洁】 pure-hearted;pure and noble
【冰上表演】 ice show
【冰上舞蹈】 skate dancing
【冰上运动】 ice-sports
【冰天雪地】 a world of ice and snow
【冰雪聪明】 brilliant
【冰冻三尺,非一日之寒】 it takes more than one cold day for the river to freeze three *chi* deep—the trouble has been brewing for quite some time

兵 [bīng] 名 ①weapons;arms ②army;troops ③soldier;serviceman ④about war[military] affairs ⑤pawn
【兵车】 ❶war chariot ❷military vehicle
【兵船】 man-of-war;naval vessel;warship
【兵戈】 ❶weapons;arms ❷fighting;war
【兵舰】 warship
【兵力】 military strength;armed forces;troops
【兵马】 troops and horses;military forces
【兵器】 weapons;arms
【兵团】 ❶ large (military) unit; formation; corps ❷army
【兵役】 military service
【兵营】 military camp
【兵种】 combat branch;arm
【兵工厂】 arms plant
【兵马俑】 terracotta and horse
【兵不厌诈】 all's fair in war;war allows deceit
【兵多将广】 a very large army with many able generals—very powerful military forces
【兵临城下】 the enemy host has reached the city gates;the city is under siege
【兵强马壮】 strong soldiers and sturdy horses—a well-trained and powerful army

槟 [bīng] 〔槟榔〕 betel palm;areca ➡bīn

bǐng

丙 [bǐng] 数 third

秉 [bǐng] 动 ①hold;grasp ②control
【秉承】 take (orders);receive (commands)
【秉持】 have;hold;uphold
【秉公】 justly
【秉正】 fair-minded;honest;upright
【秉直】 honest;upright
【秉烛】 hold a candle

柄 [bǐng] 名 ①handle ②stem ③handle;target ④power;authority 动 be in control;be in power 例 两柄大刀 two broadswords

饼 [bǐng]
名 ①round flat cake ②sth shaped like a cake
【饼干】biscuit

炳 [bǐng]
形 bright;splendid;remarkable 动 illuminate;shine

屏 [bǐng]
动 ①reject;get rid of;exclude ②hold (one's breath);屏着呼吸 hold one's breath → píng
【屏除】get rid of;dismiss;brush aside
【屏绝】dismiss;brush aside;abandon
【屏气】hold one's breath
【屏弃】discard;reject;throw away;abandon
【屏去】❶get rid of;remove ❷dismiss
【屏息】hold one's breath
【屏气凝神】hold one's breath in concentration

禀 [bǐng]
动 ①give to grant ②report;written report to one's superior ③ receive (orders, commands,etc.) 名 documents or papers in ancient times
【禀报】report
【禀呈】submit;present
【禀告】report

bìng

并 [bìng]
动 ①combine ②side by side;parallel with 副 ①equally ②actually;definitely 连 and;besides
【并不】not;not at all;by no means;in no sense
【并存】exist side by side
【并非】really not
【并股】reverse stock split
【并轨】combination of two
【并进】advance side by side
【并举】carry on (two things) at the same time
【并立】exist side by side
【并联】parallel connection
【并列】stand side by side
【并拢】close up;join together
【并排】side by side;abreast
【并且】❶and also;and... as well;in addition ❷besides;moreover;furthermore
【并入】merge into
【并吞】swallow up;absorb
【并行】❶walk abreast;run side by side ❷carry on (two things) at the same time
【并重】lay equal stress on;pay equal attention to
【并列句】compound sentence
【并驾齐驱】run neck and neck;keep abreast of sb;keep pace with sb;be on a par with sb
【并肩作战】fight side by side;fight shoulder to shoulder
【并联电路】multiple(parallel) circuit
【并联网络】parallel network

【并行不悖】both can be accomplished without coming into conflict
【并行操作】concurrent operation
【并行处理】parallel processing

病 [bìng]
名 ①illness;disease ②trouble ③fault;defect
动 ① be ill;be sick ② do harm to;injure ③ blame;be displeased with
【病案】medical record;case history
【病残】❶ illness and disability ❷ the sick and the handicapped
【病程】course of disease
【病床】hospital bed
【病倒】be down with an illness;be laid up
【病毒】virus
【病房】sickroom
【病根】❶ incompletely cured illness; old complaint ❷ the root cause of trouble
【病故】die of illness
【病害】(plant) disease
【病号】sick personnel;person on the sick list;patient
【病患】disease;illness;sickness
【病假】sick leave
【病句】faulty sentence
【病菌】germs
【病况】state of an illness;patient's condition
【病历】medical record;case history
【病例】medical case
【病情】state of an illness;patient's condition
【病人】sick person;patient
【病容】sickly look
【病逝】die of illness
【病室】sickroom
【病死】die of illness
【病榻】sickbed
【病态】❶sickly appearance ❷abnormal state
【病体】sick body
【病痛】slight illness
【病退】retire for being sick
【病危】be terminally ill
【病休】be on sick leave
【病因】cause of disease;pathogeny
【病友】friend made in hospital
【病愈】recover
【病员】sick personnel;person on the sick list;patient
【病源】cause(source) of a disease
【病院】specialized hospital
【病灶】focus
【病征】symptom
【病症】disease;illness
【病重】be seriously ill
【病虫害】plant diseases and insect pests
【病号饭】patient's diet; special food for patients
【病毒携带者】virus carrier
【病从口入,祸从口出】disease goes in by the

mouth and trouble comes out of the mouth; illness comes from food and trouble from speech; a closed mouth catches no flies

摒 [bìng]
动 get rid of; brush aside; dismiss
【摒除】 get rid of; dismiss; brush aside
【摒绝】 get rid of; dismiss; brush aside
【摒弃】 discard; reject; throw away; abandon
【摒之门外】 keep sb away

bō

拨 [bō]
动 ①push aside ②stir; turn ③assign; allot; distribute ④turn round ⑤play 量 group; party; 一拨儿人 a group of people/一拨儿游客 a party of tourists
【拨出】 dial-out; appropriate
【拨动】 ①stir; turn ②play
【拨发】 transfer; deliver; set aside; appropriate
【拨付】 appropriate
【拨号】 dial a number; dial
【拨叫】 dial
【拨开】 push aside
【拨款】 动 appropriate money 名 money appropriated
【拨弄】 ①move to and fro ②incite; sow discord
【拨号键】 dial〔dialing〕key
【拨号音】 dialing tone
【拨号电话】 dial telephone
【拨号网络】 dial-up network
【拨号系统】 dial system
【拨乱反正】 right wrongs; bring order out of chaos; set to right what has been thrown into disorder; restore things to order
【拨弄是非】 stir things up; stir up trouble; sow dissension; tell tales

波 [bō]
名 ①wave ②unexpected turn of events ③eyes; glances ④wave 动 affect
【波导】 waveguide
【波道】 radio frequency channel; wave canal
【波动】 wave motion
【波段】 wave band
【波及】 spread to; involve; affect
【波澜】 great waves
【波浪】 wave
【波谱】 spectrum
【波束】 beam
【波涛】 great waves
【波纹】 ripple
【波形】 wave form; wave shape; wave pattern
【波折】 twists and turns; setbacks
【波浪线】 wavy line
【波澜起伏】 waves rise and fall

玻 [bō]
【玻璃】 ①glass ②nylon; plastic
【玻璃板】 glass plate; plate glass
【玻璃杯】 glass (cup)
【玻璃砖】 ①glass block ②thick glass
【玻璃幕墙】 glass curtain wall
【玻璃纤维】 glass fibre
【玻璃制品】 glasswork

剥 [bō]
动 ①shell; skin ②fall off; brush off ③deprive; strip ➡bāo
【剥掉】 strip off; shell; skin
【剥夺】 deprive; strip; divest; rob
【剥离】 come off; be stripped; peel off
【剥落】 come off
【剥脱】 ①tear down; strip off ②come〔peel〕off
【剥削】 exploit
【剥夺权利】 deprive sb of his rights
【剥削阶级】 exploiting class

菠 [bō]
【菠菜】 spinach
【菠萝】 pineapple

播 [bō]
动 ①sow (seeds) ②spread; broadcast
【播报】 broadcast; telecast
【播出】 broadcast; telecast; be on the air
【播发】 broadcast
【播放】 动 broadcast; be on the air 名 broadcast a TV〔radio〕 programme
【播讲】 talk over the radio
【播撒】 scatter; broadcast; sow
【播散】 ①send out; emit ②distribute; issue; give out
【播送】 broadcast; transmit; beam
【播音】 transmit; broadcast
【播映】 broadcast on television
【播种】 [bōzhǒng] scatter〔sow, spread, plant〕 seeds; sow; seed
【播种】 [bōzhòng] grow〔plant〕 by sowing seeds
【播音室】 broadcasting studio
【播音员】 announcer
【播种机】 seeder; planter; sower

bó

伯 [bó]
名 ①the first〔eldest〕of brothers ②uncle: 三伯 third uncle ③count
【伯父】 uncle
【伯乐】 ①Bo Le ②good judge of talent
【伯母】 aunt

驳 [bó]
形 parti-coloured 动 ①reject ②transport by lighter 名 barge; lighter
【驳船】 lighter
【驳回】 reject; turn down
【驳运】 transport by lighter; lighter
【驳正】 criticize and correct; refute and correct
【驳面子】 not spare sb's sensibilities; not show due respect for sb's feelings

bó

帛 [bó] silks

泊 [bó] ①cast anchor; be at anchor ②stay for a time ③park 形 indifferent to fame and gain ➡ pō
- 【泊车】 park a car
- 【泊船】 moor a boat
- 【泊位】 ❶berth ❷parking place

勃 [bó] 形 vigorous; thriving; flourishing 副 suddenly
- 【勃勃】 thriving; vigorous
- 【勃发】 ❶thrive ❷break out
- 【勃起】 erect; erection
- 【勃发生机】 full of life
- 【勃然大怒】 fly into a rage

钹 [bó] cymbals

舶 [bó] oceangoing ship
- 【舶来品】 imports

脖 [bó] ①neck ②sth shaped like a neck
- 【脖子】 neck
- 【脖梗儿】 back of the neck
- 【脖领儿】 collar

博 [bó] 形 ①plentiful; abundant; rich ②big; large; great 动 ①be knowledgeable and well informed ②win; gain ③gamble
- 【博爱】 universal brotherhood; universal love; love for all
- 【博大】 ❶broad; extensive ❷abundant; rich
- 【博得】 win; gain
- 【博古】 ❶conversant with things of the past ❷paintings of ancient objects
- 【博客】 Blog
- 【博取】 try to gain[win]; court
- 【博士】 ❶doctor ❷learned scholar
- 【博学】 learned; knowledgeable; be a mine of information; well-informed
- 【博弈】 play chess; have a game of chess
- 【博彩业】 lottery industry
- 【博览会】 (international) fair
- 【博士后】 ❶postdoctoral student or researcher ❷postdoctoral study or research
- 【博士生】 doctoral candidate
- 【博物馆】 museum
- 【博弈论】 game theory
- 【博采众长】 discover and make use of the strong points of all others
- 【博大精深】 have extensive knowledge and profound scholarship
- 【博得好评】 have a favorable reception
- 【博得同情】 win sympathy
- 【博古通今】 possess a wide knowledge of things ancient and modern—erudite and informed
- 【博览群书】 read widely
- 【博士学位】 doctor's degree; doctorate
- 【博闻强记】 possessed of wide learning and a powerful memory
- 【博学多才】 learned and versatile
- 【博学之士】 learned scholar
- 【博得满堂彩】 bring the house down
- 【博士生导师】 doctoral student adviser; doctoral tutor

搏 [bó] 动 ①fight; struggle ②beat
- 【搏动】 beat; throb; pulsate
- 【搏斗】 fight; struggle
- 【搏击】 struggle with; fight with
- 【搏杀】 ❶fight with a weapon ❷be locked in a fierce contest
- 【搏击风浪】 battle with the winds and waves

箔 [bó] ①screen ②frame for silkworms ③foil; tinsel ④paper tinsel burnt as offerings to the dead
- 【箔片】 chaff

薄 [bó] 形 ①slight; small ②unkind; mean ③frivolous ④thin; light; weak 动 ①belittle; look down ②approach; near ➡báo; bò
- 【薄技】 my slight skill
- 【薄酒】 light wine
- 【薄礼】 modest present; my small gift
- 【薄命】 (usu. of women) born under an unlucky star; born unlucky
- 【薄膜】 ❶membrane ❷film; thin-film
- 【薄暮】 dusk
- 【薄片】 thin slice; thin section
- 【薄弱】 weak
- 【薄雾】 mist
- 【薄情人】 heartless lover
- 【薄利多销】 small profits and quick returns; more sales at a lower profit

bǒ

跛 [bǒ] 形 lame
- 【跛脚】 lame foot; be lame (in the foot)
- 【跛腿】 lame[limping] leg; be lame (in the leg); limp
- 【跛行】 walk with a limp
- 【跛子】 lame person; cripple

簸 [bǒ] 动 ①winnow; fan ②toss up and down; rock ➡bò
- 【簸箩】 shallow basket

bò

薄 [bò] ➡báo; bó
- 【薄荷】 field mint
- 【薄荷糖】 peppermint drops

擘 [bò]
图 thumb
【擘划】 plan; arrange

簸 [bò]
〔簸箕〕 ❶ dustpan ❷ winnowing fan ❸ loop (of a fingerprint) →bǒ

bǔ

卜 [bǔ]
动 ❶ tell fortunes ❷ select; choose ❸ foretell; predict
【卜卦】 system of divination

补 [bǔ]
动 ❶ mend; patch; repair ❷ fill; supply; make up for ❸ nourish ❹ make up; remedy; make good 图 benefit; help; use
【补办】 make up
【补报】 ❶ make a report after the event ❷ repay a kindness
【补编】 supplement
【补差】 grant the margin
【补偿】 make up; offset
【补充】 ❶ supplement; add ❷ superadd
【补丁】 patch
【补发】 ❶ supply (what is lost) ❷ furnish supplementary supply
【补给】 动 provide; supply; recruit 图 provision; supply
【补假】 ❶ take deferred holidays ❷ carry out procedures for leave retroactively
【补角】 supplementary angle
【补救】 remedy
【补考】 make-up examination
【补课】 ❶ make up a missed lesson ❷ do over again sth not well done
【补漏】 fill〔plug〕 the leak
【补苗】 fill the gaps with seedlings
【补票】 buy one's ticket after the normal time
【补品】 tonic
【补缺】 ❶ fill a vacancy〔job〕 slot ❷ bridge the gap
【补税】 ❶ pay a tax one has evaded ❷ pay an overdue tax
【补台】 help sb strengthen his position; boost sb
【补贴】 动 subsidize 图 subsidy; allowance
【补习】 take lessons after school〔work〕; take a make-up course
【补休】 take a deferred leave〔holiday〕
【补选】 by-election
【补血】 build the blood
【补牙】 fill a tooth; have a tooth stopped
【补药】 tonic (medicine)
【补遗】 supplement
【补益】 图 ❶ benefit; help 动 ❷ tonic 动 be of help 〔benefit〕
【补语】 complement
【补助】 动 help financially 图 allowance
【补缀】 mend (clothes); patch

【补足】 bring up to full strength; make complete; fill
【补给品】 supplies
【补给线】 supply line
【补习班】 make-up class
【补助金】 grant-in-aid
【补足语】 complement
【补充协议】 supplementary agreement
【补丁文件】 serve patch
【补码操作】 complementary operation

捕 [bǔ]
动 catch; seize; arrest
【捕俘】 capture enemy personnel
【捕获】 catch; capture; seize
【捕鲸】 whale; hunt whales
【捕捞】 fish for; catch
【捕猎】 catch; hunt
【捕杀】 catch and kill
【捕食】 hunt for food
【捕鱼】 catch fish; fish
【捕捉】 ❶ catch ❷ grasp; seize
【捕鱼场】 fishing ground
【捕鱼业】 fishing; fishing industry

哺 [bǔ]
动 feed; nurse 图 food in one's mouth
【哺乳】 breast-feed; nurse
【哺养】 feed; rear
【哺育】 ❶ feed ❷ develop

bù

不 [bù]
副 ❶ not; no ❷ or not ❸ no matter (what, how, etc.) ❹ neither... nor... ❺ if not... (then) ❻ either (... or) ❼ incomplete ❽ "他是律师吗?""不,他不是。""Is he a lawyer?""No, he isn't."/"再来杯咖啡吧?""不了,谢谢。""How about another cup of coffee?" "No more, thanks." ❾ 你喝茶不? Would you care for some tea? ❿ 进不去 cannot go in/拿不动 cannot carry it/说不清楚 cannot say for certain; cannot explain/做不好 unable to do a good job of it/吃不了 difficult to eat all this food ⓫ needn't; don't
【不安】 ❶ unpeaceful; unstable; upset ❷ uneasy; disturbed; restless ❸ sorry
【不备】 unprepared; off guard
【不比】 ❶ be inferior to ❷ be unlike; be different from
【不必】 need not; not have to
【不变】 unchanged
【不便】 ❶ inconvenient ❷ inappropriate; unsuitable ❸ short of cash
【不辨】 make no distinction (between)
【不测】 形 unpredictable 图 accident; mishap
【不曾】 never
【不成】 形 ❶ not permissible ❷ not good (at) 动 难道我真的错了不成? Am I really wrong?
【不啻】 ❶ not less than ❷ as; like; as good as

【不辞】 ❶not say farewell[goodbye] ❷not shrink from (the trouble);take (the trouble)
【不错】 ❶correct;right ❷not bad;pretty good;OK
【不大】 ❶not very;not too ❷not often;seldom
【不待】 needlessly
【不单】 副 not the only 连 not only;not merely;not simply
【不但】 not only;not merely;not simply
【不当】 unsuitable;inappropriate
【不得】 [bùdé] ❶not get[gain] ❷must not;may not;not be allowed
【不得】 [bùde]must not
【不等】 ❶vary;differ;in variety ❷unequal
【不迭】 ❶cannot cope;find it too much ❷incessantly
【不定】 副 hard to say;hard to predict 形 indefinite
【不断】 ❶unceasing;constant ❷continuous
【不对】 ❶incorrect;wrong ❷abnormal ❸be in disagreement;be at odds
【不乏】 there is no lack of
【不法】 lawless;illegal;unlawful
【不凡】 out of the ordinary;out of the common run
【不犯】 be not worth[worthwhile]
【不防】 suddenly;without warning
【不妨】 there is no harm in;might as well
【不分】 make no distinction
【不忿】 ❶refuse to obey;not give into ❷not admire;not look up to
【不服】 ❶refuse to obey;refuse to accept as final;not give in to ❷not be accustomed [used] (to)
【不符】 not agree[square] with
【不复】 no longer
【不甘】 not resigned to;unwilling
【不敢】 ❶dare not;not dare ❷I really don't deserve this;it's too much of an honour;I'm much obliged;you flatter me
【不公】 unjust;unfair
【不苟】 not lax;not casual;careful
【不够】 ❶short of ❷not enough;insufficient
【不顾】 in spite of;regardless of
【不关】 have nothing to do with
【不管】 no matter;any;all;No degree of;No number of;whether... or...;either... or...;neither... nor...;or;as well as;and;regardless of;without regard to;without reference to;independently of;in spite of;whatever;whoever;whichever;however;wherever;whenever
【不光】 ❶not the only one ❷not only
【不轨】 against the law[discipline]
【不过】 副 ❶only;just;merely;no more than ❷exceedingly;most 连 but;however;only;他受了伤,不过情绪还好。 He was injured, but his mood was not bad.

【不含】 without;be free from
【不合】 ❶be unsuited to;be out of keeping with ❷disagree;disaccord ❸should not;ought not
【不和】 not get along well;be on bad terms;be at odds
【不会】 ❶be unlikely;will not ❷have not learned to;be unable to ❸你就不会自己动脑筋吗? Couldn't you use your own head?
【不惑】 be free from doubts
【不及】 ❶not as good as;inferior to ❷find it too late
【不计】 disregard;not take into account[consideration]
【不济】 not good;of no use
【不见】 ❶not see;not meet ❷be missing [lost];disappear;not to be found
【不解】 ❶not understand;puzzled ❷indissoluble
【不禁】 can't help doing
【不仅】 ❶not the only one ❷not only
【不尽】 ❶incomplete;not full ❷endless
【不敬】 show lack of respect;be disrespectful
【不久】 ❶soon;before long;near future ❷not long after;soon after;shortly after
【不拘】 ❶not stick to;not confine oneself to ❷whatever
【不具】 ❶be incomplete ❷not list;not specify
【不堪】 动 cannot bear;cannot stand 形 extremely undesirable 副 extremely
【不可】 ❶cannot;should not;must not ❷must
【不克】 be unable to;cannot
【不快】 ❶be unhappy;be displeased;be in low spirits ❷feel under the weather;be out of sorts ❸not sharp
【不愧】 be worthy of;deserve to be called;prove oneself to be
【不赖】 not bad;good;fine
【不理】 refuse to acknowledge;pay no attention to;take no notice of;ignore
【不力】 not do one's best;not exert oneself
【不利】 ❶unfavourable;disadvantageous;harmful ❷unsuccessful
【不良】 bad;harmful;unhealthy
【不了】 without end
【不料】 to one's surprise
【不灵】 not work
【不论】 动 not discuss;not talk about;不论人过 not talk about sb else's fault 连 no matter (what, who, how, etc.);whether... or...;不论性别和年龄 regardless of age and sex
【不满】 形 discontented;dissatisfied 动 ❶be discontented with ❷be less than
【不忙】 there's no hurry;take one's time
【不免】 cannot avoid;cannot help but
【不妙】 not too encouraging;far from good
【不明】 形 not clear;unknown 动 fail to understand
【不睦】 not getting on well (with);at odds

(with); on bad terms (with);

【不能】cannot; must not; should not

【不怕】be not afraid of; not fear

【不配】❶ be unworthy of; not deserve ❷ mismatch

【不平】图 injustice; unfairness; wrong 形 ❶ unfair ❷ resentful

【不巧】unfortunately; as luck would have it

【不然】❶ not so; not the case ❷ or else; otherwise; if not so ❸ no

【不仁】❶ heartless ❷ numbness

【不忍】cannot bear to

【不日】within the next few days; in a few days' time

【不容】not tolerate; not allow

【不如】动 not equal to; not as good as; inferior to 副 it would be better to 连 it would be better to do

【不善】❶ bad; ill ❷ not good at

【不胜】动 ❶ cannot bear[stand]; be unequal to ❷ too... to 副 very

【不时】❶ frequently; often ❷ at any time

【不是】[búshi] fault; blame

【不适】unwell; out of sorts

【不爽】❶ not well; out of sorts; in a bad mood ❷ without discrepancy; accurate

【不送】don't bother to see me out

【不俗】outstanding; remarkable; out of the ordinary

【不通】动 ❶ be blocked up ❷ not understand 形 making no sense

【不同】not alike; different; distinct

【不图】not seek

【不妥】not proper; not the right way

【不外】not beyond the scope of; nothing more than

【不唯】not only

【不畏】dare

【不稳】unstable; unsteady

【不问】❶ pay no attention to; ignore ❷ let go unpunished; let off

【不无】have some; not without

【不惜】not spare

【不下】as many as; no less than

【不详】❶ not in detail ❷ not well known; not quite clear

【不祥】ominous

【不想】not expect

【不孝】动 be an unfilial son[daughter]; act contrary to filial piety 图 unfilial son[daughter]; I

【不屑】动 think it not worth doing; feel it beneath one's dignity to do sth 形 disdainful

【不谢】don't mention it; not at all

【不兴】❶ out of fashion; outmoded ❷ not allowed ❸ can't

【不行】动 ❶ not be allowed; won't do; be impossible ❷ be no good; won't work ❸ not be good; be poor 副 extremely; deeply

【不幸】图 misfortune 形 unfortunate; sad 副 unfortunately

【不休】endlessly; ceaselessly

【不许】❶ not allow; must not ❷ can't

【不逊】rude; impertinent

【不厌】❶ dissatisfy ❷ not mind doing sth; not tire of ❸ not object to

【不要】don't

【不一】vary; differ

【不依】❶ not go along with ❷ not let off easily; not let sb get away with it

【不宜】not suitable

【不已】endlessly

【不义】contrary to right conduct

【不易】形 not easy 动 not to be alerted; not to be changed

【不意】unexpectedly

【不用】need not

【不由】副 can't help; cannot but 动 not allow

【不予】not grant

【不遇】❶ fail to see ❷ not to be appreciated [recognized]

【不悦】annoyed

【不在】not be in; be out

【不再】no more; no longer; not... any more; not now

【不振】dispirited

【不支】cannot bear[stand]

【不知】not know

【不值】not worth; not be worthy (of)

【不止】❶ without end ❷ more than; not limited to

【不只】not only; not merely

【不致】not in such a way as to; not likely to

【不中】won't work

【不忠】disloyal; unfaithful

【不准】not allow; forbid; prohibit

【不足】形 not enough; insufficient 动 ❶ be beneath ❷ cannot; should not

【不成材】good-for-nothing; worthless; ne'er-do-well

【不成器】good-for-nothing; worthless; ne'er-do-well

【不成文】not fixed in written form; unwritten

【不搭界】have no relation; have nothing to do with

【不待说】needless to say; it goes without saying that...

【不待见】annoy; dislike

【不倒翁】self-righting doll

【不得不】have no choice[option] but to; cannot but; have to (do); be forced[compelled] to (do)

【不得了】形 terrible; horrible; serious 副 exceedingly

【不得已】act against one's will; have no alternative but to; have to

【不点儿】very few or very small
【不顶事】be useless;be of no help
【不动产】real estate
【不动心】showing no interest
【不冻港】ice-free port;open port
【不对头】❶incorrect; wrong ❷abnormal; queer
【不妨碍】get out of the (sb's) road
【不服气】refuse to obey;refuse to accept as final, remain unconvinced by;not give in to
【不服软】not go soft;refuse to bend
【不干胶】❶(post-it) sticker ❷not-drying adhesive
【不甘心】not reconciled to;not resigned to
【不敢当】I really don't deserve this; it's too much of an honour; I'm much obliged; you flatter me
【不感冒】have no interest; not be interested in;pay little attention to
【不公平】unfair;wrongful;unjust;inequitable
【不辜负】be worthy of;live up to
【不光彩】disgraceful;dishonorable
【不过问】not inquire into;not look into
【不过意】be sorry;feel apologetic
【不含糊】❶explicit ❷not ordinary;really good ❸not be afraid of
【不好惹】not to be pushed around; stand no nonsense
【不会儿】in no time;in a little while
【不及格】fail
【不记名】be without signature
【不济事】no good;of no use;not of any help
【不简单】❶not simple; fairly complicated ❷remarkable;marvellous;unusual
【不见得】not necessarily;not likely
【不介意】not mind;not care
【不尽然】not necessarily[quite] so;not exactly the case
【不经意】carelessly;by accident
【不精确】out-of-true
【不景气】❶depression;recession;slump ❷depressed state
【不拘束】let loose;turn loose up
【不可能】impossible; unlikely; out of question; there is no question of
【不可信】unlikely;unbelievable; incredible; improbable
【不客气】❶impolite; rude ❷ you're welcome; don't mention it; not at all; that's all right; my pleasure ❸please don't bother; I'll help myself
【不老少】lots of;quite a few
【不离儿】❶not bad;pretty good ❷pretty close
【不留意】careless
【不买账】not buy it;not go for it
【不明智】unwise;ill-advised
【不能不】have to;cannot but
【不平等】inequitable;unequal

【不人道】inhuman
【不善于】not good at
【不胜任】unfit on the post
【不失为】can yet be regarded as;may after all be accepted as
【不识相】be unable to see the drift of things; have no sense of what is right for the situation
【不是话】groundless;unreasonable
【不适合】unsuitable;unsuited to
【不适宜】the wrong time; a bad time; not a good time;be no time;not be the time
【不适应】not adapted to; not suited to; not fit to
【不受理】❶reject a complaint ❷refuse to entertain a proposal
【不顺眼】give bad impression
【不死心】unwilling to give up
【不外乎】not beyond the scope of; nothing more than
【不稳定】unsteady;unstable
【不喜欢】dislike
【不下于】❶as many as;no less than ❷not inferior to;as good as;on a par with
【不相干】have nothing to do with
【不相容】形 incompatible 动 do not mix;do not go well together
【不像话】❶unreasonable ❷shocking
【不像样】❶in no shape to be seen ❷beyond recognition
【不消说】needless to say; it goes without saying that...
【不协调】out of tune;not be suited;not be sb's type
【不信任】have no confidence; mistrust; disbelieve
【不行了】on the point of death;dying
【不锈钢】stainless steel
【不许动】Don't move! Freeze! stay where you are;keep[stay] still
【不雅观】offensive to the eye
【不亚于】not second to;as good as
【不要紧】❶it's not serious; it doesn't matter; never mind ❷it looks all right,but
【不要脸】have no sense of shame;shameless
【不夜城】sleepless city;ever-bright city
【不用说】needless to say; it goes without saying that...
【不由得】can't help;cannot but
【不允许】not allow
【不在乎】not mind;not care
【不在意】pay no attention to; take no notice of;not mind
【不赞成】disapprove; frown upon; take a dim view of
【不怎么】not very;not particularly
【不争气】be disappointing;fail to live up to expectations

【不正常】unnatural;abnormal
【不知足】greedy
【不至于】cannot go so far;be unlikely
【不中用】unfit for anything;no good;useless
【不中意】not to one's liking
【不自爱】not have self-respect
【不作声】keep silent;not say a word
【不谙世故】know little of the world;be not familiar with the ways of the world
【不白之冤】unrighted wrong
【不卑不亢】neither humble ourselves nor show disrespect
【不避艰险】shrink from no difficulty(danger); make light of difficulties and dangers
【不变价格】fixed price;constant price
【不辨是非】be unable to tell right from wrong; fail to make a distinction between right and wrong
【不差什么】❶almost all ❷almost;nearly ❸common;ordinary;average
【不成比例】be out of proportion
【不成文法】unwritten law
【不成问题】be no problem at all;be out of question
【不耻下问】be not above asking questions;bow down the ears;though old and wise, yet still advise
【不出所料】as expected
【不揣冒昧】I venture to;may I take the liberty of
【不辞而别】go away without taking leave; leave without saying goodbye
【不打自招】confess without being pressed; give oneself away
【不大不小】neither too big nor too little
【不得而知】unknown;unable to find out;can make nothing
【不得劲儿】❶awkward ❷not feel well
【不得人心】not enjoy popular support
【不得要领】fail to grasp the main point;not see what sb is driving at
【不丁点儿】very few or very small
【不动声色】maintain one's composure; stay calm and collected;not turn a hair;not bat an eyelid;not to change one's voice and expression because of emotion
【不对茬儿】not proper;not fit for the occasion
【不对劲儿】❶not handy;awkward ❷at odds ❸abnormal
【不二法门】the one and only way; the only proper course to take
【不乏其人】such people are not rare;there is no lack of such people
【不法分子】law-breakers
【不法行为】unlawful practice;illegal act(activity)
【不法之徒】lawless person
【不分彼此】make no distinction between one's own and sb else's; share everything; be on very intimate terms
【不分敌我】not to distinguish between the enemy and ourselves
【不分高低】be equally matched
【不分你我】making no distinction between "you" and "me"
【不分胜负】tie;draw;come out even
【不孚众望】not inspire popular confidence
【不服不行】you have to admit that
【不服水土】not accustomed to the climate of a new place
【不负盛名】live up to one's reputation;deserve one's fame
【不负众望】come(live) up to popular expectations; answer(meet) what is expected of one;not betray the people's hopes;not let the people down
【不干不净】unclean
【不甘寂寞】hate to be neglected(overlooked)
【不甘落后】not content to lag behind
【不甘示弱】unwilling to be outshone
【不敢苟同】beg to differ;cannot agree
【不敢问津】not dare to inquire;be beyond the means of
【不攻自破】collapse of itself
【不苟言笑】reserved
【不关痛痒】of no consequence
【不管不顾】 take no care of recklessly
【不管怎样】mind you...
【不过如此】only just so-so
【不寒而栗】shiver all over though not cold—tremble with fear
【不好意思】❶embarrassed;shy;coy ❷find it embarrassing (to do sth) ❸I'm sorry
【不合时宜】be out of keeping with the times
【不哼不哈】keep(remain) silent about sth
【不怀好意】harbour evil designs;not with the best of intentions
【不欢而散】part on bad terms
【不慌不忙】unhurried;calm;leisurely
【不惑之年】age of forty
【不即不离】be neither familiar nor distant; keep sb at arm's length
【不计后果】ignore the possible consequences; without respect to the results
【不计其数】countless
【不计前嫌】forgive and forget
【不加思索】without thinking
【不减当年】just like one's old self
【不见不散】(let's) not leave without seeing each other
【不见世面】not to know anything about the world
【不教而诛】punish without prior warning
【不解之谜】unsolved puzzle;mystery
【不解之缘】indissoluble bond;irrevocable commitment

【不进则退】move forward, or you'll fall behind
【不近人情】not amenable to reason; unreasonable
【不经事故】be inexperienced in life
【不经之谈】absurd statement; cock-and-bull story
【不胫而走】get round fast
【不拘形式】not particular about form
【不拘一格】not stick to one pattern; not limited to one type[style]
【不绝于耳】can be heard without end
【不堪回首】cannot bear to look back on
【不堪入耳】revolting; disgusting
【不堪入目】most unsightly; not fit to be seen; revolting; disgusting
【不堪一击】cannot withstand a single blow; collapse at the first blow
【不堪造就】be not worth getting an education; cannot be trained
【不可多得】hard to come by; rare
【不可改变】immutable; unchangeable 图 immutability; immutableness; unchangeableness
【不可告人】hidden
【不可忽视】not to be neglected
【不可或缺】indispensable
【不可救药】hopeless
【不可开交】cannot avoid or finish
【不可抗拒】compelling
【不可抗力】force majeure; act of god
【不可理喻】be impervious to reason; won't listen to reason
【不可名状】beggar description; be beyond description
【不可企及】matchless
【不可胜数】countless
【不可收拾】out of hand; hopeless
【不可思议】unimaginable; unthinkable
【不可限量】be very promising
【不可一世】consider oneself unexcelled in the world
【不可逾越】impassable; insuperable
【不可预见】unpredictable; unforeseen
【不可造次】must not be hasty; behave yourself; think before you act
【不可知论】agnosticism
【不可终日】be unable to carry on even for a single day; be in a desperate situation
【不可捉摸】difficult to ascertain
【不劳无获】no mill, no meal; no pains, no gains
【不冷不热】neither hot nor cold
【不了了之】settle a matter by leaving it unsettled; end up with nothing definite
【不吝赐教】please don't refuse to offer your kind advice
【不留情面】be not afraid to hurt sb's feelings
【不留余地】make no allowances
【不留缺口】leave no loopholes
【不露锋芒】not show off[display] one's talents
【不露声色】not show one's feelings, intentions, etc.
【不落窠臼】not follow the beaten track; have an original style
【不落俗套】depart from convention
【不毛之地】barren land; desert
【不眠之夜】sleepless night; white night
【不名一文】without a penny to one's name
【不明不白】doubtful
【不明底蕴】not know the inside information [story]
【不明事理】lack common sense
【不明真相】be unaware of the facts; be ignorant of the truth; not know the truth of the matter[the true facts]
【不谋而合】happen to hold the same view
【不念旧恶】forgive and forget
【不偏不倚】even-handed
【不破不立】there is no construction without destruction; there's no making without breaking; make you must break
【不期而遇】meet unexpectedly[by chance]; have a chance encounter
【不起眼儿】not attract attention; not be noticeable; not be attractive
【不请自来】come uninvited; come without being invited
【不求上进】not strive to make progress
【不仁不义】be inhuman and unjust
【不忍释手】be so fond of sth that one will not let it out of one's hand
【不容分说】allowing no explanation
【不容讳言】there is no denying the fact that... ; it is no secret that...
【不容置疑】allow[admit of] no doubt; not be open to doubt; be beyond doubt
【不辱使命】successfully fulfil[execute] one's mission; bring one's mission to success
【不三不四】❶ shady ❷ neither one thing nor the other; neither fish nor fowl
【不擅辞令】lack facility in polite speech
【不上不下】be in a fix
【不甚了了】not know much; not be too clear
【不声不响】quiet; silent
【不胜枚举】too numerous to mention one by one
【不失时机】not let the opportunity slip; seize the opportune moment; lose no time
【不时之需】possible period of want[need]
【不识大体】fail to see the larger issues; ignore the general interest
【不识好歹】cannot tell good from bad; not to know what is good for one; not to know chalk from cheese
【不识时务】show no understanding of the times; lack judgment
【不识抬举】fail to appreciate sb's kindness; not know how to appreciate favours; bring a cow

to the hall and she will run to the byre;give him enough rope and he will hang himself

【不识闲儿】be restless[bustling]

【不是…而是】not... but...

【不是个儿】be not good;but no match

【不是味儿】❶ not the right flavour; not quite right;a bit off ❷fishy ❸feel bad;be upset

【不受欢迎】形 unpopular;undesirable 动 be out of favour

【不死不活】neither dead nor alive;half dead; lifeless

【不同凡响】outstanding;out of the ordinary; out of the common run

【不痛不痒】scratching the surface

【不闻不问】❶ not bother to ask or to listen; show no interest in sth;be indifferent to sth ❷neither... nor...

【不务正业】❶not do honest work;not live by honest labour ❷ignore one's proper occupation;not attend to one's duties

【不惜工本】spare no expense

【不相上下】about the same;almost on a par

【不相适应】be out of keeping with;ill-adapted to the need to develop

【不屑一顾】will not spare a glance for;regard as beneath one's notice

【不懈努力】unremitting efforts

【不修边幅】not care about one's appearance

【不虚此行】the journey has not been made in vain;the journey has been well worthwhile; it's been a worthwhile journey

【不言不语】not say a word;keep silent

【不言而喻】it goes without saying;it is self-evident

【不言自明】it goes without saying;it is self-evident

【不厌其烦】not mind taking the trouble;take great pains;be very patient

【不厌其详】go into details

【不一而足】no isolated case;numerous

【不遗余力】spare no pains[effort];do one's utmost

【不以为耻】not to think it as shameful;not to be ashamed of

【不以为然】not to regard it as right;object to; not to agree with

【不义之财】ill-gotten wealth[gains]

【不亦乐乎】extremely

【不翼而飞】❶ disappear without trace; vanish into thin air ❷ spread fast as if on wings; spread like wildfire

【不由分说】without listening to sb's protests

【不由自主】can't help

【不远千里】make light of travelling a thousand li;make light of travelling from afar;go to the trouble of travelling a long distance

【不约而同】happen to coincide

【不在话下】be nothing difficult

【不择手段】by fair means or foul;by hook

【不怎么样】not up to much;very indifferent

【不战不和】no war,no peace

【不战而胜】win a victory without striking a blow

【不战而降】surrender without a fight

【不折不扣】❶ hundred-percent; to the letter; no discount ❷out-and-out

【不知好歹】can't tell good from bad;not know what's good for one

【不知进退】have no sense of propriety; not know where to stop

【不知就里】not to know the inside story;not to know the inner reason

【不知所措】be at a loss;be at one's wits' end

【不知所云】scarcely know what one has said; not understand what sb is driving at

【不知所终】not know what has become of sb; not know sb's whereabouts; not know what happened to sb in the end

【不值一提】not worth mentioning

【不治之症】incurable disease

【不置可否】decline to comment;not express an opinion

【不着边际】not to the point;wide of the mark; neither here nor there

【不着痕迹】leave no trace

【不自量力】not have a proper measure of oneself; overrate one's own abilities; overreach oneself

【不足挂齿】not worth mentioning; nothing to speak of

【不足为据】cannot be taken as evidence[a basis]

【不足为怪】not at all surprising;nothing to be surprised at

【不足为凭】cannot be taken as evidence;afford little or no evidence

【不足为奇】not at all surprising;nothing to be surprised at

【不足为训】not fit to serve as a model;not to be taken as an example;not an example to be followed

【不足与谋】not worth consulting with

【不足征信】not be taken as credible and reliable

【不打不成器】spare the rod and spoil the child

【不打不相识】out of blows friendship grows

【不发达国家】underdeveloped country

【不管怎么说】anyway

【不及物动词】intransitive verb

【不尽如人意】not live up to one's expectations;there's still much to be desired;things do not go the way one wishes

【不可数名词】uncountable noun

【不可知一代】Generation X

【不明飞行物】the flying saucer

【不是玩儿的】it's no joke;be serious

【不正当手段】dishonest methods
【不得已而为之】do sth against one's will; have no alternative but to do sth
【不登大雅之堂】too low to enter polite company; not appeal to refined taste
【不费吹灰之力】as easy as blowing off dust; as easy as falling off a log
【不分青红皂白】make no distinction between right and wrong
【不管喜欢与否】like it or not
【不可同日而语】cannot be mentioned in the same breath; there's no comparison between them
【不怕慢,只怕站】however slowly you keep moving ahead; it is better than standing still altogether
【不食人间烟火】above the material attractions of the world
【不为名,不为利】seek neither fame or gain; not work for fame or gain
【不问青红皂白】make no distinction between right and wrong
【不知天高地厚】not know the height of the heavens or the depth of the earth—have an exaggerated opinion of one's abilities; not understand things
【不自由,毋宁死】give me liberty, or give me death
【不到长城非好汉】one who fails to reach the Great Wall is not a hero
【不到黄河心不死】not stop until one reaches the Yellow River—not stop until one reaches one's goal; refuse to give up until all hope is gone
【不得已而求其次】have to be content with the second best
【不敢越雷池一步】not dare to go one step beyond the limit
【不管三七二十一】casting all caution to the winds; regardless of the consequences; recklessly
【不识庐山真面目】fail to see the true features of Lushan—fail to see the truth of the matter, just because one is involved in it
【不以成败论英雄】not judge whether a person is a hero on the basis of whether he is successful or not
【不经一事,不长一智】you can't gain knowledge without practice; wisdom comes from experience
【不鸣则已,一鸣惊人】it may not have cried out yet, but once it does, it will startle everyone
【不怕一万,就怕万一】be prepared for the one risk in a million; one should not be taken unawares by the worst
【不求有功,但求无过】be more concerned with avoiding blame 〔mistakes〕 than gaining praise
【不入虎穴,焉得虎子】nothing venture, nothing gain〔have〕
【不以为耻,反以为荣】feel proud instead of ashamed; feel pride instead of shame
【不在其位,不谋其政】he who holds no rank in a state does not discuss its policies
【不比不知道,一比吓一跳】if you don't compare, you're in the dark; the moment you do, you get a shock
【不怕不识货,就怕货比货】don't worry about not knowing much about the goods; just compare them and you will see which is better

布 [bù]
图①cloth; textile; fabric ②cloth-like object ③an ancient Chinese copper coin 动①declare; announce; publish ②spread ③dispose; arrange
【布菜】serve dishes〔food〕
【布店】cloth store
【布丁】pudding
【布防】organize a defence
【布告】图 notice 动 post; publish
【布景】❶composition (of a painting) ❷setting
【布局】❶overall arrangement; layout; distribution ❷composition ❸position
【布料】cloth
【布匹】cloth; piece goods
【布头】❶leftover of a bolt of cloth ❷odd bits of cloth
【布网】spread a net
【布线】wiring
【布鞋】cloth shoes
【布衣】❶cotton clothes ❷commoner
【布艺】fabric art
【布展】set up an exhibition
【布阵】deploy troops in a certain battle formation
【布置】❶fix up; arrange; decorate ❷assign; make arrangements for; give instructions about
【布告栏】notice board
【布娃娃】cloth doll
【布纹纸】wove paper
【布政司】Chief Secretary

步 [bù]
图①step; pace ②stage ③condition; situation; state 动①walk; go on foot ②follow ③tread ④pace off
【步兵】❶infantry ❷foot soldier
【步步】step by step; at every step
【步道】sidewalk; footpath
【步调】pace; step
【步伐】step; pace
【步幅】pace; step
【步履】walk
【步枪】rifle
【步入】walk〔step〕into
【步态】pace

【步行】go on foot; walk
【步骤】step; move; measure
【步子】step; pace
【步进制】step-by-step system
【步行机】walking machine
【步步高升】rise step by step
【步调一致】march in step; keep in step
【步履维艰】have difficulty walking; walk with difficulty
【步人后尘】follow in sb's footsteps
【步入歧途】take the wrong turning

怖 [bù]
动 fear; be afraid of

部 [bù]
名 ①part; section; share; division; region ②unit; ministry; board; department ③headquarters ④troops; armed forces 量 (a) 一部电影 a film / 两部字典 two dictionaries (b) 三部汽车 three cars
【部队】❶army; armed forces ❷troops; force; unit
【部分】part; section; fraction; element; share
【部件】parts; components; assembly
【部将】officers under one's control
【部门】department; branch; division
【部属】❶troops under one's command ❷subordinate
【部署】dispose; plan
【部位】position; place
【部下】❶troops under one's command ❷subordinate
【部长】minister; head of a department
【部队长】commanding officer
【部颁标准】ministry standard
【部门经理】line(department) manager
【部门主管】department manager
【部优产品】ministry prize product
【部长会议】Council of Ministers
【部长助理】assistant minister
【部族文化】tribal culture; tribalism

埠 [bù]
名 ①wharf; pier; landing; harbor; port ②port city ③commercial port

簿 [bù]
名 notebook; book
【簿册】books for taking notes〔keeping accounts〕
【簿记】bookkeeping
【簿子】notebook; book

C

cā

擦 动 ①rub; scratch ②brush past; approach; touch; shave ③towel; wipe ④apply; spread on; put on ⑤shred

【擦边】 be close to; near
【擦痕】 scratch; score
【擦拭】 wipe ... clean
【擦洗】 clean
【擦澡】 rub oneself down with a wet towel
【擦边球】 edge ball; touch ball
【擦黑儿】 sunset; dusk
【擦屁股】 clear up the dirt
【擦网球】 net ball

cāi

猜 动 ①suspect; be doubtful ②guess; speculate; suppose 名 guess; 猜答案 make〈英〉have,〈美〉take〉a guess

【猜测】 guess
【猜忌】 be suspicious
【猜奖】 guessing game with prizes for winners
【猜谜】 ❶guess a riddle ❷guess
【猜拳】 finger-guessing
【猜透】 guess right
【猜想】 suppose; guess; suspect
【猜疑】 harbor suspicions
【猜中】 guess right
【猜不透】 cannot guess; unable to guess; unable to make out

cái

才 [cái] 名 ①capacity; ability; talent; gift ②capable person; talent 副 ①not until; then and only then; only after; only when:经他解释之后,我才知道是怎么回事。I didn't understand what was going on until he explained it to me. ②just; only just; a moment ago; right after:我刚刚才到。I've only just arrived. ③only:这个孩子才四岁。This child is only four. ④really; actually:那才好呢! Now that is really good! ⑤not until; only:只是在电动机发明之后,电力才开始造福人类。Electric power became the servant of man only after the motor was invented. ⑥only... when:只有齐心协力,才能完成任务。The task can only be completed when everybody works in close concert.

【才干】 ability
【才华】 literary or artistic talent
【才貌】 talent and appearance
【才能】 ability; talent
【才女】 gifted female scholar
【才气】 literary〔artistic〕talent
【才情】 brilliant expression of emotions
【才识】 ability and insight
【才学】 talent and learning; scholarship
【才艺】 talent and skill
【才智】 ability and wisdom
【才子】 talented scholar
【才疏学浅】 have little talent and less learning
【才子佳人】 genius and beauty

材 [cái] 名 ①timber ②materials ③data; material ④ability; talent ⑤person of a certain type
【材料】 ❶(raw) material ❷data; material ❸makings; stuff
【材质】 material quality

财 [cái]
【财宝】 wealth; money
【财宝】 treasure
【财产】 asset; property; estate; belongings; possessions
【财阀】 tycoon
【财富】 wealth; riches
【财经】 finance and economics
【财会】 finance and accounting
【财礼】 bride-price
【财力】 finances; money; assets; means; resources
【财贸】 finance and trade〔commerce〕
【财迷】 名 money-mad 形 mean
【财气】 luck in money matter
【财权】 ❶ownership of property; property

rights ❷ economic rights; financial power; control over financial matters
【财神】❶ the God of Wealth ❷ very wealth man
【财团】financial group
【财务】financial affairs
【财物】money and goods; property
【财源】financial resources; source of revenue
【财运】luck in making money
【财政】(public) finance
【财主】rich man
【财产权】property rights
【财政部】the Ministry of Finance
【财大气粗】he who has wealth speaks louder than others
【财迷心窍】be mad about money
【财政收入】financial revenue
【财产使用权】rights to the use of property

裁 [cái]

动 ① cut into parts: 裁纸 cut paper into sheets ② reduce; cut down; dismiss ③ control; check ④ judge; decide; determine 名 size of paper cut 图 ①type or form of writing ②control; check
【裁并】cut down and merge
【裁撤】dissolve
【裁处】consider and solve; decide and take action
【裁夺】consider and decide
【裁缝】tailor
【裁剪】cut out
【裁减】reduce; cut down
【裁决】rule
【裁判】judge
【裁衣】cut cloth for making dress
【裁员】cut down the number of persons employed; reduce the staff
【裁制】❶tailor ❷sanction; punish
【裁酌】consider and decide

采 [cǎi]

动 ①pick; gather ②adopt; select ③collect; gather ④ mine 名 spirit; colour and facial expression
【采办】select and purchase on a considerable scale
【采编】gather and edit
【采伐】cut timber
【采访】gather news; cover
【采风】collect folk songs and tales
【采购】make purchases for an organization(enterprise); purchase
【采光】动 get light through windows 名 lighting
【采集】gather; collect
【采矿】mining
【采买】select and purchase
【采煤】coal mining; coal cutting

【采蜜】gather honey
【采纳】accept
【采暖】heating
【采取】❶adopt ❷assume; take
【采收】pick; gather
【采撷】❶pick ❷gather
【采写】interview and report on
【采信】accept
【采血】take a blood sample; draw(take) blood
【采样】sampling
【采用】select and use; adopt
【采油】extract oil
【采运】log and transport
【采摘】pick
【采制】❶ gather and process; collect and process ❷interview, record and produce
【采购员】purchasing agent
【采买员】purchasing agent

彩 [cǎi]

名 ①colour ②variety ③coloured silk ④prize ⑤applause; cheer ⑥ blood from a wound ⑦ stage craft used in traditional opera to achieve a special effect
【彩笔】colour pencil
【彩车】colourful float; bridal car
【彩池】lottery pool
【彩绸】coloured silk
【彩带】coloured ribbon
【彩蛋】❶painted eggshell ❷preserved egg
【彩灯】coloured lights
【彩电】colour television set; colour TV
【彩虹】rainbow
【彩画】colour painting
【彩绘】coloured drawing(pattern)
【彩扩】make enlargements of 135 colour films
【彩民】lottery buyer
【彩喷】colour ink jet printer
【彩票】lottery ticket
【彩旗】coloured banner
【彩球】coloured silk ball
【彩券】lottery ticket
【彩色】colour
【彩条】colour bar
【彩霞】rosy(pink) clouds
【彩信】multimedia message
【彩页】colour page
【彩照】colour picture; colour photo
【彩纸】coloured paper
【彩色胶卷】colour film

睬 [cǎi]

动 pay attention to; take notice of

踩 [cǎi]

动 ①tread; step on; heel ②belittle
【踩点】❶ tread out the path——examine circumstances in advance before committing a robbery or burglary ❷ dance to the beat of the music
【踩水】tread water

【踩线】step on the line

cài

莱[cài]
〈名〉①vegetable;greens ②dish;course ③rape
【菜板】chopping board
【菜帮】outer leaves
【菜场】food market
【菜单】menu;bill of fare;list of service items
【菜刀】kitchen knife
【菜地】vegetable plot
【菜馆】restaurant
【菜花】❶cauliflower ❷rape flower
【菜窖】vegetable cellar
【菜金】dish expense
【菜牛】beef cattle
【菜农】vegetable grower
【菜品】dish
【菜谱】❶menu;bill of fare ❷cookery book
【菜市】food market;vegetable market
【菜摊】vegetable stall
【菜汤】vegetable soup
【菜心】heart (of a cabbage,etc.)
【菜肴】cooked dishes
【菜园】vegetable garden;vegetable farm
【菜籽】❶vegetable seeds ❷rapeseed
【菜墩儿】chopping board
【菜篮子】shopping basket;food basket—food supply
【菜篮族】housewives

cān

参[cān]
〈动〉①join;attend;join in;take part in;participate in ②refer;consult ③call to pay one's respects ④impeach an official before the emperor ⑤explore and grasp ➡cēn;shēn
【参拜】pay one's respects to (sb);present oneself to
【参半】half;half-and-half
【参股】purchase of shares in enterprises
【参观】visit;see;have a look around
【参加】❶join;attend;take part in;be engaged in;be active in;play a part〔role〕in;put your name down;contribute;participate;compete;go in for;enter;go;come;enter;take;do;sit;have〔〈英〉got〕;sign up ❷give (advice,suggestion,etc.)
【参见】❶see ❷pay one's respects to
【参军】join the army;join up
【参考】〈动〉consult;refer to 〈名〉reference
【参谋】〈名〉staff officer 〈动〉give advice
【参赛】participate in a match or contest
【参选】enter into an election contest;run in an election
【参与】participate in;have a hand in;involve oneself in
【参展】supply exhibits for an exhibition;participate in an exhibition
【参战】enter a war;take part in a battle
【参照】consult and follow
【参观团】visiting group
【参考书】reference book
【参谋长】chief of staff
【参议员】senator
【参议院】senate
【参照物】object of reference
【参观游览】go on a sightseeing tour
【参考资料】reference material
【参天大树】towering trees

餐[cān]
〈动〉eat 〈名〉food;meal
【餐叉】fork
【餐车】restaurant car;dining car
【餐刀】dinner〔table〕knife;knife
【餐馆】restaurant
【餐巾】table napkin
【餐具】dinner service;dinner set
【餐盘】service plate
【餐券】meal ticket
【餐厅】❶dining room;dining hall ❷restaurant
【餐饮】food and drink
【餐桌】dining table
【餐桌台布】dinner cloth

cán

残[cán]
〈动〉injure;damage 〈形〉① savage ② remaining ③incomplete;disabled
【残存】be left alive;survive
【残冬】last days of winter
【残匪】remaining bandits
【残骸】remains;wreckage
【残疾】physical disability
【残迹】a remaining trace,sign,etc.
【残局】❶the final phase of a game of chess ❷the situation after the failure of an undertaking or after social unrest
【残酷】cruel;ruthless;savage
【残留】remain;be left over
【残年】❶the evening of life;declining years ❷the last days of the year
【残品】damaged article
【残破】broken
【残忍】cruel
【残杀】murder in cold blood
【残生】one's remaining years
【残损】damaged;spoiled
【残阳】the setting sun
【残余】remains;survivals
【残月】❶the waning moon ❷the setting moon
【残垣断壁】broken walls

蚕[cán]
〈名〉silkworm
【蚕豆】broad bean
【蚕丝】natural silk;silk

cán

惭 [cán] 形 feel ashamed
【惭愧】 be ashamed
【惭色】 ashamed expression〔look〕

cǎn

惨 [cǎn] 形 ①cruel;inhuman ②disastrous ③miserable
【惨淡】 ❶dim;dull ❷take great pains ❸miserable;dull
【惨祸】 horrible disaster
【惨况】 miserable condition
【惨烈】 ❶ extremely miserable ❷heroic;brave ❸fierce;violent;harsh
【惨痛】 bitter
【惨象】 miserable sight
【惨笑】 sad smile
【惨重】 heavy
【惨状】 miserable condition
【惨淡经营】 keep... going by painstaking effort; take great pains to carry on one's work under difficult circumstances
【惨遭不幸】 die a tragic death;meet a sad end; be killed in an accident

càn

灿 [càn] 形 bright
【灿烂】 brilliant;splendid;dazzle
【灿然】 bright;brilliant

cāng

仓 [cāng] 图 warehouse;storeroom;storehouse
【仓储】 ❶store in a warehouse ❷grain stored in a warehouse
【仓促】 hurried;rapid
【仓猝】 hurried;sudden
【仓房】 warehouse;storehouse
【仓皇】 in a panic;in a hurry
【仓库】 warehouse;storehouse;depository
【仓容】 capacity of a warehouse;storage capacity
【仓皇失措】 be scared out of one's wits;be panic-stricken
【仓储式超市】 warehouse-type supermarket

苍 [cāng] 形 ①green;blue ②grey 图 heaven;sky
【苍白】 ❶pale ❷lifeless;flat
【苍苍】 ❶grey ❷dark green ❸luxuriant
【苍翠】 green
【苍黄】 ❶greenish yellow ❷black or yellow—changeable
【苍劲】 ❶old and hardy ❷vigorous;bold
【苍老】 ❶old ❷vigorous
【苍茫】 ❶vast ❷indistinct
【苍生】 the common people
【苍天】 ❶Heaven ❷blue sky
【苍蝇】 fly

沧 [cāng] 形 dark blue
【沧海】 the deep blue sea;the sea
【沧海一粟】 a drop in the bucket〔ocean〕
【沧桑变化】 interchange of sea and land

舱 [cāng] 图 cabin;hold
【舱室】 cabin
【舱位】 ❶cabin seat ❷shipping space

cáng

藏 [cáng] 动 ①hide;conceal;藏在门后 hide behind the door ②collect;store;lay by 图 reserve → zàng
【藏奸】 ❶harbour evil intentions ❷be unwilling to help others
【藏匿】 conceal;hide;go into hiding
【藏品】 collected object
【藏身】 ❶hide oneself;go into hiding ❷make one's home;take shelter
【藏书】 动 collect books 图 library;collection of books
【藏猫儿】 play hide-and-seek
【藏书楼】 bibliotheca;library
【藏书票】 exlibris
【藏龙卧虎之地】 place where dragons and tigers are hiding—place where people of unusual ability are to be found

cāo

操 [cāo] 动 ①grasp;hold;wield ②act;do;operate ③speak ④drill;exercise 图 ①drill;exercise ②conduct;behaviour
【操办】 manage affairs;make preparations〔arrangements〕 for
【操场】 playground;sports ground;drill ground
【操持】 manage;handle
【操戈】 take up arms;resort to force
【操控】 control
【操劳】 ❶work hard ❷take care;look after
【操练】 drill;train
【操神】 bother;trouble;tax one's mind〔energy〕
【操心】 worry;take trouble;take pains
【操行】 behaviour or conduct
【操纵】 operate;control
【操作】 动 ❶operate;handle ❷implement;enforce;put into effect;carry out 图 operation
【操纵台】 control panel
【操作杆】 action bars;operating arm
【操作码】 command code;operational code;function code
【操作程序】 operation sequence
【操作规程】 operating rules and regulations
【操作系统】 operating system

cāo

糙 [cāo] 形 rough; coarse
【糙粮】coarse food grain
【糙米】brown rice
【糙纸】rough paper

cáo

嘈 [cáo] 形 noise
【嘈杂】noisy

槽 [cáo] 名 ①trough ②groove
【槽床】manger stand[bed]
【槽牙】molar (tooth)

cǎo

草 [cǎo] 名 ①grass ②straw ③the wild; the country ④rapid, cursive style of writing ⑤draft 动 ①draft ②start; begin 形 ①careless ②female ③drafted; not final
【草案】draft
【草包】straw bag
【草草】carelessly
【草叉】pitch-fork
【草场】grassland
【草创】start
【草丛】thick growth of grass
【草地】❶grass; grassland ❷lawn
【草稿】rough draft; preliminary draft
【草鸡】名 hen 形 chicken-hearted; timid
【草绿】grass green
【草莽】❶rank growth of grass ❷wilderness
【草帽】straw hat
【草莓】strawberry
【草民】common herd
【草木】grass and trees; plants and trees
【草拟】draw up; draft
【草坪】lawn
【草签】initial
【草绳】straw rope
【草率】careless
【草堂】humble cottage
【草图】sketch
【草席】straw mat
【草样】名 draft; draft design [pattern] 形 rough; coarse
【草药】herbal medicine
【草纸】❶rough straw paper ❷toilet paper
【草籽】grass seed
【草木灰】plant ash
【草草了事】get a job done any old way
【草根阶层】people at the grass roots; people of lower classes
【草菅人命】treat human life as if it were not worth a straw; act with utter disregard for human life
【草木皆兵】every bush and tree looking like an enemy soldier—a state of extreme suspicion and fear

cè

册 [cè] 名 volume; book 动 confer a title 量 copy: 这本词典印了一万册。Ten thousand copies of this dictionary have been printed.
【册封】appoint ... as

厕 [cè] 动 be mixed up in; be involved in; place oneself in
【厕所】lavatory; toilet; washroom; restroom; WC; men's room [〈英〉gents]; ladies' room [〈英〉ladies]

侧 [cè] 名 side 动 lean; incline → zè; zhāi
【侧记】sidelights
【侧门】side door; side entrance
【侧面】❶side ❷aspect; sideview
【侧身】turn or move sideways
【侧视】look sideways
【侧卧】lie on one's side
【侧向】side direction
【侧影】❶profile ❷aspect
【侧重】lay special emphasis on
【侧耳倾听】be all ears
【侧目而视】look askance at sb

测 [cè] 动 ①survey; measure ②infer; predict
【测查】❶test and examine ❷survey
【测绘】survey and drawing; mapping
【测控】observe and control
【测量】❶survey; measure ❷test
【测评】observe and evaluate
【测试】test; checkout; measurement
【测算】❶measure and calculate ❷guess and estimate
【测验】❶put to the test; test ❷test; quiz
【测电笔】test pencil
【测试程序】test program

策 [cè] 名 ①bamboo [wooden] slips ②whip; riding-crop; hunting-crop 动 ①plan; scheme; strategy ②whip; spur ③encourage; spur on; urge
【策动】engineer; stir up
【策划】plan; plot; scheme
【策略】名 tactics 形 tactful
【策马】spur the horse
【策应】support by coordinated action
【策划人】sponsor; schemer
【策源地】place of origin; starting place; source

cēn

参 [cēn]
→ cān; shēn
【参差】not uniform
【参差不齐】not uniform

céng

层 [céng] 形 one on top of another 名 one of several overlapping layers 圈(a)layer：一层奶油 a layer of cream/两层油漆 two coats of paint（b）storey；floor；三层楼 three-storey building（c）这个词有几层意思。This word has several shades of meaning.
【层层】layer upon layer；ring upon ring
【层次】arrangement of ideas
【层面】❶ range ❷ aspect；respect；field
【层层把关】check at each level
【层出不穷】emerge in an endless stream

曾 [céng] 副 once；sometime ago ➡zēng
【曾经】once；one day；at one time；at one point；at one stage；on one occasion
【曾几何时】before long；not long after〔afterwards〕；not long since；it was not long before
【曾经沧海】have sailed the seven seas—have much experience of life；have seen much of the world
【曾经沧海难为水】one who has seen the ocean thinks nothing of mere rivers—to a sophisticated person there is nothing new under the sun

cèng

蹭 [cèng] 动 ❶ rub；grind；scratch ❷ be smeared with ❸ get sth free (of charge) ❹ move slowly ❺ dawdle
【蹭车】get a lift；take a bus or train without paying

chā

叉 [chā] 名 ❶ fork ❷ cross 动 work with a fork；fork；stick ➡chá；chǎ
【叉腰】put one's hands on one's hips
【叉烧】grill
【叉子】fork

杈 [chā] 名 wooden fork 动 fork ➡chà

差 [chā] 名 ❶ difference ❷ mathematics difference ❸ mistake 副 a little；somewhat ➡chà；chāi
【差别】difference
【差池】❶ accident ❷ error
【差错】❶ mistake；error；slip ❷ accident
【差额】difference；balance；margin
【差价】price difference
【差距】❶ gap ❷ difference
【差失】mistake；error；slip；fault
【差异】difference
【差额选举】multi-candidate election；contested election；competitive election

插 [chā] 动 ❶ insert；stick in ❷ interpose；insert
【插板】connecting block
【插播】insert in a radio〔TV〕programme
【插兜】❶ rows of pockets made of paper〔cloth〕for letters，newspaper ❷ insert pocket
【插队】❶ jump a queue；crash a queue；〈美〉cut into the line；〈英〉push in ❷ settle in a production team in the countryside；go to live and work in a production team
【插话】动 interpose a remark，etc. 名 remark interposed
【插画】illustration；plate
【插架】put a book on a shelf
【插件】plug-in component；plug-in unit
【插空】use one's spare time
【插曲】❶ interlude ❷ song in a film〔play〕❸ episode
【插入】insert
【插手】❶ take part；lend a hand ❷ have a hand in
【插头】plug
【插图】illustration；plate
【插线】plug wire
【插销】❶ bolt ❷ inserted pin ❸ plug
【插页】insert
【插足】put one's foot in；involve oneself in；step in；get involved in
【插嘴】interrupt；chip in
【插座】outlet
【插播新闻】spot news
【插入程序】plugged program
【插一杠子】have a hand in... at a wrong time；interfere；interrupt
【插入式软件】plug-in software

喳 [chā] ➡zhā
【喳喳】[chāchā] whisper；chatter
【喳喳】[chācha] whisper

chá

叉 [chá] 动 block；jam ➡chā；chǎ

茬 [chá] 名 ❶ stubble ❷ short stiff hair ❸ sth just said〔mentioned〕量 ❶ crop；batch ❷ generation
【茬口】❶ crops for rotation ❷ soil on which a crop has been planted and harvested ❸ chance；opportunity ❹ sth just said〔mentioned〕

茶 [chá] 名 ❶ tea；tea leaves ❷ tea ❸ betrothal gift ❹ dark brown ❺ tea-oil tree；oil-tea camellia
【茶吧】tea bar；teahouse
【茶杯】teacup
【茶厂】tea processing factory
【茶场】tea plantation

【茶匙】teaspoon
【茶道】tea ceremony
【茶店】tea shop
【茶饭】tea and rice—food and drink;food
【茶坊】teahouse;tea room
【茶房】waiter
【茶梗】tea stems
【茶倌】teahouse waiter
【茶馆】teahouse
【茶壶】teapot
【茶会】tea party
【茶几】tea table
【茶巾】tea towel[cloth]
【茶具】tea set;tea-things;tea service
【茶客】❶customer of a teahouse ❷tea dealer;tea merchant
【茶钱】❶payment for tea ❷tip
【茶色】dark brown
【茶商】tea merchant
【茶树】tea tree
【茶水】tea or plain boiled water
【茶碗】tea-bowl
【茶乡】tea village
【茶锈】tea stain
【茶叶】tea leaves;tea
【茶艺】tea ceremony
【茶油】tea-seed oil;tea oil
【茶园】❶tea plantation ❷tea garden
【茶砖】tea brick
【茶庄】tea shop
【茶桌】tea table
【茶资】payment for tea
【茶座】❶teahouse;tea-stall with seats ❷seats in a teahouse[tea garden]
【茶点刀】tea knife
【茶碟儿】saucer
【茶缸儿】mug
【茶话会】tea party
【茶水钱】tip
【茶托儿】saucer
【茶文化】tea culture
【茶叶蛋】tea eggs
【茶叶末】tea dust
【茶饭不思】have no appetite for food[drink];lose one's appetite
【茶余饭后】over a cup of tea or after a meal

查 [chá]
㊀ ❶check;examine;inspect ❷look into;investigate ❸look up;consult
【查案】investigate a case
【查办】investigate and handle
【查处】give due punishment
【查点】check the number[amount] of
【查对】check and verify
【查房】make the rounds of the wards
【查访】go around and make inquiries;investigate
【查封】❶seal up ❷close down

【查核】check;examine
【查获】❶hunt down and seize;track down ❷ferret out
【查缉】❶check;search for ❷hunt down and arrest
【查检】❶consult;refer to;look up ❷examine;check;inspect;explore
【查缴】hunt down and seize;track down
【查禁】ban;prohibit
【查勘】survey;prospect;explore
【查看】look over;examine
【查考】investigate;do research on
【查扣】hunt down and seize;track down
【查票】examine[check] tickets
【查铺】go the rounds of the beds at night;bed check
【查讫】checked
【查清】check up on
【查哨】go the rounds of guard posts;inspect the sentries
【查实】check and verify
【查收】check and accept
【查税】make a tax inspection
【查私】suppress smuggling
【查问】❶inquire about ❷question
【查寻】search;look for;inquire about
【查询】inquire about
【查验】check;examine
【查夜】go the rounds at night
【查阅】consult;look up;refer to
【查账】check accounts
【查找】look for
【查证】investigate and verify;check
【查词典】look up in a dictionary;search in the dictionary;consult a dictionary;refer to a dictionary
【查号台】information desk
【查卫生】check sanitary conditions

搽 [chá]
㊀ put on[rub into] the skin;apply
【搽脂抹粉】paint and powder

碴 [chá]
㊀ be cut
【碴儿】❶ broken pieces;fragments ❷ sharp edge of broken glass,china,etc. ❸feeling of animosity;cause of quarrel
【碴口】cut;broken end

察 [chá]
㊀ watch;look carefully at;observe;inspect;examine;look into;investigate;try to find out
【察访】make firsthand observations and inquiries
【察觉】be conscious of;become aware of;perceive
【察勘】examine;survey
【察看】watch;look carefully at;observe;inspect
【察探】investigate;detect;scout

【察验】check;examine
【察言观色】carefully weigh up a person's words and closely watch his expression; watch a person's every mood
【察其言,观其行】examine his words and watch his deeds;check what he says against what he does

chǎ

叉 [chǎ]
动 fork;diverge ➡chā;chá

chà

杈 [chà]
名 branch ➡chā

岔 [chà]
动 ① branch off ② turn off ③ change the topic〔subject〕of conversation ④ stagger 名 ① fork;branch;branch〔side〕road ② accident;mistake 形 hoarse;losing one's voice
【岔开】❶ branch off ❷ change the subject ❸ stagger
【岔口】fork
【岔路】branch road;byroad;side road
【岔道儿】branch road;byroad;side road
【岔路口】fork in the road

刹 [chà]
名 Buddhist temple ➡shā
【刹那】instant;a split second
【刹那间】in an instant

衩 [chà]
名 vent;slit

诧 [chà]
动 be surprised;wonder
【诧然】look surprised〔startled,astonished〕
【诧异】be surprised;be astonished

差 [chà]
动 ① differ from ② be wanting;fall short of;short a little 形 ① wrong;mistaken ② bad;poor;inferior;useless;terrible;horrible;awful;dreadful;be not a patch on;not in the same league ➡chā;chāi
【差劲】no good;disappointing;be not up to much
【差生】slow student;poor student
【差事】not up to the standard;poor
【差不多】❶ be about the same;similar ❷ just about right;just about enough ❸ almost;nearly;just about
【差不离】just about right〔enough〕;not far off;not bad
【差得多】❶ very different;entirely different ❷ way below
【差点儿】❶ not quite up to the mark;not good enough ❷ almost;nearly
【差不点儿】almost;nearly;practically;on the verge of

姹 [chà]
形 beautiful
【姹紫嫣红】deep purples and bright reds—beautiful flowers

chāi

拆 [chāi]
动 ①(tear)open;take apart;undo ② pull down
【拆除】tear down;remove
【拆穿】expose
【拆掉】take down
【拆兑】borrow
【拆封】open up a seal
【拆股】dissolve a partnership
【拆毁】pull down;tear down
【拆建】tear down and build;rebuild after tearing
【拆借】short-term loan made at a daily interest
【拆开】take apart;open;separate
【拆迁】have an old building pulled down and its occupants move elsewhere
【拆散】[chāisǎn] break apart
【拆散】[chāisàn] break up
【拆台】cut the ground from under sb's feet;pull away a prop
【拆洗】wash after removing the padding or lining;take apart and clean
【拆卸】disassemble
【拆阅】open and read
【拆东墙,补西墙】tear down the east wall to repair the west wall—reinforce one place at the expense of another

差 [chāi]
动 send on an errand;dispatch 名 ① errand-boy;hireling ② job;official post ➡chā;chà
【差遣】send sb on an errand or mission;assign
【差使】send;assign
【差事】official post;commission;job
【差旅费】allowances for a business trip

chái

柴 [chái]
名 firewood 形 ① bony ② dry;tough ③ poor
【柴草】firewood
【柴火】firewood
【柴门】brushwood door—poverty-stricken family
【柴油】diesel

豺 [chái]
名 jackal
【豺狗】jackal
【豺狼】 jackals and wolves ❷ cruel and evil people

chān

掺 [chān]
动 mix

【掺兑】mix different substances
【掺和】❶mix ❷disturb;cause trouble
【掺假】mix...with fake stuff
【掺杂】mix up
【掺水股】water-down stock
【掺杂使假】mix in the inferior

chān

搀 [chān]
动 help by the arm;support with one's hand;support sb by the arm
【搀扶】support sb by the arm

chán

谗 [chán]
动 accuse (sb behind his back) 名 slanderous talk
【谗言】slanderous talk

蝉 [chán]
【婵娟】形 lovely;beautiful 名 the moon

馋 [chán]
形 ❶greedy ❷envy
【馋嘴】形 gluttonous 名 greedy eater

禅 [chán]
名 dhyana,Chan ➡shàn
【禅房】❶ Buddhist monks' living quarters ❷ Buddhist temple
【禅门】Buddhism
【禅师】Zen master
【禅学】tenets of the Zen Buddhism
【禅院】Buddhism temple
【禅杖】Buddhism monk's staff
【禅宗】Zen (Buddhism)

缠 [chán]
动 ❶twine;wind ❷tie up;trouble ❸deal with;cope with
【缠绵】❶bond ❷melodious and moving
【缠绕】❶twine;bind;wind ❷bother;worry
【缠身】be delayed;be held up by〔burdened with〕sth
【缠手】❶be troublesome;be hard to deal with ❷be hard to cure

蝉 [chán]
名 cicada
【蝉联】continue to hold
【蝉蜕】cicada

潺 [chán]
【潺潺】babble

蟾 [chán]
【蟾蜍】❶toad ❷the moon
【蟾宫】Toad Palace—the moon

chǎn

产 [chǎn]
动 ❶give birth to;be delivered of;bear;breed ❷produce;manufacture;yield 名 ❶products;produce ❷property;estate
【产出】output
【产地】place of production〔origin〕;producing area
【产犊】calving
【产儿】❶newborn baby ❷result;product
【产科】maternity department
【产量】output;yield
【产卵】lay eggs
【产品】product;produce
【产权】property right
【产生】yield;produce;generate;form;bring about;give rise to;lead to;come into being;result from;arise from
【产物】outcome;result;product
【产销】production and marketing
【产业】❶estate;property ❷industry
【产值】value of output;output value

谄 [chǎn]
动 flatter
【谄媚】fawn on;toady to;curry favour with

铲 [chǎn]
名 shovel 动 ❶lift or move with a shovel;shovel ❷solve;handle
【铲车】forklift truck
【铲除】root out;uproot
【铲子】shovel;spade

阐 [chǎn]
动 explain
【阐明】expound;clarify;make clear
【阐释】explain;interpret;clarify
【阐述】expound;elaborate;set forth

chàn

忏 [chàn]
动 ❶repent;be penitent ❷confess
【忏悔】❶repent ❷confess to God〔a priest〕

颤 [chàn]
quiver;tremble;vibrate ➡zhàn
【颤动】vibrate;quiver
【颤抖】shake;tremble;shiver;quiver;quake;vibrate
【颤悠】shake

chāng

昌 [chāng]
形 prosperous;flourishing
【昌明】flourishing;thriving;well-developed;advanced
【昌盛】prosperous;flourishing

猖 [chāng]
形 fierce;savage
【猖獗】raging;running wild
【猖狂】savage;furious
【猖獗一时】be rampant for a while;run wild for a time

娼 [chāng]
名 prostitute
【娼妇】bitch;whore

【娼妓】prostitute; streetwalker

cháng

长 [cháng]
〔形〕①long ②forever; lasting 〔名〕①length ②strong point; forte 〔动〕be strong in; be good at ➡zhǎng

【长波】long wave
【长城】the Great Wall
【长虫】snake
【长处】good qualities; strong points
【长存】live forever
【长度】length
【长短】❶ length ❷ accident ❸ right and wrong; strong and weak points
【长号】trombone
【长河】❶ long river; endless flow ❷ long process
【长假】long leave of absence
【长久】for a long time
【长空】the vast sky
【长裤】trousers; pants
【长廊】covered corridor[walk, gallery]
【长龙】long queue
【长矛】long spear
【长眠】be dead
【长年】❶whole year; all the year round ❷over the years; long life
【长跑】long-distance running[run, race]
【长期】over a long period of time; long-term; long-lasting
【长寿】long life
【长叹】deep sigh
【长途】long distance
【长项】sth one is good at; one's strong point; strong point
【长销】have strong market potential; be likely to be in demand in the long run
【长效】enduring effect
【长夜】〔名〕eternal night 〔副〕all night
【长于】be good at
【长远】long-term; long-range
【长征】❶long march ❷the Long March
【长住】live in a place for long; settle
【长足】leaps and bounds
【长颈鹿】giraffe
【长距离】long distance
【长袍儿】long gown
【长生果】peanut
【长筒袜】stocking
【长此以往】if things go on like this; if things continue this way
【长话短说】make a long story short; Cut is short!
【长久之计】long-term plan; permanent solution
【长命百岁】life of a hundred years; live to a ripe old age
【长年累月】year in year out; over the years

【长篇小说】novel
【长生不老】live forever and never grow old
【长筒皮靴】high boots
【长吁短叹】utter sighs and groans
【长治久安】a long period of peace and order; lasting political stability

场 [cháng]
〔名〕①level open space ②country fair; rural market 〔量〕一场大雪 a heavy snowfall/一场风波 a social disturbance/一场梦 a dream/一场虚惊 a false alarm/一场战斗 a battle/白等了一场 (have) waited in vain/大干一场 go all out; exert one's utmost ➡chǎng

【场屋】shed on threshing ground
【场院】threshing ground

肠 [cháng]
〔名〕①intestines ②sausage ③heart
【肠癌】intestinal cancer
【肠炎】enteritis
【肠子】intestines

尝 [cháng]
〔动〕①try (food); taste; have a taste of; sample ②try ③experience; be aware of 〔副〕ever; once
【尝试】try; try out; give sth a try; have a go; give it a go; try one's hand at; experiment; trial and error
【尝味】taste
【尝鲜】have a taste of a delicacy; have a taste of what is just in season
【尝新】have a taste of what is just in season

常 [cháng]
〔形〕①ordinary; common; normal ②constant 〔副〕often; frequently 〔名〕①morality ②common thing
【常常】often; many a time; more often than not
【常规】〔名〕❶ convention; common practice ❷ routine 〔形〕conventional; routine
【常会】regular meeting; regular session
【常见】be common
【常客】frequent guest[customer]
【常理】general rule; what is normal
【常例】common practice
【常量】constant
【常年】❶ throughout the year ❷ year in year out ❸average year
【常青】evergreen
【常情】reason; common sense
【常人】ordinary person; the man in the street
【常任】permanent; standing
【常设】standing; permanent
【常识】❶ general knowledge; elementary knowledge ❷common sense
【常数】constant
【常态】normal behaviour or conditions
【常委】standing committee; member of the standing committee
【常务】day-to-day business; routine
【常销】in constant demand
【常言】saying

【常用】in common use
【常住】❶ permanently reside at a place ❷ changeless;permanent
【常驻】resident;permanent
【常备军】standing army
【常春藤】Chinese ivy
【常备不懈】always be on the alert;be ever prepared (against war)
【常来常往】pay frequent calls on each other
【常绿植物】evergreen plants;evergreens
【常务理事】managing director
【常务委员会】standing committee

偿 [cháng]
动 ❶ repay ❷ satisfy;meet the need of 名 pay;payment;reward
【偿付】pay back;pay
【偿还】repay;pay back
【偿命】pay with one's life;a life for a life
【偿清】pay back in full;clear
【偿债】pay a debt

嫦 [cháng]
【嫦娥】the Lady in the Moon

chǎng

厂 [chǎng]
名 ❶ factory;mill;plant;works ❷ yard
【厂房】❶ factory building ❷ factory workshop
【厂家】factory;mill
【厂商】❶ factory owner ❷ factories and stores
【厂长】factory director
【厂址】the site[location] of a factory
【厂主】factory owner
【厂矿企业】factories, mines and other enterprises;industrial enterprises
【厂长负责制】the responsibility system of factory directors

场 [chǎng]
名 ❶ place for a particular purpose ❷ stage ❸ scene ❹ spot;scene of an accident ❺ farm ❻ field 量 (a) 一场球赛 a ball game/两场电影 two films/一场舞会 a dancing party/一场牌局 a card game/(b) 一场考试 an examination → cháng
【场次】the number of showings of a film, play, etc.
【场地】space;place;site
【场合】occasion;situation;case
【场记】动 log 名 log keeper
【场景】❶ scene ❷ sight;scene;picture
【场面】❶ scene ❷ occasion;scene ❸ appearance;front
【场所】place
【场面人】man about town
【场面上】on social occasions;in social life
【场效应】field effect

敞 [chǎng]
形 spacious;roomy 动 open;uncovered

【敞车】open wagon;open freight car
【敞怀】bare one's chest
【敞开】❶ open;open wide;ajar ❷ unlimited
【敞亮】❶ light and spacious ❷ clear
【敞开儿】unlimited;unrestricted
【敞篷车】open car
【敞开思想】think in broader terms or more openly
【敞胸露怀】bare one's chest

chàng

怅 [chàng]
形 disappointed;sorry
【怅然】disappointed;upset

畅 [chàng]
❶ smooth ❷ free
【畅快】❶ free from inhibitions and happy;carefree ❷ frank
【畅通】unblocked
【畅想】give free rein to one's imagination
【畅销】sell well;best-selling;have a ready market;be in great demand
【畅叙】chat cheerfully
【畅饮】drink one's fill
【畅游】❶ have a good swim ❷ enjoy a sightseeing tour
【畅销品】hit;best-seller
【畅所欲言】pour out all that one wishes to say
【畅通工程】Smooth Traffic Project

倡 [chàng]
动 advocate
【倡导】propose
【倡始】initiate;start;found
【倡议】动 propose;initiate 名 first proposal;initiative
【倡导者】pioneer
【倡议书】written proposal;proposal

唱 [chàng]
动 ❶ sing ❷ call;cry 名 song[singing] part of a Chinese opera
【唱歌】sing
【唱和】❶ one singing a song and the others joining in the chorus ❷ exchange of poems
【唱片】disc
【唱戏】sing and act in a traditional opera
【唱白脸】wear the white mask of the villain—play the villain;pretend to be harsh and severe
【唱反调】sing a different tune;speak[act] contrary to
【唱高调】use high-sounding words;say fine-sounding things;affect a high moral tone
【唱红脸】wear the red mask of the hero—play the hero;pretend to be generous and kind
【唱老调】sing the same old song;beat over the same old ground
【唱双簧】❶ give a two-man comic show ❷ collaborate with each other

【唱主角】play the leading role
【唱独角戏】put on a one-man show; go it alone; do a thing alone

chāo

抄 [chāo] 动 ①copy ②copy; lift ③make a raid upon; pinch ④take a shortcut ⑤fold (one's arms) in the sleeves ⑥grab
【抄本】hand-copied book
【抄道】动 take a shortcut 名 shortcut
【抄件】copy
【抄录】make a handwritten copy of; copy
【抄送】make a copy for
【抄袭】❶lift ❷copy ❸crib ❹launch a surprise attack on the enemy by making a detour
【抄写】copy (by hand); transcribe
【抄近儿】take a shortcut

吵 [chāo] →chǎo
【吵吵】make a row

钞 [chāo] 名 paper money; banknote
【钞票】bank note; paper money; bill

超 [chāo] 动 ①surpass; excel ②exceed; go beyond ③leap over 形 ultra-; super-; extra-
【超薄】ultra-thin
【超常】be above average; be above the common run
【超车】overtake
【超出】go beyond; exceed
【超过】surpass; exceed; excel; pass; be upon; be more than; be greater than
【超级】super
【超前】❶ahead of times; aiming at the future ❷surpassing past generations
【超群】head and shoulders above all others
【超人】形 be out of the common run 名 superman
【超生】unplanned birth; give unplanned births
【超市】supermarket
【超速】exceed the speed limit
【超员】exceed seating capacity
【超越】overstep; surpass
【超载】overload
【超值】exceed the real value
【超重】❶overload ❷overweight
【超短裤】hot pants
【超短裙】miniskirt; ultrashort skirt
【超负荷】excess load
【超现实】go beyond reality
【超级大国】superpower
【超级市场】supermarket
【超期服役】extended active duty; extended service in the army
【超前教育】superior education
【超前精神】surpassing spirit
【超前消费】excessive consumption

cháo

巢 [cháo] 名 ①nest ②nest
【巢穴】nest

朝 [cháo] 名 ①court; government; governing party ②dynasty ③emperor's reign; ruling period of a monarch 动 ①have an audience with ②make a pilgrimage to 介 at; in the distance; forwards; make for; advance on; facing; towards →zhāo
【朝拜】❶make obeisances to (a sovereign) ❷worship
【朝代】dynasty
【朝见】have an audience with a sovereign
【朝山】make a pilgrimage to a temple on a famous mountain
【朝圣】make a pilgrimage to a sacred place
【朝廷】❶royal court ❷royal government
【朝向】turn towards; face
【朝阳】❶exposed to the sun; face the sun ❷with a sunny aspect; have a sunny aspect
【朝野】❶the court and the commonalty ❷the government and the public ❸ruling and opposition parties
【朝政】court administration; affairs of state

嘲 [cháo] 动 ridicule; deride; sneer →zhāo
【嘲讽】sneer at; taunt
【嘲弄】mock
【嘲笑】snicker; laugh at; sneer

潮 [cháo] 名 ①tide ②current; tide; rise and fall of a campaign 形 ①damp; moist ②of low or inferior quality; poor; bad ③not skilled; not skilful; awkward
【潮流】❶tide ❷trend
【潮气】moisture in the air
【潮湿】moist; damp
【潮水】tidewater; tide
【潮汐】morning and evening tides
【潮汛】spring tide
【潮乎乎】damp

chǎo

吵 [chǎo] 动 ①make a noise ②quarrel; have words with →chāo
【吵架】quarrel; have a row
【吵闹】❶kick up a row ❷disturb ❸din
【吵嚷】shout in confusion
【吵嘴】quarrel

炒 [chǎo] 动 ①stir-fry; fry ②speculate illegally; promote; fire ③sack; fire; dismiss
【炒菜】动 make dishes 名 stir-fried dish
【炒股】speculate in stocks

【炒汇】buying and selling foreign currency
【炒勺】round-bottomed frying pan
【炒作】speculate
【炒地皮】speculate in real estate
【炒鸡丁】stir-fried chicken cubes
【炒冷饭】do sth again and again; repeat doing the same things
【炒明星】make a person famous; create a star through publicity
【炒肉片】stir-fried sliced pork
【炒鱿鱼】give sb the sack; sack; fire; dismiss
【炒买炒卖】stir-fry in buying and selling
【炒作股票】stock manipulation

chē

车 [chē]
图 ①vehicle ②wheeled machine or instrument ③machine 动 ①turn ②lift water by waterwheel ③carry in a vehicle ④sew clothes with a sewing machine ⑤turn (one's body〔limb〕)
【车本】general term for a driver's licence
【车次】❶train number ❷coach number
【车刀】turning tool
【车道】(traffic) lane; roadway
【车灯】headlights; bicycle lamp; car light
【车费】(passenger's) fare
【车夫】driver
【车祸】traffic accident; road accident
【车技】trick-cycling
【车间】workshop; shop
【车库】garage
【车辆】vehicles
【车流】❶traffic ❷the rate of traffic flow
【车轮】wheel
【车门】❶car〔coach〕 door ❷side door
【车牌】license plate
【车皮】railway wagon or carriage
【车票】train or bus ticket; ticket
【车钱】fare
【车身】the body of a vehicle
【车市】car market
【车速】speed of a motor vehicle
【车胎】tyre
【车体】car body
【车头】❶the front of a vehicle ❷engine
【车位】parking place; parking stall
【车险】car insurance
【车厢】railway carriage; railroad car
【车闸】brake
【车展】car exhibition
【车站】station; stop
【车子】❶small vehicle ❷bicycle
【车座】saddle
【车把式】cart-driver
【车毂辘】wheel
【车架(子)】frame
【车马费】travel allowance

【车匪路霸】railway and highway bandits
【车间主任】workshop director
【车到山前必有路】the cart will find its way round the hill when it gets there—things will eventually sort themselves out

chě

扯 [chě]
动 ①drag; draw; pull ②tear; tear off ③chat
【扯淡】talk nonsense
【扯谎】lie
【扯皮】❶argue back and forth ❷shift responsibility onto others
【扯平】evening up; be〔get〕 even with sb
【扯破】tear to pieces
【扯碎】tear to pieces
【扯住】grasp firmly
【扯脖子】strain the neck
【扯不动】cannot tear or be torn
【扯后腿】hold sb back; be a drag on sb
【扯破脸】quarrel openly; fall out
【扯嗓子】shout at the top of one's voice

chè

彻 [chè]
形 thorough; penetrating; complete
【彻查】make〔conduct, launch〕 a thorough investigation; investigate thoroughly
【彻底】thorough; radical; fundamental
【彻骨】penetrate to the bone
【彻夜】all night; all through the night; from dusk to dawn
【彻头彻尾】out and out; through and through

掣 [chè]
动 ①drag; draw; pull; tug ②flash past
【掣肘】hold sb back by the elbow—impede sb from doing sth

撤 [chè]
动 ①remove; take away ②withdraw; retreat ③reduce; take off
【撤兵】withdraw troops
【撤并】dissolve (some organizations) and merge (others)
【撤出】withdraw; pull out (of); evacuate
【撤除】remove
【撤防】withdraw a garrison; withdraw from a defended position
【撤换】dismiss and replace; recall; replace
【撤回】❶recall ❷withdraw
【撤火】❶put out the fire; stop heating; extinguish a fire in a stove ❷pour cold water on; dampen the enthusiasm; discourage
【撤军】withdraw troops
【撤离】withdraw from
【撤去】remove; withdraw; pull out
【撤退】retreat; retire; withdraw; pull out
【撤销】cancel
【撤职】dismiss〔discharge〕 sb from his post; re-

move sb from office
【撤资】withdraw investment;withdraw funds
【撤走】withdraw;leave

chēn

抻 [chēn] 动 pull out;stretch
【抻面】图 hand-pulled noodles 动 make noodles by drawing out the dough by hand

嗔 [chēn] 动 ❶be angry;be displeased ❷be annoyed;blame;be dissatisfied with
【嗔斥】blame
【嗔怪】blame
【嗔怒】get angry

chén

臣 [chén] 图 ❶official under a feudal ruler;subject ❷your servant ❸I;you faithfully
【臣民】subjects
【臣仆】officials and servants
【臣妾】your servant woman

尘 [chén] 图 ❶dust;dirt ❷this world
【尘埃】dust
【尘暴】dust storm[devil]
【尘封】be covered with dust
【尘垢】dust and dirt;dirt
【尘寰】this world
【尘世】this world;this mortal life
【尘事】worldly affairs
【尘土】dust
【尘雾】dust fog
【尘缘】the bonds of this world
【尘埃落定】end up with

辰 [chén] 图 ❶celestial bodies ❷any of the traditional twelve (two-hour) periods of the day ❸time;day;occasion
【辰光】time;time of the day

沉 [chén] 动 ❶sink ❷sink;keep down ❸sink into 形 ❶deep;profound ❷heavy ❸feel heavy or unfortable ❹low-spirited;depressed
【沉沉】❶heavy ❷deep
【沉船】sunken ship[boat];wreck
【沉底】sink to the bottom
【沉淀】动 ❶form a sediment;precipitate ❷accumulate 图 sediment
【沉浮】❶sink and rise ❷ups and downs of fortune
【沉积】❶deposit ❷accumulate
【沉寂】❶quiet;still ❷no news
【沉降】settle
【沉浸】be steeped in
【沉静】❶quiet;calm ❷calm
【沉沦】sink into degradation
【沉落】❶sink;fall down ❷decline
【沉闷】❶depressing ❷depressed;in low spirits ❸ not outgoing;withdrawn ❹ low and deep
【沉迷】be confused
【沉湎】be given to
【沉没】sink
【沉默】形 quiet;silent;speechless 动 be lost for words;words fail sb
【沉溺】give[abandon oneself] to
【沉睡】be sunk in sleep;be fast asleep;be sound asleep
【沉思】be lost in thought
【沉痛】❶with a deep feeling of grief;heavy at heart ❷deeply felt;bitter
【沉稳】❶steady ❷sound
【沉重】❶heavy ❷ serious;critical ❸ be[feel] heavy at heart
【沉着】cool-headed;composed;calm;steady
【沉醉】get drunk
【沉甸甸】heavy
【沉默权】right of silence
【沉住气】keep calm;keep cool;be steady
【沉不住气】cannot remain calm
【沉得住气】be able to restrain oneself even in an emotional crisis;calm
【沉默是金】Silence is golden.
【沉下脸来】turn on an angry look;pull a long face
【沉鱼落雁】make fish sink and birds alight

忱 [chén] 图 sincere feeling;hearty feeling

陈 [chén] 动 ❶lay out;put on display ❷state;explain;describe 形 old;stale
【陈兵】mass troops
【陈醋】mature vinegar
【陈放】lay[set] out;display;put on display
【陈腐】old and decayed;stale;outworn
【陈酒】old wine
【陈旧】old-fashioned;out-of-date
【陈列】display;set out;exhibit
【陈酿】old wine
【陈设】动 display;exhibit;set out 图 furnishings
【陈述】state;explain;give an account
【陈诉】state;recount
【陈列窗】sample window
【陈列品】exhibits;articles on display
【陈列室】exhibition room
【陈规陋习】bad customs and habits

晨 [chén] 图 morning
【晨报】❶morning (news)paper ❷morning report
【晨炊】morning cooking;cooking breakfast
【晨风】morning breeze
【晨光】the light of the early morning sun;dawn

【晨昏】at dawn and dusk
【晨间】in the morning
【晨练】morning exercise; morning practice
【晨雾】morning mist
【晨夕】morning and evening
【晨曦】the first rays of the morning sun
【晨星】stars at dawn; morning star

chèn

衬 [chèn]
动 ①line; place sth underneath ②serve as a contrast to; set off 名 cloth lining 形 worn underneath
【衬裤】pants
【衬里】lining
【衬领】collar lining
【衬裙】underskirt
【衬衫】shirt; blouse
【衬托】set off; provide a background
【衬衣】❶shirt ❷underclothes

称 [chèn]
动 ①fit; match; suit ②own; possess; be rich in; well-off 形 fit; suitable ➡chēng
【称钱】have lots of money; be rich
【称身】fit
【称心】find sth satisfactory
【称心如意】have sth as one wishes after one's own heart

趁 [chèn]
动 take advantage of; avail oneself of 介 while
【趁便】when it is convenient; at one's convenience
【趁机】take advantage of the occasion; seize the chance
【趁空】use one's spare time
【趁势】take advantage of a favourable situation
【趁早】as early as possible; before it is too late; at the first opportunity
【趁热儿】❶while it is still hot ❷act before it is too late
【趁热打铁】strike while the iron is hot—seize the chance and lose no time to get things done

chēng

称 [chēng]
动 ①call; style ②say; speak; state ③praise ④weigh ⑤raise; lift up 名 name ➡chèn
【称霸】dominate
【称便】find sth a great convenience
【称病】claim to be ill; offer illness as an excuse
【称大】show off one's status or rank; put on airs
【称道】praise
【称号】title; name
【称呼】动 call; address 名 form of address
【称量】weigh
【称奇】speak admiringly of; regard as amazing
【称是】❶be well-matched; be equal ❷consider sth right
【称颂】praise
【称为】call or be called; be known as
【称谓】title
【称谢】express one's thanks; thank
【称雄】hold sway over a region
【称赞】praise; acclaim; land
【称重】weigh; weighing
【称得起】deserve to be called; be worthy of the name of
【称兄道弟】call each other brothers; be on intimate terms

撑 [chēng]
动 ① support; hold out ② push〔move〕a (boat) with a pole; pole (a boat) ③maintain; keep up ④open ⑤fill to the point of bursting ⑥look for trouble; ask for it 名 stay
【撑持】shore up; sustain
【撑船】push〔move〕a (boat) with a pole; pole (a boat)
【撑破】burst
【撑伞】open an umbrella
【撑死】❶too full; stuffed to the gills ❷at the utmost; to the end; finally
【撑腰】support; back up
【撑不住】too weak to support
【撑得住】strong enough to support
【撑门面】keep up appearances

瞠 [chēng]
动 stare
【瞠目】stare
【瞠目结舌】stare tongue-tied

chéng

成 [chéng]
动 ①accomplish ②help sb to achieve sth ③become; turn into ④OK; all right 名 achievement; result; yield 形 ① fully developed; fully grown ②established; ready-made; existing ③in considerable numbers or amounts ④able; capable 量 one tenth; ten per cent
【成败】success or failure
【成才】become a useful person
【成材】grow into useful timber
【成虫】adult insect
【成堆】form a pile; be in heaps
【成对】pairing
【成分】❶ element; composition; component part; ingredient ❷one's class status; one's profession or economic status
【成风】become a common practice; become the order of the day
【成功】succeed; be a success
【成规】established practice; set rules
【成果】achievement; fruit; result
【成婚】get married
【成活】survive

【成绩】result; achievement; success
【成家】❶ get married ❷ become a recognized expert
【成见】❶ personal view; one's own definite opinion ❷ prejudice
【成交】strike a bargain
【成就】图 achievement; success 动 achieve; accomplish
【成立】❶ found; establish; set up ❷ hold water
【成名】become famous; make a name for oneself
【成命】order already issued
【成年】动 grow up; come of age 形 adult; mature 副 all year
【成批】group by group
【成品】end product; finished product
【成器】grow up to be a useful person
【成亲】get married
【成全】help sb achieve his aim
【成群】in groups; in great numbers
【成人】动 be grown up; become full-grown 图 adult; grown-up
【成色】❶ the percentage of gold or silver in a coin, etc. ❷ quality
【成书】动 be published in book form 图 book already in circulation
【成熟】形 ripe; mature 图 maturation; adultness
【成套】form a complete set
【成天】all day long; all the time
【成为】be; become; turn into; make; form; constitute; make up; add up to
【成文】图 existing writings 动 be written down
【成像】formation of image
【成效】effect; result
【成心】on purpose
【成形】take shape; shape up
【成型】be in finished form
【成性】by nature; become sb's second nature
【成衣】形 tailoring 图 ready-made clothes; ready-to-wear
【成因】cause of formation; contributing factor
【成瘾】use; addict; depend
【成语】set phrase
【成员】member
【成灾】cause disaster; result in disaster
【成长】grow up
【成绩单】school report; report card
【成气候】make good; attain a position full of promise; be in power; become popular
【成人日】coming of age
【成文法】written laws
【成问题】be a problem; be open to question 〔doubt, objection〕
【成名成家】establish one's reputation as an authority in one's field
【成年累月】year in year out; for years on end
【成千上万】thousands and tens of thousands; thousands upon thousands
【成群结队】in crowds
【成人电影】adult film
【成人高考】entrance examination to institute of higher education for adults; adult higher education
【成人高校】institution of higher education for adults
【成人教育】adult education
【成人之美】help sb to fulfil his wish; aid sb in doing a good deed
【成双成对】make a pair of; join into pairs
【成套设备】complete plant〔sets〕of equipment
【成事不足,败事有余】unable to accomplish anything but liable to spoil everything; never able to achieve, always able to ruin

呈 [chéng]
动 ① assume; appear ② submit; present 图 memorial
【呈报】submit a report; report a matter to
【呈递】present; submit
【呈请】apply
【呈文】document submitted to a superior; memorial
【呈现】present; appear; emerge
【呈献】respectfully present

诚 [chéng]
形 sincere; honest 副 actually; really
【诚恳】sincere
【诚然】副 truly; really 连 no doubt; to be sure; it is true; certainly
【诚实】形 honest; truthful; straightforward 图 honesty; truthfulness; straightforwardness; probity
【诚心】图 sincere desire; whole-heartedness 形 sincere and earnest
【诚信】faith; honesty
【诚意】good faith
【诚挚】sincere
【诚恳待人】treat others with earnestness

承 [chéng]
动 ① hold; bear; carry ② bear; undertake; assume; contract; 承印名片 contract to print visiting cards; undertake the printing of visiting cards ③ be granted a favour ④ continue; go on; carry on ⑤ accept
【承办】undertake
【承包】contract
【承保】undertake to provide insurance; accept insurance
【承担】bear; undertake; assume; commit oneself to
【承当】❶ bear; take on ❷ agree; promise
【承兑】honour; accept
【承继】❶ be adopted as heir to one's uncle ❷ adopt one's brother's son (as one's heir) ❸ inherit; carry on
【承建】contract to construct
【承接】❶ hold out a vessel to have a liquid

【承担】poured into it ❷continue;carry on ❸undertake the task of;contract to accept
【承揽】contract to do a whole job;undertake an entire project
【承蒙】be accorded;be granted
【承诺】promise to undertake;undertake to do sth
【承认】❶ admit; confess; acknowledge; concede; recognize ❷ give diplomatic recognition;recognize
【承受】❶bear;support;endure ❷inherit
【承袭】❶adopt;follow ❷inherit
【承运】undertake the transportation of
【承载】bear the weight of
【承重】load-bearing;bearing
【承重墙】bearing[load-bearing] wall
【承担风险】acceptance of risk;bear the risks
【承担责任】shoulder[bear] the responsibility
【承前启后】inherit the past and usher in the future;serve as a link between past and future
【承上启下】form a connecting link between what comes before and what goes after
【承受能力】capability of adapting oneself to
【承先启后】inherit the past and usher in the future;serve as a link between past and future

城 [chéng]

图 ①city ②city wall ③town ④commercial centre
【城防】city defence
【城关】the area just outside a city gate
【城隍】town god
【城郊】outskirts of a town
【城里】inside the city;in town
【城门】city gate
【城墙】city wall
【城区】the city proper
【城市】town[city]
【城头】❶the top of a city wall ❷gate tower
【城外】outside the city;outside the city wall
【城乡】town and country;urban and rural areas;the city and the countryside
【城镇】town;city
【城隍庙】town god's temple
【城际快车】inter-city express
【城市建设】urban construction;city building
【城市绿化】urban landscaping
【城镇居民】the urban residents

乘 [chéng]

动 ①ride ②make use of;avail oneself of a chance;take advantage of ③ multiply 图 main division of Buddhism ⋒ take advantage of;avail oneself to ➡ shèng
【乘便】when it is convenient;at one's convenience
【乘车】riding
【乘法】multiplication
【乘方】power
【乘号】times sign;multiple sign
【乘机】seize the opportunity
【乘积】product
【乘警】train police
【乘客】passenger
【乘凉】enjoy the cool;relax in a cool place
【乘胜】exploit[follow up] a victory
【乘兴】while one is in high spirits
【乘务员】❶ crew member ❷ attendant on a train
【乘风破浪】 ride the wind and cleave the waves;brave the wind and the waves
【乘人不备】take sb by surprise
【乘胜追击】follow up a victory
【乘兴而来】 arrive in high spirits; set out cheerfully
【乘虚而入】 break through at a weak point;act when one's opponent is off guard;exploit one's opponent's weakness

盛 [chéng]

动 ①fill ②hold;contain ➡ shèng

程 [chéng]

图 ① rule; regulation ② order; procedure; course;sequence;schedule ③ journey;leg of a journey ④distance;journey
【程度】❶level;degree ❷extent;degree
【程控】programmed control
【程式】form;pattern;formula
【程序】❶order;procedure;course;sequence ❷ automation program
【程控网】program-controlled network
【程序包】routine package
【程序化】routine package
【程序库】program library
【程序块】brick;program block
【程控电话】program-controlled telephone
【程序存储器】program memory
【程序设计语言】 programming language; program language

惩 [chéng]

动 ①punish ②guard against;warn
【惩办】punish
【惩处】punish
【惩罚】punish;penalize
【惩戒】punish sb to teach him a lesson;discipline sb as a warning
【惩治】punish
【惩前毖后】learn from past errors to avoid future mistakes
【惩治腐败】fight against corruption

澄 [chéng]

形 clear;transparent 动 clear up;clarify ➡ dèng
【澄碧】clear and blue
【澄清】形 clear;transparent 动 clear up;clarify

橙 [chéng]

图 orange

【橙黄】orange colour
【橙子】orange

chěng

逞 [chěng]
动 ①show off ②carry out; succeed ③spoil; give free rein to
【逞能】show off one's skill〔ability〕; parade one's ability
【逞凶】act violently
【逞威风】show off one's strength〔power〕
【逞英雄】pose as a hero
【逞凶霸道】throw one's weight about

骋 [chěng]
动 ①gallop ②give free rein to

chèng

秤 [chèng]
名 balance; scales
【秤锤】the sliding weight of a steelyard
【秤杆】the arm〔beam〕of a steelyard
【秤盘】the pan〔dish〕of a steelyard
【秤台】weighing platform
【秤砣】the sliding weight of a steelyard

chī

吃 [chī]
动 ① eat; have sth to eat; swallow; grab; snake; take ②live off; live on ③absorb; soak ④ take in（sth）⑤wipe out; take（in a chess game）⑥ grasp; understand ⑦ endure; withstand; take ⑧ suffer ⑨ exhaust; consume ⑩ stammer
【吃饱】eat one's fill; be full
【吃穿】food and clothing
【吃醋】be jealous
【吃饭】❶eat; have a meal ❷keep alive; make a living
【吃光】eat up; finish all the food
【吃荤】eat meat
【吃紧】❶be critical; be hard pressed ❷important; of consequence
【吃劲】be a strain
【吃惊】be startled; be shocked; be taken aback
【吃苦】bear hardships
【吃亏】❶suffer losses; come to grief; get the worst of it ❷be at a disadvantage
【吃力】动 be a strain 形 tired; fatigued
【吃奶】take milk from its mother; suck at its mother's breast
【吃请】accept an invitation to dinner
【吃水】❶drinking water ❷draught〔draft〕of 动 absorb water
【吃素】be vegetarian
【吃透】understand thoroughly; have a thorough grasp of sth
【吃香】be very popular; be much sought after; be well-liked

【吃药】take medicine
【吃白食】eat food that isn't earned; not earn an honest living; live off others
【吃败仗】suffer a defeat; be defeated in battle
【吃不饱】❶not have enough to eat ❷cannot operate at full capacity; operate under capacity
【吃不得】not good to eat
【吃不开】be unpopular; won't work
【吃不来】not be fond of certain food
【吃不了】cannot finish
【吃不上】❶be unable to get something to eat ❷miss a meal
【吃不下】not feel like eating; be unable to eat any more
【吃不消】be unable to stand
【吃不住】be unable to bear or support
【吃大亏】suffer a great deal
【吃到饱】all-you-can-eat
【吃得开】be popular; be much sought after
【吃得来】be able to eat; not mind eating
【吃得上】❶be able to get sth to eat; can afford to eat ❷be in time for a meal; be able to get a meal
【吃得下】be able to eat
【吃得消】be able to stand
【吃得住】be able to bear or support
【吃豆腐】❶flirt with a woman ❷crack a joke
【吃独食】not to share profit with others
【吃耳光】get a slap in the face
【吃父母】live off one's parents
【吃官司】get into trouble with the law; serve a jail term
【吃馆子】eat in a restaurant
【吃皇粮】be paid by government; live on the regular pay by the government
【吃回扣】get commission
【吃劳保】live on labour security funds
【吃利息】live on interest
【吃偏饭】eat better-than-average meals in the mess; enjoy special privilege
【吃素的】easy going; easy to deal with
【吃闲饭】lead an idle life
【吃小灶】eat at a small mess where better food is served—enjoy some privilege
【吃早饭】eat〔have, take〕breakfast 名 carrying〔loading〕capacity
【吃吃喝喝】wine and dine
【吃喝玩乐】eat, drink and be merry—idle away one's time in pleasure-seeking
【吃后悔药】regret
【吃苦耐劳】endure hardships; bear hardships and stand hard work
【吃里爬外】live off one person while secretly helping another
【吃现成饭】eat what is already prepared—enjoy the fruits of others' work
【吃眼前亏】accept a present loss; suffer loss

under one's nose
【吃力不讨好】do a hard but thankless job; work hard but get little result; be like a mountain in labor
【吃不了兜着走】❶ take one's leftovers back home ❷ get more than one bargained for; land oneself in serious trouble
【吃一堑,长一智】a fall into the pit, a gain in your wit
【吃苦在前,享乐在后】be the first to bear hardships and the last to enjoy comforts

笞 [chī]
动 beat with a whip, split bamboo, etc.

嗤 [chī]
动 sneer
【嗤笑】laugh at; sneer at
【嗤之以鼻】turn up one's nose at; despise

痴 [chī]
形 ❶ silly; foolish; stupid ❷ deranged; crazy
动 be crazy about; have a fancy for
【痴呆】形 dull-witted; stupid 名 dementia
【痴迷】crazy
【痴情】名 unreasoning passion 动 be infatuated
【痴心妄想】wishful thinking; fond dream

池 [chí]
名 ❶ pond; pool ❷ depression; low-lying land ❸ stalls ❹ moat
【池堂】(common) bathing pool
【池塘】pond; pool
【池沼】large pond
【池子】❶ pond ❷ bathing pool ❸ dance floor
【池座】stalls

弛 [chí]
动 ❶ loosen; relax ❷ fall off; fall out of use
【弛缓】relax; calm down

驰 [chí]
动 ❶ race ❷ spread ❸ desire; turn eagerly towards
【驰骋】gallop
【驰名】be known far and wide; be famous
【驰驱】go at a gallop
【驰名商标】famous trademark; well-known trademark

迟 [chí]
形 ❶ slow ❷ late, delayed; fall behind schedule
【迟迟】slow
【迟到】be [come, arrive] late
【迟钝】slow; dull; backward
【迟缓】slow
【迟延】delay
【迟疑】hesitate
【迟早】eventually; in the end; sooner or later; some day; some time or other; in time
【迟疑不决】hesitate to make a decision

持 [chí]
动 ❶ hold; grasp ❷ support; maintain; uphold ❸ manage; run; handle ❹ control; hold under duress; take advantage of sb's weakness and control them ❺ entertain; harbour; hold ❻ oppose; confront
【持仓】wait for one's chance by refraining from selling and buying stocks
【持家】run one's home; keep house
【持久】lasting; enduring
【持平】be in balance; keep... in balance
【持球】holding
【持续】continue; endure; last; persist; proceed; remain; resume; succeed; survive; go on
【持有】hold
【持重】cautious
【持续升温】persisted overheating
【持之以恒】preservere

匙 [chí]
名 spoon

踟 [chí]
【踟蹰】hesitate
【踟蹰不前】hesitate to move forward

尺 [chǐ]
名 ❶ chi ❷ rule; ruler ❸ tool for drawing ❹ sth shaped like a ruler ❺ one of the three points where the pulse is felt
【尺寸】[chǐcùn] ❶ a jot [bit] ❷ small amount [size]
【尺寸】[chǐcun] ❶ measurement; dimensions; size; area ❷ proper limits for speech [action]
【尺度】scale; measure; yardstick
【尺码】size; measures
【尺子】rule; ruler
【尺短寸长】sometimes a foot may prove short while an inch may prove long—everyone has his strong and weak points
【尺有所短,寸有所长】sometimes a foot may prove short while an inch may prove long—everyone has his strong and weak points

齿 [chǐ]
名 ❶ tooth ❷ tooth ❸ toothed ❹ age 动 ❶ stand side by side; regard as of one's own ❷ speak of; mention
【齿轮】gear wheel; gear

侈 [chǐ]
形 ❶ wasteful ❷ exaggerate
【侈靡】extravagant and wasteful

耻 [chǐ]
名 shame; disgrace; insult 动 feel ashamed
【耻辱】shame
【耻笑】sneer at
【耻与为伍】feel ashamed to associate with him

叱 [chì]
动 shout at

【叱责】scold
【叱咤】shout angrily
【叱咤风云】commanding the wind and the clouds; shaking heaven and earth; all-powerful

斥 [chì]
动 ❶scold; blame; accuse ❷dismiss; drive away ❸pay; spend; fund; finance ❹expand; enlarge; open up ❺scout 名 saline soil
【斥退】❶ dismiss sb from his post ❷ expel from a school ❸shout at sb to go away
【斥责】scold; lecture; take sb off; tell sb off
【斥资】furnish funds for; fund

赤 [chì]
名 a kind of red slightly lighter than vermillion 形 ① red ❷ revolutionary; Communist ❸loyal; devoted; faithful ❹ bare; naked ❺ empty ❻pure
【赤背】barebacked
【赤膊】be barebacked; be bare〔naked, stripped〕to the waist
【赤潮】red tide
【赤诚】absolutely sincere
【赤胆】sincere loyalty
【赤道】the equator
【赤脚】barefooted; barefoot
【赤裸】bare; naked; bald
【赤贫】in abject poverty
【赤日】red sun
【赤手】barehanded
【赤子】❶newborn baby ❷the people
【赤字】deficit; shortfall
【赤足】barefooted; barefoot
【赤裸裸】❶without a stitch of clothing ❷ naked; out-and-out
【赤膊上阵】go into battle stripped to the waist—throw away all disguise; come out into the open
【赤贫如洗】as poor as if everything had been washed clean
【赤身露体】be stark-naked; be in one's skin
【赤手空拳】bare-handed; unarmed
【赤心报国】demonstrate〔practise〕loyalty to one's country
【赤子之心】the heart of a newborn baby—utter innocence

饬 [chì]
动 ❶order ❷reorganize
形 prudent
【饬令】imperial order

炽 [chì]
形 burning; flaming
【炽烈】burning fiercely
【炽情】very strong emotion; passion; zeal
【炽热】❶red-hot ❷passionate

翅 [chì]
名 ❶wing ❷wing-like thing ❸shark's fin
【翅膀】wing
【翅子】❶shark's fin ❷wing

chōng

冲 [chōng]
名 ❶thoroughfare; important place ❷stretch of flatland in a hilly area ❸ opposition 动 ❶charge; rush; dash; break into a run ❷clash ❸pour boiling water on ❹ wash away ❺ develop ❻offset; cancel out ➡ chòng
【冲茶】make tea
【冲程】stroke
【冲冲】in a state of excitement
【冲出】❶rush out ❷wash away
【冲刺】spurt
【冲淡】❶ dilute ❷ water down; weaken; play down
【冲顶】climb up to the summit
【冲动】名 impulse; whim 形 excited; hotheaded
【冲锋】charge
【冲服】take（medicine）after mixing it with water, wine, etc.
【冲毁】destroy by rush of water
【冲击】❶pound ❷charge
【冲剂】medicine to be taken after being mixed with boiling water, wine, etc.
【冲决】burst; smash
【冲垮】burst
【冲浪】❶surfing ❷surf（the web）; surfing
【冲凉】have a shower
【冲破】break through
【冲散】break up; scatter
【冲杀】charge; rush ahead
【冲刷】❶wash and brush; wash down ❷wash away
【冲塌】cause to collapse; burst
【冲天】towering; soaring
【冲突】conflict; clash
【冲洗】❶rinse; wash ❷develop
【冲澡】take a shower
【冲账】strike a balance ❷reverse an entry
【冲撞】❶bump ❷offend
【冲击波】shock wave; blast wave
【冲浪板】board
【冲浪艇】surfboat
【冲浪者】surfer
【冲昏头脑】turn sb's head
【冲口而出】say sth unthinkingly
【冲水厕所】water closet

充 [chōng]
形 sufficient; full 动 ❶fill; stuff ❷assume office; serve as; act as ❸pretend to be; pose as
【充斥】flood; be full of
【充当】serve as; act as; play the part of
【充电】❶ charge ❷ study to acquire new knowledge
【充分】形 full; abundant 副 to the full; as fully as possible
【充满】fill; be filled with; be full of; brim with

【充沛】plentiful;abundant
【充气】pump air
【充任】fill the post of
【充塞】fill (up)
【充实】*形* substantial;rich *动* enrich
【充数】make up the number
【充裕】abundant;plentiful
【充足】adequate;sufficient;enough;abundant
【充其量】at most;at best
【充值卡】pre-paid phone card
【充耳不闻】stuff one's ears and refuse to listen;turn a deaf ear to

chōng

憧 [chōng]

【憧憧】moving to and fro
【憧憬】long for;look forward to

chóng

虫 [chóng] *名* insect;worm
【虫害】insect pest
【虫眼】small holes caused by worms
【虫子】insect or worm

重 [chóng] *动* ①repeat ②pile up;stack up *副* again;once more *量* layer:这句话有双重意义。This remark has a double meaning. ➡zhòng

【重播】❶rebroadcast a program ❷resow
【重重】layer upon layer;ring upon ring
【重叠】one on top of another;overlapping
【重返】return
【重犯】repeat an error
【重逢】meet again
【重复】repeat;retell
【重建】rebuild
【重申】restate
【重审】retrial
【重孙】son's grandson;great-grandson
【重提】bring up again
【重温】review
【重现】reappear
【重新】again;anew
【重修】repair again
【重演】❶put on an old play,etc. ❷recur
【重洋】the seas and oceans
【重印】reprint
【重孙女】son's granddaughter;great-granddaughter
【重操旧业】resume one's old profession;take up one's old trade again
【重蹈覆辙】follow the track of the overturned cart—follow the same old road to ruin
【重起炉灶】begin all over again;make a fresh start
【重温旧梦】review an old dream;relive an old experience

崇 [chóng] *形* high;lofty *动* worship;respect

【崇拜】worship
【崇高】high;lofty;sublime
【崇敬】respect;revere
【崇尚】advocate;uphold

chǒng

宠 [chǒng] *动* dote on

【宠爱】make a pet of sb
【宠儿】pet;favourite;darling
【宠坏】spoil
【宠物】pet
【宠物店】pet shop
【宠辱不惊】remain indifferent whether favoured or humiliated
【宠物医院】pet clinic

chòng

冲 [chòng] *形* ①vigorous;with plenty of dash;powerful ②strong *动* ① face ② punch *介* ① facing;towards;冲北走 go north/那话不是冲着她说的。That remark was not directed at her. ② on the strength of; on the basis of; because of ➡chōng

【冲子】punching pin
【冲劲儿】❶dash ❷strength;kick

chōu

抽 [chōu] *动* ①take out from in between;draw out ② take a part from a whole ③ put forth ④ obtain by drawing;draw;absorb ⑤ shrink ⑥ whip;flog

【抽测】spot check
【抽查】make spot checks;spot-check
【抽出】draw out;withdraw;select from a lot
【抽打】whip
【抽调】transfer
【抽风】go crazy;lose one's senses
【抽检】spot check
【抽奖】*动* draw lots;draw a winning number *名* lottery draw
【抽筋】❶pull out a tendon ❷cramp
【抽空】manage to find time
【抽气】breathe in
【抽泣】sob
【抽签】draw[cast] lots
【抽取】draw;collect
【抽身】leave one's work;get away
【抽水】❶draw[pump] water ❷shrink
【抽税】levy a tax
【抽穗】put forth ears;ear
【抽缩】shrink;contract
【抽薹】bolt
【抽屉】drawer
【抽头】❶ take a percentage[cut] ❷ commission
【抽闲】manage to find time

【抽象】 abstract;unrealistic form a general idea from particular instances
【抽芽】 put forth buds;bud
【抽烟】 smoke
【抽验】 sample testing;spot check
【抽样】 sampling
【抽噎】 sob
【抽水机】 water pump
【抽逃资金】 spirit one's money away
【抽象名词】 abstract noun
【抽象艺术】 abstract art
【抽样调查】 sample survey;sampling

chóu

仇 [chóu]
①enemy ②hatred
【仇敌】 foe;enemy
【仇恨】 hatred hate
【仇人】 personal enemy
【仇视】 regard as an enemy;look upon with hatred;be hostile to

惆 [chóu]
sad;disappointed
【惆怅】 sad

绸 [chóu]
silk fabric;silk
【绸缎】 silks and satins
【绸子】 silk fabric

畴 [chóu]
①farmland ②kind;division ③domain

酬 [chóu]
① propose a toast; toast ② realize a friendly exchange ③ repay a kindness ①pay;payment ②social intercourse
【酬报】 reward
【酬宾】 bargain sales;sell at a discount
【酬劳】 reward;repay reward;repayment
【酬谢】 thank sb with a gift

稠 [chóu]
①thick;stiff;smooth ②dense
【稠密】 dense

愁 [chóu]
be worried;be anxious sadness;sorrow
【愁苦】 anxiety;distress
【愁闷】 be in low spirits;be depressed
【愁容】 worried look
【愁思】 deep longing
【愁云】 a cloud of sorrow;depressing clouds;heavy clouds
【愁肠百结】 with anxiety gnawing at one's heart;weighed down with anxiety
【愁眉不展】 with a worried frown
【愁眉苦脸】 wear a worried look;pull a long face

筹 [chóu]
①chip;counter ②resource;way;means prepare;plan;raise
【筹办】 make preparations;make arrangements
【筹备】 prepare;arrange
【筹措】 raise
【筹划】 plan and prepare
【筹集】 accumulate;raise
【筹建】 prepare to construct[establish] sth
【筹款】 raise funds;raise money
【筹码】 chip;counter
【筹资】 fund raising
【筹备委员会】 preparatory committee

踌 [chóu]
【踌躇】 hesitate
【踌躇不决】 hesitating
【踌躇不前】 hesitate to move forward;hesitate to make a move
【踌躇满志】 enormously proud of one's success

chǒu

丑 [chǒu]
①ugly ②disgraceful;shameful;unpleasant clown
【丑恶】 ugly
【丑话】 ❶abusive words ❷blunt words
【丑剧】 farce
【丑角】 ❶comic role ❷clown;comedian
【丑类】 evil person;vile creature
【丑陋】 ugly
【丑事】 scandal
【丑态】 ugly[ludicrous] performance
【丑闻】 scandal
【丑八怪】 ugly person
【丑小鸭】 ugly duckling

瞅 [chǒu]
look at
【瞅见】 see
【瞅空儿】 watch for opportunity;wait for an opportunity

chòu

臭 [chòu]
①smelly;foul ②disgusting;disgraceful ③inferior;poor;bad;这一着真臭! That was a poor trick! ④ dud harshly;severely bad smell smell ➝xiù
【臭虫】 bedbug
【臭美】 show off shamelessly
【臭气】 bad[offensive] smell
【臭味】 smell;odour
【臭氧】 ozone
【臭豆腐】 strong-smelling preserved bean curd
【臭烘烘】 foul-smelling;smelly
【臭鸡蛋】 rotten egg
【臭名昭著】 of ill repute;notorious
【臭味相投】 be birds of a feather;be two of a kind

chū

出 [chū]

动 ① go(come) out ② exceed;go beyond ③ emerge;appear;show ④ come;arrive;be at ⑤ issue;put up;offer;give ⑥ pay out;spend ⑦ leave;be separated from ⑧ put forth ⑨ produce;yield;turn out ⑩ arise;emerge;happen;occur;produce ⑪ publish ⑫ emit;release ⑬ be quoted from 图 dramatic piece;chapter in a romance;一出戏 a play;an opera

【出版】come off the press;publish;put(come) out
【出殡】hold a funeral procession
【出兵】dispatch(send) troops
【出彩】do brilliant things
【出操】go out for drill
【出差】go (be away) on official business;go (be) on a business trip
【出厂】be dispatched from the factory
【出场】❶ come on the stage;appear on the scene ❷ enter the arena ❸ appear personally;act in one's own capacity(on behalf of sb)
【出超】favourable balance of trade;export surplus
【出车】❶ dispatch a vehicle ❷ be out driving a vehicle
【出丑】make a fool of sb or oneself
【出处】source
【出错】❶ make a mistake ❷ error
【出道】start working as a journeyman after serving one's apprenticeship;embark on one's career;become known
【出动】❶ set out;start off ❷ send out;dispatch ❸ go into action;turn out
【出发】❶ leave;get going;depart;sail;set off;set out;be off;drive off;start for;start off;hit the road ❷ start from;proceed from
【出访】go abroad on an official visit
【出阁】get married;marry
【出格】❶ be out of the ordinary;be outstanding ❷ overstep the bounds;exceed what is proper
【出工】show up for work;go to work
【出恭】go to the lavatory
【出轨】动 ❶ go off the rails ❷ overstep the bounds;exceed what is proper ❸ stray 名 infidelity
【出国】go abroad
【出海】go to sea;put out to sea
【出汗】sweat
【出航】set out on a voyage(flight)
【出活】yield results in work;get a lot done
【出击】launch an attack;hit out
【出价】offer a price;bid
【出嫁】get married;marry
【出界】out-of-bounds;outside;out
【出借】lend
【出境】leave the country;depart;exit
【出局】be out;be eliminated;unload one's stocks;out

【出口】动 ❶ speak;utter ❷ leave port ❸ export 名 exit
【出来】❶ come out ❷ emerge;arise;appear
【出力】put forth one's strength;exert oneself
【出列】leave one's place in the ranks
【出猎】go on a hunting trip
【出笼】❶ come out of the steamer ❷ go out of a cage ❸ come forth;appear ❹ put forth in large quantities
【出炉】come out of the stove—make something known to the public
【出路】❶ a way out;outlet ❷ outlet for goods
【出落】grow
【出马】go into action;take the field
【出卖】❶ offer for sale;sell ❷ sell out
【出门】❶ go out ❷ leave home;go on a journey ❸ get married;marry
【出面】act in one's own capacity(on behalf of sb)
【出苗】emerge;come out
【出名】be famous;be well known;rise to fame;up and coming;be on the way up;be going places;be on the up and up
【出没】appear and disappear
【出纳】动 receipt and payment of money(bills) 名 cashier
【出品】动 make;produce;manufacture 名 product
【出奇】unusual;extraordinary
【出气】❶ air out ❷ give vent to one's anger
【出钱】offer money
【出勤】❶ turn out for work ❷ be(go) out on business
【出去】go out;get out
【出让】sell
【出入】❶ come in and go out ❷ discrepancy
【出色】outstanding;remarkable;splendid
【出山】❶ leave a hilly region ❷ enter politics as a government official;take up a post or task
【出身】❶ be descended from;come of(from) ❷ family background;origin ❸ one's previous experience or occupation
【出神】be lost in thought
【出生】be born
【出声】make a sound;utter
【出师】❶ complete one's apprenticeship ❷ dispatch troops to fight;send an army to battle
【出使】be sent on a diplomatic mission
【出示】❶ show;produce ❷ put up a notice
【出世】❶ come into the world;be born;come into being ❷ come into being;be produced ❸ renounce the world
【出事】meet with a mishap;have an accident
【出手】❶ get off one's hands;dispose of;sell;give out ❸ skill displayed in making opening moves
【出售】offer for sale;sell

【出书】publish books
【出台】❶appear on the stage ❷make a public appearance
【出逃】flee
【出题】❶set a question;set a test paper ❷set a topic
【出挑】grow;develop
【出庭】appear in court
【出头】❶hold up one's head;free oneself ❷appear in public;come forward ❸be a little over
【出土】❶come up out of the ground ❷be unearthed
【出脱】❶manage to sell;dispose of ❷grow ❸acquit
【出席】attend;be present;be there;be on the scene;be at sth;appear on;guest on;gate-crash;show up;put in〔make〕an appearance
【出息】[chūxi] 图 prospects;bright future 勔 make good progress
【出险】❶be〔get〕out of danger ❷be in danger;be threatened
【出现】appear;arise;emerge;show;surface;be visible;come into view;come out
【出线】qualify for the next round of competition
【出血】勔 ❶lose blood;bleed ❷shed blood;squander;plunk down 图 bleeding
【出芽】put forth buds
【出演】❶perform for an audience ❷play the part of;act
【出迎】go or come out to meet
【出油】yield oil
【出游】go on a sightseeing tour
【出于】start from;proceed from;stem from
【出狱】be released from prison
【出院】leave hospital
【出账】勔 enter an item of expenditure in the accounts 图 items of expenditure
【出诊】visit a patient at home;pay a home visit;make a house call
【出征】go out to battle
【出众】be out of the ordinary;be outstanding
【出资】provide funds or capital
【出走】run away;flee
【出租】hire out;rent out;let;lease
【出版社】publishing house;press
【出版物】publication
【出布告】post an announcement;put up a notice
【出场费】presence fee;performance fee
【出成果】yield results
【出点子】offer advice;make suggestions
【出发点】❶the starting point of a journey ❷starting point;point of departure
【出发港】port of departure
【出风头】seek〔be in〕the limelight
【出节目】give a performance

【出口货】exported goods;exports
【出口商】exporter
【出口秀】chat show;talk show
【出娄子】get into trouble;go wrong
【出乱子】go wrong;get into trouble
【出毛病】be or go out of order
【出门子】get married;marry
【出纳台】cashier's〔teller's〕desk
【出纳员】cashier
【出难题】set difficult questions;pose a difficult problem
【出气筒】punching bag
【出入境】exit and entry
【出入证】pass
【出生证】birth certificate
【出数儿】rise well with cooking
【出头鸟】the head of a bird first appeared;someone who stands out from the crowd or who leads a flock
【出问题】go wrong;go amiss
【出洋相】make an exhibition of oneself
【出主意】offer advice;make suggestions
【出租车】taxi
【出尔反尔】go back on one's word;blow hot and cold
【出乖露丑】make an exhibition of oneself
【出乎意料】unexpected;unforeseen;unannounced;more than one had bargained for;out of the blue;in one's wildest dreams〔beyond sb's wildest dreams〕
【出境签证】exit-visa
【出口成章】words flow from the mouth as from the pen of a master;talk in literature;one's tongue is the pen of a ready writer
【出口创汇】earn foreign exchange through export
【出口伤人】say things that will hurt others' feelings
【出类拔萃】tower above the rest;in a class by itself;out of the common run;stand out from one's fellows
【出谋划策】give counsel;mastermind
【出其不意】take sb by surprise;catch sb unawares
【出奇制胜】defeat one's opponent by a surprise move;win by making a surprise move
【出人头地】rise head and shoulders above others;stand out among one's fellows;come to the fore;be head and shoulders taller
【出人意料】exceeding all expectations;beyond all expectations
【出神入化】be superb
【出生入死】go through fire and water;brave untold dangers;be at the risk of life and limb
【出师不利】get off on the wrong foot
【出手不凡】make skilful opening moves
【出双入对】go with each other all the time as lovers

【出庭作证】take the witness stand; serve as a witness at court
【出头露面】appear in public; be in the limelight
【出言不逊】make impertinent remarks
【出以公心】keep the public interest in mind; act without selfish considerations
【出于无奈】as it cannot be helped; there being no alternative
【出境许可证】exit permit
【出口转内销】export goods for sale

初 [chū] 量 beginning of; the early part of 形 ①first ②elementary ③original 副 for the first time; only just begun
【初版】量 first edition 动 be first published
【初步】initial; preliminary; tentative
【初创】newly established
【初春】early spring; first spring month
【初次】the first time
【初等】elementary; primary
【初冬】early winter; first winter month
【初犯】❶first offence ❷first offender
【初伏】❶the first fu ❷the first day of the first fu
【初稿】first draft; draft
【初婚】❶first marriage ❷newly married
【初级】elementary; primary
【初交】new acquaintance
【初亏】first contact
【初恋】动 first love 量 the first stage of falling in love
【初期】initial stage; early days
【初晴】just cleared
【初秋】early autumn; first autumn month
【初赛】preliminary contest; preliminary
【初审】trial of first instance; first trial
【初时】at the beginning
【初始】initial; first; primary
【初试】动 first try 量 preliminary examination
【初夏】early summer; first summer month
【初选】primary election
【初学】begin to learn; be a beginner
【初雪】first snow
【初叶】early years
【初夜】❶early evening ❷wedding night
【初诊】one's first visit to a doctor or hospital
【初值】initial value
【初中】junior middle school
【初衷】one's original intention
【初级班】junior class; elementary course
【初加工】preliminary working
【初学者】beginner
【初夜权】right of first night
【初装费】initial installation charge
【初出茅庐】just come out of one's thatched cottage—at the beginning of one's career; young and inexperienced
【初次见面】first meeting

【初级阶段】primary stage
【初见成效】achieve an initial success; begin to take effect
【初具规模】begin to take shape
【初露锋芒】display one's talent for the first time; begin to display one's talent
【初露头角】begin to show ability or talent
【初生牛犊不怕虎】newborn calves are not afraid of tigers—young people are fearless

chú

刍 [chú] 量 hay; fodder 动 cut grass; weed 代 my
【刍见】my (humble) opinion
【刍议】(my) modest proposal; (my) tentative suggestion

除 动 ①appoint ②get rid of; eliminate; remove ③divide 介 except; not including 量 step
【除草】remove weeds; weed
【除掉】动 clear away; clear up; eliminate; get rid of 介 except; not including
【除法】division
【除非】❶only if; only when ❷(not)... unless
【除根】dig up the roots; cure once and for all; root out
【除号】division sign
【除了】❶except ❷besides; in addition to ❸either... or... ; apart from... or... the only
【除名】remove sb's name from the rolls
【除权】ex right
【除外】bar; but; except (for); not counting; not including; besides; apart from; other than; in addition to; otherwise than; on (the) top of
【除夕】New Year's Eve
【除锈】rust cleaning; rust removal
【除四害】eliminate the four pests
【除雪机】snow breaker
【除暴安良】get rid of bullies and bring peace to good people
【除此之外】in addition
【除旧更新】replace the old with the new

厨 [chú] 量 ①kitchen ②cook ③kitchen work
【厨房】kitchen
【厨工】❶kitchen worker ❷cook
【厨师】cook

锄 [chú] 量 hoe 动 ①hoe ②wipe... out

雏 [chú] 形 young (bird) 量 nestling
【雏儿】❶young bird; nestling ❷young, inexperienced person
【雏形】undeveloped form of an organism
【雏型】miniature; model

橱 [chú] 量 cabinet; closet

【橱窗】show[display] window
【橱柜】cupboard
【橱窗广告】glass-fronted billboard

chǔ

处 [chǔ] 动 ① live; inhabit ② be situated in; be in a certain condition ③ get along ④ manage; deal with; handle ⑤ punish; sentence →chù
【处罚】punish
【处方】动 write out a prescription; prescribe 名 recipe
【处分】❶ take disciplinary action against; punish ❷ handle; manage; deal with
【处警】deal with emergencies and dangerous situations
【处境】case; circumstances; position; situation
【处决】❶ put to death; execute ❷ manage and make decisions
【处理】❶ deal[cope] with; handle; tackle; dispose of; get rid of; get shot of; have to go ❷ treat by a special process ❸ sell at reduced prices
【处女】virgin; maiden
【处世】conduct oneself in society
【处事】handle affairs; deal with matters
【处暑】the End of Heat
【处死】execute; put sb to death; sentence sb to death
【处刑】condemn; sentence
【处于】be (in a certain condition)
【处治】punish
【处置】❶ handle; deal with; manage; dispose of ❷ punish
【处子】virgin
【处方药】prescription drug
【处理价】reduced price; bargain price
【处理品】goods sold at reduced prices
【处女地】virgin land[soil]
【处女航】maiden voyage[flight]
【处女秀】first time on stage; maiden voyage
【处女作】first effort
【处世之道】ways of life; the way of conducting oneself in society
【处之泰然】take things calmly

储 [chǔ] 动 store up; save; keep in reserve 名 crown prince
【储备】动 store for future use; lay in; lay up 名 reserve
【储藏】❶ save and preserve; store; keep ❷ deposit
【储存】lay in; lay up; store; stockpile; deposit
【储户】depositor
【储量】reserves
【储蓄】save; deposit
【储运】store up and transport
【储备粮】grain reserves
【储藏量】reserves
【储藏室】storeroom
【储存器】reservoir
【储蓄所】savings bank
【储油罐】oil storage tank; oil tank
【储值卡】stored-value card
【储备基金】reserve fund

楚 [chǔ] 形 clear; neat 名 pain; suffering
【楚楚】❶ tidy; neat ❷ delicate
【楚楚可怜】delicate and charming

chù

处 [chù] 名 ① place ② part; point ③ division; office; department 量 一处别墅 a villa/一处人家 a household/一处园林 a garden; a park →chǔ
【处处】everywhere; in all respects
【处所】place; location
【处长】the head of a department or office; section chief

畜 [chù] 名 domestic animal →xù
【畜圈】pen; shed; barn; fold; stable; sty
【畜力】animal power
【畜生】domestic animals; beast; dirty swine

触 [chù] 动 ① contact; touch ② move sb; stir up sb's feelings
【触电】❶ get an electric shock ❷ begin work in film or television ❸ begin using a computer; get on the information high-way
【触动】❶ touch sth, moving it slightly ❷ move sb; stir up sb's feelings
【触发】touch off; spark
【触犯】offend; violate; go against
【触及】touch
【触礁】run (up) on rocks; strike a rock
【触角】feeler
【触觉】sense of touch
【触摸】touch; feel; handle; paw; turn one's hand over[along]
【触目】动 meet the eye 形 eye-catching; striking
【触网】touch net; touch web
【触摸屏】touch screen
【触犯刑律】break the criminal law; violate the criminal law
【触类旁通】grasp a typical example and you will grasp the whole category
【触目惊心】startling; shocking

憷 [chù] 动 fear; shrink from
【憷场】be timid on a public occasion
【憷头】shrink from difficulties; be timid

黜 [chù] 动 dismiss; reject; discharge
【黜免】dismiss

chù

矗 动 stand tall and upright; perpendicular
【矗立】stand tall and upright; tower over sth

chuāi

揣 动 ① hide or carry in one's clothes ② be pregnant ➡ chuǎi
【揣手儿】tuck each hand in the opposite sleeve

chuǎi

揣 动 estimate; speculate ➡ chuāi
【揣测】guess
【揣度】estimate; appraise
【揣摩】try to figure out
【揣想】guess; think

chuài

踹 动 ① kick (forward with sole and heel) ② stamp; step in

chuān

川 名 ① river ② plain; flat land
【川资】travelling expenses
【川流不息】flowing past in an endless stream; never-ending

穿 动 ① pierce through; penetrate ② go through; pass through; cross ③ thread ④ wear; put on; be (dressed) in; have on; dress up; throw on; try on; wrap up
【穿帮】give the game away; let the cat out of the bag; be exposed; reveal one's true colours
【穿插】① do in turn ② weave in; insert ③ episode ④ thrust deep into the enemy forces
【穿戴】dress
【穿过】go across; pass through; cross; penetrate
【穿孔】bore(punch) a hole
【穿梭】shuttle back and forth
【穿透】pierce through; run through
【穿越】pass through; cut across
【穿凿】give a strained interpretation; read too much into sth
【穿针】thread a needle
【穿着】dress
【穿小鞋】give sb tight shoes to wear—make things hard for sb by abusing one's power; make it hot for sb
【穿衣镜】full-length mirror
【穿针引线】act as a go-between

chuán

传 动 ① pass; convey; hand down ② pass on; teach ③ spread ④ transmit; conduct; transfer ⑤ convey; express ⑥ demand the presence of sb ⑦ infect ➡ zhuàn
【传播】动 spread; circulate; go around(round); go the round(s); get around(round) 名 propagation
【传布】spread
【传抄】make private copies of
【传达】pass on; transmit; communicate
【传单】leaflet
【传导】conduct; transmit
【传递】transmit; deliver; transfer
【传动】transmission; drive
【传呼】notify sb of a phone call; call sb to answer a phone; page
【传话】pass on a message
【传唤】summon to court
【传令】transmit orders
【传媒】① mass media; the media ② media; vehicle
【传票】① (court) summons ② accounting voucher
【传奇】① short stories of the Tang-Song period ② legend
【传情】express amorous feelings
【传球】pass the ball to a teammate
【传染】infect; pass on; go around(round)
【传热】transmit heat
【传神】vivid; lifelike
【传世】be handed down from ancient times
【传授】pass on; teach
【传输】transmission
【传说】① it is said; they say ② tradition
【传诵】be widely read; be on everybody's lips
【传送】convey; deliver
【传统】名 tradition 形 time-honoured; conventional
【传闻】① it is said; they say ② hearsay; rumour; talk
【传销】multi-level marketing; pyramid selling
【传讯】summon for trial; cite
【传言】名 hearsay; rumour 动 pass on a message
【传扬】spread
【传真】fax
【传帮带】pass on experience, help and guide new hands
【传达室】reception office; janitor's room
【传感器】sensor; transducer
【传呼机】beeper
【传话筒】voice tube; speaking tube
【传家宝】① family heirloom ② cherished tradition
【传口信】convey(pass on) an oral message
【传染病】infectious disease
【传输线】transmission line; transmission control
【传真机】fax

【传播媒介】mass media; the media
【传动装置】gearing
【传呼电话】neighbourhood telephone service
【传为佳话】become a favourite topic or a much-told tale
【传真照片】wirephoto; radiophoto
【传宗接代】produce a male heir to continue the family line

船
⑧ boat; canoe; ferry; liner; ship; steamboat; steamer; steamship; vessel
【船板】deck of a small wooden boat
【船舶】shipping; boats and ships
【船埠】wharf
【船舱】ship's hold; cabin
【船次】number indicating a ship's order of departure; number of voyages taken by a ship
【船东】owner of the vessel; shipowner
【船队】fleet; flotilla
【船帆】sail
【船费】cost of a boat ticket
【船夫】boatman
【船工】boatman
【船票】steamer ticket
【船期】sailing date
【船坞】dock; shipyard
【船舷】side
【船员】(ship's) crew
【船运】shipping; transportation by sea
【船闸】(ship) lock
【船长】captain; skipper
【船只】shipping; vessels
【船主】the owner of a boat〔ship〕
【船老大】❶ the chief crewman of a wooden boat ❷ boatman
【船到桥头自然直】cross the bridge when you come to it

chuǎn
喘 [chuǎn] 动 breathe rapidly; pant 名 asthma
【喘气】❶ breathe (deeply); pant ❷ take a breather
【喘息】pant; breathing spell
【喘粗气】puff and blow

chuàn
串 [chuàn]
动 ①string together ② gang up ③ get things mixed up; connect wrongly ④ go from place to place; go about; move ⑤ play a part; act 名 string 量 string; stick; bunch; cluster; 一串钥匙 a bunch of keys/一串葡萄 a cluster of grapes ➡guàn
【串行】skip a line; confuse two lines
【串换】exchange
【串讲】❶ explain a text sentence by sentence ❷ give a summing-up of a text

【串联】动 establish ties; contact 名 series connection
【串通】gang up
【串珠】string of beads
【串门儿】call at sb's home; drop in sb
【串味儿】absorb the smell of sth
【串亲访友】go visiting one's relatives and friends
【串通一气】gang up; work hand in glove
【串处理语言】string processing language

chuāng
创 [chuāng]
名 wound 动 inflict losses (on) ➡ chuàng
【创痕】scar
【创口】wound; cut
【创面】the surface of a wound
【创伤】wound

疮 [chuāng]
名 ①sore ②wound
【疮疤】scar
【疮口】the open part of a sore

窗 [chuāng]
名 window
【窗户】window
【窗花】paper-cut for window decoration
【窗口】❶ window ❷ hatch ❸ medium; showpiece ❹ aperture
【窗口行业】service trades; "window" industry
【窗框】window frame
【窗帘】window curtain
【窗纱】window screening
【窗扇】casement
【窗台】windowsill
【窗子】window
【窗玻璃】windowpane
【窗插销】window bolt; angle catch
【窗户纸】❶ window paper ❷ screen; cover-up
【窗明几净】with bright windows and clean tables; bright and clean

chuáng
床 [chuáng]
名 ①bed; couch ②base; ground work 量 两床铺盖 two sets of bedding/一床被套 one tick/一床被子 one quilt
【床边】bedside
【床单】sheet; bedclothes
【床铺】bed
【床头】the head of a bed; bedside
【床位】bed
【床沿】the edge of a bed
【床罩】bedspread
【床上戏】bed show
【床头灯】bedside lamp
【床头柜】bedside cupboard
【床上用品】bedclothes
【床第之言】private talk between husband and

wife; pillow talk

chuǎng

闯 [chuǎng]
动 ①rush; dash; charge ②temper oneself ③go around; be busy running about ④get into (bring on); invite; cause (disaster)
【闯荡】make a living away from home
【闯祸】get into trouble; bring disaster
【闯将】daring general; pathbreaker
【闯劲】the spirit of a pathbreaker; pioneering spirit
【闯入】force on entrance; burst into
【闯关东】take a risky journey to the Northeast to eke out a living
【闯红灯】❶go against a red light; jump a red light ❷violate law and discipline; break down a barrier(limit)
【闯江湖】make a living wandering from place to place

chuàng

创 [chuàng]
动 ①start (doing sth); begin (to do sth); achieve; create ②make profits 形 original; novel →chuāng
【创办】establish; set up
【创汇】earn foreign exchange
【创见】original idea
【创建】found; establish
【创举】pioneering work(undertaking)
【创刊】start publication
【创立】found
【创利】make or earn a profit
【创设】❶found; create; set up ❷create
【创始】found
【创收】create income
【创税】generate taxes
【创新】bring forth new ideas
【创业】start an undertaking; do pioneering work
【创意】original idea
【创优】create excellence; create new ideas
【创造】create; produce; bring about
【创制】institute; create
【创作】动 create; produce; write 名 creative work
【创刊号】first issue; first number
【创奇迹】create miracles; work wonders
【创始国】founding country
【创始人】founder
【创造力】creative power(ability)
【创业板市场】growth enterprise board

怆 [chuàng]
形 sorrowful; sad; mournful
【怆然】sorrowful
【怆然泪下】burst into sorrowful tears; shed tears sadly

chuī

吹 [chuī]
动 ①blow; puff ②play ③blow; strike ④boast; exaggerate ⑤flatter ⑥break off; break up; fall through; fail
【吹风】❶be in a draught; catch a chill ❷dry with a blower; blow-dry ❸let sb in on sth in advance
【吹拂】sway; stir
【吹号】blow a bugle
【吹牛】boast; talk big
【吹捧】flatter
【吹哨】blow a whistle
【吹塑】blow moulding; blowing
【吹嘘】lavish praise on oneself or others; boast; name-drop; blow one's own horn (trumpet)
【吹奏】play
【吹风会】briefing
【吹风机】❶blower; blow-dryer ❷air-blower; blower
【吹口哨】whistle
【吹喇叭】wind a trumpet(horn); flatter
【吹冷风】blow a cold wind over; throw cold water on; make discouraging remarks
【吹吹打打】beating drums and blowing trumpets; piping and drumming
【吹灰之力】just a small effort
【吹拉弹唱】blow, bow, pluck, and sing—be very musical
【吹毛求疵】find fault; pick holes
【吹牛拍马】boast and flatter

炊 [chuī]
动 cook a meal
【炊饼】steamed cake
【炊事】cooking; kitchen work
【炊烟】smoke from kitchen chimneys
【炊帚】brush for cleaning pots and pans
【炊事员】cook(the kitchen) staff

chuí

垂 [chuí]
动 ①hang down; let fall ②flow downward; drip; drop; shed ③spread; hand down; go down in history 副 ①condescend ②approaching; nearing; be close to; almost
【垂钓】fish with a hook and line; go angling
【垂柳】weeping willow
【垂落】hang down; drop down; fall
【垂暮】dusk; towards sunset; just before sundown
【垂青】look upon sb with favour
【垂手】❶obtain sth with hands down; be within easy reach ❷let the hands hang by the sides
【垂死】dying
【垂危】❶be critically ill; be at one's last gasp

❷be in great peril
【垂直】vertical
【垂暮之年】in old age;in declining years
【垂手可得】extremely easy to obtain
【垂死挣扎】be in one's death throes;put up a last deathbed struggle
【垂头丧气】feel sorry for oneself

捶 [chuí]
动 beat;pound
【捶打】beat;pound
【捶胸顿足】beat one's breast and stamp one's foot

锤 [chuí]
图 hammer 动 hammer into shape;knock with a hammer
【锤炼】❶ temper oneself;steel oneself ❷ refine;polish ❸hammer into shape
【锤子】hammer

chūn

春 [chūn]
图 ①spring ②year;a year's time ③love ④ vital energy;life
【春播】spring sowing
【春风】spring breeze
【春耕】spring ploughing
【春光】sights and sounds of spring;spring scenery
【春寒】spring chill;cold spell in spring
【春季】spring;springtime
【春假】spring holidays
【春节】the Spring Festival
【春卷】spring roll
【春雷】spring thunder
【春秋】❶ spring and autumn;year ❷ age ❸ The Spring and Autumn Annals
【春色】❶ spring's colours;spring scenery ❷ joyful look;wine-flushed face
【春天】spring;springtime
【春宵】spring night
【春心】thoughts of love
【春汛】❶spring flood ❷spring (fishing) season
【春意】❶ spring in the air;the beginning of spring ❷ thoughts of love
【春游】spring outing
【春运】spring transportation;transportation during the Spring Festival
【春装】spring clothing
【春秋衫】jacket suitable for spring or autumn
【春小麦】spring wheat
【春风得意】be flushed with success
【春风满面】beaming with satisfaction
【春暖花开】spring has come and the flowers are in bloom
【春去秋来】with the change of seasons;with the passage of time

【春色满园】spring's colours fill the garden
【春雨贵如油】rain in spring is as precious as oil
【春节文艺晚会】spring festival entertainment show

chún

纯 [chún]
形 ①pure;unmixed ②simple;pure and simple ③skilful;practised;fluent
【纯白】pure white
【纯粹】形 pure 副 purely;wholly
【纯度】degree of purity
【纯黑】all black
【纯碱】soda ash
【纯洁】形 pure;clean and honest 动 purify
【纯金】pure gold;fine gold
【纯净】pure;clean
【纯美】pure and fine
【纯棉】pure cotton
【纯朴】honest;simple
【纯熟】skilful;practised
【纯真】pure;sincere
【纯正】❶pure;unadulterated ❷upright
【纯种】thoroughbred;purebred
【纯净水】purified water
【纯利润】net profit
【纯收入】net income
【纯羊毛】pure wool
【纯平彩电】pure complanate colour TV

唇 [chún]
图 lip
【唇膏】lipstick
【唇舌】words;argument
【唇红齿白】rosy lips and pretty white teeth
【唇枪舌剑】cross verbal swords;engage in a battle of words;heated debate;battle of words;verbal battle
【唇亡齿寒】if the lips are gone, the teeth will be cold;if one falls, the other is in danger;share a common lot

淳 [chún]
形 pure;honest
【淳白】pure;clear
【淳厚】pure and honest;simple and kind
【淳美】pure and sweet〔fine〕
【淳朴】honest;simple

醇 [chún]
图 ①good wine ②alcohol 形 pure;unmixed
【醇和】pure
【醇厚】rich;pure and strong
【醇化】purify;perfect
【醇酒】good wine
【醇美】pure and fair〔sweet〕;mellow
【醇酿】liquor;spirits
【醇香】sweet-smelling;aromatic
【醇正】rich;pure and strong

chǔn

蠢 [chǔn]

动 wriggle 形 ① stupid; foolish; dull ② clumsy; awkward

【蠢笨】clumsy; awkward; stupid
【蠢材】fool
【蠢话】foolish words; rubbish; nonsense
【蠢货】blockhead
【蠢驴】donkey
【蠢人】fool
【蠢事】stupid thing
【蠢猪】stupid swine
【蠢蠢欲动】ready to start wriggling—ready to make trouble
【蠢头蠢脑】stupid-looking

chuō

戳 [chuō]

动 ① poke; stab ② get sprained ③ stand sth on end; stand erect 名 stamp; seal

【戳穿】❶ puncture ❷ lay bare; expose; explode
【戳记】stamp; seal
【戳伤】stab; stab wound

chuò

啜 [chuò]

动 ① sip; suck ② sob

【啜泣】sob

绰 [chuò]

形 ① ample; spacious ② graceful; delicate ➡ chāo

【绰号】nickname
【绰绰有余】more than sufficient; enough and to spare
【绰约多姿】graceful and attractive

辍 [chuò]

动 stop; cease

【辍笔】stop
【辍学】drop out of school

cī

刺 [cī]

拟 wham; 他刺的一声滑倒了。Wham! He slipped and fell. ➡ cì

疵 [cī]

名 fault; defect

【疵点】flaw; fault; defect
【疵品】bad work

cí

词 [cí]

名 ① speech; statement; lines of plays ② ci, a type of classical Chinese poetry ③ word; term

【词典】dictionary
【词汇】vocabulary; words and phrases
【词类】parts of speech
【词库】word bank
【词频】frequency of a word's use within a defined scope of language
【词序】word order
【词义】the meaning(sense) of a word
【词语】words and expressions; terms
【词源】the origin of a word; etymology
【词藻】flowery language
【词缀】affix
【词组】word group; phrase
【词汇表】word list; vocabulary
【词不达意】the words fail to convey the idea

祠 [cí]

【祠堂】memorial temple

瓷 [cí]

名 china

【瓷婚】china wedding
【瓷瓶】china bottle
【瓷器】chinaware
【瓷实】solid; firm; substantial
【瓷砖】ceramic tile

辞 [cí]

名 ① diction ② ci,《楚辞》The Songs of Chu 动 ① shirk; evade; dodge; decline ② resign; hand in one's resignation ③ dismiss; discharge ④ take leave

【辞别】bid farewell (to); say goodbye (to); take one's leave (of)
【辞呈】letter of resignation
【辞典】dictionary; wordbook
【辞工】❶ dismiss; discharge ❷ quit one's job; resign
【辞官】resign one's government post
【辞令】language appropriate to the occasion
【辞世】depart this life; pass away
【辞书】dictionary
【辞退】dismiss; discharge
【辞谢】decline with thanks
【辞行】say goodbye (to sb) before setting out on a journey
【辞职】leave; quit; resign; pack it in
【辞旧迎新】ring out the Old Year and ring in the New Year

慈 [cí]

形 kind; loving 动 love 名 mother

【慈爱】love; affection; kindness
【慈悲】mercy; pity
【慈父】loving father
【慈母】loving mother; mother
【慈祥】kindly
【慈善事业】charities; good works

磁 [cí]

名 magnetism

【磁场】magnetic field
【磁带】(magnetic) tape
【磁道】track
【磁极】magnetic pole
【磁卡】magnetic card; magnetic stripe card
【磁力】magnetic force

【磁疗】magnet therapy
【磁盘】magnetic disk
【磁石】❶magnet ❷magnetic iron ore
【磁铁】magnet
【磁头】magnetic head
【磁针】magnetic needle
【磁化杯】magnetic cup
【磁卡锁】magnetic card lock
【磁力线】magnetic line of force
【磁场强度】magnetic field intensity
【磁卡电话】card phone
【磁盘文件】disk file
【磁盘存储器】magnetic disk memory
【磁盘格式化】disk formatting
【磁盘驱动器】disk drive
【磁头清洗带】head cleaning cassette tape
【磁悬浮列车】magnetic suspension train
【磁盘操作系统】disk operating system (DOS)
【磁盘存储装置】magnetic storage device

雌 [cí]
形 female
【雌花】female flower
【雌黄】名〈矿〉orpiment 动 make irresponsible remarks
【雌鹿】female deer
【雌狮】lioness
【雌兔】female rabbit
【雌性】female
【雌雄】❶male and female ❷victory and defeat
【雌老虎】tigress

此 [cǐ]
代 ❶this ❷now;then;here
【此次】this time
【此地】this place;here
【此后】after this;hereafter;henceforth
【此间】around here;here
【此刻】this moment;now;at present
【此人】this person
【此时】this moment;right now
【此外】besides;in addition;moreover
【此起彼伏】as one falls,another rises;rise one after another
【此时此地】here and now
【此时此刻】at this very moment;this hour and moment
【此一时,彼一时】that was one situation, and this is another;times have changed

次 [cì]
名 ❶order;sequence ❷stopping place on a journey;stopover ❸middle 形 ❶second;next ❷second-rate;inferior ❸hypo- 量 time;occasion:十三次列车 No.13 train/四次 four times/无数次胜利 countless victories/一次次地解释 explain time and again/来一次 come once/吃一次饭 have a meal
【次等】second-class;second-rate;inferior
【次第】❶order;sequence ❷one after another
【次货】inferior goods;throw-out;second quality goods
【次品】substandard products;ninety-nine
【次数】number of times;frequency
【次序】order;sequence
【次要】less important;secondary
【次于】❶next to sth ❷inferior to
【次之】take second place
【次要问题】side issue

伺 [cì]
➔ sì
【伺候】wait upon;serve
【伺弄】feed;attend upon;look after

刺 [cì]
动 ①stab;pierce ② stimulate ③ assassinate ④ spy;detect;make roundabout or secret inquiries ⑤ criticize 名 ①sting ② visiting card;calling card ➔ cī
【刺刀】bayonet
【刺骨】piercing to the bones;piercing;biting
【刺激】名 stimulation 动 ❶stimulate;urge on;encourage ❷provoke;upset
【刺杀】❶assassinate ❷bayonet charge
【刺伤】stab and wound
【刺探】spy
【刺绣】名 needle 动 needlework
【刺眼】offending to the eye
【刺字】tattoo

赐 [cì]
动 ①bestow ②grant;favour 名 gift;favour
【赐福】blessing
【赐复】please favour me with a reply
【赐教】grant instruction
【赐予】grant;bestow

匆 [cōng]
副 hurriedly
【匆匆】in a rush;in haste
【匆促】in a hurry
【匆忙】in a hurry

葱 [cōng]
名 onion 形 green
【葱白】very light blue
【葱翠】fresh green
【葱花】chopped green onion
【葱绿】light green
【葱头】onion
【葱郁】luxuriantly green

聪 [cōng]
名 ①faculty of hearing ② acute hearing 形 bright;clever;intelligent
【聪慧】bright;intelligent
【聪明】intelligent;bright;clever
【聪颖】intelligent;bright;clever

【聪明才智】intelligence and wisdom
【聪明伶俐】clever and sensible; clever and quick-witted
【聪明反被聪明误】clever people may be victims of their own cleverness
【聪明一世,糊涂一时】clever all one's life but stupid this once; smart as a rule, but this time a fool

cóng

从 [cóng]
动 ①follow ②follow; obey ③act in a certain manner or according to a certain principle ④join; be engaged in 图 ①follower ②relationship between cousins, etc. of the same paternal grandfather, great-grandfather or a yet earlier common ancestor; of the same clan 形 secondary 介 ①from: 从今以后 from now on; in the future/从南京到北京 from Nanjing to Beijing ②through; past; by: 从空中 by air ③from; by; considering: 从实际出发 proceed from the actual situation 副 ever; always: 从来没有一件事使我生气。Nothing ever makes me angry.
【从此】from this time on; from now on; from then on; thereupon
【从而】thus; thereby
【从缓】be in no hurry; put sth off till a later time
【从军】join the army
【从来】from the past till the present; always; at all times; all along
【从略】be omitted
【从命】do sb's bidding
【从前】before; in the past
【从容】❶calm ❷plentiful
【从事】❶go in for; be engaged in ❷deal with
【从俗】follow the general custom
【从速】as soon as possible; without delay
【从头】❶from the beginning ❷once again
【从未】never; at no time; never once; never [not] for a moment; never ever; not once
【从小】from childhood; as a child
【从严】on strict side
【从业】obtain employment
【从政】go into politics
【从中】out of; from among; therefrom
【从众】follow public opinion
【从长计议】give the matter further thought and discussion; take one's time in reaching a decision
【从古到今】from ancient times to the present; from ancient to modern times
【从轻发落】let sb off lightly
【从容不迫】calm and unhurried
【从善如流】follow what is right as a stream follows its course
【从上到下】from top to bottom; from the higher levels to the grass roots

【从天而降】descend from heaven
【从头到脚】from head to foot
【从头至尾】from A to Z; from beginning to end; from cover to cover; from head to foot; the whole time
【从一而终】be faithful to one's husband to the end; be faithful unto death
【从中渔利】profit from; cash in on
【从中作梗】place obstacles in the way; put a spoke in sb's wheel
【从群众中来,到群众中去】come from the masses, go among the masses

丛 [cóng]
动 crowd together 图 ①clump ②crowd; collection 量 bush: 一丛玫瑰 a bush of rose/一丛野花 a bush of wild flowers
【丛刊】a series of books; collection
【丛林】jungle; forest
【丛生】❶grow thickly ❷break out
【丛书】a series of books; collection

còu

凑 [còu]
动 ①gather together; pool; collect ②move close to; press near: 往前凑凑 move on (in a queue) ③happen by chance; take advantage of
【凑合】动 ❶gather together; collect; assemble ❷improvise ❸make do 形 passable; not too bad
【凑集】gather together
【凑钱】pool money
【凑巧】fortunately; as luck would have it
【凑手】at hand; within easy reach
【凑数】make up the number or amount; serve as a stopgap
【凑份子】club together
【凑趣儿】❶join in just to please others ❷make a joke about
【凑热闹】❶join in the fun ❷add trouble to
【凑集资金】club resources

cū

粗 [cū]
形 ①wide; thick ②wide; broad; thick ③coarse; crude; rough ④husky ⑤rough; rude; unpolished ⑥careless 副 slightly; roughly
【粗暴】rude; rough; crude
【粗笨】clumsy
【粗鄙】coarse
【粗布】coarse cloth
【粗糙】❶coarse; rough; uneven ❷crude
【粗大】❶thick and big ❷loud
【粗放】❶free and easy ❷careless ❸extensive
【粗犷】❶rough; rude ❷straightforward and uninhibited; bold and unconstrained
【粗豪】forthright; straightforward
【粗话】vulgar language
【粗活】heavy manual labour; unskilled work

【粗粮】coarse food grain
【粗劣】of poor quality; cheap
【粗陋】coarse and crude
【粗鲁】impolite; bad-mannered; rough; rude
【粗略】rough
【粗眉】thick[heavy] brows
【粗浅】superficial; shallow; simple
【粗人】rough fellow
【粗俗】coarse
【粗通】have a rough idea; know a little
【粗细】❶ thickness ❷ degree of finish; quality of work
【粗心】careless; thoughtless
【粗野】rough
【粗重】❶ big and heavy ❷ heavy ❸ loud and jarring ❹ thick and heavy
【粗壮】❶ sturdy; thickset ❷ thick and strong ❸ deep and resonant
【粗拙】crude; coarse
【粗麻布】sacking
【粗线条】❶ thick lines; rough outline ❷ rough-and-ready
【粗茶淡饭】plain tea and simple food
【粗心大意】heedless; negligent; careless
【粗言恶语】dirty words
【粗枝大叶】crude and careless
【粗制滥造】badly-made; inferior

cù

促 [cù]
 short; urgent; hurried ①close to; near ②urge; promote; hurry
【促成】help to bring about
【促进】promote; advance; accelerate
【促销】promote the sale; sales promotion
【促使】urge; spur
【促膝谈心】sit side by side and talk intimately; have a heart-to-heart talk

猝 [cù]
 suddenly; abruptly
【猝变】sudden change
【猝发】burst
【猝然】suddenly
【猝死】sudden death
【猝不及防】be taken by surprise

醋 [cù]
 ①vinegar ②jealousy
【醋精】vinegar concentrate
【醋味】❶smell of vinegar ❷feeling of jealousy
【醋罐子】jealous person

簇 [cù]
 form a cluster; pile up cluster; pile cluster; bunch
【簇生】grow in clusters
【簇新】brand new
【簇拥】cluster round

蹙 [cù]
 pressed knit

【蹙额】frown
【蹙眉】knit one's brows

蹴 [cù]
 ①kick ②strike the ground with foot

cuān

汆 [cuān]
 ①quick-boil ②boil water in a small cylindrical iron pot thrust into a fire
【汆丸子】quick-boiled meat balls with soup

撺 [cuān]
 ①throw ②fly into a rage; get into a temper
【撺掇】urge; egg on
【撺弄】urge; egg on

镩 [cuān]
 ice pick; ice chisel cut[break] with an ice pick or chisel
【镩子】ice pick

蹿 [cuān]
 ①leap up; leap forward ②spurt
【蹿红】become a star overnight; become instantly popular
【蹿火】burn with anger
【蹿升】soar; rise quickly
【蹿房越脊】leap from roof to roof

cuán

攒 [cuán]
 gather together; collect; assemble ➡ zǎn
【攒聚】gather closely together
【攒三聚五】gather in knots; gather in threes and fours

cuàn

窜 [cuàn]
 ①flee ②exile; expel ③change; alter
【窜改】alter; tamper with
【窜逃】flee in disorder

篡 [cuàn]
 seize illegally
【篡党】usurp the leadership of a party
【篡夺】seize
【篡改】tamper with; falsify
【篡夺政权】usurp state power
【篡改历史】distort history

cuī

催 [cuī]
 ①urge; hurry; press ②hasten; speed up
【催办】press sb to do sth
【催逼】press
【催促】urge; press
【催眠】get sb off to sleep; send sb to sleep
【催命】press sb to death
【催债】press for payment of debt
【催款单】prompt; prompt-note

【催泪弹】tear bomb; tear-gas bomb; tear-gas shells
【摧】[cuī] 动 break; destroy
【摧残】wreck; destroy
【摧毁】destroy; smash; wreck
【摧枯拉朽】(as easy as) crushing dry weeds and smashing rotten wood

cuǐ

【璀】[cuǐ]
【璀璨】bright

cuì

【脆】[cuì] 形 ①brittle ②crisp ③clear ④neat; tidy
【脆弱】fragile; weak
【萃】动 come together; assemble 名 a gathering of people or collection of things; 出类拔萃之人 outstanding people; the best and the brightest
【萃集】gather; assemble
【啐】[cuì] 动 spit
【瘁】[cuì] 形 overworked; exhausted
【粹】[cuì] 形 pure 名 the best
【粹美】perfect; flawless
【翠】[cuì] 形 green 名 ①kingfisher ②jadeite
【翠蓝】bright blue
【翠绿】jade green
【翠鸟】kingfisher

cūn

【村】[cūn] 名 ①village ②populated area 形 boorish
【村夫】countryman
【村姑】village girl
【村口】entrance to a village
【村落】village
【村民】village people
【村舍】cottage
【村长】village head
【村镇】villages and small townships
【村庄】village
【村办企业】village industry; village-run enterprise

cún

【存】[cún] 动 ①exist; live; survive ②store; preserve; keep ③accumulate; gather; collect ④deposit; save ⑤leave; check ⑥reserve; retain ⑦remain on balance; be in stock ⑧cherish; harbour
【存案】register with the proper authorities
【存查】file for reference
【存储】名 memory; storage; stock; supply; reserve 动 keep; store; file; keep a record
【存单】deposit receipt
【存档】place on file; file
【存放】❶ leave with; leave in sb's care ❷ deposit
【存货】动 stock up 名 goods in stock; existing stock
【存款】deposit money; deposit; bank savings
【存栏】livestock on hand
【存盘】save
【存身】take shelter; make one's home
【存亡】live or die; survive or perish
【存项】credit balance; balance
【存心】动 cherish certain intentions 副 on purpose
【存续】exist and continue
【存疑】leave a question open; leave a matter for future consideration
【存在】exist; occur; there be; be found
【存折】deposit book
【存车处】parking lot; bicycle park〔shed〕
【存储器】storage; memory
【存底儿】keep the original draft; keep a file copy
【存储按钮】store key
【存储程序】stored〔saved〕program
【存量资本】stock of capital
【存取方式】access mode
【存心不良】cherish evil designs〔intentions〕

【蹲】[cún] 动 hurt one's legs〔feet〕while jumping ➡ dūn

cǔn

【忖】[cǔn] 动 turn over in one's mind
【忖度】speculate; conjecture; surmise
【忖量】❶ conjecture; guess ❷ think over; turn over in one's mind

cùn

【寸】[cùn] 量 cun 形 very little; very short; very small 副 just right; as luck would have it
【寸步】tiny step; single step
【寸心】❶feelings ❷heart; mind
【寸劲儿】❶appropriate strength ❷coincidence
【寸步不离】follow sb closely; be always at sb's elbow; keep…at one's elbow; keep close to
【寸步不让】refuse to yield an inch
【寸步难行】be unable to move even a single step—be unable to do anything
【寸草不留】leave not even a blade of grass
【寸土必争】fight for〔contest〕every inch of land

【寸金难买寸光阴】money can't buy time; time is more precious than gold

cuō

搓 [cuō] 动 ①rub with the hands ②twist with both hands ③chop
【搓板】washboard
【搓球】chopping
【搓揉】rub; twist
【搓麻(将)】play mahjong

磋 [cuō] 动 ①grind; polish ②consult; deliberate; discuss
【磋商】consult; exchange views

撮 [cuō] 动 ①pick up with fingers ②gather; bring together ③scoop up ④summarize ⑤have a meal; eat 图 cuo 量 (a) 一撮儿芝麻 a pinch of sesame seeds/一撮白发 a tuff of white hair (b) 用于极少的坏人坏事: 一小撮坏人 a handful of evil-doers ➔zuǒ
【撮合】make a match; act as go-between
【撮弄】❶make fun of; play a trick on ❷abet; incite

蹉 [cuō] 动 ①slip ②err
【蹉跌】trip and fall—make a slip
【蹉跎岁月】let time slip by accomplishing nothing; idle away one's time

cuó

矬 [cuó] 形 short 动 ①bend down; lower one's body ②cut; reduce

痤 [cuó]
【痤疮】acne

cuò

挫 [cuò] 动 ①defeat; frustrate; 连连受挫 suffer one setback after another ②lower; 挫敌人的锐气 deflate the enemy's arrogance
【挫败】frustrate; defeat
【挫伤】图 bruise 动 discourage
【挫折】setback; reverse

措 [cuò] 动 ①arrange; manage; conduct; handle ②make plans
【措词】wording
【措施】measure; step
【措置】handle; manage; arrange
【措手不及】be caught unprepared; be caught unawares
【措置得当】handle properly

锉 [cuò] 图 file 动 make smooth with a file
【锉刀】file

错 [cuò] 形 ①interlocked and jagged ②wrong; mistaken ③bad; poor 动 ①grind; rub; 错牙 grind one's teeth ②move out of the way; make way; miss ③alternate ④inlay or plate with gold, silver, etc. ⑤polish jade 图 ①mistake; error; fault ②grindstone for polishing jade 介 except; but for
【错爱】undeserved kindness
【错案】misjudged case
【错车】one vehicle gives another the right of way
【错处】fault
【错怪】blame sb wrongly
【错过】miss; let slip
【错会】understand wrongly
【错觉】illusion; wrong impression
【错乱】in disorder; in confusion; deranged
【错失】图 mistake; slip; fault 动 let sth good slip through; lose
【错位】displacement
【错误】形 bad; wrong; inaccurate; mistaken; false 图 mistake; error; slip; mix-up; oversight; aberration; slip-up
【错字】wrongly written character; misprint
【错别字】wrongly written characters
【错误分析】error analysis
【错误校正】error correction
【错综复杂】complex
【错层式住宅】split-level house

Dd

dā

耷 [dā] 图 big-ear 动 hang down
【耷拉】hang down
搭 [dā] 动 ①put up;build ②hang over;lay over;put over ③join together;lap over ④throw in more;add ⑤mixed together;in combination ⑥lift sth together ⑦take;travel or go by (plane,train,etc.)
【搭伴】join sb on a trip;travel together
【搭帮】[dābāng] join company with
【搭帮】[dābang] help;take care of
【搭车】❶take;ride ❷get a lift〔ride〕
【搭乘】travel by (plane,car,ship,etc.)
【搭档】动 cooperate;work together 图 partner
【搭钩】图 hook 动 establish contact〔connection〕with
【搭话】❶make conversation;get a word in ❷send word
【搭伙】❶join as partner ❷eat regularly in
【搭界】❶border on;have a common border ❷have sth to do with;have connection with
【搭救】rescue;go to the rescue of
【搭扣】hasp
【搭理】acknowledge;respond;answer
【搭配】动 ❶arrange in pairs〔groups〕❷cooperate ❸match 图 collocation
【搭腔】❶answer;respond ❷talk to each other
【搭桥】❶build bridge;put up a bridge ❷act as a go-between ❸bypass surgery
【搭班子】set up a (work) team or group
【搭茬儿】put in a word
【搭错车】join in a wrong group;follow a wrong example;follow the wrong person
【搭架子】❶build a framework ❷put on airs

答 [dā] ➡dá
【答言】answer;respond
【答应】❶answer;reply;respond ❷promise ❸agree;consent

【答允】agree;consent

dá

打 [dá] 量 dozen;一打铅笔 a dozen pencils ➡dǎ
达 动 ①go through to;extend ②reach;attain;arrive at;achieve ③amount to ③understand thoroughly;be understanding ④express;convey;communicate 形 prominent;distinguished
【达标】reach a set standard;target-hitting;up-to-standard
【达成】reach;strike;conclude;arrive at;〈口〉get
【达到】achieve;attain;touch;go up to;come up to;express〔convey〕one's ideas
【达观】resilient
沓 [dá] 量 pile (of paper,etc.);stack;一沓报纸 a pile of newspaper/一沓钞票 a stack of dollar notes ➡tà
答 [dá] 动 ①answer;reply;respond ②return;repay ➡dā
【答案】answer;solution;key
【答辩】reply
【答词】thank-you speech;answering speech;reply
【答复】answer;reply
【答话】answer;reply
【答卷】动 answer the questions〔solve the problems〕in a test paper 图 ❶answer sheet ❷completed test paper
【答数】answer
【答题】answer questions
【答问】answer a question
【答谢】express appreciation;acknowledge
【答疑】answer questions
【答谢卡】response card
【答谢词】speech of thanks;thank-you speech
【答记者问】press interview
【答谢宴会】return banquet

dǎ

打 [dǎ]
〔动〕① strike; knock; hit; beat; pound; tap ② break; smash ③ beat; fight; attack ④ deal with; come into contact with ⑤ construct; build ⑥ make; forge ⑦ mix; stir; beat ⑧ tie up; pack ⑨ knit; weave ⑩ apply (sth to sth else); draw; paint; make a mark on ⑪open; dig ⑫raise; hold up ⑬send; project ⑭issue or receive (a certificate, etc.) ⑮remove; get rid of ⑯draw ⑰buy ⑱catch; hunt ⑲ gather in; collect ⑳draw up; work out; calculate; reckon ㉑do; engage in ㉒ play ㉓ indicating certain body movements; go through ㉔ adopt; use ㉕ label; charge ㉖ be about; concern 〔介〕from; since; 打心眼里 from the bottom of one's heart/打那以后 since then ➡ dá

【打靶】 target [shooting] practice
【打败】 ❶defeat; beat; worst ❷suffer a defeat; be defeated
【打扮】〔动〕make up; deck out 〔名〕way or style of dressing
【打包】 ❶pack ❷unpack ❸bring remains with a bag
【打草】 cut grass; gather hay
【打岔】 interrupt; cut in
【打柴】 collect firewood; gather firewood
【打车】 take a taxi
【打春】 the Beginning of Spring
【打从】 ❶since ❷past; by
【打倒】 ❶ knock down to the ground ❷ overthrow
【打道】 clear the way
【打的】 go by taxi; take a taxi
【打底】 ❶eat sth before having a drink ❷feel secure ❸lay a foundation ❹bottoming
【打点】 ❶get ready ❷bribe
【打掉】 destroy; knock out; wipe out
【打动】 move; touch
【打逗】 make fun of; joke about
【打斗】 fight; exchange blows
【打赌】 bet
【打断】 ❶break ❷interrupt; cut short; put off; break up
【打发】 ❶send; dispatch ❷dismiss; send away ❸while away (one's time) ❹make arrangement; take care of
【打翻】 overturn; strike down
【打非】 combat illegal publishing activities
【打分】 give a mark; mark students' papers, etc.
【打稿】 work out a draft
【打更】 sound the night watches
【打工】 hire out for work; do manual work; work part-time
【打鼓】 ❶ beat a drum ❷ feel uncertain; feel nervous
【打滚】 roll about
【打黑】 ❶crack down on evil forces ❷combat black whistles
【打横】 sit in the inferior seat at a square table
【打火】 strike a light
【打击】 hit; strike; attack
【打架】 come to blows; fight
【打搅】 disturb; trouble
【打劫】 rob
【打开】 ❶ open ❷ turn on; switch on ❸ break through ❹open up; spread
【打垮】 defeat completely
【打捞】 ❶get out of water ❷fishing
【打雷】 thunder
【打理】 arrange; manage
【打量】 ❶measure with the eye; look sb up and down; size up ❷think; suppose; reckon
【打猎】 go hunting
【打磨】 polish; shine
【打牌】 ❶play cards ❷play mah-jong
【打拼】 struggle
【打破】 break; smash
【打气】 ❶pump up a tyre ❷bolster up the morale; boost the morale; encourage; cheer up
【打枪】 ❶shoot; fire a gun ❷substitute for sb in an examination
【打趣】 tease; make fun of
【打扰】 ❶disturb; trouble; bother; annoy; interrupt ❷give trouble to
【打人】 beat sb
【打散】 break up; scatter
【打扫】 sweep; clean
【打闪】 flash
【打胜】 win a victory
【打食】 hunt for food; seek food
【打手】 hired roughneck [thug]; hatchet man
【打算】〔动〕plan; intend; want; consider; think about;〈方〉make out 〔名〕plan; consideration
【打碎】 break into pieces; destroy
【打探】 inquire about; ask about
【打听】 ask about; inquire about
【打通】 ❶open up ❷get through barriers
【打头】 take the lead
【打退】 beat back [off]
【打问】 ask about sth/sb; find out information
【打下】 ❶capture; overcome ❷lay down
【打响】 ❶start shooting; begin to exchange fire ❷make a good start; come off well as a start
【打消】 give up
【打压】 suppress
【打样】 ❶draw a design ❷make a proof
【打印】 print out
【打造】 ❶ make ❷ establish; found ❸ found ❹ nurture and educate; bring up; rear
【打战】 shiver; tremble
【打仗】 fight; go to war; make war
【打折】 sell at a discount; give a discount
【打皱】 wrinkle

【打住】come to a halt; stop
【打字】typewrite; type
【打靶场】target range
【打白条】write IOUs
【打包票】guarantee
【打比方】compare A to B
【打不住】❶be more than ❷not be enough
【打草稿】prepare a draft
【打底子】❶sketch ❷lay a foundation
【打地铺】sleep on the floor
【打点滴】put on a drip
【打短工】work as a day or seasonal labourer
【打盹儿】doze off; take [have] a nap
【打耳光】box sb's ears
【打工妹】employed female worker
【打工仔】employed labourer
【打工族】professional manual worker
【打官司】go to court; go to law; engage in a lawsuit
【打哈欠】yawn
【打寒战】tremble because of cold
【打火机】lighter
【打伙儿】form a partnership; form a group
【打基础】lay foundations; do spade work
【打江山】fight to win state power
【打交道】come into [make] contact with
【打瞌睡】nod
【打冷战】shiver
【打内战】fight a civil war
【打屁股】take sb to task; get punished
【打平手】draw; tie
【打算盘】❶calculate on an abacus ❷calculate; scheme
【打天下】❶struggle to seize state power ❷establish an enterprise; start an enterprise; set up an enterprise
【打头炮】fire the first shot; be the first to speak or act
【打头阵】fight in the van; take the lead
【打弯儿】bend one's limbs
【打雪仗】have a snowball fight; throw snowballs
【打夜班】work late into the night
【打印机】printer
【打招呼】❶greet sb; say hello ❷warn
【打主意】❶think of a plan ❷try to obtain; seek
【打字稿】typescript
【打字机】typewriter
【打字员】typist
【打成一片】become one with
【打得火热】be very thick with each other; be as thick as thieves
【打翻身仗】fight to change for the better; make a turn
【打光棍儿】remain a bachelor
【打破砂锅问到底】insist on getting to the bottom of the matter

dà

大 [dà]
形 ❶ big; great; large; massive; huge; fair-sized; good-sized; quite a size ❷size ❸(of) age ❹heavy; strong ❺main; major; important; general ❻loud; high ❼eldest ❽adult; major; elder ❾high degree 副 ❶to a great extent[degree]; greatly; fully ❷not very; not often 名 ❶father ❷uncle ➡ dài
【大案】major case
【大巴】large bus
【大坝】dam; dike
【大办】go in for sth in a big way [on a big scale]
【大半】❶more than half; greater part; most ❷very likely; most probably
【大伯】❶father's elder brother; uncle ❷uncle
【大臣】minister
【大大】greatly
【大胆】bold; daring
【大道】❶broad road ❷the way to the bright future
【大抵】generally speaking; in the main; on the whole
【大地】earth; mother earth
【大殿】❶audience hall ❷main hall
【大多】for the most part; mostly
【大发】[dàfā] ❶ happen suddenly ❷ express strongly
【大发】[dàfa] beyond the proper limits
【大方】[dàfāng] ❶expert; scholar ❷a kind of green tea
【大方】[dàfang] ❶generous ❷easy ❸in good taste; tasteful
【大概】图 general idea; broad outline 形 general; approximate 副 probably; most likely
【大干】go all out; make an all-out effort
【大纲】outline
【大哥】❶eldest brother ❷elder brother
【大海】sea; ocean
【大汉】big fellow
【大好】形 very good; excellent 动 fully recover from an illness
【大号】❶large size ❷your (given) name
【大红】bright red
【大户】❶rich family ❷big family
【大话】❶random remarks; big [tall] talk ❷boast
【大家】❶ great master ❷ all; everybody ❸ wealthy and influential family of long standing
【大江】❶great river ❷the Changjiang River; Yangtse River
【大奖】top prize
【大街】main street; street
【大局】overall [general, whole] situation; situation as a whole

【大军】main forces; army
【大考】end-of-term examination; final exam
【大量】❶large number; great quantity ❷generous
【大溜】main current; main trend
【大楼】multi-storied building
【大陆】continent; mainland
【大路】main road
【大略】❷❶general idea ❷bold vision ❸briefly
【大门】gate
【大米】rice
【大名】❶one's formal personal name ❷well-known name ❸your (given) name
【大漠】vast desert
【大拿】❶person with power; boss ❷expert
【大难】disaster
【大年】❶good year ❷lunar year in which the last month has 30 days ❸Spring Festival
【大炮】big gun; cannon
【大片】great film
【大气】❶air ❷heavy breathing
【大墙】❶high walls; big-wall ❷prison
【大人】❶adult; grown-up ❷Your Excellency; His Excellency
【大厦】large building
【大师】❶great master; master ❷Great Master
【大使】ambassador
【大事】❷ great event; major issue ❸ in a big way
【大体】❷ cardinal principle; general interest ❸ roughly; more or less; on the whole; by and large; for the most part
【大厅】hall
【大头】❶head mask ❷the bigger end; the main part
【大悟】become totally aware
【大小】❷ big or small ❸ size; adults and children ❸ at the very least
【大型】large-scale; large
【大修】heavy repair
【大选】general election
【大学】university; college
【大洋】❶ocean ❷silver dollar
【大业】great cause; great undertaking
【大衣】overcoat
【大意】[dàyì] general idea; main points
【大意】[dàyi] careless; negligent
【大雨】heavy rain
【大员】high-ranking official
【大院】courtyard
【大约】❶approximately; about ❷probably
【大战】war; great battle
【大站】major station(bus stop)
【大志】high aim; lofty aim; high aspirations
【大致】roughly; approximately; more or less
【大众】the masses; the people; the public
【大字】big character

【大作】❷ your writing ❸ spring up; break out
【大伯子】〈口〉husband's elder brother
【大白菜】Chinese cabbage
【大白天】daytime
【大变样】sea change
【大不了】❶at the worst; if the worst comes to the worst ❷alarming; serious
【大酬宾】sale with big discount
【大道理】❶ major principle; great truth ❷ empty talk
【大多数】great majority
【大哥大】❶mobile phone ❷man with power; boss; rich person; powerful person
【大个子】tall man
【大规模】large-scale; massive; mass
【大后年】three years from now
【大后天】three days from now
【大伙儿】we all; you all; everybody
【大家庭】big family
【大忙人】busy bee
【大拇指】thumb
【大前年】three years ago
【大前天】three days ago
【大晴天】sunny day
【大扫除】general cleaning; thorough cleanup
【大使馆】embassy
【大手笔】❶ the work of a well-known writer ❷well-known writer
【大踏步】in big strides
【大团结】❶ten-yuan bill ❷Renminbi(RMB)
【大团圆】❶happy reunion ❷happy ending
【大腕儿】❶ star; big-name; big shot; heavyweight ❷past master; master-hand
【大问题】major issue; big problem
【大学生】[dàxuéshēng] university (college) student
【大学生】[dàxuésheng] ❶senior high school student ❷big boy
【大自然】nature
【大吃大喝】eat and drink to one's heart's content
【大吃一惊】be greatly surprised; be quite taken aback
【大错特错】completely mistaken
【大大咧咧】careless
【大动肝火】fly into a rage; be very angry
【大风大浪】wind and waves; great storms
【大好河山】beautiful rivers and mountains
【大街小巷】streets and lanes
【大惊失色】turn pale with fright
【大惊小怪】be surprised (alarmed) at sth quite normal
【大龄青年】adult single
【大名鼎鼎】famous; well-known
【大气污染】air (atmospheric) pollution
【大失所望】greatly disappointed; to one's great disappointment
【大是大非】major matters of principle

【大天白日】broad daylight
【大庭广众】big crowd；public occasion
【大同小异】much the same but with minor differences
【大显身手】display one's skill to the full；give full play to one's abilities
【大有可为】be well worth doing
【大有人在】there are plenty of such people；such people are by no means rare
【大有文章】there's something behind all this；there's more to this than meets the eye
【大有希望】be full of promise
【大专院校】universities and colleges
【大做文章】❶make a big issue (of)；make a big noise (about) ❷make painstaking efforts (about〔over〕)
【大白天说梦话】daydream talk
【大学英语六级考试】College English Test Band Six (CET-6)
【大学英语四级考试】College English Test Band Four(CET-4)

dāi

呆 [dāi]
形 ①slow-witted；dull；dumb ②blank；wooden 动 stay
【呆板】stiff and awkward；rigid；not natural
【呆笨】stupid；clumsy
【呆痴】stupid；slow-witted
【呆账】doubtful account；dead loan；doubtful debt；bad loan；bad debt；bad account
【呆滞】❶lifeless ❷dull；idle
【呆子】idiot
【呆会儿】wait a minute
【呆头呆脑】stupid-looking

dǎi

歹 [dǎi]
形 bad；evil
【歹毒】sinister and vicious
【歹徒】ruffian；evildoer
【歹意】malicious intent

逮 [dǎi]
动 capture；catch ➡ dài

dài

大 [dài]
➡ dà
【大夫】doctor；physician
【大王】great king

代 [dài]
动 ①take the place of；be in place of；be a substitute for ②acting 名 ①historical period or era ②dynasty ③generation ④era
【代办】do sth for sb；act on sb's behalf
【代笔】write (a letter,etc.) for sb
【代表】名 deputy；delegate；representative 动 ❶represent；stand for ❷on behalf of；in the name of
【代步】ride instead of walk
【代称】another name for
【代词】pronoun
【代沟】generation gap
【代号】code name
【代价】price；cost
【代金】allowance
【代课】take over a class for an absent teacher
【代劳】do sth for sb；take trouble on sb's behalf
【代理】❶act on behalf of someone in a responsible position ❷act as agent
【代码】code
【代替】replace B with A；A takes the place of B；B gives way (place) to A；A is in place of B
【代为】on behalf of；for (sb)
【代行】act on sb's behalf
【代职】act for
【代表团】mission
【代表作】representative work
【代理权】agency right
【代理人】agent
【代言人】spokesman
【代表大会】congress
【代理业务】agent service

带 [dài]
名 ①belt；band；ribbon；tape ②tyre ③zone；area；belt 动 ①take；bring；carry ②do in passing or by the way ③bear；wear；have；reveal；show ④contain；hold；having sth attached ⑤with；including；having sth attached ⑥lead；head ⑦look after；bring up；raise ⑧drive；promote
【带班】❶lead a group of people on duty ❷be in charge of the student affairs of a class
【带兵】lead troops
【带病】in spite of illness
【带电】charged
【带动】❶drive；put in motion ❷bring along
【带队】动 lead a group〔team〕名 group〔team〕leader
【带来】❶bring ❷bring about
【带领】❶lead；go at the head of ❷act as leader of
【带路】show〔lead〕the way；act as a guide
【带头】take the lead；be the first；set an example
【带刺儿】❶be prickly ❷be sarcastic
【带好儿】give regards to

贷 [dài]
名 loan；credit 动 ①borrow or lend ②shift (responsibility) ③pardon；mercy
【贷方】bookkeeping credit side；credit
【贷款】动 provide〔grant〕a loan；make an advance to 名 loan；credit；mortgage

待 [dài]
动 ①treat；deal with ②entertain ③wait for；

await ④need ⑤going to;about to
【待查】need checking
【待到】by the time;when
【待岗】be on a waiting post
【待机】❶wait for a favourable opportunity;await an opportunity ❷stand by time
【待命】await orders;stand by
【待机时间】standby time
【待业青年】job-seeking 〔awaiting〕 youth

怠 [dài]
形 ①idle ②slighting;disrespectful;rude
【怠工】slow down;go slow
【怠慢】❶give cold-shoulder;slight ❷entertain sb poorly

袋 [dài]
图 bag;sack;pocket;pouch 量（a）sack;bag;packet:一袋白糖 a bag 〔packet〕of sugar（b）pipe:抽一袋烟 smoke a pipe
【袋鼠】kangaroo
【袋装】in bags
【袋子】sack;bag

逮 [dài]
动 ①reach ②arrest ➡dǎi
【逮捕】arrest;make an arrest

戴 [dài]
动 ①put on;wear ②respect;honour;support
【戴高帽子】wear a tall paper hat

dān

丹 [dān]
形 red 图 ①cinnabar ②powder pill
【丹青】painting
【丹心】loyalty

担 [dān]
动 ①carry on a shoulder pole ②take on;undertake;shoulder ➡dàn
【担保】❶assure;guarantee ❷guarantee security
【担待】❶take the responsibility ❷excuse
【担当】take on;undertake
【担负】bear;shoulder;take on;be charged with
【担任】assume the office of;hold the post of
【担心】worry;feel anxious
【担忧】worry;be anxious
【担保人】guarantor;guarantee
【担不起】❶be unable to shoulder;be unequal to ❷not deserve
【担不是】take the blame
【担风险】run risks
【担惊受怕】feel alarmed

单 [dān]
形 ①one;single ②odd ③simple ④weak;thin ⑤unlined or unpadded（clothes）副 ①singly;alone ②only,alone,solely 图 ①sheet ②bill;list
【单打】singles
【单薄】❶thin ❷thin and weak
【单调】monotonous
【单程】one way

【单纯】形 simple;pure 副 alone;purely;merely
【单词】individual word;word
【单单】only;alone
【单独】alone;by oneself;on one's own;single-handed
【单干】动 work on one's own;go it alone;work by oneself;do sth single-handed 图 individual farming
【单杠】horizontal bar
【单价】unit price
【单间】separate room
【单据】receipt
【单亲】single parent
【单身】形 unmarried;single;sole 动 not be with one's family;live alone
【单位】unit
【单线】❶single line ❷one and only one line（link）
【单向】one-way
【单项】individual event
【单一】single
【单元】unit
【单子】❶sheet ❷list
【单个儿】副 individually;alone 图 odd one
【单人床】single bed
【单人房】single-bed room
【单行线】one-way road

耽 [dān]
动 ①delay ②abandon oneself to
【耽搁】❶stop over;stay ❷delay
【耽误】delay;hold up;set back

dǎn

胆 [dǎn]
图 ①gallbladder ②courage ③bladder-like inner container
【胆大】bold
【胆敢】dare
【胆量】courage
【胆怯】timid;cowardly
【胆识】courage and insight
【胆小】timid;cowardly
【胆虚】timid
【胆壮】bold
【胆子】courage
【胆小鬼】coward;faint heart;chicken
【胆量过人】be bolder than all the rest
【胆小如鼠】as timid as a mouse;chicken-hearted
【胆战心惊】tremble with fear

dàn

旦 [dàn]
图 ①dawn;daybreak ②day
【旦夕】this morning or evening—in a short while

但 [dàn]
副 merely;only;just 连 but;yet;still;never-

【但凡】in every case; without exception; as long as
【但是】but; yet; still; nevertheless
【但愿】if only; I wish; I had〔would〕rather
【但愿如此】Be it so; I hope so; I hope that's right

担 [dàn]
⓵ dan ② bucket; bundle 图 load; burden ➡dān
【担子】❶ load; burden ❷ task; burden to bear; responsibility to shoulder
【担担面】street vendor's noodles

诞 [dàn]
① birth ② birthday 形 absurd
【诞辰】birthday
【诞生】be born; come into being

淡 [dàn]
形 ① thin; light ② tasteless; weak ③ light ④ indifferent; cool; with little enthusiasm ⑤ dull ⑥ meaningless; unimportant
【淡泊】not seek fame and wealth
【淡薄】❶ thin; light ❷ become indifferent ❸ faint; dim; hazy ❹ tasteless; weak
【淡淡】❶ thin; light; pale ❷ indifferent; cool ❸ undulating gently
【淡化】❶ water down ❷ desalinate
【淡季】dull season
【淡漠】❶ indifferent ❷ faint; hazy
【淡水】fresh water
【淡忘】fade from one's memory
【淡妆】be lightly made up

弹 [dàn]
图 ① ball ② bullet; shell; bomb; crump ➡tán

蛋 [dàn]
图 ① egg ② egg-shaped thing; ball
【蛋白】egg white
【蛋糕】cake
【蛋壳】eggshell
【蛋青】pale blue
【蛋清】egg white
【蛋白质】protein

dāng

当 [dāng]
动 ① equal; match ② ought to; should; must ③ facing; confronting; to sb's face; in sb's presence ④ serve as; act as; work as; be ⑤ deserve; bear; accept ⑥ manage; be in charge of; direct; control ⑦ stop; prevent 介 just at (a time or place) 图 tip; top 象 sound made by striking metals ➡dàng
【当班】be on a shift
【当兵】be a soldier
【当场】on the spot; then and there
【当初】❶ at the beginning; at the outset; in the first place ❷ at that time; in the past
【当代】the present age; the contemporary era
【当地】at the place in question; in the locality; local
【当即】at once; right away
【当街】动 facing the street 名 in the street
【当今】now; at present; nowadays
【当局】authorities
【当令】be in season
【当面】to sb's face; in sb's presence
【当年】❶ in those years; in those days ❷ the prime of life
【当前】介 before one; facing one 形 present; current; existing; present-day
【当权】be in power; hold power
【当然】副 ❶ as it should be; only natural ❷ without doubt; certainly; of course; to be sure 形 natural
【当日】that time; then
【当时】then; at that time
【当天】at that day
【当头】❶ right overhead; right on sb's head; head on ❷ facing one ❸ put in the first place
【当晚】at that night
【当心】take care; be careful; look out; watch it; beware
【当选】be elected
【当政】be in power; be in office
【当值】be on duty
【当中】❶ in the middle; in the center ❷ among
【当众】publicly
【当家人】the head of the family

dǎng

挡 [dǎng]
动 ① keep off; withstand ② shelter from; block; keep out 名 ① blind ② gear ➡dàng
【挡道】get in the way
【挡箭牌】❶ shield ❷ excuse

党 [dǎng]
名 ① political party; party ② the Communist Party of China ③ faction; gang ④ relatives 动 be partial to; take sides with
【党费】party membership dues
【党风】party's work style; party members' conduct
【党籍】party membership
【党派】political parties and groups; party groupings
【党旗】party flag
【党史】party history
【党校】Party school
【党性】Party spirit; Party character
【党羽】adherents
【党员】party member
【党证】party card
【党政】Party and government
【党代表】Party representative
【党代会】the Party Congress
【党组织】Party organization

dàng

当 [dàng]
  形 proper; right; appropriate *动* ①be equal to; match ②treat as; regard as; take for ③think ④pawn *代* that very (day, year, etc.) *名* pawn; pledge ➡ dāng
  【当成】regard as; treat as; take for
  【当年】the same year; that very year
  【当票】pawn ticket
  【当日】the same day; that very day
  【当时】right away; at once; immediately
  【当天】the same day; that very day
  【当头】pledge
  【当晚】the same evening; the very evening
  【当夜】the same night; the very night
  【当月】the same month
  【当真】*动* take seriously *副* really; sure enough *形* really true; reliable
  【当作】treat as; regard as; look upon as

荡 [dàng]
  动 ①swing; sway; wave ②loaf about ③rinse ④clear away; sweep off *形* ①vast; broad and level ②of loose in morals *名* ①shallow lake; marsh ②pond; pit; pool
  【荡除】clear away; get rid of
  【荡妇】①loose woman ②prostitute
  【荡漾】ripple

档 [dàng]
  名 ①shelves ②files; archives; records ③crosspiece ④grade ⑤open-air booth or stall ➡ dǎng
  【档案】files; archives; record
  【档次】grade
  【档案馆】archives

dāo

刀 [dāo]
  名 ①knife; sword; any kind of cutting tool ②sth shaped like a knife *量* one hundred sheets
  【刀锋】the point[edge] of a knife
  【刀具】cutting tool; tool
  【刀口】①the edge of a knife ②where a thing can be put to best use ③cut
  【刀枪】sword and spear; weapons
  【刀刃】①the edge of a knife ②where a thing can be put to best use
  【刀子】small[pocket] knife

叨 [dāo]
  【叨唠】talk on and on
  【叨念】①talk about; mention again and again ②talk over; discuss

dǎo

导 [dǎo]
  动 ①lead; guide; channel ②transmit; conduct ③instruct; give guidance to ④direct

【导报】guide
【导播】*动* produce *名* director
【导出】derive
【导弹】guided missile
【导电】transmit electric current; conduct electricity
【导读】guide to reading
【导航】navigate
【导论】introduction
【导师】①tutor; teacher ②guide of a great cause; teacher
【导体】conductor
【导线】lead
【导向】*动* direct the course of sth; guide *名* guidance
【导演】*动* direct *名* director
【导游】*动* conduct a sightseeing tour *名* ①tourist guide ②guidebook
【导语】lead
【导致】lead to; bring about; result in; cause
【导火线】①fuse ②trigger
【导购小姐】salesgirl

岛 [dǎo]
  名 island

捣 [dǎo]
  动 ①beat ②beat; strike ③harass; disturb
  【捣蛋】make [cause] trouble
  【捣鼓】①meddle with ②buy in and sell out; trade in
  【捣毁】destroy
  【捣乱】①make [cause] trouble ②disturb

倒 [dǎo]
  动 ①fall ②collapse; fail; go bankrupt; go out of business ③overthrow; overturn; bring down ④become hoarse; lose one's voice ⑤spoil ⑥change; exchange; transfer ⑦move around; make room for ⑧sell out ⑨speculate; profiteer *名* scalper ➡ dào
  【倒班】change shifts; work in shifts; work by turns
  【倒闭】close down; go bankrupt
  【倒车】①change train [bus] ②buy and sell cars for quick profit
  【倒戈】change sides in a war; turn one's coat
  【倒霉】unlucky
  【倒手】①swap hands ②change hands
  【倒塌】collapse
  【倒台】fall from power
  【倒腾】①deal in ②rummage around
  【倒弄】buy and sell; deal in

祷 [dǎo]
  动 ①pray ②long for; hope for
  【祷告】pray; say one's prayers

蹈 [dǎo]
  动 ①step ②move up and down; trip ③follow; abide by; obey

dào

到 [dào]
动 ①arrive; reach ②go to; leave for ③说到做到 do what one says; be as good as one's word/来信收到了。I have received your letter. ④be thoughtful; 介 up until; up to; by; 直到昨天，我们还不知道孩子的下落。Up to yesterday, we had no idea where the child was. 形 considerate; thoughtful; thorough

【到场】 be present; show up; turn up
【到处】 at all places; everywhere
【到达】 arrive; get to; reach
【到底】 动 do sth to the end〔finish〕 副 ❶at last; in the end; finally ❷after all ❸ever; indeed
【到点】 the time is up; it is time
【到顶】 reach the summit〔peak, limit〕; cannot be improved
【到会】 be present at a meeting; attend a meeting
【到家】 reach a very high level; be perfect; be excellent
【到期】 become due
【到任】 take office; arrive at one's post
【到手】 in one's hands
【到头】 to the end; at an end
【到位】 in position
【到站】 arrive at a station〔bus stop〕
【到职】 take office; arrive at one's post
【到头来】 in the end; finally

倒 [dǎo]
动 ①move backward; turn upside down; reverse ②tip; pour; dump ③upside down ④reverse 副 ①原想省点钱，不料倒花多了。I meant to be frugal but spent more than I had expected. ②说说倒容易，做起来可不那么简单。It's easier said than done. ③东西是贵，倒还值得买。It is expensive but still worth the money. ④你倒快点呀，我们要晚了。Hurry up or we'll be late. ➡dào

【倒彩】 booing
【倒车】 back a car
【倒挂】 ❶hang... upside down ❷be topsy-turvy
【倒立】 ❶stand upside down ❷handstand
【倒流】 flow backwards
【倒贴】 lose money instead of making money
【倒退】 go backwards; fall back
【倒影】 reflection
【倒置】 place upside down
【倒转】 〔dàozhuǎn〕 turn the other way round
【倒转】 〔dàozhuàn〕 turn back; reverse
【倒背手】 with one's hands behind one
【倒不如】 it would be better to
【倒插门】 marry into the wife's family
【倒好儿】 catcall
【倒计时】 count down; count backwards

盗 [dào]
动 steal; rob 名 thief; robber
【盗版】 动 copy illegally 名 illegal copy
【盗匪】 robbers
【盗汗】 night sweat
【盗卖】 steal and sell
【盗墓】 rob tombs
【盗窃】 steal
【盗贼】 robbers; bandits
【盗窃犯】 thief

悼 [dào]
动 mourn; grieve
【悼念】 mourn; grieve over

道 [dào]
名 ①way; road; path ②course; channel ③orientation; way; justice ④virtue ⑤technique; skill; art ⑥principle ⑦Taoism; Taoist ⑧superstitious sect ⑨line 量 (a) 一道闪电 a flash of lightning (b) 两道门 two entrances (c) 两道数学题 two mathematical problems/上最后一道菜 serve the last course of a meal 动 ①say; talk; speak; 常言道 as the saying goes ② express; extend ③say ④think; suppose

【道班】 railway or highway maintenance squad
【道别】 bid farewell; say goodbye
【道岔】 switch; points
【道德】 morals; morality
【道家】 Taoist school; Taoists
【道教】 the Taoist religion; Taoism
【道具】 prop
【道理】 ❶ principle; truth; hows and whys ❷ reason; argument; sense ❸way; decision
【道路】 ❶road; way; path ❷course; route; way ❸way; journey
【道破】 point out frankly; reveal
【道歉】 apologize; make an apology
【道士】 Taoist priest
【道谢】 express one's thanks; thank
【道义】 morality and justice
【道道儿】 ❶line ❷way; method ❸knack
【道听途说】 hearsay; rumour

稻 [dào]
名 rice; paddy

得 [dé]
动 ①get; obtain; gain; win ②equal; result in; make ③be finished; be done; be ready 形 ①fit; proper ② satisfied 叹 ①得，就这么办。OK! Just go ahead./不得随地吐痰。No spitting! ②这事没有一星期不得完。It would take no less than a week. ③得，我钥匙又忘带了。Oh, shit! I forgot my key again. ➡děi

【得便】 be convenient
【得病】 fall ill
【得逞】 have one's way; succeed
【得宠】 find favour with sb; be in sb's good graces
【得到】 reach; obtain
【得当】 apt; proper; suitable
【得到】 get; obtain; gain; receive

【得法】have the right
【得分】score
【得奖】win [be awarded] a prize
【得劲】❶feel well ❷fit for use;handy
【得空】be free
【得了】well,well;come off it;that's enough; that's that
【得力】动❶benefit from ❷get help from 形 capable
【得胜】win a victory
【得失】❶gain and loss;success and failure ❷advantages and disadvantages
【得势】❶be in power ❷get the upper hand
【得手】go smoothly;come off;do fine;succeed
【得体】appropriate
【得闲】have leisure;be free
【得以】so that...can [may]...
【得益】benefit;profit
【得意】proud of oneself;pleased with oneself
【得志】achieve one's ambition;have a successful career
【得主】winner
【得罪】offend
【得人心】have the support of the people

德 [dé]
名 ❶virtue;moral character ❷mind;heart ❸kindness;favour
【德行】moral conduct
【德性】disgraceful appearance
【德育】ethics
【德才兼备】have both ability and integrity

děi

得 [děi]
动 ❶need;require;take ❷must;have to; needs of will or reality ❸will;be sure to 形 comfortable;cozy;contented ➡dé

dēng

灯 [dēng]
名 ❶lamp ❷burner ❸valve;tube
【灯光】❶the light of a lamp;lamplight ❷(stage) lighting
【灯火】lights
【灯具】lighting
【灯泡】(electric) bulb;light bulb
【灯塔】lighthouse
【灯座】lampstand

登 [dēng]
动 ❶climb;mount;scale (a height) ❷publish;record;enter ❸ripen ❹step;stand ❺put on;wear ❻press down with the foot
【登报】publish in the newspaper
【登场】come on stage
【登程】set off;set out
【登顶】reach the summit
【登高】ascend a height
【登机】board an airplane
【登记】register;check in;enter one's name
【登录】❶enter;record ❷log in[on]
【登门】call at sb's house
【登山】mountain-climbing
【登市】be in season
【登台】❶go on stage ❷enter politics
【登载】publish;carry

噔 [dēng]
象 thud;她噔噔地跑上楼去。She thudded upstairs.

蹬 [dēng]
动 ❶step on ❷put on;wear ❸press down with the foot
【蹬腿】❶kick one's legs ❷kick the bucket; turn up one's toes;die

děng

等 [děng]
名 ❶class;grade;rank ❷kind;sort;type 形 equal 动 ❶wait;await ❷by the time;when;till ❶我等五人 the five of us ❷and so on;and so forth;etc. ❸足球、排球、篮球等三大球 the three larger balls—football,volleyball and basketball
【等待】wait;await;hold on;stand by
【等到】by the time;when
【等等】❶and so on;and so on and so forth; etc. ❷wait a minute
【等候】wait;await;expect
【等级】❶grade;rank ❷order and degree;social estate
【等价】of equal value
【等式】equality
【等同】be equal
【等于】❶equal to ❷amount to;be the same as
【等闲视之】regard as unimportant;treat lightly [casually]

dèng

凳 [dèng]
名 bench

澄 [dèng]
动 ❶become clear;settle ❷strain ➡chéng
【澄清】settle;become clear

瞪 [dèng]
动 ❶open one's eyes wide ❷glare at sb;get angry with sb

dī

低 [dī]
形 ❶at a small distance from the ground;low ❷below average;low ❸low in grade or rank 动 hang down;droop
【低矮】low
【低层】❶lower storey [floor] ❷low grade (rank,level)
【低产】low yield
【低潮】low tide;low ebb

【低沉】❶overcast ❷low and deep ❸low-spirited;downcast
【低档】inferior
【低等】lower;of lower grade[class]
【低地】lowland
【低调】❶low voice ❷low-spirited view ❸low-key
【低估】underestimate
【低谷】all-time low
【低耗】low cost
【低缓】❶low and slow ❷low-lying and flat
【低回】❶ pace up and down ❷ yearn ❸ tangled;sentimental
【低级】❶elementary;lower ❷low
【低价】floor price
【低贱】humble
【低廉】cheap
【低劣】shoddy
【低落】depressed
【低迷】depressed
【低能】mental deficiency
【低头】❶ lower one's head;bow one's head;hang one's head ❷yield;summit
【低微】❶low;little ❷lowly
【低温】low temperature
【低下】形low;lowly 动lower;hang down
【低标准】low level
【低年级】low grade

的[dī]
名taxi ➡dí;dì
【的哥】taxi driver brother;male taxi driver
【的士】taxi

堤[dī]
名dyke
【堤坝】dykes and dams

提[dī]
➡tí
【提防】take precautions against;be on guard against

滴[dī]
动❶drip ❷let drop;drip 名drop 量drop;两滴墨水 two drops of ink/最后一滴血 the last drop of blood
【滴答】drip
【滴眼剂】eye drops

dí

迪[dí]
动enlighten;guide
【迪斯科】disco

的[dí]
形true;really ➡dī;dì
【的确】indeed;really

敌[dí]
形of the enemy camp 名enemy;foe 动❶oppose;resist;stand up to ❷equal in strength;match;rival the wealth of a state
【敌对】hostile
【敌方】enemy;hostile party;enemy's side
【敌寇】enemy
【敌情】the enemy's situation
【敌人】enemy;foe
【敌视】be hostile towards
【敌手】❶match;opponent;adversary ❷enemy hands
【敌特】enemy spy;enemy agent
【敌意】hostility;enmity
【敌阵】enemy's position

涤[dí]
动❶wash ❷get rid of

笛[dí]
名❶bamboo flute ❷whistle

嘀[dí]
〔嘀咕〕❶whisper;talk in whispers ❷be apprehensive;be unsettled ➡dí

嫡[dí]
名❶legal wife ❷son by the legal wife 形❶relative of closest tie;relative of lineal descent ❷orthodox;authentic
【嫡系】❶ direct line of descent ❷ one's own clique

dǐ

诋[dǐ]
动speak ill of;slander
【诋毁】slander;defame

抵[dǐ]
动❶ support; hold; sustain ❷resist;withstand ❸make good;make up for ❹mortgage ❺balance;set off ❻be equal to;match ❼arrive at;reach
【抵偿】make good;give sth by way of payment for
【抵触】conflict
【抵达】arrive;reach
【抵挡】keep out;check;withstand
【抵抗】resist;stand up to
【抵赖】deny
【抵命】 pay with one's life (for a murder, etc.);a life for a life
【抵消】cancel each other out
【抵销】off-set
【抵押】mortgage
【抵御】resist;withstand
【抵债】pay a debt in kind or by labour
【抵账】repay a debt with
【抵制】resist
【抵罪】be punished for a crime

底[dǐ]
名❶bottom;base ❷origin or bottom of sth;heart of the matter;ins and outs ❸rough draft;draft text ❹end of a year or month ❺background;foundation ❻base number
【底本】❶master copy ❷a text against which other texts are checked
【底边】base;bottom

【底部】bottom; bottom side; foot; root
【底册】a bound copy of a document kept on file
【底层】❶〈英〉ground floor;〈美〉first floor ❷ bottom; the lowest rung ❸basement
【底肥】base fertilizer
【底稿】draft; manuscript
【底火】the fire in a stove before fuel is added
【底价】base price
【底角】base ankle
【底里】inside story
【底牌】❶ cards in one's hand; hand ❷ inside story
【底气】❶lung power ❷strenth or energy
【底数】❶ prepared plan or figure ❷ ins and outs of sth; the truth or root of a matter ❸ base number
【底细】ins and outs; unknown background
【底下】❶under; below; beneath ❷next; later; afterwards
【底线】❶end line ❷under thread ❸planted agent ❹bottom line
【底薪】base salary
【底子】❶ bottom; base ❷ foundation ❸ a copy kept as a record
【底座】base; foundation

的 [di]
🔲target ➡ dī; dí

地 [di]
🔲①the earth ②land ③fields; soil; farmland ④ground; floor ⑤territory ⑥area; district; region ⑦location; site; spot ⑧position; situation; condition ⑨ mental state ⑩ space ⑪ background; ground ⑫distance 【地板】❶floor ❷ floor board
【地步】❶ condition ❷ extent; degree ❸ room for action
【地产】landed estate; landed property; real estate
【地带】district; region; zone; belt
【地道】[dìdào] tunnel
【地道】[dìdao]❶from the place noted for the product ❷real; pure ❸ well-done; thorough; up to standard
【地点】place; site; locale
【地洞】hole in the ground
【地段】sector〔section〕of a town, etc.; area
【地方】[dìfāng]❶locality ❷local
【地方】[dìfang]❶ place; space; region; room ❷part; respect
【地宫】underground palace
【地基】❶ground ❷foundation
【地脚】❶lower margin ❷foundation
【地理】geography
【地面】❶ the earth's surface; ground ❷ ground; floor ❸region; area; territory
【地盘】territory

【地皮】❶land for building ❷ground
【地球】the earth; the globe
【地区】area; district; region
【地上】[dìshàng] on the surface of ground
【地上】[dìshang] on the floor
【地势】topography
【地税】land tax; local duty
【地摊】roadside stall
【地毯】carpet
【地铁】underground (railway); tube; subway
【地图】map
【地位】position; standing; place; status
【地下】[dìxià] 🔲 underground 🔲 secret (activity); underground
【地下】[dìxia] on the ground
【地形】terrain
【地狱】hell
【地域】region; district
【地震】earthquake
【地址】address
【地质】geology
【地主】landholder; landlord
【地租】land rent; ground rent; rent
【地方话】dialect
【地平线】horizon
【地球村】global village
【地头儿】❶edge of a field ❷local place
【地下室】basement
【地下水】groundwater
【地大物博】vast land with rich resources
【地球卫星】earth satellite
【地下停车场】subterranean parking

弟 [di]
🔲①younger brother; younger halfbrother; younger stepbrother; younger brother-in-law; cousin ②I; 弟近日身体不适。I don't feel quite well these days.
【弟子】pupil; follower

帝 [di]
🔲①God; Supreme Being; the Divine ②emperor ③imperialism
【帝国】empire
【帝王】emperor

递 [di]
🔲hand over; pass; deliver 🔲 successively; in the proper order
【递补】substitute
【递加】successively increase; increase by degrees
【递减】decrease by degrees
【递降】🔲 progressive decrease 🔲 decrease gradually
【递交】hand over; present
【递进】go forward one by one
【递升】rise progressively
【递条子】write notes to sb

第 [di]
🔲宪法第三条 Article 3 of the Constitution/

我住在第十四层。My flat is on the 14th floor. 图①grades in which successful candidates in the imperial examinations were placed ②residence of a high official 连but;however 副only;alone
【第一】 first;foremost
【第三者】❶ third party ❷ the other man〔woman〕;the other person
【第一流】 first class〔rate〕;top class;tiptop
【第一线】 forefront;front line
【第二产业】 secondary industry
【第二人称】 second person
【第二职业】 second occupation,the second job;spare-time work
【第三产业】 tertiary industry;the service sector
【第三人称】 third person
【第三世界】 the third world
【第一把手】 first in command;number one man
【第一产业】 primary industry
【第一夫人】 the First Lady
【第一家庭】 First Family
【第一人称】 first person
【第一时间】 to be the first
【第一世界】 the first world
【第二次世界大战】 the Second World War;World War Ⅱ
【第一次世界大战】 the First World War;World War Ⅰ

蒂 [dì]
图 base

缔 [dì]
动form;establish;conclude
【缔结】 conclude;establish
【缔约】 conclude〔sign〕a treaty
【缔造】 found;create

diān

掂 [diān]
动 weigh in the hand
【掂掇】❶ weigh in the hand ❷ think over;weigh up
【掂量】❶ weigh in the hand ❷ think over;weigh up

颠 [diān]
图①crown ②top;peak;summit 动①bump ②fall;turn over;topple down ③jump up and run;run;leave;go away;make off
【颠簸】 bump
【颠倒】❶put upside down;turn upside down ❷confused;disordered
【颠覆】 overturn
【颠倒黑白】 confuse right and wrong
【颠三倒四】 disorderly;confused

巅 [diān]
图 mountain top;peak;summit
【巅峰】 summit;peak;pinnacle

癫 [diān]
形 insane

【癫痫】 epilepsy

diǎn

典 [diǎn]
图①standard;law ②standard work of scholarship;code ③literary quotation ④ceremony 动①be in charge of ②lease;mortgage
【典当】 mortgage;pawn
【典范】 model;example
【典故】 allusion
【典礼】 ceremony;celebration
【典卖】 mortgage
【典型】图 typical example〔case〕;model;type 形 typical;representative
【典押】 mortgage
【典雅】 elegant

点 [diǎn]
图①drop ②stain;spot;dot ③dot stroke ④point ⑤decimal point ⑥mark ⑦point;feature ⑧iron bell or clapper used to announce the hour or rally the people ⑨o'clock ⑩appointed time ⑪cake 量①a little;a bit;some:她会说一点儿日语。She speak a little Japanese. ②两点意见,two suggestions 动①put a dot ②touch on briefly;mention in passing;skim ③drip ④plant in holes ⑤check one by one;count one by one ⑥select;choose ⑦make clear directly or indirectly;hint;point out ⑧light;kindle
【点拨】 give directions;show how (to do sth)
【点播】 request a programme from a radio station
【点菜】 choose dishes from a menu;order dishes (in a restaurant)
【点灯】 light a lamp
【点滴】 bits and pieces
【点歌】 request a song
【点化】❶transform things by magic ❷enlighten;advise
【点火】❶light a fire ❷stir up trouble
【点货】 check over goods
【点击】 click
【点名】❶call the roll ❷mention sb by name
【点明】 point out;put one's finger on
【点评】 动make comments on;discuss 图 comment (spoken or written)
【点破】 bring sth out into the open
【点钱】 check〔count〕the money
【点燃】 light;kindle;ignite
【点射】 fixed fire
【点数】 check the number;count
【点题】 set the theme
【点头】 nod one's head;nod
【点心】 dim sum
【点烟】 light a cigarette
【点缀】❶adorn ❷use sth merely for show
【点子】❶ drop ❷ spot;dot;speck ❸ beat ❹ keypoint ❺idea;pointer
【点钞机】 money-counting machine (for bills

only)
【点击率】page view

碘 [diǎn]
名 iodine

踮 [diǎn]
动 stand on tiptoe

diàn

电 [diàn]
名 ① electricity ② electric power ③ telegram; cable 动 ① give or get an electric shock ② send a cable; cable; send a telegram; telegraph
【电棒】flashlight
【电报】telegram; cable
【电表】❶ electric meter; voltmeter ❷ kilowatt-hour meter; watt-hour meter; electric meter
【电波】electromagnetic
【电厂】power plant
【电车】❶ tram; tramcar; streetcar (有轨) ❷ trolleybus; trolley (无轨)
【电池】(electric) cell; battery
【电灯】electric lamp; electric light
【电动】motor-driven; power-driven
【电费】electric bill(expenses); power bill
【电告】inform by wire(telegraph)
【电工】❶ electrical engineering ❷ electrician
【电棍】etric prod
【电焊】electric welding
【电荷】electric change
【电话】❶ telephone; phone ❷ phone call
【电汇】telegraphic money order
【电缆】electric cable; cable
【电力】electric power; power
【电量】quantity of electricity; electric quantity
【电铃】electric bell
【电流】electric current
【电炉】electric stove; hot plate
【电路】electric circuit
【电脑】computer
【电能】electric energy
【电器】electrical equipment
【电扇】electric fan
【电视】television; TV
【电台】❶ transmitter-receiver; transceiver ❷ broadcasting station; radio station
【电梯】lift; elevator
【电线】(electric) wire
【电信】telecommunications
【电压】voltage
【电影】film; movie; motion picture
【电源】power supply; power source; mains
【电站】electric power station
【电闸】main switch; master switch
【电子】electron
【电阻】resistance
【电钻】electric drill
【电冰箱】(electric) refrigerator
【电炒锅】electric frying pan
【电动机】(electric) motor
【电风扇】electric fan
【电话卡】telephone card
【电话亭】telephone booth; call box
【电流表】ammeter; amperemeter
【电热器】electric heater
【电视剧】TV drama; TV play
【电视塔】television tower
【电视台】television station
【电影院】cinema; movie (house)
【电熨斗】electric iron
【电子表】electronic watch
【电子琴】electronic organ; electronic keyboard
【电热水器】electric water heater
【电视大学】TV university
【电视录像】television recording
【电子词典】electronic dictionary
【电子商务】e-commerce
【电子图书】e-book
【电子信箱】electronic mailbox
【电子邮件】E-mail; electronic mail
【电子邮箱】email box
【电子游戏】electronic game; video game; TV game
【电动剃须刀】electric shaver
【电动自行车】electric bike; electric motor-driven bicycle
【电子出版物】electronic publications
【电子游戏机】video game player; TV game player

店 [diàn]
名 ① inn ② shop; store
【店面】shop front; shopfront
【店铺】shop; store
【店员】shop assistant; salesclerk; clerk; salesman (saleswoman)
【店主】shopkeeper; storekeeper

玷 [diàn]
名 flaw in a piece of jade 动 disgrace
【玷污】stain

垫 [diàn]
动 ① put sth under sth else to raise it; spread sth over sth else; make level by filling up; pad ② fill in gap; insert ③ pay for sb and expect to be paid back later 名 pad; cushion; mat
【垫付】pay for sb and expect to be repaid later
【垫款】money advanced for sb to be paid back later
【垫子】mat; pad; cushion
【垫底儿】❶ put sth at the bottom ❷ have sth to eat while waiting for one's meal ❸ lay a foundation; establish a base

淀 [diàn]
动 form sediment; precipitate
【淀粉】starch; amylum

惦 [diàn]
动 be concerned about; keep thinking about

【惦记】 remember with concern; be concerned about; keep thinking about
【惦念】 be anxious about; keep thinking about; worry about

奠 [diàn] 动 ❶establish; settle ❷make offerings to the spirits of the dead
【奠定】 establish
【奠基】 lay a foundation
【奠基人】 creator; founder; originator

殿 图 hall; palace 动 march at the rear; march in the rear
【殿后】 bring up the rear
【殿堂】 palace〔temple〕 hall

diāo

刁 [diāo] 形 sly; cunning; tricky
【刁滑】 cunning; crafty; artful
【刁民】 unruly people
【刁难】 create difficulties; make things difficult
【刁钻】 cunning; artful

叼 [diāo] 动 hold in the mouth

凋 [diāo] 动 wither 形 hard; depressed
【凋零】 形 fallen and scattered about 动 decline
【凋谢】 ❶wither and fall ❷die of old age

雕 [diāo] 动 carve; engrave; sculpt 形 decorated with coloured drawings 图 ❶carving; sculpture ❷eagle
【雕刻】 动 carve; engrave 图 sculpture
【雕塑】 动 carve; sculpt 图 sculpture
【雕像】 statue
【雕琢】 ❶ cut and polish; carve ❷ write in an ornate style

diào

吊 [diào] 动 ❶hang; suspend ❷lift up or let down with a rope, etc.; haul ❸drop (the ball or shuttle) where one's rival or rivals find it hard to retrieve ❹put in a fur lining; line ❺withdraw ❻mourn
【吊车】 crane
【吊扇】 ceiling fan
【吊死】 hang by the neck; hang oneself
【吊销】 withdraw
【吊唁】 express one's condolences
【吊胃口】 whet one's appetite
【吊儿郎当】 careless and casual

钓 [diào] 动 ❶fish with a hook and line; angle ❷fish for; angle for; hunt for; seek 图 fishhook
【钓鱼】 go fishing

调 [diào] 动 ❶ transfer; shift; move ❷ investigate; enquire into ❸ allocate ❹ exchange 图 ❶ accent; tone ❷ argument; view; tone ❸ air; tune ❹ tone; tune ➡tiáo
【调拨】 send
【调查】 investigate; inquire into; look into; survey
【调动】 ❶transfer ❷move (troops) ❸bring into play; arouse
【调度】 动 ❶dispatch ❷manage; control 图 dispatcher
【调换】 exchange; change
【调配】 deploy
【调遣】 assign
【调式】 mode
【调转】 ❶ transfer to a new post ❷ turn back 〔round〕
【调子】 ❶ tune ❷ tone; note ❸ view

掉 [diào] 动 ❶fall; drop; shed; come off ❷fall behind; lag behind ❸ lose; be missing ❹ reduce; cut down; drop; lower ❺ wag; wave; shake ❻ turn; turn round; turn back; spin; swing ❼ change; exchange; swap ❽show off; vaunt
【掉秤】 lose weight
【掉队】 drop out 〔off〕; fall behind
【掉魂】 lose one's wits; be out of one's wits
【掉价】 ❶fall 〔drop〕 in price; go down in price ❷cheapen
【掉色】 lose colour; fade
【掉头】 turn round; turn about
【掉转】 turn back 〔round〕
【掉眼泪】 shed tears
【掉以轻心】 lower one's guard; treat sth lightly

diē

爹 [diē] 图 father; dad; pa

跌 [diē] 动 ❶fall; tumble ❷drop ❸fall; go down
【跌宕】 fall down
【跌倒】 ❶fall; tumble ❷suffer a setback
【跌价】 fall 〔drop〕 in price; go down in price
【跌跤】 ❶trip and fall ❷make a mistake; meet with a setback
【跌落】 fall; drop
【跌势】 decline
【跌水】 ❶waterfall ❷(hydraulic) drop

dié

谍 [dié] 图 ❶espionage ❷spy
【谍报】 intelligence report

喋 [dié]
【喋喋不休】 witter on

叠

叠 [dié]
动 ①pile up;repeat ②fold
【叠加】composition;overlying

碟 [dié]
名 (small) dish;saucer

蝶 [dié]
名 butterfly

dīng

丁 [dīng]
名 ①male adult;man ②members of a family;population ③person engaged in certain types of labour ④small cube 动 meet;encounter →zhēng
【丁点儿】a tiny bit
【丁字尺】T-square
【丁字形】T-shaped
【丁零当啷】cling-clang

叮 [dīng]
动 ①sting;bite ②urge again and again ③say or ask again to make sure
【叮当】ding-dong
【叮咚】tinkle
【叮咬】bite
【叮嘱】urge earnestly and tirelessly [repeatedly]

盯 [dīng]
动 fix one's eyes on;gaze at;stare at
【盯梢】tail

钉 [dīng]
名 nail 动 ①follow closely;shadow;tail ②urge;press;keep asking or reminding →dìng

dǐng

顶 [dǐng]
名 top;peak;crown 动 ①hold or carry on the head ②push from below or behind;push up ③butt ④sustain;support ⑤go against ⑥answer back ⑦undertake;cope with;stand up to ⑧equal;be equivalent to ⑨take the place of;substitute;replace ⑩transfer business licence, or lease of real estate;sublease 量 一顶帽子 a cap; a hat/一顶蚊帐 a mosquito net 副 ①most;very;extremely;顶漂亮 very beautiful ②at a specified time:顶上午十点你再来吧。You can come at, say, ten o'clock in the morning.
【顶班】①work on regular shifts;work full time ②work as a substitute for sb absent
【顶层】top;overstory;top floor
【顶点】apex;acme
【顶端】①top;peak ②end
【顶多】at (the) most;at best
【顶风】副 ①against the wind ②in defiance of 名 head wind
【顶峰】peak;summit
【顶好】形 very good 副 had better;it would be best
【顶级】top
【顶尖】topmost;top level;tip-top
【顶角】vertex angle
【顶事】be useful;serve the purpose
【顶数】①make up the number ②count;carry weight
【顶替】动 take sb's place;replace 名 displacement
【顶头】动 coming directly towards one 名 top;end
【顶用】do the trick
【顶住】withstand;stand up to;hold out against
【顶嘴】reply defiantly;answer back;talk back
【顶罪】①bear the blame for sb ②be equal to the crime
【顶呱呱】tip-top;first-rate;excellent
【顶梁柱】pillar;backbone;main support
【顶牛儿】①be at loggerheads with ②domino-type game

鼎 [dǐng]
名 ①dīng throne;state power ③pot;pan 形 great;grand 副 just when;at the very time
【鼎力】your kind effort
【鼎鼎大名】famous;well-known

dìng

订 [dìng]
动 ①conclude;draw up;agree on ②subscribe to;book;order ③make corrections;revise ④bind
【订单】order for goods;order form[list]
【订购】order (goods);place an order for sth
【订婚】be engaged (to be married)
【订货】order goods;place an order for goods 名 order;ordered goods
【订金】deposit
【订立】conclude;make
【订正】make corrections

钉 [dìng]
动 ①nail ②sew on →dīng

定 [dìng]
形 ①calm;still;stable ②determined;settled;established ③provided;fixed 动 ①fix;set ②decide;fix;set;make certain ③subscribe to;book;order 副 surely;certainly;definitely
【定案】动 decide on a verdict;reach a conclusion on a case 名 verdict;final decision
【定点】动 designate a certain place 形 ①designated;chosen ②at a fixed time
【定都】choose a site for the capital;establish a capital
【定夺】make a final decision;decide
【定额】名 quota 动 set a quota
【定岗】set work requirements for a position
【定格】decide grade and level
【定价】动 fix a price 名 ①fixed price ②list price
【定金】deposit
【定居】settle

【定局】 settle finally; inevitable outcome
【定礼】 bride-price
【定理】 theorem
【定量】 fix the quantity
【定律】 (scientific) law
【定论】 final conclusion
【定期】 fix a date; regular; at regular intervals; regularly
【定然】 certainly; definitely
【定神】 ❶ collect oneself; pull oneself together ❷ concentrate one's attention
【定时】 at fixed time; fixed time
【定位】 ❶ position ❷ rank; fixed position; location; orientation
【定向】 directional
【定刑】 sentence; fix punishment
【定形】 take form; take shape
【定型】 finalize the design; fall into a pattern; take shape(form)
【定义】 definition
【定语】 attribute
【定制】 have sth made to order; have sth custom-made; established rule or practice
【定罪】 declare sb guilty
【定做】 have sth made to order (measure)

diū

丢 [diū] ❶lose ❷throw; cast ❸put or lay aside
【丢丑】 lose face; be disgraced
【丢掉】 ❶ lose ❷ throw away; cast away; discard
【丢脸】 lose face; be disgraced
【丢弃】 abandon; discard; give up
【丢人】 lose face; be disgraced
【丢失】 lose
【丢饭碗】 lose one's job
【丢面子】 lose face
【丢三落四】 forget this and that; be always forgetting things

dōng

东 [dōng] ❶east ❷master; owner ❸host
【东北】 ❶ northeast ❷ northeast of China; the Northeast
【东边】 east
【东部】 eastern region; eastern part
【东床】 son-in-law
【东方】 ❶east ❷the East; the Orient
【东风】 ❶east wind ❷spring wind
【东宫】 ❶Eastern Palace ❷crown prince
【东海】 the Donghai Sea; the East China Sea
【东面】 the east
【东南】 ❶ southeast ❷ southeast China; the Southeast
【东西】 [dōngxī] ❶east and west ❷from east to west

【东西】 [dōngxi] ❶thing ❷creature
【东半球】 the Eastern Hemisphere
【东道国】 host country(nation)
【东道主】 host
【东奔西走】 run around here and there; rush about (around)
【东倒西歪】 leaning; unsteady
【东拉西扯】 talk at random
【东跑西颠】 rush here and hurry there; rush about
【东张西望】 gaze (peer) around; glance this way and that; look in every direction

冬 [dōng] winter
【冬储】 store away in winter
【冬季】 winter
【冬眠】 winter sleep
【冬日】 the winter sun; the sun in winter
【冬天】 winter
【冬装】 winter dress (clothes)

dǒng

董 [dǒng] direct; director
【董事】 director
【董事会】 board of directors
【董事长】 chairman (president) of the board of directors

懂 [dǒng] understand; know
【懂得】 understand; know
【懂行】 know the business
【懂事】 sensible; intelligent

dòng

动 [dòng] ❶move; stir ❷act; get moving ❸change; alter ❹use ❺touch (one's heart); arouse ❻move; touch ❼eat; drink; easily; often
【动笔】 take up the pen; start writing
【动产】 movable property
【动词】 verb
【动荡】 unrest
【动工】 ❶ begin construction; start building ❷ construct
【动机】 motive; intention
【动静】 ❶ sound; voice ❷ movement; activity; happenings; events
【动力】 ❶ motive power; power ❷ motive force; driving force
【动乱】 disturbance
【动脉】 artery
【动气】 take offence; get angry
【动情】 ❶ get worked up; become excited ❷ have one's (sexual) passions aroused
【动人】 moving; touching
【动身】 go (set out) on a journey; leave (for a distant place)

【动手】❶start work;get to work ❷touch;handle ❸raise a hand to strike;hit out
【动态】trends;developments
【动弹】move;stir
【动听】interesting or pleasant to listen to
【动武】use force;start a fight;come to blows
【动物】animal
【动向】trend;tendency
【动心】be affected
【动摇】shake
【动议】motion
【动用】put to use
【动员】mobilize
【动辄】easily;frequently
【动嘴】speak;talk
【动作】名 movement;motion;action 动 act;start moving
【动不动】easily;at every turn[move]
【动画片】animated cartoon [drawing];cartoon
【动脑筋】consider;think hard;use one's brains to think;take trouble over
【动手术】❶perform an operation;operate on sb ❷have an operation;be operated on
【动物学】zoology
【动物园】zoo

冻 [dòng]
动 ❶freeze ❷feel very cold;freeze 名 jelly
【冻冰】freeze
【冻结】freeze
【冻伤】frostbite
【冻死】freeze to death;freeze and perish
【冻豆腐】frozen tofu[bean curd]

洞 [dòng]
名 hole 副 thoroughly 动 penetrate;pierce
【洞察】see clearly
【洞穿】❶pierce (a hole) ❷have an insight into;understand fully
【洞房】bridal chamber
【洞开】be wide open
【洞悉】know clearly;understand thoroughly
【洞穴】cave

都 dōu
副 ❶all;both;every ❷even ❸already ➡dū

兜 [dōu]
名 ❶pocket ❷bag 动 ❶wrap up or hold as if in a bag ❷move round;go in a circle ❸canvass ❹take upon oneself;take care of;assume responsibility for
【兜底】expose
【兜风】❶catch the wind ❷go for a drive,ride or sail
【兜售】flog
【兜子】pocket;bag
【兜圈子】❶go around in circles;circle ❷beat about the bush

斗 dǒu

斗 [dǒu]
名 ❶dou ❷whorl ❸ancient wine vessel ❹Big Dipper 形 as large[small] as a dou ➡dòu
【斗胆】make bold;venture
【斗笠】bamboo hat

抖 [dǒu]
动 ❶tremble;shiver ❷shake ❸disclose the inside story;expose ❹rouse;stir up ❺throw one's weight about
【抖动】shake;tremble
【抖搂】❶shake off;shake out of sth ❷expose;shake out
【抖擞】rouse
【抖威风】throw one's weight about

陡 [dǒu]
形 steep 副 suddenly;abruptly
【陡壁】steep cliff;steep
【陡立】rise steeply
【陡坡】steep slope
【陡峭】steep
【陡然】suddenly;unexpectedly;abruptly

斗 dòu

斗 [dòu]
动 ❶fight ❷struggle against;fight ❸make animals fight (as a game) ❹compete with;contest with ❺come together;fit together;put together ➡dǒu
【斗殴】fight
【斗气】nurse a grudge
【斗争】❶struggle;fight;combat ❷accuse and denounce ❸strive for;fight for
【斗志】will to fight;fighting will
【斗智】fight a battle of wits
【斗嘴】❶quarrel;bicker ❷banter
【斗心眼儿】fight a battle of wits

豆 [dòu]
名 ❶stemmed cup[bowl] ❷pulses;beans;peas ❸sth like a bean;bean-like thing
【豆腐】tofu;bean curd
【豆浆】soya milk
【豆绿】pea green
【豆油】soya oil;soya bean
【豆子】❶pod-bearing plant or its seeds ❷bean-shaped thing
【豆制品】bean products
【豆蔻年华】in one's early teens

逗 [dòu]
动 ❶tease;play with ❷attract;provoke;amuse ❸stay;stop 形 amusing;funny
【逗号】comma
【逗留】stay;stop
【逗弄】tease;kid;make fun of
【逗人】amuse;arouse interest
【逗引】tease
【逗乐儿】amuse; try to make people laugh clown around
【逗趣儿】set people laughing;amuse

【逗笑儿】amusing

痘 [dòu]
名 ①vaccine ②smallpox

窦 [dòu]
名 ①hole ②sinus

都 [dū]
名 ①capital ②big city;metropolis 动 summarize;sum up ➝dōu
【都城】capital
【都市】big city;metropolis

督 [dū]
动 superintend and direct
【督办】❶supervise and direct ❷supervisor
【督察】❶superintend;supervise ❷supervisor
【督促】supervise and urge
【督导】动 supervise and direct 名 supervisor;director

毒 [dú]
名 ①poison ②anything pernicious to the mind ③drugs 形 ①poisonous;poisoned ②cruel;fierce 动 kill with poison;poison
【毒打】beat relentlessly;beat up
【毒害】❶murder by poisoning;poison ❷poison (sb's mind)
【毒计】deadly trap
【毒辣】sinister
【毒瘤】cancer
【毒品】drugs
【毒气】poisonous gas;poison gas
【毒杀】kill with poison;poison
【毒蛇】poisonous snake
【毒手】violent treachery
【毒死】kill with poison;poison
【毒素】poison
【毒物】poisonous substance;poison
【毒枭】drug baron〔kingpin〕
【毒药】poison
【毒资】❶money for buying drugs ❷drug money

独 [dú]
形 ①one;single;only;sole ②selfish 名 old people without offspring;the old and childless 副 ①alone;by oneself;on one's own;in solitude ②only;alone
【独霸】dominate exclusively
【独裁】dictatorship;autocratic rule
【独唱】(vocal) solo
【独处】live on one's own;live alone
【独到】original
【独家】the only one
【独揽】have a monopoly on
【独力】by one's own efforts;on one's own
【独立】❶stand alone ❷independence ❸independent;on one's own

【独门】名 having one's own entrance〔gate〕形 possessed by one individual or family only
【独苗】only son and heir
【独身】动 separated from one's family;live alone 形 unmarried;single
【独生】only child born into the family
【独特】distinctive
【独舞】solo dance
【独享】enjoy alone
【独行】❶walk alone ❷go one's own way;stick to one's own way of doing things
【独有】possess alone;be peculiar to
【独院】one-family courtyard;one-household compound
【独占】have sth all to oneself
【独自】alone;by oneself;solo;single-handed
【独裁者】autocrat;dictator
【独创性】original;revolutionary;novel;pioneer-ing
【独角戏】one-man show
【独立性】independent character;independence
【独木桥】❶single-plank bridge;single-log bridge ❷difficult path
【独生女】only daughter
【独生子】only son
【独奏曲】solo
【独出心裁】show originality;be original
【独立自主】maintain independence and keep the initiative
【独一无二】unique;unmatched

读 [dú]
动 ①read out;read aloud ②read ③attend (school) ④pronounce
【读本】reader;textbook
【读入】read-in
【读书】❶read;study ❷attend school ❸study one's lessons
【读数】reading;numerical reading
【读物】reading matter;reading material
【读音】pronunciation
【读者】reader
【读后感】reaction to a book or an article
【读书人】❶scholar;intellectual ❷student
【读取速度】reading speed

渎 [dú]
动 show disrespect or contempt 名 ditch;drain
【渎职】neglect one's duty

犊 [dú]
名 calf

笃 [dǔ]
形 ①faithful;earnest;sincere ②be seriously ill;be in a critical condition
【笃实】❶honest and sincere ❷solid;sound
【笃信】sincerely believe in;be a devout believer in

堵 [dǔ]

动 stop up; block; plug up *形* oppressed *名* wall
◯ 一堵墙 a wall
【堵车】 traffic jam
【堵截】 intercept
【堵塞】 stop up; block up

赌 [dǔ]

动 ❶gamble ❷bet
【赌博】 gambling
【赌场】 gambling house; gambling playground
【赌棍】 professional gambler
【赌气】 act rashly out of a sense of injustice; in a rage
【赌钱】 gamble
【赌徒】 gambler; punter
【赌友】 gambling companions
【赌债】 gambling debt
【赌资】 money to gamble with
【赌注】 stake; bet

睹 [dǔ]

动 see
【睹物思人】 seeing the thing one thinks of the person—the thing reminds one of its owner
【睹物伤情】 feel sad on seeing the thing; seeing the thing makes one feel sad

dù

杜 [dù]

动 block; stop
【杜绝】 stop; put an end to
【杜撰】 make up

肚 [dù]

名 belly; stomach ➡ dǔ
【肚量】 tolerance
【肚子】 ❶belly ❷belly-shaped thing ❸heart

妒 [dù]

动 be jealous of; be envious of; envy
【妒忌】 be jealous of; be envious of; envy

度 [dù]

名 ❶linear measure ❷degree of intensity, hardness, heat, concentration, density or humidity ❸extent; degree ❹limit; bound; extent; degree ❺rule; standard ❻cross-over point ❼tolerance ❽bearing; attitude ❾space or time of a given extent ❿consideration *量* (a) degree: 二十五度角 angle of 25 degrees (b) degree: 北纬二十三度 latitude 23 degrees north (c) kilowatt-hours: 8 度电 8 kilowatt-hours (d) degree: 水的沸点为 100 度. The boiling point of water is 100 degrees. (e) occasion; time: 一年一度 once a year; annually *动* ❶spend; pass ❷go beyond ❸(try to) convert ➡ duó
【度过】 spend; pass (of time)
【度假】 spend one's holidays; spend one's vacation; go vacationing
【度量】 tolerance
【度命】 live from hard to mouth
【度日】 subsist (in hardship)

【度假村】 vacational village; holiday village
【度量衡】 length, capacity and weight; weights and measures
【度日如年】 one day seems like a year

渡 [dù]

动 ❶go across; cross ❷ferry across *名* ferry crossing
【渡船】 ferryboat
【渡口】 ferry crossing
【渡轮】 ferry steamer; ferryboat
【渡过难关】 tide over a crisis; tide over a difficulty; ride out a storm; pull through

镀 [dù]

动 plating
【镀金】 ❶gold-plating; gilding ❷get gilded
【镀银】 silver-plating; silvering

duān

端 [duān]

名 ❶tip; end ❷beginning; start; source ❸reason; cause; occasion ❹aspect; point; item ❺upright; proper *动* hold sth level with both hands; carry
【端点】 ❶end point; end; terminal ❷extreme point
【端口】 port
【端倪】 clue
【端详】 [duānxiáng] *名* details *形* dignified and serene
【端详】 [duānxiáng] look sb up and down
【端正】 *形* ❶upright; regular ❷correct *动* rectify; correct
【端庄】 dignified
【端架子】 put on airs
【端午节】 the Dragon Boat Festival
【端端正正】 straight; regular (features)

duǎn

短 [duǎn]

形 short; brief *动* lack; owe *名* shortcoming; fault
【短波】 shortwave
【短程】 short distance; short range
【短处】 shortcoming; failing; fault; weakness
【短传】 short pass
【短粗】 ❶short and thick ❷short and heavy; quick and heavy
【短促】 of very short duration; very brief
【短打】 ❶hand-to-hand fight wearing tights ❷dress in jacket and trousers
【短笛】 piccolo
【短工】 casual labourer; seasonal labourer
【短号】 cornet
【短见】 ❶shortsighted view ❷suicide
【短剑】 half-sword
【短裤】 shorts
【短路】 short circuit
【短命】 die young; be short-lived

【短跑】short-distance run
【短片】short film；short
【短评】short commentary；brief comment
【短期】short-term
【短浅】narrow and shallow
【短枪】short arm；handgun
【短缺】shortage
【短裙】short skirt
【短少】deficient；short；missing
【短视】short-sighted
【短寿】be short-lived；die young
【短途】short distance
【短袜】socks
【短项】weak point
【短小】short and small；short；small
【短信】short message (SM)
【短袖】❶short sleeves ❷short-sleeved shirt
【短语】phrase
【短暂】of short duration；brief
【短大衣】short overcoat；car coat
【短距离】short distance
【短兵相接】fight at close quarters；engage in hand-to-hand fighting〔close combat〕

duàn

段 [duàn]
 圖(a)一段城墙 a length of city wall(b)一段路 a section of road/一段岁月 a period of life (c)一段往事 a memory of past event/一段新闻 a piece of news 图①section ②rank：九段国手 ninth-dan *guo* master
【段落】❶paragraph ❷phase；stage
【段位】grade；rank
【段子】short performance

断 [duàn]
 动①cut (sth long) in two or more sections；break；snap ②break off；cut off；stop ③intercept ④quit；give up；abstain from ⑤judge；decide 副 absolutely；utterly；decidedly
【断案】动 settle a lawsuit 图 conclusion (of a syllogism)
【断层】❶fault ❷gap
【断代】❶be childless ❷lack a successor
【断档】be sold out
【断电】interrupt；interruption of power supply
【断定】conclude；form a judgment；decide；determine
【断火】cutoff
【断交】❶break off a friendship ❷sever diplomatic relations；break off diplomatic relations
【断绝】break off；cut off；stop；sever
【断裂】break；disrupt
【断粮】run out of grain (food)
【断流】dry up
【断路】❶open circuit；broken circuit ❷hold up
【断气】❶breathe one's last；die ❷cut off the gas
【断然】形 resolute；drastic 副 absolutely；flatly

【断水】water-break
【断送】forfeit
【断言】say〔state〕with certainty；assert categorically；affirm
【断断续续】off and on；intermittently

缎 [duàn]
 图 satin

锻 [duàn]
 动 forge
【锻炼】❶forge；smelt；temper ❷take exercise；have physical training ❸temper；steel

duī

堆 [duī]
 动 pile (up)；heap (up)；stack (up) 图 ① heap；pile；stack ②mound 量 heap；pack；pile；crowd：一堆灰烬 a heap of ashes
【堆放】pile up；stack
【堆积】pile up；heap up；accumulate

duì

队 [duì]
 图①row of people；line；queue ②team；group；band ③Chinese Young Pioneers 量 file；column；line：一队士兵 a column of soldiers
【队列】formation
【队伍】❶troops ❷ranks；formations ❸contingent；force
【队形】formation
【队员】team member
【队长】captain；team leader；charge head

对 [duì]
 动①reply；answer ②treat；cope with；counter ③be trained on；be directed at ④bring into coordination or contact；fit one into another；match ⑤suit；agree；fit ⑥compare；check；identify ⑦set；adjust ⑧add；mix 形①facing each other；face to face ②divide into halves 形①opposite；opposing ②right；correct；normal 量 couplet；pair；couple：一对石狮子 a pair of stone lions/一对青年夫妇 a young married couple 介 concerning；regarding：他对此事一无所知。He knew nothing regarding the matter.
【对岸】the opposite bank；the other side of the river
【对白】dialogue
【对半】❶half-and-half；fifty-fifty ❷double
【对比】动 contrast；balance 图 ratio
【对策】the way to deal with a situation
【对称】symmetry
【对答】answer；reply
【对打】fight each other
【对待】treat
【对等】equity
【对调】exchange
【对方】the other〔opposite〕side；the other party
【对付】❶deal with；cope with ❷make do ❸get

along with;be on agreeable terms
【对过】opposite;across the way
【对号】动❶check the number ❷fit 名 check mark(√);tick
【对话】名 动 carry on〔have,hold〕a dialogue 名 dialogue;conversation
【对换】change;exchange
【对家】❶party sitting opposite oneself ❷other party in a proposed marriage
【对角】opposite angles
【对接】link up
【对抗】名 confrontation 动 resist;oppose
【对口】动❶speak or sing alternately ❷be geared to the needs of the job 形 to one's taste;palatable
【对垒】stand facing each other;ready for battle
【对立】oppose;set sth against
【对路】❶satisfy the need ❷be to one's liking;suit one
【对门】动 face each other 名 the building or room opposite
【对面】名 ❶opposite ❷right in front 副 face to face
【对齐】align;aline;register
【对手】❶opponent;adversary ❷match;equal
【对头】[duìtóu] 形 ❶correct;on the right track ❷normal;right 动 get on well;hit it off
【对头】[duìtou] 名 ❶enemy ❷opponent;adversary
【对外】external;foreign
【对虾】prawn
【对象】❶target;object ❷boyfriend〔girlfriend〕;husband〔wife〕
【对眼】名 cross-eye 形 satisfactory;to one's looking
【对应】corresponding
【对于】with〔in〕regard to;as to;with respect to
【对照】contrast;compare
【对证】verify;check
【对准】❶aim at ❷align
【对比度】contrast ratio;contrast
【对不起】❶pardon me;I beg your pardon ❷let sb down;be unworthy of;be unfair to
【对得起】not let sb down;treat sb fairly;be worthy of
【对讲机】walkie-talkie
【对角线】diagonal(line)
【对劲儿】❶be to one's liking;suit one ❷normal;right ❸get along(well)
【对立面】opposite
【对味儿】形 to one's taste;tasty 动 seem all right
【对答如流】answer fluently;answer questions without hesitation
【对号入座】❶sit according to the ticket number ❷match
【对讲电话】intercommunicating telephone set

【对立统一】unity of opposites
【对外开放】open to the outside world
【对外贸易】foreign trade

duì

兑 动 ❶exchange;convert ❷honour;cash ❸pour from one container into another;mix
【兑付】cash
【兑换】exchange
【兑现】❶cash ❷honor;fulfill;make good

dūn

吨 ❶ton(t) ❷register ton ❸tonnage
【吨位】❶tonnage ❷register ton

dūn

敦 形 sincere;honest ➡duì
【敦促】urge;press
【敦厚】honest and sincere

dūn

墩 名 ❶mound ❷block of stone or wood;foundation made of brick or cement ❸squat stool or cushion 动 mop 量 cluster
【墩布】mop

dūn

蹲 动 ❶squat on the heels ❷be idle;stay ➡cún
【蹲点】work at a selected spot for investigation and study;work in a selected basic-level unit to gain experience
【蹲守】undercover
【蹲大狱】serve time in jail;lie in prison

dǔn

盹 名 take a nap

躉 名 wholesale
   动 buy... wholesale

dùn

炖 动 ❶stew ❷warm sth by putting it in a container in boiling water

钝 形 ❶blunt;dull ❷stupid
【钝角】obtuse angle

盾 名 shield
【盾牌】❶shield ❷pretext;excuse

顿 动 ❶pause ❷pause in writing in order to reinforce the beginning or ending of a stroke ❸kowtow ❹stamp ❺arrange;handle 副 suddenly;immediately 量 一日三顿饭 three meals a day 形 tired ➡dú
【顿时】suddenly;immediately;at once

遁 动 ❶escape;flee;run away ❷hide;lie low;

disappear

duō

多 [duō]
〖形〗①many;much;more;a lot of ②excessive; over 〖动〗exceed the original,correct or required number or amount;be or have too many or too much 〖副〗more;over;odd:一百多人 more than (over) one hundred people 〖副〗①much more; much less;far more;far less;他干得比我强多了。He has done far better than I have. ②how:这孩子多大了？How old is the boy? ③how;what;多可爱的小狗啊！What a lovely puppy! ④要多好有多好 be as good as can be; be as good as anything

【多半】❶ the greater part;most;more often than not ❷most probably;very likely
【多边】multi-lateral
【多变】changeable;changeful;varied
【多次】many times;time and (time) again;repeatedly;on many occasions
【多多】a lot of
【多方】in many ways;in every way
【多久】how long;how often
【多亏】thanks to;luckily
【多么】❶ no matter how;what extent ❷ how; what ❸ no matter how;however
【多情】full of tenderness or affection
【多日】long time
【多少】[duōshǎo] ❶ number;amount ❷ somewhat;more or less;to some extent
【多少】[duōshao] ❶ how many;how much ❷ as much as so much
【多时】long time
【多事】❶ meddlesome ❷ eventful
【多数】majority
【多谢】many thanks;thanks a lot
【多心】be oversensitive
【多样】diversified
【多疑】suspicious;oversensitive
【多余】❶ surplus;superfluous ❷ unnecessary
【多云】cloudy
【多嘴】speak out of turn;shoot off one's mouth
【多方面】many-sided;in many ways
【多功能】multi-functional; multi-purpose; all-purpose
【多会儿】❶ when ❷ ever;at any time
【多面手】many-sided man;man of many parts
【多一半】the greater part;most;more often than not
【多才多艺】gifted in many ways
【多层住宅】multi-storey housing
【多此一举】make an unnecessary move
【多多益善】the more the better
【多事之秋】eventful period or year;troubled times
【多种多样】varied
【多媒体电脑】multimedia computer

咄 [duō]
〖动〗be shocked
【咄咄逼人】overbearing;aggressive

哆 [duō]
➡chǐ
【哆嗦】tremble;shiver

duó

夺 [duó]
〖动〗①take by force;seize ②contend for;compete for ③overwhelm;defeat ④deprive ⑤lose ⑥decide 〖名〗omission (in a text)
【夺杯】win(take) the cup
【夺标】❶ win the championship ❷ have one's tender accepted
【夺得】take;carry off;win
【夺冠】carry off the first prize;win first place; win the championship
【夺回】recapture;retake;seize back
【夺魁】carry off the first prize;win first place; win the championship
【夺目】dazzle the eyes
【夺取】❶ capture;seize ❷ strive for
【夺权】seize power;take over power
【夺门而出】force one's way in through the door

度 [duó]
〖动〗estimate ➡dù

踱 [duó]
〖动〗pace

duǒ

朵 [duǒ]
〖量〗一朵花 a flower

躲 [duǒ]
〖动〗①go into hiding;hide (oneself);躲在角落里 hide in a corner ②shelter;avoid;make oneself scarce;shy away from
【躲避】❶ avoid ❷ hide (oneself)
【躲藏】hide (conceal) oneself;go into hiding
【躲让】get out of the way;make way for;step aside for
【躲闪】dodge
【躲债】avoid a creditor
【躲躲闪闪】hedge

duò

剁 [duò]
〖动〗chop;cut

垛 [duò]
〖动〗pile up neatly 〖名〗pile;stack 〖量〗一垛砖 a pile of bricks

舵 [duò]
〖名〗rudder

堕 [duò]
〖动〗fall;sink
【堕地】fall on the ground
【堕落】sink low

【堕马】fall off a horse
【堕胎】induced abortion; have an abortion

惰 [duò]
lazy; idle

【惰性】inertia; physical[moral] laziness; inertia

跺 [duò]
stamp (one's foot)
【跺脚】stamp one's foot

E

ē

阿 [ē] 副 play up to 图 bend ➡ā
【阿谀奉承】flatter; butter up; lick sb's shoes; eat sb's toads; toady to

婀 [ē]
【婀娜多姿】be pretty and charming

é

讹 [é] 形 wrong; mistaken 动 blackmail
【讹传】false rumor; wrong information
【讹舛】error; mistake
【讹谬】error; mistake
【讹钱】extort money by blackmail
【讹人】blackmail sb
【讹诈】❶extort; blackmail ❷browbeat

俄 [é] 副 shortly; presently; suddenly
【俄而】very soon; before long; in a short while; presently
【俄顷】in a moment; presently; shortly [soon] after

娥 [é] 形 beautiful 图 beautiful young woman; beauty

鹅 [é] 图 goose
【鹅黄】light yellow; fine yellow; bright orange
【鹅毛】❶ goose feather ❷ sth as light as a goose feather
【鹅绒】goose down
【鹅蛋脸】oval face; egg-shaped face
【鹅卵石】cobblestone

蛾 [é] 图 moth
【蛾眉】❶beautiful brows of a woman ❷beautiful woman; beauty

额 [é] 图 ①forehead ②horizontal tablet ③specified number, sum, volume, or amount

【额定】rated; specified; nominal
【额度】specified number or amount
【额头】forehead
【额外】extra; additional; added
【额定人数】maximum member of persons allowed
【额定输出】nominal output
【额外负担】added burden
【额外收入】extra income

ě

恶 [ě]
【恶心】❶feel like vomiting; feel sick ❷disgust; sicken ❸embarrass ➡è; wù

è

厄 [è] 图①strategic point ②disaster; hardship 动 be in distress
【厄难】disaster; distress
【厄运】evil fate; misfortune; ill [bad] luck [fortune]; hard cheese
【厄尔尼诺现象】El Niño phenomenon

扼 [è] 动①clutch; grasp ②guard; control
【扼杀】strangle
【扼守】hold; guard
【扼要】to the point; briefly
【扼制】check; control; restrain; bring under control
【扼腕叹息】sigh and wring one's hands

恶 [è] 图 evil; vice 形 ①fierce; vicious ②bad; evil; wicked ➡ě; wù
【恶霸】local tyrant
【恶臭】foul smell
【恶斗】图 fierce fight 动 fight fiercely
【恶毒】vicious; malicious
【恶感】ill feeling
【恶狗】cur
【恶鬼】❶evil spirit ❷devil
【恶棍】ruffian; bully

【恶果】evil consequence;disastrous effect
【恶耗】bad news;ill news
【恶化】take a turn for the worse
【恶浪】❶surging waves;crashing waves ❷evil forces
【恶劣】odious;disgusting;mean;dirty
【恶梦】frightening[horrible] dream;nightmare
【恶名】bad name;bad reputation
【恶魔】devil;evil spirit
【恶念】evil intention[design]
【恶癖】vice;bad habit
【恶气】❶foul smell ❷insult ❸resentment ❹anger;rage
【恶人】evil person;vile creature
【恶煞】❶devil ❷devilish person
【恶声】❶abusive language ❷bad reputation
【恶事】❶evil deed ❷ill news
【恶水】❶dirty water ❷unruly water
【恶俗】 vulgar evil customs;bad[evil] practices
【恶习】bad habit;evil ways;vice
【恶行】evil act[action,deed];bad[evil] conduct;foul deed;evil-doing;wrongdoing
【恶性】fraudulent
【恶言】rude language
【恶意】 evil[ill] intentions;ill will malign;unfriendly;hateful;vicious
【恶语】rude language;vicious remarks
【恶战】 fierce battle;savage fight battle[fight] fiercely
【恶仗】fierce battle;savage fight
【恶狠狠】fierce
【恶势力】underworld forces
【恶作剧】practical joke;mischief(胡闹,捣鬼);leg-pull(〈英口〉取笑,愚弄);rag(〈大学生间的嬉闹〉;monkey business(〈口〉胡闹)
【恶贯满盈】be guilty of countless crimes and deserve to come to judgment
【恶性循环】vicious circle
【恶言相向】exchange hot[hard] words;hurl insults at each other
【恶有恶报】evil is rewarded with evil;every sin brings its punishment with it
【恶语伤人】hurt sb by using abusive language
【恶事传千里】bad news spreads far and wide

饿
hungry;挨饿 go hungry;starve starve
【饿狼】hungry wolf—hungry person;greedy person
【饿殍】bodies of the starved
【饿汉】hungry[starving] man
【饿死】die of hunger;be starved to death
【饿死鬼】❶ghost of a person who died of hunger ❷ravenous eater

遏 [è]
check;restrain;prohibit
【遏抑】check;restrain;control;stop;repress
【遏止】check;hold back;restrain

【遏制】keep within limits;restrict;contain;check;stop;repress
【遏阻】stop;prevent

愕 [è]
astound
【愕然】stunned

腭
palate

噩 [è]
shocking;frightening
【噩耗】terrible news of sb's death
【噩梦】frightening[bad,horrible] dream;nightmare
【噩运】bad[ill,rotten] luck

鳄 [è]
crocodile;alligator

ēn

恩 [ēn]
①kindness;favour;grace ② love;ties of friendship
【恩爱】be deeply in love with each other
【恩宠】 imperial favour show special favour to
【恩赐】 bestow favour;charity
【恩德】favour;kindness;grace
【恩典】 favour;grace bestow
【恩惠】kindness;benefit;mercy;grace
【恩情】kindness;loving-kindness
【恩人】benefactor
【恩怨】❶feeling of gratitude or resentment ❷resentment;grievance;old scores
【恩将仇报】requite kindness with enmity;return hate for love
【恩威并施】use both the mailed fist and the velvet glove
【恩重如山】sb's great kindness is as weighty as a mountain

èn

摁 [èn]
press
【摁钉儿】drawing pin

ér

儿 [ér]
①child;baby ② youngster;youth;young man ③son male
【儿歌】children's song
【儿郎】son
【儿男】❶man ❷boy;son
【儿女】❶sons and daughters;children ❷young man and woman
【儿时】childhood
【儿孙】children and grandchildren
【儿童】children
【儿戏】trivial thing
【儿子】son

【儿童节】Children's Day
【儿童剧】children's drama
【儿童团】the Children's Corps
【儿女情长】love between man and woman is long
【儿女亲家】parents-in-law of one's son or daughter
【儿女私情】love affair between man and woman
【儿童读物】children's books〔readings〕
【儿童福利】child welfare
【儿童教育】education for children
【儿童文学】children's literature
【儿童医院】children's hospital
【儿童之家】children's home
【儿媳妇儿】daughter-in-law
【儿童学步车】go-car
【儿童游乐园】children's playground〔park〕

而 [ér]

连 ①and; as well as; also: 她聪明而漂亮。She's beautiful as well as clever. ②(and) yet; but; nevertheless: 肥而不腻 fet yet not sickening ③if: 人而无信,不知其可。What will become of a person if he is faithless. ④因病而辞职 resign on health grounds/飘然而去 float past ⑤to: 由西而东 from west to east
【而后】after that; then
【而或】sometimes; every now and then; at times; every so often
【而今】now; at the present time
【而立】thirty years of age
【而且】❶and ❷also; but also; not only... but also... ; moreover; furthermore; and what is more; and that〔those〕; as well as; not less... than
【而外】❶besides; aside from; apart from ❷except; with the exception of; but
【而已】only; merely; that is all; nothing more; no more than

尔 [ěr]

代 ①you; your ②so; like that ③that; this 副 ①only; just; merely ②hastily
【尔等】you; you all; all of you
【尔尔】average; so-so
【尔后】thereafter; hence-forth
【尔时】at that time; then
【尔许】so many
【尔虞我诈】each trying to cheat the other

耳 [ěr]

图 ①ear ②sth in the shape of an ear ③on both sides; side
【耳背】be hard of hearing
【耳朵】ear
【耳房】side rooms
【耳风】hearsay
【耳福】the good fortune of hearing sth rare〔beautiful〕
【耳垢】wax
【耳光】slap in the face; box on the ear
【耳锅】eared pot
【耳机】headset; earphone; earpiece
【耳际】in one's ears
【耳聋】be deaf
【耳目】❶ear and eye ❷what one sees and hears; knowledge; information ❸one who spies for sb else
【耳热】❶one's ears burn ❷familiar to the ear ❸have burning ears—be extremely excited〔shy〕
【耳软】easily influenced by others
【耳勺】earpick
【耳饰】ear drop
【耳熟】familiar to the ear
【耳顺】图 sixty years of age 图 pleasing to the ear
【耳套】ear cap
【耳痛】earache
【耳闻】hear of〔about〕
【耳语】whisper in sb's ear; whisper
【耳重】hard of hearing
【耳坠】eardrops
【耳子】ear; side handle
【耳报神】informant; informer
【耳边风】deaf ear
【耳朵软】be credulous
【耳鼻喉科】ear-nose-throat (ENT) department
【耳鬓厮磨】ear to ear and temple to temple—have close childhood friendship
【耳聪目明】have good ears and eyes—have a clear understanding
【耳朵眼儿】❶the external opening of the ear ❷hole in the ear lobe for earring
【耳聋眼花】be hard of hearing and dim of sight
【耳目闭塞】ill-informed; ignorant
【耳目清静】free from noise and dirt
【耳目所及】from what one sees and hears; from what one knows
【耳目一新】find everything fresh and new
【耳目昭彰】be known to all
【耳提面命】pour earnest advice into sb's ears
【耳听八方】have〔keep〕an〔one's〕ear to the ground; be very alert; be quick-eared
【耳闻目睹】what one sees and hears
【耳闻不如目见】seeing for oneself is better than hearing from others
【耳听为虚,眼见为实】what you hear may be false, what you see is true

饵 [ěr]

图 ①cakes ②bait 动 entice; tempt
【饵钓】bait fishing
【饵料】❶fish feed ❷fishing bait ❸poison bait
【饵子】(fish) bait

èr

一 [èr]
一 数 two 形 ①different ②not single-minded
【二重】 double
【二传】 second pass
【二次】 second;secondary
【二等】 second-class;second-rate
【二房】 ❶ second male branch of an extended family ❷ concubine
【二副】 second mate;second officer
【二乎】 动 shrink away from 形 ❶ hesitant ❷ not promising〔hopeful〕
【二话】 objection
【二婚】 动 remarriage 名 remarried woman 〔man〕
【二级】 secondary;second-class;second-level
【二老】 ❶ father and mother;parents ❷ two elders
【二类】 second class〔category〕
【二楼】 〈英〉first floor;〈美〉second floor
【二门】 inner gate
【二审】 second trial
【二手】 名 assistant 形 ❶secondhand ❷used
【二线】 名 ❶secondary defence line ❷secondary-line post;advisory post 形 two-wire
【二相】 two-phase
【二心】 half-heartedness
【二月】 ❶February ❷ the second month of the lunar year;the second moon
【二战】 World War Ⅱ;Second World War
【二者】 the two
【二指】 forefinger;index finger
【二致】 different
【二把刀】 形 lacking sufficient ability〔knowledge〕 名 half-assed person
【二把手】 second in rank

【二百五】 ❶stupid person ❷dabbler
【二部制】 two-shift system;two part-time shifts
【二重性】 dual character〔nature〕
【二次方】 square;secondpower
【二混子】 idler;layabout
【二进宫】 ❶sentenced for a second time;in and out of prison twice;get inside again ❷do sth for a second time
【二流子】 layabout
【二拇指】 index finger
【二踢脚】 double-kick
【二象性】 dual property;duality
【二板市场】 second board
【二重人格】 double〔dual〕 personality
【二道贩子】 secondhand dealer;two-way merchant
【二号人物】 second best
【二轮驱动】 two-wheel drive
【二人世界】 two people's world
【二年级学生】 sophomore
【二一添作五】 go halves;go fifty-fifty
【二者必居其一】 either one;the other
【二者不可兼得】 can't have both at the same time
【二者不可缺一】 neither can be dispensed with;neither is dispensable
【二万五千里长征】 Long March of 25,000 li
【二虎相争,必有一伤】 when two tigers fight, one is sure to get hurt
【二人同心,其利断金】 if two persons are of one heart, they are strong enough to break metal—unity is strength

贰 [èr]
数 two 动 turn one's coat 形 disloyal
【贰臣】 turncoat official

Ff

fā

发 [fā]

动 ①issue;send (out);give out;distribute ②launch;discharge;shoot;fire;project ③generate;produce;bring〔come〕into existence ④speak;utter;express;convey;voice ⑤develop;expand ⑥become rich;make a fortune ⑦rise〔expand〕when soaked ⑧diverse ⑨open up;discover;expose ⑩get into a certain state;become;turn;appear ⑪show (one's feeling) ⑫feel;sense;perceive ⑬start on a journey;set out;depart ⑭begin (an action);start ⑮generate;arouse 量 五发炮弹 five shells ➡ fà

【发榜】 publish a list of successful candidates〔applicants〕
【发包】 awarding contract;issuing contract;put out to contract;contract out
【发报】 transmit messages by radio, telegraphy,etc.
【发标】 issue of bidding documents
【发表】 publish;issue;make a speech;express;state
【发病】 come on
【发布】 issue;release
【发财】 get〔become〕rich;make a fortune
【发车】 send off a car〔truck,bus〕
【发愁】 worry;be anxious;upset;dismay
【发出】 issue;send out;give out
【发怵】 feel timid;fear;shrink
【发达】 形 developed;flourishing 动 promote;develop
【发呆】 stare blankly
【发电】 generate electricity〔electric power〕
【发动】 ❶start;launch ❷call into action;arouse ❸start a machine;set a machine going
【发抖】 shiver;tremble;shake
【发端】 make a start
【发放】 provide;grant;extend
【发奋】 ❶work energetically ❷make a firm resolution;make a determined effort
【发愤】 make a firm resolution;make a determined effort

【发疯】 go mad;go crazy;be out of one's mind
【发福】 put on weight;get fat
【发稿】 ❶distribute news dispatches ❷send manuscripts to the press
【发给】 issue;distribute;grant
【发光】 shine;glow;flash;give off light
【发行】 [fāháng]sell wholesale
【发狠】 ❶make a determined effort ❷be angry
【发还】 return sth;give〔send〕back
【发慌】 feel nervous
【发挥】 ❶bring into play;give play to ❷develop;elaborate
【发昏】 ❶feel dizzy ❷lose one's head;become confused
【发火】 ❶catch fire;ignite ❷go off ❸get angry;lose one's temper
【发货】 send out goods;deliver goods
【发迹】 gain fame and fortune;rise to power and position
【发急】 become impatient〔excited〕
【发家】 build up a family fortune
【发奖】 award prizes
【发酵】 ferment
【发觉】 find;detect;discover;realize
【发掘】 explore
【发狂】 go mad;go crazy
【发困】 feel sleepy
【发懒】 feel lazy
【发愣】 stare blankly
【发冷】 feel cold
【发亮】 shine
【发令】 ❶issue an order;give orders;push sb around;boss sb around;throw sb's weight around ❷give a password
【发落】 deal with (an offender)
【发毛】 ❶be afraid of;be scared ❷loss one's temper
【发霉】 动 become mildewed 形 musty;stale
【发明】 invent
【发难】 ❶rise in revolt;launch an attack ❷raise difficult questions for discussion
【发怒】 get angry;lose one's temper
【发盘】 offer

【发胖】put on[gain] weight; get fat
【发票】invoice
【发起】❶initiate; sponsor ❷start; launch
【发情】囫 oestrus 图 be in heat
【发热】❶have[run] a fever; have[run] a temperature ❷give out heat; generate heat ❸be hotheaded
【发散】(of rays, etc.) diverge
【发烧】have[run] a fever; have[run] a temperature
【发射】❶launch; discharge; shoot; fire ❷emit
【发生】happen; occur; come about; take place
【发声】sound production
【发誓】pledge; swear; maintain; protest
【发售】sell; put on sale
【发送】❶transmit by radio ❷dispatch
【发傻】spoil and turn sour
【发酸】❶turn sour; taste sour ❷feel a tingle in one's eyes[nose] ❸ache slightly
【发条】clockwork spring
【发问】ask[pose, raise] a question
【发现】囫 discover; find; spot 图 discovery; find
【发笑】burst into laughter; laugh
【发泄】let off
【发信】post a letter
【发行】issue; publish; distribute; put on sale
【发言】speak; make a statement[speech]; take the floor
【发炎】become inflamed
【发扬】❶develop; carry on[forward] ❷make the most of; make full use of
【发音】pronounce
【发育】grow; develop
【发源】rise
【发晕】feel dizzy
【发展】develop; expand; grow; evolve
【发胀】swell
【发证】issue the licence
【发作】❶break out; show effect ❷have a fit of anger
【发电厂】power plant; power station
【发电机】generator
【发动机】engine; motor
【发横财】strike it rich
【发牢骚】complain
【发令枪】starting gun
【发令员】starter
【发脾气】lose one's temper; get angry
【发祥地】place of origin; birthplace
【发言权】right to speak
【发言人】spokesman; spokeswoman
【发源地】birthplace; place of origin
【发展商】developer
【发达国家】developed country
【发愤图强】work with a will to make the country strong
【发号施令】issue orders; order people about
【发奖仪式】victory ceremony

【发人深省】give food for thought
【发扬光大】carry forward; develop; enhance
【发展中国家】developing country

fá

乏 [fá]
囫 lack; be short of 形 ①tired ②poor ③exhausted; worn-out; useless
【乏力】lacking in strength; weak
【乏味】dull; tasteless

伐 [fá]
囫 ①fell; cut down ②attack; strike; send an expedition against ③sing one's own praises; boast about oneself

罚 [fá]
囫 punish; fine
【罚单】ticket
【罚金】fine
【罚款】囫 impose a fine[forfeit] 图 fine; penalty
【罚球】make a free shot[throw]; play a foul [penalty]; make a penalty kick; take a spot kick; take a corner kick; take a free kick; make a penalty shot
【罚站】make (a pupil, etc.) stand as punishment
【罚点球】spot kick
【罚饮一杯】(make sb) drink a cup of wine as a forfeit

阀 [fá]
图 ①powerful person[family] ②valve
【阀门】valve

筏 [fá]
图 raft

fǎ

法 [fǎ]
图 ①law ②way; method; mode; means ③standard; criterion ④the Law; the Way ⑤magic; trick; magic arts ⑥farad (F) 囫 follow; pattern[model] after
【法案】proposed law; bill
【法办】deal with according to law; punish by law; bring to justice
【法宝】❶the Sutras ❷magic weapon; magic key; treasured tricks
【法场】execution ground
【法典】code
【法定】legal
【法官】judge; justice
【法规】law; rule; regulation; act
【法理】legal principle
【法力】❶power of the Buddhist doctrine ❷magic power
【法令】laws and decrees; decree
【法律】law
【法盲】legal illiteracy; one who lacks legal knowledge
【法人】legal[juridical, artificial] person

【法师】Master of the Law
【法术】magic arts
【法庭】court
【法网】the net of justice; the arm of the law
【法学】the science of law; law
【法医】legal medical expert
【法院】court of justice; law court; court
【法则】❶ rule; law ❷ laws and regulations ❸ model
【法制】legal system
【法治】rule by law
【法子】way; method
【法西斯】fascist
【法定代表】legal representative
【法定年龄】lawful〔legal〕age
【法律顾问】legal adviser
【法律咨询】legal advice
【法定代理人】legal agent
【法西斯主义】fascism
【法网恢恢,疏而不漏】justice has long arms

砝 [fǎ]
〔砝码〕weight

发 [fà]
☒ hair ➡ fā
【发辫】pigtail
【发膏】hair cream; pomade
【发夹】hairclip; hairpin; hairslide
【发胶】hair cream; hair spray
【发蜡】pomade
【发廊】hairdresser's; beauty parlor; barber's〔barbershop〕
【发妻】first wife
【发卡】hairpin; hairgrip
【发乳】hair cream; pomade
【发刷】hairbrush
【发网】hairnet
【发型】hairstyle; hairdo
【发油】hair oil

珐 [fà]
〔珐琅〕enamel

帆 [fān]
☒ ❶ sail ❷ sailing boat; sailboat
【帆板】windsurfer; sailboard
【帆布】canvas
【帆船】sailing boat〔ship〕; sailboat; junk
【帆布裤】ducks
【帆布鞋】canvas shoes

番 [fān]
☒ foreign; aboriginal ▣ ❶ kind; sort; 出自一番好意 out of good will〔good intentions〕 ❷ a turn; a course; time; -fold
【番茄】tomato
【番薯】sweet potato

翻 [fān]
动 ❶ turn (over, up, upside down, inside out) ❷ search; look through ❸ reverse; overturn ❹ climb over; cross; get over ❺ multiply; double ❻ translate; interpret ❼ fall out; quarrel; break up
【翻案】overturn the original decision
【翻版】reprint
【翻车】❶ (of a car) overturn ❷ run into difficulties; fail in doing sth
【翻番】increase by a specified number of times
【翻覆】❶ turn over; turn upside down ❷ toss and turn
【翻盖】rebuild (a house)
【翻供】withdraw a confession
【翻滚】❶ seethe; churn ❷ roll about
【翻悔】back out
【翻检】glance through and check
【翻脸】fall out; suddenly turn hostile
【翻领】turndown collar
【翻砂】☒ founding 动 moulding; casting
【翻身】❶ turn (the body) over ❷ free oneself; stand up; be liberate ❸ thoroughly change the backwardness of sth
【翻腾】❶ churn ❷ rummage ❸ think over
【翻新】make over
【翻修】rebuild
【翻译】动 translate; interpret ☒ translator; interpreter
【翻印】reprint
【翻阅】look over
【翻白眼】show the whites of one's eyes
【翻跟头】❶ loop the loop ❷ suffer a setback
【翻两番】quadruple
【翻来覆去】动 toss and turn; toss from side to side 副 again and again; repeatedly
【翻山越岭】cross over mountain after mountain
【翻天覆地】earth-shaking; world-shaking
【翻云覆雨】produce clouds with one turn of the hand and rain with another—be given to playing tricks; keep shifting one's ground

凡 [fán]
形 commonplace; ordinary 副 ❶ all; every; any ❷ altogether; in all ☒ ❶ this mortal world; the earth ❷ outline
【凡尘】this world; this mortal life
【凡例】notes on the use of a book etc.; guide to the use of a book, etc.
【凡人】❶ ordinary person ❷ mortal
【凡事】everything
【凡是】every; any; all
【凡夫俗子】ordinary people; the common herd

烦 [fán]
形 ❶ upset; annoyed ❷ fed up; be tired of ❸ superfluous and confusing 动 trouble

【烦劳】动 trouble (sb to) 形 depressed; feeling low
【烦闷】be unhappy; be depressed; be moody
【烦恼】worried
【烦扰】动 bother; disturb 形 feel disturbed
【烦人】annoying; troubling
【烦神】spend time and energy; take great trouble
【烦琐】over-elaborate
【烦心】annoying; troublesome
【烦躁】agitated

樊 [fán]
名 fence
【樊篱】❶fence ❷restriction
【樊笼】bird cage

繁 [fán]
形 in great numbers; numerous; complicated 动 multiply
【繁多】various
【繁复】heavy and complicated
【繁华】flourishing; busy
【繁忙】busy
【繁茂】luxuriant
【繁荣】形 prosper; thrive; flourish; boom 动 make sth prosper
【繁盛】thriving; flourishing; prosperous
【繁衍】multiply
【繁殖】breed
【繁重】heavy
【繁分数】complex fraction
【繁荣昌盛】thriving and prosperous
【繁荣兴旺】brisk and flourish; flourishing; prosperous; rich and vigorous; thriving

反 fǎn
反 [fǎn]
形 opposite; contrary ❶ in an opposite direction; reverse; inside out ❷ on the contrary; instead ❶ turn over; turn; reverse ❷ return; counter ❸ oppose; combat; be against ❹ rebel; revolt ❺ reason by analogy 名 ❶ reverse side ❷ counter-revolutionaries
【反比】inverse relation
【反驳】refute
【反差】contrast
【反常】unusual; abnormal; strange
【反动】形 reactionary 动 reaction
【反对】oppose; be against; object; fight; combat
【反而】on the contrary; instead
【反方】con side
【反复】动 repeatedly; again and again 名 back out 名 reversal
【反感】be disgusted with; dislike
【反攻】counterattack
【反光】动 reflect light 名 reflection of light
【反话】irony
【反悔】go back on one's word (promise)
【反击】strike back; beat back; counterattack
【反抗】resist
【反馈】give feedback
【反面】❶reverse side; wrong side; back ❷ the reverse side ❸opposite; negative side
【反目】fall out
【反派】negative character
【反叛】revolt
【反扑】launch a counterattack
【反射】❶reflect ❷reflex
【反手】backhand
【反思】self-examination; rethink
【反诉】countercharge
【反弹】rebound; spring (bounce) back
【反问】answer a question with a question
【反响】reverberation
【反向】opposite direction
【反省】soul-searching
【反应】名 ❶response ❷reaction 动 react
【反映】❶reflect ❷report; make known
【反语】irony
【反正】副 ❶in any case; at any rate; anyway ❷ since; as 动 come over from the enemy's side
【反证】disproof; counterevidence
【反之】whereas; on the other hand
【反转】[fǎnzhuǎn]reverse
【反转】[fǎnzhuàn]turn (revolve, rotate) in the opposite direction
【反比例】inverse ratio; inverse proportion
【反潮流】go against the tide; swim against the stream
【反对党】opposition party
【反腐败】combat corruption; fight (battle) corruption
【反光灯】reflector lamp
【反光镜】reflector
【反过来】conversely; the other way round; in turn
【反季节】out-of-season
【反恐怖】anti-terrorism
【反义词】antonym
【反作用】counteraction
【反败为胜】turn defeat into victory; turn the tide; bring about a complete turnabout; pull out of the fire; convert defeat into victory
【反动分子】reactionary element
【反躬自问】examine oneself
【反季销售】off-season sale
【反病毒软件】anti-virus software

返 [fǎn]
动 return; come (go) back
【返潮】get damp
【返程】back tracking
【返工】do poorly done work over again
【返航】return to base (port)
【返回】return; come (go) back
【返聘】re-employ after retirement
【返青】turn green
【返销】be sold back to a grain-producing area

【返校】return to school
【返修】repair again at the same repair shop
【返老还童】renew one's youth; become young again
【返璞归真】one's original simplicity; return to one's original nature
【返祖现象】atavism; reversion
【返回式卫星】recoverable satellite; return satellite

fàn

犯 [fàn]
动 ①violate; go against; offend ②attack; violate; assail; invade ③have a recurrence of (an old illness); revert to (a bad habit) ④commit
名 criminal; offender; culprit
【犯案】be found out and brought to justice
【犯病】have an attack of one's old illness
【犯愁】worry; be anxious
【犯错】make a mistake; go wrong; misjudge
【犯法】break the law
【犯规】break the rules
【犯忌】break a taboo
【犯戒】break into forbidden ground
【犯难】risk danger
【犯人】prisoner
【犯傻】❶be foolish; do an unclever〔unwise〕thing ❷stare blankly; be in a daze
【犯上】go against the king〔emperor〕
【犯疑】become suspicious
【犯罪】动 commit a crime〔offence〕名 crime; offence
【犯不着】not worthwhile
【犯糊涂】become confused; get mixed up
【犯脾气】flare up; fly off the handle; be in a bad mood
【犯罪现场】crime scene

饭 [fàn]
名 ①cooked rice ②meal
【饭菜】❶ meal ❷ dishes to go with rice, steamed buns
【饭店】hotel; restaurant
【饭馆】(small) restaurant; eating house
【饭锅】❶pot for cooking rice; rice cooker ❷ means of living; livelihood
【饭盒】lunch-box; mess tin; dinner pail
【饭局】dinner party; feast; fete
【饭量】appetite
【饭票】meal ticket; mess card
【饭食】fare
【饭厅】dining hall; dining room; mess hall
【饭桶】❶rice bucket ❷big eater ❸fathead; good-for-nothing
【饭碗】❶rice bowl ❷job; means of livelihood
【饭庄】(big) restaurant
【饭桌】dining table
【饭点儿】meal time
【饭后服】be taken after meals
【饭前服】be taken before meals

fàn

泛 [fàn]
动 ①float ②emerge; turn; spread out; send forth ③flood 形 ①extensive; general ②superficial; shallow
【泛读】extensive reading
【泛滥】be in flood; overflow
【泛指】make a general reference
【泛舟】go boating
【泛光灯】floodlight
【泛泛而谈】speak in general terms
【泛泛之交】casual acquaintance; speaking acquaintance

范 [fàn]
名 ①pattern; mould; matrix ②model; criterion; example ③limits; range ④restrictions; limits
【范本】model for painting
【范畴】❶category ❷type; scope
【范例】example; model
【范式】normal form
【范围】limits; scope; range
【范文】model essay

贩 [fàn]
动 buy to resell 名 trader
【贩毒】traffic in narcotics; traffic drugs; drug traffic; traffic in drugs
【贩卖】traffic; sell

fāng

方 [fāng]
名 ①square ②power ③direction ④side; party ⑤place; region ⑥method; means; way ⑦prescription 图 (a) 三方图章 three seals/五方石碑 five stone tablets/一方砚台 an ink-stone (b) square metre; cubic metre; 一方地板 a square metre of floor 形 ①square ②upright; honest 副 ①then; just at the time; just then ② only; just; just now; 年方二八 sweet sixteen; in one's teens; young
【方案】plan; project; programme; design; scheme
【方便】形 convenient 动 ❶make things convenient for sb ❷have money to spare〔lend〕❸go to the lavatory〔bathroom〕
【方步】measured steps
【方才】just now 副 (only) just; not until
【方程】equation
【方寸】❶square cun ❷heart
【方队】square formation
【方法】way; approach; manner; means; method; medium
【方钢】square steel
【方格】a pattern of squares; check
【方根】root
【方块】diamond; block
【方框】square frame
【方略】general plan

【方面】respect; aspect; side; field
【方式】way; fashion; pattern
【方糖】sugar cube; lump sugar
【方位】points of the compass; direction and position; bearings
【方向】direction; course; bearing; which way; which direction
【方形】square-shaped; square
【方言】dialect
【方圆】❶neighbourhood ❷circumference
【方针】policy
【方正】❶ upright and foursquare ❷ straightforward; upright; righteous
【方志】local records
【方便面】instant noodles
【方程式】equation
【方块字】square-shaped characters
【方面军】front army
【方向盘】steering wheel
【方便食品】convenience food; instant food
【方方面面】all aspects; every respect
【方程式赛车】formula; formula racing car

坊 [fāng]
图 ❶lane; alley ❷memorial archway or gateway → fáng
【坊间】❶ on the street stalls ❷ in the bookshops

芳 [fāng]
形 ❶sweet-smelling ❷good (name or reputation) ❸your 图 flowers and plants
【芳草】green grass
【芳菲】❶ the fragrance of flowers and plants ❷flowers and plants
【芳龄】the age of a young woman
【芳名】❶ the name of a young woman ❷ good reputation
【芳心】the heart of a young woman

防 [fáng]
动 ❶prevent; guard against; provide against ❷defend; protect 图 dyke
【防暴】riot protection
【防备】guard against
【防尘】dustproof
【防弹】bulletproof
【防盗】guard against theft
【防范】be on guard; keep a lookout
【防风】protect against the wind
【防洪】prevent or control flood
【防护】protect; defend; guard
【防火】动 prevent fires 形 fireproof
【防空】〈英〉air defence; 〈美〉air defense
【防涝】prevent waterlogging
【防身】defend oneself against violence
【防守】defend; guard
【防暑】prevent heatstroke
【防水】waterproof; watertight

【防特】guard against enemy agents
【防伪】false-proof
【防卫】defend
【防务】〈英〉defence; 〈美〉defense
【防线】line of defence
【防汛】flood control
【防御】defend
【防治】prevent and cure
【防止】prevent; guard against
【防盗门】anti-theft door; security door
【防盗锁】pick-proof lock
【防风林】windbreak; windbreak forest
【防污染】anti-pollution
【防暴警察】riot police
【防不胜防】hard to guard against

坊 [fáng]
图 workshop

妨 [fáng]
动 hinder; hamper; harm
【妨碍】hinder; arrest
【妨害】impair; jeopardize; be harmful to

房 [fáng]
图 ❶ house; building ❷ room; chamber ❸ house-like structure ❹ branch of an extended family ❺ shop; store 图 有三房儿媳妇 have three daughters-in-law
【房产】house property;〈律〉estate
【房车】luxury car
【房贷】housing loan
【房顶】roof
【房东】landlady
【房改】housing reform
【房管】real estate management
【房间】room; apartment
【房客】tenant
【房市】property market; housing market
【房屋】house〔building〕; housing
【房主】owner; house-owner; home owner; householder
【房子】❶house; building ❷room; apartment
【房租】house rent; room charge; rental
【房产证】property ownership certificate
【房地产】real estate
【房地产公司】real estate agency

仿 [fǎng]
动 ❶imitate; model on; copy ❷resemble; be like 图 characters written after a calligraphy model
【仿单】instructions
【仿佛】副 seemingly; as if 动 be more or less the same; be alike
【仿古】modelled after an antique
【仿冒】copy
【仿效】imitate; follow the example of
【仿造】copy; be modelled on
【仿照】imitate; follow

【仿制】copy;imitate
【仿生学】bionics
【仿制品】copy

访 [fǎng]
动 ①pay a visit;visit;call on ②seek by inquiry or search;try to get or gather
【访查】go about making inquiries;investigate
【访客】visitor
【访求】search for
【访谈】interview and discuss
【访问】visit;call;drop in;interview;access; visiting
【访演】visiting performance
【访谈录】record of an interview discussion
【访问学者】visiting scholar

纺 [fǎng]
动 spin 名 thin silk fabric
【纺绸】soft plain-weave silk fabric
【纺纱】spinning
【纺织】spinning and weaving
【纺织品】textile;fabric

放 fàng
[fàng]
动 ①let go;set free;free;release ②let oneself go;act with abandon;give way to ③put out to pasture;let off for prey ④stop working〔studying〕;knock off;have a holiday ⑤show, play;turn on ⑥light;fire ⑦set;set off;give out ⑧send away ⑨lend (money) at interest;loan ⑩bloom;open ⑪let out;expand;enlarge;make larger ⑫leave alone;lay aside;put aside ⑬fell; cause to fall to the ground ⑭put in;add ⑮put;place ⑯readjust or moderate ⑰keep
【放出】give off;give out;send out
【放大】enlarge;magnify
【放荡】❶fast;loose ❷unconventional
【放电】❶discharge ❷eye up
【放毒】❶put poison;poison ❷make vicious remarks;spread poisonous ideas
【放风】❶let in fresh air ❷let prisoners out for exercise〔relieve themselves〕 ❸leak certain information;spread news〔rumours〕
【放工】get out of work;knock off
【放过】let sb off;let sth slip by
【放话】spread news〔rumours〕
【放活】let live
【放火】❶set fire to;set on fire ❷create disturbances
【放假】have a holiday〔vacation〕;have a day off
【放开】have a free hand in doing sth
【放空】let empty
【放款】make loans;loan
【放牧】graze
【放排】动 set a raft going 名 rafting
【放炮】❶fire a gun ❷set off firecrackers ❸blast ❹blow out ❺shoot off one's mouth
【放屁】❶break wind ❷talk nonsense
【放弃】abandon;desert;quit;give up
【放晴】clear up
【放任】动 not interfere;let alone 名 laissez-faire
【放射】radiate
【放肆】release
【放手】❶let go;let go one's hold ❷have a free hand;go all out ❸release one's control;hand over to sb else
【放水】❶turn on the water;draw off some water ❷false play on purpose
【放肆】wanton
【放松】relax;unwind;loosen up;feel at home; make oneself at home;let sb's hair down;be a weight off his mind
【放下】lay down;put down
【放心】❶set one's mind at rest;be at ease; rest assured;feel relieved ❷have confidence in sb;trust sb
【放行】let sb or sth pass
【放学】❶classes are over;school lets out ❷have a holiday〔vacation〕
【放血】名 phlebotomy;bloodletting 动 make sb bleed
【放眼】take a broad view
【放羊】❶look after sheep ❷be reinless;throw (the) reins off;drift along
【放养】cultivate
【放映】show (a film);project
【放债】lend money at interest
【放置】lay;place;put;set
【放逐】send into exile;banish
【放纵】❶let sb have his own way ❷self-indulgent
【放走】release;set free;let go
【放爆竹】light firecrackers
【放电视】turn on the TV
【放电影】show a film
【放风筝】fly a kite
【放录音】play a recording
【放射线】radioactive rays
【放射性】radioactivity;radiation
【放焰火】set off fireworks
【放虎归山】set a tiger free;set free a tiger back to the mountains;lay by trouble for the future
【放宽条件】soften the terms
【放眼世界】have the whole world in view;open one's eyes to the whole world

飞 fēi
[fēi]
动 ①fly;flit ②fly ③hover〔flutter〕in the air ④volatilize;disappear through volatilization 名

①swiftly;rapidly ②very;extremely 形 ①unexpected;accidental ②unfounded;groundless
【飞奔】run at full speed;run like the wind;run like mad
【飞驰】speed along
【飞船】❶airship ❷spaceship;spacecraft
【飞弹】❶missile ❷stray bullet
【飞碟】❶skeet shooting ❷flying saucer;UFO
【飞过】fly past;fly across;fly over
【飞机】aircraft;aeroplane;plane
【飞快】❶very fast;at lightning speed ❷extremely sharp
【飞轮】❶flywheel ❷free wheel
【飞逝】flight;fleet away;pass away swiftly
【飞速】at full speed
【飞腾】fly swiftly upward;soar
【飞艇】airship
【飞行】fly;make a flight
【飞眼】make eyes at
【飞扬】fly upward;rise
【飞跃】❶jump;leap ❷leap
【飞涨】shoot up
【飞机场】airfield;airport
【飞行服】flying suit
【飞行员】pilot;aviator;flyer
【飞来横祸】an unforeseen disaster

妃 [fēi]
名 ①imperial concubine ②wife of a prince
【妃红】light pink
【妃子】imperial concubine

非 [fēi]
名 wrong;wrongdoing;evil 动 ①not conform to;go against;run counter to ②blame;oppose;find fault with ③be not ④not;non-;un-;in-;非人生活 inhuman life 副 have got to;must;你非得弄出这么大声音吗?Must you make so much noise?
【非常】形 extraordinary; unusual; special 副 very;extremely;highly
【非但】not only
【非得】have got to;must
【非法】illegal;unlawful;illicit
【非凡】outstanding;uncommon;unusual
【非分】❶assuming ❷not one's own
【非礼】assault;non-politeness
【非命】unnatural death
【非难】blame
【非人】名 not the right person 形 inhuman
【非议】reproach
【非洲】Africa
【非卖品】(articles) not for sale
【非物质】nonmaterial
【非正式】unofficial;informal
【非此即彼】either this or that;one or the other;either-or
【非亲非故】neither relative nor friend

绯 [fēi]
形 red

【绯闻】sex scandal

扉 [fēi]
名 door leaf
【扉页】title page

蜚 [fēi]
〔蜚声〕become famous

féi

肥 [féi]
形 ①fat ②fertile;rich ③yielding good profits ④loose-fitting;loose;loose and large 动 ①make fertile ②feather one's nest;line one's pocket(purse) 名 ①fertilizer ②benefit;profit
【肥大】❶loose;large ❷fat
【肥料】fertilizer
【肥美】❶fertile;rich ❷plump;fleshy
【肥胖】fat;big;large;full;fleshy;dumpy;plump
【肥肉】fat meat
【肥实】❶fat ❷rich in fat
【肥水】rich water
【肥沃】fertile;rich
【肥皂】soap

fěi

匪 [fěi]
名 bandit;robber 副 not;no
【匪军】bandit troops
【匪首】bandit chief
【匪徒】gangster;bandit

诽 [fěi]
动 slander
【诽谤】slander

菲 [fěi]
【菲薄】动 look down on 形 humble

斐 [fěi]
形 rich with literary grace;of striking literary talent
【斐然】striking;brilliant;splendid

翡 [fěi]
【翡翠】jadeite

fèi

吠 [fèi]
动 bark
【吠影吠声】when one dog barks at a shadow all the others join in—blindly follow others

肺 [fèi]
名 lung
【肺癌】lung cancer
【肺腑】the bottom of one's heart
【肺腑之言】words from the bottom of one's heart

废 [fèi]
动 ①give up;abandon;reject;abolish ②lie waste;decline ③break ④injure;cause bodily injury to ⑤depose 形 ①waste;useless ②disa-

bled;crippled
【废除】abolish;abrogate;do away with
【废话】nonsense
【废料】waste material
【废品】❶waste product ❷waste;seconds
【废气】waste gas[steam]
【废弃】discard;abandon;cast aside
【废人】❶disabled person ❷good-for-nothing
【废水】waste water;liquid waste
【废物】[fèiwù] waste material
【废物】[fèiwu] good-for-nothing
【废止】annul
【废纸】waste paper
【废置】put aside as useless
【废寝忘食】forget to eat and sleep

沸 [fèi]
boil;bubble
【沸点】boiling point
【沸腾】boiling 动 boil over

费 [fèi]
名 fee;dues;charge;expenses;fare;cost;commission;tip 动 ①cost;spend ②be wasteful;consume too much;expend too quickly
【费工】take a lot of work;require much labour
【费话】take a lot of talking
【费解】hard to understand
【费劲】need[exert] great effort
【费力】need[exert] great effort
【费钱】cost a lot;be costly
【费时】take time
【费事】give[take] a lot of trouble
【费心】❶give a lot of care;take a lot of trouble ❷may I trouble you (to do sth);would you mind (doing sth)
【费用】cost;expenses
【费工夫】take time and energy
【费口舌】require a lot of talking
【费尽心机】rack one's brains
【费力不讨好】work hard but get little result;do a hard but thankless job

痱 [fèi]
【痱子】prickly heat

分 fēn
动 ①divide;separate;split;part;分组座谈 hold talks in groups ②distribute;assign ③tell;distinguish 名 ①branch ②fraction 量 (a)五分之三 three fifths (b) fen;munite;one-hundredth;point[mark] ➡fèn
【分辨】distinguish;tell
【分辩】defend oneself (against a charge)
【分别】动 ❶distinguish ❷part;leave each other 名 difference 副 ❶ in different ways;differently ❷ separately;individually;respectively
【分布】distribute
【分权】branch
【分成】divide into tenths;share
【分词】participle
【分寸】proper limits for speech[action]
【分发】❶hand out ❷assign to a post;appoint to a job
【分割】cut apart;break up
【分红】get a bonus
【分化】❶split up ❷break up ❸divide
【分级】grade;classify
【分家】❶break up the family and live apart ❷ separate;break up
【分解】❶resolve ❷explain
【分居】❶live apart ❷live separately;separate
【分句】clause
【分开】❶come apart;separate;part ❷cause to separate;sort
【分类】group;grade;classify;class;sort
【分离】separate;sever;leave;part;separate(以上用于人)
【分裂】名 division 动 break up
【分泌】secrete
【分娩】childbirth
【分明】形 clear;unmistakable 副 clearly;evidently
【分派】assign
【分配】❶distribute;allot ❷assign
【分批】group by group;in turn
【分歧】difference;disagreement
【分清】distinguish
【分散】❶divert ❷disperse
【分身】spare time from one's main work to attend to sth else
【分神】give some attention to
【分手】part company;say good-bye
【分数】❶fraction ❷mark;results;grade;score
【分摊】share
【分析】〈英〉analyse;〈美〉analyze
【分享】share
【分心】❶ divert[distract] one's attention ❷ may I trouble you (to do sth);would you mind (doing sth)
【分忧】help sb to get over a difficulty
【分赃】share the spoils
【分支】branch
【分子】❶numerator ❷molecule
【分辨率】resolution ratio
【分数线】minimum passing score;passing grade;passing line;grade cut-off point;borderline
【分水岭】watershed;dividing line
【分崩离析】fall to pieces;come apart
【分道扬镳】go different ways;go separate ways;part company
【分秒必争】seize every minute and second;every second[minute] counts;not a second is to be lost

芬 [fēn]
名 sweet smell

fēn

吩 [fēn]
【芬芳】形 sweet-smelling 名 sweet smell
【吩咐】动 tell;instruct 名 instructions

纷 [fēn]
名 chaos;dispute 形 many and various;diverse;numerous
【纷纷】副 one after another 形 numerous and confused
【纷争】dispute
【纷至沓来】come in a continuous stream;come thick and fast;keep pouring in

氛 [fēn]
名 atmosphere
【氛围】atmosphere

fén

坟 [fén]
名 grave;tomb
【坟地】graveyard
【坟墓】grave;tomb

焚 [fén]
动 burn
【焚毁】destroy by fire;burn down
【焚烧】burn;set on fire

fěn

粉 [fěn]
名 ①powder ②powdered cosmetics ③noodles 动 ①crush to powder ②turn to powder ③whitewash 形 ①white ②pink
【粉笔】chalk
【粉尘】dust
【粉红】pink;rosy
【粉末】powder
【粉饰】gloss over
【粉刷】whitewash
【粉碎】❶ broken to[into] pieces ❷ grind ❸ smash;shatter
【粉身碎骨】have one's body smashed to pieces and one's bones ground to powder;die the most cruel death

fèn

分 [fèn]
名 ①component;element ②what is within one's right[obligation] ③friendly feeling;affection;看在老关系的分上 for old times' sake 动 expect;think;know ➔ fēn
【分量】weight
【分内】one's job[duty]
【分外】副 particularly;exceptionally 名 not one's job[duty]
【分子】member;element

份 名 share;portion;part 量 (a) set;两份快餐 two sets of fast food/一份咖啡 a coffee/一份报纸 a copy of newspaper/合同一式两份。The contract was done in duplicate.(c)瞧他那份神气！Look what airs he puts on.
【份儿】❶ share;potion;part ❷ status;position ❸ degree;extent
【份额】share;portion
【份子】❶ share of the expenses of group gift ❷ gift of cash
【份儿饭】set meal

奋 [fèn]
动 ①exert oneself ②take up;raise;lift;wave
【奋斗】struggle;fight;strive
【奋发】rouse oneself;exert oneself
【奋进】advance bravely
【奋力】do all one can;spare no effort
【奋起】❶ exert oneself;rise with force and spirit ❷ raise[lift] sth with all one's strength
【奋勇】summon up all one's courage and energy
【奋战】fight bravely
【奋不顾身】dash ahead regardless of one's safety
【奋发图强】go all out to make the country strong;work hard for the prosperity of the country
【奋起直追】do all one can to catch up

愤 名 anger
【愤慨】indignant
【愤怒】anger;rage;temper

fēng

丰 [fēng]
形 ①rich;plentiful;abundant ②great ③fine (appearance); graceful (carriage); good (looks)
【丰碑】❶tall stone tablet ❷monument ❸monumental work
【丰产】high yield;bumper crop
【丰富】形 rich;abundant;plentiful 动 enrich
【丰厚】❶rich and thick ❷rich and generous
【丰满】❶plentiful ❷full and rounded;well-developed;full-grown
【丰年】bumper harvest year;good year
【丰盛】rich
【丰收】bumper harvest
【丰硕】substantial
【丰胸】enlarge[augment] the breast
【丰韵】graceful bearing
【丰足】abundant;plentiful
【丰富多彩】rich and varied;rich and colourful
【丰功伟绩】great achievements;signal contributions
【丰衣足食】have ample food and clothing;be well-fed and well-clothed

风 [fēng]
名 ①wind;breeze;gale;storm;hurricane;typhoon ②practice;custom;atmosphere ③scene;view ④attitude;style ⑤news;information ⑥

【风干】 put out to dry 形 ① air-dried ② hearsay; rumoured; groundless 副 as swift as wind; speedily
【风暴】 windstorm; storm
【风波】 wind and waves
【风采】 ❶ elegance ❷ writing talent
【风尘】 ❶ wind and dust ❷ hardships or uncertainties in an unstable society ❸ the life of a prostitute
【风传】 be rumoured
【风挡】 automobile windscreen
【风度】 bearing
【风干】 air-dry
【风格】 style; manner; mode
【风光】 名 scenery; scene; view; sight 形 grand; impressive; in style 动 have fame
【风寒】 chill; cold
【风化】 名 ❶ morals ❷ efflorescence 动 weather
【风纪】 discipline
【风景】 scenery; landscape
【风浪】 ❶ stormy waves; storm ❷ hardship; difficulties
【风力】 ❶ wind-force ❷ wind power
【风流】 ❶ outstanding ❷ talented and free-spirited ❸ romantic; loose
【风貌】 ❶ style and features ❷ view; scene ❸ elegant appearance and bearing
【风气】 general mood; atmosphere; common[established] practice
【风情】 ❶ information about wind direction, wind force, etc. ❷ bearing ❸ feelings ❹ amorous feelings ❺ local conditions and customs
【风趣】 wit
【风骚】 名 literary brilliance 形 flirtatious
【风沙】 sand blown by the wind
【风扇】 electric fan; fan
【风尚】 prevailing custom[practice, habit]
【风声】 ❶ the sough of the wind ❷ rumour
【风霜】 wind and frost—hardships of a journey or of one's life
【风水】 the location of a house or tomb, supposed to have an influence on the fortune of a family
【风俗】 custom
【风速】 wind speed
【风头】 ❶ the trend of events ❷ the publicity one receives
【风土】 natural conditions and social customs of a place
【风味】 local colour
【风闻】 have a rumour
【风险】 risk; hazard
【风向】 wind direction
【风行】 be in fashion
【风雅】 refined
【风衣】 windcheater; windbreaker
【风韵】 charm
【风姿】 poise

【风景区】 scenic spot
【风景线】 scenic view
【风凉话】 sarcastic remark
【风餐露宿】 eat in the wind and sleep in the dew—endure the hardships of an arduous journey
【风尘仆仆】 have endured the hardships of a long journey
【风和日丽】 bright sun and gentle breeze; warm and sunny weather
【风华正茂】 at life's full flowering
【风靡一时】 become fashionable for a while; be all the rage at the time
【风起云涌】 ❶ rising storm ❷ upsurge
【风调雨顺】 good weather for the crops; favourable weather
【风土人情】 local conditions and customs
【风云人物】 man of the hour
【风云突变】 sudden change in the situation

枫 [fēng]
名 ① Chinese sweet gum ② maple

封 [fēng]
动 ① confer upon ② seal; close; cap 名 ① boundary; scope; limit ② envelope ③ feudalism 量 一封信 a letter
【封闭】 ❶ seal up; block; cap ❷ seal off; close (down)
【封存】 seal up for safekeeping
【封顶】 ❶ stop growing ❷ put a roof[cap] on ❸ set a maximum rate; impose a ceiling; cap
【封建】 名 feudalism 形 feudal
【封镜】 finish making a film
【封口】 ❶ seal ❷ heal ❸ say sth definitive so as to prevent further discussion ❹ close a matter[an issue], leaving no room for further discussion
【封杀】 blacklist
【封锁】 ❶ block ❷ seal off
【封闭式基金】 closed-end fund

疯 [fēng]
形 ① mad; crazy ② without restraint ③ spindle
【疯狗】 mad dog
【疯狂】 crazy
【疯子】 madman
【疯牛病】 mad cow disease
【疯人院】 madhouse

峰 [fēng]
名 ① peak; summit ② peak-like thing 量 一峰骆驼 a camel
【峰巅】 mountain peak; summit
【峰会】 summit meeting[conference]; summit
【峰年】 peak year; summit-year

烽 [fēng]
名 beacon
【烽火】 ❶ beacon-fire ❷ flames of war

锋 [fēng]
名 ① sharp point or cutting edge of a sword,

knife, etc. ②van; forefront; leading edge ③front
【锋利】❶sharp; keen ❷sharp
【锋芒】❶cutting edge; spearhead ❷talent displayed; abilities

蜂 [fēng]
①wasp ②bee 副 in swarms; flocking
【蜂蜜】honey
【蜂拥】swarm; flock; steam; flood
【蜂拥而至】pour on

féng
逢 [féng]
动 meet; encounter; come across
【逢迎】make up to
【逢场作戏】join in the fun on occasion
【逢年过节】on New Year's Day or other festivals

缝 [féng]
动 sew ➡fèng
【缝补】sew; mend (by sewing)
【缝合】sew up
【缝纫机】sewing machine

fěng
讽 [fěng]
动 ①mock ②chant
【讽刺】satirize; mock
【讽示】hint (at sth)
【讽喻】parable

fèng
凤 [fèng]
名 phoenix
【凤凰】phoenix

奉 [fèng]
动 ①give[present] with respect; submit; offer ②receive (orders, etc.) ③regard with respect ④believe in ⑤wait upon; attend to
【奉承】flatter; toady to
【奉告】let sb know; inform
【奉还】return sth with thanks
【奉命】obey sb's orders[on the orders of sb]; on sb's instructions [on the instructions of sb]; under orders[instructions]
【奉陪】keep sb company
【奉劝】offer a piece of advice
【奉送】offer as a gift; give away free
【奉献】present with all respect
【奉行】pursue
【奉献精神】spirit of utter devotion

俸 [fèng]
名 salary; pay
【俸禄】official's salary; government salary

缝 [fèng]
名 ①seam ②crack ➡féng
【缝隙】gap; seam

fó
佛 [fó]
名 ①Buddha ②Buddhism ➡fú

fǒu
否 [fǒu]
动 ①deny ②turn down 副 ①no ②weather
【否定】动 deny 形 negative 名 negation
【否决】reject; turn down
【否认】deny; negate
【否则】otherwise; if not; or else
【否决权】veto power; veto

fū
夫 [fū]
名 ① man ② husband ③ person engaged in manual labour ④person served in forced labour ➡fú
【夫妇】husband and wife; couple; newlyweds
【夫妻】husband(man) and wife
【夫权】authority of the husband
【夫人】Mrs.; Madam; Madame; Lady; wife
【夫婿】husband
【夫子】❶master; scholar ❷my husband ❸pedant
【夫妻店】small shop run by husband and wife
【夫唱妇随】the husband sings and the wife follows—domestic harmony

肤 [fū]
名 skin 形 skin-deep; shallow; superficial
【肤浅】superficial; shallow; skin-deep
【肤色】colour of skin

麸 [fū]
名 (wheat) bran
【麸子】(wheat) bran
【麸皮面包】whole wheat bread; brown bread

孵 [fū]
动 hatch; brood
【孵出】hatch; brood
【孵化】hatch
【孵卵】brood; hatch
【孵育】hatch

敷 [fū]
动 ①apply ②spread; lay out ③sufficient; enough
【敷料】dressing
【敷设】❶lay; layout; install ❷place; lay
【敷衍】❶ act in a perfunctory manner; go through the motions; do just enough to satisfy sb ❷barely get by; just manage
【敷用】apply

fú
伏 [fú]
动 ① lean or bend over ② fall; go down ③ hide ④yield; admit (defeat, guilt, etc.); surren-

der ⑤overcome 名 ①hot season; dog days ②volt
【伏安】volt-ampere
【伏案】bend[lean] over a table
【伏法】be put to death
【伏获】waylay
【伏特】volt
【伏卧】lie on one's stomach
【伏汛】summer flood

扶 [fú]
动 ①place a hand on sb or sth for support; support with the hand ②hold up ③lend a hand; help; assist
【扶持】❶support sb with one's hand; help sb to stand or walk ❷help sustain; give aid to; support
【扶养】❶ provide for; support and assist ❷ bring up; foster; raise
【扶助】help; assist; support

拂 [fú]
动 ①stroke; touch ②brush off ③run counter to; go against (sb's wishes)
【拂尘】horsetail whisk
【拂动】brush against
【拂过】whip
【拂拭】whisk or wipe off
【拂晓】daybreak

服
名 ①clothes ②mourning (apparel) 动 ①wear (clothes) ②take (medicine) ③serve ④obey; submit (oneself to); be convinced ⑤convince ⑥be accustomed to; be used to → fù
【服从】obey; submit (oneself) to; comply with
【服毒】take poison
【服法】动 submit to the law 名 directions about how to take a medicine
【服气】accept
【服软】admit defeat; ask pardon
【服饰】dress
【服侍】wait upon
【服输】admit[acknowledge] defeat
【服帖】❶ obedient ❷ fit perfectly ❸ at ease; comfortable
【服务】give service to; be in the service of; serve
【服刑】serve a sentence
【服药】take medicine
【服役】be on active service
【服用】take (medicine)
【服装】clothes; clothing; costume; dress; full dress; evening dress; suit; uniform
【服兵役】serve in the army
【服务费】service fee
【服务员】attendant; servant; steward; stewardess; waiter; waitress
【服务站】service centre

俘 [fú]
动 capture; seize; take prisoner of war 名 prisoner of war; captive
【俘获】动 capture; seize 名 capture, trapping
【俘虏】动 capture; take prisoner 名 captive; captured personnel; prisoner of war (POW)

浮
动 ①float; emerge ②swim 形 ①hollow; empty ②flighty; frivolous; shallow; superficial ③on the surface; superficial ④ exceed ⑤ movable; portable ⑥temporary
【浮沉】drift
【浮动】❶drift; float ❷fluctuate 形 unsteady
【浮华】ostentatious
【浮夸】boastful; exaggerating
【浮力】buoyancy
【浮浅】shallow
【浮现】come back
【浮游】❶swim; float ❷go on a pleasure trip
【浮躁】impulsive
【浮肿】puff up

符 [fú]
名 ① tally ② symbol; mark; sign ③ magic drawing[sign] 动 match; tally with; accord with
【符号】❶sign; symbol; mark ❷insignia
【符合】动 accord with; conform to; be in keeping with 名 coincidence

幅 [fú]
名 ①width (of cloth, etc.) ②breadth; size 量 两幅布 two pieces of cloth
【幅度】range; scope; extent
【幅员】the area of a country's territory; the size of a country

辐 [fú]
名 spoke
【辐射】动 radiate 名 radiation
【辐射波】radiation wave; radiated wave

福 [fú]
名 good fortune; luck; blessing; happiness 动 make a curtsy
【福分】good luck; good fortune
【福利】material benefits; well-being; welfare
【福气】good luck; good fortune
【福音】❶Gospel ❷good news

fǔ

抚 [fǔ]
动 ①comfort ②protect ③press lightly
【抚摸】stroke
【抚弄】stroke
【抚慰】comfort
【抚恤】give relief to
【抚养】bring up
【抚育】nurture

斧
名 ①axe ②battle-axe
【斧头】axe; hatchet
【斧正】(please) make corrections

府 [fǔ]
名 ①seat of government; government office

②archive or treasury of (local) government ③official residence; mansion ④your home; your house ⑤prefecture

俯 [fǔ]
动 bow (one's head); bend forward or down 副 deign to

【俯冲】dive
【俯角】angle of depression
【俯就】❶kindly accept ❷go along with
【俯瞰】look down at; overlook
【俯拍】take a crane[boom] shot
【俯身】bend over; bend down
【俯视】look down at; overlook
【俯首】bow one's head; stoop
【俯卧】lie prostrate; lie face down (on the ground)
【俯视图】vertical view
【俯卧撑】push-up
【俯首帖耳】be docile and obedient; be all obedience; be servile
【俯首甘为孺子牛】head bowed, like a willing ox I serve the children

釜 [fǔ]
名 fu
【釜底抽薪】take away the firewood from under the cauldron—take drastic measures to deal with an emergency

辅 [fǔ]
动 assist; help; complement 名 areas round a national capital
【辅导】give guidance in study or training
【辅料】subsidiary material; seasoning
【辅路】side road
【辅助】动 assist 形 supplementary
【辅佐】assist

脯 [fǔ]
名 ❶dried meat ❷preserved fruit

腐 [fǔ]
形 rotten; stale 动 turn bad; decay 名 bean-curd
【腐败】形 rotten; decayed 动 corrupt; rotten
【腐烂】形 decadent 动 rot
【腐蚀】❶rust; rot ❷corrupt
【腐朽】形 decadent 动 rot
【腐败分子】corrupt element

fù

父 [fù]
名 ❶father ②uncle; -father; male relative of a senior generation ➡fǔ
【父本】male parent
【父亲】father
【父系】❶paternal ②patrilineal
【父老乡亲】fellow countrymen

付 [fù]
动 ❶hand or turn over; commit; give ②pay
【付出】pay
【付方】credit side; credit
【付款】pay a sum of money
【付清】pay in full; pay off; clear (a bill)
【付托】put sth in sb's charge
【付与】take out; give
【付账】pay a bill
【付费电视】pay TV; pay-as-you-see television
【付诸东流】thrown into the eastward flowing stream—all one's efforts wasted

负 [fù]
动 ❶carry on the back or shoulder; shoulder ②bear; take up; shoulder ③rely on; have at one's back ④suffer; sustain ⑤enjoy ⑥owe; bear debt ⑦fail; disappoint ⑧lose; be defeated 形 ❶minus; negative ②negative
【负案】filed criminal case
【负担】动 bear (a burden); shoulder 名 burden; weight; load
【负电】negative electricity
【负荷】动 carry on one's back and shoulder; shoulder 名 load; work load
【负疚】feel guilty
【负伤】be wounded
【负心】ungrateful; untrue; heartless
【负载】load
【负责】动 be responsible for; be in charge of 形 conscientious
【负债】be in debt
【负重】❶carry a heavy load on one's back ②shoulder a heavy task
【负罪】bear the blame
【负面效应】negative effect

妇 [fù]
名 ❶woman ②married woman ③wife
【妇科】(department of) gynaecology
【妇女】woman

附 [fù]
动 ❶add; attach; enclose ②get close to; be close by; be near ③attach oneself to; depend on; comply with; agree to
【附笔】additional remarks
【附带】副 in passing 动 attach 形 subsidiary
【附和】echo
【附加】动 add; attach 形 additional; appended
【附件】❶appendix ②enclosure ③attachment
【附近】形 nearby; neighbouring 名 in the vicinity of; close to
【附录】appendix
【附设】have as an attached institution
【附属】动 attach to 形 affiliated to
【附图】attached map or drawing
【附议】second a motion
【附庸】❶dependency ②appendage
【附中】attached middle school
【附着】adhere to; stick to

服 [fù]
量 dose: 一服中药 a dose of Chinese herbal medicines ➡fú

赴 [fù]
动 go to; be bound for; attend; leave for

【赴宴】go to a feast;attend a banquet
【赴约】keep an appointment
【赴汤蹈火】go through fire and water

复 [fù]

【 】①repeat ②compound;complex;complicated 动①turn round;turn over ②answer;reply ③recover;return to;resume ④revenge 副 again;repeatedly
【复查】check;reexamine
【复仇】revenge;avenge
【复电】动 send a telegram in reply 名 telegram in reply
【复读】repeat the last year of schooling due to the next level
【复发】have a relapse
【复工】return to work
【复古】go back to the old ways
【复合】compound;complex
【复核】❶check ❷review a case in which a death sentence has been passed by a lower court
【复会】resume a session
【复婚】remarry each other
【复活】come back to life;revive
【复句】complex
【复命】report back after carrying out an order
【复审】❶reexamine ❷review a case
【复生】come back to life
【复述】❶repeat ❷retell
【复数】plural
【复苏】动 come back to life 名 recovery
【复习】〈美〉review;〈英〉revise;go over
【复兴】revive
【复学】go back to school
【复叶】compound leaf
【复议】reconsider
【复印】photocopy
【复员】❶return to peacetime conditions ❷demobilize
【复原】❶recover ❷restore
【复杂】complicated;complex
【复制】make a copy of
【复读机】replayer
【复合词】compound word;compound
【复活节】Easter
【复印纸】duplicating paper

副 [fù]

【 】①deputy;assistant;vice-;associate;sub- ②complementary;secondary 名 assistant post [position];assistant 动 correspond to;fit 量 ① set;pair ②一副可怜相 a pitiful look/一副笑脸 a smiling face
【副本】copy
【副词】adverb
【副刊】supplement
【副食】non-staple food
【副手】assistant
【副业】sideline
【副作用】side effect;by-effect

赋 [fù]

名 ①agricultural tax ②fu;prose poem 动 ① bestow on ②compose(verse);write(poetry)
【赋税】taxes
【赋闲】be out of office
【赋性】inborn nature
【赋予】grant;entrust;endow
【赋值】assignment

傅 [fù]

动 ①teach;instruct;assist ②attach;stick to; adhere to ③lay on;apply 名 teacher;instructor

富 [fù]

形 ①rich;wealthy ②rich;abundant 动 enrich 名 wealth;resource
【富贵】riches and honour;wealth and rank
【富国】名 rich nation 动 make a nation rich and powerful
【富豪】rich and powerful people
【富矿】rich ore;high-grade ore
【富农】rich peasant
【富强】prosperous and strong
【富饶】abundant
【富庶】rich and populous
【富态】plump;fat
【富翁】man of wealth
【富有】形 rich;wealthy 动 be rich in;be full of
【富于】be rich in;be full of
【富裕】rich;wealthy;well-to-do;well-off;affluent
【富余】have more than needed;have enough and to spare
【富足】plentiful;abundant;rich
【富贵病】rich man's disease
【富丽堂皇】beautiful and imposing
【富民政策】policy of enriching people;policy to enrich people

腹 [fù]

名 ①belly;abdomen;stomach ②in the heart ③empty and protruding part in the middle
【腹地】hinterland
【腹稿】mental outline
【腹面】underside
【腹背受敌】be attacked front and rear

缚 [fù]

动 bind

覆 [fù]

动 ①cover;envelop ②overturn;upset ③become extinct;die out;be wiped out
【覆盖】动 cover 名 plant cover;vegetation
【覆灭】wipe out
【覆没】❶capsize and sink ❷be overwhelmed; be annihilated

馥 [fù]

名 fragrance
【馥郁】strongly fragrant;heavy perfume; sweet-scented;sweet-smelling

Gg

gā

咖 [gā]
〔咖喱〕curry →kā

胳 [gā]
→gē
【胳肢窝】armpit

嘎 [gā]
⑧ screech:汽车嘎的一声刹住了。The car stopped with a screech. →gǎ
【嘎巴】[gābā] crack;snap
【嘎巴】[gāba]〈方〉动 form into a crust;crust 名 crust
【嘎吱】crack;snap

gǎ

嘎 [gǎ]
形 ①odd ②naughty →gā
【嘎子】naughty child

gāi

该 [gāi]
动 ①ought to;should ②fall to sb;be sb's turn (to do sth) ③deserve;merit ④owe 副 probably;most likely;it is expected 代 this;that;above-mentioned;said;该项 this item/该处 that place
【该当】①deserve ②should
【该死】damn
【该账】be in debt
【该着】ought to;certainly;naturally
【该死的】Go the hell!

gǎi

改 [gǎi]
动 ①change;convert;transform ②alter;revise;adapt ③correct;remedy;put right ④change[switch over]to
【改编】①adapt;rearrange;revise ②reorganize
【改变】change;alter;shift;transform;modify;U-turn;revise one's opinion
【改错】①correct a wrong character,word,etc. ②correct one's mistake
【改道】①change one's route ②change its course
【改掉】give up;drop
【改动】change;alter;modify
【改稿】动 rewrite;revise draft 名 revised draft
【改革】reform;improve
【改观】change the appearance[face] of
【改过】mend one's ways;correct one's mistakes
【改行】change one's profession[occupation,trade]
【改换】change over to;change
【改悔】repent
【改嫁】remarry
【改建】rebuild
【改进】improve;make better
【改良】①improve ②reform
【改判】change the original sentence;commute;amend a judgment
【改期】change the date;postpone
【改任】change to another post
【改日】another day;some other day
【改色】①change colour ②reveal one's feelings
【改善】improve;better
【改天】another day;some other day
【改线】change a route;alter a telephone[bus] line;alter course
【改写】rewrite;adapt
【改选】hold a new election
【改样】change;alter;change the appearance;change the shape
【改用】substitute;replace
【改造】①transform;remake ②reform
【改正】correct;amend;put right
【改锥】screwdriver
【改组】reorganize;shake-up
【改嘴】withdraw or modify one's previous remark
【改写本】adapted version
【改恶从善】abandon evil and do good;turn over a new leaf;mend one's ways
【改革开放】reform and open

【改过自新】correct one's errors and make a fresh start; mend one's ways; turn over a new leaf; reform

【改换门庭】❶ enhance〔improve, raise〕one's status ❷ shift〔transfer〕one's loyalty; switch to a new master

【改名换姓】assume a new name; change one's name

【改天换地】transform heaven and earth; change the world

【改头换面】change the appearance but not the essence; dish up the same old stuff in a new form

【改弦更张】adopt new ways; make a fresh start

【改邪归正】give up vice and return to virtue; turn over a new leaf

gài

丐 [gài]
动 ❶beg ❷give; grant 名 beggar
【丐帮】group of beggars

盖 [gài]
名 ❶ lid; cover; cap ❷ canopy ❸ shell 动 ❶ cover up; put a cover ❷ affix (a seal) ❸ overwhelm; surpass; drown ❹ build; put up (housing) 形 excellent; tops 副 approximately; about; around 连 for; because; in fact
【盖世】matchless; peerless
【盖章】affix one's seal; seal; stamp
【盖子】❶ lid; cover; cap; top ❷ shell ❸ cover; lid
【盖棺论定】no final verdict can be pronounced on a man until after his death; one's deserts can only be judged after death

概 [gài]
副 ❶generally; approximately ❷without exception; absolutely; 货物出门,概不退换。Goods sold are not returnable. 名 ❶ manner of carrying oneself; bearing; deportment ❷ broad outline; general idea
【概况】general situation; survey
【概括】动 summarize; generalize 副 briefly; in broad outline
【概率】probability
【概略】名 outline; summary 副 briefly; approximately
【概论】outline; introduction
【概貌】general picture
【概念】concept; conception; notion; idea
【概述】动 give a brief account of 名 summary; survey; outline
【概数】approximate number; round number
【概说】summary
【概要】essentials; outline; lines
【概言之】generally speaking; all told
【概不赊欠】no credit allowed to anybody
【概不追究】no action will be taken

gān

干 [gān]
名 ❶ shield ❷ edge of a body of water ❸ dried food 动 ❶ offend ❷ have to do with; be concerned with ❸ seek; pursue ❹ cold-shoulder; slight; leave out in the cold 形 ❶ dry ❷ without resort to water ❸ empty; hollow ❹ adopted ❺ without substance; empty; dry ❻ rude; impolite 副 ❶ in vain; of no avail ❷ hollowly ➡ gàn
【干巴】[gānba] ❶ dry; arid; dried-up ❷ dull and dry; insipid; dull as ditchwater
【干杯】drink a toast;〈美口〉cheers; drink to; bottoms up; down the hatch;〈英口〉cheerio
【干煸】dry fried
【干瘪】❶dry ❷dry; dull
【干冰】dry ice
【干菜】dried vegetable
【干草】hay
【干柴】dry firewood
【干脆】形 clear-cut; straightforward 副 simply; just; altogether
【干爹】adoptive father; godfather
【干饭】cooked rice
【干粉】❶dry powder ❷dried noodles
【干戈】arms
【干果】❶dry fruit ❷dried fruit
【干旱】dry
【干涸】dry up; run dry
【干货】❶ dried food and nuts ❷ dried goods; expensive things
【干净】❶ clean; neat and tidy ❷ with nothing left; all gone ❸clear-cut
【干咳】have a dry cough
【干渴】very thirsty
【干枯】dried-up
【干哭】cry without tears; cry tearlessly
【干酪】cheese
【干冷】dry and cold (weather)
【干粮】solid food
【干裂】crack because of dryness
【干啤】dry beer
【干扰】动 disturb; interfere 名 interference; jam
【干涩】❶dry; not smooth ❷raucous ❸not fluent
【干涉】动 interfere; meddle;〈美口〉have〔get, put〕a finger in every pie 名 ❶ connection; relation; relationship ❷interference
【干瘦】bony
【干洗】dry-clean
【干系】responsibility; implication
【干预】interpose; mediate
【干燥】形 ❶ dry ❷ dull; uninteresting 动 dry; season
【干巴巴】[gānbābā] ❶ dry; dull ❷ dull and dry; dull as ditchwater

【干电池】dry cell
【干儿子】adopted son
【干姐妹】sworn sisters
【干女儿】adopted daughter
【干洗店】dry-cleaner's; dry cleaning shop
【干洗机】dry-cleaner
【干洗剂】dry-cleaner; dry-cleaning fluid
【干着急】be anxious but unable to do anything
【干柴烈火】(like) a blazing fire and dry wood— ❶ explosive ❷ burning with passion 〔desire〕
【干净利落】neat and tidy; neat; efficient
【干白葡萄酒】dry white wine
【干红葡萄酒】dry red wine
【干打雷,不下雨】all thunder but no rain—much noise but no action

甘 [gān]
⑱ sweet; honeyed; pleasant ⑩ willingly; readily; of one's own accord
【甘当】be willing to accept
【甘居】be content to be in an unfavourable state
【甘苦】❶ sweetness and bitterness ❷ hardships and difficulties experienced in work
【甘霖】good rain after a long drought; timely rainfall
【甘露】❶ sweet dew ❷ manna
【甘美】sweet and refreshing
【甘泉】sweet spring (water)
【甘薯】sweet potato
【甘甜】sweet
【甘心】willingly
【甘于】be willing to; be ready to; be happy to
【甘雨】timely rainfall; seasonal rain
【甘愿】do sth willingly; be ready and willing
【甘蔗】sugarcane

杆 [gān]
⑧ post ➡ gǎn

肝 [gān]
⑧ liver
【肝癌】cancer of the liver
【肝胆】❶ liver and gall ❷ heroic spirit; courage ❸ openheartedness
【肝火】liver fire
【肝脏】liver
【肝功能】liver function
【肝胆相照】be devoted to each other heart and soul
【肝脑涂地】spill one's liver and brains on the ground—lay down one's life

柑 [gān]
⑧ mandarin orange
【柑橘】oranges and tangerines

竿 [gān]
⑧ (bamboo) pole; staff; rod

尴 [gān]
【尴尬】❶ awkward; hard to deal with ❷ embarrassed

gǎn

杆 [gǎn]
⑧ shaft〔arm, rod, stem〕of sth ⑩ 一杆笔 a pen/一杆红旗 a red flag/一杆枪 a rifle ➡ gān
【杆秤】steelyard
【杆子】shaft or arm of sth

秆 [gǎn]
⑧ stalk; stem

赶 [gǎn]
⑩ ①run after; chase; pursue; catch up with ②try to catch; make a dash for; rush for; hurry ③go (to a place) ④drive ⑤drive out; drive away ⑥encounter; come across; run into; find oneself in (a situation) ⑩ by; till; until; 游览长城的事赶下月再说吧。Let's put off our excursion to the Great Wall till next month.
【赶奔】rush to the destination
【赶场】[gǎncháng] go to a village fair
【赶场】[gǎnchǎng] hurry from one theater to another
【赶超】catch up with and surpass
【赶车】❶drive a cart ❷catch a vehicle; make a vehicle
【赶点】❶accelerate to make up for lost time ❷come at an opportune time
【赶集】go to market; go to a fair
【赶紧】without losing time
【赶快】at once; quickly
【赶路】hurry on with one's journey
【赶忙】hurriedly
【赶巧】happen to; it so happened that
【赶上】❶ overtake; catch up with〔gain on〕; keep up with ❷run into ❸be in time for ❹about as ... as
【赶早】(do sth) as early〔soon〕as possible
【赶走】drive away
【赶不及】there's not enough time (to do sth); it's too late (to do sth); (will) be late; not have enough time; be unable to make it
【赶不上】❶be unable to catch up with; be unable to meet with or chance upon ❷there's not enough time (to do sth); it's too late (to do sth) ❸be no match (for sb/sth); unable to match ❹be unable to meet with; be unable to chance upon
【赶潮流】follow (the) fashion; follow the trend; go〔run〕after every new fashion
【赶得及】have plenty of time (to do sth); be able to do sth in〔on〕time; (will) be in time for
【赶得上】be able to catch up
【赶活儿】hurry〔rush〕to finish a job; rush a job through; speed up work
【赶浪头】follow the trend
【赶明儿】another day; one of these days; in the near future

【赶任务】rush through one's job
【赶时髦】follow the fashion;try to be in style
【赶趟儿】be in time for;have time for

敢 [gǎn]

形 brave;bold;courageous;fearless;daring 动 ①dare;be brave enough to do sth;have the nerve to do sth ②be sure;be certain ③make bold;take the liberty;venture 副 can it be that
【敢情】❶ I say;oh;why ❷ of course;naturally;clearly;undoubtedly
【敢于】dare to;be bold in;have the courage to
【敢死队】dare-to-die corps;suicide squad
【敢想敢干】have the courage to think and act;dare to use one's head and dare to act
【敢作敢为】have the courage to take the blame for what one does

感 [gǎn]

动 ①feel;sense;be aware ②move;touch;affect ③be thankful;be grateful;be obliged ④be affected(by cold);catch(cold) ⑤sensitize 名 sense;feeling;impression
【感触】thoughts and feelings;feeling
【感到】feel;sense
【感动】动 move;touch 形 affecting;impressive;emotional
【感恩】feel grateful;be thankful
【感官】sense organ
【感化】help(an erring person) to change by persuasion,setting an example,etc.
【感怀】recall with emotion 名 reflections;thoughts
【感激】appreciate;owe;be indebted
【感觉】名 sense perception;feeling 动 feel;sense;experience;come over all
【感慨】sigh with emotion
【感冒】名 common cold 动 ❶ catch[take] a cold;have a cold ❷ be interested in;have interest in
【感念】remember with gratitude;recall with deep emotion
【感情】❶ emotion;feeling;passion ❷ affection;attachment;love
【感染】❶ infect ❷ influence;infect;affect
【感人】touching;moving
【感伤】be inconsolable
【感受】动 be affected by 名 experience;feel
【感叹】sigh with feeling
【感悟】come to realize
【感想】impressions;reflections;thoughts
【感谢】thank(sb) for(sth);appreciate(sth);be graceful[thankful](to sb for sth)
【感性】(sense) perception
【感应】response;reaction;interaction
【感召】move and inspire
【感知】名 mental perception through sensory organs 动 feel;sense
【感恩节】Thanksgiving Day
【感光纸】sensitive paper
【感染力】appeal;power to move the feelings
【感谢信】letter of thanks
【感恩戴德】be deeply grateful;be overwhelmed with gratitude
【感情用事】abandon oneself to emotion
【感人肺腑】touch one to the depths of one's soul;move one deeply
【感同身受】I shall appreciate it as a personal favour
【感应电流】induced current

橄 [gǎn]

【橄榄】❶ Chinese olive ❷ olive
【橄榄绿】olive green
【橄榄球】❶ rugby;American football ❷ egg-shaped ball used in rugby
【橄榄树】Chinese olive tree
【橄榄油】olive oil
【橄榄枝】olive branch—a symbol of peace

擀 [gǎn]

动 ①roll ②polish;shine
【擀毡】❶ felt;make into felt ❷ be fluffy as felt
【擀面杖】rolling pin

干 [gàn]

名 ①trunk;stem;main part ②cadre 动 ①do;act;work ②undertake;hold the post of;assume the office of ③go bad 形 competent;capable,able;talented ⇒ gān
【干部】❶ public functionary or servant;government or Party employee ❷ (leading) cadre;official
【干才】❶ ability ❷ capable person
【干道】main road;trunk road
【干掉】kill;get rid of;put sb out of the way
【干架】❶ quarrel ❷ come to blows
【干将】capable person;go-getter
【干劲】drive;enthusiasm
【干警】police officers
【干练】capable and experienced
【干吗】〈口〉❶ Why on earth;whatever for ❷ What to do
【干事】secretary in charge of sth
【干线】main line;trunk line
【干校】school for cadres;cadre school
【干仗】come to blows;have a row[fight]
【干活儿】work;work on a job
【干什么】why to do
【干细胞】stem cell
【干劲冲天】show great enthusiasm

冈 [gāng]

名 ridge(of a hill)

刚 [gāng]

形 ①firm;stiff;hard ②strong;firm;hard 副 ①just;exactly ②barely;just;no more than ③

just;only just;a moment〔minute〕ago;just this minute;only a short while ago
【刚才】a moment ago;just now
【刚刚】❶just;only;exactly ❷a moment ago; just now
【刚好】❶just;exactly ❷happen to;it so happened that
【刚健】vigorous
【刚劲】bold;vigorous
【刚…就】as soon as;no sooner ... than;barely 〔hardly〕... when;〈英口〉directly;〈美口〉the moment〔minute〕
【刚烈】fiery
【刚强】firm
【刚巧】by chance
【刚毅】resolute and steadfast
【刚正】principled
【刚直】upright and outspoken
【刚愎自用】self-willed;headstrong
【刚劲有力】be powerful and vigorous
【刚柔相济】couple hardness with softness (in dealing with people)

肛 [gāng]
图 anus
【肛门】anus

纲 [gāng]
图 ❶headrope of a fishing net ❷key link; guiding principle;outline;programme ❸class
【纲纪】law and order;discipline
【纲领】programme;guiding principle
【纲目】detailed outline (of a subject);outline
【纲要】❶outline;sketch ❷essentials
【纲举目张】take care of the big things and the little things will take care of themselves

钢 [gāng]
图 steel
【钢板】❶steel plate;plate ❷spring ❸stencil steel board
【钢笔】pen;fountain pen
【钢材】steel products;steels;rolled steel
【钢轨】rails;tracks
【钢筋】reinforcing bar
【钢盔】(steel) helmet
【钢琴】piano
【钢丝】(steel) wire
【钢索】cable wire;steel rope;wire rope
【钢条】steel bar
【钢铁】❶iron and steel;steel ❷strong;firm
【钢印】steel seal
【钢针】draw point;steel needle
【钢笔水】ink
【钢丝床】spring bed
【钢丝绳】steel cable;wire rope
【钢筋铁骨】body strong as iron;muscles of steel
【钢筋混凝土】reinforced concrete

缸 [gāng]
图 ❶vat;jar;bowl ❷jar-〔pot-,vat-〕shaped vessel

gǎng
岗 [gǎng]
图 ❶mound ❷ridge ❸post
【岗警】policeman on point duty
【岗楼】watchtower
【岗哨】❶lookout post ❷sentry
【岗亭】police box
【岗位】post;station
【岗位工资】basic post wage〔pay〕
【岗位津贴】special allowance for special posts
【岗位培训】on-the-job training;professional skill training
【岗位责任制】system of personal responsibility

港 [gǎng]
图 ❶port;harbour ❷airport ❸tributary of a river ❹Hong Kong;HK ❺Hong Kong style
【港币】Hong Kong dollar
【港督】governor of Hong Kong
【港府】Hong Kong government
【港客】visitors〔guests〕from Hong Kong region
【港口】port;harbour
【港人】Hong Kong residents
【港商】Hong Kong businessman
【港式】Hong Kong style
【港湾】harbour
【港仔】Hong Kong lad
【港味儿】Hong Kong accent;Hong Kong style

gàng
杠 [gàng]
图 ❶thick stick or club ❷bar ❸rod-shaped spare part ❹stout poles used to carry a coffin ❺thick line drawn beside or under words as a mark ❻standard 动 cross out;delete
【杠杆】❶lever ❷leverage
【杠铃】barbell
【杠子】❶thick stick;stout carrying pole ❷bar
【杠杠儿】❶lines ❷guide lines;limits;bar

gāo
高 [gāo]
图 ❶high;tall ❷advanced;superior ❸of a high degree〔level〕;above the average ❹per- ❺your;his;their 图 ❶height ❷altitude
【高矮】height
【高昂】动 hold high (one's head, etc.) 图 ❶high ❷dear;expensive
【高傲】arrogant;proud;conceited;self-respecting;high-minded
【高参】senior staff officer
【高层】❶(of buildings) tall ❷high-ranking
【高产】high yield;high production
【高唱】❶sing loudly;sing with spirit ❷call out loudly for
【高超】superb;excellent

【高潮】❶high tide;high water ❷high tide;climax;height
【高大】❶tall and big;tall ❷lofty
【高档】high[top] grade;superior quality
【高等】higher
【高低】图 ❶height ❷relative superiority or inferiority ❸discretion 副 however;right or wrong;anyway;anyhow
【高地】highland;upland;height
【高调】❶lofty tone;high tone ❷high-sounding words
【高度】图 altitude;height 形 high;high degree;highly
【高分】high grade[mark]
【高峰】peak;summit;height
【高干】high-ranking official
【高歌】sing loudly;sing with a resounding voice
【高工】senior engineer
【高贵】❶noble;high ❷highly privileged
【高喊】shout loudly
【高级】❶ senior; high-ranking; high-level; high ❷high-grade;high-quality;advanced;sophisticated
【高价】high price
【高见】your brilliant idea;your opinion
【高洁】noble
【高踞】set oneself above
【高就】move up to a higher position
【高举】hold high;hold aloft
【高峻】high and steep
【高亢】❶resounding ❷high ❸arrogant
【高考】college entrance examination
【高空】high altitude;upper air
【高龄】图 old age 形 older
【高领】high collar
【高楼】high building
【高论】enlightening remarks;brilliant views
【高妙】masterly
【高明】形 good;excellent;fantastic;brilliant;wise 图 master hand;brilliant person;expert
【高能】high energy
【高攀】be a social climber
【高频】high frequency
【高强】excelling in
【高人】❶a man of noble character;a man of great sanctity ❷past master;master-hand
【高山】high mountain
【高尚】noble;virtuous;high-minded;not in poor taste
【高烧】high fever
【高深】advanced
【高升】be promoted
【高声】aloud;bark
【高手】past master;master-hand;ace
【高寿】❶long life ❷your venerable age
【高耸】(stand) tall and erect;towering
【高速】high speed

【高堂】❶big hall;main hall ❷one's parents
【高挑】thin and tall
【高徒】brilliant student
【高位】❶ high place [position, post] ❷ upper part of a limb
【高温】high temperature
【高效】efficient;well-run
【高薪】high salary;high pay
【高兴】❶happy;glad;pleased;delighted;cheerful;gay;merry;pleasant;joyful;enjoyable ❷be willing to;be happy to
【高压】形 ❶high pressure ❷high-handed 图 ❶high tension;high voltage ❷maximum pressure
【高雅】refined;elegant
【高音】high pitch;high tones;high-pitched voice
【高于】overtop;exceed
【高原】plateau;highland;tableland
【高远】high and far away
【高涨】rocket
【高着】clever move
【高中】senior high school;senior middle school
【高材生】brilliant[outstanding] student
【高蛋白】high protein
【高峰期】peak-hour;rush hour
【高个子】tall person
【高工资】higher income
【高技术】 high-technology; high-tech; high technology;sophisticated technology
【高架桥】〈英〉flyover;〈美〉overpass
【高精度】high accuracy
【高精尖】 high-grade, precision and advanced (industrial products);high-class,refined,and top most
【高科技】 high technology;high-level science and technology
【高利贷】usurious loan
【高帽子】❶tall paper hat ❷flattery
【高年级】higher[senior] grades
【高品位】high-grade
【高强度】high strength
【高水平】advanced level
【高投入】high input
【高消费】 high level of consumption; excessive consumption
【高消耗】high cost
【高效能】high-effect
【高血糖】high blood sugar
【高血压】high blood pressure
【高压锅】pressure cooker
【高压线】high-tension line[wire]
【高招儿】clever move;brilliant way or idea
【高枝儿】 higher branches—high position or high official
【高指标】high targets in production
【高质量】superior[top] quality
【高中生】senior middle school student

【高姿态】high profile
【高不可攀】too high to reach; unattainable
【高层公寓】high-rise apartment building
【高层互访】high-profile visit
【高档商品】expensive commodities; high-grade products
【高等学校】institutions of higher learning; institutions of higher education; colleges and universities
【高尔夫球】golf ball; golf
【高分辨率】high resolution
【高峰会议】summit meeting
【高跟儿鞋】high-heeled shoes
【高级官员】high-up; senior
【高架铁道】overhead railway
【高朋满座】a great gathering of distinguished guests
【高人一等】cut above other people
【高入云霄】tower high above the level of the clouds; reach towards the sky
【高山反应】altitude reaction
【高山流水】high mountains and flowing waters—understanding friends
【高速公路】freeway; expressway; high-speed highway; fast highway
【高速上网】high-speed Internet access
【高抬贵手】be generous; not be too hard on sb
【高头大马】图 big horse 图 tall and big
【高下难分】very hard to tell which is better
【高效节能】energy-efficient
【高新技术】advanced high technology; hi-tech; high and new technology
【高薪阶层】high-salary stratum
【高雅艺术】art of refined taste and style
【高瞻远瞩】stand high and see far; take a broad and long view; show great foresight
【高枕无忧】shake up the pillow and have a good sleep; sit back and relax
【高档时装店】fashion house
【高档住宅区】high-class residential development
【高科技板块】high-tech sector
【高科技园区】high-tech zone
【高不成,低不就】❶ be unfit for a higher post but unwilling to take a lower one ❷ can't have one's heart's desire but won't stoop to less
【高附加值产品】high-value-added products
【高级人民法院】higher people's court
【高级知识分子】higher intellectual
【高新技术产品】new and high-tech products
【高新技术工业开发区】New and High-Tech Industry Development Zone

羔 [gāo]
图 lamb; kid
【羔皮】kid
【羔羊】lamb
【羔子】lamb; kid

膏 [gāo]
图 ❶ fat; oil ❷ paste; cream 图 fertile
【膏药】plaster

糕 [gāo]
图 cake
【糕点】cake

gǎo

搞 [gǎo]
动 ❶ do; go in for; carry on; be engaged in ❷ make; produce; work out ❸ make sb suffer; fix sb ❹ set up; start; organize; operate ❺ get; get hold of; secure ❻ produce a certain effect or result; cause to become
【搞错】mistake; confuse
【搞定】work it; settle; fix; decide; determine
【搞臭】put to shame
【搞鬼】play tricks; be up to some mischief
【搞好】make a good job of; do well
【搞垮】collapse; break down; get down; do in
【搞乱】confuse; mess up
【搞笑】amuse; provoke laughter
【搞上去】work for still greater successes
【搞卫生】do cleaning
【搞笑片】non-serious film
【搞砸了】mess it up; play the devil
【搞小动作】make unfair moves; play low tricks

稿 [gǎo]
图 ❶ straw ❷ draft; sketch; manuscript
【稿酬】payment for an article or book published; contribution fee
【稿件】manuscript; contribution
【稿纸】standardized writing paper with squares or lines
【稿子】❶ draft; sketch ❷ manuscript; contribution ❸ idea; plan

gào

告 [gào]
动 ❶ tell; inform; notify ❷ report ❸ ask for; request ❹ accuse ❺ declare; announce ❻ show; express; indicate
图 announcement
【告白】public notice or announcement
【告别】❶ leave; part from ❷ bid farewell to; say good-bye to
【告病】ask for sick leave
【告成】accomplish
【告吹】fail
【告假】take leave
【告发】report; inform against on; split on
【告急】❶ be in an emergency ❷ report an emergency; ask for emergency help
【告假】ask for leave
【告捷】❶ win victory ❷ report a victory
【告诫】warn; admonish
【告密】inform against sb
【告罄】run out

【告饶】beg for mercy;ask pardon
【告示】❶official notice ❷poster
【告诉】tell;let sb know;put sb onto
【告退】❶resign from office ❷ask to withdraw from a meeting
【告慰】❶comfort;console ❷feel relieved
【告知】inform;notify
【告终】come to an end;end up
【告状】❶go to law against sb ❷lodge a complaint against sb with his superior
【告别词】farewell speech
【告密者】grass;informer
【告别演出】farewell performance
【告别仪式】farewell ceremony
【告老还乡】retire and return to one's native place
【告一段落】come to end of a stage;be brought to temporary close

gē

疙 [gē]
〔疙瘩〕❶swelling on the skin;lump ❷lump;knot ❸knot in one's heart;hang-up

哥 [gē]
图 ❶elder brother ❷brother
【哥儿俩】pair of brothers
【哥们儿】〈口〉brothers

胳 [gē]
➡gā
【胳膊】arm
【胳膊腕子】wrist
【胳膊肘儿】elbow

鸽 [gē]
图 pigeon;dove
【鸽棚】pigeon shed or loft
【鸽哨】whistle tied to a pigeon
【鸽子】pigeon;dove

搁 [gē]
动 ❶ put;place;lay ❷ add;put in ❸ put aside;leave over ➡gé
【搁板】shelf
【搁浅】❶ run aground ❷ be held up;be at a deadlock
【搁置】shelf;shelter;table;hang up;go by the wayside;lay aside;pigeonhole

割 [gē]
动 ❶cut ❷divide;give up ❸abandon;give up
【割爱】give up what one treasures
【割除】cut off;remove
【割掉】cut off;get rid of
【割断】cut off
【割开】cut open
【割裂】cut apart;separate;isolate
【割破】cut
【割让】cede
【割肉】cut off one's flesh—sell sth at a price lower than its original price
【割舍】give up;part with

歌 [gē]
图 song 动 ❶sing ❷praise
【歌本】songbook
【歌唱】❶sing ❷praise
【歌词】words of a song
【歌喉】(singer's) voice;singing voice
【歌后】most accomplished female singer;singing queen
【歌剧】opera
【歌迷】song fan or devotee
【歌女】singsong girl
【歌谱】music score of a song;music of a song
【歌曲】song
【歌声】sound of singing;singing
【歌手】singer
【歌颂】sing the praises of
【歌坛】the circle of singers
【歌王】champion singer;singing champion
【歌舞】song and dance
【歌星】singing star;famous singer
【歌谣】folk song
【歌咏】singing
【歌曲集】songbook;collection of songs
【歌舞剧】song and dance drama
【歌功颂德】sing the praises of sb

gé

革 [gé]
图 leather;hide 动 ❶change;alter;transform ❷remove from office;get rid of
【革除】❶abolish;get rid of ❷dismiss;remove from office
【革命】动 cause great social change;rise in revolt;take part in revolution 图 revolution
【革新】动 improve 图 innovate
【革职】discharge;remove sb from office;dismiss sb from his post;cashier
【革命家】revolutionary

阁 [gé]
图 ❶shelf ❷pavilion ❸woman's chamber ❹cabinet
【阁楼】attic
【阁下】Your Excellency or His or Her Excellency

格 [gé]
图 ❶square;check ❷standard;rule;pattern;style ❸character;manner;style ❹case 动 ❶resist;obstruct ❷study thoroughly ❸fight;hit
【格调】❶(literary or artistic) style ❷one's style of work as well as one's moral quality
【格斗】wrestle;fistfight
【格局】pattern;setup;structure
【格式】form;pattern
【格外】❶especially;particularly;all the more ❷additionally
【格言】motto
【格子】shelf

【格式化】format
【格格不入】out of tune with; out of one's element; like a square peg in a round hole
【格林尼治时间】Greenwich mean time (GMT)

搁 [gé]
动 bear; stand; sustain; endure ➡gē
【搁不住】❶ can't stand ❷ not fit to be kept long

蛤 [gé]
〔蛤蜊〕clam ➡há

隔 [gé]
动 ❶separate; divide; stand or lie between ❷ at a distance; after or at an interval 形 following; next-door
【隔板】division plate
【隔壁】next door
【隔断】动 cut off; separate 名 partition
【隔阂】❶misunderstanding ❷barrier
【隔绝】cut off; separate
【隔离】divide; separate; keep apart; isolate; seclude
【隔膜】名 gulf 形 inept 动 ❶lack of mutual understanding ❷unfamiliar with
【隔心】not of the same mind
【隔夜】of the previous night
【隔音】soundproof
【隔岸观火】watch a fire from the other side of the river—look on at sb's trouble with indifference
【隔墙有耳】walls have ears
【隔三岔五】often; every now and then; time and again

个 [gè]
量 (a) 第四个年头 fourth year/两个馒头 two steamed buns (b) 每周都要来一个两趟 come once or twice every week (c) 吃了个大亏 suffer a great loss (d) 玩个痛快 play to one's heart's content (e) 砸个稀巴烂 smash sth to smithereens 形 individual
【个儿】size; height
【个案】(individual or special) case
【个别】❶ individual; specific ❷ very few; one or two
【个个】each and every one; all
【个例】individual case; exceptional case
【个人】❶individual (person) ❷I
【个体】individual
【个位】the unit
【个性】individual character; personality
【个子】height; build
【个体户】self-employed individual or household
【个头儿】size; height
【个人画展】one-man show of paintings
【个人野心】personal ambition
【个人隐私】individual privacy
【个体经济】individual economy; individual economic activity; self-employed business
【个体企业】private enterprise; private firm; individual enterprise
【个体商户】private commercial business
【个人所得税】income tax from individuals; [personal] income tax
【个体劳动者】self-employed labourer; independent businessmen; person who works on his own
【个性化服饰】fashion statement

各 [gè]
代 ❶all; every ❷various; different 副 each; either
【各别】❶ distinct; different ❷ peculiar; out of the ordinary
【各处】everywhere
【各地】various places
【各个】代 each; every; various 副 one by one; separately
【各国】every country; all countries
【各级】all or different levels
【各界】all walks of life; all circles
【各色】of all kinds; of every description
【各位】名 everybody 形 every
【各样】all sorts[kinds]
【各异】various; variety; vary (in); each different
【各种】varied; kind; type, sort; assortment; a mix of; diverse; all manner of
【各自】each; respective
【各奔前程】each pursues his own course; each goes his own way
【各持己见】each sticks to his own view
【各得其所】each is in his proper place; each is properly provided for; each has a role to play
【各个击破】destroy[defeat, crush] one by one
【各行各业】all trades and professions; all walks of life
【各界人士】people of all walks of life
【各就各位】on your marks
【各式各样】of every description; all kinds of
【各抒己见】each airs his own views
【各种各样】all[different] kinds[shapes]
【各自为政】each does things in his own way; everyone goes his own way
【各族人民】people of all nationalities
【各尽所能,各取所需】each does his best and takes what he needs

给 [gěi]
动 ❶ give; present; grant ❷ make sb suffer ❸let; allow 介 ❶by; with: 邮差给狗咬了。The postman was bitten by the dog./他的衬衫给汗水湿透了。His shirt was soaked with sweat. ❷to; with: 把病人交给我。Leave the patient with me. ❸to; for: 把这书给他。Give the book to him./她会知道这是给谁的。She'll know

who it's for. ④to: 雨给花造成损害了吗？Has the rain done any harm to the flower？⑤for: 请给我把表修一修。Please mend this watch for me. ⑥你给我滚！Get away！团他把我的手套给补好了。He has had my gloves repaired. ➡jǐ

【给以】give；grant
【给面子】save sb's face；spare sb's feelings；do sb a favour
【给颜色看】make it hot for sb

根 [gēn]

图 ①root ②root；foot；base ③cause；origin；source；root ④foundation；basis ⑤offspring ⑥solution of an algebraic equation ⑦radical 圆 thoroughly；completely；entirely 量 几根粉笔 several pieces of chalk/一根香烟 a cigarette/一根绳子 a rope

【根本】形 basic；fundamental；essential 图 root；base；foundation 圆 ❶at all times；from the past to the present ❷simply；at all；entirely；totally；completely ❸thoroughly
【根除】thoroughly do away with；root out；eliminate
【根底】❶foundation ❷cause；root
【根基】foundation；basis
【根究】make a thorough investigation of；get to the bottom of
【根据】动 on the basis of；according to；in the light of；in line with 图 basis；grounds；foundation
【根绝】eradicate
【根式】radical（expression）
【根由】cause；origin
【根源】source；origin；root
【根治】effect a radical cure；cure once and for all；bring under permanent control
【根子】root；cause；origin；source；root
【根据地】base area；base
【根儿硬】be backed up；have strong support；have connections
【根深蒂固】deep-rooted

跟 [gēn]

图 heel 动 ①follow ②marry sb 介 ①with；and；to；from：跟他学手艺 learn craftsmanship from him ②as；from：她跟姐姐长得几乎一个样。She looks the same as her sister. 连 and；with 图 footman

【跟从】动 ❶follow；obey；comply with ❷get married 图 attendants
【跟脚】〈口〉❶well-fit 图 close upon sb's heels 动 wait upon（one's master）
【跟前】the area in front of sb or sth
【跟上】keep pace with；keep up with；catch up with；keep abreast of
【跟随】follow
【跟头】fall
【跟着】动 follow；go after；accompany 连 right after；directly after；immediately after；immediately afterwards
【跟踪】follow the tracks of；shadow
【跟屁虫】persistent follower；shadow
【跟上潮流】keep up to date；keep abreast with the times
【跟上时代】keep pace with the times；keep abreast with the times
【跟踪报道】follow up on；follow up report；development story；developing story；follow up story
【跟踪调查】fact-finding mission；follow-up survey；follow-up investigation
【跟踪搜索】track-while-scan
【跟着感觉走】follow one's heart；follow one's feeling；do what come naturally

亘 [gèn]

动 extend；stretch；span 介 from
【亘古未有】no such thing from days of old—unheard-of

更 [gēng]

动 ①change；alter；replace ②experience 图 watch ➡ gèng
【更迭】change
【更动】change；alter
【更夫】night watchman
【更改】change；alter
【更换】change；replace
【更替】replace
【更新】replace；renew
【更衣】change one's clothes
【更正】make corrections
【更年期】change of life
【更衣室】changing room
【更新观念】change one's concepts；renew ideas
【更新换代】replace sth old with sth new；replace a product with one of new generation

庚 [gēng]

图 age

耕 [gēng]

动 ①plough；till；cultivate ②work；do；be bent on；take up
【耕畜】farm animal
【耕地】动 plough；till 图 cultivated land
【耕牛】farm cattle
【耕耘】plough and weed；cultivate
【耕种】till；cultivate
【耕作】cultivation；farming

羹 [gēng]

图 thick soup；jelly-like food（such as custard）
【羹匙】soup spoon

gěng

埂 [gěng]
【名】① low bank ② long, narrow mound ③ earth dike
【埂子】ridge between fields

耿 [gěng]
【形】① bright; brilliant ② honest and just; upright
【耿耿】❶ devoted; dedicated ❷ have sth on one's mind; be troubled ❸ glimmering
【耿直】honest and frank; upright
【耿耿于怀】brood on; take sth to heart

哽 [gěng]
【动】① choke ② choke with emotion; feel a lump in one's throat
【哽咽】choke with sobs

梗 [gěng]
【名】stem 【动】① straighten; hold stiff ② hinder; block 【形】obstinate
【梗概】broad outline; main idea; gist
【梗塞】block
【梗死】infarct
【梗阻】block; hamper

gèng

更 [gèng]
【副】① more; even more; still more ② further; furthermore; what is more ➡ gēng
【更加】more; still more; even more
【更为】even more; more; still more
【更进一步】go a step further
【更胜一筹】even better
【更有甚者】what is more
【更上一层楼】climb one story higher; attain a yet higher goal; scale new heights

gōng

工 [gōng]
【名】① worker; workman; labourer; working class ② work; labour ③ project; construction; building ④ industry ⑤ engineer ⑥ man-day ⑦ skill; craftsmanship; workmanship 【动】be expert in or at; be good at 【形】excellent; delicate
【工本】cost
【工兵】engineer
【工厂】factory; mill; plant; works
【工场】workshop
【工潮】strike movement
【工程】engineering; project
【工党】the Labour Party
【工地】building site; construction site
【工读】【名】work-study 【动】work part-time while studying in college
【工蜂】worker (bee)
【工夫】❶ time ❷ spare 〔free〕 time ❸ at that time
【工会】trade union; labour union
【工件】workpiece; work
【工匠】craftsman
【工具】tool; instrument; implement; means
【工龄】length of service; standing
【工棚】builders' temporary shed; work shed
【工期】time limit for a project
【工钱】money paid for odd jobs; charge for a service; wages; pay
【工人】worker; workman; farm labour; labour
【工日】work day
【工伤】injury suffered on the job; industrial injury
【工时】man-hour
【工事】defence works
【工头】foreman
【工效】work efficiency
【工薪】wages; salary
【工序】working procedure; process
【工业】industry
【工蚁】worker-priest; worker ant
【工艺】technology; craft; craftsmanship
【工友】❶ fellow worker ❷ caretaker
【工长】section chief; foreman
【工整】careful and neat
【工种】type of work in production
【工装】work clothes
【工资】wages; pay
【工作】work; business; craft; employment; job; labour; occupation; place; position; post; profession; situation; task; trade
【工本费】production cost
【工程兵】engineer
【工程车】machineshop car
【工程师】engineer
【工程院】academy of engineering
【工间操】work-break exercises
【工具袋】workbag
【工具书】reference book
【工具箱】toolbox; workbox
【工商业】industry and commerce
【工薪族】wage-earners
【工休日】day off; holiday
【工业化】industrialize
【工艺品】handicraft article; handiwork; handicraft
【工装裤】overalls
【工作餐】working dinner; staff meal
【工作队】work team; working force
【工作服】work clothes
【工作间】studio
【工作量】amount of work; work load
【工作日】workday; working day
【工作室】studio
【工作台】working table; bench
【工作证】employee's card; I.D. Card
【工作组】work team sent to a grass-root unit; task force
【工程公司】engineering company

【工读学校】reform school;approved school
【工间休息】coffee break
【工矿企业】industrial and mining enterprises; factories, mines and enterprises; factories and mining enterprises
【工农联盟】alliance of workers and peasants; worker-peasant alliance
【工人阶级】the working class
【工人运动】labour [workers'] movement
【工商银行】the Industrial and Commercial Bank
【工艺流程】technological process
【工艺美术】industrial art;arts and crafts
【工作人员】working personnel;staff member
【工资外收入】off-the-book income
【工程监理公司】construction supervision company
【工商管理硕士】Master of Business Administration (MBA)
【工商业联合会】association of industry and commerce

弓 [gōng]

图 ① bow ② anything bow-shaped ③ ancient wooden bow-shaped divider for measuring land ■ gong 动 bend;bow
【弓箭】bow and arrow
【弓形】❶ segment of a circle ❷ bow-shaped; curved
【弓腰】bend over;bend down

公 [gōng]

形 ① public; state-owned; collective ② common; general ③ international; metric ④ equitable;fair;just ⑤ male 名 ① public affairs;official business ② duke ③ mister (Mr.) ④ husband's father;father-in-law 动 make public
【公安】public security
【公办】government administered;state-run
【公报】bulletin
【公布】announce;publish;make public
【公厕】public conveniences;public toilets
【公差】[gōngchā]❶ common difference ❷ tolerance
【公差】[gōngchāi]❶ official business ❷ person on a public errand
【公畜】male animal
【公道】[gōngdào] justice
【公道】[gōngdao] fair;just;reasonable
【公德】social norms
【公敌】public enemy
【公地】common land
【公断】❶ arbitrate ❷ consider and decide impartially ❸ settle according to law
【公费】(at) public [state] expense
【公分】❶ centimetre (cm.) ❷ gram (g.)
【公愤】popular anger
【公干】official business
【公告】announcement
【公共】public;common
【公关】public relations
【公馆】residence
【公海】high seas
【公害】public nuisance;social effects of pollution
【公函】official letter
【公鸡】cock
【公家】the state;the public;the organization
【公开】形 open; public 动 make public; make known to the public;go public
【公款】public money [fund]
【公理】❶ generally acknowledged truth;self-evident truth ❷ axiom
【公立】established and maintained by the government;public
【公路】highway;road
【公论】public opinion
【公民】citizen
【公墓】cemetery
【公平】fair;just
【公婆】husband's father and mother;parents-in-law
【公仆】public servant
【公然】openly
【公认】generally acknowledge [recognize];accept;establish
【公社】❶ primitive commune ❷ commune ❸ people's commune
【公审】public [open] trial
【公使】minister
【公式】formula
【公事】public affairs;official business [duties]
【公署】government office
【公司】company;corporation;line(s);agency; system; form; associates; establishment; store(s);exchange;office
【公诉】public prosecution
【公文】official document
【公务】public affairs;official business
【公物】public property
【公休】paid holidays;general holiday
【公选】open selection
【公演】perform in public;give a performance
【公议】have a public or mass discussion
【公益】public good;public welfare
【公用】for public use;public
【公有】public
【公寓】❶ flats; apartment house ❷ lodging house
【公元】the Christian era
【公园】park
【公约】❶ convention ❷ joint pledge
【公允】just and sound
【公债】government bonds
【公章】official seal
【公正】just; fair; fair-minded; reasonable; balanced;to be fair
【公证】authentication

【公职】 public office;public employment
【公制】 the metric system
【公众】 the public
【公主】 princess
【公转】 revolution
【公倍数】 common multiple
【公共课】 common required course
【公积金】 public funds;common funds
【公开化】 come out into the open;be brought into the open
【公开信】 open letter
【公民权】 civil rights;citizen's rights
【公平秤】 fair scales
【公文袋】 document envelope
【公文纸】 paper for copying official documents
【公务车】 service car
【公务员】 government office worker;civil [public] servant
【公信力】 public confidence
【公益金】 public welfare fund
【公因数】 common factor
【公因子】 common factor
【公有制】 public ownership
【公证书】 notarial certificate document
【公安干警】 public security police
【公而忘私】 so devoted to public service as to forget private interests;selfless
【公费旅游】 travel at public expense
【公费医疗】 free medical service [care];public health services
【公共汽车】 bus
【公共卫生】 public health
【公共秩序】 public order
【公关小姐】 public relations girl [lady];Miss Public Relations
【公开答辩】 reply [answer] in public
【公平合理】 fair and reasonable;fair and square
【公平竞争】 fair play
【公务护照】 service passport
【公益劳动】 labour for public good;volunteer labour
【公益事业】 cause of public good
【公用事业】 public utilities
【公之于世】 make known to the world;reveal to the public
【公众人物】 public figure
【公共汽车站】 bus station;bus stop
【公费留学人员】 government-funded personnel studying abroad
【公共管理硕士】 Master of Public Administration (MPA)

功 [gōng]
名 ① achievement;merit;exploit ② effect;success;result ③ skill;technique ④ effort;work
【功臣】 person who has rendered outstanding service
【功德】 ❶ merits and virtues ❷ benefaction;beneficence;works

【功底】 grounding
【功夫】 ❶ workmanship;skill;art ❷ work;labor;effort
【功绩】 merits and achievements;contribution
【功课】 schoolwork;homework;school subject
【功劳】 contribution;credit
【功利】 utility;material gain
【功率】 power
【功能】 function
【功效】 effect
【功勋】 exploit
【功业】 exploits;achievements
【功用】 function;use
【功劳簿】 record of merits
【功能键】 function key
【功败垂成】 suffer defeat when victory is within reach

攻 [gōng]
动 ① attack;take or go onto the offensive ② accuse;charge ③ study;specialize in
【攻打】 attack
【攻读】 ❶ assiduously study ❷ specialize in
【攻关】 ❶ storm a strategic pass ❷ tackle key problems
【攻击】 ❶ attack;strike;launch an offensive ❷ accuse;charge
【攻克】 capture;take
【攻势】 offensive
【攻下】 capture;overcome
【攻陷】 capture;storm
【攻心】 attack the mind;make a psychological attack
【攻占】 attack and occupy;storm and capture
【攻其不备】 strike where or when the enemy is unprepared;take sb by surprise
【攻无不克】 all-conquering

供 [gōng]
动 ① supply;furnish;provide ② provide certain sth for using ➡ gòng
【供货】 supply of material
【供给】 supply;provide;furnish
【供暖】 heating
【供求】 supply and demand
【供水】 water supply
【供销】 supply and marketing
【供养】 provide for;support
【供应】 supply
【供不上】 run out;be in short supply
【供不应求】 be in short supply;supply falls short of demand;demand exceeds supply

宫 [gōng]
名 ① palace ② palace;residence of immortals ③ temple ④ place for cultural activities and recreation ⑤ womb;uterus
【宫殿】 palace
【宫廷】 ❶ palace ❷ royal or imperial court;court

恭 [gōng]
形 respectful;courteous

【恭贺】congratulate
【恭候】await respectfully
【恭敬】respectful
【恭请】invite respectfully
【恭顺】be respectful
【恭听】listen with due respect
【恭维】flatter
【恭喜】congratulate
【恭迎】welcome respectfully
【恭祝】respectfully congratulate
【恭喜发财】May you be prosperous; Wish you all the best

躬 [gōng]
名 body 副 oneself; in person; personally 动 bend forward; bow; stoop
【躬身】bend at the waist

巩 [gǒng]
形 strengthened; stable
【巩固】动 strengthen; solidify 形 strong; solid; stable

拱 [gǒng]
动 ①cup one hand in the other before the chest ②encompass; encircle; surround ③hunch up; hump up; arch ④push with one's body; wriggle through: 以身拱门 push open the door with one's body ⑤sprout up through the earth 形 arch-shaped
【拱门】arched door
【拱桥】arch bridge
【拱手】cup one's hands
【拱卫】surround and protect
【拱形建筑】arch

共 [gòng]
形 common; general; universal 动 share 副 ①doing the same thing; in company; together ②altogether; in all; all told
【共存】coexist
【共度】spend (an occasion) together
【共和】republicanism; republic
【共计】amount to; total; add up to
【共勉】encourage each other
【共鸣】❶resonance ❷sympathetic response
【共识】common understanding
【共事】work together; be fellow workers
【共通】applicable to both or all
【共同】形 common 副 together; jointly; collectively
【共享】enjoy together; share
【共性】general character
【共产党】the Communist Party
【共和党】the Republican Party (in U.S.)
【共和国】republic
【共患难】go through hardships together
【共同点】common ground
【共同体】community
【共产国际】the Communist International
【共产主义】communism
【共担风险】joint adventure
【共度难关】tide over the difficulties; weather the hard times
【共聚一堂】gather in the same hall; gather together
【共同市场】the Common Market
【共产主义青年团】the Communist Youth League

贡 [gòng]
动 ①pay tribute (to) ②recommend a person to the imperial court
【贡献】contribute; devote; contribution

供 [gòng]
动 ①lay ②confess; admit; own up ③take charge of; assume office; go in for; be engaged in 名 ①offerings ②confession ➡gōng
【供词】statement made under examination
【供奉】enshrine and worship
【供品】offerings
【供认】confess
【供事】take a post
【供职】hold office
【供认不讳】confess everything

勾 [gōu]
动 ①check; cross out; strike out ②sketch; draw ③fill up the joints of brickwork with mortar or cement; point ④thicken ⑤arouse; call to mind ⑥gang up with; entice 名 shorter leg of a right triangle ➡gòu
【勾搭】❶gang up with ❷seduce ❸carry on with sb
【勾画】draw the outline of; sketch
【勾结】gang up with
【勾勒】❶draw the outline of; sketch the contours of ❷give a brief account of; outline
【勾通】work hand in glove with
【勾引】❶gang up with; seduce ❷arouse

佝 [gōu]
【佝偻】stoop; bend one's back

沟 [gōu]
名 ①ditch; drain; channel ②trench; groove; furrow ④waterway
【沟渠】irrigation canals and ditches
【沟通】link up; communicate

钩 [gōu]
名 ①hook ②hook stroke ③hook-like mark 动 ①check; mark ②secure with a hook; hook ③explore; search after ④crochet ⑤sew with large stitches

篝 [gōu]
名 bamboo cage
【篝火】campfire

gǒu

苟 [gǒu]
形 casual;careless;thoughtless 副 ①casually;carelessly ② short-sightedly;near-sightedly 连 provided;if
【苟安】seek a moment's peace however one can;be content with temporary ease and comfort
【苟活】lead a dog's life
【苟且】动 drift along;be resigned to circumstances 副 carelessly 形 illicit(sexual relations)
【苟同】agree without giving serious thought
【苟延残喘】be on one's last legs

狗 [gǒu]
名 dog
【狗洞】doghole
【狗屁】rubbish;nonsense
【狗窝】doghouse
【狗熊】❶black bear ❷coward
【狗吃屎】fall down heavily
【狗腿子】henchman
【狗咬狗】dog-eat-dog
【狗仔队】paparazzi
【狗急跳墙】cornered beast will do something desperate
【狗头军师】❶a person who offers bad advice ❷villainous adviser
【狗眼看人低】be a bloody snob

gòu

勾 [gòu]
→gōu
【勾当】business;deal

构 [gòu]
动 ①construct;form;build;compose ②invent;make up 名 ①literary composition ②paper mulberry ③structure
【构成】constitute;form;compose;make up
【构词】form a word
【构架】framework;establish
【构件】❶ member;component ❷component(part)
【构建】compose;invent
【构思】动 work out the plot of a story or the composition of a painting 名 conception
【构想】idea;concept;ideas and concepts
【构造】structure;construction
【构筑】construct(military works);build
【构词法】word-building;word-formation

购 [gòu]
动 purchase;buy
【购买】purchase;buy
【购销】purchase and sale;buying and selling
【购置】purchase(durables)
【购货单】order form;order
【购买力】buying power;purchasing power
【购物袋】shopping bag;carrier bag
【购货合同】purchase contract
【购物中心】shopping centre
【购物手推车】push cart

垢 [gòu]
形 soiled;dirty 名 ①dirt;stain ②insult;disgrace

够 [gòu]
形 enough;sufficient;adequate 副 quite;rather;really 动 ①reach ②be up to
【够本】make enough money to cover the cost;break even
【够格】be qualified;be up to standard
【够呛】awful
【够数】sufficient in quantity;enough
【够标准】make the grade
【够档次】reach a certain〔high〕level;be up to par;be up to standard
【够劲儿】almost too much to cope with
【够朋友】deserve to be called a true friend;be a friend indeed
【够条件】reach the standard;be qualified
【够意思】副 really something 形 generous;really kind

gū

估 [gū]
动 estimate;assess;appraise
【估计】estimate;appraise;reckon
【估价】动 appraise;evaluate 名 appraised price
【估量】estimate;assess;reckon
【估摸】reckon;guess
【估算】estimate;appraise;reckon

咕 [gū]
象 coo
【咕咚】the sound of a heavy thing falling down;thud;splash;plump
【咕嘟】❶bubble ❷gulp
【咕唧】whisper
【咕噜】rumble

呱 [gū]
→guā
【呱呱】cry
【呱呱坠地】come into the world with a cry;raise the first cry of life;be born

沽 [gū]
动 ①purchase;buy ②sell
【沽名钓誉】fish for fame and compliments

孤 [gū]
形 ①orphaned ②lonely;isolated;alone 代 I;me 名 orphan
【孤傲】aloof
【孤单】❶alone;lonely;friendless ❷weak
【孤岛】isolated island
【孤独】lonely
【孤儿】fatherless child;orphan
【孤孀】widow and her child;lonely
【孤寂】lonely

G

孤 [gū]

【孤立】 isolated; helpless; isolate
【孤僻】 antisocial
【孤身】 alone
【孤雁】 solitary wild goose
【孤零零】 all alone
【孤家寡人】 person who is utterly isolated
【孤陋寡闻】 ignorant and ill-informed

姑 [gū]

①father's sister; aunt ②husband's sister; sister-in-law ③ husband's mother; mother-in-law ④nun ⑤(country) girl just; for the time being
【姑娘】 ❶girl ❷daughter
【姑且】 for the moment
【姑息】 tolerate
【姑妄听之】 see no harm in hearing what sb has to say
【姑妄言之】 tell sb sth for what it's worth

轱 [gū]

【轱辘】 wheel roll

骨 [gū]

→gǔ
【骨碌】 roll
【骨朵儿】 flower bud

菇 [gū]

mushroom

辜 [gū]

guilt; crime betray
【辜负】 let down; fail to live up to; be unworthy of; disappoint; betray

箍 [gū]

hoop bind

gǔ

古 [gǔ]

①ancient; age-old ②simple and sincere ①ancient times; former ages ②things(events) in ancient times
【古板】 old-fashioned and inflexible
【古刹】 ancient temple
【古城】 ancient city; old city
【古代】 ancient times
【古典】 classical allusion classical
【古董】 ❶antique ❷old fogey
【古都】 ancient capital
【古怪】 odd; strange
【古籍】 ancient books
【古迹】 historic site; place of historic interest
【古老】 ancient; age-old
【古朴】 simple
【古玩】 antique
【古文】 ❶ ancient Chinese prose ❷ Chinese script before the Qin Dynasty
【古稀】 seventy years of age
【古装】 ancient costume
【古文字】 ancient writing
【古典文学】 classical literature
【古今中外】 ancient and modern, Chinese and foreign; at all times and in all lands
【古色古香】 antique; of classical beauty
【古往今来】 throughout the ages

谷 [gǔ]

①valley ②grain ③millet ④unhusked rice
【谷仓】 barn
【谷粒】 corn; grain
【谷物】 grain
【谷穗儿】 ears of millet

股 [gǔ]

①thigh ②section ③strand; ply ④share of stock; one of several equal parts ⑤longer leg of a right triangle (a)上山有两股道。There are two paths leading to the mountain top. (b) 一股热气 a stream of hot air/一股劲 a burst of energy (c) band; gang: 小股敌军 small groups (bands) of enemy troops
【股本】 capital stock; share capital
【股东】 shareholder; stockholder
【股份】 share; stock
【股民】 person who buys and sells stocks; shareholder
【股票】 share certificate; share; stock
【股权】 stock ownership
【股市】 stock market
【股长】 section chief
【股份制】 joint stock[share] system
【股东大会】 stockholders' meeting
【股份公司】 joint-stock company; stock company
【股票行情】 stock quotation
【股票交易】 buying and selling of stocks
【股市指数】 stock exchange indexes
【股票持有人】 shareholder
【股票交易所】 stock exchange
【股份有限公司】 limited-liability company; limited company (Ltd.)
【股票价格指数】 stock price index

骨 [gǔ]

① bone; os ② skeleton; structure; framework ③ character; quality; spirit ④ literary force →gū
【骨粉】 bone meal; bone dust
【骨干】 ❶diaphysis ❷backbone; mainstay; key; core
【骨骼】 skeleton
【骨灰】 ❶bone ash ❷ashes of the dead
【骨架】 skeleton; framework
【骨节】 joint
【骨气】 integrity
【骨肉】 flesh and blood
【骨头】 ❶bone ❷character; person of a certain character ❸moral integrity
【骨子里】 in the bones—beneath the surface; in substance
【骨干分子】 key elements[member]

鼓 [gǔ]

[名] ❶drum；隆隆鼓声 roll of drums ❷drum-shaped object [动] ① beat；strike；play；sound fan ③rouse；stir up ④swell

【鼓吹】❶advocate ❷advertise；play up
【鼓动】❶arouse ❷incite
【鼓劲】rouse one's enthusiasm
【鼓励】encourage；urge
【鼓楼】drum-tower
【鼓舞】inspire；encourage；hearten
【鼓掌】clap one's hands；applaud
【鼓足干劲】go all out

gù

固 [gù]

[形] ①firm；strong；solid ② hard；solid ③ superficial；ignorant [动] ① strengthen [副] ①resolutely；firmly ②originally；in the first place；just as a matter of course ③certainly [连] no doubt

【固定】[形] fixed；regular [动] fix；regularize
【固然】though of course；no doubt；it is true
【固守】stick to
【固态】solid state
【固体】solid body；solid
【固有】inherent
【固执】[形] obstinate [动] persist in；cling to；stick to
【固执己见】stubbornly persist in one's opinions

故 [gù]

[名] ① incident；accident ② reason；cause ③ things of the past ④ friend；acquaintance [形] on purpose [形] of the past；former；old [动] die [连] hence；therefore；consequently；for this reason

【故此】therefore
【故而】and so；therefore；hence
【故宫】the Imperial Palace
【故旧】old friends and acquaintances
【故居】former residence[home]
【故里】native place；hometown
【故去】die；pass away
【故人】old friend
【故事】[gù shì] old practice；routine
【故事】[gù shi] ❶story；tale；yam ❷plot
【故土】native land；native place；birthplace；hometown
【故乡】old home；native place；birthplace
【故意】intentionally；on purpose；knowingly
【故障】breakdown；stoppage；trouble
【故事片】feature film
【故步自封】stand still and refuse to make progress
【故伎重演】be up to one's old tricks；play the same old trick
【故弄玄虚】purposely make a mystery of simple things
【故作姿态】strike a pose；put on airs
【故宫博物院】the Palace Museum

顾 [gù]

[动] ①turn round and look at；look at ②take care of；attend to；take into consideration or account ③pay a visit；visit；call on ④give one's custom to [名] customer [连] ①but；however；nevertheless ②on the contrary；in lieu of；instead

【顾及】take into account；attend to；give consideration to
【顾忌】misgiving
【顾家】look after one's family
【顾客】customer；custom；shopper；client
【顾虑】misgiving；worry
【顾盼】look around
【顾全】show consideration for and take care to preserve
【顾问】adviser
【顾主】customer；client
【顾面子】save face；keep up appearances；spare sb's feelings
【顾此失彼】let things slip
【顾名思义】seeing the name of a thing one thinks of its function；just as its name implies；as the term suggests
【顾全大局】take the interests of the whole into account；consider the situation as a whole

雇 [gù]

[动] hire；employ；engage

【雇工】[动] hire labor；hire hands [名] hired laborer
【雇佣】employ；fire
【雇员】employee
【雇主】employer

痼 [gù]

[形] ①chronic ②inveterate
【痼疾】chronic illness

guā

瓜 [guā]

[名] ①melon；gourd ②fellow

【瓜分】divide up
【瓜葛】connection；implication；association
【瓜果】melon and fruit
【瓜子儿】melon seeds

呱 [guā]

➡gū

【呱嗒】[名] clap [动] clap one's hands
【呱呱叫】tiptop

刮 [guā]

[动] ① scrape；scratch；shave ② smear with (paste, etc.) ③ rob ④ scold；give a dressing down ⑤blow

【刮脸】shave (the face)
【刮胡子】dress down
【刮脸刀】razor
【刮目相看】look at sb with new eyes；treat sb with increased respect

guǎ

guǎ

剐 [guǎ] 动 cut

寡 [guǎ] 形 ① few; scarce ② tasteless; thin ③ widowed
- 【寡妇】 widow
- 【寡母】 widowed mother
- 【寡不敌众】 be hopelessly outnumbered; fight against hopeless odds
- 【寡廉鲜耻】 lost to shame; shameless

guà

卦 [guà] 名 divinatory symbol

挂 [guà] 动 ① hang; put up; suspend ② be anxious; be concerned about; have sth weighing on one's mind ③ be covered with; be coated with ④ get caught ⑤ leave sth unsettled ⑥ ring off; hang up ⑦ call up; ring up; put sb through to ⑧ register 量 a set〔string〕of; 一挂鞭炮 a string of firecrackers
- 【挂表】 pocket watch
- 【挂彩】 ❶ decorate for festive occasions ❷ be wounded in action
- 【挂车】 trailer
- 【挂挡】 put into gear
- 【挂钩】 ❶ couple ❷ link up with; establish contact with; get in touch with
- 【挂号】 register
- 【挂机】 hang up; ring off
- 【挂记】 worry about; be anxious about; keep thinking about
- 【挂靠】 be attached to; be linked with
- 【挂历】 wall calendar
- 【挂虑】 be anxious about; worry about
- 【挂面】 fine dried noodles
- 【挂名】 only in name
- 【挂念】 worry about sb who is absent; miss
- 【挂牌】 ❶ put up one's brass plate ❷ open an establishment ❸ wear a name plate ❹ go public ❺ announce the transfer list
- 【挂失】 report the loss of
- 【挂帅】 be in command; assume〔take〕command; assume leadership
- 【挂图】 wall map; hanging chart
- 【挂心】 be on one's mind
- 【挂钟】 wall clock
- 【挂壁式】 wall-hanging
- 【挂号信】 registered letter〔mail〕
- 【挂衣钩】 clothes-hook
- 【挂牌股票】 listed stock
- 【挂牌上市公司】 listed company; quoted company

褂 [guà] 名 gown

guāi

乖 [guāi] 形 ① well-behaved; good ② clever; smart; alert ③ abnormal; unreasonable; headstrong 动 violate; go against
- 【乖乖】 ❶ well-behaved ❷ little dear; daring
- 【乖戾】 unreasonable; disagreeable; surly
- 【乖僻】 odd
- 【乖巧】 ❶ clever ❷ cute; lovely

guǎi

拐 [guǎi] 动 ① change direction; turn ② limp ③ swindle; make away with ④ kidnap 名 ① corner; turning ② crutch
- 【拐带】 kidnap
- 【拐棍】 walking stick
- 【拐角】 corner; turning
- 【拐卖】 kidnap and sell
- 【拐骗】 abduct; swindle
- 【拐弯】 动 ❶ turn a corner; turn ❷ turn round; pursue a new course 名 corner; turning
- 【拐杖】 stick; stall; cane
- 【拐脖儿】 elbow (of a stove pipe, etc.)
- 【拐弯抹角】 talk in a roundabout way; beat about the bush

guài

怪 [guài] 形 strange; odd 动 ① find sth strange; wonder at; be surprised ② blame 副 rather; quite 名 evil spirit
- 【怪诞】 strange
- 【怪话】 snide remark
- 【怪圈】 strange phenomenon which is hard to explain
- 【怪人】 character; crackpot
- 【怪事】 strange thing
- 【怪兽】 rare animal
- 【怪异】 strange; unusual; strange phenomenon
- 【怪罪】 blame sb; complain
- 【怪不得】 副 no wonder; so that's why; that explains why 动 not to blame
- 【怪里怪气】 peculiar

guān

关 [guān] 动 ① shut; close ② turn off; switch off ③ lock up; shut in ④ close down; shut down ⑤ involve; concern 名 ① mountain pass ② area just outside the city gate ③ tax-collector's checkpoint; customs; customs house ④ barrier
- 【关爱】 concern and care; love and care
- 【关隘】 (mountain) pass
- 【关闭】 ❶ close; shut ❷ close down; shut down
- 【关东】 ❶ area east of the Shanhai Pass ❷ northeast China
- 【关怀】 show loving care for
- 【关键】 ❶ door bolt; door bar ❷ key

【关节】❶joint ❷key links; links
【关口】❶strategic pass ❷juncture
【关联】be related; be connected
【关门】动❶close ❷slam the door on sth; refuse discussion or consideration ❸behind closed doors ❹close down 形final; last
【关内】area to the west of the Shanhai Pass and to the east of the Jiayu Pass
【关卡】outpost of a tax office; checkpoint
【关切】considerate; thoughtful; be deeply concerned; show one's concern over
【关税】customs duty; customs
【关头】key moment
【关外】area to the east of the Shanhai Pass and to the west of the Jiayu Pass
【关系】名❶connections; relations; relationship; guanxi ❷bearing; influence; significance ❸credentials showing membership in or connection with an organization 动concern; affect; have a bearing on; have to do with
【关心】be concerned about; care for; be interested in
【关押】lock up; put in prison
【关于】about; on; as regards; concerning
【关张】close down; go out of business
【关照】❶look after; keep an eye on ❷notify by word of mouth
【关中】Central Shaanxi
【关注】follow with interest; pay close attention to
【关键词】keyword
【关门弟子】last student

观 [guān]
动look; see; watch; observe 名❶sight; view ❷outlook; point of view; concept
【观测】observe and survey; observe; watch
【观察】observe; watch; survey
【观点】point of view; viewpoint; standpoint
【观感】impressions; observations
【观光】go sightseeing; visit; tour
【观看】watch; view; see; look on
【观摩】watch and learn
【观念】sense; idea; concept
【观赏】view and admire; enjoy the sight of
【观望】❶look around ❷wait and see; look on
【观瞻】the appearance of a place and the impressions it leaves; sight; view
【观战】watch a battle; watch other people fight; watch a match or contest
【观众】spectator; viewer; audience; filmgoer; onlooker
【观光团】touring group; visiting group; sightseeing party
【观赏鸟】pet bird
【观赏鱼】fishes for display
【观众席】auditorium; grandstand
【观光农业】tourist agriculture
【观望态度】wait-and-see attitude

官 [guān]
名❶government official; military officer ❷organ 形❶official; government-run; state-owned; government-sponsored ❷public
【官办】run by the government; operated by official bodies
【官兵】❶officers and men ❷government troops
【官场】official circles
【官倒】动official black-marketing 名profiteering official
【官邸】official residence; official mansion
【官方】of the government; official
【官吏】government officials
【官僚】bureaucrat
【官迷】office seeker
【官能】(organic) function; sense
【官腔】bureaucratic manner
【官商】government commerce; state-operated commerce; government merchant
【官司】lawsuit
【官衔】official title
【官瘾】love for public office; anxiety to be an official
【官印】seal of a government office; official seal
【官员】official
【官职】government post; official position
【官架子】the airs of an official
【官复原职】restore an official to his original post
【官官相护】officials protect each other

冠 [guān]
名❶cap; hat ❷crest; comb ❸crown; corona →guàn
【冠冕堂皇】high-sounding

棺 [guān]
名coffin

鳏 [guān]
名widower

guǎn
馆 [guǎn]
名❶accommodation for guests; building ❷embassy ❸shop ❹place for cultural activities ❺old-style private school
【馆藏】动have a collection of 名collection
【馆员】librarian
【馆子】restaurant; eating house

管 [guǎn]
名❶tube; pipe ❷wind instrument ❸tube 量一管笔 a pen/一管猎枪 a shotgun/一管牙膏 a tube of toothpaste 动❶manage; run; control; 管三台机器 run three machines ❷administer ❸subject sb to discipline ❹be in charge of; undertake ❺concern oneself with; bother about; mind; care about ❻provide; ensure; guarantee 介from; to; towards; 管我借东西 borrow something from me 连no matter who, etc.; despite;

管她做了什么,我根本不理会。I ignored her, no matter what she did.
【管保】guarantee;assure
【管材】steel tube
【管道】pipeline;piping;channel
【管护】care for
【管家】❶steward ❷manager;housekeeper
【管教】discipline;correct
【管界】❶area or land under control ❷border of a jurisdiction zone
【管理】manage;run;administer;govern;take care of;control
【管事】🈺 run affairs;be in charge 🈶 effective;of use 🈳 manager
【管束】restrain;check;control
【管辖】exercise control over;administer
【管线】line pipe
【管用】of use;effective
【管制】❶control ❷put under surveillance
【管不了】be unable to control or manage
【管不着】have no right to interfere;(it's) none of your concern〔business〕
【管得宽】make everything one's own business
【管闲事】be a busybody
【管乐队】wind band;band
【管理模式】management model;management pattern
【管弦乐队】orchestra

guàn

贯 [guàn]
🈺 ① pass through;penetrate;pierce ② be connected;proceed in succession;follow in a continuous line 🈶 string of 1,000 cash 🈳 ❶native place ❷existing model
【贯彻】carry out;carry through;go through with;put into effect
【贯穿】❶run through ❷penetrate;permeate
【贯串】penetrate
【贯通】❶have a thorough knowledge of ❷link up;thread together
【贯注】❶concentrate on;be absorbed in ❷be connected in meaning or feeling

冠 [guàn]
🈶 first place;the best;champion 🈺 ① wear or put on a hat ②rank first(the best);be first;get(take) a first ③crown with ➡guān
【冠词】article
【冠军】champion
【冠名】give a name to;be named
【冠名权】right to name

惯 [guàn]
🈺 ①be used or accustomed to;be in the habit of ②indulge;spoil 🈶 ① habitual ② incorrigible
【惯常】usualness
【惯犯】hardened criminal;repeater
【惯例】convention;usual practice;conventional practice;universal practice;accepted practice
【惯偷】hardened thief
【惯用】🈺 habitually practice 🈶 habitual

盥 [guàn]
🈺 wash
【盥洗】〈英〉wash;〈美〉wash up

灌 [guàn]
🈺 ①irrigate;water ②fill;pour ③record
【灌溉】irrigate
【灌录】make a recording
【灌木】bush
【灌输】❶ divert running water for use elsewhere ❷instil into
【灌制】tape-record;record
【灌注】pour into
【灌醉】make sb drunk

罐 [guàn]
🈳 ❶jar;pot;tin;tank;pitcher ❷coal tub
【罐车】tank car;tank truck
【罐笼】cage
【罐头】❶pot;jar ❷canned food
【罐装】canning
【罐头食品】tinned〔canned〕food〔goods〕

guāng

光 [guāng]
🈳 ❶light;ray ❷scenery;landscape;sight ❸honour;glory;credit ❹good;advantage;benefit 🈺 ①shine upon;bring honour to ②use up;finish 🈶 ① smooth ② bright;shiny ③ bare;naked 🈵 ① solely;merely;only;alone ② honour;pleasure
【光波】light wave
【光彩】🈳 radiance 🈶 glorious
【光大】🈺 carry forward;develop 🈶 wide;extensive
【光碟】optical disc
【光复】recover
【光顾】shop at
【光棍】❶ruffian ❷clever〔wise〕person
【光滑】smooth
【光环】❶ring of light ❷halo
【光辉】❶ glory ❷ brilliant;magnificent;glorious
【光景】❶scene ❷circumstances;conditions ❸ about;around ❹very probably
【光控】🈶 light-operated 🈳 light-dependent control
【光缆】fiber-optic cable;optical cable
【光亮】bright
【光临】honour sb with one's presence
【光芒】rays of light
【光明】🈳 亮光 light 🈶 ❶bright;promising ❷ openhearted
【光年】light-year
【光盘】optical disk;compact disc(CD)
【光荣】🈶 honourable;honoured;glorious 🈳 honour;glory;credit

【光束】light beam
【光头】形 bareheaded 名 shaven head；shaven-headed
【光纤】light guide；optical fibre
【光线】light；ray
【光学】optics
【光耀】名 brilliant light 形 glorious；honorable 动 ❶glorify ❷shine with brilliance
【光阴】time available；time
【光源】light source
【光泽】gloss
【光照】名 light 动 shine with radiance
【光杆儿】❶bare trunk or stalk ❷man who has lost his family ❸person without a following
【光棍儿】unmarried man；bachelor
【光溜溜】❶smooth；slippery ❷bare；naked
【光秃秃】bare
【光杆司令】general without an army；leader without a following
【光明磊落】open and aboveboard
【光明正大】just and honourable；open and aboveboard
【光说不做】only talk and not to act
【光天化日】broad daylight；the light of day
【光阴似箭】time flies like an arrow；how time flies
【光宗耀祖】bring honour to one's ancestors
【光盘驱动器】CD-ROM driver；disc drive
【光打雷不下雨】all thunder and no rain；all bark and no bite；all words and no action

guǎng

广 [guǎng]
形 ❶wide；vast；extensive ❷numerous；many 动 expand；spread；extend
【广播】broadcast
【广博】extensive；broad；wide
【广场】public square；square
【广大】❶vast；wide；extensive ❷large-scale；wide spread ❸numerous
【广度】scope；range
【广泛】broad；extensive；wide-ranging；widespread
【广告】advertisement
【广阔】vast；wide；broad
【广漠】vast and bare
【广义】❶broad sense ❷generalized
【广播剧】radio play
【广播员】(radio) announcer；broadcaster
【广告费】advertising expenses；advertising fee
【广告画】poster
【广告栏】advertisement column
【广告牌】billboard
【广播电台】broadcasting[radio] station
【广播教学】distance teaching
【广播喇叭】loudspeaker
【广播体操】setting-up[callisthenic] exercises to radio music
【广而告之】give extensive publicity；spread far and wide
【广告策划】advertisement scheme
【广告公司】advertising firm
【广告片儿】advertising film
【广角镜头】wide-angle lens
【广为流行】be very popular
【广种薄收】extensive cultivation with low yield
【广告代理人】advertising agent
【广播电视大学】radio and television university；college on the air

guàng

逛 [guàng]
动 stroll；roam
【逛荡】loiter；loaf about
【逛街】❶go shopping ❷go window shopping；stroll in the street

guī

归 [guī]
动 ❶return；go or come back ❷give back；return sth to sb ❸come together；group together ❹be in sb's charge；put under sb's care ❺belong to
【归案】bring to justice
【归并】❶merge ❷add up
【归程】return journey
【归档】place on file；file away
【归队】❶rejoin one's unit；return to the ranks ❷return to the profession one was trained for
【归附】submit to the authority of another
【归功】give the credit to；attribute the success to
【归还】return
【归结】动 sum up；put in a nutshell 名 end
【归咎】attribute a fault to；put the blame on
【归类】sort out；classify
【归拢】put together
【归纳】conclude；sum up
【归期】date of return
【归侨】returned overseas Chinese
【归入】classify；include
【归属】belong to
【归顺】swear allegiance to
【归宿】home to return to；permanent home；final settling place
【归途】one's way home
【归降】surrender
【归于】❶belong to；be attributed to ❷tend to；result in；end in
【归根结底】in the final analysis
【归心似箭】with one's heart set on speeding home；impatient to get back；anxious to return

龟 [guī]
【龟】 tortoise
【龟甲】 tortoiseshell
【龟缩】 recoil

规 [guī]
【规】 ①dividers; compasses ②rule; regulation; convention ①counsel; advise ②plan; devise; map out
【规避】 avoid
【规程】 rules; regulations
【规定】 provide; fix; set
【规范】 standard; norm
【规格】 standards
【规划】 programme; plan make a programme; draw up a plan
【规矩】 rule; established practice; custom well-behaved; well-disciplined
【规律】 law; regular pattern
【规模】 scale; scope; extent; dimensions large-scale
【规劝】 advise
【规则】 rule; regulation regular
【规章】 rules; regulations
【规模经济】 economy of scale
【规模效益】 scale benefit; efficiency with a big scale; scale merit; return of scale

闺 [guī]
【闺】 ①gate ②boudoir
【闺女】 ①girl; maiden ②daughter

瑰 [guī]
【瑰】 jade-like stone rare; marvellous; magnificent
【瑰宝】 treasure
【瑰丽】 surpassingly beautiful; magnificent

轨 [guǐ]
【轨】 ①trace [print] of a wheel ②track; course; path; way ③rule; order; regulation; law ④tracks; rails abide by; follow
【轨道】 ①track ②orbit ③course; path
【轨迹】 ①locus ②orbit

诡 [guǐ]
【诡】 ①deceitful; tricky; sly; cunning ②uncanny
【诡辩】 quibble
【诡计】 crafty plot; cunning scheme; trick; device
【诡秘】 surreptitious
【诡计多端】 have a whole bag of tricks; be very crafty

鬼 [guǐ]
【鬼】 ①ghost; spirit ②derogatory term for a person with a certain vice or problem ③dirty trick ①stealthy ②terrible ③clever; smart; quick
【鬼话】 false words; lies
【鬼魂】 ghost; spirit
【鬼混】 hang around
【鬼脸】 ❶funny face ❷mask used as a toy
【鬼子】 devil
【鬼把戏】 dirty [underhand] trick
【鬼点子】 wicked idea
【鬼门关】 the gate of hell—danger spot; trying moment
【鬼主意】 evil plan; wicked idea
【鬼斧神工】 uncanny workmanship
【鬼哭狼嚎】 wail like ghosts and howl like wolves
【鬼迷心窍】 be possessed
【鬼头鬼脑】 thievish; stealthy

柜 [guì]
【柜】 ①cupboard; cabinet ②cashier's office; cashier's desk; cashier's
【柜台】 counter; bar
【柜员】 counter clerk; teller
【柜子】 cupboard; cabinet
【柜员机】 automated teller machine (ATM)

刽 [guì]
【刽】 cut off
【刽子手】 executioner; slaughterer

贵 [guì]
【贵】 ①high-priced; expensive; costly; dear ②valuable; highly valued; precious ③of high rank; noble ④your: 贵国 your country/贵校 your school/贵姓? May I know your name?
【贵宾】 honoured guest; distinguished guest
【贵干】 honourable business; noble errand
【贵客】 honoured guest
【贵人】 ❶high official ❷high-ranking imperial concubine
【贵姓】 your name
【贵重】 valuable; precious
【贵族】 noble
【贵宾卡】 VIP card

桂 [guì]
【桂冠】 laurel

跪 [guì]
【跪】 kneel; go down on one's knees
【跪拜】 worship on bended knees; kowtow
【跪倒】 throw oneself on one's knees
【跪姿】 kneeling position

滚 [gǔn]
【滚】 ①roll; tumble ②get away; beat it ③boil ④roll along or about; get bigger and bigger; snowball ⑤bind; trim
【滚蛋】 beat it
【滚动】 roll; rolling
【滚翻】 roll
【滚滚】 roll; surge
【滚开】 beat it; scram

【滚热】boiling hot
【滚烫】boiling
【滚珠】ball
【滚瓜烂熟】learn sth thoroughly by heart

gùn

棍 [gùn]
图 ①rod;stick ②ruffian

guō

锅 [guō]
图 pot;pan
【锅巴】crust of cooked rice;rice crust
【锅铲】slice
【锅盖】the lid of a cooking pot
【锅炉】boiler
【锅台】the top of a kitchen range

guó

国 [guó]
图 country;nation;state;land;power 形 ①of the state;national ②best in the country ③of China;Chinese
【国宝】national treasure
【国标】❶state standard ❷international standard social dance
【国宾】state guest
【国策】the basic policy of a state;national policy
【国产】made in our country;made in China
【国耻】national humiliation
【国粹】the embodiment of a country
【国道】state highway;national road;national highway
【国都】national capital;capital
【国度】country;state;nation
【国法】the law of the land;national law;law
【国防】national defence
【国风】national practice [forms] of behaviour
【国父】father of a republic
【国歌】national anthem
【国格】national character
【国花】national flower
【国画】traditional Chinese painting
【国徽】national emblem
【国会】parliament;Congress;the Diet
【国魂】the soul of a nation;the national genius
【国货】China-made goods;Chinese goods
【国籍】nationality;citizenship
【国际】international
【国家】state
【国界】national border
【国境】national territory
【国库】the public purse;national [state] treasury
【国力】national power [strength,might]
【国立】state-maintained;state-run
【国门】the gateway of a country
【国民】member of a nation;national;the people of a nation
【国难】national crisis
【国内】internal;domestic;home
【国旗】national flag
【国企】state-owned enterprise
【国情】the condition [state] of a country;national conditions
【国人】fellow countrymen;countrymen
【国事】national [state] affairs
【国手】national champion
【国书】credentials
【国税】national tax;central tax
【国土】territory;land
【国外】overseas;abroad
【国王】king
【国威】national prestige
【国务】state affairs
【国宴】state banquet
【国营】state-operated;state-run
【国优】national best
【国有】belonging to the nation [the state];state-owned
【国债】government bond;national debts
【国奥队】the National Olympics Team
【国宾馆】state guesthouse
【国境线】the boundary (line) of a country
【国库券】state treasury bonds;treasury bonds;treasury bill
【国民党】the Kuomintang (KMT)
【国庆节】National Day
【国务卿】(in the U.S.) Secretary of State
【国务院】the State Council
【国计民生】the national economy and the people's livelihood
【国家大事】national affairs;state affairs
【国民待遇】national treatment (NT)
【国民经济】national economy
【国破家亡】country conquered and family ruined
【国情咨文】State of the Union Message
【国泰民安】the country is prosperous and the people live in peace

guǒ

果 [guǒ]
图 ①fruit;nut ②result;consequence;outcome;effect 形 strong-willed;determined 副 really;as expected;sure enough
【果断】resolute;decisive;determined
【果脯】preserved fruit
【果腹】fill the stomach;satisfy one's hunger
【果敢】courageous and resolute
【果酱】jam
【果酒】fruit wine
【果盘】fruit bowl;fruit tray
【果皮】the skin of fruit
【果品】fruit

【果然】❶really;as expected;sure enough ❷if indeed;if really
【果肉】the flesh of fruit
【果实】❶fruit ❷gains;fruits
【果树】fruit tree
【果园】orchard
【果真】[书] really;as expected;sure enough [连] if indeed;if really
【果珍】a kind of powdered fruit drink
【果汁】fruit juice
【果子】fruit
【果皮箱】litterbin
【果仁儿】❶kernel ❷peanut kernel
【果不其然】just as expected;sure enough
【果如其言】if this is true;if such is the case

裹 [guǒ]

[动] ❶ tie up;wrap;bind ❷ press into service;round up;make away with ❸ suck [名] bundle;parcel;package
【裹腿】leggings
【裹足不前】hesitate to move forward

过 guò

过 [guò]

[动] ① go through or across;cross;pass ② spend (time);pass (time) ③ transfer;adopt ④ undergo;go through;go over ⑤ go over;read over;call to mind ⑥ visit ⑦ pass away;die ⑧ infect;be contagious [副] exceed;go beyond;be over:水深过腰。The water was waist-deep./你坐过了站。You have already gone past your station. [名] fault;mistake [助] per-;super-;over-
【过半】more than half
【过磅】weigh
【过场】❶interlude ❷cross the stage
【过程】course;process;procedure
【过秤】weigh
【过错】fault;mistake
【过道】passageway;corridor
【过冬】pass the winter;winter
【过度】excessive;undue;overdo
【过渡】transition;interim
【过分】overdo;labour the point;go too far;to excess;over the top
【过关】❶pass a barrier;go through an ordeal ❷pass a test;reach a standard
【过后】❶afterwards;later ❷at a later time
【过户】transfer of names [ownership]
【过话】❶exchange words;talk with one another ❷send word;pass on a message
【过火】go too far;go to extremes;overdo
【过激】extreme
【过继】❶adopt a young relative ❷have one's child adopted by a relative
【过奖】overpraise
【过节】celebrate a festival
【过客】passing traveller
【过来】❶come over;come up ❷round ❸can manage
【过量】excessive
【过路】pass by on one's way
【过虑】be overanxious;worry overmuch
【过滤】filter
【过门】go over to a man's house—get married
【过敏】allergy
【过目】look over so as to check or approve
【过年】[guò nián] celebrate the New Year or the Spring Festival;spend the New Year or the Spring Festival
【过年】[guò nian] next year
【过期】exceed the time limit;be overdue
【过谦】overly modest
【过去】[guò qù] the past
【过去】[guò qu] past by
【过剩】excess;surplus
【过失】❶fault;slip;error ❷offense
【过时】out-of-date;dated;out of fashion;overused;be on the way out
【过世】die;pass away
【过手】take in and give out (money,etc.);receive and distribute;handle
【过数】take a count;count
【过头】go beyond the limit;overdo
【过往】❶come and go ❷have friendly intercourse with;associate with
【过问】concern oneself with;take an interest in;bother about
【过午】afternoon
【过细】care too much
【过夜】pass the night;put up for the night;stay overnight
【过瘾】enjoy oneself to the full;do sth to one's heart's content
【过硬】completely proficient
【过于】too
【过载】❶transship ❷overload
【过早】untimely
【过账】transfer items;post
【过不去】❶ cannot get through;be unable to get by;be impassable ❷be hard on;make it difficult for ❸feel sorry
【过得去】❶be able to pass;can get through ❷passable;so-so;not too bad ❸feel at ease
【过电影】go over past scenes in one's mind;recall;recollect;bring to mind
【过家家】play house
【过节儿】❶grudge ❷detail
【过来人】person who has had some experience
【过日子】live;get along
【过堂风】wind coming through a passageway
【过渡时期】interim;transitional period
【过关斩将】overcome all the difficulties in the way
【过河拆桥】pull down the bridge after crossing the river—drop one's benefactor once his help is not needed

【过街老鼠】rat crossing the street—person or thing that provokes a hue and cry
【过街天桥】overhead pedestrian crossing; overpass
【过目成诵】be able to recite sth after reading it once
【过失犯罪】crimes of negligence
【过时不候】no waiting after the set time
【过意不去】feel sorry
【过犹不及】going too far is as bad as not going far enough

Hh

hā

哈 动 ❶breathe out (with the mouth open); blow one's breath ❷bend; stoop 叹 ha; ha-ha; haw-haw 叹aha: 哈哈,我说对了。Aha, so I was right./哈,球进了! Aha, it's in! ➡hǎ; hà
【哈欠】yawn
【哈腰】❶bend one's back; stoop ❷bow slightly
【哈哈大笑】roar with laughter; laugh heartily

há

蛤 ➡gé
【蛤蟆】❶frog ❷toad

hǎ

哈 ➡hā; hà
【哈达】hada
【哈巴狗】❶Pekinese ❷toady; sycophant

hà

哈 〔哈士蟆〕Chinese forest frog ➡hā; hǎ

hāi

咳 叹❶咳,大家快来呀! Hey, come here! ❷咳,真有这么巧的事儿! Oh, what a coincidence! ➡ké
【咳声叹气】heave deep sighs; sigh in despair; moan and groan

hái

还 副❶still; yet; nevertheless: 他吃了五块糖,还想要。He had five pieces of candy and still wanted more./他还没有完成作业。He hasn't finished his homework yet./尽管如此,他还是决定采取行动。Nevertheless, he decided to act. ❷even more; still more ❸also; too; as well; in addition ❹passably; fairly; rather ❺even ❻这还假得了! It can't be a fake!; There isn't the slightest doubt that it's true〔genuine〕. ❼as early as ➡huán
【还好】❶not bad ❷fortunately
【还是】连❶still; nevertheless; all the same ❷had better 连❶or ❷but
【还行】not too bad
【还有】❶there is〔are〕still some ❷further more
【还不错】well enough; good enough
【还不够】still not enough
【还没有】not get

孩 [hái] 名 child
【孩提】early childhood
【孩子】❶child; kid ❷son or daughter; children; offspring
【孩子气】childish
【孩子头儿】❶leader of a group of children ❷grown-up popular with children

骸 [hái] 名❶bones of the body; skeleton ❷body
【骸骨】bones of the dead

hǎi

海 [hǎi] 名❶sea; lake ❷great number of people〔things〕coming together; sea 形❶extra large; of great capacity ❷from overseas; foreign ❸numerous; countless 副❶at random; aimlessly; everywhere ❷with no limit or restraint
【海岸】coast; seashore; beach
【海拔】height above sea level
【海报】poster
【海边】seafront; seaside
【海滨】seashore; seaside
【海船】seagoing vessel
【海底】the bottom of the sea; seabed; sea floor
【海防】coast defence
【海风】sea breeze; sea wind

【海港】〈英〉harbour；〈美〉harbor
【海关】custom house；custom office；customs
【海归】returned students
【海疆】territorial waters
【海景】seascape
【海军】navy
【海口】❶seaport ❷boast
【海蓝】sea green；sea blue
【海浪】sea wave
【海量】❶magnanimity ❷tolerance
【海绵】❶sponge ❷foam rubber or plastic
【海面】sea surface
【海内】within the four seas；throughout the country
【海上】at sea；on the sea
【海事】❶maritime affairs ❷maritime
【海水】seawater；the sea
【海外】overseas；abroad
【海味】seafood
【海峡】channel
【海鲜】seafood
【海洋】seas and oceans；ocean
【海域】waters
【海员】sailor
【海岸线】coastline
【海洛因】heroin
【海平面】sea level
【海拔高度】altitude
【海角天涯】the ends of the earth；the remotest corners of the earth
【海阔天空】as boundless as the sea and the sky
【海誓山盟】(make) a solemn pledge of love
【海外华侨】overseas Chinese
【海湾战争】Gulf War
【海峡两岸】two〔both〕sides of the Taiwan Strait(s)
【海内存知己，天涯若比邻】if in this world an understanding friend survives, then the ends of the earth seem like next door

hài

骇 [hài]
动 frighten；shock；astonish；amaze
【骇人听闻】shocking；appalling

害 [hài]
名 harm；injury；damage；evil 形 harmful ❶ do harm to；cause trouble to ❷kill；murder ❸ contract (an illness)；suffer from ❹feel (ashamed, afraid, etc.)
【害病】fall ill
【害处】harm
【害命】murder；kill；take sb's life
【害怕】形 afraid 动 frighten；scare；fear
【害臊】feel ashamed
【害羞】be shy；be embarrassed
【害眼】have eye trouble

hān

酣 [hān]
形 ❶(drink) to one's heart's content ❷ heartily；to one's heart's content
【酣畅】merry and lively；sound
【酣梦】sweet dream
【酣睡】sleep soundly；be fast asleep
【酣醉】be dead drunk

憨 [hān]
形 ❶foolish；silly；stupid ❷straightforward；naive
【憨厚】straightforward and good-natured；simple and honest
【憨笑】simper
【憨直】honest and straightforward
【憨头憨脑】with a stupid head and a dull brain；foolish-looking

鼾 [hān]
snore
【鼾睡】be sound asleep and snoring
【鼾声如雷】snore thunderously

hán

含 [hán]
动 ❶keep〔hold〕in the mouth ❷contain；bear ❸nurse ❹bear；endure
【含苞】in bud
【含糊】❶vague；beat about〔around〕the bush ❷careless ❸show weakness
【含混】ambiguous
【含泪】with tears in one's eyes
【含量】content
【含怒】be in anger
【含笑】have a smile on one's face
【含羞】with a shy look
【含蓄】动 be full of 形 ❶implicit；reiled ❷reserved
【含义】meaning
【含意】implied meaning；implications
【含有】contain；have；import
【含冤】suffer a wrong
【含金量】❶gold content ❷real worth or value
【含羞草】sensitive plant
【含苞待放】bud just ready to burst
【含辛茹苦】endure suffering；bear hardships

函 [hán]
名 ❶case；envelope ❷letter
【函电】letters and cables
【函复】reply by letter；write a letter in reply
【函告】inform by letter
【函购】purchase by mail；mail order
【函件】letters；correspondence
【函授】teach by correspondence；give a correspondence course
【函数】function

涵 [hán]
动 contain
【涵养】名 ability to control oneself；self restraint 动 conserve

寒 [hán]

形 ①cold;chilly;frosty;freezing;icy ②poor;needy 动 be stricken with terror;tremble with fear 代 my humble
- 【寒潮】 cold wave;cold spell
- 【寒碜】 形 ❶ ugly;unsightly ❷ disgraceful 动 ridicule;put to shame
- 【寒带】 Frigid Zone
- 【寒风】 cold wind
- 【寒假】 winter vacation
- 【寒噤】 shiver
- 【寒冷】 cold;chilly;frosty;freezing;icy
- 【寒流】 cold current
- 【寒毛】 fine hair on the human body
- 【寒舍】 my humble home[abode]
- 【寒心】 ❶ be bitterly disappointed ❷ be afraid;be fearful
- 【寒星】 stars on a cold night
- 【寒暄】 engage in small talk
- 【寒夜】 cold night;chilly night
- 【寒衣】 winter clothing
- 【寒战】 shiver(with cold or fear)
- 【寒暑表】 thermometer
- 【寒冬腊月】 severe winter;dead of winter

hǎn

罕 [hǎn]
副 rarely;seldom
- 【罕见】 seldom seen;rare
- 【罕用】 seldom used
- 【罕有】 very rare

喊 [hǎn]
动 ①shout;yell;cry out;holler;scream ②call ③address
- 【喊叫】 shout;cry out

hàn

汉 [hàn]
名 ①Han nationality ②Han(s) ③Chinese(language) ④man
- 【汉奸】 traitor
- 【汉文】 Chinese language;Chinese
- 【汉语】 Chinese(language)
- 【汉字】 Chinese character
- 【汉子】 ❶man;fellow ❷husband
- 【汉堡包】 hamburger
- 【汉语拼音】 Pinyin(system)
- 【汉语文化圈】 Chinese-speaking community

汗 [hàn]
名 sweat
- 【汗脚】 feet that sweat easily;sweaty feet
- 【汗毛】 fine hair on the human body
- 【汗衫】 ❶undershirt;T-shirt ❷shirt
- 【汗水】 sweat
- 【汗颜】 feel ashamed
- 【汗渍】 sweat stain
- 【汗马功劳】 ❶distinctions won in battle;war exploits ❷one's contributions in work
- 【汗如雨下】 dripping with perspiration

旱 [hàn]
名 ①dry spell ②dryland;land ③on land;by land
形 dry
- 【旱冰】 roller-skating
- 【旱稻】 upland rice;dry rice
- 【旱季】 dry season
- 【旱田】 dry farmland;dry land
- 【旱灾】 drought
- 【旱冰鞋】 roller skates

捍 [hàn]
动 defend;guard
- 【捍卫】 defend;guard;protect

悍 [hàn]
形 ①brave ②ferocious
- 【悍然】 flagrant

焊 [hàn]
动 weld

撼 [hàn]
动 shake
- 【撼动】 shake;vibrate
- 【撼天动地】 shake heaven and earth

憾 [hàn]
名 regret
- 【憾然】 disappointedly
- 【憾事】 matter for regret

瀚 [hàn]
形 vast;immense
- 【瀚海】 big desert

hāng

夯 [hāng]
名 rammer 动 ①pound ②strike

háng

行 [háng]
名 ①line;row ②seniority among brothers and sisters ③trade;profession;line of business ④business firm 量 两行眼泪 two streams of tears ➠ xíng
- 【行当】 ❶trade;profession;line of business ❷type of role
- 【行规】 guild regulations
- 【行话】 jargon
- 【行家】 expert
- 【行间】 ❶in the ranks ❷between the lines;between the rows
- 【行列】 ranks
- 【行情】 market conditions
- 【行市】 prices
- 【行伍】 the ranks
- 【行业】 trade;profession;industry
- 【行家里手】 expert and master hand

航 [háng]
名 boat;ship 动 navigate;sail;fly
- 【航班】 scheduled flight;flight number
- 【航标】 navigation mark

【航测】air survey
【航程】voyage;passage;range
【航道】channel;lane
【航海】navigation
【航空】aviation
【航路】air route;sea route
【航模】❶model airplane ❷model of a ship
【航母】aircraft carrier
【航拍】aerophotograph;aerial photography
【航速】speed of a ship or plane
【航天】spaceflight
【航线】air[shipping] line;route;course
【航向】course
【航行】sail;fly
【航运】shipping
【航空兵】air arm;airman
【航空邮件】airmail
【航天飞机】space shuttle

hāo

蒿 [hāo]
图 wormwood

薅 [hāo]
囫 ❶pull up (weeds);weed by hand ❷pull;tug;grab
【薅草】weeding

háo

号 [háo]
囫 ❶howl;bawl;yell ❷wail ➡hào
【号叫】howl;yell
【号啕】cry loudly;wail

毫 [háo]
图 ❶fine tapering hair ❷writing brush ❸loop 囫 least bit;slightest degree 量 hao
【毫发】a hair;the least bit;the slightest
【毫毛】soft hair on the body
【毫不迟延】without (the slightest) delay;immediately;at once
【毫不动摇】not waver in the least
【毫不留情】show no mercy
【毫不犹豫】without the slightest hesitation
【毫不在乎】do not care a cuss[farthing];could not care less
【毫无疑义】as sure as eggs are eggs;beyond (all) question;without question;no doubt;out of question;undoubtedly

豪 [háo]
图 person of extraordinary powers 形 ❶bold and unconstrained ❷rich and powerful ❸bullying ❹proud
【豪放】bold and unconstrained
【豪富】❶powerful and wealthy ❷the powerful rich;the rich and powerful
【豪华】luxurious;splendid
【豪杰】person of exceptional ability
【豪迈】heroic
【豪门】rich and powerful family
【豪爽】bold and uninhibited
【豪饮】drink with abandon;drink heavily
【豪华别墅】luxury villa
【豪华轿车】top-of-the-line car
【豪言壮语】brave words;proud words

壕 [háo]
【壕沟】❶trench ❷ditch

嚎 [háo]
囫 howl;yell;bawl

hǎo

好 [hǎo]
形 ❶good;fine;nice ❷be in good health;be [get] well ❸friendly;kind ❹done;ready ❺good to (do);好吃 good to eat/好喝 good to drink 副 ❶very;quite;so;今天好热。It's quite hot today. ❷for the purpose of;in order to;so that;你留个电话,有事我好跟你联系。Give me your telephone number so that I can contact you when necessary. ❸quite a few;今天下午好几个人来找过你。Quite a few people came in looking for you this afternoon. 叹 ❶ok;好,就照你的意见做吧。OK, let's do it according to your suggestion. ❷well;now ❸你好！How do you do? or Hello! or Hi! 助 may;can;should;ought to ➡hào
【好办】easy to handle
【好比】can be compared to;may be likened to;be just like
【好不】very;quite;so
【好吃】delicious;tasty;good to eat
【好处】[hǎo chù] be easy to get along with
【好处】[hǎo chu] ❶good;benefit;advantage ❷gain;profit
【好歹】形 good and bad;what's good and what's bad 图 mishap;disaster 副 ❶in any case;at any rate;anyhow ❷no matter in what way;anyhow
【好多】❶a good many;a good deal;a lot of ❷how many;how much
【好感】good opinion;favourable impression
【好汉】brave man;true man;hero
【好话】❶good advice;good word ❷word of praise ❸words to beg for mercy;words for apologise
【好几】❶quite a few;a good few ❷quite a few
【好久】图 long time 副 how long
【好看】❶good-looking;nice ❷interesting ❸honored ❹be in a fix;in an embarrassing situation;on the spot
【好赖】形 good and bad ❶no matter in what way;anyhow ❷in any case;at any rate;anyhow
【好评】favourable comment;high opinion
【好球】well played;good shot;strike
【好人】❶good person ❷healthy person ❸person who tries to get along with everyone

【好使】be convenient to use; work well
【好事】❶good deed; good turn ❷act of charity; good works ❸happy event
【好手】good hand; past master
【好受】feel better; feel more comfortable
【好说】❶好说,好说,你太夸奖了。It's very good of you to say so, but I don't think I deserve such praise. ❷no problem
【好似】❶seem; be like ❷rather than; ahead of; get an advantage of; above
【好听】❶pleasant to hear ❷fine; satisfactory
【好闻】smell good; smell sweet
【好戏】❶good play ❷great fun
【好像】seem; be like
【好笑】laughable; funny
【好心】图 good intention 形 kind heart
【好意】good intention; kindness
【好友】hail-fellow
【好运】good luck
【好在】fortunately; luckily
【好转】take a turn for the better; take a favourable turn; change for better
【好处费】favour fee; tips
【好好儿】副 well; all out; to one's heart's content 形 in perfectly good condition
【好家伙】good god; good lord; good heavens
【好人家】good[decent] family
【好日子】❶auspicious day ❷wedding day ❸good days; happy life
【好容易】with great difficulty; have a hard time (doing sth)
【好玩儿】amusing; interesting
【好意思】how can one have the face[nerve] to do sth
【好不容易】not at all easy; very difficult
【好好先生】one who tries not to offend anybody; Mr. Agreeable; Mr. Goody-goody
【好聚好散】merry meet, merry part
【好人好事】good people and good deeds; fine people and fine deeds
【好样儿的】fine example; great fellow
【好自为之】look out for yourself

hào

号 [hào]
图 ❶name; title ❷alias; assumed name; alternative name ❸business house; firm ❹mark; sign; signal ❺order; sequence ❻size ❼kind; sort; type ❽person of a given type ❾ordinal number ❿a horn ⓫bugle call 例 (a) 有三百多号人在这个食堂用餐。Over three hundred people eat in this canteen. (b) 一会儿工夫,就做了几号买卖。Several deals were made in no time. 动 ❶put a mark on; give a number to ❷feel (the pulse) ❸order ➡hào
【号称】❶be known as ❷claim to be
【号角】bugle
【号令】order
【号码】number
【号脉】feel the pulse
【号型】size
【号召】call; appeal
【号子】❶mark; sign; signal ❷cell

好 [hào]
动 ❶like; love; be fond of ❷be liable to ➡hǎo
【好客】be hospitable; keep open house
【好奇】be curious; be full of curiosity
【好强】eager to do well in everything
【好色】love woman's beauty; be fond of women
【好胜】love to outshine others; seek to keep others down
【好恶】likes and dislikes; taste
【好学】be fond of learning; be eager to learn
【好奇心】curiosity
【好善乐施】be happy[ready] in doing good; enjoy helping others
【好为人师】be given to laying down the law; know-it-all
【好逸恶劳】love ease and hate work

耗 [hào]
动 ❶consume; take; cost ❷waste time; dawdle 图 bad news
【耗电】consume electricity
【耗费】consume; expend
【耗尽】exhaust; use up
【耗资】cost
【耗子】mouse; rat
【耗时间】waste time

浩 [hào]
形 ❶great; vast; grand ❷many; much; numerous
【浩大】very great; huge; vast
【浩荡】vast and mighty
【浩繁】vast and numerous
【浩瀚】vast
【浩劫】great calamity
【浩渺】extending into the distance; vast
【浩气】noble spirit
【浩浩荡荡】vast and mighty
【浩然之气】noble spirit; moral force

hē

呵 [hē]
动 ❶breathe out ❷scold
【呵叱】shout angrily at
【呵斥】bawl
【呵护】❶bless ❷take good care of; baby sb
【呵护备至】baby[be babied] in every possible way

喝 [hē]
动 ❶drink; have; slip; suck ❷drink alcoholic liquor ➡hè
【喝水】drink water
【喝汤】eat soup; drink soup
【喝醉】be drunk; get drunk

【喝闷酒】drink alcohol alone when one is unhappy
【喝西北风】drink the northwest wind—live on air;have nothing to eat
【喝水不忘掘井人】when you drink the water, think of those who dug the well

hé

禾 [hé]
 standing grain
【禾苗】seedlings of cereal crops

合 [hé]
 ①close;shut ②come together;join;combine ③conform with;suit;agree ④be equal to; add up to ⑤proper;appropriate whole;entire round;bout:大战三十余合 fight thirty-odd rounds conjunction
【合办】operate or run jointly
【合并】merge
【合唱】chorus
【合成】❶compose ❷synthetise
【合法】legal;lawful
【合格】qualified;up to standard
【合乎】accord with
【合伙】form a partnership
【合击】make a joint attack on
【合计】[héjì] amount to;add up to;total
【合计】[héji] ❶think over;figure out ❷consult
【合剂】mixture
【合家】the whole family
【合金】alloy
【合口】❶(of a wound) heal up ❷be to one's taste
【合理】fair;just;reasonable
【合谋】 plot together conspiracy
【合拍】in time;in step;in harmony
【合群】gregarious
【合身】fitted
【合十】put the palms together before one
【合适】suitable;appropriate;becoming;right
【合算】 paying;worthwhile reck on up
【合同】contract
【合围】surround
【合心】suit;be to one's liking[taste]
【合眼】close one's eyes;sleep
【合演】appear in the same play,dance,etc.;co-star
【合一】❶combine ❷unify
【合意】suit;be to one's liking[taste]
【合营】jointly owned;jointly operated
【合影】 take a group photo[picture] group photo[picture]
【合用】 share of use
【合约】contract
【合资】enter into partnership
【合奏】ensemble
【合作】work together

【合不来】not get along well
【合得来】get along well;be compatible
【合家欢】photograph of a happy family
【合二而一】two combine into one
【合伙经营】run a business in partnership
【合情合理】fair and reasonable;fair and sensible

何 [hé]
 ① who;what;which;where;why:何人 who;whom/何事 what/何时 what time;when/何处 what place;where/何出此言? Why did you utter such remarks? ② 有何不可? Why not? /谈何容易! But that is by no means easy.;It's easier said than done.
【何必】there is no need;why
【何不】why not
【何尝】ever so
【何等】 what kind 多么 how;what
【何妨】why not;might as well
【何干】what relation
【何故】why
【何苦】why bother;is it worth the trouble
【何况】❶much less;let alone ❷moreover;besides;in addition
【何其】what;how
【何如】 how about wouldn't it be better
【何须】what is the need
【何许】what kind of;what
【何以】how;why
【何在】where
【何止】far more than
【何去何从】what course to follow
【何足挂齿】not worth mentioning;don't mention it
【何乐而不为】why not do it;one would be only too glad to do it

和 [hé]
 ① gentle;mild;kind ② harmonious;on good terms ③ warm ❶make peace ❷draw;tie ① peace ② sum ③ Japan;Japanese ① together with ②to;with and ➡ hú;huó;huò
【和蔼】kindly;affable;amiable
【和风】❶soft breeze ❷moderate breeze
【和服】kimono
【和好】 become reconciled in harmony;on good terms
【和缓】 gentle;mild ease up;relax
【和解】settle...differences
【和局】drawn game;draw;tie
【和美】harmonious and happy friendly
【和睦】harmony
【和平】 peace mild
【和气】 ❶ gentle;polite ❷ friendly;amiable harmony;friendship
【和善】kind and gentle;genial
【和尚】Buddhist monk
【和声】harmony
【和数】sum

【和谈】peace talks
【和谐】harmonious
【和煦】warm
【和衣】(sleep) with one's clothes on
【和约】peace treaty
【和平鸽】dove of peace
【和事佬】peacemaker
【和蔼可亲】affable; amiable; genial
【和风细雨】like a gentle breeze and light rain—in a gentle and mild way
【和平共处】peaceful coexistence
【和平谈判】peace talks
【和衷共济】work together with one accord; work together with one heart

河 [hé]
名 ①river ②Yellow River
【河岸】river bank
【河床】riverbed
【河沟】stream
【河谷】river valley
【河口】river mouth; stream outlet
【河流】rivers
【河马】river horse
【河畔】riverside
【河塘】river dyke
【河运】river transport

荷 [hé]
名 lotus ➡hè
【荷包】small bag
【荷塘】lotus pond
【荷叶】lotus leaf
【荷包蛋】fried egg
【荷尔蒙】hormone
【荷兰豆】snow pea

核 [hé]
名 ①stone ②nucleus ③atomic nucleus 动 examine; check 形 faithful; true; real ➡hú
【核查】examine and verify; check
【核定】verify
【核对】check
【核计】assess; calculate
【核能】nuclear energy
【核实】verify; check
【核算】❶examine and calculate; assess ❷business accounting
【核桃】walnut
【核心】nucleus; core; essence; heart
【核准】examine and approve; check and approve
【核子】nucleus
【核爆炸】nuclear explosion
【核大国】nuclear power
【核动力】nuclear power
【核反应】nuclear reaction
【核威胁】nuclear threat
【核武器】nuclear weapon
【核战争】nuclear war〔warfare〕
【核反应堆】nuclear reactor

【核心家庭】nuclear family
【核心人物】key figure
【核心小组】core group

盒 [hé]
名 box; case
【盒带】video cassette tape
【盒饭】box lunch
【盒子】box; case; casket

涸 [hé]
动 dry up; run dry

吓 [hè]
动 threaten; scare 叹 吓,你也太不像话了! Humph, how impudent you are! ➡xià

贺 [hè]
动 congratulate; celebrate
【贺词】speech〔message〕of congratulation; congratulations; greetings
【贺电】message of congratulation
【贺卡】greeting card
【贺年】extend New Year greetings or pay a New Year call
【贺岁】celebrate the New Year
【贺喜】congratulate sb on a happy occasion; offer congratulations
【贺信】congratulatory letter
【贺年卡】New Year card
【贺岁片】New Year greeting film

荷 [hè]
动 ①carry on one's shoulder or back ②bear; take on 名 burden; responsibility 形 obliged; grateful ➡hé
【荷载】load
【荷重】the weight a building can bear; load

喝 [hè]
动 shout loudly ➡hē
【喝彩】applaud; cheer; shout "bravo!"
【喝令】shout an order〔command〕
【喝问】shout a question to
【喝倒彩】make catcalls; hoot; boo

赫 [hè]
形 conspicuous; distinguished; grand 名 hertz
【赫然】副 impressively 形 ❶terribly angry ❷illustrious
【赫兹】hertz
【赫赫有名】distinguished

褐 [hè]
名 coarse cloth or clothing 形 brown
【褐色】brown

鹤 [hè]
名 crane

壑 [hè]
名 gully

黑 [hēi]
形 ①black ②dark; dusky ③secret; illegal;

【黑】 unlawful ④wicked;evil ⑤reactionary ⑥greedy;evil-minded;crafty 动 cheat extort;extract;scheme;plot
【黑暗】 dark;without light;gloom
【黑板】 blackboard
【黑帮】 bunch of
【黑潮】 black stream
【黑道】 ❶dark road ❷dark deeds ❸underworld organizations
【黑洞】 black hole;collapsed star;collapsar
【黑光】 black light
【黑海】 the Black Sea
【黑户】 ❶family without residence permit ❷shop without a license;illegal shop;private business without a licence
【黑话】 jargon
【黑客】 hacker
【黑领】 black-collar
【黑马】 dark horse—little-known person who unexpectedly becomes successful
【黑幕】 dark secret
【黑钱】 black money
【黑人】 Black people;Black
【黑哨】 black whistle
【黑市】 black market
【黑天】 night;nightfall
【黑线】 ❶black thread ❷black line
【黑心】 black heart;evil mind
【黑熊】 black bear
【黑夜】 night
【黑云】 black clouds;dark clouds
【黑板报】 blackboard newspaper
【黑乎乎】 ❶black;blackened ❷rather dark;dusky
【黑面包】 black bread;brown bread
【黑名单】 blacklist
【黑社会】 secret societies
【黑手党】 the Mafia
【黑匣子】 black box
【黑黝黝】 dim;dark
【黑白分明】 with black and white sharply contrasted;in sharp contrast
【黑色食品】 black food
【黑色收入】 black income

嘿 [hēi]
叹 ①Hey:嘿,你倒是上啊! Hey,you! Go ahead! ②Hey:嘿,咱们这篇文章写得真不错呀! Hey! Our article is really well-written. ③ah:嘿,原来你在这儿! Ah,there you are!

痕 [hén]
名 mark;trace
【痕迹】 ❶mark;trace;trail ❷vestige

很 [hěn]
副 very;quite;awfully:很聪明 quite〔very〕clever/很快 very fast/很冷 awfully〔very〕cold
【很多】 many;much;many a;a lot of〔lots of〕;a number of;a great〔good〕deal of;a great〔good〕many of;a large amount of;plenty of;numerous
【很可能】 very likely

狠 [hěn]
形 ①ruthless ②firm;resolute 动 suppress (one's feelings);make a painful effort;harden (one's heart) 副 very;quite;awfully
【狠毒】 vicious
【狠心】 动 harden one's heart;make a painful decision 形 cruel;heartless;callous;pitiless;ruthless 名 remarkable determination
【狠狠地】 in cold blood

恨 [hèn]
动 ①hate;rancour ②regret;repent
【恨事】 matter for regret;regrettable thing
【恨不得】 one wishes one could;one would if one could;be dying to
【恨透了】 hate to the utmost degree
【恨得要命】 hate with all one's soul
【恨之入骨】 bear a bitter hatred for sb;bitterly hate
【恨铁不成钢】 wish that iron could turn straight into steel—be anxious for sb to improve

亨 [hēng]
形 go smoothly or well 名 Henry
【亨利】 Henry
【亨通】 go smoothly;be prosperous

哼 [hēng]
动 ①snort ②hum;croon ③groan;moan
【哼哧】 snort
【哼声】 groaning
【哼儿哈儿】 hem and haw

恒 [héng]
形 ①lasting;permanent ②usual;common;constant 名 perseverance
【恒等】 identically equal
【恒定】 constant
【恒久】 permanent;lasting
【恒量】 constant
【恒温】 constant temperature
【恒心】 perseverance
【恒星】 (fixed) star
【恒等式】 identical equation

横 [héng]
形 ①horizontal ②from east to west;from west to east ③at a right angle (to sth) 动 place crosswise or horizontally 副 ①turbulent ②violently;fiercely ③in any case;anyhow;anyway

④probably;(most) likely 图 horizontal stroke ➡hèng

【横穿】cross
【横担】cross arm
【横挡】crosspiece
【横渡】cross a river;sail across
【横杆】cross bar
【横贯】pass through from east to west or from west to east;traverse
【横过】cross;across
【横切】crosscut
【横扫】❶ sweep across;sweep away;make a clean sweep of ❷glance quickly from side to side
【横竖】in any case;anyway
【横向】❶from east[west] to west[east] ❷ horizontal
【横心】steel one's heart
【横行】run wild
【横越】overstep
【横加指责】make unfounded〔unwarranted〕charges
【横眉竖眼】glare in anger
【横七竖八】in disorder;at sixes and sevens
【横生枝节】raise unexpected difficulties

衡 [héng]

图 ❶graduated arm of a steelyard ❷weighing apparatus 动 ❶weigh ❷weigh;measure;judge 形 levelled;balanced
【衡量】❶ weigh;measure;judge ❷ consider;deliberate

hèng

横 [hèng]

形 ❶rude;rough;fierce and brutal;harsh and unreasonable;perverse ❷ inauspicious;unexpected;ominous ➡héng
【横财】ill-gotten wealth[gains]
【横祸】sudden misfortune

hōng

轰 [hōng]

拟 bang;boom;轰!轰!轰!礼炮鸣放二十一响。Boom! Boom! Boom! Twenty-one salvoes were fired. 动 ❶rumble;bombard;explode ❷shoo away;drive (off)
【轰动】take... by storm
【轰响】rumble
【轰炸】attack with bombs
【轰轰烈烈】vigorously

哄 [hōng]

拟 guffaws 动 hubbub;uproar ➡hǒng;hòng
【哄传】spread
【哄抢】make a mad rush for
【哄抬】drive up (prices)
【哄笑】go off into laughter

烘 [hōng]

动 ❶dry;warm;bake ❷set off

【烘干】❶dry over heat ❷stoving
【烘烤】toast;bake
【烘托】❶add shading around an object to make it stand out ❷set off by contrast;throw into sharp relief

hóng

弘 [hóng]

形 great 动 expand
【弘扬】promote

红 [hóng]

形 ❶red ❷successful;lucky ❸revolutionary;red 图 ❶red cloth,bunting,etc. ❷bonus;dividend
【红榜】honour roll[board]
【红包】❶red packet ❷covert payment;under-the-table cash gift
【红茶】black tea
【红潮】❶blush;flush ❷red tide;red water
【红尘】the human world
【红火】flourishing
【红利】bonus
【红脸】动 ❶blush ❷flush with anger;get angry 图 red face
【红娘】marriage go-between;matchmaker
【红旗】red flag
【红人】rising star
【红润】ruddy
【红色】red
【红颜】pretty face;beautiful woman
【红眼】图 blood-shot eye 动 ❶see red ❷ be jealous of sb
【红运】good luck
【红灯区】red-light district
【红领巾】❶red scarf ❷Young Pioneer
【红绿灯】traffic light
【红马甲】stockbrocker
【红彤彤】scarlet
【红外线】infrared rays
【红细胞】red blood cell
【红眼病】❶conjunctivitis ❷jealousy
【红艳艳】scarlet
【红白喜事】weddings and funerals
【红十字会】the Red Cross

宏 [hóng]

形 great;grand;magnificent
【宏大】grand;great
【宏论】bright idea
【宏图】great plan
【宏伟】magnificent;grand
【宏业】great achievement
【宏愿】great aspirations
【宏观经济】macroeconomics

虹 [hóng]

rainbow

洪 [hóng]

形 big;vast;grand 图 flood
【洪峰】flood peak;the highest point of a flood

【洪亮】loud and clear
【洪流】mighty torrent; powerful current
【洪水】flood; floodwater
【洪灾】big flood

鸿 [hóng] 图 ① swan goose; Chinese goose ② letter 形 great; grand
【鸿沟】wide gap
【鸿雁】wild goose
【鸿运】good luck

hǒng

哄 [hǒng] 动 ① fool; kid ② keep in good humour ➡ hōng; hòng
【哄逗】keep in good humour
【哄骗】cheat
【哄人】make a fool of sb

hòng

讧 [hòng] 动 quarrel
哄 [hòng] 图 uproar ➡ hōng; hǒng

hóu

侯 [hóu] 图 ① marquis ② nobleman; high official
喉 [hóu] 图 throat
【喉咙】throat
【喉舌】mouthpiece
猴 [hóu] 图 monkey 形 smart; clever
【猴拳】monkey boxing
【猴戏】monkey show
瘊 [hóu]
【瘊子】wart

hǒu

吼 [hǒu] 动 ① roar ② shout ③ howl; boom
【吼叫】roar; howl; shout
【吼声】roaring cry; shrill cry

hòu

后 [hòu] 图 ① behind; back; rear ② offspring ③ empress; queen ④ emperor; sovereign 形 ① after; afterward; later ② last; back
【后半】later half; second half
【后背】❶ back (of the body) ❷ at the back
【后辈】younger generation
【后代】❶ later periods; later ages ❷ progeny ❸ later generations
【后盾】backup

【后方】rear
【后福】❶ future blessings ❷ blessings in one's old age
【后父】stepfather
【后果】effect; outcome; result; upshot
【后患】bad consequences
【后悔】regret; be(feel) sorry
【后进】形 backward 图 slowcoach
【后劲】after-effects; stamina
【后来】afterwards; later
【后路】way out
【后面】❶ at the back; in the rear; behind ❷ later
【后母】stepmother
【后年】the year after next
【后娘】stepmother
【后怕】have a lingering fear
【后勤】logistics
【后人】❶ follower ❷ offspring
【后身】❶ back (of a person) ❷ back (of a garment) ❸ back (of a building) ❹ successor
【后生】图 ❶ young man ❷ having a youthful appearance 动 after-born
【后事】❶ what happened afterwards ❷ funeral affairs
【后手】way out
【后台】❶ backstage ❷ backstage support
【后天】day after tomorrow
【后头】❶ at the back; in the rear; behind ❷ later; future
【后退】draw back; fall back
【后卫】rear
【后裔】descendant
【后援】reinforcements
【后院】backyard
【后者】the latter
【后缀】suffix
【后半夜】the second half of the night
【后花园】back garden
【后会有期】we'll meet again some day

厚 [hòu] 形 ① thick ② deep ③ kind ④ large; generous; handsome ⑤ rich or strong in flavour ⑥ well-off; well-to-do; wealthy 图 thickness
【厚爱】your kind thought; your kindness
【厚道】honest and kind
【厚度】thickness
【厚礼】generous gifts
【厚实】❶ thick ❷ abundant; rich ❸ thick and strong ❹ down-to-earth ❺ honestly and sincerely
【厚望】great expectations
【厚意】kind thought; kindness
【厚重】❶ thick ❷ extravagant ❸ dignified
【厚脸皮】thick-skinned
【厚颜无耻】shameless

候 [hòu] 动 ① wait; await ② inquire after 图 ① time;

season ②period of five days ③condition;state
【候补】be a candidate for
【候车】wait for a train,bus,etc.
【候鸟】migratory bird
【候诊】wait to see the doctor
【候车室】waiting room
【候选人】candidate

hū

呼 [hū]
动①breathe out ②shout;cry out ③call ④page 叹howl
【呼喊】call out;shout
【呼号】[hūháo]cry out in distress
【呼噜】howl
【呼唤】call;shout to
【呼机】beeper
【呼叫】①call out;shout ②call
【呼救】call for help
【呼噜】[hūlū]wheeze
【呼噜】[hūlu]snore
【呼声】①cry ②voice
【呼吸】动breathe 名breathing;breath
【呼啸】whistle;scream
【呼应】①echo;work in concert with ②coordinate;correlate
【呼吁】appeal;call on
【呼叫转移】call-back transfer

忽 [hū]
动 neglect;overlook 副①suddenly ②now...now...
【忽地】suddenly;abruptly
【忽略】neglect;overlook;lose sight of
【忽然】suddenly;all of a sudden
【忽视】ignore;overlook;neglect;forget
【忽悠】flicker;sway
【忽忽悠悠】careless

糊 [hū]
动 plaster ➡hú;hù

hú

囫 [hú]
【囫囵个儿】①whole ②sleep with one's clothes on
【囫囵吞枣】swallow a date whole—lap up information without digesting it; read without understanding

和 [hú]
动 win ➡hé;huó;huò

狐 [hú]
名 fox
【狐狸】fox
【狐疑】doubt;suspicion
【狐步舞】foxtrot
【狐狸精】①fox spirit ②seductive woman
【狐朋狗友】evil associates

弧 [hú]
名①arc ②bow
【弧度】radian
【弧角】arc angle
【弧形】arc;curve
【弧光灯】arc lamp;arc light

胡 [hú]
副 recklessly 名 moustache;beard;whiskers
【胡扯】talk nonsense
【胡干】do things recklessly;go it blindly
【胡搞】①mess things up;meddle with sth ②carry on an affair with sb
【胡话】wild talk
【胡混】fool around
【胡椒】pepper
【胡来】①mess things up;fool with sth ②run wild;make trouble
【胡乱】①at random ②carelessly;casually
【胡闹】run wild;make trouble
【胡说】动 talk nonsense;drivel 名 nonsense
【胡须】beard;moustache
【胡子】①beard;moustache;goatee ②bandit
【胡萝卜】carrot
【胡同儿】lane;alley
【胡编乱造】cook up
【胡说八道】talk nonsense
【胡言乱语】talk nonsense

壶 [hú]
名①kettle;pot;can ②bottle;flask

核 [hú]
名 pip;stone ➡hé
【核儿】〈口〉①stone;pit;core ②sth resembling a fruit stone

葫 [hú]
【葫芦】gourd

湖 [hú]
名 lake
【湖滨】lakeside
【湖畔】beside the lake;lakeside
【湖泊】lakes
【湖光山色】beautiful scenery of lakes and mountains

蝴 [hú]
【蝴蝶】butterfly
【蝴蝶结】bowknot;bow

糊 [hú]
动①feed with gruel ②stick（paper,cloth,etc.）with paste;paste 名①gruel ②paste 形（of food）burnt ➡hū;hù
【糊糊】mush;paste
【糊口】keep body and soul together;make a living to feed the family
【糊涂】①confused ②blurred ③messy
【糊里糊涂】muddle-headed;mixed up

hǔ

虎 [hǔ]
图 tiger 形 brave 动 put on a fierce or angry look
【虎视眈眈】glare like a tiger eyeing its prey

浒 [hǔ]
图 waterside

唬 [hǔ]
动 bluff
【唬人】scare; frighten; cheat; deceive

琥 [hǔ]
【琥珀】amber

hù

互 [hù]
副 mutually; each other; one another
【互爱】love one another
【互补】complement one another
【互动】mutual
【互访】exchange visits
【互换】exchange
【互惠】mutually beneficial
【互利】mutually beneficial
【互让】give in to each other
【互相】each other
【互赢】mutual benefit
【互助】help one another
【互联网】internet; Internet
【互通有无】each supplies what the other needs; supply〔meet〕each other's needs

户 [hù]
图 ①door ②household; family ③family status ④(bank) account
【户籍】❶household register ❷registered permanent residence
【户口】❶number of households and total population ❷registered permanent residence
【户头】(bank) account
【户外】outdoor
【户型】type of apartment
【户主】head of a household

护 [hù]
动 ①protect; guard; shield ②be partial to; shield; shelter
【护短】shield a shortcoming
【护航】escort
【护理】nurse
【护士】(hospital) nurse
【护送】escort
【护卫】动 protect; guard 图 bodyguard
【护照】passport
【护城河】moat
【护肤霜】face cream
【护身符】talisman
【护士长】head nurse

糊 [hù]
图 paste; porridge-like food ➡hū; hú
【糊弄】〈方〉❶fool; deceive; palm sth off on ❷ go through the motions; be slipshod in work

huā

花 [huā]
图 ①flower; blossom; bloom ②ornamental plant ③anything resembling a flower ④cotton ⑤fireworks ⑥particles; drops ⑦pattern; design ⑧young, pretty woman ⑨flower; cream; essence ⑩young of certain animals ⑪smallpox ⑫wound 形 ①coloured ②blurred; dim; bleary ③showy; tricky; false; fancy; flowery ④decorated with flowers or decorative patterns ⑤romantic (in love); promiscuous; lascivious ⑥randy; lecherous 动 spend; expend
【花白】grey
【花苞】(flower) bud
【花边】❶flower border ❷lace
【花草】flowers and plants
【花店】flower shop
【花朵】flower
【花房】greenhouse
【花费】[huāfèi]spend; expend; cost
【花费】[huāfei]money spent; expenses
【花卉】❶flowers and plants ❷painting of flowers and plants in traditional Chinese style
【花甲】a cycle of sixty years
【花蕾】(flower) bud
【花盆】flowerpot
【花瓶】flower vase; vase
【花色】❶design and colour ❷variety
【花哨】❶garish ❷complex
【花生】peanut
【花市】flower market
【花束】a bunch of flowers; bouquet
【花坛】(raised) flower bed
【花纹】decorative design
【花销】图 cost 动 spend
【花样】❶variety ❷trick
【花园】flower garden; garden
【花招】❶showy movement in *wushu*; flourish ❷trick; game
【花骨朵】flower bud
【花露水】toilet water or lotion; cologne water
【花名册】register
【花生油】peanut oil
【花边新闻】tabloid gossip
【花好月圆】blooming flowers and full moon
【花红柳绿】flowers and green willows
【花花公子】playboy
【花花绿绿】brightly coloured; colourful
【花季少年】youth; teenage boy
【花季少女】young maid; teenage girl; blooming girl
【花容月貌】flower-like features and moonlike face—great beauty
【花言巧语】smooth talk
【花样滑冰】figure skating

【花园城市】garden city
【花园洋房】garden house

哗 [huā]
〔象〕雨哗哗地下。The rain came down in torrents. ➡huá

huá

划 [huá]
〔动〕①row ②be to one's profit;pay ③scratch; cut the surface of ➡huá
【划拉】[huálɑ] ①sweep;brush away ②look for
【划拳】play the finger-guessing game
【划算】〔动〕calculate 〔形〕good value
【划子】small rowboat
【划不来】be not worth it;do not pay
【划得来】be worth it;pay

华 [huá]
〔形〕①magnificent;splendour ②prosperous; flourishing ③luxurious;flashy ④Chinese (language)〔名〕①corona ②best part;cream ③time; years ④grizzled;grey ⑤China 〔代〕your
【华灯】decorated lantern
【华发】〈英〉grey hair;〈美〉gray hair
【华贵】①sumptuous ②luxurious
【华丽】resplendent
【华美】magnificent
【华侨】overseas Chinese
【华人】Chinese
【华文】Chinese
【华语】Chinese (language)
【华而不实】showy

哗 [huá]
〔动〕make noise;clamour ➡huā
【哗然】in an uproar
【哗众取宠】try to please the public with claptrap

猾 [huá]
〔形〕cunning;crafty;sly

滑 [huá]
〔形〕①slippery;smooth ②cunning;crafty 〔动〕①slip;slide ②slip〔get〕away (without punishment)
【滑冰】ice-skating;skating
【滑动】slip
【滑稽】funny;amusing
【滑坡】①slide ②drop
【滑水】water skiing
【滑头】〔形〕①slippery ②foxy;cunning 〔名〕slippery fellow
【滑翔】glide
【滑行】slide
【滑雪】skiing
【滑旱冰】roller-skating

huà

化 [huà]
〔动〕①change;turn;transform ②convert;influence ③melt;dissolve ④digest;eliminate; dispel;remove ⑤burn up ⑥pass away;die ⑦beg for alms ⑧-ize;-ify 〔名〕chemistry
【化冻】melt
【化肥】chemical fertilizer
【化工】chemical industry
【化合】combine
【化解】eliminate
【化疗】treat... with chemotherapy
【化名】〔动〕use an assumed name 〔名〕assumed name
【化身】embodiment
【化石】fossil
【化学】chemistry
【化验】test
【化妆】put on makeup;make up
【化装】①make up ②disguise oneself
【化为乌有】melt into thin air
【化学反应】chemical reaction
【化学元素】chemical element

划 [huà]
〔动〕①delimit ②transfer;assign ③plan ➡huá
【划拨】transfer;allocate
【划分】①divide ②differentiate
【划价】get a prescription
【划一】〔形〕standardized;uniform 〔动〕standardize
【划账】transfer accounts
【划时代】epoch-making

画 [huà]
〔动〕①draw;paint ②draw a line or write a character as a mark ③describe;portray;depict; draw;paint 〔名〕①drawing;painting;picture ②stroke 〔形〕be decorated with paintings or pictures
【画报】illustrated magazine or newspaper
【画笔】painting brush;brush
【画家】painter;artist
【画屏】painted screen
【画室】studio
【画图】draw designs,maps,etc. 〔名〕picture
【画像】〔动〕draw a portrait;portray 〔名〕portrait; portrayal
【画押】sign
【画展】art exhibition
【画外音】voice-over

话 [huà]
〔名〕①words;talk;remark ②language;dialect 〔动〕talk about;speak about
【话别】say a few parting words;say good-bye
【话柄】basis for attack
【话费】telephone bill
【话剧】stage play
【话题】subject
【话音】①voice ②tone
【话语】what one says;words
【话里有话】the words mean more than they say;there's more to it than meets the ear

桦 [huà]
〔名〕birch

huái

怀 [huái]
🅐 ①chest; bosom ②mind; heart 🅑 ①think of; yearn for; miss ②conceive (a child) ③keep in mind; cherish; harbour; nurse
【怀抱】🅐 bosom 🅑 ❶hold or carry in the arms ❷cherish
【怀春】have amorous thoughts
【怀古】ruminate on the past
【怀恨】nurse hatred
【怀旧】ruminate on the past
【怀念】cherish the memory of; think of
【怀疑】doubt; suspect; question; disbelieve; distrust; discredit
【怀孕】be pregnant
【怀着】be filled with; cherish; harbour

huài

坏 [huài]
🅐 ①bad; poor ②evil; wicked 🅑 badly; awfully; very 🅒 ①go bad; break down ②spoil; ruin 🅓 evil idea; dirty trick
【坏处】harm; disadvantage
【坏蛋】❶bad egg ❷scoundrel; bastard
【坏话】❶malicious remarks; vicious talk ❷unpleasant words
【坏人】bad person
【坏事】🅐 bad thing; evil deed 🅑 ruin sth; make things worse
【坏账】dead account
【坏水儿】evil trick
【坏心眼儿】ill will

huān

欢 [huān]
🅐 ① joyous; happy ② vigorously; in full swing 🅑 lover; sweetheart
【欢畅】thoroughly delighted
【欢度】spend (an occasion) joyfully
【欢呼】hail; cheer
【欢聚】happy get-together
【欢快】cheerful and light-hearted; lively
【欢乐】happy; joyous; gay
【欢送】see off; send off
【欢腾】great rejoicing; jubilation
【欢喜】🅐 joyful; happy; delighted 🅑 like; fond of; delight in
【欢笑】laugh heartily
【欢心】favour; liking; love
【欢迎】welcome; greet
【欢愉】happy; joyous; joyful
【欢呼雀跃】shout and jump for joy
【欢声笑语】happy laughter and cheerful voices

huán

还 [huán]
🅑 ①go back; come back; return; restore ② give back; return; repay ③give or do sth in return ➡ hái
【还本】repayment of principal (capital)
【还魂】revive after death; return from the grave
【还击】❶fight back; return fire; counterattack ❷riposte
【还家】go back home; return home
【还价】counter-offer; counter-bid
【还口】answer back; retort
【还钱】repay; pay back
【还清】pay off
【还手】strike (hit) back
【还原】❶restore ❷reduce
【还愿】❶redeem a vow to a god ❷fulfill one's promise
【还账】pay one's debt; settle accounts
【还嘴】answer (talk) back

环 [huán]
🅐 ①ring; hoop ②link ③cyclic; cyclo- 🅑 surround; encircle; hem in 🅒 ring; 命中九环 hit the ninepoint ring
【环保】environmental protection
【环抱】surround; encircle
【环城】around the city
【环岛】traffic circle
【环顾】look about (round)
【环节】🅐 link 🅑 segment
【环境】environment; surroundings; setting; circumstances
【环路】roundabout; traffic circle; ring highway; circular road
【环球】🅐 round the world 🅑 the earth; the whole world
【环绕】surround; encircle
【环山】❶around a mountain ❷be surrounded by mountains
【环视】look around
【环线】circular road; circular track; belt; loop line
【环行】going in a ring; circle
【环形】ringlike
【环保局】environmental protection bureau
【环境保护】environmental protection
【环境污染】pollution of the environment; environmental pollution

寰 [huán]
🅐 world
【寰球】the whole world

huǎn

缓 [huǎn]
🅐 ①slow; unhurried ②relaxed; not tense 🅑 ①delay; postpone; put off ②revive; come to
【缓冲】buffer; cushion
【缓和】relax; ease up
【缓急】🅐 pressing or otherwise; of greater or lesser urgency 🅑 emergency

【缓解】relieve；ease
【缓慢】形 slow 副 slowly
【缓期】postpone a deadline
【缓刑】temporary suspension of the execution of a sentence；reprieve；probation

huàn

幻 [huàn]
形 ①unreal；imaginary ②magical；chargeable
【幻灯】❶slide show ❷slide projector
【幻景】illusion；dream
【幻境】dreamland；fairyland
【幻觉】illusion
【幻梦】illusion；daydream
【幻灭】vanish into thin air
【幻想】动 imagine；dream 名 illusion；fancy
【幻影】unreal image

宦 [huàn]
名 ①official ②eunuch 动 fill an office

换 [huàn]
动 ①exchange；trade ②change；substitute ③convert；cash
【换班】❶change shifts ❷relieve a person on duty ❸changing of the guard
【换代】upgrade
【换房】exchange houses
【换汇】earn foreign exchange；exchange for foreign currencies
【换季】wear different clothes for a new season；out of season
【换届】replace
【换气】❶take a breath ❷change air
【换钱】❶change money ❷sell
【换取】exchange sth for；get in return
【换算】conversion
【换文】change of notes[letters]
【换血】change blood
【换句话说】in other words；to put it another way；put it like this[this way]；this is to say
【换位思考】put oneself in another's shoes and think in his or her terms

唤 [huàn]
动 call (out)；summon
【唤起】❶arouse ❷call；recall
【唤醒】wake up；awaken

涣 [huàn]
动 dissolve；vanish
【涣散】形 lax 动 slack
【涣然冰释】melt away；clear up

患 [huàn]
名 ①trouble；disaster ②anxiety；worry 动 contract；suffer from (an illness)
【患病】suffer from an illness；fall ill；be ill
【患难】adversity；trouble
【患者】sufferer；patient
【患得患失】worry about personal gains and losses

焕 [huàn]
形 shining；glowing
【焕发】shine；glow
【焕然一新】take on an entirely new look[aspect]；look brand-new

huāng

荒 [huāng]
形 ①waste；uncultivated ②desolate；wild ③unreasonable；fantastic ④uncertain 名 ①famine；crop failure ②wasteland；uncultivated land；left-over area ③shortage 动 ①neglect；be out of practice ②indulge
【荒诞】fantastic；incredible
【荒岛】desert[uninhabited] island
【荒地】wasteland
【荒废】❶leave uncultivated；lie waste ❷fall into disuse ❸neglect；be out of practice
【荒郊】wilderness
【荒凉】bleak and desolate；wild
【荒乱】in great disorder
【荒谬】absurd
【荒漠】形 desolate and boundless 名 wilderness
【荒年】famine[lean] year
【荒山】barren hill
【荒疏】neglect
【荒唐】❶absurd ❷loose
【荒芜】waste
【荒野】wilderness
【荒淫】debauched
【荒原】wasteland；wilderness
【荒无人烟】desolate and uninhabited

慌 [huāng]
形 confused；panicky
【慌乱】alarmed and bewildered
【慌忙】in a great rush；hurriedly
【慌张】confused
【慌里慌张】in a hurried and confused manner

huáng

皇 [huáng]
形 grand；magnificent 名 emperor
【皇帝】emperor
【皇宫】(imperial) palace
【皇后】empress
【皇历】almanac
【皇上】❶the emperor；the throne；the reigning sovereign ❷Your Majesty；His Majesty
【皇室】❶imperial family；royal house ❷imperial government；royal court

黄 [huáng]
形 ①yellow ②pornographic 名 ①gold ②yolk ③pornography ④Yellow River ⑤Huangdi；Yellow Emperor 动 fall through；be off
【黄豆】soya bean；soybean
【黄瓜】cucumber
【黄昏】dusk
【黄金】名 gold 形 precious
【黄牛】❶ox ❷ticket tour
【黄牌】yellow card

【黄泉】❶the world of the dead ❷the underworld
【黄色】❶yellow ❷obscene
【黄页】Yellow Page
【黄昏恋】love in the sunset〔twilight〕of life; love in one's twilight years; love between the aged
【黄花闺女】virgin; maiden
【黄金时代】golden age
【黄金时间】prime time
【黄色录像】blue video

惶 [huáng]
囮 fearful; afraid; anxious
【惶惶】in a state of anxiety
【惶惑】apprehensive
【惶恐不安】in a state of alarm

蝗 [huáng]
图 locust
【蝗虫】locust; grasshopper

簧 [huáng]
图 reed; spring

huǎng

恍 [huǎng]
副 ❶all of a sudden; suddenly ❷seem; as if
【恍惚】囮 absentminded 副 dimly; faintly; seemingly
【恍然】all of a sudden; suddenly
【恍然大悟】suddenly see the light; suddenly realize what has happened

晃 [huǎng]
囮 dazzling; shining 动 flash past ➡huáng
【晃眼】❶dazzle ❷twinkling

谎 [huǎng]
图 lie
【谎报】lie about sth; give false information
【谎称】pretend to be
【谎话】lie; falsehood; half-truth
【谎骗】deceive; cheat
【谎言】lie; falsehood

幌 [huǎng]
【幌子】❶〈英〉shop sign; 〈美〉store sign ❷veneer

huàng

晃 [huàng]
动 shake; sway ➡huǎng
【晃荡】❶rock; shake; sway ❷loaf
【晃动】rock; sway
【晃悠】❶shake from side to side ❷saunter 图 swaying; unstable
【晃晃悠悠】swaying; unstable

huī

灰 [huī]
图 ❶ash ❷dust; powder ❸lime 囮 ❶grey ❷disheartened; discouraged
【灰白】greyish white
【灰尘】dust
【灰烬】ashes
【灰色】❶grey; ashy ❷gloomy ❸obscure
【灰心】lose heart; be discouraged
【灰溜溜】❶dull grey ❷gloomy; dejected
【灰蒙蒙】dusky; overcast
【灰色收入】❶grey income; irregular income; off-the-book income ❷income from moonlighting
【灰心丧气】be disheartened; lose heart

诙 [huī]
动 make fun of; mock 囮 humorous
【诙谐】humorous

挥 [huī]
动 ❶wave; shake ❷wipe off ❸command (an army) ❹scatter
【挥动】wave
【挥发】evaporate
【挥霍】spend freely
【挥泪】wipe away tears; wipe one's eyes
【挥手】wave one's hand; wave
【挥舞】wave
【挥汗如雨】dripping with sweat
【挥金如土】throw money about like dirt; spend money like water

恢 [huī]
囮 vast; broad; extensive
【恢复】❶resume; renew ❷recover; get better; get over; get back to normal; respond to treatment; bounce back; pick up the pieces
【恢宏】extensive

辉 [huī]
图 brightness; glow; brilliance 动 shine; glow
【辉煌】brilliant; splendid; magnificent
【辉映】reflect

徽 [huī]
图 badge

huí

回 [huí]
动 ❶circle; wind ❷return; go or come back ❸turn round ❹answer; reply; respond ❺report ❻decline; cancel; dismiss 量 ❶time: 来了三回 have been three times ❷piece: 完全是两回事 two entirely different matters ❸chapter; section; session: 欲知后事如何，请听下回分解。If you want to know what happened next, please read the following chapter.
【回拜】pay a return visit
【回报】❶report back on what has been done ❷repay; requite; reciprocate ❸get one's own back
【回避】❶evade; avoid ❷withdraw
【回潮】❶get damp again ❷reappear
【回程】return trip
【回答】answer; reply; response
【回荡】resound
【回电】动 wire back 图 telegram in reply

【回访】pay a return visit
【回复】❶reply (to a letter) ❷return to normal state
【回顾】❶look back ❷review
【回归】return
【回合】round
【回话】reply;answer
【回击】counterattack
【回家】go home;be home;return home
【回见】see you later(again)
【回敬】❶do... in return ❷give tit for tit
【回扣】commission;rebate;backhander;kickback
【回来】动 return;come back;be back 副 back (here)
【回笼】❶reheat ❷withdraw... from circulation
【回路】return circuit;return
【回落】drag back
【回迁】move back
【回去】动 return;go back;be back 副 back
【回升】pick... up
【回生】❶bring back to life ❷forget through lack of practice
【回声】echo
【回收】❶retrieve ❷recover
【回首】❶turn one's head;turn round ❷look back;call to mind
【回头】动 ❶turn one's head;turn round ❷repent 副 later
【回味】名 after-taste 动 reflect on
【回响】动 ❶respond ❷echo 名 echo
【回想】think back;recollect;recall
【回信】动 write in reply;write back 名 ❶letter in reply ❷verbal message in reply;reply
【回旋】❶circle ❷have room for manoeuvre
【回忆】call(bring) to mind;recollect;recall
【回音】❶echo ❷reply
【回应】in reply;in answer(response) to
【回执】receipt
【回转】turn round
【回车键】return key;enter key
【回老家】❶revisit one's native town ❷die;be no more
【回马枪】sudden retaliation
【回娘家】❶return to her mother's house ❷return to his place of former work unit
【回头见】see you later(again)
【回头客】returning customer

茴 [huí]

【茴香】fennel

蛔 [huí]

【蛔虫】roundworm

悔 [huǐ]

动 regret;repent

【悔改】repent and mend one's ways
【悔过】repent one's error
【悔恨】regret deeply
【悔悟】realize one's error and show repentance
【悔过自新】repent and make a fresh start
【悔之晚矣】It is now too late to repent;be too late to regret

毁 [huǐ]

动 ❶destroy;wreck;tear down;write off;ruin;damage ❷burn up ❸defame ❹make over
【毁谤】slander
【毁坏】destroy;damage
【毁灭】destroy
【毁容】disfigure one's face
【毁约】❶break one's promise ❷scrap a contract or treaty
【毁于一旦】be destroyed in one day;be destroyed in a moment

汇 [huì]

动 ❶converge ❷gather together;collect ❸remit 名 ❶things collected;collection ❷foreign exchange
【汇报】report;keep sb informed;keep sb up to date;fill sb in on;give sb the low-down;give an update on
【汇编】compile 名 compilation;collection
【汇单】remittance advice
【汇兑】remit
【汇合】join;converge;merge
【汇集】❶collect;compile ❷come together
【汇款】❶remit money 名 remittance
【汇率】exchange rate
【汇票】money order
【汇演】joint performance
【汇总】gather;collect

会 [huì]

动 ❶get together;gather;assemble;meet ❷meet;see ❸happen to;coincide with ❹understand;grasp ❺be acquainted with;have knowledge of ❻can;be able to ❼be good at ❽be likely to;be sure to ❾foot(pay) the bill 名 ❶meeting;assembly;conference;congress;council;gathering;rally;party;session ❷association;society;union;organization;foundation ❸temple fair ❹major city;large city;capital ❺opportunity;occasion;chance ➡kuài
【会餐】dine together
【会合】meet;assemble
【会话】converse
【会集】assemble;gather together
【会见】meet with
【会聚】assemble
【会客】receive a guest
【会面】meet
【会齐】get together
【会商】consult

【会师】join forces
【会谈】图 talks 动 talk
【会堂】assembly hall
【会同】join together
【会晤】meet
【会心】understanding; knowing
【会议】❶meeting; conference; convention; session; summit ❷council; congress
【会意】combined meaning
【会员】member
【会战】❶meet for a decisive battle ❷launch a campaign
【会账】pay[foot] a bill
【会诊】consult
【会来事儿】good at getting along with others

讳 [huì]
动 avoid as taboo 图 ①taboo; forbidden word ②forbidden name
【讳言】be afraid to speak up

荟 [huì]
形 lush
【荟萃】assemble

诲 [huì]
teach
【诲人不倦】teach tirelessly

绘 [huì]
动 paint; draw
【绘画】draw; paint; portray; picture
【绘图】charting; map-making; drafting
【绘制】draw

贿 [huì]
图 money and property; goods; valuables 动 bribe
【贿赂】动 bribe 图 bribery
【贿选】practise bribery at an election; get elected by bribery

彗 [huì]
图 broom
【彗星】comet

晦 [huì]
图 ①last day of a lunar month ②night 形 dark; dim 动 cover up; hide
【晦暗】dark and gloomy
【晦气】图 pale and gloomy look 形 unlucky
【晦涩】hard to understand

秽 [huì]
①filthy ②abominable ③promiscuous
【秽闻】ill repute; reputation for immorality; notoriety
【秽行】debauched behaviour; immoral conduct
【秽语】obscene language; lewd speech

惠 [huì]
favour; kindness; benefit 动 favour; give 形 kind; generous
【惠顾】patronize

慧 [huì]
形 intelligent; bright; clever
【慧心】wisdom

【慧眼】mental discernment; insight; acumen

hūn

昏 [hūn]
图 dusk 形 ①dark; dim ②confused; dizzy 动 lose consciousness; faint
【昏暗】dim; dusky
【昏沉】❶murky ❷dazed
【昏倒】fall into a swoon; go off into a faint
【昏花】dim-sighted
【昏厥】faint
【昏迷】stupor
【昏庸】stupid
【昏昏欲睡】drowsy; sleepy
【昏天黑地】❶pitch-dark; in pitch darkness ❷dizzy ❸loose ❹dark rule and social disorder
【昏头昏脑】dizzy; absent-minded

荤 [hūn]
图 ①meat and fish ②odorous vegetables 形 filthy
【荤菜】meat dish
【荤笑话】dirty joke

婚 [hūn]
动 wed; marry 图 marriage; wedding
【婚变】divorce
【婚假】marriage leave
【婚嫁】marriage
【婚检】physical check-up before marriage
【婚介】matchmaking
【婚礼】wedding ceremony; wedding
【婚配】married
【婚庆】wedding ceremony
【婚事】marriage; wedding
【婚姻】marriage
【婚外恋】extramarital love
【婚姻法】marriage law
【婚姻介绍所】match-making agency

hún

浑 [hún]
形 ①muddy ②foolish; stupid ③simple and natural ④whole; full; complete; all over
【浑厚】❶simple and honest ❷simple and vigorous
【浑身】from head to foot; all over
【浑浊】muddy
【浑水摸鱼】fish in troubled waters

馄 [hún]
【馄饨】won ton; dumpling soup

混 [hún]
形 ①muddy; turbid ②foolish; stupid ➡hùn
【混蛋】blackguard; scoundrel
【混球儿】rascal; son of a bitch

魂 [hún]
图 ①soul ②mood; spirit ③lofty spirit
【魂魄】soul
【魂不附体】feel as if one's soul had left one's

body
【魂牵梦萦】miss very much;pine for

hùn

诨 [hùn] 图 joke;jest 动 jest;joke;make fun of
【诨号】nickname

混 [hùn] 动 ①mix;mingle;confuse ②pass for;pass off as;palm off as ③muddle along ④get along with 副 carelessly;thoughtlessly;recklessly;at random ➡hūn
【混沌】图 chaos 形 ignorant
【混合】mix
【混进】sneak into;worm one's way into
【混乱】confusion;chaos
【混同】mix... up
【混淆】confuse;mix up
【混杂】mix
【混战】engage in long and complicated warfare
【混账】unreasonable and shameful
【混浊】murky
【混合物】mixture
【混混儿】rascal
【混日子】drift along aimlessly
【混血儿】half-breed
【混淆是非】confuse right and wrong

huō

豁 [huō] 动 ①split;crack;breach ②pay a high price (for sth one must do);give up;sacrifice ➡huò
【豁口】opening;break
【豁出去】go ahead regardless;be ready to risk everything

huó

和 [huó] 动 add liquid to powder and stir or knead to make viscous ➡hé;hú;huò
【和面】knead dough

活 [huó] 动 ①live ②save (the life of sb);feed;keep alive 形 ①alive;living;lively;live ②movable;flexible;moving ③lively;quick 副 exactly;simply 图 ①work;job ②product;finished product
【活宝】funny fellow
【活动】动 ①move about;exercise ②be shaky;be unsteady ③use personal influence or irregular means 图 activity 形 movable;mobile
【活份】flexible;lively;quick;open
【活该】it serves sb right;serve you right
【活话】indefinite[open-ended] remark
【活活】副 while still alive 形 ①living ②simply;almost
【活计】① handicraft work;manual labor ② work;handiwork
【活口】①survivor ②captive
【活力】vigour;life
【活路】①not blind alley ②workable method ③ means of subsistence;way out
【活络】①wobbly ②uncertain ③quick
【活埋】bury alive
【活命】图 life 动 ① earn a bare living ② save sb's life
【活泼】①lively ②reactive
【活期】current
【活人】the living
【活塞】piston
【活水】flowing water;running water
【活像】look exactly like
【活用】apply flexibly
【活跃】active
【活捉】capture alive
【活菩萨】angel
【活生生】① in real life;actual;real;living ② while still alive
【活动经费】funds for activity
【活动中心】centre of activity;crossroads
【活灵活现】vivid;lifelike
【活到老,学到老】one is never too old to learn;keep on learning as long as you live

huǒ

火 [huǒ] 图 ①fire ②firearms;firing;fire ③internal heat ④anger;temper 形 ①red as fire;flaming ②urgent;pressing ③prosperous;flourishing 动 get angry;lose one's temper
【火把】torch
【火暴】①fiery ②vigorous;exuberant
【火柴】match
【火车】train
【火光】flame;blaze
【火红】red as fire
【火候】①duration and degree of heating,cooking,smelting,etc. ②level of attainment ③a crucial moment
【火花】①spark ②on a matchbox cover
【火化】cremate
【火鸡】turkey
【火急】urgent;pressing
【火箭】rocket
【火警】fire alarm
【火炬】torch
【火坑】living hell
【火力】①thermal energy ②firepower
【火气】①internal heat ②temper
【火热】①burning hot;fervent ②intimate
【火山】volcano
【火速】at top speed
【火腿】ham
【火险】①fire insurance ②fire risk
【火焰】flame
【火药】gunpowder

【火灾】fire (as a disaster)
【火葬】cremate
【火柴盒】matchbox

伙 [huǒ]

图 ①mess;board;meals;food ②partner;mate ③partnership;company 量 group;band;gang:一伙强盗 a band of robbers／一伙青年人 a group of young people 动 combine;join;club
【伙伴】partner;companion;fellow;pad
【伙房】kitchen
【伙计】❶partner ❷〈英〉shop assistant;〈美〉sales clerk
【伙食】mess;food;meals
【伙同】be in league with
【伙伴关系】partnership

huò

或 [huò]

副 ①perhaps;maybe;probably ②slightly;a little bit 连 or;either... or... 代 somebody;someone;some people
【或许】possibly;maybe;likely;perhaps;probably
【或者】副 perhaps;maybe 连 or;either ... or...

和 [huò]

动 mix;blend;mix powder or particles with water 量 ①rinses ②decoction ➡hé;hú;huó
【和弄】❶stir ❷instigate;incite ❸make trouble
【和稀泥】try to smooth things over

货 [huò]

图 ①currency;money ②goods;commodity;product ③贱货！Wretch! 动 sell
【货币】money;currency
【货场】goods[freight] yard
【货车】❶goods train;freight train ❷freight car ❸truck;lorry
【货船】freighter;cargo ship
【货单】invoice
【货款】payment for goods
【货色】❶goods ❷rubbish
【货物】goods;commodity
【货样】sample goods;sample
【货主】owner of cargo
【货比三家】shop around to get a good buy

获 [huò]

动 ①capture;catch;seize ②get;obtain;win ③harvest
【获得】gain;obtain;acquire;win;achieve;receive;get;come by;land
【获奖】win a prize;be awarded a prize
【获救】be rescued
【获利】make a profit;reap profits
【获取】procure;obtain;gain;reap
【获胜】triumph;come first;win
【获释】be released
【获悉】learn
【获益】benefit;profit from[by];get sth out of
【获知】learn
【获准】get permission
【获益匪浅】reap no little benefit

祸 [huò]

图 misfortune;disaster;calamity 动 bring disaster upon;ruin;injure;damage
【祸根】the root of the trouble;the cause of ruin
【祸害】图 ❶disaster ❷curse 动 bring disaster to;ruin
【祸患】disaster
【祸首】chief culprit
【祸水】culprit
【祸殃】disaster;calamity
【祸国殃民】bring calamity to the country and the people

惑 [huò]

形 be puzzled;be bewildered 动 delude;mislead
【惑众】confuse people

霍 [huò]

副 suddenly;quickly
【霍地】suddenly
【霍然】suddenly;quickly

豁 [huò]

形 open;clear;open-minded;generous 动 exempt;remit;waive ➡huō
【豁达】optimistic
【豁亮】❶roomy and bright ❷resonant
【豁免】exempt
【豁然开朗】suddenly see the light;be suddenly enlightened

J j

jī

几 [jī] 名 small table 副 close to; nearly; almost; practically ➡jǐ
【几乎】❶ almost; close to; practically; all but; more or less; just about; not quite; pretty well ❷ almost; just about; close to; approximately; nearly; practically
【几率】probability
【几乎不】barely; scarcely; hardly

讥 [jī] ridicule; deride; mock; satirize
【讥讽】ridicule; satirize
【讥笑】ridicule; jeer; sneer at; deride

击 [jī] 动 ① beat; hit; knock; strike ② attack; assault; assail ③ touch; come in contact with; bump into; collide with
【击败】defeat; beat; vanquish; triumph
【击毙】shoot dead
【击沉】bombard and sink; send (a ship) to the bottom
【击穿】puncture; breakdown
【击打】beat; lash
【击倒】knock down; knock sb flat; knock sb off his feet
【击发】pull the trigger of a gun
【击鼓】beat a drum; drum
【击毁】smash; destroy; ruin
【击剑】fencing
【击溃】rout; put to flight; defeat utterly
【击落】shoot down; bring down; down
【击破】break up; destroy; rout
【击球】batting
【击伤】wound; damage
【击退】beat back; repel; repulse
【击掌】clap one's hands
【击中】hit the target; score a hit
【击掌为号】clap hands as a signal
【击中要害】hit the nail on the head; hit sb's vital point; hit home

叽 [jī] 动 chirp; chirrup; chatter
【叽咕】talk in a low voice; whisper; mutter
【叽叽嘎嘎】crackle; creak
【叽里咕噜】象 ❶ gabble; gibble; jabber ❷ tumble; rumble
【叽里呱啦】chatter
【叽里旮旯儿】every corner; all nooks and crannies—everywhere

饥 [jī] 形 hungry; starving; famished 名 famine; crop failure
【饥肠】empty stomach
【饥饿】hungry; starved
【饥寒】hungry and cold
【饥荒】❶ famine; crop failure ❷ be hard up; be hard pressed for money; be short of money ❸ debt
【饥馑】famine; crop failure
【饥渴】hunger and thirst
【饥寒交迫】suffer from hunger and cold; live in hunger and cold; be poverty-stricken

机 [jī] 名 ① machine; engine ② aircraft; aeroplane; plane ③ crucial point; pivot; key link ④ chance; occasion; opportunity ⑤ organic ⑥ important affairs ⑦ intention; idea 形 flexible; quick-witted; clever
【机舱】❶ engine room ❷ passenger compartment; cabin
【机场】airport; airfield; aerodrome
【机车】locomotive; engine
【机床】machine tool
【机动】❶ motor-driven; motorized ❷ flexible; expedient; mobile ❸ keep in reserve; for emergency use
【机房】generator room; motor room; engine room of a ship
【机耕】tractor-ploughing
【机工】mechanic; machinist
【机构】❶ mechanism ❷ organ; organization; institution; setup
【机关】❶ mechanism; gear ❷ machine-operated ❸ stratagem; scheme ❹ office; organ; body; institution

【机会】 chance; opportunity; opening; break; place; golden opportunity; room; scope
【机井】 motor-pumped well
【机警】 alert; sharp-witted; vigilant
【机理】 mechanism
【机灵】 clever; smart; sharp; intelligent
【机密】〈形〉secret; classified; confidential 〈名〉secret
【机敏】 alert and resourceful
【机谋】 stratagem; scheme; artifice; manoeuvre
【机能】 function
【机票】 passenger ticket
【机器】 machine; machinery; apparatus; device; contraption; gadget; appliance; robot
【机枪】 machine gun
【机巧】 adroit; ingenious
【机师】 ❶engineer ❷air pilot
【机体】〈生〉organism;〈航〉airframe
【机头】 nose
【机尾】 tail
【机务】 machine operation and maintenance
【机箱】 chassis; cabinet
【机械】〈名〉machinery; machine; mechanism〈形〉mechanical; inflexible; rigid
【机芯】 inner works
【机型】 ❶type ❷model
【机绣】 machine embroidery
【机要】 confidential
【机宜】 principles of action; guidelines
【机翼】 wing
【机油】 engine oil; machine oil
【机遇】 favourable circumstances; opportunity
【机缘】 good luck; lucky chance
【机载】 airborne
【机长】 aircraft[crew] commander
【机罩】 bonnet
【机织】 woven
【机制】〈形〉machine-processed; machine-made 〈名〉❶structure and function ❷physical and chemical law ❸mechanism
【机智】 quick-witted; resourceful
【机子】 machine
【机组】 ❶unit; set ❷flight crew
【机座】 engine base; bedplate
【机床厂】 machine tool plant[works]
【机顶盒】 set-top box
【机动车】 ❶motor vehicle ❷automotive vehicle
【机动船】 motorboat
【机动性】 mobility; flexibility
【机帆船】 motor sailboat; motorized junk
【机关报】 newspaper of a government organ
【机关枪】 machine gun
【机加工】 machine work; machining
【机器人】 robot
【机务段】 locomotive depot
【机械波】 mechanical wave
【机械厂】 machine works

【机械功】 mechanical work
【机械化】 mechanize
【机械能】 mechanical energy
【机械师】 machinist
【机械手】 manipulator
【机修工】 maintenance man; mechanic
【机要员】 cipher officer; cryptographer
【机电产品】 electromechanical products
【机动灵活】 flexible
【机关党委】 Party (membership) committee in a government organ
【机关干部】 government functionary; office staff
【机关刊物】 official journal of an organization
【机关用尽】 use up all one's tricks; for all one's calculations and schemes; rack one's brains in scheming; do incessant plotting and scheming
【机会成本】 opportunity cost
【机会均等】 equal opportunities
【机会主义】 opportunism
【机灵鬼儿】 clever person
【机器编码】 machine coding
【机器代码】 machine code
【机器翻译】 machine translation
【机器构件】 machine component
【机器故障】 machine trouble
【机器零件】 machine element; machinery item; machine part
【机器模件】 machine module
【机器模型】 machine mould
【机器误差】 machine error
【机器语言】 machine language (ML)
【机器阅卷】 machine scoring
【机器指令】 machine instruction
【机器制造】 machine building[manufacturing]
【机械故障】 mechanical failure[breakdown]
【机械加工】 machining
【机械零件】 machine part [element, component]; mechanical element
【机械设备】 mechanical equipment[device, appliance]
【机械效率】 mechanical efficiency; torque efficiency
【机要部门】 department in charge of confidential[important] work
【机要秘书】 confidential secretary
【机助翻译】 machine-aided translation
【机电一体化】 integration of machinery with electronics
【机器脚踏车】 motorcycle
【机械唯物主义】 mechanical materialism
【机不可失,时不再来】 don't let slip an opportunity as it may never come again; opportunity knocks but once

肌 [jī]
〈名〉muscle
【肌肤】 (human) skin and muscle
【肌理】 skin texture

【肌肉】muscle
【肌体】human body; organism

鸡 [jī]
chicken; fowl
【鸡雏】chick
【鸡蛋】(hen's) egg
【鸡丁】diced chicken
【鸡冠】cockscomb
【鸡奸】sodomy; buggery
【鸡精】chicken essence
【鸡肋】❶ chicken ribs ❷ things of little value or interest
【鸡笼】chicken coop
【鸡毛】chicken feather
【鸡茸】minced chicken
【鸡肉】chicken
【鸡舍】barton; pheasantry
【鸡食】chicken feed
【鸡松】fried chicken floss
【鸡汤】chicken broth
【鸡瘟】chicken pest
【鸡窝】chicken coop; henhouse; roost
【鸡心】❶ heart-shaped ❷ heart-shaped pendant
【鸡胸】pigeon breast; chicken breast
【鸡眼】corn; clavus
【鸡杂】chicken giblets
【鸡胗】chicken's gizzard
【鸡蛋羹】steamed egg custard
【鸡蛋黄】yolk of a hen's egg
【鸡尾酒】cocktail
【鸡子儿】egg
【鸡毛掸子】feather duster
【鸡毛蒜皮】chicken feathers and garlic skins—trifles; trivialities
【鸡尾酒会】cocktail party
【鸡心领儿】V-neck; heart-shaped neck

奇 [jī]
odd (number); fractional amount; odd lots ➡ qí
【奇零】fractional amount
【奇偶】odd and even numbers
【奇数】odd number
【奇函数】odd function
【奇偶性】parity
【奇偶校验】parity check
【奇偶计数器】odd-even counter

唧 [jī]
spurt; squirt
【唧唧】the sound of insects chirping
【唧哝】talk in a low voice; whisper
【唧筒】pump
【唧唧喳喳】chirp

积 [jī]
amass; gather; store up; accumulate; accumulated; long-standing; long pending; age-old ❶ indigestion ❷ product
【积案】long-pending case
【积弊】age-old malpractice; long-standing abuse
【积存】store up; lay up; stockpile
【积德】accumulate merit
【积淀】accumulate and take form; accumulation; accretion
【积肥】collect (farmyard) manure
【积分】❶ integral ❷ cumulative scoring
【积极】❶ positive ❷ active; energetic; vigorous
【积聚】gather; accumulate; build up
【积累】gather; accumulate; amass; accumulation; part of the national income to be used for production expension
【积木】building blocks; toy bricks
【积欠】have one's debts piling up; outstanding debts; arrears
【积食】get indigestion; indigestion
【积水】❶ water that collects in a place ❷ dropsy
【积习】old habit; long-standing practice
【积蓄】put aside; save; accumulate; savings
【积雪】accumulated snow
【积压】keep long in stock; overstock
【积怨】accumulated rancour; piled-up grievances
【积攒】save [collect] bit by bit
【积分榜】standings
【积极性】zeal; initiative; enthusiasm
【积木式】cordwood system; building block system (BBS)
【积极分子】activist; active element; enthusiast
【积劳成疾】fall ill from constant overwork
【积年累月】for years on end; year after year
【积少成多】many a little makes a mickle
【积习难改】old habits die hard
【积重难返】bad old practices die hard; ingrained habits are hard to change

基 [jī]
① base; foundation ② radical; base; group basic; fundamental; primary; cardinal
【基本】❶ basic; fundamental ❷ main; essential ❶ basically; in the main; on the whole; by and large ❷ elementary; rudimentary; foundation
【基层】basic level; primary level; grass-roots unit
【基础】❶ foundation; base; understructure ❷ basis; groundwork ❸ economic base; economic basis
【基地】base
【基点】❶ basic point; starting point; center ❷ base
【基调】❶ fundamental key; main key ❷ keynote
【基督】Christ
【基肥】base manure; base fertilizer
【基建】capital construction
【基金】fund
【基石】cornerstone

【基数】❶cardinal number ❷base
【基线】datum line
【基因】gene
【基于】because of; in view of
【基准】❶datum ❷standard; criterion
【基座】foundation bed; foundation support
【基本点】main[basic] point; key element
【基本法】basic law
【基本功】basic training; basic skill; essential technique
【基本上】❶in the main ❷on the whole; by and large; in general
【基督教】the Christian religion; Christianity
【基督徒】Christian
【基金会】foundation; fund
【基因库】gene bank; gene pool
【基本概念】basic concept
【基本粒子】elementary particle
【基本路线】basic line
【基本知识】rudimentary[elementary] knowledge
【基本准则】basic norm
【基础知识】rudimentary[elementary] knowledge
【基因变异】genovariation

畸 [jī]

【畸角】[jījiǎo] corner
【畸角】[jījiǎo] horn
【畸角旮旯儿】corner; nook; uncommon; trite; rare

缉 [jī]

seize; arrest; apprehend ➡ qī
【缉捕】seize; arrest
【缉查】search; ransack
【缉毒】drug control
【缉获】seize; capture; hunt down
【缉拿】seize; arrest; apprehend
【缉私】suppress smuggling; seize[search] for smugglers or smuggled goods
【缉凶】apprehend the murderer
【缉毒队】narcotics squad
【缉拿归案】bring to justice

畸 [jī]

❶lopsided; unbalanced ❷irregular; eccentric; abnormal fractional amount; odd lots
【畸变】❶abnormal change ❷distortion; aberration
【畸零】alone; solitary
【畸胎】monster
【畸形】deformity; malformation lopsided; unbalanced; abnormal
【畸轻畸重】attach too much weight to this and too little to that; lopsided; now too much, now too little
【畸形发展】deformed development
【畸形消费】abnormal consumption; irregular consumption

跻 [jī]

ascend; climb (up); mount
【跻身】ascend; mount

箕 [jī]

❶dustpan ❷loop
【箕斗】fingerprint

稽 [jī]

❶check; examine; scrutinize; investigate ❷argue; dispute ❸delay; linger; procrastinate
【稽查】check; inspect inspector; customs officer
【稽核】check; examine
【稽留】delay; detain
【稽征】check and collect

激 [jī]

❶swash; splash; dash ❷(cause to) fall ill from getting wet; (cause to) catch a chill ❸chill (by putting in ice water, etc.) ❹arouse; evoke; stimulate; incite ❺(feeling) stirred or moved radical; drastic; fierce; violent
【激昂】excited and indignant; roused
【激变】change violently[abruptly]
【激辩】heated argument
【激荡】agitate; surge; rage
【激动】excite; stir; agitate
【激发】❶arouse; stimulate; set off; stir up ❷excite
【激奋】rouse sb to action stirring
【激愤】wrathful; indignant
【激光】laser
【激化】sharpen; intensify; become acute
【激活】activate; stimulate
【激进】radical
【激浪】heavy surf; turbulent[violent, surging] wave
【激励】❶encourage; impel; urge; inspire; excite; stimulate ❷〈电子〉drive; excitation
【激烈】❶intense; sharp; fierce; acute ❷uplifting; unyielding
【激灵】give a start
【激流】torrent; rapids; turbulent current
【激恼】enrage
【激怒】enrage; infuriate; exasperate
【激起】arouse; evoke; cause; stir up
【激情】intense emotion; fervour; passion; enthusiasm
【激素】hormone
【激扬】❶drain away the mud and bring in fresh water; drive out evil and usher in good ❷encourage; urge excited and high-spirited; vehement
【激越】intense; vehement; loud and strong
【激增】increase sharply; soar; shoot up
【激战】fierce fighting
【激光刀】laser scalpel
【激将法】prodding[goading] sb into action
【激进派】radicals; militants
【激动人心】stirring; exciting; moving; thrilling

【激光唱片】compact disc (CD)
【激光视盘】video compact disc (VCD)
【激光制导】laser guidance
【激进分子】radical
【激励机制】incentive mechanism
【激烈竞争】cut-throat〔keen, fierce, strong〕competition
【激流险滩】turbulent rivers and treacherous shoals
【激于义愤】be stirred by righteous indignation
【激浊扬清】drain away the mud and bring in fresh water—drive out evil and usher in good; eliminate vice and exalt virtue
【激光存储器】laser memory
【激光打印机】laser printer

羁 [jī]
〔形〕bridle; headstall; halter 〔动〕① control; restrain; restrict ② stay; delay; hamper; detain
【羁绊】trammels; fetters; yoke
【羁留】❶ stay; stop over ❷ keep in custody; detain
【羁押】detain; take into custody

及 [jí]
〔动〕① reach; come up to; attain: 财力所及 within one's means ② catch up with; be in time for ③ match; be equal to: 我的棋艺远远不及他。He plays chess far better than I do. ④ think of by analogy; take into account; give consideration to 〔连〕and; as well as: 高氏夫妇及子女 the Gaos and their children
【及第】pass an imperial examination
【及格】pass a test, examination, etc.; pass
【及至】and; as well as
【及时】〔形〕timely; in time; seasonable 〔副〕promptly; without delay
【及早】at an early date; as soon as possible; before it is too late
【及至】by the time; as soon as
【及时雨】fertile showers; heaven-sent rain
【及时行乐】enjoy life while yet may
【及物动词】transitive verb
【及早回头】mend one's ways without delay

吉 [jí]
〔形〕lucky; auspicious; felicitous; propitious
【吉利】lucky; auspicious; propitious
【吉普】jeep
【吉期】wedding day
【吉庆】auspicious occasion; happy occasion
【吉日】auspicious day; lucky day
【吉他】guitar
【吉祥】lucky; auspicious; propitious
【吉星】lucky star
【吉凶】good or ill luck
【吉言】auspicious remarks; blessing
【吉兆】good omen; propitious sign
【吉他手】guitar player; guitarist
【吉祥物】mascot
【吉日良辰】lucky〔happy〕day
【吉祥如意】be as lucky as desired; good fortune as one wishes
【吉祥数字】lucky number
【吉尼斯世界纪录】Guinness World Records

岌 [jí]
〔形〕high; lofty; towering
【岌岌可危】in imminent danger

汲 [jí]
〔动〕draw (water)
【汲汲】eager; anxious; avid
【汲取】draw; derive

级 [jí]
〔名〕① level; rank; grade ② course; grade; class; form ③ step 〔量〕step; stage: 十八级的梯子 ladder of 18 steps
【级别】rank; level; grade; scale
【级数】progression; series

极 [jí]
〔名〕① utmost point; extreme ② pole 〔动〕do one's utmost; reach the limit 〔形〕last; ultimate; highest 〔副〕extremely; exceedingly; utterly
【极大】maximum
【极点】the limit; the extreme; the utmost
【极顶】〔名〕peak; summit; pinnacle 〔副〕extremely
【极度】〔名〕the limit; the extreme; the utmost 〔副〕extremely
【极端】〔名〕extreme; band line; ultra; far-left; far-right; all or nothing 〔副〕extremely; exceedingly
【极光】aurora; polar lights
【极力】do one's utmost; spare no effort
【极目】look as far as the eye can see
【极品】best quality; highest grade; highest official rank
【极其】most; extremely; exceedingly
【极盛】the highest
【极为】extremely; exceedingly; to the utmost; in the extreme
【极限】❶ the limit; the maximum; ceiling ❷〈数〉limit
【极小】minimum
【极刑】capital punishment; the death penalty
【极右】ultra-Right
【极值】extreme value
【极左】ultra-Left
【极大化】maximation
【极大值】maximum (value)
【极乐鸟】bird of paradise
【极小化】minimization
【极小值】minimal value
【极坐标】polar coordinate
【极端分子】extremist; fanatic; hardliner; militant; diehard
【极乐世界】Pure Land; Western Paradise; the Land of Ultimate Bliss
【极盛时期】zenith; heyday; golden age

【极限运动】extreme sports
【极右分子】ultra-Rightist
【极右势力】ultra-Right forces
【极左分子】ultra-Leftist
【极左思潮】ultra-Left trend of thought

即 [jí]
动 ① approach; reach; be close to; be in contact ② attain; assume; undertake ③ be; mean; that is: 荷花即莲花 lotus, that is [namely] lotus flower 形 ① presently; at present; in immediate future ② prompted by the occasion 副 at once; immediately; in no time 连 even if; even though

【即便】even; even if; even though
【即或】even; even if; even though
【即将】be about to; be on the point of; soon
【即刻】at once; immediately; instantly
【即令】even; even if; even though
【即期】immediate; spot
【即日】〈书〉① this or that very day ② within the next few days
【即时】immediately; forthwith
【即食】(of food) instant
【即使】even; even if; even though
【即位】ascend the throne
【即席】〈书〉① impromptu; extemporaneous; offhand ② take one's seat
【即行】put into practice [executions] immediately; carry out right away; implement at once
【即兴】impromptu; extemporaneous
【即插即用】plug-and-play
【即食麦片】granola
【即兴表演】extemporaneous performance
【即开式奖券】scratch-open ticket

亟 [jí]
副 urgently; promptly; anxiously; earnestly
【亟亟】urgent; pressing; imperative
【亟盼】earnestly hope
【亟欲】desire most ardently; want very much
【亟待解决】have to be settled urgently; demand prompt solution; call for immediate solution
【亟盼复函】earnestly look forward to your reply
【亟须纠正】must be speedily put right
【亟须注意】call for immediate attention

急 [jí]
形 ① impatient; anxious; restless; hasty ② irritable; annoyed; nettled ③ fast; rapid; sudden; violent ④ urgent; compelling; pressing 动 ① make restless or anxious; worry ② be eager to help; 急群众之所急 be keen on meeting the needs of the masses 名 urgent matter; urgency; exigency; emergency
【急病】acute disease
【急驰】whirl; speed; go at high speed
【急促】① hurried; rapid ② short; pressing

【急电】urgent telegram; urgent cable
【急火】① strong [quick] fire; high heat ②〈中医〉internal heat
【急件】urgent document or dispatch
【急救】first aid; emergency treatment
【急剧】rapid; sharp; sudden
【急流】① torrent; rapid stream; rapids ②〈气〉jet stream; jet flow
【急忙】in a hurry; in haste; hurriedly; hastily
【急难】动 help people in trouble; be eager to help those in need 名 misfortune; grave danger
【急迫】urgent; pressing; imperative
【急切】① eager; impatient; urgent; imperative ② in a hurry; in haste
【急事】urgent matter; pressing business
【急速】very fast; rapid
【急弯】sharp turn
【急性】① acute ② impetuous
【急需】副 be badly in need of 名 urgent need
【急眼】动 worried; anxious 形 get angry; fly into a rage
【急用】urgent need
【急于】eager; anxious; impatient
【急雨】pelting rain
【急躁】① irritable; irascible ② impetuous; rash; impatient
【急诊】emergency call; emergency treatment
【急症】sudden attack; acute disease; emergency case
【急茬儿】urgent matter
【急匆匆】hurried; hasty
【急活儿】rush job
【急救包】first-aid dressing
【急救车】breakdown van; emergency ambulance
【急救箱】first-aid kit
【急救站】first-aid station
【急就章】hurriedly-written essay; hasty work; improvisation
【急刹车】① slam the brakes on ② bring to a halt
【急先锋】daring vanguard
【急行军】rapid march; forced march
【急性病】①〈医〉acute disease ② impetuosity
【急性子】形 of impatient disposition; impetuous 名 impetuous person
【急诊室】emergency room
【急转弯】sudden turnabout
【急不可待】be too impatient to wait; can't wait to do sth; be extremely anxious
【急风暴雨】violent storm; hurricane; tempest
【急功近利】eager for instant success and quick profits
【急救电话】first-aid phone; emergency phone
【急救中心】first-aid centre
【急流勇进】forge ahead against a swift current; press on in the teeth of difficulties

【急流勇退】 resolutely retire at the height of one's official career
【急起直追】 rouse oneself to catch up; do one's utmost to overtake
【急人之难】 help people in trouble; be eager to help those in need
【急于求成】 undue haste for success; overanxious for success; impatient for success
【急中生智】 hit upon a plan in desperation; show resourcefulness in an emergency; suddenly hit on a way out of a predicament
【急转直下】 take a sudden turn and then develop rapidly

疾 [jí]
图① disease; malady; sickness; illness ② suffering; pain; distress; difficulty 动 hate; loathe; abhor 形 swift; fast; quick; vigorous
【疾病】 disease; illness
【疾步】 quick〔rapid〕step; fast pace
【疾驰】 go〔run〕at high speed; speed off; whirl; spin along
【疾风】 ❶ strong wind; gale ❷〈气〉moderate gale
【疾呼】 call aloud; shout full blast
【疾患】 disease; illness; ailment
【疾苦】 sufferings; hardships
【疾驶】 speed along
【疾书】 write rapidly
【疾言厉色】 harsh words and stern looks

棘 [jí]
图① sour jujube ② thorn bushes; brambles 动 prick; puncture
【棘齿】 wolf teeth
【棘轮】 notch wheel; paw wheel
【棘手】 thorny; troublesome; knotty
【棘爪】 pawl; detent
【棘皮动物】 echinoderm

集 [jí]
动 gather; collect; assemble 图 ① market; fair ② collection; anthology ③ volume; book; part ④ set; assemblage
【集成】 ❶ collection ❷ integration
【集萃】 fine collection
【集股】 collect capital; form a stock company
【集合】 动 gather; assemble; muster; call together 图〈数〉assemblage; set
【集会】 assembly; rally; gathering; meeting
【集结】 mass; concentrate; build up
【集锦】 a collection of choice specimens
【集聚】 gather; collect; assemble
【集刊】 collected papers
【集拢】 gather; collect; assemble
【集纳】 gather; assemble
【集权】 centralization of power; centralized power
【集群】 colony; schooling
【集日】 market day
【集散】 collect and distribute
【集市】 country fair; market
【集束】 ❶ tied in a bundle ❷ compilation; collection
【集体】 collective
【集团】 group; clique; circle; bloc
【集训】 assemble for training
【集邮】 stamp collecting; philately
【集约】 intensive farming; intensive operation
【集运】 ❶ gather (goods, materials, etc.) together and transport ❷ container traffic; containerization
【集镇】 town; market town
【集中】 concentrate on〔upon〕; centralize; fix on〔upon〕; center... in〔on, upon, about, around〕; focus on〔upon〕; amass; put together
【集资】 raise funds; collect money; pool resources
【集子】 collection; collected works; anthology
【集成化】 integration
【集成块】 integrated (circuit) card
【集大成】 gather together all that is good; synthesize; be the culmination of; be a comprehensive expression of
【集电器】 collector; collector electrode
【集合号】 bugle call for fall-in; assembly
【集合论】 set theory
【集合体】 aggregate
【集权化】 centralization
【集散地】 entrepot; point〔center〕of collection and distribution; collecting and distributing center
【集体化】 collectivize
【集体舞】 group dancing
【集体照】 group picture〔photo〕; ensemble picture
【集团军】 group army; army
【集邮簿】 stamp-album
【集约化】 intensification; intensify
【集中营】 concentration camp
【集中制】 centralism
【集装箱】 container
【集资房】 houses built on the funds collected from the buyers
【集成电路】 integrated circuit
【集合函数】 set function
【集合名词】 collective noun
【集贸市场】 fair trade market
【集市贸易】 country fair trade; open market
【集思广益】 draw on collective wisdom and absorb all useful ideas; pool the wisdom of the masses
【集体婚礼】 web-in; collective〔group〕wedding ceremony
【集体经济】 collective economy; collectively-owned sector of the economy
【集体企业】 collectively-owned enterprise
【集体宿舍】 dormitory
【集体主义】 collectivism

【集团犯罪】organized crime
【集团公司】company group; conglomerate
【集团消费】institutional spending
【集团心理】group mind
【集腋成裘】the finest fragments of fox fur, sewn together, will make a robe—many a little makes a mickle
【集中采购】centralized purchasing; central buying
【集中供热】central heating
【集资办学】raise money to set up new schools
【集体所有制】collective ownership
【集体购买力】the purchasing power of institutions; institutional purchases
【集体主义教育】education to foster a community spirit

蒺 [jí]
【蒺藜】puncture vine

辑 [jí]
动 collect; gather; compile; edit 名 part; volume; division
【辑录】compile
【辑要】summary; abstract

嫉 [jí]
动 ①jealous; envious; covetous ②hate; detest
【嫉妒】jealous; envious
【嫉恨】envy and hate; hate out of jealousy
【嫉贤妒能】be envious of people of worth and ability

瘠 [jí]
形 ①lean; emaciated; thin and weak ②barren; poor
【瘠薄】barren; infertile; sterile; unproductive

藉 [jí]
动 tread on; trample underfoot; insult ➙jiè

籍 [jí]
名 ①book; record; register ②place of origin; native place; hometown ③membership
【籍贯】the place of one's birth or origin; native place; origin and parentage

jǐ

几 [jǐ]
代 ①how many; what; to what extent or degree ②a few; several; some ➙jī
【几度】time and again
【几多】代 how many(much) 副 to what an extent
【几分】a bit; somewhat; rather
【几何】❶〈书〉how much; how many ❷geometry
【几经】several times; time and again
【几时】what time; when
【几许】how much(many)
【几何体】solid
【几何学】geometry
【几次三番】time and again; repeatedly

【几番风雨】the devastation of a few storms and gusts
【几何级数】geometric progression; geometric series
【几何图形】geometric figure

己 [jǐ]
代 self; oneself; one's own
【己方】one's own side
【己见】one's own opinion
【己任】one's duty
【己所不欲,勿施于人】do not impose on others what you yourself do not desire; do not unto others as you would not have them do unto you

挤 [jǐ]
动 ①jam; crowd; throng; cram; pack: 挤满了人 be crowded with people/挤作一团 huddle together; be packed like sardines ②jostle; push; squeeze ③squeeze; press ④exclude; squeeze out; push out
【挤兑】a run on a bank
【挤对】❶force sb into obedience; force sb into submission ❷insult; belittle
【挤咕】blink; wink
【挤垮】squeeze(freeze)...out
【挤满】be packed(jammed) with; be filled to full capacity
【挤奶】milk
【挤压】extruding
【挤眼】wink
【挤占】occupy
【挤牙膏】squeeze toothpaste out of a tube—be forced to tell the truth bit by bit
【挤眉弄眼】make eyes; wink
【挤占挪用】unwarranted diversion of resources from designated uses

济 [jǐ] ➙jì
【济济】many; numerous
【济济一堂】gather many brilliant or talented people together under the same roof

给 [jǐ]
动 supply; provide; furnish 形 ample; abundant; well-provided for ➙gěi
【给付】pay
【给水】❶〈建〉water supply ❷〈机〉feed water
【给养】provisions; victuals
【给予】give; render

脊 [jǐ]
名 ①spine; backbone; vertebra ②sth like a spine; ridge
【脊背】back
【脊梁】[jǐliáng] ❶ backbone; spine ❷ backbone; hard core
【脊梁】[jǐliang] back
【脊檩】ridgepole
【脊髓】spinal cord
【脊柱】spinal column; vertebral column; back-

bone;spine
【脊椎】vertebra
【脊梁骨】❶ backbone;spine ❷ aspiration;ambition;spirit ❸ backbone;hard core
【脊椎动物】vertebrate

jì

计 [jì]
⃞ ① count;compute;calculate;number ② make plans;design;aim;intend ③ consider;concern oneself;care;bother about ⃞ ① meter;gauge ② idea;ruse;stratagem;plan
【计策】stratagem;plan
【计酬】work out or calculate payment
【计费】billing
【计分】count〔calculate〕the score
【计划】⃞ plan;project;program;design;scheme;plot ⃞ map out;plan
【计价】valuate
【计件】reckon by the piece
【计较】❶ bother about;haggle over;fuss about ❷ argue;dispute ❸ think over;plan
【计量】measure;calculate;estimate
【计谋】scheme;stratagem
【计票】count the ballots〔votes〕
【计时】reckon by time
【计数】[jìshǔ] count;calculate
【计数】[jìshù] count;tally;counting
【计算】⃞ count;compute;calculate;reckon ⃞ ❶ consideration;planning ❷ plot;scheme
【计委】planning commission
【计息】interest charges
【计议】deliberate;talk over;consult
【计程表】taximeter;meter
【计价器】fare meter;indicator;Mary Ann
【计时工】time-worker
【计时器】hour meter;hour counter
【计时赛】time trial
【计时员】timekeeper
【计数器】counter
【计算机】computer;calculating machine
【计算器】electronic calculator
【计划生育】family planning;birth control;planned parenthood
【计件工资】piece rate wage
【计日程功】estimate exactly how many days are needed to complete a project;have the completion of a project in sight
【计上心来】hit upon a stratagem;an idea comes into one's mind
【计时工资】payment by the hour;time wage
【计算中心】computing center
【计算机病毒】computer virus
【计算机程序】computer program
【计算机代码】computer code
【计算机动画】computer animation
【计算机犯罪】computer crime;cyber crime
【计算机机房】computer room

【计算机技术】computer technology
【计算机控制】computer control
【计算机理论】computer theory
【计算机联网】computer networking
【计算机模拟】computer simulation
【计算机配置】computer configuration
【计算机软件】computer software
【计算机数据】computer data
【计算机通信】computer communication
【计算机网络】computer network
【计算机芯片】computer chip
【计算机应用】computer application;computer utility
【计算机硬件】computer hardware
【计算机语言】computer language
【计算机指令】computer instruction
【计算机终端】computer terminal
【计算机专家】computernik
【计算机存储器】computer memory;computer storage
【计算机显示器】computer display
【计算机综合征】computer syndrome
【计算机程序设计】computer programming
【计算机存储芯片】computer memory chip
【计算机等级考试】band test of computer
【计算机监控系统】computer supervisory control system
【计算机情报检索】information retrieval by computer
【计算机中央处理器】central processing unit (CPU)

记 [jì]
⃞ ① remember;recall;bear in mind;commit to memory ② write down;record;jot down;take down ⃞ ① note;record;narrative;account ② mark;stamp;sign ③ birthmark ▨ 一记耳光 a slap in the face/一记闷棍 a staggering blow
【记仇】bear grudges;harbour bitter resentment
【记得】remember
【记分】keep the score;record the points;register a student's marks
【记工】record workpoints
【记功】cite sb for meritorious service;record a merit
【记挂】be concerned about;keep thinking about;miss
【记过】record a demerit;record a serious offence
【记号】mark;sign
【记恨】bear grudges
【记录】⃞ take notes;keep the minutes;record ⃞ ❶ minutes;notes ❷ notetaker;recorder ❸ record
【记名】put down one's name;sign
【记取】remember;bear in mind
【记事】⃞ keep a record of events;make a memorandum ⃞ account;record of events;

chronicles
【记述】record and narrate
【记诵】commit to memory and be able to recite;learn by heart
【记性】memory
【记叙】narrate
【记忆】动 remember;recall 名 memory
【记载】动 put down in writing;record 名 record;account
【记账】keep accounts;keep books
【记者】reporter; correspondent; newsman; journalist
【记住】remember;learn by heart;bear in mind
【记笔记】take notes
【记大功】record a merit
【记分牌】scoreboard
【记分员】scorekeeper;scorer;marker
【记录本】minute book
【记录员】notetaker;stenographer;reporter
【记日记】keep a diary
【记时仪】chronograph
【记事儿】begin to remember things
【记叙文】narrative writing
【记忆力】the faculty of memory;memory
【记者席】press box;press gallery
【记者证】press card
【记名股票】inscribed stock certificate;registered certificate of shares
【记名票据】bill to order;order bill;note to order
【记名债券】registered bond
【记名证券】inscribed security
【记忆合金】shape memory alloy
【记忆所及】as far as one can recollect;anything that one can remember
【记忆犹新】remain fresh in one's memory
【记者述评】commentary by a correspondent; reporter's review
【记账式国债】registered T-bond;national bond
【记账式债券】boot-entry bond
【记者招待会】press conference
【记账式国库券】registered〔inscribed〕treasury bond

伎 [jì]
名 ①skill;ability;trick ②professional female dancer or singer
【伎俩】trick;intrigue;manoeuvre

纪 [jì]
名 ①discipline ②age;epoch ③period 动 put down in writing;write down;record
【纪检】inspect discipline
【纪录】record
【纪律】discipline
【纪年】❶way of numbering the years ❷chronological record of events;annals
【纪念】动 commemorate; mark 名 souvenir; keepsake;memento 形 commemorative
【纪实】动 record of actual events 名 on-the-spot report
【纪事】动 record an incident 名 chronicle
【纪行】travel notes
【纪要】summary of minutes;summary
【纪元】❶the beginning of an era ❷epoch;era
【纪录片】documentary film;documentary
【纪念碑】monument;memorial
【纪念币】commemorative coin
【纪念册】autograph book;autograph album
【纪念封】commemorate envelope
【纪念馆】memorial hall;museum in memory of sb
【纪念品】souvenir;keepsake;memento
【纪念日】commemoration day
【纪念塔】memorial tower;monument
【纪念堂】memorial hall;commemoration hall
【纪念章】souvenir badge
【纪念邮票】commemorative stamp
【纪实文学】documentary literature
【纪实小说】fiction based on actual events
【纪律检查委员会】commission for inspecting discipline

技 [jì]
名 skill;ability;trick
【技法】skill and technique
【技工】skilled worker;mechanic;technician
【技能】technical ability;mastery of a skill or technique
【技巧】skill;technique;craftsmanship
【技师】technician
【技术】❶technology ❷skill;technique;know-how
【技痒】itch to exercise one's skill
【技艺】skill;artistry
【技术性】technical;of a technical nature
【技术员】technician
【技高一筹】more skillful
【技工学校】technical school
【技巧运动】acrobatic gymnastics
【技术改造】technical transformation;technological transformation
【技术革命】technological revolution
【技术革新】technological innovation;technical innovation
【技术工人】skilled worker
【技术含量】technical-holder
【技术鉴定】technical appraisal;technical evaluation
【技术人员】technical personnel〔staff〕;technician
【技术市场】technology exchange market
【技术学校】technical school
【技术依托】technical backstopping
【技术移民】skill immigration or migration; skill immigrant or migrator
【技术援助】technical assistance
【技术知识】technological know-how;technical knowledge

【技术职称】title for technical personnel
【技术指导】❶technological guidance; technical guidance ❷technical adviser
【技术转让】transfer of technology; technology transfer
【技术装备】technical plant; technological plant
【技术咨询】technical advice
【技术资料】technical data; technological data
【技术推广站】technical advice station
【技术研究所】technological research institute
【技术有偿转让】transfer of technology with compensation
【技术密集型产业】technology-intensive industry

系 [jì]

动 tie; fasten; do up; button up; zip up →xì
【系泊】moor
【系留】moor
【系绳】tether
【系船索】mooring rope; mooring line
【系留塔】mooring mast; mooring tower

忌 [jì]

动 ❶be jealous of; envy ❷fear; dread; scruple ❸avoid; shun; abstain from; refrain from ❹quit; give up
【忌妒】be jealous[envious] of; envy
【忌讳】❶taboo ❷avoid as harmful; abstain from
【忌恨】envy and hate; hate out of jealousy
【忌口】avoid certain food; be on a diet
【忌日】❶the anniversary of the death of a parent, ancestor, or anyone else held in esteem ❷date on which certain things should be avoided
【忌嘴】avoid certain food

际 [jì]

名 ❶border; boundary; edge ❷in; inside ❸between; among ❹occasion; moment; time ❺one's experiences or lot; circumstances 动 on the occasion of: 际此佳节 on this festive occasion
【际会】动 come across; meet; run into 名 chance; opportunity
【际涯】boundary; limit
【际遇】favourable turns in life; spells of good or bad fortune
【际会风云】riding on the crest of success

妓 [jì]

prostitute; whore
【妓女】prostitute; hooker; street girl
【妓院】brothel

季 [jì]

名 ❶season ❷period of time that has a distinctive characteristic; season ❸last period of (a dynasty) ❹last month of a season ❺fourth or youngest among brothers ❻the yield of a product in one season
【季报】quarterly reports
【季度】quarter
【季风】monsoon
【季节】season
【季军】third place
【季刊】quarterly publication; quarterly
【季票】season (ticket)
【季节性】seasonal

剂 [jì]

名 ❶pharmaceutical or chemical preparation ❷chemical [physical] substance; agent ❸a small piece of dough 动 compound; make up 量 a dose of Chinese herbal medicine
【剂量】dosage; dose
【剂型】the form of a drug

荠 [jì]

【荠菜】shepherd's purse

迹 [jì]

名 ❶footprint ❷mark; trace ❸remains; ruins; vestige ❹outward sign; indication ❺exploits; deed
【迹象】sign; indication

济 [jì]

动 ❶ferry; cross a river; go across a stream ❷relieve; aid; help ❸be helpful; be of help →jǐ
【济贫】aid the poor; relieve the poor; administer the poor
【济世】do good to society; benefit mankind
【济事】be of help[use]
【济困扶危】help people with money and rescue men from danger

既 [jì]

副 already 连 ❶as; since; now that ❷both... and...; as well as 形 finished; done; over
【既定】set; fixed; established
【既而】later; than; not long afterwards; subsequently
【既然】since; as; now that
【既是】since; as; now that
【既遂】accomplished offence
【既往】the past
【既成事实】accomplished fact
【既得利益】vested interest
【既定方针】fixed policy
【既往不咎】forgive sb's past misdeeds; not censure sb for his past misdeeds; let bygones be bygones
【既来之,则安之】since you are here, you may as well stay and make the best of it; since we have come, let us stay and enjoy it

觊 [jì]

动 hope for; try to get
【觊觎】covet; cast greedy eyes on

继 [jì]

动 continue; succeed; inherit; follow 副 then; afterwards
【继承】inherit; carry on
【继而】then; afterwards

【继父】stepfather
【继母】stepmother
【继任】succeed sb in a post
【继位】succeed to the throne
【继续】动 continue; go on; persist; proceed; remain; resume 名 continuation
【继承人】heir; successor; inheritor
【继电器】relay
【继子女】❶ adopted son〔daughter〕❷〈律〉stepson〔stepdaughter〕
【继往开来】carry forward the (revolutionary) cause and forge ahead into the future
【继续教育】continuing education

祭 [jì]
动 ❶ offer sacrifices to ❷ hold a memorial ceremony for ❸ wield (sth magic)
【祭奠】hold a memorial ceremony for
【祭礼】❶ sacrificial rites ❷ memorial ceremony ❸ sacrificial offerings
【祭灵】hold a memorial ceremony
【祭品】sacrificial offerings; oblation
【祭器】sacrificial utensil
【祭扫】offer sacrifices and pay respects to a dead person at his tomb
【祭祀】offer sacrifices to gods or ancestors
【祭坛】sacrificial altar
【祭天】offer a sacrifice to Heaven; worship Heaven
【祭文】funeral oration; elegiac address
【祭献】sacrifice
【祭灶】offer sacrifices to the kitchen god
【祭祖】offer sacrifices to one's ancestors

悸 [jì]
动 ❶ throb; palpitate ❷ be frightened; be terrified
【悸动】palpitate from nervousness

寄 [jì]
动 ❶ send by post; post; mail ❷ entrust; deposit; place; park ❸ depend on; attach oneself to 形 adopted
【寄存】deposit; leave with; check
【寄递】deliver (a letter)
【寄放】leave with; leave in the care of
【寄费】postage
【寄居】live away from home
【寄卖】❶ put up for sale (in a secondhand shop) ❷ consign for sale on commission
【寄生】❶〈生〉parasitism ❷ parasitic
【寄售】consignment sales
【寄宿】❶ lodge; put up ❷ board
【寄托】❶ entrust to the care of sb; leave with sb ❷ place (hope, etc.) on; find sustenance in; repose
【寄养】entrust one's child to the care of sb; ask sb to bring up one's child
【寄予】❶ place (hope, etc.) on ❷ show; give; express
【寄语】send word
【寄寓】❶ live away from home; lodge ❷ place (hope, etc.) on; find sustenance in; repose
【寄主】host
【寄存器】computer register
【寄件人】sender
【寄卖品】consignment merchandise
【寄生虫】parasite
【寄生生】resident student; boarder
【寄信人】sender
【寄卖商店】commission shop; secondhand shop
【寄情山水】abandon oneself to nature
【寄人篱下】live under another's roof; depend on sb for a living
【寄宿学校】boarding school; residential college

寂 [jì]
形 ❶ still; quiet; calm; silent ❷ lonely; lonesome; solitary
【寂静】quiet; still; silent
【寂寞】❶ lonely; lonesome ❷ quiet; still; silent

绩 [jì]
名 ❶ twist hempen thread ❷ achievement; accomplishment; contribution; merit
【绩效】performance
【绩差股】bad performance stock
【绩优股】blue chip stocks; good performance stock
【绩效评价】performance evaluation

鲫 [jì]
名 crucian carp
【鲫鱼】crucian carp

髻 [jì]
名 chignon

冀 [jì]
动 hope; long for; yearn for; look forward to 名 another name for Hebei
【冀望】hope for; long for

jiā

加 [jiā]
动 ❶〈数〉add; plus ❷ increase; rise; raise; augment ❸ put in; add; append ❹ impose
【加班】work overtime; work an extra shift
【加倍】❶ double ❷ redouble
【加餐】snack
【加车】(put on) extra buses or trains
【加成】addition
【加大】increase; augment; enlarge
【加点】work extra hours
【加法】addition
【加封】grant additional titles and territories (to the nobles)
【加高】heighten
【加工】❶ process ❷〈机〉machining; working
【加固】reinforce; consolidate
【加害】injure; do harm to
【加号】plus sign
【加厚】thicken
【加急】urgent

【加价】price markup
【加减】add and subtract
【加紧】step up; speed up; intensify
【加劲】put more energy into; make a greater effort
【加剧】aggravate; intensify; exacerbate
【加快】quicken; speed up; accelerate; pick up speed
【加宽】broaden; widen
【加料】⃝ feed in raw material ⃝ reinforced
【加码】❶ raise the price of commodities; overcharge ❷ raise the stakes in gambling ❸ raise the quota
【加盟】take part in; become a member of an alliance or union; join
【加密】encrypt; set up a secret number (code)
【加冕】coronation
【加强】strengthen; enhance; augment; reinforce
【加权】weight
【加热】heating
【加入】❶ add; mix; put in ❷ join; accede to
【加上】⃝ add; give ⃝ moreover; in addition
【加深】deepen
【加试】add (more items) to an examination
【加数】addend
【加速】quicken; speed up; accelerate; expedite
【加温】heat up; raise the temperature; stimulate
【加薪】increase the salary; raise the pay
【加压】pressurization; compression; pressure
【加以】❶ 有问题要及时加以解决。Problems should be resolved in good time. ❷ in addition; moreover; 他工作态度好，加以特别谦虚，所以人缘儿挺好。He holds a positive attitude towards work and, moreover, he is very modest; so he is on good terms with everyone.
【加油】❶ oil; lubricate ❷ refuel; oil ❸ make a greater effort; make an extra effort
【加之】in addition; moreover
【加重】❶ make or become heavier; increase the weight of ❷ make or become more serious; aggravate
【加注】fill; refuel
【加班费】pay for extra shift; overtime pay
【加农炮】cannon; gun
【加塞儿】push into a queue out of turn; jump a queue
【加湿器】humidifier
【加时赛】play-off competition
【加速度】acceleration
【加速器】accelerator
【加油站】filling [petrol, gas] station
【加官晋爵】be promoted to a higher office and rank
【加油添醋】embroider; play up; give embellishment to a story; add highly coloured details to a story

夹 [jiā]
⃝ ❶ press from both sides; clip; pinch ❷ carry (sth) under one's arm ❸ place or stay in between ❹ mix; mingle; intersperse ⃝ clip; clamp; folder ➡ jiá
【夹板】boards for pressing sth or holding things together; 〈医〉splint
【夹层】double layer
【夹持】clamp; grip; grasp
【夹带】⃝ carry secretly; smuggle ⃝ notes smuggled into an examination hall
【夹道】⃝ a narrow lane; passageway ⃝ line both sides of the street
【夹缝】crack; crevice
【夹攻】attack from both sides; converging attack; pincer attack
【夹击】converging attack; pincer attack
【夹角】included [intersection] angles
【夹克】jacket
【夹生】❶ half-cooked ❷ not well done ❸ not quite assimilated
【夹心】with filling
【夹杂】be mixed up with; be mingled with
【夹子】clip; tongs; folder; wallet
【夹板气】state of being caught between two fires [in the crossfire]
【夹生饭】❶ half-cooked rice ❷ a job not thoroughly done
【夹竹桃】(sweet-scented) oleander
【夹层玻璃】sandwich glass
【夹心饼干】sandwich biscuits
【夹叙夹议】narration interspersed with comments

佳 [jiā]
⃝ good; fine; excellent; beautiful
【佳话】deed praised far and wide; story on everybody's lips; much-told tale
【佳绩】accomplishment
【佳节】happy festival time; festival
【佳境】❶ scenic spot ❷ consummate state [realm]
【佳句】beautiful line (in a poem); well-turned phrase
【佳丽】⃝ beautiful ⃝ beautiful woman
【佳酿】good wine
【佳偶】happily married couple
【佳期】❶ dating time for lovers ❷ wedding [nuptial] day
【佳人】beautiful woman; beauty
【佳肴】delicacies
【佳音】welcome news; good tidings; favourable reply
【佳作】a fine piece of writing; excellent work

枷 [jiā]
⃝ cangue
【枷锁】yoke; chains; shackles; fetters—oppression and restriction

痂 [jiā]

〈名〉scab; crust

【痂皮】crust; crusta

家 [jiā]

〈名〉①family; household ②home ③person or family engaged in a certain trade ④specialist; expert ⑤school of thought; school ⑥referring to one of the opposite parties 代〈谦〉my 形①domestic; tame; cultivated ②internal 量 三家人家 three families/五家饭馆 five restaurants

【家财】family property
【家产】family property
【家常】the daily life of a family; domestic trivia
【家丑】family scandal; the skeleton in the cupboard[closet]
【家畜】domestic animal; livestock
【家传】family possessions
【家当】family belongings; property
【家电】electrical home appliances; electrical household appliances
【家访】visit to the parents of schoolchildren or young workers
【家风】family custom and style; family tradition
【家父】my father
【家鸽】pigeon
【家规】domestic discipline and family rules
【家伙】〈口〉❶ tool; utensil; weapon ❷fellow; guy ❸livestock; domestic animals
【家计】family livelihood
【家教】❶family education; upbringing ❷private tutor
【家境】family financial situation; family circumstances
【家居】动 stay at home without a job 名 home; residence
【家具】furniture
【家眷】❶ wife and children; one's family ❷wife
【家里】in the family; at home
【家门】❶house gate; home ❷family ❸member of the same clan ❹family background
【家谱】family tree; genealogical tree; genealogy
【家禽】domestic fowl; poultry
【家人】❶family member ❷servant
【家史】family history
【家世】social standing of one's family
【家事】family matters; domestic affairs
【家室】❶residence; house ❷wife ❸family
【家什】utensils; furniture, etc.
【家书】❶letter home ❷letter from home
【家属】family members; (family) dependents
【家鼠】home[house] mouse
【家私】family property
【家室】family; household
【家兔】rabbit
【家务】household duties

【家乡】hometown; birth place; place of birth
【家小】wife and children
【家信】letter to or from one's family
【家训】family precept[instruction, motto]
【家宴】❶family reunion feast ❷family feast
【家燕】house swallow
【家业】❶family property; property ❷work and learning handed down in a family
【家用】形 domestic 名 living expenses
【家园】home; homeland
【家贼】thief within a house
【家长】❶the head of a family ❷the parent or guardian of a child
【家政】❶ household management ❷ home economics
【家装】home decoration
【家族】clan; family
【家子】[jiāzi] household; family
【家常菜】home cooking
【家常话】small talk; chitchat
【家底儿】family property accumulated over a long time; resources
【家雀儿】house-sparrow
【家家户户】each and every family; every household
【家贫如洗】utterly destitute; penniless
【家破人亡】with one's family broken up, some gone away, some dead
【家庭暴力】domestic violence
【家庭背景】family background
【家庭出身】class status of one's family; family origin
【家庭服务】domestic help; servant; maid
【家庭妇女】housewife
【家庭教师】private teacher[tutor]
【家庭教育】family education; home education
【家庭作业】homework
【家徒四壁】have nothing but the bare walls in one's house—be utterly destitute
【家用电器】electrical home appliances; electrical household appliances
【家喻户晓】known to every household; widely known; known to all
【家政服务】home management service; home-making service
【家族企业】family firm
【家和万事兴】if the family lives in harmony, all affairs will prosper; harmony in the family leads to prosperity in all undertakings
【家庭服务员】family attendant; attendant in household

袈 [jiā]

【袈裟】kasaya (a patchwork outer vestment worn by a Buddhist monk)

嘉 [jiā]

形 good; nice; fine 动 praise; laud; commend

【嘉宾】honoured guest; welcome guest

【嘉奖】commend; cite
【嘉勉】praise and encourage
【嘉许】praise; approve
【嘉言】nice words
【嘉奖令】citation
【嘉年华】carnival

jiá

夹 [jiá] 形 double-layered; lined ➡ jiā
【夹袄】lined jacket
【夹被】double-layered quilt

荚 [jiá] 名 pod

戛 [jiá] 动 knock gently; tap
【戛然而止】cease abruptly; come to an abrupt end

颊 [jiá] 名 cheek

jiǎ

甲 [jiǎ] 名 ① first ② shell; carapace ③ nail ④ armour ⑤ administrative unit of 10 households 动 be first; rank first
【甲板】deck
【甲苯】toluene; methylbenzene
【甲虫】beetle
【甲醇】methyl alcohol; methanol; wood spirit; wood alcohol
【甲方】party A
【甲酚】cresol
【甲醛】formaldehyde
【甲酸】formic acid; methanoic acid
【甲烷】methane
【甲鱼】soft-shelled turtle
【甲胄】armour
【甲A联赛】Division One Group A soccer league
【甲骨文】inscriptions on bones or tortoise shells of the Shang Dynasty

岬 [jiǎ]
【岬角】cape; promontory

胛 [jiǎ]
【胛骨】shoulder blade

钾 [jiǎ] 名 potassium (K)
【钾肥】potash fertilizer
【钾盐】sylvite

假 [jiǎ] 形 false; fake; bogus; counterfeit; sham; phoney 动 ① suppose; presume; assume ② borrow; avail oneself of; make use of 连 if; in case 名 fake; imitation; defective goods ➡ jià
【假案】fabricated case; slanderous case
【假扮】disguise oneself as; dress up as
【假币】counterfeit 〔bad, fake, fraudulent, queer〕money; false coin
【假唱】lip-synch
【假钞】counterfeit money
【假充】pretend to be; pose as
【假定】① suppose; assume; grant; presume ② hypothesis
【假发】wig
【假话】lie; falsehood
【假货】fake goods; fake products
【假借】make use of
【假冒】pass oneself off as; palm off (a fake as genuine)
【假名】① pseudonym; pen name; stage name; alias; assumed name ② kana
【假球】false play
【假如】if; supposing; in case
【假山】rockery
【假设】① suppose; assume; grant; presume ② hypothesis
【假使】if; in case; in the event that
【假释】relieve ... on parole
【假手】名 artificial hand; hand prosthesis 动 do sth through sb else; make a cat's-paw of sb; make use of sb
【假说】hypothesis
【假想】名 ① imagination; hypothesis; supposition 形 imaginary; hypothetical; fictitious
【假象】false appearance;〈地〉pseudomorph
【假牙】dental prosthesis; false tooth; denture
【假药】imitation medicine; fake medicine
【假意】① unction; insincerity; hypocrisy 副 intentionally; deliberately
【假造】① forge; counterfeit ② invent; fabricate
【假账】false entry
【假肢】artificial limb
【假植】heel in
【假装】pretend; feign; simulate; make believe; keep up appearance
【假动作】deception; feint; dummy
【假恶丑】the false, the bad and the ugly
【假分数】improper fraction
【假面具】mask; false front
【假嗓子】falsetto
【假想敌】imaginary enemy; hypothetical foe
【假小子】tomboy
【假惺惺】hypocritically; unctuously
【假正经】be hypocritical; pretend to be a saint
【假公济私】use public office for private gain; practice jobbery; work for one's own ends in public affairs
【假冒产品】fake products; phony products
【假冒商标】counterfeit trademarks
【假面舞会】masked ball; masquerade
【假模假式】insincere; hypocritical
【假仁假义】pretended benevolence and righteousness; hypocrisy

jià

价 [jià]
①price ②value ③〈化〉valence
【价格】price;cost;quotation;charge
【价码】listed price;marked price
【价目】marked price;price
【价签】price tag
【价钱】price
【价位】price standing;current price;current standing of price;level of a price
【价值】①〈经〉value ②worth;value
【价目表】price list
【价值观】values
【价值规律】law of value
【价值连城】worth several cities—invaluable;priceless;of great worth

驾 [jià]
①harness;draw or pull (a cart, etc.) ②drive;pilot;sail;ride ③ride ④control;master ①vehicle;carriage ②emperor;emperor's carriage ③〈敬〉you
【驾崩】pass away;die
【驾到】arrival of a visitor
【驾临】your arrival;your esteemed presence
【驾驶】drive;pilot;ride
【驾驭】①drive ②control;master;dominate
【驾辕】be harnessed in the shafts;be hitched up
【驾驶杆】control stick[column];joystick
【驾驶盘】steering wheel
【驾驶室】driver's cab
【驾驶员】driver;pilot
【驾驶证】〈英〉driving license;〈美〉driver's license
【驾轻就熟】drive a light carriage on a familiar road—handle a job with ease because of previous experience;do a familiar job with ease

架 [jià]
frame;shelf;hanger;stand;rack ①prop up;put up;erect ②fend off;ward off;withstand ③kidnap;abduct;take sb away forcibly ④support;help along ⑤fight;quarrel 两架钢琴 two pianos;一架飞机 an airplane;一架丝瓜 a towel gourd plant
【架次】sortie
【架构】build;construct ①framework;frame ②organization;structure;pattern
【架空】①built on stilts;overhead;aerial ②impracticable;unpractical make sb a mere figurehead;render unfeasible
【架设】erect (above ground or water level, as on stilts or posts)
【架势】①posture;stance;manner ②condition;situation
【架子】①frame, stand, rack, shelf ②framework;skeleton;outline ③airs;haughty manner ④posture;stance;manner

【架不住】〈方〉①cannot sustain (the weight);cannot stand (the pressure);cannot stand up against ②be no match for;cannot compete with
【架得住】be able to bear or endure

假 [jiǎ]
holiday;vacation;leave of absence;furlough ➡ jiǎ
【假期】vacation;holiday;period of leave
【假日】holiday;day off
【假条】①application for leave ②leave permit
【假日经济】holiday economy

嫁 [jià]
①marry ②shift;transfer
【嫁接】grafting;graft
【嫁人】get married;marry
【嫁妆】dowry;trousseau
【嫁祸于人】shift the misfortune onto sb else;put the blame on sb else

稼 [jià]
sow (grain) cereals;crops

jiān

尖 [jiān]
①pointed;tapering;sharp ②shrill;sharp;piercing ③sharp;acute;keen ④stingy;miserly;calculating ⑤sharp-tongued;caustic make (one's voice, etc.) shrill or sharp ①point;tip;tapering end ②best of its kind;pick of the bunch;cream of the crop
【尖兵】①〈军〉point ②trailblazer;pathbreaker;pioneer;vanguard
【尖刀】sharp knife;dagger
【尖顶】pinnacle
【尖端】①pointed end;acme;peak ②most advanced;sophisticated
【尖叫】shriek;scream;yell;whoop;screech
【尖刻】acrimonious;caustic;biting
【尖厉】shrill;piercing
【尖利】①sharp;keen;cutting ②shrill;piercing
【尖锐】①sharp-pointed ②penetrating;incisive;sharp;keen ③shrill;piercing ④intense;acute;sharp
【尖酸】acrid;acrimonious;tart
【尖细】small and shrill
【尖子】the best of its kind;the pick of the bunch;the cream of the crop;the pick;ace
【尖酸刻薄】tart and mean;bitterly sarcastic
【尖嘴猴腮】have a mouth that sticks out and a chin like an ape's—have a wretched appearance

奸 [jiān]
①wicked;evil;false;treacherous ②betray one's country or monarch;traitorous ③crafty;self-seeking and wily ①traitor ②illicit sexual relations;adultery
【奸臣】treacherous court official
【奸党】clique or people disloyal to the country

or monarch;cabal
【奸猾】treacherous;crafty;deceitful
【奸计】evil plot
【奸情】adulterous affair
【奸人】evildoer;malefactor
【奸杀】seduce and murder
【奸商】profiteer;dishonest trader;unscrupulous merchant
【奸污】rape;seduce
【奸细】spy;enemy agent
【奸险】wicked and crafty;treacherous;malicious
【奸笑】sinister〔villainous〕smile
【奸邪】crafty and evil
【奸淫】rape;seduce
【奸诈】fraudulent;crafty;treacherous
【奸淫掳掠】rape and loot

歼 [jiān]
动 annihilate;wipe out;destroy
【歼敌】annihilate the enemy
【歼灭】annihilate;wipe out;destroy
【歼击机】fighter plane;fighter;pursuit plane
【歼灭战】war〔battle〕of annihilation

坚
形 ① solid;hard;firm;strong ② firm,steadfast;determined;resolute 名 armour;heavily fortified point;fortification;stronghold
【坚持】persist in;persevere in;uphold;insist on;stick to;stick at;stick out;adhere to;hold on;hold to
【坚定】形 firm,staunch;steadfast 动 strengthen
【坚固】firm;solid;sturdy;strong
【坚果】nut
【坚拒】flatly refuse;categorically reject
【坚决】firm;resolute;determined
【坚苦】steadfast and assiduous
【坚强】形 strong;firm;staunch 动 strengthen
【坚忍】steadfast and persevering (in face of difficulties)
【坚韧】tough and tensile;firm and tenacious
【坚实】solid;substantial
【坚守】stick to;hold fast to;stand fast
【坚挺】❶ strong;firm ❷ strong and stable
【坚信】firmly believe
【坚毅】firm and persistent;with unswerving determination;with inflexible will
【坚硬】hard;solid
【坚贞】faithful;constant
【坚不可摧】indestructible;impregnable;indomitable
【坚持不懈】unremitting;persistent
【坚持不渝】persistent;persevering
【坚定不移】firm and unshakable;unswerving;unflinching
【坚苦卓绝】showing the utmost fortitude
【坚韧不拔】firm and indomitable;persistent and dauntless
【坚如磐石】solid as a rock;rock-firm

【坚信不移】firmly believe;have not the slightest doubt
【坚贞不屈】remain faithful and unyielding
【坚贞不渝】loyal through thick and thin

间 [jiān]
名 ① between;among ② within a definite time or space ③ room 量 两间卧室 two bedrooms/一间办公室 an office/一间门脸儿 a shop front
【间距】interval;separation;spacing
【间奏曲】intermezzo
【间不容发】not a hair's breadth apart or away—extremely critical

肩 [jiān]
名 shoulder 动 ① undertake;shoulder;sustain;bear ② carry on the shoulder;shoulder
【肩膀】shoulder
【肩负】take on;undertake;shoulder;bear
【肩挑】动 carry on the shoulder 名 porter
【肩头】方 on the shoulders ② shoulders
【肩章】shoulder loop;shoulder-strap;epaulet

艰 [jiān]
形 difficult;arduous;hard
【艰巨】arduous;formidable
【艰苦】arduous;difficult;hard;tough
【艰难】difficult;hard
【艰涩】involved and abstruse;intricate and obscure
【艰深】difficult to understand;abstruse
【艰险】hardships and dangers
【艰辛】hardships
【艰苦创业】start undertakings with painstaking efforts
【艰苦奋斗】work hard and perseveringly;struggle hard amid difficulties
【艰苦朴素】hard work and plain living
【艰苦卓绝】showing the utmost fortitude

监 [jiān]
动 supervise;inspect;watch;control 名 prison;jail
【监测】monitor
【监察】supervise;control
【监督】动 supervise;superintend;control 名 supervisor
【监犯】prisoner;convict
【监工】动 supervise work;oversee 名 overseer;supervisor
【监管】supervise;keep watch on
【监规】prison regulations
【监护】❶ observe and serve ❷ guardianship;tutelage
【监禁】take into custody;imprison;put in jail〔prison〕
【监考】动 invigilate 名 invigilator;proctor
【监控】❶ monitor and control ❷ supervise and control
【监牢】prison;jail
【监理】supervise and manage an engineer-

ing project 图 supervisor
【监察】 scrutinize〔monitor〕balloting; oversee the poll
【监事】 supervisor; member of board of supervisors
【监视】 watch; keep a watch on; surveillance; observation
【监守】 have custody of; guard; take care of
【监听】 listen in; monitor; wiretapping
【监狱】 prison;〈美〉jail;〈英〉goal; cell
【监制】 supervise the manufacture of
【监察员】 supervisor; controller
【监督岗】 watchdog post
【监护人】 guardian
【监票员】 controller of ballots
【监事会】 board of supervisors
【监视器】 monitor
【监听器】 monitor
【监督程序】 monitor program
【监督电话】 complaint telephone number
【监督机制】 supervision mechanism
【监督劳动】 do penal labour under surveillance
【监视雷达】 surveillance radar
【监守自盗】 steal what is entrusted to one's care; embezzle; defalcate

兼 [jiān]
动 hold two or more jobs〔posts〕concurrently 形 double; twice 副 simultaneously; concurrently
【兼爱】 give universal love
【兼备】 have both...and...
【兼并】 ❶annex ❷amalgamate
【兼程】 travel at double speed
【兼顾】 combine; mix; bring together; mingle
【兼管】 be also in charge of
【兼课】 ❶do some teaching in addition to one's main occupation ❷hold two or more teaching jobs concurrently
【兼任】 动 hold a concurrent post 图 part-time
【兼容】 compatible
【兼营】 manage〔operate〕as a sideline; sideline in
【兼职】 动 hold two or more posts concurrently 图 concurrent post; part-time job; sideline; on the side
【兼容机】 compatible computer
【兼容性】 compatibility
【兼而有之】 have both at the same time
【兼容并包】 all-embracing; all-inclusive
【兼收并蓄】 incorporate things of diverse nature; take in everything
【兼职教师】 part-time teacher

笺 [jiān]
图 ❶annotation; commentary ❷writing paper ❸letter
【笺注】 notes and commentary on ancient texts

犍 [jiān]
图 bullock; castrated bull
【犍牛】 bullock

缄 [jiān]
动 ❶close; shut ❷seal 图 letter
【缄口】 keep one's mouth shut; hold one's tongue; say nothing
【缄默】 keep silent; be reticent

煎 [jiān]
动 ❶fry in shallow oil ❷simmer in water; decoct 图 decoction; 头煎药 first decoction
【煎熬】 suffering; torture; torment
【煎饼】 thin pancake made of millet flour, etc.

拣 [jiǎn]
动 choose; select; pick
【拣选】 select

茧 [jiǎn]
图 ❶cocoon ❷callus
【茧绸】 pongee
【茧子】 silkworm cocoon

柬 [jiǎn]
图 card; note; letter
【柬帖】 note; short letter

俭 [jiǎn]
形 thrifty; frugal
【俭朴】 thrifty and simple; economical
【俭省】 economical; thrifty

捡 [jiǎn]
动 pick up; collect; gather
【捡漏】〈建〉repair the leaky roof; plug a leak in the roof
【捡拾】 pick up; collect; gather
【捡漏儿】 pick holes in; nitpick
【捡破烂儿】 pick odds and ends from refuse heaps

检 [jiǎn]
动 ❶ check up; test; inspect; examine; analyse; study ❷ restrain oneself; be careful in one's conduct
【检波】 detection
【检测】 test; examine; check up
【检查】 动 ❶check up; test; inspect; examine ❷ look up; refer to 图 self-criticism
【检察】 procuratorial work
【检点】 ❶examine; check ❷be cautious
【检定】 examine and determine
【检举】 report (an offence) to the authorities; inform against (an offender); accuse
【检控】 ❶investigate ❷inform against; accuse; charge
【检漏】〈电工〉leak hunting
【检票】 ❶examine tickets〔ballots〕; counting of ballots ❷check in
【检索】 refer to; look up
【检讨】 ❶self-criticism ❷examine; inspect
【检修】 examine and repair; overhaul
【检验】 test; examine; inspect
【检疫】 quarantine
【检阅】 ❶ review; inspect ❷ browse; leaf

through
【检查团】inspection party
【检查站】checkpoint; checkpost; inspection station
【检察官】public procurator[prosecutor]
【检察院】procuratorate
【检察长】chief procurator; public procurator-general
【检举人】informant; accuser
【检举箱】box for accusation letters
【检举信】letter of accusation; written accusation
【检验师】labouratorian
【检阅台】reviewing stand
【检字表】word index
【检字法】indexing system (for Chinese characters)
【检疫证明书】quarantine certificate; vaccination certificate; yellow book

减 [jiǎn]

⓿ ①subtract; deduct; minus; take away ② reduce; diminish; decrease; cut
【减半】reduce by half
【减仓】sell shares
【减产】reduction of output; drop in production
【减低】reduce; lower; bring down; cut
【减法】subtraction
【减肥】reduce weight; slim; lose weight; shed
【减幅】range of decrease; decrease; amount of cut
【减负】alleviate burdens on sb; lighten the burden
【减号】minus sign
【减缓】retard; slow down
【减价】reduce[lower] the prices; mark down
【减免】❶ mitigate a punishment; annul a punishment ❷reduce; remit
【减轻】lighten; ease; alleviate; mitigate
【减去】subtraction; minus; deducting
【减让】reduce; lessen; subside; wane; ebb; recede; offer discounts
【减弱】weaken; abate
【减色】spoil
【减少】decrease; lessen; decline; reduce; dwindle; abate; diminish; subside
【减数】subtrahend
【减税】tax reduction
【减速】slow down; decelerate; retard
【减损】depletion
【减缩】reduce; cut down; retrench
【减退】drop; go down
【减息】cut interest
【减小】lessen; decrease; diminish; go down
【减薪】reduce salary
【减刑】reduce a penalty; reduce a sentence; commute[mitigate] a sentence
【减压】reduce pressure; decompress
【减员】⓿depletion of numbers ⓿ cut staff

【减灾】reduce natural disasters; disaster reduction; disaster alleviation
【减震】shock absorption; damping
【减肥操】slimming exercises
【减肥茶】weight-reducing tea
【减肥药】weight-reduction medicine; loss medicine
【减震器】shock absorber; damper
【减肥中心】health spa; weight-control center
【减速运动】retarded motion

剪 [jiǎn]

⓿ ①scissors; shears; clippers ② scissor-shaped tool ⓿ ①cut; clip; trim ②cut off ③wipe out; exterminate
【剪报】newspaper cutting[clipping]
【剪裁】❶ cut out; tailor ❷ cut out unwanted material; prune
【剪彩】cut the ribbon at an opening ceremony
【剪除】wipe out; annihilate; exterminate
【剪刀】scissors; shears
【剪掉】cut off; scissor off
【剪断】cut off; nip; snip
【剪发】have one's hair cut
【剪辑】⓿❶editing and rearrangement ❷〈电影〉montage; film editing ⓿edit
【剪接】film montage; film editing
【剪开】cut open
【剪毛】shearing; clipping
【剪票】punch a ticket
【剪切】shearing
【剪贴】⓿clip and paste... in a scrapbook or on cards ⓿cutting out
【剪影】❶paper-cut silhouette ❷outline; sketch
【剪纸】paper-cut; scissor-cut
【剪子】scissors; shears; clippers
【剪窗花】cut paper for window decoration
【剪刀差】scissors movement of prices; scissors differential[difference]; price scissors
【剪贴板】clipboard
【剪贴簿】scrapbook
【剪纸片】cartoon films with paper-cut figures

睑 [jiǎn]

⓿eyelid
【睑腺炎】sty

简 [jiǎn]

⓿simple; succinct; terse; brief ⓿ ①simplify; abridge; make sth simpler ②slight; snub; treat impolitely ③select; choose ⓿ ①bamboo slip ②note; letter
【简报】bulletin; brief report
【简本】concise edition
【简编】❶short course ❷concise edition
【简便】simple and convenient; handy
【简表】simple list
【简称】the abbreviated form of a name; abbreviation
【简单】❶ simple; uncomplicated ❷ commonplace; ordinary ❸oversimplified; casual

【简短】brief
【简化】simplify
【简洁】succinct; terse; pithy
【简捷】❶ simple and direct; forthright ❷ simple and convenient
【简介】❶ brief introduction; synopsis; summarized account ❷ summary
【简况】brief account; short introduction
【简历】biographical notes; curriculum vitae; résumé
【简练】terse; succinct; pithy
【简陋】simple and crude
【简略】simple (in content); brief; sketchy
【简明】simple and clear; concise
【简评】concise evaluation
【简朴】simple and unadorned; plain
【简谱】numbered musical notation
【简省】simplify; economize
【简史】sketch of history; outline; short〔brief, concise〕history (of)
【简述】resume sketch
【简体】❶ simplified style of Chinese characters ❷ simplified Chinese character
【简图】sketch; diagram
【简写】❶ write a Chinese character in simplified form ❷ simplify a book for beginners
【简讯】news in brief
【简要】concise and to the point; brief
【简易】❶ simple and easy ❷ simply constructed; simply equipped; unsophisticated
【简约】❶ brief; concise; sketchy ❷ frugal
【简则】brief rules
【简章】general regulations
【简直】simply; at all
【简装】simple packing
【简笔画】sketch
【简笔字】simplified Chinese character
【简化字】simplified Chinese characters
【简体字】simplified Chinese character
【简写本】simplified edition
【简而言之】briefly speaking; shortly speaking; in brief; in short; in a word; to be brief; to sum up; to put it in a nutshell
【简明扼要】brief and to the point; concise
【简明新闻】news in brief
【简谐运动】simple harmonic motion
【简易读物】easy reader
【简易公路】simply-built highway

碱 [jiǎn]
图 ①〈化〉alkali ② soda 动 alkalinize
【碱地】alkaline land
【碱性】basicity; alkalinity
【碱金属】alkali〔alkaline〕metal
【碱式盐】basic salt
【碱性反应】alkaline reaction

jiàn

见 [jiàn]
动 ① see; behold; witness; catch sight of ②

meet with; be exposed to ③ show evidence of; appear or seem to be ④ refer to; see; vide ⑤ meet; receive; call on; see ⑥ catch sight of; see ⑦ be held in esteem by his contemporaries ⑧ excuse me; forgive me 名 view; opinion
【见报】appear in the newspapers
【见长】[jiàncháng] be good at; be expert in
【见称】be noted〔famous, well-known〕
【见得】seem; appear
【见地】insight; judgment
【见方】square
【见告】keep me informed; let me know
【见怪】mind; take offence
【见鬼】形 fantastic; preposterous; absurd 动 go to hell
【见好】get better; mend
【见机】as the opportunity arises; as befits the occasion; according to circumstances
【见教】favour me with your advice; instruct me; ask to benefit from sb's advice
【见解】view; opinion; understanding
【见老】be aged
【见谅】excuse me; forgive me
【见面】meet; see
【见轻】get better; take a favourable turn
【见识】动 widen one's knowledge; enrich one's experience 名 experience; knowledge; sensibleness; horizon; insight; vision
【见天】every day
【见外】regard sb as an outsider
【见闻】what one sees and hears; knowledge; information
【见习】learn on the job; be on probation
【见下】see below; vide infra
【见笑】laugh at (me; us)
【见效】become effective; produce the desired result
【见于】see; refer to
【见长】[jiànzhǎng] grow perceptibly
【见证】动 bear witness; give testimony 名 witness; testimony
【见不得】❶ not be exposed to ❷ not fit to be seen or revealed ❸ cannot bear the sight of; frown (upon)
【见分晓】be clear; be sorted out; clear up (a matter or doubts); find a solution
【见面礼】present given to sb on first meeting
【见上帝】go to see God—go the way of all flesh; die
【见世面】see the world; enrich one's experience
【见习生】probationer
【见证人】eyewitness; witness
【见财起意】entertain evil thoughts at the sight of money
【见多识广】experienced and knowledgeable
【见风使舵】trim one's sails
【见风是雨】take wind as the forerunner of

rain—jump to hasty conclusions
【见缝插针】stick in a pin wherever there's room—make use of every bit of time or space
【见机行事】act according to circumstances; do as one sees fit; use one's discretion
【见利忘义】forget what is right at the sight of profit
【见钱眼开】be wide-eyed at the sight of money—greedy
【见仁见智】different people, different views; opinions differ
【见死不救】not try to save sb who is in mortal danger; be impervious to other people's misfortunes or disasters
【见微知著】from the first small beginnings one can see how things will develop; from one small clue one can see what is coming
【见义勇为】have the courage to do righteous things; defy or brave danger to fight with evil; run the risk to uphold or defend whatever one thinks is right
【见异思迁】change one's mind the moment one sees something new; be inconstant
【见诸行动】translate... into action

件 [jiàn]
圖 piece: 两件家具 two pieces of furniture 图 ①things that can be counted ②letter; correspondence; paper; document

间 [jiàn]
图 ① space or time in between; break, opening ②enmity; estrangement; discord 动 ① separate; intersperse ②sow discord ③thin out 形 indirect ➡ jiān
【间壁】next door
【间谍】spy
【间断】be disconnected; be interrupted
【间隔】动 separate; cut off 图 space; interval; intermission
【间或】occasionally; now and then; sometimes; once in a while
【间接】indirect; secondhand
【间苗】thin out seedlings〔young shoots〕
【间隙】❶interval; gap; space ❷〈机〉clearance
【间歇】intermission
【间谍网】espionage network
【间接宾语】indirect object
【间接引语】indirect speech

饯 [jiàn]
动 ① give a farewell dinner ② candy〔preserve〕(fruits)
【饯行】give a farewell dinner

建 [jiàn]
动 ① build; construct; erect ② establish; set up; found ③ propose; put forward; advocate
【建材】building materials
【建仓】buy in
【建构】frame; construct

【建国】❶ found a state; establish a state ❷ build up a country
【建交】establish diplomatic relations
【建军】❶found an army ❷build up the army
【建立】start; open; build; establish; set up; found
【建设】build; construct
【建树】make a contribution; contribute
【建言】state (one's views and proposals); offer advice or suggestions
【建议】动 propose; suggest; recommend 图 advice; proposal; suggestion; recommendation
【建造】build; construct; put up; erect
【建制】organizational system
【建筑】动 build; construct; erect 图 ❶ building; structure; edifice ❷architecture
【建设性】constructive
【建筑师】architect
【建筑物】building; structure
【建成投产】be up and running
【建功立业】make great contributions and accomplish great tasks; render meritorious service and make a distinguished career
【建筑面积】built-up area; floorage

荐 [jiàn]
动 recommend; introduce 图 ① grass; straw ②straw mat
【荐举】propose sb for an office; recommend

贱 [jiàn]
形 ①low-priced; inexpensive; cheap ②lowly; common; humble ③ low-down; mean; base; despicable ④〈谦〉my
【贱货】❶cheap goods ❷miserable〔contemptible〕wretch
【贱民】❶people of the lowest social strata ❷untouchables
【贱内】my (humble) wife
【贱人】slut

剑 [jiàn]
图 sword; sabre
【剑舞】sword dance
【剑拔弩张】with swords drawn and bows bent; at daggers drawn
【剑桥商务英语证书】Cambridge Business English Certificate

健 [jiàn]
形 healthy; robust; strong 动 strengthen; toughen; fortify; invigorate
【健儿】valiant fighter
【健将】master sportsman, top-notch player
【健康】❶in good health; sound; fit ❷healthy; wholesome; sound
【健美】strong and handsome; vigorous and graceful
【健全】形 ❶ sound; perfect ❷ regular; perfect 动 perfect
【健身】keeping fit; body-building
【健谈】be a good talker; be a brilliant conver-

sationalist
【健忘】forgetful;having a bad memory
【健旺】thriving
【健在】be still living and in good health
【健壮】healthy and strong;robust
【健美操】aerobics dancing;aerobic dance
【健美裤】form-fitting pants;tights
【健身操】calisthenics;body-building exercises; figure-gymnastics;circuit
【健身房】palaestra;gymnasium;gym
【健身器】fitness〔body-building〕equipment
【健身球】ball for health
【健忘症】amnesia
【健美比赛】body building championship;body-building competition
【健身运动】body-building
【健身中心】fitness center

舰 [jiàn] 图 warship;naval vessel;man-of-war
【舰船】ships and warships
【舰队】fleet;naval force
【舰艇】naval ships and boats;naval vessels
【舰长】captain

涧 [jiàn] 图 ravine;gully;mountain cleft

渐 [jiàn] 副 gradually;little by little;by degrees
【渐变】change gradually
【渐渐】gradually;by degrees;little by little
【渐进】advance gradually;progress step by step
【渐入佳境】gradually improve

谏 [jiàn] 动 expostulate

践 [jiàn] 动 ①trample;tread ②act on;carry out;execute
【践踏】tread on;trample underfoot
【践约】keep a promise;keep an appointment

毽 [jiàn] 图 shuttlecock
【毽子】shuttlecock

腱 [jiàn] 图 tendon

溅 [jiàn] splash;spatter;splatter ➡ jiān
【溅落】splash down

鉴 [jiàn] 图 ①ancient bronze mirror ②warning;forewarning;object lesson 动 ①reflect;mirror ②inspect;survey;scrutinize;examine ③form of address at the very beginning of a letter
【鉴别】distinguish;differentiate;discriminate
【鉴定】动 appraise;identify;authenticate;determine 图 appraisal
【鉴谅】excuse〔pardon,forgive〕me
【鉴赏】appreciate
【鉴于】in view of;seeing that;considering

【鉴定会】appraisal meeting
【鉴定人】identifier;surveyor
【鉴赏力】appreciation

键 [jiàn] 图 ①key ②metal bolt ③bond
【键盘】keyboard;fingerboard
【键入】key in

箭 [jiàn] 图 arrow
【箭步】big stride

jiāng

江 [jiāng] 图 ①river ②the Changjiang or Yangtze River
【江湖】❶rivers and lakes ❷all corners of the country
【江山】❶rivers and mountains;land;landscape ❷country;state power
【江河日下】go from bad to worse
【江湖骗术】quackery;quack methods
【江湖骗子】swindler;charlatan
【江湖艺人】itinerant entertainer
【江郎才尽】lose one's touch

将 [jiāng] 动 ①support;take;bring ②support and wait upon ③take care of (one's health) ④bring; fetch ⑤do sth;deal with;handle (a matter) ⑥check ⑦incite;challenge;spur;prod 介 ①with; by means of;by ② separate the essence from the dross 副 ①going to;about to;will;shall ②just ③besides;and;also ➡ jiàng
【将近】close to;nearly;almost
【将就】make do with;make the best of;put up with
【将军】图〈军〉general 动 ❶check ❷put sb on the spot;embarrass;challenge
【将来】in future;in the future;sometime;one day;some day;one of these days;some other day
【将要】be going to do;will〔shall〕do;be about to do;be to do;will be doing;do;be doing
【将错就错】leave a mistake uncorrected and make the best of it
【将功补过】atone for faults by good deeds; make amends for one's faults by good deeds
【将计就计】meet plot with plot;turn sb's trick against him;beat sb at his own game
【将心比心】put oneself in sb's shoes;think of others;be empathic
【将信将疑】half believing,half doubting

姜 [jiāng] ginger
【姜汤】ginger tea

豇 [jiāng]
【豇豆】cowpea

浆 [jiāng] 图 thick liquid 动 starch

【浆果】berry
【浆洗】wash and starch

僵 [jiāng]
[形] ①stiff; rigid; numb ②deadlocked; impasse; stagnation
【僵持】refuse to budge
【僵化】become rigid; ossify; stereotyped
【僵局】deadlock; impasse; stalemate
【僵尸】corpse
【僵死】dead; ossified
【僵硬】❶stiff ❷rigid; inflexible

缰 [jiāng]
[名] reins; halter
【缰绳】reins; halter

疆 [jiāng]
[名] boundary; border; frontier
【疆场】battlefield
【疆界】boundary; border
【疆土】territory
【疆域】territory; domain

jiǎng

讲 [jiǎng]
[动] ①speak; talk; say; tell ②explain; make clear; interpret ③discuss; negotiate ④as far as sth is concerned; as to; concerning; with regard to ⑤stress; pay attention to; consider; be particular about
【讲稿】the draft or text of a speech; lecture notes
【讲和】make peace; settle a dispute; become reconciled
【讲话】[动] speak; talk; address [名] ❶speech; talk ❷guide; introduction
【讲解】explain
【讲究】[动] be particular about; pay attention to; stress; strive for [名] careful study [形] exquisite; tasteful; elegant
【讲课】teach; lecture
【讲理】❶reason with sb; argue ❷listen to reason; be amenable to reason; be reasonable; be sensible
【讲明】explain; make clear; state explicitly
【讲评】comment on and appraise
【讲情】intercede; plead for sb
【讲求】be particular about; pay attention to; stress; strive for
【讲师】lecturer
【讲授】lecture; instruct; teach
【讲述】tell about; give an account of; narrate; relate
【讲台】platform; dais; rostrum
【讲坛】❶platform; rostrum ❷forum
【讲学】give lectures; discourse on an academic subject
【讲演】[动] give a speech or lecture [名] speech; lecture; talk
【讲义】(mimeographed or printed) teaching materials
【讲桌】lectern
【讲座】course of lectures; lecture
【讲诚信】honour credibility
【讲大局】stress the overall (general) interests (situation); take the overall interests (situation) into account
【讲党性】stress Party spirit
【讲价钱】❶bargain; haggle over the price ❷negotiate the terms; insist on the fulfilment of certain conditions
【讲排场】go in for ostentation and extravagance; put up a show; be ostentatious
【讲学习】stress study
【讲义气】set store by personal loyalty or friendship
【讲正气】stress healthy tendencies
【讲政治】stress politics

奖 [jiǎng]
[动] ①praise; commend; encourage ②reward [名] award; bonus; prize; reward
【奖杯】cup (as a prize)
【奖惩】rewards and punishments; rewards and penalties
【奖金】allowance; bonus; incentive pay; incentive compensation; money award; premium; prize; reward; scholarship; tip
【奖励】encourage and reward; award; reward
【奖牌】medal
【奖品】prize; award; trophy
【奖旗】banner (as an award)
【奖券】lottery ticket
【奖赏】award; reward
【奖台】temporary platform (stage) on which prizes are awarded to the winners; presentation stage (platform)
【奖项】prize
【奖章】medal; decoration
【奖状】certificate of merit
【奖学金】scholarship; exhibition

桨 [jiǎng]
[名] oar

jiàng

匠 [jiàng]
[名] ①craftsman; artisan ②person of remarkable achievements in a particular field; master [形] dexterous; nimble; skilful; ingenious
【匠人】craftsman
【匠心】ingenuity; craftsmanship
【匠心独运】exercise one's inventive mind; show one's own ingenuity; have great originality

降 [jiàng]
[动] ①go down; fall; drop; lose ②lower; reduce ③be born ➡xiáng
【降低】reduce; cut down; drop; lower
【降幅】range of decrease

【降格】lower one's standard or status
【降级】❶ reduce to a lower rank; demote ❷ send to a lower grade
【降价】reduce[lower] the price
【降解】degradation
【降临】befall; arrive; come
【降落】descend; land
【降幂】descending power
【降旗】lower a flag
【降生】be born
【降水】precipitation
【降温】❶ lower the temperature ❷〈气〉drop in temperature; cool down ❸ cool down; drop; decline
【降息】reduce[cut, lower] the interest rate
【降薪】cut[reduce] salary
【降雪】fall of snow
【降压】❶〈电子〉step-down ❷ bring down the blood pressure
【降雨】fall of rain; rainfall
【降职】lower one's position; demote
【降半旗】hoist a flag at half-mast
【降落伞】parachute
【降雨量】rainfall

将 [jiàng]

图 general; commander; military officer 动 command; lead ➡ jiāng
【将领】general
【将士】officers and men

绛 [jiàng]

形 deep red; crimson
【绛紫】dark reddish purple

强 [jiàng]

形 stubborn; obdurate; unyielding ➡ qiáng; qiǎng
【强嘴】reply defiantly; answer back; talk back

酱 [jiàng]

图 ❶ thick sauce or paste made from soya beans, flour, etc. ❷ sauce; paste; jam 形 cooked or pickled in soy sauce 动 cook or pickle things in soy sauce
【酱菜】vegetables pickled in soy sauce; pickles
【酱肉】pork cooked in soy sauce; braised pork seasoned with soy sauce
【酱油】soy sauce; soy
【酱豆腐】fermented bean curd

犟 [jiàng]

形 obstinate; stubborn; self-willed; headstrong
【犟劲】obstinacy; stubbornness
【犟嘴】reply defiantly

糨 [jiàng]

形 thick
【糨糊】paste

jiāo

交 [jiāo]

动 ❶ hand in; hand or turn over; pass on; deliver ❷ reach; set in; come ❸ meet; join ❹ cross; intersect ❺ associate with; befriend ❻ have sexual intercourse; copulate; mate; breed 副 ❶ together; simultaneous ❷ each other 图 friend; acquaintance; friendship; relationship; relation
【交班】hand over to the next shift
【交办】assign a task to; entrust sb with a task
【交兵】engage militarily
【交叉】形 overlap 动 ❶ intersect; cross; crisscross ❷ alternate; cross
【交差】report to the leadership after accomplishing a task
【交出】surrender; hand over
【交错】interlock; crisscross; interlace
【交代】❶ turn over, hand over; transfer ❷ tell; leave words; order ❸ explain; make clear; brief ❹ account for; justify oneself ❺ confess ❻ end
【交底】tell sb what one's real intentions are; put all one's cards on the table
【交点】❶〈数〉point of intersection ❷〈天〉node
【交锋】cross swords; engage in a battle or contest
【交付】❶ pay ❷ turn over; hand over; deliver; consign
【交割】complete a transaction
【交工】hand over a completed project
【交公】hand over to the collective or the state
【交互】❶ each other; mutual ❷ alternately; in turn
【交还】give back; return
【交换】exchange; interchange; swap
【交汇】join; meet; converge
【交会】intersection; rendezvous
【交火】exchange shots; fight
【交货】delivery
【交集】be mixed; occur simultaneously
【交际】social intercourse; communication
【交加】accompany each other; occur simultaneously
【交角】angle of intersection
【交接】❶ join; connect ❷ hand over and take over ❸ associate with; make friends with
【交界】have a common boundary
【交警】traffic police; traffic policeman
【交卷】❶ hand in an examination paper ❷ fulfill one's task; carry out an assignment; finish up one's job
【交流】❶ flow simultaneously ❷ exchange; interflow; interchange
【交纳】pay; hand in
【交配】mating; copulation
【交情】friendship; friendly relations
【交融】blend; mingle
【交涉】negotiate; make representations
【交手】fight hand to hand; be engaged in a hand-to-hand fight; come to grips

【交谈】talk with each other; converse; chat
【交替】动 supersede; replace 副 take place by turn
【交通】图 ❶traffic; communications ❷liaison; liaison man ❸connected; linked 动 associate with
【交往】association; contact
【交心】lay one's heart bare; open one's heart to
【交验】hand over for examination〔checking〕
【交椅】❶folding chair ❷armchair
【交易】business; deal; dealings; trade; transaction
【交友】make friends
【交战】be at war; fight; wage war
【交互式】interactive
【交换机】exchange
【交货单】delivery order (D/O)
【交际花】social butterfly; society woman
【交际舞】ballroom dance; social dance
【交接班】relieve a shift
【交流电】alternating current (AC)
【交响曲】symphony
【交响诗】symphonic poem; tone poem
【交响乐】symphony; symphonic music
【交学费】❶pay tuition fees ❷pay a price for mistakes or losses
【交易会】trade fair; commodities fair
【交易所】exchange
【交谊舞】friendship dance; social dance; ballroom dance
【交叉科学】interdisciplinary science
【交互处理】interactive processing
【交互系统】interactive system
【交口称赞】universally praised
【交流学者】visiting scholar under an exchange program
【交通高峰】traffic peak; rush hour; peak hour
【交通阻塞】traffic jam〔congestion, block, impedance, ponding, hold-ups〕
【交头接耳】speak in each other's ears; whisper to each other
【交相辉映】enhance each other's beauty
【交易市场】the trading market
【交流发电机】alternating current generator; alternator
【"交钥匙"工程】"turn-key" project

郊 [jiāo]
图 suburbs; outskirts
【郊区】suburban district; suburbs; outskirts
【郊外】the countryside around a city; outskirts
【郊县】suburbs and counties under the jurisdiction of a large city
【郊游】outing; excursion

茭 [jiāo]
图 dry grass as fodder
【茭白】wild rice stem

浇 [jiāo]
动 ❶pour; sprinkle ❷irrigate; water ❸cast 形 unkind; harsh; mean
【浇灌】❶water; irrigate ❷pour
【浇冷水】cast a damper over; pour cold water on others' enthusiasm

娇 [jiāo]
形 ① tender; delicate; lovely; charming ② tender; lovely delicate ③ squeamish; finicky; fragile; frail 动 pamper; spoil
【娇嗔】grumble in a flirtatious manner
【娇宠】indulge; pamper; spoil
【娇儿】❶beloved〔darling〕son ❷lovely young son or daughter
【娇惯】pamper; coddle; spoil
【娇贵】❶enervated; pampered ❷fragile; frail; delicate
【娇美】tender and beautiful; sweet and charming
【娇媚】图 coquettish 形 sweet and charming
【娇嫩】❶tender and lovely ❷fragile; delicate
【娇妻】beloved wife; pretty young wife
【娇气】❶delicate; squeamish; finicky ❷easily broken or damaged; fragile
【娇柔】charming and gentle; delicate and lively
【娇弱】tender and delicate; frail and delicate
【娇羞】bashful; shy; coy
【娇艳】delicate and charming; tender and beautiful
【娇纵】indulge (a child); pamper; spoil
【娇滴滴】delicately pretty; affectedly sweet
【娇生惯养】have been delicately brought up; be pampered and spoiled
【娇小玲珑】delicate and exquisite; petite and dainty

姣 [jiāo]
形 beautiful; handsome
【姣好】beautiful and charming
【姣美】beautiful; graceful

骄 [jiāo]
形 ①proud; arrogant; supercilious; conceited ②intense; fierce; violent; vigorous
【骄傲】形 arrogant; self-satisfied; smug; wig; conceited 动 be proud of; take pride in 图 pride
【骄横】arrogant and imperious; overbearing
【骄慢】arrogant; haughty
【骄气】overbearing airs; arrogance
【骄人】❶ show disdain for; regard with disdain; turn up one's nose at ❷ regard as a pride
【骄子】favourite son
【骄纵】arrogant and wilful
【骄傲自满】conceited and self-satisfied; arrogant and complacent
【骄兵必败】an army puffed up with pride is bound to lose
【骄奢淫逸】lordly, luxury-loving, loose-living and idle; wallowing in luxury and pleasure; extravagant and dissipated

【骄阳似火】the sun blazing like a ball of fire

胶 [jiāo]
图 ①glue;gum ②rubber 动 stick with glue; glue 形 gluey;sticky;gummy
【胶合】glue ... together
【胶卷】roll film;film
【胶轮】rubber tyre
【胶囊】capsule
【胶皮】(vulcanized) rubber
【胶片】film
【胶水】mucilage;glue
【胶体】colloid
【胶鞋】rubber overshoes;galoshes;rubbers
【胶纸】gummed paper
【胶着】deadlocked;stalemated
【胶合板】plywood;veneer board

教 [jiāo]
动 teach;train;instruct;coach → jiào
【教书】teach;teach school;lecture
【教学】teach

椒 [jiāo]
图 ①Chinese prickly ash ②pepper ③chilli; red pepper

焦 [jiāo]
形 ① burnt; scorched; charred ② worried; anxious 图 ①coke ②〈中医〉burner 量 joule
【焦点】①〈物〉focal point;focus ②central issue;point at issue
【焦耳】joule
【焦化】coking
【焦黄】sallow;brown
【焦急】anxious;worried
【焦距】focal distance;focal length
【焦虑】feel anxious;have worries and misgivings
【焦炭】coke
【焦油】tar
【焦躁】restless with anxiety;impatient
【焦灼】deeply worried;very anxious
【焦圈儿】crisply fried ring of dough
【焦头烂额】in a sorry plight;in a terrible fix; in bad shape

跤 [jiāo]
图 fall

蕉 [jiāo]
图 any of several broadleaf plants → qiáo

礁 [jiāo]
图 reef;rock
【礁石】reef;rock

jiáo

矫 [jiáo]
→ jiǎo
【矫情】wilfully make trouble;use lame arguments

嚼 [jiáo]
动 masticate;chew;munch → jué
【嚼烂】poltophagy

【嚼舌】①wag one's tongue;chatter away;gossip ②argue senselessly
【嚼子】bit

jiǎo

角 [jiǎo]
图 ①horn ②bugle;horn ③horn-shaped thing ④cape;promontory;headland ⑤corner ⑥〈数〉angle 量 ①quarter:一角饼 a quarter of a pancake ②jiao → jué
【角尺】angle square
【角度】①〈数〉angle ②point of view;angle
【角钢】angle iron
【角规】angle gauge
【角落】①corner ②nook;remote place
【角门】side gate
【角膜】cornea
【角球】football corner (kick)
【角铁】angle iron
【角质】cutin
【角速度】angular velocity

侥 [jiǎo]
→ yáo
【侥幸】lucky;by luck;by a fluke

佼 [jiǎo]
形 ① outstanding; excellent ② beautiful; handsome;pretty
【佼佼】above average;outstanding

狡 [jiǎo]
形 crafty;foxy;cunning;sly;tricky
【狡辩】quibble;indulge in sophistry
【狡猾】sly;crafty;cunning;tricky
【狡诈】deceitful;crafty;cunning

饺 [jiǎo]
图 jiaozi;Chinese dumpling
【饺子】dumpling

绞 [jiǎo]
动 ①twist into one;entangle ②twist;wring ③mix up ④hang by the neck ⑤wind
【绞车】winch;windlass
【绞盘】capstan
【绞杀】❶ gibbet; hang; noose; top; swing ❷ throttle; prevent from developing〔succeeding〕
【绞死】gibbet;hang;noose;top;swing
【绞索】(the hangman's) noose
【绞刑】death by hanging
【绞尽脑汁】rack one's brains

铰 [jiǎo]
动 cut with scissors 图 hinge
【铰链】hinge
【铰肉机】meat mincer;mincing machine

矫 [jiǎo]
动 ①rectify;remedy;straighten out;correct ②pretend;feign;counterfeit 形 strong;powerful;brave → jiáo
【矫健】strong and vigorous
【矫情】be affectedly unconventional

【矫正】correct;put right;rectify
【矫治】correct and cure
【矫揉造作】affected;artificial
【矫枉过正】exceed the proper limits in righting a wrong;overcorrect

皎 [jiǎo]
形 clear and bright;white and luminous
【皎洁】bright and clear

脚 [jiǎo]
名 ① foot ② base ③ involving manual portage
【脚背】instep
【脚本】script;scenario
【脚步】❶step;pace ❷footstep
【脚灯】❶footlights ❷ground light
【脚垫】callus on the sole (of the foot)
【脚跟】heel
【脚尖】the tip of a toe;tiptoe
【脚镣】fetters;shackles
【脚炉】foot warmer;foot stove
【脚轮】castor (on furniture,luggage,etc.)
【脚盆】basin for washing feet
【脚气】❶〈医〉beriberi ❷athlete's foot
【脚下】underfoot
【脚心】the underside of the arch;arch
【脚印】footprint;footmark;track
【脚掌】sole (of the foot)
【脚爪】claw;paw;talon
【脚趾】toe
【脚注】footnote
【脚镯】ankle bangle
【脚脖子】ankle
【脚蹬板】pedal;treadle
【脚底板】sole (of the foot)
【脚链儿】feeteer
【脚刹车】service brake
【脚手架】scaffold;scaffolding
【脚踏板】treadle
【脚踏车】bicycle
【脚腕子】ankle
【脚丫子】foot
【脚指甲】toenail
【脚指头】toe
【脚踏实地】in a down-to-earth way;have one's feet planted on solid ground—earnest and down-to-earth

搅 [jiǎo]
动 ① stir;mix;mingle ② disturb;upset;annoy
【搅拌】stir;agitate;mix
【搅动】❶mix;stir ❷annoy;disturb
【搅浑】stir and make muddy;deliberately create confusion
【搅混】mix;blend;mingle
【搅和】❶mix;blend;mingle ❷mess up;spoil
【搅局】upset the apple cart;make a mess of sth
【搅乱】confuse;throw into disorder
【搅扰】disturb;annoy;bother

剿 [jiǎo]
动 send armed forces to suppress;put down; quell
【剿匪】suppress bandits

缴 [jiǎo]
动 ① pay;hand over;hand in ② capture (arms) ➡ zhuó
【缴获】capture;seize
【缴费】pay a fee to
【缴纳】pay
【缴枪】❶hand over arms;surrender ❷capture the enemy's guns
【缴税】pay taxes
【缴销】hand in for cancellation
【缴械】❶disarm ❷surrender one's weapons; lay down one's arms

叫 [jiào]
动 ① cry;shout ② cry;shout;yell ③ greet;call;ask ④ hire;order;get ⑤ name;call;designate ⑥ make;order;ask ⑦ allow;permit;let 助 male 介 玻璃杯叫儿子打碎了。The glass was broken by my son.
【叫】challenge;ask for trouble;pick a quarrel
【叫车】hire a taxi;call a taxi
【叫喊】cry;shout;scream;claim;yell;call;howl
【叫好】applaud;shout "bravo!";shout "well done!"
【叫号】❶call a number ❷sing a work song to synchronize movements, with one person leading ❸provoke by words;challenge
【叫唤】cry out;call out
【叫劲】call for great efforts
【叫绝】applaud as the very best (one has seen, etc.);shout "Bravo!"
【叫苦】complain of hardship or suffering;moan and groan
【叫驴】jackass
【叫骂】shout curses
【叫卖】cry one's wares;peddle;hawk
【叫门】call at the door to be let in
【叫牌】make a bid at bridge;bid
【叫屈】complain of being wronged;protest against an injustice
【叫嚷】shout;howl;clamour
【叫嚣】clamour;raise a hue and cry
【叫做】be called;be known as
【叫倒好】hoot
【叫花子】beggar
【叫座】draw a large audience;draw well;appeal to the audience;be a box-office success

觉 [jiào]
名 sleep ➡ jué

校 [jiào]
动 ① check;proofread;collate ② compare;contest ➡ xiào
【校订】check against the authoritative text
【校对】动 proofread;proof 名 ❶proofreader ❷

check against a standard; calibrate
【校验】check; proof; inspection
【校样】proof sheet; proof
【校阅】read and revise
【校正】proofread and correct; rectify

轿 [jiào]
sedan (chair); litter
【轿车】❶〈旧〉(horse-drawn) carriage ❷ bus; car
【轿子】sedan (chair)

较 [jiào]
①compare ②haggle; quibble; dispute clear; obvious; marked; evident comparatively; relatively; fairly; quite; rather 较前大有进步 make greater progress than before
【较劲】❶ challenge; have a competition ❷ oppose; dispute ❸ require special effort
【较量】❶ measure one's strength with; have a contest; have a trial of strength ❷ haggle; argue; dispute
【较为】comparatively; relatively; fairly
【较真儿】serious; earnest

教 [jiào]
teach; instruct religion → jiāo
【教案】teaching plan; lesson plan
【教本】textbook
【教鞭】(teacher's) pointer
【教材】teaching material
【教程】course
【教导】instruct; teach; give guidance teaching; guidance
【教法】approach of teaching
【教父】godfather
【教官】drillmaster; instructor
【教化】transform by instruction; enlighten by education
【教皇】pope; pontiff
【教会】(the Christian) church
【教诲】teaching; instruction
【教具】teaching aid
【教练】train; drill; coach coach; instructor
【教龄】length of service as a teacher
【教师】teacher; schoolteacher
【教士】priest; clergyman; Christian missionary
【教室】classroom; schoolroom
【教授】instruct; teach professor
【教唆】instigate; abet; put sb up to sth
【教堂】church; cathedral
【教条】❶ dogma; doctrine; creed; tenet ❷ dogmatism; doctrinairism
【教廷】the Vatican; the Holy See
【教头】coach
【教徒】believer〔follower〕of a religion
【教委】commission of education
【教务】educational administration
【教学】teaching; education
【教训】teach sb a lesson; give sb a talking-to; chide lesson; moral

【教研】teach and research
【教养】bring up; train; educate upbringing; education; culture; breeding
【教义】religious doctrine; creed
【教益】benefit; enlightenment
【教育】education teach; educate; inculcate
【教员】teacher; instructor
【教主】the founder of a religion
【教科书】textbook
【教练员】coach; instructor; trainer
【教师节】Teacher's Day (Sept. 10, initiated in 1985)
【教研室】teaching and research section
【教研组】teaching and research group
【教育部】the Ministry of Education
【教育家】educationist; educator
【教育学】pedagogy; pedagogics; education
【教职员】teaching and administrative staff
【教辅人员】supporting staff of a school
【教会学校】missionary school
【教条主义】dogmatism; doctrinairism
【教学相长】teaching benefits teacher and student alike; teaching benefits teachers as well as students
【教科文组织】United Nations Educational, Scientific and Cultural Organization
【教育心理学】educational psychology

窖 [jiào]
cellar or pit for storing things; cellar store (sth) in a cellar or pit
【窖藏】store sth in a cellar or pit

酵 [jiào]
ferment; leaven
【酵母】yeast

jiē

节 [jiē]
→ jié
【节子】knot
【节骨眼】critical juncture; vital link

阶 [jiē]
①steps; stairs ②rank
【阶层】(social) stratum
【阶段】stage; phase; period
【阶级】❶ steps; stairs ❷ rank ❸〈政〉(social) class
【阶梯】a flight of stairs; ladder
【阶下囚】prisoner; captive
【阶梯教室】lecture theatre

疖 [jiē]
【疖子】furuncle; boil

皆 [jiē]
all; each and every：四邻皆知 known to all the neighbours
【皆大欢喜】everybody is happy; to the satisfaction of all

结 [jiē]
bear (fruit); form (seed); produce → jié

【结巴】动 stammer;stutter 名 stammerer;stutterer
【结果】动 ❶bear fruit;fructify ❷finish off;kill 名 result;outcome 副 finally
【结实】❶sturdy ❷strong
【结子】seed

接 [jiē]

动 ❶come into contact with;come close to;be in touch with ❷connect;join;link up;put together ❸catch;take hold of ❹receive;take;accept ❺meet;welcome ❻take over;succeed ❼continue;go on
【接班】take one's turn on duty;take over from;succeed;carry on
【接触】❶contact ❷come into contact with;get in touch with ❸〈军〉engage
【接待】receive;admit
【接地】❶〈电〉ground connection;grounding;earthing ❷〈航空〉touchdown;ground contact
【接点】contact
【接风】give a dinner of welcome (to a visitor from afar)
【接缝】joint;seam
【接管】take over
【接轨】❶connect the rails;join track ❷integrate;bring in line with
【接合】joint
【接火】exchange fire;connect
【接济】❶give material assistance to;give financial help to ❷continue;follow
【接见】receive sb;grant an interview to
【接近】be close to;near;approach;access;approximate
【接口】interface
【接力】work by relays
【接连】on end;in a row;in succession
【接纳】❶admit ❷accept
【接洽】take up a matter with;arrange (business,etc.) with;consult with
【接壤】border on;be contiguous to;be bounded by
【接任】take over
【接生】deliver a child;practise midwifery
【接收】❶receive ❷take over;expropriate ❸admit
【接手】take over (duties,etc.);take up matters
【接受】accept;receive;admit;take
【接穗】scion
【接替】take over;replace
【接听】answer the phone
【接通】put through
【接头】动 connect;join;joint 名 ❶〈纺〉piecing ❷contact;get in touch with ❸know about;have knowledge of
【接吻】kiss
【接线】动 connect with a lead 名 lead;(conducting) wire

【接续】continue;follow
【接引】❶meet;greet ❷receive and guide
【接应】❶come to sb's aid;coordinate with;reinforce ❷supply
【接着】❶catch ❷follow;carry on;go on (with);proceed
【接种】have an inoculation;inoculate
【接班人】successor
【接茬儿】❶chime in;pick up the thread of a conversation ❷go on with;continue
【接待日】open day;reception day
【接待站】reception centre
【接目镜】eyepiece;ocular
【接头儿】connection;joint;junction
【接物镜】objective lens;objective
【接二连三】one after another;in quick succession
【接踵而至】follow hard at heel

秸 [jiē]

名 grain stalk after threshing;straw
【秸秆】straw

揭 [jiē]

动 ❶raise;hoist ❷uncover;lift (the lid,etc.) ❸expose;show up;make public;bring to light ❹tear off;remove;take off
【揭标】bid opening
【揭穿】expose;lay bare;show up
【揭底】reveal the inside story
【揭短】rake up sb's faults, shortcomings or weaknesses
【揭发】expose;unmask;bring to light
【揭开】uncover;reveal;open;disclose
【揭露】expose;unmask;ferret out
【揭秘】break a secret;unveil a mystery
【揭幕】❶unveil ❷inaugurate
【揭牌】open
【揭示】名 announce;promulgate;proclaim 动 reveal;bring to light
【揭晓】announce;make known;publish
【揭幕式】unveiling ceremony

嗟 [jiē]

动 sigh;lament
【嗟来之食】food handed out in contempt;handouts

街 [jiē]

名 ❶street ❷country fair;market
【街道】❶street ❷residential district;neighborhood
【街灯】street lamp
【街坊】neighbour
【街角】corner of the street
【街景】scenic of the street
【街区】block
【街市】downtown streets
【街头】street corner;street
【街舞】hip hop
【街巷】streets and lanes
【街谈巷议】street gossip;the talk of the town

【街头巷尾】streets and lanes
【街心公园】parks at the intersections
【街道办事处】street administration office; sub-district office

jié

孑 [jié]
〔形〕lonely; all alone
【孑然】solitary; lonely; alone
【孑然一身】all alone in the world

节 [jié]
〔名〕①node; knob; knot; joint ②joint ③festival; red-letter day; holiday ④moral integrity; chastity ⑤rhythm; metre; beat ⑥division; section; part ⑦knot 〔量〕section; length; 第五章第四节 Section Four, Chapter Five/一节甘蔗 a section of sugarcane 〔动〕①abridge ②economize; save; restrain; control ③limit; restrict; keep within bounds ➡ jiē
【节哀】restrain one's grief
【节本】abridged edition; abbreviated version
【节操】high moral principle; moral integrity
【节点】node; panel point
【节电】save electricity
【节俭】economical; thrifty; frugal
【节令】climate and other natural phenomena of a season
【节录】extract; excerpt 〔名〕extracts; excerpts
【节律】the rhythm and pace of moving things
【节目】programme; item (on a programme); number
【节能】save energy
【节拍】metre
【节气】solar term
【节庆】red-letter days
【节日】festival; red-letter day; holiday
【节省】economize; save; use sparingly; cut down on
【节食】be moderate in eating and drinking; be 〔go〕 on a diet
【节水】save water
【节选】〔动〕excerpt; extract 〔名〕excerpts; extracts
【节余】〔动〕save 〔名〕balance; money saved
【节育】practice birth control
【节欲】restrain one's carnal desires; check one's selfish desire
【节约】practise thrift; economize; save
【节支】〔动〕cut down expenses; reduce expenses; retrench 〔名〕balance; money saved
【节制】❶ control; check; be moderate in ❷ command and manage
【节奏】❶rhythm ❷tempo
【节目单】programme; playbill
【节能灯】energy-saving light
【节能灶】energy-saving stove
【节食者】dieter
【节水器】water-saving device
【节油器】fuel economizer
【节外生枝】side issues or new problems crop up unexpectedly; raise obstacles; deliberately complicate an issue; cause complications
【节衣缩食】economize on food and clothing; live frugally
【节肢动物】arthropod

劫 [jié]
〔动〕①rob; loot; plunder; raid ②coerce; compel
〔名〕①Kalpa ②calamity; adversity; disaster; misfortune
【劫车】hijack a car〔bus〕
【劫持】kidnap; hold under duress; hijack
【劫道】waylay; hold up; mug
【劫匪】highwayman; robber
【劫机】hijack an aeroplane; engage in air piracy; hijack a plane
【劫难】disaster; calamity
【劫数】inexorable doom; predestined fate
【劫狱】break into a jail and rescue a prisoner
【劫机犯】hijacker
【劫富济贫】rob the rich to give to the poor
【劫后余生】be a survivor of a disaster

杰 [jié]
〔名〕outstanding person; hero 〔形〕outstanding; prominent; distinguished
【杰出】outstanding; remarkable; prominent
【杰作】masterpiece

诘 [jié]
〔动〕closely question; interrogate
【诘难】censure; blame
【诘问】closely question; interrogate; cross-examine

拮 [jié]
【拮据】in straitened circumstances; short of money; hard up

洁 [jié]
〔形〕①clean ②pure; stainless
【洁白】❶spotlessly white; pure white ❷pure; clean and honest
【洁净】clean; spotless
【洁具】sanitary ware
【洁癖】unhealthy obsession with cleanliness; mysophobia
【洁肤霜】cleansing cream
【洁面乳】face cleansing cream
【洁面纸】cleaning tissue
【洁牙线】dental floss
【洁身自好】❶refuse to be contaminated by evil influence; exercise self-control so as to protect oneself from immorality ❷keep to one's own business; mind one's own business in order to keep out of trouble

结 [jié]
〔动〕①tie; knit; knot; weave ②congeal; form ③unite; join; connect; forge; associate ④settle; finish; conclude 〔名〕①knot ②written guarantee; affidavit ③〈电子〉junction ④〈解剖〉node ➡ jiē

【结案】wind up a case; close a case; settle a lawsuit
【结拜】become sworn brothers or sister
【结伴】go with
【结冰】freeze; ice up; ice over
【结成】form
【结仇】become enemies
【结存】动 have some balance in one's bank account 名 ❶ cash on hand; balance ❷ goods on hand; inventory
【结点】intersection
【结构】❶ structure; composition; construction ❷〈建〉structure; construction
【结果】名 result; outcome; ending 副 finally; at last 动 kill; finish off
【结合】❶ combine; unite; integrate; link ❷ marry; be united in wedlock; be tied in wedlock
【结核】❶〈医〉tuberculosis ❷〈矿〉nodule
【结婚】marry; get married; be married
【结伙】gang
【结集】❶ compile articles into a book; anthologize ❷〈军〉concentrate; mass
【结痂】form a scab; crust
【结茧】cocooning
【结交】make friends with; associate with
【结节】tubercle; node
【结晶】动 crystallize 名 ❶ crystal ❷ crystallization; fruit; product; quintessence
【结局】final result; outcome; ending
【结论】❶〈逻〉conclusion ❷ conclusion; verdict
【结盟】form an alliance; ally; align
【结亲】❶ become related by marriage ❷ marry; get married
【结清】settle; square up
【结社】form an association
【结石】stone; calculus
【结识】get acquainted with sb; get to know sb
【结束】end; finish; conclude; wind up; close
【结算】settle accounts; close [wind up] an account
【结为】enter into a specified relationship
【结尾】❶ ending; winding-up stage ❷〈乐〉coda
【结业】complete a course; wind up one's studies
【结余】动 have some balance in one's bank account 名 cash on hand; balance
【结语】concluding remarks
【结冤】contract animus, enmity, hatred, ill will, etc.
【结缘】form ties; become attached to
【结怨】contract enmity; incur hatred
【结扎】ligation; ligature
【结账】settle [square] accounts; balance the books
【结构式】structural formula
【结构图】structural drawing
【结束语】concluding remarks

【结业证】certificate of completion
【结党营私】form a clique to pursue selfish interests; band together for selfish purposes
【结发夫妻】husband and wife by the first marriage

桔 [jié]
〔桔梗〕the root of balloon flower

桀 [jié]
形 cruel; tyrannical
【桀骜不驯】stubborn and intractable; obstinate and unruly

捷 [jié]
形 ❶ prompt; agile; nimble; quick ❷ close and convenient 动 ❶ win; triumph ❷ take a shortcut 名 victory; triumph; success
【捷报】news of victory; report of a success
【捷径】shortcut
【捷足先登】the swift-footed arrive first; the early bird catches the worm

睫 [jié]
名 eyelash; lash
【睫毛】eyelash; lash
【睫毛膏】mascara
【睫毛油】mascara

截 [jié]
动 ❶ cut; separate; sever ❷ stop; check; intercept; stem ❸ end [close] by 量 section; chunk; length; 一截儿绳子 a (length of) rope/两截水管 two sections of pipe
【截断】❶ cut off; block ❷ cut short; interrupt
【截获】intercept and capture
【截击】intercept
【截留】intercept and hold on to; retain for one's own use; withhold
【截流】dam a river
【截门】pipe valve
【截面】section
【截取】cut off a section of sth
【截然】sharply; completely
【截瘫】paraplegia
【截肢】amputation
【截止】end; close
【截至】by (a specified time); up to
【截然不同】completely different; different as black and white; poles apart

竭 [jié]
动 ❶ run out; use up ❷ exhaust; use up 形 dried-up
【竭诚】wholeheartedly; with all one's heart
【竭尽】use up; exhaust
【竭力】do one's utmost; use every ounce of one's energy; try by every possible means
【竭诚合作】sincere cooperation
【竭尽全力】spare no effort; do one's utmost; do all one can
【竭泽而渔】drain the pond to get all the fish; kill the goose that lays the golden eggs

羯 [jié]
〔羯羊〕wether

jiě

姐 [jiě]
图 ❶ elder sister; sister ❷ elder female relative ❸ general term for young women
【姐夫】elder sister's husband; brother-in-law
【姐姐】elder sister; sister
【姐妹】❶ sisters ❷ brothers and sisters
【姐妹城】sister cities
【姐妹篇】companion piece; companion volume
【姐们儿】sisters
【姐妹学校】sister schools; sister universities

解 [jiě]
动 ❶ cut apart; dissect ❷ separate; divide; split ❸ untie; undo; unbutton ❹ relieve; remove; dispel; dismiss ❺ explain; construe; clear up; interpret ❻ understand; comprehend; be clear ❼ relieve oneself ❽ solve 图〈数〉solution ➡jiè
【解馋】satisfy a craving for good food
【解嘲】try to explain things away when ridiculed
【解愁】relieve sb off his worries; take worries off one's mind
【解除】remove; relieve; get rid of
【解答】answer; explain
【解冻】❶ thaw; unfreeze ❷ unfreeze (funds, assets, etc.) ❸ thaw
【解读】decode
【解饿】satisfy one's hunger
【解乏】recover from fatigue; refresh oneself
【解放】liberate; emancipate
【解构】deconstruct
【解雇】discharge; dismiss; fire
【解恨】vent one's hatred; have one's hatred slaked
【解惑】resolve[remove, dispel] doubts
【解禁】lift a ban; lift a restriction
【解酒】relieve[neutralize] the effect of alcoholic drink
【解救】save; rescue; deliver
【解决】❶ solve; resolve; settle ❷ finish off; dispose of; tackle; handle; deal[cope] with
【解开】untie; undo
【解渴】quench one's thirst
【解困】❶ relieve sleepy feeling ❷ overcome difficulties
【解码】decipher; decode
【解闷】divert oneself (from boredom)
【解密】❶ declassify ❷〈计〉decipher; decrypt
【解难】[jiěnán] overcome a difficulty
【解难】[jiěnàn] get rid of danger and disaster; remove a calamity
【解囊】open one's purse (to help sb with money)
【解聘】dismiss an employee
【解剖】dissect
【解气】vent one's spleen

【解热】allay a fever
【解散】❶ dismiss ❷ Dismiss! ❸ dissolve; disband
【解释】explain; expound; interpret
【解手】relieve oneself; go to the toilet[lavatory]
【解说】explain orally; comment
【解锁】deblocking; clear
【解套】unlocking
【解题】动 solve a problem 图 explanatory remarks; introductory note
【解体】disintegrate
【解痛】alleviate pain
【解脱】❶ free oneself from; get rid of; extricate oneself ❷ exonerate; absolve ❸ mukti; vimukta
【解危】head off danger
【解围】❶ force an enemy to raise a siege; rescue sb from a siege; come to the rescue of the besieged ❷ help sb out of a predicament; save sb from embarrassment; get sb out of a fix
【解析】analysis; resolution; resolving
【解疑】remove doubts and misgivings; clear sb's mind of doubts
【解职】dismiss from office; discharge; relieve sb of his post
【解放军】the Chinese People's Liberation Army; the PLA
【解扣儿】❶ unbutton; undo a button ❷ sink a feud; get rid of a hang-up; remove ill will; overcome difficulties
【解剖刀】scalpel
【解说词】(oral) commentary; (written) caption
【解说员】announcer; narrator; commentator
【解放思想】emancipate the mind; free oneself from old ideas
【解构主义】deconstructionism
【解囊相助】help sb generously with money

jiè

介 [jiè]
动 ❶ be situated between; interpose ❷ introduce ❸ remain; have in mind 图 ❶ thing or person that lies in between ❷ armour ❸ shell ❹ shelled aquatic animal 圈 a; an 形 upright; high-minded; 耿介 honest and frank; upright
【介词】preposition
【介入】intervene; interpose; get involved
【介绍】❶ introduce; present ❷ recommend; suggest ❸ let know; brief; give information; provide information
【介意】take offence; mind
【介于】lie between; be situated between
【介质】medium
【介子】meson; mesotron
【介绍人】❶ introducer; sponsor ❷ go-between;

matchmaker
【介绍信】letter of introduction; reference

戒 [jiè]
动 ①guard against; be on the alert against; be prepared against ②exhort; admonish; caution; warn ③give up; drop; stop 名 ①abstinence; taboo ②〈佛教〉Buddhist monastic discipline; religious precept or commandment ③(finger) ring
【戒备】guard; take precautions; be on the alert
【戒除】give up; drop; stop
【戒毒】quit drug abuse; abstain from poison
【戒赌】stop gambling
【戒酒】give up drinking; swear off drinking
【戒律】religious tenets
【戒心】vigilance; wariness
【戒烟】give up smoking; swear off smoking
【戒严】enforce martial law; impose a curfew; cordon off an area
【戒指】(finger) ring
【戒严令】proclamation of martial law
【戒严中心】drug rehabilitation centre
【戒骄戒躁】guard against arrogance and rashness; be on one's guard against conceit and impetuosity

芥 [jiè]
名 ①mustard ②small grass ③tiny and trivial things
【芥菜】leaf mustard
【芥蒂】ill feeling; unpleasantness; grudge
【芥末】mustard
【芥菜疙瘩】rutabaga

届 [jiè]
动 fall due 量 session; class; 八二届毕业生 class of 1982/上届联大 last session of the UN General Assembly/第九届全国人民代表大会 the Ninth National People's Congress
【届满】at the expiration of one's term of office; expire
【届时】when the time comes; at the appointed time; on the occasion

界 [jiè]
名 ①boundary; border ②scope; range; extent ③circles ④primary division in nature; kingdom ⑤bound 动 border on
【界碑】boundary tablet; boundary marker
【界标】boundary mark
【界定】specify the limits; delimit; define
【界河】boundary river
【界面】❶ interface; boundary; limiting interface ❷user interface; man-machine interface
【界说】definition
【界外】area out of bounds
【界限】❶ demarcation line; dividing line; limits; bounds ❷limit; end
【界线】boundary line

疥 [jiè]
名 scabies

诫 [jiè]
动 warn; admonish; advise

借 [jiè]
动 ①borrow ②lend; loan ③use as a pretext ④make use of; take advantage of; rely on
【借代】rhetorical devices such as metonymy; antonomasia and synecdoche
【借贷】动 borrow or lend money 名 debit and credit sides
【借读】study as an adopted〔guest〕student; study at a school on a temporary basis
【借方】debit side; debit
【借故】find an excuse
【借光】excuse me
【借火】ask for a light
【借机】seize the opportunity
【借鉴】use for reference; draw lessons from; draw on the experience of
【借据】receipt for a loan; IOU
【借口】动 use as an excuse; on the pretext of; on the excuse of 名 excuse; pretext
【借款】动 ❶ borrow money; ask for a loan ❷lend money; offer a loan 名 loan
【借脑】brain import
【借势】动 take advantage of sb else's power and influence 名 trend; tendency
【借宿】stay overnight at sb else's place; put up for the night
【借条】receipt for a loan; IOU
【借位】borrow ten (in subtraction)
【借以】so as to; for the purpose of; by way of
【借用】❶ borrow; have the loan of ❷ use sth for another purpose
【借喻】metonymy
【借阅】borrow and read; lend
【借债】borrow money; raise〔contract〕a loan
【借支】ask for an advance on one's pay
【借住】stay at sb else's place
【借助】have the aid of; draw support from
【借记卡】debit card
【借书处】loan desk
【借书证】library card
【借刀杀人】kill sb by another's hand; make use of one person to get rid of another
【借酒浇愁】drown one's sorrows
【借壳上市】go public through borrowing a shell
【借题发挥】use an excuse to hold forth

解 [jiè]
动 carry or take under guard; escort ➡ jiě
【解送】send under guard

藉 [jiè]
名 pad; cushion; mat 动 fill up; pad ➡ jí

巾 [jīn]
名 piece of cloth
【巾帼英雄】heroic woman; heroine

斤 [jīn]
📖 *jīn* 名 ancient instrument or tool for felling trees
【斤斤计较】haggle over every ounce; be calculating

今 [jīn]
名 ❶ present; now; current ❷ modern ❸ today 代 this
【今晨】this morning
【今次】this time
【今后】from now on; in the days to come; henceforth; hereafter; in future
【今年】this year
【今人】modern people
【今日】❶ today ❷ present; now
【今生】this life
【今世】❶ this life ❷ this age; the contemporary age
【今天】❶ today ❷ now; present
【今晚】this evening; tonight
【今昔】the present and the past; today and yesterday
【今宵】tonight
【今夜】this evening; tonight
【今朝】today
【今儿(个)】today
【今日要闻】Today's Contents; Today's Section; Inside (Today)

金 [jīn]
名 ❶ metal ❷ money ❸ ancient metal percussion instrument; gong ❹ gold 形 ❶ precious; dignified ❷ golden
【金杯】golden cup; gold cup
【金笔】(quality) fountain pen
【金币】gold coin
【金箔】goldleaf; gold foil
【金额】amount (sum) of money
【金发】golden hair
【金糕】haw jelly
【金工】metalworking; metal processing
【金光】golden light (ray)
【金龟】tortoise
【金柜】strongbox; safe
【金红】golden red
【金黄】golden yellow; golden
【金婚】golden wedding
【金鸡】golden pheasant
【金奖】gold medal; highest award; first prize
【金橘】kumquat
【金卡】gold card
【金库】national (state) treasury; exchequer
【金领】gold-collar
【金牌】gold medal
【金钱】money
【金秋】golden autumn
【金曲】great hit; song hit; hit song
【金融】finance; banking
【金色】golden
【金哨】gold whistle
【金属】metal
【金条】gold bar
【金星】❶〈天〉Venus ❷ golden star ❸ spark; star
【金鱼】goldfish
【金砖】gold brick
【金子】gold
【金灿灿】golden; glittering
【金饭碗】golden rice bowl; secure and well-paid job
【金刚石】diamond
【金箍棒】golden cudgel
【金龟婿】rich son-in-law
【金晃晃】golden
【金鸡奖】the Gold Rooster Award—the Chinese film award
【金銮殿】the Hall of Golden Chimes
【金钱豹】leopard
【金枪鱼】tuna
【金融家】financier
【金三角】Golden Triangle, an area between Burma, Thailand and Laos, notorious for its drug production and trafficking
【金嗓子】beautiful voice; sweet, mellow voice
【金丝猴】golden monkey
【金闪闪】glittering; glistening
【金字塔】pyramid
【金榜题名】have passed the examination; succeed in the government examination
【金碧辉煌】looking splendid in green and gold; resplendent and magnificent
【金边债券】gilt-edged bonds
【金边证券】gilt-edged securities; gilts
【金蝉脱壳】make a cunning getaway
【金发女郎】blonde
【金光大道】golden road; bright broad highway
【金科玉律】golden rule
【金钱万能】money talks
【金融巨头】financial magnate; shark of high finance; financial tycoon
【金玉良言】words of wisdom
【金字招牌】gold-lettered signboard—vainglorious title

津 [jīn]
名 ❶ ferry crossing; ford ❷ key post ❸ saliva ❹ sweat 形 moist damp
【津贴】名 subsidy; allowance; stipend 动 pay an allowance
【津津乐道】take delight in talking about; dwell upon with great relish
【津津有味】with relish; with gusto; with keen pleasure

矜 [jīn]
动 pity; sympathize with; have compassion for 形 ❶ self-conceited; self-important; singing one's own praise: 自矜有功 claim to have performed meritorious deeds ❷ prudent; restrain-

ed;reserved ➡ guān;qín
【矜持】restrained,reserved
【矜重】reserved and dignified

筋 [jīn]
② ① muscle ② tendon; sinew ③ veins that stand out under the skin ④ anything resembling a tendon or vein
【筋道】❶ tough and chewy ❷ sturdy (old man)
【筋斗】somersault
【筋骨】bones and muscles—physique
【筋疲力尽】exhausted; played out; worn out; tired out;all in;dead-beat;dog-tired

禁 [jīn]
动 ① bear;stand;endure:涤纶禁洗。Polyester bears a lot of washing./尼龙袜禁穿。Nylon socks wear well. ② hold back;contain oneself;restrain oneself:不禁流下眼泪 can't hold back one's tears/不禁大笑 can't help laughing loudly ➡ jìn
【禁受】bear;stand;endure
【禁不起】be unable to stand (tests, trials, etc.)
【禁不住】❶ be unable to bear or endure ❷ can't help (doing sth);can't refrain from
【禁得起】be able to stand (tests,trials,etc.)
【禁得住】be able to bear[endure]

襟 [jīn]
② ① front of a garment ② (breadth of) mind ③ brothers-in-law whose wives are sisters
【襟怀】bosom; (breadth of) mind
【襟怀坦白】open-hearted and aboveboard;honest and straightforward

仅 jǐn
【仅】副 only; merely; barely; just: 仅够一个星期开销 be barely enough for a week's expenses/仅凭记性 from memory
【仅见】rarely see
【仅仅】only; merely; just; simply; barely; solely;no more than;nothing but;alone
【仅只】only;merely
【仅供参考】just for reference; for reference only

尽 [jǐn]
动 ① try to reach the greatest extent ② give priority or precedence to:座位不够,先尽客人们坐吧。As there are not enough seats,let visitors be seated first. 副 furthest;most;尽底下 at the very bottom/尽后头 rearmost;furthest back 介 within the limit, bounds, or time: 尽着一周完成 get it finished within a week/尽着在本市安排参观活动。Please arrange visits within the bounds of the city. ➡ jìn
【尽管】副 feel free to; not hesitate to 连 though;although;even if[though];while;as;no matter (when, where,whom,who, which, what, how); whenever [wherever, whomev-
er, whoever, whichever, however];in spite of;despite;regardless
【尽快】as quickly[soon, early] as possible
【尽量】to the best of one's ability; as far as possible
【尽早】as early [soon, quickly] as possible; at the earliest possible time
【尽可能】as far as possible;to the best of one's ability

紧 [jǐn]
形 ① tight; taut; close ② fast; firm; close ③ close; too tight ④ urgent; pressing; following (each other) closely ⑤ strict; rigorous ⑥ tense; intense ⑦ hard up; hard pressed; short of money
动 tighten; fasten
【紧逼】press hard;close in on
【紧闭】shut tightly
【紧凑】compact;terse;well-knit
【紧跟】follow closely; keep in step with; hard on heels
【紧急】urgent;pressing;critical
【紧紧】closely;firmly;tightly
【紧邻】close neighbour;next-door neighbour
【紧密】❶ close together; inseparable ❷ thick and fast;rapid and intense
【紧迫】pressing;urgent;imminent
【紧俏】in demand
【紧缺】in short supply;badly needed
【紧缩】reduce;retrench;tighten
【紧要】critical;crucial;vital
【紧张】形 ❶ nervous; keyed up ❷ tense; intense; strained ❸ in short supply; tight 名 tension;tone
【紧着】hurry;speed up;press on with
【紧追】in hot pursuit
【紧巴巴】❶tight;taut ❷hard up
【紧绷绷】❶ tight; taut ❷ strained; stiffened; sullen
【紧迫感】feeling of urgency;sense of urgency
【紧迫性】urgency
【紧身儿】close-fitting vest; undershirt; close-fitting undergarment
【紧身衣】tights
【紧跟形势】keep abreast of the situation
【紧急会议】emergency meeting
【紧急集合】emergency muster
【紧锣密鼓】wild beating of gongs and drums—intense publicity campaign
【紧俏商品】hard-to-get commodities; high demand merchandise
【紧身胸衣】bustier
【紧缩开支】retrench; curtail spending; curtail outlay;cut down expenses
【紧急停车带】emergency parking bay

锦 [jǐn]
② brocade 形 bright and gorgeous
【锦标】prize;trophy;title
【锦缎】brocade

【锦纶】polyamide fibre
【锦旗】silk banner
【锦绣】as beautiful as brocade; beautiful; splendid
【锦标赛】championship contest; championships
【锦囊妙计】instructions for dealing with an emergency; wise counsel
【锦上添花】add flowers to the brocade—make what is good still better
【锦绣河山】land of splendours; land of charm and beauty; beautiful land
【锦绣前程】glorious future

谨 [jǐn]

〔形〕careful; cautious; prudent; circumspect 〔副〕〈敬〉solemnly; sincerely; 谨启 yours respectfully
【谨上】yours respectfully
【谨慎】prudent; careful; cautious; circumspect
【谨严】careful and precise
【谨赠】with the compliments of
【谨防假冒】beware of imitations
【谨小慎微】overcautious in small matters; overcautious
【谨言慎行】speak and act cautiously; be discreet in word and deed
【谨致歉意】Please accept my apologies.

尽 [jìn]

〔动〕❶exhaust; finish ❷die; pass away ❸reach the limit ❹use up; exhaust ❺try one's best; do all one can; put to the best use 〔形〕all; entire 〔副〕entirely; totally; completely; wholly ➡jǐn
【尽力】do all one can; try one's best
【尽量】(drink or eat) to the full
【尽情】to one's heart's content; as much as one likes
【尽然】exactly like this
【尽数】the whole amount; total number
【尽头】end
【尽心】with all one's heart
【尽孝】be filial to one's parents; be a filial son [daughter]
【尽兴】to one's heart's content; enjoy oneself to the full
【尽责】meet all one's obligations
【尽职】fulfil one's duty
【尽忠】❶be loyal to ❷sacrifice one's life for; lay down one's life for
【尽义务】❶do one's duty; fulfill one's obligation ❷be a volunteer; work for no reward; work without reward
【尽力而为】do one's best; do everything in one's power
【尽其所有】give everything one has; give one's all
【尽人皆知】be known to all; be common knowledge

【尽如人意】just as one wishes; entirely satisfactory
【尽善尽美】the acme of perfection; perfect
【尽心尽力】(do sth) with all one's heart and all one's might

进 [jìn]

〔动〕❶advance; move forward; march ahead; press onward ❷enter; come into; go into; get into ❸receive; take ❹submit; present ❺eat; drink; take ❻into; in
【进逼】close in on; advance on; press on towards
【进兵】dispatch troops to attack; march on
【进补】take tonic; take extra nourishment
【进步】〔动〕advance; progress; improve 〔形〕progressive 〔名〕advancement; progress; improvement
【进餐】have a meal
【进场】❶进入场地 march into the arena ❷〈航空〉approach
【进城】go into town; go to town
【进程】course; process; progress
【进出】〔动〕pass in and out; get in and out 〔名〕receipts and payments; turnover
【进度】❶rate of progress; rate of advance ❷planned speed; schedule
【进而】and then; after that
【进发】set out; start
【进犯】intrude into; invade
【进攻】attack; assault; offensive
【进贡】pay tribute
【进化】evolution
【进货】stock (a shop) with goods; lay in a stock of merchandise; replenish one's stock
【进价】bid; purchasing price
【进见】call on (sb holding high office); have an audience with
【进京】go to the capital of the country
【进军】march; advance
【进口】〔动〕❶enter port; sail into a port ❷import 〔名〕entrance
【进来】[jìnlái] come in; get in; enter
【进来】[jìnlai] in
【进门】❶go in; pass the gate ❷learn the rudiments of sth; cross the threshold ❸get married and move into the bride-groom's family
【进取】keep forging ahead; be eager to make progress; be enterprising
【进去】[jìnqù] go in; get in; enter
【进去】[jìnqu] in
【进入】enter; get into
【进深】distance from entrance to rear
【进食】take food; have one's meal
【进退】〔动〕advance and retreat 〔名〕sense of propriety
【进位】carry (a number, as in adding)
【进项】income
【进行】❶be on the march; march; advance ❷

carry on; carry out; conduct; make ❸ be in progress; be underway; go on
【进修】engage in advanced studies; take a refresher course
【进言】give word of advice; go a step further; further
【进展】make progress; make headway
【进站】get into[draw into, pull into] a station
【进账】income; receipts
【进驻】enter and be stationed in; enter and garrison; march into (a place) and station there
【进出口】❶ imports and exports ❷ exits and entrances; exit
【进度表】progress chart
【进局子】be taken into custody by police; go to prison; be taken to prison
【进口货】imported goods; imports
【进取心】enterprising spirit; initiative; gumption; push
【进行曲】march
【进一步】go a step further; further
【进入角色】get inside the character that one is playing; enter into the spirit of a character; live one's part
【进入系统】log in (on)
【进退两难】find it difficult to advance or to retreat—be in a dilemma
【进退维谷】on the horns of a dilemma
【进展顺利】proceed smoothly
【进出口许可证】import-export licence

近 [jìn]

形 ① near; close; immediate ② intimate; closely related ③〈书〉easy to understand; simple and obvious 动 approach; get close to
【近便】close and convenient
【近代】modern times
【近道】shortcut
【近海】coastal waters; inshore; offshore
【近乎】[jìnhū] close to; little short of; near; almost; approximately
【近乎】[jìnhu] intimate; friendly
【近郊】outskirts of a city; suburbs; environs
【近景】❶ scenery close by ❷〈摄〉close shot ❸ immediate prospect; current condition
【近况】recent developments; how things stand
【近来】recently; of late; lately
【近邻】near neighbour
【近路】shortcut
【近年】in recent years
【近旁】nearby; near
【近期】in the near future
【近前】nearby; near
【近亲】close relative; near relation
【近人】❶ persons of modern times or alive at present ❷ one's close associate
【近日】recently; in the past few days; within the next few days

【近视】myopia; nearsightedness; shortsightedness 形 shortsighted
【近似】approximate; similar
【近照】recent photo
【近地点】perigee
【近日点】perihelion
【近似值】approximate value
【近义词】near synonym
【近月点】perilune
【近水楼台】waterside pavilion—-rable position
【近在咫尺】close at hand; well within reach

劲 [jìn]

名 ① strength; energy; might ② potency ③ spirit; mood; gusto; drive ④ air; manner; look; expression ⑤ interest; relish; savour; gusto ➡ jìng
【劲头儿】❶ strength; energy ❷ vigor; spirit; drive; zeal

晋 [jìn]

动 ① enter; advance ② promote
【晋级】rise in rank; be promoted
【晋见】call on (sb holding high office); have an audience with
【晋升】promote to a higher office

烬 [jìn]

cinder; ashes

浸 [jìn]

动 ① soak; dip; steep; immerse ② be soaked; be steeped; ooze; leak 副 gradually
【浸没】❶ submerge; flood; immerse ❷ be immersed in; be permeated with
【浸泡】soak; immerse
【浸染】❶ dip-dye ❷ be gradually tainted with; be contaminated; be gradually influenced
【浸润】动 soak; infiltrate 名〈医〉infiltration
【浸透】❶ soak; saturate; infuse; impregnate ❷ soak; permeate; steep ❸ be imbued with
【浸种】seed soaking (in water)
【浸渍】❶ soak; immerse ❷ be gradually tainted with; be contaminated; be gradually influenced

禁 [jìn]

动 ① prohibit; forbid; ban ② put behind bars; imprison; detain 名 ① what is forbidden by law or custom; taboo ② forbidden area ③ prison ➡ jīn
【禁闭】confinement
【禁地】forbidden area; restricted area; out-of-bounds area
【禁毒】ban drugs; drug control
【禁赌】ban gambling
【禁放】firework control
【禁锢】❶ debar from holding office (in feudal times) ❷ keep in custody; imprison; put in jail ❸ confine; shackle
【禁果】❶ forbidden fruit ❷ make love for the first time
【禁忌】名 taboo 动 avoid; abstain from

【禁酒】prohibition on alcoholic drinks
【禁绝】totally prohibit; completely ban
【禁猎】prohibit hunting
【禁令】prohibition; ban
【禁鸣】horn-blowing control
【禁区】❶ forbidden zone; restricted zone; out-of-bounds area ❷ preserve; reserve; natural park ❸〈足球〉penalty area ❹〈篮球〉restricted area
【禁赛】banned from competition; suspend
【禁食】fast
【禁售】forbid[ban] the sale of
【禁书】banned book
【禁烟】ban on opium-smoking and the opium trade
【禁用】forbidden
【禁渔】prohibit fishing; fishing ban
【禁欲】be ascetic
【禁运】embargo
【禁止】prohibit; ban; inhibit; interdict; forbid
【禁飞区】no fly zone; no-flight area
【禁猎区】game refuge
【禁烟区】no-smoking area
【禁运品】contraband
【禁欲主义】asceticism

噤 [jìn] 动 ①keep silent ②shiver 名 act of shivering
【噤若寒蝉】as silent as a cicada in cold weather—keep quiet out of fear

jīng

茎 [jīng] 名 ① stem; stalk ② anything like a stem or stalk

京 [jīng] 名 ① capital of a country ② Beijing ③ ten million
【京城】the capital of a country
【京胡】Peking opera fiddle
【京郊】❶ suburban area of the capital of a country; environs [vicinity] of a capital ❷ suburban area of Beijing; environs of Beijing
【京剧】Peking Opera
【京腔】Beijing accent
【京戏】Beijing opera
【京味儿】of special Beijing flavour; with Beijing characteristics
【京油子】Beijing slicker; Beijing sharper
【京剧票友】Peking Opera fan

泾 [jīng] 名 brook; stream
【泾渭分明】as different as the waters of the Jinghe and the Weihe—entirely different

经 [jīng] 名 ①warp ②unchanged law[rule, principle] ③〈中医〉channels ④〈地理〉longitude ⑤ scripture; canon; classics ⑥ menses; menstruation ⑦ road 动 ① manage; rule; deal in; engage in ② hang ③ pass through ④ stand; bear; endure 形 constant; regular; normal ➡ jìng
【经办】handle; deal with
【经常】❶ day-to-day; everyday; daily ❷ often; frequently; constantly
【经典】动 ①classics ②scriptures 名 classical
【经度】longitude
【经费】funds; outlay
【经管】be in charge of
【经过】动 pass; go through; go by 介 as a result of; after; through 名 process; course
【经纪】动 manage 名 broker
【经济】名 ❶〈经〉economy ❷ financial condition; income 形 ❶ economic; of industrial or economic value ❷ economical; thrifty
【经理】动 handle; manage 名 manager; director
【经历】动 go through; undergo; experience 名 experience
【经贸】economy and trade
【经期】(menstrual) period
【经商】engage in trade; be in business
【经手】handle; deal with
【经受】undergo; experience; withstand; stand; weather
【经纬】❶ meridian and parallel (lines) ❷ main threads; orderliness; reason
【经销】deal in
【经心】careful; mindful; conscientious
【经验】名 experience 动 go through; experience
【经意】care; mind; heed
【经营】❶ plan and organize ❷ plan and manage; operate; run; engage in
【经由】via; by way of
【经传】classics
【经不起】be unable to stand
【经得起】be able to stand
【经纪人】broker; middleman; agent
【经济学】economics
【经手人】person handling particular task
【经销商】distributor
【经济改革】economic reform; economic restructuring
【经济危机】economic crisis
【经久不息】prolonged
【经理助理】assistant manager; aide of the manager
【经风雨,见世面】face the world and brave the storm; see life and stand its tests

荆 [jīng] 名 ① chaste tree ② rod for flogging ③ my own wife
【荆棘】thistles and thorns; brambles; thorny undergrowth

菁 [jīng]
【菁华】essence; cream; quintessence

惊 [jīng] 动 ①start; get alarmed; be frightened ②sur-

【惊诧】 prise;shock;alarm;amaze ③shy;stampede surprised;amazed;astonished
【惊动】 ❶ startle;alarm;shock ❷ alert ❸ disturb;bother
【惊愕】 stunned;stupefied
【惊呼】 cry out in alarm
【惊慌】 alarmed;scared;panic-stricken
【惊叫】 cry in fear;scream;give a cry of alarm; scream with fear
【惊厥】 faint from fear
【惊恐】 alarmed and panicky;terrified;panic-stricken;seized with terror
【惊雷】 frightening thunder;loud clap of thunder;thunderous warning or awakening
【惊奇】 wonder;be surprised;be amazed
【惊人】 astonishing;amazing;alarming
【惊叹】 wonder at;marvel at;exclaim
【惊悉】 be shocked to learn
【惊喜】 pleasantly surprised
【惊吓】 frighten;scare
【惊险】 alarmingly dangerous;breath-taking; thrilling
【惊讶】 astonished
【惊疑】 surprised and bewildered
【惊异】 surprised;amazed;astonished;astounded
【惊叹号】 exclamation mark（!）
【惊险片】 thriller
【惊慌失措】 frightened out of one's wits;seized with panic;panic-stricken
【惊世骇俗】 astound the world with an extraordinary idea,etc.
【惊涛骇浪】 terrifying waves;stormy sea
【惊天动地】 shaking heaven and earth;earth-shake;world-shake
【惊心动魄】 soul-stirring;profoundly affecting

晶 [jīng]
形 bright;shiny;glittering;brilliant 图 ① quartz;(rock) crystal ② any crystalline substance
【晶亮】 bright;glittering
【晶面】 crystal face;lattice plane
【晶体】 crystal
【晶体管】 transistor
【晶莹剔透】 glittering and translucent

腈 [jīng]
图 nitrile
【腈纶】 acrylic fibres

粳 [jīng]
图 japonica rice
【粳米】 polished round-grained nonglutinous rice

兢 [jīng]
【兢兢业业】 cautious and conscientious

精 [jīng]
形 ① refined;polished;picked;choice ② perfect;excellent;essential ③ fine;delicate;exquisite;superb ④ smart;sharp;clever;astute; shrewd ⑤ skilled;versed;conversant;proficient 图 ① choice rice ② essence;spirit;concentrate; extract ③ energy;vigour;spirit ④ sperm;semen;seed ⑤ goblin;spirit;demon ⑥〈中医〉fundamental substance which maintains the functioning of the body;essence of life 副 extremely;very;awfully
【精彩】 brilliant;splendid;wonderful
【精纯】 consummate;superb
【精粹】 succinct;pithy;terse
【精当】 precise and appropriate
【精到】 keen and cautious;precise and penetrating
【精读】 动 read carefully and thoroughly 图 intensive reading
【精度】 precision
【精干】 ❶ small in number but highly trained; crack ❷ keen-witted and capable
【精光】 ❶ with nothing left ❷ shiny;bright
【精华】 cream;essence;quintessence
【精简】 retrench;simplify;cut;reduce
【精力】 energy;vigour;vim
【精练】 intelligent and capable;able and efficient
【精炼】 动 refine;purify 形 concise;succinct; terse
【精良】 excellent;superior;of the best quality
【精灵】 图 spirit;demon 形 clever;smart;intelligent
【精美】 exquisite;elegant
【精米】 polished rice
【精密】 precise;accurate
【精明】 astute;shrewd;sagacious
【精辟】 penetrating;incisive
【精品】 ❶ fine works ❷ quality goods;articles of fine quality
【精巧】 exquisite;ingenious
【精确】 accurate;exact;precise
【精锐】 crack;picked
【精深】 profound
【精神】 [jīngshén] ❶ spirit;mind;consciousness ❷ essence;gist;spirit;substance
【精神】 [jīngshen] 图 vigor;vitality;drive 形 lively;spirited;vigorous
【精算】 ❶ accurate calculation ❷ actuarial evaluation
【精髓】 marrow;pith;quintessence
【精通】 be proficient in;have a good command of;master
【精微】 形 deep and profound 图 mystery
【精细】 meticulous;fine;careful
【精心】 meticulously;painstakingly;elaborately
【精选】 ❶ be carefully chosen;be choice ❷〈矿〉concentrate
【精要】 succinct and to the point;pithy
【精英】 ❶ cream;essence;quintessence ❷ elite
【精湛】 consummate;exquisite

【精制】make with extra care;refine
【精致】fine;exquisite;elegant;delicate
【精装】❶clothbound;hardback;hardcover ❷elaborately packed
【精子】sperm;spermatozoon
【精品店】up-market store
【精品屋】store selling quality products only
【精神病】psychosis; insanity; mental illness 〔disease,disorder〕
【精算师】actuary
【精装本】hardback edition;deluxe edition
【精打细算】careful calculation and strict budgeting
【精雕细刻】work at sth with the care and precision of a sculptor; work at sth with great care
【精疲力竭】exhausted; worn out; tired out; spent
【精气神儿】vigour;energy;drive
【精神错乱】mentally deranged;insane
【精神抖擞】full of energy〔vitality〕;vigorous
【精神分析】psychoanalysis
【精神贵族】intellectual aristocrats
【精神焕发】be in high spirits;one's spirits rise
【精神枷锁】ideological shackles;mental yoke
【精神空虚】be spiritually barren
【精神恋爱】Platonic〔unearthly〕love
【精神面貌】mental attitude;mental outlook
【精神生活】cultural life
【精神世界】inner world;mental world
【精神文明】ethical and cultural progress;spiritual civilization
【精神污染】spiritual contamination; cultural contamination;ideological pollution
【精神支柱】anchorage;spiritual prop;ideological prop
【精神状态】state of mind;mental outlook
【精神头儿】vim and vigour
【精细化工】fine chemicals
【精益求精】constantly improve sth; keep improving

鲸 [jīng]
图 whale
【鲸吞】swallow like a whale;annex (territory)
【鲸鱼】whale

jǐng

井 [jǐng]
图 ①well ②sth in the shape of a well ③settlement;village 图 in good order;orderly;neat
【井然】orderly; neat and tidy; shipshape; methodical
【井盐】well salt
【井底之蛙】frog in a well—person with a very limited outlook
【井井有条】in perfect order; shipshape; methodical

阱 [jǐng]
图 trap;pitfall;pit

颈 [jǐng]
图 ①neck ②anything shaped like the neck

景 [jǐng]
图 ① view; sight; scene; landscape; scenery ②situation;condition;circumstance ③scenery; setting ④scene 动 admire; esteem; revere; respect
【景点】scenic spot
【景观】landscape
【景况】situation;circumstances
【景气】prosperity;boom
【景色】scenery;view;scene;landscape
【景深】depth of field
【景物】scenery
【景象】scene;sight;picture
【景致】view;scenery;scene
【景泰蓝】cloisonné enamel;cloisonné

警 [jǐng]
形 alert;vigilant 动 ①guard against ②warn; admonish; alarm 图 ①alarm; emergency; accident ②police;policeman
【警报】alarm;warning;alert
【警备】guard;garrison
【警察】police;policeman
【警车】police car;police van
【警灯】warning lamp
【警笛】❶police whistle ❷siren
【警督】police supervisor
【警方】police
【警服】police uniform
【警告】动 warn;caution;admonish 图 warning
【警官】police officer
【警棍】policeman's baton;truncheon
【警花】policewoman
【警徽】police emblem
【警监】police commissioner
【警戒】be on the alert against; guard against; keep a close watch on
【警诫】warn;admonish
【警句】aphorism;epigram
【警觉】动 warn against;awaken 图 vigilance; alertness;consciousness
【警力】police force; police power; guards; police strength
【警龄】length of police service
【警犬】police dog
【警绳】police rope
【警示】lesson;warning
【警世】caution against impending disasters
【警司】police superintendent
【警探】police detective;police-spy
【警惕】be on guard against; watch out for; be vigilant
【警亭】police box
【警卫】动 guard with armed forces 图 (security) guard
【警务】police affairs;police service
【警衔】police rank

【警醒】warn; caution; alert; awaken 形 light
【警钟】alarm bell; tocsin
【警种】police services
【警匪片】"cops and robbers" feature film; crime action movie
【警戒线】warning line; cordon; security line

jìng

劲 [jìng]
形 strong; vigorous; powerful; sturdy ➡ jìn
【劲敌】formidable adversary; strong opponent〔contender〕
【劲歌】pop song characterized by a strong beat
【劲旅】strong contingent; crack force
【劲舞】rap dancing; strong dance

径 [jìng]
名 ①footpath; path; trail; track ②way; road; means ③ diameter 副 directly; straight; straightaway
【径赛】track
【径直】❶straight ❷directly; straightaway
【径自】without leave; without consulting anyone

净 [jìng]
形 ①clean ②with nothing left; completely ③ net; pure 动 ①wipe (sth) clean ②〈佛教〉eliminate sexual desire ③〈旧〉be castrated 副 nothing but; only; merely: 书架上净是科技书籍。There are nothing but science and technology books on the shelf. 名 painted face
【净化】purify
【净水】动 purify the water 名 purified water
【净值】net worth; net value
【净重】net weight
【净水器】water purifier

胫 [jìng]
名 shin

痉 [jìng]
【痉挛】convulsion; spasm

竞 [jìng]
动 compete; contest; contend; vie 副 anxiously; eagerly
【竞标】competitive bidding; competitive tender
【竞猜】compete to answer (in contest)
【竞答】vie to answer; compete to solve
【竞技】sports; athletics
【竞价】bid (in auction); bid against each other
【竞买】compete to buy
【竞卖】compete to sell
【竞拍】auction; bid against each other
【竞聘】employment by competition
【竞赛】contest; competition; emulation; race
【竞投】compete in bidding (for a contract, etc.)
【竞相】compete; vie
【竞选】enter into an election contest; campaign for (office); run for

【竞争】compete
【竞走】heel-and-toe walking race
【竞争力】competitiveness; competitive power
【竞争性】competitiveness
【竞技体操】gymnastics
【竞技状态】form
【竞争机制】competitive mechanism; mechanism of competition
【竞争上岗】employment through competition

竟 [jìng]
动 ①end; finish; complete ②investigate 形 from beginning to end; throughout; whole 副 ① in the end; finally; eventually ② to one's surprise; unexpectedly; actually
【竟敢】actually dare; have the audacity; have the impertinence
【竟然】to one's surprise; unexpectedly; actually

敬 [jìng]
动 ①be devoted〔dedicated〕to; be bent on ② respect; honour; esteem; revere ③offer politely 副 respectfully
【敬爱】respect and love
【敬告】beg to inform
【敬贺】congratulate with respect; send respectful greetings to
【敬候】❶ await respectfully ❷ greet respectfully
【敬酒】propose a toast; toast
【敬礼】salute; give a salute
【敬佩】esteem; admire
【敬请】invite respectfully
【敬上】yours respectfully; yours sincerely
【敬挽】with deep condolences from sb
【敬畏】hold in awe and veneration; revere
【敬献】present politely; offer respectfully
【敬仰】revere; venerate
【敬业】dedicate oneself to one's studies
【敬意】respect; tribute
【敬语】words spoken out of respect or courtesy; respectful remarks
【敬赠】with compliments
【敬重】deeply respect; revere; honour
【敬祝】I wish you
【敬老院】home of respect for the aged; old folks' home
【敬而远之】stay at a respectful distance from sb
【敬老爱幼】respect the aged and cherish the young
【敬请斧正】please make whatever corrections you like
【敬请光临】request the honour of your presence
【敬请指教】humbly request your advice
【敬业乐群】respect work and enjoy company

靖 [jìng]
名 peace; tranquility 动 pacify; suppress

静 [jìng]
形 ①still; calm; motionless ②silent; quiet;

noiseless ③ serene; composed; unruffled 动 calm; quieten
【静电】static electricity
【静脉】vein
【静态】static〔motionless, stationary〕state; quiescent condition
【静物】still life
【静止】static; motionless; at a standstill
【静坐】❶ sit quietly ❷ sit still as a form of therapy
【静悄悄】very quiet

境 [jìng]
名 ① border; boundary ② place; area; land; territory ③ condition; situation; circumstances
【境地】❶ condition; circumstances ❷ extent reached; plane attained; state; realm
【境界】❶ boundary ❷ extent reached; plane attained; state; realm
【境况】(financial) condition; circumstances
【境内】area inside the borders
【境外】area outside the borders
【境遇】circumstances; one's lot

镜 [jìng]
名 ① looking glass; mirror ② lens; glass; mirror
【镜片】lens
【镜头】❶ camera lens ❷ shot; scene
【镜像】image; mirror image
【镜子】❶ mirror; looking glass ❷ glasses; spectacles

迥 [jiǒng]
形 remote; far away
【迥异】totally different
【迥然不同】utterly different; not in the least alike

炯 [jiǒng]
形 bright; shining
【炯炯】bright; shining
【炯炯有神】bright and piercing

窘 [jiǒng]
形 ① in straitened circumstances; short of money; hard up ② awkward; embarrassed; ill at ease 动 ① be cornered; be in difficulty ② embarrass; upset; disconcert
【窘迫】❶ poverty-stricken; very poor ❷ hard pressed; embarrassed; in a predicament
【窘态】embarrassed look
【窘相】embarrassed look

纠 [jiū]
动 ① entangle; involve ② gather together; assemble ③ inform against (sb) supervise ④ correct; rectify; right
【纠察】动 maintain order at a public gathering 名 picket

【纠缠】❶ get entangled; be in a tangle ❷ nag; worry; pester
【纠错】correct an error〔mistake〕
【纠纷】dispute; issue
【纠葛】entanglement; dispute
【纠合】gather together
【纠集】get together; muster
【纠偏】rectify a deviation; correct a political error
【纠正】correct; put right; redress
【纠察队】picket squad
【纠错码】Error Correction Code (ECC)
【纠缠不清】too tangled up to unravel

鸠 [jiū]
名 turtledove

究 [jiū]
动 ① study carefully; probe into ② investigate; trace; find out 副 actually; really; after all: 究非长远之计。After all, this is not a permanent solution.
【究竟】名 outcome; what actually happened 副 ❶ actually; exactly ❷ after all; in the end

赳 [jiū]
【赳赳】valiant; gallant
【赳赳武夫】stalwart; martial man

阄 [jiū]
名 lots

揪 [jiū]
动 ① hold tight; grab; seize ② pull; tug; drag
【揪出】uncover; ferret out
【揪心】〈方〉❶ anxious; worried ❷ heartrending; agonizing; gnawing
【揪辫子】seize sb's queue—seize upon sb's mistakes or shortcomings; capitalize on sb's vulnerable point

九 [jiǔ]
数 ① nine: 九号楼 Building No. 9/九层楼 ninth floor/九成新 ninety percent new/九年义务教育 nine-year compulsory education ② many; numerous 名 each of the nine nine-day periods
【九泉】the Nine Springs—the nether world; grave
【九霄】beyond the highest heavens—far, far away
【九族】nine degrees of kinship
【九牛一毛】a single hair out of nine ox hides—drop in the ocean
【九死一生】narrow escape from death; survival after many hazards
【九霄云外】beyond the highest heavens—far, far away
【九牛二虎之力】the strength of nine bulls and two tigers—tremendous effort

久 [jiǔ]
形 for a long time; long 名 specified duration

【久等】wait for a long time
【久久】for a long, long time
【久留】stay long
【久违】how long it is since we last met; I haven't seen you for ages
【久仰】I've heard about you for a long time; I've long been looking forward to meeting you; I'm very pleased to meet you
【久已】for a long time; long since
【久远】far back; ages ago; remote
【久别重逢】meet again after a long separation; reunite after a long parting
【久而久之】in the course of time; with the lapse of time; as time passes
【久经考验】long-tested; seasoned
【久闻大名】I've long heard about your great name

灸 [jiǔ]
〈中医〉moxibustion

韭 [jiǔ]
【韭菜】fragrant-flowered garlic; (Chinese) chives
【韭黄】hotbed chives

酒 [jiǔ]
alcoholic drink; wine; liquor; spirits
【酒吧】bar; barroom
【酒杯】wine cup or glass
【酒菜】❶ food and drink ❷ food to go with wine or liquor
【酒厂】brewery; winery; distillery
【酒店】bar; inn; public house; hotel; restaurant
【酒馆】public house; pub
【酒鬼】wine bibber; tippler
【酒壶】wine pot; flagon
【酒花】hops
【酒会】cocktail party
【酒精】ethyl alcohol; alcohol
【酒具】drinking set
【酒量】capacity for liquor
【酒令】drinker's wager game
【酒楼】restaurant
【酒色】❶ colour of wine ❷ wine and women—sensual pleasures ❸ drunken state; drunkenness
【酒水】wine and other drinks; beverages and alcohol
【酒窝】dimple
【酒席】feast; banquet
【酒宴】feast; banquet
【酒肴】❶ food and drink ❷ food to go with wine or liquor
【酒瘾】alcohol dependence; addiction to alcohol
【酒盅】small handleless wine cup
【酒醉】be drunk
【酒精灯】spirit lamp; alcohol burner
【酒精炉】alcohol heater
【酒糟鼻】acne rosacea; brandy nose
【酒精中毒】alcoholic intoxication; alcoholism
【酒肉朋友】wine-and-meat friends; fair-weather friends
【酒足饭饱】have drunk and eaten to one's heart's content
【酒心巧克力】liqueur

旧 [jiù]
形 ❶ past; outdated; antiquated; old ❷ used; old; worn; secondhand ❸ former; onetime 名 ❶ persons or things in the past ❷ old friendship; old friend; old acquaintance
【旧地】place where one went or stayed before; once familiar place; old haunt
【旧货】secondhand goods; junk
【旧交】old friend
【旧居】former residence; old home
【旧历】the old Chinese calendar; the lunar calendar
【旧貌】past scene
【旧梦】past experience; good old days
【旧情】old [former] friendship; former affection
【旧时】old times; old days
【旧式】old type; old style
【旧事】old matter or affair; past event
【旧闻】outdated news; past events; old lore
【旧物】❶ old heritage [relics] ❷ lost territory
【旧友】old friend [acquaintance]
【旧账】old debt; old score; old feud
【旧址】former site
【旧货店】secondhand shop; junk shop
【旧货市场】flea market; second-hand goods market

臼 [jiù]
名 ❶ mortar ❷ any mortar-shaped thing
【臼齿】molar

咎 [jiù]
名 ❶ fault; blame ❷ ill luck; bad fortune 动 censure; punish; blame
【咎由自取】have only oneself to blame

疚 [jiù]
动 be filled with remorse; be remorseful; feel guilty

救 [jiù]
动 ❶ rescue; save; salvage ❷ help; relieve; succour
【救国】save the nation
【救护】relieve a sick or injured person; give first-aid; rescue
【救荒】send relief
【救活】bring sb back to life; resuscitate
【救火】fight a fire; try to put out a fire
【救急】help sb to cope with an emergency; help meet an urgent need
【救济】extend relief to; relieve the distress of
【救命】save sb's life

【救亡】save the nation from extinction
【救星】liberator; emancipator; saviour
【救援】rescue; come to sb's help
【救灾】provide disaster relief; help people tide over a natural disaster; relieve victims of a disaster
【救治】bring a patient out of danger; treat and cure
【救助】help sb in danger or difficulty; succour
【救护车】ambulance
【救护站】first-aid station
【救火车】fire engine
【救火队】fire brigade
【救济金】alms; relief fund
【救济粮】relief food; relief grain
【救生船】rescue craft
【救生圈】life buoy
【救生艇】lifeboat
【救生衣】life jacket
【救世主】the Saviour; the Redeemer
【救险车】wrecking truck; wrecking car
【救火队员】fireman; fire fighter
【救命恩人】saviour
【救死扶伤】heal the wounded and rescue the dying

厩 [jiù]
图 stable; cattle-shed; pen
【厩肥】barnyard manure

就 [jiù]
副 ① come near; move towards ② arrive; reach ③ undertake; engage in; embark on ④ accomplish; attain; make ⑤ take advantage of; accommodate oneself to; suit; fit ⑥ go with ② at once; right away; in a moment ② as early as; already ③ as soon as; no sooner...than; right after: 我刚到家就下起雨来了。No sooner had I reached home than it began to rain. ④ 既然没事, 就多坐一会儿吧。Stay a little longer since you have nothing else to attend to. ⑤ as much as; as many as: 光鞋他就有 30 双。He has as many as 30 shoes. ⑥ 去就去, 怕什么？ I'll go if I must. What's there to be afraid of？ ⑦ 我本来就不想去, 是你非拉我去的。I never said I wanted to go. It was you that got me to. ⑧ only; merely; just; 就等你一个了。You're the only one we're waiting for. / ⑨ 不去, 不去, 就不去！I won't go, never！ ⑩ exactly; precisely; very; right: 这就是我的意思。That's precisely what I meant. ⑪ even if; even though: 我就是走也要走到那儿去。I have to walk. ⑫ ① by: 就着灯看书 read by a lamp ② with regard to; as far as; concerning; on: 就我来说 so far as I am concerned ③ taking advantage of; availing oneself of: 她就着孩子们不在时收拾了他们的房间。She took advantage of the children's absence to tidy their rooms.
【就便】at sb's convenience; while you're at it
【就餐】have a meal; eat; dine
【就此】at this point; here and now; thus
【就地】on the spot
【就读】attend school
【就范】submit; give in
【就教】ask for advice; consult
【就近】nearby; in the neighbourhood; without having to go far
【就擒】be arrested; be caught
【就寝】retire for the night; go to bed
【就任】take up one's post; take office
【就势】making use of momentum
【就是】副 ① yes; that's right; exactly; precisely: 就是, 就是, 您的话太对了。Yes, yes, you are quite right. ② 不懂就是不懂, 不要装懂。If you don't understand, you don't understand. Don't pretend otherwise. / 不管我怎么说, 他就是不答应。Whatever I said, he simply didn't agree. ❶ 别害怕, 只管说就是了。Don't be afraid. Just say it. ❷ even if; even: 就是小孩子也知道这一点。Even little boys know this.
【就手】while you're at it
【就算】even if; granted that
【就位】take one's place
【就绪】be in order; be ready
【就学】go to school; attend school
【就要】be about to; be going to; be on the point of
【就业】obtain employment; take up an occupation; get a job
【就医】seek medical advice; go to a doctor
【就义】be executed for championing a just cause; die a martyr
【就诊】see a doctor; seek medical advice
【就正】solicit comments (on one's writing)
【就职】assume office
【就座】take one's seat; be seated
【就是说】that is to say; in other words; namely
【就事论事】consider sth in isolation or out of context; deal with a matter on its merits

舅 [jiù]
图 ① mother's brother; uncle ② wife's brother; brother-in-law ③ husband's father

鹫 [jiù]
图 ① vulture ② eagle

拘 [jū]
动 ① arrest; detain; take into custody ② restrain; constrain ③ restrict; limit; bound ④ adhere rigidly to; be inflexible
【拘捕】arrest; take into custody
【拘传】summon (sb) for detention
【拘谨】overcautious; reserved
【拘禁】take into custody; detain
【拘留】detain; hold in custody; intern
【拘泥】stick rigidly to

【拘束】restrain; restrict 形 constrained; awkward; ill at ease
【拘押】take into custody; detain
【拘役】criminal detention

狙 [jū]
名 a kind of monkey 动 be on watch for; spy
【狙击】snipe
【狙击手】sniper
【狙击战】sniping action

居 [jū]
动 ① reside; dwell; live ② hold; occupy ③ claim; assert ④ save; store up; lay by ⑤ stay; put; be at a standstill ⑥ belong to[be in] a certain category 名 ① residence; house; home ② restaurant
【居多】be in the majority
【居家】live at home; run a household
【居间】(mediate) between two parties
【居留】reside
【居民】resident; inhabitant; lodger; town-dweller; cave-dweller
【居然】unexpectedly; to one's surprise
【居室】room
【居心】harbour (evil) intentions
【居右】be on the right side
【居于】occupy
【居中】① mediate between two parties ②〈印〉be placed in the middle
【居住】live; reside; dwell; inhabit; stay
【居左】be on the left side
【居留证】residence permit
【居安思危】think of danger in times of safety; be vigilant in peace time
【居高临下】occupy a commanding position〔height〕
【居家办公】small office home office(SOHO)
【居心不良】harbour evil intentions
【居民身份证】resident's identification card
【居民委员会】neighbourhood committee; residents' committee

驹 [jū]
名 ①young horse; colt ②foal

鞠 [jū]
动 ①rear; bring up ②bend 名 a kind of ball
【鞠躬】bow
【鞠躬尽瘁，死而后已】bend one's back to the task until one's dying day; give one's all till one's heart stops beating

局 [jú]
名 ① chessboard ② situation; position; state of affairs ③ gathering; party ④ ruse; trap; trick ⑤ part; portion ⑥ bureau; department ⑦ functional office ⑧ shop 量 game; set; inning 形 constrained; confined
【局部】part
【局促】❶ narrow; cramped ❷ short ❸ constrained; disconcerted
【局面】aspect; phase; situation
【局势】situation
【局限】limit; confine
【局子】police station; cop shop
【局限性】limitations
【局域网】local area network (LAN)
【局促不安】ill at ease

菊 [jú]
chrysanthemum
【菊花】chrysanthemum

焗 [jú]
动 steam
【焗油】❶ treatment of the hair with a cream to make it soft and shiny ❷ hair treatment cream; hair treatment with cream; hair treatment cream

橘 [jú]
名 tangerine; orange
【橘红】❶ tangerine (color); reddish orange ❷ dried tangerine peel
【橘柑】tangerine
【橘汁】orange juice
【橘子】tangerine

jǔ

咀 [jǔ]
动 chew ➡zuǐ
【咀嚼】❶ masticate; chew ❷ mull over; ruminate; chew the cud

沮 [jǔ]
动 stop; check; prevent 形 gloomy; glum; dejected ➡jù
【沮丧】dejected; depressed; dispirited; disheartened

矩 [jǔ]
名 ① carpenter's square; square ② rectangle ③ rules; regulations
【矩尺】carpenter's square
【矩形】rectangle
【矩阵】matrix

举 [jǔ]
动 ① lift; raise; hold up ② start; begin; initiate; raise ③ elect; choose ④ cite; enumerate; take; give 名 act; work; deed; move 形 all; whole; entire
【举办】conduct; hold; run
【举报】report (an offender); inform against; report (sth) to authorities; turn sb in
【举措】move; act
【举动】movement; move; act; activity
【举凡】ranging from... to...; all... such as
【举国】the whole nation
【举荐】recommend (a person)
【举例】give an example
【举世】throughout the world; universally
【举手】raise[put up] one's hand or hands
【举行】hold (a meeting, ceremony, etc.)

【举要】essentials
【举债】borrow money; raise[contract] a loan
【举证】put the proof; produce evidence; show evidence
【举止】bearing; manner
【举重】weight lifting
【举报信】offence-reporting letters
【举报电话】informants' hot-line telephone; telephone number for informing, accusing or complaining
【举报信箱】box for accusation letters
【举报中心】report center; center for receiving accusatory information or petitioning visitors
【举不胜举】too numerous to mention
【举国上下】the whole nation from top to bottom; from the leaders of the nation to all the people
【举目无亲】be away from all one's kin; be a stranger in a strange land; have no one to turn to (for help)
【举棋不定】hesitate about [over] what move to make; be unable to make up one's mind; vacillate; shilly-shally
【举世闻名】of world renown; world-famous
【举世瞩目】attract world-wide attention; become the focus of world attention
【举手表决】hand-show; with a show of hands; vote by a show of hands
【举手投足】any move[action]
【举手之劳】lift a finger
【举一反三】draw inferences about other cases from one instance
【举重若轻】handle complicated matters with great ease
【举足轻重】hold the balance; prove decisive; count heavily

龃 [jǔ]

【龃龉】the upper and lower teeth not meeting properly—disagreement; discord

巨 jù

巨 [形] huge; tremendous; colossal; gigantic
【巨变】great change; tremendous change
【巨擘】❶thumb ❷authority; leading figure
【巨大】huge; tremendous; enormous; gigantic; immense
【巨额】huge amount; huge sum
【巨富】❶immense wealth ❷man of immense wealth; multimillionaire
【巨匠】great master; consummate craftsman; giant
【巨款】huge sum of money
【巨浪】billow; surge; mountainous waves
【巨龙】giant dragon
【巨轮】❶large wheel ❷large ship
【巨人】giant; colossus
【巨头】magnate; tycoon
【巨细】big and small
【巨型】giant; heavy; mammoth; colossal
【巨著】monumental work
【巨资】enormous amount of capital
【巨子】magnate; tycoon; giant
【巨无霸】the giant; the extra large

句 [jù]

句 [名] sentence [动] write a few lines of verse
【句法】❶sentence structure ❷〈语〉syntax
【句号】full stop; full point; period
【句型】sentence pattern
【句子】sentence

拒 [jù]

拒 [动] ❶resist; repel; ward off ❷refuse; reject
【拒捕】resist arrest
【拒付】non-payment; dishonor; refuse to pay
【拒贿】refuse a bribe
【拒婚】reject marriage
【拒绝】refuse; reject; turn down; decline; deny
【拒收】rejection
【拒载】refuse to take passengers
【拒之门外】slam the door in sb's face—refuse sb's entrance[entry]; turn sb away

具 [jù]

具 [名] ❶utensil; tool; implement ❷talent; ability [量] 一具僵尸 a corpse/一具石磨 a stone mill [动] ❶be endowed with; possess; have ❷provide; furnish; fix ❸state; enumerate; write out
【具备】possess; have; be provided with
【具结】sign an undertaking
【具名】put one's name to a document, etc.; affix one's signature
【具体】❶concrete ❷specific ❸particular
【具有】have; possess

炬 [jù]

炬 [名] ❶torch; flame ❷candle [动] fire; burn

俱 [jù]

俱 [副] all; complete
【俱全】complete in all varieties
【俱乐部】club

倨 [jù]

倨 [形] haughty; overbearing; arrogant

剧 [jù]

剧 [名] drama; play; show; opera [形] acute; sharp; severe; intense
【剧本】play; drama
【剧变】violent[drastic] change
【剧场】theatre
【剧毒】hypertoxic
【剧烈】violent; acute; severe; fierce
【剧目】list of plays or operas
【剧情】the story[plot] of a play or opera
【剧痛】severe pain
【剧团】theatrical company; opera troupe; troupe
【剧务】❶stage management ❷stage manager
【剧院】theatre

【剧照】stage photo; still
【剧终】the end; curtain
【剧组】cast, director and stage hands in a drama production
【剧作】drama; play
【剧作家】playwright; dramatist

据 [jù]
动①occupy; hold; seize ②rely on; depend on 介according to; on the basis of; on the grounds of: 据调查 on the basis of the investigation/据气象台预报 according to the weather forecast from the meteorological observatory 名evidence; proof; certificate
【据称】it is said; they say; allegedly
【据传】a story is going around that; rumour has it that
【据此】on these grounds; in view of the above; accordingly
【据点】strongpoint; fortified point; stronghold
【据实】be based on fact
【据说】it is said; they say; allegedly
【据闻】it is said; they say; allegedly
【据悉】it is reported
【据以】on the basis of
【据理力争】argue strongly on just grounds
【据实相告】tell according to facts
【据为己有】take forcible possession of; appropriate

距 [jù]
名①distance ②spur 动be apart〔away〕from
【距离】名distance; range; gap 动be apart from; away from; be at a distance from

惧 [jù]
动fear; dread; frighten
【惧内】henpecked
【惧怕】fear; dread
【惧色】look of fear

飓 [jù]
【飓风】hurricane

锯 [jù]
名saw 动cut with a saw; saw

聚 [jù]
动assemble; gather; get together
【聚变】fusion
【聚财】collect〔raise〕money; accumulate wealth
【聚餐】dine together (usu. on festive occasions); have a dinner party
【聚赌】group gambling; gamble in group; assemble for gambling; get together to gamble
【聚合】get together
【聚会】get together; meet
【聚积】accumulate; collect; build up
【聚集】gather; assemble; collect
【聚焦】focus; concentrate
【聚居】inhabit a region; live in a compact community
【聚敛】amass wealth by heavy taxation
【聚拢】gather together
【聚齐】gather; assemble
【聚首】gather; meet
【聚众】mob
【聚宝盆】treasure bowl—place rich in natural resources; cornucopia
【聚光灯】spotlight
【聚光镜】condensing lens
【聚合物】polymer
【聚居点】settlement
【聚精会神】concentrate one's attention; be all attention
【聚众斗殴】gather a crowd to engage in an affray

踞 [jù]
动①crouch; squat; sit ②be entrenched; occupy
【踞守】guard

juān

捐 [juān]
动①relinquish; abandon; give up ②contribute; donate; subscribe 名tax; levy
【捐款】动contribute money 名contribution; donation; subscription
【捐躯】sacrifice one's life; lay down one's life
【捐税】taxes and levies
【捐献】contribute; donate; present
【捐赠】contribute (as a gift); donate; present
【捐助】offer; contribute; donate
【捐资】contribute funds to

涓 [juān]
名tiny steam
【涓涓】trickling sluggishly

娟 [juān]
形beautiful; graceful
【娟秀】beautiful; graceful

圈 [juān]
动①shut in a pen; pen in ②lock up ➡juàn, quān

镌 [juān]
动engrave; carve; inscribe
【镌刻】engrave
【镌石】engrave a stone

juǎn

卷 [juǎn]
动①roll (up); curl; furl ②sweep along, up, or off; pull up; carry along 名cylindrical mass of sth.; roll 量roll; spool; reel; 一卷电缆 a reel of cable/一卷线 a spool of thread/一卷纸 a roll of paper ➡juàn
【卷尺】tape measure; band tape
【卷发】curly hair; wavy hair
【卷曲】curl
【卷刃】be turned〔twisted〕
【卷入】be drawn into; be involved in

【卷逃】run off with
【卷烟】cigarette;cigar
【卷笔刀】pencil sharpener
【卷帘门】folding door
【卷铺盖】❶pack up and quit ❷get the sack
【卷心菜】cabbage
【卷土重来】stage a comeback

juàn

卷 [juàn]
❷ ❶book ❷file;dossier ❸examination paper 📖 volume ➡juǎn
【卷子】examination paper
【卷宗】❶folder ❷file;dossier

隽 [juàn]
❷ meaningful
【隽永】meaningful

倦 [juàn]
❷ ❶tired;worn out ❷bored;weary;fed up with
【倦怠】languid;sluggish
【倦色】tired look
【倦意】feeling of tiredness

圈 [juàn]
❷ pen;fold;sty ➡juān;quān
【圈养】rear livestock in pens

绢 [juàn]
❷ thin, tough silk
【绢花】silk flower
【绢画】classical Chinese painting on silk

眷 [juàn]
❷ family dependant ❷ have tender feeling for
【眷恋】be sentimentally attached to
【眷念】think fondly of;feel nostalgic about
【眷属】❶ family dependants ❷ husband and wife

juē

撅 [juē]
❷ ❶stick up;pout ❷embarrass (sb) openly;contradict ❸break;snap

jué

决 [jué]
❷ ❶make a decision;decide;determine ❷decide the final result;win or lose ❸execute ❹be breached;burst ❺break;split ❷ determined;resolute;decisive ❷ definitely;absolutely;certainly;under any circumstances
【决策】❷ make policy;make a strategic decision;decide a policy ❷ policy decision;decision of strategic importance
【决出】contest (prizes);fight for
【决堤】breach[burst] a dyke
【决定】❷ ❶ decide;determine;resolve;make up one's mind ❷ determine;decide ❷ decision;resolution
【决斗】❷ duel ❷ decisive struggle

【决断】❷ make a decision ❷ resolution;decisiveness
【决计】❷ have decided;have made up one's mind ❷ definitely;certainly
【决口】be breached;burst
【决裂】break with;rupture
【决赛】finals
【决算】final accounts;final accounting of revenue and expenditure
【决心】❷ determination;resolution ❷ be determined[resolved]
【决议】resolution
【决意】have one's mind made up;be determined
【决战】decisive battle;decisive engagement
【决策人】policy-maker
【决策树】decision tree
【决心书】written pledge; statement of one's determination

诀 [jué]
❷ ❶rhymed formula ❷knack;key to success;tricks of the trade ❷ bid farewell;part
【诀别】part;bid farewell
【诀窍】secret of success;tricks of the trade;knack

抉 [jué]
❷ pick out;single out
【抉择】choose

角 [jué]
❷ ❶role;part;character ❷type of role ❸actor or actress ❹ancient, three-legged wine cup ❺ note of the ancient Chinese five-note scale, corresponding to 3 in numbered musical notation ❷ contend;struggle;fight ➡jiǎo
【角斗】wrestle
【角色】role;part
【角逐】❶contend ❷compete;contest
【角色错位】role reversal;role deviation

觉 [jué]
❷ sense;feel;sensation;perception ❷ ❶sense;feel ❷ wake (up) ❷ awake ❸ become aware or conscious;become awakened ➡jiào
【觉察】detect;become aware of;perceive
【觉得】❶feel ❷think;feel;find
【觉悟】❷ consciousness;awareness;understanding ❷ come to understand;become aware of;become politically awakened
【觉醒】awaken

绝 [jué]
❷ ❶cut off;break off;sever ❷exhaust;use up;finish ❸stop breathing;die ❷ ❶desperate;beyond help;hopeless ❷ unique;excellent;superb;matchless ❷ ❶ extremely;most;绝大部分 most part ❷ absolutely;in the least;in all circumstances;on any account;绝不甘不 never reconcile oneself to/绝不同意 would in no circumstances agree ❷ jueju
【绝笔】❶last words written before one's death

❷the last work of an author or painter
【绝壁】precipice
【绝顶】 peak;summit extremely;utterly
【绝对】 absolute absolutely;perfectly;definitely
【绝后】❶be childless ❷never to be seen again
【绝活】one's best skill;unique ability
【绝迹】disappear;vanish;be stamped out
【绝技】unique skill;consummate skill
【绝交】break off relations
【绝境】hopeless situation;impasse;blind alley;cul-de-sac
【绝句】quatrain
【绝口】❶stop talking ❷keep one's mouth shut
【绝路】road to ruin;blind alley;impasse;disaster
【绝密】top-secret;strict confidential
【绝妙】extremely clever;ingenious;excellent;perfect
【绝情】heartless
【绝食】go on a hunger strike;fast
【绝世】unique;matchless;peerless
【绝收】total crop failure
【绝望】give up all hope;despair
【绝育】sterilization
【绝缘】❶be cut off from;be isolated from ❷〈电〉insulate
【绝招】❶unique skill ❷unexpected tricky move
【绝症】incurable disease;fatal illness
【绝种】become extinct;die out
【绝门儿】 ❶extinct profession[trade] ❷unique skill greatly surprising;to one's great surprise
【绝缘体】insulator
【绝处逢生】be unexpectedly rescued from a desperate situation
【绝代佳人】woman of beauty
【绝无仅有】the only one of its kind;unique

倔 [jué]
➡jué
【倔强】stubborn;unbending

掘 [jué]
 dig;excavate
【掘进】driving;tunnelling
【掘墓人】gravedigger
【掘土机】excavator;power shovel

崛 [jué]
 rise abruptly
【崛起】❶rise abruptly;rise sharply;suddenly appear on the horizon ❷rise;spring up

厥 [jué]
 faint his or her;its;their only then

谲 [jué]
 ❶treacherous;crafty ❷strange;odd
【谲诈】cunning;crafty

蕨 [jué]
 brake (fern)

橛 [jué]
 short wooden stake;wooden pin;peg

【橛子】short wooden stake;wooden pin;peg

爵 [jué]
 ❶rank of nobility;peerage ❷ancient wine vessel with three legs and a loop handle
【爵士】❶knight ❷Sir
【爵士乐】jazz

蹶 [jué]
 ❶fall ❷suffer a setback

矍 [jué]
 alarm-looking
【矍铄】hale and hearty

嚼 [jué]
 masticate;chew ➡jiáo

攫 [jué]
 seize;snatch;grab
【攫取】seize;grab

juè

倔 [juè]
 gruff;blunt;surly;irascible ➡jué
【倔头倔脑】blunt of manner and gruff of speech

jūn

军 [jūn]
 ❶armed forces;forces;army;troops ❷army;corps military
【军备】armament;arms
【军车】military vehicle
【军刀】soldier's sword;sabre
【军队】armed forces;army;troops
【军阀】warlord
【军费】military expenditure
【军港】naval port
【军歌】army song
【军工】❶war industry ❷military project
【军功】military merit;military exploit
【军官】officer
【军管】military control
【军号】bugle
【军徽】army emblem
【军火】munitions;arms and ammunition
【军籍】military status;one's name on the army roll
【军纪】military discipline
【军舰】warship;naval vessel
【军阶】(military) rank;grade
【军界】military circles;the military
【军警】military police
【军礼】military salute
【军龄】length of military service
【军令】military orders
【军旅】armies;troops
【军绿】❶army green ❷military[army] uniform;uniform
【军马】❶army horse ❷troops;soldiers
【军帽】army cap;service cap
【军品】military products;military goods

【军棋】military chess
【军旗】army flag; colours; ensign
【军情】military [war] situation
【军区】military region; (military) area command
【军权】military leadership; military power
【军犬】police dog used for military purposes
【军人】soldier; serviceman; armyman
【军容】soldier's discipline, appearance and bearing
【军嫂】female soldier or the wife of a soldier; honorific appellation for the wives of military personnel; armyman's wife
【军师】war counsellor; military adviser
【军士】❶ soldier ❷ noncommissioned officer (NCO)
【军事】military affairs
【军售】arms sale
【军属】soldier's dependants; armyman's family
【军团】army group
【军威】military might
【军委】the Military Commission of Central Committee of the Communist Party of China
【军务】military affairs; military task
【军衔】military rank; rank in the military forces
【军饷】soldier's pay and provisions
【军校】military school; military academy
【军鞋】military footwear
【军心】soldier's morale
【军需】❶military supplies ❷〈旧〉quartermaster
【军训】military training
【军衣】military [army] uniform; uniform
【军医】medical officer; military surgeon
【军营】military camp; barracks
【军用】for military use; military
【军乐】martial [military] music
【军长】army commander
【军政】❶ military affairs and politics ❷ army and government ❸military administration
【军职】official post in the army; military appointment
【军种】(armed) services
【军装】military [army] uniform; uniform
【军大衣】frock
【军功章】medal for military merit
【军火库】arsenal
【军烈属】military dependents and widows, etc. of deceased military personnel
【军马场】army horse-breeding farm; army horse ranch
【军事化】militarize; place on a war footing
【军事家】strategist
【军乐队】military band
【军国主义】militarism
【军事法庭】military tribunal [court]

均 [jūn]
形 equal; even 副 without exception; every one; all

【均等】equal; impartial; fair
【均分】divide equally; share out equally
【均衡】balance; equilibrium
【均价】average price
【均势】balance of power; equilibrium of forces; equilibrium; parity
【均摊】share equally
【均线】average line
【均一】even; uniform; homogeneous
【均匀】even; well-distributed
【均沾】share ... equally
【均值】average value
【均一性】homogeneity

龟 [jūn]
➡guī
【龟裂】❶be full of cracks ❷chap

君 [jūn]
名 ①monarch; sovereign; supreme ruler ② gentleman; Mr.
【君王】monarch; sovereign; emperor
【君主】monarch; sovereign
【君子】man of noble character; man of virtue; gentleman
【君子协定】gentlemen's agreement

菌 [jūn]
名 ①bacterium ②fungus ➡jùn
【菌落】colony
【菌苗】bacterial vaccine; vaccine
【菌丝】hypha
【菌细胞】bacterial cell

俊 [jùn]
形 ①unusually talented ②handsome; pretty; beautiful 名 person of outstanding talent
【俊杰】person of outstanding talent; hero
【俊美】pretty
【俊俏】pretty and charming
【俊秀】pretty; of delicate beauty
【俊男靓女】handsome men and beautiful women

郡 [jùn]
名 prefecture

峻 [jùn]
形 ①high ②harsh; hard; severe; stern
【峻峭】high and steep

浚 [jùn]
动 dredge

骏 [jùn]
名 fine horse; steed
【骏马】fine horse; steed

菌 [jùn]
名 mushroom ➡jūn

竣 [jùn]
动 complete; finish
【竣工】be completed

K k

kā

咔 [kā] 〈象〉click; clack; 他咔的一声关上抽屉。He closed the drawer with a clack.

咖 [kā] →gā

【咖啡】coffee
【咖啡厅】café; coffeehouse; coffee palace [shop]; coffee room
【咖啡屋】coffee house
【咖啡伴侣】coffee mate

kǎ

卡 [kǎ] 〈量〉calorie 〈名〉①card ②cassette ③truck; lorry →qiǎ

【卡车】lorry; truck
【卡尺】vernier callipers
【卡拉 OK】karaoke
【卡片】card
【卡通】① animated cartoon [drawing, film]; cartoon ② caricature; cartoon
【卡丁车】go-kart
【卡路里】calorie
【卡通画】caricature; cartoon
【卡通片】animated cartoon [drawing, film]; cartoon
【卡式录像带】video cassette

咯 [kǎ] 〈动〉cough up →gē; lo; luò

【咯痰】cough up phlegm
【咯血】spit blood; haemoptysis

kāi

开 [kāi] 〈动〉① open; turn on; be on ② make an opening; open up; reclaim ③ open out; come loose ④ thaw; become navigable ⑤ lift (a ban, restriction, etc.) ⑥ start; operate; drive; run ⑦ set out; move ⑧ set up; run ⑨ begin; start ⑩ hold (a meeting, exhibition, etc.) ⑪ write out; make out ⑫ pay (wages, fares, etc.) ⑬ kick out; fire; sack ⑭ boil ⑮ serve (a meal, banquet, etc.) ⑯ finish; eat up ⑰ (a) extend; expand; spread (b) start and continue (c) apart; away (d) have a free hand in doing sth; understand; know; realize (e) hold; contain 〈量〉percentage; proportion

【开班】open [start] a class; offer a course
【开办】start or run; set up
【开标】bid opening; open sealed tenders; open sealed bids
【开播】① initiate broadcast ② start sowing
【开采】mine; extract; exploit
【开场】start
【开车】① drive; start ② set a machine going
【开除】expel; discharge
【开创】start; initiate
【开刀】① perform or have an operation; operate or be operated on ② make sb the first target of attack
【开导】help sb to see what is right or sensible; help sb to straighten out his wrong or muddled thinking; enlighten
【开动】① start; set in motion ② move; march; be on the move
【开端】beginning; start
【开发】develop; open up; exploit
【开饭】serve a meal
【开方】extraction of a root; evolution
【开放】① come into bloom ② lift a ban; lift a restriction ③ open to traffic; open to public use ④ be open to the public
【开封】remove [break, open] the seal; unseal; open an envelope
【开赴】move [march] to; be bound for
【开工】① go into operation; start operation; be put into operation ② start; begin construction; begin building
【开关】switch
【开馆】open (library, art gallery, etc.) to the public
【开锅】boil
【开国】found a state
【开航】① become open for navigation; be open

to navigation ❷ set sail
【开河】❶ construct a canal; open up a waterway ❷ thaw; breakup of the ice in a river
【开弧】open arc
【开户】open〔establish〕an account (with a bank)
【开花】❶ flower; bloom; blossom; be in flower; come into flower ❷ explode
【开化】❶ become civilized ❷ thaw; unfreeze
【开怀】to one's heart's content
【开环】open loop
【开荒】open up〔reclaim〕wasteland
【开会】hold or attend a meeting
【开火】open fire
【开伙】❶ run a mess or cafeteria ❷ provide food
【开机】❶ start a machine ❷ start shooting a film, TV play, etc.
【开价】state or quote a price
【开架】❶ open shelves ❷ (of a library or bookstore) open stock
【开奖】draw lottery in public and announce winner
【开交】give up; let sth drop; settle dispute
【开胶】come unglued
【开襟】garment with buttons down the front or the right side
【开禁】lift a ban
【开镜】start shooting (film)
【开局】opening; beginning
【开具】write out
【开卷】动 open a book; read 名 open-book
【开课】❶ school begins ❷ give a course; teach a subject; deliver a course
【开垦】open up〔reclaim〕wasteland; bring under cultivation
【开口】❶ open one's mouth; start to talk; begin to speak ❷ put the first edge on a knife
【开矿】open up a mine; exploit a mine
【开阔】形 ❶ open; wide ❷ tolerant 动 widen
【开朗】❶ open and clear ❷ sanguine; optimistic
【开犁】start the year's ploughing
【开立】open
【开镰】start harvesting
【开练】❶ start working ❷ fight; come to blows
【开列】draw up (a list); list
【开裂】crack; fracture
【开溜】sneak away; slink off; make oneself scarce
【开路】❶ open a way; blaze a trail; open a new road; break a fresh path ❷〈电〉open circuit
【开门】❶ open the door ❷ begin a day's business
【开明】enlightened
【开幕】❶ the curtain rises; begin the performance ❷ open; inaugurate
【开拍】start shooting
【开盘】give the opening quotation; open

【开炮】❶ open fire with artillery; fire; bombard ❷ fire criticism at sb; severely criticize
【开辟】❶ open up; hew out; break ❷ open up; set up; establish
【开票】❶ open the ballot box and count the ballots ❷ make out an invoice
【开屏】spread its tail; display its fine tail feathers
【开启】open; unlock; unbolt; pick a lock
【开枪】fire with a rifle, pistol, etc.; shoot
【开腔】begin to speak; open one's mouth
【开窍】❶ have one's ideas straightened out ❷ begin to know things ❸ inducing resuscitation
【开球】kick off (in soccer)
【开赛】begin a match〔game, competition〕; begin play
【开衫】cardigan
【开设】❶ open; set up; found ❷ offer
【开始】动 begin; initiate; launch; start 名 initial stage; beginning; outset
【开释】release (a prisoner)
【开涮】make fun of; make a fool of
【开水】❶ boiling water ❷ boiled water
【开锁】unlocking
【开膛】cut open the chest; draw
【开庭】open a court session; call the court to order
【开通】[kāitōng] remove obstacles from; dredge; clear
【开通】[kaitong] 形 open-minded; liberal 动 enlightened
【开头】动 begin; start 名 beginning; start
【开脱】absolve; exonerate
【开拓】open up; reclaim
【开往】leave for; be bound for
【开胃】❶ whet〔stimulate〕the appetite ❷ amuse oneself at sb's expense; make fun of sb
【开线】burst at the seams; become unsewn
【开销】动 pay expenses 名 expense
【开心】形 feel happy; rejoice; joyful; be delighted 动 amuse oneself at sb's expense; make fun of sb
【开学】school opens; term begins
【开演】begin
【开业】❶ start business; open for business ❷ open a private practice
【开园】start picking at an orchard or melon field
【开凿】cut (a canal, tunnel, etc.)
【开闸】open a sluice
【开斋】❶ resume a meat diet ❷ come to the end of Ramadan
【开展】❶ develop; launch; unfold; carry out ❷ open-minded; politically progressive ❸ (of an exhibition) begin
【开战】❶ make war; open hostilities ❷ battle
【开张】❶ open a business; begin doing business

❷conclude the first transaction of a day's business
【开诊】begin to treat patients
【开征】begin to levy〔collect〕taxes
【开证】write a letter of credit; write out a certificate
【开支】动❶pay (expenses); spend ❷〈方〉pay wages; pay salaries; get the pay 名expenses; expenditure; spending
【开场白】prologue; introduction
【开档裤】open-seat〔split〕pants (for children)
【开发区】Open Economic Zone
【开发商】developer
【开后门】back-door dealings to secure advantages for others; open green light for
【开户人】owner of an account
【开口子】❶break; burst ❷chap
【开快车】step on the gas; speed up the work
【开绿灯】give the green light; give the go-ahead
【开门红】make a good beginning; get off to a good start
【开幕词】opening speech〔address〕
【开幕式】opening ceremony
【开瓶费】corkage
【开瓶器】opener
【开始曲】signature tune
【开司米】cashmere
【开天窗】put in a skylight; leave a blank in a publication to show that sth has been censored
【开条子】write slip requesting sth
【开拓者】pioneer
【开玩笑】crack a joke; joke; make fun of
【开胃菜】appetizer; antipasto
【开先例】create〔establish, set〕a precedent; set an example
【开小差】❶desert ❷be absentminded
【开心果】pistachio
【开眼界】broaden one's vision
【开夜车】work late into the night; put in extra time at night; burn the midnight oil
【开音节】open syllable
【开元音】open vowel
【开斋节】Lesser Bairam; the Festival of Fast-breaking
【开诚布公】frank and sincere; open-hearted
【开发公司】development corporation
【开放搞活】open up and stir thing up; relax control and enliven the economy
【开放政策】open policy; opening-up policy; policy of opening to the outside world
【开国大典】founding ceremony of a state; inauguration
【开户银行】bank where account has been opened
【开口闭口】every time one opens one's mouth; whenever one speaks

【开阔眼界】broaden one's horizon; widen one's field of vision
【开门见山】come straight to the point
【开幕典礼】inaugural〔opening〕ceremony
【开幕报告】opening speech; opening report
【开天辟地】the creation of heaven and earth—the beginning of history
【开拓进取】blaze new trails; make pioneering efforts; pioneer to make progress; make bold exploration
【开拓精神】pioneering spirit
【开源节流】increase income and reduce expenditure; open up new sources of revenue and cut back on expenditure
【开放式基金】open-ended fund
【开架销售商店】self-service store

揩 [kāi]

动 wipe; rub
【揩拭】clean; wipe
【揩油】get petty advantages at the expense of other people or the state; scrounge

kǎi

凯 [kǎi]

名 triumphant strains
【凯歌】song of triumph; paean
【凯旋】triumphant return
【凯旋门】❶triumphal arch ❷Arc de Triomphe

铠 [kǎi]

名 armour
【铠甲】(a suit of) armour

慨 [kǎi]

形 ❶indignant ❷deeply touched ❸generous
【慨叹】sigh with regret
【慨允】readily consent; kindly promise

楷 [kǎi]

名 ❶model; pattern ❷regular script
【楷模】model; paragon; example
【楷书】formal〔regular〕standard script

kān

刊 [kān]

动 ❶print; publish ❷delete; correct 名periodical; publication
【刊登】publish in a newspaper or magazine; carry
【刊发】publish
【刊授】teach through publications; give courses through periodicals
【刊头】masthead of a newspaper or magazine
【刊物】publication
【刊载】publish; carry
【刊误表】errata; corrigenda

看 [kān]

动 ❶look after; take care of; tend ❷keep under surveillance; keep watch over; guard ➡kàn
【看场】guard the threshing floor
【看管】❶look after; attend to ❷guard; watch

【看护】动 nurse;look after;take care of;tend; attend on 名 nurse
【看家】 look after the house;mind the house 形 outstanding (ability);special (skill)
【看紧】 foresee a possible scarcity in the market
【看门】❶guard the entrance;act as doorkeeper ❷look after the house
【看青】 keep watch over the ripening crops
【看守】动 watch;guard 名 gaoler;jailor;warder;guard
【看押】 take into custody;detain
【看财奴】 miser
【看家狗】 watchdog
【看门人】 doorkeeper;janitor;watchman
【看守所】 lockup for prisoners awaiting trial;detention house
【看守内阁】 care-taker cabinet
【看守政府】 care-taker government;care-taker administration;watchdog administration

勘 [kān]
动 ❶read and correct the text of;collate ❷investigate;survey
【勘测】 survey
【勘察】 look into;investigate
【勘查】❶reconnaissance ❷prospect
【勘定】❶check and ratify ❷survey and determine
【勘校】 collate
【勘界】 demarcation of boundaries
【勘探】 exploration;prospecting
【勘验】 inquest
【勘正】 proofread and correct
【勘误表】 errata;corrigenda

龛 [kān]
名 niche;shrine

堪 [kān]
动 ❶may;can ❷bear;endure

kǎn

坎 [kǎn]
名 ❶one of the Eight Trigrams representing water ❷bank;ridge ❸depression;pit;hole ❹critical moment;crux;point of great importance;streak of bad luck;predicament ❺candela
【坎坷】❶bumpy;rough ❷full of frustrations
【坎子】 mound;rise
【坎肩儿】 sleeveless jacket

侃 [kǎn]
形 ❶upright and honest;straightforward ❷amiable;pleasant 动 ❶chat idly;tattle ❷tease; make fun of 名 enigmatic language;code word
【侃星】❶chatterbox ❷great boaster
【侃爷】 big talker
【侃大山】 chatter away;chat idly;gossip
【侃侃而谈】 speak with assurance and composure

砍 [kǎn]
动 ❶cut;chop;hack;fell ❷reduce;cut ❸throw (at sth or sb)
【砍刀】 chopper
【砍伐】 fell (trees)
【砍价】 bargain;cut [beat] down the price
【砍头】 chop off the head;behead

槛 [kǎn]
名 threshold

kàn

看 [kàn]
动 ❶look at;see;watch;read ❷think;consider;view;judge ❸call on;visit;go to see ❹look upon;regard;treat ❺treat (a patient or an illness) ❻look after;attend to ❼mind;watch out;look ❽depend on;rely on 动 try and see;...and see what'll happen: 等等看 wait and see ➡kān
【看病】❶see a patient;treat;attend;give medical advice ❷see a doctor;consult a doctor; go to a doctor;receive medical advice
【看成】❶take sb or sth for;look upon as;regard as ❷be able to see or watch
【看出】 make out;see
【看穿】 see through
【看待】 look on [upon];regard;treat
【看淡】 slack trend;foresee a slack trend
【看到】 catch sight of;see
【看低】 look down on;belittle
【看点】 highlight
【看跌】 be expected to fall
【看法】❶way of looking at a thing;view ❷unfavourable or a critical view of sb
【看好】 have a good prospect
【看见】 catch sight of;see
【看开】 accept [resign oneself to] an unpleasant fact [situation]
【看看】 动 look carefully;examine 副 ❶gradually ❷be about to
【看客】 spectator;viewer;audience
【看来】 it seems [appears];it looks as if
【看破】 see through
【看齐】❶dress the ranks ❷keep abreast with; keep up with;emulate
【看轻】 underestimate;look down on
【看清】❶see clearly ❷realize
【看上】 take a fancy to;settle on
【看台】 bleachers;stands
【看透】❶understand thoroughly;gain an insight into ❷see through
【看望】 call on;visit;see
【看涨】 be expected to rise
【看中】 take a fancy to;settle on
【看重】 regard as important;value;set store by
【看准】 be certain about sth
【看作】 look upon as;regard as
【看座】 find a seat for the guest

【看不出】be unable to perceive; fail to perceive
【看不惯】cannot bear the sight of; frown upon; be intolerant of
【看不起】look down on; scorn; despise
【看不上】detest; disdain; scorn
【看得起】have a good opinion of; think highly of
【看得上】take a fancy to; settle on
【看情况】depending on circumstances
【看热闹】watch the excitement; watch the fun
【看上去】it seems [appears]; it looks as if
【看手相】practice palmistry
【看头儿】sth worth seeing or reading
【看笑话】watch the fun; have a good laugh at
【看眼色】be ready to take hint
【看样子】it seems [appears]; it looks as if
【看医生】see a doctor; consult a doctor
【看不过去】cannot stand by and watch
【看得过去】passable; just presentable
【看风使舵】steer according to the wind; trim one's sails
【看人下菜碟儿】treat people according to their social status; be snobbish

kāng

康 形①healthy ②well-being; abundance; affluence ③peaceful and happy
【康复】be better; be fully recovered; be cured; be back on one's feet; be up and about; be fit
【康乐】happy and peaceful
【康宁】healthy and undisturbed
【康拜因】combine
【康采恩】concern
【康乐球】caroms
【康乃馨】carnation
【康居工程】comfortable housing project
【康乐中心】recreation centre
【康庄大道】broad road; main road

慷 [kāng]
【慷慨】❶vehement; fervent ❷generous; liberal

糠 [kāng]
名①chaff; bran; husk ②spongy

káng

扛 [káng]
动①carry on the shoulder; shoulder ②deal with; handle ③bear; stand; endure
【扛活】work as a farm labourer

kàng

亢 [kàng]
形①high ②haughty; arrogant ③excessive; extreme 名one of the 28 constellations
【亢奋】extremely excited; stimulated
【亢旱】severe drought

【亢进】hyperfunction

伉 [kàng]
动be equal to; be well matched 形lofty; high; mighty
【伉俪】married couple; husband and wife

抗 [kàng]
动①resist; combat; fight ②refuse; defy; 抗租 stop paying rent ③contend with; be a match for
【抗暴】fight against tyranny; fight against violent repression
【抗辩】contradict
【抗病】disease-resistant
【抗衡】contend with; match
【抗洪】anti-flood battle; fight against floods; battle against floods; struggle against floods
【抗击】resist and fight back
【抗拒】resist; defy
【抗菌】antibacterial
【抗命】defy orders; disobey
【抗上】contract one's superior
【抗税】tax dodge; refuse to pay tax
【抗诉】lodge protests
【抗体】antibody
【抗议】protest
【抗原】antigen
【抗灾】fight natural calamities
【抗战】❶war of resistance against aggression ❷Anti-Japanese War
【抗震】❶anti-seismic capability ❷take precautions against an earthquake; fight an earthquake ❸antiknock
【抗争】take a stand against; resist
【抗皱】anti-wrinkle
【抗病毒】be antiviral [antivirotic]
【抗干扰】anti-interference
【抗静电】antistatic; anti-static electricity
【抗菌素】antibiotic
【抗议书】written protest
【抗日战争】the War of Resistance Against Japan

炕 [kàng]
动 kang bake [dry] by the heat of a fire

kǎo

考 [kǎo]
动①ask sb to answer a difficult question; quiz; question ②give or take an examination or test ③check; inspect ④study; investigate; verify 名①examination; test ②one's deceased father
【考查】examine; check
【考察】❶inspect; make an on-the-spot investigation; investigate ❷observe and study
【考场】examination hall [room]
【考点】location of an examination
【考分】marks; grades; score
【考古】动engage in archaeological studies 名

archaeology
【考官】examiner
【考核】examine; check; assess
【考级】grade examination
【考绩】efficiency evaluation
【考究】动 ❶investigate ❷be particular about 形 exquisite
【考卷】examination paper
【考量】consider
【考虑】consider; think over; deliberate
【考评】check and evaluate
【考勤】check on work attendance
【考取】pass an entrance examination; be admitted to school or college
【考生】candidate for an entrance examination; examinee
【考试】动 examine; test; set sb a test 名 examination; exam; test; quiz
【考题】examination questions; examination paper
【考研】take the graduate school entrance exam; take part in the entrance exams for graduate schools
【考验】test; trial
【考证】make textual criticism; do textual research

拷 [kǎo]
动 ❶flog; beat; torture ❷copy
【拷贝】copy
【拷打】flog; beat; torture
【拷问】torture sb during interrogation; interrogate with torture

烤 [kǎo]
动 ❶bake; roast; toast ❷warm oneself
【烤电】diathermy
【烤火】warm oneself by a fire
【烤炉】oven
【烤盘】ovenware
【烤肉】roast meat; roast
【烤箱】oven
【烤鸭】roast duck
【烤鱼】grill; roast fish
【烤面包】toast
【烤肉叉】spit; skewer
【烤羊肉串】mutton shish kebab

kào

铐 [kào]
名 handcuffs 动 put handcuffs on sb; handcuff

犒 [kào]
动 reward with food and drink
【犒劳】reward with food and drink
【犒赏】reward a victorious army, etc. with bounties

靠 [kào]
动 ❶lean ❷lean or stand against ❸keep to; get near; come up to; near ❹depend on; rely on ❺trust 名 military officer's armour

【靠岸】pull in to shore; draw alongside
【靠边】动 ❶keep to the side ❷step down from one's post 形 reasonable; sensible
【靠垫】cushion
【靠近】❶near; close to; by ❷draw near; approach
【靠拢】draw close; close up
【靠山】backer; patron; backing
【靠不住】unreliable; undependable; untrustworthy
【靠得住】reliable; dependable; trustworthy
【靠边儿站】stand aside; get out of the way; (be forced to) leave the post; lose power

kē

苛 [kē]
形 ❶harsh; severe; rigorous; exacting ❷overelaborate; tedious
【苛刻】harsh; severe; exacting
【苛求】make excessive demands; be overcritical
【苛捐杂税】exorbitant taxes and levies; multifarious and onerous taxes

科 [kē]
名 ❶branch of academic or vocational activity; subject of instruction or study; discipline; department ❷administrative section ❸imperial civil examinations; subject in such examinations ❹old-type Chinese opera school; regular professional training ❺family ❻law; rule ❼stage directions for actions 动 impose; pass
【科班】❶old-type opera school ❷regular professional training
【科幻】science fiction
【科技】science and technology
【科贸】sci-tech and trade
【科目】❶subject; course ❷headings in an account book
【科普】popular science
【科室】administrative or technical offices
【科学】名 science; scientific knowledge 形 scientific
【科研】scientific research
【科员】member of an administrative section; section member
【科长】section chief
【科技城】sci-tech city
【科技馆】museum of science and technology
【科教片】popular science film; science and educational film
【科学城】science city
【科学家】scientist
【科学性】scientificness
【科学院】academy of sciences
【科技奥运】Hightech Olympics
【科技含量】technology content
【科技人员】scientist and technician
【科学共产主义】scientific communism

【科学社会主义】scientific socialism

棵 [kē]
量 五棵树 five trees/一棵白菜 a head of cabbage/一棵草 a cluster of grass

嗑 [kē]
名 words;talk;chat

窠 [kē]
名 nest;burrow
【窠臼】set pattern

颗 [kē]
量 sth small and round 颗颗汗珠 drops〔beads〕of sweat/五颗珍珠 five pearls/一颗豌豆 a pea
【颗粒】❶ anything small and roundish;pellet ❷ a grain

磕 [kē]
动 ① knock (against sth hard) ② knock (sth out of a container);knock out
【磕巴】动 stutter;stammer 名 stutterer;stammerer
【磕打】knock out
【磕碰】knock against;collide with;bump against
【磕头】kowtow
【磕磕绊绊】❶ bumpy;rough ❷ limping

瞌 [kē]
【瞌睡】sleepy;drowsy
【瞌睡虫】❶ sleep-inducing insect ❷ sleepy person

蝌 [kē]
【蝌蚪】tadpole

壳 ké
名 ① shell ② housing;casing;case ➡ qiào

咳 ké
动 cough ➡ hāi
【咳嗽】cough
【咳血】hemoptysis

可 kě
动 ① approve;agree ② can;may ③ need (doing);be worth (doing) ④ go as far as is possible;make the best or most of;make do ⑤ be fully recovered (from an illness) ⑥ fit;suit 副 ① about;some ② 你可把钱带来了！So you've brought the money with you./可别忘了。Mind you don't forget it./③ 这么大的北京城,可上哪儿去找他呀？Beijing is such a big city. Where on earth should we find him? ④ 你可曾跟父亲商量过？Have you actually discussed this with Father? 连 but;yet
【可爱】lovable;likable;lovely;beloved;charming
【可悲】sad;lamentable
【可比】comparable
【可鄙】contemptible;despicable;mean
【可变】variable
【可不】exactly;right;that's just the way it is
【可耻】shameful;disgraceful;ignominious
【可否】can;may
【可观】❶ worth seeing ❷ considerable;impressive;sizable
【可贵】valuable;praiseworthy;commendable
【可好】as luck would have it;by a happy coincidence
【可恨】hateful;detestable;abominable
【可嘉】laudable;praiseworthy
【可见】it is thus clear〔evident,obvious〕that;it shows;that proves;so
【可敬】worthy of respect;respected
【可靠】reliable;dependable;trustworthy
【可可】cocoa
【可口】good to eat;nice;tasty;palatable
【可乐】形 laughable;funny;amusing 名 cola
【可怜】形 ❶ pitiful;pitiable;poor;pathetic ❷ meager;wretched;miserable;pitiful;meagre;pitiful 动 pity;have pity on;take compassion on
【可能】动 can;may 形 possible;probable;likely 副 probably;maybe 名 possibility
【可逆】reversible
【可怕】fearful;frightful;terrible;terrifying
【可欺】❶ easily cowed;can be bullied;browbeaten ❷ gullible;easily duped
【可气】annoying;exasperating;irritating
【可巧】as luck would have it;by a happy coincidence
【可亲】amiable;affable;genial
【可取】desirable
【可人】名 ❶ one with strong points worth recommending ❷ desirable person;sweet heart 形 satisfactory;satisfying
【可身】be a good fit;fit nicely
【可是】连 ❶ but;yet;however ❷ whether;whether or not;if 副 ❶ used for emphasis ❷ really;truly;indeed ❸ in fact;the fact is
【可叹】it is regrettable;it is a pity
【可调】adjustable
【可恶】hateful;abominable;detestable
【可惜】it's a pity;it's too bad
【可喜】gratifying;heartening
【可笑】laughable;ridiculous;ludicrous;funny
【可心】satisfying;likeable;to the satisfaction〔liking〕of
【可信】believable;credible;reliable;plausible
【可行】feasible;practicable;practical;possible
【可疑】suspicious;dubious;questionable
【可以】动 can;may 形 passable;pretty good;not bad
【可不是】exactly;right;that's just the way it is
【可读性】readability
【可兑换】convertible

【可耕地】arable land; cultivable land
【可见度】visibility
【可靠性】liability
【可兰经】Koran
【可怜虫】pitiful creature; wretch
【可怜相】pitiable look
【可能性】possibility
【可塑性】plasticity
【可听性】listenability
【可行性】feasibility
【可转换】convertible
【可转让】❶transferable ❷negotiable
【可操作性】navigability
【可乘之机】opportunity that can be exploited
【可丁可卯】❶exactly; to the exact number ❷ be stringent; be impartial; act by the book
【可歌可泣】move one to song and tears
【可口可乐】Coca-Cola; coke
【可怜巴巴】pitiable; pathetic
【可逆反应】reversible reaction
【可圈可点】praiseworthy
【可视电话】videophone; viewphone; picture telephone
【可数名词】countable noun
【可想而知】one can well imagine
【可持续发展】sustainable development
【可再生资源】renewable resource
【可望而不可即】within sight but beyond reach; unattainable
【可吸入颗粒物】inhalable particle (IP)

渴 [kě]

[形] thirsty; dry [副] yearningly; eagerly
【渴求】eagerly desire; crave for
【渴望】thirst for; long for; yearn for; desire; aspire

克 [kè]

[动] ❶can; be able to ❷overcome; restrain ❸capture; conquer; subdue ❹digest ❺set a time limit [量] gram (g)
【克服】❶ surmount; overcome; conquer ❷ put up with
【克扣】embezzle part of what should be issued
【克拉】carat
【克隆】clone
【克星】jinx; natural enemy
【克制】restrain; exercise restraint
【克当量】gram equivalent
【克分子】gram molecule
【克敌制胜】vanquish〔conquer〕the enemy and win victory
【克己奉公】be wholeheartedly devoted to public duty; work selflessly for the public interest
【克分子浓度】molarity
【克分子体积】gram molecular volume

刻 [kè]

[动] ❶carve; engrave; cut ❷set a time limit [量] ❶unit of time when the water clock or hourglass was used to measure time ❷ quarter [名] moment; time [形] ❶in the highest degree ❷cutting; biting; harsh
【刻板】[动] cut blocks for printing [形] mechanical; stiff; inflexible
【刻薄】unkind; harsh; mean
【刻度】graduation
【刻画】depict; portray
【刻苦】❶ assiduous; hardworking; painstaking ❷simple and frugal
【刻意】be painstaking; be meticulous about; sedulously strive
【刻录机】CD writer; disc-carving machine
【刻不容缓】brook no delay; demand immediate attention; be of great urgency
【刻骨铭心】be engraved on one's bones and heart—be remembered with deep gratitude

恪 [kè]

[副] scrupulously and respectfully; meticulously
【恪守】scrupulously abide by

客 [kè]

[名] ❶guest; visitor ❷passenger; traveller ❸live or settle in a strange place ❹ travelling merchant ❺customer; patron; client ❻ person engaged in some particular pursuit requiring a certain amount of travelling and running around [形] independent of human consciousness; objective [量] 五客冰激凌 five ice creams/两客盒饭 two lunch boxes
【客舱】passenger cabin
【客场】other team's home court; other team's home ground
【客车】❶〈铁路〉coach; passenger train ❷bus; coach
【客船】passenger ship〔boat〕
【客串】play a part in a professional performance; be a guest performer
【客店】inn
【客队】visiting team
【客饭】❶meal specially prepared for visitors at a canteen ❷set meal
【客房】guest room
【客观】objective
【客户】customer
【客机】passenger plane; airliner
【客流】the flow of passengers
【客轮】passenger ship〔liner〕
【客满】❶have a full house; house full ❷have no vacancy (in a hotel)
【客票】passenger ticket
【客气】[形] ❶ polite; courteous ❷ modest [动] make polite remarks or act politely; be polite; be courteous
【客人】❶visitor; guest ❷passenger; guest
【客商】traveller trader
【客套】[动] make polite remarks; exchange

greetings 图 polite formula; civilities
【客体】 object
【客厅】 drawing room; parlour; living room; sitting room
【客源】 source of tourists; potential customers or tourists
【客栈】 inn
【客套话】 polite expressions or formulas
【客座教授】 guest professor; visiting professor
【客座指挥】 guest (visiting) conductor

课 [kè]
图 ①class; lecture ②subject; course ③class ④lesson ⑤subdivision of an administrative unit; section ⑥tax ⑦divination; fortune-telling 动 levy; impose
【课本】 textbook
【课程】 course; curriculum
【课间】 break (between classes)
【课件】 courseware
【课时】 class hour; period
【课税】 动 levy (collect) taxes 图 taxes
【课堂】 classroom; schoolroom
【课题】 ❶question for study or discussion ❷problem; task
【课外】 extracurricular; outside class; after school
【课文】 text
【课业】 lessons; schoolwork
【课余】 after school; after class
【课桌】 desk
【课程表】 school timetable; class schedule
【课间餐】 recess (break-time) snack
【课间操】 setting-up exercises during the break between classes
【课题组】 research group

氪 [kè]
副 suddenly
【氪然长逝】 pass away; die

kěn

肯 [kěn]
图 flesh sticking to the bone 动 ①agree; consent ②be willing or ready (to do sth); be agreeable (to doing sth)
【肯定】 动 affirm; confirm; approve; regard as positive 形 ❶positive; affirmative ❷definite; sure
【肯干】 ready to work; willing to do sth
【肯德基】 Kentucky Fried Chicken

垦 动 ①turn up (soil); cultivate (land) ②reclaim (wasteland)
【垦荒】 reclaim wasteland; bring wasteland under cultivation; open up virgin soil
【垦殖】 cultivate

恳 [kěn]
形 sincerely; earnestly 动 request; entreat; beg

【恳切】 earnest; sincere
【恳请】 earnestly request
【恳求】 implore; entreat; beseech
【恳谈】 talk sincerely; have a heart-to-heart conversation

啃 [kěn]
动 ①gnaw; nibble ②kiss

kēng

坑 [kēng]
图 ①pit; depression; hollow ②tunnel; hole; pit 动 ①bury alive ②harm by cunning or deceit; cheat; hoodwink
【坑害】 lead into a trap; entrap
【坑骗】 entrap; cheat
【坑人】 ❶entrap; cheat ❷be upset
【坑坑洼洼】 full of bumps and hollows; bumpy; rough
【坑蒙拐骗】 swindle

吭 [kēng]
动 utter a sound or word; speak
【吭哧】 图 puff and blow 形 hum and haw 动 work hard; toil
【吭声】 utter a sound or a word

铿 [kēng]
图 clang; clatter
【铿锵】 rhythmic and sonorous
【铿锵玫瑰】 steel rose

kōng

空 [kōng]
形 ①empty; hollow; void; unoccupied ②unrealistic 图 air; sky 副 in vain; for nothing; to no avail ➡kòng
【空车】 empty
【空乘】 动 services for passengers aboard a flight 图 airline steward
【空挡】 neutral gear
【空洞】 图 cavity 形 empty; hollow; devoid of content; vague and general
【空泛】 vague and general; not specific
【空腹】 on an empty stomach
【空港】 airport
【空喊】 indulge in empty shouting
【空话】 empty talk; idle talk; hollow words
【空寂】 quiet and deserted
【空间】 space
【空降】 land from the air; be airborne
【空姐】 air hostess
【空警】 air police
【空军】 air force
【空旷】 open; spacious
【空名】 ❶empty title; empty name ❷undeserved reputation
【空难】 air disaster; air crash; plane crash; aviation accident
【空气】 ❶air ❷atmosphere
【空前】 unprecedented

【空勤】air duty
【空手】empty-handed
【空谈】indulge in empty talk 图 empty talk; idle talk; prattle
【空调】❶ air-conditioning ❷ air conditioner
【空头】图〈经〉bear 图 nominal; phony
【空投】air-drop; paradrop
【空袭】make an air attack [raid]
【空想】indulge in fantasy; daydream 图 unrealistic thought; fantasy; daydream
【空虚】hollow; void
【空运】transport by air; airlift
【空战】air battle; aerial combat
【空中】in the sky; in the air; aerial; overhead
【空竹】diabolo
【空荡荡】empty; deserted
【空架子】mere skeleton
【空间站】space station
【空降兵】airborne force; paratroops; parachutists
【空驶费】expense of an empty run; deadhead kilometrage fee
【空调病】air conditioning syndrome; air-conditioning disease
【空心面】macaroni
【空心砖】hollow brick
【空巢家庭】empty nest
【空空如也】absolutely empty
【空口无凭】a mere verbal statement is no guarantee
【空气污染】air pollution
【空头支票】❶ dud check; rubber check; ❷ empty promise; lip service
【空穴来风】an empty hole invites the wind—weakness lends wings to rumours
【空中巴士】airbus
【空中的士】air taxi
【空中飞人】flying trapeze
【空中花园】Hanging Gardens of Babylon
【空中客车】airbus; skylounge
【空中楼阁】castles in the air
【空巢综合征】empty nest syndrome
【空口说白话】make empty promises; pay mere lip service
【空气调节器】air conditioner
【空想社会主义】utopian socialism

kǒng

孔 [kǒng] 图 hole; opening; aperture 图 两孔砖窑 two brick-lined cave-dwellings
【孔庙】Confucian temple
【孔雀】peacock
【孔穴】hole; cavity
【孔子】Confucius
【孔雀绿】peacock green; malachite green
【孔孟之道】the doctrine of Confucius and Mencius

恐 [kǒng] 囫 ❶ be afraid; fear; dread ❷ scare; frighten; terrify; intimidate 副 I'm afraid; perhaps
【恐怖】terror; horror
【恐吓】threaten; intimidate
【恐慌】panic
【恐惧】fear; dread
【恐龙】dinosaur
【恐怕】❶ I'm afraid; fear ❷ perhaps; I think; probably
【恐怖片】horror film; thriller; hair-raiser; spine-chiller
【恐高症】acrophobia
【恐吓信】blackmailing letter; threatening letter
【恐怖电影】horror film
【恐怖分子】terrorist
【恐怖小说】horror fiction; thriller; hair-raiser; spine-chiller
【恐怖主义】terrorism
【恐吓电话】threatening phone call

kòng

空 [kòng] 囫 leave empty or blank; leave unoccupied; vacate 图 vacant; unoccupied; blank 图 ❶ unoccupied space; empty space; room ❷ free time; spare time; leisure time ➡ kōng
【空白】blank; empty; vacant
【空仓】holding capital; having sold all securities
【空当】space; interval; gap
【空地】vacant lot; open ground; open space
【空格】blank space
【空缺】vacant position; vacancy
【空隙】space; gap; interval
【空闲】囫 idle; free 图 free time; spare time; leisure
【空心】on an empty stomach
【空余】free; vacant; unoccupied
【空置】empty; unoccupied
【空子】❶ gap; opening ❷ chance; opportunity
【空格键】space key

控 [kòng] 囫 ❶ accuse; charge; denounce ❷ control; dominate ❸ keep (one's body or part of one's body) hanging in the air; keep unsupported ❹ turn (usu. a container) upside down to let the liquid trickle out
【控告】charge; accuse; complain
【控股】hold the controlling share
【控盘】manipulate stock quotations
【控诉】accuse; denounce
【控制】control; dominate; command
【控告信】letter of complaint
【控制论】math cybernetics
【控制台】automation console
【控股公司】holding company; controlling com-

pany;parent company

kōu

抠 [kōu] ①dig (out) with a finger or sth pointed; scratch ② carve; cut ③ study punctiliously; be studious or exacting to the degree of being bookish;delve into 形 stingy;closefisted;penny-pinching
【抠门儿】stingy;miserly

kǒu

① mouth ② one's taste ③ people; population ④sth resembling or functioning as a mouth ⑤opening;mouth;exit;entrance ⑥ gateway of the Great Wall;pass ⑦ cut;hole;crack;chip ⑧ general category or division grouping organs, institutions or enterprises of similar nature loosely together under an umbrella administrative body;departments of such a category or division ⑨ sharp edge of a knife, etc.; blade ⑩ age of a draft animal 量 (a)两口猪 two pigs/两口子 husband and wife/四口之家 family of four (b)吸一口烟斗 take a drag at a pipe/吃几口饭 have a few mouthfuls of food/讲一口流利的英语 speak fluent English/咬一口苹果 take a bite of an apple (c)一口池塘 a pond/一口刀 a knife
【口岸】port
【口碑】public praise
【口才】eloquence
【口吃】stutter;stammer
【口齿】❶enunciation ❷ability to speak ❸age (of a draught animals)
【口臭】bad breath;halitosis
【口袋】❶pocket ❷bag;sack
【口风】one's intention or view as revealed in what one says
【口服】❶profess to be convinced ❷take orally
【口福】gourmet's luck;the luck to get sth very nice to eat
【口感】texture
【口供】statement made by the accused under examination
【口号】❶slogan ❷watchword
【口红】lipstick
【口技】vocal mimicry;vocal imitation
【口紧】close-mouthed;tight-lipped
【口径】❶bore;caliber ❷ statement ❸ specifications requirement
【口诀】pithy mnemonic formula; mnemonic rhyme
【口角】[kǒujué] quarrel;bicker;wrangle
【口渴】thirsty
【口粮】grain ration
【口令】❶word of command;word;command ❷ password;watchword;countersign
【口气】❶tone;note ❷ what is actually meant; implication ❸manner or speaking
【口腔】oral cavity
【口琴】mouth organ;harmonica
【口舌】❶ quarrel; dispute; exchange of words ❷talking round;words;talking
【口实】cause for gossip;handle
【口试】oral examination;oral test
【口授】❶ oral instruction; pass on (sth) through oral instruction ❷dictate
【口述】give an oral account
【口水】saliva
【口算】❶chant out the result while doing mental calculation;calculate orally ❷poll tax
【口头】oral
【口味】❶person's taste ❷flavor;taste of food
【口吻】❶〈动〉muzzle;snout ❷tone;note
【口误】❶ make a slip of the tongue ❷ slip of the tongue;oral slip
【口信】oral message
【口译】oral interpretation
【口音】❶voice ❷accent
【口语】colloquial language;colloquialism;spoken language
【口罩】gauze mask;surgical mask
【口子】❶opening;hole ❷cut;tear
【口袋书】pocket book
【口服液】oral liquid
【口哨儿】whistling sound made through rounded lips
【口水战】war of words
【口头禅】pet phrase;pet expression
【口头语】pet phrase;habitual turn of phrase
【口香糖】chewing gum
【口齿伶俐】have a ready tongue;good talker; be clever and fluent;fluent of speech
【口出狂言】talk wildly
【口干舌燥】mouth parched and tongue scorched
【口口声声】say again and again;keep on saying
【口蜜腹剑】honey-mouthed and dagger-hearted;honey on one's lips and murder in one's heart;hypocritical and malignant
【口若悬河】let loose a flood of eloquence; be eloquent;speak volubly
【口是心非】say yes and mean no;say one thing and mean another
【口说无凭】verbal statements are no guarantee;oral agreement is not binding
【口头表决】voice vote;vote by "yes" and "no"
【口头警告】oral warning;verbal warning
【口头文学】folk tales, ballads, etc. handed down orally;oral literature
【口头协议】verbal agreement
【口歪眼斜】facial paralysis
【口燥唇干】the lips are dry and the mouth is parched
【口诛笔伐】denounce orally and in writing;

condemn both in speech and in writing
【口服心不服】pretend to be convinced
【口语能力测试】test of spoken language

kòu

叩 [kòu] 动 ①knock;tap;rap ②kowtow ③inquire;ask
【叩拜】kowtow
【叩击】knock;beat;tap
【叩见】visit;call on
【叩头】kowtow
【叩问】make inquiries
【叩谢】kowtow in thanks;offer earnest thanks
【叩诊】percussion

扣 [kòu] 动 ①button up;buckle;bolt ②place (a container,vessel,etc.) upside down;cover ③accuse unjustly;brand groundlessly;frame (up) ④take into custody;detain;arrest;apprehend ⑤deduct;discount;dock ⑥smash;spike 名 ①knot;loop ②button;buckle ③circle of thread (of a screw)
【扣除】deduct
【扣发】❶withhold;hold ❷keep from being published
【扣分】deduct mark;deduction of point
【扣缴】withhold
【扣紧】straining;cocking
【扣留】detain;hold in custody;arrest
【扣球】smashing;(to) smash
【扣题】keep to the point;be relevant to the subject
【扣押】❶detain;hold in custody ❷〈律〉distrain;detention;levy on
【扣眼】buttonhole
【扣子】❶button ❷buckle ❸knot
【扣工资】cut wages;dock one's pay〔wages〕;deduct a part of one's pay
【扣帽子】put a label on sb;hurl an epithet at sb
【扣人心弦】exciting;thrilling;breath-taking

寇 [kòu] 名 bandit;invader;enemy 动 invade;overrun

kū

枯 [kū] 动 ①withered ②dried up;dry 形 ①thin and haggard ②dull;uninteresting 名 dregs;residue
【枯干】dried-up;withered;wizened
【枯黄】withered and yellow
【枯竭】dried up;exhausted
【枯井】dry well
【枯木】dead tree
【枯涩】dull and heavy
【枯水】low water
【枯萎】withered
【枯燥】dry and dull;uninteresting
【枯木逢春】spring comes to the withered tree—get a new lease of life
【枯燥无味】dry as dust;dry and dull
【枯枝败叶】withered branches and dead leaves

哭 [kū] 动 cry;weep
【哭闹】cry and scream
【哭泣】cry;weep;sob
【哭穷】poor-mouth;make a poor mouth;go about telling people how hard up one is;complain of being hard up
【哭诉】complain tearfully;accuse while weeping;sob out
【哭鼻子】snivel
【哭爹叫娘】yell inordinately
【哭哭啼啼】weep and wail
【哭笑不得】not know whether to laugh or to cry;find sth both funny and annoying

窟 [kū] 名 ①hole;cave;cavern;grotto ②den;lair
【窟窿】❶hole;cavity ❷deficit;debt
【窟窿眼儿】small hole

骷 [kū]
【骷髅】❶human skeleton ❷human skull;death's-head

kǔ

苦 [kǔ] 形 ①bitter ②painful;hard ③exhausted;hard ④too much;to excess 动 ①cause sb suffering;give sb a hard time ②suffer from;be troubled by 副 painstakingly;assiduously;doing one's utmost
【苦差】hard and unprofitable job
【苦楚】suffering;misery;distress
【苦处】suffering;hardship;difficulty
【苦干】work hard
【苦工】❶hard (manual) work;hard labour ❷person doing hard (manual) work
【苦功】hard work;painstaking effort
【苦瓜】〈植〉balsam pear ❷bitter gourd
【苦果】bitter fruit—evil consequence;disastrous effect;bitter pill
【苦海】sea of bitterness;abyss of misery
【苦口】❶(admonish) in earnest ❷bitter to the taste
【苦苦】strenuously;hard;persistently
【苦力】coolie
【苦练】practise hard;drill diligently
【苦闷】depressed;dejected;feeling low
【苦命】cruel fate;ill-fated life
【苦难】suffering;misery;distress
【苦恼】vexed;worried
【苦涩】❶bitter and astringent ❷pained;agonized;anguished
【苦水】❶bitter water ❷gastric secretion,etc. rising to the mouth ❸suffering
【苦痛】pain;suffering;agony
【苦头】❶bitter taste ❷suffering;hardship

【苦想】think hard
【苦笑】force a smile; make a wry smile
【苦心】图 trouble taken; pains 动 extend much care and thought
【苦于】❶ suffer from ❷ be harder than; be worse off than
【苦雨】continuous rain
【苦战】❶hard fighting; bitter battle ❷wage an arduous struggle; struggle hard
【苦衷】difficulties that one is reluctant to discuss or mention
【苦尽甘来】the bitterness ends and the sweetness begins
【苦口婆心】(admonish) earnestly and maternally
【苦苦哀求】entreat piteously; implore urgently
【苦思冥想】think long and hard; cudgel one's brains; rack one's brains
【苦心经营】take great pains to build up

kù

库[kù] 图①warehouse; storehouse; storage; bank ② base; library ③ coulomb
【库存】stock; reserve
【库房】storehouse; storeroom
【库仑】coulomb
【库仑定律】Coulomb's law

裤[kù] 图 trousers; pants
【裤衩】underpants; undershorts
【裤裆】crotch
【裤兜】trouser pocket
【裤脚】❶ bottom of a trouser leg ❷ trouser legs
【裤筒】trouser legs
【裤头】underpants; undershorts
【裤腿】trouser legs
【裤线】creases
【裤腰】waist of trousers
【裤子】trousers; pants
【裤腰带】waist belt; band; girdle

酷[kù] 形 ① cruel; oppressive ② cool 副 very; extremely
【酷爱】ardently love
【酷毙】very [extremely] cool; the coolest; the best
【酷热】extremely hot
【酷暑】the intense heat of summer; high summer
【酷似】be the very image of; be exactly like
【酷刑】cruel [savage] torture

kuā

夸[kuā] 动 ① exaggerate; overstate; boast; brag ② praise; compliment
【夸大】exaggerate; overstate; magnify
【夸奖】praise; commend
【夸克】quark
【夸口】boast; brag; talk big
【夸脱】quart
【夸耀】brag about; show off; flaunt
【夸张】动 exaggerate; overstate 图〈语〉hyperbole
【夸夸其谈】indulge in exaggeration; indulge in verbiage

kuǎ

垮[kuǎ] 动①collapse; fall in; break down ②collapse; fall apart; break down ③break down; crack up
【垮塌】collapse
【垮台】fall from power; collapse
【垮掉的一代】beat generation

kuà

挎[kuà] 动① carry on the arm ② carry over one's shoulder, or round one's neck, or at one's side
【挎包】satchel

胯[kuà] 图hip
【胯骨】hipbone; innominate bone

跨[kuà] 动①step; stride ②sit or stand astride; bestride; straddle ③cut across; go beyond 形 attached to the side of sth
【跨度】span
【跨越】stride across; leap over; cut across; span
【跨部门】trans-departmental
【跨地区】trans-regional; inter-regional
【跨行业】trans-sectoral
【跨世纪】extending into the next century
【跨线桥】flyover; overpass
【跨学科】be interdisciplinary
【跨国公司】transnational corporation; multinational corporation
【跨国婚姻】mixed [cross-cultural] marriage
【跨栏赛跑】hurdle race; the hurdles
【跨世纪人才】talent spanning this century and next; trans-century talent
【跨文化交流】cross-cultural communications; intercultural communications; trans-cultural communications
【跨越式发展】great-leap-forward development; development by leaps and bounds

kuài

会[kuài] 动 compute ➡huì
【会计】❶ accounting; accountancy ❷ accountant; bookkeeper
【会计师】certified accountant; chief accountant; treasurer

【会计年度】fiscal [financial] year
【会计师事务所】accounting firm

块 [kuài]

@①lump; piece ②block @①一块菜地 a vegetable plot/一块肥皂 a cake of soap/一块黑板 a blackboard/一块水地 a piece of irrigated land/一块衣料 a dress length ②两块钱 two *yuan*/三块美金 three U.S. dollars/一块银元 a silver dollar

【块茎】stem tuber
【块块】lateral relations between regions
【块头】(physical) build

快 [kuài]

@①quick; fast; rapid; swift ②quick-witted; clever; nimble ③sharp; keen ④straightforward; forthright; plainspoken ⑤pleased; happy; satisfied; gratified @①hurry (up); make haste ②soon; before long @①speed; velocity ②sheriff; constable

【快班】fast stream; accelerated class
【快报】wall bulletin; bulletin
【快步】❶walk at a quick pace ❷half step; trot
【快餐】quick meal; fast food; snack
【快车】express train or bus
【快当】quick; prompt
【快递】express delivery
【快干】quick-drying
【快感】pleasant sensation; delight
【快活】happy; merry; cheerful
【快件】express delivery luggage, goods or mail
【快捷】quick; fast; nimble; agile
【快乐】happy; joyful; cheerful; glad
【快门】(camera) shutter
【快手】quick worker; deft hand
【快书】quick-patter
【快速】fast; quick; high-speed
【快艇】speedboat; motor boat; mosquito boat
【快慰】be pleased
【快信】express letter
【快婿】son-in-law after one's heart
【快讯】newsflash; flash
【快要】soon; before long
【快意】pleased; satisfied; comfortable
【快照】snapshot
【快嘴】❶straight person ❷one who has a loose tongue
【快板儿】*kuaibanr*, rhythmic comic talk or monologue to the accompaniment of bamboo clappers; clapper talk
【快步舞】quickstep
【快餐部】quick-lunch [snack, fast-food] counter
【快餐店】fast-food outlet; snack bar
【快车道】fast traffic lane; highway
【快动作】snap action
【快镜头】snapshot
【快捷方式】shortcut
【快马加鞭】spur on the flying horse—at top speed; posthaste; whip and spur
【快速阅读】speed-reading
【快刀斩乱麻】cut the Gordian knot

脍 [kuài]

@ finely sliced meat or fish @ cut into thin slices; slice
【脍炙人口】win universal praise; enjoy great popularity

筷 [kuài]

@ chopsticks
【筷子】chopsticks

kuān

宽 [kuān]

@①wide; broad ②generous; lenient ③comfortably off; well-off @ width; breadth @①relax; relieve ②extend

【宽敞】spacious; roomy; commodious
【宽大】❶roomy; spacious; wide ❷lenient; magnanimous
【宽带】broadband
【宽待】treat with leniency; be lenient in dealing with
【宽度】width; breadth
【宽泛】covering a wide range; broad
【宽幅】wide; broad
【宽广】broad; extensive; vast
【宽厚】❶thick and broad ❷honest and kind; tolerant and generous ❸deep and vigorous
【宽阔】broad; wide
【宽容】tolerant; lenient
【宽恕】forgive
【宽松】❶loose and comfortable ❷not crowded ❸feel relieved; be free from worry ❹comfortably off; ample; easy
【宽慰】comfort; console
【宽限】extend a time limit
【宽心】feel relieved
【宽裕】well-to-do; comfortably off; ample
【宽窄】width; breadth; size
【宽松裤】flyaway trousers
【宽松衫】flyaway jacket
【宽宏大量】large-minded; magnanimous
【宽体客机】wide-bodied airliner
【宽松式女装】big-dress
【宽松式套装】palazzo pajamas
【宽银幕电影】wide-screen film

髋 [kuān]

【髋骨】hipbone; innominate bone

kuǎn

款 [kuǎn]

@①sincere ②leisurely; slow @①receive with hospitality; entertain ②knock; tap @①section; paragraph ②sum of money for a specific purpose; fund ③rich person; money bags ④name of author or recipient ⑤style; pattern

kind;type;style:两款风衣 two wind-jackets of different styles
【款步】walk in slow steps
【款待】treat cordially;entertain
【款式】pattern;style;design
【款项】❶a sum of money;fund ❷sections and items
【款型】style;fashion;model;design
【款爷】moneybag;nouveau riche
【款子】a sum of money

kuāng

匡 [kuāng]
动❶rectify;correct ❷assist;save ❸calculate roughly;estimate ❹think;reckon
【匡谬】correct mistakes
【匡算】roughly calculate;estimate
【匡正】rectify;correct

诓 [kuāng]
动 deceive;cheat;hoax
【诓骗】deceive;hoax;dupe

筐 [kuāng]
名 basket

kuáng

狂 [kuáng]
形❶mad;crazy;insane ❷violent;fierce ❸arrogant;overbearing;presumptuous 副 unrestrainedly;wildly
【狂暴】violent;wild
【狂奔】run wildly;run like mad
【狂飙】hurricane
【狂放】unruly or unrestrained
【狂吠】bark furiously;howl
【狂风】❶〈气〉whole gale ❷fierce wind;wild wind
【狂欢】revelry;carnival
【狂澜】raging waves
【狂怒】furious;mad with rage
【狂热】fanaticism
【狂人】❶madman;maniac ❷extremely arrogant person
【狂妄】wildly arrogant;presumptuous
【狂舞】mosh
【狂想】❶fancy;fantasy ❷vain hope;wishful thinking;illusion
【狂言】ravings;wild language
【狂躁】mania
【狂想曲】rhapsody;fantasia
【狂风暴雨】violent storms
【狂轰滥炸】wanton and indiscriminate bombing
【狂热分子】zealot
【狂妄自大】arrogant and conceited

诳 [kuáng]
动 deceive;dupe;fool;hoodwink 名 lie;falsehood
【诳骗】deceive;hoax;dupe

【诳语】lies;falsehood

kuàng

旷 [kuàng]
形❶open and empty;vast;spacious ❷free from worries and petty ideas;relaxed;expansive ❸loose-fitting;loose ❹remote;ancient 动 neglect;waste
【旷达】broad-minded
【旷费】waste
【旷工】stay away from [miss] work without leave or good reason
【旷课】be absent from school without leave;cut school
【旷野】wilderness
【旷职】be absent from duty without leave or good reason
【旷古未闻】unheard-of;unprecedented
【旷日持久】long-drawn-out;protracted;prolonged

况 [kuàng]
名 condition;situation 动 compare 连 moreover;besides
【况且】moreover;besides;in addition

矿 [kuàng]
名❶mineral or ore deposit ❷ore ❸mine
【矿藏】mineral resources
【矿产】mineral products;minerals
【矿车】mine car;tub;tram
【矿灯】miner's lamp
【矿工】miner
【矿井】mine shaft or pit
【矿坑】(mining) pit
【矿难】mine disaster
【矿山】mine
【矿石】ore
【矿物】mineral
【矿业】mining industry
【矿泉水】mineral water

框 [kuàng]
名❶frame;case ❷set pattern;convention;restriction 动❶draw a frame around ❷restrict;restrain;confine
【框架】frame;framework
【框框】❶frame;circle ❷convention;restriction;set pattern;set of rules
【框子】frame;rim

kuī

亏 [kuī]
动❶lose (money,etc.);have a deficit ❷be deficient;be short of ❸treat unfairly 副❶fortunately;luckily;thanks to ❷亏你还有脸来见我! And you have the cheek to come and see me!
【亏本】lose money in business;lose one's capital
【亏秤】❶give short measure ❷lose weight

【亏待】treat unfairly; treat shabbily
【亏得】❶fortunately; luckily; thanks to ❷ *used to show sarcasm*
【亏空】动 be in debt; be in the red; can't make both ends meet 名 debt; deficit
【亏欠】have a deficit; be in arrears
【亏损】❶loss; deficit ❷general debility
【亏心】have a guilty conscience

岿 [kuī]
【岿然】towering; lofty
【岿然不动】steadfastly stand one's ground

盔 [kuī]
名 ❶helmet ❷any helmet-shaped hat
【盔甲】suit of armour

窥 [kuī]
动 ❶peep ❷pry; spy
【窥测】spy out
【窥见】get [catch] a glimpse of; detect
【窥视】peep at; spy on
【窥探】spy upon; pry about

kuí
葵 [kuí]
〔葵花〕sunflower

魁 [kuí]
名 chief; head 形 tall and burly; of stalwart build
【魁首】❶ the brightest and best ❷ chieftain; headman
【魁伟】big and tall; stalwart
【魁梧】big and tall; stalwart

睽 [kuí]
形 in the full glare 动 violate; go against; run contrary to
【睽睽】stare; gaze

kuǐ
傀 [kuǐ]
➡guī
【傀儡】puppet
【傀儡政权】puppet regime

kuì
匮 [kuì]
形 deficient; lacking
【匮乏】short; deficient

馈 [kuì]
动 make a present of; present (a gift)
【馈电】feed
【馈送】make a present of; present (a gift)
【馈线】feeder line; feed line; transmission line
【馈赠】present (a gift); make a present of sth

溃 [kuì]
动 ❶burst (a dyke or dam); break ❷ break through ❸ be routed; fall to pieces ❹ fester; ulcerate
【溃败】be defeated; be routed
【溃烂】fester; ulcerate
【溃逃】escape in disorder; fly pell-mell; flee helter-skelter
【溃退】beat a precipitate retreat
【溃疡】ulcer

愧 [kuì]
形 ashamed; abashed; conscience-stricken
【愧疚】feel remorseful and uneasy; be conscience-stricken
【愧色】look [expression] of shame
【愧不敢当】I do not deserve such an honour [gift]; I am flattered

kūn
坤 [kūn]
名 symbol for earth in the Eight Trigrams 形 female; feminine
【坤包】lady's handbag[purse]
【坤表】woman's watch
【坤车】lady's [woman's] bicycle

昆 [kūn]
名 ❶ elder brother ❷ offspring; progeny ❸ Kunqu opera
【昆虫】insect
【昆曲】*Kunqu* opera

kǔn
捆 [kǔn]
动 tie; bind; bundle up 名 bundle; bunch; 菠菜 捆 bunch of spinach 量 bundle; 一捆稻草 a bundle of rice straw/数捆行李 several bundles of luggage [baggage]
【捆绑】tie up; truss up; bind
【捆扎】tie up; bind; bound
【捆扎】tie up; bundle up
【捆绑式】cluster
【捆绑软件】bundled software
【捆绑销售】bundling
【捆绑式火箭】strap-on rocket

kùn
困 [kùn]
动 ❶be stranded; be stricken; be trapped ❷ surround; hold in check ❸ sleep 名 difficulty; hardship 形 ❶tired; exhausted ❷ sleepy; drowsy
【困顿】❶tired out; exhausted; fatigued; weary; worn-out ❷ in financial straits; hard up; in straitened circumstances
【困乏】❶tired; fatigued ❷financially difficult; straitened economically
【困惑】perplexed; puzzled; puzzling; bewildering; confused; confusing
【困境】difficult position; predicament; straits
【困窘】❶in straitened circumstances; in a difficult position; embarrassed ❷poverty-stricken; destitute
【困倦】sleepy
【困苦】(live) in privation

【困难】❶ difficulty ❷ financial difficulties; straitened circumstances
【困扰】perplex; puzzle
【困守】defend against a siege; stand a siege
【困难户】❶ low-income household ❷ bad looking; ugly; hard for sb to love; hard-up families
【困兽犹斗】cornered beasts will still fight; beasts at bay will fight back

kuò

扩 [kuò]

 extend; expand; enlarge; magnify
【扩充】expand; strengthen; augment
【扩大】enlarge; expand; extend
【扩股】enlarge the number of shares
【扩建】extend (a factory, mine, etc.)
【扩容】expand capacity; enlarge
【扩散】spread; diffuse
【扩印】make enlargements from a 135 (esp. colour) film
【扩展】expand; spread; extend; develop
【扩张】❶ expand; enlarge; extend; spread; aggrandize ❷〈医〉dilate
【扩招】to increase enrollment; expand enrolment
【扩大化】magnify or extend wrongly, unrealistically, or unnecessarily
【扩展槽】expansion slot
【扩大会议】enlarged meeting [session, conference]
【扩大再生产】reproduction on an extended scale; extended [expanded] reproduction

括 [kuò]
 ❶ tie (up); tighten up; contract (muscles, etc.) ❷ include; comprise ❸ bracket ➡guā
【括号】brackets
【括弧】parentheses

阔 [kuò]
 ❶ wide; broad; vast ❷ long in distance; long in time ❸ empty; impractical ❹ wealthy; rich
【阔别】long separated; long parted
【阔步】take big strides
【阔绰】ostentatious; liberal with money
【阔佬】rich (old) man
【阔气】luxurious; extravagant; lavish
【阔少】rich man's son

L

lā

垃 [lā]

- 【垃圾】 rubbish; garbage; refuse
- 【垃圾袋】 litterbag; garbage bag
- 【垃圾堆】 rubbish heap; garbage heap; refuse dump
- 【垃圾股】 junk share
- 【垃圾桶】 ash can; garbage can
- 【垃圾箱】 dustbin; ash can; garbage can; trash can
- 【垃圾食品】 junk food
- 【垃圾邮件】 junk mail
- 【垃圾债券】 junk bond
- 【垃圾回收箱】 recycling bin

拉 [lā]

动 ①pull; draw; drag; tug ②carry; convey by vehicles; transport by vehicle; haul ③move ④play ⑤drag out; draw out; space out ⑥bring up ⑦give or lend a hand; help; assist ⑧draw in; drag in; involve in ⑨canvass; solicit ⑩organize; set up; put together ⑪chat; engage in chit-chat ⑫press; pressgang ⑬have a bowel movement; empty the bowels ⑭destroy; break; smash ➞lá

- 【拉扯】 ❶drag; pull ❷take great pains to bring up ❸guide and support; give guidance and help to ❹implicate; drag in ❺chat ❻gang up with; rope in
- 【拉倒】 forget about it; leave it at that; never mind; let it go at that; drop it
- 【拉动】 promote
- 【拉钩】 pull each other's little fingers, making a promise or swearing to do sth
- 【拉话】 chat; have a chat; chit-chat
- 【拉环】 ring-pull
- 【拉簧】 extension spring
- 【拉架】 try to stop people from fighting each other
- 【拉脚】 transport persons or goods by a cart at a charge
- 【拉锯】 ❶work a two-handed saw ❷be locked in a seesaw struggle
- 【拉开】 ❶pull open; draw back ❷increase the distance between; space out
- 【拉客】 ❶solicit guests or diners ❷take on passengers ❸solicit; solicit (for) customers
- 【拉练】 camp and field training
- 【拉链】 zip fastener; zipper
- 【拉拢】 draw sb over to one's side; win over; rope in
- 【拉毛】 gig; nap; raise
- 【拉门】 sliding door
- 【拉面】 动 make noodles by drawing out the dough by hand 名 hand-pulled noodles
- 【拉皮】 lift
- 【拉平】 bring to the same level; even up
- 【拉票】 solicit votes; canvass; drag-ticket
- 【拉纤】 ❶tow a boat ❷act as go-between
- 【拉伤】 pull; injure by straining
- 【拉屎】 have a bowel movement; shit; empty the bowels
- 【拉手】 [lāshǒu] shake hands
- 【拉手】 [lāshou] handle
- 【拉锁】 zip fastener; zipper
- 【拉稀】 have loose bowels; have diarrhoea
- 【拉线】 act as go-between
- 【拉闸】 switch off power〔electricity〕
- 【拉出去】 pull out; drag out
- 【拉丁舞】 Latin standards
- 【拉杆箱】 draw-bar box
- 【拉关系】 cotton up to sb; establish underhand connections; carry favor with; build connections for
- 【拉广告】 solicit advertisements
- 【拉花儿】 garland
- 【拉活儿】 take on work
- 【拉家常】 talk about everyday matters; engage in small talk; chitchat
- 【拉拉队】 cheering squad; rooters
- 【拉力赛】 rally
- 【拉链包】 zip-bag
- 【拉山头】 form a faction
- 【拉下脸】 ❶look displeased; pull a long face; put on a stern expression ❷not spare sb's

【拉下马】pull sb off the horse—force sb out of his position; cause to fall from power
【拉下水】pull sb into the water—get sb involved in one's scheme; drag sb into the mire; make an accomplice of sb; corrupt sb
【拉选票】canvass for votes; canvass
【拉赞助】canvass for contributions[sponsors]; seek sponsorship
【拉主顾】solicit customers[clients]
【拉帮结伙】recruit people to form a faction; gang up; band together
【拉杆天线】telescopic antenna
【拉家带口】be burdened with a family
【拉拉扯扯】❶ pull sb about; drag sb about ❷ exchange flattery and favors ❸ strike up an acquaintance with sb for personal interest; establish underhand connections for personal gains
【拉拉队员】rooter
【拉拉队长】cheerleader; yell leader; rooter king
【拉链工程】zipper project
【拉链上衣】zip-up coat
【拉线搭桥】pull strings and make contacts; go between; serve as a link
【拉线开关】pullswitch
【拉尼娜现象】La-Niña phenomenon

lā

邋 [lā]

【邋遢】slovenly; slob; messy; untidy

lá

拉 [lá]
动 slash; slit; cut; gash →lā

lǎ

喇 [lǎ]

【喇叭】❶ suona ❷ brass-wind instruments in general ❸ loudspeaker
【喇嘛】lama
【喇叭花】(white-edged) morning glory
【喇叭裤】flared trousers; bell-bottoms
【喇叭裙】flared skirt
【喇嘛庙】lamasery

là

落 [là]
动 ❶ leave out; be missing; omit ❷ leave behind; forget to bring ❸ lag behind; fall behind → lào; luò

腊 [là]
名 the twelfth lunar month
【腊肠】sausage
【腊梅】flower of wintersweet
【腊肉】cured meat; bacon
【腊味】cured meat, fish, etc.
【腊八粥】porridge

蜡 [là]
名 ❶ wax ❷ candle
【蜡笔】wax crayon
【蜡染】wax printing; batik
【蜡人】wax figure; waxwork
【蜡塑】wax sculpture
【蜡丸】wax-coated pill
【蜡像】wax figure; waxwork
【蜡纸】wax paper; stencil paper; stencil
【蜡烛】(wax) candle
【蜡笔画】crayon drawing
【蜡染布】batik; wax print
【蜡像馆】waxworks museum

辣 [là]
形 ❶ peppery; hot; pungent ❷ vicious; ruthless 动 burn; bite; sting
【辣酱】thick chilli sauce
【辣椒】hot pepper; chilli
【辣味】peppery taste; piquancy; pungency
【辣子】hot pepper; cayenne pepper; chilli
【辣酱油】pungent sauce
【辣椒粉】chilli powder
【辣椒油】chilli oil
【辣丝丝】a little hot

lái

来 [lái]
动 ❶ come; arrive; 来来往往 come and go; to and fro/跟我来！Come along.; Come with me. ❷ crop up; take place; come up ❸ 来一盘棋 have a game of chess ❹ 合得来 get along well; hit it off/谈不来 find it hard to talk with sb ❺ 大家来想想办法。Everybody here, please think about how to do it. ❻ 他们给你贺喜来了。They've come to offer you their congratulations. ❼ 你能用什么办法来帮助她呢？How are you going to help her? 形 future; coming; next: 来春 coming spring; next spring 助 ❶ 进来 come in ❷ 这话我什么时候说来着？When did I say it? ❸ 五十来岁 about[around] fifty/两米来深 about two metres deep ❹ 我这次到长春，一来是办点事，二来是看看朋友。I've come to Changchun this time, first, to attend to some business, and second, to see some friends. ❺ 磨剪子来抢菜刀！Scissors and knives sharpened！ 介 ever since
【来宾】guest; visitor
【来潮】❶ tide comes in ❷ menstruate; have a period
【来到】arrive; come
【来得】❶ be capable[competent] ❷ emerge as; come out as
【来电】名 incoming telegram; your telegram; your message 动 ❶ send a telegram here ❷ fall in love with sb
【来访】come to visit; come to call
【来稿】incoming manuscript; your manuscript

【来函】incoming letter; your letter
【来回】动 make a round trip; make a return journey; go to a place and come back 名 back and forth; to and fro
【来火】flare up; fly into a rage; get angry
【来劲】❶full of enthusiasm; in high spirits ❷get excited; become alive; become full of energy; exhilarating; exciting; thrilling ❸make trouble; find fault with
【来客】guest; visitor
【来历】origin; source; antecedents; background; past history
【来临】arrive; come; approach
【来路】❶incoming road; approach ❷origin; antecedents
【来年】the coming year; next year
【来去】❶back and forth ❷come and go ❸exchange; contact
【来人】bearer; messenger
【来日】the days to come; the future
【来世】next life; afterlife
【来头】❶connections; background; backing ❷the motive behind cause ❸interest; fun
【来往】[láiwǎng] come and go
【来往】[láiwang] ❶ dealings; contact; intercourse ❷have contact or dealings
【来信】动 send a letter here 名 incoming letter
【来意】one's purpose in coming
【来由】reason; cause
【来源】名 source; origin 动 originate; stem from
【来者】❶things to come; generations to come ❷any person or thing that comes or has come
【来不得】won't do; be impermissible
【来不及】there's not enough time (to do sth); it's too late (to do sth)
【来得及】there's still time; be able to do sthin time; be able to make it
【来得巧】arrive at the most opportune moment
【来事儿】know how to deal with people
【来电显示】calling identity delivery (CID)
【来回来去】back and forth; over and over again
【来来去去】come and go; go to and fro
【来历不明】of unknown origin; of dubious background or of questionable antecedents
【来龙去脉】origin and development; the entire process
【来路不明】unidentified of questionable origin
【来日方长】there will be ample〔plenty of〕time; there will be time for that
【来势汹汹】bear down menacingly
【来之不易】not easily come by; hard-earned
【来得容易去得快】easy come, easy go

lài

睐 [lài]
动 look at; glance

赖 [lài]
动 ❶depend; rely; hinge ❷drag out one's stay; hang on where one does not belong ❸deny one's error or responsibility; renege; shirk; go back on one's word ❹put the blame on (sb else); shift the blame onto (sb else) ❺blame 形 ①impudent; cheeky; brazen; rascally; shameless ②no good; poor
【赖婚】repudiate a marriage contract
【赖皮】rascally; shameless; unreasonable
【赖账】❶repudiate a debt ❷go back on one's word
【赖子】rogue; scoundrel
【赖氨酸】lysine

癞 [lài]
名 ①leprosy ②favus of the scalp
【癞瓜】bitter gourd
【癞子】❶favus ❷person affected with favus of the scalp ❸rascal
【癞蛤蟆】toad
【癞皮狗】❶mangy dog ❷loathsome creature

lán

兰 [lán]
名 ①cymbidium; orchid ②fragrant thoroughwort ③lily magnolia
【兰草】fragrant thoroughwort
【兰花】cymbidium; orchid
【兰花指】orchid fingers

拦 [lán]
动 ①block; bar; hold back ②direct right at
【拦挡】block; obstruct
【拦击】❶intercept and attack ❷volley
【拦劫】waylay and rob; mug
【拦截】intercept
【拦路】block the way
【拦网】block
【拦腰】(hold) by the waist; (cut across) in the middle
【拦阻】block; hold back; obstruct
【拦河坝】dam across a river; dam
【拦河闸】regulating dam
【拦洪坝】dam for flood control; flood-control dam
【拦路虎】road-blocking tiger—obstacle; hindrance
【拦路抢劫】waylay

栏 [lán]
名 ①fence; railing; balustrade; hurdle ②pen; shed; barn ③column ④board
【栏杆】railing; banisters; balustrade
【栏目】the heading or title of a column
【栏栅】fence

阑 [lán]
名 fence; railing 形 late
【阑尾炎】appendicitis

蓝 [lán]
形 blue 名 indigo

【蓝本】❶ writing upon which later work is based;chief source ❷ original version
【蓝黑】blue-black
【蓝领】blue-collar
【蓝屏】blue screen
【蓝色】blue (colour)
【蓝天】blue sky
【蓝图】blueprint
【蓝牙】bluetooth
【蓝宝石】sapphire
【蓝筹股】blue chip stocks;blue chips
【蓝皮书】blue book
【蓝宝石婚】sapphire wedding
【蓝光光盘】blue-ray disk
【蓝牙技术】blue-tooth technology

澜 [lán]
动 ❶ calumniate;slander;malign ❷ deny;disavow;refuse to admit a guilt
【谰言】calumny;slander

澜 [lán]
名 billows;waves

褴 [lán]
【褴褛】ragged;shabby;worn;〈美·非正〉ratty;battered;dog-eared

篮 [lán]
名 ❶ basket ❷ goal;basket ❸ basketball
【篮板】backboard;bank
【篮筐】basket;ring hoop
【篮球】basketball
【篮圈】ring;hoop
【篮坛】basketball circles
【篮子】basket
【篮板球】rebound

lǎn

览 [lǎn]
动 ❶ look at;see;view ❷ read
【览胜】visit scenic spots

揽 [lǎn]
动 ❶ pull into one's arms;take into one's arms;clasp;hold ❷ fasten with a rope;tie rope around sth ❸ take on;take upon oneself;canvass ❹ grasp;seize;exercise control over;monopolize
【揽过】take the blame on oneself
【揽活】take on work
【揽客】solicit customers[clients]
【揽权】arrogate power to oneself
【揽事】be meddlesome;be a busybody

缆 名 ❶ hawser;mooring rope;cable ❷ thick rope;cable 动 moor (a ship)
【缆车】❶ cable car ❷ winch;windlass
【缆绳】cable;rope

懒 [lǎn]
形 ❶ lazy;indolent;slothful ❷ sluggish;languid;listless

【懒虫】lazybones
【懒怠】形 lazy;indolent 动 be disinclined to
【懒得】not feel like (doing sth);not be in the mood to;be disinclined to
【懒惰】lazy
【懒鬼】lazybones
【懒汉】sluggard;idler;lazybones
【懒猴】slender loris
【懒猫】eyra
【懒散】sluggish;negligent;indolent
【懒熊】sloth bear
【懒骨头】lazybones
【懒汉鞋】"lazy man's shoe"
【懒洋洋】languid;listless

làn

烂 [làn]
形 ❶ sodden;pappy;mushy;soft ❷ worn-out;tattered ❸ messy;confused ❹ rotten;festered;decayed 副 thoroughly;very
【烂糊】mashed;pulpy
【烂漫】❶ bright-colored;brilliant ❷ unaffected
【烂泥】mud;slush
【烂熟】❶ thoroughly cooked ❷ have[know] sth off pat
【烂账】❶ messy accounts ❷ uncollectable debts
【烂醉】dead drunk
【烂摊子】shambles;mess;situation difficult to rectify
【烂尾楼】incomplete or delayed projects

滥 [làn]
动 overflow;flood;inundate 副 excessive;indiscriminate;without restraint
【滥调】hackneyed tune;worn-out theme
【滥伐】severe deforestation;denudation
【滥用】abuse;misuse;use indiscriminately
【滥竽充数】pass oneself off as one of the players in an ensemble—be there just to make up the number

láng

郎 [láng]
名 ❶ vice-minister ❷ 放牛郎 cowherd ❸ darling;love ❹ sb's son
【郎才女貌】brilliant young scholar and a beautiful woman—a fine couple

狼 [láng]
名 wolf;一群狼 a pack of wolves
【狼狈】in dire straits
【狼狗】wolfhound
【狼嗥】the howl of a wolf
【狼藉】❶ in disorder;scattered about in a mess ❷ hopelessly discredited
【狼牙棒】wolf-teeth club
【狼狈不堪】in an extremely awkward position;in a sorry plight;in sore straits
【狼狈为奸】act in collusion[cahoots] with each other

【狼吞虎咽】wolf down; gobble up
【狼心狗肺】rapacious as a wolf and savage as a cur; cruel and unscrupulous; brutal and cold-blooded; heartless and ungrateful
【狼子野心】wolf cub with a savage heart—have a wolfish nature; be full of wild ambitions

廊 [láng]
porch; corridor; veranda

榔 [láng]
【榔头】hammer

锒 [láng]
【锒铛】iron chains; clang
【锒铛入狱】be put in chains and thrown into prison

lǎng
朗 [lǎng]
①light; bright ②loud and clear; resonant
【朗读】read aloud; read loudly and clearly
【朗朗】❶ loud and clear; resonant ❷ light; bright
【朗诵】read aloud with expression; recite; declaim
【朗姆酒】rum
【朗诵会】recital
【朗诵赛】recitation contest
【朗诵者】reciter
【朗朗上口】be able to read aloud easily and fluently; read aloud and fluently; be catchy

làng
浪 [làng]
①wave; billow; breaker ②sth undulating like waves ① unrestrained; dissolute ② flighty; frivolous ramble; roam; stroll
【浪潮】tide; wave
【浪荡】loiter about; loaf about dissolute; dissipated
【浪费】waste; squander; be extravagant
【浪花】❶ the foam of breaking waves ❷ episodes in one's life
【浪漫】❶ romantic ❷ unconventional; bohemian; loose
【浪人】❶wanderer; vagrant ❷ronin
【浪涛】billows
【浪头】❶〈口〉wave ❷trend
【浪子】prodigal; loafer; wastrel
【浪迹江湖】live a wandering and vagabond life; wander from place to place
【浪迹天涯】roam all over the world
【浪漫主义】romanticism
【浪子回头】return of the prodigal son

lāo
捞 [lāo]
①drag for; dredge up; fish for; scoop up from the water ②get by improper means; wangle; fish for; gain ③make off with sth in passing
【捞本】win back lost wagers; recoup one's losses; recoup oneself
【捞钱】make money
【捞取】❶ scoop up from a liquid ❷ fish for; gain; angle for
【捞着】get the opportunity
【捞稻草】(try to) take advantage of sth; (try to) make capital of sth
【捞外快】get extra income
【捞一把】reap some profit; gain some advantage
【捞油水】make a side profit; get a squeeze
【捞资本】make political and economic "capital"

láo
劳 [láo]
①work; labour ②〈套〉may I trouble you; will you be so kind (as to do sth); will you please ③express one's appreciation or thanks; reward ①labourer; labour ②fatigue; toil ③ meritorious deed; service; exploits
【劳保】❶labor insurance ❷labor protection
【劳动】[láodòng] work; labor physical labor; manual labor
【劳动】[láodong] cause sb trouble
【劳驾】excuse me; may I trouble you...; would you please...
【劳累】tired; run-down; overworked; overdo
【劳模】model worker
【劳神】be a tax on (one's mind); bother; trouble
【劳损】strain
【劳务】labour services
【劳心】work with one's mind or brains
【劳役】❶ penal servitude; forced labour ❷ corvée
【劳作】❶do manual labour ❷handwork
【劳动节】Labour Day
【劳动力】❶ labor force; labor ❷ capacity for physical labor ❸able-bodied person
【劳动量】amount of labor
【劳动者】labourer; worker
【劳务费】service charge; cost of service
【劳动改造】reform (of criminals) through labour
【劳动教养】reeducation through labor
【劳动竞赛】labour emulation; emulation drive; emulation campaign
【劳动强度】labour intensity; intensity involved in the labour
【劳动人民】labouring people; working people
【劳动争议】labour dispute
【劳而无功】work hard but to no avail; work

fruitlessly
【劳苦功高】have worked hard and performed a valuable service
【劳民伤财】exhaust the people and drain the treasury; waste money and manpower
【劳务合同】service contract; contract for services
【劳务市场】labour market; markets for labour service
【劳务输出】export of labour services
【劳燕分飞】the shrike and the swallow flying in different directions—part from each other
【劳逸结合】strike a proper balance between work and rest; alternate work with rest and recreation
【劳动密集型】labour-intensive
【劳动生产率】labour productivity; productivity

牢 [láo]
❶ animal enclosure; pen; fold; stables ❷ sacrifice ❸ prison; jail ❶ firm; fast; durable ❷ safe; reliable; dependable
【牢房】prison cell
【牢固】firm; secure
【牢记】keep firmly in mind; remember well
【牢靠】❶ firm; strong; sturdy ❷ dependable; reliable
【牢牢】firmly; safely
【牢笼】❶ cage ❷ bonds ❸ trap; snare
【牢骚】complaint; grumble 动 complain; grumble
【牢狱】prison; jail
【牢不可破】unbreakable; indestructible

唠 [láo]
→ lào
【唠叨】be garrulous; chatter
【唠唠叨叨】chew sb's ear off

痨 [láo]
consumptive disease; consumption; tuberculosis; TB

醪 [láo]
❶ wine with dregs ❷ mellow wine
【醪糟】fermented glutinous rice; glutinous rice wine

lǎo

老 [lǎo]
形 ❶ old; aged ❷ seasoned; experienced; veteran ❸ of long standing; old ❹ outdated; old-fashioned; obsolete ❺ original; former; same ❻ dark ❼ overcooked; well done ❽ youngest ❾ overgrown 名 elderly person; senior person; old people 动 ❶ go the way of all flesh; die ❷ change in quality; age; deteriorate 副 ❶ for a long time; long; 你近来出门了吧, 怎么老没见你啊? Have you been away recently? I haven't seen you for a long time. ❷ always; constantly; frequently; 他老是自作主张。He always likes to act on his own. ❸ very; extremely; terribly

【老板】shopkeeper; proprietor; boss
【老本】principal; capital
【老伯】uncle
【老巢】nest; den; lair
【老成】experienced; steady
【老大】❶ eldest child ❷ master of a sailing vessel 副 greatly; very
【老道】Taoist priest
【老到】experienced; considerate; careful
【老底】sb's past; sb's unsavoury background
【老调】hackneyed theme; platitude
【老夫】old I; an old fellow like me
【老赶】amateur; layman; nonprofessional person 形 ignorant; benighted; hillbilly
【老公】[lǎogōng] husband; hubby
【老公】[lǎogong] eunuch
【老汉】❶ old man ❷ an old fellow like me
【老虎】tiger
【老化】❶ ageing ❷ become old ❸ become outdated
【老话】❶ old saying; saying; adage ❷ remarks about the days
【老几】order of seniority among brothers or sisters
【老家】❶ native place; old home ❷ birthplace
【老茧】callosity; callus
【老将】veteran; old-timer
【老酒】wine
【老脸】❶ 〈谦〉this old face of mine; my own reputation ❷ thick-skinned person
【老练】seasoned; experienced; have been around; be a man of the world; streetwise
【老路】old road; beaten track
【老年】old age
【老娘】❶ mother ❷ I, your old mother
【老农】old farmer; experienced peasant
【老牌】old brand
【老派】antiquated; outmoded 名 old fashioned person
【老婆】wife
【老谱】outmoded [outdated, old] convention; old practice [customs]
【老区】the old areas; the Old Areas
【老拳】forceful fist
【老人】❶ old man or woman; the aged; the old ❷ one's aged parents or grandparents
【老少】old and young
【老师】teacher
【老式】old style
【老是】always; all the time
【老实】❶ honest; frank ❷ well-behaved; good ❸ simpleminded; naive; easily taken in
【老手】old hand; old stager; veteran
【老鼠】mouse; rat
【老帅】veteran marshal
【老死】die a natural death; die on account of old age
【老汤】❶ preserved sauce ❷ brine

【老天】Heaven; God
【老外】❶ layman ❷ foreigner; foreign enterprise
【老翁】old man; greybeard
【老窝】❶ nest; den ❷ lair
【老乡】❶ fellow-townsman; fellow-villager ❷ friendly form of address to a man in the countryside
【老相】looking older than one's age
【老小】grown-ups and children; one's family
【老兄】brother; man; old chap
【老朽】decrepit and behind the times
【老鸦】crow
【老爷】❶ master; bureaucrat; lord ❷ respectful address to a master by a servant
【老鹰】black-eared kite; hawk; eagle
【老友】old〔intimate〕friend
【老幼】old and young
【老远】very far
【老早】very early; long ago
【老账】old debts; long-standing debts
【老者】old gentleman; old man
【老子】❶ father ❷ I, your father
【老总】❶ Sir ❷ big chief; general
【老八路】veteran of the former Eighth Route Army
【老把戏】same old trick; outmoded method
【老百姓】common people; ordinary people; civilians
【老板裤】boss pants
【老板娘】❶ shopkeeper's wife ❷ proprietress
【老板椅】executive chair
【老板桌】executive desk
【老半天】a long time
【老伴儿】（of an old married couple）husband〔wife〕
【老本行】old profession; profession one has always engaged in or been trained for
【老伯伯】❶ uncle ❷ granddad
【老搭档】old partner; old workmate
【老大妈】aunty; granny
【老大难】long-standing, big and difficult problems; lasting, complex and hard-to-solve problems
【老大娘】aunty; granny
【老大爷】uncle; grandpa
【老掉牙】very old; out of date; obsolete; antediluvian
【老豆腐】northern-style bean tofu
【老方法】outmoded method
【老夫子】❶ private school teacher ❷ bookish person
【老干部】❶ veteran cadre ❷ retired cadre
【老革命】veteran revolutionary cadre
【老姑娘】❶ old maid; spinster ❷ the youngest daughter
【老古董】old fogey; fuddy-duddy
【老骨头】old bones; old person; old block

【老规矩】old rules and regulations; convention; established custom or practice
【老好人】Mr. Goody-goody
【老狐狸】old fox; crafty scoundrel
【老糊涂】🈡 old and confused; doting; confused owing to old age 🈷 dotard
【老虎凳】rack
【老虎机】slot machine
【老虎钳】❶ vice ❷ pincer pliers
【老花镜】presbyopic glasses
【老花眼】presbyopia
【老皇历】last year's calendar—ancient history; obsolete practice
【老黄牛】willing ox—person who is diligent and conscientious in serving the people
【老家儿】parents; grandparent
【老交情】long-standing friendship; old friend
【老街坊】old neighbour
【老框框】old way of doing things; outmoded convention
【老脸皮】thick-skinned person
【老两口】the old couple
【老邻居】old neighbour
【老毛病】old trouble; old weakness
【老冒儿】country person; layman; hick; wooden spoon
【老奶奶】❶（paternal）great grandmother ❷ old granny
【老脑筋】old〔outmoded〕way of thinking
【老蔫儿】slowpoke; slow, sluggish, slothful person
【老年斑】senile plaque
【老年病】senile disease; old people's disease; senility
【老年人】old people; the old; the aged
【老婆儿】old woman
【老婆婆】❶ granny ❷ husband's mother; mother-in-law
【老婆子】❶ old woman ❷ my old woman
【老前辈】one's senior; one's elder
【老人家】❶ respectful form of address to an old person ❷ parent
【老师傅】master craftsman; experienced worker
【老寿星】❶ venerable man; venerable lady ❷ old person on his〔her〕birthday
【老鼠会】mouse meeting
【老鼠药】rat poison
【老思想】old-fashioned idea
【老太婆】old woman
【老太太】❶ old lady ❷ my mother
【老太爷】❶ elderly gentleman ❷ my father
【老天爷】God; Heavens
【老同事】long-time colleague
【老头儿】❶ old man; old chap ❷ father ❸ husband
【老头子】❶ old fogey; old codger ❷〈口〉my old man

【老顽固】old diehard; old fogey; old stick-in-the-mud
【老倭瓜】pumpkin; cushaw
【老先生】old gentleman
【老学究】old pedant
【老眼光】old ways of looking at things; old views
【老爷爷】❶great grandfather ❷grandpa
【老爷子】❶venerable, old man ❷my old father; your old father
【老一辈】older generation
【老一套】the same old stuff; the same old story
【老油条】wily old bird; old campaigner
【老玉米】maize; Indian corn; corn
【老战友】old comrade-in-arms
【老丈人】father-in-law
【老中青】the old, the middle-aged and the young
【老主顾】old customer; old client; regular customer
【老资格】old-timer; veteran
【老字辈】seniors; people of higher status
【老字号】old and famous shop or enterprise
【老祖宗】ancestor; forefather
【老八板儿】〈形〉stick-in-the-mud 〈名〉old fogey, conservative
【老白干儿】white spirit; strong liquor
【老成持重】experienced and prudent
【老大不小】have grown up and be no longer a child
【老当益壮】old but vigorous
【老奸巨猾】past master of machination and manoeuvre; crafty old scoundrel; wily old fox; old hand at trickery and deception
【老老少少】old and young
【老老实实】honestly; conscientiously; in earnest
【老泪纵横】(of an old person) be in tears
【老马识途】an old horse knows the way; an old hand is a good guide
【老谋深算】circumspect and far-seeing; experienced and astute
【老年大学】university for the elderly
【老年公寓】grey-headed flat
【老娘们儿】❶married woman; housewife ❷woman
【老牛破车】an old ox pulling a rickety cart—making slow progress
【老气横秋】❶arrogant on account of one's seniority ❷lacking in youthful vigor
【老弱病残】the old, weak, sick and disabled
【老弱残兵】old, weak and wounded troops; those who on account of old age, illness, etc. are no longer active or efficient
【老少无欺】cheat neither the old nor the young—be fair in business
【老少咸宜】be good for both the old and the young
【老少爷们】both the old and the young; all the menfolk
【老生常谈】commonplace; platitude; truism
【老实巴交】soft-spoken and timid
【老态龙钟】senile; doddering
【老天有眼】heaven has eyes—there is divine justice after all
【老头儿乐】back-scratcher with long handle
【老羞成怒】fly into a rage out of shame; be shamed into anger
【老眼昏花】dim-sighted from old age
【老爷儿们】❶man ❷husband
【老有所为】have sth to do when one gets old; live an active life at one's age
【老有所养】the elderly will be properly looked after; the old will be provided for
【老幼咸宜】be suitable[good] for people of all ages
【老于世故】versed in the ways of the world; worldly-wise
【老龄化社会】the ageing society
【老年性痴呆】senile dementia
【老鼠过街，人人喊打】rat running across the street, with everybody shouting, "Kill it!"

佬 [lǎo]

〈名〉man; guy; fellow

姥 [lǎo]

【姥姥】❶(maternal) grandmother; grandma ❷midwife
【姥爷】(maternal) grandfather; grandpa

lào

唠 [lào]

〈动〉speak; talk; say; chat ➡láo
【唠嗑】chat; talk

烙 [lào]

〈动〉❶brand; sear; iron ❷bake in a pan ➡luò
【烙饼】a kind of pancake
【烙花】pyrograph
【烙铁】flatiron; iron; soldering iron
【烙印】❶brand; mark (on cattle) ❷indelible mark[feature]

涝 [lào]

〈动〉waterlogging 〈名〉floodwater; excessive water
【涝灾】damage or crop failure caused by waterlogging
【涝洼地】waterlogged lowland

落 [lào]

➡là; luò
【落汗】stop sweating
【落价】fall[drop] in price; go down in price
【落炕】stay in bed with illness; be laid up
【落忍】have the heart to do sth; be hard-hearted enough to do sth
【落枕】have a stiff neck
【落不是】be blamed for doing sth wrong

【落好儿】make〔leave〕a good impression on others;get favourable comments;be praised

耢 [lào]
　图 leveller 动 level (land)

酪 [lào]
　图 ①junket ②fruit jelly;sweet paste

lè

乐 [lè]
　形 happy;glad;cheerful;joyful 动 ①be glad to;find pleasure in;enjoy ②laugh;be amused 图 pleasure;enjoyment → yuè
　【乐观】optimistic;hopeful;sanguine;upbeat
　【乐和】happy;joyful;cheerful
　【乐趣】delight;pleasure;joy
　【乐事】pleasure;delight
　【乐土】land of happiness;paradise
　【乐意】动 be willing to;be ready to 形 pleased;happy
　【乐于】be happy to;take delight in
　【乐园】paradise;playground;amusement park
　【乐子】①fun;pleasure ②laughable matter
　【乐呵呵】buoyant;happy and confident
　【乐融融】happy and harmonious
　【乐陶陶】cheerful;happy;joyful
　【乐天派】optimist;happy-go-lucky person
　【乐滋滋】contented;pleased
　【乐不可支】overwhelmed with joy;overjoyed
　【乐不思蜀】so happy as to forget home and duty
　【乐此不疲】always enjoy it;never be bored with it
　【乐而忘返】enjoy oneself so much that one doesn't want to return;be too overjoyed to remember to return;have a good time and forget all about going home
　【乐极生悲】extreme joy begets sorrow
　【乐善好施】be given to doing charitable work
　【乐于助人】be happy to help others;be eager to help people
　【乐在其中】find pleasure in

勒 [lè]
　图 ①headstall;halter;bridle ②lux 动 ①rein in ② force;compel;coerce ③command ④carve;engrave;inscribe → lēi
　【勒逼】force;coerce
　【勒令】compel (by legal authority) order
　【勒索】extort;blackmail
　【勒克斯】lux

lēi

勒 [lēi]
　动 tie or strap tight → lè
　【勒脚】plinth

léi

累 [léi]
　→ lěi;lèi

lěi

【累累】①clusters of;heaps of ②haggard;gaunt
【累赘】形 ①burdensome;cumbersome ②wordy;verbose 图 encumbrance;burden;nuisance

雷 [léi]
　图 ①thunder ②mine
　【雷暴】thunderstorm
　【雷达】radar
　【雷电】thunder and lightning
　【雷管】detonator;detonating cap;blasting cap;primer
　【雷击】be struck by lightning
　【雷鸣】①thunder ②thunderous
　【雷声】thunderclap;thunder
　【雷同】①echoing what others have said ②duplicate;identical
　【雷雨】thunderstorm
　【雷阵雨】thunder shower
　【雷打不动】not to be shaken by thunder—not be altered under any circumstances
　【雷厉风行】with the power of a thunderbolt and the speed of lightning—vigorously and speedily;vigorously and resolutely
　【雷霆万钧】as powerful as a thunderbolt
　【雷声大,雨点小】loud thunder but small raindrops—much said but little done;much talk, little action

擂 [léi]
　动 ①grind;pestle;pound ②hit;beat → lèi

lěi

垒 [lěi]
　动 build by piling up bricks,stones,earth,etc. 图 ①rampart;wall;fort;fortification ②base
　【垒球】①softball ②softball (game)

累 [lěi]
　动 ①pile up;gather;accumulate ②implicate;involve 副 again and again;repeated;continuous;running → léi;lèi
　【累次】time and again;repeatedly
　【累犯】recidivism;recidivist
　【累积】accumulate
　【累及】implicate;involve;drag in
　【累计】动 add up 图 accumulative total;grand total
　【累进】progression
　【累累】副 again and again;many times 形 innumerable;countless

磊 [lěi]
　【磊落】open and upright

蕾 [lěi]
　图 flower bud;bud

lèi

肋 [lèi]
　图 rib;costal region
　【肋骨】rib

泪 [lèi]

名 tear; teardrop

【泪痕】 tear stains
【泪花】 tears in one's eyes
【泪人】 in tears; all tears
【泪水】 tear; teardrop
【泪珠】 teardrop
【泪涟涟】 in tears; tears keep coming to one's eyes
【泪汪汪】 (eyes) brimming with tears
【泪流满面】 be all tears; shed floods of tears; tears run [roll, stream] down one's cheeks; shed tears abundantly
【泪如雨下】 tears falling like rain

类 [lèi]

名 kind; type; class; category *动* resemble; be similar to

【类比】 analogize; analogy
【类别】 classification; category
【类似】 similar (to); analogous (to)
【类同】 roughly the same; alike; similar
【类推】 analogize; reason by analogy
【类型】 type; category
【类人猿】 anthropoid (ape)

累 [lèi]

形 tired; fatigued; weary *动* ① tire out; fatigue; weary; strain ② work hard; toil ➡ léi; lěi

【累乏】 tired out with too much exertion
【累活儿】 tiring labour [work]; heavy work
【累死累活】 tire oneself out with backbreaking toil; work oneself to death

擂 [lèi]

名 ring; arena *动* beat (a drum) ➡ léi

【擂台】 platform for martial contests; ring; arena
【擂主】 ❶ ring master ❷ winner of a contest
【擂台赛】 arena contest; arena match

léng

棱 [léng]

名 ① edge; corner ② corrugation; ridge; raised angle

【棱角】 ❶ edges and corners ❷ edge; pointedness
【棱镜】 prism
【棱台】 frustum of a pyramid
【棱线】 crest line
【棱子】 edge; corner; arris
【棱柱(体)】 prism
【棱锥(体)】 pyramid

楞 [léng]

【楞场】 dump
【楞堆】 log pile

lěng

冷 [lěng]

形 ①cold; chilly; frosty; freezing; icy ②cold in manner; frigid ③unfrequented; deserted; forlorn; out-of-the-way ④ strange; rare; unusual; out-of-the-way ⑤unwelcome; neglected; unpopular ⑥covert; underhanded; sudden *动* ① cool ②dishearten; discourage; dampen

【冷餐】 buffet
【冷藏】 refrigeration; cold storage
【冷场】 ❶ awkward silence on the stage when an actor enters late or forgets his lines ❷ awkward silence at a meeting
【冷淡】 ❶ cheerless; desolate ❷ cold; indifferent
【冷冻】 freeze
【冷风】 cold air blast; cold-blast air
【冷敷】 cold compress
【冷宫】 ❶ cold palace—place to which disfavoured queens and concubines were banished ❷limbo
【冷光】 cold light
【冷柜】 freezer
【冷汗】 cold sweat
【冷荤】 cold meat; cold buffet
【冷箭】 arrow shot from hiding; sniper's shot
【冷静】 sober; calm
【冷库】 cold storage; freezer
【冷酷】 unfeeling; callous; grim
【冷落】 *形* unfrequented; desolate *动* treat coldly; cold-shoulder; leave out in the cold
【冷门】 ❶ profession, trade or branch of learning that receives little attention ❷ unexpected winner; dark horse
【冷漠】 cold and detached; unconcerned; indifferent
【冷凝】 condensation
【冷盘】 cold dish; hors d'oeuvres
【冷僻】 ❶ deserted; out-of-the-way ❷ rare; unfamiliar
【冷气】 air conditioning
【冷清】 cold and cheerless; desolate; lonely; deserted
【冷泉】 cold spring
【冷却】 become or make cool
【冷色】 cool colour
【冷食】 cold drinks and snacks
【冷水】 ❶cold water ❷unboiled water
【冷缩】 shrinkage
【冷烫】 cold wave
【冷天】 cold day [weather]
【冷笑】 sneer; laugh grimly; grin with dissatisfaction, helplessness, bitterness, etc.
【冷眼】 ❶cool detachment ❷cold-shoulder
【冷艳】 beautiful [gorgeous] in spite of the cold; coldly elegant
【冷饮】 cold drink
【冷遇】 cold reception; cold shoulder
【冷战】 [lěngzhàn] cold war
【冷战】 [lěngzhàn] shiver
【冷板凳】 cold bench—an indifferent post or a

cold reception
【冷冰冰】❶cold in manner;frosty ❷ice-cold;icy
【冷不防】 suddenly; unexpectedly; without warning;by surprise
【冷藏柜】freezer
【冷处理】cold treatment;put[lay] aside temporarily
【冷面孔】poker face
【冷启动】cold start
【冷热病】❶〈方〉malaria ❷capricious changes in mood; sudden waxing and waning of enthusiasm
【冷森森】chilly;chilling;cold
【冷丝丝】a bit chilly
【冷飕飕】chilling;chilly
【冷嘲热讽】with freezing irony and burning satire;with biting sarcasm
【冷冻食品】frozen food
【冷酷无情】unfeeling;cold-blooded
【冷冷清清】cold and cheerless;desolate
【冷若冰霜】as cold as ice;have an icy[chilly] manner
【冷血动物】❶cold-blooded animal; poikilothermal animal ❷an unfeeling person;coldhearted person
【冷言冷语】sarcastic comments; ironical remarks
【冷眼旁观】look on with a cold eye

lèng

愣 [lèng]
形 ① distracted; stupefied; absent-minded; blank; dumbfounded ② blunt; rash; reckless; foolhardy 副 stubbornly;recklessly;wilfully
【愣干】do things recklessly[rashly]; persist in going one's own way
【愣是】insist on sth without good reason
【愣说】insist;allege;assert
【愣着】not moving;in a daze
【愣劲儿】dash;pep;vigour
【愣神儿】stare blankly;be in a daze
【愣头愣脑】rash;impetuous;reckless
【愣头儿青】rash[brusque] fellow;hothead

lī

哩 [lī]
【哩哩啰啰】rambling and indistinct
【哩哩啦啦】scattered;sporadic

lí

厘 [lí]
圖 *li* 动 put in order;administer;regulate
【厘定】collate and stipulate
【厘米】centimetre (cm.)
【厘升】centilitre (cl.)
【厘米克秒单位】centimetre-gram-second unit (CGS unit)

狸 [lí]
【狸猫】leopard cat

离 [lí]
动 ①leave; part from; depart from; be away from ②be apart[away] from; be at a distance from ③be without; be independent of ④go against ⑤deviate from;shift from
【离别】part;leave;bid farewell
【离愁】sorrow of parting;pain of separation
【离队】leave the ranks;leave one's post
【离岗】leave office;leave one's post
【离合】 separation and reunion; separation and recombination
【离婚】divorce
【离间】sow discord;drive a wedge between;set one party against another
【离境】leave a country or place
【离开】❶ leave; depart from; deviate from ❷ check out
【离谱】 go beyond what is proper; be out of place
【离奇】strange;odd;fantastic;bizarre
【离弃】abandon;desert;forsake
【离去】split;leave
【离任】leave one's post
【离散】 动 be dispersed; be scattered about; be separated from one another 形〈数〉discrete
【离题】digress from the subject;stray from the point
【离席】leave the table[meeting]
【离乡】leave one's native place
【离心】❶be at odds with the community or the leadership ❷centrifugal
【离休】leave office for rest;retire with full pay
【离异】divorce
【离职】❶ leave one's job temporarily ❷ leave office
【离子】ion
【离不开】❶can't do without ❷too busy to get away
【离格儿】 go beyond what is proper; be out of place
【离合器】clutch
【离退休】leave or retire from office
【离心力】centrifugal force
【离家出走】leave home to lead a vagrant life; abandon one's family
【离境签证】exit visa
【离群索居】live in solitude;live all alone
【离乡背井】leave one's native place; be compelled to leave one's own village[home]; be far away from home and wife and children
【离心离德】torn by dissension and discord
【离境许可证】exit permit
【离退休老人】retiree

梨 [lí]
pear

【梨膏】pear syrup
【梨树】pear
【梨园】the Pear Garden—the theatre

犁 [lí]
plough; work with a plough; plough
【犁刀】coulter; skim cutter
【犁地】plough fields
【犁铧】ploughshare; share
【犁头】coulter
【犁杖】plough

黎 [lí]
multitude
【黎明】dawn; daybreak
【黎民百姓】common people

罹 [lí]
suffer from
【罹病】suffer from a disease; fall ill
【罹难】❶ die in a disaster or an accident ❷ be murdered

篱 [lí]
fence; hedge
【篱笆】bamboo(twig) fence
【篱栅】bamboo or twig fence

藜 [lí]
black; dark and sallow

lǐ

礼 [lǐ]
① ceremony; rite; ritual ② courtesy; etiquette; manners ③ gift; present treat someone with due respect
【礼拜】treat someone with due respect ❶ week ❷ day of the week ❸ Sunday
【礼单】list of presents
【礼法】rule of etiquette; proprieties
【礼服】ceremonial robe or dress; full dress; formal attire
【礼花】fireworks display
【礼教】code of ethics; feudal ethics and rites
【礼节】courtesy; etiquette; protocol; ceremony
【礼金】gift of money; cash gift
【礼帽】hat that goes with formal dress
【礼貌】courtesy; politeness; manners courteous; polite; well-behaved
【礼炮】salvo; (gun) salute
【礼品】gift; present
【礼让】give precedence to sb out of courtesy or thoughtfulness; comity
【礼堂】assembly hall; auditorium
【礼物】gift; present
【礼仪】ceremony and propriety
【礼遇】courteous reception
【礼赞】sing the praise of; commend
【礼品店】gift shop
【礼尚往来】❶ courtesy demands reciprocity ❷ deal with a man as he deals with you; pay a man back in his own coin
【礼仪先生】ceremony boy

【礼仪小姐】ceremony girl; ritual girl; ceremonial usherette; young lady serving at ceremonies
【礼仪之邦】state of ceremonies; land of propriety and righteousness
【礼义廉耻】propriety, righteousness, honesty, and a sense of shame
【礼轻情意重】the gift is trifling but the feeling is profound; it's nothing much, but it's the thought that counts

李 [lǐ]
plum
【李树】plum tree
【李代桃僵】❶ substitute one thing for another; substitute this for that ❷ sacrifice oneself for another person

里 [lǐ]
① lining; inside ② inner; inside: 圈里人 member of the inner circle; insider ③ neighbourhood ④ home town; native place
【里边】inside; in; within
【里程】❶ mileage ❷ course of development; course
【里带】inner tyre; inner tube
【里间】inner room
【里弄】lanes and alleys; neighbourhood
【里面】inside; interior
【里圈】inner lane
【里手】❶ the left-hand side ❷〈方〉expert; old hand
【里头】inside; interior; within
【里外】inside and outside
【里屋】inner room
【里子】lining
【里程碑】milestone
【里程表】odometer
【里外里】❶ adding the two sums; taken all together ❷ no matter how you figure it out; either way
【里出外进】irregular; uneven
【里勾外联】in collusion with forces within and without
【里外外】inside and outside
【里通外国】have (maintain) illicit relations with a foreign country
【里应外合】act from inside in coordination with forces attacking from outside; collaborate from within with forces from without

俚 [lǐ]
①vulgar ②popular; folk
【俚俗】vulgar; rustic; unrefined
【俚语】slang

理 [lǐ]
① texture; grain ② reason; logic; truth ③ natural science ④ physics ① manage; run; administer ② put in order; tidy up ③ pay attention to; acknowledge
【理财】manage money matters; conduct finan-

cial transactions
【理睬】pay attention to; show interest in
【理当】ought to; should
【理发】haircut; hairdressing
【理该】ought to; should
【理会】❶ understand; comprehend ❷ take notice of; pay attention to
【理货】freight forwarding; customs brokerage
【理家】keep house; manage family affairs
【理解】understand; comprehend
【理据】argument; reason
【理科】❶ science department in a college ❷ science
【理亏】be in the wrong
【理疗】physiotherapy
【理论】图 theory; principle 动 argue; debate; reason with
【理念】notion
【理赔】settle claims; claims settlement; settlement of claims
【理事】member of an executive council or of a board of directors; manager; director
【理数】reason; sense
【理顺】rationalize
【理想】图 ideal; aspiration; dream 形 ideal; idealized
【理性】reason
【理应】ought to; should
【理由】reason; ground; argument
【理喻】reason with sb
【理智】reason; intellect
【理发师】barber; hairdresser
【理解力】faculty of understanding; understanding; comprehension
【理论家】theoretician; theorist
【理事会】executive council; board of directors
【理事长】chairman of a board of directors or of an executive council; council chairperson
【理学士】bachelor of science
【理清思路】get one's ideas into shape; put one's thoughts into shape
【理屈词穷】fall silent on finding oneself bested in argument; be unable to advance any further arguments
【理所当然】of course; as a matter of course; naturally
【理直气壮】with justice on one's side, one is bold and assured

锂 [lǐ]
图 lithium (Li)
【锂(离子)电池】lithium ion battery

鲤 [lǐ]
图 carp
【鲤鱼】carp

力 [lì]
图 ❶ force; energy ❷ power; strength; ability ❸ physical strength 动 do one's best; make every effort; exert oneself
【力臂】arm of force
【力促】make every effort to promote
【力度】❶〈乐〉dynamics ❷ harsher measure
【力戒】strictly avoid; do everything possible to avoid; guard against
【力矩】moment of force; moment
【力克】spare no effort to defeat [beat]; try one's best to defeat [beat]
【力量】❶ physical strength ❷ power; force; strength ❸ effect; potency
【力气】physical strength; effort
【力求】make every effort to; do one's best to; strive to
【力图】try hard to; strive to
【力学】mechanics
【力争】❶ work hard for; do all one can to ❷ argue strongly; contend vigorously
【力主】advocate strongly
【力作】major piece of writing; major article; well-written influential writing
【力气活】heavy work; strenuous work
【力不从心】ability falling short of one's wishes; unable to do as much as one would like to
【力排众议】prevail over all dissenting views; override all objections
【力所能及】in one's power
【力挽狂澜】make vigorous efforts to turn the tide; do one's utmost to stem a raging tide or save a desperate situation
【力争上游】aim high; strive for first place; strive for progress; strive for the best

历 [lì]
动 go through; undergo; experience 图 ❶ experience ❷ calendric system; calendar ❸ almanac 形 all previous[past] (years, occasions, sessions, etc.) 副 all over; one by one; one after another
【历程】course
【历次】all previous (occasions, etc.)
【历代】successive dynasties; past dynasties
【历法】calendric system; calendar
【历届】all previous (sessions, governments, etc.)
【历经】go through; experience; undergo
【历尽】have gone through a lot of
【历来】always; constantly; all through the ages
【历历】distinctly; clearly
【历练】动 temper[steel] oneself; see the world 形 seasoned; experienced
【历年】副 over the years 图 calendar year
【历任】动 have successively held the posts of; have served successively as 图 successive
【历时】last; take
【历史】❶ history ❷ personal records
【历书】almanac

【历数】count one by one; enumerate
【历险】experience dangers; have a narrow escape
【历史剧】historical play
【历史性】historic; of historic significance
【历久弥坚】unshakable and even firmer
【历来如此】this has always been the case
【历历在目】come clearly into view; leap up before the eyes
【历史学家】historian
【历史博物馆】history[historical] museum
【历史唯物论】historical materialism
【历史唯心论】historical idealism
【历史文化名城】historically and culturally famous city; city famous for both its history and culture

厉 [lì]
形 ① strict; rigorous; rigid; stringent ② stern; severe; grim; serious; fierce
【厉害】❶ severe; sharp; fierce ❷ terrible
【厉色】stern countenance
【厉声】in a stern voice
【厉行】strictly enforce; rigorously enforce; make great efforts to carry out
【厉行节约】practise strict economy

立 [lì]
动 ① stand; remain in an erect position ② set up; stand up; erect; make upright ③ set up; found; establish ④ sign; conclude; draw up ⑤ exist; live; grow ⑥ ascend the throne ⑦ appoint; designate; adopt 形 upright; erect; vertical 副 immediately; instantaneously; at once; right away
【立案】❶ register; put on record ❷ place a case on file for investigation and prosecution
【立场】position; stand; standpoint; line; policy
【立等】❶ wait for a short time ❷ wait for sth to be done immediately
【立定】❶ stand firm ❷ halt ❸ firmly determine
【立法】make[enact] laws; legislate
【立方】❶ cube ❷ cubic meter; stere
【立功】render a meritorious service; perform a meritorious service; do meritorious work
【立柜】clothes closet; wardrobe; hanging cupboard
【立即】immediately; at once; promptly
【立刻】immediately; at once; right away
【立领】stand-up collar
【立论】❶ set forth one's views; present one's argument ❷ argument; position; line of reasoning
【立式】vertical; upright
【立誓】take an oath; vow
【立体】形 three-dimensional; stereoscopic ❷ stereoscopic 名 ❶ multi-level; embracing all aspects ❷ solid
【立项】put a project under an authorized plan; have a project plan approved
【立业】❶ establish a business ❷ have a respectable career
【立意】动 be determined; make up one's mind 名 conception; approach
【立约】conclude a treaty; draw up an agreement[a contract]
【立正】stand at attention
【立志】resolve; be determined
【立足】❶ have a foothold; keep a foothold ❷ base oneself upon
【立标牌】put up a signboard
【立方根】cube root
【立方米】cubic metre
【立方体】cube
【立合同】conclude a contract
【立交桥】flyover; overpass; cloverleaf; grade separation bridge; over-bridge; overpass bridge
【立脚点】❶ stand point; stand ❷ foothold; footing
【立面图】elevation (drawing)
【立体声】stereophony; stereo
【立党为公】build a party serving the interests of the people
【立等可取】have sth ready while waiting; repairs done while you wait
【立方厘米】cubic centimetre
【立竿见影】set up a pole and you see its shadow—produce instant results
【立身处世】the way one conducts oneself in society
【立体电影】stereoscopic film; three-dimensional[3-D] film; cinerama
【立体几何】solid geometry
【立锥之地】land just enough to stick an awl into; tiny bit of land
【立足之地】foothold; footing

吏 [lì]
名 ① official; mandarin ② government clerk; petty official

丽 [lì]
形 pretty; beautiful 动 attach oneself to; rely on; adhere to ➡丽
【丽人】beautiful woman; beauty
【丽质】beauty

励 [lì]
动 encourage; urge; exert oneself
【励精图治】exert oneself to make the country prosperous

利 [lì]
形 ① sharp; keen ② fluent; eloquent ③ favourable; convenient 名 ① advantage; benefit ② profit; interest 动 ① do good to; benefit ② sharpen; perfect
【利弊】advantages and disadvantages; pros and cons
【利害】advantages and disadvantages; gains and losses

【利己】be selfish
【利剑】sharp sword
【利空】downside factors
【利率】rate of interest;interest rate
【利落】❶agile;nimble;dexterous ❷neat;orderly 动settled;finished
【利器】❶sharp weapon ❷good tool;efficient instrument
【利刃】❶trenchant edge ❷sharp sword
【利润】profit;earnings;returns
【利市】名❶good sign for business;prediction of business prosperity ❷money given to children as lunar New Year gift ❸red envelope;bonus 形lucky
【利税】profit and tax
【利索】形❶agile;nimble;dexterous ❷neat;orderly
【利息】interest
【利益】interest;benefit;profit
【利用】❶use;utilize;make use of;take the best of;put to use ❷take advantage of;exploit
【利诱】lure by promise of gain
【利于】be of advantage to;benefit
【利用率】utilization ratio
【利己主义】egoism
【利令智昏】be blinded by lust for gain
【利他主义】altruism
【利欲熏心】be obsessed with the desire for gain;be overcome by covetousness;be blinded by greed

沥 [lì]
动drip;trickle 名drop
【沥沥】whistle;rustle;babble;gurgle
【沥青】pitch;asphalt;bitumen
【沥青油毡】asphalt felt

例 [lì]
名❶example;instance ❷precedent ❸case ❹rule;regulation 形regular;routine
【例会】regular meeting
【例假】❶official holiday;legal holiday ❷menstrual period;period
【例句】illustrative sentence;example sentence
【例如】for instance;for example(e.g.);such as
【例题】problem designed to illustrate a principle or method;example
【例图】illustration
【例外】动be an exception 名exception
【例行】act[do] as a routine
【例证】illustration;example;case in point
【例子】example;case;instance
【例行公事】❶routine;routine business ❷mere formality

隶 [lì]
动be subordinate to;be affiliated to[with]; be under 名❶person in servitude ❷yamen runner
【隶书】official script
【隶属】be subordinate to;be under the jurisdiction or command of

荔 [lì]
【荔枝】litchi;lichee

栎 [lì]
名oak

俪 [lì]
形paired;parallel 名husband and wife;married couple
【俪影】photograph of a couple

莅 [lì]
动arrive;be present
【莅临】arrive;be present

栗 [lì]
名❶chestnut tree ❷chestnut 形cold;chilly 动tremble;shudder
【栗色】chestnut colour;maroon
【栗子】chestnut

砺 [lì]
名whetstone;grindstone 动whet;sharpen

砾 [lì]
名gravel;shingle

笠 [lì]
名bamboo hat

粒 [lì]
名grain;granule;pellet;small particles 量一粒种子 a grain of seed/三粒药丸 three pills
【粒状】granular
【粒子】particle;grain
【粒子加速器】particle accelerator

痢 [lì]
名dysentery
【痢疾】dysentery

俩 [liǎ]
数❶two;咱俩 we two/咱哥儿俩 the two of us/你们俩 you two ❷a few;a little;some;several

连 [lián]
动link;join;connect 副continuously;in succession;one after another;repeatedly 介❶including;连她一共去了六个人。Six people went there,including her. ❷even;你怎么连我都不认识了?How could you fail even to recognize me? 名company;三个连 three companies
【连播】serialize
【连词】conjunction
【连带】❶implicate;involve ❷incidentally;in passing
【连队】company
【连杆】connecting rod
【连贯】link up;piece together;hang together;

be coherent
【连冠】straight championships
【连环】a chain of rings
【连击】double hit; double contact
【连接】join; link
【连累】implicate; involve; get sb into trouble
【连连】repeatedly; again and again
【连忙】hastily; hurriedly; promptly
【连绵】continuous; unbroken; uninterrupted
【连年】in successive years; in consecutive years; for years running; for years on end
【连任】renew one's term of office
【连日】for days on end; day after day
【连声】say repeatedly
【连锁】linked together
【连天】reach the sky ❶ incessantly ❷ several days running end; day after day
【连通】connect link up
【连同】together with; along with
【连写】❶ write without lifting the pen from the paper ❷ write two or more syllables of a word together
【连续】continuous; continual; constant; running; successive
【连夜】❶ the same night; that very night; all through the night ❷ for nights on end
【连用】❶ use consecutively ❷ use together
【连载】publish in instalments; serialize
【连长】company commander
【连属】join; link
【连缀】join together; put together 〈语〉cluster
【连档裤】child's pants with no slit in the seat
【连根拔】tear up by the roots; uproot
【连锅端】remove or destroy lock, stock and barrel; get rid of the whole lot
【连环画】book with a story told in pictures
【连脚裤】infant's pants with bootees attached
【连接号】hyphen
【连接线】tie
【连裤袜】panty hose
【连续剧】serial
【连续性】continuity; continuance
【连衣裙】woman's dress; dress
【连轴转】work day and night; work round the clock
【连珠炮】continuous firing; drumfire
【连字号】hyphen (-)
【连鬓胡子】whiskers; full beard
【连成一片】join together
【连篇累牍】lengthy and tedious; at great length
【连锁反应】chain reaction
【连锁商店】chain store; link store; multiple store
【连体婴儿】Siamese twins

怜 [lián]
❶ sympathize with; pity ❷ love tenderly;
have tender affection for
【怜爱】love tenderly; have tender affection for
【怜悯】pity; take pity on; have compassion for; empathy
【怜惜】take pity on; have pity for; empathy
【怜香惜玉】show pity and tenderness to women

帘 [lián]
❶ flag or banner used as shop sign ❷ curtain; screen

莲 [lián]
❶ lotus ❷ lotus seed
【莲花】lotus flower; lotus
【莲藕】the lotus plant, or esp. its root
【莲蓬】seedpod of the lotus
【莲台】Buddha's seat in the form of a lotus flower; lotus throne
【莲心】the heart of a lotus seed
【莲子】lotus seed
【莲蓬头】shower nozzle

涟 [lián]
❶ ripples ❷ continual flow
【涟漪】wavelet; ripples

联 [lián]
ally oneself with; unite; combine; join antithetical couplet
【联邦】federation; union; commonwealth
【联播】radio hookup; broadcast over a radio network
【联唱】sing songs of the same sort of theme in succession; sing more than two songs
【联大】❶ associated university ❷ United Nations General Assembly [UNGA]
【联动】chain effect; chain reaction
【联队】wing of an air force
【联防】❶ joint defence; joint command of defence forces ❷ joint defence; neighborhood watch
【联合】unite; ally joint; combined ❶ combination; alliance; union; coalition ❷〈解〉symphysis
【联欢】have a social gathering; have a get-together
【联机】on-line
【联结】join; connect; link; bind
【联军】allied forces; united army
【联络】❶ get in touch with; come into contact with ❷ contact; liaison
【联袂】go [come, etc.] together
【联盟】alliance; coalition; league; union
【联名】jointly signed; jointly
【联赛】circuit; league matches
【联手】join hands; word hand in hand
【联署】sign jointly
【联通】linked through
【联网】on line; be networked; be wired with
【联系】❶ contact; touch; connection; relation ❷ integrate; relate; link; get in touch with

【联想】connect with mentally; associate with
【联谊】keep up a friendship; strengthen the bonds of friendship
【联姻】ally; be related by marriage; form an alliance by marriage
【联营】joint venture
【联运】combined (multimodal) transportation
【联展】joint exhibition
【联合国】the United Nations (U.N.)
【联合会】federation; union
【联合体】organic whole; association
【联欢会】get-together; party; gala
【联欢节】festival; carnival; fiesta
【联系人】liaison man; person to contact
【联谊会】friendship association
【联合公报】joint communiqué
【联合声明】joint statement
【联欢晚会】party
【联机检索】on-line information retrieval
【联立方程】simultaneous equations
【联席会议】joint conference; joint meeting
【联合国大会】the United Nations General Assembly
【联合国宪章】the United Nations Charter
【联合收割机】combine harvester
【联合国秘书处】the United Nations Secretariat
【联合国安全理事会】the United Nations Security Council

廉 [lián]
形 ①honest and clean ②low in price; inexpensive; cheap
【廉耻】integrity and a sense of honour
【廉价】low-priced; cheap
【廉洁】honest and clean; incorruptible
【廉明】upright and incorruptible
【廉正】upright and honest
【廉政】honest and clean government
【廉洁奉公】be honest in performing official duties; perform one's official duties honestly
【廉洁自律】be honest, clean and self-disciplined

鲢 [lián]
名 silver carp

镰 [lián]
名 sickle

敛 liǎn
动 ①hold back; keep back; restrain ②keep within bounds; restrain ③collect
【敛财】accumulate wealth by unfair means
【敛迹】lie low
【敛钱】collect money illegally; raise money

脸 [liǎn]
名 ①face ②front ③sensibilities; credit ④countenance; facial expression
【脸部】face
【脸红】blush with shame; blush; flush with anger; get excited; get worked up
【脸颊】cheeks; face
【脸孔】face
【脸面】❶face ❷self-respect; sb's feelings
【脸嫩】bashful; shy; thin-skinned
【脸庞】the cast of one's face
【脸盆】washbasin; washbowl
【脸皮】face; cheek
【脸谱】types of facial makeup in operas
【脸色】❶complexion; look ❷facial expression
【脸形】the shape of one's face
【脸型】facial features
【脸子】❶unpleasant look ❷face; one's feeling ❸pretty face
【脸蛋儿】thick-skinned; brazen; shameless; impudent
【脸盘儿】the cast of one's face
【脸盆架】washstand
【脸上无光】have lost face

练 [liàn]
名 white silk 动 ①practise; train; drill ②boil and scour raw silk 形 experienced; skilled; seasoned
【练笔】❶practise writing ❷practise calligraphy
【练兵】❶train troops; drill soldiers ❷professional training
【练操】drill
【练达】experienced and worldly-wise
【练功】do exercises in gymnastics, wushu, acrobatics, etc.; practise one's skill
【练球】practise a ball game
【练手】try one's hand; practise one's skill
【练武】❶learn or practise martial arts ❷learn or practise military skills ❸learn or practice various skills
【练习】动 practice 名 exercise
【练兵场】drill ground; parade ground
【练摊儿】set up a stall to sell goods; run a private stall
【练习本】exercise-book
【练习曲】étude
【练习题】exercise problems; exercises

炼 [liàn]
动 ①smelt; refine ②burn; temper with fire; test with fire ③polish the wording; weigh one's word ④temper; test
【炼钢】make steel; smelt steel
【炼乳】condensed milk
【炼铁】smelt iron
【炼油】❶oil refining ❷extract oil by heat ❸heat edible oil
【炼狱】purgatory
【炼制】refine
【炼油厂】refinery

恋 [liàn]

动 ① love; love affair ② long for; feel attached to

【恋爱】名 romantic love; love affair 动 be in love; have a courtship
【恋家】long for home; reluctant to be away from home
【恋旧】❶ yearn for the past; long for the good old days ❷ yearn for old friends
【恋情】❶ tender feeling ❷ romantic love
【恋人】sweetheart; loved one; girlfriend or boyfriend
【恋战】be over-zealous in fighting
【恋父情结】Electra complex
【恋恋不舍】be reluctant to part from; hate to see sb go
【恋母情结】Oedipus complex

殓 [liàn]

动 put a body into a coffin; encoffin

链 [liàn]

名 chain 量 cable length

【链轨】caterpillar track
【链接】interlinkage
【链球】hammer
【链条】chain; chain
【链子】❶ chain ❷ roller chain; chain
【链式反应】chain reaction

liáng

良 [liáng]

形 good; fine 名 good people 副 very; very much

【良方】❶ effective prescription; good recipe ❷ good plan; sound strategy
【良好】good; well
【良机】good(golden) opportunity
【良久】a good while; a long time
【良民】common people; law-abiding people; good citizen
【良田】good farmland; fertile farmland
【良宵】happy evening; pleasant night
【良心】conscience
【良性】benign
【良言】good advice
【良药】good medicine
【良医】skilful doctor
【良友】good friend
【良缘】good (happy) match
【良知】❶ intuitive knowledge; innate knowledge ❷ conscience
【良种】❶〈农〉improved variety ❷ fine breed
【良导体】good conductor
【良辰美景】fine moment and beautiful scene
【良师益友】good teacher and helpful friend
【良性互动】virtuous interaction
【良性循环】virtuous circle; normal circle; regular circle; beneficent cycle
【良药苦口】good medicine tastes bitter
【良莠不齐】the good and the bad are intermingled

凉 [liáng]

名 cool place; shade 形 ① cool; cold ② disheartened; discouraged; disappointed → liàng

【凉拌】cold and dressed with sauce
【凉菜】cold dish
【凉粉】bean-starch noodles
【凉风】cold breeze; cool wind
【凉快】形 nice and cool; pleasantly cool 动 cool oneself; cool off
【凉面】cold noodles with sauce
【凉棚】mat-awning; mat shelter
【凉气】cold air; chilly air
【凉伞】sunshade; parasol
【凉爽】cool; fresh; bracing; nice and cool; pleasantly cool
【凉水】❶ cold water ❷ unboiled water
【凉台】balcony; veranda
【凉亭】wayside pavilion; summer house; kiosk
【凉席】summer sleeping mat
【凉鞋】sandals
【凉意】slight chill in the air
【凉白开】cold boiled water
【凉冰冰】chilly; cold; icy
【凉森森】chilly; cold

梁 [liáng]

名 ① roof beam ② purlin ③ bridge ④ ridge

【梁上君子】gentleman on the beam—burglar; thief

量 [liáng]

动 ① measure; weigh ② appraise; estimate; assess; size up → liàng

【量杯】measuring glass; graduate
【量度】measurement
【量规】gauge; metric gauge
【量具】measuring tool
【量瓶】measuring flask; graduated flask; volumetric flask
【量器】measure
【量筒】graduated (volumetric, measuring) cylinder; graduate
【量尺寸】take sb's measurements
【量角器】protractor
【量热器】calorimeter
【量体温】take sb's temperature
【量体重】weigh oneself; take sb's weight

粮 [liáng]

名 ① grain; food; provisions ② grain tax paid in kind; farm tax

【粮仓】❶ granary; garner ❷ rice bowl
【粮草】army provisions; rations and forage (fodder)
【粮店】grain shop
【粮囤】grain bin
【粮荒】grain shortage; food scarcity
【粮库】grain depot
【粮秣】army provisions; rations and forage;

grain and fodder
【粮农】grain farmer
【粮票】food coupon; grain coupon
【粮食】grain; cereals; food
【粮站】grain distribution; grain supply centre
【粮食作物】cereal crops; grain crops

梁 [liáng]

图 ①fine strain of millet ②fine grain; choice (staple) food

liǎng

两 [liǎng]

数 ① two ② a couple; a few; some 图 both (sides); either (side) 圖 liang

【两岸】❶ both banks; both sides ❷ both sides across the Taiwan Strait—China's mainland and Taiwan
【两边】❶ both sides ❷ both places ❸ both direction ❹ both parties
【两便】be convenient to both; make things easy for both
【两侧】both sides; either flank
【两重】double; dual; twofold
【两抵】balance or cancel each other
【两极】❶ the two poles of the earth ❷〈物〉the two poles
【两可】both will do; either will do; could go either way
【两利】benefit both sides; convenient to both sides
【两面】❶ two sides; both sides; two aspects; both aspects ❷ having a dual character; dual; double
【两难】face a difficult choice; be in a dilemma
【两旁】both sides; either side
【两栖】amphibious
【两讫】the goods are delivered and the bill is cleared
【两全】be satisfactory to both parties; have regard for both sides
【两手】dual tactics
【两头】❶ both ends; either end ❷ both parties; both sides
【两相】two-phase
【两心】affection for each other
【两性】❶ both sexes ❷ amphiprotic; amphoteric
【两样】different; the same
【两翼】❶ both wings ❷ both flanks
【两半儿】two halves; in half; in two
【两边倒】lean now to one side, now to the other; waver
【两党制】two-party system; bipartisan system
【两点论】doctrine that everything has two aspects or that "one divides into two"
【两分法】application of the Marxist law that "one divides into two"
【两回事】two entirely different things; two different matters

【两件套】two-piece dress
【两脚规】❶ compasses ❷ dividers
【两口子】husband and wife; couple
【两面光】please both parties
【两面派】double-dealer
【两面性】dual nature; duplicity; ambivalence
【两条心】in fundamental disagreement; not of one mind
【两下子】圖 a couple of times 图 a few tricks of the trade
【两用衫】jacket suitable for spring or autumn
【两岸直航】cross-Straits direct transportation links
【两败俱伤】both sides suffer; neither side gains
【两鬓斑白】greying at the temples; grey at the temples
【两极分化】polarization; gap between the rich and the poor
【两极格局】bipolar structure
【两面夹攻】close in from both sides; make a pincer attack
【两面三刀】double-dealing; double cross
【两栖明星】bi-media star
【两全其美】satisfy both sides; satisfy rival claims
【两人世界】two people's world
【两小无猜】be innocent playmates
【两性关系】sexual relations; relations between the sexes
【两袖清风】have clean hands; remain uncorrupted
【两岸直接"三通"】cross-Straits direct links
【两耳不闻窗外事】both ears shut to what goes on outside the window

liàng

亮 [liàng]

形 ① bright; light ② loud and clear; clarion ③ clear; enlightened 动 ① shine; flash ② make loud and clear; lift (one's voice) ③ show; lay open; make public 图 ① light ② lamp; light; candle
【亮丑】lay bare one's faults 〔mistakes〕
【亮底】reveal the whole story; disclose one's plan, stand, views, etc.; put one's cards on the table
【亮点】shining point; bright spot; eye-catching
【亮度】brightness; brilliance
【亮分】marks given and shown by the panel of judges
【亮光】light; shine
【亮丽】beautiful; splendid; graceful
【亮色】bright colour
【亮堂】❶ light; bright ❷ clear; enlightened
【亮相】❶ strike a pose on the stage ❷ declare one's position; state one's views ❸ appear in public; show up
【亮闪闪】show the red light; forbid

【亮牌子】reveal one's name [identity]
【亮红灯】sparkling;glistening;flashing
【亮堂堂】bright;brightly-lit;well-lit;brilliant

凉 [liàng]
动 make cool;become cool →liáng

谅 [liàng]
动 ①forgive;excuse;understand ②I think;I believe;I expect;presumably
【谅解】understand;make allowance for

辆 [liàng]
量 一辆自行车 one bicycle/三辆大卡车 three trucks

靓 [liàng]
形 pretty;beautiful;handsome;good-looking
【靓丽】pretty;beautiful
【靓妹】pretty[beautiful] girl
【靓女】pretty girl
【靓仔】handsome young man

量 [liàng]
名 ①bulk measure ②capacity;capability ③quantity;amount;number;volume 动 estimate;appraise;measure →liáng
【量变】quantitative change
【量词】measure word;classifier
【量纲】dimension
【量化】quantization
【量力】estimate one's own strength or ability (and act accordingly)
【量刑】measurement of penalty
【量子】quantum
【量贩店】wholesale store
【量才录用】give sb work suited to his[her] abilities;assign jobs to people according to their abilities
【量力而行】do what one is capable of;act according to one's capability
【量入为出】keep expenditures below income;live within one's means;cut one's coat according to one's cloth

晾 [liàng]
动 ①dry in the air;air-dry;air ②ignore;slight;give the cold shoulder to
【晾干】dry by airing
【晾晒】air;sun;spread out to air
【晾台】sun terrace
【晾衣绳】clothesline

踉 [liàng]
【踉跄】stagger
【踉踉跄跄】stumble along

liāo

撩 [liāo]
动 ①hold or lift up (a curtain, skirt, etc. from the bottom) ②sprinkle (with one's hand) →liáo

liáo

辽 [liáo]
形 distant;faraway
【辽阔】vast;extensive

疗 [liáo]
动 treat;cure
【疗程】course[period] of treatment
【疗法】therapy;treatment
【疗效】curative effect
【疗养】recuperate;convalesce
【疗养院】sanatorium;convalescent hospital [home]

聊 [liáo]
副 ①barely;merely;just ②a little;somewhat;slightly 动 ①rely;depend ②chat;chew the fat
【聊天儿】chat;gab
【聊天室】web chat rooms
【聊表寸心】as a small token of my feelings
【聊胜一筹】be a little better than
【聊胜于无】better than nothing
【聊天节目】talk show
【聊天热线】chat line
【聊以自慰】just to console oneself

僚 [liáo]
名 ①official ②associate in office

寥 [liáo]
形 ①few;scanty;scarce ②silent;quiet;deserted ③broad and empty;vast
【寥廓】boundless;vast;vague
【寥寥】very few
【寥寥无几】very few
【寥若晨星】as sparse as the morning stars;few and far between

撩 [liáo]
动 tease;provoke;stir up;excite (emotions) →liāo
【撩拨】❶tease;banter ❷incite;provoke
【撩动】provoke;stir up
【撩逗】tease;provoke
【撩人】stirring;exciting;teasing

嘹 [liáo]
【嘹亮】resonant;loud and clear

潦 [liáo]
【潦草】❶hasty and careless;illegible ❷sloppy;slovenly
【潦倒】be frustrated;be down on one's luck

寮 [liáo]
名 small house;hut
【寮房】monk's hut[cell]
【寮棚】shed;hut

缭 [liáo]
动 ①entangled ②sew with slanting stitches
【缭乱】confused
【缭绕】curl up;wind around

燎 [liáo]
动 spread;burn

【燎原】set the prairie ablaze
【燎泡】blister (raised by a burn[scald])

鹩 [liáo]
【鹩哥】tinkling; grackle; hill myna

liǎo

了 [liǎo]
⃞动 ❶ end; finish; settle; dispose of ❷ can; be able to: 做得了 can do it/去得了 be able to go/跑不了 cannot escape ❸ know clearly; understand ⃞副 entirely
【了得】❶ horrible; terrible ❷ extraordinary; remarkable
【了断】finish; settle; end; wind up
【了结】finish; settle; wind up; bring to an end
【了解】❶ know; understand; learn; comprehend ❷ find out; acquaint oneself with
【了了】[liǎole] be over; end; finish; settle
【了却】settle; solve
【了然】clear
【了事】dispose of a matter; finish up sth; get sth over
【了无】be not at all; be not in the least
【了愿】fulfil a wish[promise]
【了账】settle a debt
【了不得】❶ terrific; extraordinary ❷ terrible; awful
【了不起】amazing; terrific; extraordinary
【了此一生】end this life
【了如指掌】know sth like the palm of one's hand; have sth at one's fingertips

liào

尥 [liào]
【尥蹶子】❶ kick back; give a backward kick ❷ get angry

钌 [liào]
【钌铞儿】hasp and staple

料 [liào]
⃞动 ❶ suppose; expect; anticipate ❷ take care of; manage ⃞名 ❶ material; stuff ❷ (grain) feed; forage; fodder ❸ synthetic jade; opaque coloured glass ⃞量 prescription: 配一料药 make up a prescription
【料到】foresee; expect
【料定】be certain; know for sure
【料酒】cooking wine
【料理】⃞动 arrange; manage; attend to; take care of ⃞名 ❶ Japan cuisine; food and drink ❷ dish
【料器】glassware
【料想】expect; think; presume
【料事如神】predict like a prophet; foretell with miraculous accuracy

撂 [liào]
⃞动 ❶ put down; leave behind; shelve ❷ throw down; knock down; shoot down ❸ abandon; discard; cast aside; leave behind
【撂倒】throw [knock] down
【撂荒】let a piece of farmland go to waste
【撂下】❶ throw [put] down ❷ leave behind

瞭 [liào]
⃞动 watch; survey
【瞭望】watch from a height or a distance; keep a lookout
【瞭望哨】lookout post
【瞭望台】observation tower; lookout tower

镣 [liào]
⃞名 fetters; shackles
【镣铐】fetters and handcuffs; shackles; irons chains

liē

咧 [liē]
→liě
【咧咧】❶ gossip; talk nonsense; blabber; speak carelessly ❷ cry

liě

咧 [liě]
⃞动 ❶ grin ❷ talk →liē
【咧嘴】draw back the corners of the mouth; grin

裂 [liě]
⃞动 split; break open →liè

liè

列 [liè]
⃞动 ❶ arrange; line up ❷ enter in a list; list; rank ⃞名 ❶ row; file; rank ❷ kind; sort; category ⃞代 all; everyone; each and everyone ⃞量 一列火车 a train
【列表】tabulation; entry; listing
【列兵】private
【列车】train
【列出】write; list; set out; cite
【列岛】archipelago
【列队】line up
【列举】enumerate; list; make a list; catalog
【列入】be placed; be incorporated into; be included
【列为】rate; rank; be classified as
【列席】attend (a meeting) as an observer or a nonvoting delegate; attend without voting rights

劣 [liè]
⃞形 ❶ bad; inferior; of low quality ❷ minor; smaller than some standard
【劣弧】minor arc
【劣迹】misdeed; evil doing
【劣势】inferior position; unfavourable situation
【劣质】of poor[low] quality; inferior
【劣根性】inherent flaw

烈 [liè]

形 ① strong; fierce; intense ② staunch; upright; stern 名 ① dying for a just cause ② exploits; achievements

【烈火】 raging fire; raging flames
【烈酒】 moonshine; hard drink; strong drink
【烈马】 savage horse; fiery steed
【烈日】 burning sun; scorching sun
【烈士】 ❶martyr ❷person of high endeavor
【烈性】 ❶spirited ❷strong; violent
【烈焰】 raging flames; roaring blaze
【烈士墓】 the tomb of a revolutionary martyr
【烈性子】 spitfire
【烈士陵园】 revolutionary martyrs' cemetery; martyrs' park
【烈士纪念碑】 monument to revolutionary martyrs

猎 [liè]

动 ①hunt ②seek; go after; hunt for
【猎捕】 hunt
【猎狗】 hunting dog; hound
【猎奇】 hunt for novelty; seek novelty
【猎枪】 shotgun; fowling piece; hunting rifle
【猎取】 ❶hunt ❷pursue; seek; hunt for
【猎人】 hunter; huntsman
【猎杀】 hunt and kill
【猎头】 headhunting; headhunter
【猎物】 prey; quarry; game
【猎艳】 ❶rack one's brains for ornate diction ❷chase after pretty women
【猎装】 hunting suit; hunting outfit
【猎头公司】 headhunter; manhunters & Co.; headhunting agent[agency, firm]

裂 [liè]

动 ①split; break; come apart ②crack ➡liě
【裂变】 fission
【裂缝】 crack; split; rift; crevice; fissure
【裂痕】 rift; crack; fissure
【裂开】 crack open; split open
【裂口】 ❶breach; gap; split ❷〈地〉vent
【裂片】 lobe of a leaf
【裂伤】 lacerated wound
【裂纹】 ❶crack ❷crackle
【裂隙】 crack; crevice; fracture

拎 [līn]

动 carry; hold; lift
【拎包】 名 handbag; shopping bag; bag 动 carry a bag

邻 [lín]

名 neighbour 形 neighbouring; near; adjacent
【邻邦】 neighbouring country
【邻国】 neighbouring country
【邻海】 adjacent sea
【邻家】 next-door family; next-door [close] neighbour
【邻角】 adjacent angles
【邻接】 border on; be next to; be contiguous to; adjoin
【邻近】 动 be near; be close to; be adjacent to 名 neighbourhood; vicinity
【邻居】 neighbour
【邻里】 ❶neighborhood ❷people of the neighborhood; neighbors
【邻人】 next-door [close] neighbour
【邻舍】 neighbour
【邻桌】 adjacent table
【邻座】 adjacent seat

林 [lín]

名 ① forest; woods; grove; expanse of trees or bamboo ②a cluster of similar things; circles ③forestry
【林场】 forestry centre; tree farm
【林带】 forest belt
【林道】 forest-road
【林地】 forest land; woodland; timberland
【林海】 immense forest
【林立】 stand (in great numbers) like a forest
【林木】 ❶forest; woods ❷forest tree
【林区】 forest zone; forest region; forest
【林涛】 the soughing of the wind in forest trees
【林网】 crisscross forest belts
【林业】 forestry
【林子】 woods; grove; forest
【林阴道】 boulevard; avenue
【林林总总】 numerous; in great abundance

临 [lín]

动 ①face; confront; overlook; be close to ② look down from above; overlook ③ arrive; be present 介 about to; on the point of; just before 动 copy
【临本】 copy
【临别】 at parting; just before parting
【临场】 ❶ when attending an examination; when participating in a contest ❷come personally to the site[spot]
【临床】 clinical
【临街】 face [overlook] a street; be close to a street
【临界】 critical
【临近】 close to; be[come] near; be in the vicinity; approach
【临了】 finally; in the end
【临门】 ❶come to the house ❷be at the goal; be close to the goal
【临摹】 copy
【临时】 副 at the last moment; at the time when sth happens 形 temporary; provisional; interim; makeshift; for a short time
【临死】 on one's deathbed
【临危】 ❶be dying ❷face death or deadly peril; in the hour of danger
【临行】 be before leaving [departure]

【临战】just before going into battle
【临阵】❶ be just before entering a battle ❷ be on the battlefield; be at the front
【临终】approaching one's end; immediately before one's death; on one's deathbed
【临时工】casual labourer; temporary worker
【临时性】temporary
【临别赠言】words of advice at parting; parting advice
【临时户口】temporary residence permit
【临危不惧】face danger fearlessly; betray no fear in face of danger
【临危授命】be ready to give one's life in times of national danger
【临阵磨枪】sharpen one's spear just before going into battle—start to prepare at the last moment
【临阵脱逃】desert on the eve of a battle; sneak away at a critical juncture
【临终关怀】hospice care
【临终遗言】deathbed testament; last words

淋 [lín]

动 ① pour; splatter; drench ② sprinkle; splash; spray
【淋巴】lymph
【淋漓】动 be dripping wet 形 free from inhibition
【淋淋】dripping wet
【淋湿】be soaked; splashed wet
【淋透】be drenched through
【淋雨】get wet in the rain
【淋浴】shower bath; shower
【淋浴器】shower
【淋漓尽致】vividly and incisively; in great detail

琳 [lín]

名 beautiful jade
【琳琅满目】a superb collection of beautiful things; feast for the eyes

粼 [lín]

【粼粼】clear; crystalline

嶙 [lín]

【嶙峋】〈书〉❶ jagged; rugged; craggy ❷ bony; thin

遴 [lín]

动 choose carefully; select
【遴选】select; choose

霖 [lín]

名 continuous heavy rain; down pour

鳞 [lín]

名 scale 形 like the scales of a fish
【鳞片】❶ scale ❷〈植〉bud scale
【鳞次栉比】like fish scales and comb teeth; in tight rows; row upon row

lǐn

凛 [lǐn]

形 ① cold; frigid ② strict; rigorous; stern; severe ③ afraid; fearful
【凛冽】piercingly cold
【凛凛】❶ cold ❷ stern; awe-inspiring
【凛然】stern; awe-inspiring

檩 [lǐn]

名 purlin
【檩条】purlin

lìn

吝 [lìn]

形 stingy; miserly; mean; closefisted
【吝啬】stingy; niggardly; miserly; mean
【吝惜】grudge; stint
【吝啬鬼】miser; niggard; skinflint

赁 [lìn]

动 rent; hire; lease
【赁费】rental fee; rent

líng

伶 [líng]

名 actor or actress
【伶仃】lonely
【伶俐】clever; bright; quick-witted
【伶牙俐齿】have the gift of the gab; have a glib tongue; have a ready tongue

灵 [líng]

形 ① quick; clever; bright; nimble; flexible ② efficacious; effective 名 ① mind; soul; spirit; intelligence ② god, holy; deity ③ bier; hearse; of the deceased
【灵便】❶ nimble; agile ❷ easy to handle; handy
【灵车】hearse
【灵感】inspiration
【灵光】❶ miraculous brightness ❷ bright light around the head of a god〔Buddha〕
【灵魂】soul
【灵活】❶ nimble; agile; quick ❷ flexible; elastic
【灵柩】bier
【灵敏】sensitive; keen; agile; acute
【灵气】anima
【灵巧】dexterous; nimble; skilful; ingenious
【灵堂】mourning hall
【灵通】❶ well-informed ❷ effective
【灵犀】magic horn
【灵性】intelligence
【灵验】① efficacious; effective ② accurate; right
【灵芝】magic fungus—glossy ganoderma
【灵敏度】sensitivity
【灵长目】Primates
【灵丹妙药】magic〔wonder〕drug; miraculous cure; panacea
【灵机一动】have a brainwave
【灵魂工程师】engineers of the soul; teachers

图 [líng]

【囹圄】jail;prison

玲 [líng]
【玲珑】❶ingeniously and delicately wrought; exquisite ❷clever and nimble
【玲珑剔透】exquisitely carved; beautifully wrought

铃 [líng]
❷①bell ②bell-shaped things
【铃铛】small bell
【铃声】bell;ring

凌 [líng]
㊀①rise high;tower aloft ②approach;draw close ③insult;bully;violate ㊁ ice
【凌晨】in the small hours;before dawn
【凌驾】place oneself above;override
【凌空】be high up in the air;soar or tower aloft
【凌厉】swift and fierce
【凌乱】in disorder;in a mess
【凌辱】bully and humiliate;insult
【凌汛】spring flood caused by melting river ice
【凌云壮志】have a strong resolution to reach the clouds;high aspirations;lofty aspirations

陵 [líng]
㊀①hill;mound ②imperial tomb;mausoleum
【陵墓】mausoleum;tomb
【陵寝】emperor's or king's resting place;mausoleum
【陵园】funerary park;cemetery

聆 [líng]
㊀ listen;hear
【聆听】listen (respectfully)

菱 [líng]
㊁ water caltrop;water chestnut
【菱角】ling;waternut;water caltrop
【菱形】diamond;rhombus;lozenge

翎 [líng]
㊁ ①plume;tail or wing feather;quill ②peacock feather worn at the back of a Qing Dynasty official's hat
【翎毛】❶feathers ❷a type of classical Chinese painting featuring birds and animals

羚 [líng]
㊁①antelope ②antelope's horn
【羚羊】antelope;gazelle
【羚羊角】antelope's horn

绫 [líng]
㊁ damask silk
【绫罗绸缎】silks and satins

零 [líng]
㊀①fractional;part ②odd ㊁ fraction;extra;odd ㊂ ①八元零八分 eight yuan and eight fen ②zero;nought;nil ㊃①wither and fall ②fall
【零担】less-than-carload〔LCL〕;less-than-truckload〔LTL〕
【零点】zero hour;midnight
【零度】zero degree
【零分】zero;scoreless;goose egg
【零工】❶odd job;short-term hired labor ❷odd-job man;casual laborer
【零花】㊀ spend on minor items ㊁ pocket money
【零件】❶part ❷spare parts;spares
【零乱】in disorder;in a mess;all over
【零卖】❶retail;sell retail ❷sell by the piece or in small quantities
【零钱】❶small change;coins ❷pocket money ❸income other than one's salary〔wages〕
【零散】scattered
【零食】between-meal nibbles;snacks
【零售】❶sell retail;retail ❷sell by the piece or in small quantities
【零碎】㊀ scrappy;fragmentary;piecemeal ㊁ odds and ends;oddments;bits and pieces
【零头】❶odd ❷remnant
【零下】subzero;below zero
【零线】zero line〔curve,tail〕
【零星】❶fragmentary;odd;piecemeal ❷sporadic
【零用】㊀ small incidental expenses ㊁ pocket money
【零部件】spare parts;component parts
【零活儿】odd jobs
【零配件】parts and accessories
【零首付】zero first deposit;zero initial payment
【零售店】retail shop〔store〕
【零售价】retail price
【零打碎敲】do sth bit by bit;do sth off and on; do sth in bits and pieces
【零七八碎】㊀ scattered and disorderly ㊁ miscellaneous and trifling things;odds and ends

龄 [líng]
㊁①age;years ②duration;length of time or service ③instar;stadium

lǐng

令 [lǐng]
㊀ ream;三令新闻纸 three reams of newsprint ➡ lìng

岭 [lǐng]
㊁① mountain;ridge of a mountain; ② mountain range

领 [lǐng]
㊁①neck ②collar ③outline;main point;collarband;neckband ㊀①lead;usher;take ②have jurisdiction over;be in possession of;own ③receive;draw;get ④accept ⑤understand;comprehend;grasp ㊂ 穿了一领新长袍 wear a new robe/一领凉席 a summer sleeping mat
【领班】㊀ head a work group ㊁ gaffer;foreman
【领唱】㊀ lead a chorus ㊁ leading singer
【领带】necktie;tie
【领导】㊀ lead;exercise leadership ㊁ leadership;leader
【领地】❶fief ❷territory

【领读】lead in reading aloud
【领队】动 lead a group 名 the leader of a group, sports team, etc.
【领钩】collar hook
【领海】territorial waters; territorial sea
【领航】动 navigate; pilot 名 navigator; pilot
【领花】❶ bow tie ❷ collar insignia〔badge〕
【领会】understand; comprehend; grasp
【领教】❶ thanks; much obliged ❷ ask advice ❸ experience; encounter
【领结】bow tie
【领巾】scarf; neckerchief
【领军】动 command an army 名 bellwether
【领空】territorial sky(air); territorial air space
【领扣】collar button; collar stud
【领款】receive funds; draw money
【领略】have a taste of; understand; appreciate
【领情】feel grateful to sb; appreciate the kindness
【领取】receive; draw; get
【领事】consul
【领受】accept
【领头】take the lead; be the first to do sth
【领土】territory
【领舞】动 lead a dance 名 leading dancer
【领悟】comprehend; grasp
【领先】be in the lead; take the lead
【领衔】head list of signers; head list of actors
【领袖】leader
【领有】possess
【领域】❶ territory; domain; realm ❷ area; world; field; sphere; domain; realm
【领章】collar badge; collar insignia
【领子】collar
【领奏】动 lead an instrument ensemble 名 leading player
【领罪】admit one's guilt; plead guilty
【领带夹】tie clasp; tie clip
【领导人】leader
【领航员】navigator; pilot
【领款人】payee
【领路人】guide
【领头羊】bellwether
【领带扣针】tiepin
【领导班子】the leadership; leading community; leading body; cast of leaders

lìng

另 代 other; another 副 in addition
【另类】alternative
【另外】代 in addition; besides 副 different; other
【另行】separately
【另议】discuss or negotiate separately
【另当别论】should be regarded as a different matter
【另搞一套】go one's own way

【另辟蹊径】blaze a trail
【另起炉灶】make fresh start; set up a "new kitchen"
【另请高明】find someone better qualified
【另眼相看】❶ regard sb with special respect ❷ view sb in a new, more favorable light; see sb in a new light
【另有所图】have other fish to fry; have ulterior motives

令 [lìng]
动 ①issue an order; order ②make; cause 名 ①command; order; decree ②drinking game ③ ancient official title ④season 形 ①good; excellent ②your ➡ lǐng
【令爱】your daughter
【令箭】arrow (used as a token of authority)
【令郎】your son
【令堂】your mother
【令尊】your father
【令人发指】get one's hackles up; make one bristle with anger
【令人费解】elude understanding
【令人神往】fire one's imagination; have a strong appeal for one
【令人痛心】It really hurts to think of it!; cut one to the heart
【令人作呕】make one sick; nauseating; revolting
【令行禁止】any order will be immediately carried out, any prohibition will be heeded

liū

溜 [liū]
动 ①slide; glide ②sneak off; slip away ③ take a look; glance 形 ①smooth ②very; extremely 副 along ➡ liù
【溜边】keep to the edge
【溜冰】❶ slide on the ice; skating ❷〈方〉roller-skating
【溜达】stroll; saunter; go for a walk
【溜掉】slip; vanish; escape
【溜光】very smooth; sleek; glossy
【溜号】sneak away; slink off
【溜滑】skid
【溜尖】very sharp
【溜圆】smooth and round
【溜走】slip away; slink away; slope off
【溜冰场】skating rink
【溜冰鞋】ice-skates; roller-states
【溜溜球】yo-yo
【溜须拍马】toady

熘 [liū]
动 sauté; quick-fry
【熘腰花】kidney sauté

liú

刘 [liú]

【刘海儿】bang; fringe

浏 [liú]

【浏览】glance over; skim through; browse
【浏览器】browser

留 [liú]

动 ①remain; stay ②study abroad: 留美 study in the U.S. ③ask sb to stay; keep sb where he is; detain ④concentrate on sth ⑤reserve; keep; retain; save ⑥accept; take; keep ⑦leave behind; leave
【留步】don't bother to see me out; don't bother to come any further
【留成】retain a portion
【留出】keep out; set apart; set aside
【留存】①preserve; keep ②remain; be extant
【留待】wait till later
【留底】office copy
【留级】fail to go up to the next grade〔year〕; repeat the year's work; stay behind
【留空】leave a blank; leave a space in writing
【留恋】① be reluctant to leave; can't bear to part ②recall with nostalgia
【留门】leave a door unlocked or unbolted
【留名】leave behind a good reputation
【留念】accept or keep as a souvenir
【留鸟】resident (bird)
【留情】show mercy or forgiveness
【留任】remain in office
【留神】be careful; take care
【留守】❶ act for the emperor during his absence from the capital ❷stay behind to take care of things; stay behind for garrison or liaison duty
【留宿】❶put up a guest for the night ❷stay over night; put up for the night
【留下】leave; keep; stay; remain
【留校】remain at a school or university after graduation as a faculty member
【留心】be careful; take care
【留学】study abroad
【留言】动 leave one's comments; leave a message 名 message
【留意】be careful; look out; keep one's eyes open
【留影】动 take a photo as a memento; have a picture taken as a souvenir 名 picture taken as a souvenir
【留用】❶continue to employ ❷keep on (for use)
【留职】retain one's post
【留置】keep somewhere;〈法〉put〔place〕a lien on
【留后路】keep a way open for retreat; leave a way out
【留后手】leave room for manoeuvre
【留胡子】grow a beard〔moustache〕
【留尾巴】leave loose ends—leave sth unfinished
【留学生】student studying abroad; student a-broad; returned student
【留言簿】visitors' book
【留一手】hold back a trick or two
【留置权】lien
【留座位】reserve a seat
【留党察看】be placed on probation within the Party
【留校察看】be kept in school under surveillance
【留有余地】leave some leeway; leave a margin of safety; allow for unforeseen circumstances
【留得青山在,不怕没柴烧】as long as the green hills last, there'll always be wood to burn

流 [liú]

动 ①flow ②move; drift; wander; migrate ③spread; circulate; propagate ④change for the worse; degenerate ⑤banish; send into exile 名 ①stream of water; current; torrent ②sth resembling a stream of water; current ③class; rate; grade ④〈物〉lumen
【流弊】abuse
【流变】change with the passage of time; evolve
【流标】abortive tender
【流产】名 abortion; miscarriage 动 miscarry; fall through
【流畅】easy and smooth
【流程】❶technological process ❷flow path
【流出】pour; come out; flow; ooze
【流传】spread; circulate; hand down
【流窜】flee hither and thither
【流动】❶flow ❷going from place to place; on the move; mobile
【流毒】动 exert a pernicious influence 名 pernicious influence; baneful influence
【流放】❶banish; send into exile ❷float downstream
【流感】flu
【流浪】roam about; lead a vagrant life
【流泪】shed tears; weep
【流利】❶ fluent; smooth ❷ speak fluently or glibly; smooth writing style of an article
【流量】volume of flow; rate of flow; flow; discharge; flow capacity
【流露】show unintentionally; reveal; betray
【流氓】❶ rogue; hoodlum; hooligan; gangster ❷immoral behavior; hooliganism; indecency
【流明】lumen
【流脑】epidemic meningitis
【流拍】abortive lot
【流派】school; sect
【流气】形 rascally 名 rascally behaviour; hooliganism
【流散】scatter; drift
【流失】❶run off; be washed away ❷leave the locality〔unit〕 ❸loss (of useful things)

【流食】liquid diet
【流逝】pass; elapse
【流水】❶running water ❷turnover
【流苏】tassels
【流速】velocity of flow; current velocity
【流淌】flow
【流体】fluid
【流通】circulate
【流向】❶direction of a current ❷direction of the flow of people or commodities
【流星】❶〈天〉meteor; shooting star ❷〈杂技〉meteors
【流行】popular; prevalent; fashionable; in vogue
【流血】❶lose blood; shed blood; draw blood; bleed ❷die a heroic death or get wounded
【流言】rumour; gossip
【流域】river valley; river basin; drainage area
【流鼻涕】have a running nose
【流程图】flow chart; flow diagram
【流动性】mobility; fluidity
【流浪汉】tramp; vagrant; wanderer; drifter
【流浪儿】waif; street urchin
【流水线】assembly line
【流水账】day-to-day account; current account
【流线型】streamlined
【流行病】❶epidemic disease ❷widely spread social mal-practice
【流行色】fashionable colour
【流行性】epidemic
【流动人口】transient population; floating population; mobile population
【流芳百世】leave a good name for a hundred generations; leave a good name to posterity; win immortal fame; leave one's mark on history
【流离失所】become destitute and homeless; wander about homeless
【流里流气】rascally
【流连忘返】enjoy oneself so much as to forget to go home; linger on with no thought of leaving; cannot tear oneself away
【流落他乡】lead a wretched life far from home; be stranded in a strange land
【流行歌曲】pop song; pop music; pop
【流行文化】pop culture
【流行音乐】pop music
【流言蜚语】rumours and slanders
【流于形式】become a mere formality

琉 [liú]
【琉璃】coloured glaze
【琉璃猫】❶glazed cat ❷metaphor for a mean person
【琉璃塔】glazed pagoda
【琉璃瓦】glazed tile

硫 [liú]
🔄 sulphur (S)
【硫磺】sulphur

【硫酸】〈英〉sulphuric; 〈美〉sulfuric acid

馏 [liú]
🔄 distil ➡ liù

榴 [liú]
🔄 pomegranate
【榴莲】durian

瘤 [liú]
🔄 tumour

liǔ

柳 [liǔ]
🔄 willow
【柳树】willow; osier
【柳丝】fine willow branches; wicker
【柳条】willow twig; osier; wicker
【柳絮】willow catkins
【柳叶】willow leaf
【柳阴】the shade of a willow tree
【柳枝】withy; willow branch
【柳叶眉】arched eyebrows
【柳暗花明】dark willows and blooming flowers—beauteous scene; new vista

绺 [liǔ]🔄 tuft; lock; skein; 一绺胡子 a lock of a board/一绺毛线 a skein of wool
【绺窃】steal

liù

六 [liù]
🔄 six
【六边形】hexagon
【六角形】hexagon
【六面体】hexahedron
【六弦琴】guitar
【六指儿】six-finger hand
【六亲不认】disown all one's relatives and friends
【六神无主】all six vital organs failing to work properly—distracted; out of one's wits; at a loss what to do

遛 [liù]
🔄 ❶saunter; stroll ❷walk
【遛狗】walk a dog
【遛马】walk a horse
【遛鸟】take caged birds out into the country
【遛弯儿】take a walk; go for a stroll
【遛早儿】take a morning stroll; go for a stroll 〔walk〕in the morning

馏 [liù]
🔄 heat up; warm ➡ liú

溜 [liù]
🔄 ❶swift current ❷rainwater from the roof ❸eaves gutter ❹surroundings; neighbourhood 形 swift; rapid; deft 🔄 ❶train; exercise ❷fill 量 row—一溜儿脚印 a row of footsteps ➡ liú
【溜缝】fill the cracks
【溜子】❶scraper-trough conveyer ❷bandits; gansters ❸swift flow
【溜嗓子】train one's voice

【溜窗户缝】seal the window cracks

liù
镏 〔镏子〕[liùzi] ring

lóng
龙 [lóng]
图 ①dragon ②a kind of extinct reptile
形 ①imperial ②shaped like a dragon
【龙船】dragon boat
【龙灯】dragon lantern
【龙头】❶faucet;tap;cock ❷handlebar ❸leader
【龙王】the Dragon King
【龙舞】dragon dance
【龙虾】lobster
【龙眼】longan
【龙舟】dragon boat
【龙井茶】Dragon Well tea
【龙卷风】tornado
【龙须面】dragon whiskers noodles—long, thin noodles
【龙飞凤舞】like dragons flying and phoenixes dancing—lively and vigorous flourishes in calligraphy;flamboyant style of calligraphy
【龙马精神】vigour of a dragon horse, a legendary steed—vigourous in spirit
【龙腾虎跃】dragons rising and tigers leaping—a scene of bustling activity
【龙头老大】leading enterprises

聋 [lóng]
形 deaf;hard of hearing
【聋哑】deaf and dumb;deaf-mute
【聋子】deaf person
【聋哑人】deaf-mute
【聋哑学校】school for deaf-mutes

笼 [lóng]
图 ①cage;coop;basket ②wooden framework for confining prisoners;cage ③steamer 动 ①make[raise] a fire ②put each hand in the opposite sleeve ➡lǒng
【笼火】make[raise] a fire
【笼屉】food steamer
【笼子】❶cage;coop ❷basket;container

隆 [lóng]
形 ①grand;solemn ②prosperous;thriving ③intense;deep 动 swell;bulge;protrude
【隆鼻】augmentation rhinoplasty
【隆冬】midwinter;the depth of winter
【隆隆】rumble;boom
【隆起】swell;bulge
【隆胸】augmentation mammoplasty
【隆重】grand;solemn;ceremonious
【隆胸手术】breast-enlarging operation;breast enlargement surgery

lǒng
拢 [lǒng]
动 ① hold together; gather together; keep close together ②draw near;approach;reach ③add up;sum up ④close ⑤comb
【拢共】altogether;all told;in all
【拢子】fine-toothed comb

垄 [lǒng]
图 ①ridge ②raised path between fields
【垄断】monopolize
【垄沟】field ditch;furrow

笼 [lǒng]
动 envelop; cover; enclose 图 large box; chest;trunk ➡lóng
【笼络】win sb over by any means;draw over; rope in
【笼统】general
【笼罩】envelop;shroud
【笼络人心】cultivate people's good will by dispensing favors,etc.

lòng
弄 [lòng]
图 lane;alley;alleyway ➡nòng
【弄堂】lane;alley;alleyway

lōu
搂 [lōu]
动 ①gather up;rake together ②hold up;tuck up;roll up ③grab or squeeze;extort ④ pull; draw ⑤check and calculate;assess ➡lǒu
【搂钱】grab money

lóu
娄 [lóu]
形 frail; feeble; infirm 动 become overripe and decay;go bad
【娄子】blunder

喽 [lóu]
【喽啰】❶the rank and file of a band of outlaws ❷underling;lackey

楼 [lóu]
图 ①storeyed building;multi-storey house ② storey;floor;一楼〈英〉ground floor;〈美〉first floor/二楼〈英〉first floor;〈美〉second floor ③ superstructure;tower ④house;mansion;shop
【楼板】floor;floor slab
【楼层】storey;floor
【楼道】corridor;passageway
【楼房】building of two or more storeys
【楼花】forward delivery apartment
【楼面】floor
【楼盘】building
【楼群】housing blocks
【楼上】upstairs
【楼市】property market;real-estate market
【楼梯】stairs;staircase;stairway
【楼下】downstairs

蝼 [lóu]
图 mole cricket

【蝼蚁】❶ mole crickets and ants ❷ nobodies; nonentities

lǒu

搂 [lǒu]
动 hold in one's arms; hug; embrace 例 两搂粗的大树 large tree two arm-spans round ➡ lōu

【搂抱】hug; embrace; cuddle
【搂住】fall upon; hang on

lòu

陋 [lòu]
形 ① plain; ugly ② rough; coarse; crude ③ rude; humble; mean ④ vulgar; corrupt; undesirable ⑤ scanty; limited; shallow
【陋室】humble room
【陋俗】undesirable customs
【陋习】corrupt customs; bad habits
【陋巷】mean alley

镂 [lòu]
动 engrave; carve
【镂花】ornamental engraving
【镂刻】❶ carve; engrave ❷ impress deeply (on the mind); engrave
【镂空】pierced work; reticulated work; open-work; fretwork

瘘 [lòu]
名 ① fistula ② scrofula

漏 [lòu]
动 ① trickle; leak; seep ② leak ③ divulge; let out; leak ④ miss; leave out 名 water clock; hour-glass
【漏报】non-disclosure; omission of declaration; fail to report; fail to declare
【漏乘】miss[lose] one's train; miss a train
【漏电】leak electricity
【漏洞】❶ leak ❷ flaw; hole; loophole
【漏兜】spill the beans; let the cat out of the bag
【漏斗】funnel
【漏风】❶ speak indistinctly ❷ air leak; not airtight ❸ leak out
【漏缝】crack; leak
【漏光】leak light
【漏勺】strainer; colander
【漏失】动 leak and lose 名 careless omission; oversight; slip; error
【漏税】evade payment of a tax; evade taxation; tax evasion
【漏网】slip through the net; escape unpunished
【漏子】❶〈口〉funnel ❷ flaw; hole; loophole
【漏嘴】let slip a remark; make a slip of the tongue
【漏洞百出】full of loopholes

露 [lòu]
动 reveal; show ➡ lù
【露丑】make a fool of oneself in public
【露底】let the secret out

【露风】divulge a secret; leak out information
【露富】show one's wealth
【露脸】❶ show up; appear ❷ become known; be successful; shine
【露面】show one's face; make [put in] an appearance; appear [reappear] on public occasions
【露怯】display one's ignorance; make a fool of oneself
【露头】❶ show one's head ❷ appear; emerge
【露背裙】backless [sunback] shirt
【露背衫】sunback [backless] blouse
【露马脚】give oneself away; let the cat out of the bag
【露脐装】crop top; midriff-barring shirt; midriff
【露馅儿】let the cat out of the bag; give the game away; spill the beans
【露一手】make an exhibition of one's abilities or skills; show off

lū

撸 [lū]
动 ① rub one's palm along; strip with the hand ② remove; dismiss ③ scold; take to task; dress down

lú

卢 [lú]
【卢比】rupee
【卢布】rouble

芦 [lú]
名 reed
【芦荟】aloe
【芦根】reed rhizome
【芦笙】reed-pipe wind instrument
【芦笋】asparagus
【芦苇】reed
【芦席】reed mat

庐 [lú]
名 hut; hovel
【庐山真面目】the true face of Lushan—the truth about a person or a matter

炉 [lú]
名 stove; oven; furnace
【炉火】stove fire; furnace fire
【炉具】cooker; stove
【炉门】the draft of a stove
【炉膛】the chamber of a stove or furnace
【炉条】fire bars; grate
【炉瓦】stove tiles
【炉温】furnace temperature
【炉灶】kitchen range; cooking range
【炉渣】slag; cinder
【炉子】stove; oven; furnace
【炉火纯青】the stove fire (for making pills of immortality) begins to glow a pure blue—at-

tain a high degree of perfection

颅 [lǔ]
图 cranium; skull

lǔ

卤 [lǔ]
图 ①bittern ②halogen ③thick gravy ④thick infusion 动 stew in salty water with spices or in soy sauce
【卤菜】 pot-stewed meat or fowl
【卤蛋】 spiced corned egg
【卤鸡】 pot-stewed chicken
【卤肉】 pot-stewed meat
【卤水】 ❶bittern ❷brine
【卤素】 halogen
【卤味】 pot-stewed fowl, meat, etc. served cold
【卤虾】 salted shrimp gravy
【卤汁】 brine; soppings
【卤族】 halogen family
【卤虾油】 shrimp sauce

虏 [lǔ]
动 take prisoner 图 ①captive; prisoner of war ②slave ③enemy

掳 [lǔ]
动 carry off; capture
【掳夺】 pillage; loot

鲁 [lǔ]
形 ①slow-witted; stupid; dull ②rash; rough; rude
【鲁莽】 crude and rash; rash

橹 [lǔ]
图 ①scull ②big shield

lù

陆 [lù]
图 land
【陆地】 dry land; land
【陆军】 ground force; land force; army
【陆路】 land route
【陆桥】 land bridge
【陆相】 land facies
【陆续】 one after another; in succession
【陆战队】 marine corps; marines

录 [lù]
动 ①record; note or write down; copy ②tape-record ③use; employ; hire 图 record; register; collection
【录播】 make a recorded broadcast
【录放】 record and play back
【录取】 enroll; recruit; admit; enlist
【录入】 key in; input; enter words, etc.
【录像】 videotape; video
【录音】 tape-record; record; tape 图 sound-recording
【录用】 employ; take sb on the staff
【录制】 transcribe
【录取线】 admission line; acceptable grade; minimum passing marks for admission; cut-off score for admission
【录像带】 ❶videotape ❷videotape recording
【录像机】 video recorder; videotape recorder; video
【录像片】 video film; TV play
【录音带】 magnetic tape; tape
【录音机】 tape recorder; cassette recorder; recorder
【录音棚】 sound recording studio
【录音师】 recordist
【录音室】 recording room
【录音电话】 answering machine; dictaphone
【录取通知书】 admission notice
【录音电话机】 telegraphone

赂 [lù]
动 give money or goods as gifts; bribe 图 goods or money

鹿 [lù]
图 deer
【鹿角】 deerhorn; antler
【鹿圈】 deer enclosure; deer pen
【鹿皮】 deerskin
【鹿茸】 pilose antler
【鹿肉】 venison
【鹿舌】 deer's tongue
【鹿尾】 single; deer's tail
【鹿苑】 deer park
【鹿死谁手】 at whose hand will the deer die—who will win the prize; who will gain supremacy

绿 [lù]
→ lù
【绿营】 Green Camps
【绿林好汉】 greenwood hero—brigand; outlaw

禄 [lù]
图 official's salary or stipend in feudal China; emoluments

碌 [lù]
形 ①commonplace; mediocre ②busy
【碌碌】 ❶mediocre; commonplace ❷busy with miscellaneous work;
【碌碌无为】 lead a vain and humdrum life

路 [lù]
图 ①road; path; way ②way travelled; journey; distance ③way; means ④sequence; line; logic ⑤region; area; district ⑥line; route ⑦sort; grade; class
【路霸】 highway overlord
【路标】 ❶ road sign ❷ route marking; route sign
【路程】 distance travelled; journey
【路灯】 street lamp; road lamp
【路段】 section of a highway or railway
【路过】 pass by or through
【路徽】 railway emblem
【路基】 roadbed; bed
【路检】 road check

【路警】railway police
【路径】❶ route; way ❷ method; ways and means
【路考】road driving test
【路口】crossing; intersection
【路况】road conditions
【路面】road surface; pavement
【路牌】street nameplate
【路人】passerby; stranger
【路上】❶ on the road ❷ on the way
【路数】❶ way; approach ❷ movement in martial arts ❸ exact details; inside story
【路条】travel permit; pass
【路途】❶ road; path ❷ journey ❸ way
【路网】road network
【路线】❶ route; itinerary ❷ line
【路向】direction
【路由】route
【路障】roadblock; barricade
【路政】road administration
【路子】❶ way; approach; means ❷ social connections
【路边摊】roadside market
【路不拾遗】no one picks up and pockets anything left on the road—good social mores
【路旁餐馆】drive-in
【路线斗争】struggle between two lines; two-line struggle
【路中护栏】median barrier
【路中安全岛】central refuge
【路中林阴带】centre mall
【路见不平，拔刀相助】see injustice on the road and draw one's sword to help the victim—take up the cudgels for the injured party
【路遥知马力，日久见人心】as distance tests a horse's strength, so time reveals a person's heart

辂 [lù]
【辂轳】well-pulley; windlass; winch
【辂辂】the rumbling sound of cart wheels

戮 [lù]
动 ❶kill; slay ❷unite; join
【戮力同心】unite in a concerted effort; make concerted efforts

麓 [lù]
名 foot of a hill or mountain

露 [lù]
名 ❶dew ❷drink mixed with fruit juice; syrup 形 in the open; outdoors 动 show; expose; reveal; betray ➡lòu
【露点】dew point
【露骨】thinly veiled; undisguised; barefaced
【露水】dew
【露宿】sleep in the open
【露台】❶flat roof ❷balcony
【露天】in the open (air); outdoors
【露头】outcrop; outcropping

【露营】camp (out); encamp; bivouac
【露珠】dewdrop
【露头角】beginning to show ability or talent; budding
【露齿而笑】grin; present a toothpaste smile
【露天剧场】open-air theatre
【露天市场】open market
【露天游泳池】outdoor or open-air swimming pool

驴 [lú]
名 donkey; ass
【驴脸】donkey's face—long face
【驴骡】hinny
【驴子】donkey; ass
【驴肝肺】donkey's internal organs—ill intent
【驴年马月】year of the donkey and month of the horse—time that will never come (as there is no such year or month in the Chinese calendar)
【驴唇不对马嘴】donkeys' lips don't match horses' jaws—incongruous; irrelevant

捋 [lǚ]
动 smooth out with the fingers; stroke ➡luō

旅 [lǚ]
动 travel; journey; live away from home 名 ❶brigade ❷troops; force 副 together; jointly
【旅伴】travelling companion; fellow traveller
【旅程】route; itinerary; journey
【旅店】inn
【旅费】travelling expenses
【旅馆】inn; hotel
【旅居】live away from one's native place; sojourn
【旅客】hotel guest; traveller; passenger
【旅人】traveller; passenger; hotel guest
【旅舍】hotel; hostel
【旅社】hotel
【旅途】journey; trip
【旅行】travel; journey; tour; outing; excursion
【旅游】tour; get round [around]; travel round (around)
【旅长】brigade commander
【旅差费】travelling expenses on a business trip
【旅行包】travelling bag
【旅行车】station wagon
【旅行袋】travelling bag
【旅行社】travel service; travel agency
【旅行装】safari suit
【旅游车】tourist bus; touring car
【旅游船】houseboat
【旅游服】outing dress
【旅游帽】outing cap; travelling-cap
【旅游衫】outing shirt
【旅游团】touring party

【旅游鞋】sneakers;walking shoes
【旅游业】tourist industry;tourism
【旅游者】traveller;globetrotter
【旅行结婚】destination wedding;tour wedding
【旅游背包】packsack
【旅游度假区】tourist holiday zone

铝 [lǚ]
🈳 aluminium (Al)
【铝箔】aluminium foil
【铝线】aluminium wire

屡 [lǚ]
🈳 repeatedly;frequently;time and again
【屡次】time and again;repeatedly
【屡屡】time and again;repeatedly
【屡见不鲜】common occurrence;nothing new
【屡教不改】refuse to mend one's ways despite repeated disciplinary action
【屡禁不绝】continue despite repeated warnings
【屡试不爽】time-tested;put to repeated tests and proved right
【屡战屡胜】have fought many battles and won every one of them

缕 [lǚ]
🈳 thread 🈳 detailed;in fine detail 🈳 wisp;strand;lock;一缕炊烟 a wisp of smoke from the kitchen chimney/两缕麻 two strands of hemp/几缕头发 several locks of hair
【缕缕】continuously
【缕析】analyse in detail;make a detailed analysis

履 [lǚ]
🈳 ①shoe ②footstep 🈳 ①tread on;walk on ②fulfil;carry out;implement;honour
【履带】caterpillar tread;track
【履历】❶one's personal record;antecedents ❷curriculum vitae (cv);résumé
【履新】❶celebrate the New Year ❷take up a new post
【履行】perform;fulfil;carry out
【履约】keep a promise,pledge,agreement,appointment,etc.
【履历表】〈英〉curriculum vitae (cv);〈美〉résumé

lǜ

律 [lǜ]
🈳 ①law;statute;rule;regulation ②ancient Chinese standard of pitch;tone ③ name of a classical Chinese poetic form 🈳 restrain;keep under control
【律动】rhythm
【律己】restrain oneself
【律师】lawyer;barrister;solicitor;attorney
【律诗】a classical poem of eight lines,each containing five or seven characters,with a strict tonal pattern and rhyme scheme
【律师袍】attorney's robe

【律师事务所】law firm;law office;legal firm;solicitors' firm

虑 [lǜ]
🈳 ①consider;ponder;mull (over);think over ②concern;be anxious;worry

率 [lǜ]
🈳 rate;ratio;proportion ➡ shuài

绿 [lǜ]
🈳 green ➡ lù
【绿茶】green tea
【绿灯】❶green light ❷permission to go ahead with some project;green light
【绿地】greenery patches;green space
【绿豆】mung bean;green gram
【绿肺】green lung
【绿化】make (a place) green by planting trees,flowers,etc.;afforest
【绿卡】"green card"(USA);permit of permanent residence
【绿篱】hedgerow;hedge
【绿色】🈳 green;green colour 🈳 green;environment-friendly
【绿水】blue water
【绿野】the green field
【绿叶】green leaves〔foliage〕
【绿茵】❶carpet of green grass;greensward ❷football field;soccer ❸football;soccer
【绿阴】green meadow
【绿洲】oasis
【绿宝石】emerald
【绿菜花】general term for broccoli
【绿葱葱】verdant and luxuriant;lush green
【绿豆糕】pastry made of mung bean flour
【绿豆芽】mung bean sprouts
【绿帽子】green hat or turban—the state of being a cuckold
【绿茸茸】lush green
【绿茵茵】green;verdant
【绿莹莹】glittering green
【绿油油】fresh green
【绿色奥运】Green Olympics
【绿色食品】green food;green foodstuffs
【绿色植物】green plants
【绿色和平组织】Greenpeace

滤 [lǜ]
🈳 strain;filter
【滤波】wave filter
【滤液】filtrate
【滤纸】filter paper
【滤波器】wave filter
【滤色镜】filter

luán

峦 [luán]
 hills or mountains in a range
【峦嶂】screen-like mountain peak

孪 [luán]
🈳 twin

luán

娈 [luán]
形 beautiful
【娈生】 twin
【娈子】 twin sons

孪 [luán]
名 contraction
【孪缩】 contracture

鸾 [luán]
名 legendary bird like a phoenix
【鸾凤】 ❶ married couple ❷ distinguished talents

luǎn

卵 [luǎn]
名 ❶ovum;egg;spawn ❷zygote ❸testicles;penis
【卵巢】 ovary
【卵黄】 yolk
【卵石】 cobble;pebble;shingle
【卵子】 ovum
【卵磷脂】 lecithin

luàn

乱 [luàn]
形 ❶ in disorder [chaos]; in disarray; in a mess; in confusion ❷ confused or unsettled (state of mind); in a turmoil 名 ❶upheaval;rebellion; unrest; turmoil ❷ promiscuous sexual behaviour;promiscuity 动 confuse;mix up;jumble 副 indiscriminate;random;arbitrary
【乱搞】 ❶meddle with sth;mess things up ❷be promiscuous;carry on an affair with sb
【乱来】 act foolishly or recklessly
【乱伦】 commit incest
【乱码】 confusion code
【乱世】 troubled times;turbulent days
【乱说】 speak carelessly or foolishly;talk in a scatterbrained way; talk nonsense; make irresponsible remarks
【乱套】 muddle things up; turn things upside down
【乱营】 disorder
【乱子】 disturbance;trouble;disorder
【乱罚款】 impose unjustified fines
【乱纷纷】 disorderly;confused;chaotic
【乱坟岗】 unmarked common graves;unmarked burial-mounds
【乱哄哄】 in noisy disorder;in a hubbub;tumultuous;in an uproar
【乱收费】 imposition of (service) charges [fees]
【乱摊派】 imposition of arbitrary quotas[funds]
【乱摊子】 the hopeless mess
【乱弹琴】 act or talk like a fool;talk nonsense
【乱糟糟】 ❶ hubbub; cluttered ❷ confused; troubled;perturbed
【乱喊乱叫】 shout and scream madly
【乱砍滥伐】 fell trees indiscriminately; engage in destructive lumbering practices
【乱七八糟】 at sixes and sevens;in great disorder;in an awful mess
【乱世英雄】 heroes in times of disorder
【乱作一团】 in great disorder; in complete[utter] confusion;in utter[total] chaos;in frantic turmoil

lüè

掠 [lüè]
动 ❶ rob; plunder; pillage; sack ❷ sweep past;brush past;graze;skim over ❸ hit with a club or a whip;flog
【掠夺】 plunder;rob;pillage
【掠取】 grab
【掠影】 ❶impressing gained after brief observation ❷bird's-eye view;panorama
【掠人之美】 claim credit due to others

略 [lüè]
形 brief;sketchy;rough 名 ❶ brief account; summary; outline; sketch ❷ plan; strategy; scheme 动 ❶ omit; delete; leave out ❷ capture (city or land);seize 副 slightly;somewhat;a little
【略读】 browse
【略论】 brief discussion
【略略】 slightly;briefly
【略图】 sketch map;sketch
【略微】 slightly;a little;somewhat
【略为】 slightly;a little;somewhat
【略语】 abbreviation
【略表寸心】 just to show my gratitude
【略见一斑】 catch a glimpse of;get a rough idea of
【略胜一筹】 slightly superior
【略有所闻】 have heard a little about the matter
【略知一二】 have only a smattering of; know only a little

lūn

抡 [lūn]
动 ❶ swing; brandish ❷ hit; beat; slap one's face;fling;throw;scatter
【抡锤】 swing a hammer
【抡拳】 shake one's fist

lún

伦 [lún]
名 ❶ human relations, esp. as conceived in terms of ethics ❷logic;order ❸peer;match
【伦巴】 rumba
【伦常】 feudal order of importance or seniority in human relationships
【伦理】 ethics;moral principles
【伦琴】 rontgen[roentgen]
【伦琴射线】 rontgen[roentgen] rays

沧 [lún]

动 ❶ sink; subside ❷ fall; degenerate; be reduced to

【沧落】sink to
【沧丧】be lost; be ruined
【沧亡】❶ be annexed〔subjugated〕 ❷ loss; fall; be reduced to; decline
【沧陷】❶ be occupied by the enemy; fall into enemy hands ❷ degenerate
【沧陷区】enemy-occupied area
【沧入风尘】fall into professions not socially respectable

纶 [lún]

名 ❶ black silk ribbon ❷ fishing line ❸ synthetic fibre

轮 [lún]

名 ❶ wheel ❷ sth resembling a wheel; disc; ring ❸ steamboat; steamer 动 take turns; do by turns 例 (a) 一轮明月高挂半空。A bright moon was hanging in the sky. (b) 第六轮会谈 the sixth round of talks

【轮班】in shifts; in relays; in rotation
【轮唱】round
【轮船】steamer; steamship; steamboat
【轮渡】ferry
【轮番】take turns
【轮换】rotate; take turns
【轮回】recur
【轮机】❶ turbine ❷ motorship engine; engine
【轮奸】rape a woman in turn; gang-rape
【轮廓】❶ outline; contour; rough sketch ❷ survey; general situation
【轮流】take turns; do sth in turn
【轮胎】tyre
【轮训】training in rotation
【轮椅】wheelchair
【轮值】rotating duty
【轮轴】❶ wheel and axle ❷ wheel axle; wheel spindle
【轮子】wheel
【轮作】crop rotation

论 [lùn]

动 ❶ comment; discuss; talk about ❷ speak of; mention; treat; consider ❸ measure; appraise; decide on; determine 名 ❶ view; opinion; statement; essay ❷ theory; doctrine 介 ❶ by; in terms of; 论天计酬 be paid by day ❷ 论人品，她是数一数二的。She ranks very high in terms of personality.

【论辩】argue; debate
【论丛】collection of commentaries; decide on sb's punishment; punish
【论处】decide on sb's punishment; punish
【论敌】adversary
【论点】argument; thesis
【论调】view; argument
【论断】动 infer; judge 名 inference; judgment; thesis
【论及】touch upon
【论据】grounds of argument; argument
【论理】连 normally; as things should be 名 logic
【论述】discuss; expound
【论说】名 exposition and argumentation 副 normally
【论坛】forum; tribune
【论题】proposition
【论文】thesis; dissertation; treatise; paper; essay
【论战】polemic; debate
【论争】debate; argument
【论证】名 ❶ demonstration; proof ❷ grounds of argument; evidence 动 expound and prove
【论著】treatise; work; book
【论罪】decide on the nature of the guilt
【论说文】argumentation
【论功行赏】dispense rewards or honours according to merit; give people awards according to their contributions
【论文答辩】thesis defence; orals

捋 [luō]

动 stroke ➡ lǚ

【捋胳膊】push up one's sleeve and show the arm
【捋袖子】roll up one's sleeve

啰 [luō]

【啰唆】❶ talkative; long-winded; wordy ❷ overelaborate; troublesome

罗 [luó]

名 ❶ net for catching birds ❷ sieve; sifter; screen ❸ silk gauze 动 ❶ catch (birds) with a net ❷ collect; recruit; gather together ❸ display; set out; spread out ❹ sieve; sift 量 gross; twelve dozen

【罗列】❶ spread out; set out ❷ enumerate
【罗盘】compass
【罗网】net; trap
【罗纹】rib; whorl
【罗织】frame up
【罗非鱼】Tilapia mossambica
【罗锅儿】形 hunchbacked; humpbacked 名 hunch-back; humpback
【罗马数字】Roman numerals
【罗曼蒂克】romantic

萝 [luó]

名 trailing plant; vine

【萝卜】radish
【萝卜裤】peg-topped pants; peg-top pants; peg tops
【萝卜干儿】dried radish

luó

逻 [luó]
  ㊀ patrol
  【逻辑】logic
  【逻辑性】logic;logicality
  【逻辑电路】logical circuit
  【逻辑思维】logical thinking
  【逻辑炸弹】logic bomb
  【逻辑主语】logical subject

锣 [luó]
  ㊁ gong
  【锣鼓】❶gong and drum ❷traditional percussion instruments
  【锣鼓喧天】deafening sound of gongs and drums

箩 [luó]
  ㊁ square-bottomed bamboo basket
  【箩筐】large bamboo or wicker basket
  【箩筛】bamboo sieve

骡 [luó]
  ㊁ mule
  【骡马】mules and horses—draught animals; beasts of burden
  【骡子】mule

螺 [luó]
  ㊁ ❶spiral shell;snail ❷whorl
  【螺号】conch;shell trumpet
  【螺杆】screw;spiral;scroll;threaded rod
  【螺距】(screw) pitch;thread pitch
  【螺栓】(screw) bolt
  【螺丝】screw
  【螺纹】❶whorl;spiral ❷screw thread
  【螺旋】❶spiral;helix ❷screw
  【螺丝刀】screwdriver
  【螺丝钉】screw
  【螺丝扣】thread
  【螺丝帽】(screw) nut
  【螺丝母】(screw) nut
  【螺旋桨】(screw) propeller;screw
  【螺旋藻】spirulina
  【螺口灯泡】screw-socket bulb;screw bulb
  【螺口灯头】screw socket
  【螺旋式发展】develop on spirals

luǒ

裸 [luǒ]
  ㊁ naked;bare;nude;in the nude;be undressed
  【裸奔】streak
  【裸机】bare bones
  【裸露】uncovered;exposed
  【裸女】nude(naked) woman
  【裸片】nude(nudie) film
  【裸体】naked;nude;stripped
  【裸线】bare wire
  【裸眼】naked eye
  【裸泳】swim raw; skinny-dip; swim in the nude;swim in the raw
  【裸背裙】backless (sunback) skirt
  【裸体画】painting of a nude
  【裸体照】photograph(picture) of a nude;nude photo
  【裸背女裙】backless dress;sunback dress
  【裸体模特】nude model
  【裸体示威】streak-in
  【裸体主义】nudism
  【裸子植物】gymnosperm

luò

洛 [luò]
  【洛阳纸贵】paper is dear in Luoyang

骆 [luò]
  ㊁ white horse with a black mane
  【骆驼】camel
  【骆驼队】camel train;caravan
  【骆驼绒】camel hair cloth

络 [luò]
  ㊁ ❶sth resembling a net ❷collateral channels ㊀ ❶hold sth in place with a net ❷twine; coil;wind
  【络腮胡子】whiskers;full beard
  【络绎不绝】in an endless stream

落 [luò]
  ㊀ ❶fall;drop;get down;go down;plunge ❷go down;descend;land;set ❸lower;let down;落下旗子 lower the flag ❹decline;come down; deteriorate ❺lag behind;fall behind;fail ❻stay behind;remain ❼fall onto;belong to;rest with ❽get; gain; receive ❾write; put down ㊁ ❶whereabouts ❷settlement ➡là;lào
  【落榜】flunk competitive exam for job or school admission
  【落笔】put pen to paper;start to write or draw
  【落差】❶drop ❷relative gap or difference
  【落潮】ebb tide
  【落成】be completed
  【落槌】❶wind up a deal ❷wrap up;wind up
  【落胆】panic-stricken; frightened out of one's wits
  【落得】get;end in
  【落底】❶the end of a year or month ❷feel at ease;have one's mind set at rest
  【落地】❶fall to the ground ❷be born
  【落第】fail in an imperial examination
  【落点】❶〈体〉placement ❷〈军〉point of fall
  【落后】❶fall behind;lag behind ❷backward
  【落户】settle
  【落价】fall(drop) in price
  【落脚】stay;stop over;put up
  【落空】come to nothing;fail;fall through
  【落款】write the names of the sender and the recipient on a painting,gift or letter;inscribe
  【落泪】shed tears;weep
  【落马】❶fall off a horse ❷be defeated;lose a race
  【落寞】lonely;desolate

【落幕】the curtain falls; lower the curtain
【落难】meet with misfortune; be in distress
【落聘】not be hired or recruited; be turned down in one's job application
【落魄】❶ be in dire straits; be down on one's luck ❷ bold and generous; unconstrained
【落日】the setting sun
【落山】set
【落实】〈形〉practicable; workable 〈动〉❶ fix in advance; ascertain; make sure ❷ carry out; fulfill; implement; put into effect
【落市】❶ be out of season; not be in season ❷ close
【落水】❶ fall into water ❷ go astray; degenerate
【落体】falling body
【落网】fall into the net—be caught; be captured
【落伍】❶ fall behind the ranks; straggle; drop behind; drop out ❷ out of date; behind the times; backward
【落霞】sunset clouds; evening glow
【落选】also-ran; wash out; lose an election
【落叶】❶ fallen leaves ❷〈植〉deciduous leaf
【落座】take a seat
【落地窗】floor-to-ceiling window
【落地灯】floor lamp; standard lamp
【落地扇】standard fan
【落脚点】stopover; underlying objective; basis

【落水狗】dog in the water—bad person who is down
【落汤鸡】like a drenched chicken; like a drowned rat; soaked through; drenched and bedraggled
【落地签证】landing visa
【落地生根】❶〈植〉air plant; life plant ❷ take root; strike root
【落花流水】like fallen flowers carried away by flowing water—in a sorry plight
【落荒而逃】plunge into the wilds and flee; be defeated and flee from the battlefield
【落井下石】drop stones on someone who has fallen into a well—hit a person when he's down
【落落大方】natural and at ease
【落入圈套】fall into sb's snare〔trap〕
【落拓不羁】unconventional and uninhibited
【落叶归根】the falling leaves settle on the roots—person residing elsewhere finally returns to his ancestral home
【落英缤纷】petals falling in riotous profusion
【落花有意,流水无情】the waterside flower pining for love sheds petals, while the heartless brook babbles on—unrequited love

摞 [luò]

〈动〉pile up; heap up; stack up 〈量〉pile; stack; 一摞碗 a stack of bowls/一摞竹筐 a pile of bamboo baskets

Mm

mā

妈 [mā] 名 ①ma;〈正〉mother;〈美〉mom;〈美·儿〉mommy;〈英〉mum;〈英·儿〉mummy ②aunt; auntie; aunty ③nanny
【妈妈】ma;〈儿〉mama [mamma]; mother; mom; mommy; mum; mummy;
【妈咪】mammy
【妈祖】Mazu; Goddess of the Sea

抹 [mā] 动 ①wipe; rub ②put sth down; slip sth off →mǒ; mò
【抹布】rag
【抹脸】❶wipe one's face ❷become stern (to sb) suddenly; show anger suddenly

麻 [mā] →má
【麻麻黑】dusk
【麻麻亮】just dawning; just beginning to break

蚂 [mā] →mǎ; mà
【蚂螂】dragonfly

摩 [mā] →mó
【摩挲】gently stroke; smooth sth out with one's hands

má

吗 [má] 代 what: 干吗? What for? /吗事? What's the matter? /你说吗? What did you say?; I beg your pardon? /要吗有吗. You'll have everything you need here.

麻 [má] 名 ①hemp ②fibre 形 ①rough; coarse ②dotted; spotted 动 dead →mā
【麻痹】名 paralysis 动 lower one's guard
【麻刀】hair; hemp
【麻烦】形 troublesome; inconvenient 动 put sb to trouble; trouble sb; bother
【麻花】名 fried dough twist 形 wearing thin; worn out
【麻将】mahjong
【麻利】❶quick and neat ❷quick; fast
【麻木】❶have no feeling; go to sleep; go dead; can't feel anything ❷insensitive; lifeless
【麻雀】(house) sparrow
【麻绳】rope
【麻醉】〈英〉anaesthetize;〈美〉anesthetize
【麻酥酥】tingly
【麻痹大意】lower one's guard and become careless; be off one's guard
【麻木不仁】insensitive; unfeeling

mǎ

马 [mǎ] 名 horse 形 big; great
【马帮】train of horses carrying goods
【马车】(horse-drawn) carriage [cart]
【马达】(electric) motor
【马灯】barn lantern; lantern
【马队】train of horses carrying goods
【马虎】careless; casual
【马甲】vest
【马脚】sth that gives the game away
【马厩】stable
【马力】horsepower (h. p.)
【马鹿】red deer
【马路】road; street; avenue
【马匹】horses
【马上】at once; immediately; straight away; right away
【马桶】❶chamber pot ❷toilet
【马戏】circus
【马靴】riding boots
【马大哈】形 careless; forgetful 名 careless person
【马海毛】mohair
【马后炮】second guess
【马拉松】marathon
【马铃薯】potato
【马前卒】pawn; cat's-paw
【马屁精】ass-kisser; lick-spittle
【马蹄铁】❶horseshoe ❷U-shaped magnet;

horseshoe magnet
【马蹄形】U-shaped
【马不停蹄】nonstop
【马到成功】win success immediately upon arrival; gain an immediate victory; win instant success
【马列主义】Marxism-Leninism
【马路新闻】rumour
【马马虎虎】❶ careless; casual ❷ not very good; so-so; fair; not so bad
【马失前蹄】make a mistake by accident; have an accidental setback
【马克思主义】Marxism
【马克思主义者】Marxist

玛 [mǎ]
〔玛瑙〕agate

码
图 ① sign〔object〕indicating number ② code ③ ma；五笔型码 WBX ma 动 pile up; stack; put in order 量 (a) things: 你跟他说的是一码事。You and he talk about the same thing. (b) yard (yd)
【码头】❶ shipside ❷ port city
【码洋】total price (of books)
【码子】❶ counter; chip ❷ cash under one's control
【码长城】build the Great Wall—play mahjong
【码头工人】long-shore-man

蚂 [mǎ]
〔蚂蚁〕ant ➡ mā; mà

蚂 [mà]
➡ mā; mǎ
【蚂蚱】locust

骂 [mà]
动 ① abuse; curse; swear; call names ② scold
【骂架】quarrel
【骂街】shout abuses in public; call people names in public
【骂名】bad name
【骂娘】abuse; curse; swear
【骂人】abuse; give a bad name to sb
【骂人话】word of abuse; abusive language
【骂脏话】shout curses〔abuse〕

埋 [mái]
动 ① cover up; bury ② conceal; hide ➡ mán
【埋藏】lie hidden in the earth; bury
【埋单】set〔pay, foot〕the bill
【埋伏】hide; lie low
【埋没】❶ cover up; bury ❷ neglect
【埋没】lay sth underground
【埋汰】形 dirty 动 insult
【埋头】immerse oneself in; be engrossed in
【埋葬】bury
【埋没人才】big frog in a small pond

【埋头苦干】quietly put one's shoulder to the wheel; keep one's nose to the grindstone

买 [mǎi]
动 buy; purchase
【买单】❶ voucher of purchase ❷ set〔pay, foot〕the bill
【买点】buying point
【买断】buy out; buy the ownership of
【买方】the buying party; buyer
【买好】try to win sb's favour; play up to
【买回】buy back
【买家】purchaser; buyer; customer
【买价】buying price
【买进】buy in
【买卖】❶ buying and selling; business; deal ❷ (private) shop
【买盘】buying quotation
【买通】buy over; buy off
【买账】show respect for
【买主】buyer; customer
【买东西】go shopping
【买方市场】buyers' market
【买进卖出】trade
【买壳上市】go public through buying a shell
【买空卖空】buy long and sell short; speculate
【买一送一】two-for-one offer; buy one get one free

迈 [mài]
动 walk; step 形 advanced in age; old 量 mile: 车速为一小时六十迈。The car is driving at a speed of 60 miles per hour.
【迈步】take a step; make a step; step forward
【迈进】forge ahead
【迈方步】walk with measured steps

麦 [mài]
图 wheat 名 maxwell
【麦秸】wheat straw
【麦秋】wheat-harvesting season
【麦收】wheat harvest
【麦穗】ear of wheat; wheat head
【麦田】wheatland; wheat field
【麦子】wheat
【麦当劳】MacDonald's
【麦克风】microphone

卖 [mài]
动 ① sell; sell off; sell up ② betray; sell down the river ③ do one's utmost; spare no effort ④ show off; vaunt
【卖场】market place
【卖唱】sing for a living
【卖点】selling point
【卖掉】sell off; sell out

【卖方】the selling party; seller
【卖乖】show off one's cleverness
【卖国】sell out the country
【卖好】play up to
【卖价】selling price
【卖空】short sales; sell short
【卖老】put on the airs of a veteran
【卖力】exert all one's strength; spare no effort; do all one can
【卖命】❶work oneself to the bone for sb ❷die (unworthily) for
【卖弄】show off; parade
【卖盘】selling quotation
【卖钱】sell for money
【卖俏】set off one's charm
【卖身】❶sell oneself ❷sell one's body; sell one's soul
【卖笑】make a living as a singing girl
【卖艺】make living oneself; make a living as a performer
【卖淫】动 sell sex 名 prostitution
【卖主】seller
【卖座】attract customers
【卖不动】not sell well
【卖出价】selling rate
【卖呆儿】❶stand idly at the gate and stare blankly ❷stare blankly ❸watch the fun
【卖关子】keep people guessing
【卖花女】flower girl
【卖劲儿】exert all one's strength; spare no effort
【卖力气】❶exert all one's strength; exert oneself to the utmost; do one's very best ❷live by the sweat of one's brow; make a living by manual labour
【卖淫女】hooker; prostitute
【卖方市场】sellers' market
【卖国求荣】seek power and wealth by selling out one's country
【卖弄风情】set off one's charm
【卖弄噱头】play to the gallery

脉(mài)
名 ❶ arteries and veins ❷ pulse ❸ range; row; line ➡ mò
【脉搏】pulse
【脉冲】pulse
【脉动】pulsation
【脉络】❶arteries and veins ❷thread[train] of thought; sequence of ideas

mán
埋 [mán] ➡mái
【埋怨】blame; complain

蛮
形 rough; rude 副 pretty; quite; very
【蛮干】be foolhardy
【蛮横】rude and unreasonable; arbitrary
【蛮劲】sheer muscle
【蛮不讲理】not listen to reason; persist in being unreasonable
【蛮横无理】rude and unreasonable; arbitrary

谩 [mán]
动 cheat; deceive ➡màn

馒 [mán]
【馒头】steamed bread

瞒
动 hide the truth from; cover up; conceal
【瞒哄】deceive; pull the wool over sb's eyes
【瞒上欺下】conceal the true state of affairs from above and below
【瞒天过海】act in an underhand way

鞔 [mán]
动 fasten skin onto a drum

mǎn

满 [mǎn]
形 ❶full up; overflowing; be full to capacity; be packed out; be packed with ❷whole ❸satisfied; contented ❹ proud 动 ❶ fill; replenish ❷ complete; reach a deadline[limit] 副 fully; completely; entirely; very; quite; rather; fairly; 满高兴 very pleased; quite happy
【满仓】buy securities with all one's capital
【满分】full marks
【满腹】be full of; have one's mind filled with
【满贯】❶reach the limit ❷perfect score; slam
【满怀】动 ❶ have one's heart filled with ❷ bear a full crop of young; be all with young 名 chest; bosom
【满街】streetful
【满门】the whole family
【满腔】be filled with
【满身】have one's body covered with; be covered all over with
【满天】all over the sky
【满心】have one's heart filled with
【满意】satisfied; pleased; content
【满员】be at full strength; be full; have all seats taken; no vacancy
【满月】❶baby's completion of its first month of life ❷full moon
【满载】be loaded to capacity; be fully loaded
【满足】形 satisfied; content 动 content; satisfy; meet
【满嘴】entire mouth
【满座】have a capacity audience; have a full house
【满负荷】full load; full-loaded
【满脑子】have one's mind stuffed with
【满世界】everywhere; all over; in all places
【满堂彩】bring the house down; win great applause
【满堂红】all-round victory; success in every field

【满意度】degree of satisfaction
【满不在乎】not worry at all; not care in the least
【满城风雨】(become) the talk of the town
【满打满算】reckoning in every item; at the very most
【满口答应】readily promise
【满满登登】full
【满面春风】beaming with satisfaction
【满目疮痍】see evidence of people's distress everywhere
【满腔热情】full of enthusiasm; whole-hearted
【满山遍野】all over the mountains and plains
【满头大汗】be covered with sweat
【满园春色】spring's colours fill the garden
【满载而归】come back with fruitful results; return from a rewarding journey
【满招损,谦受益】one loses by pride and gains by modesty

màn

曼 [màn]
形 ①graceful; gentle ②long-drawn-out
【曼妙】lithe and graceful
【曼声低语】murmur slowly

谩 [màn]
形 disrespectful; uncivil; rude ➡ mán
【谩骂】abuse; rail

蔓 [màn]
名 trailing plant's stems and branches 动 grow; multiply ➡ wàn
【蔓延】spread; extend

幔 [màn]
名 curtain; screen

漫 [màn]
动 ①be everywhere; be all over the place ②overflow; run over; flood 形 ①broad; extensive; long ②without restraint [purpose]; casual 副 have not
【漫笔】literary notes
【漫步】stroll
【漫长】very long; endless
【漫画】cartoon
【漫漫】very long; boundless
【漫说】let alone; say nothing of
【漫谈】(have an) informal discussion
【漫天】动 filling the whole sky; all over the sky 形 boundless; limitless
【漫延】draw out (in length); stretch
【漫野】all over the plains
【漫游】❶go on a pleasure trip; wander ❷surf ❸roam
【漫画家】cartoonist
【漫游者】drifter
【漫不经心】careless; casual
【漫山遍野】all over the mountains and plains
【漫天要价】price oneself out of the market

【漫无边际】boundless

慢 [màn]
形 ①slow ②cold and indifferent; rude 动 take one's time; postpone
【慢车】slow train
【慢待】treat rudely
【慢火】slow fire; gentle heat
【慢件】package freight; ordinary mail
【慢跑】jogging
【慢性】slow
【慢走】❶don't go yet; stay; wait a minute ❷good-bye; take care
【慢车道】slow lane; inside lane
【慢动作】slow motion
【慢镜头】slow motion
【慢腾腾】unhurriedly
【慢悠悠】unhurried; leisurely
【慢慢腾腾】unhurried
【慢手慢脚】slow in doing something; slow moving
【慢条斯理】slowly; leisurely; unhurriedly
【慢工出细活】slow work yields fine products

máng

芒 [máng]
名 ①Chinese silvergrass ②beard
【芒刺在背】feel nervous and uneasy

忙 [máng]
形 busy; fully occupied 动 hurry; rush; hasten; make haste
【忙乎】be busy
【忙活】[mánghuó] 动 be busy with sth 名 urgent piece of work; urgent job
【忙活】[mánghuo] be busy
【忙碌】be busy
【忙乱】tackle a job in a hasty and disorderly manner
【忙人】busy person
【忙音】engaged signal; busy tone
【忙于】be busy at [about, with, over]; be tied up with; bustle about
【忙不迭】hastily; hurriedly; in a hurry
【忙里偷闲】steal a little leisure from a busy life
【忙中有错】haste makes waste

盲 [máng]
形 ①blind ②ignorant
【盲从】follow blindly
【盲打】touch system
【盲道】blind track
【盲点】blind spot
【盲动】act blindly
【盲干】act aimlessly
【盲流】unchecked flow of population; jobless peasants in search of work
【盲目】blind
【盲区】blind area; blind zone

【盲人】blind person
【盲文】braille
【盲目性】blindness (in action)
【盲目崇拜】worship blindly
【盲目乐观】be unrealistically optimistic

máng

茫 [máng]
形 ①vast;boundless ②unaware;ignorant;in the dark
【茫茫】vast
【茫然】❶ignorant;in the dark about it;at a loss ❷frustrated;disappointed
【茫无头绪】not know how to go about things

mǎng

莽 [mǎng]
名 thick weeds 形 ①rank ②vast;boundless ③rude;crude
【莽苍】misty
【莽汉】coarse fellow
【莽莽】❶rank ❷vast;boundless
【莽原】wilderness overgrown with grass
【莽撞】impetuous

漭 [mǎng]
〔漭漭〕vast;boundless

蟒 [mǎng]
名 boa;python

māo

猫 [māo]
名 ①cat ②modem 动 hide → máo
【猫步】cat's walk;catwalk
【猫眼】spyhole
【猫耳洞】air raid shelter; bomb shelter; foxhole;cat-ear-shaped cave
【猫儿腻】illegal deal;underhand act;trick;cat hide
【猫头鹰】owl
【猫哭老鼠】the cat weeping over the dead mouse—shed crocodile tears

máo

毛 [máo]
名 ①hair;feather;down ②wool ③hair ④mould 形 ①coarse;semifinished ②gross ③very young; raw ④ careless; unthinking; crude ⑤nervous;scared 动 ①devalue ②get angry 量 mao;三块五毛 three yuan and five mao
【毛笔】writing brush
【毛病】❶trouble; breakdown ❷defect; shortcoming;fault;mistake ❸bad habit;shortcoming ❹illness
【毛糙】rude;coarse;careless
【毛发】hair
【毛纺】wool spinning
【毛巾】towel
【毛孔】pore
【毛利】gross profit
【毛驴】donkey
【毛毛】baby
【毛皮】fur
【毛片】❶unprocessed film after shooting ❷blue film
【毛刷】brush
【毛衣】woollen sweater;sweater;woolly
【毛躁】❶short-tempered;irritable ❷careless
【毛毡】felt
【毛重】gross weight
【毛背心】woollen vest
【毛玻璃】frosted glass;ground glass
【毛孩子】small child;mere child
【毛巾架】towel rail
【毛毛雨】drizzle
【毛收入】gross income
【毛丫头】little girl
【毛织品】wool fabric;woollens
【毛骨悚然】make one's hair stand on end; get goose bumps;make one creep all over;make one's flesh creep
【毛皮大衣】fur coat
【毛手毛脚】careless
【毛遂自荐】offer one's services as Mao Sui; recommend one's own person
【毛泽东思想】Mao Zedong Thought

矛 [máo]
名 spear
【矛盾】❶contradiction ❷problem;conflict
【矛头】spearhead

茅 [máo]
名 thatch
【茅厕】lavatory
【茅庐】thatched cottage
【茅塞顿开】suddenly see the light

猫 [máo]
→ māo
【猫腰】arch one's back

锚 [máo]
名 anchor
【锚链】anchor chain;anchor cable

mǎo

铆 [mǎo]
动 ①fasten with rivets;rivet ②make a sudden all-out effort
【铆劲儿】❶ make a sudden all-out effort ❷have a trial of strength;compete;contest

mào

茂 [mào]
形 ①flourishing ②rich and exquisite;splendid;excellent
【茂密】dense;thick
【茂盛】flourishing

冒 [mào]
动 ①emit;issue;give off;send out(up,forth) ②run the risk of;risk;brave ③assume false i-

dentity; pretend to be ④offend; violate 〖形〗① bold ②stupid 〖副〗without careful consideration
【冒称】falsely claim
【冒充】pretend to be; pass... off as
【冒顶】roof fall
【冒犯】offend
【冒汗】sweat
【冒火】burn with anger; get angry
【冒进】jump the gun
【冒领】falsely claim as one's own
【冒昧】make bold; venture; take the liberty
【冒名】go under sb else's name; assume another's name
【冒牌】falsely use a well-known trade mark
【冒失】abrupt
【冒头】begin to crop up
【冒险】〖动〗risk; venture; adventure; take risks; run the risk of; run a risk; take chances 〖名〗risk; venture; adventure
【冒烟】❶rise ❷get angry
【冒雨】in spite of the rain
【冒尖儿】❶be piled high above the brim ❷be a little over; be a little more than ❸stand out ❹begin to crop up
【冒金星】see stars
【冒牌货】imitation
【冒傻气】do sth unwise〔stupid〕; speak〔act〕like a fool
【冒险家】adventurer
【冒名顶替】pretend to be sb by assuming his 〔her〕name; take another's place by assuming his name; use other people's name
【冒天下之大不韪】fly in the face of the will of the people

贸 [mào]
〖动〗trade; commerce; exchange of goods
【贸然】without careful consideration
【贸易】trade
【贸易中心】trade centre

耄 [mào]
〖形〗advanced in years; aged
【耄耋】advanced in years
【耄耋之年】advanced in age

帽 [mào]
〖名〗①cap; hat ②cap-like cover
【帽顶】crown
【帽舌】peak
【帽子】❶hat; cap ❷label; tag; brand
【帽子戏法】hat trick

貌 [mào]
〖名〗①face; looks; look; appearance ②appearance; aspect; look
【貌似】seem to be; appear to be
【貌不惊人】be of undistinguished appearance
【貌合神离】be seemingly in harmony but actually of two minds
【貌似公正】pretend to be just and fair
【貌似强大】be seemingly powerful; be out-

wardly strong
【貌似有理】be apparently reasonable

没 [méi]

没 〖动〗①not have ②there is not; be without ③less than; not more than ④be not so... as 〖副〗have not or did not ➡mò
【没劲】❶ weak ❷ uninteresting; boring ❸ good-for-nothing
【没救】beyond remedy〔hope〕
【没脸】feel ashamed; feel embarrassed
【没命】〖动〗lose one's life; die 〖副〗like mad; for all one's worth
【没趣】feel put out
【没完】have not finished with sb
【没戏】〖形〗hopeless 〖动〗have no hope
【没羞】have no shame
【没有】〖动〗❶not have ❷there is not ❸be not as ... as 〖副〗❶not yet ❷never before
【没辙】at one's wit's end; at the end of one's rope; nothing more that could be done
【没治】❶beyond hope ❷excellent; beyond description ❸cannot do anything with sb
【没出息】not promising; good for nothing
【没词儿】❶can find nothing to say ❷be at a loss for words; be stuck for an answer
【没错儿】❶ I'm quite sure; you can rest assured ❷can't go wrong
【没的说】〖动〗❶have no room for discussion; not open to debate ❷ be on intimate terms ❸ have no problem 〖形〗really good; incomparably fine; perfect
【没法儿】❶most unlikely; absolutely impossible ❷ beyond comparison ❸ can do nothing about it; can't help it; there is no way out
【没法子】can do nothing about it; can't help it; there is no way out
【没搞头】profitless; nothing to be gained
【没骨头】weak-kneed
【没关系】it doesn't matter; it's nothing; that's all right; never mind
【没规矩】not observing proper rules〔manners〕; improper
【没见识】inexperienced and ignorant
【没空儿】have no time
【没来由】without any cause; for no reason; without reason
【没良心】without conscience
【没门儿】〖动〗have no way out; have no access to sth; have no means of doing sth 〖副〗no go; nothing doing
【没跑儿】beyond doubt; undoubtedly
【没脾气】have no way out; be at the end of one's rope
【没谱儿】❶ be unsure〔unrealistic, relevant〕❷have no idea; not have a clue
【没日子】❶the date not set yet; the time un-

【没】decided ❷not long in the future; in the near future
【没商量】have no room to reconsider
【没什么】it doesn't matter; it's nothing; that's all right; never mind
【没事儿】❶have nothing to do; be free; be at a loose end ❷it doesn't matter; it's nothing; that's all right; never mind ❸nothing serious ❹bear no responsibility
【没事人】not care in the least; be indifferent
【没说的】❶really good ❷there's no need to say any more about it; it goes without saying
【没挑儿】perfect
【没想儿】hopeless
【没心肝】heartless
【没眼色】unable to see the fitness of things
【没样儿】have no manners
【没意思】❶bored ❷boring; uninteresting
【没影儿】⃞disappear without a trace ⃞groundless; fantastic
【没咒念】have no other way out; have no solution
【没主儿】❶belong to nobody ❷have no boyfriend; be unmarried
【没主意】lose one's head; cannot make up one's mind
【没准儿】⃞perhaps; maybe ⃞have no certainty; have no definite idea[way, rule]
【没大没小】show no respect for one's elders
【没好气儿】⃞hostile; impolite; unkind ⃞turn a cold eye; feel bad
【没精打采】in low spirits; out of sorts
【没老没少】be impudent
【没皮没脸】have no sense of shame
【没轻没重】without manners
【没事找事】❶ask for trouble; ask for it ❷try hard to find fault
【没头没脑】without reason
【没完没了】endless; restless; without end
【没心没肺】❶be simple-minded ❷be scatter-brained ❸be broad-minded and don't fuss ❹be heartless ❺be thoughtless
【没心眼儿】careless; frank
【没羞没臊】have no sense of shame
【没把握】not sure of; not confident
【没有出路】without a way out
【没有的话】it's not true; nothing of the sort
【没有结果】come to nothing; with no result
【没有什么】nothing wrong
【没有依靠】with no support; have no backing
【没着没落】❶unsteady; unsure; anxious ❷unresolved
【没见过世面】green and inexperienced
【没有的事儿】nothing of the sort; it's impossible
【没有什么了不起】not enough to; not so great; nothing to be impressed by

【玫】[méi]
⃞beautiful stone

【玫瑰】rose
【玫瑰红】rose-red

【枚】[méi]
⃞两枚古币 two ancient coins/两枚火箭 two rockets

【眉】[méi]
⃞①eyebrow; brow ②top margin of a page
【眉笔】eyebrow pencil
【眉端】❶eyebrows ❷the top of a page; top margin
【眉尖】eyebrows
【眉毛】eyebrow; brow
【眉目】[méimù]❶features; looks ❷logic; sequence of ideas
【眉目】[méimu]sign of a positive outcome; prospect of a solution
【眉批】headnote
【眉梢】the tip of the brow
【眉头】brows
【眉心】the space between the eyebrows
【眉眼】appearance; look
【眉宇】forehead; appearance
【眉飞色舞】one's eyebrows were dancing with pleasure; beam with joy
【眉高眼底】expression on the face
【眉开眼笑】be all smiles; beam with joy
【眉来眼去】make eyes at each other
【眉毛倒竖】raise the eyebrows
【眉目不清】not well organized
【眉目传情】make eyes at sb
【眉清目秀】have delicate features
【眉眼高低】expression on the face
【眉毛胡子一把抓】try to grasp the eyebrows and the beard all at once—try to attend to big and small matters all at once
【眉头一皱,计上心来】knit the brows and a plan comes to one's mind

【梅】[méi]
⃞①Chinese plum ②wintersweet
【梅花】plum tree; plum blossom
【梅毒】syphilis

【媒】[méi]
⃞① matchmaker; go-between ② vehicle; medium
【媒介】medium; vehicle
【媒婆】matchmaker; marriage go-between
【媒人】matchmaker; go-between
【媒体】medium; media
【媒质】medium

【煤】[méi]
⃞coal
【煤饼】coal cake
【煤层】coal bed
【煤场】coal yard
【煤尘】coal dust
【煤灰】coal ash
【煤精】jet
【煤矿】coal mine

【煤气】coal gas;gas
【煤炭】coal
【煤田】coalfield
【煤屑】coal dust;small coal
【煤烟】smoke from burning coal
【煤油】kerosene
【煤末子】coal dust
【煤气表】gas meter
【煤气厂】gasworks;gashouse
【煤气管】gas pipe
【煤气罐】gas tank;gas container
【煤气炉】gas stove;gas furnace
【煤气灶】gas range;gas cooker
【煤砟子】a small piece of coal
【煤气中毒】gas poisoning

酶 [méi]
〈名〉enzyme

霉 [méi]
〈名〉mould 〈动〉go mouldy
【霉变】become mildewy;go mouldy
【霉菌】mould
【霉头】bad luck

每 [měi]
〈形〉every;each:每两周集会一次 meet once every two weeks/给他们每人一册 give a copy to each of them 〈副〉① every time;whenever; per:房租是每年一万元。The rent is ￥10,000 per annum. ②often:每有忧虑 often have a lot of worries
【每次】at every turn
【每当】whenever;every time
【每每】often
【每况愈下】go from bad to worse
【每时每刻】all the time;at all times

美 [měi]
〈形〉①beautiful;pretty;handsome;attractive ②satisfactory;good 〈动〉①beautify ②be pleased with oneself 〈名〉good deed;satisfaction
【美餐】〈名〉tasty food 〈动〉eat and drink one's fill; have an excellent dinner
【美差】pleasant task
【美钞】U.S. banknote;greenback
【美称】good name
【美德】virtue;moral excellence
【美发】give beauty treatment to hair
【美感】sense of beauty
【美工】①art designing ②art designer
【美观】pleasing to the eye;beautiful;artistic
【美好】fine;happy;glorious
【美化】beautify
【美金】American dollar;U.S. dollar（＄）
【美景】beautiful scenery〔landscape〕
【美丽】beautiful;handsome;pretty;good-looking
【美满】happy;perfectly satisfactory
【美貌】〈名〉good looks 〈形〉pretty;beautiful

【美梦】fond dream
【美妙】beautiful;splendid;wonderful
【美名】good name;good reputation
【美妞】beautiful girl
【美女】beautiful woman
【美缺】well-paid post
【美人】beautiful woman;beauty
【美容】beauty treatment
【美食】good food
【美术】①the fine arts;art ②painting
【美谈】story passed on with approval
【美体】body beautification
【美味】〈名〉delicious food 〈形〉delicious
【美学】〈英〉aesthetics;〈美〉esthetics
【美言】put in a good word for sb
【美意】good intention;kindness
【美誉】good name;good reputation
【美元】American dollar;U.S. dollar（＄）
【美发厅】beauty shop
【美劲儿】①outward expression of joy〔delight〕 ②joy;delight
【美男子】handsome man
【美人计】sex-trap;beauty trap
【美人蕉】Indian shot
【美容师】beautician
【美容术】plastic surgery;beauty culture
【美容院】beauty shop
【美食家】good eater
【美食街】food court
【美术馆】art gallery
【美术家】artist
【美术片】cartoons,puppet films,etc.
【美术字】art lettering
【美滋滋】very pleased with oneself
【美不胜收】more beauty than one can take in
【美国之音】Voice of America（VOA）
【美籍华人】Chinese American
【美酒佳肴】good wine and delicious dishes
【美轮美奂】①tall and splendid;magnificent ②excellent;perfect
【美梦成真】dream comes true
【美其名曰】call it by the fine-sounding name of
【美人迟暮】beauty in her old age
【美若天仙】pretty as a fairy;beautiful like a fairy
【美术学校】art school
【美术学院】academy of fine arts
【美中不足】beautiful yet not perfect
【美术工作者】art worker;artist
【美术展览会】art exhibition
【美术作品展览】art exhibition

妹 [mèi]
〈名〉①younger sister ②young girl
【妹子】①younger sister;sister ②young girl

昧 [mèi]
〈形〉①dim;dark ②ignorant;confused 〈动〉①offend;venture;risk ②hide;conceal

【昧心】against one's conscience
【昧于】be ignorant of; fail to understand
【昧心钱】ill-gotten money
【昧着良心】go against one's conscience

媚 [mèi]
〔动〕make up to; lick sb's boots; flatter; please
〔形〕① ingratiating; obsequious ② charming; attractive; fascinating; lovely
【媚世】try to please the public; play to the gallery
【媚俗】try to please the public; play to the gallery
【媚态】obsequiousness
【媚外】make up to foreign powers
【媚眼】charming eyes

魅 [mèi]
〔名〕evil spirit 〔动〕tempt
【魅力】charm; attractiveness

闷 [mēn]
〔形〕① close ② silent 〔动〕① cover tightly ② shut oneself indoors ➜ mèn
【闷热】muggy
【闷头儿】quietly; silently
【闷声不响】remain silent

门 [mén]
〔名〕① door; gate ② door ③ switch; goal ④ way to do sth; key to problem ⑤ branch of a family; family ⑥ school of thought ⑦ category; branch 〔量〕(a) 一门大炮 a cannon (b) 一门学科 a discipline; a branch of learning/三门功课 three courses of study (c) 一门亲事 a marriage/一门亲戚 a group of relatives
【门把】door handle
【门窗】doors and windows
【门道】[méndào] gateway; doorway
【门道】[méndao] ❶ way to do sth ❷ social connections; contacts
【门第】family status
【门店】shop
【门房】❶ gate house; porter's lodge ❷ gatekeeper; doorman; porter
【门风】ethics and moral standards that a family or a clan keeps
【门缝】a crack between a door and its frame or between two doors
【门户】❶ door ❷ gateway ❸ family ❹ family status
【门禁】entrance guard
【门警】police or security guard at an entrance
【门径】access; key; way
【门槛】doorsill
【门口】entrance; doorway
【门框】doorframe
【门类】class; kind; category
【门帘】door curtain
【门链】door chain
【门铃】doorbell
【门路】❶ way to do sth ❷ social connections; pull
【门面】❶ shop front ❷ appearance
【门牌】❶ number plate ❷ house number
【门票】entrance ticket; admission ticket
【门神】door-god
【门生】pupil; follower
【门市】retail sales
【门闩】bolt; bar
【门厅】entrance hall
【门庭】❶ courtyard ❷ family status
【门童】doorman; gatekeeper
【门徒】follower
【门卫】entrance guard
【门下】follower; pupil
【门牙】front tooth
【门诊】outpatient service
【门柱】doorpost
【门洞儿】gateway; doorway
【门环儿】knocker
【门脸儿】❶ shop front ❷ shop
【门儿清】〔动〕know completely; know sb/sth like the back of one's hand 〔形〕well-informed; completely aware
【门市部】retail sales department; salesroom
【门外汉】layman
【门诊部】clinic; outpatient department
【门诊所】clinic
【门当户对】be well-matched in social and economic status (for marriage)
【门户网站】portal
【门可罗雀】you can catch sparrows on the doorstep—visitors are few and far between
【门前三包】system of three responsibilities in front of one's gate
【门庭若市】the courtyard is as crowded as a marketplace—a much visited house; the shop is doing booming business
【门诊病人】outpatient; clinic patient
【门户开放政策】open door policy

扪 [mén]
〔动〕touch; feel; stroke
【扪心自问】examine or search one's conscience

闷 [mèn]
〔形〕① bored; depressed; in low spirits ② tightly closed; shut up; sealed ➜ mēn
【闷棍】❶ blow ❷ bolt from the blue
【闷酒】drinks taken alone to drown one's sorrows
【闷葫芦】puzzle
【闷闷不乐】depressed; in low spirits; (be)

feeling the blues down in the dumps

焖 [mèn]
动 boil in a covered pot over a slow fire

mēng

蒙 [mēng]
动 ①cheat; deceive; fool; kid ②make a wild guess. 形 unconscious; senseless ➡ méng
【蒙骗】deceive; cheat
【蒙蒙亮】daybreak
【蒙头转向】lose one's bearings

méng

萌 [méng]
动 ①sprout ②start
【萌动】❶sprout; shoot forth ❷start
【萌发】sprout; shoot forth
【萌生】come into being; arise
【萌芽】动 sprout; shoot forth 名 shoot; seed; germ

蒙 [méng]
动 ①cover ②deceive; hide the truth from ③suffer; encounter ④become blind 名 ignorance 形 ①honest and sincere ②ignorant ➡mēng
【蒙蔽】deceive; hide the truth from; pull the wool over sb's eyes
【蒙尘】be exposed to wind and dust
【蒙哄】deceive; cheat
【蒙混】deceive or mislead people
【蒙眬】❶half asleep ❷dim
【蒙昧】❶uncivilized; uncultured ❷ignorant
【蒙蒙】❶drizzly ❷misty
【蒙难】be confronted by danger
【蒙受】suffer; sustain
【蒙学】private school
【蒙冤】be wronged
【蒙汗药】knockout drops
【蒙太奇】montage
【蒙昧无知】childishly ignorant
【蒙头盖脸】cover one's head and face
【蒙在鼓里】be kept inside a drum—be kept in the dark

盟 [méng]
名 ①alliance ②league 动 ①pledge ②swear
【盟国】allied country; ally
【盟军】allied forces
【盟誓】名 treaty of alliance 动 make a pledge
【盟友】ally
【盟员】a member of an alliance〔league〕
【盟约】a treaty of alliance
【盟主】the leader〔chief〕 of an alliance
【盟兄弟】sworn brothers

曚 [méng]
【曚昽】dim

朦 [méng]
【朦胧】dim

měng

猛 [měng]
形 ①fierce; violent ②energetic; strong; vigorous 副 ①suddenly ②fiercely
【猛地】suddenly
【猛攻】fierce attack
【猛虎】fierce tiger
【猛进】push ahead vigorously
【猛力】with sudden force
【猛料】sensational news
【猛烈】fierce; vigorous
【猛然】suddenly
【猛醒】suddenly wake up (to the truth)
【猛增】dramatic increase
【猛不防】by surprise
【猛劲儿】great vigour
【猛打猛冲】go full blast ahead

锰 [měng]
名 manganese (Mn)
【锰钢】manganese steel
【锰矿】manganese mine

懵 [měng]
形 ignorant; dull
【懵懂】ignorant
【懵然无知】stupid and ignorant

mèng

孟 [mèng]
名 ①first month of a season ②eldest (brother)
【孟春】the first month of spring
【孟冬】the first month of winter
【孟浪】rash; rush; rude
【孟秋】the first month of autumn
【孟夏】the first month of summer
【孟子】Mencius

梦 [mèng]
名 ①dream ②fancy
【梦话】❶ words uttered in sb's sleep ❷daydream; nonsense
【梦幻】illusion
【梦见】see in a dream; dream about
【梦境】dreamland; dreamworld; dream
【梦寐】dream; sleep
【梦乡】dreamland
【梦想】名 vain hope; wishful thinking 动 dream of; long for
【梦魇】nightmare
【梦遗】wet dream
【梦呓】❶sleeptalking ❷daydream; nonsense
【梦游症】sleepwalking
【梦中情人】prince charming

mī

咪 [mī]
象 mew; miaow
【咪表】parking meter

mī

眯 [mī]
动 ①narrow (one's eyes) ②take a short sleep
【眯缝】squint

mí

弥 [mí]
形 full of 动 fill; cover 副 even more; still more
【弥补】make up; remedy; make good
【弥缝】plug up holes
【弥合】close; bridge
【弥留】be dying
【弥漫】fill the air; spread all over the place
【弥蒙】misty; foggy
【弥撒】mass
【弥散】spread in all directions
【弥天大谎】big lie
【弥天大罪】big crime

迷 [mí]
动 ①be confused; be lost ②be crazy about ③confuse 名 fan
【迷瞪】confuse
【迷宫】maze
【迷航】drift off course; lose one's course; get lost
【迷糊】❶misted; dimmed ❷confused
【迷幻】fantastic
【迷惑】puzzle; confuse
【迷离】misted
【迷恋】be obsessed with
【迷路】lose one's way; get lost
【迷乱】confuse
【迷漫】boundless and indistinct
【迷茫】❶vast and indistinct ❷confused
【迷梦】pipe dream
【迷你】mini
【迷人】charming; fascinating
【迷失】lose
【迷途】动 lose one's way 名 wrong path
【迷惘】be at a loss
【迷雾】dense fog; anything that misleads people
【迷信】名 blind faith; blind worship 动 have blind faith in
【迷住】charm; entrance
【迷醉】be absorbed in
【迷彩服】camouflage
【迷幻药】acid; LSD
【迷魂阵】trap
【迷你裙】miniskirt
【迷迷糊糊】difficult to make out
【迷迷怔怔】confused
【迷途知返】recover one's bearings and return to the fold; realize one's errors and mend one's ways

猕 [mí]
【猕猴】rhesus
【猕猴桃】kiwi

谜 [mí]
名 ①riddle ②mystery; puzzle
【谜底】❶answer〔solution〕to a riddle ❷truth
【谜团】doubts and suspicions
【谜语】riddle

糜 [mí]
动 rot 名 gruel; paste
【糜烂】rotten to the core

靡 [mí]
动 waste ➡mǐ
【靡费】waste

mǐ

米 [mǐ]
名 ①rice ②shelled seed 量 metre
【米尺】metre rule; metre scale
【米醋】rice vinegar
【米饭】(cooked) rice
【米粉】❶ground rice; rice flour ❷rice-flour noodles
【米糕】rice cake
【米酒】rice wine
【米粒】grain of rice
【米面】❶rice and wheat flour ❷ground rice; rice flour ❸rice-flour noodles
【米色】cream-coloured
【米汤】❶water in which rice has been cooked ❷thin rice; rice water
【米线】rice-flour noodles
【米制】the metric system
【米袋子】rice sack; rice supply to the market
【米粉肉】steamed rice flour pork
【米老鼠】Mickey Mouse; mickey mouse
【米粮川】rich rice-producing area
【米蛀虫】❶rice worm ❷rice profiteer

弭 [mǐ]
动 put down; remove
【弭除】eliminate; remove; clear up
【弭患】remove the source of trouble
【弭乱】stop a civil war

靡 [mǐ]
动 bend with the wind 形 fine; wonderful; excellent 副 no; not ➡mí

mì

觅 [mì]
动 look for; seek
【觅句】seek a telling line (for a poem)
【觅取】look for; hunt for; seek

泌 [mì]
动 secrete ➡bì
【泌尿】urinate

秘 [mì]
形 ①secret ②seldom seen; rare 动 ①make a secret of; keep sth secret; hold sth back ②hide; take away

【秘宝】rare treasure
【秘本】treasured private copy of a rare book
【秘传】hand down a formula from generation to generation in the family as a closely guarded secret
【秘方】secret formula
【秘诀】secret of success; know-how; trick
【秘密】secret
【秘史】secret history; inside story
【秘事】private affair; secret
【秘书】secretary
【秘闻】secret
【秘书处】secretariat
【秘书长】Secretary-General
【秘而不宣】keep sth secret; not let anyone in on a secret

密 [mì]
形 ①dense; heavy; close; thick ②intimate; familiar; close ③fine; precise ④secret
【密报】动 secretly report; inform against sb 名 secret report
【密闭】airtight
【密布】be densely covered
【密度】density
【密访】pay a secret visit
【密封】seal up; seal airtight
【密告】secretly report; inform against sb
【密集】concentrated; crowded together
【密件】classified matter; classified material
【密林】thick(dense) forest
【密令】动 give a secret order(instructions) 名 secret order(instructions)
【密码】secret code
【密谋】plot; scheme
【密切】形 ①close; intimate ②careful; close 动 build(forge, establish) close links (between two parties)
【密商】hold private counsel; hold secret talks
【密实】dense; thick
【密室】room used for secret purposes
【密谈】have a secret(private) talk; talk behind closed doors
【密探】secret agent
【密信】secret letter
【密友】close(fast) friend
【密约】secret agreement; secret treaty
【密召】recall secretly
【密植】close planting
【密集型】intensive
【密码锁】trick lock
【密码箱】code box
【密密丛丛】dense; thick
【密密麻麻】close and numerous; thickly dotted
【密纹唱片】long-playing record
【密写情报】intelligence written in invisible ink

幂 [mì]
名 ①cloth cover ②power 动 cover
【幂乘积】power product
【幂函数】power function
【幂级数】power series

谧 [mì]
形 peaceful
【谧静】quiet; still

蜜 [mì]
名 ①honey ②girlfriend; lover 形 sweet
【蜜蜂】bee
【蜜罐】honey jar; comfortable living conditions
【蜜饯】preserved fruit
【蜜色】light yellow
【蜜甜】as sweet as honey; very sweet
【蜜月】honeymoon

mián

眠 [mián]
动 sleep
绵 [mián]
形 ①continuous ②thin; weak; soft ③gentle
动 harass and disturb
【绵薄】humble effort
【绵长】very long
【绵力】my limited power
【绵绵】continuous; unbroken
【绵软】❶soft ❷weak
【绵延】be continuous; stretch long and unbroken
【绵羊】sheep
【绵纸】tissue paper
【绵白糖】fine white sugar
【绵里藏针】a soft appearance but a dangerous heart
【绵绵絮语】whisper continually

棉 [mián]
名 cotton 形 cotton-padded
【棉袄】cotton-padded jacket
【棉布】cotton cloth; cotton
【棉花】cotton
【棉婚】cotton wedding anniversary—the 2nd wedding anniversary
【棉裤】cotton-padded trousers
【棉帽】cotton-padded cap
【棉农】cotton grower
【棉田】cotton field
【棉线】cotton thread; cotton
【棉鞋】cotton-padded shoes
【棉衣】cotton-padded clothes
【棉籽】cottonseed
【棉花糖】cotton candy
【棉毛裤】cotton trousers
【棉织品】cotton goods; cotton textiles; cotton fabrics

miǎn

免 [miǎn]
动 ①excuse(free) (sb from sth) ②avoid; escape ③do not (do)

【免除】❶prevent;avoid ❷excuse;relieve
【免得】so as not to;so as to avoid
【免费】free of charge;free
【免冠】动 take one's hat off 形 without a hat on
【免检】inspection-free
【免票】❶ free pass;free ticket ❷ free of charge
【免试】be excused from an examination
【免税】tax-free;duty-free
【免俗】act contrary to common practice
【免烫】easy-care;wash-and-wear;non-ironing
【免疫】immunity
【免于】be free from;get[be] rid of
【免职】remove sb from office;relieve sb of [from] his post;dismiss from;cashier
【免罪】be exempt from punishment
【免不了】be unavoidable;be bound to be
【免战牌】sign used in ancient times to show refusal to fight
【免开尊口】please keep your mouth shut;keep your opinion to yourself
【免税商店】duty-free shop
【免提电话】hand-free phone
【免验放行】pass without examination (P. W. E.)
【免疫证书】bill of health

勉 [miǎn]
动 ❶make an effort;exert oneself ❷encourage;spur;urge ❸try to do what is almost beyond one's power or act against one's will
【勉励】encourage;urge
【勉强】动 ❶ manage with an effort;do with difficulty ❷force sb to do sth 形 strained 副 ❶reluctantly ❷barely enough
【勉为其难】undertake a difficult job as best one can;agree to do what one knows is beyond one's ability[power]

娩 [miǎn]
动 childbirth;delivery

冕 [miǎn]
名 crown

缅 [miǎn]
形 remote;far back 动 roll up
【缅怀】recall

腼 [miǎn]
【腼腆】shy

miàn

面 [miàn]
名 ❶face ❷surface;top;face ❸right side;cover;outside ❹ surface ❺side;aspect ❻extent;range;scale;scope ❼wheat flour;flour;meal ❽power ❾noodles 动 face 量(a)两面镜子 two mirrors (b) 见过一次面 have met once 副 face-to-face;personally;directly 形 ❶soft ❷weak;slow
【面包】bread
【面陈】tell[explain] in person
【面呈】submit in person
【面斥】give sb a talking-to
【面辞】go to say good-bye to sb;take leave of sb
【面的】mini-van taxi
【面点】pastry
【面对】face;confront
【面额】❶forehead ❷face value
【面粉】wheat flour;flour
【面瓜】❶ fool;stupid person ❷ good-for-nothing
【面糊】[miànhú] paste
【面糊】[miànhu] soft and floury
【面积】area
【面颊】cheek
【面交】deliver personally;hand-deliver
【面巾】towel
【面具】mask
【面孔】face
【面料】material for making the outside;material to make clothing
【面临】be faced with;be confronted with;be up against;stand up to
【面貌】❶face;features ❷appearance;look;aspect
【面膜】face-pack;mask
【面目】❶face;features ❷appearance;look;aspect ❸self-respect;honour;sense of shame;face
【面嫩】❶younger than one's age ❷shy;sensitive
【面庞】face
【面盆】washbasin;washbowl
【面洽】discuss with sb face to face;take up a matter with sb personally
【面前】in (the) face of;in front of;before
【面容】facial features;face
【面色】❶colour of face ❷facial expression
【面纱】veil
【面善】❶familiar ❷kind
【面上】general;overall
【面生】look unfamiliar
【面世】come into existence;come out;be published
【面试】oral quiz;interview
【面首】boy toy
【面授】动 instruct personally 名 classroom teaching
【面熟】look familiar
【面谈】speak to sb face to face;take up a matter with sb personally
【面汤】❶ water in which noodles have been boiled ❷ noodles in soup ❸ hot water for washing face
【面条】noodles
【面向】❶turn one's face to;turn in the direction of;face ❷be geared to the needs of

【面相】facial features; looks; appearance
【面谢】thank sb in person
【面议】negotiate face to face; take up a matter with sb personally
【面谕】instruct[tell] sb in person
【面罩】face guard
【面值】face value
【面纸】facial tissue
【面子】❶ outer part; outside; face ❷ reputation; face ❸ feelings
【面包车】small van
【面包房】bakery
【面巾纸】face tissue
【面面观】comprehensive survey
【面壁而立】stand facing the wall
【面不改色】not change colour; remain calm; without turning a hair
【面部表情】facial expression
【面带愁容】with a sad air
【面带笑容】have[wear] a smile on one's face
【面红耳赤】be red in the face
【面黄肌瘦】thin and colourless
【面貌一新】take on a new look
【面面俱到】attend to each and every aspect of a matter
【面面相觑】gaze at each other in speechless despair
【面目全非】be changed beyond recognition
【面目一新】take on an entirely new look; present a completely new appearance; assume a new aspect
【面如死灰】be deathly pale
【面如土色】look pale
【面上无光】feel ashamed
【面授机宜】brief sb on how to act
【面无表情】expressionless; blank
【面无惧色】one's face shows no fear
【面向21世纪】gear to the 21st century
【面有难色】show signs of reluctance
【面和心不和】be friends only on the surface

miāo

喵 [miāo]
象 meow; miaow

miáo

苗 [miáo]
图 ①shoot; young plant ②male child; son ③ young of some animals ④early beginning; suggestion of a new development
【苗床】seedbed
【苗圃】nursery
【苗儿】symptom of a trend; suggestion of a new development
【苗条】slender; slim; trim
【苗头】symptom of a trend; suggestion of a new development

【苗子】❶ young plant ❷ young successor ❸ symptom of a trend; suggestion of a new development
【苗条霜】slimming cream

描 [miáo]
动①trace; copy ②touch up
【描红】trace in black ink over characters printed in red
【描画】draw; paint; describe
【描绘】describe
【描记】trace
【描金】trace a design in gold
【描眉】pencil one's eyebrows
【描摹】trace; portray
【描述】describe
【描图】tracing
【描写】describe
【描龙绣凤】do fine needlework

瞄 [miáo]
动 aim; take aim
【瞄准】take aim; aim; train on; lay; sight

miǎo

秒 [miǎo]
图 second
【秒表】stopwatch
【秒针】second hand

渺 [miǎo]
形①vast ②distant and indistinct; vague ③ tiny
【渺茫】❶ distant and indistinct; vague ❷ uncertain
【渺小】tiny
【渺无音信】there has been no news whatsoever about sb; never been heard of since

藐 [miǎo]
形 small
【藐视】look down upon

miào

妙 [miào]
形①wonderful; superb; excellent; marvellous ②clever
【妙处】❶ ideal place; suitable location ❷ merit; advantage; fine point
【妙计】excellent plan; brilliant scheme
【妙龄】youthfulness
【妙药】wonder drug
【妙语】witty remark
【妙招】clever trick
【妙着】clever move
【妙不可言】too wonderful for words
【妙龄女郎】young girl
【妙趣横生】very witty
【妙手回春】quick cure by a clever doctor
【妙语解颐】witty remarks that make people laugh
【妙语连珠】endless witty remarks

【妙在不言中】the charm lies in what is left unsaid

庙 [miào]

图 ①temple ②imperial court ③late emperor ④temple fair
【庙会】temple fair; fair; temple festival
【庙堂】imperial court
【庙宇】temple

mie

灭 [miè]

动 ①go out ②put out; turn off ③submerge; drown ④die out ⑤destroy ⑥beat; convince (sb) by force
【灭火】❶put out a fire ❷cut out an engine
【灭迹】destroy the evidence
【灭绝】die out
【灭口】do away with a witness
【灭失】missing
【灭亡】be destroyed; die out
【灭种】become extinct
【灭顶之灾】getting drowned
【灭绝人性】inhuman

蔑 [miè]

形 small; slight 副 not; no; none; nothing 动 ①slight ②insult
【蔑视】look down upon

mín

民 [mín]

图 ①the people ②member of a nationality ③civilians 形 ①of the people; popular; folk ②civilian; civil
【民办】be run by the local people
【民变】popular revolt
【民兵】militia
【民法】civil law
【民防】civil defence
【民房】house owned by a citizen; private house
【民愤】popular hatred
【民风】folkways
【民歌】folk song
【民工】❶labourer working on a public project ❷peasant who does manual work in the city
【民国】the Republic of China
【民间】❶ among the people; popular; folk ❷ non-governmental; people-to-people
【民警】people's police; policeman〔policewoman〕
【民居】private house
【民情】❶condition of the people ❷feelings of the people; public feeling
【民权】civil rights; civil liberties; democratic rights
【民生】the people's livelihood
【民事】relating to civil law; civil
【民俗】folk custom
【民心】popular feelings; will of the people

【民谚】common saying
【民谣】folk song
【民意】the will of the people; popular will
【民营】run by private citizens
【民用】for civil use; civil
【民乐】folk music
【民运】❶ civil transport ❷ mass movement; mass campaign
【民宅】private〔civilian〕residence
【民政】civil administration
【民众】the masses of the people; the common people
【民主】图 democracy; democratic rights 形 democratic
【民族】nation; nationality
【民工潮】massive flow of farmers into the city for casual jobs
【民航机】civil aircraft; civil airplane
【民进党】the Democratic Progressive Party
【民俗村】folk customs park
【民主党】the Democratic Party (in U.S.)
【民族感】sense of peoplehood
【民办大学】private university; university run by individuals but with the help of government
【民办教师】citizen-managed teachers
【民办学校】school run by the local people; non-government-run school
【民不聊生】the people have no means of livelihood
【民风淳朴】the people are simple, honest and unspoiled
【民富国强】the people live in plenty and the country is strong
【民间传说】folktale
【民间故事】folktale; folk story
【民间交流】people-to-people exchange
【民间来往】non-governmental contact; people-to-people exchange
【民间团体】private organization; non-governmental organization
【民间外交】non-governmental diplomacy
【民间文学】folk literature
【民间舞蹈】folk dance
【民间艺术】folk art
【民间音乐】folk music
【民间组织】non-governmental organization
【民心所向】trend of public feeling; where the popular will inclines
【民选总统】popularly elected president
【民意调查】poll; poll taking; public opinion poll
【民营经济】nonpublic economy
【民营企业】non-State sectors; non-governmentally operated enterprise
【民族机关】civil administration organ
【民脂民膏】flesh and blood of the people
【民族大义】supreme interests of the nation
【民族独立】national independence

【民族精神】national spirit; national pride
【民族英雄】national hero
【民族之林】nations of the world; community of nations
【民族主义】❶ nationalism ❷ the Principle of Nationalism
【民以食为天】the masses regard food as their heaven
【民族解放运动】national liberation movement
【民族民主革命】national-democratic revolution

mǐn

抿 [mǐn]
动 ①brush; smooth with a wet brush ② close lightly ③sip
【抿子】small hairbrush

泯 [mǐn]
动 get rid of; lose; vanish; die out
【泯灭】die out; disappear; vanish
【泯没】vanish; become lost

悯 [mǐn]
动①pity; sympathize ② sorrow 形 sad; worried
【悯恤】pity
【悯然涕下】weep sadly

敏 [mǐn]
形①quick ②quick-witted; acute; keen; smart
【敏感】sensitive
【敏捷】quick
【敏锐】sharp; acute; keen

míng

名 [míng]
图① name ② excuse ③ fame; reputation 动①give name ② express; describe ③ possess; have 形 famous; well-known; celebrated; noted 圖 (a) 这个班有三十名学生。There are 30 students in this class. (b) 第一名 the first
【名菜】famous dish
【名册】register; roll
【名茶】famous brand of tea
【名产】famous product
【名称】name; proper name; title; place name; brand name
【名城】famous city
【名厨】well-known cook
【名词】❶noun ❷term; phrase
【名次】position; place; ranking
【名单】name list
【名额】the number of people assigned 〔allowed〕
【名分】person's status
【名贵】famous and precious; rare
【名号】person's name
【名家】famous expert; master
【名将】famous general; great soldier
【名句】well-known phrase; a much quoted line
【名利】fame and gain; fame and wealth
【名流】distinguished personages
【名录】directory
【名门】old and well-known family; distinguished family
【名模】famous model
【名目】names of things; items
【名牌】❶famous brand ❷name tag
【名片】visiting card; calling card
【名气】reputation; fame; name
【名曲】great musical composition
【名人】famous person; star; super star; personality; big name
【名声】reputation
【名胜】place famous for its scenery; scenic spot
【名数】concrete number
【名堂】❶ variety; item ❷ result; achievement ❸reason; why; for what
【名头】reputation
【名望】good reputation
【名位】fame and position
【名下】under sb's name; belonging〔related〕 to sb
【名言】famous remark
【名医】famous doctor
【名义】❶name ❷in name
【名优】famous actor or actress
【名誉】名 fame; reputation 形 honorary
【名著】famous book; famous work
【名状】give the right name for; describe
【名字】name
【名嘴】popular anchorperson
【名作】masterpiece
【名片盒】cardcase
【名人录】who's who
【名不副实】the name falls short of the reality; be sth more in name than in reality; be unworthy of the name〔title〕
【名不虚传】have a well-deserved reputation; deserve the reputation one enjoys; live up to one's reputation
【名垂青史】go down in history
【名存实亡】cease to exist except in name; exist in name only
【名副其实】the name matches the reality; be sth in reality as well as in name; be worthy of the name; true to one's name
【名冠一时】be well known in one's time
【名缰利锁】the chains of fame and wealth
【名利双收】win fame and fortune; gain both fame and wealth
【名列前茅】be among the best of the successful candidates
【名落孙山】fail in a competitive examination
【名门望族】distinguished family; prominent family
【名目繁多】names of every description

【名牌大学】famed university; reputable university
【名山大川】famous mountains and great rivers
【名胜古迹】places of historic interest and scenic beauty; scenic spots and historical sites
【名闻中外】well-known both at home and abroad
【名扬四海】become famous all over the world
【名誉主席】honorary chairman; honorary president
【名噪一时】gain considerable fame among contemporaries
【名正言顺】the name is correct and what is said accords with reason—perfectly justifiable; fitting and proper
【名师出高徒】a great teacher produces a brilliant student

明 [míng]
形 ①bright; brilliant; light ②obvious; clear; distinct ③open; plain ④sharp-eyed; clear-sighted ⑤immediately following this year〔day〕; next 名 ①brightness; light; honesty ②sight 动 ①understand; realize; know ②make known; make clear; demonstrate 副 obviously; plainly
【明白】形 ①clear; obvious; plain ②open ③sensible; reasonable 动 understand; realize; know
【明澈】transparent
【明处】①where there is light ②in the open; in public
【明达】sensible; understanding
【明灯】bright lamp
【明兜】patch pocket
【明断】pass (fair) judgment
【明慧】intelligent; bright; clever
【明火】flame
【明鉴】①bright mirror; clear mirror ②explicit example for reference ③your brilliant idea; your penetrating judgment
【明净】bright and clean; clear and bright
【明镜】bright mirror; clear mirror
【明快】①lucid and lively ②frank ③bright
【明朗】①bright and clear ②clear; obvious ③bright and cheerful
【明理】形 sensible; reasonable 名 obvious truth〔fact〕
【明丽】bright and beautiful
【明亮】①well-lit; bright ②bright; shining ③become clear
【明了】动 understand; be clear about 形 clear; plain
【明码】①plain code ②with the price clearly marked
【明媚】bright and beautiful
【明明】obviously; plainly; undoubtedly
【明年】next year
【明确】形 clear and definite; clear-cut 动 make clear; make definite; clarify
【明儿】①tomorrow ②one of these days; some day
【明日】①tomorrow ②the near future
【明示】clearly indicate
【明誓】名 treaty of alliance 动 make a pledge
【明说】speak frankly; speak openly
【明天】①tomorrow ②the near future
【明文】plain text
【明晰】distinct; clear
【明戏】understand; be clear about; get understood
【明显】apparent; clear; obvious; evident; distinct
【明线】open-wire line; open wire
【明星】famous performer; star
【明月】bright moon
【明朝】①tomorrow morning ②tomorrow
【明证】clear proof
【明知】know perfectly well; be fully aware
【明智】sensible; realistic; practical; wise
【明珠】jewel
【明子】pine torch
【明白人】sensible person
【明摆着】obvious; clear; plain
【明打明】clear; obvious; plain
【明后天】tomorrow or the day after tomorrow
【明晃晃】shining
【明儿见】see you tomorrow
【明信片】postcard
【明眼人】person of good sense
【明白事理】know what's what
【明辨是非】make a clear distinction between right and wrong; distinguish right from wrong
【明察暗访】observe publicly and investigate privately—conduct a thorough investigation
【明察秋毫】have eyes sharp enough to perceive an animal's autumn hair
【明火执仗】carry torches and weapons—do evil openly
【明来暗往】secret going-on
【明码实价】put goods on sale with the prices clearly marked
【明媒正娶】be legally and formally married
【明眸皓齿】have bright eyes and white teeth
【明目张胆】without caring for any on-lookers
【明若观火】as obvious as a glowing fire
【明升暗降】名 a promotion in appearance but a demotion in fact 动 promote in appearance but demote in reality; kick upstairs
【明文规定】be laid down officially
【明星效应】star's appeal
【明哲保身】be worldly-wise and play safe
【明争暗斗】fight with both open and secret means
【明知故犯】knowingly violate; deliberately break; do sth one knows in wrong
【明知故问】ask while knowing the answer
【明珠暗投】person of talent〔thing of value〕

unrecognized
【明人不做暗事】an honest man does nothing underhand
【明一套,暗一套】act one way in the open and another way in secret
【明枪易躲,暗箭难防】it is easy to avoid a spear thrust in the open, but difficult to guard against an arrow shot from hiding
【明修栈道,暗渡陈仓】pretend to advance along one path while secretly going along another; do one thing under cover of another
【明知山有虎,偏向虎山行】go deep into the mountains, knowing well that there are tigers there—fish in troubled waters

鸣 [míng]
动 ①cry of birds ②ring; sound ③express; air; voice
【鸣放】❶fire a shot ❷air one's views
【鸣禽】singing bird
【鸣哨】whistle for the start of a game
【鸣谢】express one's thanks formally
【鸣冤】complain of unfairness
【鸣不平】complain of unfairness; cry out against injustice
【鸣金收兵】beat the gongs and recall the troops—call off a battle
【鸣锣开道】beat gongs to clear the way—prepare the public for a coming event
【鸣枪示警】fire a warning shot
【鸣冤叫屈】complain of an injustice

冥 [míng]
形 ①dark; dim ②deep ③dull; stupid; foolish 名 the underworld
【冥钞】paper made to resemble bank notes and burned for the dead
【冥府】the underworld
【冥思】be deep in thought
【冥顽】stupid
【冥想】deep thought
【冥冥之中】in the unseen world
【冥思苦想】think long and hard

铭 [míng]
名 inscription 动 inscribe
【铭记】bear firmly in mind; always remember
【铭刻】be always remembered
【铭牌】data plate
【铭心】be remembered with gratitude

瞑 [míng]
动 ①shut one's eyes ②be dim-sighted
【瞑目】close one's eyes in death—die content

酩 [mǐng]
【酩酊】be dead drunk

ming

命 [mìng]
名 ①life ②fate; lot ③order; command 动 ①order; command; instruct ②assign; name
【命案】case involving a death
【命笔】take up one's pen; set pen to paper
【命薄】born under an unlucky star; born unlucky
【命大】very lucky
【命定】be determined by fate
【命好】born under a lucky star
【命苦】have a hard lot; be born under an unlucky star
【命令】order; command; instruction
【命脉】lifeblood; lifeline
【命名】name
【命数】fate; lot
【命题】动 assign a topic; set a question 名 problem
【命运】fate; lot
【命中】hit the target[mark]; score a hit
【命根子】one's very life
【命中率】percentage of hits
【命里注定】it is one's lot
【命若悬丝】life as if hanging by a thread
【命题作文】composition with an assigned[set] topic[subject]
【命途多舛】suffer many a setback during one's life
【命在旦夕】death may come any minute; be dying; be on one's last legs; one's life hangs in the balance; hang by hair

miù

谬 [miù]
形 false; wrong; mistaken
【谬传】false report
【谬见】❶wrong view ❷my humble opinion
【谬奖】overpraise (me)
【谬论】false theory
【谬误】falsehood; error; mistake
【谬种】❶error ❷bad egg
【谬种流传】circulation of false reports

mō

摸 [mō]
动 ①feel; stroke; touch ②feel for ③try to find out; feel out; sound out
【摸底】❶know the real situation ❷try to find out the real intention[situation]; sound sb out
【摸索】❶feel about ❷try to find out
【摸透】get to know... very well
【摸不透】wonder; be puzzled
【摸彩袋】lucky[grab] bag; lucky dip
【摸门儿】learn the ropes; get the hang of sth
【摸到门路】have learned the ways of the trade
【摸底测验】assessment test

【摸清底细】get to the bottom of the story
【摸不着头脑】feel at a loss
【摸着石头过河】act with caution in handling uncertain issues

mó

馍 [mó]
图 steamed bun; steamed bread

摹 [mó]
动 copy; trace
【摹本】copy
【摹绘】draw; paint; describe
【摹写】❶ copy; imitate ❷ describe

模 [mó]
图 ①pattern; standard ②model 动 imitate ➡ mú
【模本】painting model
【模范】model; fine example
【模仿】imitate; copy; follow; (oneself) on
【模糊】形 indistinct; dim; vague 动 confuse; mix up
【模拟】imitate
【模式】pattern; model
【模型】❶ model ❷ mould; pattern
【模拟像】photo fit
【模特儿】model
【模范事迹】exemplary deeds; exemplary conduct; exemplary behavior
【模范作用】exemplary role
【模糊数学】fuzzy mathematics
【模棱两可】indefinite
【模拟考试】practice test; sample test
【模特儿大赛】modeling competition; catwalk competition

膜 [mó]
图 ①membrane ②film; thin coating
【膜拜】worship
【膜法】membrane method
【膜蛋白】membrane protein

摩 [mó]
动 ①rub; scrape; touch ②stroke ③study ➡ mā
【摩擦】❶ rub ❷ clash
【摩登】modern; fashionable
【摩的】motorcycle-taxi
【摩挲】stroke
【摩托】motor
【摩托车】motorcycle; motor bicycle; motorbike
【摩托艇】motorboat
【摩登女郎】fashionable girl
【摩肩接踵】be over-crowded with people
【摩拳擦掌】rub one's fists and palms—be eager for a fight

磨 [mó]
动 ① rub; wear ② sharpen; grind; polish ③ wear down ④ trouble; annoy ⑤ waste (time); while away ⑥ die out ➡ mò
【磨边】edging
【磨擦】rub
【磨蹭】❶ rub lightly; stroke gently ❷ move slowly ❸ worry; keep on at
【磨床】grinding machine
【磨工】grinding work; grinder
【磨光】polish
【磨耗】wear and tear
【磨合】❶ grind in; wear in ❷ adapt to each other
【磨砺】go through the mill; steel oneself; harden oneself; discipline oneself
【磨炼】put oneself through the mill; temper oneself; steel oneself
【磨灭】wear away
【磨难】hardship; suffering
【磨损】wear and tear
【磨洗】wear away
【磨削】grinding
【磨牙】❶ grind one's teeth (in sleep) ❷ argue pointlessly
【磨刀石】grindstone
【磨工夫】consume time
【磨舌头】argue pointlessly
【磨洋工】loaf on job
【磨砂玻璃】frosted glass; ground glass
【磨砂灯泡】frosted bulb
【磨嘴皮子】❶ do a lot of talking ❷ argue pointlessly
【磨刀不误砍柴工】sharpening the axe won't interfere with the cutting of firewood

蘑 [mó]
图 mushroom
【蘑菇】图 mushroom 动 ❶ worry; keep on at ❷ play for time
【蘑菇云】mushroom cloud

魔 [mó]
图 evil spirit; devil 形 magic
【魔法】black magic
【魔方】magic square
【魔鬼】devil
【魔棍】magic stick
【魔力】magical power; magic; charm
【魔球】magic ball
【魔术】magic
【魔头】devil; evil spirit
【魔王】❶ the Devil; Satan ❷ fiend
【魔掌】evil hands
【魔障】evil spirit
【魔爪】claws
【魔法师】magician
【魔术师】magician

mǒ

抹 [mǒ]
动 ①apply; put on ②wipe; clean off ③cross out; delete 圖 a floating cloud ➡ mā; mò
【抹掉】wipe away

【抹粉】apply face powder
【抹黑】throw mud at; bring shame on
【抹零】count the small change
【抹杀】write off; deny
【抹鼻子】cry; weep

mò

末 [mò]
② ①point; tip; end ②end; last; bottom ③minor details ④powder; dust ㊋ last
【末端】end; bottom
【末节】minor details; nonessentials
【末了】last; finally; in the end
【末流】inferior
【末路】dead end
【末期】last phase; final phase; last stage
【末日】❶ Day of Judgment; Judgment Day ❷ end
【末梢】tip; end
【末世】last phase
【末尾】❶end ❷fine
【末叶】last years
【末子】powder; dust
【末座】the most inferior seat at table
【末班车】❶ last bus [train] ❷ last chance [turn]
【末梢神经】nerve ending

没 [mò]
㊗ ①sink; submerge ②overflow; rise higher than ③hide; conceal; disappear ④seize ⑤die ⑥till the end; to the last ➙méi
【没齿】all one's life; life long
【没顶】be drowned
【没落】decline
【没世】all one's life; lifelong
【没收】confiscate
【没齿不忘】will never forget to the end of one's days; remember for the rest of one's life

抹 [mò]
㊗ ①spread ②skirt; bypass ➙mā; mǒ
【抹不开】❶feel embarrassed; be put out ❷be unable to come round
【抹得开】❶ not feel embarrassed; be at ease ❷be convinced; come round

茉 [mò]
【茉莉】jasmine
【茉莉花茶】jasmine tea

沫 [mò]
② foam

陌 [mò]
② ①footpath between fields ②road
【陌生】strange; unfamiliar
【陌生人】stranger

脉 [mò]
➙mài

【脉脉】loving

莫 [mò]
㊢ no one; none; nothing 副 ①not; no ②don't ③can it be that; might it not be; is it possible that
【莫不】there's no one who doesn't or isn't
【莫大】greatest; utmost
【莫非】can it be that; is it possible that
【莫怪】no wonder that...
【莫名】beyond description
【莫逆】very friendly; intimate
【莫如】would be better; might as well
【莫过于】nothing is more... than
【莫须有】groundless; imaginary
【莫名其妙】unable to make head[tail] of sth
【莫失良机】make hay while the sun shines
【莫衷一是】unable to agree [decide] which is right

秣 [mò]
② fodder 动 feed
【秣马厉兵】feed the horses and sharpen the weapons—make preparations for war; prepare for battle

蓦 [mò]
副 suddenly
【蓦地】suddenly; all of a sudden
【蓦然】suddenly

漠 [mò]
② desert ㊋ indifferent
【漠漠】❶misty; foggy ❷vast and lonely
【漠然】indifferent; unconcerned
【漠视】treat with indifference; ignore; overlook; pay no attention to
【漠不关心】indifferent; unconcerned
【漠然置之】look on with unconcern

墨 [mò]
② ①Chinese ink; ink stick ②ink ③painting ④ learning; literacy ⑤ corruption ㊋ black; pitch-dark
【墨宝】❶ valued pieces of calligraphy [painting] ❷your beautiful handwriting
【墨盒】ink box
【墨黑】pitch-dark
【墨迹】❶ink marks; ink stains ❷sb's writing [painting]
【墨镜】sunglasses
【墨客】literary men; men of letters
【墨绿】blackish green
【墨水】❶ prepared Chinese ink; ink ❷ book learning
【墨汁】prepared Chinese ink
【墨渍】ink spot
【墨斗鱼】inkfish
【墨迹未干】before the ink is dry
【墨守成规】stick to convention; stay in a rut; stick to old rules

默 [mò]
㊋ silent; quiet 动 write from memory

【默哀】observe a silence
【默祷】pray in silence; say a silent prayer
【默读】read silently
【默记】make a mental note; learn by heart; commit to memory
【默默】quiet; silent
【默念】❶read silently ❷think back; recall
【默契】❶well coordinated ❷secret agreement
【默然】silent; speechless
【默认】silently consent to
【默诵】❶read silently ❷read silently to oneself from memory
【默算】❶do mental arithmetic; do sums in one's heart ❷calculate; figure; plan
【默想】think deeply; reflect on
【默写】write from memory
【默许】silently consent to
【默坐】sit quietly
【默不作声】keep silent
【默默无闻】unknown to the public; without attracting public attention
【默默无语】fall silent; be speechless

磨 [mò]
图 mill; millstones 动 ① grind; mill ② turn round ➡ mó
【磨叨】❶keep talking; talk on and on ❷talk about
【磨坊】mill

móu

牟 [móu]
动 seek; try to gain
【牟利】seek private [selfish] interests; seek personal gain
【牟取】try to gain; seek; obtain
【牟私利】seek personal gain
【牟取暴利】seek fat profits

眸 [móu]
图 pupil (of the eye); eye
【眸子】pupil (of the eye); eye

谋 [móu]
图 design; plan; scheme 动 ① work for; seek ②consult; deliberate
【谋反】plot a rebellion
【谋害】❶plot to murder ❷plot a frame-up against
【谋划】plan; scheme; try to find a solution
【谋利】make a profit; seek gain
【谋略】strategy
【谋面】meet each other
【谋篇】plan a composition
【谋求】seek
【谋取】try to gain; seek; obtain
【谋杀】murder
【谋生】seek a livelihood; make a living
【谋事】❶plan matters ❷look for a job
【谋私】seek personal advantage
【谋算】❶plan; scheme; try to find a solution

❷scheme against sb; scheme for sth; plot ❸calculate; plan
【谋职】seek employment; try to find a job
【谋私利】have an eye to the main chance; seek personal gains
【谋财害命】murder sb for his money
【谋取私利】seek personal gain; play one's own game
【谋事在人,成事在天】the planning lies with man, the outcome with Heaven; man proposes and God disposes

mǒu

某 [mǒu]
代 ①certain; some ②yours truly ③请告诉王某,我的忍耐是有限度的。Please tell Wang that my patience has its limits.
【某处】somewhere
【某地】somewhere
【某某】So-and-So
【某年】in a certain year
【某人】❶a certain person; someone ❷ yours truly
【某日】at a certain date
【某时】sometime or other
【某物】somewhat
【某些】certain; some
【某公司】and Co
【某种东西】something or other

mú

模 [mú]
图 mould; die; pattern ➡ mó
【模板】formwork; pattern plate
【模具】mould; pattern; die
【模压】mould pressing
【模样】图 ❶ appearance; look ❷ situation; trend 副 approximately; round; around
【模子】mould; pattern; die

mǔ

母 [mǔ]
图 ①mother ②one's female elder ③origin; parent; mother 形 female
【母爱】mother love
【母版】mother set; master mask
【母本】female parent
【母带】master tape [video, audio]
【母鹅】goose
【母蜂】queen bee
【母狗】female dog
【母机】machine tool; mother aircraft; launching aircraft
【母鸡】hen
【母狼】she-wolf
【母马】female horse
【母牛】cow

【母亲】mother
【母乳】breast milk; mother's milk
【母狮】lioness
【母树】mother tree; seed tree
【母体】the mother's body; the (female) parent
【母系】maternal; matriarchal
【母校】one's old school
【母性】maternal instinct
【母鸭】duck
【母语】❶ mother tongue ❷ parent language
【母猪】female pig; sow
【母子】mother and son
【母公司】parent company
【母老虎】❶ tigress ❷ fierce woman
【母亲河】mother river
【母山羊】she-goat
【母夜叉】ugly and fierce woman

牡 [mǔ]
形 male
【牡丹】tree peony; peony
【牡丹卡】"Peony" credit card

拇 [mǔ]
【拇指】thumb; big toe

木 [mù]
图 ① tree ② timber; wood 形 ① made of wood; wooden ② insensitive; not flexible; stupid; slow; dense ③ wooden
【木板】board
【木版】block
【木棒】stick
【木材】wood; timber
【木柴】firewood
【木钉】wood nail
【木工】❶ woodwork ❷ woodworker; carpenter
【木棍】stick
【木婚】wood wedding
【木僵】stiff
【木匠】carpenter
【木刻】woodcut
【木料】timber
【木马】rocking horse
【木棉】silk cotton
【木讷】simple and slow (of speech)
【木偶】❶ puppet ❷ wooden image
【木盆】wooden basin
【木片】wood chip
【木器】wooden furniture; wooden articles
【木桥】wooden bridge
【木然】stupefied
【木塞】tie plug
【木梳】wooden comb
【木樨】wood plug
【木头】wood; log; timber
【木纹】wood grain
【木屋】log cabin
【木楔】wood key
【木屑】bits of wood; sawdust
【木鱼】wooden fish
【木桩】wood pile; timber pile
【木版画】woodcut
【木芙蓉】cotton rose
【木结构】timber structure; wood construction
【木乃伊】mummy
【木偶片】puppet film
【木偶戏】puppet show; puppet play
【木本植物】woody plant
【木管乐器】woodwind instrument; woodwind
【木人石心】body of wood and heart of stone—unfeeling
【木头疙瘩】❶ wood; timber ❷ wooden-head; slow-wits
【木头人儿】woodenhead; blockhead; slow coach
【木已成舟】the wood is already made into a boat—what is done cannot be undone; the die is cast

目 [mù]
图 ① eye ② hole ③ item ④ order ⑤ list; catalogue ⑥ name; title 动 look; see
【目标】❶ objective; target ❷ goal; aim; objective
【目测】range estimation
【目次】table of contents; contents
【目的】aim; end; goal; object; objective; purpose
【目睹】see with one's own eyes; witness
【目光】❶ sight; vision; view ❷ gaze; look
【目击】see with one's own eyes; witness
【目录】❶ table of contents; contents ❷ catalogue; list
【目前】at present; at the moment
【目示】hint with a look
【目送】follow sb with one's eyes; watch sb go; gaze after
【目的地】destination
【目击者】eyewitness; witness
【目不忍睹】cannot bear to look at
【目不识丁】动 not know one's ABC; be totally illiterate; not know A from B 形 illiterate
【目不暇给】the eye cannot take it all in; too many things for the eye to take in
【目不斜视】not look sideways
【目不转睛】look with fixed gaze
【目瞪口呆】be tongue-tied; look for grapeseed; lose one's tongue; struck dumb
【目空一切】consider everybody and everything beneath one's notice
【目无法纪】have no regard for law
【目中无人】consider everyone beneath one's notice

沐 [mù]
动 ① wash one's hair; wash; bathe ② receive; be given
【沐浴】❶ have[take] a bath ❷ bathe
【沐浴露】shower cream

牧 [mù]
　动 herd；tend 名 livestock-raising
【牧鞭】stockwhip
【牧场】livestock farm；green land
【牧工】hired herdsman
【牧民】herdsman
【牧犬】sheep dog
【牧人】herdsman
【牧师】minister
【牧童】shepherd boy
【牧羊】tend sheep
【牧业】stock raising；livestock farming
【牧主】herd owner
【牧马人】herdsman (of horses)

募 [mù]
　动 raise；collect；recruit
【募股】raise capital by floating shares
【募集】raise；collect
【募捐】collect donations
【募款】raise money
【募捐会】fund-raising
【募捐箱】money box

墓 [mù]
　名 grave
【墓碑】tombstone；gravestone
【墓道】path leading to a grave；tomb passage
【墓地】graveyard
【墓群】tombs
【墓穴】open grave
【墓园】graveyard
【墓葬】grave

幕 [mù]
　名 ①tent ②curtain；screen ③act
【幕布】curtain；screen
【幕后】behind the scenes；backstage
【幕墙】curtain wall
【幕友】private adviser
【幕后操纵】pull strings behind the scenes；wire-pulling
【幕后交易】backstage deal
【幕后新闻】behind-the-scene news
【幕间休息】interval
【幕天席地】have the sky as one's tent and the earth as one's mat—take one's ease out in the open air；have great breadth of view

睦 [mù]
　形 peaceful
【睦邻】good-neighbourliness
【睦邻政策】good-neighbour policy；policy of good-neighbourly and friendly relations
【睦邻友好关系】good-neighbourly and friendly relations

慕 [mù]
　动 ①admire；envy ②long for
【慕名】out of admiration for a famous person [place]

暮 [mù]
　名 dusk；sunset；evening 形 towards the end；late
【暮霭】evening mist
【暮春】late spring
【暮景】❶ sunset scene ❷ life in old age；evening of one's life
【暮龄】old age；one's later years
【暮年】declining years；old age；evening of one's life
【暮气】lethargy
【暮秋】late autumn
【暮色】dusk
【暮岁】❶ towards the end of the year ❷ old age；one's later[remaining] years
【暮色苍茫】deepening dusk；spreading shades of dusk

穆 [mù]
　形 solemn
【穆斯林】Moslem；Muslim

Nn

ná

拿 [ná]
动 ①hold;carry;take;bring;fetch ②seize;capture;catch;take over ③have a firm grasp of;control;manage ④put sb in a difficult position;make things difficult for sb ⑤pretend;put on ⑥get;receive;gain;win 介 ①with;by means of;by;in:拿事实来证明 prove with facts;cite facts to prove/拿油漆把墙刷一遍 daub the wall with paint/拿凉水洗 wash in cold water ②拿他开刀 first make an example of him/我真拿这孩子没办法。I simply can't take the child in hand.

【拿出】take out;put out;withdraw;fish out;cut out;get out
【拿开】take away;remove
【拿手】adept;expert;good at
【拿下】①arrest;apprehend;catch;capture;put (sb) under arrest ②win;take
【拿住】hold firmly;put under arrest
【拿不准】be unsure〔uncertain〕
【拿主意】make a decision;decide
【拿不起来】cannot manage
【拿得起来】can manage;can do
【拿定主意】make up one's mind

nǎ

哪 [nǎ]
代 ①which;who;what:你要哪一个？Which do you want?/你们中间哪位是蒙丹特？Who among you is Edmond Dantes? ②whichever;whoever;whatever;any:我将把它送给你们中间哪一个要它的人。I'll give to whichever of you wants it./无论他们是哪个,我都不想见。I don't want to see them,whoever they are./这些书你要哪本都行。You may take any of these books. 副 how can〔could〕;how is it possible:你怎么吃得下那种东西？How can you eat that stuff? ➡něi
【哪般】why;for what reason:好好儿的,你哭哭啼啼为哪般？Everything is all right. What on earth are you crying for?
【哪个】①which ②who
【哪里】①where ②wherever;where ③Oh,it's nothing! You are flattering me.
【哪能】how can;how could
【哪怕】even;even if;even though;no matter how
【哪儿】①where ②wherever;anywhere
【哪些】which(ones);who;what
【哪样】①what kind of;which ②any kind of
【哪知】who would have thought
【哪会儿】①when ②whenever;any time
【哪门子】what:你说的是哪门子事呀！What the hell are you talking about?
【哪儿的话】what are you saying;you shouldn't say that

nà

那 [nà]
代 that:那是谁？Who is that?/那太好了。That will be nice. 连 then;in that case:如果我不想办法,那她肯定会死掉！If I do nothing,then she will surely die!/那我就没有更多话要说了。In that case,I have no more to say.
【那边】there;over there
【那个】①that ②瞧他们干得那个欢劲！See how they're throwing themselves into their work! ③我说他的所作所为也太那个了。I say his behavior is somewhat—you know what I mean.
【那里】that place;there
【那么】①like that;in that way ②about;or so ③then;in that case;such being the case
【那儿】①that place;there ②that time;then
【那时】at that time;then;in those days
【那些】those
【那样】of that kind;like that;such;so
【那会儿】at that time;then
【那么些】so much;so many
【那么样】so;like that
【那么着】do that;do so;that way
【那阵儿】during that period (of time);in those days;then
【那么点儿】so little;so few

呐 [nà]
【呐喊】shout loudly; cry out

纳 [nà]
动 ① receive; let in; admit ② accept; take ③ enjoy ④ bring into ⑤ pay; give ⑥ sew close stitches (over sth)
【纳粹】Nazi
【纳凉】enjoy the shade
【纳入】bring [channel] into
【纳税】pay taxes
【纳闷儿】feel puzzled; be perplexed; wonder
【纳税人】taxpayer
【纳米技术】nanotechnology

捺 [nà]
动 ① press; push; put ② hold back; press down; restrain 名 right-falling stroke

乃 [nǎi]
动 be 副 ① so; therefore ② only then; only thus 代 you; your
【乃尔】like this; to such an extent
【乃是】be
【乃至】and even

奶 [nǎi]
名 ① breast ② milk 动 breastfeed; nurse; suckle
【奶茶】tea with milk
【奶粉】milk powder; powdered milk; dried milk
【奶酪】cheese
【奶妈】wet nurse
【奶奶】❶ grandmother; grandma ❷ grandma; granny
【奶牛】milch cow; milk cow; cow
【奶瓶】feeding bottle; nursing bottle
【奶昔】milkshake
【奶牙】milk tooth
【奶羊】milch goat
【奶油】cream
【奶汁】milk

奈 [nài]
副 ① how; however ② be helpless; cannot but 动 ① deal with ② bear
【奈何】❶ how; to no avail ❷ do sth to [with] sb; deal [cope] with

耐 [nài]
动 be able to bear [endure, stand]; withstand; resist
【耐穿】stand wear and tear; stand hard wear; be durable; can last long
【耐烦】be patient
【耐寒】cold-resistant
【耐旱】drought-enduring
【耐久】lasting long; durable
【耐看】have lasting appeal
【耐劳】able to stand hard work; able to endure heavy labour
【耐力】endurance; staying power
【耐热】heat-resisting; heatproof
【耐洗】wash well [bear washing]
【耐心】形 patient 名 patience
【耐性】patience; endurance
【耐用】be durable; can last long
【耐不住】unable to bear; unable to stand
【耐高温】heat-resistant

男 [nán]
名 ① man; male ② son; boy ③ baron
【男宾】gentleman
【男方】the bridegroom's or husband's side
【男工】man worker; male worker
【男女】❶ male and female; men and women ❷ sons and daughters
【男儿】man
【男人】[nánrén] man; menfolk; fellow; gentleman; boys
【男人】[nánren] husband
【男生】man student; boy student; schoolboy
【男士】man; gentleman
【男式】men's
【男童】boy
【男性】❶ the male sex ❷ man
【男婴】baby boy
【男友】boyfriend
【男子】man; male
【男傧所】best man
【男厕所】men's lavatory [toilet, room]; Gentlemen; Men; Gents
【男孩儿】❶ boy ❷ son
【男朋友】boyfriend
【男青年】young man
【男子汉】manly man; man
【男扮女装】a man dressed as a woman; man disguised in female attire
【男耕女织】the man works in the fields while the woman sits at the loom
【男婚女嫁】a man should take a wife and a woman should take a husband
【男男女女】men and women
【男女老少】men and women, old and young
【男女平等】equality of men and women; equality of the sexes
【男女有别】males and females should be treated differently
【男大当婚,女大当嫁】upon growing up, every male should take a wife and every female should take a husband

南 [nán]
名 ① south ② southern region; southern part of China
【南边】south; the southern side
【南部】southern part; south
【南方】❶ south ❷ the southern part of the

country ❸ Yangtze River valley and area south of the river
【南风】south wind
【南国】the southern part of the country; the South
【南海】the Nanhai Sea; the South China Sea
【南极】❶ the South Pole; the Antarctic Pole ❷ the south magnetic pole
【南疆】❶ southern part of Xinjiang ❷ southern part of China
【南面】❶ face south—be a ruler ❷ south; the southern side
【南下】go down south
【南亚】South Asia
【南洋】Southeast Asia
【南半球】the Southern Hemisphere
【南方话】southern dialect
【南方人】Southerner
【南极圈】the Antarctic Circle
【南极洲】the Antarctic Continent; Antarctica
【南北对话】North-South dialogue
【南方风味】southern style; southern flavour
【南来北往】going north and south
【南征北战】fight north and south; campaign all across the country

难 [nán]
㊅ ① hard; difficult; troublesome ② uncertain; hardly possible; unlikely ③ unpleasant; not good; bad ㊄ put sb in a difficult position ➡ nàn
【难熬】hard to bear
【难办】❶ difficult to manage; difficult to operate ❷ hard to deal with
【难保】❶ there is no guarantee; one cannot say for sure; it's hard to say ❷ difficult to preserve, protect, defend, etc.
【难缠】unreasonable and hard to deal with
【难产】❶ have a difficult labour ❷ be hard to carry out
【难吃】taste bad; be unpalatable
【难处】[nánchǔ] hard to get along (on) with
【难处】[nánchu] difficulty; trouble
【难道】surely it doesn't mean that...
【难得】❶ hard to come by; rare ❷ seldom; rarely
【难点】difficult point; difficulty
【难懂】hard to understand; difficult to comprehend
【难度】degree of difficulty; difficulty
【难怪】❶ no wonder ❷ understandable; pardonable
【难关】difficulty
【难管】difficult to govern; hard to rule
【难过】❶ hard to pass (get through); difficult to pass (get through) ❷ have a hard time ❸ feel sorry; feel bad
【难堪】embarrassed
【难看】❶ ugly; unsightly ❷ shameful; embarrassing; disgraceful ❸ displeasing; abnormal
【难免】hard to avoid
【难耐】hard to bear; unbearable
【难事】difficult matter; sth not easy to manage
【难受】❶ feel unwell; feel ill; suffer pain ❷ feel unhappy; feel bad
【难说】❶ it's hard to say; you never can tell; not sure ❷ find it hard to say
【难题】difficult problem
【难听】❶ unpleasant to hear ❷ offensive; coarse ❸ scandalous
【难忘】unforgettable
【难为】❶ embarrass ❷ put ... out
【难言】hard to state
【难以】hard to; difficult to
【难易】degree of difficulty
【难于】hard to; difficult to
【难字】uncommon word
【难为情】❶ ashamed; embarrassed; shy ❷ find it difficult; disconcerting
【难辨是非】difficult to discriminate between right and wrong
【难辨真伪】hard to distinguish between the true and false
【难打交道】hard to deal with
【难兄难弟】two of a kind; birds of a feather
【难以置信】unbelievable

nàn
难 [nàn]
㊅ trouble; disaster; calamity ㊄ blame; censure; take to task ➡ nán
【难胞】fellow countrymen in distress
【难民】refugee
【难友】fellow sufferer
【难民营】refugee camp
【难兄难弟】fellow sufferers

náng
囊 [náng]
㊅ ① bag; sack; pocket; purse ② pouch ㊄ put into a bag; bag ➡ nāng
【囊括】❶ include all; embrace ❷ win all; complete a sweep
【囊空如洗】with empty pockets
【囊中羞涩】be short of money; be hard up

nāo
孬 [nāo]
㊅ cowardly
【孬种】coward

náo
挠 [náo]
㊄ ① scratch ② hinder; block ③ yield; flinch; give in
【挠头】❶ scratch one's head ❷ difficult to tackle

【挠痒痒】scratch an itch

nǎo

恼 [nǎo]
动 angry; upset; irritated; annoyed 形 unhappy; worried
【恼恨】hate
【恼火】annoyed
【恼怒】angry
【恼人】irritating; annoying
【恼羞成怒】fly into a rage from shame; be shamed into anger

脑 [nǎo]
图 ① brain ② head ③ brains; mind ④ best part; cream ⑤ bits; odds and ends
【脑袋】❶ head ❷ brains; mind
【脑海】brain; mind
【脑浆】brains
【脑筋】❶ brains; mind; head ❷ way of thinking; ideas
【脑壳】❶ skull ❷ head
【脑力】brain power
【脑髓】brains
【脑瘫】brain failure
【脑汁】brains
【脑子】❶ brain ❷ brains; mind; head
【脑门儿】forehead
【脑死亡】brain death
【脑袋瓜子】❶ head ❷ brains; mind
【脑筋迟钝】have a slow wit; have slow wits; be slow-witted

nào

闹 [nào]
形 noisy 动 ① make a noise; make a racket; wrangle ② disturb; create confusion ③ give vent to ④ suffer from; be troubled by ⑤ do; make; engage oneself in; go in for ⑥ crack jokes; tease
【闹病】fall ill; be ill
【闹翻】fall out with sb
【闹鬼】❶ be haunted ❷ play tricks behind sb's back; use underhand means
【闹剧】farce
【闹市】busy streets; busy shopping centre; downtown area
【闹事】make trouble
【闹腾】❶ make a noise; kick up a row ❷ talk and laugh boisterously ❸ launch; put together
【闹心】❶ be annoyed; be terribly upset ❷ feel sick; feel queasy
【闹钟】alarm clock
【闹别扭】be difficult with sb; be at odds with sb
【闹不清】cannot tell; be unclear about
【闹哄哄】noisy
【闹矛盾】be at odds with one another
【闹情绪】be in low spirits

【闹笑话】make a fool of oneself; make a stupid mistake
【闹意见】be on bad terms because of a difference of opinion; be at odds; have difference of opinion
【闹着玩儿】❶ play; have fun; amuse oneself ❷ tease; make fun of sb ❸ be a joke

něi

哪 [něi]
代 which; what; 哪个学校? Which school? / 哪个人? Who? / 哪种材料? What kind of material? ➔ nǎ

馁 [něi]
形 disheartened

nèi

内 [nèi]
图 ① inner; inside; interior; within ② one's wife or her relatives ③ internal organs; heart ④ the imperial palace 形 female
【内部】inside; the internal part
【内参】internal reference
【内存】memory
【内地】interior
【内定】be appointed internally
【内阁】cabinet
【内功】❶ internal work ❷ internal exercises; internal power ❸ soft ware
【内涵】connotation
【内行】形 be expert at; be adept in; know the ins and outs of 图 expert; dab hand; master
【内河】inland river〔waters, waterway〕
【内讧】internal conflict
【内景】indoor setting; indoor scene; interior
【内疚】feel guilty
【内科】internal medicine
【内陆】inland
【内乱】civil conflict
【内幕】what goes on behind the scenes; inside story
【内勤】❶ office work ❷ office staff
【内情】inside information〔story〕
【内容】content; substance
【内室】inner room; bedroom
【内外】❶ inside and outside; domestic and foreign ❷ around; about
【内务】① internal affairs ② daily routine of sanitation tasks
【内线】❶ mole ❷ internal line
【内向】动 home-oriented 形 withdrawn
【内销】sold inside the country
【内心】❶ heart; innermost being ❷ incentre
【内省】[nèixǐng] self-examination
【内秀】quietly intelligent
【内需】domestic demand; domestic market demand
【内衣】underwear; underclothes

【内因】 internal cause
【内应】 mole;planted agent
【内在】 internal
【内脏】 internal organs
【内债】 internal debt
【内战】 civil war
【内政】 domestic affairs
【内助】 wife
【内部的】 inner;inside;internal;interior
【内当家】 ❶wife ❷the wife of one's master,employer or landlord
【内分泌】 endocrine system
【内在美】 inner beauty
【内忧外患】 domestic trouble and foreign invasion
【内在因素】 internal factor

nèn

嫩 [nèn]
 形 ① tender;delicate;sensitive ② underdone;soft;tender ③light ④inexperienced;immature;unskilled
【嫩红】 pink
【嫩黄】 light yellow
【嫩绿】 light green;soft green
【嫩弱】 delicate
【嫩手】 new hand;green hand;raw hand
【嫩芽】 bud
【嫩枝】 spray

néng

能 [néng]
 名 ①ability;capability ②energy 形 able;capable 助 can;may
【能动】 active
【能否】 Is it possible…?;Can or cannot?
【能干】 able;capable
【能够】 ❶can;could;be able to;was able to;be capable of;have the ability (capability) of ❷can;may
【能力】 ability;capacity;capability;aptitude;gift;genius;faculty;talent;competence;power;skill
【能量】 energy
【能耐】 ability;capability;skill
【能人】 able person
【能手】 expert
【能源】 source of energy

ní

尼 [ní]
 名 nun
【尼姑】 Buddhist nun
【尼龙】 nylon

呢 [ní]
 名 cloth made of wool;(heavy) woollen cloth

【呢绒】 woollen goods
【呢子】 woollen cloth;heavy woollen cloth
【呢大衣】 woollen overcoat

泥 [ní]
 名 ①mud ②mashed mass →nì
【泥坑】 ❶mud pit ❷mire-difficult situation
【泥泞】 形 muddy 名 mud
【泥潭】 marsh
【泥塘】 morass
【泥土】 ❶earth;soil ❷clay
【泥洼】 marsh
【泥沼】 swamp;morass
【泥石流】 mud-rock flow

霓 [ní]
 名 secondary rainbow
【霓虹灯】 neon lamp;neon light;neon

nǐ

拟 [nǐ]
 动 ①draw up;draft ②plan;intend ③imitate ④compare ⑤suppose;guess
【拟订】 draw up;draft;work out
【拟定】 ❶draw up;draft;work out ❷assume;surmise
【拟人】 personification
【拟声词】 onomatopoeia

你 [nǐ]
 代 ①you ②one;anyone
【你好】 how are you;hello
【你们】 you;your
【你死我活】 life-and-death;mortal
【你追我赶】 try to overtake each other in friendly emulation

nì

泥 [nì]
 动 cover,daub,smear or coat with plaster,putty etc.;plaster 形 stubborn →ní
【泥子】 putty;luting

昵 [nì]
 形 close;intimate
【昵称】 pet name

逆 [nì]
 形 ①counter,contrary ②adverse 动 ①go against;disobey;defy ②greet;meet;welcome 名 traitor 副 beforehand;in advance
【逆差】 deficit
【逆耳】 be unpleasant to the ear
【逆风】 动 against the wind;in the teeth of the wind 名 contrary wind;head wind;adverse wind
【逆境】 adverse circumstances
【逆流】 动 go against the current 名 adverse current
【逆水】 go against the current
【逆贼】 rebel;traitor
【逆子】 disobedient son
【逆时针】 anticlockwise;counterclockwise

【逆反心理】rebellious mentality
【逆水行舟】boat sailing against the current

匿 [nì]
动 hide;conceal
【匿藏】conceal;hide;go into hiding
【匿迹】go into hiding
【匿名】unnamed; unidentified; unknown; nameless
【匿名信】anonymous letter

腻 [nì]
形 ①greasy;oily ②be bored with;be tired of;be fed up with ③fine and smooth ④gummy ⑤close;intimate 名 dirt
【腻烦】形 be bored;be fed up 动 loathe;hate
【腻味】be bored;be fed up

溺 [nì]
动 ①be submerged;be drowned ②be addicted to
【溺爱】spoil (a child);dote on (a child)
【溺水】drowning;sinking
【溺死】drowned

拈 niān
[niān] 动 pick up;pinch
【拈轻怕重】prefer the light to the heavy—pick easy jobs and shirk hard ones

年 nián
[nián] 名 ①year ②age ③period in one's life ④period (in history); time ⑤harvest ⑥New Year 形 annual;yearly
【年表】chronology
【年成】harvest
【年初】the beginning of the year
【年代】❶age;years;time ❷decade of a century
【年底】the end of the year
【年度】year
【年关】the end of the year
【年华】time;years
【年会】annual meeting
【年货】Spring Festival goods
【年级】class;grade;form;year
【年纪】age
【年假】❶New Year holidays ❷winter vacation ❸annual leave
【年鉴】yearbook
【年景】❶harvest ❷holiday atmosphere
【年龄】age
【年轮】growth ring
【年迈】old;aged
【年末】the end of the year
【年内】within the year
【年谱】chronology
【年前】before the turn of the year
【年青】young

【年轻】❶young ❷younger
【年岁】❶age ❷years ❸times;days
【年头】the beginning of the year
【年限】time limit
【年薪】annual salary;yearly pay
【年幼】young;under age
【年月】❶days;years ❷times;age
【年终】the end of the year;year-end
【年产量】annual output;annual yield
【年轻人】young people;youth
【年收入】annual income
【年头儿】❶days; times ❷year ❸long time; years ❹harvest
【年复一年】year after year;year in year out

黏 [nián]
形 sticky
【黏稠】sticky
【黏附】adhere
【黏糕】New Year cake
【黏糊】[niánhu] ❶sticky ❷dull;slow-moving
【黏结】stick
【黏土】clay
【黏着】stick together
【黏糊糊】[niánhūhū] sticky

捻 niǎn
[niǎn] 动 twist with the fingers 名 sth made by twisting

撵 [niǎn]
动 ①drive out;oust;expel;banish ②catch up;run after;pursue
【撵走】send sb packing;show sb the door
【撵出去】drive sb away;drive sb out

念 niàn
[niàn] 动 ①think of;long for;miss ②read aloud ③study;attend school ④consider 名 thought;idea
【念叨】❶nag ❷discuss
【念旧】be nostalgic
【念书】❶ read; study ❷ be at school; attend school
【念头】thought;idea
【念念不忘】always remember

娘 niáng
[niáng] 名 ① ma; mum; mom; mother ② aunt ③ young woman
【娘家】married woman's parents' home
【娘娘】❶empress ❷imperial concubine ❸goddess
【娘胎】womb
【娘子】❶one's wife ❷madam;ma'am
【娘儿们】❶woman ❷mother and son [daughter];aunt and niece [nephew];elder woman and their children

【娘们儿】❶married woman ❷wife

niàng

酿 [niàng] 动 ① make (wine); brew (beer) ② make (honey) ③ lead to; result in ④ cook by frying or steaming 名 wine
【酿酒】make wine; brew beer
【酿造】make; brew
【酿制】make; brew

niǎo

鸟 [niǎo] 名 bird
【鸟儿】small bird; birdie
【鸟巢】nest
【鸟瞰】get a bird's-eye view
【鸟类】birds
【鸟市】bird market
【鸟语花香】birds sing and flowers give forth fragrance

袅 [niǎo] 形 delicate
【袅袅】curling; lingering

niào

尿 [niào] 名 urine 动 urinate; make water; pass water; pee →suī
【尿床】bed-wetting
【尿检】urine testing
【尿尿】urinate; make water; pass water

niē

捏 [niē] 动 ①hold between the thumb and other fingers; pinch ② knead with the fingers; mould ③ bind together; put together; link ④ fabricate; make up; frame up
【捏合】❶put together; bring together ❷make up
【捏造】fabricate; fake

niè

镊 [niè] 名 tweezers 动 pick ... up
蹑 [niè] 动 ① lighten one's step; walk on tiptoe ②follow; dog; track ③ tread; step on; walk with
【蹑手蹑脚】pad; creep; tiptoe; walk gingerly; walk on tiptoe

孽 [niè] 名 sin
【孽种】undutiful son

nín

您 [nín] 代 you
【您好】How are you? 〔How do you do?〕

níng

宁 [níng] 形 peaceful 动 ①pacify; appease ② pay a visit to →nìng
【宁静】peaceful; quiet; calm
【宁日】peaceful days

拧 [níng] 动 ① twist; wring ② pinch →nǐng

狞 [níng] 形 ferocious; hideous
【狞笑】grin hideously

柠 [níng]
【柠檬】lemon
【柠檬茶】lemon tea
【柠檬色】lemon yellow
【柠檬汁】lemon juice

凝 [níng] 动 ①curdle ②with fixed attention; attentively
【凝固】❶solidify ❷stiff; fixed; inflexible
【凝结】liquefy; solidify
【凝聚】embody
【凝练】concise
【凝神】with fixed attention
【凝视】gaze fixedly; stare
【凝听】listen attentively 〔intently〕 listen with rapt attention
【凝重】imposing

nǐng

拧 [nǐng] 动 ①twist; screw; turn ②differ; disagree; be at odds 形 wrong; erroneous; mistaken →níng

nìng

宁 [nìng] 副 ① would rather; better ② could there be; could it be →níng
【宁可】would rather; better
【宁肯】would rather
【宁愿】would rather; better; prefer to
【宁缺毋滥】rather go without than have something shoddy—put quality before quantity
【宁死不屈】rather die than submit 〔surrender〕

niú

牛 [niú] 名 ox; cattle 形 proud; arrogant; self-important
【牛车】ox cart
【牛犊】calf
【牛劲】❶great strength ❷obstinacy
【牛奶】milk
【牛排】beefsteak

【牛皮】❶leather ❷boast
【牛气】cocky
【牛市】bull market
【牛仔】cowboy
【牛崽】calf
【牛脾气】stubbornness
【牛仔裤】jeans
【牛郎织女】❶the Cowherd and the Weaver ❷husband and wife who have to live in two different places
【牛毛细雨】drizzle; fine drizzling rain
【牛年马月】impossible date; a time will never come

niǔ

扭 [niǔ] 动① turn ② twist ③ sprain; wrench ④ swing; sway ⑤seize; grapple 形 crooked
【扭打】wrestle
【扭捏】coy
【扭曲】twist
【扭头】❶turn one's head away; turn away ❷turn round
【扭转】turn ... around

纽 [niǔ] 名①handle; knob ②button ③bond; tie; link ④key position ⑤newly grown fruit or melon on a vine, etc.
【纽带】link; tie; bond
【纽扣】button
【纽眼】buttonhole

钮 [niǔ] 名①handle; knob ②push button

niù

拗 [niù] 形 stubborn ➡ào
【拗不过】fail to talk sb out of doing sth

nóng

农 [nóng] 名①agriculture; farming ②farmer; peasant 动 work in the field
【农场】farm
【农村】rural area; countryside
【农夫】farmer
【农妇】peasant woman
【农活】farm work
【农家】peasant family
【农具】farm tools
【农历】lunar calendar
【农忙】busy season
【农民】peasant
【农舍】farmhouse
【农时】farming season
【农田】farm land; crop land
【农谚】farmer's proverb; farmer's saying
【农药】pesticide
【农业】agriculture; farming
【农产品】agricultural products; farm produce
【农业税】agricultural tax
【农作物】crops
【农贸市场】farmer's market
【农业银行】Agricultural Bank of China

浓 [nóng] 形 ① concentrated; thick; dense; heavy ② strong; great ③deep; vivid; strong
【浓茶】strong tea
【浓淡】❶deep or light ❷strong or weak
【浓度】consistency; concentration; density
【浓厚】❶ dense; thick ❷ deep; strong ❸ strong; great
【浓烈】strong; thick; heavy
【浓密】dense; thick
【浓缩】动 condense 形 condensed
【浓雾】heavy fog
【浓烟】dense smoke
【浓阴】dense leafy shade
【浓郁】strong
【浓重】strong
【浓眉大眼】with big eyes and bushy〔thick〕eyebrows

脓 [nóng] 名 pus
【脓包】boil

nòng

弄 [nòng] 动①play with ②do; make; fix; handle ③get; fetch ④play ➡lòng
【弄错】make a mistake; misunderstand
【弄好】❶do well ❷finish doing sth
【弄坏】ruin; put out of order; make a mess of
【弄清】make clear; gain a clear idea of; understand fully
【弄死】put to death; kill
【弄假成真】what was make-believe has become reality; what was said in fun is fulfilled in earnest

nú

奴 [nú] 名 slave 代 I; me 动 enslave; treat as a slave
【奴才】❶lackey ❷serf
【奴隶】slave
【奴仆】servant
【奴役】enslave

nǔ

努 [nǔ] 动① exert; strive ② pout ③ injure oneself through overexertion; strain oneself
【努力】动 ❶try; do〔try〕one's best; put one's mind to it; make an effort; be at pains to do sth; strive; as best one can ❷attempt; effort; drive 形 hard

nù

怒 [nù] anger; rage 形 vigorous; flourishing
【怒斥】angrily rebuke
【怒喝】shout angrily
【怒吼】roar; howl
【怒火】fury
【怒容】angry look
【怒色】angry look
【怒目而视】glare at; stare angrily
【怒气冲冲】in a great rage; be boiling with rage

nǚ

女 [nǚ] ①woman; female ②daughter
【女伴】female companion
【女宾】ladies
【女儿】daughter; girl
【女方】the bride's side; the wife's side
【女郎】girl
【女权】women's rights
【女人】[nǚrén] woman; womanfolk
【女人】[nǚren] wife
【女色】woman's beauty
【女生】woman student; girl student; schoolgirl
【女声】female voice
【女士】lady; madam
【女童】little girl
【女王】queen
【女性】❶the female sex ❷woman
【女婿】❶son-in-law ❷husband
【女婴】baby girl
【女友】girlfriend
【女装】❶ladies' wear; women's clothing ❷be dressed like a woman
【女子】woman; female
【女厕所】women's lavatory [toilet]; ladies' room; Ladies; Women
【女孩儿】❶girl ❷daughter
【女教师】woman teacher
【女朋友】girlfriend
【女强人】superwoman
【女医生】woman doctor
【女作家】woman writer; authoress
【女扮男装】disguise [grab] oneself as a man
【女大十八变】there is no telling what a girl will look like when she grows up

nuǎn

暖 [nuǎn] 形 warm; genial 动 warm up; heat
【暖冬】warm winter
【暖和】形 warm; nice and warm 动 warm up
【暖流】❶warm current ❷warm feeling
【暖瓶】thermos bottle
【暖气】❶warm gas; warm air ❷central heating equipment ❸steam or water heat; central heating
【暖色】warm colour
【暖乎乎】warm; nice and warm
【暖人心】warm the heart
【暖融融】nice and warm
【暖水瓶】thermos flask
【暖洋洋】warm

nüè

疟 [nüè] malaria
【疟疾】malaria

虐 [nüè] cruel 名 disaster; calamity
【虐待】maltreat; ill-treat

nuó

挪 [nuó] move; shift; change
【挪动】move
【挪借】borrow money for a short time; get a short-term loan
【挪开】move away
【挪用】divert; misappropriate
【挪窝儿】❶move to another place ❷move

nuò

诺 [nuò] 动 promise 叹 yes; yeah
【诺言】promise
【诺贝尔奖】Nobel Prize

懦 [nuò] cowardly; faint-hearted
【懦夫】coward; craven; weakling
【懦弱】cowardly; weak

糯 [nuò] glutinous
【糯米】glutinous rice

ō

噢 [ó] 叹 oh：噢，明白了！ Oh, I see! /噢，原来你也这么想！ Oh, so you feel the same way!

ó

哦 [ó] 叹 Really；What：哦，这件事我怎么没听说？ Really? I haven't heard anything about it. /哦，竟有这等事！ Oh, how can it be? ➡ò

ò

哦 [ò] 叹 Oh, Ah：哦，我想起来了。 Ah, I remember. /哦，我懂了。 Oh, I've got it. ➡ó

ōu

讴 [ōu] 动 sing 名 folk songs
【讴歌】 sing the praises of；celebrate in song
【讴吟】 sing；chant
【讴歌颂德】 praise one's merit

欧 [ōu] 名 ①Europe ②ohm
【欧化】 ❶Europeanize；westernize ❷continentalize
【欧美】 Euro-American；Euro-american；Europe and America
【欧姆】 ohm
【欧元】 Euro (€)
【欧洲】 Europe
【欧姆表】 ohmmeter
【欧佩克】 Organization of Petroleum Exporting Countries (OPEC)
【欧姆定律】 Ohm's Law
【欧亚大陆】 Eurasia
【欧洲大陆】 the Continent
【欧洲联盟】 European Union (EU)
【欧洲市场】 Euromarket
【欧洲共同市场】 European Common Market (ECM)
【欧洲安全理事会】 European Security Council
【欧洲经济共同体】 European Economic Community (EEC)
【欧洲自由贸易区】 European Free Trade Area

殴 [ōu] 动 beat up；hit；strike 名 blow；battery
【殴打】 beat up；hit；strike；blow
【殴斗】 have a fist fight
【殴伤】 beat and injure；sustain an injury through a fist fight

ǒu

呕 [ǒu] 动 vomit；throw up；be sick
【呕吐】 throw up；be sick
【呕心】 exert one's utmost effort
【呕血】 spitting blood
【呕心沥血】 shed one's heart's blood；take infinite pains；work one's heart out
【呕心之作】 work embodying one's utmost effort

偶 [ǒu] 名 ①figure；image；idol ②mate；spouse 形 even number；in pairs 副 by chance；by accident；occasionally
【偶尔】 ❶ once in a while ❷ by accident；by chance
【偶发】 accidental；chance；fortuitous
【偶犯】 casual offence
【偶逢】 happen to meet；meet by chance [accident]
【偶感】 ❶random thoughts ❷suddenly feel；occasionally feel
【偶见】 see by accident；happen to witness
【偶然】 ❶ accidentally；by accident；by chance ❷ once in a while
【偶数】 even number
【偶闻】 learn [hear] by chance；happen to hear
【偶像】 idol
【偶遇】 meet by chance
【偶函数】 even function
【偶然论】 fortuitism
【偶然性】 chance

【偶数页】even page
【偶发事件】chance occurrence; chance event
【偶像崇拜】idolatry
【偶一为之】do sth once in a while; do sth accidentally

耦 [ǒu]
动 two people plough side by side 图 ①plough ②team of two ③pair; couple; even
【耦合】coupling
【耦合电路】coupled〔coupling〕circuit

藕 [ǒu]
名 lotus root

【藕粉】lotus root starch〔paste〕
【藕断丝连】the lotus root snaps but its fibres stay joined—still in contact though apparently separated; separated but still in each other's thoughts

怄 òu
动 ①annoy ②be stingy about sth
【怄气】be annoyed
【怄人】disgusting

pā

趴 [pā] 动①lie on one's stomach ②bend over;lean
【趴伏】❶lie on one's stomach ❷bend over; lean
【趴架】❶fall apart ❷fall from power
【趴窝】❶be broken in health ❷be sitting ❸lie on the ground ready to give birth ❹break down;be out of order

pá

扒 [pá] 动①scrape together;rake up;gather up; spread out ②scratch;scrape ③steal ➡bā
【扒拉】take a swallow of rice
【扒搂】rake up;gather up;collect;take a swallow of rice
【扒窃】动 pick people's pockets;steal 名 pickpocket
【扒手】pickpocket

爬 [pá] 动①crawl;creep ②climb;clamber;scale; ship up ③sit up;stand up;get up
【爬虫】reptile
【爬竿】❶pole-climbing ❷climbing pole
【爬高】climb
【爬坡】climb (a mountain slope)
【爬升】❶gain altitude;climb ②go up;climb; obtain a promotion
【爬绳】rope climbing
【爬行】crawl;creep
【爬越】climb over
【爬格子】take up writing as career;make a living by one's pen

耙 [pá] 名 rake

pà

帕 [pà] 名①kerchief;handkerchief ②Pa
【帕斯卡】Pascal
【帕金森病】Parkinson's disease

怕 [pà] 动①be afraid;fear;dread ②worried; anxious;concerned ③be unable to bear;be unable to endure 副 I'm afraid (that);I suppose;probably
【怕人】❶be shy ❷frightening;horrible
【怕生】be shy with strangers
【怕事】be afraid of getting into trouble
【怕是】I guess;I suppose;perhaps;maybe
【怕头】sth to be afraid of
【怕羞】shy
【怕麻烦】hate to put oneself to any trouble
【怕死鬼】coward
【怕得罪人】be afraid of offending others
【怕三怕四】be full of worries;have too many worries
【怕字当头】put fear before everything else

pāi

拍 [pāi] 动①pound;pat;clap;tap;beat ②lash; strike;beat ③take (a photo);shoot (a film) ④send (a telegram) ⑤lick sb's shoes[boots]; flatter;play up to;crawl (to sb) 名①bat ②beat;time
【拍案】strike[bang] the table
【拍板】名 clappers 动❶beat time with one's hands[clappers] ❷rap the gavel ❸have the final say;make the final decision
【拍打】❶pat;slap ❷beat
【拍发】send
【拍号】time signature
【拍击】beat;run against
【拍价】hammer price
【拍节】breath-group
【拍卖】❶auction ❷selling off goods at reduced prices;sale
【拍品】lot
【拍摄】take (a picture);shoot
【拍手】clap one's hands;applaud
【拍拖】go steady[together];date;walk out with
【拍戏】make a film;shoot a scene;shoot a film

〔TV play〕
【拍掌】clap one's hands;applaud
【拍照】take a picture〔have a picture〕taken;photograph
【拍子】❶bat ❷beat;time
【拍巴掌】clap one's hands
【拍电报】send a telegram
【拍马屁】㊐lick sb's shoes〔boots〕;flatter;play up to;crawl (to sb)㊋soft soap
【拍卖场】auction market
【拍卖槌】gavel
【拍卖行】auction house
【拍卖品】lot
【拍纸簿】(writing) pad
【拍案而起】pound the table and stand up in anger
【拍案叫绝】bang one's fist on the table and shout with pleasure〔cheer〕
【拍纪录片】shoot〔make〕a documentary
【拍卖市场】auction (market)
【拍手称快】clap and cheer

排 [pái]

㊐ ❶arrange in order;line up ❷rehearse ❸push ❹remove;discharge;exclude;drain;give off;send out ㊋ ❶line;row ❷queue ❸platoon ❹floating bridge ㊑ row;line:两排牙齿 two rows of teeth/一排树 a row of trees
【排班】arrange in order of shifts,runs,or classes and grades
【排比】parallelism
【排查】check up
【排场】㊋ grand style;display of splendour ㊕ ❶extravagant ❷honourable
【排斥】exclude;reject
【排除】get rid of;remove;eliminate;drop;leave out
【排挡】gear
【排档】stores;stands;sidewalk
【排队】form a line;line up;queue up
【排放】❶place (things) in proper order ❷discharge;let out;drain off
【排号】㊋ row number ㊐ ❶arrange in numerical order ❷line up;queue up
【排洪】discharge floodwater;drain off floodwater
【排挤】push aside;push out;squeeze out;elbow out
【排解】❶mediate ❷distract one's mind from;get rid of
【排涝】drain flooded fields
【排雷】removal of mines;mine clearance;mine removal
【排立】stand in a line;line up
【排练】rehearse
【排列】㊐ arrange;range;put in order ㊋ permutation

【排气】exhaust
【排遣】distract one's mind from;get rid of
【排球】volleyball
【排水】㊐ drain off〔away〕water ㊋ drainage
【排坛】volleyball circles
【排头】the person at the head of a procession〔formation〕;file leader
【排外】exclusive
【排尾】the end of the row
【排污】emit pollutants;discharge refuse
【排戏】rehearse a play
【排险】eliminate a danger;remove danger
【排泄】❶drain rainwater〔waste water〕❷release oneself
【排序】sort;rank;sequence;order
【排烟】discharge smoke
【排演】rehearse
【排椅】seats in a row
【排印】typesetting and printing
【排长】platoon leader
【排风扇】exhaust fan
【排行榜】ranking list
【排节目】rehearse a performance programme
【排名次】list the names in proper order
【排名单】arrange the order of names on a list
【排气管】exhaust pipe
【排酸肉】exclude acid meat
【排他性】exclusiveness
【排头兵】❶the soldier at the head of a formation ❷pacesetter;pacemaker;champion
【排中律】the law of excluded middle
【排座次】arrange the seating order;make seating arrangements
【排除干扰】get rid of interference
【排除万难】overcome all the difficulties;conquer all obstacles;knock over every difficulty
【排山倒海】move the mountains and overturn the seas;overturn a mountain and upset the sea
【排忧解难】relieve sb of worries and help solve his problems;get rid of worries and overcome difficulties

徘 [pái]

〔徘徊〕❶walk up and down;pace back and forth ❷hesitate;not know what to do;be hesitant ❸rise and fall

牌 [pái]

㊐ ❶plate;sign;tablet ❷brand;make;trademark ❸cards ❹title
【牌匾】tablet
【牌坊】memorial archway〔gateway〕
【牌号】❶ the name of a shop;shop sign ❷ trademark
【牌价】❶list price;posted price ❷(market) quotation
【牌局】game at mah-jong〔cards〕;gambling game
【牌楼】❶ *pailou*, monumental gateway〔arch-

way〗❷temporary ceremonial gateway
【牌坛】circle of bridge players
【牌位】memorial tablet
【牌照】license plate;license tag;license certificate;license
【牌子】❶plate;sign ❷brand;trademark

pài

派[pài]
❷①branch of a river ②group ③style;bearing;manner and air 形 stylish;graceful;handsome;impressive 注(a)这个问题两派学者之间有争论. This issue is controversial among scholars of the two schools. (b)一派胡言 a pack of nonsense/一派欣欣向荣的景象 a thriving atmosphere 动 ①send;assign;appoint ②assign ③find fault (with);censure
【派别】group;school;faction
【派定】❶appoint;assign ❷assume
【派对】❶party ❷make pairs;match making
【派发】assign to deliver;distribute
【派饭】arranged meals
【派购】prescribe purchases;fix quantities for state purchase
【派活】assign jobs;assign sb a task
【派遣】send
【派生】derive
【派送】❶send ❷distribute;give
【派头】style;manner
【派系】school;groups;factions
【派性】factionalism
【派员】send a staffer〔officer〕
【派驻】post;station
【派不是】put〔lay〕the blame on sb
【派出所】local police station
【派生词】derivative
【派用场】put to use;turn to account
【派出机构】agency

pān

潘[pān]
【潘多拉盒子】Pandora's box

攀[pān]
动①climb;scale;mount ②seek connections in high places ③involve
【攀比】compete
【攀登】climb;scale
【攀附】❶climb ❷seek connections with
【攀高】❶climb to a higher point ❷make friends with sb of a higher social position
【攀亲】❶claim to be sb's relative ❷arrange a match
【攀升】climb;rise continuously
【攀谈】engage in small talk;have a chat
【攀岩】cliff-climbing as a competitive sport;rock-climbing
【攀缘】❶climb ❷climb the social ladder

through pull
【攀越】climb up and over;scale
【攀折】pull down and break off
【攀龙附凤】play up to people of power and influence
【攀亲道故】claim ties of blood〔friendship〕
【攀缘植物】climbing plant

pán

盘[pán]
名①tray;plate;dish ②market quotation;current price ③looks;features;appearance 量(a)①coil;wind;twist ②build with bricks ③check;examine;investigate ④transfer;sell 量(a)一盘磁带 a magnetic tape/一盘电线 a coil of electric wire(b)一盘鱼 a plate of fish/一盘菜 a dish of food;course;dish(c)和了一盘 have ended in a draw/一盘棋 a game of chess
【盘剥】exploit
【盘查】examine thoroughly;question
【盘缠】money for the journey;travelling expenses
【盘秤】steelyard with a pan
【盘存】take stock
【盘道】winding mountain paths;bends
【盘点】check;take stock of
【盘店】transfer a business
【盘费】money needed on a journey
【盘管】coil (pipe)
【盘桓】❶stay ❷winding;coiling ❸wind round and round
【盘簧】coil spring
【盘货】take stock
【盘踞】illegally occupy
【盘炕】build a *kang*
【盘面】market situation of stock
【盘片】(magnetic) disk〔disc〕
【盘曲】winding
【盘绕】coil
【盘山】winding up a mountain
【盘升】edge up
【盘算】calculate;figure;plan
【盘梯】winding staircase
【盘条】wire rod
【盘腿】cross one's legs
【盘问】cross-examine
【盘旋】❶circle;wheel ❷stay
【盘灶】build a brick cooking range
【盘整】adjust slightly;regroup
【盘桌】tray-top table
【盘子】❶tray;plate;dish;programme ❷the market rate
【盘坐】sit cross-legged
【盘儿亮】good-looking;beautiful
【盘整期】period of recovery
【盘根错节】with twisting roots and intercrossing branches;(as) the tree roots are twisted

together—a difficult and confused affair; complicated and difficult to deal with; deep-rooted;there are wheels within wheels
【盘山公路】winding mountain highway;skyline drive
【盘式录像机】video disc recorder

磐 [pán]
〔磐石〕huge rock

蹒 [pán]
〔蹒跚〕walk haltingly

蟠 [pán]
动 coil;curl
【蟠伏】lie curled up;coil
【蟠桃】flat peach

pàn

判 [pàn]
动 ① distinguish;differentiate;separate ② judge;decide;grade ③ sentence;condemn 副 obviously (different)
【判案】decide a case
【判别】differentiate;distinguish
【判处】sentence (sb) to;condemn (sb) to
【判定】judge;decide;determine;judgment
【判读】interpret;read and make a judgment
【判断】动 judge;decide;determine;sum up 名 judgment
【判罚】fine
【判分】give a mark;mark;score
【判卷】mark (examination) papers
【判决】动 pass judgment;pronounce (judgment) 名 court decision;judgement
【判令】make a binding court decision on civil 〔economic〕cases
【判明】clearly distinguish
【判然】noticeable;marked;striking
【判刑】pass a sentence on;sentence sb to
【判罪】convict;sentence;condemn
【判决书】written judgment
【判作业】grade students' homework
【判若两人】have become quite a different person;no longer be one's old self

拚 [pàn]
动 abandon;discard;give up
【拚命】do sth for all one's worth
【拚弃】give up;cast

盼 [pàn]
动 ①look ②hope for;long for;look forward to;be anxious to (do);be keen〔eager〕to (do)
【盼顾】look around;look left and right
【盼念】look forward to seeing;long to see
【盼头】sth hoped for and likely to happen;good prospects
【盼望】hope for;long for;look forward to;be anxious to (do);be keen〔eager〕to (do)
【盼星星盼月亮】long for sth day and night;look forward to sth impatiently

叛 [pàn]
动 betray;revolt;rebel;turn defector

【叛变】betray one's country〔party〕;turn defector
【叛党】betray one's party;turn defector to one's party
【叛国】betray one's country
【叛军】rebel army;rebel forces
【叛离】betray
【叛乱】rebel;rise in rebellion;armed rebellion
【叛卖】betray;sell out
【叛逆】动 rebel against;revolt against 名 rebel
【叛逃】desert and flee one's country;defect
【叛徒】defector;turncoat

畔 [pàn]
名 ① side;bank ② boundary;border (of a field);edge

襻 [pàn]
名 loop for fastening a button 动 fasten;tie

pāng

滂 [pāng]
动 overflowing;pouring
【滂沱】torrential;streaming;pouring

páng

彷 [páng]
【彷徨】hesitate

庞 [páng]
形 ① huge ② numerous and disordered 名 face
【庞大】huge;enormous
【庞杂】enormous and disorderly
【庞然大物】giant

旁 [páng]
名 side 形 else;other
【旁白】aside (in a play)
【旁边】near;nearby;close;closeby;locally;not far;on one's doorstep
【旁顾】attend to other matters
【旁观】look on;be an onlooker
【旁及】take up
【旁路】bypass
【旁落】pass into other's hands
【旁门】side door
【旁人】other people
【旁听】❶be present at a conference〔meeting〕as an observer ❷audit (a class)
【旁证】circumstantial evidence
【旁听生】auditor
【旁听席】visitors' seats;public gallery
【旁观者清】the onlooker sees the game best;lookers-on see most of the game
【旁敲侧击】beat about the bush
【旁若无人】act as if there was no one else present—self-assured
【旁征博引】be well-documented;load one's pages〔talk〕with reference

páng

膀 [páng]
〔膀胱〕bladder ➡bǎng

磅 [páng]
〔磅礴〕❶fill ❷boundless;vast ➡bàng

螃 [páng]
〔螃蟹〕crab

pǎng

耪 [pǎng]
动 loosen soil
【耪草】weed a field

pàng

胖 [pàng]
形 fat
【胖子】fat person;fatty;butterball
【胖墩儿】fatty
【胖乎乎】fat

pāo

抛 [pāo]
动 ①throw ②leave behind;cast aside ③expose;reveal;lay bare
【抛出】cast;get out
【抛光】polishing
【抛荒】❶go out of cultivation;lie waste ❷be neglected;get rusty
【抛空】sell short;sell against the box;short sale
【抛离】abandon;leave behind
【抛锚】❶ drop anchor;cast anchor ❷ break down
【抛弃】abandon;cast aside
【抛却】cast aside;throw away
【抛洒】spill;shed;scatter
【抛射】project;launch
【抛售】sell in big quantities
【抛掷】throw;cast
【抛头露面】reveal one's head and show one's face
【抛砖引玉】make a poor present,hoping to get a better one in return
【抛头颅,洒热血】shed one's blood and lay down one's life

páo

刨 [páo]
动 ①dig ②excluding;not counting;minus ➡ bào
【刨除】éxclude;subtract;not count
【刨根】get to the root〔bottom〕of the matter
【刨根问底】get to the root〔bottom〕of things

咆 [páo]
动 roar
【咆哮】❶ roar ❷ roar with rage ❸ roar on;thunder away

炮 [páo]
动 roast in a hot iron pan ➡pào

【炮烙】the hot pillar
【炮制】❶ prepare Chinese medicine ❷ cook up;make up

pǎo

跑 [pǎo]
动 ①run;race ②run away;escape;flee ③walk ④run about (doing sth);go about (for sth);busy oneself (with sth) ⑤go away〔off〕;leak ⑥give off ⑦off;away
【跑表】stopwatch
【跑步】run
【跑车】名 ❶racing bicycle;sports car ❷trolley for conveying logs in a forest 动 ❶be on the job ❷accidentally slide down
【跑刀】race skates
【跑道】❶runway ❷track
【跑电】leakage of electricity
【跑光】be exposed to light accidentally
【跑路】escape;be on the run
【跑马】动 have a ride on a horse 名 horse racing
【跑堂】动 wait on〔upon〕名 waiter
【跑题】wander from the subject;wander off the point
【跑外】act as a travelling agent〔salesman〕
【跑鞋】track shoes
【跑单帮】travel around trading on one's own
【跑旱船】boat that runs on land
【跑江湖】wander about,making a living by travelling around
【跑龙套】play a walk-on part;play a bit role
【跑买卖】be a commercial traveller;chase after business
【跑生意】chase after business
【跑腿儿】do legwork;foot-man
【跑跑颠颠】be on the go;run and jump
【跑跑跳跳】run and jump;run about
【跑了和尚跑不了庙】the monk may run away, but the temple can't run with him;the monk may escape,but the temple remains

pào

泡 [pào]
名 bubble 动 ①steep;soak ②kill time;hang about;idle;loaf about ③pester
【泡吧】kill time in the bar;idle away one's time in bars
【泡茶】make tea
【泡饭】动 soak cooked rice in soup〔water〕名 cooked rice reheated in boiling water
【泡沫】babble
【泡汤】❶ fall flat;fall through ❷ soak in the hot springs
【泡影】visionary hope〔plan,scheme〕;bubble
【泡子】bulb
【泡蘑菇】❶play for time ❷pester
【泡泡糖】bubble gum;chewing gum

炮 [pào]

图 ①(big) gun; cannon ②firecrackers ③load of explosive ④cannon ➡ páo

- 【炮车】 gun carriage
- 【炮弹】 shell; cannon ball
- 【炮轰】 bombard; shell
- 【炮火】 gunfire
- 【炮击】 bombard; shell
- 【炮舰】 gunboat
- 【炮口】 cannon's mouth
- 【炮楼】 blockhouse
- 【炮声】 report (of a big gun)
- 【炮手】 gunner
- 【炮艇】 gunboat
- 【炮仗】 firecracker
- 【炮筒子】 blunt guy

陪 [péi]

动 ①accompany; keep sb company ②assist; help

- 【陪伴】 accompany; keep sb company
- 【陪绑】 ❶ be taken to the execution ground together with those to be executed as a form of intimidation ❷ be criticized〔punished〕together with the guilty
- 【陪唱】 sing with a guest
- 【陪衬】 set off; contrast; make noticeable by contrast
- 【陪吃】 dine with a guest
- 【陪床】 keep overnight bedside company in a hospital
- 【陪斗】 accompany in the struggle; be criticized〔punished〕together with the guilty
- 【陪都】 secondary capital
- 【陪读】 accompany sb studying at school; help one's children in study
- 【陪购】 go shopping with a guest
- 【陪护】 stay with and nurse
- 【陪酒】 drink with a guest; be a drinking partner
- 【陪客】 [péikè] accompany a guest
- 【陪客】 [péike] guest invited to a dinner party to help entertain the guest of honour
- 【陪练】 training mate; practice athlete
- 【陪审】 ❶act〔serve〕as an assessor ❷serve on a jury
- 【陪同】 accompany
- 【陪舞】 be a dancing partner; dance with a guest
- 【陪夜】 stay with patient at night
- 【陪泳】 swim with a guest
- 【陪游】 go sighting with a guest
- 【陪葬】 ❶ be buried alive with the dead ❷ be buried with the dead ❸be buried by the side of her husband's grave
- 【陪住】 stay in a hospital in order to accompany and care for a hospitalized patient
- 【陪坐】 sit with a guest
- 【陪酒女】 bar girl; B-girl;
- 【陪审团】 jury; court
- 【陪审员】 juror; juryman
- 【陪同团】 hosting team; receptionist committee

培 [péi]

动 ①bank up (with earth); earth up ②cultivate; train

- 【培土】 hill up; earth up
- 【培训】 train
- 【培养】 ❶cultivate; culture ❷train; develop
- 【培育】 ❶ help sth grow by labour and care; cultivate; breed ❷nurture and educate; bring up; rear
- 【培植】 ❶raise; cultivate ❷train; educate
- 【培种】 cultivate (plants)
- 【培训班】 training course
- 【培养基】 culture medium
- 【培养皿】 glass garden; culture dish
- 【培养瓶】 culture bottle

赔 [péi]

动 ①pay for ②stand〔incur〕a loss; lose ③apologize

- 【赔本】 sustain losses in business; run a business at a loss
- 【赔补】 make good a loss
- 【赔偿】 pay for; make up for; make good a loss
- 【赔错】 acknowledge a mistake; apologize for one's wrongdoing
- 【赔垫】 pay for sb
- 【赔付】 payment for loss
- 【赔款】 动 pay an indemnity 名 indemnity
- 【赔礼】 make〔offer〕an apology; apologize
- 【赔钱】 ❶ sustain economic losses; lose money in business ❷pay for a loss; pay damages
- 【赔笑】 smile an apologetic smile
- 【赔账】 ❶pay for the loss of ❷lose money in business
- 【赔罪】 apologize; ask forgiveness for one's wrongdoing
- 【赔不起】 be unable to make good a loss
- 【赔不是】 apologize
- 【赔偿费】 damages
- 【赔本买卖】 losing business; run a business at a loss
- 【赔了夫人又折兵】 give one's enemy a wife and lose one's soldiers as well—pay a double penalty; instead of making a gain, suffer a double loss

佩 [pèi]

动 ①wear ②admire

- 【佩带】 wear at the waist
- 【佩戴】 wear on the chest, arm, or shoulder
- 【佩刀】 动 wear a sword at the waist 名 sword worn at the waist

【佩服】admire

配 [pèi]

动 ①make a couple ②mate ③blend;mix ④distribute according to plan;assign ⑤find sth to fit or replace sth else;replace ⑥match;go well together ⑦deserve;be worthy of;measure up to;be qualified 名 mate

【配备】❶provide;equip;fit out ❷dispose ❸outfit;equipment
【配餐】prepared meal
【配搭】supplement;match;accompany
【配对】❶pair;match ❷mate;pair
【配额】quota
【配发】❶allocate ❷publish a related article
【配方】动 fill〔make up〕a prescription 名 ❶prescription ❷formula
【配房】wing (of a house)
【配合】动 ❶coordinate;cooperate;concert ❷keep time with 名 fit
【配件】❶parts;fittings ❷replacement
【配酒】mix drinks
【配角】supporting role;supporting actor
【配料】动 get materials ready in the right proportion 名 burden
【配马】mate horses
【配偶】mate
【配色】[pèisè]mix colours in the right proportion
【配色】[pèishǎi]match colours;harmonize colours
【配送】distribution
【配套】动 form a complete set〔system〕形 coordinated;complementary
【配戏】play a minor part
【配药】make up a prescription
【配乐】select passages to serve as background music
【配制】compound;make up
【配置】dispose
【配种】breeding
【配猪】mate pigs
【配眼镜】have a pair of glasses made
【配钥匙】have a key made to fit a lock

喷 [pēn]

动 ①jet ②spray ➡pèn
【喷灯】blowlamp
【喷发】throw out
【喷饭】split one's sides with laughter
【喷粪】swear;curse;say dirty words
【喷壶】watering can
【喷漆】spray paint
【喷枪】spray gun
【喷泉】fountain
【喷洒】spray
【喷射】spray;jet
【喷塑】spraying plastics
【喷嚏】sneeze
【喷涂】spray paint
【喷吐】shoot out
【喷泻】shoot out
【喷子】sprayer
【喷嘴】spray nozzle;spray head
【喷火器】flamethrower
【喷水池】(artificial) fountain
【喷雾器】sprayer
【喷墨打印机】ink printer;in-jet printer
【喷气式飞机】jet plane;jet aircraft;jet

盆 [pén]

名 ①basin;pot ②sth like a basin 例 两盆花 two pots of flowers
【盆地】basin
【盆花】potted flower
【盆景】potted landscape
【盆栽】动 grown〔cultivated〕in a pot 名 potted flowers or trees
【盆子】basin;pot
【盆盆罐罐】household utensils

喷 [pèn]

名 busy season 量 crop ➡pēn
【喷香】delicious

抨 [pēng]

动 attack
【抨击】attack

怦 [pēng]

象 pound

砰 [pēng]

象 bang;thunder
【砰然】with a bang

烹 [pēng]

动 ①cook;boil ②quick-fry in hot oil and stir in sauce
【烹饪】cooking;cookery
【烹调】cook (dishes)

朋 [péng]

名 friend 动 ①gang up ②match;equal
【朋克】punk
【朋友】❶friend;pal;circle;gang ❷boyfriend;girlfriend

棚 [péng]

名 ①shelter ②shed ③room ceiling ④trellis
【棚车】❶box wagon;boxcar ❷covered truck
【棚子】shed

蓬 [péng]

【蓬勃】vigorous; flourishing
【蓬松】fluffy

鹏 [péng]
〔鹏程万里〕go far

澎 [péng]
〔澎湃〕surge

篷 [péng]
图 ①covering ②sail
【篷车】covered truck; box wagon

膨 [péng]
动 expand; swell
【膨大】expand
【膨化】popped
【膨松】bulk
【膨胀】expand; swell

pěng

捧 [pěng]
动 ①hold in both hands; carry in both hands ②flatter; promote; boost 量 一捧花生 a double handful of groundnuts/一捧枣 a double handful of dates
【捧杯】❶hold the cup (as a prize) ❷win the championship; win an award
【捧场】❶boost sb in a show ❷boost; sing the praises of; flatter
【捧读】have the pleasure of reading (your work)
【捧腹】split [shake, burst] one's sides with laughter
【捧哏】supporting role
【捧杀】kill with praise
【捧献】offer with respect
【捧臭脚】flatter; carry favour; lick sb's boots
【捧腹大笑】split one's sides with laughter

pèng

碰 [pèng]
动 ①touch; knock; bump ②meet; come across; run into ③have a try; take a chance; try one's luck ④meet to discuss
【碰杯】touch glasses
【碰壁】run up against a stone wall
【碰到】meet with; run into
【碰见】meet unexpectedly; run into; encounter
【碰面】meet
【碰巧】形 accidental; causual; chance 副 by chance 动 happen; chance
【碰伤】be injured or damaged after being hit by sth
【碰锁】spring lock
【碰头】meet and discuss; put one's heads together
【碰硬】face difficult problems; confront [challenge] a powerful opponent
【碰撞】❶run into ❷offend 图 collision; impact
【碰钉子】get into trouble; get the bird; get the cheese; have one's offer [proposal] turned down; meet disappointment; meet rejection; meet with a flat refusal; meet with failure
【碰碰车】bumper car
【碰碰船】bumper boat
【碰头会】brief meeting
【碰运气】try one's luck; take a chance
【碰一鼻子灰】cold shoulder; knock one's nose into ashes; meet rejection

pī

批 [pī]
动 ① slap ② write instructions [comments] on ③ officially approve ④ criticize 形 wholesale 量 lot; group; 刚到的一批货 a new lot of goods 图 fibres of cotton
【批办】issue
【批驳】criticize; reject
【批捕】approve an arrest
【批次】batch
【批斗】criticize and denounce
【批发】wholesale
【批复】give an official, written reply to sb
【批改】correct
【批号】lot number; batch number
【批件】official, written reply to sb
【批量】动 in batches 图 batch; lot
【批判】criticize
【批评】动 criticize 图 criticism
【批示】动 make comments and instructions; write an official comment 图 written comments [instructions]
【批售】wholesale
【批条】note bearing a superior's instructions [comments]
【批文】document bearing an official written response from senior authorities
【批销】wholesale
【批语】❶remarks on a piece of writing ❷written instructions [comments]
【批阅】read over; comment on
【批注】head-note
【批转】make comments [give instructions] on and transmit
【批准】approve; sanction
【批处理】batch processing
【批条子】write instructions [comments] on a note
【批文件】write instructions on documents
【批准书】certificate of approval
【批量生产】batch production; mass production; job-lot manufacturing
【批零差价】differences between wholesale and retail prices
【批准文号】sanction number
【批处理文件】batch file

pī

纰 [pī]
动 become untwisted; be spoilt 形 careless

mistake
【纰漏】careless mistake; small accident; slip

坯 [pī]
图 ①base; blank ②unburnt brick; earthen brick ③semifinished product
【坯件】blank
【坯模】mould
【坯子】semifinished product; base; blank

披 [pī]
①wrap around ②open; unroll; unfold; spread out ③split open; crack
【披风】cape
【披肩】scarf; cape
【披露】❶publish; announce ❷reveal; show; disclose
【披散】hang down loosely
【披阅】open and read
【披肩发】shoulder length hair
【披肝沥胆】open one's heart; be open and sincere; be loyal and faithful; lay bare one's heart
【披头散发】with hair hang loose
【披星戴月】travel[work] by night; work from before dawn till after dark; go to work before down and come home when the moon is up

砒 [pī]
〔砒霜〕arsenic

劈 [pī]
动 ①split; chop; cleave ②split; crack; break ③strike 图 wedge ➜ pǐ
【劈开】splitcrack
【劈脸】right in the face
【劈头】❶straight on the head; right in the face ❷at the very start
【劈波斩浪】cleave through the waves
【劈头盖脸】right in the face

噼 [pī]
【噼啪】crack; snap
【噼里啪啦】crack; crackle; splutter; clatter

霹 [pī]
【霹雳】thunderbolt; thunderclap
【霹雳舞】break dance

pí

皮 [pí]
图 ①skin ②leather; fur; hide ③peel ④cover ⑤surface ⑥broad, flat piece; sheet ⑦rubber 形 ①tough ②soggy ③naughty ④case-hardened
【皮袄】fur-lined jacket
【皮板】fell
【皮包】leather handbag
【皮鞭】leather-thonged whip; crop
【皮草】leather and fur
【皮尺】tape measure; tape
【皮带】❶leather belt ❷(driving) belt
【皮蛋】preserved egg
【皮肤】skin
【皮革】leather; hide
【皮婚】leather wedding anniversary—the 3rd wedding anniversary
【皮货】furs
【皮具】leather products
【皮脸】❶shameless ❷naughty
【皮毛】❶fur ❷skin and hair ❸superficial knowledge
【皮面】❶outer skin; surface; outside ❷leather cover
【皮囊】❶leather bag ❷the human body
【皮球】rubber ball; ball
【皮肉】skin and flesh
【皮实】❶hardy ❷durable
【皮试】skin test
【皮条】leather strap
【皮箱】leather suitcase; leather trunk
【皮鞋】leather shoes
【皮靴】leather boots
【皮衣】fur clothing; leather clothing
【皮张】hide
【皮子】❶leather; hide ❷fur ❸skin; rind
【皮包骨】skinny
【皮大衣】fur coat
【皮带轮】(belt) pulley
【皮划艇】kayak
【皮夹子】wallet; pocketbook
【皮筋儿】rubber band
【皮桶子】fur lining
【皮鞋油】shoe polish
【皮包公司】bubble company; shell company; fly-by-night company
【皮笑肉不笑】put on a false smile

毗 [pí]
动 adjoin; border on
【毗连】border on

蚍 [pí]
【蚍蜉】large ant

疲 [pí]
形 ①tired; weary; exhausted ②weaken
【疲惫】形 tired out; exhausted 动 tire sb out
【疲乏】tired; weary
【疲倦】tired and sleepy
【疲困】❶tired ❷weak
【疲劳】❶tired; exhausted; tire [worn] out; (dead) beat ❷fatigue ❸weakening of material subjected to stress
【疲软】❶tired ❷weaken
【疲弱】tired and weak
【疲沓】negligent
【疲于奔命】be tired out by too much running around; be kept constantly on the run; be weighed down with work

啤 [pí]
【啤酒】beer

【啤酒杯】blackpot
【啤酒肚】beer belly〔gut〕
【啤酒罐】beer can;beer tin
【啤酒桶】beer barrel

琵 [pí]

【琵琶】*pipa*
【琵琶桶】wooden barrel

脾 [pí]

〈名〉spleen
【脾气】❶temperament ❷bad temper
【脾性】temperament;nature;habits and characteristics
【脾脏】spleen
【脾胃相投】have similar tastes;have similar likes and dislikes

pǐ

匹 [pǐ]

〈动〉be equal to;be a match for;rival 〈形〉alone;single 〈量〉(a)一匹马 a horse (b)一匹布 a bolt of cloth
【匹敌】be equal to;be well matched
【匹夫】❶ordinary man ❷ignorant person
【匹配】❶mate;marry ❷match
【匹夫有责】every one has the duty

痞 [pǐ]

〔痞子〕hooligan

劈 [pǐ]

〈动〉① split;divide ② break off;strip off ③ open one's legs〔fingers〕too wide ➡pī
【劈叉】do the splits
【劈柴】firewood
【劈账】share out proceeds according to a certain rate
【劈棒子】pick corn

癖 [pǐ]

〈名〉weakness for
【癖好】favourite hobby;fondness for
【癖习】old habit
【癖性】inclination

pì

屁 [pì]

〈名〉①wind ②rubbish;damned trifles ③what;anything
【屁股】❶ bottom;behind;backside ❷ rump ❸ end
【屁话】nonsense;rubbish
【屁事】trifling matter;mere nothing;nothing worth speaking of ➡pí
【屁颠儿】happy and gay;pleased;overjoyed
【屁滚尿流】be frightened out of one's wits〔life〕

辟 [pì]

〈动〉① open up ② counter;renounce 〈形〉penetrating 〈名〉law;punishment ➡bì
【辟谣】deny a rumour

媲 [pì]

〈动〉be equal to;match
【媲美】compare favourably with;rival

僻 [pì]

〈形〉① out-of-the-way ② odd ③ rare;uncommon
【僻静】lonely
【僻壤】out-of-the-way place
【僻远】remote and out-of-the-way

譬 [pì]

〈名〉example
【譬如】for example;for instance;such as
【譬喻】figure of speech

piān

片 [piān]
➡piàn
【片子】❶roll of film ❷film;movie ❸gramophone record;disc ❹X-ray

扁 [piān]
➡biǎn
【扁舟】small boat

偏 [piān]

〈形〉①inclined to one side;leaning to one side ②partial;prejudiced ③assistant;supplementary;supporting;auxiliary ④different from a certain standard 〈副〉insistently;persistently;我偏不去。I just won't go. 〈动〉① deviate from the normal standard ②move to one side
【偏爱】have partiality for sth;show favouritism to sb
【偏才】cleverness in a limited way;skill in a certain less important field
【偏差】error
【偏度】do one thing and neglect another;emphasize one thing at the expense of another
【偏好】[piānhǎo]it so happened that;as luck would have it
【偏好】[piānhào] have a special fondness for sth
【偏护】be partial to and side with
【偏激】extreme
【偏见】〈名〉prejudice 〈形〉prejudiced;narrow-minded
【偏科】over-emphasize one or two subjects and thus neglect many other subjects
【偏离】departure;drift;off-set;wander
【偏僻】remote;out-of-the-way
【偏偏】❶ wilfully;insistently;persistently ❷ contrary to expectations ❸only;alone
【偏颇】partial
【偏巧】it so happened that;as luck would have it
【偏色】colour cast
【偏食】❶partial eclipse ❷one-sided diet
【偏袒】be partial to and side with;give unprincipled protection to
【偏疼】favour one more than the others

【偏题】 catch〔tricky〕 question
【偏向】 erroneous tendency be partial to; give unprincipled support〔protection〕 to
【偏移】 shifting;excursion;offset
【偏远】 remote;faraway
【偏重】 stress one aspect at the expense of another
【偏听偏信】 listen only to one side;be biased
【偏心眼儿】 prejudiced;partial

篇 [piān]
①piece of writing ②sheet 一篇文章 a piece of writing;an essay〔article〕/两篇儿纸 two sheets of paper
【篇幅】 ❶length ❷space
【篇目】 table of contents;contents;list of articles
【篇章】 sections and chapters;writings
【篇子】 sheet

翩 [piān]
①rapid ②waving
【翩翩】 lightly elegant
【翩跹】 lightly;trippingly
【翩翩起舞】 rise and dance in a happy mood; dance trippingly

pián

便 [pián]
→biàn
【便宜】 cheap;inexpensive;affordable;low-cost;economical;dirt cheap unearned gains let sb off lightly
【便宜货】 good buy〔purchase〕;bargain;cheapie

piǎn

谝 [piǎn]
show off
【谝能】 show off one's abilities〔skills〕

piàn

片 [piàn]
①piece;slice;fragment ②motion picture; TV film ③section of a place incomplete;partial;brief cut into slices;slice (a)两片药 two tablets (b)一大片水 a vast expanse of water/一大片庄稼 a vast stretch of crops (c)一片新气象 a new atmosphere/一片真心 all sincerity →piān
【片酬】 pay for making a film
【片窗】 gate
【片段】 part;passage;fragment
【片断】 part;passage;fragment incomplete
【片盒】 film magazine
【片剂】 tablet
【片夹】 film jacket
【片刻】 short while;instant;moment
【片门】 film gate
【片面】 ❶ uneven;unbalanced;unfair;unequal ❷ one-sided

【片头】 titles
【片尾】 trailer;trail leader
【片约】 film contract
【片子】 ❶a flat,thin piece;slice ❷visiting card
【片面性】 one-sidedness
【片儿会】 neighbourhood meeting; temporary group meeting
【片儿警】 policeman responsible for a specific neighborhood;beat policeman
【片儿医】 neighbourhood doctor
【片言只语】 (in) only a few words

骗 [piàn]
①cheat;deceive;impose;mislead; trick;fool;受骗 be taken in;be fooled ②cheat ③mount;jump onto
【骗局】 shell game;show;trap;trickery;put-up job
【骗钱】 cheat sb of his money
【骗取】 gain sth by cheating;cheat〔trick〕 sb out of sth
【骗人】 deceive people
【骗术】 art of trickery〔shell game〕;confidence trick
【骗子】 cheater;trickster
【骗取钱财】 cheat sb out of money
【骗取信任】 worm one's way into sb's confidence

piāo

剽 [piāo]
①rob ②lift;copy swift
【剽悍】 quick and fierce
【剽窃】 lift;copy

漂 [piāo]
①float;stay afloat;drift ②move downstream or in the direction of the wind →piǎo; piào

漂 [piāo]
①float;stay afloat;drift ②move downstream or in the direction of the wind →piǎo; piào
【漂泊】 ❶drift ❷lead a wandering life;wander about
【漂荡】 ❶float ❷lead a wandering life;wander about
【漂浮】 float superficial;on an unsteady footing
【漂流】 ❶ be driven by the current;drift about ❷lead a wandering life;wander about rafting
【漂移】 drift
【漂游】 ❶float ❷lead a wandering life;wander about
【漂族】 floaters
【漂流瓶】 drift bottle;messenger bottle
【漂一代】 floaters
【漂洋过海】 travel far across the ocean〔sea〕

缥 [piāo]
〔缥缈〕 indistinct

飘 [piāo]

动 wave; float (in the air) 形 ①weak; wobbly; feeble ②superficial

【飘尘】floating dust
【飘带】streamer; ribbon
【飘荡】①drift; float; wave ②lead a wandering life; wander about
【飘动】float
【飘浮】动 wave; float (in the air) 形 superficial
【飘红】grow
【飘忽】①move swiftly; fleet 形 mobile; uncertain
【飘零】① fading and falling ② wandering; adrift; homeless
【飘落】drift and fall slowly; descend slowly and lightly
【飘然】floating in the air
【飘洒】动 float in the air; drift with the wind 形 natural; free and easy
【飘散】drift away
【飘舞】wave in the wind
【飘扬】wave; fly
【飘摇】sway
【飘曳】sway
【飘移】drift
【飘逸】① possessing natural grace; free and easy ②float; scatter
【飘溢】drift about
【飘游】drift; wander aimlessly; lead a wandering life
【飘悠】drift leisurely
【飘飘然】动 feel high; feeling of floating in the air 形 self-satisfied
【飘飘欲仙】(be) on the wing

piáo

瓢 [piáo]

【瓢子】①gourd ladle ②spoon
【瓢泼大雨】heavy rain; downpour

piǎo

漂 [piǎo]

动 ①bleach; blanch; whiten ②rinse; sluice; swill

【漂白】bleach
【漂洗】rinse ➡piāo; piào

瞟 [piǎo]

动 glance sideways at

piào

票 [piào]

图 ①ticket ②vote ③bank note; bill ④hostage ⑤amateur performance

【票额】the sum stated on a cheque〔bill〕; face value
【票房】booking office; box office value
【票号】draft bank
【票汇】send bank drafts
【票价】the price of a ticket; admission fee; entrance fee
【票据】①bill; note ②receipt
【票券】ticket
【票友】amateur performer
【票证】ticket
【票子】bank note; paper money; bill
【票贩子】ticket broker
【票面价值】face value
【票务中心】ticket〔booking〕office; box〔booking〕office
【票据交换所】clearing house

漂 [piào]

➡piāo; piǎo

【漂亮】① handsome; pretty; beautiful; good-looking ② remarkable; brilliant; splendid; beautiful
【漂亮话】fine words; high-sounding words

piē

撇 [piē]

动 ①cast aside; put aside; discard; leave behind; throw overboard ②skim ➡piě

【撇开】leave aside; bypass
【撇弃】cast away; abandon; discard
【撇清】whitewash oneself
【撇去】skim

瞥 [piē]

shoot a glance at; catch a glimpse of
【瞥见】get a glimpse of; catch sight of
【瞥视】cast a quick glance at
【瞥眼】in an instant; in a flash

piě

撇 [piě]

动 ① throw; cast ② curl one's lip ③ turn one's feet out when walking 量 两撇扫帚眉 two bushy brows ➡piē

【撇号】accent (sign); prime
【撇嘴】curl one's lip

pīn

拼 [pīn]

动 ①put together; piece together ② risk all; exert one's utmost in work; fight tooth and nail ③spell

【拼搏】struggle hard; exert oneself to the utmost; go all out
【拼凑】piece together; knock together
【拼攒】assemble (spare parts)
【拼接】piece together; join together
【拼力】go all out; do one's utmost
【拼命】①risk one's life; go all out regardless of danger to one's life ② exert the utmost strength
【拼盘】cold platter
【拼死】risk one's life

pīn

- 【拼写】spell
- 【拼音】Pinyin
- 【拼争】take on; face up to
- 【拼装】assemble; fit together
- 【拼缀】join together
- 【拼到底】fight to bitter end; fight to the finish
- 【拼劲儿】energy and determination
- 【拼时间】race against time
- 【拼体力】risk exhausting all one's physical strength
- 【拼贴画】paste-up
- 【拼写法】spelling
- 【拼死拼活】put up a life-and-death fight; exert one's utmost
- 【拼死挣扎】wage a desperate struggle
- 【拼图游戏】picture puzzle

pín

贫 [pín] 形 ① poor; needy ② inadequate; poor; insufficient; wanting 动 be short of; lack; need; require; be in want of

- 【贫乏】❶ poor; needy ❷ wretchedly lacking
- 【贫寒】poor; poverty-stricken
- 【贫瘠】infertile; poor
- 【贫贱】poor and lowly
- 【贫苦】poor; poverty-stricken; badly off
- 【贫困】in pinching poverty
- 【贫民】poor people
- 【贫穷】poor; needy; impoverished; disadvantaged
- 【贫油】oil-poor
- 【贫嘴】garrulous
- 【贫困户】poor family; family in poverty
- 【贫困线】poverty line
- 【贫民窟】slums
- 【贫病交迫】suffer from both poverty and sickness
- 【贫富差距】disparities in wealth; polarization of rich and poor
- 【贫富悬殊】wide gap between the rich and the poor
- 【贫困地区】poverty-stricken area; poor region
- 【贫下中农】poor and lower-middle peasants

频 [pín] 形 frequent 副 frequently; repeatedly 名 frequency

- 【频传】keep pouring in
- 【频带】frequency band
- 【频道】(TV) frequency channel; channel
- 【频段】frequency range
- 【频发】take place[happen] frequently
- 【频繁】frequently; often
- 【频率】❶ frequency ❷ rate
- 【频频】again and again; repeatedly
- 【频谱】frequency spectrum
- 【频仍】frequent; repeated
- 【频数】frequent and continuous

pǐn

品 [pǐn] 名 ① article; product; goods ② kind; type; variety ③ grade; class; rank ④ character; quality 动 ① taste; sample ② play

- 【品尝】taste; sample
- 【品德】moral character
- 【品格】❶ one's moral character ❷ quality and style
- 【品级】❶ official rank ❷ grade
- 【品类】category
- 【品绿】bamboo green
- 【品貌】❶ looks; appearance ❷ character and looks; personality and appearance
- 【品名】the name of an article
- 【品茗】sip tea; sample tea
- 【品目】the names[descriptions] of goods
- 【品牌】brand
- 【品评】judge; comment on
- 【品脱】pint
- 【品位】❶ rank ❷ quality ❸ grade
- 【品味】动 ❶ taste; sample ❷ deliberate 名 quality; flavour
- 【品系】strain
- 【品行】moral conduct; behaviour
- 【品性】one's nature and moral character
- 【品质】❶ character ❷ quality
- 【品种】❶ breed; strain; variety ❷ variety
- 【品牌机】brand-name computer
- 【品头论足】find fault; be overcritical
- 【品学兼优】be a good student of good character; be a student of good character and fine scholarship
- 【品种齐全】complete range of articles

pìn

聘 [pìn] 动 ① engage; employ; appoint ② visit ③ betroth ④ get married; be married off

- 【聘金】❶ betrothal money for the bride's family ❷ fee
- 【聘礼】❶ betrothal gifts ❷ engagement gifts
- 【聘期】term of appointment
- 【聘请】engage; invite
- 【聘任】engage sb as; appoint sb to a position
- 【聘书】letter of appointment; contract; formal letter of employment
- 【聘问】visit a friendly country on behalf of one's government
- 【聘用】employ; engage; appoint to a position

pīng

乒 [pīng] 象 ping; crack; 乒的一声枪响 crack of a gun shot 名 table tennis; ping-pong

- 【乒乓】象 rattle 名 table tennis; ping-pong
- 【乒坛】the table tennis circles

【乒乓球】table tennis; ping-pong; table tennis ball; ping-pong ball
【乒乓球赛】table tennis match
【乒坛老将】veteran table tennis player

píng

平 [píng]

[形]①flat; level; smooth ②on the same level; equal ③equal; just; fair ④calm; peaceful; quiet ⑤common; average; ordinary; usual [名]level tone [动]①make even; level out; level up ②be on the same level; equal; draw ③put down; suppress ④restrain one's anger; calm
【平安】safe and sound; well
【平白】for no reason
【平板】flat
【平辈】persons of the same generation
【平槽】rise as high as the banks; be level with the banks
【平常】[形]ordinary; common [副]generally; usually; ordinarily; as a rule
【平车】①flatcar; platform wagon; platform car ②flatbed cart; flatbed tricycle
【平川】level land; flat, open country; plain
【平淡】flat
【平等】equality
【平底】①flat-bottomed ②low-heeled
【平地】[动]level the land [ground] [名]level ground; flat ground
【平定】①calm down ②suppress; put down
【平凡】ordinary; common
【平反】redress
【平方】①the second power of a quantity; square ②square metre (sq. m.)
【平房】①single-storey house; one-storey house ②house with a flat roof
【平分】divide equally; give [take] equal shares; share alike
【平服】be convinced
【平复】①calm down ②be cured; be healed
【平和】gentle; mild; moderate; placid
【平衡】[形]balanced; even [名]balance [动]balance
【平滑】level and smooth; smooth
【平话】popular story
【平缓】①flat; gentle; smooth ②mild; gentle
【平价】normalized [moderate] prices; set-set price
【平角】straight angle; angle of 180°
【平静】calm; quiet; still
【平局】draw; tie; be all square
【平均】[动]average; mean [形]equally; share and share alike
【平列】place side by side
【平落】drop to normal
【平脉】normal pulse
【平面】plane
【平民】the common people
【平年】①non-leap year; common year ②average year
【平平】average; indifferent
【平权】(enjoy) equal rights
【平日】on ordinary days; ordinarily; usually
【平射】flat fire
【平身】stand up (after kowtowing)
【平生】①all one's life; one's whole life ②usually
【平声】level tone
【平时】①at ordinary times; in normal times ②in peacetime
【平视】look directly; look straight ahead
【平手】draw
【平顺】smooth-going; plain sailing
【平素】usually
【平台】①terrace ②movable platform ③platform
【平坦】level; even; smooth
【平躺】①do whatever one likes without interference ②cannot be blocked [stopped]
【平添】add [give] as an effect [a result]
【平头】[名]crew cut [形]①ordinary; common ②full; round; complete
【平纹】plain weave
【平稳】smooth and steady; smooth; stable
【平昔】in the past
【平息】①calm down; quiet down ②put down; suppress
【平巷】drift; level
【平信】ordinary [surface] mail
【平行】①of equal rank; on an equal footing; parallel ②concurrent ③parallel
【平移】translation
【平议】①pass a fair judgment on ②appraise sth through discussion
【平易】①unassuming; amiable ②easy; plain
【平庸】indifferent
【平鱼】butterfish
【平原】plain; flatlands
【平展】①open and flat ②well smoothed out
【平整】[动]level (land) [形]neat; smooth; level
【平装】paperback; paper-cover; paperbound
【平足】flatfoot
【平安险】free of particular average (F.P.A.)
【平板车】flatbed tricycle; flatbed
【平板仪】surveying panel
【平方根】square root
【平方米】square metre (sq. m.)
【平光镜】plain glass
【平衡木】balance beam
【平衡器】balancer
【平记录】equal a record
【平均数】average; mean
【平均值】average value; mean value; mean
【平面镜】plane mirror
【平面图】plan; plane figure
【平行线】parallel lines; parallel
【平安无事】all is well; (be) out of harm's way

【平白无故】for no apparent reason;
【平板玻璃】plate glass
【平板电视】plate panel TV
【平步青云】rapidly go up in the world; make a smashing hit; beat the top of the ladder; come to the top overnight
【平淡无奇】commonplace
【平等待人】treat others as equal
【平等竞争】fair competition; equal competition
【平等协商】consultation on the basis of equality; consultation on an equal footing
【平地风波】sudden storm on a calm sea—unforeseen trouble
【平地楼台】high buildings rise from the ground—start from scratch
【平方公里】square kilometre (sq. km.)
【平分秋色】have equal shares; be on equal terms (with)
【平价商店】low-price shop; fair price shop
【平面几何】plane geometry
【平面交叉】grade crossing; level crossing
【平面设计】graphic design
【平时不烧香，急来抱佛脚】done smoothly
【平铺直叙】tell in a simple, straightforward way; speak[write] in a dull, flat style
【平起平坐】sit as equals at the same table; be on an equal footing
【平稳过渡】smooth transition
【平心而论】in all fairness; give sb his due
【平心静气】calmly
【平易近人】easy to get along with; be well disposed; free and easy; having a taking way with one; having the common touch
【平地一声雷】sudden clap of thunder—sudden rise in fame and position; an unexpected happy event
【平面设计师】graphic artist[designer]

评 [píng]
动 ①make comments; comment; criticize; review ②judge; assess; appraise 名 review
【评比】appraise through comparison; compare and assess
【评定】pass judgment on; evaluate; assess
【评断】judge
【评分】give a mark; mark; score
【评功】appraise sb's merits
【评估】assess; evaluate; appraise
【评级】grade according to work; grade according to quality
【评价】appraise; evaluate
【评奖】decide on awards through discussion; give awards after panel discussion
【评介】review
【评卷】mark examination papers
【评理】①judge between right and wrong; decide which side is right ②reason things out; have it out
【评论】动 comment on; discuss 名 comment;

commentary; review; observation
【评判】pass judgment on; judge; sit in judgement
【评聘】assess and appoint to a position
【评审】examine and appraise
【评书】storytelling
【评述】commentary
【评说】comment on; appraise; evaluate
【评委】jury; the judging panel; evaluation committee; evaluation committee member; member of a review committee
【评析】comment and analyse
【评选】choose through public appraisal
【评议】appraise sth through discussion; deliberate in a formal meeting
【评语】comment; remark
【评阅】read and appraise
【评注】notes and commentary
【评家】critic; reviewer
【评论员】commentator
【评判员】judge
【评头论足】①make frivolous remarks about a woman's appearance ②find fault; be overcritical

坪 [píng]
名 ①level ground ②ping
【坪坝】level open space

苹 [píng]
【苹果】apple
【苹果脯】preserved apple
【苹果干】dried apple slices
【苹果机】Apple
【苹果酱】apple jam
【苹果酒】applejack
【苹果绿】apple green
【苹果蜜】apple honey
【苹果泥】apple butter
【苹果派】apple pie
【苹果树】apple (tree)
【苹果油】apple oil
【苹果汁】apple juice
【苹果沙司】applesauce

凭 [píng]
动 ①lean on; lean against ②rely on; depend on ③go by; base on; act according to; take as the basis 名 evidence; proof; guarantee 连 no matter
【凭单】certificate for drawing money[goods]
【凭吊】visit to remember a dead person or past event
【凭借】rely on; depend on
【凭据】evidence; proof
【凭靠】rely on; depend on
【凭空】out of thin air; without foundation; groundless
【凭栏】lean on a railing
【凭恃】rely on; depend on

【凭眺】gaze from a high place into the distance; enjoy a distant view from a height
【凭信】trust; believe
【凭依】base oneself on; rely on; have sth to go by
【凭倚】lean on; lean against
【凭仗】rely on; depend on
【凭照】certificate; permit; licence
【凭证】proof; evidence; certificate
【凭常识】by common sense
【凭经验】by rule of thumb
【凭良心】in all conscience
【凭窗远眺】stand at a window gazing into the distance
【凭空捏造】make something out of nothing
【凭身份证】by identity card

屏[píng] 图①screen ②set of scrolls 动 shield sb or sth; screen ➡bǐng
【屏蔽】动 screen; shield 图 protective screen
【屏风】screen
【屏极】plate
【屏幕】screen
【屏障】图 protective screen 动 provide a protective screen for
【屏蔽线】shielding line
【屏幕保护程序】screen-saver; screen saver

瓶[píng] 图 bottle; jar
【瓶胆】glass liner
【瓶盖】cap
【瓶颈】bottleneck
【瓶口】bottleneck
【瓶塞】bottle stopper; bottle plug
【瓶装】bottled
【瓶装水】bottled water
【瓶装饮料】bottled drink

萍[píng] 图 duckweed
【萍水相逢】meet by chance like patches of drifting duckweed
【萍踪浪迹】leaving no traces like duckweed and waves

坡[pō] 图 slope 形 sloping 动 slope
【坡岸】sloping bank
【坡道】slope
【坡地】hillside fields; sloping fields; land on the slopes
【坡度】the degree of an incline; slope

泊[pō] 图 lake ➡bó

泼[pō] 动 spill 形 ①rude and unreasonable ②bold and vigorous
【泼辣】❶rude and unreasonable; shrewish ❷

forceful ❸bold and vigorous
【泼洒】spill
【泼野】tough, fierce and unreasonable
【泼冷水】pour〔throw〕cold water on

颇[pō] 形 inclined to one side; partial 副 quite; rather; considerably
【颇丰】good
【颇佳】quite good
【颇为】rather
【颇为费解】rather difficult to understand

婆[pó] 图①old woman ②husband's mother; mother-in-law ③woman in a certain occupation
【婆家】husband's family
【婆母】husband's mother; mother-in-law
【婆婆】❶husband's mother; mother-in-law ❷Grandmother ❸boss; higher-up; higher authority leader; chief
【婆娑】dancing
【婆子】❶married woman ❷wife ❸middle-aged〔oldish〕woman servant
【婆婆妈妈】❶like an old woman; old-womanish ❷sentimental
【婆娑起舞】start dancing; begin to trip a measure

迫[pò] 动①compel; force; drive; press ②approach; go towards or near 形 urgent; critical; pressing
【迫害】oppress cruelly
【迫降】[pòjiàng] forced landing; distress landing
【迫近】approach; get close to; draw near
【迫临】approach; get close to
【迫令】force sb to (do sth)
【迫切】urgent; pressing
【迫使】force; compel; drive; oblige
【迫降】[pòxiáng] force sb to surrender
【迫切性】urgency
【迫不得已】have no alternative (but to); be forced〔driven, compelled〕to; do sth against one's will
【迫不及待】unable to hold oneself back; too impatient to wait; be on the edge of one's seat; be on tenter hooks
【迫于形势】under the pressure of events; under the stress of circumstances
【迫在眉睫】extremely urgent

破[pò] 动 ①be broken; be damaged ②destroy; break; damage ③defeat (enemy); capture ④break; break with; get rid of; do away with ⑤spend; expend ⑥split; break; cut ⑦break a bank-note into small change ⑧expose the truth of; lay bare; show up 形 ① broken; cracked; torn; worn-out ② poor

【破案】solve[clear up] a case; crack a criminal case
【破败】ruined
【破财】suffer unexpected personal financial losses; lose money
【破产】名 bankruptcy 动 ❶ bankrupt ❷ go bankrupt; go broke ❸ come to naught; fall through; be bankrupt
【破除】do away with; get rid of; break with
【破费】spend money; go to some expense
【破格】break a rule; make an exception
【破坏】❶ destroy; wreck; do great damage to; spoil; undermine ❷ change completely ❸ violate; break
【破货】loose woman
【破获】unearth; uncover
【破击】attack and destroy; wreck
【破解】analyse and explain
【破旧】shabby
【破口】名 cut; break; tear 动 get a cut[break, tear]
【破烂】worn-out
【破浪】cleave the waves; brave the waves
【破例】break a rule; make an exception
【破脸】turn against
【破裂】burst; split; crack; break
【破落】run-down
【破落】decline; be reduced to poverty
【破门】❶ burst[force] open the door ❷ score a goal
【破灭】fall through
【破碎】形 broken 动 smash[break] sth to pieces; crush
【破损】damaged; worn; torn
【破土】❶ break ground ❷ start spring ploughing ❸ break through the soil
【破碗】broken bowl
【破晓】dawn; daybreak
【破鞋】loose woman
【破颜】break into a smile
【破译】crack
【破绽】❶ burst seam ❷ weak point
【破冰船】icebreaker
【破产法】insolvency law; law of bankruptcy; bankruptcy law
【破产者】bankrupt
【破烂货】worthless stuff; rubbish; trash
【破落户】a family that has gone down in the world
【破天荒】occur for the first time
【破衣服】worn-out clothes
【破折号】dash
【破釜沉舟】burn one's boats; burn one's bridges; cut off all means of retreat
【破关斩将】break through numerous strategic passes and kill many defending generals—overcome a lot of difficulties and vanquish many opponents
【破罐破摔】smash a pot to pieces just because it's cracked—write off one's situation as hopeless and act recklessly
【破镜重圆】broken mirror joined together—reunion of husband and wife after an enforced separation or rupture
【破旧立新】destroy the old and establish the new
【破口大骂】shout abuse
【破涕为笑】one's tears giving way to smiles
【破土动工】break ground
【破衣烂衫】ragged clothes; rags
【破绽百出】full of holes
【破世界记录】break the world record
【破碎型家庭】broken family[home]

魄 [pò]

名 ① soul ② energy; spirit
【魄力】daring and resolution; boldness

pōu

剖

动 ① cut open ② analyse; examine
【剖白】explain oneself
【剖解】analyse
【剖面】section
【剖明】analyse and make clear
【剖析】analyse
【剖心】open one's heart; lay bare one's true feelings; be completely open and sincere

pū

仆 [pū]

动 fall forward ➡ pú

扑 [pū]

动 ① throw oneself on; dash at; attack ② throw oneself (heart and soul) into; devote oneself to ③ pat ④ bend over ⑤ rush at; attack
【扑鼻】be pungent
【扑哧】chuckle(指笑声); hiss(指撒气)
【扑打】[pūdɑ] pat; beat
【扑粉】名 ❶ face powder ❷ bath[dusting, toilet] powder 动 apply powder
【扑击】❶ pounce on; fall on; set on ❷ lap against; beat against
【扑救】❶ put out a fire to save life and property ❷ diving save
【扑克】playing cards
【扑空】fail to get[achieve] what one wants; fail to find a person where he is supposed to be; come away empty-handed
【扑拉】❶ spread (wings) ❷ pat; slap ❸ roll down
【扑落】❶ shake off; shake out of sth ❷ scatter about
【扑面】blow on[against] one's face
【扑灭】❶ stamp out; put out; extinguish ❷ wipe

out;mop up
【扑球】dive for the ball
【扑杀】beat to death;kill
【扑腾】[pūteng] ❶ move one's legs up and down in the water ❷ move up and down ❸ hustle;keep the ball rolling ❹ spend freely
【扑通】plop

铺 [pū]
㉕ spread;lay 图 一铺炕 a kang ➡ pù
【铺衬】small pieces of cloth used for patches
【铺床】make the bed
【铺垫】图 ❶ bedding ❷ foreshadowing ㉕ ❶ spread ❷ foreshadow
【铺盖】[pūgài] spread (evenly) over
【铺盖】[pūgɑi] bedding;bedclothes
【铺轨】lay a railway track
【铺炕】spread out the bedclothes on the kang; prepare the kang for sleep
【铺面】facing
【铺排】❶ put in order;arrange ❷ be extravagant
【铺平】❶ smooth out;spread sth out smoothly ❷ make the ground level〔even〕;level
【铺设】lay;build
【铺叙】elaborate
【铺展】spread out
【铺张】extravagant
【铺植】plant
【铺被褥】spread a quilt
【铺管道】lay pipes
【铺底资金】minimum capital;start-up fund; seed money
【铺盖卷儿】bedding roll;bedroll;luggage roll
【铺天盖地】blot out the sky and cover up the earth;come in large quantities;flood in

噗 [pū]
图 puff

pú

仆 [pú]
图 servant 代 your humble servant ➡ pū
【仆从】footman
【仆妇】elderly woman servant
【仆仆】travel-stained;travel-worn and weary
【仆人】(domestic) servant

匍 [pú]
〔匍匐〕❶ crawl;creep ❷ grow along the ground;creep;trail

菩 [pú]
〔菩萨〕❶ bodhisattva ❷ saint

脯 [pú]
图 chest;breast ➡ fǔ

葡 [pú]
【葡萄】grape
【葡萄酒】grape wine;wine
【葡萄糖】grape sugar
【葡萄汁】grape juice

蒲 [pú]
图 club grass
【蒲包】rush bag
【蒲扇】Chinese fan;palm fan
【蒲桃】rose apple
【蒲席】rush mat

pǔ

朴 [pǔ]
形 simple;plain;honest
【朴实】❶ simple;plain ❷ sincere and honest
【朴素】❶ simple;plain ❷ plain and modest ❸ undeveloped

圃 [pǔ]
图 plot of land for growing plants;garden

普 [pǔ]
形 universal;general;widespread;common
【普遍】universal;general;widespread;common
【普查】general survey;
【普法】㉕ popularize knowledge of national laws 图 law popularization
【普及】❶ be universalized in;be made popular among;be extensively spread ❷ popularize; spread among the people
【普降】fall over a large area
【普通】ordinary;common;average
【普遍性】universality
【普惠制】generalized system of preference (GSP)
【普及本】popular edition
【普通股】ordinaries;ordinary share;common stock
【普通话】putonghua
【普遍规律】universal law
【普遍现象】commonplace phenomenon
【普遍真理】universal truth
【普及教育】universal education
【普天之下】everywhere under the sun;all under heaven;all over the world;in every part of the world;in this wide world

谱 [pǔ]
图 ❶record;register ❷ manual;guide ❸ music score;music ❹ sth to count on;fair amount of confidence ❺ airs ㉕ set to music;compose
【谱架】music stand
【谱曲】set (words) to music;compose music for
【谱写】compose (music)
【谱子】music score;music

蹼 [pǔ]
图 web

pù

铺 [pù]
图 ❶shop;store ❷plank bed ❸ post ➡ pū
【铺板】bed board;bed plank
【铺户】shop;store
【铺面】shop front

【铺位】bunk
【铺子】shop; store
【铺面房】shop building

瀑 [pù]
〔瀑布〕waterfall

曝 [pù]
动 expose to the sun ➡bào
【曝露】expose to the open air
【曝晒】expose to the sun

Qq

qī

七 [qī] 数 seven 名 seventh-day mourning period
【七绝】 seven syllable quatrain
【七律】 seven syllable regulated verse
【七窍】 the seven apertures in the human head
【七分裤】 trousers of seven-tenths of full length
【七巧板】 seven-piece puzzle; tangram
【七色板】 spectrum board
【七高八低】 bumpy and rough; uneven
【七老八十】 late seventies and early eighties—a very old person
【七零八落】 scattered here and there; in disorder
【七扭八歪】 irregular; in a state of great disorder
【七拼八凑】 throw together; piece together; knock together; rig up
【七窍生烟】 fume with anger; foam with rage; be outraged
【七擒七纵】 capture and release seven times
【七情六欲】 the seven emotions and six sensory pleasures
【七上八下】 seven buckets coming up and eight buckets going down—be agitated; be perturbed
【七十二行】 all sorts of occupations; every conceivable line of work
【七手八脚】 with everyone lending a hand
【七折八扣】 (with) various deductions or cuts
【七嘴八舌】 seven mouths and eight tongues—with everybody trying to get a word in; all talking at once

沏 [qī] 动 infuse
【沏茶】 brew [infuse, make, mash] tea

妻 [qī] 名 wife
【妻室】 wife
【妻小】 wife and children
【妻子】 [qīzi] wife and children
【妻子】 [qīzi] wife
【妻管严】 henpecked; be tied to one's wife's apron strings
【妻儿老小】 parents, wife and children—a married man's entire family
【妻离子散】 breaking up or scattering of one's family

栖 [qī] 动 ❶perch; rest ❷dwell; live; stay
【栖居】 dwell; inhabit
【栖身】 stay; sojourn
【栖宿】 rest [stay] for the night
【栖息】 perch; rest
【栖止】 stay; sojourn; dwell; reside; take up abode

凄 [qī] 形 ❶chilly; freezing; cold ❷bleak and desolate; dreary ❸sad; wretched; dejected; melancholy
【凄惨】 wretched; miserable; tragic
【凄楚】 wretched; miserable
【凄怆】 wretched; miserable; sad
【凄凉】 desolate and cold
【凄惶】 sad and worried; sad and anxious
【凄苦】 sad and miserable
【凄冷】 ❶dreary; desolate ❷chilly; cold
【凄厉】 sad and shrill
【凄凉】 ❶dreary; desolate ❷miserable
【凄迷】 ❶desolate and indistinct ❷sad; distracted
【凄凄】 windy and rainy; frigid
【凄切】 plaintive; mournful
【凄清】 ❶slightly cold; cool ❷dreary; plaintive
【凄然】 sad; mournful
【凄婉】 plaintive but lovely; sadly moving
【凄风苦雨】 ❶wailing wind and weeping rain ❷wretched circumstances; distress

萋 [qī]
〖萋萋〗 luxuriant; lush

期 [qī] 名 ❶scheduled time; appointed day or date ❷period of time; term; stage; phase 例 训练班先后办了三期。The training class was run

three times. 动 ①appoint;schedule ②await;expect;anticipate;hope
【期初】 the beginning of the period
【期待】 expect;await;look forward to
【期房】 forward delivery housing
【期汇】 forward exchange
【期货】 futures
【期冀】 ardently hope or expect
【期间】 time;period;course
【期刊】 periodical
【期考】 end-of-term examination;final〔terminal〕examination
【期满】 expire;run out;come to an end
【期末】 end of term;terminal
【期盼】 expect;await;look forward to
【期票】 promissory note;term bill
【期求】 hope to get〔obtain〕
【期权】 option
【期市】 ①forward market ②futures prices
【期望】 动 hope;wish;anticipate;expect 名 expectation
【期限】 allotted time;time limit;deadline
【期许】 ardently hope or expect
【期于】 look forward to;expect;aspire to;aim at;hope to achieve
【期中】 interim;midterm
【期终】 end of a term〔semester〕
【期望值】 expectations
【期期艾艾】 stammer;stutter
【期终考试】 final examination;terminal examination

欺 [qī]
动 ① cheat;deceive;fool;impose;mislead;trick ②bully;intimidate;take advantage of
【欺负】 bully;treat sb high-handedly;take advantage of
【欺凌】 bully and humiliate
【欺瞒】 hoodwink;dupe;pull the wool over sb's eyes
【欺骗】 deceive;cheat;dupe
【欺辱】 bully and humiliate;insult
【欺生】 ①bully or cheat strangers ②be ungovernable by strangers
【欺侮】 bully and humiliate;treat sb high-handedly
【欺压】 bully and oppress;ride roughshod over
【欺诈】 cheat;swindle
【欺骗性】 duplicity
【欺行霸市】 bully fellow traders and dominate the market;bully others in the same trade and monopolize the market;monopolize the market by bullying and cheating others
【欺人太甚】 what a beastly bully;that's going too far;push people too hard
【欺人之谈】 deceitful words;deceptive talk
【欺软怕硬】 bully the weak and fear the strong
【欺善怕恶】 bully good people and fear evil ones;bully the good and fear the wicked

【欺上瞒下】 deceive one's superiors and delude〔dupe〕one's subordinates
【欺世盗名】 gain fame by deceiving the public;fish for undeserved fame

喊 [qī]
象 whisper
【喊哩咔喳】 quick and efficient;snappy and clear-cut
【喊喊喳喳】 the sound of chatter

漆 [qī]
名 ① lacquer;paint ② lacquer tree;varnish tree 动 paint;cover with paint
【漆布】 varnished cloth
【漆雕】 lacquerware
【漆黑】 ①pitch-dark ②pitch-black;jet-black
【漆匠】 ①lacquerware worker ②lacquerer;lacquer man;painter
【漆皮】 ①coat of paint ②shellac
【漆片】 coating agent which has to be dissolved in alcohol before use
【漆器】 lacquerware;lacquerwork
【漆树】 lacquer tree;varnish tree
【漆包线】 enamel-insulated wire
【漆黑一团】 ① pitch-dark;complete darkness ② be entirely ignorant of;be in the dark

蹊 [qī]
→ xī
【蹊跷】 odd;strange;fishy

齐 [qí]
形 ①neat;even;in order ②equal;identical ①reach the same level;be of the same level ② be level with ③ even out;cut close to 副 ①together;in unison ②all ready;in order 名 alloy
【齐备】 complete;all ready
【齐步】 in step;uniform steps
【齐唱】 singing in unison;unison
【齐集】 assemble;gather;collect;congregate
【齐名】 enjoy equal popularity;be equally famous
【齐巧】 by chance;fortunately;as chance would have it
【齐全】 complete;having everything that one expects to find;all in readiness
【齐射】 salvo;volley
【齐声】 in chorus;in unison
【齐心】 be of one mind〔heart〕
【齐整】 neat;uniform
【齐奏】 动 play instruments in unison 名 unison
【齐步走】 ①quick march ②Quick time,march!
【齐刷刷】 even;uniform
【齐家治国】 regulate the family and rule the state
【齐头并进】 advance side by side;do two or more things at once
【齐心协力】 work as one;take concerted action;shoulder to shoulder

其 [qí]

㈠ ①he;she;it;they;令其即日报到 tell him to report for duty immediately ②his;her;its;their:自圆其说 make one's statement valid;justify oneself ③that;such;不堪其苦 cannot endure such hardship ㈡ ①expressing conjecture or retort ②expressing an order or instruction

【其次】❶next;secondly;then ❷secondary
【其后】later;after;afterwards
【其间】❶between or among them;of them;in it ❷during this or that time
【其实】actually;in fact;as a matter of fact
【其他】other;else
【其余】all the other (persons or things);the rest;the remainder;leftover;residue;surplus
【其中】among them;of them;in it
【其乐融融】with happiness knowing no bounds;very cheerful
【其乐无穷】find it a delight[joy]
【其貌不扬】be unprepossessing [unimposing] in appearance;be of undistinguished appearance
【其味无穷】have a marvellous flavour;be infinitely enjoyable

奇 [qí]

㈠ ①strange;unusual;extraordinary ②unexpected;surprising ㈡ surprise;wonder;astonish ㈢ very;singularly ➡ jī

【奇案】quirky case
【奇兵】an army suddenly appearing from nowhere;ingenious military move
【奇才】rare talent;genius
【奇峰】grotesque peak
【奇功】outstanding service
【奇怪】❶ strange;surprising;odd ❷ surprising;incomprehensive
【奇观】marvellous spectacle;wonder
【奇幻】fantastic;visionary
【奇计】ingenious plan;unusually clever stratagem;surprising move
【奇技】remarkable feat;special skill
【奇迹】miracle;wonder;marvel
【奇景】wonderful view;extraordinary sight
【奇境】fairyland;wonderland
【奇绝】unsurpassably wonderful
【奇丽】strikingly [wonderfully] beautiful
【奇妙】marvellous;wonderful;intriguing
【奇葩】exotic flowers
【奇巧】ingenious;exquisite
【奇趣】unusual charm
【奇缺】in great shortage
【奇人】❶ an eccentric person;eccentric ❷ a person of unusual ability
【奇士】unusual person;person of unusual ability
【奇事】strange affair;unusual phenomenon
【奇书】remarkable book

【奇谈】strange tale;absurd argument
【奇特】peculiar;queer;singular
【奇文】❶ a remarkable piece of writing ❷ preposterous piece of writing;queer writing
【奇闻】sth unheard-of;thrilling,fantastic story
【奇袭】surprise attack;raid
【奇想】strange[queer] idea
【奇效】extraordinary efficacy
【奇异】❶ queer;strange;odd ❷ surprising;curious
【奇遇】❶ happy encounter;fortuitous meeting ❷ adventure
【奇缘】relationship entered into unexpectedly;romance
【奇志】high aspirations;lofty ideal
【奇装】exotic costume;bizarre dress;outlandish (grotesque) clothes;strange fashions;fancy clothes
【奇耻大辱】burning shame;burning disgrace;deep disgrace;crying shame
【奇风异俗】exotic[strange] customs
【奇花异草】exotic flowers and rare herbs;exotic flowers and strange grasses
【奇货可居】rare commodity worth hoarding
【奇思妙想】marvellous[intriguing,wonderful] idea
【奇谈怪论】strange tale;absurd argument
【奇文共赏】share the pleasure of reading a rare piece of writing
【奇形怪状】grotesque or fantastic in shape or appearance
【奇珍异宝】rare treasures
【奇装异服】exotic costume;bizarre dress;outlandish (grotesque) clothes;strange fashions;fancy clothes

歧 [qí]

㈠ fork;branch ㈡ divergent;varied;different

【歧出】conflicting and confusing;inconsistent
【歧见】difference;divergent opinions;disagreement
【歧路】branch road;forked road
【歧视】discriminate against
【歧途】wrong road
【歧义】being capable of various interpretations;ambiguity
【歧路亡羊】lamb going astray at a fork in the road—go astray in a complex situation

祈 [qí]

㈠ ①pray ②request;entreat

【祈祷】pray;say one's prayers
【祈福】pray for a good fortune
【祈盼】look forward to;expect;wish;expectation
【祈请】request;beseech
【祈求】earnestly hope;pray for
【祈望】hope;wish
【祈雨】pray for rain
【祈愿】hope;wish;desire

【祈使句】imperative sentence

颀 [qí]
[形] tall
【颀长】tall
【颀伟】tall and strong

脐 [qí]
[名] ① navel; umbilicus ② abdomen of a crab
【脐橙】naval orange
【脐带】umbilical cord

畦 [qí]
[名] rectangular pieces of land in a field surrounded by ridges
【畦灌】border method of irrigation
【畦田】embanked field

崎 [qí]
[形] sloping; uneven; rugged
【崎径】rugged path
【崎岖】rugged

骑 [qí]
[动] ① ride; sit ② straddle [名] ① horse or other animal one rides ② cavalryman; cavalry; horseman or rider
【骑兵】cavalryman; cavalry
【骑缝】junction of the edges of two sheets of paper
【骑警】horseback police
【骑楼】terrace
【骑枪】carbine
【骑墙】sit on the fence
【骑士】knight; cavalier
【骑手】good rider; horseman
【骑术】horsemanship; equestrian skill
【骑兵部队】mounted troops; cavalry unit
【骑虎难下】he who rides a tiger is afraid to dismount—irrevocably but unwillingly committed; unable to extricate oneself from a difficult situation
【骑马找马】sit on one horse and look for another—hold on to one job while seeking another; sit on the very horse one is looking for—look for sth that's right under one's nose

棋 [qí]
[名] ① chess or any board game ② piece; chessman
【棋布】scattered all over like men on a chessboard; spread all over the place
【棋局】❶ a game of chess as it develops ❷ chessboard
【棋路】chess tactics
【棋迷】chess fan; chess enthusiast
【棋盘】chessboard; checkerboard
【棋谱】chess manual
【棋圣】champion chess player; grand master
【棋手】chess player
【棋坛】chess circles
【棋艺】skill in playing chess
【棋友】fellow chess player; chess friend
【棋苑】chess circles
【棋子】piece; chessman
【棋逢对手】meet one's match in a game of chess—be well-matched in a contest
【棋高一着】be superior to one's opponent; outmatch one's opponent

蛴 [qí]
〔蛴螬〕grub

旗 [qí]
[名] ① flag; banner; pennant; standard ② "Eight Banners", military-administrative organizations of the Manchu nationality before and during the Qing Dynasty ③ of the "Eight Banners", esp. of the Manchu nationality ④ name of place where the troops of the "Eight Banners" used to be stationed ⑤ banner, an administrative division of county level in the Inner Mongolia Autonomous Region
【旗杆】flagpole; flag post
【旗号】banner; flag
【旗舰】flagship
【旗袍】close-fitting woman's dress with high neck and slit skirt; cheongsam; mandarin gown
【旗人】❶ banner people ❷ Manchu (person)
【旗手】standard-bearer
【旗语】semaphore; flag signal
【旗帜】❶ flag; banner; colours; pennant; standard ❷ stand; colours
【旗装】Manchu attire
【旗子】flag; banner; pennant
【旗鼓相当】be evenly matched in strength
【旗开得胜】win victory the moment one's standard is raised; win victory in the first battle; win speedy success

鳍 [qí]
[名] fin

麒 [qí]
〔麒麟〕kylin; unicorn

qǐ

乞 [qǐ]
[动] beg; seek charity; supplicate
【乞丐】beggar
【乞求】beg for; supplicate; implore
【乞讨】beg; go begging

岂 [qǐ]
【岂不】isn't that; doesn't that; hasn't that; won't that; would it not; wouldn't it
【岂但】not only
【岂非】how could; how is it possible
【岂敢】you flatter me; I don't deserve such praise or honour
【岂可】how could; how is it possible
【岂肯】how would; how could
【岂能】how could; how is it possible
【岂止】not only

【岂不是】how could;how is it possible
【岂有此理】preposterous;outrageous;absurd

企 [qǐ]

【企】*动* ①stand on tiptoe ②look forward to;expect
【企待】expect;await;look forward to
【企鹅】penguin
【企划】make an overall plan;plan
【企及】hope to reach;hope to attain
【企口】tongue-and-groove
【企盼】hope for;look forward to;long for
【企求】desire to gain;seek for;hanker after
【企图】try;attempt;aim;intend
【企望】hope for;look forward to
【企业】enterprise;business
【企事业】enterprises and institutions
【企业家】entrepreneur;big businessman
【企业标志】logo
【企业法人】legal entity
【企业管理】business management

启 [qǐ]

【启】*动* ①open ②enlighten;inspire;awaken ③start;begin;initiate ④state;declare;inform *名* letter;note
【启禀】report
【启程】set out;start on a journey
【启齿】open one's mouth;start to talk about sth
【启迪】enlighten;inspire
【启动】❶start;switch on ❷come into effect;set in motion
【启发】arouse;inspire;enlighten
【启封】❶ unseal;break the seal;remove the seal ❷open an envelope or wrapper
【启航】set sail;weigh anchor
【启蒙】❶impart rudimentary knowledge to beginners;initiate ❷ enlighten;free sb from prejudice or superstition
【启示】*动* enlighten;inspire;reveal *名* enlightenment;inspiration;revelation
【启事】notice;announcement
【启用】start using
【启运】start shipment
【启奏】present a memorial to the emperor
【启动键】initiate(start,activate) key
【启明星】Venus
【启瓶器】bottle opener
【启动程序】bootleg program;starter;initiator
【启动开关】starting switch
【启动资金】starting capital;start-up money;seed money;initial fund or investment for starting a project
【启蒙教育】elementary education
【启蒙老师】first teacher
【启蒙运动】the Enlightenment
【启发式教学】heuristic teaching

起 [qǐ]

【起】*动* ①get up;rise;arise;stand up ②move;leave ③rise;go up ④get;appear ⑤remove;draw;extract;pull ⑥crop up;rise;grow ⑦initiate;launch ⑧draft;make;work out ⑨set up;put up;build ⑩obtain;secure;buy ⑪start;begin
⑫从头做起 start from the very beginning;start all over again from the beginning
⑬抬起头来 raise one's head/鸟儿飞起又落下。The bird took to its wings and then alighted.
⑭惹不起 cannot afford to offend sb/经得起考验 be able to stand the test
⑮点起篝火 light a bonfire/奏起国歌 play the national anthem
⑯他提起了这件事。He mentioned the event. *量* ①case;instance:前天发生一起火灾。A fire broke out the day before yesterday. ②batch;group;party:他们分三起上车。They boarded the train in three batches.
【起爆】detonate
【起笔】❶the first stroke of a Chinese character ❷ the start of each stroke in writing a Chinese character
【起兵】dispatch troops
【起步】be in the initial stage;start;move
【起草】make a draft;draft;draw up
【起初】originally;at first;at the outset
【起床】get up;get out of bed
【起点】starting point
【起劲】start
【起飞】*动* take off *名* takeoff
【起风】rise;come up
【起伏】undulate
【起哄】❶ gather together to create a disturbance;gather together to stir up trouble ❷ jeer;boo and hoot
【起火】*动* cook meals;prepare meals;do cooking *名* fire breaking out;outbreak of a fire
【起伙】set up a mess
【起获】track down and recover stolen goods,etc.
【起急】get impatient;lose one's patience
【起家】build up;grow and thrive;make one's fortune,name,etc.
【起驾】set out
【起价】starting price;minimum price;initial price
【起见】for the purpose of;in order to
【起降】take off and land
【起劲】vigorous;energetic;enthusiastic
【起居】daily life
【起开】step aside;stand aside
【起来】[qǐlái] ❶stand up;sit up;rise to one's feet ❷ get up;get out of bed ❸rise;arise;revolt
【起来】[qǐlai] ❶ upwards;up ❷ start to;become ❸ indicating completeness or effectiveness ❹used after a verb to indicate an

impression or judgment ❺ used after an adjective to indicate the beginning and continuation of an action
【起立】stand up;rise to one's feet
【起垄】ridge
【起落】rise and fall
【起码】形 minimum; rudimentary; elementary 副 at least
【起毛】pill
【起沫】foam;bubble
【起腻】❶feel sick ❷pester;annoy
【起拍】open the auction
【起跑】start of a race
【起泡】❶blister;bubble ❷foam;bead
【起球】pill
【起色】improvement;pickup
【起身】❶ get up; get out of bed ❷ leave; set out;get off
【起始】动 originate; stem from 副 at first; in the beginning
【起事】start armed struggle;rise in rebellion
【起誓】take an oath;swear
【起手】set[go] about;put one's hand to
【起首】at first;in the beginning;originally
【起诉】prosecute;bring a suit against;bring an action against
【起算】reckon from
【起跳】take off
【起头】动 start;originate;initiate 副 at first; in the beginning;originally 名 beginning
【起网】hauling
【起舞】start dancing
【起先】at first;in the beginning
【起薪】probationary salary
【起兴】be keen on;be very interested in
【起眼】attract attention
【起夜】get up in the night
【起疑】become suspicious
【起义】rise in revolt;revolt
【起意】conceive a design
【起因】cause;origin
【起用】❶reinstate (an official who has retired or been dismissed) ❷ call sb to office; appoint sb to an important position
【起源】名 origin 动 originate from;stem from; come from
【起赃】track down and recover stolen goods
【起止】start-stop
【起皱】wrinkle;crease;crumple
【起子】❶ bottle opener ❷ screwdriver ❸ baking powder
【起搏器】pacemaker
【起草人】drafter;draftsman
【起床号】reveille
【起床铃】morning[reveille] bell
【起电机】electrizer
【起居室】living room;sitting room
【起落架】landing gear;undercarriage

【起名儿】give a name;name
【起跑器】starting block
【起跑线】starting point; jumping-off place; scratch line
【起义军】insurrectionary army
【起重机】hoist;crane;derrick
【起死回生】bring the dying back to life;snatch a patient from the jaws of death; raise sb from the dead
【起早贪黑】start work early and knock off late;work from dawn to dusk

绮 [qǐ]
名 figured woven silk material; damask 形 beautiful;exquisite
【绮丽】beautiful;gorgeous

气 [qì]
名 ❶gas ❷air ❸breath ❹weather ❺smell; odour ❻mental state;spirit; morale ❼momentum; drive; daring ❽airs;manners ❾qi or vital energy;life force ❿ certain symptoms 动 ❶ anger; rage ❷ enrage; make angry; provoke ❸ insult; ridicule; bully
【气泵】air pump
【气层】air layer
【气喘】asthma
【气窗】transom（window);fanlight
【气锤】air-hammer;pneumatic hammer
【气粗】形 rough; rude; boorish 动 speak in a gruff voice
【气促】gasp for breath;be out of breath
【气灯】gas lamp
【气垫】air cushion
【气动】pneumatic
【气度】❶bearing;manner ❷ tolerance; magnanimity
【气短】❶breathe hard;be short of breath;pant ❷lose heart;be discouraged
【气氛】surrounding feeling;atmosphere
【气愤】indignant;furious
【气概】lofty quality;mettle;spirit
【气缸】air cylinder;cylinder
【气割】gas cutting
【气根】aerial root
【气功】qigong
【气管】windpipe;trachea
【气锅】steamer;Yunnan steaming pot
【气焊】gas welding
【气候】❶climate ❷ situation ❸ successful development
【气化】gasify
【气话】words said in a fit of rage
【气急】gasp for breath;be out of breath
【气节】integrity;moral courage
【气井】gas well
【气绝】stop breathing—die

【气孔】❶ stoma ❷ spiracle ❸ gas hole ❹ air hole
【气口】gas port
【气浪】blast
【气冷】air cooling
【气力】effort;energy;strength
【气量】tolerance;forbearance
【气流】❶ air current; airflow; airstream ❷ breath
【气脉】❶ sap and pulse ❷ sequence of ideas; line [train] of thoughts
【气煤】gas coal
【气门】❶ valve of a tire ❷ spiracle;stigma
【气闷】形 unhappy; worried; in low spirits 动 feel suffocated[oppressed]
【气密】airtight;gastight;gasproof
【气囊】❶ air sac ❷ gasbag
【气恼】get angry;take offence;be ruffled
【气馁】become dejected; be discouraged; lose heart
【气派】imposing manner;dignified air
【气泡】air bubble;bubble
【气瓶】air bottle;gas cylinder
【气魄】❶ boldness of vision; breadth of spirit; daring ❷ imposing manner
【气枪】air gun;pneumatic gun
【气球】balloon
【气圈】balloon
【气人】making [getting] sb angry;driving sb crazy [mad]
【气色】complexion;colour
【气盛】❶ overbearing; arrogant; aggressive ❷ full of power and grandeur;imposing
【气势】momentum;imposing manner
【气数】destiny;fate
【气态】❶ gaseous state ❷ manner;bearing; air
【气体】gas
【气田】gas field
【气筒】inflator;bicycle pump
【气团】air mass
【气味】❶ smell;odor;flavor ❷ smack;taste
【气温】air temperature; atmospheric temperature
【气雾】aerial fog
【气息】❶ breath ❷ flavor;smell
【气象】❶ meteorological phenomena ❷ meteorology ❸ atmosphere;scene
【气性】❶ temperament;disposition ❷ bad temper
【气虚】deficiency of vital energy
【气旋】cyclone
【气压】atmospheric pressure; barometric pressure
【气眼】❶ air hole ❷ gas hole
【气焰】arrogance;bluster
【气运】fate;destiny;lot
【气闸】air[pneumatic] brake
【气胀】bloat;flatulence;hoven

【气质】❶ temperament;disposition ❷ qualities; makings
【气嘴】air cock;air faucet;air tap;fume cock
【气昂昂】full of mettle;full of dash
【气包子】person who has a quick temper or is quick to take offence
【气不公】be indignant over an injustice
【气不过】cannot restrain one's anger; beside oneself with rage
【气不平】be indignant over an injustice
【气冲冲】furious;beside oneself with rage
【气垫车】hovercar
【气垫船】hovercraft
【气鼓鼓】fuming with anger; foaming with rage;furious
【气管炎】tracheitis
【气哼哼】in a huff;panting with rage;angrily; gasp out
【气呼呼】in a huff;panting with rage
【气门芯】❶ valve inside ❷ valve rubber tube
【气生根】aerial root
【气死人】driving one crazy; infuriating; exasperating
【气头上】in a fit of anger;in a temper
【气象台】meteorological observatory
【气象学】meteorology
【气象员】weatherman
【气象站】weather station
【气汹汹】fuming with anger; foaming with rage;furious
【气压表】barometer
【气吁吁】panting;gasping for breath
【气不忿儿】be unable to contain one's anger
【气冲霄汉】dauntless;fearless
【气喘吁吁】wheeze; be short[out] of breath; be breathless[winded]
【气贯长虹】filled with a spirit as lofty as the rainbow spanning the sky;full of noble aspirations and daring
【气急败坏】flustered and exasperated; utterly discomfited
【气势磅礴】of great momentum;powerful
【气势汹汹】fierce;truculent;overbearing
【气吞山河】imbued with a spirit that conquers mountains and rivers;full of daring
【气息奄奄】be breathing feebly; be at one's last gasp;be at the point of death; be sinking fast
【气象万千】scene majestic in all its variety
【气象卫星】meteorological satellite; weather satellite
【气象预报】weather forecast
【气焰嚣张】be puffed up with pride; insufferably arrogant
【气宇轩昂】have a dignified appearance; have an impressive bearing
【气壮如牛】fierce as a bull
【气壮山河】full of power and grandeur; mag-

nificent
【气体打火机】gas lighter
【气不打一处来】be filled with anger
【气可鼓而不可泄】morale should be boosted, not dampened

讫 [qì]
① settled; accomplished; completed ② end

迄 [qì]
介 up to; till; until 副 so far; yet
【迄今】up to now; to this day; to date; so far

弃 [qì]
动 throw away; abandon; forsake; discard
【弃儿】abandoned 〔deserted〕 child; foundling
【弃妇】abandoned 〔deserted〕 wife
【弃官】give up one's office; abandon official life
【弃绝】abandon; cast aside
【弃权】❶ abstain from voting ❷ waive the right; forfeit
【弃学】abandon 〔leave, quit〕 school; drop out of school
【弃婴】动 abandon a baby 名 foundling
【弃置】discard; throw aside
【弃暗投明】forsake darkness for light—leave the reactionary side and cross over to the side of progress
【弃旧图新】turn over a new leaf
【弃之可惜】hesitate to discard sth; be unwilling to throw away

汽 [qì]
名 ① gas; vapour ② water steam; steam
【汽车】automobile; motor vehicle; car
【汽船】steamship; steamer
【汽锤】steam hammer
【汽灯】gas lamp
【汽笛】steam whistle; siren; hooter
【汽阀】steam valve
【汽缸】cylinder
【汽化】vaporize
【汽机】steam engine; steam turbine
【汽酒】light sparkling wine
【汽水】aerated water; soft drink; soda water
【汽艇】motorboat
【汽油】〈英〉petrol;〈美〉gasoline; gas
【汽车队】motor transport corps; fleet of cars or trucks
【汽车库】garage
【汽车站】bus terminal 〔stop〕
【汽油弹】〈英〉petrol bomb;〈美〉gasoline bomb
【汽油机】petrol engine; gasoline engine
【汽车旅馆】motel
【汽车安全带】shoulder belt
【汽车拉力赛】motor rally; automobile rally
【汽轮发电机】turbogenerator

泣 [qì]
动 weep; sob 名 tears
【泣诉】accuse while weeping; accuse amid tears
【泣不成声】choke with sobs
【泣涕涟涟】weep copious tears

契 [qì]
动 ① carve; engrave; chisel ② agree; match together 名 ① carved inscriptions ② agreement; contract; deed
【契合】agree with; tally with; correspond to
【契机】❶ moment ❷ turning point; juncture
【契据】deed; contract; receipt
【契税】deed tax
【契约】contract; deed; charter

砌 [qì]
动 lay bricks or stones to build 名 step

械 [qì]
名 maple

器 [qì]
名 ① instrument; implement; utensil; tool; ware ② organ ③ tolerance; forbearance ④ talent; ability 动 value; think highly of
【器材】equipment; material
【器官】organ; apparatus
【器件】parts of an apparatus or appliance
【器具】utensil; implement; appliance
【器皿】household utensils; containers esp. for use in the house
【器物】implements; utensils
【器械】❶ apparatus; appliance; instrument ❷ weapon; weaponry
【器乐】instrumental music
【器重】think highly of; regard highly
【器质性】organic
【器官移植】transplant organ; organ transplant

憩 [qì]
动 rest
【憩息】have a rest; rest

掐 [qiā]
动 ① pinch; nip; pick ② pick ③ clutch; grip 量 a pinch, bunch, handful, etc. of:一大掐子韭菜 a big bunch of leeks/一掐小葱 a handful of spring onions
【掐断】nip off; cut off
【掐丝】wire inlay; filigree
【掐死】choke to death by strangling with hands
【掐算】count〔reckon〕 sth on one's fingers
【掐腰】have a waistline
【掐尖儿】❶ topping; pinching ❷ oust sb from office ❸ scrounge; squeeze
【掐头去尾】break off both ends; leave out the beginning and the end

卡 [qiǎ]
动 ① wedge; stick; get stuck ② withhold; hold back ③ strangle 名 ① clip; clasp; fastener ② checkpost; post ➡ kǎ
【卡具】clamping apparatus; fixture
【卡壳】❶ jamming of cartridge or shell case ❷

get stuck;be held up;have a temporary stoppage
【卡口】 bayonet
【卡盘】 chuck
【卡子】 ❶clip;fastener ❷checkpost
【卡脖子】 seize sb by the throat; grip sb's throat;have in a stranglehold;subdue
【卡口灯泡】 bayonet-socket bulb
【卡口灯头】 bayonet socket

qià

洽 [qià] 动❶be in harmony;be in agreement ❷consult;discuss;arrange 形 wide;broad;extensive
【洽办】 arrange with sb to get sth done
【洽购】 arrange or negotiate a purchase
【洽商】 make arrangements with;talk over with
【洽谈】 consult;discuss together
【洽谈会】 talk;symposium

恰 [qià] 形 suitable;fitting;appropriate 副 precisely;exactly
【恰当】 proper;suitable;fitting;appropriate
【恰好】 just right
【恰恰】 just;exactly;precisely
【恰巧】 by chance;fortunately or unfortunately
【恰如】 just like
【恰似】 just like
【恰恰舞】 cha-cha;cha-cha-cha
【恰到好处】 just right
【恰如其分】 apt;appropriate;just right

qiān

千 [qiān] 数❶thousand ❷large numbers of;innumerable
【千伏】 kilovolt (Kv.)
【千古】 名 through the ages;eternal;for all time 动 eternity
【千赫】 kilohertz
【千斤】 ❶hoisting jack;jack ❷pawl ❸very heavy;weighty
【千金】 ❶a thousand pieces of gold;a lot of money ❷daughter
【千卡】 kilocalorie (Kcal.)
【千克】 kilogram (kg.)
【千米】 kilometre (km.)
【千秋】 ❶a thousand years;centuries ❷a long long time ❸birthday
【千瓦】 kilowatt (KW)
【千万】 副 ten million;millions upon millions 动 be sure so;do
【千周】 kilocycle (KC)
【千层饼】 multi-layer steamed bread
【千层底】 layers of cloth firmly stitched together for soles of cloth shoes
【千分尺】 micrometer
【千分点】 permillage point
【千分号】 per mill
【千斤顶】 hoisting jack;jack
【千钧棒】 massive cudgel
【千里驹】 thousand-li colt—a son who is showing great promise
【千里马】 horse that covers a thousand li a day;winged steed
【千里眼】 ❶farsighted person ❷telescope;field glasses
【千年虫】 millennium bug;Y2K (problem)
【千禧年】 millennium year
【千字节】 kilobyte (KB)
【千变万化】 ever-changing
【千差万别】 differ in thousands of ways
【千愁万恨】 thousand and one worries and hatreds;innumerable worries and hatreds
【千疮百孔】 riddled with gaping wounds;afflicted will all ills
【千锤百炼】 ❶thoroughly tempered;well-seasoned;much-steeled ❷be polished again and again;be revised and rewritten many times;be highly finished
【千刀万剐】 be hacked to pieces;be made mincemeat of
【千恩万谢】 express a thousand thanks;be eternally indebted
【千方百计】 in a thousand and one ways;by every possible[conceivable] means;by hook or by crook
【千古绝唱】 rank as a masterpiece throughout the ages
【千古奇谈】 fantastic tale
【千古罪人】 evil person condemned through the ages
【千呼万唤】 thousand calls;a thousand entreaties
【千回百转】 full of twists and turns
【千家万户】 innumerable households or families;every family
【千娇百媚】 bewitchingly charming
【千金一诺】 a promise is worth a thousand ounces of gold
【千金一掷】 spend money extravagantly;a thousand dollars at a throw (of dice)
【千军万马】 thousands upon thousands of man and horses—powerful army;mighty force
【千钧一发】 a hundredweight hanging by a hair—in imminent peril
【千钧重负】 grave responsibility
【千里迢迢】 from a thousand li away;from afar;(come) all the way from
【千虑一得】 the greatest fool, in a thousand schemes,must hit once on the truth;even a fool occasionally hits on a good idea
【千虑一失】 the wisest man, in a thousand schemes,must make at least one mistake;even the wise are not free from error
【千难万险】 innumerable hazards and hardships

【千篇一律】stereotyped; following the same pattern
【千奇百怪】all kinds of strange things; an infinite variety of fantastic phenomena
【千千万万】thousands upon thousands
【千秋万代】throughout the ages; generation after generation; forever
【千山万水】ten thousand torrents and a thousand crags—the trials of a long and arduous journey
【千丝万缕】countless ties; a thousand and one links
【千头万绪】thousands of strands and loose ends; a multitude of things
【千瓦小时】kilowatt-hour〔kwh〕
【千辛万苦】innumerable trials and tribulations; untold hardships
【千言万语】thousands and thousands of words
【千载难逢】not occurring once in a thousand years; very rare
【千真万确】absolutely true
【千姿百态】in different poses and with different expressions; in thousands of postures
【千里送鹅毛】goose feather sent from a thousand *li* away〔from afar〕
【千不该万不该】really should not have (done sth)
【千里姻缘一线牵】two beings destined to marry each other, though a thousand *li* apart, are tied together as if by a thread; people a thousand *li* apart may be linked by marriage
【千夫所指,无病而死】when a thousand people point accusing fingers at a man he will die even though not ill—it is dangerous to incur public wrath
【千里之堤,溃于蚁穴】one ant-hole may cause the collapse of a thousand-*li* dyke—slight negligence entailed to great disaster
【千里之行,始于足下】a thousand-*li* journey is started by taking the first step

阡 [qiān]
〔阡陌〕crisscross footpaths between fields

扦 [qiān]
动 ①poker; pick ②sharp-pointed implement or prod 动 ①fasten; insert ②pedicure; peel
【扦插】make a cuttage
【扦子】❶ a slender pointed piece of metal, bamboo, etc. ❷ a sharp-pointed metal tube used to extract samples of grains, etc. from sacks

迁 [qiān]
动 ①move; remove ②change ③change one's official post
【迁厂】move a factory to another site
【迁出】emigration
【迁都】move the capital to another place
【迁建】relocate and build a new
【迁就】accommodate oneself to; yield to

【迁居】change one's dwelling place; move (house)
【迁离】move to another place
【迁怒】vent one's anger on sb who's not to blame; take it out on sb
【迁入】immigration
【迁徙】move; migrate; change one's residence
【迁延】delay; defer; procrastinate
【迁移】move; remove; migrate
【迁葬】move a grave to another place
【迁户口】report to the local authorities for change of domicile; change one's residence registration

钎 [qiān]
名 drill rod; drill steel; borer
【钎子】hammer drill; rock drill

牵 [qiān]
动 ①lead along; lead; pull ②involve; entangle ③miss; be concerned about ④hold up; restrict
【牵扯】involve; implicate; drag in
【牵动】affect; influence
【牵挂】worry; care
【牵累】❶ tie...down ❷implicate
【牵连】❶ involve (in trouble); implicate ❷ tie up with; integrate with ❸ relate ❹ worry; miss
【牵念】worry about; think constantly of
【牵强】forced (interpretation, etc.); farfetched
【牵涉】involve; drag in
【牵手】join hands
【牵头】❶ take the lead; lead off; be the first to do sth ❷ act as a go-between for illicit sexual intercource
【牵线】❶ pull strings; pull wires; control from behind the scenes ❷ act as go-between
【牵引】❶ tow; draw ❷ cause; initiate ❸ cite
【牵制】pin down; tie up; check; contain
【牵鼻子】lead by the nose
【牵牛花】(white-edged) morning glory
【牵牛星】the Herd-boy star—Altair
【牵线人】wire-puller; go-between
【牵肠挂肚】feel deep anxiety; be very worried; be on tenterhooks
【牵强附会】draw a forced analogy; make a farfetched〔irrelevant〕comparison; give a strained interpretation
【牵线搭桥】act as a go-between
【牵一发而动全身】pull one hair and you move the whole body—a slight move in one part may affect the whole situation

铅 [qiān]
名 ①lead (Pb) ②lead (in a pencil); black lead
【铅笔】pencil
【铅锤】plummet; plumb (bob)
【铅丹】red lead; minium
【铅粉】lead powder
【铅封】lead sealing

【铅球】shot
【铅丝】❶galvanized wire ❷lead wire
【铅条】❶slug ❷lead
【铅坠】plummet
【铅字】type;letter
【铅笔刀】small knife for sharpening pencils; pen-knife
【铅笔盒】pencil-case
【铅笔画】pencil drawing
【铅笔心】lead (in a pencil);black lead
【铅中毒】lead poisoning;saturnism

悭 [qiān]
形 miserly;parsimonious;stingy 动 lack
【悭吝】stingy;miserly

谦 [qiān]
形 modest;unassuming
【谦卑】humble;modest
【谦称】modest form of address
【谦词】self-depreciatory expression;humble words
【谦恭】modest and courteous
【谦和】modest and amiable
【谦让】modestly decline
【谦慎】modest and prudent
【谦虚】❶modest;self-effacing ❷make modest remarks
【谦逊】modest;unassuming
【谦恭有礼】respectful and polite
【谦谦君子】❶a modest,self-disciplined gentleman ❷a hypocritically modest person
【谦虚谨慎】modest and prudent

签 [qiān]
动 ① write one's signature;sign;autograph ② make brief comments ③ tack 名 ① bamboo slip ② label;sticker;tag ③ slender pointed chip of bamboo or wood
【签单】sign a bill without paying cash after shopping and having a meal, leaving the accounts to be settled afterwards
【签到】sign-in;register one's attendance at an office or at a meeting
【签订】conclude and sign
【签发】sign and issue
【签名】sign one's name;autograph
【签收】sign after receiving sth;sign to acknowledge the receipt of sth;sign for
【签售】autographed copy sale
【签署】sign
【签约】sign a contract
【签证】visa;grant a visa
【签注】attach a slip of paper to a document with comments on it;write comments on a document
【签字】sign;affix one's signature
【签到簿】attendance book
【签合同】sign a contract;conclude a contract
【签名运动】signature drive;sign-in
【签约歌手】signed singer

愆 [qiān]
名 transgression;mistake 动 miss the deadline;pass the time limit
【愆期】delay;exceed the time limit

qián

荨 [qián]
〔荨麻〕nettle ➔ xún

前 [qián]
名 ① front;in front ② prospect;future ③ battlefront;front ④ the day before yesterday 动 go forward;go ahead 形 ① first;front ② before;ago ③ former;formerly ④ earlier than;prior to;pre-
【前辈】senior (person);elder;the older generation
【前臂】forearm
【前边】❶in front;ahead ❷above;preceding
【前部】forepart;front;nose
【前叉】front fork
【前程】future;prospect;a desired career or a high rank (sought after by an intellectual or official)
【前仇】old hatred;old grievance
【前此】hitherto
【前导】动 lead the way;march in front;precede 名 a person who leads the way;guide
【前敌】front line
【前端】nose;front end;leading end
【前额】forehead
【前方】❶ahead ❷the front
【前锋】❶vanguard ❷forward
【前夫】❶ former husband;ex-husband ❷ late husband
【前后】❶around;about ❷from start to finish; from beginning to end;altogether ❸in front and behind
【前脚】❶the forward foot in a step ❷no sooner... than;the moment (when);hardly... when
【前襟】front part of a Chinese rob〔jacket〕
【前进】advance;go forward;forge ahead
【前景】❶ foreground ❷ prospect;vista;perspective
【前科】record of previous crime
【前来】come
【前例】precedent
【前列】front row〔rank〕;forefront;van
【前轮】❶front wheel ❷nosewheel
【前茅】❶vanguard;patrol ❷the top of the list
【前门】front door;front gate
【前面】❶in front;at the head;ahead ❷above; preceding
【前年】the year before last
【前排】front row
【前妻】❶former wife;ex-wife ❷late wife
【前期】earlier stage;early days
【前桥】front axle

【前倾】forerake; antevert
【前驱】forerunner; precursor; pioneer
【前去】go to; leave for
【前人】forefathers; predecessors
【前任】predecessor
【前日】the day before yesterday
【前晌】before noon; morning
【前哨】outpost; advance guard
【前身】predecessor
【前生】previous incarnation; previous existence
【前世】previous incarnation; previous existence
【前市】previous market
【前台】❶proscenium ❷front desk ❸(on) the stage
【前提】❶ premise ❷ prerequisite; presupposition
【前蹄】forehoof
【前天】the day before yesterday
【前厅】antechamber; vestibule
【前庭】vestibule
【前头】in front; at the head; ahead; preceding
【前途】future; prospect
【前腿】foreleg
【前往】go to; leave for; proceed to
【前卫】❶advance guard; vanguard ❷halfback
【前夕】eve
【前贤】wise and virtuous elder; sage
【前嫌】previous ill will; old grudge
【前线】frontline; front
【前项】antecedent
【前胸】corselet
【前言】preface; foreword; introduction
【前沿】forward position
【前夜】eve
【前缘】predestined ties or relationship; foreordained affinity
【前约】precontract
【前院】front courtyard
【前瞻】look ahead
【前站】next stop; next railway station
【前爪】forepassed; forepast
【前兆】omen; forewarning; premonition
【前者】the former
【前肢】forelegs; forelimbs
【前缀】prefix
【前奏】prelude
【前半场】first half
【前半晌】before noon; morning
【前半生】the first half of one's life
【前半天】before noon; morning
【前半夜】the first half of the night (from nightfall to midnight)
【前不久】lately; recently
【前儿个】the day before yesterday
【前滚翻】forward roll
【前空翻】forward somersault in the air
【前列腺】prostate (gland)
【前视图】front view

【前卫派】avant garde
【前一阵】earlier on; early on
【前奏曲】prelude
【前程似锦】splendid prospects; glorious future
【前程万里】bright prospects
【前赴后继】advance wave upon wave
【前功尽弃】all previous work undone; all that has been achieved is spoiled; all one's previous efforts are wasted
【前后夹击】make a simultaneous frontal and rear attack; attack from the front and the rear simultaneously
【前后脚儿】almost simultaneously; one close behind another
【前后矛盾】antilogy; inconsistent; inconsecutive
【前后左右】on all sides; all around; in every direction
【前呼后拥】with attendants crowding round
【前倨后恭】first supercilious and then deferential; change from arrogance to humility
【前仆后继】no sooner has one fallen than another steps into the breach; advance wave upon wave
【前前后后】the whole story; the ins and outs; from beginning to end (in time)
【前世姻缘】fated marriage; connected in a former existence
【前思后想】think over again and again
【前所未闻】never heard of before
【前所未有】never existed before; hitherto unknown; unprecedented; without parallel
【前庭后院】front and back yards
【前途茫茫】have a bleak future; have gloomy prospects
【前途未卜】hanging in the balance; ambiguous future
【前途无量】have boundless prospects; have unlimited possibilities
【前无古人】without parallel in history; unprecedented
【前沿科学】frontier science; front line science
【前仰后合】rock with laughter
【前因后果】cause and effect; the entire process
【前怕狼,后怕虎】fear wolves ahead and tigers behind—be full of fears
【前言不搭后语】utter words that do not hang together; talk incoherently; babble disconnected phrases
【前不着村,后不着店】with no village ahead and no inn behind—be stranded in an uninhabited area
【前车之覆,后车之鉴】the overturned cart ahead is a warning to the ones behind
【前门拒虎,后门进狼】drive the tiger from the front door and let a wolf in at the back—fend off one danger only to fall a prey to another
【前人栽树,后人乘凉】one generation plants

the trees in whose shade another generation rests—profiting by the labour of one's forefathers; sweating for the benefit of future generations

【前事不忘,后事之师】past experience, if not forgotten, is a guide for the future; lessons learned from the past can guide one in the future

【前不见古人,后不见来者】I look back—I do not see the ancients; I look ahead—can't see the generations to come

虔 [qián]
形 pious; devout; sincere
【虔诚】pious; devout
【虔心】名 piety 形 pious devout

钱 [qián]
名 ① coin; cash ② money ③ fund; sum ④ wealth ⑤ anything that resembles a coin in shape 量 qian
【钱包】wallet; purse
【钱币】coin
【钱财】wealth; money
【钱袋】wallet; purse
【钱柜】money box
【钱夹】billfold
【钱款】money
【钱粮】land tax
【钱票】paper money; paper currency
【钱庄】old-style Chinese private bank
【钱眼儿】hole in the centre of a copper coin
【钱迷心窍】be blinded by lust for money; money-grubbing

钳 [qián]
名 pincers; pliers; tongs 动 ① hold with pincers ② clamp; restrain
【钳工】❶benchwork ❷fitter
【钳制】clamp down on; suppress
【钳爪】chela
【钳子】pliers; pincers; forceps

掮 [qián]
动 carry (on the shoulder)
【掮客】broker

乾 [qián]
名 ① one of the Eight Diagrams ② male
【乾坤】heaven and earth; the cosmos; the universe

潜 [qián]
动 ① hide under water; submerge ② hide; be latent; lurk 副 secretly; stealthily; on the sly 名 potential
【潜藏】hide; go into hiding
【潜伏】hide; conceal; lie low
【潜航】submerge
【潜亏】latent deficit
【潜力】latent capacity; potential; potentiality
【潜流】undercurrent; underflow
【潜能】latent energy; potential
【潜匿】hide; go into hiding

【潜入】❶slip into; sneak into; steal in ❷dive into; go under (water); submerge
【潜水】❶go under water; dive ❷phreatic water
【潜逃】abscond
【潜心】with great concentration
【潜行】❶move under water ❷move stealthily; slink
【潜血】occult blood (in the faeces)
【潜影】latent image
【潜泳】underwater swimming
【潜在】latent; potential
【潜质】latent quality; potential
【潜伏期】incubation period; latency period
【潜科学】science of the human embryo to detect early signs of talent
【潜水泵】underwater pump; deep-well pump; submersible pump
【潜水艇】submarine
【潜水衣】diving suit
【潜水员】diver; frogman
【潜台词】❶ unspoken words in a play left to the understanding of the audience or reader ❷what is actually meant (in one's speech); implication
【潜望镜】periscope
【潜意识】the subconscious; subconsciousness
【潜移默化】exert a subtle influence on sb's character, thinking, etc.; imperceptibly influence
【潜滋暗长】grow and develop imperceptibly

浅 qiǎn
[qiǎn] 形 ① shallow; of little depth ② simple; easy; not difficult ③ superficial ④ not familiar; not chummy ⑤ light ⑥ not long in time; for a short while
【浅白】simple and plain
【浅薄】shallow; superficial; meagre
【浅淡】❶light; pale ❷vague; faint
【浅海】shallow sea; epeiric sea; epicontinental sea
【浅见】superficial view; humble opinion
【浅近】simple; plain; easy to understand
【浅色】light colour
【浅释】simple explanation
【浅说】elementary introduction
【浅滩】shoal; shallows
【浅谈】brief talk
【浅显】plain; easy to read and understand
【浅易】simple and easy
【浅口鞋】shoes with low-cut uppers
【浅蓝色】baby blue
【浅尝辄止】do sth cursorily; stop after gaining a little knowledge; be satisfied with a smattering of knowledge

遣 [qiǎn]
动 ① send; transmit; dispatch ② drive away;

dispel;expel
【遣返】repatriate
【遣散】disband;dismiss;send away;lay off
【遣送】send back;repatriate
【遣散费】severance pay
【遣词造句】choice of words and building of sentences;wording and phrasing

谴 [qiǎn]
动 ① censure;reprimand;reproach ② be demoted on account of wrongdoing
【谴责】condemn;denounce;censure

缱 [qiǎn]
【缱绻】lingering;abiding;deeply attached to each other

qiàn

欠 [qiàn]
动 ① owe;be behind with;be in debt ② not enough;insufficient;wanting ③ yawn ④ raise slightly (part of one's body);stretch
【欠安】feeling unwell;indisposed;under the weather
【欠产】fall short of the production target;have a shortfall in output
【欠单】accommodation bill or note;IOU
【欠火】have not been cooked or heated long enough;undercooked
【欠佳】not good enough;not up to the mark
【欠据】bill signed in acknowledgement of debt;IOU
【欠款】owe a debt;money that is owing;arrears;balance due
【欠批】should be taken to task
【欠情】owe sb a debt of gratitude;be indebted to sb
【欠缺】动 be deficient in;be short of 名 shortcoming;deficiency
【欠身】raise oneself slightly;half rise from one's seat
【欠税】default on or be in arrears with tax payments
【欠条】bill signed in acknowledgement of debt;IOU
【欠妥】not proper
【欠息】debit interest
【欠项】liabilities
【欠薪】delay paying a salary;back pay;overdue salaries
【欠债】动 be in debt;run into debt 名 debt due;outstanding accounts
【欠账】owe a debt;run into debt;bills due;outstanding accounts
【欠资】postage due
【欠揍】need a spanking
【欠人情】owe favours (which should be repaid)
【欠付工资】back pay;back wages

【欠发达地区】less developed areas

纤 [qiàn]
名 rope for towing a boat;tow-rope
【纤夫】boat tracker
【纤绳】towline;towrope

芡 [qiàn]
① Gorgon euryale ② starch
【芡粉】seed powder of Gorgon euryale
【芡实】Gorgon fruit

倩 [qiàn]
形 beautiful;attractive 动 ask sb to do sth for one
【倩影】beautiful image;picture
【倩装】(a woman's) beautiful dress
【倩男倩女】smartly dressed men and women

堑 [qiàn]
名 moat;chasm;ditch
【堑壕】trench;entrenchment

嵌 [qiàn]
动 inlay;embed;set
【嵌入】implant;embed;let into
【嵌镶】inlay pieces as decoration

歉 [qiàn]
名 apology;regret 动 ① feel sorry ② crop fail
【歉疚】having a guilty conscience
【歉年】lean year
【歉收】crop failure;poor harvest
【歉意】apology;regret

qiāng

抢 [qiāng]
动 ① knock;touch ② be in the opposite direction;go against →qiǎng
【抢风】go against the wind;brave the wind
【抢地呼天】cry out to heaven and knock one's head on earth—utter cries of anguish

呛 [qiāng]
动 choke →qiàng

枪 [qiāng]
名 ① spear ② rifle;gun;firearm ③ any appliance which functions like a gun or resembles it in shape 动 serve as a substitute for sb at an examination
【枪靶】(shooting) target
【枪把】the small of the stock;pistol grip
【枪崩】execute by shooting
【枪毙】execute by shooting
【枪柄】stock
【枪刺】bayonet
【枪带】(rifle) sling
【枪弹】cartridge;bullet
【枪法】marksmanship
【枪管】barrel
【枪花】movements of a spear in *wushu*
【枪击】gun down;shoot
【枪机】rifle bolt
【枪架】rifle rack
【枪决】execute by shooting

【枪口】muzzle
【枪炮】firearms;arms;guns
【枪杀】shoot dead
【枪伤】bullet wound
【枪声】report of a gun;shot;crack
【枪手】❶marksman;gunner ❷spearman ❸examinee substitute
【枪栓】rifle bolt
【枪膛】bore
【枪筒】metal;tube
【枪托】(rifle) butt;buttstock
【枪械】firearms
【枪眼】❶embrasure;loophole ❷bullet hole
【枪药】small arms propellant
【枪鱼】marlin
【枪战】gun battle;gunfight
【枪支】firearms
【枪放下】Order arms!
【枪杆子】rifle;gun;arms
【枪榴弹】rifle grenade
【枪上肩】Shoulder arms!
【枪战片】shoot-'em-up
【枪子儿】cartridge;bullet;shot
【枪林弹雨】forest of guns and a hail of bullets—heavy fire

戗 [qiāng]
㊀ ①be in the opposite direction ②clash
【戗风】against the wind

戕 [qiāng]
㊀ kill
【戕害】injure;harm

腔 [qiāng]
㊅ ①cavity ②speech;talk ③tune ④tone;accent
【腔调】❶tune ❷accent;intonation
【腔骨】spinal joints of pigs, sheep, etc. (for food)
【腔肠动物】coelenterate

蜣 [qiāng]
【蜣螂】dung beetle

锵 [qiāng]
㊅ clang;gong

镪 [qiāng]
〔镪水〕strong acid

qiáng

强 [qiáng]
㊆ ①strong;mighty;powerful ②demanding;resolute of a high degree demanded by one's feeling or will ③better;stronger ④a little over;plus ㊅ forcibly;by force ㊄ strengthen;enhance ➡ jiàng;qiǎng
【强暴】㊆ violent;brutal ㊅ ferocious adversary ㊄ rape
【强大】big and powerful;powerful;formidable
【强档】prime time
【强盗】robber;bandit
【强敌】formidable opponent or enemy
【强点】strong point
【强调】stress;emphasize;underline
【强度】intensity;strength
【强渡】fight one's way across a river;force a river
【强队】power house;the top team
【强风】strong breeze
【强干】capable and experienced
【强攻】take by storm;storm
【强固】strong;solid
【强国】powerful〔strong〕 nation;power
【强悍】fierce;intrepid;doughty
【强横】rude and unreasonable;tyrannical;surly;arrogant
【强化】strengthen;intensify;consolidate
【强击】storm
【强记】have a retentive memory
【强加】impose;force
【强奸】violate (a woman);rape
【强碱】alkali;strong base
【强健】strong and healthy
【强劲】powerful;forceful
【强力】great force
【强梁】brutal;tyrannical;surly
【强烈】strong; intense; violent; clear-cut;distinct;striking;sharp
【强令】arbitrarily give orders
【强拍】strong beat;accented beat
【强权】power;might
【强人】❶ strong man ❷ robber; bandit ❸ intrepid man
【强如】be better than;be superior to
【强弱】the strong and the weak
【强身】build up a good physique;improve one's health
【强盛】powerful and prosperous
【强势】going strong;great force
【强手】very capable person;master player;top-notch athlete;ace
【强似】be better than;be superior to
【强酸】strong acid
【强项】resolute and unbending;upright and unyielding;strong point
【强行】force
【强压】suppress;stifle
【强硬】strong;tough;unyielding
【强于】be better than
【强占】forcibly occupy;seize
【强者】the strong and valiant;survivor
【强震】strong shock
【强直】rigidity
【强制】force;compel;coerce
【强壮】strong;sturdy;robust
【强子】hadron
【强击机】attack plane
【强心剂】cardiac stimulant;cardiotonic
【强心针】cardiotonic

【强行军】forced march
【强硬派】hardliner
【强有力】strong; vigorous; forceful
【强制性】compulsory; mandatory; peremptory
【强壮剂】roborant; tonic
【强盗逻辑】gangster logic
【强化食品】fortified food
【强加于人】impose (one's views, etc.) on others
【强奸民意】defile public opinion; coerce public opinion; outrage public opinion
【强力启动】jump-start
【强烈反差】striking contrast
【强弩之末】arrow at the end of its flight—a spent force
【强强联合】association between strong enterprises
【强取豪夺】take away by force
【强权外交】power diplomacy
【强权政治】power politics; Realpolitik
【强势群体】the advantaged
【强硬路线】the hard-line
【强硬外交】aggressive diplomacy
【强制执行】compulsory execution; enforce compulsory execution
【强制性措施】compulsory measure; coercive measure
【强将手下无弱兵】there are no poor soldiers under a good general
【强龙不压地头蛇】powerful dragon cannot crush a snake in its old haunts—even a powerful man cannot crush a local bully
【强中自有强中手】however strong you are, there's always someone stronger

墙 [qiáng]

图 wall
【墙报】wall newspaper
【墙壁】wall
【墙根】the foot of a wall
【墙画】mural painting
【墙基】bench-table; footing of wall
【墙角】corner formed by two walls
【墙脚】❶the foot of a wall ❷foundation
【墙面】wall space
【墙裙】dado
【墙头】the top of a wall; short, low enclosing wall
【墙围】circummure
【墙垣】wall
【墙纸】wallpaper
【墙倒众人推】when a wall is about to collapse, everybody gives it a shove—everybody hits a man who is down
【墙头草，随风倒】grass atop a wall swaying in the wind—a person who follows the crowd
【墙内开花墙外香】receive recognition only from outsiders

蔷 [qiáng]

【蔷薇】rose

qiǎng

抢 [qiǎng]

动 ❶ rob; loot; snatch; grab ❷ vie for; compete for ❸ hurry; rush ❹ scrape; sharpen ❺ scratch ➡ qiāng
【抢白】tell off; dress down; rebuff
【抢答】vie for the opportunity of answering questions
【抢点】make up time; race to a favourable position
【抢渡】speedily cross (a river)
【抢夺】snatch; wrest; seize
【抢攻】race to attack
【抢购】shopping rush; buying binge; panic buying; shop spree; rush to purchase
【抢婚】marriage by capture
【抢劫】rob; loot; plunder
【抢救】rescue; save; salvage
【抢掠】loot; sack; plunder
【抢拍】seize the opportunity to take pictures; grab the photo opportunity; photograph real-life scenes; take a snapshot
【抢亲】marriage ceremony in which the bridegroom pretends to kidnap his bride; steal, kidnap or force a woman to be one's wife
【抢墒】hurry to sow seeds while the soil is still moist
【抢收】rush in the harvest; get the harvest in quickly
【抢手】in great demand
【抢滩】❶seize a beachhead ❷grab the market
【抢先】try to be the first to do sth; anticipate; forestall
【抢险】rush to deal with an emergency
【抢修】rush to repair; do rush repairs; first-aid repair; rush-repair
【抢眼】noticeable; conspicuous; spectacular; eye-catching
【抢运】rush to transport
【抢占】race to control; seize; grab; unlawfully occupy
【抢种】rush-plant; rushed planting
【抢注】rush registration
【抢嘴】try to get the first word in; try to be heard above the rest; rush to eat up the food
【抢答题】question to vie to answer
【抢饭碗】fight for a job; snatch sb else's job
【抢镜头】fight for a vantage point from which to take a news picture; steal the show; be fond of being in the limelight
【抢生意】compete for business
【抢时间】race against time
【抢手货】hot item; popular goods; popular commodities; easy-to-sell goods; easy-to-sell commodities
【抢劫一空】rob to the last pin

【抢险救灾】do rescue and relief work

羟 [qiǎng]
【羟基】hydroxyl (group)

强 [qiǎng]
动 ① make an effort; try hard ② force → jiàng; qiáng
【强逼】compel; force
【强辩】defend oneself by sophistry; argue against all reason; argue stubbornly or obstinately
【强留】force sb to stay on
【强迫】compel; force; coerce
【强求】insist on; impose
【强使】compel; force
【强笑】force a smile; forced smile
【强词夺理】use lame arguments; resort to sophistry; reason fallaciously
【强打精神】try hard to appear unperturbed; pull oneself together
【强买强卖】buy and sell under coercion
【强人所难】try to make sb do what he is unwilling or unable to
【强颜欢笑】put on an air of cheerfulness; try to look happy
【强作镇静】make an effort to appear composed; try hard to keep one's composure

襁 [qiǎng]
名 belt to carry a baby on the back with
【襁褓】swaddling clothes

qiàng

呛 [qiàng]
动 irritate → qiāng

跄 [qiàng]
【跄踉】stagger; walk unsteadily

qiāo

悄 [qiāo]
→ qiǎo
【悄悄】quietly; on the quiet
【悄悄话】whisperings (esp. between husband and wife, lovers, etc.)

跷 [qiāo]
动 ① lift up (a leg); hold up (a finger) ② stand or walk on tiptoe ③ limp; hobble 名 stilts
【跷跷板】seesaw

锹 [qiāo]
名 spade; shovel

劁 [qiāo]
动 geld; castrate

敲 [qiāo]
动 ① knock; rap; beat; strike; 敲门 knock at the gate / 敲桌子 rap on the table ② swindle money out of sb; force sb to pay through the nose; fleece
【敲打】❶ beat; rap; tap ❷ say sth to irritate sb

【敲定】nail down; make the final decision
【敲击】beat; rap; tap
【敲边鼓】join bandwagon in support (opposition); speak or act to assist sb from the sidelines; back sb up
【敲警钟】sound the alarm bell—sound a warning; ring warning bells
【敲门砖】brick picked up to knock on the door and thrown away when it has served its purpose—a stepping-stone to success
【敲丧钟】sound the funeral bell
【敲竹杠】fleece sb; daylight robbery; blackmail
【敲骨吸髓】break the bones and suck the marrow—suck the lifeblood; be a cruel, bloodsucking exploiter
【敲锣打鼓】beat gongs and sound drums
【敲山震虎】strike at the mountain to frighten the tiger; make a move to give a warning to the other side
【敲诈勒索】extort; blackmail; racketeer

橇 [qiāo]
名 sledge; sled; sleigh

qiáo

乔 [qiáo]
形 tall 动 pretend to be; disguise
【乔木】arbor; tree
【乔迁】move to a better place get a promotion
【乔其纱】georgette
【乔装打扮】disguise oneself; masquerade

侨 [qiáo]
动 live abroad 名 expatriate
【侨胞】countrymen (nationals) residing abroad; overseas compatriots
【侨汇】overseas remittance; immigrant remittance
【侨居】live abroad
【侨眷】relatives of overseas Chinese who remain in the homeland
【侨民】national of a particular country residing abroad
【侨乡】village or town inhabited by relatives of overseas Chinese and returned overseas Chinese
【侨资】capital investments of overseas Chinese; overseas Chinese funds

荞 [qiáo]
〔荞麦〕buckwheat

桥 [qiáo]
名 bridge
【桥洞】bridge opening
【桥墩】(bridge) pier
【桥涵】bridges and culverts
【桥基】bridge group
【桥孔】bridge opening
【桥梁】bridge
【桥面】road of bridge; bridge floor; deck
【桥牌】bridge

【桥身】bridge structure
【桥头】either end of a bridge
【桥头堡】❶bridgehead ❷bridge tower
【桥式起重机】bridge crane; overhead travelling crane

翘 [qiáo]
动 ①raise (one's head); lift up ②become warped or bent 形 outstanding; out of the common ➡qiào
【翘楚】talented person; outstanding person
【翘棱】become warped
【翘盼】eagerly look forward to
【翘企】raise one's head and stand on tiptoe—eagerly look forward to
【翘首】raise one's head and look
【翘望】❶raise one's head and look ❷eagerly look forward to
【翘足而待】wait on tiptoe—expect sth to happen soon
【翘足引领】stand on tiptoe and crane one's neck—eagerly look forward to

谯 [qiáo]
名 watchtower
【谯楼】❶watchtower ❷drum tower

憔 [qiáo]
〔憔悴〕❶wan and sallow; thin and pallid ❷withered

樵 [qiáo]
名 ① firewood ② woodcutter; woodman 动 gather firewood
【樵夫】woodcutter; woodman

瞧 [qiáo]
动 ①look; watch; see ②make a diagnosis and give treatment ③pay a visit; call on; look in
【瞧病】❶see a doctor; consult a doctor ❷see a patient; examine a patient
【瞧见】see; catch sight of
【瞧上】have a chance to see; to one's liking
【瞧不起】look down on; despise
【瞧得起】have a good opinion of; think highly of
【瞧好儿】see a good show; see good results
【瞧不上眼】consider beneath one's notice; turn one's nose up at

巧 [qiǎo]
形 ①skilful; adept; ingenious; clever ②deft; glib; clever ③ opportune; accidental ④ fine-sounding; sly; artful
【巧辩】argue skilfully or plausibly
【巧干】work ingeniously; do sth in a clever way
【巧合】coincidence
【巧计】clever device; artful scheme
【巧匠】clever artisan; craftsman; skilled workman
【巧妙】ingenious; clever
【巧事】coincidence
【巧手】dab〔deft〕hand; being clever with one's hands; dexterity
【巧遇】encounter by chance
【巧劲儿】knack; trick; coincidence
【巧克力】chocolate
【巧夺天工】wonderful workmanship〔superb craftsmanship〕excelling nature
【巧立名目】concoct various pretexts; invent all sorts of names〔excuses〕
【巧取豪夺】secure (sb's belongings, rights, etc.) by force or trickery
【巧舌如簧】have a smooth tongue like the reed of a wind instrument—have a glib tongue
【巧言令色】clever talk and an ingratiating manner
【巧妇难为无米之炊】the cleverest housewife can't cook a meal without rice—one can't make bricks without straw

悄 [qiǎo]
形 ①quiet; silent ②sad; worried; grieved ➡qiāo
【悄寂】quiet; still; silent
【悄然】❶sorrowfully; sadly ❷quietly; softly
【悄声】low voice; whisper
【悄然落泪】shed silent tears

雀 [qiǎo]
名 sparrow ➡què
【雀盲眼】night blindness; nyctalopia

qiào

壳 [qiào]
名 shell; crust ➡ké

俏 [qiào]
形 ①stylish; handsome; good-looking ②sell well; salable 动 season
【俏货】goods in great demand
【俏丽】handsome; pretty
【俏美】pretty; good-looking
【俏皮】❶good-looking; smart ❷lively and delightful; witty
【俏头】flavouring; seasoning; condiment
【俏销】sell well; be in great demand; have a ready market
【俏皮话】❶witty remark; witticism; wisecrack ❷sarcastic remark

峭 [qiào]
形 ①high and steep; abrupt; precipitous ②stern; harsh; severe
【峭拔】❶high and steep ❷vigorous
【峭壁】cliff; precipice; steep
【峭立】rise steeply
【峭直】severe; stern

窍 [qiào]
名 ①cave; hole ②key to sth; knack ③aperture; orifice
【窍门】key (to a problem); knack

翘 [qiào]
动 stick up; hold up; turn upwards → qiáo
【翘尾巴】be cocky; get stuck-up

撬 [qiào]
动 prize; pry; jimmy
【撬棒】crowbar
【撬杠】pinch bar; crowbar; pry

鞘 [qiào]
名 ① sheath; scabbard ② sheath-shaped thing

切 [qiē]
动 ① cut; chop; slice ② tangency → qiè
【切边】scrap edge; side cut
【切变】shear
【切除】excise; resect
【切磋】learn from each other by exchanging views
【切点】point of tangency; point of contact
【切掉】cut; clear; dissect
【切断】cut off
【切分】segmentation
【切糕】a kind of cake made of glutinous rice, sold in sliced pieces
【切割】cut
【切花】cut flowers
【切换】cut; change over
【切汇】deduct a sum by a blackmarket money changer from a foreign exchange transaction
【切割】cut metal (by lathes, etc.)
【切开】动 cut open; cut apart 名 incision
【切口】the side margin of a page in a book
【切块】stripping and slicing (food)
【切面】❶ tangent plane ❷ section ❸ cut noodles; machine-made noodles
【切片】动 cut into slices 名 section
【切入】penetrate into
【切伤】cut wound; incised wound
【切线】tangent (line)
【切削】cut
【切分音】syncopation

茄 [qié]
名 eggplant; aubergine
【茄泥】mashed eggplant (a dish)
【茄子】eggplant; aubergine

且 [qiě]
副 ① just; for the time being; for a while ② for a long time; for quite some time 连 ① even ② also; and ③ while; as; at the same time; simultaneously
【且慢】wait a moment; not so soon; not so fast
【且说】let's begin with
【且不说】let alone

切 [qiè]
动 ① correspond to; accord with; conform to or with ② rub (against) ③ feel the pulse 形 ① close to; warm ② eager; keen; anxious 副 be sure to; make sure that... → qiē
【切齿】gnash one's teeth (in hatred)
【切当】proper; suitable; fitting; appropriate
【切骨】deep; bitter
【切合】suit; fit in with
【切记】be sure to keep in mind; must always remember
【切忌】must guard against; avoid by all means
【切近】形 close; near 动 be close to; be similar
【切口】the secret language of underworld gangs or of certain professions
【切脉】feel the pulse
【切盼】eagerly look forward to; wait impatiently for
【切切】副 sure to; must 形 ❶ eager; urgent; earnest ❷ in small voice ❸ mournful; grieved
【切身】personal
【切实】❶ feasible; practical; realistic ❷ conscientious; earnest
【切题】keep to the point; be relevant to the subject
【切望】on tiptoe
【切要】❶ concise and accurate ❷ vital; essential; indispensable
【切中】hit (the mark)
【切肤之痛】keenly felt pain
【切骨之仇】deep (bitter) hatred
【切切实实】make a determined effort; down to earth
【切身体会】personal understanding; intimate knowledge
【切中时弊】cutting into the present-day evils; criticise the current social evils sharply

妾 [qiè]
名 concubine

怯 [qiè]
形 ① timid; cowardly; chicken-hearted; nervous ② 他的口音带点怯。He speaks with a northern accent. ③ inelegant; outmoded; vulgar ④ lacking in knowledge; superficial; shallow
【怯场】have stage fright
【怯懦】timid and overcautious
【怯弱】timid and weak-willed
【怯生】shy with strangers
【怯阵】❶ feel nervous when going into battle; be battle-shy ❷ have stage fright
【怯生生】in a timid manner
【怯声怯气】speak in a timid manner; speak haltingly
【怯头怯脑】uncouth; lumpish; countrified

窃 [qiè]
动 ① steal; pilfer; pinch ② unjust occupy; grab

【副】 secretly; furtively; stealthily; surreptitiously
【代】 personally
【窃案】 larceny; burglary
【窃盗】 deathwatch
【窃夺】 usurp; grab
【窃国】 usurp state power
【窃据】 usurp; unjustly occupy
【窃窥】 peep
【窃密】 steal secret information; steal secrets
【窃窃】【形】 low (voice); whispering 【副】 secretly; in secret
【窃取】 usurp; steal; grab
【窃听】 eavesdrop; wiretap; tap; bug
【窃笑】 laugh secretly; laugh up one's sleeve
【窃贼】 thief; burglar; pilferer
【窃听器】 bug; hidden microphone; tapping device; listening-in device
【窃国大盗】 arch usurper of state power
【窃窃私语】 talk in whispers; whisper
【窃窃自喜】 pleased with oneself privately

挈 [qiè]
【动】①lift; hoist; take up; raise ②take along
【挈带】 take along; carry

惬 [qiè]
【动】①gratify; satisfy ②appropriate; proper
【惬意】 be pleased; be satisfied

锲 [qiè]
【动】 chisel; carve; engrave
【锲而不舍】 keep on chipping away—work with perseverance

qīn

钦 [qīn]
【动】 admire; adore; respect 【副】 by the emperor himself
【钦差】 imperial envoy; imperial commissioner
【钦定】 compiled and edited by imperial orders
【钦敬】 admire and respect
【钦慕】 respect and admire; hold in esteem
【钦佩】 admire; esteem
【钦羡】 admire and respect
【钦差大臣】 ❶ imperial commissioner; imperial envoy ❷ a nickname for a representative of the higher authorities

侵 [qīn]
【动】①invade; intrude into; encroach on; infringe upon ②move〔advance〕gradually ③approach
【侵犯】 encroach on; infringe (upon); violate
【侵害】 encroach on; make inroads on
【侵略】 aggression; invasion
【侵权】 violate sb's lawful rights; infringe on sb's rights
【侵入】 invade; intrude into; make incursions into
【侵蚀】 corrode; erode; seize (property) in secret and bit by bit
【侵吞】 ❶ embezzle; peculate ❷ swallow up; annex
【侵袭】 make inroads on; invade and attack; hit
【侵占】 invade and occupy; seize; embezzle
【侵吞公款】 graft; embezzle public funds; plunder the public treasury

亲 [qīn]
【名】①parent ②one's own flesh and blood ③blood relations; next of kin ④kin; relative ⑤marriage; match ⑥bride 【形】close; intimate; near and dear 【副】in person; personally 【动】①in favour of; supporting ②kiss
【亲爱】 dear; beloved
【亲本】 parent
【亲笔】【动】 write in one's own hand 【名】 one's own handwriting
【亲代】 parental generation
【亲等】 degree of kinship
【亲和】 affable; genial
【亲近】 be close to; be on intimate terms with
【亲眷】 one's relatives; family dependants
【亲口】 (say sth) personally
【亲历】 have a personal experience of sth
【亲临】 come or go to a place personally
【亲聆】 go in person to listen to (instructions)
【亲密】 close; intimate
【亲昵】 very intimate; affectionate
【亲朋】 relatives and friends; kith and kin
【亲启】 personal
【亲戚】 relative
【亲切】 cordial; kind; close; intimate; dear
【亲情】 affection between family members
【亲热】 affectionate; intimate; warmhearted
【亲人】 ❶ one's parents, spouse, children, etc.; one's family members ❷ dear ones; those dear to one
【亲身】 personal; firsthand
【亲生】 be sb's own child; one's own
【亲事】 marriage
【亲手】 with one's own hands; personally; oneself
【亲疏】 close or distant
【亲属】 kinsfolk; relatives
【亲随】 personal attendant〔footman〕
【亲王】 prince
【亲吻】 kiss
【亲信】 close and trustful; trusted aide〔follower〕
【亲眼】 with one's own eyes; personally
【亲友】 relatives and friends; kith and kin
【亲缘】 affinity
【亲政】 take over〔assume〕 the reins of government upon coming of age
【亲子】 parents and children—two immediate generations
【亲自】 personally; in person; oneself
【亲嘴】 kiss
【亲骨肉】 one's own flesh and blood (i.e. parents and children, brothers and sisters)

【亲和力】affinity;attraction and seduction
【亲切感】warm feeling
【亲临现场】be on the spot
【亲密无间】be on intimate terms
【亲如手足】as close as brothers
【亲如一家】as dear to each other as members of one family
【亲上加亲】be doubly related;choose a bride or groom from relatives
【亲水住宅】waterfront housing
【亲痛仇快】sadden one's own folk and gladden the enemy;grieve those near and dear and gladden the enemies
【亲子鉴定】identification in disputed paternity;parent-child test;paternity test;test to determine whether the child is one's own
【亲者痛,仇者快】sadden one's own folk and gladden the enemy

衾 [qīn]
名 ①quilt ②pall

芹 [qín]
名 ①celery ②humble gift or goodwill

秦 [qín]
【秦俑】Terracotta Warriors and Horses of the Qin Dynasty
【秦晋之好】the amity between Qin and Jin—a marriage alliance between two families

琴 [qín]
【琴拨】plectrum
【琴凳】music stool
【琴弓】bow;violin bow;fiddlestick
【琴键】key (on a musical instrument)
【琴马】bridge
【琴谱】score
【琴师】stringed instrumentalist
【琴弦】string
【琴棋书画】lute-playing,chess,calligraphy,and painting—accomplishments of a scholar of the old school
【琴瑟和谐】the *qin* and the *se* are in harmony—husband and wife living in harmony; wedded bliss

禽 [qín]
名 ①birds;fowl ②fowls and animals
【禽兽】birds and beasts—inhuman
【禽流感】bird flu
【禽兽不如】be worse than a beast

勤 [qín]
形 ①diligent;assiduous;industrious;hardworking ②frequently;often 名 ①work;duty ②attendance
【勤奋】diligent;assiduous;industrious
【勤俭】hardworking and thrifty
【勤恳】diligent and conscientious
【勤苦】diligent;industrious;hardworking
【勤快】diligent;hardworking
【勤劳】diligent;industrious;hardworking
【勤勉】diligent;assiduous
【勤务】❶(public) duties;service ❷a person who does logistic duties
【勤于】be diligent in[at]
【勤杂】❶odd job ❷odd-jobman
【勤务兵】orderly
【勤务员】odd-jobman;servant
【勤杂工】odd-jobman;handyman
【勤工俭学】part-work and part-study system;work-study programme
【勤俭持家】be industrious and thrifty in running a household
【勤俭建国】build up the country through thrift and hard work
【勤俭节约】practise thrift and economy
【勤劳勇敢】be industrious and courageous;valiant and industrious
【勤劳致富】make a fortune by means of industry;achieve prosperity through industrious work
【勤勤恳恳】work diligently and conscientiously;zealously and earnestly
【勤学苦练】study diligently and train hard
【勤政廉政】be diligent and honest in one's work
【勤政为民】be assiduous in government affairs and serve the people

擒 [qín]
动 capture;catch;take;seize
【擒获】catch;capture;arrest
【擒拿】arrest;capture;catch
【擒纵轮】escape wheel
【擒贼擒王】to catch brigands,first catch their king

噙 [qín]
动 hold in the mouth or the eyes:噙一口水 have a gulp of water in one's mouth/噙着糖 hold a piece of candy in one's mouth

寝 [qǐn]
动 ①sleep ② stop;cease;end 名 ①bedroom ②coffin chamber;tomb
【寝车】sleeping car;sleeping carriage;sleeper
【寝宫】❶sleeping quarters of the emperor and empress ❷coffin chamber in an imperial mausoleum
【寝具】bedding
【寝食】eating and sleeping—daily life
【寝室】room (in a dormitory)
【寝食不安】feel uneasy even when eating and sleeping;be worried waking or sleeping

qìn

吣 [qìn]
动 ①vomit ②rail; yelp; spit out hogwash

沁 [qìn]
动 ①ooze; exude ②lower one's head
【沁人肺腑】move sb deeply; touch sb to the depth of sb's soul

揿 [qìn]
动 press; push

qīng

青 [qīng]
形 ①blue; green ②black ③young in age 名 ①green grass; young crop ②youth; young people
【青斑】blue spot; livedo
【青帮】Qingbang; Green Gang
【青菜】❶ green vegetables; greens ❷ Chinese cabbage
【青草】green grass
【青春】youth; youthfulness
【青瓷】celadon (ware)
【青葱】verdant; fresh green
【青翠】verdant; fresh and green
【青灯】oil lamp
【青豆】green soya bean
【青蒿】sweet wormwood
【青工】young workers
【青果】Chinese olive
【青椒】green pepper
【青稞】highland barley; the seed of highland barley
【青睐】favour; good graces
【青楼】blue mansions—pleasure quarters; courtesans' quarters
【青绿】dark green
【青麻】Indian mallow
【青梅】green plum
【青苗】young crops; green shoots of (food) grains
【青年】youth; young people
【青鸟】messenger; bird messenger of Fairy God-Mother
【青山】green hills; blue mountains
【青石】bluestone
【青史】annals of history
【青丝】black hair
【青松】pine
【青蒜】garlic leaves
【青苔】moss
【青天】❶blue sky ❷a just judge; upright magistrate
【青铜】bronze
【青蛙】frog
【青虾】freshwater shrimp
【青衣】❶ black clothing ❷ housemaid; woman servant ❸ Qingyi
【青杨】Cathay poplar
【青鼬】yellow-throated marten
【青鱼】black carp
【青云】high official position or rapid official advancement
【青贮】ensiling
【青砖】blue[grey] brick
【青紫】high-ranking official
【青春痘】acne
【青春饭】occupation for young persons only; pursue a profession on the strength of one's young age; job for young persons only
【青春期】puberty; adolescence
【青光眼】glaucoma
【青花瓷】blue and white porcelain
【青稞酒】barley beer
【青霉素】penicillin
【青年节】Youth Day
【青纱帐】the green curtain of tall crops
【青少年】teenagers; youngsters
【青饲料】greenfeed; green fodder
【青铜器】bronze ware
【青云志】high aspirations
【青春焕发】be full of vigour; be bursting with youthful energy
【青春偶像】adolescent idol
【青红皂白】black and white; right and wrong
【青黄不接】gap between the old and the young; temporary shortage gap in succession
【青梅竹马】green plums and a bamboo horse—a girl and a boy playing innocently together; a man and a woman who had an innocent affection for each other in childhood
【青面獠牙】green-faced and long-toothed—terrifying in appearance
【青山绿水】blue mountains and green waters—beautiful scenery
【青堂瓦舍】brick house with a tiled roof
【青天白日】bright and sunny; broad daylight
【青天霹雳】bolt from the blue; out of the blue; sudden blow
【青铜时代】the Bronze Age
【青云直上】rapid advancement; meteoric rise
【青藏铁路】Qinghai-Tibet Railway
【青出于蓝而胜于蓝】the pupil surpasses the master
【青山不老,绿水长流】the blue mountains do not grow old, the green waters always run

轻 [qīng]
形 ①of little weight; light ② easy to carry; light; simple ③small in number, degree, etc. ④ relaxed; light ⑤not important; be of no significance ⑥flighty; frivolous 动 regard sb or sth as of no importance; make light of; belittle 副 ① gently; softly ②rashly; impetuously
【轻便】light; portable; easy and convenient
【轻薄】(usu. of a man towards a woman) given to philandering; frivolous
【轻淡】faint; dim; casual; random
【轻敌】take the enemy lightly; underestimate

the enemy
【轻度】minor;mild
【轻放】put down gently
【轻风】light breeze
【轻浮】frivolous;flighty;light
【轻轨】light rail
【轻核】light nucleus
【轻活】light work;soft job
【轻贱】动 look down upon;belittle 形 mean and worthless
【轻捷】spry and light;nimble
【轻看】look down upon;belittle
【轻快】❶brisk;spry ❷relaxed;lively
【轻狂】extremely frivolous
【轻慢】treat sb without proper respect;slight
【轻蔑】despise;scorn;disdain;be contemptuous
【轻飘】❶light;buoyant ❷frivolous;giddy
【轻骑】light cavalry;moped
【轻巧】❶light and handy ❷deft;dexterous ❸easy;simple
【轻取】win an easy victory (in a game);beat easily;win hands down
【轻柔】soft;gentle
【轻软】light and soft;feathery
【轻纱】fine gauze
【轻伤】slight[minor] wound;flesh wound
【轻生】make light of one's life—commit suicide
【轻声】in a soft voice;softly;neutral tone
【轻视】belittle;look down on;underrate
【轻率】rash;hasty;indiscreet
【轻水】light water
【轻松】形 light;relaxed;light-hearted 动 relax;ease up;wind down
【轻佻】frivolous;flippant;giddy
【轻微】light;slight;trifling;to a small extent
【轻闲】❶not busy;leisurely ❷easy;light
【轻信】be credulous;readily place trust in;readily believe
【轻型】light-duty;light
【轻扬】lightly float[drift]
【轻易】❶easily;readily ❷lightly;rashly
【轻盈】❶slim and graceful;lithe ❷light-hearted;relaxed
【轻油】light oil
【轻重】❶weight ❷degree of seriousness;relative importance ❸propriety
【轻舟】small light boat;skiff
【轻装】light packs;light equipment
【轻罪】misdemeanour;minor offence[crime]
【轻磅纸】lightweight paper
【轻辅音】voiceless consonant
【轻歌剧】light opera
【轻工业】light industry
【轻机枪】light machine gun
【轻金属】light metal
【轻量级】lightweight
【轻飘飘】❶ light;buoyant ❷ light;nimble;

brisk ❸relaxed;free
【轻骑兵】light cavalry
【轻武器】light arms,small arms
【轻音乐】light music
【轻悠悠】❶light;buoyant ❷soft;gentle
【轻财重义】value friendship more than money;be generous and charitable
【轻车简从】travel with minimum of pomp;travel with a modest staff;receive a simple reception
【轻车熟路】drive in a light carriage on a familiar road—do sth one knows well and can manage with ease
【轻而易举】easy to do
【轻歌曼舞】soft music and graceful dances
【轻轨火车】light rail vehicle;light rail train
【轻轨铁路】light railway
【轻举妄动】act rashly;take reckless action
【轻口薄舌】speak unkindly;make caustic remarks;be sharp-tongued;have a caustic and sharp tongue;make improper remarks
【轻描淡写】touch on lightly;mention casually
【轻世傲物】full of conceit and defiant of convention
【轻手轻脚】gently;softly
【轻言细语】speak in a soft,gentle voice
【轻于鸿毛】lighter than a goose feather
【轻重缓急】order of priority;in order of importance and urgency;order of priority;relative importance and urgency
【轻重量级】light heavyweight
【轻妆淡抹】have a simple makeup
【轻装简从】travel with light packs and few attendants
【轻装上阵】join a movement without hesitation [reservation]
【轻水反应堆】light water reactor(LWR)

氢 [qīng]
名 hydrogen
【氢弹】hydrogen bomb
【氢化】hydrogenation
【氢气】hydrogen
【氢氧】oxyhydrogen
【氢离子】hydrogen ion
【氢气球】hydrogen balloon
【氢燃料】hydrogen fuel
【氢同位素】hydrogen isotope
【氢氧化物】hydroxide

倾 [qīng]
动 ❶slant;incline;bend ❷tend ❸collapse;topple ❹overturn and pour out;dump;empty ❺use up (all one's energy);exhaust ❻overwhelm;overbear
【倾侧】tilt;incline;slope;slant
【倾巢】turn out in full force[strength]
【倾城】❶ the whole city or town ❷ lovely enough to cause the fall of a city or a state;devastatingly beautiful;exceedingly beautiful

❸ruin state
【倾倒】[qīngdǎo]❶topple and fall;topple over ❷greatly admire
【倾倒】[qīngdào]tip;dump;empty;pour out
【倾动】move and win admiration
【倾耳】prick up one's ears
【倾覆】overturn;topple;capsize
【倾角】❶dip ❷inclination
【倾力】all out
【倾慕】have a strong admiration for;adore
【倾情】devoted
【倾洒】pour down or forth
【倾诉】pour out (one's heart, troubles, etc.)
【倾谈】have a good, heart-to-heart talk
【倾听】listen attentively to;lend an attentive ear to
【倾吐】say what is on one's mind without reservation
【倾向】名 tendency;trend;inclination;deviation 动 be inclined to;prefer
【倾销】sell goods at a very low price;dump;cutthroat sale
【倾斜】❶tilt;incline;slope;slant ❷lay particular stress on;give preferences to
【倾泻】come down in torrents
【倾卸】tip;dump;empty;pour out
【倾心】动 admire;fall in love with;lose one's heart to 形 cordial;heart-to-heart
【倾轧】engage in internal strife;jostle against each other
【倾注】❶pour into;stream down into ❷devote to;direct to;throw into
【倾向性】tendentiousness
【倾斜度】gradient
【倾巢出动】turn out in full force[strength];mobilize all one's troops to attack
【倾家荡产】lose a family fortune;be reduced to poverty and ruin
【倾囊相助】empty one's purse to help;give generous financial assistance
【倾盆大雨】heavy downpour;torrential rain;cloudburst
【倾卸汽车】dump truck;tipper

卿 [qīng] 名 ❶minister or senior official in ancient times ❷you
【卿卿我我】whisper sweet nothings to one another;bill and coo

清 [qīng] 形 ❶pure;clear ❷quiet;silent;still ❸honest and upright ❹clear;lucid ❺clear;plain 动 ❶clear up;purify;clean up ❷settle accounts ❸count;check
【清白】pure;clean;stainless
【清仓】make an inventory[checkup] of warehouses;sell all out one's securities
【清茶】❶green tea ❷tea served without refreshments
【清查】❶check ❷ferret out;uncover;comb out
【清偿】pay off;clear off
【清场】clear out[clean up] a gathering place
【清唱】sing opera arias without makeup and acting
【清澈】limpid;clear
【清晨】early morning
【清除】clear away;eliminate;get rid of
【清楚】形 ❶clear;distinct ❷clear;lucid 动 be clear about;understand
【清纯】❶pretty and innocent ❷fresh and clear [pure]
【清醇】pure (in taste or smell)
【清脆】clear and melodious
【清单】detailed list;detailed account
【清淡】❶light;weak;delicate ❷not greasy or strongly flavored;light ❸dull;slack
【清党】purge (a political party);carry out a purge
【清道】sweep the streets;clear the way (for a high official in imperial times)
【清点】check;make an inventory;sort and count
【清炖】boiled in clear soup (without soy sauce)
【清肺】clear lung
【清风】cool breeze;refreshing breeze
【清福】the happiness of a leisurely, retired life
【清高】aloof from politics and material pursuits
【清稿】make a fair[clean] copy;fair[clean] copy
【清关】customs clearance
【清官】honest and upright official
【清规】monastic rules for Buddhists
【清寒】❶poor;in straitened circumstances ❷cold and clear
【清火】relieve inflammation or internal heat
【清寂】cold and silent
【清剿】clean up;suppress;eliminate
【清洁】clean
【清结】settle[square] accounts;balance the books;bring to an end;wind up;settle
【清净】❶limpid;clear;crystal ❷peace and quiet
【清静】quiet
【清客】protégés of the powerful who stay with their benefactions like parasites
【清口】tasty and refreshing
【清苦】poor;badly off
【清库】check warehouse stocks;make an inventory of warehouse
【清朗】❶clear and bright ❷clear;ringing;clear and resounding
【清冷】❶chilly ❷deserted;desolate
【清理】put in order;check up;clear;sort out
【清丽】elegant and beautiful
【清廉】honest and upright;free from corruption

【清凉】cool and refreshing
【清亮】clear and resounding; resonant
【清冽】cool; chilly; cold
【清流】❶ clear stream ❷ uncontaminated group—scholars who were concerned with politics but held themselves aloof from those in power
【清明】❶ clear and bright ❷ sober and calm ❸ Clear and Bright
【清盘】liquidation; go into liquidation; close out
【清贫】(usu. of scholars or teachers) poor; badly off
【清平】peaceful; tranquil
【清漆】varnish
【清讫】payment received; paid
【清浅】❶ clear and shallow ❷ plain and easy to understand
【清欠】clear up debts; pay off arrears
【清癯】thin; lean; spare
【清泉】cool spring (water)
【清润】fresh and humid; bright and smooth
【清扫】thoroughly clean up; give a thorough cleanup
【清瘦】thin; lean; spare
【清爽】❶ fresh and cool; brisk; refreshing ❷ easy; light; relieved; relaxed
【清算】❶ clear (accounts); square ❷ settle accounts; expose and criticize
【清谈】❶ pure conversations—intellectual discussions on lofty and nonmundane matters ❷ idle talk; empty talk
【清汤】clear soup; light soup
【清甜】refreshing and sweet〔luscious〕
【清退】check up and return
【清婉】clear and sweet
【清晰】distinct; clear
【清洗】❶ rinse; wash; clean ❷ purge; comb out
【清闲】at leisure; idle
【清香】delicate fragrance; faint scent
【清馨】delicate fragrance; faint scent
【清新】pure and fresh; fresh
【清醒】〔形〕clear-headed; sober 〔动〕come to; come round; regain consciousness
【清秀】delicate and pretty
【清雅】elegant; refined
【清样】final proof; foundry proof
【清夜】the stillness of night; quiet night
【清音】voiceless sound
【清莹】pellucid; clear and glistening; limpid and sparkling
【清幽】quiet and beautiful
【清油】boiled oils; edible vegetable oil
【清淤】dredging
【清誉】unblemished〔unsullied, unsmirched, untarnished〕reputation
【清越】clear and melodious; clear and far-reaching
【清运】clear; remove

【清早】early in the morning; early morning
【清账】square〔clear〕an account
【清障】remove barriers〔obstacles〕
【清真】simple and unadorned; plain; Islamic; Muslim
【清蒸】steamed in clear soup (usu. without soy sauce)
【清整】level (land)
【清正】upright and just
【清浊】pure and impure; good and bad; voiceless and voiced sounds
【清唱剧】oratorio
【清道夫】scavenger; street cleaner; street sweeper
【清教徒】Puritan
【清洁车】street sweeper; street vehicle
【清洁袋】sick bag
【清洁队】cleaning squad
【清洁工】sanitation worker; street cleaner
【清洁剂】cleanser; detergent
【清劲风】fresh breeze
【清凉油】cooling ointment; essential balm
【清凌凌】clear〔limpid〕and ripling
【清热药】antipyretic
【清水墙】dry wall
【清晰度】❶ clarity ❷ articulation
【清一色】❶ all of the same color; uniform; homogeneous ❷ uniform; identical ❸ all of the same suit
【清真教】Mouammedanism; Islamism
【清真寺】mosque
【清茶淡饭】coarse fare—living in poverty
【清产核资】check-up of assets; general check-up on the fixed assets; take inventory of property and make an accounting of funds; make a general check on the assets
【清规戒律】❶ regulations, taboos and commandments ❷ restrictions and fetters
【清锅冷灶】the pot is empty and the stove is cold—deserted; unfrequented
【清理文件】sort out documents
【清理现场】sift through the wreckage
【清清白白】be pure in mind and body; lead a clean life
【清清楚楚】be crystal clear; be absolutely clear
【清水衙门】plain water *yamen*; organization with inadequate funds and scanty benefits
【清汤寡水】watery and tasteless; dishwater
【清心寡欲】purify one's heart and reduce the number of one's desires; be pure of heart and have few desires
【清夜扪心】examine one's conscience in the stillness of night
【清官难断家务事】Even an upright official finds it hard to settle a family quarrel.

蜻 [qīng]

【蜻蜓】dragonfly

【蜻蜓点水】like a dragonfly skimming the surface of the water—just touch on sth lightly without going into it deeply

qíng

情 [qíng]
图 ①feeling; emotion; affection; sentiment ② kindness; favour ③ love; passion ④ intense sexual desire; lust ⑤ situation; circumstance; state; condition ⑥ reason; sense
【情爱】love
【情报】❶intelligence ❷information
【情变】break-up
【情操】sentiment
【情场】the arena of love; the tournaments of love
【情痴】love maniac
【情敌】rival in love
【情调】sentiment; emotional appeal
【情分】mutual affection
【情夫】lover
【情妇】mistress
【情感】emotion; feeling
【情歌】love song
【情话】intimate words; heart-to-heart talk; lovers' prattle; whispers of love; sweet nothings
【情怀】feelings
【情节】❶plot; story ❷circumstances
【情结】emotional ties; deep emotions associated with something; complex
【情景】scene; sight; circumstances
【情境】circumstances; situation
【情况】❶ circumstances; situation; condition; state of affairs ❷military situation
【情郎】(girl's) lover; sweetheart
【情理】reason; sense
【情侣】sweethearts; lovers
【情面】feelings; sensibilities
【情趣】❶ temperament and interest ❷ interest; appeal; delight
【情人】❶sweetheart ❷lover; mistress
【情杀】murder for love
【情商】emotional quotient (EQ); emotional intelligence quotient
【情诗】love poem
【情事】the facts; the phenomena
【情势】situation; circumstances; trend of events
【情书】love letter
【情丝】affection; tender feelings
【情思】❶tender regards; affection; goodwill ❷ state of mind; mood
【情死】die for love
【情愫】feeling; sentiment; real sentiment; innermost feeling
【情态】spirit; mood
【情网】snares of love
【情形】circumstances; situation; condition; state of affairs
【情绪】❶morale; feeling; mood; sentiments ❷ depression; moodiness; the sulks
【情义】ties of friendship, comradeship, etc.
【情谊】friendly feelings; friendly sentiments
【情意】tender regards; affection; goodwill
【情由】the hows and whys
【情欲】sexual passion; lust
【情缘】predestined love; sentimental bond
【情愿】❶be willing to ❷prefer; would rather; had rather
【情知】know perfectly well; know sth for certain; be fully aware of; be in full knowledge of
【情致】interest; appeal
【情种】person of the sentimental type, especially one who easily falls in love
【情报网】intelligence network
【情侣表】his-and-hers watch
【情人节】Valentine's Day
【情报机关】intelligence agency
【情报检索】information retrieval
【情报人员】intelligence personnel; intelligence agent
【情报系统】intelligence channel
【情不可却】it would be ungracious not to accept
【情不自禁】cannot refrain from; cannot help (doing sth); be seized with a sudden impulse to
【情窦初开】first awakening [dawning] of love
【情急智生】hit on an idea in a moment of desperation
【情景交融】feeling and setting happily blended
【情景喜剧】sitcom; situation comedy
【情理难容】inexcusable feelings; unacceptable sentiments
【情深似海】one's feeling is as deep as the ocean; the affection is as deep as the sea
【情态动词】modal verb
【情同手足】like brothers; with brotherly love for each other
【情投意合】find each other congenial
【情文并茂】excellent in both content and language
【情有独钟】have already had a lover in one's heart
【情有可原】excusable; pardonable
【情真意切】true love and genuine concern; genuine affection and sincere concern
【情景教学法】situational teaching method
【情人眼里出西施】lover sees a Xi Shi in his beloved; in the eyes of the lover, his beloved is a beauty; beauty is in the eye of the beholder

晴 [qíng]
形 sunny; fine; clear

【晴好】warm and fine
【晴和】warm and fine
【晴空】bright[clear, cloudless, fair] sky
【晴朗】fine; sunny
【晴明】sunny; fine; clear
【晴天】fine day; sunny day
【晴雨伞】umbrella for protection from the sun or rain
【晴间多云】fine with occasional clouds
【晴空万里】clear and boundless sky; the vast clear skies
【晴天霹雳】bolt from the blue
【晴转多云】change from fine to cloudy

擎 [qíng]
动 raise; hold up; lift up
【擎天柱】man in a responsible position; mainstay

顷 [qǐng]
量 qing 名 short while; moment; instant 副 ①just; just now ②about
【顷刻】in a moment; in an instant; instantly

请 [qǐng]
动 ①request; ask; entreat ②invite; engage; send for ③please ④buy for worship
【请安】pay respects to sb; wish sb good health
【请便】do as you wish; please yourself
【请调】ask to be transferred to another post
【请功】ask the higher level to record sb's meritorious deeds
【请假】ask for leave
【请柬】invitation card
【请见】request an audience; ask for an interview
【请教】ask for advice; consult
【请客】stand treat; invite sb to dinner; entertain guests; give a dinner party
【请命】plead on sb's behalf; ask (the higher authorities) for instructions
【请求】ask; request
【请赏】petition the authorities[leadership] to bestow a reward on sb (for sth)
【请示】ask for[request] instructions
【请帖】invitation card; invitation
【请托】ask sb to do sth; request sb to act on one's behalf; entrust
【请问】❶excuse me; please ❷we should like to ask; it may be asked; one may ask
【请勿】please don't
【请降】beg to surrender
【请缨】request a cord from the emperor (to bind the enemy)—submit a request for a military assignment
【请援】ask for support or aid
【请愿】present a petition; petition
【请战】ask for a battle assignment
【请罪】❶admit one's error and ask for punishment ❷apologize; humbly apologize
【请假条】written request for leave
【请愿书】petition
【请战书】written request for a battle assignment
【请君入瓮】kindly step into the vat—have a taste of what you intended for others
【请客送礼】invite guests and give them presents; give lavish dinner parties and presents

庆 [qìng]
动 celebrate 名 occasion for celebration 形 lucky; happy
【庆典】celebration; ceremony to celebrate
【庆功】celebrate a victory[success]
【庆贺】congratulate; celebrate
【庆幸】rejoice
【庆祝】celebrate
【庆功会】victory meeting; victory celebration; meeting to celebrate a victory
【庆功酒】jungle juice
【庆祝大会】celebration meeting

磬 [qìng]
动 use up; consume; exhaust 形 empty; used up
【磬尽】with nothing left; all used up
【磬竹难书】too many[numerous] to record

穷 [qióng]
形 ①with little money; poor ②remote; difficult to access ③in trouble; without any way out 动 ①end; limit ②exhaust; use up 副 ①thoroughly (investigate); through to the end ②utterly; extremely ③despite sb's difficult conditions
【穷乏】poor; needy; destitute
【穷根】roots of poverty
【穷逛】fool around without spending money
【穷鬼】pauper; poor wretch
【穷尽】limit; end
【穷寇】hard-pressed enemy; tottering foe
【穷苦】poverty-stricken; impoverished
【穷匮】形 poor and short 动 end; limit 名 the poor
【穷困】poverty-stricken; destitute; in straitened circumstances
【穷忙】be very busy; be kept busy making the ends meet
【穷期】termination; end
【穷人】poor people; the poor
【穷酸】poor and pedantic
【穷相】appearance or manner suggestive of abject poverty
【穷追】go in hot pursuit
【穷棒子】❶poor peasant ❷poor person with high aspirations

【穷骨头】pauper; poor wretch
【穷光蛋】pauper; poor wretch
【穷讲究】strive for shabby genteel; be fastidious or fussy despite difficult conditions; be overly choosy or picky
【穷开心】enjoy oneself despite poverty; seek joy amidst sorrow; try to enjoy oneself despite one's suffering
【穷日子】days of poverty; straitened circumstances
【穷酸气】manners of a destitute scholar
【穷愁潦倒】be penniless and frustrated
【穷得可怜】be shockingly poor
【穷根究底】get to the bottom of it all; get down to bedrock; search into the truth of
【穷极无聊】❶ be utterly bored ❷ absolutely senseless; disgusting
【穷家富路】one should be frugal at home but well equipped for a journey
【穷寇勿追】don't pursue a beaten enemy
【穷困潦倒】fall on evil days; in a state of utter poverty; live a life of poverty
【穷年累月】for years on end; year after year
【穷山恶水】barren mountains and unruly rivers; barren hills and untamed rivers
【穷奢极欲】extremely extravagant and luxurious
【穷途潦倒】at the end of one's tether; desperate
【穷途末路】be in an impasse; have come to a dead end; at end of one's rope
【穷乡僻壤】remote, backward place; remote hinterland
【穷凶极恶】extremely vicious; utterly evil; atrocious; diabolical
【穷则思变】poverty gives rise to a desire for change
【穷追不舍】pursue relentlessly; press hard upon; keep after
【穷追猛打】hotly pursue and fiercely attack

茕 [qióng]
❶ solitary; all alone ❷ worried; sad
【茕茕】all alone; lonely
【茕茕孑立，形影相吊】standing all alone, body and shadow comforting each other

穹 [qióng]
❶ vault; dome ❷ sky
【穹顶】dome
【穹隆】vault; arched roof
【穹形】vaulted; arched

琼 [qióng]
❶ fine jade; exquisite thing ❷ Qiongya or Hainan Island
【琼脂】agar-agar; agar
【琼浆玉液】fine, delicious wine; top-quality wine; nectar
【琼楼玉宇】richly decorated jade palace; magnificent building

qiū

丘 [qiū]
❶ mound; hillock ❷ cover with earth or bricks and stones prior to burial ❸ plot: 一丘水田 a plot of paddy field
【丘八】soldier
【丘壑】hill and gully
【丘陵】hills
【丘脑】cerebral ganglion
【丘疹】papule
【丘比特】Cupid, Roman god of love

秋 [qiū]
❶ ❶〈英〉autumn;〈美〉fall ❷ harvest time ❸ year ❹ (troubled) period of time; juncture
【秋波】autumn ripples—the bright and clear eyes of a beautiful woman
【秋播】autumn sowing
【秋菜】autumn vegetable
【秋耕】autumn ploughing
【秋灌】irrigate in autumn
【秋季】autumn; fall
【秋景】❶ autumnal scenery ❷ prospects for the autumn harvest
【秋凉】cool autumn days
【秋粮】autumn grain crops
【秋千】swing (a seat for swinging)
【秋日】❶ autumn (days) ❷ autumn sun
【秋色】autumn scenery
【秋收】autumn harvest; autumn crops
【秋水】❶ autumn waters ❷ limpid eyes
【秋天】〈英〉autumn;〈美〉fall
【秋汛】autumn floods
【秋意】❶ autumn scene[sight, view] ❷ slight chill; hint of autumn
【秋游】autumn outing
【秋雨】autumn rain
【秋装】autumn clothing
【秋海棠】begonia
【秋交会】autumn commodities fair
【秋老虎】a spell of hot weather after the Beginning of Autumn
【秋高气爽】autumn (sky) high and air brisk—the autumn sky is clear and the air is bracing
【秋毫无犯】not commit the slightest offence against the civilians; not encroach on the interests of the people to the slightest degree
【秋毫之末】the tip of an autumn hair—a minute, almost indiscernible particle
【秋收起义】the Autumn Harvest Uprising
【秋风扫落叶】the autumn wind sweeping away fallen leaves—carry everything before one
【秋后的蚂蚱】grasshopper at the end of autumn—nearing its end

蚯 [qiū]
【蚯蚓】earthworm

楸 [qiū]
❶ Chinese catalpa

qiú

囚 [qiú]
- 〔动〕imprison; jail 〔名〕prisoner; convict
- 【囚车】prison van; prisoners' van
- 【囚犯】prisoner; convict
- 【囚歌】prisoner's laments
- 【囚禁】imprison; put in jail; keep in captivity
- 【囚笼】(wooden) prisoner's cage used in imperial China
- 【囚室】prison cell
- 【囚徒】prisoner; convict
- 【囚衣】prison garb

犰 [qiú]
- 【犰狳】armadillo

求 [qiú]
- 〔动〕❶ask; beg; request; entreat ❷try; seek; search; strive for ❸require; demand
- 【求爱】pay court to; court; woo
- 【求才】search for talent; scout for talent
- 【求成】hope for success
- 【求告】❶solicit ❷implore; entreat; supplicate
- 【求根】extract a root
- 【求购】offer to purchase
- 【求和】❶sue for peace ❷try to draw a match
- 【求婚】make an offer of marriage; propose
- 【求见】ask to see (one's superior or a VIP); request an interview; beg for an audience
- 【求教】ask for advice
- 【求解】find the solution; solve a problem
- 【求借】ask sb for a loan
- 【求救】ask sb to come to the rescue; cry for help
- 【求名】seek publicity; court publicity
- 【求偶】seek a spouse
- 【求签】divine by drawing lots in a temple
- 【求亲】seek a marriage alliance
- 【求情】plead; intercede; ask for a favour; beg for leniency
- 【求全】❶demand perfection ❷try to round sth off; try to bring sth to a satisfactory conclusion
- 【求饶】beg for mercy; ask for pardon
- 【求人】ask sb for help
- 【求生】seek survival
- 【求胜】strive for victory
- 【求实】be realistic; be practical-minded
- 【求售】seek a buyer for one's goods
- 【求索】seek; pursue; search after〔for〕
- 【求降】beg to surrender; hang out〔hoist〕the white flag
- 【求新】seek what is new
- 【求学】❶go to school; attend school ❷pursue one's studies; seek knowledge
- 【求医】seek medical advice; see a doctor
- 【求雨】pray for rain
- 【求援】ask for help; request reinforcements
- 【求战】❶seek battle ❷ask to take part in a battle
- 【求证】seek to prove; seek evidence or verification
- 【求知】seek knowledge
- 【求值】evaluation
- 【求职】look for a job; find a job; apply for a job
- 【求治】seek a cure; look for a cure; seek medical treatment
- 【求助】turn to sb for help; seek help
- 【求知欲】thirst for knowledge
- 【求职者】office seeker; office hunter
- 【求告无门】have nowhere to turn to for help
- 【求亲告友】ask for favours (usu. loans) from relatives and friends
- 【求全责备】demand perfection; nitpick
- 【求神拜佛】pray to Buddha for help
- 【求实精神】matter-of-fact attitude; realistic approach
- 【求同存异】seek common ground while put aside〔maintain, reserve〕differences; explore common ground and narrow difference
- 【求贤若渴】eagerly seek after men of worth and ability
- 【求真务实】be realistic and pragmatic; seek truth and deal with concrete matters
- 【求之不得】all one could wish for; most welcome
- 【求助热线】helpline
- 【求大同,存小异】seek common ground on major issues while reserving differences on minor ones
- 【求人不如求己】self-help is better than help from others; God helps those that help themselves
- 【求爷爷告奶奶】beg grandpas and entreat grandmas—go about begging for help

泅 [qiú]
- 〔动〕float on water; swim
- 【泅渡】swim across
- 【泅水】swim

酋 [qiú]
- 〔名〕❶chief ❷chieftain
- 【酋长】❶chief of a tribe ❷emir; sheik(h)
- 【酋长国】sheikhdom; emirate

球 [qiú]
- 〔名〕❶sphere; globe ❷anything shaped like a sphere; ball ❸ball, etc. ❹ball game ❺globe; world
- 【球操】ball gymnastics〔exercise〕
- 【球场】❶a ground where ball games are played ❷court ❸field
- 【球胆】bladder
- 【球刀】ice-hockey skate blade
- 【球队】(ball game) team
- 【球风】sportsmanship shown in ball games
- 【球果】cone
- 【球技】ball game skill; skill in playing a ball

game
【球茎】corm
【球菌】coccus
【球篮】basket
【球路】tactics in ball games
【球门】goal
【球迷】(ball game) fan
【球面】spherical surface
【球囊】saccule; sacculus
【球拍】❶racket ❷bat
【球赛】ball game; match
【球市】ball game market
【球手】ball game player
【球台】table
【球坛】the ball-playing world; ball-playing circles; ball-players
【球体】spheroid
【球王】"ball king", a champion or superstar in a certain ball game
【球网】net (for ball games)
【球鞋】gym shoes; tennis shoes; sneakers
【球心】centre of sphere
【球星】ball-game star; star; star player
【球形】spherical; globular; round
【球衣】the jacket for a ball-player
【球艺】skills in playing a ball game; ball game skills
【球员】player
【球状】sphericity; globosity; globularity
【球蛋白】globin; globulin
【球类运动】ball games
【球迷协会】association of sports fans〔enthusiasts〕
【球幕电影】surround-screen film; cinerama

遒 [qiú]
形 powerful; vigorous; forceful
【遒劲】powerful; vigorous

裘 [qiú]
名 fur coat
【裘皮】fur

qiǔ

糗 [qiǔ]
名 solid food 动 be clotted or caked

qū

区 [qū]
动 distinguish; differentiate; classify; subdivide 名 ❶area; zone; district; region ❷(as an administrative division) district; region; division
【区别】动 distinguish; differentiate; make a distinction between 名 difference
【区段】zone; section
【区分】differentiate; distinguish
【区划】division into districts
【区徽】regional emblem
【区间】lap, section of a route, line

【区块】block
【区旗】flag of a certain administrative region
【区区】trivial; trifling
【区时】zone time
【区位】geographical location
【区域】region; area; district
【区长】head of a district (as in a city)
【区间车】train or bus travelling only part of its normal route; shuttle bus or train
【区位码】region-position code
【区域性】pertaining to a region
【区域自治】regional autonomy

曲 [qū]
形 ❶bent; crooked ❷wrong; false; unjustifiable 动 bend; flex; curve; crook 名 ❶bend ❷leaven; yeast ➡qǔ
【曲笔】distortion of facts to hide the truth
【曲柄】crank
【曲尺】carpenter's square
【曲拱】arch
【曲解】misinterpret (usu. deliberately); twist
【曲径】winding path
【曲率】curvature
【曲霉】aspergillus
【曲面】curved surface; camber
【曲奇】cookie
【曲室】secret chamber
【曲线】sth. esp. a human body, or part of it having the shape of a curve; curve
【曲折】❶tortuous; winding ❷complications
【曲直】right and wrong
【曲轴】crankshaft; bent axle
【曲别针】paper clip
【曲棍球】❶field hockey ❷hockey ball
【曲颈甑】retort
【曲线美】line of beauty
【曲线图】diagram
【曲解原意】distort the meaning
【曲径通幽】winding path leading to secluded place
【曲里拐弯】winding; zigzag
【曲曲弯弯】winding; meandering
【曲线运动】curvilinear motion
【曲意逢迎】go out of one's way to curry favour

驱 [qū]
动 ❶drive; spur ❷run quickly; drive ❸expel; drive away; exorcise ❹drive or ride ❺force; compel; impel; urge
【驱策】❶drive; whip on ❷order about
【驱车】drive a vehicle
【驱除】drive out; get rid of; repel
【驱动】drive
【驱赶】drive (a cart, etc.); drive away; brush away
【驱寒】dispel cold; warm oneself up
【驱迫】order about; force; compel
【驱遣】drive away; banish; expel; order about; dispel; get rid of

【驱散】disperse; dispel; break up
【驱使】❶ order about ❷ prompt; urge; spur on
【驱邪】exorcise(drive out) evil spirits
【驱逐】drive out; expel; banish
【驱虫药】anthelmintic; vermifuge
【驱动器】driver
【驱逐舰】destroyer
【驱逐出境】deport; expel; send away from a country

屈 [qū]
动 ① bend; bow; crouch; crook ② subdue; yield; submit ③ wrong; treat unfairly ④ be in the wrong
【屈才】do work unworthy of one's talents
【屈从】submit; yield
【屈服】subdue; submit; yield; knuckle under
【屈节】forfeit one's honour
【屈就】condescend to take a post offered
【屈居】be forced to accept a place(position)
【屈曲】kinking; crooked; bent; winding
【屈辱】humiliation; mortification
【屈死】be wronged and driven to death; be persecuted to death
【屈枉】treat unjustly; wrong; maltreat
【屈膝】go down on one's knees; bend one's knees
【屈指】count on one's fingers
【屈尊】condescend
【屈光度】dioptre
【屈戌儿】fastening of a window(door)
【屈打成招】confess to false charges under torture
【屈膝投降】go down on one's knees in surrender; knuckle under
【屈意奉承】be studious to please
【屈指可数】can be counted on one's fingers—very few

祛 [qū]
动 dispel; prevent; remove; ward off
【祛除】dispel; get rid of; drive out
【祛风】dispel the wind; relieve rheumatic pains, colds, etc.
【祛寒】dispel cold
【祛暑】drive away summer heat
【祛痰】make expectoration easy
【祛邪】eliminate evil
【祛病延年】prevent disease and prolong life

袪 [qū]
名 sleeve cuff

蛆 [qū]
名 maggot
【蛆虫】❶ maggot ❷ a shameless(base) person

躯 [qū]
名 human body
【躯干】trunk; torso
【躯壳】the body (as opposed to the soul); outer form
【躯体】body; stature

趋 [qū]
动 ① hasten; rush; hurry along ② tend towards; head for; tend to become ③ pop its head to bite at people; snap at ④ seek; pursue ⑤ cater to; ingratiate oneself with
【趋避】avoid; dodge
【趋附】ingratiate oneself with; curry favour with
【趋冷】cool down
【趋热】warm up
【趋时】keep up with the fashion; follow the vogue; be trendy
【趋势】trend; tendency
【趋同】converge
【趋向】动 tend to; incline to 名 trend; direction
【趋新】trendy
【趋于】tend to
【趋光性】phototaxis
【趋热性】thermotaxis
【趋利避害】seek advantages and avoid disadvantages
【趋向动词】directional verb
【趋炎附势】curry favour with the powerful; play up to those in power
【趋之若鹜】go after sth like a flock of ducks; scramble for sth

蛐 [qū]
【蛐蛐儿】cricket (an insect)

觑 [qū]
动 screw up one's eyes; squint ➡ qù

黢
形 black; dark
【黢黑】pitch-black; pitch-dark

qú
渠 [qú]
名 ① canal; conduit; ditch; channel 形 great 代 he; him
【渠道】❶ irrigation ditch; canal; channel ❷ medium of communication; channel
【渠水】canal

qǔ
曲 [qǔ]
名 ① qu, a type of verse for singing originated in folk ballads ② song; tune; melody ③ music ➡ qū
【曲调】tune; melody
【曲目】name of (a song(melody, opera))
【曲牌】the names of the tunes to which qu are composed
【曲谱】❶ music score of Chinese operas ❷ a collection of tunes of qu
【曲式】musical form
【曲坛】circles of quyi performers
【曲子】song; tune; melody
【曲高和寡】highbrow songs find few singers;

too highbrow to be popular
【曲终人散】 the music is over and people are gone

取 [qǔ]
动 ①get; draw; collect; fetch ②aim at; gain; seek ③adopt; assume; select; choose
【取保】 go bail for one
【取材】 draw materials
【取代】 replace; substitute for; supersede; supplant
【取道】 by way of; via
【取得】 gain; acquire; obtain
【取缔】 outlaw; ban; suppress
【取法】 take as one's model; follow the example of
【取经】 ❶ go on a pilgrimage for Buddhist scriptures ❷ learn from sb else's experience
【取景】 find a view
【取决】 be decided by; depend on; hinge on
【取款】 withdraw money
【取乐】 seek pleasure; find amusement; amuse oneself; make merry
【取名】 give a name to; be named
【取闹】 ❶ kick up a row; make trouble ❷ amuse oneself at sb's expense; make fun of
【取暖】 warm oneself (by a fire, etc.)
【取平】 make even; even up
【取齐】 ❶ make even; even up ❷ assemble; meet each other
【取巧】 resort to trickery to serve oneself or avoid a difficulty
【取舍】 accept or reject; make one's choice
【取胜】 win victory; score a success
【取向】 orientation
【取消】 cancel; call off; abolish
【取笑】 ridicule; make fun of; poke fun at
【取信】 win the confidence[trust] of the others
【取样】 take a sample
【取悦】 try to please; ingratiate oneself with sb
【取证】 collect evidence; taking of evidence
【取景器】 viewfinder
【取保候审】 obtain a guarantor and pending trial
【取保释放】 be released on bail
【取长补短】 made up for each other's deficiencies; learn from others' strong points to offset one's own weaknesses
【取而代之】 replace sb; supersede sb
【取精用弘】 select the finest from a vast quantity
【取其精华】 get the cream off; absorb what is best
【取信于民】 win the people's support; obtain the people's confidence; not betray people's trust; not disappoint people or let people down
【取法乎上,仅得乎中】 aim high and you may fall below the average

【取人之长,补己之短】 overcome one's shortcoming by learning from other's strong points
【取之不尽,用之不竭】 inexhaustible
【取之于民,用之于民】 what is taken from the people is used for the people

娶 [qǔ]
动 marry (a woman); take to wife
【娶妻】 take a wife
【娶亲】 get married

龋 [qǔ]
动 tooth decay
【龋齿】 ❶ dental caries ❷ decayed tooth

qù

去 [qù]
动 ①go (from here to another place); travel ②depart; leave; go (away) ③lose; forfeit ④remove; get rid of; shake off ⑤be away from; be apart from ⑥pass away; depart; die ⑦他去看电影了。 He has gone to the cinema. ⑧我要浇花去。 I'm going to water the flowers. /他上街买东西去了。 He has gone out shopping. ⑨ (a)拿着鱼竿去钓鱼 take along one's fishing rod for angling (b)拍去身上的尘土 flick the dust off one's clothes/他从我这儿借了几本书去。 He borrowed a few books from me. (c)一眼看去 look far ahead ⑩play the part or role of; act 形 past; of last year 副 very; extremely 名 falling tone
【去病】 prevent[cure] a disease
【去臭】 deodorizing
【去除】 dislodge
【去处】 ❶ place to go; whereabouts ❷ place; site
【去磁】 deperm; demagnetize; degauss
【去火】 reduce internal heat; relieve inflammation or fever
【去壳】 hull; shucking; dismantling; shell
【去留】 go or remain[stay]
【去路】 the way along which one is going; outlet
【去年】 last year
【去皮】 remove the peel[skin]; skin; peel
【去世】 die; pass away
【去势】 castrate; emasculate
【去暑】 drive away summer heat
【去岁】 last year
【去向】 the direction in which sb or sth has gone
【去雄】 emasculate; castrate
【去职】 no longer hold the post
【去垢剂】 detergent
【去你的】 Go to hell!; The hell you are!
【去湿器】 moisture separator
【去污粉】 household cleanser; cleanser
【去粗取精】 discard the dross and select the essential
【去恶务尽】 do away with evil completely
【去旧更新】 do away with the old and change it

for new
【去芜存真】discard the false and retain the true

阒 [qù]
形 quiet; still; silent
【阒寂】quiet; still; silent
【阒然】quiet; still

趣 [qù]
名 ①interest; amuse; delight ②purport; inclination 形 interesting; amusing; diverting; pleasant
【趣话】amusing[funny] remark; joke
【趣事】interesting episode; amusing incident
【趣谈】interesting tale usu. in title of book, article, etc.
【趣味】①interest; delight ②taste; liking; preference
【趣闻】interesting hearsay or news
【趣味盎然】full of interest
【趣味索然】dry as dust; insipid

觑 [qù]
动 look; stare; gaze ➡ qū
【觑视】look; gaze

圈 [quān]
名 ①circle; ring; hoop ②circle; set; group 动 ①enclose; surround; encircle ②mark with a circle ➡ juān; juàn
【圈地】enclose land
【圈点】①punctuate ②mark words and phrases for special attention
【圈定】draw a circle around sth to show approval or selection
【圈梁】girth
【圈数】number of turns; cylinder number
【圈套】snare; trap
【圈外】outside a circle
【圈椅】round-backed armchair
【圈阅】draw a circle around one's name on a document submitted for approval to show that one has read it; tick off one's name listed on a circular, notice, etc. after reading it
【圈占】circle piece of land to stake out one's claim
【圈子】①circle; ring ②circle; group
【圈外人】outsider; people out of the loop
【圈内人士】in-group source

权 [quán]
动 ①weigh; consider ②be adaptable to a changing situation 名 ①counterpoise; sliding weight of a steelyard ②power ③right ④advantageous or favourable position ⑤expediency; adaptability ⑥authority ⑦extent of authority 副 tentatively; provisionally; for the time being
【权变】adaptability[flexibility] in tactics; acting according to circumstances; tact
【权臣】powerful minister
【权当】consider[take] it as ...
【权衡】weigh; balance
【权力】①power; authority ②scope of power; extent of authority; jurisdiction
【权利】right
【权谋】tactics; trickery
【权能】powers and functions
【权且】tentatively; for the time being
【权势】power and influence
【权术】statecraft; political trickery; shifts in politics
【权威】①authority; authoritativeness ②a person of authority; authority
【权位】power and position
【权限】limits of authority; jurisdiction; competence
【权宜】expedient
【权益】rights and interests
【权欲】lust for power
【权责】power and responsibility; rights and duties
【权诈】trickery; craftiness
【权杖】staff of authority (as carried by political or religious leaders)
【权威性】authority; finality
【权衡轻重】weigh the relative importance
【权力机构】organs of power; authorities
【权利能力】ability to exercise one's rights and honor one's obligations
【权钱交易】power-money deal; trade one's power for profits
【权威人士】authoritative person; authoritative sources
【权宜之计】expedient measure; makeshift (device); stopgap
【权欲熏心】be overcome with a lust for power

全 [quán]
形 ①all ready; complete ②whole; entire; all; full 动 keep from harm or damage; keep intact 副 wholly; entirely; completely
【全部】whole; complete; total; all
【全才】versatile person; all-rounder
【全长】overall length
【全场】①the whole audience; all those present ②full-court; all-court
【全称】full name
【全程】whole journey; whole course
【全等】congruent
【全都】all; without exception
【全额】total sum; full amount
【全份】complete set
【全副】complete; full
【全国】the whole nation[country]; nationwide; countrywide; throughout the country

【全乎】complete
【全会】plenary meeting; plenary session; plenum
【全活】the whole work
【全集】complete works; collected works
【全价】real price; full price
【全歼】annihilate; wipe out
【全景】panorama; full view; whole scene
【全局】the overall situation; the situation as a whole
【全军】图 the whole[entire] army 动 preserve military strength
【全开】standard-sized sheet
【全力】with all one's strength; all-out; sparing no effort
【全貌】complete picture; full view
【全面】overall; comprehensive; all-round
【全苗】full stand
【全民】the whole[entire] people; all the people
【全名】full name
【全能】all-round
【全年】annual; yearly
【全盘】whole; all; overall
【全陪】guide the full tour; tour conductor
【全票】❶full ticket ❷all the votes; unanimous vote
【全勤】full work attendance
【全球】the whole world
【全权】full powers; plenary powers; full responsibility
【全然】completely; entirely
【全人】total man; sage; perfect person
【全色】panchromatic
【全身】the whole body; all over (the body)
【全胜】图 complete victory 动 win every match; be all-victorious
【全盛】flourishing; in full bloom
【全食】total eclipse
【全数】total number; whole amount
【全速】full[maximum, top] speed
【全损】total loss
【全套】complete set
【全体】all; entire; whole
【全托】full-time care; take care of the trusted full time or around the clock; put child in boarding nursery
【全文】full text
【全息】hologram
【全席】whole feast; full-course dinner
【全线】❶all fronts; the entire length ❷the whole line
【全新】completely new; brand-new
【全休】❶a complete rest ❷a long-term sick leave
【全优】all excellent; of all-round excellence
【全员】entire staff; all members
【全责】all responsibility
【全职】full-time

【全反射】total reflection
【全方位】comprehensive; all-inclusive; all-round
【全国性】nationwide; countrywide; national
【全家福】❶a photograph of the whole family ❷hotchpotch (as a dish)
【全景式】panorama
【全屏幕】full screen
【全勤奖】reward for perfect work attendance; reward for full attendance; full attendance bonus
【全球化】globalization
【全球通】Global System for Mobile Communication (GSM)
【全球性】global; world wild
【全日制】full-time; full-day
【全色片】panchromatic film
【全身像】full-length picture
【全世界】all over the world; the whole world
【全损险】total loss only (T.L.O.)
【全天候】all-weather
【全音符】whole note; semibreve
【全运会】National Games
【全自动】full automation
【全景电视】cinerama
【全景电影】panoramic movie
【全军覆没】the whole army overwhelmed—a complete failure
【全科医师】general practitioner
【全劳动力】able-bodied farm worker
【全力以赴】go all out; spare no effort
【全面发展】full-scale development; develop in an all-round way; develop in full scale
【全民公决】referendum
【全民皆兵】entire nation in arms; every citizen being a soldier
【全民投票】popular vote
【全能冠军】all-around winner
【全权大使】ambassador plenipotentiary
【全权代表】plenipotentiary
【全权证书】full powers
【全身麻醉】general anesthesia
【全神贯注】concentrate one's attention on; be absorbed[engrossed] in; be preoccupied with
【全体会议】plenary meeting[session]; plenum
【全文发表】publish in full; report a text verbatim
【全息电影】holographic movie
【全息摄影】holography
【全心全意】whole-heartedly; heart and soul
【全员承包】all-staff contractual responsibility system
【全员培训】training program for all the staff members; all-member training
【全员效率】output per man-shift(o.p.m.s.)
【全知全能】omniscient and omnipotent
【全脂奶粉】whole milk powder
【全国运动会】the national games

【全景摄影机】panoramic camera
【全民所有制】ownership by the whole people
【全权代理人】universal agent
【全日制学校】full-time school
【全员合同制】all-member contract system
【全民健身计划】the National Fitness Program; the nationwide body-building campaign
【全球财富论坛】Fortune Global Forum
【全球定位系统】global positioning system (GPS)
【全员抵押承包】all-member mortgage contract
【全自动洗衣机】automatic linen washer; automatic laundry machine
【全球经济一体化】integration with the global economy
【全国人民代表大会】the National People's Congress (NPC)

诠 [quán]
㊟ expound; annotate; provide a gloss; interpret ㊝ reason; logic; truth
【诠释】annotate; give explanatory notes
【诠注】provide notes and commentary

泉 [quán]
㊝ ①spring ②mouth of a spring ③ancient term of coin ④world of the dead
【泉币】ancient coin
【泉流】spring-fed stream
【泉水】spring water; spring
【泉眼】the mouth of a spring; spring
【泉涌】gush
【泉源】❶fountainhead; springhead; wellspring ❷source

拳 [quán]
㊝ ①fist ②boxing; pugilism ㊟ curl; twist; warp; bend
【拳棒】martial arts
【拳击】boxing; pugilism
【拳脚】Chinese boxing
【拳拳】sincere
【拳师】boxing coach; pugilist
【拳手】pugilist boxer
【拳术】Chinese boxing
【拳坛】boxing circles; the boxing world
【拳头】fist
【拳王】boxing champion; lord of the ring
【拳击手】boxer
【拳打脚踢】cuff and kick; beat up
【拳头产品】competitive products; knock-out products
【拳王争霸赛】boxing championship decider; boxing match for a championship
【拳不离手,曲不离口】the boxer's fist must stick to its task, and the singer's mouth must ask no rest; practice makes perfect

痊 [quán]
㊟ fully recover from an illness
【痊愈】fully recover from an illness; be fully recovered

蜷 [quán]
㊟ coil (as a snake); curl up; huddle up
【蜷伏】curl up; huddle up; lie with the knees drawn up
【蜷曲】curl; coil; twist
【蜷缩】roll up; huddle up; curl up

醛 [quán]
㊝ aldehyde
【醛酯】aldehydo-ester

鬈 [quán]
㊋①curly; wavy ②beautiful; nice
【鬈曲】crimp; crinkle; curl

颧 [quán]
【颧骨】cheekbone

quǎn

犬 [quǎn]
㊝ dog
【犬齿】canine tooth
【犬牙】❶canine tooth ❷fang
【犬子】my son
【犬马之劳】serve like a dog or a horse
【犬牙交错】jigsaw-like; interlocking

quàn

劝 [quàn]
㊟ ① talk (sb) round by reasoning; try to persuade; advise; urge ②encourage; foster
【劝导】try to persuade; advise; induce
【劝告】㊟ advise; urge; exhort; advice; exhortations ㊝ advice; counsel; exhortation; admonition
【劝和】try to persuade two parties to become reconciled; mediate
【劝化】❶urge to do good ❷collect alms
【劝架】try to reconcile parties to a quarrel or to stop people from fighting each other; mediate
【劝解】❶help sb to get over his worries, etc. ❷mediate; make peace between; bring people together
【劝诫】admonish; expostulate
【劝进】urge a would-be emperor to ascend the throne
【劝酒】urge sb to drink (at a banquet)
【劝勉】advise and encourage
【劝募】solicit contributions by persuasions
【劝善】encourage people to do good
【劝说】persuade; advise
【劝退】be persuaded to retire; persuade sb to resign from official position
【劝慰】console; soothe
【劝降】induce to capitulate
【劝学】encourage learning
【劝诱】induce; prevail upon
【劝喻】gently try to persuade; plead tactfully
【劝止】dissuade sb from; advise sb not to

【劝阻】dissuade sb from; advise sb not to
【劝业场】bazaar
【劝业银行】industrial bank

券 [quàn]
名 certificate; ticket; voucher
【券商】broker

quē

炔 [quē]
名 alkyne

缺 [quē]
动 ① be short; be deficient; lack ② be not present; be absent 名 ① with parts missing; incomplete; imperfect ② unfilled position; vacancy; opening
【缺编】understaffed; vacant position; vacancy
【缺档】be in short supply; be out of stock
【缺德】mean; wicked; rotten
【缺点】shortcoming; defect; weakness; drawback
【缺额】vacant position; vacancy
【缺乏】be short of; lack; be in want of
【缺钙】calcium deficiency
【缺憾】regrettable imperfection; regret
【缺货】be in short supply; be out of stock; run short
【缺课】be absent from school; miss a class
【缺口】❶ breach; gap ❷ insufficiency ❸ notch
【缺漏】gaps and omissions
【缺门】gap
【缺欠】❶ shortcoming; defect; weakness ❷ lack; be short of
【缺勤】absence from duty〔work〕
【缺少】lack; be short of; be in want of
【缺失】defect
【缺市】in short supply
【缺损】damaged; worn; torn; physiological defect; physiological deficiency
【缺位】be vacant; vacant position; vacancy
【缺席】absent (from a meeting, etc.)
【缺陷】defect; drawback; flaw; blemish
【缺氧】anoxia; oxygen lack
【缺页】the missing page
【缺员】understaffing
【缺阵】no-show
【缺嘴】名 harelip 动 fail to satisfy one's appetite〔hunger〕
【缺勤率】absence rate; absentee rate
【缺吃少穿】have not enough for food and clothing
【缺斤短两】give short weight
【缺席判决】default judgement; judgement by default
【缺席审判】trial by default; try in absentia
【缺心少肺】lack ingenuity and imagination; be lacking in calculation
【缺心眼儿】❶ simple-minded; scatterbrained ❷ dull-witted; mentally deficient; retarded

【缺一不可】not a single one can be omitted; none is dispensable
【缺医少药】shortage of physicians as well as medicine
【缺铁性贫血】iron-deficiency anaemia

阙 [quē]
名 fault; error; mistake
【阙如】deficient; wanting; lacking
【阙失】mistake; fault

qué

瘸 [qué]
动 be lame; (walk) with a limp
【瘸腿】lame
【瘸子】lame person; cripple

què

却 [què]
动 ① fall back; retreat ② drive back; beat back; repulse：却敌数百里 drive the enemy back for several hundred *li* ③ refuse; decline; reject; turn down：情不可却 can hardly decline sb's kind offer ④ lose; get rid of：失却信心 lose confidence 副 今天下雪，却不冷。It's snowy, but not cold./文章虽短，却很有内容。The essay is short, and yet it is full of meat.
【却步】step back; hang back
【却敌】repulse the enemy
【却说】we were telling you... (a stock phrase used by traditional storytellers when resuming narration where they left off)
【却病延年】prevent illness and prolong life
【却之不恭】(said when receiving a gift) it would be impolite to decline

雀 [què]
名 sparrow 形 little; small ➡ qiǎo
【雀斑】freckle
【雀鹰】sparrow hawk
【雀跃】jump for joy
【雀噪】enjoy loud fame

确 [què]
名 ① true; reliable; authentic：确有其人。There is indeed such a person. ② rock-solid; firm
【确保】ensure; guarantee
【确当】fitting; proper; appropriate
【确定】动 define; fix; determine; ascertain 形 definite; certain; sure
【确立】establish
【确切】❶ definite; exact; precise ❷ true; reliable; sure
【确认】affirm; confirm; acknowledge
【确实】形 true; reliable 副 really; indeed
【确守】strictly or scrupulously abide by
【确数】exact figures; exact amount
【确信】firmly believe; be convinced; be sure reliable information
【确凿】conclusive; authentic; irrefutable

【确诊】make a definite diagnosis; diagnose
【确证】⃞动 prove conclusively or positively ⃞名 proof positive; conclusive or irrefutable evidence
【确定性】determinacy; certainty; definiteness
【确认书】letter of confirmation
【确确实实】for a certainty; beyond all doubt
【确凿不移】well established and irrefutable

鹊 [què]
⃞名 magpie
【鹊报】the cry of the magpie—a good omen
【鹊起】❶ act according to circumstances; do as one sees fit; use one's discretion ❷ spread; rise
【鹊桥】Magpie Bridge
【鹊巢鸠占】the turtledove occupies the magpie's nest—one person seizes another person's place, land, etc.

裙 [qún]
⃞名 ❶ skirt ❷ sth like a skirt
【裙钗】woman
【裙带】❶ belt ❷ connected through one's female relatives
【裙裤】culottes
【裙舞】skirt dance
【裙子】skirt
【裙带风】nepotism; petticoat influence
【裙带官】official who owes his position to petticoat influence
【裙带关系】nepotism; connections through one's female relatives; networking through petticoat influence

群 [qún]
⃞名 ❶ crowd; group ❷ large numbers of people ❸ in groups; in large numbers ⃞量 group; herd; swarm; flock; 一群流浪者 a group of bums/一群鹿 a herd of deer/一群蚂蚁 a swarm of ants/一群鸽子 a flock of doves
【群唱】ensemble singing
【群岛】islands; archipelago
【群雕】a group of statues
【群芳】❶ beautiful and fragrant flowers ❷ a group of beauties or artists
【群峰】connected mountain peaks
【群婚】group marriage; communal marriage
【群集】gather; assemble
【群居】live in groups or as a group
【群落】❶ community ❷ building complex; cluster of buildings
【群氓】the common herd; the mob
【群殴】gang fight; group scuffle
【群起】all rise
【群情】public sentiment; feelings of the masses
【群山】connected hills〔mountains〕
【群塑】group of sculptures
【群体】❶ colony ❷ group
【群像】images of a group of characters
【群星】❶ the myriad of stars ❷ a galaxy of movie stars, etc.
【群雄】feudal lords who hold swag over different regions in turbulent days
【群英】a galaxy of talents〔heroes〕
【群众】❶ the masses ❷ non-Party ❸ a member of the rank and file
【群言堂】allow everybody to air his view; let everyone have his say; speak one's mind freely
【群英会】gathering of heroes; conference of outstanding workers
【群众性】of a mass character
【群策群力】pool the wisdom and efforts of everyone; work and pull together; work as a team
【群龙无首】host of dragons without a head—group without a leader
【群魔乱舞】host of demons dancing in riotous revelry—rogues of all kinds running wild
【群情鼎沸】vast upsurge of public feelings
【群威群胆】mass heroism and daring
【群众关系】one's relations〔ties〕with the masses
【群众观点】the mass viewpoint
【群众监督】supervision by the masses
【群众路线】the mass line
【群起而攻之】all rise〔turn〕against sb

麇 [qún]
⃞动 flock together
【麇集】swarm; flock together

Rr

rán

然 [rán]
 形 right; correct; accurate *副* so; like that *连* but; yet; nevertheless; however
【然而】but; however; yet
【然后】then; after that; afterwards
【然则】in that case; then

燃 [rán]
 动 ①burn ②light; set fire to
【燃放】set off
【燃点】*动* light *名* ignition point
【燃料】fuel
【燃煤】coal for fuel; fire coal
【燃气】gas
【燃烧】burn
【燃油】fuel oil
【燃眉之急】as pressing as a fire singeing one's eyebrows—extremely urgent; overwhelming urgency

rǎn

染 [rǎn]
 动 ①dye ②catch; acquire
【染病】get; catch; contract; pick up; develop; come down with
【染厂】dye-works
【染发】dye hair
【染料】dye
【染色】dye; colour
【染指】take more than one's fair share

rāng

嚷 [rāng]
 ➡rǎng
【嚷嚷】❶shout; make an uproar ❷make widely known

ráng

瓤 [ráng]
 名 ①flesh ②interior part of certain things *形* weak; bad

rǎng

壤 [rǎng]
 名 ①soil; earth ②ground ③area; land; territory

攘 [rǎng]
 动 ①reject ②seize; grab ③roll〔turn up〕(one's sleeves)
【攘敌】resist the enemy
【攘外】resist foreign aggression

嚷 [rǎng]
 动 ①shout; yell ②argue heatedly ③scold ➡ rāng
【嚷叫】shout; make an uproar

ràng

让 [ràng]
 动 ①give way; give in; give up; yield ②offer; invite; treat ③let sb have sth at a price; sell; transfer ④allow; let; give sb a free hand ⑤make way; make room *介* 这杯子让我给打碎了。I am the one who broke the cup. /他让雨给淋了。He got wet through in the rain.
【让步】make a concession; give in; give way; yield
【让茶】offer sb tea
【让给】turn〔hand〕over to sb; let (sb) have〔take〕it
【让价】agree to reduce the price asked
【让开】get out of the way; step aside; make way
【让利】concession
【让路】make way for sb or sth; give way; give sb the right of way
【让球】concede points
【让权】give up power
【让位】❶resign sovereign authority ❷offer one's seat to sb
【让贤】step down in favour of a worthier candidate
【让与】surrender; transfer; yield; assign
【让座】❶offer one's seat to sb ❷invite guests to be seated

【让利促销】promote〔stimulate〕sales by cutting profits
【让利销售】cut-price sales

ráo

饶 [ráo]
〖形〗rich; abundant; plentiful 〖动〗① throw in; give or get sth extra for nothing ② have mercy on; let sb off; forgive 〖连〗although; despite
【饶命】spare sb's life
【饶人】forgive sb
【饶舌】① too talkative ② say more than is proper; shoot off one's mouth
【饶恕】forgive; pardon
【饶头】extra
【饶有风趣】full of wit and humour; very amusing; very witty

rǎo

扰 [rǎo]
〖动〗① trouble ② give sb a good deal of bother 〖名〗disorder; chaos; confusion
【扰乱】disturb; create confusion
【扰民】disturb people
【扰扰】confused
【扰乱治安】disturb public order

rào

绕 [rào]
〖动〗① wind; coil ② move〔go〕round; circle ③ bypass; go round ④ confuse
【绕道】go by a roundabout route
【绕路】go by a roundabout route
【绕线】passing round
【绕行】① bypass ② move round; circle
【绕嘴】awkward
【绕口令】tongue twister
【绕圈子】① circle; go round and round ② take a circuitous route
【绕弯儿】① go for a stroll ② talk in a roundabout way; beat about the bush
【绕弯子】talk in a roundabout way; beat about the bush
【绕远儿】go the long way round
【绕场致意】run a lap of honor

rě

惹 [rě]
〖动〗① ask for〔invite〕; court (sth undesirable) ② offend; provoke; annoy ③ attract; draw; cause
【惹火】① excite; inspire ② enrage
【惹祸】court disaster; stir up trouble; get into trouble; be up to no good;〈美〉act up;〈英〉play up
【惹恼】make sb angry; offend
【惹气】get angry
【惹人】① offend; provoke; annoy ② attract; draw; cause
【惹事】stir up trouble; make〔cause〕trouble
【惹眼】showy
【惹不起】dare not provoke
【惹得起】dare to offend
【惹乱子】court disaster; stir up trouble
【惹麻烦】get into trouble
【惹火烧身】stir up a fire only to burn oneself—court disaster; ask for trouble
【惹是生非】provoke a dispute; stir up trouble; stir up conflict

rè

热 [rè]
〖名〗① heat ② temperature ③ fever 〖形〗① hot ② in great demand; popular ③ deep; thick ④ keen; eager ⑤ bustling ⑥ strongly radioactive 〖动〗make hot; heat up; warm up
【热爱】have deep love〔affection〕for
【热播】well-received programme
【热潮】craze
【热忱】warm-heartedness
【热诚】warm and sincere
【热带】the tropics
【热点】① hot spot ② central issue; point at issue ③ arousing general interest
【热度】① degree of heat; heat ② fever
【热风】hot air; hot wind
【热敷】hot compress
【热狗】hot dog
【热乎】① nice and warm; warm ② warm and friendly
【热火】[rèhuǒ] exciting
【热和】[rèhuo] ① nice and warm; warm ② warm and friendly
【热键】hot key
【热浪】① heat wave; hot wave ② craze
【热泪】hot tears
【热力】heating power
【热恋】be passionately in love
【热量】quantity of heat
【热烈】warm
【热流】① warm front ② warmth ③ upsurge
【热卖】sell like hot cakes; sell well; hot-sale
【热门】popularity
【热闹】〖形〗lively 〖动〗liven up 〖名〗scene of bustle and excitement
【热能】heat energy
【热气】steam; heat
【热切】earnest
【热情】〖名〗passion; ardour; favour 〖形〗warm; warmhearted
【热身】warm-up
【热天】hot weather; hot season; hot days
【热土】beloved land; native land; homeland
【热线】① hot line ② hot route; busy route
【热销】fast-selling; sell well

【热心】 keen; earnest; warmhearted
【热学】 heat
【热血】 ❶warm blood ❷righteous ardour
【热饮】 hot drink
【热战】 open war
【热衷】 ❶ hanker after ❷ be fond of; be keen on
【热传导】 heat transfer
【热传递】 heat passage
【热得快】 element
【热电厂】 heat and power plant
【热烘烘】 very warm
【热乎乎】 warm
【热辣辣】 burning hot
【热启动】 reboot
【热身赛】 tune-up; warm-up game; warm-up exercises; warm-up match
【热水袋】 hot-water bag
【热水器】 hot water heater
【热腾腾】 steaming hot
【热心肠】 ❶warm-heartedness ❷warmhearted and helpful person
【热原子】 thermal atom
【热带雨林】 tropical rain forest
【热带植物】 tropical plant
【热带作物】 tropical crops
【热点问题】 hot issue; central issue
【热火朝天】 buzzing with activity
【热烈欢迎】 warm welcome; welcome with open arms
【热门学科】 hot subject
【热线点播】 hotline request
【热线电话】 hotline
【热血沸腾】 one's blood boils
【热血青年】 ardent youth
【热锅上的蚂蚁】 ant on a hot pan—restless

rén

人 [rén]
图 ① human being; man; person; people ② everybody; each; all ③ adult; grown-up ④ person of different kinds ⑤other people; people ⑥ personality; character ⑦one's state of health or mind ⑧hand; manpower
【人才】 ❶person of ability; a talented person; talent; qualified personnel ❷ handsome appearance
【人潮】 stream of people
【人称】 图 person 动 be called; be named
【人次】 person-time
【人大】 the National People's Congress
【人道】 图 humanity 形 human
【人防】 people's air defence
【人格】 ❶personality; character ❷moral; quality ❸human dignity
【人工】 形 man-made 图 work done by hand 量 manpower; man-day
【人海】 ❶ sea [ocean] of faces; huge crowd of people ❷society
【人和】 stand united
【人际】 personal situation
【人家】 [rénjiā]❶household; family ❷the family of a girl's fiancé ❸family
【人家】 [rénjia]❶others; everybody else ❷he; she; they; him; her; them ❸I; me
【人间】 the human world; man's world; the world
【人杰】 outstanding personality
【人均】 per capita
【人口】 ❶ population ❷ number of people in a family
【人类】 man; the human race; mankind; humanity
【人力】 ❶ manpower; labour power ❷ worker; labourer
【人流】 ❶stream of people ❷induced abortion
【人伦】 human relations
【人马】 ❶forces; troops ❷staff; set-up
【人们】 people; men; the public
【人民】 the people
【人名】 name
【人命】 human life
【人品】 ❶ moral standing; moral quality; character ❷looks; bearing
【人气】 popularity
【人墙】 ❶ wall of players ❷human shield
【人情】 ❶human feelings ❷human relationship ❸favor ❹ceremony ❺gift; present
【人权】 human rights; rights of man
【人群】 crowd; mass
【人儿】 ❶figurine ❷personality; character
【人人】 everybody; everyone
【人身】 living body of a human being; person
【人参】 ginseng
【人生】 life
【人士】 figure
【人世】 this world; the world
【人事】 ❶ human affairs ❷ personnel matters ❸ways of the world ❹consciousness of the outside world ❺what is humanly possible ❻ human relationships; interpersonal relationships
【人手】 manpower; hand
【人数】 number of people
【人梯】 ❶ human ladder ❷ person who helps another to rise to success
【人体】 human body
【人头】 ❶head of person ❷the number of people ❸relations with people ❹moral quality; character
【人为】 形 man-made 动 do
【人物】 ❶figure ❷person in literature; character
【人像】 portrait; image; figure
【人心】 ❶ popular feeling; public feeling; the will of the people ❷conscience

【人形】human shape
【人性】[rénxìng] human nature; humanity
【人性】[rénxìng] normal human feelings; reason
【人选】person selected
【人烟】signs of human habitation
【人意】one's will; one's wish
【人欲】human desires
【人员】personnel
【人造】man-made
【人证】testimony
【人质】hostage
【人种】race
【人才库】brain bank; talent bank
【人堆儿】crowd
【人贩子】trader in human beings
【人民币】Renminbi
【人身权】personal rights
【人生观】outlook on life
【人世间】this world; the world
【人物画】figure painting
【人行道】pavement; sidewalk
【人性论】the theory of human nature
【人样儿】❶ proper human appearance; proper behaviour ❷ successful person
【人影儿】❶ the shadow of a human figure ❷ the trace of a person's presence; figure
【人缘儿】relations with people; popularity
【人才辈出】no lack of talented persons; people of talent coming forth in large numbers
【人才交流】exchange of talent
【人才流动】flow of trained personnel; flow of talent
【人才市场】talents market; human resources pool
【人财两空】lose both a person and money
【人称代词】personal pronoun
【人地生疏】be unfamiliar with the place and the people
【人丁兴旺】have a growing family
【人定胜天】man can conquer nature
【人多嘴杂】many people, many words; the more people, the more talk
【人浮于事】overstaffed
【人各有志】everyone has his own ambition
【人工流产】induced abortion
【人际关系】human relationships; interpersonal relationships
【人间地狱】hell on earth
【人间天堂】heaven on earth
【人尽其才】make the best possible use of men
【人均住房】per capita housing
【人口爆炸】population explosion
【人口密度】density of population; population density
【人力资源】human resources
【人民公仆】people's public servant
【人民警察】the people's police

【人民日报】Renmin Ribao; the People's Daily
【人民战争】people's war
【人民政府】the People's Government
【人模狗样】〈口〉dress up〈形〉serious
【人强马壮】both men and horses are strong—strong, combat effective army; strong working force
【人情世故】worldly wisdom
【人情味儿】human interest
【人穷志短】Poverty chills ambition.
【人人平等】everyone is equal
【人人有责】everyone is responsible
【人山人海】huge crowds of people; a sea of people
【人身伤害】personal injury
【人身自由】freedom of person; personal freedom
【人生如梦】life is but a dream
【人事档案】personal file
【人手不足】be short of hands; be short-handed
【人手一册】everyone has a copy
【人寿保险】life insurance
【人文奥运】People's Olympics
【人文科学】the humanities; humane studies
【人行横道】zebra crossing
【人烟稀少】be sparsely populated
【人造卫星】man-made satellite
【人之常情】what is natural and normal
【人不可貌相】never judge a person by his appearance; you can't judge people by appearances
【人大常委会】the Standing Committee of the National People's Congress
【人口出生率】fertility rate
【人民大会堂】the Great Hall of the People
【人穷志不短】poor but proud
【人不知,鬼不觉】without a soul knowing anything about it
【人才交流中心】personnel exchange center; talent exchange centre
【人均实际收入】real income per capita
【人民代表大会】people's congress
【人心齐,泰山移】the people all working with one will can move Mount Tai; a people united can move mountains
【人有脸,树有皮】a man has a face just as a tree has bark—a man has a sense of shame
【人逢喜事精神爽】joy puts heart into a man
【人不犯我,我不犯人】if others let me alone, I'll let them alone
【人不为己,天诛地灭】unless a man looks out for himself, Heaven and Earth will destroy him
【人均国民生产总值】per capita gross national product
【人人为我,我为人人】all for one and one for all
【人为财死,鸟为食亡】men will die for wealth,

as birds for food
【人无远虑,必有近忧】he who gives no thought to difficulties in the future is sure to be beset by worries much closer at hand
【人之将死,其言也善】good are the words of a dying man

仁 [rén]

图 ① kindheartedness ② kernel; stone 代 you; your
【仁爱】kindheartedness; humanity
【仁慈】benevolent; kind
【仁厚】honest and kindhearted
【仁义】benevolence and uprighteousness
【仁政】benevolent government; policy of benevolence
【仁人志士】people with high ideals
【仁义道德】humanity, justice and virtue; virtue and morality
【仁义之师】army of justice
【仁至义尽】do everything called for by humanity and duty; do what is humanly possible to help
【仁者见仁,智者见智】the benevolent see benevolence and the wise see wisdom—different people have different views

忍 [rěn]

动 ① bear; endure; stand; withstand; tolerate ② have the heart to
【忍耐】exercise patience
【忍让】exercise forbearance
【忍辱】put one's pride in one's pocket
【忍受】bear; endure; stand
【忍心】have the heart to; be hardhearted enough to
【忍住】bear; endure
【忍气吞声】swallow an insult
【忍辱偷生】bearing one's shame

刃 [rèn]

图 ① edge of a knife, scissors, etc. ② sword; knife 动 kill with a sword or knife

认 [rèn]

动 ① recognize; identify; distinguish; tell ② acknowledge; adopt ③ admit; accept; recognize ④ resign oneself to a loss, etc.; accept as unavoidable
【认出】recognize; make out; identify
【认错】acknowledge a mistake; admit a fault; offer [make] an apology
【认得】know; recognize
【认定】❶ firmly believe; maintain; hold ❷ set one's mind on
【认罚】admit that one deserves punishment; submit to punishment; be ready to pay the penalty
【认购】offer to buy
【认捐】offer a donation
【认可】approve
【认领】❶ claim ❷ adopt
【认命】accept fate; resign oneself [be resigned] to fate
【认赔】admit an obligation to pay
【认亲】❶ become related by marriage ❷ claim a family connection
【认清】see clearly; recognize; get a clear understanding of
【认人】can recognize people
【认生】be shy with strangers
【认识】动 ❶ be familiar with; be aware of; know; be acquainted with ❷ know; understand; recognize 图 understanding; knowledge
【认输】admit defeat; give up
【认同】❶ identify oneself with ❷ approve of; recognize
【认为】think; reckon; figure; believe; consider; regard...as; take the view that; hold; deem
【认养】❶ adopt and bring up ❷ assume the responsibility to raise flowers, trees, or animals
【认账】acknowledge a debt [an account]; admit what one has said or done
【认真】形 earnest; solemn; serious 动 take seriously; take to heart
【认证】❶ attest; authenticate ❷ attestation
【认准】set one's mind on
【认字】know or learn how to read
【认罪】admit one's guilt
【认识到】realize; occur to; become aware that; wake up to the fact that; strike
【认敌为友】take a foe for a friend
【认贼作父】take the foe for one's father

任 [rèn]

动 ① bear; face ② assume; undertake; hold; take up ③ appoint; engage ④ let; allow; permit 图 office; official post 量 term of office 连 no matter
【任从】allow; let; no matter; even if; even though
【任何】any; whichever; whatever
【任教】be a teacher; teach
【任课】teach
【任免】appoint and remove [dismiss]
【任命】appoint
【任凭】❶ at one's convenience ❷ no matter
【任期】term of office
【任务】assignment; mission; task; duty; undertake
【任性】wilful; self-willed; wayward; headstrong
【任选】动 take whichever one likes; freely choose; pick at random 形 optional
【任意】arbitrary
【任用】assign sb to a post; appoint
【任职】hold a post; be in office
【任意球】❶ free kick ❷ free throw

【任劳任怨】work hard regardless of criticism; willingly bear the burden of office
【任其自然】give free rein to; let nature take its course
【任人唯贤】appoint people on their merit
【任贤用能】use the wise and the capable
【任重道远】the burden is heavy and the road is long—shoulder heavy responsibilities
【任凭风浪起,稳坐钓鱼船】sit tight in the fishing boat despite the rising wind and waves—hold one's ground despite pressure or opposition

纫 [rèn]
动 ① thread ② sew ③ be very grateful; be very much obliged
【纫针】thread a needle

韧 [rèn]
形 resilient
【韧劲】tenacity
【韧性】flexibility; tenacity

妊 [rèn]
动 be pregnant
【妊娠】gestation; pregnancy
【妊娠反应】morning sickness

rēng

扔 [rēng]
动 ① throw; cast ② throw away; cast aside
【扔掉】throw away; throw out; get rid of
【扔弃】abandon; discard; cast aside
【扔下】abandon; put aside; leave behind

réng

仍 [réng]
动 remain 形 frequent 副 still; yet
【仍旧】动 remain the same 副 still; yet
【仍然】still; yet

rì

日 [rì]
图 ① sun ② Japan ③ daytime; day ④ day ⑤ time; period ⑥ specified day 副 every day; daily; with each passing day
【日班】day shift
【日报】daily paper; daily
【日常】day-to-day; everyday; daily
【日程】programme; schedule
【日出】sunrise
【日戳】❶ date stamp ❷ datemark
【日工】❶ daywork ❷ day labor ❸ day laborer
【日光】sunlight; sunbeam
【日后】in the future; in the days to come
【日记】diary
【日间】in the daytime; during the day
【日渐】with each passing day; day by day
【日久】with the passing of time; in (the) course of time
【日历】calendar
【日落】sunset
【日暮】evening; nightfall; dusk
【日内】next few days
【日期】date
【日前】a few days ago; the other day
【日趋】with each passing day; gradually; day by day
【日食】solar eclipse
【日坛】the Altar to the Sun
【日头】sun
【日托】day care
【日息】per diem interest; daily interest
【日下】present time
【日薪】daily wage; per diem
【日夜】day and night; night and day; round the clock
【日益】increasingly; day by day
【日用】名 daily expenses 形 of everyday use
【日语】Japanese
【日月】❶ the sun and the moon ❷ life; livelihood ❸ time
【日照】sunshine
【日臻】approach day by day
【日志】daily record; journal
【日中】noon; midday
【日子】❶ day; date ❷ days; time ❸ life; livelihood
【日本海】the Sea of Japan
【日本人】Japanese
【日产量】daily output
【日程表】schedule
【日光灯】daylight lamp
【日记本】diary
【日记账】journal; daybook
【日用品】articles of everyday use
【日本料理】Japanese restaurant
【日薄西山】the sun is setting beyond the western hills—declining rapidly; nearing one's end
【日复一日】day after day; day in and day out
【日积月累】accumulate over a long period; accumulate on daily and monthly basis
【日久年深】after a long lapse of time; with the passage of time
【日久天长】after a considerable period of time
【日理万机】attend to numerous affairs of state every day; be occupied with a myriad of state affairs
【日历手表】calendar watch
【日落西山】the sun sinks in the west; the sun goes down in the west; the sun has fallen low in the sky
【日暮途穷】the day is waning and the road is ending—approaching the end of one's days; be on one's last legs; be at the end of one's rope
【日日夜夜】day and night; night and day
【日晒雨淋】be exposed to the sun and rain; be

weather-beaten
【日上三竿】the sun is three poles high—it's late in the morning
【日思夜想】long for day and night; have sb [sth] daily and nightly in one's thoughts
【日新月异】change with each passing day; develop rapidly
【日以继夜】night and day; round the clock
【日用杂品】sundry goods; daily household supplies
【日月同辉】shine forever like the sun and the moon
【日月星辰】the sun, the moon and the stars; the heavenly bodies
【日久见人心】time reveals a person's heart; it takes time to know a person
【日用必需品】daily necessities; household necessities
【日用小商品】small articles of everyday use
【日出而作,日入而息】begin work at sunrise and rest at sunset—life in primitive society
【日间不做亏心事,半夜敲门不吃惊】he who has done nothing shameful by day need not be alarmed by a knock at the door by night

róng

戎 [róng]
名 ①arms ②army; military affairs
【戎马】army horse
【戎马倥偬】burdened with pressing military duties
【戎马生涯】army life; military life

茸 [róng]
形 downy 名 young deer antlers

荣 [róng]
形 ① thriving; flourishing ② prosperous ③ honourable; glorious
【荣光】honour; glory
【荣归】return in glory
【荣华】glory and splendour
【荣获】get or win sth as an honour
【荣辱】honour or disgrace
【荣幸】be honoured
【荣耀】honour; glory
【荣誉】honour; credit; glory
【荣誉感】sense of honour
【荣誉奖】honourable prize
【荣华富贵】glory, splendour, wealth and rank; high position and great wealth
【荣誉称号】title of honour

绒 名 ①fine soft hair; down ②cloth with a pile
【绒毛】❶fine hair; down ❷pile
【绒线】❶floss ❷wool
【绒衣】sweat shirt

容 [róng]
动 ①hold; contain ②tolerate; excuse; forgive ③permit; allow; let 副 perhaps; maybe; probably 名 ①facial expression; look ②looks; appearance ③appearance; bearing
【容光】facial expression; bearing
【容积】volume
【容量】capacity
【容貌】facial features; appearance; looks
【容纳】❶hold; have a capacity of ❷tolerate; accept
【容器】container
【容忍】tolerate; put up with
【容许】❶permit; allow ❷possibly; perhaps
【容颜】appearance; looks
【容易】形 easy 副 easily; likely; liable; apt
【容光焕发】one's face glowing with health
【容身之地】a place to stay

溶 [róng]
动 dissolve; meet
【溶化】dissolve
【溶解】dissolve
【溶液】solution
【溶解度】solubility

熔 [róng]
动 melt; smelt
【熔点】melting point
【熔化】melt
【熔合】melt into one
【熔融】fuse
【熔炼】❶smelt ❷steel oneself
【熔炉】❶furnace ❷forge

融 [róng]
动 ①melt ②blend; be in harmony ③circulate
【融合】mix together
【融化】melt
【融会】mix together
【融解】melt
【融洽】on friendly [good] terms
【融融】❶happy and harmonious ❷warm
【融通】❶circulate ❷harmonize; communicate
【融资】finance; extend credit; financing
【融入社会】integrate into society

rǒng

冗 [rǒng]
形 ①redundant ②loaded with trivial details
名 busy schedule
【冗长】long-winded
【冗员】redundant personnel

róu

柔 [róu]
形 ①soft; flexible ②gentle; tender; yielding; mild 动 ①soften ②make sb docile
【柔肠】soft heart
【柔道】judo
【柔和】❶soft ❷gentle; mild
【柔滑】soft and smooth
【柔美】soft and graceful
【柔媚】❶ gentle and lovely ❷ tender and

charming
【柔嫩】tender;delicate
【柔情】tender feelings
【柔软】soft
【柔弱】weak;delicate
【柔顺】gentle and agreeable
【柔肠寸断】brokenhearted
【柔能克刚】the soft can overcome the hard
【柔情似水】tender feelings like water—be deeply attached;be passionately devoted

揉 [róu]

动 ① rub ② crumple into a ball ③ bend;reform

【揉巴】rub
【揉搓】❶ rub and knead ❷ torture

踩 [róu]

动 stamp;trample

【踩躏】trample on;trample upon;ravage

ròu

肉 [ròu]

名 ① meat ② flesh 形 ① mushy ② phlegmatic

【肉案】butcher's (shop)
【肉饼】ground-meat pie;meat pie
【肉搏】fight hand-to-hand
【肉店】butcher's (shop)
【肉鸡】table hen;table chicken
【肉类】meat
【肉麻】sickening
【肉牛】store cattle;beef cattle
【肉排】steak
【肉铺】butcher's shop
【肉色】flesh-coloured
【肉食】形 carnivorous 名 edible meat
【肉体】the human body;the flesh
【肉刑】corporal punishment
【肉眼】naked eye
【肉欲】sexual desires
【肉乎乎】fat;fleshy
【肉食品】meat product

R

如 [rú]

动 ① according to ② like;as;as if ③ be as good as;can compare with ④ be more than;surpass ⑤ for example;for instance;such as;as ⑥ go to;arrive at 连 if

【如厕】go to the bathroom〔toilet, WC〕
【如常】as usual
【如初】as always;as of old as before
【如此】so;such;in this way;like that
【如故】❶ as before ❷ like old friends
【如果】if;in case (of);in the event of
【如何】how;what
【如今】now;nowadays;today;in this day and age;these days
【如期】on schedule
【如若】if;in case (of);in the event of

【如上】as above
【如实】go strictly by the facts
【如是】as is;such is;in this way
【如数】exactly the number or amount
【如同】like;as
【如下】as follows
【如许】❶ so;such;in this way;like that ❷ so much;so many
【如意】❶ find sth satisfactory or as one wishes;be gratified ❷ *ruyi*
【如愿】have one's wish fulfilled
【如约】keep one's appointment appropriate
【如痴如醉】lose one's mind
【如出一辙】be exactly the same;be no different from each other;be cut from the same cloth
【如此等等】and so on and so forth
【如此而已】that's what it all adds up to
【如此这般】thus and thus;thus and so
【如堕烟海】as if lost on a misty sea;all at sea
【如虎添翼】like a tiger that has grown wings—with might redoubled
【如花似锦】like flowers and brocade—beautiful (scenery);bright (future)
【如花似玉】like flowers and jade—young and beautiful
【如火如荼】like a raging fire
【如获至宝】like finding rare treasure;as if one had found a priceless treasure
【如饥似渴】as if thirsting or hungering for sth;with great eagerness
【如胶似漆】be deeply attached to each other
【如狼似虎】like cruel beasts of prey
【如梦初醒】as if awakening from a dream—beginning to see the light
【如上所述】as is mentioned above
【如释重负】(feel) as if relieved of a heavy load
【如同儿戏】be like child's play
【如意算盘】wishful thinking
【如影随形】like the shadow following the person—closely associated with each other
【如鱼得水】like a stranded fish put back into water
【如愿以偿】have one's wish fulfilled;achieve what one wishes
【如堕五里雾中】as if lost in a thick fog
【如闻其声,如见其人】you seem to see and hear the person

儒 [rú]

名 ① Confucianism ② scholar

孺 [rú]

名 child

【孺子】child
【孺子牛】herd boy's willing ox—servant of the people

蠕 [rú]

动 wriggle

【蠕虫】worm
【蠕动】wriggle

rǔ

乳 动 ① feed with milk ② give birth to; multiply 名 ① breast ② milk ③ any milk-like liquid 形 newborn (animal)
【乳白】milky white; cream colour
【乳儿】nursing baby
【乳房】breast
【乳酪】cheese
【乳名】infant name; child's pet name
【乳母】wet nurse
【乳牛】dairy cattle
【乳品】dairy
【乳臭】smelling of milk—childish
【乳牙】milk teeth
【乳羊】milk sheep
【乳汁】milk
【乳牛场】dairy farm
【乳制品】milk products
【乳臭未干】still smell of one's mother's milk—be young and inexperienced; be wet behind the ears

辱 [rǔ] 名 disgrace; dishonour 动 ① insult ② bring disgrace; be unworthy of ③ be honoured; be grateful
【辱骂】abuse
【辱没】bring disgrace to; be unworthy of

rù

入 动 ① enter; go in; come in ② join; become a member of ③ agree with 名 ① income ② entering tone
【入场】entrance; admission
【入超】import surplus
【入党】join or be admitted to a political party
【入肚】swallow; consume
【入耳】pleasant to the ear
【入港】① enter a port ② in full agreement; in perfect harmony
【入股】buy a share; become a shareholder
【入骨】cut to the bone
【入关】be admitted
【入户】① go to sb's place; call at sb's house ② obtain a residence permit
【入会】join a society, association, etc.
【入伙】① join a gang ② join a mess
【入籍】become a citizen
【入境】enter a country; cross the border
【入口】enter the mouth
【入流】be up to standard
【入门】动 cross the threshold 名 introduction
【入梦】① fall asleep ② appear in one's dream
【入迷】be fascinated
【入眠】① go to sleep; fall asleep ② neither eat nor move
【入魔】be obsessed
【入侵】invade
【入神】动 be entranced 形 superb
【入时】fashionable
【入世】① become a member of society; enter society ② enter the WTO; access to the WTO; entry to World Trade Organization
【入室】① enter sb's house ② become well advanced in scholarship or highly proficient in a profession
【入手】begin
【入睡】go to sleep; fall asleep
【入土】be buried; be interred
【入团】join or be admitted to the Chinese Communist Youth League
【入网】link with a telecommunication network; link with the Internet
【入围】enter or be selected for the next round of competition
【入伍】enlist in the armed forces; join up
【入席】take one's seat at a banquet, ceremony, etc.
【入选】be selected; be chosen
【入学】① start school ② enter a school
【入夜】at nightfall
【入狱】be put in prison; be sent to jail
【入院】be admitted to hospital
【入账】enter an item in an account; enter into the account book
【入住】move into
【入座】take one's seat
【入场费】door money; gate money; price of admission
【入场券】ticket
【入场式】march-in ceremony
【入海口】entry to the sea
【入味儿】① tasty ② interesting
【入不敷出】unable to make ends meet
【入境签证】entry visa
【入木三分】① written in a forceful hand ② keen
【入情入理】fair and reasonable
【入土为安】have one's bones [coffin] buried
【入乡随俗】when in Rome do as Romans do

褥 [rù] 名 padded mattress
【褥单】bed sheet
【褥套】① bedding sack ② cotton padding for a bedtick ③ mattress cover
【褥子】cotton-padded mattress

ruǎn

软 [ruǎn] 形 ① soft ② gentle; mild; soft ③ weak ④ poor in quality, ability, etc. ⑤ easily moved
【软蛋】① soft-shelled egg ② coward

【软化】soften
【软和】❶soft ❷gentle;kind;soft
【软件】❶software ❷service,management and labour quality
【软禁】put [place] sb under house arrest
【软盘】floppy disk
【软弱】weak
【软水】soft water
【软糖】soft sweets
【软卧】soft sleeper
【软座】soft seat;soft berth
【软包装】soft packaging;soft package
【软刀子】underhand tactics
【软骨头】soft bone—weak-kneed person
【软乎乎】soft
【软拷贝】soft copy
【软绵绵】❶soft ❷weak ❸sentimented and mushy
【软设备】software;service,management and labour quality
【软饮料】soft drink
【软着陆】soft landing
【软件产业】software industry
【软件公司】software house
【软弱可欺】be weak and easy to bully

ruì

锐[ruì]
形 ❶sharp;keen;acute ❷rapid;sharp 名 vigour;fighting spirit
【锐减】sharp fall [decline];sudden drop
【锐角】acute angle
【锐利】❶sharp-edged;sharp-pointed;sharp;keen ❷penetrating;sharp;keen
【锐气】dash;drive
【锐眼】sharp eyes
【锐意】firm;determined;be bent on
【锐不可当】can't be held back

瑞[ruì]
形 lucky 名 omen
【瑞雪】timely snow
【瑞雪兆丰年】a timely snow promises a good harvest;a snow year,a rich year

睿[ruì]
形 be farsighted
【睿智】wise and farsighted

rùn

闰[rùn]
【闰年】leap year
【闰日】leap day
【闰月】leap month

润[rùn]
形 smooth and glossy;moist 动 ❶moisten;lubricate ❷embellish;beautify;touch up ❸profit
【润笔】动 dip in ink
【润滑】lubricate
【润色】polish;touch up
【润湿】形 moist 动 soak
【润饰】polish;touch up
【润泽】❶moist;smooth ❷moisten
【润滑油】lubricating oil

ruò

若[ruò]
动 like;seem;as if 连 if 代 you
【若非】if not;were it not for
【若干】❶a certain number or amount ❷how many;how much
【若何】how;what
【若是】if
【若即若离】be neither close nor distant
【若无其事】as if nothing had happened—calm;indifferent
【若隐若现】appear indistinctly
【若有若无】not much,if any
【若有所失】feel as if something were missing
【若有所思】look as if deep in thought
【若要人不知,除非己莫为】if you don't wish anyone to know what you've done,it is better not have done it in the first place

弱[ruò]
形 ❶weak;delicate ❷young;little ❸inferior;not as good as ❹a little less than 动 die
【弱点】weakness;weak point;failing
【弱化】weaken;become weak;play down;downplay
【弱视】weak-sighted;weak vision;poor eyesight
【弱势】going weak;disadvantage
【弱手】❶unskilled;poor ability (of person) ❷weak opponent
【弱项】event in which one does poorly esp. sports;weak point
【弱小】small and weak
【弱者】the weak
【弱智】feeble-mindedness
【弱不禁风】too weak to withstand a gust of wind
【弱肉强食】the weak are the prey of the strong—the law of the jungle
【弱势群体】disadvantaged groups

S s

sā

撒 [sā]
动 ①cast; loosen; let go; let out ② throw off all restraint; let oneself go; run wild ③ discharge ➡sǎ
【撒旦】Satan
【撒谎】lie; tell a lie
【撒娇】act like a spoiled child; act spoiled; play the woman
【撒尿】piss
【撒泼】be unreasonable and make a scene
【撒气】❶leak; go soft; get a flat ❷ vent one's anger or ill temper
【撒手】❶let go one's hold; let go ❷ die; kick the bucket
【撒腿】take to one's heels; beat it
【撒网】cast a net; pay out a net
【撒野】act wildly
【撒酒疯】be drunk and act crazy; be roaring drunk
【撒手锏】trump card
【撒手尘寰】pass away

sǎ

洒 [sǎ]
动 ①spray ②spill; shed
【洒泪】shed tears
【洒落】动 drip 形 free and easy
【洒水】sprinkle water
【洒脱】free and easy
【洒水车】watering car
【洒泪而别】part in tears

撒 [sǎ]
动 ① scatter; spread; broadcast ② spill; drop ➡sā
【撒播】broadcast sowing; broadcast
【撒种】sow seeds

sà

飒 [sà]
【飒爽英姿】valiant and heroic in bearing; bold and brave

sāi

腮 [sāi]
名 cheek

塞 [sāi]
动 ①stop (up); close (up); bar; plug; block ②fill in; squeeze in; stuff up; park 名 stopper; plug ➡sài
【塞车】名 traffic jam 动 be caught〔stuck〕in a traffic jam
【塞满】fill up; stuff full
【塞牙】get stuck between the teeth
【塞子】stopper; plug
【塞牙缝】not large enough to fill a tooth gap

sài

塞 [sài]
名 stronghold of strategic importance ➡sāi
【塞北】region north of the Great Wall
【塞上】north of the Great Wall
【塞外】beyond the Great Wall
【塞翁失马】blessing in disguise

赛 [sài]
名 match; game; competition 动 ①compete ② be comparable to; be as good as; surpass
【赛场】competition ground
【赛车】❶ cycle racing; motorcycle race; automobile race ❷racing vehicle
【赛程】❶distance in a sports event ❷competition schedule
【赛船】❶boat race ❷racing boat
【赛过】overtake; be better than; surpass; exceed
【赛季】competition season; playing season
【赛马】horse racing
【赛跑】race
【赛期】date of competition
【赛区】playing area; playing zone
【赛事】sports competition; match; game
【赛艇】❶rowing ❷racing boat; shell
【赛制】competition rules
【赛龙舟】dragon boat race

【赛马场】racecourse
【赛马大会】race meeting

sān

三 [sān]
〔数〕three 〔形〕several; many; numerous
【三包】❶ three guarantees ❷ three responsibilities
【三餐】breakfast, lunch and supper[dinner]
【三分】❶ a little; somewhat ❷ divided into three parts; split into three
【三更】midnight
【三角】❶ triangle ❷ trigonometry
【三军】❶ the army ❷ the three armed services
【三陪】keep a customer intimate company
【三秋】❶ the three autumn jobs ❷ the three autumn months ❸ three years
【三围】vital statistics
【三伏天】dog days
【三角形】triangle
【三明治】sandwich
【三陪女】escort girl; professional escort
【三长两短】unexpected misfortune
【三番五次】again and again; time and again; over and over again; repeatedly
【三个代表】Three Represents
【三更半夜】in the dead of night
【三好学生】Triple-A pupil
【三角恋爱】love triangle
【三教九流】❶ the three religions and the nine schools of thought ❷ various religious sects and academic schools ❸ people in various trades; people of all sorts
【三令五申】give repeated orders
【三民主义】the Three Principles of the People
【三年五载】from three to five years—in a few years
【三朋四友】a lot of friends
【三亲六故】relatives, friends and acquaintances
【三思而行】think thrice before you act; look before you leap
【三天两头】every other day; almost every day
【三头六臂】(with) three heads and six arms—superhuman powers
【三维空间】three-dimensional space
【三无产品】three-no-products
【三五成群】in threes and fours
【三峡工程】the Three Gorges Project
【三心二意】be of two minds; be half-hearted
【三言两语】in a few words; in one or two words
【三百六十行】all trades and professions; all walks of life
【三步并做两步】go in a hurry
【三个和尚没水吃】when three monks live together, they will have no water to use—everybody's business is nobody's business
【三句话不离本行】can hardly open one's mouth without talking shop; talk shop all the time
【三人行,必有我师】where there are three men walking together, one of them is bound to be able to teach me something
【三分吃药,七分靠养】good rest is a better cure than medicine
【三分像人,七分像鬼】look more like a ghost than a human being
【三十六计,走为上计】of the thirty-six stratagems, the only choice is to run away; the only thing to do now is to quit
【三天打鱼,两天晒网】go fishing for three days and dry the nets for two—work by fits and starts
【三百六十行,行行出状元】each and every profession produces its top experts

sǎn

伞 [sǎn]
〔名〕umbrella
【伞兵】paratrooper

散 [sǎn]
〔动〕come loose; break up; fall apart; not hold together 〔形〕① loose; scattered ② scattered; loose 〔名〕medicine in powder form ➡ sàn
【散包】break
【散打】a style of wrestling
【散工】odd-job man; casual labourer
【散股】odd-lot stock
【散户】small-scale investor
【散记】random notes; sidelights
【散发】spread out; fan out; scatter
【散客】walk-in customer[tourist]
【散乱】in disorder
【散漫】❶ careless and sloppy ❷ unorganized
【散文】prose

sàn

散 [sàn]
〔动〕① become separate; break up ② distribute; scatter; give out ③ drive away; let out ➡ sǎn
【散播】spread
【散布】❶ spread; disseminate; distribute ❷ be scattered here and there
【散步】take a walk; go for a walk
【散场】be over
【散发】❶ send out; send forth; emit ❷ distribute; issue; give out
【散工】go off work; knock off
【散会】be over; break up
【散伙】dissolve
【散开】spread out or apart; disperse
【散落】❶ fall scattered ❷ scatter and disappear
【散热】radiate heat
【散失】❶ scatter and disappear; be lost; be

missing ❷ be lost
【散戏】 be over
【散心】 drive away one's cares
【散学】 be over
【散热器】 radiator
【散摊子】 break up

sāng

丧 [sāng]
图 funeral; mourning ➡ sàng
【丧服】 mourning suit
【丧事】 funeral arrangements
【丧葬】 burial; funeral
【丧钟】 death knell

桑 [sāng]
【桑拿浴】 sauna bath

sǎng

搡 [sǎng]
动 push roughly; shove

嗓 [sǎng]
图 ①throat ②voice
【嗓音】 voice
【嗓子】 ❶throat ❷voice
【嗓门儿】 voice
【嗓子眼儿】 throat

sàng

丧 [sàng]
动 ①lose ②die; lose one's life ③be disappointed ➡ sāng
【丧胆】 be terror-stricken
【丧命】 meet one's death; get killed; lose one's life
【丧偶】 have lost one's wife or husband
【丧气】 [sàngqì] feel disheartened; lose heart
【丧气】 [sàngqi] be unlucky; be out of luck; have bad luck
【丧身】 meet one's death; get killed; lose one's life
【丧生】 meet one's death; get killed
【丧失】 lose
【丧亡】 meet one's death
【丧志】 lose one's ambition
【丧魂落魄】 shaken to the core
【丧家之犬】 homeless dog
【丧尽天良】 heartless
【丧失立场】 depart from correct stand
【丧失勇气】 lose one's nerve; get cold feet

sāo

搔 [sāo]
动 scratch
【搔首】 scratch one's head
【搔痒】 scratch where it itches

骚 [sāo]
动 disturb; upset 形 obscene
【骚动】 become restless
【骚货】 tart
【骚乱】 disturbance; unrest
【骚扰】 harass

臊 [sāo]
图 foul smell ➡ sào
【臊气】 foul smell; stink

sǎo

扫 [sǎo]
动 ①sweep; clear away ②wipe out; eliminate; get rid of ③move along quickly; sweep ④all put together ➡ sào
【扫除】 ❶ cleaning; cleanup ❷ clear away; remove; wipe out
【扫荡】 mop up
【扫地】 ❶ sweep the floor ❷ reach rock bottom; reach an all-time low; be dragged in the dust
【扫黄】 hold an antipornography campaign
【扫雷】 mine-sweeping
【扫盲】 eliminate illiteracy
【扫描】 ❶scan ❷cast a quick glance
【扫墓】 tend a grave
【扫平】 put down
【扫清】 clear away; get rid of
【扫视】 take a quick look
【扫尾】 wind up; round off
【扫兴】 feel disappointed
【扫描仪】 scanner

嫂 [sǎo]
图 ① elder brother's wife; sister-in-law ② sister
【嫂夫人】 your wife

sào

扫 [sào]
➡ sǎo
【扫把】 broom
【扫帚】 broom
【扫帚星】 ❶ comet ❷ person who brings ill luck; jinx

瘙 [sào]
图 scabies
【瘙痒】 itch

臊 [sào]
形 shy ➡ sāo

sè

色 [sè]
图 ① colour ② look; appearance; expression ③ kind; sort; description ④ view; scene; scenery ⑤ quality ⑥ woman's beautiful looks ⑦ sexual desire[drive] ➡ shǎi
【色斑】 stain; patch; coloured patches; colour spot
【色彩】 ❶colour ❷characteristic quality; colour

【色胆】the lengths to which one will go for sex
【色调】tone
【色度】shade of colour
【色光】coloured light
【色鬼】lecher
【色拉】salad
【色狼】lecher
【色盲】colour blindness
【色情】sex
【色素】pigment
【色泽】〈英〉lustre;〈美〉luster
【色拉油】salad oil
【色迷迷】have lust in the eyes
【色情电话】phone sex
【色情电影】blue movie

涩 [sè]
形 ①astringent ②obscure

sēn

森 [sēn]
形 ①trees growing thickly ②in profusion ③dark;gloomy
【森林】forest
【森严】strict

sēng

僧 [sēng]
名 Buddhist monk;monk
【僧侣】Buddhist monk
【僧尼】Buddhist monks and nuns
【僧多粥少】not enough to go around

shā

杀 [shā]
动 ①kill;murder;assassinate;put down ②fight;battle;struggle with;go into battle ③weaken;reduce ④end;wind up ⑤smart 副 in the extreme
【杀敌】kill the enemy;fight the enemy
【杀毒】kill virus
【杀害】murder;kill
【杀机】murderous intent
【杀价】drive a bargain;beat down the price
【杀戮】massacre
【杀气】murderous look
【杀青】be complete
【杀人】kill a person
【杀伤】kill and wound
【杀生】kill
【杀手】killer;murderer
【杀头】behead
【杀人罪】murder
【杀人如麻】kill people like flies
【杀人越货】kill a person and seize his goods
【杀人不见血】kill without spilling blood—kill by subtle means

沙 [shā]
名 ①sand ②powdered 形 hoarse
【沙暴】sandstorm
【沙场】battlefield;battleground
【沙尘】dust and sand in the air
【沙袋】sandbag
【沙地】sand;desert
【沙发】sofa
【沙化】desertify
【沙皇】tsar
【沙坑】sandpit
【沙龙】salon
【沙漏】sandglass
【沙漠】desert
【沙石】sandstone
【沙滩】beach
【沙土】sand
【沙哑】hoarse;throaty
【沙子】sand
【沙尘暴】sandstorm

纱 [shā]
名 ①yarn ②sheer ③curtain-like fabrics ④textile(fabric) products
【纱布】gauze
【纱窗】screen window;screen
【纱门】screen door

刹 [shā]
动 put on the brakes;brake;stop ➡chà
【刹车】动 ❶stop a vehicle by applying the brakes;put on the brakes ❷stop a machine by cutting off the power;turn off a machine ❸put the brakes on sth;bring to a halt 名 brake
【刹车灯】brake light

砂 [shā]
名 sand;grit
【砂锅】earthenware pot
【砂眼】sand holes
【砂纸】sand paper

煞 [shā]
动 ①stop;halt;check;brake ②tighten 副 in the extreme ➡shà
【煞车】firmly fasten a load (on a vehicle)
【煞尾】动 finish off;round off;wind up 名 final stage;end;ending
【煞住】stop;hold it

鲨 [shā]
名 stop;halt;shark

shá

啥 [shá]
代 what;有啥说啥 say what one has to say;speak one's mind

shǎ

傻 [shǎ]
形 ①foolish;silly;stupid ②have a one-track mind
【傻蛋】fool;blockhead
【傻瓜】fool;blockhead

【傻话】stupid talk; foolish words; nonsense
【傻乐】laugh foolishly
【傻气】foolish
【傻事】silly thing
【傻笑】laugh foolishly
【傻眼】be stunned
【傻样】foolish look
【傻子】fool; blockhead
【傻呵呵】simple-minded; silly; foolish
【傻乎乎】simple-minded; silly; foolish
【傻劲儿】❶ foolishness; stupidity ❷ with sheer enthusiasm; be foolhardy
【傻帽儿】fool

shà

厦 [shà]
图 ❶ tall building; mansion ❷ porch

煞 [shà]
图 evil spirit; devil 副 very ➡ shā
【煞白】deathly pale
【煞费苦心】take great pains
【煞有介事】make a show of being in earnest; pretend to be serious

霎 [shà]
图 very short time; moment; instant
【霎时间】in a twinkling; in a split second

shāi

筛 [shāi]
图 sieve; sifter; screen 动 ① sieve; sift; screen; riddle ② warm up wine over a fire ③ pour ④ strike (a gong)
【筛除】screen out
【筛选】❶ sift ❷ screen; select
【筛子】sieve; sifter; screen

shǎi

色 [shǎi]
图 colour ➡ sè
【色子】dice

shài

晒 [shài]
动 ① shine upon ② dry in the sun; sun ③ ignore; give the cold shoulder to
【晒场】sunning ground
【晒干】dry in the sun
【晒台】roof terrace
【晒图】make a blueprint; blueprint
【晒干儿】be cold to; give the cold shoulder; neglect
【晒太阳】sunbathe; bask in the sun

shān

山 [shān]
图 ① hill; mountain ② anything resembling a mountain ③ bushes in which silkworms spin cocoons
【山隘】mountain pass
【山包】small hill
【山崩】landslide; landslip
【山城】mountain city
【山川】mountains and rivers—land; landscape
【山村】mountain village
【山道】mountain pass
【山地】❶ mountainous region; hilly area ❷ fields on a hill
【山巅】hilltop; mountaintop
【山顶】the summit〔top〕 of a mountain; hilltop
【山洞】cave
【山峰】mountain peak
【山冈】low hill
【山歌】folk song
【山沟】❶ (mountain) valley ❷ remote mountain area
【山谷】mountain valley
【山河】mountains and rivers—the land of a country
【山洪】mountain torrents
【山货】mountain delicacies
【山涧】mountain stream
【山脚】the foot of a hill
【山口】mountain pass; pass
【山林】mountain forest; wooded mountain
【山路】mountain path
【山峦】mountain range
【山脉】mountain range
【山麓】the foot of a mountain
【山坡】hillside; mountain slope
【山区】mountain area
【山泉】mountain spring
【山水】❶ water from mountain ❷ mountains and rivers ❸ traditional Chinese painting of mountains and waters; landscape
【山头】❶ hilltop; the top of a mountain ❷ mountain stronghold
【山溪】mountain stream
【山乡】mountain village; mountain area
【山崖】cliff
【山羊】goat
【山腰】halfway up the mountain
【山野】❶ mountains and plains ❷ countryside
【山寨】mountain village
【山庄】❶ mountain villa ❷ mountain village
【山地车】mountain bicycle
【山里人】mountain man; mountaineer
【山水画】mountains-and-waters painting; landscape painting; landscape
【山崩地裂】mountains collapsing and the earth cracking up
【山重水复】mountains multiply and streams double back
【山光水色】the beauty of the rivers and mountains
【山盟海誓】lovers' vow to be true to each oth-

er forever

【山南海北】❶ south of the mountains and north of the seas—far away; far and wide ❷ discursive

【山穷水尽】where the hills and streams end—at the end of one's rope

【山外有山】there's always a mountain beyond a mountain—there's always something better

【山摇地动】mountains shaking and earth quaking; earthshaking—come with great force and momentum

【山珍海味】exotic delicacies

【山不转水转】if the mountain doesn't move, the water does—some change is bound to happen

【山高皇帝远】beyond reach of the government

【山不在高,有仙则灵】any mountain, high or low, can be given spirit by god

删 [shān]
动 delete; strike out; cross out; cut out; leave out

【删除】delete; strike[cut, cross] out
【删改】delete and change; revise
【删减】cut (down)
【删节】abridge

姗 [shān]
【姗姗来迟】be slow in coming; be late

珊 [shān]
【珊瑚】coral

舢 [shān]
【舢板】sampan

扇 [shān]
动 fan ➡ shàn

煽 [shān]
动 ❶ fan (a fire) ❷ incite; stir up; whip up
【煽动】incite; stir up
【煽情】动 stir up emotion 形 ❶ moving ❷ sentimental
【煽风点火】fan the flames; stir up trouble

潸 [shān]
【潸然泪下】with tears rolling down one's cheeks

膻 [shān]
【膻味】smell of mutton

shǎn

闪 [shǎn]
动 ❶ move quickly to one side ❷ twist ❸ flash ❹ sparkle; shine ❺ leave behind 图 lightning
【闪电】lightning
【闪动】flash; twinkle
【闪光】图 flash of light 动 gleam
【闪击】launch[make] a surprise attack
【闪开】get out of the way; jump aside
【闪亮】sparkle; polish
【闪念】idea which flashes through one's mind
【闪闪】sparkling

【闪射】shine
【闪身】sidestep
【闪失】accident
【闪烁】twinkle
【闪现】flash before one
【闪耀】shine
【闪电战】lightning war
【闪光灯】❶ flash lamp; photo flash ❷ flashlight
【闪击战】lightning war
【闪电式恋爱】whirlwind romance

shàn

讪 [shàn]
动 mock; scorn; ridicule 形 embarrassed; shamefaced
【讪笑】mock

扇 [shàn]
图 ❶ fan ❷ leaf 量 一扇窗户 a window ➡ shān
【扇形】❶ fan-shaped ❷ sector
【扇子】fan
【扇面儿】the covering of a fan

善 [shàn]
形 ❶ kind ❷ satisfactory; good ❸ friendly; kind ❹ familiar 动 ❶ make a success of; do well ❷ be good at; be expert in 副 ❶ be apt or liable to ❷ properly 图 good deed
【善变】be apt to change; be changeable
【善待】treat sb well; treat friendly
【善后】deal with the after-math
【善举】charitable act
【善良】good and honest; kind-hearted
【善事】good deeds
【善行】good conduct
【善意】goodwill
【善于】be good at; be adept in
【善战】be good at fighting; be skilful in battle
【善终】❶ die a natural death; die in one's bed ❷ end well
【善罢甘休】leave the matter at that; let it go at that
【善恶分明】distinguish good from evil
【善后处理】after-math treatment; deal with problems arising from an accident
【善后事宜】problems arising from an accident
【善始善终】start well and end well; do well from start to finish; see sth through
【善有善报,恶有恶报】good is rewarded with good, and evil with evil

缮 [shàn]
动 ❶ repair ❷ copy
【缮写】copy

擅 [shàn]
动 ❶ do sth without the approval or prior knowledge of one's superior; act on one's own authority ❷ be good at; be expert in
【擅长】be good at; be expert in; be skilled in
【擅自】take it upon oneself

【擅离职守】be absent from one's post without permission; talk liberty with one's job

膳 [shàn]
名 meal
【膳食】food

赡 [shàn]
动 support; keep; provide for 形 adequate; sufficient; abundant
【赡养】support; provide for
【赡养费】payment for support of one's parents

shāng

伤 [shāng]
名 wound; injury 动 ①injure; wound; hurt ②sad; distressed ③overeat ④be harmful to
【伤疤】❶scar ❷past mistake
【伤病】injury and sickness
【伤残】wounded and disabled
【伤风】动 catch cold; have a cold 名 cold
【伤感】sick at heart
【伤害】injure; harm; hurt
【伤寒】❶typhoid fever ❷fevers
【伤痕】scar
【伤口】wound; cut
【伤情】sick at heart; sad; sorrowful
【伤人】❶hurt sb's feelings ❷inflict injuries ❸injure the health
【伤神】❶be stressful ❷be upset
【伤势】the condition of an injury or wound
【伤亡】casualty
【伤心】sad; grieved; broken-hearted; heartbroken
【伤员】wounded personnel
【伤病员】the sick and wounded
【伤残人】disabled person
【伤脑筋】troublesome

商 [shāng]
动 talk over; discuss 名 ① trade; business ② merchant; businessman; salesman; dealer
【商标】trademark; brand name
【商场】❶market ❷department store
【商城】shopping centre
【商船】merchant ship
【商店】shop; store
【商定】agree on
【商贩】pedlar
【商海】business world
【商号】shop; store
【商户】businessman
【商会】chamber of commerce
【商机】business
【商家】business firm
【商界】business circles
【商量】consult; discuss; talk over
【商贸】commerce; trade
【商品】❶commodity; goods ❷merchandise
【商洽】discuss
【商情】market conditions
【商榷】discuss
【商人】businessman; merchant
【商厦】department store
【商谈】negotiate
【商讨】discuss
【商务】commercial affairs; business affairs
【商业】commerce; trade; business
【商战】trade war
【商酌】deliberate over
【商品房】commercial housing
【商业城】commercial city
【商业街】shopping street
【商业区】business quarter
【商业网】commercial network
【商务代表】commercial representative
【商务午餐】business lunch
【商务中心】business centre
【商业广告】commercial advertising
【商业银行】commercial bank
【商品交易会】trade fair

shǎng

晌 [shǎng]
名 ①part of the day ②noon

赏 [shǎng]
动 ①grant or bestow a reward; award ②admire; enjoy; appreciate ③appreciate; admire 名 reward; award
【赏赐】动 grant [bestow] a reward; award 名 reward; award
【赏罚】rewards and punishments
【赏光】used when requesting sb to accept an invitation
【赏花】feast one's eyes on garden flowers
【赏金】money reward
【赏脸】honour me with your presence
【赏钱】tips
【赏识】recognize the worth of
【赏析】appreciate
【赏月】admire the bright full moon; enjoy a beautiful full moon
【赏心悦目】find the scenery pleasing to both the eye and the mind

shàng

上 [shàng]
名 ① upper; up; upward ② higher; superior; better ③ first (part); preceding; previous ④ emperor 副 upward 动 ① go up; mount; board; get on ② go to; leave for ③ submit; send in; present ④ forge ahead; press on ⑤ enter the court ⑥ serve; lay on the table ⑦ fill; add; supply ⑧ fix sth on sth else ⑨ apply; paint; put on ⑩ be put on record; be carried (in a publication); be published ⑪ wind ⑫ begin work or study at a fixed time ⑬ up to; as many as
【上岸】go ashore; go on shore; land
【上班】go to work; start work; be on duty

【上榜】be on the list
【上报】❶appear in the newspapers ❷report to a higher body;report to the leadership
【上辈】❶ancestor ❷previous generation
【上臂】the upper arm
【上菜】serve the dishes
【上苍】Heaven;God
【上操】do morning exercises
【上策】the best plan;the best way out;the best thing to do
【上层】upper levels
【上场】❶ appear on the stage; enter ❷ enter the court or field
【上车】get on;get in(into)
【上乘】first-class
【上船】go aboard a ship;go on board
【上床】go to bed;get into bed
【上次】last time
【上代】the previous generation;former generations
【上当】be taken in;be fooled
【上等】first-class
【上帝】God
【上吊】hang oneself
【上调】[shàngdiào] ❶transfer sb to a post at a higher level ❷ transfer goods, funds, etc. to a unit at a higher level
【上冻】freeze
【上端】top;upper end
【上房】main rooms
【上访】appeal to the higher authorities
【上坟】pay one's respects at a grave
【上风】❶windward ❷advantage;upper hand
【上浮】raise
【上岗】❶go to one's post ❷go on duty
【上告】❶complain to the higher authorities or appeal to a higher court ❷report to one's superior
【上工】go to work;start work
【上供】❶offer up a sacrifice;lay offerings on the altar ❷ give presents to the higher-ups expecting favours in return
【上钩】rise to the bait
【上古】ancient times
【上好】first-class;best-quality;tip-top
【上回】last time
【上火】❶ get angry ❷ suffer from excessive internal heat
【上货】stock up
【上机】❶board the plane ❷operate computers
【上级】higher authorities;one's superior
【上家】the player whose turn comes just before
【上将】general;admiral;air chief marshal
【上交】hand ... in
【上缴】hand ... over
【上街】❶go into the street ❷go shopping
【上届】previous term or session;last

【上进】go forward;make progress
【上课】❶attend class;go to class ❷give a lesson
【上口】make smooth reading
【上来】❶ come up to ❷ succeed ❸ begin; get started
【上脸】❶ flush from drinking ❷ give him an inch and he'll take a mile
【上梁】❶cross bar ❷upper beam
【上流】❶ upper reaches ❷ belonging to the upper circles;upper-class
【上路】❶set out on a journey;start off ❷ get on the right track
【上马】❶mount a horse ❷To horse! ❸start
【上门】❶ come or go to see sb;call;drop in; visit ❷shut the door for the night
【上面】❶above;over;on top of;on the surface of ❷the higher-ups ❸aspect;respect;regard
【上年】last year
【上品】highest grade;top grade
【上情】feelings or wishes of the higher authorities
【上去】go up
【上任】take up an official post
【上色】[shàngsè] best-quality;top-grade
【上色】[shàngshǎi] colour
【上山】go up a hill
【上上】❶the very best ❷before last
【上身】upper body
【上升】rise;go up
【上市】❶go public ❷go to market
【上手】start
【上首】seat of honour
【上书】submit a statement
【上述】mentioned above;above-mentioned
【上树】climb up a tree
【上司】boss
【上诉】appeal
【上溯】trace ... back
【上算】paying;worthwhile
【上锁】lock
【上台】❶appear on stage ❷come to power
【上体】the upper part of the body
【上天】❶launch ❷pass away ❸Heaven
【上头】[shàngtóu] go to head
【上头】[shàngtou]❶above;over;on top of;on the surface of ❷above-mentioned;foregoing ❸ higher-ups ❹ aspect; respect ❺ the elder generation of one's family;the elders
【上网】get on the Internet;go on-line
【上尉】captain;lieutenant;flight lieutenant
【上文】preceding
【上午】morning
【上下】❶ high and low; old and young ❷ from top to bottom;up and down ❸go up and down ❹about;more or less
【上限】upper limit
【上线】❶raise ordinary matters to the higher

plane of political struggle ❷ reach the admission test scores
【上相】come out well in a photograph
【上校】colonel; captain; group captain
【上心】set one's heart on sth
【上行】up; upgoing; upriver; upstream
【上学】go to school; attend school; be at school
【上旬】the first ten-day period of a month
【上演】perform
【上扬】go up
【上瘾】be addicted (to sth); get into the habit (of doing sth)
【上映】show (a film)
【上游】❶ upper reaches ❷ advanced position
【上月】last month
【上涨】rise; go up
【上账】make an entry in an account book; enter sth in an account
【上阵】go into battle; take part in a match
【上装】❶ make up ❷ upper outer garment
【上座】the seat of honour
【上班族】office or factory worker
【上半截】upper half
【上半年】first half of a year
【上半身】the upper part of the body; above the waist
【上半时】first half
【上半天】forenoon; morning
【上半夜】before midnight
【上半月】the first half of a month
【上飞机】board a plane; go on board a plane
【上年纪】get old
【上圈套】be taken in
【上市价】list price
【上网卡】pre-paid Internet card
【上西天】go to the Western Paradise—die
【上一次】the last time
【上座儿】draw customers
【上座率】box-office figures
【上层建筑】superstructure
【上层人士】upper circles
【上当受骗】be taken in; play sb false
【上流社会】high society; polite society; upper classes
【上门女婿】live-in son-in-law
【上上下下】high and low; old and young; everybody
【上市公司】listed company
【上门推销员】knocker

尚 [shàng]
动 value; treasure; set great store by 名 prevailing custom, habits, etc. 副 ❶ still; yet ❷ even
【尚待】remain to be seen
【尚可】❶ passable; acceptable ❷ still permissible; still possible; passable
【尚且】(not) even... (let alone...)
【尚未】not yet; cannot yet
【尚方宝剑】the emperor's sword—symbol of delegated power

shāo

捎 [shāo]
动 take sth to or for sb; bring sth to sb
【捎带】in passing
【捎话】take a message

烧 [shāo]
动 ❶ set fire to; burn ❷ cook; bake; heat ❸ stew after frying; fry after stewing ❹ roast ❺ run a fever; have a temperature ❻ damage or hurt ❼ fever; hurry to bring his temperature down to normal 形 be carried away by riches
【烧杯】beaker
【烧饼】sesame seed cake
【烧饭】do the cooking; cook food
【烧化】❶ cremate ❷ burn
【烧毁】destroy by fire; burn up; burn down
【烧火】make a fire; light a fire
【烧焦】burn
【烧烤】barbecue
【烧伤】burn an injury
【烧香】burn incense
【烧纸】动 burn paper money for the dead 名 paper money burnt as an offering to the dead
【烧灼】burn

梢 [shāo]
名 tip; thin end
【梢头】the tip of a branch

稍 [shāo]
副 a little; a shade; slightly ➡ shào
【稍候】wait for a while
【稍加】slightly more; make some addition
【稍微】a little; a bit; slightly; a trifle

艄 [shāo]
名 ❶ stern ❷ rudder
【艄公】helmsman

sháo

勺 [sháo]
名 spoon 量 sháo
【勺子】ladle

韶 [sháo]
形 beautiful; splendid; magnificent
【韶华】❶ beautiful springtime ❷ glorious youth

shào

少 [shào]
形 few; little 动 ❶ be short of; lack; not enough ❷ lose; be missing ❸ owe ❹ stop; quit; cut out 副 a little while; a minute ➡ shào
【少量】a small amount; a little; a few
【少陪】if you'll excuse me; I'm afraid I must be going now
【少顷】after a short while
【少数】a small number; few
【少许】a little; a few
【少有】rare; few and far between

【少不得】cannot do without
【少不了】❶cannot do without ❷be unavoidable ❸can't be only a few or only a little; must be a lot
【少得了】can do without
【少而精】smaller in quantity but better in quality; fewer but better
【少安毋躁】hold one's horses; keep calm, don't get excited; don't be impatient, wait a while
【少见多怪】the less a man has seen, the more he has to wonder at
【少说空话】make no empty promise
【少花钱多办事】do more and better with less funds

shào

少 [shào] 形 young; youthful 名 son of a wealthy family; young master ➡ shǎo
【少儿】children and early teenagers
【少妇】young married woman
【少年】❶early youth ❷young person ❸young man
【少女】young girl
【少年宫】Children's Palace
【少先队】Young Pioneers
【少壮派】the up-and-coming
【少男少女】unmarried young men and women
【少年之家】Children's Centre
【少先队员】Young Pioneer

哨 [shào] 动 ❶patrol ❷chirp ❸idle talk; chat; gossip 名 ❶sentry post; post ❷whistle
【哨兵】sentry; guard
【哨卡】sentry post
【哨声】whistler
【哨所】sentry post; post
【哨位】sentry post
【哨子】whistle

稍 [shào] ➡ shāo
【稍息】stand at ease

shē

奢 [shē] 形 ❶luxurious ❷excessive
【奢侈】luxurious; wasteful
【奢华】sumptuous
【奢靡】extravagant and wasteful
【奢念】wild wishes
【奢求】make excessive demands
【奢望】wild wishes

赊 [shē] 动 buy or sell on credit
【赊购】buy on credit
【赊欠】buy or sell on credit
【赊销】sell on credit
【赊账】❶system of buying or selling on credit; the credit system ❷outstanding bills or accounts

shé

舌 [shé] 名 ❶lingua; tongue ❷clapper
【舌苔】coating on the tongue; fur
【舌头】tongue
【舌战】动 argue heatedly with 名 war of words; wordy conflicts

折 [shé] 动 ❶break; split; snap ❷suffer losses; lose money in business ❸fail; not succeed ➡ zhē; zhé
【折本】lose money in business

蛇 [shé] 名 snake

shě

舍 [shě] 动 ❶give up; discard; abandon ❷give alms
【舍得】be willing to part with
【舍命】risk one's life
【舍弃】give up; abandon
【舍身】give one's life
【舍不得】hate to part with or use
【舍己救人】sacrifice oneself to save sb else
【舍己为人】sacrifice one's own interests for the sake of others
【舍近求远】seek afar for sth close; seek from afar what lies close at hand; forgo what is close at hand and seek what is far afield
【舍生忘死】risk one's life

shè

设 [shè] 动 ❶set up; form; establish ❷work out; design 连 ❶given; supposing ❷if; in case
【设备】device; equipment
【设定】set
【设法】think of a way; try; do what one can
【设防】set up defences
【设计】devise; lay out; plan
【设局】set up a trap
【设立】establish; set up; found
【设施】facilities
【设想】❶imagine; suppose ❷have consideration for 名 tentative plan; tentative idea
【设宴】give a banquet
【设置】❶set up; establish ❷put up

社 [shè] 名 ❶organization; agency; society ❷some service units ❸god of the land
【社会】society; community
【社交】social intercourse; social contact; social life
【社论】leading article
【社区】community

【社团】organization
【社会党】Socialist Party
【社交】social circle
【社会关系】❶ human relations in society; social relations ❷ one's social connections
【社会青年】unemployed youth
【社会主义】socialism

射 [shè]
动 ①shoot; fire ②discharge in a jet ③emit (light, heat, etc.) ④allude to sth or sb; intimate
【射程】range
【射击】❶shoot; fire ❷shooting
【射门】shoot
【射线】ray; straight line
【射影】projection

涉 [shè]
动 ① wade ② go through; undergo; experience ③involve
【涉及】involve; relate to
【涉猎】❶browse ❷touch
【涉世】gain life experience
【涉嫌】be a suspect
【涉足】set foot in
【涉外案件】foreign-related case; case with a foreign element
【涉外婚姻】marriage between Chinese and foreigners

赦 [shè]
动 pardon
【赦免】pardon

摄 [shè]
动 ①take in; absorb ②take a photo; photo; shoot ③keep fit ④act for
【摄取】❶absorb; take in ❷ take a photograph of; shoot
【摄像】make a video recording
【摄影】❶take a photograph ❷shoot a film
【摄制】film produce
【摄像机】video camera
【摄影机】camera
【摄影室】photo studio

谁 [shéi]
代 ① who ② nobody; no one ③ somebody; someone ④ anyone, anybody; everyone, everybody

申 [shēn]
动 state; explain
【申办】apply for permission to do sth; bid; bid for
【申报】❶report to a higher body ❷declare sth (to the Customs)
【申辩】defend oneself
【申斥】rebuke
【申明】declare; state
【申请】apply for
【申述】state
【申诉】appeal
【申冤】❶get justice ❷appeal for justice
【申请人】applicant
【申请书】(written) application

伸 [shēn]
动 put out; stretch; extend
【伸开】stretch out
【伸手】❶ stretch out one's hand ❷ ask for help, etc. ❸have a hand in; poke one's nose into
【伸缩】❶ stretch out and draw back; expand and contract; lengthen and shorten ❷ flexible; elastic; adjustable
【伸展】spread
【伸张】uphold
【伸直】straighten
【伸懒腰】stretch oneself

身 [shēn]
名 ① body ② life ③ oneself ④ one's moral character and accomplishment ⑤ frame of a structure; body ⑥ one's lifetime; all one's life ⑦social position; status 量 suit
【身边】❶at one's side ❷(have sth) on one; with one
【身材】stature; build; figure
【身长】❶height ❷length
【身段】❶figure ❷posture
【身份】❶status; capacity ❷dignity
【身高】tall; height
【身后】after one's death
【身价】❶social status ❷the selling price of a slave
【身教】teach by example
【身躯】body
【身上】❶on one's body ❷(have sth) on one; with one
【身世】one's (unfortunate) life experience; one's (hard) lot
【身手】skill; talent
【身受】experience ... personally
【身体】名 ❶body ❷health 形 bodily; physical
【身亡】die
【身心】body and mind
【身影】figure
【身孕】pregnancy
【身子】❶body ❷pregnancy
【身份证】identity card; identification card; ID card; ID
【身败名裂】lose all standing and reputation; bring shame and ruin upon oneself
【身不由己】in spite of oneself
【身家性命】man's life and family possessions
【身经百战】have fought a hundred battles
【身强力壮】strong; sturdy
【身无分文】broke

呻 [shēn]
【身子骨儿】one's health
〔呻吟〕groan

参 [shēn]
图①ginseng ②trepang; sea cucumber ➡ cān; cēn

绅 [shēn]
图①sash; girdle ②gentry
【绅士】gentleman

深 [shēn]
形①deep ②hard to comprehend; difficult ③in-depth; penetrating ④close; intimate ⑤dark; rich ⑥late 图depth 副very; keenly; fully
【深奥】profound
【深层】图depth; deeper layers 形deep-going; thorough incisive
【深沉】❶dark; deep ❷deep; heavy; dull ❸concealing one's real feelings
【深处】depths
【深冬】severe winter
【深度】图❶degree of depth; depth ❷depth ❸degree of development to a higher stage or level 副extremely; greatly
【深广】broad
【深海】deep sea
【深厚】❶deep ❷solid
【深化】deepen
【深交】deep friendship
【深究】go into (a matter) seriously; get to the bottom
【深刻】deep; profound; deepgoing
【深浅】❶depth ❷proper limits ❸shade
【深切】❶heartfelt; deep ❷keen; thorough
【深情】❶deep feeling; deep love 形affectionate
【深秋】late autumn
【深入】副go deep into 形thorough; deepgoing
【深色】deep colour
【深山】remote mountains
【深思】think deeply about; ponder deeply over
【深邃】❶deep ❷profound
【深信】be deeply convinced; firmly believe
【深夜】late at night; in the middle of the night; in the small hours of the morning
【深渊】abyss
【深远】profound and lasting
【深造】pursue advanced studies
【深重】very grave; extremely serious
【深呼吸】deep breathing
【深更半夜】at dead of night
【深谋远虑】think deeply and plan carefully
【深恶痛绝】hate bitterly

shén

什 [shén]
➡ shí
【什么】❶what ❷what; who ❸something ❹any; every ❺whatever
【什么的】things like that; and so on; and what not

神 [shén]
图①god; deity ②man with magic power ③spirit; mind; energy ④expression; appearance; look 形①supernatural; magical; amazing ②smart; clever; incredible
【神采】demeanour
【神父】Father
【神化】deify
【神话】myth; fairy tale
【神经】nerve
【神灵】gods
【神秘】mysterious; mystical; mystic
【神明】gods; divinities
【神女】goddess
【神奇】magical; mystical
【神气】❶expression; air; manner ❷spirited ❸putting on airs
【神情】expression; look
【神色】expression; look
【神圣】sacred
【神思】state of mind; mental state
【神似】be alike in spirit
【神速】incredibly fast
【神态】expression; manner
【神通】magic power; remarkable ability
【神往】be carried away; be rapt; be charmed
【神仙】immortal
【神智】intelligence; mental ability
【神州】the Divine Land
【神出鬼没】come and go like a shadow
【神乎其神】wonderful

shěn

审 [shěn]
形careful 动①examine; check up; go over ②try ③know; be familiar; be aware 副indeed; really
【审查】examine; investigate
【审察】closely observe; closely examine
【审处】❶try and punish ❷deliberate and decide
【审订】examine and revise; revise
【审定】examine and approve
【审读】read and evaluate
【审稿】go over a manuscript [draft]
【审核】check
【审计】audit
【审校】check and revise
【审理】try; be heard; come to trial; come [be brought] before the court
【审美】appreciate
【审判】bring to trial; try
【审批】examine and approve
【审慎】cautious
【审视】look closely at; examine closely
【审题】examine and consider carefully

【审问】question
【审讯】hear;try
【审议】consider
【审阅】check
【审判员】judge;judicial officer

婶 [shěn]
图 ①aunt ②auntie

shèn

肾 [shèn]
图 kidney

甚 [shèn]
副 ①very;most;extremely ②more than 代 what
【甚至】even to the extent that;so much that

渗 [shèn]
动 ooze;seep
【渗漏】leak
【渗入】①seep into ②penetrate
【渗透】seep

慎 [shèn]
形 careful;cautious
【慎重】cautious;careful

shēng

升 [shēng]
动 ①rise;go up;climb ②promote;elevate;go up 量 ①litre (l.); 两升啤酒 two litres of beer ② *sheng*: 十升为一斗。Ten sheng equals one dou.
【升格】raise;upgrade
【升华】①sublimate ②〈英〉distil;〈美〉distill
【升级】①upgrade ②go up ③escalate
【升降】go up and down
【升空】lift-off
【升起】rise;takeoff
【升腾】leap up;rise
【升天】go up to Heaven—die
【升学】enter a higher school
【升值】①revalue ②appreciate
【升级换代】updating and upgrading

生 [shēng]
动 ①grow ②give birth to;bear;deliver ③be born ④cause;give rise to ⑤light (a fire) 图 ①existence;life ②living;livelihood ③life ④life span;life time;(throughout) one's life ⑤learned man;scholar ⑥pupil;student ⑦ *sheng*, male role in traditional opera 形 ①living;alive ②unripe;immature;green ③ raw;uncooked ④ crude;raw;rigid ⑤unfamiliar;new;strange ⑥stiff;unnatural;rigid 副 very
【生病】fall ill
【生财】make money
【生产】❶ make;produce;manufacture ❷ give birth to a child;bear
【生辰】birthday
【生成】❶come or bring into being;produce ❷be born with;be gifted with

【生存】survive
【生动】lively
【生父】one's own father
【生还】come back alive
【生活】动 ❶life ❷live;existence 图 livelihood
【生机】❶lease of life ❷life;vitality
【生计】means of livelihood;livelihood
【生就】be born with
【生来】from birth
【生理】physiology
【生灵】❶common people ❷living thing;life
【生路】means of livelihood;way out
【生命】life
【生母】one's own mother
【生怕】be very much afraid;fear greatly
【生僻】obscure
【生平】❶all one's life ❷throughout one's life
【生气】动 take offense;get angry;lose one's temper 形 angry;mad;annoyed;furious 图 life;vitality
【生前】before one's death;during one's lifetime
【生擒】capture alive
【生人】图 stranger 动 be born
【生日】birthday
【生事】make trouble
【生手】new hand;green hand
【生疏】❶ not familiar ❷ out of practice ❸ be not as close as before
【生死】life and death
【生态】ecology
【生物】living things
【生息】❶bear interest ❷live;grow ❸multiply
【生效】take effect;set the seal on;come into effect;go into effect
【生性】disposition
【生涯】career
【生养】give birth to;bear (children)
【生意】business;trade
【生硬】❶unnatural ❷rigid
【生育】give birth to
【生源】source of students
【生长】❶grow ❷grow up;be brought up
【生殖】reproduce
【生字】new characters or words
【生产线】production line
【生产者】producer
【生活费】living expenses;cost of living
【生力军】❶fresh troops ❷fresh activists;new force
【生命力】vitality
【生命线】lifeblood
【生物学】biology
【生长点】growing point
【生编硬造】cook up
【生不逢时】be born out of one's time;be born at the wrong time
【生财有道】know how to make money

【生财之道】the way to earn money
【生儿育女】give birth to babies and bring them up
【生而知之】be born wise; be born with knowledge
【生活方式】life-style; mode of life; way of life
【生活环境】surroundings; environment
【生活习惯】habits and customs
【生活质量】quality[texture] of life
【生活作风】life-style
【生机盎然】full of life
【生机勃勃】full of life
【生离死别】part never to meet again; part for ever

声 [shēng]
图 ①sound; voice; noise ②fame; reputation ③initial consonant ④tone 动 make a sound; state 图 她喊了我两声。She called to me twice.
【声波】sound wave
【声称】claim
【声带】vocal cords
【声调】❶tone; note ❷the tone of a Chinese character
【声明】动 say; state; declare; announce; make a statement; issue a statement 图 statement; declaration
【声色】voice and expression
【声势】power and influence
【声讨】denounce
【声息】❶noise ❷information
【声响】noise
【声言】❶voice ❷sound
【声音】sound; voice
【声誉】reputation
【声援】publicly support
【声乐】vocal music
【声张】disclose

牲 [shēng]
图 ①domestic animal; live stock ②animal sacrifice
【牲畜】livestock; domestic animals
【牲口】beasts of burden; livestock

甥 [shēng]
图 nephew
【甥女】niece

shéng
绳 [shéng]
图 rope; thread; string; cord 动 ①restrict; restrain; punish ②continue; carry on
【绳子】cord; rope
【绳之以法】bring to justice

shěng
省 [shěng]
动 ①economize; save ②omit; delete; leave out 图 ①province ②capital of a province
【省城】provincial capital
【省得】so as to save[avoid]
【省会】provincial capital
【省劲】save effort
【省力】save effort
【省略】leave out
【省钱】save money
【省却】save
【省事】save trouble
【省心】save worry
【省长】governor of a province
【省吃俭用】cut corners

shèng
圣 [shèng]
图 ①holy; sacred ②holy 图 ①sage; master ②sage; saint ③emperor
【圣诞】Christmas
【圣地】❶the Holy Land ❷sacred place
【圣洁】holy and pure
【圣经】the Holy Bible
【圣人】sage; wise man
【圣贤】saint
【圣诞节】Christmas Day
【圣诞卡】Christmas card
【圣诞树】Christmas tree
【圣诞老人】Santa Claus

胜 [shèng]
动 ①win victory over (sb or sth); defeat ②surpass; be superior to; be better than; get the better of ③be equal to; can bear 图 victory; success 形 superb; wonderful; beautiful; lovely
【胜出】outplay
【胜地】scenic area
【胜负】victory or defeat; success or failure
【胜过】be better than; be superior to; exceed [overtake, surpass] sb; get[have] the heels of sb; get ahead of sb; have the advantage of sb
【胜迹】historical site
【胜利】❶victory ❷successfully
【胜券】confidence in one's own success
【胜任】be qualified
【胜似】be better than
【胜诉】win a lawsuit

盛 [shèng]
①flourishing; thriving; prosperous ②rich; sumptuous ③vigorous; energetic; aggressive ④magnificent; grand; solemn ⑤popular; prevalent; extensive ⑥profuse; profound; abundant ⑦greatly; deeply →chéng
【盛产】abound in
【盛传】spread
【盛大】grand
【盛典】grand occasion
【盛会】grand meeting
【盛举】great event
【盛开】be in full bloom; flourish

【盛况】grand occasion
【盛怒】be in a rage
【盛情】great kindness
【盛世】flourishing age
【盛事】grand occasion
【盛夏】midsummer
【盛行】be current; be in vogue
【盛誉】fame
【盛赞】highly praise; speak of sb in glowing terms
【盛装】rich dress
【盛极一时】be in fashion for a time; be all the rage
【盛气凌人】arrogant; overbearing

剩 [shèng]
㊁ surplus; leftover
【剩下】be left (over); remain
【剩余】surplus

shī

尸 [shī]
㊁ corpse; dead body
【尸体】corpse

失 [shī]
㊁ ① suffer loss of; lose ② lose control of; lose; miss ③ get lost; cannot find ④ fail to achieve one's end ⑤ deviate from the normal ⑥ break (a promise); go back on (one's word) ㊁ mishap; defect
【失败】❶ be defeated; lose (a war) ❷ fail; be unsuccessful
【失策】mistake; misjudgement
【失常】not normal
【失传】be lost
【失聪】become deaf
【失当】improper
【失掉】❶ lose ❷ miss
【失分】lose points
【失和】fail to keep on good terms; become estranged
【失衡】become unbalanced
【失火】catch fire; be on fire
【失节】❶ be disloyal ❷ lose one's chastity
【失控】get out of control; get out of hand
【失礼】be rude
【失利】suffer a setback[defeat]
【失恋】be disappointed in a love affair
【失灵】not work; not work properly; be out of order; fail; down
【失落】lose; drop
【失眠】sleep badly; not sleep a wink
【失明】lose one's sight; go blind
【失陪】excuse me, but I must be leaving now
【失窃】have things stolen
【失去】lose; cost; lose out on; miss out on
【失散】be separated from
【失声】be choked with tears
【失实】be false

【失事】(have an) accident
【失势】lose power and influence; fall into disgrace
【失守】fall
【失算】miscalculate
【失态】lose control of oneself
【失调】❶ lose balance ❷ back proper care
【失望】㊁ lose hope ㊁ disappointed; disappointing
【失误】error; fault; muff
【失陷】fall; fall into enemy hands
【失效】❶ lose efficacy ❷ be no longer in force
【失信】go back on one's word
【失学】drop out of school
【失血】lose blood
【失业】lose one's job; be fired; be out of work; be unemployed; get the sack
【失意】disappointed
【失迎】fail to meet
【失约】fail to show up
【失真】be unclear
【失职】neglect one's duty
【失主】owner
【失踪】be missing; be lost; get lost; disappear
【失足】❶ lose one's footing; slip ❷ take a wrong step in life
【失业者】the unemployed; the jobless

师 [shī]
㊁ ① teacher; master ② model; example; guide ③ person skilled in a certain profession or trade ④ master ⑤ master's ⑥ division ⑦ troops; army ㊁ learn; follow
【师范】❶ teacher-training ❷ normal school
【师父】master
【师傅】❶ master worker; mentor ❷ master
【师生】teacher and student
【师徒】master and apprentice
【师长】❶ teacher ❷ division commander
【师专】teacher training school; normal school
【师资】teachers
【师范学校】normal school

诗 [shī]
㊁ poetry; verse
【诗歌】poems and songs; poetry
【诗话】notes on poets and poetry; notes on classical poetry
【诗集】collection of poems
【诗经】The Book of Songs
【诗篇】❶ poem ❷ inspiring story
【诗人】poet
【诗坛】the poetry world
【诗选】collection of poems
【诗作】poetical works
【诗情画意】quality suggestive of poetry or painting

狮 [shī]
㊁ lion
【狮子】lion

【狮子舞】 lion dance
【狮身人面像】 sphinx

施 [shī]
⓿ ①execute; carry out; put into practice ② exert; exercise; impose ③ grant; hand out; give ④ use; apply
【施暴】 ❶lay violent hands on sb ❷rape
【施工】 construct
【施加】 exert
【施舍】 ⓿ give ⓿ charity
【施行】 ❶ put in force; execute; apply ❷ perform
【施展】 put to good use; give free play to
【施主】 patron
【施工图】 working drawing

湿 [shī]
⓿ wet; moist; damp
【湿地】 wet land
【湿度】 humidity
【湿热】 damp and hot
【湿润】 moist
【湿透】 wet through
【湿土】 wet soil
【湿漉漉】 moist; damp

十 shí
⓿ ten ⓿ topmost; highest
【十分】 very; fully; extremely
【十足】 ❶100 per cent; out-and-out; downright ❷full of
【十二分】 more than 100 per cent; extremely
【十进制】 decimal system
【十字架】 the Cross
【十全十美】 be perfect in every way; be the acme of perfection; leave nothing to be desired
【十字街头】 crisscross streets
【十字路口】 crossroads
【十年九不遇】 not occur once in ten years

什 [shí]
〔什锦〕 assorted; mixed

石 [shí]
⓿ ①stone; rock ② stone inscription ③ stone needle
【石碑】 stone tablet
【石灰】 lime
【石匠】 stonemason
【石刻】 ❶carved stone ❷stone inscription
【石窟】 rock cave
【石蜡】 paraffin wax
【石像】 figure in stone
【石油】 petroleum; oil
【石英钟】 quartz clock
【石器时代】 the Stone Age

时 [shí]
⓿ ①time; times; days ②fixed time ③ season ④ fashion ⑤ one of the 12 periods into which the day was divided in ancient times ⑥ hour ⑦ opportunity; chance ⑧ tense ⓿ current; present ⓿ ① occasionally; now and then; from time to time ② now... now... ; sometimes... sometimes...
【时差】 time difference; equation of time
【时常】 often; frequently
【时代】 ❶ times; age; era; epoch ❷ period in one's life
【时而】 from time to time; sometimes
【时局】 the time of; the time when
【时光】 ❶times ❷times; years; days
【时候】 ❶time ❷(a point in) time; moment
【时机】 opportunity
【时间】 ❶(the concept of) time ❷(the duration of) time ❸(a point in) time
【时局】 political situation
【时刻】 ⓿ time; hour; moment ⓿ constantly; always
【时空】 space-time
【时髦】 fashionable; stylish
【时期】 period
【时区】 time zone
【时日】 time
【时尚】 fad
【时时】 often
【时事】 current events; current affairs
【时势】 current trend
【时速】 speed per hour
【时务】 current affairs; current situation
【时下】 at present; right now; currently
【时限】 time limit
【时兴】 fashionable
【时运】 luck
【时装】 fashion
【时代感】 sense of the times
【时刻表】 timetable
【时装店】 fashion house
【时装节】 fashion festival
【时不我待】 time and tide wait for no man
【时差反应】 jet lag; jet fatigue
【时断时续】 on and off
【时而…时而】 now... now... ; sometimes... sometimes...

识 [shí]
⓿ know ⓿ knowledge; learning
【识别】 distinguish; discern; spot
【识货】 know all about the goods; be able to tell good from bad; know what's what
【识破】 see through
【识趣】 tactful
【识字】 learn to read

实 [shí]
⓿ ① solid; full ② rich ③ real; true; actual; sincere ④ concrete; substantial ⓿ ①reality; fact ②fruit; seed ⓿ truly; really; in fact ⓿ load; fill
【实词】 notional word; full word
【实弹】 ⓿ be loaded ⓿ live shell
【实地】 ❶on the spot ❷practically

【实感】thoughts and feelings acquired from personal experience; true feelings
【实干】get right on the job; do solid work
【实话】truth
【实惠】material benefit; substantial; solid
【实际】❶reality; practice ❷practical; realistic ❸real; actual; concrete
【实价】actual price
【实践】practice; put into practice; carry out; live up to
【实景】actual setting; location (movies)
【实据】substantial evidence; substantial proof
【实况】what is actually happening
【实力】actual strength; strength
【实例】living example; example
【实录】faithful record
【实名】real name
【实盘】firm offer
【实情】the true state of affairs; the actual situation; truth
【实权】real power
【实施】put into effect; implement; carry out
【实事】❶actual things ❷deeds; practical work; solid work; concrete matters
【实说】tell the truth; frankly speaking; frankly
【实体】❶substance ❷entity
【实物】❶material object ❷goods instead of money
【实习】practise
【实现】realize; fulfil; carry out; bring about
【实像】real image
【实效】actual effect
【实心】❶sincere; honest; earnest ❷solid
【实行】put into practice [effect]; carry out; practise; implement
【实验】experiment; experiment with; experiment on; test
【实业】industry and commerce
【实意】sincere; heartfelt
【实用】practical
【实在】[shízài] ❶true; real; honest; dependable ❷indeed; really; honestly; in fact; as a matter of fact
【实在】[shízai] well-done; done carefully
【实则】actually; in fact; in reality
【实质】essence
【实足】full
【实打实】hundred percent true; genuine; most assuredly; real; honest
【实力派】those who actually hold power
【实名制】real name system for personal bank account
【实权派】people who have real power
【实习生】trainee
【实验室】laboratory
【实业家】industrialist
【实不相瞒】tell you honestly; be candid with you

【实地考察】field trip
【实干精神】down-to-earth spirit
【实话实说】not mince words; speak frankly; tell truth
【实况录音】on-the-spot recording; live recording
【实况转播】televise live; live broadcast; live telecast
【实力雄厚】ample strength
【实力政策】policy of force
【实事求是】seek truth from facts; be practical and realistic
【实心实意】honest and sincere
【实心眼儿】honest and serious-minded; honest and serious-minded person
【实言相告】tell the truth; speak frankly
【实践出真知】genuine knowledge comes from practice

拾 [shí]

❶pick up; gather; collect ❷put in order; clean; tidy up
【拾掇】❶tidy up; put in order ❷repair; fix ❸settle with; punish
【拾取】pick up; collect
【拾趣】collect interesting bits and pieces
【拾物】lost article found
【拾遗】❶appropriate lost property ❷make good omissions
【拾金不昧】not pocket the money one picks up

食 [shí]

❶eat ❷have one's meal ❸live on ❶food; meal ❷feed ❸eclipse edible; seasoning
【食饵】(fish) bait
【食客】customer of a restaurant
【食粮】grain; food
【食量】appetite
【食品】foodstuff; food; provisions
【食谱】recipe
【食堂】dining room; mess hall
【食物】food; eatables; edibles
【食言】go back on one's word; break one's promise
【食盐】table salt; salt
【食用】used for food; edible
【食油】edible oil; cooking oil
【食欲】appetite
【食指】forefinger

蚀 [shí]

erode
【蚀本】lose one's capital

史 [shí]

❶history ❷official in charge of historical records; official
【史册】history
【史籍】history
【史料】historical data; historical materials

【史前】prehistory
【史诗】epic
【史实】historical facts
【史事】historia fact
【史学】history
【史无前例】without precedent in history

矢 [shǐ]

arrow 动 take an oath; vow; swear
【矢口否认】deny stone and bone
【矢志不渝】vow to adhere to one's chosen course

使 [shǐ]

动 ①send; have (sb do sth) ②make; cause; help; enable ③use; employ; exert; apply 连 if; supposing 名 messenger
【使出】use
【使得】❶can be used; usable ❷will do; workable; feasible ❸make; cause
【使馆】embassy
【使坏】be up to mischief; play a dirty trick
【使唤】❶order about ❷use; handle
【使节】envoy
【使劲】exert all one's strength
【使命】mission
【使然】make it so
【使用】use; employ; apply
【使者】envoy
【使不得】❶can't be used ❷won't do; must not
【使不惯】not used to using
【使不了】cannot use; unable to use
【使眼色】wink

始 [shǐ]

名 beginning; start 动 begin; start 副 only then; not... until
【始创】initiate; originate
【始末】beginning and end—the whole story
【始业】the beginning of the school year
【始终】from beginning to end; from start to finish; all along; throughout
【始祖】❶first ancestor ❷originator ❸primitive (animals)
【始发站】starting station; station of departure
【始料不及】come as a surprise

屎 [shǐ]

名 ①excrement ②wax

驶 [shǐ]

动 ① go quickly; pass quickly; speed ② sail; drive; ride
【驶离】bear off
【驶向】bear in with

shì

士 [shì]

名 ① bachelor ② intelligentsia ③ scholar; intelligentsia ④ praiseworthy person ⑤ person trained in a specified field ⑥ soldier; armyman; serviceman ⑦ noncommissioned officer
【士兵】rank-and-file soldiers

【士气】morale

氏 [shì]

名 surname
【氏族】clan

示 [shì]

动 show; indicate; produce; notify; instruct
【示爱】show one's love
【示范】set an example
【示例】give typical examples
【示威】❶demonstrate ❷put on a show of force
【示意】signal; hint; motion
【示众】put before the public

世 [shì]

名 ①generation ②from generation to generation ③ form of address among people who maintain good family relations ④ lifetime; life ⑤age; era; time ⑥world; society ⑦epoch
【世变】change in life[society]
【世代】❶ for generations; from generation to generation; generation after generation ❷ long period of time; many, many years
【世道】the manners and morals of the time
【世风】public morals
【世故】[shìgù] the ways of the world
【世故】[shìgu] worldly-wise
【世纪】century
【世家】old and well-known family; aristocratic family
【世间】world; earth; society
【世交】family friend
【世界】❶ world ❷ universe ❸ places all over the world; all parts of the world ❹ field; sphere; domain; realm
【市面】facet of life
【世人】common people
【世上】in the world; on earth
【世事】world affairs
【世俗】❶common customs ❷secular; worldly
【世袭】inherit
【世界杯】World Cup
【世界观】world outlook
【世界时】universal time
【世代相传】pass on from generation to generation
【世风日下】the world is going to the dogs
【世界大战】world war
【世界纪录】world record
【世世代代】age after age
【世界博览会】World EXPO; World Exposition; World's Fair
【世界贸易组织】World Trade Organization (WTO)

仕 [shì]

动 hold an official post; be an official
【仕途】official career

市 [shì]

名 ① market ② business transaction ③ city ④ administrative units ⑤ pertaining to the Chi-

nese system of weights and measures 动 buy; sell; deal in
【市场】 marketplace; market
【市花】 city flower
【市价】 current price; market price
【市郊】 suburb; outskirts
【市侩】 money-grubber
【市面】 ❶market ❷the state of trade; business
【市民】 city residents; townspeople
【市内】 city
【市区】 urban area
【市容】 the city's appearance
【市政】 municipal administration
【市场经济】 market economy; commodity economy; exchange economy
【市内电话】 local telephone service; local (phone) call

式 [shì]
名 ①pattern; form; model ②type; style; fashion ③ceremony ④formula ⑤mood; mode
【式样】 style; type; model

似 [shì]
〔似的〕be like; as...as...; as if ➡ sì

势 [shì]
名 ① power; force; strength; influence ② tendency ③ outward appearance of a natural object or phenomenon ④situation; state of affairs; circumstances; tendency ⑤ sign; gesture ⑥male genitals
【势必】 certainly will; be bound to
【势力】 force; power; influence
【势利】 snobbish
【势态】 situation; state
【势头】 ❶ impetus ❷ tendency; the look of things
【势利眼】 形 snobbish attitude 名 snob
【势不两立】 be mutually exclusive; be extremely antagonistic; be irreconcilable
【势均力敌】 动 match each other in strength 名 balance of power
【势力范围】 sphere of influence
【势如破竹】 like splitting a bamboo; like a hot knife cutting through butter; with irresistible force

事 [shì]
名 ① matter; affair; thing; business ② trouble; difficulty; accident ③job; task; work ④responsibility; involvement 动 ①attend upon; wait upon; serve ②go in for; be engaged in
【事变】 ①incident ❷ emergency ❸ the course of events; events
【事端】 incident
【事故】 accident; disaster; crash; wreck; pile-up
【事后】 after the event; afterwards
【事迹】 deed; achievement
【事假】 leave of absence
【事件】 event; incident; accident
【事理】 reason
【事例】 example; instance
【事情】 ❶affair; matter; thing; business ❷ trouble; mistake ❸job; work
【事实】 fact
【事事】 ❶ everything ❷ be engaged; be occupied
【事态】 state of affairs; state of things; goings-on; conjunction
【事务】 ❶work; routine ❷general affairs
【事物】 thing; object
【事先】 in advance; beforehand; prior
【事项】 item; matter
【事业】 ❶ cause; undertaking ❷ enterprise; facilities
【事宜】 matters concerned; arrangements
【事主】 the victim of a crime
【事实上】 in fact; in reality; as a matter of fact; actually
【事业心】 devotion to one's work
【事半功倍】 get twice the result with half the effort
【事倍功半】 get half the result with twice the effort
【事必躬亲】 see〔attend〕to everything oneself; take care of every single thing personally
【事不宜迟】 we must lose no time in doing it; we must attend to the matter immediately; this matter needs immediate attention
【事出有因】 there is good reason for it; it is by no means accidental
【事到临头】 when things come to a head; when the situation becomes critical; at the last moment
【事过境迁】 the affair is over and the situation has changed; the incident is over and the circumstances are different
【事实真相】 truth of the matter; what's what; true state of affairs
【事与愿违】 things turn out contrary to one's wishes
【事在人为】 it all depends on human effort; human effort is the decisive factor
【事实胜于雄辩】 facts speak louder than words
【事不关己,高高挂起】 let things drift if they do not affect one personally

侍 [shì]
动 wait upon; attend on; serve
【侍从】 attendants
【侍奉】 support and wait upon (one's elders)
【侍候】 wait upon; look after; attend
【侍弄】 ❶tend with care ❷repair; fix
【侍卫】 动 guard 名 imperial bodyguard
【侍养】 support and wait upon
【侍者】 servant; waiter
【侍应生】 young attendant; odd-jobber

饰 [shì]
动 ①dress up; polish ②hide ③play the role or act the part of a dramatic character 名 deco-

ration
【饰品】ornaments; jewelry
【饰物】❶ articles for personal adornment ❷ decorations
【饰演】play the role of; act the part of; play

试 [shì]
动 ❶try; attempt; test ❷examine; test
【试办】run an enterprise, etc. as an experiment; run a pilot scheme
【试唱】try out a song
【试车】test run; trial run
【试穿】try on clothes; clothes fitting
【试点】动 make experiments; conduct tests at selected points; launch a pilot project 名 place where an experiment is made; experimental unit
【试管】test tube
【试航】❶trial trip ❷shake down
【试机】test-run a machine
【试镜】screen test
【试卷】examination paper; test paper
【试看】just see; try sth and see how it works
【试探】[shìtàn] explore
【试探】[shītàn] sound out; feel out
【试题】examination questions; test questions
【试图】attempt to (do sth); try to (do sth)
【试问】we should like to ask; it may well be asked; may we ask
【试想】just think
【试销】place goods on trial sale
【试行】try out
【试验】trial; experiment; test
【试用】try out
【试纸】test paper
【试制】trial-produce; trial-manufacture
【试金石】❶touchstone ❷touch stone
【试营业】open on a trial basis; in trial operation or service
【试用期】trial period
【试运转】test run; running-in
【试管婴儿】test-tube baby

视 [shì]
动 ❶look at; view ❷regard; look upon; treat ❸inspect; examine; watch
【视察】❶inspect ❷watch; observe
【视唱】sightsinging; sing from a musical score
【视窗】Windows system; Windows software
【视点】point of view; perspective
【视角】❶angle of view; visual angle ❷viewing angle ❸perspective; angle; approach
【视觉】visual sense; vision; sense of sight
【视力】vision; sight
【视频】video frequency
【视听】seeing and hearing; what is seen and heard
【视为】regard; consider
【视线】❶line of vision〔view〕; line of sight (in surveying) ❷attention
【视野】field of vision〔view〕
【视察团】inspection team
【视察员】inspector
【视听教材】audio-visual materials
【视窗操作系统】Windows

拭 [shì]
动 wipe away; wipe; remove
【拭泪】wipe (away) one's tears
【拭目以待】wait and see; wait expectantly

是 [shì]
动 be 名 right 副 yes
【是非】❶right and wrong ❷trouble

适 [shì]
形 ❶fit; suitable; appropriate; proper ❷right ❸comfortable; well; at ease 动 ❶ go; follow; move towards ❷get married; marry
【适当】suitable; proper; appropriate; right
【适度】appropriate measure; moderate degree
【适合】fit; suitable
【适口】agreeable to the taste
【适量】appropriate amount or quantity
【适龄】of the right age
【适时】at the right moment; in good time; timely
【适宜】suitable; fit; appropriate; favourable
【适应】suit; adapt to; adjust to
【适用】be suitable; be applicable
【适于】fit; suit; be suitable for
【适值】just when; as it happens
【适中】❶moderate ❷well situated
【适应症】indication
【适得其反】run counter to one's desire; be just the opposite to what one wished
【适可而止】stop before going too far; know when or where to stop; not overdo it
【适龄儿童】children of school age
【适者生存】natural selection; survival of the fittest

恃 [shì]
动 rely on; depend on; count on 名 mother
【恃强凌弱】use one's strength to bully the weak

室 [shì]
名 ❶room ❷administrative subdivision; office ❸shop ❹wife ❺family ❻cavity
【室内】indoor; interior
【室外】outdoor; outside
【室友】flatmate; roommate

逝 [shì]
动 ❶pass ❷die; pass away
【逝世】pass away; die

弑 [shì]
动 murder

释 [shì]
动 ❶let go; be relieved of ❷release; set free ❸clear up; remove ❹ explain 名 Sakyamuni; Buddhism
【释放】❶free; release; set free; let sb go〔out〕

❷release
【释疑】clear up[remove] doubts; dispel suspicion
【释义】explain the meaning

嗜 [shì]
动 have a liking for; take to
【嗜好】❶hobby ❷habit

誓 [shì]
动 take an oath; swear; pledge 名 solemn promise
【誓词】oath; pledge
【誓师】❶rally to pledge resolution before going to war ❷take a mass pledge
【誓死】pledge one's life; dare to die
【誓言】oath; pledge
【誓愿】vow
【誓约】vow; pledge; solemn promise
【誓不罢休】swear not to stop; swear not to rest
【誓不两立】resolve to destroy sb or die in the attempt

shōu

收 [shōu]
动 ❶bring in; gather together; take in; put in proper place ❷collect (revenues); charge (fees) ❸reap; harvest; gather in ❹receive; accept ❺restrain; control ❻arrest; put in jail or prison ❼bring to an end; stop
【收兵】❶withdraw[recall] troops; call off a battle ❷wind up
【收藏】collect and store up
【收场】❶wind up; end up; stop ❷end; ending
【收车】return the vehicle to the garage, terminal, etc. and knock off
【收成】harvest; crop
【收到】receive; get; achieve; obtain
【收发】名 receive and dispatch 名 dispatcher
【收费】collect fees; charge
【收复】recover; recapture
【收割】reap; harvest; gather in
【收工】stop work for the day; knock off; pack up
【收购】purchase; buy
【收归】take back (rights, ownership, etc.)
【收回】❶take back; call in; regain; recall ❷withdraw
【收获】❶gather in the crops; harvest ❷results; gains; fruits
【收集】collect; gather; assemble
【收缴】❶take over; capture ❷collect; impose
【收据】receipt
【收看】watch television; look in
【收口】❶close up; heal ❷binding off
【收款】collect money
【收礼】accept gifts
【收敛】❶weaken or disappear ❷restrain oneself

【收留】take sb in; have sb in one's care
【收录】❶employ; recruit; take on ❷include ❸listen in and take down; take down; record
【收买】❶purchase; buy in ❷buy over
【收盘】closing; closing quotation
【收起】pack up; cut out; stop
【收秋】gather in the autumn crops
【收取】receive; collect
【收容】take in; accept; house
【收入】动 take in; include 名 income; revenue; receipts; earnings; proceeds
【收视】watch
【收拾】❶put in order; tidy; clear away ❷get things ready; pack ❸repair; mend ❹settle with; punish
【收受】receive; accept; take
【收缩】❶shrink; contract ❷concentrate one's forces; draw back
【收条】receipt
【收听】listen (in)
【收尾】动 wind up 名 ending
【收效】yield results; produce effects; bear fruit
【收养】take in and bring up; adopt
【收益】名 income; profit; earnings; gains 动 make money; make a profit; make a fortune; make a killing
【收支】income and expenses
【收藏家】collector
【收发室】office for incoming and outgoing mail
【收费站】toll station
【收件人】addressee
【收款机】cash register
【收款人】payee
【收录机】radio-tape recorder; radio-cassette recorder
【收票员】ticket collector
【收容所】collecting post
【收视率】viewing rate; rating; watching rate
【收摊儿】❶pack up the stall ❷wind up the day's business or the work on hand
【收养人】adoptive parents
【收音机】radio (set); wireless (set)
【收银机】cash register
【收银台】cash desk
【收银员】cashier
【收费电话】pay phone

shǒu

手 [shǒu]
名 ❶hand ❷ability ❸expert of some occupation or job 形 handy; easy to carry 副 hold in one's hand; possess 副 personally; in person 例 ❶学一手真功夫 learn some genuine skill/写一手好字 write a beautiful hand ❷二手车 secondhand car
【手包】handbag
【手背】the back of the hand
【手笔】❶sb's own handwriting or painting ❷

literary skill ❸style in doing sth or spending money
【手臂】arm
【手边】on hand; at hand
【手表】wristwatch
【手柄】hand lever
【手册】❶handbook; manual ❷record book; workbook
【手持】hand; in hand
【手锤】light hammer
【手戳】private seal
【手袋】handbag; purse
【手段】❶means; medium; measure; method ❷trick ❸skill
【手法】❶results; produce; technique ❷trick
【手感】feel
【手稿】original manuscript
【手工】图❶handwork ❷charge for a piece of handwork 动by hand; manual
【手机】mobile phone
【手记】动write down notes or records personally 图notes taken by oneself
【手迹】sb's original handwriting or painting
【手脚】❶movement of hands or feet; motion ❷underhand method; trick
【手巾】towel
【手紧】❶closefisted ❷be short of money; be hard up
【手锯】handsaw
【手绢】handkerchief
【手铐】handcuffs
【手帕】handkerchief
【手气】luck
【手枪】handgun
【手巧】skilful with one's hands
【手球】❶handball (a game) ❷handball (the ball) ❸handball
【手软】be softhearted
【手势】gesture; sign; signal
【手书】动write in one's own hand 图personal letter
【手术】operation
【手套】gloves
【手头】❶right beside one; on hand; at hand ❷one's financial condition at the moment
【手腕】❶wrist ❷skill
【手下】❶under the leadership of; under ❷at hand ❸at the hands of sb
【手写】动❶write by hand; handwrite; write in one's own hand ❷handwritten; written in one's own hand
【手心】❶the palm of the hand ❷control
【手续】procedures
【手选】picking; picking out
【手艺】❶craftsmanship; workmanship ❷handicraft; trade
【手印】❶impression of the hand ❷thumb print; fingerprint

【手语】sign language
【手闸】hand brake
【手掌】palm
【手杖】walking stick; stick
【手纸】toilet paper
【手指】finger
【手重】use too much force
【手镯】bracelet
【手足】❶hands and feet ❷brothers
【手把手】personally instruct; pass on one's own knowledge and skills
【手抄本】handwritten copy
【手底下】❶under the leadership〔guidance, direction〕of; under ❷place within one's reach
【手递手】hand to hand
【手电筒】〈英〉electric torch;〈美〉flashlight
【手风琴】accordion
【手工业】handicraft industry
【手工艺】handicraft art; handicraft
【手拉手】hand in hand
【手帕纸】tissue
【手刹车】hand brake
【手势语】sign language
【手提包】handbag; bag
【手提式】portable; hand-held
【手提箱】suitcase
【手推车】handcart; pushcart
【手腕子】wrist
【手写体】handwritten form; script
【手续费】service charges; handling charges; commission
【手艺人】craftsman
【手指甲】finger nail
【手指头】finger
【手不释卷】always have a book in one's hand
【手工艺品】articles of handicraft art; handicrafts
【手忙脚乱】in a rush
【手提电脑】portable computer
【手写电脑】handwriting computer
【手扶拖拉机】walking tractor
【手推婴儿车】light baby carriage
【手指头肚儿】the inner side of the fingertip

守 [shǒu]
动 ①maintain ②guard; defend ③keep watch; watch over; look after ④observe; abide by; adhere ⑤by the side of; next to; near
【守备】perform garrison duty
【守兵】garrison force〔troops〕
【守敌】the enemy holding a fortress or a strategic point
【守法】abide by〔observe〕the law
【守寡】remain a widow
【守恒】conservation
【守候】❶wait for; expect ❷keep watch
【守护】guard; defend
【守旧】动adhere to past practices; stick to old ways; be conservative; be behind times 形

old-fashioned;outdated
【守军】defending troops;defenders
【守灵】stand as guards at the bier;keep vigil beside the coffin
【守门】❶be on duty at the door or gate ❷keep goal
【守时】be on time;be punctual
【守岁】stay up late or all night on New Year's Eve;see the Old Year out and the New Year in
【守望】keep watch
【守卫】guard;defend
【守信】keep one's word
【守业】maintain what has been achieved by one's forefathers or predecessors
【守夜】keep watch at night;spend the night on watch
【守约】abide by an agreement;keep an appointment
【守则】rules;regulations
【守活寡】be a grass widow
【守纪律】observe discipline
【守空房】stay home alone
【守口如瓶】keep one's mouth shut;breathe not a single word;be tight-mouthed;be tight-lipped
【守株待兔】stand by a stump waiting for more hares to come and dash themselves against it—trust to chance and strokes of luck

首 [shǒu]

图①head ②head;boss;leader;chief ③beginning 形 first;foremost;supreme 副 first of all;first (to do sth) 动 bring charges against sb 例 五首民歌 five folk songs
【首报】report for the first time
【首播】broadcast by TV〔radio〕for the first time
【首倡】be the first to advocate;start
【首车】first bus
【首创】pioneer
【首次】for the first time;first
【首都】capital
【首犯】chief criminal
【首府】❶the capital of an autonomous region ❷the capital of a dependency or colony
【首富】the wealthiest family in the locality;the richest person
【首航】maiden voyage or flight
【首级】chopped-off head
【首季】first quarter;first season
【首届】the first occasion,term,session,etc.
【首领】❶head and neck ❷chieftain;leader;head
【首脑】head
【首饰】❶head ornaments ❷jewels;jewelry
【首尾】❶the head and the tail;the beginning and the end ❷from beginning to end
【首位】the first place
【首席】❶seat of honor ❷chief
【首先】❶first ❷in the first place;first of all;above all
【首相】prime minister
【首选】first choice
【首要】of the first importance;first;chief
【首映】run for the first time
【首长】senior officer
【首播式】ceremony for the first broadcast of a radio〔TV〕
【首发式】ceremony celebrating the first publication of a book
【首饰盒】jewel case
【首当其冲】be the first to be affected
【首屈一指】副 come first on the list;be second to none;be in a class of its own;can't beat 形 incomparable;unbeatable;unsurpassed
【首席代表】chief delegate;senior representative
【首席法官】chief judge
【首席顾问】head advisor
【首席检察官】chief inspector;chief procurator
【首席执行官】chief executive officer（CEO）

寿 shòu

寿 [shòu]

形 long 图①for burial ②birthday ③life;age
【寿辰】birthday
【寿面】birthday noodles
【寿命】life
【寿桃】peach offered as a birthday present;peach-shaped birthday cake
【寿险】life insurance
【寿星】❶the god of longevity ❷elderly person whose birthday is being celebrated
【寿筵】birthday feast
【寿衣】graveclothes
【寿终】die of old age
【寿终正寝】die in bed of old age;die a natural death

受 [shòu]

动①receive;accept ②suffer;sustain;be subjected to ③stand;endure;bear;tolerate ④be pleasant;be agreeable
【受潮】be affected with damp
【受宠】be in sb's favour
【受挫】suffer a setback
【受到】be subjected to
【受敌】be attacked by the enemy
【受罚】be punished
【受雇】be employed
【受过】bear the blame
【受害】suffer injury;fall victim;be affected
【受贿】accept〔take〕bribes
【受尽】suffer enough from;suffer all kinds of;have one's fill of
【受惊】be frightened
【受精】be fertilized

【受苦】suffer (hardships); have a rough time
【受累】[shòulěi] get involved on account of sb else
【受累】[shòulèi] be put to much trouble
【受理】❶ accept and hear a case ❷ accept and attend to
【受凉】catch cold
【受命】receive instructions or assignments
【受难】be in distress
【受骗】be deceived[fooled, cheated, taken in]
【受聘】❶ accept betrothal gifts ❷ accept an appointment
【受气】suffer wrong
【受穷】suffer poverty; live in poverty
【受屈】be wronged
【受权】be authorized
【受热】❶ be heated ❷ be affected by the heat; have heatstroke; suffer from sunstroke
【受辱】be insulted; be disgraced
【受伤】be injured; be wounded; sustain an injury
【受审】stand trial; be tried; be on trial
【受损】be damaged; suffer a loss
【受托】be commissioned
【受刑】be tortured; be put to torture
【受邀】accept an invitation; be invited
【受益】profit by; benefit from; be benefited
【受用】[shòuyòng] ❶ benefit from; profit by ❷ enjoy
【受用】[shòuyong] feel comfortable
【受孕】become pregnant
【受灾】be hit by a natural calamity
【受制】❶ be controlled ❷ endure hardships, tortures, rough conditions, etc.; suffer
【受主】acceptor; audience
【受助】aided
【受阻】be obstructed
【受罪】endure hardships, tortures, rough conditions, etc.; have a hard time
【受不了】cannot stand[endure]; it's unbearable
【受得了】can stand[endure]
【受害者】victim; sufferer
【受话器】(telephone) receiver
【受话人】receiver
【受欢迎】(be) welcome; be popular with
【受教育】receive an education
【受伤害】sustain an injury
【受委屈】suffer a wrong or an injustice; be wronged
【受训斥】get a dressing down
【受宠若惊】be overwhelmed by an unexpected favour
【受话号码】called number; receiving number
【受苦受难】live in misery
【受用不尽】benefit from sth all one's life
【受之有愧】I don't deserve it; I am not worthy of it

授 [shòu]
动 ❶ award; present; give ❷ teach; instruct; tell
【授给】award
【授奖】award[give] a prize
【授课】give lessons; give instructions
【授命】❶ give orders ❷ give one's life
【授权】delegation of authority
【授勋】confer or award an order, a decoration or a medal
【授业】impart knowledge; give instructions
【授艺】teach a trade[skill]
【授意】suggest
【授予】confer; award; present

售 [shòu]
动 ❶ be on sale; sell ❷ carry out; make (one's plan) work
【售货】sell goods
【售价】selling price; price
【售票】sell tickets
【售货车】wagon
【售货机】vending machine
【售货亭】stall; stand
【售货员】shop assistant
【售楼处】site sales
【售票处】❶ ticket office; booking office ❷ box office
【售票员】❶ ticket seller; conductor ❷ booking office clerk ❸ box office clerk
【售后服务】after-sale service; post-sale service; service after sale

兽 [shòu]
名 beast; animal
【兽行】❶ brutal act ❷ act of lust
【兽性】barbarity
【兽药】medicine for animals
【兽医】vet
【兽欲】animal desire

瘦 [shòu]
形 ❶ thin; slim ❷ lean ❸ fitting too closely; tight ❹ not fertile; poor
【瘦长】long and thin; tall and thin
【瘦肉】lean meat
【瘦弱】thin and weak
【瘦身】slim
【瘦小】thin and small
【瘦削】very thin; gaunt
【瘦子】lean[thin] person
【瘦腿裤】drain pipe trousers
【瘦高挑儿】❶ tall and slender figure ❷ tall, slender person
【瘦骨嶙峋】all skin and bones; bony; skinny

shū

书 [shū]
动 write; record 名 ❶ style of calligraphy; script ❷ book ❸ letter ❹ official paper; document

【书包】schoolbag
【书报】books, newspapers, and periodicals
【书本】book
【书场】place of entertainment where *quyi* performances are given
【书虫】bookworm
【书橱】bookcase
【书店】bookshop; bookstore; book-seller's
【书法】penmanship
【书房】study
【书稿】manuscript
【书柜】bookcase
【书籍】books; works; literature
【书记】❶secretary ❷clerk
【书架】bookshelf; a set of bookshelves; bookcase
【书刊】books and periodicals
【书库】stack room
【书眉】the top of a page; top margin
【书迷】❶bookworm ❷storyteller's follower
【书面】written; in written form; in writing
【书名】the title of a book; title
【书目】booklist; title catalogue
【书皮】❶book cover ❷dust cover
【书评】book review
【书签】❶title label pasted on the cover of a Chinese-style thread-bound book ❷bookmark
【书商】bookman
【书社】❶literary club ❷publishing house
【书生】intellectual; scholar
【书市】book fair; book market
【书屋】study
【书写】write
【书信】letter; written message
【书斋】study
【书展】❶book exhibition ❷calligraphy exhibition
【书证】❶written examples ❷evidence in writing; written evidence
【书桌】desk; writing desk
【书报亭】newsstand
【书呆子】bookworm
【书记员】clerk
【书面语】written language; literary language
【书皮纸】paper for covering books
【书生气】bookishness
【书摊儿】bookstall; bookstand
【书友会】book club[society]
【书香门第】literary [intellectual] family; a family of scholars
【书山有路勤为径】diligence is the only way to acquire learning; there is no royal road to learning

抒 [shū]
❶ give voice to; express; convey
【抒发】express; voice; give expression to
【抒怀】pour out one's heart; unburden one's heart
【抒情】express[convey] one's emotion
【抒写】express in writing; write of; describe

叔 [shū]
❶ ❶uncle ❷Uncle ❸third among brothers

殊 [shū]
❶ ❶different ❷outstanding; special; unusual
❷ very much; exceedingly; really ❸ break off; cut off
【殊荣】special honours
【殊死】desperate; life-and-death
【殊不知】❶who knows that... ❷little imagine; hardly realize
【殊途同归】reach the same goal by different routes

梳 [shū]
❶ comb ❷ comb one's hair, etc.
【梳理】❶card ❷comb out (one's hair); dress (one's hair)
【梳头】comb one's hair
【梳洗】wash and dress
【梳妆】dress and make up
【梳子】comb
【梳辫子】❶braid one's hair ❷sort out matters, problems, etc.
【梳妆台】dressing table

淑 [shū]
❶ chaste and mild-mannered; refined; pure
【淑女】fair maiden; noble lady

舒 [shū]
❶ stretch; relax; free from ❷ easy; leisurely
【舒畅】happy; entirely free from worry
【舒服】❶comfortable ❷be well
【舒缓】❶slow and unhurried ❷relaxed; mild ❸gentle; gradual
【舒适】comfortable; 〈英〉cosy 〈美〉cozy; smooth
【舒坦】comfortable; at ease
【舒心】comfortable; happy
【舒展】❶ ❶unfold; extend; smooth out ❷limber up; stretch ❷ comfortable; at ease
【舒舒服服】nice and cosy

疏 [shū]
❶ ❶dredge ❷thin out; scatter ❸neglect ❹ ❶thin; loose; scattered ❷distant ❸not familiar with ❹negligent; careless ❺inadequate ❸ ❶memorial to the emperor ❷detailed annotation
【疏导】❶dredge ❷guide; direct
【疏忽】carelessness; negligence; oversight
【疏漏】oversight
【疏散】❶ scattered ❷ evacuate
【疏松】❶ loose ❷ loosen
【疏通】dredge; mediate
【疏于】be neglectful about; neglect to do sth; fail to do sth out of negligence
【疏远】keep at a distance; not in close touch

输 [shū]
❶ ❶transport; transmit; convey ❷make a gift of; contribute money ❸lose; be beaten; suf-

fer defeat
【输出】❶send out ❷export ❸output;give off;emit
【输电】transmit electricity
【输家】loser
【输钱】lose money
【输入】❶bring in ❷import;introduce ❸input
【输送】carry;transport;convey
【输血】❶blood transfusion ❷give aid and support;bolster up;give sb a shot in the arm
【输赢】victory or defeat;winnings and losses
【输电网】power transmission network

蔬 [shū]
名 vegetables
【蔬菜】vegetables;greens

shú

孰 [shú]
代 ❶who ❷what ❸which;who

赎 [shú]
动 redeem
【赎金】ransom money
【赎买】buy ... out
【赎罪】atone for one's crime

塾 [shú]
名 private or family school

熟 [shú]
形 ❶ripe ❷cooked;done ❸processed ❹frequently seen or heard;well-known;familiar ❺skilled;experienced ❻deeply;profoundly
【熟谙】be familiar with;be good at
【熟读】read carefully over and over again
【熟记】learn by heart;memorize;commit to memory
【熟练】skilled;skillful;expert;proficient
【熟人】acquaintance;friend
【熟肉】cooked meat
【熟食】prepared food;cooked food
【熟识】be well acquainted with;know well
【熟手】old hand;practised hand
【熟睡】sleep soundly;be fast asleep;be in a deep sleep
【熟悉】know sth or sb well;be familiar with;have an intimate knowledge of
【熟语】idiom
【熟知】know very well;know intimately
【熟字】words already learned;familiar words
【熟能生巧】skill comes from practice;practice makes perfect
【熟视无睹】pay no attention to a familiar sight;turn a blind eye to;ignore

shǔ

暑 [shǔ]
名 ❶hotness ❷hot weather ❸summer heat
【暑假】summer vacation〔holidays〕
【暑期】summer vacation time

属 [shǔ]
名 ❶category ❷genus ❸family members;dependants 动 ❶subordinate to ❷belong to;be part of ❸be ❹be born in the year of
【属地】possession
【属实】turn out to be true;be verified
【属相】any one of the names of 12 symbolic animals associated with a 12-year cycle,often used to denote the year of a person's birth
【属性】attribute;property
【属于】belong to;be part of

署 [shǔ]
名 government office;office;workplace 动 ❶make arrangements for;arrange;prepare ❷act as deputy;handle by proxy ❸affix one's name to;sign
【署名】sign;put one's signature to
【署名权】right of signature
【署名人】the undersigned
【署名文章】signed article;byline story

鼠 [shǔ]
名 mouse;rat
【鼠辈】mean creatures
【鼠标】mouse
【鼠夹】mousetrap
【鼠标点击】point-and-click
【鼠目寸光】mouse can see only an inch;see only what is under one's nose;be short-sighted

数 [shǔ]
动 ❶count ❷be particularly conspicuous by comparison ❸list shù
【数落】scold
【数说】❶list ❷scold
【数不清】countless
【数不上】not count as outstanding,important,etc.
【数不着】not count as outstanding,important,etc.
【数得上】be reckoned as outstanding,important,etc.
【数得着】be reckoned as outstanding,important,etc.
【数数儿】count;reckon
【数不过来】too many to be counted;innumerable
【数不胜数】innumerable;incalculable;countless
【数九寒天】the coldest days of the year
【数一数二】count as one of the very best;rank very high

曙 [shǔ]
名 break of day;daybreak;dawn
【曙光】❶the first light of morning;dawn ❷bright prospect to be near in sight;dawn

shù

术 [shù]
名 ❶art;skill;craft;technique ❷method;

trick
【术语】technical terms; terminology

戍 [shù]
㽞 defend; garrison
【戍边】defend the frontiers

束 [shù]
㽞 ①bind; tie; bundle up ②control; contain; restrain 图 beam; bunch ⓛ bundle; bunch; sheaf; 一束草 a bundle of straw/一束花 a bunch of flowers/一束文稿 a sheaf of manuscripts
【束缚】tie; bind up; bound; rigid control; bound; rigid control
【束紧】bind up
【束手】have one's hands tied; be helpless
【束腰】girdle the waist 图 girdle
【束手束脚】be over-cautious; timid and hesitant
【束手无策】be at a loss what to do; feel quite helpless; be at one's wit's end
【束之高阁】tie sth up and place it on the top shelf—lay aside and neglect

述 [shù]
㽞 state; relate; recount
【述评】review
【述说】state
【述职】report

树 [shù]
图 tree 㽞 ①plant; cultivate ②hold up; set up; establish
【树敌】make an enemy of sb; set others against oneself; antagonize
【树干】tree trunk; trunk
【树根】tree stump; tree root
【树冠】crown
【树胶】gum
【树立】set up; establish
【树林】woods
【树木】generally trees
【树皮】bark
【树梢】❶the tip of a tree; treetop ❷the tip of a twig
【树身】tree trunk; trunk
【树蛙】tree frog
【树叶】leaf; leafage
【树阴】the shade of a tree
【树影】shadow of the tree
【树枝】branch
【树碑立传】build up sb's public image; sing the praises of sb
【树阴凉儿】shade of a tree

竖 [shù]
㽞 vertical; straight up; upright 㽞 set upright; put up; erect; stand 图 ①vertical stroke ②young servant
【竖立】erect; set upright; stand
【竖起】hold up; erect
【竖直】㽞 upright; vertical 㽞 set upright; put up; stand

【竖式钢琴】upright piano

恕 [shù]
图 forbearance; consideration for others 㽞 ① forgive; pardon; excuse; allow for ②excuse me; beg your pardon
【恕罪】pardon an offense; forgive a sin; forgive a mistake
【恕我打扰】excuse my troubling you
【恕我冒昧】saving your presence
【恕我直言】Excuse me for being blunt, but...

庶 [shù]
㽞 numerous 图 ①common people; the populace ②of or by the concubine ⓛ if only; maybe
【庶民】the common people

数 [shù]
图 ①number; figure ②number ③numbers ④fate; destiny ⓛ ①several; a few ②about; around → shǔ
【数词】numeral
【数额】fixed number; definite amount
【数据】data
【数量】quantity; number; amount
【数列】ordered series of numbers
【数码】❶numeral ❷number; amount
【数目】number; amount
【数学】mathematics
【数值】numerical value
【数轴】number axis
【数字】❶number; numeral; figure; digit ❷quantity; amount
【数据包】data packet
【数据库】database; data bank
【数字化】digitize
【数据处理】data processing
【数据传输】data communications; data transfer
【数据分析】data analysis
【数据恢复】data recovery
【数码相机】digital camera
【数以万计】number in the tens of thousands
【数字电视】digital television
【数字控制】numerical control (NC)
【数字通信】digital communication
【数字显示】digital display or presentation
【数字信号】digital signal
【数据接收器】data sink
【数码摄像机】digital video camera
【数字图书馆】digital library
【数据存储系统】data-storage system
【数据终端设备】data terminal equipment
【数字移动电话】digital mobile telephone

墅 [shù]
图 villa

漱 [shù]
㽞 gargle; rinse
【漱口】rinse the mouth; gargle

shuā
刷 [shuā]
图 brush 㽞 ①brush; clean ②varnish; paint;

paste up ③expel;discharge;eliminate 象 swish ➙shuā
【刷卡】 punch the card;use a card (for payment)
【刷洗】 scrub;scour
【刷新】 ❶renovate ❷break
【刷牙】 brush[clean] one's teeth
【刷子】 brush
【刷卡族】 card users

shuǎ

耍 [shuǎ]
动 ①play ②play with;perform ③give full play to;behave ④make fun of;play with
【耍奸】 try to shirk work or responsibility
【耍赖】 act shamelessly
【耍弄】 ❶resort to ❷make fun of;make a fool of;deceive
【耍笑】 ❶joke;have fun ❷make fun of;play a joke on sb
【耍把戏】 ❶juggle (with) ❷play tricks;be up to one's tricks
【耍笔杆】 be skilled in literary tricks
【耍花招】 ❶ display showy movements in wushu, etc. ❷play tricks
【耍滑头】 try to shirk work or responsibility;act in a slick way
【耍派头】 make a show of importance;put on airs
【耍脾气】 put on a show of bad temper
【耍手艺】 make a living as a craftsman
【耍威风】 make a show of authority;throw one's weight about;be overbearing
【耍无赖】 make scene;create mischief
【耍两面派】 resort to double-dealing tactics;be Janus-faced;play a double game;be double faced
【耍心眼儿】 exercise one's wits for personal gain;be calculating;pull a smart trick
【耍嘴皮子】 ❶ show off one's eloquence ❷ mere empty talk;lip service

shuà

刷 [shuà]
➙shuā
【刷白】 white;pale

shuāi

衰 [shuāi]
动 decline
【衰败】 decline
【衰变】 decay
【衰减】 weaken;fail
【衰竭】 failure
【衰老】 old and feeble;decrepit;senile
【衰落】 decay;decline;go downhill
【衰弱】 形 weak 动 weaken
【衰退】 fail;decline
【衰亡】 become feeble and die;decline and fall

摔 [shuāi]
动 ①fall ②hurtle down;plunge;crash;drop quickly ③fall and break ④throw;cast ⑤beat;knock
【摔打】 ❶beat;knock ❷rough it;temper oneself
【摔跤】 ❶trip and fall ❷trip up;come a cropper ❸wrestling
【摔跟头】 ❶ trip and fall ❷ trip up;come a cropper

shuǎi

甩 [shuǎi]
动 ①swing;sway;wave ②throw ③throw off;leave behind
【甩掉】 throw off;cast off;shake off;get rid of
【甩干】 spin-dry
【甩卖】 clearance sale;be on sale;disposal of goods at reduced prices;markdown sale;reduction sale
【甩手】 ❶ swing one's arms ❷ refuse to do;wash one's hands of
【甩开膀子】 go all out;go full steam ahead

shuài

帅 [shuài]
名 commander-in-chief 形 handsome;graceful;smart
【帅才】 born commander
【帅哥】 dashing guy;handsome young man;lady-killer
【帅旗】 flag of a commander-in-chief
【帅气】 handsome;elegant
【帅印】 seal of a commander-in-chief

率 [shuài]
动 ①lead;command ②follow;comply 形 ① hasty;rash ②frank;straightforward;forthright 副 in general;generally;usually ➙lǜ
【率领】 lead;head;command
【率先】 take the lead in doing sth;be the first to do sth
【率真】 sincere
【率直】 straightforward

shuān

闩 [shuān]
名 bolt;beam used to bar a door 动 fasten with a bolt or latch
拴 [shuān]
动 ①tie;bind;fasten ②tie down;bind up

shuàn

涮 [shuàn]
动 ①rinse ②scald thin slices of meat,etc. in boiling water;dip-boil ③cheat;trick;fool;deceive

【涮锅子】instant-boil slices of meat and vegetables in a chafing dish

shuāng

双 [shuāng] 形 ①two; twin; both; dual ②even ③double; twofold 量 pair: 一双鞋 a pair of shoes
【双倍】twofold; double
【双边】bilateral
【双层】double-deck; having two layers
【双重】double; dual; twofold
【双打】doubles
【双方】both sides; the two parties
【双杠】parallel bars
【双规】the prescribed time and place
【双轨】double track
【双号】even numbers
【双料】double
【双面】two-sided; double-faced
【双亲】(both) parents; father and mother
【双全】complete in both respects
【双手】both hands
【双数】even numbers
【双双】in pairs
【双喜】double happiness
【双向】two-way
【双薪】double pay
【双赢】win-win
【双胞胎】twins
【双宾语】double object
【双车道】dual-lane; two-lane; double lane
【双轨制】double system
【双人床】double bed
【双人房】double-bedded room
【双人舞】dance for two performers
【双休日】two-day weekend; double rest day; two-day day off
【双学位】double BA degree
【双眼皮】double-edged eyelid
【双边贸易】bilateral trade; two-way trade
【双重标准】dual standard
【双重国籍】dual (double) nationality
【双重人格】dual personality
【双目失明】blind in both eyes; lose the sight of both eyes
【双向交流】two-way exchanges
【双向开关】two-way switch
【双向选择】two-way selection
【双语教育】bilingual education

霜 [shuāng] 名 ①frost ②frostlike powder ③white; silver; hoar
【霜冻】frost
【霜花】frostwork
【霜降】Frost's Descent
【霜期】frost season

孀 [shuāng] 名 widow

【孀居】be a widow; live in widowhood

shuǎng

爽 [shuǎng] 形 ① bright; clear; fresh; crisp ② frank; straightforward; forthright; open-hearted ③ feel well 动 make a mistake; deviate
【爽口】tasty and refreshing
【爽快】❶ refreshed; comfortable ❷ frank; straightforward ❸ with alacrity
【爽朗】❶ bright and clear ❷ hearty; candid; frank and open; straightforward
【爽目】pleasing to the eye
【爽心】be refreshed and pleased
【爽约】fail to keep an appointment; break an appointment
【爽直】frank; straightforward; candid

shuǐ

水 [shuǐ] 名 ①water ②river ③waters; area of water ④flood ⑤additional cost; extra income 量 times of washing
【水吧】water bar
【水坝】dam
【水泵】water pump
【水笔】❶ stiff-haired writing brush ❷ water-color paintbrush ❸ (fountain) pen
【水表】water meter
【水兵】seaman; sailor
【水彩】watercolour
【水槽】water channel
【水草】❶ water and grass ❷ waterweeds; water plants
【水产】aquatic products
【水车】❶ waterwheel ❷ watercart; water wagon
【水池】❶ pond; pool ❷ sink
【水床】water bed
【水袋】water bag
【水道】❶ water course ❷ waterway; water route
【水稻】rice
【水阀】water valve
【水沟】ditch; drain
【水管】waterpipe
【水果】fruit
【水壶】❶ kettle ❷ watering can
【水火】❶ opposites ❷ misery
【水货】❶ smuggled goods ❷ inferior goods
【水井】well
【水警】water police
【水晶】crystal
【水酒】watery wine
【水库】reservoir
【水力】waterpower
【水利】irrigation project
【水灵】❶ fresh and juicy ❷ bright and beauti-

ful;radiant and vivacious
【水流】❶ rivers;streams;waters ❷ current;flow
【水陆】❶ land and water ❷ delicacies from land and sea
【水路】 waterway;water route
【水绿】 light green
【水面】❶ the surface of the water ❷ the area of a body of water
【水泥】 cement
【水平】❶ level ❷ standard;level
【水汽】 water vapour;steam
【水渠】 ditch
【水势】 the flow of water;the rise and fall of flood-water
【水手】 seaman
【水塔】 water tower
【水土】❶ water and soil ❷ natural environment and climate
【水位】❶ water level ❷ water table
【水温】 water temperature
【水纹】 water wave
【水下】 under water
【水乡】 region of rivers and lakes
【水箱】 water tank
【水性】❶ ability in swimming ❷ the depth,currents and other characteristics of a river,lake,etc.
【水锈】❶ scale ❷ watermark
【水银】 mercury
【水印】❶ watercolour block printing;watermark ❷ watermark ❸ water stain
【水域】 waters;water area;body of water
【水源】❶ the source of a river;headwaters;water head ❷ source of water
【水灾】 flood
【水闸】 water gate
【水质】 water quality
【水珠】 drop of water
【水准】❶ standard ❷ water level
【水族】 aquatic animals
【水玻璃】 water glass
【水彩画】 watercolour (painting)
【水处理】 water treatment
【水淋淋】 dripping wet
【水泥厂】 cement plant
【水平面】 level surface;level
【水平线】 level line;level
【水汪汪】❶ full of water;very wet ❷ bright and intelligent
【水污染】 water pollution
【水洗布】 washed cloth〔denim〕
【水蒸气】 steam
【水资源】 water resource
【水彩颜料】 watercolours
【水到渠成】 when the water comes,a channel is formed—when conditions are ripe,success is achieved

【水火无情】 floods and fires have no mercy
【水力资源】 waterpower resources
【水利资源】 water resources
【水落石出】 when the water subsides the rocks emerge—the whole thing comes to light
【水平输出】 horizontal output
【水性杨花】 woman of loose morals;easy to seduce
【水质污染】 water pollution

shuì

说 [shuì]
动 try to persuade or bring round ➡ shuō
【说客】❶ person often sent to win sb over or enlist his support through persuasion ❷ persuasive talker

税 [shuì]
名 tax;duty;revenue
【税法】 tax law
【税后】 after-tax
【税金】 tax payment
【税款】 tax payment
【税利】 taxes and profits
【税率】 tax rate
【税票】 tax receipt
【税前】 pre-tax;before tax
【税收】 tax revenue
【税务】 taxation affairs
【税则】 tax regulations
【税政】 tax administration
【税制】 tax system
【税务局】 tax bureau
【税后净利】 net profit after tax
【税后收入】 after-tax income
【税前利润】 pre-tax profits
【税前收入】 pre-tax income
【税务机关】 tax authorities
【税务人员】 tax collector

睡 [shuì]
动 ① sleep ② sleep;lie
【睡袋】 sleeping bag
【睡觉】 sleep;be asleep;have a sleep;get some sleep;have a kip
【睡梦】 sleep
【睡眠】 sleep
【睡袍】 nightgown;nightdress
【睡醒】 wake up
【睡衣】 nightclothes
【睡意】 sleepiness
【睡着】 get to sleep;fall asleep;drop off;go off
【睡懒觉】 sleep later〔in〕
【睡美人】 sleeping beauty
【睡眼惺忪】 eyes still heavy with sleep

shǔn

吮 [shǔn]
动 suck
【吮吸】 suck

shùn

顺 [shùn]
动 ①obey;yield to;submit to ②arrange;sort out;put in order 形 ①in the same direction as;along with ② be suitable;be agreeable ③ in good luck;successfully ④in sequence 介 along

【顺便】 in addition to what one is already doing, without much extra effort
【顺差】 favourable balance;surplus
【顺畅】 smooth and easy
【顺从】 be obedient to;submit to;yield to
【顺当】 smooth;plain sailing
【顺道】 on the way
【顺耳】 pleasing to the ear
【顺风】 动 have a favorable wind;have a tail wind 名 favorable wind;tail wind
【顺脚】 on the way or without going out of one's way
【顺境】 easy or favourable circumstances
【顺口】 ❶read smoothly ❷speak casually;say offhandedly ❸suit one's taste
【顺利】 smooth;successful;without a hitch
【顺流】 fair current;fair tide
【顺路】 动 on the way 形 direct route;regular route
【顺气】 happy;free from worry
【顺势】 ❶take advantage of an opportunity ❷in passing
【顺手】 形 smoothly;without difficulty 副 ❶without extra trouble ❷do sth as a natural sequence ❸ handy;convenient and easy to use
【顺水】 downstream;with the stream
【顺遂】 go well;go smoothly
【顺心】 be satisfactory
【顺序】 名 sequence;order 副 in proper order;in turn
【顺延】 postpone
【顺眼】 pleasing to the eye
【顺应】 comply with
【顺着】 [shùnzhe]along with
【顺嘴】 ❶easy to read ❷(speak or sing) offhandedly
【顺口溜】 doggerel;jingle
【顺时针】 clockwise
【顺竿儿爬】 take one's cue from sb and say everything to please him
【顺理成章】 logical;well reasoned
【顺其自然】 let nature take its course;in accordance with its natural tendency
【顺手牵羊】 lead off a goat in passing—pick up sth on the sly;walk off with sth
【顺顺当当】 by a happy chance;win in a canter;easily;smoothly

瞬 [shùn]
名 wink;twinkling
【瞬间】 in the twinkling of an eye
【瞬息】 twinkling
【瞬息万变】 fast changing

shuō

说 [shuō]
动 ①say;talk;speak;utter;说够了没？Done talking? Enough said？② give an explanation;explain ③ scold ④ act as go-between;act as matchmaker;introduce ⑤hint;indicate;refer to 名 theory;views ➡shuì

【说穿】 tell what sth really is;reveal;disclose
【说道】 [shuōdào] say
【说道】 [shuōdao] ❶say;tell ❷talk over;discuss ❸what lies behind sth;reason
【说定】 settle;agree on
【说法】 [shuōfa] ❶ way of saying a thing;wording ❷statement;version;argument
【说服】 persuade;convince;prevail on;talk sb into;get round(around)
【说好】 come to an agreement or understanding
【说合】 ❶bring two (or more) parties together ❷talk over;discuss
【说和】 compose a quarrel
【说话】 动 ❶speak;talk;say ❷chat;talk ❸talk 名 in a minute;in no time;right away
【说谎】 tell a lie;lie
【说教】 preach
【说客】 persuasive talker
【说来】 come to speak of it
【说理】 ❶argue;reason things out ❷listen to reason;be reasonable
【说媒】 act as a matchmaker
【说明】 动 ❶explain;illustrate;show ❷prove;show 名 explanation;directions
【说破】 lay bare;reveal
【说亲】 act as a matchmaker
【说情】 plead for
【说啥】 no matter what one says
【说是】 be said to;be supposed to;they say
【说书】 storytelling
【说死】 fix definitely;make it definite
【说通】 succeed in reaching an agreement
【说妥】 come to an agreement
【说戏】 explain how a part or a scene is to be acted
【说笑】 ❶chatting and laughing ❷joke;jest
【说嘴】 ❶boast ❷argue;quarrel
【说不定】 perhaps;maybe
【说不好】 be unable to say for certain;not be certain;can't say
【说不清】 be unable to explain clearly
【说不上】 ❶cannot say;cannot tell ❷not worth mentioning
【说不着】 ❶ not appropriate or necessary to mention ❷disagreeable
【说大话】 boast;talk big
【说到底】 in the final analysis;at bottom
【说漏嘴】 let slip a remark;make a slip of the

tongue
【说梦话】❶ talk in one's dream; talk in sleep ❷ put forward impractical ideas; spin daydream
【说明书】directions; manual; synopsis
【说起来】in fact; as a matter of fact
【说闲话】❶ gossip ❷ chat
【说笑话】❶ tell a joke ❷ joke
【说真的】no kidding
【说不过去】cannot be justified or explained away
【说不下去】be unable to finish what one is saying
【说长道短】talk about right and wrong of other people
【说到做到】do what one says; match one's deeds to one's words; live up to one's word
【说得过去】be justifiable; be passable
【说来话长】it's a long story
【说来说去】repeat over and over again
【说了不算】eat one's words; go back on one's word
【说了算】I mean what I say
【说良心话】be fair
【说千道万】keep on stating one's point
【说一不二】mean what one says; stand by one's word
【说着玩儿】be joking; not be serious in saying sth
【说曹操曹操就到】mention Cao Cao and there he is; talk of the devil and he will appear

shuò

烁 [shuò]
形 bright; brilliant; shining

硕 [shuò]
形 big; large
【硕果】rich fruits; great achievements
【硕士】Master

sī

司 [sī]
动 take charge of; attend to; operate; manage 名 department
【司法】administration of justice
【司机】driver
【司令】commander; commanding officer
【司仪】master of ceremonies(MC); emcee
【司空见惯】common sight

丝 [sī]
名 silk 量 (a)一丝白发 a white hair (b)一丝希望 a gleam of hope
【丝绸】silk cloth; silk
【丝毫】the slightest amount or degree; a bit; a particle; a shred
【丝绵】silk floss
【丝绸之路】the Silk Road

私 [sī]
形 ❶ personal; private ❷ selfish ❸ secret; private ❹ illegal; unlawful 名 ❶ sth personal [private] ❷ private interests; personal gain ❸ smuggled goods 副 secretly; privately
【私奔】elope
【私藏】动 keep or possess illegally 名 private collection
【私产】private property
【私车】private car
【私党】clique
【私法】private law
【私房】[sīfáng] privately owned house or building
【私房】[sīfang] 名 private savings 形 confidential
【私分】divide privately[secretly]
【私愤】personal spite
【私活】moonlighting
【私交】personal friendship
【私营】privately run
【私利】private[selfish] interests
【私了】settle a case out of court; reconcile before going public
【私囊】private purse
【私念】selfish motives[ideas]
【私情】❶ personal relationships ❷ love affairs
【私人】形 private; personal 名 one's own man
【私事】private affairs
【私通】❶ have secret communication with ❷ illicit intercourse; adultery; fornication
【私下】in private; in secret
【私心】selfish motives[ideas]; selfishness
【私学】private school
【私营】privately owned; privately run[operated]; private
【私有】privately owned; private
【私语】动 whisper 名 confidence
【私欲】selfish desire
【私自】privately; secretly; without permission
【私生活】private life
【私生子】child born out of wedlock; illegitimate child
【私有制】private ownership
【私立学校】private school

思 [sī]
动 ❶ think; consider; ponder ❷ think of; long for; miss ❸ wish; hope; desire 名 ❶ feeling; state of mind ❷ train of thought
【思辨】动 speculate; analyse 名 speculate; reason
【思潮】❶ trend of thought ❷ thoughts
【思忖】ponder; consider
【思考】think; ponder
【思恋】think fondly of; long for
【思量】consider
【思路】train of thought; thinking
【思虑】consider; deliberate

【思念】think of; long for; miss
【思索】think deeply; ponder
【思维】❶thought; thinking ❷think; consider
【思乡】be homesick
【思想】thought; thinking; idea
【思绪】❶train of thought; thinking ❷feeling
【思议】imagine and understand
【思乡病】homesickness
【思想家】thinker
【思前想后】ponder over the cause and effect of a thing
【思想包袱】sth weighing on one's mind
【思想方法】method[mode, way] of thinking
【思想负担】load on one's mind

斯 [sī]
代this; here 连then; thus
【斯文】[sīwén] 名❶culture ❷men of letters; scholars 形refined; gentle
【斯文】[sīwen] refined; gentle

厮 [sī]
名❶male servant ❷fellow; guy 副each other; together
【厮打】wrestle
【厮混】❶fool around[about] with sb; play around[about] with sb ❷mix
【厮杀】fight at close quarters

撕 [sī]
动tear; rend; rip
【撕扯】tear
【撕打】beat up
【撕毁】tear up; rip up
【撕票】kill the hostage
【撕破】tear
【撕碎】destroy
【撕咬】worry
【撕破脸】put aside all considerations of face; not spare sb's sensibilities

嘶 [sī]
动neigh 形hoarse
【嘶哑】hoarse

sǐ

死 [sī]
动die; cease to live; be dead 副❶to the death ❷determinedly; unyieldingly ❸very; extremely 形❶implacable; deadly ❷fixed; rigid ❸closed
【死板】❶rigid; stiff ❷inflexible
【死党】❶diehard reactionary clique ❷sworn followers
【死敌】deadly enemy
【死鬼】❶the deceased ❷devil
【死海】the Dead Sea
【死缓】death sentence with a two-year reprieve and forced labour
【死活】❶life or death; fate ❷anyway; simply
【死机】system halted; hang; hang-up; crash; down
【死寂】deathly stillness
【死角】❶dead angle; blind angle; dead space ❷spot as yet untouched by sth
【死结】fast knot
【死路】❶blind alley ❷the road to ruin
【死难】die in an accident or a political incident
【死期】the time of death; the hour of doom
【死棋】dead piece in a game of chess; hopeless case; stupid move
【死囚】convict sentenced to death; convict awaiting execution
【死球】dead ball
【死人】❶dead person ❷dead body
【死伤】the dead and the wounded
【死神】Death
【死尸】dead body
【死水】stagnant water
【死亡】die; pass away; lose one's life
【死心】drop the idea forever
【死刑】death penalty; death sentence
【死讯】news of sb's death
【死因】cause of death
【死硬】❶stiff ❷die-hard
【死战】名life-and-death struggle or battle 动fight to the death
【死账】dead loan; dead account
【死者】the dead; the departed
【死罪】❶capital offence[crime] ❷my fault
【死对头】deadly enemy
【死工资】fixed salary[wages]
【死规矩】hard and fast rule; rigid rule
【死胡同】blind alley; dead end
【死火山】extinct volcano
【死劲儿】名all one's strength; all one's might 动bring all one's strength into play
【死老虎】dead tiger—man who has lost his power and influence
【死硬派】diehards
【死不改悔】die impenitent; be absolutely unrepentant
【死不瞑目】not close one's eyes when one dies—die with a grievance or everlasting regret; die discontent
【死不要脸】be dead to all sense of shame; have no sense of shame
【死不足惜】death is not too high a price (for sth); (sb) deserves death
【死得其所】die a worthy death
【死而复生】return to life after death; come back to life
【死而后已】until one's dying day; to the end of one's days
【死而无憾】die without regret
【死灰复燃】dying cinders glowing again—resurgence; revival
【死里逃生】escape by the skin of one's teeth; have a narrow escape; barely escape with one's life

【死皮赖脸】thick-skinned and hard to shake off
【死气沉沉】lifeless; spiritless
【死去活来】half dead; only half alive
【死心塌地】be dead set; be hell-bent
【死有余辜】even death would be too good for him
【死于非命】die an unnatural(a violent) death
【死无葬身之地】die without a place for burial—come to a bad end

sì

四 [sì]
〔数〕four
【四边】(on) four sides
【四出】go from place to place; go around
【四处】all around; in all directions; everywhere
【四方】〔名〕the four directions; all sides; all quarters 〔形〕❶square ❷cubic
【四海】the four seas; the whole country; the whole world
【四季】the four seasons
【四郊】outskirts
【四邻】〈英〉neighbours; 〈美〉neighbors
【四面】(on) four sides; (on) all sides
【四旁】❶back and front, left and right; all around ❷the "four sides"
【四起】rise from all directions
【四外】all around
【四肢】limbs
【四周】all around; on all sides
【四方步】leisurely and measured steps
【四分五裂】fall apart
【四海为家】make one's home wherever one is
【四合院儿】courtyard dwelling
【四面八方】all directions; all quarters; all around; far and near
【四平八稳】❶very steady ❷lacking in initiative and overcautious
【四舍五入】round up or down
【四通八达】in all directions
【四海之内皆兄弟】within the four seas all men are brothers

寺 [sì]
〔名〕①ministry ②temple
【寺院】temple

似 [sì]
〔动〕①similar; like; approximate ②look; seem; appear 〔介〕indicating superiority ➡shì
【似乎】as if; seemingly
【似曾相识】seem to have met before
【似懂非懂】not fully understand
【似是而非】apparently right but actually wrong
【似水流年】time passes swiftly like flowing water

伺 [sì]
〔动〕keep watch; await; observe ➡cì
【伺机】watch for one's chance

饲 [sì]
〔动〕raise; breed; rear 〔名〕forage; feed

【饲草】forage grass
【饲料】fodder
【饲养】raise
【饲养员】stockman; animal keeper

肆 [sì]
〔形〕wanton 〔名〕shop
【肆虐】wreak havoc
【肆意】wantonly; recklessly; wilfully
【肆无忌惮】unbridled

嗣 [sì]
〔动〕succeed, inherit 〔名〕heir

sōng

松 [sōng]
〔名〕①pine ②dried meat floss; dried minced meat 〔形〕①not firm; loose ②not hard up; well off ③light and flaky; soft 〔动〕①loosen; relax; relieve ②untie; unfasten
【松柏】pine and cypress
【松绑】❶untie a person ❷relax restrictions
【松弛】❶limp ❷lax
【松动】〔动〕❶become less crowded ❷come loose ❸become flexible 〔形〕not hard up
【松果】deal apple
【松紧】❶degree of tightness ❷elasticity
【松劲】relax one's efforts
【松口】❶relax one's bite and release what is held ❷become less intransigent; soften
【松快】relieved
【松林】pinewood
【松蕈】pine mushroom
【松气】relax one's efforts
【松软】❶soft; spongy; loose ❷week; feeble
【松散】〔形〕❶loose ❷inattentive 〔动〕relax; take one's ease
【松手】❶let go ❷relax in one's efforts
【松树】pine tree; pine
【松懈】〔形〕❶lax; slack ❷unharmonious 〔动〕relax
【松口气】relax for a while; get a breathing spell
【松柏常青】remain evergreen as the pine and cypress; the pine and cypress stay evergreen
【松松垮垮】loose; lax

sǒng

怂 [sǒng]
【怂恿】incite; egg sb on

耸 [sǒng]
〔形〕towering; high; lofty 〔动〕①alarm; frighten; attract (attention) ②shrug; raise
【耸动】❶shrug; raise ❷create a sensation
【耸肩】shrug one's shoulders
【耸立】tower aloft
【耸人听闻】deliberately exaggerate so as to create a sensation

悚 [sǒng]
〔形〕terrified; horrified
【悚然】terrified; horrified

sòng

讼 [sòng] 动 ①bring a case to court ②debate;dispute;argue
【讼状】plaint

送 [sòng] 动 ①send;deliver;carry ②give as a present;offer;give ③see sb off or out;go along with;accompany
【送别】see sb off;wish sb bon voyage
【送达】deliver
【送还】give back;return
【送货】deliver goods
【送回】send back
【送交】deliver to;hand over to
【送礼】give sb a present;present a gift to sb
【送命】lose one's life;get killed;go to one's doom
【送去】send off
【送人】give away;present someone with
【送死】court death
【送行】❶see sb off;wish sb bon voyage ❷give a send-off party
【送葬】be part of a funeral procession
【送站】go to a railway station to see[send] sb off;see sb off at a station
【送终】attend upon a dying parent or other senior member of one's family
【送人情】❶do favors at no great cost to oneself ❷make a gift of sth
【送信儿】send word;go and tell
【送温暖工程】heart-warming project

诵 [sòng] 动 ①read aloud;chant ②recite ③state;relate
【诵读】read aloud
【诵习】chant and study

颂 [sòng] 动 ①praise;acclaim ②hope;wish 名 ode;paean;panegyric;eulogy
【颂词】ode
【颂歌】song
【颂扬】sing praises of
【颂赞】动 sing praises of 名 song

sōu

搜 [sōu] 动 ①look for;collect;gather ②search
【搜捕】track down and arrest
【搜查】search;comb;turn somewhere upside down[inside out]
【搜刮】extort;plunder;expropriate;fleece
【搜集】hunt high and low for;collect;gather
【搜救】search-and-rescue
【搜罗】hunt high and low for;collect;gather;recruit
【搜身】make a body search;give sb a toss
【搜索】search for;hunt for
【搜寻】search for;look for;hunt for;seek
【搜腰包】search sb's pockets
【搜索引擎】search engine

嗖 [sōu] 象 whiz

馊 [sōu] 形 sour;spoiled
【馊主意】stupid suggestion;lousy idea;rotten ideas

艘 [sōu] 量 of ships

sǒu

叟 [sǒu] 名 old man

sū

苏 [sū] 名 ①perilla ②threads hanging down ③Soviet 动 come to;become conscious
【苏打】soda;soda ash
【苏醒】revive;regain consciousness;come to;come round

酥 [sū] 名 ① butter ② shortbread;shortcake 形 ① crisp ②weak;soft
【酥脆】crisp
【酥麻】limp and numb
【酥软】limp
【酥松】loosened
【酥油】butter

sú

俗 [sú] 名 ①custom;practice;convention ②secular;lay 形 ①popular;common;ordinary ②vulgar
【俗称】popular name;local name
【俗话】proverb
【俗气】in poor taste
【俗套】❶boring convention;boring custom ❷conventions
【俗语】common saying

sù

夙 [sù] 名 early morning 形 long-standing;old
【夙日】generally;usually
【夙夜】morning and night;day and night
【夙愿】long-cherished wish
【夙志】long-cherished ambition

诉 [sù] 动 ①tell;relate ②complain;speak out what is on one's mind ③accuse
【诉苦】complain
【诉求】动 recount and request 名 petition;pursue;demand

【诉说】 tell;relate
【诉讼】 lawsuit
【诉诸】 resort to;appeal to
【诉状】 bill
【诉诸法律】 go to law;have recourse to law; start[take] (legal) proceedings
【诉诸武力】 resort to force;appeal to arms

肃 [sù]
①respectful ②solemn;serious ①eliminate;clear up ②strengthen
【肃静】 solemn silence
【肃立】 stand as a mark of respect
【肃穆】 solemn and quiet;solemn and respectful
【肃然起敬】 be filled with deep respect

素 [sù]
①white ②plain;simple;quiet ③native ①vegetables, fruits, etc. ②basic element habitually;of long standing
【素材】 source material;material
【素菜】 vegetable dish
【素餐】 vegetarian meal
【素淡】 plain;quiet
【素净】 plain and neat;quiet
【素来】 always;usually
【素面】 vegetarian noodles
【素描】 ❶sketch ❷literary sketch
【素朴】 ❶simple and unadorned;plain and simple ❷embryonic;rudimental
【素食】 vegetarian food
【素雅】 simple but elegant;plain and in good taste
【素养】 accomplishment
【素油】 vegetable oil
【素有】 have always
【素质】 ❶nature ❷quality
【素装】 white dress;plain[quiet] dress
【素不相识】 have never met;not be acquainted with each other
【素昧平生】 have never met before;have never made sb's acquaintance
【素面朝天】 wear no make-up during an audience with the emperor
【素质教育】 quality-oriented education;education aimed at all-round development

速 [sù]
fast;rapid;swift;quick speed invite
【速成】 attain a goal in a much shorter time than usual
【速递】 deliver directly and rapidly;send out by express mail;express delivery;express mail service
【速冻】 quick-freeze
【速度】 ❶speed;velocity ❷rate;pace
【速记】 shorthand
【速率】 speed
【速溶】 dissolve quickly
【速算】 calculate quickly
【速效】 quick-acting
【速写】 ❶sketch ❷literary sketch
【速冻食品】 frozen food
【速战速决】 fight a quick battle to force a quick decision

宿 [sù]
put up for the night;stay overnight ①long-standing ②old;veteran
【宿仇】 long-standing enmity
【宿敌】 old enemy
【宿舍】 hostel;living quarters
【宿营】 camp
【宿愿】 long-cherished
【宿怨】 old grievance;old hatred
【宿命论】 fatalism
【宿营地】 camping site

粟 [sù]
millet
【粟米】 maize;Indian corn;corn

塑 [sù]
model;sculpture;mould plastic
【塑封】 plastic-coated
【塑钢】 plastic and steel frame
【塑料】 plastics
【塑身】 get into shape;shape
【塑像】 statue
【塑造】 ❶form;fashion;model;mold ❷portray

溯 [sù]
①go up (a stream, etc.) ②trace back;recall;recollect
【溯本追源】 trace to the beginnings;go back to the source

簌 [sù]
【簌簌】 rustle streaming down

suān

酸 [suān]
acid ①sour ②sick at heart;feel sad;grieved ③pedantic ache
【酸菜】 pickled Chinese cabbage
【酸楚】 miserable
【酸苦】 hardship
【酸麻】 limp and numb
【酸奶】 sour milk
【酸疼】 ache
【酸甜】 sweet and sour
【酸味】 tart flavour
【酸心】 ❶be grieved;feel sad ❷suffer from heartburn
【酸性】 acidity
【酸雨】 acid rain
【酸云】 acid cloud
【酸溜溜】 ❶sour ❷pain;ache ❸sad;mournful ❹sharp-tongued ❺pedantic

suàn

蒜 [suàn]
garlic

算 [suàn]

动 ①calculate; estimate; reckon ②count; include; figure in ③plan; figure; calculate ④think; suppose; reckon ⑤regard as; consider; count as; take for ⑥count; carry weight; be effective ⑦come, come; let it be; let it pass 副 at long last; in the end; finally

【算法】algorithm
【算卦】tell sb's fortune or divine by using the Eight Trigrams
【算话】count; hold; stand
【算计】❶calculate; reckon ❷consider; plan ❸expect; figure, guess ❹scheme; plot
【算盘】❶abacus ❷plan; scheme
【算是】❶be considered ❷regard as; count as; consider; take for 副 at last
【算术】〈英〉maths; 〈美〉math
【算数】❶calculate; estimate; reckon ❷count; hold; stand
【算账】❶do accounts; balance the books; make out bills ❷square accounts with sb; get even with sb
【算作】regard as; consider; count as; take for
【算老账】settle an old score
【算命先生】fortune-teller
【算我一份】Count me in!

suī

虽 [suī]

连 ①though; although ②even if; even though
【虽然】though; although
【虽说】though; although
【虽死犹生】live on in spirit

suí

随 [suí]

动 ①follow ②comply with; adapt to; go along with ③let (sb do as he likes); do at one's convenience ④along with ⑤look like; be similar; resemble

【随笔】❶informal essay ❷jottings
【随便】❶casual; random; informal ❷do as one pleases ❸careless; slipshod ❹willful ❺anyhow; any
【随处】everywhere; anywhere
【随从】动 accompany 名 retinue; suite
【随带】❶going along with ❷have sth taken along with one
【随地】anywhere; everywhere
【随和】amiable; obliging
【随后】soon afterwards
【随机】名 random 副 randomly; at random
【随即】soon after that; immediately; presently
【随军】go along with an army
【随口】speak thoughtlessly or casually
【随身】carry sth with oneself; take〔have, bring〕sth with oneself
【随时】❶at any time; at all times ❷whenever necessary; as the occasion demands
【随手】without extra trouble
【随同】be in company with; be accompanying
【随想】random thought
【随行】accompany or follow sb on a trip
【随意】at will; as one pleases
【随着】along with; in the wake of; in pace with
【随大溜】follow the crowd
【随风倒】bend with the wind—be easily swayed
【随风听】walkman
【随波逐流】drift with the tide〔current〕; go with the stream
【随处可见】can be seen everywhere
【随机抽样】random sampling; sampling by chance
【随机应变】do as the changing circumstances demand; suit one's actions to changing conditions; act according to circumstances
【随声附和】echo others; echo what others say
【随时随地】at all times and all places
【随随便便】be rather casual; be careless about things; free and easy; in an easygoing way; without order
【随心所欲】have one's own way; do as one pleases
【随遇而安】fit in anywhere; feel at home wherever one is; be able to adapt oneself to different circumstances
【随机存取存储器】random access memory (RAM)

suì

岁 [suì]

名 ①year ②time ③year's harvest 量 year (of age)
【岁初】the beginning of the year
【岁末】the year's end
【岁暮】the close of the year
【岁入】annual income; revenue
【岁数】age; years
【岁月】years
【岁岁平安】I wish you peace all year around

遂 [suì]

动 ①gratify; satisfy; fulfil ②succeed 副 then; thereupon; hence
【遂心】after one's own heart; to one's liking
【遂意】to one's liking
【遂愿】have one's wish fulfilled; meet one's wishes

碎 [suì]

名 broken pieces 动 break 形 ①broken ②garrulous; gabby; talkative
【碎片】fragment; patch; segment
【碎块儿】fragment; shiver
【碎嘴子】形 chattered 名 garrulous person

隧 [suì]

名 tunnel
【隧道】tunnel

穗 [suì]

名 ①ear of grain ②tassel; fringe

sūn

孙 [sūn] 名 ① grandson ② generations below that of the grandchild ③ relative belonging to grandchild's generation ④ second growth of plants

sǔn

损 [sǔn] 动 ①decrease;lose ②harm;injure ③damage ④biting;cutting 形 mean;shabby
【损害】do harm to;damage;impair
【损耗】动 loss;wear and tear 名 spoilage
【损坏】damage;spoil;wreck
【损毁】damage or destroy
【损伤】❶harm;injure ❷loss
【损失】动 lose 名 loss
【损公肥私】injure the public interest to benefit one's private interests;seek private gain at public expense;profit at public expense;feather one's nest at public expense
【损人利己】self-seeking;enrich oneself;harm others to benefit oneself;benefit oneself at the expense of others

suō

唆 [suō] 动 instigate;abet;incite
【唆使】instigate;abet

梭 [suō] 名 shuttle
【梭子】名 ❶shuttle ❷cartridge clip 量 clip

缩 [suō] 动 ① become smaller;contract;shrink ② draw back;withdraw ③ withdraw;fall back;retreat ④contract;economize;cut down〔reduce〕
【缩短】shorten;cut down;cut short
【缩减】reduce;lower;cut
【缩手】❶draw back one's hand ❷shrink (from doing sth)
【缩水】get smaller;shrink
【缩小】reduce;lessen;shrink
【缩写】❶abbreviation ❷abridge
【缩印】reprint books in a reduced format
【缩影】epitome;miniature
【缩略语】abbreviation
【缩手缩脚】❶shrink with cold ❷be overcautious

suǒ

所 [suǒ] 名 ①place ②office;bureau;institute 量 (a) 两所民宅 two civilian houses (b) 一所学校 a school 助 (a) 为实践所证明 be proved by practice (b) 我所认识的人 people I know
【所长】[suǒcháng] what one is good at;one's strong point;one's forte
【所得】what one has gained or acquired;gains;earnings;income
【所属】❶what is subordinate to one or under one's command ❷what one belongs to or is affiliated with
【所谓】❶what is called ❷so-called
【所以】❶ (and) so;therefore;(and) consequently;(and) hence;as a result ❷ forget oneself
【所有】动 own;possess 名 possessions 形 all;whole;entire;total
【所在】❶place;location ❷where
【所长】[suǒzhǎng] the head of an office,institute,etc.
【所致】be caused by;be the result of
【所得税】income tax
【所有权】ownership;title
【所有者】owner
【所有制】system of ownership;ownership
【所在地】location;seat;site
【所见略同】have similar views;hit on the same idea
【所剩无几】there is not much left
【所向披靡】carry all before one;sweep away all obstacles;send the enemy fleeing helter-skelter
【所向无敌】be ever-victorious
【所作所为】one's behaviour or conduct
【所答非所问】not give a direct answer to a question;not answer to the point
【所学非所用】be employed in a job not in one's line

索 [suǒ] 名 large rope or chain 动 ① search;look for ②investigate;probe;explore;seek for;find out ③demand;ask 形 ①all by alone;all by oneself ②dull
【索价】ask〔demand〕a price;charge
【索赔】contract claims;make a claim;claim for damages
【索求】demand
【索取】ask for;demand;exact
【索然】dull;dry
【索性】simply;just;might as well
【索引】index

琐 [suǒ] 形 ① trivial;insignificant;petty ② lowly;humble
【琐事】trifles;trivial matters
【琐碎】trifling;trivial

锁 [suǒ] 名 ①lock ②chains 动 ① lock (up) ② lock-stitch
【锁定】lock up;settle once for all;fix
【锁链】chains
【锁钥】❶lock and key ❷key ❸strategic gateway

Tt

tā

他 [tā]
代 ①he; him; his ②other; another; some other
【他们】they; them
【他人】another person; other people; others
【他乡】place far away from home
【他妈的】damn it(you); blast it; to hell with it

它 [tā]
代 it; its
【它们】they; them

她 [tā]
代 she; her; hers
【她们】they; them

塌 [tā]
动 ①collapse; fall down ②sink ③hand down ④ease; calm down; settle down
【塌方】landslide; landslip; cave in; collapse
【塌落】cave in; collapse
【塌台】fall from power; collapse
【塌陷】subside; sink; cave in
【塌鼻子】flat nose

踏 [tā]
➡tà
【踏实】❶steady and sure; dependable ❷at peace

tǎ

塔 [tǎ]
名 ①Buddhist pagoda; pagoda ②tower
【塔楼】❶tower skyscraper ❷turret
【塔式】tower-type
【塔台】control tower
【塔式起重机】tower crane

tà

拓 [tà]
动 make rubbings from pictures on stone tablets ➡tuò
【拓片】rubbing
【拓印】rubbing

沓 [tà]
形 crowded; repeated ➡dá

踏 [tà]
动 ①step on; stamp ②go to the spot ➡tā
【踏板】footplate; footstool; springboard; take-off board; footboard
【踏春】go for a spring outing (hiking); go hiking on a spring day
【踏空】miss one's step
【踏平】step...flat
【踏青】walk on the green grass—go for an outing in early spring
【踏雪】walk in the snow
【踏足】set foot (in(on))
【踏脚板】running board
【踏破铁鞋无觅处,得来全不费工夫】you can wear out iron shoes in fruitless searching, and yet by a lucky chance you may find the lost thing without even looking for it; fancy finding by sheer luck what one has searched for far and wide

tāi

胎 [tāi]
名 ①embryo ②padding; stuffing ③roughcast ④tyre 量 birth: 生过两胎 have given birth to two babies
【胎儿】foetus; embryo
【胎记】birthmark
【胎教】pre-birth braining; foetal training
【胎毛】foetal hair
【胎盘】placenta
【胎生】viviparous
【胎痣】birthmark

tái

台 [tái]
名 ① deck; terrace; tower ② terrace; platform; stage ③ stand; support ④ platform ⑤ table; desk ⑥ station; service ⑦ 上台 get in/下台 go out ⑧ Taiwan 量 (a) 一台电扇 an eletric fan (b) 一台音乐舞蹈节目 a musical and dance performance/一台布景 a setting 代 you; your

【台布】tablecloth
【台步】stage walk
【台秤】platform scale; platform balance
【台词】actor's lines
【台灯】desk lamp; table lamp; reading lamp
【"台独"】"independence of Taiwan"
【台风】typhoon
【台阶】flight of steps
【台历】desk calendar
【台球】pool; billiards
【台扇】desk fan
【台式】table-top; desktop; table-type; desk-type
【台子】❶ platform; stage ❷ table; desk ❸ billiard table ❹ table tennis table; ping-pong table
【台柱子】❶ star or leading member ❷ soul member; pillar
【"台独"分子】Taiwan's pro-independence elements
【"台独"势力】the forces which demand "Taiwan Independence"
【台式计算机】desktop computer

苔 [tái]
⊠ moss
【苔藓】moss

抬 [tái]
⊠ ❶lift; raise ❷carry; move ❸argue for the sake of arguing
【抬杠】❶argue for the sake of arguing ❷carry a coffin on stout poles
【抬高】raise
【抬举】praise or promote sb to show favour; favour sb
【抬升】rise
【抬手】❶raise one's hand ❷not be too hard on sb; make an exception in sb's favour
【抬头】❶ raise one's head ❷ rise; look up ❸ name of the buyer or payee
【抬头挺胸】raise one's head and throw out one's chest; chin up and chest out
【抬头不见低头见】see each other frequently

太 [tài]
⊠ ❶highest; greatest; remotest ❷extreme; most ❸most senior; great ⊠ (a) over; too; excessively (b) extremely; terribly; very (c) very; quite; too; 不太令人满意 not very satisfactory
【太监】eunuch
【太空】space
【太平】having good social order and without war
【太太】❶Mrs.; madame ❷madame; lady
【太阳】the sun; solar
【太子】crown prince
【太极拳】*taijiquan*
【太平间】mortuary

【太阳光】sunlight
【太阳镜】sunglasses
【太阳能】solar energy
【太阳系】the solar system
【太平盛世】times of peace and prosperity
【太平天国】the Taiping Heavenly Kingdom
【太平无事】all is well

态 [tài]
⊠ ❶form; appearance ❷state; status; situation; condition ❸voice; 被动语态 passive voice/ 主动语态 active voice
【态度】❶ manner; bearing; how one conducts oneself ❷attitude; approach
【态势】state; situation

泰 [tài]
⊠ ❶safe; secure; peaceful ❷extreme; most ⊠ excessively; too; over
【泰斗】Mount Tai and the North Star—eminent scholar, musician, artist, etc.
【泰然】calm
【泰然处之】take sth calmly
【泰然自若】be self-possessed
【泰山压顶】be overwhelmed; bear down on one with the weight of Mount Tai

坍 [tān]
⊠ collapse; fall; cave in
【坍方】landslide; landslip; cave in; collapse
【坍塌】cave in; collapse

贪 [tān]
⊠ ❶corrupt ❷have an insatiable desire for; be greedy ❸seek
【贪杯】be excessively fond of drinking; love a drop too much
【贪财】be greedy for money
【贪吃】eat like a hog
【贪婪】greedy
【贪恋】hate to leave
【贪求】covet after[for]; seek
【贪色】be fond of women
【贪图】seek
【贪污】embezzle; be corrupt
【贪心】⊠ greed ⊠ greedy
【贪赃】take bribes
【贪玩儿】be too fond of play
【贪官污吏】corrupt officials
【贪生怕死】care for nothing but saving one's skin
【贪图富贵】desire wealth and honour greatly
【贪赃枉法】take bribes and bend the law
【贪多嚼不烂】bite off more than one can chew

摊 [tān]
⊠ ❶spread out ❷fry batter in a thin layer ❸take a share in; share ❹befall; happen to ⊠ vendor's stand; booth; stall
【摊点】stand
【摊贩】street pedlar

【摊开】❶spread out ❷open
【摊牌】❶lay one's cards on the table ❷show one's hand[cards];have a showdown
【摊派】apportion
【摊位】stall
【摊主】stall keeper
【摊子】❶stall ❷the structure (of an organization);setup

滩 [tān]
❶beach;sands ❷shoal

瘫 [tān]
❶paralyse;disable ❷become weak
【瘫痪】❶paralysis ❷break down
【瘫软】become weak and limp

tán

坛 [tán]
❶altar;platform ❷raised plot of land for planting flowers, etc. ❸circles;world ❹forum;platform ❺earthen jar ❻organization set up by a secret society to worship gods in a rally
一坛酒 a jug of wine/两坛醋 two jars of vinegar
【坛坛罐罐】pots and pans—personal possessions

昙 [tán]
covered with clouds;cloudy
【昙花】broad-leaved epiphyllum
【昙花一现】last briefly

谈
talk;speak(〈英〉to〈美〉with〉);chat;discuss what is said or talked about;tale;story
【谈话】❶conversation;talk;chat ❷statement;talk remark;talk;utterance
【谈开】❶make clear;explain ❷clearly start to talk
【谈论】discuss;talk about
【谈判】negotiate;hold talks
【谈天】chat;make conversation
【谈吐】style of conversation
【谈笑】talk[chat] and laugh
【谈心】heart-to-heart talk
【谈资】subject of a conversation
【谈不到】out of the question
【谈不护】not get along well
【谈不上】out of the question;far from being;can't say that
【谈得到】take into consideration
【谈得来】get along well
【谈家常】talk about everyday matters
【谈恋爱】talk love
【谈何容易】easier said than done;by no means easy
【谈话节目】talk show;chat show;talking show
【谈情说爱】talk love
【谈笑风生】talk and laugh cheerfully
【谈话节目主持人】talk-master

弹 [tán]
❶shoot; send forth; spring; bounce ❷fluff; tease ❸flick;flip ❹play ❺assail or attack (with words) elastic;springy ➡dàn
【弹拨】play
【弹唱】sing while playing
【弹劾】impeach
【弹簧】spring
【弹力】spring
【弹琴】play stringed musical instruments
【弹射】❶launch;shoot off ❷pick faults
【弹跳】spring
【弹性】❶spring ❷flexible;resilient
【弹压】suppress by force
【弹奏】play
【弹钢琴】play piano
【弹指之间】in the twinkling of an eye

痰
phlegm

潭 [tán]
❶deep pool;pond ❷pit

tǎn

忐 [tǎn]
【忐忑】mentally disturbed
【忐忑不安】uneasy;restless

坦 [tǎn]
❶broad and level; wide and smooth ❷open;frank ❸calm;collected;composed
【坦白】honest;frank confess
【坦诚】frank and sincere;frank and open
【坦荡】❶broad and level ❷bighearted
【坦克】tank
【坦露】reveal frankly
【坦然】calm
【坦率】open;straightforward
【坦途】highway
【坦言】be straightforward about;say frankly straightforward remarks
【坦诚相见】treat sb open-heartedly

袒 [tǎn]
❶leave (the upper part of the body) uncovered; be stripped to the waist ❷be biased towards;shield;shelter
【袒护】give unprincipled protection to;be partial to;shield
【袒露】❶expose;uncover ❷reveal frankly

毯 [tǎn]
blanket;rug;carpet

tàn

叹 [tàn]
❶sigh ❷chant ❸exclaim in admiration;acclaim;praise
【叹词】exclamation
【叹服】gasp in admiration
【叹气】sigh;heave a sigh
【叹息】heave a sigh

炭 [tàn]
🈶 ①carbon ②coal ③charcoal fire; calamity

探 [tàn]
🈐 ① dip one's hand into sth ② try to find out; explore; sound; prospect ③ spy on〔into〕; pray about〔into〕 ④ visit; call on ⑤ stretch forward; crane ⑥ look into; inquire into 🈶 scout; agent; spy; detective

【探案】investigate a case
【探测】survey; sound
【探查】look over; examine; scout
【探察】watch; look carefully at; observe
【探访】❶seek by inquiry or search ❷call on; visit; pay a visit
【探风】make inquiries about sb or sth; fish for information
【探戈】tango
【探家】make a brief trip home
【探监】visit a prisoner
【探究】make a thorough inquiry; probe into
【探看】❶visit ❷look about; watch
【探空】sounding
【探孔】hand-hole
【探矿】go prospecting; prospect
【探路】explore the way
【探秘】explore the mysteries
【探明】verify
【探亲】go home to visit one's family or go to visit one's relatives
【探求】seek; pursue; search after〔for〕
【探身】lean forward
【探视】visit
【探索】explore
【探讨】deal into; inquire into; probe into
【探听】try to find out; make inquiries
【探头】pop one's head in; crane one's neck
【探望】❶visit; pay a visit to; call on; look in ❷look about
【探问】❶make cautious inquires about ❷inquire after
【探险】explore; venture into the unknown
【探寻】seek; pursue; search after〔for〕
【探询】make cautious inquiries about
【探长】chief inspector
【探针】probe
【探测器】sounder
【探查器】explorer
【探口气】find out sb's opinions or feelings; sound sb out
【探亲假】home leave
【探险家】explorer
【探照灯】searchlight
【探听虚实】spy out enemy strength
【探头探脑】pop one's head in and look about

碳 [tàn]
🈶 carbon (C)
【碳精】pure carbon
【碳水化合物】carbohydrate

汤 tāng [tāng]
🈶 ① hot water; boiling water ② hot spring water in which sth has been boiled ④ soup ⑤ decoction ⑥ liquid from rotten vegetables〔fruit〕➡shāng

【汤匙】tablespoon
【汤剂】herbal medicine
【汤料】soup stock
【汤面】noodles in soup
【汤勺】soup ladle
【汤药】herbal medicine

趟 [tāng]
🈐 ①wade ② turn the soil and dig up weeds ➡tàng
【趟地】plough
【趟道儿】explore the way—try to find out about the situation
【趟浑水】tread in muddy water—follow sb's example in doing evil

唐 táng [táng]
🈚 ① exaggerative; boastful ② in vain; for nothing; to no avail
【唐突】rude; offensive
【唐老鸭】Donald Duck
【唐人街】Chinatown

堂 [táng]
🈶① main room of a house ② hall or room for a specific purpose ③ court of law; principal hall in a *yamen* ④ Hall; *tang* ⑤ with the same paternal grandfather or great-grand father ⑥ mother 🈑 (a) set: 一堂西式家具 a set of western-styled furniture (b) period: 两堂课 two periods (of class) (c) 过了两堂 appear twice in court (to be tried); have been through two sessions (of a trial)

【堂皇】grand; stately
【堂堂】❶impressive ❷having high aspirations and boldness of vision ❸imposing
【堂屋】central room
【堂堂正正】❶open and aboveboard ❷impressive or dignified in personal appearance

塘 [táng]
🈶①dyke ②pool; pond ③hot-water bathing pool ④stove chamber

搪 [táng]
🈐①keep out ②shirk ③spread (clay, paint, etc.) over
【搪瓷】enamel
【搪塞】put sb off

膛 [táng]
🈶 ① chest ② enclosed space inside sth; chamber

糖 [táng]
🈶 ① carbohydrate ② sugar ③〈英〉sweet;

〈美〉candy
【糖匙】sugar spoon
【糖果】sweets; candy
【糖果店】sweet shop; candy store

tǎng

倘 [tǎng]
连 if; supposing; in case ➡ cháng
【倘或】if; supposing; in case
【倘若】if; supposing; in case
【倘使】if; supposing; in case
【倘能如此】if this can be done
【倘能如愿】if one can satisfy his wishes

淌 [tǎng]
动 drip; shed

躺 [tǎng]
动 lie; rest
【躺椅】deck chair
【躺倒不干】stay in bed—refuse to shoulder responsibilities any longer

tàng

烫 [tàng]
动 ①burn ②iron; press ③heat up in hot water; warm ④have one's hair permed 形 very hot; steaming hot
【烫发】give or have a permanent wave; perm
【烫手】①burn the hand ②troublesome

趟 [tàng]
量 (a) 昨晚我找了你三趟。Yesterday evening I went three times to look for you. (b) 两趟桌子 two rows of tables/几趟大字 several rows of big characters (c) 每天三趟车 three trains every day 名 ranks ➡ tāng

tāo

涛 [tāo]
名 great waves

掏 [tāo]
动 ①take out; draw out; pull out; fish out ②dig (a hole, etc.); hollow out
【掏心】be from the bottom of one's heart
【掏窟窿】get[fall, run] into debt
【掏腰包】①pay out of one's own pocket; foot a bill ②pick sb's pocket

滔 [tāo]
动 inundate; flood
【滔滔】①surging ②keeping up a constant flow of words
【滔天】①dash to the skies ②monstrous
【滔滔不绝】pouring out words in a steady flow

韬 [tāo]
名 ①bow case ②art of war 动 hide; conceal
【韬略】military strategy

táo

逃 [táo]
动 ①run away; escape; flee; take to one's heels ②escape
【逃避】escape
【逃兵】①army deserter ②deserter
【逃窜】run away
【逃犯】escaped criminal[convict]
【逃荒】flee from famine
【逃婚】run away from an arranged marriage
【逃课】cut a class
【逃离】flee; escape; run[get] away
【逃命】run[flee, fly] for one's life
【逃难】flee from disaster
【逃跑】run away
【逃生】flee[run, fly] for one's life; escape with one's life
【逃脱】①run away; make good one's escape ②flee; escape
【逃亡】flee from home
【逃学】cut class
【逃逸】escape; run away
【逃走】run away; flee
【逃避责任】shirk responsibility

桃 [táo]
名 ①peach tree ②peach ③walnut
【桃色】①pink colour ②illicit love and sex
【桃子】peach
【桃花运】①man's luck in love affairs ②good luck
【桃色新闻】reports of love affairs and sex scandals
【桃李满天下】have pupils everywhere; have students all over the country[world]

陶 [táo]
名 pottery; earthenware 动 ①make pottery ②cultivate; mould; educate 形 contented; happy
【陶瓷】pottery and porcelain; ceramics
【陶器】pottery; earthenware
【陶然】happy and carefree
【陶陶】happy; carefree
【陶冶】〈英〉mould; 〈美〉mold
【陶醉】addict; drink in

淘 [táo]
动 ①wash in a pan or basket ②seek or buy sth in a second-hand shop or a flea market ③clean out ④tax 形 naughty
【淘金】wash (for gold)
【淘米】wash rice
【淘气】naughty
【淘汰】be sifted out
【淘气鬼】little mischief

tǎo

讨 [tǎo]
动 ①rule; govern ②send armed forces to suppress ③denounce; decry; condemn ④demand; ask for; beg for ⑤marry (a woman) ⑥court; discuss; study
【讨伐】send armed forces to suppress
【讨饭】beg for food; be a beggar

【讨好】❶fawn on ❷be rewarded with a fruitful result; get good result
【讨教】ask for advice
【讨论】bargaining; debate; discuss; have it out; kick around; put one's heads together; talk over
【讨饶】beg for mercy
【讨嫌】disagreeable; annoying
【讨厌】❶disagreeable ❷troublesome ❸dislike
【讨账】demand the payment of a debt or loan
【讨价还价】bargain

tào

套[tào] 动 ①cover with; slip over or on; encase in ②overlap ③put cotton, silk wadding, etc. into bedclothes and sew up ④harness (an animal); hitch up (an animal to a cart) ⑤illegally purchase ⑥model on or after; copy; imitate ⑦pump sb about sth; sound out ⑧try to win (sb's friendship); draw over to one's side ⑨use the tap or screw die to cut a thread 名①case; cover; slipcover ②that which covers ③bend of a river; curve in a mountain range ④cotton padding or wadding; batting ⑤traces; harness ⑥knot; loop ⑦convention; formula ⑧set; suit; suite

【套餐】❶ table d'hote; set meal ❷ package product or service
【套服】suit (of clothes)
【套话】名 ❶polite formula ❷stereotyped expressions 动 trick sb into telling the truth
【套间】❶small room opening off another; inner room ❷apartment; flat
【套牢】hung up
【套套】ways; tricks
【套袖】oversleeve
【套用】apply ... indiscriminately
【套子】❶cover ❷formula ❸trap
【套交情】try to get in good with sb
【套圈儿】ring

tè

特[tè] 形 ①special; unusual; extraordinary ② single; alone 副 ①for a special purpose; specially ②very; especially, particularly 名 secret agent; spy 副 only; but
【特别】形 special; particular; out of the ordinary 副 ❶especially; particularly ❷ specially; for a particular purpose
【特产】special local product
【特长】what one is skilled in; strong point
【特出】outstanding
【特此】hereby
【特大】especially big; the most
【特地】especially
【特点】distinguishing feature
【特定】❶specially appointed ❷given
【特工】❶ secret service ❷ secret [special] agent
【特惠】special offer
【特级】special grade [class]
【特急】extra urgent
【特技】❶trick ❷special effects
【特价】special offer; bargain price
【特快】形 express 名 express train; special express
【特困】in great hardship
【特例】special case
【特派】specially appoint
【特区】special zone; SAR, special administrative region
【特权】privilege
【特色】characteristic; distinguishing feature [quality]
【特赦】give a special pardon to
【特使】special envoy
【特殊】special
【特务】[tèwù] special task [duties]
【特务】[tèwu] special agent; spy
【特效】specially good effect
【特写】feature; close up
【特性】specific property [characteristic]
【特需】special need
【特许】specially permit
【特邀】specially invite
【特异】exceptional
【特意】for a special purpose
【特征】characteristic; feature
【特指】refer in particular to
【特种】special type
【特别津贴】extra allowance
【特别快车】express train; express; special express
【特级教师】star teacher
【特快专递】express mail service (EMS)
【特殊教育】special education
【特殊津贴】special allowance

téng

疼[téng] 动 ①ache; pain; hurt; be sore ②love dearly; be fond of; dote on
【疼爱】love dearly; be fond of; dote on
【疼痛】pain; ache

腾[téng] 动 ①jump; bound ②rise; soar ③make room; clear out; release ④这些想法一直在脑子里翻腾。These ideas have been tossing about in my mind.
【腾飞】❶fly swiftly upward; soar ❷make rapid advance; develop rapidly
【腾空】soar; rise high into the air; rise to the sky
【腾越】jump over

téng

誊 [téng]
动 copy out
【誊清】make a clean copy of
【誊写】copy out

tī

剔 [tī]
动 ① clean with a pointed instrument; pick (meat from bones) ② pick ③ pick out and reject; get rid of
【剔除】reject; get rid of

梯 [tī]
名 ladder; steps; stairs 形 ladder-shaped
【梯级】stair; step
【梯田】terrace
【梯形】ladder-shaped
【梯子】ladder; stepladder

踢 [tī]
动 kick; play (football)
【踢腿】split kick; extension; kick a leg
【踢皮球】kick something back and forth like a ball; pass the buck
【踢踏舞】step dance; tap dance

tí

提 [tí]
动 ① carry (in hand with arm hanging down) ② move upward; lift; raise; promote ③ move to an earlier date or time; move up (a date); advance ④ offer for consideration; put forward; raise ⑤ draw; take out; withdraw ⑥ bring or take out from prison under escort; summon ⑦ speak about; bring up; mention; refer to 名 ① dipper ② rising stroke (in Chinese characters)
➡ dī
【提案】motion; proposal
【提拔】promote
【提包】handbag; shopping bag; bag
【提笔】take up one's pen; start writing
【提倡】advocate; promote; encourage; recommend
【提成】draw a percentage
【提出】advance; pose; suggest; come up with; introduce; bring in; bring up; raise; propose; recommend; put forward; submit
【提纯】refine; deposit
【提到】① mention; refer to; speak of; touch on 〔about〕 ② move upward to; raise... to
【提兜】handbag; bag
【提法】the way sth is put
【提干】① make sb a cadre ② promote a cadre to a higher position
【提纲】outline
【提高】highten; lift; raise; upgrade; improve
【提供】tell; give; offer
【提货】pick up goods
【提及】speak of; talk about
【提价】raise the price
【提交】submit to
【提款】draw money
【提篮】hand-basket
【提炼】refine
【提名】nominate
【提前】❶ move up; advance ❷ in advance; ahead of time; beforehand
【提亲】propose marriage
【提琴】the violin family
【提请】submit sth to
【提取】❶ draw; pick up; collect ❷ recover
【提神】give oneself a lift
【提审】❶ bring to trial ❷ take over by a higher court; review
【提升】❶ promote; advance ❷ elevate
【提示】point out
【提速】speed up
【提问】put question to 名 question
【提箱】suitcase
【提携】give guidance and support
【提醒】remind; jog sb's memory; prompt
【提要】summary; abstract; synopsis
【提议】propose; suggest; move 名 proposal
【提早】shift to an earlier time; be earlier than planned or expected
【提职】promote
【提纲挈领】take a net by the head rope or a coat by the collar—concentrate on the main points; bring out the essentials

啼 [tí]
动 ① cry; weep aloud ② crow
【啼号】cry loudly; wail
【啼哭】cry
【啼笑皆非】not know whether to laugh or cry

题 [tí]
名 ① topic; subject; title ② problem 动 write
【题跋】❶ preface and postscript ❷ short comments
【题材】subject matter; theme
【题词】动 write an inscription 名 ❶ inscription ❷ foreword
【题解】key to exercises or problems
【题库】test item bank
【题名】autograph 名 title
【题目】❶ title; subject ❷ exercise problems; examination questions
【题签】名 label with the title of a book on it 动 write the title of a book on a label to be stuck on the cover
【题字】动 inscribe 名 inscription

蹄 [tí]
名 hoof
【蹄铁】shoe
【蹄印】hoof print
【蹄子】hoof

tǐ

体 [tǐ]
名 ① body; part of the body; limb ② sub-

stance;state of a substance ③style;form ④system ⑤aspect 动①personally do or experience sth ②put oneself in another's position ➡ tī

【体裁】types or forms of literature
【体操】gymnastics
【体察】experience and observe
【体罚】physical punishment
【体格】physique
【体会】know from experience;realize
【体积】volume
【体力】physical strength;physical power
【体例】style
【体谅】show understanding and sympathy for;make allowances for
【体貌】one's figure and features—general physical appearance
【体面】❶dignity;face ❷honorable;creditable;respectable ❸handsome;good-looking
【体能】physical strength
【体魄】physique
【体态】posture
【体坛】the world of sport
【体贴】give every care to
【体统】decency
【体温】(body) temperature
【体系】system;setup
【体现】embody
【体校】sports school
【体型】bodily form;build
【体型】type of build or figure
【体恤】understand and sympathize with;show solicitude for
【体验】learn through practice;learn through one's personal experience
【体育】physical culture;physical training;sports
【体征】sign
【体质】physique
【体制】system (of organization);structure
【体重】(body) weight
【体温计】(clinical) thermometer
【体格检查】physical examination
【体力劳动】physical labour
【体弱多病】weak and ill
【体育彩票】sports lottery

tì

屉 [tì]
图①food steamer with several trays;steamer tray ②drawer

剃 [tì]
动shave
【剃须刀】razor
【剃须膏】shaving cream

涕 [tì]
图①tear ②snivel
【涕泪交流】tears and snivel streaming down at the same time

替 [tì]
动 take the place of;replace;substitute for 介 for;on behalf of;替你担心 feel worried for your sake 代 decline;fall
【替班】take sb else's place (in a work shift)
【替补】substitute for
【替代】substitute for;replace
【替换】replace;substitute for;displace;take the place of
【替身】substitute;replacement;stand-in
【替罪羊】scapegoat

tiān

天 [tiān]
图①sky;heaven ②day ③period of time in a day;time of day ④season ⑤weather ⑥nature ⑦Heaven;God ⑧celestial abode of gods;heaven;paradise 形①overhead ②innate;natural
【天边】❶horizon;the ends of the earth ❷remotest places
【天才】genius;talent;gift
【天窗】skylight
【天敌】natural enemy
【天地】❶heaven and earth;universe;world ❷field of activity;scope of operation ❸plight
【天鹅】swan
【天分】natural gift;talent
【天赋】动inborn;innate 名natural gift;talent
【天国】❶the Kingdom of Heaven ❷paradise
【天河】Milky Way
【天黑】deepening dusk;dusk 动darken
【天机】❶nature's mystery ❷God's design;secret
【天价】sky-high price
【天空】the sky;the heavens
【天理】justice
【天亮】daybreak;dawn
【天明】daybreak;dawn
【天命】God's will
【天平】balance
【天气】❶weather ❷time
【天桥】platform bridge
【天然】natural;pure
【天日】❶the sky and the sunlight ❷time
【天色】colour of the sky;weather
【天上】the sky;the heavens
【天生】born;inborn;inherent;innate
【天时】❶weather climate ❷timeliness;opportunity
【天使】angel
【天书】❶book from heaven ❷abstruse writing;illegible writing
【天堂】❶paradise;heaven ❷paradise
【天体】celestial body
【天天】every day
【天文】astronomy
【天下】❶China or the world;land under heav-

en ❷rule
【天仙】❶goddess ❷beauty
【天险】natural barrier
【天线】aerial
【天象】astronomical phenomena; celestial phenomena
【天性】nature
【天涯】the world's end
【天意】God's will; the will of Heaven
【天灾】natural disaster
【天真】innocent
【天职】bounden duty
【天主】God
【天资】natural gift; talent
【天子】the Son of Heaven—the emperor
【天底下】in the world; on earth
【天老爷】God; Heavens
【天然气】natural gas
【天晓得】God〔Heaven〕knows
【天知道】God〔Heaven〕knows
【天不作美】the weather is not too good
【天长地久】enduring as the universe; everlasting and unchanging
【天长日久】long lasting
【天地良心】can say in all honesty; must point out in all fairness
【天翻地覆】heaven and earth turning upside down
【天方夜谭】❶The Arabian Nights ❷most fantastic tale
【天高地厚】形 profound; deep 名 immensity of the universe
【天各一方】(of relatives or friends) each in a different corner of the world
【天经地义】perfectly justified; perfectly proper
【天伦之乐】family happiness
【天罗地网】nets above and snares below—tight encirclement
【天气预报】weather forecast; weather report
【天壤之别】worlds apart; world of difference
【天外有天】there is always another heaven beyond this one; there is no limit to knowledge 〔skills〕
【天文数字】astronomical figure
【天下大乱】great disorder under heaven
【天之骄子】God's favoured one—unusually lucky person
【天诛地灭】be destroyed by heaven and earth
【天姿国色】woman of matchless beauty
【天作之合】heaven-made match
【天字第一号】number one; A1
【天不怕,地不怕】fear neither Heaven nor Earth; fear nothing on earth
【天有不测风云】storm may arise from a clear sky—something unexpected may happen any time
【天若有情天亦老】if Heaven has feelings, Heaven too will become aged

【天下无难事,只怕有心人】nothing in the world is difficult for one who sets his mind on it

添 [tiān]
动 ①add; get or give more; increase ②have (a baby)
【添补】get more
【添彩】add colour; do a credit
【添乱】add to the trouble; give sb more trouble
【添置】add to one's possessions; acquire
【添加剂】additive
【添油加醋】add highly coloured details to (a story)
【添枝加叶】add highly coloured details to (a story)
【添砖加瓦】do one's little bit to do sth

tián

田 [tián]
名 ①(cultivated) land; farmland; cropland; field ②field
【田地】❶field; farmland ❷plight
【田间】field; farm
【田径】track and field; athletics
【田野】field; open country
【田园】fields and gardens; countryside

恬 [tián]
形 ①quiet; peaceful; calm ②indifferent to fame or wealth; not seeking fame or gain ③not care at all; be indifferent
【恬淡】❶indifferent to fame or gain ❷quiet; peaceful; tranquil
【恬静】quiet; peaceful
【恬不知耻】not feel ashamed; have no sense of shame; be shameless

甜 [tián]
形 ①sweet; honeyed ②happy; pleasant ③sweet; pretty; nice; lovely ④profitable; well-paying
【甜点】sweets
【甜瓜】muskmelon
【甜椒】sweet pepper
【甜姐】sweet girl; charming girl
【甜酒】sweet wine
【甜美】❶sweet ❷pleasant
【甜蜜】sweet; happy
【甜食】sweet food; sweets
【甜头】❶sweet taste; pleasant flavor ❷good; benefit
【甜味】sweet taste
【甜妹子】sweet girl; charming girl
【甜丝丝】❶pleasant sweet ❷quite pleased; happy
【甜言蜜语】fine-sounding words

填 [tián]
动 ①fill; stuff; stop up ②supplement; complement ③write; fill in; fill out
【填报】fill in a form and submit it to the lead-

ership
【填表】fill in[out] a form
【填补】fill
【填充】❶ fill in the blanks ❷ fill up;stuff
【填空】❶ fill a vacant position ❷ fill in the blanks
【填平】fill and level up
【填塞】stop up;block up
【填写】fill in;write
【填充物】filler
【填字游戏】crossword puzzle

tiǎn

腆 形 rich;plentiful 动 stick or thrust out

舔 [tiǎn]
动 lick;lap
【舔屁股】lick one's ass;lick sb's boot
【舔犊情深】very affectionate toward one's children

tiāo

挑 [tiāo]
动 ❶choose;select;pick ❷find (fault);pick (holes) ❸ carry on the shoulder with a pole;shoulder 名 carrying pole with its load;load carried on a shoulder pole 量 两挑子新鲜白菜 two baskets of fresh cabbages carried on a shoulder pole ➡ tiǎo
【挑拣】pick;pick and choose
【挑食】be very choosy about what one eats
【挑剔】nitpick;be hypercritical;be fastidious
【挑选】choose;select;pick out
【挑刺儿】find fault (with sb);pick holes (in)
【挑肥拣瘦】pick the fat or choose the lean—choose whatever is to one's personal advantage
【挑三拣四】pick and choose;be choosy

tiáo

条 [tiáo]
名 ❶twig ❷long narrow piece;strip;slip ❸ long and slender in pattern or shape;stripe ❹item;article ❺order 量 (a) 两条鱼 two fish/四条腿 four legs (b) 一条肥皂 a bar of soap (c) 几条建议 several proposals[suggestions]/一条新闻 a piece[an item] of news (d) 一条毛巾 a towel(e) 一条心 be of one mind
【条案】long narrow table
【条凳】bench
【条幅】scroll
【条件】❶condition;term;factor ❷requirement ❸conditions
【条款】clause
【条理】order
【条例】rules and regulations
【条令】regulations
【条目】entry;article;item;clause
【条条】❶vertical lines (of leadership or management at different levels) ❷article ❸main points
【调停】mediate;intervene
【条文】article;clause
【条纹】stripe
【条约】treaty
【条形码】bar code
【条分缕析】make a careful and detailed analysis
【条条框框】rules and regulations

tiáo

【迢迢】far away;remote

调 [tiáo]
动 ❶suit well;fit in perfectly ❷mix;regulate;adjust ❸ mediate ❹ provoke ❺ incite ➡ diào
【调和】形 harmonious;proportional 动 ❶mediate;reconcile ❷ compromise;make concessions
【调剂】❶make up a prescription ❷adjust;regulate
【调教】❶ look after and guide (children) ❷ feed and train
【调节】regulate;adjust
【调解】make peace
【调侃】❶joke;make fun of ❷empty talk
【调理】❶nurse one's health ❷look after;take care of ❸discipline
【调料】seasoning
【调配】mix
【调皮】❶naughty ❷tricky ❸play tricks
【调情】flirt;chat up
【调色】mix colours
【调试】debug
【调停】mediate;intervene;act as an intermediary
【调味】flavour
【调戏】molest
【调笑】make fun of
【调养】take good care of oneself
【调音】tune
【调匀】mix well
【调整】adjust;regulate
【调制】prepare by blending;mix
【调皮捣蛋】troublesome;making trouble

笤 [tiáo]
【笤帚】small broom

tiǎo

挑 [tiǎo]
动 ❶ pick, push or hold up with a pole or stick; raise ❷ poke; prick ❸ cross-stitch ❹ stir up 名 rising stroke ➡ tiāo
【挑拨】incite
【挑动】stir up

【挑逗】tease
【挑明】no longer keep it back
【挑起】provoke; stir up
【挑唆】incite
【挑头】take the lead; be the first to do sth
【挑衅】provoke
【挑战】❶ challenge to battle ❷ challenge to a contest
【挑大梁】❶ play a leading role ❷ shoulder the main responsibility; be the mainstay
【挑拨离间】make mischief
【挑拨是非】foment discord

tiào

眺 [tiào] 动 look into the distance from a high place
【眺望】overlook; look into the distance from a high place

跳 [tiào] 动 ① jump; leap; spring; skip; hop; dive ② bounce ③ move up and down; beat ④ skip (over)
【跳板】❶ gangplank ❷ springboard; diving board
【跳槽】change jobs
【跳动】move up and down; beat
【跳高】high jump
【跳过】jump over; leap; clear
【跳绳】rope skipping; jump rope
【跳水】dive; diving
【跳舞】dance
【跳远】long jump
【跳跃】jump; leap; bound; hop; skip
【跳蚤】flea
【跳闸】trip
【跳楼价】rock-bottom price; end-of-world sale
【跳蚤市场】flea market

tiē

贴 [tiē] 动 ① paste; stick; glue; attach ② cling to; keep close to ③ help (out) financially 名 allowance; grant
【贴补】subsidize; help (out) financially
【贴金】❶ cover with gold leaf; gild ❷ touch up; prettify
【贴近】动 press close to 形 close
【贴钱】❶ pay out of one's own pocket ❷ lose one's capital(money); lose money in a business
【贴切】(of words) apt; suitable; proper
【贴身】❶ underclothes ❷ personal
【贴心】intimate; close
【贴心人】close friend

tiě

帖 [tiě] 名 ① invitation ② age card ③ note; card ➡ tiè
【帖子】❶ invitation ❷ note; card

铁 [tiě] 名 ① iron ② arms; weapon 形 ① hard; strong; solid ② violent; harsh; cruel ③ indisputable ④ serious; solemn
【铁板】iron plate
【铁窗】❶ window with iron grating ❷ prison bars; prison
【铁锤】hammer
【铁轨】rail(s) (for trains, etc.)
【铁环】iron hoop
【铁路】〈英〉railway; 〈美〉railroad
【铁皮】iron sheet
【铁器】ironware
【铁青】livid
【铁人】iron man—a person of exceptional physical and moral strength
【铁丝】iron wire
【铁塔】❶ iron tower ❷ transmission tower
【铁条】iron bar
【铁腕】❶ iron hand ❷ strong rule (over a country)
【铁心】be unshakable in one's determination
【铁锈】rust
【铁证】ironclad evidence; incontestable proof
【铁嘴】iron mouth
【铁饭碗】iron rice bowl; lifelong job; secure job
【铁工资】fixed salary
【铁娘子】iron lady
【铁索桥】chain bridge
【铁哥们儿】very close friends
【铁石心肠】be ironhearted; have a heart of stone; be hardhearted; be heartless
【铁腕人物】ironhanded person

tiè

帖 [tiè] 名 copybook ➡ tiě

tīng

厅 [tīng] 名 ① hall ② office ③ department under the provincial government
【厅长】head of a department

听 [tīng] 动 ① listen; hear; listen for; hear sb out; hear of; 听不清 be hard of hearing/听音乐 listen to music/在分机上听电话 listen in on the extension ② obey ③ administer; manage ④ let be; allow 量 tin; can
【听从】obey
【听懂】understand; take
【听候】wait for
【听话】❶ listen to; here ❷ be obedient; listen to
【听见】hear
【听讲】listen to a talk

【听觉】sense of hearing
【听课】attend a lecture;sit in on a class
【听力】❶hearing ❷aural comprehension
【听命】❶take orders from;be at sb's command ❷submit to the will of Heaven;resign oneself to one's fate;trust to luck
【听凭】allow;let
【听取】listen to
【听任】allow;let (sb do as he pleases)
【听说】❶listen and speak ❷be told;hear of;I heard...
【听筒】receiver
【听写】dictation
【听信】believe;believe what one hears
【听证】hear the evidence;hear a witness
【听众】audience;listener
【听话儿】wait for a reply
【听您的】I'll take your advance
【听起来】strike one's ear;sound
【听信儿】wait for information
【听证会】hearing
【听而不闻】hear but pay no attention
【听风是雨】hear the wind and mistake it for the rain—believe rumours
【听凭处理】put oneself into sb's hands
【听其自然】let things take their own course;let matters slide
【听天由命】leave things to chance;resign oneself to one's fate;trust to luck;at the mercy of natural;bow to necessity
【听之任之】let sth go unchecked;let sb have his own way
【听众热线节目】call-in (show);phone-in (show);talk-in (show)
【听其言而观其行】listen to a person's words and watch his deeds;judge people by their deeds,not just by their words

tíng

亭[tíng]
图❶pavilion ❷stand;booth 图 well-balanced
【亭亭玉立】❶slim and graceful ❷tall and erect

庭[tíng]
图❶hall ❷front courtyard;front yard ❸law court ❹middle of the forehead
【庭审】try a case
【庭园】flower garden;grounds
【庭院】courtyard
【庭长】the president of a law court

停[tíng]
动❶stop;cease;halt;give up;pause;leave out;quit ❷stop over;stay ❸be parked;lie at anchor 图 ready;settled
【停播】break;close down
【停泊】anchor
【停产】stop production
【停车】❶stop;pull up ❷park

【停当】ready
【停电】power cut;power failure
【停顿】stop;halt; pause
【停放】park;place
【停工】stop work;shut down
【停火】cease fire
【停机】❶finish shooting ❷park (a plane) ❸shut off[stop] a machine
【停建】suspend the project
【停刊】stop publication
【停靠】(of a train) stop
【停课】suspend classes
【停留】❶stay for a time;stop ❷remain;not make progress
【停手】stop doing sth
【停水】cut off the water supply;cut off the water
【停息】stop;cease
【停歇】❶close down;stop doing business ❷stop;cease ❸stop for a rest;rest
【停演】stop putting on shows
【停学】stop going to school;drop out of school
【停业】❶stop doing business temporarily ❷close[shut] down;go out of business;close business
【停运】off-stream;off-the-line
【停职】suspend sb from his duties
【停止】❶stop;cease;halt;suspend;call off ❷remain;not make progress
【停滞】be at a standstill
【停住】stop;halt;anchor
【停车场】car park;parking lot;parking area
【停机坪】aircraft parking area
【停火协议】cease fire agreement
【停薪留职】remain employed without wage;retain the job but suspend the salary;take an unpaid leave of absence;leave without pay

tǐng

挺[tǐng]
动❶straighten up;stick out ❷endure;bear;hold out;stick out 形❶hard and straight;erect;stiff ❷outstanding;striking;prominent 副 very;rather;quite. 式样是挺时兴的。The styles are quite up to date. 量 一挺机枪 a machine gun
【挺拔】❶tall and straight ❷forceful
【挺进】boldly drive on;push forward
【挺立】stand upright;stand firm
【挺身】straighten one's back
【挺胸】throw out one's chest
【挺直】straight and upright
【挺住】stand;hold out
【挺身而出】step forward bravely;come out boldly

铤[tǐng]
副 quickly
【铤而走险】take a risk in desperation;make a

reckless move

艇 [tǐng]
名 ① boat ② naval vessel

通 tōng [tōng]
动 ① open; through ② open up or clear out by poking ③ lead to; head for; go to ④ connect; link; communicate ⑤ notify; inform; tell ⑥ know; understand; comprehend 名 authority; expert 形 ① logical; correct ② general; ordinary; common ③ all; entire; whole 圕 手书两通 two letters hand-written by sb/一通电报 a telegram → tòng

【通报】动 ❶ circulate a notice ❷ notify; inform; report to ❸ tell one's name 名 ❶ circular ❷ bulletin; journal
【通病】 common failing; common fault
【通才】 all-round person; universal genius
【通常】 general; usual; normal
【通畅】 ❶ clear ❷ easy and smooth
【通车】 ❶ be open to traffic ❷ have transport service
【通称】 名 common term 动 be generally known as
【通达】 ❶ clear ❷ easy and smooth ❸ know; understand; be aware of ❹ understand things ❺ lead to
【通道】 passageway; passage
【通电】 ❶ set up an electric circuit ❷ circular telegram
【通牒】 diplomatic note
【通读】 read over
【通风】 ❶ air ❷ be well ventilated ❸ tip-off
【通告】 动 give public notice; announce 名 public notice; announcement
【通过】 动 ❶ pass through; get past ❷ pass; carry ❸ ask the consent or approval of ❹ pass; pass sb[give sb a pass]; pass with flying colours; get through; sail[breeze] through 介 by means of; by way of; by; through
【通红】 very red; red through and through
【通话】 ❶ communicate by telephone ❷ talk with sb
【通婚】 be[become] related by marriage
【通货】 currency; current money
【通缉】 list ... as wanted
【通览】 take an overall view of
【通连】 be connected with; lead to
【通亮】 brightly lit
【通令】 动 issue a general order 名 general order
【通路】 ❶ thoroughfare; highway; highroad ❷ passage; access
【通论】 ❶ sensible argument ❷ general survey
【通明】 brightly lit
【通盘】 overall
【通票】 through ticket

【通铺】 wide bed for a number of people
【通气】 ❶ ventilate; aerate ❷ be in touch with each other; keep each other informed; have communication with
【通融】 ❶ make an exception in sb's favor; stretch rules, get around regulations, etc., to accommodate sb ❷ accommodate sb with a short-term loan
【通商】 have trade relations
【通史】 comprehensive history
【通顺】 (of writing) clear and coherent
【通俗】 popular; common
【通天】 ❶ exceedingly high ❷ direct access to the highest authorities
【通统】 all; entirely; completely
【通途】 thoroughfare
【通往】 lead to
【通宵】 all night; the whole night; throughout the night
【通晓】 thoroughly understand
【通信】 correspond
【通行】 动 pass through 形 current; general
【通讯】 dispatch
【通用】 in common use; current general
【通则】 general rule
【通知】 动 inform; give notice; let know 名 notice; circular
【通缉令】 order for arrest
【通信处】 mailing address
【通行证】 pass; permit
【通讯社】 news agency
【通讯员】 reporter
【通知单】 advance note; letter of advice
【通知书】 notice; advice note
【通风报信】 furnish secret information; tip sb off
【通货膨胀】 inflation; expansion of the currency
【通力合作】 act with united strength
【通商口岸】 trading port
【通俗歌曲】 pop song
【通俗歌手】 popular singer
【通信卫星】 communications satellite; telecommunication satellite

同 tóng [tóng]
形 same; identical; alike; similar 动 be the same as; be similar to; be alike 介 ① with: 同父母在一起 with one's parents/同有关各方会谈 talk with all parties concerned/同专家商量 consult the experts ② as...; like; as ③ for: 我同你出这口气。Let me avenge your wrongs. 连 and; as well as 副 share; do together; have in common: 一同前往 go[set out] together
【同班】 动 be in the same class 名 classmate
【同伴】 companion
【同胞】 ❶ born of the same parents ❷ fellow

countryman
【同步】❶synchronism ❷in step with;in pace with
【同窗】动 study in the same school 名 schoolmate
【同党】动 belong to the same political faction or party 名 fellow member of a political faction or party
【同道】动 travel together 名 ❶people of the same trade or occupation ❷people with the same ideals;people having a common goal
【同等】of the same class,rank,or status;on an equal basis〔footing〕
【同犯】accomplice
【同房】❶live together ❷have sex
【同感】the same feeling〔impression〕
【同归】reach the same goal
【同行】[tóngháng]动 engage in the same trade〔occupation〕名 person of the same trade or occupation
【同化】assimilate
【同伙】动 be in partnership;collude with 名 partner;associate
【同级】❶same grade;same level ❷same class
【同居】❶live together ❷cohabit
【同乐】share joy
【同类】of the same kind
【同龄】of the same age or about the same age
【同路】go the same way
【同盟】alliance;league
【同名】of the same title or name
【同谋】动 conspire 名 accomplice
【同年】名 the same year 形 of the same age
【同期】❶the corresponding period ❷the same term
【同情】feel sorry for;have〔feel〕sympathy for;feel for;pity;one's heart goes out to;take pity on;offer one's sympathy
【同仁】colleagues
【同时】名 same time 副 at the same time;at one time;meanwhile;in the meantime 连 moreover;besides;furthermore
【同事】动 work in the same place;work together 名 colleague;workmate;fellow worker
【同岁】of the same age
【同屋】share a room 名 roommate
【同乡】person from the same village,town or province
【同心】❶with one heart ❷concentric
【同行】[tóngxíng] travel together
【同学】动 be in the same school;be a schoolmate of sb 名 ❶fellow student;schoolmate ❷comrade
【同样】same;equal;similar
【同业】❶the same trade or business ❷person of the same trade or business
【同一】same;identical
【同意】agree;accede

【同志】comrade
【同桌】动 share a desk〔table〕名 deskmate
【同案犯】accomplice
【同龄人】contemporary
【同路人】fellow traveller
【同盟会】United League of China
【同情心】sympathy;fellow feeling
【同乡会】association of fellow provincials or townsmen
【同性恋】homo;homosexuality;homosexual
【同学会】fellow-students association
【同学录】schoolmates' address book
【同义词】synonym
【同床异梦】share the same bed but dream different dreams—be strange bedfellows
【同等学历】equivalent scholarship;comparable educational background;comparable record of formal schooling
【同甘共苦】share comforts and hardships
【同工同酬】equal pay for equal work
【同归于尽】perish together;end up in common ruin
【同类相残】kill one's own kind
【同流合污】associate with an evil person;go along with sb in his evil deeds
【同日而语】be mentioned in the same breath;be named on the same day
【同声传译】simultaneous interpretation
【同心同德】be of one heart and one mind
【同心协力】work in full cooperation and with unity of purpose;work together with one heart;make concerted efforts
【同舟共济】cross a river in the same boat—pull together in times of trouble
【同呼吸,共命运】share a common fate;throw in one's lot with sb

彤 [tóng]
形 red

铜 [tóng]
名 copper(Cu)
【铜板】❶copper coin;copper ❷copper sheet
【铜币】copper coin;copper
【铜婚】Copper Wedding
【铜牌】bronze medal
【铜器】bronze ware
【铜钱】copper cash
【铜丝】copper wire
【铜像】bronze statue
【铜器时代】the Bronze Age
【铜墙铁壁】bastion of iron—impregnable fortress

童 [tóng]
名 ❶child ❷page-boy 形 ❶bare;bald;barren ❷virgin
【童工】child laborer
【童话】children's stories
【童男】virgin boy
【童年】childhood

【童女】maiden;virgin
【童声】child's voice
【童心】child's heart
【童星】child star
【童谣】children's folk rhymes
【童贞】virginity;chastity
【童真】child's simplicity[innocence]
【童装】children's wear[clothing]
【童子】boy
【童子鸡】young chicken
【童言无忌】children say what they think (without fear)

瞳 [tóng]
【瞳孔】pupil

统 tǒng

【统】①system ②series ③lead;command;control ④all;entirely;together
【统编】unify the compilation
【统称】be called by a joint name; general designation
【统筹】plan as a whole
【统共】altogether;in all
【统管】centralized control
【统合】uniform
【统计】add up;count ❶statistics ❷statistician
【统考】general examination with a common test paper for all students from different schools
【统揽】assume overall responsibility;be in overall charge
【统领】command;lead; commander;leader
【统铺】wide bed for a number of people
【统摄】exercise control over;govern
【统属】be subordinate to
【统帅】commander in chief;commander
【统率】command
【统统】all;entirely;completely
【统辖】have under one's command; exercise control over;govern
【统一】unite;integrate; unified
【统战】united front
【统制】control
【统治】❶rule;dominate;control;run ❷control;govern
【统帅部】supreme command
【统一体】unity
【统一性】unity
【统一口径】agree on a uniform version(or account)
【统一认识】share the same understanding
【统一市场】single market
【统一行动】co-ordinate action;act in unison; seek unity of action
【统治阶级】ruling class

捅 [tǒng]
【捅】①poke;stab ②touch;push ③disclose;leak; give away;let out
【捅娄子】get (oneself or others) into trouble through a blunder
【捅马蜂窝】stir up a hornet's nest

桶 [tǒng]
【桶】bucket; barrel;两桶柴油 two barrels of diesel oil

筒 [tǒng]
【筒】①section of thick bamboo ②thick tube-shaped object ③tube-shaped part of clothing or accessories
【筒裙】tight skirt;straight skirt
【筒子楼】dormitory building; tube-shaped apartment; non-self-contained apartment building

通 tòng

【通】大吵大闹一通 make quite a big scene/胡吹一通 shoot off one's mouth/打了儿子一通 give his son a good beating ➡tōng

痛 [tòng]
【痛】ache;pain; sadness;sorrow; extremely;deeply;thoroughly
【痛斥】bitterly attack
【痛楚】pain;suffering
【痛处】sore spot;tender spot
【痛打】give a good thrashing;beat soundly
【痛悼】mourn with deep grief
【痛感】keenly feel; sense of pain
【痛恨】hate bitterly
【痛悔】deeply regret
【痛哭】cry[weep] bitterly
【痛苦】pain;suffering;agony;torment
【痛快】❶very happy; delighted; joyful ❷to one's heart's content;to one's great satisfaction ❸straightforward; frank and direct; forthright
【痛骂】severely scold
【痛失】lose regretfully
【痛诉】give a bitter account
【痛惜】deeply regret
【痛心】pained;distressed
【痛痒】❶difficulties ❷importance; consequence
【痛不欲生】be so grieved as to wish one were dead
【痛定思痛】recall a painful experience;draw a lesson from a bitter experience
【痛改前非】sincerely mend one's ways
【痛哭流涕】weep bitter tears;cry one's heart out
【痛心疾首】with bitter hatred

tōu

偷 [tōu]

动 ①steal；pinch ②take（time）off；find（time） ③seek temporary ease 副 secretly；on the sly 名 thief

【偷盗】 steal
【偷渡】 slip out of a blockade in a water area；run a blockade
【偷看】 steal a glance
【偷空】 take time off
【偷懒】 loaf on the job；be lazy
【偷录】 use a hidden recorder
【偷摸】 steal
【偷拍】 use a hidden camera
【偷窃】 steal
【偷情】 carry on a clandestine love affair
【偷生】 drag out an ignoble existence
【偷税】 evade taxes
【偷听】 listen in
【偷偷】 secretly；on the sly
【偷袭】 surprise attack
【偷闲】 ❶snatch a moment of leisure ❷loaf on the job；be idle
【偷运】 transport illegally；run
【偷嘴】 take food on the sly
【偷工减料】 scamp work；jerry-build；do shoddy work and use inferior material；scamp work and stint material；do shortcut workmanship
【偷偷摸摸】 furtively；surreptitiously；covertly
【偷香窃玉】 pick up loose women

头 tóu

头 [tóu]

名 ①head ②hair；hair style ③top；tip；end ④beginning；end ⑤leftover；end ⑥chief；head；boss ⑦side；aspect 数 number one；first 形（a）两头驴 two donkeys/十头牛 ten heads of cattle（b）两头蒜 two bulbs of garlic 副 ①leading ②first ③previous；last 介 right before；prior to：头五点起床 get up before five o'clock

【头版】 front page（of a newspaper）
【头彩】 first prize in a lottery
【头筹】 first；championship
【头寸】 ❶cash ❷money market；money supply
【头等】 first-class；first-rate
【头顶】 the top[crown] of the head
【头发】 hair
【头昏】 dizzy
【头巾】 kerchief
【头盔】 (steel) helmet
【头领】 leader；head
【头颅】 head
【头目】 head of a gang
【头脑】 ❶brains；mind ❷main threads；clue
【头牌】 leading actor[actress]
【头儿】 head；chief；leader；boss
【头饰】 head ornaments
【头套】 actor's headgear
【头疼】 ❶(have a) headache ❷feel embarrassed[disgusted]
【头尾】 ❶head and tail ❷beginning and end ❸main threads
【头衔】 title
【头像】 head (portrait[sculpture])
【头绪】 main threads
【头晕】 dizzy；light
【头头儿】 head；chief；leader；boss
【头版头条】 first line in the first edition
【头等大事】 issue of prime importance
【头昏眼花】 feel giddy[dizzy]；feel one's head swimming
【头面人物】 prominent figure；big shot
【头头是道】 clear and logical

投 [tóu]

动 ①throw；cast；hurl ②put in；drop ③throw oneself into ④project；cast ⑤send；deliver ⑥go to；enter；join ⑦fit in with；agree with

【投案】 give oneself up[surrender oneself] to the police
【投保】 insure；take out an insurance policy；offer to buy insurance from the insurer
【投奔】 go to (a friend or a place) for shelter
【投标】 make a bid；enter a tender
【投产】 go into operation
【投弹】 drop a bomb
【投敌】 go over to the enemy
【投递】 deliver
【投放】 ❶throw in；put in ❷put (money) into circulation；put (goods) on the market
【投稿】 动 submit a piece of writing for publication；contribute 名 contribution
【投合】 ❶get along ❷cater to
【投河】 drown oneself in a river
【投机】 形 agreeable 动 speculate
【投寄】 send (a letter, etc.) by post；post
【投井】 drown oneself in a well
【投靠】 ❶depend on ❷give oneself up
【投篮】 shoot (a basket)
【投拍】 start shooting
【投票】 vote；cast a vote；ballot
【投入】 形 absorbed 动 ❶concentrate on；be absorbed in ❷put into；throw into 名 input
【投射】 ❶throw；cast ❷project；cast
【投身】 throw oneself into；join
【投师】 seek instruction from a master
【投诉】 appeal；(of a customer) complain
【投宿】 seek temporary lodging；put up for the night
【投胎】 be reincarnated
【投降】 surrender；throw up one's hands
【投向】 动 invest；turn 名 orientation for
【投医】 seek medical advice；go to a doctor
【投影】 动 project 名 projection；shadow
【投缘】 hit it off
【投掷】 throw
【投注】 动 ❶throw (energy, etc.) into ❷lay down a stake 名 money poured into lottery

【投资】 invest 图 investment
【投保人】 applicant; policy holder
【投递员】 postman
【投机商】 profiteer
【投诉信】 letter of complaint
【投币电话】 coin telephone
【投机倒把】 play the market
【投机取巧】 wheel and deal; seize every chance to seek private gain
【投井下石】 throw stones at sb who has fallen down a well instead of saving him; hit a person when he is down
【投票表决】 decide by ballot
【投身革命】 join the revolutionary ranks; join in the revolutions
【投石问路】 throw a stone to clear the road
【投桃报李】 give a plum in return for a peach—return present for present; exchange gifts
【投诉热线电话】 dial-a-cheat hotline

tòu

透 [tòu] 动 ①penetrate; pass through; leak through ②tell secretly; leak ③appear; look; show 副 ①thoroughly; in a penetrating way; clearly; 把事情说透了 give a thorough explanation of sth ②to the extreme; fully; completely; 火透了 very angry/麻烦透了 too much trouble; big headache/糟透了 extremely bad
【透彻】 penetrating; thorough
【透顶】 thoroughly; downright; in the extreme; through and through
【透风】 ❶let in air ❷air; dry in the air ❸leak
【透汗】 good sweat
【透话】 drop a hint; hint; suggest
【透镜】 lens
【透亮】 ❶bright ❷perfectly clear
【透露】 ❶leak; reveal ❷disclose
【透明】 see-through
【透视】 ❶make... three-dimensional ❷X-ray ❸grasp the essence of
【透支】 ❶overdraw; make an overdraft ❷draw one's salary in advance ❸overspend
【透亮儿】 allow light to pass through

tū

秃 [tū] 形 ①bare ②barren ③blunt ④incomplete; unsatisfactory
【秃顶】 动 go bald; be bald on the head 图 ❶bald head ❷baldhead; baldy
【秃子】 baldhead

突 [tū] 动 ①dash forward; charge ②stick out; protrude; jut out; 高高地突起 tower high 副 all of a sudden; abruptly; unexpected
【突变】 sudden change
【突出】 形 outstanding; prominent 动 ❶break through; rush out ❷stress; highlight
【突发】 erupt; burst〔break〕 out
【突击】 ❶make a sudden and violent attack; assault ❷make a concentrated effort to finish a job quickly; do a crash job
【突破】 ❶break through; make a breakthrough ❷break; top
【突起】 break out; suddenly appear
【突然】 suddenly; abruptly; unexpectedly; without warning; out of the blue
【突袭】 surprise attack
【突显】 make apparent
【突现】 ❶appear suddenly ❷show〔appear〕 distinctly
【突击队】 shock brigade
【突击手】 shock worker
【突发案件】 emergency
【突飞猛进】 advance by leaps and bounds
【突击检查】 spot check
【突如其来】 arise suddenly; come all of a sudden; appear out of nowhere

tú

图 [tú] 图 ①map; chart; diagram; graph; figure; sketch; illustration; picture; drawing ②plan; intention 动 ①scheme; plan; seek; pursue ②desire; be after ③draw; paint
【图案】 pattern; design; patterning; markings
【图板】 drawing board
【图版】 plate
【图表】 chart; diagram; graph
【图钉】 drawing pin
【图画】 drawing; picture; painting
【图记】 ❶stamp ❷sign; mark
【图解】 figure
【图景】 ❶image ❷prospect
【图谋】 plot; scheme
【图片】 picture
【图示】 graphic expression
【图书】 books
【图说】 pictorial handbook; illustrated manual
【图腾】 totem
【图像】 picture; image
【图形】 graph; figure
【图样】 pattern; design; draft; drawing
【图章】 ❶seal ❷stamp
【图纸】 blueprint; drawing
【图画纸】 drawing paper
【图书馆】 library
【图书室】 reading room
【图财害命】 murder sb for his money
【图名图利】 seek fame and wealth
【图文并茂】 picture and accompanying essay are both excellent
【图文传真】 fax

徒 [tú] 形 bare; empty 副 ①merely; just only ②in

vain;to no avail 图①apprentice;pupil ②believer;follower ③clique member ④person;fellow ⑤sentence;imprisonment 动 walk on foot
【徒步】on foot
【徒弟】apprentice
【徒劳】work fruitlessly
【徒然】❶ in vain;for nothing;to no avail ❷ merely;only
【徒手】bare-handed;unarmed
【徒刑】imprisonment
【徒手操】free-standing exercises
【徒具虚名】exist only in name
【徒劳无功】make a futile effort;work to no avail
【徒有其名】in name only

途 [tú]
图 way;road;route;path
【途经】by way of;via
【途径】way;channel
【途中】on the way

涂 [tú]
动①spread;smear;apply ②scrawl ③cross out
【涂层】coat;coating
【涂改】alter
【涂料】coating;paint
【涂抹】❶paint ❷scribble ❸cross out
【涂饰】cover with paint,color wash,etc
【涂刷】apply paint,etc. with a brush
【涂写】scrawl
【涂鸦】poor handwriting
【涂改液】correction fluid
【涂脂抹粉】whitewash

屠 [tú]
动①slaughter ②massacre;butcher
【屠刀】butcher's knife
【屠夫】❶butcher ❷ruthless ruler
【屠杀】butcher
【屠宰】butcher
【屠宰场】slaughterhouse

土 [tǔ]
图①soil;earth;dust ②land;ground;territory ③opium 形①local;native ②home-made;local ③unrefined;unenlightened;crude
【土坝】earth-filled dam;earth dam
【土布】handwoven cloth
【土产】local product
【土地】❶land;soil;ground ❷territory
【土豆】potato
【土法】indigenous method;local method
【土方】❶folk recipe ❷cubic meter of earth
【土匪】bandit
【土改】land reform
【土话】local dialect
【土货】local product
【土路】dirt road
【土气】rustic;uncouth;countrified
【土壤】soil
【土语】local dialect
【土葬】burial (of the dead) in the ground
【土造】make sth with local methods
【土著】original inhabitants
【土包子】clodhopper;(country) bumpkin
【土地法】land law
【土地税】land tax
【土方子】handed-down recipe
【土皇帝】local despot;local tyrant
【土特产】special local product
【土政策】local policy
【土专家】local expert
【土崩瓦解】fall apart
【土地承包】land contract
【土地改革】land reform
【土木工程】civil engineering
【土生土长】locally born and bred

吐 [tǔ]
动①spit;force sth out of one's mouth ②emit;send out;put forth ③say;tell;pour out
【吐口】❶put forward a claim;make a demand ❷tell truth
【吐露】reveal;tell
【吐弃】cast aside
【吐气】let off stream
【吐司】toast

吐 [tù]
动①vomit;throw up ②give up unwillingly
【吐沫】spit
【吐血】spitting blood

兔 [tù]
图 hare;rabbit
【兔唇】harelip
【兔子】hare;rabbit

湍 [tuān]
形 rapid;swift 图 rapids;rushing waters
【湍急】rapid
【湍流】❶ swift current;rushing waters;torrent;rapids ❷turbulent flow

团 [tuán]
形 round;circular 动①roll into a ball;roll ②unite;assemble 图①dumpling ②sth shaped like a ball or a circle;roundish mass ③group;circle;organization ④regiment ⑤the Communist Youth League of China;the League 量 一团废纸 a ball of waste paper/一团毛线 a ball of knitting wool/一团面 a lump of dough
【团拜】gather together to exchange greetings

【团部】regiment headquarters
【团队】group;corps;team
【团伙】gang;band
【团籍】League membership
【团结】unite;rally;stand together;put together;band together;stick together;bring together
【团聚】reunite
【团旗】League flag
【团扇】round fan
【团体】organization;group;team
【团圆】round and round;all round
【团委】League committee
【团员】❶ a member of the Communist Youth League of China;League member ❷ member of a delegation
【团圆】reunion
【团长】❶ regimental commander ❷ head of a delegation
【团坐】sit in a circle
【团体票】group ticket
【团体赛】team competition
【团团转】round and round
【团圆饭】family reunion dinner
【团支部】Youth League branch
【团中央】the League Central Committee
【团队精神】team spirit
【团体冠军】team title

tuī

忒 [tuī]
副 too:街上人忒多。The street is just too crowded./天气忒热。It's awfully hot.

推 [tuī]
动 ① push;give... a push ② turn a mill or grindstone;grind ③ cut,plane ④ push forward;advance;apply ⑤ infer;consider all aspects of a situation ⑥ decline;yield;give ⑦ push away;shift ⑧ put off;delay;postpone ⑨ hold in esteem;praise highly ⑩ elect;choose;recommend
【推测】infer;conjecture;guess
【推迟】put off;postpone;delay;put back;over
【推崇】hold in esteem;praise highly
【推出】introduce;put out
【推辞】decline
【推导】derivation;derive
【推倒】❶push over;overturn ❷cancel
【推定】❶elect;choose ❷infer
【推动】give a push to
【推断】infer
【推度】infer;guess
【推翻】❶push over;overturn ❷overthrow;overturn ❸cancel
【推广】popularize;spread;extend;generalize
【推及】spread to
【推荐】recommend
【推进】❶push on;carry forward ❷move forward;push;drive

【推举】❶elect;choose ❷clean and press;press
【推拉】push-and-pull
【推理】inference;reasoning
【推论】inference
【推拿】massage
【推敲】weigh;deliberate
【推却】refuse;decline
【推让】decline
【推说】❶offer as an excuse ❷infer;deduce
【推算】calculate;reckon
【推托】offer as an excuse
【推脱】shirk
【推诿】shift[shirk] responsibility to others;pass the buck
【推想】guess;reckon
【推向】push forward
【推销】market
【推卸】shirk (responsibility);shift the blame onto
【推行】carry out
【推选】elect;choose
【推移】动 pass 名 develop
【推销员】salesman
【推波助澜】exacerbate;make a stormy sea stormier;add fuel to the flames
【推来推去】each pushes sth away to the other;give the runaround
【推三阻四】decline with all sorts of excuses;give the runaround
【推心置腹】repose full confidence in sb;confide in sb

tuí

颓 [tuí]
动 ① collapse;topple down ② decline;decay
形 dejected;dispirited
【颓然】❶ruined ❷disappointed
【颓唐】dejected

tuǐ

腿 [tuǐ]
名 ①leg ②leg-like support ③ham
【腿部】leg
【腿脚】❶legs and feet ❷ability to walk
【腿肚子】calf (of the leg)

tuì

退 [tuì]
动 ① move backwards;draw back;back up;retreat ② cause to move back;withdraw;remove ③ withdraw from;quit ④ decline;decrease;ebb ⑤return;give back ⑥cancel;break off
【退避】withdraw and keep off;keep out of the way
【退步】动 ❶lag behind ❷yield;make a concession;give in 名 room for maneuver
【退场】withdraw from the arena;walk off;bow

out with; exit; leave the theatre
【退潮】 falling tide
【退出】 ❶leave ❷withdraw from; secede; quit ❸return
【退股】 withdraw share (from company)
【退后】 ❶step back ❷retreat; shrink back
【退化】 degeneration
【退还】 return
【退换】 exchange[replace] a purchase
【退回】 ❶return; send back ❷go back
【退婚】 break off an engagement
【退货】 return goods
【退款】 同 refund 反 refund
【退路】 ❶route of retreat ❷room for maneuver
【退票】 return a ticket
【退钱】 refund
【退却】 ❶ retreat; withdraw ❷ hang back; shrink back
【退让】 make a concession; yield; give in
【退热】 bring down a fever; come down
【退守】 withdraw and stand on the defensive
【退缩】 shrink back; flinch; cower
【退位】 give up the throne
【退伍】 demobilize; leave the army
【退席】 ❶leave a banquet ❷walk out
【退休】 retire
【退学】 leave school
【退役】 leave the army; be discharged from active service; be demobilized; be out of service; retire from sportsdom
【退隐】 retire from public life
【退职】 resign from office
【退休金】 retirement pay
【退而求其次】 have to take the second best; settle for one's second choice

蜕 [tuì]
动 ❶ slough off ❷ moult ❸ transform 名 slough
【蜕变】 ❶change qualitatively ❷decay
【蜕化】 ❶slough off ❷degenerate
【蜕皮】 cast off a skin

褪 [tuì]
动 ❶ take off; shed ❷ fade ➡tùn
【褪色】 fade
【褪黑素】 melatonin

吞 tūn
吞 [tūn]
动 ❶swallow; gulp down ❷seize; take (illegal) possession of
【吞并】 swallow up
【吞吃】 ❶swallow; gulp down ❷misappropriate
【吞服】 swallow; take; go down
【吞灭】 ❶conquer and annex (a country) ❷swallow up
【吞没】 ❶misappropriate; take possession; swallow up; engulf

【吞食】 swallow
【吞蚀】 ❶misappropriate ❷corrode
【吞噬】 ❶swallow ❷take possession
【吞吐】 ❶swallow and spit ❷take in and send out in large quantities
【吞咽】 swallow; gulp down
【吞吞吐吐】 hesitate in speech
【吞云吐雾】 swallow clouds and blow out fog—smoke (opium or cigarette)

屯 tún
屯 [tún]
动 ❶ gather; collect; store up ❷ station (troops); quarter (troops) 名 village ➡zhūn
【屯积】 gather; collect; store up
【屯子】 village

囤 [tún]
动 store up; collect ➡dùn
【囤货】 store goods
【囤积】 hoard
【囤聚】 store up (goods)

臀 [tún]
名 buttock; rump
【臀部】 buttocks
【臀围】 hipline

褪 tùn
褪 [tùn]
动 ❶as of one's limbs slip out of sth ❷keep or hide in the sleeve ➡tuī
【褪去】 take off (clothes, etc.)

托 tuō
托 [tuō]
动 ❶hold up; hold in the palm; support with the hand or palm ❷serve as a foil; set off ❸ ask; beg; entrust ❹ plead ❺ count upon; rely on; owe to 名 sth serving as a support
【托板】 layer board; supporting board
【托词】 find a pretext; make an excuse 同 excuse
【托带】 send through others
【托福】 ❶ (usu. responding to greetings) thanks to you ❷rely upon; owe to
【托付】 entrust; commit sth to sb's care
【托故】 make an excuse
【托管】 entrust to
【托梦】 appear in one's dream and make a request
【托儿】 ❶stand; support; base ❷come-on
【托人】 ask sb's help
【托收】 collection of payment
【托运】 consign for shipment; check
【托儿所】 nursery; child-care centre
【托人情】 seek the good offices of sb
【"托福"考试】 Test of English as a Foreign Language (TOEFL)

拖 [tuō]

动 ❶pull;drag;haul ❷hang down;trail;drag ❸drag on;delay;postpone ❹trail ❺be burdened

【拖长】 ❶lengthen ❷drag on
【拖车】 trailer
【拖船】 tugboat;towboat
【拖垮】 be worn down
【拖拉】 slow
【拖累】 ❶be a burden on ❷involve
【拖欠】 be behind in payment
【拖沓】 dilatory;sluggish;laggard
【拖鞋】 slippers
【拖延】 delay;put off
【拖曳】 pull;draw
【拖运】 towage
【拖债】 be behind in paying one's debt
【拖后腿】 hold sb back;be a drag on sb
【拖拉机】 tractor
【拖尾巴】 ❶hold sb back;be a drag on sb ❷leave a project, etc. unfinished;leave loose ends
【拖儿带女】 be burdened with children;be tied down by small children
【拖家带口】 be burdened with a family
【拖泥带水】 messy;sloppy;slovenly
【拖拖拉拉】 drag one's feet;delay action

脱 [tuō]

动 ❶shed (hair, skin, etc.);lose; come off ❷take off;cast off;undress;strip;tear off ❸escape from;get out of ❹miss out (words);omit ❺remove;get rid of ❻neglect;slight 连 supposing;in case

【脱产】 be leased from one's regular work to take on other duties
【脱出】 shake off;break away from
【脱党】 leave a political party;give up party membership
【脱发】 lose hair
【脱岗】 ❶go AWOL [absent without leave]; leave one's post without permission ❷leave one's post temporary
【脱稿】 be completed
【脱钩】 break off relations;cut ties;sever ties with
【脱轨】 be derailed
【脱节】 come apart;be out of line with
【脱臼】 dislocate
【脱壳】 shell
【脱空】 ❶come to nothing;fail;fall through ❷tell a lie;lie
【脱口】 say unwittingly
【脱困】 get out of difficulty
【脱离】 separate oneself from; break away from;be divorced from
【脱落】 drop;fall off[away];come off
【脱毛】 lose hair[feathers]
【脱帽】 take off[raise] one's hat (in respect)
【脱皮】 peel
【脱贫】 get rid of poverty;lift oneself out of poverty
【脱期】 fail to come out on time
【脱色】 ❶decolor ❷fade
【脱身】 get away;get free
【脱手】 ❶slip out of the hand ❷get off one's hands;sell
【脱水】 dehydrate
【脱俗】 free from vulgarity;refined
【脱逃】 run away;flee
【脱险】 escape[be out of] danger
【脱销】 sold out
【脱口秀】 talk show
【脱缰之马】 runaway horse—uncontrollable; running wild
【脱离关系】 break off relations;cut ties
【脱离群众】 cut oneself off from the masses
【脱贫致富】 cast[shake, throw] off poverty and set out on a road to prosperity
【脱身之计】 plan of escape;plan that helps one to slip away
【脱胎换骨】 be reborn;cast off one's old self

tuó

驮 [tuó]
动 carry or bear on the back

驼 [tuó]
❶camel 形 hunchbacked;humpbacked
【驼背】 动 be hunchbacked [humpbacked] 名 hunchback;humpback
【驼峰】 hump

鸵 [tuó]
【鸵鸟】 ostrich
【鸵鸟政策】 ostrich policy

tuǒ

妥 [tuǒ]
形 ❶appropriate;suitable;sound;proper ❷ready;settled;resolved;finished
【妥当】 appropriate;proper
【妥善】 appropriate;proper;well arranged
【妥帖】 appropriate;fitting;proper
【妥协】 come to terms;compromise

椭 [tuǒ]
ellipse
【椭圆】 ellipse
【椭圆形】 oval;ellipse

tuò

拓 [tuò]
动 open up;develop;reclaim ➡tà
【拓荒】 open up virgin soil
【拓宽】 widen
【拓展】 expand;spread;develop
【拓荒者】 pioneer;pathbreaker

唾 [tuò]
　名 spittle　动 spit
【唾骂】spit on and curse
【唾沫】spittle
【唾弃】cast aside
【唾液】spittle
【唾手可得】extremely easy to obtain

W w

wā

挖 [wā] 动 ①dig; excavate; scoop ②scratch; claw
【挖沟】ditch (up)
【挖掘】excavate; unearth
【挖苦】speak sarcastically or ironically
【挖潜】tap potential; tap the latent power
【挖墙脚】sap the wall; undermine the foundation; cut the ground from under sb's feet
【挖空心思】rack one's brains

洼 [wā] 形 low-lying; hollow; depressed 名 depression; low-lying area 动 sink; slope downward
【洼陷】be sunken; be low-lying

蛙 [wā] 名 frog
【蛙人】frogman
【蛙泳】breaststroke

wá

娃 [wá] 名 ①baby; child ②newborn animal
【娃娃】baby; child
【娃娃鱼】giant salamander

wǎ

瓦 [wǎ] 名 tile 形 made of baked clay; earthen 量 watt
【瓦解】disintegrate; collapse; crumble
【瓦砾】rubble; debris
【瓦时】watt-hour
【瓦斯】gas
【瓦特】watt
【瓦斯炉】gas stove

wà

袜 [wà] 名 socks; stockings; hose
【袜带】suspenders; garters
【袜口】welt; blank
【袜裤】pantyhose; pantihose
【袜套】ankle socks; socks
【袜筒】the leg of a stocking
【袜子】socks; stockings; hose
【袜底儿】sole of a sock

wāi

歪 [wāi] 形 ①inclined; slanting; askew; tilted; off-centre ②improper; devious; crooked; evil 动 lie on one's side to rest
【歪脖】wryneck
【歪才】talent for intrigue; person with talent in a specialized field or activity
【歪道】❶evil ways; depraved life; vice ❷evil ideas; devil's advice
【歪风】evil wind; unhealthy trend
【歪曲】distort; misrepresent; twist
【歪斜】crooked; askew; aslant
【歪打正着】hit the mark by a fluke; score a lucky hit
【歪风邪气】evil trends; perverse trends; unhealthy trends and evil practices
【歪理邪说】heresies and sophistries
【歪门邪道】crooked ways; underhand means; dishonest practices[methods]

wǎi

崴 [wǎi] 形 rugged (mountain path) 动 sprain; twist

wài

外 [wài] 形 ①outer; outside ②other ③foreign; external; alien ④(relatives) of one's mother, sisters or daughters ⑤not of the same family, class, organization, etc.; not closely related ⑥unofficial 副 besides; moreover; in addition; beyond 名 role of an elderly man
【外币】foreign currency
【外边】❶ outside; out ❷ another place; place other than where one lives or works ❸ exterior; outside
【外表】outward appearance; exterior; surface

【外宾】foreign guest〔visitor〕
【外部】❶outside;external ❷exterior;outside;surface
【外侧】outboard
【外层】outer layer
【外出】go out
【外地】parts of the country other than where one is
【外电】dispatches from foreign news agencies
【外调】动 transfer (materials or personnel) to other localities 名 investigation mission outside the city or town
【外敷】apply (ointment,etc.)
【外观】outward appearance;exterior
【外国】foreign country
【外行】名 layman;nonprofessional 形 lay;unprofessional
【外号】nickname
【外汇】foreign exchange
【外籍】foreign nationality
【外交】diplomacy;foreign affairs
【外角】exterior angle
【外教】foreign teacher
【外界】❶the external world;the outside world ❷outside
【外借】lend out
【外景】outdoor scene;scene shot on location;exterior
【外径】external diameter;outside〔outer〕diameter
【外科】surgical department
【外快】gravy train;side money;pin money;extra income
【外来】outside;external;foreign
【外力】❶outside force ❷external force
【外流】outflow;drain
【外露】reveal;show
【外卖】takeout;takeaway;carry-out
【外贸】foreign trade;external trade
【外貌】appearance;exterior;looks
【外面】[wàimiàn] outward appearance;exterior;surface
【外面】[wàimian] outside;out
【外脑】outside brainpower
【外企】foreign enterprise
【外人】❶stranger;outsider ❷foreigner;alien
【外伤】injury or wound;trauma
【外商】foreign businessman;foreign merchant
【外设】peripheral device
【外事】foreign affairs;external affairs
【外套】❶overcoat ❷loose coat;outer garment
【外文】foreign language
【外线】❶exterior lines ❷outside (telephone) connections
【外乡】another part of the country;some other place
【外向】extroversion
【外销】for sale abroad or in another part of the country
【外延】extension
【外衣】❶ coat;jacket;outer clothing;outer garment ❷semblance;appearance;garb
【外因】external cause
【外语】foreign language
【外遇】extramarital relations
【外援】foreign players;foreign aid;outside help;external assistance
【外源】external source
【外在】external;extrinsic
【外债】external loan;foreign loan;foreign debt;loan from foreign countries;loan from outside
【外资】foreign funds;foreign capital
【外错角】alternate exterior angle
【外国人】foreigner;alien
【外环路】orbital (in a city);beltway
【外活儿】orders taken by factories or craftsmen
【外交部】ministry of foreign affairs;foreign ministry
【外交官】diplomat
【外接圆】circumscribed circle;circumcircle
【外星人】extra-terrestrial(E. T.);extra-terrestrial being;alien planet dweller;people from outside the earth;people from other planets;man from outer space
【外在性】externalism
【外置式】outboard
【外存储器】external storage
【外公切线】external common tangent
【外国侨民】foreign national;alien
【外籍教师】foreign teacher
【外交部长】minister of〔for〕foreign affairs;foreign minister
【外来干涉】foreign intervention;external intervention;outside intervention
【外强中干】outwardly strong but inwardly weak;strong in appearance but weak in reality
【外围设备】peripheral equipment

wān

弯 [wān]
形 curved;roundabout;tortuous;crooked 动 ❶make crooked or curved;bend;flex ❷bend;draw 名 turn;curve
【弯路】❶winding course;crooked road;tortuous path ❷round-about way;detour
【弯曲】winding;meandering;zigzag;crooked;curved

剜 [wān]
动 cut out;gouge out;scoop out

湾 [wān]
名 ❶bend in a stream ❷gulf;bay;estuary 动 cast anchor;anchor;moor

蜿 [wān]

【蜿蜒】❶wriggle ❷wind;zigzag;meander

豌 [wān]

【豌豆】pea
【豌豆黄】pea-flour cake

wán

丸 [wán]

❄①ball;pellet ②pill;bolus 量 一次吃两丸 take two pills a time
【丸药】pill(bolus) of Chinese medicine

纨 [wán]

❄ fine silk fabrics
【纨绔子弟】profligate son of rich parents;fop;dandy;playboy

完 [wán]

动①exhaust;finish;use up;run out ②end;finish;be over;be through ③fulfil;complete ④pay 形 intact;entire;whole
【完备】complete;perfect
【完毕】finish;complete;end
【完成】accomplish;complete;fulfil;bring to success(fruition)
【完蛋】be done for;be finished
【完好】intact;whole;in good condition
【完婚】get married;marry;consummate a marriage
【完结】end;be over;finish
【完了】come to an end;be over
【完满】satisfactory;successful
【完美】perfect;consummate
【完全】形 complete;whole 副 completely;totally;fully;wholly;entirely;absolutely
【完人】perfect man
【完善】perfect;consummate
【完税】pay taxes
【完整】complete;integrated;intact

玩 [wán]

动①play;have fun;joke;amuse or enjoy oneself ②play (a game or instrument);be engaged in cultural or sporting activity ③use;employ;resort to ④trifle with;toy with;mess about;treat lightly ⑤enjoy;appreciate;find pleasure in 名 object for appreciation;curio
【玩具】toy;plaything
【玩弄】❶dally with;flirt with ❷play with;juggle with ❸resort to;employ
【玩偶】doll;toy figurine
【玩耍】play;have fun;amuse oneself
【玩味】ponder;ruminate
【玩物】plaything
【玩笑】joke;jest
【玩儿命】bust a gut
【玩儿票】play a role in Beijing opera as an amateur
【玩儿去】get away;clear off
【玩儿完】the jig is up
【玩意儿】❶toy;plaything ❷thing

【玩儿不转】can't handle;can't manage of duty;flop at a job;asleep at the switch;be neglectful of one's duties;be remiss in one's duty
【玩忽职守】dereliction;neglect;negligence
【玩世不恭】thumb one's nose at the world;be cynical
【玩物丧志】riding a hobby saps one's will to make progress;pursuit of petty pleasures thwarts high aims

顽 [wán]

形①stupid;foolish;dense;insensate ②stubborn;persistent ③naughty;mischievous
【顽固】❶obstinate;stubborn;headstrong ❷bitterly opposed to change;die-hard
【顽抗】stubbornly resist
【顽皮】naughty;mischievous
【顽强】indomitable;staunch;tenacious
【顽童】naughty boy;urchin
【顽症】chronic and stubborn disease;persistent ailment

烷 [wán]

名 alkane

wǎn

宛 [wǎn]

形 winding;circuitous;tortuous 连 as if
【宛然】as if
【宛如】just like

挽 [wǎn]

动①draw;hold;pull ②reverse;retrieve ③roll up ④tow;draw ⑤lament or elegise (the deceased) ⑥coil up
【挽回】retrieve;redeem
【挽救】save;remedy;rescue
【挽联】elegiac couplet
【挽留】urge(persuade) sb to stay

莞 [wǎn]

【莞尔】smile

晚 [wǎn]

名①evening;night;night time ②your humbly ③latter;latter life 形①far on in time;late ②behind time;late (for sth) ③succeeding;junior
【晚安】good night
【晚辈】the younger generation;one's juniors
【晚点】late;behind schedule
【晚饭】supper;dinner
【晚会】evening of entertainment;soirée;social evening;evening party
【晚婚】marry late;late marriage
【晚节】integrity in one's later years
【晚景】❶evening scene ❷one's circumstances in old age
【晚年】old age;one's later(remaining) years
【晚期】late period
【晚上】evening

【晚熟】develop late
【晚霞】sunset glow; sunset clouds
【晚宴】dinner party
【晚礼服】evening dress; evening clothes
【晚香玉】tuberose

脘 [wǎn]
gastral cavity

惋 [wǎn]
heave a sigh; sigh
【惋惜】feel sorry for sb or about sth; regret

婉
①mild; restrained; tactful ②gentle; meek ③graceful; elegant; charming; beautiful
【婉辞】gentle words; euphemism graciously decline; politely refuse
【婉约】graceful and restrained
【婉转】❶mild and indirect; tactful ❷sweet and agreeable
【婉言谢绝】graciously decline; politely refuse

碗 [wǎn]
①bowl ②bowl-like vessel or object
【碗柜】kitchen cupboard

wàn

万 [wàn]
ten thousand very great number; multitude; myriad absolutely; under all circumstances
【万分】very much; extremely
【万能】❶omnipotent; all-powerful ❷universal; all-purpose
【万世】the ages
【万岁】❶long live ❷the emperor
【万千】absolutely; wholly hundred million
【万物】the ten thousand things of creation; all things of creation; all things on the earth
【万象】every phenomenon on earth; all manifestations of nature
【万幸】very lucky〔fortunate〕; by sheer luck
【万一】just in case; if by any chance ❶contingency; eventuality ❷one ten thousandth; very small percentage
【万金油】❶balm for treating headaches, scalds and other minor ailments ❷Jack of all trades and master of none
【万维网】World Wide Web(WWW)
【万不得已】out of absolute necessity; as a last resort

【万家灯火】myriad twinkling lights
【万人空巷】the whole town turns out
【万事如意】have all one's wishes; good luck in everything; everything is as one wishes
【万无一失】no danger of anything going wrong; no risk at all; perfectly safe
【万用电表】avometer; multimeter
【万紫千红】a riot〔blaze〕of colour
【万有引力定律】the law of universal gravitation

腕 [wàn]
wrist
【腕儿】big shot

蔓 [wàn]
tendrilled vine ➡ màn

wāng

汪 [wāng]
deep and wide collect; gather; accumulate puddle 两汪眼泪 two trickles of tears bark; yap; bow-wow
【汪汪】tears welling up; tearful bark; yap; bowwow
【汪洋】vast; boundless

wáng

亡 [wáng]
①flee; escape; run away ②lose; be lost ③die; pass away; perish ④fall; subjugate deceased; dead
【亡故】die; pass away; decease
【亡命徒】desperado
【亡羊补牢】mend the fold after the sheep is lost

王 [wáng]
① king; monarch; sovereign ② duke; prince ③ head; chief ④ first or largest of its kind ①senior; grand ②best; strongest
【王八】❶tortoise ❷cuckold
【王朝】❶imperial court; royal court ❷dynasty
【王储】crown prince
【王法】law of the land
【王公】aristocracy
【王国】❶kingdom ❷realm; domain
【王浆】royal jelly
【王牌】trump card
【王室】royalty
【王子】king's son; prince
【王八蛋】bastard; son of a bitch

wǎng

网 [wǎng]
①net ②net-like object ③network; web; (esp.) Internet ①catch with a net; net ②cover or enclose as with a net; enmesh
【网吧】cyber café; Internet café; Internet bar
【网虫】Internet buff; web enthusiast; Internet geek
【网点】network of commercial establishments
【网兜】string bag
【网格】great global grid (GGG)
【网关】gateway
【网管】network management; network administrator
【网警】net police
【网卡】network interface card (NIC)
【网恋】cyber love; online love affair
【网罗】❶net for catching fish or birds; trap ❷

enlist the services of
【网络】network; electric network
【网迷】cyber head; cyber cult; cyber jock; cyber addict; web fan; Internet buff
【网民】netizen; net citizen; cyber citizen; nethead
【网目】mesh
【网球】tennis; tennis ball
【网坛】tennis circles
【网校】network school
【网眼】mesh
【网页】web page
【网友】net partner; net acquaintance; net friend
【网站】website; Website; cyber station; network station
【网址】network address(NA); web site
【网子】❶net ❷hairnet
【网际协议】Internet Protocol(IP)
【网开一面】give the wrongdoer a way out; leave one side of the net open
【网络电话】Internet phone
【网络会议】net meeting
【网络空间】cyberspace
【网络漫游】cybersurf
【网络社区】online community
【网络银行】network bank
【网络营销】online marketing
【网络用户】cybernaut; on(-)liner; webster
【网络用语】cyberspeak; cyber word
【网络语言】netspeak
【网络资源】network resource
【网上爱情】e-mail affair; on-line affair
【网上采购】shopping on Internet; web〔Internet〕shopping
【网上超市】cyber mall
【网上冲浪】surf on the Internet
【网上购物】online shopping; E-shopping
【网上交易】online transaction
【网上聊天】cyber chat
【网上录取】online enrollment; enrollment on internet
【网上拍卖】Internet auction; online auction
【网上营销】web〔Internet〕marketing
【网上招聘】e-recruiting
【网络服务器】network server
【网络管理员】network administrator
【网络集线器】hub
【网络适配器】network adapter
【网络综合征】network syndrome
【网上交易平台】online trading platform

枉 [wǎng]
㊀ warped ㊁ ❶twist; bend; pervert ❷treat unjustly or badly; wrong ㊂ in vain; to no avail; uselessly; vainly
【枉法】pervert〔bend〕the law
【枉费】waste; vain; be of no avail

往 [wǎng]
㊀ go ㊁ in the direction of; towards ㊂ former; past; previous
【往常】habitually in the past; as one used to do formerly
【往返】go there and back; journey to and fro
【往后】from now on; later on; in the future
【往来】❶come and go ❷contact; dealings; intercourse
【往年】(in) former years
【往前】before; formerly; in the past
【往日】(in) former days; (in) bygone days
【往事】past events; the past
【往往】often; frequently; more often than not
【往昔】in the past; in former times

惘 [wǎng]
㊀ feel frustrated; be in a trance
【惘然】frustrated; disappointed
【惘然若失】feel lost

魍 [wǎng]
【魍魉】demons and monsters

wàng

妄 [wàng]
㊀ ❶absurd; ridiculous; preposterous ❷presumptuous; excessive; rash ㊁ rashly; indiscreetly
【妄念】wild fancy; improper thought
【妄图】try in vain; vainly attempt
【妄想】pipe dream
【妄自菲薄】belittle oneself; be unduly humble

忘 [wàng]
㊀ forget; escape one's memory; neglect
【忘掉】forget; let slip from one's mind
【忘怀】forget; dismiss from one's mind
【忘记】❶forget; slip from one's memory ❷forget; overlook; neglect; dismiss from one's mind
【忘情】❶be unruffled by emotion; be unmoved; be indifferent ❷let oneself go
【忘却】forget
【忘我】oblivious of oneself; selfless
【忘年交】friendship between generations; good friends despite great difference in age
【忘恩负义】devoid of gratitude; ungrateful
【忘乎所以】forget oneself

旺 [wàng]
㊀ ❶prosperous; thriving; flourishing; vigorous ❷plenty; abundant
【旺季】midseason; the peak season; peak period; busy season
【旺盛】vigorous; exuberant
【旺销】be in great demand; sell well

望 [wàng]
㊀ ❶look or gaze into the distance; look far ahead ❷call on; pay a visit; visit ❸hope; expect; look forward to ❹watch; scrutinize ❺face afar ㊁ ❶reputation; fame; prestige ❷full moon ❸15th (occasionally 16th or 17th) day of the

lunar month ㈥ to; towards ㈦ approaching; near; almost
【望族】distinguished family; prominent family
【望远镜】telescope
【望尘莫及】so far behind that one can only see the dust of the rider ahead—too far behind to catch up; too inferior to bear comparison
【望眼欲穿】keep gazing anxiously till one's eyes are strained; have long been looking forward with eager expectancy
【望洋兴叹】lament one's littleness before the vast ocean—bemoan one's inadequacy in the face of a great task
【望子成龙】long to see one's son become a dragon; long to see one's son succeed in life

wēi

危 [wēi]
㈠ ①dangerous; hazardous; perilous ②dying ③high; precipitous; sheer ④proper; erect; upright ⑤frightening; terrifying ㈥ twelfth of the twenty-eight constellations in ancient astronomy ㈦ endanger; jeopardize; imperil
【危害】harm
【危机】crisis
【危急】critical; in imminent danger; in a desperate situation
【危难】danger and disaster; calamity
【危险】dangerous; perilous
【危重】critically ill
【危害性】harmfulness; perniciousness
【危言耸听】say frightening things just to cause alarm; exaggerate just to scare people
【危在旦夕】in imminent danger; on the verge of death or destruction
【危旧房改造】re-development of condemned housing

威 [wēi]
㈠ impressive strength; mighty force; prowess ㈦ threaten by force or by sheer strength
【威风】power and prestige; might
【威力】power; might
【威猛】brave and fierce
【威名】renown
【威慑】terrorize with military force; deter
【威望】prestige
【威武】㈠ might; force; power ㈦ powerful; mighty
【威胁】threaten; menace; imperil
【威信】prestige; popular trust
【威严】㈠ dignified; stately; majestic; awe-inspiring ㈦ awe; prestige; dignity
【威士忌】whisky

逶 [wēi]
【逶迤】winding; meandering

偎 [wēi]
㈦ snuggle up to; nestle in; lean close to
【偎依】snuggle up to; lean close to

葳 [wēi]
【葳蕤】luxuriant (foliage)

微 [wēi]
㈠ ①minute; tiny ②profound, abstruse; esoteric ㈦ decline; weaken ㈥ one millionth part; micro-
【微波】❶ripples ❷microwave
【微薄】meagre; scanty
【微词】veiled criticism; complaints
【微雕】miniature sculpture
【微分】differential
【微风】gentle breeze
【微观】microcosmic
【微机】microcomputer
【微粒】❶particle ❷corpuscle
【微量】trace; micro-
【微妙】delicate
【微弱】faint; feeble; weak
【微调】fine tuning; trimming
【微微】slightly; faintly
【微小】small; little
【微笑】smile
【微型】miniature; mini-
【微波炉】microwave oven
【微代码】microcode
【微生物】microorganism; microbe
【微不足道】too trivial or insignificant to mention; insignificant; inconsiderable; negligible
【微观世界】microworld; microcosm
【微观调控】micro regulating; micro regulation
【微积分学】infinitesimal calculus; calculus
【微电子技术】micro-electronic technology

煨 [wēi]
㈦ ①cook over a slow fire; stew; simmer ②roast in fresh cinders

巍 [wēi]
㈠ towering; soaring; lofty
【巍峨】towering; lofty
【巍然】towering; lofty; majestic; imposing
【巍然屹立】stand lofty and firm; stand rock-firm

wéi

韦 [wéi]
㈠ leather; hide
【韦伯】weber (Wb)

为 [wéi]
㈦ ①do; act; perform ②take as; serve as; act as; work as ③become; turn ④be; mean; make ㈥ 为风雪所阻 be held up by a snowstorm; be snowed up/为人所称道 be praised by others ㈦ why, what for ㈥ ①大为增加 increase greatly/广为流传 spread far and wide ②极为幸福 extremely happy/更为重要 even more important/甚为特殊 very extraordinary indeed ➡ wèi
【为害】cause harm; cause damage

【为难】❶ feel embarrassed; feel awkward ❷ make things difficult for
【为期】(to be completed) by a definite date
【为生】make a living
【为首】with sb as the leader; headed〔led〕by
【为伍】associate with
【为限】be within the limit of; not exceed
【为止】up to; till
【为重】attach most importance to
【为主】give first place to; give priority to
【为非作歹】do evil; commit crimes; perpetrate outrages
【为富不仁】be rich and cruel; be one of the heartless rich
【为人师表】be worthy of the name of teacher; be a paragon of virtue and learning
【为所欲为】act wilfully; do whatever one likes; have one's own way

违 [wéi]
动 ❶ oppose; disobey; violate ❷ part with; leave
【违背】violate; go against; run counter to
【违法】break the law; be illegal
【违反】violate; run counter to; transgress; infringe
【违犯】violate; infringe; act contrary to
【违禁】violate a ban
【违抗】disobey; defy
【违宪】violate the constitution; unconstitutional; be unconstitutional
【违心】against one's will; contrary to one's convictions
【违约】❶ break a contract; violate a treaty ❷ break one's promise; break off an engagement
【违章】breach of regulation; break rules and regulations
【违禁品】contraband
【违约金】penal sum; default fine

围 [wéi]
动 enclose; surround; besiege 名 ❶ all round; around ❷ measurement of certain parts of body 圉 (a) hand span; 腰大十围 waist of ten hand spans (b) arm span; 树粗十围 tree of ten arm spans
【围攻】❶ besiege; lay siege to ❷ jointly speak or write against sb; jointly attack sb
【围观】watch; look on
【围巾】muffler; scarf
【围困】besiege; hem in; pin down
【围拢】crowd around; gather round
【围棋】weiqi
【围墙】enclosure; enclosing wall
【围裙】apron
【围绕】❶ round; around ❷ center on; revolve round
【围嘴儿】bib

桅 [wéi]
名 mast

【桅杆】mast

唯 [wéi]
副 only; solely; alone
【唯独】only; alone
【唯恐】for fear that; lest
【唯一】only; sole; single; unique
【唯有】only; alone
【唯利是图】be bent on profit; be intent on nothing but profit; put profit-making before anything else
【唯物主义】materialism
【唯心主义】idealism
【唯物辩证法】materialist dialectics

帷 [wéi]
名 curtain
【帷幕】heavy curtain

惟 [wéi]
动 think
【惟妙惟肖】remarkably true to life; absolutely lifelike; spitting image

维 [wéi]
动 ❶ bind; tie up; hold together ❷ keep; maintain; safeguard; uphold ❸ think 名 dimension
【维持】keep; maintain; preserve
【维护】safeguard; defend; uphold
【维权】safeguard legal rights
【维系】hold together; maintain
【维修】keep in (good) repair; service; maintain
【维尼纶】vinylon
【维生素】vitamin

wěi

伟 [wěi]
形 ❶ great ❷ strong and handsome
【伟大】great; mighty
【伟哥】Viagra
【伟人】great man; great personage
【伟业】great cause; exploit

伪 [wěi]
形 ❶ false; counterfeit; fake; bogus ❷ puppet; collaborationist; quisling
【伪劣】fake, shoddy, of poor quality
【伪善】hypocritical
【伪造】forge; falsify; fabricate; counterfeit
【伪装】动 ❶ pretend; feign ❷ camouflage 名 disguise; guise; mask
【伪君子】hypocrite; wolf in sheep's clothing
【伪科学】pseudoscience

苇 [wěi]
名 reed
【苇塘】reed pond
【苇席】reed mat

尾 [wěi]
名 ❶ tail; rear ❷ sixth of the 28 constellations into which the celestial sphere was divided in ancient Chinese astronomy ❸ end ❹ remaining part; remainder; remnant 量 有鱼数百

尾。There are hundreds of fish.
【尾巴】❶tail ❷tail-like part ❸servile adherent;appendage ❹person shadowing sb
【尾灯】tail light;tail lamp
【尾气】tail-gas;exhaust
【尾声】❶coda ❷epilogue ❸end
【尾数】odd amount in addition to the round number
【尾随】tail behind;tag along after;follow at sb's heels
【尾音】last or end syllable

纬 [wěi]

图❶weft;woof ❷latitude ❸augury (book)
【纬度】latitude
【纬线】❶parallel ❷weft

委 [wěi]

动❶entrust;delegate;appoint ❷throw away;discard;cast aside ❸accumulate;gather 图❶committee;committee member ❷end;lower reaches 形❶indirect;circuitous;roundabout ❷listless;depressed;dejected 副actually;definitely;certainly
【委派】appoint;delegate;designate
【委屈】❶feel wronged;nurse a grievance ❷put sb to great inconvenience
【委任】appoint
【委身】submit to;give oneself to
【委托】entrust;trust
【委婉】mild and roundabout;tactful
【委员】committee member;member of a committee
【委托书】trust deed;power of attorney
【委员会】committee;commission;council
【委员长】chairman of a committee
【委靡不振】dejected and apathetic;dispirited;in low spirits
【委曲求全】make concessions to achieve one's aim;compromise for the sake of the general interest

诿 [wěi]

动shift (the responsibility or blame) to sb else;shirk
【诿过于人】lay one's faults at other people's door;try to impute it to others

娓 [wěi]

【娓娓】(talk) tirelessly
【娓娓动听】speak most interestingly

萎 [wěi]

动❶wither;wilt;fade ❷decline
【萎靡】listless;dispirited;dejected
【萎缩】❶wither;shrivel;shrink ❷shrink;sag;contraction ❸atrophy

猥 [wěi]

形❶numerous;multifarious;miscellaneous ❷base;lewd;lascivious;salacious
【猥亵】形obscene;salacious 动act indecently towards (a woman)

卫 wèi

动defend;guard;protect 图❶security guard ❷place for stationing troops in the Ming Dynasty
【卫兵】guard;bodyguard
【卫冕】defend one's championship;defend one's title
【卫生】图❶hygiene ❷clean-up 形hygienic
【卫视】satellite television
【卫星】❶satellite;moon ❷artificial satellite;man-made satellite
【卫生间】toilet (room)
【卫生巾】feminine napkin
【卫生球】mothball
【卫生纸】toilet paper
【卫星城】satellite town
【卫星导航】satellite navigation

为 [wèi]

动be on the side of;help;support 介❶on behalf of;for the benefit of;in the interest of ❷for (the purpose or sake of) ❸to ❹because;for;on account of ➡wéi
【为此】to this end;for this reason[purpose];in this connection
【为何】why;for what reason
【为了】for;for the sake of;in order to
【为什么】why;why[how] is it that

未 [wèi]

副❶not yet ❷not;no 图eighth of the 12 Earthly Branches
【未必】may not;not necessarily
【未曾】have not;did not
【未尝】❶have not;did not ❷not without its merits;那也未尝不可。That should be all right.
【未婚】unmarried;single
【未来】形coming;approaching;next;future 图future;tomorrow
【未了】unfinished;outstanding
【未免】rather;a bit too;truly
【未能】fail to;cannot
【未遂】not accomplished;abortive
【未完】unfinished
【未婚夫】fiancé
【未婚妻】fiancée
【未知数】图unknown number 动unknown;uncertain
【未成年人】minor
【未婚同居】domestic partnership;live in sin
【未完待续】be continued

位 [wèi]

图❶place;location;seat ❷position;rank;status ❸throne ❹place;figure;digit 量各位女士 Ladies/各位先生 Gentlemen/列位代表 Delegates
【位次】precedence;seating arrangement

【位能】potential energy
【位移】displacement; shifting
【位于】be located; be situated; lie
【位置】❶ seat; place; site; location ❷ place; position
【位子】seat; place

味 [wèi]
图 ① taste; flavour ② smell; scent; odour ③ interest; relish ④ dishes; food 动 distinguish the flavour of; reflect on 量 ingredient: 这个方子里共有六味药。This prescription specifies six medical herbs.
【味道】taste; flavour
【味精】monosodium glutamate; gourmet powder

畏 [wèi]
动 ① fear; dread ② admire
【畏惧】fear; dread
【畏难】be afraid of difficulty
【畏缩】recoil; shrink; flinch
【畏罪】dread punishment for one's crime

胃 [wèi]
图 stomach
【胃口】❶ appetite ❷ liking
【胃痛】stomachache; gastralgia
【胃炎】gastritis

谓 [wèi]
动 ① say ② call; name; mean
【谓语】predicate

喂 [wèi]
叹 hello; hey 动 ① give food to; feed ② spoon-feed
【喂奶】breast-feed; suckle; nurse
【喂养】feed; raise; keep

蔚 [wèi]
形 ① luxuriant; grand; magnificent ② colourful 动 expand
【蔚蓝】azure; sky blue
【蔚然成风】become common practice; become the order of the day

慰 [wèi]
动 console; soothe; comfort 形 relieved
【慰藉】comfort; console
【慰劳】show appreciation
【慰问】express sympathy and solicitude for; extend one's regards to; convey greetings to; salute
【慰安妇】comfort woman
【慰问信】letter of support

wēn

温 [wēn]
形 ① warm; lukewarm; tepid ② gentle; meek; tender 图 ① temperature ② seasonal febrile disease 动 ① warm up; heat up ② review; revise
【温饱】adequate〔ample〕food and clothing; dress warmly and eat one's fill; have adequate food and clothing; have enough to eat and wear
【温差】difference in temperature; range of temperature
【温床】❶ hotbed ❷ breeding ground; hotbed
【温存】❶ be attentive to; give tender attentions to ❷ affectionate; kind; gentle; tender
【温带】temperate zone
【温度】temperature
【温和】[wēnhé] ❶ temperate; mild; moderate ❷ gentle; mild
【温和】[wēnhuo] warm; lukewarm
【温暖】warm
【温情】❶ tender feeling ❷ too softhearted
【温泉】hot spring
【温柔】gentle and soft
【温室】greenhouse; glasshouse; hothouse; forcing house; conservatory
【温顺】docile; tame; meek; domesticated
【温习】review; revise
【温馨】soft and sweet; warm
【温故知新】gain new insights through restudying old material; reviewing the past helps one to understand the present; learn new things by reviewing old things
【温文尔雅】refined and cultivated

瘟 [wēn]
图 acute communicable disease 形 dull; insipid; vapid
【瘟疫】pestilence; plague

wén

文 [wén]
图 ① character; writing; inscription; script ② language ③ literary composition; article; writing ④ literary or classical language ⑤ culture; civilization ⑥ liberal arts; humanities ⑦ certain natural phenomena ⑧ etiquette; formal ritual 形 ① civilian; civil ② soft; mild; refined 动 ① tattoo ② cover up; paint over; explain away 量 一文不名 penniless/一文钱 a cent
【文案】❶ official documents and correspondence ❷ secretary; clerk
【文本】text; version
【文笔】style of writing
【文才】literary talent; aptitude for writing
【文采】❶ rich and bright colors ❷ literary grace; literary talent
【文唇】lip tattooing
【文法】grammar
【文风】atmosphere; style
【文告】proclamation; statement; message
【文豪】literary giant; great writer; eminent writer
【文化】❶ civilization; culture ❷ education; culture; schooling; literacy
【文火】slow fire; gentle heat
【文集】collected works
【文件】documents; papers; instruments; file

【文教】culture and education
【文静】gentle and quiet
【文具】writing materials; stationery
【文科】liberal arts
【文盲】illiterate person; illiterate
【文眉】eyebrow tattooing
【文明】图 civilization; culture 形 civilized
【文墨】writing
【文凭】diploma
【文气】reserved
【文人】man of letters; scholar; literati
【文身】tattoo
【文书】❶ document; official dispatch ❷ copy clerk; clerical staff
【文坛】the literary world〔arena, circles〕; the world of letters
【文体】genre; recreation
【文物】cultural relic; historical relic
【文献】document; literature
【文胸】bra
【文选】selected works; literary selections
【文学】literature
【文雅】elegant; refined; cultured; polished
【文言】classical Chinese
【文艺】literature and art
【文娱】cultural recreation; entertainment
【文员】clerk
【文摘】abstract; digest
【文章】❶ essay; article ❷ literary works; writings ❸ hidden meaning; implied meaning
【文竹】asparagus fern
【文字】❶ characters; script; writing ❷ written language ❸ writing
【文工团】song and dance ensemble; art troupe; cultural troupe
【文学士】bachelor of arts (B. A.)
【文本编辑】text editing
【文质彬彬】gentle; urbane; suave
【文件缓冲区】file buffers
【文字处理机】word processor

纹 [wén]
图 ❶ pattern ❷ line; vein; grain
【纹理】veins; grain
【纹路儿】lines; grain
【纹丝不动】absolutely still

闻 [wén]
动 ❶ hear ❷ smell 图 ❶ news; story; anecdote ❷ repute; reputation 形 well-known; renowned; famous
【闻名】形 well-known; famous; renowned 动 be familiar with sb's name; know sb by repute
【闻讯】hear the news
【闻风而动】act without delay upon hearing the news; immediately respond to a call; go into action without delay
【闻风丧胆】become terror-stricken〔panic-stricken, terrified〕at the news

蚊 [wén]
图 mosquito

【蚊香】mosquito-repellent incense
【蚊帐】mosquito net

刎 [wěn]
动 cut one's throat

吻 [wěn]
图 ❶ lips ❷ muzzle; snout 动 touch by the lips; kiss
【吻别】kiss sb goodbye
【吻合】be identical; coincide; tally

紊 [wěn]
形 dishevelled; disorderly; confused
【紊乱】disorder; chaos; confusion

稳 [wěn]
形 ❶ steady; firm; steadfast ❷ calm; staid; sedate 副 surely; certainly: 他稳拿冠军。He is certain to win the championship. 动 stabilize; calm; put at ease
【稳步】with steady steps; steadily
【稳当】reliable; secure; safe
【稳定】❶ stable; steady ❷ stabilize; steady
【稳固】firm; stable
【稳健】firm; steady
【稳流】steady flow
【稳妥】safe; reliable
【稳重】steady; staid; sedate
【稳压器】voltage stabilizer; voltage regulator
【稳操胜券】be certain〔confident〕of success

问 [wèn]
动 ❶ seek information from; ask; inquire ❷ ask after; inquire after ❸ interrogate; question; examine ❹ hold responsible; intervene 介 from: 我想问你借本书。I'd like to borrow a book from you.
【问安】pay one's respects; wish sb good health
【问答】questions and answers
【问鼎】❶ aspire after the throne; have monarchic ambitions ❷ compete for a championship; try to carry off the first prize
【问好】send one's regards to; say hello to
【问号】❶ question mark; interrogation mark (?) ❷ unknown factor; unsolved problem
【问候】send one's respects〔regards〕to; extend greetings to
【问话】ask about; inquire
【问津】make inquiries
【问卷】questionnaire
【问世】be published; come out
【问题】❶ question; problem ❷ problem; matter ❸ trouble; mishap; something wrong ❹ the point; the thing
【问讯】inquire; question
【问罪】denounce; condemn
【问事处】inquiry office; information desk
【问长问短】make detailed inquiries; inquire

with concern about sb's well-being; ask about this and that
【问寒问暖】 inquire with concern about sb's wellbeing; be solicitous for sb's welfare
【问题少年】 problem child
【问心无愧】 feel no qualms upon self-examination; have a clear conscience
【问心有愧】 feel a twinge of conscience; have a guilty conscience

wēng

翁 [wēng] ① old man ② father ③ husband's father; (woman's) father-in-law; wife's father

嗡 [wēng] buzz; hum; drone

wō

莴 [wō]
【莴苣】 lettuce
【莴笋】 asparagus lettuce

倭 [wō] Japan
【倭瓜】 pumpkin; cushaw

涡 [wō] whirlpool; maelstrom; eddy
【涡流】 whirlpool
【涡轮】 turbine
【涡轮发电机】 turbogenerator

窝 [wō] ① nest ② lair; den; haunt ③ place where evildoers get together ④ hollow part of the human body or a place; pit ① harbour; shelter; shield ② huddle up; curl up; stay still ③ hold in; check ④ bend litter; brood; 一窝下了六只猫 bear six kittens at a litter/一窝小鸭 a brood of ducklings
【窝藏】 harbour; shelter
【窝工】 enforced idleness due to poor organization of work; holdup in the work through poor organization
【窝火】 be filled with anger
【窝囊】 ① feel vexed; be annoyed ② stupid, cowardly and timid; good-for-nothing; hopelessly stupid
【窝棚】 shack; shed; shanty
【窝赃】 conceal stolen goods
【窝囊废】 good-for-nothing; worthless wretch
【窝窝头】 steamed bread of corn, sorghum, etc.
【窝儿里斗】 internal struggle; internal quarrels and fights

蜗 [wō] snail
【蜗居】 humble abode
【蜗牛】 snail

wǒ

我 [wǒ] ① I; me; my ② we; us; our ③ one; people ④ self
【我们】 we or us
【我行我素】 persist in one's old ways; stick to one's old way of doing things

wò

沃 [wò] irrigate; pour (water) fertile; rich
【沃土】 fertile soil; rich soil

卧 [wò] ① lie ② get babies to lie down ③ crouch; sit ④ poach for sleeping in
【卧病】 be confined to bed; be laid up
【卧车】 ① sleeping car; sleeping carriage; sleeper ② automobile; car; limousine; sedan
【卧床】 lie in bed
【卧倒】 drop to the ground; take a prone position
【卧底】 be a planted agent
【卧房】 bedroom
【卧轨】 lay oneself on the railway tracks
【卧具】 bedding
【卧铺】 sleeping berth; sleeper
【卧式】 horizontal
【卧室】 bedroom
【卧榻】 bed

握 [wò] ① take in one's hand; hold; grasp ② have; possess
【握别】 shake hands at parting; part
【握拳】 make a fist; clench one's fist
【握手】 shake hands; clasp hands

斡 [wò] revolve; gyrate; rotate
【斡旋】 mediate

龌 [wò]
【龌龊】 ① dirty; filthy ② base; unprincipled ③ narrow-minded

wū

乌 [wū] crow black; dark what; how
【乌龟】 ① tortoise ② cuckold
【乌黑】 pitch-black; jet-black
【乌梅】 smoked plum; dark plum
【乌鸦】 crow
【乌有】 not exist
【乌鱼】 snakehead
【乌云】 black clouds; dark clouds
【乌贼】 cuttlefish; inkfish
【乌龙茶】 oolong (tea)
【乌纱帽】 ① black gauze cap ② official post
【乌托邦】 Utopia
【乌合之众】 disorderly band; motley crowd; rabble; mob

【乌烟瘴气】foul〔pestilential〕atmosphere

污 [wū]
❸ dirt;muck;filth ❹ ① dirty;filthy;foul ② corrupt;dishonest ❺ ① defile;vilify;smear ② insult;humiliate
【污点】stain;spot;blemish;smirch
【污垢】dirt;filth
【污秽】filthy;foul
【污蔑】slander;vilify;calumniate;smear
【污染】pollute;contaminate
【污辱】❶ humiliate;insult ❷ defile;sully;tarnish
【污浊】dirty;muddy;foul;filthy
【污泥浊水】filth and mire

巫 [wū]
❸ shaman;witch;wizard
【巫师】wizard;sorcerer
【巫术】witchcraft;sorcery
【巫医】witch doctor

呜 [wū]
❸ hoot;toot:雾中汽笛在呜呜叫。A horn hooted in the fog. / 汽车呜的一声疾驶过去了。The car sped past with a zoom.
【呜咽】sob;whimper
【呜呼哀哉】❺ alas ❺ be dead and gone

钨 [wū]
❸ tungsten;wolfram (W)
【钨丝】tungsten filament

诬 [wū]
❺ accuse falsely;slander
【诬告】lodge a false accusation against;bring a false charge against;trump up a charge against
【诬蔑】slander;vilify;calumniate;smear
【诬陷】frame a case against;frame sb up;make a false charge against sb

屋 [wū]
❸ ① house ② room
【屋顶】roof
【屋顶花园】roof garden
【屋顶平台】roof-deck

wú

无 [wú]
❺ not have;be without;have nothing or nil ❺ not;un-;a-;in-:无须重申 not necessary to reiterate ❻ regardless of;irrespective of;no matter whether,what,etc.
【无比】incomparable;unparalleled;matchless
【无不】all without exception;invariably
【无常】❹ variable;changeable ❸ impermanence
【无偿】free;gratis;gratuitous
【无耻】shameless;brazen;impudent
【无从】have no way;not be in a position(to do sth)
【无敌】unmatched;invincible;unconquerable
【无度】immoderate;excessive
【无端】for no reason
【无法】unable;incapable
【无妨】there's no harm;may〔might〕as well
【无非】nothing but;no more than;simply;only
【无辜】❹ innocent ❸ innocent person
【无故】without cause or reason
【无关】have nothing to do with
【无害】harmless
【无机】inorganic
【无几】very few;very little;hardly any
【无间】❶ not keeping anything from each other;very close to each other ❺ continuously;without interruption
【无菌】aseptic;germ-free
【无愧】feel no qualms;have a clear conscience
【无赖】❺ rascally;scoundrelly;blackguardly ❸ rascal
【无理】unreasonable;unjustifiable
【无力】❶ lack strength;feel weak ❷ unable;incapable;powerless
【无量】measureless;immeasurable;boundless
【无聊】❶ bored ❷ senseless;silly;stupid
【无论】no matter what,how,etc.;regardless of
【无名】❶ nameless ❷ unknown ❸ indefinable;indescribable
【无奈】❺ cannot help but;have no alternative;have no choice ❻ but;however
【无能】incompetent;incapable
【无情】merciless;ruthless;heartless
【无穷】infinite;endless;boundless;inexhaustible
【无人】❶ unmanned ❷ depopulated ❸ self-service
【无上】supreme;paramount;highest
【无声】noiseless;silent
【无视】ignore;disregard;defy
【无数】❹ innumerable;countless ❺ not know for certain;be uncertain
【无水】anhydrous
【无私】selfless;disinterested;unselfish
【无为】("do nothing") inaction
【无谓】meaningless;pointless;senseless
【无息】interest-free
【无限】infinite;limitless;boundless;immeasurable
【无线】wireless
【无效】of〔to〕no avail;invalid;null and void
【无心】❺ not be in the mood for ❹ unintentional
【无形】invisible;intangible
【无性】asexual
【无需】need not
【无疑】beyond doubt;undoubtedly
【无异】not different from;tantamount to;as good as
【无益】unprofitable;useless;no good
【无意】❺ have no intention;not be inclined to ❻ inadvertently;unwittingly;accidentally

【无用】useless; of no use
【无缘】have not the chance or luck (to do sth)
【无知】ignorant
【无产者】proletarian
【无底洞】bottomless pit
【无公害】environmentally harmless; socially harmless
【无核化】denuclearize
【无核区】nuclear-free zone; non-nuclear zone
【无花果】fig
【无机酸】inorganic acid
【无机物】inorganic substance; inorganic matter
【无机盐】inorganic salts
【无厘头】*wulitou* culture
【无理式】irrational expression
【无理数】irrational number
【无名指】the third finger; ring finger
【无穷大】infinitely great; infinity
【无穷小】infinitely small; infinitesimal
【无神论】atheism
【无所谓】❶ cannot be designated as; not deserve the name of ❷ be indifferent; not matter
【无条件】unconditional; without preconditions
【无限大】infinitely great; infinity
【无限小】infinitely small; infinitesimal
【无限制】unrestricted; unbridled; unlimited
【无线电】radio
【无形中】imperceptibly; virtually
【无须(乎)】need not; not have to
【无烟煤】anthracite
【无意识】unconscious
【无边无际】boundless; limitless; vast
【无产阶级】the proletariat
【无地自容】can find no place to hide oneself for shame; feel too ashamed to show one's face; look for a hole to crawl into
【无的放矢】shoot an arrow without a target; shoot at random
【无动于衷】aloof and indifferent; unmoved; untouched; unconcerned
【无独有偶】it is not unique, but has its counterpart
【无恶不作】stop at nothing in doing evil; stop at no evil; commit all manner of crimes
【无法无天】defy laws human and divine; become absolutely lawless; run wild
【无轨电车】trackless trolley; trolleybus
【无话不谈】keep no secrets from each other; be in each other's confidence
【无机化学】inorganic chemistry
【无稽之谈】unfounded statement; fantastic talk; sheer nonsense
【无济于事】not help matters; of no help; of no avail; to no effect
【无家可归】wander about with no home to go to; be homeless
【无精打采】listless; in low spirits; out of sorts; lackadaisical
【无拘无束】unrestrained; unconstrained; free and easy
【无可奉告】no-comment; I take the fifth
【无可厚非】not be altogether unjustifiable; give little cause for criticism
【无可奈何】have no way out; be utterly helpless; have no alternative
【无可置疑】indubitable; unquestionable
【无孔不入】get in by every opening; seize every opportunity
【无理方程】irrational equation; radical equation
【无理取闹】wilfully make trouble; be deliberately provocative
【无论如何】in any case; by any means; at any cost; at any rate; whatever happens; at all events; anyhow; anyway
【无能为力】powerless; helpless; incapable of action
【无期徒刑】life imprisonment
【无奇不有】there is no lack of strange things
【无铅汽油】clear gasoline; unleaded gasoline; unleaded petrol
【无伤大雅】not matter much; not affect things as a whole
【无声手枪】pistol with silencer
【无绳电话】cordless (phone); cordless telephone
【无师自通】learn sth without a teacher; be self-taught
【无时无刻】all the time; incessantly
【无事生非】make trouble out of nothing; be deliberately provocative
【无所作为】attempt nothing and accomplish nothing; be in a state of inertia
【无土栽培】soilless cultivation; tank farming
【无微不至】meticulously; in every possible way
【无线电话】radiotelephone; radiophone
【无线寻呼】radio paging
【无效合同】void contract
【无效婚姻】invalid marriage
【无形财产】incorporeal assets; invisible assets; intangible assets; immaterial assets; non-physical assets
【无形资本】incorporeal capital
【无性繁殖】vegetative propagation; cloning
【无烟工业】smokeless industry
【无氧运动】anaerobic exercise
【无忧无虑】free from care; free from all anxieties; carefree
【无伴奏合唱】cappella
【无被选举权】ineligible
【无党派人士】nonpartisan; personages without party affiliation
【无风不起浪】there are no waves without wind; there's no smoke without fire
【无核武器区】nuclear-weapon-free zone

【无机化合物】inorganic compound
【无人售票车】pay-to-driver bus; self-service bus
【无添加剂的】E-free
【无条件转让】absolute conveyance
【无线电遥控】wireless remote control
【无线因特网】wireless Internet
【无行为能力】incompetence; legal to go by
【无政府主义】anarchism
【无纸办公室】paperless office
【无核武器国家】nonnuclear country
【无事不登三宝殿】one never goes to the temple for no reason; I wouldn't come to you if I hadn't something to ask of you

毋 [wú]
⃞副 no; not
【毋宁】rather…(than);(no so much…) as
【毋庸】need not
【毋庸讳言】no need for reticence
【毋庸赘述】there is no need to go into details; it is pointless to belabour the obvious

芜 [wú]
⃞形 ①overgrown with weeds ②mixed and disorderly; superfluous; useless ⃞名 land overgrown with weeds

梧 [wú]
⃞名 Chinese parasol
【梧桐】Chinese parasol (tree); phoenix tree

蜈 [wú]
【蜈蚣】centipede

wǔ

五 [wú]
⃞数 five
【五谷】❶the five cereals ❷food crops
【五官】the five sense organs
【五金】❶the five metals ❷metals; hardware
【五味】❶the five flavours (sweet, sour, bitter, pungent and salty) ❷all sorts of flavours
【五香】❶the five spices ❷spices
【五脏】the five internal organs
【五保户】household enjoying the five guarantees
【五斗柜】chest of drawers
【五合板】five-ply board; plywood
【五环旗】the five-ring flag
【五角星】five-pointed star
【五线谱】staff; stave
【五星级】five-star
【五月节】the Dragon Boat Festival
【五彩缤纷】colourful; blazing with colour
【五好家庭】virtue family; "five good" family
【五湖四海】all corners of the land
【五花八门】multifarious; of a wide(rich) variety
【五讲四美】Five Stresses and Four Points of Beauty

【五角大楼】the Pentagon
【五体投地】prostrate oneself before sb
【五星红旗】the Five-Starred Red Flag
【五个一工程】Five-One Program[Project]
【五天工作制】five-day workweek
【五项全能运动】sports pentathlon

午 [wú]
⃞名 noon; midday
【午安】good afternoon
【午饭】midday meal; lunch
【午餐】midday meal; lunch
【午后】afternoon
【午间】noon; midday
【午前】forenoon; before noon; morning
【午睡】⃞名 afternoon nap; noontime snooze ⃞动 take[have] a nap after lunch
【午休】noon break; midday rest; noontime rest; lunch hour
【午宴】luncheon
【午夜】midnight
【午餐肉】(pork) luncheon meat

忤 [wú]
⃞动 violate
【忤逆】disobedient (to parents)

妩 [wú]
【妩媚】lovely; charming

武 [wú]
⃞形 bold and powerful; valiant; fierce ⃞名 ❶military; of military strength ❷martial arts; wushu ⃞量 (half a) footstep
【武打】❶military exploits ❷martial arts
【武斗】resort to violence
【武断】arbitrary; subjective assertion
【武功】military accomplishments [achievements]
【武官】❶military officer ❷military attaché
【武力】❶force ❷military force; armed might; armed strength; force of arms
【武器】weapon; arms
【武术】wushu; kungfu
【武装】⃞名 ❶arms; military equipment; battle outfit ❷armed forces ⃞动 equip with arms; supply with arms; arm
【武昌鱼】blunt-snout bream
【武打片】martial arts film; Kung-fu film
【武装警察】armed police

侮 [wú]
⃞动 insult; humiliate; bully
【侮蔑】despise; look down on
【侮辱】insult; humiliate; subject sb to indignities

捂 [wú]
⃞动 cover; seal; hide; muffle

舞 [wú]
⃞名 dance ⃞动 ①move about as if in a dance; dance ②dance with sth in one's hands ③flourish; wave; brandish; wield ④play with ⑤get

【舞伴】dancing partner
【舞弊】fraudulent practices; malpractices; irregularities; embezzlement
【舞池】dancing floor
【舞蹈】dance
【舞会】dance; ball
【舞剧】ballet
【舞迷】habitual dancer
【舞女】dancing girl; dance-hostess; taxi dancer
【舞曲】dance music; dance
【舞台】stage; arena
【舞厅】dance hall; ballroom
【舞姿】dancer's posture and movements

wù

勿 [wù]
副 no; not
【勿忘草】forget-me-not

务 [wù]
名 ① task; affair; business ② outpost of a tax office 动 apply oneself to; be engaged in; go in for 副 must; be sure to
【务必】must; be sure to
【务求】must; be sure to
【务实】deal with concrete matters relating to work; be pragmatic
【务使】make sure; ensure
【务虚】discuss principles

坞 [wù]
名 ① depressed place; hollow ② structure tall on all sides that keep out the wind ③ small castle; fort

物 [wù]
名 ① thing; creature; matter; material ② outside world as distinct from oneself; people other than oneself; other people ③ content; essence; substance
【物产】products; produce
【物化】pass away; die
【物价】special offer; special price
【物件】article
【物镜】objective (lens)
【物理】❶ innate laws of things ❷ physics
【物力】material resources
【物流】material circulation
【物品】article; goods
【物权】real right
【物色】look for; seek out; choose
【物体】body; substance; object
【物象】❶ visible phenomena ❷ image
【物像】image; reflection
【物业】property
【物证】material evidence
【物质】matter; substance; material
【物种】species
【物主】owner
【物资】goods and materials
【物理学】physics
【物美价廉】cheap but good; inexpensive but elegant
【物业公司】property company; real estate company
【物业管理】property management; estate management
【物质名词】material noun
【物质文明】material civilization

误 [wù]
形 mistake; error 动 ① miss; delay ② harm; damage ③ by mistake; accidentally
【误差】error
【误导】mislead; lead astray
【误点】late; overdue; behind schedule
【误会】动 misunderstand; mistake; misconstrue 名 misunderstanding
【误解】动 misread; misunderstand 名 misunderstanding
【误区】misunderstandings; the wrong region
【误事】mess things up
【误诊】make a wrong diagnosis

恶 [wù]
动 dislike; loathe; detest; hate →ě; è
【恶风】aversion to wind
【恶寒】aversion to cold
【恶食】aversion to food

悟 [wù]
动 realize; become aware; awaken
【悟性】power of understanding; comprehension

晤 [wù]
动 meet; encounter; interview; see
【晤面】meet; see
【晤谈】meet and talk; have a talk; interview

靰 [wù]
【靰鞡】leather boots lined with *wula* sedge
【靰鞡草】*wula* sedge

痦 [wù]
【痦子】naevus; mole

雾 [wù]
名 ① fog; mist; smog ② fine spray
【雾化】atomize
【雾凇】(soft) rime
【雾茫茫】misty; foggy
【雾里看花】look at flowers in a fog—a blurred vision

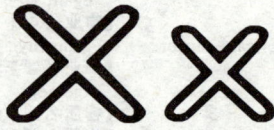

xī

夕 图 ①sunset;dusk ②evening;night
【夕阳】❶ the evening sun;the setting sun ❷ the evening [sunset] of one's life ❸ fading;declining
【夕阳情】love in one's twilight years;love in the sunset of life;love between the aged

西 [xī] 图 ①west ②the Occident;the West
【西北】❶ northwest ❷ northwest China;the Northwest
【西边】west
【西部】the west;western region;west China
【西餐】Western food
【西方】❶ the west;westward ❷ the West;the Occident ❸ Western Heaven;Western Paradise
【西瓜】watermelon
【西南】❶ southwest ❷ southwest China;the Southwest
【西式】Western style
【西天】❶ Western Heaven;Western Paradise ❷ India
【西洋】the West
【西药】Western medicine
【西医】Western medicine;Western doctor
【西乐】Western music
【西装】Western-style clothes;suit
【西半球】the Western Hemisphere
【西红柿】tomato
【西部大开发】West Development

吸 [xī] 动 ①inhale;breathe in;draw ②absorb;suck up ③attract;draw to oneself
【吸毒】drug taking;drug abuse
【吸纳】absorb;draw;attract
【吸取】absorb;draw
【吸收】❶ absorb;assimilate;suck（up）;take up;draw ❷ admit;take in;suck up
【吸烟】smoke;puff on;draw on
【吸引】attract;charm;fascinate;draw

【吸尘器】vacuum

汐 [xī] 图 tide during the night;night tide

希 [xī] 动 hope
【希罕】形 rare 动 cherish 图 rarity
【希奇】strange
【希望】动 hope;wish;expect 图 ❶ hope;wish;expectation;desire;aspiration;urge;longing;temptation ❷ person or thing on which hope is placed
【希望工程】Project Hope;Hope Project
【希望小学】Hope Primary School

昔 [xī] 图 the past;former times
【昔日】（in）former days [times]

析 [xī] 动 ①divide;separate;resolve ②analyse;dissect

牺 [xī] 图 sacrifice
【牺牲】图 sacrifice 动 ❶ sacrifice oneself;die a martyr's death;lay down one's life ❷ sacrifice;give up;do sth at the expense of

息 [xī] 图 ①breath ②news ③interest ④one's children 动 ① rest;break ② cease;stop;end ③ grow;breed;multiply
【息怒】calm down
【息息相关】be closely linked;be closely bound up

奚 [xī]
【奚落】mock

悉 [xī] ①all;entirely ②detailed 动 know the detail;understand;learn;be informed
【悉心】devote all one's attention
【悉听尊便】you are free to try anything you like

淅 [xī] 动 wash rice
【淅沥】the sound of a light rain,a breeze,fall-

ing leaves, etc.

惜 [xī]
动 ① value; cherish; appreciate ② regret; have pity; feel sorry ③ stint; spare; grudge
- 【惜别】 hate to see sb go
- 【惜力】 not give one's all
- 【惜命】 treasure〔cherish〕one's life; be afraid to die

稀 [xī]
形 ①sparse ②rare; scarce; uncommon ③watery; thin *副* very; extremely *名* sth watery; sth thin
- 【稀薄】 thin
- 【稀罕】 *形* rare; uncommon *动* value as a rarity; cherish *名* rarity
- 【稀客】 infrequent visitor
- 【稀奇】 rare; strange; curious
- 【稀少】 few; rare
- 【稀疏】 scattered
- 【稀松】 sloppy
- 【稀有】 rare; unusual
- 【稀溜溜】 very thin; watery
- 【稀里糊涂】 ❶ not knowing what one is about ❷ careless; casual
- 【稀稀拉拉】 sparse

锡 [xī]
名 tin *动* bestow; grant
- 【锡箔】 tinfoil
- 【锡婚】 tin wedding

犀 [xī]
名 rhinoceros
- 【犀利】 penetrating
- 【犀牛】 rhinoceros

溪 [xī]
名 small stream; brook
- 【溪谷】 small valley
- 【溪流】 brook
- 【溪水】 stream; brook

熙 [xī]
形 ①bright; sunny ②merry; cheerful; happy and content ③prosperous; flourishing
- 【熙熙攘攘】 with people bustling about

熄 [xī]
动 extinguish; put out
- 【熄灯】 put out a light〔lamp〕; turn off a light
- 【熄火】 ❶ stop burning; die out; stop (fuel) from burning ❷ stop working; go dead
- 【熄灭】 go out; burn itself out; die out; put out; extinguish; blow out

嘻 [xī]
- 【嘻皮笑脸】 grin cheekily
- 【嘻嘻哈哈】 laughing and joking

膝 [xī]
名 knee
- 【膝盖】 knee
- 【膝关节】 knee joint

嬉 [xī]
动 play; have fun

- 【嬉耍】 play
- 【嬉戏】 play
- 【嬉笑】 be laughing and playing
- 【嬉皮士】 hippie; hippy

曦 [xī]
名 sunlight

xí

习 [xí]
动 ① study; learn; review; practise ② be accustomed or used to; be familiar with *名* habit; custom; convention; usual practice *副* very often
- 【习常】 as usual; usually
- 【习惯】 *动* be accustomed to; be used to *名* habit; custom; practice; use, usage; manners; wont
- 【习气】 bad habit; bad practice
- 【习俗】 custom
- 【习题】 exercises
- 【习习】 gently blowing
- 【习性】 habits and characteristics
- 【习语】 idiom
- 【习作】 sketch
- 【习惯于】 be used to; be accustomed to; be〔feel〕at home with; get used to; become〔grow〕accustomed to; adjust to; adapt to; be no stranger to; be injured to
- 【习以为常】 be used to

席 [xí]
名 ①mat ②seat; place; box ③ seat in parliament ④feast; dinner *量* 一席话 a talk/摆了三席酒 order three tables for the feast〔dinner〕
- 【席地】 sit on the ground
- 【席间】 at〔during〕the feast
- 【席卷】 engulf
- 【席位】 seat
- 【席梦思】 Simmons

袭 [xí]
动 ①raid; attack ②follow the pattern of; carry on as before; copy ③inherit *量* 一袭棉衣 a suit of cotton-padded clothes
- 【袭击】 ❶ make a surprise attack on; attack by surprise ❷ surprise attack; raid
- 【袭用】 follow

媳 [xí]
名 daughter-in-law
- 【媳妇】 ❶ son's wife; daughter-in-law ❷ the wife of a relative of the younger generation
- 【媳妇儿】 ❶wife ❷young married woman

檄 [xí]
名 official summons to arms *动* announce or denounce in such a call or proclamation
- 【檄文】 ❶official call to arms ❷official denunciation of the enemy

xǐ

洗 [xǐ]
动 ① wash; wipe; brush; cleanse; clean ②

clear away ③remedy; right ④baptize ⑤kill and loot ⑥develop (a film) ⑦erase (a recording) ⑧shuffle (cards, etc.) 图 tray for washing (writing) brushes
【洗尘】 give a dinner of welcome
【洗涤】 wash; cleanse
【洗劫】 loot
【洗礼】 ❶baptism ❷trial
【洗钱】 launder money
【洗手】 ❶stop doing evil and reform oneself ❷wash one's hands of sth
【洗刷】 scrub; clear oneself of
【洗头】 wash one's hair
【洗澡】〈英〉have a bath;〈美〉take a bath;〈英〉be in the bath;〈英〉have a shower;〈美〉take a shower; bathe
【洗不掉】 can't be washed off; can't wash out
【洗脸盆】 washbasin
【洗面奶】 (facial) cleansing cream
【洗衣机】 washing machine
【洗澡间】 bathroom
【洗澡堂】 bath pool
【洗耳恭听】 listen with respectful attention
【洗劫一空】 robbed of everything one has

喜 [xǐ] 形 happy; delighted; joyful; pleased 图 ①happy event ②pregnancy 动 ①be fond of; love; like ②be prone to; agree with; require
【喜爱】 like; love; be fond of; be keen on
【喜好】 like; love; be fond of; be keen on
【喜欢】 动 like; love; be fond of; be keen on 形 happy; filled with joy
【喜剧】 comedy
【喜庆】 形 joyous 图 happy event 动 celebrate
【喜鹊】 magpie
【喜事】 ❶happy event ❷wedding
【喜讯】 happy news; good news
【喜悦】 happy; joyous
【喜冲冲】 be in a joyful mood
【喜出望外】 be overjoyed; be pleasantly surprised

xì

戏 [xì] 动 ①play; sport; have fun ②make fun of; joke with 图 drama; opera; play; show
【戏法】 magic
【戏剧】 drama; play; theatre
【戏迷】 theatre fan
【戏弄】 make fun of; play tricks on; tease; kid
【戏曲】 Chinese opera
【戏水】 play with water; play in water
【戏说】 图 playful narrative 动 relate stories in a playful way
【戏言】 joking remarks
【戏院】 theatre

系 [xì] 图 ①system; series; line ②department; faculty ③system 动 ①relate to; rely on ②be concerned ③tie up and carry; fasten and pull up; fasten and lower down ④tie; fasten ⑤take into custody; jail ⑥be ➔ jì
【系列】 series; sequence; a string of; succession of; stream; series; serial
【系数】 coefficient
【系统】 system

细 [xì] 形 ①thin; slender; fine ②narrow; thin ③in small particles; fine ④thin and soft ⑤fine; superb; delicate ⑥careful; detailed ⑦minute; tiny; slight ⑧young; little
【细胞】 cell
【细长】 long and thin; tall and slender
【细节】 detail; point; thing; particulars; specifies
【细菌】 germ
【细密】 finely woven; detailed
【细腻】 exquisite
【细情】 details
【细微】 slight; fine
【细小】 very small; tiny; fine; trivial
【细心】 动 be careful; take care; pay attention to 形 careful; thorough; close
【细则】 detailed rules
【细致】 meticulously
【细水长流】 ❶ economize to avoid running short ❷go about sth little by little without a letup

隙 [xì] 图 ①crack ②gap ③opening; opportunity ④discord

xiā

呷 [xiā] 动 drink
虾 [xiā] 图 shrimp
【虾米】 ❶ dried, shelled shrimps ❷ small shrimps
瞎 [xiā] 动 ①blind ②fail to sprout or bud ③waste; spoil; lose ④fail to detonate or explode ⑤talk irresponsibly groundlessly; foolishly; to no avail
【瞎扯】 ❶ talk irresponsibly; talk rubbish ❷talk at random about anything under the sun
【瞎干】 go it blind; fly blind
【瞎话】 lie
【瞎聊】 talk groundlessly or irresponsibly; talk nonsense
【瞎子】 blind person
【瞎胡闹】 act senselessly
【瞎指挥】 blindly order others about

xiá

匣 [xiá]

【匣子】small box[case]；casket

侠[xiá] 图 knight-errant；chivalrous man 形 chivalrous
【侠客】chivalrous

峡[xiá] 图 gorge
【峡谷】gorge；canyon；valley

狭[xiá] 形 of small width；narrow
【狭隘】❶narrow ❷narrow and limited
【狭长】long and narrow
【狭小】narrow and small；narrow
【狭义】narrow sense
【狭窄】❶narrow ❷narrow and limited

遐[xiá] 形 ❶far；distant ❷lasting；durable；long
【遐想】daydreaming
【遐迩闻名】be known far and wide

瑕[xiá] 图 ❶flaw ❷defect；drawback；shortcoming
【瑕疵】flaw
【瑕瑜互见】have both strong and weak points

暇[xiá] 图 free time；spare moment；leisure
【暇时】at leisure；at one's leisure；in one's leisure

辖[xiá] 图 linchpin 动 be under one's command；administer；govern
【辖区】administered area

霞 图 rosy clouds；morning or evening glow
【霞光】rays of morning or evening sunlight

xià

下[xià] 图 below；under；underneath；down 形 ❶lower；inferior；poor ❷next；latter；later ❸lower ❹名下 under sb's name ❺节下 during a holiday [festival]/眼下 at the moment；at present；right now ❻两下里都愿意 both sides are willing/四下无人 with nobody around 动 ❶go down；descend；get off ❷fall ❸issue；deliver；send ❹go (down) to ❺exit；leave ❻put in；cast ❼play (board) games ❽take away；take off；unload ❾form (an opinion)；draw (a conclusion)；give (a definition) ❿apply；use ⓫give birth to；lay ⓬capture；seize；take ⓭give in；yield ⓮finish (work, etc.)；leave off ⓯less than 量 ❶尝一下儿 have a taste/拍一下儿 clap (once)/休息一下 take a rest ❷杯子里装了半下白酒。The glass of liquor was half-full. ❸你真有两下子！You really can show you a thing or two！；You are really capable！
【下巴】❶the lower jaw ❷chin
【下班】get off work；knock off
【下笔】put pen to paper；begin to write or paint
【下边】❶below；under；underneath ❷next；following ❸lower level
【下策】bad plan；unwise decision；the worst thing to do
【下层】lower level
【下场】❶leave the pitch；go off stage ❷end
【下沉】sink
【下船】❶go ashore ❷get down into a junk；go aboard
【下次】next time；next
【下达】issue
【下蛋】lay eggs
【下跌】decrease；fall；drop
【下方】lower position [level]
【下放】be demoted
【下岗】❶come [go] off sentry duty ❷lay off
【下跪】kneel down；go down on one's knees
【下海】❶go to sea ❷go fishing on the sea；put out to sea ❸leave one's original profession and go into business
【下怀】one's heart's desire
【下回】next time
【下级】lower level
【下集】❶second part ❷next part
【下贱】❶of humble origin；low in social status ❷low；mean ❸degrading
【下降】descend；go [come] down；dive；drop；fall；decline
【下届】the next session of a regular meeting；next
【下酒】go (well) with wine
【下课】❶get out of class；finish class ❷lay off；be removed from a post；be made redundant
【下款】signature
【下来】❶come down ❷come down to a place regarded as being lower or below ❸be harvested ❹be over；come to an end ❺up to the present；till the end [finish]
【下列】listed below；following
【下令】give orders；order
【下流】❶lower reaches ❷low-down；mean；dirty
【下落】❶whereabouts ❷drop；fall
【下马】❶dismount ❷abandon
【下面】❶below；under；underneath ❷next；following ❸lower level ❹the lower part；private parts ❺under
【下去】❶go down；descend ❷down ❸on ❹get；grow；become
【下山】❶go down a hill [mountain] ❷(of the sun) set；sink below the horizon
【下身】❶the lower part of the body ❷private parts ❸trousers
【下世】❶next life；future world ❷leave this world—die
【下手】动 put one's hand to；start；set about；set to 图 assistant；helper

【下属】subordinate
【下水】动 ❶enter the water; be launched ❷take to evildoing; fall into evil ways 名 down river
【下榻】stay
【下台】step down; get out of an awkward situation
【下头】❶below; under ❷lower level
【下网】cast a net; go offline
【下午】afternoon
【下限】lower limit
【下乡】go to the countryside; go and work in the countryside
【下游】lower reaches; bottom
【下载】download
【下作】low-down; mean; dirty
【下辈子】the next life
【下本钱】put in time, money and effort
【下工夫】put in time and energy
【下馆子】go and eat in a restaurant; eat out; dine out
【下决心】make up one's mind; make a firm decision
【下马威】initial show of strength
【下一代】younger generation
【下意识】subconscious
【下岗工人】layoffs; laid-off workers

吓 [xià]
动 frighten; scare →hè
【吓唬】frighten; scare
【吓跑】scare (sb) away
【吓人】be frightening

夏 [xià]
名 summer
【夏季】summer (season)
【夏天】summer

xiān

仙 [xiān]
名 immortal; fairy
【仙境】fairyland; wonderland
【仙女】fairy maiden
【仙人】celestial being
【仙逝】pass away

先 [xiān]
副 ❶early; earlier; before; in advance: 先到灶头先得食 he who arrives early gets served first; the early bird catches the worm/他每次都抢先发言。He always seizes the first opportunity to speak./您先. After you. ❷earlier on; before: 这里的环境比原先好多了。The environment here is much better than before. 名 older generation; ancestor; forefather 形 deceased; late
【先辈】elder generation; ancestors
【先导】guide
【先锋】vanguard
【先河】the beginning of sth
【先后】❶early or late; order ❷one after another
【先进】advanced
【先决】prerequisite
【先觉】动 become awakened earlier 名 advanced thinker
【先前】before
【先遣】advance
【先导】lead; guide in advance
【先人】❶ancestor; forefather ❷my late father
【先生】❶teacher ❷gentleman; mister (Mr.); sir ❸doctor ❹one's 〔sb's〕 husband
【先头】形 ahead; in front; in advance 名 before; formerly; in the past
【先行】❶go ahead of the rest; start off before the others ❷beforehand; in advance
【先兆】omen
【先驱者】pioneer; forerunner
【先人后己】put others before oneself; put other people's interest ahead of one's own

纤 [xiān]
形 fine; tiny; minute →qiàn
【纤巧】delicate
【纤弱】slim and fragile; delicate
【纤维】fibre
【纤细】very thin; slender; fine

掀 [xiān]
动 ❶lift (a cover, lid, etc.); open up; turn over ❷rock; shake
【掀起】❶lift; raise ❷surge; cause to surge ❸set off; start

锨 [xiān]
名 shovel; spade

鲜 [xiān]
形 ❶fresh; new ❷bright-coloured; bright ❸delicious; tasty 名 ❶delicacy ❷aquatic food →xiǎn
【鲜活】❶fresh and alive ❷lively
【鲜货】fresh produce
【鲜亮】❶shining bright ❷pretty; beautiful; handsome
【鲜美】delicious
【鲜明】❶bright ❷clear-cut; distinct
【鲜艳】bright-coloured

xián

闲 [xián]
形 ❶not busy; idle ❷not in use; free; lying idle ❸informal; idle 名 spare time; leisure
【闲扯】chat
【闲逛】stroll
【闲话】gossip; digression
【闲空】free time; spare time; leisure
【闲聊】chat
【闲人】❶unoccupied person ❷persons not concerned
【闲散】❶free and at leisure; at a loose end ❷unused

【闲事】❶ matter that does not concern one; other people's business ❷ unimportant matter
【闲谈】talk; chat; get talking; get [fall] into conversation
【闲暇】leisure
【闲心】leisurely mood
【闲杂】miscellaneous
【闲置】leave unused; let sth lie idle
【闲人免进】no admittance except on business
【闲暇时间】spare time; leisure

贤 [xián] 形 ①virtuous; worthy; able ②worthy 名 wise man
【贤惠】kind-hearted
【贤明】形 wise and able 名 sage
【贤妻良母】good wife and loving mother

弦 [xián] 名 ①string ②spring ③hypotenuse

咸 [xián] 副 all 形 salted; salty
【咸菜】salted vegetables

娴 [xián] 形 ①refined; elegant ②skilled
【娴静】refined
【娴熟】adept; skilled
【娴雅】elegant

衔 [xián] 动 ①hold in the mouth ②cherish; harbour; bear ③accept ④connect; link 名 rank; title
【衔接】link up; join

嫌 [xián] 名 ①suspicion ②ill will; hard feeling; spite 动 ①suspect ②dislike; loathe; complain
【嫌弃】dislike and avoid; cold-shoulder
【嫌恶】detest; loathe
【嫌疑】suspicion
【嫌疑人】suspect

xiǎn

显 [xiǎn] 形 ① apparent; evident; obvious; noticeable ②illustrious and influential 动 show; reveal; display
【显得】look; seem; appear
【显赫】illustrious; celebrated
【显露】become visible; appear
【显然】evidently; clearly
【显示】❶show; display; register ❷show off
【显现】appear; show
【显眼】showy
【显耀】❶show off ❷be of high repute
【显要】形 powerful and influential 名 influential figure; important personage; VIP
【显著】marked; remarkable; outstanding
【显微镜】microscope
【显而易见】evidently; clearly

险 [xiǎn] 形 ①dangerous; difficult of access ②sinister; vicious 名 ①place difficult of access ②danger; risk 副 by a hair's breadth; by inches; almost nearly
【险恶】❶dangerous ❷vicious
【险境】dangerous situation
【险峻】precipitous
【险情】dangerous state or situation
【险胜】narrowly win
【险要】strategic location
【险阻】difficulty

鲜 [xiǎn] 副 little; rare →xiān
【鲜为人知】be little known

xiàn

县 [xiàn] 名 county
【县城】county seat; county town
【县长】the head of a county
【县级市】county-level city
【县政府】county government

现 [xiàn] 形 ① present; present-day; current; existing ②on hand; ready; available 副 as the occasion arises 名 cash; ready money 动 show; reveal; appear
【现场】❶scene (of an incident) ❷site; spot
【现成】ready-made
【现代】modern times 形 modern
【现今】nowadays; these days
【现金】❶ready money; cash ❷cash reserve in a bank
【现实】名 reality; actuality 形 real; actual
【现世】名 this life 动 lose face; bring shame on oneself
【现象】phenomenon
【现行】❶currently in effect; in force; in operation ❷active
【现眼】make a fool of oneself
【现役】名 active service; active duty 形 on active service; on active duty; active
【现有】now available; existing
【现在】now; at present; today
【现状】present [current] situation
【现代舞】modern dance

限 [xiàn] 名 ①limits; bounds; confines ②threshold 动 restrict; limit; prescribe; allow
【限定】prescribe [set] a limit to; limit; restrict
【限度】limit; limitation
【限价】fix the official price 名 the (officially) fixed price
【限量】动 limit the quantity of 名 limit; limitation
【限令】order
【限期】动 set a time limit 名 time limit; deadline
【限时】动 set a time limit [deadline] 名 time

limit [deadline]
【限制】place [impose] restrictions on; restrict; limit 图 restriction; limit

线 [xiàn]
图 ① thread; string; wire ② line ③ sth shaped like a line or thread ④ route; line ⑤ dividing line ⑥ brink; line ⑦ clue; lead; thread 图 一线光明 a gleam of light/一线希望 a ray of hope
【线路】❶ circuit; line ❷ communication line; route
【线圈】coil
【线人】inner connection; spy; informer
【线索】clue; hint; thread
【线条】line

宪 [xiàn]
图 ① statute; law ② constitution
【宪法】constitution

陷 [xiàn]
图 ① trap ② defect 动 ① sink into ② sink; cave in ③ frame (up); set up ④ be captured; be taken; fall
【陷害】make a false charge against
【陷阱】trap
【陷落】❶ sink in ❷ fall into enemy's hands
【陷入】❶ sink into; fall into ❷ be lost in; be deep in
【陷于】fall into

馅 [xiàn]
图 pie; filling; stuffing
【馅儿饼】meat pie

羡 [xiàn]
动 admire; envy; covet 形 plentiful; surplus
【羡慕】admire; envy

献 [xiàn]
动 ① offer; present ② show; display
【献策】offer advice; give advice; make suggestions
【献丑】show oneself up
【献词】message of congratulation
【献礼】present a gift; offer a present
【献媚】make up to
【献身】devote oneself to; give one's life for
【献血】blood donation; donate blood
【献艺】show one's skill; give a performance
【献爱心】show loving heart; show tender feelings
【献殷勤】do everything to please; pay attentions to; pay one's addresses to

乡 [xiāng]
图 ① country; countryside; rural area; village ② native place; home village or town; birthplace ③ township
【乡愁】homesickness
【乡村】village; countryside
【乡间】in the village; in the country
【乡亲】fellow townspeople; local people
【乡情】affection for one's home village [town]
【乡思】homesickness
【乡下】countryside
【乡长】township head
【乡政府】township government

相 [xiāng]
副 ① each other; one another ② toward 动 see for oneself whether sb [sth] is to one's liking; have a careful scruting → xiàng
【相爱】be in love with each other
【相伴】keep each other company
【相比】compare
【相差】differ
【相称】[xiāngchèn] match; suit
【相称】[xiāngchēng] call each other; address each other (as...)
【相处】get along (with one another)
【相传】❶ be traditionally said ❷ hand down
【相当】❶ match; balance ❷ suitable; fit ❸ quite; fairly; considerably
【相等】equal; equivalent
【相抵】offset; balance
【相对】❶ opposite; face to face ❷ relative ❸ relatively
【相反】contrary; opposite; on the contrary
【相仿】be similar; resemble each other; be more or less the same
【相符】conform to; correspond to [with]
【相干】have to do with
【相关】be mutually related
【相好】形 be on familiar terms; be on intimate terms 动 have an affair with 图 ❶ intimate friend ❷ lover; mistress
【相互】❶ mutual; reciprocal ❷ mutually; each other; one another
【相会】meet
【相继】in succession
【相见】see each other; meet (in person)
【相近】❶ close; near; in the neighborhood of ❷ be similar to
【相恋】be in love with each other
【相邻】neighbour; adjoin
【相配】be well-matched; be a good match
【相亲】evaluate a prospective marriage partner
【相劝】try to persuade sb; offer advice to sb
【相认】recognize
【相识】动 be acquainted with each other 图 acquaintance
【相思】pine with love; yearn for sb's love
【相似】resemble; be similar to; be alike
【相送】see sb off [out]
【相随】go [come] with; follow; accompany
【相同】same; alike
【相像】resemble; be similar; be alike
【相信】believe in; trust
【相异】different
【相迎】welcome sb
【相应】corresponding; relevant

【相遇】meet
【相约】agree; reach agreement; make an appointment
【相知】know each other well 图 great friend
【相助】come to sb's help
【相左】conflict
【相当好】fairly good
【相当于】be equal to
【相对论】theory of relativity
【相安无事】live in peace with each other

香 [xiāng]
形 ①sweet-smelling ②palatable; delicious ③with relish; with good appetite ④(sleep) soundly ⑤in vogue; popular; welcome 图 ①perfume ②incense ③woman ④kiss
【香波】shampoo
【香肠】sausage
【香菇】Xianggu mushroom
【香瓜】muskmelon
【香蕉】banana
【香料】spice
【香水】perfume
【香甜】fragrant; sound
【香烟】cigarette
【香皂】perfumed soap
【香港基本法】Hong Kong Basic Law
【香港特别行政区】the Hong Kong Special Administrative Region (HKSAR)

厢 [xiāng]
图 ①wing; wing-room ②compartment; box ③areas just outside a city gate ④side; aspect
【厢房】wing; wing-room
【厢式货车】delivery van

箱 [xiāng]
图 box; case; chest; trunk
【箱子】box, case

襄 [xiāng]
动 assist; aid; help
【襄理】动 assist 图 assistant manager
【襄助】assist

镶 [xiāng]
动 ①set; mount ②edge; border
【镶边】edge; border
【镶嵌】set
【镶牙】put in a false tooth

详 [xiáng]
形 detailed; minute 动 ①explain in detail; elaborate ②be known clearly
【详见】for details see
【详解】explain in detail
【详尽】detailed and complete; thorough
【详情】detailed information; details
【详述】explain; discuss
【详谈】talk out
【详图】detail drawing
【详细】detailed; minute; thorough

降 [xiáng]
动 ①surrender; show the white flag ②conquer ➡jiàng
【降服】❶ surrender and pledge allegiance ❷ yield
【降伏】subdue

祥 [xiáng]
形 promising; lucky
【祥和】❶happy and auspicious ❷kind; benign

翔 [xiáng]
动 circle in the air; fly 形 detailed; elaborate
【翔实】full and accurate

享 [xiǎng]
动 enjoy; share
【享福】enjoy a happy life; live in ease and comfort
【享乐】lead a life of pleasure
【享受】enjoy; treat; enjoyment
【享用】enjoy the use of; enjoy
【享有】enjoy

响 [xiǎng]
图 ①echo; resound ②sound; noise 动 sound; ring; beat; fire 形 loud; noisy
【响亮】loud and clear; resounding
【响声】sound; noise
【响应】respond; answer; reply
【响当当】❶loud and resounding ❷of resounding fame; outstanding; worthy

饷 [xiǎng]
动 entertain 图 pay

想 [xiǎng]
动 ① think; reflect ② suppose; consider; think; reckon ③want to do; plan to do; intend to do; attempt to do; try to do; be going to do; should (would) like to do; feel like to do; desire to do; be eager to do; long to do ④remember with longing; pine for; miss
【想必】most probably (likely)
【想出】think out; think up
【想到】❶think of; call to mind ❷expect sth to happen; expect that sth will happen
【想法】[xiǎngfǎ] think of a way; do what one can; try
【想法】[xiǎngfa] idea; opinion; what one has in mind
【想家】be homesick
【想念】remember with longing; long to see again; miss
【想起】remember; recollect; recall; think of; call to mind
【想通】straighten out one's thinking; come round
【想头】❶idea ❷hope
【想望】❶desire; long for; yearn for ❷admire; look up to
【想像】图 imagination 动 imagine; fancy

【想不到】never expect; be unexpected
【想不开】take things too hard
【想出来】think out; think up
【想当然】take...for granted
【想得到】think; expect
【想起来】remember; recollect; recall; think of; call to mind
【想方设法】do everything possible; try every means
【想来想去】think it over and over again; turn over in one's mind

xiàng

向 [xiàng]
名 direction; trend 动①face; turn towards ②take sb's part; side with; favour; be partial to 副①approaching; near; close to ②until now; always; all along 介 to; towards; against:她向大厅瞧了一眼。She glanced towards the hall.
【向导】动 show sb the way; lead sb somewhere; act as a guide 名 guide
【向来】always; all along
【向上】upward; up
【向往】yearn for; look forward to
【向着】❶turn towards; face ❷take the part of; side with; be partial to
【向前看】❶look ahead ❷Eyes front!
【向日葵】sunflower
【向上爬】❶climb (up) ❷be a social climber

项 [xiàng]
名①nape (of the neck) ②sum (of money) ③term 量 四项规定 four regulations
【项链】necklace
【项目】project; program; item; event

巷 [xiàng]
名 narrow street; lane
【巷战】street fighting

相 [xiàng]
名 ① looks; appearance ② appearance of things ③ bearing; carriage ④ phase position ⑤ phase ⑥ state of element; phase state ⑦ chief minister; prime minister ⑧ minister ⑨ attendant 动 ① look at and appraise; examine the physiognomy of ②assist; help ➡ xiāng
【相貌】facial features; looks; appearance
【相面】tell sb's fortune by reading his face
【相声】cross talk

象 [xiàng]
名①elephant ②appearance; look; shape; image 动 imitate
【象棋】chess
【象牙】elephant's tusk; ivory
【象征】动 symbolize; signify; stand for 名 symbol; emblem; token

像 [xiàng]
名 ①likeness (of sb); portrait; statue; picture ②image 动 ① be alike; resemble; take after; look like ②look as if; appear; seem ③such as;

for example; like
【像话】be reasonable
【像片】photo
【像素】pixel
【像样】up to the mark

橡 [xiàng]
名 ①oak ②rubber tree
【橡胶】rubber
【橡皮】rubber

xiāo

削 [xiāo]
动①pare or peel with a knife; scrape; whittle ②cut; chop ➡ xuē
【削皮】pare; peel

逍 [xiāo]
【逍遥】carefree
【逍遥法外】evade capture; go unpunished

消 [xiāo]
动①disappear; vanish; melt ②eliminate; reduce; remove ③pass the time in a leisurely way; idle away (the time) ④need; require; take ⑤spend money
【消沉】downhearted; low-spirited; depressed
【消除】remove; clear up
【消防】fire fighting; fire prevention and control
【消费】consume
【消耗】动①consume; use up; expend ②deplete 名 consumption
【消化】❶absorb; digest (food) ❷think over and absorb; digest
【消极】❶negative ❷passive; inactive
【消灭】❶die out; pass away ❷eliminate; abolish; wipe out
【消磨】❶wear down ❷while away; idle away
【消遣】动 divert oneself; while away the time 名 diversion; pastime
【消散】dissipate
【消失】disappear; vanish; dissolve; die〔fade〕away
【消逝】elapse
【消瘦】become thin
【消亡】wither away
【消息】❶news; information ❷tidings; news
【消闲】spend one's free time 形 carefree
【消夜】night-time snack
【消磨时间】kill time; pass the time

宵 [xiāo]
名 night
【宵夜】food taken late at night

萧 [xiāo]
形 deserted and miserable; desolate; dreary
【萧瑟】象 rustle 形 bleak; desolate
【萧条】desolate; bleak
【萧萧】whistle

销 [xiāo]
动①melt (metal) ②cancel; cross out ③put

on sale;sell;market ④ pay out;spend ⑤ fasten with a latch 图 pin
【销毁】 destroy by melting,burning,etc.
【销魂】 overwhelm
【销路】 market
【销售】 动 sell;market 图 job in sales

潇 [xiāo]
形 ①deep and clear ②beating;driving
【潇洒】 natural and unrestrained

霄 [xiāo]
图 ①clouds ②sky;heaven

嚣 [xiāo]
动 clamour
【嚣张】 arrogant;aggressive;law unto oneself

小 xiǎo [xiǎo]
形 ①small;little;tiny;minor ②youngest ③ Xiao ④ I;me;my 副 ①for a short while;for a little time ②a little;a bit;slightly ③a little less than;almost 图 ①young children;little ones ② lesser [minor] wife
【小巴】 minibus
【小便】 动 urinate;pass water;make water 图 ❶urine ❷penis
【小菜】 ❶pickled vegetables ❷ small dishes ❸ something extremely easy to do or manage
【小吃】 ❶ refreshments ❷ cold dish;made dish ❸small and cheap dishes
【小丑】 ❶crown ❷scoundrel
【小弟】 ❶ youngest brother ❷ little brother ❸ I,me
【小额】 small amount
【小儿】 ❶children ❷my son
【小费】 tip
【小工】 unskilled labourer
【小鬼】 little devil
【小号】 ❶ small size ❷ my [our] store ❸ trumpet ❹small jail
【小户】 ❶ small family ❷ family of limited means and without powerful connections
【小将】 young general;young pathbreaker
【小结】 图 brief summary 动 summarize briefly
【小节】 ❶trifle ❷bar
【小姐】 ❶Miss ❷young lady
【小看】 underestimate
【小康】 comfortable level of living;better-off life
【小麦】 wheat
【小米】 millet
【小名】 pet name;childhood name
【小命】 life
【小品】 short sketch
【小气】 ❶mean ❷narrow-minded;petty
【小钱】 small amount of money
【小区】 residence district;small residential district
【小人】 ❶base or mean person ❷person of low position ❸I
【小时】 hour
【小事】 petty thing
【小睡】 nap;beauty sleep
【小说】 novel;fiction
【小偷】 petty thief
【小溪】 brooklet;streamlet;brook;stream
【小写】 lower case
【小心】 take care;be careful;be cautious
【小型】 small-scale
【小学】 primary [elementary] school
【小于】 smaller than;less than
【小雨】 light rain
【小指】 little finger or toe
【小住】 stay for a few days
【小子】 [xiǎozǐ] ❶ the younger male generation ❷ term of address used by seniors to juniors ❸I
【小子】 [xiǎozi] ❶boy ❷son ❸bloke;fellow
【小组】 small group
【小坐】 sit for a short while
【小宝宝】 little baby
【小保姆】 young female house-keeper;baby-sister;nurse
【小辫子】 ❶short braid ❷handle
【小册子】 pamphlet
【小聪明】 cleverness in trivial matters
【小东西】 ❶pocket-handkerchief ❷little devil
【小动作】 mean and petty action
【小儿科】 ❶〈英〉paediatrics;〈美〉pediatrics ❷ kid's stuff
【小儿子】 youngest son
【小夫妻】 young couple
【小公共】 minibus
【小广告】 handbill
【小孩儿】 ❶child ❷sons and daughters
【小伙子】 young man;lad;young fellow;youngster
【小家伙】 kid
【小家庭】 small family
【小轿车】 car
【小金库】 supplementary fund
【小客车】 minibus
【小老婆】 concubine
【小两口】 young (married) couple
【小灵通】 little smart;personal handy phone system (PHS)
【小拇指】 little finger
【小妞儿】 young girl;little girl
【小朋友】 ❶ children ❷ little friend;little boy or girl
【小便宜】 small gain;petty advantage
【小青年】 young people;boys and girls
【小人物】 nobody;lightweight
【小日子】 the easy life of a small family
【小商品】 small commodities
【小时工】 hourly paid worker
【小时候】 in one's childhood;when one was

young
【小市民】philistine
【小算盘】calculation
【小摊儿】stall; stand
【小提琴】violin
【小天地】one's own little world
【小媳妇】married young woman
【小熊猫】lesser panda
【小学生】primary school pupil; schoolchild
【小丫头】❶ little girl ❷ my little〔youngest〕daughter
【小意思】small token of one's regard
【小字辈】youngster
【小不点儿】very small; tiny
【小道消息】hearsay
【小恩小惠】little favours
【小心眼儿】narrow-minded

晓 [xiǎo]
圄 dawn; daybreak 勔 ① know ② let sb know; inform; tell
【晓得】know
【晓之以理】try to persuade sb with reason; reason things out with sb

xiào

孝 [xiào]
圄 ① filial piety ② mourning period ③ mourning dress
【孝敬】show filial respect to (one's elders)
【孝顺】勔 show filial obedience 圂 dutiful
【孝子】❶ filial son ❷ son in mourning

肖 [xiào]
勔 resemble; be similar; be like ➡xiāo
【肖像】portrait
【肖像画】portrait-painting
【肖像权】portraiture right

校 [xiào]
圄 ① school ② field officer ➡jiào
【校车】school bus
【校风】school spirit
【校服】school uniform
【校歌】school song
【校规】school regulations
【校历】school calendar
【校内】on (the) campus
【校庆】the anniversary of the founding of a school or college
【校舍】schoolhouse; school building
【校外】outside school; outside the campus
【校医】school doctor
【校园】campus; school grounds
【校长】headmaster; principal; president
【校址】school or college address
【校园网】campus network
【校园文化】campus culture

哮 [xiào]
勔 ① heavy breathing; cough ② roar; howl; yell

【哮喘】asthma

笑 [xiào]
勔 ① laugh; laugh at; smile; grin; jeer at ② laugh at: 笑她那身打扮 laugh at her make-up 圂 amusing; ridiculous; funny
【笑柄】laughing stock; joke
【笑话】圄 joke 勔 laugh at
【笑脸】smiling face
【笑料】laughing stock
【笑容】smiling expression; smile
【笑声】laughter
【笑星】comic star
【笑语】cheerful talk
【笑哈哈】laughingly; with a laugh
【笑呵呵】be smiling happily; be all smiles
【笑眯眯】smiling
【笑面虎】wolf in sheep's clothing
【笑嘻嘻】grinning
【笑盈盈】smiling
【笑话百出】make many stupid mistakes
【笑口常开】grinning all the time
【笑一笑,十年少】smiles can take years off a person

效 [xiào]
圄 effect; result; efficiency 勔 ① imitate; follow the example of; follow suit ② devote (one's energy or life); render (a service)
【效法】follow the example of; model oneself on; learn from
【效仿】imitate; follow the example of
【效果】❶ effect; result ❷ sound effects
【效劳】work in the service of; work for
【效力】勔 render a service to 圄 force; effect
【效率】efficiency
【效益】beneficial result; benefit
【效应】effect

啸 [xiào]
勔 ① whistle ② scream; roar ③ sound of some natural phenomena ④ whirring

xiē

些 [xiē]
圉 (a) a few; some: 买些水果 buy some fruit/前些日子 a few days ago/一些 some; certain (b) a little; a bit; rather; somewhat: 好些 many; lots of/简单些 a little simpler; a bit easier
【些微】圂 slight 勔 slightly; a little; a bit
【些许】a little; a few

楔 [xiē]
圄 wedge
【楔子】❶ wedge ❷ peg ❸〈英〉prologue;〈美〉prolog

歇 [xiē]
勔 ① rest; take a rest ② stop (work, etc.); knock off; quit ③ go to bed
【歇菜】stop doing sth; have a rest; stand aside; get out of the way

【歇工】stop work
【歇假】have a holiday; have a day off
【歇脚】stop for a rest
【歇手】stop doing[working]
【歇息】❶ have a rest ❷ go to bed; put up for the night
【歇斯底里】名 hysteria 形 unnaturally excited or emotional
【歇一会儿】take [have] a breather; take a break

xié

协 [xié]
形 harmonious 动 ❶ cooperate; make joint efforts ❷ aid; assist
【协查】help investigate (crime)
【协定】动 reach an agreement on sth 名 agreement; accord
【协管】assist in the management of
【协会】association; society
【协商】consult; talk things over
【协调】动 concert; bring into line 形 in a concerted way; balanced; in tune.
【协同】coordinate
【协议】agree on 名 agreement; contract; treaty; accord; understanding
【协助】assist; help; give assistance; provide help
【协作】cooperate; coordinate; combine (in efforts)
【协议书】written statement of an agreement

邪 [xié]
形 ① evil ② irregular; abnormal 名 ① evil spirits ② disaster; misfortune ➡ yé
【邪道】evil ways
【邪恶】evil; wicked
【邪教】(evil) cult; heretic sect; heathendom; heresy
【邪路】wrong path; evil ways
【邪念】evil thought; wicked idea
【邪行】[xié xíng] evil deed
【邪行】[xié xing] unusual
【邪门儿】形 strange; odd; abnormal 名 crooked ways; underhand means

胁 [xié]
名 flank 动 compel; force
【胁迫】force

挟 [xié]
动 ① hold under the arm ② compel; force sb to submit or yield ③ bear; harbour
【挟持】❶ seize sb on both sides by the arms ❷ hold sb under duress

偕 [xié]
副 together with; accompanied by; in the company of
【偕同】in the company of; accompanied by; along with

斜 [xié]
形 inclined 动 slope

【斜路】wrong path
【斜坡】slope
【斜视】look sideways

谐 [xié]
形 ① harmonious; in accord ② humorous 动 come to an agreement; agree with; settle
【谐和】harmonious
【谐调】harmonious; well-balanced
【谐音】sound the same

携 [xié]
动 ① carry; take or bring along ② take or hold by the hand
【携带】carry; take along
【携手】join hands

鞋 [xié]
名 shoe
【鞋带】shoelace; shoestring
【鞋匠】shoemaker
【鞋刷】shoe brush
【鞋油】shoe polish
【鞋跟儿】heel

xiě

写 [xiě]
动 ① paint; sketch; draw ② write ③ compose; write ④ describe; portray; depict
【写生】sketch from life; do a still life painting
【写实】write or paint realistically
【写照】❶ portray ❷ portrayal; portraiture
【写真】动 portray a person; draw a portrait 名 ❶ portrait ❷ true-to-life depiction; faithful representation ❸ photograph
【写作】writing

血 [xiě]
➡ xuè
【血淋淋】❶ dripping with blood; bloody; gory ❷ grim; bitter; cruel

xiè

泄 [xiè]
动 ① let out; discharge; release ② let out; leak; disclose ③ give vent to ④ lose
【泄劲】❶ lose heart; feel discouraged; be disheartened ❷ slack off
【泄漏】❶ leak; escape ❷ leak; let out; give away
【泄露】leak; let slip; let the cat out of the bag; let out
【泄密】betray confidential matters
【泄气】① let out; discharge; release ② lose heart; feel discouraged; be disheartened 形 disappointing

泻 [xiè]
动 ① flow swiftly; rush down; pour out ② have loose[running] bowels

卸 [xiè]
动 ① unload; discharge ② remove; take off ③ unhitch ④ remove; strip ⑤ lay down; get rid of

【卸车】 unload (goods, etc.) from a vehicle
【卸任】 be relieved of one's office
【卸妆】 remove ornaments and formal dress
【卸载】 ❶unload cargo ❷uninstall

屑 [xiè]
图 bits; fragments 形 trifling; trivial 动 consider worthwhile

械 [xiè]
图 ❶tool; device; instrument ❷weapon; arms ❸shackles

亵 [xiè]
动 slight; be disrespectful 形 obscene
【亵渎】 pollute

谢 [xiè]
动 ❶thank ❷make an apology; apologize ❸decline; refuse ❹wither
【谢绝】 politely refuse; decline
【谢客】 not be seeing any visitors
【谢幕】 take a curtain call
【谢谢】 thanks
【谢意】 gratitude; thankfulness
【谢罪】 apologize for an offence
【谢天谢地】 thank goodness; thank heaven

邂 [xiè]
【邂逅】 meet unexpectedly; run into sb; meet by chance

懈 [xiè]
形 slack; remiss
【懈怠】 slack
【懈气】 lose one's drive; slack off

蟹 [xiè]
图 crab

xīn

心 [xīn]
图 ❶ heart ❷ mind; feeling; moral nature or character; intention ❸ centre; core ❹ fifth of the 28 constellations in ancient Chinese astronomy
【心爱】 loved; treasured; dear to one's heart
【心病】 ❶worry; anxiety ❷sore point; secret trouble
【心肠】 ❶heart; intention ❷state of mind; mood
【心得】 what one has learned from work, study, etc.
【心地】 ❶person's mind, character, moral nature, etc. ❷state of mind
【心动】 ❶heartbeat ❷one's desire or interest is aroused ❸be startled; be shocked
【心腹】 ❶trusted subordinate; henchman; reliable agent ❷confidential
【心肝】 ❶conscience ❷darling; dear
【心寒】 disappointed
【心怀】 动 harbor; entertain; cherish 图 ❶intention; purpose ❷state of mind; mood
【心机】 thinking

【心计】 scheming; planning
【心间】 in one's mind; in one's heart
【心静】 calm
【心境】 state [frame] of mind
【心坎】 the bottom of one's heart
【心里】 ❶ chest ❷ in the heart; at heart; in (the) mind
【心理】 psychology
【心灵】 形 clever 图 heart; soul; spirit
【心率】 heart rate
【心情】 mood
【心上】 in the heart
【心神】 ❶state of mind ❷effort
【心声】 heartfelt wishes; thinking
【心事】 preoccupation
【心思】 ❶thought; idea ❷thinking; thoughts ❸state of mind; mood
【心态】 mindset; mentality; psychology
【心想】 think to oneself; think
【心胸】 ❶ breadth of mind ❷ aspiration; ambition
【心绪】 mood
【心血】 painstaking care [effort]
【心意】 ❶kindly feelings ❷intention; purpose
【心愿】 cherished desire; aspiration; wish; dream
【心脏】 ❶the heart ❷the central or most vital part of anything
【心里话】 one's innermost thoughts and feelings
【心连心】 heart linked to heart
【心灵美】 beautification of the mind
【心眼儿】 ❶heart; mind ❷intention ❸intelligence; cleverness ❹ tolerance ❺ unfounded doubts; unnecessary misgivings
【心安理得】 feel at ease and justified; have an easy conscience; with mind at rest and conscience clear
【心不在焉】 absent-minded
【心慈手软】 softhearted
【心服口服】 be sincerely convinced
【心花怒放】 burst with joy; be wild with joy
【心怀鬼胎】 have evil intentions
【心急如焚】 burning with impatience
【心领神会】 understand tacitly
【心满意足】 be perfectly content [satisfied]
【心平气和】 even-tempered and good-humoured; calm
【心神不定】 have no peace of mind; feel restless
【心神恍惚】 be ill at ease and full of dread
【心有余悸】 one's heart still fluttering with fear; have a lingering fear
【心悦诚服】 be completely convinced; feel a heartfelt admiration

辛 [xīn]
形 ❶ hot ❷ hard; difficult ❸ bitter; distressing; painful

【辛苦】〔形〕hard；laborious 〔动〕go to great trouble；go through hardships
【辛辣】❶hot；bitter ❷pungent
【辛劳】work hard
【辛勤】hardworking
【辛酸】sad；miserable
【辛辛苦苦】take a lot of trouble；take great pains

欣 [xīn]

〔形〕glad；happy；joyful
【欣然】joyfully；with pleasure
【欣赏】❶appreciate；enjoy；admire ❷like；appreciate
【欣慰】be gratified
【欣喜】glad；joyful；happy
【欣喜若狂】be wild with joy
【欣欣向荣】flourishing

新 [xīn]

〔形〕① new；fresh；novel；modern；up-to-date；original ② just begun；unused；new；brand-new ③ newly or recently married 〔名〕sth new；new things；new people 〔副〕newly；just 〔动〕make new
【新潮】〔名〕new trend；new fashion 〔形〕fashionable；modish
【新村】new estate
【新房】bridal chamber
【新高】new high
【新欢】new sweetheart
【新婚】newly-married
【新近】recently；lately；in recent times
【新款】trendy；new design
【新郎】bridegroom
【新貌】new look
【新年】New Year
【新娘】bride
【新奇】novel
【新区】newly developed area；newly added district
【新人】❶people of a new type ❷new personality；new talent ❸bride ❹newlywed
【新生】〔形〕newborn；newly born 〔名〕❶new life；rebirth ❷new student
【新式】new type；latest type；new style
【新手】new hand
【新闻】news；headlines
【新鲜】❶fresh ❷not fading ❸fresh ❹new；novel ❺rare；strange
【新兴】newly emerging
【新型】new type；new pattern
【新秀】rising talent
【新颖】original
【新装】❶new clothes ❷fashion clothes
【新作】new work
【新产品】new product
【新风尚】new custom〔habit〕
【新局面】new situation；fresh progress
【新举措】new measures
【新上市】new arrival；garden-fresh

【新社会】the new society
【新生代】new generation
【新生儿】newborn
【新人新事】new people and new things
【新生事物】newly emerging things；new things
【新闻记者】newsman；newspaperman
【新闻联播】news hookup
【新闻人物】newsmaker
【新媳妇儿】bride
【新闻发言人】spokesman for news release

薪 [xīn]

〔名〕①firewood；fuel ②salary
【薪酬】salary
【薪金】pay in money；salary
【薪水】earning；salary；pay；wages
【薪资】salary

信 [xìn]

〔形〕true；truthful 〔名〕①pledge；token；sign；evidence ②letter；mail ③message；news；word ④fuse ⑤faith；trust；confidence；reputation ⑥arsenic 〔动〕①believe；trust ②profess faith in；embrace；believe in ③at will；at random；casually；without plan
【信步】take a leisurely walk；walk aimlessly
【信贷】credit
【信封】envelope
【信奉】believe in
【信服】completely accept
【信号】signal
【信笺】letter paper；notepaper
【信件】letter；note
【信赖】rely on；depend on；trust
【信念】belief
【信任】trust；have confidence in；have faith in；put one's trust
【信手】at one's fingertips
【信守】abide by；stand by
【信条】tenet
【信徒】believer；follower
【信托】trust
【信物】keepsake
【信息】❶information；news；message（口信）❷information
【信箱】❶letter box；mailbox ❷post-office box（P.O.B.）
【信心】confidence；faith
【信仰】faith；belief；conviction
【信义】good faith；faith
【信用】❶word ❷credit
【信誉】credit
【信纸】letter paper；writing paper
【信不过】have no trust in
【信得过】trust；trustworthy；dependable
【信息化】informationalize the national economy and society
【信用卡】credit card

【信用社】credit office
【信用证】letter of credit (L/C)
【信口雌黄】make irresponsible remarks
【信口开河】talk irresponsibly;talk at random
【信息产业】information industry
【信以为真】accept sth as true
【信息高速公路】information superhighway;data (super) highway

衅 [xìn]
图 quarrel;dispute

xīng

兴 [xīng]
动 ❶rise;flourish;prevail;become popular ❷encourage;promote ❸begin;start;found ❹get up;rise ❺allow;let;permit 副 probably;maybe;perhaps ➡xìng
【兴办】set up
【兴奋】形 exciting;thrilling 动 be excited 图 excitation
【兴建】build;construct
【兴起】❶rise;spring up ❷rise in excitement;be aroused
【兴盛】prosper;flourish
【兴衰】rise and decline;rise and fall
【兴亡】rise and fall
【兴旺】prosper;flourish;thrive
【兴修】start building
【兴许】perhaps;maybe
【兴奋剂】upper;pick-me-up
【兴风作浪】stir up trouble;make trouble

星 [xīng]
图 ❶star ❷heavenly body ❸bit;piece ❹marks ❺famous performer;star
【星辰】stars and constellations;the stars
【星斗】stars
【星光】star light
【星火】❶spark ❷meteor
【星姐】female star
【星期】❶week ❷Sunday
【星球】heavenly body
【星系】galaxy
【星星】star
【星夜】starlit (starry) night
【星座】constellation
【星火计划】the Spark(le) Plan
【星级人物】star
【星际飞船】spaceship
【星球大战】Star War

惺 [xīng]
图 intelligent;clever 动 come to one's senses;be sober
【惺忪】❶not yet fully open on waking up ❷awake;conscious;clearheaded

腥 [xīng]
图 ❶raw meat or fish ❷fishy smell 形 fishy

xíng

刑 [xíng]
图 ❶punishment;sentence ❷torture;corporal punishment
【刑罚】penalty;punishment
【刑法】criminal law
【刑警】criminal policeman
【刑事】criminal
【刑侦】criminal investigation

行 [xíng]
动 ❶go;walk;travel ❷be current;prevail;circulate ❸do;act;practise;implement ❹travel ❺will do;be all right ❻take effect 图 ❶journey;road ❷travel ❸behaviour;conduct;deeds 形 ❶temporary;makeshift ❷able;capable;competent 副 presently;shortly;soon ➡háng
【行程】journey
【行刺】assassinate
【行动】动 ❶move about;get about ❷act;take action 图 action;operation
【行贿】offer a bribe
【行进】march forward;advance
【行经】❶go by;pass by ❷menstruate
【行径】act;action;move
【行军】march
【行李】luggage;baggage
【行骗】swindle;cheat
【行窃】steal;thieve
【行人】pedestrian;foot traveller
【行善】do good;do kind deeds
【行赏】give awards
【行使】exercise;perform
【行驶】go;ply;travel
【行事】动 act;handle matters 图 behaviour;conduct
【行为】action;behaviour;conduct;manner
【行星】planet
【行凶】do violence
【行医】practise medicine
【行政】administration
【行装】luggage
【行踪】whereabouts;track
【行走】walk
【行不通】won't do (work);will get nowhere
【行得通】will do (work)
【行方便】make things convenient for sb
【行政区】administrative area
【行人天桥】pedestrian bridge;overhead walkway
【行若无事】behave as if nothing had happened
【行色匆匆】be in a hurry to set out
【行使权力】exercise power
【行使权利】exercise of rights
【行政管理】administration

形 [xíng]
图 ❶form;appearance;shape ❷body 动 ❶appear;seem;look ❷compare;contrast
【形成】take shape;form
【形骸】the human body

【形迹】 traces
【形容】 describe
【形式】 form; shape
【形势】 ❶terrain ❷situation; circumstances
【形态】 form; shape; pattern
【形体】 ❶shape; body ❷form and structure
【形象】 图 ❶shape; image; form; figure ❷literary or artistic image; imagery 形 vivid
【形状】 shape; form; figure; outlines
【形容词】 adjective
【形象设计】 image building
【形象思维】 thinking in (terms of) images
【形形色色】 of all shades; of all forms; of every description
【形影不离】 be always together

型 [xíng]
图 ❶mould ❷model; type; variety; pattern
【型号】 model; type

xǐng

省 [xǐng]
动 ❶inspect ❷examine oneself critically ❸visit ❹come to realize; become conscious or aware ➡shěng
【省亲】 pay a visit to one's parents or elders
【省视】 ❶call upon; pay a visit to ❷examine carefully; inspect
【省悟】 come to realize; wake up to reality

醒 [xǐng]
动 ❶ regain consciousness; come round ❷wake up; awaken; be awake 形 ❶clear in mind; alert; aware ❷striking to the eye; eye-catching
【醒目】 catch the eye; be striking to the eye
【醒悟】 come to realize [see] the truth, one's error, etc.; wake up to reality

xìng

兴 [xìng]
图 mood or desire to do sth; interest; excitement ➡xīng
【兴趣】 interest
【兴致】 interest; mood to enjoy
【兴冲冲】 (do sth) with joy and expedition; excitedly
【兴高采烈】 in high spirits; excited
【兴头儿上】 in high spirits
【兴致勃勃】 full of zest; in high spirits

杏 [xìng]
图 apricot; almond

幸 [xìng]
图 ❶ good fortune; happiness ❷ favour 动 ❶rejoice; be happy ❷I hope; I trust ❸come; arrive 副 fortunately; luckily
【幸存】 survive; stay slive; pull through; escape; live; last
【幸而】 luckily; fortunately
【幸福】 图 happiness; wellbeing 形 happy
【幸好】 fortunately; luckily
【幸会】 very pleased to meet you
【幸亏】 fortunately; luckily
【幸免】 escape by sheer luck; have a narrow escape
【幸运】 图 good fortune; good luck 形 fortunate; lucky
【幸运儿】 fortune's favourite; lucky fellow
【幸运号码】 lucky number
【幸灾乐祸】 take pleasure in [gloat over] other people's misfortune

性 [xìng]
图 ❶ nature; character ❷ property; quality; characteristic ❸ sex ❹ sexual distinction ❺ gender
【性爱】 love between the sexes; sexual love; love
【性别】 sexual distinction; sex
【性感】 sex appeal; sexiness
【性格】 ❶nature ❷personality
【性急】 impatient; short-tempered
【性交】 ❶sexual intercourse ❷make love; have sex
【性命】 life
【性能】 function
【性情】 temper
【性欲】 sexual desire; lust
【性质】 nature; character
【性子】 ❶temper ❷strength
【性丑闻】 sex scandal
【性关系】 sexual intercourse
【性饥渴】 sex-starved
【性教育】 sex education
【性虐待】 sexual abuse
【性骚扰】 sexual harassment; sexual disturbance; sexually harass
【性生活】 sexual life
【性文化】 sex culture
【性知识】 sex knowledge

姓 [xìng]
图 family name; surname
【姓名】 surname and personal name; full name; name; first [christian] name; middle [second] name; surname; family name; maiden name; title
【姓名】 full name
【姓氏】 surname

xiōng

凶 [xiōng]
形 ❶unlucky ❷crop failure ❸fierce ❹terrible; violent; fearful 图 ❶murder ❷evildoer; criminal; murderer
【凶暴】 fierce and brutal
【凶残】 形 fierce and cruel 图 fierce and cruel person
【凶恶】 fierce
【凶狠】 ❶fierce and malicious ❷powerful
【凶狂】 fierce; savage

【凶猛】violent
【凶器】tool or weapon for criminal purposes; lethal weapon
【凶杀】murder
【凶手】murderer; assassin
【凶险】❶dangerous ❷ruthless and treacherous

兄 [xiōng]
① elder brother ② elder male cousin ③ courteous
【兄弟】❶brothers ❷younger brother ❸your humble servant; I brotherly
【兄长】❶respectful form of address for an elder brother ❷respectful form of address for a male friend

汹 [xiōng]
water rushes upward
【汹汹】the sound of roaring waves violent
【汹涌澎湃】surging

胸 [xiōng]
①chest; breast ②mind; heart
【胸部】❶chest ❷breasts; bosom
【胸怀】mind; heart keep in the mind; cherish
【胸襟】mind
【胸脯】chest; breast
【胸膛】chest
【胸无大志】have no idea(ambition) at all
【胸有成竹】have a well-thought-out plan, stratagem, etc.
【胸中无数】have no idea of how things stand
【胸中有数】know the score; know what's what

雄 [xióng]
① male ② grand; imposing; commanding ③ powerful; mighty powerful and influential person or state
【雄辩】convincing argument convincing
【雄厚】ample; rich; abundant
【雄鸡】rooster
【雄师】powerful army
【雄伟】❶grand; imposing and great ❷sturdy; robust
【雄心】great ambitions
【雄鹰】strong and brave eagle
【雄壮】❶magnificent ❷tall and strong
【雄姿】majestic appearance
【雄纠纠】gallant
【雄才大略】great talent and bold vision
【雄心壮志】lofty aspirations and high ideals

熊 [xióng]
bear scold timid; faint-hearted
【熊包】good-for-nothing; coward
【熊猫】panda
【熊市】bear market
【熊熊】blazing
【熊掌】bear's paw

休 [xiū]
①stop; end; cease; give up ②rest ③divorce one's wife and send her home don't good fortune
【休班】have a day off; be off duty
【休会】adjourn meeting
【休假】❶have a holiday; take a vacation; go on a vacation ❷be on leave
【休克】shock
【休市】off business; market closed; business suspended; break
【休庭】adjourn
【休息】rest; relax; ease
【休闲】leisure; be not working
【休想】don't imagine that it's possible
【休学】suspend one's schooling without losing one's status as a student
【休养】recuperate
【休整】rest and reorganization
【休止】stop; cease
【休病假】on sick leave
【休息室】lobby
【休戚相关】share joys and sorrows

修 [xiū]
①decorate; adorn ②repair; mend; fix ③write; compile ④study; learn; cultivate ⑤practise Buddhism or Taoism ⑥build; construct ⑦trim; pare long; tall and slim
【修补】mend; repair
【修长】tall and thin
【修订】revise
【修改】revise; modify; amend
【修剪】trim; cut
【修建】build; construct
【修理】❶repair; mend; fix; put up right; restore ❷prune; trim ❸teach sb a lesson; make sb suffer
【修路】mend a road; repair the roads; road repairing
【修女】nun
【修身】cultivate one's moral character
【修饰】❶decorate; adorn ❷make up and dress up ❸polish ❹modify
【修宪】amend the constitution
【修学】attend school; study
【修养】❶accomplishment; training ❷self-cultivation
【修业】study at school
【修整】❶repair and maintain ❷prune
【修正】revise; amend; correct
【修筑】build; construct; put up
【修正案】amendment
【修正液】correction fluid

羞 [xiū]
shy ① embarrass; shame ② feel ashamed shame; disgrace

【羞惭】be ashamed
【羞耻】shame
【羞愧】ashamed
【羞恼】be angry and ashamed
【羞怯】shy; timid
【羞辱】shame; dishonor; humiliate; put sb to shame
【羞涩】shy
【羞答答】shy
【羞羞答答】shy

xiǔ

朽 [xiǔ] ①rotten; decayed ②senile
【朽烂】rotten
【朽木】❶rotten wood or tree ❷hopeless case; good-for-nothing

宿 [xiǔ] night: 三天三宿 three days and nights ➡ sù; xiù

xiù

秀 [xiù] put forth flowers or ears ①elegant; beautiful; pretty and delicate ②clever; smart; intelligent ③excellent; superb ①excellent person; outstanding talent show
【秀才】❶xiucai ❷scholar; skilful writer
【秀发】beautiful hair
【秀丽】beautiful; handsome; pretty
【秀美】graceful
【秀气】❶delicate ❷refined ❸delicate and well-made
【秀色】❶beautiful scenery ❷beautiful appearance

袖 [xiù] sleeve tuck or hide inside the sleeve
【袖珍】pocket-size; pocket
【袖手旁观】look on〔stand by〕with folded arms; look on unconcerned

绣 [xiù] embroider embroidery

锈 [xiù] ①rust ②rust (disease) become rusty
【锈蚀】corroded by rust; spoilt by rust

嗅 [xiù] smell
【嗅觉】(sense of) smell

xū

须 [xū] ①must; have to ②wait; await ①beard ②feeler
【须发】beard and hair
【须眉】beard and eyebrows—man
【须要】need
【须臾】moment; instant
【须知】one should know that; it must be understood that points for attention; notice

虚 [xū] ①void ②guiding principles; theory ①empty; vacant; unoccupied ②diffident; timid; cowardly ③false; deceitful ④modest ⑤weak; in poor health in vain; futile reserve space
【虚词】❶function word; form word ❷empty words
【虚浮】superficial
【虚构】fabricate; make up fiction
【虚幻】unreal
【虚假】false
【虚惊】false alarm
【虚名】false reputation
【虚拟】invent; fabricate
【虚荣】vanity
【虚弱】❶in poor health; weak ❷weak; feeble
【虚实】❶false or true—the actual situation ❷theoretical and practical
【虚伪】false
【虚无】nothingness
【虚线】dotted line
【虚心】open-minded
【虚度年华】idle away one's time; waste one's life
【虚假报道】false report
【虚假广告】sham publicity
【虚拟世界】virtual world
【虚情假意】false display of affection

需 [xū] need; want; demand; require necessities; needs
【需求】requirement; demand
【需要】need; want; require; demand needs

嘘 [xū] ①breathe out slowly ②utter a sigh; sigh ③come into contact with; burn ④hiss sh; hush: 嘘! 小声点, 你妈妈睡了。Sh! Lower your voice. Your mother is asleep. ➡ shī
【嘘寒问暖】inquire after sb's well-being

xú

徐 [xú] slowly; gently
【徐缓】slow
【徐徐】slowly; gently

xǔ

许 [xǔ] ①praise ②make a promise; promise ③be betrothed to ④allow; permit; consent ①perhaps; probably; maybe ②about; approximately: 年二十许 about twenty years old in this way; like this place: 何许人? Where is the person from?
【许多】many; much; a great deal of; a lot of
【许久】for a long time; for ages
【许可】permit; allow

【许诺】 make a promise 图 promise
【许配】 marry...off
【许愿】 make a vow (to a god); promise sb a reward
【许许多多】 lots and lots of

诩 [xǔ]
动 brag; boast

栩 [xǔ]
【栩栩如生】 lifelike; to the life

xù

旭 [xù]
名 brilliance of the rising sun
【旭日】 the rising sun
【旭日东升】 the sun rising in the eastern sky

序 [xù]
名 ①order; sequence ②preface ③wing-room ④type of local school 动 arrange in order; order 形 initial
【序列】 alignment
【序幕】 prologue
【序曲】 overtare
【序数】 ordinal number
【序言】 preface; foreword

叙 [xù]
动 ①talk; chat ②recount; relate ③assess; appraise
【叙别】 have a farewell talk
【叙旧】 talk about the old days
【叙事】 recount
【叙述】 recount
【叙谈】 chat

恤 [xù]
动 ①pity; sympathize ②give relief

畜 [xù]
动 raise; breed; rear → chù
【畜牧】 rear
【畜产品】 animal by-products
【畜牧业】 livestock husbandry

绪 [xù]
名 ①end of a silk thread ②beginning of a matter ③remnants ④mental or emotional state; mood ⑤task; cause; enterprise; undertaking
【绪论】 introduction
【绪言】 introduction

酗 [xù]
【酗酒】 get drunk

续 [xù]
形 continuous; successive; one after another 动 ①continue; extend ②add; increase; supply more
【续聘】 renew; keep...on
【续弦】 动 remarry after the death of one's wife 名 second wife
【续约】 动 renew a treaty or contract 名 renewed treaty or contract

絮 [xù]
名 ①padding ②coarse silk floss 动 wad or pad (as with cotton) 形 ①talkative ②bored
【絮叨】 be long-winded; be wordy
【絮烦】 wordy; long-winded

婿 [xù]
名 ①son-in-law ②husband

蓄 [xù]
动 ①store up; save up ②cause to grow; grow ③harbour; cherish
【蓄洪】 store floodwater
【蓄积】 store up; save up
【蓄谋】 premeditate
【蓄水】 retain [store] water
【蓄意】 premeditated; deliberate

xuān

轩 [xuān]
形 high; lofty 名 ①small room or veranda with windows ②high-fronted, curtained carriage
【轩昂】 ❶dignified ❷tall and big

宣 [xuān]
动 ①announce; declare ②drain; lead off (liquids)
【宣布】 declare; announce; publish
【宣称】 declare
【宣传】 give publicity to
【宣读】 read out
【宣告】 declare
【宣判】 pronounce judgment
【宣示】 declare; announce
【宣誓】 take [swear] an oath
【宣泄】 ❶lead off (liquids); drain ❷get sth off one's chest; unbosom oneself
【宣言】 declaration
【宣扬】 publicise; propagate; advocate; advertise
【宣战】 declare war
【宣传画】 picture poster

喧 [xuān]
形 noisy
【喧哗】 形 confused noise; uproar 动 make an uproar
【喧闹】 rowdy
【喧嚣】 形 noisy 动 clamor
【喧宾夺主】 presumptuous guest usurps the role of the host; the secondary supersedes the primary

xuán

玄 [xuán]
形 ①black; dark ②profound ③unreliable; mysterious; far-fetched; incredible
【玄奥】 profound
【玄乎】 unreliable
【玄妙】 mysterious
【玄虚】 deceitful trick; mystery

悬

【悬】[xuán] 动①hang;suspend;fly ②announce openly;make known to the public ③raise;lift ④miss;be concerned about ⑤imagine 形①unresolved;outstanding ②far apart ③dangerous

【悬案】❶unsettled law case ❷outstanding issue;unsettled question
【悬挂】❶hang;fly ❷be concerned about
【悬乎】dangerous;unsafe
【悬念】be concerned about
【悬赏】offer〔post〕a reward
【悬殊】distant
【悬崖】overhanging〔steep〕cliff
【悬而未决】outstanding;unresolved

旋

【旋】[xuán] 动①circle;spin;wheel ②return;go back;come back 名①circle ②whorled part of the scalp 副soon;quickly ➡xuàn

【旋律】melody
【旋钮】knob
【旋绕】circle
【旋转】revolve;rotate

漩

【漩】[xuán] 名whirlpool;eddy
【漩涡】whirlpool;vortex;eddy

选 xuǎn

【选】[xuǎn] 动①select;choose;pick ②elect 名①those select ②selections

【选拔】select;choose
【选本】selected works
【选材】select suitable materials
【选才】select a suitable person
【选单】menu
【选定】decide on;fix
【选读】动pick out（pieces or passages）to read;read excerpts 名selected readings
【选段】selected parts
【选购】pick out and buy
【选集】selected works〔writings〕;selections
【选举】elect
【选刊】publish
【选留】select and remain
【选录】select
【选美】beauty contest
【选民】voter;elector
【选派】select;detail
【选票】vote
【选聘】appoint to a position, engage or employ;select and employ
【选取】select;choose
【选手】contestant
【选送】select and recommend sb
【选题】select a title, subject or topic 名the title, subject or topic selected
【选用】select for employment or for use
【选择】select;pick;elect;choose

【选种】seed selection
【选中】pick on;decide on;settle on
【选举法】electoral law
【选举权】the right to vote
【选修课】selective course
【选择题】multiple-choice question;multiple-choice test

炫 xuàn

【炫】[xuàn] 动①dazzle ②show off;display
【炫耀】❶make a display of ❷show off

绚

【绚】[xuàn] 形gorgeous
【绚烂】splendid;gorgeous
【绚丽】magnificent

眩

【眩】[xuàn] 形①dizzy ②puzzled;bewildered
【眩目】dazzle the eyes
【眩晕】feel dizzy

旋

【旋】[xuàn] 动①whirl ②turn on a lathe 副at the time when sth is needed;at the last moment ➡xuán
【旋风】whirlwind

渲

【渲】[xuàn]
【渲染】❶add washes of ink or colour to a drawing ❷play up;exaggerate;pile it on

削 xuē

【削】[xuē] 动①scrape;cut ②reduce;lessen ③remove ④plunder ➡xiāo
【削价】cut the price;lower the price
【削减】cut (down);reduce
【削弱】weaken

靴

【靴】[xuē] 名boots

穴 xué

【穴】[xué] 名①cave;hole ②nest ③grave ④acupoint
【穴居】live in a cave
【穴位】acupuncture point;acupoint

学

【学】[xué] 动①study;learn ②imitate;copy 名①learning;knowledge;scholarship ②subject of study;field or branch of learning ③science;theory ④school;college
【学报】learned journal;journal
【学潮】student movement
【学费】❶tuition ❷price for what one has learned to one's cost
【学风】❶academic atmosphere ❷style of study
【学府】seat of learning
【学好】learn from good examples
【学坏】follow bad examples;be corrupted by

bad examples
【学会】 learn; master 　 learned society
【学籍】 one's status as a student
【学究】 pedant
【学军】 learning military affairs
【学科】 ❶a branch of learning ❷school subject
【学力】 knowledge; educational level
【学历】 education status; record of formal schooling
【学龄】 school age
【学名】 ❶scientific name ❷formal name used at school
【学年】 school [academic] year
【学派】 school of thought
【学期】 school term; term; semester; session
【学区】 school district
【学人】 scholar
【学生】 ❶student; pupil ❷disciple; follower
【学时】 class hour; period
【学识】 learning; knowledge
【学士】 ❶scholar ❷bachelor
【学术】 systematic learning; science
【学说】 theory
【学徒】 apprentice 　 serve an apprenticeship
【学位】 degree
【学问】 ❶systematic learning; branch of knowledge ❷learning; knowledge; scholarship
【学习】 study; learn
【学校】 school; educational institution
【学业】 ❶one's studies ❷school work
【学艺】 ❶learn a craft ❷knowledge and skills
【学友】 classmate; fellow student
【学员】 student
【学院】 college; academy; institute
【学者】 scholar; learned man; man of learning
【学制】 ❶educational system; school system ❷length of schooling
【学子】 student
【学前班】 preschool class
【学生会】 student union
【学术界】 academic circles
【学徒工】 apprentice
【学习班】 study class
【学无止境】 knowledge is infinite; there is no limit to knowledge
【学以致用】 study for the sake [purpose] of application; study sth in order to apply it

xuě

雪 [xuě]
　 snow 　 wipe out
【雪白】 snow-white; snowy white
【雪耻】 avenge an insult
【雪地】 snowfield
【雪雕】 snow sculpture
【雪糕】 ice cream
【雪花】 snowflake
【雪景】 snow-covered landscape
【雪亮】 bright as snow; shiny
【雪球】 snowball
【雪人】 snowman
【雪山】 snowy mountain
【雪冤】 clear sb of a false charge
【雪原】 snowfield
【雪上加霜】 snow plus frost—one disaster after another
【雪中送炭】 send charcoal in snowy weather—provide timely help

xuè

血 [xuè]
　 blood 　 ❶energetic and high-spirited ❷related by blood ➡xiě
【血案】 murder case; bloody incident
【血本】 original capital
【血海】 sea of blood; bloodbath
【血汗】 sweat and toil
【血红】 blood red; as red as blood
【血库】 blood bank
【血路】 bloody path
【血泊】 pool of blood
【血亲】 blood relations
【血肉】 flesh and blood
【血色】 redness of the face; colour
【血书】 letter written in one's own blood
【血水】 watery blood; thin blood
【血糖】 blood sugar
【血统】 blood relationship
【血洗】 bloodbath
【血腥】 bloody
【血型】 blood group; blood type
【血性】 courage and uprightness
【血压】 blood pressure
【血样】 blood sample; blood specimen
【血液】 ❶(human) blood ❷lifeblood; lifeline
【血缘】 blood relationship
【血债】 debt of blood
【血战】 bloody battle 　 fight a very fierce battle
【血淋淋】 dripping with blood; bloody
【血液病】 blood diseases
【血海深仇】 huge debt of blood
【血泪斑斑】 full of blood and tears
【血流成河】 blood flowing like a river—bloodbath
【血流如注】 blood streaming down
【血浓于水】 blood is thicker than water
【血气方刚】 full of animal spirits
【血肉相连】 as close as flesh and blood
【血肉之躯】 the human body; flesh and blood

xūn

勋 [xūn]
　 merit
【勋章】 medal

熏 [xūn]
动 ①smoke ②treat（meat, fish, etc.）with smoke; smoke 形 pleasantly warm; genial ➡xùn
【熏鸡】smoked chicken
【熏染】influence
【熏陶】influence
【熏制】cure（meat, etc.）by smoking; smoke

xún

旬 [xún]
名 ①period of ten days ②period of ten years in an old person's age
【旬刊】publication appearing once every ten days

寻 [xún]
动 try to find; look for; search; seek
【寻查】search; look for; seek
【寻常】ordinary; usual; common
【寻访】look for; make inquiries about
【寻根】❶get to the bottom of sth; investigate deeply into ❷search for the roots of one's family
【寻呼】put out a call for
【寻觅】search for
【寻摸】seek; look for
【寻求】seek; go in quest of
【寻死】❶try to commit suicide ❷commit suicide
【寻思】think; consider; ponder
【寻问】ask〔enquire〕about
【寻衅】pick a quarrel
【寻找】seek; look for; search for; try to find; hunt; have a look at; look forward for
【寻呼机】pager; bleeper; beeper
【寻花问柳】❶enjoy a beautiful spring scene ❷visit houses of ill repute
【寻欢作乐】seek pleasure and make merry
【寻人启事】notice for looking for sb

巡 [xún]
动 inspect; make one's rounds 量 round（of drinks）：酒过三巡，主人起立致辞。When the wine had gone round three times, the host stood up to make a speech.
【巡捕】police; policeman
【巡查】go on a tour of inspection; make one's rounds
【巡航】cruise
【巡回】go the rounds
【巡警】patrol police; policeman
【巡逻】go on patrol; patrol
【巡视】❶make〔be on〕an inspection tour; tour ❷cast one's eyes around
【巡洋舰】cruiser
【巡航导弹】cruise missile

询 [xún]
动 ask; enquire; consult
【询价】enquiry
【询问】动 ask about; enquire 名 examination

【询问处】inquiry office

循 [xún]
动 follow; act in accordance with
【循环】circulate; cycle
【循规蹈矩】observe rules, obey orders, etc. docilely
【循序渐进】take a progressive approach

xùn

训 [xùn]
动 ①lecture, instruct; teach ②train; drill ③explain; interpret 名 ①teachings; precept; maxim ②standard; rule; guideline; model; example ③explanation of words
【训斥】dress down
【训导】instruct and guide
【训话】reprimand
【训练】train; drill; exercise; go〔run〕through

讯 [xùn]
动 ①ask; enquire ②question 名 message; news; information
【讯问】❶question ❷ask about; enquire

汛 [xùn]
名 seasonal flood; high water
【汛期】flood〔high-water〕season
【汛情】flood situation

迅 [xùn]
形 fast; swift
【迅即】immediately; at once
【迅疾】swift; rapid
【迅猛】swift and violent
【迅速】rapid; swift; prompt
【迅雷不及掩耳】sudden peal of thunder leaves no time to cover the ears—as sudden as a flash of lightning

驯 [xùn]
形 tame and docile 动 tame
【驯服】形 tame 动 tame; break
【驯化】tame
【驯养】tame

徇 [xùn]
动 comply with; give in to; submit to; yield to
【徇私】show favouritism
【徇情枉法】bend the law for the benefit of relatives or friends

逊 [xùn]
动 abdicate 形 ①unassuming ②inferior to
【逊色】动 be inferior 副 not good; badly

殉 [xùn]
动 ①be buried alive with the dead ②sacrifice one's life for; die for
【殉国】die〔give one's life〕for one's country
【殉难】die for a just cause or for one's country
【殉情】die for love
【殉葬】be buried alive with the dead
【殉职】die at one's post; die in the course of performing one's duty; die in line of duty

Yy

yā

丫 [yā]
〈名〉① bifurcation (at top end); fork ② girl
【丫头】❶ girl ❷ slave girl

压 [yā]
〈动〉① press; crush; push down; hold down; weigh down ② surpass; outdo; exceed ③ stabilize; keep under control; hold down or back; keep (sb or sth) still or calm; repress ④ bring pressure to bear on; force; awe; intimidate ⑤ approach; get closer; near; draw near ⑥ pigeonhole; shelve; set aside; defer 〈名〉pressure ➡ yà
【压倒】overwhelm; overpower; prevail over
【压服】force〔compel〕sb to submit
【压坏】crush; squash
【压价】force prices down; demand a lower price
【压力】❶ overwhelming force; pressure ❷ pressure
【压迫】❶ oppress; repress ❷ constrict
【压强】intensity of pressure; pressure
【压缩】❶ compress ❷ condense; reduce; cut down
【压堂】run overtime
【压痛】tenderness
【压腿】flex one's leg muscles
【压抑】constrain; inhibit; depress; hold back
【压榨】❶ press; squeeze ❷ oppress and exploit; squeeze; bleed
【压制】❶ suppress; stifle; inhibit ❷ make by pressing
【压根儿】ever; at all
【压马路】stroll along a street
【压强计】pressure gauge
【压岁钱】money given to children as a lunar New Year gift
【压抑感】suppressed〔oppressed〕feeling; pent-up emotion〔feeling〕
【压电效应】piezoelectric effect
【压强单位】pressure unit
【压缩饼干】hardtack; ship biscuit〔bread〕; pilot biscuit〔bread〕

【压缩格式】packed format
【压缩软件】compression software
【压缩文件】zipped file
【压缩字符】condensed character
【压制民主】suppress democracy
【压住阵脚】hold in battle array; finish setting out in battle array

呀 [yā]
〈叹〉ah; oh; 呀,屋子里怎么这么多烟气！Oh, how come the room is full of smoke? 〈拟〉creak; 呀的一声殿门开了。The gate of the hall opened with a creak.

押 [yā]
〈动〉① give as security; mortgage; pawn; pledge ② detain; take away; take into custody ③ accompany as an escort; escort ④ sign a written statement; put one's mark on 〈名〉signature; mark made on a written statement in place of signature
【押宝】gambling game, played with dice under a bowl; stake
【押车】escort goods on a train, truck, etc.
【押金】deposit; security; cash pledge
【押送】❶ send (a prisoner or captive) under escort; escort ❷ escort (goods) in transportation
【押题】prepare for what one thinks or hopes will be in the examination papers
【押运】escort (goods) in transportation
【押韵】rhyme

鸦 [yā]
〈名〉crow
【鸦片】opium
【鸦雀无声】not a crow or sparrow is heard—silence reigns; all is quiet; no birds sing

鸭 [yā]
〈名〉duck
【鸭蛋】❶ duck's egg ❷ zero; nought; goose egg
【鸭蛋圆】oval
【鸭绒被】duck's down quilt; eiderdown quilt
【鸭绒服】eiderdown coat
【鸭绒枕】down pillow
【鸭舌帽】peaked cap

【鸭绒背心】duck's down waistcoat

yá

牙 [yá]
　图 ① tooth ② ivory ③ sth shaped like a tooth
【牙齿】tooth
【牙床】❶ gum ❷ ivory-inlaid bed
【牙雕】ivory carving
【牙膏】toothpaste
【牙关】jaw
【牙具】tooth-cleaners
【牙签】toothpick
【牙刷】toothbrush
【牙痛】toothache
【牙线】dental floss
【牙医】dentist;dental surgeon
【牙龈】gum;gingiva

伢 [yá]
　图 child;kid

芽 图 ① bud;sprout;shoot ② sth resembling a bud or sprout

蚜 [yá]
　图 aphid;aphis;plant louse
【蚜虫】aphid;aphis;plant louse

崖 [yá]
　图 ① precipice;cliff;crag ② limit;bound;boundary;margin

涯 [yá]
　图 ① shore;bank ② margin;bound;limit

yǎ

哑 [yǎ]
　图 ① incapable of speech;mute;dumb ② speechless;silent ③ hoarse;husky ④ ineffective;dud;unexploded
【哑巴】图 a dumb person;mute 动 be dumb;keep mum
【哑剧】dumb show;pantomime
【哑铃】dumbbell
【哑谜】puzzling remark;enigma;riddle
【哑语】sign language;dactylology
【哑嗓子】hoarse voice;husky voice
【哑口无言】be left without an argument;be reduced to silence;be rendered speechless

雅 图 ① standard;orthodox;proper;correct ② refined;polished;elegant;graceful;stylish ③ your 图 acquaintance;friendship 副 ① usually;customarily;often ② very;extremely
【雅观】refined;in good taste
【雅虎】Yahoo
【雅量】❶ magnanimity;generosity ❷ great capacity for liquor
【雅趣】refined〔cultivated〕tastes
【雅兴】aesthetic mood
【雅致】refined;tasteful
【雅座】private room (in a restaurant,etc.)

【雅皮士】yuppie
【雅思考试】International English Language Testing System (IELTS)
【雅俗共赏】appeal to all;suit both refined and popular tastes

yà

轧 [yà]
　动 ① flatten with a roller;roll;run over ② squeeze out;push out 图 click;rumble ➔ zhá

亚 [yà]
　图 of lower quality;inferior;second;shabby;substandard 图 Asia
【亚军】second place;runner-up
【亚麻】flax
【亚麻布】linen (cloth)
【亚运村】Asia Games Village
【亚洲运动会】the Asian Games;the Asiad

压 [yà]
　➔ yā
【压根儿】from the start;in the first place;altogether

揠 [yà]
　动 pull up;tug upward
【揠苗助长】try to help shoots grow by pulling them up—spoil things by excessive enthusiasm

yān

咽 [yān]
　图 pharynx ➔ yàn
【咽喉】❶ pharynx and larynx;throat ❷ key point;strategic passage

殷 [yān]
　图 blackish red ➔ yīn
【殷红】blackish red;dark red

胭 [yān]
【胭脂】rouge
【胭脂红】carmine;famille rose

烟 [yān]
　图 ① smoke ② mist;thin fog;vapour ③ tobacco ④ tobacco product;cigarette ⑤ opium ⑥ soot 动 be irritated by smoke
【烟草】the tobacco plant;tobacco
【烟尘】smoke and dust
【烟囱】chimney;funnel;stovepipe
【烟蒂】cigarette end〔stub,butt,stump〕
【烟斗】(tobacco) pipe
【烟缸】ashtray
【烟盒】cigarette case
【烟花】❶ lovely spring scene ❷ prostitute
【烟灰】tobacco or cigarette ash
【烟火】❶ smoke and fire ❷ cooked food ❸ fireworks
【烟煤】bituminous coal;soft coal
【烟民】smokers;tobacco users
【烟幕】smokescreen

【烟色】dark brown
【烟雾】smoke; smog; mist
【烟叶】tobacco leaf; leaf tobacco
【烟瘾】craving for opium; craving for tobacco
【烟雨】misty rain
【烟云】smoke, mists and clouds
【烟灰缸】ashtray
【烟卷儿】cigarette
【烟幕弹】smoke shell; smoke bomb; smoke screen
【烟嘴儿】cigarette holder
【烟花爆竹】fireworks

阉 [yān]
castrate; spay 名 eunuch
【阉割】❶castrate; spay ❷emasculate; deprive a theory

淹 [yān]
动❶soak ❷cover with a flood; flood; inundate; submerge ❸be tingling or smarting from sweat 形 ❶long ❷wide; extensive
【淹没】submerge; flood; inundate; drown
【淹死】be drowned

腌 [yān]
动 preserve in salt, sugar, etc.; salt; pickle; cure
【腌菜】sauerkraut; pickled vegetables
【腌肉】salted meat; bacon
【腌熏】bloat
【腌制】make by pickling or salting

湮 [yān]
动❶sink into oblivion; bury in obscurity ❷silt up; clog up; stop
【湮灭】bury in oblivion; annihilate
【湮没】fall into oblivion; be neglected; be forgotten

嫣 [yān]
形❶pretty; beautiful; handsome ❷bright red
【嫣红】bright red
【嫣然】beautiful; sweet
【嫣然一笑】give a pleasant [sweet, charming, winsome, soft] smile; smile gently

yán

延 [yán]
动❶prolong; extend; lengthen ❷postpone; put off; delay ❸engage; employ
【延长】lengthen; prolong; extend
【延迟】delay; defer; postpone
【延搁】delay; procrastinate
【延缓】delay; postpone; put off
【延聘】extension of employment; continue to employ; continue to hire
【延期】postpone; defer; put off
【延请】invite (sb to do a particular job); engage
【延伸】extend; stretch; elongate
【延时】delay
【延误】incur loss through delay

【延续】continue; go on; last
【延展】extension; send
【延长线】extension [extended] line

芫 [yán]
【芫荽】coriander

严 [yán]
形 ❶majestic; solemn; dignified; grave ❷strict; stern; exacting; rigorous ❸heavy; severe; acute; extreme 名 father
【严惩】punish severely
【严打】crackdown on crime; strike-hard campaign
【严冬】severe winter; hard winter
【严防】be strictly on guard against; take strict precautions against
【严格】形 strict; rigorous; rigid; stringent 动 rigorously enforce
【严寒】severe cold; bitter cold
【严谨】❶strict; rigorous ❷compact; well-knit
【严禁】strictly forbid [prohibit]
【严峻】stern; severe; rigorous; grim
【严酷】❶harsh; bitter; grim ❷cruel; ruthless
【严厉】stern; severe
【严令】give strict orders
【严密】tight; close
【严明】strict and impartial; rigid
【严实】tight; close
【严守】❶observe strictly ❷guard closely
【严肃】❶solemn ❷serious; earnest; grave
【严正】solemn and just; serious and principled
【严重】serious; grave; critical
【严词拒绝】give a stern rebuff; sternly refuse
【严加管束】bring under stern discipline
【严肃音乐】serious music
【严刑拷打】subject sb to severe torture; cruelly beat up
【严重警告】serious warning

言 [yán]
名❶speech; remark; word ❷character; word 动 say; talk; speak
【言辞】one's words; what one says
【言论】opinion on public affairs; expression of one's political views; speech
【言谈】the way one speaks or what he says
【言行】words and deeds; statements and actions
【言语】spoken language; speech
【言情片】film with a romantic story; sentimental movie
【言不由衷】speak insincerely; speak with one's tongue in one's cheek
【言情小说】romantic or sentimental novel
【言听计从】listen to sb's words and follow his counsels; always follow sb's advice; act upon whatever sb says; have implicit faith in sb
【言外之意】what is actually meant; the real meaning; implication

岩 [yán]
【名】①rock;stone ②cliff;crag
【岩洞】grotto
【岩画】rock painting
【岩浆】magma
【岩石】rock

炎 [yán]
【动】blaze 【形】scorching;extremely hot 【名】①inflammation ②Yan Di
【炎热】scorching;blazing;burning hot
【炎症】inflammation
【炎黄子孙】descendants of Yan Di and Huang Di—the Chinese people

沿 [yán]
【介】along 【动】①run down the stream ②follow;conform to ③trim 【名】edge;brim;border
【沿岸】along the bank or coast;littoral or riparian
【沿革】the course of change and development;evolution
【沿海】along the coast;coastal;littoral
【沿江】along the river;riparian;riverine
【沿路】along the road;on the way
【沿途】on the way;throughout a journey
【沿袭】follow
【沿线】along the line
【沿用】continue to use (an old method, etc.)
【沿着】[yánzhe] along
【沿门挨户】from door to door

研 [yán]
【动】①grind;rub;pestle ②study;research
【研读】study carefully
【研发】R&D, research and development
【研究】❶ study;research ❷ consider;discuss;deliberate
【研磨】❶ grind;pestle ❷ abrade;polish
【研讨】deliberate;study and discuss
【研习】study;research
【研修】do research work;research and advanced studies
【研制】develop;prepare
【研究生】postgraduate (student);graduate student
【研究所】research institute
【研究员】research fellow;full professor (at research institutes)
【研究院】research institute;graduate school
【研讨会】symposium;seminar
【研修生】researcher
【研究生院】graduate school

盐 [yán]
【名】salt
【盐酸】hydrochloric acid
【盐水鸭】salted duck

阎 [yán]
【名】gate of a lane
【阎王殿】the Palace of the King of Hell

筵 [yán]
【名】①bamboo mat spread on the floor for people to sit on ②banquet;feast
【筵席】❶ seats arranged at a banquet ❷ feast;banquet

颜 [yán]
【名】①face;look;countenance ②grace;decency;face ③facial expression ④dye;colour
【颜料】pigment;colouring
【颜色】❶ color ❷ facial expression ❸ pigment;dyestuff

檐 [yán]
【名】①eaves;projecting ②edge;brim

yǎn

奄 [yǎn]
【动】cover;overspread;include 【副】suddenly;all of a sudden
【奄奄一息】at one's last gasp;on the verge of death

俨 [yǎn]
【形】majestic;solemn;serious;dignified
【俨然】【形】❶ solemn;dignified ❷ neatly arranged 【副】just like
【俨如】just like

衍 [yǎn]
【动】①spread out;extend;develop;enfold ②multiply;breed ③be redundant;be superfluous ④develop;popularize;spread
【衍变】develop;evolve
【衍化】evolve;develop
【衍射】diffraction
【衍生】❶ evolve;produce ❷ derive
【衍生物】derivative

掩 [yǎn]
【动】①cover;conceal;hide ②close;shut ③get squeezed when closing a door, lid, etc. ④attack by surprise;launch a surprise attack
【掩蔽】screen;shelter;cover
【掩藏】hide
【掩盖】❶ cover;overspread ❷ conceal;cover up
【掩护】screen;shield;cover
【掩埋】bury
【掩饰】cover up (faults, mistakes, etc.);gloss over;conceal
【掩耳盗铃】plug one's ears while stealing a bell—deceive oneself;bury one's head in the sand
【掩人耳目】deceive the public;hoodwink people

眼 [yǎn]
【名】①eye ②small hole ③key point;crux ④trap ⑤unaccented beat in traditional Chinese music 【量】打一眼井 sink a well/两眼旧窑洞 two old cave dwellings
【眼馋】cast covetous eyes at sth;eye sth covetously
【眼眵】gum (in the eyes)
【眼福】the good fortune of seeing sth rare or

beautiful
【眼光】❶eye ❷sight; foresight; insight; vision ❸view; way of looking at things
【眼红】❶covet; be envious; be jealous 形furious
【眼花】have dim eyesight; have blurred vision
【眼睑】eyelid
【眼见】soon; in no time
【眼角】canthus; the corner of the eye
【眼界】field of vision[view]; outlook
【眼镜】eyeglasses; glasses; spectacles
【眼睛】eye
【眼看】副soon; in a moment 动watch helplessly; look on passively
【眼眶】❶eye socket; orbit ❷rim of the eye
【眼泪】tears
【眼力】❶eyesight; vision ❷judgment; discrimination
【眼帘】eyes
【眼眉】eyebrow
【眼皮】eyelid
【眼前】❶before one's eyes ❷at the moment; at present; now
【眼球】eyeball; attention
【眼圈】rim of the eye
【眼热】cast covetous eyes at sth; eye sth covetously
【眼色】hint given with the eyes; meaningful glance; wink
【眼梢】corner of the eye close to the temple
【眼神】❶expression in one's eyes ❷eyesight
【眼生】look unfamiliar
【眼屎】gum (in the eyes)
【眼熟】look familiar
【眼跳】twitching of the eyelid
【眼窝】eye socket; eyehole; orbit
【眼下】at the moment; at present; now
【眼线】❶eye-liner ❷informer; stool-pigeon; finger man
【眼影】eye-shadow
【眼晕】dizziness (owing to defective vision)
【眼罩】❶eyeshade ❷blinkers
【眼巴巴】❶eagerly; anxiously ❷helplessly
【眼睫毛】eyelash
【眼镜蛇】cobra
【眼前亏】trouble right before the eyes
【眼药水】eyedrops
【眼影粉】eye-shadow power; eye-shadow
【眼睁睁】looking on helplessly or unfeelingly
【眼中钉】thorn in one's side
【眼保健操】ocular exercises
【眼科医生】oculist; ophthalmologist; eye-doctor

偃 [yǎn]
动❶fall on one's back; lie down ❷desist; stop; cease
【偃旗息鼓】lower the banners and muffle the drums—cease all activities

演 [yǎn]
动❶develop; evolve ❷elaborate; deduce; exert ❸drill; practise ❹perform; play; act; stage
【演变】develop; evolve
【演播】telecast (a play, performance, etc.)
【演唱】sing (in a performance)
【演出】perform; show; put on a show
【演化】evolution
【演技】acting; stage performance
【演讲】give a lecture; make a speech; lecture
【演剧】act in a play
【演练】drill
【演示】demonstrate
【演说】动deliver a speech; make an address 名speech
【演算】perform mathematical calculations
【演习】manoeuvre; exercise; drill; practice
【演戏】❶put on a play; act in a play ❷playact; pretend; act
【演义】historical novel
【演绎】deduce; demonstrate
【演员】actor or actress; performer
【演奏】give an instrumental performance; play a musical instrument (in a performance)
【演播室】broadcast studio; television studio
【演唱会】vocal recital; concert
【演说家】speaker; orator
【演艺界】performing arts circle; performing arts sector
【演职员】general term for the performers and supporting staff of an artistic troupe
【演奏家】accomplished performer

魇 [yǎn]
动have a nightmare

鼹 [yǎn]
名mole
【鼹鼠】mole

yàn

厌 [yàn]
动❶be satisfied; be satiated ❷be disgusted with; dislike intensely; detest 形bored with; tired of
【厌烦】be sick of; be fed up with
【厌倦】be weary of; be tired of
【厌弃】detest and reject; detest; loathe
【厌世】be world-weary; be pessimistic
【厌恶】detest; abhor; abominate; be disgusted with
【厌学】tired of school
【厌战】be weary of war; be war-weary
【厌食症】anorexia; anorexia nervosa

砚 [yàn]
名inkstone; inkslab

咽 [yàn]
动swallow; devour ➡yān
【咽气】breathe one's last; die

艳 [yàn]
形❶bright; colourful; fresh and attractive; gorgeous ❷amorous; romantic 动admire; envy

【艳福】a man's good fortune in love affairs
【艳红】bright red
【艳丽】bright-coloured and beautiful;gorgeous
【艳羡】admire immensely
【艳遇】affair;one's romantic history
【艳装】gaudy attire
【艳阳天】bright spring day;bright sunny skies

唁 [yàn]
condole;extend condolences
【唁电】telegram [cable] of condolence;message of condolence
【唁函】letter [message] of condolence

宴 [yàn]
entertain to dinner;fete 名 feast;banquet;spread 形 ease and comfort
【宴会】banquet;feast;dinner party
【宴请】entertain (to dinner);fête
【宴席】banquet;feast
【宴会厅】banquet hall

验 [yàn]
① prove effective through practice ② examine;check;verify;test ③ produce the expected result 名 intended effect;desired result
【验关】customs examination
【验光】optometry
【验货】examine goods
【验讫】checked;examined
【验尸】perform an autopsy
【验收】check and accept;check before acceptance;check upon delivery
【验算】checking computations
【验血】blood test
【验证】verify
【验资】check the assets;check the capital of a business or organization
【验钞机】machine for checking paper money for counterfeits;money detector

谚 [yàn]
proverb;saying;saw
【谚语】proverb;saying;adage;saw

堰 [yàn]
weir;dam;barrage
【堰塞湖】barrier lake

雁 [yàn]
wild goose
【雁过拔毛】pluck feathers from each goose as it passes by—squeeze whenever possible

焰 [yàn]
① flame;blaze ② arrogance
【焰火】fireworks

燕 [yàn]
swallow
【燕麦】oats
【燕窝】edible bird's nest
【燕尾服】swallowtail;swallow-tailed coat;tailcoat;tails
【燕尔新婚】marital happiness;joy of new marriage;conjugal bliss

赝 [yàn]
形 counterfeit;spurious;fake;pseudo-
【赝本】spurious edition or copy
【赝品】phony;postiche;snide;imitation;shoddy;art forgery

yāng

央 [yāng]
动 ① entreat;beg;earnestly ask ② end;finish 名 centre
【央告】beg;plead;implore
【央求】beg;plead;implore

泱 [yāng]
【泱泱大国】great and proud country

殃 [yāng]
名 scourge;disaster;calamity;misfortune 动 bring disaster to;spell calamity for
【殃及】bring disaster to
【殃及无辜】trouble involves the innocent people

秧 [yāng]
名 ① rice seedling ② seedling;sprout ③ vine;stem ④ young;fry
【秧苗】rice shoot;rice seedling

yáng

扬 [yáng]
动 ① raise;hoist ② throw up and scatter;winnow ③ praise;spread;publicize;make known
【扬场】winnowing
【扬尘】动 raise dust to the air 名 flying dust
【扬帆】hoist the sails;set sail
【扬名】make a name for oneself;become famous
【扬弃】❶ discard ❷ sublate
【扬琴】dulcimer
【扬言】threaten
【扬扬】complacent
【扬声器】loudspeaker
【扬水泵】lift pump
【扬长避短】play to one's strengths
【扬长而去】stalk off;swagger off
【扬眉吐气】feel proud and elated

羊 [yáng]
名 sheep;goat;一群羊 a flock of sheep
【羊羔】lamb
【羊毛】sheep's wool;wool;fleece
【羊奶】ewe's milk
【羊排】mutton chop;lamb chop
【羊绒】cashmere
【羊肉】mutton
【羊毛婚】wool wedding
【羊毛衫】woollen sweater;cardigan
【羊毛袜】woollen socks or stockings
【羊绒衫】cashmere sweater
【羊肉串】mutton cubes roasted on a skewer;

shish kebab[kabob]; shashlik
- 【羊肠小道】 narrow winding trail; meandering footpath
- 【羊毛套衫】 pullover
- 【羊肚儿手巾】 towel

阳 [yáng]
①sun ②south of a hill or north of a river ③yang ④male genitals 形 ①in relief; convex ②open; overt; outward ③of this world; of this life; concerned with living beings ④positive
- 【阳春】 spring (season)
- 【阳电】 positive electricity
- 【阳刚】 manly; virile
- 【阳光】 sunny; sunlight; sunshine
- 【阳极】 positive pole; positive electrode; anode
- 【阳历】 ❶solar calendar ❷the Gregorian calendar
- 【阳面】 sunny side
- 【阳平】 rising tone
- 【阳伞】 parasol; sunshade
- 【阳台】 balcony or veranda
- 【阳痿】 impotence
- 【阳性】 形 positive 名 masculine gender
- 【阳春面】 noodles in a simple sauce
- 【阳电荷】 positive charges
- 【阳电子】 positive electron; positron
- 【阳光权】 right of lighting
- 【阳离子】 positive ion; cation
- 【阳奉阴违】 overtly agree but covertly oppose; comply in public but oppose in private; feign compliance

杨 [yáng]
名 poplar
- 【杨柳】 ❶poplars and willows ❷willows
- 【杨梅】 red bayberry
- 【杨树】 poplar
- 【杨桃】 carambola

佯 [yáng]
动 pretend; feign; fake; sham
- 【佯称】 allege falsely; tell lies; lie; pretend
- 【佯攻】 feign[simulate] attack; make a feint
- 【佯装】 pretend; feign

洋 [yáng]
形 vast; abundant; multitudinous 名 ①ocean ②foreign nation[country] ③silver dollar
- 【洋葱】 onion
- 【洋房】 foreign-style house; western-style house
- 【洋货】 foreign goods
- 【洋流】 ocean current
- 【洋楼】 Western-style building
- 【洋气】 ❶foreign flavor; Western style ❷outlandish ways
- 【洋人】 foreigner (usu. a Westerner)
- 【洋文】 foreign language
- 【洋相】 make an exhibition of oneself; make a spectacle of oneself
- 【洋洋】 ❶copious ❷smug
- 【洋溢】 be permeated with; brim with
- 【洋白菜】 cabbage
- 【洋插队】 settle in a foreign country for further education (implying hardship)
- 【洋鬼子】 foreign devil
- 【洋教条】 foreign tenets
- 【洋泾浜】 pidgin English; pidgin
- 【洋娃娃】 (Western-style) doll
- 【洋里洋气】 in an ostentatious Western style
- 【洋为中用】 make foreign things serve China
- 【洋务运动】 Westernization Movement
- 【洋洋大观】 spectacular; grandiose; imposing
- 【洋洋得意】 be immensely proud with success; look triumphant

仰 [yǎng]
动 ①look up; face upward ②admire; revere; look up to ③rely on; depend on
- 【仰角】 angle of elevation
- 【仰面】 face upward
- 【仰慕】 admire; look up to
- 【仰首】 raise one's head
- 【仰望】 ❶look up at ❷respectfully seek guidance or help from; look up to
- 【仰卧】 lie on one's back; lie supine
- 【仰泳】 backstroke
- 【仰仗】 rely on; look to sb for backing[support]
- 【仰八叉】 (fall) on one's back

养 [yǎng]
动 ① support; keep; provide for ② raise; keep; grow; rear ③ give birth to ④ form; acquire; contract ⑤ nourish; rest; convalesce; recuperate ⑥cultivate; refine ⑦grow long 形 foster; support 形 adoptive; foster
- 【养分】 nutrient
- 【养护】 ❶maintain; conserve ❷cure; nurse
- 【养花】 grow flowers
- 【养活】 ❶support; feed ❷raise ❸give birth to
- 【养老】 ❶provide for the aged ❷live out one's life in retirement
- 【养廉】 nourish honesty—refrain from squeeze and graft
- 【养料】 nutriment; nourishment
- 【养鸟】 keep pet birds
- 【养神】 rest to attain mental tranquility; repose
- 【养生】 keep fit
- 【养眼】 please one's eyes
- 【养育】 bring up; rear
- 【养殖】 breed (aquatics)
- 【养老金】 old-age pension; annuity; annuities
- 【养老院】 home for the old
- 【养路费】 road toll; road maintenance expense
- 【养老保险】 endowment insurance
- 【养生之道】 how to care for life[conserve one's vital powers]; how to maintain good health

氧 [yǎng]
名 oxygen (O)

【氧吧】oxygen bar
【氧化】oxidize;oxidate
【氧疗】oxygen therapy
【氧气】oxygen
【氧化剂】oxidizer;oxidant
【氧化态】oxidation state;oxidation number
【氧化铁】ferric oxide
【氧化物】oxide
【氧化还原酶】 oxido-reducing enzyme; oxidoreductase

痒 [yǎng]
动 itch;tickle

yàng

快 [yàng]
【快快而归】come back quite crestfallen; go home sadly

样 [yàng]
名 ❶shape ❷appearance;expression ❸sample;model;pattern ❹ trend;situation 量 kind;type;variety:三样儿点心 three kinds of cakes
【样板】❶sample plate ❷ templet ❸model;example
【样本】❶sample book ❷ sample;specimen
【样机】sample machine
【样件】sample
【样片】the sample copy of a film;rushes
【样品】sample (product);specimen
【样式】pattern;type;style;form
【样书】final proof;sample book
【样张】specimen page
【样子】❶ appearance;shape ❷ manner; air ❸ sample;model;pattern ❹tendency;likelihood
【样板房】show flat

恙 [yàng]
名 ailment;illness;indisposition

漾 [yàng]
动 ❶ripple ❷brim over;overflow

yāo

幺 [yāo]
名 one 形 youngest
【幺妹】youngest sister
【幺小】petite;small
【幺蛾子】wicked idea;devilish trick

夭 [yāo]
动 die young 形 luxuriant;exuberant
【夭折】❶die young ❷come to a premature end

吆 [yāo]
动 bawl;shout;cry out
【吆喝】❶ cry out; call ❷ cry one's wares ❸ loudly urge on an animal

约 [yāo]
动 weigh on a balance[scale] ➡yuē

妖 [yāo]
名 monster;goblin;demon;evil spirit 形 ❶evil and bewitching ❷ beautiful; charming ❸ coquettish;seductive
【妖怪】monster;bogy;goblin;demon
【妖精】❶evil spirit ❷alluring woman
【妖媚】seductively charming;bewitching;sexy
【妖魔】monster
【妖艳】seductive;bewitching
【妖魔鬼怪】 demons and ghosts; monsters of every description;all forces of evil
【妖言惑众】spread fallacies to deceive people

要 [yāo]
动 ❶demand;claim;ask ❷force;compel;coerce ➡yào
【要求】动 ask;demand;require;claim;call for 名 requirement;demand;claim
【要挟】coerce;put pressure on;threaten

腰 [yāo]
名 ❶ waist; small of the back ❷ kidney ❸ waist ❹pocket;purse;wallet ❺middle
【腰包】belt bag;purse;pocket
【腰部】waist,the small of the back
【腰带】belt;girdle
【腰果】cashew nut;cashew
【腰身】 waistline; waist; waist measurement; girth
【腰痛】lumbago
【腰围】❶ waistline ❷ waist measurement ❸ girdle
【腰眼】either side of the small of the back
【腰板儿】❶waist and back ❷body
【腰杆子】❶back ❷backing;support
【腰缠万贯】be loaded;be very rich

邀 [yāo]
动 ❶await the arrival of sb ❷invite;ask;request ❸gain;receive;seek ❹intercept
【邀功】 take credit for someone else's achievements
【邀集】invite to meet together;call together
【邀请】invite
【邀请赛】invitational tournament
【邀请信】letter of invitation

yáo

窑 [yáo]
名 ❶kiln ❷ porcelain ❸ pit ❹ cave dwelling ❺brothel
【窑洞】cave dwelling

谣 [yáo]
名 ❶ballad;rhyme ❷rumour;hearsay
【谣传】名 rumor;hearsay 动 be rumored
【谣言】rumour; unfounded report; groundless allegation

摇 [yáo]
动 shake;wave;wag;rock
【摇摆】sway;swing;rock;vacillate
【摇船】row a boat;scull a boat
【摇荡】rock;sway
【摇动】❶wave;shake ❷sway;rock
【摇晃】rock;sway;shake

【摇奖】shake out the winning number; draw the lottery
【摇篮】cradle
【摇头】shake one's hand
【摇曳】flicker; sway
【摇椅】rocking chair
【摇摆舞】swing; rock and roll; rock
【摇滚乐】rock and roll; rock (music)
【摇篮曲】cradle-song; lullaby; berceuse
【摇钱树】legendary tree that sheds coins when shaken—ready source of money
【摇头丸】ecstasy; dancing outreach

遥 [yáo]
形 ①distant; remote; faraway ②distant
【遥测】telemetering
【遥感】remote sensing
【遥控】remote control; telecontrol
【遥望】look into the distance
【遥想】recall; recollect; reminisce
【遥遥】①distant ②far-off
【遥远】distant; remote; faraway
【遥感卫星】remote sensing satellite

杳 [yǎo]
形 too far away to be readily accessible
【杳无音信】there has been no news whatsoever about sb; never been heard of since

咬 [yǎo]
动 ①bite; gnaw; snap at ②grip ③bark ④incriminate another person; implicate ⑤make definite ⑥pronounce; enunciate; articulate ⑦be nit-picking on words ⑧follow closely; close in; advance on
【咬钩】bite
【咬牙】①clench ②grind one's teeth
【咬住】①bite into; grip with one's teeth ②grip; take firm hold of; refuse to let go of
【咬耳朵】whisper in sb's ear; whisper
【咬文嚼字】pay excessive attention to wording
【咬牙切齿】gnash one's teeth

舀 [yǎo]
动 ladle out; spoon up; scoop up
【舀子】dipper; ladle; scoop

窈 [yǎo]
【窈窕】①gentle and graceful ②secluded

疟 [yào]
→nüè
【疟子】malaria

药 [yào]
名 ①medicine; drug; remedy ②certain chemicals 动 ①cure with medicine ②kill with poison
【药补】drug therapy
【药材】medicinal materials; crude drugs
【药茶】herb tea; medicated tea
【药店】drugstore; chemist's shop; pharmacy
【药方】prescription
【药房】①drugstore; chemist's shop; pharmacy ②hospital pharmacy; dispensary
【药费】expenses for medicine; charges for medicine
【药检】drug test
【药酒】medicinal liquor
【药理】pharmacology
【药力】effects
【药棉】absorbent cotton
【药片】(medicinal) tablet
【药品】medicines and chemical reagents
【药瓶】medicine bottle
【药膳】medicated food; food cooked with medicinal herbs
【药水】①liquid medicine; medicinal liquid ②lotion
【药丸】pill
【药物】pharmaceuticals; materia medica; medicines; drugs
【药浴】dipping
【药皂】medicated soap
【药罐子】①pot for decocting herbal medicine ②chronic invalid
【药剂师】pharmacist; pharmaceutist; druggist
【药物牙膏】medicated toothpaste

要 [yào]
形 important; significant 名 important substance; essentials 动 ①want; desire; need; like to keep ②demand; claim ③ask for; ask sb to do sth; request ④want to; wish to; desire ⑤must; should; have to; it is necessary ⑥require; need; take ⑦will; be going to; be about to ⑧might; must 连 ①if; suppose; in case: 他要不同意,我们就不去了。If he doesn't agree, we won't go. ②or; either... or... : 要么去看电影,要么就去游泳,别再犹豫了。We either go to a film or go swimming. Don't hesitate any more. ➡yāo
【要案】major case
【要不】①otherwise; or else; or ②either... or...
【要点】①main points; essentials; gist ②key strongpoint
【要犯】important criminal
【要饭】beg (for food or money)
【要害】①vital part; crucial point ②strategic point
【要好】①on good terms ②eager to improve oneself; trying hard to make progress
【要价】ask a price; charge
【要件】①important document ②important condition
【要紧】①important; essential ②serious
【要领】①main points; essentials; gist ②essentials
【要么】or; either... or...
【要命】①drive sb to his death; kill ②be an-

noying〔aggravating〕confoundedly;extremely;awfully;terribly
【要钱】charge
【要强】be eager to excel;be anxious to outdo others
【要塞】fort;fortress;fortification
【要事】important matter
【要是】if;suppose;in case
【要死】extremely;awfully;terribly
【要素】essential factor;key element
【要闻】important news;front-page story
【要务】important business;urgent business
【要义】essentials
【要员】important official
【要账】demand payment of a debt;press for repayment of a loan;dun
【要职】important post
【要旨】main idea;gist
【要不得】be no good;be intolerable
【要不然】otherwise;or else;or
【要不是】if it were not for;but for
【要面子】be keen on face-saving;be anxious to keep up appearances
【要言不烦】terse;succinct;pithy

钥 [yào]

【钥匙】key

鹞 [yào]

①harrier ②sparrow hawk

耀 [yào]

① shine; radiate; illuminate; dazzle ② vaunt; show off; boast of ③ honourable; honoured;glorious ④ rays of light;radiance
【耀斑】solar flare
【耀眼】dazzling
【耀武扬威】make a show of one's strength; swagger around;throw one's weight around

耶 [yē]

【耶稣】Jesus;Jesus Christ

掖 [yē]

①tuck in or up;thrust in between ②hide; conceal

椰 [yē]

coconut palm;coconut tree;coco
【椰蓉】fine coconut mash
【椰子】❶ coconut palm; coconut tree; coco ❷ coconut

噎 [yē]

①choke ②choke ③render sb speechless by saying sth blunt or rude; interrupt rudely; choke off

爷 [yé]

①father ②grandfather ③respectful form of address for a man of the older generation
【爷爷】❶grandfather ❷grandpa
【爷们】❶ man;menfolk ❷husband

揶 [yé]

【揶揄】ridicule;deride

也 [yě]

①师者,所以传道授业解惑也。A teacher is one who propagates the doctrines of ancient sages,passes on knowledge and helps to clear up doubts. ②是日也,天朗气清,惠风和畅。It was a bright sunny day with gentle breeze. ①also;too;as well;either;你不开口,她也不开口。If you don't speak, she shan't speak either. ②both... and... ; as well as;他的个儿也高,力气也大。He's both tall and strong. ③either... or... ; whether... or... ; no matter whether;我既没有到过巴黎也没有到过罗马。I have not been to either Paris or Rome. ④即使你不说,我也知道。You don't have to tell me,I know already. ⑤也只好如此了。We'll have to leave it at that. ⑥天空连一丝云也没有。There's not even a single trace of a cloud in the sky.
【也罢】❶也罢,既然他不愿做,就不要勉强他。All right, don't force him to do it since he won't. ❷whether... or... ;no matter whether
【也好】❶it may not be a bad idea;may as well ❷whether... or... ;no matter whether
【也许】perhaps;probably;maybe

冶 [yě]

smelt ② seductively dressed or made up
【冶金】metallurgy
【冶炼】smelt

野 [yě]

①open country;wild land ②limit;boundary ③not being in power;being out of office ①wild; uncultivated; undomesticated ② rude; rough; wild ③ unrestrained; unruly; undisciplined ④illegal;illegitimate ⑤stray
【野菜】edible wild herbs
【野餐】picnic
【野草】weeds
【野炊】cook in the open air
【野地】wild country;wilderness
【野狗】stray dog;wild dog
【野果】wild fruit
【野花】wild flower
【野火】prairie fire;bush fire
【野鸡】❶pheasant ❷streetwalker
【野景】wild scenery
【野马】wild horse;untamed horse
【野蛮】❶uncivilized;savage ❷barbarous;cruel;brutal
【野猫】❶wildcat ❷stray cat
【野牛】wild ox

【野趣】rustic charm
【野人】❶populace;commoner ❷uncouth person;rustic bumpkin ❸savage;barbarian
【野生】wild;undomesticated;uncultivated;feral
【野食】❶animals' food picked up in the wilds ❷irregular extra income
【野史】unofficial history
【野兽】wild beast;wild animal
【野兔】hare
【野外】open country;field
【野味】game (as food)
【野心】wild ambition;careerism
【野性】wild nature;unruliness
【野鸭】wild duck
【野营】camp;bivouac
【野猪】wild boar
【野蔷薇】multiflora rose
【野兽派】fauvism;brutalism
【野心家】careerist
【野营车】camper
【野战军】field army
【野心勃勃】be obsessed with ambition

yè

业 [yè]
名 ①course of study;course ②occupation;profession;employment ③trade;industry;business ④cause;enterprise;undertaking ⑤estate;property ⑥karma;deed;action 动 engage in;go in for 副 already;before now
【业报】retribution for sins
【业绩】outstanding achievement;track record
【业界】business circles;in field
【业内】in the business
【业态】type of operation
【业务】vocational work;professional work;business
【业已】already
【业余】名 sparetime 形 amateur
【业者】practitioner of a certain business
【业主】owner;proprietor
【业内人士】insider

叶 [yè]
名 ①leaf;blade;foliage ②leaf-like thing ③part of a historical period
【叶轮】impeller;vane wheel
【叶脉】leaf vein
【叶片】❶blade ❷vane
【叶子】leaf
【叶绿素】chlorophyll

页 [yè]
名 leaf;sheet 量 page
【页码】page number

曳 [yè]
动 drag;haul;tug;pull;tow
【曳光弹】tracer

夜 [yè]
名 night;nighttime;evening
【夜班】night shift
【夜半】midnight
【夜餐】midnight snack
【夜间】night;nighttime;at night
【夜景】night scene〔view〕
【夜空】the night sky
【夜幕】curtain〔veil〕of night;gathering darkness
【夜色】the dim light of night
【夜深】in the dead of night;late at night
【夜市】night market;night fair
【夜晚】night
【夜宵】food〔refreshments〕taken late at night;midnight snack
【夜校】night〔evening〕school
【夜夜】every night
【夜大学】evening university
【夜猫子】❶owl ❷night owl
【夜明珠】night-luminescent pearl
【夜生活】night life
【夜视仪】night vision device〔instrument〕
【夜行军】night march
【夜总会】nightclub;cabaret
【夜以继日】day and night;round the clock

液 [yè]
名 liquid;fluid;juice
【液化】liquefaction
【液晶】liquid crystal
【液态】liquid state
【液体】liquid
【液化气罐】gas bottle
【液化石油气】liquefied petroleum gas (LPG)
【液化天然气】liquefied natural gas(LNG)
【液晶显示屏】liquid crystal display (LCD)

谒 [yè]
动 call on;pay homage to;pay one's respects to
【谒见】call on (a superior or a senior in the clan hierarchy);have an audience with

腋 [yè]
名 ①axilla;armpit ②finest fragments of fox fur ③axil
【腋臭】underarm odour
【腋毛】armpit hair

yī

一 [yī]
数 one 形 ①same ②whole;entire;all ③concentrated;wholehearted ④another;also;otherwise 副 once;now that 助 ①(a) 唱一唱 sing/看一看 take a look/闻一闻 have a smell/歇一歇 have a rest/笑一笑 give a smile (b) 跑一趟 make a trip/哭一场 have a cry ②一何速也! How fast it is! /洪水为害之甚,一至于此! To think that the flood should have wreaked such great havoc!
【一般】❶same as;just like ❷sort;kind ❸general;ordinary;common

【一边】 名 ❶one side ❷by the side; beside; aside 副 while; as; at the same time; simultaneously
【一并】 along with all the others; in the lump
【一餐】 meal
【一次】 once
【一代】 ❶a dynasty ❷an era; the present age ❸all one's life; lifetime; generation
【一带】 the area around a particular place
【一旦】 ❶in a single day; in a very short time ❷once; in case; now that
【一道】 together; side by side; alongside
【一等】 first-class; first-rate; top-grade; top-notch
【一定】 形 ❶fixed; established; regular ❷definite; constant ❸ certain; specific; given 副 surely; certainly; be bound to
【一度】 ❶once; at one time; for a time ❷on one occasion
【一堆】 pile; heap; ruck
【一对】 duad; twain; pair; couple
【一顿】 meal
【一发】 ❶even more ❷together
【一份】 part; portion; share
【一服】 dose
【一副】 pair; set
【一概】 one and all; without exception; totally; categorically
【一共】 altogether; in all; all told
【一贯】 consistent; persistent; all along
【一盒】 a box of
【一伙】 a gang of; a band of
【一己】 oneself
【一截】 section; length
【一节】 lesson
【一经】 as soon as; once
【一…就…】 no sooner... than...; the moment...; as soon as; at once
【一举】 名 one action 副 at one stroke
【一览】 general survey; bird's-eye view
【一类】 of the same class; of the same species
【一连】 in a row; in succession; running
【一流】 ❶a kind; the same kind ❷first-class; first-rate; top-notch
【一楼】〈英〉the ground floor;〈美〉the first floor
【一路】 名 all the way; throughout the journey 形 of the same kind 副 together; on the same path
【一律】 形 same; alike; uniform 副 all; without exception
【一面】 名 ❶one side ❷one section; one aspect 副 at the same time; simultaneously
【一旁】 one side
【一篇】 a piece of
【一瞥】 ❶quick glance ❷glimpse; brief survey
【一齐】 at the same time; simultaneously; in unison

【一起】 名 the same place 副 altogether; in all
【一气】 副 at one go; without a break; at a stretch 名 ❶of the same gang; hand in glove ❷a spell; a fit
【一切】 ❶all; every ❷everything; all
【一群】 group; crowd; herd; flock
【一如】 be just like
【一身】 ❶the whole body; all over the body ❷a suit ❸all alone
【一生】 all one's life; throughout one's life
【一时】 名 ❶a short while ❷a period of time 副 now... now...
【一世】 ❶ all one's life; lifetime ❷ age; era; times
【一手】 ❶proficiency; skill ❷trick; move ❸single-handed; all by oneself; all alone
【一束】 bunch; head; bob
【一双】 couple; pair; duad; twain
【一瞬】 instant; flash; the twinkling of an eye
【一体】 ❶ organic whole ❷ all people concerned; to a man
【一天】 ❶a day ❷one day ❸ the whole day; all day long; from morning till nigh
【一同】 together; at the same time and place
【一头】 名 ❶ all over the head ❷ one end ❸ side; gang ❹a head 副 ❶headlong ❷all of a sudden; all at once
【一味】 blindly
【一线】 形 a ray of; a gleam of 名 front line; forefront
【一箱】 boxful
【一向】 名 a period of time in the past 副 consistently; all along
【一些】 a number of; certain; some; a few; a little
【一心】 副 wholeheartedly; heart and soul 形 of one mind; at one
【一行】 group travelling together; party
【一宿】 one night
【一样】 the same; alike; as... as...
【一一】 one by one; one after another
【一应】 all; everything
【一再】 time and again; again and again; repeatedly
【一…再…】 repeatedly
【一早】 early in the morning
【一朝】 one day; once
【一直】 形 straight 副 continuously; always; all along; all the way
【一致】 showing no difference; identical; unanimous; consistent
【一把手】 ❶partner; participant; member; hand ❷good hand; able man ❸head; chief
【一边倒】 ❶lean to one side; side with sb without reservation ❷predominate; enjoy overwhelming superiority
【一步裙】 one-step skirt
【一刹那】 in a moment; in a split second

【一场空】all in vain; futile
【一次性】one-time; only once
【一大块】bulk
【一大片】sheet
【一大群】a crowd of
【一刀切】cut it even at one stroke—make everything rigidly uniform; impose uniformity in all cases; prescribe a single solution for diverse problems
【一道菜】course
【一点儿】❶some: 给我一点儿水喝。Give me some water to drink. ❷tiny; a bit; a little: 一点儿不错 be perfectly correct/ 只有那么一点儿,够用吗？That's all that is left. Is it enough? / 她个子矮了一点儿。She's a bit short.
【一多半】the greater part
【一方面】❶one side ❷on the one hand..., on the other hand...; for one thing..., for another...
【一会儿】❶a little while ❷in a while; in an instant; presently; soon
【一卡通】universal credit card; all-purpose card
【一口气】〈口〉 one breath 〈书〉 in one breath; without a break; at one go; at a stretch
【一块儿】〈口〉 the same place 〈书〉 together
【一揽子】wholesale; package
【一连串】a succession of; a series of; a string of; a chain of
【一米线】one-metre mark
【一票制】one ticket[bill] for all; one single inclusive fee for all
【一体化】integration
【一条龙】❶one continuous line ❷connected sequence; coordinated process
【一条心】be of one mind; be at one
【一窝蜂】like a swarm of bees
【一系列】a series of
【一下子】❶one time; once ❷in a short while; all at once; all of a sudden
【一线通】N-ISDN, narrow integrated services digital network
【一小撮】handful
【一小时】an hour; one hour
【一言堂】a conference hall where one person has all the say—what I say goes; one person alone has the say; one person lays down the law
【一夜情】one-night stand
【一元化】centralized; unified
【一元论】Monism
【一院制】unicameral[one chamber] legislature
【一长制】system of one-man leadership; one-man authority
【一阵风】❶like a whirlwind; swift; speedy ❷short-lived; capricious; unsteady
【一阵子】a period of time; a spell
【一败涂地】fail completely; suffer a crushing defeat; be routed
【一板一眼】following a prescribed [set] pattern in speech or action; scrupulous and methodical
【一本正经】in all seriousness; in dead earnest
【一步到位】accomplish a task at one stroke; achieve a goal in one leap; get it settled once for all; get to the right position with only one move
【一步登天】reach the sky in a single bound—attain the highest level in one step; have a meteoric rise
【一尘不染】not soiled by a speck of dust; spotless
【一成不变】immutable and frozen; invariable; unalterable
【一筹莫展】can find no way out; be at one's wits' end; be at the end of one's tether
【一锤定音】set the tune with one beat of the gong—give the final word
【一次方程】linear equation
【一次函数】linear function
【一帆风顺】plain sailing; smooth sailing
【一分为二】one divides into two—everything has its good and bad sides; there are two sides to everything
【一鼓作气】press on to the finish without letup; get sth done in one sustained effort
【一国两制】one country, two systems
【一挥而就】flourish the pen and it's done
【一技之长】proficiency in a particular line [field]; professional skill; speciality
【一见如故】feel like old friends at the first meeting; hit it off well right from the start
【一见钟情】fall in love at first sight
【一箭双雕】hit two hawks with one arrow; kill two birds with one stone
【一举两得】gain two ends at once; kill two birds with one stone
【一蹶不振】collapse after a single setback; be unable to recover after a setback
【一劳永逸】by one supreme effort gain lasting repose—settle a matter once and for all
【一了百了】all troubles end when the main trouble ends
【一马当先】gallop at the head—take the lead; be in the forefront
【一脉相承】come down in one continuous line; can be traced to the same origin; in direct line of descent[succession]
【一面之交】have met only once; be casually acquainted
【一鸣惊人】amaze the world with a single brilliant feat; set the world on fire
【一目了然】be clear at a glance
【一诺千金】a promise worth a thousand pieces of gold—a promise that can be counted on
【一气呵成】❶form a coherent whole; make

smooth reading ❷ get sth done at one go; carry sth through without stopping
【一窍不通】know nothing about (a subject); lack the slightest knowledge of; be utterly ignorant of
【一日千里】a thousand *li* a day—at a tremendous pace; with giant strides
【一视同仁】treat equally without discrimination
【一手遮天】shut out the heavens with one hand—hide the truth from the masses; hoodwink the public
【一丝不苟】not be the least bit negligent; be scrupulous about every detail; be conscientious and meticulous
【一塌糊涂】in a complete mess; in an awful [terrible] state
【一天到晚】from morning till night; from dawn to dusk; all day long
【一统天下】the whole empire under one ruler
【一团和气】keep on good terms with everyone; keep on the right side of everyone
【一网打尽】catch the whole lot in a dragnet; round up the whole gang at one fell swoop
【一往情深】be deeply attached; be passionately devoted; be head over heels in love
【一文不名】not have a penny to one's name; be penniless
【一无是处】without a single redeeming feature; devoid of any merit; having no saving grace
【一无所有】not own a thing in the world; not have a thing to one's name
【一五一十】(narrate) systematically and in full detail
【一心为公】devote oneself to the public interests; be wholehearted for the public interests
【一心一意】heart and soul; whole-heartedly
【一氧化碳】carbon monoxide
【一叶知秋】the falling of one leaf heralds the autumn; it is a straw in the wind; a small sign can indicate a great trend
【一衣带水】a narrow strip of water
【一意孤行】cling obstinately to one's course; act wilfully; insist on having one's own way
【一元方程】equation with one unknown
【一张一弛】tension alternating with relaxation
【一针见血】pierce to the truth with one pertinent remark; hit the nail on the head
【一知半解】have a smattering of knowledge; have scanty [half-baked] knowledge
【一字千金】each word worth a thousand pieces of gold—a highly finished literary product
【一次性筷子】throwaway chopsticks; disposable chopsticks
【一分钟小说】one-minute story
【一夫一妻制】monogyny; monogamy
【一门式服务】one-stop service
【一条龙服务】connected sequence; coordinated process; one package service
【一碗水端平】hold a bowl of water level—be impartial
【一言以蔽之】in a nutshell; sum up in a word
【一元化管理】unified management
【一站式服务】one-stop service
【一站式购物】one-stop shopping
【一不做,二不休】carry it through, whatever the consequences; in for a penny, in for a pound
【一次成像照片】Polaroid picture
【一级方程式赛车】Formula One (car racing)
【一慢二看三通过】first slow down, then look around, and then cross
【一不怕苦,二不怕死】fear neither hardship nor death
【一言既出,驷马难追】a word once spoken cannot be taken back even by a team of four horses—what is said cannot be unsaid

伊 [yī]
动 伊谁之力? To whom should the credit go? 代 he; she
【伊始】beginning
【伊甸园】the Garden of Eden; paradise
【伊斯兰教】Islam; Islamism

衣 [yī]
名 ① clothing; clothes; garment; dress ② coating; covering ③ afterbirth
【衣兜】pocket
【衣服】clothing; clothes
【衣钩】clothes hook
【衣冠】hat and clothes; dress
【衣柜】wardrobe
【衣架】❶ clothes stand; clothes tree ❷ hanger; clothes-rack
【衣领】collar
【衣衫】clothes
【衣物】clothing and other articles of daily use
【衣箱】trunk; suitcase
【衣着】clothing, headgear and footwear
【衣帽架】clothes tree; clothes stand
【衣帽间】cloakroom
【衣食住行】food, clothing, shelter and transportation; basic necessities of life; clothing, shelter and transportation

医 [yī]
名 ① doctor; medical practitioner ② medical science; medical service; medicine 动 treat; cure; heal
【医德】medical ethics; professional morality of medical workers
【医风】style of work, medical practice
【医疗】medical treatment
【医生】doctor; medical man
【医师】(qualified) doctor
【医士】medical assistant
【医术】medical skill

【医托】doctor's decoy
【医学】medical science; medicine
【医药】medicine
【医院】hospital
【医治】cure; treat; heal
【医嘱】doctor's advice[orders]
【医学界】medical community
【医疗保险】medical insurance
【医疗事故】malpractice; therapeutical accident
【医学学士】Bachelor of Medicine
【医务工作者】medical worker; medic
【医学科学院】academy of medical sciences

依 [yī]

〔动〕① depend on; rely on; count on; look to ② obey; comply with; listen to; yield to 〔介〕according to; in the light of; judging by; on the basis of
【依次】in proper order; successively
【依从】comply with; yield to
【依存】depend on sb or sth for existence
【依法】according to law; in conformity with legal provisions; in accordance with the law
【依附】depend on; attach oneself to; become an appendage to
【依旧】as before; still
【依据】〔介〕according to; in the light of; on the basis of; judging by 〔名〕basis; foundation 〔动〕rely on; depend on
【依靠】〔动〕rely on; depend on 〔名〕something to fall back on; support; backing
【依赖】rely on; be dependent on
【依恋】be reluctant to leave; feel regret at parting from
【依然】still; as before
【依托】❶ rely on; depend on ❷ keep up a pretence
【依偎】snuggle up to; lean close to
【依稀】vague
【依依】❶ fluttering ❷ reluctant
【依照】according to; in accordance with; in the light of
【依然如故】remain as before; remain the same
【依山傍水】at the foot of a hill and beside a stream
【依稀可见】faintly visible

铱 [yī]

〔名〕iridium (Ir)
【铱星】iridium satellite; Iridium System

仪 [yí]

〔名〕① appearance; bearing; looks ② ceremony; rite; protocol ③ present; gift ④ apparatus; instrument 〔动〕admire; yearn for; look forward to
【仪表】❶ appearance; bearing ❷ meter; instrument
【仪器】instrument; apparatus
【仪式】ceremony; rite; function
【仪态】bearing; deportment

【仪仗队】honour guard; guard of honour

夷 [yí]

〔形〕level; smooth; safe 〔动〕① raze; level (to the ground) ② exterminate; wipe out 〔名〕① name for ancient tribes in the east of China; barbarians ② foreign country; foreigner
【夷为平地】level to the ground; raze

饴

〔名〕maltose
【饴糖】maltose; malt sugar

怡 [yí]

〔形〕happy; joyful; cheerful
【怡然自得】be happy and pleased with oneself; feel a glow of happiness

宜 [yí]

〔形〕suitable; appropriate; desirable; fitting 〔动〕should; ought to 〔副〕of course; certainly; with no doubt
【宜人】pleasant; delightful
【宜于】be suitable for

贻 [yí]

〔动〕① send sb a gift; make sb a present of sth ② bequeath; leave behind; hand down
【贻误】mislead; bungle; spoil; disrupt
【贻笑大方】make a laughingstock of oneself before experts; incur the ridicule of experts

姨 [yí]

〔名〕① one's mother's sister; aunt ② one's wife's sister; sister-in-law

胰

〔名〕pancreas
【胰岛素】insulin

移 [yí]

〔动〕① move; remove; divert; shift ② change; alter; transform
【移动】move; shift
【移行】divide a word with a hyphen at the end of a line
【移交】❶ turn over; transfer; deliver into sb's custody ❷ hand over one's job to a successor
【移民】〔动〕migrate; emigrate; immigrate 〔名〕migrant; immigrant; emigrant
【移送】turn over... to...
【移位】shift
【移项】transposition
【移植】❶ transplant ❷ transplanting; grafting
【移位键】shift key
【移动电话】cellular telephone; mobile phone; mobile telephone
【移风易俗】change prevailing habits and customs; transform outmoded habits and customs; reform the ways and manners of the people
【移动存储器】mobile storage
【移动因特网】mobile Internet

痍

〔名〕wound; trauma

遗 [yí]

〔动〕① lose ② omit; forget ③ leave behind; keep

back; stint ④ involuntary discharge 形 left behind at one's death; bequeathed 图 something lost ➔ wèi
【遗产】legacy; inheritance; heritage
【遗传】heredity; inheritance
【遗存】动 be left over; be handed down 图 remnants; remains
【遗骸】remains
【遗憾】regret; pity
【遗迹】historical remains; traces; vestiges
【遗精】(seminal) emission
【遗留】leave over; hand down
【遗漏】omit; leave out
【遗尿】enuresis; bed-wetting
【遗弃】❶abandon; forsake; desert; walk out on ❷leave behind; cast away; abandon
【遗容】❶remains ❷portrait of the deceased
【遗撒】litter and leak
【遗失】lose
【遗事】❶incidents of the past ages ❷deeds of those now dead
【遗书】❶ posthumous papers; writings of an author now dead ❷letter or note left by one immediately before death
【遗孀】widow; relict
【遗体】remains
【遗忘】forget
【遗物】❶things left behind by the deceased ❷relic
【遗像】portrait of the deceased
【遗训】teachings of the deceased
【遗言】words of the deceased; (a person's) last words
【遗愿】unfulfilled wish of the deceased; last wish; behest
【遗赠】bequeath
【遗照】photograph of the deceased
【遗址】site (where sth was)
【遗志】unfulfilled wish; behest; work bequeathed by the deceased
【遗嘱】testament; will; dying words
【遗作】posthumous work
【遗产税】inheritance tax; succession duty
【遗传学】genetics
【遗传工程】genetic engineering
【遗传基因】genetic genes
【遗传密码】genetic code
【遗传信息】hereditary[genetic] information
【遗传因子】genetic factor
【遗嘱继承】inherit by will
【遗产承受人】legatee

颐 [yí]
图 chin; cheek 动 keep fit; take good care of one's health; preserve
【颐养】keep fit; take good care of oneself

疑 [yí]
动 doubt; disbelieve; suspect 形 doubtful; suspicious; uncertain

【疑案】❶disputed case ❷mystery
【疑点】doubtful[questionable] point; uncertain [unclear] point
【疑犯】criminal suspect
【疑惑】feel uncertain; not be convinced
【疑虑】misgivings; doubts
【疑难】difficult; knotty
【疑似】doubtful
【疑团】doubts and suspicions
【疑问】query; question; doubt
【疑心】suspicion
【疑义】doubt; doubtful point
【疑问句】interrogative sentence

乙 [yǐ]
数 second
【乙等】second grade; grade B
【乙方】the second party
【乙级联赛】minor league

已 [yǐ]
动 stop; halt; cease; end 副 ① already ② thereafter; later on; afterwards ③ too; excessively
【已故】deceased; late
【已经】already
【已然】be already so; have already become a fact
【已往】before; previously; in the past
【已知】known
【已知数】known number

以 [yǐ]
介 ①with; by means of ②according to; in order of ③because of; for; by ④in order to; so as to; for ⑤at; on 连 and; as well as
【以便】so that; in order to; so as to; with the aim of; for the purpose of
【以此】for this reason; on this account
【以后】after; afterwards; later; hereafter
【以及】as well as; along with; and
【以来】since
【以免】in order to avoid; so as not to; lest
【以内】within; less than
【以期】in the hope of
【以前】before; formerly; previously
【以求】in the hope of; in an attempt to
【以上】❶more than; over; above ❷the above; the foregoing; the above-mentioned
【以太】ether
【以外】beyond; outside; other than
【以往】before; formerly; in the past
【以为】think; believe; consider
【以…为…】take... as...; regard... as...
【以下】❶below; under ❷the following
【以至】down to; up to
【以致】so that; with the result that; consequently; as a result
【以…告终】end in

【以…名义】in the name of
【以太网】ethernet
【以至于】to such an extent as to...; so... that...
【以诚相待】treat people with sincerity
【以此为戒】take this as a lesson; take warning from this
【以党代政】substitution of the Party for the government
【以德报怨】return good for evil; repay evil with good; requite ingratitude with kindness
【以德治国】run〔govern〕the country by the rule of virtue
【以点带面】fan out from point to area; use the experience of selected units to promote work in the entire area
【以法治国】govern〔run〕the country according to law
【以工代干】when a worker does a cadre's job
【以假乱真】mix the false with the true; mix the spurious with the genuine
【以礼相待】treat sb with due respect
【以理服人】convince by reasoning
【以大局为重】set store by the overall situation〔interests〕
【以经济建设为中心】focus on the central task of economic construction; take economic development as the central task; center〔focus〕on economic development

迤 [yǐ]
动 stretch or extend towards
【迤逦】winding; tortuous; meandering

蚁 [yǐ]
名 ant

倚 [yǐ]
动 ①lean on or against; rest on or against ②rely on; depend on; count on 形 biased; prejudiced; partial
【倚靠】动 ❶lean on or against; rest on or against ❷rely on; depend on 名 something to fall back on; support; backing
【倚赖】rely on; be dependent on
【倚仗】rely on
【倚重】rely heavily on sb's service
【倚老卖老】take advantage of one's seniority or old age; flaunt one's seniority

椅 [yǐ]
名 chair
【椅背】the back of a chair
【椅垫】chair cushion
【椅套】slipcover for a chair

旖 [yǐ]
【旖旎】charming; enchanting

yì

亿 [yì]
数 ①hundred million ②hundred thousand

【亿万富翁】billionaire; multi-millionaire

义 [yì]
名 ①justice; righteousness ②friendly feeling or affection involved in human ties or relationship ③meaning; sense; significance 形 ①righteous; equitable; fair ②adopted; adoptive ③artificial; false
【义愤】righteous indignation; moral indignation
【义工】volunteer
【义举】magnanimous act undertaken for the public good; undertaking in public interests
【义捐】donations for public welfare
【义卖】sale of goods for charity or other worthy causes; (charity) bazaar
【义拍】charitable auction; fund-raising auction
【义气】code of brotherhood; personal loyalty
【义务】名 duty; obligation 形 volunteer; voluntary
【义项】senses of a dictionary entry
【义演】benefit show; variety show; variety performance
【义不容辞】be duty-bound; have an unshirkable duty
【义务教育】compulsory education; mandatory education
【义务劳动】voluntary labour; volunteer labour
【义务献血】blood donation
【义务植树】voluntary tree planting; voluntary tree afforestation
【义正词严】speak out sternly from a sense of justice; speak with the force of justice

艺 [yì]
名 ①skill; technique ②art ③norm; criterion; limit
【艺妓】geisha
【艺名】stage name
【艺人】❶actor or artist ❷artisan; handicraftsman
【艺术】名 ❶art ❷skill; art; craft 形 conforming to good taste; of art and literary circles
【艺坛】art circles
【艺员】actor or actress
【艺苑】the realm of art and literature; art and literary circles
【艺术家】artist
【艺术节】Arts Festival
【艺术片】movie placing emphasis on artistic quality
【艺术团】art ensemble; art troupe
【艺术性】artistic quality; artistry
【艺术体操】rhythmic gymnastics
【艺术造型】artistic design
【艺术造诣】artistic attainments
【艺术指导】art director

刈 [yì]
动 mow; cut down
【刈麦】cut wheat

忆 [yì]
动 recall; recollect

【忆及】call to mind; remember
【忆旧】recollect the past; recall the bygone days with nostalgia
【忆起】call to mind; recall; remember
【忆苦思甜】recall the sorrows of the past and savour the joys of the present; tell of one's sufferings in the old society and one's happiness in the new; contrast past misery with present happiness

议 [yì]

名 opinion; view; proposal 动 ① discuss; deliberate; exchange views on; talk over ② comment; remark; debate
【议案】proposal; motion
【议程】agenda
【议定】decide through consultation; agree on
【议会】parliament; congress; legislative assembly
【议价】动 negotiate a price 名 negotiated price
【议决】resolve after deliberation; pass a resolution
【议论】comment; talk; discuss
【议事】discuss official business
【议题】item on the agenda; subject under discussion; topic for discussion
【议员】member of a legislative assembly; assemblyman; Member of Parliament; Congressman or Congresswoman
【议院】legislative assembly; parliament; congress
【议长】speaker; president
【议政】discuss affairs of government
【议定书】protocol
【议论文】argumentative writing; argumentation
【议事日程】agenda; order of the day

屹 [yì]

形 towering like a mountain peak
【屹立】stand towering like a giant; stand erect
【屹然】towering

亦 [yì]

副 also; too; as well as
【亦即】that is; i.e.; namely
【亦步亦趋】ape sb at every step; imitate sb's every move; blindly follow suit
【亦工亦农】take part both in industry and agriculture
【亦庄亦谐】serious and comical at the same time; seriocomic

异 [yì]

形 ① not the same; different; dissimilar ② strange; bizarre; unusual; extraordinary ③ other; another 动 ① surprise; astonish ② separate; part; divide
【异步】asynchronous
【异彩】extraordinary[radiant] splendour
【异常】形 unusual; abnormal 副 extremely; exceedingly; particularly
【异地】place far away from home; strange land
【异读】variant pronunciation
【异端】heterodoxy; heresy
【异国】foreign country[land]
【异化】① alienation ② dissimilation
【异己】dissident; alien
【异类】① foreign peoples ② different class or species
【异位】dystopy; allotopia
【异味】① rare delicacy ② peculiar smell
【异物】① foreign matter; foreign body ② rarity
【异乡】foreign land; strange land
【异香】unusually sweet smell; rare perfume
【异性】① the opposite sex ② different in nature
【异议】objection; dissent
【异体字】variant form of a Chinese character
【异端邪说】heresies; heretical beliefs; unorthodox opinions
【异乎寻常】unusual; extraordinary
【异花传粉】cross pollination
【异花受精】allogamy; cross-fertilization
【异化作用】dissimilation
【异口同声】with one voice; in unison
【异曲同工】different tunes sung with equal skill—different approaches but equally satisfactory results
【异体受精】cross-fertilization
【异想天开】indulge in the wildest fantasy; have a most fantastic idea
【异域情调】exotic romance
【异步电动机】induction motor
【异步发电机】asynchronous generator
【异步计算机】asynchronous computer

抑 [yì]

动 press down; suppress; restrain; curb 连 ① or ② but; however ③ besides; moreover ④ then
【抑或】or
【抑郁】depressed; despondent; gloomy
【抑制】动 restrain; control; check 名 inhibition
【抑郁症】depression
【抑扬顿挫】cadence; modulation in tone

呓 [yì]

talk in one's sleep
【呓语】talk in one's sleep; crazy talk; ravings

佚 [yì]

动 ① live in seclusion or solitude ② be lost 形 dissolute
【佚文】ancient essay no longer extant

役 [yì]

名 ① labour; service ② military service ③ servant ④ battle; campaign 动 work; use as a servant
【役使】work (an animal); use

译 [yì]

动 translate; interpret
【译本】translated version; translation
【译成】translate into; turn into; put into
【译介】translate and write an introduction to

【译码】decode; decipher
【译名】translated term or name
【译配】translate and dub
【译审】first-grade translator[interpreter]
【译述】translate[render] freely
【译文】translated text; translation
【译音】transliteration
【译员】interpreter
【译者】translator
【译制】dub
【译注】translate and annotate
【译著】translations
【译作】translations
【译意风】simultaneous interpretation installation
【译制片】dubbed film

易 [yì]
⑱ ①easy ②amiable 动①change; alter ②exchange ③despise; look down upon; underestimate
【易货】barter
【易手】change hands
【易碎】breakable; fragile
【易于】be easy to
【易爆物】explosive substance
【易拉罐】easy-open tin; pop-top; pull-top; flip-top
【易燃物】combustibles; inflammables
【易性癖】transsexualism
【易装癖】transvestite
【易如反掌】as easy as turning one's hand over; as easy as falling off a log

驿 [yì]
名 post station
【驿道】post road
【驿站】post station; courier station

轶 [yì]
动①be lost ②excel
【轶事】anecdote
【轶闻】anecdote

疫 [yì]
名 epidemic disease; pestilence
【疫苗】vaccine
【疫情】information about and appraisal of an epidemic; epidemic situation
【疫区】epidemic-stricken area

弈 [yì]
名 *weiqi* 动 play chess

奕 [yì]
形 grand; magnificent
【奕奕】❶ grand; great ❷ radiating power and vitality

益 [yì]
名 good, benefit; profit; advantage 形 beneficial; helpful 动 increase; add to 副 all the more; still more; increasingly
【益虫】beneficial insect
【益处】benefit; profit; good
【益发】all the more; even more
【益鸟】beneficial bird
【益寿】lengthen one's life
【益友】friend and mentor
【益智】enhance intelligence

谊 [yì]
名 friendship

逸 [yì]
动 ease; leisure; rest 动 ①escape; flee; run away ②live in seclusion or solitude ③be lost ④surpass; excel
【逸趣】refined interests or tastes
【逸闻】anecdote
【逸致】carefree mood

翌 [yì]
形 immediately following in time; next
【翌晨】the next morning
【翌年】next year
【翌日】next day

肄 [yì]
动 study
【肄业】study in school or at college

裔 [yì]
名 ①descendants; posterity ②distant land

意 [yì]
名 ① meaning; idea; thought ② wish; desire; intention 动 believe what is going to happen; anticipate; expect
【意会】perceive by intuition; sense
【意见】❶ idea; view; opinion; suggestion ❷ objection; differing opinion; complaint
【意境】the mood of a literary work or a work of art
【意料】anticipate; expect
【意念】idea; thought
【意气】❶ will and spirit ❷ disposition; temperament ❸ personal feelings
【意趣】interest and charm; temperament and taste; mood
【意识】名 consciousness 动 be conscious of; awake to; realize
【意思】❶ meaning; idea ❷ opinion; wish; desire ❸ token of affection, appreciation, gratitude, etc. ❹ interest; fun
【意图】intention; intent
【意外】形 unexpected; unforeseen 名 accident; mishap
【意味】❶ meaning; significance; implication ❷ interest; overtone; flavor
【意向】intention; purpose
【意义】meaning; sense; significance
【意译】free translation
【意欲】intend to; want to
【意愿】wish; desire; aspiration
【意蕴】meaning; implication; connotation
【意志】will; willpower; determination
【意见簿】visitors' book, customers' book, etc.
【意见箱】suggestion box

【意识流】stream of consciousness
【意味着】signify;mean;imply
【意向书】letter of intent
【意中人】the object of one's affections
【意识形态】ideology
【意味深长】having deep meaning; pregnant with meaning;of profound significance
【意意思思】hesitate in speech
【意在言外】the meaning is implied
【意大利肉饼】pizza
【意向性协议】agreement of intent

溢 [yì]
动 overflow;spill 形 excessive;exaggerated
【溢出】spill over;overflow
【溢价】premium
【溢洪道】spillway
【溢于言表】show clearly in one's words and manner

缢 [yì]
动 hang

毅 [yì]
形 firm;resolute;steadfast
【毅力】willpower;will;stamina;tenacity
【毅然】resolutely;firmly;determinedly

薏 [yì]
【薏苡】Job's tears
【薏仁米】the seed of Job's tears

臆 [yì]
名 chest 形 subjective
【臆测】conjecture
【臆断】make assumptions
【臆想】wishful imagination
【臆造】fabricate;concoct

翼 [yì]
名 ①wing of a bird,etc. ②wing of an aeroplane,etc. ③side;flank 动 assist;aid

癔 [yì]
【癔病】hysteria

因 yīn
动 follow;carry on 名 cause;reason;grounds 介 ①because;due to;as a result of ②on the basis of;in accordance with;in the light of
【因此】so;therefore;for this reason;consequently
【因而】thus;as a result;therefore
【因果】①cause and effect ②karma
【因式】factor
【因数】factor
【因素】factor;element
【因为】①because ②because of;on account of;owing to
【因袭】follow traditional ways
【因循】follow
【因应】① keep up with;conform to;comply with ② take measures to cope with
【因缘】①cause;principal and subsidiary causes ②predestined relationship
【因特网】Internet
【因材施教】teach students according to their aptitude;suit the instruction to the student's level
【因地制宜】suit measures to local conditions; take measures suited to local conditions; work out measures to suit local conditions
【因陋就简】make do with whatever is available;do things simply and thriftily
【因势利导】guide a matter along its course of development;adroitly guide action according to circumstances
【因特网用户】Internauts

阴 [yīn]
名 ①principle of Yin; feminine or negative principle in nature ②moon ③shade ④north of a hill or south of a river ⑤back ⑥private parts 形 ①overcast; cloudy; gloomy ②in intaglio ③hidden; secret; underhand ④ sinister; perfidious;foul ⑤of the nether world ⑥negative
【阴暗】dark;gloomy
【阴沉】gloomy
【阴道】vagina
【阴电】negative electricity
【阴毒】sinister
【阴魂】spirits of the dead
【阴干】be placed in the shade to dry;dry in the shade
【阴沟】sewer;covered drain
【阴极】negative pole;negative electrode;cathode
【阴茎】penis
【阴冷】①chilly ②gloomy
【阴历】lunar calendar
【阴凉】形 shady and cool 名 cool place;shade
【阴霾】haze
【阴谋】动 conspire;plot;scheme 名 conspiracy;plot;scheme
【阴平】high and level tone
【阴森】gloomy;gruesome;ghastly
【阴私】shameful secret;privacy
【阴天】overcast sky;cloudy day
【阴文】intaglio
【阴险】sinister;insidious;treacherous
【阴线】downward slope curve
【阴性】①negative ②feminine gender
【阴影】shadow
【阴雨】overcast and rainy
【阴郁】gloomy;dismal;depressed
【阴云】dark clouds
【阴暗面】the dark[seamy] side of things
【阴电子】negatron;negative electron
【阴离子】anion
【阴差阳错】mistake or error due to a strange combination of circumstances

【阴极射线】cathode ray
【阴盛阳衰】the female being stronger and more powerful, or more numerous than the male

茵 [yīn]
名 mattress
【茵茵】lush; luxuriant

音 [yīn]
名 ①sound; voice ②news ③syllable ④pronounce ⑤tone
【音标】phonetic symbol; phonetic transcription
【音叉】tuning fork
【音程】interval
【音调】tone
【音符】note
【音阶】scale
【音节】syllable
【音量】volume
【音名】musical alphabet
【音频】audio frequency
【音强】intensity of sound
【音容】voice and face
【音色】tone colour; timbre
【音素】phoneme
【音速】velocity[speed] of sound
【音位】phoneme
【音箱】speaker; loudspeaker; amplifier; sound box
【音响】sound; acoustics
【音像】audiovisual; audio-video; sound and video recording
【音信】mail; message; news
【音讯】mail; message; news
【音译】transliteration
【音域】range; compass; register
【音乐】music
【音值】value
【音质】①tone quality ②acoustic fidelity
【音准】accuracy in pitch
【音乐会】concert
【音乐家】musician
【音乐节】musical festival
【音乐剧】musical comedy
【音乐厅】concert hall
【音控开关】voice-operated switch
【音频电话】tone telephone
【音频调制】voice modulation
【音乐茶座】music tea house
【音乐电视】MTV; music TV
【音乐学院】conservatory

姻 [yīn]
名 ①marriage ②relation by marriage
【姻亲】relation by marriage
【姻缘】the happy fate which brings lovers together

殷 [yīn]
形 ①rich; plentiful; abundant ②eager; ardent ③hospitable; cordial →yān
【殷切】earnest
【殷勤】eagerly attentive; solicitous
【殷实】well-off; substantial
【殷切期望】ardent expectations

喑 [yīn]
形 ①hoarse; husky ②silent; mute

吟 [yín]
动 ①intone; recite; chant ②groan; lament; sigh 名 ①song ②cry of certain animals
【吟诵】chant; recite
【吟诗作画】recite [compose] poetry and do brush-work

银 [yín]
名 ①silver (Ag) ②money; relating to money 形 silver-coloured
【银币】silver coin
【银耳】tremella
【银发】silver[silvery] hair
【银根】money market; money
【银行】bank
【银河】the Milky Way
【银婚】silver wedding
【银奖】silver award
【银卡】silver card
【银幕】screen; projection screen
【银牌】silver medal
【银屏】fluorescent screen
【银杏】ginkgo; gingko
【银燕】silver swallow—aeroplane
【银鱼】whitebait
【银圆】silver dollar
【银针】acupuncture needle
【银行卡】bank card
【银河系】the Milky Way system; the Galaxy
【银灰色】silver grey; silvery
【银联卡】interchangeable card
【银项链】silver necklace
【银质奖】silver medal
【银团贷款】bank consortium loan

淫 [yín]
形 ①excessive; extreme ②indulge; wallow ③adulterous; promiscuous; dissolute ④lewd; obscene; pornographic
【淫荡】loose in morals; lascivious; licentious; lewd
【淫妇】wanton woman; adulteress
【淫棍】libertine; womanizer; wolf
【淫秽】obscene; salacious; bawdy
【淫乐】[yínlè] in sensual pleasures; gratify carnal desires
【淫乱】(sexually) promiscuous; licentious
【淫笑】lewd[lustful] smile
【淫邪】obscene and wicked; lewd and vicious
【淫欲】sexual desire; lust
【淫乐】[yínyuè] decadent music; obscene music

【淫秽作品】pornography

龈 [yín]
图 gum; gingiva

yǐn

引 [yǐn]
动 ①draw; pull; stretch ②draw; lead; guide ③leave ④stretch; crane; extend ⑤attract; draw; induce ⑥cause; arouse; trigger; set off ⑦quote; cite 量 unit of length (=33$\frac{1}{3}$ metres)
【引爆】ignite; detonate
【引柴】kindling
【引出】draw forth; lead to
【引导】guide; lead
【引逗】❶tantalize; tease ❷lure; entice
【引渡】extradition; extradite
【引发】initiate; touch off; spark off; trigger off
【引号】quotation marks (" ")
【引见】present (a person) to another; introduce
【引荐】recommend
【引进】❶import; introduce from elsewhere ❷recommend
【引咎】take the blame
【引力】gravitation; gravitational force; attraction
【引流】drainage
【引路】lead the way
【引起】give rise to; lead to; set off; touch off; cause; arouse
【引桥】bridge approach; approach bridge
【引擎】engine
【引入】lead into; draw into; introduce from elsewhere
【引申】extend
【引头】take the lead
【引退】retire from office; resign
【引文】quoted passage; quotation
【引信】detonator; fuse
【引言】foreword; introduction
【引用】❶quote; cite ❷recommend; appoint
【引诱】lure; entice; seduce
【引语】quotation; citation
【引证】quote or cite as proof or evidence
【引智】import outside brainpower
【引资】introduce investment; import outside funds
【引子】❶actor's opening words ❷introductory music ❸introductory remarks; introduction ❹added ingredient
【引火线】fuse
【引燃物】tinder
【引申义】extended meaning
【引水渠】feed canal; diversion canal
【引火烧身】draw fire against oneself—bring trouble on oneself
【引经据典】quote the classics; quote authoritative works

【引咎辞职】take the blame and resign; hold oneself responsible for a serious mistake and send in one's resignation
【引人入胜】fascinating; enchanting; bewitching
【引为鉴戒】draw a lesson; take warning
【引以为戒】draw a lesson; take warning

饮 [yǐn]
动 ①drink; drink wine or other liquor ②keep in the heart; nurse; bottle up; bite down hard 图 ①sth to drink; drink ②decoction of Chinese medicine to be taken cold ③watery sputum
【饮酒】drink wine; have a drink
【饮料】beverage; drink
【饮品】drink
【饮食】food and drink; diet
【饮食店】eatery
【饮水器】drinking bowl; drinker
【饮用水】drinking water; potable water

隐 [yǐn]
动 hide (from view); conceal 形 latent; dormant; lurking 图 privacy; secret
【隐蔽】conceal; take cover
【隐藏】hide; conceal; remain under cover
【隐含】imply
【隐晦】obscure
【隐讳】hold back
【隐患】hidden trouble; hidden danger; snake in the grass
【隐瞒】conceal; hide; hold back; cover up
【隐秘】形 concealed; hidden 图 secret
【隐没】[yǐnmò] hide and disappear
【隐匿】❶cover … up ❷hide; go into hiding
【隐情】facts or circumstances one wishes to hide; secrets
【隐士】recluse; hermit
【隐私】one's secrets; private matters one wants to hide
【隐痛】secret anguish
【隐退】go and live in seclusion; retire from political life
【隐性】recessiveness
【隐隐】faintly
【隐语】enigmatic language; insinuating language; riddle
【隐喻】metaphor
【隐约】faint
【隐函数】implicit function
【隐君子】recluse; hermit
【隐私权】privacy; right to privacy; right of privacy
【隐形飞机】stealth fighter; stealth aircraft; radar-avoiding fighter plane; Nighthawk
【隐形眼镜】contact lens
【隐性收入】invisible income

瘾 [yǐn]
图 ①addiction; habitual craving ②strong interest; passion
【瘾头】addiction; strong interest

【瘾君子】retired scholar—drug addict; opium addict

yìn

印 [yìn]
🅐 ①seal; chop ②print; mark 🅑 ①print; engrave ②tally; conform; accord with
【印发】print and distribute
【印痕】mark; trace
【印花】①stamp ②printing
【印迹】trace; mark; vestige
【印记】🅐 ❶the seal or stamp of a government organization in old China ❷the impression of a seal; trace; mark 🅑 impress deeply on one's mind
【印鉴】specimen seal impression for checking when marking payments
【印泥】red ink paste used for seals; Chinese vermilion seal paste
【印染】printing and dyeing
【印刷】printing
【印台】ink pad; stamp pad
【印象】impression
【印油】stamp-pad ink
【印章】seal; signet; stamp
【印证】confirm; corroborate; verify
【印制】print; duplicate
【印花税】stamp duty; stamp tax
【印相纸】photographic paper
【印象派】impressionist school; impressionist
【印象主义】impressionism
【印刷电路板】printed circuit board (PCB)

荫 [yìn]
🅐 shady and damp 🅑 ①shelter; protect ②privileges given to one's descendants because of one's meritorious service
【荫蔽】❶be shaded or hidden by foliage ❷cover; conceal
【荫凉】shady and cool

yīng

应 [yīng]
🅑 ① answer; reply; respond ② promise; agree; accept ③should; ought to ➡ yìng
【应当】should; ought to
【应得】(well) deserved; due
【应分】part of one's job
【应该】should; ought to
【应声】answer; respond
【应有】due; proper; deserved
【应允】assent; consent
【应届毕业生】graduating students or pupils; this year's graduates

英 [yīng]
🅐 ① blossom; bloom; petal ② hero; man of valour; outstanding person ③Britain; England
【英镑】pound sterling
【英才】person of outstanding ability; person of superior talents
【英尺】foot
【英寸】inch
【英吨】long ton; gross ton
【英豪】heroes; outstanding figures
【英杰】heroes; outstanding figures
【英俊】❶eminently talented; brilliant ❷handsome and spirited; smart
【英里】mile
【英两】ounce
【英烈】🅐 heroic; valiant 🅑 heroic martyr
【英灵】spirit of the brave departed; spirit of a martyr
【英明】wise; brilliant
【英亩】acre
【英雄】❶hero ❷heroic
【英寻】fathom (=6 feet)
【英勇】heroic; valiant; brave; gallant
【英语】English (language)
【英姿】heroic bearing
【英语热】popular enthusiasm for learning English
【英语水平考试】English Proficiency Test (EPT)
【英语专业八级考试】Test for English Majors Band Eight (TEM8)
【英语专业四级考试】Test for English Majors Band Four (TEM4)

莺 [yīng]
🅐 warbler; oriole
【莺歌燕舞】orioles sing and swallows dart—the joy of spring; a scene of prosperity
【莺声燕语】like an oriole trilling or a swallow twittering

婴 [yīng]
🅐 baby; infant 🅑 touch; contract; surround; entangle
【婴儿】baby; infant
【婴孩】baby; infant
【婴儿车】pram; baby carriage; stroller; pushchair
【婴儿床】crib; cot; cradle
【婴幼儿】infants and young children

罂 [yīng]
🅐 small-mouthed jar
【罂粟】opium poppy

缨 [yīng]
🅐 ①ribbon or band used to fasten the hat in ancient times ②tassel ③sth shaped like a tassel

樱 [yīng]
🅐 ①cherry ②oriental cherry

鹦 [yīng]
【鹦鹉】parrot
【鹦鹉螺】nautilus

膺 [yīng]
🅐 chest; breast 🅑 ①bear; shoulder; receive

②send a punitive expedition against; attack; smite

鹰 [yīng]
【鹰】 hawk; eagle

yíng

迎 [yíng]
动 ①meet; greet; welcome; receive ②go or move towards; meet face to face; face
【迎宾】 receive visitors
【迎合】 cater to; pander to
【迎候】 await the arrival of
【迎击】 meet (an approaching enemy) head-on
【迎接】 meet; welcome; greet
【迎面】 head-on; in one's face
【迎头】 be head-on
【迎战】 ①meet (an approaching enemy) head-on ②play; meet in competition; take on
【迎宾曲】 music of welcome for the guests
【迎宾员】 doorman
【迎春花】 winter jasmine
【迎客松】 The Pine Greeting Guests
【迎来送往】 receive and see off guests
【迎头赶上】 strive to catch up with the foremost; try hard to catch up; catch up with

茔 [yíng]
名 grave; cemetery
【茔地】 graveyard

荧 [yíng]
形 glimmering; gleaming; dim (light)
【荧光】 fluorescence; fluorescent light
【荧屏】 ①fluorescent screen ②television
【荧光灯】 fluorescent lamp; daylight lamp
【荧光屏】 fluorescent screen

盈 [yíng]
动 ①fill; pack; throng ②surplus; gain
【盈亏】 ①the waxing and waning of the moon ②profit and loss
【盈利】 profit; gain
【盈余】 surplus; profit
【盈月】 full moon; waxing moon

莹 [yíng]
名 ade-like stone 形 lustrous and transparent

萤 [yíng]
名 firefly; glowworm
【萤石】 fluorite; fluorspar
【萤火虫】 firefly; glowworm; lightning bug

营 [yíng]
动 ①seek; pursue ②operate; manage; run 名 ①camp; barracks ②battalion
【营地】 campsite; camping ground
【营房】 barracks
【营火】 campfire
【营救】 succour; rescue
【营利】 seek profits
【营生】 earn a living; make a living
【营私】 feather one's nest
【营销】 sell; market; marketing
【营养】 nutrition; nourishment
【营业】 do business
【营员】 participant in a summer or winter camp
【营运】 operation
【营造】 construct; build
【营长】 battalion commander
【营养餐】 nutritious food
【营养品】 nourishment; nutriment
【营养师】 dietitian; dietician; nutritionist
【营养液】 nourishing oral liquid
【营业额】 turnover; volume of business
【营业税】 business tax; transactions tax; turnover tax; sales tax
【营业员】 shop employees
【营私舞弊】 embezzle; engage in fraud〔malpractice〕of selfish ends; practise graft
【营业时间】 business hours; banking hours
【营业执照】 business license〔permit〕

萦 [yíng]
动 entwine; entangle; encompass
【萦怀】 occupy one's mind
【萦绕】 hover; linger

楹 [yíng]
名 principal column of a hall; pillar 量 room (in a house); 园内有小舍五楹。There is a small five-roomed house in the garden.
【楹联】 couplet written on scrolls and hung on the pillars of a hall

蝇 [yíng]
名 housefly; fly
【蝇拍】 flyswatter; flyflap
【蝇头小利】 fly's head of profit; pittance of profit; petty profit

赢 [yíng]
动 ①win; beat; defeat ②gain or obtain (profit)
【盈利】 gain
【盈余】 profit

yǐng

颖 [yǐng]
名 ①glume; grain husk ②tip; point 形 clever; bright
【颖慧】 clever; bright; intelligent

影 [yǐng]
名 ① shadow ② reflection; image ③ trace; vestige; vague impression ④ photograph; picture ⑤portrait of one's ancestor ⑥motion picture; film; movie ⑦ leather silhouette show; shadow play; galanty show 动 ① hide; cover; conceal ②trace; copy
【影壁】 ①screen wall ②wall with carved murals
【影城】 video city
【影帝】 king of the silver screen—most popular male movie star
【影碟】 video compact disc(VCD); VCR disk; video disc

【影后】movie queen; most popular female movie star
【影集】photograph(picture, photo) album
【影楼】portrait studio
【影迷】film(movie) fan
【影片】❶film ❷〈英〉film;〈美〉movie
【影评】film review
【影射】allude to; hint obliquely at; insinuate
【影视】film and television
【影坛】film(movie) circles
【影响】动 influence; affect 名 effect; influence
【影像】❶image ❷portrait
【影星】film star; movie star
【影印】photomechanical printing; photo-offset process
【影院】cinema; movie (theatre)
【影展】❶photo exhibition ❷film exhibition
【影剧院】theatre
【影视音乐】movie and TV music
【影迷俱乐部】cineclub

瘿 [yǐng]

名 ❶ goitre ❷ gall
【瘿虫】gall insect

应 yìng

动 ❶ answer; reply; respond; echo ❷ comply with; grant; concede ❸ suit; conform to; accord with ❹ deal with; cope with; meet ➜ yīng
【应变】动 meet an emergency 名 strain
【应承】agree (to do sth); promise; consent
【应酬】❶ have social intercourse with; treat with courtesy ❷social engagement
【应答】reply; answer
【应对】reply; answer; respond to
【应付】❶meet; cope with; deal with; handle ❷ do sth perfunctorily; do sth after a fashion ❸ make do
【应机】take an opportunity when it offers (presents itself)
【应急】meet an urgent need; meet an emergency(contingency)
【应景】do sth for the occasion
【应考】take(sit for) an entrance examination
【应力】stress
【应聘】accept an offer of employment
【应时】形 seasonable; in season 副 at once; immediately
【应市】put marketable products on the market
【应试】take an exam; take(sit for) an entrance examination
【应诉】respond to a charge
【应许】promise; agree; permit
【应验】come true; be confirmed; be fulfilled
【应邀】at sb's invitation; on invitation
【应用】动 apply; use 形 applied
【应战】❶ meet an enemy attack ❷ accept a challenge
【应名】respond to a call or summons
【应诊】see patients
【应征】❶ be recruited; enlist ❷ answer to calls; answer to requests
【应酬话】social chitchat
【应声虫】yesman; echo
【应用文】practical writing
【应接不暇】have more (visitors or business) than one can attend to
【应试教育】exam-dominated(oriented) education; education solely for the preparation of examination
【应运而生】arise at the historic moment; emerge as the times demand
【应召女郎】call girl

映 [yìng]

动 reflect; mirror; image; shine
【映衬】动 set off by contrast 名 antithesis
【映射】shine upon; cast light upon
【映现】appear before one's eyes; show, manifest
【映像】image; map; mapping
【映照】shine upon; cast light upon
【映入眼帘】heave in sight; leap to the eyes

硬 [yìng]

形 ❶ hard; solid; stiff; tough ❷ strong; firm; tough; rigid ❸ manage to do sth with effort ❹ good; able; capable
【硬币】❶coin; specie ❷hard currency
【硬顶】❶resist stubbornly ❷contradict rudely
【硬度】hardness
【硬腭】hard palate
【硬化】❶ harden; stiffen ❷ sclerosis; hardening
【硬件】hardware; material conditions
【硬结】动 indurate; harden 名 scleroma
【硬朗】sturdy
【硬领】stiff collar
【硬盘】hard disk
【硬拼】fight recklessly
【硬气】❶strong-willed; firm; staunch; unyielding ❷ have no qualms; have an easy conscience
【硬实】strong; sturdy; robust
【硬是】❶actually; really ❷just; simply
【硬手】skilled(good) hand
【硬水】hard water
【硬席】hard seats or berths
【硬性】inflexible
【硬仗】tough(hard-fought) battle; formidable task
【硬座】hard seat
【硬邦邦】very hard; very stiff
【硬磁盘】hard disks
【硬道理】absolute principle; cardinal principle; top priority
【硬功夫】great proficiency; masterly skill
【硬骨头】hard bone—dauntless, unyielding

person
【硬汉(子)】dauntless, unyielding man; man of iron
【硬碰硬】 动confront the tough with toughness 名demanding solid, painstaking work or real skill
【硬皮书】hardback
【硬任务】indispensable and demanding task
【硬通货】hard currency
【硬指标】unalterable quota; definable〔non-negotiable〕target
【硬席卧铺】sleeping carriage with hard berths; hard sleeper
【硬性规定】rigid rules
【硬性指标】brass-tag indices

yōng

佣 [yōng] 动hire; employ 名servant

拥 [yōng] 动①clasp or hold in one's arms; embrace; hug ② surround; gather around ③ crowd; throng; flock; swarm ④support; uphold ⑤have; possess; boast
【拥抱】embrace; hug; hold in one's arms
【拥戴】support
【拥堵】jam
【拥护】support; uphold; endorse
【拥挤】形congested; packed 动push and squeeze
【拥吻】hug and kiss
【拥有】possess; have; own
【拥有率】possession rate
【拥军优属】support the army and give preferential treatment to families of revolutionary armymen and martyrs; support the army and give preferential treatment to families of revolutionary soldiers and martyrs; support soldiers and their dependents
【拥政爱民】support the government and cherish the people

痈 [yōng] 名carbuncle; large boil
【痈疽】ulcer

庸 [yōng] ①commonplace; ordinary; mediocre ②inferior; second-rate; incompetent 动need 副how could
【庸才】mediocre person; person of mediocre ability; mediocrity
【庸人】mediocre person
【庸俗】vulgar; philistine; low
【庸医】medicaster; charlatan; quack

雍 [yōng] 名harmony
【雍容华贵】elegant and poised; stately

慵 [yōng] 形weary; lethargic; languid

【慵懒】lazy; indolent

壅 [yōng] 动stop up; bar; obstruct 名heap soil or fertilizer over and around the roots

臃 [yōng] 形swollen
【臃肿】❶too fat to move ❷overstaffed

yǒng

永 [yǒng] 副perpetually; forever; for all time
【永别】part never to meet again; part forever; be parted by death
【永存】eternal; lasting forever; remain forever
【永恒】everlasting
【永久】permanent; perpetual; everlasting; forever; for good (and all)
【永生】❶immortal ❷ eternal life
【永世】forever
【永远】always; forever; ever
【永葆青春】always keep one's spirit young; keep alive the fervour of youth
【永垂不朽】sb's memory will live forever; be immortal
【永志不忘】will forever bear in mind; will always cherish the memory of sb or sth

甬 [yǒng]
【甬道】❶paved path leading to a main hall or a tomb ❷corridor

咏 [yǒng] 动①chant; recite; intone ②express or narrate in poetic form
【咏唱】chant; sing
【咏叹】intone; chant; sing
【咏叹调】aria

泳 [yǒng] 动swim
【泳道】lane
【泳坛】swimming circles
【泳装】swim suit; swim wear; beach wear

俑 [yǒng] 名figurine

勇 [yǒng] 形brave; valiant; courageous; dauntless
【勇敢】brave; courageous
【勇猛】bold and powerful; full of valour and vigour
【勇气】courage; nerve
【勇士】brave and strong man; warrior
【勇于】be brave in; be bold in; have the courage to
【勇往直前】march forward courageously; advance bravely

涌 [yǒng] 动①gush; well; pour; surge ②rise; surge; emerge
【涌动】surge; billow

【涌泉】 fountain
【涌现】 emerge in large numbers; spring up; come to the fore

蛹 [yǒng]
名 pupa; chrysalis

踊 [yǒng]
动 leap up; jump up
【踊跃】 动 leap; jump 副 vying with one another; eagerly; enthusiastically

yòng

用 [yòng]
动 ①use; utilize; employ; apply ②need; have to ③eat; drink; have 名 ①expense; spending; outlay ②use; usefulness; utility 介 hence; therefore
【用场】 use
【用处】 use; good
【用掉】 used up
【用法】 use; usage
【用工】 recruit and use (workers)
【用功】 hardworking; diligent; studious
【用户】 consumer; user
【用劲】 exert oneself (physically); put forth one's strength
【用具】 utensil; apparatus; appliance
【用力】 exert oneself (physically); put forth one's strength
【用品】 articles for use
【用人】 动 ❶choose a person for a job; make use of personnel ❷need hands 名 servant
【用膳】 have one's meals
【用上】 be made use of; be put to use
【用途】 use
【用心】 动 diligently; attentively; with concentrated attention 名 motive; intention
【用以】 in order to; so as to
【用意】 intention; purpose
【用语】 ❶choice of words; wording ❷phraseology; term
【用不了】 ❶have more than is needed ❷less than
【用不着】 ❶no need; have no use for ❷there is no need to; it is not worth while to
【用得了】 need that much or many
【用得着】 ❶find sth useful; need ❷there is need to; it is necessary to; it is worthwhile to
【用工夫】 study or work hard; spend time and energy
【用户名】 user ID
【用户界面】 user interface
【用户终端】 user terminal

佣 [yōng]
名 commission → yōng
【佣金】 commission; brokerage; middleman's fee

yōu

优 [yōu]
形 ①good; excellent ②adequate; plentiful; affluent 动 give preferential treatment; favour 名 actor or actress
【优待】 give preferential [favoured, special] treatment 名 preferential [favoured, special] treatment
【优等】 high-class; first-rate; excellent
【优点】 merit; strong [good] point; advantage; virtue
【优厚】 munificent; liberal; favourable
【优弧】 major arc
【优化】 optimize
【优惠】 preferential; favourable
【优良】 fine; good
【优美】 graceful; fine; exquisite
【优盘】 only disc
【优胜】 winning; superior
【优势】 superiority; preponderance; dominant position
【优先】 have priority; take precedence
【优秀】 outstanding; excellent; splendid; fine
【优雅】 graceful; elegant; in good taste
【优异】 excellent; outstanding; exceedingly good
【优越】 superior; advantageous
【优质】 high [top] quality; high grade
【优惠券】 discount shopping coupon
【优先股】 referred stock; preference share; preference stocks
【优先权】 priority; preference
【优越感】 sense of superiority; superiority complex
【优柔寡断】 irresolute and hesitant; indecisive
【优胜劣汰】 survival of the fittest; keep the superior and eliminate the inferior; pick out the good and leave the bad
【优势互补】 take advantage of each other's strengths
【优先录取】 priority of admission
【优质产品】 superior quality products
【优质服务】 excellent service; superior service; first-rate service; first-class service; top quality service

忧 [yōu]
形 worried; sad; depressed 名 ①sorrow; anxiety; concern; care ②funeral of one's parent 动 worry; concern oneself
【忧愁】 worried; troubled; depressed
【忧患】 suffering
【忧虑】 be worried; be anxious; be concerned
【忧伤】 distressed; weighed down with sorrow; laden with grief
【忧思】 动 be worried; be anxious 名 troubled thoughts
【忧郁】 melancholy; heavyhearted; dejected
【忧郁症】 melancholia
【忧患意识】 consciousness [awareness] of diffi-

cult times and disasters
【忧心如焚】burning with anxiety; extremely worried

幽 [yōu]

① deep and remote; out-of-the-way; secluded; dim ② secret; hidden; covert ③ quiet; tranquil; serene 名 nether world 动 imprison; place in confinement
【幽暗】dim; dark; gloomy
【幽会】secret meeting of lovers; lovers' rendezvous; tryst
【幽禁】imprison
【幽静】quiet and secluded; peaceful
【幽灵】ghost; spectre; spirit
【幽默】humour
【幽情】deep feelings
【幽深】serene
【幽思】❶ ponder; meditate ❷ thoughts on things remote
【幽香】delicate(faint) fragrance
【幽雅】quiet and tastefully laid out

悠 [yōu]

①remote in time or space; long; far ②leisurely; with ease; unhurried 动 swing; sway
【悠长】long; long-drawn-out
【悠久】long; long-standing; age-old
【悠然】carefree
【悠闲】leisurely and carefree
【悠扬】rising and falling; melodious; mellifluous
【悠悠】❶remote ❷unhurried
【悠远】❶a long time ago; long ago ❷ far off; remote; distant
【悠悠】take things easy
【悠然自得】be carefree and content
【悠悠忽忽】❶loiter ❷be in a trance

yóu

尤 [yóu]

形 remarkable; conspicuous; outstanding 副 particularly; especially; in particular 名 fault; error; wrongdoing 动 have a grudge against; resent; blame
【尤其】especially; particularly

由 [yóu]

名 cause; reason; grounds 介 ① because of; owing to; due to ② to or for (sb) ③ by (sb) ④ by means of ⑤ (starting) from 动 ① pass by or through ② follow; obey
【由此】from this; therefrom; hence; thus
【由来】❶origin; source ❷up to now; so far
【由头】pretext
【由于】介 owing to; thanks to; as a result of; due to; in virtue of 连 because; since
【由衷】from the bottom of one's heart; sincere; heartfelt
【由不得】❶not be up to sb to decide; be beyond the control of ❷cannot help
【由此及彼】from one to the other

【由此可见】thus it can be seen; this shows; that proves
【由此类推】by parity of reasoning; by the same token
【由点到面】take the experience gained at one unit and popularize it in a whole area
【由简及繁】from the simple to the complex
【由近及远】from the near to the distant
【由来已久】long-standing; time-honoured
【由浅入深】from the easy to the difficult; from the elementary to the profound
【由易到难】from the easier to the more advanced

邮 [yóu]

动 post; mail 名 ①postal; mail ②stamps
【邮包】postal parcel; parcel
【邮差】postman
【邮车】postal(mail) car
【邮船】ocean liner; liner; packet ship
【邮戳】postmark
【邮袋】mailbag; postbag; (mail) pouch
【邮递】send by post(mail)
【邮电】post and telecommunications
【邮费】postage
【邮购】mail-order
【邮寄】send by post; post
【邮件】postal matter; post; mail
【邮轮】ocean liner; liner; packet ship
【邮票】postage stamp; stamp
【邮品】philatelic items
【邮市】philatelic market
【邮亭】postal kiosk
【邮筒】pillar-box; postbox; mailbox
【邮箱】postbox; mailbox
【邮展】philatelic exhibition; stamp exhibition
【邮政】postal service
【邮资】postage
【邮递员】postman; mailman
【邮电局】post and telecommunications office
【邮局】post office
【邮政网】postal network
【邮件炸弹】mail bomb
【邮政编码】postal code (PC); postcode; zip code; zip
【邮政储蓄】postal savings deposit
【邮政局长】postmaster
【邮政信箱】post-office box (P.O.B.)
【邮件服务器】mail server
【邮政代办所】postal agency

犹 [yóu]

动 just as; like 副 still; even
【犹然】still
【犹如】just as; like; as if
【犹豫】hesitate; be irresolute
【犹太复国主义】Zionism

油 [yóu]

名 oil; fat; grease 动 ①apply tung oil or varnish; paint ②be stained with oil or grease 形

oily; slick; glib: 别看他人小, 可油得很哩。 Though rather young, he is extremely slick.

【油饼】❶ deep-fried dough cake ❷ oil cake
【油菜】rape; Chinese cabbage
【油灯】oil lamp
【油膏】ointment
【油管】oil pipe; oil tube
【油罐】oil tank; storage tank
【油光】shiny
【油耗】oil consumption
【油黑】glossy black
【油壶】oilcan
【油滑】slippery
【油画】oil painting
【油井】oil well
【油库】oil depot; tank farm
【油亮】glossy; shiny
【油绿】glossy dark green
【油轮】oil tanker; tanker; oil carrier
【油门】throttle; accelerator
【油焖】braise
【油墨】printing ink
【油腻】〈形〉greasy; fatty; oily 〈名〉greasy food; fatty food; oily food
【油漆】〈名〉paint 〈动〉cover with paint; paint
【油石】oilstone
【油刷】cover with paint or varnish; paint
【油水】[yóushuǐ] oil-water
【油水】[yóushui] ❶ grease ❷ profit
【油松】Chinese pine
【油酥】short; crisp; flaky
【油田】oilfield
【油条】deep-fried twisted dough sticks
【油桶】oil drum
【油污】greasy dirt
【油香】salted cake fried in sesame oil
【油箱】fuel tank
【油星】drops of oil on the surface of soup; blobs of fat
【油性】oiliness; greasiness
【油压】oil pressure
【油印】mimeograph
【油炸】deep-fry
【油毡】asphalt felt
【油脂】oil; fat
【油纸】oilpaper
【油子】❶ black sticky substance ❷ a foxy old hand
【油乎乎】oily; greasy
【油票儿】cooking oil coupon; gasoline coupon
【油汪汪】❶ dripping with oil; full of grease ❷ glossy; shiny
【油烟(子)】lampblack; soot
【油茶面儿】flour fried in beef fat with sugar and sesame
【油光水滑】smooth and shining; sleek
【油料作物】oil-bearing crops; oil crops
【油腔滑调】glib

【油然而生】rise of itself; be produced of itself
【油头粉面】sleek-haired and creamy-faced—heavily made-up; dressy or foppish
【油头滑脑】slick; smooth; oily
【油嘴滑舌】glib-tongued

莜 [yóu]

【莜麦】naked oats

蚰 [yóu]

【蚰蜒】common house centipede

鱿 [yóu]

【鱿鱼】squid; calamary

游 [yóu]

〈动〉❶ swim ❷ stroll or rove about; travel; tour ❸ associate with 〈形〉roving; migrating; unsettled 〈名〉part of a river; reach
【游标】vernier; vernier scale
【游船】pleasure-boat
【游春】go on a spring outing
【游荡】loaf about; loiter; wander
【游动】move about; go from place to place 〈形〉mobile; moving; roving
【游逛】go sightseeing; stroll about
【游魂】wandering ghost
【游记】travel notes; travels
【游街】parade sb through the streets
【游客】visitor; tourist; excursionist; sightseer
【游览】go sightseeing; tour; visit
【游廊】covered corridor; veranda
【游离】❶ dissociate; drift away ❷ free
【游民】vagrant; vagabond
【游牧】move about in search of pasture; rove around as a nomad
【游人】visitor (to a park, etc.); sightseer; tourist
【游说】go about selling an idea; go about drumming up support for an idea; go canvassing
【游丝】❶ gossamer ❷ hairspring
【游艇】yacht; pleasure-boat
【游玩】❶ amuse oneself; play ❷ go sight-seeing; stroll about
【游戏】〈名〉recreation; game 〈动〉play
【游行】parade; march; demonstration
【游移】waver
【游艺】entertainment; recreation
【游泳】swim
【游园】visit a garden or park
【游子】person far from home
【游击队】guerrilla forces; guerrilla detachment
【游览车】tourist coach
【游览图】tourist map
【游乐场】play field
【游乐园】amusement park; pleasure ground (garden)
【游戏机】video game machine; computer video

game
【游泳池】swimming pool
【游泳馆】natatorium
【游泳裤】bathing[swimming] trunks
【游泳帽】bathing[swimming] cap
【游泳衣】swimsuit; swimming suit[costume]; bathing suit[costume]
【游园会】garden gathering; garden carnival; garden party
【游刃有余】handle a cleaver with skill—do a job with skill and ease; be more than equal to a task
【游山玩水】go on scenic trips; travel from one beauty spot to another; visit various scenic spots
【游手好闲】idle about; loaf

猷 [yóu]
名 plan; design

友 yǒu

友 [yǒu]
名 friend 形 ❶ be on intimate terms; be close to ❷ friendly
【友爱】friendly affection; fraternal love
【友好】名 close friend; friend 形 friendly; amicable
【友军】friendly forces
【友邻】friendly neighbours; good neighbours
【友情】friendly sentiments; friendship
【友人】friend
【友善】friendly; amicable
【友谊】friendship
【友谊杯】cup of friendship
【友谊赛】friendly match
【友好城市】twin cities; sister cities; sibling cities; cities of friendship
【友好相处】keep in with; live on friendly terms with
【友情出演】friendship performance
【友谊商店】friendship store
【友好邀请赛】friendship invitational tournament

有 [yǒu]
动 ① have; own; possess ② there is; exist ③ 你有一米八吧？You are about 1.80 metres tall, aren't you? /她有那么聪明吗？Is she that intelligent? ④情况有了新的变化。There was a new change in the situation. /有了病就该去找医生。One should go and see a doctor as soon as one is ill. ⑤他管理很有经验。He is very experienced in management. /她富有才华。She is a woman of great talent. ⑥有些事还需要从长计议。Certain things need to be given further thought and deliberation. /有人这样告诉我。Someone told me so. ⑦有人赞成，有人反对。Some are for it, others are against it. 副 ① 有宋一代 the Song Dynasty ② 有劳费神 sorry to have put you to such bother

【有碍】be a hindrance to; get in the way of; obstruct
【有偿】with compensation; compensated; paid
【有待】remain to be done; await
【有得】[yǒudé] have learned sth; have gained some knowledge
【有的】[yǒude] some
【有底】know how things stand and feel confident of handling them; be fully prepared for what is coming
【有方】competent
【有感】thoughts on sth
【有功】have rendered great service; have performed meritorious service
【有关】动 have something to do with; have a bearing on; relate to; concern 形 related; concerned; relevant; pertinent
【有鬼】there's something fishy
【有害】harmful; pernicious; detrimental
【有机】❶ organic ❷ organic
【有救】can be saved[cured, remedied]
【有愧】feel qualms about sth; have a guilty conscience
【有赖】depend on; rest on
【有劳】may I trouble you; sorry to bother you
【有了】❶ I've got it. ❷ be pregnant
【有理】❶ reasonable; justified; in the right ❷ rational
【有力】strong; powerful; forceful; energetic; vigorous
【有利】advantageous; beneficial; favourable
【有脸】❶ have prestige; command respect ❷ have the face
【有零】odd
【有名】well-known; famous; celebrated
【有气】be or get angry; take offence
【有钱】rich; wealthy
【有情】be in love
【有请】ask the visitor in
【有趣】interesting; fascinating; amusing
【有染】have illicit sexual relations
【有如】just like; as if; as though
【有色】coloured
【有时】sometimes; at times; now and then
【有事】❶ be engaged; occupied; busy ❷ when problems crop up; if sth happens
【有数】形 not many; only a few 动 know exactly how things stand; have a definite idea of what one's doing
【有所】to some extent; somewhat
【有望】hopeful
【有为】promising
【有喜】be pregnant; be expecting; be in the family way
【有戏】hopeful
【有闲】have leisure
【有限】limited; finite
【有线】wired

【有效】efficacious; effective; valid
【有些】❶some ❷somewhat; rather
【有心】动 have a mind to; set one's mind on 副 intentionally; purposely
【有形】tangible; visible; physical
【有幸】be lucky to; have the good fortune to
【有益】profitable; beneficial; useful
【有意】动 have a mind to; be inclined 副 intentionally; deliberately; purposely
【有余】动 have a surplus; have enough and to spare 形 more than
【有缘】be predetermined by fate; be predestined; have a bond; have an affinity
【有源】active
【有种】have guts; be plucky; be gritty
【有罪】be guilty of a crime; be guilty
【有把握】confident of success
【有奔头】have bright prospects
【有的是】have plenty of; there's no lack of
【有点儿】❶some; a little ❷somewhat; rather; a bit
【有份儿】have a share; have taken a part in
【有机体】organism
【有机物】organic matter[substance]
【有理式】rational formula
【有理数】rational number
【有门儿】❶get the hang ❷find the beginning of a solution; be hopeful
【有门路】have a way out; have powerful connections
【有你的】❶you really are something; good for you ❷you'll get your deserts; you'll suffer for this
【有盼头】sth is hopeful
【有谱儿】have sth to go by; have confidence
【有气儿】be breathing
【有求于】have to look to sb for help; have a favour to ask of sb
【有日子】❶for quite a few days; for days ❷have fixed a date
【有神论】theism
【有声片】sound film; talkie
【有味儿】❶ tasty; delicious ❷ delightful ❸ stink
【有效期】term[period] of validity; time of efficacy
【有眼光】have good taste
【有意识】consciously
【有意思】❶significant; meaningful ❷interesting; enjoyable
【有助于】contribute to; be conducive to; conduce to
【有板有眼】rhythmical; measured; orderly
【有备无患】where there is precaution, there is no danger; preparedness averts peril
【有财有势】have plenty of money and pull; be rich and powerful
【有偿服务】paid service; compensable service
【有偿使用】paid use
【有的放矢】shoot the arrow at the target—have an object in view
【有关当局】the authorities concerned; the proper authorities
【有关规定】pertinent regulations
【有轨电车】tramcar; streetcar
【有机化学】organic chemistry
【有机可乘】there's an opportunity to take advantage of; there's a loophole that can be used
【有价证券】negotiable securities; securities
【有奖储蓄】prize-giving savings deposits; premium savings account; savings deposit account which offers premiums; savings account with prizes
【有奖购物】lottery shopping
【有奖销售】prize-giving sales; sales with giveaways; comeback premium; sale with rewards; sell goods with prize
【有奖债券】premium bond
【有奖征文】reward for written works
【有惊无险】be more scared than hurt; threatening but not dangerous
【有口皆碑】win universal praise; be universally acclaimed
【有口无心】be sharp-tongued but not malicious
【有来有往】give-and-take; reciprocal
【有理分式】rational fraction
【有理函数】rational function
【有利时机】opportune time
【有利条件】favourable conditions or terms
【有利有弊】there are both advantages and disadvantages
【有两下子】have real skill; know one's stuff
【有令则行】obey orders strictly
【有名无实】in name but not in reality; merely nominal; titular
【有目共睹】be obvious to anyone who has eyes; be perfectly obvious
【有难同当】join in with sb to take a risk
【有凭有据】fully substantiated; well-documented
【有期徒刑】fixed-term imprisonment
【有气无力】feeble; weak; faint; listless
【有钱有势】have wealth and influence; rich and powerful
【有求必应】respond to every plea; grant whatever is requested
【有色金属】nonferrous metal
【有色人种】coloured race[people]
【有伤风化】harmful to society's morals; be destructive to the morals
【有生力量】effective strength; effectives
【有生以来】ever since one's birth
【有生之年】one's remaining years
【有声读物】audiobook
【有声书籍】audiobook

【有声有色】full of sound and colour—vivid and dramatic
【有声资料】voice data
【有失身份】beneath one's dignity
【有史以来】since the beginning〔dawn〕of history;throughout history
【有始有终】carry sth through to the end
【有恃无恐】when one has something to fall back upon one has nothing to fear;feel secure in the knowledge that one has strong backing
【有说有笑】talk and laugh
【有所侧重】emphasis(laid) on one particular field
【有条有理】methodical;systematic;orderly
【有隙可乘】there is a crack to squeeze through—there is a loophole to exploit
【有限公司】limited company;limited-liability company
【有线电话】wire〔wired〕telephone
【有线电视】cable TV;community antenna television(CATV)
【有形财产】corporeal property;material property
【有形资本】material capital
【有形资产】tangible assets;visible assets;tangibles
【有血有肉】lifelike;true to life;vivid
【有言在先】make clear beforehand;forewarn
【有氧运动】aerobic exercise
【有朝一日】should the day come when…;if by chance…
【有职无权】hold a post but have no real power or authority;be a figurehead
【有志之士】person of noble aspirations;person with lofty ideals
【有鼻子有眼儿】with every detail described
【有过之无不及】go even farther than;outdo
【有志者事竟成】where there's a will there's a way
【有其父,必有其子】like father;like son
【有钱能使鬼推磨】with money you can make the devil turn the millstone;money makes the mare go
【有情人终成眷属】lovers will be married;Jack shall have Jill and all shall be well
【有限责任公司】limited liability company
【有一分热,发一分光】give as much light as the fuel can produce—do one's best,however little it may be
【有则改之,无则加勉】correct mistakes if you have made any and guard against them if you have not
【有中国特色的社会主义】socialism with Chinese characteristics

莠

莠[yǒu]
❶ green bristlegrass ❷ bad (people)

黝

黝[yǒu]
❶ black;dark

【黝黑】dark;swarthy

yòu

又

又[yòu]
❶说了又说 speak repeatedly;keep on speaking/野火烧不尽,春风吹又生。No prairie can be burnt out utterly;The spring wind blows it back to life again. ❷又聪明又能干 be intelligent as well as capable/又说又笑 talk and laugh at the same time ❸furthermore;in addition;moreover;他很聪明,又肯努力,所以一学就会了。On top of his intelligence he worked hard and soon learned how to do it. ❹besides;apart from;除了教课以外,她又担任了工会主席的工作。Apart from her teaching she also shouldered the responsibility of a trade-union chairwoman. ❺两小时又八分 two hours and eight minutes ❻but;yet;however;他心里有千言万语,嘴里又说不出来。Though he has a lot to say, he doesn't know how to put it into words. ❼他又不是什么了不起的大人物,你怕什么呢？What is there to be afraid of? He isn't a big shot.
【又及】postscript (PS)

右

右[yòu]
❶❶right side;right ❷west ❸right side as the side of precedence ❶uphold;advocate ❷help;protect;defend;bless ❸conservative;the Right
【右边】the right〔right-hand〕side;the right
【右派】the Right;the right wing;Rightist
【右倾】Right deviation
【右手】the right hand
【右翼】❶ right wing;right flank ❷the Right;the right wing
【右倾机会主义】Right opportunism

幼

幼[yòu]
❶young;minor;under age ❷children;the young
【幼儿】child;infant
【幼教】preschool education
【幼苗】seedling
【幼年】childhood;infancy
【幼女】young girl
【幼时】childhood;infancy
【幼树】sapling
【幼童】child
【幼小】young and small;immature
【幼芽】young shoot;bud
【幼稚】❶ young ❷childish;puerile;naive
【幼儿园】kindergarten;nursery school;infant school

佑

佑[yòu]
❶help;protect;defend;bless

柚

柚[yòu]
❶❶Rangoon teak;Burma teak ❷fruit of Rangoon teak commonly known as shaddock or pomelo ➡yóu

囿 [yòu]

【柚子】shaddocks

animal farm; enclosure; park 限 *limited; constrained; hampered*

【囿于成见】be blinded by prejudice

诱 [yòu]

动 ① guide; direct; lead; induce ② lure; tempt; seduce; entice

【诱逼】cajole and coerce
【诱变】mutagenesis; mutagenicity
【诱导】guide; lead; induce
【诱饵】bait
【诱发】bring out; induce; cause to happen
【诱供】trap a person into a confession; induce a person to make a confession
【诱拐】abduct; carry off (a woman) by fraud; kidnap (a child)
【诱惑】❶ entice; tempt; seduce; lure ❷ attract; allure; fascinate
【诱奸】entice into unlawful sexual intercourse; seduce
【诱骗】inveigle; cajole; trap; trick
【诱人】alluring; fascination; captivating; enchanting
【诱杀】trap and kill; lure to destruction
【诱使】trick into; inveigle into; lure into
【诱因】cause

釉 [yòu]

名 glaze

【釉面砖】glazed tile

迂 [yū]

形 ① circuitous; winding; tortuous ② given to outworn rules and ideas; pedantic; impractical

【迂腐】stubbornly clinging to outworn rules and ideas; pedantic
【迂回】circuitous; tortuous; roundabout
【迂夫子】pedant

淤 [yū]

动 split up 形 silted (up) 名 ① silt; sediment; mud ② stasis

【淤积】silt up; deposit
【淤泥】silt; sludge; ooze
【淤塞】silt up; be choked with silt
【淤血】extravasated blood
【淤滞】❶ be retarded by silt; silt up ❷ stasis

瘀 [yū]

名 stasis of blood 形 stagnating

【瘀斑】ecchymosis
【瘀点】petechiae

于 [yú]

介 ① in; at; on: 黄河发源于青海。The Yellow River originates in Qinghai. /来信于三月二十日收到。I got the letter on 20 March. ② towards; to: 求救于人 ask people for help/问道于盲 ask a blind man about the way ③ to; onto: 嫁祸于人 shift the blame onto others/让位于人 give place to others; make room for others ④ for; to: 习惯于这种生活 be used to this kind of life/忠于人民 be loyal to the people ⑤ from; out of: 出于好心 out of good will/青出于蓝而胜于蓝。Blue comes from the indigo plant but is bluer than the plant itself. ⑥ than: 出发时间不能晚于上午八点。The start-off time should not be later than eight o'clock in the morning./为人民而死,重于泰山。It is weightier than Mount Tai to die for the people. ⑦ by: 见笑于人 be laughed at by others/限于水平 be restricted by one's ability/敢于斗争 dare to fight

【于今】❶ up to the present; since ❷ nowadays; today; now
【于是】so; then; thereupon; hence
【于事无补】it would not help matters; it doesn't help the situation
【于心不忍】not have the heart to; can't bear to
【于心有愧】have a guilty conscience; have something on one's conscience; feel ashamed

余 [yú]

代 I; me; my 名 ① after; later than; beyond ② remainder; surplus; excess 形 more than; odd; over

【余波】the swell after a storm—repercussions
【余地】leeway; margin; room; latitude
【余毒】pernicious influence; leftover poison
【余额】❶ vacancies yet to be filled ❷ remaining sum; balance
【余割】cosecant
【余晖】sunset glow; evening glow
【余悸】lingering fear
【余角】complementary angle
【余烬】ashes; embers
【余款】spare money [cash]
【余力】surplus energy or strength
【余粮】surplus grain
【余孽】remaining evil element; leftover evil; surviving supporter of an evil cause
【余切】cotangent
【余热】❶ surplus energy ❷ old people's capacity for work
【余生】❶ the remainder of one's life; one's remaining years ❷ survival
【余数】remainder (after division)
【余味】aftertaste
【余暇】spare time; leisure time; leisure
【余下】remaining
【余弦】cosine
【余兴】❶ lingering interest; wish to prolong a pleasant diversion ❷ entertainment after a meeting or a dinner party
【余韵】lingering charm
【余震】aftershock
【余函数】complementary function
【余音绕梁】the music lingering around the

beams; the music lingering in the air long after the performance

鱼 [yú]
图 fish
- 【鱼鳔】air bladder; swim bladder
- 【鱼叉】fish spear; fish fork
- 【鱼场】fish farm
- 【鱼池】fish pond
- 【鱼翅】shark's fin
- 【鱼虫】water flea
- 【鱼唇】shark's lip (as food)
- 【鱼刺】fishbone
- 【鱼肚】fish maw (as food)
- 【鱼饵】(fish) bait
- 【鱼粉】fish meal
- 【鱼腹】fish belly
- 【鱼竿】fish pole; fishing rod
- 【鱼缸】fish bowl; fish tank
- 【鱼钩】fishhook; angle
- 【鱼胶】fish glue; isinglass
- 【鱼雷】torpedo
- 【鱼鳞】fish scale; scale
- 【鱼篓】bamboo fish hamper
- 【鱼苗】(fish) fry
- 【鱼片】sliced fish meat
- 【鱼漂】cork on a fishing line; float
- 【鱼鳍】fin
- 【鱼肉】图 ❶ the flesh of fish ❷ fish and meat 动 oppress; victimize
- 【鱼市】fish market
- 【鱼塘】fish pond
- 【鱼汛】fishing season
- 【鱼鹰】❶ osprey; fish hawk; sea eagle ❷ cormorant
- 【鱼油】fish oil
- 【鱼圆】fish ball
- 【鱼跃】fish dive
- 【鱼子】(fish) roe
- 【鱼肝油】cod-liver oil
- 【鱼水情】relationship between fish and water—close relationship
- 【鱼丸子】fish ball
- 【鱼尾号】boldface square brackets
- 【鱼尾纹】crow's feet
- 【鱼子酱】caviare
- 【鱼贯而入】enter in single file; file in
- 【鱼雷(快)艇】torpedo boat
- 【鱼米之乡】a land of fish and rice—a well-watered place where fish and rice are abundant
- 【鱼目混珠】pass off fish eyes as pearls—pass off sth sham as genuine
- 【鱼水情深】be close as fish and water
- 【鱼死网破】either the fish dies or the net gets torn—a life-and-death struggle
- 【鱼香肉丝】fish-flavoured shredded pork

娱 [yú]
动 give pleasure to; entertain; amuse 形 amusing
- 【娱乐】amusement; entertainment; recreation
- 【娱记】paparazzo
- 【娱乐界】show biz; show business
- 【娱乐片】non-serious film; film or TV program for entertainment

渔 [yú]
动 ❶ fish ❷ take sth one has no right to
- 【渔产】aquatic products
- 【渔场】fishing ground; fishery
- 【渔船】fishing boat
- 【渔村】fishing village
- 【渔夫】fisherman
- 【渔港】fishing port (harbour)
- 【渔歌】fisherman's song
- 【渔火】lights on fishing boats
- 【渔家】fisherman's family
- 【渔具】fishing tackle (gear)
- 【渔利】动 reap unfair gains; profit at others' expense 图 easy gains; spoils
- 【渔轮】fishing vessel
- 【渔民】fisherman; fisherfolk
- 【渔人】fisherman; fisherfolk
- 【渔网】fishnet; fishing net
- 【渔翁】old fisherman
- 【渔线】fishing line; fishline
- 【渔业】fishery
- 【渔人之利】the fisherman's gains—profit reaped by a third party

隅 [yú]
图 ❶ corner; nook ❷ outlying area; border

逾 [yú]
动 surpass; exceed; go beyond 副 even more
- 【逾期】exceed the time limit; be overdue
- 【逾限】exceed the time limit; be overdue
- 【逾越】exceed; go beyond

腴 [yú]
形 ❶ fat; plump; rounded out ❷ fertile

愉 [yú]
形 pleased; happy; delighted; overjoyed
- 【愉快】happy; joyful; cheerful
- 【愉乐】happy; joyful; cheerful
- 【愉悦】joyful; cheerful; delighted

瑜 [yú]
图 ❶ beautiful jade ❷ splendour or lustre of jade ❸ virtues; strong points
- 【瑜伽】yoga

榆 [yú]
图 elm
- 【榆树】elm tree; elm
- 【榆钱儿】elm seeds

虞 [yú]
动 ❶ speculate; suppose; expect; predict ❷ deceive; cheat; dupe 图 anxiety; misgiving; worry
- 【虞美人】corn poppy

愚 [yú]
形 foolish; silly; stupid 动 make a fool of; fool 图 humble; 以愚兄之见 in my humble opinion

【愚笨】foolish;stupid;clumsy
【愚蠢】stupid;foolish;silly
【愚钝】slow-witted;stupid policy of keeping people in ignorance;policy of hoodwinking the people
【愚见】my humble opinion
【愚昧】ignorant;benighted
【愚弄】deceive;hoodwink;make a fool of;dupe
【愚人】fool;simpleton
【愚人节】All Fools' Day;April Fools'〔Fool's〕Day
【愚不可及】couldn't be more foolish;be hopelessly stupid;the height of folly
【愚公精神】indomitable spirit
【愚公移山】like the Foolish Old Man who removed the mountains—with dogged perseverance

舆 [yú]
图①cart;coach;carriage ②coach body ③palanquin;palankeen;sedan chair ④land;area;territory 彫 public;popular
【舆论】public opinion
【舆论界】the media;press circles
【舆论导向】direction of public opinion;orientation of public opinion;guidance of public opinion
【舆论工具】mass media;the media
【舆论监督】supervision by public opinion

yǔ

与 [yǔ]
劢 give;offer;grant;她赠与他一本相册。She gave him an album. 介 with;against;与他交友 make friends with him 和 and;together with;老师与学生 teachers and students ➡yù
【与其】rather than;better than
【与人为善】well-intentioned;well-meaning
【与日俱增】grow with each passing day;be steadily on the increase
【与时俱进】advance with the times

予 [yǔ]
劢 give;grant;bestow;award;考试成绩将不予公布。The results of the examinition won't be given out./授予战斗英雄的光荣称号 award sb the honourable title of combat hero ➡yú
【予以】give;grant

屿 [yǔ]
图 small island;islet

宇 [yǔ]
图①eaves;house ②space;universe;world ③manner;bearing;temperament
【宇航】劢 travel through space 图 space travel
【宇宙】universe;cosmos
【宇航员】astronaut
【宇航站】space station
【宇宙服】spacesuit
【宇宙观】world view;world outlook
【宇宙飞船】spaceship;spacecraft
【宇宙飞行】space flight;space travel
【宇宙航行】space flight;space travel
【宇宙火箭】space rocket
【宇宙空间】cosmic space;outer space
【宇宙射线】cosmic rays;cosmic radiation
【宇宙速度】cosmic velocity〔speed〕
【宇宙飞行员】astronaut;spaceman;cosmonaut
【宇宙航行员】astronaut;spaceman;cosmonaut
【宇宙生物学】exobiology

羽 [yǔ]
图①feather;plume ②wing 圆 一羽信鸽 a carrier pigeon
【羽毛】feather;plume
【羽绒】fine soft feathers;eiderdown;down
【羽扇】feather fan
【羽翼】❶wing ❷assistant
【羽毛球】❶badminton ❷shuttlecock
【羽毛扇】feather fan

雨 [yǔ]
图 rain;雨夹雪 sleet/雨淋日晒 wetted by the rain and dried by the sun;long exposure to the sun and rain
【雨滴】raindrop
【雨季】rainy season
【雨具】rain gear (i.e. umbrella, raincoat, etc.)
【雨量】rainfall
【雨林】rainforest
【雨露】❶rain and dew ❷favor;grace;bounty
【雨帽】rain cap;hood
【雨披】rain cape
【雨伞】umbrella
【雨刷】windshield wiper
【雨水】❶rainwater;rainfall;rain ❷Rain Water
【雨丝】very light rain
【雨鞋】galoshes;rubbers
【雨靴】rubber boots;rain boots
【雨燕】swift
【雨衣】raincoat;waterproof
【雨夹雪】sleet;rain and snow mixed

语 [yǔ]
图①language;tongue;words ②adage;proverb;saying;idiom ③nonlinguistic means of communicating ideas;sign;signal 劢 speak;say
【语病】faulty wording or formulation (causing ambiguity)
【语词】words and phrases
【语调】intonation
【语法】grammar
【语感】instinctive feel for the language
【语汇】vocabulary
【语境】language environment;speech environment;context
【语句】sentence
【语料】linguistic material
【语流】flow of speech
【语录】recorded utterance;quotation
【语气】❶tone;manner of speaking ❷mood

【语素】morpheme
【语态】voice
【语体】type of writing; style
【语文】❶ Chinese ❷ language ❸ language and literature
【语系】family of languages; language family
【语序】word order
【语言】language
【语义】semantic meaning
【语意】meaning of one's words
【语音】❶ speech sounds ❷ pronunciation
【语域】register (in stylistics)
【语种】categories or families of languages
【语族】branch
【语料库】language database; corpus
【语气词】auxiliary word that indicates mood
【语无伦次】speak incoherently
【语焉不详】not speak in detail; not elaborate
【语音信箱】voice mailbox
【语重心长】sincere words and earnest wishes

yù

与 [yù]
动 join in; participate in ➡yǔ
【与会】participate in a conference

玉 [yù]
名 jade; jade-like stone 形 pure; fair; handsome; beautiful 代 your
【玉雕】jade carving; jade sculpture
【玉立】❶ slim and graceful ❷ steadfast to principles
【玉米】❶ maize; Indian corn; corn ❷ ear of maize
【玉器】jade article; jade object; jadeware
【玉石】jade
【玉液】jade-like wine; good wine
【玉照】your photograph
【玉米饼】johnnycake; hoecake
【玉米面】maize flour; cornmeal
【玉米芯】corncob; cob
【玉米粥】maize gruel
【玉皇大帝】the Jade Emperor
【玉米花儿】popcorn
【玉米穗儿】corncob

驭 [yù]
动 ❶ drive ❷ command; master
【驭手】soldier in charge of pack animals; driver of a military pack train

芋 [yù]
名 ❶ taro; dasheen ❷ similar tuber crop
【芋头】❶ taro ❷ sweet potato

吁 [yù]
动 appeal; plead; call on ➡xū; yū
【吁请】implore; plead; petition
【吁求】implore; plead; petition

妪 [yù]
名 old woman; old lady

郁 [yù]
形 ❶ teeming; luxuriant; lush ❷ of powerful or strong fragrance; strongly fragrant 动 be gloomy; be depressed
【郁积】pent up
【郁结】pent up
【郁闷】gloomy; depressed
【郁郁】❶ elegant; refined ❷ strongly fragrant ❸ lush; luxuriant
【郁金香】tulip
【郁郁葱葱】lush and green

育 [yù]
动 ❶ give birth to; bear ❷ rear; raise; bring up; grow ❸ educate; cultivate 名 education
【育龄】child-bearing age
【育苗】grow[raise] seedlings
【育人】cultivate or foster talent; educate
【育种】breeding

狱 [yù]
名 ❶ prison; jail ❷ lawsuit; case
【狱警】prison guard; jailer

峪 [yù]
名 ravine; valley

浴 [yù]
动 have a bath; bathe
【浴场】outdoor bathing place
【浴池】❶ common bathing pool ❷ public bathhouse; public baths
【浴缸】bathtub
【浴巾】bath towel
【浴具】bathroom facilities
【浴女】woman at her bath
【浴盆】bathtub
【浴室】bathroom or shower room
【浴血】bathed in blood; bloody
【浴液】liquid soap
【浴衣】bathrobe
【浴皂】toilet soap
【浴罩】plastic bathtub cover
【浴血奋战】fight bloody battle

预 [yù]
副 in advance; beforehand 形 prior 动 take part in
【预案】reserve plan
【预报】forecast
【预备】prepare; get ready
【预测】calculate; forecast
【预订】subscribe; book; place an order
【预定】fix in advance; predetermine; schedule
【预防】prevent; take precautions against; guard against
【预付】pay in advance
【预感】动 have a premonition 名 premonition; presentiment
【预告】❶ announce in advance; herald ❷ advance notice
【预后】prognosis
【预计】calculate in advance; estimate
【预见】动 foresee; predict 名 foresight; prevision

【预警】give advance warning
【预科】preparatory course (in a college)
【预料】expect; predict; anticipate
【预谋】premeditate; plan beforehand
【预期】expect; anticipate
【预热】preheat; warm-up
【预赛】preliminary contest; preliminary heats; preliminary; trial match
【预审】preliminary[first] hearing
【预示】betoken; indicate; presage; forebode
【预收】collect money in advance
【预售】available for booking; sell in advance
【预算】budget
【预习】prepare lessons before class
【预先】in advance; beforehand
【预想】anticipate; expect
【预选】preliminary election; primary election
【预言】动 predict; foretell 名 prophecy; prediction
【预演】preview
【预约】make an appointment
【预兆】omen; presage; sign; harbinger
【预支】❶pay in advance ❷get payment in advance
【预知】know beforehand
【预制】prefabricate
【预祝】congratulate beforehand; wish
【预付款】advance payment; down payment
【预警飞机】early warning system

域 [yù]
名 ① land within certain boundaries; territory; area; region ② domain; sphere; range
【域名】domain name
【域外】outside the country
【域中】inside the country

菀 [yù]
形 flourishing; luxuriant

欲 [yù]
名 desire; longing; yearning; wish 动 ① wish; want; yearn; desire ② need; should 副 about to; just going to; on the point of
【欲火】the fire of lust; lewd desire
【欲念】desire; wish; lust
【欲求】desire; wish; lust
【欲望】desire; wish; lust
【欲盖弥彰】the more one tries to hide, the more one is exposed; try to cover up a misdeed, only to make it more conspicuous; protest too much

阈 [yù]
名 ① doorsill; threshold ② limits; confines
【阈值】threshold value

遇 [yù]
动 ① meet; encounter ② treat; receive 名 chance; opportunity
【遇刺】be attacked by an assassin
【遇到】run into; encounter; come across
【遇害】be murdered
【遇见】meet; come across
【遇救】be rescued
【遇难】❶die in an accident ❷be murdered
【遇险】meet with a mishap; be in danger; be in distress

喻 [yù]
动 ① explain; tell; inform ② understand; know; be aware of ③ analogy; draw on

御 [yù]
动 ① drive; ride ② control; dominate ③ defend (against sb); resist; keep out 形 related to the emperor or king; imperial
【御敌】resist the enemy
【御寒】keep out the cold
【御医】imperial physician; court physician
【御用】❶employed by the emperor; for the use of an emperor ❷hired; in the pay of

寓 [yù]
动 ①inhabit; reside; live ② imply; place; contain 名 residence; dwelling; abode
【寓居】make one's home in (a place other than one's native place)
【寓所】residence; abode; dwelling place
【寓言】fable; allegory; parable
【寓意】implied meaning; moral; message; import
【寓于】be contained in; reside in

裕 [yù]
形 abundant; plentiful; ample 动 enrich; make affluent
【裕如】effortlessly; with ease

愈 [yù]
动 ① cured; heal; recover ② overtake; surpass 副 the more... the more; more and more
【愈合】heal
【愈加】all the more; even more; further

誉 [yù]
名 reputation; renown; fame 动 praise; comment; extol
【誉满全球】of world renown; famed the world over
【誉满天下】be famed all over the world

鸳 [yuān]

【鸳鸯】❶mandarin duck ❷an affectionate couple
【鸳梦重温】reunion of old lovers after a long separation

冤 [yuān]
名 ① wrong; grievance; injustice ② hatred; enmity; feud 形 not commensurate with the effort or money; not worthwhile; in vain; for nothing 动 kid; fool; pull sb's leg
【冤案】case in which a person is unjustly charged or sentenced; unjust case
【冤仇】rancour; enmity

【冤家】❶ enemy; foe ❷ one's destined love; sweetheart; lover
【冤屈】动 wrong; treat unjustly 名 wrongful treatment; injustice
【冤枉】动 wrong; treat unjustly 形 be not worthwhile; not repay the effort
【冤枉路】longer way; roundabout way
【冤枉气】unjust treatment; mistreatment
【冤假错案】cases in which people were unjustly, falsely or wrongly charged or denounced; unjust, false and erroneous cases

渊 [yuān]
名 deep pool 形 deep
【渊博】broad and profound; erudite
【渊深】profound; deep; erudite
【渊源】origin; source

yuán

元 [yuán]
形 ① first; initial; primary ② chief; principal ③ basic; essential; fundamental 名 ① element ② unit; component 量 unit of money
【元旦】New Year's Day
【元件】element; component; cell
【元老】senior statesman; founding member
【元年】the first year of an era or of the reign of an emperor
【元气】vitality; vigour
【元首】head of state
【元帅】❶ marshal; Field Marshal; Marshal of the Royal Air Force; Admiral of the Fleet ❷ supreme commander
【元素】element
【元宵】❶ the night of the 15th of the 1st lunar month ❷ *yuanxiao*
【元勋】founding father
【元音】vowel
【元器件】components and parts
【元素周期表】periodic table of elements

园 [yuán]
名 ① garden; plot; plantation ② place of recreation; park; garden
【园地】❶ garden plot ❷ field; scope
【园丁】❶ gardener ❷ school teacher
【园林】gardens; park
【园区】park
【园艺】horticulture; gardening
【园子】orchard or garden
【园艺师】horticulturist

员 [yuán]
名 ① person engaged in a certain field of activity ② member 量 一员猛将 a valiant general; vigorous man ➡ yún; yùn
【员工】staff; personnel

垣 [yuán]
名 ① wall ② town; city

原 [yuán]
形 ① primary; initial; inceptive ② original; former ③ unprocessed; crude; raw 名 ① plain; level; open country ② terrace; tableland 动 excuse; forgive; pardon
【原版】original edition
【原本】❶ original manuscript; master copy ❷ the original ❸ originally; formerly
【原创】original
【原稿】original manuscript; master copy
【原告】(in civil cases) plaintiff; (in criminal cases) prosecutor
【原级】positive degree
【原籍】ancestral home
【原价】original price
【原件】original manuscript; master copy; the original
【原来】形 original; former 动 turn out to be
【原理】principle; tenet
【原谅】excuse; forgive; pardon
【原料】raw material
【原貌】original appearance
【原煤】raw coal
【原棉】raw cotton
【原木】log
【原配】first wife
【原任】动 formerly held the post of 名 predecessor
【原色】primary colours
【原始】❶ original; firsthand ❷ primeval; primitive
【原委】all the details
【原文】the original; original text
【原物】the original thing
【原先】originally; formerly; at first
【原形】original shape; the true shape under the disguise
【原型】model; prototype
【原盐】crude salt
【原样】original state; previous condition
【原野】open country; champaign
【原义】original(primary) meaning
【原意】meaning; original intention
【原因】cause; reason
【原油】crude oil; crude
【原则】principle
【原汁】normal juice; stock
【原职】former post
【原址】former address
【原主】original owner(proprietor)
【原注】original annotation
【原著】original work; original
【原装】intact; unopened; in the original package
【原状】original state; previous condition; status quo ante
【原子】atom
【原罪】original sin
【原作】original work; original
【原材料】raw materials; raw and semi-finished

materials
【原声带】original sound tape; master tape (as made by an orchestra)
【原始股】initial public offering (IPO)
【原始人】primitive man
【原线圈】primary coil
【原子弹】atom bomb; atomic bomb; A-bomb
【原子核】atomic nucleus
【原子价】valence; atomicity
【原子键】atomic bond
【原子量】atomic weight
【原子团】atomic group
【原子钟】atomic clock
【原作者】original writer
【原始公社】primitive commune
【原始积累】primitive accumulation
【原始森林】virgin forest
【原始社会】primitive society
【原形毕露】be revealed for what one is; show one's true colours
【原原本本】from beginning to end
【原子辐射】atomic radiation
【原子结构】atomic structure
【原子时代】atomic age
【原子反应堆】atomic reactor; atomic pile

圆 [yuán]
 形 ①round; circular; spherical ②tactful, satisfactory 名 ①circle ②ball-shaped ③ yuán 动 justify; make perfect or complete
【圆场】mediate; help to effect a compromise
【圆顶】dome
【圆钢】steel strip
【圆规】compasses
【圆号】French horn; horn
【圆滑】smooth and evasive; slick and sly
【圆寂】pass away; die
【圆脸】round face
【圆满】satisfactory
【圆梦】prognostication by dreams; oneiromancy
【圆盘】disc
【圆圈】circle; ring
【圆润】mellow and full
【圆心】the centre of a circle
【圆形】round; circular
【圆鱼】soft-shelled turtle
【圆周】circumference
【圆柱】cylinder
【圆锥】circular cone; taper
【圆桌】round table
【圆子】❶dumpling ❷ball
【圆白菜】cabbage
【圆滚滚】good and round; rounded
【圆乎(乎)】roundish
【圆括号】parentheses; curves (( ))
【圆溜溜】good and round; rounded
【圆舞曲】waltz
【圆心角】central angle

【圆周角】angle in a circular segment
【圆周率】ratio of the circumference of a circle to its diameter (π)
【圆珠笔】ball-point pen; ball-pen
【圆柱体】cylinder
【圆柱形】cylinder; cylindrical; cylinder-shaped
【圆锥台】frustum of a cone
【圆周运动】circular motion
【圆锥曲线】conic section
【圆桌会议】round-table conference

援 [yuán]
 动 ①pull by hand; hold ②quote; cite ③help; aid; assist; rescue
【援兵】relief troops; reinforcements
【援建】give construction aid to foreign countries or other work units
【援救】rescue; save; deliver from danger
【援军】relief troops; reinforcements
【援手】aid; save; rescue; helping hand
【援外】foreign aid
【援引】❶quote; cite ❷recommend or appoint one's friends or favorites
【援用】quote; cite; invoke
【援助】help; support; aid

缘 [yuán]
 名 ①reason ②rim; brink; edge; fringe 介 ① along ②because; happy fate or chance
【缘分】lot or luck by which people are brought together
【缘故】reason; cause
【缘起】genesis; origin
【缘由】cause; reason

猿 [yuán]
 名 ape
【猿猴】apes and monkeys
【猿人】ape-man

源 [yuán]
 名 ①water source; fountainhead ②source; cause; root
【源泉】source; fountainhead; well-spring
【源头】fountainhead; source
【源源】continuous
【源程序】source program
【源代码】source code
【源远流长】distant source and long stream—of long standing and well established

辕 [yuán]
 名 ①shafts ②outer gate of a government office or barracks; government office; *yamen*

yuǎn
远 [yuǎn]
 形 ①far; distant; remote ②distant 副 by far 动 not intimate
【远程】long-range; long-distance
【远处】distant point or place
【远大】long-range; broad; ambitious
【远东】the Far East

【远方】distant place
【远古】remote antiquity; ancient times
【远航】take a long (sea) voyage; sail to a distant place
【远见】foresight; vision
【远郊】the outer suburbs; the remoter outskirts of a city
【远近】❶far and near ❷distance
【远景】distant view; long-range perspective; prospect
【远路】❶long way ❷longer way; roundabout way
【远虑】foresight; long view
【远谋】long-term plan
【远期】at a specified future date; forward
【远亲】distant relative[relation]; remote kinsfolk
【远视】long sight; farsightedness; hyperopia; hypermetropia
【远眺】look far into the distance
【远行】go on a long journey
【远洋】❶ocean ❷of the open sea beyond the littoral zone; oceanic
【远游】travel faraway
【远征】expedition
【远足】pleasure trip on foot; hike; walking tour
【远祖】remote ancestor
【远地点】apogee
【远距离】remote
【远月点】apocynthion
【远征军】expeditionary force
【远程导弹】far-ranging missile; long-range missile
【远程登录】telenet; remote login
【远程访问】remote access
【远程火箭】long-range rocket
【远程教育】distance learning; distance education
【远程医疗】telemedicine
【远非如此】far from it; far from being so
【远隔重洋】be separated by vast oceans
【远见卓识】foresight and sagacity
【远缘杂交】distant hybridization
【远走高飞】fly far and high; be off to distant parts; flee to faraway places
【远走他乡】travel in distant parts
【远程巡航导弹】long-range cruise missile

yuàn

苑 [yuàn]
❶imperial garden; park ❷centre

怨 [yuàn]
resentment; hatred; grudge blame
【怨恨】 have a grudge against sb; hate resentment; grudge; enmity
【怨气】grievance; complaint; resentment
【怨言】complaint; grumble
【怨不得】 cannot blame no wonder
【怨声载道】cries of discontent rise all round; complaints [voices of discontent] are heard everywhere
【怨天尤人】blame god and man—blame everyone and everything but oneself

院 [yuàn]
❶ yard; courtyard; compound ❷ designation for certain government institutions and public places ❸institute of higher learning; college ❹hospital
【院落】courtyard; yard; compound
【院墙】the walls that surround a house
【院士】academician
【院长】president
【院子】courtyard; yard; compound

愿 [yuàn]
honest and prudent ❶wish; hope; desire ❷vow; declare solemnly ❶wish; desire ❷be willing; be ready; be glad
【愿望】desire; wish; aspiration
【愿意】❶ be willing; be ready ❷ wish; like; want

yuē

约 [yuē]
❶make an appointment; agree; arrange ❷ ask or invite (in advance); engage ❸reduce ❶ pact; treaty; agreement; appointment ❷reduction of a fraction ❶ economical; thrifty; frugal ❷ simple; brief; succinct about; around; or so; approximately
【约定】agree on; appoint; arrange
【约分】reduction of a fraction
【约稿】make an arrangement in advance with sb for his contribution
【约会】 arrange a meeting; make an appointment appointment; engagement; date
【约见】make an appointment to meet; ask for an appointment with
【约略】roughly; approximately; about
【约莫】about; roughly
【约请】invite; ask
【约束】keep within bounds; restrain; bind
【约数】❶approximate number ❷divisor
【约束力】binding force
【约定俗成】established[sanctioned] by popular usage; accepted through common practice
【约法三章】make a few simple rules to be observed by all concerned

yuè

月 [yuè]
❶ moon ❷ month ❶ monthly ❷ full-moon shaped; round
【月报】 ❶ monthly magazine; monthly ❷ monthly report
【月饼】moon cake
【月初】the beginning of the month

【月底】the end of the month
【月份】month
【月宫】the Lunar Palace
【月光】moonlight;moonbeam
【月经】menses;menstruation;period
【月均】monthly average
【月刊】monthly magazine;monthly
【月老】matchmaker
【月历】monthly calendar
【月亮】the moon
【月轮】full moon
【月末】the end of the month
【月票】monthly ticket
【月球】the moon
【月嫂】confinement-caring woman
【月色】moonlight
【月食】lunar eclipse
【月台】railway platform
【月息】monthly interest
【月薪】monthly pay
【月夜】moonlit[moonlight] night
【月中】the middle of the month
【月终】the end of the month
【月子】❶ month of confinement after giving birth to a child ❷ time of childbirth;confinement
【月亮门】moon gate
【月偏食】partial lunar eclipse
【月全食】total lunar eclipse
【月牙儿】crescent moon
【月月红】Chinese rose
【月下老人】matchmaker

乐 [yuè]
🔄 music ➡ lè
【乐池】orchestra pit;orchestra
【乐段】period
【乐队】orchestra;band
【乐感】musicality;musical feeling;musical texture;tonal quality;music aptitude;sense of music
【乐句】phrase
【乐理】music theory
【乐谱】music score;music
【乐器】musical instrument;instrument
【乐曲】musical composition;composition;music
【乐师】musician (who performs on a musical instrument)
【乐坛】the musical world;music circles
【乐团】❶ philharmonic society ❷ philharmonic orchestra
【乐音】musical sound;tone
【乐章】movement
【乐谱架】music stand
【乐队指挥】conductor;bandmaster

岳 [yuè]
🔄 ❶ high mountain ❷ wife's parents and paternal uncles

阅 [yuè]
动 ❶ read;go over;scan ❷ review;inspect ❸ experience;undergo;pass through
【阅兵】review troops
【阅读】read
【阅卷】go over examination papers
【阅览】read
【阅历】动 see, hear or do for oneself 名 experience
【阅报栏】public information board;showcase or bulletin board
【阅兵式】military review[parade]
【阅览室】reading room

悦 [yuè]
形 happy;glad;pleased;delighted 动 please;delight
【悦耳】pleasing to the ear;sweet-sounding
【悦目】pleasing to the eye;good-looking

跃 [yuè]
动 jump;leap;spring
【跃进】make[take] a leap;leap forward
【跃居】jump or leap to a higher ranking
【跃马】spur the horse on
【跃然纸上】show forth in one's writing
【跃跃欲试】be eager to have a try;itch to have a go
【跃层式住宅】duplex house

越 [yuè]
动 ❶ get over;jump over;cross ❷ exceed;pass;overstep ❸ be at a high pitch ❹ loot 副 ❶ the more...the more:越多越好。The more, the better./雨越下越大。The rain is getting heavier. ❷ 形势越来越好。The situation is better and better.
【越冬】live through[survive] the winter
【越发】❶ all the more;even more ❷ (the more...) the more...
【越轨】exceed the bounds;transgress
【越过】cross;surmount;negotiate
【越级】❶ bypass the immediate leadership ❷ skip a grade or rank
【越加】all the more;even more
【越界】overstep the boundary;cross the border
【越境】cross the boundary illegally;sneak in or out of a country
【越权】ultra vires;excess of authority;exceed one's authority;overstep one's power
【越位】offside
【越野】cross-country
【越狱】escape from prison;break prison
【越来越…】more and more
【越狱犯】prison escapee;prison breaker

yūn
晕 [yūn]
形 dizzy;giddy;faint 动 swoon;faint;lose consciousness;pass out ➡ yùn
【晕倒】fall in a faint;pass out
【晕厥】syncope;faint
【晕晕乎乎】❶ dizzy;giddy ❷ muddleheaded

yún

云 [yún]
动 say; utter 名 cloud
【云彩】cloud
【云层】cloud layer
【云端】high in the clouds
【云朵】flaky clouds
【云海】a sea of clouds
【云集】come together in crowds; gather; converge
【云母】mica
【云雀】skylark
【云梯】scaling ladder
【云天】the skies
【云图】cloud atlas; cloud chart; cloud picture
【云团】cloud cluster
【云雾】cloud and mist; mist
【云系】cloud system
【云霞】rosy clouds
【云霄】the skies
【云烟】❶ cloud and mist; mist ❷ cigarettes made in Yunnan
【云游】wander about; roam about
【云雨】have sexual intercourse; make love
【云云】and so on
【云消雾散】the clouds melt and the mists disperse—vanish into thin air

匀 [yún]
形 even; equitable 动 ① even up; divide evenly ② take from sth and give to sb; take from sth for some other purpose; spare
【匀称】well-proportioned; well-balanced; symmetrical
【匀溜】of the right size, thickness, consistency, etc.
【匀整】neat and well spaced; even and orderly
【匀速度】uniform velocity
【匀速运动】uniform motion

芸 [yún]
名 ① rue ② rape
【芸豆】kidney bean
【芸芸众生】all living things; all mortal beings

耘 [yún]
动 weed
【耘锄】hoe (a farm tool)
【耘田】weed the fields

yǔn

允 [yǔn]
动 consent; grant; allow; permit 形 just; fair; impartial
【允诺】promise; consent; undertake
【允许】permit; allow; let; admit; license; sanction
【允准】approve; permit; allow

陨 [yǔn]
动 fall from the sky or outer space

【陨落】fall from the sky or outer space
【陨灭】❶ fall from outer space and burn up ❷ meet one's death; perish
【陨石】aerolite; stony meteorite
【陨星】meteorite

殒 [yǔn]
动 perish; die; pass away
【殒灭】meet one's death; perish
【殒命】meet one's death; perish

yùn

孕 [yùn]
动 pregnant 名 pregnancy
【孕妇】pregnant woman
【孕育】give birth to; be pregnant with; breed

运 [yùn]
名 ① motion; movement ② luck; fortune; destiny; fate 动 ① transport; haul; carry ② use; wield; utilize
【运程】haul
【运筹】draw up plans; devise strategies
【运动】❶ motion; movement ❷ sports; athletics; exercise ❸ movement; campaign; drive
【运费】transportation expenses; freight; carriage
【运河】canal
【运气】[yùnqì] (the art of) directing one's strength, through concentration, to a part of the body
【运气】[yùnqi] fortune; luck
【运球】dribble
【运输】transport; carry; convey; ship; freight
【运送】transport; ship; convey
【运算】operation
【运行】move; be in motion; operate; function
【运营】run; ply
【运用】use; wield; apply
【运转】❶ revolve; turn round ❷ work; operate
【运作】function
【运动场】sports〔athletic〕ground; playground; stadium
【运动服】sportswear
【运动会】sports meet; athletic meeting; games
【运动裤】knickers
【运动量】amount of (physical) exercises
【运动衫】sports shirt
【运动鞋】sport footwear
【运动员】sportsman or sportswoman; athlete; player
【运动战】mobile war〔warfare〕
【运筹帷幄】plan strategies within a command tent
【运动健将】master of sports
【运用自如】handle very skilfully; have a perfect command of
【运载火箭】carrier rocket; launch vehicle

晕 [yùn]
形 dizzy; giddy; faint; sick 名 ① halo ② haze

or halo round some colour or light ➡yūn
【晕场】get stage fright
【晕车】carsickness
【晕船】suffer from seasickness
【晕机】suffer from airsickness
【晕针】have a fainting spell during acupuncture treatment
【晕高儿】feel giddy when on a height

酝 [yùn]
动 make wine; brew beer 名 wine
【酝酿】❶brew; ferment ❷have a preliminary informal discussion; deliberate on

愠 [yùn]
形 angry; annoyed; irritated
【愠怒】be inwardly angry
【愠色】angry look; irritated look

韵 [yùn]
名 ①beautiful or sweet sound; sound pleasant to the ear ②simple or compound vowel ③appeal; charm
【韵脚】the rhyming word
【韵律】❶ meter ❷ rules of rhyming; rhyme scheme
【韵事】❶ literary or artistic pursuits; often with pretense to good taste and refinement ❷romantic affair
【韵味】lingering charm; lasting appeal
【韵文】literary composition in rhyme; verse
【韵律操】rhythmic gymnastics

蕴 [yùn]
动 contain; hold in store 名 profoundness
【蕴藏】hold in store; contain
【蕴含】contain
【蕴涵】implication

熨 [yùn]
动 iron; press
【熨斗】flatiron; iron
【熨衣板】ironing board

Z z

zā

扎 [zā] 动 tie; bind; fasten 量 bundle：一扎钞票 a bundle of banknotes ➡ zhā
【扎染】 tie-dye
【扎线】 bundle

匝 [zā] 量 circle; circumference：绕树两匝 circle a tree twice 形 whole; full
【匝道】 ring road

咂 [zā] 动 ①sip; suck ②smack one's lips ③taste or savour carefully
【咂舌】 click the tongue
【咂嘴】 make clicks

zá

杂 [zá] 形 ①varied; diverse; mixed ②extra; irregular 动 mix; combine
【杂草】 weeds; rank grass
【杂处】 live together
【杂费】 ①incidental expenses ②extras
【杂感】 ①random thoughts ②a type of literature recording such thoughts
【杂工】 backman
【杂烩】 ①stew ②mixture
【杂货】 fancy goods
【杂技】 acrobatics
【杂交】 cross
【杂居】 live together; live in the same area
【杂粮】 mixed grain
【杂乱】 jumbled up
【杂念】 distracting thoughts
【杂牌】 less known and inferior brand
【杂耍】 variety show; vaudeville
【杂碎】 entrails
【杂文】 essay
【杂务】 odd jobs
【杂物】 odds and ends
【杂音】 ①noise ②static ③murmur
【杂志】 ①magazine ②notes
【杂质】 ①impurity ②foreign matter
【杂种】 ①crossbreed ②son of a bitch
【杂活儿】 odd jobs
【杂用间】 utility room

砸 [zá] 动 ①pound; crush ②break; smash ③fail; fall through; be bungled
【砸锅】 fail; fall through
【砸烂】 crush in into tiny broken pieces
【砸伤】 injured by a crashing object
【砸碎】 break into pieces; shatter
【砸饭碗】 smash sb's rice bowl—make sb lose his job; dismiss sb from his job
【砸牌子】 have the reputation ruined; lose one's reputation

zǎ

咋 [zǎ] 代 what; how; why：这事咋办？ What should we do about it?; What's to be done? /你咋不去开会？ Why didn't you go to the meeting?
【咋个】 how; why

zāi

灾 [zāi] 名 ①calamity; disaster ②personal misfortune; ill luck
【灾害】 disaster
【灾荒】 famine due to crop failures
【灾祸】 disaster
【灾难】 suffering; disaster
【灾年】 famine〔lean〕year
【灾情】 the condition of a disaster
【灾区】 disaster area

栽 [zāi] 动 ①plant; grow ②insert; erect; plant ③impose sth on sb ④tumble; fall ⑤suffer a setback; feel embarrassed; be defeated; be set; be back; frustrate 名 young plant
【栽倒】 fall down
【栽培】 ①cultivate; grow ②train; educate ③help advance sb's career
【栽赃】 ①plant stolen or banned goods on sb ②

frame sb
【栽种】plant;grow
【栽子】young plant
【栽跟头】❶tumble;fall ❷suffer a setback

zǎi

仔 [zǎi]
名 young man →zǐ

载 [zǎi]
名 year 动 put down in writing;enter (in a register);record →zài
【载入史册】be written into the annals of history;go down in history

宰 [zǎi]
动 ① slaughter;butcher ② force to pay through the nose;overcharge ③ be in charge of;head 名 prefect;minister
【宰割】invade,oppress and exploit
【宰杀】slaughter;butcher
【宰相】prime minister

崽 名①son ②young animal
【崽子】whelp

zài

再 [zài]
副 ①again;once more;another time;一而再,再而三 again and again;time and again;over and over again;repeatedly/再说吧！We'll see.〔We'll talk about it again.〕②more ③再不快点,我们上课就要迟到了。We'll be late for class if we don't hurry up. ④then;only then;先到西安,再去北京 first go to Xi'an and then Beijing ⑤in addition;on top of that ⑥no matter how;再贵也得买。We'll have to buy it no matter how expensive it is. 动 continue;return
【再版】❶second edition ❷reprint
【再不】or else;or
【再次】once more;a second time;once again
【再会】goodbye;see you again
【再婚】remarry;marry again
【再加】in addition;moreover;besides;on top of that
【再见】goodbye;see you again
【再三】over and over again;again and again;time and again;time after time;repeatedly
【再生】❶revive ❷recycle
【再说】① put off until some time later ② what's more;besides
【再现】reappear
【再议】reconsideration
【再有】moreover;furthermore;besides
【再造】❶give sb a new lease of life ❷ reconstruction
【再者】moreover;furthermore;besides
【再不然】or else;otherwise
【再教育】reeducation

【再就业】re-employ
【再生资源】regenerative resources

在 [zài]
动 ①exist;be living ②be at〔in,on〕 ③remain ④join or belong to an organization ⑤consist in;rest with;rely on;depend on;lie in 介 at;in 副 我在做功课而妈妈在做饭。I am doing my homework while mother is cooking.
【在册】be on the name list
【在场】be on the scene;be on the spot;be present
【在读】in-school
【在岗】be at one's post;on duty
【在行】be expert at sth;know a job,trade,etc. well
【在乎】❶care about;mind;take to heart ❷lie in;rest with
【在理】reasonable;sensible;right
【在内】included
【在前】before;beforehand;in front;ahead
【在任】be sitting;be in power〔office〕
【在世】be living
【在手】be in one's hands
【在逃】has escaped;be at large
【在望】❶be visible;be in sight;be in view ❷ will soon materialize;be in sight;be in the offing
【在位】❶be on the throne ❷be in power
【在先】formerly;in the past;before
【在线】be on line
【在学】be at school
【在押】be under detention;be in custody;be in prison
【在野】not be in office;be out of office
【在意】take notice of;care about;mind;take to heart
【在于】❶lie in ❷be determined by;depend on
【在职】be on the job;be at one's post
【在座】be present
【在野党】party not in office;non-government party
【在此一举】hang upon this single action;depend upon this one movement
【在所难免】can hardly be avoided;be unavoidable
【在校学生】in-school student;student

载 [zài]
动 ①carry;be loaded with ②be filled with 连 and;moreover;at the same time →zǎi
【载波】carrier wave;carrier
【载荷】load
【载货】carry cargo〔freight〕
【载客】carry passengers
【载人】be manned
【载体】carrier;vehicle
【载重】load;carrying capacity
【载歌载舞】festively singing and dancing
【载人飞船】manned spaceship

【载人火箭】man-carrying rocket
【载人空间站】manned space station

zán

咱 [zán]
代 ①we ②I
【咱们】❶we;us ❷I;me ❸you

zǎn

攒 [zǎn]
动 accumulate;collect;save ➡cuán
【攒钱】save up

zàn

暂 [zàn]
形 of short duration;brief 副 for the time being;for the moment;momentarily
【暂定】arranged for the time being
【暂缓】postpone;put off
【暂且】for the time being;for the moment
【暂时】temporary;for the moment;〈非正〉for now;〈正〉for the present;for the time being
【暂行】provisional;temporary;interim
【暂住人口】temporary residents

赞 [zàn]
动 ①support;aid;assist ②praise;laud;commend 名 eulogy
【赞成】❶approve of;favour;agree with ❷help sb accomplish sth
【赞歌】song of praise
【赞美】admire;praise;appreciate
【赞赏】appreciate;admire
【赞颂】sing the praises of
【赞叹】gasp in 〔with〕admiration;highly praise
【赞同】approve of;agree with
【赞扬】speak highly of;praise
【赞助】support;assistance
【赞不绝口】be full of praise

zāng

赃 [zāng]
名 booty;loot;spoils;bribes
【赃款】illicit money;dirty money
【赃物】❶stolen goods;spoils ❷bribes
【赃证】evidence against corrupt officials

脏 [zāng]
形 dirty;dusty;soiled ➡zàng
【脏话】dirty language
【脏钱】ill-gotten money
【脏活儿】dirty work
【脏字儿】swearword;dirty word

zàng

脏 [zàng]
名 internal organs of the body ➡zāng
【脏器】internal organs of the body;viscera

葬 [zàng]
动 bury
【葬礼】funeral
【葬身】be buried
【葬送】ruin;spell an end to
【葬身火海】be buried in flames

藏 [zàng]
名 ①storage ②Buddhist〔Taoist〕scriptures ③Xizang〔Tibet〕Autonomous Region ④Zang or Tibetan nationality ➡cáng
【藏学】Tibetan studies
【藏药】Tibetan medicine
【藏医】❶Tibetan medicine ❷physician practicing traditional Tibetan medicine
【藏语】Tibetan (language)

zāo

遭 [zāo]
动 meet with;sustain;suffer 量 ①time;turn;来回走了好几遭 walk back and forth several times ②round;跑了两遭 run round twice
【遭到】suffer;meet with;encounter
【遭难】meet with misfortune;suffer disaster
【遭受】suffer;be subjected to;sustain
【遭殃】suffer disaster;suffer
【遭遇】动 meet with;encounter;run up against 名 (bitter) experience;(hard) lot
【遭灾】be hit by a natural calamity
【遭罪】have a hard time

糟 [zāo]
名 grains 动 ①be pickled with grains or in wine ②damage;destroy 形 ①rotten;worn out ②in a wretched state;in a mess
【糟糕】how terrible;what bad luck;too bad
【糟践】❶waste;ruin;spoil ❷insult
【糟粕】waste matter
【糟蹋】❶waste;ruin;spoil ❷insult ❸violate (a woman);rape
【糟心】annoyed
【糟朽】decayed

záo

凿 [záo]
名 ①chisel ②mortise;hole 动 ①bore a hole ②dig
【凿子】chisel

zǎo

早 [zǎo]
名 morning 副 long time ago;as early as 形 ①former;previous;early ②earlier;beforehand;in advance;early ③good morning
【早安】good morning
【早班】morning shift
【早餐】breakfast
【早操】morning (setting-up) exercises
【早茶】morning tea
【早场】morning show

【早车】morning train[coach]
【早晨】(early) morning
【早春】early spring; early in spring
【早稻】early (season) rice
【早点】(light) breakfast
【早饭】breakfast
【早婚】marry too early
【早就】long since
【早恋】love at an early age
【早年】❶ many years ago; in the past; long ago ❷ one's early years
【早期】early stage; early phase; early days; initial stage
【早起】❶ get up early; rise early ❷ morning
【早日】❶ in the past; previously ❷ at an early date; early; soon
【早上】(early) morning
【早市】morning market; morning business
【早逝】early death
【早熟】❶ precocity ❷ early-maturing; early-ripe
【早霜】early frost
【早退】leave earlier than one should; leave early
【早晚】❶ morning and evening ❷ sooner or later ❸ some time in the future; some day
【早先】before; in the past
【早已】long ago; for a long time
【早育】early childbearing
【早早儿】as early as possible; well in advance

枣 [zǎo]
图 jujube; (Chinese) date
【枣红】claret
【枣树】jujube tree

蚤 [zǎo]
图 flea

澡 [zǎo]
动 wash (one's body); bathe
【澡巾】bath towel
【澡盆】bathtub
【澡堂】public baths; bathhouse

皂 [zào]
形 black 图 ❶ office boy ❷ soap

灶 [zào]
图 ❶ kitchen range; cooking stove ❷ kitchen ❸ kitchen god
【灶火】kitchen range; cooking stove
【灶具】cooking utensils
【灶王爷】kitchen god

造 [zào]
动 ❶ make; build; construct; create ❷ cook up ❸ go to; arrive at; reach ❹ train; educate; cultivate 图 ❶ one of the two parties to a legal agreement or in a lawsuit ❷ crop ❸ achievements; accomplishments; success
【造成】create; cause; give rise to; bring about
【造船】shipbuilding
【造反】rebel
【造访】pay a visit [call]; call on
【造福】bring benefit to; benefit
【造化】[zàohuà] the Creator; Nature
【造化】[zàohua] good luck; good fortune
【造价】cost
【造就】动 bring up; train 图 achievements
【造句】make a sentence
【造孽】do evil; commit a sin
【造市】marketing
【造型】❶ moldmaking ❷ model ❸ molding
【造谣】cook up a story and spread it around; start a rumour
【造诣】attainments
【造纸】papermaking
【造作】affected
【造船厂】shipyard
【造就人才】bring up useful citizens through education

噪 [zào]
动 ❶ chirp ❷ make an uproar ❸ become well known
【噪音】noise
【噪音污染】noise pollution

燥 [zào]
形 dry
【燥热】hot and dry

躁 [zào]
形 rash
【躁动】fidget

则 [zé]
图 ❶ standard ❷ rule; regulation 动 be 量 item; paragraph; piece: 一则新闻 an item of news 连 ❶ 暑往则寒来。As summer goes, winter comes. ❷ 不进则退。Either one goes forward or he will be left behind. ❸ 她好跳舞，我则不然。She is fond of dancing, but I am not. ❹ 好则好，就是太贵。It's good but too expensive.

责 [zé]
图 duty; obligation; responsibility 动 ❶ demand; exact; require ❷ interrogate; question closely; call sb to account ❸ criticize; blame ❹ punish
【责备】blame; say it's sb's fault; put the blame on
【责成】instruct; charge
【责罚】punish
【责怪】blame
【责令】order; instruct; charge
【责骂】scold; dress down
【责难】censure; blame
【责任】❶ duty; responsibility ❷ responsibility for a fault or wrong; blame
【责问】call [bring] sb to account

【责权利】responsibility,power and benefits
【责任感】sense of responsibility〔duty〕
【责任田】farmland covered by contract
【责任心】sense of responsibility〔duty〕
【责任编辑】managing editor;editor-in-charge
【责任事故】accident due to negligence
【责无旁贷】there is no shirking the responsibility;be duty-bound

择 [zé]
动 select;choose;pick ➔ zhái
【择偶】choose a spouse
【择期】pick a day;select a day or time
【择校】select a school
【择业】choose an occupation;select a job
【择优】select the superior ones
【择友】choose one's friends

泽 [zé]
名 ①pool;pond ②lustre ③favour 形 wet;moist;damp

zéi

贼 [zéi]
名 ①thief;stealer;robber ②traitor;enemy
形 ①wicked;evil ②sly;cunning 动 injure;harm
副 extremely;exceedingly;disagreeably
【贼寇】❶robber ❷invader;aggressor
【贼人】❶thief ❷evildoer
【贼心】wicked heart
【贼喊捉贼】thief crying "Stop thief"
【贼眉鼠眼】thievish-looking

zěn

怎 [zěn]
副 why;what;how;这事该怎办？What's to be done about it?
【怎么】❶how;what;why ❷in a certain way;in any way;no matter how ❸(not) very;(not) much;(not) quite;(not) too ❹what
【怎样】❶how;what ❷in a certain way;in any way;no matter how
【怎么样】❶how;what ❷what's it like;how are things;what do you think ❸in a certain way;in any way;no matter how ❹(not) up to much
【怎么着】❶what to do;what ❷no matter what;whatever
【怎么得了】where will it all end;what a terrible thing it would be;this is one hell of a mess

zēng

曾 [zēng]
形 relationship between great-grandchildren and great-grandparents ➔ céng

增 [zēng]
动 increase;enhance;grow;gain
【增白】brighten
【增编】❶enlarge an establishment;expand the size of the staff ❷supplement
【增补】supplement
【增大】enlarge;increase;augment
【增订】revise and enlarge (a book)
【增多】grow in number or quantity;increase
【增幅】degree of increase;rate of growth;range of increase
【增高】❶get higher;rise;increase ❷make higher;heighten;raise;increase
【增加】increase;〈美〉raise〔〈英〉rise〕;add;build up;go up;put up
【增进】further
【增刊】supplement
【增强】strengthen
【增色】add colour to;add beauty to
【增收】increase income
【增添】add;increase
【增选】elect more
【增援】reinforce
【增长】increase;rise;grow
【增值】increase or rise in value;add value
【增殖】名 proliferation 动 multiply
【增补本】enlarged edition
【增值税】value-added tax(VAT)

憎 [zēng]
动 hate
【憎恨】hate
【憎恶】abhor
【憎厌】dislike

zèng

赠 [zèng]
动 send as a gift;give as a present
【赠答】present each other with gifts, poems, etc.
【赠款】grant
【赠品】gift;free gift;free offer
【赠书】present sb with a book
【赠送】give as a present;present as a gift
【赠言】advice
【赠予】present to
【赠阅】given free by the publisher
【赠款人】donor

zhā

扎 [zhā]
动 ①prick;needle into ②plunge into;dive into;get into ③be quartered ➔ zā
【扎堆】get together
【扎根】take root;get rooted
【扎实】❶sturdy;strong ❷solid;sound;down-to-earth
【扎手】❶prick the hand ❷difficult to handle
【扎眼】❶dazzling ❷show off

喳 [zhā]
叹 yes,sir 象 chatter

渣 [zhā]
名 ①slag ②broken bits

【渣滓】dregs
【渣子】❶dregs ❷broken bits

zhá

札 [zhá]
名 ① thin pieces of wood used for writing on in ancient China ② letter
【札记】reading notes

轧 [zhá]
动 roll (steel) ➡yà
【轧钢】steel rolling
【轧制】roll

闸 [zhá]
名 ① floodgate ② brake ③ electric switch 动 dam up water
【闸刀】knife swicth
【闸盒】fuse box
【闸门】❶gate; water gate ❷lock gate ❸throttle valve

炸 [zhá]
动 ① fry in deep fat or oil; deep-fry ② dip in boiling water ➡zhà
【炸糕】fried cake
【炸酱】fried bean sauce
【炸鱼】deep-fried fish
【炸酱面】noodles served with fried bean sauce
【炸薯条】chips; French fries

铡 [zhá]
名 hand hay cutter 动 cut up with a hay cutter
【铡刀】hand hay cutter

zhǎ

眨 [zhǎ]
动 blink; bat (the eyes)
【眨巴】blink
【眨眼】❶ wink; twinkle 形 very short time

zhà

乍 [zhà]
副 ① first; at first; for the first time ② all of a sudden; suddenly; abruptly 动 open out; spread; extend
【乍暖还寒】after suddenly getting warmer, it's turned cold again

诈 [zhà]
动 ① cheat; deceive ② pretend ③ bluff sb into giving information; feel out
【诈唬】trick
【诈骗】swindle
【诈取】obtain sth by cheating; swindle sb out of sth

栅 [zhà]
名 railings; palisade; paling; bars ➡shān
【栅栏】❶bars ❷boom
【栅门】fence gate

炸 [zhà]
动 ① explode; break; burst ② blow up; blast; bomb ③ fly into a rage; explode with anger; flare up ④ flee in terror ➡zhá
【炸弹】bomb
【炸锅】❶ oil spattering when food is fried ❷ unrestrained anger
【炸毁】blow up
【炸药】dynamite

榨 [zhà]
动 press; squeeze out 名 press for extracting oil, juice, etc.
【榨菜】hot pickled mustard tuber
【榨取】❶squeeze ❷extort

zhāi

斋 [zhāi]
名 ① vegetarian diet adopted by Buddhists and Taoists ② room; building 动 ① abstain from meat, wine, etc.; fast ② give alms (to a monk)
【斋饭】❶food given to Buddhist monks as alms ❷vegetarian meal in a temple
【斋戒】abstain from meat〔wine〕

摘 [zhāi]
动 ① pick; take off ② select; pick out ③ borrow money when in urgent need ④ scold; rebuke
【摘编】动 select and edit 名 extracts
【摘抄】动 take passages 名 extracts; excerpts
【摘记】动 take notes 名 extracts; excerpts
【摘录】动 take passages 名 extracts; excerpts
【摘取】obtain; get
【摘要】动 make a summary 名 summary; resume
【摘引】quote
【摘帽子】❶take off〔remove〕one's hat ❷cast〔remove〕a label
【摘桃子】❶ pick peaches ❷ steal the fruit of other's labor

zhái

宅 [zhái]
名 residence; house
【宅第】large house; mansion
【宅门】❶gate of an oldstyle big house ❷family living in such a house
【宅院】house with a courtyard; house

择 [zhái]
动 select; choose; pick ➡zé
【择菜】trim vegetables for cooking

zhǎi

窄 [zhǎi]
形 ① narrow ② small-minded ③ hard up; badly off; on the rocks
【窄小】narrow

zhài

债 [zhài]
名 debt

【债户】debtor
【债款】loan
【债权】creditor's rights
【债券】bond
【债务】debt
【债主】creditor
【债权人】creditor
【债务人】debtor
【债台高筑】be heavily in debt; be up to one's ears in debt

寨 [zhài]
❸ ①fence ②camp ③mountain stronghold ④stockaded village
【寨子】❶stockade; fence ❷stockaded village

zhān

占 [zhān]
㔾 divine ➡zhàn
【占卜】divine
【占卦】divine by means of the Eight Diagrams

沾 [zhān]
㔾 ①wet; damp ②be stained with; be soiled with ③touch ④gain by association with sb or sth; benefit from some sort of relationship
【沾边】❶ touch on only lightly ❷ be close to what it should be; be relevant
【沾光】benefit from one's association
【沾染】be infected with; be contaminated by; be tainted with
【沾手】❶touch with one's hand ❷have a hand in
【沾沾自喜】be pleased with oneself

粘 [zhān]
㔾 ① stick together; stick to ② glue; stick; paste; adhere to ➡nián
【粘连】adhesion
【粘贴】paste

瞻 [zhān]
㔾 look up; look forward
【瞻望】look forward; look far ahead
【瞻仰】look at with reverence
【瞻前顾后】❶ peer ahead and look behind ❷ think over carefully ❸ be over-cautious and indecisive

zhǎn

斩 [zhǎn]
㔾 ①chop; cut; kill ②blackmail
【斩首】behead
【斩草除根】destroy root and branch
【斩钉截铁】resolute and decisive
【斩尽杀绝】kill all; wipe out

盏 [zhǎn]
❸ small cup ❷ 一盏灯 an electric lamp

展 [zhǎn]
㔾 ①stretch; unfold; display; spread out; open up ② expand; extend ③ put to good use; give free play to ④postpone; extend; prolong; put off ⑤ exhibit; display; put on show ❸ exhibition; show
【展播】special TV programme; run
【展翅】spread the wings; get ready for flight
【展出】put on display; be on show〔view〕; exhibit
【展馆】exhibition center; exhibition hall
【展柜】showcase; display window
【展会】exhibition
【展开】❶spread out; open up ❷develop; carry out
【展宽】widen
【展览】㔾 put on display; show ❸ exhibition; show
【展品】item on display
【展期】㔾 extend a time limit; postpone ❸ duration of an exhibition
【展区】exhibition area; place of exhibition
【展示】show; display; exhibit
【展室】exhibition room; show room
【展台】showcase; booth; display counter
【展望】❶look into the distance ❷look into the future; look ahead ❸forecast
【展位】exhibition unit
【展现】unfold before one's eyes; develop
【展销】exhibit〔display〕and sell (goods)
【展览品】exhibit; item on display
【展览室】show room
【展示会】exhibition; show
【展翅高飞】spread the wings and fly up
【展望未来】look forward to the future

崭 [zhǎn]
形 ①rising high; towering (over) ②fine; superb; swell 副 very; especially
【崭新】brand-new; completely new
【崭露头角】begin to show one's brilliant talents; display remarkable ability or talent

辗 [zhǎn]
【辗转】❶ toss about (in bed) ❷ pass through many hands or places
【辗转反侧】toss about (in bed); toss and turn
【辗转流传】pass through many hands; spread from place to place

zhàn

占 [zhàn]
㔾 ① take possession of; occupy; seize; take up ② take; cover; account for; make up ③ constitute; form; hold; make up ➡zhān
【占地】cover an area of
【占据】occupy; hold
【占理】reasonable; sensible; right
【占领】❶ capture; occupy; seize ❷ possess; have; own; take possession of
【占先】take precedence; take the lead; get ahead of
【占线】busy

【占用】occupy and use; take up (time)
【占有】❶ own; possess; have ❷ occupy; hold ❸ have; own
【占便宜】❶ gain extra advantage by unfair means ❷ advantageous; favorable
【占上风】get the upper hand; win an advantage
【占下风】be at a disadvantage
【占优势】gain the upper hand

战 [zhàn]

图 war; warfare; combat; armed conflict 动 ① fight; battle ② fight; war; warfare ③ tremble; shake; shudder
【战败】❶ be defeated; be vanquished; lose ❷ defeat
【战报】battlefield report
【战备】war preparedness; combat readiness
【战场】battlefield; battleground; battlefront; war zone
【战地】battlefield; battleground; combat zone
【战斗】❶ fight; battle; combat; action; struggle ❷ fight; struggle; battle
【战犯】war criminal
【战俘】prisoner of war (P.O.W.)
【战歌】battle song; fighting song
【战功】battle achievement
【战果】results of battle; combat success
【战后】postwar
【战火】flames of war
【战绩】military successes
【战舰】warship
【战局】war situation
【战况】battlefield situation
【战乱】chaos caused by war; war
【战略】strategy
【战前】prewar
【战区】war zone
【战胜】defeat; overcome
【战时】wartime
【战士】❶ soldier; man ❷ champion; fighter
【战书】written challenge to war; letter of challenge
【战术】tactics
【战死】die in battle
【战线】battle line; battlefront; front
【战役】campaign; battle
【战争】war; warfare; fighting
【战天斗地】fight against heaven and earth
【战战兢兢】❶ trembling with fear ❷ with caution
【战争状态】state of war

站 [zhàn]

动 ① stand; get up; be on one's feet ② stop; come to a halt 图 ① station; stop ② station or centre for rendering certain services
【站点】website
【站队】fall in; stand in line
【站岗】stand guard
【站立】stand; be on one's feet
【站哨】stand guard; be on sentry duty
【站台】platform
【站位】playing position
【站稳】❶ come to stop ❷ stand firm; take a firm stand
【站长】head of a station, centre, etc.
【站住】❶ stop; halt ❷ stand firmly on one's feet; keep one's feet ❸ stand one's ground ❹ hold water
【站住脚】❶ stop; halt ❷ stand one's ground ❸ hold water
【站不住脚】unable to stand one's ground; cannot be justified; impossible to defend
【站稳脚跟】get a firm foothold; stand firm
【站得高,看得远】stand taller and see farther; stand high and see far; have vision; be far-sighted

绽 [zhàn]

动 split; tear; burst
【绽放】burst forth; burst into bloom
【绽裂】split open; burst open

湛 [zhàn]

形 ① profound; thorough; deep ② crystal clear
【湛蓝】azure blue; azure
【湛绿】dark green
【湛清】clear

蘸 [zhàn]

动 dip... in

zhāng

张 [zhāng]

动 ① open; spread; draw; stretch ② lay on; display ③ magnify; amplify; exaggerate ④ look; glance ⑤ open a new shop 量 (a): 两张火车票 two train tickets / 一张报纸 a piece of paper (b): 一张沙发 a sofa / 一张写字台 a writing desk (c): 一张利嘴 a sharp tongue / 一张笑脸 a smiling face (d): 一张弓 a bow / 一张犁 a plough
【张榜】put up a notice; post a notice
【张大】magnify
【张挂】hang... up
【张皇】alarmed
【张罗】❶ take care of; get busy about ❷ raise (funds); get together (money) ❸ attend to
【张贴】put up
【张望】❶ peep ❷ look around
【张扬】make widely known; make public
【张嘴】❶ open one's mouth (to say sth) ❷ ask for a loan or a favor
【张灯结彩】be decorated with lanterns and streamers
【张冠李戴】confuse one thing with another
【张皇失措】lose one's head
【张口结舌】be at a loss for words
【张牙舞爪】make threatening gestures

章 [zhāng]

图 ① chapter; section; division ② clauses and sub-clauses ③ order; orderliness ④ rules; regu-

lations; charter; constitution ⑤ memorial to the throne ⑥ seal; stamp ⑦ badge; insignia; medal
【章程】[zhāngchéng] rules; regulations; constitution
【章程】[zhāngcheng] solution; way
【章法】❶ presentation of ideas in a piece of writing; art of composition ❷ orderly ways
【章节】chapters and sections

彰 [zhāng]
形 obvious
动 praise

樟 [zhāng]
名 camphor tree
【樟脑】camphor
【樟脑丸】camphor ball

蟑 [zhāng]
【蟑螂】cockroach; roach

zhǎng

长 [zhǎng]
形 ❶ older; elder; senior ❷ eldest; oldest 名 ① older generation ② chief; head; leader 动 ① come into being; spring up; form ② grow; develop ③ boost; enhance; increase ➡ cháng
【长辈】elder member of a family; elder
【长膘】get fat
【长大】grow up; be brought up
【长官】senior officer or official
【长进】progress
【长脸】do credit to; make a name for
【长肉】put on flesh
【长势】the way a crop is growing
【长相】looks; features; appearance
【长者】❶ elder; senior ❷ venerable elder
【长个儿】grow taller
【长见识】gain experience; increase one's knowledge
【长官意志】the will of the leader

涨 [zhǎng]
动 rise; go up; become higher ➡ zhàng
【涨潮】rising tide; flood tide
【涨跌】high and low
【涨幅】growth margin; extent of price increase
【涨价】rise in price
【涨势】expansionary path
【涨水】(of a river) rise; (of price) rise

掌 [zhǎng]
名 ① palm ② bottom of certain animals' feet; pad; sole ③ horseshoe ④ shoe sole or heel 动 ① strike with the palm of the hand; slap ② hold in one's hand; take charge of; control ③ mend the sole of a shoe ④ add; put in (cooking oil, salt, etc.)
【掌班】manager
【掌灯】❶ hold a lamp in one's hand ❷ light an oil lamp
【掌舵】动 steer a boat 名 steersman
【掌管】be in charge of; administer
【掌柜】❶ shopkeeper; manager ❷ husband
【掌控】control
【掌权】be in power
【掌声】clapping; applause
【掌纹】palm print
【掌握】❶ master; know well ❷ have in hand; take into one's hands; control
【掌心】❶ the centre [hollow] of the palm ❷ control
【掌灶】cook
【掌嘴】slap sb's face; box sb's ears
【掌上电脑】palm computer
【掌上明珠】pearl in the palm—a beloved daughter

zhàng

丈 [zhàng]
量 zhang 动 measure (land)
【丈夫】[zhàngfú] man
【丈夫】[zhàngfu] husband
【丈量】measure (land)
【丈人】father-in-law

仗 [zhàng]
名 ① weaponry; weapons; arms ② fight; battle; war 动 ① hold (a weapon) ② rely on; depend on; on the strength of
【仗势】take advantage of one's own [sb else's] power
【仗恃】rely on (an advantage)
【仗义】❶ uphold justice ❷ be loyal
【仗义执言】speak out from a sense of justice

杖 [zhàng]
名 ① cane; stick ② rod [staff]

帐 [zhàng]
名 curtain; tent
【帐篷】tent
【帐子】❶ bed-curtain ❷ mosquito net

账 [zhàng]
名 ① account ② account book ③ debt; credit
【账簿】account book
【账单】bill; check
【账号】number of a bank account; account number
【账户】account
【账款】funds on account
【账面】statement
【账目】items of an account; accounts

胀 [zhàng]
动 ① grow in size; expand ② be bloated 名 dropsy; oedema
【胀大】swelling
【胀肚】swell-belly

涨 [zhàng]
动 ① swell after absorbing water, etc. ② be swelled by a rush of blood ③ be more, longer, etc. than expected ➡ zhǎng

障 [zhàng]
动 hinder; obstruct 名 block; dam

【障碍】 hinder;obstruct 🗾 bar;barrier
【障碍物】 obstacle

zhāo

招 [zhāo] 🗾 ①gesture ②recruit;engage ③attract;invite;court ④offend;provoke ⑤draw;cause ⑥infect;be catching ⑦confess;admit;own up 🗾 ①streamer;banner ②movement ③trick;device;move
【招标】 invitation for bid;invite (to) bid;call for bid
【招待】 receive;serve
【招供】 confess
【招呼】 ❶call ❷hail;greet;say hello to ❸tell ❹care of
【招集】 call together
【招架】 hold one's own
【招揽】 solicit
【招领】 post a "Found" notice
【招牌】 sign
【招聘】 give public notice of vacancies to be filled
【招惹】 ❶provoke;incur ❷tease
【招商】 invite outside investment
【招事】 bring trouble on oneself;invite trouble;call down trouble
【招式】 body language
【招收】 take in;enlist
【招数】 strategic move
【招贴】 poster;placard;bill
【招摇】 act ostentatiously
【招展】 ❶flutter;wave ❷invite (institutes) to rent exhibition positions;invite exhibitors
【招致】 ❶recruit (followers);scout about for (talents, etc.) ❷incur;bring about;lead to
【招待会】 reception
【招待所】 guest house
【招揽生意】 canvass[seek] business orders

昭 [zhāo] 🗾 clear 🗾 show
【昭告】 declare to the public
【昭示】 make clear to all;declare publicly
【昭雪】 exonerate;rehabilitate
【昭然若揭】 abundantly clear;all too clear

着 [zhāo] 🗾 move in chess 🗾 put in;add 🗾 all right;okay;着,你们就这么办吧！Okay, go ahead as (has been) agreed. ➡zháo;zhuó
【着数】 move in chess

朝 [zhāo] 🗾 ①early morning;dawn;morning ②day ➡cháo
【朝晖】 morning sunlight
【朝气】 youthful spirit
【朝夕】 ❶morning and evening;from morning to night;day and night;daily ❷a very short time

【朝霞】 rosy clouds of dawn;rosy dawn
【朝阳】 the rising sun;the morning sun
【朝不保夕】 not know at dawn what may happen by dusk
【朝发夕至】 start at dawn and arrive at dusk—a day's journey
【朝令夕改】 keep chopping and changing
【朝气蓬勃】 full of youthful spirit
【朝三暮四】 blow hot and cold;chop and change
【朝思暮想】 yearn day and night

zháo

着 [zháo] 🗾 ①touch;contact ②be affected by sth;be troubled with;suffer ③burn ④hit the mark;succeed in doing sth ⑤go to sleep;fall asleep ➡zhāo;zhuó
【着边】 be to the point;be relevant
【着风】 be chilled by the wind
【着慌】 get nervous;get alarmed;be thrown into a panic
【着火】 catch fire;be on fire;burst into flames;break out
【着急】 get worried;get excited;feel anxious
【着凉】 catch cold;catch a chill
【着忙】 ❶be in a hurry;be in a rush;busy ❷worried
【着迷】 be fascinated;be captivated

zhǎo

爪 [zhǎo] 🗾 claw ➡zhuǎ
【爪牙】 flunkey

找 [zhǎo] 🗾 ①look for;hunt for;try to discover;want to see ②want to see;call on;approach;ask for ③give change ④make up
【找病】 look for trouble
【找到】 find;turn up;track down;locate;dig out;discover;strike;come across
【找平】 make level;level up or down
【找齐】 ❶make uniform;even up ❷make up a deficiency
【找钱】 give change
【找事】 ❶look for a job ❷pick a quarrel
【找死】 court death
【找头】 change
【找赎】 small change
【找寻】 look for;seek;find fault with;pick on
【找不开】 have no small change for
【找茬儿】 find fault;pick holes;pick a quarrel
【找对象】 look for a partner in marriage
【找饭碗】 look for a job
【找麻烦】 ❶look for trouble ❷cause sb trouble
【找婆家】 look for a husband
【找窍门】 find better techniques;find out the secret to success
【找原因】 try to find out the cause

【找不着北】unable to find where north is; to get confused; knock out; beat up
【找不自在】ask for trouble; borrow trouble; bring trouble upon oneself

沼 [zhǎo]
名 natural pond
【沼气】marsh gas
【沼泽】marsh; swamp

zhào

召 [zhào]
动 call together; gather; summon
【召唤】call
【召回】recall
【召集】call together
【召见】call in
【召开】convene

兆 [zhào]
名 sign 动 foretell 数 million; mega-
【兆头】sign
【兆位】megabit (Mb)
【兆字节】megabyte

诏 [zhào]
动 instruct 名 imperial edict
【诏书】imperial edict

照 [zhào]
动 ①shine; light up ②reflect; mirror ③take a picture; photograph; shoot ④take care of; look after; attend to ⑤inform; notify ⑥compare; contrast ⑦make out; understand 名 ①photograph; picture ②licence; permit 介 ①in the direction of; towards: 照那边看 look in that direction ②according to
【照办】act accordingly; act upon; follow
【照常】as usual
【照抄】copy word for word
【照顾】❶give consideration to; show consideration for; make allowance(s) for ❷look after; care for; attend to
【照管】look after; tend; be in charge of
【照会】动 present a note to (a government) 名 note
【照旧】as before; as usual; as of old
【照看】look after; attend to; keep an eye on
【照理】according to reason
【照例】as a rule; as usual; usually
【照料】take care of; attend to
【照明】lighting
【照片】[zhàopiàn] photograph; picture
【照射】shine; light up
【照实】according to the facts
【照说】ordinarily; as a rule
【照相】take a picture; take pictures; take photos
【照样】动 after a pattern or model 副 in the same old way; all the same; as before
【照耀】shine
【照应】[zhào ying] look after; take care of

【照直】❶(go) straight on ❷straight-forward; direct
【照准】aim at
【照面儿】❶show up; turn up ❷come across
【照明灯】headlamp
【照片儿】[zhàopiānr] photo
【照片子】take an X-ray; X-ray
【照相馆】photo studio
【照相机】camera
【照本宣科】go by the book

罩 [zhào]
动 cover; overspread 名 ①cover ②outer garment; dustcoat ③small cage〔coop〕 for raising chickens

肇 [zhào]
动 ①cause; lead to ②begin
【肇事】cause trouble
【肇事者】troublemaker

zhē

折 [zhē]
动 ①roll over; turn over and over ② pour back and forth between two containers ➔ shé; zhé
【折腾】❶turn from side to side ❷do sth over and over again ❸cause physical or mental suffering; get sb down
【折进去】❶be involved in; get into trouble ❷lose money in a business ❸put in jail; lock up in prison; be taken to prison

蜇 [zhē]
动 sting

遮 [zhē]
动 ①cover; conceal; hide; screen ②hinder ③cover up; cloak
【遮蔽】❶hide from view; cover; screen ❷obstruct; block ❸defilade
【遮丑】hide one's shame
【遮挡】动 keep out 名 shelter; cover
【遮盖】❶cover ❷hide; cover up
【遮拦】block
【遮掩】❶cover; overspread ❷cover up; hide
【遮阴】shade
【遮人耳目】throw dust in people's eyes

zhé

折 [zhé]
动 ①break; snap ②be deprived of; lose ③bend; turn; twist ④turn back; change direction ⑤be filled with admiration; be won over; be convinced ⑥convert into; change into; amount to ⑦discount; rebate ⑧fold 名 ①act ②book; booklet ➔ shé; zhē
【折叠】fold
【折服】❶subdue; bring into submission ❷be convinced; be filled with admiration
【折合】amount to
【折回】turn back

【折价】❶ convert into money; evaluate in terms of money ❷ discount
【折旧】depreciation
【折扣】discount
【折磨】cause physical or mental suffering
【折扇】folding fan
【折射】❶refract ❷reveal; refract
【折算】convert
【折中】compromise
【折皱】wrinkle; lines
【折叠床】folding bed
【折叠椅】folding chair

哲 [zhé]
形 intelligent; wise 名 wise man; sage
【哲理】philosophy
【哲学】philosophy
【哲学家】philosopher

辙 [zhé]
名 ① track of a wheel; groove; rut ② direction of traffic ③ rhyme ④ way; idea; wit

zhě

褶 [zhě]
动 fold; wrinkle
【褶皱】wrinkle
【褶子】wrinkle

zhè

这 [zhè]
代 ① this; these ② now; then
【这边】this side; here
【这次】this time; present; current
【这等】like this; so; such
【这个】❶this one; this ❷so; such ❸some
【这里】here
【这么】so; such; this way; like this
【这些】these
【这样】so; such; like this; this way
【这种】this kind of
【这号人】people of this sort
【这会儿】now; at the moment; at present
【这么些】so much; so many
【这么样】so; such; like this; this way
【这么着】like this; so
【这阵儿】now; at the moment
【这还了得】That is really going too far!
【这么点儿】such a little bit
【这么一来】as a result of that; as a result; in this way; consequently
【这样一来】as a result of that; as a result; in this way; consequently

贞 [zhēn]
形 loyal; faithful 名 ① chastity; virginity ② divination
【贞操】❶chastity; virginity ❷loyalty
【贞节】❶loyalty ❷chastity or virginity
【贞洁】chaste and undefiled
【贞女】virgin

针 [zhēn]
名 ① needle ② virginity-aimed underwear〔underclothes〕③ chastity-aimed waistband ④ injection; shot
【针刺】needling
【针对】❶be directed against; be aimed at ❷in the light of; in accordance with
【针灸】acupuncture and moxibustion
【针锋相对】give tit for tat; be diametrically opposed to

侦 [zhēn]
动 investigate; explore; scout; detect
【侦查】investigate
【侦察】reconnoitre
【侦缉】track down and arrest
【侦破】crack
【侦探】动 do detective work 名 spy
【侦察员】scout

珍 [zhēn]
名 treasure; riches 形 treasured; precious; valuable 动 value highly; set great store by
【珍爱】treasure; love dearly; be very fond of
【珍宝】jewellery; treasure
【珍藏】动 collect 名 collection
【珍贵】valuable; precious
【珍品】treasure
【珍视】value; prize; cherish; treasure
【珍惜】treasure; value
【珍重】❶ highly value; treasure ❷ take good care of yourself
【珍珠】pearl

帧 [zhēn]
名 painting 量 一帧画 a painting
【帧频】TV frame frequency; picture frequency

真 [zhēn]
形 true; real; genuine 副 ① really; truly; indeed ② clearly 名 ① regular script ② portrait; image ③ nature; natural state
【真唱】really sing
【真诚】sincere; true
【真谛】true meaning
【真迹】authentic work
【真空】vacuum
【真理】truth
【真切】❶ vivid; clear; distinct ❷ sincere; earnest
【真情】❶the real situation; the facts; truth ❷ true feelings
【真人】❶real person ❷true man
【真实】true; real
【真是】really; indeed
【真相】the real〔true〕situation; the real〔actual〕facts
【真心】whole-hearted; heartfelt
【真意】❶true meaning ❷heartfelt; sincere
【真正】形 true; real; actual 副 really; indeed
【真挚】sincere
【真主】Allah

【真才实学】real ability and learning; genuine talent
【真枪实弹】real guns and bullets
【真情实感】one's real feelings; true feelings

斟 [zhēn]
动 pour
【斟酌】consider; deliberate

臻 [zhēn]
动 become

箴 [zhēn]
动 advise; exhort; admonish
【箴言】admonition; exhortation; maxim

zhěn

诊 [zhěn]
动 examine (a patient)
【诊断】diagnose
【诊所】clinic; dispensary

枕 [zhěn]
名 pillow 动 rest one's head on
【枕木】railway sleeper
【枕头】pillow

疹 [zhěn]
名 rash

缜 [zhěn]
形 careful; painstaking; meticulous
【缜密】careful; meticulous; deliberate

zhèn

阵 [zhèn]
名 ①battle array; battle formation ②position; front lines; front ③period of time; some time 量 一阵大笑 a fit [burst] of laughter/一阵咳嗽 a fit [spasm] of coughing/阵阵北风 blasts of the north wind
【阵地】position; front
【阵风】a gust of wind
【阵脚】position
【阵容】❶battle array ❷lineup
【阵势】❶battle array ❷situation; condition
【阵痛】❶labour pains ❷growing pains
【阵亡】be killed in action; fall in battle
【阵线】front
【阵营】camp
【阵雨】shower

振 [zhèn]
动 ①shake ②vibrate ③rise with force and spirit; boost
【振动】vibration
【振奋】❶rouse oneself; rise with force and spirit ❷inspire
【振兴】develop vigorously
【振作】pull oneself together
【振聋发聩】enlighten
【振振有词】speak convincingly
【振作精神】brace up; keep up one's spirits

赈 [zhèn]
动 bring relief to; relieve; aid
【赈济】relieve; aid
【赈灾】disaster relief

震 [zhèn]
动 ①shake; shock ②be shocked; be greatly excited ③surpass
【震荡】shake; shock; quake
【震动】❶shake; quake ❷shock; excite
【震撼】shake
【震惊】动 shock; amaze 形 be surprised; be shocked
【震慑】awe; frighten
【震耳欲聋】deafening
【震撼人心】stirring

镇 [zhèn]
动 ①press down; force down ②calm; stable; at ease ③keep peace by force ④cool with cold water or ice; ice 名 ①garrison post ②township 副 ①often; time and again ②all the time
【镇定】形 calm; presence of mind; relaxed; calm-down; cool-down 动 keep one's head cool; cool; calm; calm down; calm sb down; relax
【镇静】形 calm; cool 动 calm down
【镇压】❶suppress; put down ❷execute
【镇长】town head
【镇子】town
【镇静剂】sedative

zhēng

正 [zhēng]
first month of the lunar year; first moon →zhèng
【正月】first month of the lunar year

争 [zhēng]
动 ①compete ②argue; dispute ③be short of; be shy; want 副 how; why
【争辩】argue; debate
【争吵】quarrel
【争斗】❶fight ❷struggle
【争端】dispute
【争夺】fight [contend, scramble] for; enter into rivalry with sb over sth; vie with sb for sth
【争光】win honour for
【争论】argue; dispute; quarrel
【争鸣】contend
【争气】try to make a good showing
【争抢】fight for
【争取】try for; go for; try out for; angle for; shoot for; go all out; go after
【争先】try to be the first to do sth
【争议】dispute; controversy
【争战】fight; war
【争执】disagree; dispute

征 [zhēng]
动 ①make a long journey ②go on an expedition ③levy (troops); recruit; call up; draft ④levy (taxes); collect; impose ⑤solicit; ask for 名 ①evidence; proof ②sign; portent; phenomenon

【征兵】draft;call-up
【征程】journey;march
【征调】requisition;call up
【征服】conquer
【征购】procure
【征婚】seek a marriage partner
【征集】❶collect ❷draft;call up
【征求】seek;ask for
【征收】levy;collect
【征途】the road to be travelled;journey
【征象】sign
【征询】seek the opinion of
【征用】take over for use
【征名】❶call up ❷appoint to an official position
【征兆】sign;omen;portent;indication
【征婚人】lonely hearts

怔 [zhēng]
形 terror-stricken

挣 [zhēng]
➡zhèng
【挣扎】struggle

峥 [zhēng]
【峥嵘】❶lofty and steep;towering ❷outstanding;extraordinary

睁 [zhēng]
动 open (the eyes)
【睁眼瞎】illiterate
【睁只眼闭只眼】turn a blind eye to sth;keep one eye closed

蒸 [zhēng]
动 ❶evaporate ❷steam
【蒸馏】〈英〉distil;〈美〉distill
【蒸汽】steam
【蒸气】vapour
【蒸蒸日上】becoming more prosperous every day

zhěng

拯 [zhěng]
动 save;rescue;free;deliver
【拯救】save;rescue;deliver

整 [zhěng]
形 ❶whole;complete;total;entire ❷in good order;orderly;tidy;neat 动 ❶put in order;straighten;rectify ❷repair;fix;mend ❸punish;make sb suffer ❹make;do;work
【整顿】reorganize
【整个】whole
【整合】❶conformity ❷integrate;consolidate;unify;unite;regroup
【整洁】clean and tidy;neat
【整理】put in order;arrange;sort out
【整齐】❶in good order;neat;tidy ❷even;regular
【整人】take measures against
【整日】whole day;all day (long)
【整容】❶tidy oneself up ❷face-lifting
【整数】❶whole number ❷round number
【整体】whole
【整天】whole day;all day;all day long
【整形】restore
【整夜】whole night;all night (long)
【整整】whole;full
【整治】restore
【整装】get one's things ready

zhèng

正 [zhèng]
形 ① straight;upright ② situated in the middle;main ③ sharp;on time ④ front;right (side) ⑤ upright;honest ⑥ correct;right;proper ⑦ pure;right ⑧ regular;normal ⑨ chief;prime;principal ⑩ regular ⑪ positive;plus ⑫ positive 动 ① set right;put straight ② set to rights ③ correct (mistakes) 副 ① just;right;exactly;precisely ② be doing;just (doing sth);just now ➡ zheng
【正版】original edition;copyrighted edition
【正本】❶reserved copy ❷original
【正比】direct ratio
【正步】parade step
【正餐】dinner
【正常】normal;regular
【正当】[zhèngdāng] just when;just the time for
【正当】[zhèngdàng] proper;appropriate;correct
【正道】❶the right way;the correct path ❷the correct principle;the correct way
【正点】on schedule;on time
【正法】execute
【正方】square
【正规】regular;standard
【正轨】the right [correct] path
【正好】❶just in time;just right;just enough ❷happen to;chance to;as it happens
【正极】positive electrode
【正角】leading role;lead
【正经】❶decent;respectable;honest ❷serious standard
【正楷】regular script
【正理】correct principle
【正路】the right way [course];the correct path
【正门】❶front door [gate] ❷main entrance
【正面】❶front;frontage ❷the obverse side;the right side ❸positive ❹directly;openly
【正派】upright;honest
【正品】certified products [goods];quality products [goods]
【正巧】❶happen to;chance to;as it happens ❷just in time;just at the right time
【正确】correct;right
【正如】just as;exactly as

【正视】face
【正式】formal; official; regular
【正事】one's proper business
【正手】forehand
【正题】❶subject of a talk or essay ❷thesis
【正统】❶legitimism ❷orthodox
【正文】main body
【正午】high noon
【正义】图 justice 形 just; righteous
【正音】动 correct one's pronunciation 图 standard pronunciation
【正用】proper use
【正在】in process of
【正直】honest; upright
【正中】right in the middle (centre)
【正传】main story
【正字】动 correct a wrongly written character or a misspelt word 图 ❶ regular script ❷ standardized form of Chinese characters
【正宗】图 orthodox school 形 genuine
【正座】central seats that directly face the stage
【正方体】cube
【正方形】square
【正牌货】standard brand of goods
【正视图】front view
【正义感】sense of what is right; sense of justice
【正大光明】open and aboveboard; just and honourable
【正襟危坐】sit upright and attentively
【正中下怀】just what one wants

证 [zhèng]
动 testify to; prove; demonstrate 图 certificate; card
【证词】testimony
【证件】papers; certificate
【证据】evidence; proof; testimony
【证明】动 prove; testify 图 certificate
【证券】bond; security; negotiable securities
【证人】witness
【证实】confirm
【证书】certificate; diploma; license; document
【证物】exhibit
【证言】testimony
【证明书】certificate

郑 [zhèng]
【郑重】serious; solemn; earnest

政 [zhèng]
图 ❶politics; government; political affairs ❷political (state) power ❸administrative affairs of certain government departments ❹affairs of a family or an organization
【政变】coup
【政策】policy
【政党】political party
【政法】politics and law
【政府】government; administration; state
【政纪】government discipline
【政绩】administrative merits; achievements in one's political career
【政见】political view
【政界】political circles; government circles
【政局】political situation
【政客】politician
【政权】political (state) power
【政务】government affairs
【政治】politics; political affairs
【政论文】political essay
【政治家】statesman; politician

挣 [zhèng]
动 ❶struggle to get free; try to shake off ❷get by one's labour; earn; make ➡zhēng
【挣命】struggle to save one's life
【挣钱】earn (make) money
【挣脱】struggle to free oneself; shake off; get rid of

症 [zhèng]
disease
【症候】symptom; disease

之 [zhī]
动 go to 代 ❶求之不得的好机会 most welcome opportunity ❷我最喜欢喝咖啡,茶次之。I like coffee best and tea second best. ❸this; that 助 ❶以其人之道,还治其人之身 pay somebody back in his own coin; do unto somebody as he does unto others ❷世界之大,无奇不有。Nothing is too strange in this big world.
【之后】later; after; afterwards; behind
【之极】very (much); most; extremely; greatly
【之间】between; among
【之类】and (or) the like; and so on; and so forth
【之流】and his like (ilk); birds of a feather
【之内】within; in
【之前】ago; before
【之上】over; above
【之外】besides; except
【之下】under; below
【之一】one of
【之至】very (much); most; extremely; greatly
【之中】in; among; in the midst of
【之所以】the reason... is that...
【之字形】zigzag

支 [zhī]
动 ❶set up ❷raise ❸sustain; stand; bear ❹send away; put sb off; order about ❺pay out or draw (money) 图 branch; offshoot 量 (a) 一支军队 an army contingent (b) 唱一支民歌 sing a folk song (c) of watts: 二十五支光的灯泡 a 25-watt bulb (d) textile counts: 细支棉纱 fine count yarn (e) 一支铅笔 a pencil
【支边】support the border areas
【支部】branch

【支撑】support
【支承】support
【支持】❶ support; sustain; bear ❷ back; uphold; support; champion; be for; (be) in favour of; stand up for; approve of
【支出】动 pay; expend 名 expenses
【支付】pay (money)
【支架】support; stand
【支流】❶ tributary; affluent ❷ minor aspects; nonessentials
【支脉】offshoot
【支派】名 branch; sect; offshoot 动 order; send
【支配】❶ arrange; allocate ❷ control; govern
【支票】cheque; check
【支取】draw (money)
【支使】❶ order about ❷ send away; put sb off
【支线】branch line
【支援】support; assist; help
【支柱】pillar; prop; mainstay
【支嘴】give advice; suggest ideas
【支招儿】give advice; make suggestions
【支部书记】secretary of a Party or League branch; branch secretary
【支离破碎】torn to pieces; broken up

只 [zhī]
形 isolated; single; one only 量 (a) 两只耳朵 two ears/一只手套 one glove (b) 六只燕子 six swallows/一只猫 one cat (c) 四只皮箱 four leather suitcases (or trunks) (d) 一只小船 a boat ➡ zhǐ
【只身】alone; by oneself
【只言片语】a word or two; a few isolated words and phrases

汁 [zhī]
名 juice

芝 [zhī]
【芝麻】❶ sesame ❷ sesame seed

枝 [zhī]
名 branch 量 for flowers with stems intact
【枝杈】branch
【枝节】❶ branches and knots ❷ minor matters ❸ complication; unexpected difficulty
【枝头】on a branch
【枝叶】❶ branches and leaves ❷ minor details
【枝子】branch

知 [zhī]
动 ❶ know; be aware (of) ❷ inform; notify; tell; learn ❸ administer; be in charge of 名 ❶ knowledge; learning ❷ intimate friend
【知道】know; be acquainted with; be familiar; know what sb means; see
【知己】形 understanding 名 bosom friend; intimate friend
【知交】intimate friend
【知觉】consciousness; feeling
【知名】well-known
【知情】❶ be in the know ❷ feel grateful to sb
【知趣】know how to behave in a delicate situation; be sensible; be tactful
【知识】名 knowledge; expertise 形 pertaining to learning or culture
【知悉】know; learn
【知晓】know; be aware of; understand
【知心】intimate; understanding
【知音】friend keenly appreciative of one's talents; understanding friend
【知足】be content with one's lot
【知罪】admit one's guilt
【知情人】insider; person in the know
【知识面】range of knowledge
【知根知底】know sb's background; know sb thoroughly
【知过必改】always correct an error when one becomes aware of it
【知识分子】intellectual
【知识青年】school leavers

肢 [zhī]
名 limb
【肢解】dismemberment
【肢体】❶ limbs ❷ limbs and trunk

织 [zhī]
动 ❶ weave ❷ knit; braid ❸ criss-cross; cross
【织布】weaving cotton cloth
【织女】❶ weaving-girl; weaving-maid ❷ the Weaver-Girl
【织造】weaving
【织针】knitting needle

脂 [zhī]
名 ❶ fat; grease ❷ rouge
【脂肪】fat

蜘 [zhī]
【蜘蛛】spider
【蜘蛛人】spiderman
【蜘蛛网】web; spider web

执 [zhí]
动 ❶ hold; grip; grasp ❷ take charge of; control; manage ❸ stick to; adhere to; persist in ❹ carry out; execute; observe ❺ catch; seize; capture 名 ❶ written acknowledgement ❷ intimate friend
【执笔】write; do the actual writing
【执法】execute the law
【执教】be a teacher; teach
【执拗】obstinate
【执勤】be on duty
【执行】carry out; execute
【执意】insist on
【执掌】be in control of
【执照】license; permit
【执政】be in power; be in office
【执著】persistent; persevering
【执行官】executive officer

【执迷不悟】stick to one's bad old ways

直 [zhí]
[形]①straight ②vertical;upright ③perpendicular ④just;upright ⑤frank;straightforward [动]straighten [名]vertical stroke [副]①directly;direct;straight ②continuously;straight ③just;simply;exactly

【直达】through;nonstop
【直到】①until;till ②up to ③through;nonstop
【直飞】make a straightaway[direct] flight
【直观】directly perceived through the senses;audio-visual
【直航】direct voyage;straight flight;fly nonstop;direct route
【直角】right angle
【直接】direct;immediate;straight;forthright;right
【直径】diameter
【直觉】intuition
【直面】look sb in the eye;face squarely
【直属】directly under
【直率】frank;straightforward
【直爽】frank;straightforward
【直说】say out
【直辖】directly under the jurisdiction of
【直线】①straight line ②steep;sharp
【直言】speak bluntly
【直译】literal translation
【直至】until;up to
【直流电】direct current (D.C.)
【直升机】helicopter
【直挺挺】straight
【直性子】[形]straightforward;downright;forthright [名]straightforward person
【直话直说】speak frankly
【直截了当】straightforward
【直上云霄】soar straight up into the sky
【直系亲属】directly related family members

侄 [zhí]
[名]brother's son;nephew
【侄女】brother's daughter;niece

值 [zhí]
[名]value [动]①be worth;have the stated value ②be worth;worthwhile ③happen to;chance to ④be on duty;take one's turn at sth

【值班】be on duty
【值当】be worthwhile
【值得】[形]worth;worthy;worthwhile [动]deserve;merit
【值钱】costly;valuable
【值勤】be on duty;be on point duty
【值日】be on duty for the day;be one's turn to be on duty
【值守】guard;watch over;be on duty and on guard
【值班室】guards' room;night shift room
【值班员】person on duty
【值日生】student on duty

【值班经理】shift manager

职 [zhí]
[名]①duty;job ②position;post;office ③your subordinate [动]be in charge of;manage
【职称】professional title
【职高】vocational high school
【职工】❶staff and workers;workers and staff members ❷workers;labour
【职能】function
【职权】powers or authority of office
【职位】position;post
【职务】post
【职业】[名]career;occupation;business;craft;trade;profession;vocation [形]professional
【职员】office worker;staff member
【职责】duty;obligation;responsibility
【职掌】be in charge of;charge
【职业教育】vocational schooling;vocational education

植 [zhí]
[动]①plant;grow ②set up;build;establish [名]plant;flora
【植被】vegetation
【植树】tree planting
【植物】plant
【植树节】National Tree-planting Day
【植物学】botany
【植树造林】plant trees and make into forest land

殖 [zhí]
[动]breed;multiply
【殖民】establish a colony;colonize
【殖民地】colony

止 [zhǐ]
[动]①stop;halt;cease ②prohibit;check;hold back ③close;end [副]only;sole
【止步】halt;stop;go no further
【止付】stoppayment
【止境】limit
【止痛】relieve pain;stop pain
【止血】stop bleeding
【止住】stop;halt

只 [zhǐ]
[副]①only;merely ②all that there is;only → zhī
【只当】as if
【只得】have no alternative but to;be obliged to;have to
【只顾】❶be absorbed in ❷merely;simply;only cared for
【只管】❶by all means;not hesitate to ❷merely;simply
【只好】have to;be forced to
【只怕】be afraid of only one thing
【只是】❶merely;only;just ❷simply ❸however;but then;only

【只要】if only; as long as; provided
【只有】❶ only; alone ❷ have to; be forced to
【只不过】only; just; merely
【只读光盘】CD-read only memory (CD-ROM)
【只争朝夕】seize the day, seize the hour; seize every minute; race against time
【只读存储器】read-only memory (ROM)
【只写存储器】write-only memory (WOM)

旨 [zhǐ]

〈形〉tasty; delicious 〈名〉❶ aim; purpose ❷ intention; wish
【旨趣】purport; objective
【旨意】decree; order
【旨在】be aimed to do sth〔at doing sth〕; be intended to do sth〔for sth〕

纸 [zhǐ]

〈名〉paper 〈量〉一纸家书 a letter from home
【纸板】paperboard
【纸杯】paper cup
【纸币】paper money
【纸花】paper flower
【纸巾】paper towel
【纸牌】playing cards
【纸条】slip of paper
【纸张】paper
【纸老虎】paper tiger
【纸上谈兵】fight only on paper
【纸醉金迷】live a life of debauchery

指 [zhǐ]

〈名〉❶ finger ❷ fingerbreadth; digit 〈动〉❶ show the direction of; point to ❷ stand ❸ point out ❹ refer to ❺ depend on; rely on; count on
【指标】target; norm; index
【指称】point out; claim
【指出】point out; lay one's finger on
【指导】guide; direct
【指点】give directions; show how (to do sth)
【指定】appoint
【指法】fingering
【指环】(finger) ring
【指挥】〈动〉❶ command; direct; conduct ❷ conduct; be a conductor 〈名〉❶ commander; director ❷ conductor
【指甲】nail
【指教】give advice or comments
【指控】accuse (sb of); charge (sb with); confront
【指令】〈动〉instruct; order; direct; command 〈名〉❶ instruction; order ❷ instruction
【指路】tell sb the way; give sb directions; show sb the way; direct
【指名】name
【指明】show clearly; point out
【指南】guide; guidebook
【指派】appoint; name
【指认】point out
【指使】instigate; put sb up to sth
【指示】〈动〉❶ indicate; point out ❷ instruct 〈名〉directive; instructions
【指数】❶ index number; index ❷ exponent
【指头】❶ finger ❷ toe
【指望】〈动〉look to; count on; look forward to 〈名〉prospect; hope
【指纹】❶ loops and whorls on a finger ❷ fingerprint
【指向】directional
【指引】point (the way); guide; show
【指印】fingerprint; finger mark
【指责】censure; find fault with
【指针】❶ pointer; needle ❷ guiding principle; guide
【指正】❶ point out mistakes so that they can be corrected ❷ make a comment or criticism
【指导员】instructor
【指挥部】command post; headquarters
【指挥刀】officer's sword
【指挥官】commanding officer; commander
【指挥所】command post
【指挥员】commander
【指路牌】signpost; guidepost
【指南针】❶ compass ❷ guideline
【指鹿为马】distort the facts
【指名道姓】mention sb's name; name names
【指日可待】be just round the corner
【指手画脚】❶ make gestures ❷ make indiscreet remarks or criticisms

咫 [zhǐ]

〈量〉chi, eight cun (寸)
【咫尺】very close
【咫尺天涯】so near and yet so far—see little of each other though living close together

趾 [zhǐ]

〈名〉❶ foot ❷ toe
【趾高气扬】be swollen with arrogance

至 [zhì]

〈动〉arrive; reach 〈介〉❶ to; until; 从头至尾 from beginning to end/截至今日为止 up to today ❷ go so far as; go to the extent of 〈副〉extremely; very; most 〈形〉best; perfect; super
【至诚】❶ complete sincerity ❷ sincere; straightforward
【至迟】at (the) latest
【至此】up to this point; at this stage
【至当】most proper; most suitable
【至多】at (the) most
【至极】to the utmost point; extremely
【至交】most intimate friend; best friend
【至今】up to〔till〕now; to this day; so far; to date; until up to the present day
【至亲】very close relative; close kin
【至上】supreme; the highest
【至少】at (the) least
【至深】extremely; deeply
【至死】unto death; till death

【至友】most intimate friend; best friend
【至于】go so far as to 介 as for; as to
【至嘱】sincere hope
【至高无上】most lofty; supreme
【至关紧要】the most important; of the utmost importance
【至理名言】famous dictum; maxim; axiom
【至死不变】will not change even unto death; stick to one's course until the end of one's days

志 [zhì]

名 ① will; aspiration; ambition; ideal ② records; annals ③ mark; sign 动 ① ascertain the weight, length, size, etc.; weigh; measure ② remember; keep in mind
【志哀】indicate mourning
【志气】aspiration; ambition
【志趣】aspiration
【志士】strong-willed person
【志向】aspiration; ideal; ambition
【志愿】名 aspiration; wish; idea 动 do sth of one's own free will
【志愿军】volunteers
【志愿书】application form
【志大才疏】have great ambition but little talent
【志同道合】cherish the same ideals and follow the same path; have a common goal
【志在必得】determined to get

帜 [zhì]

名 ① flag; banner ② sign; mark

制 [zhì]

动 ① make; manufacture ② work out; draw up ③ restrict; check; control 名 system
【制表】draw up a form or list
【制裁】sanction; punish
【制导】control and guide
【制订】work [map] out
【制定】lay down; draw up
【制动】apply the brake; brake
【制度】① rule ② system
【制服】名 uniform 动 subdue; bring under control
【制剂】preparation
【制品】products; goods
【制胜】get the upper hand of; subdue
【制售】make and sell
【制图】① charting; map-making ② drafting
【制宪】draw up a constitution
【制约】restrict
【制造】① make; manufacture ② create
【制止】check; prevent; stop
【制作】① make; manufacture ② write; create; produce
【制动器】brake
【制造厂】manufactory; manufacturing plant

质 [zhì]

名 ① nature; character ② quality ③ matter; substance ④ pledge; security 形 simple; natural; plain 动 ① ask; question ② pledge
【质变】qualitative change
【质地】① quality of a material ② character
【质感】sense of reality; texture
【质检】quality testing
【质量】① mass ② quality
【质朴】plain
【质数】prime number
【质问】question; call to account
【质询】address inquiries to; ask for an explanation; request explanation
【质疑】call in question
【质证】question the witness; cross-examine
【质量第一】quality first

炙 [zhì]

动 ① roast ② roast meat
【炙热】scorching heat

治 [zhì]

动 ① rule; govern; harness; control ② treat (a disease); heal; cure ③ eliminate; stamp out ④ punish ⑤ pursue one's studies; study; research 名 ① order; peace ② seat of a local government
【治安】public order; public security
【治本】get at the root
【治标】bring about a temporary solution
【治国】administer [run] a country; manage state affairs
【治家】manage a household
【治理】① administer; govern ② harness; bring under control; put in order
【治疗】treat; heal; cure
【治沙】control sand
【治水】regulate rivers and watercourses; prevent floods by water control
【治污】reduce and control pollution
【治校】run a school
【治学】pursue study; do scholarly research
【治愈】effect a cure; cure sb of; heal
【治罪】punish sb for a crime
【治病救人】cure the sickness to save the patient

挚 [zhì]

形 sincere; earnest; heartfelt
【挚爱】true love; sacred fire; deep love; profound love
【挚诚】sincere; earnest
【挚友】intimate friend; bosom friend

桎 [zhì]

名 fetters
【桎梏】fetters and handcuffs; shackles

致 [zhì]

动 ① send; extend; make; deliver ② concentrate; devote ③ achieve; attain; apply ④ bring about; result in; lead to 名 sentiment and interest 形 fine; delicate
【致哀】pay one's respects to the dead
【致癌】cause [produce] cancer

【致病】cause a disease
【致残】cause disability or become disabled
【致词】make a speech
【致电】send a telegram
【致富】become rich
【致函】write (a letter) to
【致敬】salute; pay one's respects to
【致力】work for
【致命】causing death; fatal; deadly
【致歉】apologize; present 〔express, make〕one's apologies
【致使】cause; result in
【致死】cause death; die; kill; kill of; destroy; wipe out
【致谢】express one's thanks; extend thanks to
【致以】present; express; make
【致意】give one's regards 〔best wishes〕; present one's compliments; send one's greetings

秩 [zhì]
图 ①order ②official salary or rank ③decade
【秩序】order; sequence

掷 [zhì]
动 throw; cast
【掷骰子】cast the dice; play dice

窒 [zhì]
动 stop up; block; obstruct
【窒息】stifle; suffocate

智 [zhì]
图 wisdom; intelligence; resourcefulness 形 wit; clever; bright
【智齿】wisdom tooth
【智慧】wisdom; intelligence
【智力】intelligence
【智谋】resourcefulness
【智囊】brain truster; brainpower
【智能】①intellectual power; intellectual ability ②things that have intellect and ability of man
【智商】intelligence quotient (IQ)
【智育】intellectual education
【智者】wisest man
【智囊团】brain trust; think tank; think company
【智勇双全】both brave and resourceful

痔 [zhì]
〔痔疮〕piles

痣 [zhì]
图 naevus; mole

滞 [zhì]
形 ①sluggish ②slow-witted 动 block up
【滞后】lag; delay
【滞留】be held up
【滞销】unsalable; unmarketable; slow-selling; slow-moving; be dull of sale

置 [zhì]
动 ①set up; form; establish; install ②place; set; put ③buy; purchase
【置办】buy; purchase
【置备】purchase
【置换】动 ①displace; replace ②buy; purchase 图 displacement; replacement
【置身】place oneself; stay
【置信】believe
【置业】buy property
【置疑】doubt
【置于】place in; put in
【置若罔闻】shut one's eyes to
【置于死地】drive sb to a death end
【置之不理】ignore; brush aside; pay no attention to
【置之度外】give no thought to; have no regard for

稚 [zhì]
形 young; childish 图 child
【稚嫩】①young and tender ②immature
【稚气】childishness

zhōng

中 [zhōng]
图 ①centre; middle ②China ③in; among; amid ④middle ⑤medium; intermediate ⑥mean; between two extremes ⑦intermediator ⑧in the process of; in the course of 动 be suitable for; be fit for; good for 形 all right; okay ➡ zhòng
【中巴】medium-sized bus or coach; minibus
【中班】①the middle class in a kindergarten ②middle shift
【中波】medium wave
【中部】central section; middle part
【中餐】Chinese meal; Chinese food
【中层】middle-level
【中档】medium quality at middling price
【中等】①secondary ②medium; moderate; middling
【中点】midpoint
【中断】suspend; break off
【中饭】midday meal; lunch
【中锋】center forward; center
【中国】China
【中华】China
【中级】middle rank; intermediate
【中间】①among; between ②center; middle ③intermediate; middle
【中坚】core
【中介】medium
【中考】entrance examinations to secondary school
【中立】neutrality
【中流】图 the middle reaches (of a river) 形 mediocre
【中年】middle age
【中期】middle period
【中式】Chinese style
【中枢】centre
【中途】halfway; midway

【中文】the Chinese language; Chinese
【中午】noon; midday
【中心】centre; heart; core; focus; middle
【中型】medium-sized; middle-sized
【中学】middle school; high school
【中旬】the middle ten days of a month
【中央】❶center; middle ❷central authorities
【中药】traditional Chinese medicine
【中叶】middle period
【中医】❶traditional Chinese medical science ❷doctor of traditional Chinese medicine
【中庸】❶the golden mean ❷of ordinary talent; common
【中用】of use; useful
【中游】❶middle reaches ❷the state of being middling
【中雨】moderate rain
【中原】Central Plains
【中止】discontinue; suspend; break off
【中转】change trains
【中国画】traditional Chinese painting
【中国人】Chinese
【中间人】middleman; go-between
【中秋节】the Mid-autumn Festival
【中世纪】the Middle Ages
【中学生】middle school student
【中等教育】secondary school education
【中等身材】of medium height
【中华民族】the Chinese nation
【中流砥柱】mainstay; chief corner stone
【中国共产党】the Communist Party of China (CPC); the Chinese Communist Party
【中央电视台】China Central Television (CCTV)
【中央商务区】CBD, central business district
【中国人民解放军】the Chinese People's Liberation Army
【中央人民广播电台】Central People's Broadcasting Station of China (CPBS)

忠 [zhōng]
形 loyal; faithful; devoted
【忠诚】loyal; faithful
【忠告】动 sincerely advise; admonish 名 sincere advice; advice
【忠厚】sincere and kindly
【忠实】loyal; true; faithful
【忠言】sincere advice; earnest advice
【忠于】true to; loyal to; faithful to; devoted to
【忠贞】loyal and steadfast
【忠心耿耿】loyal and devoted; most faithful and true
【忠言逆耳】faithful words offend the ear
【忠于职守】be devoted to one's duty

终 [zhōng]
名 ❶ end; finish ❷ death; end 动 come to an end 副 eventually; ultimately; in the end; after all 形 whole; full; entire; all
【终场】❶end of a performance or game ❷final session in an examination
【终点】❶terminal point ❷finish
【终端】terminal
【终归】eventually; in the end; after all
【终结】end; final stage
【终究】eventually; in the end; after all
【终了】end
【终年】❶all the year round; throughout the year ❷the age at which one dies
【终日】all day long; all day
【终身】lifelong; all one's life
【终审】last instance; final judgment
【终生】all one's life
【终于】af (long) last; in the end; finally; lastly
【终止】❶stop; end ❷termination
【终点站】terminal

钟 [zhōng]
名 ❶bell ❷clock ❸time 动 concentrate; focus on

衷 [zhōng]
名 innermost feelings 形 even-handed
【衷肠】words right from one's heart
【衷情】heartfelt emotion; inner feelings
【衷心】heartfelt; wholehearted

zhǒng

肿 [zhǒng]
动 swell; be swollen
【肿大】swollen; enlarged
【肿瘤】tumour

种 [zhǒng]
名 ❶species; breed; strain ❷race ❸seed; breed; strain ❹nerve 量 kind; style; sort; type: 两种不同的思想 two different ideas [views] / 十五种灯具 fifteen types of lights/这种人 this sort of people ➡zhòng
【种类】kind; type; variety; class; group; sort; stripe; category
【种种】all sorts [kinds] of; a variety of
【种子】❶seed ❷seeded player; seed
【种族】race
【种族隔离】racial segregation

zhòng

中 [zhòng]
动 ❶hit; fit exactly; be just right ❷fall into; be affected by; suffer ➡zhōng
【中标】win the bid; be the winner of a bid
【中彩】draw a prizewinning ticket in a lottery
【中弹】be hit by a bullet; get shot
【中毒】动 be poisoned 名 poisoning
【中计】play into sb's hands; fall into a trap; be taken in
【中奖】draw a prizewinning ticket [win a prize] in a lottery
【中肯】❶apropos; pertinent; to the point ❷critical
【中伤】slander; malign; vilify

【中暑】heatstroke;sunstroke 动 suffer heatstroke;suffer sunstroke
【中听】agreeable to the ear; pleasing to listener
【中选】be chosen;be selected
【中意】be to one's liking;take [catch] the fancy of
【中圈套】walk into a trap

仲 [zhòng]
形 ①middle;intermediate ②second ③second in order of birth
【仲裁】arbitration;arbitrate
【仲夏】second month of summer

众 [zhòng]
形 many;numerous 名 large number of people;crowd;multitude
【众多】numerous
【众人】everybody
【众生】all living creatures
【众说】public opinion
【众口难调】it is difficult to cater for all tastes
【众口一词】with one voice
【众目睽睽】with everybody watching
【众叛亲离】outcast
【众矢之的】target of public criticism
【众说纷纭】opinions are widely divided
【众所周知】as everyone knows;as is known to all
【众志成城】unity is strength

种 [zhòng]
名 sow;grow;plant;cultivate ➡ zhǒng
【种田】till [cultivate] land;go in for farming
【种植】plant;grow;sow;cultivate;raise
【种植园】plantation
【种瓜得瓜,种豆得豆】plant melons and you get melons,sow beans and you get beans—as you sow,so will you reap

重 [zhòng]
名 weight 形 ①heavy;considerable in amount or value ②important ③deep;serious ④discreet 动 lay stress on;set store by;attach importance to ➡ chóng
【重兵】a large number of troops;massive forces
【重病】serious disease [illness]
【重创】inflict heavy losses [casualties] on;maul heavily
【重大】great;major
【重担】heavy burden;difficult task
【重地】important place
【重点】名 ❶weight ❷focal point;stress 副 with sth as the focus
【重犯】major criminal
【重奖】名 handsomely reward 动 give ample rewards to
【重金】huge sum
【重力】gravity
【重量】weight
【重任】important task;heavy responsibility
【重伤】severe injury
【重赏】high [handsome] reward
【重视】attach importance to;pay attention to;think highly of;take sth seriously;value
【重望】❶good reputation ❷high hopes;great expectations
【重心】❶center of gravity ❷heart;core;focus
【重压】heavy [strong] pressure
【重要】key;important;vital
【重音】accent;stress
【重责】名 heavy responsibility;important task 动 severely reprimand or punish
【重镇】place of strategic importance
【重罪】serious crime
【重工业】heavy industry
【重武器】heavy weapons
【重于泰山,轻于鸿毛】weightier than Mount Tai or lighter than a feather

zhōu

舟 [zhōu]
名 boat

州 [zhōu]
名 autonomous prefecture;state

周 [zhōu]
名 ①circumference; circuit ②week ③cycle 动 ①circle; make a circuit; move in a circular course ②help out (the needy);assist;relieve 形 ①all; whole ②thoughtful; considerate 量 转三周半 three and half twists
【周报】weekly newspaper or periodical;weekly
【周边】neighboring;surrounding
【周长】circumference
【周到】thorough
【周济】help out (the needy);relieve
【周刊】weekly publication
【周密】careful;thorough
【周末】weekend
【周年】anniversary
【周期】period;cycle
【周全】形 thorough 动 help sb attain his aim
【周岁】one full year of life
【周围】around;round;about
【周旋】❶circle around ❷mix with other people ❸deal with
【周游】travel round;journey round
【周折】twists and turns;setbacks
【周正】straight;regular
【周知】everybody knows or make known to all
【周转】❶turnover ❷have enough to meet the need
【周而复始】go round and begin again;go round and round;move in cycles

粥 [zhōu]
名 gruel;porridge;congee
【粥少僧多】not enough to go round

洲 [zhōu]
名 ①continent ②islet in a river

【洲际】intercontinental

zhóu

妯 [zhóu]
【妯娌】wives of brothers; sisters-in-law

轴 [zhóu]
图 ①axle ②axis ③spool; roller; rod 量 两轴棉线 two spools of thread/几轴字画 several scrolls of calligraphy
【轴承】bearing
【轴心】axle center

zhǒu

肘 [zhǒu]
图 ①elbow ②upper part of a leg of pork
【肘关节】elbow joint

帚 [zhǒu]
图 broom

zhòu

咒 [zhòu]
图 incantation 动 curse; swear
【咒骂】curse; swear; abuse

昼 [zhòu]
图 daylight; daytime; day
【昼夜】day and night; round the clock

皱 [zhòu]
图 wrinkle 动 crease; crinkle
【皱眉】contract one's brows; frown
【皱纹】lines; wrinkles

骤 [zhòu]
动 trot 形 rapid; hurried 副 suddenly; abruptly
【骤然】suddenly; abruptly
【骤雨】heavy shower; sudden downpour

zhū

朱 [zhū]
形 bright red 图 cinnabar
【朱红】vermilion

侏 [zhū]
图 dwarf
【侏儒】dwarf

诛 [zhū]
动 ①put sb to death; execute ②punish
【诛杀】kill; put to death

珠 [zhū]
图 ①pearl ②bead
【珠宝】pearls and jewels; jewelry
【珠算】reckoning by the abacus; calculation with an abacus
【珠子】❶pearl ❷bead
【珠联璧合】good combination

株 [zhū]
图 ① base of a tree; stump ② individual plant; plant 量 two jujube trees
【株连】involve (others) in a criminal case

诸 [zhū]
形 all; numerous; various
【诸多】a good deal; a lot of
【诸君】ladies and gentlemen; you
【诸如】such as
【诸位】ladies and gentlemen; you
【诸如此类】things of that sort; and such like; and what not

猪 [zhū]
图 pig; swine
【猪猡】pig; swine
【猪排】pork chop
【猪肉】pork
【猪食】pig feed
【猪头】pig's head
【猪腿】leg of pork
【猪脑袋】pig-headedness

蛛 [zhū]
图 spider
【蛛网】spider web
【蛛丝马迹】the thread of a spider and the trail of a horse—clues; traces

zhú

竹 [zhú]
图 bamboo

逐 [zhú]
动 ①pursue; seek; chase ②expel; drive out 介 one by one; in turn
【逐步】step by step; progressively
【逐出】drive out; expel; kick out; throw out; show sb the door
【逐个】one by one
【逐户】household by household; door-to-door; house-to-house
【逐级】stage-by-stage; step-by-step
【逐渐】gradually; by degrees
【逐年】year by year; year after year
【逐日】day by day; every day
【逐条】item by item; point by point
【逐项】item by item
【逐一】one by one
【逐字】word for word
【逐客令】order for guests to leave

烛 [zhú]
图 candle 动 make bright with light; light up 量 watt
【烛光】❶candlepower; candle ❷candlelight
【烛台】candlestick

zhǔ

主 [zhǔ]
图 ① owner; lord; master ② host ③ God; Lord; the Master ④ Allah ⑤ person or party concerned ⑥ memorial tablet ⑤ principal; main 动 ①be in charge of; preside over; manage ② advocate; favour ③ hold a definite view about sth ④ foretell; indicate; signify ⑤ be of one's

【主板】motherboard;mainboard
【主办】direct
【主编】图 chief editor 动 edit
【主持】❶take charge of ❷preside over ❸uphold;stand for
【主打】leading
【主导】leading;guiding
【主动】voluntary
【主队】home team
【主犯】main culprit
【主妇】housewife
【主顾】customer
【主观】subjective
【主管】动 be responsible for;be in charge of 图 person in charge
【主机】❶main engine ❷lead plane;leader ❸ main body of a computer;host computer
【主见】ideas or thoughts of one's own;one's own judgment
【主讲】be the speaker
【主教】bishop
【主角】leading role;lead
【主考】动 be in charge of an examination 图 chief examiner
【主理】take charge(care) of
【主力】main force;main strength of an army
【主流】❶main stream;main current;mother current ❷essential or main aspect
【主权】sovereign rights
【主人】❶owner ❷master ❸host
【主任】director;head;chairman
【主食】staple food;principal food
【主事】be in charge;take charge
【主题】theme;subject;motif;leitmotiv
【主体】❶main body;main part;principal part ❷subject
【主席】❶chairman ❷chairman;president
【主演】动 act the leading role 图 star
【主要】capital; primary; chief; foremost; key; leading;main;major;principal
【主页】home page
【主业】main occupation;mainline
【主义】❶systematic doctrine ❷social system; politco-economic system ❸ideological style
【主意】❶idea;plan ❷decision;definite view
【主因】main cause;main reason;major cause
【主语】subject
【主宰】dominate;control;govern
【主张】❶hold; insist; maintain ❷ view; position;stand
【主旨】substance;drift
【主子】master;boss
【主心骨】❶ backbone; mainstay ❷ definite view;one's own judgment
【主旋律】❶ main melody; top melody; theme ❷theme;main idea

拄 [zhǔ]
动 lean on (a stick)

煮 [zhǔ]
动 boil;cook
【煮熟】cook thoroughly

属 [zhǔ]
动 ❶join;connect;combine ❷centre (one's attention,etc.) upon;concentrate on ➡shǔ
【属望】look forward to
【属意】fix one's mind on sb

嘱 [zhǔ]
动 advise;urge
【嘱咐】enjoin;tell
【嘱托】entrust

瞩 [zhǔ]
动 fasten one's look on;look steadily; focus eyes on
【瞩目】fix one's eyes upon;focus one's attention upon

zhù

伫 [zhù]
动 stand for a long time
【伫立】stand still for a long while

助 [zhù]
动 give help to;help;assist;aid;support
【助词】auxiliary word
【助教】assistant professor
【助理】assistant
【助力】动 help;aid 图 helping hand;help;assistance
【助手】assistant;helper
【助兴】liven things up;add to the fun
【助益】benefit;help
【助长】encourage
【助动词】auxiliary verb
【助人为乐】take pleasure in helping others

住 [zhù]
动 ❶live;stay ❷stop;end;cease ❸(a)接住！Catch it！(b)站住！Halt！(c)支持不住 cannot stand;cannot hold out
【住处】residence
【住房】housing
【住户】household;resident
【住家】动 live;reside in 图 household;resident
【住口】stop talking
【住声】stop talking,laughing,or crying
【住手】stay one's hand;stop
【住宿】stay;put up
【住所】dwelling place;residence
【住校】board at school
【住宅】residence
【住址】address;dwelling (place)
【住嘴】stop talking
【住宅小区】dwelling district;housing district

贮 [zhù]
动 store;save;keep;lay aside
【贮藏】store up;lay in
【贮存】store;keep in storage

注 [zhù]
动 ❶pour;fill ❷pay full attention;concen-

trate;fix ③explain with notes ④put on record;record;register 图 ①stakes ②notes 量 两注买卖 two business transactions/一注交易 a deal
【注册】❶register ❷enroll
【注定】be doomed; be destined; be fatal to; be fated to
【注解】动 explain with notes 名 note
【注明】give clear indication of
【注入】pour into; empty into
【注射】inject
【注视】look attentively at
【注释】动 explain with notes 名 note
【注销】cancel; write off
【注意】notice; take notice of; note; take note of; observe; remark; mind; pay attention to; look out; keep an eye on; spot; detect
【注重】lay stress on; pay attention to
【注意力】attention
【注册商标】registered trademark
【注册资本】registered capital
【注意事项】matters needing attention; points for attention
【注册会计师】certified public account(CPA)

驻 [zhù]
动 ① stop; halt; stay ② be stationed; be posted; encamp
【驻兵】station troops
【驻地】❶station ❷seat
【驻防】be on garrison duty; garrison
【驻军】动 station troops 名 garrison troops; garrison
【驻守】garrison; defend
【驻扎】be stationed
【驻足】stop; go no further

柱 [zhù]
名 post; pillar; column

祝 [zhù]
动 ①offer good wishes; wish; bless ②cut
【祝福】blessing
【祝贺】congratulate
【祝酒】drink a toast; toast
【祝愿】wish

著 [zhù]
形 marked; outstanding; notable 动 ①show; display; prove ②write; compose 名 work; book
【著称】celebrated; famous
【著名】notable; distinguished; famous; well-known; be in public eye
【著书】author〔compile〕a book
【著述】❶write; compile ❷book
【著者】author; writer
【著作】名 work; book; writings 动 write
【著作权】copyright
【著作人】author; writer

蛀 [zhù]
名 moth; borer 动 eat into; bore through
【蛀虫】moth; borer
【蛀牙】decayed tooth

铸 [zhù]
动 cast; coin; found
【铸币】coin
【铸就】cast into
【铸铁】❶iron casting ❷cast iron
【铸造】casting; founding

筑 [zhù]
动 build; construct
【筑堤】embank; build a dyke; construct a dam
【筑路】construct a road; pave a road; build a road

zhuā

抓 [zhuā]
动 ①seize; clutch; grab; grasp ②scratch ③arrest; catch ④vie for (work) ⑤lay stress on; stress ⑥be in charge of; be responsible for ⑦attract; grip or hold attention
【抓捕】arrest; catch
【抓获】catch (a criminal, etc.); capture; seize
【抓紧】❶ firmly grasp; pay close attention to ❷rush in
【抓钱】grab money; raise money
【抓取】grab
【抓人】arrest sb
【抓瞎】find oneself at a loss
【抓住】catch hold of
【抓工夫】make good use of one's time; find time (to do sth)
【抓机遇】seize a good opportunity
【抓阄儿】draw lots
【抓空儿】find time (to do sth)
【抓不起来】❶cannot get hold of or lift sth ❷cannot manage sth
【抓耳挠腮】scratch one's head

zhuǎ

爪 [zhuǎ]
名 ①claw; paw ②foot ➡zhǎo
【爪子】claw; paw

zhuài

拽 [zhuài]
动 pull; drag; haul ➡zhuāi

zhuān

专 [zhuān]
形 ①concentrated on; special; devoted ②only; unique; particular 动 have a monopoly of
【专案】special case for investigation; case
【专长】speciality; special skill or knowledge
【专场】special performance
【专车】special train〔car〕
【专程】special trip
【专断】arbitrary
【专攻】specialize in
【专横】imperious; peremptory; domineering

【专机】❶private plane ❷special plane
【专集】collection
【专家】expert;specialist
【专科】❶special field of study ❷college for professional training;training school
【专利】patent
【专列】special train
【专门】❶special ❷on purpose ❸frequently
【专名】proper name
【专人】person specially assigned for a task or job
【专任】full-time;regular
【专题】special subject
【专心】concentrate one's attention
【专业】❶major;specialty;discipline ❷special line
【专一】single-minded;concentrated
【专职】❶sole duty;specific duty ❷full-time
【专制】❶autocratic;despotic ❷autocracy
【专注】concentrate one's attention on;be absorbed in;devote one's mind to
【专卖店】exclusive agency;speciality store
【专升本】upgrade from junior college student to university student
【专业户】professional household
【专科学校】college for professional training; training school

砖 [zhuān]
名 brick
【砖厂】brickfield;brickyard
【砖房】brick house
【砖墙】brick wall
【砖头】brick

转 [zhuǎn]
动 ❶ turn;shift;change;transform ❷ pass on;forward;transfer ➡zhuàn
【转变】change;transform
【转播】relay
【转达】pass on;convey;communicate
【转告】pass on (word)
【转轨】❶shift from one track to another ❷undergo a fundamental change
【转行】change profession;change jobs
【转化】change;transform
【转换】change;transform
【转机】❶favourable turn;turn for the better ❷ change plane
【转嫁】❶marry again;remarry ❷shift;transfer
【转交】pass on;transmit
【转脸】动 turn one's face 名 in to time
【转卖】resell
【转让】make over
【转身】turn;turn around;turn away;turn on one's heel;turn one's head;swing around
【转手】❶sell what one has bought ❷pass on

【转瞬】in the twinkling of an eye;in an instant;in a flash
【转头】❶turn round;face about ❷make a U-turn ❸repent
【转弯】❶turn a corner;make a turn ❷change one's viewpoint or concept
【转向】❶change direction;change course ❷change one's political stand
【转型】transformation;change the mode of production
【转学】transfer from one school to another
【转眼】in the twinkling of an eye;in a flash
【转业】❶ be transferred to civilian work ❷ transfer to a new occupation;move to a new area
【转移】❶transfer ❷change;transform
【转院】transfer from one hospital to another
【转运】❶transport;transship ❷have a change of luck;luck turns in one's favor
【转战】fight in one place after another
【转账】transfer accounts
【转折】❶turn in the course of events ❷transition
【转正】❶become a full member ❷become a regular worker
【转播台】relay station
【转折点】turning point
【转败为胜】turn defeat into victory

传 [zhuàn]
名 ❶commentaries on classics ❷biography ❸novel or story ➡chuán
【传记】biography

转 [zhuàn]
动 ❶rotate;spin ❷wander about;stroll 量 revolution;这台发动机每分钟三千五百转。The engine turns over at 3500 revolutions per minute (at 3500 rpm). ➡zhuǎn;zhuǎi
【转动】turn;revolve;rotate
【转向】lose one's bearings;get lost
【转悠】❶turn;move from side to side ❷stroll; saunter
【转笔刀】pencil sharpener

赚 [zhuàn]
动 ❶make a profit;gain ❷earn 名 profit ➡ zuàn
【赚钱】make money;make a profit
【赚头】profit

撰 [zhuàn]
动 write;compose
【撰稿】contribute
【撰述】compose
【撰写】write

篆 [zhuàn]
名 ❶seal character ❷seal 动 write seal characters

zhuāng

妆 [zhuāng] 动 make up; wear makeup 名 ①woman's personal adornments ②dowry

庄 [zhuāng] 名 ①village ②manor ③place of business ④banker 形 serious; solemn
- 【庄家】❶banker (in a gambling game) ❷investor who has abundant capital, buy and sell huge amounts of shares and can affect the stock market trend
- 【庄稼】crops
- 【庄严】solemn; dignified; stately
- 【庄园】manor
- 【庄重】serious; grave; solemn; sedate

桩 [zhuāng] 名 pile

装 [zhuāng] 动 ①dress up ②deck; act; play the part (role) of ③pretend; make believe ④load; pack; fill; hold ⑤install; fit; assemble ⑥bind 名 ①clothing; dress; suit ②outfit for a journey; luggage; 轻装旅行 travel light ③stage makeup and costume
- 【装扮】❶dress up; deck out ❷disguise
- 【装备】动 equip; fit out 名 equipment; outfit
- 【装船】shipment
- 【装点】decorate; dress
- 【装订】binding
- 【装潢】动 mount; decorate; dress 名 decoration; mounting; packaging
- 【装甲】❶armored ❷plate armor
- 【装假】pretend; make believe
- 【装配】assemble; fit together
- 【装饰】adorn; deck; decorate
- 【装束】❶dress up
- 【装睡】pretend to be sleep
- 【装蒜】pretend not to know
- 【装相】pretend; put on an act
- 【装修】动 fit up 名 fixtures
- 【装载】loading
- 【装置】动 install; fit 名 unit; plant
- 【装门面】keep up appearances
- 【装样子】put on an act; do sth for appearance sake
- 【装疯卖傻】feign madness and act like an idiot
- 【装聋作哑】pretend to be deaf and dumb
- 【装腔作势】put on airs

zhuàng

壮 [zhuàng] 形 ①having great strength; strong ②magnificent; splendid; grand 动 strengthen; improve; make better
- 【壮大】动 ❶strengthen ❷grow 形 big; strong
- 【壮胆】build up sb's courage
- 【壮丁】able-bodied man
- 【壮观】名 grand [magnificent] sight 形 grand
- 【壮汉】strong man
- 【壮举】magnificent feat; heroic undertaking
- 【壮丽】majestic; magnificent; glorious
- 【壮烈】heroic; brave
- 【壮年】prime of life
- 【壮士】brave man; heroic man; hero; warrior
- 【壮实】sturdy
- 【壮志】great aspiration

状 [zhuàng] 名 ①shape; form; appearance ②state of affairs; situation; condition ③account; record ④written complaint; lawsuit ⑤certificate 动 describe; depict
- 【状况】condition; state; state of affairs
- 【状态】state; condition; state of affairs
- 【状元】❶the very best ❷Number One Scholar
- 【状纸】❶official form for filing a lawsuit ❷written complaint; lawsuit
- 【状子】written complaint

撞 [zhuàng] 动 ①bump against; knock down; run into; crash ②meet by chance; run into; come across ③probe; try ④dash; rush
- 【撞车】❶collision of vehicles ❷clash
- 【撞击】dash against; strike
- 【撞见】run across; catch sb in the act
- 【撞骗】swindle
- 【撞墙】run up against a wall
- 【撞大运】try one's luck; have a try
- 【撞运气】try one's luck
- 【撞枪口上】❶ look for trouble; bring about one's own downfall ❷run into; meet; be in time for

幢 [zhuàng] 量 for buildings; 一幢八层楼房 an eight-storeyed building

zhuī

追 [zhuī] 动 ①chase after; run after; pursue; catch up with ②trace; look into; try to find out; get the bottom of ③seek; go after; woo ④bring back to mind; recall ⑤do retroactively
- 【追兵】pursuing troops
- 【追捕】pursue and capture
- 【追查】investigate; find out
- 【追悼】mourn over a person's death
- 【追赶】quicken one's pace to catch up; run after
- 【追根】get to the root [bottom] of sth
- 【追回】recover
- 【追悔】regret
- 【追击】follow up
- 【追加】add to
- 【追究】investigate
- 【追求】❶seek; pursue ❷court; run after
- 【追认】❶ subsequently confirm or endorse ❷

admit or confer posthumously
【追述】tell about the past
【追思】recall
【追溯】trace back to; date from
【追随】follow
【追索】❶search for ❷press for payment
【追讨】demand payment of an old debt
【追问】question closely
【追忆】recollect; recall; look back
【追逐】❶pursue; chase ❷seek; quest
【追踪】follow the trail of
【追悼会】memorial meeting
【追随者】follower
【追星族】star fan
【追悔莫及】too late to repent

锥 [zhuī]
图 ❶awl ❷cone 动 bore; drill
【锥子】awl
【锥尖儿】point of an awl

zhuì

坠 [zhuì]
动 ❶fall; tumble; drop ❷weigh down; droop 图 weight; hanging object
【坠地】be born
【坠毁】fall and break
【坠楼】❶fall off a building ❷commit suicide by jumping off a building
【坠落】fall; drop
【坠入】fall into

缀 [zhuì]
动 ❶sew; mend ❷put words together correctly; compose; write ❸adorn; decorate

惴 [zhuì]
动 be anxious and afraid
【惴惴不安】be anxious and fearful; be alarmed

赘 [zhuì]
形 superfluous 动 ❶go to live in the household of one's in-laws upon marriage; gain a son-in-law in such a manner ❷be a drag on; be burdensome; be cumbersome
【赘词】superfluous words
【赘述】give unnecessary details; say more than is needed

zhūn

谆 [zhūn]
副 sincerely; warmly; earnestly and tirelessly
【谆谆】earnest and tireless
【谆谆教诲】earnestly and tirelessly instruct

zhǔn

准 [zhǔn]
动 ❶allow; permit; approve; grant ❷in line with; in accordance with; follow 图 standard; norm 形 ❶accurate, exact; precise ❷quasi-; para- 副 definitely; surely; certainly
【准备】❶prepare; get ready ❷intend; plan
【准假】have a leave
【准确】accurate; correct; exact
【准儿】certain; sure
【准绳】criterion; yardstick
【准时】punctual; on time; in time; on schedule
【准许】permit; allow
【准予】grant; approve; permit
【准则】standard
【准考证】examination card [pass]

zhuō

拙 [zhuō]
形 ❶clumsy; awkward; unskilful; dull; stupid ❷my
【拙笨】dull; unskilful
【拙笔】my (poor) writing or painting
【拙劣】poor
【拙著】my (poor) writing; my (poor) work
【拙作】my (poor) writing, painting, etc.; my (poor) work

捉 [zhuō]
动 ❶clutch; hold firmly; grab; grasp ❷catch; seize; capture
【捉摸】fathom; ascertain
【捉拿】arrest; catch
【捉弄】tease; make fun of; play tricks on
【捉住】get sb by the neck
【捉迷藏】图 hide-and-seek 动 play hide-and-seek
【捉襟见肘】have more problems than one can cope with

桌 [zhuō]
图 桌子 table; desk 量 of a feast table, etc.: 两桌酒菜 two tables of wine and dishes/五桌客人 five tables of guests
【桌布】tablecloth
【桌面】top of a table; tabletop
【桌子】table; desk
【桌面儿上】❶on the table; aboveboard ❷in public

zhuó

灼 [zhuó]
动 burn; scorch 形 ❶bright; shining ❷clear; obvious
【灼热】scorching hot
【灼伤】burn

茁 [zhuó]
动 grow vigorously; grow healthily
【茁壮】healthy and strong; sturdy; vigorous

卓 [zhuó]
形 ❶tall and upright ❷remarkable; outstanding
【卓绝】unsurpassed; extreme; of the highest degree
【卓识】judicious judgment
【卓越】outstanding; brilliant; remarkable
【卓著】distinguished; outstanding

浊 [zhuó]
形 ① muddy ② deep and thick ③ confused; disorderly
【浊流】❶ muddy stream ❷ base〔mean〕person

酌 [zhuó]
动 ① pour out（wine）② drink ③ deliberate; weigh and consider 名 meal with wine or spirits
【酌情】take into consideration the circumstances
【酌情处理】act at one's discretion; settle a matter as one sees fit

啄 [zhuó]
动 peck
【啄木鸟】woodpecker

着 [zhuó]
动 ① touch; contact ② attach; apply ③ wear（clothes）; be dressed ④ send ⑤ order 名 whereabouts; assured source → zhāo; zháo; zhe
【着笔】put〔set〕pen to paper; begin to write or paint
【着力】put forth effort; exert oneself
【着陆】land; touch down
【着落】❶ whereabouts ❷ permanent home ❸ assured source
【着色】put colour on; colour
【着实】❶ really; indeed ❷ severely
【着手】put one's hand to; set about
【着想】consider
【着眼】have sth in mind; see〔view〕from the angle of
【着意】❶ act with care and effort; take pains ❷ take seriously; mind
【着重】stress; emphasize
【着装】动 put on; wear 名 clothing, headgear and footwear
【着眼点】starting point; focus of attention; object in mind

琢 [zhuó]
动 chisel; cut; carve → zuó
【琢磨】[zhuómó] ❶ carve and polish ❷ improve; polish; refine

镯 [zhuó]
名 bracelet

zī

咨 [zī]
动 consult; seek advice; take counsel
【咨询】seek advice from; hold counsel with; consult
【咨询公司】consultant firm; consulting company
【咨询热线】helpline

姿 [zī]
名 ① looks; appearance; aspect ② gesture; carriage; bearing
【姿色】good looks
【姿势】posture; gesture
【姿态】❶ posture; carriage; gesture ❷ attitude; pose; gesture

资 [zī]
名 ① fund; money; capital; expenses ② natural ability ③ qualifications; record of service 动 ① help; subsidize; support ② serve; provide; supply
【资本】❶ capital ❷ what is capitalized on; sth used to one's own advantage
【资产】❶ property ❷ capital fund; capital ❸ assets
【资方】those representing capital; capital
【资费】expenses; fee
【资格】❶ qualification ❷ seniority
【资金】fund; capital
【资历】qualifications and record of service
【资料】❶ means ❷ data; material
【资深】senior
【资讯】data
【资源】natural resources; resources
【资助】aid financially; subsidize
【资本主义】capitalism
【资产阶级】the capitalist class

孳 [zī]
multiply; propagate
【孳生】multiply; propagate

滋 [zī]
动 ① grow; multiply; breed ② increase; wax ③ spurt; burst ④ cause; give rise to 名 taste; flavour
【滋补】nourishing
【滋茂】grow vigorously; thrive
【滋润】形 ❶ moist ❷ comfortable; well off 动 moisten
【滋生】cause; create
【滋事】make〔stir up〕trouble
【滋味】❶ taste ❷ experience; feeling
【滋养】动 nourish 名 nourishment
【滋长】❶ grow ❷ develop; engender
【滋养品】nourishing food

zǐ

子 [zǐ]
名 ① child; son ② person ③ ancient title of respect for a learned or virtuous man or a man in general ④ philosophy ⑤ seed ⑥ egg ⑦ sth small and hard ⑧ copper coin; copper; 半个子儿都不值 not worth half a copper; worthless ⑨ viscount 量 一子儿挂面 a bundle of fine dried noodles 代 you 形 ① young; small; tender ② subsidiary
【子弹】bullet
【子弟】❶ sons and younger brothers ❷ young generation; juniors; children
【子宫】womb
【子女】children
【子孙】children and grandchildren; descendants
【子夜】midnight

【子公司】subsidiary company

仔 [zǐ]

【仔】形 the young ➡ zǎi
【仔细】❶ careful; attentive ❷ be careful; look out ❸ economical

姊 [zǐ]

【姊】名 elder sister; sister
【姊妹】elder and younger sisters; sisters
【姊妹花】the two sisters

籽 [zǐ]

【籽】名 seed

紫 [zǐ]

【紫】形 purple; violet
【紫色】purple
【紫禁城】the Forbidden City
【紫外线】ultraviolet ray

zì

自 [zì]

【自】代 self; oneself; one's own 副 naturally; certainly; as a matter of course 介 from; since
【自爱】regard for oneself; self-respect
【自拔】free oneself (from pain or evildoing)
【自白】动 make clear one's meaning or position 名 (written) statement; confession
【自卑】feel oneself inferior; be self-abased
【自备】provide for oneself
【自便】at one's convenience; as one pleases
【自测】test oneself; self-test
【自查】make self-examine
【自嘲】laugh at oneself
【自持】❶ control oneself; restrain oneself; exercise self-restraint ❷ reserved; self-possessed
【自从】from; since
【自打】from; since
【自大】self-important; arrogant
【自得】contented; self-satisfied
【自动】❶ of one's own accord ❷ autogenous ❸ automatic; automated
【自发】spontaneous
【自费】at one's own expense
【自负】❶ be responsible for one's own action ❷ think highly of oneself
【自古】since ancient times
【自豪】have a proper sense of pride or dignity; be proud of sth
【自己】❶ referring to the person mentioned earlier in the sentence ❷ oneself
【自给】self-sufficient; self-supporting
【自检】self-checking; self-examination
【自尽】commit suicide; take one's own life
【自觉】❶ be conscious; be aware of 形 on one's own initiative
【自考】self-taught examination
【自夸】sing one's own praises
【自理】❶ take care of oneself ❷ provide for oneself

【自力】do sth through one's own efforts; rely on oneself
【自立】stand on one's own feet; support oneself; earn one's own living
【自流】❶ flow automatically; flow by itself ❷ take its natural course; do as one please
【自律】exercise self-discipline; self-management
【自满】complacent; self-satisfied
【自命】consider oneself; regard oneself as
【自然】[zìrán] 名 natural world; nature 形 naturally; in the ordinary course of events 副 of course; naturally
【自然】[zìran] at ease; natural; free from affectation
【自认】accept as unavoidable; resign oneself to
【自杀】kill oneself; end it all; take one's own life
【自首】❶ voluntarily surrender oneself; confess one's crime; give oneself up ❷ make a political recantation; surrender to the enemy
【自述】account in one's own words
【自私】selfish; self-centred; eccentric
【自卫】defend oneself; self-defence
【自我】self; oneself
【自习】study by oneself in scheduled time or free time
【自信】self-confident; confident; sure of oneself; assumed
【自行】动 by oneself 形 of oneself; of one's own accord; voluntarily 名 proper motion
【自修】❶ study by oneself; have self-study ❷ study on one's own; study independently
【自诩】praise oneself
【自学】study on one's own; study independently; teach oneself
【自缢】hang oneself
【自由】名 ❶ freedom; liberty ❷ freedom 形 free; unrestrained
【自幼】since childhood
【自娱】please oneself; amuse oneself
【自愿】voluntary; of one's own accord; of one's own free will
【自在】[zìzài] free; unrestrained
【自在】[zìzai] comfortable; at ease
【自责】blame oneself; reprove oneself
【自找】ask for it; suffer from one's own actions
【自制】❶ made by oneself ❷ self-control; self-restraint
【自治】autonomy; self-government
【自重】动 ❶ conduct oneself with dignity; be self-possessed ❷ enhance one's status [position]; extend one's influence 名 dead weight
【自主】act on one's own; decide for oneself; keep the initiative in one's own hands
【自助】动 depend (rely) on oneself 名 self-service
【自转】rotation

【自传】autobiography
【自足】形 self-satisfied 动 be self-sufficient
【自尊】self-respect;self-esteem;proper pride
【自卑感】sense of inferiority
【自动化】automate
【自己人】people on one's own side;one of us
【自来水】running water
【自喷井】flowing well
【自信心】self-confidence
【自行车】bicycle;bike
【自治区】autonomous region
【自助餐】buffet dinner
【自尊心】self-respect;self-esteem;pride
【自不量力】overestimate one's strength or oneself;not know one's own limitations
【自成一家】have one's own style
【自高自大】self-important;conceited;arrogant
【自告奋勇】offer to undertake;volunteer
【自顾不暇】be unable to take care of oneself
【自力更生】self-reliance;rely on one's own efforts
【自鸣得意】be very pleased with oneself
【自欺欺人】deceive oneself as well as others
【自然而然】naturally;of oneself
【自食其力】support oneself by one's own labour;earn one's own living
【自始至终】from beginning to end;from start to finish
【自我介绍】introduce oneself
【自相矛盾】contradictory
【自行其是】go one's own way
【自选市场】supermarket
【自学成才】be self-taught
【自学考试】examination for self-taught students;self-taught examination
【自学课本】teach-yourself books
【自以为是】consider oneself (always) in the right
【自由市场】free [open] market
【自由自在】leisurely and carefree;free and unrestrained
【自圆其说】make one's statement valid;justify oneself
【自知之明】knowledge of oneself
【自作聪明】think oneself clever;try to be smart
【自作主张】act on one's own
【自作自受】suffer from one's own actions
【自动取款机】automatic teller machine (ATM);sidewalk bank
【自由职业者】professional

字 [zì]
图 ① word;character ② pronunciation ③ form of a written or printed character;style of handwriting ④ scripts;writings ⑤ wording ⑥ receipt;written pledge ⑦ another name derived from the meaning of one's original name ⑧ number shown on an electric meter,water meter,etc. 动 be betrothed or engaged
【字典】character dictionary
【字符】character
【字迹】handwriting;writing
【字节】byte
【字句】words and expressions;writing
【字库】word bank;font bank
【字母】letter
【字体】❶ form of a written or printed character ❷ style of calligraphy ❸ handwriting;writing
【字条】brief note
【字帖】[zìtiè] copybook
【字样】❶ model of written characters ❷ printed [written] words
【字帖儿】[zìtiěr] brief note
【字眼儿】wording
【字里行间】between the lines

恣 [zì]
动 be self-indulgent;do as one pleases;throw off all restraint 形 comfortable;at ease
【恣意妄为】act wilfully and wildly

zōng
宗 [zōng]
图 ① ancestor;forefathers ② clan ③ faction;sect;school ④ principal aim;purpose;objective ⑤ zong ⑥ great master;exmaple;model 动 model on 量 一宗刑事案件 a criminal case/一宗心事 a cause for worry/一宗款项 a sum of money
【宗教】religion
【宗派】❶ branch of a patriarchal clan ❷ faction;sect
【宗师】master
【宗旨】aim;purpose
【宗族】❶ patriarchal clan ❷ clansman

综 [zōng]
动 sum up;put together;combine
【综合】动 combine 形 comprehensive;multiple
【综述】动 summarize;sum up 图 sum-up reports;survey
【综上所述】sum up
【综艺大观】display of all arts

棕 [zōng]
图 ① palm ② palm fibre;coir
【棕榈】palm
【棕色】brown
【棕叶】palm leaf

踪 [zōng]
图 track;trail;trace;footprint
【踪迹】trace;track
【踪影】trace;sign

鬃 [zōng]
图 hair
【鬃毛】horsehair

zǒng

总 [zǒng]

〔动〕assemble; gather; put together; sum up 〔形〕①general; overall; gross; total ②chief; leading; general 〔副〕①without exception; always ②anyway; after all; eventually; sooner or later ③at least; surely

【总部】general headquarters
【总裁】director-general; president; governor
【总得】must; have to; be bound to
【总督】❶ governor-general ❷ viceroy; governor-general; governor
【总额】total
【总共】in all; altogether
【总归】anyway; after all; eventually
【总和】sum; total; sum total
【总汇】〔动〕come or flow together 〔名〕confluence
【总计】〔动〕amount to; add up to; total 〔名〕grand total
【总结】〔动〕sum up 〔名〕summary; summing up
【总括】sum up
【总览】overview; take an overall view
【总理】〔动〕take full charge 〔名〕premier; prime minister; general manager
【总评】general comment
【总是】always
【总数】total; sum total
【总算】❶ at long last; finally ❷ considering everything; on the whole
【总体】overall; total
【总统】president
【总务】general affairs; general manager
【总则】general rules; general principles
【总之】❶ in a word; in short; in brief ❷ anyway; anyhow
【总值】total 〔gross〕 value
【总编辑】editor-in-chief
【总裁判】chief referee
【总代理】general agent
【总动员】general 〔total〕 mobilization
【总方针】general policy; general principle
【总公司】head office
【总结会】summing-up meeting
【总经理】chief executive officer; general manager
【总书记】secretary-general; general secretary
【总务处】general affairs department
【总务科】general affairs section
【总指挥】commander-in-chief; general director
【总资产】total assets
【总而言之】in short; in a word; in brief; to make a long story short

纵 [zòng]

〔形〕① from north to south; from south to north ② from the front to the back ③ from the ancient time to the present; since ancient time ④ vertical; horizontal 〔连〕 even if; even though; though 〔动〕①release; set free; let go ②let loose; let oneself go ③jump up; jump into the air

【纵横】❶ in length and breadth; vertical and horizontal ❷ with great ease; freely ❸ sweep over; march over unhindered
【纵火】set on fire
【纵览】look far and wide
【纵论】talk freely
【纵情】to one's heart's content; as much as one likes
【纵然】even if; even though
【纵容】connive; wink at
【纵深】depth
【纵使】even if; even though
【纵谈】talk freely
【纵向】vertical; lengthwise
【纵横谈】free talk
【纵横交错】crisscross
【纵虎归山】let the tiger return to the mountains—cause calamity for the future

走 [zǒu]

〔动〕①walk; go; follow ②run; rush about ③move; operate ④leave; be off; go away ⑤go; die ⑥call on; pay a visit; visit ⑦through; by; from ⑧leak; reveal; let out ⑨be different from the original; lose shape, flavour, etc.

【走步】walking
【走道】sidewalk
【走调】out of tune
【走动】❶walk about ❷visit each other
【走访】❶interview; have an interview with ❷pay a visit to; go and see
【走风】let out a secret
【走狗】running dog
【走好】go well
【走红】become famous〔popular〕
【走火】go off accidentally; be on fire
【走廊】passage; passageway
【走路】walk; go on foot
【走俏】sell well; be in great demand
【走人】go away; leave
【走兽】four-footed animal; quadruped; beast
【走私】smuggle
【走题】digress from the subject
【走险】take a risk; make a reckless move
【走向】〔名〕run; trend 〔动〕move towards; head for; be on the way to
【走形】be out of shape
【走穴】perform for outside salary〔income〕 without approval by the unit they belong to
【走眼】mistake for
【走样】lose shape; go out of form
【走运】have good luck; be in luck
【走嘴】make a slip of the tongue; let slip an inadvertent remark
【走错路】take a wrong path; mistake a road

【走道儿】walk
【走读生】day student; non-resident student
【走过场】do sth as a mere formality; go through the motions; do sth perfunctorily or superficially
【走红运】have good luck; be in luck
【走后门】get in by〔through〕the back door—get sth done through pull; secure advantages through influence
【走江湖】wander from place to place and earn a living by juggling, fortune-telling, etc.; become a vagrant
【走神儿】wander; be absent-minded
【走着瞧】wait and see
【走背字儿】be unlucky
【走南闯北】journey north and south; travel widely
【走投无路】have no way out; come to a dead end

zòu

奏 [zòu] 动 ① play; strike up; perform ② achieve; attain; produce ③ present a memorial to an emperor
【奏效】be effective; get the desired result
【奏国歌】play the national anthem

揍 [zòu] 动 ① beat; hit; strike ② break; smash

zū

租 [zū] 动 ① rent; hire; lease; charter ② rent out; let out; hire out; lease 名 ① rent ② land tax
【租户】❶ tenant; lessee ❷ hirer
【租价】rent
【租借】❶ rent; hire ❷ rent out; hire out
【租金】rent
【租赁】rent
【租用】rent; hire
【租约】lease

zú

足 [zú] 名 ① foot; leg ② leg-shaped support of utensils or instruments 形 enough; adequate; sufficient 副 ① full; as much as ② as much 〔many〕as necessary; enough; sufficient
【足彩】football lottery
【足够】❶ enough; sufficient ❷ satisfied
【足迹】footmark; footprint; track; trace
【足见】it serves to show; one can well perceive
【足球】❶ soccer; football ❷ football
【足坛】footballing world
【足以】enough; sufficiently
【足足】as much as
【足球队】football team
【足球迷】football fan
【足不出户】never leave one's home
【足球流氓】football hooligan
【足智多谋】wise and full of stratagems; wise and resourceful
【足球运动员】footballer; football player

卒 [zú] 名 ① soldier; private ② servant 动 ① finish; end ② die 副 at last; in the end; finally
【卒子】❶ rank-and-file soldier ❷ pawn, one of the pieces in Chinese chess

族 [zú] 名 ① clan ② death penalty, imposed on an offender and his whole family, or even the families of his mother and wife ③ nationality; race ④ class or group of things or people with common features
【族谱】family tree; genealogical tree
【族人】clansman

zǔ

诅 [zǔ] 动 ① curse; swear; wish sb evil ② take an oath; make a vow; swear
【诅咒】curse; swear; wish sb evil

阻 [zǔ] 动 block; hinder; obstruct
【阻碍】动 hinder; block 名 obstacle; hindrance
【阻挡】stop; resist
【阻击】block; check
【阻拦】stop; bar the way
【阻力】❶ obstruction; resistance ❷ resistance; drag
【阻挠】obstruct; stand in the way
【阻塞】obstruct
【阻止】check; hold back; block; hinder; prevent; stop

组 [zǔ] 动 organize; build; form 名 ① group; team ② series 量 set; series; battery; group
【组成】consist of; compose; make up; be made of
【组队】form a team
【组阁】❶ organize a cabinet ❷ form a leading group
【组合】make up
【组建】put together (a group); form
【组织】动 organize; form 名 ❶ organization; organized system ❷ tissue
【组装】put together; assemble

祖 [zǔ] 名 ① ancestor ② grandfather ③ founder; originator
【祖辈】ancestors; forefathers
【祖传】handed down from one's ancestors
【祖坟】ancestral grave
【祖国】one's country; homeland; native land; motherland; fatherland
【祖籍】original family home; ancestral home;

the land of one's ancestors
【祖先】ancestors; forefathers
【祖宗】forefathers
【祖师(爷)】❶the founder of a school of learning, a craft, etc. ❷the founder of a sect of Buddhism or Taoism
【祖祖辈辈】for generations; from generation to generation

zuān

钻 [zuān]
动 ❶drill; bore ❷get into; make one's way into ❸make a thorough study of ❹secure personal gain ➡zuàn
【钻探】drilling
【钻研】study intensively; dig into
【钻营】curry favour with sb in authority for personal gain; secure personal gain
【钻空子】avail oneself of loopholes

躜 [zuān]
动 jump up; dash forward

zuàn

钻 [zuàn]
名 ❶drill ❷diamond; jewel 动 drill〔bore〕with drill ➡zuān
【钻戒】diamond ring
【钻石】❶diamond ❷jewel

攥 动 grip; grasp; hold
【攥拳】clench one's fist

zuǐ

嘴 [zuǐ]
名 ❶mouth ❷anything shaped or functioning like a mouth ❸talk; words; tongue ❹food
【嘴巴】❶mouth ❷face
【嘴馋】fond of good food; greedy
【嘴唇】lip
【嘴快】have a loose tongue
【嘴脸】features
【嘴碎】loquacious; garrulous
【嘴甜】smooth-tongued; honeymouthed
【嘴严】tight-lipped; closemouthed
【嘴硬】stubborn and reluctant to admit mistakes or defeats

zuì

最 [zuì]
副 most; least; best; to the highest or lowest degree 名 number one; best; top
【最爱】favourite; fave
【最初】initial; original; preliminary; primitive; first
【最大】the biggest; the largest; the greatest; maximum
【最低】lowest; minimum

【最多】most; at (the) most; maximum
【最高】highest; supreme; tallest
【最好】best; first-rate 副 had better; it would be best
【最后】final; last; ultimate; at last; at length; in the end; in the long run; in the course of time
【最佳】❶optimum ❷the best
【最近】❶recently; lately; of late; in the near future; soon ❷nearest
【最少】least; at (the) least; minimum
【最先】the first; the earliest
【最新】latest; up-to-date
【最终】final
【最高级】❶highest; summit ❷the superlative degree
【最惠国】most-favoured-nation

罪 [zuì]
名 ❶guilt; offence; crime ❷fault; failing; blame ❸suffering; hardship; pain 动 put the blame on; blame
【罪恶】crime; evil
【罪犯】criminal; offender
【罪过】❶fault; offence; sin ❷thanks, but this is really more than I deserve
【罪名】charge
【罪孽】sin
【罪人】guilty person; offender; sinner
【罪行】crime
【罪责】responsibility for an offence
【罪证】evidence of a crime; proof of one's guilt
【罪状】fact about a crime; charge in an indictment
【罪魁祸首】chief criminal

醉 [zuì]
形 ❶drunk ❷liquor-saturated 动 be drunk with
【醉鬼】drunkard
【醉心】be bent on; be wrapped up in
【醉意】signs or feeling of getting drunk
【醉醺醺】drunk
【醉生梦死】drunken haze; dream one's life away

zūn

尊 [zūn]
形 ❶of a senior generation; senior; elder ❷your 动 esteem; respect; honour 量 (a) 十尊大炮 ten artillery pieces (b) 一尊佛像 a statue of a Buddha 名 wine vessel
【尊称】动 address sb respectfully 名 respectful form of address
【尊贵】honourable; respectable; respected
【尊敬】动 respect; honour 形 honourable; distinguished; respectable
【尊严】dignity; honour
【尊重】动 ❶respect; regard; honour; worship; esteem; value; look up ❷attach importance to and treat seriously 形 serious; proper

【尊老爱幼】respect the old and cherish the young
【尊姓大名】your name

遵 [zūn]
动 abide by; obey; adhere to; observe; follow
【遵从】comply with; follow
【遵命】comply with your wish
【遵守】observe; follow; obey; abide by
【遵循】follow; abide by
【遵照】obey; comply with
【遵纪守法】abide by the law and observe discipline

zuō

作 [zuō]
→ zuò
【作坊】workshop

zuó

昨 [zuó]
名 ①yesterday ②the past
【昨日】yesterday
【昨天】yesterday
【昨晚】yesterday evening; last night
【昨夜】yesterday evening; last night
【昨儿个】yesterday

琢 [zuó]
→ zhuó
【琢磨】[zuómo] think over; turn over in one's mind

zuǒ

左 [zuǒ]
名 ①left; left side ②east 形 ①eccentric ②wrong; incorrect ③contrary; opposite; different ④revolutionary; the left
【左边】the left; the left [left-hand] side
【左侧】the left; the left [left-hand] side
【左面】the left [left-hand] side; the left
【左倾】❶ left-leaning; progressive ❷ "Left" deviation
【左右】❶ the left and right sides ❷ followers; attendant ❸ about; or so; or thereabouts ❹ master; control
【左右手】right-hand man; capable assistant
【左顾右盼】look around
【左邻右舍】neighbours
【左思右想】think over from different angles; turn sth over in one's mind
【左右逢源】succeed regardless
【左右开弓】use each hand alternately

佐 [zuǒ]
动 assist; help
名 assistant
【佐料】condiment
【佐证】evidence; proof

zuò

作 [zuò]
动 ①make; manufacture; produce ②rise; get up ③do; work at; engage in ④take sb or sth for; regard as; consider to be ⑤write; compose ⑥pretend; affect ⑦feel; have 名 writings; work
→ zuō
【作罢】drop; relinquish; give up
【作伴】keep company
【作弊】cheat
【作对】❶ set oneself against; oppose ❷ make a pair; pair off in marriage
【作恶】do evil
【作法】❶ resort to magic arts ❷ art of composition
【作废】become invalid
【作风】❶ style; style of work; way ❷ style
【作古】die; pass away
【作怪】make trouble
【作家】writer; author
【作假】❶ behave affectedly ❷ falsify; counterfeit ❸ cheat; play tricks
【作践】❶ spoil; waste ❷ disparage; run sb down ❸ humiliate; insult
【作客】❶ sojourn ❷ visit a relative [friend]
【作乐】make merry; enjoy oneself; have a good time
【作难】❶ feel embarrassed; feel awkward ❷ make things difficult for sb
【作美】help; make things easy for sb
【作孽】do evil; commit a sin
【作弄】make a fool of; play a trick on
【作呕】❶ feel like vomiting; feel sick ❷ utterly disgusted by sb [sth]
【作陪】help entertain the guest of honour; be invited along with the chief guest
【作品】works
【作曲】write music; compose
【作声】make a sound
【作诗】compose [write] a poem
【作死】seek death; take the road to ruin; look for trouble
【作痛】have a pain; ache
【作为】名 ❶ conduct; deed; action ❷ accomplishment 动 ❶ regard as; look on as; take for ❷ as
【作文】动 write a composition 名 composition
【作物】crop
【作息】work and rest
【作秀】❶ perform; show; put on a show ❷ hold exhibition and promotion activities
【作业】❶ school assignment ❷ work; task; operation; production
【作用】动 act on; affect 名 ❶ action; function ❷ effect
【作战】fight; do battle
【作者】author; writer
【作证】❶ be used as evidence ❷ testify; give evidence

【作主】❶decide ❷back up;support ❸be master
【作斗争】fight against;combat
【作壁上观】be an onlooker
【作茧自缚】make things difficult for oneself

坐 [zuò]
动 ① sit;be seated;take a seat ② travel by (bus,train,plane,etc.) ③ have its back towards ④ put (a kettle,pot,pan,etc.) on a fire ⑤ recoil;kick;kick back ⑥ sink ⑦ bear fruit ⑧ be punished ⑨ result in a disease;develop into a disease 副 for no reason at all;without cause or reason
【坐班】keep office hours;keep set office hours
【坐标】coordinate
【坐船】by boat
【坐牢】be in prison;be in jail
【坐落】be situated;be located
【坐椅】seat
【坐镇】personally attend to garrison duty;assume personal command
【坐飞机】by air
【坐江山】hold the state power;rule the country
【坐井观天】look at the sky from the bottom of a well—have a very narrow view
【坐冷板凳】be sidelined
【坐立不安】feel uneasy whether sitting or standing
【坐台小姐】front desk girls;night club service waitress
【坐享其成】benefit from others' efforts
【坐以待毙】sit and await one's fate

座 [zuò]
名 ① seat;place ② stand;base ③ constellation ④ form of address to high-ranking officials 量 三座摩天大楼 three skyscrapers
【座次】order of seats;seating arrangements
【座号】seat number
【座谈】have an informal discussion
【座位】❶place to sit ❷thing to sit on;seat
【座席】thing to sit on;seat
【座子】❶stand;base ❷saddle
【座上客】guest of honour
【座谈会】informal discussion
【座右铭】motto;maxim
【座无虚席】have no empty seats

做 [zuò]
动 ① do;act;undertake;engage in ② make;manufacture;produce ③ write;compose ④ hold a family celebration ⑤ be;become ⑥ be used as;serve as ⑦ form or contract a relationship ⑧ pretend;make believe;do sth for appearance sake
【做爱】make love
【做伴】keep company
【做操】do exercises
【做大】put on airs;give oneself airs
【做到】accomplish;achieve
【做东】play the host;host sb;act as host to sb
【做法】way of doing or making a thing;method of work
【做饭】do the cooking;prepare a meal
【做工】动 do manual work;work 名 ❶workmanship ❷charge for the making of sth
【做官】be an official
【做鬼】play tricks
【做媒】be a matchmaker [go-between]
【做梦】❶have a dream;dream ❷have a pipe dream;daydream
【做人】❶conduct oneself;behave ❷be an upright person
【做事】❶handle affairs;do a deed;act ❷work;have a job
【做戏】❶act in a play ❷put on a show;playact
【做作】affected;artificial
【做功课】do one's homework
【做好人】try to be a good fellow;try to get along with everyone
【做活儿】do manual labour;work
【做朋友】make friends;become friends
【做人情】do sb a favour
【做生意】do business;carry on trade
【做手脚】juggle things;put up a job
【做文章】❶write an essay ❷make an issue of
【做贼心虚】have a guilty conscience like a thief

西文字母开头的词语

【α粒子】α particle；alpha particle
【α射线】α (particle) ray；alpha ray
【α衰变】α-decay
【β粒子】β particle；beta particle
【β射线】β ray；beta ray
【β衰变】β-decay
【γ刀】gamma knife
【γ射线】γ ray；gamma ray
【A股】A-share
【A型血】blood type A
【AA制】going Dutch；lutch treat
【AB角】two actors playing the same role in a theatrical work
【AB型血】blood type AB
【AB制】system in which two actors playing the same role in a theatrical work
【ABC武器】atomic, bacteriological and chemical weapons
【ATM机】automated teller machine
【B超】❶ultrasonic diagnosis B ❷ultrasonograph B
【B股】B-share
【B夸克】beauty quark, a drug
【B淋巴细胞】bone marrow lymphocyte
【B型血】blood type B
【BP机】wireless beeper；pager
【C值】DNA content
【CD机】CD (compact disk) player
【CT机】CT (computerized tomography) apparatus
【CT扫描】computerized tomography
【DNA基因图】DNA (deoxyribonucleic acid) profile
【DNA芯片】DNA chip
【DNA指纹】DNA fingerprint
【DNA指纹鉴定】DNA fingerprinting
【DVD机】DVD (digital video disk) player
【e化】electronic
【F-1赛车】Fomular One racing (car)；F-1 racing
【H股】H-share
【IC卡】IC card
【IP地址】Internet protocol address；IP address
【IP电话】IP telephone
【IP卡】IP telephone card
【IT产业】IT (information technology)
【K金】carat gold
【Ma数】Mach number
【n型半导体】negative semiconductor；N-semiconductor
【O型血】blood type O
【p型半导体】positive semiconductor；P-semiconductor
【PC机】personal computer
【pH计】pH meter
【pH值】pH value
【POS机】❶POS terminal ❷cash register in a store
【PTC陶瓷】PTC (positive temperature coefficient) porcelain
【SIM卡】SIM card
【SOS儿童村】SOS children's village
【SPF动物】SPF animal
【T淋巴细胞】thymus lymphocyte
【T型台】catwalk
【T恤衫】T-shirt
【VCD机】VCD (video compact disk) player
【X刀】X-ray knife
【X光】X-ray
【X射线】X-ray
【X射线源】X-ray source；X-ray burster

Team Competition
盛装舞步团体
Individual Competition
盛装舞步个人

Jumping
场地障碍

Team Competition
场地障碍团体
Individual Competition
场地障碍个人

Fencing
击剑

Men's Foil Individual
男子花剑个人
Men's Epee Individual
男子重剑个人
Men's Epee Team
男子重剑团体
Men's Sabre Individual
男子佩剑个人
Men's Sabre Team
男子佩剑团体
Women's Foil Individual
女子花剑个人
Women's Foil Team
女子花剑团体
Women's Epee Individual
女子重剑个人
Women's Sabre Team
女子佩剑团体
Women's Sabre Individual
女子佩剑个人

Football
足球

Men
男子
Women
女子

Gymnastics
体操

Artistic Gymnastics
体操

Men's Team Competition
男子团体
Men's Individual Competition
男子个人全能
Men's Floor
男子自由体操
Men's Pommel Horse
男子鞍马
Men's Rings
男子吊环
Men's Vault
男子跳马
Men's Parallel Bars
男子双杠
Men's Horizontal Bar
男子单杠
Women's Team Competition
女子团体
Women's Individual Competition
女子个人全能
Women's Vault
女子跳马
Women's Uneven Bars
女子高低杠
Women's Balance Beam
女子平衡木
Women's Floor
女子自由体操

Rhythmic Gymnastics
艺术体操

Individual Competition
女子个人全能
Group Competition
女子集体全能

Trampoline
蹦床

Men's Individual Event
男子个人赛
Women's Individual Event
女子个人赛

Handball
手球

Men
男子
Women
女子

Hockey
曲棍球

Men
男子
Women
女子

Judo
柔道

Men's Up to 60kg
男子-60公斤级
Men's 60 to 66kg
男子60-66公斤级
Men's 66 to 73kg
男子66-73公斤级
Men's 73 to 81kg
男子73-81公斤级
Men's 81 to 90kg
男子81-90公斤级
Men's 90 to 100kg
男子90-100公斤级
Men's Over 100kg
男子+100公斤级
Women's Up to 48kg
女子-48公斤级
Women's 48 to 52kg
女子48-52公斤级

Women's 52 to 57kg
女子52-57公斤级
Women's 57 to 63kg
女子57-63公斤级
Women's 63 to 70kg
女子63-70公斤级
Women's 70 to 78kg
女子70-78公斤级
Women's Over 78kg
女子+78公斤级

Modern Pentathlon
现代五项

Men's Individual Competition
男子个人赛
Women's Individual Competition
女子个人赛

Rowing
赛艇

Men's Single Sculls (1×)
男子单人双桨
Men's Pairs (2 -)
男子双人单桨无舵手
Men's Double Sculls (2×)
男子双人双桨无舵手
Men's Fours (4 —)
男子四人单桨无舵手
Men's Quadruple Sculls (4×)
男子四人双桨无舵手
Men's Eights (8 +)
男子八人单桨有舵手
Men's Lightweight Double Sculls (2×)
男子轻量级双人双桨无舵手
Men's Lightweight Fours (4 -)
男子轻量级四人单桨无舵手
Women's Single Sculls (1×)
女子单人双桨
Women's Pairs (2 -)
女子双人单桨无舵手

Women's Double Sculls (2×)
女子双人双桨无舵手
Women's Quadruple Sculls (4×)
女子四人双桨无舵手
Women's Eights (8 +)
女子八人单桨有舵手
Women's Lightweight Double Sculls (2×)
女子轻量级双人双桨无舵手

Sailing
帆船

470-Men's Two Person Dinghy
男子双人艇470级
Laser-Men's One Person Dinghy
男子单人艇激光级
Star-Men's Keelboat
男子龙骨船星级
RS:X-Men's Windsurfer
男子帆板RS:X
470-Women's Two Person Dinghy
女子双人艇470级
Yngling-Women's Keelboat
女子龙骨船英凌级
Laser Radial-Women's One Person Dinghy
女子单人艇激光雷迪尔级
RS:X-Women's Windsurfer
女子帆板RS:X
Finn-Heavyweight Dinghy
重量级艇芬兰人级
49er-Skiff
快船49人级
Tornado-Multihull
多体船托纳多级

Shooting
射击

Men's 10m Air Pistol
男子10米气手枪
Men's 25m Rapid Fire Pistol
男子25米手枪速射
Men's 50m Pistol
男子50米手枪

Men's 10m Air Rifle
男子10米气步枪
Men's 50m Rifle 3 posisitons
男子50米步枪3种姿势
Men's 50m Rifle Prone
男子50米步枪卧射
Men's Double Trap
男子飞碟双多向
Men's Trap
男子飞碟多向
Men's Skeet
男子飞碟双向
Women's 10m Air Pistol
女子10米气手枪
Women's 25m Pistol
女子25米手枪
Women's 10m Air Rifle
女子10米气步枪
Women's 50m Rifle 3 Positions
女子50米步枪3种姿势
Women's Trap
女子飞碟多向
Women's Skeet
女子飞碟双向

Softball
垒球

Women
女子

Table Tennis
乒乓球

Men's Singles
男子单打
Men's Teams
男子团体
Women's Singles
女子单打
Women's Teams
女子团体

Taekwondo
跆拳道